中国建设年鉴 2014

《中国建设年鉴》编委会 编

中国建筑工业出版社

图书在版编目(CIP)数据

中国建设年鉴 2014/《中国建设年鉴》编委会编. —北京：中国建筑工业出版社，2014.12
ISBN 978-7-112-17569-7

Ⅰ.①中… Ⅱ.①中… Ⅲ.①城乡建设-中国-2014-年鉴 Ⅳ.①F299.2-54

中国版本图书馆 CIP 数据核字(2014)第 282382 号

责任编辑：马 红 金 一
责任校对：姜小莲 赵 颖

中国建设年鉴 2014
《中国建设年鉴》编委会 编
*
中国建筑工业出版社出版、发行(北京西郊百万庄)
各地新华书店、建筑书店经销
北京天成排版公司制版
北京中科印刷有限公司印刷
*

开本：880×1230 毫米 1/16 印张：58¾ 插页：18 字数：1987 千字
2015 年 1 月第一版 2015 年 1 月第一次印刷
定价：**300.00** 元
ISBN 978-7-112-17569-7
(26783)

版权所有 翻印必究
如有印装质量问题，可寄本社退换
(邮政编码 100037)

编辑说明

一、《中国建设年鉴》是由住房和城乡建设部组织编纂的大型工具性年刊，中国建筑工业出版社具体负责编辑出版工作。每年一本，逐年编辑出版。

二、本年鉴力求综合反映我国建设事业发展与改革年度情况，属于大型文献史料性工具书。内容丰富，资料来源准确可靠，具有很强的政策性、指导性、文献性。可为各级建设行政主管领导提供参考，为地区和行业建设发展规划和思路提供借鉴，为国内外各界人士了解中国建设情况提供信息。本书具有重要的史料价值、实用价值和收藏价值。

三、本卷力求全面记述2013年我国房地产业、住房保障、城乡规划、城市建设与市政公用事业、村镇建设、建筑业、建筑节能与科技和国家基础设施建设等方面的主要工作，突出新思路、新举措、新特点。

四、本年鉴记述时限一般为上一年度1月1日至12月31日。考虑有些条目内容的完整性和时效性，为服务住房城乡建设事业，个别记述在时限上有所上溯或下延。为方便读者阅读使用，选录的部分新闻媒体稿件，在时间的表述上，有所改动，如"今年"改为"2013年"。

五、本卷内容共分十篇，分别是特载，专论，建设综述，各地建设，法规政策文件，行业发展研究报告，数据统计与分析，部属单位、社团与部分央企，2013年建设大事记，附录。采用篇目、栏目、分目、条目依次展开，条目为主要信息载体。

六、我国香港特别行政区、澳门特别行政区和台湾地区建设情况暂未列入本卷。

七、本年鉴资料由各省、自治区住房和城乡建设厅，直辖市住房城乡建设行政主管单位及有关部门，国务院有关部委司局，住房和城乡建设部各司局和部属单位、社团等提供。稿件由供稿单位组织专人搜集资料并撰写、供稿单位负责人把关。

八、谨向关心支持《中国建设年鉴》的各地区、有关部门、各单位领导、撰稿人员和有关单位致以诚挚的感谢！

《中国建设年鉴2014》编辑委员会

主　任
　　王　宁　住房和城乡建设部副部长

副主任
　　常　青　住房和城乡建设部办公厅主任
　　沈元勤　中国建筑工业出版社社长

编　委
　　江小群　住房和城乡建设部法规司司长
　　倪　虹　住房和城乡建设部住房改革与发展司司长
　　曹金彪　住房和城乡建设部住房保障司司长
　　孙安军　住房和城乡建设部城乡规划司司长
　　刘　灿　住房和城乡建设部标准定额司司长
　　王志宏　住房和城乡建设部房地产市场监管司司长
　　吴慧娟　住房和城乡建设部建筑市场监管司司长
　　陆克华　住房和城乡建设部城市建设司司长
　　赵　晖　住房和城乡建设部村镇建设司司长
　　李如生　住房和城乡建设部工程质量安全监管司司长
　　杨　榕　住房和城乡建设部建筑节能与科技司司长兼科技与产业化发展中心主任
　　张其光　住房和城乡建设部住房公积金监管司司长
　　何兴华　住房和城乡建设部计划财务与外事司司长
　　陈宜明　住房和城乡建设部人事司司长
　　姜万荣　住房和城乡建设部直属机关党委常务副书记
　　田思明　驻住房和城乡建设部纪检组副组长、监察局局长
　　王早生　住房和城乡建设部稽查办公室主任
　　王忠平　全国市长研修学院（住房和城乡建设部干部学院）常务副院长
　　赵春山　住房和城乡建设部执业资格注册中心主任
　　鞠洪芬　住房和城乡建设部人力资源开发中心主任
　　翟　建　中国建设报社社长
　　杨　斌　北京市住房和城乡建设委员会主任
　　陈　永　北京市市政市容管理委员会主任
　　黄　艳　北京市规划委员会主任
　　邓乃平　北京市园林绿化局局长、首都绿化办公室主任
　　窦华港　天津市城乡建设和交通委员会主任
　　李春梅　天津市规划局常务副局长
　　刘子利　天津市国土资源和房屋管理局局长、书记

沈　毅	天津市市容和园林管理委员会主任	何　健	四川省住房和城乡建设厅党组书记、厅长
汤志平	上海市城乡建设和管理委员会主任	张　鹏	贵州省住房和城乡建设厅厅长
庄少勤	上海市规划和国土资源管理局局长	郭五代	云南省住房和城乡建设厅党组副书记、副厅长
刘海生	上海市住房保障和房屋管理局局长	陈　锦	西藏自治区住房和城乡建设厅厅长
陆月星	上海市绿化和市容管理局（上海市林业局、上海市城市管理行政执法局）党组书记、局长	杨冠军	陕西省住房和城乡建设厅党组书记、厅长
		杨咏中	甘肃省住房和城乡建设厅党组书记、厅长
程志毅	重庆市城乡建设委员会主任	贾应忠	青海省住房和城乡建设厅厅长
张定宇	重庆市国土资源和房屋管理局党组书记、局长	杨玉经	宁夏回族自治区住房和城乡建设厅党组书记、厅长
曹光辉	重庆市规划局局长、党组书记	张　鸿	新疆维吾尔自治区住房和城乡建设厅厅长
朱正举	河北省住房和城乡建设厅厅长		
李栋梁	山西省住房和城乡建设厅党组书记、厅长	刘　平	新疆生产建设兵团建设局局长
		马成恩	大连市城乡建设委员会主任
范　勇	内蒙古自治区住房和城乡建设厅厅长	刘建军	青岛市城乡建设委员会主任
		郑世海	宁波市住房和城乡建设委员会主任
杨占报	黑龙江省住房和城乡建设厅厅长		
商向东	辽宁省住房和城乡建设厅厅长	林德志	厦门市建设与管理局党组书记、局长
秦福义	吉林省住房和城乡建设厅厅长		
周　岚	江苏省住房和城乡建设厅厅长	钟晓鸿	深圳市住房和建设局副巡视员
谈月明	浙江省住房和城乡建设厅厅长	户从义	深圳市规划和国土资源委员会机关党委书记
吴桂和	安徽省住房和城乡建设厅副厅长		
龚友群	福建省住房和城乡建设厅厅长	刘　东	中国铁路总公司建设管理部副主任
陈　平	江西省住房和城乡建设厅党组书记、厅长		
		李彦武	交通运输部公路局局长
宋军继	山东省住房和城乡建设厅厅长	肖大选	交通运输部水运局副局长
裴志扬	河南省住房和城乡建设厅厅长	祝　军	工业和信息化部通信发展司副司长
尹维真	湖北省住房和城乡建设厅厅长		
蒋益民	湖南省住房和城乡建设厅党组书记、厅长	饶　权	文化部财务司副司长（正局级）
		隋　斌	农业部发展计划司司长
王　芃	广东省住房和城乡建设厅厅长	孙继昌	水利部建设与管理司司长
严世明	广西壮族自治区住房和城乡建设厅党组书记、厅长	齐贵新	国家卫生计生委规划与信息司副司长
陈孝京	海南省住房和城乡建设厅副厅长	刁永海	中国民航局机场司司长

赵华林	环境保护部规划财务司司长	王　燕	中国城市规划协会副会长兼秘书长
周利杰	中国建筑工程总公司办公厅副主任	齐继禄	中国勘察设计协会副秘书长
孟凤朝	中国铁建股份有限公司董事长	吴　涛	中国建筑业协会副会长兼秘书长
姚桂清	中国铁路工程总公司副董事长、党委副书记、工会主席	杨存成	中国安装协会副会长兼秘书长
		刘　哲	中国建筑金属结构协会秘书长
范集湘	中国电力建设集团有限公司董事长、党委副书记	修　璐	中国建设监理协会副会长兼秘书长
李　迅	中国城市科学研究会秘书长	李秉仁	中国建筑装饰协会会长
冯　俊	中国房地产业协会副会长兼秘书长	陈蓁蓁	中国公园协会副会长
		王德楼	中国工程建设标准化协会理事长
周　畅	中国建筑学会副理事长、秘书长	徐惠琴	中国建设工程造价管理协会理事长
张洪复	中国土木工程学会副秘书长	刘　杰	中国建设教育协会理事长
陈晓丽	中国风景园林学会理事长	宋　立	全国白蚁防治中心主任
崔衡德	中国市长协会秘书长	王要武	哈尔滨工业大学教授

《中国建设年鉴 2014》工作执行委员会

陈少鹏	住房和城乡建设部办公厅综合处处长
赵锦新	住房和城乡建设部办公厅秘书处处长
王宏轩	住房和城乡建设部办公厅督办处副处长
毕建玲	住房和城乡建设部办公厅宣传信息处处长
欧阳志宏	住房和城乡建设部办公厅档案处处长
宋长明	住房和城乡建设部法规司综合处处长
梁慧文	住房和城乡建设部住房改革与发展司综合处处长
王　超	住房和城乡建设部住房保障司综合处处长
付殿起	住房和城乡建设部城乡规划司综合处处长
吴路阳	住房和城乡建设部标准定额司综合处处长
沈　悦	住房和城乡建设部房地产市场监管司综合处处长
陈　波	住房和城乡建设部建筑市场监管司综合处处长
赵健溶	住房和城乡建设部城市建设司综合法规处处长
顾宇新	住房和城乡建设部村镇建设司综合处处长
宋梅红	住房和城乡建设部工程质量安全监管司综合处副处长
王建清	住房和城乡建设部建筑节能与科技司综合处处长
姜　涛	住房和城乡建设部住房公积金监管司综合处处长
王彦芳	住房和城乡建设部计划财务与外事司综合处处长
管又庆	住房和城乡建设部人事司综合处处长
郭剑飞	住房和城乡建设部直属机关党委办公室主任
韩　煜	住房和城乡建设部稽查办公室综合处处长
李剑英	住房和城乡建设部科技发展促进中心综合财务处处长
浦　湛	住房和城乡建设部政策研究中心处长
徐凌功	住房和城乡建设部人力资源开发中心
单海宁	住房和城乡建设部执业资格注册中心办公室主任
马　红	中国建筑工业出版社中国建设年鉴编辑部主任
李　迎	中国建设报社新闻中心主任
黄天然	北京市建设发展研究中心主任
郑勤俭	北京市市政市容管理委员会研究室调研员
陈建军	北京市规划委员会办公室调研员
王　军	北京市园林绿化局研究室主任
王民洲	北京市水务局办公室主任
施航华	天津市建设工程技术研究所所长
李　蓓	天津市规划局办公室主任
盛中杰	天津市国土资源和房屋管理局综合业务处处长
孟宪国	天津市市容和园林管理委法规处处长
徐存福	上海市城乡建设和管理委员会政策研究室主任
陈薇萍	上海市规划和国土资源管理局办公室（研究室）主任

姓名	单位职务
陈　为	上海市住房保障和房屋管理局办公室主任
金维纶	上海市绿化和市容管理局研究室主任
刘朝煜	重庆市城乡建设委员会办公室主任
熊仪俊	重庆市国土资源和房屋管理局综合处副处长
韩列松	重庆市规划局办公室主任
徐向东	河北省住房和城乡建设厅办公室主任
贺　鑫	山西省住房和城乡建设厅办公室主任
戴军瑞	内蒙古自治区住房和城乡建设厅办公室主任
李守志	黑龙江省住房和城乡建设厅办公室主任
乔晓光	辽宁省住房和城乡建设厅办公室主任
刘　金	吉林省住房和城乡建设厅行业发展处处长
杨洪海	江苏省住房和城乡建设厅办公室主任
陈　航	浙江省住房和城乡建设厅办公室副主任
姚继冬	安徽省住房和城乡建设厅办公室主任
吴建迅	福建省住房和城乡建设厅办公室主任
吴　军	江西省住房和城乡建设厅办公室主任
崔秀顺	山东省住房和城乡建设厅办公室主任
刘江明	河南省住房和城乡建设厅办公室主任
李　斌	湖北省住房和城乡建设厅办公室主任
彭国安	湖南省住房和城乡建设厅办公室主任
黄维德	广东省住房和城乡建设厅办公室主任
叶　云	广西壮族自治区住房和城乡建设厅办公室主任
谢　曦	海南省住房和城乡建设厅改革与发展处副处长
方怀南	四川省住房和城乡建设厅政策法规处处长
袁晓虎	贵州省住房和城乡建设厅办公室副主任
程　鹏	云南省住房和城乡建设厅办公室主任
王世玉	西藏自治区住房和城乡建设厅办公室副主任
杜晓东	陕西省住房和城乡建设厅政策法规处处长
张宝银	甘肃省住房和城乡建设厅办公室主任
斗　拉	青海省住房和城乡建设厅办公室副主任
杨　普	宁夏回族自治区住房和城乡建设厅办公室主任
陆青锋	新疆维吾尔自治区住房和城乡建设厅办公室副调研员
汪　祥	新疆生产建设兵团建设局办公室主任
毕军武	大连市城乡建设委员会办公室主任
田　峰	青岛市城乡建设委员会办公室主任
袁布军	宁波市住房和城乡建设委员会办公室主任
陶相木	厦门市建设与管理局办公室主任
金良富	深圳市规划和国土资源委员会秘书处副处长
吴长松	深圳市住房和建设局办公室主任
李永文	中国铁路总公司建设管理部综合处处长
周荣峰	交通运输部公路局处长
李永恒	交通运输部水运局处长
王晓丽	工业和信息化部通信发展司调研员
王明亮	文化部财务司规划统计处处长
张　辉	农业部发展计划司投资处处长
赵东晓	水利部建设与管理司处长
吴翔天	国家卫生计生委规划与信息司基建装备处副处长
胡天木	中国民航局机场司建设处处长
何　军	环境保护部规划财务司投资处处长
胡　勤	中国建筑工程总公司办公厅副主任
戴开扬	中国铁建股份有限公司办公室主任
常玉伟	中国铁路工程总公司办公厅副主任
魏立军	中国电力建设集团有限公司党委工作部副主任
周兰兰	中国城市科学研究会办公室副主任
刘正义	中国房地产研究会、中国房地产业协会副秘书长
魏　巍	中国建筑学会秘书处综合部副主任
张　君	中国土木工程学会主任助理
付彦荣	中国风景园林学会业务部副主任
费忠军	中国市长协会办公室副主任
何秀兰	中国城市规划协会办公室主任
汪祖进	中国勘察设计协会行业发展研究部主任
王承玮	中国建筑业协会信息传媒部副主任
顾心建	中国安装协会副秘书长
庞　政	中国建设监理协会行业发展部主任
吕志翠	中国建筑金属结构协会办公室副主任

于绍华	中国公园协会副秘书长	薛秀丽	中国建设工程造价管理协会办公室主任
蔡成军	中国工程建设标准化协会副秘书长兼办公室主任	张　晶	中国建设教育协会办公室主任
		毕　刚	全国白蚁防治中心综合处副处长

中国建设年鉴编辑部
主编兼编辑部主任：马红
电　话：010-58934311
地　址：北京市海淀区三里河路9号院　住房和城乡建设部北配楼南楼310室

目　　录

第一篇　特　　载

习近平在中共中央政治局第十次集体学习时
　强调加快推进住房保障和供应体系建设不
　断实现全体人民住有所居的目标 …………… 2
温家宝主持召开国务院常务会议研究部署继
　续做好房地产市场调控工作 ………………… 3
李克强主持召开国务院常务会议研究确定2013
　年政府重点工作的部门分工 ………………… 3
李克强主持召开国务院常务会议研究部署加快
　棚户区改造促进经济发展和民生改善 ……… 4
李克强：保障性安居工程建设是政府硬任务
　硬承诺 ………………………………………… 5
全国住房城乡建设工作会议召开 ……………… 5
全国住房城乡建设系统党风廉政建设工作
　会议召开 ……………………………………… 7

第二篇　专　　论

简论我国健康城镇化的几类底线 ……… 仇保兴 10
落实大气污染防治，深入推进供热计量改革
　——在2013年北方采暖地区供热计量
　　改革工作会议上的讲话 …………… 仇保兴 15
加强和改进行政复议工作提高住房城乡建设
　系统依法行政水平
　——在全国住房城乡建设系统行政复议
　　工作会议上的讲话 ………………… 陈大卫 18
在部分地区建筑安全生产工作汇报会上的
　讲话 …………………………………… 王　宁 22
在2012～2013年度中国建设工程鲁班奖
　（国家优质工程）表彰大会上的讲话 … 王　宁 25

第三篇　建　设　综　述

住房城乡建设法制建设 …………………………… 30
- 相关法律、行政法规立法工作 ………………… 30
- 部门规章立法工作 ……………………………… 30
- 完成行政审批制度改革有关工作 ……………… 30
- 行政复议工作 …………………………………… 31
- 行政应诉工作 …………………………………… 31
- 法规草案征求意见答复、规范性文件清理和
　合法性审核工作 ………………………………… 31
- 全国人大议案、建议和政协提案办理 ………… 32
- "六五"普法中期检查督导 …………………… 32

房地产市场监管 …………………………………… 32
房地产市场调控政策及市场运行基本情况 …… 32
- 房地产开发投资平稳增长 ……………………… 32
- 商品住房交易活跃 ……………………………… 32
- 房价走势总体平稳 ……………………………… 33
- 房地产业对经济增长和财政收入增收作出重要
　贡献 ……………………………………………… 33

房屋交易与权属管理 …………………………… 33
- 开展房地产中介市场专项整治 ………………… 33
- 加强商品房预售管理 …………………………… 34
- 修订商品房买卖合同示范文本 ………………… 34
- 转变政府职能，加强估价机构监管 …………… 34
- 加强房屋租赁管理 ……………………………… 34
- 开展房地产交易与登记规范化管理考核工作 … 34

物业管理发展 …………………………………… 34
- 加强物业管理市场监管 ………………………… 35
- 研究完善维修资金制度 ………………………… 35
- 加强城镇房屋使用安全监管 …………………… 35
- 推动白蚁防治发展模式转变 …………………… 35

城市房屋征收 …………………………………… 35
- 房屋征收工作有序推进 ………………………… 35
- 法规政策不断完善 ……………………………… 35
- 工作机构逐步健全 ……………………………… 35
- 信息公开基本落实 ……………………………… 35

住房保障建设 ……………………………………… 36
概况 …………………………………………… 36
住房保障政策 ………………………………… 36
- 国务院印发《国务院关于加快棚户区改造工作的意见》（国发〔2013〕25号）…………………… 36
- 《住房城乡建设部 财政部 国家发展改革委关于公共租赁住房和廉租住房并轨运行的通知》建保〔2013〕178号 ………………………………… 36
- 《住房城乡建设部关于加强住房保障廉政风险防控工作的指导意见》建保〔2013〕153号 …… 37
- 《住房城乡建设部关于保障性住房实施绿色建筑行动的通知》建办〔2013〕185号 ………… 37
- 《住房城乡建设部关于贯彻实施〈住房保障档案管理办法〉的意见》建办保〔2013〕4号 ……… 38

保障性安居工程年度计划及资金安排 ………… 38
- 年度计划安排 …………………………………… 38
- 中央财政加大投入力度 ………………………… 38

加强保障性安居工程监督检查 ………………… 38
- 开展专项巡查 …………………………………… 38
- 棚户区改造督查 ………………………………… 38
- 住房保障信息公开抽查 ………………………… 38
- 督促落实整改审计发现的问题 ………………… 38

保障性安居工程实施 …………………………… 38
- 年度任务完成 …………………………………… 38
- 落实建设用地 …………………………………… 39
- 工程质量总体可控 ……………………………… 39
- 分配和使用管理进一步完善 …………………… 39

住房公积金监管 ………………………………… 39
概况 …………………………………………… 39
住房公积金业务发展情况 …………………… 39
- 实缴职工人数、归集金额稳定增长 …………… 39
- 提取额增加明显 ………………………………… 40
- 个人贷款发放大幅提升 ………………………… 40

完善住房公积金政策和监管制度建设情况 … 40
- 开展完善住房公积金制度研究工作 …………… 40
- 加快住房公积金业务规范编制工作 …………… 42
- 继续推进监管配套制度建设 …………………… 42

住房公积金监督检查和服务情况 …………… 42
- 加快清收历史遗留涉险资金 …………………… 42
- 继续开展分支机构检查 ………………………… 43
- 12329短消息服务代码获批 …………………… 43

住房公积金试点工作进展情况 ……………… 44
- 住房公积金试点工作平稳推进 ………………… 44

城乡规划 ………………………………………… 44
- 颁布一批城乡规划管理规章 …………………… 44
- 省域城镇体系规划 ……………………………… 44
- 城市总体规划 …………………………………… 44
- 历史文化名城名镇名村保护 …………………… 44
- 国家专项资金补助国家历史文化名城名镇名村保护 ………………………………………… 44
- 绿色生态城区试点示范 ………………………… 44
- 省域城镇体系规划实施评估检查 ……………… 44
- 开展城镇化课题研究 …………………………… 44
- 参与国家新型城镇化规划编制工作 …………… 45
- 继续推进中新天津生态城建设 ………………… 45
- 召开规划局处长会议 …………………………… 45
- 甲级城乡规划编制单位资质审批 ……………… 45
- 注册规划师初始注册和登记 …………………… 45
- 开展地下空间试点工作 ………………………… 45
- 加强城乡规划实施监督 ………………………… 45

城市建设与市政公用事业 ……………………… 45
市政基础设施建设与人居环境 ……………… 45
- 市政道路桥梁设施管理 ………………………… 45
- 生活垃圾处理工作 ……………………………… 45
- 推进供热体制改革 ……………………………… 46
- 推进大气污染防治工作 ………………………… 46
- 推动城市地下管线管理工作 …………………… 46
- 推动加快城镇供水、污水处理设施建设 ……… 46
- 加强城市排水防涝工作的指导 ………………… 46
- 加强城市节水工作 ……………………………… 46
- 推广数字化城市管理模式 ……………………… 46
- 推动城市步行和自行车交通系统示范项目 …… 46
- 促进城镇人居生态环境改善 …………………… 47

世界遗产和风景名胜资源保护工作 ………… 47
- 加强风景名胜区规划建设管理工作 …………… 47
- 做好世界遗产申报和国际交流 ………………… 47

村镇建设 ………………………………………… 47
概况 …………………………………………… 47
- 研究提出全国改善农村人居环境总体思路 …… 48
- 农村危房改造取得新进展 ……………………… 48
- 保护传统村落加速推进 ………………………… 48
- 探索符合农村实际的村庄规划取得创新性进展 ………………………………………………… 48
- 探索农村垃圾污水治理方法取得重要经验 …… 48
- 推进美丽乡村建设和村庄整治 ………………… 48
- 指导和支持小城镇建设 ………………………… 49
- 推进以船为家渔民上岸安居工程 ……………… 49
- 支持和指导地震灾区农房重建 ………………… 49
- 推进大别山片区扶贫联系等工作 ……………… 49

工程建设标准定额 ……………………………… 49
- 2013年工程建设标准、造价基本情况 ………… 49

- 标准定额体系进一步完善 ⋯⋯⋯⋯⋯ 49
- 标准定额重点工作进一步加强 ⋯⋯⋯⋯ 50
- 健全标准定额规章制度 ⋯⋯⋯⋯⋯⋯⋯ 50
- 研究建立标准实施和监督协同工作机制 ⋯ 50
- 抓住关键环节，提高管理水平 ⋯⋯⋯⋯ 50
- 完善信息服务，方便公众查询 ⋯⋯⋯⋯ 51
- 工作研究进一步加强 ⋯⋯⋯⋯⋯⋯⋯⋯ 51
- 专题研究进一步提升 ⋯⋯⋯⋯⋯⋯⋯⋯ 51
- 开展多种试点探索 ⋯⋯⋯⋯⋯⋯⋯⋯⋯ 51
- 2013年批准发布的国家标准 ⋯⋯⋯⋯⋯ 52
- 2013年批准发布的行业标准 ⋯⋯⋯⋯⋯ 56
- 2013年批准发布的产品标准 ⋯⋯⋯⋯⋯ 57
- 2013年工程项目建设标准发布目录 ⋯⋯ 59
- 2013年废止标准发布目录 ⋯⋯⋯⋯⋯⋯ 59

工程质量安全监管 ⋯⋯⋯⋯⋯⋯⋯⋯⋯⋯ 64
　概况 ⋯⋯⋯⋯⋯⋯⋯⋯⋯⋯⋯⋯⋯⋯⋯⋯ 64
　工程质量监管 ⋯⋯⋯⋯⋯⋯⋯⋯⋯⋯⋯⋯ 64
- 加强法规制度建设 ⋯⋯⋯⋯⋯⋯⋯⋯⋯ 64
- 组织开展对部分省市保障性安居工程质量
  监督执法检查 ⋯⋯⋯⋯⋯⋯⋯⋯⋯⋯⋯ 64
- 部署开展住宅工程质量常见问题专项治理 ⋯ 64
- 认真调查处理工程质量事故质量问题 ⋯ 64
- 开展工程质量管理工作调研 ⋯⋯⋯⋯⋯ 64
- 夯实质量监管工作基础 ⋯⋯⋯⋯⋯⋯⋯ 64

　建筑安全监管 ⋯⋯⋯⋯⋯⋯⋯⋯⋯⋯⋯⋯ 64
- 加强工作部署 ⋯⋯⋯⋯⋯⋯⋯⋯⋯⋯⋯ 65
- 完善规章制度 ⋯⋯⋯⋯⋯⋯⋯⋯⋯⋯⋯ 65
- 强化事故通报督办 ⋯⋯⋯⋯⋯⋯⋯⋯⋯ 65
- 开展监督检查 ⋯⋯⋯⋯⋯⋯⋯⋯⋯⋯⋯ 65
- 推进长效机制 ⋯⋯⋯⋯⋯⋯⋯⋯⋯⋯⋯ 65

　城市轨道交通工程质量安全监管 ⋯⋯⋯⋯ 65
- 健全制度规范 ⋯⋯⋯⋯⋯⋯⋯⋯⋯⋯⋯ 65
- 加强监督检查 ⋯⋯⋯⋯⋯⋯⋯⋯⋯⋯⋯ 65
- 研究关键性问题 ⋯⋯⋯⋯⋯⋯⋯⋯⋯⋯ 65
- 强化人员培训 ⋯⋯⋯⋯⋯⋯⋯⋯⋯⋯⋯ 66
- 促进经验交流 ⋯⋯⋯⋯⋯⋯⋯⋯⋯⋯⋯ 66

　勘察设计质量监管与行业技术进步 ⋯⋯⋯ 66
- 加强法规制度建设 ⋯⋯⋯⋯⋯⋯⋯⋯⋯ 66
- 加强施工图审查管理 ⋯⋯⋯⋯⋯⋯⋯⋯ 66
- 开展监督检查与调研 ⋯⋯⋯⋯⋯⋯⋯⋯ 66
- 加强标准设计管理 ⋯⋯⋯⋯⋯⋯⋯⋯⋯ 66
- 推动行业技术进步 ⋯⋯⋯⋯⋯⋯⋯⋯⋯ 66
- 强化国家级工法管理 ⋯⋯⋯⋯⋯⋯⋯⋯ 66
- 组织中日JICA抗震研修活动 ⋯⋯⋯⋯⋯ 66
- 开展技术进步基础性研究 ⋯⋯⋯⋯⋯⋯ 66

　城乡建设抗震防灾 ⋯⋯⋯⋯⋯⋯⋯⋯⋯⋯ 66
- 加强法规制度和标准体系建设 ⋯⋯⋯⋯ 66
- 加强建筑工程抗震防灾管理 ⋯⋯⋯⋯⋯ 66
- 做好城市抗震防灾规划编制与实施工作 ⋯ 67
- 提高抗震救灾与应急能力 ⋯⋯⋯⋯⋯⋯ 67

　住房城乡建设部安全生产管理委员会
　　办公室工作 ⋯⋯⋯⋯⋯⋯⋯⋯⋯⋯⋯⋯ 67
- 组织开展住房城乡建设系统安全生产大检查 ⋯ 67
- 加强安全工作部署 ⋯⋯⋯⋯⋯⋯⋯⋯⋯ 67

建筑市场监管 ⋯⋯⋯⋯⋯⋯⋯⋯⋯⋯⋯⋯ 67
　概况 ⋯⋯⋯⋯⋯⋯⋯⋯⋯⋯⋯⋯⋯⋯⋯⋯ 67
　完善建筑市场监管法规建设，加强市场
　　监管 ⋯⋯⋯⋯⋯⋯⋯⋯⋯⋯⋯⋯⋯⋯⋯ 67
- 完善建筑市场监管法规体系建设 ⋯⋯⋯ 67
- 修订合同示范文本 ⋯⋯⋯⋯⋯⋯⋯⋯⋯ 67
- 强化房屋和市政工程招投标监管 ⋯⋯⋯ 68
- 完善个人执业制度，落实注册人员执业责任 ⋯ 68

　解放思想，大力推进行政审批制度改革 ⋯⋯ 68
- 加大简政放权工作力度 ⋯⋯⋯⋯⋯⋯⋯ 68
- 简化修订工程建设企业资质标准 ⋯⋯⋯ 68
- 积极试点，稳步推进电子化审查工作 ⋯ 68
- 完善专家审查制度 ⋯⋯⋯⋯⋯⋯⋯⋯⋯ 68

　加大处罚力度，优化市场环境 ⋯⋯⋯⋯⋯ 68
- 继续加大对市场违法违规行为的查处力度 ⋯ 68
- 健全建筑市场违法违规查处情况报送通报
  制度 ⋯⋯⋯⋯⋯⋯⋯⋯⋯⋯⋯⋯⋯⋯⋯ 68

　加快信息化建设，提升监管水平 ⋯⋯⋯⋯ 68
- 加快建筑市场监管信息系统建设，实现全
  国联网运行 ⋯⋯⋯⋯⋯⋯⋯⋯⋯⋯⋯⋯ 68
- 继续完善诚信体系建设 ⋯⋯⋯⋯⋯⋯⋯ 69

　营造良好政策环境，促进行业健康发展 ⋯⋯ 69
- 调整政策导向，解决突出问题 ⋯⋯⋯⋯ 69
- 完善行业统计制度 ⋯⋯⋯⋯⋯⋯⋯⋯⋯ 69
- 加强对外交流合作 ⋯⋯⋯⋯⋯⋯⋯⋯⋯ 69

建筑节能与科技 ⋯⋯⋯⋯⋯⋯⋯⋯⋯⋯⋯ 69
　概况 ⋯⋯⋯⋯⋯⋯⋯⋯⋯⋯⋯⋯⋯⋯⋯⋯ 69
　建筑节能与绿色建筑工作 ⋯⋯⋯⋯⋯⋯⋯ 69
- 新建建筑执行节能强制性标准 ⋯⋯⋯⋯ 69
- 既有居住建筑节能改造 ⋯⋯⋯⋯⋯⋯⋯ 70
- 公共建筑节能监管体系建设 ⋯⋯⋯⋯⋯ 70
- 可再生能源建筑应用 ⋯⋯⋯⋯⋯⋯⋯⋯ 70
- 绿色建筑行动方案与绿色生态城区建设 ⋯ 70
- 绿色建筑评价标识 ⋯⋯⋯⋯⋯⋯⋯⋯⋯ 70

　强化技术创新，实施重大科技项目 ⋯⋯⋯ 70
- 组织实施"水体污染控制与治理"国家科技
  重大专项 ⋯⋯⋯⋯⋯⋯⋯⋯⋯⋯⋯⋯⋯ 70

- 组织实施"高分辨率对地观测系统"国家科技重大专项"高分城市精细化管理遥感应用示范系统"项目 …… 70
- 组织实施"十二五"国家科技支撑计划项目 … 70
- 组织2013年度国家软科学和重点新产品计划项目申报 …… 71
- 组织开展2013年度产业技术创新战略联盟试点申报工作 …… 71
- 开展《国家中长期科学和技术发展规划纲要(2006—2020年)》中期实施情况部门调查和领域评估 …… 71
- 开展住房和城乡建设部年度科学技术项目计划工作 …… 71

开展国家智慧城市试点工作 …… 71
- 智慧城市试点申报和评审 …… 71
- 加强智慧城市试点过程管理 …… 71
- 强化智慧城市技术支撑 …… 71
- 创新投融资模式 …… 71

国际科技合作深化和扩大 …… 71
- 中德合作被动式超低能耗绿色建筑示范工程竣工并通过测试 …… 71
- 首批中美低碳生态试点城市工作启动 …… 71
- 深化中加现代木结构建筑技术合作，启动中加低碳生态试点城市合作 …… 72
- 中欧低碳生态城市合作项目启动 …… 72
- 世界银行/全球环境基金中国城市建筑节能与可再生能源应用项目启动 …… 72
- 推动住房城乡建设领域应对气候变化 …… 72

住房城乡建设人事教育 …… 72
概况 …… 72
- 住房和城乡建设部全国市长研修学院、干部学院机构调整 …… 72
- 住房和城乡建设部政策研究中心、中国城乡建设经济研究所机构调整 …… 72
- 住房和城乡建设部办公厅、法规司行政编制调整 …… 72
- 住房和城乡建设部建筑杂志社事业编制核销 … 72
- 住房和城乡建设部法规司内设机构调整 …… 73
- 住房和城乡建设部城乡规划管理中心(遥感应用中心)加挂牌子 …… 73
- 住房和城乡建设部城乡规划管理中心(遥感应用中心、世界自然遗产保护研究中心)内设机构调整 …… 73
- 住房和城乡建设部召开住房城乡建设系统人事处长座谈会 …… 73

高等教育 …… 73
- 教育部、住房城乡建设部共建长安大学 …… 73
- 住房城乡建设部组建新一届高等学校土建学科教学指导委员会 …… 73
- 新一届高等学校土木工程学科专业指导委员会组成人员名单 …… 74
- 新一届高等学校建筑环境与能源应用工程学科专业指导委员会组成人员名单 …… 74
- 新一届高等学校给排水科学与工程学科专业指导委员会组成人员名单 …… 74
- 新一届高等学校建筑电气与智能化学科专业指导委员会组成人员名单 …… 74
- 新一届高等学校建筑学学科专业指导委员会组成人员名单 …… 74
- 新一届高等学校城乡规划学科专业指导委员会组成人员名单 …… 74
- 新一届高等学校风景园林学科专业指导委员会组成人员名单 …… 75
- 新一届高等学校工程管理和工程造价学科专业指导委员会组成人员名单 …… 75
- 新一届高等学校房地产开发与管理和物业管理学科专业指导委员会组成人员名单 …… 75
- 土建类专业本科指导性专业规范制定颁布 …… 75
- 2012~2013年度高等学校建筑学专业教育评估工作 …… 75
- 2012~2013年度高等学校城乡规划专业教育评估工作 …… 77
- 2012~2013年度高等学校土木工程专业教育评估工作 …… 79
- 2012~2013年度高等学校建筑环境与能源应用工程专业教育评估工作 …… 81
- 2012~2013年度高等学校给排水科学与工程专业教育评估工作 …… 82
- 2012~2013年度高等学校工程管理专业教育评估工作 …… 83

干部教育培训及人才工作 …… 83
- 领导干部和专业技术人员培训工作 …… 83
- 举办全国专业技术人才知识更新工程高级研修班 …… 84
- 住房城乡建设部选派3名博士服务团成员到西部地区服务锻炼 …… 84
- 住房城乡建设部所属单位新增1人入选国家百千万人才工程 …… 84

执业资格工作 …… 84
- 住房城乡建设领域个人执业资格考试情况 …… 84
- 住房城乡建设领域个人执业资格及注册情况 … 84

劳动与职业教育 …… 85

- 继续做好国家职业分类大典修订工作 …… 85
- 指导推进行业从业人员培训鉴定工作 …… 85
- 做好高技能人才选拔培养工作 …… 85
- 加强行业中等职业教育指导工作 …… 85
- 继续做好建筑业农民工工作 …… 85

城乡建设档案工作 …… 86
- 城建档案法制建设 …… 86
- 加强城建档案执法检查工作 …… 86
- 强化建设工程竣工档案归集管理 …… 86
- 各级城建档案馆库建设 …… 86
- 中小城市、区县城建档案工作 …… 87
- 加大重点工程档案管理力度 …… 87
- 推进数字声像档案管理 …… 87
- 城建档案信息化建设 …… 87
- 强化地下管线档案管理 …… 87
- 城市地下管线工程普查和信息化建设 …… 88

住房城乡建设稽查执法 …… 88
- 重点稽查执法工作 …… 88
- 案件稽查 …… 89
- 受理举报工作 …… 89
- 住房公积金督察工作 …… 90
- 部派城乡规划督察工作 …… 90
- 利用卫星遥感技术辅助城乡规划督察工作 …… 90
- 稽查执法体制机制建设 …… 91
- 稽查执法工作调研 …… 91
- 地方稽查执法制度建设 …… 92
- 地方城乡规划督察制度建设 …… 92

固定资产投资 …… 93
全社会固定资产投资保持平稳增长，结构进一步优化 …… 93
- 投资运行总体平稳，对经济增长发挥了重要拉动作用 …… 93
- 中西部投资增长相对较快，区域投资结构持续优化 …… 93
- 第三产业投资增速加快，产业投资结构更趋优化 …… 93
- 基础设施投资快速增长，房地产开发投资增速有所加快，制造业投资增速下降 …… 93
- 资金来源总体保持平稳增长 …… 93
- 新开工项目规模增长放缓，施工项目增长相对平稳 …… 93

中央投资发挥重要引导带动作用 …… 93
- 统筹用好2013年度中央预算内投资 …… 93
- 改进中央预算内投资管理，提高中央投资效益 …… 94
- 调整优化2014年度中央预算内投资安排 …… 94

以简政放权为主线，深化投资体制改革 …… 94
- 精简企业投资项目核准事项，转变投资管理方式 …… 94
- 进一步鼓励引导民间投资健康发展 …… 95
- 加强投资领域法制建设，构建投资管理长效机制 …… 95

大力推进保障性安居工程建设，继续做好房地产市场调控工作 …… 95
- 进一步加大棚户区改造力度 …… 95
- 加强保障性安居工程建设和管理 …… 95
- 继续做好房地产市场调控工作 …… 95

铁路建设 …… 96
概况 …… 96
- 铁路建设加快推进 …… 96
- 管理制度系统修订 …… 96
- 建设标准全面梳理 …… 96
- 质量安全有序可控 …… 96
- 激励约束收到成效 …… 96
- 队伍建设深化加强 …… 97

建设管理 …… 97
- 管理制度体系构建 …… 97
- 铁路市场建设 …… 97
- 重要管理办法 …… 98

技术标准 …… 98
- 建设标准 …… 98
- 造价标准 …… 98
- 标准设计 …… 98
- 相关标准研究 …… 99

2013年新开工主要项目 …… 99
- 成都至贵阳铁路乐山至贵阳段 …… 99
- 连云港至盐城铁路 …… 99
- 九景衢铁路 …… 99
- 重庆至贵阳铁路扩能改造工程 …… 99
- 石家庄至济南客运专线 …… 99

2013年销号主要项目 …… 99
- 武汉至宜昌铁路 …… 99
- 上海至杭州客运专线 …… 100
- 六盘水至沾益增建二线 …… 100
- 合肥至蚌埠客运专线 …… 100
- 哈尔滨至大连客运专线 …… 100

2013年续建主要项目 …… 100
- 南宁至黎塘铁路 …… 100
- 重庆至利川铁路 …… 100
- 盘锦至营口客运专线 …… 100
- 天津至秦皇岛客运专线 …… 100
- 向塘至莆田铁路 …… 100
- 大同至西安铁路 …… 101

- 海南西环铁路 …… 101
- 兰州至重庆铁路 …… 101
- 拉萨至日喀则铁路 …… 101
- 成都至重庆客运专线 …… 101
- 南京至安庆城际铁路 …… 101
- 南宁至广州铁路 …… 101
- 哈尔滨至齐齐哈尔客运专线 …… 101
- 山西中南部铁路通道工程 …… 101
- 沈阳至丹东客运专线 …… 102
- 兰新铁路第二双线 …… 102
- 贵阳至广州铁路 …… 102
- 天津至保定铁路 …… 102
- 郑州至徐州铁路客运专线 …… 102
- 长沙至昆明客运专线 …… 102
- 杭州至长沙客运专线 …… 102
- 张家口至唐山铁路 …… 102
- 合肥至福州铁路 …… 102
- 青岛至荣城城际铁路 …… 103
- 成都至绵阳至乐山铁路客运专线 …… 103
- 成都至兰州铁路 …… 103

公路建设
- 公路建设基本情况 …… 103
- 重点项目建设 …… 104
- 以高速公路施工标准化活动为载体，全面推行现代工程管理 …… 104
- 推进工程管理体制改革 …… 104
- 组织重点项目竣工验收 …… 104
- 西藏墨脱公路建成通车 …… 104

水运工程建设
- 水运工程标准制定修订 …… 105
- 《交通运输部关于推进水运行业应用液化天然气的指导意见》发布 …… 105
- 《绿色港口等级评价标准》发布 …… 106
- 以试点示范项目促进行业绿色发展实现结构调整 …… 106
- 2013年水运工程工法情况介绍 …… 106
- 沿海港口建设 …… 106
- 内河水运建设 …… 107
- 交通运输支持系统基本建设 …… 107
- 苏州港太仓港区三期工程通过竣工验收 …… 107
- 青岛港前湾港区招商局国际集装箱码头工程（1号、2号、3号泊位）通过竣工验收 …… 107

通信业建设
- 概况 …… 107
- 运营企业基础设施建设加快 …… 108
- 认真贯彻落实光纤到户国家标准 …… 108
- 通信建设招投标监管 …… 108
- 通信工程质量监督 …… 108
- 通信建设工程安全生产管理 …… 109
- 通信工程建设标准定额编制管理 …… 109
- 切实转变政府职能，取消行政审批事项 …… 109

民航建设
机场管理法规规章及技术标准 …… 110
- 规章修订 …… 110
- 技术标准颁布下发 …… 110
机场及配套设施建设 …… 110
- 重点建设项目 …… 110
- 其他建设项目 …… 110
- 机场规划管理 …… 110
2013年民航建设纪事 …… 110

公共文化服务设施建设
全国公共文化设施建设稳步推进 …… 111
- 全国文化（文物）系统基本建设投资项目总数2279个 …… 111
- 全国文化基建项目1498个 …… 111
- 全国文物事业机构新建项目总数为781个 …… 111
- 公共图书馆建设项目207个 …… 111
- 群众艺术馆、文化馆、乡镇文化站建设项目668个 …… 111
- 博物馆建设项目285个 …… 111
基层文化设施建设项目为建设主体 …… 111
- 基层文化设施建设投入 …… 111
- 乡镇综合文化站建设 …… 111
地市级公共文化设施建设 …… 112
国家重点文化设施建设 …… 112

卫生计生基础设施建设 …… 112
- 2013年卫生计生建设项目中央投资全部下达 …… 112
- 玉树地震灾区卫生计生系统灾后恢复重建任务初步完成 …… 112
- 《社区卫生服务中心、站建设标准》正式颁布实施 …… 112
- 国家卫生计生委预算管理单位建设 …… 112

农业基本建设 …… 113
- 概况 …… 113
2013年农业基本建设投资情况 …… 113
- 农业综合生产能力建设117.2816亿元 …… 113
- 农业科技创新能力建设10.5092亿元 …… 113
- 农业公共服务能力条件建设33.4904亿元 …… 113
- 农业资源和环境保护与利用条件建设48.2568亿元 …… 113
- 民生基础设施建设32.2255亿元 …… 113

- 农业基本建设项目管理主要措施 …………… 114
  - 加强农业项目规范标准建设 …………… 114
  - 强化农业基本建设项目监督管理工作 …… 114
  - 不断创新优化项目管理方式 …………… 114
- **环境保护建设** …………………………… 114
  - 环境保护投资及主要用途 ……………… 114
  - 环境保护能力建设 ……………………… 114
- **西部开发建设** …………………………… 115
  - 概况 ……………………………………… 115
  - 西部大开发政策和规划落实 …………… 115
  - 重大基础设施建设 ……………………… 115
  - 生态修复和环境保护 …………………… 116
  - 促进特色优势产业发展 ………………… 116
  - 教育科技发展和人才建设 ……………… 116
  - 统筹兼顾，稳步推进社会事业发展 …… 117
  - 深化改革扩大开放 ……………………… 118

第四篇 各 地 建 设

北京市 …………………………………… 120
- **住房和城乡建设工作** …………………… 120
  - 概况 ……………………………………… 120
  - 政策规章 ………………………………… 121
  - 房地产业 ………………………………… 121
  - 住房保障 ………………………………… 124
  - 城市建设与市政公用事业 ……………… 125
  - 村镇建设 ………………………………… 126
  - 工程建设标准定额 ……………………… 126
  - 工程质量安全监管 ……………………… 127
  - 建筑市场 ………………………………… 128
  - 建筑节能与科技 ………………………… 129
  - 建设人事教育工作 ……………………… 131
  - 大事记 …………………………………… 132
- **城乡规划** ………………………………… 134
  - 概况 ……………………………………… 134
  - 规划研究和规划编制 …………………… 134
  - 规划管理与城市景观 …………………… 139
  - 工程设计与标准 ………………………… 139
  - 勘察·设计 ……………………………… 140
  - 地名规划和地名变更 …………………… 141
- **市政公用基础设施建设和管理** ………… 141
  - 概况 ……………………………………… 141
  - 市政公用基础设施建设和管理 ………… 142
- **园林绿化美化建设** ……………………… 144
- **水务建设与管理** ………………………… 149

天津市 …………………………………… 151
- **城乡规划建设管理** ……………………… 151
  - 概况 ……………………………………… 151
  - 规划管理 ………………………………… 153
  - 法制建设 ………………………………… 158
  - 科技工作 ………………………………… 158
  - 调研工作 ………………………………… 159
  - 信息化建设 ……………………………… 159
- **城乡建设与交通建设** …………………… 160
- **房地产业与住房保障** …………………… 161
  - 房地产市场管理 ………………………… 161
  - 住房保障 ………………………………… 164
  - 大事记 …………………………………… 166
- **建筑业与工程建设** ……………………… 167
- **建筑节能与科技** ………………………… 168
- **市容环境与园林绿化** …………………… 169
  - 大事记 …………………………………… 171

河北省 …………………………………… 173
- 概况 ……………………………………… 173
- 政策规章 ………………………………… 173
- 房地产业 ………………………………… 173
- 住房保障 ………………………………… 174
- 公积金管理 ……………………………… 175
- 城乡规划 ………………………………… 175
- 城市建设与市政公用事业 ……………… 176
- 村镇规划建设 …………………………… 176
- 工程建设标准定额 ……………………… 177
- 工程质量安全监督 ……………………… 177
- 建筑市场 ………………………………… 178
- 建筑节能与科技 ………………………… 178
- 建设人事教育工作 ……………………… 179
- 大事记 …………………………………… 179

山西省 …………………………………… 183
- 概况 ……………………………………… 183
- 政策规章 ………………………………… 183
- 房地产业 ………………………………… 183
- 住房保障 ………………………………… 183
- 公积金管理 ……………………………… 184
- 城乡规划 ………………………………… 184
- 城市建设与市政公用事业 ……………… 185
- 村镇规划建设 …………………………… 185
- 工程建设标准定额 ……………………… 186
- 工程质量安全监督 ……………………… 186
- 建筑市场 ………………………………… 186
- 建筑节能与科技 ………………………… 186

- 建设人事教育工作 …… 186
- 重点工程建设 …… 187
- 政务信息公开 …… 187
- 转型综改试验工作 …… 187
- 党风廉政和作风建设 …… 187
- 推进行政审批制度改革 …… 188
- 技术技能大赛 …… 188
- 大事记 …… 189

内蒙古自治区 …… 191
- 概况 …… 191
- 政策规章 …… 191
- 房地产业发展 …… 192
- 住房保障 …… 193
- 城乡规划 …… 194
- 城市建设与市政公用事业 …… 194
- 村镇规划建设 …… 195
- 工程质量与安全监督 …… 196
- 建筑业发展 …… 197
- 建筑节能与科技 …… 199
- 城乡建设稽查执法 …… 199
- 大事记 …… 200

辽宁省 …… 201
- 概况 …… 201
- 住房保障 …… 202
- 房地产业 …… 203
- 建筑业 …… 203
- 推进新型城镇化 …… 204
- 城市建设与市政公用事业 …… 204
- 城乡规划 …… 204
- 政策规章 …… 205
- 公积金管理 …… 205
- 勘察设计和工程质量安全监督 …… 205
- 招投标监管 …… 206
- 建筑节能与科技 …… 206
- 工程造价管理 …… 207
- 建设人事教育工作 …… 207

吉林省 …… 208
- 概况 …… 208
- 政策法规 …… 208
- 房地产业 …… 209
- 住房保障 …… 209
- 住房公积金管理 …… 209
- 城乡规划 …… 210
- 城市建设与市政公用事业 …… 210
- 村镇建设和规划 …… 211
- 工程建设标准定额 …… 211
- 工程质量监督 …… 211
- 建筑市场 …… 212

- 建筑节能与科技 …… 212
- 建设人事教育工作 …… 213
- 大事记 …… 213

黑龙江省 …… 214
- 概况 …… 214
- 保障性安居工程建设 …… 214
- 农村泥草(危)房改造 …… 214
- 灾后房屋恢复重建 …… 214
- 镇化试点工程建设 …… 215
- "三供三治"工程建设 …… 215
- 建设领域科技节能 …… 215
- 城乡环境综合整治 …… 215
- 房地产、建筑业平稳健康发展 …… 215
- 法制建设 …… 216
- 党的群众路线教育实践活动 …… 216

上海市 …… 216
城乡建设 …… 216
- 概况 …… 216
- 市政基础设施 …… 218
- 重大工程建设 …… 219
- 建筑业 …… 221
- 法制建设 …… 224

规划和国土资源管理 …… 226
- 概况 …… 226
- 规划获批 …… 227

住房保障和房屋管理 …… 229
- 城市建设 …… 229
- 旧房改造 …… 230
- 房地产市场管理 …… 231
- 房屋征收(拆迁)管理 …… 231
- 物业管理 …… 232
- 住房保障 …… 233
- 大事记 …… 234

市容管理与城市绿化 …… 235
- 行政执法 …… 235
- 市容环境卫生整治 …… 236
- 环境工程建设与会议 …… 239
- 城市生态建设 …… 240
- 环境(行业)管理 …… 241

江苏省 …… 243
- 概况 …… 243
- 政策规章 …… 244
- 房地产业 …… 244
- 住房保障 …… 246
- 公积金管理 …… 246
- 城乡规划 …… 246
- 城市建设 …… 248

- 村镇规划建设 …… 250
- 工程建设标准定额 …… 251
- 工程质量安全监督 …… 252
- 建筑市场 …… 252
- 建筑节能与科技 …… 256

浙江省 …… 257
- 概况 …… 257
- 依法行政 …… 257
- 房地产业 …… 257
- 住房保障 …… 257
- 公积金管理 …… 258
- 城乡规划与风景名胜保护 …… 258
- 城市建设与市政公用事业 …… 258
- 村镇规划建设 …… 258
- 工程建设标准定额 …… 258
- 工程质量安全监督 …… 259
- 建筑市场 …… 259
- 建筑节能与科技 …… 259
- 教育培训与党建 …… 259
- 建设信息化 …… 259
- "三改一拆"专项行动 …… 259
- 大事记 …… 259

安徽省 …… 262
- 概况 …… 262
- 政策规章 …… 262
- 房地产业 …… 263
- 住房保障 …… 264
- 公积金管理 …… 265
- 城乡规划 …… 267
- 城市建设与市政公用事业 …… 268
- 村镇规划与建设 …… 270
- 工程建设标准定额 …… 271
- 工程质量安全监督 …… 272
- 建筑市场 …… 274
- 建筑节能与建设科技 …… 275
- 建设人事教育工作 …… 276
- 大事记 …… 277

福建省 …… 281
- 概况 …… 281
- 政策法规 …… 283
- 住房保障 …… 284
- 房地产市场监管 …… 287
- 住房公积金监管 …… 287
- 城乡规划 …… 288
- 城市建设 …… 290
- 村镇建设 …… 291
- 勘察设计 …… 292
- 工程质量安全监督 …… 293
- 建筑市场 …… 296
- 建筑节能与科技 …… 298
- 人事教育 …… 299
- 大事记 …… 300

江西省 …… 301
- 概况 …… 301
- 法制建设 …… 302
- 建筑业与工程建设 …… 303
- 城乡规划 …… 304
- 城市建设 …… 305
- 村镇建设 …… 306
- 房地产业 …… 307
- 建设教育 …… 308
- 住房保障 …… 309
- 勘察设计与建设节能 …… 309
- 住房公积金管理 …… 310
- 大事记 …… 311

山东省 …… 312
- 概况 …… 312
- 城镇化 …… 314
- 政策规章 …… 315
- 房地产业 …… 315
- 住房保障 …… 317
- 公积金管理 …… 317
- 城乡规划 …… 318
- 城市建设与市政公用事业 …… 318
- 村镇规划建设 …… 319
- 工程质量安全监督 …… 320
- 建筑市场 …… 322
- 建筑节能与科技 …… 322
- 大事记 …… 323

河南省 …… 324
- 概况 …… 324
- 城乡规划与建设 …… 329
- 村镇规划与建设 …… 331
- 住房保障与房地产业 …… 332
- 工程建设与建筑业 …… 335
- 大事记 …… 343

湖北省 …… 346
- 概况 …… 346
- 建设法制 …… 347
- 房地产业 …… 347
- 住房保障 …… 348
- 公积金监管 …… 349
- 城乡规划 …… 349
- 城市建设与市政公用事业 …… 350
- 村镇规划建设 …… 351

- 城市管理 ……………………………… 352
- 建筑业 ………………………………… 352
- 建筑节能与科技 ……………………… 353
- 建设人事教育 ………………………… 354
- 大事记 ………………………………… 354

湖南省 ……………………………………… 357
- 概况 …………………………………… 357
- 政策法规 ……………………………… 358
- 重点工程建设 ………………………… 359
- 住房保障 ……………………………… 360
- 城乡规划 ……………………………… 360
- 房地产业 ……………………………… 361
- 住房公积金管理 ……………………… 362
- 建筑业 ………………………………… 363
- 城市建设 ……………………………… 363
- 村镇建设 ……………………………… 364
- 勘察设计 ……………………………… 365
- 世界遗产和风景名胜 ………………… 366
- 建筑节能与科技及标准化 …………… 366
- 建设教育 ……………………………… 367
- 党风廉政 ……………………………… 368
- 精神文明建设 ………………………… 368

广东省 ……………………………………… 369
- 概况 …………………………………… 369
- 政策规章 ……………………………… 370
- 房地产业 ……………………………… 371
- 住房保障 ……………………………… 372
- 公积金管理 …………………………… 373
- 城乡规划 ……………………………… 373
- 城市建设与市政公用事业 …………… 375
- 村镇规划建设 ………………………… 376
- 工程建设标准定额 …………………… 376
- 工程质量安全监督 …………………… 377
- 建筑市场 ……………………………… 378
- 建筑节能与科技 ……………………… 380
- 建设人事教育工作 …………………… 381
- 大事记 ………………………………… 381

广西壮族自治区 …………………………… 385
- 概况 …………………………………… 385
- 政策规章 ……………………………… 386
- 房地产业 ……………………………… 386
- 住房保障 ……………………………… 386
- 公积金管理 …………………………… 387
- 城乡规划 ……………………………… 387
- 城市建设与市政公用事业 …………… 387
- 村镇规划建设 ………………………… 388
- 工程建设标准定额 …………………… 388
- 工程质量安全监督 …………………… 389

- 建筑市场 ……………………………… 389
- 建筑节能与科技 ……………………… 389
- 建设人事教育工作 …………………… 389
- 大事记 ………………………………… 389

海南省 ……………………………………… 393
- 概况 …………………………………… 393
- 城镇规划建设 ………………………… 395
- 村镇规划建设 ………………………… 399
- 房地产业 ……………………………… 399
- 建筑市场 ……………………………… 401
- 勘察设计 ……………………………… 402
- 建设科技 ……………………………… 403
- 建设政策法规 ………………………… 404
- 建设执法稽查 ………………………… 404
- 建设系统行政审批 …………………… 405
- 建设人才教育培训 …………………… 405

重庆市 ……………………………………… 406
 城乡规划 …………………………………… 406
  - 大事记 ……………………………… 407
 城乡建设 …………………………………… 409
 房地产市场与保障性住房建设 …………… 413
  - 房地产交易会 ……………………… 413
  - 住房保障 …………………………… 414
  - 房地产管理 ………………………… 414

四川省 ……………………………………… 416
- 概况 …………………………………… 416
- 灾后重建 ……………………………… 417
- 城乡环境综合治理 …………………… 420
- 新型城镇化 …………………………… 421
- 城乡规划 ……………………………… 422
- 城市建设 ……………………………… 423
- 村镇建设 ……………………………… 423
- 勘察设计与科学技术 ………………… 424
- 建筑业 ………………………………… 425
- 建设工程招投标管理 ………………… 426
- 建设工程造价管理 …………………… 427
- 建设工程质量安全监督 ……………… 427
- 散装水泥推广 ………………………… 429
- 房地产市场监管 ……………………… 429
- 住房保障 ……………………………… 430
- 住房公积金监管 ……………………… 430
- 风景园林 ……………………………… 431
- 世界遗产管理 ………………………… 432
- 标准定额管理 ………………………… 432
- 省政府投资项目代建管理 …………… 433
- 行政审批 ……………………………… 433
- 建设法制 ……………………………… 434

19

- 建设监察 ········· 435
- 机关党建 ········· 435
- 大事记 ········· 436

贵州省 ········· 439
- 加强房地产市场监管 ········· 439
- 住房供应体系逐步完善 ········· 440
- 城乡规划引领作用充分发挥 ········· 440
- 城镇综合承载能力大幅增强 ········· 440
- 建筑业持续健康发展 ········· 440
- 人才队伍建设有序推进 ········· 440

云南省 ········· 441
- 概况 ········· 441
- 房地产业 ········· 442
- 保障性住房建设 ········· 443
- 住房公积金监管 ········· 444
- 城乡规划 ········· 445
- 城市建设与市政公用事业 ········· 446
- 村镇建设和抗震防震工作 ········· 449
- 工程质量安全监督 ········· 450
- 建筑业与工程建设 ········· 451
- 建筑节能与科技 ········· 453
- 风景名胜区管理和世界遗产保护工作 ········· 454
- 建设人事教育工作 ········· 454
- 大事记 ········· 455

西藏自治区 ········· 456
- 概况 ········· 456
- 住房保障工作 ········· 456
- 城乡基础设施建设 ········· 457
- 城乡规划和建设管理 ········· 457
- 建筑业继续保持平稳较快发展 ········· 457
- 工程质量安全监管 ········· 457
- 房地产业逐步回暖 ········· 457
- 专项工作 ········· 458
- 自身建设成效 ········· 458
- 改革创新增强住房城乡建设事业科学发展的动力 ········· 458
- 推进保障性住房建设管理改革 ········· 458
- 引导社会资金参与市政公用设施建设 ········· 458
- 服务非公经济 ········· 458
- 行政审批改革 ········· 458
- 全面完成2013年各项工作任务 ········· 459
- 住房保障管理制度改革 ········· 459
- 重大工程项目建设服务 ········· 459
- 城乡规划与城镇管理 ········· 460
- 提升房地产业服务经济社会发展的能力 ········· 460
- 建筑业发展水平提升 ········· 460
- 确保质量安全，推进节能科技 ········· 461
- 教育实践活动 ········· 461

陕西省 ········· 461
- 概况 ········· 461
- 政策规章 ········· 462
- 房地产业 ········· 462
- 住房保障 ········· 463
- 公积金管理 ········· 464
- 城乡规划 ········· 464
- 城市建设与市政公用事业 ········· 465
- 村镇建设 ········· 467
- 勘察设计与工程建设标准定额 ········· 468
- 工程质量安全监督 ········· 469
- 建筑市场 ········· 470
- 建筑节能与科技 ········· 470
- 建设人事教育 ········· 472
- 大事记 ········· 472

甘肃省 ········· 476
- 住房保障 ········· 476
- 房地产业 ········· 478
- 城市规划 ········· 479
- 建筑业 ········· 479
- 城市建设 ········· 482
- 村镇建设 ········· 483
- 建筑节能与科技 ········· 484
- 工程建设 ········· 484
- 勘察设计 ········· 485
- 工程建设标准管理 ········· 485
- 法制建设 ········· 486
- 建设稽查执法 ········· 486
- 舟曲灾后重建 ········· 486
- 大事记 ········· 486

青海省 ········· 487
- 概况 ········· 487
- 城镇保障性安居工程 ········· 488
- 房地产业 ········· 488
- 城乡规划 ········· 488
- 建筑业 ········· 488
- 城镇基础设施建设 ········· 489
- 村镇建设 ········· 489
- 建筑节能与科技 ········· 489
- 法规稽查 ········· 490
- 公积金管理 ········· 490
- 建设人事教育 ········· 490
- 开展党的群众路线教育实践活动 ········· 490
- 大事记 ········· 490

宁夏回族自治区 ········· 493
- 概况 ········· 493
- 政策规章 ········· 494

- 房地产业 ………………………………………… 495
- 住房保障 ………………………………………… 496
- 公积金管理 ……………………………………… 497
- 城乡规划 ………………………………………… 497
- 城市建设与市政公用事业 ……………………… 498
- 村镇规划建设 …………………………………… 499
- 工程建设标准定额 ……………………………… 499
- 工程质量安全监督 ……………………………… 500
- 建筑市场 ………………………………………… 500
- 建筑节能与科技 ………………………………… 501
- 建设人事教育 …………………………………… 502
- 大事记 …………………………………………… 502

新疆维吾尔自治区 ………………………………… 505
- 概况 ……………………………………………… 505
- 政策规章 ………………………………………… 506
- 房地产业 ………………………………………… 507
- 住房保障 ………………………………………… 507
- 公积金管理 ……………………………………… 508
- 城乡规划 ………………………………………… 508
- 城市建设与市政公用事业 ……………………… 509
- 村镇规划建设 …………………………………… 512
- 工程建设标准定额 ……………………………… 513
- 工程质量安全监督 ……………………………… 514
- 建筑市场 ………………………………………… 516
- 建筑节能与科技 ………………………………… 517
- 建设人事教育工作 ……………………………… 518
- 大事记 …………………………………………… 519

新疆生产建设兵团 ………………………………… 522
- 住房保障安居工程 ……………………………… 522
- 确保保障性安居工程目标任务顺利完成 ……… 522
- 职工住房状况 …………………………………… 522
- 房地产产权产籍管理 …………………………… 522
- 团场城镇和连队危旧房屋集中整理专项工作 … 522
- 住房公积金管理 ………………………………… 522
- 归集缴存实现历史新高 ………………………… 523
- 支持保障性住房建设试点贷款项目 …………… 523
- 支持保障性住房建设试点贷款项目资金支付情况 …………………………………………… 523
- 支持保障性住房建设试点贷款项目收息、手续费支付情况 ……………………………… 523
- 城镇规划 ………………………………………… 523
- 城市建设与市政公用事业 ……………………… 523
- 村镇建设 ………………………………………… 524
- 工程建设标准定额 ……………………………… 524
- 生产安全事故控制指标完成情况 ……………… 524
- 开展"打非治违"、隐患排查和专项整治 …… 524
- 质量安全执法检查 ……………………………… 524
- 安全质量标准化活动 …………………………… 524
- 落实兵团房屋建筑和市政工程质量发展纲要 2013年行动计划 ……………………………… 524
- 文明工地创建 …………………………………… 525
- 创建优质工程活动 ……………………………… 525
- 质量安全培训工作 ……………………………… 525
- 建筑市场管理 …………………………………… 525
- 建筑节能与科技 ………………………………… 525
- 建筑业生产经营指标 …………………………… 525
- 建筑业企业主要财务指标 ……………………… 525
- 防震减灾 ………………………………………… 525
- 建设项目管理 …………………………………… 526
- 城建监察执法监督 ……………………………… 526
- 建设稽查执法工作 ……………………………… 526
- 城镇规划效能监察 ……………………………… 526
- 大事记 …………………………………………… 526

大连市 ……………………………………………… 527
- 概况 ……………………………………………… 527
- 政策规章 ………………………………………… 527
- 房地产业 ………………………………………… 528
- 住房保障 ………………………………………… 528
- 公积金管理 ……………………………………… 528
- 城乡规划 ………………………………………… 529
- 城市建设与市政公用事业 ……………………… 529
- 村镇规划建设 …………………………………… 531
- 工程建设标准定额 ……………………………… 531
- 工程质量安全监督 ……………………………… 531
- 建筑市场 ………………………………………… 531
- 建筑节能与科技 ………………………………… 532
- 建设人事教育工作 ……………………………… 532
- 大事记 …………………………………………… 532

青岛市 ……………………………………………… 535
- 概况 ……………………………………………… 535
- 城市基础设施建设 ……………………………… 536
- 建筑业 …………………………………………… 537
- 房地产业 ………………………………………… 538
- 勘察设计业 ……………………………………… 539
- 园林绿化 ………………………………………… 539
- 村镇建设 ………………………………………… 540
- 建筑科技与建筑节能 …………………………… 542
- 大事记 …………………………………………… 542

宁波市 ……………………………………………… 545
- 基础设施建设 …………………………………… 545
- 住房保障 ………………………………………… 547
- 建筑业 …………………………………………… 549
- 房地产业 ………………………………………… 551
- 物业管理 ………………………………………… 552

厦门市 ……………………………………………… 553

- 勘察设计 …… 553
- 村镇建设 …… 554
- 城市管理 …… 555
- 物业管理 …… 555
- 建筑业 …… 556
- 房地产业 …… 558
- 保障性安居工程 …… 558
- 房地产市场管理 …… 559

深圳市 …… 560
住房和建设 …… 560
- 概况 …… 560
- 政策规章 …… 560
- 房地产业 …… 561
- 住房保障 …… 562
- 公积金管理 …… 562
- 城市规划 …… 562
- 城市建设与市政公用事业 …… 563
- 工程建设标准定额 …… 565
- 工程质量安全监督 …… 566
- 建筑市场 …… 566
- 建筑节能与科技 …… 566

城市规划和房地产市场管理 …… 566
- 城市规划管理 …… 566
- 房地产市场监管 …… 568
- 特色工作 …… 569
- 大事记 …… 570

第五篇 政策法规文件

一、国务院令 …… 574
城镇排水与污水处理条例 …… 574
  中华人民共和国国务院令第641号 …… 574

二、部令 …… 580
房屋建筑和市政基础设施工程施工图设计文件审查管理办法 …… 580
  中华人民共和国住房和城乡建设部令第13号 …… 580
住房和城乡建设部关于修改《房地产估价机构管理办法》的决定 …… 583
  中华人民共和国住房和城乡建设部令第14号 …… 583
住房和城乡建设部 国家质量监督检验检疫总局关于废止《游乐园管理规定》的决定 …… 590
  中华人民共和国住房和城乡建设部 国家质量监督检验检疫总局令第15号 …… 590
建筑工程施工发包与承包计价管理办法 …… 590
  中华人民共和国住房和城乡建设部令第16号 …… 590

三、住宅与房地产类 …… 592
国务院关于加快棚户区改造工作的意见 …… 592
  国发〔2013〕25号 …… 592
国务院办公厅关于继续做好房地产市场调控工作的通知 …… 595
  国办发〔2013〕17号 …… 595
住房城乡建设部关于做好2013年城镇保障性安居工程工作的通知 …… 597
  建保〔2013〕52号 …… 597
住房城乡建设部关于进一步规范房地产估价机构管理工作的通知 …… 598
  建房〔2013〕151号 …… 598
住房城乡建设部关于加强住房保障廉政风险防控工作的指导意见 …… 599
  建保〔2013〕153号 …… 599
住房城乡建设部 财政部 国家发展改革委关于公共租赁住房和廉租住房并轨运行的通知 …… 602
  建保〔2013〕178号 …… 602
住房城乡建设部办公厅关于贯彻实施《住房保障档案管理办法》的意见 …… 603
  建办保〔2013〕4号 …… 603

四、城乡规划与村镇建设类 …… 605
全国资源型城市可持续发展规划(2013～2020年) …… 605
国务院办公厅关于落实中共中央国务院关于加快发展现代农业进一步增强农村发展活力若干意见有关政策措施分工的通知 …… 617
  国办函〔2013〕34号 …… 617
关于规范国务院审批城市总体规划上报成果的规定(暂行) …… 622
住房城乡建设部关于开展美丽宜居小镇、美丽宜居村庄示范工作的通知 …… 625
  建村〔2013〕40号 …… 625
住房城乡建设部 国家发展改革委 财政部关于做好2013年农村危房改造工作的通知 …… 626
  建村〔2013〕90号 …… 626
住房城乡建设部等部门关于实施以船为家渔民上岸安居工程的指导意见 …… 629
  建村〔2013〕99号 …… 629

住房城乡建设部　文化部　财政部关于做
好 2013 年中国传统村落保护发展工作的
通知 …………………………………………… 631
　　建村〔2013〕102 号 …………………………… 631
住房城乡建设部　中国残联关于优先支持
农村贫困残疾人家庭危房改造的通知 …… 633
　　建村〔2013〕103 号 …………………………… 633
传统村落保护发展规划编制基本要求(试行) … 633
村庄整治规划编制办法 ………………………… 635
住房和城乡建设部　工业和信息化部关于
开展绿色农房建设的通知 ………………… 637
　　建村〔2013〕190 号 …………………………… 637
住房城乡建设部关于做好 2013 年全国村庄
规划试点工作的通知 ……………………… 639
　　建村函〔2013〕35 号 ………………………… 639
住房城乡建设部办公厅关于做好 2013 年
全国特色景观旅游名镇名村示范工作的
通知 …………………………………………… 641
　　建办村函〔2013〕313 号 ……………………… 641

五、城市建设类 …………………………………… 642
国务院关于加强城市基础设施建设的意见 …… 642
　　国发〔2013〕36 号 …………………………… 642
国务院办公厅关于做好城市排水防涝设施
建设工作的通知 …………………………… 646
　　国办发〔2013〕23 号 ………………………… 646
国务院办公厅关于公布辽宁大黑山等 21 处
新建国家级自然保护区名单的通知 ……… 647
　　国办发〔2013〕48 号 ………………………… 647
新建国家级自然保护区名单 …………………… 648
城镇供水规范化管理考核办法(试行) ………… 648
住房城乡建设部关于进一步加强城市窨井盖
安全管理的通知 …………………………… 649
　　建城〔2013〕68 号 …………………………… 649
关于进一步加强公园建设管理的意见 ………… 650
住房城乡建设部关于加强城市市政公用行业
安全管理的通知 …………………………… 653
　　建城〔2013〕91 号 …………………………… 653
住房城乡建设部关于更新《中国国家自然遗产、
自然与文化双遗产预备名录》的通知 …… 654
　　建城〔2013〕156 号 …………………………… 654

六、建筑市场监管类 ……………………………… 656
关于进一步促进工程勘察设计行业改革与
发展的若干意见 …………………………… 656
住房城乡建设部关于做好建筑企业跨省承
揽业务监督管理工作的通知 ……………… 658
　　建市〔2013〕38 号 …………………………… 658
住房城乡建设部印发关于建筑市场监管廉
政风险防控工作的指导意见 ……………… 659
　　建市〔2013〕186 号 …………………………… 659

七、工程质量安全监管类 ………………………… 661
贯彻实施质量发展纲要 2013 年行动计划 …… 661
国务院办公厅关于支持岷县漳县地震灾后
恢复重建政策措施的意见 ………………… 663
　　国办发〔2013〕94 号 ………………………… 663
国务院办公厅关于集中开展安全生产大检
查的通知 …………………………………… 666
　　国办发明电〔2013〕16 号 …………………… 666
房屋市政工程生产安全事故报告和查处工
作规程 ……………………………………… 668
住房城乡建设部关于加强预拌混凝土质量
管理工作的通知 …………………………… 670
　　建质〔2013〕84 号 …………………………… 670
房屋建筑和市政基础设施工程竣工验收
规定 ………………………………………… 671
住房城乡建设部办公厅关于开展建筑施工
安全生产标准化考评工作的指导意见 …… 672
　　建办质〔2013〕11 号 ………………………… 672
预防建筑施工起重机械脚手架等坍塌事故专
项整治工作方案 …………………………… 674

八、建设科技与建筑节能类 ……………………… 675
国务院关于加快发展节能环保产业的意见 …… 675
　　国发〔2013〕30 号 …………………………… 675
绿色建筑行动方案 ……………………………… 681
　　国家发展改革委员会　住房和城乡建设部 …… 681
住房城乡建设部办公厅关于 2013 年全国住
房城乡建设领域节能减排专项监督检查建
筑节能检查情况的通报 …………………… 685

第六篇　行业发展研究报告

2013 年住房城乡建设部政府信息公开
工作报告 …………………………………… 690
科学发展观是建设领域工作需要长期
坚持的指导思想 ………………………陈淮　691
高度关注城镇住房发展不平衡问题 ……秦虹　693
未来城镇住房需求空间分析 ……………浦湛　695

融合发展是建筑业转型升级的重要
途径 …………………………… 李德全 697

通过标准化管理提高城市管理科学化
水平 …………………………… 翟宝辉 699

第七篇 数据统计与分析

一、2013年城镇建设统计分析 …………… 704
 （一）2013年城市建设统计概述 …………… 704
  - 概况 …………………………………………… 704
  - 城市维护建设资金（财政性资金）收入与
    支出 …………………………………………… 704
  - 城市市政公用设施固定资产投资 ………… 704
  - 城市供水和节水 ……………………………… 704
  - 城市燃气 ……………………………………… 705
  - 城市集中供热 ………………………………… 705
  - 城市轨道交通 ………………………………… 705
  - 城市道路桥梁 ………………………………… 705
  - 城市排水与污水处理 ………………………… 705
  - 城市园林绿化 ………………………………… 705
  - 国家级风景名胜区 …………………………… 705
  - 城市市容环境卫生 …………………………… 705
  - 2009~2013年全国城市建设的基本情况 … 705
  - 2013年全国各地区城市市政公用设施水平的
    比较 …………………………………………… 707
 （二）2013年县城建设统计概述 …………… 709
  - 概况 …………………………………………… 709
  - 县城维护建设资金（财政性资金）收入与
    支出 …………………………………………… 709
  - 县城市政公用设施固定资产投资 ………… 709
  - 县城供水和节水 ……………………………… 710
  - 县城燃气 ……………………………………… 710
  - 县城集中供热 ………………………………… 710
  - 县城道路桥梁 ………………………………… 710
  - 县城排水与污水处理 ………………………… 710
  - 县城园林绿化 ………………………………… 710
  - 县城市容环境卫生 …………………………… 710
  - 2009~2013年全国县城建设的基本情况 … 710
  - 2013年全国各地区县城城市市政公用设施水平
    的比较 ………………………………………… 711
 （三）2013年村镇建设统计概述 …………… 713
  - 概况 …………………………………………… 713
  - 规划管理 ……………………………………… 713
  - 建设投资 ……………………………………… 714
  - 房屋建设 ……………………………………… 714
  - 市政公用设施建设 …………………………… 714
  - 2009~2013年全国村镇建设的基本情况 … 714

二、2013年建筑业发展统计分析 …………… 716
 （一）2013年全国建筑业基本情况 ………… 716
  - 建筑业固定资产投资增速下降 总产值增速
    趋缓 …………………………………………… 716
  - 建筑业从业人数与企业数量增加 劳动生
    产率低速增长 ………………………………… 717
  - 建筑业有力支持国民经济持续健康发展
    支柱产业地位进一步巩固 …………………… 718
  - 建筑业企业利润稳步增长 行业产值利润
    率略有提升 …………………………………… 718
  - 建筑业企业签订合同总额持续增长 本年
    新签合同额增速加快 ………………………… 719
  - 房屋施工面积、竣工面积增进一步放缓
    住宅房屋约占竣工面积七成 实行投标承
    包工程所占比例略有下降 …………………… 719
  - 对外承包工程业务显著回暖 我国企业对外
    承包整体实力增强 …………………………… 721
 （二）2013年全国建筑业发展特点分析 …… 721
  - 江、浙两省仍雄踞龙头 西部省份发展活力
    增强 …………………………………………… 721
  - 中西部地区新签合同额增速较快 个别地区
    出现负增长 …………………………………… 722
  - 各地区跨省完成产值持续增长 对外拓展能
    力稳定 ………………………………………… 722
  - 多数地区从业人数增加 北京劳动生产率继
    续领跑全国 …………………………………… 723
  - 广东对外承包工程业务优势明显 中西部地
    区发展潜力大 ………………………………… 723
 （三）2013年建筑业特级、一级资质企业基本
    情况分析 …………………………………… 724
  - 多数特级、一级施工总承包企业建筑业总产
    值平稳增长，公路工程和冶炼工程施工总承
    包企业总产值增长变化显著 ………………… 724
  - 各类特级、一级施工总承包企业新签合同额
    均实现增长，电力工程、矿山工程、通信工
    程等专业新签工程承包合同额增幅较大 …… 725
  - 各类特级、一级施工总承包企业建筑业营业
    收入稳步增长，部分类别专业承包企业收入
    下降情况有所改善 …………………………… 725
  - 企业总体效益稳步提高，公路工程、冶炼工
    程专业承包企业利润总额上升显著，电力工
    程施工总承包企业利润总额下降幅度较大 … 726
  - 企业应收工程款增速有所增加，个别专业仍
    居高位 ………………………………………… 726

- 按企业资质等级分析 …………………… 728
- 按企业注册地区分析 …………………… 728
- 五个地区特级、一级企业新签工程承包合同额出现负增长 …………………………… 728
- 江西特级、一级企业建筑业总产值和营业收入增速突出 ……………………………… 729
- 各地区特级、一级企业房屋建筑施工面积和竣工面积普遍增长，部分地区出现较大幅度下降 ………………………………… 729
- 各地区特级、一级企业利润总额增幅差异显著 …………………………………… 729
- 多数地区特级、一级企业应收工程款增长比上年有所提高 ……………………… 729
- 按企业登记注册类型分析 ……………… 729

(四) 2013年建设工程监理行业基本情况 …… 730
- 建设工程监理企业历年主要统计指标 … 730
- 按资质类别分建设工程监理企业主要业务指标 ………………………………… 730
- 按资质类别分建设工程监理企业主要财务指标 ………………………………… 730
- 按地区分建设工程监理企业主要业务指标 … 730
- 按地区分建设工程监理企业主要财务指标 … 730

(五) 2013年工程建设项目招标代理机构基本情况 ………………………………… 734
- 工程招标代理机构的分布情况 ………… 734
- 工程招标代理机构的人员情况 ………… 734
- 工程招标代理机构的业务情况 ………… 734
- 工程招标代理机构的财务情况 ………… 735
- 工程招标代理机构工程招标代理收入前100名情况 ……………………………… 735

(六) 2013年工程勘察设计企业基本情况 …… 735
- 概况 ……………………………………… 735
- 企业资质情况 …………………………… 735
- 工程勘察设计企业具体构成 …………… 735
- 企业经济类型状况 ……………………… 736
- 企业人员状况 …………………………… 736
- 业务完成情况 …………………………… 736
- 科技活动状况 …………………………… 738
- 2013年全国工程勘察设计企业营业收入前100名排序 ………………………… 738

(七) 2013年房屋市政工程生产安全事故情况通报 ………………………………… 739
- 总体情况 ………………………………… 739
- 较大及以上事故情况 …………………… 740
- 形势综述 ………………………………… 740
- 2013年房屋市政工程生产安全事故情况 … 741
- 2013年房屋市政工程生产安全较大及以上事故情况 ………………………………… 741

(八) 入选国际承包商250强的中国内地企业 …………………………………… 744

(九) 入选全球承包商250强的中国内地企业 …………………………………… 745

(十) 2013年我国对外承包工程业务完成额和新签合同额前50家企业 ……… 746
- 2013年我国对外承包工程业务完成营业额前50家企业 ……………………… 746
- 2013年我国对外承包工程业务新签合同额前50家企业 ……………………… 747

(十一) 2014中国500强企业中的建筑业企业 …………………………………… 748

(十二) 2014年"世界500强"中的中国建筑业企业 ……………………………… 749

(十三) 2013年度中国建筑业双百强企业 … 749

三、2013年全国房地产市场运行分析 ………… 754
(一) 2013年全国房地产开发情况 ………… 754
- 房地产开发投资情况 …………………… 754
- 房屋供给情况 …………………………… 754

(二) 2013年商品房销售情况 ……………… 755

(三) 70个大中城市住宅销售价格变动情况 ……………………………………… 756
- 新建住宅销售价格情况 ………………… 756
- 新建商品住宅销售价格情况 …………… 762
- 二手住宅销售价格情况 ………………… 768

(四) 2013年全国房地产开发资金来源结构分析 ……………………………… 774
- 国内贷款比重增长 ……………………… 774
- 利用外资金额比重持平 ………………… 774
- 自筹资金比重下降 ……………………… 775
- 其他来源资金 …………………………… 775

(五) 2013年全国房地产开发景气指数 …… 775
(六) 中国500强企业中的房地产企业 …… 775
(七) 2014年"世界500强"中的中国房地产企业 …………………………………… 775

四、2013年各省(区、市)住房城乡建设部门行政复议工作统计分析报告 …………… 776
(一) 案件基本情况 ………………………… 776
- 案件受理情况 …………………………… 776
- 申请人情况 ……………………………… 776
- 申请复议事项 …………………………… 776
- 案件分布情况 …………………………… 776

- 案件审结情况 ……………………………… 777
- 复议后诉讼情况 …………………………… 777

(二) 案件特点 ………………………………… 777
- 案件总量有所上升，地区差异明显 ……… 777
- 房地产、城乡规划仍是热点领域，新类型案件增加 ……………………………………… 777
- 信息公开类案件持续增加，成为近年新热点 … 777
- 群体性案件数量增加，案件办理难度加大 … 777

(三) 经验做法 ………………………………… 778
- 领导重视，增强行政复议工作力度 ……… 778
- 健全机制，提高行政复议规范化程度 …… 778
- 改善工作方法，提升复议为民能力 ……… 778
- 运用多种方式，增强层级监督作用 ……… 778

(四) 问题和建议 ……………………………… 778
- 坚持依法复议，提高办案质量 …………… 778
- 强化层级监督，规范行政行为 …………… 778
- 健全复议机构，加强能力建设 …………… 778

(五) 2013年各省（区、市）住房城乡建设部门行政复议案件统计汇总 ……………… 779

第八篇 部属单位、社团与部分央企

部属单位、社团 …………………………… 788

住房和城乡建设部科技与产业化发展中心（住宅产业化促进中心） ………………… 788
- 绿色建筑标识评审工作有序开展 ………… 788
- 加强绿色建筑评价标识工作的联动与交流 … 788
- 推进绿色建筑政策与技术研究 …………… 788
- 绿色建筑、绿色建筑产业以及示范区技术咨询 ………………………………………… 788
- 严寒与寒冷地区被动式超低能耗绿色建筑示范项目取得成功 ……………………… 788
- 加强可再生能源建筑应用研究与管理 …… 789
- 开展既有建筑节能改造项目管理 ………… 789
- 完成中美清洁能源项目第一期研究 ……… 789
- 加强建筑能耗统计管理 …………………… 789
- 推进大型公共建筑监管数据分析平台建设 ……………………………………………… 789
- 推进墙体材料、保温材料发展，加强结构技术研究与推广 ……………………………… 789
- 组织开展水体污染控制与治理科技重大专项项目研究 ……………………………… 789
- 加强水体污染控制与治理科技重大专项实施管理工作 ……………………………… 789
- 开展"地下管线工程"相关科研工作 …… 790
- 开展"十二五"建筑节能科技支撑项目研究 ……………………………………………… 790
- 积极推进建筑产业现代化相关工作 ……… 790
- 做好住宅性能评定和产品认证工作 ……… 790
- 开展国家康居示范工程与国家住宅产业化基地建设 ……………………………………… 790
- 组织住房城乡建设领域科技成果评估推广工作 ………………………………………… 790
- 继续做好"华夏建设科学技术奖"评审工作 ……………………………………………… 790
- 开展房地产市场监控分析 ………………… 791

住房和城乡建设部人力资源开发中心 …… 791
- 承担《住房城乡建设行业国家职业分类大典》修订工作 ……………………………… 791
- 承担住房城乡建设部《建设工程（科研）专业技术职务任职资格评审标准》修订工作 … 791
- 住房城乡建设部2013年专业技术职务任职资格评审工作完成 ……………………… 791
- 承担《公积金管理人员职业标准》编制工作 … 791
- 参与人力资源社会保障部和北京市人力资源社保局组织的人力资源服务地方标准的编写工作（国标2部；地标13部） ……… 791
- 承担城乡建设统计培训教材研究和修编工作 ………………………………………… 792
- 完成部司局委托的重点培训项目与外事服务工作 ………………………………………… 792
- 人事代理业务 ……………………………… 792
- 人才交流业务 ……………………………… 792

住房和城乡建设部执业资格注册中心 …… 792
- 执业资格考试工作 ………………………… 792
- 执业资格考试基础建设 …………………… 793
- 考试大纲修订工作 ………………………… 793
- 执业资格注册工作 ………………………… 793
- 完善注册审核程序和规程 ………………… 793
- 落实考试取得内地注册建筑师和勘察设计注册工程师部分专业执业资格的香港、澳门人士的有关注册问题 ……………………… 793
- 落实执业资格注册行政审批职能下放工作 … 794
- 继续教育工作 ……………………………… 794
- 国际交流与合作工作 ……………………… 794
- 研究工作 …………………………………… 794

中国建筑工业出版社 ……………………… 794
- 生产经营稳步增长，实现经济效益社会效益双丰收 …………………………………… 794
- 立足专业，拓展相关，策划出版精品项目 … 795

- 积极发展战略合作，挖掘出版资源 …… 795
- 积极探索数字出版，加快推进出版转型 …… 795
- 多项措施加强营销，加大力度开拓市场 …… 795
- 进一步改进管理，加强队伍建设和企业文化建设 …… 795
- 深入开展群众路线教育实践活动，切实转变"四风" …… 796

中国城市科学研究会 …… 796
概况 …… 796
学术会议交流 …… 796
- 主办第九届国际绿色建筑与建筑节能大会暨新技术与产品博览会 …… 796
- 主办2013城市发展与规划大会 …… 796
- 主办2013中国城镇水务发展国际研讨会与新技术设备博览会 …… 796
- 主办第二十届海峡两岸城市发展研讨会 …… 796
- 承办中欧城镇化伙伴关系论坛单元论坛活动 …… 797
- 承办中国（天津滨海）国际生态城市论坛平行论坛——绿色生态城区——生态城区的细胞单元 …… 797

决策咨询研究 …… 797
- 参加国家重大科技项目的决策咨询研究工作 …… 797
- 配合住房和城乡建设部中心工作，完成相关业务司局的技术课题及研究工作 …… 797
- 理论研究成果与实践接轨 …… 797

承接政府转移职能 …… 798
大型展览展会 …… 798
- 第九届国际绿色建筑与建筑节能大会暨新技术与产品博览会 …… 798
- 2013中国城镇水务发展国际研讨会与新技术设备博览会 …… 798

学术期刊出版 …… 798
组织建设工作 …… 799
- 组织召开形式多样的工作会议，做好会员的联系交往和服务工作 …… 799
- 完善内部机构设置，适应技术发展趋势 …… 799
- 启动有关换届筹备工作 …… 799

国际科技合作研究项目 …… 799
学术沙龙活动 …… 800
- 生态城市中国行——北京园博园·长辛店生态城站活动 …… 800
- 城市文化：城镇化的灵魂——城镇化进程中的城市文化问题研讨会 …… 800
- 多学科交叉融合下的生态文明城市建设研讨会 …… 800

中国房地产研究会 …… 800
概况 …… 800
研究会换届 …… 800
- 第六次会员代表大会在京召开 …… 800

加强调查研究，服务行业 …… 800
- 发布市场研究成果 …… 800
- 课题研究 …… 800

开展品牌活动，扩大社会影响力 …… 801
- 房地产科学发展论坛 …… 801
- 行业信用评价 …… 801
- 行业测评活动 …… 801

建言献策，服务政府 …… 801
- 关注长效机制，建言顶层设计 …… 801
- 推动城市经济文化环境发展 …… 801

搭建房地产采购平台，密切与地方协会合作 …… 801
- 推进房地产采购平台运营 …… 801
- 深化与地方协（学）会伙伴关系 …… 802

交流合作 …… 802
- 共同举办第十一届中日韩住房问题研讨会 …… 802
- 签署战略合作协议 …… 802

发挥分支机构作用 …… 802
- 分支机构发挥职能服务专业领域 …… 802

做好舆论宣传、信息公开工作 …… 802
- 办好杂志网站，加强宣传工作 …… 802

秘书处自身建设 …… 802
- 认真开展党的群众路线教育实践活动 …… 802
- 工会工作 …… 803

中国建筑学会 …… 803
概况 …… 803
- 筹备并组织中国建筑学会2013年年会暨成立60周年纪念活动 …… 803
- 举办第十五届海峡两岸建筑学术交流会及院校学术交流会 …… 804
- 车书剑理事长赴美国建筑学会访问 …… 804
- 举办"中英建筑学生工作坊"和"中英高校工业建筑/棕地再生研讨会" …… 804
- 举办威海国际人居节 …… 804
- 首场中国建筑学会党员建筑师西部巡讲活动 …… 804
- 开展2013年两院院士候选人推荐工作 …… 804
- 完成建筑设计奖评审工作 …… 804
- 审定"应急科普丛书" …… 804
- 赴安徽铜陵农村调研，为美丽乡村建设提供技术支持 …… 804
- 继续做好中国当代建筑名师推介活动 …… 805
- 开展当代中国杰出工程师宣传推介活动 …… 805

- 举行2013年中国建筑学会社会公益活动 805
- 举行"寻找中国好建筑"科普活动 805

中国土木工程学会 805
- 服务创新型国家和社会建设 805
- 国际学术会议 805
- 国内主要学术会议 806
- 国际交往 806
- 科普活动 806
- 学术期刊 806
- 表彰举荐 806
- 2013中国国际轨道交通技术展览会 806
- 第三届土木工程安全与防灾学术论坛 806
- 2013中国城市轨道交通关键技术论坛 807
- 第十二届海峡两岸隧道与地下工程学术与技术研讨会 807
- 第十一届中国土木工程詹天佑奖颁奖大会 807

中国风景园林学会 807
- 概况 807
- 中国风景园林学会第五次全国会员代表大会 809
- 中国风景园林学会2013年会 809
- "明日的风景园林学"国际学术研讨会 810

中国市长协会 810
- 概况 810
- 围绕城市热点、难点问题举办专题研讨会 810
- 国际交往 811
- 加强与城市的沟通联络工作 811
- 开展女市长分会有关活动 811
- 会刊《中国市长》编辑出版 811
- 《中国城市发展报告》和《中国城市状况报告》研究出版 811
- 加强信息服务与咨询 811
- 开展党的群众路线教育实践活动,加强协会内部管理 812

中国城市规划协会 812
- 围绕行业热点,组织召开行业会议 812
- 行业评优工作 812
- 发挥专业委员会及地方协会作用,协同开展活动 812
- 完成部委交办工作 813
- 完成协会业务工作和相关任务 813
- 各专业委员会开展系列活动 814
- 加强秘书处组织机制建设 814

中国房地产业协会 814
协会评估工作 814
- 房协社会组织评估工作 814

加强调查研究,服务行业平稳健康发展 815
- 发布市场研究成果,加强预期引导 815
- 课题研究成果服务社会 815

开展品牌活动,扩大社会影响力 815
- 举办房地产科学发展论坛,引导行业科学发展 815
- 开展行业信用评价,推动行业诚信建设 815
- "广厦奖"评选活动 815
- 行业测评活动 815

积极建言献策、服务政府宗旨更加深入 815
- 关注长效机制、建言顶层设计 815
- 与地方政府密切合作,推动城市经济文化环境发展 815

搭建房地产采购平台 816
- 推进房地产采购平台运营,推动产业合作共赢 816
- 深化与地方协会伙伴关系 816

对外交流合作 816
- 与世界不动产联盟交流活动 816
- 签署战略合作协议 816

分支机构 816
- 分支机构发挥职能,服务细分市场 816

舆论宣传与信息公开工作 816
- 杂志网站工作 816

中国勘察设计协会 816
- 开展2013年勘察设计行业专题调研 816
- 组织行业创新型优秀企业、创优型企业和优秀企业家(院长)评选 817
- 召开"工程公司转型发展与技术转化"现场交流会 817
- 举办首期勘察设计企业领导BIM高级研修班 817
- 组织优秀工程勘察设计行业奖评选 817
- 开展课题研究 817
- 加强行业人才队伍建设 818
- 促进勘察设计同业协会加强交流与联系 818
- 加强行业诚信体系建设 818
- 强化行业宣传工作 818
- 组织首届全国勘察设计行业乒乓球比赛 818
- 发挥分支机构作用,推动行业可持续发展 818
- 加强协会自身建设 819

中国建筑业协会 819
- 召开理事会及会长会议 819
- 深入开展行业调查研究 819
- 加强工程质量安全管理与科技推广服务 820
- 推进行业信用体系和企业品牌建设 821
- 加强行业培训工作 821
- 建筑业统计与信息宣传工作 822
- 搭建业内交流合作平台 822

- 积极履行社会责任 …… 822
- 协会建设 …… 822
- 重要会议与活动 …… 822

中国安装协会 …… 824
概况 …… 824
- 安装行业概况 …… 824
- 中国安装协会概况 …… 825

协会换届 …… 825
- 机电安装工程施工总承包资质保留 …… 825
- 深入企业调查研究 …… 825
- 安装企业生产经营情况调查 …… 825
- 工程模块化施工现状调研 …… 825
- 参加民政部组织的社会组织评估 …… 825
- 新一届协会科学技术委员会选举产生 …… 826
- 参与住房城乡建设部资质标准修订 …… 826

行业培训和交流 …… 826
- 装配式支吊架技术研讨 …… 826
- BIM技术推广应用 …… 826
- 行业建筑设备运行维护水平提高 …… 826
- 通风空调行业转型升级推动 …… 826
- 创精品机电工程研讨班举办 …… 827
- 2013版施工合同示范文本宣传贯彻 …… 827

中国安装之星和中国安装协会科技进步奖评选 …… 827
- 科技进步奖评选 …… 827
- 中国安装工程优质奖（中国安装之星）评选 …… 827

注册建造师继续教育 …… 827
- 继续开展师资培训，完善继续教育培训网络 …… 827
- 继续教育选修课网络培训 …… 827
- 继续教育工作会议 …… 827
- 完成政府交办的建造师相关工作 …… 827

协会杂志、简报和网站工作 …… 828
- 《安装》编辑部建设 …… 828
- 协会网站建设 …… 828
- 《协会简报》工作 …… 828

中国建筑金属结构协会 …… 828
- 协会发文 …… 828
- 行业展会 …… 828
- 标准编制 …… 829
- 服务政府 …… 829
- 对团风县技术扶贫工作 …… 830
- 服务行业企业 …… 830
- 反映诉求 …… 831
- 工作会议 …… 831
- 行业年会 …… 831
- 培训工作 …… 831

- 联合协作 …… 832
- 交流活动 …… 832
- 国际交流活动 …… 832

中国建筑装饰协会 …… 832
中国建筑装饰协会年度主要工作 …… 832
- 群众路线教育 …… 832
- 行业科技大会 …… 832
- 引领行业发展 …… 833
- 行业表彰 …… 833
- 信用评价 …… 833
- 行业规范 …… 833
- 秘书处建设 …… 833

建筑装饰行业发展状况 …… 833
- 行业总规模 …… 833
- 企业数量 …… 834
- 企业状况 …… 834
- 企业资质状况 …… 834
- 上市企业 …… 834
- 从业者队伍 …… 834

中国公园协会 …… 835
年度会议情况 …… 835
- 协会三届五次理事会暨国家重点公园授牌仪式 …… 835
- 2013年公园信息工作交流会 …… 835
- 2013年度会长会议 …… 835

评选活动 …… 835
- "中国公园2012~2013年度最佳植物专类园区"评选 …… 835

各地园林建设情况 …… 836
- 城市公园、景观技术和工作经验交流 …… 836
- 《中华历史公园名录》资料收集和编辑 …… 836

秘书处日常工作 …… 836

中国工程建设标准化协会 …… 836
- 概况 …… 836
- 大力推进品牌活动建设 …… 837
- 召开分支机构工作会议 …… 837
- 加强分支机构制度建设 …… 837
- 组建专家委员会和学术委员会 …… 837
- 工程建设标准英文版翻译 …… 837
- 开展协会标准试点工作 …… 837
- 参与各类工程建设标准的编制工作 …… 837
- 开展学术研究与研讨活动 …… 838
- 加强信息沟通与传播能力 …… 838
- 组织开展标准宣贯培训 …… 838
- 开展标准化咨询服务活动 …… 838
- 拓展标准类图书发行 …… 838

中国建设工程造价管理协会 …… 839

- 完善自身建设和制度建设 …… 839
- 深化改革，加强行业自律 …… 839
- 以信息化促进行业发展转型升级 …… 839
- 国际交流与合作 …… 839
- 行业立法、法规制订 …… 840
- 社会活动丰富多彩，协会凝聚力不断增强 … 840
- 人才培养 …… 840
- 完成政府主管部门交办的行业管理工作 …… 840
- 信息服务 …… 841

中国建设教育协会 …… 841
年度重要会议 …… 841
- 中国建设教育协会四届八次常务理事会 …… 841
- 中国建设教育协会四届九次理事会 …… 841
- 第十二次地方建设教育协会联席会议暨继续教育委员会2013年全体委员会议 …… 841
- 《中国建设教育》工作会议 …… 841
- 培训工作会议 …… 841

协会各方面工作 …… 842
- 专业委员会工作 …… 842
- 科研工作 …… 842
- 教育培训工作 …… 842
- 协会承办或主办的各类主题活动 …… 842

全国白蚁防治中心 …… 843
- 概况 …… 843
- 《白蚁防治工作若干意见》编制 …… 843
- 地方性政策法规的调研修订和编制 …… 843
- 《白蚁防治人员职业标准》编制 …… 843
- 技术标准规程编制 …… 843
- 新技术推广应用 …… 843
- 白蚁防治工程质量管理 …… 843
- 跨系统交流合作 …… 843
- 单位诚信建设工作 …… 844
- 履行国际公约 …… 844
- 科技创新成果 …… 844
- 行业教育培训工作 …… 844

中央企业 …… 845
中国建筑工程总公司 …… 845
- 概况 …… 845
- 主要指标 …… 845
- 结构调整 …… 845
- 房建业务 …… 846
- 基建业务 …… 846
- 房地产与投资业务 …… 846
- 海外业务 …… 847
- 设计勘察业务 …… 847
- 新兴业务 …… 848
- 管理标准化建设 …… 848
- 信息化建设 …… 848
- 专业化建设 …… 848
- 科技进步 …… 848
- 集中采购 …… 848
- 监督体系建设 …… 848
- 人力资源建设 …… 848
- 履行社会责任 …… 849
- 项目简介 …… 849

中国铁建股份有限公司 …… 850
- 概况 …… 850
- 主要财务指标完成情况 …… 851
- 生产经营 …… 851
- 改革发展 …… 851
- 企业管理 …… 851
- 技术创新 …… 852
- 工程创优 …… 852
- 工程施工 …… 852
- 房地产开发 …… 853

中国铁路工程总公司 …… 853
- 概况 …… 853
- 主要指标 …… 854
- 改革发展 …… 854
- 重大项目 …… 855
- 走向海外 …… 855
- 重大创新 …… 856
- 党建工作 …… 856
- 信息化建设 …… 856
- 履行社会责任 …… 857

中国电力建设集团有限公司 …… 857
- 概况 …… 857
- 电建改革发展 …… 857
- 体制机制改革 …… 859
- 国际经营与投资 …… 860

中国有色矿业集团有限公司 …… 861
- 概况 …… 861
- 生产经营 …… 861
- 重点项目建设 …… 862
- 多措并举，管理提升 …… 862
- 科技创新，勘查增储 …… 863
- 安全生产，节能减排绿色发展 …… 863
- 年度经济指标完成情况 …… 863
- 年度代表工程 …… 864

# 第九篇　2013年建设大事记

1～12月 …… 866～872

第十篇　附　录

一、2013年度会议报道 …… 874
　全国住房城乡建设系统行政复议工作
　　会议 …… 874
　全国环卫工作座谈会暨优秀环卫工人表扬
　　会议 …… 875
　全国建筑安全生产电视电话会议 …… 875
　2013年中国城市无车日活动新闻发
　　布会 …… 877
二、示范名录 …… 879
　2013年国家园林城市 …… 879
　2013年国家园林县城 …… 879
　2013年国家园林城镇 …… 879
　国家城市湿地公园 …… 880
　第一批全国村庄规划示范名单 …… 880
　第二批列入中国传统村落名录的村落
　　名单 …… 880
　第一批建设美丽宜居小镇、美丽宜居村庄
　　示范名单 …… 892
　第一批国家智慧城市试点名单 …… 892
　2013年度全国物业管理示范住宅小区（大厦、
　　工业区）名单 …… 893
三、获奖名单 …… 895
　2013年中国人居环境奖获奖名单 …… 895
　2013年中国人居环境范例奖 …… 896
　2012～2013年度中国建设工程鲁班奖（国家
　　优质工程）第二批入选名单 …… 896
　2013年度全国绿色建筑创新奖获奖项目
　　名单 …… 905

第一篇

特　　载

习近平在中共中央政治局第十次集体学习时强调
加快推进住房保障和供应体系建设
不断实现全体人民住有所居的目标

新华社北京10月30日电 中共中央政治局10月29日下午就加快推进住房保障体系和供应体系建设进行第十次集体学习。中共中央总书记习近平在主持学习时强调,加快推进住房保障和供应体系建设,是满足群众基本住房需求、实现全体人民住有所居目标的重要任务,是促进社会公平正义、保证人民群众共享改革发展成果的必然要求。各级党委和政府要加强组织领导,落实各项目标任务和政策措施,努力把住房保障和供应体系建设办成一项经得起实践、人民、历史检验的德政工程。

清华大学土木水利学院刘洪玉教授、住房和城乡建设部政策研究中心秦虹研究员就这个问题进行讲解,并谈了他们的意见和建议。

中共中央政治局各位同志认真听取了他们的讲解,并就有关问题进行了讨论。

习近平在主持学习时发表了讲话。他指出,住房问题既是民生问题也是发展问题,关系千家万户切身利益,关系人民安居乐业,关系经济社会发展全局,关系社会和谐稳定。党和国家历来高度重视群众住房问题。经过长期努力,我国住房发展取得巨大成就。同时,我们也要看到,解决群众住房问题是一项长期任务,还存在着住房困难家庭的基本需求尚未根本解决、保障性住房总体不足、住房资源配置不合理不平衡等问题。人民群众对实现住有所居充满期待,我们必须下更大决心、花更大气力解决好住房发展中存在的各种问题。

习近平指出,加快推进住房保障和供应体系建设,要处理好政府提供公共服务和市场化的关系、住房发展的经济功能和社会功能的关系、需要和可能的关系、住房保障和防止福利陷阱的关系。只有坚持市场化改革方向,才能充分激发市场活力,满足多层次住房需求。同时,总有一部分群众由于劳动技能不适应、就业不充分、收入水平低等原因而面临住房困难,政府必须"补好位",为困难群众提供基本住房保障。

习近平强调,从我国国情看,总的方向是构建以政府为主提供基本保障、以市场为主满足多层次需求的住房供应体系。要总结我国住房改革发展经验,借鉴其他国家解决住房问题的有益做法,深入研究住房建设的规律性问题,加强顶层设计,加快建立统一、规范、成熟、稳定的住房供应体系。要千方百计增加住房供应,同时要把调节人民群众住房需求放在重要位置,建立健全经济、适用、环保、节约资源、安全的住房标准体系,倡导符合国情的住房消费模式。

习近平指出,"十二五"规划提出,建设城镇保障性住房和棚户区改造住房3600万套(户),到2015年全国保障性住房覆盖面达到20%左右,这是政府对人民作出的承诺,要全力完成。要重点发展公共租赁住房,加快建设廉租住房,加快实施各类棚户区改造。在推进这项工作的过程中,要注意尽力而为和量力而行相结合,努力满足基本住房需求。住房是群众安身立命之所,质量安全至关重要。要优化保障性住房规划布局、设施配套和户型设计,抓好工程质量。

习近平强调,要完善住房支持政策,注重发挥政策的扶持、导向、带动作用,调动各方面积极性和主动性。要完善土地政策,坚持民生优先,科学编制土地供应计划,增加住房用地供应总量,优先安排保障性住房用地。要完善财政政策,适当加大财政性资金对保障性住房建设投入力度。要综合运用政策措施,吸引企业和其他机构参与公共租赁住房建设和运营。要积极探索建立非营利机构参与保障性住房建设和运营管理的体制机制,形成各方面共同参与的局面。

习近平指出,保障性住房建设是一件利国利民的大好事,但要把这件好事办好、真正使需要帮助的住房困难群众受益,就必须加强管理,在准入、使用、退出等方面建立规范机制,实现公共资源公平善用。要坚持公平分配,使该保障的群众真正受益。要对非法占有保障性住房行为进行有效治理,同时要从制度上堵塞漏洞、加以防范。对非法占有保障性住房的,要依法依规惩处。

(来源:《人民日报》 2013年10月31日01版)

温家宝主持召开国务院常务会议
研究部署继续做好房地产市场调控工作

国务院总理温家宝2013年2月20日主持召开国务院常务会议，研究部署继续做好房地产市场调控工作。

会议指出，近年来，各地区、各部门认真落实中央关于加强房地产市场调控的决策部署，取得积极成效，投机投资性购房得到有效抑制，房地产市场形势逐步平稳。住房限购、差别化住房信贷和税收、增加土地供应等综合性政策措施，对合理引导住房需求、缓解供求矛盾、稳定房价特别是遏制一些热点城市房价过快上涨，发挥了关键作用。

会议指出，我国正处于城镇化快速发展时期，短期内热点城市和中心城市住房供求紧张格局难以根本改变，支持自住需求、抑制投机投资性购房是房地产市场调控必须坚持的一项基本政策。要保持政策的连续性和稳定性，严格执行并完善有关措施，促进房地产市场平稳健康发展。

会议确定了以下政策措施：

（一）完善稳定房价工作责任制。各直辖市、计划单列市和除拉萨外的省会城市要按照保持房价基本稳定的原则，制定并公布年度新建商品住房价格控制目标。建立健全稳定房价工作的考核问责制度。

（二）坚决抑制投机投资性购房。严格执行商品住房限购措施，已实施限购措施的直辖市、计划单列市和省会城市要在限购区域、限购住房类型、购房资格审查等方面，按统一要求完善限购措施。其他城市房价上涨过快的，省级政府应要求其及时采取限购等措施。严格实施差别化住房信贷政策。扩大个人住房房产税改革试点范围。

（三）增加普通商品住房及用地供应。2013年住房用地供应总量原则上不低于过去五年平均实际供应量。加快中小套型普通商品住房项目的供地、建设和上市，尽快形成有效供应。

（四）加快保障性安居工程规划建设。全面落实2013年城镇保障性安居工程基本建成470万套、新开工630万套的任务。配套设施要与保障性安居工程项目同步规划、同期建设、同时交付使用。完善并严格执行准入退出制度，确保公平分配。2013年底前，地级以上城市要把符合条件的外来务工人员纳入当地住房保障范围。

（五）加强市场监管。加强商品房预售管理，严格执行商品房销售明码标价规定，强化企业信用管理，严肃查处中介机构违法违规行为。推进城镇个人住房信息系统建设，加强市场监测和信息发布管理。

会议要求进一步完善住房供应体系，健全房地产市场运行和监管机制，加快形成引导房地产市场健康发展的长效机制。

（摘自中国政府网　2013年2月20日）

李克强主持召开国务院常务会议
研究确定2013年政府重点工作的部门分工

国务院总理李克强2013年3月27日主持召开国务院常务会议，研究确定2013年政府重点工作的部门分工。

根据中央经济工作会议精神、政府工作报告和国务院第一次全体会议要求，会议确定了2013年政府6个方面及相关部分共48项重点工作，并将任务逐项分解到国务院各部门、各单位。会议要求，全面推进2013年各项工作，扎实做好群众关心、社会关注、牵一发动全身的事。

会议指出，当前国内外环境中不确定、不稳定因素较多，各部门、各单位都要加强对国内外经济形势的跟踪监测和深入分析，把稳增长、控通胀、防风险和推动经济转型结合起来，促进经济持续健康发展，保持物价总水平基本稳定。要进一步增强农村发展活力，努力实现全年农业好收成。广泛征求各方意见，抓紧制定城镇化中长期发展规划，完善配套政策措施。加快产业结构调整，分行业提出化解产能过剩矛盾的具体办法，责任落实到相关部门。要积极推进重要领域改革，力争有实质性进展。财税改革要拿出方案，循序推进。金融改革要在推动利率和汇率市场化、发展多层次资本市场方面推出新的举措。价格改革要重点推进完善资源性产品价格形成机制。努力培育对外开放新优势，开拓新局面。

会议指出，保障和改善民生是政府工作的出发点和落脚点。要通过稳定经济增长和调整经济结构增加就业岗位。完善社会保障制度，重点是努力解决特殊困难群体的问题。要继续搞好房地产市场调控，加快建立房地产稳定健康发展的长效机制，加强保障性安居工程建设。要完善监管体系，提升食品药品安全和安全生产保障水平。在重点地区有针对性地采取措施，加强对大气、水、土壤等突出污染问题的治理，集中力量打攻坚战，让人民群众看到希望。

会议指出，公正是社会创造活力的源泉。要从制度上推进教育公平、就业公平、创业公平，逐步实现国有单位都能公开公平公正择优录取人员，促进社会纵向流动和劳动力合理流动。要拿出切实有效的举措，放宽民间投资市场准入，激发民间投资活力。要用好2万多亿元年度财政性教育经费，提高各级各类教育质量。全面推进社会建设和社会领域改革。

会议强调，2013年是新一届政府的开局之年，做好政府工作具有重要意义。各部门、各单位要围绕大局、各负其责，狠抓落实、务求实效。一要加强组织领导，抓紧制定落实分工的细化方案，结合实际提出自己的工作重点，把每一项任务落实到具体单位、具体人，列出时间表。二要密切协作配合，牵头部门要负起组织协调责任，其他部门要积极主动配合，提高政府执行力和效率。三要创新思路，转变作风，深入基层开展调研，听真言实话，及时发现新情况新问题，集中力量解决突出矛盾。四要加强督查，强化绩效考核和行政问责，年中检查，年底督办，确保重点工作按时完成，实现全年经济社会发展预期目标。

（摘自中国政府网 2013年3月27日）

李克强主持召开国务院常务会议
研究部署加快棚户区改造　促进经济发展和民生改善

国务院总理李克强2013年6月26日主持召开国务院常务会议，研究部署加快棚户区改造，促进经济发展和民生改善。

会议认为，2013年以来我国经济形势总体平稳。要保持政策连续性和稳定性，稳定市场预期。要坚持稳中有进、稳中有为，积极采取既稳增长、又调结构，既利当前、又利长远，让群众特别是困难群众得到更多实惠的措施，着力扩大国内有效需求。很多方面如棚户区改造等，不但能实现百姓改善生活的盼头，而且能接续形成新的经济增长点。要调整优化投资安排，压缩一般性投资，集中一部分资金重点加强对这些方面的支持，把钱用在"刀刃"上，引导、带动信贷和其他社会资金投入。持续推进制度创新，不断释放改革红利、激发市场活力，促进实现全年经济社会发展预期目标。

会议强调，棚户区改造既是重大民生工程，也是重大发展工程，可以有效拉动投资、消费需求，带动相关产业发展，推进以人为核心的新型城镇化建设，破解城市二元结构，提高城镇化质量，让更多困难群众住进新居，为企业发展提供机遇，为扩大就业增添岗位，发挥助推经济实现持续健康发展和民生不断改善的积极效应。

会议决定，在过去5年大规模改造棚户区取得显著成效的基础上，今后5年再改造城市和国有工矿、林区、垦区的各类棚户区1000万户，其中2013年改造304万户。逐步将非集中成片城市棚户区统一纳入改造范围。同步建设配套市政设施、公共服务设施，确保同步使用。

会议强调，要进一步强化政策支持。一是增加财政投入。今后5年要加大中央安排补助资金的支持力度，地方各级政府也要相应增加资金投入。二是引导金融机构加大对棚户区改造的信贷支持。符合规定的企业可发行专项用于棚户区改造项目的企业债券或中期票据。三是对企业用于政府统一组织的棚户区改造支出，准予在所得税前扣除。扩大棚户区改造安置住房的税收优惠政策范围。四是落实相关政策措施，鼓励和引导民间资本通过投资参股、委托代建等形式参与棚户区改造。五是加大供地支持，将棚户区改造安置住房用地纳入当地土地供应计划优先安排。六是完善安置补偿政策，实行实物安置和货币补偿相结合，由居民自愿选择。

会议要求，各地区、各部门要重视并加强对棚户区改造的领导，省级政府是责任主体，并把责任分解落实到市县和有关部门。要优化棚户区改造规划布局，方便居民就业、就医、就学和出行等，确保工程质量安全。尊重群众意愿，禁止强拆强迁，依法维护群众合法权益，把好事办好。要抓住当前施工的有利时机，抓紧安排资金到位，加快推进棚户区改造工程，确保完成2013年改造任务。同时，还要抓好其他保障房的建设、分配和管理，做好房地产市场调控，促进房地产市场健康发展。

会议还研究了其他事项。

（来源：新华网　2013年6月26日）

李克强：保障性安居工程建设是政府硬任务硬承诺

国务院总理李克强9月25日主持召开国务院常务会议，修订政府核准投资项目目录，决定再取消和下放一批行政审批事项，部署进一步加大力度推进保障性安居工程建设。

会议指出，政府在转变职能、向市场放权、把握好宏观调控的同时，要更好地履行保障基本民生的职责。改善困难群体住房条件，是其中的重要内容。

2013年以来，保障性安居工程建设取得积极进展，但一些地方仍然存在资金落实不到位、配套设施建设滞后、分配管理不规范等问题。必须进一步加大工作力度，创新体制机制，确保完成年初确定的包括棚户区改造在内的保障性安居工程建设目标，让广大翘首以盼的困难家庭早日搬进新居。这是各级政府的"硬任务"，是必须向人民兑现的"硬承诺"，也是促消费、调结构的有效举措。

为此，一要适当增加中央补助资金，重点支持保障性安居工程特别是已建成保障房的配套设施建设。研究多渠道资金支持保障房建设。有保障房空置的地方，要采取措施努力予以消除。

二要加快制定城镇住房保障条例，规范和促进保障性住房建设、管理和运营，稳定人民群众对"住有所居"的预期。

三要加快推进公租房和廉租房并轨运行。各地要制定和完善公开透明的公租房配租政策，充分运用租金杠杆强化准入退出管理。根据困难家庭不同收入情况，实施差别化补贴。

会议强调要切实落实责任。国务院将适时对保障性安居工程进行专项督查，促进工程建设顺利推进。

（来源：新华网　2013年9月25日）

全国住房城乡建设工作会议召开

12月24日，全国住房城乡建设工作会议在北京召开。住房城乡建设部党组书记、部长姜伟新在作报告中回顾了2013年住房城乡建设工作，部署安排了2014年重点工作任务。部党组成员、副部长仇保兴、陈大卫、齐骥、王宁，部党组成员、中央纪委驻部纪检组组长杜鹃出席会议。

会议指出，2013年，在党中央、国务院正确领导下，在各有关部门和各地方大力支持下，全国住房城乡建设系统较好地完成了中央交给的任务。全国城镇保障性安居工程超额完成了基本建成470万套、新开工630万套的建设任务。城乡规划体系进一步完善，城乡规划实施管理得到加强。城市基础设施建设工作取得新进展，加大了对城市和县城供水水质的督察力度，加快推进了老旧管网改造和供热计量收费。中央安排230亿元补助资金，支持了全国266万贫困农户改造危房。北方采暖地区、夏热冬冷地区、夏热冬暖地区全面执行了更高水平的节能设计标准，城镇新建建筑施工阶段节能标准执行率预计达到95%以上，北方采暖地区预计完成既有居住建筑供热计量及节能改造面积超过2亿平方米。住房公积金管理工作稳步推进。建筑市场和工程质量安全监管力度加大。住房城乡建设领域法规标准建设工作取得新成效。扎实开展了党的群众路线教育实践活动。

会议强调，2014年全系统要认真贯彻落实党的十八大、十八届三中全会和中央经济工作会议、中央城镇化工作会议精神，把改革贯穿于住房城乡建设的各个领域和各个环节，抓实工作，务求实效。重点做好十个方面的工作。

一是毫不松懈地推进保障性安居工程建设和管理工作。2014年城镇保障性安居工程建设的目标任务是基本建成480万套以上，新开工600万套以上，其中棚户区改造370万套以上。要把抓好配套设施建设放在更加突出的位置，多建成、早入住。明年要重点推进各类棚户区改造。继续做好保障房质量管理、入住审核、后续管理和信息公开工作。推动民间资本参与保障房建设运营。认真组织实施公共租赁住房和廉租住房并轨运行工作。

二是继续抓好房地产市场调控和监管工作。保持调控政策的连续性和稳定性，执行好既有调控措施。更加注重分类指导，房价上涨压力大的城市要从严落实各项房地产市场调控政策和措施，增加住房用地和住房有效供应；库存较多的城市要注重消化存量，控制新开发总量。继续强化市场监管。鼓励地方从本地实际出发，积极创新住房供应模式，探索发展共有产权住房。

三是进一步做好城乡规划编制、审查和实施管理工作。转变城乡规划理念，切实提高城乡规划编制的科学性。着力提高城乡规划审查审批的质量和效率。进一步完善城乡规划督察制度，建立城乡规划实施评估和报告制度。严格执行规划修改程序，努力保持规划的连续性，决不能政府一换届，规划就换届。继续加强历史文化和生态保护工作。

四是切实提高城市建设和管理水平。鼓励社会资本参与城市基础设施建设。贯彻落实《城镇排水与污水处理条例》，编制完成全国城市排水防涝设施建设规划。继续加强水质督察工作，推进水质达标。加大城镇污水处理工作考核力度，到"十二五"末要实现每个县城都建有污水处理厂的目标。组织召开全国城市生活垃圾处理工作会议。抓好地下管线管理，强化数字城管建设。推进城市轨道交通和城市绿道、步行及自行车交通系统建设。

五是加强住房公积金工作。加快修订《住房公积金管理条例》，强化资金安全监管，继续抓好住房公积金贷款支持保障房建设试点工作，进一步推进住房公积金规范管理。

六是继续抓好农村危房改造和农村人居环境整治工作。2014年安排260万户左右农村危房改造任务。深入开展村庄整治，扩大村庄规划试点规模。加大保护传统村落和民居力度。推进重点镇建设。

七是加快推进建筑节能工作，促进建筑产业现代化。2014年，政府投资的办公和公益性建筑及大型公共建筑，要全面执行绿色建筑标准。确保北方采暖地区既有居住建筑供热计量及节能改造1.7亿平方米以上。力争完成夏热冬冷地区既有居住建筑节能改造面积1800万平方米以上。以住宅建设为重点，抓紧研究制订支持建筑产业现代化发展的政策措施。

八是继续加大建筑市场和工程质量安全监管力度。研究改革建筑劳务用工方式。完善建筑工人专业技能培训制度。继续强化和完善招投标监管。加强建筑质量管理制度建设，建立健全工程质量终身责任制度。进一步强化工程质量安全监督检查，坚决遏制重特大事故。

九是继续深化行政审批制度改革，推进简政放权。推动重点领域的立法工作和工程建设标准编制工作。完善行政复议工作机制，加强稽查执法工作。

十是继续深入推进党风廉政建设、精神文明建设和队伍建设。

会上，河南省郑州市、安徽省池州市、内蒙古自治区包头市政府负责人，浙江、山东、北京住房城乡建设部门及广州市规划部门纪检负责人进行了交流发言。各省、自治区、直辖市、计划单列市、新疆生产建设兵团住房城乡建设部门主要负责人和纪检组长，部机关各司局、直属各单位主要负责人，中央、国务院有关部门相关司（局）负责人出席会议。部分城市人民政府分管住房城乡建设工作的负责人应邀参加会议。

（摘自《中国建设报》 2013年12月25日 记者 汪汀）

全国住房城乡建设系统党风廉政建设工作会议召开

12月24日，全国住房城乡建设系统党风廉政建设工作会议在北京召开。住房城乡建设部党组书记、部长姜伟新，部党组成员、副部长仇保兴、陈大卫、齐骥、王宁出席会议，部党组成员、中央纪委驻部纪检组组长杜鹃出席会议并讲话。中央纪委监察部有关部门负责人出席会议。

杜鹃表示，全国住房城乡建设系统要深入贯彻落实党的十八大和十八届三中全会精神，坚定不移地把党风廉政建设和反腐败斗争引向深入。

杜鹃指出，2013年住房城乡建设系统坚决贯彻中央反腐倡廉建设重大决策部署，扎实开展党风廉政建设和反腐败工作。落实中央八项规定，把加强作风建设作为首要工作来抓，坚决纠正"四风"；开展保障性安居工程建设管理分配的监督检查，确保中央政令畅通；建立工程建设领域管理长效机制，巩固专项治理成果；加强纠风工作，解决人民群众反映强烈的问题；转变政府职能，深化行政审批制度改革；推进廉政风险防控，有效预防腐败；保持查办案件工作力度，严厉惩治腐败。

杜鹃在肯定成绩的同时强调，住房城乡建设系统党风廉政建设还存在一些问题。主要表现在，住房城乡建设系统违纪违法案件易发多发的势头还未得到有效遏制，人民群众反映强烈的突出问题还需不断解决，重点行业领导干部廉洁从政行为有待加强，"四风"方面的突出问题亟待整治。要充分认识到住房城乡建设系统反腐败工作形势依然严峻，必须采取有效措施，切实加以解决。

杜鹃要求，要贯彻习近平同志一系列重要讲话精神，坚持党要管党、从严治党，落实反腐败体制机制创新和制度保障的措施，严明党的纪律，深化作风建设，推进惩治和预防腐败工作，坚定不移地把党风廉政建设和反腐败斗争引向深入。要把严明政治纪律放在首位，确保中央政令畅通；深化纪律作风建设，坚决纠正"四风"；加强政府行风建设，解决人民群众反映强烈的突出问题；推进预防腐败工作，加强对权力运行的制约和监督。加大查办案件工作力度，严肃惩治腐败行动。

各省、自治区、直辖市，新疆生产建设兵团，计划单列市住房城乡建设及各有关部门负责人和纪检负责人参加会议。

（摘自《中国建设报》 2013年12月25日 记者 汪汀）

第二篇

专　　论

简论我国健康城镇化的几类底线

仇保兴

当前我国城镇化是一个非常热门的话题，城镇化关系到每个国民，每个人都可以对城镇化发表独到的见解。今年初以来由国家某部委牵头编制中国城镇化中长期发展规划，虽经几轮讨论，意见仍然很难统一。原因是城镇化涉及的因素太多、包含的内容太广，几乎任何东西都可以放到城镇化中去，每位学者肯定都可以从本行业的知识角度对城镇化讲出一大套道理来。

从长远的角度来看，城镇化这样复杂的问题怎么开展研究呢？实际上，依据学术界长期积累的经验，凡对庞大、复杂而又长远的问题，常常采取两种研究方法。

第一，化复杂为简单。找到最关键的问题，用底线思维来寻求答案。

第二，进行多维度剖析。防止遗漏最主要的问题和对策。

习近平总书记在近期讲话中谈到，我国要在红线和底线的基础上来推进城镇化。红线是清楚的——18亿亩耕地。但是底线是什么？需要作深入的分析。

所谓"规划"就是要前瞻性地看到潜在的问题，然后提出有效的政策措施来解决。这样一来，我们自然可得出：健康城镇化的底线是由两类特征的决策所决定的。

特征一：如果在城镇化过程中犯决策错误，此类错误所造成的结果是后人难以纠正的。因为城镇化过程中的人类聚居点和基础设施的建设都是钢筋混凝土的浇筑，一旦犯下刚性的错误，后人就很难纠正。

特征二：这类错误犯了以后，会严重地妨碍可持续发展，或者会带来社会、经济甚至政局的动荡。即一个错误会引发一连串的错误。

只要符合这两类特征的"底线错误"不犯，城镇化的健康发展就基本可以保证，即在不触碰红线和底线基础上来实现健康城镇化。

用这两类特征来衡量城镇化远期发展的底线，归纳起来一共有以下几项供大家讨论。

第一项底线：必须坚持大中小城市和小城镇协调发展。

中央领导都非常担忧我国的特大型城市过分地膨胀，因为特大型城市的过分膨胀是一个全球通病。城市规模越大，商品生产的效益就越高，同时创造的就业岗位越多，公共服务的品种越多，人们就越趋向于到这样的城市里来生活工作，所以超大城市能够自动吸收人口，并引发规模膨胀的恶性循环，这样的问题在世界城市化历史上早就多次发生过。

第二次世界大战以后，欧洲国家的注意力从战争转向经济发展时，城市规划学有一个著名的人物，即芬兰的规划学家沙里宁（Eliel Saarinen）就敏感地感到这个问题，他认为所有的世界级大城市都必须走一条有机疏散（Organic Decentralization）的道路，有机疏散论是当时城市规划学的一个扛鼎之作。根据他的理论，时任英国首相丘吉尔在二战还没结束的时候就提出，英国当时只有3600万人口，但是却集中了500万的精英跟德国法西斯作战，战争一结束这500万人就要结婚、生孩子、找工作，要到哪里去？如果全部涌到伦敦来，伦敦就会爆炸。

当时丘吉尔就根据沙里宁的思路，请了一批规划学家推出"新城计划"，就是在英国伦敦之外布局30多个卫星城市。具体实施方式是由政府组建新城开发公司后，由国家财政借款一次性把农地征过来做新城规划和基础设施投资，然后再把土地卖出去再把钱收回来实现滚动发展。英国的新城规划发展成新城运动，影响了整整一代人。有了大伦敦的新城规划以后，大巴黎的新城规划也紧随其后，这些规划无一不遵循沙里宁的有机疏散理论。

在我国，这一类大城市的疏散早该开始。但是我们不仅认识得晚，而且对新城的成长机制始终心存疑虑。

英国在这个问题上也经历过许多探索的痛苦，实践方面也经历了第一代、第二代和第三代新城。

第一代新城。就像北京的回龙观，30万人口的新城区里很少有就业岗位，大部分人早上涌到老城里来，晚上又涌回新城，造成巨大的钟摆式城市交通，实践证明这类新城是失败的。

第二代新城。丘吉尔时代的规划学家们就敏感地感觉到，应该发展第二代新城，也就是人口规模应该在20万人以上，就业岗位50%当地解决。这样，这种新城能至少减少50%的城际交通。

第三代新城。继二代新城实践后，又迅速推出第三代新城，人口规模为30万，就业岗位基本上能够在新城内自己创造，实现职住平衡，既保证了新城的经济活力，又大大减少对老城市的交通压力。

这样，英国规划学家才逐步探索到新城的科学规划和建设的正确路径。在新城建设的过程中间，他们逐步地得出一个结论，就是新城开发成功的关键是其人居环境应该比老城更高、公共服务质量更好、人与自然更和谐，这样就可形成对老城的人口反磁力。只有形成这种反磁力，老城的人口和功能才会逐步转移到新城来，有机疏散才能实现。

回过头来看我国，哪一个新城能足以承担老城重要功能的分流？这些新城建设，正是因为没有吸取先行国家的经验，在规划建设标准起点方面太低了，反而造成人口从新城不断地涌进主城来。

从更广的角度来看，我国小城镇或者是小城市的基础设施投资、人居环境改善，一直未受各级政府财政的青睐，这些地方人居环境的相对退化造成了近20年来我国小城镇的人口占城镇总人口比重减少了10%，这是一个危险的数字鸿沟。我国的小城镇人居环境与先行城镇化国家的小城镇相比越来越大。有人戏称：我国是过了一个又一个小城镇，镇镇像非洲，但是过了一个又一个大城市，城城像欧洲。这么大的差别是如何造成的呢？

原因一：政府的注意力和公共财力没有投向小城镇，几乎所有的支农补贴和扶植政策都是绕过小城镇直奔田头的。

原因二：小城镇本身，一缺乏土地出让金；二没有城市维护费；三是税收体系不能支撑公共项目投资；四是缺乏人才。这"四无"的状况是造成我国的小城镇跟先行国家的巨大差别的主要原因。

当前这一轮城镇化中长期的规划编制过程中，各方几乎是同时认识到小城镇是我国健康城镇化的一个命脉，如果没有小城镇的健康发展，健康的城镇化是无法保证的。拉美、非洲等国城市化的历史教训也证实：没有小城镇作为"拦水坝"，人口的洪流就大量地涌到大城市来 没有小城镇提供的就地城镇化，农民进入城市就易引发贫民窟病；没有小城镇对区域生产力合理布局的贡献，沿海与内地的发展差距会越来越大，将来形成的城市群在经济上也会是低效率的。

从理论上来讲，凡是大中小城市不协调的那些国家，比如说像拉美、非洲、南亚等地，整个国家的经济运行效率非常低。大城市的经济活力不可能有效辐射到农村去，这一辐射路径必须先要由大城市传递到中等城市，中等城市再传递到小城镇，小城镇才是为周边农村、农业、农民服务的合理的中心。历史经验已经告诉我们不能犯这样的错误。

正因为这样，今后城镇化相当一部分财政投资要投向小城镇，概括起来小城镇必须在下面四个方面先做到：

第一，要有一套城镇规划的管理机构；

第二，要有一套必要的基础设施，如供水、污水和垃圾处理等；

第三，要有一套地方化的绿色建筑建设和规范管理体系；

第四，有一套基本的公共服务设施，比如说学校医院、没有假货的超市等等。

这"四个一套"是小城镇人居环境最基本的要求。

我们前几年推行了特色景观旅游村镇、历史文化名城名镇，在这个基础上还可以因地制宜发展一批商业贸易中心镇、边贸强镇、工业集群镇、特色农业镇等等，小城镇要多元化发展，没有了小城镇的健康发展我国的城镇化就会步入险境。

第二项底线：城市和农村互补协调发展。

某些经济学家总是简单地认为把农村的人口搬到城市里来就完成了城镇化，生产效率会自动提高、社会分工会自动推进、科技水平会自动发展，其实是有问题的，任何一个国家的农业现代化必然是健康城镇化和生态安全的底板。

这一底板还会呈现出另外一种作用，随着城镇化率超过50%，传统农村会越来越值钱，乡土文化、一村一品、农业景观、田园风光会变成稀缺资源，就会萌发农村旅游的热潮，从而萌发带动农村超越工业化的阶段，走向一条绿色、可持续发展的现代农业发展道路。

有哪些事或错误的决策可能会触犯这条底线呢？危险的是许多人的思维中至今仍存在这么一些错觉。

错觉一：过高的城镇化率预期。

当前，各省的城镇化规划编制也往往与省域城镇体系规划一样，设定城镇化率目标可以不断地随时间攀升到60%、70%、80%……按照这个路子走其实是错误的。

回顾历史，再看看现状，世界上的国家可分为两类：

一类是外来移民为主而且土地非常辽阔、地势非常平坦的国家，比如美国、澳大利亚等被称之为"新大陆国家"，这类国家的城镇化率可以达到85%以上甚至90%；

另外一类国家比如法国、意大利、德国和日本这些具有传统农耕历史的国家，他们的城镇化率峰值一般只能达到65%左右，这些国家都是原住民为主，而且地形崎岖不平、人多地少，由于这些国家的市民的祖先都来自于农村，一般易发"逆城市化"现象。

而且，这类回归田园的现象在浙江早已经产生，该省城镇化指标中有两个60%：

第一个60%，住在城市里的人口是60%，农村里是40%；

第二个60%，住在农村那40%人口中60%的人是不务农的人，只是居住在农村，而只有40%是真正务农的人口。由此可见，住在农村的人，不等于就是务农的，这是一个国内外的通则。现在大量城市中的老年居民，拿了退休金，到农村租一个房子，租期10～20年，住在那里养老，呼吸新鲜空气，种点菜、养养家禽……，日子过得很滋润，这已经成为一种日益普遍的现象，随着农村生活条件的改善，此类现象将进一步普及化。

近几年还出现另一类新动向，有的干部看见城郊农民的收益那么大，就把自己的子女偷偷地转成农业户口，浙江省仅2012年一年就有1000多名干部因此犯了错误而被处理。

错觉二：私有化的土地政策。

这类错误的土地政策是有历史教训的。现在许多学者提出，农民应该"裸身"进城，把他们自己的承包地、宅基地和农房卖掉，然后带着所获得的资本到城市中来。这样的先例实际上在拉美、非洲早就出现过，农民因为土地私有化，把土地和房产卖了之后举家迁到城市里来。

根据联合国人居署的统计，如果这样做，农户平均的卖地价格是仅够一趟路费，因为大量的土地出售导致价格非常低，形成资本廉价掠夺土地，农民获得的非常少，刚够付路费，而且仅够一张单程票，然后再也回不去了。在强大的资本面前，农民的权益遭受漠视早已成定局。其结果是，这些国家都有一个通病——贫民窟，平均有50%的城市人口住在贫民窟里。

资本无限制下乡购地后还会出现什么情况呢？比如说巴西，某个地主拥有的土地比一个州政府的管辖范围还大，农产品平均亩产量反而下降了。农民在城里生存不下去怎么办呢？有人回去找自己原来的地耕种，但地主不让种，双方火并，仅阿根廷一国因此被打死的农民就有170人之多，这些血腥的历史教训我国应该避免。

健康的城镇化应当建立在城乡居民双向自由流动的基础之上。从经济稳定的角度来看，这种城乡互通的人口流动是应对全球金融危机最好的办法。2008年的危机曾导致我国沿海城市数千万的农民工失业，因还可回乡种地，副作用就云消雾散了。如果让农民裸身进城，有去无回，国家整体经济结构就会失去弹性。

错觉三：将城乡一体化变成"一样化"。

当前，大量的村庄被拆，村庄的数量急剧减少，许多基层干部梦想一步就把农村变成城市，而且并村多出来的土地指标可以在城市中变卖。这样一来，就把宝贵的农村历史文化遗产都消灭掉了。农民要跑好几里路去种地，务农的成本大大提高。农民也不可能带着种子、粮食、肥料住到高层建筑上去，许多这样的所谓农村"城市社区"，现在都空在那里。中国工程院前年组织一批院士到几个省去视察，看到一些农村城市社区建了两年还没有农民住进去。这也是一种资源的浪费。

有些地方干部认为，现在城市拆迁条例取消了，城里的房子拆不动了，就跑到农村去拆，造成农村大量的村落被合并、迁移，实际上造成的结果不是城乡互补发展，而是"城乡一样化"，不仅丧失了宝贵的乡土旅游资源，也不利于现代化农业的建立。

错觉四：农业现代化必然要土地规模经营。

把农业现代化看成单纯的土地规模的扩大化，这也是不完全正确的。世界上有两种农业的现代规模经济模式：

一是土地规模型的农业现代化。追求每一户种几百亩甚至几千亩地，在移民为主的国家这类模式呈主导地位。

二是在人多地少的原住民国一般是采取社会服务的适度规模来实现农业现代化。农户种的土地可能只有几十亩甚至更少的规模，但是产前、产中、产后的服务都可以分包出去由专业化企业来提供低成本服务，所以尽管每户农户拥有的土地少，但还是有经济效率的。

这种规模服务型的现代化农业在法国、意大利、日本等国很普遍。我去日本看到，比桌子大两倍的农地还在耕种，可见它的生命力是很强的。而我国绝大多数省还是适宜于第二种模式。而河南、东三省等等是适用于土地规模型的农业现代化发展路子的，这两种模式是并行不悖的。而自然村落和小城镇无疑是建立"规模服务"型现代农业模式的基地，大面积地实行撤村并镇实际上会损害农民农村走向农业现代化的机会选择。

错觉五：土地财政是万恶之源。

近几年，全国每年的土地财政收入都在2万亿元以上，但这些用于城市基础设施和保障房建设的收入却变成众矢之的了，有人认为这些钱就是从农民手里剥夺来的。其实无论从理论上还是实践上，这些观点都是错误的。城市近郊的建设用地为什么值钱？事实上是城市基础设施投资所带来的升值效应。这个升值效应的收入怎么样利用最公平呢？应该通过经营用地拍卖把它取回来再用之于城市的基础设施投资、改善城市人居环境，形成城镇化的良性循环。这是社会主义国家土地公有制度带给我们的一笔巨大财富，也是健康城镇化的重要保证。

农民要增加收入，要靠农业现代化和勤劳，不能靠建设用地的升值。最近一些学者倡导推广台湾农改经验，它的农地制度改革也有不成功之处，农地私有化后，因拥地而富的少数人被称之为"土老帽"，文化程度很低，什么活都不干，但是车要坐奔驰、物要用名牌，成为一个纯食利阶层，几十年都取消不了。一个社会如果不是鼓励人们勤劳创新致富，这个社会还有什么希望呢？这不是人类所应该追求的社会，所以当地没有人认为这是成功的。

现在我国哪些地方农民收入低呢？不是城郊的农民，而是远郊农民中的水库移民、高速公路移民、重点工程移民、高铁移民……他们获得的征地补偿是每亩仅5000～10000元，仅为城郊农民的几十分之一，因为重点工程征地包干制，地方政府就把农民土地一征收，把房子扒掉，这些移民损失巨大，一般都有非常痛苦的经历。而城郊的农民就不同了，像北京城郊农民平均每亩征地补偿费高达50万，最近涨到100万了，"失地"农民都在忙于点钱，有的还请银行家帮助理财。

我们的公共政策要关心哪些农民呢？如果错误推行农地私有化，让农民"裸身"卖地进城，城郊的农民就会变成亿万富翁，远郊的农民就成为赤贫穷人了，因为远郊的地不值钱。为体现公平，我们应按照现在的土地制度，把这2万亿主要部分用于城市基础设施投资，抽一部分作为开发成本投入到保障房建设中去，远郊的中低收入农民如果进城，每户都有一次机会享受保障房，五年以后保障房可以变现，这比山沟里的土地变现的价值要高得多，这样远郊农民才有可能相对公平地获得城镇化的收益。这种制度设计远远比现在一些持新自由主义观点的经济学家所倡导的土地私有化要公平得多。

第三项底线：保持紧凑式的城镇空间密度。

我国城镇化18亿亩耕地的红线不能突破，法宝就是城市空间密度要紧凑，达到每平方公里1万人，采取混合布局，工业用地、商业和住宅用地、公用服务和绿化用地、道路和基础设施等用地都全部要包括在其中，这样的土地利用密度在全世界比较也是高的。中华人民共和国成立以来六十多年的实践证明，这相当于现在的新加坡全岛的平均用地强度，这样的城市人口密度是较为合理的，所以新加坡的人居环境确比香港好。

这就要求我们坚持现有的国家标准，建设部颁布的国家标准用了这么多年被实践证明是合理的，不必再做无谓的调整，也就是说，所有的城市，包括新的卫星城建设，都要符合这个空间人口密度要求，同时再考虑新增建设用地最好是非耕地或者少用耕地，如果这两条做到了，耕地保护、紧凑发展等目标就实现了，不应把土地集约利用搞成一件很复杂的事情。

如果说像有些专家提出来的，中国可能还要走郊区化和土地私有化的道路，那就不可避免地会出现美国式的城市蔓延，一旦出现城市蔓延几代人都纠正不了。在美国，很多地方已经到了买一瓶醋、买一包烟都要开车的境地，由此导致一个美国人所消耗的汽油就相当于5个欧盟人。如果一旦出现城市蔓延，那对耕地少、油气资源贫乏的我国无疑是灭顶之灾。

为什么要在城镇化中期要提出城镇空间密度的问题？城镇化跟机动化高度重合的大国例子，一是美国，另一就是中国。人们在欧盟旅游会看到，出了城市一步就是美丽的田园风光，而在美国却是过了城市还是城市，连绵不断的低密度城市。一般而论，美国的城市破产有两类：一类就是像底特律那样的产业枯竭型；一类是由于城市蔓延，造成基础设施和公用设施的建设费用成倍提高，导致城市破产。

美国、欧盟文化同种同源，但城市化的形态为什么不一样呢？因为欧盟是城镇化的时期在先、汽车进入家庭在后，城市基本保持了紧凑的空间格局。而美国是城镇化和机动化同步发生，即出现"车轮上的城市化"，再加上错误的高速公路投资和郊区购房优惠信贷计划导致了城市蔓延。而对我国来说，非常危险的是城镇化和机动化也是同步发生的，绝不能走美国式的所谓车轮上的城市化道路。

这样一来，保持紧凑式的城镇空间密度需要注意以下几个方面的因素：

第一，在城市规划中尽可能不出现功能单一的各种"区"。国务院近期有一个正在讨论的文件，就是要求从现在起所有的各种"区"都要从严审批，不能出现单一的什么功能区，而要走向复合的新城，这些新城的数量、坐落和规划也要严格把关。

第二，防止无序的农村建设用地审批。城市的建设用地是经过城乡规划法和土地管理法联合管制的，基本上可以保持每平方公里1万人的人口密度要求。但村庄和小城镇的建设用地主要还是以土地管理法为主进行管制，空间密度有较大的裕度。值得指出的是，不少地方农村建设用地管理极为粗放，数量上约为城市建设用地规模的五倍之多，然后一些人还提出农村的建设用地要与国有土地同权、同价，那样的话，原来为农业生产配套服务的建设用地就会被资本扭曲了。

第三，工矿用地粗放的问题突出。前几年，各级政府热衷于各类开发区的扩建，造成工矿用地成倍增长，已成为滥占耕地、粗放用地的主要推手。

第四，小产权房问题。小产权房其实就是占用农地盖房，换句话说就是农民不种粮食而改种"房子"争取收入了。小产权房诱惑力很大，尤其是在地价高的一些城市，大多数小产权房建设背后都有违法官员为推手。这种小产权房建设根本不按照城市规划，建筑质量也无法保证，城市就在一片片的小产权房建设浪潮中，一步步向前蔓延，那就完全成为一种失控的摊大饼，城市低密度蔓延就会产生。

第五，高速公路过度建设引导私家车出行。20世纪美国由于盲目发展免费高速路(Freeway)，结果引发了私家车使用量的剧增和城市蔓延，其结果是每个美国人所消耗的汽油等于5个欧盟人。我国应尽可能以铁路交通替代高速路交通，据日本20世纪中期的研究，运输同样数量的货物和人员，铁路每吨公里的能耗只有118kcal，大货车是696kcal，中小卡车(家用)是2298kcal。就是说用铁路运输来代替中小卡车、家用的卡车的话，"效率"可提高5～20倍；从用地比较看，单线铁路(每公里)比二车道二级公路少占地0.15～0.56hm^2；复线铁路(每公里)比四车道高速公路少占地1.02～1.22hm^2；复线高速铁路(每公里)比六车道少占地1.22hm^2。据我国有关部门的统计，单位客货运输量用地，公路是铁路的37～38倍。

有人算过一笔账，如果中国走美国式的城市蔓延发展道路，所有的耕地都拿来做停车场、交通道路都不够，耗用的汽油将是3个地球的石油供应量，这样的错误一旦形成，后人没法纠正，美国现在的城市蔓延问题是奥巴马纠正不了的，他要推"绿色革命"号召美国人回到城里来住，但没有人响应，因为这是刚性的错误。

第四项底线：不能再出现空城。

世界上有两种空城：

一种是因产业转移而没落的空城，即原来曾经辉煌过，现在人走楼空，像煤炭城市、资源枯竭城市等，美国底特律就是这样的典型城市之一。

另一种是新建的空城。中国式新的空城是世界建城史上没有过的，是空前的空城模式，只有中国特色的土地财政体制、干部任用体系，才会出现新的空城，是我国特有的一种资源非常浪费的现象。

比如，鄂尔多斯市城镇人口一共46万人，但是现在盖好的房屋可以住120万人，如何去找另外的80万人口呢？最近在其他地方，而且在气候非常恶劣的、离大城市非常遥远的地方，许多新城也拔地而起，如何去找那么多人来住将会是个无解的方程。为什么会造成这种中国特有的新的空城现象呢？主要有以下几方面因素。

因素一：我国特有的干部异地做官体制。从唐朝以来我国中央政府就规定地方县令以上官职要离开自己家乡300里才能当，这样做有利于政治上的稳定和减少因亲朋好友的包围而腐败丛生，但是也会带来官员的短期行为，力求把公共财政资源用光，城市旧貌变新颜搏政绩以后就不管了，前人举债后面的人来还。世界上没有完美无缺的制度，这些微小的制度缺陷如不注意预防，也会滋生出很多大问题。表现在城市规划上，书记、市长们一上任就改规划，一任长官一张规划，而且主要领导都有三年期的政绩冲动。如果有人跟书记市长讲城市要改造，他就问几年能搞好？如果说三年，他马上表态上马大干，但如果说五年以上，那就靠边。异地为官制度助推了官员的短期行为，这也是人的本性所在。丘吉尔说过"任何政治家都有在地球上留下自己的烙印的冲动"，如不加以有效制止，我国难以避免会有一批新城成为资源浪费的大地伤疤。

因素二：我国的城市跟国外城市政治和财政制度性质不一样，不能破产。西方国家的城市实质上可看作是一个股份公司，是可以破产的，但是我国的城市无论是出于经济还是政治上的考虑都不能破产，一破产就会有严重的连锁反应。正因为我国的城市理论上不能破产，大部分城市都是主政者举债由后任及市民归还，形成了无限举债冲动来进行城市改造、新城建设的模式。

因素三：误判城镇化的终点。就是沿用城镇化早期的经验，只要任何新城和楼房建起来就会有人来住，没有想到城镇化可能达到65%之前城镇化过程就终结了。处于城镇化后期的今天，一些地方还在大举建设新城，盲目沿用过去成功经验的话，就可能变成毒药一般的错误了。

城市史告诉人们，只要新城建设不出现空城现象，就会形成有效的资产，就可以持续拿来抵押负债经营，财政就会是稳定的。

建设部跟财政部合作建设的国家级绿色生态示范区，中央财政有补贴，在遴选的标准中第一条就把有可能出现空城的可能性降到零作为必备前提。如果出现一个可能的空城，整个项目马上就会被终止，因为不可能拿中央财政的钱来弥补空城的错误。

第五项底线：保护文化遗产和自然遗产。

我国的历史文化名城、历史街区、历史文化名镇、名村以及国家风景名胜区都是大地上的精华，要么是大自然留下的瑰宝，要么是5000年灿烂文明史的结晶，如果毁坏了就没有了，保护得好就可源源不断增值，这个道理大家都很清楚，理论上没有人反对。但如遭遇短期利益，不少决策者也会糊涂，这就需要强化中央部委的监督检查措施来克服。

除此之外，城镇化中后期还要十分关注房地产市场的调控，充分利用保障房建设和信贷税收的调控，实现住房投资去杠杆化、去投资品化和去泡沫化。充分利用有限的城镇化剩余期，"以时间换价格空间"，将房地产泡沫扼杀在萌芽状态，确保国民经济和金融体系的安全。

通过上面所讲的这几个方面的分析，可以得出，健康和谐的城镇化是由市场这只无形的手和政府有形的手，相互合理作用的结果，现在最怕政府这只手乱动，如果在大的决策上出现错误或者触动了上面所讲的几条底线，那将来的错误后果是难以纠正的。其他的小错误都有机会可以调整修补。比如城市内部的两元结构、城市破旧、基础设施陈旧、人口的城镇化落后于土地的城镇化等等，这些问题都是可以解决的，推迟一年或几年解决都没有大的问题，当然有的最好还是尽早解决。

尤其值得一提的是，以人为本的城镇化决策是长久之计，更要关心不会发声的下一代的生活发展空间和资源的需要，要以他们为本才能实现可持续发展。如果城镇化决策只满足现代人的需要，那就会"寅吃卯粮"不可持续了。

总之，如果把城镇化看成是火车头的话，城乡规划就是轨道，这个轨道要修得比较精密、比较合理，方向要正确，这样的城镇化就能够健康发展，才不至于发生上面所讲的这几类底线式严重错误。

守住这几条底线，我国健康的城镇化是可能实现的。

（作者时任住房和城乡建设部副部长）

落实大气污染防治，深入推进供热计量改革
——在2013年北方采暖地区供热计量改革工作会议上的讲话

仇保兴

（2013年11月14日）

同志们：

今天我们在这里召开本年度北方采暖地区供热计量改革工作会议。会议的主要任务就是贯彻落实国务院今年出台的《大气污染防治行动计划》等文件要求，总结2012年以来供热计量改革工作进展情况，部署下一阶段工作任务。刚才河北省住房城乡建设厅等5个单位介绍了他们在推进供热计量改革方面取得的经验，这些经验都非常好，财政部、国家质检总局相关司局的领导也做了很好的讲话，我都赞同。下面我讲三点意见。

一、供热计量改革取得了新的进展

去年以来，在各级发改、财政、质检等部门的大力支持下，北方采暖地区供热计量改革取得了长

足的进步。

一是供热计量收费面积大幅增加。去年以来,北方采暖地区累计实现供热计量收费建筑面积 8.05 亿平方米,占全部供热计量装置安装面积的 66.7%。2011 年、2012 年完成既有居住建筑供热计量及节能改造 3.8 亿平方米,2013 年安排改造面积 2 亿平方米。

二是供热计量收费机制进一步完善。目前出台供热计量价格和收费办法的地级以上城市达到 116 个,占北方地级以上采暖城市的 95% 左右。山东、河北、山西、黑龙江、陕西、吉林等省地级城市全部出台了供热计量价格。河北、山西、陕西、内蒙古、宁夏住房城乡建设厅联合物价主管部门出台了文件,将计量热价中基本热价的比例降到 30%、取消计量收费的"面积上限"。据统计,在 116 个出台计量热价的城市中,已有 46 个城市的基本热价比例降到 30%,有 39 个城市取消了"面积上限"。

三是节能节费效果初步显现。山东省青岛、临沂、济南、寿光等城市实施计量收费后,每平方米耗热量下降 30% 左右,形成每年每平方米 6 公斤标准煤的节能能力。兰州市榆中县既有建筑改造实施计量收费后,单位面积煤耗下降 38%,住宅热用户平均节约热费 26%。承德市实施计量收费后,年节约标准煤 4 万吨,可新增集中供热面积 250 万平方米。鹤壁市实施计量收费后,在总能耗不变的情况下,2013 年增加供热面积约 30 万平方米。这些典型都说明,推行供热计量改革实现了政府、企业、用户三方共赢。

供热计量改革虽然取得了阶段性成果,但是新建建筑供热计量装置欠新账、按热量计量收费严重滞后等现象仍然在少数省份非常严重。根据去年建筑节能专项监督检查各省市上报数据,除了天津、河北、山东等省市新建建筑供热计量装置基本不欠新账外,辽宁当年新建建筑供热计量装置欠账 90% 以上,内蒙古欠账 80% 以上,黑龙江欠账 30% 以上,河南、吉林、宁夏欠账 20% 以上。受检城市中,渭南、沈阳、吐鲁番欠账 90% 以上,阳泉欠账 80% 以上,长春欠账 70% 以上。部分省市当年新建建筑虽然装了表,但没有同步实现计量收费。其中青海 90% 以上的装表建筑没有同步实现计量收费,黑龙江、吉林、新疆、宁夏 50% 以上,河南 40% 以上。受检城市中,西安市、吐鲁番市 90% 以上的当年装表建筑面积没有同步实现计量收费,兰州市、营口市 80% 以上,哈尔滨市 70% 以上,酒泉市 60% 以上。上述问题虽然只是少数省市存在,但影响非常恶劣,

严重拖了全国节能减排、治理大气污染的进度,人民群众意见很大。被点名的相关省市回去后,要将供热计量改革纳入群众路线教育实践活动的整改内容,对存在的问题进行自查自纠,拿出切实可行的整改方案,该通报的通报,该处罚的处罚,该追究责任的追究责任。如果姑息迁就,就是对人民群众的犯罪,对空气污染的纵容,对子孙后代的危害。

二、目前我们面临的形势和任务

总体上讲,我国当前面临的形势是北方地区,特别是京津冀地区大气污染防治压力很大,节能减排的潜力也很大,人民群众的呼声很强烈,供热企业转型升级迫在眉睫。

一是大气污染防治形势严峻。今年 9 月国务院印发了《大气污染防治行动计划》"国十条",要求到 2017 年,全国地级及以上城市可吸入颗粒物浓度比 2012 年下降 10% 以上,京津冀地区细颗粒物浓度下降 25%。燃煤是我国冬季大气污染的最主要原因。根据有关科学研究报告,由于细颗粒物的影响,中国北方的人均寿命降低 5~6 岁;北方地区肺癌的发生率 10 年上涨一倍,主因就是燃煤排出来的细颗粒物。下一步国务院还将与各省政府签订大气污染防治目标责任书。今后几年地方政府不仅面临节能压力,更要面临大气污染防治的双重压力。承德、榆中等地实践证明,供热计量可以实现节能 30%,等于减少细颗粒物排放 30%。所以说,供热领域是大气污染防治的"主战场",供热企业是"主攻部队"。目前北方采暖地区集中供热具有改造价值的建筑约 30 亿平方米,如果全部改造并实施计量收费,在不增加能耗的情况下,可以有效增加 20 亿平方米供热面积。也就是说今后 6~7 年北方地区全部新建建筑不需新增热源就可以实现供热。由此可见,供热计量是落实大气污染防治最直接、最有效的措施。

二是广大人民群众对供热计量收费的呼声强烈。目前大多数城市都已经执行了新建建筑 65% 的节能标准,但是部分新建建筑没有实施供热计量收费。节能建筑和非节能建筑一样,都实行按面积收费,导致节能建筑不节能、节能建筑不节省热费。用户强烈希望改变传统的按面积计价收费,实现自主调节室温和节能节费。我们供热行业、建设部门应积极采取措施满足广大人民群众这一合理要求,推进供热计量收费。目前至少有 4 亿平方米建筑安装了计量装置没有实施计量收费,仍按面积收费,导致 30 亿元资金的装置闲置,几百万吨标准煤节能和减排潜力未能发挥。这既是一种渎职违法行为,也是

一种极大的浪费行为。各地一定要在群众路线教育实践活动中认真加以纠正。

三是供热企业转型升级迫在眉睫。目前节能增效、降低成本等问题已成为供热企业可持续发展首先要解决的问题。一方面，收费难、原料成本上涨，另一方面管理落后，管网跑冒滴漏、热损失大，供热系统不合理。这些问题的解决都需要供热企业自身转型升级，内部挖潜。承德热力集团以供热计量收费为抓手，实施系统节能和计量改造，水、电、热、煤四项指标下降30%左右，技术管理水平和经济效益明显提高。河北省的许多地方实施既有居住建筑改造后，同步进行供热计量收费，居民每户每年可以节省热费400~500元，行为节能的积极性被充分调动起来，成为节能改造的巨大动力。而改造后，供热企业不仅可以节约能源，提高了收费率，而且还可以扩大三分之一的供热面积，综合经济效益显著。这一经验说明，供热计量改革不仅可以调动人民群众参与和支持节能改造，更是供热企业转型升级的"牛鼻子"，可以促进供热企业自身精细化管理、节能增效、降低成本，是供热企业实现可持续发展的必由之路。

三、下一步工作重点

目前供热计量改革现状是大部分新建建筑都安装了计量装置，但同步实施计量收费仍然在部分地区严重滞后。因此，当前的工作重点就是全面地推进计量收费。正是因为没有计量收费，有些地方新竣工建筑才不装表。正是因为没有计量收费，质劣价低的计量装置才大行其道，质量好的计量装置反而被挤出市场。正是因为没有计量收费，一些没有经过收费实践检验的不成熟的计量方法才大量应用，成了面子工程、政绩工程，也为以后的纠纷埋下了隐患。从这三个方面来看，是否实施计量收费成了供热计量改革的核心和关键。把计量收费问题解决了，不装表、装假表等问题都解决了。这样一来，我认为，今冬明春到明年供暖季的工作有7个方面的重点工作。

一是强制全面推进计量收费。对已经安装了计量装置的新建建筑和既有建筑，供热企业必须在今冬明春无条件地实施计量收费。各省建设主管部门要把供热计量收费工作纳入到大气污染防治目标责任中，明确各市指标任务，严格考核。考核结果作为对部门领导班子和领导干部综合考核评价的重要依据。对推进供热计量收费工作不力的部门，特别是工程质量验收监管部门，要坚决地严格地追究一把手责任。对于那些拒不计量收费的供热企业，各地要依法给予处罚，该罢免负责人的就罢免。不改革就让位。

二是加大监管力度。各地建设主管部门要认真执行"两个不得"，新建建筑和既有建筑节能改造必须同步安装计量装置，同步实现计量收费。否则，不得予以验收备案、不得销售和使用。下一步我部将加大对各地建设主管部门的检查力度，对执行"两个不得"不力的或者没有落实供热企业选购、安装热量表的省市，我部将约谈政府分管同志和建设主管部门负责同志，并给予通报。对计量收费达不到要求的城市，我部将不再受理国家园林城市、中国人居环境奖等城市荣誉称号的申请以及相关财政补贴项目的申报。各级建设主管部门要加大监管，对违反供热计量强制性标准的规划、设计、监理、施工、房地产开发等单位，重点在施工和开发等环节，要依法进行严罚，情节严重的要吊销企业资质。

三是严格落实供热企业主体责任。实施供热计量必须完完全全地赋予供热企业供热计量和温控装置选购权、安装权。电表是电力公司装的，水表是自来水公司装的，煤气表是煤气公司装的，目前只有这个热表是开发建设单位装的。这种做法违反了基本常识。目前少数几个省市，如西安、沈阳、太原等存在着这样的问题，要立即改正。本次会议以后，供热企业主体责任一定要落实下去，尚未出台落实供热企业主体责任文件的省、市，要在年底前抓紧出台强制性落实政策，并监督执行。供热企业要自主地把供热计量和温控装置的采购权、安装权用好，积极地与供热计量和温控装置的生产销售单位签订合同，明确产品质量、售后服务等内容。对于新建建筑和已进行节能改造的既有建筑，建设单位应组织供热企业参与专项验收。对符合供热计量条件的建筑，供热企业必须无条件地实行按实际用热量收费，并负责供热计量装置的日常维护和更换。

四是完善价格激励机制。各省区住房城乡建设厅要督促已经出台计量热价，基本热价比例偏高的城市把比例降到30%、取消"面积上限"。"面积上限"对人民群众不利、对国家不利、对子孙后代不利、对节能减排不利。目前还有少数城市没有出台供热计量价格，这些城市要尽快出台计量热价，实施计量收费。

五是放开计量装置产品市场。目前有些地方要求计量装置必须进入地方准入目录，否则不能在当地销售和使用。这严重阻碍了市场竞争，在部分城市还成为了权力寻租的工具，是典型的地方保护和市场割裂行为。各地要立即取消各种人为的地方性事前强制性准入，放开市场，由供热企业直接面对供热计量生产商进行招投标，所有合格表生产商都可以参与竞标，不能搞地方保护和市场割据。

六是引入能源服务公司模式。刚才，榆中县介绍了经验，采用合同能源管理模式，开展既有建筑围护结构节能改造、室内供热系统计量及温控改造、热源及供热管网热平衡改造，取得了明显的节能减排和经济效益。各地要充分利用国家对合同能源管理的优惠政策，在供热计量改造和收费项目中，积极引入合同能源管理模式。

七是充分发动用户参与计量收费。各地要开展多种形式供热计量改革宣传教育活动，在宣传中要讲清楚推行供热计量的"四个有利于"：有利于国家节能减排、有利于当地防治大气污染、有利于个人减少热费支出、有利于促进市民健康延长寿命。各城市要在当地媒体和小区内公示本年度计量收费小区名称、计量热价、监督电话、合同。供热企业要及时通知用户耗热量和热费，来刺激用户行为节能的积极性。

另外，国务院最近印发了《国务院关于加强城市基础设施建设的意见》。贯彻落实这个意见，要做好两个方面的工作：

一是切实做好城市基础设施建设的三项重点。第一是抓紧编制城市排水防涝设施建设规划。加大城市供水、排水防涝、污水处理设施建设，推行低影响开发模式，解决城市的积水内涝。规划编制要早动手。第二是加大城市生活垃圾处理力度。现在有些城市"垃圾围城"现象突出，要抓实、抓紧建筑垃圾处理及资源化利用工作。第三是加强城市供水、污水、雨水、燃气、供热等各类地下管网的改造和建设。有条件的地方，还要全面推进综合管廊建设。我部正在和财政部、发展改革委等有关部委研究给予综合管廊建设一定的补贴激励。

二是全面落实加强城市基础设施建设的三个步骤。第一个步骤是加快编制各类专项规划。除了给排水规划，我们还要有水质提升规划、还要有管网改造规划等。专项规划编制好了以后，各地的项目库的建设也就完善了。第二个步骤是积极落实建设资金。国家会采取"以奖代补"的方式支持城市基础设施建设，但大部分建设资金还是要通过投融资体制改革，引入民间资本来解决。第三个步骤是对现有项目的实施进度和质量要认真进行检查落实和指导。

刚才，我谈了贯彻落实《国务院关于加强城市基础设施建设的意见》的两点意见，本次会议的主题是推进供热计量，已经装了表的建筑要坚决按实际的用热量收费。张高丽副总理多次指出，大气污染防治、节能减排要抓住几个拳头项目，其中之一就是供热计量。所以，大家要借助群众路线教育实践活动这个东风，把供热计量改革作为本部门、本单位工作的重点、整改的重点。群众路线教育实践活动不抓像供热计量这样实的事情，那就是"空"教育、"白"教育。两个月后，我部将会同中央新闻媒体全面检查今天会议布置的七项重点工作的落实情况。落实不力的，我部将给予全国公开通报批评。

加强和改进行政复议工作 提高住房城乡建设系统依法行政水平
——在全国住房城乡建设系统行政复议工作会议上的讲话

陈大卫

这次会议的任务是，学习贯彻党的十八大精神和习近平总书记在首都各界纪念现行宪法公布施行30周年大会上的重要讲话，统一思想，提高认识，分析行政复议工作面临的形势，明确行政复议工作的要求，推进住房城乡建设系统依法行政。姜伟新部长十分重视行政复议工作，强调要"进一步加强行政复议工作，健全案件审理工作机制，提高案件办理质量"。下面，我讲几点意见。

一、务实推进，住房城乡建设系统行政复议工作取得新进展

近年来，各级住房城乡建设部门按照党中央、国务院要求，扎实开展行政复议工作，在维护群众合法权益、促进依法行政、提高行政管理水平等方面发挥了重要作用。

（一）化解行政争议，维护群众合法权益

各地在行政复议工作中坚持以人为本、复议为民，注重矛盾的实质性化解。一是创新调解方式。一些省（区）住房城乡建设部门形成了审前、审中、审后三阶段调解机制，有些部门领导对某些影响较大的案件亲自主持调解会，不少案件通过调解和解得到妥善解决。二是坚持有错必纠。实践中一些部门存在依据规范性文件作出行政处罚等违法情况，复议机关经审理后确认行为违法或依法予以撤销，体现了有错必纠的原则。三是兼顾案外关联问题处理。一些部门对有些不属于受理范围的行政复议申请，不是简单地不予受理或驳回，而是责成下级行政机关及时调查研究，使矛盾得到稳妥处理。

（二）创新工作机制，提高复议工作水平

各地适应行政复议办案需要，探索完善行政复议机制。一是建立案件集体审议机制。不少部门建立了行政复议委员会，提高了行政复议工作水平。一些部门建立了部门领导主持、法制部门和业务部门共同参与的案件审理制度，必要时还请法律顾问参加，取得了较好效果。二是创新复议工作方式。住房城乡建设部和不少省级部门实行"裁前告知"制度，对拟作出撤销、变更及责令履行复议决定的，事先与被申请人沟通，指出其存在的问题。一些部门在办案过程中加强与法制办、监察、信访等部门协调联动，争取解决当事人反映的问题。三是引入外部专业人士参与审理。不少部门邀请专家学者或律师参与案件审理，有些地方探索实行听证制度，提高了案件办理质量。

（三）发挥层级监督作用，促进地方依法行政

各地注重发挥行政复议层级监督作用，推动依法行政。一是坚决纠正违法行为。如实践中一些部门对申请人提出的信息公开申请未给予任何答复，虽然该信息可能不属于本机关公开，但根据《政府信息公开条例》也应告知申请人。对这种不给予任何答复的行为，复议机关责令其履行答复职责。二是落实行政复议意见书制度。复议机关在案件审理中发现下级部门依法行政中存在的问题，通过下发行政复议意见书，引起下级部门特别是主要领导的重视，有针对性进行整改，起到了良好效果。三是以约谈等方式提出改进意见。一些省级部门对复议案件较多的地方，约谈相关领导，提出改进措施。一些部门坚持对行政复议案件进行梳理分析，总结规律性问题，提出依法行政的对策建议。

（四）推动制度完善，提升行政管理水平

行政复议机关在办案同时，注意发现案件背后制度建设上的不足。一些地方对行政复议案件办理过程中发现的制度上的问题，及时在有关文件中予以明确。

总的看，住房城乡建设系统行政复议工作取得了积极成效，为提升住房城乡建设系统依法行政水平作出了贡献。这些成绩的取得，既是国务院法制办和各级政府法制机构关心支持的结果，也凝聚着住房城乡建设系统各级领导和广大行政复议工作人员的汗水。

二、认清形势，切实增强做好行政复议工作的责任感

（一）城乡建设快速发展，对行政复议工作提出新的挑战

当前我国正处于城镇化快速发展时期，2011年年末，我国城镇化率达到51.3%。经验表明，城镇化率在50%～60%阶段，是社会矛盾集中多发期。特别是与城镇化高度相关的城乡建设领域，表现更加明显。随着城镇化快速推进，城乡建设日新月异，工程建设规模不断扩大，房地产资产属性显现，各种利益矛盾日益显化。在此背景下，住房城乡建设系统行政复议案件近年来保持高发态势。2010年以来，住房城乡建设部办案数量在国务院部委中均排名靠前，特别是2012年办案数量大幅上升。从地方来看，4个直辖市住房城乡建设部门的办案数量连续多年居高不下，其中北京市住房城乡建设委，上海、重庆房管部门办案数量连续3年超过200件；江苏、浙江、广东等经济发达省份住房城乡建设部门办案总数较多，其中江苏省住房城乡建设厅办案数量连续3年在200件以上。虽然目前行政复议案件主要集中在经济发达省份，但随着城乡建设发展，其他地区办案数量也在增多。总体看，住房城乡建设系统行政复议案件数量在一段时期内将呈数量大、上升快的态势，对此要有清醒认识。各级住房城乡建设部门要切实增强责任感和使命感，树立依法解决行政争议的理念，充分发挥行政复议化解矛盾、保护权利、纠正违法和教育引导的功能，把行政复议工作做实做好。

（二）群众维权意识不断增强，对行政复议工作提出新的期待

随着我国经济社会全面发展和民主法治进程的加快，人民群众依法维权意识不断提高，行政复议

已成为人民群众维护自身合法权益和监督政府的重要制度。越来越多的群众了解到行政复议具有效率高、周期短、不收费、能有效解决问题的优势，更多地选择行政复议作为解决行政争议的渠道。从住房城乡建设系统复议案件类型来看，主要集中在信息公开、房屋征收、城乡规划等领域，从行政复议案件中可以看到申请人维权意识和能力都在不断增强。我们对此要有正确认识。"十八大"报告将"人权得到切实尊重和保障"作为全面建成小康社会的重要内容。行政复议制度的最高价值目标是尊重和维护人权。群众路线是我党的基本路线，为人民服务是政府工作的宗旨。行政复议工作，归根到底是群众工作。各级住房城乡建设部门要按照"十八大"要求，适应新形势下群众工作新特点和新要求，积极回应群众诉求，坚决纠正损害群众利益的行为，争取群众对行政复议工作的理解和信任。

（三）案件办理难度大，对行政复议工作提出新的要求

行政复议是公民、法人和其他组织认为行政机关的具体行政行为侵犯其合法权益，向有复议权的行政机关申请进行审查的制度。从制度设计看，解决的是对具体行政行为的争议，申请人一般是具体行政行为的相对人。从住房城乡建设系统行政复议案件的特点看，实际情况较为复杂。一是个体案件和群体案件交织。住房城乡建设系统有些案件属于"一事多案"，带有群体性特点，当事人利益诉求不同，复议动机不同，处理难度较大。二是行政和民事争议交织。一些案件虽为行政争议，但其中交织合同、继承、婚姻等民事纠纷，法律关系复杂。三是行政复议和信访、诉讼交织。有些案件属于历史遗留问题，或由信访转化而来，利益诉求多元，争议难以协调。案件办理难度加大，对进一步提高行政复议办案水平提出了更高要求。"十八大"报告要求提高领导干部运用法治思维和法治方式化解矛盾、维护稳定能力，习近平总书记要求各级党组织和党员领导干部带头厉行法治，不断提高依法执政能力和水平，不断推进各项治国理政活动的制度化、法律化，在法治轨道上推进各项工作。各级住房城乡建设部门要按照"十八大"报告和习近平总书记的要求，善于学习、勤于思考、勇于实践，熟练掌握法律知识，增强业务能力，依法、公正、高效、稳妥地解决行政争议。

（四）依法行政仍存在薄弱环节，对行政复议工作提出新的任务

在社会主义市场经济体制下，政府拥有公共权力，掌握和控制着较多的公共资源，在经济社会发展中承担着重要职能。同时，也意味着承担着重要的行政责任，违法或不当行政行为会造成资源配置和利益分配失衡，激化社会矛盾。必须看到，当前各级住房城乡建设部门依法行政还存在一些薄弱环节。如信息公开基础工作尚显薄弱；一些工作人员依法行政意识淡薄；有些部门长期没有专门的法制机构或人员，对基本法律和住房城乡建设领域重要法律不熟悉；个别部门程序意识有待加强。这些薄弱环节，正是行政复议需要发挥调整作用的地方。行政复议，就是要通过对具体行政行为的审查，及时纠正违法或不当行政行为；就是要通过强化内部监督，督促行政机关依法履职；就是要及时发现问题，推动完善制度和提高管理水平。各级住房城乡建设部门要把行政复议作为提升全系统工作人员依法行政意识和能力的重要方式，促进广大干部学法、尊法、守法、用法，切实提高运用法治思维和法律手段解决问题的能力。

三、明确要求，努力推动行政复议工作再上新台阶

党的十八大报告将"坚持促进社会和谐"作为夺取中国特色社会主义新胜利的一项基本要求，作出了"全面推进依法治国"的重大决策和战略部署，提出了建设"法治政府"和"人民满意的服务型政府"的目标。党中央、国务院高度重视行政复议工作。党的十六届六中全会作出《中共中央关于构建社会主义和谐社会若干重大问题的决定》，明确提出"完善行政复议制度"。各级住房城乡建设部门要深刻认识行政复议工作的重要意义，进一步加强和改进行政复议工作。

（一）把公平公正作为行政复议工作的灵魂

"十八大"报告将自由、平等、公正、法治纳入中国特色社会主义核心价值观的范畴。公正是行政复议工作的灵魂。行政复议机关要坚持公平公正，让行政复议成为群众乐选的行政争议解决渠道。一是坚持复议公平。复议机关要保障申请人的行政复议权，决不官官相护、暗箱操作、偏听偏信，要让每个复议决定经得起司法检验、实践检验和历史检验。二是坚持复议公开。复议机关要向群众公开联系方式、申请程序、司法救济途径等内容，有条件的可以实行公开审理。三是坚持以事实为依据，以法律为准绳。要在明晰事实的基础上，依据法律规定作出复议决定，疑难复杂案件要实地调研，违法或不当行政行为要坚决纠正。四是服务大局。既要保护当事人合法权益，更要维护社会公共利益，处

理好个体与群体、局部与全局、当前与长远的关系。

（二）把复议为民作为行政复议工作的宗旨

行政复议机关要恪守为人民服务的宗旨，牢记我们是人民政府，是服务型政府和法治政府，把人民利益至上的价值理念"内化于心，外化于行"。一是坚持服务群众。要耐心听取申请人诉求，努力争取案外和解；对不属受理范围的，应指出争议解决渠道；对无法判断是否符合受理条件的，原则上应当受理。有条件的地方要设置专门接待场所，方便群众提起申请。二是紧密联系群众。要把行政复议工作过程作为倾听群众意见的过程、做群众工作的过程和法制宣传教育的过程。不能因为工作方式简单，未能解决争议反而产生新的争议，未能消解矛盾反而激化矛盾。三是促进行政调解与行政复议有机结合。对因行政裁量权产生争议的案件，要积极寻找利益平衡点，协调双方和解；对行政不作为案件，在指出问题、督促被申请人主动履责的同时，也要积极促进和解；对虽不违法但有瑕疵的行为，力争被申请人主动纠正达成和解。行政复议机关既要坚持严格依法办案，又要争取调解可能，促进政府机关和相对人的谅解与和谐，增进相互信任。

行政复议工作的核心是化解矛盾冲突，协调利益诉求。这要坚持利益法定、公私分明、程序正当、结果公正等原则。利益法定，就是要善于运用法治思维，在法治轨道上解决问题。2011年，我国初步形成了中国特色社会主义法律体系。坚持利益法定，就是要维护群众合法利益，使复议工作始终坚持执法为民的根本宗旨；坚持利益法定，就是要坚持原则，对于无理取闹牟取非法利益的行为，不但不能和稀泥，还要敢于运用复议手段，维护法治权威和尊严。

公私分明，就是要平衡公共利益与私人利益。我们是发展中国家，发展是硬道理。没有发展，不能给人民群众带来幸福美满的生活，也不可能实现长治久安。即使在发达国家，为了公共利益的需要，也会对个人权利进行限制，对私有财产进行征收。从事行政复议工作的同志要有大局意识、长远意识，要勇于维护公共利益，促进经济发展、社会和谐。同时切实加强群众合法利益的保护，不得以公共利益为名侵害个人利益。需要强调的是，负责执法的任何政府部门和工作人员都没有也不应该有独立的利益，更不能将这些不当利益以公共利益的面目加以包装。公私分明只能是公共利益与私人利益的平衡，不能有任何其他不相关的考虑。从事复议工作的同志要加强辨别能力，坚持原则。

程序正当，就是在为了公共利益依法对个人利益进行限制时，必须履行相关的法律程序要求。要给当事人表达意见的机会，并保证其申请行政复议或者提起行政诉讼的权利，不要设置障碍，更不能打击报复。行政管理和执法不但要公正，还要让公正看得见。从事复议工作的同志要提高程序意识，把程序正义与实质正义放在同样的位置，提高执法公信力。

结果公正，就是说能否有效化解各种矛盾纠纷，关键是看结果是否公正。住房城乡建设领域的矛盾纠纷，尤其是国有土地上房屋征收补偿的各种问题，归根结底还是补偿标准问题。公正不公正，群众心里有杆秤。为了公共利益对私人利益进行限制，一定要给予公平的补偿，大家共享发展成果，做到结果公正。

（三）把健全工作机制作为做好行政复议工作的保障

工作机制的健全和完善，直接决定着行政复议案件办理的质量。一是健全集体审议机制。对复杂疑难案件、群体性案件、可能作出确认违法或撤销等决定的案件，要经集体审议，有领导同志主持，法制部门和业务部门共同参加。二是业务部门要深度参与。在案件审理中，法制部门应当征求业务部门意见，业务部门应从业务工作角度提出处理意见；对可以调解和解的案件，业务部门应当主动协调各方力量，推动案件调解和解；对复议中发现被申请人依法行政方面的问题，业务部门应当履行监督指导职责；对复议中发现的政策问题，业务部门应当积极修改完善。三是探索实施行政复议听证制度。对复杂疑难案件，探索在办理过程中引入听证环节，充分听取各方意见，提高行政复议社会公信力。当前，有关方面正在推进《行政复议法》修订工作，各地各部门的行政复议制度改革试点也一直在推进。要高度重视并积极参与法律修改和各项改革，通过法律修改和推进体制机制创新，为完善行政复议制度奠定基础。

（四）把加强层级监督作为行政复议工作的重要方面

层级监督是行政复议制度的重要功能。对下级行政机关的工作，如果只听汇报，往往是"形势一片大好"。行政复议案件能直接真实反映出工作中的问题，上级机关要重视通过行政复议加强对下级机关的监督。一是坚决纠正违法行为。在复议案件审理中，对事实不清、证据不足或违反法定程序作出的具体行政行为，要坚决确认违法或撤销。二是积极运用行政复议意见书制度。对行政复议中发现制度不健全、管理不到位的问题，要通过行政复议意见书指出问题，督促其完善制度、规范管理。三是多种方式开展层级监督。对发生重大违法或影响较大案件的地方，可以约谈有关负责同志，督促规范行政行为；对行政复议中发现依法行政问题较多的地方，可以给予通报，促进地方重视并敦促解决问题。

（五）把从源头上预防和减少行政争议作为被复议机关工作的重要内容

不少住房城乡建设部门既是复议机关，又是被复议机关。从被复议机关角度，也有不少工作要做。一是重视做好行政复议答复和化解矛盾工作。要在法定时限内提出答复意见，答复意见做到事实清楚、观点鲜明、于法有据、形式规范；要主动加强与申请人的沟通解释，努力化解矛盾，争取申请人主动撤回申请，做到案结事了。二是重视通过个案发现普遍性问题，不断加强制度建设，规范行政行为。对行政许可、行政处罚等涉及相对人切身利益的行为，要严格按照法定依据、条件和程序作出，同时要规范各类行政行为的行政裁量权。要不断提高规范性文件质量，制订规范性文件不能背离法律精神，不能增设行政许可条件，不能设立行政处罚。三是提高热点领域工作规范程度。信息公开，一方面要做好本部门的政府信息梳理和健全档案，明确主动公开和依申请公开事项，另一方面要加强沟通解释和主动服务，减少信息公开申请转化为复议或诉讼的可能。房屋征收，要严格依照《国有土地上房屋征收与补偿条例》，规范房屋征收与补偿活动，积极做好与被征收人的沟通协商，努力做到既维护公共利益，又保障被征收人合法权益。

还要强调的是，做好行政复议工作，离不开领导干部特别是"一把手"的重视。住房城乡建设系统各部门负责同志要关心重视行政复议工作，进一步健全行政复议机构，增强人员配置，保障办案经费，加强业务培训，关心复议工作人员成长。上级机关要将下级机关的行政复议工作纳入依法行政考核内容，作为评价依法行政水平的重要指标。

做好行政复议工作，责任重大，使命光荣。让我们紧密团结在以习近平同志为总书记的党中央周围，开拓创新，扎实工作，努力开创住房城乡建设系统行政复议工作新局面，为促进住房城乡建设事业的平稳较快发展和社会和谐稳定作出新的贡献！

（有修改）

（陈大卫：住房和城乡建设部副部长。本文摘自《中国建设报》 2013年3月21日）

在部分地区建筑安全生产工作汇报会上的讲话

王 宁

（2013年9月6日）

同志们：

感谢大家参加今天的会议。参加这次建筑安全生产工作汇报会的，主要是今年以来建筑安全生产形势比较严峻的部分地区，一类是发生较大事故的地区，另一类是一般事故较多的地区。这次会议的主要目的是想听听大家关于建筑安全生产工作的思路和意见，如何采取更有力的措施抓好建筑安全生产工作，有效防范和减少事故的发生。

刚才，大家都作了认真发言，沟通了情况，提出了意见建议，这既是交流，更是统一思想。各级住房城乡建设部门的同志，只有统一了思想，才能将安全生产工作做好。对安全生产工作，我们要常抓不懈，这是由安全生产工作性质所决定的。听完大家的发言，很受启发。大家谈到的对策、措施，都非常好，但更加关键的是，我们要将这些对策、措施，在今后工作中认真地、扎实地落实下去，真正落实到企业和项目上。各地可根据本地区不同情况，近期集中力量，在突出问题上下工夫，一级抓一级，切实抓出成效。

目前，全国建筑安全生产形势比较严峻。根据统计，截至8月31日，全国共发生房屋市政工程生产安全事故349起、死亡434人，同比分别上升7.4%和11.3%；其中较大事故16起、死亡66人，同比分别上升14.3%和29.4%。据国务院安委会的通报，各行业领域的安全生产形势分为三类：第一类是今年以来没有发生重特大事故，且事故起数和死亡人数"双下降"的；第二类是今年以来没有发生重特大事故，但事故起数和死亡人数"双上升"的；第三类是今年以来发生重特大事故，且事故起数和死亡人数"双上升"的。住房城乡建设部门负责监管的房屋市政工程领域属于第二类，形势不容乐观，这需要引起我们高度重视，需要我们进一步加大工作力度。

下面，我讲几点意见，供同志们参考。

一、认真贯彻落实中央领导同志的指示精神和我部电视电话会议的精神

党中央、国务院高度重视安全生产工作，习近平总书记、李克强总理等中央领导同志多次作出重要指示。习近平总书记特别强调："人命关天，发展决不能以牺牲人的生命为代价，这要作为一条不可逾越的红线。"在6月14日，我部召开了全国建筑安全生产电视电话会议，郭允冲副部长全面传达了中央领导同志的重要指示精神，姜伟新部长提出了明确的贯彻落实要求。会后部里及时印发通知，具体部署了安全生产大检查等一系列工作。

建筑安全生产直接涉及建筑劳动者的生命安全，与人民群众的根本利益息息相关。做好建筑安全生产工作，是各级住房城乡建设部门贯彻落实科学发展观和"以人为本、和谐社会"重要思想的直接体现，也是当下群众路线教育实践活动的重要内容。建筑行业的持续快速发展，决不能以牺牲劳动者的生命安全、损害劳动者的身体健康作为代价。各级住房城乡建设部门要认真贯彻落实中央领导同志的指示精神和我部电视电话会议的精神，进一步增强责任感和使命感，紧紧绷住安全生产这根弦，警钟长鸣、常抓不懈，切实保障人民群众生命财产安全，推动全国建筑安全生产形势稳定好转。

二、切实履行部门的建筑安全生产监管职责

住房城乡建设部门是建筑行业的主管部门，管行业发展，就必须管安全生产，建筑安全生产监管是住房城乡建设部门的重要职责。各级住房城乡建设部门一定要加强监管，特别是在当前形势比较严峻、事故比较多发的时候，我们更要高度重视安全生产。我们要经常反省自己的工作，不断提高建筑安全生产监管的能力。建议同志们经常反思和检查以下问题：第一，是否在思想认识上真正树立了安全发展理念，是否把安全生产工作摆在了突出位置？第二，是否全面了解掌握了本地区建筑安全生产的薄弱环节和突出问题？第三，是否真正找到了切实可行的解决问题的方法和措施？第四，我们的各项措施是否真正落实到位，效果怎么样，监管措施是否还需要调整？对建筑安全生产工作，重视还是不重视，切实抓了还是没有抓，效果是不一样的。我们只有多重视、多思考、多努力，才能不断提高监管能力，才能切实履行好建筑安全生产监管职责。

三、严格督促企业落实建筑安全生产主体责任

大家在刚才发言中都提到了，建筑安全生产工作的核心是企业安全生产责任制的落实。建筑工程的质量安全是总包企业组织管理干出来的，总包企业对项目的安全管理起着决定性作用。政府部门监管的核心就是要督促总包企业落实建筑安全生产主体责任。目前在建筑安全生产领域，各方主体责任不落实的情况还十分严重，部分单位或企业安全生产责任意识淡薄，片面追求经济利益，存在违反法律法规或强制性标准等现象。例如，不少施工企业、项目部安全监管能力低下，明显的安全隐患都看不出来，施工班组和劳务人员安全防范意识和能力较差，致使安全事故时有发生；一些施工企业安全保障体系不健全，安全培训不到位，不认真执行安全管理制度和措施，公司对项目部的安全监控严重不到位，甚至形同虚设。我们要做好建筑安全生产工作，就要采取一切办法和措施，督促总包企业加强项目部的安全管理能力，加强施工班组的安全保障能力，加强劳务人员的安全技术能力。各级住房城乡建设部门要学会综合运用行政、技术、经济等多种管理措施和方法，惩戒与激励并重，对工作差的企业处罚，对工作好的企业鼓励，激发总包企业的主动性、积极性，自觉重视并做好安全生产。只有总包企业真正上心了、用心了，安全生产责任制落实了，建筑行业才能健康发展、安全发展。

四、积极采取措施，扭转当前工作被动局面

现在距离年底，只有不到四个月的时间，当前各级住房城乡建设部门的最重要任务，就是要将房屋市政工程生产安全事故起数和死亡人数降下来，采取有效措施，努力实现遏制较大及以上事故、控制事故总量的目标。时间紧、任务重、要求高，部里已在积极研究措施，并对下一阶段工作提出了要求，希望各地认真贯彻落实。

一是要严肃认真开展大检查。针对目前比较严峻的建筑安全生产形势，部里决定从9月份开始，组织住房城乡建设部门和企业开展一次全面、彻底、细致的安全生产大检查。我们已经下发了检查通知，并制定了统一的检查表格。各地住房城乡建设部门务必按照"全覆盖、零容忍、严执法、重实效"的总体要求，全面、深入、细致排查建筑施工现场，坚决堵塞安全生产漏洞，坚决整改安全生产隐患，强化安全生产责任和措施的落实，积极防范和减少事故的发生。开展建筑安全生产大检查，要真正发现问题，千万不能走马观花，走过场，搞形式主义。各地住房城乡建设部门要加强对重点项目、重点环节、安全形势不好重点地区的监督检查；要督促企业认真开展自查，并在企业自查基础上，重点针对发现的问题和存在的隐患，检查问题是否已经解决、隐患是否已经整改；在地方检查和部里督查的环节，我们一定要随机抽取工程，要在不通知的情况下暗查暗访，以点带面，这样才能真正发现问题、消除隐患、取得实效。

二是要严格排查治理安全隐患。 从对众多安全事故的分析研究表明，许多事故发生前就已存在明显的安全隐患，而对安全隐患没有排查治理，是导致事故发生的重要原因。查找和消除安全隐患是预防事故最有效、最直接的手段。因此，我们建筑安全生产监管的关口必须前移，要把安全隐患排查治理的工作摆在更加突出、更加重要的位置。在安全生产大检查中，要严肃、认真、彻底地排查各类安全隐患。对排查出的各类安全隐患，要督促企业抓紧时间认真整改，并跟踪企业的整改落实情况，千万不能让事故隐患积累发展并酿成事故。

三是要加大对事故的查处和通报力度。 事故查处和通报是建筑安全生产监管的一项重要手段，是我们必须认真做好的一项重要工作。从了解的情况来看，目前还有处罚不够严肃严厉、通报不够全面及时等问题。如果我们对事故责任企业和人员没有严肃严厉查处，没有全面及时通报，就不能起到警示教育的作用，不能起到净化市场的作用。不少地方对事故责任企业和人员处罚简单、轻微，罚款了事，没有让责任企业和人员付出应有代价，没有切肤之痛，这样他们就会觉得无所谓，就不会觉得疼，就照样不会重视安全生产。各地住房城乡建设部门一定要依法依规严格实施对责任企业和人员的处罚，该吊销企业资质的吊销企业资质，该降低企业资质等级的降低企业资质等级，该吊销人员执业资格证书的吊销人员执业资格证书，该责令人员停止执业的责令人员停止执业。我们要将事故信息全面及时地公开、公告，警示教育其他企业和人员，要形成强大的建筑安全生产宣传和舆论氛围，让事故责任企业和人员感受到压力，这样他们才会重视起安全生产，才会把安全生产工作做好。

五、推动长效机制建设，夯实建筑安全生产基础

建筑安全生产的长治久安，有赖于建筑企业安全生产管理水平的稳步提高，有赖于建筑行业真正确立以工程质量安全为核心的发展理念。各地住房城乡建设部门要高度重视建筑安全生产长效机制建设，不断夯实建筑安全生产基础。

一是要加强建筑安全生产教育培训。 加强建筑安全生产教育培训，不断提高建筑企业从业人员安全素质和建筑安全监管人员能力水平，强化建筑企业安全生产基础，提升建筑安全生产监管效能，是解决建筑安全生产问题、消除建筑安全生产事故的根本途径。各地住房城乡建设部门当前要重点抓好建筑施工"三类人员"、特种作业人员以及建筑安全监管人员的教育培训，特别是要严把建筑施工"三类人员"和特种作业人员的准入关。要积极研究探索培训资金投入的渠道和方式，指导建筑施工企业建立和完善农民工夜校等制度，严格落实企业安全教育培训责任，提高安全教育培训的针对性和实效性。

二是要加强建筑安全监管队伍建设。 事在人为，做好建筑安全生产工作需要一支强有力的队伍。多年来，建筑安全生产工作之所以取得成效，一个重要原因是因为我们有一支素质过硬的建筑安全监管队伍。打铁还需自身硬，建筑安全生产工作要继续取得更好的成绩，就需要继续加强建筑安全监管队伍建设，不断提高建筑安全监管人员的能力素质。各地住房城乡建设部门要根据工程建设规模不断扩大的实际情况，保证建筑安全监管机构及人员配备，满足建筑安全监管工作需要。各地住房城乡建设部门要不断提高建筑安全监管人员能力水平，保护他们的工作热情，不断提高这支队伍的凝聚力、创造力和战斗力。

三是要推进建筑施工安全生产标准化。 建筑施工安全生产标准化建设是一项重要的基础性工作，是促使建筑施工企业建立自我约束、持续改进的安全生产长效机制的重要举措，是推动建筑安全生产形势持续稳定好转的重要手段。各地住房城乡建设部门要按照部里的要求，督促企业扎实开展建筑施工安全生产标准化创建工作，认真开展建筑施工安全生产标准化考评工作，有效解决目前存在的企业

安全管理与项目安全管理脱节严重的问题。要不断提高企业安全管理水平，强化企业对项目的安全管理，全面落实企业安全生产责任制，切实改善项目安全生产条件，有效提高事故预防能力。

四是要推进建筑安全生产监管信息化。建筑安全生产监管资源不足的现状，迫切要求我们加快推进建筑安全生产监管信息化建设。它是提高建筑安全生产监管效率、降低监管成本、提升监管能力的重要手段，是联系各级监管主体、连通各个监管环节的重要途径，是完善建筑市场现场联动机制、建立建筑市场诚信体系的重要基础。各地住房城乡建设部门要密切配合、积极推动建立建筑施工企业、人员、项目、设备"四位一体"的全国统一建筑施工安全生产监管信息平台。

同志们，建筑安全生产工作责任重大，压力也很大，对大家一直以来的辛勤付出，我代表部里表示衷心感谢。希望大家共同努力，带着责任、带着感情继续扎实做好建筑安全生产工作，促进建筑安全生产形势持续稳定好转。

（王宁为住房和城乡建设部副部长）

在2012～2013年度中国建设工程鲁班奖（国家优质工程）表彰大会上的讲话

王　宁

（2013年12月5日）

同志们：

很高兴来参加2012～2013年度中国建设工程鲁班奖（国家优质工程）颁奖大会。在此，我代表住房城乡建设部向所有获奖企业表示衷心的祝贺！向所有为创建鲁班奖工程做出贡献的同志们表示诚挚的问候！

鲁班奖是我国建设工程质量最高奖，获奖工程代表了当前我国工程质量的最好水平。多年来，鲁班奖已成为广大施工企业争创精品工程的最高目标，得到了全行业乃至全社会的广泛关注。通过创建鲁班奖工程，建筑企业不断强化质量管理，树立品牌意识，提高整体素质，对提升全国工程质量水平起到了很好的推动作用。作为鲁班奖的组织管理单位，中国建筑业协会始终坚持不懈，做了不少富有成效的工作。希望你们再接再厉，继续努力，不断完善鲁班奖的评选管理办法，确保评选过程和结果公平、公正，使更多的施工企业参与鲁班奖工程的创建，让鲁班精神在行业内发扬光大。

出席今天大会的代表都是创出鲁班奖工程的品牌企业，其中有的还是世界五百强企业，你们是建筑行业的优秀代表，在行业内有着较大的影响力，应该成为引领建筑行业持续健康发展的骨干力量。

借此机会，我提几点要求，请大家在工作实践中努力探索并实施。

第一，积极探索创新管理模式，进一步完善企业质量与安全保证体系。

当前，新的技术手段和管理方式不断出现，广大企业应根据自身的特点和需求，努力探索和实践，勇于变革和创新，健全质量保证体系，推动企业发展方式转型升级。一是加强企业质量管理。积极创新企业管理模式，力争在生产方式和运作模式上，在组织结构和服务内容方面都取得显著进步。通过管理模式创新，大力推广现代质量管理的理念，广泛开展质量改进、质量攻关、质量风险分析、质量成本控制等活动，不断完善企业质量保证体系，强化全过程质量控制。二是深化工程项目精细化管理。工程项目是转变企业发展方式、促进企业转型升级的基础。建筑企业要不断提升工程项目管理水平，通过优化资源配置，科学组织施工，降低工程成本，实现工程质量和企业经济效益的双提升。三是落实项目经理的质量安全责任。项目经理是工程项目管理的核心，是工程质量的第一责任者。分析多年来创鲁班奖工程的经验证明，项目经理素质和质量管理能力，是创鲁班奖工程的关键。反之，凡发生重大质量安全事故，也多是因项目经理质量履职不到位而造成的。因此，要进一步增强项目经理的质量安全意识，把保证质量安全作为项目管理的重中之重，切实履行项目经理对质量安全管控责任，扎实有效开展工程质量专项治理和施工安全标准化创建工作，保证施工现场工程质量和安全生产。

第二，高度重视技术进步与创新，进一步提高工程质量与安全保证能力。

提高工程质量保证能力，必须依靠技术进步和创新。当前，我国建筑企业技术开发投入普遍偏少，仅占营业额的0.3%~0.5%，而发达国家可达到5%左右，差距很大。在技术进步贡献率方面，我国建筑业仅为25%~35%，远低于发达国家的70%。因此，广大建筑企业要高度重视技术创新，加大科技研发力度，以技术进步提高质量保证能力。一是增强企业技术创新能力。企业技术创新的重点要放在施工现场，要注重工艺革新与施工工法的开发，及时总结施工中在技术革新方面取得的成效。通过建立QC小组、技术创新小组等多种形式，加强技术攻关、设备研制和工艺创新，研究解决施工作业中遇到的重点难点问题，形成一批简便、经济、实用的革新成果。二是充分运用信息化技术手段。目前，我国建筑企业运用信息化手段管理项目，相比有些行业差距较大，我们要迎头赶上。建筑企业应加强信息化基础设施建设和信息资源利用，在项目管理、材料采购、设备租赁、质量安全控制等环节大力应用现代信息手段，并实现企业内部信息互通和技术共享，提升生产经营效率和管理水平，提高质量保证能力。三是大力推广绿色施工技术。建筑企业要积极开展绿色施工技术的研究与工程应用，大力推广应用先进适用的新技术、新工艺、新设备、新材料；努力适应国家提出的建筑产业现代化的要求，即在施工建造方式、施工过程管理、建筑材料、设备应用上实现现代化。当然，也包括提高产业工人的素质。最终目的是提高建筑装配化的水平。我们要通过实施建筑产业现代化，提高施工生产效率，减少建筑施工对环境的影响，减少建筑垃圾的排放，减少材料浪费，缩短建设工期，保证安全生产，提升建筑品质。

第三，着眼于提高从业队伍素质，进一步夯实工程质量安全基础。

从业队伍素质是建筑企业推进技术进步、保证质量安全的基础。在此，我想重点讲讲劳务队伍的管理和培训问题。20世纪80年代，建筑业率先推行劳务用工制度改革，实行企业管理层与作业层分离，这对提高建筑企业效益、促进建筑业快速发展起到了重要作用。但目前还有不少问题需要解决，如劳务人员流动大、管理松散、培训不到位、一线操作人员专业素质低、技能水平参差不齐等，影响了建筑业持续健康发展。我们已经在加强总承包企业对劳务队伍管理、加强劳务基地和农民工业余学校建设等方面进行研究，争取尽快出台相关政策。我也希望在座的企业能充分发挥主观能动性，采取多种方式抓好劳务队伍建设和管理。一是希望大型总承包企业要有自己核心的技术劳务队伍。这样做可能会给企业增加一些成本负担，但从行业长远发展来看，是很有必要的，同时对增强企业市场竞争力也是很有好处的。建立自己劳务队伍的方式，可采取全资、控股、参股等多种形式，也可以是长期合作关系。对有自有劳务队伍的总承包企业，我们将在政策上给予支持和鼓励。二是希望大型总承包企业能够建立劳务基地、训练基地，创建农民工业余学校，有条件的可以建立技术工人学校，切实履行好对劳务队伍的培训教育主体责任，从源头提高劳务队伍的素质，加快农民工向产业工人的转变，促进工程质量安全水平提升和建筑行业持续健康发展。

第四，带头履行社会责任，进一步提高诚信经营能力。

目前我国正处于经济转型时期，市场经济尚不完善，建筑市场还存在着不少的问题。社会责任意识淡薄、诚信缺失现象在一部分企业当中仍然大量存在，不仅扰乱建筑市场秩序，损害工程质量，给企业和行业发展带来风险，也给社会带来危害。今天获奖的企业都是建筑行业的优秀代表，要主动承担起引领和带动行业发展的责任。一是要带头履行社会责任。企业在社会中不是孤立的，除自身发展盈利外，还要承担相应的社会责任和义务。一个不断成长进步、良性发展的企业，理应是认真履行社会责任、社会口碑好的企业。对建筑企业来说，履行社会责任就是要强化以确保质量安全为核心的发展理念，建立履行社会责任的机制，将履行社会责任融入企业经营管理决策当中，建设让人民群众放心的工程，建设对得起良心的工程，建设经得起时间和历史检验的工程。多年来，一些优秀的建筑企业以杰出的工程质量证明了中国施工企业的能力和水平，并因此而荣获鲁班奖。希望广大建筑设计、施工、监理单位，都要进一步增强为人民负责、对历史负责、为子孙后代负责的意识，坚决把质量与安全放在首位，成为人民放心的企业。二是要带头诚信经营。诚信是企业生存和发展的根本。近期，国家将出台《社会信用体系建设规划纲要（2013—2020）》，这意味着在国家层面，将逐步建立跨部门、跨行业、跨地区的统一信用体系和信息平台。我部将根据《规划纲要》的要求，大力推进住建系统诚信体系和奖惩机制的建设。未来的几年中,"一处失信,处处受制"的市场监管格局将逐渐形成。在此,我希望施工企业要认真学习《规划纲要》,加强对员工的宣传教育,弘扬诚实守信的传统文化,把诚信经营作为企业管理的核心内容;要自觉抵制陪标、串标、垫资、拖欠等不良行为,严格禁止转包、挂靠、违法分包等行为,真正靠诚信经营赢得市场,靠信用得到公认。

同志们,十八届三中全会描绘了全面深化改革的宏伟蓝图,做出了重大决策部署。今天颁发的鲁班奖是对我们过去成绩的奖励,希望所有获奖企业以此为新的起点,锐意进取,不断改革创新,多创精品工程,争做行业楷模,为促进全国工程质量水平的提高,做出新的更大的贡献。

第三篇

建 设 综 述

住房城乡建设法制建设

【**相关法律、行政法规立法工作**】 2013年，根据国务院法制办公室（下称"国务院法制办"）的要求，及时报送住房城乡建设部2013年立法建议。国务院2013年立法工作计划将《城镇排水与污水处理条例》列为一档项目，《建筑市场管理条例》、《城镇住房保障条例》列为二档项目，《住房公积金管理条例（修订）》列为三档项目。

《城镇排水与污水处理条例》颁布。部法规司会同部城市建设司，配合国务院法制办对《条例》有关内容进行反复研究、部门协调和修改。《条例》经国务院常务会议审议通过，于2013年10月2日颁布，2014年1月1日起施行。部法规司会同部城市建设司，做好《条例》宣传贯彻工作。

《城镇住房保障条例》加快推进。根据国务院法制办意见和住房城乡建设部部领导指示，会同部住房保障司对《条例》进行修改，提交部常务会议审议通过。5月，《条例（送审稿）》报国务院，国务院法制办送国务院有关部门、地方征求意见。为落实国务院第25次常务会议关于加快推进住房保障立法的要求，配合国务院法制办开展征求意见汇总研究、调研和修改工作。赴中央编制办公室就住房保障机构设置问题进行沟通协调。部法规司会同部住房保障司、配合国务院法制办拟开展将《条例》向全社会征求意见工作。

开展《建筑市场管理条例》有关工作。国务院法制办将《条例》送国务院有关部门、地方征求意见。部法规司会同部建筑市场监管司，配合国务院法制办对征求的意见进行汇总、梳理。配合国务院法制办，与中央纪律检查委员会、监察部进行沟通。根据国务院法制办意见，部法规司会同部建筑市场监管司对《条例》做进一步研究。

《住房公积金管理条例（修订）》取得进展。按照分工，部法规司会同部住房公积金监管司，就管理体制之外的内容，对《条例（修订征求意见稿）》和说明进行修改完善。

【**部门规章立法工作**】 为落实《中共中央关于全面深化改革若干重大问题的决定》关于"健全立法起草、论证、协调、审议机制，提高立法质量"的要求，研究起草《住房城乡建设部规章制定程序规定》，汇总整理部各司局反馈意见。

《房屋建筑和市政基础设施工程施工图设计文件审查管理办法（修订）》、《关于修改〈房地产估价机构管理办法〉的决定》、《住房城乡建设部 国家质量监督检验检疫总局关于废止〈游乐园管理规定〉的决定》和《建筑工程施工发包与承包计价管理办法》4部规章发布实施。

在做好调研、征求意见和部门协调工作的基础上，《建筑施工企业主要负责人、项目负责人和专职安全生产管理人员安全管理规定》和《建筑工程施工许可管理办法（修订）》提请部常务会议审议。

《历史文化名城名镇名村街区保护规划编制审批办法》和《房地产开发企业资质管理规定（修订）》广泛征求意见，开展调研、协调，准备提请部常务会议审议。

积极推进其他规章立法。根据群众路线教育实践活动中地方提出的意见，部法规司会同部工程质量安全监管司及时启动《建设工程质量检测管理办法》修订工作。推进《国家级风景名胜区规划建设管理办法》、《民用建筑供热计量管理办法》、《城市蓝线管理办法（修订）》、《城镇个人住房信息系统管理办法》等规章立法工作。配合部城乡规划司、工程质量安全监管司做好《城乡规划违法违纪行为处分办法》和《房屋建筑和市政基础设施工程施工图设计文件审查管理办法（修订）》宣传贯彻工作。

【**完成行政审批制度改革有关工作**】 住房城乡建设部领导高度重视行政审批制度改革工作，部长姜伟新和副部长陈大卫多次作出批示，并组织部有关司进行动员和研究。经与国务院审改办反复沟通，确认住房城乡建设部2013年下放和取消各1项行政审批项目；住房城乡建设部2013年3月底前实施的行政审批事项总数为25项，提出的3年内减少审批事项目标为7项，占28%。截至12月9日，住房城乡建设部减少行政审批项目数在国务院61个部门中列第19位。

认真清理行政审批项目，及时报送改革意见。根据中央编制办公室和国务院办公厅要求，按照部领导商定的意见，报送住房城乡建设部负责审批有关行政审批事项的意见和基本情况表。

按照国务院审改办要求，部法规司会同部有关司针对国务院有关部门、地方和专家学者对住房城乡建设部行政审批项目的意见，逐项提出回复意见；就住房城乡建设部年内没有新补充拟取消和下放的行政审批事项函复国务院审改办。

认真做好减少行政审批项目的后续工作。国务院决定将中央管理的建筑施工企业安全生产许可下放后，国务院法制办起草了《安全生产许可证条例》修订方案，住房城乡建设部法规司提出修改意见。根据国务院取消采用不符合工程建设强制性标准的新技术、新材料核准的决定，国务院法制办提出《建设工程勘察设计管理条例》修订意见，部法规司与国务院法制办和部有关司协商，达成一致意见。

做好行政审批制度改革的其他工作。按照国务院办公厅要求，向国务院报送了住房城乡建设部下放行政审批事项有关情况的自查报告。根据国务院审改办的要求，部法规司会同部有关司研究提出并报送加强行政审批事中事后监管的意见建议，对工商登记前置行政审批事项提出处理意见。根据中编办要求，会同部有关司报送住房城乡建设部行政审批前置中介服务的有关情况和建议。根据监察部要求，会同有关司局起草报送贯彻落实国务院第六批取消和调整行政审批项目决定的有关情况，做好监察部检查组来部里现场检查的有关工作。

【行政复议工作】 召开住房城乡建设系统行政复议工作会议。副部长陈大卫主持召开部分省市座谈会，听取意见建议，做好行政复议工作会议筹备工作。

加强对地方行政复议工作指导。制订印发《关于进一步加强住房城乡建设系统行政复议工作的指导意见》。征求各地意见后印发，加强对地方行政复议工作的指导。推广典型经验，促进地方重视和加强行政复议工作。经部领导选定，推荐北京市住房城乡建设委员会作为2013年全国住房城乡建设工作会议7个大会发言单位之一，作了题为《健全行政复议案件审理机制，纠正违法或者不当行政行为》的发言，介绍了经验做法。召开行政复议典型案例座谈会，交流案件办理工作经验，加强案例指导工作。

研究提出加强行政复议工作的建议。借鉴国土资源部等部委做法，研究提出《关于加强住房城乡建设部行政复议工作的建议》，提出完善复议工作机制、加强与法院沟通、选聘律师、增加办公用房、选派挂职干部等建议。

认真做好日常案件办理工作。共收到行政复议案件863件，已办结627件，其中住房城乡建设部作为复议对象的案件增长迅猛，从2012年的5件增长到395件。坚持集体审议机制，提高办案质量。2013年共召开集体审议会12次，审理案件400多件。加强实地调查，妥善处理疑难案件。实行裁前告知制度。

注重发挥行政复议层级监督作用。研究形成《住房城乡建设部行政复议案件中反映的依法行政薄弱环节》，在《建设工作简报》上印发，推动地方提高依法行政水平。以行政复议意见书的形式督促各地加强依法行政。全年向地方发出行政复议意见书7份，督促整改落实。以多种方式开展层级监督。加强对地方办案的指导，督促地方受理5件应该受理的复议申请。

加强对重点地区行政复议工作的研究和指导。将推动解决天津居民到住房城乡建设部就拆迁遗留问题反复提起行政复议问题，作为群众路线教育实践活动的重点内容之一，研究形成《天津地区居民来住房城乡建设部行政复议及诉讼情况分析报告》。

做好接待群众、统计、培训等工作。接待群众当面提交行政复议申请或查阅案卷500余人次，做好法规政策解释工作，避免矛盾激化。起草《住房城乡建设部贯彻实施<行政复议法>情况汇报》，完成2012年度部机关、住房城乡建设系统行政复议工作分析报告，在《建设情况通报》上印发。开展行政复议热点问题专题培训，共培训学员700多人，提高行政复议工作人员的业务能力。

【行政应诉工作】 认真做好应诉工作。2013年住房城乡建设部行政诉讼案件增长快，应诉压力大。全年办理行政诉讼案件142件。其中，一审91件，审结53件；二审51件，审结50件。部法规司会同有关司局，认真做好出庭应诉工作。

起草修改《部机关行政应诉工作规程》。为应对行政诉讼案件高发态势，起草《部机关行政应诉工作规程》，明确部各司局在应诉过程中的职责。征求相关司局意见，修改完善后报部领导审定印发。

【法规草案征求意见答复、规范性文件清理和合法性审核工作】 做好法规草案征求意见答复工作。立足住房城乡建设部"三定"职责，组织部有关司局认真研究答复全国人大、国务院法制办以及有关部门法规草案征求意见，加强协调，按时保质回复。共办理135件征求意见件。会同部有关司局，参加《旅游法》、《特种设备安全法》、《社会救助法》等立法协调工作。按照全国人大常委会要求，提供贯彻执行《民族区域自治法》、《可再生能源法》背景材料。

积极开展规范性文件清理。按照姜伟新部长批示要求，会同部各业务司全面清理住房城乡建设部发布的规范性文件。经过认真清理，决定废止73件规范性文件，972件规范性文件继续有效，以住房城乡建设部公告第183号向全社会公开清理结果。

做好合法性审核工作。严格实施行政处罚合法性审核，已办理49件。严把法律关，确保经审核的处罚决定经得起检验。做好规范性文件合法性审核，共办理16件。

做好地方请示等文件答复工作。及时办理地方请示答复12件，为地方服务，推进依法行政。根据广东省住房城乡建设厅的请示，向全国人大常委会法律工作委员会请示《城乡规划法》、《建筑法》等法律行政处罚适用有关问题，向国务院法制办请示《物业管理条例》第六十二条行政处罚适用问题，全国人大常委会法工委和国务院法制办函复了答复意见，法规司以部函转发给广东省住房城乡建设厅执行。

【全国人大议案、建议和政协提案办理】 认真办理全国人大议案、建议和政协提案。2013年共办理议案19件，建议4件，提案6件。注重提高办理效率和质量，人大代表和政协委员均表示满意。

【"六五"普法中期检查督导】 根据全国普及法律常识办公室有关要求，制订下发《住房城乡建设部关于组织开展"六五"普法中期检查的通知》，在地方自查和组织抽查基础上，汇总形成《住房城乡建设系统"六五"普法中期检查督导工作情况》，报送全国普法办。根据部领导批示，组织部机关认真学习贯彻习近平总书记在中央政治局第四次集体学习时的重要讲话精神。积极开展"12·4"全国法制宣传日有关活动，组织举办部机关法制讲座，部领导召开普法工作座谈会，以评论员名义在中国建设报刊登《推进"六五"普法，弘扬法治精神》文章，宣传推广一批地方典型经验。根据全国普法办通知要求，做好普法先进单位和先进个人通报表扬的推荐工作。

(住房和城乡建设部法规司)

房地产市场监管

房地产市场调控政策及市场运行基本情况

(1) 房地产市场调控工作情况

2013年，党中央、国务院高度重视房地产市场调控工作。针对部分城市房价上涨预期增强、不同地区房地产市场出现分化等问题，2013年2月，国务院办公厅印发《关于继续做好房地产市场调控工作的通知》（国办发〔2013〕17号），要求完善稳定房价工作责任制，坚决抑制投机投资性购房，增加普通商品住房及用地供应，加快保障性安居工程规划建设，加强市场监管和预期管理，加快建立和完善引导房地产市场健康发展的长效机制。

按照国办发〔2013〕17号文件要求，各地区各部门认真抓落实。2013年年初，各直辖市、计划单列市和省会城市（除拉萨外）按照保持房价基本稳定的原则，从严制定2013年新建商品住房价格控制目标，并于一季度向社会公布。下半年，针对部分城市房价快速上涨的势头，北京、上海、广州、深圳等17个重点城市在国务院统一部署的调控政策框架内，分别出台稳控房价政策措施，对遏制房价过快上涨和稳定市场预期起到积极作用。

(2) 房地产市场运行基本情况

2013年全国房地产市场运行总体稳定，房地产开发投资平稳增长，住房交易活跃，对稳增长和财政收入增收起到积极作用。

【房地产开发投资平稳增长】 据国家统计局数据，2013年，全国房地产开发投资8.6万亿元，同比增长19.8%，增速比2012年提高3.6个百分点（图1），高于城镇固定资产投资增速0.2个百分点。分区域看，东、中、西部房地产开发投资同比增速分别为18.3%、20.8%和22.6%。

【商品住房交易活跃】 据国家统计局数据，2013年全国商品房销售面积、销售额分别为13.1亿平方米、8.1万亿元，比上年分别增长17.3%、26.3%。其中，新建商品住房销售11.6亿平方米，首次突破10亿平方米，同比增长17.5%，增速比2012年提高15.5个百分点（图2）。分区域看，东、中、西部新建商品住房销售面积同比分别增长19.3%、17.3%和14.4%。

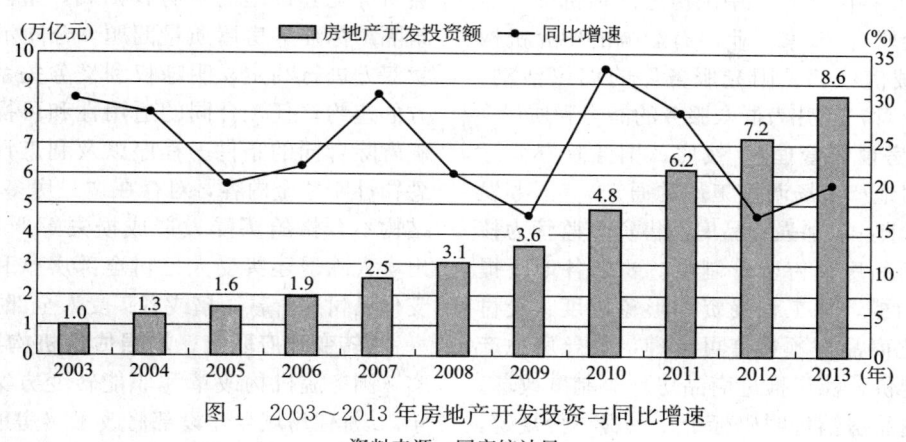

图1 2003~2013年房地产开发投资与同比增速
资料来源：国家统计局

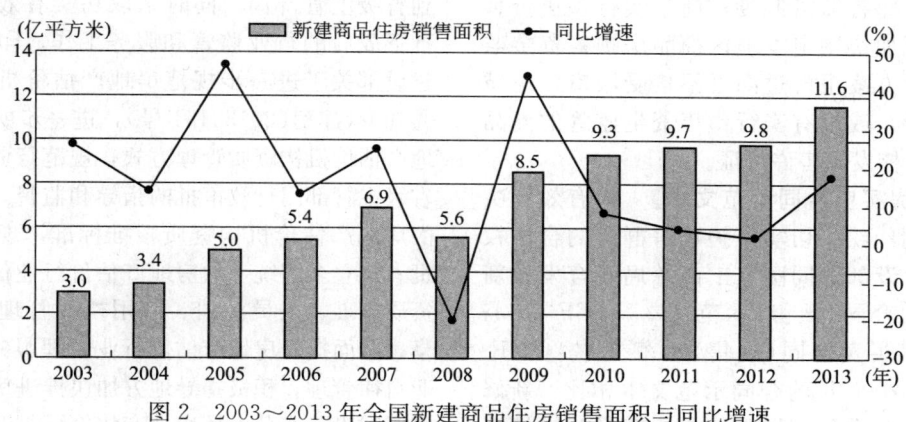

图2 2003~2013年全国新建商品住房销售面积与同比增速
资料来源：国家统计局

【房价走势总体平稳】 据国家统计局数据，2013年，70个大中城市新建商品住房各月同比涨幅平均值总体呈扩大趋势，12月同比平均上涨9.7%。环比涨幅平均值总体呈前高后低的格局，2、3月环比平均涨幅达到1.1%的历史高位，此后除8月略有回升外，其他各月均呈收窄趋势，12月环比平均上涨0.4%。

【房地产业对经济增长和财政收入增收作出重要贡献】 据国家税务总局数据，2013年全国房地产业税收收入1.5万亿元，比上年增长26.5%。据财政部数据，2013年全国国有土地使用权出让收入达到4.1万亿元，同比增长44.6%。

房屋交易与权属管理

【开展房地产中介市场专项整治】 根据国务院部署，2013年6月，住房城乡建设部会同国家工商总局印发《关于集中开展房地产中介市场专项治理的通知》（建房〔2013〕94号），集中开展为期半年的房地产中介市场专项治理。治理工作确定了10大整治重点，包括：严肃查处发布虚假信息、协助购房人伪造材料骗取购房资格、炒卖楼号、协助购房人签订"阴阳合同"规避税费、违规"群租"、侵占挪用交易资金、强制提供代办贷款、泄露个人信息、未备案擅自从事中介服务、服务合同不规范等。在各级住房城乡建设主管部门、工商行政管理部门的共同努力下，专项治理工作取得成效。查处一批违法违规案件。据不完全统计，各地共检查机构48149家，查处各类违法违规案件4521起，取缔308家"黑中介"，曝光一大批违法违规典型案例，仅深圳市就曝光327起中介违规案例。通过查处违法违规行为，切实维护了群众合法权益。推动行业制度建设。各地结合专项治理，建立健全房地产交易资金监管制度，有效保证了交易资金安全。完善存量房交易合同网上签约制度，有效防范"一房多卖"等违规行为，保证了房屋交易安全。提升行业管理水平，推动各地房屋交易信息平台建设，促进交易公开、透明、安全。一些城市利用房地产交易信息管理平台，提供房源信息验核服务，通过一房一专码、备案等方式，从源头上杜绝虚假房源信息。促进行业诚信经营。2013年12月,中国房地产估价师与房地产经纪人学会联合35家行业内有影响的中介机构联合发起了"诚信经营、阳光服务"的倡议活动,引导行业诚信经营,提升为群众服务的能力和质量。

【加强商品房预售管理】 按照《国务院办公厅关于继续做好房地产市场调控工作的通知》(国办发〔2013〕17号)要求,以加强商品房预售资金监管为核心,不断完善商品房预售监管制度。要求各地区提高商品房预售门槛,从工程投资和形象进度、交付时限等方面强化商品房预售许可管理,引导房地产开发企业理性定价,稳步推进商品房预售制度改革。继续严格执行商品房销售明码标价、一房一价规定,严格按照申报价格对外销售。要求各地区切实强化预售资金管理,完善监管制度;尚未实行预售资金监管的地区,要加快制定本地区商品房预售资金监管办法。对预售方案报价过高且不接受城市住房城乡建设部门指导,或没有实行预售资金监管的商品房项目,可暂不核发预售许可证。

【修订商品房买卖合同示范文本】 为有效解决商品房买卖合同纠纷,切实维护购房群众的合法权益,住房城乡建设部会同国家工商总局联合发布新版《商品房买卖合同(预售)示范文本》(GF-2014-0171)、《商品房买卖合同(现售)示范文本》(GF-2014-0172)。与2000年的合同示范文本相比,新修订的合同示范文本主要有以下特点:在平等维护买卖双方合法权利、明确双方义务的基础上,更加注重买受人权益的保障。合同示范文本完善了商品房交付条件和交付手续,增加房屋交付前买受人查验房屋的环节,明确出卖人的保修责任和最低保修期限,细化业主对建筑物专有和共有部分享有的权利。在预售合同中新增商品房预售资金监管条款,明确出卖人应将出售商品房的全部房价款存入预售资金监管账户,有效防范交易风险。对签订合同过程中容易忽视的问题进行提示,引导买卖双方对合同重要事项作出承诺和告知。合同示范文本明确由出卖人对所售房屋不存在"一房多卖"、"司法查封"、房屋地基基础和主体结构问题等作出承诺,买受人对使用期间不擅自改变房屋用途和承重结构等作出承诺。明确出卖人将合同签订后发生的规划设计变更、预售合同登记备案情况等重要事项告知买受人的义务。增加买受人信息保护条款,明确出卖人对买受人信息负有保密义务。对法律法规没有明确规定的事项,引导买卖双方自行约定,避免引发纠纷。针对法律法规规定不详、买受人又最为关心的小区公共服务配套设施建设完成情况,小区内车位、车库、会所等配套设施的所有权归属,室内空气质量、建筑隔声标准等房屋质量问题,合同示范文本引导买卖双方进行约定,明晰权利义务关系。细化买卖双方的违约责任,合同的适用性和可操作性增强。明确解除合同的条件、程序以及利息计算方式。引入惩罚性赔偿金内容,对存在"一房多卖"、房屋主体结构不合格给买受人造成损失等严重违约情形的,出卖人除退还买受人已付全部房款和利息外,还要支付已付房价款一倍或者买受人全部损失的赔偿金。

【转变政府职能,加强估价机构监管】 贯彻落实《国务院机构改革和职能转变方案》要求,2013年10月住房城乡建设部修改了《房地产估价机构管理办法》,将房地产估价机构一级资质核准工作下放到省级主管部门。同时采取切实有效措施,强化审批下放后的行业监管和服务工作。印发《住房城乡建设部关于进一步规范房地产估价机构管理工作的通知》(建房〔2013〕151号),进一步明确转变一级房地产估价机构资质管理方式,规范行业管理,加强对省级主管部门行政审批的指导和监督。制定全国统一的房地产估价机构资质核准标准,规范资质核准审批。建立全国统一的房地产估价行业信息平台,实现资质核准、人员注册、信用档案管理等信息关联共享,全面提升房地产估价行业管理服务水平。强化行业自律管理,积极指导地方加快推进房地产估价行业组织建设,充分发挥房地产估价行业组织的作用。

【加强房屋租赁管理】 指导各地落实《商品房屋租赁管理办法》,稳定租赁关系,规范租赁行为,实行房屋租赁登记备案管理。加强住房租赁市场动态监测,定期公布住房指导租金,引导租赁当事人合理议定住房租金价格。

【开展房地产交易与登记规范化管理考核工作】 申报2013年度"全国房地产交易与登记规范化管理先进单位"的共有40家,涉及全国18个省、自治区、直辖市,其中申报复检的24家,新申报的16家。住房城乡建设部组织专家组对申报单位进行考核认定,最终确定北京市通州区住房和城乡建设委员会等35个单位为先进单位。房地产交易与登记规范化考核工作自2002年开展,已连续11年,对于提升地方房地产管理部门的窗口服务水平,方便群众办事,树立行业形象起到了积极的推动作用,赢得社会好评。

物业管理发展

2013年,住房城乡建设部贯彻落实《中共中央关于全面深化改革的若干重大问题的决定》和服务业发展"十二五"规划,进一步健全物业管理法规体系并抓好制度的贯彻落实,规范物业服务行为和提升物业管理质量,加大对物业管理过程中违法违规行为的查处力度,维护各方主体的合法权益,充分发挥物业管理在改善人居环境、提高城镇管理水平、保障民生和促进社会和谐中的积极作用。

【加强物业管理市场监管】 全面总结《物业管理条例》实施十年来物业管理法制建设取得的成绩和存在问题,开展物业服务业发展"十二五"规划贯彻落实情况的中期评估,监督指导江苏、广东、浙江、安徽等地制定和完善地方性法规和行业扶持政策。

与国家发展改革委价格司、财政部税政司分别就物业服务收费、物业服务业税收政策问题进行沟通协商。

会同国资委、中央军委军队保障社会化工作领导小组等部门,研究制定国有破产企业职工住宅区、军队房产实施物业管理的政策方案,协助国管局制定《关于在京中央和国家机关职工住宅区物业管理改革的意见》。

整顿和规范物业管理市场秩序,督促北京、江苏、福建等地依法查处物业管理活动中的违法违规行为,撤销不合格物业服务企业的资质证书,进一步完善物业服务企业资质评审的程序和规则。

【研究完善维修资金制度】 针对群众反映的维修资金使用难、使用率低等问题多次开展调查,研究分析解决维修资金问题的对策和措施,指导编制维修资金信息系统技术规范和基础数据标准,建立维修资金年度统计报表制度。

【加强城镇房屋使用安全监管】 开展房屋使用安全管理检查,重点检查危旧房屋安全隐患排查情况、房屋防汛工作体系建立情况等,组织专家对浙江省住房城乡建设系统安全生产大检查开展情况进行督查,研究城市房屋安全鉴定费取消后如何开展房屋安全鉴定工作。

【推动白蚁防治发展模式转变】 按照白蚁防治事业"十二五"规划纲要总体要求,全面部署白蚁防治重点工作,充分发挥全国白蚁防治中心的行业指导作用,开展修订白蚁防治法规政策、标准规范和调查白蚁区系分布等基础性工作,支持白蚁防治中心科研实验室的提档升级。

城市房屋征收

【房屋征收工作有序推进】 《国有土地上房屋征收与补偿条例》(国务院令第590号,以下简称《条例》)实施以来,各地积极宣传、认真贯彻落实,房屋征收工作依法有序开展。据统计,截止到2013年6月,全国已作出征收决定9311个,涉及被征收人约200万户;实际完成征收项目4780个,达到作出征收决定总数的51%以上。四川、贵州、安徽、山东等地作出征收决定的数量较多。因征收引发的矛盾纠纷明显减少。

【法规政策不断完善】 《条例》出台后,上海、河北、甘肃、新疆4个省、自治区、直辖市以政府令的形式出台房屋征收地方性规章,其他省、自治区、直辖市制定了《条例》实施的配套文件或管理办法。2013年3月,青岛市出台《青岛市国有土地上房屋征收与补偿条例》;7月,吉林市出台《吉林市国有土地上房屋征收与补偿条例》;深圳市以政府令的形式出台《深圳市房屋征收与补偿实施办法(试行)》。江苏、吉林等省将起草的房屋征收地方性法规提请地方人大审议。从总体上说,各地的房屋征收配套法规政策正在趋于完善。

【工作机构逐步健全】 各省、自治区、直辖市按照《条例》规定,不断健全房屋征收工作机构。在省级层面,吉林省住房城乡建设厅专门成立省房屋征收经办中心,在厅房地产市场监管处加挂征收管理处牌子。在城市层面,全国大部分城市基本上设立或确定了房屋征收部门,吉林省各市、县根据省编办的要求,均成立了房屋征收实施单位。

【信息公开基本落实】 为深入推进房屋征收与补偿信息公开工作,按照国务院政府信息公开工作的安排部署,住房城乡建设部先后印发《关于推进国有土地上房屋征收与补偿信息公开工作的实施意见》(建房〔2012〕84号)和《住房和城乡建设部关于进一步加强国有土地上房屋征收与补偿信息公开工作的通知》(建房〔2013〕133号),对公开的内容、层次、公开渠道、主动公开、依申请公开、制度建设等方面均提出明确要求。各地按照有关规定和要求,对房屋征收与补偿信息公开工作,进行统一部署和分工安排,利用政府门户网站、报纸、广播电视、在征收机构办公场所和征收实施地开辟专门的公示栏等渠道,向社会主动公开房屋征收补偿信息,大力推进房屋征收信息公开。

(住房和城乡建设部房地产市场监管司
撰稿:卢苇、陈琪、张国华、张真、师展)

住房保障建设

概况

2013年是全面贯彻落实党的十八大精神的开局之年，也是推进实施"十二五"规划承上启下的关键一年。国务院多次专题研究部署保障性住房建设和管理工作。国务院各有关部门根据各自职责，完善政策措施，加强协作配合。地方各级政府都把住房保障工作提到重要工作日程，创新机制，加大投入，精心组织，积极推进。

住房保障政策

【**国务院印发《国务院关于加快棚户区改造工作的意见》国发〔2013〕25号**】明确以邓小平理论、"三个代表"重要思想、科学发展观为指导，适应城镇化发展的需要，以改善群众住房条件作为出发点和落脚点，加快推进各类棚户区改造，重点推进资源枯竭型城市及独立工矿棚户区、三线企业集中地区的棚户区改造，稳步实施城中村改造。2013年至2017年改造各类棚户区1000万户，使居民住房条件明显改善，基础设施和公共服务设施建设水平不断提高的总体要求。提出了"科学规划，分步实施；政府主导，市场运作；因地制宜，注重实效；完善配套，同步建设"的基本原则。

全面推进各类棚户区改造。一是城市棚户区改造，2013年至2017年五年改造城市棚户区800万户，其中，2013年改造232万户。在加快推进集中成片城市棚户区改造的基础上，各地区要逐步将其他棚户区、城中村改造，统一纳入城市棚户区改造范围，稳步、有序推进。市、县人民政府应结合当地实际，合理界定城市棚户区具体改造范围。二是国有工矿棚户区改造，五年改造国有工矿（含煤矿）棚户区90万户，其中，2013年改造17万户。位于城市规划区内的国有工矿棚户区，要统一纳入城市棚户区改造范围。铁路、钢铁、有色、黄金等行业棚户区，要按照属地原则纳入各地棚户区改造规划组织实施。三是国有林区棚户区改造，五年改造国有林区棚户区和国有林场危旧房30万户，其中，2013年改造18万户。对国有林区（场）之外的其他林业基层单位符合条件的住房困难职工，纳入当地城镇住房保障体系统筹解决。四是国有垦区危房改造。五年改造国有垦区危房80万户，其中，2013年改造37万户。要优化垦区危房改造布局，方便生产生活，促进产业发展和小城镇建设。将华侨农场非归难侨危房改造，统一纳入国有垦区危房改造中央补助支持范围，加快实施改造。

加大政策支持力度。一是多渠道筹措资金；二是确保建设用地供应；三是落实税费减免政策；四是完善安置补偿政策。

提高规划建设水平。一是优化规划布局；二是完善配套基础设施建设；三是确保工程质量安全。

加强组织领导。一是强化地方各级政府责任。要求省级人民政府对本地区棚户区改造工作负总责，按要求抓紧编制2013年至2017年棚户区改造规划，落实年度建设计划，加强目标责任考核。二是明确各部门职责。住房城乡建设部会同有关部门督促各地尽快编制棚户区改造规划，将任务分解到年度，落实到市、县，明确到具体项目和建设地块；加强协调指导，抓好建设进度、工程质量等工作。财政部、发展改革委会同有关部门研究加大中央资金补助力度。人民银行、银监会研究政策措施，引导银行业金融机构继续加大信贷支持力度。国土资源部负责完善土地供应政策。三是加强监督检查。监察部、住房城乡建设部等有关部门要建立有效的督查制度，定期对地方棚户区改造工作进行全面督促检查；各地区要加强对棚户区改造的监督检查，全面落实工作任务和各项政策措施。

【**《住房城乡建设部 财政部 国家发展改革委关于公共租赁住房和廉租住房并轨运行的通知》建保〔2013〕178号**】调整公共租赁住房年度建设计划。从2014年起各地廉租住房（含购改租等方式筹集，下同）建设计划调整并入公共租赁住房年度建设计划。2014年以前年度已列入廉租住房年度建设计划的在建项目可继续建设，建成后统一纳入公共租赁住房管理。

整合公共租赁住房政府资金渠道。廉租住房并入公共租赁住房后，地方政府原用于廉租住房建设的资金来源渠道，调整用于公共租赁住房（含2014年以前在建廉租住房）建设。原用于租赁补贴的资金，继续用于补贴在市场租赁住房的低收入住房保障对象。从2014年起，中央补助公共租赁住房建设资金以及租赁补贴资金继续由财政部安排，国家发展改革委原安排的中央用于新建廉租住房补助投资调整为公共租赁住房配套基础设施建设补助投资，并向西藏及青海、甘肃、四川、云南四省藏区、新疆维吾尔自治区及新疆生产建设兵团所辖的南疆三地州等财力困难地区倾斜。

进一步完善公共租赁住房租金定价机制。要求各地结合本地区经济发展水平、财政承受能力、住房市场租金水平、建设与运营成本、保障对象支付能力等因素，进一步完善公共租赁住房的租金定价机制，动态调整租金。公共租赁住房租金原则上按照适当低于同地段、同类型住房市场租金水平确定。政府投资建设并运营管理的公共租赁住房，各地可根据保障对象的支付能力实行差别化租金，对符合条件的保障对象采取租金减免。社会投资建设并运营管理的公共租赁住房，各地可按规定对符合条件的低收入住房保障对象予以适当补贴。各地可根据保障对象支付能力的变化，动态调整租金减免或补贴额度，直至按照市场价格收取租金。

健全公共租赁住房分配管理制度。要求各地进一步完善公共租赁住房的申请受理渠道、审核准入程序，提高效率，方便群众。各地可以在综合考虑保障对象的住房困难程度、收入水平、申请顺序、保障需求以及房源等情况的基础上，合理确定轮候排序规则，统一轮候配租。已建成并分配入住的廉租住房统一纳入公共租赁住房管理，其租金水平仍按原有租金标准执行；已建成未入住的廉租住房以及在建的廉租住房项目建成后，要优先解决原廉租住房保障对象住房困难，剩余房源统一按公共租赁住房分配。

加强组织领导，有序推进并轨运行工作。公共租赁住房和廉租住房并轨运行是完善住房保障制度体系，提高保障性住房资源配置效率的有效措施；是改善住房保障公共服务的重要途径；是维护社会公平正义的具体举措。各地要进一步加强领导，精心组织，完善住房保障机构，充实人员，落实经费，理顺体制机制，扎实有序推进并轨运行工作。各地可根据本通知，结合实际情况，制定具体实施办法。

【《住房城乡建设部关于加强住房保障廉政风险防控工作的指导意见》建保〔2013〕153号】 明确加强住房保障廉政风险防控的总体要求，即："深入贯彻落实科学发展观，按照中央关于反腐倡廉的部署要求，坚持'标本兼治、综合治理、惩防并举、注重预防'的方针，加强制度建设，完善管理流程，规范行政行为，监控权力运行，建立职责清晰、制度健全、风险可控、层级监管的住房保障廉政风险防控机制，形成决策权、执行权、监督权既相互协调又相互制约的运行机制，建设廉洁高效的管理队伍，推进住房保障事业持续健康发展。"

指导各地对照住房保障主管部门工作职责，梳理业务流程、权力运行程序，围绕房源筹集、准入轮候、分配管理、运营管理、退出管理、投诉处理等6个环节，全面排查住房保障主管部门、内设机构、工作岗位的廉政风险点，确定风险等级，明确风险岗位职责，建立健全廉政风险防控制度措施。通过加强房源筹集管理，严把准入轮候关，规范分配管理，强化运营管理，健全退出制度，严格投诉处理，有效制约权力运行，预防违法违纪行为发生。督促落实工作责任制、建立长效机制、加强队伍建设、实行政务公开、健全监督机制，做好廉政风险防控工作的组织实施。

【《住房城乡建设部关于保障性住房实施绿色建筑行动的通知》建办〔2013〕185号】 充分认识保障性住房实施绿色建筑行动的重要性。保障性住房是政府投资或政府主导的项目，在保障性住房中实施绿色建筑行动，将保障性住房建设成为绿色保障性住房，可有效提高保障性住房的安全性、健康性和舒适性，对在全社会推行绿色建筑具有示范效应。

全面推进，重点突出。要求各地本着经济、适用、环保、安全、节约资源的原则，统一规划，精心组织，分步实施。2014年起直辖市、计划单列市及省会城市市辖区范围内的保障性住房，同时具备"政府投资、2014年及以后新立项、集中兴建且规模在2万平方米以上、公共租赁住房（含并轨后的廉租住房）"条件的，应当率先实施绿色建筑行动，至少达到绿色建筑一星级标准。直辖市、计划单列市及省会城市，可以根据当地实际，扩大实施绿色建筑行动的范围。其他市、县有序推进。

完善实施机制。在下达保障性安居工程年度计划时，应当明确提出实施绿色建筑行动的要求，并落实到项目。建设单位在编制项目可行性研究报告时，要有绿色建筑相关内容，并将有关成本纳入投资概预算；规划部门应当就保障性住房建设项目规划、设计方案和指标是否符合绿色建筑相关要求征求同级建设主管部门的意见，如有不同意见，不予办理建设工程规划许可证；在项目设计时，建设单位向施工图设计文件审查机构送审施工图设计文件时，应当包含绿色建筑设计内容。设计、施工、监理等招投标时，要将相关要求列入招标文件，并在项目建设协议、合同中明确。

明确各方主体责任。建设单位对绿色保障性住房建设负责。设计单位应当依据国家和地方有关法规和标准，按照《绿色保障性住房技术导则》（试行）进行绿色建筑设计，施工图设计文件应当编制绿色建筑专篇。施工图设计文件审查机构应当就项目是否落实绿色建筑设计相关要求进行审查，并在审查合格书中注明。未经审查或审查不合格的，住房城乡建设主管部门不得颁发施工许可证。施工单位要严格按照经审查合格后的施工图设计文件进行施工。未按规定进行设计、施工的项目，不得组织竣工验收。竣工验收合格的绿色保障性住房可认定为一星级绿色建筑，不再进行专门评价。

加强宣传指导。要求各地加强对绿色保障性住房的宣传，及时总结省会及计划单列市绿色保障性住房建设的经验。要通过多种方式对保障部门及承担保障性住房项目的设计、施工等单位进行培训。

【《住房城乡建设部关于贯彻实施〈住房保障档案管理办法〉的意见》建办保〔2013〕4号】 进一步督促各地按照住房保障对象"一户一档"、住房保障房源"一套一档"的原则，严格执行档案管理规范，突出抓好建档工作。

提出住房保障档案管理的总体目标任务，即"从2013年开始到2015年，利用3年时间，建立住房保障档案制度健全、管理规范、运行高效、信息安全等管理体制和工作机制，地级以上城市和档案管理基础工作较好的县市，力争用2年时间率先完成。"

明确住房保障档案管理的具体工作步骤，督促各地结合当地实际，研究制定年度工作计划和进度安排，确保顺利实现总体目标任务。

指导各地建立健全档案管理制度、提升档案管理能力、保障必要物资条件，不断推进档案管理制度和工作机制建设。

督促各地落实省级负总责、市县抓落实的工作责任制，加强督查指导，做好住房保障档案管理的组织实施和监督检查工作。

保障性安居工程年度计划及资金安排

【年度计划安排】 十二届全国人大一次会议通过的《政府工作报告》提出，2013年开工建设城镇保障性住房和棚户区改造住房630万套。其中各类棚户区改造304万套，2012年底，住房城乡建设部代表保障性安居工程协调小组与各省、自治区、直辖市及新疆生产建设兵团签订了目标责任书。各地及时将任务落实到市县和具体项目，并逐级签订目标责任书。

【中央财政加大投入力度】 2013年中央财政加大保障性安居工程的支持力度，下达补助资金1729亿元（不含249亿元农村危房改造和游牧民定居工程补助资金）。国家发展改革委出台《国家发展改革委员会办公厅关于企业债券融资支持棚户区改造有关问题的通知》（发改办财金〔2013〕2050号），进一步明确保障性住房建设利用企业债券融资的具体政策。财政部、国家税务总局联合下发《财政部 国家税务总局关于企业参与政府统一组织的棚户区改造有关企业所得税政策问题的通知》（财税〔2013〕65号）、《财政部 国家税务总局关于棚户区改造有关税务政策的通知》（财税〔2013〕101号）。

加强保障性安居工程监督检查

【开展专项巡查】 年中，结合审计发现的问题，对建设任务进度较慢的3个省市进行了重点督查。

年底，配合住房城乡建设部稽查办对6个省市2013年城镇保障性安居工程项目开工、基本建成及交付使用情况等，采取暗访和明察相结合的方式进行抽查核实。

【棚户区改造督查】 组织开展棚户区改造督查。配合国务院办公厅，对棚户区改造任务较重、难度较大的10个省区进行了督查。通过实地督查，总结地方好的经验做法，发现问题并督促整改，推进各地完善政策措施。

【住房保障信息公开抽查】 上半年，组织抽查31个省（区、市）及186个市县住房保障信息公开情况，通报了抽查结果，督促地方落实责任，主动接受社会监督。下半年，对62个地级以上城市和31个县住房保障网上信息公开情况进行抽查，重点抽查地级以上城市外来务工人员纳入当地住房保障范围的政策措施和实施情况，县级城市住房保障建设、分配、退出信息公开情况。

【督促落实整改审计发现的问题】 主动跟踪审计进展情况，组织重点督查调研，及时核查审计信息反映的重点问题。根据审计报告和审计问题清单，专题研究部署整改工作，督促各地全面落实问题整改。

保障性安居工程实施

【年度任务完成】 2013年保障性安居工程开工

666万套,基本建成544万套,全面完成年度任务。

【落实建设用地】 国务院要求,各地积极落实保障性住房、棚户区改造住房和中小套型普通商品住房用地供应量不得低于住房用地供应总量的70%。国土资源部在2013年土地供应计划中单独列出了保障性安居工程用地,优先安排,应保尽保。各地采取积极措施落实建设用地。为方便群众生活和就业,一些城市尽量选择在道路沿线和地铁站点周围建设保障性住房。

【工程质量总体可控】 按照国务院的部署和要求,住房城乡建设部和监察部把保障性住房的工程质量管理纳入对各地督查、约谈和问责的范围。住房城乡建设部印发了加强保障性住房工程质量管理的文件,多次召开会议部署和进行检查。各地有关部门普遍加强了工程质量监管工作,在选址、设计、建材、施工、验收等环节严格把关。从检查情况看,保障性住房工程质量总体可控。

【分配和使用管理进一步完善】 国务院对保障性住房的分配管理十分重视,要求务必做到过程公开透明、结果公平公正、使用合理有序。各地都公布了住房保障准入标准,建立了申请、审核、轮候、配租配售和公示制度。不少地方还对保障性住房使用管理进行了动态监测。

(住房和城乡建设部住房保障司)

住房公积金监管

概况

2013年,全国住房公积金运行继续保持稳健、良好的发展态势,制度覆盖范围进一步扩大,当年归集额首次突破1万亿,住房消费支持力度加大,个人提取、个贷发放同比增速超过35%,支持保障性住房建设试点贷款有序发放,累计放贷超过630亿元,增值收益536亿元,创历史新高。

住房公积金业务发展情况

【实缴职工人数、归集金额稳定增长】 截至2013年末,全国342个设区城市全部建立了住房公积金制度,实缴职工人数10835.74万人,较上年末增加679.46万人,增幅为6.69%。图1为2004~2013年全国住房公积金实缴人数增长情况。

2013年,全国住房公积金归集额为11526.03亿元,同比增长17.36%。截至2013年末,全国住房公积金归集总额为61924.56亿元,较上年末增长22.87%。图2为2004~2013年全国住房公积金年度归集额增长情况。

截至2013年末,全国住房公积金归集余额(归集总额与提取总额之差)为31679.49亿元,同比增长18.18%,其中,归集余额过千亿的省市有11个,分别为广东、江苏、北京、上海、山东、浙江、辽宁、

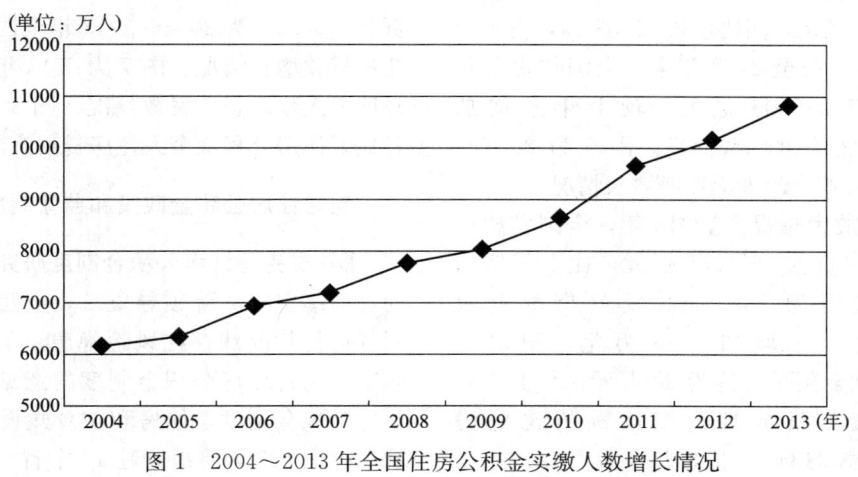

图1 2004~2013年全国住房公积金实缴人数增长情况

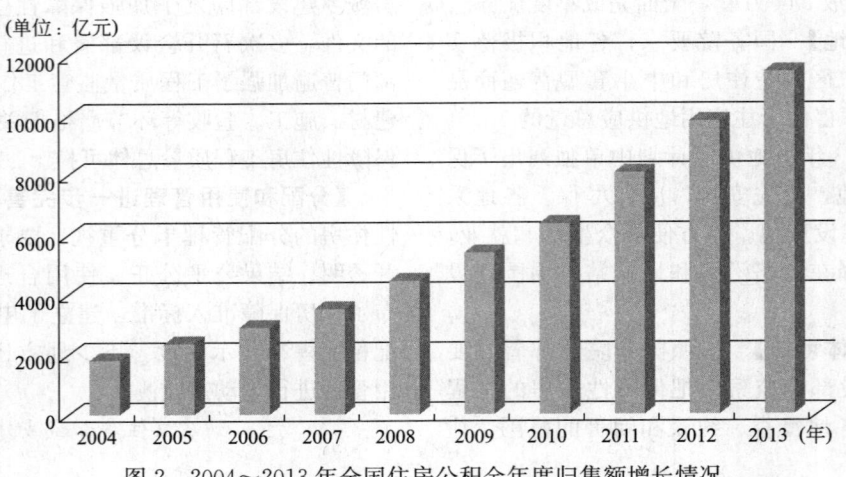

图2　2004~2013年全国住房公积金年度归集额增长情况

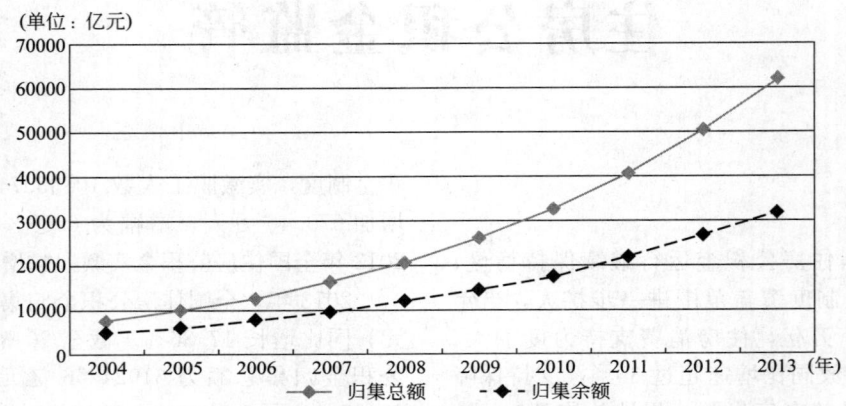

图3　2004~2013年全国住房公积金归集总额及余额增长情况

四川、河南、湖北和河北。图3为2004~2013年全国住房公积金归集总额及余额增长情况。图4为2013年末全国住房公积金归集余额分布情况。

【提取额增加明显】 2013年，全国住房公积金提取额为6651.63亿元，同比增长35.53%，占当年归集额的57.71%。截至2013年末，全国住房公积金提取总额为30245.06亿元，较上年末增加28.19%，占归集总额的48.84%。图5为2004~2013年全国住房公积金年度提取额增长情况。

【个人贷款发放大幅提升】2013年，全国发放住房公积金个人住房贷款7682.35亿元，比上年增加2117.3亿元，增幅为38.05%；发放贷款笔数256.17万笔，较上年增加0.68万笔，增幅为2.66%；单笔贷款金额平均约为30万元，与上年基本持平。全年贷款发放额占归集额的比例为66.65%，回收贷款2484.67亿元。

截至2013年末，全国累计发放住房公积金个人贷款1963.54万笔、35650.7亿元，较上年末分别增长15%、27.47%。住房公积金个人贷款余额为21733.21亿元，较上年末增长31.29%；全国住房公积金个人贷款率为68.6%，较上年末增加6.84个百分点。图6为2004~2013年全国住房公积金个人住房贷款增长情况。图7为2013年全国住房公积金月度个人住房贷款发放情况。图8为2013年末全国各地区住房公积金个人住房贷款余额分布情况。

完善住房公积金政策和监管制度建设情况

【开展完善住房公积金制度研究工作】 3~4月，为贯彻落实国务院领导要求，全面摸清住房公积金制度运行状况和存在风险隐患，了解政府、企业和职工对完善住房公积金制度的意见建议，研究完善住房公积金制度，住房和城乡建设部住房公积金监管司组织6个调研组分赴19个省（区、市）开展摸底调研，听取省住房城乡建设、财政、人民银行等部门，

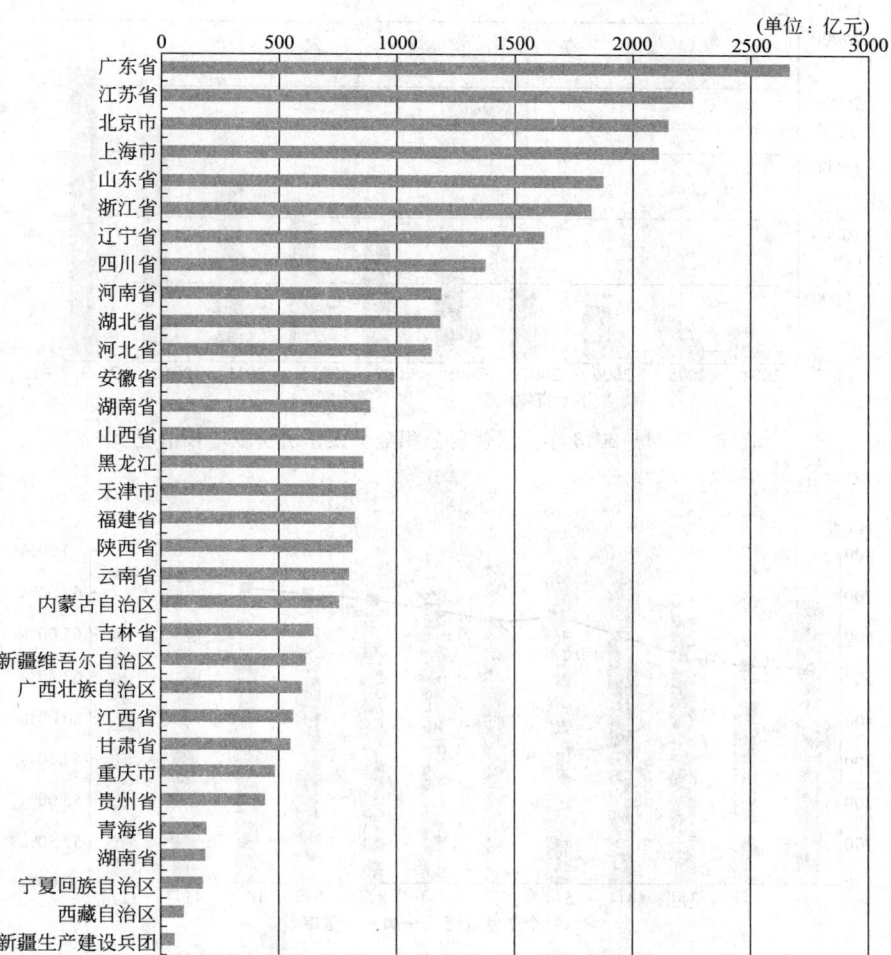

图4 2013年末全国住房公积金归集余额分布情况

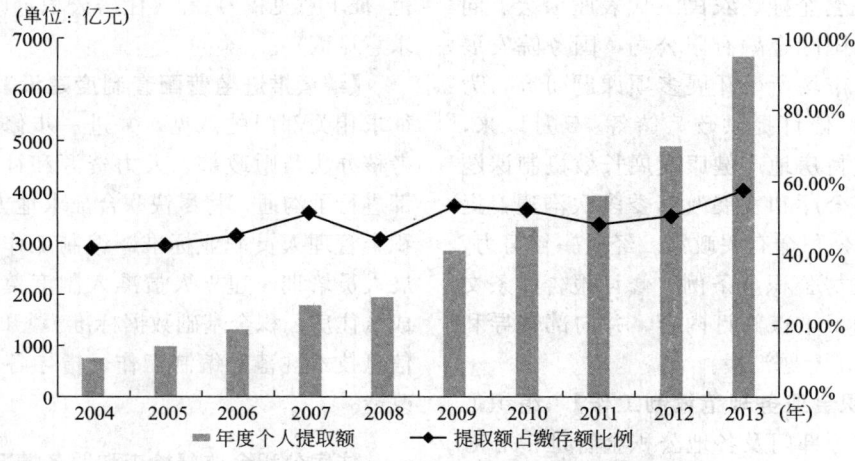

图5 2004～2013年全国住房公积金年度提取额增长情况

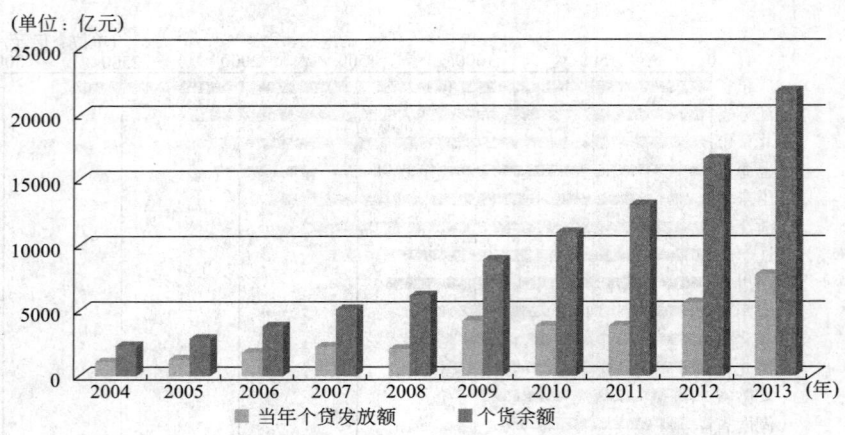

图6 2004～2013年全国住房公积金个人住房贷款增长情况

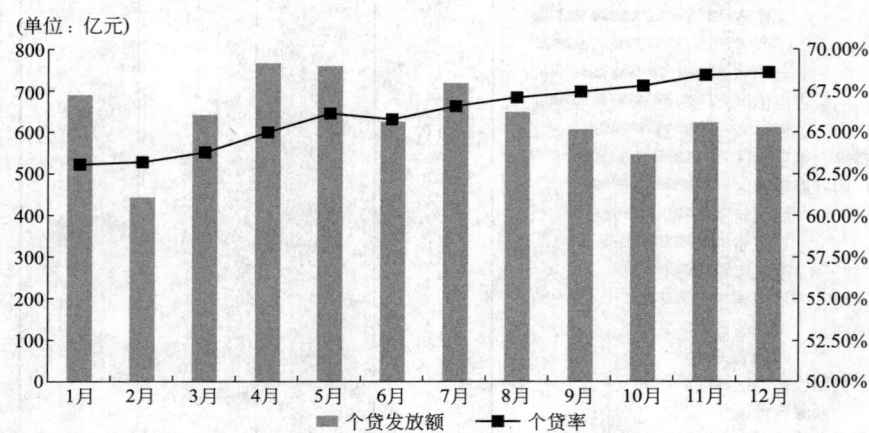

图7 2013年全国住房公积金月度个人住房贷款发放情况

以及部分城市人民政府及相关部门、公积金中心、受托银行、缴存单位、缴存职工的意见建议，并在各城市专门召开民营企业、农民工代表座谈会。同时，分别委托中国国际金融有限公司，国务院发展研究中心金融所、市场所，开展多项课题研究，为《住房公积金条例》修订提供政策储备。5月以来，开展住房公积金支持房地产健康发展长效机制课题研究，与国务院办公厅和发展改革委多次沟通，提出相关意见和住房公积金有关政策。经过一年努力，进一步完善了《住房公积金条例》修订报告、条文和说明，初步明确了重点修订内容，并向部领导和国务院有关领导作了专题汇报。

【加快住房公积金业务规范编制工作】 组织征求财政、人民银行等部门及各地公积金管理中心对《住房公积金个人住房贷款业务规范（征求意见稿）》的意见，完成公开征求意见后，修改完成《住房公积金个人住房贷款业务规范（送审稿）》。组织召开《住房公积金提取业务规范》和《住房公积金归集业务规范》编制会议，形成《住房公积金提取业务规范（征求意见稿）》和《住房公积金归集业务规范（征求意见稿）》。

【继续推进监管配套制度建设】 就信息披露制度征求相关部门的意见，并进一步修改完善。就绩效考核办法与财政部、人力资源和社会保障部、监察部进行了沟通，将尽快联合征求地方意见。《住房公积金管理人员职业标准》编制工作正式启动，为开展人员培训、建立人员准入制度奠定基础。编制完成《住房公积金基础数据标准》，开展《住房公积金信息技术规范》编制工作，指导各地信息系统升级改造。

住房公积金监督检查和服务情况

【加快清收历史遗留涉险资金】 2013年5月，印发《关于对住房公积金历史遗留涉险资金现状进

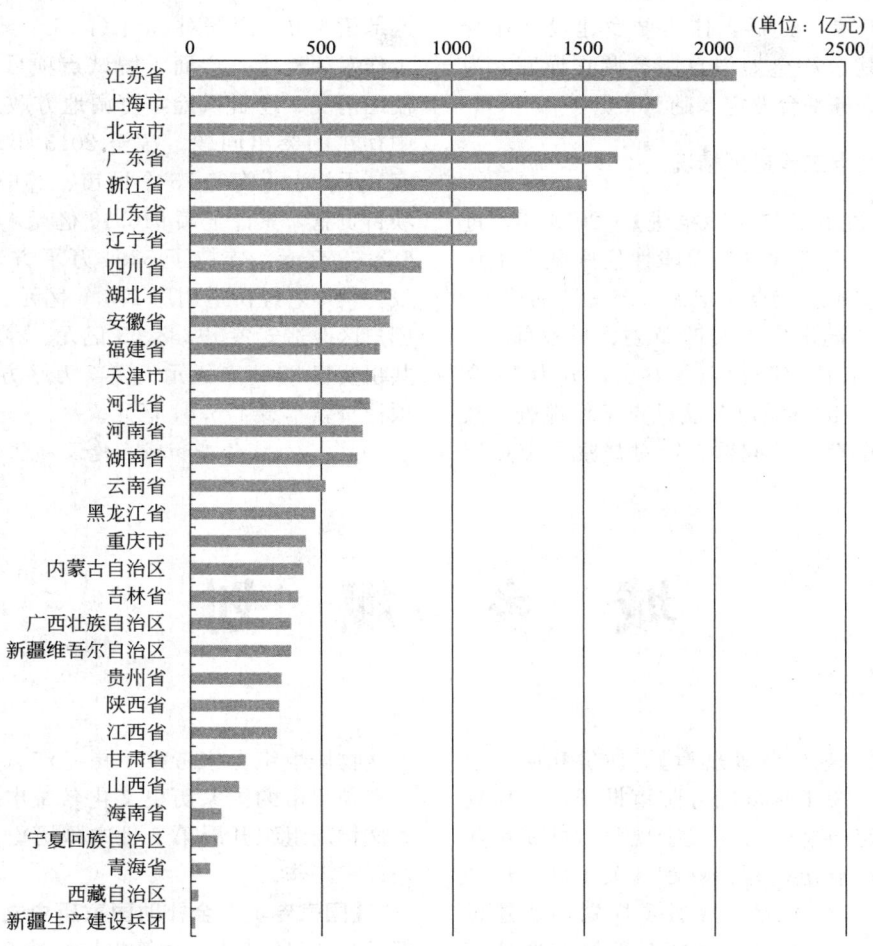

图8 2013年末全国各地区住房公积金个人住房贷款余额分布情况

行摸底调查的通知》，明确住房公积金历史遗留涉险资金认定标准，对全国未收回历史遗留涉险资金进行全面摸查和分类统计，进一步摸清涉险资金底数。5～6月，部住房公积金监管司会同部稽查办公室，组织住房公积金督察员，对涉险资金余额较大的河北、江苏、山东、浙江、安徽、湖北、陕西、云南8个省的清收情况进行专项检查，推动清收工作开展。2013年全国共收回住房公积金历史遗留涉险资金10.86亿元，其中，历史遗留项目贷款和挤占挪用资金5.08亿元，涉险国债5.78亿元，清收成效明显。

【继续开展分支机构检查】 11月，组织6个检查组，在2012年检查的基础上再次对住房公积金管理机构情况进行专项核查。全国设区城市住房公积金管理中心342个，下设区县办事机构（业务网点）2494个；企业管理机构131个，省直机构（含国管、中直）26个，在岗职工3.1万人。全国仍有301家管理机构尚未调整到位，不符合国家关于住房公积金管理机构设置的"四统一"规定。一是151个县（市、区）分支机构的人、财、物尚未按照规定上划设区城市住房公积金管理中心，由县（市、区）政府自行管理运作；二是89个石油、煤炭、电力等企业管理机构未移交属地政府管理，仍隶属于企业集团，且情况复杂；三是24个省直分支机构（含国管、中直）未移所在城市，仍隶属于国管（中直）机关事务管理局、省（区）机关事务管理局、住房城乡建设厅或财政厅；四是重庆、深圳等37个城市住房公积金管理中心仍由建设、房管或财政等部门管理，未直接隶属城市人民政府。

【12329短消息服务代码获批】 为进一步提高住房公积金服务水平，1月，工业和信息化部向住房城乡建设部颁发了12329短消息服务接入代码使用证书，该代码与12329住房公积金服务热线电话接入号码相对应，用于向社会公众开展公益性短消息服

务。社会公众利用该代码发送短消息只需付基本通信费，无需付信息费。此后，住房城乡建设部在全国范围开展了住房公积金短消息服务调查摸底，为全面开通短消息服务平台奠定基础。

住房公积金试点工作进展情况

【**住房公积金试点工作平稳推进**】 2013年，进一步加大住房公积金贷款支持保障性住房试点工作监督检查力度。按照"定点、定人、定责"的原则，住房城乡建设部会同国家发展改革委、财政部等6部门联合聘请51名住房公积金督察员，分为15个组，每季度到93个试点城市开展试点工作巡查，及时发现试点工作中存在的问题。针对督察员定点巡查中反映的问题，10～11月，住房公积金监管司会同部稽查办，组织对23个省68个试点城市开展试点工作专项检查，全面了解试点项目进展、贷款资金使用情况、还贷风险，协调地方政府解决试点工作中存在的突出问题。截至2013年底，全国共有北京、天津、上海等75个城市、301个项目审批通过项目贷款，累计金额916.16亿元，按工程进度发放633.68亿元，支持了5794万平方米保障性住房建设。其中，经济适用房233.6亿元、1749万平方米，棚户区改造安置房388.53亿元、2498万平方米，公共租赁房294.03亿元、1547万平方米。累计已偿还项目贷款本息176.61亿元。

（住房和城乡建设部住房公积金监管司）

城 乡 规 划

【**颁布一批城乡规划管理规章**】 住房和城乡建设部颁布并实施《关于规范国务院审批城市总体规划上报成果的规定（暂行）》、《关于规范省域城镇体系规划上报成果的规定（暂行）》和《关于城乡规划公开公示的规定》。研究起草《城乡规划违法建设查处办法（初稿）》，部城乡规划司与部稽查办公室共同起草《利用遥感技术辅助城乡规划监督工作规程》。

【**省域城镇体系规划**】 国务院批复同意西藏自治区城镇体系规划。召开城市规划部际联席会议审查福建、新疆、安徽、江苏、云南等省（自治区）城镇体系规划，并将福建、新疆等省（自治区）城镇体系规划审查情况上报国务院待批复。完成对青海省城镇体系规划成果的技术审查。同意河北、内蒙古等省（自治区）开展省域城镇体系规划修改工作。

【**城市总体规划**】 国务院批复同意新乡、石家庄、常州、贵阳、襄阳市城市总体规划。住房城乡建设部组织召开第51、52、53次城市总体规划部际联席会议，审查乌鲁木齐、三亚、呼和浩特等8个城市总体规划，将平顶山、佳木斯、齐齐哈尔、长沙等城市总体规划上报国务院。

【**历史文化名城名镇名村保护**】 2013年，国务院将江苏泰州市、云南会泽县、山东烟台市和青州市公布为国家历史文化名城。截止到2013年底，国家历史文化名城达123个。住房城乡建设部会同国家文物局组织专家考察了黑龙江省齐齐哈尔市、浙江省湖州市的国家历史文化名城申报工作。会同国家文物局组织开展第6批中国历史文化名镇名村申报评审工作。

【**国家专项资金补助国家历史文化名城名镇名村保护**】 2013年中央预算内投资约2.5亿元，补助了22个省（自治区、直辖市）的国家历史文化名城中的历史文化街区和中国历史文化名镇名村的基础设施改造和环境整治项目47个。财政部补助资金700万元，用于10个国家历史文化名城保护规划的编制或历史建筑的维修。

【**绿色生态城区试点示范**】 完善和推进生态城区和绿色生态城区试点示范工作。住房和城乡建设部组织开展对南京河西新区等30个申报低碳生态试点城镇（绿色生态示范城区）的申报材料进行审查，批准设立5个绿色生态示范城区。

【**省域城镇体系规划实施评估检查**】 住房城乡建设部印发《关于开展省域城镇体系规划实施评估检查工作的通知》，部署实施评估检查工作。

【**开展城镇化课题研究**】 按照中央财经领导小组办公室部署，住房城乡建设部在赴全国20个县开展深入调研的基础上，完成城镇化和城镇群研究两个重点课题，为中央决策提供重要参考。按照中央新疆工作协调小组部署，牵头编制完成《新疆生产建设兵团城镇化发展规划》并印发实施。支持西藏开展推进西藏新型城镇化研究工作。

【参与国家新型城镇化规划编制工作】 落实国家"十二五"规划要求，参与国家发展改革委牵头组织的《国家新型城镇化规划（2014—2020年）》的编制工作。

【继续推进中新天津生态城建设】 筹备组织中国和新加坡两国副总理共同主持召开的中新天津生态城联合协调理事会第六次会议。继续协调各部委研究国家有关中新天津生态城的支持政策，取得积极进展。研究落实理事会精神，筹备中新天津生态城联合工作委员会第六次会议。2013年，住房城乡建设部、国家发展改革委、天津市人民政府、国际经济交流中心共同组织召开第四届中国（天津滨海）·国际生态城市论坛和博览会。

【召开规划局处长会议】 先后组织召开全国规划局处长会议和副省级城市规划局长会议，促进地方交流城乡规划管理经验。

【甲级城乡规划编制单位资质审批】 2013年有18家城乡规划编制单位取得甲级资质。到2013年底，甲级资质城乡规划编制单位共有314家。

【注册规划师初始注册和登记】 2013年通过注册规划师初始注册1824人，通过初始登记36人。

【开展地下空间试点工作】 会同国家人防办印发《关于开展城市地下空间规划、建设和管理试点工作的通知》，并在杭州召开工作部署会。

【加强城乡规划实施监督】 按时完成国务院领导交办的信访案件，对河北、浙江等地存在的违反规划建设问题进行调查处理；限时督办部领导指示的信访案件，转送有关部门，共处理信访案件22件。与住房城乡建设部稽查办公室合作，借助卫星遥感和督察员及时了解各地在规划实施和执法过程中出现的新情况、新问题。参与开展"小产权"问题工作和开发区清理整改前期工作。

（住房和城乡建设部城乡规划司）

城市建设与市政公用事业

市政基础设施建设与人居环境

【市政道路桥梁设施管理】 加强市政道路桥梁运行安全管理，建立完善桥梁安全负责制和省级住房城乡建设行政主管部门监督检查责任制。针对社会反映强烈的"井盖吃人"问题，印发了《关于进一步加强城市窨井盖安全管理的通知》（建城〔2013〕68号），及时部署各地开展安全隐患排查和整改等工作，杜绝井盖落人等事故发生。

截至2013年底，全国城市道路总长度为33.7万公里，道路面积64.5亿平方米，人均城市道路面积14.9平方米。

针对城市照明中存在的过度亮化、奇异灯型、浪费资源等现象，起草《城市绿色照明评价标准》，规范城市道路照明、景观照明设施建设。组织开展全国城市照明设施现状调查。截至2013年底，全国共有城市道路照明灯2198.3万盏，安装路灯的道路总长度25.5万公里，道路照明装灯率75.6%。

【生活垃圾处理工作】 组织开展"十二五"城镇生活垃圾无害化处理规划中期评估工作，督促各地加快生活垃圾处理设施建设。联合国家发展改革委员会、财政部、环境保护部、商务部等部门开展城市生活垃圾分类示范城市（区）建设工作。完成《关于我国城市生活垃圾分类的有关问题》的调研报告。组织调研建筑垃圾处理情况，开展专题培训，推动建筑垃圾处理和资源化利用领域政策标准的制定、完善及能力建设的提升。6月，"中国城市环境卫生协会建筑垃圾管理与资源化工作委员会成立大会暨首届中国城市建筑垃圾管理与资源化国际论坛"在北京召开，中国城市环境卫生协会建筑垃圾资源化专业委员会正式成立。截至2013年底，全国设市城市生活垃圾清运量1.81亿吨，无害化处理能力达48.8万吨/日，无害化处理率85.8%。

9月，住房城乡建设部会同人力资源社会保障部联合发文，开展优秀环卫工人推荐评选工作。指导各地关注解决环卫工人生活困难，针对环卫工人在工作岗位上中暑身亡、因工受伤等事件，开展协调救助及慰问工作，推动有关政策的落实和完善。总结部分地区利用保障房解决环卫工人住房难的典型做法，推动各地落实《关于进一步保障环卫行业职工合法权益的意见》（建城〔2012〕73号）要求，努力解决环卫工人住房困难。

【推进供热体制改革】 推进北方采暖地区城市集中供热老旧管网改造。组织各地编制城市集中供热老旧管网改造规划，会同国家发改委、财政部印发《北方采暖地区城市集中供热老旧管网改造规划的通知》，下达供热老旧管网改造任务。推进供热计量改革。组织召开"2013年北方采暖地区供热计量改革工作会议"。开展供热计量收费工作监督检查，通报2012年北方采暖地区供热计量改革工作专项监督检查情况，并公布受检省份和城市的检查得分排名，督促地方有关部门落实供热计量收费。完成2013年度北方采暖地区供热计量收费专项检查工作。截至2013年底，2013年北方采暖地区15个省、自治区、直辖市供热计量收费面积累计达8.05亿平方米。出台供热计量价格和收费办法的地级以上城市达到116个，占北方地级以上采暖城市的93%。

【推进大气污染防治工作】 住房城乡建设部城市建设司会同环境保护部等六部门联合印发《关于印发〈京津冀及周边地区落实大气污染防治行动计划实施细则〉的通知》，制定《住房城乡建设部办公厅关于印发落实需求侧大气污染防治若干政策措施工作的部内分工方案的通知》，研究起草《从需求侧开展大气污染防治的意义及措施》，会同环境保护部研究《大气污染防治行动计划实施情况评估考核办法》。参与全国部际、京津冀及周边地区和长三角区域大气污染防治协调机制和协调小组办公室工作。

【推动城市地下管线管理工作】 会同国家发改委等八个部门以及总参谋部、总后勤部等军队单位研究起草加强城市地下管线建设管理的指导意见，指导地方建立综合管理机制。组织召开有关部门和军队单位参加的城市地下管线工作座谈会和部分城市地下综合管廊工作座谈会，起草《城市地下管廊情况的报告》和《城市地下综合管廊示范工作方案》。

【推动加快城镇供水、污水处理设施建设】 加快实施全国城镇供水、污水处理设施建设"十二五"规划。配合国家发展改革委开展全国城镇污水处理规划中期评估工作，督促各地加快项目建设进度、落实规划目标和建设任务。配合有关部门做好中央资金支持供排水设施建设，并对各地完成情况进行核查。建立"全国城镇供水管理信息系统"和完善"全国城镇污水处理管理信息系统"，实时掌握在建项目进展以及项目前期和储备情况。印发《城镇供水规范化管理考核办法（试行）》，强化过程监管，推进水质达标。部署全国县城供水水质督察工作，用3年的时间对全国县城所有自来水厂的出厂水和管网水进行全面的水质督察，2013年完成700多个自来水厂的水质检测。截至2013年底，全国城市日供水能力2.2亿立方米，用水普及率达到97.44%。设市城市和县城累计建成污水处理厂3231座，处理能力1.51亿立方米/日，年处理污水量428亿立方米，城市污水处理率达89.2%。

【加强城市排水防涝工作的指导】 积极推动《城镇排水与污水处理条例》出台，并部署宣贯培训落实工作。积极配合国务院办公厅印发《关于做好城市排水防涝设施建设工作的通知》，并指导地方贯彻落实。开展城市排水防涝汛前检查工作，要求各地根据近年城市内涝情况，针对多发内涝点（区域），逐一制定对策，消除"黑点"。印发《城市排水防涝设施普查数据采集与管理技术导则（试行）》，要求各地结合普查，全面评估城市排水防涝能力和风险，建立规范的普查信息数据库，建立数字化城市排水防涝管控平台，提高内涝防治的管理手段和水平。印发《城市排水（雨水）防涝综合规划编制大纲》，指导各地科学编制规划，合理确定内涝防治标准和建设任务。会同中国气象局联合开展暴雨公式修订、气象预报与内涝防治等工作。完善排水防涝规划、设计等工程建设标准。

【加强城市节水工作】 组织开展国家节水型城市复查，按照新颁布的《国家节水型城市申报与考核办法》，完成第二批和第四批共计19个城市的复查工作。组织开展以"推进城市节水、保护水系生态"为主题的城市节水宣传周活动。配合国家发展改革委研究制定《关于加快推进城镇居民生活用水阶梯水价制度的意见》，通过阶梯水价制度促进城市节水。

【推广数字化城市管理模式】 数字城管标准体系建设工作进一步完善，已制定数字城管行业标准9项，正在制定2项。支持数字城管学组建设和专家队伍建设，提升技术研发水平。加大宣传力度，在住房城乡建设部官方网站设置数字城管专栏，全面展示历年来数字城管的发展、建设和推广情况。组织开展"数字化城市管理应用技术培训"等2次培训，培训人员600余人次，普及推广了数字城管建设技术知识，促进人员技术水平提升。

【推动城市步行和自行车交通系统示范项目】 2013年9月22日，住房和城乡建设部组织开展第7

届中国城市无车日活动。此次活动的主题为"绿色交通，清新空气"，一方面关注城市交通活动对空气质量的影响，目的是营造更加健康、幸福和美丽的城市；另一方面也体现了通过选择出行方式来改善空气质量的强大力量。它提醒人们，放弃小汽车，选择公共交通、自行车或步行上下班，可以提高生活质量。承诺开展无车日活动的城市达154个，涵盖4个直辖市、21个省(除青海省外)、5个自治区，涉及超过2亿的城区人口。

【促进城镇人居生态环境改善】 通过国家园林城市、县城、城镇和国家生态园林城市、中国人居环境奖等创建工作，加强对城镇人居生态环境建设的监督、指导和服务。已命名256个国家园林城市(区)，134个国家园林县城和36个国家园林城镇。表彰35个中国人居环境奖城市，434个中国人居环境范例奖项目。进一步完善提升城市园林绿化企业资质核准管理系统，规范城市园林绿化一级企业资质的申报、审批和管理程序，完成424家城市园林绿化企业一级资质升级和资质延续核准工作。结合行业发展需求出台部文《关于进一步加强公园建设管理的意见》、《中国动物园发展纲要》，组织编制完成《园林绿化工程施工及验收规范》，促进园林绿化行业规范化、标准化发展。积极筹备和举办国际性会议和展览，加大宣传力度，扩大城市园林绿化的社会认知度、参与度和影响力。成功举办第九届园博会，完成第九届中国(北京)国际园林博览会开闭幕式、室外展园评奖、先进个人和先进集体表彰等相关事宜。协助武汉市做好第十届园博会各项筹备工作。以规划为引领、以命名国家城市湿地公园为手段，强化城市规划区内生物多样性保护工作。2013年共批准重庆璧山县观音塘湿地公园等4家国家城市湿地公园。截至2013年底，全国城市建成区绿地面积170万公顷，城市公园绿地面积54.3万公顷，人均公园绿地面积12.42平方米，建成区绿地率36.02%。

世界遗产和风景名胜资源保护工作

【加强风景名胜区规划建设管理工作】 2013年6月，在2012年执法检查工作的基础上，住房城乡建设部城市建设司会同部稽查办公室对全国64处国家级风景名胜区保护管理开展执法检查，对新疆天山天池等17处优秀等级的风景名胜区予以通报表扬，对福建清源山等7处不达标的风景名胜区予以通报批评并责令限期整改。完成50处国家级风景名胜区遥感动态监测工作，对其中45处开展现场核查。完成大型画册《风景名胜区》的编写编辑工作。2013年全年完成国家级风景名胜区19处详细规划、22处重大建设项目选址审查审批工作。完成国家级风景名胜区13处总体规划报经国务院批准实施、10处总体规划上报国务院审批、12处总体规划征求国务院有关部门意见和专家技术审查、7处总体规划通过部际会议审查工作。完成《2012年度全国国家级风景名胜区规划实施和资源保护状况报告汇编》，并抄送国家发改委、国土资源部等国务院相关部门。印发实施《关于规范国家级风景名胜区总体规划上报成果的规定》，规范国家级风景名胜区总体规划上报成果，增强规划的统一性和规范性，提高规划质量。

【做好世界遗产申报和国际交流】 组织新疆天山项目成功申报列入《世界遗产名录》；组织、协调和指导完成中国南方喀斯特二期、新疆阿尔泰项目申报世界自然遗产的文本编写、整治和专家考察等工作。成立住房和城乡建设部世界自然遗产保护研究中心，为世界自然遗产政策研究提供技术支撑。组织13名世界遗产地和风景名胜区管理人员赴英国国家公园交流培训。

(住房和城乡建设部城市建设司)

村 镇 建 设

【概况】 2013年，全国村镇建设系统认真贯彻党的十八大精神，住房城乡建设部村镇建设司加大对全国村镇建设的指导和支持力度，重点抓研究制定农村人居环境改善总体思路、农村危房改造、传统村落保护、指导村庄规划编制、美丽宜居村镇示范、发展重点镇、指导村庄整治以及大别山扶贫联系等工作,农村人居环境改善进入新阶段。

【研究提出全国改善农村人居环境总体思路】 参与组织召开全国改善农村人居环境工作会议。会同农业部、中央农村工作办公室、环境保护部起草了关于改善农村人居环境、推进美丽乡村建设的指导意见,明确了至2020年改善农村人居环境的指导思想、基本原则、目标任务、工作重点以及方法和机制。配合指导意见起草,努力与财政等部门协调支持政策。通过将浙江经验宣传片、部领导讲话和9省份经验等可公开材料上网,迅速组织全国省、市、县、乡镇各级建设部门学习浙江经验和会议精神。

【农村危房改造取得新进展】 2013年,中央安排230亿元补助资金,支持全国266万贫困农户改造危房(其中贫困地区105万户),对贫困地区中央户均补助标准由7500元提高到8500元。

根据中央领导2012年底视察河北时对农村危房改造的指示精神,会同国家发展改革委、财政部、扶贫办等部门赴河北省阜平县调研。会同国家发展改革委、财政部从2013年起调整和完善加大支持贫困地区的政策措施,提高贫困地区的中央补助标准并单列任务。按照全面建成小康社会的目标要求制定农村危房改造最低建设要求,明确建筑面积、主要部件、结构安全、基本功能等方面起码要求。选择、汇总和转发部分典型省份的省级分类补助标准摘要,指导各地进一步完善不同地区、不同类型的省级分类补助标准。组织实施农村危房改造绩效评价,公布评价结果并抄送省级人民政府。继续推动农村危房改造建筑节能示范,加强技术指导与监督检查。总结内蒙古自治区结合农村危房改造建设农村互助养老幸福院经验,召开现场会向中西部地区推广。开展优秀民居范例评选。

【保护传统村落加速推进】 住房城乡建设部会同文化部、财政部组织开展对调查未覆盖地区和调查不充分地区进行补充调查,经组织专家委员会评审认定,第二批915个传统村落列入中国传统村落名录。通过两年努力,已有1561个具有重要保护价值的村落列入了中国传统村落名录,同时组织各地建立省市级的传统村落名录,挖掘发现和列入名录工作向前迈了一大步。做好保护发展基础性工作,印发关于做好2013年传统村落保护发展工作的通知,明确科学调查和建立中国传统村落档案、完成保护发展规划编制等工作任务,并组织实施。加强保护发展技术指导,制定并印发关于保护发展规划编制的基本要求,组织专家赴7大片区指导规划编制和调查建档,组织全国和分地区技术培训。落实保护发展支持资金,协调财政部落实中央补助资金,列入2013年年度预算,协调科技部将传统村落保护发展国家科技支撑项目列入了2014年启动计划,协调中国银行,落实公益捐赠资金支持传统村落保护。与法国可持续发展部就各选一个传统村落开展保护工作示范达成一致。加大保护发展工作宣传,在国务院新闻办公室召开传统村落保护发展新闻发布会,召开专家座谈会,编印中国传统村落名录图册,建立传统村落宣传网站,协调中央电视台新闻频道、中央2套等拍摄和播放传统村落保护发展新闻及宣传片。支持天津大学设立以冯骥才为主任的中国传统村落研究中心。支持清华大学创刊《传统村落通讯》。

【探索符合农村实际的村庄规划取得创新性进展】 为解决长期以来村庄规划照搬城市方法、脱离农村实际的普遍性问题,组织开展覆盖31个省区市的全国村庄规划试点,制定印发村庄规划试点要点并给予资金支持。组织专家对每个村庄规划进行辅导,对每个试点进行深入指导,先后开展先行示范和培训、中期汇报会、研讨会、现场指导等。经验收,遴选出一批优秀村庄规划示范。结合试点成果,编制村庄规划示范案例集,制定整治型、保护型和管控型村庄规划编制技术指南,制定村庄整治规划编制办法。制定乡村建设规划许可实施意见,强化乡村规划管理手段。

【探索农村垃圾污水治理方法取得重要经验】 通过3年的试点实践,摸索出一套比较成熟的"统一规划、统一建设、统一运行、统一管理"的县(市)域村镇污水综合治理的理念、体制和技术,合理布局、实现农村污水处理基本覆盖,因地制宜、大幅节约建设投资,提高效率、从根本上解决村镇设施有人建没人管护的问题。召开县域村镇污水综合治理(常熟)现场会,编制县域村镇污水综合治理技术指南,予以推广。监督指导中央财政支持的重点镇污水管网建设项目。组织专家评审提出农村污水处理适宜技术,向各地推荐。在现状调查和大量调研基础上,总结和提出农村生活垃圾治理工作思路,确定湖北省、广西壮族自治区为住房城乡建设部县域农村生活垃圾统筹治理试点省区,以县(市)为单位,逐步推进实现农村生活垃圾干湿分离和村内就地减量,建立城乡统一管理的生活垃圾收运和处理体系。与日本国际协力机构协商,启动农村污水处理适宜方法技术合作项目。

【推进美丽乡村建设和村庄整治】 为推进美丽乡村建设,开展美丽宜居小镇、美丽宜居村庄示范工作,提出关于美丽宜居小镇的风景美、街区美、功能美、生态美、生活美五个方面示范要点以及美丽宜居村庄的田园美、村庄美、生活美三个方面示范要点。同时指导各地组织开展省、市、县级美丽宜居小镇、美丽宜居村庄示范创建。组织专家研究制定示范评价标准，对示范候选进行现场和材料审查，确定第一批美丽宜居村镇示范试点名单。为推进村庄整治，总结并印发了浙江、江苏等7省（自治区、直辖市）村庄整治等经验，进一步明确村庄整治的基本原则和方法。以通俗易懂的图文和实例方式，编制并印发2万册河北太行山区和大别山区村庄整治指南及图解，并组织开展乡镇长和村干部培训。印发关于加强乡镇建设管理员队伍建设的通知，要求各地采取有力措施提升乡镇建设管理能力。

【指导和支持小城镇建设】 为促进小城镇发展，协调国家发展改革委、财政部、国土资源部等部委，就扩大全国重点镇数量达成一致，印发7部委通知，提出全国重点镇条件，确定工作方案，拟将全国重点镇由2004年确定的1887个扩大到4000个左右。加强对重点镇建设的支持，完成重点流域重点镇污水管网建设项目核实，将904个重点镇的18105公里管网建设任务列入"十二五"期间中央支持范围，并建立管理信息系统。继续对绿色低碳重点小城镇试点予以支持。加强特色镇建设指导，会同国家旅游局开展特色景观旅游名镇名村调研，总结示范工作，印发指导意见，提出加强核心景观资源保护、进一步推动特色发展、提升综合服务能力的要求，启动第三批特色景观旅游名镇名村示范工作，建立宣传、服务和指导名镇名村建设的网站。

【推进以船为家渔民上岸安居工程】 会同国家发展改革委、农业部、国土部印发实施以船为家渔民上岸安居工程的指导意见，启动以船为家渔民上岸安居工程。配合发改委下达5亿元中央补助资金及任务。开发运行全国以船为家渔户上岸安居信息管理系统。会同有关部门召开项目推进会。

【支持和指导地震灾区农房重建】 赴四川芦山，甘肃岷县、漳县地震灾区调研，印发指导四川芦山、甘肃岷县漳县地震灾区农房重建意见。安排经费支持芦山地震农房重建技术指导与监管，支持岷县漳县建设低造价、保温、抗震的现代夯土住宅示范房并予以推广。

【推进大别山片区扶贫联系等工作】 印发组织大别山片区住房城乡建设系统干部赴东部地区培训锻炼的通知，协调东部8省市予以支持，安排大别山片区36县（市）干部进行为期半年的挂职锻炼。印发动员和组织社会力量支持大别山片区村镇建设的意见，初步协调一些企业支持大别山村镇建设。将大别山4个村庄纳入村庄规划试点并给予经费支持。组织村庄整治培训。安排经费支持在太行山区一个示范村开展村内道路整治和现代夯土绿色民居示范房建设。组织有关部有关司局赴对口支援赣南苏区的吉安县开展调研，研究支持措施。

（住房和城乡建设部村镇建设司）

工程建设标准定额

【2013年工程建设标准、造价基本情况】 2013年，住房和城乡建设部标准定额司认真贯彻执行党的路线方针政策，积极开展群众路线教育实践活动，认真执行中央八项规定，加强干部队伍建设和干部作风建设。围绕部中心工作，积极努力，研究探索，圆满完成各项工作，标准定额支撑作用更加明显。截至12月底，2013年发布了铁道工程、石油和化工建设工程、工业建筑等3部强制性条文，批准发布工程建设国家标准145项，工程建设城建、建工行业标准47项，产品行业标准63项；批准发布4项工程项目建设标准；完成216项行业标准和323项地方标准备案；组织完成259家乙级工程造价咨询企业晋升甲级资质，9213名造价工程师初始注册等工作。

【标准定额体系进一步完善】 构建统一开放的工程建设标准国家体系框架，优化标准编制顶层设计。紧紧围绕经济社会发展和市场需求，坚持科学发展，统筹兼顾，开展了20余个行业标准体系的全面梳理和整合，完成标准体系综合统一，形成层级清晰、衔接协调、状态准确的开放式、动态管理的国家体系。

标准定额编制重点更加突出，支持各行各业建设发展。为配合国家产业结构调整，发布铝电解厂工艺设计、洁净厂房设计等规范；为改善民生，加强养老服务、医疗服务设施建设，发布养老设施建筑设计规范、社区卫生服务站建设标准和家庭无障碍建设指南；为推进信息化建设，发布城市通信工程规划、建设领域信息技术应用基本术语等标准，开展智慧城市规划模式等标准制订工作；为做好节能减排工作，发布钢铁渣粉混凝土应用、有色金属冶炼厂节能设计、生活垃圾卫生填埋处理等标准；为推进绿色建筑发展，发布了绿色办公建筑、绿色工业建筑等标准；进一步完善工程质量安全相关标准，发布了建筑施工安全技术统一规范、电力设施抗震设计规范等标准；房屋建筑与装饰工程、通用安装工程、市政工程等5套全国统一定额修订工作按计划开展；新发布的工程建设标准定额为国家重点工程和经济发展提供了重要技术依据。

开展标准英文版翻译工作，积极配合国家"走出去"战略实施。以中国参与国际市场的重点领域和重大项目为目标，按照成体系、成规模、系列配套的工作原则，启动电力、石化、冶金等行业标准英文版整体翻译，完成电力工程安装规范等57项电力标准翻译，为中国企业参与国际市场竞争提供有力技术支撑。

【标准定额重点工作进一步加强】 在做好编制基础工作的同时，强化编管并重、点面结合，无障碍设施建设深入推进，工程造价咨询市场监管日益规范，实施指导监督成果越加明显。无障碍设施建设深入推进。组织开展《无障碍设计规范》和《家庭无障碍建设指南》宣贯培训，保障规定落到实处。部署创建无障碍市县工作，并印发相关工作标准，将无障碍环境建设向纵深推进。工程量清单计价改革深入推进。发布2013年《建设工程工程量清单计价规范》及9项专业工程工程量计算规范，新版规范专业更广泛，结构更合理，内容更充实，操作更便捷，更好地适应了市场经济的需要，体现了市场机制决定工程造价机制的改革方向，进一步明确工程计价风险的分担原则，并提出工程造价全过程管理的理念。工程造价咨询企业的执业行为进一步规范。《建设工程造价咨询规范》已完成送审稿，规范明确造价咨询企业业务质量具体要求，将为规范造价咨询企业执业行为和开展市场监管提供依据。启动《建设工程造价咨询合同示范文本》的修订，进一步明确合同双方的权利、责任和义务。标准实施指导监督成果越加明显。积极贯彻落实国务院化解产能严重过剩矛盾和"十二五"节能减排综合性工作要求，全面推动高强钢筋应用，通过加强技术研发、标准培训和监督检查等工作，400兆帕及以上强度钢筋应用比例已达70%，比2012年提高了20个百分点。积极促进国家绿色建筑行动方案实施，研究推广高性能混凝土，并提出"十三五"期间高性能混凝土推广目标和工作重点，组建高性能混凝土推广应用技术指导组，启动《高性能混凝土评价标准》和《混凝土用复合掺合料》两项关键标准制定。按照国务院加快宽带中国建设的要求，加快光纤到户建设进程，会同工业和信息化部印发《关于贯彻落实光纤到户国家标准的通知》，组织开展光纤到户国家标准宣贯培训会和工程建设现场会，推进光纤宽带网络在经济社会发展中发挥战略性、基础性作用。

【健全标准定额规章制度】 《建筑工程施工发包与承包计价管理办法》（住房城乡建设部令第16号）正式批准发布，于2014年2月1日正式施行。该办法的出台对规范工程项目建设中各方计价行为，遏制阴阳合同、高价围标、工程结算难和工程经济纠纷等建筑市场顽疾具有积极意义。会同财政部完成《建筑安装工程费用项目组成》修订，适应工程计价改革的需要。开展《工程造价咨询企业管理办法》（住房城乡建设部令第149号）修订的调研和全面征求意见，为完善工程造价咨询业管理，规范造价咨询企业执业行为奠定基础。在标准实施监督相关课题研究成果基础上，印发《关于进一步加强工程建设标准实施监督工作的指导意见的通知》、《工程建设标准培训管理办法》，制定《工程建设标准解释管理办法》和《关于进一步规范工程建设地方标准备案工作的通知》。

【研究建立标准实施和监督协同工作机制】 为推动标准有效实施，在高强钢筋推广应用工作中，不断探索研究、总结成功经验，建立部门合作、上下联动、政策引导、示范推进的部门协作工作机制，并在高性能混凝土应用、光纤到户建设等专项工作中加以推广应用，推动标准实施监督。主动与有关部门协调配合，将标准执行情况纳入部门工作监督检查中，开辟标准实施监督新途径。建立标准规范复审与立项的联动机制。通过清理和复审，完成对所有标准的摸底普查，建立年度计划与复审联动机制，将经复审需修订标准及时纳入年度计划，为标准体系完善和更新奠定坚实基础，更紧密地贴近经济社会的需求。

【抓住关键环节，提高管理水平】 完善立项工作程序，提高立项科学性。标准立项计划是标准编制龙头，按照标准体系要求，在各行业、单位申报的基础上，完善征求意见方式，增加征求意见次数，延长征求意见时间。为各部门、各行业、社会公众充分提出意见和建议创造条件。2014年立项计划草案采取信函、网上公示方式进行了多次征求意见，对反馈的重点问题进行专家研究论证、部门沟通协商，提高立项的科学性。

全面开展标准复审，提高标准时效性。2013年，开展对2011年及以前发布的1003项工程建设标准、产品标准的全面复审，根据复审结果，废止148项，对439项标准进行及时修订，纳入年度标准计划，提高标准时效性。结合清理工作，完成对所有标准的摸底普查，为标准编制和立项指明方向。

主动开展标准定额培训，提高人员素质。为确保标准实施主体能够及时了解、正确掌握和使用新制定、修订的标准，加强重点标准宣贯培训。组织高强钢筋生产应用、工程量清单计价和家庭无障碍建设的专家，对各省（区、市）技术和管理人员开展技术培训，并带动各地标准培训工作开展。

【完善信息服务，方便公众查询】 完善标准检索。完成20余个行业标准体系的全面梳理和整合，并标注主题词，建立检索系统，拓展标准体系应用范围，实现体系的信息化管理。

发布工程造价信息。在建设工程造价信息网上发布4期建筑工程人工成本信息和2期住宅造价指标。在工程造价信息化调研、总结的基础上，启动国家建设工程造价数据库研究论证。

提供强制性条文检索。为提高标准实施指导监督公共服务能力，通过开发强制性条文检索系统，向社会全面公开房屋建筑、城乡规划、城市建设三部分强制性条文，满足专业技术人员、管理人员及社会公众方便、快捷、准确查询所需规定，并制定《工程建设标准强制性条文检索系统维护管理办法》，规范检索系统的维护管理工作。

【工作研究进一步加强】 结合群众路线教育实践活动，部标定额司对各地、各部门标准定额工作进行全面调研，并对全国高性能混凝土、造价管理和认证认可等工作进行专题调研。通过调研，梳理存在的问题，研究改进措施。

开展造价管理重大问题的研究。开展建筑业营改增对工程计价体系影响、清单及定额体系、发达国家工程造价管理模式分析等重大问题专题研究，为下一步制定造价管理相关政策提供依据。

做好建筑节能与防火安全研究。为做好建筑节能和防火安全协调统一，既促进建筑节能顺利实施，又保障消防安全，组织有关专家对《建筑设计防火规范》中有关外墙保温防火、避难间、消防电源等问题进行研究，并与公安部消防局进行多次协商，达成一致意见。

夯实标准实施监督制度基础研究。为做好工程建设标准实施指导监督工作，建立完善标准实施监督工作体制机制，开展房屋建筑强制性标准实施、标准定额实施监督信息化、建筑工业化标准及实施机制等课题研究工作，并对部分省市标准实施监督、高强钢筋推广应用、高性能混凝土生产应用、光纤到户国家标准实施等工作开展情况进行实地调研；召开部分省市实施施工现场标准员制度座谈会，较全面了解地方开展标准实施监督情况和工作建议意见。

【专题研究进一步提升】 为提高城市防涝能力，梳理了中国城市排水标准体系，开展中外排水标准对比研究，提出中国防内涝目标并适度提高了管道设计重现期。针对超高层建筑快速发展，对超高层建筑的产生、现状、存在的问题、指导思想、管理措施等展开全面分析研究，为拟出台的管理文件奠定基础，以引导社会和市场理性认识超高层建筑建设，避免脱离实际、盲目发展。为发挥认证认可对保证产品质量、保障工程质量安全作用，对住房城乡建设领域四家认证机构进行全面了解，为认证认可改革发展提供第一手资料。为不断提高标准科学性，还针对桥梁荷载、轨道交通、建筑设计使用年限、建筑隔震等关键技术进行深入研究。

【开展多种试点探索】 开展标准项目招标试点。为择优选择标准主编单位，开展部分标准项目向全社会进行公开招标试点，总结试点经验，解决发现问题，并选拔确定实力强、技术精、又热心于标准化事业的单位承担标准主编，保障标准质量和编制工作顺利开展，提高全社会参与标准化工作的积极性。

开展实施监督信息化试点。推进深圳、江西和海南等地开展标准实施监督信息化试点，探索采用信息技术对标准实施情况过程留痕、符合判定等工作。

开展标准实施情况评估试点。为掌握建筑节能设计标准实施效果，组织有关单位和部分地方住房城乡建设主管部门按照《工程建设标准实施评价规范》要求，开展建筑节能设计标准实施情况评估工作，为相关标准下一步的制修订工作提供依据。

【2013年批准发布的国家标准】 见表1。

2013年批准发布的国家标准　　　　　　　　　　　　　　　　　　　　表1

序号	标准名称	类型	标准编号	发布日期	实施日期	公告号
1	核电厂工程气象技术规范	制定	GB/T 50674—2013	2013.08.08	2014.03.01	120
2	石油化工安全仪表系统设计规范	制定	GB/T 50770—2013	2013.02.07	2013.09.01	1623
3	火炸药工程设计能耗指标标准	制定	GB 50767—2013	2013.08.08	2014.03.01	122
4	电子工程建设术语标准	制定	GB/T 50780—2013	2013.02.07	2013.09.01	1624
5	混凝土结构现场检测技术标准	制定	GB/T 50784—2013	2013.02.07	2013.09.01	1634
6	地热电站设计规范	制定	GB 50791—2013	2013.11.01	2014.06.01	204
7	铀矿石和铀化合物贮存设施安全技术规范	制定	GB 50807—2013	2013.01.28	2013.09.01	1629
8	化工厂蒸汽凝结水系统设计规范	制定	GB/T 50812—2013	2013.01.28	2013.09.01	1631
9	冶金矿山采矿设计规范	制定	GB 50830—2013	2013.03.14	2013.10.01	7
10	有色金属冶炼工程制图标准	制定	GB/T 50837—2013	2013.08.08	2014.03.01	106
11	小水电电网节能改造工程技术规范	制定	GB/T 50845—2013	2013.08.08	2014.03.01	109
12	机械工业工程建设项目设计文件编制标准	制定	GB/T 50848—2013	2013.03.14	2013.10.01	5
13	城市通信工程规划规范	制定	GB/T 50853—2013	2013.01.28	2013.09.01	1628
14	尾矿设施设计规范	制定	GB 50863—2013	2013.06.08	2013.12.01	51
15	尾矿设施施工及验收规范	制定	GB 50864—2013	2013.11.01	2014.06.01	196
16	光伏发电接入配电网设计规范	制定	GB/T 50865—2013	2013.09.06	2014.05.01	135
17	光伏发电站接入电力系统设计规范	制定	GB/T 50866—2013	2013.01.28	2013.09.01	1626
18	养老设施建筑设计规范	制定	GB 50867—2013	2013.09.06	2014.05.01	142
19	建筑工程容许振动标准	制定	GB 50868—2013	2013.01.28	2013.09.01	1625
20	生活垃圾卫生填埋处理技术规范	制定	GB 50869—2013	2013.08.08	2014.03.01	107
21	建筑施工安全技术统一规范	制定	GB 50870—2013	2013.05.13	2013.12.01	36
22	化学工业给水排水管道设计规范	制定	GB 50873—2013	2013.09.06	2014.05.01	148
23	煤炭工业半地下储仓建筑结构设计规范	制定	GB 50874—2013	2013.08.08	2014.03.01	117
24	工程造价术语标准	制定	GB/T 50875—2013	2013.02.07	2013.09.01	1635
25	小型水电站安全检测与评价规范	制定	GB/T 50876—2013	2013.08.08	2014.03.01	108
26	绿色工业建筑评价标准	制定	GB/T 50878—2013	2013.08.08	2014.03.01	113
27	冶炼烟气制酸工艺设计规范	制定	GB 50880—2013	2013.11.01	2014.06.01	203
28	轻金属冶炼机械设备安装工程施工规范	制定	GB 50882—2013	2013.06.08	2013.12.01	56
29	轻金属冶炼机械设备安装工程质量验收规范	制定	GB 50883—2013	2013.06.08	2013.12.01	55
30	钢筒仓技术规范	制定	GB 50884—2013	2013.06.08	2013.12.01	52
31	水源涵养林工程设计规范	制定	GB/T 50885—2013	2013.08.08	2014.03.01	104
32	林产工业工程术语标准	制定	GB/T 50886—2013	2013.09.06	2014.05.01	140
33	人造板工程环境保护设计规范	制定	GB/T 50887—2013	2013.08.08	2014.03.01	103
34	人造板工程节能设计规范	制定	GB/T 50888—2013	2013.08.08	2014.05.01	134
35	人造板工程职业安全卫生设计规范	制定	GB 50889—2013	2013.08.08	2014.03.01	102

续表

序号	标准名称	类型	标准编号	发布日期	实施日期	公告号
36	饰面人造板工程设计规范	制定	GB 50890—2013	2013.08.08	2014.03.01	101
37	有色金属冶炼厂自控设计规范	制定	GB 50891—2013	2013.06.08	2013.12.01	53
38	油气田及管道工程仪表控制系统设计规范	制定	GB/T 50892—2013	2013.11.01	2014.06.01	207
39	供热系统节能改造技术规范	制定	GB/T 50893—2013	2013.08.08	2014.03.01	111
40	机械工业环境保护设计规范	制定	GB 50894—2013	2013.06.08	2013.12.01	57
41	烟气脱硫机械设备工程安装及验收规范	制定	GB 50895—2013	2013.09.06	2014.05.01	153
42	装饰石材工厂设计规范	制定	GB 50897—2013	2013.09.06	2014.05.01	154
43	细水雾灭火系统技术规范	制定	GB 50898—2013	2013.06.08	2013.12.01	54
44	房地产估价基本术语标准	制定	GB/T 50899—2013	2013.06.26	2014.02.01	84
45	医药工程基本术语标准	制定	GB/T 50902—2013	2013.11.29	2014.06.01	235
46	市政工程施工组织设计规范	制定	GB/T 50903—2013	2013.06.26	2014.02.01	82
47	非织造布设备工程安装与质量验收规范	制定	GB/T 50904—2013	2013.08.08	2014.03.01	115
48	机械工业厂房结构设计规范	制定	GB 50906—2013	2013.08.08	2014.03.01	105
49	抗爆间室结构设计规范	制定	GB 50907—2013	2013.08.08	2014.03.01	112
50	绿色办公建筑评价标准	制定	GB/T 50908—2013	2013.09.06	2014.05.01	146
51	机械工业工程节能设计规范	制定	GB 50910—2013	2013.08.08	2014.03.01	116
52	城市轨道交通工程监测技术规范	制定	GB 50911—2013	2013.09.06	2014.05.01	141
53	钢铁渣粉混凝土应用技术规范	制定	GB/T 50912—2013	2013.09.06	2014.05.01	147
54	医药工艺用水系统设计规范	制定	GB 50913—2013	2013.09.06	2014.05.01	150
55	化学工业建（构）筑物抗震设防分类标准	制定	GB 50914—2013	2013.09.06	2014.05.01	155
56	有色金属矿山井巷工程设计规范	制定	GB 50915—2013	2013.09.06	2014.05.01	143
57	钢—混凝土组合桥梁设计规范	制定	GB 50917—2013	2013.09.06	2014.05.01	144
58	城镇建设智能卡系统工程技术规范	制定	GB 50918—2013	2013.11.01	2014.06.01	211
59	有色金属冶炼厂节能设计规范	制定	GB 50919—2013	2013.09.06	2014.05.01	139
60	用材竹林工程设计规范	制定	GB/T 50920—2013	2013.09.06	2014.05.01	137
61	速生丰产用材林工程设计规范	制定	GB/T 50921—2013	2013.09.06	2014.05.01	138
62	天线工程技术规范	制定	GB 50922—2013	2013.09.06	2014.05.01	145
63	钢管混凝土拱桥技术规范	制定	GB 50923—2013	2013.11.01	2014.06.01	210
64	城市对外交通规划规范	制定	GB 50925—2013	2013.11.29	2014.06.01	242
65	丝绸工厂设计规范	制定	GB 50926—2013	2013.09.06	2014.05.01	151
66	大中型水电工程建设风险管理规范	制定	GB/T 50927—2013	2013.11.01	2014.06.01	194
67	氨纶工厂设计规范	制定	GB 50929—2013	2013.11.01	2014.06.01	206
68	冷轧带钢工厂设计规范	制定	GB 50930—2013	2013.11.29	2014.06.01	240
69	石油化工装置设计文件编制标准	制定	GB/T 50933—2013	2013.11.29	2014.06.01	234
70	石油化工工程防渗技术规范	制定	GB/T 50934—2013	2013.11.01	2014.06.01	205
71	煤矿瓦斯抽采工程设计文件编制标准	制定	GB/T 50935—2013	2013.11.29	2014.06.01	239

续表

序号	标准名称	类型	标准编号	发布日期	实施日期	公告号
72	选煤厂管道安装工程施工与验收规范	制定	GB 50937—2013	2013.11.01	2014.06.01	200
73	石油化工钢制低温储罐技术规范	制定	GB/T 50938—2013	2013.11.01	2014.06.01	199
74	急救中心建筑设计规范	制定	GB/T 50939—2013	2013.11.01	2014.06.01	202
75	防静电工程施工与质量验收规范	制定	GB 50944—2013	2013.11.29	2014.06.01	233
76	光纤厂工程技术规范	制定	GB 50945—2013	2013.11.29	2014.06.01	236
77	煤矿设备安装工程质量验收规范	制定	GB 50946—2013	2013.11.29	2014.06.01	241
78	体育场建筑声学技术规范	制定	GB/T 50948—2013	2013.11.01	2014.06.01	198
79	扩声系统工程施工规范	制定	GB 50949—2013	2013.11.01	2014.06.01	197
80	光缆厂生产设备安装工程施工及质量验收规范	制定	GB 50950—2013	2013.11.01	2014.06.01	209
81	±800kV 直流架空输电线路设计规范	制定	GB 50790—2013	2012.12.25	2013.05.01	1595
82	可再生能源建筑应用工程评价标准	制定	GB/T 50801—2013	2012.12.25	2013.05.01	1606
83	城市居住区人民防空工程规划规范	制定	GB 50808—2013	2012.12.25	2013.05.01	1599
84	电子工程环境保护设计规范	制定	GB 50814—2013	2012.12.25	2013.05.01	1598
85	稀硫酸真空浓缩处理技术规范	制定	GB/T 50815—2013	2012.12.25	2013.05.01	1604
86	农田防护林工程设计规范	制定	GB/T 50817—2013	2012.12.25	2013.05.01	1582
87	石油天然气管道工程全自动超声波检测技术规范	制定	GB/T 50818—2013	2012.12.25	2013.05.01	1581
88	油气田集输管道施工规范	制定	GB 50819—2013	2012.12.25	2013.05.01	1601
89	建材矿山工程建设项目设计文件编制标准	制定	GB/T 50820—2013	2012.12.25	2013.05.01	1590
90	油气田及管道工程计算机控制系统设计规范	制定	GB/T 50823—2013	2012.12.25	2013.05.01	1600
91	农村居住建筑节能设计标准	制定	GB/T 50824—2013	2012.12.25	2013.05.01	1608
92	钢铁厂加热炉工程质量验收规范	制定	GB 50825—2013	2012.12.25	2013.05.01	1597
93	租赁模板脚手架维修保养技术规范	制定	GB 50829—2013	2012.12.25	2013.05.01	1579
94	1000kV 系统电气装置安装工程电气设备交接试验标准	制定	GB/T 50832—2013	2012.12.25	2013.05.01	1591
95	1000kV 构支架施工与验收规范	制定	GB 50834—2013	2012.12.25	2013.05.01	1593
96	1000kV 电力变压器、油浸电抗器、互感器施工与验收规范	制定	GB 50835—2013	2012.12.25	2013.05.01	1592
97	1000kV 高压电器（GIS、HGIS、隔离开关、避雷器）施工与验收规范	制定	GB 50836—2013	2012.12.25	2013.05.01	1594
98	城市轨道交通工程安全控制技术规范	制定	GB/T 50839—2013	2012.12.25	2013.05.01	1605
99	建设工程分类标准	制定	GB/T 50841—2013	2012.12.25	2013.05.01	1580
100	建材矿山工程施工与验收规范	制定	GB 50842—2013	2012.12.25	2013.05.01	1589
101	建筑边坡工程鉴定与加固技术规范	制定	GB 50843—2013	2012.12.25	2013.05.01	1586
102	工程建设标准实施评价规范	制定	GB/T 50844—2013	2012.12.25	2013.05.01	1583
103	铝电解厂工艺设计规范	制定	GB 50850—2013	2012.12.25	2013.05.01	1603
104	建设工程人工材料设备机械数据标准	制定	GB/T 50851—2013	2012.12.25	2013.05.01	1584
105	建设工程咨询分类标准	制定	GB/T 50852—2013	2012.12.25	2013.04.01	1564

续表

序号	标准名称	类型	标准编号	发布日期	实施日期	公告号
106	房屋建筑与装饰工程工程量计算规范	制定	GB 50854—2013	2012.12.25	2013.07.01	1568
107	仿古建筑工程工程量计算规范	制定	GB 50855—2013	2012.12.25	2013.07.01	1571
108	通用安装工程工程量计算规范	制定	GB 50856—2013	2012.12.25	2013.07.01	1569
109	市政工程工程量计算规范	制定	GB 50857—2013	2012.12.25	2013.07.01	1576
110	园林绿化工程工程量计算规范	制定	GB 50858—2013	2012.12.25	2013.07.01	1575
111	矿山工程工程量计算规范	制定	GB 50859—2013	2012.12.25	2013.07.01	1570
112	构筑物工程工程量计算规范	制定	GB 50860—2013	2012.12.25	2013.07.01	1572
113	城市轨道交通工程工程量计算规范	制定	GB 50861—2013	2012.12.25	2013.07.01	1573
114	爆破工程工程量计算规范	制定	GB 50862—2013	2012.12.25	2013.07.01	1574
115	疾病预防控制中心建筑技术规范	制定	GB 50881—2013	2012.12.25	2013.05.01	1585
116	建筑模数协调标准	修订	GB/T 50002—2013	2013.08.08	2014.03.01	114
117	建筑照明设计标准	修订	GB 50034—2013	2013.11.29	2014.06.01	243
118	建筑地面设计规范	修订	GB 50037—2013	2013.09.06	2014.05.01	152
119	洁净厂房设计规范	修订	GB 50073—2013	2013.01.28	2013.09.01	1627
120	室内混响时间测量规范	修订	GB/T 50076—2013	2013.08.08	2014.03.01	121
121	工业企业噪声控制设计规范	修订	GB/T 50087—2013	2013.11.29	2014.06.01	237
122	自动化仪表工程施工及质量验收规范	修订	GB 50093—2013	2013.01.28	2013.09.01	1630
123	火灾自动报警系统设计规范	修订	GB 50116—2013	2013.09.06	2014.05.01	149
124	混凝土外加剂应用技术规范	修订	GB 50119—2013	2013.08.08	2014.03.01	110
125	地铁设计规范	修订	GB 50157—2013	2013.08.08	2014.03.01	119
126	港口工程基本术语标准	修订	GB/T 50186—2013	2013.11.01	2014.06.01	201
127	水利水电工程结构可靠性设计统一标准	修订	GB 50199—2013	2013.09.06	2014.05.01	136
128	组合钢模板技术规范	修订	GB/T 50214—2013	2013.08.08	2014.03.01	118
129	电力设施抗震设计规范	修订	GB 50260—2013	2013.01.28	2013.09.01	1632
130	工业设备及管道绝热工程设计规范	修订	GB 50264—2013	2013.03.14	2013.10.01	4
131	工程岩体试验方法标准	修订	GB/T 50266—2013	2013.01.28	2013.09.01	1633
132	建筑工程施工质量验收统一标准	修订	GB 50300—2013	2013.11.01	2014.06.01	193
133	消防通信指挥系统设计规范	修订	GB 50313—2013	2013.03.14	2013.10.01	6
134	建设工程监理规范	修订	GB/T 50319—2013	2013.05.13	2013.12.01	35
135	民用建筑工程室内环境污染控制规范（局部修订）	修订	GB 50325—2010	2013.06.24	2014.01.01	64
136	建筑边坡工程技术规范	修订	GB 50330—2013	2013.11.01	2014.06.01	195
137	医院洁净手术部建筑技术规范	修订	GB 50333—2013	2013.11.29	2014.06.01	238
138	智能建筑工程质量验收规范	修订	GB 50339—2013	2013.06.26	2014.02.01	83
139	混凝土结构加固设计规范	修订	GB 50367—2013	2013.11.01	2014.06.01	208
140	建筑采光设计标准	修订	GB 50033—2013	2012.12.25	2013.05.01	1607
141	烟囱设计规范	修订	GB 50051—2013	2012.12.25	2013.05.01	1596
142	膨胀土地区建筑技术规范	修订	GB 50112—2013	2012.12.25	2013.05.01	1587

续表

序号	标准名称	类型	标准编号	发布日期	实施日期	公告号
143	发生炉煤气站设计规范	修订	GB 50195—2013	2012.12.25	2013.05.01	1602
144	堤防工程设计规范	修订	GB 50286—2013	2012.12.25	2013.05.01	1578
145	建设工程工程量清单计价规范	修订	GB 50500—2013	2012.12.25	2013.07.01	1567

【2013年批准发布的行业标准】 见表2。

2013年批准发布的行业标准　　　　表2

序号	标准名称	类型	标准编号	发布日期	实施日期	公告号
1	城市水域保洁作业及质量标准	制定	CJJ/T 174—2013	2013.10.09	2014.04.01	172
2	城市道路路基设计规范	制定	CJJ 194—2013	2013.05.13	2013.12.01	29
3	风景名胜区监督管理信息系统技术规范	制定	CJJ/T 195—2013	2013.01.17	2013.06.01	1617
4	城市轨道交通接触轨供电系统技术规范	制定	CJJ/T 198—2013	2013.09.25	2014.03.01	160
5	城市规划数据标准	制定	CJJ/T 199—2013	2013.10.11	2014.04.01	178
6	直线电机轨道交通施工及验收规范	制定	CJJ 201—2013	2013.09.25	2014.03.01	161
7	城市轨道交通结构安全保护技术规范	制定	CJJ/T 202—2013	2013.09.25	2014.03.01	158
8	城镇供热系统抢修技术规程	制定	CJJ 203—2013	2013.10.11	2014.04.01	180
9	生活垃圾土土工试验技术规程	制定	CJJ/T 204—2013	2013.09.25	2014.03.01	157
10	生活垃圾收集运输技术规程	制定	CJJ 205—2013	2013.11.08	2014.06.01	220
11	城市道路低吸热路面技术规范	制定	CJJ/T 206—2013	2013.11.08	2014.06.01	214
12	城镇供水管网运行、维护及安全技术规程	制定	CJJ 207—2013	2013.11.08	2014.06.01	215
13	塑料排水检查井应用技术规程	制定	CJJ/T 209—2013	2013.12.03	2014.06.01	231
14	家用燃气燃烧器具安装及验收规程	修订	CJJ 12—2013	2013.07.26	2014.02.01	92
15	供水水文地质钻探与管井施工操作规程	修订	CJJ/T 13—2013	2013.05.13	2013.12.01	31
16	城镇供热直埋热水管道技术规程	修订	CJJ/T 81—2013	2013.07.26	2014.02.01	91
17	城镇燃气埋地钢质管道腐蚀控制技术规程	修订	CJJ 95—2013	2013.11.08	2014.06.01	213
18	城市地理空间框架数据标准	修订	CJJ/T 103—2013	2013.11.08	2014.06.01	219
19	密肋复合板结构技术规程	制定	JGJ/T 275—2013	2013.12.03	2014.06.01	230
20	城市居住区热环境设计标准	制定	JGJ 286—2013	2013.09.25	2014.03.01	159
21	淤泥多孔砖应用技术规程	制定	JGJ/T 293—2013	2013.05.13	2013.12.01	32
22	高强混凝土强度检测技术规程	制定	JGJ/T 294—2013	2013.05.09	2013.12.01	26
23	建筑采光追逐镜施工技术规程	制定	JGJ/T 295—2013	2013.10.11	2014.04.01	179
24	高抛免振捣混凝土应用技术规程	制定	JGJ/T 296—2013	2013.05.09	2013.12.01	27
25	建筑消能减震技术规程	制定	JGJ 297—2013	2013.06.09	2013.12.01	48
26	住宅室内防水工程技术规范	制定	JGJ 298—2013	2013.05.13	2013.12.01	30
27	建筑防水工程现场检测技术规范	制定	JGJ/T 299—2013	2013.05.09	2013.12.01	25
28	建筑施工临时支撑结构技术规范	制定	JGJ 300—2013	2013.06.24	2014.01.01	62
29	大型塔式起重机混凝土基础工程技术规程	制定	JGJ/T 301—2013	2013.06.24	2014.01.01	65
30	建筑工程施工过程结构分析与检测技术规范	制定	JGJ/T 302—2013	2013.06.24	2014.01.01	63

续表

序号	标准名称	类型	标准编号	发布日期	实施日期	公告号
31	渠式切割水泥土连续墙技术规程	制定	JGJ/T 303—2013	2013.07.26	2014.02.01	87
32	住宅室内装饰装修工程质量验收规范	制定	JGJ/T 304—2013	2013.06.09	2013.12.01	49
33	建筑施工升降设备设施检验标准	制定	JGJ 305—2013	2013.06.24	2014.01.01	60
34	城市照明节能评价标准	制定	JGJ/T 307—2013	2013.07.26	2014.02.01	90
35	磷渣混凝土应用技术规程	制定	JGJ/T 308—2013	2013.07.26	2014.02.01	88
36	建筑通风效果测试与评价标准	制定	JGJ/T 309—2013	2013.07.26	2014.02.01	89
37	教育建筑电气设计规范	制定	JGJ 310—2013	2013.10.09	2014.04.01	173
38	建筑深基坑工程施工安全技术规范	制定	JGJ 311—2013	2013.10.09	2014.04.01	174
39	医疗建筑电气设计规范	制定	JGJ 312—2013	2013.10.09	2014.04.01	175
40	建设领域信息技术应用基本术语标准	制定	JGJ/T 313—2013	2013.09.25	2014.03.01	162
41	单层防水卷材屋面工程技术规程	制定	JGJ 316—2013	2013.11.08	2014.06.01	218
42	低温辐射电热膜供暖系统应用技术规程	制定	JGJ 319—2013	2013.11.08	2014.06.01	217
43	混凝土中氯离子含量检测技术规程	制定	JGJ/T 322—2013	2013.12.03	2014.06.01	229
44	液压滑动模板施工安全技术规程	修订	JGJ 65—2013	2013.06.24	2014.01.01	61
45	混凝土结构后锚固技术规程	修订	JGJ 145—2013	2013.06.09	2013.12.01	46
46	种植屋面工程技术规程	修订	JGJ 155—2013	2013.06.09	2013.12.01	47
47	建设工程施工现场环境与卫生标准	修订	JGJ 146—2013	2013.11.08	2014.06.01	216

【2013年批准发布的产品标准】 见表3。

2013年批准发布的产品标准

表3

序号	标准名称	类型	标准编号	发布日期	实施日期	公告号
1	城镇供水管网加压泵站无负压供水设备	制定	CJ/T 415—2013	2013.01.14	2013.05.01	1616
2	LED路灯	制定	CJ/T 420—2013	2013.03.12	2013.06.01	1653
3	家用燃气燃烧器具电子控制器	制定	CJ/T 421—2013	2013.02.28	2013.06.01	1641
4	城市市政综合监管信息系统 管理部件和事件信息采集	制定	CJ/T 422—2013	2013.03.12	2013.06.01	1654
5	城市市政综合监管信息系统 模式验收	制定	CJ/T 423—2013	2013.10.09	2014.03.01	176
6	风景名胜区公共服务 营销平台	制定	CJ/T 425—2013	2013.08.15	2013.11.01	97
7	风景名胜区公共服务 自助游信息服务	制定	CJ/T 426—2013	2013.08.15	2013.11.01	98
8	超高分子量聚乙烯膜片复合管	制定	CJ/T 427—2013	2013.02.28	2013.06.01	1643
9	生活垃圾渗沥液检测方法	制定	CJ/T 428—2013	2013.04.27	2013.10.01	24
10	汽车库和停车场车位引导装置	制定	CJ/T 429—2013	2013.04.27	2013.10.01	14
11	垃圾填埋场用非织造土工布	制定	CJ/T 430—2013	2013.04.27	2013.10.01	17
12	排水用螺纹钢管	制定	CJ/T 431—2013	2013.05.24	2013.10.01	40
13	生活垃圾焚烧厂垃圾抓斗起重机技术要求	制定	CJ/T 432—2013	2013.05.24	2013.10.01	41
14	压接式碳钢连接管材及管件	制定	CJ/T 433—2013	2013.06.25	2013.12.01	75
15	超声波水表	制定	CJ/T 434—2013	2013.06.25	2013.12.01	68
16	燃气用铝合金衬塑复合管材及管件	制定	CJ/T 435—2013	2013.06.25	2013.12.01	72

续表

序号	标准名称	类型	标准编号	发布日期	实施日期	公告号
17	垃圾填埋场用土工网垫	制定	CJ/T 436—2013	2013.09.29	2014.02.01	166
18	垃圾填埋场用土工滤网	制定	CJ/T 437—2013	2013.09.29	2014.02.01	170
19	单体浇铸尼龙—钢复合管材和管件	制定	CJ/T 438—2013	2013.09.17	2014.01.01	131
20	单体浇铸增强尼龙管材和管件	制定	CJ/T 439—2013	2013.09.17	2014.01.01	132
21	无负压静音管中泵给水设备	制定	CJ/T 440—2013	2013.10.30	2014.03.01	189
22	户用生活污水处理装置	制定	CJ/T 441—2013	2013.10.30	2014.03.01	190
23	建筑排水低噪声硬聚氯乙烯(PVC—U)管材	制定	CJ/T 442—2013	2013.12.03	2014.03.01	227
24	中餐燃气炒菜灶	修订	CJ/T 28—2013	2013.04.27	2013.10.01	15
25	热电式燃具熄火保护装置	修订	CJ/T 30—2013	2013.04.27	2013.10.01	18
26	生活垃圾化学特性通用检测方法	修订	CJ/T 96—2013	2013.04.27	2013.10.01	23
27	城市公共汽、电车候车亭	修订	CJ/T 107—2013	2013.12.03	2014.03.01	226
28	建筑排水用柔性接口承插式铸铁管及管件	修订	CJ/T 178—2013	2013.04.27	2013.10.01	19
29	燃气蒸箱	修订	CJ/T 187—2013	2013.04.27	2013.10.01	13
30	给水排水用软密封闸阀	修订	CJ/T 216—2013	2013.04.27	2013.10.01	12
31	给水管道复合式高速进排气阀	修订	CJ/T 217—2013	2013.04.27	2013.10.01	20
32	建筑给水水锤吸纳器	修订	CJ/T 300—2013	2013.04.27	2013.10.01	21
33	保温装饰板外墙外保温系统材料	制定	JG/T 287—2013	2013.03.12	2013.06.01	1650
34	建筑钢结构十字接头试验方法	制定	JG/T 288—2013	2013.03.12	2013.06.01	1652
35	空气源三联供机组	制定	JG/T 401—2013	2013.01.14	2013.05.01	1615
36	热反射金属屋面板	制定	JG/T 402—2013	2013.01.14	2013.05.01	1614
37	辐射供冷及供暖装置热性能测试方法	制定	JG/T 403—2013	2013.03.12	2013.06.01	1655
38	空气过滤器用滤料	制定	JG/T 404—2013	2013.03.12	2013.06.01	1651
39	住宅内用成品楼梯	制定	JG/T 405—2013	2013.02.28	2013.06.01	1640
40	土木工程用玻璃纤维增强筋	制定	JG/T 406—2013	2013.02.28	2013.06.01	1642
41	自保温混凝土复合砌块	制定	JG/T 407—2013	2013.02.28	2013.06.01	1644
42	钢筋连接用套筒灌浆料	制定	JG/T 408—2013	2013.05.24	2013.10.01	43
43	供冷供暖用辐射板换热器	制定	JG/T 409—2013	2013.05.24	2013.10.01	42
44	飞机库门	制定	JG/T 410—2013	2013.06.25	2013.12.01	67
45	电动卷门开门机	制定	JG/T 411—2013	2013.06.25	2013.12.01	69
46	建筑遮阳产品耐雪荷载性能检测方法	制定	JG/T 412—2013	2013.06.25	2013.12.01	74
47	建筑用集成吊顶	制定	JG/T 413—2013	2013.06.25	2013.12.01	70
48	建筑用菱镁装饰板	制定	JG/T 414—2013	2013.06.25	2013.12.01	71
49	建筑防火涂料有害物质限量及检测方法	制定	JG/T 415—2013	2013.09.29	2014.02.01	171
50	建筑用铝合金遮阳板	制定	JG/T 416—2013	2013.09.29	2014.02.01	169
51	建筑电气用并联有源电力滤波装置	制定	JG/T 417—2013	2013.09.29	2014.02.01	167

续表

序号	标准名称	类型	标准编号	发布日期	实施日期	公告号
52	塑料模板	制定	JG/T 418—2013	2013.09.29	2014.02.01	168
53	硬泡聚氨酯板薄抹灰外墙外保温系统材料	制定	JG/T 420—2013	2013.10.30	2014.03.01	191
54	土木工程用光纤光栅温度传感器	制定	JG/T 421—2013	2013.09.17	2014.01.01	130
55	土木工程用光纤光栅应变传感器	制定	JG/T 422—2013	2013.09.17	2014.01.01	129
56	遮阳用膜结构织物	制定	JG/T 423—2013	2013.12.17	2014.03.01	246
57	建筑遮阳用织物通用技术要求	制定	JG/T 424—2013	2013.12.17	2014.03.01	247
58	建筑施工用木工字梁	制定	JG/T 425—2013	2013.12.03	2014.03.01	228
59	抹灰砂浆增塑剂	制定	JG/T 426—2013	2013.12.17	2014.03.01	248
60	钢筋气压焊机	修订	JG/T 94—2013	2013.05.24	2013.08.01	39
61	电动伸缩围墙大门	修订	JG/T 154—2013	2013.06.25	2013.12.01	66
62	胶粉聚苯颗粒外墙外保温系统材料	修订	JG/T 158—2013	2013.06.25	2013.12.01	73
63	钢筋机械连接用套筒	修订	JG/T 163—2013	2013.04.27	2013.10.01	16

【2013年工程项目建设标准发布目录】 见表4。

2013年工程项目建设标准发布目录　　　表4

序号	建设标准名称	批准文号	批准日期	施行日期
1	社区卫生服务中心、站建设标准	建标〔2013〕63号	2013.04.10	2013.07.01
2	看守所建设标准（修订）	建标〔2013〕126号	2013.08.28	2013.11.01
3	残疾人康复机构建设标准	建标〔2013〕145号	2013.10.15	2014.01.01
4	残疾人托养服务机构建设标准	建标〔2013〕145号	2013.10.15	2014.01.01

【2013年废止标准发布目录】 见表5。

2013年废止标准目录　　　表5

序号	标准编号	标准名称
1	JGJ 2—79	工业厂房墙板设计与施工规程
2	JGJ 7—91	网架结构设计与施工规程
3	JGJ/T 21—93	V型折板屋盖设计与施工规程
4	JGJ 24—86	民用建筑热工设计规程（试行）
5	JGJ 32—86	采用闭小室测试采暖散热器热工性能标准
6	JGJ 81—2002	建筑钢结构焊接技术规程
7	JGJ 137—2001	多孔砖砌体结构技术规范
8	CJ/T 16—1999	城市环境卫生专用设备　清扫、收集、运输
9	CJ/T 17—1999	城市环境卫生专用设备　垃圾转运
10	CJ/T 18—1999	城市环境卫生专用设备　垃圾卫生填埋
11	CJ/T 19—1999	城市环境卫生专用设备　垃圾堆肥
12	CJ/T 20—1999	城市环境卫生专用设备　垃圾焚烧、气化、热解

续表

序号	标准编号	标准名称
13	CJ/T 21—1999	城市环境卫生专用设备　粪便处理
14	CJ/T 27—1999	房屋接管验收标准
15	CJ 40—1999	工业用水分类及定义
16	CJ 41—1999	工业企业水量平衡测试方法
17	CJ 42—1999	工业用水考核指标及计算方法
18	CJ/T 49—1999	生活杂用水标准检验法
19	CJ/T 84—1999	垃圾车
20	CJ/T 88—1999	真空吸污车分类
21	CJ/T 89—1999	真空吸污车技术条件
22	CJ/T 90—1999	真空吸污车性能试验方法
23	CJ/T 91—1999	真空吸污车可靠性试验方法
24	CJ/T 114—2000	高密度聚乙烯外护套管聚氨酯泡沫塑料预制直埋保温管
25	CJ/T 136—2007	给水衬塑复合钢管
26	CJ/T 138—2001	建筑给水交联聚乙烯(PE—X)管用管件技术条件
27	CJ/T 140—2001	供热管道保温结构散热损失测定与保温效果评定
28	CJ/T 155—2001	高密度聚乙烯外护管聚氨酯泡沫塑料预制直埋保温管件
29	CJ/T 191—2004	板式换热机组
30	CJ/T 205—2000	建筑给水交联聚乙烯(PE—X)管材
31	CJ/T 228—2006	燃气采暖热水炉
32	CJ/T 239—2007	城镇污水处理厂污泥处置　分类
33	CJ 247—2007	城镇污水处理厂污泥泥质
34	CJ 248—2007	城镇污水处理厂污泥处置　园林绿化用泥质
35	CJ/T 249—2007	城镇污水处理厂污泥处置　混合填埋泥质
36	CJ/T 259—2007	城镇燃气用二甲醚
37	CJ 274—2008	城镇燃气调压器
38	CJ/T 275—2008	城镇燃气调压箱
39	CJ/T 289—2008	城镇污水处理厂污泥处置　制砖用泥质
40	CJ/T 290—2008	城镇污水处理厂污泥处置　单独焚烧用泥质
41	CJ/T 291—2008	城镇污水处理厂污泥处置　土地改良用泥质
42	CJ/T 296—2008	燃气用非定尺不锈钢波纹管及接头
43	CJ/T 3022—1993	城市供热用螺旋缝埋弧焊钢管
44	CJ 3025—1993	城市污水处理厂污水污泥排放标准
45	CJ/T 3079—1998	玻璃纤维增强塑料夹砂管
46	CJ/T 3083—1999	医疗废弃物焚烧设备技术要求

续表

序号	标准编号	标准名称
47	CJ/T 3085—1999	城镇燃气术语
48	CJ/T 5017.1—1994	水泥混凝土摊铺机技术条件
49	CJ/T 5018—1994	稳定土拌和机
50	JG 12—1999	钢网架 检验及验收标准
51	JG/T 18—1999	实腹钢纱门窗
52	JG/T 19—1999	层流洁净工作台检验标准
53	JG/T 22—1999	一般通风空气过滤器性能试验方法
54	JG/T 28—1999	升运式铲运机铲斗容量标定
55	JG/T 29—1999	普通装斗式铲运机铲斗容量标定
56	JG/T 30—1999	土方机械 自卸汽车车厢容量标定
57	JG/T 31—1999	土方机械 操作用仪表
58	JG/T 33—1999	土方机械 驾驶员培训方法指南
59	JG/T 34—1999	土方机械 第一部分维修工具通用维修调整工具
60	JG/T 35—1999	土方机械 第二部分维修工具机械式拉拔器
61	JG/T 36—1999	编写土方机械使用说明书的一般规定
62	JG/T 55—1999	履带起重机结构试验方法
63	JG/T 56—1999	液压挖掘机 司机操纵装置
64	JG/T 61—1999	建筑机械座椅
65	JG/T 69—1999	液压油箱液样抽取法
66	JG/T 83—1999	土方机械护板与护罩的定义和技术要求
67	JG/T 84—1999	土方机械自卸车术语
68	JG/T 89—1999	起重设备 吊钩防脱棘爪的设计要求
69	JG/T 90—1999	液压挖掘机斗齿分类
70	JG/T 91—2000	小型装载机
71	JG/T 95—1999	混凝土输送管型式与尺寸
72	CJ/T 99—1999	筒式柴油打桩外向锤用活塞环
73	JG/T 120—2000	踏步
74	JG/T 122—2000	建筑木门、木窗
75	JG/T 123—2000	沥青路面养护车
76	JG/T 133—2000	建筑用铝型材、铝板氟碳涂层
77	JG/T 134—2000	竖直循环式停车设备
78	JG 135—2000	杂物电梯
79	JG/T 140—2005	未增塑聚氯乙烯(PVC—U)塑料窗
80	JG/T 168—2004	建筑门窗内平开下悬五金系统

续表

序号	标准编号	标准名称
81	JG/T 180—2005	未增塑聚氯乙烯(PVC—U)塑料门
82	JG/T 187—2006	建筑门窗用密封胶条
83	JG/T 189—2006	电动采光排烟天窗
84	JG/T 192—2006	建筑门窗反复启闭性能检测方法
85	JG/T 195—2007	散热器恒温控制阀
86	JG/T 205—2007	合成树脂幕墙装饰系统
87	JG/T 229—2007	外墙外保温柔性耐水腻子
88	JG/T 230—2007	预拌砂浆
89	JG/T 3014.1—1994	推拉钢窗
90	JG 3061—1999	钢板冲压扣件
91	JG/T 5001—1992	液压挖掘机 斗齿技术条件
92	JG/T 5002.1—1992	混凝土振动台分类
93	JG/T 5002.2—1992	混凝土振动台技术要求
94	JG/T 5002.3—1992	混凝土振动台试验方法
95	JG 5009—1992	电梯的操作装置、信号及附件
96	JG/T 5035—1993	建筑机械与设备用油液固体污染清洁度分级
97	JG/T 5053.1—1995	筒式柴油打桩锤 分类
98	JG/T 5053.2—1995	筒式柴油打桩锤 技术条件
99	JG/T 5053.3—1995	筒式柴油打桩锤 性能试验方法
100	JG 5056—1995	液压挖掘机稳定性安全技术要求
101	JG/T 5065—1996	液压管件和油箱净化的评定方法
102	JG/T 5066—1996	油液中固体颗粒污染物的重量分析法
103	JG/T 5072.2—1996	电梯 T 型导轨检验规则
104	JG/T 5074—1995	路面铣刨机
105	JG/T 5075.5—1995	翻斗车料斗容量标定
106	JG/T 5079.1—1996	建筑机械与设备噪声限制
107	JG/T 5079.2—1996	建筑机械与设备噪声测量方法
108	JG/T 5093—1997	建筑机械与设备产品分类与型号
109	JG/T 5094—1997	混凝土搅拌运输车
110	JG/T 5095—1997	管道起重机
111	JG/T 5096—1997	预应力钢筋张拉机
112	JG/T 5097—1997	联合碎石设备
113	JG/T 5098—1998	乳化沥青稀浆封层机
114	JG/T 5105—1998	机械式停车设备分类

续表

序号	标准编号	标准名称
115	JG/T 5106—1998	机械式停车场安全规范——总则
116	JG/T 5112—1999	塔式起重机 钢结构制造与检验
117	JG/T 5113—1999	土方机械 自卸车和自行式铲运机用限速器的性能试验
118	CJ/T 31—1999	液化石油气钢瓶金相组织评定
119	CJ/T 36—2002	液化石油气钢瓶工艺导则
120	CJ 46—1999	水处理用陶瓷配水管
121	CJ/T 93—1999	供水用偏心信号蝶阀
122	CJ/T 223—2006	合金镀层(HA)钢管及管件
123	CJ/T 3015.3—1995	双环伞型曝气器
124	CJ/T 3026—1994	饮用水一体化净水器
125	CJ/T 3051—1995	锤式垃圾破碎机
126	CJ/T 3054.1—1995	水量计量仪表 均速管流量计
127	CJ/T 3068—1997	高分子烧结微孔管式过滤器
128	CJ/T 3084—1999	燃油壳管式热水机组
129	CJ/T 3086—1999	间接加热式燃油燃气中央热水机组
130	JG/T 5—1999	灰铸铁圆翼型散热器
131	JG/T 15—1999	氯丁海绵橡胶粘贴式钢门窗密封条
132	JG/T 16—1999	建筑门窗油灰
133	JG/T 17—1999	空腹钢纱门窗检验规则
134	JG/T 27—1999	蛙式夯实机
135	JG/T 75—1999	螺旋式麻刀(纸筋)灰拌合机
136	JG/T 76—1999	锤式粉碎淋灰机
137	JG/T 152—2003	钢质多功能户门门框型材
138	JG/T 3005.1—1993	PVC 门窗帘吊挂启闭装置
139	JG/T 3012.1—1994	采暖散热器——钢制闭式串片散热器
140	JG/T 3025—1995	Ⅱ钢筋混凝土天窗架
141	JG/T 3038—1997	钢筋预应力检测仪
142	JG/T 3062—1998	建筑砂浆用 FA 胶结材
143	JG/T 5047—1994	旋转平台
144	JG/T 5080—1996	冷轧带肋钢筋成型机
145	JG/T 5087.1—1997	铝塑门窗组装设备 塑料门窗焊接机
146	JG/T 5087.2—1997	铝塑门窗组装设备 铝塑型材仿形铣床
147	JG/T 5087.3—1997	铝塑门窗组装设备 铝塑型材切割锯
148	JG/T 5087.4—1997	铝塑门窗组装设备 铝塑型材V形锯

(住房和城乡建设部标准定额司)

工程质量安全监管

概况

2013年，工程质量安全监管工作以提升工程质量、实现安全发展为目标，进一步完善相关法规制度，强化工程质量安全责任落实，加强技术引导和创新，加大抗震防灾工作力度，工程质量总体受控，建筑安全生产形势总体稳定。

工程质量监管

2013年，工程质量监管工作不断深入，突出加强保障性安居工程质量监管，强化监督执法检查，部署开展住宅工程质量常见问题专项治理，认真处理质量事故和质量问题，各项工作取得明显成效。

【加强法规制度建设】 为进一步规范房屋建筑和市政基础设施工程竣工验收，保证工程质量，修订印发《房屋建筑和市政基础设施工程竣工验收规定》。针对深圳市违规使用不合格海沙、潍坊市违规使用麻刚沙作为建筑用砂等问题，印发《关于加强预拌混凝土质量管理工作的通知》，强化预拌混凝土生产、使用过程的质量监管工作，严禁质量不合格的预拌混凝土用于建筑工程。研究修订《工程建设工法管理办法》，形成报批稿。组织开展工程质量监督人员履职履责、工程质量检测行为标准化、工程质量终身责任制落实、施工现场质量管理标准化等课题研究。

【组织开展对部分省市保障性安居工程质量监督执法检查】 分两批派出8个检查组，对全国20个省（25个城市）的保障性安居工程进行监督执法检查，共检查50项工程，总建筑面积约73.2万平方米。检查组共反馈检查意见1152条，对16个违反工程建设强制性标准和存在质量安全隐患的工程项目下发了《建设工程质量安全监督执法建议书》。督促各地对检查中发现的问题进行整改，下发全国保障性安居工程质量监督执法检查通报。

【部署开展住宅工程质量常见问题专项治理】 为加强住宅工程质量管理和常见质量问题治理，促进全国住宅工程质量水平进一步提高，下发《关于深入开展全国工程质量专项治理工作的通知》和《住宅工程质量常见问题专项治理工作方案》，提出专项治理的总体要求、工作目标、治理范围、治理重点和实施步骤，拟用5年左右时间，通过在全国持续深入开展住宅工程质量常见问题专项治理活动，使住宅工程质量水平明显提高。同时，组织召开全国住宅工程质量常见问题专项治理工作座谈会，部署专项治理工作。

【认真调查处理工程质量事故质量问题】 对山东潍坊市违规使用麻刚沙作为建筑用砂问题、湖北武汉市违规使用内墙材料问题、广东深圳市违规使用不合格海沙问题等，均督促地方及时认真调查处理。共受理工程质量投诉16起，均及时批转相关省级住房城乡建设主管部门调查处理，并要求限期上报处理结果。

【开展工程质量管理工作调研】 赴北京、上海、浙江、广东、福建、山东等地开展工程质量保险、质量检测、质量监督机构职能转变、工程质量监管信息系统建设等方面工作调研，召开主管部门、相关协会、企业座谈会，对全国工程质量检测管理情况进行书面问卷调查，了解有关工作现状、存在的问题及下一步工作建议，为制订相关政策文件作准备。

【夯实质量监管工作基础】 进一步充实工程质量技术专家库，充分发挥专家在监督检查、工法评审、政策制定和课题研究中的重要作用。截至2013年底，工程质量专家库有施工专家近200人。为加强国家级工法评审工作，适应网络评审新方式，在各地各部门推荐基础上，进一步完善国家级工法评审专家库，专家共400多人。组织开展青海省工程质量检测专项培训，共培训质量监督、检测人员近200人。委托中国建筑业协会举办4期有关工程质量标准规范宣贯培训班，累计培训质量监督人员、施工质量技术管理人员1700余人次。组织专家根据工作需要，研究完善工程质量监督执法检查表。

建筑安全监管

2013年，全国建筑安全生产形势总体稳定。据统计，全国共发生房屋市政工程生产安全事故528

起、死亡674人，同比分别上升8.42%和8.01%。其中，较大事故25起、死亡102人，同比分别下降13.79%和15.70%，未发生重大及以上事故。

【加强工作部署】 组织召开第十六次全国建筑安全生产联络员会议，全面部署2013年建筑安全生产工作。组织召开全国建筑安全生产电视电话会议，部长姜伟新、副部长郭允冲就贯彻落实党中央国务院的决策部署提出工作要求。组织召开部分地区建筑安全生产工作汇报会，副部长王宁就建筑安全生产重点工作作出部署。按照国务院安委会要求，部署开展建筑施工领域"打非治违"、预防建筑起重机械脚手架等坍塌事故专项整治和安全生产大检查等工作。

【完善规章制度】 起草完成部门规章《建筑施工企业主要负责人、项目负责人和专职安全生产管理人员安全管理规定》。印发《房屋市政工程生产安全事故报告和查处工作规程》、《关于贯彻落实国务院安委会关于进一步加强安全培训工作的决定的实施意见》和《关于开展建筑施工安全生产标准化考评工作的指导意见》等文件。严格执行中央关于推进行政审批制度改革、促进政府职能转变的要求，将中央管理的建筑施工企业安全生产许可下放，并协调做好有关落实和衔接工作。按照中编办要求，研究推进建筑起重机械检验检测机构改革工作。研究提出对《安全生产法》、《特种设备安全法》等重要法律法规的修改意见，及时反馈全国人大、国务院法制办等部门。

【强化事故通报督办】 按月度和季度通报全国房屋市政工程生产安全事故情况，对全年发生的25起较大事故进行通报，曝光相关企业名称及法定代表人、项目经理、项目总监姓名，并下发事故查处督办通知书，要求事故发生地住房城乡建设主管部门严肃认真做好事故查处工作。对2012年全国房屋市政工程生产安全事故查处情况进行汇总分析，印发《关于2012年全国房屋市政工程生产安全事故查处情况的通报》。

【开展监督检查】 5月，组织开展对形势较为严峻的4个地区的建筑安全生产综合督查，采取专家现场讲解教学方式，取得较好效果。9～11月，组织开展建筑施工安全生产专项督查，对2013年以来安全事故多发或发生较大事故的12个地区进行重点督查。对全国保障性安居工程质量安全监督执法检查中发现的存在严重安全隐患的项目下发执法建议书。各地住房城乡建设主管部门按照部署，积极开展监督检查工作，据不完全统计，共检查在建工程项目约19万个，下发隐患整改通知书9.3万余份，要求停工整改项目1.55万余个。

【推进长效机制】 组织开展对建筑起重机械安全监管、建筑安全生产监管职责、建筑安全生产标准化考评、建筑安全生产教育培训、建筑模板支撑体系安全性能、建筑安全事故案例分析等内容的课题研究。启用新版事故信息报送及统计分析系统，召开应用说明会部署信息报送工作。按照《"十二五"国家政务信息化工程建设规划》，组织编制《建筑施工安全监管信息化工程需求分析报告》。

城市轨道交通工程质量安全监管

2013年，城市轨道交通工程质量安全监管工作以继续提升质量安全水平为目标，进一步完善和落实制度规范，加强安全隐患排查治理力度，不断提升工程风险防控能力，确保城市轨道交通工程质量安全形势持续稳定好转。

【健全制度规范】 为进一步规范城市轨道交通工程设计深度，确保设计质量，制定《城市轨道交通工程设计文件编制深度规定》。为规范城市轨道交通建设工程质量安全事故应急预案管理工作，起草完成《城市轨道交通建设工程质量安全事故应急预案管理办法》（征求意见稿）。为加强城市轨道交通建设工程验收工作，落实相关责任，提高质量安全水平，起草《城市轨道交通建设工程验收管理暂行办法》（征求意见稿）。根据形势发展需要，会同有关部门研究提出加强行业监管的对策建议。

【加强监督检查】 组织开展全国在建城市轨道交通工程质量安全监督执法检查，在各地自查的基础上，抽查26个城市的78个在建项目，涉及车站面积约150多万平方米、区间长度160多公里，工程质量安全整体处于受控状态。对于存在较为严重的违法违规情况和质量安全隐患的项目，下发执法建议书8份。对于一些在质量安全责任落实和工程实体质量安全方面存在问题隐患和薄弱环节的项目，提出书面反馈意见。针对西安地铁"5·6"事故下发"事故通报"和"查处督办通知书"。组织专家对西安城市轨道交通工程质量安全进行督查，要求地方举一反三，针对存在问题立刻整改。

【研究关键性问题】 在全国范围内组织开展有关风险防控、工期造价、监督机构、技术力量配置、近年来事故风险等问题调研。以2013年全国城市轨道交通工程质量安全监督执法检查为契机，组织开展2013年城市轨道交通工程质量安全现状和趋势、常见质量问题及控制以及城市轨道交通工程BIM交付标准和不同建设管理模式的企业质量安全主体责任等方面的研究，为相关政策起草提供依据。

【强化人员培训】 组织编写《地铁工程建设安全监督管理》和《地铁工程监测测量管理与技术》系列培训教材，依托住房城乡建设部城市轨道交通工程质量安全专家委员会支持各地开展城市轨道交通工程管理技术人员质量安全培训。应地方要求，协调提供培训教案、师资力量和相关技术支持。

【促进经验交流】 组织召开城市轨道交通工程质量安全联络员会议和专家委员会第三次全体会议，总结2013年全国轨道交通工程质量安全情况，分析面临的突出问题，部署2014年重点工作。组织专家解读2013年城市轨道交通工程质量安全监督执法检查情况，剖析典型案例，促进学习交流，提升全国城市轨道交通工程质量安全整体水平。

勘察设计质量监管与行业技术进步

（1）勘察设计质量监管

【加强法规制度建设】 发布《房屋建筑和市政基础设施工程施工图设计文件审查管理办法》（住房城乡建设部令第13号），印发《关于实施房屋建筑和市政基础设施工程施工图设计文件审查管理办法有关问题的通知》。印发《市政工程设计文件编制深度规定（2013年版）》、《建筑工程施工图设计文件技术审查要点》、《市政公用工程施工图设计文件审查要点》和《岩土工程勘察文件技术审查要点》等指导性文件。

【加强施工图审查管理】 开展《房屋建筑和市政基础设施工程施工图设计文件审查管理办法》（住房城乡建设部令第13号）宣贯工作。进一步完善"全国施工图设计文件审查情况统计报表"，优化报表管理功能和技术服务体系，提升系统功能。在上海开展数字化审图试点，推动提高施工图设计文件审查工作信息化水平。

【开展监督检查与调研】 认真分析保障性安居工程质量安全监督执法检查中发现的勘察设计质量问题，制定《房屋建筑工程勘察设计质量专项治理工作方案》，拟用5年时间使全国房屋建筑工程勘察设计质量总体水平显著提高。组织召开全国勘察设计处长座谈会、勘察设计行业技术创新座谈会、勘察设计质量监管与信息技术应用座谈会，交流经验，提升勘察设计水平。开展全国勘察设计质量监督信息系统调查统计工作，印发《2012年度全国施工图设计文件审查情况报告》。

（2）行业技术进步

【加强标准设计管理】 组织召开全国工程建设标准设计专家委员会会议，总结部署2013年标准设计相关工作。下达2013年国家建筑标准设计编制工作计划，发布45项国家建筑标准设计。

【推动行业技术进步】 发布《中国建筑技术政策（2013版）》。印发《全国勘察设计专家库管理办法（试行）》并组织地方推荐相关领域专家，充实专家库。

【强化国家级工法管理】 为加强工法管理，提高国家级工法评审效率和公正性，组织开发"国家级工法评审管理信息系统"，并开展系统在线申报、推荐等培训工作。组织开展2011~2012年度国家级工法申报审定工作，工法申报、主管部门推荐、专家初评均通过"国家级工法评审管理信息系统"完成。

【组织中日JICA抗震研修活动】 印发《关于请做好中日建筑抗震技术人员培训班和标准设计培训班相关工作的函》，组织各地推荐研修人员。

【开展技术进步基础性研究】 组织开展绿色建造发展报告、工程勘察现场作业人员培训及持证上岗制度、工程建筑设计标准体系、建筑设计企业技术能力评估、加强建筑设计水平的政策措施等基础性研究工作。

城乡建设抗震防灾

2013年，我国及周边地区发生里氏5.0级以上地震45次，其中四川芦山里氏7.0级和甘肃岷县、漳县里氏6.6级破坏性地震，造成较大人员伤亡和财产损失。按照国务院的统一部署，住房城乡建设部积极组织全系统开展抗震防灾工作，取得一定成效。

【加强法规制度和标准体系建设】 研究起草《建设工程抗震管理条例》（初稿），积极做好立项准备。修订印发第五版《住房城乡建设系统破坏性地震应急预案》并报国务院抗震救灾指挥部备案，提高住房城乡建设系统地震应急能力。组织开展我国抗震防灾技术标准体系研究，对各类现行抗震标准进行全面梳理，并对国内外标准体系进行分析对比，提出标准规范体系建议。

【加强建筑工程抗震防灾管理】 通过工程质量监督执法检查，推进市政公用设施抗震设防专项论证制度实施，2013年全国共完成131项市政设施抗震设防专项论证工作。加强超限高层建筑工程抗震设防管理，2013年全国共完成1187项超限高层审查工作。筹备第五届全国超限高层建筑工程抗震设防审查专家委员会换届工作。推动减隔震技术应用，研究起草《关于房屋建筑工程推广应用减隔震技术的若干意见》。截至2013年底，全国累计建成减隔震建筑工程810栋。开展既有建筑抗震设防对策研究，推动地方开展既有建筑抗震性能普查、建筑抗震鉴定与加固等工作。

【做好城市抗震防灾规划编制与实施工作】 为提高城市抗震防灾能力，开展城市抗震防灾规划编制与实施管理问题研究，组织编制《城市抗震防灾规划技术审查导则》、《城市防灾社区评价技术指南》。召开第二届全国城市抗震防灾规划审查委员会第一次全体会议，交流各地规划审查经验，提高专家技术水平。2013年编制完成51项城市抗震防灾规划，截至2013年底，全国共编制完成城市抗震防灾规划459项。

【提高抗震救灾与应急能力】 积极开展四川芦山"4·20"地震抗震救灾工作，组织12名危房应急评估专家第一时间赶赴灾区，配合地方开展震后危房应急评估工作，共评估公共建筑290栋、708969平方米，民房102栋、28096平方米。参加国务院抗震救灾指挥部会议，及时向国务院报送住房城乡建设部抗震救灾工作信息，向中央领导呈报有关抗震技术的情况。积极开展甘肃省岷县、漳县，新疆维吾尔自治区乌鲁木齐市、云南省等地震应急响应及抗震救灾相关工作。为加强震后房屋建筑应急评估工作，提高住房城乡建设系统地震应急处置能力，成立由118名专家组成的国家震后房屋建筑应急评估专家队。此外，全国15个省市组建了省级应急评估专家队伍，共计1070人。

住房城乡建设部安全生产管理委员会办公室工作

【组织开展住房城乡建设系统安全生产大检查】 贯彻落实全国安全生产电视电话会议和《国务院办公厅关于集中开展安全生产大检查的通知》精神，印发《住房城乡建设部关于进一步做好住房城乡建设系统安全生产工作的通知》，部署各地从6月起到9月底组织开展建筑施工、市政设施运行和房屋使用等方面的安全生产大检查，集中整治了一大批安全隐患。9月中下旬，住房城乡建设部安全生产管理委员会办公室（以下简称"部安委会"）牵头、有关司局参加，对吉林、甘肃、江苏、浙江及云南5省的建筑施工、市政设施运行、房屋安全和农房建设进行综合督查，确保安全生产大检查整改措施落实到位，督促地方进一步加强安全生产工作。7月、9月，按照国务院安委会安全生产综合督查工作要求，参加国务院安委会对江西、贵州安全生产督查。

【加强安全工作部署】 组织召开2013年部安委会全体会议，传达党中央国务院领导关于安全生产重要指示批示精神，通报国务院安委会全体会议有关情况及安全生产工作安排，部署住房城乡建设系统安全生产重点任务。贯彻落实《国务院安委会关于开展油气输送管线等安全专项排查整治的紧急通知》要求，印发《住房城乡建设部办公厅关于开展油气输送管线等安全专项排查整治的紧急通知》，部署各地开展自查工作。

（工程质量安全监管司　撰稿：宋梅红）

建筑市场监管

概况

2013年，住房和城乡建设部建筑市场监管司以规范建筑市场秩序为主线，以保证工程质量安全为核心，围绕中心工作，推进建筑市场法制建设，加大监管力度，创新监管手段，进一步改进完善行政审批和动态检查，构建诚信和谐、统一开放、竞争有序的建筑市场秩序，促进行业转型升级、科学发展。

完善建筑市场监管法规建设，加强市场监管

【完善建筑市场监管法规体系建设】 配合国务院法制办，推动《建筑市场管理条例》立法工作进程；起草完成《建筑工程施工许可管理办法》、《建设工程监理范围和规模标准规定》等文件，完善建筑市场监管法制体系。

【修订合同示范文本】 为有效遏制建筑市场常见的拖欠工程款、阴阳合同、违法分包、转包、挂靠等违法违规行为，结合国际通行做法，会同国家工商总局修订出台2013版《建设工程施工合同（示范文本）》，起草完成《工程设计合同示范文本》，通过进一步明确承发包双方的权利义务，注重对承发包双方市场行为的引导、规范和权益平衡，适应加快政府转变职能，更多地运用法律、经济手段调节和管理市场的大趋势，健全合同履约监管机制。

【强化房屋和市政工程招投标监管】 推动电子招投标。会同住房城乡建设部法规司对国家发改委《电子招投标办法》实施意见会签，配合国家发改委组织宣贯会；完成全国房屋建设和市政系统电子招投标情况调研，形成调研报告。

组建资深评标专家和稀缺评标专家库。起草《关于组建全国房屋建筑和市政工程综合评标专家库的通知》，指导地方加强评标专家管理和评标专家库建设。

改进招投标监管方式。针对招投标工作存在招标范围过宽、招标流于形式等问题，研究放开非国有资金投资工程项目招投标监管方式及后续监管机制，强化对国有资金投资工程的招投标监管。

【完善个人执业制度，落实注册人员执业责任】研究制定《住房城乡建设部办公厅关于做好取得建造师临时执业证书人员有关管理工作的通知》（建办市〔2013〕7号），实现全国近30万取得临时建造师资格人员到期后的平稳过渡；推进注册人员执业资格改革工作，研究解决建造师注册执业制度中考试、注册、继续教育、执业等各环节存在的突出问题。

解放思想，大力推进行政审批制度改革

【加大简政放权工作力度】 为贯彻落实国务院关于深入推进行政审批制度改革的精神，进一步方便服务企业，提高行政审批效率，印发《关于建设工程企业资质资格延续审查有关问题的通知》，将部分由住房城乡建设部负责审批的建设工程企业资质资格延续审查工作委托各省级住房城乡建设主管部门实施，并着手研究对资质下放后的监督提出要求；深入行政审批制度改革研究，提出在2014年下放工程建设项目招标代理机构甲级资格认定和一级注册建造师执业资格认定2项行政审批事项的工作方案，进一步落实国务院简政放权工作要求。

【简化修订工程建设企业资质标准】 印发颁布新的《工程勘察资质标准》和《工程勘察资质标准实施意见》，修订《建筑业企业资质管理规定》，《工程建设项目招标代理机构资格认定办法》，通过简化、合并、取消相关资质等级标准，进一步落实政府简政放权的要求；强化对企业配备劳务队伍考核，规范劳务人员管理，保障工程质量安全；强化科技创新，绿色节能等有关政策引导内容，合理设置考核指标，促进行业发展。

【积极试点，稳步推进电子化审查工作】 印发《关于开展建设工程企业资质网上申报和审批系统试点工作的通知》、《关于增加建设工程企业资质网上申报和审批系统试点地区的通知》，在全国13个省市进行无纸化电子化申报审批试点，降低企业负担，提高审查效率。

【完善专家审查制度】 修订印发《建设工程企业资质审查专家管理办法》，规范对建设工程企业资质审查专家的管理，适当提高审查专家的推荐条件，对审查专家库的建立、使用等进行更明确的规定；进一步明确对审查专家违反有关工作纪律的处理措施和时限。为保证专家审查质量，加强廉政管理，在电子化审查中开展专家模块化审核试点，尽量确保统一审查尺度，一岗多人负责制，避免个别人为因素干扰，对专家审查制度进行有效监督。

加大处罚力度，优化市场环境

【继续加大对市场违法违规行为的查处力度】截至2013年12月，共对3家涉及安全事故责任的企业处以责令停业整顿、降低资质等级的行政处罚，对10名涉及安全事故责任的注册人员处以吊销注册证书、停业整顿的行政处罚，对提供虚假材料骗取资质资格的5家企业撤回资质证书，对提供虚假材料申请资质资格的80家企业和144名注册人员处以警告或通报批评。上述企业和人员的违法违规行为已经记入其诚信档案，并在住房城乡建设部诚信信息平台上对外发布。

【健全建筑市场违法违规查处情况报送通报制度】 对各地违法违规企业动态监管和行政处罚情况实施统计通报制度，督促各级住房城乡主管部门加强监管，进一步加大对违法违规企业的处罚力度。据统计，2013年各地共查处存在违法违规行为企业18219家，其中吊销资质29家、降级资质8家、停业整顿2864家、警告罚款5176家、撤销、撤回企业资质2904家、通报批评3805家、暂扣安全生产许可证437家、暂停招投标2996家。

加快信息化建设，提升监管水平

【加快建筑市场监管信息系统建设，实现全国联网运行】 2013年分三期在全国范围内部署完成住房城乡建设部中央数据库与省市监管信息系统的互联共享工作。开发数据接口标准和省市版监管信息系统供各地连接使用，充分兼顾各地信息化建设进度不一致的实际，以最简便有效的方式，实现各地现有监管信息数据在全国范围内联网运行。推进工程项目数据库建设，印发《建筑市场监管信息系统连接试点工作要求的通知》，对各地建筑市场监管信息系统建设组织机构、地方监管信息系统建设方向、工程项目数据库建设等方面提出统一的要求，起草《工程项目数据库数据标准》和《建筑市场监管信息系统基础数据管理办法》，指导地方建筑市场监管信息化建设。

【继续完善诚信体系建设】　督促各地及时上报企业及个人不良行为信息，并将部省两级实施的行政处罚上传至全国建筑市场诚信信息平台，记入企业和注册人员不良行为记录。完善全国建筑市场诚信信息平台，制定诚信信息平台运行工作制度，在平台首页建立与各地不良行为公示页面的链接，内容涵盖针对市场主体违规行为做出的各类行政处罚决定和行政处理措施的信息。

营造良好政策环境，促进行业健康发展

【调整政策导向，解决突出问题】　规范统一的建筑市场。出台《关于做好工程建设企业跨省承揽业务监督管理工作的通知》，促进全国统一建筑市场的形成，对各地跨省承揽业务的企业监管工作提出明确要求，印发《关于开展规范建筑业企业跨省承揽业务监督管理专项检查工作的通知》，要求地方全面清理相关政策文件，及时纠正问题。

推进劳务用工管理。针对建筑劳务管理工作中存在的劳务管理责任不落实、一线劳务人员数量不足、年龄偏大、企业用工行为不规范、劳务人员质量安全意识和职业技能水平有待提高、拖欠农民工工资现象依然存在等突出问题，深入开展《建筑业劳务用工方式研究》的调研，起草《关于进一步加强和完善建筑劳务管理的指导意见》，提出加强和完善建筑劳务管理四个方面的意见，指导规范企业加强劳务管理。

促进行业发展。出台《关于进一步加快勘察设计行业发展的若干意见》，组织编写《中国建筑业改革与发展研究报告(2013)》，编制完成《2012年工程监理行业分析报告》，推动行业转型升级。

【完善行业统计制度】　组织印发《2012年全国工程勘察设计企业统计资料汇编》、《2012年建设工程监理统计资料汇编》和《2012年建设工程监理统计公报》，完成2012年招标代理机构统计上报工作。全面准确掌握行业发展现状，通过对统计数据的深入分析，为政策制定和行业监管提供有效支撑。

【加强对外交流合作】　继续配合有关部门研究制定对外承包工程管理的相关政策，参加内地与香港、澳门特别行政区关于建立更紧密经贸关系安排的补充协议十的磋商，提出内地与香港、澳门特别行政区实现服务贸易自由化方案；参加与新加坡、澳大利亚等自贸区磋商，推进双方建筑市场扩大开放；提出上海自贸区建设领域开放措施，印发关于在中国(上海)自由贸易区设立外商投资建设工程企业有关事项的复函等，促进国际间建筑领域交流合作工作。

(住房和城乡建设部建筑市场监管司)

建筑节能与科技

概况

2013年，建筑节能与科技以节能减排、科技创新为重点，深入抓好建筑节能，全面推进绿色建筑发展；组织实施好国家科技重大专项和科技支撑计划项目；抓好墙体材料革新工作；开展全方位多层次的国际科技合作与交流；完善监督管理机制，推进科技成果转化。

建筑节能与绿色建筑工作

【新建建筑执行节能强制性标准】　根据各地上报的数据汇总，2013年全国城镇新建建筑全面执行节能强制性标准，新增节能建筑面积14.4亿平方米，可形成1300万吨标准煤的节能能力。北方采暖地区、夏热冬冷及夏热冬暖地区全面执行更高水平节能设计标准，新建建筑节能水平进一步提高。全

国城镇累计建成节能建筑面积88亿平方米，约占城镇民用建筑面积的30%，共形成8000万吨标准煤节能能力。

【既有居住建筑节能改造】 财政部、住房城乡建设部安排2013年度北方采暖地区既有居住建筑供热计量及节能改造计划1.9亿平方米，截至2013年底，各地共计完成改造面积2.24亿平方米。"十二五"前3年累计完成改造面积6.2亿平方米，提前超额完成国务院明确的"北方采暖地区既有居住建筑供热计量和节能改造4亿平方米以上"任务。夏热冬冷地区既有居住建筑节能改造工作已经启动，2013年共计完成改造面积1175万平方米。

【公共建筑节能监管体系建设】 截至2013年底，全国累计完成公共建筑能源审计10000余栋，能耗公示近9000栋建筑，对5000余栋建筑进行能耗动态监测。在33个省市开展能耗动态监测平台建设试点。天津、上海、重庆、深圳市等公共建筑节能改造重点城市，落实节能改造任务1472万平方米，占改造任务量的92%；完成节能改造514万平方米，占改造任务量的32%。住房城乡建设部会同财政部、教育部在210所高等院校开展节约型校园建设试点，浙江大学等24所高校列为节能综合改造示范高校。会同财政部、国家卫计委在44个部属医院开展节约型医院建设试点。

【可再生能源建筑应用】 截至2013年底，全国城镇太阳能光热应用面积27亿平方米，浅层地能应用面积4亿平方米，建成及正在建设的光电建筑装机容量达到1875兆瓦。可再生能源建筑应用示范市县项目总体开工比例81%，完工比例51%。北京、天津、河北、山西、江苏、浙江、宁波、山东、湖北、深圳、广西、云南12个省区市（计划单列市）的示范市县平均完工率在70%以上，共有28个城市、54个县、2个镇和10个市县追加任务完工率100%以上。山东、江苏两省省级重点推广区开工比例分别达到136%和112%，完工比例为44%和24%。

【绿色建筑行动方案与绿色生态城区建设】 与国家发展改革委共同制定《绿色建筑行动方案》，并由国务院办公厅转发各地实施。山东、湖南、浙江等省以省政府名义印发本地绿色建筑行动实施方案。印发保障性住房实施绿色建筑行动的通知及技术导则，全面启动绿色保障性住房建设工作。首批8个绿色生态城区2013年当年开工建设绿色建筑1137万平方米，占总开工建设任务的35.5%。

【绿色建筑评价标识】 稳步推进绿色建筑评价标识工作，除西藏和新疆生产建设兵团外，其他省、自治区、直辖市、计划单列市，都相继开展了绿色建筑评价标识工作。2013年，共有704个项目获得绿色建筑评价标识，建筑面积8707万平方米。根据绿色建筑发展情况，配合《绿色建筑评价标准》的修编完成了评价标识管理办法和技术实施细则等相关文件修编工作。印发《关于加强绿色建筑评价标识管理和备案工作的通知》。组织开展2013年度"全国绿色建筑创新奖"，获奖项目共计42项。

强化技术创新，实施重大科技项目

【组织实施"水体污染控制与治理"国家科技重大专项】 完成水专项"城市水污染控制"和"饮用水安全保障"两个主题及"十一五"立项的13个项目、91个课题验收和成果总结工作，项目（课题）全部通过验收，总体上完成了阶段目标任务。开展"十二五"立项的46个课题实施进度检查和技术交流。完成2013年度立项的城市雨水径流管理与径流污染控制技术研究与示范等12个课题实施方案审查、任务合同书签订和年度经费拨付工作。开展2014年度立项课题指南发布、择优评审和实施计划与预算编报工作。组织召开太湖、巢湖、滇池、三峡库区和南水北调受水区等重点流域地区示范类课题实施管理经验交流会。组织"高排放标准城市污水处理工艺设计与运行管理技术培训"，推广扩散水专项成果。

【组织实施"高分辨率对地观测系统"国家科技重大专项"高分城市精细化管理遥感应用示范系统"项目】 "城市精细化管理高分专项应用示范系统先期攻关"项目通过验收，该项目研发了国家级城乡规划监测管理系统、风景名胜区监测管理系统、城镇污水处理监测管理信息系统及地方级用地现状管理、应急资源管理、城市消防安全管理等业务原型系统，相关平台、应用系统和工具软件及数据库等在住房城乡建设部和杭州市等相关部门开展业务化试运行。组织开展高分一号卫星地面应用系统测试联调工作，利用高分一号卫星2米全色/8米多光谱数据陆续对全国49个城市开展了城市规划动态监测工作，涉及数据116景，覆盖面积约104400平方公里。启动实施"高分城市精细化管理遥感应用示范系统（一期）"项目，开展项目关键技术研究和软件功能研究，完成主要系统设计及产品生产方法研究，进入系统开发阶段。

【组织实施"十二五"国家科技支撑计划项目】 组织开展"十二五"国家科技支撑计划绿色建筑领

域项目督查。开展"智慧城市管理公共信息平台关键技术研究与应用示范"等5个项目中期检查。开展"村镇规划和环境基础设施配置关键技术研究与示范"等3个项目的凝练组装、可行性论证、课题预算编制等。启动"新型保温阻燃建筑材料成套技术研发与应用示范"和"村镇建设标准体系及关键技术标准研究"2个项目。

【组织2013年度国家软科学和重点新产品计划项目申报】 遴选出"民间资本影响我国房地产业发展的路径和机制研究"等3个项目申报2013年度国家软科学计划项目，获批1个。遴选出"喷涂缠绕直埋式保温管"等3个项目申报2013年度国家重点新产品计划项目，获批1个。

【组织开展2013年度产业技术创新战略联盟试点申报工作】 遴选出"污泥处理处置产业技术创新战略联盟"等4个联盟申报2013年度产业技术创新战略试点联盟，获批3个。

【开展《国家中长期科学和技术发展规划纲要（2006—2020年）》中期实施情况部门调查和领域评估】 配合科技部开展《国家中长期科学和技术发展规划纲要（2006—2020年）》中期实施情况调查。在调查基础上，开展城镇化与城市发展领域中期实施情况评估，为《国家中长期科学和技术发展规划纲要（2006—2020年）》总体评估提供参考。

【开展住房和城乡建设部年度科学技术项目计划工作】 2013年经审核列入计划的项目共594项，其中软科学研究项目123项，科研开发项目303项，国际科技合作项目4项，科技示范工程项目164项。

开展国家智慧城市试点工作

【智慧城市试点申报和评审】 组织开展国家智慧城市试点工作，在省级住房城乡建设主管部门初评基础上，经过严格遴选，综合评审批准193个试点城市（区、县、镇）。经省、部两级审核及试点城市调整完善，已完成190个试点城市（区、县、镇）创建任务书签订工作。

【加强智慧城市试点过程管理】 发布《国家智慧城市试点过程管理细则（试行）》，进一步明确过程管理阶段试点城市、省级住房城乡建设主管部门和住房城乡建设部建筑节能与科技司三方的工作职责，细化报告制度、监督检查和变更管理等方面的要求。举办智慧城市试点重点项目推进培训会，总结智慧城市创建经验并进行推广宣传。

【强化智慧城市技术支撑】 进一步组织实施"智慧城市管理公共信息平台关键技术研究与应用示范"科技支撑计划项目，开展公共住房公平分配管理、智慧社区、智慧街道、城市停车诱导和泊位管理、城市居民时空行为分析等智慧应用，该项目成果已应用于国家智慧城市试点工作中，为《国家智慧城市试点指标体系（试行）》、《智慧城市公共信息平台建设指南（试行）》的编制提供了重要支撑。此外，组织编制发布《智慧社区建设指南（试行）》。

【创新投融资模式】 为保障智慧城市创建工作顺利实施，积极探索投融资模式创新，引导多元资本投入，1月14日，中国城市科学研究会与国家开发银行在北京签订《"十二五"智慧城市建设战略合作协议》，约定国家开发银行在"十二五"后三年内，提供不低于800亿元的投融资额度，支持智慧城市试点建设。积极寻求与其他国内外金融机构的合作，与招行银行、兴业银行、上海农商行等达成初步协议，与国开金融、赛伯乐等金融机构和投资公司开展合作，探索智慧城市发展专项基金的建立。

国际科技合作深化和扩大

【中德合作被动式超低能耗绿色建筑示范工程竣工并通过测试】 中德合作被动式超低能耗绿色建筑示范工程——秦皇岛"在水一方"C15号楼于2013年1月竣工。1月15~18日对示范工程进行气密性测试，测试结果符合德国被动式房屋标准要求。该工程通过采用高性能的外墙保温门窗和热回收新风系统等技术措施，使得室内在未采取任何辅助加热措施的情况下，冬季室内温度保持在18℃以上的保证率达到69%。10月25日，由德国能源署与中国住房城乡建设部科技发展促进中心联合为"在水一方"颁发了能效证书。项目的成功为中国实行更高建筑节能标准提高建筑能效水平提供了良好范例。2013年启动了国际科技合作专项"适用我国不同气候区的被动式低能耗技术研究与示范"项目和国家发展改革委组织低碳技术创新及产业化示范工程项目——"被动式房屋低能耗建筑技术创新及产业化示范工程"。

【首批中美低碳生态试点城市工作启动】 5月24日，住房城乡建设部与美国能源部共同确认河北省廊坊市、山东省潍坊市、日照市，安徽省合肥市，河南省鹤壁市、济源市6个城市作为首批中美低碳生态试点城市。中美低碳生态城市合作写入2013年第五轮中美战略与经济对话成果。

【深化中加现代木结构建筑技术合作，启动中加低碳生态试点城市合作】 与加拿大自然资源部和加拿大不列颠哥伦比亚省林业厅合作积极推广木结构建筑技术。发挥中国现代木结构建筑技术产业联盟作用，调动相关企业积极性和主动性，开展木结构建筑发展现状与前景调研，开展木结构建筑设计、施工培训，组织编写木结构建筑发展规划，参与相关标准的制定与修订，积极促进木结构建筑技术与标准发展。探索建立绿色木结构建筑认证体系，开展认证试点。与加拿大自然资源部启动生态城市建设合作。

【中欧低碳生态城市合作项目启动】 11月21日，在中欧城镇化化伙伴关系论坛上，中国住房城乡建设部副部长仇保兴与欧盟驻华代表团大使艾德和联合宣布"中欧低碳生态城市合作项目"（英文简称 EC—LINK）启动。欧盟提供总额990万欧元的援助经费。项目目标是通过中欧在可持续城镇化相关政策技术领域的研究、示范与经验共享，提高中国建设低碳生态城市、实现城镇可持续发展的能力。项目主要有三大内容：低碳生态城市发展支持机制；低碳生态城市试点示范；城市可持续发展服务平台。

【世界银行/全球环境基金中国城市建筑节能与可再生能源应用项目启动】 9月16日，启动"中国城市建筑节能与可再生能源应用项目"。该项目申请全球环境基金赠款1200万美元，由世界银行作为国际执行机构，与住房城乡建设部联合实施。项目旨在解决中国城镇化可持续发展过程中面临的挑战，对中国可持续能源战略中的三大重要领域提供支持：1）促进低碳宜居城市形态的发展；2）提升公共建筑能效；3）规模化商业化屋顶太阳能光伏发电项目。项目已确定在北京、宁波两个示范城市开展相关研究和试点工作。

【推动住房城乡建设领域应对气候变化】 组织开展中国清洁发展机制基金赠款项目——应对气候变化的建筑低碳标准和制度研究与推广项目，研究设计适合中国国情的建筑低碳标准和制度体系。与德国联邦环境、自然保护与核安全部共同组织实施"中国北方既有居住建筑采暖能耗基准线研究项目"，为建立建筑领域碳交易机制提供基础。12月，中国住房城乡建设部与德国联邦环境、自然保护、建筑与核安全部共同启动"中国建筑节能领域关键参与人能力建设项目"，面向住房城乡建设领域管理者和技术人员开展建筑节能、应对气候变化方面的培训与能力建设活动。

（住房和城乡建设部建筑节能与科技司）

住房城乡建设人事教育

概况

【住房和城乡建设部全国市长研修学院、干部学院机构调整】 2013年3月4日，住房和城乡建设部印发《关于全国市长研修学院（住房和城乡建设部干部学院）机构编制调整的通知》，根据《中央编办关于住房城乡建设部所属事业单位清理规范意见的函》（中央编办函〔2012〕202号）批复，全国市长研修学院与住房和城乡建设部干部学院整合为全国市长研修学院（住房和城乡建设部干部学院）。（范婷）

【住房和城乡建设部政策研究中心、中国城乡建设经济研究所机构调整】 3月4日，住房和城乡建设部印发《关于住房和城乡建设部政策研究中心（中国城乡建设经济研究所）机构编制调整的通知》，根据《中央编办关于住房城乡建设部所属事业单位清理规范意见的函》（中央编办函〔2012〕202号），住房和城乡建设部政策研究中心与中国城乡建设经济研究所整合为住房和城乡建设部政策研究中心（中国城乡建设经济研究所）。（范婷）

【住房和城乡建设部办公厅、法规司行政编制调整】 6月4日，住房和城乡建设部印发《关于调整办公厅行政编制的通知》、《关于调整法规司行政编制的通知》，对住房和城乡建设部办公厅和法规司行政编制进行调整。办公厅核增1名行政编制，调整后为31名；法规司核增1名行政编制，调整后为19名。（范婷）

【住房和城乡建设部建筑杂志社事业编制核销】 6月20日，住房和城乡建设部印发《关于核销建筑杂志社事业编制的通知》，根据《中央编办关于核销建筑杂志社事业编制的批复》（中央编办复字

〔2013〕44号），核销建筑杂志社事业编制40名。（范婷）

【住房和城乡建设部法规司内设机构调整】 10月17日，住房和城乡建设部印发《关于法规司内设机构调整的通知》，对住房和城乡建设部法规司内设机构进行调整，增设行政复议处。调整后，法规司设5个处室：综合处、法规处、行政复议处、法制协调处、执法监督处。（范婷）

【住房和城乡建设部城乡规划管理中心（遥感应用中心）加挂牌子】 10月30日，住房和城乡建设部印发关于住房和城乡建设部城乡规划管理中心（遥感应用中心）加挂牌子的批复，根据《中央编办关于住房和城乡建设部城乡规划管理中心加挂牌子的批复》（中央编办复字〔2013〕78号），同意住房和城乡建设部城乡规划管理中心（遥感应用中心）加挂住房和城乡建设部世界自然遗产保护研究中心牌子。（范婷）

【住房和城乡建设部城乡规划管理中心（遥感应用中心、世界自然遗产保护研究中心）内设机构调整】 12月19日，住房和城乡建设部印发《关于住房和城乡建设部城乡规划管理中心（遥感应用中心、世界自然遗产保护研究中心）内设机构调整的批复》，对住房和城乡建设部城乡规划管理中心（遥感应用中心、世界自然遗产保护研究中心）内设机构进行调整，增设世界遗产研究处。调整后，城乡规划管理中心（遥感应用中心、世界自然遗产保护研究中心）设10个内设机构：办公室、规划处、信息处、园林绿化技术管理处、风景名胜区监管处、给排水处、遥感业务管理处、遥感技术处、地下管线处、世界遗产研究处。（范婷）

【住房和城乡建设部召开住房城乡建设系统人事处长座谈会】 3月26日，住房和城乡建设部印发《关于召开住房城乡建设系统人教处长座谈会的通知》，于4月10日召开全国住房城乡建设系统人事处长座谈会。会议通报了住房城乡建设部2013年教育培训工作情况和2014年工作思路；交流了建设领域现场专业人员职业培训、考核、管理情况，研究部署实行全国统一证书试点工作；讨论修改《全国住房城乡建设行业技术能手评选暂行办法》；交流各地职业技能培训鉴定工作情况。（范婷）

高等教育

【教育部、住房城乡建设部共建长安大学】 2月，教育部、住房城乡建设部共同印发《关于共建长安大学的意见》。两部一致同意支持长安大学加强对住房城乡建设领域具有重要影响的学科专业建设，支持学校积极开展协同创新，形成一批具有标志性的成果；进一步加强面向住房城乡建设领域的人才培养，建设若干个国家级工程教育实践中心，努力成为行业高层次人才培养和培训的重要基地。针对住房城乡建设领域的基础性、战略性、关键性技术问题，以建设给水排水重点实验室、市政工程技术研究中心、西北地区节能建筑与新能源利用工程技术研究中心、建筑安全监测与灾害防治工程技术研究中心、黄土高原地区城乡与区域规划建设工程技术研究中心为重点，不断提升长安大学在城乡建设与人居环境领域的科技创新和社会服务能力，为行业发展提供支撑。共建期间，教育部将在保证事业经费拨款正常增长的基础上，给予长安大学"211工程"和"优势学科创新平台"专项经费和政策支持，鼓励长安大学发挥学科优势，进一步加大为住房城乡建设领域提供优质人才和高水平科研成果的力度。住房城乡建设部将在相关政策、科技项目、基地建设等方面对长安大学给予支持，鼓励学校针对住房城乡建设事业发展需求，以低碳生态城市规划建设、城镇防灾减灾与应急体系、新农村建设、建筑节能与绿色建筑、城镇水污染治理、饮用水安全保障和城市现代化管理为重点，推进科技创新和产学研结合，培养高层次人才，争取国家和行业各类专项资金和创新资金的支持。（王柏峰）

【住房城乡建设部组建新一届高等学校土建学科教学指导委员会】 受教育部委托，住房城乡建设部根据教育部高等学校教学指导委员会换届工作安排以及2012年版《高等学校本科专业目录》对土木建筑类专业的调整，经有关单位推荐，调整了土建学科教学指导委员会部分组成人员，2013年5月印发《住房城乡建设部关于印发新一届高等学校土建学科教学指导委员会章程及组成人员名单的通知》（建人函〔2013〕99号），组建新一届高等学校土建学科教学指导委员会，任期到2017年。新一届委员会主任委员为住房城乡建设部人事司司长王宁；副主任委员为住房城乡建设部人事司副巡视员赵琦；委员共9人，分别是：同济大学李国强，清华大学朱颖心，哈尔滨工业大学崔福义，安徽建筑大学方潜生，东南大学王建国，同济大学唐子来，清华大学杨锐，重庆大学任宏，清华大学刘洪玉；秘书长由赵琦兼任。新一届高等学校土建学科教学指导委员会下设土木工程、建筑环境与能源应用工程、给排水科学与工程、建筑电气与智能化、建筑学、城乡规划、风景园林、工程管理和工程造价、

房地产开发与管理和物业管理等9个学科专业指导委员会。(王柏峰)

【新一届高等学校土木工程学科专业指导委员会组成人员名单】 新一届高等学校土木工程学科专业指导委员会任期到2017年，主持学校为同济大学，主任委员为同济大学李国强；副主任委员共4人，分别为：清华大学叶列平，东南大学李爱群，哈尔滨工业大学邹超英，长沙理工大学郑健龙；委员共36人，分别为：新疆大学于江，苏州科技学院于安林、华南理工大学王湛，青岛理工大学王燕，浙江大学王立忠，哈尔滨工业大学王宗林，兰州交通大学王起才，湖南大学方志，西安建筑科技大学白国良，郑州大学关罡，长安大学刘伯权，南京工业大学孙伟民，同济大学孙利民，华中科技大学朱宏平，兰州理工大学朱彦鹏，北京建筑大学吴徽，大连理工大学李宏男，福州大学祁皓，中国土木工程学会张雁，重庆大学张永兴，浙江工业大学杨杨，中南大学余志武，山东建筑大学周学军，重庆交通大学周志祥，石家庄铁道大学岳祖润，广西大学赵艳林，天津大学姜忻良，长安大学徐岳，武汉大学徐礼华，西南交通大学高波，河海大学曹平周，中国矿业大学靖洪文，云南大学缪昇，四川大学熊峰，北京工业大学薛素铎，北京交通大学魏庆朝。(王柏峰)

【新一届高等学校建筑环境与能源应用工程学科专业指导委员会组成人员名单】 新一届高等学校建筑环境与能源应用工程学科专业指导委员会任期到2017年，主持学校为清华大学，主任委员为清华大学朱颖心；副主任委员共4人，分别为：重庆大学李百战，同济大学张旭，中国建筑学会暖通空调分会徐伟，哈尔滨工业大学姚杨；委员共21人，分别为：山东建筑大学刁乃仁，华中科技大学王劲柏，沈阳建筑大学冯国会，天津大学朱能，中国制冷学会杨一凡，湖南大学杨昌智，清华大学李先庭，西安建筑科技大学李安桂，北京建筑大学李德英，东华大学沈恒根，广州大学周孝清，河北建筑工程学院陈忠海，东南大学陈振乾，长安大学官燕玲，中原工学院范晓伟，解放军理工大学茅靳丰，青岛理工大学胡松涛，内蒙古工业大学徐向荣，上海理工大学黄晨，哈尔滨工业大学焦文玲，大连理工大学端木琳。(王柏峰)

【新一届高等学校给排水科学与工程学科专业指导委员会组成人员名单】 新一届高等学校给排水科学与工程学科专业指导委员会任期到2017年，主持学校为哈尔滨工业大学，主任委员为哈尔滨工业大学崔福义；副主任委员共5人，分别为：同济大学邓慧萍，重庆大学张智，浙江大学张土乔，清华大学张晓健，中国建筑学会建筑给水排水研究分会赵锂；委员共19人，分别为：武汉大学方正，北京工业大学吕鉴，沈阳建筑大学李亚峰，山东建筑大学张克峰，桂林理工大学张学洪，兰州交通大学张国珍，福州大学张祥中，广州大学张朝升，北京建筑大学张雅君，河海大学陈卫，太原理工大学岳秀萍，湖南大学施周，昆明理工大学施永生，哈尔滨工业大学袁一星，天津大学顾平，华中科技大学陶涛，苏州科技学院黄勇，西安建筑科技大学黄廷林，安徽建筑大学黄显怀。(王柏峰)

【新一届高等学校建筑电气与智能化学科专业指导委员会组成人员名单】 新一届高等学校建筑电气与智能化学科专业指导委员会任期到2017年，主持学校为安徽建筑大学，主任委员为安徽建筑大学方潜生；副主任委员共3人，分别为：西安建筑科技大学于军琪，南京工业大学张九根，北京林业大学韩宁；委员共14人，分别为：长安大学王娜，吉林建筑大学王晓丽，苏州科技学院付保川，同济大学肖辉，沈阳建筑大学李界家，北京建筑大学陈志新，青岛理工大学周玉国，北京联合大学范同顺，华东交通大学郑晓芳，盐城工学院胡国文，浙江科技学院项新建，山东建筑大学段培永，天津城建大学黄民德，重庆大学雍静。(王柏峰)

【新一届高等学校建筑学学科专业指导委员会组成人员名单】 新一届高等学校建筑学学科专业指导委员会任期到2017年，主持学校为东南大学，主任委员为东南大学王建国；副主任委员共5人，分别为：华南理工大学孙一民，清华大学朱文一，同济大学吴长福，天津大学张颀，中国建筑学会周畅；委员共22人，分别为：南京大学丁沃沃，昆明理工大学王冬，浙江大学王竹，新疆大学王万江，中央美术学院吕品晶，华侨大学刘塨，西安建筑科技大学刘克成，北京建筑大学刘临安，苏州大学吴永发，合肥工业大学李早，华中科技大学李晓峰，西南交通大学沈中伟，吉林建筑大学张成龙，沈阳建筑大学张伶伶，郑州大学张建涛，大连理工大学范悦，重庆大学周铁军，深圳大学饶小军，青岛理工大学郝赤彪，哈尔滨工业大学梅洪元，东南大学韩冬青，湖南大学魏春雨。(王柏峰)

【新一届高等学校城乡规划学科专业指导委员会组成人员名单】 新一届高等学校城乡规划学科专业指导委员会任期到2017年，主持学校为同济大学，主任委员为同济大学唐子来；副主任委员共4人，分别为：清华大学毛其智，中国城市规划学会石楠，沈阳建筑大学石铁矛，重庆大学赵万民；委员共21人，分别为：华南理工大学王世福，北京林业大学王向荣，中国人民大学叶裕民，同济大学孙施文，东南大学刘博敏，浙江大学华晨，北京大学吕斌，西南交通大学毕凌岚，福建工程学院林从华，苏州科技学院杨新海，天津大学运迎霞，山东建筑大学张军民，北京建筑大学张忠国，武汉大学周婕，深圳大学陈燕萍，哈尔滨工业大学赵天宇，中山大学袁奇峰，南京大学徐建刚，华中科技大学黄亚平，西安建筑科技大学黄明华，安徽建筑大学储金龙。（王柏峰）

【**新一届高等学校风景园林学科专业指导委员会组成人员名单**】 新一届高等学校风景园林学科专业指导委员会任期到2017年，主持学校为清华大学，主任委员为清华大学杨锐；副主任委员共4人，分别为：同济大学刘滨谊，北京林业大学李雄，中国风景园林学会金荷仙，北京大学俞孔坚；委员共17人，分别为：华中科技大学万敏，中央美术学院王铁，南京林业大学王浩，湖南大学叶强，浙江农林大学包志毅，沈阳建筑大学朱玲，西安建筑科技大学刘晖，东南大学成玉宁，东北林业大学许大为，华南农业大学李敏，清华大学美术学院苏丹，中国美术学院吴晓淇，重庆大学杜春兰，哈尔滨工业大学邵龙，北京建筑大学张大玉，华中农业大学高翅，天津大学曹磊。（王柏峰）

【**新一届高等学校工程管理和工程造价学科专业指导委员会组成人员名单**】 新一届高等学校工程管理和工程造价学科专业指导委员会任期到2017年，主持学校为重庆大学，主任委员为重庆大学任宏；副主任委员共3人，分别为：天津大学王雪青，北京交通大学刘伊生，西安建筑科技大学刘晓君；委员共22人，分别为：河海大学王卓甫，兰州交通大学王恩茂，中南大学王孟钧，中国矿业大学王建平，深圳大学王家远，武汉理工大学方俊，天津理工大学尹贻林，沈阳建筑大学齐宝库，重庆大学杨宇，中国建筑业协会吴涛，中国建设工程造价管理协会吴佐民，华侨大学张云波，广州大学庞永师，长安大学周天华，山东建筑大学陈起俊，同济大学陈建国，江西理工大学邹坦，昆明理工大学郭荣鑫，华中科技大学骆汉宾，中国建设监理协会温健，四川大学谭大璐，解放军理工大学谭跃虎。（王柏峰）

【**新一届高等学校房地产开发与管理和物业管理学科专业指导委员会组成人员名单**】 新一届高等学校房地产开发与管理和物业管理学科专业指导委员会任期到2017年，主持学校为清华大学，主任委员为清华大学刘洪玉；副主任委员共3人，分别为：东南大学李启明，哈尔滨工业大学武永祥，中国房地产估价师与房地产经纪人学会柴强；委员共14人，分别为：东北财经大学王立国，华南理工大学王幼松，天津城建大学王建廷，西安建筑科技大学兰峰，北京大学冯长春，中国人民大学吕萍，沈阳建筑大学刘亚臣，浙江大学阮连法，华东师范大学张永岳，广州大学陈德豪，上海财经大学姚玲珍，中国物业管理协会柴勇，北京林业大学韩朝，中山大学廖俊平。（王柏峰）

【**土建类专业本科指导性专业规范制定颁布**】 截至2013年底，高校土建学科各专业指导委员会已完成7个专业本科指导性专业规范的制定颁布工作，分别是：《高等学校土木工程本科指导性专业规范》、《高等学校给排水科学与工程本科指导性专业规范》、《高等学校建筑环境与能源应用工程本科指导性专业规范》、《高等学校建筑电气与智能化本科指导性专业规范》、《高等学校建筑学本科指导性专业规范》、《高等学校城乡规划本科指导性专业规范》、《高等学校风景园林本科指导性专业规范》。专业规范制定是落实教育部、财政部《关于实施高等学校本科教学质量与教学改革工程的意见》的重要措施，是高校土建类专业设置、专业建设和专业指导的重要文件。（王柏峰）

【**2012～2013年度高等学校建筑学专业教育评估工作**】 根据《住房城乡建设部关于印发〈全国高等学校建筑学专业教育评估文件（2013年版）〉的通知》（建人〔2013〕132号），高校建筑学专业评估工作正式使用第五版评估文件。2013年，全国高等学校建筑学专业教育评估委员会对重庆大学、哈尔滨工业大学、西安建筑科技大学、华南理工大学、昆明理工大学、内蒙古工业大学、河北工业大学、中央美术学院、南昌大学9所学校的建筑学专业教育进行评估。评估委员会全体委员对各学校的自评报告进行了审阅，于5月派遣视察小组进校实地视察。之后，经评估委员会全体会议讨论，做出了评估结论并报送国务院学位办。8月，国务院学位委员会印发《关于批准重庆大学等高等学校开展建筑学学士、硕士专业学位和城市规划硕士专业学位授予工作的通知》（学位〔2013〕26号），授权这些高校行使或继续行使建筑学学位授予权。2013年高校建筑学专业评估结论如表1。

2013年高校建筑学专业评估结论

表1

序号	学校	专业	授予学位	合格有效期 本科	合格有效期 硕士研究生	备注
1	重庆大学	建筑学	学士、硕士	7年(2013.5~2020.5)	7年(2013.5~2020.5)	复评
2	哈尔滨工业大学	建筑学	学士、硕士	7年(2013.5~2020.5)	7年(2013.5~2020.5)	复评
3	西安建筑科技大学	建筑学	学士、硕士	7年(2013.5~2020.5)	7年(2013.5~2020.5)	复评
4	华南理工大学	建筑学	学士、硕士	7年(2013.5~2020.5)	7年(2013.5~2020.5)	复评
5	昆明理工大学	建筑学	学士、硕士	4年(2013.5~2017.5)	4年(2013.5~2017.5)	复评
6	内蒙古工业大学	建筑学	学士、硕士	4年(2013.5~2017.5)	4年(2013.5~2017.5)	学士复评硕士初评
7	河北工业大学	建筑学	学士	4年(2013.5~2017.5)	—	复评
8	中央美术学院	建筑学	学士	4年(2013.5~2017.5)	—	复评
9	南昌大学	建筑学	学士	4年(2013.5~2017.5)	—	初评

截至2013年5月，全国共有49所高校建筑学专业通过专业教育评估，受权行使建筑学专业学位(包括建筑学学士和建筑学硕士)授予权，其中具有建筑学学士学位授予权的有48个专业点，具有建筑学硕士学位授予权的有29个专业点。详见表2。

高校建筑学专业教育评估通过学校和有效期情况统计表

（截至2013年5月，按首次通过评估时间排序）

表2

序号	学校	本科合格有效期	硕士合格有效期	首次通过评估时间
1	清华大学	2011.5~2018.5	2011.5~2018.5	1992.5
2	同济大学	2011.5~2018.5	2011.5~2018.5	1992.5
3	东南大学	2011.5~2018.5	2011.5~2018.5	1992.5
4	天津大学	2011.5~2018.5	2011.5~2018.5	1992.5
5	重庆大学	2013.5~2020.5	2013.5~2020.5	1994.5
6	哈尔滨工业大学	2013.5~2020.5	2013.5~2020.5	1994.5
7	西安建筑科技大学	2013.5~2020.5	2013.5~2020.5	1994.5
8	华南理工大学	2013.5~2020.5	2013.5~2020.5	1994.5
9	浙江大学	2011.5~2018.5	2011.5~2018.5	1996.5
10	湖南大学	2008.5~2015.5	2008.5~2015.5	1996.5
11	合肥工业大学	2008.5~2015.5	2008.5~2015.5	1996.5
12	北京建筑大学	2012.5~2019.5	2012.5~2019.5	1996.5
13	深圳大学	2012.5~2016.5	2012.5~2016.5	本科1996.5/硕士2012.5
14	华侨大学	2012.5~2016.5	2012.5~2016.5	1996.5
15	北京工业大学	2010.5~2014.5	2010.5~2014.5	本科1998.5/硕士2010.5
16	西南交通大学	2010.5~2014.5	2010.5~2014.5	本科1998.5/硕士2004.5
17	华中科技大学	2007.5~2014.5	2007.5~2014.5	1999.5
18	沈阳建筑大学	2011.5~2018.5	2011.5~2018.5	1999.5
19	郑州大学	2011.5~2015.5	2011.5~2015.5	本科1999.5/硕士2011.5
20	大连理工大学	2008.5~2015.5	2008.5~2015.5	2000.5
21	山东建筑大学	2012.5~2019.5	2012.5~2016.5	本科2000.5/硕士2012.5
22	昆明理工大学	2013.5~2017.5	2013.5~2017.5	本科2001.5/硕士2009.5
23	南京工业大学	2010.5~2014.5	—	2002.5
24	吉林建筑大学	2010.5~2014.5	—	2002.5

续表

序号	学校	本科合格有效期	硕士合格有效期	首次通过评估时间
25	武汉理工大学	2011.5～2015.5	2011.5～2015.5	本科2003.5/硕士2011.5
26	厦门大学	2011.5～2015.5	2011.5～2015.5	本科2003.5/硕士2007.5
27	广州大学	2012.5～2016.5	—	2004.5
28	河北工程大学	2012.5～2016.5	—	2004.5
29	上海交通大学	2010.5～2014.5	—	2006.6
30	青岛理工大学	2010.5～2014.5	—	2006.6
31	安徽建筑大学	2011.5～2015.5	—	2007.5
32	西安交通大学	2011.5～2015.5	2011.5～2015.5	本科2007.5/硕士2011.5
33	南京大学	—	2011.5～2018.5	2007.5
34	中南大学	2012.5～2016.5	2012.5～2016.5	本科2008.5/硕士2012.5
35	武汉大学	2012.5～2016.5	2012.5～2016.5	2008.5
36	北方工业大学	2012.5～2016.5	—	2008.5
37	中国矿业大学	2012.5～2016.5	—	2008.5
38	苏州科技学院	2012.5～2016.5	—	2008.5
39	内蒙古工业大学	2013.5～2017.5	2013.5～2017.5	本科2009.5/硕士2013.5
40	河北工业大学	2013.5～2017.5	—	2009.5
41	中央美术学院	2013.5～2017.5	—	2009.5
42	福州大学	2010.5～2014.5	—	2010.5
43	北京交通大学	2010.5～2014.5	—	2010.5
44	太原理工大学	2010.5～2014.5	—	2010.5
45	浙江工业大学	2010.5～2014.5	—	2010.5
46	烟台大学	2011.5～2015.5	—	2011.5
47	天津城建大学	2011.5～2015.5	—	2011.5
48	西北工业大学	2012.5～2016.5	—	2012.5
49	南昌大学	2013.5～2017.5	—	2013.5

(王柏峰)

【2012～2013年度高等学校城乡规划专业教育评估工作】 2013年，住房城乡建设部高等教育城乡规划专业评估委员会对中山大学、南京工业大学、中南大学、深圳大学、西北大学、北京建筑大学、福州大学、湖南城市学院8所学校的城乡规划专业进行了评估。评估委员会全体委员对各校的自评报告进行了审阅，于5月派遣视察小组进校实地视察。经评估委员会全体会议讨论，做出了评估结论，见表3。

2012～2013年度高等学校城乡规划专业教育评估　　　表3

序号	学校	专业	授予学位	合格有效期 本科	合格有效期 硕士研究生	备注
1	中山大学	城乡规划	学士	4年(2013.5～2017.5)	—	复评
2	南京工业大学	城乡规划	学士、硕士	4年(2013.5～2017.5)	4年(2013.5～2017.5)	学士复评 硕士初评
3	中南大学	城乡规划	学士、硕士	4年(2013.5～2017.5)	4年(2013.5～2017.5)	学士复评 硕士初评
4	深圳大学	城乡规划	学士、硕士	4年(2013.5～2017.5)	4年(2013.5～2017.5)	学士复评 硕士初评

续表

序号	学校	专业	授予学位	合格有效期 本科	合格有效期 硕士研究生	备注
5	西北大学	城乡规划	学士、硕士	4年（2013.5~2017.5）	4年（2013.5~2017.5）	复评
6	北京建筑大学	城乡规划	硕士	在有效期内	4年（2013.5~2017.5）	初评
7	福州大学	城乡规划	学士	4年（2013.5~2017.5）	—	初评
8	湖南城市学院	城乡规划	学士	4年（2013.5~2017.5）	—	初评

根据学校申请，2013年8月国务院学位委员会印发《关于批准重庆大学等高等学校开展建筑学学士、硕士专业学位和城市规划硕士专业学位授予工作的通知》（学位〔2013〕26号），批准西北大学、南京工业大学、中南大学、深圳大学、北京建筑大学等5所学校开展城市规划硕士专业学位授予工作，有效期均为2013年5月至2017年5月。

截至2013年5月，全国共有32所高校的城乡规划专业通过专业评估，其中本科专业点31个，硕士研究生专业点21个。详见表4。

高校城乡规划专业评估通过学校和有效期情况统计表

（截至2013年5月，按首次通过评估时间排序） 表4

序号	学校	本科合格有效期	硕士合格有效期	首次通过评估时间
1	清华大学	—	2010.5~2016.5	1998.6
2	东南大学	2010.5~2016.5	2010.5~2016.5	1998.6
3	同济大学	2010.5~2016.5	2010.5~2016.5	1998.6
4	重庆大学	2010.5~2016.5	2010.5~2016.5	1998.6
5	哈尔滨工业大学	2010.5~2016.5	2010.5~2016.5	1998.6
6	天津大学	2010.5~2016.5	2010.5~2016.5（2006年6月至2010年5月硕士研究生教育不在有效期内）	2000.6
7	西安建筑科技大学	2012.5~2018.5	2012.5~2018.5	2000.6
8	华中科技大学	2012.5~2018.5	2012.5~2018.5	本科2000.6/硕士2006.6
9	南京大学	2008.5~2014.5（2006年6月至2008年5月本科教育不在有效期内）	2008.5~2014.5	2002.7
10	华南理工大学	2008.5~2014.5	2008.5~2014.5	2002.6
11	山东建筑大学	2008.5~2014.5	2012.5~2016.5	本科2004.6/硕士2012.5
12	西南交通大学	2010.5~2016.5	—	2006.6
13	浙江大学	2010.5~2016.5	2012.5~2018.5	本科2006.6/硕士2012.5
14	武汉大学	2012.5~2018.5	2012.5~2018.5	2008.5
15	湖南大学	2012.5~2018.5	2012.5~2018.5	本科2008.5/硕士2012.5
16	苏州科技学院	2012.5~2018.5	—	2008.5
17	沈阳建筑大学	2012.5~2018.5	2012.5~2018.5	本科2008.5/硕士2012.5
18	安徽建筑大学	2012.5~2016.5	—	2008.5
19	昆明理工大学	2012.5~2016.5	2012.5~2016.5	本科2008.5/硕士2012.5
20	中山大学	2013.5~2017.5	—	2009.5
21	南京工业大学	2013.5~2017.5	2013.5~2017.5	本科2009.5/硕士2013.5
22	中南大学	2013.5~2017.5	2013.5~2017.5	本科2009.5/硕士2013.5
23	深圳大学	2013.5~2017.5	2013.5~2017.5	本科2009.5/硕士2013.5

续表

序号	学校	本科合格有效期	硕士合格有效期	首次通过评估时间
24	西北大学	2013.5～2017.5	2013.5～2017.5	2009.5
25	大连理工大学	2010.5～2014.5	—	2010.5
26	浙江工业大学	2010.5～2014.5	—	2010.5
27	北京建筑大学	2011.5～2015.5	2013.5～2017.5	本科2011.5/硕士2013.5
28	广州大学	2011.5～2015.5	—	2011.5
29	北京大学	2011.5～2015.5	—	2011.5
30	福建工程学院	2012.5～2016.5	—	2012.5
31	福州大学	2013.5～2017.5	—	2013.5
32	湖南城市学院	2013.5～2017.5	—	2013.5

(王柏峰)

【2012～2013年度高等学校土木工程专业教育评估工作】 2013年，住房城乡建设部高等教育土木工程专业评估委员会对清华大学、天津大学、东南大学、同济大学、浙江大学、重庆大学、哈尔滨工业大学、湖南大学、西安建筑科技大学、华中科技大学、山东建筑大学、福州大学、浙江工业大学、解放军理工大学、西安理工大学、湖北工业大学、宁波大学、长春工程学院、南京林业大学19所学校的土木工程专业进行评估。评估委员会全体委员对各校的自评报告进行了审阅，于5月派遣视察小组进校实地视察。经评估委员会全体会议讨论，做出了评估结论，如表5。

2012～2013年度高等学校土木工程专业教育评估结论　　　表5

序号	学校	专业	授予学位	合格有效期	备注
1	清华大学	土木工程	学士	八年(2013.5～2021.5)	复评
2	天津大学	土木工程	学士	八年(2013.5～2021.5)	复评
3	东南大学	土木工程	学士	八年(2013.5～2021.5)	复评
4	同济大学	土木工程	学士	八年(2013.5～2021.5)	复评
5	浙江大学	土木工程	学士	八年(2013.5～2021.5)	复评
6	重庆大学	土木工程	学士	八年(2013.5～2021.5)	复评
7	哈尔滨工业大学	土木工程	学士	八年(2013.5～2021.5)	复评
8	湖南大学	土木工程	学士	八年(2013.5～2021.5)	复评
9	西安建筑科技大学	土木工程	学士	八年(2013.5～2021.5)	复评
10	华中科技大学	土木工程	学士	八年(2013.5～2021.5)	复评
11	山东建筑大学	土木工程	学士	五年(2013.5～2018.5)	复评
12	福州大学	土木工程	学士	五年(2013.5～2018.5)	复评
13	浙江工业大学	土木工程	学士	五年(2013.5～2018.5)	复评
14	解放军理工大学	土木工程	学士	五年(2013.5～2018.5)	复评
15	西安理工大学	土木工程	学士	五年(2013.5～2018.5)	复评
16	湖北工业大学	土木工程	学士	五年(2013.5～2018.5)	初评
17	宁波大学	土木工程	学士	五年(2013.5～2018.5)	初评
18	长春工程学院	土木工程	学士	五年(2013.5～2018.5)	初评
19	南京林业大学	土木工程	学士	五年(2013.5～2018.5)	初评

截至2013年5月，全国共有70所高校的土木工程专业通过评估。详见表6。

高校土木工程专业评估通过学校和有效期情况统计表

（截至2013年5月，按首次通过评估时间排序）　　　　表6

序号	学校	本科合格有效期	首次通过评估时间	序号	学校	本科合格有效期	首次通过评估时间
1	清华大学	2013.5～2021.5	1995.6	30	山东建筑大学	2013.5～2018.5	2003.6
2	天津大学	2013.5～2021.5	1995.6	31	河北工业大学	2009.5～2014.5（2008年5月至2009年5月不在有效期内）	2003.6
3	东南大学	2013.5～2021.5	1995.6	32	福州大学	2013.5～2018.5	2003.6
4	同济大学	2013.5～2021.5	1995.6	33	广州大学	2010.5～2015.5	2005.6
5	浙江大学	2013.5～2021.5	1995.6	34	中国矿业大学	2010.5～2015.5	2005.6
6	华南理工大学	2010.5～2018.5	1995.6	35	苏州科技学院	2010.5～2015.5	2005.6
7	重庆大学	2013.5～2021.5	1995.6	36	北京建筑大学	2011.5～2016.5	2006.6
8	哈尔滨工业大学	2013.5～2021.5	1995.6	37	吉林建筑大学	2011.5～2016.5	2006.6
9	湖南大学	2013.5～2021.5	1995.6	38	内蒙古科技大学	2011.5～2016.5	2006.6
10	西安建筑科技大学	2013.5～2021.5	1995.6	39	长安大学	2011.5～2016.5	2006.6
11	沈阳建筑大学	2012.5～2020.5	1997.6	40	广西大学	2011.5～2016.5	2006.6
12	郑州大学	2012.5～2017.5	1997.6	41	昆明理工大学	2012.5～2017.5	2007.5
13	合肥工业大学	2012.5～2020.5	1997.6	42	西安交通大学	2012.5～2017.5（有条件）	2007.5
14	武汉理工大学	2012.5～2017.5	1997.6	43	华北水利水电大学	2012.5～2017.5	2007.5
15	华中科技大学	2013.5～2021.5	1997.6	44	四川大学	2012.5～2017.5	2007.5
16	西南交通大学	2007.5～2015.5	1997.6	45	安徽建筑大学	2012.5～2017.5	2007.5
17	中南大学	2009.5～2014.5（2002年6月至2004年6月不在有效期内）	1997.6	46	浙江工业大学	2013.5～2018.5	2008.5
18	华侨大学	2012.5～2017.5	1997.6	47	解放军理工大学	2013.5～2018.5	2008.5
19	北京交通大学	2009.5～2017.5	1999.6	48	西安理工大学	2013.5～2018.5	2008.5
20	大连理工大学	2009.5～2017.5	1999.6	49	长沙理工大学	2009.5～2014.5	2009.5
21	上海交通大学	2009.5～2017.5	1999.6	50	天津城建大学	2009.5～2014.5	2009.5
22	河海大学	2009.5～2017.5	1999.6	51	河北建筑工程学院	2009.5～2014.5	2009.5
23	武汉大学	2009.5～2017.5	1999.6	52	青岛理工大学	2009.5～2014.5	2009.5
24	兰州理工大学	2009.5～2014.5	1999.6	53	南昌大学	2010.5～2015.5	2010.5
25	三峡大学	2011.5～2016.5（2004年6月至2006年6月不在有效期内）	1999.6	54	重庆交通大学	2010.5～2015.5	2010.5
26	南京工业大学	2011.5～2019.5	2001.6	55	西安科技大学	2010.5～2015.5	2010.5
27	石家庄铁道大学	2012.5～2017.5（2006年6月至2007年5月不在有效期内）	2001.6	56	东北林业大学	2010.5～2015.5	2010.5
28	北京工业大学	2012.5～2017.5	2002.6	57	山东大学	2011.5～2016.5	2011.5
29	兰州交通大学	2012.5～2020.5	2002.6	58	太原理工大学	2011.5～2016.5	2011.5

续表

序号	学校	本科合格有效期	首次通过评估时间	序号	学校	本科合格有效期	首次通过评估时间
59	内蒙古工业大学	2012.5~2017.5	2012.5	65	暨南大学	2012.5~2017.5	2012.5
60	西南科技大学	2012.5~2017.5	2012.5	66	浙江科技学院	2012.5~2017.5	2012.5
61	安徽理工大学	2012.5~2017.5	2012.5	67	湖北工业大学	2013.5~2018.5	2013.5
62	盐城工学院	2012.5~2017.5	2012.5	68	宁波大学	2013.5~2018.5	2013.5
63	桂林理工大学	2012.5~2017.5	2012.5	69	长春工程学院	2013.5~2018.5	2013.5
64	燕山大学	2012.5~2017.5	2012.5	70	南京林业大学	2013.5~2018.5	2013.5

(王柏峰)

【2012～2013年度高等学校建筑环境与能源应用工程专业教育评估工作】 2013年,住房城乡建设部高等教育建筑环境与能源应用工程专业评估委员会对解放军理工大学、东华大学、湖南大学、长安大学、西南交通大学5所学校的建筑环境与能源应用工程专业进行评估。评估委员会全体委员对学校的自评报告进行了审阅,于5月份派遣视察小组进校实地视察。经评估委员会全体会议讨论,做出评估结论,见表7。

2012～2013年度高等学校建筑环境与能源应用工程专业教育评估结论　　　　表7

序号	学校	专业	授予学位	合格有效期	备注
1	解放军理工大学	建筑环境与能源应用工程	学士	五年(2013.5~2018.5)	复评
2	东华大学	建筑环境与能源应用工程	学士	五年(2013.5~2018.5)	复评
3	湖南大学	建筑环境与能源应用工程	学士	五年(2013.5~2018.5)	复评
4	长安大学	建筑环境与能源应用工程	学士	五年(2013.5~2018.5)	复评
5	西南交通大学	建筑环境与能源应用工程	学士	五年(2013.5~2018.5)	初评

截至2013年5月,全国共有30所高校的建筑环境与能源应用工程专业通过评估。详见表8。

高校建筑环境与能源应用工程专业评估通过学校和有效期情况统计表
(截至2013年5月,按首次通过评估时间排序)　　　　表8

序号	学校	本科合格有效期	首次通过评估时间	序号	学校	本科合格有效期	首次通过评估时间
1	清华大学	2012.5~2017.5	2002.5	10	山东建筑大学	2010.5~2015.5	2005.6
2	同济大学	2012.5~2017.5	2002.5	11	北京建筑大学	2010.5~2015.5	2005.6
3	天津大学	2012.5~2017.5	2002.5	12	华中科技大学	2011.5~2016.5(2010年5月至2011年5月不在有效期内)	2005.6
4	哈尔滨工业大学	2012.5~2017.5	2002.5	13	中原工学院	2011.5~2016.5	2006.6
5	重庆大学	2012.5~2017.5	2002.5	14	广州大学	2011.5~2016.5	2006.6
6	解放军理工大学	2013.5~2018.5	2003.5	15	北京工业大学	2011.5~2016.5	2006.6
7	东华大学	2013.5~2018.5	2003.5	16	沈阳建筑大学	2012.5~2017.5	2007.6
8	湖南大学	2013.5~2018.5	2003.5	17	南京工业大学	2012.5~2017.5	2007.6
9	西安建筑科技大学	2009.5~2014.5	2004.5	18	长安大学	2013.5~2018.5	2008.5

续表

序号	学校	本科合格有效期	首次通过评估时间	序号	学校	本科合格有效期	首次通过评估时间
19	吉林建筑大学	2009.5~2014.5	2009.5	25	西安交通大学	2011.5~2016.5	2011.5
20	青岛理工大学	2009.5~2014.5	2009.5	26	兰州交通大学	2011.5~2016.5	2011.5
21	河北建筑工程学院	2009.5~2014.5	2009.5	27	天津城建大学	2011.5~2016.5	2011.5
22	中南大学	2009.5~2014.5	2009.5	28	大连理工大学	2012.5~2017.5	2012.5
23	安徽建筑大学	2009.5~2014.5	2009.5	29	上海理工大学	2012.5~2017.5	2012.5
24	南京理工大学	2010.5~2015.5	2010.5	30	西南交通大学	2013.5~2018.5	2013.5

（王柏峰）

【2012~2013年度高等学校给排水科学与工程专业教育评估工作】 2013年，住房城乡建设部高等教育给排水科学与工程专业评估委员会对长安大学、桂林理工大学、武汉理工大学、扬州大学、山东建筑大学、太原理工大学、合肥工业大学7所学校的给排水科学与工程专业进行评估。评估委员会全体委员对各校的自评报告进行审阅，于5月派遣视察小组进校实地视察。经评估委员会全体会议讨论，做出了评估结论，见表9。

2012~2013年度高等学校给排水科学与工程专业教育评估结论　　表9

序号	学校	专业	授予学位	合格有效期	备注
1	长安大学	给排水科学与工程	学士	五年（2013.5~2018.5）	复评
2	桂林理工大学	给排水科学与工程	学士	五年（2013.5~2018.5）	复评
3	武汉理工大学	给排水科学与工程	学士	五年（2013.5~2018.5）	复评
4	扬州大学	给排水科学与工程	学士	五年（2013.5~2018.5）	复评
5	山东建筑大学	给排水科学与工程	学士	五年（2013.5~2018.5）	复评
6	太原理工大学	给排水科学与工程	学士	五年（2013.5~2018.5）	初评
7	合肥工业大学	给排水科学与工程	学士	五年（2013.5~2018.5）	初评

截至2013年5月，全国共有31所高校的给排水科学与工程专业通过评估。详见表10。

高校给排水科学与工程专业评估通过学校和有效期情况统计表
（截至2013年5月，按首次通过评估时间排序）　　表10

序号	学校	本科合格有效期	首次通过评估时间	序号	学校	本科合格有效期	首次通过评估时间
1	清华大学	2009.5~2014.5	2004.5	17	武汉理工大学	2013.5~2018.5	2008.5
2	同济大学	2009.5~2014.5	2004.5	18	扬州大学	2013.5~2018.5	2008.5
3	重庆大学	2009.5~2014.5	2004.5	19	山东建筑大学	2013.5~2018.5	2008.5
4	哈尔滨工业大学	2009.5~2014.5	2004.5	20	武汉大学	2009.5~2014.5	2009.5
5	西安建筑科技大学	2010.5~2015.5	2005.6	21	苏州科技学院	2009.5~2014.5	2009.5
6	北京建筑大学	2010.5~2015.5	2005.6	22	吉林建筑大学	2009.5~2014.5	2009.5
7	河海大学	2011.5~2016.5	2006.5	23	四川大学	2009.5~2014.5	2009.5
8	华中科技大学	2011.5~2016.5	2006.6	24	青岛理工大学	2009.5~2014.5	2009.5
9	湖南大学	2011.5~2016.5	2006.6	25	天津城建大学	2009.5~2014.5	2009.5
10	南京工业大学	2012.5~2017.5	2007.5	26	华东交通大学	2010.5~2015.5	2010.5
11	兰州交通大学	2012.5~2017.5	2007.5	27	浙江工业大学	2010.5~2015.5	2010.5
12	广州大学	2012.5~2017.5	2007.5	28	昆明理工大学	2011.5~2016.5	2011.5
13	安徽建筑大学	2012.5~2017.5	2007.5	29	济南大学	2012.5~2017.5	2012.5
14	沈阳建筑大学	2012.5~2017.5	2007.5	30	太原理工大学	2013.5~2018.5	2013.5
15	长安大学	2013.5~2018.5	2008.5	31	合肥工业大学	2013.5~2018.5	2013.5
16	桂林理工大学	2013.5~2018.5	2008.5				

（王柏峰）

【2012~2013年度高等学校工程管理专业教育评估工作】 2013年,住房城乡建设部高等教育工程管理专业评估委员会对广州大学、东北财经大学、北京建筑大学、山东建筑大学、安徽建筑大学5所学校的工程管理专业进行评估。评估委员会全体委员对各校的自评报告进行审阅,于5月派遣视察小组进校实地视察。经评估委员会全体会议讨论,做出了评估结论,见表11。

截至2013年5月,全国共有33所高校的工程管理专业通过评估。高校工程管理专业评估通过学校和有效期情况统计见表12。

2012~2013年度高等学校工程管理专业教育评估结论　　表11

序号	学校	专业	授予学位	合格有效期	备注
1	广州大学	工程管理	学士	五年(2013.5~2018.5)	复评
2	东北财经大学	工程管理	学士	五年(2013.5~2018.5)	复评
3	北京建筑大学	工程管理	学士	五年(2013.5~2018.5)	复评
4	山东建筑大学	工程管理	学士	五年(2013.5~2018.5)	复评
5	安徽建筑大学	工程管理	学士	五年(2013.5~2018.5)	复评

高校工程管理专业评估通过学校和有效期情况统计表
(截至2013年5月,按首次通过评估时间排序)　　表12

序号	学校	本科合格有效期	首次通过评估时间	序号	学校	本科合格有效期	首次通过评估时间
1	重庆大学	2009.5~2014.5	1999.11	18	沈阳建筑大学	2012.5~2017.5	2007.6
2	哈尔滨工业大学	2009.5~2014.5	1999.11	19	北京建筑大学	2013.5~2018.5	2008.5
3	西安建筑科技大学	2009.5~2014.5	1999.11	20	山东建筑大学	2013.5~2018.5	2008.5
4	清华大学	2009.5~2014.5	1999.11	21	安徽建筑大学	2013.5~2018.5	2008.5
5	同济大学	2009.5~2014.5	1999.11	22	武汉理工大学	2009.5~2014.5	2009.5
6	东南大学	2009.5~2014.5	1999.11	23	北京交通大学	2009.5~2014.5	2009.5
7	天津大学	2011.5~2016.5	2001.6	24	郑州航空工业管理学院	2009.5~2014.5	2009.5
8	南京工业大学	2011.5~2016.5	2001.6	25	天津城建大学	2009.5~2014.5	2009.5
9	广州大学	2013.5~2018.5	2003.6	26	吉林建筑大学	2009.5~2014.5	2009.5
10	东北财经大学	2013.5~2018.5	2003.6	27	兰州交通大学	2010.5~2015.5	2010.5
11	华中科技大学	2010.5~2015.5	2005.6	28	河北建筑工程学院	2010.5~2015.5	2010.5
12	河海大学	2010.5~2015.5	2005.6	29	中国矿业大学	2011.5~2016.5	2011.5
13	华侨大学	2010.5~2015.5	2005.6	30	西南交通大学	2011.5~2016.5	2011.5
14	深圳大学	2010.5~2015.5	2005.6	31	华北水利水电大学	2012.5~2017.5	2012.5
15	苏州科技学院	2010.5~2015.5	2005.6	32	三峡大学	2012.5~2017.5	2012.5
16	中南大学	2011.5~2016.5	2006.6	33	长沙理工大学	2012.5~2017.5	2012.5
17	湖南大学	2011.5~2016.5	2006.6				

(王柏峰)

干部教育培训及人才工作

【领导干部和专业技术人员培训工作】 2013年,住房城乡建设部机关、直属单位和部管社会团体共组织培训班350项,655个班次,培训住房城乡建设系统领导干部和专业技术人员69256人次。承办中组部委托的3期市长培训班以及4期领导干部境外培训班,共培训学员176人次。支持西藏、新疆、青海领导干部培训工作,举办援藏、援疆、援青培训班各1期,培训相关地区领导干部和管理人员353人次,住房城乡建设部补贴经费42万元。(王柏峰)

【举办全国专业技术人才知识更新工程高级研修班】 根据人力资源社会保障部全国专业技术人才知识更新工程高级研修项目计划，2013年住房城乡建设部在北京举办"建筑节能与低碳城市建设"、"城市生活垃圾处理与资源化"高级研修班，培训各地相关领域高层次专业技术人员96人，经费由人力资源社会保障部全额资助。（王柏峰）

【住房城乡建设部选派3名博士服务团成员到西部地区服务锻炼】 根据中央组织部、共青团中央《关于开展第13批博士服务团成员选派工作的通知》，住房城乡建设部选派3名博士服务团成员赴西部地区服务锻炼。（王柏峰）

【住房城乡建设部所属单位新增1人入选国家百千万人才工程】 经人力资源社会保障部等9部门批准，中国城市规划设计研究院杨保军入选2013年百千万人才工程国家级人选，并被授予"有突出贡献中青年专家"荣誉称号。截至2013年，住房城乡建设部所属单位共有4人入选百千万人才工程国家级人选。（王柏峰）

执业资格工作

【住房城乡建设领域个人执业资格考试情况】
2013年，共有116万人次参加住房城乡建设领域个人执业资格全国统一考试（不含二级），当年共有11万人次通过考试并取得执业资格证书。详见表13。

2013年住房城乡建设领域个人执业资格全国统一考试情况统计表　表13

序号	专业	2013年参加考试人数	2013年取得资格人数
1	建筑（一级）	42021	1700
2	结构（一级）	18680	786
3	岩土	8197	1630
4	港口与航道	501	173
5	水利水电	2564	788
6	公用设备	17478	3723
7	电气	11883	696
8	环保	4304	770
9	化工	2477	1067
10	建造（一级）	791989	61613
11	工程监理	52534	12634
12	城市规划	21594	1908
13	工程造价	103677	10857
14	物业管理	53505	13285
15	房地产估价	14590	2513
16	房地产经纪	14166	4760
	合计	1160160	118903

（王柏峰）

【住房城乡建设领域个人执业资格及注册情况】
截至2013年底，住房城乡建设领域取得各类执业资格人员共116万（不含二级），注册人数83万。详见表14。

住房城乡建设领域执业资格人员专业分布及注册情况统计表
（截至2013年12月31日）　表14

行业	类别	专业	取得资格人数	注册人数	备注
勘察设计	（一）注册建筑师（一级）		30048	28465	
	（二）勘察设计注册工程师	1. 土木工程　岩土工程	15592	13236	
		水利水电工程	7987	0	未注册
		港口与航道工程	1550	0	未注册
		道路工程	2411	0	未注册
		2. 结构工程（一级）	46302	43044	
		3. 公用设备工程	26757	19083	
		4. 电气工程	18085	14328	
		5. 化工工程	7084	4373	
		6. 环保工程	4666	0	未注册
		7. 机械工程	3458	0	未注册
		8. 冶金工程	1502	0	未注册
		9. 采矿/矿物工程	1461	0	未注册
		10. 石油/天然气工程	438	0	未注册

续表

行业	类别	专业	取得资格人数	注册人数	备注
建筑业	（三）建造师（一级）		463653	333117	
	（四）监理工程师		216170	144908	
	（五）造价工程师		142960	134900	
房地产业	（六）房地产估价师		48660	43487	
	（七）房地产经纪人		52648	28415	
	（八）物业管理师		57204	8145	
城市规划	（九）注册城市规划师		19895	16119	
总计			1168531	831620	

（王柏峰）

劳动与职业教育

【继续做好国家职业分类大典修订工作】 住房城乡建设部人事司会同部人力资源开发中心多次组织召开国家职业分类大典修订工作协调会和审核会，形成《住房城乡建设行业国家职业分类大典修订建议（送审稿）》。参加人力资源和社会保障部组织的职业工种分类审核会，就住房城乡建设部承担修订的建筑业、房地产业等63个职业工种提交会议审核，并组织专家深入北京自来水厂、清河污水处理厂实地调研。为行业开展职业技能培训和鉴定提供制度保障。（胡秀梅）

【指导推进行业从业人员培训鉴定工作】 继续加强职业技能培训和鉴定工作，促进工人职业技能水平和从业人员队伍整体素质提高。住房和城乡建设部人事司下发《关于印发2013年全国建设职业技能培训与鉴定工作任务的通知》。2013年计划培训157.6万人，实际培训171.8万人，超额完成14.2万人。全年计划鉴定91.9万人，实际鉴定107.8万人，超额完成15.9万人。重庆（不含市政）、四川、天津、宁夏、山东、江苏、安徽、上海等省（市、区）培训人数均超过8万；河北、吉林、湖南、云南、海南、新疆等27个省（区、市）超额完成年度培训任务；山东、江苏省技师、高级技师培训和鉴定成效突出。（胡秀梅）

【做好高技能人才选拔培养工作】 2013年住房城乡建设部协调有关协会组织选手参加第42届世界技能大赛，建设行业选手参加四个赛项的比赛，除砌筑项目外，瓷砖镶贴、焊接、建筑金属加工三个项目都获得优胜奖。住房城乡建设部人事司还积极指导内蒙古自治区、中国城镇燃气协会等举办的省级、国家级二类职业技能竞赛，并协调教育部职成司、中国建设教育协会等共同成功举办2013年全国职业院校技能大赛中职组建设职业技能比赛。通过技能竞赛，引导行业工人学习钻研技术，营造尊重劳动、崇尚技能、岗位成才、技能成才的社会氛围。同时，2013年住房城乡建设部办公厅印发《关于授予田志刚等11名同志全国住房城乡建设行业技术能手称号的通知》，通过发挥典型的示范作用，对培养高素质建设技能人才，造就一支技术精湛、作风过硬的技能人才队伍产生积极影响。（胡秀梅）

【加强行业中等职业教育指导工作】 指导住房和城乡建设部中等职业教育第五届专业指导委员会各分委员会做好专业教学标准的编写工作。组织召开住房和城乡建设行业《中等职业学校专业教学标准》行业内审会，分两批报送建筑施工、建筑装饰等9个专业教学标准。组织召开住房城乡建设部第五届中等职业教育专业指导委员会2013年度工作总结会。（胡秀梅）

【继续做好建筑业农民工工作】 委托中国建筑业协会开展2013年全国建筑业企业创建农民工业余学校示范项目部活动。通过典型示范的带头作用，推动各地农民工业余学校工作的开展。据不完全统计，2013年全国各地新增农民工业余学校1.9万余所，培训农民工359.7万人次。截至2013年底，全国各地累计建立农民工业余学校13.5万余所，培训农民工1551.3万人次。其中，浙江、江苏、北京、四川、湖北、安徽、湖南、广东、山东、重庆、河南11个省市2013年农民工业余学校总量均超过1000所；天津、河北、山西、辽宁、福建、江西、广西、海南、贵州、云南、陕西、青海、宁夏等省市区农民工业余学校工作也取得较大进展。此外，按照国务院农民工工作领导小组的要求，住房城乡建设部组织落实了第七次全国农民工工作督察，牵

头司法部、商务部等6部委组成第四督察组，由住房城乡建设部副部长王宁带队赴海南省开展了为期一周的督察工作。（胡秀梅）

（住房和城乡建设部人事司）

城乡建设档案工作

2013年，住房城乡建设系统深入贯彻落实党的十八大精神，扎实做好城建档案各项工作。

【城建档案法制建设】 2013年4月，住房城乡建设部转发监察部、人力资源社会保障部、国家档案局《档案管理违法违纪行为处分规定》，要求各级住房城乡建设部门认真贯彻落实。各地城建档案法制化工作取得新进展。10月1日，《陕西省城市地下管线管理条例》正式实施。8月1日，《云南省城市地下管线工程档案管理办法》正式实施。云南省住房城乡建设厅编制《云南省房地产档案管理技术规程》，对房地产档案管理内容及工作程序进行细化，进一步加强和规范房地产档案管理标准化。湖北省住房城乡建设厅发布《湖北省城镇地下管线探测技术规程》（地方标准），统一湖北省城镇地下管线探查、测量、图件编绘和信息系统建设和技术要求，及时、准确地为城镇规划、设计、施工以及管理提供各种地下管线现状资料。重庆市修订出台《重庆市城乡规划档案对外查阅办法》，保障日常档案利用工作。广东开展《城乡建设档案管理办法》立法调研，并已列入2014年预备立法项目。各级陆续出台印发城建档案管理规范性文件，主要有：《铜川市城乡建设档案管理办法》、《咸宁市地下管线档案管理办法》、《孝感市城建档案分类大纲》、《荆门市园林绿化工程归档集合表》、《聊城市城乡建设档案管理办法》、《威海市城市地下管线工程档案管理办法》、淄博市《关于实行地下管线建设工程安全生产风险抵押金制度的通知》、威海市《关于印发〈威海市建设市场责任主体信用档案管理办法〉的通知》、日照市《关于进一步加强管线工程建设管理的通知》等。山东省县级政府文件主要有：《鱼台县城乡建设档案管理办法》、禹城市《城市建设档案管理办法》、陵县《城市地下管线档案管理办法》、桓台县《城建工程建设与管线同步建设管理实施意见》等。

【加强城建档案执法检查工作】 为推动城建档案工作整体发展，确保城建档案各项法规制度落到实处，各地加大执法检查力度。天津市重点对2012年以前未办理档案认可证及档案预验收证明的项目进行确认和执法督办，针对执法督办中发现的历史遗留项目，研究制定《关于城建档案执法和历史遗留工程档案验收接收相关问题的处理暂行办法》，最大限度帮助建设单位完成建设工程档案移交。河北省专门印发《关于做好2013年度县（市、区）城建档案管理年度执法检查工作的通知》（冀建办〔2013〕19号），对承德县等20个县（市、区）的城建档案工作进行检查，有力推动全省城建档案工作整体发展。辽宁省将城建档案执法检查与城乡规划执法检查相结合，进一步强化工程档案管理责任。山西省召开两次全省城建档案工作座谈会，加大城建档案工作执法和归集力度。太原市城建档案馆对23家建设单位开展城乡建设档案监督检查。晋中市城建档案馆积极与住房城乡建设局法规科、建管科、质检站联合对灵石、介休市城建档案管理工作和市政重点工程项目安全管理等进行执法检查；各市通过严格执行签订《建设工程档案报送责任书》制度，促进纸质档案和电子档案同时报送。

【强化建设工程竣工档案归集管理】 北京市规划委出台《关于进一步加强建设项目工程竣工档案管理工作的意见》和《规划管理档案移交及接收工作暂行办法》，进一步规范档案管理。长沙市大力开展市政工程档案工作，制定建设工程档案管理"一书两证"（《报送建设工程竣工档案责任书》、《建设工程档案初验认可证》、《城建档案合格证》）制度，工程档案管理水平不断提高，工程档案进馆率、报送率和合格率达到100%。山东省沾化县、招远市、金乡县、平原县、垦利县、文登市、乳山市、临邑县等建设主管部门制定印发加强建设工程档案、地下管线工程档案及电子声像档案归集管理方面的文件，加强区县城建档案工作。

【各级城建档案馆库建设】 湖北省武汉市城建档案馆新建档案库房14800平方米，在档案库房建设中引入绿色建筑理念，以及高压细水雾安防系统，库房管理实现智能化；十堰市馆新建馆库面积5880

平方米，襄阳市馆新建馆库面积8750平方米，京山县馆新建馆库面积3900平方米；黄冈、鄂州等城市城建档案馆改善了办公条件和馆库用房。陕西省城建档案馆（室）建筑总面积增至14480平方米，市级城建档案管理机构在馆库建设、办公用房、办公设备配备上都有极大的改善，基本实现办公自动化。延安、榆林、宝鸡、安康、铜川、咸阳等城市的城建档案馆改善了办公条件和馆库用房。延安市城建档案馆在档案信息化建设工作中引入档案库房百万高清数字监控系统、档案库房智能精密空调系统及档案库房动力检测系统，库房管理实现智能化。汉中市组织召开数字城建档案建设计算机硬件及软件系统评审会，配备相关软硬件系统，有力保障城建档案信息化工作的开展。山西省太原市新建15000平方米的馆库。大同市住房城乡建设委员会将一层大会议室拨给档案馆作为库房使用，购买216组档案密集柜，4组电子档案防磁柜。阳泉市城建档案馆新添置档案库房要求的硬件设备，诸如温湿度计、空调等，档案库房管理进一步规范化。长治市城建档案馆投资110多万元，对原机房进行彻底升级改造和信息平台系统扩容。

【中小城市、区县城建档案工作】 《关于加强中小城市城乡建设档案工作的意见》（建办[2007]68号）下发后，各地深入调研，摸清中小城市特别是县市级小城市档案管理工作实际，积极采取措施，推动城建档案工作不断发展。截至2013年底，江西省92个市、县已全部设立城建和房产档案管理机构或工作部门，城建和房产档案管理工作基本做到全覆盖，省、市、县、基层档案室四级业务网络管理的城乡建设档案工作管理体系基本建立。山东省青岛、淄博、东营、烟台、潍坊、泰安、威海、日照等所辖县（市、区）设立城建档案馆（室）的比例达到100%。贵州省以规范化管理评估为契机，对馆库软硬件设施设备建设提出具体的要求，贵阳等市房管局产权档案室及城建档案馆馆库设施设备建设得到更新，库房基础设备及档案现代化管理设备配置已经达标。

【加大重点工程档案管理力度】 广东省指导各市建立重点工程档案工作联络制度，积极开展重点工程项目建设工程档案工作，保证重点工程项目建设工程档案的完整、规范与安全。加强重点工程竣工验收监督指导，确保档案接收进馆。上海市创新重大工程竣工档案管理模式，与重点单位签订城建档案服务长期合作框架协议，明确专人对口联系，定期交流业务信息，开展全过程服务保障，提供现场指导、检查和验收服务。北京市也加大区县重点工程档案管理力度。

【推进数字声像档案管理】 四川省起草《四川省建设工程电子文件与电子档案管理办法》；吉林省修订《吉林省建设工程声像档案管理暂行办法》，扩大归集范围，统一标准。北京市完成城建数字声像档案管理系统，实现各类视频音频、图片等媒体资料的数字化信息接收、编目、存储、检索、提供利用等管理功能，使声像档案信息得到有效利用。

【城建档案信息化建设】 为进一步提高城建档案服务水平，各地不断创新服务模式，城建档案检索自动化、存储数字化、利用网络化方面取得重要成果。北京市完成城建档案管理信息系统部分功能升级改造，为城建档案的验收、接收、管理和利用等工作提供了信息化保障。长沙市开发建成"城建档案数字化扫描系统"、"城建档案管理应用系统"、"声像档案媒体管理系统"和"建设工程电子档案归档系统"，丰富了档案查询利用手段，大大提高档案利用效率。广西等地开展数字化城建档案馆建设试点工作，鼓励市县城建档案馆提高信息化水平，通过卓有成效的信息化建设，努力实现从传统管理向现代化管理的转型。山东省聊城市规划管理信息一体化平台顺利通过验收；泰安市档案智能综合管理系统安装完成；潍坊市城建档案管理与数字化处理系统顺利通过专家组验收；菏泽市完成馆藏工程档案的数字化扫描工作；莱芜市城建档案馆对148册、涉及37个门类的照片和胶片档案实施数字扫描，实现照片档案全门类数据存储与管理；淄博市城建档案和地下管线信息综合管理系统被列为2013年数字城市建设项目之一。青岛市、荣成市、平原县、垦利县等正式启动城建档案的数字化工作。截至2013年底，山东省17个设区城市城建档案全部实现计算机目录检索，威海、日照、莱芜、枣庄、东营、菏泽等城市已完成城建档案数字化。

【强化地下管线档案管理】 《城市地下管线工程档案管理办法》（建设部令第136号）颁布以来，各地积极探索，努力推进地下管线普查和管线工程档案收集工作。云南省印发《云南省城市地下管线工程档案管理办法》，将城市地下管线纳入统一规划、统一建设和统一管理，明确地下管线的建设和维护应当遵守的原则，规定地下管线产权、管理单位除按时上交准确、齐全的管线资料，还应进行城市地下管线定期普查、竣工测量、复检等，确保地下管线档案资料的收集、管理、利用工作规范化、法制化。辽宁省将地下管线工程档案纳入《辽宁省城市地下管线管理办法》，明确地下管线档案管理机构的责任、义务和工作程序、要求。吉林省印发《关于开展城市地下管线普查工作的通知》，明确地下管线普查、测绘现状分布图集和数据库建设要求，该项工作基本完成。

【城市地下管线工程普查和信息化建设】 山东省大力推进地下管线普查和信息化工作，聊城市地下管线普查和信息化建设项目通过专家验收。青岛市、淄博市、东营市、高青县、日照市岚山区、青州市启动地下管线普查和信息化建设工作。莱芜市启动新一轮主城区地下管线普查工作。荣成市城市地下管线补测补绘工程计划获批。枣庄滕州市争取将城市地下管线普查项目列入2014年政府投资项目名单。威海市高新区、文登市地下管线信息数据并入威海地下管线信息共享平台，实现数据共享。五莲县组织开展新建地下管线工程普查探测和管线信息数据建档入库工作。青岛市印发《关于加强地下管线竣工测量和档案归集管理利用工作的通知》，档案馆开始接收地下管线工程档案。淄博市在全省率先实行地下管线建设工程安全生产风险抵押金制度，首次发放地下管线工程施工许可证。德州市将地下管线工程竣工档案列入房地产开发项目竣工综合验收备案管理程序。截至2013年底，全省17个设区城市中，莱芜、日照、菏泽、泰安、威海、滨州、济宁、烟台、德州、聊城10个城市相继完成管线普查，并建立运行综合信息管理系统。青岛、淄博、东营、临沂4市正在进行普查及补测补绘。陕西省延安、榆林两市完成城区地下管线普查工作和城建档案信息化平台建设工作。2013年榆林市在中心城区地下管线普查的基础上，完成新完工市政道路地下管线数据补测更新工作，该市中心城区地下管线普查成果荣获中国测绘学会优秀测量工程银奖。

(住房和城乡建设部城建档案工作办公室)

住房城乡建设稽查执法

【重点稽查执法工作】 围绕住房城乡建设部中心任务，统筹部署城镇保障性安居工程建设、房地产市场调控、住房公积金、城乡规划、城市建设、建筑节能、建筑市场和工程质量安全、工程建设强制性标准实施方面稽查执法工作，2月，住房城乡建设部稽查办公室会同部相关司局制定《住房和城乡建设部2013年重点稽查执法工作方案》（建稽〔2013〕26号），共计安排10项专项重点检查内容。明确重点稽查执法工作分三个阶段进行，1月至2月为部署阶段，3月至11月为实施阶段，12月为总结阶段，并要求各地将重点稽查执法工作纳入常态化管理，通过重点稽查执法工作查找不足，解决群众反映强烈、扰乱市场秩序、阻碍行业发展的问题，规范建设活动各方主体行为，维护法律法规的严肃性，为保障住房城乡建设事业发展服务。

积极配合住房城乡建设部和相关部门开展各项重点工作的专项检查，派出200余人次。参加国务院安委会组织的安全生产督查，并配合部住房保障司开展城镇保障性安居工程专项抽查工作；配合部房地产市场监管司集中开展房地产中介市场专项治理工作；配合部标准定额司开展高强钢筋使用情况检查；配合部城市建设司开展国家级风景名胜区保护管理执法检查和园林城市专项检查；配合部村镇建设司开展农村危房改造试点工作绩效评价；配合部工程质量安全监管司开展城市轨道交通工程和保障性安居工程质量安全监督执法检查；配合部建筑节能与科技司开展建设领域节能减排监督检查等。这些重点稽查执法工作基本涵盖了住房城乡建设所有重要业务领域，促进部重大决策和中心任务得到贯彻落实。

各级住房城乡建设主管部门按照《住房和城乡建设部2013年重点稽查执法工作方案》（建稽〔2013〕26号），紧紧围绕中心任务，深入开展监督检查，取得积极成效。一是开展城镇保障性安居工程监督检查，抓建设、保质量、促公开。重点对城镇保障性安居工程目标任务落实情况、工程质量、配套设施建设、住房保障信息公开等方面开展检查督查。据不完全统计，各地围绕保障性安居工程开展专项检查1200余次，完善政策制度260余项，查处违规问题1400余起，给予行政处罚900余件，罚没金额约1760万元。二是开展房地产市场调控监督检查，规范市场秩序。重点对房地产中介市场、国有土地上房屋征收与补偿信息公开工作、拆迁信访案件开展检查督查。据不完全统计，各地围绕房地产市场开展专项检查1800余次，完善政策制度220余项，查处违规问题3000余起，给予行政处罚1500余件，罚没金额约1亿元。三是开展住房公积金监督检查，防范资金风险。重点对住房公积金支持保障性住房建设试点工作、住房公积金历史遗留涉险资金清收、违规套取住房公积金问题开展检查督查。据不完全统计，各地围绕住房公积金开展专项检查840余次，完善政策制度200余项，查处违规问题1000余起，给予行政处罚170余件，罚没金额约380万元。四是开展城乡规划监督检查，促进规划严格实施。重点对国务院审批城市总体规划执行情况、违反规划建设问题、历史文化名城保护工作开展检查督查。据不完全统计，各地围绕城乡规划开展专项检查7100余次，完善政策制度340余项，查处违规问题3.4万余起，给予行政处罚2.7万余件，罚没金额约11.6亿元。五是开展城市建设监督检查，保护城市资源。重点对国家级风景名胜区保护管理进行执法检查，对城市公园违规设置高档餐厅、会所情况开展检查督查。据不完全统计，各地围绕城市建设开展专项检查620余次，完善政策制度120余项，查处违规问题5100余起，给予行政处罚4300余件，罚没金额约4000万元。六是开展农村危房改造监督检查，确保任务落实。据不完全统计，各地围绕农村危房改造和村镇建设开展专项检查420余次，完善政策制度80余项，查处违规问题320余起，给予行政处罚220余件，罚没金额约230万元。七是开展节能减排监督检查，促进可持续发展。重点对建筑节能、供热计量改革、绿色建筑及城镇污水处理、生活垃圾处理设施建设运行管理等任务完成情况开展检查督查。据不完全统计，各地围绕建筑节能开展专项检查500余次，完善政策制度110余项，查处违规问题220余起，给予行政处罚90余件，罚没金额约530万元。八是开展建筑市场和工程质量安全监督检查，查处违规行为。重点对建筑市场违法违规问题、在建城市轨道交通工程质量安全监督、事故多发或发生过较大事故的重点地区建筑安全生产工作开展检查督查。据不完全统计，各地围绕建筑市场和工程质量安全开展专项检查6400余次，完善政策制度530余项，查处违规问题1.7万余起，给予行政处罚1.3万余件，罚没金额约5亿元。九是开展工程建设强制性标准实施监督检查，推广应用高强钢筋。据不完全统计，共组织检查470余次，完善政策制度40余项，查处违规问题750余起，给予行政处罚640余件，罚没金额约950万元。

【案件稽查】 组织直接调查和督办中央领导和部领导批示案件25件。高度关注存在诱发群体性事件的苗头，对发现的保障房质量、公积金缴存、违法建设损害公共利益等问题紧抓不放，督促地方落实处理意见，维护群众合法权益，化解社会矛盾。制订稽查文书样式，规范稽查行为。协同部有关司局调查4起反映涉嫌违规扩大棚户区改造范围案件、2起违法建设案件。督促郑州、桂林、菏泽等地拆除或没收违法建筑6.1万平方米。各地也积极查处违建行为，北京市治违专项行动拆除违法建筑1200万平方米，柳州市打击违建行动共拆除违法建筑188万平方米，有力震慑了违建行为。

【受理举报工作】 完善举报受理内部工作程序，加强对举报督办件的跟踪督办，同时要求地方对转办件举报情况是否属实予以回复，以提高统计分析的准确性。开展网络舆情跟踪，关注主流媒体报道的违法违规问题，及时做出反应。全年受理群众举报863件，重点督办244件。从举报来源看，山东、河北、北京、江苏、河南、浙江、辽宁7省市举报量位居前列，这7个省市的举报合计达442件，占总量的51.2％。

863件举报中，房地产市场307件，建筑市场151件，城乡规划151件，工程质量安全81件，村镇建设65件，住房保障52件，住房公积金19件，城市建设17件，风景名胜区9件，历史文化名城保护5件，建筑节能4件，标准定额2件。通过数据对比分析，主要反映以下几个问题：一是违法建设势头尚未得到有效遏制。群众举报中反映一些单位和个人私搭乱建的明显增多，同比增长140％。应认真总结整治违法建设经验做法，在制度上、监管上下功夫，建立防治违法建设的长效机制。二是工程质量问题受到媒体关注，也是引发群体性事件的隐患。施工企业偷工减料造成屋面或墙体开裂、渗水等问题仍比较突出。应严肃查处涉及工程质量安全的违法违规案件，加强对在建工程的监督检查，严查转包、违法分包工程行为，严查不按设计和标准规范施工的行为，从源头上防止工程质量问题的发生。三是企业资质造假、个人违规执业问题扰乱市场秩序。群众举报中反映企业资质造假、个人违规执业等问题的76件，占建筑市场方面举报总量的一半。应严格把关，强化对企业资质的动态核查，加强对资质申报材料真实性的审查力度。同时，进一步完善个人执业诚信信息记录,对存在违法违规行为的个人依法处理并计入不良信用档案,对国家公职人员违规执业注册的,应依法追究其责任。四是房屋权属登记方面举报持续增加,尤其"小产权房"问题举报增长较快。社会上谋求"小产权房"合法化预期渐长,违法建设销售"小产权房"现象有抬头的趋势,举报量明显上升。应加大与国土部门在整治"小产权房"建设方面协调联动,尽快组织修订《村庄和集镇规划建设管理条例》,完善村镇管理制度建设。开展《关于城乡规划公开公示的规定》执行情况督促检查,从源头堵塞漏洞。五是住房公积金管理方面的举报有所增加。主要反映违反《住房公积金管理条例》相关规定,不按规定缴纳住房公积金等问题。应进一步加强部省联动,充分发挥住房公积金督察员作用,维护缴存职工合法权益,确保资金安全,保障制度公平。

【住房公积金督察工作】 2月,住房城乡建设部组织督察员组派前培训,对督察员组派出工作进行动员部署,并请有关专家从住房保障、住房公积金、质量安全、稽查执法、风险防范、廉政建设等方面对督察员进行培训,为督察员更好地履行职责奠定了基础。

做好住房公积金试点巡查工作。按照统一部署,51名督察员分成15个组,每组负责2~3个省级行政区域,对93个利用住房公积金贷款支持保障性住房建设试点城市的工作进行全程跟踪、实时监管和异常干预。督察员组根据需要,每季度至少一次对93个试点城市开展巡查,全面掌握试点进展情况。发现个别城市存在管理不规范、放款进度慢、存在资金风险等问题,督察员及时提出意见建议,并督促整改落实,有力推进了试点工作。10月份,各督察员组集中梳理出前三季度巡查发现的问题共7类24个,向部领导做了专题汇报。针对部分试点项目因抵押物不足制约放款、部分城市需要调整贷款项目和额度等突出问题,督察员利用专业知识和经验,帮助城市出主意想办法。根据部领导指示,11月中旬,督察员参加针对解决突出问题的住房公积金试点专项检查。对各城市试点工作中遇到的困难和问题以及可能出现的风险隐患再次现场调研,推动问题解决。试点工作取得积极进展,贷款资金总体安全。

维护住房公积金资金安全。保障资金安全关乎每个缴存职工的合法权益,督察员做了大量工作。4月份,通过再次摸底,又确认8个城市漏报涉险资金。督察员通过认真核对原始凭证,对涉险资金严格分类,督促政府偿还挤占挪用资金,按程序核销符合条件的项目贷款呆账,将已收回的实物抵押资产按程序变现,取得明显效果。

促进住房公积金制度科学发展。督察员参与纠正了一些群众反映强烈的住房公积金违规问题。5~6月,督察员参加对河北、北京、天津等16个省、直辖市的33个城市违规套取公积金问题的实地调研检查。基本摸清违规套取的主要类型和手段,梳理政策和管理上存在的问题与不足,总结地方一些好的对策和做法,为全国开展打击违规套取工作奠定基础。同时,督察员在巡查工作中,注意广泛收集地方意见,深入思考,及时反馈信息,就制度定位、加强管理等提出合理化建议,为《住房公积金管理条例》修订献计献策。

【部派城乡规划督察工作】 2013年,督察员以发现制止违法违规行为苗头为重点,对城市绿地、水系、重要的基础设施、历史文化街区、风景名胜资源等加强督察,全年共列席各类涉及规划决策审批的会议3746次,约谈地方政府及规划部门领导1212次,在事前事中遏制违法违规行为苗头405起,保护了不可再生的国家资源,维护了公共利益和城市长远利益。其中,制止侵占绿地行为171起,避免1121万平方米城市公园绿地、防护绿地被侵占;制止侵占饮用水源地、河道水系等危害饮水安全和行洪安全的行为28起;制止占用城市基础设施用地搞商业开发的行为35起;制止在风景名胜区内建设会所、开发房地产等行为36起,制止破坏历史文化街区进行开发建设的行为21起。

进一步完善城乡规划督察制度体系。为贯彻落实中央城镇化建设要求,适应不断深化的城乡规划督察工作需要,2013年,在总结7年来规划督察工作实践经验的基础上,对《住房和城乡建设部城乡规划督察员工作规程》和《住房城乡建设部城乡规划督察员管理暂行办法》作出修订,进一步规范工作职责,加强督察文书管理,规范文书内容结构,明确督察意见建议的跟踪落实要求。完善督察员进入退出管理机制,规范督察员日常管理相关要求,进一步明确督察组设置及组长职责,强调督察员工作纪律,探索实施督察员考核办法,首次通报全体督察员工作成果排序情况,激励督察员工作积极性,为保证督察工作公正开展,按规定对在同一城市任职满4年的督察员进行轮岗。组织召开两次督察员工作总结暨业务培训。

【利用卫星遥感技术辅助城乡规划督察工作】 完善利用遥感监测辅助城乡规划督察(以下简称遥感

督察)工作管理体系和制度。进一步理清工作思路，规范工作程序，出台《住房城乡建设部利用遥感监测辅助城乡规划督察工作管理办法》(试行)。《管理办法》构建属地管理、分工负责、分类处理、层级监督的工作框架，明确住房城乡建设部、省级人民政府住房城乡建设主管部门、有关城市人民政府城乡规划主管部门、风景名胜区管理机构等的职责分工，以及开展遥感督察工作的程序，确定重大违法案件挂牌督办、工作约谈、通报和案件移送任免机关及纪检监察机关的工作机制，推进遥感监测工作规范化发展。

推进2012年、2013年的遥感辅助督察工作。组织开展2013年第一期103个城市、部署第二期60个城市遥感监测工作。推动各省、自治区住房城乡建设厅责成相关城市规划管理和执法部门依法查处2012年两期、2013年第一期图斑（指基于不同时相的两期卫星遥感以某一区域或地块的城乡建设变化信息勾绘出的闭合多边形矢量图形）涉及的违法建设行为，切实落实属地管理责任。据对92个城市工作不完全统计，2013年共查处违法建设1407个，占发现问题图斑总数的78.6%。其中，涉及总规强制性内容的违法建设432个，涉及"绿线"的违法建设占75%以上。拆除和没收违法建筑142万平方米，罚款达9000余万元。同时，为城乡规划督察员提供督察线索270余个，由督察员推动城市查处涉总规强制性内容的重点违法建设项目达到130余个，有力地支持了督察员工作。

深入推进重点地区、重点问题的查处和整改工作。2013年上半年组织赴南宁、柳州等7个城市开展督导调研，下半年赴西安、深圳等15个城市开展督导调研，一方面，对涉及总规强制性内容的图斑进行"回头看"，督促各城市认真执行总规强制性内容，完善控制性详细规划编制审批；另一方面，加大违法建设查处力度，督促规划执法职能分设的城市建立联动执法工作机制，切实落实违法建设查处责任。同时，以查处重点违法违规案件为抓手，提高遥感督察警示震慑作用。

进一步完善和规范遥感辅助督察工作内部管理。开展《利用遥感监测辅助城乡规划督察术语图表通则》课题研究，对遥感督察工作有关工作术语、图表进行规范；规范遥感数据有效覆盖区域和数据精度要求，提高遥感督察工作质量；正式启用遥感辅助督察信息系统，并结合日常工作需求进一步细化信息系统建设和资料管理。

推进全国遥感督察工作开展。2013年，浙江、河北、广东、山东等省建立遥感督察工作制度。浙江省对湖州、金华等6个城市，河北省对承德、张家口等5个城市，山东省对菏泽、日照等6个城市开展遥感督察工作，连同部开展遥感督察工作的城市，实现设区市遥感督察工作的全覆盖。广东省将部派督察员、省派督察员、省厅、地市有关部门等多方力量和资源进行有机整合，把"天眼"监测和"地上"核查紧密结合，初步构建"天地"合一、部省联动、分级分类的遥感督察工作机制。此外，北京、重庆、深圳、合肥等城市主动利用遥感监测开展有关规划督察、稽查工作。北京市开展违法建设动态监测工作，重庆市开展重大项目督察和公园绿地、广场及特定管制区专项督察，深圳市建立以遥感监测为核心的规划土地数字监察平台，合肥市利用部遥感资源对区县和重点区域开展监督检查。全国开始逐步形成部省市遥感督察工作网络。

【稽查执法体制机制建设】 稽查执法工作与行政监管工作紧密衔接。与部城乡规划司审批城市总体规划，部建筑市场监管司审查企业资质、部住房公积金监管司批准试点项目等工作联动，及时反馈稽查和督察工作情况。主动与部有关业务司强化协作配合，联动查办案件，集体研判疑难案件，共同提出处理意见。按季度分析群众举报问题情况，掌握违法违规行为动态规律，提出预防治理措施。新增在福建、江苏等14个省、自治区免费推广应用"建设系统违法违规网上举报管理系统"，畅通群众举报途径、规范举报受理工作，为下一步建立部省信息共享平台打基础。

组织地方加强工作交流，注重收集各地稽查执法工作经验做法，利用住房城乡建设部网站、《建设工作简报》等平台加强宣传交流，共在部网站刊登稽查执法工作信息55期。统计并通报各地报送信息情况，推动地方进一步加强工作交流。组织举办稽查执法工作专题培训班，全系统896名从业人员参加培训，提高业务水平。

【稽查执法工作调研】 2013年初以"找准问题、深化工作"为主题，分7个组对省级建设稽查执法工作进行调研，深入到市县一级稽查执法机构听取意见建议，掌握各地的基本情况和问题，通过深入研讨，推动地方工作。针对社会各方高度关注的违法建设多发、高发问题，积极了解各地整治违法建设情况，赴北京、柳州等地调研整治工作情况，总结经验，在住房城乡建设部《建设工作简报》上专题交流。

针对受理举报、规划督察和公积金督察工作实践中存在的问题，开展"住房公积金督察员管理研究"、"利用遥感监测辅助城乡规划督察工作术语图标通则"、"住房和城乡建设领域违法违规举报信息系统的应用与推广"、"住房城乡建设稽查执法操作指南"、"城乡规划督察效能研究"、"直辖市建设领域稽查执法工作评价办法"6个课题研究。研究修订《住房城乡建设稽查执法工作手册》，加强对稽查执法工作实践的总结和指导。

【地方稽查执法制度建设】 7月，陕西省住房城乡建设厅正式成立稽查办公室，正处级建制，行政编制6名。辽宁省住房城乡建设厅稽查办公室改为独立设置，内蒙古住房城乡建设厅增设15人编制的稽查执法大队，宁夏住房城乡建设厅成立16人编制的建设稽查中心。2013年，全国31个省、自治区、直辖市均已建立稽查执法制度，共成立稽查执法机构42家（直辖市只统计建设、规划、房管部门）。其中，行政机构23个，占55%，事业单位19个（其中14个参公管理），占45%。

据不完全统计，我国284个地级以上城市在建设、规划、房管领域设立了345个稽查执法机构（不含城市综合执法机构），即约四成住房城乡建设主管部门专门设立了稽查执法机构，与2009年相比增加30%。江苏、河南、河北、湖南、贵州等省地级以上城市建设主管部门设立稽查执法机构的比例较高。

9月，第7届省级建设稽查执法机构联席会议在黑龙江省齐齐哈尔市召开。会议主题是省级稽查执法机构如何围绕中心工作发挥作用，来自27个省、自治区、直辖市的70名代表参加会议。四川省建设监察总队、北京市建设工程和房屋监察执法大队、安徽省建设稽查局、河北省建设监察办公室作了经验交流，介绍近年来如何完善机构、健全制度，取得领导重视，打开工作局面的主要做法和体会。

在制度建设方面，甘肃省率先在全国出台第一部地方性法规《甘肃省建设行政执法条例》。上海建设交通委员会出台《建设领域稽查工作管理办法》、《建设领域稽查工作约谈办法》，建立情况报告、督察巡查、集体研判、诫勉警示和责任追究等制度。海南省住房城乡建设厅出台《关于加强住房和城乡建设稽查执法工作的意见》和《住房和城乡建设稽查执法工作管理办法》等4个规范性文件。在队伍建设方面，河南省住房城乡建设厅结合群众路线教育实践活动开展星级执法监察队伍创建活动，有153家执法队伍达到三星级标准。广东省住房城乡建设厅对12个市32个部门开展行政执法规范化建设工作，全面检查基层队伍执法主体、文书、队伍建设等，促进改进工作。在业务工作方面，北京市针对违法建设影响人居环境、存在安全隐患等问题，开展打击"违法建设、违法用地"专项行动，全年拆除违法建筑1261万平方米，遏制了违建蔓延的势头，得到社会广泛认可。福建省开展违法占地和违法建房综合治理工作，对违建问题严重的地方进行专项督查，取得较好的效果。安徽省住房城乡建设厅将重点稽查执法工作纳入省厅内部效能考核，对检查发现的问题进行查处和曝光，统筹促进了中心任务的完成。河北省住房城乡建设厅加大案件查处力度，公开曝光51起典型违法案件，并记入不良信用档案，增强警示震慑力。贵州、江苏、福建等省住房城乡建设厅开始通过网络接受群众举报，及时查处群众反映的问题，更好地履行了规范市场秩序、保护群众合法权益的职责。

【地方城乡规划督察制度建设】 截至2013年底，26个省（自治区、直辖市）建立省派城乡规划督察员制度，其中16个通过派驻或巡查方式派出督察员。山东、江西积极推进制度建设，向所辖城市派驻了督察员。7月，山东省政府在济南召开首批城乡规划督察员派驻工作会议，向省内6个设区市和20个经济发达、人口较多、风景名胜资源集中和历史文化遗产丰富的市（县）派驻督察员，实现了除11个部派督察员派驻城市以外，全省设区市城乡规划督察制度全覆盖。江西省召开派驻城乡规划督察员工作培训会暨派遣仪式，明确向省内10个设区城市派驻规划督察员，对各地城乡规划编制、审批和实施进行全过程督察。安徽、广东等已建立督察员制度的省进一步加大督察工作力度，取得新的进展。广东省开展第二批督察员派驻工作，扩大规划督察制度覆盖范围，在肇庆和粤东西北开展派驻督察员试点工作，逐步将省内督察巡查方式过渡为派驻方式。安徽省政府在向蚌埠、滁州、芜湖、宣城、池州、安庆6个省辖市派驻第一批城乡规划督察员的基础上，继续向尚未派驻的宿州、亳州、阜阳、六安、黄山、铜陵6个省辖市派驻城乡规划督察员，实现了住房和城乡建设部与省政府向省内全部设区城市派驻城乡规划督察员的目标。同时安徽省要求各设区城市人民政府在2014年启动建立本级政府向所辖县（市）派驻城乡规划督察员制度，以逐步形成覆盖全省的规划督察网络。

（住房和城乡建设部稽查办公室）

固定资产投资

2013年,在党中央、国务院正确领导下,各地区、各部门深入贯彻落实党的十八大、十八届三中全会精神和中央决策部署,着力加强投资管理、改进和完善投资调控、深化投资体制改革,促进投资平稳增长和结构优化。

全社会固定资产投资保持平稳增长,结构进一步优化

【投资运行总体平稳,对经济增长发挥了重要拉动作用】 2013年,针对经济运行中的突出矛盾,中央把稳定投资作为稳增长、促改革、调结构、惠民生的重要举措,出台一系列政策措施,加强重点领域建设,创造良好投资环境,着力促进投资平稳增长。2013年,全社会固定资产投资44.71万亿元,比上年增长19.3%;扣除价格因素,实际增长18.9%。其中,固定资产投资(不含农户)43.65万亿元,增长19.6%;农户投资1.06万亿元,增长7.2%。2013年,资本形成、最终消费和净出口对国内生产总值(GDP)增长的贡献率分别为54.4%、50%和-4.4%,投资拉动GDP增长4.2个百分点,贡献率比上年提高7.3个百分点。

【中西部投资增长相对较快,区域投资结构持续优化】 2013年,中西部地区投资增速持续快于东部地区,但区域间投资增速差距缩小。东部地区投资增长17.9%,同比加快1.4个百分点;中、西部地区投资增长22.2%和22.8%,分别回落1.9和0.3个百分点。2013年,中西部地区投资占全国投资的比重达到48.1%,比上年提高1个百分点。

【第三产业投资增速加快,产业投资结构更趋优化】 2013年,第一产业投资增长32.5%,比上年加快0.3个百分点,保持较快增长;第三产业投资增长21%,比上年加快0.4个百分点。第一、三产业投资占固定资产投资的比重达到57.6%,比上年提高0.8个百分点。第二产业投资增长17.4%,增速比上年放缓2.8个百分点。

【基础设施投资快速增长,房地产开发投资增速有所加快,制造业投资增速下降】 2013年,基础设施投资增长21.2%,增速比上年加快7.9个百分点。基础设施投资对投资增长的贡献率为18.6%,比上年提高6.9个百分点。制造业投资增长继续放缓,2013年增长18.5%,回落3.5个百分点。制造业投资对投资增长的贡献率为31.2%,比上年下降4.4个百分点。2013年,房地产开发投资增速回升,全年增长19.8%,比上年加快3.6个百分点。房地产开发投资对投资增长的贡献率为19.8%,比上年提高3.7个百分点。

【资金来源总体保持平稳增长】 2013年,固定资产投资(不含农户)资金来源到位48.04万亿元,超出同期投资完成额4.39万亿元,增长20.1%,比去年提高1.5个百分点。资金来源中,国内贷款增长14.4%,同比提高6个百分点。新增贷款中中长期贷款比重提高,贷款中长期化趋势明显,银行信贷对投资活动的支持力度逐步加大。房地产开发投资资金来源中,以定金和预收款、住房按揭贷款为主的其他资金同比增长25.3%,同比提高11.6个百分点。

【新开工项目规模增长放缓,施工项目增长相对平稳】 2013年,新开工项目计划总投资增长14.2%,比上年回落14.4个百分点。新开工项目增速持续处于低位,对投资后续能力存在一定影响。施工项目计划总投资增长16.2%,同比回落1.9个百分点。

中央投资发挥重要引导带动作用

【统筹用好2013年度中央预算内投资】 2013年,中央预算内投资规模为4376亿元。积极落实国务院关于加快铁路、棚户区改造、城市基础设施、节能环保、信息消费、健康服务等行业和领域发展的意见,中央预算内投资安排进一步向民生领域和民生工程倾斜,注重发挥中央投资的引导带动作用,推进重点民生工程和基础设施建设,民生投资占中央预算内投资的比重超过60%。中央预算内投资重点用于以下七个方面建设:

保障性安居工程和城镇基础设施建设。继续支持廉租住房建设,推进各类棚户区改造,以及保障性安居工程配套基础设施建设；支持农村危房改造和边远艰苦地区农村教师周转宿舍建设等。加强城镇供排水设施、"三北"和高寒地区供热设施等建设。

"三农"和重大水利工程建设。加强重大水利、水土保持、大型灌区节水改造、农村饮水安全等水利设施建设。继续实施农村电网、农村公路等农村民生工程。支持新增千亿斤粮食、食品安全监管能力建设等。加强无电地区电力建设。

支持边疆、少数民族地区发展。重点支持新疆、西藏和青海、四川、甘肃、云南四省藏区经济社会发展项目，推进兴边富民行动，支持人口较少民族发展，加强边海防基础设施建设。

交通运输、能源等重大基础设施建设。重点安排西部铁路、中西部支线机场、进藏公路、长江等内河高等级航道建设。继续支持石油储备二期工程、煤矿安全改造和风电送出等。

社会事业和社会管理建设。重点支持农村学前教育、中等职业教育等教育基础设施建设。继续安排基层医疗卫生服务体系、重大卫生项目建设等。支持国家文化和自然遗产地保护、旅游基础设施等。加强社会养老服务体系、基层就业和社会保障服务、安全生产监管监察能力、政法基础设施等建设。

节能减排、环境保护与生态建设。重点支持十大重点节能工程、城镇污水垃圾处理设施、重点流域水污染防治等。继续支持天然林资源保护、重点防护林保护、京津风沙源和石漠化综合治理等。

自主创新能力建设和结构调整。继续安排战略性新兴产业发展，支持自主创新、重大科技基础设施和能源自主创新建设。支持产业振兴和技术改造，推动服务业发展，推进独立工矿区改造和老工业区搬迁改造试点。

【改进中央预算内投资管理，提高中央投资效益】按照进一步减少行政审批、简化工作内容、严格规范管理的要求，修订出台了《中央预算内投资补助和贴息项目管理办法》，取消对补助贴息项目审批可行性研究报告、核准项目招标内容等规定，大幅简化资金申请报告内容，减轻地方和企业负担，提高工作效率。

按照国务院机构改革和职能转变的工作部署，将31类中央补助地方的点多、面广、量大、单项资金少的中央预算内投资专项交由省级发展改革部门安排具体项目，以进一步发挥地方积极性。

【调整优化2014年度中央预算内投资安排】为贯彻落实十八届三中全会和中央经济工作会议精神，按照"使市场在资源配置中起决定性作用和更好发挥政府作用"的要求，遵循盘活存量、用好增量、突出重点、提高效益的原则，下大决心对2014年度中央预算内投资安排进行调整，大幅压缩一般竞争性企业项目投资，减少经营性基础设施投资，停止建设楼堂馆所，将中央预算内投资集中用于市场不能有效配置资源的重点领域和突出薄弱环节，重点支持全局性、基础性、战略性的重大项目。

2014年，中央预算内投资主要安排保障性安居工程、"三农"建设、重大基础设施、社会事业和社会治理、支持边疆和少数民族地区发展、节能环保和生态建设以及科技创新等。一是加大对棚户区改造及配套基础设施建设的支持力度，重点支持保障性住房配套基础设施建设。二是支持新增千亿斤粮食和高标准农田建设，加强粮食仓储设施建设，提高粮食保障能力。三是加大铁路投入力度，中央投资主要支持中西部重大铁路项目，包括构建丝绸之路经济带等周边通道有关项目。支持长江等内河高等级航道建设，建设长江黄金水道，促进长江经济带发展。四是加大重大环境治理投入力度，加强大气污染防治，实施土壤环境保护工程，支持重点流域水污染防治，加强重点工业污染治理。五是加强社会服务和管理体系建设，推进社会养老、残疾人康复等社会服务设施建设，加强食品安全监测能力和农产品质量安全检验检测体系建设。

以简政放权为主线，深化投资体制改革

【精简企业投资项目核准事项，转变投资管理方式】按照国务院机构改革和职能转变方案要求，进一步简政放权，深化投资体制改革。4月份研究提出第一批取消和调整的投资项目核准事项，通过《国务院关于取消和下放一批行政审批项目等事项的决定》予以公布，在此基础上研究提出《政府核准的投资项目目录》修改意见，尽量减少前置审批，最大限度缩减核准范围、下放核准权限。12月2日，国务院颁布《政府核准的投资项目目录（2013年本）》，共取消、下放和转移49项企业投资项目核准事项，需报中央管理层面核准的项目数量将减少约60%。

坚持权力和责任同步下放、调控和监管同步强化，有关部门印发《关于改进规范投资项目核准行为加强协同监管的通知》，颁发《关于对取消和下放行政审批事项加强后续监管的指导意见》，改进规范核准行为,加强土地使用、能源消耗、污染排放等管理,充分发挥法律法规、发展规划、产业政策的约束引导作用,推进建立纵横协管联动机制,切实加强投资后续监管。积极研究改进核准制的制度设计,严格把握核准本质,尽量减少前置审批,并准备选取部分地区开展核准制改革试点工作,总结经验、不断推进。

【进一步鼓励引导民间投资健康发展】 民间投资36条及42项实施细则出台以来,民间投资保持较快增长势头,投资增速始终高于全社会固定资产投资增速。为进一步鼓励引导民间投资,全国工商联和有关部门对"民间投资36条"及42项实施细则落实情况进行了评估,并向国务院报送了《关于鼓励引导民间投资健康发展政策措施落实评估情况的报告》。按照国务院的工作部署,有关部门加强统筹协调,加快推进重点行业领域改革,充分发挥重大项目示范带动效应,努力营造有利于民间投资发展的舆论环境,为民间投资"松绑开路"。2013年,全国民间固定资产投资27.5万亿元,同比名义增长23.1%(扣除价格因素实际增长22.7%),比同期固定资产投资(不含农户)增速高3.5个百分点,占固定资产投资的比重从2009年的48.1%上升到2013年的63%,提高14.9个百分点。

【加强投资领域法制建设,构建投资管理长效机制】 积极推动投资管理法规体系建设,健全完善中央投资项目管理制度,包括推进《政府投资条例》出台,修订《楼堂馆所建设管理条例》、《楼堂馆所建设标准》和《中央投资项目后评价管理办法》,完善《企业投资项目核准和备案管理条例》,颁发《重大固定资产投资项目社会稳定风险分析篇章和评估报告编制大纲》,加快构建投资管理长效机制。

大力推进保障性安居工程建设,继续做好房地产市场调控工作

【进一步加大棚户区改造力度】 2008年以来,按照党中央、国务院的决策部署,各地区和有关部门将棚户区改造纳入城镇保障性安居工程,大规模推进实施。2008～2012年,全国改造各类棚户区1260万户,有效改善了困难群众住房条件,缓解了城市内部二元矛盾,提升了城镇综合承载能力,促进了经济增长与社会和谐。为进一步加大棚户区改造力度,让更多困难群众的住房条件早日得到改善,同时,有效拉动投资、消费需求,带动相关产业发展,推进以人为核心的新型城镇化建设,发挥助推经济实现持续健康发展和民生不断改善的积极效应,国务院印发《关于加快棚户区改造工作的意见》,提出2013～2017年改造各类棚户区1000万户,重点推进资源枯竭型城市及独立工矿棚户区、三线企业集中地区的棚户区改造,稳步实施城中村改造的目标任务。2013年,各地全面推进各类棚户区改造,加大政策支持力度,多渠道筹措资金,提高规划建设水平,全国开工改造各类棚户区320万户以上,超额完成年初目标任务。

【加强保障性安居工程建设和管理】 2013年,中央继续加大保障性安居工程建设投入,全年共安排财政资金1749亿元,其中:中央预算内投资699亿元,主要用于保障性安居工程配套基础设施建设。为贯彻落实《国务院办公厅关于保障性安居工程建设和管理的指导意见》和《国务院批转发展改革委关于2013年深化经济体制改革重点工作意见的通知》等文件精神,有关部门印发《关于公共租赁住房和廉租住房并轨运行的通知》,明确从2014年起,各地公共租赁住房和廉租住房并轨运行,并轨后统称为公共租赁住房。各地区和有关部门按照签订的目标任务,大力推进以公共租赁住房为重点的保障性安居工程建设,积极落实各项支持政策,提高规划建设和工程质量水平,建立健全分配和运营监管机制,全年共开工建设各类保障性住房(含棚户区改造)630多万套、基本建成470多万套。

【继续做好房地产市场调控工作】 2013年,针对房价上涨预期增强,不同地区房地产市场出现分化等情况,国务院办公厅印发《关于继续做好房地产市场调控工作的通知》,要求认真落实省级人民政府负总责、城市人民政府抓落实的稳定房价工作责任制;严格执行住房限购和差别化住房信贷、税收等政策措施,加大普通商品住房及用地供应力度,落实好对首套房贷款的首付款比例和贷款利率政策,严格执行第二套(及以上)住房信贷政策,严格执行商品住房限购措施,坚决抑制投机投资性购房;加强市场监管和预期管理,加快研究提出完善住房供应体系、健全房地产市场运行和监管机制的工作思路和政策框架,推进房地产税制改革,完善住房金融体系和住房用地供应机制,推进住宅产业化,促进房地产市场持续平稳健康发展。通过多措并举,重点城市投机投资性购房需求得到有效遏制,多数城市房价涨幅回落,部分城市房价有所松动。

(国家发展和改革委员会固定资产投资司)

铁 路 建 设

概况

2013年，中国铁路总公司深入贯彻落实《国务院关于组建中国铁路总公司有关问题的批复》（国函〔2013〕47号）和《国务院关于改革铁路投融资体制加快推进铁路建设的意见》（国发〔2013〕33号）精神，加快转换职能，全面深化建设管理体制改革，不断创新建设管理工作机制，以保质量、保安全、保稳定、保开通为重点，以纵深推进标准化管理为抓手，统筹建设资源，强化组织协调，科学有序推进铁路建设，取得了显著成效。

【铁路建设加快推进】 认真落实国务院33号文件精神，及时调增年度建设任务，采取有力措施，加快推进铁路建设。全年完成铁路基建投资5336.8亿元、同比增长2.3%，完成新线铺轨7042公里、复线铺轨6012公里，投产新线5586公里，新开工项目49个，圆满完成国务院33号文件提出的"超额完成2013年投资计划"的目标任务。京沪高速铁路通过正式验收。截至2013年底，中国铁路营业里程突破10万公里，达到10.3万公里，其中高铁营业里程突破1万公里，达到1.12万公里，取得历史性成就。积极推进铁路"走出去"，成功举办泰国高铁展和罗马尼亚铁路展，中泰、中匈塞铁路合作项目取得重要进展，扩大了中国铁路的国际影响力。

【管理制度系统修订】 依据政企分开要求，全面梳理原铁道部有效的111个建设管理规章制度，依据转、合、修的原则，对兼有政府职能和企业职能的28个、基本属于企业职能的63个制度，进行梳理整合，研究提出以《铁路建设管理办法》、《关于深化铁路建设项目标准化管理的指导意见》为基本制度的铁路建设管理制度体系，制定发布《关于深化铁路建设项目标准化管理的指导意见》等14个管理制度；适应铁路改革发展新形势要求，积极推进铁路建设项目专业化管理，基本构建了符合铁路政企分开要求、有利于铁路总公司集中统一管理、能够保证相关职责有效落实的铁路建设管理体制和运行机制。

【建设标准全面梳理】 系统清理现行有效的530项建设标准，研究提出以国家标准、行业标准为基础，包括铁路工程建设技术标准、补充造价标准、标准设计三个类别，适用于不同速度和不同运输性质，涵盖铁路工程建设各专业工程勘察、设计、施工和验收全过程的总公司铁路工程建设技术标准体系；同步修订完成《铁路混凝土工程施工技术指南》等27项标准，基本解决了建设标准与产品标准、维修标准之间不衔接、不一致问题。

【质量安全有序可控】 持续深入推进标准化管理，落实技术标准，完善管理标准、作业标准和流程管理，强化制度管理、人员配置、现场管理和过程控制，并在西安召开信息化建设专题会议，总结推广经验，提升标准化管理水平，规范质量安全管理行为；下发2013年度质量安全管理工作意见，督促指导建设单位明确全年质量安全管理重点，强化质量安全过程控制，开展质量安全风险管理，排查规避质量安全风险。扎实开展铁路隧道路基工程质量专项整治，对全路2005年~2013年底开通运营项目和在建大中型建设项目的隧道、路基工程质量隐患和问题，进行系统排查、全面整治；组织开展为期3个月的安全大检查活动，围绕既有线施工、隧道施工、机械化作业、高空作业、火工品管理等安全重点，对18个铁路局和28个铁路公司的122个建设项目、417个工点进行抽查，全面排查整治安全隐患；严格落实参建各方质量安全责任，及时查处包西二线冒天山隧道等质量问题，对质量存在问题、发生安全事故的建设单位和设计、施工、监理单位，严格责任追究，有效夯实了质量安全管理基础。铁路参建各方认真落实总公司关于质量安全工作要求，健全完善质量安全管理体系，严格首件评估、自检自控、试验检测、现场检查、竣工验收流程，加强安全风险识别、评价和控制，推动设计及施工技术创新，不断强化质量安全措施。2013年，铁路建设质量安全管理进一步加强，工程质量和施工安全形势总体有序可控。

【激励约束收到成效】 适应新的管理体制机制，科学界定总公司、建设单位、参建单位管理职责，建立健全奖惩约束机制。总公司层面，研究制定

《机关部门管理行为和经济责任考核评价暂行办法》，把职责履行、作风建设、工作效果、企业效益作为各部门工作定性定量考核评价内容，将年度计划新线交付里程、基建大中型项目投资完成作为建设管理成效的差异化指标，分季度和年度进行考核评价，有效落实机关各部门指导协调、监督管理职能。建设单位层面，修订完善建设单位考核办法，调整年度建设单位考核指标，增加月度投资、开通项目、收尾项目、正式验收等考核内容，强化建设单位在项目管理中的主体责任。参建单位层面，切实加强合同履约管理，完善市场准入、清出制度，严格信用评价、不良行为记录、黑名单管理。2013年，26家施工单位、15家监理单位、6家建设单位、2家设计单位、1家物资供应单位，因违反合同约定和有关规定，受到相应处罚，有效促进了建设管理各方责任的落实。

【队伍建设深化加强】 按照党中央统一部署，深入开展党的群众路线教育实践活动，全面查找整改"四风"突出问题，党员干部积极转变作风，提高办事效率和服务质量，增强了建设队伍的凝聚力和战斗力。按照专业化、职业化发展方向，组织举办5期建设管理人员培训班，建设单位质量安全、物资设备、计划财务管理岗位390余人参加培训，提升了建设管理队伍的业务水平和素质能力；根据现场管理需要，及时调整总公司管理的项目管理机构人员编制，增加2名征地拆迁管理人员，专职从事征地拆迁工作，加强了建设管理力量；深入开展工程转包、违法分包整治工作，进一步规范"架子队"管理，较好地解决了工程质量、安全、工期、环保、稳定等方面的突出问题，提升了施工企业施工能力、管理水平和社会信誉。铁路建设系统结合项目实际、任务目标，深入扎实开展"保质量、保进度"主题实践活动，广泛开展党员模范岗、争先创优等系列劳动竞赛活动，形成加快推进铁路建设的整体合力。认真执行中央八项规定和中纪委有关廉政建设要求，修订下发《铁路建设项目实施阶段重点环节廉政风险防控手册》，加强党员干部日常警示教育，规范监督管理，有效推进了队伍思想、作风、能力和廉政建设，为完成年度建设任务提供了强大动力。

建设管理

【管理制度体系构建】 铁路政企分开改革后，铁路总公司按照转换职能要求，全面梳理了原铁道部铁路建设管理制度，制定落实铁路建设管理制度修订工作方案，加快推进总公司铁路建设管理制度体系构建工作。及时梳理原铁道部建设管理制度，对基本属于政府职能的，移交交通运输部、国家铁路局等政府部门进行修订；基本属于企业职能的，作为铁路总公司修订相关建设管理制度的基础，按照符合铁路政企分开要求、有利于总公司集中统一管理、保证相关职责有效落实铁路建设管理体制和运行机制的思路，结合群众路线教育实践活动的开展，多渠道、多方面征求各方面意见，研究提出了2＋10＋N的总公司铁路建设管理制度体系初步框架："2"即《铁路建设管理办法》和《深化铁路建设项目标准化管理的指导意见》，"10"包括质量安全管理、招投标管理、合同履约管理、技术标准管理、投资控制管理、物资设备管理、竣工验收管理、诚信体系管理、建设单位管理及队伍建设管理等板块，每个板块包含n个管理办法。按照"转、合、修"的原则，制定《铁路建设管理制度修订工作方案》，区分轻重缓急，逐一落实推进计划，铁路总公司建设管理两个基本制度中的《深化铁路建设项目标准化管理的指导意见》年内发布，基本制度下一层级10个板块配套管理办法中，印发2个；起草29个管理办法，并征求建设单位和相关部门单位的意见。

【铁路市场建设】 铁路总公司有关部门和各铁路局加强铁路工程项目进入地方交易市场招投标后的监管工作，强化与地方交易市场的协调，加大检查力度，确保铁路工程项目招标顺利开展。根据铁路政企分开的新形势，及时采取针对措施，印发《关于调整铁路建设项目施工招标条件等事项的通知》、《铁路建设工程监理招标投标实施细则》、《关于客运专线"四电"系统集成招标的指导意见》《关于明确铁路建设项目物资和咨询服务类招标有关事项的通知》，进一步规范铁路总公司招投标管理工作。印发关于贯彻落实《电子招标投标办法》的通知，积极推进铁路电子招标工作，加快在北京、南京、南昌和广州4个交易中心推进铁路电子招投标和远程异地评标工作，持续推进铁路工程招投标活动公开、公平、公正。继续开展铁路参建单位信用评价活动，印发《关于调整施工企业信用评价办法及评价结果使用规则的通知》，优化完善施工企业信用评价制度；印发《中国铁路总公司关于增加2013年下半年施工企业信用评价内容的通知》，将完成投资任务纳入施工企业信用评价。年内共公布铁路施工企业信用评价结果2期、铁路建设工程监理信用评价结果2期、勘察设计单位施工图考核结果2期。切实做好信息公开工作，督促有关单位及时通过铁路建设工程网公开有关建设项目实施阶段的信息，公布铁路建设信用评价结果、参建企业及个人不良行为等信用信息。

【重要管理办法】 制定印发《中国铁路总公司关于深化铁路建设项目标准化管理的指导意见》（铁总建设〔2013〕193号）。《指导意见》分为管理体系、三大标准、流程管理、人员配备、现场管理、四化支撑、绩效考评和组织推进八个部分，附件为铁路建设标准化管理体系框图，全面阐述铁路建设项目标准化管理体系及其组成模块、核心内容、重点工作和实施要求，形成完整、系统的项目管理方法。

制定印发《中国铁路总公司关于明确铁路建设项目物资和咨询服务类招标有关事项的通知》（铁总建设函〔2013〕1181号）。按照总公司机关各部门职责分工，对物资和咨询服务类招标管理有关事项进行调整，为建设单位依法合规开展招标工作奠定了基础。

制定印发《中国铁路总公司关于客运专线"四电"系统集成招标的指导意见》（铁总办〔2013〕4号），对铁路客运专线"四电系统集成招标的标段划分、施工图设计及审核、投标文件编制时间、潜在投标人资格、主要物资设备采购、枢纽"四电工程设计及招标、客运服务和防灾监控工程招标等事项提出指导意见，为铁路建设单位有序开展客运专线"四电"系统集成招标提供重要指导。

制定印发中国铁路总公司《铁路建设项目实施阶段重点环节廉政风险防控手册》（铁总建设〔2013〕144号）。为贯彻《建立健全教育、制度、监督并重的惩治和预防腐败体系实施纲要》，加强铁路工程建设领域廉政建设，落实"标本兼治、综合治理、惩防并举、注重预防"和"以岗位为点、以程序为线、以制度为面"的防控要求，建立廉政风险防控和权力运行监督制度，从源头上预防和遏制违法违纪行为的发生。《铁路建设项目实施阶段重点环节廉政风险防控手册》以工作流程为主线，筛选出铁路建设实施阶段可能产生廉政风险的招标投标、征地拆迁、物资供应、变更设计、验工计价、资金拨付、信用评价等9个重点环节中的廉政风险点，提出相应的防控措施。廉政风险根据程度分Ⅰ级（严重）、Ⅱ级（较大）、Ⅲ级（一般），在主要流程图中分别用红色、橙色和黄色进行预警；在对应的风险防控措施中，分别标注了风险涉及部门与人员、风险点、防控措施和监管部门等。

技术标准

2013年铁路工程建设标准工作，紧紧围绕建立和完善铁路总公司建设标准体系，以基础研究、技术储备、现场保障为重点，系统梳理和制订修订铁路建设标准，全年共发布规范标准10项，有关技术规定8项，造价标准3项，通用参考图37项。

【建设标准】 在充分听取各主要铁路设计单位、建设单位及铁路总公司有关业务部门意见建议的基础上，结合铁路工程建设和运营实践，提出铁路工程设计措施优化指导意见；适应新的高速铁路验收工作要求，及时发布高速铁路工程静态、动态验收技术规范；结合国内外无缝线路技术发展情况，充分吸纳京沪、武广等高速铁路及宜万铁路等无缝线路的铺设经验，完成铁路无缝线路设计规范。为满足铁路防灾系统工程设计需要，充分借鉴国内外高速铁路相关自然灾害监测系统的设计和运营经验，吸纳高速铁路灾害监测系统关键技术研究等一系列课题研究成果，制订完成铁路自然灾害及异物侵限监测系统工程设计暂行规定；贯彻落实国家关于节能减排的总体部署，规范和统一铁路客站绿色评价标准，组织编写完成了绿色铁路客站评价标准；加快铁路总公司标准转换和完善，完成铁路工程岩石试验规程、铁路工程水文地质勘察规范的编制工作；整合时速160公里、200公里客货共线铁路设计标准，积极推进线路、站场、隧道等各专业主体设计规范和施工标准的全面修订工作。

【造价标准】 按照"依法合规，科学合理"的要求，完成了综合检测列车高级修暂行费用标准、隧道工程地质超前预报研究、铁路工程补充预算定额的编制工作；发布《关于铁路隧道工程Ⅵ级围岩概预算定额使用有关问题的通知》以及《关于明确有砟轨道铁路铺架工程定额使用有关要求的通知》；针对特殊情况工程建设项目，适时开展弹性支撑块式无砟轨道、单口掘进超长距离隧道通风与运输定额测定与分析工作。

【标准设计】 按照统一设计标准、提高设计水平的总体要求，组织编制并发布时速350公里高速铁路简支箱梁、地震区隧道衬砌及明洞、高速铁路CRTSⅡ型轨道板、时速250公里铁路接触网安装图等通用图；适应铁路工程建设现场管理需要，在广泛调研的基础上，发布铁路工程施工现场"五牌一图"（工程概况牌、管理人员名单和监督电话牌、安全生产牌、消防保卫牌、文明施工牌，施工现场图）；加强标准设计动态管理，针对高速铁路桥梁插板式声屏障检修需要，组织开展插板式金属声屏障通用图优化方案研究和图纸修订；积极推动2013年新开标准设计项目的编制工作，完成50kg/m钢轨12号道岔5.3m、5.5m、6.5m间距交叉渡线用混凝土岔枕和时速200公里客货共线铁路隧道内双块式无砟轨道等项目的施工图；通过研究论证，编制完成客货共线铁路简支箱梁通用图。

【相关标准研究】 铁路工程结构极限状态法设计标准转轨是一项理论性、实践性很强的基础工作，涉及专业较多，2013年重点完成铁路工程结构可靠性统一标准和桥梁可靠度设计规范研究，路基、隧道、轨道等专业可靠度设计规范的编制正结合相关科研有序推进。

2013年新开工主要项目

【成都至贵阳铁路乐山至贵阳段】 为加快实施西部大开发战略，构筑四川至贵阳便捷、快速、大能力铁路通道，促进沿线地区经济社会发展，完善区域交通格局，新建铁路成都至贵阳线乐山至贵阳段客运专线。线路西起四川省的乐山市，向东经四川省的犍为县、宜宾市、长宁县、兴文县，云南省的威信县、镇雄县，贵州省的毕节市、大方县、黔西县，东至贵阳市。乐山（含）至贵阳东（不含）正线长515.02公里，其中四川省境内258.577公里；云南省境内79.299公里；贵州省境内177.144公里。全线设乐山、犍为、泥溪、屏山、宜宾东、长宁、兴文石海、威信、镇雄、毕节、大方、黔西、卫城北、白云（与贵阳枢纽合设）等14个车站（贵阳北站与贵广等合设，不含贵阳东）。工程于2013年12月1日开工建设。截至2013年底，全线完成投资10亿元，完成主要工程为大型临时设施和征地拆迁工作。

【连云港至盐城铁路】 为构建完整的国家沿海铁路通道，实施江苏沿海开发国家战略，改善沿线人民群众的出行条件和地区投资环境，新建连云港至盐城铁路。线路北起连云港市赣榆北，经赣榆、连云港、海州、董集、杨集、田楼、响水、滨海县、阜宁东、射阳，接入新长铁路盐城北站，正线长度234.03公里，赣榆港支线、徐圩支线、包庄联络线、盐城北疏解线等相关支线74.973公里（单线）。工程可研批复投资估算总额259.84亿元，资金来源为：项目资本金占总投资的50%，其中，江苏省承担资本金的30%；中国铁路总公司使用铁路建设基金和企业自有资金承担资本金的70%。资本金以外的资金利用国内银行贷款解决。建设工期3.5年。项目批复初步设计总概算248.63亿元。中国铁路总公司与江苏省调整初步设计总概算256.08亿元。截至2013年年底，全线开工累计完成投资13.73亿元，完成主要工程为大型临时设施和征地拆迁工作。

【九景衢铁路】 为完善路网结构，改善区域路网运输条件，缓解沪昆铁路运能紧张状况，提高京九、武九、皖赣等铁路疏解能力，促进中部地区与东南沿海地区的交流合作以及赣东北、浙西南地区旅游、矿产资源开发，构筑承接长三角及东南沿海地区产业向内地转移的快捷通道，新建九景衢铁路。线路自京九铁路九江站引出，经景德镇、婺源、常山，至沪昆铁路衢州站。正线全长333公里，其中：江西省境内245公里，浙江省境内88公里。建设工期为3.5年。工程于2013年12月开工建设。截至2013年底，全线开工累计完成投资4亿元，完成主要工程为大型临时设施和征地拆迁工作。

【重庆至贵阳铁路扩能改造工程】 为促进重庆市和贵州省经济社会发展，缓解铁路运输紧张状况，提高运输能力和服务水平，完善西北、西南至华南地区铁路运输通道，修建重庆至贵阳铁路扩能改造工程。线路自重庆西站引出，经綦江、遵义、息烽，至贵阳北站，正线全长347公里，其中：重庆市境内115公里，贵州省境内232公里。建设工期为5年。工程于2012年12月开工建设。截至2013年底，全线开工累计完成投资100.2亿元，占设计的19.16%。开工累计完成路基土石方2243.12万方，占设计的33%；特大、大、中桥1.8万延米，占设计的19%；隧道3.19万方洞米，占设计的19%。

【石家庄至济南客运专线】 新建石家庄至济南铁路客运专线是国家《中长期铁路网规划》中太青客运专线的中间部分。线路起自河北省石家庄市，经河北省衡水市、山东省德州市，至济南市，线路全长323公里，其中河北省境内192公里，山东省境内131公里。全线共设11个车站，包括2个客运站，分别为石家庄站（京石工程）、济南东客站；9个中间站，分别为石家庄东、藁城南、辛集南、衡水北、景州、德州东、平原东、禹城东、齐河。建设工期为3年。截至2013年底累计完成投资52.03亿元，主要为征地拆迁、大型临时设施建设。

2013年销号主要项目

【武汉至宜昌铁路】 线路东起汉口站，西至宜昌东站，正线全长293.1公里，工程总投资228.37亿元。工程于2008年9月17日开工建设，2012年7月1日开通投产。截至2013年底，全线开工累计完成投资228.37亿元。开工累计完成路基土石方1613

万方；特大、大、中桥154600延米；隧道2350成洞米；接触网887条公里；正线铺轨575.332公里；房屋90887平方米。

【上海至杭州客运专线】 线路东起上海虹桥站，西至杭州东站，正线全长153.5公里。工程总投资290.26亿元。工程于2009年4月3日开工建设，2010年10月26日开通投产。截至2013年底，全线开工累计完成投资274.26亿元。开工累计完成路基土石方456.95万方；特大、大、中桥138002延米；接触网471条公里；正线铺轨307公里；房屋212000平方米。

【六盘水至沾益增建二线】 线路东起成都铁路局双水站，西至局界宣威站，正线全长124.864公里，工程总投资89.1亿元。工程于2007年9月11日开工建设，其中六盘水枢纽货线增建Ⅱ线双水至梅花山段于2010年7月16日开通运营，梅花山至局界于2012年12月6日开通运营。截至2013年底，全线开工累计完成投资74.63亿元。开工累计完成路基土石方690.049万方；特大、大、中桥15934.3延米；隧道64119成洞米；接触网308.204条公里；正线铺轨183.383公里；房屋23815平方米。

【合肥至蚌埠客运专线】 线路自蚌埠南站至合肥枢纽合肥站，正线全长129.861公里。工程总投资115.46亿元。工程于2009年5月20日开工建设，2012年10月16日开通投产。截至2013年底，全线开工累计完成投资111.42亿元。开工累计完成路基土石方795.09万方；特大、大、中桥114051.94延米；隧道1371成洞米；接触网401条公里；正线铺轨299.011公里；房屋24888平方米。

【哈尔滨至大连客运专线】 线路南起大连北站，终到哈尔滨西站，正线全长903.94公里。工程总投资1162亿元，工程于2007年8月23日开工建设，2012年12月1日开通投产。截至2013年底，全线开工累计完成投资1034.76亿元。开工累计完成路基土石方6613万方；特大、大、中桥664040延米；隧道9930成洞米；接触网2657条公里；正线铺轨1902.22公里；房屋28.2万平方米。

2013年续建主要项目

【南宁至黎塘铁路】 线路自南宁站引出至黎塘西站，接南广铁路黎梧段，正线长93.5公里。工程总投资68.2亿元，建设总工期42个月，工程于2009年10月开工建设。截至2013年底，全线开工累计完成投资60.7亿元，占设计的89.0%。开工累计完成路基土石方471.8万方，占设计的100%；特大桥、大、中桥38563延米，占设计的100%；隧道20652成洞米，占设计的100%；接触网179.61条公里，占设计的100%；正线铺轨156.97公里，占设计的100%。

【重庆至利川铁路】 线路西起重庆市渝北区，向东途经重庆市江北区、长寿区、涪陵区、丰都县和石柱县，止于湖北省利川市，与宜万线凉雾站接轨，线路正线长264公里。建设总工期五年，工程于2008年12月29日开工，于2013年12月28日开通运营。截至2013年底，开工累计完成投资252.35亿元，占设计的93.9%。路基、桥梁、隧道工程全部完成，正线（除重庆北站外）、货车外绕线及唐家沱联络线铺轨全部完成，累计完成铺轨289.5公里，占设计总量的99.3%。

【盘锦至营口客运专线】 线路起于盘锦北车站，终至哈大铁路客运专线上的下夹河线路所；联络线起于正线中小线路所，终至哈大铁路客运专线新海城站。线路正线全长89.314公里，联络线长8.941公里。工程总投资115.28亿元。工程于2009年5月1日开工建设，2013年9月12日开通投产。截至2013年底，全线开工累计完成投资114亿元，占设计的98.9%。开工累计完成路基土石方261.61万方，占设计的100%；特大、大、中桥93928.9延米，占设计的100%；接触网291.67条公里，占设计的100%；正线铺195.69轨公里，占设计的100%；房屋26435平方米，占设计的100%。

【天津至秦皇岛客运专线】 线路自天津西站至秦皇岛站，全长287公里，工程总投资378.06亿元。工程于2008年11月8日开工建设，于2013年12月1日投产运营。截至2013年底，开工累计完成投资362.016亿元，占设计的95.76%。主体工程全部完成，初步验收合格。

【向塘至莆田铁路】 线路起于江西昌九城际铁路的乐化城际场，经过南昌西站（新建）向西南途经江西南昌、抚州、南城、南丰、黎川，再经福建建宁、泰宁、三明、将乐、尤溪到永泰分岔，直向终于福州枢纽福州站，侧向终于杭深线莆田站，正线全长632.359公里。工程总投资559.207亿元，建设总工期5年。2008年10月1日全线开工建设。2013年9月26日开通运营。截至2013年，开工累计完成投资512.7亿元，占设计的91.7%；开工累计完成路基土石方6155.6万方，占设计的100%；特大、大中桥154500延米，占设计的100%；隧道348522成洞米，占设计的100%；接触网3775.26条公里，占设计的100%；正线铺轨1270.28公里，占设计的100%；房屋182272平方米，占设计的86.72%。

【大同至西安铁路】 线路自原平西站引出，向南经忻州、阳曲后接入太原枢纽，自太原南站引出经介休、洪洞、临汾、运城后，在永济跨越黄河进入陕西省，经大荔、渭南至西安北站，正线全长678.220公里。工程总投资888.703亿元，建设总工期46个月，工程于2010年3月开工建设。截至2013年底，开工累计完成投资744.6亿元，占设计的84%。开工累计完成路基土石方3130万方，占设计的100%；桥梁510000延米，占设计的99%；隧道66616成洞米，占设计的100%；接触网1752条公里，占设计的81%；正线铺轨655.3双线公里，占设计的86.3%；房屋79976平方米，占设计的100%。

【海南西环铁路】 线路北起海口站，南至三亚站，正线全长345.213公里。项目总投资271亿元。凤凰机场至三亚段10.192公里于2012年9月28日开工建设，其余工程2013年9月29日开工建设。截至2013年底，全线开工累计完成投资32亿元，占设计的11.8%。开工累计完成路基土石方432万方，占设计的11.8%；特大、大、中桥2082延米，占设计的1.7%；隧道970成洞米，占设计的5.8%；涵洞1564横延米，占设计的9.8%。

【兰州至重庆铁路】 线路自兰州东站至重庆北站，正线全长855.33公里，另修建南充至高兴单线88.68公里。工程总投资833.74亿元，建设总工期6年。工程于2008年9月16日开工建设。截至2013年底，全线开工累计完成投资716.17亿元，占设计的81.6%。开工累计完成路基土石方14069万方，占设计的90.6%；特大、大、中桥199946延米，占设计的94.3%；隧道574172成洞米，占设计94.0%；正线铺轨525公里，占设计的25.3%。

【拉萨至日喀则铁路】 线路自拉萨站至日喀则站，正线全长253.596公里，工程总投资132.82亿元，建设总工期4年。工程于2011年2月14日开工建设。截至2013年底，全线开工累计完成投资111.10亿元，占设计的83.65%；开工累计完成土石方1840万方，占设计的100%；特大、大、中桥45656.98延米，占设计的100%；隧道72270成洞米，占设计的100%；正线铺轨264.1公里，占设计的89.32%，房屋68231平方米，占设计的105.62%。

【成都至重庆客运专线】 线路自成都枢纽成都东站至重庆站，线路长度308.206公里。工程总投资357.85亿元。建设总工期57个月，工程于2010年10月1日开工建设。截至2013年底，全线开工累计完成投资253.53亿元，占设计的70.8%；开工累计完成路基土石方4574万方，占设计的99%；特大、大中桥151931延米，占设计的97%；隧道47003成洞米，占设计的74%。

【南京至安庆城际铁路】 线路东起南京枢纽南京南站，西至安庆站，正线全长257.5公里。工程总投资314.56亿元，建设总工期54个月。工程于2009年4月开工建设。截至2013年底，全线开工累计完成投资250亿元，占设计的79.48%。开工累计完成路基土石方169554万方，占设计的91.13%；特大、大、中桥163053.63延米，占设计的87.32%；隧道5305.86成洞米，占设计的98.27%；正线铺轨120.30公里，占设计的22.33%；房屋33538.67平方米，占设计的28.29%。

【南宁至广州铁路】 线路自广西黎塘西站至肇庆东站，与新建贵广铁路并行引入广州枢纽，线路全长463公里。工程总投资425亿元。建设总工期4年半，工程于2009年5月1日开工建设。截至2013年底，全线开工累计完成投资365.5亿元，占设计的86%。开工累计完成路基土石方6675万方，占设计的99.2%；特大、大、中桥167370延米，占设计的92.5%；隧道108232成洞米，占设计的99%；接触网872公里，占设计的66.4%；正线铺轨384公里，占设计的67%；房屋89646平方米，占设计的71.2%。

【哈尔滨至齐齐哈尔客运专线】 线路起自黑龙江省省会哈尔滨市，向西北方向经肇东、安达、大庆，止于齐齐哈尔市，线路全长280.879公里。工程总投资323.94亿元。建设总工期4年，工程于2009年11月30日开工建设。截至2013年底，全线开工累计完成投资238.68亿元，占设计的73.7%。开工累计完成路基土石方1573万方，占设计的100%；特、大、中桥168913.91延米，占设计的97.54%；房屋70793平方米，占设计的49.6%。

【山西中南部铁路通道工程】 线路自山西省瓦塘站至山东省日照南站，正线全长1267.3公里。工程总投资988.3553亿元，建设总工期4.5年。工程于2010年10月开工建设。截至2013年底，全线开工累计完成投资766.6亿元，占设计的77.56%。开工累计完成路基土石方14078.8万方，占设计的97.59%；特大、大、中桥263333延米，占设计的90.7%；隧道376076.3成洞米，占设计的98.96%；接触网119.9条公里，占设计的3.1%；正线铺轨

1585公里，占设计的56.22%；房屋5582.7平方米，占设计的2.77%。

【沈阳至丹东客运专线】 线路自沈阳铁路枢纽沈阳南站至丹东站，线路正线全长205.644公里，工程总投资202.6亿元。建设总工期5年。工程于2010年5月31日开工建设。截至2013年底，全线开工累计完成投资117亿元，占设计的57.7%。开工累计完成路基土石方914.22万方，占设计的98%；特大、大、中桥60518延米，占设计的85%；隧道78119成洞米，占设计的95.6%。

【兰新铁路第二双线】 兰新铁路第二双线自兰州铁路枢纽兰州西站引出，经青海省西宁，甘肃省张掖、酒泉、嘉峪关，新疆维吾尔自治区哈密、吐鲁番，引入乌鲁木齐站，线路全长1776公里。总投资估算总额1435亿元，施工总工期按5年安排。工程于2010年1月1日开工建设。截至2013年底，全线累计完成投资1097.2亿元，占设计的81.7%。开工累计完成路基土石方16109万方，占设计的99.5%；特大、大、中桥412660延米，占设计的100%；隧道179639成洞米，占设计的96.4%；接触网3693条公里，占设计的79.7%；正线铺轨2786.8公里，占设计的78.4%；房屋210326平方米，占设计的68.2%。

【贵阳至广州铁路】 线路自贵州贵阳北站起，经贵州黔南布依族苗族自治州，广西桂林、贺州，广东肇庆、佛山至广州的广州南站，线路长856.899公里，工程总投资918.19亿元。建设总工期72个月，工程于2008年12月23日开工建设。截至2013年底，开工累计完成投资690.5亿元，占总投资的79.1%；开工累计完成路基土石方5417万方，占设计总量的93.2%；特大、大、中桥237622延米，占设计总量的84.2%；隧道465987成洞米，占设计总量的99.9%；正线铺轨65.6公里，为设计总量的3.8%，站线铺轨15.1公里，为设计总量的14.9%。

【天津至保定铁路】 线路东起天津西站途经胜芳、霸州西、白沟、白洋淀、徐水、漕河至保定，正线全长157公里。另外还有天津大北环货运线全长47.8公里。工程总投资249.30亿元，建设总工期30个月，工程于2010年9月1日开工建设。截至2013年底，开工累计完成118.916亿，占设计的47.70%。路基土方填筑完成46%；霸州以西桥梁下部结构基本完成，架梁完成560孔；霸州以东正进行钻孔桩、承台、墩身施工，连续梁合拢9联，完成设计的37.5%。

【郑州至徐州铁路客运专线】 线路西起郑州东站，东至徐州东站，正线长度361.937公里。工程总投资479.8亿元，建设总工期4年。工程于2012年12月26日开工建设。截至2013年底，全线开工累计完成投资99.48万元，占设计的21%。开工累计完成路基土石方45.4万方，完成设计13.3%；特大、大、中桥169158延米，占设计的54.2%；涵洞181横延米，占设计14.7%。

【长沙至昆明客运专线】 长沙至昆明铁路客运专线，自长沙南站至昆明南站，正线全长1158.09公里。投资总额1601.4亿元，工程总工期，长沙南至贵阳北段按4年安排，贵阳北至昆明南段暂按5年半安排。工程于2010年10月1日开工建设。截至2013年底，全线累计完成投资876.9亿元，占设计的58.8%。开工累计完成路基土石方9852万方，占设计的95.6%；特大、大、中桥306664延米，占设计的89%；隧道648995成洞米，占设计的100%；接触网222条公里，占设计的7.7%，正线铺轨416公里，占设计的17.8%；房屋23602平方米，占设计的7.5%。

【杭州至长沙客运专线】 杭州至长沙铁路客运专线自浙江省杭州市，经金华、衢州，江西省上饶、鹰潭、抚州、南昌、新余、宜春、萍乡，湖南省株洲至长沙。新建客运专线杭州东站至长沙南站，线路长度933.165公里，正线建筑长度930.682公里。投资估算总额1308.8亿元，工程总工期54个月。工程分段开工建设，江西、湖南、浙江段分别于2010年4月18日、5月20日、6月18日开工建设。截至2013年底，全线累计完成投资1019.49亿元，占设计的80.6%。开工累计完成路基土石方5976万方，占设计的97.1%；特大、大、中桥711506延米，占设计的100%；隧道65973成洞米，占设计的97.9%；接触网2565条公里，占设计的83.7%，正线铺轨1446公里，占设计的77%；房屋293322平方米，占设计的68.2%。

【张家口至唐山铁路】 线路起自张家口市的孔家庄站，向东至承德西部后折向南经唐山西部至我国北方重要的煤炭运输港口曹妃甸北站站前，正线全长524.895公里。工程总投资369.29亿元，建设工期4年半，工程于2011年7月1日开工建设。截至2013年底，全线开工累计投资完成279.8亿元，占设计的73.33%。开工累计完成路基土石方5195.83万方，占设计的92.82%；特大、大、中桥74472.65延米，占设计的57.87%，隧道222848成洞米，占设计的92.89%。

【合肥至福州铁路】 合肥至福州铁路自安徽省

合肥市,经巢湖、铜陵、芜湖、宣城、黄山、福建省南平、宁德至福州市。新建合肥枢纽合肥南站至福州枢纽福州站,正线全长约810.41公里,包括相关联络线工程。投资估算总额1058.4亿元(不含铜陵长江大桥公路引桥及接线工程投资),工程按总工期4.5年控制。京福闽赣客专公司、京福客专安徽公司管段分别于2010年4月18日、6月15日开工建设。截至2013年底,全线累计完成投资688.46亿元,占设计的67.1%。开工累计完成路基土石方5295万方,占设计的99%;特大、大、中桥367639延米,占设计的90.8%;隧道337804成洞米,占设计的98.4%;接触网246条公里,占设计的10.3%;房屋24596平方米,占设计的9.3%。

【青岛至荣城城际铁路】 线路起于山东省青岛北站外DK18+000,止于威海境内的荣成市,正线全长298.842公里。工程总投资345.9亿元,建设工期为51个月。工程于2010年10月10日开工。截至2013年底,开工累计完成投资252.955亿元,占设计的71.99%。开工累计完成路基2834.7万方,占设计的90.3%;桥梁155247.3折合成桥米,占设计的84.1%;框构13661.3顶平方米,占设计的61.4%;涵洞6385.0横延米,占设计的90.6%;隧道29145.8成洞米,占设计的94.3%。

【成都至绵阳至乐山铁路客运专线】 线路北起四川省江油,经绵阳、德阳、广汉、成都,然后向南经过彭山、眉山、青神、乐山,最后抵达峨眉山,全线共21个车站,线路正线全长312.369公里。工程于2009年9月4日开工建设。截至2013年底,开工累计完成投资422.11亿元,占设计的86.48%。开工累计完成路基土石方3902.53万方,占设计的99.96%;大、中桥195779.81延米,占设计的99.73%;隧道13244成洞米,占设计的100%;正线铺轨354.4公里,站线铺轨75.4公里,占设计的52%。

【成都至兰州铁路】 成兰铁路起于成都青白江站,在甘肃省内接正在建设的兰渝铁路哈达铺站,全长457.651公里,工程总投资为616.86亿元。建设总工期为72个月。2011年3月29日,先期开工段正式组织开工建设。截至2013年底,开工累计完成投资40亿元,占设计的6.48%。开工累计完成路基土石方572.13万方,占设计的17.91%;特大、大、中桥19382延米,占设计的23.63%;隧道12654.39成洞米,占设计的3.77%。

(中国铁路总公司建设管理部)

公 路 建 设

2013年,面对错综复杂的国内外形势,交通运输系统深入贯彻落实中央稳增长、调结构、促改革的决策部署,坚持稳中求进工作总基调,坚持主题主线,公路建设事业取得新的进步,为全面建成小康社会提供了坚实的交通运输保障。

【公路建设基本情况】 2013年年底,全国公路总里程达435.62万公里,比上年末增加11.87万公里。公路密度为45.38公里/百平方公里,比上年末提高1.24公里/百平方公里。

全国等级公路里程375.56万公里,比上年末增加14.60万公里。等级公路占公路总里程的86.2%,提高1.0个百分点。其中,二级及以上公路里程52.44万公里,增加2.25万公里,占公路总里程的12.0%,提高0.2个百分点。

各行政等级公路里程分别为:国道17.68万公里(其中普通国道10.60万公里)、省道31.79万公里、县道54.68万公里、乡道109.05万公里、专用公路7.68万公里,比上年末分别增加0.35万公里、0.58万公里、0.73万公里、1.39万公里和0.31万公里。

全国高速公路里程达10.44万公里,比上年末增加0.82万公里。其中,国家高速公路7.08万公里,增加0.28万公里。全国高速公路车道里程46.13万公里,增加3.67万公里。

全国农村公路(含县道、乡道、村道)里程达378.48万公里,比上年末增加10.64万公里,其中村道214.74万公里,增加8.52万公里。全国通公路的乡(镇)占全国乡(镇)总数的99.97%,其中通硬化路面的乡(镇)占全国乡(镇)总数的97.81%,比上年末提高0.38个百分点;通公路的建制村占全国建制村总数的99.70%,其中通硬化路面的建制村占全国建制村总数的89.00%,比上年末提高2.54个百分点。

全国公路桥梁达 73.53 万座、3977.80 万米，比上年末增加 2.19 万座、315.02 万米。其中，特大桥梁 3075 座、546.14 万米，大桥 67677 座、1704.34 万米。全国公路隧道为 11359 处、960.56 万米，比上年末增加 1337 处、155.29 万米。其中，特长隧道 562 处、250.69 万米，长隧道 2303 处、393.62 万米。

全年完成公路建设投资 13692.20 亿元，比上年增长 7.7%。其中，高速公路建设完成投资 7297.76 亿元，增长 0.8%。普通国道、省道建设完成投资 3899.61 亿元，增长 18.4%。农村公路建设完成投资 2494.83 亿元，增长 14.4%，新改建农村公路 20.54 万公里。集中连片特困地区贫困县完成公路建设投资 3185.14 亿元，增长 18.8%，占全国公路建设投资的 23.3%。

【重点项目建设】 国家高速公路网建设加快推进，高速公路网络日益完善，重点工程进展顺利。港珠澳大桥关键控制性工程取得突破，海底隧道第一节沉管精确沉放到位，首战告捷；安徽马鞍山长江大桥、浙江嘉绍大桥、江西九江长江二桥、西藏墨脱公路建成通车，望东长江大桥、连霍高速及京港澳高速河南段改扩建工程等重点项目顺利推进，新疆公路代建项目进展顺利；完成芜湖长江二桥、浙江台州湾大桥、广东虎门二桥等项目设计审批工作，国家高速公路网进广东的纵向通道"断头路"全面开工。

【以高速公路施工标准化活动为载体，全面推行现代工程管理】 为推动建立高速公路施工标准化常态工作长效机制，交通运输部组织福建、江苏、陕西、广东等省有关单位编写、出版《高速公路施工标准化技术指南》系列丛书，对施工现场技术人员进行宣贯培训，4 期培训共有约 1370 人参加，覆盖了全国各在建高速公路项目的建设单位代表、省级交通运输主管部门和质量监督机构。交通运输部组织专家到相关省份的高速公路工地现场进行调研，着手开展经验成果总结工作，组织编印《高速公路施工标准化图册》，按技术要求分类，以图片记录施工标准化工作，宣传、巩固施工标准化成果。启动施工标准化总结考核工作，组织起草《高速公路施工标准化活动考核办法》，印发《关于开展高速公路施工标准化活动总结与考核工作的通知》。

【推进工程管理体制改革】 交通运输部组织起草《公路建设项目代建管理办法》、《公路工程设计施工总承包管理办法》，征求各省意见并先后在成都、深圳组织座谈讨论。通过改进工程管理模式，提高项目管理的专业化水平。修订《公路工程竣（交）工验收办法》，加强交工验收阶段安全设施验收工作，组织起草《公路工程交通安全设施交工验收评价标准》并征求各地意见，结合黄埔大桥竣工验收工作，对安全设施进行试评价。

【组织重点项目竣工验收】 交通运输部组织对国道主干线广州绕城公路东段、吉林省珲春至江密峰公路、湖南省常德至吉首公路等项目进行竣工验收。

国道主干线广州绕城公路东段是国家公路网及广东省、广州市区域公路网的重要组成部分，是由大跨径悬索桥、独塔斜拉桥、大断面长隧道组成的重点公路建设项目，路线全长 18.694 公里，2004 年 12 月 23 日开工建设。针对建设环境复杂、技术难度大等特点，项目系统开展了珠江黄埔大桥关键技术研究，形成复杂地质条件地下连续墙成套施工工法，研制了 62.5 米特大跨度移动模架及质量控制体系，提出适用于台风区悬索桥猫道设计新方法，解决了软弱地层大断面隧道设计施工技术难题，确保项目顺利实施，创新成果突出。该项目的建成，对实现广州"北优南拓、东进西联"，完善路网体系，促进珠江三角洲经济社会发展具有重要意义。

珲春至江密峰公路，是国家高速公路网珲春至乌兰浩特高速公路的组成部分，是吉林省通边达海重要的干线公路，也是延边朝鲜族自治州与省会城市长春进行政治、经济、文化交流的主要通道。项目全长 347.942 公里，新建双向四车道高速公路标准。针对建设规模大、参建单位多等实际问题，制定"优质优价、优监优酬"管理办法，提高工作效率和参建单位的积极性，为较好地完成建设任务奠定了坚实的基础。结合该项目里程长、自然环境多样、建设条件复杂等工程特点，为贯彻落实建设生态环保公路的新理念，充分利用原生态资源，尽量减少对山体扰动和圬工砌体工程量，取得较好的效果。为体现地方民俗文化，在延边朝鲜族自治州辖区内，设置具有朝鲜族特色的服务区，将地域民族文化引入高速公路；组织开发远程信息管理平台，研究季冻区典型路面结构。该项目的建设，对吉林省发展外向型经济、改善投资环境，促进交通运输事业和旅游事业的发展，支援边疆少数民族地区经济建设，振兴东北老工业基地，具有重要意义。

【西藏墨脱公路建成通车】 西藏自治区墨脱县西、北、东三面为喜马拉雅山脉和岗日嘎布山脉阻隔，一度是全国唯一不通公路的县，墨脱的门巴族、珞巴族同胞交通极为困难。西藏和平解放以来，党中央、国务院非常关心墨脱公路建设，交通运输部及国家有关部门、西藏自治区积极推进，先后四次建设墨脱公路，终因复杂的地形、地质、气候条件以及当时的人力物力限制，没能完全成功。2008年国家批准第五次建设，2009年4月一期工程开工，2010年12月全线控制性工程嘎隆拉隧道贯通，2011年11月启动二期工程，主要实施路基上边坡防护、排水工程和部分地质灾害处治。

西藏波密扎木至墨脱县城公路（墨脱公路）新改建工程位于西藏林芝地区波密和墨脱两县境内，路线起于波密县扎木镇318国道与老扎墨公路的交叉点，终点位于墨脱县城莲花广场，路线全长117.278公里，其中嘎隆拉雪山实施3310米隧道新建方案，可缩短里程约25公里。按照先通后畅、先易后难、先点后线、逐段推进的建设原则，经过工程建设者艰苦卓绝的努力，成功实现"打通墨脱公路，在无重大自然灾害发生的前提下，加强养护、保通工作，力争全年8~9个月通车时间"的建设目标，取得阶段性的成果。路基逐渐趋于稳定，行车条件明显改善，每年通行时间由原来不足3个月延长到9个月左右，正常气候条件下波密至墨脱5个小时可以到达。墨脱公路的建设，实现了全国县县通公路的梦想，是我国公路建设史上具有划时代意义的里程碑。

（交通运输部公路局）

水 运 工 程 建 设

【**水运工程标准制定修订**】 按照调整水路运输发展结构，建设绿色、畅通、高效水运事业的要求，加强对于保证水运工程建设质量、促进技术创新、保障内河航运发展、推动节能减排和环境保护标准的制定修订工作，新发布实施《海港水文规范》、《水运工程机电专项监理规范》、《水运工程施工图文件编制规定》、《水运工程先张法预应力高强混凝土管桩设计与施工规程》、《水运工程岩土勘察规范》、《水运支持系统工程初步设计文件编制规定》、《水运工程定额编写规定》、《港口集装箱码头堆场设备供电设施技术规范》、《港口设施维护技术规范》、《水运工程标准勘察设计招标文件》、《绿色港口等级评价标准》、《船闸检修技术规程》、《海港总体设计规范》、《港口工程离心模型试验技术规程》等14项强制性行业标准。

组织开展2014年度水运工程标准立项工作，通过组织专家评审，确定《水运通信工程技术规范》（制定）等16项标准为2014年度新列项目，执行完成2400万元标准编制经费预算。

适应新时期水运工程标准化工作需要，组织开展《水运工程建设标准编写规定》修编工作，经过广泛征求意见，完成修编成果并组织完成审查。启动开展《港口能效管理技术规范》、《液化天然气加注码头设计规范》等行业标准的编制工作等。进一步完善水运工程标准项目库，推动有关技术成果上升为行业标准，组织开展《水运工程建设标准体系表》梳理和修订工作，提出水运工程标准规范"立、改、废"的工作方案。创新水运工程标准成果公布机制，对行业急需的专项成果以局部修订或专题成果形式专门审查、即时公布，组织完成《大型集装箱船船型尺度》。

开展内河渡口建设标准化专题调研，组织3个调研组赴全国10多个省区开展现场调研，同时对10多个省区开展函调，为出台渡口建设标准化指导意见奠定基础。

根据游艇码头建设蓬勃发展的需求，及时立项和进行《游艇码头设计规范》的编写工作，对游艇码头建设选址、结构计算和安全设施等方面进行规定。

推动行业技术人员准确理解、严格执行技术规范，解答实际工作中的疑问，指导有关行业协会、学会组织开展《水运工程测量规范》的多项标准的培训工作。（李德春）

【**《交通运输部关于推进水运行业应用液化天然气的指导意见》发布**】 随着国内外能源消费结构的调整、水运排放控制标准的提高，液化天然气作为清洁能源的减排优势和经济优势逐步体现，在水运行业应用成为时代发展的需要。为促进水运行业节能减排、转型升级和优化用能结构，安全有序推进水运行业应用液化天然气（LNG），2013年10月23日交通运输部印发《交通运输部关于推进水运行业应用液化天然气的指导意见》（交水发〔2013〕625

号,以下简称《指导意见》)。《指导意见》提出推进工作中三项基本原则,即"安全有序、示范引领"、"市场主导、协同推进"和"创新驱动、技术支撑",提出2015年和2020年的分阶段目标。(胡明　饶京川)

【《绿色港口等级评价标准》发布】　交通运输部把建立绿色港口发展长效机制作为重要工作,通过建立绿色港口等级评价体系和相关标准促进港口树立资源节约、环境友好发展理念,积极履行社会责任,引导港口综合采用有利于节能环保、应对气候变化的技术和管理措施,有效开展节能减排工作。2013年4月9日,交通运输部发布《绿色港口等级评价标准》(下称《评价标准》)(JTS/T105—4—2013),要求从2013年6月1日起施行。

《评价标准》界定了绿色港口的内涵,将港口营运过程中的节约能源和水资源、减少污染物排放和控制温室气体排放纳入绿色发展的范畴,以评价涉及内容具有全面性和引导性、评价依赖的信息具有可获得性和可靠性、评价借助的方法具有科学性和可操作性、评价形成的结果具有可比性和激励性为原则,设置评价项目、确定评价内容、选择评价指标、设计评价方法、设定评价等级。

《评价标准》基于推动企业开展绿色港口建设的相关影响因素中,理念是基础、行动是关键、管理是保障、目的在效果,设置了理念、行动、管理和效果4个评价项目;按照绿色发展的要求,从企业的战略和文化建设,采取的环保、节能、低碳等行动、管理的体系和制度建设、取得的成效和发展水平等方面确定了评价内容,按照规划、资金、宣传教育、污染控制、审计认证、目标考核等23个指标进行评价,针对集装箱、干散货和液体散货专业化码头的不同特点建立了评价因素和计分方法,按照绿色发展程度将绿色港口划分为3星级、4星级和5星级三个等级。

《评价标准》的实施,不仅与相关绿色港口评价体系组成有机的整体,健全港口绿色、循环、低碳发展的长效机制,而且也是行业首部绿色发展的标准,填补了空白。与相关管理办法配套实施后将有助于引导和规范我国绿色港口的建设,促进港口经济社会的可持续发展。(胡明　饶京川)

【以试点示范项目促进行业绿色发展实现结构调整】　交通运输部水运局通过开展"优化水运用能结构,建设现代绿色物流链"、"港口码头油气回收再利用技术"、"水运行业应用液化天然气技术"等一批试点示范项目建设,引导行业利用节能减排绿色发展促进水运结构调整,使水路运输除具有运能大、运距长、能耗低、占地少、污染轻等比较优势外,运输方式更节能更环保。其中"优化水运用能结构,打造现代绿色物流链"示范项目进展顺利,靠港船舶使用岸电技术在黄骅港和神华45000DWT散货运输船上实现应用;带式输送机节能控制技术、散货码头工艺系统优化和筒仓粉尘防治技术在黄骅港和神华天津煤码头得到应用;码头油气回收再利用技术在舟山港原油码头和营口港成品油码头建设中得以应用;液化天然气应用技术在部分港口码头、不同运输船舶的试点应用,得以实现船舶加注、码头加注的示范。试点示范项目开展一年多来,有关新技术已经支撑《码头船舶岸电设施技术规范》等有关标准规范的研究、编写,在带动企业走绿色科学发展之路、促进实现水运结构调整方面,起到了较好的示范引领作用。(胡明　饶京川)

【2013年水运工程工法情况介绍】　根据《水运工程工法管理办法(试行)》(交水发〔2010〕245号),交通运输部水运局组织中国水运建设行业协会开展2013年度水运工程工法申报、评审工作,完成公布水运工程一级工法7项、二级工法11项,并以2013年第71号公告予以公布。(李德春)

【沿海港口建设】　2013年,全国水运建设完成投资1528.46亿元,同比增长2.3%,其中,沿海港口建设完成投资982.49亿元,下降2.2%。沿海港口新建及改(扩)建码头泊位125个,新增吞吐能力30597万吨,其中万吨级及以上泊位新增吞吐能力27163万吨。沿海港口重点建设项目有序推进,唐山港曹妃甸港区矿石码头三期工程、广东惠州港荃湾港区煤炭码头一期工程等18个国家重点水运工程初步设计获得部批复,深圳港盐田港区集装箱码头扩建工程、营口港鲅鱼圈港区30万吨级矿石码头、苏州港太仓港区三期工程等16个国家重点水运工程通过国家验收。

截至2013年底,全国港口拥有生产用码头泊位31760个,其中,沿海港口生产用码头泊位共5675个,比上年增加52个;全国港口拥有万吨级及以上泊位2001个,比上年末增加115个,其中,沿海港口万吨级及以上泊位1607个,较上年增加90个。

2013年,全国港口完成货物吞吐量117.67亿吨,同比增长9.2%,其中,沿海港口完成75.61亿吨;全国港口完成外贸货物吞吐量33.60亿吨,其中,沿海港口完成30.57亿吨,占90.98%;全国港口完成集装箱吞吐量1.90亿TEU,其中,沿海港口完成1.70亿TEU,比上年增长7.4%。(祝振宇)

【内河水运建设】 2013年,全国内河水运在建项目共450个,总投资3681.5亿元,同比增长9.8%;全年新开工内河水运建设项目93个,总投资423.4亿元,同比增长43.1%;全年完成投资541.5亿元,同比增长11.6%;

从年度完成投资额来看,排名前三位的是江苏省、湖北省和安徽省,分别为159.9亿元、95.9亿元和51.0亿元,湖南、广西、重庆、四川等省区市投资均超过30亿元。从增幅来看,贵州省、上海市、甘肃省内河水运建设投资分别增长199.4%、86.2%和63.8%,浙江、安徽、湖北、河南等省市内河水运建设投资增长速度均超过20%。

2013年,全国内河航道在建项目185个,总投资2444.9亿元(含枢纽及通航建筑物,下同);新开工航道项目30个,总投资203.4亿元;全年完成内河航道投资292.4亿元,同比增长21.6%。截至2013年底,新增及改善内河航道里程866公里,内河航道通航里程达到12.59万公里,其中三级及以上航道10201公里,占总里程8.1%,提高0.2个百分点。

京杭运河航道扩能工程加快实施,芜申运河、连申线、申张线、大芦线、杭申线、长湖申线、湖嘉申线等一批《长江三角洲高等级航道网建设规划(2011—2015)》建设项目全面展开。西江干线南宁至贵港二级航道工程、长洲水利枢纽三四线船闸工程等项目稳步实施。合裕线、赣江、汉江、湘江、乌江、嘉陵江等航道整治工程和湘江土谷塘航电枢纽等加快推进,赣江石虎塘航电枢纽等航电枢纽工程建成运行。

2013年,全国内河港口在建项目共265个,总投资1236.6亿元;全年新开工内河港口项目63个,总投资220.0亿元;内河港口全年完成投资249.1亿元,同比增长1.9%。新建及改(扩)建内河港口码头泊位164个,新增吞吐能力9271万吨,其中万吨级及以上泊位增加25个,新增吞吐能力4316万吨。(市场处)

【交通运输支持系统基本建设】 2013年交通运输支持系统基本建设进展顺利,共完成投资58.69亿元,其中中央投资56.35亿元。

救捞系统基本建设完成投资22.75亿元,其中中央投资20.41亿元。在建项目42个(其中新开工项目8个),完工项目5个。8000kW海洋救助船17号、18号,近海快速救助船4号、5号交付使用;北海救助局烟台救助码头改造工程、东海救助局救助指挥业务用房工程、上海打捞局横沙基地码头工程等重点工程通过竣工验收。这些救助装备和基础设施的投入使用,进一步提高了我国海上人命救助和抢险打捞的能力和水平。

海事系统基本建设完成投资12.8亿元,全部为中央投资,在建项目168个(其中新开工项目46个),完工项目67个。

长航系统基本建设完成投资14.95亿元,全部为中央投资,在建项目190个(其中新开工项目47个),完工项目90个,海事、航道、公安、三峡、医院等支持保障系统建设进展均较为顺利。

科研、教育类等支持系统基本建设完成投资8.19亿元,其中中央投资8.11亿元,在建项目共27个(其中新开工项目13个),完工项目10个。(刘国辉)

【苏州港太仓港区三期工程通过竣工验收】 6月,苏州港太仓港区三期工程通过国家竣工验收,正式投入使用。工程建设4个5万吨级集装箱泊位及相应配套设施(水工结构均按靠泊10万吨级集装箱船设计)。工程的建设完成,对提高苏州港的集装箱吞吐能力,提升港口功能,适应苏州市及长三角地区港口集装箱吞吐量不断增长的需要,促进区域经济贸易进一步发展等方面均具有重要意义。(刘国辉)

【青岛港前湾港区招商局国际集装箱码头工程(1号、2号、3号泊位)通过竣工验收】 3月,青岛港前湾港区招商局国际集装箱码头工程(1号、2号、3号泊位)通过国家竣工验收,正式投入使用。工程的建设完成,为适应青岛港集装箱吞吐量不断增长的需要,进一步促进青岛市、山东省经济社会发展和提高国际竞争力等方面具有重要意义。(刘国辉)

(交通运输部水运局)

通 信 业 建 设

【概况】 2013年,基础电信业共完成固定资产投资3754.7亿元,同比增长3.9%,增速比2012年下降4.6个百分点。固定资产投资中增长速度较快的类别是互联网及数据通信投资，全年共完成投资511.7亿元，同比增长23%，局房及营业场所投资、传输投资、创新及增值平台投资和业务支撑系统投资均同比正增长，分别增长36.4%、14.9%、6.6%和5.6%，而固定通信投资下滑80.9%，成为投资减速最为突出的领域。2013年移动通信投资共完成1346.4亿元，同比下降1.5%，在全部投资中占比为35.9%，仍是固定资产投资占比最大的领域。

【运营企业基础设施建设加快】 2013年，在移动互联网发展、信息消费、"宽带中国"等相关政策的带动下，各运营企业基础设施建设步伐持续加快。截至年末，行业光缆线路总长度累计达到1745.1万公里，比2012年末新增265.8万公里，同比增长17.9%，比上年回落4.2个百分点，仍保持较快的增长态势；移动电话网扩容速度有所加快，移动交换机容量达到19.65亿户；互联网宽带接入端口数已达到3.6亿个，比上年净增3864万个，XDSL端口比上年减少1111.7万个，总数达到1.47亿个，占互联网接入端口的比重由上年的49.4%下降至41%，光纤接入FTTH/0端口比上年净增4215.2万个，达到1.15亿个，占互联网接入端口的比重由上年的22.7%提升至32%。

2013年全行业接入速率在4M和8M以上的宽带接入用户分别新增3926万户和2052.3万户，速率在512K至2K之间以及2M至4M之间的宽带接入用户则分别减少了297.5万户和1722.9万户。随着运营企业宽带普及、光纤改造与提速的逐步推进，用户接入宽带普遍有所提升。截至12月末，全行业4M以上宽带接入用户累计达到14890.1万户，在全部宽带用户中占比达到78.8%，比年初（1月末）提高11.8个百分点。

【认真贯彻落实光纤到户国家标准】 推进光纤到户建设，组织做好《住宅区和住宅建筑内光纤到户通信设施工程设计规范》和《住宅区和住宅建筑内光纤到户通信设施工程施工及验收规范》两项国家标准贯彻落实工作。配合住房城乡建设部印发《关于贯彻落实光纤到户国家标准的通知》（建标[2013]36号），要求各地充分认识贯彻落实光纤到户国家标准的重要性和必要性，明确各相关部门的责任要求，并提出政策保障措施。积极组织宣贯培训，促进光纤到户国家标准的落实。全国共组织约60期宣贯培训班，近10000人参加培训，覆盖各地住建、规划、通信管理部门工作人员以及设计、审图、施工、监理、质监等单位人员。大力推进建立工程质量和验收备案管理机制，25个省（区、市）通信管理局和住房城乡建设部门联合印发文件，明确光纤到户工程设计、施工图审查、施工及验收备案等环节的工作程序和要求，部署相关工作。20个省（区、市）通信管理局依托通信工程质量监督机构或行业协会成立地市县级办事机构，负责光纤到户工程质量监督和验收备案管理工作，部分地区已制定出台具体细则和工作程序，并且工作机制正常运行。联合住房城乡建设部加强对光纤到户国家标准贯彻实施工作的调查研究和监督指导，同时组织各地通信管理局、住房城乡建设部门的有关人员开展交流、现场观摩等活动，及时总结和推广先进的管理经验和工程经验。组织一系列的宣传报道活动，委托有关单位制作光纤到户宣传片，各地通过专家访谈、经验交流、案例分析等多种形式，开展一系列有深度、有声势的宣传活动，加快推进光纤到户建设。组织制定配套的建设标准和工程定额，切实保障光纤到户工程质量及合理工程造价。

【通信建设招投标监管】 为进一步做好通信建设项目招投标管理工作，维护公平竞争的市场环境，通过加强制度建设、信息化建设等措施，强化通信建设项目招投标活动的监管，提高招投标当事人的法律意识，有效遏制工程建设项目招投标活动中的违法违规行为。加强制度建设。为完善通信行业招投标规章制度，形成依法、合规、统一的招标投标制度体系，组织修订《通信建设项目招标投标管理办法》（报批稿）。加强信息化建设。适应新时代要求、结合通信工程建设项目的实际，组织建立"通信建设项目招标投标管理信息平台"，实现评标专家库的信息化管理和招标项目的网上备案，优化相关流程，促进招投标监管的高效和便捷。加强招投标活动跟踪和监督。大力推进公开招标，加强对招标项目的备案管理，严格执行自行招标事前一事一备、事后按时备案的规定，定期通报招标备案落实情况。加强对重点工程建设项目招标投标活动的跟踪和监督，对发现的问题立即要求企业整改。2013年共受理招投标项目备案240项，其中4月份以后通过网上备案221项。受理招投标项目问题投诉7件，对反映的问题认真调查、积极处理，约谈了存在问题的企业，及时制止招投标活动中的不规范行为。

【通信工程质量监督】 创新质量监管方式，健全质量监管体系，落实工程质量管理各项工作。组织开展部省质量监督联合检查，重点对事故多发的管道工程和光纤到户工程进行抽查，对发现的工程及产品质量问题要求企业及时整改。企业的工程质量和安全生产意识明显提高。下发全国通信建设工程质量监督情况季度通报，各省（区、市）通信管理局按照部的统一要求，认真组织开展工程质量监督和安全生产检查工作，全年开展工程实体抽查2604项，发现问题197项，已责令相关企业纠正。各电信企业进一步规范工程建设行为，认真落实通报问题的整改，积极开展质量监督申报和备案，全年共申报质量监督项目88481项，办理竣工验收备案项目23285项。各通信设计、施工、监理、系统集成等承建单位认真贯彻落实各项工程建设规章制度，依法从业意识进一步增强。召开质量监督机构管理工作座谈会，会议通报了通信用光纤光缆和蓄电池等产品的质量检测情况以及近三年来通信工程质量监督联合检查的情况，对相关工作进行经验交流。开展质量监督人员业务培训，加强通信工程质量监督队伍建设，提高质监人员的政策和业务水平，提升质监队伍整体素质。

【**通信建设工程安全生产管理**】 按照《国务院办公厅关于集中开展安全生产大检查的通知》（国办发明电〔2013〕16号）的要求，2013年6月至9月开展通信建设领域安全生产大检查。主要针对近年来发生的通信线路人井内施工中毒和架空杆路触电、倒塔等安全事故，重点检查在建通信管线工程及具有通信管线施工资质的相关企业。及时治理纠正非法违规行为，有效防范和坚决遏制非法违规行为导致的安全生产事故，切实维护人民群众生命财产安全。开展多层次的安全生产宣贯培训。组织召开全国通信建设领域安全生产宣贯培训会，来自各省（区、市）通信管理局、各电信企业集团公司和省级公司以及部分设计、施工、监理企业的相关人员参加会议，会议通报了2013年发生的两起通信建设安全生产事故情况及处理结果，通过对安全生产法律法规、通信建设工程强制性标准和安全生产操作规范的讲解，强化企业对安全生产的重要性的认识，增强企业安全生产工作责任感。同时，加强对一线施工人员及施工企业"三类人员"的安全生产教育，提高从业人员安全生产意识，完善"三类人员"安全生产培训教育材料，组织制作通信工程井下作业安全生产教育片，便于一线施工人员及施工企业"三类人员"理解和掌握，安全教育效果明显。加强制度建设。为保证相关规定适应通信建设形势变化的情况，保证通信建设工程安全生产，提高通信建设工程企业主要负责人、项目负责人和专职安全生产管理人员安全生产知识水平和管理能力，对《通信建设工程安全生产管理规定》和《通信建设工程企业主要负责人、项目负责人和专职安全生产管理人员考核管理规定》进行修订。将安全生产与质量监督有机结合起来，在质量监督中增加安全生产检查的内容，定期通报通信建设安全生产情况。要求各企业要持续加大对通报问题的整改力度，做好安全生产大检查隐患排查和整改，采取有效措施保障工程质量和安全生产。

【**通信工程建设标准定额编制管理**】 为适应我国通信建设发展需要，贯彻落实宽带中国建设的要求，下发2013年《数字蜂窝移动通信网LTE核心网工程设计暂行规定》等13项通信工程建设行业标准编制计划，安排《公众移动通信隧道覆盖工程技术规范》等3项国家标准编制工作，同时，按计划完成2012年通信工程建设标准编制计划中项目的进度管理和组织审查工作。

为更好地推进光纤到户国家标准的贯彻实施，规范光纤到户工程的计价行为，委托工信部通信工程定额质监中心编制《住宅区和住宅建筑内光纤到户通信设施工程预算定额》，针对《住宅区和住宅建筑内光纤到户通信设施工程设计规范》和《住宅区和住宅建筑内光纤到户通信设施工程施工及验收规范》两项国标，整合、补充预算子目。

通信工程建设标准体系进一步完善，标准定额编制工作更加科学、合理，充分发挥了对工程建设行为的指导作用。

【**切实转变政府职能，取消行政审批事项**】 认真贯彻落实国务院精神，切实转变思想观念，下定决心减少行政审批事项。将通信信息网络系统集成资质等5项通信建设行政审批事项列入工信部第一批取消的项目中。同时，为贯彻落实工程建设领域资质资格管理制度的要求，确保政策及相关工作的连续性，将相关资质资格的管理工作交由社会组织承担，保持通信建设市场秩序平稳。

转变政府职能，加强监督检查等事中事后监管。要求承接组织明确资质资格的网上受理、认定程序和发布要求，建立信息公开机制，加强自律管理，按照市场需求，公平、公正和公开地开展资质资格认定工作。开展对参与通信建设企业的从业行为监督检查（强制性标准、安全生产、工程质量），建立通信工程质量和安全生产情况通报制度。建立违法违规行为不良记录网上公示制度，进一步强化通信建设市场监管工作，有效保障通信建设市场健康有序的发展。

取消行政审批项目，激发市场活力。从体制机制上给市场松绑，进一步激发市场主体创新的积极性。通过发挥和落实行业协会的作用，更好地为企业做好服务工作，有利于社会组织实施自律管理。通过减少对微观事务的干预，有利于政府部门腾出更多精力，加强对通信建设市场的监督检查，营造公平竞争的市场环境。

(工业和信息化部通信发展司)

民 航 建 设

机场管理法规规章及技术标准

【规章修订】 完成《民用机场航空燃油供应安全运营许可管理规定》的审定工作，启动《民用机场专用设备管理规定》(150号令)、《民用机场运行安全管理规定》(191号令)和《民用机场使用许可规定》(156号令)的修订工作。

【技术标准颁布下发】 发布《民用机场飞行区技术标准》(MH5001—2013)、《民用机场岩土工程设计规范》(MH/T5027—2013)和《民用机场服务质量标准》(MH/T5104—2013)3项行业标准，发布《民航行业工程建设标准体系框架表》，完成《飞机地面气源机组》等7项国家标准和《机坪泛光照明技术要求》1项行业标准的审定。

机场及配套设施建设

2013年，民航全行业完成固定资产投资716亿元左右，其中安排中央预算内投资15亿元，民航发展基金约137亿元，重点保障安全、空管及中西部机场项目的实施。

【重点建设项目】 2013年民航重点建设项目共22个，其中计划竣工项目6个，已全部完工，其中包括：合肥新机场、深圳宝安机场扩建、贵阳龙洞堡机场扩建、西宁曹家堡机场扩建、西安区域管制中心、成都区域管制中心工程。

续建项目7个，其中沈阳桃仙机场扩建工程已完工，南京禄口机场、天津滨海机场、南宁吴圩机场扩建工程预计2014年完工，乌鲁木齐区域管制中心、沈阳区域管制中心工程预计2015年完工，广州白云机场扩建工程预计2018年完工。

新开工项目9个，已开工6个，分别是：武汉天河机场、哈尔滨太平机场、重庆江北机场、长沙黄花机场、郑州新郑机场、银川河东机场扩建工程，其余3个项目积极推进前期工作。

【其他建设项目】 2013年竣工的其他建设项目有鄂尔多斯机场航站区改扩建工程、恩施机场扩建工程、常州机场改扩建工程等177个项目。

续建项目有：包头机场改扩建工程、漠河机场站坪扩建工程、常德机场飞行区扩建工程等159个项目。

新开工项目有：新建承德机场工程、乌兰浩特机场航站区扩建工程、武夷山机场改扩建工程等213个项目。

【机场规划管理】 2013年民航局完成福州机场总体规划修编的批复工作。按照授权和分工，民航各地区管理局对辖区内飞行区指标4D及以下机场的总体规划进行了审批。

2013年民航建设纪事

1月11日，民航华北地区管理局组织新建张家口宁远机场行业验收。

3月26~27日，民航局组织贵阳龙洞堡机场扩建机场工程及供油工程行业验收。

4月10~12日，民航局组织合肥新机场工程行业验收。

5月6~7日，民航华东地区管理局组织宜春明月山机场行业验收。

5月26~28日，民航西南地区管理局组织毕节飞雄机场行业验收。

6月25~28日，民航华东地区管理局组织池州九华山机场行业验收。

7月4~5日，民航局组织民航成都区域管制中心工程验收。

7月16~17日，民航西北地区管理局组织西宁曹家堡机场扩建工程行业验收。

7月25~26日，民航西南地区管理局组织稻城亚丁机场行业验收。

8月6~8日，民航西南地区管理局组织凯里黄平机场行业验收。

8月12~15日，民航西北地区管理局组织甘南夏河机场行业验收。

9月25日，民航华北地区管理局组织内蒙古阿拉善左旗巴彦浩特机场行业验收。

10月15日，民航华北地区管理局组织内蒙古阿拉善右旗巴丹吉林机场行业验收。

10月15日，民航华北地区管理局组织内蒙古阿拉善盟额济纳旗桃来机场行业验收。

10月24～25日，民航中南地区管理局组织深圳宝安机场扩建工程行业验收。

11月14～15日，民航局组织民航西安区域管制中心工程验收。

（中国民用航空局机场司）

公共文化服务设施建设

2013年，全国各级文化部门认真贯彻执行中央有关精神，加大对公共文化服务设施建设的投入力度，积极进取，开拓创新，各项文化设施建设均取得显著成效。

全国公共文化设施建设稳步推进

【全国文化（文物）系统基本建设投资项目总数2279个】 2013年，全国文化（文物）系统基本建设投资项目总数达到2279个，项目计划总投资达938.11亿元，比上年增长27.5%；计划施工面积（建筑面积）1909.70万平方米，比上年增长30.7%；当年完成投资额为118.32亿元，比上年增长11.3%。全国竣工项目850个，竣工面积376.54万平方米。

【全国文化基建项目1498个】 2013年，全国文化基建项目1498个，项目计划总投资607.81亿元，比上年增长18.9%；计划施工面积（建筑面积）989.65万平方米，与上年基本持平；竣工项目693个，竣工面积162.74万平方米。

【全国文物事业机构新建项目总数为781个】 2013年，全国文物事业机构新建项目总数为781个（不含文物维修项目），比上年增加338个；项目计划总投资330.30亿元；计划施工面积（建筑面积）920.05万平方米；当年完成投资额为37.74亿元；全年竣工项目157个，竣工面积213.80万平方米。

【公共图书馆建设项目207个】 在文化基建项目中，全国有207个公共图书馆建设项目，占文化基建项目总数的13.8%；计划施工面积184.31万平方米，占文化基建项目总面积的18.6%；国家预算内资金10.50亿元，占文化基建项目国家预算内资金总量的17.4%；当年实际完成投资额11.15亿元，占文化建设项目当年实际完成投资额的13.8%。全年竣工项目48个，竣工项目面积23.65万平方米。

【群众艺术馆、文化馆、乡镇文化站建设项目668个】 占文化基建项目总数的44.6%；计划施工面积94.67万平方米，占文化基建项目计划施工总面积的9.6%；国家预算内资金8.56亿元，占文化基建项目国家投资总数的14.2%；当年完成投资额10.7亿元，占总数的13.3%。全年竣工项目384个，其中文化馆29个，文化站355个，竣工面积38.05万平方米。

【博物馆建设项目285个】 在文物基建项目中，有285个博物馆建设项目，占文物基建项目总数的36.5%。计划施工面积264.12万平方米，占文物基建项目总面积的28.7%。国家预算内资金22.40亿元，占文物系统总数的59.4%；当年完成投资额25.96亿元，占文物系统总数的68.8%。2013年，全国共有55个博物馆项目建成，竣工面积31.44万平方米。

基层文化设施建设项目为建设主体

【基层文化设施建设投入】 2013年，各级文化部门对县级图书馆、文化馆和乡镇综合文化站等基层文化设施建设的投入大幅增加。在全国2279个文化（文物）基建项目中，县级和乡镇级基建项目共1703个，占全国文化基建项目总数的74.7%。其中，乡镇综合文化站建设项目共495个。

【乡镇综合文化站建设】 截至2013年底，需要中央补助投资的乡镇综合文化站建设项目23856个已基本全部建成。竣工并投入使用的乡镇综合文化站，为群众开展丰富多彩的文化活动，满足广大农民群众精神文化需求，保障基层群众文化权益起到了重要的作用。

地市级公共文化设施建设

2013年5月,国家发展改革委安排第二笔全国地市级公共文化设施建设中央补助资金6亿元顺利下达,共对全国75个建设项目给予补助。

截至2013年底,在纳入《全国地市级公共文化设施建设规划》的532个地市级公共图书馆、文化馆和博物馆建设项目中,已开工建设项目187个,占规划项目总数的35.2%;已开工建设项目计划总投资193.64亿元,平均每馆10355万元;已开工建设项目累计完成投资72.47亿元,占开工建设项目计划总投资的37.4%;已开工建设项目总建筑面积248.11万平方米,平均每馆13268平方米。

国家重点文化设施建设

稳步推进国家重点文化设施建设。完成中央歌剧院剧场工程可行性研究报告批复,总建筑面积39333平方米,总投资49850万元,启动了土方工程施工。对中国工艺美术馆、国家美术馆工程的建筑方案进行优化设计,两大工程均选址奥林匹克公园中心区,总投资分别为17.13亿元、11.4亿元。完成中国国家画院扩建工程项目建议书批复,选址画院东侧院落,总建筑面积33690平方米,总投资45359万元。"平安故宫"工程中,完成地下文物库房和基础设施维修改造一期(试点)两大工程项目建议书批复,总投资分别为2.1亿元、1.23亿元;对故宫博物院北院区项目建设的必要性、规模、方案、投资测算等进行深入讨论和研究。积极开展国家图书馆文献战略储备库、中央芭蕾舞团业务用房扩建、中国歌剧舞剧院剧场等国家重点文化设施前期准备工作。

实施海外中国文化中心建设。陆续在澳大利亚、尼日利亚等国家建成了海外中国文化中心,海外中国文化中心的运行总数已达到14个。以每年5~6个的建设速度稳步推进,按照规划至2020年,建成覆盖全球的50个海外中国文化中心,成为中华文化对外传播的固定阵地和窗口。

(文化部财务司)

卫生计生基础设施建设

2013年,各级卫生计生部门认真组织实施服务体系建设,指导玉树开展地震灾后恢复重建,推进国家卫生计生委预算管理单位基础设施建设,卫生计生基础设施条件得到进一步改善。

【2013年卫生计生建设项目中央投资全部下达】2013年,共下达卫生计生建设项目中央预算内投资共220.7亿元,用于支持卫生计生机构建设。其中:完善基层医疗卫生服务体系建设项目44649个、中央投资101.22亿元,农村急救体系建设项目790个、中央投资13.48亿元,全科医生临床培养基地建设项目113个、中央投资18亿元,重大疾病防治机构建设项目705个、中央投资35亿元,地市级医院建设项目36个、中央投资15亿元,儿童医疗卫生服务体系建设项目98个、中央投资30亿元,食品安全风险监测能力建设项目40个、中央投资1亿元,基层医疗卫生管理信息系统建设项目2个、中央投资1亿元,计划生育服务体系建设项目304个、中央投资6亿元。

截至2013年底,大部分项目已开工建设,部分项目已竣工并投入使用。有效地改善了基础设施条件,为满足人民群众享受方便、优质、价廉的卫生计生服务奠定坚实基础。

【玉树地震灾区卫生计生系统灾后恢复重建任务初步完成】截至2013年底,玉树灾区卫生计生系统灾后恢复重建项目均已开工建设,95%以上的卫生计生重建项目竣工并投入使用。玉树卫生计生机构基础设施条件得到显著改善,卫生计生服务能力明显提高。

【《社区卫生服务中心、站建设标准》正式颁布实施】2013年4月,住房和城乡建设部正式批准颁布《社区卫生服务中心、站建设标准》(以下简称《标准》),自2013年7月1日起施行。《标准》明确了社区卫生服务中心、站的建设规模、用地面积和建筑标准等主要参量,是服务中心、站的国家建设标准,对进一步规范全国社区卫生服务中心、站建设具有重要意义。《标准》的施行进一步完善了中国卫生机构建设标准体系。

【国家卫生计生委预算管理单位建设】2013年,

国家发展改革委共安排中央预算内基本建设投资12.7亿元，支持国家卫生计生委预算管理单位改善基础设施条件。2013年全年在建项目包括中国医学科学院阜外心血管病医院、卫生部心血管病防治研究中心及阜外心血管病医院改扩建工程和复旦大学附属中山医院肝肿瘤及心血管病综合楼等28项，总建筑面积223万平方米，总投资160亿元。项目建设进展顺利，工程质量良好，并有中山大学附属肿瘤医院病房医技综合楼、吉林大学中日联谊医院医技楼B座等5个项目顺利建成投入使用。较大地改善了这些单位的业务用房条件。

（国家卫生和计划生育委员会规划和信息司）

农业基本建设

【概况】 2013年是"十二五"时期承前启后的重要一年，也是全面贯彻落实党十八大精神的开局之年。农业部围绕"保供增收惠民生、改革创新添活力"的工作总目标，不断提高农业投资效益，加强项目管理，各类农业建设项目总体进展顺利，农业基本建设取得明显成效。

2013年农业基本建设投资情况

2013年国家共安排农业基本建设投资241.7635亿元，主要用于农业综合生产能力建设、农业科技创新能力建设、农业公共服务能力条件建设、农业资源和环境保护与利用条件建设、民生基础设施建设等五个方面的建设。

【农业综合生产能力建设117.2816亿元】 占全年投资总量的48.51%，包括新增千亿斤粮食田间工程及农技服务体系70亿元，国家现代农业示范区标准农田3亿元，海南冬季瓜菜生产基地1亿元，生猪标准化规模养殖小区（场）25亿元，奶牛标准化规模养殖小区（场）10.0592亿元，肉牛肉羊标准化规模养殖小区（场）1亿元，海洋渔船更新改造2亿元，农垦天然橡胶基地1.0689亿元，旱作节水农业示范工程2亿元，棉花生产基地2亿元，农机项目0.1535亿元。

【农业科技创新能力建设10.5092亿元】 占全年投资总量的4.35%，包括种植业种子工程5亿元，养殖业良种工程3亿元，农业科技创新能力条件建设1.8492亿元，高技术产业化0.21亿元，农产品加工项目0.15亿元，农业科技入户直通车0.4亿元。

【农业公共服务能力条件建设33.4904亿元】 占全年投资总量的13.85%，包括农产品质量安全检验检测体系12亿元，基层农业技术推广服务体系8亿元，植物保护工程1亿元，动物防疫体系2.9408亿元，渔政渔港工程3亿元，农村土地承包纠纷仲裁基础设施建设2亿元，部门自身建设4.4496亿元，重大科技基础设施0.1亿元。

【农业资源和环境保护与利用条件建设48.2568亿元】 占全年投资总量的19.96%，农村沼气工程24亿元，天然草原退牧还草工程20亿元，草原防火0.51亿元，农业生物资源保护工程0.4695亿元，农业湿地保护工程0.2773亿元，保护性耕作工程3亿元。

【民生基础设施建设32.2255亿元】 占全年投资总量的13.33%，包括血吸虫病农业综合治理2亿元，以船为家渔民上岸安居工程5亿元，垦区棚户区改造及配套基础设施建设23.5876亿元，垦区政法基础设施0.239亿元，农垦公益性项目1.3989亿元。

重大农业基本建设项目的实施，有效改善农业生产设施条件，推动农业资源生态保护开发，提升科技支撑能力和公共服务保障水平，进一步夯实现代农业建设的物质基础，为巩固农业农村发展的好形势起到重要作用，为实现我国粮食生产"十连增"提供有力保障。

截至2013年底，重点安排新增千亿斤粮食田间工程及农技服务体系、种养业良种工程、渔政渔港、乡镇农技推广机构条件、垦区棚户区改造及配套基础设施、农产品质检体系等30个专项，支持建设标准农田43.239万亩，种养业良种繁育基地（中心）187个，农村沼气82.56万户，乡镇（区域）农技推广站20685个，各级农产品质检中心（站）388个。总体来看，2013年农业建设投资部分专项有所突破，发挥了"打基础、管长远、保增长、保民生、保稳定"的基础作用，为推进现代农业建设、调控行业发展提供了有力支撑。

农业基本建设项目管理主要措施

为促进现代农业发展，服务"两个千方百计、两个努力确保"，切实发挥农业建设项目效益，农业部及各地方农业主管部门精心组织，狠抓落实，有计划、按步骤采取了一系列措施，不断探索和创新项目建设管理的有效做法。

【加强农业项目规范标准建设】 针对项目管理范围拓宽、管理链条延长、管理方式转变等新情况，修改完善《农业基本建设项目管理办法》。召开《果茶苗木良种繁育基地建设标准——茶叶》等5项行业标准和《种植塑料大棚技术规范》等2项国家标准送审稿审查会，初步形成标准报批稿，已报送住房和城乡建设部。围绕美国农业建设投资的制度设计和运行机制、农业工程标准体系建设情况、注册工程师制度实施情况三个方面，农业部组织赴美现代农业工程标准化建设培训学习活动，形成了1个总报告和5个分报告。

【强化农业基本建设项目监督管理工作】 进一步加大在建项目检查、抽查力度，探索以考核促检查的激励机制。2013年度安排检查农业建设项目2501个，涉及33个部直属单位和71个省级主管部门。依据《农业建设项目专项检查信息报送考核管理暂行办法》，督促建设单位按时将项目实施情况录入农业建设项目管理信息系统并进行考核，2013年共通报表扬20个单位，其中直属单位3个、省级农业主管部门17个，进一步提高了农业建设项目专项检查信息报送质量。举办综合业务培训以及种植业、畜牧业、渔业、沼气、农产品质检体系等行业培训班数十余期，普及项目管理知识，宣传项目管理制度，规范管理行为，不断提高项目管理水平。

【不断创新优化项目管理方式】 稳步推进基建项目后评价，进一步强化跟踪、督办、约谈、问责等工作机制，实行奖优罚劣。按照《农业部2013年度农业投资项目绩效管理试点工作实施方案》，组织开展农业投资项目绩效管理试点工作，在省级农业部门或部属单位开展自我评价基础上，组织专家检查复核，形成评价报告。总结现有项目的实施经验，进一步规范程序、强化落实，完善农业投资决策机制和绩效考核机制，优化项目报批、实施及投资安排环节，初步探索了一套管理模式，创新形成一套相关单位共同参与、分工明确、职责清晰的工作机制，为指导项目建设、争取投资、安排项目奠定了坚实的基础。

(农业部发展计划司)

环境保护建设

【环境保护投资及主要用途】 2013年，国家用于环境保护方面的中央投资达到698亿元，专项用于支持环境基础能力和环境监管能力建设。其中，中央财政中西部城市污水处理配套管网建设奖励补助项目171亿元。国家发展改革委在中央预算内投资安排353亿元，主要用于城镇污水垃圾处理设施及污水管网、重点流域水污染防治、十大重点节能工程、循环经济和资源节约重大示范项目及重点工业污染治理工程、湿地保护、自然保护区建设、石漠化综合治理、三江源自然保护区、青海湖流域和甘南黄河重要水源补给生态保护与建设工程。

在中央环保投资中，环境保护部参与分配资金达到217亿元。其中中央排污费专项资金11.3亿元，主要污染物减排专项资金5.5亿元，农村环保专项资金60亿元，生物多样性保护专项2亿元，三河三湖及松花江流域水污染防治项目50亿元，重金属污染防治专项22亿元，湖泊生态环境保护专项16亿元，大气污染防治专项资金50亿元，环保系统湿地保护工程项目3000万元。

【环境保护能力建设】 2013年，中央财政及中央预算内投资共安排资金11亿元，支持环境监管能力建设。其中减排专项资金安排5.5亿元，支持国家环境空气监测网建设项目(二期)29963万元、京津冀区域环境空气监测预警系统建设4519万元、核与辐射监管能力建设3063万元、环境应急指挥平台建设1462万元、环境监察执法能力建设730万元、国控重点污染源监督性监测运行费10226万元、国控重点污染源自动监控运行费1000万元、湖泊生态观测研究站建设200万元、环境监管图文资料采集管理能力建设项目200万元、国家环境敏感遥感监察能力建设I期—自然保护区、饮用水源保护区500万元、中央本级环境监测能力建设及运行300万元、环境监管技术支持能力建设项目200万元、环境培训能力建设项目600万元、新疆生产建设兵团2000万元；中央排污费安排1亿元用于国家环境空气监测网建设项目（三期）建设；各地在下达的中央财政重金属污染防治专项中安排重金属监管能力建设资金2.4亿元，湖泊生态环境保护专项中安排湖泊监管能力建设资金近1.6亿元。国家发展改革委也安排788万元，支持省级环境宣教能力建设项目。

（环境保护部规划财务司）

西部开发建设

【概况】 2013年，各地区、各部门认真贯彻落实党中央、国务院关于深入实施西部大开发的战略部署，完善政策体系，加大支持力度，实施一批重大基础设施项目和重点生态工程，努力改善发展环境。西部地区各族干部群众积极应对国内外复杂形势，发挥比较优势，深化改革扩大开放，经济社会发展保持良好态势，发展能力和质量不断提升。

2013年，西部地区实现生产总值12.6万亿元，增长10.7%，占全国经济总量的20%，同比提高0.2个百分点；规模以上工业增加值同比增长11%；全社会固定资产投资增长22.8%，占全国24.4%；社会消费品零售总额增长13.7%，占全国社会消费品零售总额的17.9%；城镇居民人均可支配收入、农民人均纯收入分别达到22710元、6834元，增长10.2%、13.4%，增速继续高于其他三大区域板块；农村贫困人口发生率降至14.5%，下降3个百分点；实现进出口总额2782亿美元，增长17.7%，占全国进出口总额的6.7%，同比增加0.6个百分点。

【西部大开发政策和规划落实】 国务院印发《关于加快沿边地区开发开放的若干意见》，批准甘肃省加快转型发展建设国家生态安全屏障综合试验区总体方案，同意建立宁夏内陆开放型经济试验区部际联席会议制度和东部发达城市对口帮扶贵州8市（州），批准青海省海东地区撤地改市和云南省弥勒县、青海省玉树县撤县改市。有关部门发布《中西部地区外商投资优势产业目录（2013）》，印发《西部地区重点生态区综合治理规划纲要》，出台促进云贵地区、甘青新三省（区）重点区域和产业与环境保护协调发展的指导意见，编制实施《"溜索改桥"建设规划（2013～2015年）》，组织编制澜沧江、怒江、雅鲁藏布江、红河、黑河、湟水等流域综合规划。研究制定《西部地区鼓励类产业目录》。开展《西部大开发"十二五"规划》中期评估。全军和武警部队援建省以上重点工程190多项。中央财政加大转移支付支持力度，初步统计，2013年安排西部地区各类转移支付18266亿元，同比增加1047亿元，增长6.1%，其中，一般性转移支付10519亿元，增长11.4%；县级基本财力保障转移支付、民族地区转移支付分别增长41.9%和10.9%。中央预算内投资安排西部地区1770亿元，占全部中央预算内投资的比例超过40%。交通、铁路、水利、民航等部门专项建设资金投入西部地区的比重分别为63%、50%、43.6%和50%。截至2013年末，西部地区贷款余额达14.2万亿元，增长17.2%，比全国平均水平高3.02个百分点。全年合计新增贷款2.07万亿元，同比多增2517.38亿元，在全部贷款增量中占比达23.3%，比上年同期提升1.12个百分点。

【重大基础设施建设】 2013年，国家在西部地区新开工重点工程20项，投资总规模3265亿元。铁路建设方面，重点保障西部地区在建重大项目，林歹至织金铁路、西安至宝鸡客运专线、柳南城际、南广铁路南宁至黎塘段、西安至平凉、成昆线昆明至广通段扩能、西康线增建二线等项目建成投产，新增营业里程约2245公里。

以"八纵八横"为重点的骨架公路建设步伐加快，国省干线公路改造力度加强，农村公路和专项公路建设成效显著，新增公路通车里程4.6万公里，其中，高速公路4618公里，农村公路3.7万公里。新建夏河、亚丁、毕节、黄平等4个支线机场，贵阳、西宁、攀枝花等机场扩建工程建成运营。

加快陕西渭河、青海湟水、宁夏清水河、新疆叶尔羌河、西藏雅鲁藏布江、云南怒江等西部地区江河主要支流和重点中小河流治理等防洪工程建设。支持148处大中型灌区续建配套与节水改造、206个小型农田水利重点县建设、970座小型病险水库除险加固工程。加快重点区域水土流失治理和石羊河、敦煌等流域综合治理,推进小水电建设。新解决2079万农村居民和271万农村学校师生的饮水安全问题。支持重庆金佛山、四川小井沟、云南小中甸等水资源配置工程。

新增220千伏以上交流输电线路14492公里、变电设备容量6281万千伏安,新增火电装机114万千瓦,玉树电网与青海主网联网工程、疆电外送工程建成投产,西北750千伏主网架建设、风电送出、西南水电外送、西藏藏中电网建设工程进展顺利。实施无电地区电力建设工程,采用电网延伸和光伏独立供电方式解决150万无电人口的基本用电问题。阿拉山口—独山子原油管道二期建成投产;西气东输管道西三线西段(霍尔果斯—中卫)全线贯通。

支持西部地区建设城镇污水处理配套管网约2万公里,在重点流域建设污水处理配套管网3364公里。强化邮政基层网络建设,对779处邮政普遍服务网点、64处县级邮政局进行了房屋改造。行政村通宽带比例、自然村通电话比例分别达到76%和93%。

【生态修复和环境保护】 安排中央预算内投资和中央财政资金460亿元,重点用于西部地区天然林资源保护、巩固退耕还林成果、防护林体系建设、防沙治沙、石漠化综合治理等生态修复工程和森林生态效益补偿。启动沙化土地封禁保护补助试点工作,计划封禁面积220万公顷。实施森林防火、林业有害生物防治等56个森林保护项目。继续实施草原生态保护补助奖励机制,对8个西部主要草原牧区安排奖补资金142.7亿元,有效地改善了草原生态环境。研究起草新一轮退耕还林还草总体方案。

加大西部地区环境空气监测网建设支持力度,强化大气污染防治考核,治理西北重点城市燃煤锅炉烟尘,加强重金属污染综合防治。将广西龙岩滩水库、陕西瀛湖、甘肃洋汤天池、青海龙羊峡水库和宁夏沙湖纳入国家水质良好湖泊生态环境保护范围。支持西部地区新建23个国家级自然保护区,制定实施生物多样性保护战略与行动计划。加强农村环境连片整治,加大地质灾害治理。支持四川等9省(区、市)清洁生产技术示范项目建设。支持和指导内蒙古、重庆和陕西开展排污权有偿使用和交易试点工作。对西部地区国家重点生态功能区进行监测评价和考核,指导四川、广西、青海等省区推进生态文明建设工作。

【促进特色优势产业发展】 加强矿产资源规划编制实施,开展基础性地质调查和前期勘查,获得重要找矿新发现,形成一批新的后备资源基地。积极推进煤炭矿区总体规划审批。新核准煤矿建设总规模1.13亿吨/年,开展前期工作建设规模1.43亿吨/年。新疆煤层气勘查开发利用和彬长瓦斯零排放示范矿区建设规划开始实施。启动内蒙古鄂尔多斯杭锦旗等6个煤制气项目前期工作和中煤榆神等3个煤制烯烃项目。核准云南炼油、神华宁煤煤炭间接液化等重点项目。开展前期工作的火电项目6546万千瓦。金沙江梨园、澜沧江苗尾等总装机容量422万千瓦的大中型水电项目开工建设,金沙江溪洛渡、雅砻江锦屏一级等共2880万千瓦电站投产发电,澜沧江古水、雅砻江孟底沟等共832万千瓦水电站开展前期工作。风电累计并网容量3809万千瓦,酒泉风电基地一期、哈密风电基地一期工程建成投产。光伏发电累计并网装机达到1300万千瓦。安排专项资金支持西部地区发展能源资源加工利用、装备制造、旅游、农牧业等优势产业,推动传统产业转型升级和战略性新兴产业发展。鼓励西部地区承接产业转移,新设立甘肃兰白、四川广安两个经济区为承接产业转移示范区。

中央安排资金104.5亿元,支持西部地区实施农业综合开发,改善农业基础设施条件,发展区域特色农业产业。中央安排资金133亿元,支持西部地区高标准基本农田建设和土地整治重大工程。对西部地区全部农业县(场)实施测土配方施肥。支持符合条件的生猪、奶牛养殖场实施标准化改造和肉牛肉羊养殖场生产条件改造,建设农作物良种繁育基地、品种区域试验站、种子质量体系等。鼓励农业产业化国家重点龙头企业推进原料基地的专业化、标准化、规模化、集约化生产。积极支持农民合作社加快发展,并在四川、甘肃开展财政支持农民合作社创新试点。加强跨区域或反季节产销链条建设,支持内蒙古、甘肃等大宗农产品主产区建设大型标准化冷藏式仓储设施。

补助支持西部地区132个旅游项目建设,辅导创建9家5A级旅游景区和86家4A级旅游景区。9家股份制银行在西部地区新设15家分行,6家外资银行获准在西部地区筹建分行,新设11家财务公司及1家金融租赁公司。34家上市公司合计实现再融资605亿元,7家上市公司发行债券融资132亿元。新设17家证券分公司和39家营业部。批设中资保险公司分公司4家,中心支公司168家。

【教育科技发展和人才建设】 积极发展学前教育,中央财政学前教育项目安排59亿元支持西部地区扩大学前教育资源。改扩建幼儿园项目636个，在园幼儿增加12.7万余人。大力推进义务教育均衡发展。巩固九年义务教育普及成果，安排资金52亿元，继续改善农村办学条件。农村教育硕士师资培养计划选拔857名优秀本科毕业生到西部农村任教，农村义务教育阶段学校教师特设岗位计划招聘录用农村特岗教师42854人。扩大中西部偏远地区学前教育巡回支教试点范围。继续实施"国培计划"，为西部地区培训农村义务教育教师62万人、幼儿园教师4.8万人。中央财政下达西部地区集中连片特殊困难地区乡村教师生活补助综合奖补资金9.15亿元，38.5万名乡村教师受益。实施边远艰苦地区农村学校教师周转宿舍项目，安排资金24.4亿元，增加入住教师4万多人。实施"普通高中改造计划"和"民族地区教育基础薄弱县普通高中建设"项目，支持集中连片特殊困难地区、民族地区改善普通高中办学条件。支持495所中职学校提升基础能力，支持553所中职学校创建国家中等职业教育改革发展示范学校。加强20所骨干高职院校和225个职业教育实训基地建设。地方所属普通高校本专科、研究生招生计划分别比上年增长2.5%和5.1%，明显高于全国平均增幅。在西部省份招收4800名免费师范生。扩大实施农村贫困地区定向招生专项计划，从1万名增至3万名。

科技创新能力进一步提升。向西部地区倾斜支持3800余项国家科技计划项目（课题），经费约55亿元；在现代农业、生态环境保护、医疗卫生、新型城镇化等特色产业和重要领域，支持西部地区项目（课题）1000余项，经费20多亿元。出台《科技助推西部地区转型发展行动计划》，推动科技创新与产业发展更好结合。金太阳示范工程突破了多能互补微网发电系统成套关键技术，8万吨大型模锻压力机研制成功。国家救灾应急装备工程研究中心等6家工程技术研究中心通过验收并正式命名。新建14个国家农业科技园区，26家国家级国际科技合作基地。累计选派科技特派员19.7万名，推广新技术约2.3万项。2013年底，西部地区拥有发明、实用新型、外观设计三种专利共34.8万件，较2012年底增长27.5%。

人才建设继续推进。有关部门印发选派西部和其他少数民族干部挂职锻炼、西部之光访问学者、博士服务团等文件，从中央和国家机关、中央企业选派240多名干部到西部等地区挂职锻炼，从17个省（区、市）和新疆生产建设兵团共选派挂职干部530多名到中央和国家机关、经济相对发达地方挂职锻炼。加大对西部地区、边远贫困地区、边疆少数民族地区和革命老区人才培训力度，中央党校等"一校五院"全年为西部地区培训干部7200多人次。支持西部地区举办48期高级研修项目，培养2400多名高层次专业技术人才。建设国家级专业技术人员继续教育基地5个、国家级高技能人才培训基地25个、国家级技能大师工作室29个。启动首批社会工作专业人才服务边疆贫困地区、边疆民族地区和革命老区专项计划，选派800名社会工作专业人才到西部艰苦贫困地区服务，帮助培养3400名社会工作从业人员。加强智力支持，选派192名博士服务团成员赴西部地区进行为期1年的服务锻炼，从西部地区选拔273名"西部之光"访问学者，到国内著名高校、科研院所、医疗卫生机构研修1年。新设博士后科研工作站87个。"西部大开发引智工程"和"海外智力援疆工程"聘请外国经济技术和文教专家6398人次，派出培训3496人次。

【统筹兼顾，稳步推进社会事业发展】 把促进就业放在经济社会发展优先位置，中央安排就业资金139亿元，支持西部地区做好就业工作。指导西部民族地区完善高校毕业生就业政策，继续实施高校毕业生"三支一扶"计划，健全服务保障机制。

统筹城乡社会保障体系建设，西部地区城镇职工基本养老、基本医疗、工伤、生育保险参保人数分别达5948万人、13075万人、3290万人和2838万人，同比分别增长6.2%、4.7%、6.5%和7.0%。内蒙古、重庆、陕西、甘肃、宁夏已实现新型农村社会养老保险和城镇居民社会养老保险合并。城乡居民基本医疗保险的财政补助力度不断加大，各级财政补助标准提高到每人每年280元，新增部分由中央财政补助80%。安排城市低保补助资金和农村低保补助资金分别占全国的39.4%和54.8%。中央财政安排城乡医疗救助资金65亿元。继续加大对城镇保障性安居工程和农村危房改造支持力度，分别下达补助资金752亿元和148亿元。对西部地区带病回乡退伍军人、参战参试人员按中央抚恤补助标准的80%予以补助。

深入落实《兴边富民行动规划（2011～2015年）》和《扶持人口较少民族发展规划（2011～2015年）》。组织实施集中连片特殊困难地区区域发展与扶贫攻坚规划。对集中连片特殊困难地区县和国家扶贫开发工作重点县等贫困地区单列农村危房改造任务，并将户均补助标准由7500元提高到8500元。搬迁安居工程稳步推进。

进一步提高医疗卫生水平。安排西部地区12267

个卫生计生基础设施建设项目，人均基本公共卫生服务经费提高到30元。实施万名医师支援农村卫生工程和县级医院骨干医师培训项目。试行乡村医生签约服务。开展农村孕产妇住院分娩补助、农村妇女"两癌"筛查等重大公共卫生项目和国家免费孕前优生健康检查项目。在西部地区优先实施儿童营养改善项目。

扶持西部地区文化建设。为328个县级公共图书馆配送流动图书车，"农家书屋"工程提前完成建设任务，"东风工程"加快推进。广播电视村村通、西新工程第五期、农村电影放映工程进展顺利。继续实施直播卫星户户通工程，接收设施服务体系进一步完善。招募志愿者实施61个文化志愿服务项目。推动实施特色文化产业发展工程、藏羌彝文化产业走廊等重大文化产业项目。有效推进西部地区非物质文化遗产的整体性保护。

【深化改革扩大开放】 重点领域和关键环节改革持续推进。继续推进内蒙古、青海、宁夏等11省（区、市）农业水价综合改革。落实国务院关于取消电力用户向发电企业直接购电试点行政审批事项的决定，四川、宁夏、贵州企业开展电力用户与发电用户直接交易试点。推进地方金融综合改革，支持云南、广西沿边金融综合改革试验区先行先试。在四川、重庆等地推进农业银行"三农金融事业部"改革试点。巩固集体林权制度改革成果。

支持西部地区进一步扩大开放。对西部地区的企业进口食糖、羊毛等关税配额管理商品给予倾斜安排，进口贴息资金支持企业进口先进技术、重要装备、关键零部件及国内紧缺的资源性产品。积极利用大型成套设备出口融资保险专项安排等政策支持西部地区大型成套设备企业开拓国际市场。成功举办中国—亚欧博览会、欧亚经济论坛、中阿合作论坛企业家大会暨投资研讨会、中国—东盟博览会、中国西部国际博览会、生态文明贵阳国际论坛等大型活动，首次举办中国—南亚博览会。启动中国长江中上游地区和俄罗斯伏尔加河沿岸联邦区合作机制，支持内蒙古自治区与俄罗斯相关地区建立地方领导人定期会晤机制。中越河口—老街、凭祥—同登跨境经济合作区建设进展顺利，东兴、瑞丽、满洲里重点开发开放试验区和中哈霍尔果斯国际边境合作中心建设持续推进。积极建设海关特殊监管区域，在成都等地试点海关特殊监管区域区间结转业务模式，提高西部地区与东部沿海地区间保税物流流转效率。成都、重庆对51个国家公民实行72小时过境免签政策。

（国家发展和改革委员会西部开发司）

第四篇

各 地 建 设

北 京 市

住房和城乡建设工作

概况

2013年，北京市城市建设完成社会固定资产投资7032.2亿元、同比增加8.8%。其中，完成基础设施投资1785.7亿元、同比减少0.2%；完成房地产开发投资3483.4亿元、同比增加10.5%，其中住宅1724.6亿元、同比增加5.9%，办公楼611.8亿元、同比增加59%，商业用房1147.1亿元、同比增加0.6%。全年新建、收购保障性住房16.2万套，竣工8.5万套，配租配售各类保障性住房10.7万套。商品房施工面积13886.9万平方米、同比增加5.8%，其中住宅7406.9万平方米、同比减少1.4%；商品房新开工面积3577.5万平方米、同比增加11%，其中住宅1736.5万平方米、同比增加6.7%；商品房竣工面积2666.4万平方米、同比增加11.5%，其中住宅1692.0万平方米、同比增加11.1%。全年完成建筑业总产值7117.1亿元、同比增加8.41%，其中北京地区完成2742.8亿元、同比增加6.89%，在外省市完成（含中央在京单位）4644.3亿元、同比增加16.1%。实现建筑业增加值815.4亿元、同比增加6.7%。

在全国率先出台"京十九条"，加强房地产市场调控，有效降低房屋交易市场热度，同时完善存量房交易网上签约机制，将存量房交易平台试点范围扩至西城、丰台等11个区县；优化住房供应结构，创新推出自住型商品住房，解决"夹心层"住房需求，成交自住型商品住房用地21宗，超额完成全年2万套的供地计划；加强租赁市场和中介市场管理，出台出租房屋人均居住面积标准，建立综治牵头、属地负责、职能部门共同参与的群租综合治理机制。改革保障性申请审核方式，统一廉租房、经济适用房、限价商品房和公共租赁房"四房"申请为"保障性住房"申请，实现住房保障方式由"以售为主"向"租售并举，以租为主"转变；创新保障性住房建设管理和融资机制，简化招标投标管理流程，加强配租配售和租后售后管理，逐步推广保障性住房"使用监督管理、物业管理、社会管理"三位一体的后期管理模式。出台集体土地房屋登记试点工作实施意见，探索集体土地房屋登记工作机制，并在全市启用统一的房屋登记标识和房屋登记精神，提高房屋登记规范化、标准化建设水平；开展城镇房屋安全检查、房屋安全鉴定工作，全面摸底普通地下室餐饮场所燃气使用状况，及时排除房屋安全隐患；建立物业舆情快速响应和处置通报制度，妥善处理物业管理矛盾，并印发相关文件简化紧急情况下使用住宅专项维修资金的申请程序。

在重点工程建设中，考核区县政府重点工程前期审批及征地拆迁工作情况，督促建设单位加快申办各项前期手续，尽早开工建设；采取专人专项负责的方式，结合项目特点有针对性地提出推进办法。全面推进质量条例立法研究工作，年内完成立项论证报告，并通过市人大常委会主任会审议；落实建筑施工安全生产管理制度和属地监管责任，加强对重要工程项目的质量管理，同时以安全质量为核心，改进建筑市场综合执法机制，构建"三位一体"的监督执法模式。调整建筑业企业资质审批流程，推动资质审批系统上线，减轻企业申报负担，减少审批廉政风险；加强招标投标监管，实现电子化招投标全覆盖，营造公开、公平、公正的市场交易环境；以推进建筑市场诚信体系建设为主线，以完善评标制度为突破口，正式将施工总承包企业及注册建造师市场行为评价结果以信用标的形式应用于招标投标的评标环节，逐步构建建筑市场优胜劣汰的诚信机制；做好施工合同履约管理工作，建立施工合同与劳务合同信息共享机制，实现多部门信息互通、联动监管，切实预防、化解合同纠纷。组织老旧小区综合整治和节能改造工作，派出8个小组深入各区县进行指导和督促，超额完成全年改造任务；推动住宅产业化和生态城市建设，完善建筑节能和建材监管的技术标准体系，率先实施居住建筑节能75%设计标准，全年17个项目通过全市绿色建筑评价标识认证，7个项目获2013年度全国绿色建筑创新奖；做好建材和设备采购备案工作，开展老旧小区改造外保温材料专项管理，促进散装水泥、预拌混凝土、预拌砂浆、干混砂浆发展。

政策规章

【地方性法规和政府规章】 《建设工程质量条例》、《城镇居民住房保障条例》、《物业服务条例》、《房屋租赁管理条例》、《建筑装饰装修条例》5项法规被市人大列入五年立法工作规划。其中，《建设工程质量条例》年内通过市人大立项论证，列入2014年正式立法项目；《城镇居民住房保障条例》、《房屋租赁管理条例》列入2014年立法调研项目。完成《北京市建设工程施工现场管理办法》修订，于7月1日起实施；完成《建筑节能管理规定》修订，并上报市政府法制办；形成《建设工程造价管理办法》立项论证报告和草案初稿，并将其列为2014年完成项目。

【规范性文件制定情况】 制发《关于印发〈北京市房屋建筑和市政基础设施工程安全质量状况评估管理办法（暂行）〉的通知》、《关于加快保障性住房开工有关问题的通知》、《关于在建设工程施工现场推广使用远程视频监控系统的通知》等21件委发规范性文件，均按时向市政府法制办备案。同时，认真研究上级单位转来的《中华人民共和国国防交通法》、《城镇住房保障条例（草案）》等近50件立法草案及规范性文件，并按时回复意见。

【政府规章和规范性文件清理情况】 按照市政府安排，开展政府规章、文件和市住房城乡建设委规范性文件清理工作，共清理规章17部、政府文件46件。市住房城乡建设委纳入本次清理范围的规范性文件涉及26个单位共655件，根据清理意见决定保留580件，其中拟修改22件、决定废止75件，均在网上进行公示。

【加强执法制度建设】 修订《北京市建设委员会关于实施行政处罚的若干规定》、《关于加强行政执法工作有关问题的通知》，在此基础上精简优化现有执法文书模板，进一步提高执法效率。同时，坚持执法工作例会制度，针对一线执法中遇到的疑难问题，召开执法工作例会，邀请法律顾问、相关委办局会商研讨，破解执法难题；全年召开执法例会10次，研讨疑难执法议题39个。

房地产业

【严格住房限购措施】 3月，出台《北京市住房和城乡建设委员会关于落实京政办发〔2013〕17号文件具体问题的通知》等配套文件，明确规定住房限购政策的细则、范围及审核时限等内容。完善购房资格审核系统，协调市民政部门实现全市婚姻信息联网审查，做到对购房家庭身份、户籍、个税等七类关键信息的全覆盖；扩大购房家庭住房审查范围，确保房产审核全覆盖，进一步收紧资格审核，遏制不合理购房需求；市住房城乡建设委配合市地税部门制定《房屋原值查询审核流程和操作规范》，研发原值查询功能，落实个人转让住房严格征收20%个税的调控新规。全年受理购房资格审核申请39.11万笔，完成审核39.06万笔，审核通过33.61万笔，限制投资投机性购房需求5.45万笔。

【房屋登记管理工作】 1月，市住房城乡建设委印发《关于开展我市集体建设用地范围内房屋登记试点工作的通知》，启动海淀区、大兴区、平谷区房屋登记试点工作。4月和5月，先后制定《关于公共租赁住房房屋登记有关问题的通知》、《关于规范已购限价商品住房和经济适用住房等保障性住房管理工作的通知》，明确公共租赁住房登记要件和流程，规范保障性住房登记手续；针对各区县在登记工作中提出的问题，先后制定《〈关于落实本市住房限购政策有关问题的通知〉执行中有关问题的补充说明》等文件，进一步规范在限购过程中办理房屋登记的审核标准和流程；出台《北京市房屋登记档案鉴定销毁管理暂行办法》，加强房屋登记档案管理，优化馆藏资源；8月，印发《关于抗震节能综合改造房屋面积变更登记有关问题的通知》，明确综合改造工程房屋变更登记的办理要件和流程，为推进城镇房屋抗震节能综合改造工作奠定基础；11月，转发最高人民法院等15部门印发的《关于印发〈公安机关办理刑事案件适用查封、冻结措施有关规定〉的通知》，规定公安机关办理刑事案件涉及查封等事项的程序、要求和有关部门协助办理有关事项的职责。截至年底，全市各区县共办理房屋登记85.8万件、同比增加25.7%，登记面积2.2亿平方米，同比增加22.8%，其中转移登记41万件、占48%，抵押登记38.5万件、占45%，朝阳、海淀、丰台、昌平四区业务量最大，占全市业务量的59.7%。

【物业服务管理工作】 梳理物业服务评估监理机构备案、变更、换证、注销等行政管理工作，简化办事程序，进一步细化物业服务评估监理机构变更工作。组织物业服务评估监理机构业务培训2次，200余人参加。截至年底，全市备案物业服务评估监理机构49家，抽取评估152个前期物业服务费用项目，完成199个项目的物业服务费用评估、评估面积2154.62万平方米。全市有物业服务项目6266个、新增113个，建筑面积56067万平方米，其中住宅类

3700个、41289万平方米，商业类265个、1215万平方米，商住类146个、1231万平方米，写字楼类678个、2773万平方米，行政办公楼类600个、1724万平方米，工业类199个、2493万平方米，综合类项目678个、5342万平方米。全市95个项目获星级项目称号，其中五星级项目17个、四星级项目78个。全市取得《物业服务企业资质证书》的企业2696家、比上年减少223家。其中，一级126家，新增4家；二级350家，新增26家；三级2170家，减少303家；三级暂定50家，新增50家。外埠在京企业取得资质61家，新增11家。

【推进房屋抗震加固工作】 在2012年工作基础上继续开展房屋抗震节能改造工作。市重大工程办公室确定全市抗震节能综合改造任务191.05万平方米，并分解到各区县，要求各区县严格落实下达的任务，并将任务落实到具体楼栋。同时，要求各区县制定工作计划并严格落实，沿用2012年的分组协调机制，定期深入一线协调区县严格落实综合改造计划，推动工程实施。此外，积极解决综合改造过程中遇到的问题，针对水、电、气、热等各专业公司工作流程与综合改造施工中所存在的不协调地方，组织召开协调会多次，协调专业公司尽可能配合改造工程，同时上报市老旧小区综合整治办公室，要求解决专业公司与工程施工的衔接问题。

【普通地下室安全使用管理】 依据修改后的《北京市人民防空工程和普通地下室安全使用管理办法》，启动《人民防空工程和普通地下室安全使用管理规范》(2006年制定)的修改工作。为加强普通地下室安全使用管理，对部分区县的普通地下室安全使用管理和防汛工作进行专题调研，并制发第三阶段普通地下室综合整治工作的通知。同时，针对普通地下室安全使用管理平台进行专题研究，在确立初步方案的基础上，召开专题会议征求相关意见和建议，确定最终方案，该平台投入试运行。此外，市住房城乡建设委员会会同其他部门加强对普通地下室安全使用情况进行专项检查，督促违法违规行为整改。同时，针对2012年7·21汛情，首次把普通地下室防雨水倒灌列入防汛工作重点，并在石景山区西山枫林小区组织召开普通地下室防汛演习观摩会。截至年底，全市有普通地下室22266处、面积4435.26万平方米。全年重点对7420处普通地下室进行了检查，发告知单1110份、协查单101份，整改通知书1301份，关停95处，备案924处。

【房屋安全鉴定和评估业务】 梳理、细化并完善全市各鉴定机构备案及变更的制证流程，增加机构遗失补证、污损换证、备案注销等工作程序，调整鉴定机构备案及变更事项的办理级别。同时，核对、修改房屋建筑地址248处，保证鉴定机构及时在网上出具鉴定报告，并将以上报告信息返回数据库，进一步完善市住房城乡建设委房屋建筑健康档案系统。继续对全市房屋安全鉴定机构开展无有效期限制的备案工作。截至年底，有26家鉴定机构完成正式备案，其中业务范围不限的鉴定机构8家、业务范围中小型的鉴定机构4家、业务范围小型的鉴定机构14家，且备案信息通过市住房城乡建设委网站向社会公示。已备案的26家鉴定机构均开展房屋安全鉴定和评估工作，并通过市住房城乡建设委网站房屋安全鉴定管理子系统出具报告。全年共完成房屋安全鉴定和评估2590.09万平方米，其中朝阳、海淀、昌平、通州等区的房屋安全鉴定站所完成的业务工作量较大。

【创新推出自住型商品住房】 为完善住房供应体系，解决中端需求，创新提出自住型商品住房。该类住房以"限房价、竞地价"方式限定价格，价格比同区域、同品质商品住房低30%左右，户型以90平方米以下为主。10月，联合市发展改革、国土、规划、财政等部门出台《关于加快中低价位自住型改善型商品住房建设的意见》，提出加快自住型商品房建设的一系列措施。为落实该文件要求，配合市国土部门超额完成2万套自住型商品房用地供应，启动首个自住型商品房项目"恒大御景湾"报名登记工作。截至年底，14.8万户家庭完成网上购房登记，并进入现场初审阶段。为加强自住型商品住房销售管理，起草《北京市自住型商品住房销售管理暂行规定》并公开征求意见，同时借鉴小客车摇号系统，推进自住型商品房摇号系统开发建设，保证摇号公平公正。

【加强房屋征收拆迁管理】 4~7月，开展全市房屋拆迁单位拆迁资质年审工作，经房屋拆迁单位网上申报、区县初审、市住房城乡建设委复审等程序，确认210家房屋拆迁单位资质年审合格，并撤销11家房屋拆迁单位拆迁资质。6月9日，市住房城乡建设委联合市发展改革委发布《关于房地产价格评估收费有关问题的通知》，进一步规范房地产价格评估收费行为，该文件自2013年9月1日起实施。12月，市住房城乡建设委联合市维稳办、市联席办推动在全市重大项目房屋征收拆迁现场建立群众接待工作制度，明确组织领导、工作机制，并落实责任、人员、具体措施，畅通群众反映诉求的渠道，将房屋征收拆迁领域社会稳定风险稳控责任、信访矛盾化解责任落实到征收拆迁现场，切实维护群众合法权益。国有土地上房屋征收项目在城六区全面展开，远郊区县集体土地上房屋拆迁量上升。与2012年比，全市集体土地房屋拆迁项目数增加105%，住宅建筑面积增加227%，住宅户数增加161%；房屋拆迁行政裁决作出数量减少10%。全年核发国有土地上房屋征收决定8个，征收房屋建筑面积7.3万平方米，其中涉及住宅建筑面积6.2万平方米，住宅户数951户；核发集体土地上房屋拆迁许可证39个，拆迁房屋建筑面积253.2万平方米，其中涉及住宅建筑面积200.9万平方米，住宅户数6020户。

【加强房地产开发企业和开发项目监管】 6月，出台《北京市房地产项目动态监测记分办法(试行)》(7月开始试行)，该办法规定房地产开发项目动态监测工作包括核查信息处理、建设方案执行情况监测等4个方面，并要求对区县监测工作进行全面监管。经半年试行显示，各区县住房城乡建设委动态监测工作有序开展，实现全面、准确、及时掌握项目进展情况，项目调度能力明显增强。同时，根据2012年"企业关联度"研究课题成果，梳理出4000余家企业的股东信息，并据此搭建关联企业管理系统。截至年底，初步整理出80余个集团的400余家企业信息，以上企业在北京市场有开发项目343个，占全市开发项目的1/3。该项工作的开展，使开发企业监管模式从单一企业监管向企业组团监管转变。

【商品住房成交情况】 全市商品住房(含新建和二手)成交24.7万套、2503万平方米，同比增加7.4%、7.7%，与2006年以来平均水平24.2万套基本持平，其中新建商品住房9.0万套、同比增加4.3%，二手住房15.7万套、同比增加15.4%。商品住房签约金额6107亿元，同比增加33.2%。多套购房比重低位稳定，购买第二套住房的比重为12.0%，比上年高1.2个百分点，比新政前最高点25%低13.0个百分点。商品住房成交中，企业占2.5%、居民个人占97.5%，其中北京市户籍居民占82.0%，比2012年下降2.7个百分点，比2006~2011年均值提高18.2个百分点。

【完善交易市场管理机制】 结合北京市房地产市场运行情况，主动、分类开展新建商品房价格监测和指导；继续严格执行限购政策，建立"家庭申报—企业填报—部门联审—网上签约—登记审核"全覆盖的审核机制，进一步完善对购房家庭身份、户籍、婚姻、纳税、社保、居住证及房产七类关键信息的联网自动审核，做到全程无人工干预。全年房屋交易总体活跃、有序，新房网签19.4万套、1949.3万平方米，其中住宅8.98万套、1056.9万平方米；存量房成交17.98万套、1718.3万平方米，其中存量住房15.68万套、1437.1万平方米。

【房屋租赁市场管理】 7月，出台《关于公布我市出租房屋人均居住面积标准等有关问题的通知》，明确出租房屋人均居住最低面积标准，要求建立群租综合治理机制，落实属地责任，确保租住安全；11月，综治部门牵头启动全市范围的违法出租房屋专项整治工作，市住房城乡建设委等7部门出台《关于进一步规范出租房屋管理的规定》，严肃查处违法违规房屋租赁行为；12月，市住房城乡建设委、市公安等部门印发《关于进一步规范出租房屋管理的通告》，明确严格落实出租房屋所有人和租赁双方的责任、严禁违法建设出租和租赁行为、加强出租房屋综合管理等。同时，深化市场监测分析，推动形成满足不同需求的多层次出租房供应体系，努力解决首都居民租房难题。全年租赁成交房屋157万套次、同比增加11.3%，平均月租金58.7元每平方米、同比增加9.8%。

【房地产经纪行业管理】 3月，联合区县开展经纪机构专项整治工作，重点查处投诉热点区域、机构，为"两会"召开营造良好环境；7月，启动全市中介行业专项整治工作，历时5月，严查中介机构改变房屋内部结构分割出租、发布虚假房源信息、炒卖房号等21类违法违规行为；12月，会同市工商部门印发经纪机构和人员违规行为专项整治工作方案，重点整治违法出租问题，确保租住安全。同时，加大中介机构违规行为曝光力度，及时在门户网站公示机构违规和被投诉情况，并将其记入信用档案；对于屡教不改、情节恶劣的机构，暂停网签直至注销备案，清出行业；加强案件移送，对6家"黑中介"及时移送工商、公安部门查处，督促整改，有效提高执法威慑力。此外，抽调专人加强房地产经纪机构日常巡查，对投诉较多的机构、反映较多的问题，加大日常巡查频次和范围，发现违规问题立即责令整改，对于拒不配合执法和接受约谈的机构，取消网签资格。经过专项整治，杜绝机构店外经营现象，改善行业形象，维护市容环境。

【加强房屋测绘管理】 为提高行政服务水平，梳理房产测绘成果备案的程序性规定和行政审批要点，规范备案的审批材料、办理程序及审核要点。同时，在推进行政审批制度改革过程中，结合全市房产测绘市场现状和工作特点，协调市编办将"房产测绘成果备案"列入全市行政审批事项目录，调整名称为"房产测绘成果审核"，保证审核工作平稳运行。为掌握民国时期以来北京市测绘资源原貌，挽救濒临失传的传统测绘制图技术，发挥其社会价值，通过扫描、修裱、整理、建立电子档案库、编目、GIS数据处理等步骤完成现存老旧测绘档案整理工作，共扫描、修裱、录入、整理图纸7879幅、清册1360本。截至年底，完成各类测绘服务项目127个，实测、预测房屋建筑面积约570万平方米；受理房地产测绘成果利用登记1096项，发放测绘成果864件；接待来人、来电3830人（次）；实现收入1257万元，同比增加30%。全市审核通过用于权属登记的实测备案业务共1267笔，建筑面积3759.1万平方米、同比增加4.6%；审核通过用于预售许可的预测备案业务共369笔，建筑面积1982.4万平方米、同比减少2.1%。

住房保障

【**改革保障性住房工程招标投标程序**】 为加快保障性住房建设，简化建设审批流程，针对保障性住房开工任务时间紧的特点，7月印发《关于加快保障性住房开工有关问题的通知》，简化工程招标投标条件，规定具备施工总承包特级资质的一级开发企业可直接进行工程施工，符合条件的项目可先行土方和监理招标，为保障性住房"当年供地、当年开工"提供政策保障。

【**实施四房合一的审核分配方式**】 4月11日，印发《关于进一步完善我市保障性住房申请、审核、分配政策有关问题的通知》，规定从4月19日起，全市统一廉租房、经济适用房、限价商品房和公共租赁房"四房"申请为"保障性住房"申请，进一步简化保障性住房申请、审核程序，实现住房保障方式由"以售为主"向"租售并举，以租为主"转变。同时，加快解决备案家庭的住房困难，实行按月倒排分配指标措施，兼顾项目属地与全市统筹需求，对老年、重病、重残家庭等优先分配，真正发挥保障性住房补好位、托住底的作用，构筑起社会安全网。

【**创新公共租赁房房源筹集方式**】 继续加大公共租赁房建设力度，按照"三多一统筹"模式，除政府组织建设外，不断提高产业园区和社会单位建设公共租赁房积极性，优化保障性住房供应结构，逐步形成"以租为主"的保障方式。同时，在廉租房与公共租赁房并轨建设、审核和资金统筹使用基础上，实现并轨分配和运营管理，保障方式更加简洁清晰。此外，按照"市场定价、分档补贴、租补分离"原则，继续推行公共租赁房租金补贴政策，截至年底发放补贴5400余户、总计3400余万元，提高承租家庭租金负担能力。为充分挖掘社会存量房源，海淀区试点向到市场租房的保障家庭发放租金补贴，丰富保障方式，增加公共租赁房供应。

【**创新后期管理机制**】 创新"使用监督管理、物业管理、社会管理"三位一体的后期监管模式，建设保障性住房和谐宜居社区。5月，出台《关于规范已购限价商品房和经济适用住房等保障性住房管理工作的通知》，建立保障家庭再取得其他房屋的信息比对机制，明确购买经济适用房和限价商品房家庭产权登记和处置方式，维护共同申请人房产权益，完善保障房产权登记、登记信息联网比对等工作。7月，印发《北京市公共租赁住房后期管理暂行办法》，明确管理职责，建立动态监管模式，完善社区物业服务，确保公共租赁房依法合规使用。11月，联合市公安、教委等9部门印发《关于加强本市公共租赁住房社会管理和服务的意见》等规定，破解公共租赁房家庭看病就医、社会保障及子女上学等问题，使群众住得安心、住得放心。

【**推进保障性住房产业化建设**】 在保障性住房中继续推行住宅产业化。确立以市保障性住房投资中心及大型骨干开发企业开发的且规模较大的公共租赁房项目为主要实施产业化项目的思路，将规模300套以上的40个公共租赁房项目约5.7万套列入重点实施产业化计划，并在建设协议中明确产业化任务和要求。截至年底，在保障性住房中落实产业化项目的规模共计约500万平方米。同时，按照标准化设计原则精选公共租赁房优良部品库的优秀产品，并完善标准化装配工法，形成"十二五"公共租赁房第一代定型标准产品的全套解决方案，倡导装配式装修施工，并重点在市保障性住房投资中心建设项目中试点，减少装修材料损耗，降低现场环境污染，确保装修品质。此外，在总结公共租赁房优良部品库试运行经验的基础上，将部品库试点扩展至整个保障性住房，库内产品基本涵盖保障性住房建设所需的各类建筑材料、部品部件。通过部品库，搭建由政府所属机构、项目开发建设运营单位等多方组成的产业交流信息平台，提炼储备一批绿色成套体系类技术，为保障性住房建设提供全方位产品、技术服务。

【**阶段性完成标准化评价相关试点工作**】 8月20日，组织"亦城名苑"等3个公共租赁房项目单位参加住房城乡建设部组织的全国住宅性能认定工作经验交流大会，3个项目获得第八批A级性能住宅荣誉。其中，北京经济技术开发区南部新区X17R1地块住宅亦城茗苑项目、X31F1地块住宅"博客雅苑"项目通过国家A级住宅性能认定，等级均为2A级;"远洋沁山水·上品"公租房项目通过国家A级住宅性能认定终审,等级为1A级。

【保障性住房建设及供应情况】 全市新开工建设公共租赁房项目35个,可提供房源约3.6万套;竣工项目11个,约1.1万套。新开工建设经济适用房项目5个,可提供房源约0.3万套;竣工项目3个,约0.3万套。新开工建设限价商品房项目15个,可提供房源约1.5万套;竣工项目11个,约1.9万套。新开工建设定向安置房项目77个,可提供房源约11.6万套;竣工项目34个,约5.3万套。

【保障性住房申请审核及配租配售情况】 全市申请各类保障性住房的家庭5.3万户,通过市级备案4.7万户,其中廉租房0.1万户、经济适用房0.3万户、限价商品房2.7万户、公共租赁房1.6万户(经济适用房、限价商品房通过家庭均为统一申请审核前受理的家庭)。全年申请公共租赁房的家庭2.7万户,其中三房轮候家庭1万户、新申请家庭1.7万户。截至年底,全市保障性住房累计备案家庭34.4万户,其中廉租房2.7万户、经济适用房9.3万户、限价商品房20.4万户、公共租赁房2万户(不含"三房"轮候家庭2.9万户)。共配租配售各类保障性住房10.7万套,其中旧城人口疏解、棚户区改造、城乡结合部整治等对接安置房源6万套,公开配租配售保障性住房4.7万套。在公开配租配售房源中,经济适用房1.3万套、限价商品房2.2万套、公共租赁房(含廉租房)1.2万套。

【出台中心城区棚户区改造及环境整治配套政策】 市住房城乡建设委、市发展改革等部门出台《中心城区棚户区改造和环境整治定向安置房公共资源及后期管理补偿标准有关问题的暂行意见》等涉及项目立项、规划审批、土地出让、房屋征收、文物腾退、投资融资、安置房公共资源和后期管理补偿各方面的11个配套文件,对棚户区改造项目实行"一次打包、棚户兜底;集中联审、纳入绿通;拆建分离,并联审批",进一步提高手续办理效率。同时,建立人口输入输出区利益补偿机制,明确在人口输入区建设的定向安置房和保障性住房,由人口输出区支付公共资源建设补偿和后期社会管理费用,有效化解人口输入区输出区利益博弈,加快安置房建设,促进人口疏解顺利实施。

【推进远郊区县和国有工矿棚户区改造】 截至年底,三片试点棚户区筹集安置房383万平方米、6.5万套,完成建设收购计划的108%,其中4.2万套安置房主体竣工,累计搬迁居民4.3万户,实现居民入住约1.7万户;门头沟区新增100万平方米安置房完成项目选址和方案设计工作;新增五片棚户区建设筹集安置房71万平方米、约8600套,其中6000套基本建成;京煤集团房山安置房2800户已于11月入住。同时,加快新的远郊区县和国有工矿棚户区改造项目储备,将房地涤纶厂、首农北郊农场、广电设备厂3个项目作为国有工矿项目纳入棚改范围;在密云县十里堡镇,房山区河北镇、城关中心区和怀柔区东关下元钓鱼台开展集体土地棚户区改造试点。

城市建设与市政公用事业

全市确定5大类240项重点工程,其中续建103项,计划新开137项,计划竣工54项,总投资13432亿元,年计划投资2270亿元。截至年底,全市重点工程续建项目进展顺利,工程安全质量情况整体受控,但受宏观经济环境偏紧、项目前期论证时间较长等因素影响,重点工程开竣工及实际完成投资情况与同期相比均略有下降。全年重点工程开工78项、竣工30项,实际完成投资1678.34亿元、占年度计划投资的74%。

【交通设施项目】 共确定重点工程55项,其中机场建设1项、轨道交通及配套18项、高速公路4条、城市道路28条、交通枢纽及其他4项。完成投资347.94亿元,地铁8号线北延联络线、地铁10号线二期、梅市口路、京周路新线、鲁坨路(京原公路旧路—鲁家山生物质能源厂)等5项工程竣工。

【现代产业项目】 共确定重点工程80项,其中现代制造业项目13项、高新技术产业项目24项、生产性服务业项目24项、文化旅游会展产业项目19项。年内完成投资431.85亿元,奔驰汽车新建发动机工厂一期、中国石化润滑油系统提高产品质量技术改造、中芯国际(北京)有限公司一期增资扩产、中国电信北京信息科技创新园一期、国家核电科研创新基地一期、四环医药控股集团总部研发中心、华嘉金融中心地块、西城区金融街E区9号地、中国园林博物馆9项工程竣工。

【民生保障项目】 共确定民生保障项目37项,其中综合整治1项、旧城改造及人口疏解5项、保障性安居工程3项、医疗卫生8项、文化教育12项、社会服务8项。完成投资521.71亿元,2013年老旧小区综合整治、2013年保障性住房、2013年棚户区改造3项工程竣工。

【生态环境项目】 共确定生态环境项目37项,其中固废处理项目7项、水务工程22项、绿化工程8项。完成投资271.75亿元,大宁调蓄水库工程、丰台河西再生水厂及配套管网、未来科技城再生水厂一期、平谷区再生水厂二期及再生水利用工程、南大荒休闲森林公园、2013年北京市平原造林工程等6项工程竣工。

【能源资源项目】 共确定能源资源项目31项，其中热电工程5项、供热工程12项、输变电工程7项、燃气工程7项。完成投资105.09亿元，核心区非文保区平房居民煤改电采暖工程、朝阳北路热力管线工程、姚家园路热力管线工程、西马供热厂清洁能源改造工程、陕京三线二期天然气工程（永久线）、大唐煤制气市内接收工程、西北热电中心供气工程等7项工程竣工。

村镇建设

【杨庄村村民4栋自住楼竣工】 工程位于通州区杨庄村，包括3~4、6~7号住宅楼，建筑面积6.48万平方米，工程总造价10887万元。2007年2月14日开工，2013年1月23日竣工。通州区永顺镇杨庄村村民委员会建设，清华大学建筑设计研究院有限公司公司设计，北京诚通新新建设有限公司、北京东运建筑工程有限公司、北京华翔建筑工程公司施工，北京中集协建设监理有限公司监理。

【东小马庄村10项工程竣工】 工程位于通州区梨园镇东小马庄村，包括1~8号村民自住楼、9号公建及地下车库，建筑面积12.89万平方米，工程总造价32100万元。2010年12月28日开工，2013年4月25日竣工。通州区梨园地区东小马庄村民委员会建设，亚瑞建筑设计有限公司设计，北京牛建建筑集团有限公司施工，北京精正兴工程建设监理有限公司监理。

【怀柔区乡村公路大修工程竣工】 工程位于怀柔区12个乡镇，共19条乡级公路、8条乡村公路，全长56.88公里，其中平原路面25.37公里、山区路面31.51公里，工程总投资3155.676万元。2013年7月15日开工，2013年10月30日竣工。12个乡镇人民政府为建设方，北京国道通公路设计研究院股份有限公司设计，日月明建设工程有限公司等6家单位施工，东方华太建设监理有限公司监理。

工程建设标准定额

【完成2012年建设工程计价依据编制】 编制并发布2012年《北京市建设工程计价依据——预算定额》、《北京市房屋修缮工程计价依据——预算定额》及与之配套使用的《预算定额基础价格》。全套共51册，其中建设工程预算定额分建筑与装饰工程、仿古建筑工程、通用安装工程、市政工程、园林绿化工程、构筑物工程和城市轨道交通工程七部分，共31册；房屋修缮工程预算定额分土建工程、安装工程和古建筑工程三部分，共15册；另外与两套定额配套使用的基础价格分机械台班和施工仪器仪表价格、材料预算价格两部分，共5册。同时，为推动新定额颁发和顺利实施，发布《关于执行2012年〈北京市房屋修缮工程计价依据—预算定额〉的规定》、《关于执行2012年〈北京市建设工程计价依据—预算定额〉的规定》等配套管理文件及相关解释说明。

【开展相关补充定额审核编制工作】 完成《贡院小学仿古补充定额》、《城乡轨道交通补充预算定额》的审核工作；为配合北京市老旧小区综合改造，编制发布《节能保温门窗补充定额》，并进行外墙外保温消耗量数据测算，为编制相应补充定额做好准备；为完善计价依据体系，合理确定相关工程造价，10月，启动《北京市轨道交通运营改造工程预算定额》编制工作。

【加强造价咨询企业监管】 对全市115家造价咨询企业资质进行实地核查，做好资质资格日常监管，规范咨询市场秩序；对在湖北、内蒙古设立分支机构的造价咨询企业和招标代理机构的执业行为进行专项检查，加强市属造价咨询企业京外执业行为监管；利用造价服务平台对造价咨询企业进行动态监管，截至年底，在平台注册企业270余家，共上报人员信息7500余条、备案合同3193份（审核业务为主）、成果文件3068余份。

【发布工程造价信息】 完成《北京工程造价信息》2013年度1~12期的编辑出版工作，发布建筑、安装、市政、古建、园林绿化等工程的建筑产品和设备的市场信息价格以及机械、模版、脚手架等市场租赁价格信息13000余条，发布相关政策、信息等60余篇，为建设各方提供招标投标和结算依据。

【加强造价立法工作】 完成北京市造价立法的立项论证报告和《北京市建设工程造价管理办法》（初稿）、《北京市建设工程招标控制价管理暂行办法》（初稿）的起草工作。造价立法被北京市政府列入2013年"抓紧工作、适时提出项目"。

【配合法案修订及课题研究工作】 配合住房城乡建设部完成《关于进一步做好推行工程量清单计价工程的通知》、《建筑工程施工发包与承包计价管理办法》、《建筑市场管理条例》、《工程造价咨询企业管理办法》和《造价咨询合同文本》的修订工作，提出相关修改建议；参与住房城乡建设部标准定额司《建筑业营改增对工程造价及计价体系的影响》课题的研究，对课题大纲提出修改意见。同时，参与《北京市房屋建筑和市政基础设施工程施工合同管理办法（试行）》的研讨、调研、征求意见及修订工作，并撰写书面修改建议。

工程质量安全监管

【完善工程安全监管法规体系】 修订《北京市建设工程施工现场管理办法》并于7月1日正式施行，推进施工现场和绿色施工管理工作，进一步规范建筑起重机械租赁市场行为，明确违法行为责任认定。同时，为落实《北京市2013~2017年清洁空气行动计划》，有效控制施工现场扬尘污染，研究起草《北京市建设工程扬尘治理专项资金管理暂行办法》（征求意见稿）；组织修订《绿色施工管理规程》、《施工现场安全资料管理规程》。

【推进立法研究工作】 2012年12月，《北京市建设工程质量管理条例》被列入市人大2013年立项论证项目。为做好该条例的立项论证工作，2013年2月成立立项论证工作组，拟定《立项论证工作实施方案》，并于3月正式启动该项工作。经深入调研，全面征求各单位、相关领域专家意见，反复论证达成共识后，完成《北京市建设工程质量管理条例立项论证报告》，并于12月19日通过市人大常委会主任会审议。该条例被列入《北京市地方性法规五年立法规划（2013~2017年）》。

【安全监督执法检查情况】 市住房城乡建设系统继续开展网格执法检查，主要涉及施工安全、绿色文明施工等方面，检查工地40313项，责令限期整改8325项，停工整改933项，依法处罚1816起，罚款1183.2万元。同时，在安全生产大检查中，市住房城乡建设委检查工程566项，其中房屋建筑工程322项、建筑面积1431.60万平方米，发现安全隐患733条，下发责令改正通知书140份，立案处罚76起，房屋建筑工程中涉及保障性安居工程90项、建筑面积482.50万平方米，发现安全隐患308条，下发责令改正通知书36份，立案处罚25起；轨道工程222项，185个标段，发现安全隐患579条，下发责令改正通知书28份，简易处罚4起，立案处罚6起。在安全生产大检查中，各区县住房城乡建设委共组织督查组1710个、参检人员23573人次，监督检查企事业单位和场所15247家，发现隐患41774项，隐患整改41774项，责令改正、限期整改8151起，责令停产877家，罚款738.8万。针对发生事故的责任单位，暂扣安全生产许可证20起、吊销安全生产许可证1起、停止在京投标资格35起，暂停个人执业资格11人次。

【加强质量检测机构管理】 为确保《北京市建设工程质量检测机构市场行为信用评价暂行管理办法》的实施，组织开展评价系统平台建设、基础信息录入等工作，同时为配合该管理办法的执行，下发《北京市建设工程质量检测机构及人员违法违规行为记分标准》的通知，进一步完善计分办法。6月，在总结过去合同管理经验的基础上，与市工商等3部门共同研制《北京市建设工程质量检测委托合同》示范文本，进一步规范检测市场行为，保护合同当事人的合法权益。此外，取消建筑工程室内环境质量检测机构备案，废止相关文件，并于10月发布《关于调整建筑工程室内环境质量检测机构备案管理的通知》，明确要求协会加强行业自律，保证行业健康发展。

【开展全市质量监督机构考核】 加强建设工程质量监督机构管理，完善工程质量监督工作机制，根据相关文件研究并细了质量监督机构考核标准。11月4~8日，对16个区县的工程质量监督机构和亦庄经济技术开发区建设工程安全质量技术中心进行考核，综合各项考核内容和相关标准，昌平、怀柔、延庆、海淀、顺义、朝阳、丰台等区县综合排名前。

【形成安全质量长效机制】 把安全质量管理上升到风险管理高度，加强预控工作，通过安全质量状况测评、监督执法和检测监管三个信息化平台的建设，形成施工现场和市场"两场"实时联动的"三位一体"的监督执法模式，该模式以"编制和使用安全质量监督执法手册，明责、履责、尽责，规范监督执法行为；加大执法力度，严厉打击违法违规行为；开展安全质量状况测评，实现差别化监管，构建以安全质量为核心的信用管理体系"为特征，推动企业落实主体安全质量责任，实现重点工程监管、轨道工程监管和网格执法监管的市、区（县）有机联动的"点、线、面"结合的立体监督执法体系。该执法模式实现执法过程可追溯、检测过程可监督。

【加强安全质量监督执法】 全市在监工程22352项（标段），其中房建20967项、规模1.54亿平方米，市政1309项、投资额145.93亿元，轨道交通76标段、投资额666.99亿元。实施安全质量行政处罚2284起、罚款2749.38万元，其中质量类364起、罚款1424.41万元，安全类1902起、罚款1319.85万元，其他类18起、罚款5.12万元。与2012年比，处罚数量增加439起、同比增加24%，其中施工质量类增加201起、同比增加123%，施工安全类增加262起、同比增加16%，其他类减少24起；罚款金额增加1031.03万元、同比增加60%，其中施工质量类增加678.26万元、同比增加91%，安全类增加419.31万元、同比增加47%，其他类减少66.54万元。全年立案376起，其中质量类164起、安全类209起、其他类3起；按一般程序作出处罚484起、罚款983.25万元，其中安全类266起、罚款273.65万元，质量类213起、罚款705.10万元，其他类5起、罚款4.50万元，市监督总站质量类处罚案件数量、处罚金额分别占全市的60%和50%以上。

【开展安全质量状况评估】 印发《北京市房屋建筑和市政基础工程安全质量状况评估管理办法（暂行）》，搭建北京市房屋建筑和市政基础工程安全质量状况评估信息平台，推动建设工程各参建企业开展评估工作。全市开展评估的在施房建工程2747项、单体13297个、在建面积11626万平方米，轨道交通工程10条线、76标段，市政工程1385项。共有433家施工企业、195家监理企业、728家建设开发企业、124家预拌混凝土企业、82家检测单位、13家预制构件企业及2531位注册人员主动开展安全质量管理评估工作。自4月起全市三个季度分房建、市政、轨道、保障房、管理5个部分发布了评估结果。

【加强轨道工程安全质量监督执法】 截至年底，轨道交通在建10条线路175千米，运营通车里程465千米。依托轨道交通安全质量状态评估工作，建立与6号线西延工程、8号线三期燕房线工程招标投标工作对接的"两场"联动机制，构建以安全质量为核心的信用管理体系；开展施工安全及工程质量通病专项治理，确保10号线剩余段、14号线西段、9号线军事博物馆站、8号线二期剩余段及昌八联络线如期通车，实现10号线全线贯通，提高网络化运营效率。同时，以防大汛、抗大灾为立足点，督促参建各方抓好防汛工作，确保工程安全度汛、质量安全形势总体持续稳定，连续6年杜绝较大以上安全质量事故，实现一般性安全质量事故大幅下降。此外，举办轨道交通第二届岗位技能竞赛，引领轨道交通建设行业健康发展，提升参建人员的技能水平。全年抽查工程839项次，下发监督检查记录966份、责令改正通知书124份，实施简易处罚16起、安全立案处罚47起、质量立案处罚27起，单位记分88起122分，人员记分192起246分。

【开展预拌混凝土和预制构件企业质量监督执法】 印发《关于进一步加强预拌混凝土质量监督管理工作的通知》、《关于进一步加强建筑用砂石质量管理工作的通知》等文件，为开展预拌混凝土企业整顿工作提供法规及制度保障。全年开展预拌混凝土企业和混凝土预制构件企业质量专项监督执法检查，对159个搅拌站点开展检查220次，抽检水泥、粉煤灰、矿粉、外加剂和砂石等原材料295组；对19家混凝土预制构件生产企业进行检查42次，抽检水泥、钢筋和砂石等原材料70组。分别对存在违法违规行为的预拌混凝土企业、混凝土预制构件企业下发责令改正通知书13份、1份，对预拌混凝土企业立案18起，并对相关责任企业和责任人进行记分处理。年内，预拌混凝土和混凝土预制构件企业质量评估工作形成"企业自评、政府评价"的两级质量管理体系，137家预拌混凝土和混凝土预制构件企业开展企业自评工作，占全部企业的86%。

建筑市场

【建筑市场经济运行情况】 建筑业总产值、工程交易项数、工程交易合同额均实现同比增加。北京市企业完成建筑业总产值7117.1亿元、同比增加8.41%，其中北京地区完成2742.8亿元、同比增加6.89%，在外省市完成（含中央在京单位）4644.3亿元、同比增加16.1%，在河北、广东、江苏等省市完成的建筑业产值最多。全年有工程施工总包、专业承（分）包、劳务、监理项目27684项，同比增加6.5%；工程交易合同额3187.1亿元，同比增加23.9%。

【工程招标投标管理情况】 2月1日起，开展信用标评审服务。信用标评审直接采用开标当日市住房城乡建设委公布的企业市场行为信用评价分值，即市住房城乡建设委对施工企业业绩、表彰奖项、科技进步和社会责任等良好行为以及违反招标投标相关规定、安全质量、劳务管理等不良行为实时动态评价，进行相应加分或扣分，并即时显示在系统中，所得分数即为企业投标时的信用标分值。信用标按工程规模在总得分中所占权重为5%~20%。信用标制度的实施，将信用评价与招标投标工作及时衔接，实现建筑企业在建筑市场和施工现场中的表现与招投标有机结合，建立"一地受罚，处处受制"的失信惩戒机制，强化了企业诚信意识，促进建设市场诚信体系建设。截至年底，市交易中心共有538个项目实施信用标评审。全年办理施工总承包发包交易3496项、交易额2515.3亿元，其中市招标投标机构办理886项、交易额1131.6亿元，区(县)招标投标机构办理2610项、交易额1383.7亿元；完成监理服务交易1933项、交易额49.6亿元，其中市招标投标机构办理573项、交易额23.1亿元，区(县)招标投标机构办理1360项、交易额26.5亿元；完成专业招标851项、中标价137.8亿元，劳务招标2957项、中标价190亿元，材料设备招标218项、中标价18.3亿元。

【建筑市场诚信体系建设】 正式将施工总承包企业及注册建造师市场行为评价结果以信用标的形

式应用于招标投标的评标环节，促使招标投标人重视信用评价结果，为构建优胜劣汰的信用准入机制奠定基础。同时，配合轨道公司开展新建线路招标工作，针对其工程施工复杂、对投标企业要求高的特点，在现有市场行为信用评价的基础上，融合合同履约评价及安全质量评估两项内容，建立北京城市轨道交通工程施工总承包企业市场行为信用评价制度，并将其作为信用标应用于轨道交通项目评标过程中。全年采用三标制进行评标的项目1760项、占全市施工总承包招标项目的50.3%，合同金额1734.8亿元、占合同总额的68.9%；地铁项目中采用三标制招标的项目24项，合同金额78亿元，分别占轨道交通施工总承包招标项目总数及合同总金额的31.6%、38.2%。同时，继续完善建筑劳务市场行为信用体系建设，根据上年度中央及外省市来京建筑企业资质监督在京管理情况考核结果，对"劳务企业推荐名单"实施动态调整，将考核结果为基本合格及以下的企业去除，最终有230家劳务企业作为推荐使用劳务企业在市建筑业人力资源协会会员单位中得到推介。

【对外承包服务与管理】 北京市建筑企业在境外完成营业额335853.6万美元、同比增加15.9%；在境外新签合同额562440.3万美元、同比增加39.4%。截至年底，月末对外承包工程项目外派人员为13623人。

【外地进京建筑企业备案管理】 7月，为落实住房城乡建设部《关于做好建筑企业跨省承揽业务监督管理工作的通知》要求，进一步简化办事程序，提高工作效率，发布《北京市住房和城乡建设委员会关于简化中央及外省市建筑企业来京施工备案手续的通知》。自该通知发布之日起，办理中央及外省市建筑企业来京施工备案手续时，备案窗口不再收取"劳务分包企业需提供农民工工资专用账户的相关凭证原件"、"发包单位的发包意向文件或招标公告、投标邀请书原件"和"在银行设立的企业农民工工资保证金专用账户的相关凭证原件"三项材料。截至年底，中央及外省市来京施工企业总计备案2145家(含外省市企业2053家)，其中施工总承包715家、专业承包700家、劳务分包730家。年内新企业备案282家(含外省市企业254家)，其中施工总承包119家、专业承包105家、劳务分包58家。外省市来京工程监理企业备案43家，其中综合资质7家、专业资质36家(甲级资质35家，乙级资质1家)。累计登记施工队长15170人。

【完善农民工工资保证金专用账户管理】 根据上年度中央及外省市来京建筑企业资质监督在京管理情况考核结果，实施农民工工资保证金差别化管理，为连续3年考核结果为合格、符合撤销保证金标准的310家企业办理保证金撤销，涉及金额1.7亿元。全年有58家企业因退出北京市场撤销保证金账户，涉及金额3520万元；3家企业启用工资保证金，涉及金额150万元；新开立保证金账户257家，涉及金额17200万元。

【建筑市场综合执法】 为落实"全系统、全过程、全覆盖"工作目标，进一步推进市区两级住房城乡建设部门执法机构对接，与西城、平谷等内设专门的市场综合执法职能部门的区县住房城乡建设委加强日常业务交流；对于执法工作涉及多科室的区县住房城乡建设委，确定由一个科室牵头对接市建筑业管理服务中心市场行为综合执法工作。通过开展定期业务培训，采取联合执法检查等方式，使建筑市场综合执法体系更加完备。同时，加大对肢解发包、违法分包等损害市场主体利益及建筑产品安全和质量行为的查处力度，市级建筑市场综合执法机构开展执法检查716项次，作出行政处理123项次，对企业和个人记538分，实施行政处罚47起、罚款303.69万元；坚持综合执法与普法并行，全年向区县执法机构和一线项目工地发放《北京市建筑市场综合执法常用法律法规汇编》5000余册，为建筑市场综合执法工作奠定法制基础。

建筑节能与科技

【新增工程建设地方标准】 新发布工程建设地方标准(施工验收与房屋管理部分)9项，分别是《保温板薄抹灰外墙外保温施工技术规程》(DB11/T 584—2013)、《塑料排水检查井应用技术规程》(DB11/T 967—2013)、《预制混凝土构件质量检验标准》(DB11/T 968—2013)、《城镇道路建筑垃圾再生路面基层施工与质量验收规范》(DB11/T 999—2013)、《房屋建筑使用安全检查技术规程》(DB11/T 1004—2013)、《公共建筑空调采暖室内温度节能监测标准》(DB11/T 1005—2013)、《民用建筑能效测评标识标准》(DB11/T 1006—2013)、《公共建筑能源审计技术通则》(DB11/T 1007—2013)、《建筑太阳能光伏系统安装及验收规程》(DB11/T 1008—2013)。

【重点科技成果鉴定项目】 组织完成重点科技成果鉴定项目78项，其中达到国际领先水平16项、国际先进水平19项、国内领先水平42项。

【加强科研课题管理】 完成"老旧小区综合改造外保温材料应用与施工标准实施情况研究"、"绿色建筑实施效果评估验收管理调查研究"2项课题考核及验收。3月,完成"北京市既有建筑绿色化改造关键技术研究及示范"重大科研课题立项,该课题把城市发展建设与改善生态环境紧密结合,通过对既有建筑绿色化改造关键技术及示范工程建设的分析、研究,提出改造的核心技术,建立北京市既有建筑绿色化改造技术体系。

【组织国家智慧城市试点申报】 5月,根据《住房城乡建设部办公厅关于开展国家智慧城市2013年度试点申报工作的通知》要求,开展国家智慧城市申报和推荐工作,组织专家对申报试点进行材料审查和实地考察。经住房城乡建设部综合评审,北京经济技术开发区、房山区长阳镇入选2013年度国家智慧城市试点名单。

【加强技术指导服务】 全年开展10期公益技术讲座,4000余名专业技术人员参加,讲座内容涉及太阳能热水建筑应用、区域能源与分布式能源应用、住宅产业化政策与实践、既有居住建筑供热计量节能设计改造等,进一步提高专业技术人员业务水平。为加强村镇工程建设管理与服务,构建市、区、乡、村四级村镇工程建设管理与服务体系,5月,市住房城乡建设委会同市编办、市新农办发布《关于加强本市村镇工程建设管理服务体系建设的意见》,要求市级相关部门加强村镇工程建设指导和技术服务职责,区县和乡镇应明确村镇工程建设管理职责、管理机构和人员,村委会应建立农宅建设协管员制度。同时,落实《关于加强北京市村镇建筑工匠培训与使用管理工作的指导意见》,开展村镇建筑工匠培训,内容涉及建筑法律法规、新型建筑结构体系、抗震节能型新民居建设等实用技术和施工方法。全年免费培训村镇建筑工匠1800余名,其中1200余名建筑工匠通过考核并取得培训合格证。

【15项市级建筑业新技术应用示范工程通过验收】 共组织验收北京市建筑业新技术应用示范工程15项,建筑面积近180万平方米。2/3的项目新技术应用达到国内领先水平,产生一批创新技术成果,获众多荣誉和奖项,其中创国家级工法10余项、获鲁班奖6项。

【18项工法通过市级工法评审】 共有80余项工法申报市级工法,经过初审和组织专家评审会,外墙外保温防火隔离带增强竖丝复合岩棉板施工工法、超高层钢结构纯钢板剪力墙焊接施工工法等18项工法通过市级工法审定,其余项目因国家级工法申报及评审工作而延后。

【落实居住建筑节能75%设计标准】 1月1日,北京市率先实施居住建筑节能75%设计标准,自4月1日起,施工图设计文件审查全面执行75%标准。同时,对全市民用建筑节能设计审查备案内容做出相应调整,重点增加生活热水热源方式的备案。621.83万平方米新建居住建筑按节能75%标准办理建筑节能设计审查备案。

【4个太阳能光电建筑应用示范项目通过验收】 北京仪器仪表工业基地1.7MWp光电建筑应用一体化示范项目、七星集团朝阳产业园(798园区)光伏项目、七星集团马坊产业园光伏发电项目、金福苑500千瓦太阳能光伏幕墙应用示范工程4个示范项目通过验收,实际总装机容量4009.3千瓦,实现并网发电及数据上传功能。

【开展建筑节能专项检查】 市、区两级建筑节能管理机构会同工程质量监督机构、执法大队组织建筑节能专项检查2次,主要检查《建筑节能施工质量验收规范》及相关政策法规实施情况,以及太阳能热水系统建筑应用工程施工情况,共检查工程94项、建筑面积643万平方米,其中涉及太阳能热水系统的居住建筑工程有37项,均按要求进行太阳能热水系统的设计及施工;对9个存在违规行为的项目下发责令改正通知书9份,并提出整改要求。

【推动绿色建筑管理工作】 5月13日,市政府办公厅印发《北京市发展绿色建筑推动生态城市建设实施方案》,提出四个全国"率先"的发展目标❶,并明确在"十二五"期间创建至少10个绿色生态示范区、10个5万平方米以上的绿色居住区,并推动绿色生态镇、村试点工作。6月24日,市政府办公厅向全市转发市住房城乡建设委等部门制定的《北京市绿色建筑行动实施方案》,要求相关部门结合实际全面开展绿色建筑行动。该方案提出抓好新建建筑节能工作、推进既有建筑节能综合改造、开展城镇供热系统节能、推动住宅产业化、加快绿色建筑相关技术研发推广等10项重点任务。全市通过绿色建筑评价标识认证的项目有17项、建筑面积209.44万平方米,其中公建9项、建筑面积110.30万平方米,住宅8项、建筑面积99.14万平方米。截至年底,全市累计通过绿色建筑评价标识认证的项目59项、建筑面积637.96万平方米,其中公建32项、建筑面积239.39万平方米,住宅27项、建筑面积398.57万平方米。59个项目中含设计标识

---

❶ 即率先新建项目执行绿色建筑标准、率先实现居住建筑75%节能目标、率先将绿色生态指标纳入土地招拍挂、率先要求编制和实施绿色生态规划。

52个、运行标识7个,其中26个项目为三星级标识项目。此外,经住房城乡建设部评选,北京市组织申报的7个项目获2013年度全国绿色建筑创新奖,其中环境国际公约履约大楼、中国石油大厦获一等奖,中国海油大厦、北京金茂府小学、长阳镇起步区1号地04地块(1~7号楼)及11地块(1~7号楼)、中关村国家自主创新示范区展示中心(东区展示中心)获二等奖,中关村国家自主创新示范区展示中心(西区会议中心)获三等奖。

【住宅产业化工作】 3月,为加快推进住宅产业化发展,联合市发展改革委发布《关于确认保障性住房实施住宅产业化增量成本的通知》,明确实施住宅产业化的保障性住房项目的产业化增量成本参考值,并计入建安成本。6月,市政府办公厅发布《关于转发市住房城乡建设委等部门绿色建筑行动实施方案的通知》,该通知要求全面开展绿色建筑行动,并将推动住宅产业化作为重要任务之一。3月,市住房城乡建设委、市质量技术监督局联合发布《预制混凝土构件质量检验标准》DB11/T 968—2013,市规划委、市质量技术监督局联合发布《装配式剪力墙住宅建筑设计规程》DB11/T 970—2013;7月,市规划委、市质量技术监督局联合发布《装配式剪力墙结构设计规程》(DB11/1003—2013);12月,为加强对装配式混凝土结构工程施工过程的管理和质量控制,指导装配式混凝土结构工程施工,统一施工质量验收标准,市住房城乡建设委、市质量技术监督局联合发布《装配式混凝土结构工程施工与质量验收规程》DB11/T 1030—2013。年内,在保障性住房项目中,落实产业化项目5.7万余套,建筑面积约240万平方米;在普通商品房项目中,实现10万余平方米的产业化住宅项目落地,奖励面积3164平方米。

【开展抗震节能农宅新建翻建和改造】 针对全市多数农宅未采取抗震节能保温设计、房屋结构安全性能不高、冬季室温低采暖耗能高等现状,进一步落实市政府新农村建设折子工程,推进抗震节能农宅新建、翻建和改造工作。全年共完成6.3万余户、超额完成26%,其中新建翻建26921户、综合及保温改造36118户。

【推进农村地区能源结构调整】 为推广清洁能源和可再生能源在农民住宅用能系统中的应用,改善农民居住环境,协助市农委制定《2013年农村地区减煤换煤清洁空气行动实施方案》,重点在农村地区13个郊区县实施优质煤替代、取暖煤改电、天然气入户、新能源利用等工程,并对项目进行全程技术指导,全年共减少劣质煤使用量约80万吨。

建设人事教育工作

【加强干部教育培训】 根据《干部教育培训工作条例(试行)》和北京市委《关于大规模培训干部工作的实施意见》规定,以提高理论素质、培养战略思维、树立世界眼光和加强党性锻炼为重点,提高全委党政人才的综合素质和工作能力。做好全员培训,组织开展十八大政治理论培训,同时做好新入职干部、专业技术人员、人事干部和军转干部培训工作;开展干部在线学习,组织全委处级以上干部、全体人事干部和机关干部630余人参加干部在线学习,全部按时完成年度学习任务,完成率连续8年保持100%;组织局处级干部调训58人次,人均培训260学时,推动干部提高理论水平和业务能力;先后选派48名局处级干部赴德国等地考察业务和学习培训,帮助领导干部进一步开阔视野、拓展思路、更新观念、推动创新;建立网上学习平台,依托"委内办公平台",建立面向全委干部职工的网上学习园地,满足干部自主学习和个性化学习的需要;开展干教信息工作,先后向市委组织部、市人力社保局报送、发表20余条干教信息,在全市委办局中排名前列。

【开展建设类培训机构综合评价】 委托北京建设教育协会开展2013年度北京市建设类培训机构综合办学水平评价工作。通过修订完善培训机构规范办学综合评价办法和动态监管综合评价细则,健全教学质量、师资力量、教育管理、队伍建设、社会诚信等评价指标,启动评价考核系统,建立远程网络监控平台,对市建设系统内36家培训机构进行综合办学水平评价。通过评价,确认合格以上培训机构35家,其中综合办学水平优秀的10家,良好的14家,合格的11家。通过评价工作的开展,引导培训机构规范培训办班行为,提高教学质量,维护培训市场良好秩序。

【规范建筑施工特种作业安全培训工作】 3月,颁布《关于规范建筑施工特种作业人员安全作业培训工作的通知》,明确市住房城乡建设委对建筑施工特种作业人员安全作业培训的监督职责,加强对建筑施工特种作业培训单位的工作指导。同时,结合实际,制定选拔推荐培训单位的条件,并组织行业专家组进行评估,确定第一批选拔推荐的特种作业培训单位;进一步规范特种作业培训行为,统一培训价格和课时标准、固定培训教室、严格按培训大纲要求及培训计划组织培训活动,加强培训质量管理;组织培训单位搭建特种作业培训视频监控体系,加强培训全过程监管。全年有10235人参加特种作业规范培训和考核，培训教学质量显著提高。

【提升执业人员能力素质】 在对2012年二级建造师继续教育工作全面评估的基础上，调整领导小组成员单位，确保课件制作、网络学习、现场测试等工作顺利进行。同时，组织行业专家、大学教授、重大课题研究负责人、行业技术规范编写人员录制2013年度继续教育教学课件56课时，并完成第二个学习周期中建筑、机电、市政3个专业继续教育教材的修订工作。全年共完成二级建造师继续教育现场测试1.3万人。此外，开发完成二级（含临时）建造师延续注册系统，增加继续教育成绩导入功能。

【规范从业人员考核管理】 以月度、季度为周期做好数据统计分析工作，依据行业人才实际需求的趋势变化，结合市场情况，制发完善的考核计划；按照住房城乡建设部《建筑与市政工程施工现场专业人员职业标准》，组织专家修改完善20个专业人员岗位培训考核大纲，编写完成专业人员推荐培训教材，统一培训标准。同时，严格考试报名审核环节，要求"三类人员"考试报名单位必须为在北京市建筑企业资质管理库中登记备案的企业，项目负责人必须取得建造师注册证书，否则不予报考，有效遏制虚假报名现象。此外，为适应建筑行业发展，满足企业和个人的实际需求，新增"三类人员"网络教育方式，并完善造价员网络教育，以网络教育和面授相结合的方法灵活开展继续教育工作。全年组织企业主要负责人继续教育培训5期、参加1300人次，通报替学替考人员8人次；组织检查造价员继续教育培训班54期。

大事记

1月

8日 北京市西北热电中心规划项目正式获批，至此北京四大热电中心全部启动。四个项目全部建成投运后，预计增加8400万平方米的燃气供热面积，其中可代替现有燃煤发电厂供热面积6000万平方米。

15日 海淀区启动市场化模式筹集公共租赁房房源试点工作，探索保障性住房筹集方式的新模式。该模式通过筹集社会存量房作为公共租赁房，配租给保障家庭，并对自行在市场租赁住房的保障家庭进行租金补贴。

16日 市住房城乡建设委发布《北京市集体建设用地范围内房屋登记试点工作实施意见》，决定在海淀、大兴、平谷三区开展集体建设用地范围内房屋登记试点工作，并要求各试点区县及时制定具体工作方案，完善试点工作各项保障机制。

2月

1日 正式将施工总承包企业及注册建造师市场行为评价结果以信用标的形式应用于招标投标的评标环节，将信用评价与招标投标工作衔接，建立"一地受罚，处处受制"的失信惩戒机制。

7日 市住房城乡建设委、中国人民银行营业管理部联合印发《关于做好存量房交易服务平台扩大试点工作有关问题的通知》，决定将北京市存量房交易服务平台试点范围扩至西城、海淀、丰台等11个区县，并就做好存量房交易服务平台扩大试点工作提出具体要求。

8日 北京市副市长陈刚带队对北京市轨道交通建设工地进行节前安全检查，深入地铁7号线九龙山站施工现场，了解工地安全生产情况。市住房城乡建设委主任杨斌陪同。

3月

8日 全国首个专门针对老年人的公共租赁房项目——朝阳区常营地区老年公租楼正式破土动工。该项目占地5000平方米，可容纳百余位生活困难老人入住。

30日 市政府办公厅印发《北京市人民政府办公厅贯彻落实〈国务院办公厅关于继续做好房地产市场调控工作的通知〉精神进一步做好本市房地产市场调控工作的通知》，明确禁止京籍单身人士购买第二套住房，进一步提高第二套住房贷款的首付款比例，并向房屋转让人征收20%个人转让住房所得税。该通知成为公认的最严地方版"国五条细则"。

4月

12日 国家车联网产业基地建设启动会在京举行，首个国家级车联网产业基地正式落户北京。

15日 市住房城乡建设委印发《关于在全市推广房屋登记标识和登记精神的通知》，在全市启用统一的房屋登记标识和"规范、便民、廉洁、审慎"的房屋登记精神，提高房屋登记规范化、标准化建设水平。

15日 市长王安顺带队调研东城、西城、朝阳三区旧城棚户区改造工作，实地察看市中心边角地带和棚户区居民居住现状，并召开座谈会，要求相关部门加快推进改造及环境整治工作。副市长陈刚、张延昆陪同。

5月

2日 市住房城乡建设委印发《关于规范已购限价商品住房和经济适用住房等保障性住房管理工作的通知》，进一步规范已购限价商品房和经济适用住房等保障性住房售后和租后管理，以及产权登记和处置行为。

13日 市政府办公厅印发《北京市发展绿色建筑推动生态城市建设实施方案》，提出四个全国"率先"的发展目标，并明确在"十二五"期间创建至少10个绿色生态示范区、10个5万平方米以上的绿色居住区，并推动绿色生态镇、村试点工作。

17日 北京市出台《北京市商品房预售资金监督管理办法》，该办法明确规定合理增加项目资金使用节点、引入余额控制监管模式提高资金使用效率等五项监管内容，进一步完善预售资金监管制度，确保交易资金安全。

6月

29日 北京市启动最大规模跨区选公共租赁房活动。

7月

1日 市住房城乡建设委会同市公安、规划部门印发《关于公布本市出租房屋人均居住面积标准等有关问题的通知》，明确出租房屋人均居住面积不得低于5平方米，单个房间居住人数不得超过2人（有法定赡养、抚养、扶养义务关系的除外），至此北京市关于群租行为有了明确界定。

11日 北京市最大"屋顶太阳能发电站"一期工程竣工。

11日 市委书记郭金龙围绕"加大环境整治力度，推进生态文明建设"主题到海淀区调研，实地走访四季青镇四王府地区民居，了解整治工程进展，并召开座谈会。市住房城乡建设委主任杨斌参加。

26日 北京铁路地下直径线工程全线贯通。

8月

1日 北京市实施《北京市住宅外部设计导则（试行）》，规定高层住宅应禁设开放式阳台、大型居住区需配设出租车站并进行色彩分区规划，并禁止大量使用玻璃幕墙，以提升城市住宅小区的基本功能和视觉效能。

1日 经住房城乡建设部综合评审，北京经济技术开发区、房山区长阳镇入选2013年度国家智慧城市试点名单。

3日 北京市举办首次建设工程类评标专家综合评标能力考试，对考试不合格专家进行暂停参加评标处理，打破市建设工程评标专家"终身制"。

20日 市住房城乡建设委组织亦城名苑等3个公共租赁房项目单位参加全国住宅性能认定工作经验交流大会。3个项目均获得第八批A级性能住宅荣誉，其中"亦城茗苑"、"博客雅苑"项目被认定为2A级，"远洋沁山水·上品"项目被认定为1A级。

9月

7日 市住房城乡建设委印发《北京市旧城区改建房屋征收实施意见》，创新实施房屋征收前两轮征询民意及预签约制度，要求区县房屋征收部门组织产权人、公房承租人预签征收补偿协议，当签约比例于6个月内达到区县人民政府确定的生效比例时，方可报请区县人民政府作出房屋征收决定；否则，征收工作终止。

14日 北京市开始试点建设海淀区永丰公共租赁房、丰台长辛店居住区一期等5个绿色居住区，总建筑规模约160万平方米，其中海淀永丰公共租赁房项目拟建成全国首个绿色建筑三星标准的公共租赁房项目。

16日 市住房城乡建设委发布《北京市住房和城乡建设委员会关于取消建材供应备案后续工作的通知》，撤销建设工程材料供应备案行政管理事项，将已有建设工程材料供应备案信息全部下网，并关闭企业申报窗口。

10月

14~17日 市住房城乡建设委对各区县交易场所电子化招标投标系统和设备使用情况实地检查验收，并对区县交易场所相关岗位职能设置、电子评标系统登录介质使用情况进行现场指导，推动区县招标投标电子化进程。

22日 市住房城乡建设委会同市发展改革委、财政等四部门印发《关于加快中低价位自住型改善型商品房住房建设的意见》，创新推出自住型商品房。该类住房以90平方米以下户型为主，销售均价比同地段、同品质商品房低30%，以解决刚性需求、改善型需求和"夹心层"家庭的住房困难。

11月

3日 由北控集团捐建的古巴1兆瓦并网光伏电站项目正式投产发电，年均发电量146.6万千瓦时，为北京企业首次通过捐建工程成功向拉美国家输出光伏发电技术的范例。

28日 市住房城乡建设委会同市财政、审计、住房资金管理部门印发《关于简化程序方便应急情况下使用住宅专项维修资金有关问题的通知》，明确维修资金应急使用范围、申请主体和程序，进一步简化紧急情况下使用住宅专项维修资金的申请程序，缩短资金支付时间。

12月

10日 北京市最大公共租赁房小区——朝阳区平房乡公共租赁房小区开工。该工程包含5个地块，占地总面积26.9万平方米，可提供房源6800套，分三期建成。

14日 北京市首个自住型商品房房项目——"恒大御景湾"的网上申购登记工作结束，共有14.8万户家庭进行网上购房初步登记，其中经济适用房、两限房轮候家庭8023户，北京市户籍家庭（非保障房轮候家庭）12.4万户，非京户籍家庭1.58万户。

（北京市住房和城乡建设委员会）

城乡规划

概况

2013年，北京市城乡规划工作按照中央关于北京城市性质功能定位的要求和市委、市政府的工作部署，努力把握首都发展的阶段性特征，破解城乡经济社会发展中的重点难点问题，较好地发挥城乡规划的统筹协调作用。

【**加强统筹，强化规划对城乡发展的引领作用**】 全面梳理北京城市总体规划的实施情况，深入分析，针对性地提出促进城市可持续发展的规划策略建议；牵头组织，会同30个政府部门和区县政府，深入研究，系统提出缓解首都交通拥堵的建议和措施；大力实施重点新城发展战略，对通州运河核心区、顺义新城马坡核心区、大兴新城核心区等重点新城地区的规划实施深入研究，加快推进。

【**着眼于城乡协调发展，努力推进城市规划向城乡规划转型**】 深入研究全市集体建设用地规划的核心问题，重点推进城乡结合部地区综合整治；不断深化村庄规划编制办法和管理机制，逐步将农村建设纳入规划管理体系，全市114个小城镇基本实现乡镇域规划全覆盖。

【**加大空间资源配置的统筹力度，保障重大项目、重点工程有序推进**】 加快推进首都新机场前期规划工作，深入论证新机场及临空区村庄搬迁选址以及市政基础设施保障方案；大力推进中关村国家自主创新示范区规划建设；组织开展《中关村科技商务区（TBD）规划》编制，推动示范区北部研发服务和高技术产业带科技商务区规划建设；积极推动重点功能区建设，加快丽泽商务区、CBD、未来科技城、怀柔雁栖生态示范区、新首钢高端产业综合服务区、世界园艺博览会等重点功能区的规划审批。

【**积极推进重大交通、市政基础设施规划建设，提高城市运行保障能力**】 加快城市轨道交通规划审批，并积极推进轨道站点与周边土地开发一体化设计和地下空间利用；着力推进京石客运专线、京张城际、京沈客专等相关工程规划审批和前期工作，保障城际快轨与区域规划和交通的有效衔接；继续加强道路网系统和交通枢纽建设；加快推进北苑北、苹果园、望京西等交通枢纽方案研究；加强和推进市政基础设施规划建设。

【**完善住房与公共服务设施体系规划，服务和保障民生**】 积极推进保障性住房和自住型商品房规划，提前超额完成全市2013年16万套保障性住房规划任务；重点加强公共服务设施规划建设，制定《北京市居住公共服务设施配置指标》管理规定；积极组织开展基础教育、医疗卫生用地专项规划编制；梳理和落实2015年集中建设的养老设施用地；大力推进无障碍设施建设。

【**深入推进历史文化名城保护工作，彰显首都文化魅力**】 开展北京西部地区历史文化资源梳理工作、《北京市"十二五"时期历史文化名城保护建设规划》中期评估，深入推进中法文化交流史迹群、天桥历史文化景观区、房山区南窖乡水峪村、平谷区仁义胡同非物质文化遗产保护等历史文化名城试点项目，组织开展"北京市优秀近现代建筑保护管理办法"研究。

【**大力推动生态城市建设，努力改善首都环境质量**】 深入开展清洁空气行动计划相关工作。全面发展绿色建筑，牵头组织制定《北京市发展绿色建筑推动生态城市建设实施方案》。圆满完成35万亩平原造林相关规划任务，组织推进新能源电动汽车充电站的规划选址工作，完成四惠等6座大型充电站方案审查及审批工作。

【**坚决打击违法建设，大力加强行业管理和法制建设，推进依法行政**】 开展打击违法用地违法建设专项行动攻坚战，有效打击和遏制违法用地违法建设的滋生，至2013年底，全市共拆除违法建设2万余处，1200多万平方米；加强城乡规划法制建设，研究、起草多部规范性文件；开展全市地理国情普查工作。

【**进一步创新工作机制，着力提升服务水平和提高审批效率**】 优化行政审批机制。按照"转、减、调、并"的工作方针，做到全委审批"一图作业"、"一网办公"，实现行政许可和服务事项100%网上办理；开展协作规划管理，与海淀区政府以中关村科学城精细化城市规划管理为试点，建立综合协调合作机制和责任规划师、建筑师制度。（陈建军）

规划研究和规划编制

【**北京低碳城市规划核算体系及技术导则研究**】 市规划委完成《北京低碳城市规划核算体系及技

导则研究》。作为"低碳城市规划项目群"中的骨干课题，该课题包含七项专题研究，形成了北京低碳城市规划核算体系和北京低碳城市规划技术导则框架两部分成果。（郭睿）

【北京城市低碳发展总体规划研究】 市规划委完成《北京城市低碳发展总体规划研究》。该课题通过测算2020年和2030年的能源消耗和碳排放情景，定量研究资源环境对城市发展的底线约束，前瞻性提出基于低碳发展目标的总体规划前置性要求；通过编制全市用地全覆盖的碳排放清单，从规模控制、能源、产业、建筑、交通、废弃物和碳汇七大方面提出覆盖全市各行业的低碳规划策略集成，并与相关规划、标准及规范相衔接，为政策制定提供支撑；创新性地将城市碳排放与空间规划相结合，通过趋势预测和情景分析，确定规划年不同用能部门的碳减排潜力和减碳策略，为各管理部门制定清晰的减碳路线图提供依据。（郭睿）

【北京市会展设施规划布局研究】 市规划委完成《北京市会展设施规划布局研究》。该课题针对全市会展资源的过度竞争、重复建设等问题，系统地研究会展业发展规律，分析全球、区域会展设施布局情况；摸清全市会展业发展的基本情况，找出发展的优劣条件及存在问题；提出北京会展业发展定位、规模、结构、布局等规划要求及近期发展策略。（和朝东）

【北京市人口、空间、功能及规划实施综合分析】 市规划委完成《北京市人口、空间、功能及规划实施综合分析报告》。该课题包括城市总体规划主要指标完成情况、发展特征与趋势、突出问题与成因、规划措施与建议四部分内容，以人口、用地、房屋为核心，综合产业、绿化、交通、水资源、能源等要素，深层次挖掘城市发展中面临的不平衡、不协调、不可持续问题及其原因，探寻应对之策。（杨明 喻涛）

【城市道路空间规划设计规范】 市规划委会同市质监局编制完成《城市道路空间规划设计规范》。该《规范》针对北京城市道路空间的实际问题，统筹协调交通、市政、服务、绿化景观、生态环境、防灾减灾等各项功能，旨在提高道路空间的使用效率，强化城市道路空间的公共属性，实现精细化设计，提升道路空间的综合承载力和整体品质，是我国第一部包含城市道路空间各要素的综合性规划设计规范。（李伟）

【新机场规划建设保障及城市协调发展综合规划（一期）】 市规划委完成《新机场规划建设保障及城市协调发展综合规划（一期）》。该课题在区域发展层面提出构建北京南部自组织区域、梯度疏解城市职能、保护城南生态绿心、城乡资源统筹利用等规划策略；在新航城地区规划层面提出"亚太交通中心、国家产业新区、生态宜居城市、区域合作典范、自立性市镇群"的规划目标，通过考虑生态限建、产业协同、交通支撑、职住平衡等因素，形成新航城地区的用地布局初步方案。（李瑞）

【北京市绿色生态示范区低碳生态详细规划指标应用技术导则】 市规划委完成《北京市绿色生态示范区低碳生态详细规划指标应用技术导则》。该课题针对"现代商务服务"、"高新科技研发"、"新型制造产业"、"综合居住服务"四种类型示范区的生态规划特点及审批执行的法规性，综合筛选出方案层面的通则性指标及地块层面的控规指标，并从成果和过程双维度，探索面向规划编制者、审批管理者的指标应用方法，形成包括生态规划专题说明、生态控制图则、报审成果内容、条件核发形式、施工图审查要点等在内的指标应用技术细则，建立将生态内容"融入"当前规划管理的合法依规和有效且可操作的技术与管理途径。研究成果已形成《绿色生态示范区详规阶段生态指标审批管理实施建议》及《指标应用技术细则》。（鞠鹏艳）

【北京市域集体建设用地基本情况分析】 市规划委完成《北京市域集体建设用地基本情况分析》。该课题以全市域的集体建设用地作为研究对象，准确把握北京市集体建设用地规划实施的现状与主要问题，探索集体建设用地合理利用的有效路径，提升集体建设用地规划实施管理的科学性和有效性，并为集体建设用地规划编制、审批、管理提供技术支撑。（于彤舟）

【北京市中心城社会公共停车场专项规划】 市规划委完成《北京市中心城社会公共停车场专项规划》。该课题主要包含北京市中心城社会公共停车场和换乘停车场规划两部分内容，通过分析全市现状停车问题，明确社会公共停车场的功能定位和规划原则，在差别化分区供给停车位的"调控型"停车规划理念的指导下，根据用地条件及实际需求对社会公共停车场进行布局规划，提出近期建设计划；针对现状换乘停车场运营问题，借鉴国际经验，明确其设置目的、功能定位、发展规模等，并配合全市轨道交通线网规划及公共交通枢纽规划，优化换乘停车场规划布局，提出规划对策建议。（李爽）

【北京西部地区历史文化资源梳理】 市规划委完成《北京西部地区历史文化资源梳理》。该课题通过分析西部地区自然地理条件和历史发展进程，梳理主要文化脉络，提炼出文化价值；按照文化价值集中体现、文化资源集中分布的原则，确定西部历史文化精华地区；提出历史文化资源保护与利用要点，为各区县开展名城保护工作提供框架和指导。（李楠）

【北京城市紫线管理办法研究】 市规划委完成《北京城市紫线管理办法研究》。该课题依据《城市紫线管理办法》、《北京历史文化名城保护条例》，结合北京历史文化名城保护工作特点，系统梳理全市历史文化街区和历史建筑保护工作，借鉴国内其他城市经验，创新提出北京城市紫线分阶段、分层次划定的操作模式，确立相应的技术标准，并就北京城市紫线的执法、应用与维护、监督工作和法律效力问题提出管理对策。（刘立早）

【历史文化名镇名村申报办法研究】 市规划委完成《历史文化名镇名村申报办法》。该课题深入分析全市传统村镇保护与发展现状，系统梳理现行名镇名村的申报与评选情况，形成较为系统的申报指导文件，对规划管理工作提出意见建议。同时，首次理顺并明确申报工作组织机制、责任部门、申报流程和审查评定办法，提出申报条件和申报材料的具体要求。（袁方）

【保障性住房规划实施评估及选址布局研究】 市规划委完成《保障性住房规划实施评估及选址布局研究》。该课题根据保障性住房规划实施评估的有关要求，全面分析1999～2012年全市保障性住房规划建设的有关情况，具体剖析2012年保障性住房选址情况，总结规划选址建设的主要问题并提出规划建议，为各区县政府实施科学合理的保障性住房选址工作提供技术支撑。（廖正昕）

【北京市中心城公共文化设施空间布局专项规划】 市规划委完成《北京市中心城公共文化设施空间布局专项规划》。该课题以市文化局主管的四级公共文化设施：公共图书馆、文化馆、街道（乡镇）文化服务中心、社区（行政村）文化室为对象，依据国家及北京市现行规划建设标准，在中心城33个片区为不达标准或与规划相矛盾的文化设施确定规划规模和初步选址，为完善全市公共文化服务体系提出重要建议，是指导中心城公共文化设施规划建设、公共财政投入的主要依据。（李楠）

【北京中心城地区人民防空工程综合规划】 市规划委完成《北京中心城地区人民防空工程综合规划研究》。该课题借助GIS平台，全面分析评价中心城地区上万个人防工程的建设项目，明确提出中心城乃至全市人防工程规划建设面临的四个主要问题，针对性地提出规划目标、原则与策略，就构建新的建设指标，对中心城人防工程规划建设的总体规模、空间布局与功能结构提出规划要求。（陈珺）

【北京2015年轨道交通沿线地下空间与人防工程相结合规划】 市规划委完成《北京2015年轨道交通沿线地下空间与人防工程相结合规划》。该课题是全市人防工程规划纳入城市规划的系列工作之一，梳理2015年之前建成的11条线路的209个站点，对确定优先发展地下空间的98个地铁站提出人防工程规划控制要求，将中心城人防工程规划研究工作的目标、原则与要求进一步在控制性详细规划层面进行深化和落实，更好地控制和引导轨道交通沿线人防工程的规划建设。（陈珺）

【北京城市近期建设规划年度实施计划（2013—2014年）】 市规划委完成《北京城市近期建设规划年度实施计划（2013—2014年）》。该课题分解并落实2013～2014年全市的阶段发展目标、实施策略，通过确立城市年度主要发展方向、空间布局及重大建设工程的实施安排，实现经济、社会、人口、资源、环境的协调和可持续发展；通过制定和实践规划年度实施计划，建立共享平台，使城市建设逐步转移到规划引导项目、引导建设的轨道上来。（刘琳琳）

【关于综合解决北京停车问题规划研究】 市规划委完成《关于综合解决北京停车问题规划研究》。该课题以"宏观供需战略分析、微观解决措施示范、分阶段实施规划目标、规划实施配套法规政策"为思路，包含北京市停车现状及发展历程、国际城市停车发展经验借鉴、北京市停车发展战略研究三部分，从宏观层面分析全市现状和规划停车供需关系，提出一系列缓解当前停车矛盾和指导未来停车发展的规划对策。（张晓东）

【北京市公路客运枢纽布局规划】 市规划委完成《北京市公路客运枢纽布局规划》。该课题遵循京津冀一体化和首都圈协同发展的思路，在公路客运场站层次上提出枢纽站、辅助站、配客站、配客点和落客点；在布局规划上综合考虑客运组织方式，分层次规划布局；就独立占地的场站，将其布局规划向下延伸至用地选址规划，提出场站用地控制要求和建设要求，控制和落实交通设施用地。（张鑫）

【北京市低碳交通规划研究】 市规划委完成《北京市低碳交通规划研究》。该课题系统梳理国内外城市交通系统碳排放的理论研究和实践经验，提出不同层次交通规划碳排放分析方法，给出具体的计算实例；提出基于碳排放视角的不同层次交通规

划方案评价指标体系和评价方法,以及城市交通系统碳排放目标确定方法,对全市交通规划的编制具有指导作用。(盖春英)

【北京换乘停车场(P+R)专项规划】 市规划委完成《北京换乘停车场(P+R)专项规划》。该课题首次明确换乘停车场定义,在《北京城市总体规划(2004—2020年)》确定的换乘停车场规划策略的指导下,依据服从城市空间发展战略、服从城市交通发展战略、有利于土地综合效益发挥等七大原则,规划布局全市换乘停车场,以实现动态、弹性、合理满足换乘需求,促进城市中心区以外和公共交通服务水平不足地区的居民,从小汽车交通方式向高效、绿色交通方式转移。(张晓东)

【2014年度北京市规划建设用地资源综合利用规划研究】 市规划委完成《2014年度北京市规划建设用地资源综合利用规划研究》。该课题明确界定研究中的相关概念、内涵、数据口径及标准,规范构建年度规划建设用地综合利用的评估体系,首次对接全市土地储备机构资源情况及开发进程,强化规划对策建议的具体化和可操作性。

在用地总量上,提出区县规划建设用地综合利用的适宜储备库容规模和合理开发进度建议;在用地结构上,统筹分析规划建设用地中主要用地类别的时空演变、发展要求、资源支撑,提出未来综合利用的优化方向;在设施完善上,定量评估公共和交通设施的承载能力,明确亟待改善地区中储备供应的保障要求及机制建议;在空间区域上,评估不同区域规划建设用地资源的实施程度,在空间政策上提出需政策统筹的实施单元。(许槟 常青)

【基于气象条件的北京市域空间布局研究】 市规划委完成《基于气象条件的北京市域空间布局研究》。该课题针对"城市空间布局与气象环境的相关性",采用专业气象模拟工具RBLM(区域边界层模式),结合北京地区平均的地面观测和高空资料,以及对TM(1984年美国的陆地资源卫星)遥感影像资料的分析,在北京地区典型天气条件背景下,对市域范围内、中心城范围内及典型地区(东南部通风走廊等)进行多种方案下的温度、热岛面积、风速、气流场等气象环境数据的全真数值模拟,用定性、定量、定位三者相结合的方法进行多方案的比较评估,提出城市整体空间结构、产业用地发展方向、绿地系统空间布局等一系列相关结论和建议,用真实的数据为科学决策提供依据。(吕海虹)

【北京市电网中长期发展空间布局规划】 市规划委完成《北京市电网中长期发展空间布局规划》。该课题重点对现状电网存在问题、全市2020年和2030年电力负荷发展水平、220千伏及以上等级电网结构、220千伏及以上等级站点架空线路布局等内容开展研究和规划,创新性地提出"500千伏变电站进一步深入城市核心区"、"北京220千伏电网构建12个分区格局"、"构建电网应急保障体系"等观点,对未来10～20年北京电网规划建设具有重要指导作用。(贺健)

【北京城市市政承载力规划研究】 市规划委完成《北京市市政承载力规划研究》。该课题首次系统诠释"市政承载力"概念,系统构建资源和设施评价方法,并基于控规平台搭建设施承载力评价模型,对确定北京城市合理发展规模和市政安全稳定供应等提供借鉴。(贺健)

【北京市天然气高压输配系统布局调整研究】 市规划委完成《北京市天然气高压输配系统布局调整研究》。该课题依托城市发展情景分析,着眼天然气应用领域,合理预测天然气负荷需求,并结合上游气源来向及重点建设项目,预留天然气管线廊道,优化天然气高压场站布局;通过对输配事故工况和极端天气的分析,确定天然气应急资源需求,完善天然气应急储配设施布局规划,并根据设施布局和管网架构,搭建高压输配系统水力计算模型,对高压输配系统的输配能力进行校核。(丁国玉)

【平谷区仁义胡同及平谷老城区保护规划】 市规划委完成《平谷区仁义胡同及平谷老城区保护规划》。作为2013年《北京历史文化名城保护试点项目》之一,该课题针对市级非物质文化遗产"仁义胡同传说"的保护与传承,落脚于其物质空间载体——仁义胡同和平谷老城区的保护与整治,并将保护与整治措施纳入控规,结合规划实施管理予以落实,进一步完善北京历史文化名城保护体系。(崔琪)

【海淀西山中法文化交流史迹群规划编制完成】 市规划委完成《海淀西山中法文化交流史迹群规划》。该课题梳理包括市级文保单位贝家花园、区级文保单位金仙庵和圣琼佩斯居所、贝大夫桥等21处中法文化交流史迹,借鉴史料并充分发动专家学者等力量,以"时间轴——事件轴——地理轴"为线索,构建开放的文化遗产保护体系,探索了历史文化资源特色保护和系统性保护的方法;完成贝家花园修缮、圣琼佩斯居所修缮方案制定、圣—琼·佩斯著诗处(金仙庵东南四角方亭)复建方案、贝大夫桥保护标志设立等工作;配合开展纪录片拍摄和中法建交50周年等活动要求,扩大文化遗产的知名度和综合效益,对加强北京历史文化名城保护具有示

范效应。(高超)

【北京市城市轨道交通建设规划(2014—2020年)】 市规划委完成《北京市城市轨道交通建设规划(2014—2020年)》。该课题在充分考虑现实需求和未来发展的诸多可能性的情况下,提出北京2020年轨道交通建设目标和线网,开展城乡用地控制规划,涉及轨道交通的线路、车站、车辆段等主要设施。同时,按照轨道交通一体化规划原则,对轨道交通站点周边的交通接驳设施进行优化调整。(张晓东 葛庆)

【慕田峪长城风景名胜区总体规划(2012—2030年)】 市规划委完成《慕田峪长城风景名胜区总体规划(2012—2030年)》。该课题深入分析风景名胜区的发展条件及景观资源,坚持长城遗产本体与生态环境整体保护、资源利用服从资源保护、服务功能与游赏功能相配套、发展规模与环境容量相适应的指导思想,详细划定风景名胜区的范围和外围保护地带,合理确定风景名胜区的性质与目标、空间结构和功能分区、人口容量与发展规模,制定保护培育要求与游赏规划,分类提出针对性强的环境整治策略。(高保义)

【北京市CBD——定福庄国际传媒走廊空间发展整体规划研究】 市规划委完成《北京市CBD——定福庄国际传媒走廊空间发展整体规划研究》。该课题以国际传媒走廊东四环以东47.6平方公里范围为研究区域,通过土地资源评估、传媒产业发展预测和各乡绿隔实施情况梳理,明确区域内易统筹利用土地资源及具有历史文化价值资源的总量及分布,以及空间资源对产业发展需求和农民安置就业的良好支撑条件。根据现有产业发展态势、创意产业空间发展规律和易利用土地资源分布,提出"两带四区多园"的整体空间发展结构,划定包括2个战略综合区和7个促进集聚区的特别政策区。分析现状交通、市政、公共服务设施的发展薄弱环节,提出打破瓶颈的规划要求。针对区域现状面临的突出挑战,提出与人口发展目标相对接的多层次类别、有序发展的创意产业体系。强调提升公共空间和生态环境品质,明确战略综合区内公共活动空间结构和绿地比重。明确区域内高碑店、三间房、管庄、常营4个乡城市化的具体路径和任务。(高保义)

【天桥历史文化景观规划】 市规划委完成《天桥历史文化景观规划》。该课题以秉承天桥历史文脉,延续历史轴线;传承北京地域文化,重塑天桥历史景观;融入古都风貌,塑造古朴沧桑的景观氛围为设计原则和目标。针对特定的现状条件、特定的文物特点,整合不同文保策略的优势,提出一系列创新点,主要包括:遗址原地不动,不对现状交通及十字路口地下管线造成干扰,为未来文保工作留下空间;依原址位置沿中轴线南移至规划绿化带中进行景观建设,以期与永定门绿化带在未来的建设发展中联系起来,成为永定门景观带北延部分,共同形成北京中轴线南端1.5公里的南中轴绿廊,丰富北京中轴线的空间形态。(董轶聪)

【城乡结合部地区规划实施策略研究】 市规划委会同市政府研究室、市国土局、市农委等部门,完成《城乡结合部地区规划实施策略研究》。该课题全面梳理第一道绿化隔离地区、50个重点村、西红门城乡结合部改造试点等已有政策的实施成效和存在问题,探索城乡结合部地区土地集约利用、产业升级、人口调控和环境改善的对策建议。(喻涛)

【相关公共政策影响分析研究】 市规划委完成《相关公共政策对北京城乡规划的影响分析研究》。该课题梳理各类公共政策与规划实施的相互关系,重点选择与规划实施密切相关的财税、产业、住房、环境改善等各类公共政策,评估其对城乡规划的功能定位、规模、布局等关键要素的影响,提出完善规划实施机制、建立政策统筹协调平台等策略建议。(喻涛)

【北京城市规划精细化管理框架研究】 市规划委完成《北京城市规划精细化管理框架研究》。该课题分析城市发展建设在规划、建设、运行等阶段的主要问题,以城市规划管理为切入点,从管理机制、管理内容、管理手段等方面提出促进城市规划精细化管理的对策建议。(喻涛)

【标本兼治缓解交通拥堵研究】 市规划委会同市交通委等15家单位完成市人大议案《加强城市规划管理,标本兼治缓解交通拥堵》。该课题深入剖析交通拥堵的深层次原因,从优化城市功能布局、大力发展公共交通等四个方面,提出标本兼治缓解交通拥堵的主要措施和近期开展的重点工作,形成最终的议案办理报告,并通过市十四届人大常委会第六次会议审议。(喻涛)

【新城规划管理电子化】 新城地区规划成果电子化审批管理程序试运行。2007年至2011年3月、2013年1月以后,两个时段获批的新城地区规划成果已实现全部入库。(金晓峰)

【首都区域空间发展战略规划深化方案】 市规划委会同中规院、清华大学完成《首都区域空间发展战略规划深化方案》。该课题从城镇体系、空间及生态管制、重大基础设施和协调发展机制等方面,进一步深化区域空间规划战略方案,明确区域发展

重点及发展策略。（邓博）

【创新开展协议规划试点】 市规划委与首钢总公司签署《新首钢高端产业综合服务区规划服务和实施框架协议》。根据框架协议，市规划委和首钢总公司联合成立新首钢高端产业综合服务区规划工作协调平台，对首钢老厂区向高端产业综合服务区转型进行全程跟踪服务和保障，这是政府部门与大型国有企业间签订的关于规划服务和实施的第一个框架协议。（顾旭东）

【北京市文化设施薄弱地区改善研究】 市规划委完成《北京市文化设施薄弱地区改善研究》。该课题以城乡结合部地区、新城地区、乡镇农村地区等文化设施薄弱地区为研究对象，针对文化设施居民满意度及需求开展子课题研究，通过对昌平、海淀、丰台和大兴的8个全市文化设施薄弱地区典型社区约240人次的座谈和深访，摸清人口特征及文化需求，确定改善目标，提出规划管理及实施建议。（李保炜）

【北京旧城历史文化街区保护规划实施评估】 市规划委全面展开旧城景山等10片历史文化街区保护规划实施评估，重点关注居民生活条件、公共环境、市政设施等问题，从民生改善和遗产保护等方面总结经验，为旧城保护探索新的路径和方式。（李保炜）

【北京市中心城规划实施策略评估】 市规划委完成《北京市中心城规划实施策略评估》。该课题从功能定位、空间格局、支持系统等方面对中心城近年来规划实施情况系统地梳理总结，研判中心城发展的核心问题，以问题为导向，提出规划对策思路。（王悦）

规划管理与城市景观

【2013年规划许可概况】 市规划委受理各类建设项目11997件，核发各类建设项目11707件。核发城镇建设规划用地许可总规模4764.90公顷（其中，建设用地3106.62公顷），规划建设许可规模5667.58万平方米，市政道路、管线规模201.55万延米。核发乡村建设规划许可规模74.14万平方米，使用现状集体建设用地总规模103.55公顷。（杜红艳）

【创建无障碍环境区县启动】 市规划委牵头，会同全市20余个行业主管部门，启动为时3年的全国创建无障碍环境市县工作。（杜红艳）

【首次无障碍系统化改造试点】 市规划委启动王府井、车公庄、西直门、金融街、长椿街、北京南站、奥林匹克公园中心区和四惠等八个重点地区无障碍系统化改造，在全市属首次。（杜红艳）

【加快城市轨道交通规划审批】 确保在建8条轨道交通线路按计划有序推进，完成5条储备项目的初步设计评审，3号线（中段）、12号线和17号线规划方案经市政府审议通过，并积极推进轨道站点与周边土地开发一体化设计和地下空间利用。（陈建军）

【保障城际快轨与区域规划和交通的有效衔接】 着力推进京石客运专线、京张城际、京沈客专等相关工程规划审批和前期工作，进一步深化和完善京沈客专规划方案，对星火站、丰台火车站等重要节点落地带来的站点周边用地规划调整、交通接驳方案等深入研究。（陈建军）

【继续加强道路网系统和交通枢纽建设】 开展北京市东南部快速走廊研究，批复京台高速的初步设计、密涿高速（北京段）规划方案，完成国道110二期、京石二通道高速公路等道路规划前期和阶段性审批工作，加快推进北苑北、苹果园、望京西等交通枢纽方案研究。（陈建军）

【加强市政基础设施规划建设】 完成四大热电中心选址方案及规划审批，确定陕京四线及大唐煤制天然气工程北京市内段方案，完成南水北调配套工程的规划审查及批复，完成东坝等再生水厂规划前期工作。大力推进海淀大工村等垃圾焚烧厂规划建设，加快研究朝阳高安屯等餐厨垃圾处理厂和海淀建筑垃圾综合处理厂等规划选址方案。（陈建军）

【完善住房与公共服务设施体系规划】 积极推进保障性住房和自住型商品房规划，提前超额完成全市2013年16万套保障性住房规划任务。公开展览保障性住房规划设计方案，征求市民意见；精简审批环节、主动协调服务，有力推动108个棚户区改造项目的前期工作，核算拆迁建筑规模约276万平方米，涉及拆迁安置92000余户；重点加强公共服务设施规划建设，制定《北京市居住公共服务设施配置指标》管理规定，积极组织开展基础教育、医疗卫生用地专项规划编制，深入开展全市文化设施薄弱地区改善研究，梳理和落实2015年集中建设的养老设施用地，大力推进无障碍设施建设，组织编制综合防灾减灾规划、地震应急避难场所规划、公安交通管理驻地规划等。（陈建军）

【公众首次参与地铁车站方案设计】 市规划委在官方网站和规划展览馆，组织地铁16号线17座车站的规划设计方案展示，听取公众意见，优化设计方案，这是全市首次在地铁开工前展示车站设计方案。（葛庆）

工程设计与标准

【法国驻华大使馆新馆设计】 该工程位于朝阳

区天泽路，建筑面积2万平方米，建筑采用内向型的现代四合院落布局，通过空间围合界定自身区域的"场"，形态的"城"。传达对后现代街坊形制的怀念和实践，表现对城市的尊重和贡献。设计单位是北京建筑设计研究院，获2013年度优秀工程设计建筑综合奖（公共建筑）一等奖。（侯川　杨明哲　刘江峰）

【房山世界地质公园博物馆设计】该工程位于房山区长沟镇镇区西北部，为房山世界地质公园配备的科普展示专业博物馆。分为展览、公共大厅、培训办公三部分，建筑面积1万平方米，建筑高度24米。设计单位是北京建筑设计研究院，获2013年度优秀工程设计建筑综合奖（公共建筑）一等奖。（侯川　杨明哲　刘江峰）

【清华大学人文社科图书馆设计】该工程位于清华大学校园内，建筑面积2万平方米。设计单位是中国建筑科学研究院，获2013年度优秀工程设计建筑综合奖（公共建筑）一等奖。（侯川　杨明哲　刘江峰）

【国家网球中心新馆设计】该工程位于朝阳区奥林匹克公园北区，建筑面积为5.1万平方米。设计单位是中国建筑设计研究院，获2013年度优秀工程设计建筑综合奖（公共建筑）一等奖。（侯川　杨明哲　刘江峰）

【城市轨道交通工程设计规范】市规划委、市质监局联合发布《城市轨道交通工程设计规范》。该规范从建筑、结构、暖通、设备、信号、车辆运行、线路设计等7个专业，规定24个方面的设计指标，适用于全市行政区域内，钢轮钢轨系统和全封闭线路条件下，设计最高运行速度不大于100千米每小时的新建城市轨道交通工程的设计。为国内首个轨道交通工程设计地方标准，达到国际先进水平。（曹泳超）

【城乡规划用地分类标准】市规划委、市质监局联合发布《城乡规划用地分类标准》。该标准与国家规划建设用地相关标准保持有效地衔接，适用于北京市域范围内各类城乡规划编制和规划管理工作。该标准实施为科学合理地利用全市城乡土地资源，规范城乡规划的土地使用分类，提供更加明确的技术保障。（曹泳超）

【1949年北京城原状模型修复完成】市城建档案馆完成1949年北京城原状模型修复工作。主要完成118块模型、11.8万余间房屋、6万余株树木的拍照、清扫、修复及修复后3D扫描工作，更换整个模型的钢架底座和仿红木围裙，加设LED灯光照明和模型文字介绍，安装钢化玻璃保护围挡，定制模型薄纱防尘盖布。《北京日报》等多家媒体采访和报道模型大修工作。（王炜）

【完成地下管线工程档案征集进馆】市城建档案馆完成征集燃气、自来水、热力、再生水、雨污水、电力、电信工程档案1588项，清理2003年以来的管线遗留项目，87％的项目档案已接收进馆。（田晓晶）

勘察·设计

【勘察设计和测绘地理信息管理办公室挂牌】"北京市勘察设计和测绘地理信息管理办公室"正式挂牌，下设国土测绘处、地理信息与地图处、资质资格管理处、科技与质量处、市场监管处、综合处6个处室，主要职责进行调整，强化测绘地理信息管理、地理国情监测等工作职能。（侯川　杨明哲）

【勘察设计招投标受理】共受理建设工程招投标备案项目1048项，包括市政类316项、住宅类204项、公建类509项。重点服务项目包括丰台区高立庄西城区旧城保护定向安置房、地铁6号线西延、中心城区排水管网改造、国家机关及全市所属老旧小区综合整治、丰台区世界种子大会周边城市主干路路网建设等工程。（侯川　杨明哲）

【勘察设计资质资格受理】共受理行政许可事项1591件，受理各类注册师注册事项7472件；受理建设工程招投标项目1103项；办理勘察设计测绘企业出京承接任务证明3992件；办理外埠勘察设计企业备案240项。（侯川　杨明哲）

【建设工程施工图设计文件审查】通过施工图设计文件审查的房屋建筑工程项目总数2270项，单体建筑总栋数10603栋，总建筑面积7253.57万平方米，估算总投资额3957.17亿元，审查费用13734.394万元。通过审查的勘察项目总数1063项，审查费用1014.33万元。通过审查的市政工程项目总数625项，审查费用3197.63万元。通过审查的轨道交通工程项目总数54项，审查费用2090万元。（侯川　杨明哲）

【绿色建筑发展提出"四个率先"】发布《北京市发展绿色建筑推动生态城市建设实施方案》，提出在全国实现四个率先：率先实现新建项目执行绿色建筑标准，率先将绿色生态指标纳入土地招拍挂，率先要求编制和实施绿色生态专项规划，率先实现居住建筑75％节能目标。（侯川　杨明哲）

【规划勘察设计测绘年度优秀工程表彰】市规划委表彰规划设计勘察测绘2013年度优秀工程项目，共评出获奖项目337项，包括综合奖276项、单项奖

31项、专项奖30项。其中全市10个项目获优秀城乡规划设计综合奖一等奖、13个项目获优秀工程设计综合奖(公共建筑)一等奖、4个项目获建筑综合奖(居住建筑)一等奖、3个项目获市政综合奖(道路桥隧)一等奖、2个项目获市政综合奖(给水排水)一等奖、4个项目获市政综合奖(轨道交通)一等奖、1个项目获市政综合奖(燃气热力)一等奖、3个项目获市政综合奖(风景园林)一等奖、7个项目获优秀工程勘察一等奖、2个项目获工业设计综合奖一等奖、3个项目获工程勘察设计标准综合奖一等奖、2个项目获工程勘察设计软件综合奖一等奖。(侯川　杨明哲)

【4项工程获省部级优秀工程奖最高奖】 市勘察院、市建院、市政总院、市城建勘测院等4家市属勘察设计单位获评住房城乡建设部全国先进工程勘察设计企业。这是自1992年来住建部再次开展此项评选活动。(闫铁英)

地名规划和地名变更

【地名规划概况】 2013年，市政府批准《密云新城地名规划》、《怀柔新城地名规划》。

【地名变更概况】 2013年，本市地名命名、调整共计411个。按地名类别划分，道路和居住区名称336个，桥梁名称50个，轨道交通车站名称25个。注销名称2个。

(北京市规划委员会)

市政公用基础设施建设和管理

概况

2013年，北京市市政基础设施建设和管理工作，按照"以'美丽北京，环境行动'为主题，以'突出特色，提升形象，服务民生，精细管理'为主线，进一步完善环境建设和精细化管理体制机制，健全落实管理责任，着力营造优美整洁的市容环境，提供完善高效的公共服务，建设完备规范的市政设施，提高城市精细化管理水平，保障城市安全运行，全面推进首都生态文明建设"的工作思路，各项工作取得新的成效和进展。

【燃气供应】 天然气购入量达到91.2亿立方米，天然气销售量达到86.7亿立方米，分别同比增长8.44%和9.15%，发展家庭用户26万户，公服用户4402个，燃气设备6424蒸吨，夏季负荷375蒸吨，全市共有燃气用户730万户，其中，天然气用户589万户，液化气用户141万户，运行天然气管网1.95万公里。全面推进陕京四线、大唐煤制气接收管线等燃气重大工程建设。

【供热保障】 全力推进6500万平方米供热计量改造工程，全市总供热面积约7.56亿平方米，其中居民供热面积约5.58亿平方米，供热管网总长2万多公里，供热单位1547家，锅炉房3882座。完成住宅供热计量改造6500万平方米，燃煤锅炉清洁改造1600蒸吨，改造低温老旧小区管网303个。

【城乡环境建设】 初步建立以"4大环境、6个方面、8个专项"的指标型考核体系。新增14项考评实施细则，考评内容由原来的8个方面、62个考核项目、198个具体指标调整为8个一级指标，36个二级指标，63个三级指标，94个四级指标。按照"网格化管理，板块式推进"方式，城六区每区确定2处，远郊区县各确定1处，全市确定22处区域环境综合提升任务。继续推进城市道路达标工作，认真实施80条市级、160条区级道路达标建设工作。有序推进二环路内主要干道架空线入地工作，完成二环路内剩余60公里主要道路通信架空线入地任务。

【市容环境管理】 全市生活垃圾产生量671.69万吨，同比2012年增长3.61%；日均1.84万吨，按照常住人口统计，人日均产生量0.89千克，同比2012年增长1.03%；全市生活垃圾无害化处理量为666.96万吨，处理率为99.3%，同比2012年增长0.2%，其中：城六区和远郊区县垃圾无害化处理率分别达到100%和97.86%，房山区、平谷区为100%。从处理方式上看，填埋仍占较大比重，占70%。堆肥处理能力为4650吨/日，占25%；焚烧处理能力为5200吨/日，占28%。生化处理厨余垃圾49800余吨。全市垃圾处理设施(不包括转运站)平均负荷率为123.3%，累计资源化回收垃圾30404吨，垃圾焚烧发电和沼气发电量达31950万千瓦时。加快推进鲁家山垃圾焚烧厂、南宫堆肥厂二期改造等9项设施生活垃圾处理设施建设。分步实施75处非正规垃圾填埋场治理，切实加强餐厨垃圾和废弃油脂规范管理，深入开展居住小区垃圾分类达标试点工作，全面加强建筑垃圾综合管理工作，切实提高公厕服务管理水平，突出加强农村地区环境卫生管理。

【城管执法工作】 一年来，查处违法行为190.8万起，拆除及配合拆除违法建设1100万平方米，办理市领导批件事项176件。查处无照经营28.3万起、非法运营3.2万起、非法小广告1.1万起、施工工地、运输车辆违法行为2.1万起、露天烧烤1.3万起，清掏小广告窝点103个，规范消夏露天餐饮经营场所8602起。围绕200个老旧小区、100处问题高发点位、100 个特色街区、100 所学校和医院环境秩序整治,查处违法行为 19.6 万起,清理乱停乱放车辆 2200 辆,建设各类便民设施 160 多个,设置标识牌 751 个,增设护栏 3821 米。

市政公用基础设施建设和管理

【推进燃煤锅炉清洁能源改造】 为完成燃煤锅炉清洁能源改造任务,全年共实施既有节能居住建筑供热计量改造 6644 万平方米,其中改造到楼栋计量的 6200 万平方米,改造至分户计量的 5567 万平方米,累计完成燃煤锅炉清洁能源改造 2407 蒸吨,超出年初计划的 1600 蒸吨改造任务,约有 20 万户居民由过去的燃煤锅炉供暖调整为清洁能源供暖,每年削减燃煤 60 万吨。

【积极推进农村炊事气化工作】 为解决农村家庭炊事用气问题,建立液化气充装站—气瓶集散中心—瓶装供应站点三级供应服务体系网络,制定充装站、气瓶集散中心、瓶装供应站的建设标准、明确建设主体和安全技防要求。制定农村住户家庭炊事液化石油气市级财政专项补助资金使用管理办法,细化补助的范围、原则、标准、部门分工、预算管理和资金监管要求。协调区县制定液化石油气下乡工程实施方案,初步明确建设气瓶集散中心 100 余座,拟建换瓶站点 1000 余座,约覆盖 170 个乡镇,涉及人口 100 多万人。组织市燃气集团开展农村地区天然气入户工程试点工作,对具备条件的昌平区马池口镇、平谷区峪口镇实施天然气入户,900 余户在冬季供暖前完成。

【大力推进市政公共设施市场化】 积极配合市发展改革委制定并出台《北京市关于引进社会资本推动公共领域市场化建设试点项目的实施方案》,进一步明确固废处置、燃气和镇域供热等市政公共领域吸引社会资本的基本政策、实施项目、保障措施和主要任务。在固废处置方面,鲁家山与大工村焚烧厂及董村生活垃圾综合处理厂共吸引社会投资约 18 亿元。

【建立地下管线综合管理体系】 为解决北京城市地下管线管理职责不清,情况不明,信息不通,处置不力等问题,在广泛深入的调查研究的基础上,建立"地下管线管理组织、基础数据信息、隐患排查治理、安全服务、应急处置与管理、法规标准保障、井盖类设施协调"等 7 个管理体系,并下发《全市地下管线安全专项治理工作方案的通知》,为逐步实现规范化、标准化和系统化管理奠定基础。

【积极排查和消除地下管线隐患】 全市地下管线共 14.3 万沟公里,其中输油气管道 0.12 万沟公里、地下管网 9.21 万沟公里、用户线 4.97 万沟公里,井盖类设施约 206 万套。累计排查治理地下管线隐患 1838 项、399 公里、1100 余套设备。消除市级地下管线自身结构隐患 202 项、54.97 公里,完成设备更换 65 项、161 套,发现并消除燃气管线漏气隐患 253 处。落实挖掘工程地下管线安全防护机制,为 294 项挖掘工程提供服务。会同市安监局、市住建委初步建立施工外力破坏地下管线事故的查处机制,印发《关于加强地下管线检查井井盖管理工作意见》,完善井盖问题发现和处置机制,提高井盖案件处置效率。

【北京将建设四大热电中心】 北京市将在"十二五"期间坚持热电联产,着力建设东南、西南、东北、西北四个大型热电中心,作为城市电网的基础和中心区热力大网的主力支撑,全面构建安全、高效、低碳的城市供热体系。到"十二五"末,基本建成四大热电中心,将新增 35 万千瓦级燃气热电机组 14 台,替代现有燃煤机组 15 台;新投产装机约 600 万千瓦,关停燃煤装机 200 万千瓦,全市总装机规模 1000 万千瓦;新投产燃气供热能力 8400 万平方米,替代燃煤供热能力 6000 万平方米;以四大热电中心为支撑,中心大网供热面积达到 2 亿平方米,电源支撑继续保持在 1/3 左右。

【生活垃圾焚烧处理能力达到 25%】 在开展海淀区循环经济产业园再生能源发电厂、南宫焚烧厂、朝阳区生活垃圾综合处理厂焚烧中心、顺义区生活垃圾处理中心—焚烧二期焚烧厂等项目建设,以及鲁家山垃圾分类处理焚烧发电项目建成试运行的基础上,北京市生活垃圾焚烧处理能力比例达到 25% 以上。

【居住小区垃圾分类达标率 60%】 在全市继续推进居住小区垃圾分类达标试点工作,落实资金,组织采购设施设备,加强垃圾分类指导员的招募和培训,在试点小区开展垃圾分类收集、运输、处理全过程系统衔接,新增垃圾分类达标试点小区 515 个。采取专业检查和第三方暗查的方式,检查和考核垃圾分类收集、运输情况。在巩固提升 2400 个小区生活垃圾分类的基础上,全市 60% 以上的居住小区实现垃圾分类投放。

【将农村公厕纳入城市化管理】 6000 座农村公厕开放运行情况良好,并将农村地区公厕开放运行情况纳入城市化市容环境卫生综合检查考评,每月进行检查通报,发现问题立即督促整改。通过城市化,2013 年农村公厕运行较好,群众反映农村公厕问题量明显下降。(郑勤俭)

【积极推进建筑垃圾综合管理】 在明确职责,

分解任务，拟定标准，制定方案的基础上，开展建筑垃圾运输"专项治理月"活动，促进许可办理和检查考核的"双提升"，共办理消纳许可1189件，准运许可11019件，同比分别提高265%和235%。检查施工工地6310处次，对27家施工单位予以停标处理；检查运输车辆34687辆，查处不规范运输车辆3347车次，查处涉牌车辆6020辆，罚款409万元。查出102处建筑垃圾非法消纳场所，并进行整治，规范管理，纳入日常监管。

【完成二环内通信架空线入地】 为美化城市市容环境，按照首都环境建设的用气，完成二环内60公里主要干道通信架空线入地任务。其中，重点对中南海周边的南北长街、灵境胡同、西黄城根南街、西安门大街5条道路的通信、电力、路灯、电车架空线实施入地工程建设。（郑勤俭）

【整治征而未建拆而未建裸露地块】 在全市范围内摸排279处"征而未建、拆而未建"地块，共计5800万平方米，全部设立统一规范的环卫责任公示牌，明确责任人和监督电话，使征而未建、拆而未建裸露地块的环境卫生有效地得到治理。

【推进网格化服务管理体系建设】 市、区两级信息化城市管理平台按照《数字化城市管理信息系统部件和事件处置》（DB11/T 932—2012）及《数字化城市管理信息系统技术要求》（DB11/T 310—2012）两个地方标准，分别对各自系统进行调整更新，对相关人员开展培训，于2013年6月底前完成市区平台对接调试及试运行工作，7月新系统正式上线运行。

【北京优美小区胡同评选结束】 该评选活动3月份启动，分为宣传发动、建设推荐、市民投票、评议评审和总结提升五个阶段。从历年环境综合整治改造过的老旧小区街巷胡同中初选354个，382万人次参与评选投票，参与人次同比增长11.4%。经环境建设专家、政风行风监督员和市民代表评议，最终评选出30名环境优美小区和30名环境优美街巷胡同。

【整治三大秩序效果明显】 为深入推进交通秩序、治安秩序、环境秩序等三大秩序整治工作，了解公众对整治工作的需求，加强整治工作的针对性，随机选取城六区的30个社区，发放问卷600份，对三大秩序整治工作进行调查。市民的满意度为93.8%；95.5%的市民表示能够认真落实或基本落实市容环境卫生责任制规定的内容，4.7%的市民对道路交通治理不满意，希望加强治理道路拥堵、停车难及胡同地锁力度；1.2%的市民希望进一步加强对乱贴小广告的清理、加大无照游商的查处力度。整治过程中，全市共查处黑车、无照经营、占道经营等9大类突出违法行为34万余起，同比上升15%、环比上升24%，其中，查扣黑车、摩的、人力三轮等违法车辆1.1万辆，同比增加4.5倍、环比上升14%。

【落实门前三包，抓好扫雪铲冰】 采取3项措施开展扫雪铲冰工作：一是启动预案，依法履职。重点检查政治敏感区、形象窗口区、主要交通枢纽、繁华商业区域，强化对城六区重点点位、天安门核心区域扫雪铲冰情况的督察，对少数责任意识淡薄的商户，采取媒体曝光、依法高限处罚等措施。二是发动自治，各扫门前雪。针对部分偏僻区域、位置特殊、未纳入市政扫雪目标地段的非主要道路，深入街道、乡镇，发动群众参与，组织部队、院校、社区、单位，共同开展清扫工作，彻底消除积雪死角。三是媒体宣传，引导群众。及时报道好人好事、典型事例，调动群众自觉参与的积极性，发挥新型媒体的舆论导向作用。共检查主要大街17912条、社区（物业）11384家、门前三包单位239481家，发动60余万人次参与扫雪铲冰，规范"门前三包"单位4086家，对5家单位做出现场处罚决定，并依法实施上限处罚。

【推出两项措施应对极端天气】 一是加强极端天气应急保障，采取教育、指导、整治"三结合"，查处运输车辆遗撒、露天焚烧、施工扬尘等违法行为1400起，城管热线群众举报下降39.2%；二是开展扫雪铲冰执法检查。全员上岗，严格执法，发动近20万人次参与，检查主要大街、社区7630条（个），门前三包单位2.4万家，依法处罚348起，保证市民安全出行。

【整治施工工地和道路遗撒】 5月27日至6月26日，按照《关于进一步加强施工工地和建筑垃圾运输车辆治理工作的通告》要求，结合中高考环境保障工作，持续开展施工管理专项整治行动，有效遏制施工扬尘和道路遗撒等违法行为。期间，全市共出动执法人员8万余人次，查处各类施工工地管理、运输车辆遗撒等问题2060余起，罚款159万余元；工地扬尘类问题举报同比下降18%，环比下降231.7%；道路遗撒类问题举报同比下降9.7%，环比下降44.7%；热线举报群众回访满意率达到93.9%。

【开展旅游执法，净化景点秩序】 为进一步提升北京旅游市场环境，针对旅游景点周边无照经营、小广告、黑车、黑导等违法行为开展专项执法，全市城管系统检查旅游类车辆794车次，其中黑车5辆，罚款2.2万元；检查导游655名，查处黑导游5名；办理旅游类非法小广告案件4615件，查扣小广告12万张，处罚92起，罚款7600元；检查景区周边无照经营4737起，处罚1056起，罚款7.5万元；检查其他市容环境类问题268起，处罚1730起、罚款8.6万元。

【检查餐饮业燃气安全】 根据《北京市人民政府关于进一步加强企业安全生产工作的通知》精神，在全市开展燃气安全专项执法检查工作。4月12日以来，城管系统专项执法检查餐饮企业12200家，发现用气场所存在安全隐患2088起，作出行政处罚决定423件，罚款合计24.8万元。联合市政市容委、市安监局、市质监局等单位开展联合检查3次，检查餐饮企业21家，对其中13家存在安全隐患的餐饮企业进行立案查处。

【城管地图服务平台升级运行】 2013年12月7日，"我爱北京"城管地图公共服务平台完成升级改造并正式运行。该电子地图在原有功能的基础上，进行全面升级改造，增加"我要买菜"、城管执法机构电子地图、推广政务意见征集系统、升级"我爱北京"市民城管通移动应用等四项功能。升级改造后，市民可以用智能手机随时随地查询周边便民菜市场信息，还可对菜市场信息进行完善、推荐、评论和纠错。据统计，该平台运行以来，市民参与超过2.3万人次，累计处理举报、咨询、建议、纠错信息超过3.4万条。该平台于2011年获得Future-Gov Awards(未来政府奖)授予的年度亚洲地区Technology Leadership(技术领导奖)，这是中国大陆地区第一次获得"未来政府"全亚洲地区年度信息化奖项；同时，该平台还获得2012年政府网上办事精品栏目奖和2013年政府网站创新应用栏目奖。

【开展餐厨垃圾专项执法】 全市城管系统通过健全基础台账，制定专项方案，加大对餐厨垃圾处理各个环节的执法检查力度，强化新闻媒体曝光，坚决查处未按规定收集、运输、消纳餐厨垃圾等违法行为，全力维护城市生态环境。全年，共检查餐饮服务单位5.9万家，开展宣传活动2.3万次，批评教育1.8万次，落实整改5896起，立案处罚325起，共计罚款140.8万元。

【开展露天焚烧专项检查】 为改善首都环境空气质量，城管部门自11月起，开展露天焚烧专项整治工作，主要整治范围在露天烧烤比较集中和比较严重的城乡结合部地区。共检查朝阳、海淀、通州、房山、顺义、昌平等地区易发点位及市民举报集中点位84处，共开展联合执法61次，走访基层组织445次，宣传教育2096次，查处露天焚烧64起。

【严厉查处大气污染违法行为】 为落实北京市清洁空气行动计划，重点围绕PM2.5大气污染治理，查处施工扬尘、道路遗撒、露天烧烤、露天焚烧等违法行为3.43万起，其中，施工工地、运输车辆违法行为2.1万起，同比上升154%；查处露天烧烤、消夏排档1.3万起，同比上升43%；查处露天焚烧264起，同比上升13%；共计罚款1100余万元，同比上升112%。

【查处违法行为，拆除违法建设】 按照市委市政府关于生态环境建设总体部署和要求，共查处违法行为190.8万起，同比上升190%；拆除违法建设1100万平方米，同比上升530%；在执法量同比上升190%的情况下，行政复议同比下降37.5%，行政诉讼同比下降25.9%，发生暴力抗法案件134起、受伤112人，而风纪类投诉同比下降17%；落实市领导批示交办事项176件、同比上升826%。

(北京市市政市容管理委员会)

园林绿化美化建设

【概况】 2013年，北京市新增造林绿化面积2.95万公顷，新增城市绿化面积1100公顷，改造绿地583公顷，新建城市休闲公园27处，全市林木绿化率达到57.4%，同比增长1.9%，森林覆盖率达到40%，同比增长1.4%，城市绿化率达到46.8%，同比增长0.6%，人均公共绿地面积达到15.7平方米，同比人均减少0.2平方米，超额完成平原造林任务，共造林36.4万亩(2.43万公顷)，比计划造林35万亩(2.33万公顷)，超额完成1.4万亩(0.09万公顷)。植树1700万株。2012年至2013年，全市已完成平原造林61.7万亩(4.11万公顷)，植树3300多万株，平原地区的森林覆盖率提高6%，取得显著的生态、经济、社会效益，成功举办第九届中国(北京)国际园林博览会，圆满完成市委、市政府和首都绿化委员会第32次全会部署的各项任务。(齐庆桎)

【超额完成平原地区造林工程】 按照市委、市政府完成平原造林任务35万亩(2.33万公顷)的部署，超额完成造林任务，共造林36.4万亩(2.43万公顷)，植树1700万株。2012～2013年，全市完成平原造林61.7万亩(4.11万公顷)，植树3300多万株，平原地区的森林覆盖率提高了6%。平原造林按照"两环、三带、九楔、多廊"的规划布局，集中打造"一园、三带、三廊、五区、四片"等16处大规模城市森林区域。截至2013年底，平原地区千亩以上生态片林已达到119块，形成11处万亩以上大型绿色板块；平原造林突出科技支撑，制定《平原造林工程技术实施细则》，栽植各类树木达到168

种，集成使用新技术、新材料达100余项；优先利用拆迁腾退地、废弃地、沙荒地、坑塘藕地，加大土地整理和生态修复，共实施拆迁352万平方米，营造生态景观林10万多亩（0.67万公顷）、湿地森林1.6万亩（0.11万公顷）；驻京解放军、武警部队，从4月7日至5月6日，历时29天，出动建制兵力68300人次，民兵预备役官兵26200人次，车辆2830台次，参加支援首都地区平原绿化造林工程，在海淀区中关村森林公园二期、昌平区南口农场煤场、沙荒地和马池口镇水南路砂坑等39个重点地段平整土地2124亩（141.6公顷），挖树坑208594个，运送树苗18300余株，参与植树8275亩（551.67公顷），铺设草坪15000平方米，栽种各类苗木63200株。（齐庆栓）

【城市绿色空间持续拓展】 推进规划建绿和补绿插绿，全年新增绿地1100公顷，改造绿地583公顷，新建城市休闲公园27处。全年新建公园、道路、居住区等各类规划绿地563公顷，丰台园林博览园、南大荒城市休闲公园绿化建设全面完成，正式对游人开放；怀柔雁栖湖生态发展示范区公共景观绿化工程年内开工绿化面积152公顷，栽植乔木1.2万株、花灌木2.8万株；永定河莲石湖景观提升工程完成绿地改造35公顷，为"五园一带"；项目的顺利实施奠定良好基础；昌平未来科技城、门城滨水公园项目启动工程建设。（齐庆栓）

【增绿添彩成效显著】 全面实施见缝插树、补绿插绿、增绿添彩工程，积极开拓城市可绿化空间，在全市中心城区广泛开展见缝插绿工程；东城区实施"千棵大树"和"十万株攀缘植物"进社区绿化加密工程；西城区开展以"植绿、爱绿、护绿"为主题的"小树苗"行动，鼓励广大居民充分利用社区空地、边角地、废弃地、房前屋后以及其他一切可利用空间，种花栽树，美化环境。（齐庆栓）

【立体绿化蓬勃发展】 各区县贯彻《北京市人民政府关于推进城市空间立体绿化建设工作的意见》精神，通过广泛动员、创新机制、开拓思路，大力推进屋顶绿化、垂直绿化建设，积极开拓城市立体绿色空间，全年共完成屋顶绿化11万平方米、垂直绿化87千米。（齐庆栓）

【城市休闲公园建设】 以代征绿地为土地来源，在居住区及人口密集区周边，大力开展生态型、服务型绿地建设。全年高质量完成新建公园绿地450公顷、改造公园绿地90公顷，提高城市公共绿地500米服务半径居住区覆盖率。（齐庆栓）

【北京健康绿道建设】 以"服务市民健康生活，推进滨河、郊野公园绿道建设"议案办理工作为契机，编制《北京市级绿道建设总体方案（2013—2017年）》，确定北京市级绿道"三环、三翼、多廊"的总体布局；完成《北京市绿道建设工作意见》、《北京绿道设计建设导则》、《绿道标识系统设计方案》等文件；启动海淀三山五园绿道、丰台园博绿道、环二环绿道、温榆河滨水绿道等示范建设，其中三山五园绿道、园博绿道已获市发展改革委批复，开始施工建设；区县级绿道规划编制工作正在展开，其中顺义、丰台、大兴、通州等区级绿道规划区率先完成。（齐庆栓）

【开展最美社区创建】 各区（县）园林绿化局积极做好新建居住区批后监督工作，确保新建居住区按审定方案、标准实施建设，全年完成新建居住区绿化55公顷，主动与老旧小区综合整治牵头部门协调沟通，加强对老旧小区绿化建设的协调、指导、监督和技术服务工作，全市共完成100处老旧小区绿化改造，使居民生活环境得到直接改善。全年创建首都生态文明宣传教育示范基地10处，创建花园式街道4个、花园式社区58个、花园式单位148个、园林小城镇7个、首都绿色村庄86个。（齐庆栓）

【胡同绿化景观提升工程】 经过科学选址、征集民意、精心设计、精品建设，实施100条胡同街巷绿化景观提升工程。东城区重点打造南锣鼓巷、五道营、东花市大街等特色胡同街巷绿化美化工程，西城区以杨梅竹斜街为中心对大栅栏地区胡同进行成片改造，通过增种乔灌木、砌筑花池、栽摆时令花卉等方式，深受附近居民的喜爱。（齐庆栓）

【开展全民义务植树活动】 4月2日，党和国家领导人习近平、李克强、张德江、俞正声、刘云山、王岐山、张高丽等来到北京市丰台区永定河畔参加首都义务植树活动，激发首都广大人民群众绿化美化首都的热情。

【第29个首都义务植树日活动】 4月6日，首都第29个全民义务植树日期间，各区县、各系统、各单位绿化委员会（领导小组）以"弘扬生态文明、建设美丽北京"为主题，开展形式多样的义务植树和绿化美化活动，据统计，全市共有150.1万人参加形式多样的义务植树劳动。共动土方282.2万立方米，挖树坑158.2万个，栽植各类树木149.6万余株，养护树木491.2万株，清扫绿地1630.5万平方米，设立宣传咨询站944个，发放宣传材料738万份，出动绿色小信使6.3万名，悬挂宣传标语2788幅。（齐庆栓）

【"城乡手拉手、共建新农村"活动】 在西城区、怀柔区和延庆县开展"城乡手拉手、共建新农村"全面对接活动,各区县继续从多个层面稳步开展"城乡手拉手、共建新农村"活动,已有67个中央单位、190个市属单位、735个区属单位和56个驻京部队与651个村结成对子,通过提供绿化规划设计技术指导、提供绿化资金和苗木帮助、提供义务植树劳动支持、提供农产品销售市场信息、到新农村开展民俗旅游等多种形式提供绿化扶持资金达6326.6万元,植树15.6万株,支援郊区村庄绿化美化建设,改善农村村庄的村容村貌、拓宽郊区农民增收致富的渠道搭建新平台。(齐庆栓)

【推进小城镇城乡绿化一体化建设】 全市重点扶持小城镇绿化共5个镇,分别是顺义区北石槽镇、平谷区熊尔寨镇、怀柔区琉璃庙镇、密云县东邵渠镇、延庆县大庄科镇。据统计,5个小城镇共完成绿化266.8公顷,栽植乔木12.3万株,花灌木28.8万株,地被7.04万平方米。2013年,顺义区李遂镇、平谷区熊尔寨镇、怀柔区宝山镇、密云县东邵渠镇、昌平区阳坊镇、延庆县四海镇和珍珠泉乡、门头沟区妙峰山镇等8个镇参加园林小城镇创建活动;8个参加园林小城镇创建的镇共完成绿化841.5公顷,栽植乔木57.6万株,花灌木39万株,地被15.5万平方米。(齐庆栓)

【山区生态建设扎实推进】 推进京津风沙源治理、三北防护林建设、太行山绿化等国家级生态工程,完成人工造林0.75万公顷、封山育林3万公顷,彩色树种造林0.15万公顷。完成森林抚育4万公顷,启动7个山区县森林健康经营示范区建设。完成区县、乡镇级公路河道绿化300千米。积极推进京冀生态合作,完成生态水源保护林建设0.67万公顷。(齐庆栓)

【造林营林建设】 完成造林营林面积8.67万公顷,其中:人工造林3.03万公顷,栽植各类乔灌木2324万株,超额完成3万公顷任务;营林任务中,森林健康经营林木抚育3.2万公顷、封山育林2.44万公顷,全市林木绿化率由2012年底的55.5%提高到57.4%,森林覆盖率由38.6%到40%。(齐庆栓)

【国家重点生态工程】 国家京津风沙源治理、三北防护林建设、太行山绿化工程,完成人工造林0.73万公顷;封山育林2.45万公顷;三北防护林工程完成造林0.04万公顷、封山育林0.03万公顷,植树30万株;太行山绿化工程完成造林0.08万公顷、封山育林0.2万公顷,植树90万株。(齐庆栓)

【市级重点通道绿化】 重点绿色通道111国道一期完成绿化面积0.08万公顷,植树34万株。同时,区县、乡镇级公路河道绿化完成300千米,植树180万株。(齐庆栓)

【湿地保护恢复力度不断加大】 推进野鸭湖、汉石桥和松山、百花山等重点湿地和国家级自然保护区建设,完成湿地恢复建设318公顷,推进3个湿地公园和2个湿地保护小区示范建设,结合平原造林工程,在通州、大兴等区县启动湿地恢复建设1066公顷。(齐庆栓)

【公园景区分级分类管理】 加强公园景区分级分类管理,启动公园精细化管理三年行动计划,在26个试点公园建立"一制度六台账"。管理模式;围绕治理会所中的歪风,开展公园高档餐饮和私人会所专项整治,引起较大反响。争取旅游资金对八达岭、百望山森林公园进行配套设施提升改造,完成颐和园、天坛等一批历史名园的景观提升和环境改造。全市注册公园达到387个,精品公园达到100个,免费开放比例达到87%。(齐庆栓)

【第九届中国(北京)国际园林博览会成功举办】 5月18日至11月18日,第九届中国(北京)国际园林博览会在北京丰台永定河畔举办,该届园博会"化腐朽为神奇",在原永定河建筑垃圾填埋场的基础上,因地借势实施最大规模的生态修复工程,建成永定塔、园博馆和主展馆三大标志性建筑、128个城市展园和公共展园,国内最大的下沉式花园—锦绣谷,整个园区总面积达到513公顷,绿化面积达到349公顷,为北京这座历史文化名城增添新的厚重文化底蕴,带动区域经济社会跨越发展,开园以来,共接待国内外游客610多万人次。(齐庆栓)

【组织筹办2019年世界园艺博览会】 3月18日,市政府召开专题会议,研究2019年中国北京世界园艺博览会筹备等工作。市委副书记、市长王安顺主持会议。会议同意世园会办会主题和组织机构初步方案,向国际展览局递交相关程序文件,圆满完成国际组织进行实地考察的接待工作,国务院正式批复世园会组委会、执委会组织机构方案,总体策划、园区规划、法律体系以及重大基础设施建设抓紧推进。(齐庆栓)

【第十一届中国(北京)菊花展举办】 9月26日至11月16日,十一届中国(北京)菊花展览会在北京国际鲜花港举行,由中国风景园林学会、北京市园林绿化局、北京市顺义区人民政府、北京市公园管理中心、北京花卉协会共同主办,为期52天,主展区北京国际鲜花港吸引36座参展城市,打造20万平方米壮美大地花海,建设37个特色展园,云集千万花卉竞相开放,来自全国40个城市、80余家单位参展。(齐庆栓)

【2016年世界月季洲际大会筹办】 世界月季洲际大会是由世界月季联合会（World Federation of Rose Societies，以下简称WFRS）主办，各成员国承办的全球月季界的最高级别盛会，每三年举办一次。参加国家为WFRS所有成员国。在大会举办期间，将组织各成员国交流月季在栽培、造景、育种、文化等方面的研究进展及成果，展示新品种、新技术、新应用，为举办国和举办城市推介地区品牌、开展国际合作提供平台。世界月季联合会由世界各国月季协会组成，北京市作为此届盛会的主办城市，成立以市委副书记、市长王安顺为主任的组委会及议事协调机构。（齐庆栓）

【"十一"期间景观布置】 "十一"期间，圆满完成庆祝中华人民共和国成立64周年、"十一"期间向人民英雄纪念碑敬献花篮等重大活动绿化环境保障和节日城市花卉布置工作，"十一"期间，全市共栽摆各色花卉1000余万株，布置立体花坛200余处，其中天安门广场及长安街沿线地区累计用花160万株、涉及100余个花卉品种。（齐庆栓）

【第31届"爱鸟周"和"保护野生动物宣传月"宣传活动】 组织开展主题为"关爱鸟类，保护湿地，建设美丽北京"的第31届"爱鸟周"和"保护野生动物宣传月"宣传活动。在元大都城垣遗址公园主办启动仪式，100多名首都师范大学和东城区东高房小学师生及100余名野生动物保护志愿者参加活动。（齐庆栓）

【京津风沙源治理工程】 京津风沙源治理工程林业项目建设造林营林总任务3.3万公顷，其中，人工造林0.47万公顷、爆破造林0.07万公顷、封山育林2.76万公顷。为确保工程顺利完成，各项目区县提早落实地块，组织专业队伍整地，采购优质苗木，准备造林辅助材料，全市7个工程区县共组织专业施工队伍147支、施工人数7217人。全市共栽植各类苗木570万株，施用有机肥407.80万千克，保水剂2.4万千克；修建作业道路22.8万延米、防火道4万延米，配备水泵684台，铺设管线53.57万米。（齐庆栓）

【组织召开北京园林绿化科技创新大会】 8月8日，组织召开北京园林绿化科技创新工作会，会议发布《北京市园林绿化科技创新行动计划（2013—2020）》和《关于加快首都园林绿化科技创新工作的意见》，提出2013～2020年期间加快首都园林绿化科技创新体系建设的14个重点行动，为90名创新团队专家颁发证书，对北京市园林绿化2012年度科学技术奖获得者进行表彰和奖励，为8个北京园林绿化创新团体、17个北京园林绿化科技创新示范区、27家北京园林绿化科普教育基地颁发聘书和奖牌。（齐庆栓）

【举办园林绿化科技创新暨科学普及活动月】 4月28日至5月24日，举办"绿色科技 多彩生活——2013园林绿化科技创新暨科学普及活动月"活动，活动由市园林绿化局、北京科学技术委员会和北京科学技术协会共同举办，活动月主要由"园林绿化与百姓生活"、"园林绿化与森林体验"、"园林绿化与防灾减灾"和"园林绿化与文化感知"4个活动周组成。集中展示园林绿化在生态建设、产业发展、安全保障、防灾减灾以及在涉及文化、民生和健康等园林绿化各个方面的科技成果116项，组织开展内容丰富、形式多样的科普活动27项。活动以园林绿化科技创新和文化创新相结合，以科普的形式，展示首都园林绿化科技创新成果，普及园林绿化科技、文化知识，以带领公众进入森林，开展各种体验活动的方式来感知、深化和丰富森林文化的内涵。（齐庆栓）

【完善政策法规支撑体系】 发布《北京市级绿道建设总体方案（2013—2017年）》，确定"三环、三翼、多廊"的总体空间布局，并制定出台相关配套的指导性文件，14个区县政府全部完成县级林地保护利用规划的批准实施工作，完成城市中心区8500余公顷公共绿地的绿线划定工作。八达岭——十三陵国家级风景名胜区总体规划得到国务院批准，详细规划全面启动，出台《关于2013年实施平原造林工程的意见》，制定出台公园精细化管理、风景名胜区管理规范、征占用林地定额管理等政策性文件。加大了《北京市湿地保护条例》的宣传，开展"依法行政——湿地年"主题活动。（齐庆栓）

【《北京市湿地保护条例》实施】 为贯彻落实《北京市湿地保护条例》，以"依法行政——湿地年"主题和"保护湿地资源，建设美丽北京"世界湿地日学术报告会及湿地知识竞赛活动，市园林绿化局和中国林科院联合组织开展"保护湿地资源，建设美丽北京"世界湿地日学术报告会及湿地知识竞赛活动。市人大农村办、市环保局、水务局、农业局有关部门负责人，各区县园林绿化局负责人以及人大附中学生代表等近百人参加活动。活动邀请中国林科院湿地所两位专家就湿地与水、湿地与城市热岛效应作了专题报告，并向人大附中的学生代表赠送《认识湿地》科普读物。（齐庆栓）

【科技服务与交流合作扎实推进】 召开市园林绿化科技大会，发布《首都园林绿化科技创新行动计划（2013—2020）》。组织实施各类科研计划39项、科技成果推广项目52项，制定修订地方标准21项。中德、中韩等国际合作项目扎实推进，八达岭森林体验馆全面竣工。完善网上审批等信息管理平台，启动基于"一张图"管理的园林绿化资源动态监管系统项目建设。（齐庆栓）

【古树名木保护示范点创建】 在东城区、西城区、昌平区和西山试验林场选择15处35株古树名木，开展地上和地下生长环境改良、围栏保护、有害生物防治、枯枝死杈清理、树洞修补、支撑加固、地被种植以及宣传标牌建立等古树保护示范。首次开展古树名木认养工作，公布古树名木认养点27处，提供可认养古树名木905株，动员社会参与古树名木保护管理工作。（齐庆栓）

【大事记】

1月

9日 北京市副市长夏占义专题调研平原造林工程建设。

9日 京市山区生态公益林森林健康经营项目检查验收工作正式启动。

2月

4日 市园林绿化局与中国林科院联合开展"世界湿地日"宣传活动。

20日 市园林绿化局在全市安全生产大会上被评为2012年市安全生产先进单位。

22日 北京市人民政府、首都绿化委员会召开首都绿化委员会第32次全体会议暨首都绿化美化总结动员大会。

3月

1日 新修改《中华人民共和国植物新品种保护条例》开始施行。

14日 北京市人民政府召开专题会议，北京市市长王安顺要求北京市园林绿化局全力推进春季造林工作。

18日 市委书记郭金龙、市长王安顺等市委、市政府领导赴通州区实地调研平原造林工程东郊森林公园建设和2012年造林成效。

18日 市政府召开专题会议，研究2019年中国北京世界园艺博览会筹备等工作。

21日 全国绿化委员会、国家林业局在北京市东郊森林公园举办以"保护发展森林资源，携手共建美丽中国"为主题的首个"国际森林日"植树纪念活动。

28日至10月31日 在北京西山国家森林公园举办森林文化节活动。

30日 市委书记郭金龙，市长王安顺，市人大主任杜德印，市委副书记、市政协主席吉林等市领导率领市委、市政府各部委办局主要负责同志，同首都绿化委员会成员单位及社会各界代表800余人到东郊森林公园树木园参加2013年首都全民义务植树劳动。

31日 2013年"共和国部长义务植树活动"在海淀区举行。来自中共中央直属机关和中央国家机关各部委、单位的186名部级领导，在苏家坨镇锦绣大地景观生态林建设项目区，参加以"深入开展植树造林，积极建设生态文明"为主题的义务植树活动。

4月

1日 北京市政府党组成员、北京市平原地区造林工程建设总指挥夏占义检查督导春季平原造林工程建设。

2日 党和国家领导人习近平、李克强、张德江、俞正声、刘云山、王岐山、张高丽等来到北京市丰台区永定河畔参加首都义务植树活动，激发了首都广大人民群众绿化美化首都的热情。

6日 首都第29个全民义务植树日。全市共有150.1万人参加形式多样的义务植树劳动。

14日 在景山公园，成功举办2013年北京市林下经济成果展。

15日 北京市政府党组成员夏占义到房山区检查平原造林工程进展和苗圃建设情况。

15日 市政府党组成员夏占义同志带队检查大兴区平原造林工作。

27日 市平原造林工程建设总指挥夏占义同志检查东郊森林公园建设。

28日 "绿色科技、多彩生活—2013园林绿化科技创新暨科学普及活动月"启动，北京市副市长林克庆出席。

5月

1日 《北京市湿地保护条例》正式实施。

3日 《北京市园林绿化科技创新行动计划》编制完成。

7日 北京市政协主席吉林率市政协委员一行150人到园博会北京园视察和调研。市园林绿化局局长邓乃平、副局长强健、副巡视员廉国钊陪同视察。

12日 中共中央政治局委员、国务院副总理马凯一行来到园博会北京园视察。市政府党组成员夏占义陪同视察，市园林绿化局局长邓乃平、副巡视员廉国钊、丰台区委书记李超钢陪同。

13日 住房和城乡建设部城市建设司司长陆克华、副司长陈蓁蓁等一行到第九届园博会北京园视察。市园林绿化局局长邓乃平、副局长强健、副巡视员廉国钊及丰台区相关领导一同参加。

17日　北京林下经济精品网站正式开通。

17日　国务院副总理汪洋一行到第九届园博会园区视察。中央政治局委员、北京市委书记郭金龙、住房和城乡建设部部长姜伟新、北京市市长王安顺、国家林业局局长赵树丛、北京市委常委、市委秘书长赵凤桐陪同，北京市园林绿化局局长邓乃平、副巡视员廉国钊、丰台区委区政府领导等一同参加。

5月18日至11月18日　第九届中国（北京）国际园林博览会在北京丰台永定河畔举办。

23日　第五届北京月季文化节启动。

6月

1日　"北京首届微信樱桃采摘文化节暨2013年北京百万市民观光果园采摘游"启动。

18日　北京生态文化协会成立。

20日　联合国秘书长潘基文先生出席北京市"碳足迹计算器捐赠仪式"活动。

27日　中国生态文化协会授予北京市延庆县妫河森林公园为"全国生态文化示范基地"称号。

7月

3日　2014世界葡萄大会指挥部专题会议召开，市委常委牛有成、副市长林克庆、市委副秘书长赵玉金出席，市政府副秘书长赵根武主持。

15日　中国贸促会副会长王锦珍调研2019北京世园会筹备工作，中国贸促会展览部副巡视员姚瑞，筹委会办公室主任邓乃平、李志军，副主任贾权民参加。

27日　首届森林音乐会暨零碳音乐第四季在北京西山国家森林公园开幕。

29日　2014世界葡萄大会倒计时一周年新闻发布会正式举行。

30日　市政府党组成员夏占义同志率市发改、国土、财政、农委、水务等部门有关负责同志到联系点市园林绿化局指导党的群众路线教育实践活动。

8月

7日　北京市园林绿化局局长邓乃平召开会议研究平原地区苗圃发展工作。

8日　《北京园林绿化科技创新行动计划（2013—2020）》正式启动实施。

18日至10月30日　实施"香味葡萄大观园首届微信采摘节"，向陆续市民推出64个香味葡萄品种。

9月

3日　中央政治局委员、中央政法委书记孟建柱一行参观第九届中国（北京）国际园林博览会。

6日　市领导夏占义到园博园检查工作。

8~9日　市领导林克庆、夏占义参加北京市2013年绿化拉练检查。

14日　中共中央政治局常委、中央书记处书记刘云山和刘延东、刘奇葆、李源潮、赵乐际、郭金龙、韩启德等领导同志到北京园博园，同首都群众一起参加全国科普日北京主场活动。

18日　北京市人大常委会副秘书长李福祥带队考察绿道议案办理工作。

25日　北京市副市长林克庆到天安门广场和长安街检查国庆花卉布置工作。

26日至11月16日　十一届中国（北京）菊花展览会在北京国际鲜花港举行。

27日　北京市委书记郭金龙检查长安街沿线花卉布置情况。

29日　市政府副市长林克庆、副秘书长赵根武到西城区调研绿道建设情况。

10月

12日　北京市园林绿化局局长邓乃平、副巡视员蔡宝军到顺义调研平原造林工作。

11月

6日　联合国开发计划署驻华代表考察北京市森林经营碳汇项目示范区。

18日　第九届中国（北京）国际园林博览会落下帷幕。北京园博会共接待游客615万余人次，日均接待3.3万余人次，单日最高游客接待量10.6万人次，均创历届园博会之最。

12月

26日　北京市园林绿化标准化技术委员会（以下简称标委会）成立大会暨第一次全体会议召开。（陈楠）

（北京市园林绿化局）

水务建设与管理

【概况】　2013年，北京市水务局认真贯彻中央关于加快水利改革发展的决策部署，全面落实市委市政府对水务工作的要求，坚持"向观念要水、向机制要水、向科技要水"，加强水务顶层设计，优化水资源配置和调度，加快推进民生水务工程建设，深化实施最严格水资源管理制度，强化水务社会化管理，创新防汛体制机制，扎实推进水务改革发展，全力保障首都水源安全、供水安全、水环境安全和防汛安全，为城市平稳运行和首都经济社会持续健康发展提供了坚实有力的水务支撑。

【水资源状况】　2013年，全市平均降水量501毫米，比2012年降水量708毫米少29%，比多年平均值585毫米少14%。全市地表水资源量为9.08亿立方米，地下水资源量为17.14亿立方米，水资源总量为26.22亿立方米，比多年平均37.39亿立方米少30%。全市大、中型水库年末蓄水总量为18.03亿立方米，其中官厅、密云两大水库年末蓄水量为15.01亿立方米。全市平原区年末地下水平均埋深为24.46米，比2012年下降0.19米。2013年全市总供水量36.38亿立方米，比上年增加0.5亿立方米，其中生活用水16.25亿立方米，环境用水5.92亿立方米，工业用水5.12亿立方米，农业用水9.09亿立方米。

【水务基本建设投资】 完成29项市级水务基本建设项目立项批复，涉及总投资223亿元，比2012年增加81.3%。下达市级以上政府基本建设资金108.7亿元（含中央资金1.6亿元），市政府基本建设资金比2012年增长35%，水务投入占市政府固定资产投资比例达到23%。

【水资源调配】 优化水资源配置与调度，利用南水北调中线工程从河北第四次应急调水3.68亿立方米，实现境外调水3亿立方米以上的目标。开展官厅水库、密云水库两库上游境外调水，从上游河北友谊、响水堡、云州、山西册田等水库向密云、官厅水库集中输水8576万立方米。

【城乡供水安全】 以南水北调配套工程建设为重点，加快推进供水设施建设与改造，推进郭公庄水厂、第十水厂建设，完成第三水厂和第八水厂应急改扩建工程，新增日供水能力18万立方米。市区日供水能力达到318万立方米。完成城区自备井供水水质改善一期工程，共改造机井53眼，新建、改造供水管线438公里。在全市范围内开展城市供水水质督查工作。按照《北京市城市公共供水水质信息公开工作管理办法》规定，做好城市公共供水水质信息公开，市自来水集团各水厂向社会公布2012年度出厂水106项指标检测结果和2013年每季度管网水中7项指标检测结果。加强村镇供水设施水质检测，组织对全市村镇供水厂水质进行检测，对13个区县的1879个村级供水站出厂水水质进行抽测。

【污水处理设施建设和再生水利用】 落实市政府出台的《北京市加快污水处理与再生水利用设施建设三年行动方案（2013—2015年）》，全年新建和续建污水处理和再生水利用设施29个，16座完成主体工程，其中清河、酒仙桥污水处理厂升级改造，丰台河西再生水厂，东坝、五里坨、堡头污水处理厂等工程投入试运行。完成新改建污水管线359公里，再生水管线119公里，新增日污水处理能力26万立方米，再生水生产能力78万立方米。2013年，全市污水处理量13亿立方米，污水处理率达到84%；再生水利用量8亿立方米，同比增长0.5亿立方米。

【中心城区下凹式立交桥雨水泵站改造】 落实市政府印发的《北京市水利工程建设实施方案（2012—2015年）》，完成中心城区下凹式立交桥泵站升级改造20座，升级改造泵站形成调蓄容积9.6万立方米，汛期调峰作用明显，累计蓄水20万立方米，改造桥区未出现积水现象，同时促进雨水利用。

【水环境整治】 贯彻落实市政府印发的《加强河湖生态环境建设与管理工作的意见》，加大水环境整治力度，2013年8～11月，开展以"治脏、治乱、治臭"为重点的河湖"百日整治"行动，集中治理群众最关心、问题最突出的昆玉河、北护城河等20条段、200公里河道，共清理垃圾渣土16.2万立方米，拆除违法建设12.1万平方米，劝阻违法行为3.9万起，行政处罚75起。通过采取污水厂优化挖潜、建设临时治污工程、截流污水管线、封堵违法排污口等措施治理污水直排入河问题，每日减少黑臭污水入河14万立方米。昌平、朝阳等区加快推进入河湖排污口综合治理，7处河道临时治污工程投入运行，50处水质较差河段通过投撒生物制剂、加强水循环等措施，基本祛除臭味。落实市政府出台的《北京市地下水保护和污染防控行动方案》，各区县积极推进非正规垃圾填埋场清除、畜禽养殖场治理、废弃机井封填等工程，遏制地下水水质恶化趋势，进一步保障首都供水安全。

【防汛安全保障】 加强防汛指挥体系建设，确立"1+7+5+16"防汛指挥体系（1是市防指、7个专项分指、5大流域、16区县），根据北京防汛工作特点，新设立防汛宣传、住房和城乡建设、道路交通秩序、城市地下管线、地质灾害、旅游景区、综合保障7个防汛专项分指挥部，强化行业统筹和专业化处置，推进实施城区防汛网格化和郊区防汛流域化管理，实现指挥体系的全覆盖。修订防汛预案171个，落实抢险人员23万人，汛前储备冲锋舟、大型发电机组、泵站等65种市级防汛物资，价值2917万元，消除河道障碍、危险房屋、易积水点等安全隐患2万多处，制定城区低洼院落、山区泥石流易发区和采空区以及蓄滞洪区等多个避险转移方案。2013年汛期，在降雨场次多、局地性强、多种灾害天气并发的情况下，全市没有出现重大灾情，实现"确保人民生命安全、确保城市运行安全"的既定工作目标。

【实行最严格水资源管理制度】 严格用水总量控制制度，强化计划用水管理，实现工业用新水零增长、农业用新水负增长、生活用水控制性增长。严格用水效率控制制度，加快工业节水改造，推广工业再生水利用，加大农业节水力度，进一步提高生活用水效率。严格水功能区限制纳污制度,加强水功能区监督,严格入河排污口管理。严格水资源管理责任和考核制度,将用水总量、万元GDP水耗、污水处理率等指标纳入市政府绩效考核。2013年,全市总用水量控制在38亿立方米以内,其中新水用量控制在30亿立方米以内。

【节水型社会建设】 采用经济、科技、行政和法律等多种措施促进节水,开展节水型单位创建工作,加快节水型社会建设步伐。怀柔区通过全国节水型社会建设试点中期评估,大兴区完成全国节水型社会建设试点验收准备工作。全年共完成280个市级节水型单位(企业)、66个节水型小区、100个节水型村庄的创建工作。大力发展高效节水灌溉,完成延庆、顺义、房山等中央小型农田水利重点县年度建设任务,改善5万亩农田灌排设施条件。围绕都市型现代农业发展,以世界葡萄大会和蔬菜基地为重点,推动全市基本建设资金投入农业高效节水灌溉工程建设,新增改善农业节水灌溉面积10万亩。落实市政府出台的《关于进一步加强城市雨洪控制与利用工作的意见》,建成200处农村雨洪利用工程,增加蓄水能力120万立方米。2013年万元GDP水耗较上年降低4%;农业用清水量持续下降,农业灌溉水利用系数达到0.699,比全国平均水平高出近40%,节水工作继续保持全国领先水平。

【加强水务工程管理】 开展水利工程建设领域诚信体系建设与管理,制定《北京市水利建设市场主体信用评价管理办法(试行)》,建立市场主体信用档案数据库,组织开展北京市水利建设市场主体信用评价工作。加强工程招投标管理,开展水利工程建设领域信用体系建设试点。加强水利工程建设质量管理,制定印发《北京市水利工程见证取样和送检管理规定》和《关于加强北京市中小河道治理等水利工程质量管理的通知》。开展工程建设质量隐患大排查,组织对全市82座水库进行拉网式排查。完成大红门闸消力池汛前清淤、凉水河桥梁安全检测等工程。加强水利工程日常维护管理,全年落实市属水利工程维修养护费用1.3亿元,全部通过公开招标选择养护队伍,确保工程安全度汛,实现安全生产"零事故"目标。

【党的群众路线教育实践活动】 北京市水务局制定《关于在全局深入开展党的群众路线教育实践活动的实施意见》和《深入开展党的群众路线教育实践活动的方案》。制定学习教育计划,组织召开座谈会23次,班子成员走访调研21次,听取意见340人次,共征集意见建议四大类128条,其中涉及"四风"方面的26条。制定整改方案,共梳理归纳整改任务23项。强化整改措施落实,明确整改目标、整改措施、牵头领导、协办领导、主责处室及责任人、协办处室及责任人以及整改时限,加强整改任务的监督落实。2013年,坚持依法行政,规范管理,建章立制,共制定和修订制度24项。取消未纳入市纠风办公布目录的评比、达标、表彰、庆典、研讨会、论坛、展会、产品推介会等活动40项。全面清理简报报刊,取消各类简报48种,精简文件546件,较2012年同期精简会议242个。加强"三公"经费管理,与2012年同期相比,压缩"三公"经费323.2万元。局机关清理办公用房8间,200平方米,25家局属单位共清理办公用房3783平方米。教育实践活动和业务工作"两促进",有力推动水务各项工作的开展。

(北京市水务局 撰稿:刘琼)

天 津 市

城乡规划建设管理

概况

2013年,在天津市委市政府的领导下,以科学发展观为指导,坚持求真务实,开拓创新,在规划编制、规划管理、规划监督、基础工作等方面取得新成绩,各项工作迈上新台阶。

坚持规划先行,是天津市委市政府贯彻落实科学发展观、加强宏观政策调控,推动全市经济社会发展的有力举措。天津市规划局牵头组织编制63项市重点规划,发挥规划的统筹引领作用和优势。规划策划和项目储备,为引导城市发展、提升城市载体功能、促进产业升级转型、改善保障民生，提供规划支撑和保障。

【发挥规划先导作用，推出一批重点区域总体规划设计】 随着经济社会的发展、城市功能的提升以及空间结构的优化，全市出现国家会展中心地区、未来科技城、武清北部地区等一批新的重点区域。这些城市重点区域的发展和再开发，对城市经济社会发展起到积极推动作用。会同有关区县政府和委办局，组织多家优秀设计单位，经反复修改完善，推出一批规划设计成果。习近平总书记到津视察时提出建设社会主义新时期京津"双城记"要求，未来科技城的总体设计契合这一发展机遇，通过集聚高端研发、高端制造等现代产业，该地区将成为京津合作的高新产业示范基地。

【促进新区快速发展，提升完善一批滨海新区重点规划】 按照市领导"建设滨海新城市"的要求，提升滨海新区总体规划，完善滨海新区规划体系，围绕滨海新区当前发展建设，开展天碱解放路地区、滨海文化中心、中部新城、渤龙湖周边地区规划设计，会同市有关部门优化津港高速公路二期、京港高速公路、津汉高速公路东延线、津沽一线、疏港联络线、新北路、进港三线铁路等多项规划设计，为发挥滨海新区的龙头带头作用提供保障。

【牢固树立精品意识，深化细化一批重点地区城市设计】 在天津市城市发展中，一些地区的城市形象成为亟待解决的问题，对这些地区的城市风貌、建筑形态和城市色彩，精雕细刻、反复研究，先后完成京津城际铁路两侧（北辰段）、黑牛城道两侧地区城市设计。结合新的发展形势和要求，深化完善海河后五公里地区、文化中心周边地区、解放南路周边地区城市设计方案。市委书记孙春兰、市长黄兴国对海河后五公里的开发建设非常重视，多次现场调研，并提出很多指导性意见，按照市领导要求，从城市功能定位、空间形态、环境景观等方面，进行深化完善，为推进该地区开发建设提供服务保障。

【围绕当前发展建设，推出一批重点地块规划策划成果】 为适应城市发展需求，提高土地利用价值，在绿荫里、棉三、天拖等地块出让之前，进行项目策划。这些工作对于盘活土地存量，促进产业转型升级、城市有机更新和繁荣繁华，将起到积极的推动作用。天拖地块位于规划的侯台城市公园边缘，是原天津拖拉机厂旧址，废弃多年，为完善城市功能，完成地块策划方案，使之成为独具特色的工业遗存保护和利用项目，这对于带动南开区乃至中心城区西部地区的发展具有非常重要的作用。

【注重城市文化内涵，加强名城保护规划工作力度】 为加强天津历史文化资源保护，按照市委书记孙春兰、市长黄兴国的批示要求，派专人到台儿庄市和聊城市进行学习，结合天津实际，对中心花园、赤峰道、德式风貌区、解放北路、西开教堂周边、西沽地区、大运河两岸等保护规划进行提升。为挖掘城市工业遗产历史文化及经济价值，编制完成工业遗产保护与利用规划，提出的保护思路和策略得到市领导的肯定。开展城市雕塑等城市公共艺术前期研究，位于文化中心的雕塑作品"水中月"获得全国优秀城市雕塑奖。

【提升城市宜居水平，开展一批生态保护和城市交通规划设计】 在生态城市建设方面，按照建设美丽天津的部署要求，结合天津特有的自然禀赋，开展生态保护规划编制，划定市域生态用地保护红线，原则确定各类生态红线的空间范围、保护原则和管控要求。积极推动重点绿化工程规划建设，先后完成外环线绿化带、陈塘支线绿道、7个郊野公园规划编制，促进经济发展与生态保护、新城开发与老城改造、资源利用与改善民生的相互协调。

在城市载体功能方面，坚持公交优先发展战略，组织编制市域轨道交通线网、市域综合交通体系、公交线网、蓟港铁路规划，研究制定中心城区轨道近期建设方案。编制2012年城市交通运行报告和2014年中心城区道路交通疏堵计划，组织开展建设项目停车配建政策研究，强化建设项目土地出让前的交通影响分析，为政府决策提供参考。加大服务保障力度，确保地铁5、6号线、2号线机场延伸线、3号线南延线、外环东北部调整线、津沧高速改建、蓟汕高速、京津唐高速改建、陈塘庄热电厂迁建、津沽污水处理厂等重点工程实施建设。

【围绕群众日常需求，形成一批微观规划设计成果】 改进规划思路，加强宏观引导，针对群众关心的洗衣店、理发店、菜市场、银行网点、小商品店、小休闲室、停车、自行车存放、棋牌室、电梯维护等规划问题，编制完成新一批示范小城镇、保障性住房、社会福利园，以及燃气、供热、供水、电力等民生规划，推进天津医院、胸科医院、肿瘤医院、新一中心医院等大型医疗设施实施建设。注重微观把控，深入开展调研，完成市内六区第一批7个老旧居民区便民配套补建方案，梳理35个已批示范小城镇公共设施配套情况。针对调查发现的微利便民经营性公建普遍不足的问题，以不突破现行地方标准为原则，从现实需求出发，细化微利便民经营性公建的内容。这项工作为合理布置便民设施，满足居民生活、休息和交往需要，增强社区的便捷性和舒适度，提供依据。

【市局参与宏观决策的能力得到增强】 天津市主要领导对规划的宏观统筹能力提出更高的要求。一年来，市长黄兴国先后8次、副市长尹海林60多次到规划局研究指导重点规划编制工作，在区域发展、城镇化建设、城市交通、港口辐射、环境保护等方面，要求拿出更加切实有效的意见，全市出台一些重要文件、重大部署，也都征求规划部门的意见建议。这充分说明，城市越发展，城乡规划工作越重要。面对新的形势，主动谋求转变，加大调查研究力度，积极适应城市发展对规划工作的要求。可喜的是，在这方面的尝试取得一些成果。比如，在促进区域发展方面，分别与北京市、河北省规划部门，就区域铁路系统、高速公路衔接进行深入交流；在优化城市交通方面，与北京市、上海市、香港特别行政区和日本东京等典型城市进行分析对比，查找天津城市交通发展的优势和不足，提出对策建议；在规范工业研发类用地方面，结合实际问题，会同有关部门，提出具体的管控措施；在历史名城保护方面，深入学习调研，明确保护工作的思路等等。为完成好这些工作，相关局领导和处室做大量的基础调查和分析研究，相关成果为做好规划编制和管理提供依据，强化宏观把控和科学决策能力。

【机关各处室的基础业务能力进一步提高】 一是公共政策意识明显增强。认真贯彻中央和市委市政府的工作意图，围绕产业升级、结构调整、绿色发展、民生改善和名城保护，加强统筹协调、综合平衡，规划的先导作用进一步发挥；围绕百姓"衣、食、住、行"以及文化生活需求，启动中心城区控规深化工作，编制完成中小学、菜市场、停车场、道路、配套公建等多项规划设计导则，不断加强市政基础设施规划管理，城乡规划更加贴近群众生活。二是行政管理能力明显提高。积极落实简政放权的工作要求，实施"两取消两调整"，减少前置审批环节，进一步提高行政审批效率；健全完善规划执法监督工作体系，有效遏制违法建设，实现规划监管从被动处理向主动监督的转变。稳步推进立法工作，开展两次规范性文件清理，确保各项工作依法依规。加强与市人大、市政协，以及市财政局、市人力社保局、市编办、市法制办等部门的沟通协调，争取政策和资金支持，为顺利完成各项工作提供保障。三是基础性工作稳步推进。天地图·天津节点、地理国情普查、数字天津建设三项重点任务进展顺利，测绘资质管理、信息安全、市场监管力度进一步加强；克服困难，高质量完成市内六区地名普查，着手搭建多层次数据共享应用平台，着力解决楼门牌缺失、路名标志不全的问题，探索地名服务社会发展和公众需求的新途径；加大科技研发投入，获得天津市科技进步三等奖2项、华夏建设科技三等奖1项、天津市社会科学优秀成果二等奖1项、三等奖1项。特别是由局牵头组织的文化中心整体规划设计获得中国勘察设计行业一等奖，该奖是国家勘察设计的最高奖，为市规划局赢得荣誉。

【区县（分）局在地方经济发展中的主导作用进一步发挥】 加大工作力度，有针对性地给予区县规划（分）局相应的帮助和指导，在机构健全方面，组建五区县镇乡规划管理所和城建档案管理机构，明确相应的事权，将管理延伸至乡镇村庄；在政策支持方面，在国家法规和政策允许的前提下，积极帮助区县解决在区县总规修改、示范小城镇、示范工业园以及重点地块建设中遇到的问题；在业务管理方面，健全审批联动机制，使各区县（分）局的责任更加明确清晰。

规划管理

（1）规划业务管理

【"促惠上"活动】 局系统组织开展"促发展、惠民生、上水平"活动，成立"促、惠、上"活动领导小组和23个服务工作组，制定活动方案，明确10项服务举措，进行为期6个月的帮扶活动。按照政府投资项目联合审批管理架构，细化规划建设项目分类管理要求，整合业务流程，理顺业务关系，建立服务企业发展联络员制度，保证政府投资项目联合审批工作的顺利实施。印发《2013年涉及规划建设重大项目目录》，对188项市、区重大建设项目进行逐一分解梳理和汇总分析，实施责任分解，确保每一个项目都有专人负责，全天候做好服务保障工作。

【规划审批】 全市审批建设用地6496.87公顷，审批建设工程5809.77万平方米。与上年同期相比，建设用地审批规模减小14.81%，建设工程审批规模增加3.54%；审批住宅项目建设规模同比下降0.17%，占总规模的49.89%；审批工业项目建设规模同比增长4.82%，公共设施项目建设规模同比增长11.04%。组织完成规划许可审批事项清理厘正。向区（县）下放全部有关测绘管理事权。明确市郊五区（县）乡村建设规划许可证的审批事权，得到市审批办、法制办和监察局的肯定。制定《关于进一步规范城乡规划行政许可审批成果管理的通知》，对许可审批成果的内容、印章使用、印章管理等依法予以规范。简化规划审批要件，减少部分前置审批环节，实现"两取消两调整"。

局系统受理各类规划业务案件19016件次，同比下降2.22%，核发各类业务案件18659件次，同比下降3.41%。市规划局业务办理332件，占1.22%。市中心城区六区和环城四区分局办理6784件次，占35.7%；五区（县）局办理6176件次，占32.5%；滨海新区办理5725件，占30.1%。

【"三类数据"共享】 建立"三类数据"（规划数据、审批数据、基础数据）成果共享制度、成果验收评估制度、成果互换制度和"三类数据"上网发布与定期更新制度，实现系统内三类数据的共建共享。组织13项专项规划现状基础数据（阶段性成果）在市规划局内网发布，实现规划数据的动态上网维护、标准统一、共享应用。完成《2012天津市城乡规划数据手册》编撰工作，将城市基本特征数据、城市定位指标数据、城市规划现状数据、城乡规划审批数据进行汇集发布，为城市规划管理提供指导。

【综合统计分析】 在完成综合统计工作的基础上，完成《2013年天津市规划公报》和《天津市城乡规划管理运行情况分析简报》编写印发工作。指导部分区（县）建立和实施综合统计分析制度，为规划决策服务。

【政府信息公开】 推动天津市规划局系统政府信息公开，形成全市规划"一网一地"统一平台，建成网上规划公开与公众参与专区。在主动公开方面，拓展和深化公开内容，规范区（县）局审批信息公开，通过局政务网主动公开各类政府信息13000余条。在依申请公开方面，牢牢把握"依法"和"服务"两个工作方针，重点抓好接待受理、限时督办和反馈答复三个环节，快速妥善处理公开诉求。全年受理群众申请300余人次，均依法作出答复，未发生行政复议撤销或行政诉讼败诉情况。加强对基层单位的业务指导，对部分单位进行全员培训与具体案例剖析；对区（县）局遇到的难点问题给予政策辅导；对重点、难点申请案件的处理进行全程指导。

（2）规划编制管理

【规划编制计划管理】 根据市政府办公厅《关于转发市规划局拟定的天津市2013年度城乡规划编制计划的通知》（津政办发〔2013〕43号）要求，列入2013年全市城乡规划编制计划的规划项目53项，涉及31个委局和区（县）政府。其中总体规划11项、专项（业）规划19项、重点地区规划23项。截至年底，完成或基本完成规划成果24项，形成阶段方案14项，完成初步方案15项。

【规划研究】 为加快打造京津"双城记"发展建设，进一步服务北京，密切京津合作，组织开展"落实京津双城记"规划对策研究。结合北京城市功能发展状况，产业发展的类型特征及国家对北京发展的新要求、新指示，明确北京需要外溢的具体产业与功能类型，分析天津在环渤海区域内发展的特点与地位，特别是与河北省发展的比较关系，明确天津适合承接的产业与功能类型，从空间上提出落实意见。

【用地规划管理】 通过对市中心城区存量用地调查，建立存量用地数据库，全面掌握中心城区存量土地的数量、面积和分布状况。指导城市存量用地的合理、有效配置，促进城市资源的优化配置，提高对存量用地规划管理的科学性和决策水平。同时，对数据库以半年为一周期，进行动态更新和维护，充分分析城市发展状况和土地利用状况，为城市发展重心和方向提供规划引导。

【控制性详细规划审批程序】 按照市领导批示，市中心城区控制性详细规划（以下简称控详规）修改成果的批复，市政府授权市规划局办理。市规划局根据《中华人民共和国城乡规划法》《城市、镇控制性详细规划编制审批办法》，借鉴上海市的经验，对控详规授权审批进行一系列研究，将调整控详规修改审批程序有关事项报请市政府同意。

控详规修改审批按照专题会审、征求意见、专题报告、专家评审、方案公示和方案审批六步程序。

【资质管理】 完成城乡规划编制资质行政许可审批15项，报国家审批甲级城乡规划编制资质1项。审核办理外省市规划编制资质单位入津承担规划编制业务备案项目139项。截至2013年底，全市有甲级资质单位6家、乙级23家、丙级32家、有城市规划服务资格的1家。

(3) 建设项目规划管理

【城市设计管理】 按照市重点规划编制指挥部的部署，组织完成西青区纪庄子污水处理厂及周边地区、东丽区金钟街徐庄子物流园搬迁地块、和平区西开教堂周边地区、南开区水上西路地区、市内六区94片危陋房屋定向安置选址、德式风貌区、第一热电厂地块、棉三地块、绿荫里地块、中信广场、师大八里台地块、河东民安路预应力厂地块、南开区手表厂地块、新开河两岸地区、河东工业大学地块、河西区体育学院地块、苑西还迁地块、佟楼地区、和平大沽北路沿线地块、河西区联合广场地块等20个重点地区的城市设计策划工作。

【修详规编制管理】 加强修详规编制宏观指导，完成社区服务设施补建设计。完成88个居委会社区的调查，并提出改扩建方案。完成乡村规划建设管理调研。开展2007～2012年历年全市核定用地汇交情况检查和地下空间规划与建设管理研究。完成重点建设项目进展月报和建设项目管理运行年报工作。针对规划建设量化管理中存在的问题，下发《天津市施工现场悬挂建设工程总平面示意图管理规定》、《关于居住区部分公共服务设施分配细化的若干意见》、《严格酒店型公寓规划审批要求的通知》、《规范停车场（楼）项目建设和用地管理办法的通知》、《进一步加强社区工作的意见》、《关于加强工业研发类项目建设管理有关要求的通知》，指导宏观管理。

【建筑设计管理】 重点项目建设方面：确定海河沿线地区确定的棉三地块项目、中信广场项目、一热电地块3个项目的设计方案审定海河教育园区天津大学校区化工材料教学组团、南开大学校区对外办学组团等32个教学组团130余万平方米的建筑设计方案；保障房方面，确定河北区榆关道地块、东丽区李明庄地块、肉联厂地块、雪莲路、映春路地块的设计方案；医疗卫生设施方面：确定天津医科大学代谢病医院、中医药大学第二附属医院、肿瘤医院规划、一中心器官移植中心选址方案。

【管理措施】 坚持每周一次的业务案件会审会、每两月一次的督导督查会及建筑外檐巡查，全年会审704个项目规划，督导督查1854个建设项目，对41个项目的外檐材料进行现场审查。

编制完成《高层建筑顶部设计导则》《干线公路综合服务区设计导则》《天津市消防站设计导则》《菜市场规划建筑设计导则》《天津市中小学规划设计导则》《天津市保障性住房非经营性配套公建规划设计导则》《天津示范小城镇规划设计导则》《天津市保障性住房和高层建筑规划成果汇编》《天津市干线道路两侧高层建筑顶部现状情况梳理》《天津市新建欧式建筑集锦》《建设项目督导督查方案汇编》，指导建筑方案设计和审批。

(4) 市政工程规划管理

【概况】 2013年度，重点抓规章制度建设，规范市政工程建设项目规划报建；建立规范统一的地下管线信息动态管理系统，实现市中心城区地下管线信息管理全覆盖；完成市重点市政工程规划许可审批。

【规章制度建设】 下发《关于进一步规划市政工程建设项目推建工作的通知》，指导建设工程设计方案和建设工程规划许可证附图的编制。下发《关于进一步加强市政管线规划精编化管理工作有关事项的通知》，对管线测绘、地下空间信息查询、规划方案和设计方案编制等市政管线规划管理工作的各环节提出纲化管理措施。组织制定《天津市地下管线普查及信息化建设工作方案》，开展全市危险品管线和市中心城区与区（县）新城、示范工业园区和功能区市政公共空间地下管线普查，普查建立统一的地下管线信息动态管理系统。组织编制《长输管线规划设计导则》，为规划长度大于两千米管线的规划方案、设计方案管理提供依据。

【业务案件审批】 全市审批建筑工程（市政）规划许可证586件（含陈塘庄热电厂扩建工程和津沽污水处理场配套管网工程两项重点工程），审批建设长度127.72万米，其中市规划局办理60件，市中心六区分局办理150件，环城四区分局办理196件，市郊五区（县）办理79件，滨海新区规国局办理31件，高新区处和海河教育园区处办理70件。

【业务培训】 每月组织召开不同形式的督导督查暨业务培训例会、分批对全市市政业务管理人员进行案例或业务培训，提高管理人员的业务素质。

(5) 道路交通规划管理

【专项规划编制管理】 完成《天津港集疏运交通体系专项规划》编制初步成果。该规划借鉴国内外先进理论，探索天津港集疏运发展的新模式，规划构建由铁路、公路、管道、水运及货物集散枢纽于一体的综合集疏运交通体系，全面提升港口综合交通运输效能，缓解港城矛盾。结合实行交通"双限"政策，组织编制《中心城区外围地区小客车换乘停车场规划》，在中心城区外围主要入市口，规划13处小客车换乘停车场，方便小客车换乘。

【交通政策研究】 启动《天津交通双限背景下的城市空间发展对策研究》。在交通"双限"政策的实施背景下，将有效抑制小客车的高速增长，促进出行结构向公交、慢行导向的模式转变。该课题深入把握城市空间结构与交通模式耦合作用机制，明确城市空间发展战略，有针对性提出天津市城市空间优化调整方案。组织完成《2014年中心城区道路交通疏堵计划》编制。该计划结合2013年交通整体运行情况，梳理确定2014年度急需重点解决的交通拥堵节点，针对每一节点，提出具体的道路建设和交通管理措施，缓解交通拥堵。组织分析城市交通运行状况、把握城市交通发展趋势，编制2012年度城市交通运行报告，为交通供需调控以及基础设施建设提供支撑，为政府决策提供参考。针对城市规模、交通出行方式、机动车拥有量、公共交通供需状况和路网指标等方面，搜集天津、北京、上海、香港特别行政区、东京等7城市相关数据，开展"天津市与国内外典型城市交通系统对比分析"，提出城市交通发展方面存在的差距与不足，为市政府制定交通政策提供参考。组织开展《面向活力城市的道路交通出行环境规划研究》，严格道路功能划分，合理规划道路沿线功能，灵活设置绿化带，为规划编制、规划管理和科学决策提供指导。组织开展《大城市治理交通拥堵—东京模式的研究》，在总结东京交通治理模式的基础上，结合天津市实际，提出交通治理的具体措施。组织开展建设项目机动车停车泊位配建宏观政策方面的研究，对建设项目停车配建存在的问题进行分析，从政策引导和规划审批等方面提出解决措施和方案。

【地铁项目规划管理】 完成2号线机场延伸线和3号线南延工程规划许可审批工作；完成地铁5、6号线一、二期工程规划许可审批工作和45座车站管线切改方案审查审批工作；全面启动地铁4、10号线前期规划审批工作。

【道路项目规划管理】 全面推进高快速路工程规划管理工作。审定外环东北部调整线、津沧高速改建、蓟汕高速和京津唐高速改建等高快速路规划方案，完善规划许可审批手续，为上述工程的建设提供规划保障。结合中心城区建设项目的配套建设以及拥堵点的改造，审查相应道路的规划设计方案。审定国家会展中心配套的海沽路和国展道等道路工程规划设计方案，为国家会展中心建设提供规划保障。

【管理机制建设】 依据《天津市交通影响评价规划管理暂行办法》和《天津市交通影响评价技术工作规程》，会同市建交委、市市政公路局、市交通港口局和市交管局等单位对42个项目的交通影响评价报告进行联合审查，深化完成建设项目修建性详细规划方案。对交通影响评价工作中存在的问题进行总结分析，印发《关于进一步规范建设项目交通影响评价与修详规（市政工程）规划管理工作的通知》，进一步规范分局和规划设计单位交评工作。组织完成《天津市道路交通竖向规划》动态维护，确保竖向高程规划的现势性。组织完成道路交通管理信息系统动态维护，对规划审批各阶段数据进行收集、整理、入库，做好系统数据更新、日常维护和功能升级，为规划决策、规划编制、审批管理和重点工程提供基础性保障。通过每月召开形式多样的规划管理督导督查暨业务培训例会，分期分批对区（县）市政业务管理工作进行监督检查，发现问题及时纠正。将业务培训与督导督查工作有机结合，组织区（县）局进行案例式培训，不断提高道路交通规划管理队伍素质。

【创新管理】 研究制定《中心城区道路规划设计导则》，合理划分道路功能、分配道路路权，统筹安排道路内各项交通活动，提高道路规划、设计和管理的精细化水平，营造良好的交通氛围，提升道路服务水平。

（6）保护规划管理

【规章制度建设】 组织起草《天津市历史文化名城和历史风貌建筑保护条例》《天津市工业遗产保护利用管理办法》和《历史文化街区规划建设控制细则》《细则》从地块、街巷、绿地及公共空间等方面提出控制要求，指导街区内开发建设活动。为依法依规开展历史文化街区内保护规划调整及日常维护、深化、细化历史文化街区三维动态管理系统，提供细致、准确的规划管理依据。

【课题研究】 为提高规划编制与管理水平，超前谋划管理策略，组织规划院完成"天津工业遗产保护利用与管理模式研究"课题。探索14片历史文化街区保护规划维护管理机制，研究保护规划调整维护程序。

（7）证后管理

【管理措施】 制定《市规划局关于进一步加强建筑工程施工过程检查的通知》（规监字〔2013〕310号），重点加强对建筑工程墨线、地下主体、±0、地上主体及外檐装饰等部位的监督检查力度，确保建设项目严格依照规划许可要求实施。

【规划验收】 以在建项目的跟踪查验和重点项目服务为主，对全市1730项建筑工程进行规划验收，验收规模4145.25万平方米，较2012年增加7.8%；对152项市政管线工程进行规划验收，验收规模43.4万米，较2012年增加91.5%。

【管理机制】 建立与区（县）规划部门的两级联动机制、加强对建设单位的服务指导、实行"24小时动态服务监督"。对2012年度执法监察业务开展情况进行检查，以案卷评查为平台，加大区（县）间交流和学习，推进全市执法监察工作。针对案卷评查发现的问题，组织业务培训会，强化管理规范。

(8) 地名管理

【地名普查】 按照市政府的部署，天津市第二次全国地名普查从2013年开始，两年完成。市规划局地名处承担市地名普查办公室职责。普查分三个阶段，按市中心六区、环城四区和市郊五区（县）的顺序进行。市中心六区普查始于2013年，2013年10月完成。投入200多名普查人员。普查范围包括63个街道办事处，802个居委会社区。普查包括全部自然地理实体和人文地理实体两大类，下分11个中类和28个小类，共12311条地名成果。普查后期，按照国家民政部"四表一图一库"要求，形成地名标志表3178张，门牌地址32807条，拍摄多媒体照片43506张，制作1：2000地名成果图279幅，建立16万条信息的地名普查数据库，为提高地名管理和服务水平奠定基础。

【地名规划】 依据2012年12月市政府批复的《天津市中心城区道路地名规划》和《天津市环城四区道路地名规划》，完成道路地名规划图册和挂图印制工作，并分送各委局、区政府及规划部门，满足他们的工作需要。同时，推动滨海新区和市郊五区（县）开展道路地名规划的深化完善工作，目前滨海新区地名规划已基本编制完成。

【地名规章】 为使地名管理更加科学规范，完成《天津市地名管理导则》和《天津市历史地名管理办法》的起草工作。借鉴外省市的经验，完成居住区、公建类等地名导则的初稿编写。历史地名管理办法在修订中。

【地名命名】 按照规范程序，细化地名命名审查的各项要求，对西于庄改造区，多次组织有关文史专家、地名专家及当地居民代表，对其历史演变、地域文化特征进行深入探讨，经过多方案选优，确定西于庄改造区地名命名方案，并上报市政府。年内全市共审批标准地名461条，核发门牌号1970个，设置地名标志12957块，为市民开具各类地名证明1059件。

【地名档案】 借市中心六区地名普查的契机，归类整理形成18000余卷地名电子档案。

(9) 城建档案管理

【法规制度建设】 按照市规划局的法规，重点对《天津市城市建设档案管理规定》进行修改完善，已上报市规划局审核。同时起草《关于进一步加强城建档案管理工作的通知》，明确各级城建档案管理工作的职责。

【档案执法】 配合局执法监察部门开展城建档案执法检查，重点对市中心城区六区和环城四区2012年以前未办理档案认可证及档案预验收证明的项目进行确认，对201个未办理预验收证明的工程项目档案进行执法督办。通过执法督办，已有86个建设工程项目移交工程档案，补办相关手续。针对执法督办工作中出现的历史遗留项目，研究制定《关于城建档案执法和历史遗留工程档案验收接收相关问题的处理暂行办法》，最大限度帮助建设单位完成建设工程档案移交验收。

【区（县）机构建设】 为推进区（县）城建档案管理机构的落实，市规划局多次深入区（县）调查研究，沟通协调。推动区（县）机构的落实。2013年7月，市郊五区（县）成立城建档案馆。10月，市规划局组织在宝坻区规划局召开宝坻区城建档案馆揭牌仪式暨区（县）城建档案工作推动会。之后，各区（县）城建档案馆的相继成立，实现天津市规划系统管理城建档案工作的全覆盖，形成市、区（县）两个层面的管理体系。

【档案服务与利用】 为加强对重点工程服务，在制定服务方案和计划、完善重点工程的服务督办机制的同时，先后深入津南污水处理厂等20余个重点工程建设现场进行服务达200人次，收到较好的效果。

加强对新建工程的建档服务指导，除坚持培训制度外，深入现场指导服务212个单位381次，馆内接待服务1348个单位3118次，业务咨询412个工程，26553卷，档案整编221个工程，10367卷。为44个会议活动提供声像服务，形成录像资料4181分钟，数码照片1086张；为局系统和相关单位提供照片1210张，刻录光盘158张，编辑会议专题片27部。

档案利用：全年共接待社会查档701个单位，980人次，调阅档案2051卷。局系统各单位累计提供、借阅档案147卷。同时规范档案提供利用流程，取消档案利用收费，为档案查询提供便利。

【档案资源建设】 2013年，有十个规划分局完成业务档案接收工作。现场指导各规划分局业务档案的清点、核查，移交的2010年以前的业务档案48933盒。开展规划编制成果档案的接收，根据市规划局年度指令性任务计划和规划编制项目计划，梳理汇总2012年度归档项目明细，并做好跟踪和督办，共接收规划编制批复项目7个成果。全年共接收新建工程档案300个项目，17514卷，工程声像档案120个项目，123卷，1940张照片，122张光盘，跟踪拍摄重点工程和城市新旧貌录像资料399分钟，照片435张，历史遗留地下管线工程档案60个项目。截至年底，市城建档案馆馆藏纸质档案511410卷。

【业务培训】 为落实《天津市建设工程文件归档整理规程》，坚持每季度对全市档案管理人员进行一次城建档案建档工作告知培训，增强法规意识，提高从业人员的业务能力。为提升培训效果，组织编写《建设工程档案业务培训讲义》。

法制建设

(1) 规范性文件

【制定文件】 市规划局关于印发《天津市城乡规划违法行为查处规定》的通知（规法字〔2013〕64号）；《天津市测绘地理信息违法行为查处程序规定》的通知（规法字〔2013〕217号）；关于居住区部分公共服务设施分配细化的若干意见（试行）（规建字〔2013〕329号）；关于进一步简化规划审批要件提高审批效率的通知（规业字〔2013〕352号）；关于废止部分局发行政规范性文件的通知（规法字〔2013〕363号）；市规划局市国土房管局市建设交通委关于加强工业研发类项目建设管理有关要求的通知（规建字〔2013〕374号）。

【修订文件】 市规划局关于印发《天津市施工现场悬挂建设工程总平面示意图管理规定》的通知（规建字〔2013〕364号）；关于印发《天津11个新城规划建设指标体系》《天津生态镇规划建设指标体系》的通知（规总字〔2013〕375号）；关于中心城区居住用地容积率控制要求的通知（规详字〔2013〕386号）；关于控制性详细规划公示工作中有关保密要求的通知（规详字〔2013〕417号）。

(2) 执法监察

【机制建设】 2013年，建立测绘执法、地名执法、城建档案执法工作机制列入局重点工作，同时进一步完善规划执法工作制度，实现规划执法监察工作有章可依。制定《天津市测绘地理信息违法行为查处程序规定》《天津市城乡规划违法行为查处程序规定》，起草地名违法行为查处程序规定。

【证后管理与服务】 制定《市规划局关于进一步加强建筑工程施工过程检查的通知》（规监字〔2013〕310号），重点加强对建筑工程墨线、地下主体、±0、地上主体及外檐装饰等部位的监督检查力度，确保建设项目严格依照规划许可要求实施。2013年，以在建项目的跟踪查验和重点项目服务为主，对全市1730项建筑工程进行规划验收，建设规模4145.25万平方米，总规模较2012年增加7.8%；对152项市政管线工程进行规划验收，建设规模43.4万米，总规模较2012年增加91.5%。建立与区县规划部门的两级联动、加强对建设单位的服务指导、切实实行"24小时动态服务监督"。对2012年度执法监察业务开展情况进行检查，以案卷评查为平台，加大区县间的交流和学习，推进全市执法监察业务共同提高。针对案卷评查发现的问题，业务培训会议强化规范和培训指导。

【违法建设查处】 进一步落实监察部、人力资源社会保障部、住房和城乡建设部下发的《城乡规划违法违纪处分办法》（第29号令），下发《市规划局关于进一步加强执法监察有关工作的通知》（规监字〔2013〕100号），进一步强化利用建设项目监督管理系统违法案件查处子系统办理违法案件的工作机制，明确违法案件会审制度，有效遏制违法建设发生，为城乡规划顺利实施提供有力保障。2013年，全市出动巡查人员6497人次，发现并移送综合执法部门处理的违法建设60起，较2012年减少13%。全年全市查处职责范围内违法建设项目23项，同比下降28%，除1起尚未结案外，其余均已处理完毕。

【行政复议、行政诉讼应诉】 2013年，经办行政复议案件57件，其中市规划局受理行政复议案件44件，其中维持具体行政行为的21件，终止的1件，驳回复议申请的16件，责令限期履职的2件。市规划局应诉行政应诉案件1件，胜诉1件，行政诉讼应诉胜诉率100%。

科技工作

【技委会工作】 2013年召开3次规划局技委会，评选2012年度局系统科技进步先进集体和先进个人，审议通过《市政管线实施误差标准》和《2013年度天津市规划局科技计划项目》。

【科技管理】 出台《天津市规划局科技项目管理办法》，于2013年5月19日正式发文执行。按照市委十届三次全会对规划工作提出的目标和要求，结合规划管理工作实际，确定2013年度局科技计划项目24项，其中对外公开征集承担单位的项目9项，自主研发项目15项，目前均已完成合同的签订工作，进入项目研究阶段。

积极组织部级、市级科技项目申报工作，其中部级课题立项9项、市科委项目10项、市建交委项目10项。

受住房城乡建设部建筑节能与科技司的委托，组织专家对局系统承担住建部2011年度科技项目进行结项验收，已经通过验收的住房城乡建设部项目为8项。

【科研成果】 天津市规划局系统有142项科研成果获市级以上各类奖项，比2012年增加70多项；在各类期刊发表论文256篇。市建院完成的《天津市文化中心工程建设新技术集成与工程示范》获天津市科技进步一等奖、《绿色建筑集成技术研究及应用》获天津市科技进步二等奖；《地基土层序划分技术规程》项目荣获华夏建设科技进步三等奖、《津塔岩土工程详细勘察报告》获全国优秀工程勘察一等奖（排名第一）；《天津河东万达广场项目》等12项工程分别获全国优秀工程勘察、市"海河杯"和优秀工程勘察咨询成果二、三等奖。

【科普工作】 成功举办天津市第二十七届科技周活动。27届科技周以"提升科技素质建设美丽天津"为主题，活动形式多样、内容丰富。组织24场次的访问学者报告会、专题学术报告会、研讨会、展览会、沙龙等，有万余人参加。

【成果评选】 市规划局和市规划协会共同组织完成2013年度天津市优秀城乡规划设计奖评选和市规划系统优秀科技论文评选工作。参评项目共有146项，经过专家委员会评选，城市规划和村镇规划类79项，城市勘测类24项，规划信息类18项获奖。规划行业科技论文竞赛暨第四届"魅力天津·学会杯"优秀学术论文联合征文活动共征集论文338篇，获奖论文168篇，其中一等奖12篇，二等奖29篇，三等奖62篇，鼓励奖65篇。

调研工作

【概况】 市规划局确定的重点调研课题18项。其中，局领导承担12项，局系统各单位局级领导干部承担重点调研课题6项。局重点调研课题和局系统处级领导调研课题均按调研计划完成。

【调研成果】《坚持群众路线，深化规划理念，建设美丽天津》在《求知》2013年12期发表；《关于加强和改进基层党支部书记队伍建设的调查与思考》在规划建设交通工委研究室《决策参考》2013年第1期发表；《公务员考核与评价体系研究——以天津市规划系统为例》荣获天津市第十三届社会科学优秀成果二等奖；《天津建院转型发展的探索之路》被全国思想政治工作科学专业委员会、《学习型组织建设与创先争优活动成果全书》编纂委员会专家团评为一等奖。《关于工程设计企业党组织发挥政治核心作用的调研与思考》2013年获住房城乡建设部思想政治工作优秀论文（成果）一等奖。《依法行政，强化管理，稳步推进名城保护法治化建设》《新形势下测绘院领导干部学法用法的思考》被选入2013年《天津市领导干部法治文章汇编》。

信息化建设

【项目管理系统建设】 继续推进项目管理系统的建设、维护和使用，实现项目运行全过程的追踪，加强质量控制和技术监督，运行生产任务552项。该系统在天津市优秀城乡规划设计奖（规划信息类）评选中获得二等奖。

【数据共享平台建设】 继续开展以规划信息查询系统（PISIS）为基础的规划数据共享基础平台建设，方便规划设计人员查询规划项目基本信息、阶段规划成果、归档规划成果等属性及空间信息。该系统在天津市优秀城乡规划设计奖（规划信息类）评选中获得市级二等奖。

【优秀规划案例资料库建设】 加快优秀规划案例资料库建设，新增优秀规划案例200个，规划案例库500个，涵盖战略、总规、控规、专项等各层次，在院多项重点规划项目中得以借鉴。编制完成《规划案例资料库编制与维护操作管理规程》（初稿），实现规范化管理。

【规划成果数据库动态更新】 完成规划项目信息入库416项，归档成果GIS建库30项，报审成果效果图62个，完成市局中心城区土地细分导则、滨海规国局土地细分导则GIS成果动态维护工作。

【基础数据库建设】 完成天津市土地利用一张图2012、2013年版的GIS建设并形成滚动更新机制，编制完成《城乡规划基础数据手册》（2013版），开发规划数据手册网站，在全国率先建立规划类统计年鉴。完成"考察照片资料库"开发建设和"技术管理与服务"栏目的授权管理，初步搭建数字图书馆框架，解决院内多元资源分布式存储，开发快速调用搜索引擎工具。

【研发ipad平板电脑现场调查信息查询系统】 成功申请国家版权局著作权，设计开发一控规两导则规划辅助设计系统，为规划编制提供快速分析、统计的实用工具。

【施工图资料库建设】 建立设计协同管理平台资源共享机制。完成施工图资料库系统调试等基础建设工作，完善资料库的管理程序、借阅程序要求，实现程序管理、信息管理、出图管理一体化。解决协同平台备档时间过长问题。就协同管理平台功能使用、软件升级问题进行专项解答和技术服务，向各所配发协同平台操作指南，进行全员培训。

（天津市规划局）

城乡建设与交通建设

【城建法规建设】 2013年，《天津市建设工程施工安全管理条例》正式施行，启动《天津市轨道交通管理规定》的修订工作，配合市人大做好《天津市建设工程质量管理条例》和《天津市建筑市场管理条例》两部地方性法规的立法后评估工作。

政府投资项目审批全部进驻中心集中办理，2013年共完成政府投资项目审批587件。以2013年服务月为平台，开展现场咨询服务接待活动，共接待企业121人次，咨询事项157件，现场解答问题215个，现场办理审批事项124件，解决重大疑难问题5件，集中解决一批审批难题。

完成《天津市深基坑工程勘察设计监测管理办法》、《天津市房屋建筑和市政基础设施工程施工图设计文件审查管理规定》等规范性文件的法制审核工作。组织开展对现行有效的规范性文件的全面清理工作，修订5件，废止18件，有效提高规范性文件的执行效率。2013年共审核行政处罚案件106件，纠正主要证据不足和事实不清案件1件，案卷一次性合格率达到99%，行政处罚零投诉、零复议、零诉讼。（王东晟）

【供热管理】 2013年底，全市集中供热面积已达到3.46亿平方米，居民住宅集中供热面积为2.67亿平方米。全市集中供热普及率为89.9%，中心城区住宅集中供热普及率为97.6%。热电联产供热面积9734万平方米，燃煤锅炉房供热面积2.09亿平方米，燃气、地热供热面积4020万平方米。全市供热计量试验收费面积达到6576万平方米，继续保持全国领先地位。全市共有供热企业261家，其中，国有企业136家，民营企业125家，全行业职工共计2万多人。

为保障和改善民生，2013年运用工程手段解决供热设施存在的硬件缺陷。全年改造了60个管网薄弱点位和400多公里的供热管网，对22片小区实施二步节能改造，对55片、154万平方米小区实施单户分环改造工程。

在全行业推行《供热服务标准》，加强供热企业质量监测，积极组织入户测温，满足群众需求。加大督办力度，开展12319专项接听、举行群众见面会，积极解决历史遗留问题。利用世界银行全球环境基金建立供热信息化平台，实现对首批364个换热站、17个热源进行实时数据监测，提升天津市供热行业信息化和供热管理水平。

按照市政府关于淘汰中心城区和滨海新区核心区燃煤供热锅炉房的决策部署，完成32座燃煤锅炉的改燃并网工程，敷设燃气管线30公里，可减少燃煤消耗37.83吨，减少二氧化硫排放0.3万吨，减少氮氧化合物排放0.17万吨，为提升天津市大气环境质量、建设美丽天津做出贡献。（吕绍文）

【高速公路建设】 2013年，天津市共建设13条高速公路，包括8个续建项目和5个新开工项目。

（1）续建项目

志成道延长线工程软基处理完成55%，路基填筑完成60%，桥梁基础完成80%，下部结构完成76%，桥梁上部结构完成64%，桥面铺装完成55%，防撞护栏完成56%。

唐津高速公路扩建工程右幅（唐山——黄骅方向）工程已完工并实现通车。左幅工程软基处理完成83%，路基填筑完成78%，桥梁基础完成90%，下部结构完成75%，预制梁完成82%。

塘承高速公路二期工程道路软基处理已全部完成，路基填筑完成85%，桥梁下部结构全部完成，桥梁上部结构完成98%。

国道112线延长线工程路基桥梁主体已全部完成，路面工程底面层全部完成，中面层完成60%，房建桩基础施工全部完成。

唐廊高速公路工程道路软基处理完成86%，土方总量约600万立方米，已完成备土380万立方米，累计完成69%；桥梁基础完成79%，下部结构完成45.6%，上部结构预制梁完成25%，现浇梁完成16%。

京秦高速公路工程道路软基处理完成56%，土方总量约330万立方米，已累计完成备土80万立方米，累计比例22%。填筑完成16.3%；桥梁基础完成86.77%，下部结构完成37%，上部结构完成8%。

西外环高速公路道路路基填筑完成80%；桥梁下部结构完成70%，箱梁预制完成50%。海河特大桥完成主桥下部结构施工，钢桁架梁加工完成65%。

津汉高速公路工程桥梁完成60%，路基完成80%。

（2）新开工项目

蓟汕高速公路工程南段自2013年10月底开工建设。北段东丽区、宁河县征地拆迁协议已签订完成，施工单位招标已经完成，正在进行驻地、场站建设等。

国家会展中心海河过河通道，该项目工程规划许可已批复，初步设计已上报待批。

津沧高速公路改造初步设计已获得批复。先期实施收费站南移工程，征地拆迁图、施工图已完成，并且已经具备招标条件。津沧高速快速化施工段初步设计已经完成，征地拆迁图已出。

津港高速公路二期道路路基填筑完成60%；桥梁下部结构完成20%；箱梁预制完成6%。

滨石高速公路已完成线位规划方案研究。（王尊）

【风景名胜区建设管理】 2013年，盘山风景名胜区为了提升景区品质，投资1750万元，重点实施5项工程。一是完善景区基础设施，二是实施景区绿化美化工程，三是实施智能景区建设工程，四是实施电力设施升级改造工程，五是会同蓟县林业局完成27万平方米火烧迹地植被恢复工程。

为改善景区旅游环境，景区持续加大综合治理力度，专门成立执法队，在景区东路设立检查站，重点对黑出租、黑导游欺客宰客现象进行专项打击。将正门区域沿路摊点纳入市场内，实行定位经营，统一管理。在旅游高峰期实行陪游式清扫，随时保持景区卫生干净整洁。重新修订森林防火、旅游交通、游客疏导等12项安全应急预案，组织开展森林消防、索道救援、观光车应急处置等安全应急演练，有效提高工作人员应对突发事件的处置能力。

2013年，提升改造后的盘山风景名胜区的游客量和收入持续稳步增长，全年共接待游客128.34万人次，收入8009万元，同比分别增长12%和14%。景区经济效益快速增长，社会效益显著。

【中国人居环境范例奖】 2013年，天津文化中心环境工程和天津市郭家沟生态村提升改造项目获中国人居环境范例奖。

天津文化中心位于天津市河西区，东至隆昌路、西至友谊路、南至平江道、北至乐园道，总占地面积约90万平方米。

2012年5月，天津文化中心环境工程全面竣工。建成后的天津文化中心绿化总面积近19万平方米，水体面积近10万平方米，景观工程共改良土壤面积400万平方米，整合利用及建成湿地面积2600平方米，栽植乔灌木近2万株，花卉及水生植物面积近3万平方米，地被4万平方米，总投资约15亿元人民币。据测算，天津文化中心景观有效降低噪音15分贝，每年能够吸收二氧化碳5000吨，释放氧气4000吨，极大地改善周边地区的环境质量。

郭家沟村位于天津市最北部，蓟县下营镇政府东侧，中上元古界核心区，距蓟县县城25公里。周边有黄崖关长城、九山顶、梨木台、八仙山、清东陵等景区景点。全村共51户、177人，总面积0.8平方公里，林木覆盖率90%。自2002年开始发展乡村旅游业，被誉为"塞上水乡"。2011年，天津市提出要把郭家沟村建设成为"以旅游为特色、可复制、可推广"的新农村建设示范点。

整体工程于2012年3月开工建设，9月底基本完工。主要建设内容包括：民居改造工程、公共设施配套工程、基础设施建设工程、自然景观打造工程。经过改造的郭家沟村打破传统的城乡二元结构，极大地推动城乡交流；加快新农村建设的步伐，推动农村社会的和谐、稳定发展，人民的生活环境质量有很大的提高。（谢辉）

【村镇建设】 2013年，村镇建设完成投资780亿元，其中建制镇626亿元，示范工业园154亿元。总投资中，农民自建房5.7亿元，市政基础设施66.5亿元。

全年村镇开工建筑面积2261万平方米，其中建制镇1955万平方米，示范工业园306万平方米。农民自建房开工61万平方米。竣工建筑面积1301万平方米，其中建制镇1122万平方米，示范工业园179万平方米。农民自建房竣工61万平方米。改造镇村内道路225万平方米；建设供水管道124公里；建设排水管道113公里；建设燃气管道65公里；建设供热管道90公里；建设污水处理厂7座，污水处理站4座；垃圾处理厂1座；垃圾中转站16座；桥梁43座；泵站54座。（杨瑞凡）

房地产业与住房保障

房地产市场管理

【概况】 2013年天津市成交各类房屋2843.1万平方米（289770套）、2727.4亿元，同比增长20.1%、33.3%。其中：商品房成交1880.4万平方米（184959套）、1904.6亿元，同比增长10.9%、25.4%（新建商品住宅1644.9万平方米、1573.2亿元,同比增长9.9%、27.3%);二手房成交962.7万平方米(104811套)、822.8亿元,同比增长43.5%和55.8%(二手住宅808.4万平方米、741.1亿元,同比增长67%和73.8%)。全市商品住宅平均价格10534元每平方米(不含保障性住房),同比增长3.7%;二手住宅平均价格9168元每平方米,同比增长4.1%。

2013年天津市各级房地产估价机构累计完成估价项目件数26660件,评估建筑面积3055.89万平方米,评估值2092.27亿元,评估对象涉及住宅、公寓、别墅、写字楼、商场、工业厂房及土地使用权等。全市各级房地产经纪机构代理成交二手房37290套、254.97万平方米,同比增长40%和44%;通过经纪机构代理房屋租赁52209套、362.32万平方米,租赁代理成交套数同比下降8.66%。2013年共计办理房屋租赁登记备案42839件、762.18万平方米,完成全年计划的124%。

【落实国家宏观调控政策,出台天津市实施细则】 2013年国务院办公厅下发《关于继续做好房地产市场调控工作的通知》(国办发〔2013〕17号)后,天津市制定落实国办发17号文件的实施细则《天津市人民政府办公厅关于进一步做好天津市房地产市场调控工作的实施意见》(津政办发〔2013〕23号)。提出明确2013年新建商品住房价格控制目标、坚决抑制投机投资性购房、进一步强化房地产市场监管等具体措施。

【全面实现房地产市场价格调控目标】 强化房地产市场发展预测能力,准确判断房地产市场运行趋势,在促开工、促上市的同时,对天津市土地存量、土地供应时序、市场有效转化进行动态跟踪,完成价格指数测算工作。在市场供不应求的大环境下,将全年新建商品住宅同比价格指数涨幅控制在6.2%,保证2013年"新建商品住房价格涨幅低于城镇居民人均可支配收入实际增长幅度"的住房价格控制目标的完成。

【销售许可审批】 (1)严格按规定进行商品房销售许可审批。依据《中华人民共和国行政许可法》、《天津市商品房管理条例》、《天津市房地产交易管理条例》、《天津市行政审批管理规定》等相关规定,依法对商品房销售实行许可证制度。2013年共审批发放商品房销售许可证1224件,2133.69万平方米。其中:商品住宅1009件,发证面积1770.85万平方米;非住宅215件,发证面积362.84万平方米。为推动保障性住房顺利上市销售,开辟绿色通道,专人接待加快办件速度,全年共审批保障性住房销售许可27件,178.14万平方米。

(2)贯彻宏观调控精神落实价格备案工作。严格执行商品住宅销售单价上限备案制度,新申请销售许可证的住宅类项目必须按套申报销售单价,按照"同地段、同类型、同品质"原则引导开发企业据实合理申报价格上限。有效抑制开发企业虚高报价,使项目销售价格更符合市场实际,中低价位商品住宅供应充足。备案后的项目销售单价全部按规定向社会进行公示,有效维护市场秩序和房屋交易价格稳定,使调控政策落到实处,效果明显。

(3)审批程序进一步简化规范。以"精简、高效、方便企业"为原则,简化销售许可审批工作程序,初审、复核和审批一次性进市审批中心同步进件、发证,审批时限由原来9个工作日,缩减到3个工作日,保障房项目立等可取。同时,严把商品房预售关,对商品房预售方案进行补充和完善,增加预售房屋户型图以及建设项目成本构成项目等内容,在严格规范商品房预售行为的同时,全面掌握项目的各类数据,为市场分析工作积累资料。

【房地产市场监管】 (1)圆满完成证后监管工作。自2009年以来,房地产市场管理部门承担全市范围内的经营性建设用地证后监管工作。四年来,通过该项工作的有序开展,全面摸清市场供给底数、保障出让地块按照合同约定进行施工建设,遏制土地闲置、停建缓建、囤积土地等违法违规行为,确保科学、有序的房地产市场供应。全市1057宗经营性房地产开发用地(合同约定土地面积9706.69公顷、规划建筑面积15396.81万平方米)开工率由监管初期的78.5%提升到92.1%。

(2)发布《天津市房地产市场监管工作规范》。为进一步贯彻落实房地产市场调控政策,指导各区县全面开展市场监管工作,2013年修改并发布《天津市房地产市场监管工作规范》,进一步规范新建商品住宅监管、销售人员监管、经纪机构监管;进一步明确检查内容、检查标准、检查依据以及相关程序。建立月报制度、档案管理制度、案件转办制度。提出各项工作具体的监管要求、监管程序,并针对每项工作建立详细的考核制度,做到"标准、依据、监管、考核"有机结合。新规范在原有的制度、要求、程序上,拓宽监管范围,增加监管内容,完善监管手段,更具指导性、操作性、实用性,充分凸显天津房地产市场监管特色。

(3)房地产市场巡查全覆盖。市、区(县)两级监管部门按照监管规范要求,采取日常巡查、定期抽查、联合检查等方式开展监管工作,全年累计巡查商品住宅项目472个、5278次、发现违规行为211次，已全部督促整改合格；巡查经纪机构994家、4340次，发现机构违规行为757次，已督促整改。依据天津市国土资源和房屋管理局2013年8月发布《关于修改天津市商品房预定协议示范文本的通知》（津国土房市〔227〕号）要求，积极组织全市开发企业商品房预定协议网签业务培训，开展专项检查治理活动，共检查开发项目352个，保证商品房预定协议网签工作落实。

(4)房地产市场监管工作成效明显。通过加大巡查力度，扩大巡查范围，提升巡查质量，规范销售行为，实现房地产销售市场全覆盖、系统化、规范化的监管，对公示内容不全、捂盘惜售、虚假销售等违规行为全部进行查处，对发现存在隐患的问题及时约谈制止，违规现象逐年下降，市场秩序进一步得到规范。

【交易资金监管】 2013年，天津市共有83家房地产开发企业的130个新建商品房建设项目，共计3288幢楼办理交易资金监管手续，开立监管账户956个，监管面积1540.16万平方米，监管资金进款1263.89亿元；拨付资金1190.51亿元，其中拨付重点监管资金321.72亿元，拨付非重点监管资金867.86亿元，退还部分房款0.93亿元，撤销监管账户762个，解除监管资金88.26亿元。全市共监管存量房屋87367套，监管面积为735.13万平方米，监管金额为943.86亿元，平均监管比率为91%，保持零差错。

2013年，房地产交易资金监管工作坚持"监管与服务并重"原则，两项资金监管工作不断完善和提高：一是运用新建商品房预售资金监管系统，建立预售资金缴入监管账户的保障与筛查机制，严把监管资金进入关。二是与人民法院建立协调机制，在"双维护"原则下，妥善解决新建商品房预售监管账户资金冻结扣款问题。三是自加压力取消重点监管资金申请拨付次数限制，提高监管资金提取使用率，促进项目建设。四是在总结归纳实践经验基础上，对新建商品房预售资金监管相关业务遇到的新情况，做出明确规定和操作性要求，减控自由裁量的同时提高工作效率。五是对首次办理新建商品房预售资金监管业务的开发企业，实行业务"领办"制。六是制定《存量房屋监管资金内部管理操作细则（试行）》，进一步规范和细化存量房监管资金内部管理与操作。七是18个城市到津考察交流房地产交易资金监管工作；全年收到开发企业表扬锦旗75面。

【房地产中介管理】 (1)房地产连锁经纪机构规范化实现"四统一"。为加强房地产经纪机构规范化、标准化工作，对6家大型房地产连锁经纪机构进行规范和整顿，重点解决连锁机构在住店经纪人员数量不符合规定要求、公示内容不规范、不使用居间合同示范文本和信息发布不规范四类问题。通过治理，各连锁机构门店公示统一规范，经纪人员数量达标，均统一使用经纪服务合同，房屋信息发布真实有效。

(2)房地产中介市场专项治理整顿成效明显。按照住房和城乡建设部和工商总局要求，天津市国土房管局会同市工商局全面开展房地产中介市场治理整顿工作。治理过程中，两部门紧密联系，联合制定检查方案、检查内容，召开专项治理工作推动会，对发现的问题及时处理。通过此次专项整顿工作，不仅摸清底数，进一步规范中介机构行为，还对无照经营的经纪机构依法做出处理，综合治理成效显著。

(3)存量住宅计税基准价格公布执行。根据市场实际情况，调整天津市2013年存量住宅交易指导价格、普通住房价格标准和房屋租赁市场指导租金，并将单机版的存量住宅交易指导价格系统升级为网络版的存量住宅计税系统，增强系统自动核定房屋计税价格准确度，消除办事人员的自由裁量权，有效规避部分申报价格明显低于计税价格的情况。同时，实行三网联动强化计税价格评估监管，对各区县进行动态监管和指导，确保系统规范使用。将存量住宅计税系统与存量房签约系统联网，保证房产信息录入的准确性，防止不经计税评估系统核定直接办理交易过户体外循环行为。将存量住宅计税系统与房地产估价监管系统联动，区县房管部门通过二维码对估价报告真伪进行核验，防止通过"低评"逃税行为。

(4)规范房屋征收评估工作。为贯彻落实《国有土地上房屋征收与补偿条例》及《国有土地上房屋征收评估办法》，进一步规范和指导房地产价格评估机构和房地产估价师做好国有土地上房屋征收评估工作，多次与资深估价专家及部分评估机构共同就天津市房屋征收评估涉及的评估程序、评估资料、对被征收房屋的技术修正标准等进行深入研究，对比相关城市征收评估政策，制定颁布天津市《关于规范房屋征收评估的意见》，房屋征收评估工作的程序、技术得到进一步规范。

【房地产市场分析监测】 (1)房地产市场监测分析能力大幅提升。通过房地产市场监测系统全方位、全时段监控全市商品房销售量、上市量、未售量以及二手房交易量、交易价格等情况，对比交易价格和申报价格差、监测外地人购房情况、警示商品住宅项目价格异常，客观准确的分析市场，引导企业合理定价。对取得销售许可超10日未售项目自动报警，并进行现场核查，杜绝开发企业捂盘惜售、囤积房源行为。房地产市场监测系统实现对市场从宏观到微观的立体监测，在市场监测、分析各项工作中发挥巨大作用。

（2）升级区县房地产市场分析系统。天津市区县房地产市场分析系统是自主研发的市场监测辅助系统，方便各区县房管局及时了解本辖区房屋交易、上市、未售以及二手房买卖的综合信息和交易的明细信息，并能在线生成各类报表。为便于区县局对重点房地产企业加强监控、增加市场分析深度，2013年对系统进行提升改造，进一步提升各区县房管局开展房地产市场管理工作的针对性和时效性。

（3）及时报送和发布相关数据信息。以"以科技创新立项为契机、不断深化市场分析监测"为原则，应用动态分析系统，监测市场变化，反馈宏观调控成果。根据工作需要增加预定协议有关监测指标。每月计算并按时报送建设部40城市预警预报系统有关数据、城房指数、国土资源和房屋行政管理及经济运行情况通报等相关内容；发布每日房价、房屋交易监控日报、房屋交易监控周报等信息，及时向社会公开房屋成交信息。

【房地产市场网络化监管】（1）房地产动态监测系统对市场运行实现整体评价。依托天津市国土资源和房屋管理局综合数据平台，通过地理信息、监测指标、市场分析三个模块的交互叠加，实现各种监控功能图形定位、市场运行态势的24小时监控预警以及预测和整体评价。并通过地理信息模块对申报销售许可项目的备案价格上限进行核定。调取申报项目周边同地段、同品质、同类型在售商品住房的备案价格上限和成交价格作为参考，申报价格上限明显过高的不予核准，有效遏制开发企业哄抬房价行为，保证房地产市场平稳健康发展。该系统还被住房和城乡建设部批准列入2012年度住房和城乡建设部信息化开发和城市数字化工程科技示范项目，并得到住房和城乡建设部科技示范项目专家组专家的一致好评。

（2）房地产市场监管系统实现在售项目监管全覆盖。为提高监管水平，建立房地产市场监管系统，实现规范化、科学化、统一化管理。一是数据全共享，将新建商品住宅、经纪机构、商品房销售人员等全部内容纳入监管系统，实现全市监管工作一盘棋；二是系统全挂接，与商品房销售管理系统、经纪机构管理系统、房地产动态监测系统全面挂接，实现对项目整体信息的实时监测；三是操作网络化，全市各级监管部门通过该系统对商品住宅项目、经纪机构、商品房销售人员等检查情况进行上报、汇总、统计，及时掌握项目及人员变化情况，纠正违规行为，规范市场秩序。

（3）房地产估价管理系统有效规范评估工作质量。该房地产估价系统，由原来的各估价机构自行出具估价报告规范为通过系统制作、提交、打印统一格式的房地产估价报告，实现了估价系统业务委托、网上签约、报告制作、市场分析、报告公开查询等全过程监管。一方面规范房地产估价机构执业行为，另一方面确保估价结果客观公正真实，避免因报告缺项、故意简化等造成的不规范现象，维护百姓的合法权益。

（4）打造网上服务大厅。天津市国土房管局以公开、透明，更好为百姓服务为原则，搭建便捷的房地产信息服务平台，努力打造网上服务大厅。将各管理系统的监管信息通过"天津市国土资源房产信息网"网络平台向社会公开，及时发布全市可售商品房源、每日房价、估计报告查询、中介机构及执业人员等信息，把知情、参与、监督权交给群众，突显该信息网站的权威作用，增强市场信息的透明度，为购房群众查询相关信息提供便利。

住房保障

【概况】2013年，天津市委、市政府再度将住房保障工作列入年度20项民心工程。通过加快推动保障房建设、拓宽住房保障政策受益面、加大监督管理力度等措施，全年开工建设保障性住房8万套，建成保障性住房7.5万套，新增租房补贴家庭1万户，圆满完成天津市与国家保障性安居工程协调小组签订的住房保障工作责任目标和市政府20项民心工程责任目标。2013年，市国土房管局住房保障处荣获全国"2013年度人民满意的公务员集体"称号，受到国家表彰。

【继续加大保障房建设力度】2013年，全年开工保障房8万套，其中，限价房1.7万套，安置房6.3万套；建成保障房7.5万套，其中，安置房6.15万套，限价房1.15万套，公租房0.2万套。一是促开工、保竣工。将全年保障房开竣工目标分解到区县和相关委局，明确责任分工和时间节点。建立保障房建设督促协调机制和月报告、季例会机制，及时研究和协调解决地块遇到的拆迁、土地整理、供地、出让等相关问题，确保及时供地。跟踪推动项目手续办理进度，按照时间节点全力推动保障房选址、供地和建设。二是抓配套、保入住。加快推动华城秋苑、渤海天易园等入住保障房项目竣工审批手续的办理和项目配套设施建设，对25个已入住保障房项目的市政管线、道路交通、公共服务等方面存在问题进行系统梳理并及时解决。三是重协调、抓落实。定期组织召开由开发企业、行政审批部门和区政府参加的工作例会，协调解决开竣工项目在手续办理中存在的问题，配合开发企业协调加快办理相关审批手续。建立月报制度，要求各类保障房建设的牵头单位于每月25日报送当月保障房开工进展情况，包括已开工项目、开工套数和开工手续办理情况，及时掌握保障房建设进度。

【进一步扩大住房保障受益范围】 2013年，经市委、市政府批准，会同市民政局联合下发《关于印发2013年调整住房保障政策相关问题的通知》（津国土房保〔2013〕36号），进一步扩大三种补贴和限价商品房政策覆盖面。一是将廉租住房实物配租补贴的重残和双残家庭收入准入条件，由家庭上年人均月收入低于800元调整为960元；二是将廉租住房租房补贴收入准入条件，由家庭上年人均月收入低于1060元调整为1160元；三是将经济租赁房租房补贴收入准入条件，由家庭上年人均月收入低于2000元调整为2200元；四是将限价商品房申请范围扩大到具有宝坻区、武清区、蓟县、宁河县、静海县非农业户籍且在市区工作的人员，同时，自2013年12月1日起，将限价商品房收入准入条件由家庭上年人均收入低于3万元调整为低于4.5万元。全年新增三种补贴家庭10651户。

【健全住房保障政策体系】 按照《天津市基本住房保障管理办法》规定，进一步健全住房保障政策体系。一是系统梳理住房保障相关政策，以市政府名义出台《天津市关于进一步明确住房保障管理有关问题的通知》（津政发〔2013〕16号）、《天津市公共租赁住房管理办法》（津政发〔2013〕29号）等规范性文件。二是完善配套政策，会同市民政局联合下发《关于廉租住房保障有关政策问题的通知》（津国土房保〔2013〕261号），进一步修订完善廉租住房实物配租补贴、廉租住房租房补贴、限价商品房有关政策和操作程序。三是做好政策储备，研究制定外来务工人员申请天津市限价房和公租房政策。

【做好公租房配租管理工作】 全年分两批推出20个项目、2.7万套公租房房源，有序组织申请审核和登记配租工作。全年核发公租房配租资格1.5万户，登记1.6万户，选房8200户，2000余户家庭入住新居，受益家庭累计达到1.3万户。指导各区县做好公租房预申请家庭正式申请审核工作，制定并启用新版承租合同。进一步完善公租房运营管理机制，实施绩效激励，促进经营管理单位增强服务意识，为住户提供优质服务。

完善公租房履约担保制度，将保证人范围扩大到退休人员和个人工商户、出租汽车司机等自由职业人员，并放宽保证人收入标准，简化收入证明的认定要求，同时对"一人多保"的行为进行限制，规定一名保证人仅可以为一个公租房申请家庭提供保证担保，不得多次担保。

针对部分公租房配租家庭因工作变动希望调换住房的要求，搭建公租房互换平台，更好地满足住户就业、子女就学等实际需求，全年登记62户，互换成功8户，受到群众欢迎。

【规范经济适用住房管理】 加强企业、部队自建经济适用住房购房人资格审核和销售管理，为铁路系统、大港油田系统、驻津部队等6家单位提供咨询服务，指导、监督各单位完成职工购房资格审核1.5万户，涉及经济适用住房项目13个、约80万平方米。加强示范小城镇安置房安置人资格审核工作，累计为10个区县、20个街镇开通安置人录入权限，累计完成审核各区县、街镇安置人资格2.7万户、9.3万人，当年新增0.5万户、1.8万人。

【推动限价房稳步上市】 全年中心城区新增发放限价商品住房购买资格证明1.3万户，指导推动跃丽家园、舒畅嘉园等6个项目、约0.7万套限价商品房房源上市销售，销售限价商品住房0.74万套，截至2013年底累计销售4.7万套。

【完善住房保障管理信息系统】 为确保住房保障管理系统信息使用安全，下发《关于加强天津市住房保障系统信息使用安全管理的通知》（津国土房保〔2013〕37号），召开全市住房保障信息安全管理工作会议，推行读取二代身份证采集申请人家庭信息和系统管理用户指纹登录制度，统一管理全市共计万余条权限设置，组织落实市、区、街三级近千个用户指纹登陆上线和保密协议签订工作。此外，启动公租房管理子系统、三种补贴与非补贴衔接互换功能升级等工作。

【提升监管工作水平和效率】 （1）下发《天津市住房保障监督管理办法》、《天津市住房保障档案管理办法》（津国土房保办〔2013〕234号）、《关于加强住房保障家庭不良信用记录管理有关问题的通知》

（津国土房保办〔2013〕294号）、《关于加强住房保障家庭不良信用记录管理有关问题的通知》（津国土房保办〔2013〕331号）等规范性文件，通过制度建设强化监管重点、拓展监管范围，进一步提升规范化管理水平。

（2）信息管理系统对保障家庭住房情况进行定期核查。查处违规购买保障性住房家庭17户，停发收入超标家庭租房补贴66户；对享受"三种补贴"家庭财产情况进行延伸核查，共确认421户因条件变化超出政策标准，并予停发租房补贴。累计查处追缴违规家庭1043户、追回购房差价和补贴款1485万元。

（3）深入市内六区房管局、62个街道办事处检查住房保障政策执行情况，以通报形式对按要求配备硬件设施设备、落实岗位责任、规范执行公示制度提出明确要求，督促落实。

【强化保障房建设管理】 按照兴国市长关于"公租房、限价房、城中村改造等成建制居民区都要把配套和公共服务、绿化等做到位，使其在全国最好"的要求，进一步强化保障房建设管理，提升服务水平。

摸底排查，落实管理责任。会同规划、建设、民政等部门对全市316个保障房项目的规划、配套、社区、物业管理等情况一一进行梳理排查，对存在的问题认真研究解决，明确解决办法、责任单位和完成时限，进一步明确区县政府属地化管理责任。

健全机制，实施长效治理。加强日常巡查，开展已入住小区房屋安全使用及环境专项整治，全覆盖巡查近30次，保持治理工作常态化、长效化。健全各部门协作机制，协调项目所在区综合执法局等部门进行联合执法，依法纠正违规行为，促进治理成果长效保持。

【大事记】

2月

17日 天津市长黄兴国主持召开市政府第二次常务会议，重点研究住房保障和居民增收工作。计划建设保障性住房9万套，新增"三种补贴"收益家庭1万户。

20日 市委书记孙春兰深入"促惠上"活动联系点大寺新家园保障性住房项目工地现场调研。

24日 市长黄兴国深入"促惠上"活动联系点双青新家园保障性住房项目工地进行调研，现场协调解决有关问题，推动项目高水平实施。

25日 经市委、市政府批准，天津市国土房管局会同市民政局联合下发《关于印发2013年调整住房保障政策相关问题的通知》（津国土房保〔2013〕36号），进一步扩大三种补贴和限价商品房政策覆盖面。

3月

28日 《天津市人大常委会关于印发〈天津市人民代表大会常务委员会决定任命名单〉的通知》（津人发〔2013〕3号），文件中天津市国土资源和房屋管理局局长由吴延龙调整为刘子利。

31日 出台《天津市人民政府办公厅关于进一步做好天津市房地产市场调控工作的实施意见》

5月

23日 市人大组织召开保障房项目座谈会。

27日 按照市政府关于"新区的事由新区办的原则"，继2012年12月1日新建商品房预售资金监管下放滨海新区后，存量房屋交易资金监管职责下放滨海新区。

6月

4日 下发《关于进一步明确住房保障管理有关问题的通知》。

26日 天津市住房委员会办公室组织召开机关及参公管理事业单位将补充公积金调整为按月补贴会议。

8月

9日 住房和城乡建设部住房保障司司长冯俊和处长翟波来津调研住房保障工作，副局长许南陪同座谈。

10日 市委书记孙春兰深入"促惠上"活动联系点大寺新家园项目现场调研，慰问干部职工，察看施工进度，协调指导建设工作。市领导段春华、尹海林等参加调研。市委规划建设交通工委书记沈东海，天津市国土资源和房屋管理局局长刘子利、许南副局长，西青区委主要领导，项目建设单位天房集团等有关负责同志等陪同调研。

14日 市长黄兴国在《天津市人民政府关于2013年城镇保障性安居工程跟踪审计发现问题整改情况的函》中批示：审计中发现的问题只要工作做仔细一些，各部门工作认真负责，勤奋敬业，都是可以做好的。希望认真反思，努力做好。

14日 下发《天津市住房保障监督管理办法》。

15日 通过《天津市公共租赁住房管理办法》。

10月

29日 调整限价商品房申请收入准入条件。

11月

29日 天津市国土资源和房屋管理住房保障处

荣获"2013年度人民满意的公务员集体"称号。

12月

3日 市长黄兴国在天津市国土资源和房屋管理局报送的《市国土房管局关于2014年住房保障工作安排的报告》（津国土房保〔2013〕340号）上批示：公租房、限价房、城中村改造等成建制居民区的都要把配套和公共服务、绿化等做到位。使其在全国最好。

17日 先进代表参加第八届全国"人民满意公务员"和"人民满意公务员集体"表彰大会。

25日 政府常务会议通过2014年住房保障工作责任目标。

（天津市国土资源和房屋管理局）

建筑业与工程建设

【**建筑业概况**】 2013年，天津市建筑业企业规模进一步壮大，全市注册企业总数达到3603家。新注册企业404家，资质等级升级104家（其中4家企业晋升为一级总承包企业，19家企业晋升为一级专业承包企业）；3家外地一级总承包企业落户天津市，天津市特级、一级总承包企业增加至138家。全年建筑业完成产值3670亿元，实现增加值650亿元，同比分别增长12%以上。其中，外埠完成产值801亿元，同比增长7%。天津建工集团、住宅集团、城建集团等6家国有大型企业集团产值超百亿元。天一建设、泉州建筑、宇昊集团等17家民营建筑企业产值超过10亿元。5项工程获得鲁班奖、10项工程获得国家优质奖；52项工程获得海河杯金奖、179项工程获得海河杯奖。建筑施工类注册执业人员达到4.07万人，同比增长21%。其中，一、二级注册建造师达到3.59万人、注册监理工程师2629人、注册造价工程师2191人。建筑业从业人员三级培训扎实推进，培训一线管理人员5.1万人；培训一、二级建造师1.1万人。（王勇）

【**建筑业农民工管理**】 2013年，天津市建筑行业通过推行《天津市建筑劳务用工管理办法》，各项管理制度得到有效落实，企业劳务用工管理进一步制度化、规范化、标准化；利用建筑业农民工学校、各集团分校和施工现场农民工业校开展多种形式的培训，完成培训8.1万人次；编制《天津市农民工公寓建设标准》，全市建成非永久提高型农民工公寓35处，8万多平方米，农民工居住环境明显改善；全年共受理农民工投诉184件，同比下降5%；协调解决153件，结案率达83%，未发生农民工进京上访和重大集体上访事件，维护社会和谐稳定；成功举办第四届建筑业农民工艺术节，组织丰富多彩的文艺竞赛、大讲堂、摄影、书法等活动，受到企业和广大农民工的欢迎。（王勇）

【**建筑市场监管**】 全面实施施工现场项目班子实名配置管理，全市已有3776个新开工项目按规定配备项目管理人员，施工现场管理力量得到保障，有效遏制转包、违法分包行为的发生。按照"三部位"执法检查要求，市、区县两级建筑市场执法监察机构建立全市建设项目执法监察档案，对全市新开工建设工程实行全覆盖监管；开展全市建筑市场执法大检查、保障性住房和地下轨道交通项目专项执法检查等活动。全年共检查在施项目2135项，下达停工整改通知书228份，整改通知书677份，纠正、查处2283起违规、违法行为，规范建筑市场秩序。制定《关于查处新建违法建设行为管理办法》、《关于建立查处新建违法建设行为工作机制的通知》，明确市、区县建设行政主管部门查处违法新建项目的职责和工作机制，查处新建违法建设项目12项。（王勇）

【**招投标管理**】 2013年，天津市印发《关于调整施工招标评标办法》和《天津市建设工程招标投标管理考核办法》。在招标投标监督管理工作中，一是采取"设立一个价格，划分三个范围，推行三种办法"的措施，严格规范招标投标评标行为；二是采用"一标一评"，"记分管理，分满即停"的考核方式，严格规范评标专家管理；三是对招标代理单位建立年度考核制度，从组织机构、管理制度、业务量、招标人满意度、业务水平以及不良行为方面建立考核评价标准，严格规范招标代理管理；四是从组织机构、有形建筑市场（服务场所）、招投标监管效能、投诉举报和履责情况5个方面建立考评标准，严格规范区县招标监管；五是建立电子招评标系统，实现招标文件网上报备、下载和投标文件网上上传以及计算机辅助评标等功能，提高招标评标效率和质量，减少排斥潜在投标人和人为因素影响评标等问题的发生。六是整合评标专家库，全市形成涵盖各专业的统一专家库。七是对下放区县项目和行政许可的免标、邀标项目实施动态监管，全市所有建设项目实现"进场、上网"交易。（王琰钊）

【**地铁工程建设**】 2013年，天津市开工建设6条（段）地铁线，共计105公里，其中地铁二号线全线贯通，三号线南站配套工程开通试运营，实现了天津站、天津西站、天津南站三大铁路枢纽与地铁无缝换乘。地铁一号线东延工程全面开工建设。地铁五、六号线征收和管线切改完成，全线70座场站开工建设,其中5座车站完成主体封顶,10座车站完成土方开挖,30座车站完成围护结构。

截至2013年底,天津市轨道交通通车里程达到134公里,车站82座,日均客流超过80万人次,高峰日超百万,缓解地面交通的紧张状况。

【重点工程完成情况】 2013年,市政府确定的市重点建设项目共70项,投资总规模6621亿元,当年安排投资1726亿元。其中,工业项目20项,能源及交通项目16项,基础设施和环保项目14项,农林水利和小城镇建设项目5项,社会事业8项,商贸旅游及其他项目7项。

截至2013年底,67项进入实施阶段,施工面积1798万平方米,其中,东亚运动会场馆等18项竣工,天津机场二期扩建工程等24项进行装修或设备安装,天津港扩建工程等17项进行主体施工,国家电网天津研发制造基地等8项进行基础施工。机场引入线等3项处于前期准备阶段。(张曙光)

【勘察设计】 截至2013年底,全市勘察设计单位共316家,具备甲级资质的企业159家,占总数的50.32%。勘察设计从业人员6.71万人,其中专业技术人员3.54万人,占全行业的52.66%;高级职称1.11万人,占全行业的16.48%,勘察设计类注册人员7364人,占全行业的10.97%。2013年,科技投入不断加大,技术成果不断涌现,企业累计拥有专利2095项,其中新增483项,占总数的23.05%,企业累计拥有专业技术601项,其中新增145项,占总数的24.13%。2013年全行业营业收入为713.6亿元,其中工程勘察设计收入440.1亿元。2013年,评选出天津市"海河杯"优秀设计奖176项,天津市各勘察设计企业共计获得全国工程勘察设计行业优秀工程勘察设计行业奖94项,其中天津美术馆、天津文化中心总体设计、天津市大学生体育中心、天津集疏港公路二期中段工程海河大桥、天津市中心城区快速路工程(二期)西北半环工程、天津市中心城区快速路工程(二期)西北半环南仓道铁东路立交桥等项目荣获0一等奖。修订颁布《天津市房屋建筑和市政基础设施工程施工图设计文件审查管理规定》。开展勘察设计市场动态核查工作,抽取100家勘察设计单位,全面核查企业的资信情况、技术人员情况和内部管控制度。(康洁)

(天津市城乡建设和交通委员会)

建筑节能与科技

【绿色建筑发展】 2013年,天津市新建绿色建筑项目629.3万平方米。发布《天津市绿色建筑管理办法》,组织编制《天津市绿色建筑竣工验收评价导则》,率先在全国推行设计、竣工和运行三段式评价机制。实施绿色建筑一、二星级评价,积极开展三星级的初评工作。2013年共完成了新梅江居住区起步区、侯台公园展示中心等32个项目的绿色建筑设计标识评价。

【新建建筑及建筑节能管理】 2013年,共建成三步节能住宅210万平方米。截至2013年底,累计建成三步节能居住建筑1.27亿平方米,占居住建筑存量的52.3%。累计建成50%节能标准公共建筑4737万平方米。2013年在全国率先实施居住建筑四步节能标准,使居住建筑供热负荷在三步节能基础上再下降30%,节能率累计达到75%,继续保持全国领先地位。

加大建筑运行管理力度,使居住建筑集中供热煤耗由2005年的26公斤标准煤/平方米下降到2013年的18.5公斤标准煤/平方米,形成每年节约180万吨标准煤的能力,每年少排放二氧化碳468万吨。

相继发布《天津市建筑节能材料、设备和技术备案管理办法》、《天津市建筑节能技术资料备案管理办法》、《天津市门窗节能性能标识管理办法》、《天津市民用建筑节能信息公示实施细则》等10个规范性文件,并在全国率先发布居住建筑四步节能设计标准,完善技术法规体系。

【既有建筑节能改造】 截至2013年底,累计完成既有建筑节能改造3280万平方米,形成每年节能49万吨标准煤的能力,每年少排放二氧化碳128.38万吨。

在公共建筑节能改造方面,采取每平方米奖励20元的激励政策。截至2013年,累计完成公共建筑节能改造项目93项,共计360万平方米,朱塘庄小学节能改造工程成为全国的典型示范项目。

【可再生能源利用】 推进太阳能、地热能、污水废热、浅层地能等可再生能源的建筑应用。新增可再生能源建筑应用面积294万平方米,累计应用面积1891万平方米。

利用二维地理信息系统,绘制天津市可再生能源建筑应用图,为可再生能源推广应用奠定基础。(刘向东)

【建设科技发展】 2013年,天津市安排建设科技项目70项,其中科研课题36项、软课题34项。完成住建部和建交委科研课题成果鉴定和验收25项,在钢结构连接、耗能支撑、桥梁隔振等领域获得专利17项。建设科技领域获得天津市科技进步一等奖3项、二等奖7项，其中《天津文化中心工程建设新技术集成与工程示范》课题研究成果达到国际领先水平，成套技术推广应用后累计节约建设及运营费用4378.52万元。组织修订《天津市建设科技项目管理暂行办法》和《天津市建设行业科技创新基地管理暂行规定》，为规范化、制度化、科学化的科研管理体系提供参考和依据。（刘一鸣）

（天津市城乡建设和交通委员会）

市容环境与园林绿化

【城市管理概况】 2013年，天津市制定实施《美丽天津——市容环境、园林绿化、城市管理行动纲要》，全面启动"绿化、美化、净化、亮化、细化"五大工程，努力打造市容环境、园林绿化、城市管理的升级版。全年新建提升绿化1600万平方米，超额完成任务33%，城市绿化覆盖率、绿地率、人均公园绿地面积分别达到35%、31%、11平方米；综合整修127条、348公里道路设施，路灯照明设施完好率达到95%；全市新增生活垃圾无害化处理能力2000吨/日，建成区生活垃圾无害化处理率达到95%以上；更新购置环卫机扫车辆162部，道路机扫率达到61.3%。市容市貌更加清新亮丽，园林绿化更加生态科学、环境秩序更加文明有序，环境卫生更加干净整洁，城市风格更加富有特色。

【市容环境综合整治】 2013年市容环境综合整治工作总体思路是：以建设全国最整洁城市为目标，深化环境整治，完善管理设施，破解管理难题，发展城市绿化，强化精细管理，着力打造天蓝、地绿、水清、路洁、楼靓、有序的城市环境，为东亚运动会在天津市举办创造更加整洁优美的市容环境。

（1）城市面貌发生新的变化。集中整治东亚运动会涉及的24个比赛场馆、26家接待酒店、机场车站码头等窗口地区周边及沿线道路环境，提升改造道路107条，整修建筑3276栋、1966万平方米，实施平改坡144栋，中心城区主干道路整治基本实现全覆盖。

（2）开展周期性修复。修复完善快速路等20条道路沿线公共设施，整修里巷道路5万平方米，规范牌匾5.1万平方米，治理各类违法户外广告设施821处，维修油漆装饰座椅、报刊亭等马路家具3000个，街容街貌更加规范有序。完善海河沿线及50公里夜景灯光体系，对1800余处建筑及绿地夜景灯光衰减设施实施检修更换，堤岸提升形成新的亮点。

（3）开展社区提升，群众生活环境得到新改善。跟进旧楼区综合提升改造，整体提升河西区三水南里等480个居民社区环境，拆除违法建设，打通消防通道，恢复公共绿地，完善管理设施，完善提升绿化190万平方米，改造社区路灯5000只，整体改善群众生活条件。启动实施美丽社区示范工程建设，高标准完成河西区西园西里和海建里社区提升改造，建设机动车停车位720个，新设自行车停车架194个，设置垃圾箱筒117套，整修建筑27栋，粉刷外檐74069平方米，油饰窗护栏及阳台栏5366平方米、规范首层4965平方米，改造小区甬路12952平方米，维修路灯175个，1900多户、5000居民受益。

（4）开展专项治理，"顽症"治理取得新成效。针对城市环境影响大、群众反响强烈的问题开展6个专项整治，落实长效措施，切实解决城市管理的难点问题。开展环境卫生大清整。动员各方面力量，集中对道路、河道、工地、社区和各类设施进行全方位清整清洗，治理卫生脏乱死角30片，清除垃圾杂物12000吨，市容环境明显改观。全面治理非法小广告。清除主干道路和重点地区的非法小广告156万处，清理粉刷楼道17.3万个，小广告治理实现全覆盖。严格治理渣土运输撒漏。多部门联合查处运输洒漏，对所有在建项目和拆迁工地严格管控，查处管理不到位的在建工地40个，运输洒漏现象得到有效遏制。有序治理脏污机动车辆。编发公益宣传短信50万条，拦检处罚脏污出租车、长途车等机动车辆9.8万辆次，车辆脏污现象较大改观。严查严控新增违法建设。强化源头发现，严控新增违建，多部门协同联动，依法查处违法建设行为，拆除违法建设1116处、10万平方米。持续治理非法占路摆卖和季节性烧烤，对80条主干道路严管严控，依法取缔占路经营市场56个，新建规范临时菜市场28处，优化城市环境秩序。

【市容市貌】 （1）强化管理，提高标准。围绕"全面加快美丽天津建设"的目标，全面启动"绿化、净化、美化、亮化、细化"五大工程，深化环境整治，强化精细管理，突出长效常态，努力打造市容环境、城市管理的升级版，着力提升城市环境外在形象和内在品质，市容市貌更加清新亮丽，环境秩序更加文明有序，环境卫生更加干净整洁，城市风格更加富有特色。

（2）注重长效，搞好街道容貌管理。以中心城区主干道路和市容环境综合整治道路为重点，狠抓日常巡查制度的落实，按照全天候、全覆盖、全方位的管理目标要求，对未经行政许可或未按许可设置的户外广告设施以及市容环境综合整治统一规范后，擅自私改牌匾，发现一处，治理一处，不留死角，通过强化日常管理，坚决遏制违法户外广告设施的回潮和反弹。

（3）高标准完成节日气氛布置，做好重大活动宣传保障。以"国旗、彩旗、中国结、灯笼、灯箱、实景造型"等为主题元素。景点设置做到昼间与夜间、静态与动态相结合。坚持政府主导与责任单位实施相结合，景点设置与推向市场相结合。将重点地区、主要道路、入市道口、水系、建筑物进行设计装点，营造"安定祥和、欢乐文明、优美靓丽、普天同庆"的浓厚节日气氛。达到白天国旗飘扬，喜庆吉祥，夜晚灯火辉煌、五彩缤纷的效果。设置夜景景点 32 处；灯光隧道 8 条；灯杆装饰道路 11 条；开启景观灯 25 万盏。

【园林绿化】 天津市城市绿化坚持"生态、大绿、自然"的建设理念，继续实施市容综合整治园林绿化建设，坚持更高标准，坚持统筹兼顾，实现城市绿化新发展、新突破。

（1）全面提升绿化建设水平。全年完成道路绿化 264 条，公园建设 44 个，重要节点提升 58 个，绿化总面积为 1600 万平方米。共栽植落叶乔木 32.8 万株，花灌木 235 万株，常绿树 10 万株，栽植宿根花卉 433 万墩，铺设草坪及地被植物 172 万平方米。

（2）城市绿道试验段环保自然。为市民百姓营造一个生态、大绿、自然、低碳、慢行五位一体的新型城市元素，进一步改善城市形象和环境品质。沿河西区复兴河由洞庭路至陈塘铁路支线桥 1.1 公里绿道试验段于 2013 年 10 月 8 日竣工。试验段总面积为 96041 平方米，其中绿地面积 50203 平方米，铺装面积 9708 平方米，水面面积 36130 平方米。工程试验段铺设铁轨步道 1110 米，3037 平方米，滨水慢跑道 1153 米，1971 平方米，卵石汀步 120 平方米，健身休闲广场 680 平方米，青石板汀步 50 平方米。城市绿道试验段初步形成绿、步、慢、亮，以及其他配套等几大系统。

（3）城际铁路沿线整治突出天津特色。城际铁路沿线环境整治自武清区界至滨海新区塘沽站全长 107 公里，新建提升改造绿化节点 5 处、8 万平方米、栽植苗木 1.62 万株、建筑整修 119 栋、42 万平方米（河东区 2012 年跨转）。完成陈塘、津山、津浦铁路支线沿线辖区及铁路部门清脏治乱工作，共清除铁路沿线废品收购站 15 处、拆除违章工棚建筑 10 余处、清除私自圈种菜地 6 公里、清运垃圾 1500 吨，补植苗木 2 万余株。形成"三季有花，四季常绿"带状景观，打造出一条独特、清新靓丽、具有天津特色的城际铁路沿线风光。

（4）外环线内侧绿化带示范段示范效应凸显。按照建设美丽天津一号工程的总体布置要求，外环线内侧绿化带示范工程位于外环线津南段，绿化带宽 40 米，长 135 米，辅道宽 16 米，总面积约 5400 平方米。按照"大绿、浓荫、生态、自然"的理念要求，采用了"大树、常绿加地被"的新型生态栽植模式，主要栽植大规格千头椿、国槐、金叶白蜡、丝棉木、太阳李、榆叶梅、海棠等 11 个品种的苗木共计 260 余株，栽植地被 120 平方米。

【环境卫生管理】 环卫道路清扫保洁作业按照"夜间机扫水洗，白天快速捡脏保洁"的作业模式，坚持"每日机扫、隔日水洗、周洗便道、每月 2 次冲洗交通隔离护栏等交通市政设施周边积尘"的扫保作业要求，恪守"机扫不扬尘，洗路不积水，作业不扰民"的文明作业守则，深入开展环境卫生精细化作业管理，达到"道牙无尘，路无杂物，设施整洁，路见本色"的道路清扫保洁作业质量标准。

为全面提升天津市环卫作业水平及管理质量，按照业务版块做好环卫作业及管理工作，制定出台《天津市道路清扫保洁作业管理和质量标准规范》、《天津市公共厕所清扫保洁作业管理和质量标准规范》、《天津市居民区清扫保洁作业管理和质量标准规范》。并将原《天津市环境卫生管理专业考核评分标准》（津容环〔2011〕172 号）中的考评内容进行了增补和细化完善，修订出台《天津市环境卫生管理专业考核评分标准》（津容环〔2014〕23 号）。

为了进一步提升天津市道路机械化清扫保洁作业质量，编制《2013 年天津市提高道路机扫率方案》。将天津市中心城区和环城四区机扫率由 50.7% 提高到 61.3%，为实现开津市"十二五"规划 70% 机扫率的目标奠定基础。

积极探索城市物理清雪新路径，组织编制《天津市物理清雪试点方案》，选取市区有代表性的道路开展物理清雪试点工作。试点方案分为两部分，第一部分为机械清雪；第二部分为非氯融雪，减少融雪对城市环境和绿化的影响。试点清雪工作经实践验证可提升清融雪环保水平，促进雪资源利用，并及时有效地恢复环境卫生面貌.

【废弃物管理】 按照市委市政府建设"美丽天津"的总体部署，严格控制城市生活垃圾污染，生活垃圾收集运输基本做到密闭化，实现城市生活垃圾无害化处理率达到95%以上的目标，2013年天津市城市生活垃圾产量为217.35万吨，无害化处理量206.83万吨，无害化处理率95.16%。城市生活垃圾基本做到日产日清。生活垃圾运输采用密闭压缩车或集装箱式运输车辆，基本实现生活垃圾密闭运输，有效防止收集、运输过程中污染环境。2013年天津市环卫部门共有垃圾运输车913部，生活垃圾收集站210座，中转站4座，全年收集运输城市生活垃圾217.35万吨（日均5955吨）。

按照"政府主导、公众参与、属地管理、先易后难、先点后面、循序渐进"的原则，积极推进天津市生活垃圾分类工作，确定天津市老城区生活垃圾分类试点区为和平区，同时组织编制《天津市生活垃圾分类管理办法》、《天津市生活垃圾分类实施指导方案》、《天津市生活垃圾分类试点实施方案》。

【城市管理法制建设】 2013年，天津市市容园林法制建设扎实推进。完成《天津市绿化条例》立法调研和草案起草工作；研究起草《天津市机动车车容车貌管理办法（草案）》和《市人民政府办公厅关于加强我市机动车车容车貌管理的通知（代拟稿）》；针对城市管理中出现的突出矛盾和主要问题，安排部署并完成全市城市管理规定实施细则的制定工作；推动行政许可实施办法制定和行政许可内部流程规范工作，完成《从事城市生活垃圾经营性清扫、收集、运输、处理服务行政许可实施办法》等规范性文件的审核备案工作。对不予行政许可的申请及有关经济合同和规范性文件进行法律审核，进一步规范行政行为；配合行政强制法实施，会同市政府法制办研究制定拆除违法建设程序，保障了违法建设治理顺利进行。组织并完成《市容园林规划、建设、管理的实践与思考》、《天津市绿化条例》修订探析、《天津市城市基础设施移交接管管理办法》立法评估等调研课题。组织开展行政许可、行政处罚等执法案卷评查，检查区县行政许可、执法处罚案卷共计88卷，针对检查中发现的问题，制定整改措施，进一步规范全系统行政执法行为；完善具体行政行为专业统计制度，及时汇总、认真分析各区县上报的行政许可和行政处罚统计数据，积累和建立完备的法制信息数据体系，为动态掌握市容园林系统法制工作基础信息、推进全系统法制监督奠定坚实基础；加强全系统执法队伍建设，严格执法人员资格审查，组织完成206名新申领执法证件人员专业法培训和考试，促进法律知识的宣传普及和法治思想的提高。

大事记

1月

6日 天津市副市长尹海林到市市容园林委调研指导工作。

10日 天津市市容园林委在滨海新区保税区召开天津市环卫作业市场化交流推动会。

14日 市容园林委机关党委在滨湖剧院组织召开深入学习党的十八大精神专题报告会。委领导班子全体成员、机关全体干部和委属单位全体党员共1000余人参加会议。中央党校马列哲学史教研室主任、博士生导师阮青教授做辅导报告。

17日 天津市市容园林委2012年度经济分析会议在会宾园饭店召开。

3月

9日 市容园林委副主任魏侠深入设计院调研指导工作，院领导班子成员及相关部门负责人参加。

12日 市容园林委召开全系统党风廉政建设工作会议，学习贯彻市纪委十届二次全会精神，总结全系统反腐倡廉工作，安排部署党风廉政建设工作任务。

4月

19日 市市容园林委副主任魏侠组织召开《天津市五年市容环境综合整治工作规划（2013—2017年）》编制部署工作会议。

5月

5日 市市容园林委党组副书记、副主任孙玉萍带领机关党委专职副书记陈俊吉、组织人事处副处长郑永强深入园林规划设计院调研检查指导工作。

14日、16日 市政府法制办、市市容园林委就天津市治理机动车脏污立法，分别组织召开机动车驾驶员和人大代表、政协委员座谈会，并深入红桥区倾听社区代表的意见建议。

18日 第九届中国（北京）国际园林博览会在位于北京丰台区永定河畔的园博园内开幕，副市长尹海林、副秘书长李福海、副主任魏侠出席开幕式，并对天津园的设计建设给予充分肯定和高度评价。

6月

18日 天津市市容园林委主任沈毅带领委领导高秀泉、魏侠、霍永晟、王春霞等一行，到园林规划设计院低碳园林创意实践基地调研。

24日 市人大常委会副主任李泉山带队深入市市容园林委，就《天津市城市绿化条例》修订工作进行专题调研。

20日　委纪检组长高秀泉带领组织人事处的同志深入花苗木中心调研指导工作。

25日　市市容园林委党组成员、纪检组长高秀泉同志率领委组织人事处初建新、郑永强等领导到园林学校进行调研。

7月

2日　主任沈毅带领委领导高秀泉、魏侠、霍永晟、王春霞等一行，到花苗木中心程林苗圃调研，实地查看程林苗圃圃地的生产培育情况及精品苗木区的新优品种。

10日　市市容园林委组织召开环卫管理政风行风建设推动会，市内六区、环城四区市容园林委及市内五区环卫局业务主管领导参加会议。

10日　市人大常委会副秘书长杨辉春率执法检查组一行，对天津市容和园林管理委员会委贯彻实施《天津市法制宣传教育条例》和《关于深入开展法制宣传教育，建设法治天津的决议》情况进行执法检查，市人大常委会副秘书长杨辉春、市人大法制委员会主任矫捷、市人大代表马勇、市司法局副局长魏东参加检查。

12日　市市容园林委召开党的群众路线教育实践活动动员会，委党组书记、主任沈毅主持会议并作动员讲话，市委党的群众路线教育实践活动第四督导组到会指导。

15日　张治义带领委公园处及南翠屏公园管理人员对公园环境卫生、安全、设备设施等情况进行全面检查，并召开专题会议，对南翠屏公园管理问题提出具体要求。

30日　成立绿道建设指挥部。

8月

12日　市人大常委会副主任李亚力带队深入市市容园林委，就市容园林工作情况进行调研，了解情况、沟通信息，听取对市人大常委会开展群众路线教育实践活动的意见建议。

9月

20～30日　天津市开展为期10天的环境卫生大清整活动。

25日　考核处与财务处组织召开关于贯彻落实《天津市城市管理考核办法》培训，会议分为全市各区县、市级各相关专业部门和市容和管理委员会承担城市管理考核职能的相关处室三个层次进行，各区县、各部门及处室负责城市管理考核工作的领导参加培训。

10月

2日　天津市市容园林委于召开天津市市容园林重污染天气应急保障工作会议，做好《天津市市容园林重污染天气应急保障预案》的安排落实工作，从即日起按照重污染天气应急保障工作要求，每日对重点道路和重要节点进行机扫水洗作业。

5日　全市综合执法队伍全员上岗，全力以赴投入露天烧烤专项治理活动。

15日　随着第六届东亚运动会闭幕，水上公园圆满完成龙舟项目赛事的承办任务，并以高水平的组织运行、安全保障和服务赢得参赛各方的高度肯定。

21日　全委经济管理工作会议在城市绿道现场指挥部召开。

28日、29日　机关党委分两批次组织基层党组织书记和委机关处长40余人全程参观天津城市绿道公园试验段建设现场，委党组副书记、副主任孙玉萍参加参观活动。

31日　天津市市容园林委组织市内六区和环城四区市容园林委、市内五区环卫局的主管领导及业务科长进行专题部署，就除雪工作预案、机械化清雪和非氯融雪等重点工作进行认真讲解并提出具体要求。

11月

6～8日　天津市清雪指挥部办公室对市内六区、环城四区除雪设施设备、融雪物资储备、除雪工作预案、物理除雪和非氯融雪准备情况等冬季除雪准备工作进行全面检查。

6～8日　市爱卫办邀请全国爱卫办有关领导以及来自北京、上海、吉林的病媒生物防治领域的各学科技术带头人，结合在各自研究领域的亲身实践和本省市的防治经验以及我市特点，围绕鼠蚊蝇蟑四项病媒生物，就新版《病媒生物密度控制水平》的核心内容、具体技术操作规范和延伸的管理要求等进行专题解读和交流。全市爱卫系统共70余人参加培训，并结合培训内容就2014年开展爱卫工作进行深入研讨。

28日　天津市容和管理委员会副主任霍永晟主持召开安全工作专题会议。

28日　市市容园林委组织全市16个区县市容园林部门就控制道路扬尘、加强环境卫生管理及做好元旦春节期间环境卫生工作召开专题会议。

12月

10日　市市容园林委魏侠副主任带领规划处、园林建设处、园林养护处赴外环线现场研究、推动津南区、西青区、北辰区段绿化带建设落实情况，现场研究解决有关问题。

19日　环卫设施建设工程指挥部指挥潘志忠主

持召开指挥部成员及办公室成员工作会议，研究部署环卫设施建设启动工作，委规划处、市容建设处、环卫处、废管处、市市容环境工程设计研究所、市市容环卫建设发展有限公司相关人员参加会议。会议简要传达《建设美丽天津环卫设施建设工作方案》内容，并对需要开展工作进行部署。

30日　天津市召开数字化城市管理经验交流会，会议由城管办副主任李汕源同志主持，以视频会议形式组织，15个区县数字化城市管理主管领导、数字化平台负责同志、市城管办秘书处及市市容园林委考核处、数字化处负责同志等共50余人参加。

（天津市市容和园林管理委员会）

河　北　省

概况

2013年，面对错综复杂的发展形势和艰巨繁重的工作任务，河北省以习近平总书记系列重要讲话为指引，以开展党的群众路线教育实践活动为动力，改革创新，攻坚克难，狠抓落实，高水平、高质量地完成各项任务目标，住房城乡建设事业迈上新台阶。全省保障性安居工程开工22.5万套、竣工22.4万套、分配入住18.1万套，改造农村危房18万户，城市市政基础设施投资完成1450亿元、增长25%，实施历史文化名城保护工程21项，新建绿道绿廊513公里，新增国家园林城6个、省级园林城17个，城市污水处理厂集中处理率、生活垃圾无害化处理率均达到88%，设区市、直管市、环首都县（市、区）在建工程施工现场扬尘治理达标率超过97%，完成既有建筑节能改造1375.9万平方米，设区市供热计量收费面积基本达到35%，全省83个项目、1028万平方米建筑获得绿色建筑评价标识，绿色建筑占新建建筑比例达15%以上，房地产市场基本稳定，公积金个人住房贷款使用率保持在60.85%以上，建筑业初估实现产值5000亿元，建筑施工生产安全事故得到有效控制，死亡人数低于省政府控制指标。

政策规章

【立法工作】　共有2部规章列入河北省政府立法计划，1部地方法规列入调研计划。同时，5部条例、5部规章被列入省政府2013～2017年立法规划。列入2013年立法计划的《河北省历史文化名城名镇名村保护办法》、《河北省供热用热管理办法》，已颁布实施。在两部省政府令实施前，分别组织新闻发布会进行宣贯。同时，组织对《河北省风景名胜区条例》进行调研和多次修改完善。2013年，共参加省人大、省法制办立法协调会81次，办理《河北省散装水泥管理条例》（征求意见稿）等重要立法协调件39件，提出会签意见128条。

【规范性文件合法性审查】　对《河北省燃气经营许可管理办法》、《河北省二级注册结构工程师管理办法》、《河北省二级注册建造师管理办法》、《河北省餐厨垃圾废弃物收集运输企业从业许可办法》，《河北省餐厨垃圾废弃物处置企业资质办法》等8个规范性文件进行内部合法性审查，并经省法制办审核后颁发。

【地方性法规清理】　按要求对河北省住房和城乡建设厅负责执行的地方法性法规进行全面清理，对《河北省城市建设管理条例》等7部地方性法规提出保留建议，对《河北省风景名胜区管理条例》等4部地方性法规提出9条修改建议，并对下一步的立法工作提出意见建议。按时完成省十二届人民代表大会第一次会议代表建议和省人大法工委建议答复工作。

房地产业

【概况】　2013年，全省房地产开发完成投资3445.4亿元，同比增长11.6%（全国同比增长19.8%），占全省城镇固定资产投资15.2%（全国比例为19.7%）；其中，商品住房完成投资2539.3亿元，同比增长9.6%（全国同比增长19.4%）。邢台、廊坊、沧州、邯郸、承德、衡水、石家庄、秦皇岛和唐山等9市房地产开发投资增长，其中邢台增速最高为37.2%；保定、张家口房地产开发投资减少，其中保定增速最低为-7.3%。利用外资9.98亿元（占全省房地产开发完成投资比例0.49%），同比减少8.7%。下半年，全省房地产开发完成投资

1966.9亿元，较上半年增长33%，下半年增速较上半年增长6.8个百分点。2013年，全省商品房平均销售价格为4897元/平方米，同比增长9.4%；其中商品住房平均销售价格4640元/平方米，同比增长12%。11个设区市商品住房平均销售价格均同比增长。

【房地产市场监管】 进一步规范房地产市场秩序，积极开展专项治理行动，严厉查处违法违规行为。在全省开展房地产市场专项治理，以房地产开发企业为切入点，以在建在售的房地产项目为重点，对全省所有房地产开发企业逐一进行排查，检查内容涉及资质及开发建设、拆迁补偿安置、商品房预（销）售和项目验收交付四个方面。全省共检查房地产企业3636家，涉嫌违法违规企业766家，检查房地产开发项目2851个，涉嫌违法违规项目633个，共发现并处理违法违规行为1205起。会同省工商局组织开展全省房地产中介市场专项治理，对房地产中介机构发布虚假房源信息、协助当事人签订"阴阳合同"规避交易税费等行为进行重点治理。全省共检查房地产中介机构1715家，针对发现的811起违法违规行为，共下发限期整改通知书721份，停业整顿3家，行政处罚12家，罚款14.4万元，记入信用档案75家，对不符合备案条件、存在重大违法违规行为的2家机构清出市场，将19个典型案件予以公开曝光。加强商品房交付使用管理，统一全省载明建筑节能相关信息的《商品住宅使用说明书》和《商品住宅质量保证书》制式文本。会同省国土资源厅转发《国土资源部住房城乡建设部关于坚决遏制违法建设、销售"小产权房"的紧急通知》，扎实开展有关工作。

【房屋征收拆迁】 按照《河北省国有土地上房屋征收与补偿实施办法》依法实施房屋征收，妥善解决房屋征收拆迁信访问题。落实河北省委书记周本顺在《社情民意办公室关于报送网民留言情况分析报告的请示》上的批示，深入市县调研指导，督促落实网民反映的问题，有关情况及时报省政府。按照省长张庆伟批示精神，会同省国土厅提请省政府办公厅印发《关于进一步加强房屋征收拆迁和房地产市场管理的通知》和《国有土地上房屋征收补偿流程图》。召开全省房屋征收拆迁和房地产市场信访问题会议，全面分析面临的形势，深入研究存在的主要问题及产生原因，进一步明确各级各部门工作责任和工作重点。贯彻落实全省信访工作通报调度会精神，印发《关于对国有土地上房屋征收拆迁信访情况进行排查的通知》，对全省房屋征收拆迁信访情况进行摸底排查，全省共排查出尚未解决的征收拆迁信访案件73起，据此，印发《关于抓紧解决处理国有土地上房屋征收拆迁信访案件的通知》，督促各市限期妥善解决。针对十八届三中全会提出的新的农村土地政策，赴住房城乡建设部、迁西县开展调查研究，认真分析新政策对房屋征收工作的影响。全年共接到信访信函146件，接待信访群众52次，全部妥善处理。

【物业管理】 2013年，河北开展"物业管理提升年"活动，围绕"提高物业管理覆盖率、开展环境综合整治、提升秩序维护水平、提高设施设备管理水平、提高物业服务合同质量、提高园林绿化水平、开展精品项目创建、提高物业服务透明度"八个方面，进一步增强物业管理的服务意识和责任意识，提高物业服务规范化、专业化和标准化水平。针对群众反映的突出问题，印发《关于进一步加强物业管理工作的通知》。开展全省物业管理调查摸底，调研督导，形成《关于我省物业管理行业有关问题的报告》，提请省政府出台物业管理方面的省长令。配合省物价局进行《河北省物业服务收费实施办法》修改调研工作。开展物业服务创优活动。完成7个申报全国物业管理示范项目的初评工作和61个全省物业管理优秀住宅小区（大厦）申报评审工作。

住房保障

【概况】 2013年全省开工保障性住房和棚户区改造住房22.5万套，竣工22.4万套，分配入住18.1万套，各项指标均已提前完成目标任务，全省已累计解决城镇居民住房困难188.2万户，住房保障覆盖面达到18%，住房保障覆盖范围已延伸到城镇中低收入住房困难家庭、新就业职工和在城镇稳定就业的外来务工人员，中央下放煤矿、国有工矿棚户区改造任务已全部按要求开工。

【工程建设】 坚持多措并举，明确质量责任，落实质量安全规定，努力打造放心工程、优质工程。认真执行工程质量监管"十项制度"，以工程质量终身负责制为核心，全面加强建设、施工、监理等8大质量主体质量管理，落实参建单位和各个岗位及责任人的质量责任。继续开展定期监督检查和不定期暗访，健全"三抽查、一到位"监督模式，推行分类监管和差别化管理，对发生工程质量问题的责任单位和个人，严肃处理和问责。严格落实施工承包企业预选名录制度，选择施工质量高、社会诚信好的企业承揽保障性安居工程项目建设。积极推行保障性安居工程室内装修主要材料、部品、部件产品质量和售后服务监督管理机制，确保保障性安居工程室内装修质量。五是开展示范项目评比活动，按照省地节能环保质优的标准评选一批示范项目，以发挥示范引领作用。

【分配管理】 不断完善分配机制，实行动态管理，强化全过程公开、全方位监督。完善资格审核机制。推行联审联查，房产、公安、人社、金融等14个部门各负其责，确保信息真实可靠。强化分配过程公开。严格执行"三级审核两级公示"，保障房源、分配过程、分配结果全面公开，接受社会、群众、媒体的全方位监督。健全纠错机制。完善投诉举报制度，对反映的问题责成专人督办、限时办结，不再符合保障条件的坚决清退，对骗租骗购者计入诚信档案，规定5年内直至终身不再受理其住房保障申请。调整准入标准。按照《关于切实解决城镇外来务工人员住房保障问题的通知》要求，指导各地取消户籍和社保限制，破除外来务工人员申请保障房障碍。

【长效机制】 研究出台《关于推进保障性住房统筹建设并轨运行的实施意见》，在国内率先将四类保障房合并，实施统筹建设、并轨运行，提高管理和服务效能，探索可持续发展模式。指导保障性住房管理中心出台全国首个省级住房保障配套设施文件《河北省保障性住房小区市政基础设施和公共服务设施配套建设规定（试行）》，住房和城乡建设部专门刊发简报全国推广，为建设完善宜居的保障房小区确立标准和规范。协调保障性住房管理中心印发《关于切实解决城镇外来务工人员住房保障问题的通知》，将符合条件的农民工等外来务工人员纳入住房保障体系，住房和城乡建设部以简报形式予以刊发。制定并提请省政府印发《关于加快棚户区改造工作的实施意见》。

公积金管理

实现住房公积金年度归集额300亿元，住房公积金个人住房贷款使用率保持在50%以上，个贷逾期率控制在0.1%以下。继续做好住房公积金贷款支持保障性住房试点工作，扩大试点范围和贷款规模，并做好贷款资金合规使用和按期足额回收等工作，唐山市、石家庄市贷款审核严格，已发放试点贷款20.7亿元；贷款资金回收及时，当年回收本金4.48亿元，未发生逾期情况。

全力推进"全省统一的住房公积金业务管理信息系统"建设工作，石家庄、华北油田信息系统已于第二季度正式切换运行，运行状况良好。推行住房公积金管运分离管理模式，年初以厅名义印发《关于加强县（市、区）住房公积金管理工作的意见》，进一步明确管理中心和县（市、区）住房公积金管理部的职责权限，提出按照"四个统一"原则，建立"统一领导、分级负责、管运分离、责权统一"的管理模式；建立"分散归集、集中管理、统一调拨"的资金管理机制，住房公积金管理中心将资金运作权限上收，实行统一、集中管理。县市区住房公积金管理部只负责归集、提取和贷款业务的办理和审核，一方面减轻资金运作带来的工作强度，另一方面增强提取和贷款业务的审查力量。住房公积金业务管理工作进一步规范，尚未发现挤占挪用住房公积金问题。

城乡规划

【规划体系】 完成省域城镇体系规划纲要。结合国家有关规划，对环首都绿色经济圈、冀中南区域空间布局规划进行修改，下一步将按照中央城镇化工作会议精神及《国家新型城镇化规划》继续深化完善。通过招标形式，确定北京新机场周边地区概念性总体规划由省城乡规划设计研究院具体承担，已完成初步纲要成果。结合国家有关规划，对环首都绿色经济圈、冀中南区域空间布局规划进行完善。指导廊坊、承德、沧州、衡水、邢台等市开展总体规划修编工作。县（市）城乡总体规划完成80%以上，8项通过省规委会审议。注重顶层谋划和制度建设，制定县（市）城乡总体规划编制导则、城市规划管理技术规定、城市风貌特色控制导引等指导性文件。

【规划管理】 会同省直有关部门制定《全省加强和改进城乡规划实施管理专项行动方案》，印发《关于做好规划实施管理自查工作的通知》、《关于利用遥感技术对城乡规划实施动态监测的通知》，指导设区市和定州、辛集完成总体规划实施情况评估报告、规划实施管理自查报告、规划实施统计分析报告。赴住房和城乡建设部考察学习动态监测经验，完成承德等5市近两年变化图斑的提取和核查工作，形成规划实施动态监测报告，提取11个市变化图斑，为全省城乡规划实施管理专项检查工作提供依据，起草全省城乡规划实施动态监测成果使用暂行规定。以"监察厅、人社厅、住房和城乡建设厅"三厅名义印发全省城乡规划实施管理执法专项检查实施方案。会同省监察厅、人社厅赴11个设区市、辛集、定州市开展全省加强和改进城乡规划实施管理专项检查，查处违规项目230个。通过核查检查摸清规划执行的薄弱环节，为下一步改进工作提供依据。积极推进"阳光规划"，有70个县（市）建成规划展馆（厅、室）。

【城市文化】 修改完善《河北省历史文化名城名镇名村保护办法》，以省政府令形式出台，及时开展宣贯工作。组织专家对张家口堡、大境门申报历史文化街区进行审查，并经省政府公布。会同财政厅起草《河北省历史文化名城保护专项资金使用管理办法》和《关于申报2013年度河北省历史文化名城保护专项资金的通知》，进一步规范资金分配使用。对蔚县申报国家历史文化名城工作进行前期指导。督促邯郸市按照住房和城乡建设部、国家文物局要求开展整改工作。加强对正定古城保护项目的督导力度，成立督导工作组，明确各成员负责督办的规划事项。

城市建设与市政公用事业

【中心城市建设】 城市基础设施投资完成4100亿元，其中市政公用事业投资1450亿元，增长25％，110项市政重点工程基本完工。新建一大批大型基础设施配套项目和路网升级、供热供气、配套管网等惠民工程。一批精品工程脱颖而出，石家庄中银广场、秦皇岛数谷大厦、沧州招商大厦等项目荣获国家优质工程奖（鲁班奖），提高城市辨识度。城市新区、园区建设步伐加快，培训、餐饮、购物、通讯等生产、生活性服务设施日益健全，聚集产业、吸纳人口的能力不断增强。各地普遍加快数字城管建设，健全和落实管理制度，推动城市管理向精细化迈进。石家庄创新管理手段，强化考核机制，提升综合管理水平。

【县城建设】 各地大力推进"三治两提"行动，拆除违建临建630多万平方米，集中整治环境卫生、马路市场等，县城容貌环境大有改观。扎实推进项目建设，谋划千万元以上项目620余个，完成投资1830亿元，新建改造一批道路、管网、污水垃圾处理设施等。着力破解资金瓶颈，省政府与国开行签署合作备忘录，安排4.1亿元支持试点县（市）投融资平台发展，各地争取政策性金融机构信贷资金216亿元。省厅坚持分类指导、典型引路，对46个重点县进行指导和服务，推介滦南、怀来、固安、威县等一批先进典型。迁安、武安、霸州荣获河北省人居环境奖，黄骅、冀州等获得进步奖。

【生态保障】 印发住房和城乡建设系统大气污染防治行动方案，出台建筑施工扬尘治理15条硬措施，对全省7000余处工地开展拉网式检查和督导整改，使施工扬尘大幅降低，采取定时洒水降尘、提高机械化清扫率、加强垃圾和渣土运输管理等措施，有效降低道路扬尘。各地以创建园林城为抓手，全面加强园林绿化工作，重点实施百姓身边的增绿工程，全省城区新增绿地5350公顷、绿道绿廊513公里、公园（游园）156个，17个县（市）建成省级园林城。石家庄秋冬绿化、邯郸"绿美"行动成效明显。加强污水垃圾处理设施建设和运营管理，城市生活垃圾无害化处理率、污水处理厂集中处理率均达到88％。

【供热保障】 加强供热管网配套建设，全省新建热源116项，改造热源79项，建设热网114项，改造老旧管网256项，全面提升热源保障、热网输送和供热管理能力。深入推进供热计量改革，多数设区市计量收费面积达到住宅集中供热面积的35％以上，唐山、承德达到45％以上。通过取缔物业捆绑收费、规范企业供热行为等措施，全省供热水平明显提高，室温普遍比2012年升高，赢得群众好评。

【历史文化名镇名村、古树名木、风景名胜资源保护工程】 全省完成名城名镇名村保护规划126项，实施保护工程227项，正定古城保护进展顺利。完成14万余株古树名木普查，全部挂牌落实保护责任。完成风景名胜资源审核、分级，并对22处资源实施重点保护。风景名胜区总体规划全面完成，开展执法检查，促进景区管理水平提升。

村镇规划建设

【农村面貌改造提升行动】 组织完成10个省级试点村、京石高铁沿线11个示范村及其他重点村农村面貌改造提升规划编制。农村面貌改造提升重点村危房改造任务竣工9218户。对农村面貌改造提升重点村中的2个历史文化名村予以重点补助，实施项目落实、进展顺利。3029个村基本建立垃圾处理长效机制。会同有关部门制定规划编制、危房改造和垃圾处理实施方案，组织编制《河北省农村面貌改造提升规划设计技术导则》、《试点村民居改造设计技术要点》、《民居改造施工图样本》等技术文件。起草《关于加强村庄规划建设管理的通知》，并报省政府印发。会同有关部门印发《关于加强农村历史文化遗产保护利用的通知》，并对重点村中的历史文化名村进行重点补助。

【深化加强基层建设年活动】 编制完成5000个帮扶村村庄环境整治方案，2186个永久保留的行政村新编、修编村庄规划，完成规划编制任务。3万户危房改造任务，竣工32023户。5000个村基本建立垃圾处理长效机制，188个村开展污水处理。会同相关部门印发村庄环境整治方案和村庄规划编制、农村危房改造和民居改造、垃圾和污水处理实施方案。组织验收工作组，对各市5%的帮扶村环境综合整治方案、村庄规划编制、危房改造和垃圾处理工作进行验收。

【农村危房改造】 农村危房改造完成18万户，规模创历年之最，惠及群众50余万人。围绕提高改造效果，进一步细化相关实施政策，在补助标准、补助对象、资金发放、实施情况、信息档案等环节做了进一步规范，推动各项政策落实，确保改造效果。

【小城镇规划建设】 对50个试点县城乡一体化垃圾处理、80个镇污水处理工作进行定期督导、通报，50个开展城乡一体化垃圾处理的试点县基本建立垃圾处理机制，镇污水处理厂建设开工80个，竣工40个。会同省财政厅组织污水处理设施配套管网专项补助，确定镇级支持项目30个，补助资金1.2亿元；对17个镇污水处理设施项目、12个城乡一体化垃圾处理设施项目进行省级奖补，并对项目进展进行督导审核。按住房和城乡建设部安排，完成美丽宜居小镇、美丽宜居村庄申报。组织开展河北省全国重点镇调整增补工作，组织相关厅局对各申报镇材料进行会审，上报住房和城乡建设部。

工程建设标准定额

【标准编制】 完成《建设工程监理工作标准》、《装配整体式混凝土剪力墙结构技术规程》、《铁尾矿骨料混凝土应用技术规程》等27项标准、图集的立项论证工作。完成《建筑节能门窗技术标准》、《高层建筑太阳能热水系统技术标准》、《成品住宅装修技术标准》、《绿色施工管理规范》、《12系列建筑标准设计图集》等新编标准(图集)16项83册；在编标准(图集)29项。争取省长预备金100万元，启动《河北省居住建筑节能标准》、《新农村住宅建筑节能设计标准》等7项标准的编制工作。自筹资金启动《河北省市政工程技术资料管理规程》、《新农村住宅建筑节能设计标准设计图集》等编制工作。复审2010年及以前发布的工程建设标准、图集32项。其中，废止10项，修订18项，继续有效4项，增强了标准时效性。

【标准管理】 完成《建筑工程技术资料管理规程》的宣贯和培训工作。完成"河北省工程建设标准化信息平台"建设，畅通河北省标准信息发布渠道。完成《河北省工程建设企业标准备案管理办法》起草和上报工作。"企业标准备案制度"显现雏形。10月份，对廊坊恩泉集团大塑料管材制品企业标准进行备案工作，受到企业的好评。完成《河北省工程建设标准体系(2013年版)》课题研究，并形成成果。完成《河北省工程建设标准化事业20年》丛书的编辑、印刷。召开工程建设标准化工作座谈会，形成全省工程建设标准情况分析报告——《河北工程建设标准化与科学发展观》，并在中国工程建设标准化协会组织的"第一届工程建设标准化高层论坛"上进行交流。

工程质量安全监督

【勘察设计】 对住房和城乡建设部颁布新的《工程勘察资质标准》及《工程勘察资质标准实施办法》进行宣贯。开展施工图审查专项整顿，完成审查人员考核登记等工作。开发、调试和使用施工图审查管理系统。组织工程勘察审查要点修编，着手编制《超限高层建筑认定规定和超限高层建筑工程抗震设防性专项审查及常见问题分析》、《建筑工程勘察设计常见问题分析及解决措施》。组织全省设计工作质量执法监督检查。完成2012年度工程勘察专项整顿检查和施工图审查监督检查整改情况的核查，对整改不到位的21家企业，依法给予撤销撤回资质证书的处理。

【工程监理】 对2012年工程监理企业动态监督检查中，不合格的98家监理企业进行复检，13家监理企业被撤回或注销企业资质，1家企业予以降级，并通报全省。对保定等7个市的14个施工现场的监理工作质量进行突检和暗访。印发《建设工程监理市场专项整顿规范年工作方案》、《关于进一步加强建设工程监理企业资质核查和管理的通知》，严格工程监理企业的监督管理。加强监理人员培训，编制培训教材。完成施工现场工程监理地方标准的制定和专家论证工作。制定河北省监理行业从业人员规范。对外埠进冀监理企业施工现场的进行监督检查。

【质量监管】 省政府印发加强建筑工程质量管理工作意见，为建筑工程质量管理提供系统的路线图。强化施工现场管理，开展两轮巡查暗访，开展3次质量巡查，暗访4次，巡查全省各类工程134个，对53个单位工程下发整改通知，对14项工程的相关责任主体、7家检测机构进行行政处罚。加强对石家庄地铁项目建设的监督管理，组织1次现场调研和检查，并赴河南学习地铁建设工作经验。在全省开展检测市场工作质量提升工作，推广使用检测实时监管系统，组织全省检测机构监督检查和检测专业人员培训，对20家检测机构进行行政处罚，对23家检测机构下发整改通知书。全省建成省优工程246项，其中6项荣获国家优质工程奖（鲁班奖）。

【安全监管】 扎实推进安全生产防控体系建设，狠抓安全生产责任制落实，加强重点时期安全防控，对深基坑工程、高支模工程、建筑起重机械、脚手架工程等危险性较大工程专项整治，认真组织开展安全生产大检查，扎实推进建筑施工标准化建设和文明工地创建工作，有效防范安全事故，事故死亡人数同比减少20%，张家口、承德、保定、沧州、邢台、定州实现零伤亡。

建筑市场

【建筑业发展】 全省建筑业实现年产值5000亿元，增长11%；增加值实现1650亿元，增长12.9%。一级以上企业完成产值65%以上。建筑劳务输出100万人次，实现产值1200亿元。本着"扶优扶强、扶精扶专"的原则，组织开展了全省优势建筑业企业评选工作，确定百家大型、骨干优势企业和专业优势企业。进一步完善优势企业动态考核和清出机制。积极培育特级企业，打造建设领域大型企业集团。

【建筑市场监管】 扎实推进建筑业企业信用体系建设，信用信息开始在招投标领域全面应用，促进企业诚信经营。组织各地全面开展建筑市场检查，并对各设区市、省直管市和华北油田进行抽查。共检查在建工程项目49个，对存在未经许可擅自施工、项目经理不到岗履职、拖欠农民工工资、涉嫌转包和违法分包等问题比较严重的20个项目及时下发建筑市场整顿建议书，其中15个限期整改，5个限期停工整改（3个立案查处）。通过整顿，未取得施工许可擅自施工和项目经理不到位现象得到遏制，市场准入和从业资格许可中弄虚作假现象明显减少。结合大气污染防治和施工扬尘治理，建立建筑业结构调整的倒逼机制，制定实施方案，推动绿色施工和专项升级。会同人社部门组织开展拖欠农民工工资专项治理行动，消除一批拖欠隐患。造价咨询、招标代理等行业进一步规范。

建筑节能与科技

【建筑节能】 在全国率先提出"建筑节能省"目标，省政府召开全省建筑节能工作座谈会部署推动。各地健全机制、狠抓监管，城镇新建建筑较好执行节能强制性标准，节能建筑占既有建筑总量比率超过35%；完成既有居住建筑供热计量及节能改造1375.59万平方米；新增可再生能源建筑应用面积1500万平方米，应用比率达40%以上，邢台市多层及以上居住建筑全面推行太阳能建筑一体化技术，具有示范作用；省级和保定、承德公共建筑能耗监测平台基本建成。绿色建筑发展势头良好，全省已有83个项目、1028万平方米获得评价标识，3个项目获得全国绿色建筑创新奖，绿色建筑占新建建筑的比例达15%以上。"4+1"生态城市建设扎实推进，秦皇岛"在水一方"项目成为我国第一座名副其实的被动式低能耗建筑，省建筑科技研发中心中德被动式低能耗办公建筑主体结构完工。河北省建筑节能工作多次得到住房和城乡建设部的表扬。

【建筑科技】 全省61项和67项课题分别作为指令性和指导性计划下达。列入住房和城乡建设部科研计划5项、科技示范工程6项。全省32项科技成果达到国内领先以上水平。推荐申报2013年省科技进步奖20项，8项被评为2013年度省科技进步奖。其中，一等奖1项，二等奖1项，三等奖6项。印发《关于加快推进建设科技创新工作的意见》，明确了近期工作目标，围绕技术创新体系建设、科技项目攻关、科技成果转化、科技人才队伍建设和组织保障提出15项措施。省建研院承担国家"十二五"科技支撑计划项目《华北地区新农村绿色小康住宅技术集成与综合示范》课题，并进入研究阶段。省建筑科技研发中心建设取得重要进展。

【建筑材料装备】 选择具备条件的城市开展示范试点，积极推进全省建筑垃圾综合利用工作，取得积极进展。加强和规范预拌商品混凝土行业管理，预拌商品混凝土质量稳步提高。重点推进中央空调设备、太阳能热水器、外墙保温材料等绿色节能产品的备案和推广应用，全年推广应用30项新型建材装备。强化建筑起重机械特种作业人员考核与监管，现场作业人员持证上岗率达到100%。继续开展建材市场秩序专项整治工作，净化市场环境。召开全省建筑节能门窗推广应用工作会议，组织举办第二届中国（高碑店）国际门窗节，对省内节能环保建材产品进行集中展示和推广。

建设人事教育工作

举办 2 期"河北省全面推进县城建设专题培训班",对各市、县 445 名干部进行专题培训,有关处室组织多次专业知识培训,受到学员的广泛好评。完成建设职业技能岗位鉴定 6.4 万人次,有力促进人才队伍建设。省建工学校坚持教学、就业两手抓,学校本科生就业率达到 88.37%,中专生就业率达到 90% 以上。厅党组认真学习贯彻中央和省委组织工作要求,坚持德才兼备、以德为先、注重实绩的用人导向,加强平时考核,完善年终考核,及时发现、合理使用一批优秀干部。研究制定"公务员平时考核办法",探索建立干部"实绩和作风档案",把克服"四风"、工作创新等作为评价干部德才表现的重要方面,在干部选拔任用上更加注重平时工作和关键时刻表现,实行民主推荐综合量化提名办法,干部选拔任用更加科学民主。通过竞岗、选任共有 11 名同志走上处级领导岗位,12 名干部进行交流轮岗,进一步优化干部结构,激发工作活力。

大事记

1 月

8 日 河北省城乡规划委员会第十二次全体会议在石家庄召开,审议并原则通过迁安、三河、霸州、高碑店、武安 5 个县级市的城乡总体规划。副省长宋恩华主持会议并讲话。省住房和城乡建设厅厅长朱正举、副厅长苏蕴山及省城乡规划委员会成员单位有关负责人参加会议。

9 日 河北省住房和城乡建设厅关于印发《2013 年全省住房和城乡建设工作要点》的通知(冀建〔2013〕24 号),要点对 2013 年重点工作提出目标要求。

9 日 河北省住房和城乡建设厅关于印发《2013 年河北省住房和城乡建设法制工作要点》的通知(冀建法〔2013〕23 号),2013 年要点目标是查处并公开曝光一批不依法履行建设工程审批程序和违法预售商品房的行政违法案件;完成计划内立法任务;重新向社会公布所实施行政许可的条件和需提交的材料。

9 日 河北省住房和城乡建设厅关于印发《2013 年全省住房和城乡建设信息宣传工作要点》的通知(冀建办〔2013〕4 号),要点对 2013 年全省住房城乡建设信息宣传工作提出目标要求。

10 日 全省住房和城乡建设工作暨党风廉政建设精神文明建设工作会议在石家庄召开。

10 日 全省保障性安居工程工作座谈会在石家庄召开,会议传达贯彻全国住房城乡建设工作会议精神,总结 2012 年全省保障性安居工程工作,部署 2013 年工作任务。厅长朱正举针对下一步工作和问题作出重要讲话。

15 日 河北省住房和城乡建设厅厅长朱正举走进河北电台阳光热线节目直播间,就社会关注的河北省住房城乡建设行业热点问题与主持人及听众进行互动交流。

23 日 河北省住房和城乡建设厅召开加强基层建设年活动动员大会。副厅长曲俊义作动员讲话,总规划师桑卫京对基层建设年工作作了具体说明和安排。

21 日 河北省第五届环境艺术设计大赛颁奖典礼在石家庄市规划馆圆满落幕。省住房和城乡建设厅副厅长梁军出席典礼并讲话。

29 日 河北省住房和城乡建设厅在陕西成立"驻陕西建筑队伍管理办公室"。

2 月

1 日 河北省住房和城乡建设厅举行机关离退休干部春节团拜游艺联欢会。厅领导与离退休老同志们欢聚一堂,共迎蛇年新春。

1 日 河北省住房和城乡建设厅副厅长曲俊义慰问援藏、援疆、扶贫、挂职和驻外机构共 12 名同志。

18 日 河北省住房和城乡建设厅关于印发《2013 年全省勘察设计与工程质量安全监督管理工作要点的通知》(冀建质〔2013〕3 号),对 2013 年全省勘察设计与工程质量安全监督管理工作提出目标和要求。

19 日 河北省住房和城乡建设厅召开 2013 年驻村工作座谈会。厅长朱正举、副厅长曲俊义出席会议并对河北省住房和城乡建设厅驻村工作组提出希望和建议。

26 日 河北省住房和城乡建设厅关于印发《河北省园林式单位、园林式居住小区、园林式街道评选办法》和《河北省园林式单位、园林式居住小区、园林式街道标准的通知》(冀建城〔2013〕3 号),该文件对评选园林式单位、园林式居住小区、园林式街道提出详细选的评条件和要求。

26 日 根据工作需要,经河北省住房和城乡建设厅党组研究决定:边智慧任省建筑科学研究院副院长。

28 日 全省城市园林绿化和风景名胜区工作座

谈会在石家庄召开。会议对2012年全省工作进行总结，研究部署2013年任务。省住房和城乡建设厅厅长朱正举出席会议并讲话，省城镇建设三年上水平工作领导小组办公室副主任李贤明主持会议。

28日　全省村镇规划建设工作座谈会在石家庄召开。省住房和城乡建设厅总规划师桑卫京出席会议，并对全省村镇规划建设工作进行部署。

29日　河北省住房和城乡建设厅修订《河北省园林城市、县城、城镇、城区申报与评审办法》，征求相关部门意见。

3月

1日　河北省住房和城乡建设厅在邢台召开年报会审会议。会议审核2012年各市、县的建设统计年报数据，部署2013年工作。

6日　河北省住房和城乡建设厅在石家庄召开全省城市管理暨容貌整治工作座谈会，总结2012年工作情况，研究部署2013年城市管理、数字化城管平台建设和城市环境容貌脏乱整治工作。省城镇建设三年上水平工作领导小组办公室副主任李贤明出席会议并讲话。

7日　全省供水管理工作座谈会在石家庄召开。会议听取11个设区市供水工作的有关汇报，并就全省城市供水现状和下一步工作进行研究部署。省城镇建设三年上水平工作领导小组办公室副主任李贤明出席会议并讲话。

8日　河北省住房和城乡建设厅在石家庄市召开全省供热管理工作座谈会。会议传达省政府办公厅《关于转发省住房和城乡建设厅、省发展改革委员会〈关于加强城市供热保障工作的实施方案〉的通知》精神，11个设区市汇报2012年采暖期供热情况、2013年工作思路、具体措施及建议。省城镇建设三年上水平工作领导小组办公室副主任李贤明作重要讲话。

15日　河北省住房和城乡建设厅获住建部城乡建设统计分析论文征集与评选活动优秀组织奖。

21日　由河北省建筑科学研究院承担的世界文化遗产、国宝文物武当山古建筑群的重要组成部分遇真宫的主宫门及东西配殿宫门顶升工程圆满完工。

22日　省纪委副书记吕忠国带领百余人的全省廉政文化建设观摩团来河北省住房和城乡建设厅观摩。

26日　省编办副巡视员刘步先任组长的省依法行政考核组对河北省住房和城乡建设厅2012年度依法行政工作进行考核。

4月

1～2日　副省长杨汭带领河北省住房和城乡建设厅副厅长苏蕴山，专门就县城建设进行调研。

2日　河北省建设工程质量监督管理暨"两化"工作推进会议在沧州市召开。河北省住房和城乡建设厅副厅长梁军出席会议并讲话。各设区市、县（市）工程质量监督站站长近百人参加会议。

2日　河北省住房和城乡建设厅关于印发《关于加快推进全省住宅产业化工作的指导意见》的通知。

7日　河北省住房和城乡建设厅党组中心组（扩大）进行一季度集中学习，深入贯彻中央政治局《关于改进工作作风，密切联系群众的八项规定》。

19日　河北省住房和城乡建设厅、河北省发展和改革委员会、河北省财政厅、河北省国土资源厅联合印发《关于推进保障性住房统筹建设并轨运行的实施意见》。

23日　全省城市环境容貌整治现场会在唐山市滦南县召开。会议总结2013年以来城市环境容貌整治工作经验，对下一阶段工作进行部署。省城镇建设三年上水平工作领导小组办公室副主任李贤明出席会议并讲话。

24日　全省保障性安居工程工作调度会议在石家庄召开。

26日　第八批国家级风景名胜区工作座谈会在邯郸召开。

26日　河北省住房和城乡建设厅命名2012年度驻外优秀建筑业及个人。

5月

9日　全省城乡规划系统"两化"建设调度视频会议召开。河北省住房和城乡建设厅副厅长苏蕴山出席会议并讲话。石家庄、唐山、廊坊、保定四市汇报"两化"（数字规划、标准化）建设工作进展情况及2013年重点工作安排。

10日下午　河北省住房和城乡建设厅召开会议，贯彻省委八届五次全会精神，并在全厅启动"解放思想、改革开放、创新驱动、科学发展"大讨论活动。

14日　河北省住房和城乡建设厅印发《关于公布保留和废止规范性文件的通知》。

14～15日　副省长杨汭带领河北省住房和城乡建设厅、民政厅有关负责人，就贯彻落实省委八届五次全委（扩大）会议精神，全面推动县城建设到魏县、磁县、肥乡县进行调研。

20日　省惩治和预防腐败体系建设工作第三检查组到河北省住房和城乡建设厅检查考核。检查组副组长、省纪委副书记、省委巡视办主任董云鹏讲话。

20日　河北省住房和城乡建设厅印发《河北省燃气经营许可管理办法》。

24日　全省加强和改进城乡规划实施管理专项行动工作部署电视电话会议在河北会堂召开。

25日　省委书记周本顺，省委副书记、省长张庆伟就正定古城保护问题到正定县调研。

29日　河北省建筑节能工作座谈会在秦皇岛召开。副省长杨汭出席会议并讲话。省住房和城乡建设厅厅长朱正举通报全省建筑节能工作进展情况，副厅长曲俊义出席会议。

6月

4日　河北省住房和城乡建设厅联合国家开发银行河北分行于6月4日在张家口怀来县举办河北省县城建设投融资研讨会。省住房和城乡建设厅副厅长曲俊义出席研讨会并讲话。

14日　河北省住房和城乡建设厅组织召开全省农村面貌改造提升行动规划建设推进会。厅长朱正举主持会议并讲话，副厅长苏蕴山、总经济师王志强分别对县（市）城乡总体规划编制工作、重点村改造提升规划编制工作进行部署。

21日　河北省住房和城乡建设厅党组中心组（扩大）集中学习暨大讨论活动交流总结会召开。

7月

1~2日　全省农村面貌改造提升行动村庄规划设计培训班在香河举办。住房和城乡建设部副部长仇保兴等多位领导与专家到场授课，副省长杨汭出席培训班结业式并讲话，厅长朱正举、总规划师桑卫京出席培训班。

3日　全省建筑垃圾综合利用工作座谈会议在邯郸市召开，会议对进一步做好建筑垃圾综合利用工作进行安排部署。

4日　省住房和城乡建设厅组织召开全省城市排水防涝工作座谈会，解读河北省政府办公厅《关于做好城市排水防涝工作的实施意见》，并提出抓紧编制城市排水防涝专项规划、加快城市排水防涝设施建设改造等工作要求。省城镇建设三年上水平工作领导小组办公室副主任李贤明出席会议并讲话。

4日　2013年全省城市市政基础设施投资计划和百项重点工程建设项目上半年调度会在保定召开，总结全省市政基础设施投资完成情况，部署下一步工作。

5日　全省保障性安居工程调度会在邯郸召开。

11~12日　省住房和城乡建设厅在厅举办推进县城建设暨规划局长培训班，旨在全面提高全省规划实施管理水平，充分发挥规划对城市建设的综合调控作用。

11日　全省县城建设工作会议在滦南县召开。副省长杨汭出席会议。厅长朱正举在会上就贯彻落实《全面推进县城建设的意见》提出具体要求。省政府副秘书长李璞主持会议。

15日　根据省住房和城乡建设厅党的群众路线教育实践活动安排，石家庄市桥东环卫大队中山东路女子清扫班班长李国红、保定市建筑工程质量监督站站长杨宏伟等党代表、省人大代表、省政协委员、服务对象代表以及老干部代表共20余人受邀座谈。

15日　召开省住房和城乡建设厅深入开展党的群众路线教育实践活动动员会议，就全厅党的群众路线教育实践活动进行动员和部署。厅长朱正举主持会议并讲话。

15日　河北省住房和城乡建设厅印发《关于公布修改和废止部分规范性文件的通知》。

16日　全省园林绿化现场会在邯郸召开，总结推广肥乡县"政企合作绿化模式"，部署全省园林绿化工作。省城镇建设三年上水平工作领导小组办公室副主任李贤明出席会议并讲话。

16日　省住房和城乡建设厅、省财政厅印发《关于废止〈关于征收公用事业附加有关问题的通知〉等规范性文件的通知》。

17日　省政府取消下放行政审批项目等事项落实情况检查组一行到省住房和城乡建设厅检查。

17~18日　按照党的群众路线教育实践活动安排，省住房和城乡建设厅开展为期9天的个人自学和集中学习活动，落实"照镜子、正衣冠、洗洗澡、治治病"的总要求。

18日　全省供热保障暨供热计量改革调度会在石家庄召开。

19日　省住房和城乡建设厅、省财政厅、省物价局印发《关于废止〈河北省城市规划区内利用贷款、集资修建桥梁、隧道收取机动车辆通行费实施办法〉的通知》。

22日　厅长朱正举就党的群众路线教育实践活动工作到辛集市调研。

24日　省住房和城乡建设厅、省委省政府农村工作办公室印发《关于废止〈河北省农村新民居规划建设指导意见(试行)〉的通知》。

29日 省住房和城乡建设厅召开深化加强基层建设年帮扶工作暨农村面貌改造提升行动规划建设工作调度会，听取各地有关工作进展情况汇报。

8月

9日 省政府与国家开发银行在京签署《推进河北省棚户区改造暨城镇建设开发性金融合作备忘录》。

22日 全省住房城乡建设系统行风建设工作推进会在石家庄召开，通报2012年全省住房和城乡建设系统行风民主评议成绩，并围绕今年省、市民主评议工作的调整变化进行交流，探讨加强和改进工作的举措。

28日 召开省住房和城乡建设厅领导班子深入查摆问题专题会议，通报全厅前一阶段查摆"四风"方面问题和征求意见情况。

9月

6日 省住房和城乡建设厅组织召开全省县城容貌整治(石家庄)现场会。

24日 省住房和城乡建设厅组织召开全省建筑施工扬尘治理工作电视电话会议。厅长朱正举部署全省建筑施工扬尘治理工作并提出具体要求。

26日 全省推行行业标准化管理工作座谈会在石家庄召开。副厅长梁军就下一步工作进行安排部署。

27日 由省住房和城乡建设厅举办的第六期城市建设投融资平台高管培训班暨银政企项目对接会在石家庄召开。

29日 经省政府第六次常务会议审议通过的《河北省历史文化名城名镇名村保护办法》将于2013年10月1日起施行。

10月

9日 省住房和城乡建设厅在石家庄召开全省供热保障工作调度会。省城镇建设三年上水平工作领导小组办公室副主任李贤明出席会议并讲话。

12日 副厅长梁军出席河北省党的群众路线教育实践活动新闻发布会，通报河北省建设施工扬尘污染治理和建筑渣土运输车辆治理工作开展情况。

15日 省住房和城乡建设厅召开党的群众路线教育实践专题民主生活会。

20日 河北省第二届插花和园林绿化快速设计竞赛在石家庄市北城花卉市场举行，来自全省各设区市26个代表队共147名选手参加比赛。

22日 全省既有居住建筑供热计量及节能改造工作调度会在石家庄召开。

22日 全省县城建设工作现场调度会在怀来县召开。

23日 河北省建筑节能门窗推广应用暨保障性安居工程工作会议在高碑店召开。

24日 全省工程质量现场观摩交流会在保定市召开。

29日 省政府新闻办、省住房和城乡建设厅联合召开新闻发布会，就于11月1日起施行的《河北省供热用热办法》进行解读。

31日 省住房和城乡建设厅组织党员干部30余人到河北省博物馆参观邱县廉政漫画展，提高反腐倡廉意识。

11月

4日 全省建筑施工扬尘治理专项检查暨安全生产大检查动员会在省住房和城乡建设厅召开。厅长朱正举在会上做动员讲话，副厅长梁军主持会议。

6~8日 副省长杨汭在玉田县、遵化市和迁西县就县城建设进行调研。

27~29日 省住房和城乡建设厅组织为期3天的集中学习活动，深入学习贯彻党的十八届三中全会精神。

12月

4日 省住房和城乡建设厅在石家庄西清公园"12·4"全国法制宣传日活动现场发放宣传资料、接受群众咨询。

4~5日 副省长杨汭就县城建设到邢台宁晋县、威县、南和县、沙河市调研。

6日 省城乡规划委员会召开第十三次全体会议，审议并原则通过定州、遵化、安国三个市的城乡总体规划。

13日 河北省城市市政基础设施投资和重点工程建设调度会在石家庄召开。

19日 全省住房和城乡建设系统安全生产电视电话会议召开。副厅长梁军出席会议并讲话。

27日 全省住房和城乡建设工作会议暨住房城乡建设系统党风廉政建设工作会议在石家庄召开。

(河北省住房和城乡建设厅 撰稿：张学峰)

山 西 省

概况

2013年，在山西省委、省政府的正确领导下，经过全系统广大干部职工的共同努力，山西省住房和城乡建设厅党组明确思路，精心组织，突出重点，创新举措，扎实推进各项工作，城镇化率达到52.76%，城镇化质量进一步提高；保障性住房新开工、建成、投资任务均顺利完成；重点工程建设项目储备、签约、落地、开工、建设、投产任务均超额完成，房地产业、建筑业持续健康发展，乡村清洁工程、农村困难家庭危房改造积极推进，建筑节能和城镇生活减排等约束性指标圆满完成，住房公积金缴存使用同步增长，建筑工程质量、安全生产和信访维稳形势总体平稳，各项年度目标任务圆满完成，为促进全省经济社会发展作出了重要贡献，被省委、省政府评为2013年目标责任考核优秀单位，并受到住房城乡建设部的充分肯定。

政策规章

【立法工作】 协调确定2013～2017年五年立法规划项目，推进山西省住房城乡建设地方立法。《山西省城镇住房保障条例》、《山西省城镇群规划实施条例》等5项法规确定为五年立法规划正式项目。2013年，《山西省城镇住房保障条例》已完成草案及其说明起草、行业征求意见、调研、向省政府报送；配合省政府法制办征求厅局和各市政府法制办意见、省内省外调研、协调会讨论、论证、修改等工作，基本形成政府常务会议审议稿；配合省人大城环委完成省内调研、专家论证等工作。

【普法工作】 组织全省住房城乡建设系统"六五"普法依法治理中期总结、自查；完成住房城乡建设部、省委依法治省领导组对山西省住房城乡建设系统"六五"普法中期检查督导工作；按照省委依法治省领导组要求，在厅机关及所属单位推进无纸化普法考试。

【行政复议工作】 2013年，新收行政复议案件22件，其中15件依法办结；1件中止，就相关的法律适用问题请示住房城乡建设部。山西省住房和城乡建设厅为被申请人的行政复议案件1件，省政府法制办在申请人主动申请撤回行政复议申请后，依法作出终止决定。

房地产业

加强房地产业发展指导，建立房地产业分析调度制度；加强对5亿元以上项目的跟踪调度，及时协调解决项目推进中的困难和问题；集中开展房地产市场检查和商品房预售专项检查，查处255项违法违规行为，房地产市场秩序进一步规范。积极开展创建活动，分别创建4项国家康居示范工程、7个国家级物业示范项目，充分发挥示范效应，住房品质和物业管理水平进一步提升。2013年，完成房地产开发投资1308.6亿元，在全国排第23位，比2012年上升1位，在周边五省(区)中排第5位。房地产开发投资同比增长29.5%，比全国平均水平(19.8%)高9.7个百分点，增幅在全国排第9位，在周边五省(区)中排第1位。同时，认真做好控制房价的各项工作，11个设区城市新建商品住房价格同比涨幅控制在10%以内。

住房保障

【城镇保障性住房建设】 为了加快改善城镇低收入家庭住房条件，拉动固定资产投资增长，各级政府及其住房和城乡建设等有关部门采取签订目标责任书细化任务，逐月调度考核排名，加大监督检查力度，帮助解决项目手续办理、土地落实、资金筹措中存在的困难问题，开工、建成和投资三项任务均提前超额完成年度目标任务。2013年，全省新开工城镇保障性住房24.2万套，为国家下达任务的134.5%，为山西省自定任务的105.2%；基本建成22.1万套，为国定下达任务的130%，为山西省自定任务的105.2%；完成投资542.85亿元，为年度投资任务的138.5%。

【棚户区改造】 山西省认真落实国务院常务会议、全国棚户区改造会议精神和省政府工作报告关于改造集中连片棚户区的部署，把棚户区改造作为保障性住房建设的重点，组织对棚户区(含城中村)

进行了调查摸底，起草制定《关于加快棚户区改造工作的实施意见》，大力推进棚户区改造。2013年新开工城市棚户区改造10.53万户、工矿棚户区改造1.99万套。2013年，全省已累计开工建设城市棚户区安置房38.42万套、工矿棚户区安置房7.69万套，分别为"十二五"规划目标任务的152.9%和123.2%。

【保障性住房管理】 山西省在加大建设力度的同时，进一步规范保障性住房的分配和运营管理，指导各市认真执行保障性住房建设、分配、运营等"六个办法"，出台实施细则；推进公共租赁住房和廉租住房并轨运行，起草指导意见；加强保障性住房物业管理，起草《山西省保障性住房物业管理办法》；积极推进住房保障立法工作，《山西省城镇住房保障条例》已报省人大审议；在全国率先开展全省城乡住房全面调查，编制完成《山西省住房发展规划》，山西省的住房调查经验在全国建设工作会议上进行交流。

公积金管理

2013年，全省新增缴存职工26.66万人；新增缴存额210亿元、同比增长5.23%，提取77.07亿元、同比增长18.28%；发放个人住房贷款76.73亿元、同比增长41.75%；实现增值收益15.55亿元、同比增长40.7%。太原、朔州、晋中、运城四市积极开展利用住房公积金贷款支持保障性住房建设试点，发放和回收贷款额做到应发尽发、应收尽收。

城乡规划

【城镇化水平】 山西省按照"一核一圈三群"城镇化总体布局，以城乡规划为引领，以城镇基础设施、公共服务设施和产业园区建设为抓手，以体制机制创新为动力，大力实施城镇旧区改造、新区建设等扩容提质工程，城镇组群、中心城市、大县城和百镇建设协调推进，城镇化取得新的进展，有力拉动全省经济社会发展。2013年山西省城镇化率达到52.76%，比2012年提高1.5个百分点。

【规划编制与实施】 围绕城镇化发展战略，城镇群、城镇组群、市县域城镇体系、城镇总体规划、城镇控制性详规和各类专项规划等6大类规划编制不断加快，太原都市区、孝汾平介灵城镇组群、太原晋中同城化建设规划和吕梁、忻州、侯马城市总体规划等300余项规划编制完成，实现"一核一圈三群"和城市总体规划的全覆盖，设区城市控规覆盖率达到50%。

【太原都市圈建设】 支持太原率先发展，指导太原市完善城市规划，加快重大项目建设，实施棚户区和城中村改造，进一步提升省城人居环境水平；积极支持山西科技创新城建设，科学编制山西科技创新城规划；加快推进太原晋中同城化，在规划、道路、公交、通信同城等方面率先突破，共同构建辐射带动能力强的省域中心。

【城镇组群发展】 指导编制大同都市区、朔州东部新区、临汾百里汾河城镇带、运城盐临夏城镇组群、长治上党城镇群、晋城"一城两翼"等城镇组群规划，18项区域基础设施建设项目实施。长治上党城镇群以城际快速路网建设为切入点，配套出台有利于人口自由流动的政策措施，初步形成以主城区为中心，以周边6个县城为支撑的一体化发展格局。临汾市集聚优势资源，以重点城镇、产业园区和文化旅游景区建设为载体，"四化一体"统筹推进，百里汾河城镇带建设势头强劲。长治、临汾加快城镇组群构建的经验，为全省提供典型示范。

【大县城和重点镇建设】 按照山西省考核办关于创新性指标的工作要求，以项目化管理办法集中推进大县城建设，制定《大县城建设实施方案》和《11个大县城建成小城市推进方案》，按照小城市的标准规划建设大县城，确保大县城建设顺利推进，涌现出一批好典型。孝义市实施全域城镇化战略，集中力量，搞好一流主城区建设，县城集聚全市约76%的城镇人口。长治县大力推进"一轴两区"建设，通过园区带动和撤村建区扩大城市区规模，通过小城镇建设和以企带村发展城镇区，创造就地城镇化的新模式。怀仁县规划建设6个现代化产业园区，统筹谋划园区建设和城镇发展，把产业园区建成新型城区，促进县城做大做强。大力推进百镇建设，100个重点镇以县城的标准规划建设，完善功能、改善环境，共开工建设基础设施类项目334项、居住社区类项目93项、公共服务类项目159项，完成投资22亿元，镇容镇貌和集聚带动能力进一步提升。

【历史文化名城名镇名村保护】 在推进城镇化中高度重视历史文化名城名镇名村保护，传承历史文脉，彰显城镇特色。山西省泽州县周村镇为新增中国历史文化名镇，长治市长治县荫城镇为山西省历史文化名镇；襄汾县新城镇丁村、沁水县嘉峰镇郭壁村、高平市马村镇大周村、泽州县晋庙铺镇拦车村、泽州县南村镇冶底村、平顺县阳高乡奥治村、祁县贾令镇谷恋村、高平市寺庄镇伯方村、阳城县润城镇屯城村等9个为新增中国历史文化名村，阳泉市平定县娘子关镇上董寨村、晋城市泽州县大箕镇秋木洼村等23个为山西省历史文化名村。重点加大云冈石窟、平遥古城等世界文化遗产景区改造提升力度。指导云冈石窟实施五华洞保护性窟檐修建和岩体抢救性加固保护工程，平遥古城实施环境整治、旅游通道两侧破损院落和传统民居修缮工程，进一步提升古城形象。

城市建设与市政公用事业

围绕"四化山西"，加快城镇燃气、供热、污水和垃圾处理等市政基础设施建设，全省市政公用设施运营能力进一步提升。2013年完成城市（含县城）市政公用设施建设投资410亿元，同比增长5.3%。

【燃气管网建设】 新建城镇燃气管网900公里，总长度达到1.55万公里，城镇燃气普及率达到84.78%，同比提高0.21%。

【供热管网建设】 新建供热管网600公里、总长度达到1.18万公里，新建换热站350座，城镇集中供热面积达到52383万平方米，较上个采暖季新增3800万平方米，城镇集中供热普及率达到81.5%，同比提高2.4%。

【污水配套管网建设】 新敷设污水配套管网748公里，总长度达到4600公里。全年可处理污水8.3亿立方米，城镇污水处理率达到84%，同比提高0.1%；削减COD（化学需氧量）25万吨，削减氨氮2.3万吨。

【垃圾处理设施建设】 新建成10座生活垃圾处理厂，总数达到80个。全年可处理生活垃圾470万吨，城镇生活垃圾处理率达到65%，同比提高7.45%。

【城市园林绿化建设】 全省城市建成区绿化覆盖率达到37.1%、绿地率达到31.67%、人均公园绿地面积达到10.7平方米，同比分别提高0.63%、0.13%、0.18平方米。大力推进园林城市（县城）创建，大同、朔州、黎城、洪洞、古县、阳城、长子、灵石等8个市县接受住房和城乡建设部国家园林城市的综合评审。

【乡村清洁工程】 按照省政府"五年投资50亿元，实施乡村清洁工程全覆盖"的部署，认真调研摸底，制定出台指导意见、实施方案和考核管理办法，建立完善工作推进机制，开展专项督促检查，省政府先后四次召开专题会议和调度会议研究解决存在的问题，确保乡村清洁工程顺利实施。2013年，全省所有行政村乡村清洁工程全部启动，共落实省级补助资金34618万元、市县配套资金81099万元；配备清扫保洁人员72256名、垃圾收运车辆35974台，初步建立起较为完备的乡村清洁工程工作体系。

村镇规划建设

【农村困难家庭危房改造】 山西省认真开展对象认定、建设管理、质量安全、信息录入等方面工作，合理安排进度，加强监督检查，2013年，计划的10万户农村危房改造已全部竣工，完成投资31.95亿元。同时，启动农村住房抗震改建试点，通过印发实施意见、制定建设技术指南、召开现场观摩会等，推动改造工作，1万户抗震改建试点全部竣工。

【古村镇保护】 2013年，完成保护规划编制8项，批复7项，历史院落挂牌14处，历史建筑保护修复和周边环境整治22处。邀请国内知名高校编制第一批中国传统村落保护发展规划，安排专项资金，引导古村镇开展历史建筑保护修复和周边环境整治；组织各市、高校实地调研108个村庄，编写《山西省传统村落调查报告》上报住房和城乡建设部，22处村落被公布为第二批国家传统村落；组织专家评审，推荐临汾市襄汾县丁村等18个村镇，申报第六批中国历史文化名镇名村；向山西省政府报送《山西省古村镇保护与利用情况报告》，组织专家召开协调会，提出古村镇保护具体任务。

【村镇规划】 2013年，完成县域村镇体系规划、小城镇总体规划和近期建设规划编制共65项，重点镇规划备案率达到100%。将灵石县尹方村村庄规划作为住房和城乡建设部村庄规划试点，引导村民全程参与规划的编制与实施，增强规划可实施性；开展厅级优秀村镇规划设计评选，推荐4项规划参加部优秀规划设计评选，引领村镇规划设计水平提升；积极落实山西省城乡规划管理人才培训培养"双百"计划，邀请省内外专家，对市、县、百镇从事村镇规划管理的工作人员进行专题培训，提高基层管理人员专业素质。

【百镇建设】 2013年，百镇开工建设基础设施类项目334项，打造示范项目200项，百镇建设完成投资20.99亿元。组织有关市、县和百镇负责同志召开百镇建设"十二五"中期推进会，总结百镇建设进展，介绍典型经验，对后三年工作安排部署；与百镇逐一进行项目对接，明确百镇建设项目1137项，并与各县政府签订《百镇建设2013年目标责任书》；组织各市对照目标责任书，实地检查百镇任务完成情况，选出建设效果好的项目命名示范；下发《阳城县、灵石县美丽乡村连片区建设规划要点》，指导阳城、灵石县编制专项规划、制定实施方案，推荐阳城县北留镇等4镇6村申报住建部美丽宜居示范小镇、村庄；以创建园林城镇为抓手，推进建制镇绿化工作，报请省政府公布命名稷山县翟店镇等5个小城镇为山西省园林城镇。

工程建设标准定额

【工程造价咨询、定额管理】 制定印发《关于加强注册造价咨询企业动态监管的通知》，利用造价咨询企业、造价工程师管理信息系统对山西省工程造价咨询企业按季度进行动态核查；完成106家工程造价咨询企业的资质升级、延续和暂定级转正的审查工作，其中，申请晋升甲级资质的8家企业，有6家通过住房城乡建设部的审查，2013年，全省有甲级造价咨询资质的企业达到45家；组织审定并发布《城市轨道交通工程预算定额及取费标准（试行）》（上），自2013年7月1日起试行，为太原市轨道交通建设工程施工图预算和招标控制价的合理确定提供依据；利用施工企业规费核准管理系统，开展建筑施工企业规费核准工作，山西省共核准1967家，其中，省直及外省入晋企业672家，各市合计核准1295家；圆满完成2013年度全省造价员从业资格考试工作，报名人数14927人，参加考试人数12769人，合格3120人，合格率为24.4%

【标准化管理】 制定印发《2013年工程建设地方标准规范制订修订计划》。审定并批准发布《公共建筑节能设计标准》、《写字楼物业服务标准》等6项山西省工程建设地方标准；和省通信管理局联合下发《关于加强光纤到户国家标准贯彻实施的通知》对住宅建设单位，规划、设计、图审以及施工企业、监理企业等工程建设各方主体提出具体的贯彻实施意见，并组织设计、施工企业的技术人员260余人参加两个国家标准的宣贯培训；和省经信委、民政厅、残联、老龄办联合转发《住房城乡建设部等部门关于开展创建无障碍环境市县工作的通知》，并筹备召开全省无障碍环境市县创建工作暨《无障碍环境建设条例》《无障碍设计规范》宣贯会，全省五个部门的100余人参加会议。

工程质量安全监督

全省建筑工程安全生产实行责任制，各级住房和城乡建设部门安全生产职责明确到每一个领导、每一个处科室和每一个人员，安全生产组织体系进一步加强。加快建设覆盖全省的建筑工地远程视频监控系统，长治、晋中、晋城、吕梁、临汾市的15个县区的27个工地94个视频监控信息点已接入省平台。在全省范围内开展"两会"期间、春季复工、在建保障房项目、建筑施工企业、全系统安全生产大检查等多次检查，累计排查建筑工程一般隐患约19000项，全部进行整改。强化对全省城市供水、供气、供热、污水和垃圾处理企业的安全运营监管，重点开展燃气行业安全专项检查，保障市政设施的安全运营。

建筑市场

【建筑业发展】 加强建筑业发展指导，强化统计分析研究，对行业运行进行跟踪监测指导；扶持培育建筑业企业做大做强，发挥骨干企业的带动引领作用，提升245项企业资质等级，培育38家骨干建筑业企业，山西省建筑业队伍更趋壮大；加强市场监管，开展招投标专项检查和建筑市场监督执法督查，严肃查处违法违规行为，对650家企业进行处罚，建筑市场秩序进一步规范。2013年，完成建筑业产值2893.18亿元，同比增长11.8%；实现建筑业增加值759.7亿元，同比增长7.3%，占GDP的比重达到6%，继续发挥支柱产业作用。

建筑节能与科技

积极贯彻落实国家"绿色建筑行动方案"，着力抓好新建建筑节能监管、既有建筑节能改造、可再生能源推广应用等工作。城镇新建居住建筑65%节能标准执行率达96.8%，超目标1.8个百分点，新建公共建筑全面执行50%节能标准；全省既有居住建筑改造797.41万平方米，完成率为106%；新增可再生能源建筑应用面积1271万平方米，超全年任务量71万平方米，应用比例约为35.3%；新增绿色建筑171万平方米，完成率171%，其中10项二星项目113万平方米，7项一星项目58万平方米。阳泉、晋城、大同城区、怀仁县成功申报住房和城乡建设部国家智慧城市建设试点，并全部获批。

建设人事教育工作

【干部管理】 山西省住房和城乡建设厅重视干部队伍建设，选拔优秀人才，及时充实干部队伍，为住建事业提供坚强的人力资源保障。完成对2名处长、2名调研员以及省规划院和省设计院院长职位人选的选拔任用工作。积极配合省委组织部完成两名厅级领导的推荐考察任用工作。完成2012年度竞争性选拔和提任、调任人员共16人的手续办理工作，完成2名公务员以及厅属事业单位52名工作人员的招录工作。根据省委组织部和厅党组的要求，对厅机关全体公务员和直属事业单位中层（含中级职称）以上干部人事档案进行审核，签字确认258人。向省委组织部报送7位省管干部的人事档案。

【教育培训】 完成山西省专业技术管理人员（即"九大员"）培训，发证9457人次，完成生产操作人员技能培训与鉴定5313人次。根据需求，科学组织培训班，创新学习形式。3月12~13日，在省委党校举办学习贯彻党的十八大精神集中培训班；6月1日至7月31日组织"住房城乡建设厅领导能力素质提升"网上专题培训班；6月3~7日，在清华大学举办"城镇化专题培训班"；8月17~31日，对30名新疆生产建设兵团农六师的干部进行"城乡规划建设管理"专题培训；11月17~19日请海外专家进行高层次座谈；12月2~6日在北京大学举办"领导干部能力提升培训班"；12月8~15日在榆次举办山西省城乡规划管理人员第一期培训班。

重点工程建设

按照省政府"六位一体、统筹推进"工作部署，围绕开展"项目推进年"活动，坚持和完善"月调度、月考核、月排名"推进机制，建立省市县三级领导联系重点工程、领导组成员单位包干联系推进省重点工程项目和央企投资重点工程24小时直通车等工作制度，开展"进工地，解难题"活动，重点抓好计划新开工项目和30亿元以上重大项目，及时协调解决项目建设的困难和问题，"六位一体"各项工作顺利推进。2013年，全省项目储备投资额227095.69亿元，完成年度计划224.10%；签约项目投资额26342.70亿元，完成年度计划175.06%；落地项目投资额16173.94亿元，完成年度计划107.83%；开工项目投资额11929.43亿元，完成年度计划119.29%；省市重点工程建设投资额11281.29亿元，完成年度计划112.77%，其中，省重点工程建设投资额4870.36亿元，完成年度计划110.01%；投产项目投资额10801.24亿元，完成年度计划108.01%，充分发挥重点工程促进产业结构调整、拉动投资增长的火车头、主力军和排头兵作用。大西客运专线、中南部大通道和五台山、临汾机场建设加快推进，四个项目均已完成年度投资计划，工程形象进度达到建设工期要求。

政务信息公开

【信息网络建设】 2013年，山西省住房和城乡建设厅认真贯彻落实《中华人民共和国政府信息公开条例》和省政府信息公开有关规定，加大信息公开力度；严格按照《保密法》和厅网站管理有关制度，加强网站管理，进一步完善网站功能，提高公共服务水平。为完善山西省住房和城乡建设厅网络基础建设，保证各项信息系统稳定、高效、安全运行，于2012年底开展厅机关网络综合布线工程。该工程于2013年初完成，共铺设两条数据线路和一条电话语音线路，并接入机关大楼各办公室，实现厅内外网的物理隔离。结合山西省住房和城乡建设厅工作重点，在网站开设"综治工作、第三联组工作信息网、驻省住建厅纪检监察工作信息网、党的群众路线教育实践活动、城乡住房调查"专栏，对相关工作进展情况进行跟踪宣传。

【主动公开政府信息】 2013年，共主动公开政府信息518条，其中：工作动态类信息443条，占85.5%；领导动态信息73条，占14.1%；机构职能信息2条，占0.1%。发布建设类企业资质核准、个人执业资格注册、从业资格认定审查意见公示和审批结果公告，省外建设类企业入晋备案公告，共计249条。厅机关电子屏发布信息638条；向省人民政府网站报送政府公开信息330条。截至2013年底，厅门户网站共发布信息2897条；2013年访问量达到82万人次，成为社会公众了解山西省住房城乡建设行业动态和查阅住房城乡建设工作政策的重要窗口。

转型综改试验工作

按照转型综改试验2013年行动计划，围绕承担的工作任务，分别制定专项实施方案，建立工作月报制度，定期召开会议协调推进，加强指导和督促检查，确保各项工作任务的顺利推进。太原晋中同城化规划编制完成，道路、公交、通信同城化正在有序推进；太原轨道交通2号线一期工程顺利开工建设。

党风廉政和作风建设

【党风廉政建设】 （1）严明党的政治纪律。把省委、省政府关于城镇化、住房保障、重点工程建设和房地产市场调控等重大决策部署的贯彻执行，作为维护党的政治纪律的重要内容，并纳入厅机关和全系统党风廉政建设责任制，定期组织研究，加强监督检查，有力地促进和保证省委、省政府重大决策部署在省住建厅的贯彻落实。

（2）认真落实党风廉政建设责任制。厅党组召开全系统党风廉政建设会议，制定下发《2013年全省住房城乡建设系统反腐倡廉建设工作要点》和

《2013年党风廉政建设和反腐败工作任务分解意见》，将年度党风廉政建设工作细化为50项具体任务，逐一明确到各处室、直属单位，定期监督检查，落实"一岗双责"，年终作出专题报告，进一步完善党风廉政建设责任制。

（3）深入开展专项治理。严肃认真开展整治"吃喝不正之风"专项治理和会员卡、办公用房、公务用车专项清理，认真解决发生在群众身边的腐败问题。

（4）深入推进廉政风险防控工作。针对行政审批、行政执法、项目安排、专项资金使用、干部选任等事项，在厅机关开展制度清理和废、改、立工作，强化以制度管人管事；在全系统突出城乡规划管理、公积金监管、保障性住房建设管理三个重点领域权力运行规范，指导各市开展廉政风险排查防控工作，积极探索综合运用科技手段规范权力运行，反腐倡廉建设科学化水平不断提高。

【作风建设】省住房和城乡建设厅认真贯彻落实中央"八项规定"和省委四个"实施办法"，制定出台实施意见。班子成员领题开展调查研究，写出5篇高质量的调研报告；扎实开展下乡住村包村活动，厅领导带队先后8批次组织60余人深入到厅扶贫点河曲县唐家会村和坪泉村帮扶助农增收，并向村委和学校捐赠电脑和书籍；改进会风文风，会议活动和发文数量均较大幅度减少；腾退办公用房11间，建筑面积306.5平方米；减少"三公"经费支出，公务接待支出同比下降59%，会议活动支出同比下降70%。结合2013年的新形势、新要求，制定全系统民主评议政风行风工作指导意见。厅党组书记、厅长李栋梁同志，就国有土地上房屋征收与补偿、保障性住房建设等工作向全社会作出公开承诺。组织参加10次政风行风热线节目，召开2次政风行风评议对话会，围绕物业管理、房屋征收补偿、保障性住房建设、物业管理等问题，认真听取服务对象代表和人大代表、政协委员的意见，认真办理和反馈群众反映的问题。

【群众路线教育实践活动】根据党中央和山西省委统一部署安排，2013年7月到12月省住房和城乡建设厅围绕"为民务实清廉"主题，按照"照镜子、正衣冠、洗洗澡、治治病"的总要求，认真开展党的群众路线教育实践活动。厅党组高度重视，精心组织，周密部署，扎实推进。在学习教育、听取意见环节，采取"一把手"讲党课、专题讨论、专题辅导、集中学习和观看专题片等形式，对全体党员、干部进行深入教育。同时，通过集中调研、对口调研、深入扶贫点、召开听证对话会、领导领题调研等方式广泛征求意见，为活动健康发展奠定基础。在查摆问题、开展批评环节，厅党组和每位班子成员认真撰写对照检查材料，在充分沟通交流的基础上，召开专题民主生活会，开展深入的批评和自我批评，查摆"四风"方面存在的15个突出问题，提出针对性整改措施。在整改落实、建章立制环节，对确定的15项整改任务进行认真整改。同时，加强建章立制工作，坚持执行125项现有制度，废止2项制度，修订或建立35项制度。通过开展教育实践活动，全厅党员、干部进一步增强维护和遵守党的政治纪律的思想自觉和行动自觉，"四风"问题得到显著改进，解决一批人民群众反映强烈的突出问题，推动全省住房城乡建设事业健康持续发展。

推进行政审批制度改革

省住房和城乡建设厅进一步减少审批事项，行政审批事项将由13项缩减为10项。进一步缩短审批时限，企业资质的受理周期将由现行的两个月改为一个月，企业入晋备案和人员执业资格出省变更注册等将改为随时受理。进一步完善工作规程，通过电子监察系统对行政审批各个环节的工作进行监督，实现行政审批规范化、标准化、精细化管理。积极做好扩权强县工作，受理试点县审批事项158项，守时率和办结率均达到100%，为进一步激活县域经济社会发展活力提供高效优质的政务服务。

技术技能大赛

【山西省第七届中等职业学校建筑工程技术技能大赛】2013年5月15日上午，山西省第七届中等职业学校建筑工程技术技能大赛在山西省城乡建设学校隆重举行，省教育厅巡视员刘惠民、省住房城乡建设厅纪检组长郝耀平、总规划师翟顺河及相关部门负责人和企业领导出席开幕式。此次大赛由山西省教育厅、山西省人力资源和社会保障厅、山西省总工会、山西省住房和城乡建设厅主办，山西城乡建设学校和相关学会协会承办。大赛设有学生组和教师组。学生组项目有：楼宇智能化系统安装与调试、建筑装饰技能、建筑CAD和工程制图4个项目，教师组项目有建筑CAD项目。该次大赛共有11所中职学校102名选手参赛，共决出一等奖12名，二等奖18名，三等奖28名。大赛点亮人生，技能改变命运。通过技能大赛，不仅展示各职业院校的职业技能水平，推动职业院校实践教学改革创新、校企合作、工学结合模式的形成，促进住房城乡建设事业高素质技能型职业人才的培养和学校基础能力的建设。

大事记

1月

1日 山西省代省长李小鹏赴中南铁路通道南吕梁山隧道事故现场调研，省住房城乡建设厅厅长李俊明、山西省重点工程办公室主任姚少峰陪同。

10日 厅长李俊明在厅机关召开省住房城乡建设厅干部大会。

20日 全省住房城乡建设暨党风廉政精神文明工作会议在太原市召开。

23日 副厅长李锦生在天津与中国文联副主席冯骥才研究山西传统村落保护工作。

28~29日 副厅长郝培亮在北京参加第一批国家智慧城市试点工作会议。

2月

1日上午 厅长李俊明、组长郝耀平在省委会议厅参加全省党风廉政建设干部大会暨省纪委十届三次全会。

1日 副厅长郭燕平在省安监局参加北京铁路局管内（山西境内）铁路沿线安全隐患整改专题汇报会。

5日上午 厅长李俊明在厅机关召开厅党风廉政建设干部大会。

5日下午 厅长李俊明在联通公司参加省长李小鹏与中央驻晋企业座谈会。

5日下午 副厅长李锦生在省政协宾馆召开印象五台山项目建筑设计方案论证会。

21日 书记李栋梁、主任姚少峰陪同书记袁纯清赴大西客运专线建设现场调研并座谈。

25日 书记李栋梁在省委参加全省2012年度目标责任考核总结表彰大会。

26日上午 书记李栋梁在省委参加省维护稳定工作领导小组全体（扩大）会议。

26日下午 书记李栋梁、副巡视员路长青在省委参加全省信访工作会议。

3月

2~18日 书记李栋梁赴北京参加全国"两会"。

4~8日 副厅长郭燕平在阳泉、吕梁参加全国"两会"和春季复工期间建筑施工安全检查暨第二次百日安全生产活动督查。

4~5日 副厅长李锦生赴北京调研农村住房抗震改造工作。

21日 副厅长李锦生在太原、晋中陪同副省长张复明就太榆科技创新城建设进展情况进行调研。

25~29日 副厅长郭燕平在省内陪同住房和城乡建设部住房公积金制度实施情况调研组调研。

27日下午 副厅长闫晨曦参加改善大气环境，治理雾霾问题工作会议。

4月

8日 副厅长郭燕平在厅机关参加省外入境建筑业企业工作座谈会暨全省建筑市场监管工作座谈会。

9日 厅长李栋梁在晋祠宾馆参加北京党政考察团来晋考察座谈会。

10日 省委组织部部长汤涛一行到省住房和城乡建设厅调研。

17日 主任姚少峰在长治陪同省长李小鹏赴中南通道建设现场调研。

18日 厅长李栋梁、副厅长李锦生在省政府向省长李小鹏汇报"太原都市圈"等五个规划情况。

18日 副厅长郭燕平在省政府参加常务副省长高建民主持召开的研究"提高城镇居民收入"有关文件会议。

27日 厅长李栋梁、副厅长李锦生陪同省长李小鹏赴太榆科技创新城调研。

5月

6~10日 厅长李栋梁随山西省党政考察团赴山东、安徽考察。

6~10日 副厅长郭燕平在省内陪同国务院第五督导组检查保障性安居工程。

8日 副厅长闫晨曦在省政府参加全省深化餐饮场所燃气安全专项治理动员电视电话会议。

17~19日 厅长李栋梁、副巡视员张海在北京参加第九届中国（北京）国际园林博览会。

27日 厅长李栋梁、总工程师张学锋在晋祠宾馆参加第十五届海峡两岸建筑学术交流会。

27~28日 副厅长李锦生、总规划师翟顺河在平遥参加中国城市规划历史与理论研讨会。

29~30日 厅长李栋梁、组长郝耀平在河曲参加下乡驻村活动。

6月

14日 副厅长郭燕平在省分会场参加全国建筑安全生产电视电话会议。

19~20日 厅长李栋梁陪同书记袁纯清赴长治调研。

25日 副厅长郭燕平参加华北片区保障房质量工作座谈会。

7月

1日 副厅长郭燕平在太原参加住房城乡建设部

住房公积金巡查工作座谈会。

2日　副厅长李锦生在大同研究大同历史文化名城保护与建设工作。

12日　副厅长郭燕平在太原陪同住房和城乡建设部棚户区改造工作组调研。

16~17日　厅长李栋梁陪同书记袁纯清赴大同调研。

16~22日　厅领导赴各市进行党的群众路线教育实践活动调研。

18日　总工程师张学锋在厅机关召开全省建筑"创新设计　塑造精品"座谈交流暨"太行杯土木设计奖"、"青年建筑师奖"颁奖会议。

24日　副厅长李锦生在厅机关召开全省受灾危房改造工作座谈会。

30日　总规划师翟顺河在省政府研究农村危房及自然灾害造成房屋倒塌的救治补助政策。

8月

2日　总工程师张学锋在大同参加2013年中国国际太阳能十项全能竞赛活动。

6日　厅长李栋梁在厅机关召开省住房和城乡建设厅党的群众路线教育实践活动动员大会。

12日　山西省住房和城乡建设厅举办省住房城乡建设厅党的群众路线教育实践活动专题讲座。

19日　副厅长李锦生在太原参加山西省对口支援农六师五家渠市城镇规划建设管理培训开班仪式并讲课。

23日　厅机关召开党的群众路线教育实践活动集体学习交流和警示教育大会。

9月

5日　副厅长李锦生在省委参加全省党政机关停止新建楼堂馆所和清理办公用房电视电话会议。

9日　厅长李栋梁在省建院参加袁纯清书记教师节慰问活动。

9~13日　副厅长闫晨曦赴太原市轨道交通2号线一期工程建设现场调研。

9日　副巡视员路长青在省政府参加贯彻落实书记袁纯清、省长李小鹏关于信访工作重要精神的工作会议。

11日　总规划师翟顺河在省政府参加副省长张复明主持的研究古村镇保护利用工作会。

13日　厅长李栋梁在省人大参加部分省人大代表视察省政府系统代表建议办理情况汇报会。

16日　厅长李栋梁、副厅长郭燕平参加"中国梦·聚焦棚改"采访活动。

24日　厅长李栋梁、副厅长郭燕平在厅机关与国家开发银行山西分行、省建总公司就支持棚户区改造工作进行对接。

10月

8~10日　厅长李栋梁在杭州桐庐县参加全国改善农村人居环境工作会议。

11日　李栋梁在省政府参加省长李小鹏主持召开转型综改领导小组会议。

14~18日，副巡视员路长青在厅机关研究年度目标责任考核工作和"双交办、双包案"重点信访专项工作。

21日　山西省住房和城乡建设厅召开省住建厅政风行风评议对话会。

28日　厅长李栋梁、副厅长李锦生在省政府参加山西科技创新城规划工作汇报会。

31日　工程师张学锋在太原参加大同、阳泉、运城、临汾八项绿色建筑评审会。

11月

1日上午　总工程师张学锋在省展览馆参加山西省节能减排博览会开幕式。

5日　厅长李栋梁在厅机关主持召开厅党组党的群众路线教育实践活动专题民主生活会。

8日　副厅长郭燕平、总工程师张学锋、副巡视员路长青在省设计院参加山西省建筑设计研究院成立60周年纪念大会。

14日　厅长李栋梁在厅机关组织研究申请2014年中央产业政策和重大项目布局有关事项。

14日　总规划师翟顺河在厅机关与省社科院就"山西大县城发展战略研究"进行座谈。

18日　厅长李栋梁在省政府参加李小鹏主持的研究全省重大项目布局和拟争取中央政策有关事项会议。

22日　副厅长李锦生在省政府参加李小鹏主持的研究"中央城镇化工作会议"相关材料。

24日　副厅长郭燕平在国土厅参加国土部、住房和城乡建设部坚决遏制违法建设、销售"小产权房"问题视频会议。

26日　副厅长郭燕平在厅机关召开各市建筑市场和质量安全座谈会。

29日　总规划师翟顺河在厅机关安排部署2013年度依法行政大检查和"12.4"法制宣传日相关工作。

12月

2~4日　总规划师翟顺河在阳泉、长治、吕梁陪同国家2013年度农村危房改造绩效评价考核组检查。

4日　厅长李栋梁在晋祠宾馆参加十届省委换届以来干部选拔任用工作"一报告两评议"会议。

6日　副厅长郭燕平在省建院参加山西建筑职业技术学院校企合作理事会成立大会暨第一次会议。

9日　厅长李栋梁在省委参加省委党的群众路线教育实践活动第一批部门（单位）负责人会议。

11日　厅机关召开省住房和城乡建设厅党的十八届三中全会精神辅导报告会。

16日　厅长李栋梁在省委参加传达中央经济工作会议和中央城镇化工作会议精神会议。

17日　厅长李栋梁在厅机关召开省住房和城乡建设厅2013年度民主评议政风行风工作考核会议。

20日　厅长李栋梁在省委参加全省第一批群众路线教育实践活动专项整治工作会议。

25日　即日起，厅领导赴各市对各市目标责任落实情况进行考核。

（山西省住房和城乡建设厅）

内蒙古自治区

概况

【城镇化进程稳步推进】　全年新增城镇人口28.7万人，全区城镇化率达到58.7%，比2012年提高1个百分点；城镇基础设施建设得到加强，全年完成固定资产投资750亿元；"城市建设管理年"活动深入开展，取得较好成效。

【保障性安居工程建设进一步加强】　全年新开工各类保障性住房17.8万套，基本建成21.4万套，开工率和完成率分别为101.6%和119%；完成投资350亿元，并全面启动包头北梁等棚户区改造项目。

【房地产市场形势好转】　全年完成房地产投资1438.1亿元、商品房销售额1010.6亿元；商品房施工面积16623.3万平方米、销售面积2737.7万平方米，同比分别增长8.49%和8.1%；商品住宅平均售价3863元/平方米，同比增长5.7%，增幅下降4.29个百分点，房地产市场总体保持平稳发展势头。

【农村牧区危房改造顺利实施】　全年共改造危房12.75万户，完成计划任务的106.3%，下达国家补助资金11.76亿元、自治区补助资金9.3亿元。

【建筑业持续发展】　全年建筑业总产值完成1540亿元，增长7.4%。

政策规章

【公布内蒙古自治区城乡规划条例】　《内蒙古自治区城乡规划条例》于2013年5月29日经自治区第十二届人大常委会第三次会议通过并公布，自2013年7月1日执行。该条例的通过被评为2013年自治区"十大法治事件"之一，该项活动是由自治区依法治区领导小组和自治区党委政法委主办。

【审查清理规范性文件】　对60件以自治区政府或政府办公厅名义下发的规范性文件进行逐一梳理，对11项已过时文件提出失效建议，对4项暂行、设置事前审查及法律依据失效的文件提出废止建议。对2000~2012年以内蒙古自治区住房和城乡建设厅名义印发的75件文件进行集中清理，按照不符合现行法律、法规、规章以及上位规范性文件废止，或者与同位阶其他规范性文件相互抵触，或者含有地方保护、行业保护等不适应经济社会发展要求的规范性文件应予废止，以及适用期已过或者调整对象已消失的规范性文件应予失效的有关规定，对48件规范性文件予以保留，对25件已过时规范性文件予以废止和失效，对2件规范性文件拟修改后重新公布。

根据自治区监察厅、自治区政府法制办的要求，对厅执行现行有效的建设行业法律法规62部，共289条设定处罚裁量幅度的条款进行全面细化量化。其中国家法律4部、行政法规12部、自治区地方性法规7部、住房和城乡建设部规章38部、自治区政府规章1部。

【行政复议】　2013年，自治区住房和城乡建设厅共收到行政复议申请21件，其中受理17件。在受理的案件中，申请人自愿撤回申请的5件，决定维持1件，决定驳回复议申请3件，决定被申请人向申请人履行信息公开义务1件。出庭应诉2件。

【普法工作】　组织79名公务员、12名参照公务员法管理的事业单位工作人员以及274名事业单位工作人员参加法律知识考试。

房地产业发展

【房地产业发展概况】 (1)开发投资情况。2013年1~12月份全区完成房地产开发投资1479.01亿元,较上年同期增加投资187.57亿元,同比增长14.52%,增幅上升36.25个百分点,其中:商品住房开发投资1003.57亿元,较上年同期增加投资157.94亿元,同比增长18.68%,增幅上升42.64个百分点。土地开发投资177.27亿元,较2012年同期增加投资41.92亿元,同比增长31%,增幅上升62.14个百分点;商业营业用房开发投资283.67亿元,较2012年同期增加投资23.4亿元,同比增长8.99%,增幅提高28.25个百分点;办公、写字楼开发投资62.82亿元,较2012年同期增加投资3.35亿元,同比增长5.68%,增幅上升25.15个百分点。在商品住房开发投资中,其中:套型90平方米以下的住房投资322.88亿元,较2012年同期增加投资64.25亿元,同比增长24.84%,增幅上升35.73个百分点;套型140平方米以上的住房投资169.39亿元,较2012年同期减少投资8.49亿元,同比增长-4.77%,增幅上升0.82个百分点;别墅、高档公寓投资28.62亿元,较2012年同期增加投资5.19亿元,同比增长22.18%,增幅上升67.82个百分点。

(2)开发面积情况。1~12月全区商品房屋施工面积16623.28万平方米,其中商品住房施工面积11379.05万平方米,较2012年同期分别增加建筑面积1040.77万平方米和831.47万平方米,同比增长6.68%和7.88%,增幅上升11.54和14.52个百分点。全区商品房屋竣工面积2638.24万平方米,其中商品住宅竣工2001.21万平方米,较2012年同期分别增加建筑面积197.58万平方米和176.64万平方米,同比增长8.1%和9.68%,增幅上升8.26和16.03个百分点。在新开工面积中,套型90平方米以下住房1147.54万平方米,套型140平方米以上住房372.32万平方米,较2012年同期分别增加建筑面积240.18万平方米和减少325.85万平方米,同比增长26.47%和-46.67%。

(3)销售情况。1~12月全区商品房屋销售面积2737.7万平方米,其中商品住宅销售2263.65万平方米,较2012年同期分别增加建筑面积214.18万平方米和159.43万平方米,同比增长8.49%和7.58%,增幅分别上升38.78和37.45个百分点。商品房屋销售额1177.36亿元,其中商品住宅销售874.45亿元,较2012年同期分别增加154.56亿元和105.06亿元,同比增长15.11%和13.66%,增幅分别上升39.95和36.53个百分点。在商品住宅销售中,套型90平方米以下的住房销售762.36万平方米,套型140平方米以上的住房销售362.17万平方米,较2012年同期分别增加建筑面积87.1万平方米和减少15.46万平方米,同比增长12.9%和-4.09%。2013年1~12月,全区商品住宅平均售价3863元/平方米,同2013年1~11月的3855元/平方米相比,环比上涨0.2%,同比增长5.66%,增幅下降4.29个百分点。

(4)商品房屋空置情况。2013年1~12月,商品房屋、商品住宅空置面积为1078.43万平方米和721.35万平方米,同比增长49.23%和46.87%,增幅分别上升9.53个百分点和14.24个百分点;其中空置1~3年的为507.32万平方米和333.18万平方米,同比增长56.33%和52.91%,增幅下降138.17个百分点和142.8个百分点;空置3年以上面积为7.13万平方米和2.1万平方米,同比增长-42.45%和-53.81%,增幅分别下降243.49个百分点和322.08个百分点。

(5)项目复工和新开工情况。2013年1~12月商品房屋和商品住宅的复工面积分别为11580.47平方米、7745.72万平方米,复工率分别为69.66%和68.07%。2013年1~12月,全区商品房屋、商品住宅新开工面积分别为5042.81万平方米和3633.33万平方米,同比增加-7.02%和-1%,增幅上升29.46和37.71个百分点,新开工面积分别占同期施工面积的30.34和31.93%。

【住宅全装修】 2013年全区新建住宅全装修比例达到项目总建筑面积的20%以上,计划以后逐年按不低于15%的比例增加,争取通过5年达到80%左右,基本实现新建住宅全装修竣工。加强对住宅全装修工作的组织领导,召开全区住宅全装修工作现场会,成立以厅长为组长、分管厅长为副组长、厅相关处室负责人为成员的推进住宅全装修工作领导小组,建议各盟市成立以分管副市长为组长,建设、规划、房产、土地、执法等相关部门负责人为成员的领导小组,确保住宅全装修工作的顺利实施。

【"物业管理年"活动】 以自治区政府名义成立全区"物业管理年"活动领导小组,下设办公室,具体实施全区"物业管理年"活动。严格市场准入,控制企业数量。修订印发《内蒙古自治区物业服务企业资质管理办法》,把三级资质下放到各盟市物业管理主管部门审批,取消暂定(四级)资质。联合公安厅等八部门印发《内蒙古自治区新建商品住宅小区交付使用标准》，对供水、供电、供气、供热、有线电视、电话通信、邮政以及路灯、道路、绿化、排水、安全技防等配套设施的竣工验收和交付使用做出具体规定。组织开展自治区物业管理优秀住宅小区（大厦、工业区）达标活动，对全区116家物业管理创优达标项目进行实地验收，对验收合格及优秀项目进行表彰通报。开展与重庆市、广州市物业服务企业一对一结对帮带活动，进一步提高全区物业服务和管理水平。

【房地产市场秩序】 根据住房和城乡建设部、国家工商行政管理总局的要求，内蒙古自治区住房和城乡建设厅、工商局对房地产中介市场秩序专项治理工作进行全面部署。各盟市成立工作机构，制定专项治理工作方案，开展全面调查摸底，基本摸清本地区房地产中介机构情况和存在的主要问题。自治区住建厅、工商局组成3个检查组，对12个盟市52家房地产中介机构进行抽查。通过专项治理，进一步规范中介市场秩序，推动中介市场健康有序发展。

【房屋征收】 继续贯彻落实《国有土地上房屋征收与补偿条例》，严格执行自治区人民政府办公厅〔2011〕68号文件关于住宅征收最低补偿金额、最小调换面积住房保障制度、住宅房屋"征一还一"补偿制度等各项规定，有效解决被征收最低收入住房困难家庭的住房问题。完善《内蒙古自治区国有土地上房屋征收与补偿条例》政策内容，已报请自治区人大常委会列入2014年调研立法项目。强化行业管理，督促各地加强对房屋征收行为的规范和遗留房屋拆迁项目的管理，依法征收（拆迁），落实好统计报表和联络员制度。强化房屋征收维稳工作，按照《国有土地上房屋征收与补偿条例》及自治区党委政府的有关规定，要求各地认真做好国有土地上房屋征收项目社会稳定风险评估。《内蒙古自治区国有土地上房屋征收项目社会稳定风险评估专项办法（试行）》，已报自治区人民政府。建立信访台账，认真接待群众来信来访。参加自治区信访局组织召开的信访听证会4次，落实驻厅纪检组督办信访件，较好地解决23起房屋征收补偿标准引发的上访问题。

【住宅产业化】 组织盟市房地产主管部门的负责人及部分房地产开发企业法定代表人赴哈尔滨市、沈阳市、北京市、广州市、深圳市等地进行考察学习，了解外地住宅产业化建设情况以及相关新材料、新技术、新产品的推广和应用。西部以乌海市为核心、中部以乌兰察布市为核心的住宅产业化部品部件生产基地建设进展顺利。配合住建部住宅产业化中心就乌海市、乌兰察布市产业化基地建设的实施方案、需要配套出台的政策措施进行四轮论证研讨，相关内容基本定稿，即将履行申报审批程序。印发《关于申报国家康居示范工程、绿色建筑有关事宜的通知》（内建房〔2013〕178号），要求国家康居示范工程与绿色建筑申报同步进行，并就具体工作要求、申报条件、申报程序和管理等工作进行明确。2013年，包头市、乌海市、赤峰市、兴安盟4个盟市的5个住宅项目提出国家康居示范工程申报申请，经住房和城乡建设部住宅产业化中心组织专家评审，包头市、乌海市、赤峰市4个项目已通过评审，兴安盟的1个项目进一步完善后重新申报评审。完成302个住宅项目1435万平方米住宅性能认定工作。在与哈尔滨商定EPS建筑外保温材料引进建厂费用的基础上，召集部分盟市房地产开发企业研究建厂事宜，呼和浩特市、包头市、呼伦贝尔市、通辽市已签订合作建厂协议，通辽市2014年能够投产，其他四个盟市还需落实相关建厂条件。这样包括原已建厂并投入生产使用的赤峰市、兴安盟扎赉特旗、满洲里市，EPS建筑外保温材料引进建厂达到7家。

住房保障

【保障性住房建设情况】 2013年国家下达自治区各类保障性安居工程开工任务为17.5万套，单独追加北梁棚户区改造任务4.5万套。为了确保任务完成，自治区人民政府与各盟市签订目标责任书，建立保障性安居工程项目库；截至2013年年底，全区保障性安居工程新开工17.8万套，开工率101.6%；基本建成21.4万套，完成率119%；完成投资350亿元，受到了住房城乡建设部的表扬；保障性住房已累计分配25.2万套，受益人口71万人。

【各类保障性安居工程建设情况】 （1）北梁棚户区改造。在李克强总理的亲切关怀和自治区领导的高度重视下，包头市确定"四年规划，三年全面完成"的工作目标，建立"政府主导、市场运作、金融支持、滚动发展"的运作模式，明确"先规划后建设、先安置后拆迁"的实施步骤，按照"异地搬迁为主，局部原地改造为辅，统筹兼顾居民就业"的工作方式，全面启动占地面积约13平方公里的北梁棚改工程，计划三年搬迁安置居民3.55万户、8.9万人，征收房屋面积近338万平方米。

（2）廉租住房。2013年全区建设任务16229套，截至12月底，开工建设16321套，超目标任务92

套，完成投资12.1亿元。

（3）公共租赁住房。2013年全区建设任务23824套，截至12月底，开工建设24046套，超目标任务222套，完成投资32.4亿元。

（4）经济适用住房。2013年全区建设任务6196套，截至12月底，开工建设7282套，超目标任务1086套，完成投资13.4亿元。

（5）限价商品住房。2013年全区建设任务754套，截至12月底，开工建设754套，完成投资3.8亿元。

（6）城市棚户区改造。2013年全区建设任务73539套，截至12月底，开工建设84809套，超目标任务11270套，完成投资239.1亿元。

（7）国有工矿棚户区改造。2013年全区建设任务3445套，截至12月底，开工建设3533套，超目标任务88套，完成投资4.5亿元。

（8）国有林区棚户区和林场危旧房改造。2013年全区建设任务29882套，截至12月底，开工建设20687套，完成目标任务的69.2%，完成投资27.8亿元。

（9）国有垦区危房改造。2013年全区建设任务20904套，截至12月底，开工建设20804套，完成目标任务的99.5%，完成投资9.9亿元。

【保障房建设的政策措施】 内蒙古自治区政府印发《关于进一步加强和完善城镇保障性住房建设和管理的意见》，提出积极推进投资主体多元化，在政府主导下积极引入市场机制，遵循"谁投资、谁持有、谁经营、谁受益"的原则，实现投资主体多元化；加快各类保障性住房的并轨管理。通过实行"租补分离、分类补贴"，实现廉租住房、公共租赁住房的并轨管理运行；探索建立保障性住房建设资金回收机制，允许保障性住房租赁一定年份后向承租家庭分批出售部分房源；逐步扩大保障范围，各地在对已纳入住房保障范围的低收入家庭实现应保尽保的基础上，逐步把自治区经济社会发展需要的各类专业人才、新就业人员和有稳定职业并在我区连续缴纳社会保险费达到一定年限的外来务工人员纳入住房保障范围。

【保障性住房建设管理】 组织开展全区保障性住房建设巡查工作，特别是把保障性住房分配和入住率的提高作为巡查的重点加以检查。通过巡查，全面了解和掌握2013年全区保障性住房项目落实情况实施进度、信息公开情况、分配和管理情况以及存在的问题，并以此为依据加大对全区保障房建设项目的调度力度。特别是对包头市北梁棚户区改造工程给予更加密切的关注，及时掌握工程进展情况，并积极帮助协调解决工程实施过程中遇到的困难。

【住房公积金监管】 2013年，住房公积金覆盖面进一步扩大。全区归集职工数达227.08万人，同比增长12.98%，缴存总额为1119.68亿元，累计提取359.03亿元，个人贷款余额433.95亿元。开展对住房公积金支持保障房建设项目督查，指导包头、呼伦贝尔、呼和浩特市住房公积金支持保障房建设贷款第二批试点工作，已有5.4亿元公积金贷款核拨到建设项目上。督促盟市开通使用12329住房公积金热线，已有10个盟市建成使用。理顺旗县住房公积金管理机构，乌兰察市通过《乌兰察布市各旗县市区住房公积金管理机构上划实施方案》，标志着全区12个盟市的旗县区住房公积金管理实现"四统一"。

城乡规划

【城乡规划编制和审查】 开展内蒙古自治区城镇体系规划修编的评估工作，编制《内蒙古自治区城镇体系规划（2003—2020）实施评估报告》，着手开展自治区城镇体系规划修编工作。阿拉善盟、锡林郭勒盟对城镇体系规划进行修编。呼和浩特市、包头市城市总体规划修改稿已报住房城乡建设部，赤峰市、科尔沁镇等9个城市、7个城镇对总体规划进行修编。要求2011年自治区人民政府批准设立的各类园区尽快编制总体规划，指导各盟市开展控制性详细规划编制及城市设计工作，建立自治区厅际联席规划行政审查会议制度，对除报自治区规委会审议的城市总体规划的各类规划进行联合审查。

【特定地区的规划管理】 研究制订《特定地区规划管理办法》和《特定地区规划编制导则》，对国家、自治区确定的开发区、边境口岸、独立工矿区规划编制和实施进行有效管理。

城市建设与市政公用事业

【城镇化研究】 对全区的城镇化问题进行深入系统的调查研究，向自治区党委、政府提交《全区推进城镇化情况调研报告》、《全区县域城镇化专题调研报告》，在《内蒙古自治区推进新型城镇化建设指导意见》的起草工作中发挥重要作用。2013年全区城镇化率达到58.7%。

【开展"城市建设管理年"活动】 根据2012年对全区各盟市"城市建设管理年"工作的实际考核情况，2013年调整"城市建设管理年"活动考核细则，增加城市规划等方面的考核内容，下发《关于

2012年内蒙古自治区城市建设管理年活动年中考核检查情况的通报》《关于印发2013年内蒙古自治区城市建设管理年活动考核细则的通知》，召开全区城市建设管理工作座谈会和全区"城市建设管理年"活动表彰会，内蒙古自治区人民政府副主席王波出席会议并讲话。

【市政公用事业】 组织开展旗县以上城镇供水、集中供热老旧管网改造、地下综合管廊建设等专项规划的编制工作，充实完善城镇市政公用基础设施建设的项目库。加大城镇市政公用基础设施投资建设力度，全年完成投资666亿元。全区建成污水处理厂107座、垃圾处理场86座，新增城镇道路600公里、公园绿地面积1500公顷、供热面积5000万平方米，各项城建指标均有较大幅度的提高，城镇承载力进一步增强。建立全区饮用水供水水质安全厅际联席会议制度，开展旗县供水水质普查。推动供热计量改革，在呼和浩特市开展"煤改气"试点工作。积极开展污水管网建设，中央补助资金到位9.95亿元；完善污水收集系统，开展污水处理厂处理水质普检工作，全区城镇污水处理率可达85%以上。开展城市生活垃圾填埋场等级评定工作，对全区存量垃圾的治理进行了摸底。加强对城市执法行政管理工作的指导。城市出入口道路交通环境综合治理工作全面启动。自治区政府印发实施方案，全区89个城镇对180个城市出入口进行整治，其中41个已完成整治，完成投资32亿元。

【城镇供水】 2013年，全区城镇供水普及率达到91.5%。自治区住房和城乡建设厅编制自治区"十二五"城镇供水设施建设规划，指导各盟市、旗县编制城镇供水专项规划，明确远期建设目标和近期建设任务。各地积极拓展融资渠道，加大投资力度，全区已完成城镇供水设施建设投资35亿元，较2012年增加1.14亿元。建成区供水管网密度达到9公里/平方公里，总长度达到2万公里。加强供水设施的管理与维护，努力降低供水管网漏损率。积极开展城镇供水规范化管理考核工作，对不合格单位进行约谈。按照《住房城乡建设部办公厅关于开展2013年度供水水质督察工作的通知》，对全区所有旗县供水水质进行普查。建立供水水质监测厅际联席会议制度，联合环保厅、卫生厅出台《关于建立全区饮用水供水水质安全监督厅际联席会议制度的通知》，建立"从水源水到水龙头水"的供水水质检测网络和预警体系，自治区住房和城乡建设厅负责组织辖区内各级水质检测站做好水质检测，协调被检城镇供水主管部门和供水企业做好样品采集、水质检测的配合工作，负责对全区城市供水水质进行行业监督；自治区卫生厅负责对饮用水卫生监督检查工作；自治区环保厅牵头组织有关部门监督管理自治区饮用水水源地环境保护工作，负责对水源地污染情况的调查和处理，负责事故发生地及周边环境监测和实时报告。加快水质检测机构建设，自治区供排水检测中心有79项指标已通过自治区的计量认证。

【城镇污水和生活垃圾无害化处理】 2013年，全区城镇污水和生活垃圾无害化处理率已达到85%，污水处理设施负荷率达到72.02%；盟市所在地生活垃圾填埋场无害化基本达到国家二级标准。全区安排污水、垃圾处理设施建设补助资金6000万元，完善监管机制，强化指导力度，督促各盟市加大资金投入，加快施工进度，指导运营单位完善管理制度，规范运行管理。截至2013年年底，全区完成污水处理配套管网建设5678.08公里，建成城镇污水处理厂107个，投入运营102个，形成污水处理能力264.35万吨/日。全区已建成生活垃圾无害化处理场86座，总处理能力为15549吨/日。

【园林绿化】 2013年，全区人均公园绿地面积达到14.7平方米，建成区绿化覆盖率达到30.43%，建成区绿地率达到26.84%。以自治区政府名义下发《关于进一步加强城镇园林绿化工作的指导意见》。筛选建立自治区园林绿化专家库，对部分市（旗、县）《城市园林绿地系统规划》进行评审。开展自治区园林城市（县城）创建活动，2013年有5个市、11个旗县达到自治区级园林城市（县城）标准。组织召开全区城市园林绿化工作现场会。参加第九届中国（北京）国际园林博览会。开展自治区首届园博会的前期筹备工作。对全区城市公园建设管理情况进行专项检查，制定《自治区城市园林绿化管理办法》，督促各地加大资金投入，加强园林绿化企业的管理。完成额尔古纳市国家城市湿地公园申报以及额尔古纳市自治区级风景名胜区的审批工作，经住房和城乡建设部批准，额尔古纳市湿地公园确定为国家城市湿地公园。

村镇规划建设

【农村牧区危房改造】 2013年，改造完成农村牧区危房12.75万户，比国家下达的9.1万户改造任务多出3.65万户，国家下达补助资金11.76亿元，自治区补助资金9.3亿元。2013年3~5月，全区分旗县、盟市、自治区三级对2009~2012年各地的农村牧区危房改造工作进行全面检查，7月份召开全区危房改造总结会议，通报检查情况。全面总结乌兰察布市建设农村牧区互助幸福院的经验，探索在贫困地区进行危房改造的路径，住房和城乡建设部在乌兰察布市召开全国农村危房改造工作现场会，充分肯定并推广幸福院工程的做法。五原县、四子王旗、科左后旗等地，结合农村牧区危房改造进行村庄整治，取得突出成效。

【重点镇的规划建设】 对全区重点镇进行重新调整，对249个镇区常住人口达到一定规模、区位优势明显、经济发展潜力大、服务功能较完善、规划管理水平较高、规划建设机构完善的镇列入自治区级重点镇。按照国家开展全国重点镇增补调整的工作要求，按照原则上对每个旗县选择一个旗县所在地镇和一个基础条件较好的一般建制镇申报国家重点镇，共选出178个镇上报住房城乡建设部。积极加强重点村镇规划编制工作，全区249个重点镇规划编制已完成221个。

【传统村落规划编制】 进行全区传统村落的普查和组织申报工作，包头市土默特右旗美岱召镇美岱召村等8个村落入选国家传统村落名录。自治区住房和城乡建设厅在额尔古纳市就8个传统村落规划编制工作召开专题会议。编制完成传统村落规划大纲。

【自治区村庄规划试点】 在住房城乡建设部开展全国村庄规划试点工作中，赤峰市敖汉旗四家子镇热水汤村入选国家试点，热水汤村的规划编制在国家组织的34个国家试点规划成果评选中综合得分获得并列第二名。在全国率先开展自治区级村庄规划试点工作，呼和浩特市土默特左旗塔布赛村等12个村庄列入自治区村庄规划试点。

【美丽宜居村镇】 开展自治区级美丽宜居小镇、美丽宜居村庄示范工作，呼伦贝尔市扎兰屯市柴河镇等8个镇和包头市土默特右旗美岱召镇沙图沟村等6个村入选第一批自治区级美丽宜居小镇、美丽宜居村庄示范点，并进行规划编制和修编工作，2014年将全部完成。开展优秀村镇规划成果评选和示范工作，鄂托克旗乌兰镇控制性详细规划等4个规划成果体现绿色低碳、生态环保、节约集约、宜居宜业、特色鲜明的发展目标，分获自治区小城镇优秀规划二等和三等奖，为全区村镇规划的编制工作提供示范。

【小城镇建设奖励】 完成自治区小城镇建设奖励申报工作，根据各盟市小城镇建设领导小组的评选和申报结果，确定2013年度全区小城镇建设奖励分配方案，采取以奖代补的方式，对土默特左旗察素齐镇敕勒川大街道路改造等37各项目给予自治区小城镇建设奖励。确定2个自治区小城镇建设帮扶项目，分别是鄂伦春自治旗阿里河镇龙华路续建工程和莫力达瓦旗尼尔基镇巴特罕大街5期工程。开展第三批全国特色景观旅游名镇、名村的组织申报工作。进一步加强村庄整治示范工作，对赤峰市翁牛特旗的村庄整治试点工作进行阶段性检查验收。

工程质量与安全监督

【电子招标投标工作】 按照《关于在全区开展房屋建筑和市政工程电子化招标投标工作的通知》《关于贯彻落实国家八部委20号令的通知》要求，开展房屋建筑和市政工程项目电子招标投标工作。目前实行电子化招投标的单位和地区有自治区建设工程招标投标服务中心、包头市、鄂尔多斯市和满洲里市，巴彦淖尔市、锡林郭勒盟正在开发中。据不完全统计，2013年全区进场交易工程6319项，交易额1421亿元(其中外进队伍中标1589项，交易额488亿元)。截至12月31日，自治区招投标服务中心完成招标项目604项，交易额207亿元(其中电子招投标194项，交易额75亿元；外进队伍中标326项，交易额116亿元)。进一步完善电子招标、投标、清标、评标、行政监督等系统，调整优化工作流程。目前房屋建筑和市政工程施工及监理招标已全部实现电子招标投标。组织编制《电子化招标投标系统评标专家培训讲义》、《电子化招标投标系统招标代理操作手册》和《电子化招标投标系统投标人指南》等教材，举办6期培训班，培训约1000人。

【工程建设行业标准化管理】 组织编制《EPS模块外保温工程技术规程》等4本规程。编制和完善房屋修缮、园林养护等工程的预算定额，制订《建设工程工程量清单计价实施细则》，大幅调增定额人工工资单价。

【工程质量管理】 采取有效措施推进施工现场远程视频监控工作，制定下发《关于开展房屋建筑和市政工程施工现场远程视频监管工作的通知》《内蒙古自治区房屋建筑和市政工程施工现场远程视频监管系统建设工作实施方案(试行)》《关于开展内蒙古自治区房屋建筑和市政工程施工现场远程视频监管推行情况统计工作的通知》，建立统计月报制度。全区房屋建筑工程已实施远程视频监控项目266项，监控面积约900万平方米。开展创建优质工程活动，完成2012年度"草原杯"优质工程和自治区优质样板工程评选活动，有20项工程荣获"草原杯"工程质量奖，78项工程荣获自治区优质样板工程称号。

组织开展全区质量监督人员和工程监理人员培训、考核、发证工作。举办四期《预拌混凝土技术管理规程》培训班，培训约1500人。部署开展全区保障性安居工程质量安全自查自纠工作，共自查保障性安居工程246项，1289万平方米，下发整改通知书272份。在此基础上组织开展全区建筑市场和工程质量监督执法检查，共检查房屋建筑工程90项（其中保障性安居工程33项，公共建筑21项，房地产开发项目36项），责令停工整改14项（其中下发执法建议书2份），检查情况在全区进行通报。依法查处在招投标活动中有违法违规行为的招标人1家，招标代理机构1家，评标专家7家，并给予全区通报批评。

建筑业发展

【建筑业企业发展】 依据《内蒙古自治区建筑业发展"十二五"规划》的总体要求，结合全区建筑业企业实际经营状况和管理水平，积极引导区内企业根据市场需求进行资质结构调整，整合资源，发挥优势，拓展市场空间，提高市场竞争力和占有率，实现逐步做大做强的目标。2013年，面对房地产业发展趋缓带来的开工不足对建筑业的深度影响和区外队伍的强势竞争，积极引导和鼓励企业调整产业结构，深挖内部潜力，实现多元化发展，扩大经营范围，全力支持具备条件的企业提高资质等级、增项和根据市场需求多元化发展，使全区建筑业继续保持健康平稳的发展态势。

全年向住房和城乡建设部申请资质19家22项，其中特级资质1家已获批。截至2013年年底，全区建筑业企业已达到2800余家，其中一级企业100家，二级企业520家，实现年度新增10家一级企业的目标，并提前两年完成到"十二五"末总承包和专业承包一级、二级企业指标（"十二五"末达到一级企业100家、二级企业500家）。

2013年，在重点提升房建企业资质等级的同时，努力支持市政、交通、水利等专业工程施工企业发展，推动建筑业企业根据市场需求，快速调整队伍资质结构。全区建筑业企业资质新审批企业285家，其中公路26家，水利53家，市政37家共计116家，占资质审批企业总数的40.7%。全区二级以上资质企业数量在不断增加，公路、水利等专业资质得到较快发展。

2013年，全区完成建筑业总产值1540.48亿元，同比增长7.4%；增加值完成139.79亿元，增长7%；本土企业在区外承揽施工任完成83亿元。伴随建筑企业的发展，建筑业专业技术人员数量也大幅度增长，截至12月末，全区新增注册建造师4530人，其中一级617人，二级3913人。

【建造师培训】 根据《内蒙古自治区住房和城乡建设厅关于全区一级、二级注册建造师继续教育培训有关问题的通知》要求，各盟市陆续成立注册建造师继续教育组织机构。2013年3月25日，召开各盟市二级注册建造师继续教育工作会议，对全年工作进行安排，并提出相应要求。截至12月，二级注册建造师继续教育培训分别在12个盟市开设班次45期，共计培训学员15663人，全面完成全区二级注册建造师的继续教育培训计划。同时，配合中建协在呼和浩特市、鄂尔多斯市和包头市开展建筑工程专业一级注册建造师继续教育培训班3期，培训学员917人。

【建筑奖项】 通过组织推荐"2012～2013年度中国建设工程鲁班奖"，内蒙古巨华集团大华建安公司施工的巨华国际大酒店、内蒙古兴泰建筑公司施工的内蒙古医院住院楼B座、赤峰鑫盛建筑公司施工的呼伦贝尔市人民医院医技病房综合楼、河北建设集团施工的鄂尔多斯机场改扩建新航站楼以及二冶集团内蒙古广厦建安公司施工的包钢159毫米热轧无缝钢管生产线置换大H型钢生产线工程5项工程被评为国家建设工程"鲁班奖"。内蒙古农村信用社联合社综合楼1号楼、巴彦淖尔市新闻大厦、乌海市妇儿保健中心门诊楼和住院楼、通辽市科尔沁区第一人民医院门诊楼、包头市体育中心～体育场5项工程获得中国施工企业管理协会2012～2013年度国家优质工程奖。兴泰公司第五次被全国工商联评为2013年中国民营企业500强，成为内蒙古唯一上榜的建筑施工类企业；包头兴业公司获得自治区工程施工类主席质量奖；内蒙古建业协会2013年荣获"全国建筑行业先进协会"称号。

【安全生产标准化】 建筑施工安全工作以"夯实安全基础、转变监管方式、注重安全实效"为工作思路，坚持"安全第一，预防为主"的工作方针，围绕认真落实各方主体责任，大力推进安全生产标准化建设，深入开展隐患排查和打非治违工作，加大违法违规查处力度等工作重点，抓落实，求实效。根据各盟市建设行政主管部门建筑安全事故快报统计，截至2013年年底，全区发生安全事故13起，死亡14人，未发生重特大事故，在全国30多个省市区中排25位。建筑安全工作整体监管水平保持稳定。

为切实做好安全生产工作，陆续出台下发《内蒙古自治区建筑施工安全标准化示范工地评选办法》、《内蒙古自治区优秀建筑施工安全监督机构及优秀安全监督人员评选考核办法》、《内蒙古自治区绿色施工管理办法》、《内蒙古自治区建筑施工安全管理目标考核办法》、《2013年内蒙古自治区房屋建筑和市政工程施工安全事故隐患排查治理工作方案》、《内蒙古自治区房屋建筑和市政工程施工安全执法督查工作方案》、《深化预防施工起重机械脚手架等坍塌事故专项整治工作方案》和《关于开展建筑施工安全生产大检查安全隐患大排查的紧急通知》、《关于开展2013年住房城乡建设系统"安全生产月"活动的通知》、《关于切实抓好食品行业安全生产工作的紧急通知》、《对外投资合作境外安全事件应急响应和处置规定》、《关于做好建筑企业跨省承揽业务监督管理工作的通知》、《关于做好冬期建筑施工安全工作和立即开展安全隐患排查治理工作的通知》等一系列文件，同时出台《内蒙古自治区房屋建筑工程施工现场安全技术资料管理规程（试行）》《内蒙古自治区建筑施工安全标准化图集》两个准地方性标准规范，这些措施、要求和技术规范、标准，对确保建筑业安全生产发挥积极有效的作用。

【工程质量检查】 按照《国务院办公厅关于集中开展安全生产大检查的通知》（国办发明电〔2013〕16号）及《住房和城乡建设部关于进一步做好住房城乡建设系统安全生产工作的通知》（建质电〔2013〕11号）以及《内蒙古自治区人民政府办公厅关于开展全区安全生产大检查的通知》（内政办发电〔2013〕31号）、自治区安委会《关于对全区安全生产大检查开展情况进行督查的通知》要求，2013年5月起到9月底，陆续组织开展全区住房城乡建设系统多层面的安全生产督查与检查。为切实使安全生产大检查工作落到实处并取得实效，依照国务院、住房和城乡建设部和自治区安委会要求，针对安全生产督查与检查工作制定《内蒙古自治区房屋建筑和市政工程施工安全执法督查工作方案》《关于开展建筑施工安全生产大检查安全隐患大排查的紧急通知》，对大检查的工作步骤、检查内容、时间要求等做了细致务实的部署。

【安全标准化工地】 2013年以来，以建筑施工安全标准化示范工地建设为突破口，不断提高施工现场安全生产标准化水平，积极组织企业开展区内外安全生产现场学习观摩，8月16日组织300多人观摩内蒙古二建公司承建的内蒙古煤田科技中心和内蒙古建设广场安全标准化工作现场，区外赴陕西观摩5个施工现场。积极推动企业创新安全生产管理方式，切实抓好《内蒙古自治区建筑施工安全标准化示范工地评选办法》《内蒙古自治区优秀建筑施工安全监督机构及优秀安全监督人员评选考核办法》落实工作，形成覆盖监督管理机构、建筑业企业、工程项目管理的全面的建筑安全标准化考核体系。全区各盟市以安全标准化施工为建筑安全管理切入点，采取典型引路、样板先行的办法，调动引导企业积极创建安全标准化工地，企业创建安全标准化工地的主动性有所加强，安全标准化工地覆盖率有所增加。内蒙古自治区已有16项工程荣获国家AAA级安全文明标准化诚信工地称号。

按照《国务院安委会关于深入开展企业安全生产标准化建设的指导意见》和《住房城乡建设部办公厅关于开展建筑施工安全生产标准化考评工作的指导意见》相关精神，制定《关于进一步推进全区建筑施工安全标准化工作的通知》、《内蒙古自治区建筑施工安全标准化示范工地评选办法（试行）》（内建建〔2013〕141号）等一系列指导性文件，并陆续组织编制全区建筑施工现场安全管理规范化、标准化图集，为规范建筑施工安全标准化工地的实施、检查、评审提供依据，进一步明确指导思想，确定工作目标，提出具体措施。截至2013年年底，全区共上报创建自治区级建筑施工安全质量标准化示范工地472个，盟市级建筑施工安全标准化示范工地达到1148个，全区建筑施工安全文明施工水平明显提高。

【勘察设计行业发展】 推进以产权制度为核心的勘察设计单位改革，培养发展实力雄厚的勘察设计企业。完善施工图审查制度，信息管理系统已完成调试。对新建重点工程、生命线工程和易产生严重次生灾害的工程进行抗震设防专项审查。全区新建工程抗震设防审查率达100%。对9个超限高层建筑工程项目进行抗震设防专项审查，加强全区超限高层建筑工程抗震设防管理。推动建筑设计、装修设计一体化、精细化，组织编制《住房小区开发标准》和《成品住房装修技术标准》地方规范。推广应用高强钢筋，确定呼和浩特、包头、鄂尔多斯、赤峰市为示范城市，包钢集团为示范企业，全区高强钢筋应用比例达80%以上。完善施工图审查制度，实现施工图审查机构向事业性质转变

【建设工程社保费管理】 内蒙古自治区建设工程社会保障费管理以"关注民生、服务发展"为主线，积极创新建设工程社保费监管模式，筹集收缴额持续增长。资金的收缴、使用和管理步入制度化轨道，公开、公正、透明的调剂模式基本建立。2013年全区共收缴建设工程社保费221276.6万元，

划拨10.46亿元。其中直属项目收缴40项，收缴金额9274.32万元，划拨33项，划拨金额3249万元。区内注册企业共630家，在册人员12.6万人，临聘人员25.35万人，参保人员9.99万人，参保费用5.96万元。

2013年5月，组织呼和浩特、包头、鄂尔多斯等有关盟市管理机构负责人，参加中国建设劳动学会组织召开的建设劳动学会五届八次全会暨建筑业劳动保险研讨会。组织研发全区"建筑业从业人员实名制综合信息管理系统"。11月，系统经过初步验收并上线运行，开始进行企业基本信息注册工作。该系统把建设工程社会保障费管理、农民工工资保障金管理、从业人员实名制管理、建设职工技能培训与鉴定管理四项基本职能进行有机整合，以推进社保费有效使用，防止拖欠农牧民工工资、保障建筑劳务从业人员合法权益作为系统开发的出发点和落脚点，是对党的群众路线教育的一次重要实践。认真执行农民工工资保障金制度。全区2013年共收缴农民工工资保障金62203.6万元，退还23767.4万元。经各级人社和建设主管部门审核，使用保障金4393.4万元，对涉及拖欠工资的3408项工程进行处理，为保障施工现场一线劳务人员合法权益，维护社会稳定作出应有贡献

建筑节能与科技

【新建建筑执行节能设计标准】 加强建筑节能监督管理，健全建筑节能监督检查机制，严格执行居住建筑和公共建筑节能设计标准。新建建筑能效测评工作全面启动，11月引进中国建筑科学研究院软件所编制的能效测评软件，对员工进行操作培训，现已经完成呼和浩特市近20万平方米的居住建筑能效测评工作。全区城镇新建建筑设计阶段节能强制标准执行率达到100%，施工阶段节能强制性标准执行率达到98%以上。

【既有居住建筑供热计量及节能改造】 2013年全区下达改造计划任务1061.4万平方米，中央下达补助到位资金3.8亿元，落实自治区配套资金5.6亿元，合计资金9.47亿元，超额完成年度计划任务。将节能改造与老旧小区综合整治相结合，在节能改造的同时要求地方政府安排相应资金对小区的水、电、气、热、通信等管线和绿化、景观、道路、消防、监控、垃圾处理等也进行相应的改造，既有居住建筑节能改造工程全部纳入当地工程建设监管程序，进入有形建筑市场参加招投标，工程质量安全监督管理纳入当地建设主管部门。组织全区建筑节能专项检查，向各盟市派驻质量督查小组，对2011～2013年实施的改造工程项目进入现场进行工程前期资料和施工阶段工程质量监督检查。制定全区既有建筑节能改造施工技术导则，与自治区财政厅联合下发《关于组织开展建筑节能项目和资金专项核查的通知》（内财建〔2013〕1393号），委托相关中介机构和自治区建筑能效测评总站开展全区建筑节能项目和资金专项核查。与监察厅、公安厅、工商局、质量技术监督局等五家联合发文《关于开展既有居住建筑节能改造工程质量联合检查的通知》（内建科〔2013〕593号），组织开展既有居住建筑节能改造工程质量联合检查。

【可再生能源建筑示范应用和节约型校园组织实施建设情况】 全区共有国家可再生能源建筑示范市4个，国家可再生能源建筑应用示范县14个，国家可再生能源建筑应用集中连片示范镇1个，国家太阳能光电建筑应用示范项目47个，国家可再生能源建筑应用科技及产业化项目1个。共有8所高等院校列入国家节约型校园节能监管体系建设示范院校。

【绿色建筑】 2013年1月，区住房和城乡建设厅代表自治区政府与各盟市行署、政府签订工作责任状，签订开发量263.8万平方米，明确各地区绿色建筑发展目标和工作任务。组织全区各盟市住房和城乡建设局（委）、住房保障和房屋管理局、房地产企业、区内高等院校、科研单位和绿色建筑专家等400多有关人员参加第九届绿色建筑与节能大会暨新技术新产品博览会。2013年度3个项目的设计方案通过自治区的绿色建筑评价标识专家委员会专家评审取得绿色建筑二星评价，已公示并报住房和城乡建设部备案。将聚苯板"EPS"模块建筑节能技术和节能体系列为内蒙古自治区区重点推广对象，在新建建筑和既有建筑改造项目中，实行热表统一安装，为推行计量供热创造条件。

【国家智慧城市试点申报】 组织专家组对鄂尔多斯市东胜区、呼伦贝尔市海拉尔区、包头市石拐区申报创建国家智慧城市发展规划纲要进行初审，经住建部评审，被批准为第二批创建国家智慧城市试点。组织人员和专家参加住房和城乡建设部信息中心等五部门举办的"第八届中国智慧城市建设技术研讨会暨设备博览会"，取得很好的效果。

城乡建设稽查执法

2013年3月，经内蒙古自治区编办批准，在自治区建筑节能监督管理中心加挂内蒙古自治区住房和城乡建设稽查执法总队牌子，设立为全额拨款事

业单位，内设规划稽查科、房地产市场稽查科、建筑市场稽查科三个科室。为稽查执法总队核定事业编制15个。

【制度建设】 为了促进依法行政，规范稽查执法程序，加强队伍管理，住房和城乡建设厅建立完善稽查执法总队《工作制度》、《上岗培训制度》、《岗位轮换与竞争上岗（竞聘）制度》、《调查研究制度》、《工作考核与奖惩制度》、《稽查执法责任及追究制度》、《案卷规范与归档制度》、《文明执法规定》、《投诉举报受理处理规程》等制度。

【投诉举报和案件稽查】 2013年，共办理各类投诉举报案件31件，包括新受理案件22件，2012年结转案件9件。其中部稽查办转办案件25件，信访办转办案件2件，住房和城乡建设厅直接受理的投诉举报案件4件。在案件查处过程中，厅直接组织调查2件，转请盟市调查处理29件。截至年底，已办结18件，另有4件基本办结。

【城乡规划督察】 2013年7月1日起施行《内蒙古自治区城乡规划条例》，纳入城乡规划督察员制度。在区内调研的基础上草拟《内蒙古自治区住房和城乡建设厅城乡规划督察员管理暂行办法》和《内蒙古自治区城乡规划督察工作规程》。

大事记

1月

4日 自治区住房和城乡建设厅就内蒙古自治区农村牧区危房改造工作向住房和城乡建设部作出请示。

9日 自治区住房和城乡建设厅向国家住房和城乡建设部申报额尔古纳市新区为"低碳、生态试点城（镇）"。

15日 自治区人民政府召开全区住房和城乡建设工作会议。

23日 自治区住房和城乡建设厅向各盟市通报内蒙古第二建设股份有限公司建发分公司骗取和挪用建设工程社会保障费情况。

23日 自治区人民政府召开全区保障性安居工程建设工作会议。会议通报各盟市城镇保障性安居工程进展情况及今后的任务。

25日 自治区住建厅电传各盟市关于督促做好2013年春节前工程款和农民工工资支付工作的紧急通知。

2月

1日 自治区住房和城乡建设厅、自治区文物局联合转发《历史文化名城名镇名村保护规划编制要求》（试行)的通知。

5日 自治区住房和城乡建设厅印发《盟市党政领导班子开展2012年度城镇污水和生活垃圾无害化处理率、实绩分析、指标评价办法》。

19日 自治区住房和城乡建设厅批复《锡林郭勒盟多伦诺尔镇、阿尔山市城市供热规划（2012—2030年）》。

20日 自治区住房和城乡建设厅公布2012年度内蒙古自治区"草原杯"工程质量奖和自治区优质样板工程评审结果。

26日 自治区住房和城乡建设厅转发住房和城乡建设部《关于组织开展保障性安居工程和城市轨道交通工程质量安全监督执法检查工作的通知》。

3月

14日 自治区住房和城乡建设厅印发《内蒙古自治区城市地下综合管廊建设技术导则(试行)》。

26日 自治区住房和城乡建设厅印发《内蒙古自治区房屋建筑和市政工程施工现场远程视频监管系统建设工作实施方案（试行）》。

26日 自治区住房和城乡建设厅对呼伦贝尔市、乌兰察布市2012年保障性住房项目予以备案批复。

26日 自治区住房和城乡建设厅提请自治区人民政府办公厅修订《内蒙古自治区建设工程社会保障费筹集管理办法实施细则》的报告。

4月

7日 自治区住房和城乡建设厅提请自治区人民政府关于印发《关于推进住宅装修工作的实施意见》。

9日 自治区住房和城乡建设厅向自治区人大常委会环境资源城乡建设委员会报送关于制定《内蒙古自治区国有土地上房屋征收与补偿条例》的意见。

5月

13日 自治区住房和城乡建设厅印发《自治区住房和城乡建设厅2013年政风行风建设工作要点》。

13日 自治区住房和城乡建设厅成立自治区住房城乡建设系统重大项目领导小组。

22日 自治区住房和城乡建设厅通报巴彦淖尔市房屋产权交易登记中心被评为全国房地产交易与登记规范化管理先进单位。

22日 自治区住房和城乡建设厅向自治区人大政府申请印发《关于进一步加强城镇园林绿化工作的指导意见》。

27日 自治区住房和城乡建设厅批复内蒙古自

治区妇幼保健院儿童医院项目选址意见。

29日 自治区住房和城乡建设厅批复内蒙古自治区人民检察院司法监察中心综合实验楼项目选址。

6月

13日 自治区住房和城乡建设厅对呼和浩特市、包头市、二连浩特市2012年保障性住房项目予以备案批复。

13日 自治区住房和城乡建设厅对鄂尔多斯市、巴彦淖尔市、通辽市、二连浩特市2013年保障性住房项目予以备案批复。

13日 自治区住房和城乡建设厅提请自治区人民政府印发《关于加强全区城市出入口道路交通及环境综合整治的实施方案》的请示。

7月

1日 印发关于《内蒙古自治区容积率计算规划》(试行)的通知。

16日 印发《关于开展全区建筑市场和工程质量监督执法检查工作的通知》。

8月

5日 自治区住房和城乡建设厅对通辽市科左后旗2013年城市棚户区项目予以备案批复。

9月

15日 自治区住房和城乡建设厅命名土默特右旗等11个旗县为自治区园林县城。

16日 自治区住房和城乡建设厅命名呼和浩特市、赤峰市、二连浩特市、额尔古纳市、锡林浩特市5城市为自治区园林城市。

25日 组织相关单位编制完成《住宅小区开发建设标准》和《成品住房装修标准》两项地方标准,现正式发布并批准实施。

30日 自治区住房和城乡建设厅下放城市园林绿化企业资质审批权限。

10月

9日 自治区住房和城乡建设厅向住房和城乡建设部报送内蒙古自治区城镇燃气老旧管网改造项目。

9日 向住房和城乡建设部报送内蒙古自治区北方采暖地区集中供热老旧管网改造项目。

14日 开展对驻呼和浩特市自治区直属单位在职人员住房补贴摸底调查工作。

28日 通报全区预拌混凝土用外加剂质量检查情况。

29日 自治区住房和城乡建设厅批复鄂尔多斯市乌审旗、通辽市库伦旗、奈曼旗城市棚户区改造项目纳入全区2013~2017年城市棚户区改造规划。

11月

18日 公布《自治区住房和城乡建设厅继续有效、废止和失效及拟修改重新公布的规范性文件目录》。

26日 印发《内蒙古自治区建设工程工程量清单计价规范实施细则》。

28日 自治区住房和城乡建设厅提请自治区人民政府修订《内蒙古自治区建设工程社会保障费筹集管理办法实施细则》。

12月

23日 2013年自治区下达呼市保障房建设任务15430套。到11月底实际开工各类保障房9349户,开工率为132%。各类保障性住房建设与分配均取得实施。

27日 开展全区城市燃气管网事故隐患排查及整治工作。

(内蒙古自治区住房和城乡建设厅)

辽 宁 省

概况

2013年,辽宁省住房和城乡建设系统以扎实开展党的群众路线教育实践活动为牵引,求真务实、团结奋斗,使全省建设工作再创佳绩。全省保障性安居工程连续三年超额完成国家下达的任务;推进城镇化逐步深入;认真贯彻落实国家房地产调控政策,房地产业保持平稳健康发展;建筑业做大做强实现新突破；城市基础设施建设进一步加强，城市功能有力提升；县城建设不断改善；农村环境治理成效显著；供暖水平进一步提升；住房公积金进一步惠民；生活垃圾处理体系不断完善；规划编制和管理水平有所提高；地下管网功能进一步提升；建筑节能和地源热泵深入推广。

【为全省经济发展提供强劲动力】 辽宁省全年完成建筑业总产值8700亿元、同比增长16%，实现增加值1800亿元、同比增长11%，建筑业企业达到9500多家。沈阳市现代建筑产业成为转型发展新方向。全省投资1000亿元加快城市基础设施建设，城市功能有力提升。全省供水普及率98.96%，燃气普及率96.06%，新增绿地面积3280公顷，建成区绿化覆盖率40.93%。紧抓县城发展良好机遇，持续加强县城建设，县城面貌不断改善。全省实施县城建设项目2800多个，完成投资2300亿元，占全年计划的106%，同比增长30%。

【为全省民生改善作出有力保障】 保障性安居工程连续三年提前超额完成国家任务。全省农村环境治理工作全面启动，辽宁省政府下发《关于全面开展农村环境治理的实施意见》，各市政府共投入80亿元，加快农村环境治理步伐。同时，全省村庄亮化工程全面启动。全年全省农村积存垃圾基本清理完毕，2000多个行政村完成治理任务，约占全省总数的20%。认真贯彻落实省政府"蓝天工程"工作部署，继续推进集中供热，深入开展民心网群众评议供暖活动，供暖满意度稳中有升。全年拆除小锅炉房347座、锅炉503台，完成新改扩建热源厂38个；城市集中供热率92.7%。住房公积金异地贷款工作深入推进，大连、丹东、朝阳市作为住房公积金贷款支持保障房建设试点城市，发放贷款29亿元；沈阳市在全国率先实现军队职工住房公积金属地化管理。开展垃圾处理场等级评定工作，全省垃圾处理体制机制逐步健全。全年新增垃圾无害化处理厂17座，生活垃圾无害化处理率90%。大连市生活垃圾焚烧处理典型示范作用明显。

【为全省社会进步打下坚实基础】 开展全省城镇体系规划编制工作；省政府与国家开行签署支持辽宁省推进新型城镇化合作协议；组织各市县建立城镇化融资项目库；继续推进城中村城边村改造；开展城镇化中涉及的户籍、土地、社保等13项改革问题调研，全年完成城中村城边村改造41万户。深入开展提高规划设计水平专项研究，提出"加强省级宏观指导、完善规划体系、提高行业队伍水平、增强规划刚性、严格监督检查"的工作思路和建议。

完成《沈抚新城总体规划》初步方案。加快地下管网普查、建设和改造步伐，为城市运行和发展以及人民群众生命财产安全提供有力保障。全年新建和改造供水管网1400公里、排水管网500公里、供热管网1150公里、燃气管网570公里。沈阳、大连市分别建成20公里地下综合管廊，省内领先。新建建筑节能有力开展，既有建筑节能改造完成国家任务，公共建筑节能监管体系不断完善，地源热泵在建筑领域推广应用进一步加强。全年新建建筑节能标准执行率设计阶段达到100%，施工阶段达到99%；地源热泵应用707万平方米，同比增长48%，累计完成8700万平方米。

住房保障

【概况】 2013年，住房保障工作紧紧围绕国家任务指标，全力推进全省住房保障工作。通过加强计划管理、加大资金投入、确保土地供应、强化督察检查等措施，全省保障性安居工程进展顺利。国家下达给辽宁省2013年的任务是：新增17.3万套，其中，实物建房16.6万套；基本建成12万套（含结转项目）。截至2013年12月，全省完成新增任务17.3万套、实物建房任务16.6万套，完成基本建成任务13.6万套。

【纳入绩效考核】 年初进行任务分解，并与各市政府签订责任状，下达年度工作任务，统一纳入省政府绩效考核体系。分别在5、6月份召开全省保障性安居工程座谈会，对各地工作进行调度，督促项目尽快开工。并对全省项目进行拉网式检查，实地查看项目，随时发现问题，随时督促解决。并对项目建设用地实行计划单列，应保尽保。积极配合省发改委、省财政厅等部门争取国家各类补助资金约28亿元。2013年省级补助资金由年初安排的2.5亿元，增加到8.66亿元。

【强化监管措施】 开展质量监督执法检查，工程质量总体处于受控状态。但也存在一些质量通病，省厅对质量问题进行通报，提出加强质量监管的五项措施。及时分片召开保障性住房分配、管理工作座谈会。各地在继续完善分配工作"六公开一监督"的基础上，形成一整套申请、审核、轮候、分配、管理工作的流程和制度，通过加强制度建设，确保公平，力争实现"零投诉、零上访"。

【棚户区改造】 2013年全省棚户区改造计划是城市棚户区4.35万套，国有工矿棚户区2.53万套，合计占全省保障性安居工程总任务的39%。积极协调财政部做好城市棚户区补助资金核定工作，争取国家补助资金10亿元。按照国办发25号文件要求，组织开展调查摸底工作。初步核定，2013~2017年全省棚户区改造计划95.5万户。2013年5月，国务院棚改督查组对辽宁省给予充分肯定："态度坚决，措施有力，工作扎实，成效显著，总体进展是好的"。并在全国会议上介绍国有工矿棚改经验。

房地产业

【概况】 国家出台"国五条"，继续加大房地产市场调控力度。辽宁省认真贯彻落实国家房地产调控政策，坚决抑制房价过快上涨势头，房价基本保持稳定。2013年，全省开发投资6450.8亿元，增幅18.2%，增幅低于全国增幅19.8%的1.6个百分点；商品房销售面积9292.3万平方米，增幅5.3%，增幅低于全国增幅的17.3%的12个百分点；商品房销售额4759.2亿元，增幅9.1%，增幅低于全国增幅26.3%的17.2个百分点。指导各地做好老旧小区改造整治工作，2013年内完成500万平方米改造任务；完成住房维修资金和物业管理课题调研报告；物业管理、产权交易、房产评估、资质审批等各项工作有序推进。

建筑业

【概况】 2013年，辽宁省紧紧围绕"做大做强建筑业"的目标要求，高标准的创新思路，高效率地扎实工作，各项工作有序开展。全省建筑业完成建筑业总产值8743.4亿元，同比增长16.5%；实现增加值1759.2亿元，同比增长8.2%。2013年建筑业地税收入337亿元，同比增长8.9%，占全省比重13.8%，占二产比重40.5%。积极开展推进现代建筑产业发展相关研究工作。就如何发展辽宁省现代建筑产业问题进行深入研究，形成《关于推进辽宁省现代建筑产业发展的报告》。

【统筹规范指导】 辽宁省采取积极措施，克服季节影响的不利条件，开展冬期施工，抓项目早开复工，确保全省建设工程3月份全面复工开工。定期召开建筑业工作调度会，通报情况，部署工作，确保全年建筑业指标顺利完成。为推动建筑企业改革与发展，提升企业管理水平，召开部分骨干企业改革与管理经验交流座谈会，互相借鉴学习。为方便企业，制定建筑业企业资质审批工作流程。组织辽宁省14个市对全省建筑业企业进行动态核查，对审核中存在问题的企业逐一核实，限期整改。

【强化市场监管】 2013年，辽宁省推行简政放权，严格审批监管。向4个城区下放施工许可颁发权，全省颁发机构已达115家。2013年共核发许可3457项。对213个项目的施工许可审批情况进行抽查，对发现不严格踏勘、不规范备案、不控制监理取费、不按权限发放许可、许可要件不符合要求等6方面问题督促整改。起草制定《辽宁省建筑市场责任主体不良行为记录管理制度》和《不良行为类别及记分标准》，升级施工许可和监理企业两个管理系统，增加和完善互通、互联和查询等功能。积极推动监理行业发展。出台《关于加强监理合同备案管理的通知》，对超资质监理、低价竞标、规避招标、履职不到位等行为进行有效约束。加强监理资质审批管理，实施实地核查和业绩核查制度，监理资质结构进一步优化。开展建设工程社保费扩面征缴工作。组织省人社、财政、地税以及各市社保、造价等部门多次座谈，印发《关于进一步加强建设工程社保费扩面征缴工作的通知》，确保扩面征缴工作顺利完成。

【装饰装修行业】 2013年，辽宁省装饰装修产值为900亿元，同比增长36.2%。全省装饰企业2857家，2013年新增家装企业37家，家装企业共计1410家，家装市场逐步实现规范。编制行业规范标准，提高行业发展水平。组织编制《辽宁省装饰装修工程质量验收规程》，涵盖公装、幕墙、家装、古建、展陈和装修景观等六个专业类别。组织编制《装修环境污染验收规程》和《辽宁省住宅室内装饰装修工程施工合同》。加强市场引导，提升行业发展质量。组织评选和宣传全省装饰装修行业十强企业和建筑装饰大师，在行业内营造"评优创先"的良好发展氛围。开展全省装饰企业产值排名工作，引导企业申报产值。扶持优秀装饰装修企业资质升级和增项。实施行业动态考核，确保行业发展潜力。按照住房和城乡建设部要求，对人员、产值不达标的企业执行缓检和限期整改，对达不到资质标准的企业吊销资质证书。通过动态核查，淘汰一批达不到标准的企业，实现行业的优胜劣汰。

【规范跨省监管】 2013年，省住房城乡建设厅下发《关于省外施工企业跨省承揽业务有关监管工作的通知》，进一步明确监管思路。继续实施准入管理，做好监管工作；实施"三色通道"制度，对省外企业实行差别化管理，已为63家诚信情况良好的省外企业开辟"绿色通道"，优秀企业市场准入没有限制；按照住房和城乡建设部要求，只保留入省备案，取消入市备案；加强对已备案企业准入后市场行为的监管。支持省内企业"走出去"发展。继续授权各市建委代省厅为省内企业出省施工"一站式"

办理出省手续，方便企业参与省外工程投标；帮助省内企业获得《对外承包工程资格证书》，取得进入国际市场准入证。

【加强劳务管理】 2013年，省住房和城乡建设厅下发《关于规范劳务分包活动，促进劳务企业发展的指导意见》，将劳务分包活动纳入行业管理范围。实施劳务企业市场准入制度，无资质的企业或个人不能承揽劳务业务；劳务分包活动必须依法进行，施工企业只能将劳务作业分包给有资质的劳务企业；加强市场检查，严厉打击无资质企业或个人承揽劳务作业行为；简化劳务企业资质审批程序，发展劳务经济，扶持劳务企业发展。

推进新型城镇化

【县城建设】 按照"十八大"提出推进新型城镇化的工作要求，2013年在抓好城镇化常规工作的基础上，重点开展对新型城镇化的研究工作。起草全省推进新型城镇化意见；完成全省城镇体系规划编制前期研究，形成总体规划思路并向省政府作了汇报；积极协调促成省政府与国家开行签署支持辽宁省推进新型城镇化合作协议，积极推进城镇化建设融资；组织各市县建立全省城镇化融资项目库；组织相关厅局就下步城镇化工作中涉及的户籍、土地、社保等改革问题开展13项调研，为制定新型城镇化政策做好准备；推进城中村城边村改造。2013年全省县城建设完成投资增长20%以上超过2300亿元，完成改造41万户。

【村镇规划建设】 农村危房改造稳步推进，全年，国家新下达农村危房改造任务2.6万户，省里分解下达给各市，截至12月底，全省完成3.3万户。重点启动国家村庄规划编制试点；组织申报国家"美丽宜居小镇、美丽宜居村庄"，全国特色景观旅游名镇名村、国家级历史文化名镇名村；完成国家传统村落调查，开展全国重点镇增补调整工作，以及村镇建设统计、规划审批管理、农村房屋产权产籍管理等工作。

城市建设与市政公用事业

【概况】 2013年底，全省人均道路面积11.55平方米，居全国第23位。城市建成区绿化覆盖率达到40.17%，位于全国第11位；人均公园绿地面积10.89平方米，居全国第17位。设市城市建成生活垃圾处理设施26座，其中卫生填埋23座，焚烧1座，其他1座。城市生活垃圾无害化处理率达到86.57%，居全国第18位。城镇现有供水管线31777公里，其中急需改造14190公里，占总量的44.7%；供气管线16385.4公里，其中急需改造5459.6公里，占总量的33.3%；供热管线33750公里，其中急需改造9186.6公里，占总量的52%；排水管线17656公里，其中急需改造8960公里，占总量的50.7%。

【基础设施建设】 组织编制供水和燃气专项规划、排水防涝规划大纲、城市绿道建设规划导则，完成3个国家级景区总体规划编制并上报国务院；组织开展垃圾处理场等级评定工作，指导垃圾处理场规范运行；组织召开全省城市绿化水系建设工作现场会，推进绿化工作上档次、上水平；以"绿叶杯"竞赛活动为载体，重点推进市政道路、供水、供气、供热等基础设施建设。

【推进民生工程】 实施"拆小并大"集中供热工程，拆除小锅炉347座、503台。全省城市供热总面积9.77亿平方米。全省共有供热企业1121家，热电联产热源厂62座，燃煤热源厂2487座，锅炉4730台。省辖市集中供热率为92.7%，44个县(市)集中供热率为88.7%。台安、灯塔、桓仁、阜蒙、大洼县等19个县基本实现一县一热源。组织供热群众满意度评价和先进供热单位评选，促进供热质量提升。研究生态治涝工作思路，实施排水管网清淤会战，确保城市安全度汛；开展"关爱环卫工人行动"，解决"一线环卫工人"工作和生活待遇问题。

【农村环境治理】 以省政府名义出台《关于全面开展农村环境治理的实施意见》，明确具有可操作性的"9个有"农村环境治理内容和标准。积极争取专项资金近5亿元，用于全省农村环境治理工作。建立省直部门对口联系制度和调度通报制度，农村环境治理工作取得初步成果，2013年完成环境治理行政村2999个(占全省28%)，乡镇238个(占全省23%)。全省村庄道路硬化和治理边沟7.2万公里，绿化道路1.6万公里，建设垃圾收集池3.3万个；乡镇建设垃圾处理场点765个、中转站286个，建设污水处理设施226个，建设养殖粪便处理设施6889个。全省清理农村河道路侧村边积存垃圾480.4万吨。

【城市节水管理】 按照住房和城乡建设部要求，组织开展全省城市节水宣传周活动。以发放节水宣传品、手机短信、设立宣传台、悬挂节水宣传条幅等形式，在全省范围内进行城市节水宣传。依照国家、省有关城市节水管理法规，组织开展城市用水跑冒滴漏等违章用水督查工作。

城乡规划

【研究编制规划】 组织《沈抚新城总体规划》

的编制工作，召开《沈抚新城总体规划》编制工作第一次协调会议，成立《沈抚新城总体规划》编制工作领导小组，形成《〈沈抚新城总体规划〉编制工作第一次协调会议纪要》，落实《沈抚新城总体规划》编制工作中涉及到的编制经费、编制工作进度安排等相关问题。

【规划编制审批】 推进《辽宁省沿海城镇带规划》和援疆规划编制；组织《盘锦市城市总体规划纲要(2011—2020)》部省联审，审查《葫芦岛市城市总体规划(2005—2020)实施评估报告》；筹备《丹东市城市总体规划纲要(2011—2020)》部省联审。规范重大建设项目规划选址工作，2013年受理重大项目规划选址申请31项，核发12项，涉及的项目包括红沿河核电、京沈高铁、沈阳地铁、营口机场等重大项目。下发《关于开展全省备选历史文化街区及备选历史建筑普查工作的通知》，启动全省历史文化街区和历史建筑普查工作，并起草《辽宁省历史建筑认定办法(暂行)》。辽宁省14个市及两个扩权县的地下管线普查任务总面积为2005平方公里，计划2013年底完成。2012年前已普查547平方公里，2013年普查955平方公里，截至12月完成600平方公里，共计完成普查总面积57.2%。

【加强规划监督】 结合《城乡规划违法违纪行为处分办法》，下发《关于开展贯彻落实〈中华人民共和国城乡规划法〉和〈城乡规划违法违纪行为处分办法〉监督检查的通知》，开展2013年度城乡规划执法检查工作。已完成13个省辖市(除沈阳外)及2个扩权县的集中检查，检查审批卷宗280卷，在建项目工地145个。开展城市规划动态监测工作，监测范围包括14个省辖市、5个县级市、2个扩权县。认真开展城市规划备案工作，存档量已达到1000余卷，其中2013年入库350卷。

政策规章

【制定法规】 2013年，筹备上报省人大条例《辽宁省城市供热条例》和省政府规章《辽宁省城市地下管线管理办法》两部政策法规。

【简政放权】 依据国务院、省委省政府"转变职能，简政放权"的指示要求，辽宁省住房和城乡建设厅将12项厅本级权力取消、转移或下放。

【行政复议】 2013年，依法维护群众利益，行政复议共38件全部结案，没引发大的纠纷。

公积金管理

【概况】 2013年，全省归集公积金528.83亿元，同比增长11.59%；全省提取公积金313.55亿元，同比增长35.81%；全省发放个人住房贷款374.26亿元，同比增长40.36%。

【召开座谈会议】 3月召开辽宁省部分城市乡镇财政供养人员和农村中小学教师缴存公积金工作座谈会，对全省剩余89个乡镇建立公积金制度提出到2013年底完成50%，2014年全部完成的工作要求；5月中旬召开部分城市个人住房贷款工作座谈会，对下一步工作提出"权力下放、减轻负担、缩短时间"的要求；5月末召开全省公积金支取工作座谈会，提出"增强责任、便民利民，继续放宽提取条件"的要求；7月召开全省公积金归集工作座谈会，听取公积金缴存不封顶问题整改情况，现已整改到位；8月召开全省公积金统计工作会议，对统计工作进行总结并提出要求。

【开展风险防控】 3月对各中心报送的重大事项备案情况及存在问题以通报的形式，提出要按时、按要求对重大事项进行备案和一律不得在非受托银行存储公积金的要求；7月下发《关于对全省住房公积金存储情况进行检查的通知》，对各中心开户银行、批准部门、存款金额等情况进行检查，此项工作已经完成。

【规范缴存工作】 6月下发《关于规范住房公积金缴存基数的通知》，要求各中心查找公积金缴存基数超标准、不封顶问题，缩小职工间缴存差距，并做好整改工作；6月和8月分别批复盘锦和辽阳市单位和职工的公积金缴存比例从2013年1月1日起由各10%调整到各12%，14个市公积金缴存比例有11个市为12%，本溪、葫芦岛和阜新3个市分别为10%、9%、8%。

【贷款试点情况】 辽宁省第二批试点城市有大连，丹东和朝阳三个城市，共9个建设项目，贷款额度31.21亿元。其中大连5个项目中新建4个项目，新增29.4亿元贷款，截至年底已发放21.43亿元；丹东新增1个项目，1.5亿元贷款，由于项目建设单位变更，正在办理相关手续；朝阳新增3个项目，0.31亿元贷款，已经发放0.28亿元。

勘察设计和工程质量安全监督

【概况】 2013年以来，在加强安全生产监管工作上，辽宁省采取层层落实安全生产指标、全面推进文明施工年活动和标准化建设、坚持开展安全生产大检查和专项整治、深入开展打非治违专项行动、加强安全生产许可动态监管、严格事故查处、加强安全生产培训教育等措施，收到较好效果，但全省房屋市政工程施工安全生产形势不容乐观。2013年，全省共发生建筑生产安全责任事故13起，死亡13人。

【安全督查】 按照上级有关安全生产文件精神和有关通知要求，积极组织安全生产检查和督查，开展建筑施工安全生产百日大检查；开（复）工期间建筑安全生产督查；建筑安全生产标准化考核检查；保障性安居工程建筑质量安全专项检查；"十二运"场馆建设专项督查；开展日常建筑安全生产巡查。共检查建筑施工现场126个，建筑面积约256万 m^2，查出各类隐患和问题1868条。共下达《建设行政执法责令改正通知书》30份；下达《建设行政执法责令停止违法行为通知书》37份，对十家建筑施工企业进行处罚。

【安全培训】 2013年5月，对2012年度发生过安全生产事故及受过处罚的施工现场相关安全生产管理人员进行安全知识学习培训。9月对全省建筑工程高大模板支撑系统专项施工方案论证专家进行资格培训。下发《辽宁省住房和城乡建设厅关于落实〈国务院安委会关于进一步加强安全培训工作的决定〉实施方案》（辽住建〔2013〕17号）文件。截至2013年9月，共完成全省三类人员材料审核18404人次，安全生产许可证材料审核751家。

招投标监管

【概况】 2013年招投标监管工作以信息化建设为抓手，以电子招投标为监管手段，不断规范招投标市场行为，监管制度不断完善，市场秩序进一步好转，实现任务目标。截至12月底，全省建设工程实行招标项目为14117项，工程造价2602.7亿元；公开招标项目9940项，中标金额为1466亿元，占招标项目的56.31%，有8个地区、27个项目开展评标专家异地抽取和远程评标工作。

【电子招投标工作】 按照国家八部委出台的《电子招标投标办法》，大力推行电子招投标工作，经过不懈的努力，电子招投标已经全面推开，应用率不断提高，辐射面逐步扩大。截至12月底，全省电子评标率由上年的29.85%，提高到44.9%。规范《标准招标文件》应用。按照国家的规定和要求，完成《标准招标文件》制作，实现全省统一模式、统一格式设置、统一系统软件管理。并针对在使用过程中的实际情况，对标准施工招标文件制作工具进行升级，解决使用中发现的问题。完善投标人专业信息。按照国家对一级、二级建造师的管理要求，对11000余名三级项目经理专业信息分成10个专业类别，规范投标报名行为，完善诚信库信息。

【完善招投标管理】 结合国务院《招投标法实施条例》和八部委《电子招标投标办法》和省委、省政府减政放权的要求，对现行的管理办法和技术标准进行清理，调整有关规范性文件；依据《电子招标投标办法》的要求，调整系统设置，并邀请《电子招标投标办法》的起草专家，对相关人员进行培训。

【专业队伍培训管理】 库内共有评标专家8813人，经培训考核合格，发放IC卡3435个，CA锁2190个，实行评标专家刷卡及CA锁认证制度，对评标专家的评标质量和效果进行跟踪考核。加强对招标代理机构的培训和管理。辽宁省现有招标代理机构250家，其中甲级47家、乙级125家、暂定级78家，从业人员3486人。2013年，分三批对代理机构和从业人员进行业务和法律法规培训，并完成资质管理系统的升级，把所有企业业绩和经营行为全部转入系统管理；按照年度工作计划完成208家招标代理机构资质的核准、延续、升级、评价工作。

建筑节能与科技

【推进建筑节能改造】 2013年，辽宁省既改任务1150万平方米，截至12月底全部完成。组织开展2011年、2012年既有建筑改造项目验收。向国家申报辽宁省2014年既改指标2600万平方米。并对全省14个省辖市、2个扩权县和14个县（县级市）的76个建设工程项目进行检查，下发整改通知单15份。

【工程质量检测管理】 组织修改《辽宁省建设工程质量检测管理实施细则》。开展全省工程检测市场及检测机构监督检查。开发建设全省工程检测管理信息系统。进行检测人员技术培训。

【可再生能源建筑应用】 全省2013年可再生能源建筑应用指标1200万平方米，截至12月底全部完成。全省共有2市9县被批准为国家可再生能源建筑应用示范市县，已有7县完成示范任务，还有2市2县正在实施。全省18个国家太阳能光电示范项目已验收12个项目。向全省建设行业推广节能技术和产品284项。科技成果评估项目47项，科技成果论证44项。

【工程建设标准编制】 制定下达20项2013年辽宁省工程建设地方标准编制和修订计划，组织专家审定并发布实施12项技术标准。向全省建设行业推广建筑节能技术和产品284项，开展高强钢筋推广应用工作。加强省级建筑节能监管体系建设。已完成一期工程 50 栋试点建筑电耗实时在线监测系统建设并运行稳定，二期 18 栋、三期 10 栋工程的前期工作也以完成，并确定 42 栋建筑为四期监测试点。辽宁省 15 个项目获得绿色建筑星级评价，其中 2013 年 3 项。2013 年对沈阳规划大厦项目进行"二星级绿色建筑设计评价标识"评审申报，2013 年 5 月获得住房和城乡建设部颁发的"二星级绿色建筑设计评价标识"标牌。6 月在抚顺市进行《辽宁省绿色建筑评价标准》宣贯，市建设行业各部门计 500 人次参加培训学习。

工程造价管理

【概况】 深入贯彻落实《辽宁省建设工程招标控制价管理规定》，完善建设工程招标控制价的管理审批系统。在辽宁省推行和规范建设工程招标控制价网上备案。完成《辽宁省建设工程竣工结算备案管理规定》的初稿，等待合适的时机出台该规定并建立相应的管理系统。完成国家《建设工程施工合同》（示范文本）的学习和调研工作，召开辽宁省建设工程施工合同管理工作研讨会，落实配套的建设工程施工合同管理规定和相应的软件备案管理系统。

【完善计价依据体系】 根据住房和城乡建设部的统一安排，开展全国《路灯定额》的编制工作。按照国家的时间进度计划进行水平协调。参加新修订的《建设安装工程费用组成》宣贯会。并在省内进行初步调研，为修编 2008 年《辽宁省建设工程费用标准》打下良好的基础。为规范辽宁省建设工程补充单位估价表的编制、审批行为，已完成《辽宁省建设工程单位估价表管理办法》修订 2008 年计价定额中与实际差异较大的子目，针对"三新"工程进行实际测算并做必要的补充。编制《冲击式钻机钻孔工程》、《旋挖钻机钻孔工程》等 53 个补充定额子目。主办国家《建筑工程建筑面积计算规范》宣贯教材编写研讨会。做好本埠企业和外埠企业的规费核定工作。全年共审批本埠企业 3066 家，外埠企业 630 个工程项目。

【完善造价信息化建设】 完善工程造价信息动态管理，收集整理 28 种主要建筑材料和 9 个常用工种的价格，测算并发布建筑工程、市政工程材料价格指数、人工费指数。继续完善网站的建设与维护，修订 2012 年材料库，建立 2013 年材料库，由 1956 种材料调整为 1971 种。每月适时制作更新三个走势图（2013 年主要材料价格走势、周报材料价格指数走势、建筑工程及市政道路工程材料价格综合指数走势）。采集、测算人工成本及实物量人工成本信息，收集整理省会城市住宅成本信息和省内政法基础设施项目造价信息，按时上报国家住房和城乡建设部。继续完善全省造价信息的巡查，并对人工单价、材料价格信息进行实地调研。《建筑与预算》由双月刊改为月刊，入选北京万方和重庆维普数据库，论文可进行检索。增加"辽宁工程造价信息"栏目，刊登全省全年的工程造价信息。

【加强专业队伍建设】 完成上年全省 134 家甲、乙级咨询企业资质延续评审收尾工作，按时完成 2013 年全省 66 家甲、乙级咨询企业资质延续评审工作。开展 2012～2013 年度的造价师继续教育工作，近 4000 造价师中已有 3700 人完成继续教育。同时做好对造价师和造价员一人两证不在同一单位的对比工作。从 2013 年开始，全国建设工程造价员资格考试常年报名，定点、定时进行。截至 2013 年底，参加报名考试的有 12400 人，经审核确认，已审核通过的有 9800 人。重新修订《辽宁省〈全国建设工程造价员管理办法〉实施细则》。做好全省统一换发造价员资格证书、印章的准备工作。为加强企业信用体系建设，提高工程造价咨询服务水平，出台《辽宁省工程造价咨询企业信用评价办法（试行）》。

建设人事教育工作

【教育培训】 进一步加大干部培训力度，组织 32 名干部到东北大学、辽宁大学、辽宁省委党校等参加各类培训，组织 103 名公务员参加在线网上学习。制定行业年度培训计划，加强对师资、教学、考试、发证等工作的监管。全年完成执业师继续教育 4000 人、岗位培训 2.9 万人、生产操作人员职业技能培训 4 万人。完成军转干部安置、劳动工资管理、外事管理、事业单位岗位分类、人事统计、公务员信息采集等工作。

【人才管理】 调整充实建设行业职称评审专家库，并纳入省人社厅统一管理。按照省人社厅规定的不超过 50% 通过率要求，严格执行评审标准，较好地完成年度职称评审工作。全年共有 459 人晋升职称级别。完成省优秀专家、政府特贴专家等选拔推荐工作。

【社团管理】 对社团人员、财务、运行管理等方面进行调整和规范，11 名超出任职年龄的人员辞去社团领导职务。完成 24 个社团的年检工作，3 个社团完成换届改选。

（辽宁省住房和城乡建设厅）

吉 林 省

概况

吉林省住房城乡建设系统坚持加快发展、服务民生的总基调,各项工作取得新成效。

【保障性安居工程】 全年开工建设38.23万套,开工率112.9%,基本建成34.7万套,完成计划的124.4%,使全省近百万城乡困难群众的居住条件得到根本性改善。

【"暖房子"工程】 建设任务。全省新增供热能力7000万平方米,撤并改造小锅炉房582座,改造陈旧供热管网2279.42公里,实施既有居住建筑供热计量及节能改造3144.15万平方米,完成老旧小区环境综合整治1517.21万平方米。各项工作均超额完成年初确定的目标任务,使全省近52.4万户、157.2万城市居民住上温暖的房屋。

【房地产市场】 全年完成房地产开发投资1818亿元,同比增长16.16%;销售商品房2249万平方米,同比增长12.45%;商品房价格稳中有升。住房公积金个人贷款同比增长14%,落实住房公积金贷款支持保障性住房建设3.8亿元,充分发挥住房公积金对房地产业发展的保障和撬动作用。

【建筑业】 全年完成建筑业总产值2200亿元,同比增长15%;勘察设计业完成营业收入136亿元,同比增长25%。

【城市规划】 完成《吉林省城镇化空间发展规划》、《长吉图空间发展战略规划》、《吉林省城镇化村镇空间发展规划》编制工作。

【城市建设】 全省28个设市城市共完成市政基础设施投资276亿元,新建、扩建城市道路636万平方米,新建城市生活垃圾无害化处理场10座,新增城市绿地260公顷。成功实施城市二次供水改造工程试点。全省城市综合承载能力进一步提升。

【绿色建筑】 出台《吉林省绿色建筑行动方案》和《关于推进建筑废弃物综合利用工作的意见》,编制绿色建筑评价和检测标准定额及施工技术规程。积极做好"禁实"、"限黏"和"推散"工作。

【村镇建设】 全年改造完成12.5万户农村危房,使近48万农民住房困难问题得到根本解决。全面推进村镇规划建设管理,组织开展省级示范镇规划编制,指导小城镇基础设施建设。继续开展特色村庄创建和中国传统村落评选工作。

政策法规

完成《吉林省城镇燃气管理条例》立法调研工作,启动《吉林省房屋建筑和市政基础设施工程招投标管理办法》的调研。完成68件立法征求意见协调件,提出修改意见290余条,较好地保证与城乡建设领域法律法规的协调一致。对2013年新下发的规范性文件进行报备。按照《吉林省住房和城乡建设厅接待司法调查工作的管理规定》,2013年共接待公检法司取证调查30余人次。

【依法行政工作】 下发《2013年吉林省住房和城乡建设系统依法行政工作要点》和《2013年度吉林省住房和城乡建设厅行政执法检查计划》,完成《吉林省住房城乡建设系统行政许可和行政处罚案卷评查办法(试行)》、《吉林省住房城乡建设系统行政许可案卷评查标准》、《吉林省住房城乡建设系统一般程序行政处罚案卷评查标准(试行)》。对全省住房城乡建设系统行政许可和处罚案卷规范化管理提供了依据。并对全厅22项审批项目进行梳理,对每个审批项目的"八公开"内容都进行规范,同时制定印发《吉林省住房和城乡建设厅行政审批工作制度》。

【行政复议案件办理】 2013年共收到行政复议申请14件,其中受理9件,都已结案;作出不予受理决定5件。结合全省住房城乡建设复议案件的特点,对行政复议典型案例进行深入分析,找出案件中存在的深层次问题,提高办案工作质量。并将吉林省住房和城乡建设厅2013年行政复议和应诉工作经验,在住房和城乡建设部召开的行政复议工作会议上做了介绍。组织编印《吉林省住房城乡建设法规规章文件汇编》,以便全行业人员都能及时准确掌握最新的法规政策。

房地产业

【房地产管理】 为了解各类住房需求情况，分别抽取新建商品住房21814套、二手住房2712套，调查新建商品住房和二手住房购房目的，研究分析住房需求情况。同时，抽取17个市、县共165栋7190套住房，分析交易时间和交易次数，研究分析改善性住房需求情况。引导各地开发建设适销对路、质优价廉的普通商品住房。

针对农村危房改造后房屋登记和房地产抵押登记中存在的问题，拟定《关于农村危房改造后房屋登记有关问题的通知》、《关于房地产抵押登记有关问题的通知》、《关于换发集体土地房屋权属证书有关问题的通知》。积极推进集体土地上房屋登记工作，已经登记53817户、403.5万平方米。

推进个人住房信息系统建设。长春市已经完成与住房城乡建设部的个人住房信息系统联网工作。吉林市作为辽宁省个人住房信息系统联网试点城市，实现与所辖的舒兰市、桦甸市、磐石市的系统互联互通，并通过验收。

住房保障

【保障性安居工程建设】 全省城市棚户区（含D级危房）改造开工13.64万套，林业棚户区改造开工1万套，煤矿棚户区改造开工2.76万套，国有工矿棚户区（含塌陷棚户区）改造开工4.91万套，国有垦区危房改造开工1.56万套，农村危房改造开工12.76万户，廉租住房开工1.1万套，公共租赁住房开工0.5万套。基本建成34.7万套，完成计划的124.4%。完成总投资370亿元。

【政策措施】 省政府出台《吉林省人民政府关于印发加快推进全省城乡危房和各类棚户区改造工作实施方案的通知》（吉政发〔2013〕21号）、《吉林省人民政府关于在全省开展城市危房和塌陷棚户区改造工作的实施意见》（吉政发〔2013〕22号）。省住房城乡建设厅出台《吉林省城市危房改造工作具体措施》和《吉林省塌陷棚户区改造工作具体措施》等全过程管理的一系列政策措施。省住房城乡建设厅、发改委、林业厅、农委、财政厅等相关部门积极争取国家补助资金，全年共争取国家保障性安居工程以及相关配套设施补助资金61.98亿元。省财政加大资金支持力度，全年省级补助资金达到24.36亿元。特别是对城市危房每平方米补助500元，对塌陷棚户区改造每平方米补助400元，追加补助资金额度达14亿元以上。

【严把保障对象入口关】 6～9月组织各地对保障对象进行年度核查，及时清退不符合条件的保障对象。进一步完善建后管理机制，创新社会管理，注重提升保障家庭的精神文化生活质量，营造和谐文明的生活环境，让保障性住房小区居民"住得起、管得好"。

【房屋征收管理】 为确保吉林省城市棚户区改造等重点民生工程的顺利完成，全省各级房屋征收部门扎实工作、攻坚克难，全力推进国有土地上房屋征收与补偿工作。全省共完成房屋征收（拆迁）4.87万户，352.94万平方米，其中完成房屋征收3.94万户，276.21万平方米。

住房公积金管理

【基本情况】 全省住房公积金归集总额达到1137亿元，归集余额653亿元，贷款总额613亿元，贷款余额410亿元，累计提取廉租住房补充资金总额10亿元。累计贷款职工39万人。

2013年度，全年归集住房公积金199亿元，同比增长13%；全年贷款发放133亿元，同比增长24%；实缴职工人数207万人；职工贷款人数5.6万人，同比增长16.7%；全年住房公积金增值收益11亿元，同比增长31%；上交廉租住房补充资金1.98亿元；落实保障性住房试点城市建设贷款3.8亿元。

【发布《关于在住房公积金贷款购房中用所购房产抵押的取消担保机构担保的通知》】 要求对贷款人用所购住房抵押，仍实行担保机构担保、收取担保费用的城市管理中心取消担保机构担保程序。吉林、通化、白城、松原等地均取消相应担保程序，对贷款人用所购住房抵押的，不再要求担保机构担保，减少贷款流程，全年减免贷款职工担保费用约900万元。

【住房公积金涉险资金清收】 2013年，共清收化解资金风险9756万元。吉林市涉险资金问题彻底化解，四平市清收544万元，通化市清收1660万元。

【12329服务热线开通】 长春市、吉林市、延边朝鲜族自治州、四平市、辽源市、通化市已开通热线。长春市设立专门机构负责热线管理工作，可提供业务咨询、投诉建议、回访调查等基础服务，年度共计接听热线电话55282个。吉林市通过"12329"客服热线为职工提供人工和自助语音服务41,256人次，通过网络答疑4700余条。延边朝鲜族自治州年度共接听顾客政策咨询、投诉建议、业务查询等近5万人次，平均每天答复顾客咨询137人次。

城乡规划

【基本情况】 编制完成《吉林省城镇化空间发展规划》。做好《长吉图空间发展战略规划》编制工作。制定《关于长吉图战略实施重点工作实施方案》和《长吉图开发开放先导区战略实施2013年工作要点》。积极参加《长吉联合都市区水资源优化配置战略研究》和《长吉联合都市区生物多样性保护战略规划研究》等专题研究。

【启动全省城市总体规划实施评估工作】 下发《关于开展城市总体规划实施评估工作的通知》。组织专家完成对延边州城镇体系规划及白山市、集安市城市总体规划实施评估工作。完成对松原市、桦甸市城市总体规划成果的征求意见工作；参与完成《白山市龙山湖风景区总体规划》、《吉林松花湖风景区五虎岛景区修建性详细规划》审查工作以及靖宇县、梅河口市城市总体规划修改认定工作；组织全省滚动开展2013、2014年度拟开发或拟收储地块控制性详细规划编制工作，满足城市用地供应和项目建设的需求。组织专家共完成白城机场、延吉西站综合交通枢纽、吉林至饮马河一级公路等53个重大建设项目的规划选址审查工作，并核发选址意见书。

【全省城乡规划设计评优】 共评出优秀城乡规划设计奖和城市勘测设计奖获奖项目66项。其中一等奖5项，二等奖11项，三等奖24项，表扬奖26项。

城市建设与市政公用事业

【城市市政建设】 2013年，吉林省城市道路长度8310.64公里，城市道路面积15184.3万平方米，其中人行道3041.79万平方米。人均城市道路面积13.29平方米。城市桥梁711座。其中，大桥及特大桥93座；立交桥145座。城市道路照明灯60.88万盏，安装城市道路照明灯道路长度5572公里，城市照明总用电量2.46亿千瓦时，城市照明装灯总功率7.8万千瓦。

【城市轨道交通】 2013年，全省有城市轻轨线路2条。线路长度47.17公里。其中，地面线19.63公里；地下长线4.6公里；高架线22.94公里。车站数量49个。其中，地面站19个；地下站6个；高架站24个。换乘站2个。配置车辆58辆。完成投资额30.61亿元。

【城市供水】 2013年，城市供水日综合生产能力728.12万立方米，其中地下水105.16万立方米。供水管道长度10559.61公里，年供水总量10.67亿立方米。售水量7.83亿立方米。其中，生产运营用水3.01亿立方米；公共服务用水1.64亿立方米；居民家庭用水2.9亿立方米。免费供水量0.14亿立方米，其中生活用水0.02亿立方米。用水人口1050.31万人。供水漏损水量2.69亿立方米。城市供水人均日生活用水量119.2升，用水普及率96.96%。城市建成区供水管道密度7.82公里/平方公里。

【城市节约用水】 2013年，计划用水户5593户，其中自备水665户。实际用水量16.6亿立方米。新水取用量5.49亿立方米。重复利用水量11.1亿立方米。节约用水量1.66亿立方米。节约用水重复利用率66.9%。节水投资总额2225万元。

【城市燃气】 2013年，城市人工煤制气日生产能力80万立方米，煤气年供气总量1.65亿立方米。销售气量1.53亿立方米，用气人口178.96万人。城市天然气储气能力145.75万立方米，供气管道长度5864.36公里，天然气供气总量8.54亿立方米。用气人口423.84万人。天然气汽车加气站54座。城市液化石油气总量18.34万吨，年销售气量18.21万吨，用气人口438.06万人。城市居民燃气普及率91.13%。

【城市集中供热】 2013年，城市集中供热蒸汽供热能力1536吨/小时。年蒸汽供热总量386万吉焦。蒸汽供热管道长度230.64公里。集中供热热水供热能力4.04万兆瓦。年热水供热总量2.15亿吉焦。热水供热管道长度1.62万公里。城市集中供热面积4.28亿平方米，其中住宅3.11亿平方米。

【城市排水和污水处理】 2013年，城市排水管道长度9531.7公里。其中，污水管道长度3510公里；雨水管道长度3531公里；雨污合流管道长度2489公里。污水排放量8.37亿立方米。

城市污水处理厂38座，其中二、三级处理厂20座。污水处理厂日处理能力254.6万立方米，年运行费用5.43亿元。城市污水处理率84.04%，污水处理厂集中处理率83.35%。

【城市园林绿化】 2013年，城市绿化覆盖面积4.32万公顷，园林绿地面积3.82万公顷。公园绿地面积1.29万公顷。公园170个，面积0.52万公顷。城市建成区绿化覆盖率31.12%；建成区绿地率27.86%；人均公园绿地面积11.36平方米。

【城市市容环境卫生】 2013年，城市道路清扫保洁面积1.37亿平方米，生活垃圾年清运量476万吨，生活垃圾处理量468万吨，生活垃圾无害化日处理能力9307吨。生活垃圾处理场(厂)年运行费用

2.43亿元。生活垃圾无害化处理率56.35%。

【市政公用设施新增生产能力】 2013年，新增城市供水综合生产能力8.5万立方米/日，供水管道长度172.63公里；天然气储气能力23.77万立方米，天然气供气管道长度288.98公里；集中供热蒸汽供热能力185吨/小时，蒸汽供热管道长度26公里；集中供热热水供热能力1854兆瓦，热水供热管道长度300公里；桥梁9座；道路新建、扩建长度188.9公里，道路新建、扩建面积636.4万平方米；排水管道长度381.87公里；污水处理厂处理能力10万立方米/日。

村镇建设和规划

【村镇建设】 2013年，安排小城镇发展专项资金1440万元，对20个小城镇建设项目给予补助，平均每个项目扶持资金72万元，地方自筹资金5281.73万元。

【农村危房改造】 吉林省2013年争取国家农村危房改造计划4.9万户，国家补助资金4.265亿元。其中，边境地区1万户，节能示范户1.2万户。省财政落实到位省级配套资金4.0425亿元，引导农民投资38.69亿元。全省开工建设12.77万户（含2012年后期追加5万户），竣工12.54万户，完成投资47亿元。全省农村危房改造开工率128.9%，竣工率126.7%。

【开展传统村落调查】 2013年，认定吉林市龙潭区乌拉街镇旧街村等20个村基本符合国家传统村落标准，分别上报住房城乡建设部、文化部、文物局、财政部进行评审，有两个村被国家列入第二批国家传统村落名录，分别是抚松县漫江镇锦江木屋村、通化县东来乡鹿圈子村。

【特色景观旅游名镇（村）推选】 推荐长春市净月开发区玉潭镇等13个镇（村）申报国家特色景观旅游名镇（村）。图们市月晴镇白龙村历史文化名镇名村列入国家历史文化名镇名村历史名录。

【村镇规划】 2013年，全省已编制镇总体规划的有266个，报批的有162个。已编制乡规划的有37个，报批的11个。全省共有9340个行政村，823个村庄编制规划，报批的224个。2013年对22个省级特色城镇化示范镇的规划情况进行普查，已编制镇总体规划且通过报批的有16个。完成109个全国重点镇的推荐上报工作，这109个镇都完成规划编制并已通过评审。

工程建设标准定额

【建设工程造价管理】 发布《2013年吉林省"暖房子"工程外围护结构指导价及质量安全成本参考价》和《2013年上半年吉林省建筑工程质量安全成本指标》，为确保工程质量和施工安全及"暖房子"工程建设提供支持保障。完成2013版计价定额的编制工作。

根据国家标准（GB 50500—2013)结合吉林省实际，编制《吉林省建设工程费用定额》，已发布，并在全省进行宣贯工作。申报2012年造价师延续注册初审61人和2013年造价师初始注册初审177人。完成全国注册造价工程师继续教育406人、长春市造价员继续教育1841人。完成2013年全国建设工程造价人员执业资格考试。报名8400余人，3648人取得执业资格。

工程质量监督

【建筑工程质量监督】 组织省内专家对全省保障性安居工程质量监督执法检查，共抽查在建的51项单体保障性安居工程，建筑面积55万平方米。共下发执法建议书15份、下发反馈意见书31份，提出整改意见271条。

根据《关于进一步加强我省房屋建筑工程质量通病防治工作的通知》文件要求，2013年着重解决全省屋面、楼面板渗漏；墙体、楼面裂缝；厨房、卫生间地面渗漏；地面辐射供暖渗漏以及室内结露、霉变等质量通病的治理工作。

【建筑安全管理】 从2013年1月开始，依照《建筑施工企业安全生产许可证管理规定》（建设部第128号令）和《建筑施工企业安全生产许可证动态监管暂行办法》要求，对长春建工新吉润建设有限公司等652户建筑施工企业进行安全生产条件评价。

举办四期全省二级以上建筑施工总承包企业主要负责人安全生产继续教育培训班，培训总人数1080人。举办全省建设行政主管部门负责建筑施工安全监管人员培训班和全省建筑起重机械设备检验检测机构检测人员培训班，参考人数分别为209人和112人，合格率分别达到81.3%和89.3%。

编制《吉林省建筑施工现场管理标准化图集》。出台《建筑施工安全生产标准化考评工作实施细则》。出台《吉林省建筑边坡与深基坑工程管理办法（暂行）》。继续开展"AA"级安全文明标准化诚信工地评比活动，有10家工地企业获得国家"AAA"级安全文明标准化诚信工地企业。

7月8日在长春市召开全省2012年建筑施工生产安全事故分析会议。将事故的经过、原因、现场照片、教训和整改措施、处理情况等做成电子课件，由主要负责人在会议上进行分析讲解。由相关专家根据事故发生的原因从深层次上帮助企业做进一步分析，查找事故的根源。9月，对2013年发生建筑施工安全生产事故的企业进行约谈，认真分析事故发生的原因，企业对抓好安全生产工作做出具体承诺。

下发《吉林省住房和城乡建设厅关于加强对全省各级各类开发区（园区）建筑施工安全生产管理工作的通知》，要求各级建设行政主管部门要加强对各级各类开发区（园区）的建筑安全生产监管力度。园区必须坚决守住安全门槛，要严格管理，避免存在盲区和漏洞，要做到"全覆盖、零容忍、严执法、重实效"。

建筑市场

【建筑业基本情况】 2013年，吉林省建筑业企业完成施工产值2200亿元，比2012年增长15％。建筑业税收占全省地税收入比重达到16.5％，居各行业第三位。从业人数已突破百万，是农村富余劳动力转移的主要渠道。

建筑企业3354家，其中总承包特级、一级资质94家，二级480家；专业承包一级117家，二级395家，二级以上企业1086家，占企业总数的32.4％。年产值超过10亿元的企业达到35家，超过5亿元的达到75家，前60家企业产值占比达到41.2％。吉林省企业竞争力显著增强、市场占有率接近八成。

严格准入清出制度，全年共核销936户建筑业企业的资质，其中，通过627户，限期整改157户，降级1户，注销118户。

吉林省共有注册建造师21448人，同比增加17.2％。其中一级建造师4481人，增长10.0％；二级建造师16967人，增长19.2％，为吉林省建筑业发展提供人才保证，基本满足市场需求。

【建筑市场管理】 出台《吉林省人民政府关于加快推进住宅产业化工作的指导意见》、《吉林省人民政府关于加快建筑业发展的意见》（征求意见稿）和《吉林省建筑施工现场标准化达标考核办法（试行）》等一系列重要的指导性文件。

印发《关于开展全省施工现场管理及保障房、暖房子工程检查活动的通知》，通过执法检查行动和标准化达标评比，提高全省施工现场质量安全和文明施工水平。

【建设勘察设计基本情况】 2013年，全省有勘察设计企业515家，其中甲级113家、乙级211家、丙级191家。从业人员2.5万人，其中各类执业注册师0.24万人。全年完成营业收入136亿元亿元、利润15亿元，同比增长25％。

【勘察设计管理】 印发农村危房改造设计方案，配合全省保障性住房、"暖房子"工程质量监督检查工作，出台实施意见，组织专题会议和技术培训。

起草勘察设计单位信用评价办法，开展全省资质资格动态核查，加大市场清出力度，降级、注销60余家企业资质，对违法违规的44家企业、57名设计人员的资质资格给予严肃处理。

起草水、暖、电高级技术人员认定办法，加强多层次人才梯队建设。加快推进注册执业进程，全面建立注册师执业签字制度。降低审批门槛，规范审批行为，行政审批事项全部进入审批大厅办理。

【建设勘察设计法规】 《吉林省建设工程勘察设计管理条例》经由吉林省第十一届人民代表大会常务委员会地三十五次会议通过，于2013年3月1日起正式实施。

【建设工程优秀设计评选】 5月，在全省开展首届建筑方案创意设计大赛评选活动。经评审组专家评审和综合评定，评出建筑方案创意设计一等奖7项、二等奖9项、三等奖12项、优秀奖12项。

建筑节能与科技

【建筑节能科技】 继续实施既有建筑节能改造。吉林省作为与国家签约省份，2013年国家下达计划指标1713.86万平方米，其中三项综合改造面积1494.94万平方米，两项供热计量改造面积218.92万平方米。

根据国家可再生能源建筑应用示范工作重点调整，在省内可再生能源资源丰富、应用基础条件好、配套政策落实的区域，积极培育集中连片推广示范区，重点规划白城市新区、吉林市南部新区、洮南市棚户区集中改造区、四平和梅河口市工业余热利用示范区等，并将白城市教育系统作为重点行业培育集中示范推广，计划将所辖中小学、幼儿园教学楼、学生宿舍，全部采用地源热泵采暖系统。

继续实施省级可再生能源建筑应用示范。确定13个项目入选省级示范项目，补助资金总计3870万元，2013年下达补助资金1800万元。另一方面开展2012年度示范项目验收。联合财政厅组织专家组对白城市医学高等专科学校进行专项验收，积极推动6个初步具备验收条件的示范项目加快工程进度，确保采暖期结束前完成专项验收。

进一步完善实施公共建筑节能监测系统建设，确定2013年动态监测项目105栋建筑，并将年度任务下达到各市。

辽源市和磐石市为国家第一批智慧城市试点单位。

5月，经评审，四平市、榆树市、抚松县、长春高新北区、搜登站镇成功列入国家第二批示范城市，占申报总数71.4%。两批示范城市政府已同住房和城乡建设部、吉林省住房和城乡建设厅签订创建任务书。

【绿色建筑体系】 绿色建筑是在建筑全寿命期内，最大限度地节约资源、保护环境和减少污染，为人民提供健康、适用和高效的使用空间，与自然和谐共生的建筑。1月1日，国务院办公厅下发《关于转发发展改革委住房城乡建设部绿色建筑行动方案的通知》。4月1日，吉林省政府办公厅下发《关于转发省住房城乡建设厅省发展改革委吉林省绿色建筑行动方案的通知》（吉政办发〔2013〕13号），是全国最早下文部署绿色建筑工作的省份之一。《吉林省绿色建筑行动方案》，提出吉林省绿色建筑"十二五"期间发展计划和具体措施。建立绿色建筑工作网络，通过工作网络对全省绿色建筑项目进展情况进行调查摸底，保证吉林省绿色建筑工作部署和总体目标实现。

建设人事教育工作

【理顺机构职能】 先后组织调整推进全省城镇化建设领导小组等5个专项工作机构，拟定具体的职能，配齐相关工作人员，达到人员与机构的协调配置。

【厅管社团管理】 修订完善《吉林省住房和城乡建设厅社会团体管理（试行）办法》。本着有利于企业发展的原则，对厅管社团组织进行整合。对一些长期没有开展活动、不符合社团管理要求的社团组织予以注销；对职能相近、服务对象相同的社团组织予以合并；对开展活动较好、确实为企业服务的社团组织予以保留和加强。厅管社管由原来的31个精简至18个。

【编制管理】 全面核查厅机关及厅属事业单位人员编制。以机构编制核查试点单位为契机，先后核准人员基本信息500余人次，整理装订基础资料800余册。在全省机构编制核查推荐大会上代表省直机关作了经验介绍。

【教育培训】 贯彻实施2013年省委组织部干部培训计划，组织19名机关、事业单位处级领导干部参加省委组织部、省人社厅的各类培训班；组织机关及事业单位干部23人次参加省委党校自主选学培训；在厅培训中心与各相关处室积极努力和配合下，共完成专业技术人员培训36期，培训48792余人次。

加强出国人员管理和境外培训工作。根据2013年省住房和城乡建设厅境外培训计划，先后选派5人赴美国、加拿大、新加坡等国进行考察和研修，较好的完成出国培训考察管理工作。

【决策咨询】 进一步完善科学决策咨询机制。组织成立省政府城乡建设决策咨询委员会，共设立6个专业组，分别为城乡规划专业组、房地产专业组、绿色建筑专业组、建筑业专业组、勘察设计专业组、市政公用专业组。各专业分会涵盖21个专业，向省政府推荐专家37人，经省政府审议聘为省政府决策咨询委员会成员。

大事记

3月

1日 为做好《吉林省城乡规划条例》宣传，结合《吉林省城镇体系规划（2011—2020年）》实施工作，《吉林日报》刊发相关文章，对规划进行全面解读。

4月

1日 吉林省政府办公厅下发《关于转发省住房城乡建设厅省发展改革委吉林省绿色建筑行动方案的通知》（吉政办发〔2013〕13号）。

2日 全省农村危房改造工作现场会在镇赉县召开，对全省农村危房改造工作进行部署。省政府高度重视农村危房改造工作，并将其纳入吉林省保障性安居工程。与会代表参观学习镇赉县农村危房改造工作做法。省政府与市（州）、县（市）签订落实农村危房改造目标责任状。

5月

23日 召开2012年全省保障性安居工程总结表彰推进大会，省政府与各市州签订2013年目标责任书。同时对在保障性安居工程作出积极贡献的100个先进单位和205名先进个人进行表彰。

6月

吉林省住房公积金办公室下发《关于在住房公积金贷款购房中用所购房产抵押的取消担保机构担保的通知》，要求对贷款人用所购住房抵押，仍实行担保机构担保、收取担保费用的城市管理中心取消担保机构担保程序。对贷款人用所购住房抵押的，不再要求担保机构担保，减少贷款流程，全年减免贷款职工担保费用约900万元。

7月

23日 吉林省住房和城乡建设厅将图们市月晴镇白龙村申报历史文化名镇名村的材料上报住房和城乡建设部、国家文物局。图们市月晴镇白龙村已列入国家历史文化名镇名村历史名录。

25日 以吉林省政府名义召开全省加快推进城

乡危房和新一轮各类棚户区改造工作视频会议，安排部署全省城乡危房和各类棚户区改造工作。省住房城乡建设、发改、林业、农委等牵头部门提前谋划、精心组织，省财政、国土等相关职能部门全力配合，及时出台支持政策，积极筹措建设资金，足额供应建设用地，全力推进保障性安居工程建设。

25日 按照吉林省政府对城市危房和塌陷棚户区"快查、快定、快迁、快拆、快建"的要求，省住房城乡建设厅、发改委、财政厅、民政厅等相关部门第一时间召开专题落实会议，制定出台D级城市危房、塌陷棚户区改造具体措施、排查鉴定指导意见、资金管理办法等一系列

8月

吉林省掀起实施城市危房和塌陷棚户区改造的高潮。第一，任务落实快。各地组织人员深入一线调查摸底，超前落实改造项目和地块。第二，排查鉴定快。省住房城乡建设部门和各地政府组织60余名专家和技术人员，仅用15天时间，就完成城市危房和塌陷棚户区排查检测鉴定工作。

11月

18日 吉林省"暖房子"工程实施的火炕楼改造项目经验得到国家认可，中央电视台进行新闻报道。

12月

3日 为做好"暖房子"工程建后管理工作，保持"暖房子"工程建设成果，吉林省"暖房子"工程领导小组办公室印发《关于建立"暖房子"工程建后管理长效机制的指导意见》。

（吉林省住房和城乡建设厅）

黑 龙 江 省

【概况】 2013年，在黑龙江省委省政府的坚强领导下，全省住建系统广大干部职工以积极进取、昂扬向上的精神状态，求真务实、扎实苦干的工作作风，集中精力，攻坚克难，创新举措，团结奋战，圆满完成了各项目标任务，为全省经济社会更好更快发展做出积极贡献。

【保障性安居工程建设】 2013年，全省保障性安居工程建设完成投资417.36亿元，开工26.83万套，开工率103.12%；基本建成38万套，基本建成率126.6%。资金投入实现新突破。争取国家补助资金117.8亿元，省政府安排4.82亿元，信贷融资73.6亿元，住房公积金支持保障房建设试点发放贷款21.1亿元，支持哈尔滨获得国开行棚户区改造信贷额度188亿元。规划设计质量明显提升。严格规划设计把关，建成饶河县金域蓝湾、甘南县兴十四村兴旺嘉园等一批建设标准高、配套功能完善、风格特色突出的回迁小区，规划总体布局、建筑立面造型和色彩大幅度改善，硬化、绿化等环境建设质量明显提高。全省有5个保障房项目被评为国家A级住宅。运营管理进一步规范。完成《黑龙江省保障性安居工程建设管理办法》的调研、论证工作。严格落实"三审两公示"和信息公开制度，建立全省保障性安居工程信息系统，初步实现保障房动态、实时管理。

【农村泥草（危）房改造】 2013年，全省农村泥草（危）房改造完成投资180亿元，改造22万户（农危房改造7.3万户）、1805万平方米，60余万农民喜迁新居。争取国家农村危房改造补助资金6.51亿元，缓解农房改造资金压力。大力推广农村节能建筑技术。提倡使用复合墙体、外挂苯板、装配式、太阳能等多种节能建房技术，新建节能住房比重达95%以上。继续开展整村改造试点。全省第四批200个泥草房整村改造试点已完成村庄建设规划编制，整村改造泥草房13491户。加大对特困群体帮扶力度。建设一批五保家园、幸福大院、农民公屋，改善6000多户贫困群体住房条件。

【灾后房屋恢复重建】 一手抓抗洪救灾，一手抓灾后房屋重建，新建因灾损毁房屋9820户，修缮严重损坏房屋29212户，维修一般损坏房屋26843户；帮助25万农民重返家园安全越冬，5万受灾群众得到妥善安置。强化指导服务。下发《灾后损毁房屋恢复重建工作指导意见》、《农村受损房屋修缮须知》等一系列文件，明确房屋重建和修缮的技术性要求；厅服务指导组分别深入抚远、同江等重灾区进行规划选址、勘察设计、质量安全指导等工作，协调开展对八岔乡的援建工作。严格规划设计把关。

编制《黑龙江省因灾损毁房屋恢复重建规划》，对各地因灾整村异地重建规划进行审核把关，计划整村搬迁32个村，异地新建13个农民新村（新居），已有3个新村（新居）开工建设。开展援建重灾区活动。组织动员开发、施工、设计企业捐赠重灾区1735万元，根据企业捐助意愿和重灾区实际，帮助灾区特困群众建设幸福大院、学校。

【镇化试点工程建设】 城乡规划体系日趋完善。大庆等城市总体规划成果已报送国务院审批，启动哈尔滨、鹤岗总体规划修改程序，批复七台河、双鸭山等10个城市总体规划；完成绥化、安达等28个市县总体规划审查；启动41个县域村镇体系规划的编制工作，完成87个乡镇总体规划和1341个村屯建设规划编制，对城乡人口规模、空间布局、产业发展、基础设施建设、社会事业发展做出规划安排，为引领城镇化科学健康发展提供有力指导。百镇建设步伐加快。制定《黑龙江省百镇建设末位淘汰实施办法》，对试点镇实行量化考核、动态管理。不断将棚草改造、"三供两治"政策向百镇试点镇延伸，加强百镇试点镇住房和道路硬化、供排水等市政基础设施建设，开复工项目664个，完成投资107.4亿元；整乡（镇）推进城镇化试点镇由48个增加到114个，9万农民进入城镇或农村社区入住。沿乌苏里江四县（市）11个试点镇和宁安响水"两化"建设有序推进。重点旅游名镇建设稳步推进。坚持以项目建设为抓手，将现有政策向名镇倾斜，完成投资10.13亿元，开复工项目123个，开工率达100%。北极村、五大连池、金龙山、汤旺河等名镇持续推进，松江避暑城和大亮子河部分工程项目开工建设。合作共建成果进一步扩大。地方与垦区、林区、油区、矿区合作共建由住宅、基础设施建设向旅游文化、产业发展、生态建设等方面拓展。海林长汀镇与海林林业局共建河北大桥、雪乡文化广场、林海大街等4个项目；大庆市与石油石化企业完善联合联建机制，在农副产品加工、绿色食品供应、生态环境建设等方面实现相互支撑、深度融合。

【"三供三治"工程建设】 加大资金筹措力度，争取国家专项补助资金20.65亿元，黑龙江省政府安排奖补资金1.72亿元，协调浦发银行和中信银行信贷资金50亿元，有效缓解工程建设资金难题。全省"三供三治"工程完成投资150.5亿元，开复工项目363个。新增供水能力31万吨/日、集中供热面积4500万平方米，燃气用户21.1万户，污水处理能力20万吨/日、垃圾处理能力2744吨/日；拆除分散供热小锅炉620台，完成老旧供热管网改造800公里；13个市（地）购置各类专业清冰雪机械586台（套），完成投资2.5亿元，机械化清雪率达到70%以上。

【建设领域科技节能】 2013年，全省完成既有建筑节能改造1334万平方米，超额完成年度任务目标。获国家奖励资金5亿元、省政府补助资金1.6亿元。齐齐哈尔市将既有建筑节能改造与低温楼改造、主街路沿街立面改造和老旧散住宅楼改造打包建设，四位一体同步推进实施，改造总量达242万平方米，近3万户居民受益。绿色建筑起步良好，制定绿色建筑行动实施方案，辰能溪树庭院、哈西万达购物广场等6个项目19栋建筑获得国家绿色建筑标识。可再生能源建筑应用取得积极进展，开工建设1422万平方米。积极推进建筑节能新技术和新产品的研发和应用，钢筋配送工厂化生产走在全国前例，高强钢筋应用率达到70%；全省新型墙体材料生产和应用比重分别达到61%和63%，同比提高3个百分点。肇东市、桦南县、肇源县和齐齐哈尔市、牡丹江市、安达市分别被评为第一批和第二批国家智慧城市试点。

【城乡环境综合整治】 大力实施"123"行动，城乡面貌明显改观。"三土"得到有效治理。治理裸土约163万平方米，治理绿化超高土121万平方米，清理积存垃圾363万吨，文明施工达标率平均接近92%。城市主街路综合改造效果明显。结合既有建筑节能改造综合整饰街路144条、楼体936栋，完成投资23.1亿元，建筑风格特色突出，城市品位进一步提升。城镇绿化亮化持续推进。全省城市建成区新增绿地面积3450公顷、公园25个，城市建成区绿化覆盖率和绿地率分别新增2.2和2个百分点。七台河、佳木斯和海林市获得国家园林城市称号。亮化临街楼宇1400多栋，新建改造路灯4万基，安装景观灯具3万盏。老旧小区综合改造成效显著。改造完成29.84万套、1974万平方米，改善了环境，增设了便民利民服务设施，深受群众欢迎。滨水城市规划建设任务全面完成。全年开复工项目140项，完成投资181.5亿元，建成一大批标志性滨水景观示范项目。村镇环境明显改观。组织开展美丽宜居村镇和特色康居村庄创建活动，宁安市渤海镇等3个小城镇被推荐为国家美丽宜居小城镇，甘南县兴十四等4个村庄被推荐为国家美丽宜居村庄，20个省级特色康居村庄试点引领和示范作用明显，城乡环境面貌明显改善。

【房地产、建筑业平稳健康发展】 2013年，认真落实国家调控各项政策，加强市场形势分析，适时公布市场信息，强化行业监管，实施分类指导，保持房价平稳运行。全省完成房地产开发投资1604.8亿元，同比增长4.5%；商品房销售额1582亿元，同比增长2.2%；商品住宅平均价格4738元/平方米，同比增长16.5%；实现房地产税收248.2亿元，同比增长20.4%。住宅产业化取得新进展，31个项目被评为国家A级住宅，6个项目被评为国家康居示范工程，1个开发企业被国家评为企业联盟型住宅产业化基地；大力推进商品住房全装修工作，商品房全装修取得新突破，全省实行住宅全装修项目39个、面积322.7万平方米，占新建住宅面积的10.6%，促进住宅品质和现代化水平的提升。规范建筑市场管理，加强诚信体系建设，深化工程建设领域突出问题专项治理，健全完善工程造价管理机制，加强招投标监管、行政执法和工程质量安全检查，工程质量监督覆盖率、竣工验收工程合格率均达到100%，安全生产继续保持平稳态势。全省建筑业实现总产值2521亿元、增加值837亿元。

【法制建设】 积极推进行政立法，完成《黑龙江省城乡规划条例》、《黑龙江省物业条例》和《黑龙江省住房保障安居工程建设管理办法》的草案起草、调研、征求意见等工作，制定并下发《黑龙江省住房公积金提取暂行规定》。深入推进"六五"普法，加大建设行政执法监察和案件查办力度，受理审查行政复议案件63件，受理各类案件935件，立案856件，行政处罚554件，系统法制观念和执法水平有所提高。

【党的群众路线教育实践活动】 认真贯彻中央"八项规定"和省委省政府"九项规定"，强化学习、征求意见，聚焦四风、深入查摆，整章建制、立行立改，全面开展会议文件简报、调研检查评比、三公经费超标等专项整治行动。系统性会议减少73%，文件减少21%，简报减少50%，调研检查减少50%；取消评比表彰项目13项，减少68%；清退借用车辆17台；调整办公用房109个，腾退房间17个；"三公"经费减少30%。积极推进阳光政务和办事公开，精简下放行政审批事项和管理权限28项，精减58%，修订完善规范权力运行制度40项。妥善解决哈尔滨东大直街297号、299号、阿什河街51号、吉林街40号、44号居民楼供热联网问题。畅通联系服务群众渠道，积极参加《关注保障性住房建设》和《关注百姓"暖屋子"》行风热线节目，持续推进"五型"机关创建和学习型党组织建设，干部队伍和党风廉政建设得到进一步加强，涌现出一批先进集体和个人。省厅被省委省政府评为"全省抗洪救灾先进集体"、"全省文明城市建设先进单位"，厅党组被省委授予"学习型领导班子标兵"荣誉称号。

（黑龙江省住房和城乡建设厅）

上　海　市

城乡建设

概况

2013年，上海投入城市基础设施建设资金人民币1043.31亿元，比2012年增长0.5%。其中电力建设投资110.35亿元，交通运输投资458.70亿元，邮电通信投资91.72亿元，市政建设投资334.97亿元，公用事业投资47.57亿元。与2012年相比，分别增长0.3%、-3.1%、-5.4%、11.0%和-15.7%。

【积极推进国际航运中心建设】 加大市级支持财政支持力度，推进内河高等级航道建设，建成大芦线航道一期工程、启动二期工程。加快浦东机场第五跑道及虹桥机场T1航站楼改造项目前期工作，实施浦东机场T1航站楼改造。完成上海船员评估示范中心项目概念性方案设计，明确资金渠道、建设主体和建设规模。完善航运中心建设推进机制，推动落实自贸区相关政策；研究组建上海国际航运中心建设专家委员会，推动成立优化上海空域结构推进协调小组，建立市建设交通委与海事大学合作机制，提高在航运领域的决策能力。

【如期实现年度重大工程建设投资和项目开、竣工目标】 全年调整安排市重大工程建设项目92个，完成投资1203亿元。其中青草沙风电项目、500千伏输变电工程虹杨站、上海科技大学等18个项目顺利开工，老港固体废弃物综合利用基地、天然气主干网二期等21个项目建成和基本建成。轨道交通11

号线北段二期、12号线东段和16号线部分区段建成通车，新增运营里程99公里，为上海地铁建设单年增加里程之最，全市轨道交通运营里程增加至538公里(不含磁悬浮线路)。市域交通建设项目嘉闵高架南北延伸工程、长江西路越江工程等项目顺利推进。实施沪通铁路、市中心北横通道、沿江通道越江隧道等一批预备项目的设计方案优化。启动黄浦江两岸沿江开放空间连通工程研究，落实两岸土地收储和出让计划。稳妥推进虹桥商务区核心区基础设施配套、国家会展中心(上海)、世博园区地下空间开发及配套等项目建设。全面展开国际旅游度假区迪士尼项目一期工程及市政配套项目和临港地区一批产业项目。援疆建设工作在推进受援县住房保障、重大项目代建等方面取得成效。探索重大工程建设新体制、新机制，研究起草《关于进一步加强本市重大工程建设推进管理实施意见》。

【积极推进落实民生实事工程】 完成年度市政府实事项目100个村庄、500座农村桥梁、1000公里经济薄弱村的村内道路改造目标。突破资金瓶颈推进旧区改造，全年拆除中心城区二级旧里以下房屋74.6万平方米(占全年计划107%)，受益居民3.1万户(占全年计划103%)，加快旧改"毛地出让"地块处置，完成33块在拆旧改地块收尾。郊区城镇旧区改造完成20.9万平方米，受益居民3629户。加强市属动迁安置房供应和管理，市属动迁安置房搭桥供应3.7万套。实施农村低收入户危旧房改造2919户，竣工2894户。保持适度公积金结余资金支持保障性住房建设项目贷款规模，严格按照国家规定规范操作，降低资金风险。新建保障性住房和实施旧住房综合改造11万套，建成10.4万套。完成40个大型居住社区外围市政配套项目。统筹指导郊区城镇化建设，推进郊区新城、新市镇、新农村基础设施及人居环境建设，促进城乡一体化发展。确定浦东新区新场镇等29个镇申报全国重点镇，开展枫泾镇等8个中国历史文化名镇和松江区泗泾镇下塘村等5个传统村落的保护和发展，南翔镇等全国特色景观旅游名镇、名村示范建设申报。

【加强网格化管理，提升城市管理水平】 颁布实施《上海市城市网格化管理办法》(市政府令第4号)，明确深化拓展城市综合管理的总体目标和实施途径，在11个区县实现利用区县网格化平台与12345市民服务热线的有效对接，受理市民相关需求，落实案件转派、督办机制，提高市民诉求的处置率和满意度。启动"特定区域"环境治理三年行动方案，保持"重点区域、重要节点、重大活动"城市环境保障水平基础上，提升老旧小区、集市菜场、轨道交通站点、学校和医院周边等市民生活出行集中区域的环境质量和市容环境维护水平。落实《上海市清洁空气行动计划》，部署实施建设、交通、能源等领域14项工作安排，完成6次环境空气质量重污染预警应急处置。针对建筑工地扬尘、噪声问题，加强在线监测和有效控制工作。完善重度、严重雾霾天气情况下通信联络体系和统计上报体系。破解城市管理领域难题，解决公交服务、施工扰民、渣土运输、道路保洁、供水水质、大居配套、井盖伤人、路灯投诉等8方面问题，遏制无序设摊、违法建筑两大顽症蔓延势头。成功推动联合国将2014年起每年的10月31日设为"世界城市日"。此亦为中国首次在联合国推动设立的国际日。

【发挥大部门制优势，保障城市基础设施安全运行】 成立上海市建设交通行业安全生产委员会，统筹协调行业安全生产工作。开展建筑材料、混凝土搅拌、平安工地、保障房安全质量等专项安全检查。实施《上海市高速公路管理办法》，开展高速公路、干线公路桥孔隐患排查与整治。完成高架道路沉降观测与结构检测、大型桥梁隧道龙门架检测、越江桥隧和区县桥梁结构安全抽检。加强轨道交通运营安全管理，协调推进轨道交通网络运营安全评估隐患整改，优化完善轨道交通管理体制和工作机制。加强燃气安全运行管理，完成129公里隐患燃气管道改造任务。开展餐饮场所燃气安全专项治理，集中打击非法从事液化石油气充装、运输、储存、销售等违法行为。研究编制深基坑施工、盾构施工、顶管施工等3个现场专项应急方案和应急抢险专题培训，组织"上海市建设工程事故应急处置综合演练"，完善和更新建设交通委应急资源数据库。

【工作有序开展】 全年全社会环境保护资金投入607.88亿元，占2013年全市生产总值的2.8%。全年环境空气质量优良率(AQI)66%，比2012年下降较大。全市污水处理能力784.3万立方米每日。处置生活垃圾736万吨，无害化处理率达到94%，比2012年提高2.6个百分点；新增7016个垃圾分类收集处置试点场所，实现生活垃圾分类居住区覆盖家庭205万户。新建绿地1050公顷，其中公共绿地519公顷。截至年底，建成区绿化覆盖率达到38.4%。新增造林面积927公顷，森林覆盖率达到13.1%。全市自来水日供水能力1124万立方米，比2012年下降1.8%。截至年底全市家庭人工煤气用户43.4万户，家庭液化气用户330.5万户，家庭天然气用户560.3万户。(陈欣炜)

市政基础设施

【概况】 2013年，上海依据"稳中求进、统筹兼顾、倾向郊区、确保重点"的原则，保持市政基础设施建设适度发展和合理规模，全年完成建设投资334.97亿元，比2012年增长11.0%。安排年度市属项目14项，总投资规模637亿元。2012年度开工的项目中环路沪闵高架路立交西向南匝道、沿江通道越江段、周家嘴路越江、虹梅南路——金海路通道和嘉闵高架北段二期等工程，得到积极推进。新开工项目大虹桥地区外围配套路网的北翟路快速路（外环线——中环线）、S26公路（北青高架）入城段（G15——外环线）、诸光路地道（北青公路——崧泽大道）3项工程和市中心城区东西向重点发展的北横通道、云岭西路桥2项工程如期开工。郊区骨干道路网扩能改造重点项目沪宜公路（S6公路——叶城路）改造、陈海公路东段（港沿一路——G40）改造、浦星公路（闸航公路——G1501）改造、G318跨嘉松公路跨线桥工程4个项目，按时间节点启动。同期开展黄浦江两岸沿江开放空间连通工程研究，落实两岸土地收储和出让计划；安排嘉闵高架南段二期、沿江通道越江浦西接线段、中环国定路下匝道、昆阳路越江、S7公路、车亭公路（北松公路——亭枫公路）改造、沪青平公路（省界——嘉松公路）改造、高速公路节点改造、大叶——叶新公路、向化公路10个预备项目，为城市进一步发展留出空间。全面展开国际旅游度假区迪士尼项目一期工程市政配套项目，统筹指导郊区城镇化基础设施建设，完成100个村庄、4万农户生活污水处理设施改造和1150公里经济薄弱村的村内道路、910座郊区危桥改造。实施《上海市高速公路管理办法》，开展高速公路、干线公路桥孔隐患排查与整治。完成高架道路沉降观测与结构检测、大型桥梁隧道龙门架检测、越江桥隧和区县桥梁结构安全抽检。完成40个大型居住社区外围市政配套项目。深化拓展网格化管理，开展养护作业市场化改革，城市基础设施运行总体平稳有序。（陈欣炜）

【市政建设保持适度发展和合理规模】 2013年，上海完成市政基础设施建设投资334.97亿元，比2012年增长11.0%。是上海在2010年举办世博会后，市政基础设施建设投资规模于2011、2012年度，连续两年出现较大幅度下降后重归增势。统计数据显示，上海在2010年世博会前的2007年，市政基础设施建设投资规模首度达到300.11亿元。此后的2008、2009年度，投资规模分别出现543.34亿元和623.21亿元的高峰值；2010年举办世博会，为396.18亿元；而在2011、2012年度，则相继大幅下降为315.80亿元和301.74亿元。此数据表明，上海为2010年举办世博会实施大规模、高强度的基础设施建设投入；世博会后又适时进行两年调整。2013年11.0%的同比增长，较好体现适度发展和保持合理规模的投资建设理念。（陈欣炜）

【沪常高速公路东延伸段工程竣工】 12月31日，S26沪常高速公路上海段东延伸新建工程竣工通车。东延伸段工程位于青浦区境内，东起G15沈海高速，西至G1501绕城高速，全长10.6公里，全线高架结构，于2012年10月开工建设。东延伸段新建工程的竣工通车，将有效完善上海西部高速公路网络，对G2京沪高速和G50沪渝高速起到一定分流作用，均衡西向连接江苏各公路通道的交通流量，增强虹桥枢纽服务保障功能，同时满足西郊农产品交易中心交通需求，促进地区经济发展。（陈欣炜）

【沪翔高速公路竣工通车】 6月30日，上海S6沪翔高速公路建成通车。沪翔高速公路是上海市高速公路网规划中"三联"布局形式的主要一联（原编号A17公路）。其主要作用是将外环线西段的部分车流引入G15公路（嘉金段），缓解外环线日益繁重的交通压力。工程全长11.75公里，西起G15沈海高速公路，东至上海外环线，于2010年6月30日开工。（陈欣炜）

【8项市级市政设施维护项目全面竣工】 12月底，上海市立项安排的8项市级城市市政设施维护项目全面完成。此批工程分别于2013年2月至7月份陆续开工，截至2013年底相继完工并通过验收，并全部通过文明工地考评。（简嘉）

【中环线最后9.44公里新建工程开工】 5月11日，上海中环线9.44公里新建工程开工。新建工程位于中环线浦东段，北起军工路越江隧道浦东出口，南至高科中路。此次开工的9.44公里工程，计划2015年12月建成通车。（陈欣炜）

【中环线设施结构涂装二期工程基本完工】 截至年底，中环线设施结构涂装二期工程基本完工。此项工程北起中环线沪嘉立交，南至上中路越江隧道口，共分3个标段。其中二期1标工程于8月底先期告竣，二期2标工程于10月底竣工。（简嘉）

【S20公路路面大修工程竣工】 11月，上海S20公路（城市外环线）路面大修工程外场施工圆满完成。工程内容为既有道路基层和桥梁面层改造及病害维修。参建单位通过强化项目负责人现场带班制度、增设施工区域安全警示标志、加强一线员工安全教

育和交底等措施，提高安全生产意识，防范安全生产事故，保证工程顺利竣工。（简嘉）

【2013年度农村路桥建设改造任务完成】 截至年底，被上海市政府列为2013年市一号实事项目的农村桥梁改造和经济相对薄弱村的村内道路改建任务全面完成。全年计划改造农村桥梁500座、村内道路1000公里。实际完成农村桥梁改造910座，完成村内道路改建1150公里。（简嘉）

【金山区完成全部区管公路老桥改建】 12月30日，上海金山区当年安排的9座桥梁改建工程中最后1项工程——新开河桥改建工程通过验收。历时4年的金山区区管公路桥梁改建工程全部完成，基本消除20世纪70年代以前建造的桥梁和三类桥梁。（简嘉）

【崇明县道大中修项目】 2013年，上海崇明县共安排10个标段的大中修工程。截至年底，除北沿公路中修工程因水务河道改造影响推迟至2014年实施外，其余9个标段全部如期竣工。其中包括港沿公路、林风公路、长江公路、凤凰公路、长征公路Ⅰ标和Ⅱ标道路大修6个工程；江海公路道路中修工程和运粮河桥、双港桥2个桥梁大修工程。经验收评定，大修工程优良率100%，中修工程合格率100%。道路激光平整仪测量结果为路面平整度基本达到2米每公里一级公路平整度的标准。（简嘉）

【东方渔人码头项目市政配套建设】 截至2013年底，上海杨浦区东方渔人码头项目市政配套工程基本完成。东方渔人码头项目是上海市黄浦江杨浦区段滨江开发的首个重大项目，于2008年启动建设，计划2014年开张营业。（简嘉）

【探索推广公路沿线垂直绿化】 10月23日，上海市路政部门邀请绿化专家和技术人员，实地踏勘城市外环线浦西段垂直绿化试验段，观摩2013年市绿化部门在外环线浦西段内圈虹梅南路匝道处和浦东段内圈上南路匝道垂直绿化种植点，召开"外环线浦西段声屏障垂直绿化种植养护技术讨论会"，对外环线公路声屏障垂直绿化整治工程提出技术建议，交流和探讨垂直绿化的作用、可能对公路设施的影响及种植养护的经验和难点。2011、2012年，上海在公路绿化快速发展后，为探索绿化形式多样性，分别选择外环高速公路浦西部分路段进行声屏障垂直绿化种植试点，合计长度1600米。两年多的试点种植和后期养护，获得初步效果。垂直绿化是上海公路绿化全新的种植形式，品种选择、种植方式、养护要点及与公路功能的融合、声屏障的安全等关系，需在实践中不断摸索、论证和总结。管理部门计划在分析、评估基础上，扩大和推广此项工作。（简嘉）

【卢浦大桥安全运行10周年结构完好】 5~7月，上海组织对卢浦大桥进行全桥系统检测检查。经过连续两个月每天24小时常规检测和动载试验，技术评估结论为主桥结构完好，未发现影响主桥结构安全和正常运行的病害，技术状态为合格级；浦东、浦西引桥各跨技术状态为A类。检测评估结论为卢浦大桥运营和管理养护提供科学依据。（简嘉）

【公路桥梁管理系统实现全新升级】 6月，上海为确保桥梁安全受控，提高桥梁检查评定工作的质量和效率，实施"桥梁动态安全管理系统升级改造"项目。基本完成开发并投入试运行。新的公路桥梁管理系统严格按照交通运输部颁布的《公路桥梁技术状况评定标准》进行开发，确保桥梁检测内容、评价算法的完整和规范，具有桥梁检查、技术状况评定、动态预警、养护辅助决策、统计查询等多项功能，满足桥梁安全动态管理的需求。系统还首次采用平板式移动终端，实现公路桥梁数据采集终端的信息化，提高桥梁现场检测工作的效率和数据质量。（简嘉）

重大工程建设

【概况】 2013年，上海城市建设保持适度规模和强度，全年调整安排重大工程建设项目92个，完成投资1200亿元。是上海市自2008年以来，连续5年投资超过千亿元。重大工程项目安排中，民生工程占年度计划投资比重的29.8%，交通基础设施建设占25.5%。安排重大产业项目突出高端、集约和服务功能，重大社会事业项目坚持政府主导、民生优先和协调发展，重大基础设施建设依据枢纽完善、功能辐射和网络集成标准，重点聚焦具有"创新转型"、"服务和改善民生"、"生态文明"、"城乡一体化发展建设"等关联性内容的项目，为上海城市的可持续发展提供支撑。其中新开工上汽集团技术中心自主品牌扩建项目二期工程、大芦线航道整治二期工程、青草沙风电项目、浦东机场T1航站楼改造工程、上海科技大学、虹桥商务区会展中心外围配套道路等18个项目。建成轨道交通11号线北段二期、天然气主干网二期、光明乳业日产2000吨乳制品中央自动控制技术生产线技术改造项目、皖电东送淮南至上海特高压交流输电示范工程、上海交响乐团迁建、老港固体废弃物综合利用基地等21个项目。继续推进黄浦江两岸开发及沿江开放空间连通工程研究、虹桥商务区核心区基础设施配套和国家会展中心（上海）等一批预备和在建项目。（廖天）

【轨道交通 11 号线北段二期及延伸段工程竣工】 8 月 31 日，上海轨道交通 11 号线北段二期江苏路站至罗山路站区段竣工通车；10 月 16 日，北段延伸段安亭至江苏昆山市花桥段线路开通试运营。轨道交通 11 号线除规划中的罗山路至迪士尼乐园区段外，全部建成通车，营运里程 72 公里。（廖天）

【轨道交通 12 号线东段建成通车】 12 月 29 日，上海轨道交通 12 号线东段天潼路站至金海路站竣工通车。12 号线全线建成后，将有 19 个车站先后与 11 条已运营线路、4 条规划线路形成换乘，使轨道交通网络的整体效应得到发挥。（廖天）

【轨道交通 16 号线部分区段投入运营】 12 月 29 日，上海轨道交通 16 号线罗山路站至南汇新城滴水湖站区段建成投用。16 号线此一区段开通后，可在罗山路站与轨道交通 11 号线实现换乘，直通市中心。（廖天）

【大芦线航道整治一期工程通过验收】 10 月，连通上海黄浦江与洋山深水港的大芦线航道整治一期工程通过验收。根据规划，大芦线航道及内河集装箱港区正式投用后，每年有超过 200 万标准箱可通过上海内河由洋山港区输运至江苏、浙江部分地区，占洋山港区设计吞吐量的 1/10。工程于 2006 年启动，历时 7 年。（廖天）

【老港固体废弃物综合利用基地建成】 上海老港固体废弃物综合利用基地建成投用。基地位于浦东新区老港镇东原老港填埋场所在地，由基地范围和基地控制范围两部分组成，用地总面积 29.5 平方公里，其中基地范围 15.3 平方公里，控制范围 14.2 平方公里。规划形成"一环四场三轴、两厂一中心"功能结构。其中一环为基地范围南北边界外围、清运河西侧建设 200 米宽防护绿带；四场为已用填埋场、在用填埋场（四期填埋场）、综合填埋场、特种废弃物填埋场；三轴为主轴（基地内东西向主要道路）、次轴（现状已用填埋场与在用填埋场、在用填埋场与综合填埋场之间道路）和基地内部南北向轴线；两厂为焚烧厂、渗滤液处理厂。老港固体废弃物综合利用基地的建成，对提高上海城市垃圾无害化处理水平、美化城市环境和提高市民生活质量具有重要意义。（廖天）

【皖电东送练塘特高压站工程建成投运】 9 月 30 日，位于青浦练塘镇的国家皖电东送 1000 千伏特高压交流试验示范工程站建成投运。特高压电站设备国产率 90%以上，为自主开发、设计、制造、试验及安装调试项目，能满足全市 1/3 的用电需求。（廖天）

【完成 120 公里燃气隐患管网改造计划】 上海如期完成 120 公里燃气隐患管网改造计划。此项计划于上年列入市级督办治理重点项目，要求在 2012~2014 年，用 3 年时间完成全市 338 公里燃气隐患管网改造。此次改造将老式管道改换为韧性更好的球墨铸铁管，管道之间用橡胶密封，达到防止燃气泄漏的目的。（廖天）

【外滩源核心区综合改造一期工程基本完成】 7 月 25 日，国家级历史文化风貌特色区上海外滩源综合改造项目一期工程基本完成。历经 10 年精心实施，一期项目中的历史建筑修缮改造工程全部竣工，6 栋新建建筑基本完工。其中包括上海外滩美术馆在内的高端艺术品、奢侈品欣赏与销售、特色餐饮酒店等已入驻。（廖天）

【浦东川沙"内史第"修缮复原工程完工】 4 月 16 日，上海百年江南大院—浦东川沙"内史第"修缮复原工程完工，免费向社会开放。经过多年修复后，"内史第"已恢复成原来的三进院落，并保存大量珍贵的史料和实物。"内史第"免费开放后，为保护建筑将实行限流措施。（廖天）

【梅林正广和大楼平移工程完成】 11 月 18 日，位于杨浦区通北路 400 号的上海梅林正广和集团办公大楼平移工程完成。此栋已有 78 年历史的老建筑，被整体平面移动至离原址 38 米的路口安然就位。（廖天）

【上海大剧院首次大修工程基本竣工】 11 月，上海大剧院投用 15 年来的首次大修工程基本竣工。大修完成后，同时进行中剧场和小剧场改造，中剧场结构由原先 3 层观众席改为 2 层，形成较适宜的观看坡度。中、小剧场改造计划 2014 年 4 月底竣工。（廖天）

【上海交响乐团迁建工程竣工】 2013 年底，上海交响乐团迁建工程基本竣工，将于 2014 年 9 月正式投入运营。交响乐团迁建工程于 2009 年 9 月开工，新址总建筑面积 19950 平方米，其中地下建筑面积 14676 平方米，位于复兴中路 1380 号的上海跳水池原址。（廖天）

【大型购物中心环球港项目投入营业】 7 月 5 日，位于上海内环线内中山北路宁夏路口的大型购物中心上海环球港正式开始试营业。环球港项目于 2008 年启动，项目占地面积 66000 平方米，总建筑面积 48 万平方米，其中布置商业楼层 6 层、面积 32 万平方米，办公楼 58 层、商务办公面积 8 万平方米，五星级酒店面积 4 万平方米及高档公寓面积 4 万平方米，并设有 3 万平方米屋顶花园，建筑总高度 248

米。室外设南北两个广场、室内设中庭广场3个及文化区域和屋顶花园广场，将大量商业空间释放给公共文化。（廖天）

建筑业

【概况】 2013年，上海全市建筑业包括建筑工程产值、安装工程产值和其他产值三部分内容的总产值达到5102.84亿元，比2012年增长11.8%；房屋建筑施工面积29148.65万平方米，竣工面积6274.25万平方米，分别比2012年增长7.7%和20.7%。其中商品房施工面积13516.58万平方米，增长2%；竣工面积2254.44万平方米，下降2.2%。全年新建筹措保障性住房和实施旧住房综合改造11万套共785万平方米，完成大型居住社区外围市政配套项目40个，拆除中心城区二级旧里以下房屋74.6万平方米。签订对外承包工程合同金额108.16亿美元，实际完成营业额80.69亿美元，派出人员4337人次，分别比2012年增长4.9%、18.5%、24.7%，对外劳务合作派出人员13695人次，比1212年下降22.9%。对外承包工程和劳务合作涉及的国家和地区178个。全年建筑业实现按总产值计算的全员劳动生产率41.73万元每人，比2012年提高4.4%。年内建筑业管理在各类工程建设标准制订、工程施工图审查管理、建设市场监管、工程质量安全管理等方面取得成绩。上海世博会城市最佳实践区、上海长江隧桥工程、中环线浦东段新建工程、青草沙水源地原水工程等一批建设工程分获国际、国内大奖。建筑科技推广应用力度加大，其中世博技术、新能源技术、浅层地热能技术等，在建筑中的开发应用效果明显。（简嘉）

【工程建设标准管理工作成效显著】 截至年底，上海市已制订各类工程建设标准共254项、图集38项，涵盖节能减排、建筑规划、轨道交通、岩土勘探、市政绿化、水利环保、公共安全、住宅产业化、通信等诸多领域。其中专为世博会场馆建设编制的标准，为成功举办世博会提供重要技术保障；专为迪士尼乐园项目建设编制的标准，对促进国外标准与国内标准的嫁接，以及迪斯尼项目的建设起到积极作用；与城市安全运行、"智慧城市"、住宅产业化相关的标准规范的制定，发挥良好社会效应。工程建设标准制订体现上海地方特色并形成体系，对上海建筑行业健康稳定发展具有重要作用。（陆佰山）

【调整建设工程施工图审查项目分工】 上海为完善建设工程管理，调整市、区两级建设工程施工图审查项目分工。原由市审图中心管理的区（县）立项的审批制项目、区（县）立项的非新、改、扩项目，调整为由项目所属区（县）管理。区（县）负责区立项的审批制项目、非市管企业核准备案类新、改、扩项目，以及所有其他项目的建设工程施工图审查管理。7月1日起，新申请的此类合同备案及施工图审查备案项目，由区（县）进行管理。7月1日前办理的项目仍按原渠道完成备案手续和监管。（陆佰山）

【简化工程图纸审查办事流程】 11月15日，上海为缩短建设工程设计文件审查办事时间、提高办事效率，出台简化管理流程的具体办法。对已完成报建尚未完成勘察设计招投标或勘察设计合同备案的项目，建设单位在网上填选勘察、设计单位后，即可进行审查机构的抽取选定。遇有被选审查机构与勘察或设计单位有利益关系的，可书面申请重新开通网上抽取功能。对原审查机构已不在施工图审查工作确定有效期内的项目，建设单位在自行选择审查机构后，提交更换审查机构的书面申请，办理更换审查机构手续。对建设单位提交抽取选定申请时勾选"非超限"而审查发现为"超限"的项目，建设单位可提交重新抽取的书面申请，重新开通网上抽取功能。（陆佰山）

【通报违反强制性条文的勘察设计单位】 2013年，上海建设行政主管部门对送审的3629个房屋建筑工程施工图设计文件审查，涉及单位工程16921个、建筑面积7283万平方米。共查出勘察设计单位违反强制性条文6766条，平均每个单位工程0.4条，平均每万平方米0.929条。按单位工程统计，施工图一次审查通过率81.3%。主管部门汇总梳理后，列出按专业、规范类别、建筑类型及涉及的勘察设计单位违反强制性条文的统计数据，对上海市水利工程设计研究院、上海邮电设计咨询研究院有限公司、上海瑞银建筑幕墙工程有限公司等年度违反强制性条文较多的前50名勘察设计单位（按每万平方米整改条数排序）和上海众一石化工程有限公司、上海东捷电力设计有限公司等违反强制性条文较多、年设计项目多于5个的前20名勘察设计单位予以通报批评。（陆佰山）

【加强建设工程检测行为监管】 9月27日，上海就加强建设工程检测行业管理，规范工程检测企业的从业行为提出具体要求。一是明确施工现场钢筋、墙体材料、钢管、扣件、混凝土、砂浆试块等主要建材的取样复验规定；二是加强检测行为管理，执行见证取样、送样制度，规范检测机构样品质量管理；三是完善检测设备管理，落实自动控制检测及静载检测自动采集管理办法，完成压力机、基桩静载检测自动采集设备改装配备；四是加强对施工现场检测活动监管，检查建筑材料质量保证文件和备案证明、现场养护试块制作质量及试样使用惟一性识别标识情况。对取样、送样、收样等检测活动中的违规行为，予以严格查处。（陆佰山）

【开展年度建设工程安全生产月综合执法检查】 6月13日起，上海开展2013年度建设工程"安全生产月"综合执法检查。主要检查年度发生过死亡事故企业的在建项目、2012年度安全生产标准化考核不合格企业的在建项目和市重大工程、保障性住房建设工程。重点检查危险性较大分部分项工程施工安全、季节性施工，工程材料、工程检测、工地实体质量管理及监理工作情况，以及施工现场参建各方履行法定义务和责任、建设程序及合同备案、项目管理机构、人员配置及注册人员签章制度执行情况。由各建设、施工及监理企业组织主要领导带队的检查组，对所属工地进行全面检查，对查出的问题按"定人、定时间、定措施"原则落实整改并留档备查。6月下旬，由市组织7个检查组，进行"安全生产月"综合执法检查。依法处理自查自纠不力、施工现场隐患严重的建设单位、施工企业、监理企业及责任人，并通报全市。（陆佰山）

【开展基坑工程质量安全专项检查】 8月21日起，上海为加强基坑工程质量安全管理，减少对周边环境影响，确保在建工程及相邻建筑物、构筑物、地下管线、道路等的安全，对全市范围基坑工程质量安全开展专项检查。检查对象为受检工程的建设、勘察、基坑围护设计、施工、监理、基坑监测等各方，主要检查工程参与单位资质、人员资格、工程文件、施工过程和监理记录等已有工程资料。于2013年8月30日前安排企业自查，将自查发现问题及整改落实情况报工程受监监督机构，9月6日前安排区县监督机构组织复查，9月10日起组织全市抽查。对抽查中发现的基坑现场管理规范，实体质量控制到位的项目和企业，给予全市通报表扬，同时记入企业诚信记录；对抽查中发现基坑工程存在严重违规的项目和企业，按规定查处，给予全市通报批评，同时记入企业不良诚信记录。（陆佰山）

【通报年度第三次综合执法检查情况】 12月12日，上海建设行政主管部门通报年度第三次综合执法检查情况。9月下旬至10月中旬开展的综合执法检查分7个组，检查81个在建项目，覆盖本市17个区（县）及市受监的各类型项目。重点检查工程质量、安全生产和市场监管。开具局部暂缓施工指令书13份、整改通知单100份，对13家涉及违规的企业实施约谈、笔录，提出行政立案、处罚建议。总体评价市区工地状况好于城乡结合部、郊区及开发区工地。大部分施工现场建立比较完善的质量保证体系，落实质量管理责任和措施，工程实物质量、现场危险性较大的分部分项工程基本受控，基本建设程序履行较好，承发包管理行为逐步规范，未发现严重违法违规行为。但低资质单位和中小型工程安全质量管理相对薄弱。综合执法检查对涉及违反有关法律、法规及技术规范的责任单位和个人给予行政处罚，对违规建材供应商给予全市通报批评，对涉及混凝土试件作假替代施工现场制作、养护混凝土试件的企业依据规定进行处理。（陆佰山）

【修订完成新版住宅设计标准】 4月，上海修改完成新版上海市《住宅设计标准》，规定于2014年6月1日起正式实施。新版标准是在总结原标准实施情况基础上，进行的全面修订、优化及完善。作为上海市工程建设规范，新版《住宅设计标准》明确，建筑高度超过100米的高层住宅，应设置避难层（区），净面积按每平方米3人计，以应对发生火灾时的疏散避难；避难层不得设置居住用房，并需具有良好通风条件。规定低层、多层、中高层住宅的居住区内设置消防车道、消防登高面及消防登高场地，明确车道宽度及转弯半径标准。新标准修订时，考虑为合理地利用土地资源，发挥城市空间效应，适度放宽对商品住宅的朝向、间距等限制，使总平面设计中，各类型住宅有多种形式的布局。为适应城市老龄化发展趋向和居家养老需求，新标准明确规定4~6层的多层住宅也应设置电梯，12层及以上的高层住宅电梯设置数不得少于两台，其中一部电梯应可容纳担架，作为强制性条文执行。专门增加"全装修房室内空气质量"内容，对室内空气污染物限值作明确规定，并列为强制性条文。新版设计标准还规定新建住宅必须执行节能标准达到60%以上，并对节电、节水设定标准。（陆佰山）

【世博会城市最佳实践区获国际最高标准绿色建筑认证】 6月25日，上海世博会城市最佳实践区获得美国绿色建筑委员会授予的铂金级预认证牌，成为北美地区外首个获得该级别认证的项目。给予城市最佳实践区铂金级认证，是基于上海在世博会后的园区后续开发利用中，保留部分按低碳生态标准建设的国内外建筑案例，采用江水源热泵集中供能、太阳能、风电等节能技术，街道设施运用生态设计原理，交通布局引入开放空间，提供安全、便利、舒适的慢行环境。（廖天）

【上海长江隧桥工程获詹天佑奖】 7月，上海长江隧桥工程获第十一届中国土木工程詹天佑奖。该工程于1981年提出建设设想，1983年2月获国务院批准立项，1984年8月国家发改委批准项目可行性研究，1996年2月28日工程正式开工，项目总投资123亿元。上海长江隧桥于2009年10月31日正式通车。（廖天）

【上海建工承建的一批市政工程获殊荣】 4月，上海建工集团承建的一批市政工程项目荣获殊誉。在"全国市政金杯示范工程"83个项目中，中环线浦东段（上中路越江隧道至申江路）新建工程、金海水厂（一期）工程、广州亚运城市政工程3个工程荣列其中。在"上海市市政工程金奖"20个项目中，青草沙水源地原水工程、上海轨道交通10号线工程、G40崇启长江公路通道（上海段）工程、沿浦路跨川杨河桥（耀龙路桥）新建工程、林海公路新建工程、金昌公路（嘉松北路——金迎路）新建工程等6个工程荣列其中。（陆佰山）

【现代设计集团合作设计项目获建筑界大奖】 4月，上海现代设计集团华东设计总院与美国SOM公司合作设计的天津环球金融中心项目，荣获享誉世界建筑界的"安波利斯摩天楼大奖"，并入选全球十大最佳摩天楼建筑名单。此是该项目继荣膺美国北加州结构工程师协会（SEAONC）颁发的2011年优秀结构工程设计奖后，第二次荣获国际性建筑大奖。（陆佰山）

【世博技术在上海建筑业得到推广运用】 进一步促进江水源热泵、地源热泵、雨水收集、屋顶绿化、LED照明、低辐射玻璃、智能微网、喷雾降温等世博技术在建筑领域的运用。原世博会浦西园区城市未来馆前广场的地下4000平方米能源中心，在场馆改建中沿用原南市发电厂取排水管道、防汛墙实体，以江水源热泵技术为基础，将传统高消耗、高污染的煤电中心改造成低碳绿色的能源中心，为区域内25万平方米改建建筑供冷、供热，并设计为45万平方米建筑的冷热源供给预留出空间。浦东南汇工业园区内9.8万平方米的"智城"项目，在世博展示的几十种新能源应用技术中，选择其中余热梯级利用、地源热泵、热回收新风交换系统等11种技术，使能源综合利用效率达到80%。世博园喷雾降温技术已在东方明珠、国际金融中心、东方体育中心、虹桥机场等近百个项目中得到应用，并被北京、苏州等国内城市引入，取得良好的环境效益和经济效益。（陆佰山）

【推广浅层地热能技术在建筑中的应用】 上海市积极推广浅层地热能技术在建筑中的开发利用。浅层地热能是指地表以下一定深度范围内，温度低于25℃，在技术经济条件下具备开发利用价值的地球内部热能资源，为可再生的清洁环保能源。上海市建成7个地温长期监测孔和7个典型应用工程跟踪监测场，进行实时监测。浅层地热能应用项目总体运行稳定，性能良好，与常规供冷和供暖系统相比，可节省能源30%～50%，节能减排效果明显。（陆佰山）

【上海交大提供住宅能源应用新模式】 7月23日，上海交大机械与动力工程学院与企业合作设计的"太阳能热泵·空气能热泵一机多能能源中心"家庭能源系统，在企业下线投入生产，提供住宅能源应用新模式。此系统针对长江流域家庭供暖、制冷、热水供应需求，具备5种工作模式，可提供24小时不间断热源和稳定换热，在满足住宅室内的冬暖夏凉之需基础上，还可一年四季给生活用水水箱加热。（廖天）

【轨道交通建设工地管理引入数字化技术】 上海在建的轨道交通工程，在工地管理中引入数字化技术，取得良好效果。工地现场人员用装有芯片、可以定位的安全帽，在工地出入口闸机上刷一下，其姓名、身份证、操作证等信息在监控室显示屏上核准无误后，便可通过门禁进入施工现场。安全帽内安装的特制芯片，输入包括使用人照片、姓名、身份证号、合同签署情况、社会保险、体检情况、工种、操作证、相关教育情况等信息。除与工地门禁系统相连外，也直接与工地电脑管理系统连接，实现了施工场地的数字化管理。（陆佰山）

【隧道股份以国产盾构机开拓海外市场】 4月7日，上海城建集团隧道股份公司制造的国产盾构8号机完成分解，装车运往新加坡C926地铁项目现场。安装调试完毕后，将投入新加坡地铁淡宾尼东体育场站与淡宾尼西站区间双钻隧道掘进施工。此是隧道股份根据新加坡地质条件，专门量身定做的铰接式复合土压平衡盾构。8号机盾构主机重450吨、长16米，刀盘直径6.72米，采用主被动双铰接系统、可保证密封性能的双闸门螺旋机、管片提升等先进设计技术。8号机运抵新加坡之前，隧道股份已有4台盾构机顺利出厂执行任务。（陆佰山）

【上海城建新增两家二级子公司】 4月，上海市政养护管理有限公司、上海浦江桥隧运营管理有限公司并入上海城建集团，成为城建集团二层次子公司。浦江桥隧公司和市政养护公司承担上海近九成的大型市政交通设施管理养护工作量。两家市政养护行业的龙头企业加入上海城建，是上海在大规模城市建设期退潮后，市政养护企业顺应城市发展转型需要进行的结构性重组调整。此也是上海城市发展定位从"建管并举"向以管理为主转变的重要步骤。（陆佰山）

【**上海7300余在建工地严控"声、光、尘"扰民**】 上海通过行业监管与社会监督相结合的方式，对全市7300多个在建工地加强文明施工管理，严控"声、光、尘"扰民，得到社会肯定。上海曾先后颁布过多项文明施工管理规定、标准和规范，针对施工扰民突出问题，出台一批文明施工工法，编制印发文明施工应用图集，同时加大监管力度，确保文明施工管理各项规定、规范、细则、工法等的落实。在有条件的工程推行混凝土构件工厂制作、工地装配，提高施工质量和效率，从源头上减少传统作业方式带来的施工噪声、工地扬尘、污水排放、建筑垃圾、运输遗洒等问题。鼓励企业使用液压剪刀钳或低音链条锯等低噪声、节能型机械设备，改进现场作业过程中切、割、刨、钻等传统工艺。建立文明施工测评机制，由市文明办组织市民巡访团，每月对全市工地文明施工状况进行第三方测评，曝光落后工地，约谈工地参建单位，检查跟踪整改。加强与市民互动、与媒体联手，通过外力推动文明施工管理。按照分级分类管理要求落实责任，由各专业行政管理部门根据专业工程特点，对房屋建筑、市政工程、公路工程、水利工程、绿化市容、港口运输和房屋修缮等项目文明施工实施专业管理。（陆佰山）

法制建设

（1）上海市2013年发布的建设行政规范性文件目录

文件名称	施行日期
● 关于开展春节及两会期间建设工程安全生产检查工作的通知 [沪建安质监〔2013〕1号]	2013-01-04
● 关于公布《上海市新型墙体材料认定合格名录》的通知 [沪建建管〔2013〕3号]	2013-01-21
● 关于组织申报2013年上海市建筑节能示范项目的通知 [沪建市管〔2013〕35号]	2013-02-25
● 2013年度建设工程安全生产、文明施工专项整治与监管执法工作计划 [沪建安质监〔2013〕16号]	2013-02-26
● 关于公布上海市建设工程安全质量监督总站第三批废止文件目录的通知 [沪建安质监〔2013〕24号]	2013-03-14

续表

文件名称	施行日期
● 关于组织申报上海市公共建筑节能改造重点城市示范项目的通知 [沪建交联〔2013〕311号]	2013-03-27
● 关于公布本市2011-2012年度上海市市级工程建设工法的通知 [沪建交〔2013〕371号]	2013-04-18
● 关于推荐上海市绿色建筑技术咨询单位的通知 [沪建市管〔2013〕65号]	2013-04-23
● 关于2013年各区县和相关委托管理单位建筑节能工作任务分解目标意见的通知 [沪府办〔2013〕25号]	2013-04-23
● 上海市城乡建设和交通委员会关于公布2012年度上海市文明范工程、文明示范工地和文明工地（场站）的通知 [沪建交〔2013〕397号]	2013-04-26
● 关于开展六层以下新建住宅项目安装太阳能热水系统专项检查的通知 [沪建节办〔2013〕4号]	2013-04-27
● 关于印发《上海市建设领域稽查工作管理办法》的通知 [沪建交〔2013〕360号]	2013-05-01
● 关于本市开展市政基础设施及公路建设工程施工图设计文件审查的通知	2013-05-01
● 关于发布《上海市建设工程施工图设计文件审查管理规定》的通知	2013-05-01
● 关于启用上海市公共建筑节能改造重点城市示范项目申报材料的通知 [沪建市管〔2013〕67号]	2013-05-09
● 关于明确本市建筑工程施工许可前质量安全措施现场审核办理程序的通知 [沪建交〔2013〕405号]	2013-06-01
● 关于进一步加强本市粉煤灰综合利用管理工作的通知 [沪建市管〔2013〕84号]	2013-06-14
● 关于对建筑用金属面绝热夹芯板进行新型墙体材料认定工作的补充通知	2013-06-24
● 关于贯彻落实市建交委安委会《关于集中开展安全生产大检查的通知》工作部署 [沪建安质监〔2013〕64号]	2013-07-08
● 关于继续委托上海市绿色建筑协会承担绿色建筑评价标识日常工作的通知 [沪建建管〔2013〕25号]	2013-07-17
● 关于进一步规范建设工程检测行为若干规定的通知	2013-09-27
● 关于落实《中华人民共和国招标投标法实施条例》有关事项的通知（三）	2013-11-01

（2）上海市2013年调整建设行政审批事项目录

（一）在公路上增设平面交叉道口许可（调整为"在公路上增设或者改造平面交叉道口"）

（二）抗震设防审查（对《本市建设工程部分简易项目总体设计文件审查告知承诺实施办法》（沪府〔2012〕49号）第二条涉及的建设工程部分简易项目，不实施审批）

（三）超限高层建筑工程抗震设防专项审查（对《本市建设工程部分简易项目总体设计文件审查告知承诺实施办法》（沪府〔2012〕49号）第二条涉及的建设工程部分简易项目，不实施审批）

（四）施工图审查备案（与审查合同备案同步办理）

（五）审查合同备案（与施工图审查备案同步办理）

（六）可直接发包产业项目的设计直接发包手续（与建设工程设计合同备案手续合并办理）

（七）可直接发包产业项目的建设工程设计合同备案手续（与设计直接发包手续合并办理）

（八）可直接发包产业项目的勘察直接发包手续（与建设工程勘察合同备案手续合并办理）

（九）可直接发包产业项目的建设工程勘察合同备案手续（与勘察直接发包手续合并办理）

（十）可直接发包产业项目的监理直接发包手续（与建设工程监理合同备案手续合并办理）

（十一）可直接发包产业项目的建设工程监理合同备案手续（与监理直接发包手续合并办理）

（十二）可直接发包产业项目的施工直接发包手续（与建设工程施工合同备案手续合并办理）

（十三）可直接发包产业项目的建设工程施工合同备案手续（与施工直接发包手续合并办理）

（十四）抗震设防审查（区（县）立项的本市规划工业区块内的产业项目的抗震设防审查权限下放区县）

（十五）建设工程勘察、设计、施工、监理招投标情况备案（产业项目的勘察、设计、监理、施工招投标交易费按原收费标准的70%收取）

（十六）建设工程安全质量报监（本市规划工业区块内的产业项目，与对建设工程施工的许可同步受理，报监材料齐全的，当场发放《上海市建设工程安全质量报监办结单》）

（十七）对建设工程施工的许可（本市规划工业区块内的产业项目，与建设工程安全质量报监同步受理，施工许可材料齐全的，管理部门在2个工作日内派人进行现场核查，核查通过后3个工作日内发放《建设工程施工许可证》）

【2013年评出的上年度上海建筑施工企业实力排名】

年度上海市建筑（集团）企业经营实力排名结果

1	上海建工集团股份有限公司
2	中国建筑第八工程局有限公司
3	上海城建（集团）公司
4	中交第三航务工程局有限公司
5	中国二十冶集团有限公司
6	中铁二十四局集团有限公司
7	上海宝冶集团有限公司

年度上海市建筑施工企业综合实力排名结果（按得分顺序排列）

上海市施工企业：

1	上海建工七建集团有限公司
2	上海建工一建集团有限公司
3	上海隧道工程股份有限公司
4	上海建工四建集团有限公司
5	上海建工五建集团有限公司
6	上海绿地建设（集团）有限公司
7	上海市机械施工集团有限公司
8	上海市安装工程集团有限公司
9	上海城建市政工程（集团）有限公司
10	上海市基础工程集团有限公司
11	中冶天工上海十三冶建设有限公司
12	上海公路桥梁（集团）有限公司
13	上海名华工程建筑有限公司
14	舜元建设（集团）有限公司
15	上海绿地建筑工程有限公司
16	舜杰建设（集团）有限公司
17	上海南汇建筑工程有限公司
18	五冶集团上海有限公司
19	上海广厦（集团）有限公司
20	上海家树建筑工程有限公司
21	上海开天建设（集团）有限公司
22	上海星宇建设集团有限公司
23	上海市浦东新区建设（集团）有限公司
24	中建港务建设有限公司
25	上海海怡建设有限公司
26	上海隆盛建筑工程有限公司
27	红阳建工集团有限公司
28	上海域邦建筑工程有限公司
29	上海新马建设（集团）有限公司
30	上海中锦建设集团股份有限公司

进沪施工企业：

1	龙元建设集团股份有限公司
2	浙江宝业建设集团有限公司
3	中天建设集团有限公司
4	浙江中成建工集团有限公司
5	南通四建集团有限公司
6	宏润建设集团有限公司
7	浙江舜杰建筑集团股份有限公司
8	江苏南通二建集团有限公司
9	中国建筑第二工程局有限公司
10	中国核工业华兴建设有限公司
11	中建三局建设工程股份有限公司
12	通州建总集团有限公司
13	浙江国泰建设集团有限公司
14	长业建设集团有限公司
15	江苏南通三建集团有限公司
16	江苏江都建设集团有限公司
17	江苏省苏中建设集团股份有限公司
18	浙江海天建设集团有限公司
19	浙江舜江建设集团有限公司
20	浙江中富建筑集团股份有限公司
21	宜兴市工业设备安装有限公司
22	江苏中兴建设有限公司
23	龙信建设集团有限公司
24	五洋建设集团股份有限公司
25	中达建设集团有限公司
26	华升建设集团有限公司
27	浙江展诚建设集团有限公司
28	浙江勤业建工集团有限公司
29	浙江中联建设集团有限公司
30	中建四局第六建筑工程有限公司

年度上海市建筑施工企业综合实力进步奖（排名不分先后）

上海强劲地基工程股份有限公司
上海锦惠建设集团有限公司
上海堡华建筑工程有限公司
上海金鹿建设（集团）有限公司
上海华新建设（集团）有限公司
中铁二十四局集团上海铁建工程有限公司
上海龙象建设集团有限公司
上海森信建设工程有限公司
上海殷行建设集团有限公司
上海久住晓宝工程建设总承包有限公司

续表

上海润玛建设工程有限公司
上海闸北城市建设有限公司
上海顺业建筑工程有限公司
江苏省建筑工程集团有限公司
中厦建设集团有限公司
南通市达欣工程股份有限公司

（上海市城乡建设和交通委员会）

规划和国土资源管理

概况

2013年，上海市规划和国土资源管理局坚持"以人为本、科学编制、广泛参与、民主决策、依法行政、公开透明"的工作原则，以强化总体规划的战略引领、提高控详规划的质量和效率、提升建设项目规划管理的精细化水平、加快土地政策与机制创新为工作重点，突出规划的前瞻性、科学性和可操作性的有机结合，努力发挥规划国土资源管理的综合服务和基础保障功能。一是服务转型发展。结合实施上海市经济社会发展"十二五"规划，深入推进"两规合一，规土融合"，加强城乡规划的编制、实施和土地管理政策、机制的创新，着力发挥规划的战略引领和土地的综合调控作用。二是注重保障民生。结合住房保障体系建设，大力推进各类民生设施的规划，加大土地供应支持力度，着重解决人民群众最关心、最直接、最现实的利益问题。三是加强生态文明建设。加快实施《上海市基本生态网络规划》、《上海市土地整治规划（2011-2015年）》，严守耕地保护红线，严格土地用途管制，合理控制土地开发强度，加大生态建设和保护力度。四是加快政府改革。以建设服务政府、法治政府和效能政府为主线，以"简政放权"、"提质增效"为导向，以信息化建设为依托，加快行政审批制度改革，优化管理机制，提升管理效能。

【做好上海新一轮城市总体规划编制的前期准备工作】 在开展上海市城市总体规划实施评估研究的基础上，组织开展城市总体规划实施评估深化和城市发展战略研讨，起草形成《上海市城市总体规划实施评估报告》、《上海新一轮城市总体规划编制的工作方案》和《关于上海新一轮城市总体规划编制的指导意见》，并分别于12月23日、12月27日经市政府常务会议和市委常委会审议通过。

【加快推进郊区新城、新市镇总体规划编制工作】 修改完善嘉定、青浦等六个新城的总体规划；选取松江佘山等四个试点新市镇开展新一轮新市镇总体规划编制工作，进一步明确各新市镇的功能定位、发展性质和发展规模等，加强对地区发展的引导；开展村庄规划编制试点工作，探索推进本市农村地区规划编制、建设管理及规划实施的策略，其中奉贤区拾村村村庄规划被住房城乡建设部列为全国28个村庄规划示范之一。

【加快重点地区规划编制工作】 涉及世博会地区、虹桥商务区、国际旅游度假区、临港地区等全市重点功能地区。其中，虹桥商务区主功能区机场东片区控详规划、国际旅游度假区结构规划已完成，临港地区集中建设区和近期建设区域控详规划已基本全覆盖，世博会文化博览区和后滩拓展区规划编制工作正加快推进。

【开展上海市轨道交通网络规划及市政交通专项规划】 启动上海市轨道交通网络规划优化方案的编制工作，充分整合市郊铁路、城际铁路与城市轨道、有轨电车等，规划形成以"大轨道"为格局的轨道交通网络。加快推进北横通道、机场快线、轨道交通15号线和18号线等一批重大工程专项规划的编制工作，已基本形成成果。

【加强历史风貌保护规划研究与编制】 启动《上海市历史文化风貌区和优秀历史建筑保护条例》修订工作；开展历史文化风貌保护保留对象与范围的扩大深化研究，提出初步推荐名单；开展《上海市优秀历史建筑保护技术规定》修订工作，形成优秀历史建筑"一图一表、图表合一"的管理文件。

规划获批

【市政府批准《青浦新城（淀山湖新城）总体规划(2009—2020)》修改】 2013年6月18日，市政府以沪府〔2013〕13号文批复同意《青浦新城（淀山湖新城）总体规划(2009—2020)》修改。青浦新城是上海西部长三角区域的综合性节点城市，具有"水乡文化"和"历史文化"内涵的生态宜居城市。规划总用地面积约为119平方公里。

规划形成"三轴、四区、五心"的规划结构。"三轴"为淀山湖大道发展轴、公园路发展轴和外青松公路发展轴。"四区"为城市综合服务区、文化创意新区、古镇休闲区、智慧产业区，"五心"为老城商业中心、夏阳湖公共服务中心、三分荡商业文化中心、朱家角旅游休闲中心、企业总部及研发中心。

规划快速路形成"二横一纵"、主干路形成"五横六纵"的路网体系，构建完善的轨道交通、快速公交、常规公交、有轨电车、出租车相结合的公共交通体系，结合轨道交通17号线，建设4处综合交通枢纽。

规划划定朱家角镇历史风貌保护区以及青浦老城区历史地段传统风貌区保护范围，并明确规划管理要求。

【市政府批准奉贤区《海湾镇土地利用总体规划(2010—2020)》修改】 2012年9月，市政府批复奉贤区区镇两级土地利用总体规划，以指导奉贤区及各镇的发展建设。为进一步支持临港奉贤园区的快速发展，缓解产业发展与土地资源约束的矛盾、配套不足等问题，2013年5月起，开展《海湾镇土地利用总体规划(2010—2020)年》修改工作，修改成果于2013年9月获市政府批复。

规划编制遵循实施评估——规划修改的程序，在对原规划批复以来海湾镇耕地和基本农田保护情况、用地结构和布局调整情况、土地集约节约水平等评估的基础上，开展规划修改。规划修改立足于支持临港奉贤分区产业发展和设施完善，主要针对临港奉贤分区用地进行调整。

【市政府批准《上海市轨道交通14号线选线专项规划》】 2013年7月，市政府以沪府规〔2013〕155号文批复同意《上海市轨道交通14号线选线专项规划》。轨道交通14号线是网络中重要的市区级线路，对缓解中心城交通拥堵、分流2号线过江客流压力、进一步发挥轨道交通网络整体效益有着重要作用。该专项规划明确轨道交通14号线的线路走向、设站位置以及附属设施规划选址线路总长约39公里，全为地下线。全线拟设四座主变电站和两处车辆基地。

【市政府批准《中石油西气东输如东——海门——崇明岛输气管道工程海门—崇明段DN600、6.3MPa天然气管道专项规划》】 2013年9月，市政府以沪府规〔2013〕204号文批复《中石油西气东输如东——海门——崇明岛输气管道工程海门——崇明段DN600、6.3MPa天然气管道专项规划》。如东——海门——崇明岛输气管道工程建设有利于解决上海市及江苏省对天然气日益增长的需求，形成向上海市供应天然气的第三战略通道，确保崇明电厂一期工程用气，实现上海洋山LNG接收站与江苏如东LNG接收站间的连通，提高长三角区域天然气供应的安全保障度。

该专项规划主要对海门——崇明岛段DN600、6.3MPa超高压天然气管道进行规划选线，管道线路全长4.1公里。其中水域段自江苏省海门市至崇明岛新洲村，长度约2.8公里。陆域段自登陆点接入首站，长度1.3公里。

【市政府批准《黄浦江上游闵奉原水支线工程专项规划》】 2013年9月，上海市政府以沪府规〔2013〕204号文批复《黄浦江上游闵奉原水支线工程专项规划》。根据《上海市饮用水水源保护条例》，相关部门将闵行、奉贤取水口调整为备用取水口，2011年青草沙水源地原水工程建成后，松浦大桥泵站可向闵行奉贤等区供水。为加强黄浦江上游水源地保护，提高闵行、奉贤原水供应安全，需在松浦大桥取水口和闵行、奉贤取水口间建设原水管线工程。

专项规划主要包括原水厂扩建工程、闸门井、调节池规模和选址布局等内容。其中规划松浦原水厂扩建工程选址位于松浦原水厂北侧，规划曹行闸门井选址位于闵行金都路北、丰南河西，规划闵行调压池选址位于现状闵行取水泵站北侧，规划奉贤调压池，选址位于奉贤三水厂西侧、黄浦江以南。规划新增1根原水管DN2600，由松浦原水厂接出后，沿黄浦江北岸先后向东跨女儿泾、斜泾河至闵行调压池，管道全长约2.1公里。规划新增1根原水管DN3000，由松浦原水厂接出后，至规划奉贤调节池，管道全长约9.4公里。

【市政府批准虹桥商务区地区相关规划】 2013年10月，市政府批准《上海市虹桥商务区机场东片区控制性详细规划》。机场东片区作为虹桥商务区重要的组成部分，位于虹桥商务区主体功能区内，用地面积约4.21平方公里。

地区主要功能为对外交通、航空服务、主题商务办公等内容。规划总建筑面积约268万平方米，商业及商务办公用地总建筑面积约为108万平方米，机场红线范围内总建筑面积约为149万平方米。

【市政府批准黄浦江两岸地区相关规划】 2013年8月，市政府批准《上海市徐汇区黄浦江南延伸段WS5单元控制性详细规划西岸传媒港实施深化》。西岸传媒港地区东至龙腾大道，南至龙水南路，西至云锦路，北至龙耀路，规划总用地面积约30.54公顷，其中建设用地面积约30.54公顷。西岸传媒港地区规划定位为以文化传媒和信息通信产业为核心，形成具有活力的文化传媒产业集聚群；以办公、会务、酒店、SOHO等多种功能类型满足不同商务人群需求，形成资源共享、富有社区氛围的综合商务区；以多样完善的商业、文化配套设施，形成富有特色的滨水公共活动区。规划地上总建筑面积约84.73万平方米，其中商业建筑面积约15.52万平方米，办公建筑面积约57.57万平方米，文化建筑面积约4.69万平方米，科研建筑面积约6.95万平方米。

2013年12月，上海市政府批准《上海市黄浦江沿岸W11、W13、W15单元控制性详细规划董家渡社区（C010401单元）控制性详细规划重点地区附加图则》。南外滩地区地处黄浦江核心滨水区，位于外滩金融集聚带内，包括新开河路以南部分，总用地面积1.6平方公里。其中东门路以南滨水区和董家渡13、15街坊是本次规划的重点地区，用地面积0.8平方公里，滨江岸线长度约2.6公里。实施策略包括传承外滩文脉，彰显历史人文风貌；联动滨江腹地，构筑高度开放系统；聚焦金融功能，营造立体复合空间；提升服务品质，引领高效有序生活。规划成果基于多轮国际方案征集和专题研究，并通过对法定规划深化研究，形成控规普适图则和附加图则。规划地上总建筑面积约134.1万平方米，其中公共设施建筑面积约123.2万平方米，居住建筑面积约10.9万平方米。

2013年8月，上海市政府批准《黄浦江沿岸W5单元控制性详细规划》。杨浦滨江是黄浦江沿线的重要组成部分，其中W5单元规划范围东起复兴岛运河、南至黄浦江、西至杨树浦港、北至杨树浦路，用地面积约1.19平方公里，规划总建筑面积约157.25万平方米。W5单元规划以时尚设计为先导，以产业文明体验为特色，建设融生态休闲、科技交流、金融商务为一体的复合型滨水功能区。规划形成"一带、三区、双核"的布局结构，包括沿黄浦江空间发展带、时尚文化创意区、科技金融商务区、滨江商业休闲区、国际时尚设计中心及科技交流中心。

2013年8月，上海市政府批准《黄浦江沿岸W7单元控制性详细规划》。W7单元规划范围东起杨树浦港、南至黄浦江、西至秦皇岛路、北至杨树浦路，用地面积约0.59平方公里，规划总建筑面积约65.51万平方米。W7单元规划以文化传媒、商业休闲为先导，以百年工业文明及滨江生态环境为特色，建设复合型滨水功能区。规划形成"一带三区、双核驱动"的布局结构，包括沿黄浦江空间发展带、文化传媒商务综合区、产业文化体验区、滨江商业休闲综合区、文化传媒中心及渔人码头休闲商业中心。

【市政府批准上海国际旅游度区结构规划】 2013年12月，市政府批准《上海国际旅游度区结构规划》。原规划的"核心协调区"调整为"发展功能区"，上海国际旅游度假区的规划范围为24.7平方公里，其中核心区7平方公里,发展功能区17.7平方公里。

充分放大迪士尼项目效应,立足构筑上海城市休闲旅游功能核心,将度假区塑造成为具有示范意义的现代化"旅游城",当代中国娱乐潮流体验中心,形成旅游产业发达、文化创意活跃、消费低碳环保、环境优美宜居的大都市新地标,最终发展成为人人向往的世界级旅游目的地。规划形成"一核、五片"的空间发展格局,即核心区、南一片区、北片区、西片区、东片区、南二片区。

度假区总建筑规模约为700万平方米,其中核心区约为200万平方米,发展功能区约为500万平方米,建设迪士尼直接配套、多样化旅游娱乐和其他带动功能等三类设施,各占约1/3。发展功能区范围内,规划建设用地9.4平方公里,非建设用地约8.3平方公里。

【积极推进城市雕塑规划建设工作】 2013,上海市城市雕塑办公室积极推进上海重点城雕项目的建设实施,完成新建城雕项目69座(组)。在住房和城乡建设部全国城雕委"2012年度全国优秀城市雕塑建设项目"评选中,上海市组织参评的《南京路上好八连纪念雕塑》荣获"2012年度全国优秀城市雕塑建设项目"年度大奖;"上海月湖雕塑公园2012年新建雕塑"和"快乐星族系列雕塑"荣获年度优秀奖;上海城市雕塑委员会办公室荣获年度优秀组织奖。努力打造上海城市雕塑艺术流动展示平台,上海市城雕办与黄浦区政府、海南省文联共同成功举办"上海第十三届南京路雕塑邀请展暨海南雕塑艺术展"。发挥上海城雕艺术中心的展示功能,与普陀区政府共同在上海城市雕塑艺术中心和真如城市副中心成功举办"多棱的视线——第三届全国大学生公共视觉优秀作品双年展";举办"九省市艺术展"、"画廊联盟展"和"微型雕塑展"等10余场展览和文化艺术活动。

【地名管理工作有序开展】 2013年,上海市地名管理办公室批准各类地名共565个,其中居住区和建筑物名405个,道路名143个,隧道名8个,桥梁名9个,湖泊名1个,游览地名1个;批准地名专项规划方案30个。积极推进《上海市地名总体规划》和控制性详细规划中地名专项规划的编制工作,积极探索地名行政审批制度改革,积极开展上海地名文化遗产保护工作。

【加强城乡规划和国土资源法规建设】 2013年,上海市规划和国土资源管理局加强城乡规划和国土资源法规建设。一是聚焦城市安全问题,配合市人大如期完成地方性法规《上海市地面沉降防治管理条例》的颁布,并同步制发配套规范性文件《上海市地质灾害危险性评估管理规定》,保障条例顺利施行。二是聚焦资源节约集约利用,配合市人大如期完成地方性法规《上海市地下空间规划建设条例》的颁布,并报请市政府转发《上海市地下建设用地使用权出让规定》、印发《上海市城市地下空间建设用地审批和房地产登记规定》等配套文件。三是聚焦土地资源管理中遇到的新问题,围绕加强土地利用、地籍管理、耕地保护等方面,制定《关于增设研发总部类用地相关工作的试点意见》、《关于做好本市集体土地所有权日常登记工作的意见》、《上海市设施农用地管理办法》等一系列文件。四是聚焦规划管理中出现的新情况,围绕加强资源保护、生态优化、城市更新等方面,制定《关于本市实施土地利用总体规划的若干意见》、《郊野单元规划编制审批和管理若干意见(试行)》、《郊野公园规划建设的若干意见(试行)》、《本市既有多层住宅加装电梯工作规划管理意见(试行)》等一系列文件。

【科技工作取得进展】 2013年,市规划和国土资源管理局强化标准规范编制工作,上海市地调院《建设项目地质灾害危险性评估技术规程(修订)》、上海市测绘院《建筑工程规划检测规范(修订)》等被列入上海市工程建设标准规范编制计划并开展研制。在科技成果应用方面,上海市地矿工程勘察院完成的"地源热泵中的单孔换热功率处理方法"和"减压降水辅助成槽施工工艺"等获国家发明专利。上海市地质调查研究院完成的"一种用于实时测量隧道收敛的监测系统"等获国家实用新型专利。在科研成果获奖方面,获得国土资源部科学技术奖二等奖1项,华夏建设科学技术奖二等奖1项、三等奖1项,上海市科技进步一等奖1项,第九届上海市决策咨询研究成果二等奖6项,中国测绘学会科技进步奖三等奖2项等。

(上海市规划和国土资源管理局)

住房保障和房屋管理

城市建设

【新建住宅节能省地和住宅产业化工作】 2013年,大力推进装配式住宅发展。会同相关部门制订《关于本市进一步推进装配式建筑发展若干意见》,并由上海市政府办公厅转发。《若干意见》相关实施细则已出台。上海市推广落实装配式住宅项目101万平方米。进一步强化全装修住宅建设管理水平。

全装修住宅项目推进继续抓住土地出让源头，新出让居住地块要求按照外环线以内60%，外环线以外30%比例落实。编制完成全装修住宅质量通病防治手册，进一步提高全装修住宅综合质量。截至2013年底，上海市全装修住宅在建项目687万平方米，竣工约226万平方米，明确全装修住宅比例的新出让居住地块105幅。装配整体式住宅施工及质量验收规程以及构造节点图集相继出台。编制完成住宅产业化宣传手册，加大住宅产业化宣传力度。继续利用"建筑节能项目专项扶持资金"鼓励政策，新增7个、约42万平方米新建住宅项目列入市建筑节能专项扶持公示范围。

【"四高"优秀小区创建和住宅性能认定情况】2013年，完成创建上海市节能省地型"四高"优秀小区项目42个，共计521.30万平方米，其中，保障房创建项目26个。通过住房和城乡建设部住宅性能认定的预审项目10个，超额完成2013年推进40个创建工作计划和10个住宅性能认定项目的工作目标。

【新建住宅交付使用许可和质量管理】 2013年，全市累计审核发放新建住宅交付使用许可证442件，2216万平方米。其中，上海市住房保障和房屋管理局发证29件，130万平方米；区（县）局发证413件，2086万平方米。严格交付把关。有效落实交付使用许可规定和实施细则，保证交付住宅满足基本入住条件。对于不符合交付条件的项目，当场开具补件通知书或整改单，并予以复查。加强过程指导。通过跨前服务、过程指导、及时协调等管理手段，加强对开发企业的服务指导。同时，定期召开科长会议进行专题培训，尤其关注大型居住社区的配套设施同步建设情况，按照相关文件规定，明确教育、公交等配套设施基本配置要求，确保满足百姓基本生活需求。出台新版"两书"。修订出台新版《新建住宅质量保证书》和《新建住宅使用说明书》，明确界定住宅质量保修范围、质量保修期限及质量保修要求，规范住宅售后服务保修行为。同时，为适应全装修住宅需要，将全装修住宅设施设备的配置等明确告知业主，更好地保护住户权益。

【保障性住房建设】 2013年，上海市确立的总体目标为新建筹措保障性住房和实施旧住房综合改造10.5万套、725万平方米；基本建成保障性住房10万套、730万平方米；另外，上海市还确定新增可供应保障性住房9.8万套、705万平方米的目标任务。截至年底，上海市全面完成新开工筹措、竣工和可供应目标任务，新建筹措各类保障性住房和实施旧住房综合改造11万套（其中，旧住房综合改造新开工3.35万套）、785万平方米；基本建成10.39万套、797万平方米；新增可供应10.29万套、783万平方米。

同时，上海市住房保障和房屋管理局组织各相关区职能部门，对已入住和即将入住的保障性住房基地的市政、公交、教育、卫生、商业、邮政、银行等配套情况进行了全面梳理，按照"已建成基地加快配套服务完善，在建基地加快配套设施建设"的原则，力争尽快缩短配套完善的过渡期，更好地满足入住居民基本生活需求。据统计，2013年全年累计完成各类市政公建配套项目目标任务415项，其中，开工任务250项，竣工任务99项，接管任务51项，开办任务15项。

旧房改造

【实施推进各类旧住房修缮改造工程】 按照上海市住房发展"十二五"1年1000万的规划目标任务，实施推进各类旧住房修缮改造工程，主要以成套改造、平改坡综合改造、高多层综合整治、直管公房全项目修缮四种类型进行推进。全市全年推进实施各类旧住房修缮改造1640万平方米。在继续完善"四位一体"住房保障体系的同时，实施推进成套改造、厨卫等综合改造、屋面及相关设施改造等三类旧住房综合改造工程项目。2013年全年共实施190万平方米，4万户，超额完成受益居民3万户的年度计划目标任务。同时，积极研究推进拆除重建、郊县区棚户简屋改造和多层既有住宅增设电梯等试点工作，总结工作经验、完善政策法规、积极协调推进。

【加强工程项目政府监管，确保安全质量】 2013年，着重加强市、区两级房管部门对住宅修缮工程的监督检查、项目监管和工程现场质量安全检查，强化属地化管理，将工作督查、项目抽查和现场巡查相结合，结合上海市安全生产专项大检查、防台防汛、工程质量月等活动，落实施工自查、监理复查、区修缮管理部门巡查、市修缮管理部门督查抽查、相关对口管理部门互查的"五查"制度，对检查中发现问题，务必督促整改到位。

贯彻落实住宅修缮工程群众工作相关要求，通过建立"三会"（实施前"听证会"、实施中"协调会"、实施后"评议会"）、"十公开"、市民监督员、后评估等各项群众参与机制，鼓励市民参与工程监督管理，形成"专业监督、社会监督、群众监督"三位一体的监督机制，取得良好的成效。全市全年住宅修缮工程无重大安全质量事故发生。

房地产市场管理

【房地产市场调控】 2013年，上海市坚持"以居住为主、以市民消费为主、以普通商品住房为主"的原则，认真贯彻执行国家各项房地产市场调控政策措施，进一步严格执行差别化住房信贷、税收政策和住房限购措施，加强市场监管，坚决抑制投机投资性购房，房地产市场运行总体平稳，投资增长较快，住房交易活跃，住房价格有所波动。

【房地产开发投资情况】 据上海市统计局统计，2013年1~12月，全市完成房地产开发投资2820亿元，同比增长18.4%。其中住房投资共完成1616亿元，同比增长11.3%。房地产开发投资占全社会固定资产投资比例为49.9%，比2012年增长4.9个百分点。房地产业继续对上海市经济社会发展发挥重要支撑作用。

2013年1~12月，全市新建住房新开工面积1643万平方米，同比增加5.1%；竣工面积1417万平方米，同比减少11.9%。

【商品房成交情况】 据上海市统计局统计，2013年1~12月新建商品房销售面积2382万平方米，同比增加25.5%；其中新建商品住房销售面积2016万平方米，同比增加26.6%。二手存量房买卖登记面积2576万平方米，同比增加78%。

【商品住房价格情况】 据国家统计局统计，全年上海市新建商品住房和二手存量住房销售价格同比分别上涨14.2%和9.7%。新建商品住房价格指数环比涨幅连续6个月收窄，从7月份的1.9%下降至12月份的0.6%。二手存量住房价格指数环比涨幅也从峰值2.6%回落到12月份的0.5%。

【房地产市场监管】 2013年，上海继续加强房地产市场监管。11月8日，根据市政府常务会议决定，上海市住房保障和房屋管理局印发《关于严格执行住房限购措施有关问题的通知》（沪房管规范市〔2013〕11号），明确调整非本市户籍居民家庭在上海市购买住房缴纳税收或社保费年限：从能提供自购房之日起算的前2年内在本市累计缴纳1年以上，调整为能提供自购房之日起算的前3年内在本市累计缴纳2年以上。同时，要求各区县房地产交易中心在受理房地产预告登记或转移登记时加强审核，对提供缴纳税收或社保证明不符合规定的，不予办理房地产登记。

开展房地产经纪市场专项治理工作，8月2日，上海市住房保障和房屋管理局会同市工商局印发《关于开展房地产经纪市场专项治理的通知》（沪房管市〔2013〕265号），在全市范围联合开展为期半年的房地产经纪市场专项治理工作，重点查处一批通过伪造证明材料、法律文书等方式，骗取购房资格、逃避税收的违法违规行为；11月4日印发《关于加强房地产经纪机构、经纪人管理的通知》（沪房管市〔2013〕377号），在交易环节进一步加强对房地产经纪机构、经纪人的资格审核，将合同网上备案管理与经纪机构备案管理有机结合。

【房屋租赁管理】 2013年，深入区县、街道、居委和小区，对"群租"面临的新情况、新问题开展调研，形成专题调研报告上报市综治委和市政府。同时指导、督促区县按照平安建设实事项目的要求，加大综合治理力度。在调研基础上，起草《关于加强本市住宅小区出租房屋综合管理工作的实施意见》，按照市政府专题会议精神，多次征求各方意见，不断修改完善。继续推进居住房屋租赁合同登记备案工作，2月16日印发《关于印发〈上海市居住房屋租赁合同登记备案操作规则〉的通知》（沪房管规范市〔2013〕2号），进一步完善操作系统，并组织专题业务培训270人次，全年累计办理居住房屋租赁合同登记备案14.94万件。

【房地产估价管理】 2013年2月，颁布施行《上海市国有土地上房屋征收评估技术规范》（沪房管规范市〔2013〕1号），加强本市国有土地上房屋征收评估技术管理，规范房屋征收评估行为；对2012年印发的《上海市国有土地上房屋征收评估管理规定》进行修订，并于8月重新颁布施行，规范本市旧改地块房屋征收评估活动；联合市发改委开展本市房屋征收评估和专家鉴定收费标准调整的调研，完成《关于规范本市房屋征收、补偿工作中评估和专家鉴定收费的通知》（初稿）。

截至2013年底，上海市共有房地产估价机构74家，其中一级32家、二级15家、三级20家、暂定三级1家、分支机构6家；注册房地产估价师1023名。

房屋征收（拆迁）管理

【完善房屋征收相关政策】 2013年，上海市住房保障和房屋管理局主要围绕企事业单位征收补偿政策、共有房屋征收补偿事宜等几个方面抓紧研究推进房屋征收，出台一系列房屋征收操作口径和办法。特别是制定出台《关于房屋征收中共有房屋征收补偿签约事宜的批复》，并在闸北、虹口等区实施后取得良好效果，有力推动房屋征收签约。如虹口区虹镇老街1号基地某组共53证共有产权户，其中

20余户同意签约，另20余户通过两轮评议监督小组调解后，户外共有人也同意由户内产权人作为签约代表进行签约；虹镇老街7号地块，共1239证1560户，共有户占全体户数超过2/3，利用共有房屋签约口径操作，提高旧改推进效率，保障共有产权人的权益。两个地块用18天就达到85%以上的生效比例。同时，针对公房签约主体在实际工作中难以确定的问题，制定《关于公有居住房屋承租人户口迁离本市或死亡的确定房屋征收补偿协议签订主体的通知》，要求各区县公房管理部门严格执行。为进一步完善房屋征收补偿政策，在分析和总结实施细则及相关配套文件的同时，加快研究规范企事业单位征收补偿的政策措施。着手起草关于企事业单位征收与补偿的文件，并形成《关于推进本市房屋土地征收中企事业单位房屋补偿工作的若干意见》，并报市政府办公厅转发。

【深入推进依法征收和阳光征收】 为贯彻"依法征收、阳光征收"，上海市住房保障和房屋管理局在新开基地全面启用新版电子协议，加强房屋征收信息化监督管理，使用规范的房屋征收补偿电子协议文本，通过科技手段保障阳光操作得到落实，并制定并下发《关于国有土地上房屋征收和补偿实施信息化监督管理的通知》。2012年起，长宁、静安、普陀、杨浦、虹口等区新开的旧改地块上，全部采用"升级版"的电子协议，所有操作步骤、历史痕迹全部记录在数据库中，接受监督，从源头上防止"阴阳合同"的出现。

【全力推进房屋拆迁基地收尾工作】 对上海市房屋拆迁基地进行分类梳理，根据不同情况，采取不同措施，加快基地收尾工作，对于已发拆迁许可证但未启动超过2年的基地，重新审核许可证前置要件，不具备拆迁条件的，不再延长拆迁期限。如普陀区"旬阳新村"和"铁路新村"等旧改地块，因开发商无后续资金，不能作为继续拆迁的地块，经普陀区政府和开发企业协商，解除了土地出让合同，停止延长拆迁期限，改用政府房屋征收的程序进行，取得较好效果。

根据各区（县）上报的2013年房屋拆迁基地收尾计划，制定并下发《关于推进本市存量拆迁基地收尾工作的通知》（沪房管征〔2013〕268号），建立基地联系人制度，并要求各区（县）联系人与基地实行对口联络，全力推进房屋拆迁基地收尾工作。2013年，上海市收尾拆迁基地117块，共实施房屋拆迁0.84万户（其中居民0.77户），面积80.91万平方米（其中居民50.47万平方米）。

物业管理

【继续调整公有住宅售后物业服务收费标准】 按照平稳有序、逐年到位的工作要求，继续深入做好公有住宅售后物业服务收费调整工作。在2012年公有住宅售后物业服务费标准调整的基础上，出台2013年度公有住宅售后物业管理收费调整方案，并经上海市政府批准后于2013年12月1日起实施。为了稳妥推进公有住宅售后和商品住宅物业服务收费接轨工作，2013年调整方案按照大、中、小三种房屋套型分别明确管理费、保洁费和保安费标准，便于实际操作。

【规范业主大会、业主委员会建设管理】 制订印发《关于进一步加强业主委员会成员及相关管理人员培训工作的实施方案》（沪房管物〔2013〕395号），通过建立业主委员会主任及成员任职培训和年度复训机制以及街镇（乡镇）、房屋行政管理部门、居（村）民委员会和专业社会中介组织的培训制度，普及政策法规和日常运作规范，引导市民群众依法、理性的参与社区管理事务，实现政府管理与社会自我调节、居民自治的良性互动。

结合业主大会在制度创新方面的成果和电梯安全、消防设施安全、空调使用、车辆停放等相关政策的出台，草拟《临时管理规约》、《管理规约》、《业主大会议事规则》和《专项维修资金管理规约》等示范文本，形成初稿。

【加强住宅专项维修资金和公共收益的管理】 制订印发《上海市商品住宅小区业主大会账户会计核算方法（试行）》，规范业主大会账户的账务处理和会计核算方式，对526家物业企业财务人员进行业务培训；重新设计业主大会维修资金账目公布报表的格式，解决原有报表字体小、报表多、不易懂等问题，在徐汇、普陀试点总结基础上于7月在全市推行；开展全市住宅小区公共收益纳入业主大会账户的情况专项检查，累计归集公共收益1亿余元纳入维修资金专用账户，保证公共收益的合理规范使用。

【加强住宅小区运行安全和安全生产工作】 根据上海市政府有关工作要求，着力对涉及住宅小区安全生产和运行安全管理的六个方面进行排查整治：一是住宅小区内电动自行车停放场所及充电装置消防安全状况及安全措施落实情况；二是住宅小区消防设施设备的运行及完好状况；三是住宅小区楼道及消防应急疏散通道的通畅情况；四是地下车库防汛安全措施落实情况；五是生活用水水箱安全管理措施落实情况；六是电梯运行日常管理情况及安全使用状况；要求房管部门、物业服务企业、施工生产单位对排查发现的安全隐患，及时落实整改措施予以整改。同时，为确保活动效果，建立了住宅小区运行安全和安全生产管理三级督查制度、检查督查信息登记管理制度和落实隐患排查整治公示报告制度，强化组织领导和监督检查，主动接受市民群众对活动开展情况以及质量、效果的监督。

住房保障

【廉租住房工作】 2013年，上海市进一步深化完善廉租住房制度，优化调整相关运行机制，逐步提高保障水平，不断扩大受益家庭规模。

（1）进一步放宽收入和财产准入标准。在2006年以来连续6次放宽的基础上，将3人及以上申请家庭的收入准入标准从人均月可支配收入1600元调整至2100元、财产准入标准从人均5万元调整至8万元，2人及以下申请家庭的收入准入标准从人均月可支配收入1760元调整至2310元、财产准入标准从人均5.5万元调整至8.8万元，廉租住房政策覆盖面进一步扩大，原本不符合廉租条件又买不起共有产权保障住房的"下夹心层"家庭被纳入到保障范围，廉租住房和共有产权保障住房政策得到更好衔接。

（2）大幅放宽实物配租申请条件。将实物配租保障范围从原有的残疾、大病重病、丧失劳动能力、烈属等8类特殊廉租家庭和1类住房特别困难的廉租家庭（人均居住面积5平方米以下的2人及以上家庭）放宽至所有的廉租家庭。

（3）进一步提高保障水平。根据房屋租赁市场租金变化情况，上调廉租住房租金配租补贴标准，其中每平方米居住面积基本租金补贴标准，中心城区由68元提高至86元，近郊区由50元提高至68元，远郊区由32元提高至46元，平均保障水平提高约40%。同时，根据收入准入标准的调整情况，对租金配租的分档补贴范围、实物配租家庭的自付租金计算方式等进行调整。

（4）积极开展资格复核工作。在2012年探索建立廉租住房复核制度基础上，对享受廉租保障的家庭开展大规模资格复核工作。截至2013年底，全市共累计对3.83万户家庭进行资格复核，根据审核工作进展，其中已有约0.94万户家庭因各种原因不再符合廉租保障条件而退出保障。

（5）加大房源筹措市级支持力度。2013年，全市共下拨市级廉租房源筹措资金5.5亿元。

（6）对符合条件的申请家庭"应保尽保"。全年共新增廉租租金配租家庭6102户，截至2013年底累计受益家庭达9.8万户。

【共有产权保障住房（简称"共有产权保障住房"）工作】 2013年，上海市进一步放宽共有产权保障住房申请准入标准，单身申请人士年龄从男性年满30周岁、女性年满28周岁分别放宽到28周岁、25周岁。同时，根据市民群众的意见和要求，合理调整住房面积核算方式，优化相关政策口径，对子女达到规定年龄的核心家庭和同一户口所在地房屋中有两个及以上复合家庭等四类住房特别拥挤的情况，允许在核算其家庭人均住房面积前，先扣除一定的共用面积，切实解决适龄青年的结婚住房和复合家庭的分户居住等问题。

按照2013年准入标准，在全市范围内积极开展共有产权保障住房的申请受理审核、摇号排序及购房签约等工作，并统筹做好2012年批次购房签约的收尾工作。截至2013年底，全年共受理共有产权保障住房申请约2.95万户，完成共有产权保障住房申请家庭购房签约1.2万户，其中前批次结转到2013年签约的0.19万户，2013年批次签约的1.01万户。历年累计完成购房签约的家庭约5.2万户。

【公共租赁住房工作】 2013年，进一步制订完善公共租赁住房配套政策，并加大财政资金投入力度，市财政向各区（县）下达中央补助公共租赁住房专项资金2.25亿元。截至2013年底，市财政累计下达区（县）资本金补助34亿元、中央公共租赁住房专项补助资金约13.8亿元。

完成公共租赁住房建设筹措和竣工任务，根据国家下达本市的公共租赁住房建设筹措任务目标，2013年全市建设筹措公共租赁住房2.23万套、约138万平方米，竣工公共租赁住房2.06万套、约116万平方米。截至2013年底，全市公共租赁住房累计建设筹措逾12万套，竣工逾5万套。同时，好公共租赁住房供应工作，全年新增供应房源约1.4万套，完成配租约1.1万套，其中市筹约0.55万套、区筹约0.1万套、单位租赁房约0.45万套。截至2013年底，全市公共租赁住房（含单位租赁房）已累计供应78个项目、约5万套。市筹公共租赁住房方面，在新江湾尚景园、馨宁公寓两个项目基础上，2013年新增供应普陀区千阳南路99弄"馨越公寓"4042套房源、徐汇区宾南路36弄"馨逸公寓"2222套房源、闵行区朱梅路266弄"上海晶城晶华坊"1680套房源。截至2013年底，市筹公共租赁住房合计出租7990套，其中新江湾尚景园2176套、馨宁公寓1266套、馨越公寓2634套、馨逸公寓 1914 套，四处项目出租率分别达到 98.8%、66%、65% 和 86%。

【住房制度改革工作】 2013 年，全年共出售公有住房 1.79 万套，建筑面积 94.43 万平方米，回收购房款约 3 亿元，扣除维修基金后净归集额 1.87 亿元。全市自公有住房出售政策实施以来，已累计出售公有住房 188.33 万套，建筑面积 10148 万平方米。

按《关于进一步深化本市城镇住房制度改革的若干意见》（沪府发〔1999〕38 号）的要求，推进企事业单位的住房分配制度改革；深化、完善本市公务员住房解困的有关思路。支持配合外省市住房分配制度改革。配合外省市住房分配制度改革和经济适用住房、动拆迁货币安置等工作的开展，做好外地职工及其配偶在沪住房情况申报确认工作，2013 年共确认 389 户，自 2003 年此项工作开展以来，累计确认 4304 户。

继续解决未确权的公有住房的出售问题。2013 年，根据《关于进一步推进本市公有住房出售若干规定的通知》（沪府发〔1999〕44 号）的精神，继续对投资单位未申领房地产权证的住房进行梳理，将符合出售条件的住房出售给承租的职工家庭。各区（县）房改部门出售的这类住房共 1178 套，建筑面积 6.25 万平方米；已累计代售 49176 套，建筑面积约 291 万平方米。

解决各区（县）有限产权接轨工作的疑难问题。市和区（县）房改部门经过调研和协调，研究解决各类疑难问题，推动有限产权住房接轨工作顺利推进，全年有限产权住房接轨 2138 套，累计接轨 68694 套。

大事记

1月

14 日　上海市政府召开上海市 2013 年住房保障工作会议，上海市副市长沈骏出席会议并讲话。

23 日　上海市住宅建设实事（保障性安居工程）立功竞赛总结表彰大会隆重召开。

3月

5 日　上海市委常委、秘书长尹弘察看三林保障房基地，上海市住房保障和房屋管理局局长刘海生陪同视察。

7 日　上海市副市长姜平赴浦东大型居住社区惠南民乐基地调研，察看基地施工现场和配套建设进展情况。

30 日　上海市政府办公厅印发《关于本市贯彻〈国务院办公厅关于继续做好房地产市场调控工作的通知〉的实施意见》（沪府办发〔2013〕20 号）。

4月

9 日、10 日　住房和城乡建设部在上海召开《住房城乡建设系统行政复议工作指导意见》起草座谈会，上海市住房保障和房屋管理局副局长于福林参加会议。

19 日　上海市大型居住社区配套建设现场推进会召开。上海市副市长姜平、副秘书长黄融出席会议，上海市住房保障和房屋管理局局长刘海生，副局长顾弟根、于福林参加会议。

25 日　住房城乡建设部住房保障司司长冯俊赴上海调研上海市保障房配套建设情况，并实地察看闵行浦江、浦东三林、青浦华新、宝山罗店等大型居住社区基地，上海市住房保障和房屋管理局局长刘海生、副局长顾弟根、于福林陪同调研。

5月

31 日　黑龙江省委书记王宪魁、代省长陆昊带领省党政代表团赴上海市浦东新区三林大型居住社区参观调研，上海市副市长姜平、市委副秘书长李逸平、市政府副秘书长黄融等陪同调研。

6月

7 日　在首批上海市档案文献遗产、优秀档案文化传播项目新闻发布会上，上海市住房保障和房屋管理局报送的"《上海道契》及其文化内涵研究"获颁上海首批优秀档案文化传播项目，为全市 12 个优秀档案文化传播项目之一。

7月

24 日　中央党的群众路线教育实践活动督导组来上海市住房保障和房屋管理局开展教育实践活动相关内容调研座谈，上海市住房保障和房屋管理局党政领导班子成员参加座谈会。

8月

21 日　上海市副市长蒋卓庆、副秘书长黄融到市住房保障房屋管理局调研，听取上海市住房保障和房屋管理局局长刘海生的工作汇报，副局长庞元、于福林，副巡视员李东参加调研。

9月

25 日　上海市委副书记、市长杨雄一行前往市住房保障房屋管理局，视察 962121 物业服务热线，局长刘海生陪同视察。

10月

23 日　上海市住房保障和房屋管理局与加拿大卑诗省林业、土地与自然资源厅签署《关于进一步推动木结构建筑技术应用与发展合作谅解备忘录》。

24 日　上海市副市长蒋卓庆、副秘书长黄融调研本市公共租赁住房工作推进情况，先后察看嘉定区惠民家园、馨越公寓公共租赁住房项目，并召开座谈会，局长刘海生、副巡视员李东参加会议。

28日 中共中央政治局常委、国务院副总理张高丽主持召开关于研究当前房地产市场有关问题的会议，上海市副市长蒋卓庆、上海市住房保障和房屋管理局局长刘海生参加会议。

11月

3日 中共中央政治局常委、国务院副总理张高丽到上海浦东三林保障性住房大型居住社区察看保障房建设情况，中共中央政治局委员、上海市委书记韩正和上海市委副书记、市长杨雄陪同调研。上海市住房保障和房屋管理局局长刘海生介绍上海住房保障总体情况。

5日 全国政协经济委员会副主任委员彭小枫赴浦东大型居住社区三林基地调研，上海市住房保障和房屋管理局副局长顾弟根陪同。

21日 住房城乡建设部召开重点城市房地产调控工作汇报会，上海市住房保障房屋管理局副局长庞元参加会议。

12月

4日 香港特区政府运输及房屋局局长张炳良先生一行来市住房保障房屋管理局座谈交流，上海市住房保障和房屋管理局局长刘海生，副局长庞元、于福林参加接待。

10日 住房城乡建设部副部长齐骥在上海召开部分省市座谈会，听取各地创新管理模式、加强房地产中介市场监管的做法、意见和建议，上海市住房保障和房屋管理局局长刘海生、副局长庞元参加会议。

（上海市住房保障和房屋管理局）

市容管理与城市绿化

行政执法

【城管执法】 坚持依法履职、积极作为、执法为民，有力维护城市整洁有序、文明和谐。全年共出动执法人员220.4万余人次，开展行政执法检查111.3万余次，教育劝阻相对人124.6万余人次，实施行政处罚13.5万余起。队伍素质整体提升。开展百日作风纪律教育整顿活动，组织7000多名执法人员培训，开展规范执法标兵和优秀中队长双十佳等评比活动。对183家基层规范化中队进行复验，规范化中队达209个，标准化大队4个。全年督察道路29032条（次），督促整改问题35757起。开展"依法履职、积极作为"主题教育。基本完成区县城管执法局执法大队"三定"工作。公共秩序得到维护。制定《关于完善本市城管执法勤务模式的工作意见》，在部分区县开展信息化执法管控的试点工作。开展示范道路创建工作。加强区际结合部综合治理。深入开展违规马路活禽交易专项整治行动，共教育劝阻摊贩5.8万余人（次），查处占道经营家禽违法行为4500余起。开展"城中村"环境治理、"扫黄打非"等专项整治，扎实推进平安上海建设。执法为民进一步拓展。大力推进城管执法"五进"工作。建立完善定人、定点、定时的三定联系社区制度。推进共管共治，召开摊贩座谈会，求策问计于群众。开展绿色护考专项整治行动，查处夜间施工噪音扰民行为44起。开展"五边"区域"网诉直通"活动。

【提升重点区域执法保障水平】 黄浦、静安、浦东、徐汇、长宁、闸北等区城管执法部门积极探索优化执法勤务模式，聚焦外滩、静安寺、陆家嘴、徐家汇、新客站等景观区域、商业街区和交通枢纽，科学合理配置执法巡查力量，依法、有效查处流动设摊、兜售假冒侵权商品、散发非法小广告等违法行为，有效维护城市环境秩序；金山、嘉定、黄浦、崇明、徐汇等区城管执法部门完成世界沙滩排球赛、世界F1汽车大奖赛、国际马拉松赛等重大赛事市容环境保障任务，提升城市文明形象；闸北、浦东、长宁、松江、闵行、崇明等区县城管执法部门深入开展市容环境秩序无违示范街创建工作，探索构建"管理、作业、执法、商家"四位一体门责管理机制，提升街面执法管理实效。

【提升"特定区域"环境治理水平】 全面启动"特定区域"环境治理三年行动计划，加强"老旧小区周边、集市菜场周边、轨交站点周边、医院周边、学校周边"等五类区域的环境保障工作，广大市民群众居住、生活、出行环境有明显改善。杨浦、静安、徐汇、浦东、崇明等区县城管执法部门加强新华医院、儿童医院、中山医院等周边区域的执法巡查力度，及时查处占道销售水果、玩具、小百货等违章现象，净化市民就医环境；普陀、宝山、长宁、闸北、金山等区城管执法部门加大常德路、通河新村、天山五村、彭浦新村等老旧小区、集市菜场周边区域的执法整治工作力度，依法取缔一批严重扰民的马路集市、夜排档和里弄设摊，改善市民生活环境；长宁、徐汇、普陀、虹口、静安、浦东等区城管执法部门加大对轨交站点周边"乱设摊、乱散发、乱张贴"整治力度，加强流浪乞讨人员引导护送工作；

普陀、虹口等区城管执法部门整合资源，成功拆除轨交镇坪路站、东宝兴路站等一批违法建筑，营造"安全、整洁、有序、顺畅"的轨交出行环境。

【治理违规处置建筑渣土】 在全市范围内组织开展"雷霆"系列建筑渣土专项执法整治行动，共检查建筑工地2.1万余家（次），依法查处无证运输、偷乱倒建筑渣土违法案件4300余件，暂扣土方车1200余辆，有效遏制违规处置建筑渣土的现象。杨浦、虹口、静安、浦东、宝山、黄浦等区城管执法部门会同相关部门深入建筑工地，督促建设方、施工方和运输单位规范处置建筑渣土，从源头上避免和减少违规处置建筑渣土现象；奉贤、普陀、松江、嘉定、闵行、青浦、执法总队等单位加强与公安交警的联动执法，有效打击偷乱倒建筑渣土违法行为。

【治理乱设摊】 聚焦严重影响市民生活、交通出行和市容环境的马路集市乱象，组织开展集聚性乱设摊专项整治行动，共依法查处乱设摊案件9.3万余起，取缔乱设摊集聚点120余处，有效改善了市容市貌。闸北、虹口、浦东、黄浦、静安等区城管执法部门集中力量整治彭浦夜市、池沟路马路市场、昌里路夜排档集市、成都北路无证花鸟市场，显著改善区域环境秩序；组织开展违规占道亭棚专项整治行动，杨浦、静安、黄浦、松江、嘉定等区城管执法部门共依法拆除违法搭建、占道经营的亭棚170余个，改善市民道路通行环境。

【治理违法建筑】 建立健全巡查发现、快速处置、联动执法等拆违工作机制，提升拆违工作效能，全市共拆除违法建筑494万平方米，其中拆除新建违法建筑104万平方米，拆除历史存量违法建筑390万平方米，超额完成年度计划300万平方米的目标任务。松江、浦东、奉贤、闵行等区成功拆除乔爱别墅、白金瀚宫等一批别墅区违法建筑；黄浦、虹口、徐汇、静安等区成功拆除云南南路、天通庵路等一批老旧小区违法建筑；奉贤、闵行、青浦、浦东等区依法强制拆除一批厂房仓储违法建筑；普陀、闸北等区以创建全国卫生城区为契机，顺利拆除凯旋北路、中兴路等一批沿街违法搭建商铺。

【扎实推进平安上海建设】 闵行、闸北、松江、杨浦等区城管执法部门加大"城中村"环境治理力度，会同相关部门及时有效查处违法搭建、马路集市、地下食品加工窝点等违法行为，区域环境秩序得到明显改观；杨浦、奉贤、长宁等区城管执法部门加大高校周边环境治理力度，依法查处夜排档、烧烤摊、兜售盗版图书光碟等违法行为，改善高校周边的市容环境。深入开展"扫黄打非"专项整治行动，共依法查处占道设摊销售、兜售非法出版物违法行为3100余起，查扣非法音像制品、盗版图书等3.5万余件。加强知识产权保护工作，共查处占道销售、兜售假冒侵权商品违法行为2700余起，查扣侵权商品3.9万余件。

【政风建设】 闸北、黄浦、长宁、宝山、浦东等区城管执法部门着重加强投诉处理、案件受理等服务窗口建设，优化工作程序，提高行政效能；虹口、嘉定、松江、金山、青浦等区城管执法部门深入社区、深入群众，通过召开市民代表、摊贩代表座谈会等多种形式，面对面听取社会各界意见建议，及时改进无序设摊治理等薄弱环节，提升社会管理和公共服务水平。市城管执法部门政风测评成绩在全市9个行政执法部门评比中名列第二，闸北、闵行、静安、杨浦、奉贤、崇明、普陀、松江、黄浦、长宁、金山等区县城管执法部门政风测评成绩分别进入所在区县的前三名。

【便民服务】 闸北、浦东、宝山、长宁、金山、崇明等区县城管执法部门建立健全"一人一居"、"走千访万"等服务群众工作机制，及时帮助社区群众解决侵占绿地、违规饲养家禽、违法搭建、非法小广告等城市环境问题1.2万余个，提升为民服务能力；黄浦、长宁、静安、虹口、普陀、奉贤等区城管执法部门针对夏令时节市民反映集中的城市难题顽症，精心组织开展夏令热线城管特别行动，依法查处夜排档、瓜果摊、夜间施工扰民等违法行为9500余起，改善群众的生活环境；徐汇、杨浦、奉贤、青浦、嘉定、松江等区城管执法部门深入开展"绿色护考"专项行动，重点加强高考、中考期间学校、考场和居住区周边环境保障工作，及时有效查处兜售叫卖、施工扰民等违章现象1200余起，同时主动为广大考生和家长提供交通咨询、应急药品等服务。

市容环境卫生整治

【市容环境总体保持整洁有序】 以保持世博水平为总体要求，以突破"8+2"管理难题为重点，坚持专项治理和建立长效机制相结合，着力提升城市环境管理水平。全市道路整洁优良率达到92%。一是城市环境质量得到巩固。加强特定区域整治，加大执法巡查力度，开展综合测评、手册编制、案例宣传，完成30%整治任务。起草《上海市市容环境卫生责任区管理办法（草案）》，创建市容环境综合管理达标街镇6个，复查30个。加强城市清扫保洁，推进城市道路清扫保洁标准化差别化作业。占路洗车点治理效果明显。建立黄浦江上游水域保洁联席会议，加强水域保洁长效管理。二是城市景观水平有序提升。全市9个重点区域、11条重要道路的街头绿地花卉布置面积超过12公顷。完成全市户外广告设施设置阵地实施方案编制，出台临时户外广告和招牌管理办法。整治违规固定户外广告设施611块、临时户外广告14491块、店招店牌1157块。沪宁高速公路沿线、虹桥交通枢纽、浦东机场主要出入道路沿线分别完成违规户外广告整治任务91.7%、70.6%、11%。圆满完成节日及重大活动期间景观灯光保障工作。三是难题顽症综合治理取得成效。结合履职调查评议开展建筑渣土整治，全年建筑渣土申报超过1亿吨，同比增长15.4%；偷乱倒清除量4.76万吨，万吨偷乱倒率同比下降8%；建筑渣土运输百万吨死亡率同比下降17.2%。形成《本市无序设摊综合治理工作方案》，改善已建立的244处疏导点管理，加强149处聚集点（管控点）控制，起草《关于规范政府购买市容保障服务的指导意见》。拆除违法建筑493.9万平方米，其中在建103.7万平方米，存量390.2万平方米，在建拆除率95.6%。查处非法小广告案件2370余起，实施"停机"5550余起，有效整治城市"牛皮癣"。

【生活垃圾管理】 初步确立生活垃圾分类减量的整体框架，全市生活垃圾无害化处理率达94%，湿垃圾日均末端处置能力达到1300吨以上。实现2011年以来连续三年进入末端处置设施人均垃圾处理量比2010年减少5%，人均生活垃圾处理量控制到0.7公斤/日以下。一是末端处置设施建设快速推进。基本建成老港再生能源利用中心，老港填埋场填埋气利用项目并网发电，金山焚烧厂建成投入试运行，浦东黎明焚烧厂项目基本建成，松江、奉贤已开工建设，其他郊区末端处置设施建设积极推进。闸北环卫基地已开工建设，闵吴码头筹备环评二次公示，上海国际旅游度假区、长兴岛生活垃圾中转设施建设加快推进。二是生活垃圾分类减量深化拓展。生活垃圾分类覆盖居民达205万户，静安、浦东、长宁、徐汇、奉贤基本实现整区域覆盖，其他区县至少覆盖一个街镇。创新"绿色账户"激励模式，在静安、黄浦、松江12个居住区开展试点工作，主动分类的居民参与率从试点前的不足5%上升到50%左右。推进分类运输和处理系统建设，完善有害垃圾专项收集，深化低价值可回收物系统建设，形成"生化堆肥"等湿垃圾资源化利用模式，促进减量化。三是餐厨废弃油脂管理实效凸显。全市餐厨废弃油脂日均收运量达到93吨，同比增长69%。加强产生单位"一户一档"申报管理，全年完成申报32336户，申报率达94%，大中型餐饮服务单位实现申报全覆盖。深入开展"利剑行动"，依法取缔了71个"地沟油"加工窝点，查扣"地沟油"85吨。

【破解市容管理难题顽症】 2013年，市绿化市容局针对无序设摊、跨门营业等市民反响大、治理难度高的问题，采取差别化管理方法，破解各类难题顽症。按照"堵要严、疏要实"的工作思路，制定厅西路、老成都路、东宝兴路等重点区域的无序设摊治理方案，并加强督促推进，已取得初步成效；认真排摸设摊疏导的资源存量，为在"市民有需求、条件有许可、根治有难度"的区域设立"设摊疏导点示范点"做好调研；针对今夏高温持续时间长、市民投诉多等情况，制定《本市无序设摊综合治理工作方案》，重点在集贸市场、轨道交通站点和学校周边开展无序设摊专项治理，有效管控治理难度较高的20余处设摊集聚点；推进"四乱"（即乱招贴、乱涂写、乱刻画、乱悬挂）清除以及"机动车辆清洗保洁"工作，使市容环境保持良好水平。

【多措并举推进"特定区域"市容环境治理工作】 2013年4月，按照《上海市人民政府办公厅转发市建设交通委制订的本市"特定区域"环境治理三年行动计划纲要（2013—2015年）的通知》（沪府办〔2013〕32号）要求，市绿化市容局制定《2013年本市"特定区域"市容环境治理的实施方案》（沪绿容办〔2013〕117号），将菜市场、地铁出入口、学校、医院周边以及旧式小区内外纳入"特定区域"，将无序设摊、跨门营业、车辆乱停放、暴露垃圾以及"五乱"列入整治重点，多措并举推进"特定区域"市容环境治理工作：一是建立台账。全面汇总各区县"特定区域"市容环境治理任务量，及时跟踪进展情况，逐一建立工作台账。二是借势借力。通过加大市容环境综合管理示范街镇创建的推进力度，以及进一步完善市容环境卫生状况公众满意测评体系，深入开展"特定区域"市容环境治理工作。三是先行先试。重点对轨交三号线站点、新华医院、天山二村等周边市容环境进行综合治理，并取得示范效应。四是加强检查。委托第三方对"特定区域"市容环境实效进行测评，并将测评情况及时通报区县相关部门。

【深入开展市容环境卫生责任区建设】 市绿化市容局组织召开"上海市加强市容环境卫生责任区

建设推进会"，会议明确市容环境卫生责任区建设尽快实现由人治向法治、单治向共治、他治向自治转变的工作目标，并提出将市容环境卫生责任区建设融入"三类区域"创建、"特定区域"整治以及城市管理难点问题突破等工作举措；起草《上海市市容环境卫生责任区管理办法》；进一步扩大"市容环境卫生达标街镇"和"市容环境综合管理示范街镇"创建范围，将"市容环境卫生达标街镇创建活动"向郊区延伸；对30个"市容环境综合管理示范街镇"进行为期两周的复查，督促其巩固创建成果，并组织相关专家对6个新申报的街镇进行考核。

【完善市容环境卫生状况公众满意度测评工作】 2013年，上海市市容环境卫生状况公众满意度测评工作分上、下半年分别进行，采取问卷调查的形式，围绕"道路环境、建构筑物、居住环境、绿地环境、工地环境、集市菜场、交通集散、公厕管理、水域环境、车容车貌、服务规范"等11个方面，对中心城市和郊区城市化区域进行随机调查，并分别公布测评结果。其中，2013年下半年度测评结果一改以往只在《文汇报》上刊登的惯例，首次在本市《解放日报》、《文汇报》和《新民晚报》三大报上同时刊登。

【完成户外广告实施方案编制】 完成闵行、青浦、嘉定、金山以及浦东新区（南片）户外广告设施设置阵地实施方案编制，并经市绿化市容局批准实施；完成G2、S26等高速公路沿线、世博地区以及虹桥商务区（二期）户外广告实施方案编制工作。截至12月底，除高速公路沿线外，区、县户外广告实施方案编制工作基本完成。

【加强违规户外广告整治】 结合户外广告实施方案实施，积极推进虹桥、浦东机场等区域违规户外广告专项整治工作；闵行、青浦、嘉定重点地区违规广告整治取得重大成果；闸北及时处置新增违规广告；静安、徐汇、杨浦、宝山等区控制新增违规广告见成效。开展为期一个月的临时性违规户外广告集中整治专项行动，重点清理未经审批设置、超期设置、内容庸俗、设置破损等违规临时性户外广告。全年共整治违规固定户外广告设施611块，整治临时户外广告14491块，为推进户外广告规范管理、创造整洁有序的市容环境营造良好的氛围。

【规范户外广告审批】 完成市、区两级户外广告网上审批系统并网联网，全面实现全市户外广告网上审批，实现市、区两级审批信息共享。

【组织开展全市户外广告设施现状调查】 编制《上海市户外广告设施基础信息调查操作细则》，组织区、县管理部门对上海市各类固定户外广告设施的数量、审批情况、安检等情况进行大规模调查，摸清上海市固定户外广告设施的家底，建立全市户外广告设施基础档案和信息库。

【做好重大节庆活动环境宣传工作】 发挥户外广告阵地在公益宣传方面的作用，配合市委宣传部做好庆祝建国64周年户外公益宣传工作；配合旅游委、体育局、教委等部门完成市民文化节、旅游节、国际艺术节等多项重大赛事、重要活动的户外宣传工作。

【加强景观灯光保障工作】 开展全市景观灯光设施专项检查，查找安全隐患、灯具损坏等问题，督促责任单位修复整改；完成元旦、春节、国庆以及2013年上海迎新年倒计时活动、"地球一小时"等市级重大活动保障工作（见照片4）；配合上海电力"迎峰度夏"，印发《关于调整高温期间景观灯光亮灯时间的紧急通知》，调整上海市景观灯光亮灯时间，明确当日最高温度超过38度时，除外滩外关闭其他景观灯光。

【稳步推进全市生活垃圾分类减量】 截至2013年12月31日，实际日均进入末端处置设施的垃圾量为17277吨，与计划量17433吨1日相比，减少0.89%。全市新增生活垃圾分类减量场所达到7016个，其中居住区2706个，机关378家，企事业单位1746家、菜场416个、学校1657所、公园113座，覆盖居民户数超过205万户。

2013年，上海市生活垃圾分类减量工作将继续加强五方面工作：按照"十二五"规划的要求，实现生活垃圾减量目标。继续坚持"以2010年为基数，人均生活垃圾末端处理量每年减少5%"的工作目标，2013年人均生活垃圾处理量比2010年减少15%，即控制在0.7公斤每日以下。全面推进居住区"干湿"分类。以创建成文明城区的静安、长宁、浦东和申报创建文明城区的徐汇、奉贤的"3+2"整区域推进为重点，在浦东北片、静安、长宁虹桥等部分街道、徐汇环线内、奉贤南桥镇为核心的城市化地区等五个区域基本实现生活垃圾分类的整区域覆盖；其他区县至少实现一个街镇垃圾分类的全覆盖；同时推进全市文明小区、文明单位垃圾分类的全覆盖；全市分类居住区推进总数达到200万户；逐步在有条件的农村地区开展垃圾分类试点。继续深化单位垃圾分类工作，2013年全市将在300个机关、1000个学校、公园100个和300个菜场，共计

1700个场所推进生活垃圾分类。基本建成"大分流"体系。基本建成果蔬菜皮垃圾、单位餐厨垃圾、装修垃圾、大件垃圾、枯枝落叶垃圾等专项收集、运输、处置体系,在城市化地区基本实现"大分流"的全覆盖。大力推进湿垃圾分类及处置。各区县要以2013年下达的生活垃圾计划量为基数,力争按照标准分离出8%~10%的湿垃圾并配备相应处置能力。

环境工程建设与会议

【市生活垃圾分类减量推进工作联席会议召开全体会议暨工作推进大会】 4月10日,上海市生活垃圾分类减量推进工作联席会议召开全体会议暨工作推进大会,总结2012年工作,部署2013年全市生活垃圾分类减量推进工作任务。市生活垃圾分类减量推进工作联席会议相关召集人和成员单位负责人、各区县文明办、妇联、绿化市容局负责人出席会议。市人大、市政协相关领导以及新闻媒体参加。副市长姜平出席会议并作重要讲话。会议由市政府副秘书长黄融主持,他代表市政府和各区(县)政府负责人签订2013年垃圾分类减量工作目标责任书,进一步明确各区县2013年的目标责任。

【上海市启动生活垃圾末端处置设施第三方监管】 2013年,市绿化市容局通过社会招投标的方式,选择祥鼎公司作为第三方,参与对老港再生能源利用中心的日常监管。5月30日,上海市老港再生能源利用中心建成投入试运行,第三方监管随同市废弃物管理处监管部门一同进驻老港,行使监管职能。根据委托合同,祥鼎公司对再生能源利用中心开展日常运营监管,定期向监管部门提交书面报告以及监管建议。相比市废管处等监管部门,第三方监管的专业性更强,对运营过程的业务覆盖更全面。老港再生能源利用中心开展的第三方监管将为全市其他处置设施运营监管提高监管成效提升运营质量提供宝贵的经验。

【探索专项垃圾分流处置系统建设】 上海市绿化市容局积极配合市发改委会、市环保局和市城投总公司研究废旧荧光灯管专项回收处理试点方案。2013年底已形成初步方案,设想在全市100个机关和企事业单位、100幢商务楼、200个商场销售终端、2000个居民小区以及长宁、宝山两区先行开展废旧荧光灯管专项收集和处理,同步开展相关配套政策研究。

【启动湿垃圾专用收运车补贴工作】 制定《关于湿垃圾专用收运车辆购置补贴的实施方案》,对各区落实垃圾专项运输系统建设情况进行补贴,计划从2013年至2015年期间对全市17个区县提供超过5000万的资金。促进各区县湿垃圾专项运输系统的建设,提升超过1000吨/日的湿垃圾车辆载质量。

【落实四项举措提高保洁水平】 启动道路保洁和垃圾清运文明行业创建,保洁作业严格执行道路机械化清扫、冲洗避开早晚交通高峰等规定;市、区两级市容环境质量监测队伍开展道路污染点排查整改活动,建立"一路一策"制度,对易污染路段落实定期清洗制度,提高保洁精细化程度;指导、推进长宁、徐汇、浦东、宝山、闵行等区完成道路清扫保洁任务量的招标工作;指导区县依据养护定额编制2014年作业养护经费,开展2012、2013年环卫作业养护经费执行情况调查,完成预算定额编制管理程序设计,进一步推进定额规范编制和执行。

【继续推进公厕文明行业创建】 进一步完善公厕内部设施设备配置,完善洗手液设置,增设扶手,开展第三卫生间建设试点,加强无障碍厕所间建设;进一步强化公厕日常管理,开展公厕集中巡访活动,加强地铁、菜场等社会单位厕所检查,确保全市公厕正常运行。

【启动应急保洁应对重度空气污染】 2013年12月6~8日期间,上海市经历一次罕见的空气污染过程。自6日13时首次启动严重预警,至8日上午8时重污染预警解除,空气严重污染共持续62个小时。在此期间,全市17个区县环卫管理部门积极落实减排措施,及时增加道路冲洗,有效降低扬尘。特别是6日13时启动严重预警后,市绿化市容局要求各区县在确保道路保洁正常作业的基础上,道路冲洗在原有基础上增加2~3次,并加强人行道冲洗,严控作业过程中的扬尘现象,做好环卫工人自我安全保护工作;同时,及时通知渣土运输企业停止渣土运输,做好渣土车辆的运行监控并开展市区两级的工地检查。据统计,发布警报期间,全市共出动300多辆道路冲洗车及380多辆人工冲洗车对全市道路进行冲洗降尘;市区两级渣土管理部门共检查工地133个,其中开工工地有46个。

【开展执法与有奖举报相结合的渣土整治措施】 根据渣土作业的特性,持续开展"月光下执法"工作,6月13日,"雷霆二号"专项整治行动共查处违法运输车25辆,查扣4辆;同时,对二次违规的14家渣土运输企业实施停业整顿,并在有关媒体上公布因为遭到停业的企业名单。11月,市绿化市容局开通渣土偷乱倒有奖举报微信，接受公众对渣土运输企业偷乱倒行为的举报，经查属实的，给予举报市民一定的奖励。已有千余人关注"建筑渣土偷乱倒"微信公众账号，截至2013年底，共接到60余起关于渣土偷乱倒的举报，已协调区县渣土管理部门处理其中的33起；建筑渣土偷乱倒清除量5.52万吨，与2012年相比，万吨偷乱倒率下降20%，交通事故百万吨死亡率下降17.2%。

【提高餐厨废弃油脂总体管理水平】 市绿化市容局从招标立法、过程监管、工艺改进三个方面着手，加强全市餐厨废弃油脂管理。一是进一步贯彻落实97号令，有序推进收运单位招投标工作，指导、规范各区县开展餐厨废弃油脂收运单位招标工作；妥善协调老油有偿收购机制，促进应收尽收。二是进一步加强收运、处置环节的监管，加强申报服务，落实"四统一"制度，提高资源化利用水平；继续严打非法收运和处置行为；开展废弃油脂收运、处置单位评议工作，制定末端处置企业监督考核办法，建立考核机制，加大监管力度。三是加强对餐厨垃圾末端处置方式开展研究，探索工艺技术合适、规划布局合理的餐厨垃圾处置路径，提高餐厨垃圾处理效率。

【规范餐厨废弃油脂收运】 完善"一户一档"餐厨废弃油脂源头申报制度，全市产生单位已完成申报28233户，申报率达到88%，大中型餐饮服务单位实现全覆盖。引导全市19家收运企业在服务规范、车辆装备、制度建设等方面进一步规范。其中290辆厢式货车已安装GPS，车身统一公示收运企业的信息和监督电话，按照规定收运人员统一服装和标识。市环卫管理部门会同有关执法部门，严厉打击非法收运、处置等行为。要求各区（县）落实属地化监管责任，对收运单位实施专项收运和作业服务划片管理，合理落实餐厨废弃油脂物流流向。2013年全市平均每日收运处置餐厨废弃油脂约85吨，较上年同比增长54%。

【成立黄浦江上游水域水质安全、水面环境整洁联席会议，并召开首次大会】 建立上海市黄浦江上游水域水质安全、水面环境整洁联席会议制度，并于2013年7月11日，由市政府召开上海市黄浦江上游水域水质安全、水面环境整洁联席会议第一次会议。市政府副秘书长黄融出席，市建设交通委、市农委、市水务局、市环保局、市公安局（交警总队）、市绿化市容局（市城管执法局）、市交通港口局、市城投总公司等单位分管领导及相关处室负责人，金山、青浦、松江、闵行、奉贤等区分管区长及绿化市容局负责人等约50人参加了会议。

城市生态建设

【生态环境建设全面推进】 加强基本生态网络规划执行，加快生态建设项目落地，促进"三地"协调发展。全年新增绿地1050公顷，其中公共绿地519公顷，新增造林1.39万亩，建城区绿化覆盖率达38.35%，森林覆盖率约13.13%，湿地保有率达32.28%，生态环境得到有效保护。一是生态环境建设项目稳步推进。外环生态专项工程累计完成建绿883公顷，占总量的56%。积极推进彭越浦、桃浦等楔形绿地，宝山南大等地区防护绿地，大型居住区结构绿地、郊区新城绿地以及虹桥商务区、世博园区、前滩等重点功能区配套绿化建设。积极推进5个郊野公园试点建设，启动郊野公园生态建设导则编制。崇明东滩生态修复项目顺利开工建设，围堤基本全线合龙，涵闸基础全面铺开。二是城乡绿化结构品质持续优化。重点推进16座老公园改造，中山公园重新对市民开放。制定《林荫道三年实施规划》和《林荫道建设导则》，完成38条林荫道创建命名、20条林荫道改建提升。完成古树勘测定位

【开展试点】 完成绿地调整和改造60公顷，人民广场、外滩等重点区域绿化景观品质得到明显提升。完成40余个地铁站点绿化恢复工作。立体绿化纳入清洁空气行动计划，全年新增立体绿化33万平方米。三是生态保护措施得到加强。全面启动新一轮三年林业发展计划。积极推进农田林网建设，落实疏林地改造计划6950亩、林地基础设施建设2.7万亩。全面建立保护和发展森林目标责任制并获得国家林业局考核优秀。大力推进林业三防体系建设以及"野生动物重要栖息地保护管理和极小种群物种野放"项目。通过国家林业局对上海第二次湿地资源调查成果的检查和验收，全面开展野生动物资源调查。建立奉贤野生动物禁猎区。开展野生动物保护专项治理，检查相关场所6183次，开展联合执法129次。

【制定上海市林荫道三年（2013~2015）实施计划】 2013年2月26日，市绿化市容局印发《上海市林荫道三年（2013~2015年）实施计划》（沪绿容〔2013〕42号），主要任务是创建命名林荫道100条，改建提升100条，新建储备100条；建设苗圃基地提供优质苗源；制定法规标准强化林荫道管理。

【完成创建命名100条林荫道工作】 "林荫道建

设"是上海市"十二五"规划的重点工作内容,是惠及民生的绿荫工程。根据林荫道评定办法,经过专家现场评定、开会讨论和网上公示等环节,2011年评选出20条,2012年53条,2013年38条,共计创建命名111条林荫道。《上海市林荫道三年(2013~2015年)实施计划》中"创建命名林荫道100条"工作已全面完成。

【街头绿地花卉布置"瘦身"】 2013年全市五一劳动节、国庆等重要节庆花卉布置面积单季约12公顷、用花量700万盆左右,相比2012年花卉布置量下降约40%、单季用花量减少300万盆。尽管用花量下降,但是由于2013年花卉布置以突出特色,强化重点区域布置,一批新的花卉系列有较大比例的应用,即达到了节俭的效果,又突出节日喜庆的氛围。

环境(行业)管理

【推进植物群落结构调整与功能提升】 继续通过实施以新优品种引种、土壤改良、设施完善为重点的绿地群落结构调整与功能提升市级示范项目,推动全市绿地调整优化工作的开展,指导虹口、黄浦区完成了北外滩、外滩区域的绿化改造工程,截至2013年底,全市完成绿地调整优化近60公顷。

【对外展会获殊荣】 完成第九届中国(北京)国际园林博览会上海展园建设和参展布展工作,"上海·梦之园"获园博会最高奖项——"室外展园综合大奖",以及"展园设计奖"、"展园施工奖"、"植物配置奖"、"建筑小品奖"等4个单项奖大奖,市绿化市容局获"特别组织奖"和"博览会展园特优建设奖",上海市人民政府获"特别贡献奖"、"特别成就奖"。在2013年加拿大蒙特利尔国际立体花坛大赛上,由市绿化市容局、黄浦区人民政府代表上海市政府参赛的展品——"一个真实的故事",获大赛"最高大奖"和惟一的"最高荣誉奖"。完成2013年第十一届中国(井冈山)杜鹃花展上海参展布展工作,获"室内展台布置金奖"等12项奖;完成2013年第十一届中国(北京)菊花展览会上海参展布展工作,获"室外景点大奖"、"室内展台大奖"等20项奖。

【成功应对特大暴雨考验】 2013年10月6~8日,受到台风"菲特"、"丹娜丝"外围以及南下冷空气持续、叠加影响,本市普降大暴雨到特大暴雨。截至10月8日8时,上海154个测站测得24小时雨量超过200毫米的特大暴雨标准,241个测站测得超过100毫米的大暴雨标准降雨集中在松江、嘉定和中心城区。由于雨量大、持续时间长、降雨范围广,加之潮位高影响排水,造成全市50多条段马路积水10~20厘米,30多个居民小区积水5~15厘米,600多户民居进水5~10厘米。市防汛指挥部三次提升防汛防台预警信号至最高的红色级别,全市防汛系统紧急启动Ⅰ级应急响应。全市绿化部门启动应急方案,集结应急队伍,全力应对特大暴雨。由于风力不大,全市倒伏行道树仅几十株,但大面积积水与交通堵塞,使得绿化应急队伍行动受阻,大部分现场处置是由抢险人员徒步涉水进入,仅依靠便携轻便设备,及时有效地排除险情。暴雨红色预警发布后,市绿化市容防汛防台指挥部针对部分公园积水严重的状况,及时采取公园临时闭园措施。全市共有64座公园先后实施临时闭园,公园管理单位同时采取一切有效手段进行自救抢险,经过20多小时的努力,大部分停闭的公园陆续开放。古猗园、莘庄公园、古藤园、航华公园、闵联生态公园、月浦公园、淞南公园受灾较重,经过近48小时的修整,排除各类安全隐患后也正常开放。

【防暑抗旱确保全市公共绿地安全度夏】 2013年6月下旬至8月底,由于副热带高压异常稳定、异常偏少的台风活动以及南海夏季风明显偏弱,中国长江以南大部地区出现历史罕见的持续高温少雨天气,上海市出现35度以上高温日达46天,极端高温40.8度,堪称百年一遇。高温带来的干旱也前所未有,上海市年平均降雨在1100~1200mm之间,7、8两月降雨约在260mm左右。据上海气象台内部初步统计2013年7、8月降雨量仅为常年雨量的40%,减少雨量156mm。全市绿化养护单位全体动员,积极落实抗旱保绿工作措施,把绿化浇水抗旱作为高温期间养护工作重点,调整养护作业时间,合理安排浇水时间,避免高温时段作业,确保良好的浇灌效果。全市公共绿地安然度过百年一遇高温季节。

【开展古树名木保护专项规划测绘定位工作】 为从源头上保护古树名木和古树后续资源,加强古树名木规划建设管理,由市绿化市容局和市规划国土局牵头,在市、区两个层面,共同开展本市古树名木及后续资源保护规划编制工作。2013年,市、区联手,开展古树现状调研,对全市2600余株古树进行测绘定位。在长宁、青浦开展规划编制工作试点。

【中山公园完成整体改造】 2013年10月，中山公园完成整体改造工作正式对游客开放。此次改造的主要内容是：对公园的基础设施进行改造更新和完善（给排水、灯光照明、技防监控、园路铺装、水体驳岸、绿化景观、围墙桥梁修缮、园林街俱小品等）；恢复部分历史上的十二处景点（水榭絮羽、绿茵晨辉、芳圃吟红、双湖环碧、荷池清月、林苑耸秀、石亭夕照、虹桥蒸雪、独木傲雪、花墅凝香、银门叠翠、旧园遗韵）；恢复四处景观小品（铜顶、铜钟、四不像、露天音乐台）。通过系统的整体改造，为游客提供更人性化、更舒适的游园环境。

【推进公园噪声管理工作】 以闸北区为试点，开展专题调研，完成《上海市闸北公园噪声污染防治办法对策研究》课题。邀请部分公园志愿者、活动团队领队、街道社区等共同参与《上海公园噪声控制规约（范本）》制订工作，并将《上海公园噪声控制规约（范本）》推广到各公园实施。

【60座公园延长开放时间】 为满足市民夏季纳凉、休闲健身的需要，发挥公园公共资源最大效应，更好地为市民游客服务，在2012年试点夏令延长50座公园开放时间的基础上，2013年又新增几座公园，使全市公园夏令延长开放公园数达到60座，延长开放时间自2013年7月1日起至2013年9月30日止。在公园延长开放时段，积极倡导市民群众晚间游园以散步、纳凉等相对安静的休闲方式为主，按照《上海市社会生活噪声污染防治办法》要求，在每日22时至次日6时时段，不使用外置扩音装置的音响器材，干扰他人正常生活。

【丰富全民义务植树宣传发动方式】 2013年，全市围绕"建设生态文明、共建美丽家园"的主题开展全民义务植树宣传活动，发掘全民义务植树的有效载体，为适龄公民履行义务植树责任搭建平台。市绿化委员会办公室秘书处策划制作新版市民绿化宣传手册，宣传普及绿化知识、森林碳汇知识、绿化与PM2.5等内容；配合中国绿化基金会在滨江森林公园开展渤海银行绿地（森林）认养工作；采用报纸、网络等媒体形式进行宣传，联合新民晚报、上海电视台在高温季节组织立体绿化专题宣传，被全市几十家媒体转载；及时向社会发布全市义务植树活动计划及认建认养信息，并推进以认建认养为主的各类义务植树尽责活动常态化。2013年，上海市共设立义务植树现场集中宣传点386个，植树点187个，直接义务植树26万株，发动345家单位，4千多个人认建认养，媒体绿化宣传260多篇次。全市开展绿化"六进"（绿化服务进社区、进校区、进营区、进园区、进楼宇、进村宅）活动1270场次，送出盆花13万盆（株）。

【拓展社会绿化行业多层次管理】 落实社会绿地长效管理，组织社会绿地市级巡查9次，重点对虹桥商务区、机场和市政隧道口绿化进行市级巡查及督促整改。开展群众绿化技术协作活动，深化国有企业参与绿化技术协作网络，扩大绿化技术协作覆盖面；配合市教委完成《高校绿化建设管理导则》，研究制定《上海市新建住宅环境绿化导则》贯标情况核查方案，会同市房管部门制定《居住区绿化内部布局调整技术规范》，提高社会单位绿化管理水平。组织开展2013年市绿化合格单位创建及花园单位复查工作，新创绿化合格单位162家，新创园林式居住区18个。以绿化行业文明创建为契机，对申报市级文明的小区进行绿化核查；对复查不达标的园林式小区督促整改；联合房管部门组织居住区物业管理人员绿化培训3次，共近千人次参加。

【提升立体绿化建设管理水平】 完善立体绿化推进工作顶层设计，将立体绿化纳入市政府防治大气污染——清洁空气行动计划。进一步完善立体绿化配套政策，完成《上海市立体绿化建设和管理政策研究》课题。制定出台2013年度《上海市立体绿化示范项目扶持资金申请申报指南》，开展立体绿化项目和屋顶绿化奖补项目检查工作。推进年度立体绿化城维项目实施，基本完成四行仓库屋顶绿化和外环声屏障垂直绿化项目。组织推进《立体绿化技术规程》修订；编制立体绿化专项规划方案。启动全市高架桥柱绿化可行性调查工作。2013年，全市共完成立体绿化建设32万平方米。

【市绿化市容局（市林业局）受国家林业局委托审批部分行政许可事项】 2013年1月22日，国家林业局发布第30号令《国家林业局委托实施野生动植物行政许可事项管理办法》，8月与各省级林业行政主管部门法人签订野生动植物行政许可事项委托书，9月发布国家林业局第12号公告，将委托事项向社会公告。受委托事项涉及国家林业局行政许可四大项11小项，委托时间从2013年10月1日到2018年9月30日。9月29日，市绿化市容局（市林业局）发布《上海市林业局关于受国家林业局委托实施野生动植物行政许可事项的公告》（沪林〔2013〕96号），明确委托事项的程序、材料、期限、内部审查流程、审批要求等。

(上海市绿化和市容管理局)

江 苏 省

概况

2013年,江苏省住房城乡建设系统按照省委省政府的决策部署,以"美好城乡建设行动"为抓手,扎实推进城镇化、促进城乡发展一体化,全面推进城市和村庄环境整治,着力改善城乡人居环境,率先推进住房保障体系建设,加快建设产业转型升级,扎实开展党的群众路线教育实践活动,所有列入省委常委会工作要点和省政府十大重点百项考核指标的重点任务均全面完成,进一步巩固江苏省住房城乡建设工作在全国总体领先、重点领域率先的地位。

【住房保障与供应体系构建】 住房问题事关人民安居乐业,影响经济社会发展全局。2013年,在各地各部门的共同努力下,全省保障性安居工程目标任务全面完成,全省新开工各类保障性住房26.2万套、基本建成23.9万套,累计形成住房保障能力204万套(间),政府主导、社会参与、市场化运作的房源建设和多元筹集模式初步形成。住房保障体系建设取得积极进展,"住房保障体系健全率"被列为省全面小康和基本现代化重要考核指标,体系建设十项省级试点示范工作有序推进,收入资产联动审核、准入退出机制建立等社会关注难题的破解路径基本形成。全省房地产市场运行总体平稳,根据全省房地产交易备案信息系统数据,2013年新建商品住房销售面积增长26%,成交均价增长6.4%,低于全省地区生产总值和城乡居民人均可支配收入的增幅。住房公积金制度覆盖面进一步扩大,全省全年归集住房公积金900亿元。住房公积金贷款支持保障性住房建设试点工作稳步推进。住房公积金互助作用进一步增强,发放住房公积金贷款730亿元,支持23万户家庭购房。物业管理条例顺利实施。

【城乡发展一体化】 按照城乡统筹发展思路,加快制订城乡统筹规划,加强城市基础设施向农村延伸覆盖,城乡统筹基础设施规划建设水平全国领先。加快实施城乡统筹区域供水规划,2013年全省新增通水乡镇61个,已覆盖83%的乡镇,通水乡镇的镇村居民与城市居民一样用上"同源同网同质"水,饮用水条件得到彻底改善;大力推进乡镇污水处理设施建设,建制镇污水处理覆盖率达72%;不断完善城乡一体的生活垃圾收运处理体系,镇村生活垃圾集中收运率达到78%,苏南地区和南通、扬州"组保洁、村收集、镇转运、县处理"的城乡生活垃圾统筹处理机制基本建立。坚持以村庄环境整治行动为抓手,不断改善乡村人居环境。截至2013年底,苏南五市和扬州市全面完成村庄环境整治任务,全省超过2/3的自然村环境面貌显著改善,农村居民人居环境改善受益比例居全国首位。江苏省村庄环境整治的成功经验得到社会各界和建设部的高度认可,并在国家改善农村人居环境工作会议和全国建设工作会议上作经验交流。

【城镇人居环境改善】 2013年,江苏省住房和城乡建设厅突出抓以"九整治、三规范、一提升"为内容的城市环境综合整治"931"行动,通过全系统的不懈努力,全省共完成3586个"九整治"项目、18365个"三规范"项目,完成率99%以上。16个市、县(市)启动数字化城市管理系统建设。整治工作得到人民群众的衷心拥护,得到省委省政府主要领导的充分肯定。与此同时,大力推进城乡人居环境改善,镇江、宜兴获得"中国人居环境奖",江苏获得中国人居环境奖城市和人居环境范例奖数量保持全国第一。全省新增城市绿地面积5100多公顷,"城市公园绿地十分钟服务圈"覆盖率超过75%,城市公园免费开放率超过80%;省辖市全部成功创建国家园林城市;圆满举办江苏省第八届园艺博览会;积极参加第九届(北京)国际园林博览会,江苏园荣获三个大奖,获得多位党和国家领导人的高度肯定。

【建设产业转型升级】 江苏省在全国率先提出并实施以"资源节约、环境友好、生态宜居"为核心的节约型城乡建设,以影响大、成效显、能操作、可复制、易推广的十项重点工作为抓手,推动创新实践和试点示范取得积极成效。2013年,制定出台《江苏省绿色建筑行动实施方案》,在全国率先提出至2015年全面实施绿色建筑。2013年全省新增节能建筑面积11091万平方米，节能建筑规模、绿色建筑数量保持全国第一，建成全国首个"住房城乡建设部绿色建筑和生态智慧城区展示教育基地"。全省19个地区列入全国智慧城市试点，占全国总量的1/10。节水型城市数量保持全国领先。建筑产业结构调整稳步推进，2013年，全省建筑业总产值达2.3万亿元，保持全国领先地位。建筑市场诚信体系建设深入推进，工程质量安全管理进一步加强，新增11项"鲁班奖"项目，累计获奖数量保持全国第一。

【服务型政府建设】 根据江苏省委部署，2012年下半年江苏省住房和城乡建设厅深入开展群众路线教育实践活动，解决一大批群众反映强烈的突出问题，先后形成15项重要调研成果，深入开展11项专项整治，简政放权34项，及时推广便民服务中心"效率提高一倍、不让群众跑两腿"的经验，服务意识得到增强，群众满意度不断提高。并在此基础上，建立一批转变工作作风、推进事业发展的制度规定。在教育实践活动总结大会的民主评议中，"好"和"较好"等次合计达100%。

政策规章

2013年，江苏省住房和城乡建设厅印发《江苏省建设工程声像档案管理办法（暂行）》的通知和关于进一步加强城乡规划编制市场管理的通知，修改《江苏省燃气工程项目初步设计管理办法》有关条文的通知，出台关于房屋建筑和市政基础设施工程贯彻招标投标法实施条例的意见。

房地产业

【概况】 2013年，围绕经济社会发展稳中求进的总基调，全省上下严格执行限贷限购等一系列房地产调控政策，致力于研究采取综合措施，切实做好稳定市场、控制房价、规范秩序等各项工作，确保全省房地产市场平稳健康发展。2013年，全省房地产市场呈现回暖态势，商品住宅销售面积同比增长26.92%，成交均价同比增长6.35%，房价增幅低于地区生产总值的增幅和城镇居民人均可支配收入的增长水平。在全省各地各部门认真贯彻落实国家和省房地产市场调控政策措施的前提下，房价并未伴随销售回升出现明显上涨，江苏省房地产市场调控工作取得积极成效。

2013年，全省共实现房地产业增加值3437亿元，占全省地区生产总值的5.80%，占全省服务业增加值的比重为13%；完成房地产开发投资完成额为7241.45亿元，同比增长16.7%，占全省城镇固定资产投资的20.12%；全省房地产业地税收入完成1608.49亿元，同比增长20.211%，占地税收入总量的比重为34.33%，较2012年的32.17%提高2.2个百分点。截至2013年底，全省城镇人均住房建筑面积为36.8平方米。房地产业的发展，对全省拉动经济增长、推进城市化进程、改善人民居住环境继续发挥着十分重要的作用。

【房屋概况】 截至2013年底，全省城市实有房屋建筑面积为33.40亿平方米，其中：实有住宅建筑面积为17.87亿平方米，在住宅中，私有（自有）住宅的建筑面积为16.05亿平方米，住宅的私有化率达89.80%；成套住宅套数1597万套，住宅成套率为92.71%，成套宅建筑面积16.57亿平方米，套均面积103.73平方米。2013年房屋减少面积为3180.68万平方米，其中住宅减少面积为2093.69万平方米。

【房地产开发投资】 2013年，全省房地产开发投资全年保持平稳增长，共完成投资7241.45亿元，同比增长16.7%，占全国总量的8.4%，规模仍居全国首位。占城镇固定资产投资的20.12%，比2012年占比提高0.55个百分点；投资增幅较城镇固定资产投资增幅低2.9个百分点。其中商品住宅投资5171.50亿元，同比增长18.8%，占全国比重达8.8%。

【商品房新开工、施工和竣工面积】 2013年，全省商品房新开工面积为16358.18万平方米，其中商品住宅为12211.81万平方米，同比分别增长17.6%和18.7%。商品房施工面积为52574.17万平方米，其中商品住宅为38756.78万平方米，同比分别增长16.6%和16.0%。全省商品房竣工面积为9711.60万平方米，其中商品住宅7584.17万平方米，同比分别下降1.4%和1.3%。

【商品房供应】❶ 2013年，全省商品房和商品住宅累计批准预售面积分别为14645.74万平方米和11245.63万平方米，同比分别增长27.03%和30.03%。分区域看，2013年，苏南地区商品房和商品住宅批准预售面积分别为7513.09万平方米和5728.04万平方米，同比分别增长26.39%和30.93%；苏中地区分别为2863.68万平方米和2347.74万平方米，同比分别增长32.45%和34.76%；苏北地区分别为4268.98万平方米和

---

❶ 商品房供应、销售、供销结构、成交均价数据均来源于全省房地产市场按日上传动态监测系统。

3169.84万平方米，同比分别增长24.72%和25.22%。三大区域中的苏中地区商品房和商品住宅新增供应增幅最为明显。

2013年，全省省辖市市区商品房和商品住宅累计批准预售面积分别为8193.33万平方米和6158.35万平方米，同比分别增长17.83%和20.47%。分区域看，2013年，苏南省辖市市区商品房和商品住宅批准预售面积分别为4651.87万平方米和3402.77万平方米，同比分别增长17.52%、19.86%；苏中省辖市市区分别为1403.06万平方米和1156.28万平方米，同比分别增长17.01%和21.27%；苏北省辖市市区分别为2138.40万平方米和1599.31万平方米，同比分别增长19.05%和20.88%。三大区域商品房和商品住宅新增供应较上年均有较大幅度的增长。

【商品房销售】 2013年，全省商品房和商品住宅累计登记销售面积分别为11347.58万平方米和9561.92万平方米，同比分别增长25.95%和26.92%。分区域看，2013年，苏南地区商品房和商品住宅登记销售面积分别为5952.52万平方米和4988.16万平方米，同比分别增长20.58%和21.12%；苏中地区分别为1896.08万平方米和1692.29万平方米，同比分别增长42.28%和47.35%；苏北地区分别为3498.98万平方米和2881.46万平方米，同比分别增长27.69%和27.09%，苏中和苏北增幅较为明显。

2013年，全省省辖市市区商品房和商品住宅累计登记销售面积分别为6293.94万平方米和5329.68万平方米，同比分别增长18.14%和18.69%。分区域看，2013年，苏南省辖市市区商品房和商品住宅登记销售面积分别为3668.73万平方米和3066.11万平方米，同比分别增长13.24%和12.00%；苏中省辖市市区分别为991.98万平方米和889.00万平方米，同比分别增长34.47%、41.58%；苏北省辖市市区分别为1633.23万平方米和1374.57万平方米，同比分别增长21.00%和22.18%，苏中省辖市市区销售大幅回升。

【商品住房供销结构】 2013年，从市场新增供应结构看，全省90平方米以下、90~120平方米、商品住宅分别占全部住宅供应量的17.24%、34.78%，占比分别较2012年提高0.65个、3.27个百分点；120~144平方米户型、144平方米以上户型占比为30.61%、17.36%，占比分别较2012年下降0.56个、3.37个百分点。从市场销售结构看，全省90平方米以下、120~144平方米、144平方米以上户型商品住宅分别占全部住宅销售量的16.83%、31.83%、16.45%，占比分别较2012年下降1.5个、0.11个、0.45个百分点；90~120平方米户型占比为35.20%，较2012年提高1.93个百分点。全省商品住宅累计供销比为1.181.09，较2012年提高0.09个百分点。从不同面积段的供销比看，90平方米以下、90~120平方米、120~144平方米、144平方米以上户型的供销比分别为1.21、1.16、1.13、1.26。

2013年，从市场新增供应结构看，全省省辖市市区90平方米以下、90~120平方米户型商品住宅分别占全部住宅供应量的20.53%、33.71%，占比较2012年分别提高0.61个、3.43个百分点；120~144平方米、144平方米以上户型占比为28.24%、17.52%，较2012年下降1.07个、2.74个百分点。从市场销售结构看，全省省辖市市区90平方米以下、144平方米以上户型商品住宅分别占全部住宅销售量的19.55%、16.13%，占比较2012年分别下降1.80个、0.81个百分点；90~120平方米、120~144平方米户型占比分别为34.0931.63%、30.2330.07%，较2012年分别提高2.46个、0.16个百分点。全省省辖市市区商品住宅累计供销比为1.16，较2012年提高0.07个百分点。从不同面积段的供销比看，90平方米以下、90~120平方米、120~144平方米、144平方米以上户型的供销比分别为1.21、1.14、1.08、1.25。

【商品房成交价格】 2013年，全省商品房和商品住宅成交均价分别为7324.25元/平方米和6976.47元/平方米，同比分别增长4.43%和6.35%；全省省辖市市区商品房和商品住宅成交均价分别为8209.19元/平方米和7853.31元/平方米，同比分别增长5.46%和7.23%。从月度变化走势看，2013年上半年全省房价总体呈上升趋势，2、3、4月份房价快速上升，5月份回落，6、7月份继续增长，下半年保持相对平稳，年末房价有所回落。房价变动主要受市场销售的结构性影响，房价相对较高的苏南地区销售占比提高，推动全省均价有所增长。

【二手房市场】 2013年，全省省辖市市区二手房和二手住宅累计成交面积分别为2940.65万平方米和2523.57万平方米，同比分别增长64.87%和76.66%。二手房和二手住宅累计成交均价分别为7687元/平方米、7907元/平方米，同比分别增长8.15%和8.39%。

【房地产贷款】 2013年12月末，全省房地产贷款余额为14801.2亿元,同比增长21.97%,占人民币各项贷款余额比重为22.8%;贷款余额比年初增加2665.87亿元,其中:地产开发贷款余额为1268.94亿元,比年初增加352.05亿元,同比多增182.68亿元,余额增速为38.40%;房产开发贷款余额为3439.44亿元,较年初增加596.71亿元,同比多增375.60亿元,余额增速为20.99%;个人住房贷款余额为9183.05亿元,比年初增加1670.41亿元,同比多增763.27亿元,余额增速为22.23%。1~12月,全省向23.36万户职工家庭发放住房公积金贷款713.03亿元,同比增长25.61%。12月末个贷比率为92.46%。全省住房公积金资金结余为319.96亿元。

【房屋征收(拆迁)】 2013年度,全省共作出征收决定474个,累计完成征收项目348个,占项目总数的73%;征收房屋面积1925.37万平方米,户数10.5万户,完成征收总建筑面积的70%、户数的55%,大多数征收项目能在3~5个月内完成。征收遗留项目进展较为顺利,2012年底全省遗留征收项目589个,涉及房屋面积871.27万平方米,户数8.7万户,已完成遗留征收项目166个,拆迁房屋面积579.46万平方米、户数7.4万户,分别占总遗留项目数的59%、建筑面积的64%、户数的48%。

住房保障

【公共租赁住房(含廉租住房)建设】 2013年全省公共租赁住房(含廉租住房)新开工7.63万套、基本建成7.68万套,分别完成省政府下达年度目标任务7万套、5.8万套的109.05%、132.42%。

【经济适用住房建设】 2013年全省经济适用住房新开工3.12万套、基本建成3.21万套,分别完成省政府下达年度目标任务2.7万套、2.44万套的115.71%、131.82%。

【限价商品住房建设】 2013年全省限价商品住房新开工5.9万套、基本建成5.79万套,分别完成省政府下达年度目标任务4.9万套、4.34万套的120.41%、133.29%。

【棚户区危旧房改造】 2013年全省棚户区危旧房改造安置住房新开工9.55万套、基本建成7.24万套,分别完成省政府下达年度目标任务8.3万套、5.4万套的115.04%、133.59%。完成城市棚户区危旧房改造24.7万户、3676.04万平方米。

【住房保障体系建设】 省住房城乡建设厅会同省财政厅、省民政厅按照"系统化设计、制度化安排、规范化建设、长效化推进"的思路,指导各地依据省政府颁布的廉租住房、经济适用住房、公共租赁住房管理办法和加强住房保障体系建设的实施意见,以基本制度统一规范、市县实现方式多元为原则,加大住房保障体系建设推进力度。在21个市县中开展住房保障体系建设十项试点示范,包括:体系建设综合示范区(含县和县级市)、公共租赁住房多元化筹集方式试点、公租房廉租房并轨试点、经济适用房共有产权制度创新试点、保障对象收入审核联动机制构建试点、保障房准入退出机制试点、管理服务网络构建试点、住房保障信息化管理全覆盖试点、保障房投资运营管理机制试点、公租房建设示范项目创建。通过试点创新保障方式、破解工作难点,适时总结经验并推广运用。加快健全住房保障管理服务机构网络,不断提升住房保障工作信息化水平和社会公开力度。

通过持续努力,住房保障基本制度全面覆盖城镇住房困难群体;73个单独实施住房保障的市县区中,建成保障性住房投融资平台63个,同比增加12%;住房保障管理和实施机构实现全面覆盖,各地设置社区以上基层服务窗口2052个,同比增加30%;联动审核、梯度转换的准入退出路径基本确立,有66个单独实施住房保障的市县(区)实现收入资产多部门审核,同比增加13%;住房保障政策、房源、对象和分配流程、结果的信息公开率达到100%。政府主导、社会参与、市场化运作的保障性住房筹集模式基本形成,收入资产准确认定、经济适用住房制度改进规范、准入退出难题破解的有效路径已经初步形成,全省住房保障工作系统化、制度化、规范化水平得到明显提升,在全国率先探索构建住房保障长效体系的做法得到住房城乡建设部的肯定。

公积金管理

公积金制度覆盖面继续扩大,全年归集住房公积金900亿元,累计归集额4780亿元,分别完成年度目标任务128.6%、106.2%。全年发放住房公积金贷款730亿元,支持约23万户家庭购买住房,完成年度目标任务115%。南京、常州、苏州三市利用住房公积金贷款支持保障性住房建设试点工作稳步推进,住房公积金制度保障功能进一步提升。

城乡规划

【推进城镇化工作的情况】 起草《关于扎实推进城镇化促进城乡发展一体化的意见》及实施方案。研究贯彻落实十八大精神,起草《关于扎实推进城镇化促进城乡发展一体化的意见》，提出七个方面的二十条措施，明确江苏省城镇化发展的方向和要求，由省政府以2013年1号文件印发。随后，起草并以省政府办公厅名义印发《贯彻省政府〈关于扎实推进城镇化促进城乡发展一体化的意见〉实施方案》，明确全省2015年的城镇化发展目标、主要工作任务和分工。

开展城镇化调研工作。中央城镇化会议召开后，梳理江苏省"十二五"以来城镇化推进情况，并结合中央最新的要求，对下一步如何积极、稳妥、扎实地推进城镇化作出思考，形成《江苏省"十二五"推进城镇化工作的报告》，专题向省政府报告。此外完成《全省新型城镇化推进调研报告》、《苏北地区新型城镇化推进调研报告》、《苏中地区新型城镇化推进调研报告》和《关于长江经济带江苏段新型城镇化发展的构想》等。

【推进区域城镇体系规划和区域性专项规划编制】 推进区域城镇体系规划编制。推进《江苏省城镇体系规划（2012—2030）》报批工作，根据报批后住房城乡建设部汇总的国家部委、相邻省市反馈意见，对规划进行修改完善，并充分征求各方面意见，经省政府同意报送住房城乡建设部，规划已通过部际会议审查。为贯彻实施省域城镇体系规划，组织开展《苏南现代化建设示范区城镇体系规划》编制工作。2013年5月，《规划》通过专家论证，10月获得省政府批准。同时，根据省域城镇体系规划，为推动不同区域的差别化发展和协调发展，引导建设具有丘陵山地特色的现代化发展模式创新区，启动《苏南丘陵地区城镇体系规划》编制工作。

组织沿大运河、古黄河风景路规划编制工作。为更好地保护和利用大运河、古黄河沿线文化、生态、景观资源，提升沿线地区人居环境质量和城乡空间品质，引导和促进旅游等产业发展，推进生态文明建设，组织开展《大运河风景路规划》和《古黄河风景路规划》的编制工作。《大运河风景路规划》已完成果论证，《古黄河风景路规划》完成初步成果。

【城乡规划推进情况】 推进镇村布局规划优化工作。为了统筹城乡发展，更好地指导和推进各地镇村布局规划优化工作，印发《江苏省镇村布局规划技术要点》，提出"城乡统筹、服务均等，因地制宜、分类指导，发展产业、促进就业，自然生态、乡村特色，政府组织、村民参与"等指导原则，优化村庄布点，促进土地集约节约利用，统筹安排各类基础设施和公共设施。同时，推动开展11个市、县（区）镇村布局规划优化试点工作，制定试点推进工作组织方案，召开试点市、县（区）镇村布局规划工作推进会。

加强对各地城乡规划的指导。以城乡引导计划为抓手，进一步完善全省城乡规划体系。指导各地修编新一轮城市总体规划，落实省域城镇体系规划确定的发展要求，强调以规划引导促进转型发展、集约建设，高度重视区域协调和城乡统筹，确保以高质量的城市总体规划引导城市科学、可持续发展。指导各地制定完善城乡统筹规划、城市综合交通规划、抗震防灾规划、城市地下空间规划等重要的专项规划，优化城乡规划体系，不断提升规划质量与水平，提高城市发展质量。

推进全省体育健身步道规划建设工作。为指导和推进全省各地健身步道的规划建设工作，更好地保障群众体育健身权益、满足群众体育健身需求，促进群众身体素质、健康水平和生活质量的提高，会同省体育局有关处室起草《关于进一步完善规划、促进健身步道建设的意见》，从加强城乡规划引导、强化健身步道建设管理、保障实施推进等方面提出具体的要求和对策，于8月印发全省执行。

【城乡规划管理】 加强历史文化保护规划管理工作。为更好地推进全省的历史文化保护工作，会同省文物局有关处室组织开展第六批中国历史文化名镇名村申报工作，并同步开展省级历史文化名镇名村申报工作。经组织专家对现场考察和评选，上报9个镇、8个村为省级历史文化名镇、名村；上报12个镇、8个村申报为中国历史文化名镇、名村。全省的历史文化名城、名镇、名村保护规划，已基本编制完成。全省92处历史文化街区，其中一半以上编制保护规划。组织2013度江苏省历史文化街区保护专项资金补助项目申报、审查工作；组织2013度财政部国家历史文化名城补助项目申报工作。

启动省级城乡规划信息系统建设。为提高全省城乡规划信息化工作水平，启动省级城乡规划信息系统的研究工作，制定技术任务书，基本完成城市总体规划成果数据标准研究，为建立信息系统提供支持。

出台依法实施城乡规划的意见。为进一步维护城乡规划的严肃性，加强依法实施城乡规划，坚持"一张蓝图干到底"，尽可能避免规划实施过程中随意变更规划、脱离实际搞"形象工程"等行为，起草《关于科学编制城乡建设项目年度计划 依法实施城乡规划的指导意见》。《意见》要求各地编制城乡建设项目年度计划应当坚持科学决策、集体决策、民主决策,调整计划应当程序规范,同时要加强规划实施的监督检查,保障城乡规划依法实施。《意见》由省政府办公厅于11月份印发执行。

积极做好规划服务和管理工作。2013年共核发41项重大交通、电力、管线等基础设施建设项目的选址意见书,办理24件开发区申报、升级的规划审核工作,办理13件申报省级旅游度假区的规划审核工作。在重大建设项目选址和开发区审核管理中,积极服务地方经济社会发展,同时确保落实城乡规划相关要求。办理规划类行政复议38项、信访26项、信息公开20项,坚持保障民生、依法维护群众利益的原则,充分听取基层意见,同时加强有关工作的监督检查,依法规范各地城乡规划管理工作。

促进规划行业发展。组织2013年度江苏省建设系统优秀勘察设计城市规划项目专业评选,评选出89项获奖项目,其中一等奖11项,二等奖28项,三等奖50项。积极开展行业交流活动,11月举办城市规划局长培训班,12月举办两期城市规划技术骨干培训班(其中专题组织苏北地区城市规划培训),合计培训700余人次,促进提升全省规划管理人员实际处理问题的能力。

城市建设

【城市道路】 2013年,全省城市道路设施稳步发展,截至2013年底,全省城市(含县城)拥有道路总长度42075.47千米、面积77380.83万平方米,人均拥有城市道路面积22.63平方米。全省城市(含县城)拥有各类桥梁14208座,其中特大桥及大桥316座,立交桥352座。全省城市(含县城)拥有道路照明灯3194442盏,安装路灯的道路长度33662.38千米。其中,全省城市2013年新增道路长度2050.67平方米、面积5382.24万平方米,人均拥有城市道路面积增加0.28平方米,新增桥梁463座(其中新增特大桥及大桥52座、立交桥50座),新增道路照明灯184417盏,新增安装路灯的道路长度1876.78千米。

【城市轨道交通建设】 2013年,江苏省城市轨道交通获得快速发展,南京、苏州、无锡的城市轨道交通建设步伐持续加快,苏州市新增运行线路1条,昆山市的上海地铁11号线延伸线工程(6.7千米)已建成投运。常州市城市轨道交通已完成1号线土建工程开工前准备,徐州市城市轨道交通3千米长的试验段土建工程已开工建设,南通市城市轨道交通建设规划已上报建设部审查。全省共完成城市轨道交通建设投资约470亿元。

南京市已建成投运地铁1、2号线总里程85千米,在建地铁3号、4号、10号等7条线、长约220千米,其中:10号线已完成"轨通"、"电通",机场线已完成"轨通"、宁天线已完成"洞通"。全年累计完成城市轨道交通建设投资259亿元。

苏州市已建成投运城市轨道交通1、2号线、总里程53千米,其中2013年新增1条运行线路。全年完成城市轨道交通建设投资110亿元。

【城市供水】 2013年,全省新增供水能力174万立方米/日,新增区域供水通水乡镇61个,区域供水乡镇覆盖率达83%,新增自来水深度处理能力205万立方米/日,新增75毫米以上城乡供水管道4000千米,其中区域供水管道1260千米。

经省政府同意,会同省发改委印发《江苏省城镇供水设施改造与建设"十二五"规划及2020年远景目标》;转发《住房城乡建设部关于印发城镇供水规范化考核办法(试行)的通知》、《住房城乡建设部关于加强城镇供水设施改造建设和运行管理工作的通知》,部署全省供水安全保障工作。推进太湖流域应急备用水源建设和自来水厂深度处理工艺改造,以太湖为水源的城市实现"双源供水"和"自来水厂深度处理"两个"全覆盖"。会同省水利厅、财政厅等印发《关于实施新一轮农村饮水安全工程的指导意见》等,推进农村饮水安全工程与城乡统筹区域供水工程的同步实施工作。

【城市燃气】 2013年,全省城市(县城)新增供气管道长度6502.3千米,天然气供应总量78.47亿立方米,液化石油气供应总量83.43万吨,人工煤气供应总量0.39亿立方米,用气人口达3393.82万人,燃气普及率99.28%。无锡应急调峰气源站和南京应急调峰气源扩建项目建成,全国首个水上LNG加注站在南京市八卦洲投入试运行。

截至2013年底,全省共有天然气门站94座,供应能力8786万立方米/日;天然气加气站202座,年供气总量达6.7亿立方米;液化石油气储配站568座,总储存容积13.7万立方米;液化石油气供应站2576座,其中Ⅰ级站57座,Ⅱ级站213座,Ⅲ级站2306座。

2013年,全省各地加大天然气城乡统筹建设力度,促进基础设施共建共享,无锡、常州、苏州、镇江等苏南城市已基本完成天然气向城镇的发展延伸，全省已向363个乡镇供应天然气，天然气城乡统筹覆盖率已达41%。

【城镇污水处理】 2013年，全省新投运的城镇污水处理设施能力达88万立方米/日，由于部分污水处理厂整合或工业废水处理厂剥离等因素，实际净增城镇污水处理能力80万立方米/日，建成城镇污水收集主干管道3000千米。截至年底，全省城镇污水处理能力达1410万立方米/日，累计建成城镇污水收集主干管道42100千米。全省城市（县城）污水处理率达90.7%，污水处理厂集中处理率达75.5%，全省新增镇级污水处理设施109座，新增污水处理能力33.7万立方米/日，全省建制镇污水处理设施覆盖率达到72%。全省城镇污水处理厂全年实际处理污水量36.2亿立方米，削减COD 88.2万吨，氨氮7.9万吨。提请省政府印发《江苏省"十二五"城镇污水处理及再生利用设施建设规划》，编制印发《江苏省太湖流域撤并乡镇集镇区污水处理设施全覆盖规划》和《江苏省城镇污水处理厂污泥处理处置技术指南》。完成《江苏省沿江城镇生活污水处理规划（2011—2020）》编制工作，配合完成《江苏省太湖流域水环境综合治理实施方案》修编，印发《省环保厅、省住房城乡建设厅关于进一步加强污水处理厂污染减排工作的通知》。举办城镇污水处理厂技术管理人员、污水处理操作工、水质分析人员等关键岗位技术培训班9期，培训人员达695人。2013年全省城镇污水处理设施累计完成投资95.2亿元，省级公共财政下达城镇污水处理设施建设补助资金为3.6亿元。

【垃圾处理】 2013年，全省新增生活垃圾无害化处理能力4900吨/日，无害化处理总能力达到4.9万吨/日，全省城市（县城）生活垃圾无害化处理率达到95%，全省生活垃圾处理设施共有78座，其中填埋场53座，焚烧厂24座，水泥窑协同处置项目1座。省住房城乡建设厅印发《江苏省城市餐厨废弃物处理规划编制纲要（试行）》（苏建城〔2013〕140号），组织推进全省餐厨废弃物处理工作。2013年，全省新增餐厨废弃物处理和资源化利用全国试点城市1个，全省共有全国试点城市3个，分别是：苏州市、常州市、徐州市。苏州市餐厨废弃物处理设施二期工程建成投运，全省餐厨废弃物处理总能力达到466吨/日。省住房城乡建设厅印发《江苏省生活垃圾卫生填埋场运行管理考核评价标准（试行）》和《江苏省生活垃圾焚烧厂运行管理考核评价标准（试行）》（苏建城〔2013〕139号），全面加强对全省生活垃圾处理设施的运行管理。

【城市管理】 5~8月，省人大常委会环资城建委组织部分省人大常委先后赴常州、连云港、扬州市开展专题调研，听取三市及金坛市、赣榆县政府和有关部门的汇报，察看数字化城管监督指挥中心、市容管理示范路、垃圾中转站、垃圾焚烧发电项目、环卫工人休息点等多个现场，广泛征求多方面的意见和建议。9月25日，省十二届人大常委会第五次会议审议通过省住房城乡建设厅代表省政府所作的《关于城市管理工作情况的报告》。10月，省人大常委会办公厅给省政府办公厅《关于印送全省城市管理工作情况报告审议意见的函》，对省政府及其有关部门践行"百姓城管、科学城管、法治城管"理念，努力创新城市管理模式，促进全省城市管理水平提高所做的工作给予高度肯定。

2013年，研究制定并发布江苏省工程建设标准《江苏省城镇户外广告和店招标牌设施设置规范》（DGJ 32/146—2013）。印发《数字化城管工作方案编制纲要》和《数字化城管实施方案参考文本》，徐州市以及宜兴、常熟、海安、如皋、扬中等县（市）的数字化城管系统通过省住房和城乡建设厅验收，全省建成运行或试运行数字化城管系统的城市达到38个。

【市容环卫】 2013年，全省城市道路机械化清扫率达到52%，共有公共厕所12123座，生活垃圾转运站1503座，市容环卫专用车辆10614辆。全省15名环卫工人获得住房城乡建设部授予"全国优秀环卫工人"称号。省住房城乡建设厅启动研究建设"江苏省市容环卫信息化监管系统"一期工程。经省民政厅和省住房城乡建设厅批准和同意，"江苏省城市市容和环境卫生协会"正式成立，省住房城乡建设厅副厅长宋如亚被选举担任第一任会长。

【人居环境奖评选】 截至2013年底，江苏省已有13个城市、109个项目被授予"江苏人居环境奖"、"江苏人居环境范例奖"，其中经推荐申报，已有11个城市、42个项目获得"中国人居环境奖"、"中国人居环境范例奖"称号，有4个城市、9个项目获得"联合国人居奖"、"迪拜改善人居环境最佳范例奖"称号。

2013年，按照好中选优原则，组织推荐一批城市与项目申报联合国人居奖与迪拜范例奖、中国人居环境（范例）奖，其中镇江市、宜兴市获得"中国人居环境奖"称号，常熟市碧溪新区城乡统筹垃圾处理与资源化利用、昆山市陆家镇人居环境建设、江阴市新桥镇新型社区建设项目、宿迁市幸福新城危旧片区改造示范工程、淮安市古淮河环境治理工程5个项目获"中国人居环境范例奖"称号。同时，按照江苏人居环境奖评选办法规定，经组织资料审查、实地调研、现场考核、民意调查、公示等，授予南京市村庄人居环境改善、无锡市村庄人居环境改善、常州市村庄人居环境改善、苏州市村庄人居环境改善、镇江市村庄人居环境改善、常州市住房保障全覆盖工程等20个项目被授予"江苏人居环境范例奖"称号。

村镇规划建设

【概况】 2013年，全省有建制镇772个（不包括县城关镇和划入城市统计范围的镇，下同），乡集镇70个，行政村14658个，村庄139143个。村镇总人口5437.18万人，其中暂住人口589.78万人。建制镇建成区面积2741.43平方千米，平均每个建制镇3.55平方千米；集镇建成区面积105.01平方千米，平均每个集镇建成区面积1.50平方千米。全省村镇市政公用设施建设投资334.08亿元。

【农村房屋建设】 2013年，全省村镇住宅竣工面积5347.86万平方米，实有住宅总建筑面积20.58亿平方米，村镇人均住宅建筑面积37.85平方米（含暂住人口，下同）。村镇公共建筑竣工面积970.22万平方米，其中混合结构建筑面积916.46万平方米，占新建公共建筑总面积的94.46%。村镇生产性建筑竣工面积达到3349.98万平方米，其中混合结构建筑面积3128.82万平方米，占新建生产建筑总面积的93.40%。

【村镇供水】 乡镇年供水总量14.71亿立方米，自来水受益人口1561.04万人，村庄用水普及率93.94%；乡镇供水管道长度5.63万千米，乡镇排水管道长度2.05万千米，年污水处理总量5.47亿立方米。

【村镇道路】 截至年底，全省乡镇实有铺装道路长度3.76万千米、面积2.85亿平方米，小城镇镇区主街道基本达到硬化。

【村庄生活污水治理】 以村庄环境整治和太湖水污染综合治理为契机，稳步推进规划布点村庄生活污水治理工作。将村庄生活污水治理作为"三星级"康居乡村评定的重要指标，实行一票否决。严格按照省政府下达的太湖水污染治理年度目标任务，督促太湖流域各地加大规划布点村庄生活污水治理力度。指导各地采取接入城镇污水管网统一处理、建设小型设施相对集中处理和分散处理相结合的多种模式，优先解决环境敏感区域内的、规模较大的规划布点村庄和新建型集中居住点的生活污水处理问题。2013年，全省完成488个规划布点村庄的生活污水治理任务。截至2013年底，全省有近5000多个村庄的生活污水得到有效处理。

【村镇生活垃圾处理】 大力推进城乡生活垃圾收运处理体系中的"组保洁、村收集、镇转运"环节建设，着力提高苏南地区收运体系的标准化、规范化水平，支持高淳等有条件和积极性的县（市、区）开展农村生活垃圾分类收集和资源化利用试点。结合村庄环境整治，指导苏中苏北各地加快推进镇村生活垃圾日常保洁和清运制度建设，实现环卫保洁常态化，进一步加快苏中苏北地区"组保洁、村收集、镇转运、县（市）统一处理"城乡垃圾统筹处理模式的建设步伐，对改善全省农村环境面貌起到重要作用。截至2013年底，全省镇村垃圾集中收运率超过78%。

【村镇园林绿化】 全省建制镇绿地面积5.12万公顷，其中公园绿地面积9154.46公顷，人均公园绿地面积5.84平方米，建成区绿化覆盖率为25.75%；集镇绿地面积1570.95公顷，其中公园绿地面积231.16公顷，建成区绿化覆盖率为23.81%，人均公园绿地面积4.32平方米。

【农村危房改造】 按照全国加快农村危房改造和扩大试点的部署及要求，2013年江苏省完成国家下达的2.5万户农村危房改造任务。在全省优先安排纳入2013年环境整治范围的村庄开展试点，并向苏中苏北经济欠发达地区倾斜，确定在39个县（市、区）实施农村危房改造试点，并优选5个村庄进行危房改造试点示范。在中央下达18750万元补助资金的基础上，积极争取省级财政配套资金6250万元，专项用于农村危房改造的农户补助。江苏根据各地经济发展水平、改造方式等情况，确定江苏危房改造试点省补助标准为：翻建新建每户补助：苏北11000元，苏中、苏南10000元；维修加固每户补助：常州、镇江地区6000元，南通、扬州、泰州地区5500元，其他地区5000元。同时，明确试点的相关技术标准，重点对系统录入、资金管理、项目进展等开展技术指导督查。截至12月底，全省危房改造开工率已达100%，绝大多数农房基本具备入住条件，通过住房城乡建设部考核组验收，在全国29个省份中排名第六。

工程建设标准定额

【江苏省工程建设标准(17项)】

1	DGJ 32/J146—2013	城镇户外广告和店招标牌设施设置技术规范	
2	DGJ 32/TJ78—2013	烧结淤泥非承重保温砖自保温墙体系统应用技术规程	
3	DGJ 32/TJ147—2013	固化粉煤灰应用技术规程	
4	DGJ 32/TJ148—2013	城镇道路开挖、回填、恢复快速施工及验收规程	
5	DGJ 32/TJ149—2013	城镇道路沥青路面就地热再生施工及验收规程	
6	DGJ 32/J150—2013	中心提升式附着升降脚手架安全技术规程	
7	DGJ 32/TJ151—2013	劲性复合桩技术规程	
8	DGJ 32/TJ152—2013	可再生能源建筑应用数据监测系统技术规程	
9	DGJ 32/TJ153—2013	民用建筑能耗统计标准	
10	DGJ 32/TJ154—2013	水泥土试验方法	
11	DGJ 32/TJ155—2013	中小学校舍抗震鉴定与加固技术规程	
12	DGJ 32/TJ156—2013	中小学校舍抗震加固工程施工质量验收规程	
13	DGJ 32/J157—2013	居住建筑标准化外窗系统应用技术规程	
14	DGJ 32/TJ86—2013	保温装饰板外墙外保温系统技术规程	修编替代DGJ 32/TJ86—2009
15	DGJ 32/J158—2013	地源热泵系统工程勘察规程	
16	DGJ 32/J159—2013	建筑电气工程绝缘电阻、接地电阻监测规程	
17	DGJ 32/J160—2013	钠基膨润土防水毯施工技术规程	

【江苏省工程建设标准设计(10项)】

1	苏J/T 15—2013(七)	轻质墙板构造图集(七)蒸压陶粒混凝土保温外墙板	
2	苏J/T 15—2013(四)	轻质墙板构造图集(四)轻集料混凝土隔墙条板	
3	苏J/T 47—2013	住宅信报箱	
4	苏S/T 09—2013(一)	建筑小区雨水回用成套设备选型系列(一)自动弃流、生物分流工艺	
5	苏J/T18—2013(三)	建筑防水构造图集(三)APF自粘防水卷材和KS系列防水涂料	修编替代：苏J/T18—2007(三)
6	苏G/T 24—2013(一)	预应力混凝土抗拔空心方桩(一)内扣式机械连接	
7	苏G/T 23—2013(一)	先张法预应力混凝土抗拔管桩(一)抱箍式连接	
8	苏J/T 48—2013	建筑外墙轻质装饰线条系统	
9	苏J49—2013	公共建筑室内装修构造	
10	苏J28—2013	太阳能热水系统与建筑一体化设计标准图集	修编替代：苏J28—2007

【江苏省工程建设推荐性技术规程(10项)】

1	苏JG/T 057—2013	建筑外墙轻质装饰线条(UVZ)系统应用技术规程	
2	苏JG/T 030—2013	HHC混凝土砌块(砖)非承重自保温系统应用技术规程	修编替代：苏JG/TO30—2009
3	苏JG/T 058—2013	M型土壤稳定剂应用技术规程	
4	苏JG/T 059—2013	建筑工程项目施工信息化管理规程	
5	苏JG/T 060—2013	复合岩棉防火保温板保温系统应用技术规程	
6	苏JG/T 042—2013	发泡陶瓷保温板保温系统应用技术规程	修编替代：苏JG/T042—2011
7	苏JG/T 061—2013	检查井用混凝土井壁模块应用技术规程	
8	苏JG/T 062—2013	复合免拆模板外墙外保温系统应用技术规程	
9	苏JG/T 063—2013	真空绝热板建筑保温系统应用技术规程	
10	苏JG/T 024—2013	钉形水泥土双向搅拌桩复合地基技术规程	

工程质量安全监督

【工程质量管理】 组织编制《建筑工业化工程质量验收标准》，同步修编《住宅工程质量通病控制标准》，进一步完善技术标准体系，为工程质量水平提升提供技术支撑。开展优质工程"目标创建"工作，改"竣工评优质工程"为"开工创优质工程"，将目标管理融入工程质量管理过程，鼓励工程建设各方责任主体增强质量意识，争创精品工程，充分发挥优质工程的引导和示范作用。大力推行分类监管，重点抓好住宅工程尤其是保障性安居工程，以及轨道交通等重大市政基础设施工程质量安全。完善省市县三级监督巡查体系，通过监督巡查与抽查相结合，强化工程参建各方主体质量责任行为监管和工程实体质量检测。2013年，全省新增10项工程获鲁班奖，全省累计有183项工程获鲁班奖，占全国总量10%以上，工程建设水平全国领先。

【安全生产工作】 制定下发《全省建筑领域集中开展安全生产大检查指导意见》，对全省房屋建筑和市政基础设施工程以及各类开发区建设工程检查工作进行重点部署。同时，将年度建筑安全专项整治与安全生产大检查工作相结合，会同省安监局对各类开发区建设工程安全监管情况进行专项检查。全省共检查在建工程8875个，查验起重机械设备13163台、深基坑378个、高支模工程479个、脚手架工程9668个，下达隐患整改通知书5134份、停工整改通知书618份，现场封停各类起重机械设备195台。通过明察暗访和督查，有效确保安全生产大检查纵向到底、横向到边，不留盲区、不留死角。全面推行江苏省建设工程项目现场监管信息系统，对现场安全管理主要负责人员实施LBS定位管理，现场信息与招标投标和违规处罚系统自动对接，加强建设工程项目安全生产现场动态监管。全省实施定位项目7615个、人员25676名，有力保障施工现场安全生产措施落实到位。制定印发《关于加强全省建筑安全生产责任追究若干意见的通知》并组织开展安全生产责任人强制培训，208起事故、247家施工企业约1500人参加培训，推动安全生产责任追究制度落实。2013年，全省建筑施工事故起数和死亡人数控制在省定目标内，生产安全形势总体平稳。

建筑市场

【概况】 2013年是全面贯彻落实党的十八大精神的开局之年，是实施"十二五"规划的关键之年，也是江苏省由建筑大省向建筑强省转变的攻坚之年。全省建筑行业广大干部职工按照省经济工作会议精神，紧紧围绕加快推进全省建筑业持续稳定健康发展这一主题主线，稳中求进、开拓创新、扎实工作，较好地完成确定的各项目标任务，为继续保持建筑经济平稳较快增长作出不懈努力。建筑业作为江苏省支柱产业，对促进全省经济社会发展作用巨大。在2009年建筑业总产值首破一万亿、2012年突破两万亿大关的基础上，2013年建筑经济总量再上新台阶，总产值达到2.3万亿元，同比增长20.91%，实现增加值3500亿元，占全省GDP的比重近6%，利税总额1802亿元，上缴税收798亿元。建筑业主要经济指标继续在全国同行中排名第一。从业人员年均劳动报酬达到48934元/人，同比增长5.87%，高于全省人均劳动收入。建筑业对维护社会稳定、推进城镇化建设、扩大城乡就业做出重大贡献。

【主要发展指标】 （1）建筑业总产值：2013年，全省建筑业总产值23182.18亿元，同比增长20.91%，增速较2012年提升1.08个百分点。

按专业类别划分，房屋建筑施工产值13694.23亿元，占总产值比重59.07%，增幅18.65%，增速低于全行业的平均水平；机电安装、装饰装修等专业施工产值继续快速增长，增幅分别达到23.31%和21.26%；铁路、公路、隧道、桥梁等专业产值继续快速增长。

按资质类别划分，全省32家特级资质企业共完成产值4842.68亿元，同比增长21.65%；一级总承包资质企业共完成产值8713.35亿元，同比增长23.34%；级以二下总承包资质企业共完成产值6148.44亿元，约占总产值的19.11%。

专业承包企业完成产值3477.70亿元，约占产值总量的10.81%，其中一级企业完成1396.20亿元，同比增长24.64%，二级及以下企业完成2081.50亿元，同比增长20%左右。

（2）工程结算收入：2013年，建筑企业工程结算收入突破2万亿元，达到20647.07亿元，同比增长20.68%，创历史新高。

（3）企业营业额：2013年企业营业额24134.83亿元，较2012年同期增长15.85%，增幅比2012年增长2个百分点。

（4）行业利润：全行业利润总额首次超一千亿元，达到1003.73亿元，同比增长25.86%。产值利润率为4.33%，同比增长4.09%，高于全国平均值。

从类别来看，房屋建筑工程利润总额为602.81亿元，占全行业利润总额的60.10%；市政工程、机电安装工程、装修装饰工程分别为 102.9 亿元、97.54 亿元、63.83 亿元，分列全行业第 2 至 4 位。

(5) 新签合同额：2013 年，建筑业新签合同额 23575.40 亿元，其中，2012 年结转 4553.60 亿元，2013 年新签合同额为 19021.81 亿元，较 2012 年增长 33.47%。

(6) 竣工产值：2013 年，全省建筑业共完成竣工产值 21462.22 亿元，同比增长 19.43%。按行业类别划分，房屋建筑施工完成竣工产值 12886.22 亿元，同比增长 18.49%，占总竣工产值的 55.58%；土木工程建筑施工完成竣工产值 4128.67 亿元，占总竣工产值的 19.23%。

(7) 建筑业增加值：2013 年全省建筑业共完成增加值 3481.79 亿元，同比增长 8.3%，占全省 GDP 总量的 5.9%，建筑业增加值已连续 8 年保持在全省 GDP 总量的 6% 左右。

(8) 上缴税金：2013 年建筑业上缴税金 798.83 亿元，同比增长 26.32%。

(9) 人均劳动报酬：2013 年，全省建筑业从业人员年均劳动报酬 48934 元/人，同比增长 5.87%，是 2005 年的 3 倍。农民从建筑业获得的收入持续增长，为改善城乡生活条件奠定良好的基础。

(10) 劳动生产率：2013 年，全省建筑业劳动生产率首次突破人均 30 万元，达到 317969.1 元/人，同比增长 16.64%。建筑业在由传统产业向现代化产业转变进程中迈出重要一步。

(11) 建筑工业化产值：2013 年，全省建筑产业现代化步伐不断加快，全省共完成建筑工业化产值 1967.11 亿元，同比增长 60.14%。

(12) 人员情况：全省建筑业平均人数 729 万人，其中省内施工人数 497 万人，出省施工人数 232 万人。省内人员中，本省人员近 400 万人，占比 80.5%，其中 310 万人来自农村，占江苏省施工人数的 77.5%；来自兄弟省市的从业人数为 97 万人，占全省从业人数的 19.5%；出省施工人员中，江苏出省人数为 122 万人，占 52.6%，在项目施工地招聘劳务人数达 102 万人，占省外施工人数的 44%；境外施工人数为 3.6 万人，占出省施工人数的 0.49%。

2013 年，全行业共招收应届大学毕业生 4.9 万名，占全省应届大学毕业生总数的 9.2%，较 2012 年同期增长 16.67%。

【市县建筑业】 (1) 区域发展情况：苏中地区产值规模继续增加，工程总承包能力明显增强，三市共完成建筑业总产值 10048.3 亿元，占到全省产值总量的 43.35%；苏南地区发展步伐加快，共完成建筑业总产值 8089.7 亿元，占到全省产值总量的 34.90%；苏北地区跨越发展的内生动力不断增强，主要指标增速继续高于全省平均水平，5 市完成的建筑业总产值 5044.20 亿元，占全省产值总量的 21.76%。

(2) 省辖市建筑业情况：2013 年，南通市建筑业总量继续领跑全省，总产值突破 5000 亿元，达到 5421.73 亿元，占全省建筑业总产值的 23.40%。南京市建筑业产值突破 3000 亿元，达到 3012.34 亿元，同比增长 24.84%；扬州、苏州、泰州建筑业产值分别为 2463.31 亿元、2315.29 亿元和 2163.28 亿元，同比增幅均在 15% 以上；南通、南京、苏州、扬州、泰州 5 个"建筑强市"产值达到 12363.61 亿元，占全省建筑业产值的 53.33%；镇江市增长 30.77%，增幅全省第一。2013 年，继徐州、盐城之后，淮安建筑业产值突破一千亿元，达到 1103.48 亿元，同比增长 20.09%，建筑业成为淮安市第一个产值突破一千亿元的产业。

南通、扬州、淮安、徐州、盐城、镇江和宿迁等市利润增幅超过 30%，分别达到 35.51%、31.78%、35.03%、37.45%、33.11%、35.59% 和 43.13%，苏州、泰州等市增幅达 20% 以上。

(3) 县（市、区）建筑业情况：全省产值超百亿元的县（市、区）达到 42 个，其中超 200 亿元的县（市、区）有 30 个。全省列入统计的 67 个县（市、区）上缴地方税收均超过亿元。海门市、通州区营业额突破千亿元，分别达到 1310 亿元、1281 亿元，分列全省第一、二名。

【建筑企业】 (1) 产业集中度：2013 年，全省一级资质以上企业产值达到 14952.24 亿元，同比增长 23.40%。以一级以上企业产值占总产值比重的方法测算，产业集中度为 64.5%，比上年增加了 1.3 个百分点；以总数前 10% 企业计算，产业集中度为 79.54%（前 10% 企业完成产值 18439.66 亿元）。

(2) 规模企业：全省建筑业产值百亿以上企业达到 27 家，其中 200 亿以上企业 9 家，3 家企业产值接近 400 亿元。企业产值中专业产值占比不断增加，企业集团化、多元化能力进一步增强。

2013 年，全省产值超亿元企业 3350 家，同比增长 8.52%。其中，超 100 亿元企业 27 家，增长 35.00%，50 至 100 亿元企业 42 家，增长 35.48%；1 亿元至 50 亿元企业 3281 家，增长 8.07%。

(3) 企业资质：全省建筑业企业 19781 家，其中施工总承包企业7118家，占企业总数的35.98%；专业承包企业10126家，占企业总数的51.19%；劳务企业2537家，占企业总数的12.83%；设计与施工一体化企业为1632家，以劳务企业为基准数，全省总承包、专业承包、劳务分包和设计施工一体化企业结构比为2.8：3.9：1：0.64。

总承包一级企业增加91家，增长14.13%，专业承包一级企业增加93家，增长13.98%，劳务分包一级企业增加241家，增长14.95%，设计施工一体化一级企业增加45家，增长36.89%。

（4）资质分类：全省总承包资质企业7118家，其中房屋建筑工程4379家、市政公用工程2120家、公路工程151家、水利水电工程192家。

专业承包企业涉及全部60个领域，企业总数10126家。其中机电设备安装企业1377家，占专业企业总数13.60%，建筑装饰装修企业1199家，占专业企业总数11.84%，钢结构企业735家，预拌混凝土企业940家，分别占7.26%和9.28%。其中22个专业资质企业数量超过百家。

全省工程设计资质企业2924家，其中甲级资质企业827家，乙级资质企业1448家，丙级资质企业649家；工程勘察企业761家，其中甲级企业281家，乙级企业355家；工程监理企业657家，其中甲级企业315家，乙级企业241家，丙级企业101家；招标代理资质企业628家，其中甲级企业107家，乙级企业230家，暂定企业291家；工程造价咨询企业577家，其中甲级企业225家，乙级和暂定乙级企业分别为322家和30家。

【建筑市场】 在基础设施建设、保障性住房建设、城市化进程加快实施的背景下，企业"走出去"的步伐进一步加快，江苏省外市场份额占比继续扩大。各级行业主管部门在外埠市场准入限制条件增加、门槛提高的情况下，积极为企业做好服务工作，通过交流互访、加强沟通，协调和解决江苏省企业在当地建筑市场出现的问题和矛盾。2013年9月，江苏省政府在武汉成功举办优势企业推介会，与湖北、湖南两省签订合作框架协议，为江苏省企业更深入更广泛地拓展华中市场奠定坚实基础。2013年，江苏建筑企业克服世界经济波动和地区动荡的影响，继续保持非洲、南美、东南亚等成熟市场，进一步拓展东北亚和西亚等市场。全年建筑业境外营业额达72亿美元，境外市场完成的营业额不断增大。

（1）江苏省内建筑市场：2013年全省固定资产投资总额35982.5亿元，同比增长19.6%，其中第二产业（工业和建筑业）投资18425.9亿元，增长17.2%，第三产业投资17358.0亿元，增长22.3%。

房地产市场：2013年，江苏全省房地产投资7241.45亿元，同比增长16.70%，其中住宅用房投资5171.50亿元，同比增长18.8%，占总投资比重71.14%，商业用房投资1119.95亿，同比增长14.70%，占总投资比重15.45%。

保障性安居工程：2013年保障性安居工程实现新开工26.22万套，完成年度目标任务的114%；基本建成23.90万套（比2012年度增加6.75万套），完成年度目标任务的132%；全省累计形成住房保障能力约204万套（间），完成目标任务的102%；全年保障性安居工程完成投资约775亿元；全省保障性住房实现分配入住15.80万套，总量比2012年增加16%。

重大工程建设：全省高速公路里程4443公里，新增71.50公里。铁路营运里程2554.10公里，铁路正线延展长度4125.50公里；重大工程项目新开工32315个，其中亿元项目4638个，完成投资18549.20亿元，比2012年分别增长12.5%、8.3%和17.3%。南水北调工程、宁杭城际铁路、禄口机场二期主体等相继完工，200个省级重大项目有序推进。

（2）省外市场：国内市场继续保持较为稳定的增长，其中，西藏自治区市场产值增长达234%，河北、河南、广东、湖北、海南等市场产值同比增长20%；湖南、广西、贵州等市场增长超过18%；东北市场增速放缓，增幅9.46%。2013年，省外完成产值9260.11亿元（上年为7632.14亿元），增幅21.33%。

（3）境外市场：2013年，全省对外承包工程快速发展，对外承包工程新签合同额约86.60亿美元，同比增长20.30%，位居全国第五位；完成营业额72.60亿美元，同比增长12.30%，位居全国第四位。

【建筑科技】 2013年，全省建筑业在巩固传统优势的同时，紧紧围绕转变发展方式，加快结构战略性调整，将建筑产业现代化作为主攻方向，着力提高集成创新能力，逐步形成以预制装配式结构体系为主导，先进适用技术为支撑，工业化生产施工为手段，高效节能环保绿色为目标，实现全省建筑业由传统粗放向集成创新、形态单一向结构优化、劳动密集向技术密集、消耗资源向节能环保方向发展。组织开展建筑产业现代化课题研究，起草加快推进建筑工业化研究报告和推进建筑产业现代发展的政策意见，逐步形成全社会关心、重视和支持建筑产业现代化发展的良好局面。在以政府为主导、企业为主体的推进过程中，一批企业先行先试，通过整合设计、生产、施工等各个环节，建筑工业化进程有效得到推进。

（1）建筑节能：2013年，全省新增节能建筑15654万平方米（居住建筑11953万平方米，公共建筑3701万平方米）、建筑节能达65%的项目有958万平方米、可再生能源建筑应用面积6046万平方米（太阳能光热5675万平方米，浅层地能371万平方米）、建筑节能改造588万平方米。年度新增节能147万吨标准煤、减少二氧化碳排放330万吨。截至2013年底，全省节能建筑总量达到109349万平方米，占城镇建筑总量的45%，比2012年底上升4个百分点。

（2）绿色建筑：在全省范围增补251名绿色建筑专家；新增143个绿色建筑标识项目，面积1655万平方米，同比增长54%。开展江苏省绿色建筑创新奖评选和绿色建筑设计方案竞赛，评出10项绿色建筑创新奖项目和105项获奖方案。

（3）科技投入：2013年，全省126个研究项目获得住房和城乡建设部立项，下达101项省级建设科技项目和科技示范工程项目，获研究示范经费442万元；下达既有居住建筑节能改造中央财政补助资金440万元、省级建筑节能专项引导资金800万元，支持南京、镇江、淮安、宿迁、苏州、昆山等城市开展住宅小区节能改造示范，改造面积122万平方米；新设5个"省级建筑节能与绿色建筑示范区"，区域示范合计补助资金2.22亿元。

（4）科技创新：2013年，在"六大人才高峰"项目中，建筑业共有14个项目获得省委组织部、省人力资源和社会保障厅、省财政厅专项资助；8个项目获全国绿色建筑创新奖；获得国家级工法40项，省级工法306项，省级新技术运用示范工程163项。

（5）建筑业信息化：信息化技术在企业管理中加快应用，100多家企业上马企业ERP管理软件，数以千计的企业广泛应用各类工具类软件；BIM技术开始在建筑施工领域得到推广，重点工程项目中的应用越来越普遍。全省建筑业信息化专业人员4500多人，1000多家企业建立企业网站，20.51%的企业实现内部OA网络化办公。

【建筑质量安全】 严格落实质量安全生产责任制，制定出台建设工程安全质量事故责任认定办法，落实工程质量安全终身责任追究制。全面推行建筑施工现场标准化管理。全面推广使用工程质量检测网络远程监控系统和现场施工管理主要管理人员定位系统，加强施工现场质量安全动态监管。稳步推进建设工程质量报告制度和保险制度，防范和化解工程质量风险。进一步规范城市轨道交通工程质量安全监管工作，扎实开展安全生产专项检查。开发"江苏省建设工程项目现场监管信息系统"，对现场安全管理主要负责人员实施LBS定位，实现建设工程项目安全生产现场动态监管。

（1）工程质量。2013年，全省共获鲁班奖工程11项、国优奖工程25项，25项工程获全国"安装之星"奖；70项工程获全国建筑装饰奖，占全国总数的19.28%。全省共评选省优质工程"扬子杯"奖273项，涉及房屋建筑、市政、装饰装修、电子、桥梁、隧道等6大类26个工程类别。

（2）工程质量监督。全省列入监督的工程共119794项，建筑面积11.11亿平方米，竣工工程24100项，竣工面积21558万平方米，工程竣工合格率100%。

（3）安全生产。全年共发生安全生产事故40起，安全生产事故起数同比上升31.33%，死亡人数同比增加36.59%。

【市场监管】 积极推进建筑市场信用体系的建设，制定出台《江苏省建筑业企业信用综合评价办法》，着力构建省市县一体化的信息平台，实现全省范围内的建筑市场信用信息共享。遵循公正、公平、公开的原则，对施工企业的市场行为和中标后的质量、安全、合同履约等进行量化评分，对建筑施工企业开展信用综合评价。在先期试点运行中，系统有效防范省域范围内建筑市场转包、违法分包、一证多挂、人证分离、业绩造假等违规行为，实现人员、企业、项目数据的关联互通。同时将信用成果引入招投标环节，促进建筑市场监管由定性向定量转变，制订联合惩戒办法和黑名单制度，"一处失信、处处受制"机制初步建立，促进市场行为的规范。建立建筑市场与施工现场的"两场联动"管理机制，将工程现场与招投标、施工许可、资质资格管理相结合，严格市场准入清出，构建透明公开、公平规范的市场竞争环境。

（1）诚信管理。建成省域范围内省、市一体化建筑市场信用管理平台，入库企业21773家（次），其中本省企业16508家，企业数据平均覆盖率达到92%；入库人员860321人，其中注册建造师161702人，人员数据平均覆盖率达到88%。

（2）招投标管理。开展建设工程远程异地评标，全年公开招标17704项，合同金额3653.59亿元；邀请招标5836项，合同金额2983.65亿元。通过招标投标共节省投资600.13亿元，与工程合同估算价（标底价）相比，平均节省率为8.29%。

（3）造价管理。初步完成建筑与装饰、市政、安装计价定额修编工作；开展人工工资测算，对建设工程人工工资实施动态管理，每半年对用工成本变化情况进行测算并发布人工工资指导价格，真实反映市场用工成本变化和地区用工差异，有效解决长期以来存在的建筑市场用工价格矛盾。

（4）资质管理。全年网上核查企业19095家，实际核查企业18177家，核查率95.20%，不合格企业1529家，822家企业资质被注销。核查监理企业96家，其中24家企业未达到资质标准要求。

（5）清欠管理。全年共受理拖欠农民工工资投诉3180件，涉及金额21.98亿元，解决拖欠工资13.39亿元。全省共发生农民工群体性讨薪事件82起，结案67起，未发生一起群体性恶性事件。

【企业文化建设】 坚持以科学发展观为指导，认真贯彻落实党的十七届六中全会精神和党的十八大精神要求，大力实施文化强企战略，全面加强企业文化建设，全省建筑业企业文化建设呈现出欣欣向荣的景象。各建筑业企业能够紧紧围绕市场开拓、质量安全、诚信经营和绿色施工等内容，广泛开展丰富多彩的企业文化创建活动。《中国建设报》、《建筑时报》等行业媒体先后进行大篇幅的报道。

建筑节能与科技

【建筑节能概况】 2013年，全省建筑节能根据"十二五"建筑节能规划要求，围绕年度目标任务分解，突出绿色建筑发展等重点，各项工作取得稳步发展，为江苏省美好城乡建设和新型城镇化发展做出积极的贡献。

根据省建设领域经济运行统计报表数据：2013年，全省新增节能建筑15654万平方米（居住建筑11953万平方米，公共建筑3701万平方米）、建筑节能65%的项目面积有958万平方米、可再生能源建筑应用面积6046万平方米（太阳能光热5675万平方米，浅层地能371万平方米）、建筑节能改造项目面积588万平方米（居住建筑267万平方米、公共建筑321万平方米）。年度新增节能能力147万吨标准煤、减少二氧化碳排放330万吨，各省辖市均超额完成节能量目标任务。

截至2013年底，全省节能建筑总量达到109349万平方米，占城镇建筑总量的45%，比2012年底上升4个百分点。主要采取以下措施：

（1）贯彻实施绿色建筑行动。《国务院办公厅关于转发发展改革委住房城乡建设部绿色建筑行动方案的通知》（国办发〔2013〕1号）印发后，省住房城乡建设厅积极会同省政府有关部门起草《江苏省绿色建筑行动实施方案》，并由省政府办公厅印发。该《方案》内容全、立意新，较好地阐述句省推进绿色建筑发展的思路和途径，是目前我省推动绿色建筑发展纲领性文件。开展《江苏省绿色建筑发展条例》、《绿色建筑科技支撑工程实施方案》、《江苏省节约型校园建设指标体系及考核评价办法》等法规规章调研起草工作。组织研究《绿色建筑设计标准》和《绿色建筑施工图设计审查要点》，编制《江苏省绿色建筑技术指南》，形成江苏省绿色建筑政策、标准体系。在全国率先开展绿色建筑方案设计竞赛活动，评选出10项年度绿色建筑创新奖项目和105个方案竞赛获奖方案。提升绿色建筑设计水平。建成"江苏省绿色建筑与生态智慧城区展示中心"对社会开放，组织开展"第六届绿色建筑国际论坛"等交流活动。各省辖市积极行动，南京、泰州、盐城、无锡、镇江等5个城市建设主管部门积极推动市政府出台绿色建筑行动实施意见，有力地推动绿色建筑发展。全省全年新增143个绿色建筑项目，面积1655万平方米，同比增长54%。全省绿色建筑标识数量和规模继续稳居全国第一。

（2）深入开展绿色建筑项目示范和区域示范。一是实施绿色建筑标识项目奖励，开展可再生能源建筑应用、合同能源管理等项目示范。对51个建筑工程项目给予奖励或补助，安排奖励资金8789万元。二是提升区域示范水平。确立盐城、常州武进区、宜兴、太仓等4个市县区创建"省级绿色建筑示范城市（县、区）"；确立泰州医药高新技术开发区、昆山花桥国际金融服务外包区、淮安生态新城等3个区域开展"绿色建筑和生态城区区域集成示范"；在常州、扬州、连云港、宿迁、吴中等地新设立5个"省级建筑节能与绿色建筑示范区"，区域示范合计安补助资金2.22亿元。三是加强各类示范项目管理。国家太阳能光电建筑应用示范、国家可再生能源建筑应用城市示范和农村示范完成进度、质量全国最优；印发示范区管理工作手册和验收评估标准，淮安生态新城、昆山花桥国际金融服务外包园、无锡中瑞生态城、苏州工业园区中新生态科技城、泰州医药高新技术产业开发区、南京紫东国际创意园等6个示范区通过验收评估；启动"专项资金五年成果总结及示范项目授牌"工作，从全省层面上总结经验，形成可复制、可推广的制度。

（3）着力推进建筑能耗监管体系建设。强化公共建筑能耗统计和能源审计基础工作，完成《2013年江苏省民用建筑能耗统计调查分析报告》，对7613栋建筑能耗进行调查分析、对50栋建筑进行能源审计。加快市级建筑能耗数据中心建设，实现数据中心省辖市全覆盖，南京、无锡、常州、苏州、南通和镇江完成数据中心建设。全省有525栋建筑实现能耗数据实时上传。推进公共建筑能耗限额管理试点。印发《公共建筑能耗限额管理、培育建筑节能服务市场试点工作实施方案》，推动常州、无锡与部科技发展促进中心合作，借助外部力量开展试点工作。常州市制定办公建筑和宾馆饭店建筑的能耗限额指标，并确定13栋宾馆建筑和1栋商场建筑按合同能源管理模式开展节能改造，试点工作率先取得进展。

(4)大力推动既有建筑节能改造。开展既有居住建筑节能改造工作调研。加强资金扶持，下达夏热冬冷地区既有居住建筑节能改造中央财政补助资金，省级建筑节能资金新确立住宅小区节能改造示范类型，扶持宿迁、镇江两市住宅小区开展节能改造示范，省级投入资金800万元，改造受益人群3010户。全省共完成居住建筑节能改造面积267万平方米。

推动以合同能源管理模式实施公共建筑节能改造，全省共、常州、无锡开展试点工作，确定试点项目。实施省级公共建筑节能改造示范和合同能源管理示范，示范面积共77.6万平方米。全省共完成公共建筑节能改造面积321万平方米。

(5)努力提高新建建筑能效水平。修订《江苏省居住建筑热环境与节能设计标准》，将节能65%要求纳入强制性条文。各市组织开展建筑节能专项检查，省厅对省辖市和部分县市共90个项目进行抽查，合格率96.7%。抓好新建建筑能效测评工作，全省共有529个项目通过建筑能效测评并取得标识，超额完成年度目标任务。

(江苏省住房和城乡建设厅)

浙 江 省

【概况】 2013年，在浙江省委、省政府和建设部的坚强领导下，全省住房城乡建设系统以科学发展观为统领，继续深入实施新型城市化战略，加快推进城乡统筹建设发展，各项工作取得良好成效。全省"三改一拆"强势推进，交通治堵取得突破，住房保障扎实推进，建筑业和房地产业较快增长，城乡环境继续改善，自身建设得到加强，为全省经济社会发展作出应有的贡献。

【依法行政】 认真做好法规规章制定、法规文件清理、复议应诉案件办理等工作，全年新收复议案件87件，依法受理79件，恢复往年中止审理的案件6件，审结案件90件。配合省人大、省法制办制定《浙江省违法建筑处置规定》，10月1日起已施行。结合"三改一拆"行动，制定出台《浙江省"三改一拆"行动违法建筑处理实施意见》，以省政府文件印发。围绕提升执法监督能力，组织全省行政执法人员建设法规知识考试，829人成绩合格。围绕简政放权，保留、公布厅本级行政许可事项21项、非行政许可审批事项7项。积极做好人大代表建议和政协委员提案办理工作，完成主办件74件，会办件115件，办结率和满意基本满意率分别达到100%。

【房地产业】 认真贯彻中央和浙江省政府加强房地产市场宏观调控的政策部署，全省房地产供求关系较好，房地产投资持续保持较快增长。2013年，全省房地产开发完成投资6216亿元，同比增长18.9%，占全省固定资产投资总额的36.4%；全省商品房销售4887万平方米，同比增长22%，其中住宅4098万平方米，同比增长23.6%；全省房地产开发施工面积37647万平方米，同比增长12.6%，其中房屋新开工面积9315万平方米，同比增长19.2%，房屋竣工面积4692万平方米，同比增长9.3%，开发建设指标呈现逐步趋稳向好发展态势。全省房价稳中略涨，总体平稳，全年新建住宅价格同比上升2.9%。实施新建商品房市场运行月报制度。组织起草《浙江省国有土地上房屋征收补偿条例》，拟纳入2014年省人大立法计划。成功举办浙江省第20届房地产博览会。

【住房保障】 继续加强保障性安居工程建设，2013年，全省新开工城镇保障性安居工程住房19.4

万套(其中公共租赁住房4.6万套),竣工11.1万套,分别完成国家下达目标任务的129.3%(115%)、123.3%,连续4年提前超额完成国家下达的任务。组织开展《城市旧住宅区(危旧房、城中村)改造2013—2017年专项规划》编制。在省、市、县三级同步开展《城镇住房保障回顾与展望》课题研究,初步摸清全省保障底数。继续推进保障房"阳光工程",制定出台《城镇住房保障阳光工程建设考核实施细则》。组织起草《浙江省城镇住房保障条例》,已经过两轮书面征求意见,形成草案。加快保障房监管服务系统建设,省城镇住房保障监管系统正式上线运行。成功举办第三届全省保障性安居工程建设展。

【公积金管理】 截至2013年底,全省住房公积金缴存职工达到467万人,缴存总额达到4092亿元,累计提取住房消费2269亿元;累计发放个人住房贷款112万笔、2650亿元,占全社会个人住房贷款的22.2%;累计发放保障房项目贷款14.6亿元,住房公积金逾期贷款率为万分之零点二。加强管理机构建设,绍兴、台州市住房公积金管理机构(包括分中心)升格到位,在义乌市开展独立管理住房公积金业务试点。加强住房公积金监管,开展政策执行、制度扩面等专项监督检查。启动保障房试点项目贷款在线审核,出台《浙江省利用住房公积金支持保障性住房建设项目贷款运行监管系统管理办法》。继续深入开展住房公积金"阳光工程"建设,开通网上业务系统。全面开通全省住房公积金"12329"服务热线,省直中心获得全国"工人先锋号",衢州中心获"全国巾帼文明岗",湖州中心被评为全国"人民满意公务员集体"。

【城乡规划与风景名胜保护】 城乡规划体系不断创新,城乡空间布局进一步优化。杭州、宁波、温州等地开展城市总体规划修改工作,编制完成《舟山群岛新区(城市)总体规划》,编制完成《浙江省省级绿道网布局规划(2012—2020)》、《浙江省天然气管网专项规划》、《浙江省域电网设施布局规划》等省域重大专项规划编制工作,各地加快推进市县绿道网、电力等专项规划编制工作。加强风景名胜区和历史文化名城名镇名村保护,完成《浙江省风景名胜区控制性详细规划编制导则》修改工作,完成17个名镇名村保护规划的审查,完成27个中国历史文化名镇名村申报工作。全省现有江郎山、西湖2个世界遗产,国家级风景名胜区19个,国家级历史文化名城7座、名镇16个、名村14个。

【城市建设与市政公用事业】 污染减排设施加快完善。2013年新建成55个镇的污水处理设施,全省累计已有642个建制镇建成污水处理设施。全省新增县以上城市污水配套管网1750公里,污水处理厂的COD减排贡献率占全社会COD总去除量70%以上。

生活垃圾处置能力不断提高。全省实际运行生活垃圾处理设施达93座,其中垃圾填埋场54座,焚烧厂36座,综合处理厂2座,堆肥厂1座,日处理生活垃圾能力达4.53万吨,县以上城市生活垃圾无害化处理率达到97.81%。开展生活垃圾分类和餐厨垃圾资源化利用试点工作。

园林绿化工作步伐加快。2013年,全省成功创建国家园林城市3个、县城2个、城镇1个,省级园林城市4个;推荐获评中国人居环境奖1个,中国人居环境范例奖7个,国家城市湿地公园1个;召开浙江省第三届"园林人居"论坛。

市政公用事业稳步推进。加大城市供水管网改造力度,降低管网漏损率。组织开展全省城市供水水质专项检查,实施城市供水水质月度公报制度。燃气普及率达到99.01%。开展全省既有城市桥梁管理考核评价,积极做好城市桥梁事故应急处置工作。浙江省全年未发生影响重大的大面积停水、停气事故。

【村镇规划建设】 加快推进全省"美丽宜居"示范村建设,全省累计启动实施农房改造建设示范村共342个,其中2012年底启动的120个试点村已全面开展"一个规划、三拆三化"项目建设(即规划设计项目和拆违、拆危、拆旧、绿化、美化、洁化项目),2013年新启动实施的222个示范村已基本完成规划编制工作,并开展"三拆三化"项目建设,共下达两年建设补助资金4.7亿元,累计完成投资17.4亿元。扎实推进农村困难家庭危房改造,全省共完成37023户改造任务(含2012年底建设部追加的1.5万户)。加强传统村落保护工作,新申报列入第二批国家级传统村落名录47个,浙江省国家级传统村落数量累计达到90个。

【工程建设标准定额】 加强工程建设标准化管理,编制完成浙江省工程建设地方标准8项,编制完成工程建设标准图集15项,完成工程建设企业标准备案58项,重点修编或制定《城市建筑工程停车场(库)设置规则和配建标准》、《国家机关办公建筑和大型公共建筑用电分项计量系统设计标准》、《建筑幕墙安全技术要求》、《村镇房屋抗灾技术规程》等标准规范。认真贯彻《浙江省建设工程造价管理办法》(296号省政府令),建立完善省、市间的网络平台,基本实现信息报送、合同备案管理网络化和信息化。继续推进计价依据改革，完善清单计价制度，主动承担全国统一《房屋建筑与装饰工程消耗量标准》编制任务。2013年，全省造价咨询行业产值29.8亿元，同比增长20.61%，企业平均产值达到784万元，同比增长17%。

【工程质量安全监督】 大力推进建筑施工安全标准化管理，强化安全生产目标责任考核，开展建筑施工领域安全生产大排查大整治、建筑起重机械安全专项整治、"打非治违"、"安全生产月"等专项行动，建筑施工安全生产形势总体稳定。2013年，全省共发生房屋建筑和市政工程施工安全事故43起、死亡50人，与2012年同比减少4起4人，未发生一次死亡3人以上的较大事故，连续五年实现事故死亡人数零增长。大力发展新型建筑工业化，全年创出"鲁班奖"工程13项（其中主承建6项），钱江杯117项；创出省级工法198项，并有60项推荐上报国家级工法；新认定省级企业技术中心10家，总量居全国领先。

【建筑市场】 加快推进"建筑强省"建设，2013年，全省建筑业产值首次突破2万亿元，达到20066亿元，单个建筑企业中天建设集团产值首次突破500亿元，主要经济技术指标继续保持全国前列，提前两年实现建筑强省战略产值目标。全省建筑业出省产值首次突破1万亿元，外向度达到50%左右，已在全国形成25个百亿元区域市场和3个千亿元区域市场。全省建筑业利税首次超1000亿元，达到1115亿元，对地方财政的贡献度保持在13%左右，建筑业增加值占全省GDP的比重保持在5.5%以上，建筑业从业人员达到653万人。同时，推进省内建筑市场的统一开放，制定下发《关于推进建设全省统一开放规范有序建筑市场工作的通知》。加快建筑业企业文化建设，在全省建筑行业开展向中天建设集团学习活动。

【建筑节能与科技】 全面实施新建民用建筑节能设计标准，完成既有居住建筑节能改造200万平方米和既有公共建筑节能改造示范工程16项。完成用能监管示范工程40项。大力推进可再生能源在建筑中应用，完成地源（水源）热泵建筑应用40万平方米。积极推进绿色建筑发展，实施绿色建筑示范工程30项。编制完成《浙江省民用建筑绿色设计标准》，明年起将全面实施。全面实施民用建筑节能评估制度，累计审查民用建筑节能评估项目2777项，总建筑面积19399万平方米。

【教育培训与党建】 扎实开展党的群众路线教育实践活动，发放征求意见表420份，收集意见建议800多条，并建立健全省住房和城乡建设厅工作规则、厅联系群众制度、加强厅作风纪律建设规范内部管理规定等15项制度。召开全省建设系统加强作风建设密切联系群众电视电话会议，大力推进机关作风建设。加强干部学习教育培训，全年组织开展各类干部培训5000多人次。举办厅2013年理论学习读书班，重点学习宣传贯彻党的十八大精神。开展全省建设系统"最美在我身边"演讲比赛。成立浙江建设思想政研会文学创作分会，宣传和创作建设系统文化作品。推进窗口服务行业文明创建，全系统有5家单位获全国青年文明号称号，8家单位获全国建设系统先进集体。

【建设信息化】 推进房地产监管分析平台建设，建立起"一库三系统"，即依托11个设区市房地产基础数据和业务数据，建立全省房地产综合信息数据库，以及开发房屋（建筑物）信息系统、房地产市场监管系统、住房保障监管系统，平台于11月通过省发改委组织的初步验收。启动住房公积金监管信息系统建设，编制执行《省住房公积金监管应用系统数据标准（2013年部分）》。推进国家机关办公建筑和大型公共建筑用能监管平台体系建设。

【"三改一拆"专项行动】 根据浙江省委、省政府的部署，牵头开展全省"三改一拆"三年行动（旧住宅区、旧厂区、城中村改造和拆除违章建筑），2013年，全省累计实施"三改"面积1.9亿平方米，累计拆除违法建筑1.5亿平方米；累计拆出违法占地12.09万亩，腾出改造用地8.6万亩，相当于全省全年土地供应量的三分之二。

【大事记】

1月

6日 召开全省建筑业企业家学习贯彻党的十八大精神推进行业转型升级座谈会。

8日 副省长王建满带队赴广东学习考察。

10日 召开全省住房和城乡建设工作会议，副省长陈加元出席会议并讲话，厅长谈月明作工作报告。

22日 2012年度浙江省进沪施工总结表彰大会在上海召开。

2月

5日 厅长谈月明主持召开"三改一拆"专题会议，纪检组长杨荣伟、党组成员朱永斌参加。

27日 省政府召开全省"三改一拆"行动领导小组第一次会议。

3月

1日 省政府召开舟山群岛新区工作领导小组第

一次会议。

4日 召开2012年度厅领导班子民主生活会。

4日 贵州省副省长慕德贵一行来浙江省考察城市综合体和小城镇建设工作。

27日 省委召开浙江舟山群岛新区建设动员大会。

28日 浙江省第十二届人大常委会第二次会议决定，任命谈月明为浙江省住房和城乡建设厅厅长。

28日 省委召开全省"三改一拆"工作座谈会，省委书记夏宝龙出席会议并讲话。

4月

8日 贵州省住房和城乡建设厅及省级有关部门一行13人赴浙江省考察学习住房补贴发放相关情况。

9日 在温州市召开全省"三改一拆"行动现场会，省委副书记、省长李强出席会议并讲话，省委常委、温州市委书记陈德荣参加会议，省政府党组副书记、省政府顾问王建满主持会议。

10日 省委举行浙江—贵州经济交流会。

11日 住房和城乡建设部在全国白蚁防治中心（浙江省白蚁防治中心）召开干部大会。

12日 江西省住房和城乡建设厅厅长陈平一行来浙调研城镇化和小城镇建设情况。

18日 2013年浙江建筑业出省施工工作会议在合肥市召开。

23日 省委召开嘉善县域科学发展示范点建设动员大会。

同日 江苏省住房和城乡建设厅厅长周岚一行来杭州调研推进城镇化进程等。

5月

3日 省长李强调研杭州市治理城市交通拥堵工作。

7日 上海市城乡建设和交通委员会主任汤志平一行来杭州考察城市建设管理有关情况。

10日 厅长谈月明赴青川参加"回访青川、共谋发展"活动。

16日 省政府党组副书记王建满赴上海考察治理城市交通拥堵。

21日 省委书记夏宝龙赴青田县接待人大代表。

30日 省委召开省委十三届三次全体（扩大）会议。

6月

4日 省委书记夏宝龙考察杭州城市交通治堵及车站枢纽建设情况。

6日 河北省副省长杨纳率团来浙江考察，厅长谈月明、副厅长樊剑平陪同。

21日 省委常委、省纪委书记任泽民来浙江省住房和城乡建设厅调研群众路线主题教育实践活动。

26日 省委书记夏宝龙考察浦阳江治理。

7月

1日 杭州东站、宁杭、杭甬高铁开通首发，省政府领导和有关部门在杭州参加仪式活动。

2日 省委召开全省党的群众路线教育实践活动工作会议第一次会议。

8日 省政府在义乌市召开全省"三改一拆"行动第二次现场会。

13日 第五届中国房地产科学发展论坛在西安召开。

17日 中央党的群众路线教育实践活动督导组在杭州召开座谈会。

18日 省委办公厅召开浙江——上海经济社会发展情况交流会。

25日 省住房和城乡建设厅与嘉善县政府签订《关于共同推进嘉善县域科学发展示范点建设的合作意见》。

26日 省政府召开"美丽宜居"村镇示范工作领导小组第一次会议。

8月

2日 厅2013年理论学习读书班在长兴举行，厅领导和厅机关副处级以上干部参加。

6日 全省建设系统加强作风建设密切联系群众电视电话会议召开，厅长谈月明讲话，全省建设系统7000余名干部参加。

9日 省委书记夏宝龙听取云和县城市规划管理工作汇报。

15日 省政协副主席、民建省委主委陈小平来厅对口联系走访。

27日 省长李强听取新型城市化工作汇报。

9月

5日 省委召开全省党的群众路线教育实践活动第一批单位工作交流会。

11日 住房和城乡建设部授予浙江天和建材集团钢筋组技师田志刚"全国住房和城乡建设行业技术能手"的称号。

13日 住房和城乡建设部在宁波市召开宁波城市总体规划修改工作审查会。

21日 省长李强赴金华调研"三改一拆"工作。

23日 贵州省副省长慕德贵一行13人来我省学习考察，副厅长赵克陪同。

28日 中共浙江省委组织部浙江组干任〔2013〕

25号通知：沈敏同志任浙江省住房和城乡建设厅党组成员。

同日　浙江省人民政府浙政干［2013］67号通知：沈敏任浙江省住房和城乡建设厅副厅长（试用期一年）。

10月

2日　住房和城乡建设部部长姜伟新赴全国白蚁防治中心（浙江省白蚁防治中心）考察调研，厅长谈月明、副厅长应柏平、防治中心主任宋立参加。

8日　省政协主席乔传秀会见澳大利亚西澳州巴尼特总理代表团一行。

9日　全国改善农村人居环境工作会议在桐庐召开，国务院副总理汪洋在会上作重要讲话。会议由农业部、环保部、住房和城乡建设部联合召开，住房和城乡建设部副部长仇保兴出席并讲话。厅长谈月明参加会议。

14日　中共浙江省委组织部浙组干任［2013］27号通知：顾浩同志任浙江省住房和城乡建设厅党组成员。

16日　召开厅党组群众路线教育实践活动民主生活会。

18日　浙江省第20届房博会在和平展馆广场、世贸展馆广场开幕。

18日　华东六省一市住房城乡建设厅长（建交委主任）推进保障性住房建设工作交流会在江西省婺源县召开。

20日　2013年内地与香港建筑业论坛在宁波召开。

21日　住房和城乡建设部与香港发展局在宁波举办内地和香港建筑业论坛。

22日　浙江省住房和城乡建设厅与加拿大卑诗省林业土地与自然资源厅举行《关于推动木结构建筑技术在浙江省绿色建筑中应用与发展战略合作意向书》签字仪式。

23日　浙江省第十七个环卫工人节庆祝大会在衢州市召开，省政府党组副书记、省政府顾问王建满出席会议并讲话。

25日　浙江省人民政府浙政干［2013］73号通知：顾浩任浙江省住房和城乡建设厅总规划师（试用期一年）。

11月

11日　省政府在温州召开全省地下空间开发利用现场会，省政府党组副书记王建满出席会议，厅长谈月明、总规划师顾浩及有关处室负责人参加。

12日　全省住房城乡建设系统"最美在身边"演讲比赛在杭州举行。

14日　全省保障性安居工程建设管理和现代物业服务业发展现场会在宁波召开。

20日　省建投集团建筑产业园签约仪式在德清县举行。

28日　省委召开省委十三届四次全体（扩大）会议。

29日　省委常委、秘书长赵一德，省政府党组副书记、省政府顾问王建满为省创建"无违建县（市区）领导小组办公室"挂牌。

29日　省委举办学习贯彻习近平总书记系列讲话精神研讨班。

12月

2日　中国环境卫生协会华东地区第21届年会在杭州召开。

2日　省政府党组副书记、省政府顾问王建满率团出访新加坡。

5日　福建省副省长陈冬一行来浙江考察学习"两违"治理和农村人居环境整治等工作。

6日　住房和城乡建设部在杭州召开城市地下空间规划、建设和管理研究与试点工作部署会议。

6日　住房和城乡建设部部长姜伟新、城建司司长陆克华一行赴绍兴视察指导中环公司污泥干化和污泥、垃圾焚烧发电项目。

8日　中国城市学会年会在杭州召开。

9日　省政府召开浙江—福建两省工作情况座谈会。

9日　省委举办省管领导干部学习贯彻习近平总书记系列讲话精神集中轮训。

13日　厅外经处、信息中心赴巴西、秘鲁参加世界银行贷款项目基础设施建设管理学习培训。

16日　省委举办省管领导干部学习贯彻习近平总书记系列讲话精神集中轮训。

17日　省政府召开全省加快推进现代化美丽县城建设现场会，省政府党组副书记、省政府顾问王建满出席会议并讲话。

20日　住房和城乡建设部在宁波市召开副省级城市规划局长交流工作会，总规划师顾浩参加。

24日　住房和城乡建设部召开全国住房城乡建设工作会议暨住房城乡建设系统党风廉政建设工作会议。

27日　省政府党组副书记王建满赴浙江建设职业技术学院宣讲党的十八届三中全会精神。

（浙江省住房和城乡建设厅）

安 徽 省

概况

2013年，安徽省住房城乡建设系统认真贯彻落实党的十八大和十八届三中全会精神，围绕稳增长、转方式、调结构、惠民生，加快新型城镇化进程，全面推进保障性住房建设和管理，扎实开展美好乡村规划建设，大力推进建设领域节能减排，不断提升城镇综合承载能力，着力改善城乡人居环境，较好地完成了省委、省政府交给的各项任务。全省住房城乡建设事业稳中有进、稳中向好，为打造三个强省、建设美好安徽做出重要贡献。截至2013年年底全省城镇化率提高1.5个百分点左右。全省新开工各类保障性住房和棚户区改造住房41.68万套、基本建成31.35万套，分别占年度目标任务的105.4%、124.2%，开工建设量位居全国前列、中部第一。1710个美好乡村中心村建设规划全部完成，586个重点示范村建设进展顺利，完成20.4万户农村危房改造，246个乡镇农村清洁工程全部建成。全省新增节能建筑4700万平方米，形成节能能力190万吨标准煤；建成城市绿道430公里、新建成污水管网1400公里、新增城市生活垃圾处理能力1346.5吨/日，分别占年度目标任务的143.3%、127.3%、112.2%。全年完成住房城乡建设领域投资6000亿元，实现建筑业总产值6000亿元，增幅均超过20%。

政策规章

【概况】 2013年，安徽省住房和城乡建设厅认真贯彻落实法治安徽建设要求，紧紧围绕全省年度依法行政重点工作，创新体制机制，规范行政行为，不断开创依法行政工作新局面，有力推动住房城乡建设事业持续健康发展。

【组织领导】 安徽省住房和城乡建设厅党组和厅主要领导高度重视依法行政工作，就年度依法行政工作考核、举办年度依法行政讲座、规范厅重大行政决策行为、规范性文件清理和细化行政处罚自由裁量权等工作，多次听取情况汇报，专题进行研究部署。安徽省住房和城乡建设厅将依法行政工作列入厅年度重点工作，印发依法行政工作要点，并将工作责任进行细化分解并纳入年度效能考核指标体系。同时，为促进厅重大决策事项科学依法作出，强化依法办事，坚持和强调厅法制工作机构负责人列席厅长办公会议基本工作制度。

【立法】 安徽省住房和城乡建设厅根据厅重点工作和行业发展需要，认真编制年度立法计划，积极推动立法项目的进程。《安徽省建设工程造价管理条例》列入安徽省人大常委会2013年度预备审议类立法项目。2013年9月，经安徽省政府第11次常务会议审议通过，安徽省政府颁布《安徽省保障性住房建设和管理办法（试行）》，标志着安徽省保障性住房建设与管理进入有章可循、有法可依的新阶段。此外，安徽省住房和城乡建设厅还发布《安徽省保障性住房建设标准》、《县城规划编制标准》、《公共建筑能耗监测系统技术规范》、《民用建筑能效标识技术标准》等多个地方性标准。

【科学决策】 安徽省住房和城乡建设厅为健全和完善依法、科学、民主的行政决策机制，规范厅机关重大行政决策行为，依据国务院《全面推进依法行政实施纲要》等规定，结合工作实际，制定出台《安徽省住房和城乡建设厅重大行政决策程序规定》。这一规定的出台进一步明确和规范安徽省住房和城乡建设厅重大行政决策事项的范围、原则、机制和责任。安徽省住房和城乡建设厅在起草《安徽省建设工程造价管理条例（征求意见稿）》、《安徽省新建住宅小区综合查验办法（征求意见稿）》和《住宅区物业服务标准（征求意见稿）》等重要政策时，均通过厅门户网站或召开群众代表座谈会等形式广泛征求社会意见，并在相关重大行政决策中严格执行专家咨询论证、风险评估制度、合法性审查和集体讨论决定等制度，重大行政决策合法性审查率达到100%。

【规范执法】 安徽省住房和城乡建设厅推进行政权力公开透明运行，完善厅行政职权目录和行政职权运行流程图，将行政执法职权、机构、岗位、人员和责任通过厅门户网站向社会公布，深入推进行政权力的公开透明运行。开展案卷案例评查评析，检阅厅行政审批、行政处罚案件的办理质量，进一步规范行政审批、行政处罚实施工作。组织召开全省住房城乡建设系统行政复议案例评析会，选取典型案例，邀请省政府复议机构负责人、人民法院行政庭法官和政府部门复议机构专家点评案例，指导行政复议工作。加强行政执法队伍建设。会同安徽省政府法制办，组织开展全省建设行政执法人员资格认证工作，全省住房城乡建设系统约3000人参加年度资格认证考试，认证考核合格率达到90%以上。

【行政复议】 安徽省住房和城乡建设厅2013年共收到行政复议申请145件。其中，依法受理120件，已办结95件。收到和办理的案件中，经案前调解，劝退行政复议17件；经案中调解，当事人达成终止协议13件。为规范行政行为，力争从源头上预防和减少行政争议，安徽省住房和城乡建设厅进一步畅通行政复议渠道，加大行政复议纠错和行政调解力度，依法办理行政复议案件，有效化解一大批行政争议，取得良好的社会效果。安徽省住房和城乡建设厅还承办全国住房城乡建设系统行政复议工作会议，并在会上作了经验交流发言。

【社会监督】 安徽省住房和城乡建设厅主动接受监督，完善群众举报投诉制度。全年收到信访信件254件，接待群众来访81批201人次，信访案件处理率100%、办结率达到100%；受理厅长信箱458件、投诉举报571件、问题咨询3659件、建言献策44件，人民网给书记留言13条，中安在线网络问政22条，网上投诉或反映的问题全部进行答复和处理，并按照规定向社会公开。

【学法普法】 安徽省住房和城乡建设厅加大依法行政宣传学习，按照"六五"普法规划，充分利用《安徽日报》、《中国建设报》、人民网、中安在线等媒体平台加大建设类法律法规宣传，此项工作在2013年6月省人大"六五"普法中期督察中受到充分肯定。结合新法规的实施，开展《中华人民共和国招标投标法实施条例》、《国有土地上房屋征收与补偿条例》、《安徽省民用建筑节能办法》等法规的宣贯活动。积极推进法律进企业、进工地活动，加大农民工业余学校技能培训的同时，开展法律法规等知识培训。安徽省住房和城乡建设厅还坚持举办年度法制讲座，并在厅机关开展"法制讲堂"主题教育活动。同时通过举办全省建设系统案例评析会、基层法制科长工作座谈会和业务培训会、稽查执法人员执法培训班等方式，提高全省建设系统行政工作人员的依法行政能力和水平。

房地产业

【概况】 2013年，安徽省认真贯彻落实国家房地产市场调控政策，着力加强市场监管，规范市场行为，推进物业管理，规范物业服务，开展房屋中介机构清理整顿，规范国有土地上房屋征收补偿行为，积极化解涉房领域矛盾纠纷，努力保持全省房地产市场平稳发展。

【住房建设与房地产开发】 2013年，全省房地产开发投资平稳增长，商品房销售较为活跃，销售价格总体稳定。全年完成房地产投资3946亿元，同比增长25.2%，房地产开发投资占全省城镇固定资产投资的21.6%；销售商品房6265万平方米，同比增长29.7%，其中商品住房5573.5万平方米，同比增长30.4%；房屋竣工面积5180万平方米，同比增长30.6%；商品房销售价格总体稳定，均价5080元/平方米，同比上涨5.3%。其中商品住房销售均价5573.5元/平方米，同比上涨30.4%。全省房地产业实现税收收入506.4亿元，占全省地税收入的37.4%。

【房屋租赁】 认真贯彻住房城乡建设部《商品房屋租赁管理办法》，做好房屋租赁工作的指导、监督。督促各地加强商品房屋租赁管理，做好房屋租赁登记备案，规范商品房屋租赁行为，维护商品房屋租赁双方当事人的合法权益。督促各地加强房屋租赁管理规定和房屋使用安全知识的宣传，定期分区域公布不同类型房屋的市场租金水平等信息，将房屋租赁管理纳入社区综合管理的范围，加强与公安、人口和计划生育、环保、文化、卫生、安全生产监督管理、工商行政管理、地税等部门联系，按照各自职责，做好房屋租赁监督管理的相关工作。

【房屋交易登记】 加强商品房预售管理和商品房销售信息公开，推行商品房预售价格申报和预售资金监管制度，保证交易安全。强化房地产开发建设项目管理，出台《安徽省新建住宅小区综合查验办法》，促进房地产项目依法依规建设，为物业管理创造良好的服务环境。进一步完善全省个人住房信息系统，推进个人住房信息系统市县联网，实现16个省辖市与省联网，为提供房地产市场实时监测和分析，加强和指导房地产市场监管发挥积极作用。深入开展全省房地产交易与登记规范化管理创建工作，不断提升房地产登记窗口服务水平，全省已有14家全国规范化管理先进单位，其中，巢湖市房地产交易与登记部门新近被住房城乡建设部评定为规范化管理先进单位。全省实有房屋建筑面积99723

万平方米，其中住宅62651万平方米。已登记国有土地上的房屋总建筑面积93247万平方米，已登记集体土地上的房屋总建筑面积3040.8万平方米。

【房屋中介服务】 加强对房屋中介服务监管。会同安徽省工商局共同开展全省房地产中介服务市场专项治理工作，严肃查处房地产中介机构和经纪人员违法违规行为，促进房地产中介服务市场的健康有序发展，切实维护群众合法权益。引导形成优胜劣汰的市场竞争机制，加强业务指导，着力提高从业人员的业务素质与服务意识。引导中介服务机构向专业化、规模化和规范化方向发展。

【物业管理】 安徽省积极推动建立物业管理"重点下移、四级联动"的综合监管体制机制，推进业主委员会与社居会有机结合，促进物业服务的规范发展。全省实有物业服务企业2737家，其中，一级企业54家，二级企业217家。管理项目5261个，面积近5亿平方米。制定安徽省地方强制性标准《住宅区物业服务标准》，启动《安徽省物业管理条例》和《安徽省物业专项维修资金管理暂行办法》修订工作，配合省物价局开展物业服务收费情况的调研，修订《安徽省物业服务收费办法》，拟逐步理顺物业服务与价格之间的关系，完善物业服务收费机制。

【国有土地上房屋征收与补偿】 结合开展党的群众路线教育实践活动，在对部分城市房屋征收补偿开展调研的基层上，会同安徽省直有关部门开展制止和纠正违法违规征地拆迁行为专项行动。组织检查组对芜湖、淮北等市进行现场督查，切实维护群众的合法利益。认真贯彻落实国务院《国有土地上房屋征收与补偿条例》，加强工作督导，推进房屋征收补偿信息公开，坚持阳光征收，促进房屋征收与补偿工作公开、公平、公正。安徽省住房和城乡建设厅下发《关于进一步加强国有土地上房屋征收与补偿信息公开工作的通知》（建办函〔2013〕918号），对信息公开的内容、范围、方式和时限进行具体规定。组织各地房屋征收部门负责人150多人参加住房和城乡建设部举办的征收补偿工作培训班，提高各地征收主管部门工作人员的政策水平和业务能力。全年征收房屋面积1200多万平方米，房屋征收形势总体平稳。

住房保障

【概况】 2013年，安徽各地认真贯彻落实省委、省政府的决策部署，围绕年度目标任务，积极探索保障性住房公平分配、科学管理的长效机制建设，加快推进各类棚户区改造，大力实施公共租赁住房，全省住房保障目标任务圆满完成，改革深入推进，制度逐步完善，住房保障工作取得新成效。

【加大工作推进力度】 安徽省委、省政府将保障性住房和棚户区改造作为一项重要的民生工程、发展工程强力推进，纳入年度重点工作，实行目标责任管理，强化督办考核。地方各级党委、政府高度重视，不断完善政策措施，加大投入力度，精心组织安排，尤其是合肥、蚌埠、铜陵、芜湖、滁州等地在保障性住房和棚户区改造的市场化运作、多渠道融资和运营管理长效机制建设等方面，探索创新一些好的经验和做法。安徽省住房保障工作受到国务院主要领导和住房城乡建设部的充分肯定，并在全国总结推广。

【目标任务超额完成】 2013年，全省新开工各类保障性住房和棚户区改造住房41.78万套，占年度目标任务的105.68%；基本建成32.04万套，完成率126.98%，其中竣工16.49万套；新增廉租住房租赁补贴0.7324万户，完成率119.73%。各项指标全面超额完成国家下达的目标任务。截至2013年底，全省已累计开工建设各类保障性住房178.5万套，120万户困难群众通过住房保障改善住房条件。

【保障房管理有法可依】 省政府以规章形式颁布《安徽省保障性住房建设和管理办法（试行）》（以下简称《办法》），于2013年11月1日起施行。《办法》明确"政府主导、市场运作，统筹建设、并轨运行，租补分离、分档补贴，四权分离、公开透明，先租后售、租售并举"的一整套保障房建设和运营管理机制，厘清了政府提供公共服务和市场化运作的关系，为保障性住房的可持续发展提供坚实的政策依据和制度保障。

【棚改规划编制完成】 根据《国务院关于加快棚户区改造工作的意见》和省政府部署要求，在各市和有关部门调查摸底的基础上，按照"因地制宜、自下而上"的原则，组织编制《安徽省2013至2017年棚户区改造规划》，并上报省政府批准。根据规划，安徽省在2013~2017年期间，全省总计改造各类棚户区146.1万户。其中：城市棚户区144.89万户，包括集中成片棚户区91.47万户、非集中成片棚户区4.48万户、城中村47.45万户，规划区内纳入城市棚户区（危旧房）改造的国有工矿棚户区1.48万户；国有工矿棚户区0.92万户；国有林场棚户区危旧房0.05万户；国有垦区棚户区0.23万户。除了2013年已完成的25万户外，2014、2015年每年计划改造约35万户，2016年计划改造约30万户，剩余

20万户安排在2017年。2017年以后，剩余改造约10万户。

【强化资金、用地等要素保障】 2013年，全省争取中央各类保障性安居工程补助资金105亿元，省级财政安排配套资金10.79亿元，共计115.8亿元，并已全部及时下拨到位。按照用地指标跟着建设计划走的要求，年初全省提前单列下达新增保障房建设用地计划指标2.35万亩，并对城市和国有工矿棚户区改造建设项目，按照改造面积的1/4给予土地指标奖励，有力保障用地供应，促进保障性住房的顺利开工建设。

【推行市场化建设方式】 各地在发挥政府政策支持、组织协调、监督管理作用的同时，注重运用市场机制，引导棚户区改造和保障房建设顺利推进。政府通过实行"限房价、竞地价"、"定设计、竞房价"和在商品住房项目中代建等市场竞争方式建设保障性住房。同时，探索通过投资补助、贷款贴息等方式，引导社会力量参与保障房建设，并按市场化方式运营和管理。

【创新保障房融资模式】 为满足棚户区改造和保障房建设融资需求，各地加强与金融机构合作，探索新的融资模式。如蚌埠市与国开行创新设计一套"子项目操作、统一评审、有条件承诺、分批签订借款合同"的融资模式，有效地解决棚改和保障房项目分布区域广、现金流不足等问题。铜陵市与国开行积极开展"债贷组合"企业债券试点，通过债贷结合，成功地把社会资金引入到棚改和保障房项目上来。淮南、芜湖、滁州、六安市通过争取国家住房公积金贷款试点，安庆、宿州等地通过发行企业债券、引入信托贷款等，积极支持棚改和保障房建设。

【加强工程质量和安全监管】 全面实施《安徽省保障性住房建设标准》和配套套型图集，落实保障性住房项目从规划布局到竣工验收各相关环节的建设质量规定和要求。全面推行保障性住房施工质量责任主体信息公示牌和永久性标牌制度，落实工程质量终身责任制。通过定期督查和对口巡查，委托专家开展第三方独立质量安全巡查，督促各地对保障房建设全过程"严把关、严要求"，对质量问题实行"零容忍"。

【进一步加强规范分配管理】 严格执行"三审两公示"制度，全面公开分配过程和结果，接受社会监督。对符合条件的申请对象，各地普遍采取"媒体公示、公开摇号、按序轮候"的方式，坚持分配阳光操作，做到房源和分配对象、过程、结果等及时公开，主动接受社会监督。全面推广应用安徽省住房保障管理信息系统。鼓励各地采取购买服务等灵活的物业服务方式，如将配建的保障性住房纳入小区统一物业管理，集中建设的保障房利用配建的商业设施收益弥补保障房物业服务支出等。

公积金管理

【概况】 2013年，安徽省住房公积金工作以科学发展观为统领，认真贯彻落实省委、省政府和住房城乡建设部的决策部署，积极拓展住房公积金制度覆盖面，支持职工家庭解决基本住房需求，加强资金风险控制，加强效能建设，努力提升管理和服务水平，资金安全有效运作，住房公积金事业健康发展。

【业务发展】 2013年，住房公积金各项业务继续保持良好发展态势。全年缴存住房公积金416.74亿元，同比增长15%，首次突破400亿元大关，超额完成年度目标任务；职工提取住房公积金268.46亿元，同比增长33%；个人住房贷款业务平稳发展，全年发放个人住房贷款272.11亿元，同比增长40%，发放贷款106397笔，同比增长29%；住房贷款逾期率控制在0.1‰以下，低于国家控制指标，贷款资产质量保持良好状态。截至2013年底，全省累计归集住房公积金达2121亿元，职工累计提取使用1129亿元，累计向69万户职工发放个人住房贷款总额1141.62亿元，贷款余额766.5亿元，住房公积金使用率、运用率、个贷率分别为89.5%、77.5%、77.2%。

【制度扩面】 2013年，安徽省进一步开展归集扩面工作，着力推动非公企业纳入住房公积金制度，把扩大制度覆盖面放在更加突出的位置，作为一项重点工作来抓，采取有效措施，积极拓展制度覆盖面工作。各地加强宣传指导，推进扩面缴交管理。广泛宣传住房公积金缴存政策法规，针对不同性质单位，采取先易后难、循序渐进、以点带面、逐步推开的方式，提高公有制单位公积金制度覆盖面，引导非公有制单位逐步建立住房公积金制度，确保扩大覆盖面工作推得动、铺得开，全年扩面工作，取得新成效。截至2013年底，全省有395.37万人建立住房公积金账户，实缴职工人数达到325.06万人，全年新增加缴存职工16万人，比2012年增长5.49%。一批非公企业和企事业单位聘用人员新建住房公积金制度，维护职工合法权益。

【支持保障性住房建设试点】 住房公积金贷款支持保障性住房建设试点工作继续推进，有力支持住房保障。淮南、六安、滁州、芜湖4个试点城市，不断完善相关制度，规范贷款审批程序，精心选择项目，加强贷前调查，严格贷中审查，加强贷后管理，积极推进试点项目贷款发放，加强本息回收和资金风险管理，确保试点工作有序进行。全年3次配合国家住房公积金督察员巡查组，对试点项目进行专项检查，督促加强贷款资金管理，关注建成房屋的分配和资金回收，确保资金安全和合规使用，大力推进试点工作进程。2013年，淮南、芜湖、滁州、六安4个试点城市累计发放住房公积金支持保障性住房建设项目贷款29.45亿元，占总贷款额度的65.77%；实际完成投资91.11亿元，占总投资规模的76.52%；竣工344.91万平方米，建成住房37217套；回收贷款本金2.42亿元，回收利息2.44亿元。支持保障性住房建设，取得较好试点示范作用。

同时，提取廉租住房补充资金支持保障性住房建设。2013年度，从住房公积金增值收益中提取廉租住房建设补充资金3.72亿元，已累计提取并上缴财政廉租房建设补充资金15.3亿元，支持保障性住房建设，发挥住房公积金制度住房保障的作用。

【完善政策和使用】 贯彻住房城乡建设部等四部委规范住房公积金贷款政策通知精神，实施不同的贷款首付比例和差别化利率政策，支持缴存职工使用住房公积金个人住房贷款，购买首套普通自住房。召开全省住房公积金运行情况分析会暨有关形势讲座，分析住房公积金运行现状和运行趋势，研讨面对新情况、新问题的应对措施，进一步督促、指导各地住房公积金管理部门结合地方实际，完善住房公积金使用政策，注重政策的灵活性，根据个人住房贷款运行情况，以及整体走势的变化，适时适度调整政策，加大对中低收入家庭购买普通自住房政策倾斜力度。受国家房地产市场宏观政策影响，职工购买自住房刚性需求快速释放，个人住房贷款快速增长，增速创历史新高，一些城市一度出现资金流动性不足。各地结合实际需求，及时调整使用政策，支持职工基本住房消费。合肥采取贷款轮候制，芜湖、铜陵采取商贷贴息的方式，蚌埠、宣城及时下调贷款额度，有效控制资金流不足的困境，支持职工基本住房消费和合理购房需求，这些政策措施都方便职工使用，发挥住房公积金政策效能和使用效益，促进经济平稳较快发展。

【廉政风险防控】 继续贯彻落实住房和城乡建设部等七部门和省政府加强廉政风险防控工作要求，全面加强住房公积金廉政风险防控工作。各市住房公积金管理部门结合各自实际，制定廉政风险防控工作实施方案，加强宣传教育，认真开展自查、互查和集中排查，编制业务流程和岗位防控工作手册，扎实推进廉政风险防控工作开展，积极排查廉政防控风险点，完善种类防控措施。省里积极开展廉政风险防控、骗提骗贷、个人贷款检查，落实风险防控工作，组织省住房公积金行政监督联席会议七部门，抽调人员组成联合检查组，对各市中心、分中心及有关县级管理部廉政风险防控工作落实情况进行检查，在全省通报检查情况。通过强化廉政风险防控，督促各地完善内控制度和监督机制，有效化解管理运行中潜在的风险，促进风险防控长效机制的建立，确保资金安全和有效使用。

【优化服务】 2013年，住房公积金管理部门继续贯彻落实住房城乡建设部等四部门《关于加强和改进住房公积金服务工作的通知》，进一步优化提升服务。各地制订服务管理办法，修订服务指南，完善业务操作流程，加强服务管理，向社会作出承诺，规范服务行为，改变工作作风，提升服务形象。各地通过创新服务方式，健全服务制度，优化业务流程，提升服务水平。各市管理中心通过窗口、媒体、网站、电子触摸查询系统等方式，将政策法规、办事指南、机构设置、服务承诺、工作动态等信息对外公开，便于群众查询。全省住房公积金行业文明创建工作取得丰硕成果。省住房公积金监管部门指导部分中心结合自身特点，积极申报全国"青年文明号"、"巾帼文明岗"，进一步推动加强改进住房公积金服务工作的落实。各地进一步加强和改进住房公积金服务工作，落实政务公开政务服务和效能建设规定，取得实效。合肥市住房公积金管理中心荣获"省级文明单位"，一批住房公积金管理中心被推荐参加省住房城乡建设系统"工人先锋号"评选。

【信息化建设】 全省各地加快住房公积金管理信息化建设，创新服务方式。各市住房公积金管理中心建立并完善住房公积金业务服务网站，开展网上政策咨询、个人查询和投诉举报等业务。合肥市开通住房公积金网上业务大厅，方便缴存单位及职工通过网上营业大厅办理职工开户、汇缴、贷款预审、信息查询、贷款还款情况等相关业务。全省全面开通12329统一服务热线，为广大住房公积金缴存职工提供多渠道、多方位的政策咨询平台，马鞍山、六安市创新"12329"热线建设模式，建成集公积金查询、咨询、投诉、建议、回复、调查等功能为一体，拥有自助语音服务和人工服务两大系统功能的综合性服务平台，提升服务效能。信息化手段推动住房公积金的业务管理和服务水平有新提升。

城乡规划

【概况】 2013年，以新型城镇化建设主线，深入理论研究、优化空间格局、加强省级管治、完善规划体系，加快重要区域性规划制定实施，积极探索提升县城规划水平的途径和方法，着力促进大中小城市协调发展。

【城镇化】 2013年，重点就安徽省新型城镇化路径选择问题，进行研究和思考。与住房城乡建设部、中国城市规划设计研究院、同济大学的资深专家进行讨论研究，赴河北、浙江、山西等省进行经验交流，开展赴山东台儿庄、山东临沂，安徽灵璧、无为、宁国、芜湖、当涂、池州大渡口、定远、皖北、宁国、寿县等地进行有关城镇化调研工作，与江西、湖北等省就有关工作进行交流。围绕安徽省新型城镇化"新什么、怎么新"，提出发展思路和可行路径，形成《深化新型城镇化实施路径研究成果》，提出将"两圈两带"作为安徽省新型城镇化的重点发展地区，以城市组群发展提升城市能级和大力促进县城发展建设县级中等城市等都是既具有创新性又契合我省实际的城镇化发展新新思路，分别向省委、省政府、住房城乡建设部、致公党中央、全国政协进行汇报。组织制定《新型城镇化考核评价厅内工作方案》及《加快新型城镇化进程重点工作分工厅内细化方案》，参与省政府组织的全省新型城镇化综合试点方案的制定，并就产城一体、县域发展等提出明确的规划要求，加强对新型城镇化的规划指引。

【区域性城镇体系规划】 加快区域性城镇体系规划编制和审批进度。《安徽省城镇体系规划（2012—2030年）》上报国务院后，积极做好部际联席会成员单位及相邻省区意见征求的跟踪服务工作，并强化专家咨询等工作，促成部际联席会2013年10月底审议规划成果，完成国务院审批前的最后程序，为安徽省住房和城乡建设厅实施省级管控、指导各地开展编制期限至2030年城市总体规划提供指导及强有力的上位规划支撑。

完成《芜马组群城镇体系规划（2012—2030年）》成果编制、网上公告及规委会审查，积极促进芜马一体化和跨江联动发展，有效落实省域城镇体系规划及皖江城市带承接转移示范区规划所制定的"双核"战略。

启动皖北城镇群、合肥经济圈城镇体系规划编制工作，完成规划编制前期调研、现场踏勘及初步方案。

【县城规划建设管理】 通过对浙江长兴、桐庐等县城的调研，进一步认识到县级行政单位的城镇化对安徽省新型城镇化健康发展的重要作用，确立县城在新型城镇化进程中的平台、载体和抓手的地位，不断宣传县城加快发展、分类发展、跨越发展的指导思想，在全省上下初步形成加快县城发展的共识。根据对县城在安徽省新型城镇化健康发展中重要作用的认识，按照大中小城市协调发展的要求，提出三类县城的发展思路，会同厅有关处室起草《安徽省人民政府关于进一步加强县城规划建设管理的实施意见》（代拟稿），向各市县征求县城分类发展的意见。

为更有效的推进县城规划水平的提升和规划体系的完善，结合群众路线教育，分别就滁州、芜湖、马鞍山、六安、亳州、宿州等市的县城，就县城发展情况、存在的问题及总体规划协调等进行广泛调研，与规划编制单位就县城规划编制进行座谈，联合高等院校，制定和出台《县城规划编制标准》。该标准针对县城建设管理的需要，明确县城规划的体系、构成及编制要求，是国内第一个针对县城的地方性规划编制标准，弥补技术空白，贯彻分区分类的思想，对提高县城规划水平具有重要意义，在省内外引起较大的反响，各类媒体争相报道。

【开发区】 根据国家三部委关于联合开展各类开发区清理整顿工作的要求，完成国家部署的开园区清理整顿工作，对全省175个省级以上开发区进行规划符合性审查，并建立完整的档案资料。积极配合有关部门开展开发区扩区或设立工作，共完成长丰经济开发区等50个开发区扩区及升级的规划审查，参与开发区总体发展规划环境影响评价等的审查工作，进一步树立规划的地位。

加大各类产业园区的规划编制审查力度，分别组织完成江南产业集中区、江北产业集中区、马鞍山集中示范园区、铜陵经济技术开发区、马鞍山郑蒲港、江南产业集中区以及安庆、铜陵、池州、滁州等集中示范园区及蚌埠高新技术开发区等园区的总体规划专家审查或规委会审查。规划审查中注重体现"产城一体"的指导思想，强化土地的集约节约利用，不断增强开发区规划建设的科学性和可操作性。

组织各地依据所核发"一书两证"等数据，提供开发区规划建设方面的考核评价。初拟《安徽省开发区转型升级规划编制导则》，就江北集中区规划建设管理工作开展调研，积极探索推进产城融合的有效途径，着力改变开发区功能单一、配套不足、产业分散、活力缺乏等问题。

【城乡规划编制】 推进城市总体规划的修编和实施，增强对城乡发展的统筹引导。加快设区市城市总规审批，芜湖、宿州城市总规已获省政府批复，铜陵、池州、蚌埠、滁州总体规划通过省规划委员会议审查。完成阜阳总规纲要及成果的专家审查及宣城市规模论证。全省除国务院审批的四个城市外，中心城市到2030年总体规划修编工作全面启动，比2020年总体规划拓展168平方公里城市发展空间。桐城、宁国、明光、天长、界首的总规修编工作也逐项进行，并指导巢湖市在原省辖巢湖市总规的基础上，结合新形势和新要求，开展新总规的调整与完善工作。鼓励规划技术和方法创新，践行生态文明的发展理念，组织开展《生态激励机制下的规划方法研究》，提出生态网络建构及生态融城的规划理念，探索研究建立城市规划建设中的生态激励机制。在加大控规编制力度的基础上，创新控规编制办法，推动各市编制控制性详细规划通则，鼓励各市在城市设计及城市特色规划等方面积极探索，适应快速城市化发展。

【历史文化保护】 注重徽派建筑保护传承，在促成省政府出台《关于加强徽派建筑保护与传承的意见》后，又积极争取省级财政设立徽派建筑保护专项资金2000万，制定专项资金使用管理办法，拟定《徽派建筑资金项目申报指南》。会同省财政厅完成全省申报133项建筑类项目和37项研究类项目专家审查、资金支持项目评选及资金分配方案的论证完善工作。

加强历史文化名镇名村申报及监督保护。组织开展第六批中国历史文化名镇名村申报工作。会同省文物局督促指导寿县开展历史文化名城整改工作，认真做好与住房城乡建设部、国家文物局的汇报、沟通和协调工作过，认真做好整改总结，及时形成整改报告报住房城乡建设部和国家文物局，使寿县暂保住名城称号。组织检查组完成亳州、宿州两市旅游开发中的文物保护工作检查。进一步完善《安徽省历史文化名城名镇名村管理办法》。协助建设稽查局对五个历史文化名镇开展保护工作督查工作，有效促进历史文化名镇的保护。

【重大项目规划选址】 2013年，核发52个重点项目选址意见书，总投资额1478亿元，平均办结时间为5天，连续12个月排名厅项目审批类第1位。通过规划选址，进一步落实省域基础设施廊道管控要求，优化省域空间的综合利用，实现资源节约与项目建设的良性互动。

城市建设与市政公用事业

【概况】 2013年，安徽省城建行业紧紧围绕省委、省政府年度目标任务，以生态文明建设为指导，按照新型城镇化发展要求，加力开展城市基础设施建设，以绿道建设、治污减排、市政公用设施、数字城管等为载体，不断完善城市功能，提高城市基础设施安全运行能力，增强城市综合承载力，改善人居环境质量。

2013年安徽省设市城市累计完成城市基础设施投资1100亿元，争取中央预算及财政专项补助24.13亿元。全省建成城市绿道示范段430公里，新建成污水管网1400公里，新增城市生活垃圾日处理能力1346.5吨。

全省设市城市人均道路面积19.97平方米，燃气普及率96.4%，用水普及率约98.58%，城市污水处理率95.96%，污水处理厂集中处理率88.68%，生活垃圾无害化处理率97.53%，城市建成区绿地率35.43%，建成区绿化覆盖率40.03%，人均公园绿地面积12.46平方米。

(1) 城市建设和公用事业发展

根据安徽省委、省政府工作部署，全面启动县城基础建设大提升和城市环境综合整治等工作，拟定《安徽省县城"三治两增"提质行动计划提纲》，进一步完善县城市政公用基础设施，提升县城综合承载力；大力开展县城市容环境综合整治，创新县城管理体制机制，提高县城管理水平和服务效能；积极推进园林创建，加快县城绿道和园林绿化等生态环境建设，着力改善人居环境。拟定"城镇园林绿化提升行动方案"，组织编制《安徽省城镇园林绿化导则》。批准实施《环巢湖区域景观绿道规划》和《皖南区域绿道总体规划》，开展节水型城市创建工作，启动公共自行车租赁系统建设，拟定《安徽省人民政府关于加强城市基础设施建设的实施意见》。

(2) 城市基础设施建设

【城市供水设施不断完善】 2013年，合肥市第七水厂一期工程建成通水，新增日供水能力20万立方米，新建原水泵站、12.5公里原水管线、净水厂。淮北市投资1000万元将朱庄矿工人村纳入城市供水管理，完成户表改造工作；市供水公司投资6万元新增2台二氧化氯发生器，有效解决原次氯酸钙消毒法易堵且杀菌效率低的缺陷，进一步提高管网水质。濉溪县新建成徐楼水厂（二期）、四铺水厂、刘桥水厂、临涣石湖水厂等4座"千吨万人"规模水厂,解决农村6.3559万人饮水安全问题。马鞍山市投资1900万元改造采石新水源泵房,取水规模增至25万立方米/日。当涂县投资千万元新建县城中心城区管网4.3千米,缓解城区水压不足。含山县东关水厂改扩建工程新增日供水能力0.5万立方米。寿县板桥镇新建双门自来水厂,新增日供水能力0.5万立方米;铜陵县投资3900万元建成天门镇饮水工程,新建55.2千米供水管道和7座供水加压站,现已通过验收并投入使用。据不完全统计,2013年全省城镇新增公共供水能力25万立方米/天。

为应对淮河流域突发水污染事件,安徽省住房和城乡建设厅指导蚌埠市建设城市公共供水备用水源工程,新建应急取水泵房,日供水能力24万吨。同时,省政府发出通知,要求全省加快集中式饮用水备用水源建设,设区城市于2016年底前完成备用水源建设,县城于2018年底前完成备用水源建设。

按住房城乡建设部的要求,部署全省2013年度城镇供水水质检测与复检工作。经供水行政主管部门检测,全省22个城市中,除亳州、界首市"氟化物"、"钠"指标超标外,其余20个城市的出厂水和管网末梢水水质各项指标全部合格,今年城市供水水质总体良好,生活饮用水安全有保障。在全省56个县城中,44个县城出厂水和管网末梢水指标全部合格,其中合肥、淮北、淮南、芜湖、铜陵、宣城市所辖16个县城和蚌埠市的怀远、五河县出厂水104项指标全部合格(微生物及放射性指标未测),滁州、六安、马鞍山、池州、安庆、黄山市所辖26个县城出厂水42项常规指标全部合格。

【积极开展节水型城市创建】 积极组织合肥、淮北、池州、黄山等城市开展城市节水宣传周活动,大力推广节水型器具,普及节水常识,提高全民节水意识。开展节水型企业、单位、小区创建工作,批准命名合肥、黄山市一批节水型企业(单位)和节水型小区。按住房城乡建设部和国家发改委的要求,会同省发改委组织对合肥、黄山市国家级节水型城市进行复查。

【加强城镇污水处理设施和管网配套建设】 2013年,全省有37座污水处理厂和中水回用工程开工建设。其中合肥市北城、宿州市城南二期和经开区、蚌埠市城南一期、淮南市潘集区、滁州市南谯区一期、六安市东城、马鞍山市经开区、宣城市宣州区一期、池州市清溪二期、安庆市马窝、蒙城县二厂、利辛县二期、临泉县二期、明光市二期、来安县二期和汉河、霍邱县二期18座污水处理厂建成,新增污水处理能力43.65万吨/日;合肥市蔡田铺、淮北市、阜阳市、临泉县等4座中水回用工程建成,新增中水回用24万吨/日。全省21座污水处理厂提标改造工程先后开工。其中合肥币朱砖井、宿州市城南一期、长丰县、庐江县、无为县、和县、阜南县、明光市8座污水处理厂完成改造任务。合肥市十五里河二期、淮北市经开区、六安市城南、黄山市二污和中心城区二期、繁昌县二污6座污水处理厂土建工程基本建成。截至2013年12月底,全省累计建成134座污水处理厂。日处理污水规模555.94万吨/日。全省新建污水管网1400公里,超额27.3%完成省政府下达的1100公里目标任务。

2013年,合肥市塘西河中水厂、马鞍山市东部污水厂和经开区污水厂、滁州市二污、来安县污水厂二期和汉河污水厂、天长市二期、明光市二期等先后投入运营,新增污水日处理能力23.75万吨。截至2013年底,全省有110座城镇污水处理厂投入运营,日处理污水能力达476.29万吨。全年处理污水总量16亿吨。与2012年相比,污水处理厂运营规模提高5.2%,污水处理量增长8.7%。全年城镇污水处理厂年平均运行负荷率达到93.62%,与2012年相比提高3.62个百分点。根据环保部门统计,2013年安徽省累计新增减排COD 3.67万吨,其中生活污水处理厂减排2.8万吨,占总减排量74.41%;累计新增减排氨氮0.53万吨。其中生活污水处理厂减排0.38万吨。占总减排量71.76%。

(3)城市市容整治

建成天长、广德、郎溪、南陵、望江、长丰等县(市)生活垃圾填埋场,新增城市生活垃圾处理能力1346.5吨/日。合肥市、黄山市、宿州市、六安市、池州市、淮南市、滁州市、庐江县、祁门县、旌德县、巢湖市、桐城市、岳西县、枞阳县等生活垃圾填埋场渗滤液提标改造(新建)工程已完成,新增能力4030吨/日,超额161.2%完成年度2500吨/日目标任务。

县城生活垃圾填埋场等级评定工作全面启动。在全省首次部署开展县城生活垃圾填埋场无害化等级评定工作,以期通过等级评定来进一步促进县城垃圾处理设施建设和运行管理水平的提升,充分发挥垃圾处理设施效益,完成全省21个县城生活垃圾填埋场等级评定工作。

(4)城市园林绿化

【开展国家城市园林创建】 加强指导,积极支持滁州市创建国家园林城市。组织完成滁州市申报国家园林城市第三方评价。9月,配合住房城乡建设部对滁州市创建国家园林城市工作进行专家现场考察。住房城乡建设部授予滁州市"国家园林城市"。

【开展人居环境奖申报工作】 积极支持和帮助池州市申报中国人居环境奖、黄山市创建联合国人居环境奖。2013年9月，池州市通过住房城乡建设部专家现场考核。住房城乡建设部授予池州市"中国人居环境奖"称号。

【大力推进绿道建设】 全省各市、县绿道总体规划基本编制完成，批准实施《环巢湖区域景观绿道规划》、《皖南区域绿道总体规划》，环巢湖区域景观绿道、皖南区域绿道于6月底之前开工建设。组织制定并发布《安徽省绿道标识系统（视觉识别及环境信息识别系统）》。会同省财政厅研究制定《安徽省绿道规划建设省级专项资金管理暂行办法》，完成2000万省财政绿道建设补助资金分配工作。完成编发绿道工作通报2期、工作动态15期，建成城市绿道示范段430公里。

【开展城市周边环境整治，谋划城市园林绿化提升行动】 为加强生态强省建设，进一步改善城乡环境面貌和人居环境质量，按照省委、省政府的统一部署，印发《全省城市周边环境整治行动实施方案》。明确城市周边环境整治行动的总体目标、整治范围、主要工作、实施步骤、保障措施等。结合城市周边环境整治，积极谋划实施城镇园林绿化提升行动。组织调研、编制《安徽省城镇园林绿化导则》，起草"安徽省城镇园林绿化提升行动方案"。

（5）风景名胜事业发展。

【强化风景名胜区规划建设管理】 遵循"科学规划、严格保护、统一管理、永续利用"的风景名胜区工作方针，积极推进风景名胜区规划、重点项目建设、景区环境整治和国家级风景名胜区申报工作。批准实施黄山风景名胜区玉屏索道改造项目，以缓解景区游客接待压力。批准实施黄山玉屏索道站房改造、西海垃圾收集中转站整治改造、西海大峡谷地轨缆车管理用房和鳌鱼峰循环道建设项目，以提高景区旅游保障能力。推进了天柱山风景名胜区景区入口服务区规划编制、齐云山入口旅游服务区详细规划编制，以改善景区旅游交通环境，提升景区旅游服务水平。开展琅琊山风景名胜区醉翁亭地段整治，以改善旅游环境、彰显历史文化底蕴。申报龙川、齐山——平天湖省级风景名胜区为国家级风景名胜区（正在部际审核），以不断扩大风景名胜区对外影响力。组织专家开展黄山风景名胜区防火水网（二期）项目、淮南市八公山南塘景区规划进行评审；完成九华山风景名胜区佛教文化园二期详细规划、化城寺保护维修等项目、天堂寨北入口旅游服务区修建性详细规划调整方案评审并批准实施；批复了九华山九华大典设计方案、金融中心拆迁安置、准提庵、甘泉茅棚环境整治、大觉寺恢复、上禅堂万佛楼、环卫中转综合基地设计等方案；组织开展八公山风景名胜区寿县片区总体规划调整编制和专家评审工作。

【认真配合做好风景区执法检查工作】 根据住房城乡建设部办公厅《关于2013年国家级风景名胜区执法检查的通知》（建办城函〔2013〕215号）要求，配合住房城乡建设部行政执法检查组对九华山、巢湖、采石、花亭湖风景名胜区开展行政执法检查。根据《住房城乡建设部关于2013年国家级风景名胜区执法检查结果的通报》（建城〔2013〕135号），安徽省接受检查的4个国家级风景名胜区全部达标，其中九华山风景名胜区在此次执法检查中名列全国第二名，被评定为优秀等级。

【积极开展《黄山风景区管理条例》修订】 会同黄山风景区管委会积极配合省人大开展《黄山风景名胜区管理条例》修订调研工作，完成修订稿。

村镇规划与建设

【概况】 2013年全省村镇规划与建设各项工作不断提升，指导1710个美好乡村中心村完成规划编制，并实施建设；完成20.4万户农村危房改造工程任务；完成246个乡镇农村清洁工程建设，并逐步将清洁工程延伸到美好乡村中心村；着力抓好200个左右重点镇建设，指导实施小城镇排水排涝建设改造工程；推进绿色低碳小城镇创建工作，启动进美丽宜居小镇和村庄示范建设；开展大别山片区扶贫和传统村落保护。

【美好乡村规划建设成效显现】 指导全省各地在新型城镇化背景下深入研究美好乡村定位，以县（市、区）为单位完成村庄布点规划；1710个美好乡村中心村规划全部完成，586个重点示范基本建成。完成铜陵、宿州、阜阳、亳州、蚌埠、淮北、安庆、滁州、宣城、马鞍山等市美好乡村规划建设技术培训，培训市、县住房城乡建设、规划主管部门和乡村干部4200余人，为美好乡村建设提供技术保障。遴选40个各具特色的美好乡村规划，编辑完成两期美好乡村规划集锦，印发各地借鉴、参考。联合省民委开展民族村美好乡村建设专题调研。

【农村危房改造持续推进】 2013年，完成20.4万户农村危房改造。中央和省级补助资金共19.97万元，其中，中央补助资金15.15亿元、省级补助

4.82亿元。开展危房改造专项督查工作，对全省所有16个市开展抽样督查，从督查情况看，全省农村危房改造工作总体良好。

【**农村清洁工程不断拓展**】 2013年，246个乡镇实施农村清洁工程，并全部投入使用。编制完成《农村生活垃圾处理指南》和《农村生活污水处理适用技术》，在16个市和2个省管县的34个村开展生活垃圾减量化试点工作，为推动美好乡村垃圾污水处理和促进农村清洁工程向村庄延伸打下基础。

【**大别山片区扶贫稳步加强**】 按照住房城乡建设部统一安排，组织推荐12名年轻干部到东部发达省市挂职锻炼，学习东部地区城乡建设的经验，提高大别山片区城乡建设的水平。指导岳西、金寨等县编制县域发展规划，帮扶岳西县开展县城衙前河景观治理，并推进重点镇和美好乡村建设。岳西县请水寨村、金寨县响洪甸村被列入全国村庄规划试点，分别由中国城市建设学会和北京建筑大学编制规划，其中请水寨村村庄建设规划被住房城乡建设部作为村庄规划模板，推荐给全国各地借鉴。

【**小城镇建设得到强化**】 根据全省新型城镇化工作部署，大力实施"11221"工程，开展《安徽省小城镇发展分类研究》，谋划全省小城镇发展思路。开展重点小城镇规划建设情况调研，指导编制城镇发展规划。积极与省信用联社联系合作，拓宽小城镇融资渠道；与省财政厅联合对小城镇建设专项资金补助项目进行评审，优选18个中心镇进行重点支持；与省旅游局联合，启动特色景观旅游名镇的创建工作，31个镇和38个村成功创建为"安徽省特色旅游景观名镇（村）"。肥西县三河镇、铜陵县犁桥村、绩溪县龙川村入选全国首批"美丽宜居小镇（村庄）"示范，入选数并列全国第一。启动小城镇基础设施建设项目库建设，对340镇负责人进行业务培训。按照国家七部委要求，顺利完成全国重点镇推荐申报工作。

【**传统村落保护工作有效提升**】 进一步注重自然资源利用和历史文化传承，切实加强传统村落保护。结合历史文化遗存保护和村庄公共设施建设，为乡村传统节庆活动等非物质文化遗产提供载体。对皖南等保存有大量历史徽派建筑的地区，积极开展传统村落和徽派传统民居建造技术初步调查。全省65个传统村落被国家住房城乡建设部、文化部、财政部命名为"中国传统村落"。按照"一村一档"和"一村一规划"的要求，全力推进传统村落档案建立和保护规划的编制工作。黟县卢村、绩溪县仁里村、歙县郑村等一批保存良好村落格局以及大量珍贵历史建筑的传统村落，通过保护传承与乡村旅游相结合，取得良好的社会、经济、环境效益。

工程建设标准定额

【**概况**】 2013年，安徽省住房城乡建设厅围绕中心，服务大局，解放思想、真抓实干，全面推进工程建设标准定额及招投标工作，各项工作取得新的进展，较好的完成年度工作任务。2013年下达33项标准、26项图集编制计划，其中涉及建筑节能8项、建筑工业化10项、质量安全20项，占编制项目总数的64%。批准发布20项标准和1项图集，完成年度计划目标的126%。截至2013年底，安徽省现行工程建设地方标准77项，工程建设标准设计图集35项。

【**重点标准编制**】 继2011年在全国首个发布《保障性住房建设标准》后，2013年又在全国首个编制发布《县城规划编制标准》。为推进建筑节能工作，编制发布《安徽省建筑能效测评标识技术规程》、《太阳能热水系统与建筑一体化技术规程》等6项建筑节能标准；为保证房屋和市政工程施工质量安全，编制发布《砼小型空心砌块体工程施工及验收规程》、《给排水工程顶管技术规程》等3项标准；为适应建筑工业化发展的需要，编制发布《装配整体式剪力墙结构体系技术规程》。

【**加强标准管理**】 2012年安徽省住房城乡建设厅首次开展对实施5年及5年以上的100项标准和标准设计图集的全面复审工作；2013年再次开展标准的复审工作，并对列入编制计划的标准和标准设计图集进行清查，撤销一些技术内容落后、条件不成熟以及编制进度严重滞后的标准和图集制修订项目。通过标准复审和清理，废除一些年久落后甚至与国家现行标准相抵触的地方标准，及时将一些新技术、新材料、新设备、新工艺纳入标准的修订内容中，提升标准的时效性、科学性、先进性，在全省工程建设领域产生积极地反响。

【**加强标准技术支撑**】 为充分发挥专家的专业指导和技术支持作用，推动工程建设标准化事业发展，印发《安徽省工程建设标准化专家库管理办法》，公开征集工程建设标准化专家，建立一支由规划、勘察、设计、施工、科研等300多名专业技术人员组成的水平较高、门类较全的标准化工作队伍。目前，正着手筹建安徽省工程建设标准化技术委员会，进一步增强标准化技术管理力度，保障标准的编制质量和水平，加强标准的实施指导和监督。

【**建筑工业化标准体系研究**】 组织有关单位在

广泛调研的基础上，认真分析研究，形成《安徽省建筑工业化标准体系初步研究报告》，研究报告提出建筑模数、设计规程、部品部件、施工验收、配套图集5大体系，远期14项，近期15项标准的编制计划，对促进安徽省建筑工业化发展有重要的指导作用。

【高强钢筋和高性能混凝土推广应用】 为加快高强钢筋推广应用工作，开展全省高强钢筋和预拌混凝土生产和使用情况的调查，组织有关专家参加住房城乡建设部师资培训。2013年10月，会同省经信委在全省联合开展高强钢筋推广应用情况检查工作。各地对高强钢筋推广应用工作日益重视，高强钢筋在工程建设中的应用比率已达到68%，推广应用势头良好。

【国家建筑节能设计标准实施评估】 2011年修订发布居住建筑和公共建筑2个强制性节能设计标准，极大地推动全省的建筑节能工作，得到住房城乡建设部的充分肯定。部标准定额司委托安徽省代表夏热冬冷地区，对国家两个节能设计标准实施情况进行评估。2013年7月，住房城乡建设部建筑节能系列设计标准评估工作组调研安徽省评估工作开展情况，并予以肯定。

【政府投资工程造价监督】 政府投资工程多涉及民生和经济社会发展，关系公共安全和公共利益，群众期望值大，社会关注度高。在充分调研、广泛征求意见、反复论证的基础上，历时2年，制定规范性文件《安徽省住房城乡建设厅关于加强政府投资工程实施阶段全过程造价管理的意见》，明确建设工程实施阶段包括设计、交易、施工、竣工验收全过程造价管理的内容和目标，对包括设计概算、工程量清单、招标控制价、投标报价、中标价、施工合同价、工程价款的变更签证、工程计量支付及工程价款结算、竣工结算等造价管理作出全方位的具体规定。2013年8月，安徽省住房城乡建设厅在滁州市召开全省政府投资工程实施阶段全过程造价管理工作现场会，交流经验，现场观摩，对下一阶段工作进行部署。

【建筑工业化住宅工程造价调研分析】 为推进建筑工业化，开展建筑工业化住宅工程造价成本分析工作，形成《建筑工业化住宅工程造价调研分析报告》。报告通过对合肥市住宅建筑工业化的市场调查，以国内有代表性的三个预制装配式住宅结构体系的龙头企业为代表，对3种预制装配式住宅体系工程造价进行测算，对工程造价增加的原因进行分析，为下一步改进建筑工业化的生产、运输、建造方式等进行有益的探索。

【工程造价咨询档案立卷标准】 工程造价咨询市场存在着咨询档案标准不统一等问题，一定程度上制约和影响造价咨询业健康有序发展。为统一工程造价咨询成果文件立卷标准，加强工程造价咨询行业监管，推动造价咨询行业诚信自律制度建设，2013年10月，安徽省住房城乡建设厅发布《工程造价咨询档案立卷标准》，自2014年1月1日起在安徽省施行。

【调整建设工程定额人工费】 为客观反映建筑市场劳动力价格的变化，合理确定建设工程造价，维护建设工程各方的合法权益，促进建设市场健康有序发展，组织对市场人工费进行调查、测算。通过选择阜阳、合肥、芜湖三市分别作为安徽省北部、中部、南部城市代表，并参照华东及周边省份人工费单价，确定将安徽省定额人工费单价由57元/工日调整到68元/工日，于2013年11月1日起执行。

【招投标监管工作会议】 为规范建设工程招标投标活动、推进招标投标事业的发展，2013年1月22日，安徽省住房城乡建设厅在合肥市召开全省建设工程招标投标监管工作会议；5月10日，在宁国市组织召开全省电子招标投标推进现场会，住房和城乡建设部建筑市场监管司和安徽省监察厅、省发展改革委、省物价局等相关部门出席会议。

【建设工程招投标监管】 为进一步加强建设工程评标专家库的管理，提升评标专家库的质量，明确评标专家的准入、处罚、清出、接受继续教育等制度要求，努力营造以技术为先导的高素质评标专家库，制定并印发《安徽省住房城乡建设厅关于进一步加强建设工程评标专家管理工作的通知》。2013年新增598名建设工程评标专家入册，全省入册评标专家已达4597人。加强全省有形建筑市场管理，对考核合格的78家有形建筑市场颁发《安徽省有形建筑市场合格认定书》。会同省监察厅开展全省招标投标市场专项检查，对全省各市（省管县）招投标监管工作、有形市场建设及招投标活动开展情况进行检查。

工程质量安全监督

【概况】 2013年，安徽省继续开展"安全生产年"活动，通过开展信息化建设、质量安全检查以及施工现场各类重大危险源专项治理，以保障性住房和城市轨道交通质量安全监管为重点，创新监管方式，降低用户质量投诉率，杜绝较大及以上工程质量事故的发生，全省工程质量形势稳中有升，建筑安全生产总体形势总体平稳。全省共发生建筑安全事故27起，死亡38人，与2012年相比，事故起数下降10.0%，死亡人数上升11.8%；在全国和省"两会"期间及五一、国庆等重要节假日未发生建筑安全事故。

【保障性安居工程和城市轨道交通工程质量管理】 出台《关于加强保障性安居工程质量安全管理工作的意见》，编制《安徽省保障性住房工程建设质量管理规定》以及《住宅工程质量通病防治技术规程》，对保障房建设的设计、图审、施工、建材、验收等各环节质量管理作出规定，对质量问题、安全隐患的处理作出要求。拟定《安徽省房屋建筑工程综合验收管理办法》、《全省建筑施工安全实施简易程序处罚办法》和《关于加强建筑起重机械管理的指导意见》。

开展全省冬季及节后复工建筑安全生产督查和工程质量抽查、保障性安居工程和城市轨道交通工程质量安全监督执法检查等活动，共抽查63个项目，约谈相关责任人16人，责令停工整改4项；下达执法建议书5份，停工整改通知书1份，约谈6家存在质量安全隐患项目的施工、监理企业负责人15人次，对合肥市在建的轨道交通建设工程所有在建标段的质量安全情况进行专项检查，共下达执法建议书3份，责令立即停工整改项目2项。工程质量方面，实体混凝土强度经抽测和复测，未发现不合格情况，混凝土整体质量状况较为稳定；钢筋质量抽查合格率比上年钢筋专项检查提高2.2个百分点，发现不合格钢筋的省辖市由7个降低为3个。

【安全生产大检查活动】 6月中旬至9月底，通过暗访督查、专家会诊和重大安全隐患项目督查回访等形式，在全省开展两轮建筑施工安全生产大检查。全省累计自查自改的企业6521家，排查各类隐患23798项，整改23786项，整改率达到99%；各级建设主管部门共检查治理隐患工程项目3573个，建筑面积达9256万平方米，排查出一般隐患12908条，已整改12756条，整改率为98.8%，排查出重大隐患48条，已全部整改。省厅组织暗访的81项在建工程中，责令整改安全隐患300多条，其中，对存在重大安全隐患的14个项目下达执法建议书，停工整改4项，政府挂牌督办1项，约谈施工企业负责人15人次。

同时，开展全省建筑施工起重机械和脚手架专项整治工作。6至9月份，省厅组织人员共检查在建工程373个，查验起重机械设备568台、深基坑128个、高支模工程154个、脚手架工程276个，查处各类隐患2406条，对存在问题的较多的42个工程项目及其施工企业、监理单位进行通报批评。

【建立全省工程建设监管与信用管理平台，推进人脸考勤等系统建设】 以施工图审查与备案系统作为平台建设源头和关键环节，推进平台建设。将重点关键岗位人员日常考核管理工作与资质许可、动态处罚相结合，实施施工现场与建筑市场的两场联动；推动人脸考勤系统的工作覆盖面。截止到年底，全省共有逾1500个项目、9000个关键岗位人员纳入到考勤系统进行考核。推进安徽省建筑工程质量检测全过程监管系统，建立安徽省工程建设监管和信用信息系统。

【施工图审查、抗震防灾】 以超限高层建筑工程为重点，加强房屋建筑和市政工程抗震设防审查工作；拟定《安徽省建设系统地震应急工作》，注重农村建设抗震工作，加强对地震重点监视防御区和郯庐断裂带沿线地区的抗震防灾工作，开展全省施工图审查质量检查；贯彻《房屋建筑和市政基础设施工程施工图设计文件审查管理办法》（住房和城乡建设部令第13号），研究制定安徽省施工图审查实施细则。

【开展质量安全标准化和应急演练】 现场观摩阜阳市质量管理标准化示范工地，印发《安徽省建设工程施工质量标准化示范工程管理指导意见》，在全省正式推行质量标准化工作，调整和修订建筑施工安全生产标准化工作申报标准及程序，全年创建650个省级质量安全标准化示范工地（小区），国家"AAA"级安全文明示范工地（小区）26个，位居全国第三。开展合肥市轨道交通消防安全应急救援和钢支模坠落应急演练活动。

【建立层级督查制度】 建立全省安全站长联席会议制度，开展安全生产工作约谈，不定期通报全省安全生产情况。每季度或专项行动之后通报各地事故指标控制情况和专项行动检查情况，分析事故发生原因和特点，对下一步工作进行部署。将安全生产许可证审批工作委托各省辖市组织，开展全省工程质量安全监督机构能力建设情况以及借助第三方力量加强质量安全监管调研。

【质量安全教育培训】 宣贯《住宅工程质量通病防治技术规程》，全省建设、设计、施工、监理单位及质监人员近400人参加，举办第一期全省建筑安全监督人员安全教育培训班，对全省各市建筑安全监督站长培训考核，对全省一级及以上建筑施工和甲级监理企业负责人进行安全生产警示教育；按照考培分离原则，将"三类人员"安全生产考核工作委托省建设干部学校实施。

建筑市场

【概况】 2013年,安徽省建筑业实现总产值6058亿元,同比增长21%;实现增加值1470亿元,对全省GDP的贡献率达到8%;上缴地税218亿元,同比增长22%;建筑业从业人员430万人,成为仅次于制造业、商贸业的第三大就业行业。

中铁四局集团有限公司、安徽建工集团有限公司、中煤矿山建设集团有限责任公司、安徽省外经建设(集团)有限公司、中国十七冶集团有限公司5家企业入选全国建筑业最具竞争力百强;中建四局第六建筑工程有限公司、安徽三建工程有限公司、安徽湖滨建设集团有限公司、中城建第六工程局集团有限公司、中铁四局集团建筑工程有限公司、中国能源建设集团安徽电力建设第二工程公司、中国能源建设集团安徽电力建设第一工程公司、安徽华力建设集团有限公司、合肥建工集团有限公司和安徽送变电工程公司11家企业入选全国建筑业最具成长性百强。

【省政府出台促进建筑业加快发展的指导意见】 1月26日,省政府出台《关于促进建筑业转型升级加快发展的指导意见》(皖政〔2013〕4号),这是安徽省有史以来第一个以省政府名义出台的加快建筑业发展的文件。指导意见确立打造建筑业大省的"两步走"战略,提出到2015年,全省建筑业总产值达7000亿元,比2011年"翻一番";到2017年,全省建筑业总产值超1万亿元,进入建筑业大省行列。为实现上述目标,提出加快建筑业转型升级、提升经营管理水平、实施"走出去"战略、规范建筑业市场和优化建筑业发展环境五大政策与措施。为贯彻落实省政府的这一指导意见,省住房和城乡建设厅召开加快建筑业发展大会,出台《关于促进建筑业转型升级加快发展的实施意见》(建市〔2013〕53号)等配套政策。

【培育扶持建筑业骨干企业】 省住房城乡建设厅结合党的群众路线教育活动,对部分重点扶持建筑业企业、勘察设计单位和驻京、驻沪施工及劳务企业进行调研和指导服务,指导帮助十七冶集团申报房建特级资质和东华科技工程有限责任公司申报工程设计综合甲级资质,积极培育扶持建筑业骨干企业做大做强。新增报部核准建筑业企业壹级资质44家(含增项)、勘察设计和设计施工一体化壹级资质11家13项、延续11家24项、监理企业甲级资质9家11项。全省共审批建筑业企业资质201家(其中施工总承包二级112家,专业承包一级24家、二级65家),勘察设计和设计施工一体化单位资质508项,监理企业资质40家58项。

【深化建筑业行政审批改革】 省住房和城乡建设厅出台《安徽省建设工程企业资质审查实施意见》(试行)(建市函〔2013〕230号),加大建筑业行政审批改革力度。实行建筑业企业资质网上申报审批,取消专家审查制度,减少审查审批环节,明确工程业绩和人员审查重点,优化审批流程,将资质审批时间压缩至10个工作日,比原法规规定的时间缩短2/3,确保资质审批公平公正和公开透明。将11项建筑业企业资质行政审批事项委托各省辖市、省直管县办理,进一步简政放权,为建筑业企业转型升级提供良好的发展环境。

【举办第七届"徽匠"建筑技能大赛】 以弘扬"徽匠"精神、树立建筑皖军品牌、展示"徽匠"风采为主题,10月21日在合肥成功举办安徽省第七届"徽匠"建筑技能大赛。经层层选拔,全省16个省辖市住房城乡建设委(城乡建设委)、2个省直管县住房城乡建设委(局)和安徽建工集团有限公司组成的19支代表队,共96位选手,参加镶贴工、电焊工、燃气灶具维修工3个工种的比赛。经激烈角逐,共产生3名"徽匠"状元,6名"徽匠"标兵,9名"徽匠"能手。合肥市代表队获团体一等奖,马鞍山市代表队、宿州市代表队获团体二等奖,芜湖代表队、滁州市代表队、铜陵市代表队获团体三等奖。

【积极推动信息化和诚信体系建设】 为强化市场、现场"两场"有效联动,营造公平、公正的建筑市场环境,省住房城乡建设厅自主研发安徽省工程建设监管和信用管理平台,并投入试运行。基本完成全省高级、中级职称工程技术人员的信息采集和录入。出台《安徽省建筑工程项目信息编码标准》,建立统一编码、统一格式、统一监管的施工许可证系统,强化施工许可源头管理。出台《安徽省建筑市场信用信息管理办法》,为促进依法诚信经营提供政策支撑。

【淮北矿业科技大厦1号楼等3项工程荣获2012～2013年度中国建设工程鲁班奖】 2013年,省建筑业协会推荐的淮北矿业(集团)工程建设有限责任公司科技大厦1号楼、阜阳逸景大酒店、蚌埠龙子湖及周边综合治理和生态开发项目一期工程共3项工程荣获2012～2013年度中国建设工程鲁班奖。

【印发政府投资工程造价管理意见】 为加强政府投资工程造价管理,省住房城乡建设厅制定并印发《安徽省住房城乡建设厅关于加强政府投资工程实施阶段全过程造价管理的意见》，明确建设工程实施阶段包括设计、交易、施工、竣工验收全过程造价管理的内容和目标，对包括设计概算、工程量清单、招标控制价、投标报价、中标价、施工合同价、工程价款的变更签证、工程计量支付及工程价款结算、竣工结算等作出具体规定。

【制定装配式剪力墙结构技术规程】 为满足建筑工业化项目建设的需要，省住房城乡建设厅组织科研、设计等单位制定《装配式剪力墙结构技术规程(试行)》，该规程的发布保证合肥中科大先进技术研究院专家楼和人才公寓项目的顺利实施，促进建筑工业化的发展。

【开展注册执业人员继续教育】 编写完成《安徽省二级建造师继续教育培训教材》，开展培训机构师资培训。委托省建筑业协会组织开展11期全省一级注册建造师继续教育培训工作，3293名一级注册建造师(含临时)参加必修课、选修课的继续教育培训。

【加强新法规、新技术和新标准的宣传培训】 组织开展建筑节能、绿色建筑为主题的100名设计院长学习班，组织开展以建筑师执业实践准则为主题的继续教育培训，组织开展以诚信体系建设、勘察设计从业人员行为准则为主题的研讨会。

建筑节能与建设科技

【概况】 截至2013年底，全省城镇新增建筑面积达6756万平方米，其中新增居住建筑5455万平方米，新增公共建筑1301万平方米。安徽省建筑总能耗3034万吨标准煤，约占社会总能耗的23%。全省节能标准设计执行率达到100%，施工执行率达到99.5%，共计形成节能能力208.2万吨标准煤，其中居住建筑形成节能能力91.8万吨标准煤，公共建筑形成节能能力54.7万吨标准煤，可再生能源应用形成节能能力61.7万吨标准煤。在住房和城乡建设部下发《2013年全国建设领域节能减排专项监督检查建筑节能检查情况通报》中，对安徽省、合肥市予以通报表扬。

【新建建筑节能】 《安徽省民用建筑节能办法》(安徽省人民政府第243号令)，于2013年1月1日起正式施行。为推动建筑节能和绿色建筑向纵深发展提供重要法规政策支撑。严格监管规划、设计、图审、施工、监理等各环节的建筑节能标准落实情况。开展全省建筑节能专项检查，进一步强化县城和建制镇新建建筑工程督查，共抽查146个项目，对18项严重违反建筑节能法规标准的项目下发执法告知书，印发《安徽省住房和城乡建设厅关于2013年全省建筑节能专项检查情况的通报》，全面强化执法和整改工作，实现建筑节能标准实施全过程闭合管理。

2013年，下达8项建筑节能和绿色建筑标准立项计划，编制发布6项建筑节能标准，并提前对2014年地方标准及标准设计图集制(修)定项目进行征集。安徽省现行建筑节能地方标准共14项，标准设计共8项，可再生能源建筑应用、新型建筑材料及产品、绿色建筑等多个领域的标准规范、图集、工法等不断健全。

【绿色建筑】 2013年9月，省政府办公厅印发《安徽省绿色建筑行动实施方案》(皖政办〔2013〕37号)，确定安徽省"十二五"至2017年绿色建筑发展的建设目标，明晰全省推进绿色建筑发展和绿色生态城区建设的重点任务。重点推动政府投资工程、保障性住房以及大型公共建筑按绿色建筑标准设计建造；引导房地产项目执行绿色建筑标准，推动绿色住宅小区建设。突出绿色建筑全寿命周期理念，不断加强对规划、设计、施工和运行的监管。充分发挥政府引导作用，不断完善激励政策。开展20个省级绿色建筑示范工程建设，实施面积达330万平方米。15个项目通过住建部绿色建筑星级评价标识，标识总数较2012年标识数量增长57.1%，面积增长145.4%，标识星级不断提升，标识类型日趋完善。

积极引导各地按绿色生态、低冲击开发理念开展城市建设，指导各地在城市新区规划中纳入绿色生态规划建设指标，推动全省绿色建筑规模化集中成片发展。铜陵市西湖新区、宣城市彩金湖新区、马鞍山市郑蒲港新区现代产业园、淮南市山南新区等4个新区，开展省级绿色生态城区建设，规划面积77平方公里，集中推广绿色建筑590万平方米。合肥市滨湖新区入选"中美低碳生态试点城市"。编制完成《安徽省绿色生态城区建设技术导则》和《安徽省绿色生态城区指标体系》，提出的84个指标涵盖经济可持续、资源节约、环境友好与社会和谐四方面的内容，从项目立项、规划设计、绿色施工等方面规范绿色生态城区规划建设程序，强化城乡建设规划与区域能源规划的衔接，优化能源的系统集成利用，形成安徽省开展绿色生态城区建设，推动城乡建设发展方式转变的重要支撑力量。

【建筑产业化】 积极宣传推广建筑产业化，成功举办"2013中国(安徽)建筑产业博览会"，召开全省第一次新型建筑工业化工作会议，组织专家赴蚌埠、马鞍山等地进行建筑产业化宣传与培训。着力培育建筑产业化实施主体，组织实施安徽建工集团有限公司、安徽鸿路钢结构（集团）股份有限公司、安徽华普节能材料股份有限公司和芜湖科逸住宅设备有限公司等4个安徽省建筑工业化基地。建立完善技术支撑体系，组织编制建筑产业化相关标准和图集，发布实施《装配整体式剪力墙结构技术规程（试行）》（DB34/T 1874—2013）。大力推进建筑产业化试点项目建设，全年建成和在建的试点工程项目建筑面积达160余万平方米。

广泛对接省经信、发改、财政、税务、国土资源、科技等有关部门，起草并向省政府报送《关于推进安徽省建筑产业化的指导意见》，确定安徽省"十二五"乃至2017年，全省建筑产业化工作的发展目标和实施路径，明晰全省推进建筑产业化发展的5大重点任务和5大保障措施，为推动建筑产业化深入发展奠定良好基础。

【可再生能源建筑应用】 将可再生能源在建筑中的规模化推广应用作为经济发展方式转变和产业结构优化升级的重要抓手。结合美好乡村建设，鼓励农村地区大力发展可再生能源建筑应用示范，引导发展太阳能热水一体化，2013年全省美好乡村示范村中，60%以上的建筑采用相关可再生能源应用技术。做好国家级太阳能光电建筑一体化示范项目验收工作，11个项目顺利通过验收。做好合肥、铜陵、芜湖、黄山、池州、六安、滁州7市，利辛、南陵、芜湖、全椒、长丰、泾县、来安、黟县、宁国、霍山10县，汊河、三河、甘棠、博望4镇国家可再生能源建筑应用示范城市（县、镇）的组织实施工作，推动可再生能源在建筑的规模化应用，全省累计推广可再生能源建筑应用面积超过1.6亿平方米，太阳能建筑应用装机容量超过100兆瓦，建筑用能结构得到合理改善。

【公共建筑节能】 充分发挥中央财政首批补助资金的带动效应，开展建筑能耗监测平台建设，"安徽省建筑能耗监管平台"已建成运行并列入全国示范，进行数据传输、收集和试运行工作，为相关政府部门的能源审计、监管与执法提供能耗数据及决策依据。积极组织合肥工业大学、安徽建筑大学、安徽工业大学、安徽大学、安徽工程大学5所高校开展国家级节约型校园和建筑节能改造示范高校建设。促进学校能源资源节约，降低办学成本，提高高校在节能方面科研理念的实践，推进全省建筑节能事业发展。

【既有建筑节能改造】 开展既有居住建筑节能改造调查，促进合同能源管理等节能服务机制在建筑节能领域的应用。会同省财政厅印发《关于加快推进既有居住建筑节能改造的通知》（建科函〔2013〕306号），提出推进全省既有居住建筑改造工作重点工作路线及改造目标，明确将门窗改造作为既有建筑节能改造的重点。组织铜陵、池州、合肥等市结合旧城改造和老旧小区综合整治开展300万平方米既有居住建筑试点示范改造。

【建设科技进步】 围绕城镇化、城市建设、村镇建设、工程建设、保障性住房建设、绿色建筑、建筑节能减排、信息化管理8大领域，加大建设科技创新支持力度，大力实施产学研联合攻关、科技成果示范推广、重大工程技术提升、创新平台建设、科技人才培养5大工程。探索城市规划、建设、管理、运行和服务的科学方式，指导各地开展智慧城市建设。安徽省共有10市（县、区）成功列入国家"智慧城市"试点，数量居全国前列。积极对接中国科学院，依托中国科技大学先进技术研究院拟共建"安徽省智慧城市工程技术研究中心"，开展智慧城市相关行业技术研发、科技成果转化和产业化工作，明确智慧城市建设重点领域，在体制机制、技术研发、建设模式和投融资等方面积极进行探索，指导试点城市立足本地区自然条件、经济基础和功能定位，"一城一策"地制定发展规划和实施方案，建设各具特色和亮点智慧城市。

建设人事教育工作

【开展第十城镇化知识专题培训工作】 省委组织部、省住房和城乡建设厅依托全国市长研修学院，于2013年11月份在北京组织举办第十期全省城镇化知识专题培训班，来自全省各地76名县（市、区）党委或政府分管住房城乡建设工作的负责同志参加这次培训。培训班邀请全国住房城乡建设领域有影响的专家、教授和主管领导担任授课老师，就新型城镇化的内涵与路径，智慧城市，住房保障，绿色建筑，城市建设投融资理论与实践，城乡规划、建设和管理的法规制度、技术标准、政策规定等内容进行深入浅出的讲解，并组织学员实地考察北京市规划展览馆、朝阳区高安屯循环经济产业园和798艺术区等，住房和城乡建设部副部长仇保兴为培训班做"新型城镇化—从概念到行动"的专题讲座。培训收到预期效果，学员们普遍反映这次授课规格高、水平高、层次高，政策解读完整，案例分析透彻，针对性和指导性强，切合当前新型城镇化建设实际，通过学习，开拓视野、更新理念，了解掌握城新型镇化发展及城乡规划与建设管理的最新理论、法律法规和业务知识，极大地提高应对新型城镇化工作需要的能力。

【举办两期"村镇规划员"培训】 为全面提高乡镇一级村镇规划、建设管理人员的业务素质和管理水平，加强基层规划建设专业技术人才队伍建设，并为逐步在全省实施乡镇规划员制度进行人才储备，2013年继续开展了两期"村镇规划员"培训班，共培训学员230名。在总结2012年培训班办班经验的基础上，第三、第四期培训班进一步优化教学安排，增设调整有关课程，授课内容更贴近学员的工作需求，同时坚持课堂教学与现场教学并重的教学方法，组织学员开展多次交流，使学员们熟悉掌握从事规划建设管理工作所需的法律法规、政策规定和专业知识，提高解决工作实际问题的能力，为不断推进安徽省美好乡村建设提供人才保障。

【抓好厅机关干部教育培训工作】 认真完成省委组织部、省直工委下达的干部调学任务。按照省委组织部、省直工委的通知要求，对照调学的条件，做好省委党校、行政学院、省直党校的干部调学计划安排，2013年，共选派14人次参加各类班次培训。充分利用安徽干部教育在线丰富的教学资源，扎实开展干部网络培训工作，2013年安徽省住房和城乡建设厅共有120余人参加在线学习，74人参加考核，通过率为100％。

【农民工业余学校】 为深入贯彻党的十八大精神，落实党中央、国务院关于做好农民工工作的要求，不断提高农民工综合素质，培养一大批适应产业转型和发展的有理想、讲文明、懂技术、会操作、出业绩的新一代建筑产业工人，省住房和城乡建设厅会同省文明办、省教育厅、省总工会、团省委联合印发《关于贯彻落实住房城乡建设部等五部委〈关于深入推进建筑工地农民工业余学校工作的指导意见〉的通知》，进一步明确农民工业余学校的办学责任、经费保障、结果运用等要求，从行业政策层面大力推进农民工业余学校创建工作。同时，还配套出台《安徽省建筑工地农民工业余学校考评暂行办法》，细化农民工业余学校的考评程序和具体要求，不断提高农民工业余学校制度化、规范化、标准化水平。截至2013年底，安徽省建筑工地已累计创建农民工业余学校3300多所，培训农民工120多万人，建立党、团、工会组织500多个。

【专业技术人员】 在省人力资源社会保障厅的大力支持下，全省建设工程专业职称评审工作扎实、稳步开展，在2007年开始开展全省非国有经济组织建设工程专业职称评审的基础上，经安徽省住房和城乡建设厅努力争取，2012年又会同省人力资源社会保障厅出台社会化职称评审新的标准条件，并初次获得正高级工程师（教授级高工）的评审权，在省直机关也是一大突破，为全省住房城乡建设系统高级专业技术人才培养工作搭建平台。依据标准条件，在分管厅领导的指导下，2013年共有772名专业技术人员通过非国有职称的评审（其中高级746人、中级26人），比2012年评审通过增加151人；共有451名专业技术人员通过社会化职称的评审（其中，正高级28人、副高级343人、中级78人、初级2人），比2012年评审通过增加176人，为全省住房城乡建设事业发展提供人才支撑。

【行业培训】 进一步加强建筑与市政工程施工现场专业人员岗位培训。在全省基本建立"统一管理、分级负责、考培分离、上下联动"的管理模式，即省里负责现场专业人员培训考核工作的统筹协调、政策拟定和监督指导，各市负责本地区培训工作的组织实施，省建设干部学校专职负责考核工作，初步形成分工合理、有效运转的工作格局。2013年，共组织全省培训施工员、材料员、资料员等专业人员近2万人。按照住房城乡建设部《关于贯彻实施住房和城乡建设领域现场专业人员职业标准的意见》（建人〔2013〕19号）的要求，结合安徽省实际需要，制定《安徽省建筑与市政工程施工现场专业人员岗位培训师资库管理办法》，并于2013年年底形成初具规模的师资库。

大事记

1月

9～10日 安徽省住房城乡建设厅承办的全国住房城乡建设系统行政复议工作会议在肥召开。住房和城乡建设部副部长陈大卫出席会议并讲话，部办公厅、法规司、城乡规划司、房地产司、稽查办有关领导和同志，各省、自治区住房城乡建设厅，直辖市建委及有关部门分管行政复议工作的负责同志和具体负责行政复议工作的处长参加会议。厅长李明就安徽省住房和城乡建设厅行政复议工作开展情况作了大会发言。

15日 安徽省保障性安居工程领导小组召开2013年全省保障性住房任务分解专题会，省政府分管副省长出席会议并讲话，各市、省直管县政府和省直有关部门负责同志、住房保障主管部门主要负责同志参加会议。厅长李明总结2012年保障性安居工程工作情况，安排2013年工作。

16日 全省住房城乡建设工作会议在合肥召开，厅长李明作工作报告，副厅长李建主持会议。

16日 全省住房城乡建设系统党风廉政建设和精神文明建设工作会议在合肥召开，厅长李明主持会议，副厅长陈爱民宣读表彰决定，副厅长曹剑作精神文明建设工作报告，纪检组长王必勇作党风廉政建设工作报告。

28日 安徽省政府印发《关于促进建筑业转型升级加快发展的指导意见》（皖政〔2013〕4号），明确全省建筑业发展的主要目标，并提出加快建筑业转型升级、提升经营管理水平、实施"走出去"战略、规范建筑业市场、优化建筑业发展环境等六个方面的指导意见。

29日 安徽省政府联合住房城乡建设部向国务院提交《关于安徽省深化住房保障制度改革方案的请示》，请求国务院批准《安徽省深化住房保障制度改革方案》，并将安徽省作为全国住房保障试点省。

2月

7日 安徽省委常委、副省长陈树隆来安徽省住房和城乡建设厅调研，厅领导和厅机关各处室（局）、厅直单位主要同志参加。

19日 安徽省住房和城乡建设厅和中国电信安徽公司在合肥签署战略合作协议，共同推进住房城乡建设领域信息化建设。

23日 安徽省委常委、副省长陈树隆在省政府听取安徽省住房和城乡建设厅有关芜马组群城镇体系规划、加强县级城市规划工作、新型城镇化实施路径研究、住房保障制度改革试点工作相关配套文件制定等工作情况专题汇报，厅长李明和有关处室负责同志参加。

28日 安徽省住房和城乡建设厅召开加快建筑业发展新闻发布会。厅长李明主持新闻发布会，副厅长曹剑就安徽省建筑业发展和《安徽省人民政府关于促进建筑业转型升级加快发展的指导意见》（皖政〔2013〕4号）有关情况做了简要介绍。

3月

6~8日 住房城乡建设部标准定额司副司长宋友春率住房城乡建设部、工信部调研组到皖调研高强钢筋推广应用工作。

9日 安徽省住房和城乡建设厅在北京组织召开《芜马城市组群城镇体系规划》专家审查会。

27~28日 住房城乡建设部计划财务与外事司在合肥召开2012年全国城乡建设统计年报集中会审会，来自全国各省、自治区、直辖市的从事城市（县城）建设和村镇建设统计工作的80多名代表参加会议。

4月

1~3日 住房城乡建设部稽查办副主任谢晓帆到皖调研建立城乡规划督察部省联动机制等，建设稽查局局长陈扬年陪同到铜陵市调研。

2~3日 全国城市排水防涝等城建重点工作座谈会在芜湖市召开。住房和城乡建设部城市建设司司长陆克华、巡视员张悦、副司长刘贺明，安徽省住房城乡建设厅厅长李明、副厅长吴桂和、副巡视员刘梅生，芜湖市政府潘朝晖代市长、副市长冯克金出席会议。各省（区、市）城市建设管理行政主管部门有关负责同志和住房城乡建设部城建司各处室主要负责同志参加会议。

8日 省政协主席王明方到安徽省住房和城乡建设厅调研全省新型城镇化建设情况。

15日 《芜马城市组群城镇体系规划（2012—2030年）》经安徽省住房和城乡建设厅组织专家审查通过。

16日 安徽省住房和城乡建设厅办公室荣获安徽省人民政府办公厅授予的"2012年度全省政务信息工作先进集体"称号。

17日 安徽省住房和城乡建设厅荣获安徽省人民政府授予的"2012年度全省人口和计划生育工作先进单位"称号。

19日 安徽省住房和城乡建设厅荣获中共安徽省委办公厅、安徽省人民政府办公厅授予的"2012年度全省信访工作责任目标管理优秀单位"称号。

25日 全省建筑业发展暨建筑安全工作会议在合肥召开。

5月

7~10日 以国土资源部副部长胡存智为组长的国务院督查组一行，来安徽省督查棚户区改造工作，省委常委、副省长陈树隆主持督查意见反馈会并讲话。

14日 安徽省住房和城乡建设厅会同省财政厅印发实施《安徽省徽派建筑保护专项资金管理暂行办法》（财建〔2013〕623号）。

16~18日 住房城乡建设部安委会办公室督查组来皖开展建筑安全生产工作督查。副厅长曹剑携质安处主要负责同志陪同住房和城乡建设部督查组赴安庆、池州等地开展安全督查。

16~17日 厅长李明、副厅长仲亚平率厅办公室、住房保障处、信息中心、合肥市和蚌埠市住房保障部门负责同志赴陕西省考察住房保障工作。

17日 厅长李明携住房保障处负责同志赴住房

城乡建设部住房保障司汇报安徽省起草的《安徽省保障性住房建设和管理办法(草案)》，听取住房保障司的意见和建议。

23日　住房城乡建设部全国住房城乡建设系统深入开展道德领域突出问题专项教育和治理活动推进会在合肥召开。

29日　安徽省住房和城乡建设厅荣获安徽省综治委"2012年度全省社会管理综合治理优秀单位"称号。

6月

3日　省委常委、副省长陈树隆主持召开《安徽省保障性住房建设和管理暂行办法(草案)》座谈会，听取部分市、县及有关省直单位意见。

3～6日　河北省人民政府杨汭副省长率团来安徽省考察县城建设，并先后赴合肥市、芜湖县、广德县现场考察调研，根据省政府要求，安徽省住房和城乡建设厅做好相关接待和调研准备工作，厅长李明全程陪同。

5～7日　陕西省住房城乡建设厅厅长杨冠军等一行8人，在皖调研安徽省新型城镇化和推进建筑业发展工作，并赴合肥市、马鞍山市现场考察城市建设和美好乡村建设工作。

9日　省委常委、副省长陈树隆主持召开省城乡规划委员会2013年第一次会议，审查通过《芜马城市组群城镇体系规划》。

12日　厅长李明向新华社安徽分社介绍安徽省推进公租房、廉租房并轨的有关做法和建议。

13日　安徽省铁路建设协调领导小组授予省住房和城乡建设厅"2012年全省铁路建设先进集体"称号。

17日　安徽省委办公厅、省政府办公厅授予省住房和城乡建设厅"2012年度省直机关效能建设先进单位"称号。

20日　安徽省委常委、副省长陈树隆长在安徽省住房和城乡建设厅印发《全省住房城乡建设系统安全生产大检查工作方案》上作重要批示：该方案既全面覆盖，又突出重点，具有较强的针对性和可操作性，较好地体现省长王学军在省政府第6次常务会议上关于加强安全生产工作的重要指示要求。

20日　中共安徽省直属机关工作委员会授予安徽省住房和城乡建设厅直属机关党委"先进基层党组织"。

22～23日　厅长李明率办公室、城市规划处、城建处、省规划院等负责同志赴浙江省长兴县、桐庐县学习考察美丽县城建设，巡视员吴晓勤、副厅长吴桂和参加调研。

24日　全省住房城乡建设系统安全生产电视电话会议在合肥五里墩电信大楼召开，会议对全省住房城乡建设系统安全生产大检查进行全面部署。厅长李明出席会议并讲话，副厅长曹剑作工作部署。

7月

4～31日，安徽省住房和城乡建设厅会同省财政厅在全省开展2013年徽派建筑保护专项资金支持项目申报工作，全省共申报徽派建筑保护传承类项目近100个，徽派建筑保护与传承研究类项目近40个。

9日　全省集体土地范围内房屋登记发证工作现场会议在马鞍山市召开。

11日　省委常委、副省长陈树隆听取厅长李明、副厅长李建关于绿色建筑、生态城市、智慧城市、建筑工业化等相关工作。

17日　安徽省住房和城乡建设厅举行党的群众路线教育实践活动动员大会。厅领导、厅机关全体党员及厅直单位领导班子成员参加会议。

22～24日　住房城乡建设部建筑市场监管司副司长张毅一行到皖调研建筑市场监管信息化和建筑施工企业劳务用工情况。

10～20日　厅组织分成六个组，对16个省辖市、2个直管县陆续开展全省住房城乡建设系统安全生产大检查暗访活动。

26日　"2013安徽省绿色建筑发展论坛"在合肥召开，住房和城乡建设部科技发展促进中心主任杨榕，副厅长李建出席会议并致辞。

31日　省委常委、副省长陈树隆听取厅长李明、副厅长曹剑，省建设稽查局局长陈扬年关于促进安徽省建筑业企业做大做强、第二批省派城乡规划督察员派驻等工作的专题汇报。

8月

2日　省委常委、省纪委书记王宾宜为安徽省住房和城乡建设厅调研党的群众路线教育实践活动开展情况。

5日　住房和城乡建设部公布2013年度国家智慧城市试点名单，安徽省阜阳市、黄山市、淮北市、合肥高新技术产业开发区、宁国港口生态工业园区、六安市霍山县3市2区1县榜上有名，入选城市居全国前列。

19日　安徽省住房和城乡建设厅召开安徽省建设工程质量检测全过程监管系统(Internet Material Test 简称IMT)启动会议。

29日　厅长李明参加省政府第11次常务会议，并就《安徽省保障性住房建设和管理办法(试行草案)》有关情况进行补充说明。会议讨论并原则通过《安徽省保障性住房建设和管理办法(试行草案)》。

9月

3~5日 住房城乡建设部住房保障司副司长王瑞春一行到安徽调研棚户区改造情况。厅长李明、副厅长仲亚平陪同住房城乡建设部调研组赴蚌埠、铜陵调研棚户区改造工作。

9日 组织召开全省住房城乡建设系统依法行政法制讲座暨厅党组中心组理论学习扩大会。

13日 安徽省人民政府以第248号令发布《安徽省保障性住房建设和管理办法(试行)》。该办法自2013年11月1日起施行。

15日 省委常委、副省长陈树隆,省政府副秘书长汪莹纯在北京听取《皖北城镇群城镇体系规划(2013—2030年)》初步方案汇报。

25日 省政府办公厅印发《关于印发安徽省绿色建筑行动实施方案的通知》(皖政办[2013]37号),方案确定全省发展绿色建筑的总体目标、重点任务和保障措施,进一步推动全省绿色建筑快速发展。

26日 安徽省住房和城乡建设厅组织编制出台《安徽省绿色生态城区指标体系(试行)》和《安徽省绿色生态城区建设技术导则(试行)》,加强对安徽省绿色生态城区建设的规范和指引。

29日 由安徽省住房城乡建设厅和芜湖市人民政府主办的"2013中国(安徽)建筑产业博览会暨第九届芜湖房地产博览会"在芜湖国际会展中心二期新馆拉开帷幕。

30日 省政府在蚌埠市召开全省棚户区改造工作现场会。

20~30日,厅派出5个督查组,对7~8月全省建筑安全生产大检查暗访督查活动中,发现存在有严重安全隐患的16个在建工程项目的整改落实情况进行明查。

10月

23日 安徽省第七届"徽匠"建筑技能大赛在合肥举行赛。

25日 《安徽省保障性住房建设和管理办法(试行)》宣贯会在铜陵市召开,厅长李明参加并讲话。

30日 住房和城乡建设部在北京组织召开城市规划部际联席会议第五十四次会议,审查通过《安徽省城镇体系规划(2013—2030年)》。

31日 安徽省政府新闻办召开的《安徽省保障性住房建设和管理办法(试行)》新闻发布会,厅长李明在发布会上介绍办法的主要精神和贯彻实施工作安排。

11月

1日 全省美好乡村建设推进会在合肥召开。

14日 安徽省《民用建筑能效标识技术标准》地方标准宣贯会在肥召开。

15日 安徽省住房和城乡建设厅与中国联通安徽分公司召开战略合作工作座谈会,厅长李明到会并讲话,副厅长曹剑就"安徽省建设工程质量检测全过程监管系统(IMT系统)"作具体部署。

12月

6日 安徽省委常委、副省长陈树隆听取厅长李明、副厅长仲亚平2013~2017年棚户区改造规划编制和省政府关于加快棚户区改造工作若干意见(代拟稿)的修改情况汇报。

9日 省委常委、副省长陈树隆听取厅长李明、副厅长仲亚平关于棚户区改造规划及省级棚户区改造补助资金测算情况的汇报。

10日 省委常委、副省长、省城乡规划委员会主任陈树隆主持召开省城乡规划委员会会议,审查《蚌埠市城市总体规划(2012—2030年)》、《滁州市城市总体规划(2012—2030年)》和《铜陵承接产业转移集中示范园区总体规划》。

13日 厅长李明主持召开厅工作务虚会。厅副总工、机关各处室(局)和厅直单位主要负责同志结合学习贯彻党的十八届三中全会精神的思考和体会,围绕住房城乡建设事业中心工作,汇报交流本部门2013年度主要工作亮点以及2014年重点工作思路等。

17日 安徽省政府召开2013年财政收支情况审计进点会,部署2013年财政收支情况(含中央转移支付资金管理使用、城镇保障性安居工程资金管理使用等)审计工作。

17日 第二批安徽省人民政府城乡规划督察员聘任暨派驻仪式在合肥举行。住房城乡建设部稽查办主任王早生,厅长李明,巡视员吴晓勤出席仪式并讲话。

23日 安徽省政府办公厅印发《安徽省人民政府办公厅关于加快棚户区改造工作的通知》(皖政办〔2013〕44号)。

(安徽省住房和城乡建设厅)

福 建 省

概况

【城乡规划监管】 围绕福建省委、省政府关于"推进新型城镇化"、"点线面攻坚计划任务"等重大战略部署，加快规划编制，加强规划实施监管。2013年8月，会同省委组织部在北京举办全省县（市区）党政主要领导和设区市规划局长城乡规划管理专题研修班；同时，全年举办3期规划管理和技术人员培训班；出台城市设计、景观风貌、县城建设、地下空间等一批标准规范；开展全省新一轮城乡规划设计质量、规划实施情况专项检查和4178个村庄规划落实情况专项检查。三明、南平、漳州等设区市城市总体规划完成编制；莆田城乡一体化规划、石狮全域城市化规划，以及南安、德化城乡统筹规划试点加快推进。全省县城近期建设用地控规覆盖率达到60%。莆田市城厢区、秀屿区开展乡村规划师选拔培训试点。福州市将福清等周边4个县市纳入规划统一管理；厦门市开展"美丽厦门战略规划"研究，泉州市启动环泉州湾一体化研究。莆田园头村、龙岩培田村列入全国村庄规划示范名单。

【城乡环境综合整治】 全年安排城建战役项目3990个，完成投资3955亿元。实施"点线面"项目714个，包括城乡社区384个，绿道124条，公路铁路沿线118条，小流域88个，预计完成投资223亿元、占年计划157%。涌现出漳州市华元小区、泉州市龙岭社区、平和县三坪村、建宁县高峰村、漳州园山荔枝海原生态公园、顺昌县串联来布村、口前村、张墩村田园山水郊野绿道、安溪龙门镇河道治理、三明陈大镇碧溪小流域治理等一批整治示范典型，福州市城区内河综合整治、龙岩市莲花山栈道两个项目获中国人居环境范例奖。

完成167条、5500栋街道景观综合整治，新、扩、改建城市道路532条、1308千米，新增公共停车场56处、9200个停车位。新建扩建城镇污水处理厂18座，新增日处理能力26.5万吨、管网1000千米。摸清"六江两溪"沿岸1千米范围内283个乡镇污水处理现状。30座污水处理厂实现污泥安全处置，处理量占全省污泥总量80%。提升岸线景观绿化面积92万平方米。43个省级试点镇全部建成1座压缩式垃圾转运站。完成城市排水防涝和内河整治建设投资40亿元，铺设截污管道147千米，清淤108万立方米，7个县市完成排水防涝规划编制（修编），37个县市确定编制（修编）单位。提升园林绿化水平。新增建成区绿地面积3774公顷，绿地率达38.7%，基本实现城市主干道及重要节点花化彩化。福州、厦门、泉州、漳州市创建国家生态园林城市，晋江以及漳平、建瓯等14个市县分别通过国家级、省级园林城市（县城）考核验收。九龙湖、凤凰山、翠屏湖3个省级风景区总体规划完成批复。太姥山等4个国家级风景区数字化建设方案通过专家评审。出台《平潭综合实验区绿化建设导则（试行）》。圆满完成第九届北京园博会福建展园任务，省政府、省厅及厦门市荣获全国通报表彰。推进福州、漳州2个国家级，莆田、邵武、建瓯3个省级历史文化名城和福州朱紫坊、上下杭历史文化街区保护规划编制，加快福州三坊七巷、朱紫坊保护性修复。联合平潭开展国际城市雕塑竞赛活动，60个国家和地区、496个雕塑家参加，选定50件优秀作品落地建设。数字城管系统建设全面铺开，福州、晋江、长乐等地建成投用。厦门、漳州、莆田、长乐、晋江5个城市开展综合管理试点。

制定下发深化村庄整治指导意见，推动村庄环境"五整治、五提升"，培育美丽乡村示范典型35个，编发村庄整治宣传图册和6个典型案例，初步建立甲级设计院挂钩帮扶制度。指导创建48个绿色乡镇，上报23个中国历史文化名镇名村、138个全国重点镇和11个特色景观旅游名镇（村），25个村庄列入第二批中国传统村落名录；编制6套省级农村住宅通用图，确定26个省级村镇住宅试点小区。43个试点镇实施各类城建项目514个，完成投资375亿元、超计划79%，新启动建设或续建44个公园、45条绿道以及57个宜居新村建设。

【保障房建设与房地产市场监管】 全年保障性安居工程开工15.4万套、基本建成11.9万套，均超额国家下达任务50%，其中提前开工2014年项目4.4万套；累计配租配售28.7万套、配租配售率

92.5%。建设品质提升,"和谐人居"试点扩大到19个。厦门集美滨水小区保障房项目获"鲁班奖"。开展棚户区状况调查,召开棚户区改造电视电话会议,编制2014~2017年改造规划,制定实施意见。出台《福建省保障性住房运营管理暂行办法》,以及鼓励社会力量投资保障房、分类保障等政策,加快推进外来务工人员纳入住房保障。

全年完成房地产投资3650亿元、比增30%,约占同期固定资产投资1/4。商品房销售4580万平方米、比增39.3%;存量房交易1801万平方米、比增28.3%。上缴地税616.8亿元、比增40.1%,占全省地税税收收入40%。提请省政府废止《福建省房地产价格评估管理办法》,房地产估价机构归口房地产主管部门管理,省厅相应出台加强房地产估价管理指导意见。实施规范提升城市住宅小区物业管理专项行动,新增10个全国、8个全省物业管理示范项目。

全省预计新增缴存额315亿元、同比增长17%,缴存总额1775亿元;新增个贷发放额285亿元、比增62%,累计发放个人贷款63万户、1167亿元支持职工购建房,个贷使用率88%。出台公积金监管工作规则,提请审计厅开展公积金管理中心年度抽审。各地积极做好资金流动性风险防范,开展受托银行服务考评,开通12329服务热线。福州、莆田出台行政执法操作细则,对拒缴企业启动行政执法程序;泉州市与辖区各县(市、区)政府签订扩面目标责任书。

【建筑业转型升级】 福建省政府出台《进一步支持建筑业发展壮大的十条措施》,全省建筑业预计完成总产值5200亿元、比增20%,上缴地税216亿元、比增14.2%、占全省地税税收收入14%。确定18家一级施工总承包企业开展扩大承包范围试点。规范省外企业入闽备案管理,禁止各地对省内企业跨地区承接业务备案。规范各类保证金制度,减轻企业负担。适应市场变化调整建设工程人工预算单价。

设计科技创新能力增强。出台福建省八闽特色设计奖评选办法、施工图设计文件审查管理实施细则、建设工程抗震设防管理意见等政策文件。邀请省外勘察设计大师、知名专家教授培训执业注册和审查人员,提高设计质量。全年完成施工图审查项目1.3万个,建筑面积1.47亿平方米,比增17%。新增国家级19个(实现福建省国家级优秀设计一等奖零的突破)、省级73个优秀工程勘察设计奖项目。下达科技计划129项,推广建设科技成果191项,形成省级工法84部,新增省级企业技术中心3家,获省政府科技奖成果5项,列入省科技重大专项1项。

建筑节能稳步推进。省政府办公厅出台《绿色建筑行动实施方案》,提出到"十二五"末全省20%城镇新建建筑达到绿色建筑标准。全年新增绿色建筑评价标识项目13个、面积220.8万平方米,可再生能源应用建筑面积234万平方米,居住建筑节能改造面积7.5万平方米。南平、平潭、福州仓山、莆田、泉州台商投资区列入住房和城乡建设部智慧城市试点。举办第七届海峡绿色建筑与建筑节能博览会,同期举办第四届热带、亚热带地区绿色建筑联盟大会。

工程质量安全监管加强。组织开展建设系统安全生产大检查以及全省建筑施工、城镇燃气安全重点整治百日行动,深化建筑施工模板、外脚手架和建筑起重机械、预拌混凝土和现浇混凝土结构工程等3个专项整治、建筑施工"打非治违"专项行动。加强建筑材料质量管理,组织机制砂应用系统性调查,会同有关部门研究扶持机制砂产业发展政策。强化建筑边坡、市政桥梁等危险性较大工程以及城市轨道交通工程关键节点施工质量安全风险管控。组织开展施工企业及其在建项目质量安全生产专项督查,约谈相关责任企业和责任人5次。完善既有建筑幕墙安全维护管理制度,部署开展既有玻璃幕墙排查抽查,开发启用"既有建筑玻璃幕墙信息系统"。推进建筑起重机械"一体化",开展建筑模板、脚手架"一体化"试点。完善安全生产许可证暂扣处罚机制,强化施工现场动态监管。

【行业服务】 依法行政继续推进。加快推进立法进程,风景名胜区管理条例上报省人大审议,国有土地上房屋征收与补偿实施办法近期提交省政府常务会议研究。建立全系统依法行政工作考核评估机制、行业法律顾问服务机制,开展行业新任干部法规培训,出台行政复议若干制度,印发稽查执法工作规定、实施细则以及典型违法行为调查取证手册,全年作出行政处罚决定28件、罚款300多万元。印发信访事项处理答复、复查、复核文书示范文本,大力开展领导定点接访、重点约访、带案下访、视频接访活动,依法排查化解信访突出问题和积案,来省住房和城乡建设厅上访批次、人次同比分别下降44%、73%。全面推广和谐征迁工作法,全省12个项目创"和谐征迁示范项目"。审定发布地方标准20部,主编国家标准2部。自觉接受人大和政协的监督,全年共办理省人大代表建议46件、省政协提案86件,办结率及满意率100%。

政风行风建设取得实效。开展党的群众路线教育实践活动,严格遵守中央关于改进工作作风,密切联系群众的八项规定和省委实施办法,深入推进侵害群众利益行为等8个专项整治,出台《贯彻落实"八项规定"实施意见》、《评比、达标、表彰活动管理暂行办法》、《关于改进作风建设的实施意见》等一批制度。深化机关效能建设,梳理公布全厅36个"马上就办"事项,统一制定办事指南,健全目标责任制等4项基本制度,列入省直单位创建"马上就办"示范点,完成行政服务中心标准化建设。开展保障房纠风、房地产中介市场、勘察设计质量、餐饮场所燃气安全、减轻企业负担等行业专项治理,以及建筑市场、房地产市场、保障房建设、城乡规划、住房公积金、市政公用等重点领域廉政风险防控督查。坚持"四下基层",争当群众满意"六大员",广泛开展文明单位、文明窗口、文明行业、和谐企业等群众性创建活动以及园林盆景工、燃气调压工等行业技术工种岗位技能竞赛。全系统涌现出一批先进集体和先进个人,受省、部级及以上表彰的集体14个、个人27名;受省住房和城乡建设厅表彰的集体76个、个人44名。

政策法规

【概况】 结合全省住建系统行业实际,贯彻落实有关建设"法治政府"和"人民满意的服务型政府"战略部署,召开全系统法制工作会议,部署新形势下建设行业法制重点工作和要求。印发实施建设行业2013年依法行政工作要点,细化依法行政工作重点并跟踪落实,改进系统依法行政工作。针对行业依法行政现状和突出问题,在充分调研基础上,出台《福建省住房和城乡建设系统依法行政工作考核办法》,细化考核指标,以考核评估推进建设行业依法行政工作。以省监察厅对依法行政综合监察"回头看"工作为契机,做好建设行业依法行政突出问题整改反馈落实,健全省住房和城乡建设厅专家评审管理等5项制度,压缩行政裁量权,规范行政权力运行。

【立法】 推进建设行业重点领域立法工作。《福建省风景名胜区条例》经省政府常务会议审议通过,并提交省人大继续审议;《福建省实施〈国有土地上房屋征收与补偿条例〉办法》提交省政府常务会议审议;选取民生性强的《福建省城镇住房保障办法》试行开门立法,问计于民,就福建省保障房建设和分配管理制度设计,广泛征求社会意见,上报省政府审议。结合行业实际,有针对性地向省人大提出2014年行业立法计划意见,确保立法工作有序开展。

【规范性文件制定】 修订出台《福建省住房和城乡建设厅规范性文件制定程序规定》,规范规范性文件制定工作,依法将出台的规范性文件报送省政府备案。做好规范性文件合法性审查工作,对《福建省城市控制性详细规划管理暂行办法》等行业管理重要规范性文件由省住建厅政策法规处直接牵头起草。开展规范性文件清理工作,在做好以省政府名义出台的规范性文件清理工作的同时,印发《福建省住房和城乡建设厅2013年度规范性文件清理工作方案》,组织对省住房城乡建设行业出台的476件规范性文件进行清理,确认继续有效375件,继续有效并适时修改56件,废止45件,清理结果向社会公布,确保规范性文件合法有效,服务法律法规的正确实施。

【处罚复议】 加大违法案件处罚力度,查处行业内重大典型违法案件,福建省住房和城乡建设厅2013年作出行政处罚决定书29件,处罚金额300余万元,降低、吊销资质2家,有效震慑违法行为。办理行政复议,全年共办理复议案件82件,涉及规划许可、工程质量安全、招投标投诉、房屋征收、房屋产权登记、政府信息公开、行政不作为、乱作为等,针对复议办理过程中发现的问题,在赴北京、江苏开展专题调研基础上,出台《行政复议工作若干制度(试行)》,推行听证、集体讨论、调解和解、复议意见及建议书等制度。依法做好行政应诉工作,主动接受司法机关监督与指导;研究建立行政与司法良性互动机制。推行省住房和城乡建设厅机关法律服务工作机制,进一步提高办案质量。推进行业信用体系建设工作,根据国家和福建省有关信用体系建设工作总体部署精神,结合住房城乡建设行业管理新形势,印发实施《福建省住房和城乡建设厅信用体系建设工作方案》,分步骤、按行业、有重点地推进行业信用体系建设。加大行业执法典型案例评析工作力度,召开案例评析会,交流经验和做法,以案说法,以点带面,统一认识和做法。

【行政复议和执法监督】 全年共办理行政复议案件46件,涉及规划许可、工程质量安全、招投标投诉、拆迁许可及裁决、房屋产权登记、保障房分配管理、政府信息公开、行政不作为等,化解社会矛盾,促进社会和谐。主动与省高院、省政府法制办对接,对近年来全省住房城乡建设领域行政争议案件进行统计分析,查摆问题,分析原因,并有针对性地提出对策,为下阶段执法监督工作提供参考。

【法制宣传教育】 2013年是"六五"普法承上

启下的关键年。省住房和城乡建设厅全面深入推进行业"六五"普法工作。组织召开全系统新任领导干部依法行政专题培训，提高领导干部运用法治思维和法治方式化解矛盾、维护稳定能力，近700位新到任领导干部参加培训。加强对一线执法人员的普法培训。组织开展全系统行政执法人员法律知识轮训，共有1000余名执法人员参加；以全省政执法资格考试为契机，组织开展两期行政执法人员执法资格考前辅导，共有900余名报考人员参加。印发《企业法定代表人法律知识学习轮训的通知》，组织开展企业法定代表人法律知识培训，促进企业诚信守法、依法经营，共有700余名系统行业的企业法定代表人、技术负责人参加。加强对行业从业人员法律知识培训。将法律知识纳入注册执业人员继续教育课程，精心安排师资，着力提升从业人员诚信守法从业自觉性，全年共有6000余名各类注册执业人员参加培训。加强对主管部门及企业的专业政策法律服务。对全省住房和城乡建设行业专业政策法律服务团名单进行充实调整，并组织召开座谈会，对专业政策法律服务工作进行部署。组织编印《建设法规政策汇编（2012年）》，作为普法工具书，免费向各级主管部门发放1500余册。组织做好"六五"普法中期检查抽查工作，通报情况、总结经验，部署工作。

住房保障

【概况】 2013年，国家下达福建省保障性安居工程建设任务：开工建设保障性住房和棚户区改造住房10万套，基本建成8万套。同时，全省往年结转在建项目约30万套，全年在建工程总规模40万套。截至12月底，全省保障性安居工程累计完成投资381.5亿元，占年度计划投资的141.3%；新开工15.36万套，占年度目标任务的153.6%；基本建成保障性安居工程11.95万套，占目标任务的149.4%；历年竣工各类保障房31.03万套，配租配售28.71万套，配租配售率92.53%。各地早部署、早安排，第四季度提前开工2014年项目4.43万套，超额完成原定的1.77万套工作计划。

【制度建设】 福建省住房和城乡建设厅将"福建省住房保障体系研究"列为2013年度重点课题，委托福州大学开展课题研究，结合课题研究先后出台一系列政策文件，主要包括《福建省保障性住房运营管理暂行办法》（闽建住〔2013〕10号）、《关于创新建设方式吸引社会投资多渠道筹措保障性住房房源的意见》（闽建住〔2013〕18号）、《关于探索保障性住房分类保障加快配租配售步伐的通知》（闽建住〔2013〕19号）。同时，省政府将《福建省保障性住房管理办法》列入2013年政府规章制定项目，截至年底，完成调研、起草、修改，正式上报省政府。

【年度计划及完成情况】 福建省住房和城乡建设厅就把年度任务下达各地，任务分解及年度任务完成情况详见表1。

福建省2013年12月保障性安居工程进展情况汇总表（单位：万元、套、户、%） 表1

项目		全省合计	各设区市（单位）统计指标									
			福州	厦门	漳州	泉州	三明	莆田	南平	龙岩	宁德	平潭	省直
目标任务（国家任务：实物建房100000套、基本建成80000套）	省分解实物建房100279套		27802	10991	10859	15071	6942	5309	6772	5320	5513	5000	
	省分解基本建成81000套		18000	10000	7400	15800	3600	5000	7000	6700	5400	600	1500
投资完成情况	年度计划投资	2699765	924706	238734	201267	627897	83358	75530	85440	134910	156201	132322	39400
	年度完成投资	3355693	978737	326551	305669	702943	153681	264372	129659	150962	168100	135620	39400
	提前开工2014年项目完成投资	459081	113237	11000	18133	239033	2016	10670	230	11793	16660	36309	
	完成投资率（%）	141.30	118.09	141.39	160.88	150.02	186.78	364.15	152.02	120.64	118.28	129.93	100.00

续表

项目		全省合计	各设区市（单位）统计指标										
			福州	厦门	漳州	泉州	三明	莆田	南平	龙岩	宁德	平潭	省直
开工情况	保障性安居工程开工套数	109345	28828	11033	13088	15783	7426	10366	6807	5335	5675	5004	0
	开工率（%）	153.64	118.92	113.69	163.03	233.50	120.74	276.04	103.12	160.68	162.47	153.20	0.00
	提前开工2014年项目套数	44293	4235	1463	4615	19408	956	4289	176	3213	3282	2656	
	基本建成率（按国家任务8万套计算）（%）	149.40	104.61	148.30	180.57	168.18	251.64	150.60	146.67	107.28	161.41	116.00	164.53
	保障性安居工程竣工套数	60537	12151	6085	7727	6999	7653	5100	6117	3161	4005	137	1402
配租配售情况	历年各类保障性住房竣工套数	310306	101557	61263	31379	34182	21495	8236	18405	18122	11852	527	3288
	历年配租配售套数	287128	92835	51453	30214	33568	21452	7047	17210	18122	11433	506	3288
	历年配租配售套率（%）	92.53	91.41	83.99	96.29	98.20	99.80	85.56	93.51	100.00	96.46	96.02	100.00
	其中：2013年初至12月底新增配租配售套数	46678	3206	8653	7066	8025	5686	1761	4151	3014	3851	137	1128

【项目建设】 全省各地以"抓开工、促竣工"为重点，围绕项目落地、开工、基本建成三环节，形成项目推进机制。落实目标责任制，保障性安居工程建设纳入对各级政府的目标责任管理，年度实施考评。实施项目清单制，将所有项目清单编印成册，项目信息在当地政府网站和项目现场进行公示，主动接受社会监督。建立巡查制度，对所有项目进行全覆盖巡查，建立巡查台账，对巡查中发现的问题及时督促整改。建立竞赛制度。开展以工程质量、安全生产、工程进度、节能降耗、科技创新、劳务管理为主要内容的保障性安居工程建设劳动竞赛活动。建立评比表彰制度，调动各方积极性。建立约谈问责制度，针对检查发现的问题，下发整改通知书，约谈部分市、县政府领导。同时，严格质量安全监管，严格基本建设程序，强化施工许可、竣工验收管理。实行工程质量终身负责制，保障性安居工程实行"永久性标牌"制度。加强动态监管，利用信息化手段，实时掌握施工现场质量安全情况。省、市、县三级主管部门实施不间断检查督查。全省保障性安居工程质量安全总体处于受控状态。

【资金用地落实】 争取中央财政支持，中央财政共下达福建省保障性安居工程建设专项补助资金13.6亿元，全省安排省级保障性安居工程专项补助资金2亿元和中央代地方发行政府债券用于保障性安居工程建设资金8亿元。通过安排基础设施专项补助资金，发挥引领和带动效应，督促各地加快配套设施建设。鼓励社会资本投资保障房，出台《关于创新建设方式吸引社会投资多渠道筹措保障性住房房源的意见》。落实保障性安居工程建设用地，全省保障性安居工程用地实现应保尽保。

【棚户区改造】 贯彻落实《国务院关于加快推进棚户区改造工作的意见》（国发〔2013〕25号），将棚户区改造列为保障性安居工程建设重点。省领导带领省直相关部门向国家有关部委就加快福建省棚户区改造，尤其是闽东南石结构房屋改造问题进行沟通汇报，争取国家政策支持。重点做好四项工作：编制2014~2017年全省棚户区改造规划，四年计划改造各类棚户区（危旧房）23.42万户，总投资1565.6亿元。规划经省政府同意上报住房和城乡建设部；在及时转发国务院意见的基础上，进一步起草《关于加快推进棚户区（危旧房）改造工作的实施意见》，征求省直和各设区市政府意见，并上报省政府；筹备成立保障性安居工程融资平台；推进集中成片城市棚户区改造，全省安排集中成片棚户区改造50片，列入省重点项目进行重点跟踪扶持。

【"和谐人居"试点】 全省分两批共选择19个保障性住房项目（合计5.3万套、410万平方米）作为"和谐人居"示范试点小区。第一批公布6个试点小区，即厦门市洋唐居住区、漳州市惠民花园一期、龙海市保障性住房民生小区一期、泉州市见龙亭保障性住房小区、永安市体育中心保障性住房小区、长汀县茶园小区。第二批公布13个试点小区，即厦门市高林居住区、滨水小区，泉州市东宝花苑，三明市白沙地块保障房，莆田市城厢区祥和水岸花园，松溪县阳光天地，龙岩市莲东新区保障性住房F地块，宁德市金涵小区三期、东侨幸福家园一期，平潭综合实验区竹园安置小区一期、金井安置小区一期、岚城安置小区一期，省直五四北保障房小区。按照"格局开放、设计精细、设施共享、环境友好、管理互助"的新型保障性住房社区建设要求，省住房和城乡建设厅组织专家现场评审，从项目选址、交通条件、配套设施、小区布局、建筑环境、户型设计等方面进行评审、指导帮助。截至年底，厦门高林居住区、泉州市见龙亭保障性住房小区、漳州市惠民花园3个示范试点小区建成入住。合理规划，项目选址充分考虑低收入家庭生活和就业方面的实际情况，尽可能安排在地理条件安全可靠，交通便利，市政设施配套齐全或产业功能聚集区域；坚持按宜居住、便出行和就近分配的原则，选择区位好的地段规划建设保障性住房；在城乡结合部的，推行"安居工程综合体"建设。坚持以标准规范引领，落实《福建省保障性住房"和谐人居"建设导则》、《福建省公共租赁住房建设导则》、《福建省保障性住房建设标准》等技术标准和文件。优化设计，组织开展保障性住房户型设计方案征集和评优工作，选出37个优秀方案编印成册，无偿发放给保障性住房建设单位。这些方案符合小型、适用、满足基本住房需求的原则。同时，推行绿色建筑和建筑节能，厦门、福州等地对保障房推行绿色建筑星级标准作出具体规定，平潭综合实验区将2013年的竹园、金井两个保障房小区按照一星级标准进行建设。

【规范分配运营管理】 组织对全省保障房的配租配售情况进行调查摸底，针对廉租住房配租较为滞后的情况，加快推进廉租住房和公共租赁住房两房并轨。建立健全家庭住房和经济状况审核机制。全省共有72个市、县（区）民政部门会同发改委、公安厅、财政厅、住房和城乡建设厅、人社厅、税务局、人民银行、证监局、保监局等部门，在保障性住房分配中开展家庭经济状况核对认定，共受理核对申请人7.2万户。探索分类保障办法，出台《关于探索保障性住房分类保障加快配租配售步伐的通知》，明确将享受最低生活保障的家庭；一线环卫工人和公交司机；享受国家定期抚恤优抚对象、革命"五老"人员家庭、孤老病残家庭以及其他急需救助的家庭；符合条件的部队干部和士官；失独家庭；获省级以上见义勇为表彰、特殊贡献奖励、劳动模范称号等六类住房困难家庭列入分类保障范围。将符合条件的外来务工人员纳入住房保障范围。采取政府投资集中兴建、房地产开发配建、依托各类开发区和产业园区集中建设、鼓励用工企业自建等方式建设公共租赁住房，解决外来务工人员住房问题。各设区市全部出台将外来务工人员纳入住房保障范围的住房保障政策。加强保障房运营管理，出台《福建省保障性住房运营管理暂行办法》，对保障性住房租赁管理，使用、维修、养护管理，资产管理和监督管理等活动进行规范。加大投入，将保障房运营管理费用列入政府财政预算。在保障房运营管理过程中，鼓励各地开展委托管理、购买服务。创新退出方式，要求各地建立住房保障对象档案，租购保障房的对象再通过各种方式取得其他房产时，房产登记部门予以暂缓办理，并将情况通报给住房保障部门，待其保障性住房退出到位后再予以办理相关手续。查处和纠正保障房分配过程中存在的违法违规问题。扎实开展保障性住房纠风专项治理和审计整改工作，全年全省共查处保障房违规分配、骗购骗租、变相福利分房等问题62起，追究党纪政纪责任和给予组织处理的28人。

【保障房信息公开】 全省所有新开工和往年续建项目，全部在"福建建设信息网"上公开，包括项目名称、地址、实施单位、建设规模、建设进度等内容。建立健全保障性住房分配信息"六公开"（包括分配政策、分配对象、分配房源、分配流程、分配结果、退出情况六项信息公开）制度。

房地产市场监管

【概况】 2013年，全省房地产市场保持平稳发展态势，房地产投资、交易量、地税收入持续增长，房价总体平稳，商品住房供应有所增加。全省完成房地产投资3703亿元，同比增长31.1%。商品房销售4580.9万平方米，同比增长39.3%；存量房交易1801.1万平方米，同比增长28.3%。房地产交易总金额4895.2亿元，同比增长46.8%。房地产业地税收入616.8亿元，同比增长40.1%。

【房地产业平稳发展】 贯彻房地产市场调控新"国五条"。结合福建省实际，起草福建省贯彻落实房地产市场调控国办17号文件的实施意见，上报省政府。编制全省房地产重点项目清单，完善房地产月报、项目手册制度，落实房地产重点项目跟踪服务机制，增加商品住房有效供给。1～12月，全省房屋施工面积26287.3万平方米，同比增长20.4%，其中新开工面积7193万平方米，同比增长34.6%。新批准预售商品房5597.9万平方米，同比增长33.5%，其中商品住房4186.8万平方米，同比增长30.3%。指导督促各地加快推进个人信息系统建设工作，福州、厦门、泉州与住房和城乡建设部个人住房信息系统联网。开展引导建立房地产市场健康发展长效机制重点课题研究。委托福建工程学院管理学院开展调研，形成调研报告，组织专题讨论，对报告进行修改完善。组织编制完成《福建省"十二五"城镇住房发展规划》，上报住房和城乡建设部。

【房地产市场监管】 加强市场动态分析监测，完善《福建省房地产管理信息系统》，提高基础数据采集、分析效率。建立健全日常巡查机制，定期深入项目楼盘销售现场开展市场调研、巡查，了解第一手市场动态变化情况。加强市场监管，强化商品房预售过程管理，合理调节不同价位商品住房项目入市节奏，严格执行商品房预售明码标价规定。会同人行、银监部门制定《福建省商品房预售资金监管办法》，于11月上报省政府。组织开展房地产企业、物业服务企业资质检查。开展房地产中介市场专项治理工作，全省抽查检查469家机构及门店，查处各类违法违规行为217起。加强房地产行业诚信建设，建立开发企业、物业企业信用档案；区分企业不同信用情况，分别实行绿色、黄色、红色监管，实行差异化管理。做好房地产价格评估机构资质换证工作。省政府明确房地产价格评估机构从物价部门回归住建部门管理，并废止48号令《福建省房地产价格评估管理办法》，理顺房地产价格评估机构管理体制。截至年底，组织全面完成104家评估机构资质换证及管理衔接工作，其中换二级证70家，换三级证34家。

【国有土地上房屋征收】 加快《福建省实施〈国有土地上房屋征收与补偿条例〉办法》立法进程，联合省法制办多次进行协同论证、修改完善。制定出台《福建省国有土地上房屋征收实施单位管理办法》，规范房屋征收实施单位行为；完善国有土地上房屋征收信息管理系统，促进房屋征收项目规范化管理。推进和谐征迁工作，全省创建和谐征迁示范项目15个，组织召开经验交流会，促进和谐征收。加强和谐征迁业务培训，培训人员3000多人，提高和谐征收工作水平。做好征迁信访工作。按照省政府统一部署要求，在做好日常征迁信访的同时，由省住房和城乡建设厅领导带队赴福州、泉州、莆田等地带案下访，化解拆迁信访积案，减少征迁矛盾纠纷。2013年，省住房和城乡建设厅共办结拆迁信访件167件，接待拆迁上访群众8批29人次，与2012年同期相比，拆迁上访批次下降46.7%、人数下降31%。

【物业管理】 深入开展规范提升城市住宅小区物业服务水平专项行动。组织开展创建物业服务示范项目。2013年，新增全国物业管理示范项目10个，新增全省物业管理示范项目8个。通过示范项目创建，规范物业服务，以点带面，促进物业服务整体水平提升。实行物业服务企业经营状况季报和从业人员年报制度，及时了解掌握物业服务行业动态情况。联合物价部门开展物业服务收费收费专题调研，修改完善《福建省物业服务收费管理办法》，研究建立物业服务收费动态调整机制。规范住宅专项维修资金使用。修改完善《福建省商品住宅专项维修资金使用暂行办法》；研究制定紧急情况下住宅专项维修资金使用政策文件，简化优化使用程序。

住房公积金监管

【概况】 福建省住房公积金监督管理按照年初制定的工作要点，以扩大住房公积金制度覆盖面（以下简称"扩面")和规范管理为重点,推进住房公积金信息化建设和服务工作。2013年,全省住房公积金新增缴存额318.7亿元,同比增长18%;新增提取额210亿元,同比增长39%;发放住房公积金个人贷款7.7万户、284.9亿元,同比分别增长50%和61%。截至年底,全省住房公积金缴存总额1777亿元,缴存余额822亿元,累计提取额954元;累计向63.3万户职工发放住房公积金个人贷款1166亿元,余额726亿元,平均个人贷款使用率88.4%,个人贷款逾期率0.015‰,累计发放住房公积金支持保障性住房建设贷款8.75亿元。

【住房公积金缴存扩面】 2013年,全省各地继续贯彻落实省政府办公厅《关于扩大住房公积金制度覆盖面的意见》,省住房和城乡建设厅分解下达全省扩面工作目标,督促各地加强目标责任制考核。各地按照要求出台具体的扩面工作实施意见,制定工作计划,分解任务到县市,明确责任到人。泉州、福州市政府分管领导同所辖县(市、区)政府签订扩面工作目标责任书,将公积金扩面工作纳入绩效考核范畴。三明市出台《三明市住房公积金归集扩面工作考核奖励办法》,对扩面工作成绩突出的单位进行表彰奖励,增强扩面积极性。省住房和城乡建设厅继续做好福清市、晋江市和厦门市同安区3个省级非公企业扩面试点及各地市级非公扩面试点的督查指导工作。同时,加大住房公积金宣传工作力度,规范行政执法行为。各设区市管理中心通过"政风行风热线"、政府网站"在线访谈"、群发宣传短信及当地主流媒体等方式解释宣传住房公积金政策,还定期组织人员走访企业,深入园区、社区、乡镇开展政策宣传和上门服务。福州、莆田、南平、龙岩和三明出台行政执法操作程序、实施细则等。福州、莆田等地在发送催建催缴函的基础上,还向拒缴企业发送行政处罚通知书,收到良好效果。

【住房公积金监管】 省住房和城乡建设厅会同省财政厅对全省住房公积金管理中心2012年度住房公积金业务与管理工作进行考核,表彰先进,促进各管理中心规范管理,提高效率。11月12日,省住房和城乡建设厅印发《福建省住房公积金监管工作规则》,从事前沟通、督查、审计、信息化以及事后监督等方面对住房公积金监管工作作出相关规定,明确各方职责,提高住房公积金监管规范化水平。

【住房公积金信息化建设】 4月2日,省住房公积金数据备份与应用中心(一期)项目正式通过验收,实现全省住房公积金数据适时备份到省住房和城乡建设厅,在实现数据异地备份确保数据信息安全的同时,也可避免各地分散建设造成的重复投资浪费。整合受托银行接入测试和冲还贷系统建设,完成兴业银行、农村信用合作社和中国银行在省直单位住房公积金管理中心的接入;完成交通银行和兴业银行在福州住房公积金管理中心的接入;完成福州、泉州管理中心工商银行行内冲还贷功能的上线。

【住房公积金服务】 贯彻落实住房和城乡建设部《关于开通12329住房公积金热线的通知》要求,全省各设区市及省直单位住房公积金管理中心均开通住房公积金12329服务热线,方便缴存职工,被誉为"听得见的微笑"。各管理中心根据《福建省住房公积金金融业务受托银行年度考评试行办法》的要求,制定辖区内受托银行年度考评实施细则,成立考评小组对受托银行进行考评。从7月份开始,省住房和城乡建设厅对管理中心受托银行年度考评工作开展情况进行检查和通报。各管理中心按照简政放权要求,结合工作实际,简化办事程序,优化业务流程。福州和省直管理中心开展住房公积金贷款楼盘预先报备工作,并将受理、审批、签订合同、抵押登记等环节提前,缩短审批、放款时限。莆田市管理中心出台《进一步简化借款申请人的收入认定手续及有关事项》,直接以缴交基数核定职工收入,无需再提供单位出具收入证明,方便职工缴存。

城乡规划

【概况】 2013年,全省城市规划工作围绕省委、省政府关于"推进新型城镇化"、"点线面攻坚计划"等重大战略部署,加强规划培训,加快各类规划编制,强化规划实施监管。在规划培训方面,除了与省委组织部联合在京举办有全省县(市、区)党政主要领导和设区市规划局局长参加的城市规划管理研修班外,全年还举办3期城乡规划管理和技术人员培训班,共培训基层规划管理人员及技术人员近800人,培训效果得到学员一致肯定。在规划监管上,开展新一轮全省城乡规划设计质量和规划实施情况专项检查,并将检查结果通报全省,督促各设区市落实整改。11月初在漳州召开全省规划院长座谈会,通报全省规划检查和规划评优工作情况,探讨进一步加强规划市场与质量管理的措施。推进省级城乡规划信息平台和项目管理备案平台建设。

【举办城市规划管理研修班】 8月26～30日,省住房和城乡建设厅与省委组织部联合在北京大学举办城市规划管理研修班。学员包括全省县(市、区)党政主要领导和设区市规划局局长共59人。省委书记尤权亲自过问培训班有关事宜;省长苏树林对开展领导干部城乡规划管理培训和提升素质提出明确要求;省委常委、组织部长姜信治审定办班方案;副省长陈冬多次听取培训进展情况汇报;省委组织部副部长杨国豪出席研修班开班仪式并讲话;省住房和城乡建设厅厅长龚友群邀请住房和城乡建设部领导为研修班授课,并具体组织协调培训有关事宜。研修班学时5天,安排专题讲座10讲,实地参观北京园博园和通州杨庄村城乡一体化建设,围绕城镇化、城市特色、污水垃圾处理、村庄建设等主题开展2次交流讨论。邀请的授课老师有住房和城乡建设部副部长仇保兴、城乡规划司司长孙安军、村镇建设司司长赵晖、城乡建设司巡视员张悦,以及朱文一、俞孔坚、杨保军、张兵等一批清华大学、北京大学和中国城市规划设计研究院的知名教授和专家学者。研修课程结合国内城乡规划建设管理工作重点和热点,内容涉及新型城镇化、城市管理、城市规划与资源节约、村镇建设、生态景观和城市设计、历史文化名城保护、基础设施建设等方面,既有对规划先进理念与发展趋势的介绍,也有对城乡建设实践经验和案例的剖析,内容全面,信息量大,实用性和实效性强。特别是住房和城乡建设部副部长仇保兴在新型城镇化讲座中提出的"九个转型"发展目标,对稳妥推进福建省城镇化进程具有重要指导意义。

【城市和村镇规划编制】 继续支持福州和厦漳泉两大都市区建设和三明、南平、漳州等城市总体规划编制。《福建省城镇体系规划》上报国务院。积极指导莆田、石狮城乡一体化规划,明确南安、福清、福鼎三市作为福建省首批开展县(市)域城乡总体规划编制的试点城市,统筹考虑中心城市及其周边联系密切的市县乡镇规划,推动城乡规划、社会经济发展规划、土地利用总体规划的"三规融合"和城乡规划一套图制度建设。全省县城近期建设用地控规覆盖率达到60%。

全省各地做好4178个村庄规划报批工作,截至年底,有4150个村庄经县级政府审批,占总数的99%。结合住房和城乡建设部村庄规划编制试点工作,经住房和城乡建设部组织专家评选,福建省莆田市城厢区华亭镇园头村、龙岩市连城县宣和乡培田村2个村庄规划入选住房和城乡建设部公布的第一批全国村庄规划示范名单(全国仅28个)。组织各地申报2013年度村镇规划编制项目,并经专家检查验收纳入省级村镇规划编制成果项目库,对纳入项目库的规划编制成果,实施"以奖代补"资金补助。通过"以奖代补"资金补助,引导村镇做好规划编制或修编,推进村镇规划编制工作。

【规划实施】 支持福州新区、美丽厦门、泉州环湾城市、武夷新区等重点区域建设和海西龙岩产业集中区等开发区设立和升级扩区,推动城市地下空间和停车场规划建设。重点推出"三边三节点"(即山边、水边、路边和城市中心节点、市民活动节点、交通枢纽节点)整治提升工作,组织开展全省"三边三节点"项目摸底,初步确定2014年省级重点监管项目名单和资金分配补助计划,初步明确工作推进措施。

【规划标准制定】 制定出台《福建省城市设计导则(试行)》、《福建省城市景观风貌专项规划导则(试行)》等技术规定,强化规划技术支撑。研究制定《福建省县城建设标准》,对县城规划、功能、风貌、管理等提出要求。下发通知征求各市县城乡规划主管部门对《福建省城市规划管理技术规定》试行一年来的意见和建议,组织开展新一轮修订工作。

【开展新一轮规划设计质量和规划实施情况专项检查】 6月4~9日,省住房和城乡建设厅抽调相关人员组成4个检查组,分别赴9个设区市开展全省城乡规划设计质量和规划实施情况专项检查。检查组共抽查9个设区市及福清、南安、长泰、顺昌等15个县(市),采取听取汇报、开展座谈、查阅资料、查看项目现场等形式,重点就城市总体规划和控制性详细规划实施情况、规划设计质量和规划市场管理等内容进行检查,并将检查结果通报全省。从检查情况看,自2011年全省开展规划设计质量和控规实施情况检查及全省城乡规划工作电视电话会议后,全省各地城乡规划工作力度加大,进步明显。主要体现在规划重要性认识进一步增强,规划设计质量有新提高,规划实施机制逐步加强,规划市场管理逐步规范,规划编制类型多样化。但在检查过程中也发现存在的问题,即部分市县控规编制相对滞后,一些市县规划设计质量把关不严,省外规划编制单位编制质量差别较大,个别单位成果存在深度不足现象,少数市县规划设计市场管理不到位等问题。截至12月底,各设区市的整改落实基本到位。

【乡村规划师选拔培训试点】 结合莆田市城乡一体化综合改革配套实验,选择莆田市城厢区、秀屿区作为全省选拔培训乡村规划师工作试点。聘请福州大学、福建工程学院等院校专家授课,举办3期培训班,选拔培训300多人。通过培训、结业考试和现场观摩,参训人员初步掌握村庄规划、住宅建造、建房政策等方面基本知识。

城市建设

【概况】 2013年，福建省城市建设突出环境综合整治，基础设施建设，规范标准编制等重点工作，在提升城市品位、增强服务功能、强化行业精细管理等方面取得成效。继续推进城乡环境综合整治"点线面"攻坚，实施"点线面"项目702个，完工130个，年度完成投资224亿元。大部分城市和部分县城环境有明显改观，使老百姓获得实实在在的利益。

【老城区和中心城区综合整治】 继续推进城区综合整治，全省共完成167条街道景观综合整治，实施建筑立面改造5529栋、改造立面面积148万平方米。推进城区水环境整治，全省城区内河、内湖整治完成投资34亿元，铺设截污管道147千米，清淤108万立方米，提升岸线景观绿化面积92万平方米。下地缆线127条、244千米，建成地下综合管廊34千米。通过综合整治，老城区、中心城区的老大难问题得到适度缓解，人居环境得到根本性改善。

【拉开城市框架改善城市综合交通】 全面启动轨道交通建设，福州轨道交通1号线全面开工，厦门轨道交通1号线动工兴建。加快完善城区路网及交通基础设施，全省新、扩、改建城市道路532条、1308千米、2433万平方米，铺装修复人行道173万平方米，新建完善行人过街天桥（地道）设施28处。推进公共停车场建设，全省新增公共停车场56处、9187个停车位。加快公共自行车系统建设，福州、厦门、漳州建成城市公共自行车服务站点89处、投放自行车2600辆。

【污水垃圾治理】 以城乡统筹为导向，提升污水垃圾治理能力。完善城镇污水处理设施及管网配套。新扩建城镇污水处理厂18座，新增日处理能力26.5万吨、管网1000千米。全省建成城镇污水处理厂118座、日处理能力418万吨，市县污水处理率86%；累计争取中央"以奖代补资金"4.2亿元和中央预算内资金4.1亿元支持污水管网建设。试点水泥窑协同污泥垃圾焚烧处理技术，30座城市污水处理厂污泥实现安全处理处置；启动"六江两溪"流域周边1千米范围和土楼保护区内乡镇污水处理工作。加快城镇垃圾处理设施建设。新建垃圾焚烧处理场1座、扩建垃圾填埋厂1座，新增日处理规模1170吨，全省累计建成垃圾无害化处理场70座，日处理能力2.52万吨，市县垃圾无害化处理率94%。推进城乡垃圾处理一体化，新建193座生活垃圾转运站配套238辆垃圾运输车，下拨"以奖代补"资金5075万元。43个省级试点镇都建成1座压缩式垃圾转运站。调研全省环卫工人福利待遇，报告省政府。印发《福建省环境卫生作业监管办法》，评估考核15座垃圾焚烧发电厂运行情况。完成存量垃圾治理普查，建立台账。

【餐厨垃圾治理】 推动垃圾分类试点，出台餐厨垃圾管理暂行办法，配套2个示范文本，1个服务经营协议。新增82个住宅小区和118个机关、企事业单位列入垃圾分类试点，垃圾分类试点小区成为物业管理企业评优前置条件。

【城市供水供气和防涝设施建设监管】 加快完善城市供水供气和防涝设施建设与监管。加快供水设施建设，新增改造供水管道1040千米和557千米，新增日供水能力24万吨；督查31个县城出厂水和管网水供水水质106项指标。提升排水防涝能力，7个市县完成规划编制（修编），普查排涝设施，投资40亿元建设排水防涝设施，建立内涝城市通报制度，专题调研厦门城市排水防涝。做好管道燃气和汽车加气站建设与市场监管，批复建宁等6个县（市、开发区）管道燃气项目特许经营方案，摸底调查全省城市管道燃气应急保障设施和城镇燃气老旧管网改造项目，开展燃气百日安全生产大检查和餐饮场所用气安全排查。

【规范标准编制】 编制标准，下发规范性文件，强化技术指导。着手编制《福建省地下管线非开挖工程管理规定》，印发《福建省城镇生活污水处理厂污泥处理处置技术指南》和《福建省乡镇生活垃圾转运站图集》。

【城建行业信息化建设】 推进城市建设行业信息化建设，实施精细管理。抓实数字化城市管理系统建设，在长乐召开现场会推广基于电信云平台的统一建设模式。建立地下管线信息化管理系统，福州、莆田、厦门等地建立完善地下管线信息化管理系统，泉州市启动下穿通道水位报警及视频监控自动化平台和监控系统、雨水管网地理信息系统建设。

【城建行业安全生产管理】 城建行业安全生产管理，强化督查考评。城市桥隧管养，福州、莆田、龙岩等地整治改造17座病害桥梁。供水污水垃圾设施运营监管，考评33家供水、58家污水处理企业运行管理情况；继续开展污水处理工、化验监测工、水质检验工、垃圾焚烧厂废水、废气、废渣处理工等关键岗位技能培训。燃气经营行为和隐患排查，挂牌督办福州2处管道燃气设施圈围占压安全隐患，督促福州市停产整顿5家液化气灌瓶站。

【城建战役现场会】 组织城建战役、行业现场会。1月，在漳州市召开全省城市建设战役现场会；6月，召开排水防涝工作座谈会，部署年度工作重点；7月，召开污泥处理处置技术推介会；10月，召开试点小城镇污水处理设施建设督促会，推动试点镇加快项目进度。

【试点示范】 抓好试点示范。积极申报国家奖项，推荐漳州西溪湿地公园、莆田绶溪公园——荔枝林绿道等6个项目参评2013年中国人居环境范例奖。

【园林绿化概况】 为持续做好城市绿化美化花化彩化工作，按照"四季常绿、四季有花、四季变化"的要求，召开全省城市园林绿化工作座谈会，加强技术指导、监督和考核，推进城市绿化发展。据统计，2013年全省实施城市绿化花化彩化项目229项，完成投资约42.34亿元，超年初计划238%，新增建成区绿化覆盖面积约4129.43公顷，完成年度计划的129%，新增建成区绿地面积约3774.88公顷，约占年度计划的126%，新增公园绿地面积约1153.24公顷，约占年度计划的231%。新增中心绿地118处、453.09公顷，新增公园58个、557.34公顷，植树约621.34万株，超额完成省委、省人民政府提出的办实事任务。到2013年底，全省城市建成区绿化覆盖率42.77%、绿地率39.01%、人均公园绿地面积12.65平方米；县城建成区绿化覆盖率41.29%、绿地率37.78%，人均公园绿地面积12.77平方米。

【城市义务植树】 省住房和城乡建设厅为促进全省住房和城乡建设系统开展植树活动，在开展全民义务植树32周年之际，组织厅机关、直属事业单位、团委、妇委会以及福州市园林局等干部职工，于3月14日上午在福州市开展义务植树活动。

【园林城市创建】 创建园林城市是推进城市园林绿化工作，加强人居生态环境建设，建设美丽福建的有效措施，2013年福建省进一步加大创建园林城市(县城)力度，省住房和城乡建设厅多次组织专家赴晋江、建瓯市、漳平市等地调研、指导。晋江市获"国家级园林城市"称号，建瓯市、漳平市获"省级园林城市"称号，上杭县、永泰县、长汀县、永春县、永定县、尤溪县、东山县、霞浦县、罗源县、宁化县、仙游县获"省级园林县城"称号，在全国率先实现所有城市都达到省级园林城市以上。截至2013年底，全省共有9个国家园林城市，5个国家园林县城和31个是省级园林城市(县城)。

【园林博览会成果】 第九届中国(北京)国际园林博览会11月18日闭幕。住房和城乡建设部通报表彰该届园博会先进集体和个人，福建省获多个奖项。其中，福建省政府获突出贡献奖，厦门市政府获特别贡献奖和特别成就奖，省住房和城乡建设厅获特别组织奖，厦门市政园林局被评为先进集体，许奇、林国荣等24人获先进工作者称号。同时，园博会组委会还通报表彰优秀参展作品，福建省住房和城乡建设厅被授予特优建设奖，福建园分别被评为室外展园综合奖大奖、展园设计奖大奖、展园施工奖大奖、植物配置奖大奖、建筑小品奖大奖、室内展陈综合奖银奖。

【园林绿化科研】 公布实施《平潭综合实验区绿化建设导则(试行)》，促进平潭园林绿化建设健康、可持续发展。赴平潭调研城市园林绿化，起草《平潭综合试验区推进生态文明建设加快造林绿化工作的经验》，下发全省学习借鉴。组织制定《立体绿化实施意见》、《古树名木管理办法》等文件。

【风景名胜区总体规划编制】 批复九龙湖、凤凰山、翠屏湖3个省级风景名胜区总体规划编制(修编)，武夷山等4个景区总体规划编制(修编)通过专家评审，继续推进太姥山、清源山、玉华洞、东冲半岛、瑞云山、三平等国家级、省级风景名胜区的总体规划修编或编制工作。

【景区建设项目选址审批】 对风景名胜区内的建设项目选址方案组织专家评审后按规定程序审批，批复武夷山南入口等4个风景名胜区服务区项目的选址方案，批复西气东输管道穿越太姥山选址线路等14个风景名胜区建设项目方案选址。

【景区执法检查】 根据住房和城乡建设部2013年国家级风景名胜区执法检查的通报整改要求，督促泉州清源山风景名胜区做好整改工作；组织对全省33处省级风景名胜区进行综合检查，并经省政府同意通报检查结果。

【风景园林立法工作】 《福建省风景名胜区条例》通过省人民政府审定，报省人大常委会审议。

村镇建设

【概况】 2013年，福建省村镇建设工作按照省委、省政府决策和省住房和城乡建设厅工作部署，全面推进城乡环境综合整治"点线面"攻坚计划和村庄环境综合整治，深化小城镇综合改革建设试点，促进历史文化名镇名村保护发展，加强农村住房建设技术指导和服务，提高全省村镇规划建设管理水平。截至年底，全省共有595个建制镇，334个乡，14438个村庄(行政村)；总人口2787.5万人，其中建制镇736.49万人，乡103.89万人，镇乡级特殊区域 4.05 万人，村庄 1943.07 万人；年末实有房屋建筑面积 12.32 亿平方米，人均住宅建筑面积 38.54 平方米。建制镇人均道路面积 16.17 平方米，用水普及率 87.49%，燃气普及率 80.54%。

【农村住房建设】 组织编写 6 套省级村镇住宅通用图方案集，下发各地使用，广泛宣传；龙岩市、漳州市也编制印发地方通用图集。2013 年是福建省连续第二年列入国家危房改造项目，中央安排福建省危改任务 2.6 万户，补助资金 1.95 亿元，省级配套资金 6.1 亿元。省住房和城乡建设厅与省农办、省发改委、省财政厅联合印发《关于做好 2013 年造福工程危房改造工作的通知》，明确全省 2013 年危房改造的指标任务、补助对象、标准、操作程序、保障措施等要求。截至 11 月，全省危房改造开工建设 42839 户，竣工 26708 户，累计完成投资 6.3 亿元。

【"美丽乡村"建设】 开展村庄环境综合整治，全省 257 个农村社区，118 条公路铁路线开展整治建设试点，完成投资 86.6 亿元，改善城乡环境面貌，新培育永春山后村、安溪山都村、建阳璞石村、顺昌口前村、闽侯孔元村、莆田涧口村等一批整治示范点，逐步发挥示范带动作用，全省树立 20 多个美丽乡村示范村，整治取得阶段性明显成效。

【试点镇建设】 深化小城镇综合改革建设试点。省政府召开全省小城镇综合改革发展战役福清现场会，对试点工作进行全面部署，43 个试点镇规划设计进一步完善，示范区建设有序推进，城建项目建设加大力度，景观综合整治持续推进，小城镇综合改革建设试点取得新进展。

【村镇住宅小区建设试点】 继续抓好村镇住宅小区建设试点。从各地上报的 52 个省级村镇住宅试点小区备选项目中，筛选确定 26 个省级村镇住宅试点小区，评选出 8 个优秀省级村镇住宅小区。至此，全省累计确定 15 批 299 个省级村镇住宅小区建设试点和 9 批 77 个优秀省级村镇住宅小区。通过持续推进村镇住宅小区建设试点，引导农民转变建房观念，提高农村建房水平。

【乡镇绿化】 2013 年全省乡镇新增建成区绿化覆盖面积 30055 公顷，新增公园绿地面积 6705 公顷，建成区绿化覆盖率 25.18%，人均公园绿地面积 9.16 平方米，48 个乡镇达到"绿色乡镇"标准。

【名镇名村保护】 引导有条件的村镇申报第六批国家级历史文化名镇名村，向住房和城乡建设部申报 23 个国家级名镇名村候选名单。组织相关专家，对武夷山市五夫镇、泰宁县大源村、福鼎市店下镇巽城村、磻溪镇仙蒲村、屏南县双溪镇、古田县杉洋镇等 6 个镇村保护规划，开展省级技术评审并指导规划报批。经住房和城乡建设部组织评审公布，福建省 25 个村庄列入第二批中国传统村落名录。福建省两批共有 73 个村庄列入中国传统村落名录。

勘察设计

【概况】 2013 年，福建省勘察设计单位营业总收入 351.21 亿元，上缴税款 8.61 亿元，利润总额 24.20 亿元。勘察设计单位工程勘察完成合同额 17.74 亿元，工程设计完成合同额 66.21 亿元，工程技术管理服务完成合同额 6.70 亿元，工程承包完成合同额 114.77 亿元。截至年底，全省共有勘察设计企业 641 家，其中工程勘察单位 54 家（甲级 23 家、乙级 15 家、丙级 5 家、劳务 11 家）；工程设计单位 364 家（甲级 104 家、乙级 123 家、丙级 137 家）；专项设计单位 223 家（甲级 61 家、乙级 149 家、丙级 13 家）。勘察设计咨询行业共有从业人员 4.22 万人，其中高级职称 0.60 万人，中级职称 1.18 万人。各类注册执业人员中有一级注册建筑师 713 人，一级注册结构工程师 1003 人，注册土木工程师（岩土）368 人，注册公用设备工程师 385 人，注册电气工程师 342 人。全省施工图审查机构共 30 家，审查人员 733 人。审查机构中一类审查机构 14 家，二类 16 家；同时具有房建和市政基础设施审查资格单位 8 家，房建 19 家，市政基础设施 3 家。2013 年全省完成施工图审查项目 13698 项（工程勘察 5834 项，建筑工程 5969 项，市政工程 976 项，专项工程 919 项），建筑面积 14906 万平方米。

【勘察设计质量专项治理】 根据住房和城乡建设部对勘察设计质量专项治理的工作部署，制定《福建省深入开展房屋建筑工程勘察设计质量专项治理实施方案》，开展全省勘察设计质量专项治理工作。组织召开全省勘察设计质量专项治理工作会议，分析勘察设计行业状况和存在问题，交流工作经验和思路。通过专项治理，争取 2017 年全省房屋建筑工程施工图设计文件审查每百个项目违反工程建设标准强制性条文数比 2013 年下降 25%，勘察设计审查一次通过率在 2013 年基础上提高 15%。此外，在全省开展勘察设计和施工图审查质量检查，对 2012 年以来完成的在建保障性安居工程、市政桥梁以及大型公共建筑等项目进行重点检查。组织检查组对全省勘察设计质量进行督查，共抽查在建项目 44 个，发出督促整改通知书 9 份。

【出台管理办法】 进一步完善勘察设计招投标管理制度，组织修订并印发《福建省建筑工程设计招标投标管理若干规定》和《福建省建筑工程勘察招标投标管理若干规定》，规范建筑工程勘察设计招标投标活动；协调有关部门完善省综合性评标专家库中建筑工程专家库，促进勘察设计招标投标活动有序开展。出台《关于加强建筑玻璃幕墙规划设计管理的通知》，从规范建筑玻璃幕墙选用、设计单位和从业人员准入管理、设计质量控制、规划审批管理、施工图审查把关和履行基本建设程序等方面提出具体要求，加强全省新建建筑玻璃幕墙规划设计管理，从源头上消除玻璃幕墙安全隐患。下发《关于在市政和建筑工程中推广应用预制式排水检查井的通知》，要求在新建、改建、扩建的市政和建筑工程中优先使用塑料或（钢筋）混凝土预制式排水检查井。通过引进先进技术工艺，防止地下水污染，保护和改善环境，提高工程质量。

【勘察设计资质管理】 对全省勘察设计单位开展资质检查，实行勘察设计资质动态监管，督促企业按规定配备专业技术人员。加强专业技术人员管理，清理挂证人员，避免一人多岗、人证分离现象。全年共完成576家勘察设计单位资质检查工作。贯彻落实《工程勘察资质标准》和《工程勘察资质标准实施办法》，下发《关于实施〈工程勘察资质标准〉有关问题的通知》，部署全省工程勘察资质换证有关工作。

【对省外驻闽单位实施登记备案管理】 加强省外勘察设计单位进闽承揽勘察设计业务登记备案管理，继续实施单项工程和设立分支机构备案制度，规范省外勘察设计单位从业行为。截至2013年底，共有62家省外勘察设计单位办理分支机构备案，全年单项备案项目达1178项。

【施工图审查管理】 贯彻落实国家新的施工图审查管理办法，组织做好施工图审查管理实施细则的修订工作。制定审查机构调查问卷，召开多场调研座谈会，听取各方意见后，出台《福建省房屋建筑和市政基础设施工程施工图设计文件审查管理实施细则》及相关配套文件，规范施工图审查管理。福建省在全国率先出台施工图审查管理实施细则，《中国建设报》在头版进行专题报道。完成全省审查机构换证工作，全省30家审查机构顺利通过换证。定期通报施工图审查完成情况，对违反强制性条文较多的勘察设计单位进行通报批评，并约谈法人代表和项目负责人共15人。组织开展全省市政行业道路、桥梁和给排水等专业施工图审查人员和部分设计人员培训，共培训150多人。

【评优评先】 对具有八闽特色，建筑风格突出，规划布局合理，体现绿色、环保、人文理念的建筑进行评选，规范八闽特色建筑和福建十佳建筑评选活动，彰显八闽建筑特色。通过评选活动，激励设计人员自主创新，繁荣设计创作。组织开展首届福建省八闽特色建筑设计奖评选，推荐获奖项目在第七届海峡绿色建筑与建筑节能博览会上进行展示，弘扬八闽特色建筑文化，提升建筑设计水平。推荐优秀勘察设计项目参加全国优秀工程勘察设计奖评选，19个项目获奖。其中，福建省建筑设计研究院设计的福建华南女子职业学院大学城新校区和福建昙石山遗址保护工程岩土工程勘察研究等两个项目获一等奖；福州市规划设计研究院设计的福州市白马路（河）沿线综合整治工程、厦门华岩勘测设计有限公司设计的怡山商业中心等5个项目获二等奖；另有12项获三等奖。组织开展2013年度福建省优秀工程勘察设计奖评选，共评出73项省优工程，其中一等奖11项，分别为建筑设计3项，工程勘察3项，工程设计4项，园林景观1项。

【工程抗震防灾】 南安市城市抗震防灾规划通过省级技术审查，漳州市、平潭综合实验区启动编制工作，福清、永安市城市抗震防灾规划文本初稿编制完成，南平市对原来编制完成的规划文本重新进行修订。开展超限高层建筑工程抗震设防专项审查，共组织完成厦门海峡旅游服务中心等59个项目的抗震设防专项审查。督促设计单位认真落实专家审查意见，提高建筑结构可靠性，保证工程抗震设计质量。会同发改、财政、地震等部门联合出台《关于进一步加强房屋建筑和市政基础设施抗震设防管理工作的意见》。加强建筑隔震减震技术应用指导，在厦门、泉州、福州的学校、医院、高层住宅等建筑工程中积极应用隔震技术。

工程质量安全监督

【概况】 2013年，全省各级住房城乡建设行政主管部门强化工程质量安全监管，推进标准化、信息化建设，深化专项整治，落实各方主体责任。工程质量总体受控，安全事故死亡人数控制在省政府下达的目标责任指标内。全省有122项工程获"闽江杯"优质工程奖，2项工程获国家鲁班奖，313项工程获省级建筑施工安全文明标准化示范工地。

【质量安全制度建设】 印发《城市轨道交通工程关键节点施工前条件验收暂行规定》，规范城市轨道交通工程关键节点施工质量安全风险管控。印发

《关于进一步加强建筑边坡工程质量安全管理的通知》，加强建筑边坡工程质量安全管理。召开市政桥梁工程专家座谈会，印发《关于加强市政桥梁工程质量安全管理的通知》，强化市政桥梁工程质量安全控制。制定《福建省既有建筑幕墙安全维护管理实施细则》，部署开展既有玻璃幕墙排查抽查，健全"福建省既有建筑玻璃幕墙信息系统"，建立玻璃幕墙安全档案。

【制定完善监管措施】 制定《检测机构和预拌混凝土企业质量巡查办法》、《福建省城市轨道交通工程关键节点施工前条件验收暂行规定》、《福建省城市轨道交通工程质量安全监督抽查抽测规定(试行)》、《福建省园林绿化工程质量监督抽查抽测规定(试行)》和检测数据网上监管规定。印发《关于进一步加强建筑边坡工程质量安全管理的通知》、《关于加强市政桥梁工程质量安全管理的通知》和《关于加强施工总承包一级企业扩大承包范围工程项目质量安全监督管理的通知》。

【省直监工程监管】 截至12月，省建设工程质量安全监督总站全年共监督工程项目21个，总建筑面积约80万平方米。受监在建工程项目16个，其中房建工程项目14个，市政工程项目2个。推进创建省级示范工地活动，全年开展4次直监工程省级文明标准化示范工地的现场考核工作，推选4个工程项目参加省级示范工地评选。制定施工总承包一级企业扩大承包范围工程项目监管措施。总站印发通知，对施工总承包一级企业扩大承包范围工程项目实施监管与监督指导。施工总承包一级企业扩大承包范围工程项目共有4个。

【责任主体动态监管】 规范施工总承包企业项目部施工管理人员及监理项目备案管理，明确人员配备标准，禁止备案人员随意变更。依托"三网"(电信网广播电视网、互联网)系统加强在建工程质量安全动态监管，定期对动态监管信息进行统计分析，剖析存在问题，提出对策措施，并对动态管理较差的施工、监理单位和监管力度较差的质量、安全监督机构进行通报。2013年，全省共有12159个在建工程项目、35314个单位工程纳入动态管理，各级监管部门共对4177个施工项目负责人、2377个总监理工程师分别记72870分、65745分。对检查发现质量安全管理不到位、现场存在较大隐患和问题、动态考核违规记分达一定分值的相关责任人及其所在单位法人采取集中教育培训、约谈、通报批评、行政处罚，并与企业资质差异化检查联动、在工程项目交易中心予以公告等方式，促进其落实主体责任、认真履职。

【工程项目动态监管】 开展质量、安全督查巡查8次，共抽查在建工程项目120项，发出督促全面停工、局部停工、改正通知书分别为10份、27份、55份。责任主体动态监管，截至12月，全省共有16740个工程项目、44807个单位工程纳入动态管理，在建工程12159个工程项目、35314个单位工程；发出质量责令改正通知单13687份，安全责令改正通知单11373份，消除质量隐患34176个、安全隐患45604个；共对4094个工程项目的4177个施工项目负责人、2377个总监理工程师分别记72870分、65745分，其中有173个施工项目负责人、156个总监被记60分以上，53个施工项目负责人、42个总监被记80分以上，19个施工项目负责人、4个总监被记100分以上。全省各地实时采集35158根基桩静载试验数据，其中总沉降量大于40毫米的186根，未达最大试验荷载的766根，这些试验异常桩按有关规定处理，及时消除质量安全隐患。处理动态记分超过80分主要责任人。对动态记分超过80分、100分的省内企业施工项目负责人所在企业报省住房和城乡建设厅分别列入2013年企业资质审查黄色、红色通道；对动态记分超过80分的总监理工程师和省外企业施工项目负责人所在企业以省住房和城乡建设厅文件予以通报，并在全省各级工程项目交易中心予以公告供建设单位招标中评判、取舍。对全省动态管理情况进行统计分析，找出存在问题，提出对策措施，并对监管力度较差的质量、安全监督机构和动态管理较差的施工、监理单位予以通报。

【工程质量安全监督机构和人员考核】 开展2011～2012年度全省工程质量安全监督机构和监督人员考核工作，共考核监督机构120家、监督人员1069人。经考核，监督机构89家合格、31家不合格；监督人员1063人合格、6人不合格。对考核较差的17家监督机构做好层级指导。两次以省住房和城乡建设厅名义发函地方政府，推动当地政府研究解决监督机构列入参公或财政核拨单位管理以及人员编制、经费等问题。

【安全生产实施"一岗双责"】 安全生产工作，健全"一把手全面抓，分管领导具体抓，职能处室抓实施"的工作机制。省住房和城乡建设厅领导按照"一岗双责"要求，多次带队检查、落实分管领域安全生产工作，多次召开专题会议研究安全生产工作，约谈警示安全问题突出的责任企业，反复强调安全生产是不可逾越的"红线"，增强干部职工做好安全生产工作的责任感、紧迫感。

【建筑安全生产目标管理】 根据福建省人民政府、住房城乡建设部下达的安全生产责任制目标，省住房和城乡建设厅制定安全生产控制指标和2013年全省建设工程质量安全工作要点，并在全省住房城乡建设工作会议上与9个设区市及平潭综合实验区建设行政主管部门主要负责人签订责任状。通过季度安全形势分析、约谈、检查通报、差异化监管等方式，加强动态考核管理，确保责任目标落到实处。

【薄弱部位施工安全监管】 针对部分开发区和园区工程建设单位法律意识淡薄，不办理基本建设手续、违法建设、私招滥雇、安全生产主体责任不落实等问题，加强薄弱部位建筑施工安全监管，印发《关于强化全省开发区和园区建设工程以及小区内桥梁等附属工程施工安全监管的通知》，严厉打击建筑领域工程转包、挂靠等违法违规行为，要求对存在违法违规行为、不具备安全生产条件的企业及个人从严惩处，该停工的坚决停工，该立案的坚决立案查处，强化建设各方主体责任落实，强调建设单位对建设工程安全生产负总责，施工单位每月应由企业领导带队对开发区和园区建设工程施工安全情况至少进行一次检查，监理单位应对重点部位和重要施工环节严格检查验收，要求各地建设主管部门按照属地管理的原则加大对开发区和园区项目建设的指导力度，配合开发区和园区做好工程质量安全监管工作，工程质量安全监督机构和人员要严格按照省住房和城乡建设厅质量安全两个监督工作标准进行监督。

【建筑起重机械"一体化"】 编印《建筑起重机械一体化专业分包合同（示范文本）》和《福建省建筑起重机械安全管理导则（试行）》，召开建机"一体化"管理现场会，全省有48家企业列入建机一体化企业名录。

【建筑施工安全文明标准化】 组织编印《福建省建筑施工安全文明标准示范图集》、《房屋建筑工程常用模板及支撑安装推荐图集》的基础上，制作完成"建筑施工安全标准可视化三维仿真系统"，组织编制《市政工程施工标准化管理指南》和《建筑施工安全防护制作安装标准示范图集》，细化标准化施工具体措施。召开标准化示范工地现场观摩会，以福州、厦门两地4个项目为示范点，组织全省施工企业共2300余人现场观摩。通过示范引路，促进施工企业落实安全生产标准化达标创建主体责任，全省应达标的2941家施工企业按照先衔接、后提升的原则实现全面达标。

【质量安全大检查】 组织开展建设系统安全生产大检查、建筑施工安全生产重点整治百日行动、建筑施工企业及其在建项目质量安全生产专项督查，既查工程实体质量和安全生产情况，也查企业主体责任落实以及质量安全保证体系建设情况。2013年，各级建设主管部门共发出质量责令改正通知单13687份、安全责令改正通知单11373份，消除质量隐患34176条、安全隐患45604条。福建省住房和城乡建设厅组织6次督查，共抽查在建项目117个，发出各类督促改正通知书92份，5次召开隐患问题突出项目的责任单位和责任人的集中约谈会，以图文并茂的方式对安全生产突出问题进行点评、警示，帮助企业分析存在的问题，督促企业增强安全生产意识。

【安全生产许可证管理】 修订《福建省建筑施工企业安全生产许可证暂扣管理办法》，完善安全生产许可证暂扣处罚机制，对发生生产安全事故或虽未发生安全事故但已不具备安全生产条件的建筑施工企业实施安全生产许可证暂扣管理。全年共暂扣25家施工企业的安全生产许可证，对3起较大事故予以立案并跟踪督办。持续开展"打非治违"专项行动，组织专项检查，全省累计组织检查组1568个，检查人员15365人次，打击非法违法、治理纠正违规违章行为11830起，责令改正、限期整改、停止违法行为8442起，处罚金额83.8万元。

【安全宣传教育培训】 深入开展"安全生产月"活动，组织编写《安全监督手册》、《建筑施工企业安全事故汇编》、《建筑施工现场作业人员入场安全教育常识三字经》等资料。强化企业主要负责人和工程项目负责人、安全员、项目总监的教育、考核，举办全省防范建筑安全事故培训班，剖析典型事故案例，加强警示教育。贯彻落实《国务院安委会关于进一步加强安全培训工作的决定》，进一步加强培训考务工作管理，着力推行自学、面授、网络教育等多种方式的教育培训，推行考务标准化，做到"统一考试时间、统一考核标准、统一阅卷发布"，确保培训考核质量。2013年，全省共考核发证"三类人员"20191人，特种作业人员8465人、专业岗位管理人员1999人、职业技能鉴定16359人。督促企业落实安全教育培训主体责任，开展企业管理人员、作业人员年度安全生产教育培训，重点加强班组长、新工人、农民工等重点人员安全生产应知应会知识教育，落实持证上岗制度，切实提高职工的安全防范意识和操作技能。

【工程质量安全监管信息化建设】 安装启用"预拌商品混凝土质量动态远程监管平台"。推动

"远程视频监控系统"应用。全省有450个工程项目安装远程监控系统,其中福州293个、厦门209个、龙岩43个、泉州5个。开发启用"既有建筑玻璃幕墙信息系统",提供产权人登记和主管部门汇总既有玻璃幕墙信息,加强既有玻璃幕墙使用安全管理。开发"建筑施工安全标准可视化三维仿真系统",对提升建筑施工安全标准化水平提供教育学习平台。开发启用"工程监理项目备案"系统,实现工程监理项目部人员网上备案,审核项目部监理人员数量是否符合规定,限制同一注册监理工程师担任3个以上工程项目总监或跨设区市担任总监。

【监督队伍建设】 坚持抓业务与作风建设并举,强化监督人员党风廉政教育,推进监督工作标准化,严格按照质量、安全两个监督工作标准开展工作,并依托"三网"实现权力运行"大小有界、公开透明、网上留痕、全程监控"。建立量化考核机制,对监督机构和监督人员进行量化考核。通过现场检查指导、网上业务咨询评价、召开站长、监督人员培训班等多种方式加强层级指导。加快推动解决监督机构人员编制与经费等问题,两次发函给设区市、县政府,要求研究解决监督机构列入参公或财政核拨单位管理。全省还有14家监督机构未解决。

【应急管理】 做好节假日、重大节日、高温酷暑、台风汛期等敏感时期安全工作。修订出台《福建省住房和城乡建设系统防洪防台防涝应急预案》,有效应对"苏力"、"天兔"、"菲特"、"潭美"、"西马仑"等台风灾害。修订《福建省住房城乡建设系统地震应急预案》,支持仙游县地震灾后重建,组织有关专家前往灾区,对震后受损较严重的卫生院、学校、办公楼等17栋房屋建筑开展结构安全性鉴定。同时防范信访投诉引发群体性事件,接待群众来访,做好干部带案下访,有效化解矛盾纠纷。

【建设监理检测行业管理】 截至2013年底,福建省共有工程建设监理企业180家(其中综合资质1家,甲级监理企业95家,乙级监理企业60家,丙级监理企业24家),全省共有工程监理人员18604人(其中全国注册监理工程师3657人,福建省监理工程师4578人)。全省共有检测机构138家,按资质类别分地基基础33家,建筑工程材料109家,特种设备14家。组织修订《福建省房屋建筑和市政基础设施工程施工监理招标投标管理办法》,合理优化监理招投标评标办法,对综合评标法可由招标人根据项目具体情况自行选择是否需要评监理大纲、总监答辩;要求采用综合评估法的工程,评标委员会各成员应独立评分,对主观部分的分值评定说明理由,并作为评标报告的组成部分,规范评标专家的自由裁量权。出台《关于规范房屋建筑和市政基础设施工程监理项目备案工作的意见》,根据工程实际需要分施工阶段或标段合理调整配备监理人员。印发《关于加强施工现场主要建筑原材料检测管理的通知》,保障检测工作的可追溯性、公正性,推动检测质量鉴定工作正常开展。印发《关于开展检测机构和预拌混凝土企业质量巡查的通知》,建立检测机构和预拌混凝土企业质量常态化巡查机制。

建筑市场

【概况】 2013年,省委省政府出台扶持建筑行业发展政策措施,优化福建建筑业产业结构;进一步规范建筑市场秩序,强化工程招标投标监管,建筑业竞争力得以增强。全省完成建筑行业年产值5908亿元,同比增长24.4%。其中,总承包和专业承包企业完成建筑施工产值5459亿元,比增24.1%;实现全社会建筑业增加值1860亿元,比增13%(按不变价计),占全省GDP的8.5%。全省建筑业税收总收入216.45亿元,比增14.2%,占全省地方税收总收入14%。其中,营业税129.85亿元,比增12.9%,企业所得税43.38亿元,比增11.5%。全省房屋建筑施工面积48509.50万平方米,比增16.0%,其中新开工面积19558万平方米,比增18.7%。全省新签工程施工合同额6325.57亿元,比增35.3%;施工合同额合计10048.87亿元,比增24.4%。

【建筑业发展壮大措施】 5月29日,省人大常委会在第十二届人民代表大会常务委员会第三次会议上听取审议《关于我省建筑业改革和发展情况的报告》。省长苏树林多次强调要把建筑业的龙头抓起来、链条铸起来,加快培育一批大型企业、龙头企业,推动建筑业做大做强做精。10月25日,省政府以闽政〔2013〕44号发文,出台《关于进一步支持建筑业发展壮大的十条措施的通知》。2013年,全省新增总承包和专业承包一级资质企业77家(项)、二级资质200家(项),主项二级以上(含二级)建筑业企业占全部企业数量的38.9%。截至2013年底,全省建筑业企业共5562家,其中总承包企业2171家,占39.0%;专业承包企业1463家,占26.3%;劳务分包企业677家,占12.2%;设计施工一体化企业1251家,占22.5%(详见表2)。

福建省各序列、等级资质建筑业企业数量分布表　　　　表2

专业	企业数量(家)	特级		一级		二级		三级		不分等级	
		主项	增项	主项	增项	主项	增项	主项	增项	主项	增项
总承包企业	2171	3		205	84	624	355	1339	1590		
专业承包企业	1463			165	305	418	1105	847	5277	19	12
劳务分包企业	677					329	604	201	701	138	793
施工设计一体化	1251			48	9	1127	157	76	3		
小计	5562	3		747	1002	2370	2318	2262	6870	157	805

2013年，全省产值10亿元以上的企业有116家，产值合计2893亿元，占全省产值53%，其中超100亿元的企业3家(企业最高产值为145亿元)，50亿元至100亿元的5家，20亿元至50亿元的52家。重点骨干企业在拓展省外市场也有不俗表现，省外产值超过5亿元的97家，完成1336亿元，占全省省外产值67%，其中省外产值30亿元以上的7家，20亿元至30亿元的13家，10亿元至20亿元的32家。

【开展扩大承包范围试点】 为着力解决福建省建筑业企业资质等级总体偏低，房屋建筑施工总承包特级资质企业仅有3家，而房屋建筑体量越来越大、高度越来越高，符合资质条件的企业偏少的矛盾，经住房和城乡建设部同意，从2013年起在福建省范围内开展房建工程施工总承包一级企业扩大承包范围试点工作，并以《关于开展房建工程施工总承包一级企业扩大承包范围试点工作的通知》(闽建筑〔2012〕29号)和《关于开展房屋建筑工程施工总承包一级企业扩大承包范围试点工作的补充通知》(闽建筑〔2013〕14号)发文各地执行。全年共核准中建海峡建设发展有限公司等5家企业和5个项目进行试点，试点面积共计66万平方米。为加快核准流程，提高核准速度，更好地服务企业，省住房和城乡建设厅发出《关于开展房屋建筑工程施工总承包一级企业扩大承包范围试点工作的再补充通知》(闽建筑〔2013〕28号)，并公布第一批18家总承包一级扩大承包范围试点企业名单(闽建筑〔2013〕35号)。

【推进建筑模板脚手架一体化工作】 为加快推进建筑劳务企业实体化、专业化，省住房和城乡建设厅印发《关于先行先试推进建筑模板、脚手架一体化工作的通知》(闽建筑〔2013〕19号)，明确建筑模板、脚手架一体化企业核定条件以及试点范围、试点时间，要求各地扶持一批真正实体、诚信经营、管理规范的一体化骨干企业，鼓励钢模板、铝模板、复合材料模板等新材料、新工艺、新设备的推广使用。截至年底，各地共核准模板一体化企业4家，脚手架一体化企业5家。

【规范省外企业入闽备案管理】 为推动建立统一开放、公平竞争的建筑市场秩序，促进建筑企业持续健康发展，住房和城乡建设部发出《关于做好建筑企业跨省承揽业务监督管理工作的通知》(建市〔2013〕38号)。为贯彻执行住房和城乡建设部建市〔2013〕38号通知精神，进一步规范福建省建筑市场秩序，省住房和城乡建设厅印发《福建省省外入闽建筑施工企业备案管理办法(试行)》(闽建〔2013〕5号)，并配套发出《关于加强省外入闽建筑施工企业服务管理工作的通知》(闽建筑〔2013〕30号)。文件明确，各级住房和城乡建设主管部门不得对省外入闽建筑施工企业入闽施工备案设置其他程序和条件，不得要求省内跨区从事建筑活动的施工企业备案，不得扣押有关注册证书或执业印章；备案和登记管理工作分阶段实施，第一阶段暂受理部颁资质的建筑业企业和部注册的一级建造师。截至年底，有19家省外企业完成入闽备案工作。

【规范各类保证金制度】 省住房和城乡建设厅以《关于进一步规范我省房屋建筑和市政基础设施工程各类保证金制度的通知》(闽建筑〔2013〕29号)公开发文，进一步规范全省房屋建筑和市政基础设施工程各类保证金制度。为减轻企业负担，营造良好的建筑业发展环境，通知明确，除投标保证金、履约保证金、预付款保证金、质量保证(保修)金、工资保证金等5种法律明确规定可以向建筑施工企业收取的保证金外，不得收取其他保证金；投标人可以采用现金、银行保函、工程担保公司出具的担保保函等多种形式递交投标保证金，招标人不得限制投标人使用现金以外的其他形式投标保证金；投标保证金收取额度不得超过招标项目估算价2%，且不超过80万元。要及时退还各类保证金，要严格执行《关于规范工程建设项目投标保证金管理的通知》(闽建〔2012〕3号)，禁止招标代理机构代收投标保证金；以现金形式递交保证金的，保证金返还应计取银行同期存款利息。

【建设工程造价管理】 省住房和城乡建设厅发

出《关于进一步加强工程造价咨询企业监管工作的通知》(闽建筑〔2012〕27号),督促各地做好工程造价咨询合同和成果文件网上备案、分支机构造价师配备、工程造价咨询成果文件质量检查、造价咨询企业诚信综合评价等工作。为真实反映建筑市场人工价格水平,维护工程建设各方合法权益,经会省发改委、财政厅同意,省住房和城乡建设厅发出《关于调整建设工程人工预算单价的通知》(闽建筑函〔2013〕92号),从2014年1月1日起执行。土石方、拆除、搬运工程用工人工预算单价调整为每工日59元、建筑装饰工程用工调整为每工日100元、其他工程用工调整为每工日81元。2013年2月27日,修改劳保费用取费类别核定标准和办法,并以《关于组织开展2013～2016年度施工企业劳保费用取费类别核定工作的通知》(闽建筑〔2013〕7号)发文各地各企业实施。全年共对3153家企业的劳保费用取费类别进行重新核定。

【工程建设招标代理机构建设】 截至2013年底,全省共有工程建设招标代理机构137家,从业人员14249人,代理中标金额1436.8亿元,实现营业收入3.14亿元。继续推行在省管房屋建筑和市政基础设施工程施工招标中正式实施电子化招标投标。根据《福建省工程建设项目招标代理机构信用评价办法(试行)》(闽建筑〔2009〕35号),省住房和城乡建设厅组织开展招标代理机构信用评价,共评出福建安华发展有限公司、福建优胜招标代理有限公司、泉州汇高工程造价咨询有限公司3家企业为福建省工程建设项目招标代理机构2012年信用等级AAA级企业,福建华夏工程造价咨询有限公司、泉州诚信工程造价咨询有限公司2家企业为AA级,福建泉宏工程管理有限公司为A级。

建筑节能与科技

【概况】 2013年,建筑节能与科技围绕全省住房城乡建设领域中心工作,全面推进建筑节能与绿色建筑发展,推进可再生能源示范实施,部署全省建筑节能专项监督检查,加大智慧城市试点推进实施力度,办好第七届海峡绿色建筑与建筑节能博览会和第四届热带亚热带地区绿色建筑联盟大会,发挥建设科技和标准化工作支撑作用,加强工法管理,指导施工企业推进技术中心建设,组织建设科技研究和工程应用示范。

【建筑节能与科技政策】 贯彻《国务院办公厅绿色建筑行动方案》(国办发〔2013〕1号文),省政府转发省住房和城乡建设厅、省发改委、省经贸委制订的《福建省绿色建筑行动实施方案》(闽政办〔2013〕129号),明确绿色建筑发展目标、主要任务和保障措施,并将任务分解到各地。从2014年起,政府投资的公益性项目、大型公共建筑、10万平方米以上的住宅小区以及厦门、福州、泉州等市财政性投资的保障性住房全面执行绿色建筑标准。确定百项示范工程作为重点项目推进,覆盖绿色住宅小区、绿色保障性住房、绿色大型公共建筑、绿色生态城区、既有建筑节能改造、路灯改造、村镇太阳能应用和城市可再生能源建筑应用等八方面,总投资1153亿元,示范面积1950万平方米,要求各地在财政支持、金融服务、容积率奖励等方面赋予一定的优惠政策,先行先试。同时,相应制定《贯彻福建省绿色行动实施方案有关事项的通知》(闽建科〔2013〕39号),采取"两抓一加强",(抓基础、抓示范、加强领导)工作措施,稳步推进绿色建筑发展。截至11月,全省绿色建筑面积累计542万平方米,38个项目通过绿色建筑星级评价。加大可再生能源规模化应用推广力度。完成财政部、住房和城乡建设部可再生能源建筑应用示范市县9个、可再生能源建筑应用示范项目5个、光电建筑应用验收项目5个的实施核查和资金清算工作;完成2个国家光电示范项目验收工作。推进既有建筑节能改造和节约型高校建设。召开夏热冬冷地区既有居住建筑节能改造工作座谈会,就改造措施、技术和存在的困难问题等进行分析探讨,部署既有建筑改造工作。三明、南平市政府将既有居住建筑节能改造工作列入年度节能目标考核任务,福建农林大学列入高校节能改造示范。开展建筑节能专项检查。重点检查各地建筑节能工作完成情况和在建项目执行节能强制性标准情况。全省共检查项目161个,发出执法告知书或整改通知书36份,其中省住房和城乡建设厅抽查三明市、尤溪县、南平市、武夷山市等4个市(县),发出执法告知书7份。通报检查结果,表扬好的经验做法,对较差的市县和工程项目责令整改。

【发展规划的制定与实施】 "十二五"期间,福建省完成新建绿色建筑1000万平方米,新增可再生能源建筑应用面积3000万平方米,既有公共建筑节能改造65万平方米,夏热冬冷地区既有居住建筑节能改造30万平方米。引导绿色生态城区示范,重点推进武夷新区、厦门翔安新城、福州海峡奥体片区、平潭金井湾片区、漳州碧湖生态园和三明贵溪洋新区建设。提出切实抓好新建建筑节能、推进建筑节能管理和节能改造、推广可再生能源、加快绿色建筑技术创新、推动建筑工业化和建筑废弃物资源化利用、严格建筑拆除管理程序等重点任务。

【第七届海峡绿色建筑与建筑节能博览会】 举办第七届海峡绿色建筑与建筑节能博览会，以"绿色生态 美丽城乡"为主题，125家单位、236个项目参展，参观人数22.3万人次。同期举办第四届热带及亚热带地区绿色建筑联盟大会暨海峡绿色建筑与建筑节能研讨会。该届"绿博会"更加注重宣传绿色发展、低碳生活，是展示建筑节能科研成果，沟通科研、生产、消费渠道的重要平台，也是"6·18"的重点展会。共分7个专业展区和3个专题展区。在建筑节水、建筑电气与智能化、绿色照明、暖通空调与可再生能源应用、建筑节能幕墙与门窗、绿色装修与节能建材等新技术新产品和工程案例展示的基础上，进一步展示八闽特色设计作品、城乡环境综合整治成果、城市生活垃圾资源创意作品及数字城管、智慧交通、社区、家庭等智慧城市应用成果，贴近行业和生活。通过现场互动、多媒体等技术，多角度体现福建省建设成就、绿色建筑和生态城市新理念和绿色节能技术的趋势和变化。全省建设主管部门、高校、协会学会、企业积极参观参会，组织研讨会代表和绿博会地市代表约500人参观"福州东部新城"和"福建省绿色与低能耗建筑综合示范楼"项目，现场学习绿色建筑、可再生能源建筑应用示范技术。

【智慧城市试点】 南平、莆田、平潭、福州市仓山区、泉州台商投资区等5个市（区）列入住房和城乡建设部智慧城市试点名单并签订任务书，重点推进项目56个，计划总投资39亿元，其中41个项目已按计划启动。组织福州大学等单位开展智慧城市相关课题研究。针对福建省技术发展水平，制定适宜福建省内实施的智慧城市（区、镇）试点指标体系。组织各试点城市参加住房和城乡建设部培训，参观学习中国科学院遥感与数字地球研究所等在智慧城市项目建设中好经验和好做法。赴南平督促指导智慧城市公共基础平台、自身创新特色、组织保障、项目建设和投融资况建设。召开智慧城市试点工作推进会，加深智慧城市认识，搭建经验交流平台，推进重点项目建设。中国科学院遥感与数字地球研究所、航天神舟投资管理有限公司、住房和城乡建设部数字城市工程研究中心、国家开发银行福建分行、智慧城市服务商和各试点城市（区）有关人员参加。

【科技成果转化推广】 加强工法管理，制定《福建省工程建设省级工法管理实施办法》，进一步规范省级工法的申报、评审和成果管理，2013年上报国家级工法45部，批准省级工法84部。指导施工企业推进技术中心建设，新增省级企业技术中心3家，完成全省11家省级企业技术中心运行情况核查工作。组织省、部级科技计划立项。福建省主编的《橡胶胎粉沥青混凝土路面技术规程》、《土壤固化剂》（修订）等2项，参编的《电化学储能电站施工及验收规范》等9项获批为住房和城乡建设部2013年工程建设标准规范项目。20个项目申报省政府2013年科学技术奖，1个项目获二等奖，4个项目获三等奖；6个项目申报2013年省科技厅重点项目。组织建设科技研究和工程应用示范，下达科技计划129项，其中研究开发项目42项，建筑业10项新技术、绿色施工、省级示范工程项目37项，标准（图集）编制50项。验收7个省级示范项目。完善标准体系。批准发布《城市桥梁养护维修管理标准》等工程建设地方标准20部，《钢管混凝土技术规范》被住房和城乡建设部批准为国家标准，《建筑地基基础检测技术规程》和《喷射混凝土应用技术规程》批准为行业标准。

人事教育

【干部教育培训】 执行福建省住房和城乡建设厅干部年度教育培训计划，提高机关和直属事业单位干部综合素质。全年有计划地选派干部到省委党校、行政学院、省直工委党校、省人事干校等相关培训机构参加专题培训学习，鼓励引导干部参加在职继续教育，组织选派干部参加省委组织部举办的海西大讲坛。2013年，共组织20多名干部参加学习培训。

【专业技术人才队伍建设】 行业专业技术人才队伍建设，主要做好以下四方面工作。一是做好职称评审组织工作，从提高全省建设行业人才技术含量的角度出发，进一步改进完善职称评审办法，提高人才评价服务水平，落实土建类高级工程师评审论文答辩制度，全年共受理专业技术人员申报高级职称评审898人，其中733人通过评审；受理专业技术人员申报工程师评审105人，通过87人。2013年度省住房和城乡建设厅首次受理台湾在闽从业人员12名申报评审高级职称，其中通过9名。二是做好建设执业资格考试与注册管理工作，全年共组织9类24项执业资格考试13.2220万人次。考试注册工作安全进行，注册师人数稳步增长，截至年底，全省建设类执业注册人员达10.3667万人。三是组织举办福建省2013年住房城乡建设行业毕业生（人才）

专场招聘会，吸引省内高校毕业生和行业人才约1.1万名参会，共有近400家来自全省的建设行业企业进场招聘，其中具备一级资质或甲级资质以上的建设企业达172家、国有企事业单位有212家。提供土木工程、工程监理、工程造价、道路桥梁和机械设备等专业就业岗位7200多个。四是加强专业技术人员培训教育管理，突出靠前服务意识，增强培训效果。全年共组织举办继续教育培训班59期，累计培训3.25万人次；加强建设从业人员岗位考核管理，组织从业人员考试7.5630万人次，核发从业岗位证书5.56万本，复审和办理延期岗位证书4.8万本。

大事记

3月

4日 福建省住房和城乡建设厅、文明办、教育厅、总工会、共青团福建省委联合印发《深入推进全省建筑工地农民工业余学校工作的指导意见》，深入推进全省工地农民工业余学校创办工作。

6日 省发改委、住房和城乡建设厅、国土资源厅印发《2013年小城镇改革发展战役实施方案》。

29日 省政府在福清市龙田镇召开全省小城镇综合改革建设试点工作现场会。

4月

2日 福建省住房公积金数据备份与应用中心（一期）项目正式通过验收，实现全省住房公积金数据适时备份到省住房和城乡建设厅，确保数据信息安全。

5月

8日 《中国纪检监察报》头版头条刊发题为《福建："阳光房"圆了"安居梦"》报道，肯定福建省推进保障房建设的做法与成效。省委办公厅《网络舆情专报》专题转载，副省长王蒙徽做了批示。

28日 修订出台《福建省住房和城乡建设系统防洪防台防涝应急预案》。

6月

4~9日 福建省住房和城乡建设厅开展新一轮全省城乡规划设计质量和规划实施情况专项检查。抽调相关人员组成4个检查组，分别赴9个设区市开展检查，共抽查9个设区市及福清、南安、长泰、顺昌等15个县（市）。

18~21日 举办第七届海峡绿色建筑与建筑节能博览会，以"绿色生态 美丽城乡"为主题，新加坡、台港澳等境内外125家单位、236个项目参展，参观人数22.3万人次。同期举办第四届热带及亚热带地区绿色建筑联盟大会暨海峡绿色建筑与建筑节能研讨会。

19日 组织绿色建筑大会代表和绿博会地市代表约500人参观"福建省绿色与低能耗建筑综合示范楼"和"福州东部新城"项目，现场学习绿色建筑、可再生能源建筑应用示范技术。

7月

19日 夏热冬冷地区既有居住建筑节能改造工作座谈会在三明市召开，宁德、南平、三明市住房和城乡建设局、省建筑科学研究院、省建筑业协会金属结构分会及三家相关企业技术负责人参加。

15日 省住房和城乡建设厅印发《关于开展乡村规划师选拔培训试点工作的通知》，部署在莆田市城厢区、秀屿区先行开展乡村规划师选拔培训工作试点。

25~26日 省住房和城乡建设厅在厦门、福州设置两个分会场，召开2013年度全省建筑施工安全文明标准化示范工地现场观摩会，现场观摩厦门市"恒禾七尚"、"厦门禾裕景"项目和福州市福建交通集团物流信息大厦、联建新苑B标二区项目。2300余人参加这次观摩会。

8月

14日 公布171位专家入选第二届福建省建设工程安全专项施工方案论证专家。

26日 住房城乡建设部、文化部、财政部公布三明市明溪县城关乡翠竹洋村、泉州市永春县岵山镇塘溪村、漳州市芗城区天宝镇洪坑村等25个村庄为第二批中国传统村落。

26~30日 为贯彻落实福建省委书记尤权、省长苏树林关于加强城乡规划工作、加大对领导干部城乡规划知识培训的重要指示精神，福建省住房和城乡建设厅与省委组织部联合在北京大学举办全省城市规划管理研修班。学员包括全省县（市、区）党政主要领导和设区市规划局局长共59人。研修班学时5天，安排专题讲座10讲。

9月

5日 福建省政府转发国务院关于加快棚户区改造工作的意见。

22日 福建省住房和城乡建设厅印发《福建省省外入闽建筑施工企业备案管理办法（试行）》通知，规范省外企业入闽备案管理工作。

23日 福建省住房和城乡建设厅、发改委、财政厅、国土厅联合印发《关于创新建设方式吸引社会投资，多渠道筹措保障性住房房源的意见》。

24日　组织修订并印发《福建省房屋建筑和市政基础设施工程施工监理招标投标管理办法》。

10月

14日　省长苏树林在《政讯专报》（第1302期）《我省保障性安居工程提前超额完成国家责任目标任务》上批示："1.相对滞后的市、县要加快进度。2.要加强配租配售工作。3.要组织好明年的提前开工项目。"

23日　福建省住房和城乡建设厅、财政厅、物价局联合印发《福建省保障性住房运营管理暂行办法》。

29日　福建省政府印发《福建省人民政府关于进一步支持建筑业发展壮大十条措施的通知》。

11月

12日　省住房和城乡建设厅印发《福建省住房公积金监管工作规则》，从事前沟通、督查、审计、信息化以及事后监督等方面对住房公积金监管工作做出相关规定，明确各方职责，提高住房公积金监管水平。

19日　全省绿色建筑行动座谈会在福州召开。

20日　住房和城乡建设部关于公布莆田市城厢区华亭镇园头村村庄规划、龙岩市连城县宣和乡培田村村庄规划列入第一批全国村庄规划示范名单。

12月

23日　组织修订并印发《福建省住房和城乡建设系统地震应急预案》。

31日　随着泉州市住房公积金管理中心12329服务热线的开通，全省各设区市住房公积金管理中心及省直单位住房公积金管理机构均开通住房公积金12329服务热线，方便缴存职工，提升服务水平，被誉为"听得见的微笑"。

31日　省住房和城乡建设厅公布福清市江镜镇、闽侯县廷坪乡等48个乡镇为2013年省级绿色乡镇。

年底，《福建省推进棚户区改造的成效做法》和《福建省推进棚户区改造工作的做法、困难问题和建议》两条信息，被国务院办公厅信息刊物采用，其中《福建省推进棚户区改造工作的做法、困难问题和建议》得到国务院领导批示。省政府办公厅致信省住房和城乡建设厅厅长龚友群表示祝贺。

（福建省住房和城乡建设厅）

江 西 省

概况

2013年，在江西省委、省政府的正确领导和住房城乡建设部的精心指导下，全省住房和城乡建设部门深入贯彻落实党的十八大和省委十三届七次会议精神，围绕中心，服务大局，突出重点，扎实工作，各项工作都取得新的成绩，较好地完成省委省政府交给的工作任务。

【城镇化发展稳步推进】　深入实施鄱阳湖生态经济区建设，大力支持赣南等原中央苏区振兴发展，全力支持南昌打造核心增长极和九江沿江开放开发，推动昌九一体化发展。强化规划的引领作用。《江西省城镇体系规划（2013—2030年）》经省人大、省政府审议通过，拟报国务院审批。加快跨区域城镇群、城镇带、都市区发展规划的编制工作。完成景德镇市等20余个市县的城市总体规划纲要或成果的审查。各市县城市总体规划修编、乡镇规划编制基本完成，村庄规划得到加强。首次在全省全面开展城市总体规划实施评估论证工作。实施省派乡规划督察员制度，创新和加强规划实施的监管。全省城镇水平较2012年提高1.5个百分点，达到49%；新增城镇人口86万；全省50万～100万人的大城市达到8个；20万～50万人口的中等城市达到12个；全省92个市县建成区面积达2100平方公里左右，比2012年增加约90平方公里。

【保障性安居工程建设成效显著】　加大保障性安居工程建设力度，完成投资396.4亿元，新开工32.46万套，基本建成24.32万套，分别达到目标任务的100.7%和110.6%，全省城镇保障性住房覆盖率达到15.5%。加强工程质量安全监管，确保公平分配。深入推进"三房合一，租售并举"工作。尤其是下大力气推进棚户区改造，在全面调查的基础上编制《江西省棚户区改造规划》（2013—2017年），出台《关于加快棚户区改造工作的实施意见》。启动"以船为家渔民上岸"安居工程，实施农村困难家庭危房改造13.5万户，有效改善农村困难家庭住房条件。

【城乡人居环境继续改善】 城市建设力度加大，全年设区市中心城区开工5000万元以上重点项目780个，投资超过2300亿元。设区市中心城区基本完成地下管网普查工作。在南昌市开展扬尘污染专项治理，取得初步成效。加强城市生态建设，新增国家级园林城市2个，完成城市绿道建设280公里。"城市管理年"活动取得阶段性成效。积极开展江西省生态宜居城市和美丽宜居小镇、美丽宜居村庄创建工作。省委省政府出台《关于加快百强中心镇建设推进镇村联动发展的意见》，百强中心镇建设有序推进，镇村联动发展步伐加快。89个村落列入中国传统村落名录，数量列全国第5位。婺源县江湾镇成为全国8个美丽宜居示范小镇之一。文化景观资源保护工作进一步加强，农民建房管理逐步规范。加大风景名胜区保护和监管力度，新增省级风景名胜区3处，促进风景名胜区可持续发展。

【建筑产业发展进一步加快】 全年新增建筑业640家，新增一级建筑企业34家、新增二级建筑企业193家，同比分别增长26.55%、161.54%、46.21%。批准省级工程建设工法29项，企业科技水平进一步提高，综合竞争能力进一步增强。全省建筑业总产值首次超过3000亿元，同比增长24%。江西省全国青少年井冈山革命传统教育基地项目工程荣获"中国建设工程鲁班奖"。南昌县获"中国建筑之乡"称号。规范建筑行业市场秩序，强化质量安全检查，深化工程建设专项治理，建筑施工安全生产形势总体平稳。做好农民工工资拖欠清理工作，解决拖欠农民工工资2304万元。

【房地产市场平稳有序】 认真贯彻落实国家房地产市场调控政策，继续在南昌市实行住房限购、限贷政策。加强房地产市场监管，完善新建商品房网上备案系统，积极推进个人住房信息系统建设。出台实施《江西省房屋登记条例》。深入开展"规范物业管理行为，提高物业服务质量"活动，提升物业服务水平。全省房地产开发完成投资1100亿元，同比增长13.45%；商品房竣工面积1800万平方米，同比增长3%；商品房销售面积2700万平方米，同比增长12.64%。

【住房公积金归集管理有效加强】 全年住房公积金年度归集额达175亿元，同比增长20%，累计归集总额突破800亿元；当年发放个人住房贷款128亿元，同比增长68%。上饶、九江两市启动住房公积金贷款支持保障性住房建设试点，全年发放项目贷款2.79亿元。出台提取住房公积金支付保障性住房房租的政策，支持缴存职工租赁保障性住房。制定加强全省住房公积金业务风险防控措施，组织开展住房公积金廉政风险防控专项督查，确保住房公积金安全。

【建筑节能和城镇减排扎实推进】 新增新余、樟树、共青城、婺源等4个市县入选国家创建智慧城市试点名单。加大建筑节能技术研究推广应用，7个项目入选部科技项目计划，推广节能新技术、新产品25个。制订《江西省发展绿色建筑实施意见》，全省新增可再生能源建筑面积100万平方米，新增绿色建筑面积50万平方米。积极支持赣州市列入全国餐厨废弃物资源化利用和无害化处理试点城市。加强污水垃圾处理设施建设，新建城镇污水管网1393公里，新增污水处理能力27.5万立方米/日，新增生活垃圾无害化处理能力800吨/日，支持224个集镇开展垃圾无害化处理设施建设。

【党的群众路线教育实践活动、党风廉政和精神文明建设取得新成效】 扎实开展党的群众路线教育实践活动，聚焦"四风"抓整改。全省住房城乡建设系统开展"三房万家访民情暖民心"活动，走访住房困难户10422户，捐款282万元，受到群众好评。扎实推进住宅小区物业管理、建筑工程质量检测市场等5个专项治理活动，取得阶段性成效。严格执行中央八项规定，加强党风廉政建设，厉行节约，反对铺张浪费。深化行政审批改革，进一步简政放权，取消下放22项行政审批项目。江西省住房和城乡建设厅首次荣获全省、省直双文明单位和全省综治先进单位、机关节能先进单位，全省住房城乡建设系统涌现出一批先进典型。

法制建设

【推进行业立法工作】 3月29日，《江西省房屋登记条例》经省第十二届人大第一次会议审议通过，于10月1日正式实施。江西省国有土地房屋征收与补偿办法（草案）》上报后，省政府法制办已面向社会征求意见。《江西省城镇燃气管理办法》已完成部门意见征求工作。按照省人大《关于开展省十二届人大常委会立法规划项目调研活动的通知》要求，向省人大报送《江西省风景名胜区条例》等立法建议项目5项，对列入上届立法规划项目库但本届未申报的项目和省人大代表或其他单位提出的立法建议项目作出说明。《江西省风景名胜区条例》、《江西省城市管理条例》、《江西省武功山风景名胜区管理条例》等地方性法规已列入省政府2014年调研论证项目。

【抓好依法行政各项基础性工作】 开展省政府规章和规范性文件中有关行政许可事项专项清理，制定下发专项清理实施方案。据统计，现行有效涉及省住房和城乡建设厅工作职能的省政府规章7件，以省政府、省政府办公厅名义印发的规范性文件29件，以厅名义印发的规范性文件92件。经认真梳理审核，清理出有关行政许可事项的省政府规章6件，以省政府、省政府办公厅名义印发的规范性文件3件，以厅名义印发的规范性文件42件。对清理出的行政许可事项，形成《关于对省政府规章和规范性文件中有关行政许可事项专项清理工作情况的报告》专题报送省政府法制办。协调行政审批制度改革工作。根据《江西省人民政府关于取消和下放一批行政审批项目和备案项目的决定》，共取消和下放43项行政审批项目和备案项目，其中涉及住房城乡建设行业的项目取消1项、下放3项。为做好落实和衔接工作，专门对全省系统制定下发《关于落实衔接省政府取消和下放行政审批项目的通知》。根据省审改办《关于进一步清理行政审批有关事项的通知》要求，清理出各类审批事项53项，对每件事项都提出取消、转移、下放、保留等清理意见并说明理由。稳妥应对行政复议、行政应诉案件。全年共收到行政复议申请12件，主要涉及房屋拆和政府信息公开，经调解后撤回申请3件，其余案件均在法定期限内作出行政复议决定。处理行政应诉案件1件。审慎把关规范性文件。完成《江西省城镇道路绿化景观建设导则(试行)》、《江西省城镇立体绿化技术导则(试行)》、《关于修改〈江西省房屋建筑和市政基础设施工程施工招投标评标办法〉的通知》、《关于在全省房屋建筑和市政基础设施工程施工招标项目中全面推行报价承诺法评标的通知》、《江西省房屋建筑和市政基础设施工程货物招投标监督管理办法(试行)》、《江西省房屋建筑和市政基础设施工程勘察招投标监督管理办法(试行)》等6件规范性文件的合法性审查。组织实施"六五"普法规划。专题部署六五普法宣传工作，要求各地通过广播电视、网络、宣传栏等媒体，强化宣传和动员，营造行业"全员皆知、全员参与"的浓厚普法氛围。

建筑业与工程建设

【概况】 截至年底，全省共有各类建筑业企业4597家，比2012年增加640家。2013年各类建筑业企业共完成建筑业总产值3459.53亿元，比2012年增长24%，建筑业总产值在全国排第18位；全社会建筑业增加值1237亿元，占全省生产总值的8.6%；按建筑业总产值计算的劳动生产率31.83万元/人，比2012年增长16.16%；企业在省外完成的建筑业总产值1159.62亿元，比2012年增长33.4%；全省对外承包工程营业额超过22亿美元，增长23%以上，增幅高出全国平均水平，在全国各省市排第15位。全省房屋建筑施工面积达24897.15万平方米，比2012年增长31.8%。其中房屋竣工面积11883.84万平方米，增长20.3%。

【大力支持企业申报特级资质】 全力帮助、指导、服务条件比较好的一级建筑业企业申报特级资质，省住房城乡建设厅领导亲自带队上门与企业负责人座谈，了解企业申报特级资质所做的准备工作及在工法申报、建立技术中心、行业标准、信息化建设等方面的难题。对江西省交通工程集团公司、江西中恒建设集团有限公司两家已申报特级企业资质的企业进行跟踪服务。

【营造建筑产业发展的良好氛围】 先后两次协助组织省政府分管领导专题调研建筑产业发展工作，省领导亲自协调省地税局，研究建筑企业所得税问题，还深入多家建筑企业召开座谈会，与全省骨干建筑业企业家面对面座谈交流，了解建筑企业加快发展取得的成功经验、面临的突出问题，共商推进建筑产业发展大计。为全省建筑行业的发展起到十分积极的作用。对建筑业企业申请对外经营资格，参与国际工程承包和劳务合作，做到随到随办，尽量缩短审查时间。2013年共初审同意5家建筑业企业申请对外工程承包资格。为破解建筑企业合同纠纷较多和融资难的问题，专门成立"江西省建筑业法律工作委员会"，聚集行业内的法律和金融专家为企业排忧解难。

【全力扶持建筑业企业做大做强】 专门下发通知在房建和市政项目的招标投标中，允许"走出去"排名靠前的45家建筑企业的法定代表人，指定企业其他负责人代表其参加和处理招标投标过程中的有关事宜。开展全省先进建筑业企业和优秀建造师评选工作。通过深入企业调研，完成问卷调查，对建筑企业改制、建筑企业上市、融资平台上市等方面的专题调研，了解企业发展中的问题与困难，学习考察外省建筑业发展先进经验，提出加快江西建筑业转型发展的政策建议，形成《新型城镇化背景下江西建筑业转型发展研究》调研报告。

【强化建筑业行业管理】 开展资质动态核查工作。对2012年动态核查结论为"基本合格"和"问题比较突出"的企业进行整改，已公告拟依法撤回由省住房和城乡建设厅负责实施资质许可的26家企业名单，并在省内新闻媒体上发布。同时布置2013年建筑业企业资质动态核查，全省共核查1085家企业。要求各设区及以下建设行政主管部门对本地区限制外地企业承揽业务的规范性文件进行清理，切实减少外地企业进入本地区承接业务的各项审批事项，不得非法缴纳各类押金和保证金。

【做好清欠工作，维护农民工权益】 认真履行省清理建设领域拖欠工程款领导小组办公室职责，做好信访接待工作，共接待群众来访24批次，接待人数97人次，接到群众来信20件次；做好清欠工作，受理拖欠工程款和农民工工资案件69件（其中涉及公路、电力、铁路和水利部门的投诉件45件，已转相关部门），直接受理的24件投诉共解决拖欠工程款3600.65万元，解决拖欠农民工工资2304万元。

城乡规划

【概况】 全省11个设区市均成立城市规划委员会，由市委书记或市长亲自担任主任，具体研究解决城市规划发展和建设的重大问题。各地普遍实行城市规划专家技术审查制度，对事关城市规划、建设和发展的重大问题，注意广泛听取专家和社会各界的意见，科学决策、民主决策的意识进一步加强。南昌、景德镇、鹰潭、萍乡、上饶、新余、抚州、井冈山、贵溪、乐平、德兴11个市设立一级规划局，赣州、宜春、吉安、九江、丰城、樟树、高安、瑞金、南康9个市设立一级规划建设局，九江、瑞昌2个市设立二级规划局，吉安设立规划管理处、宜春市设立规划管理办，寻乌、修水、武宁、都昌、德安、上饶县、玉山、广丰、鄱阳、婺源、万年、余干、横峰、铅山、弋阳、奉新、东乡17个县设立规划局，南昌县、新建、进贤、安义、湖口、上栗、全南、定南、于都、吉安县、新干、吉水、永丰、泰和、上高15个县设立规划建设局，东乡县还成立城乡规划综合执法局，全省城乡规划管理人员超过千人。全省现有南昌、景德镇、赣州市3个国家历史文化名城，吉安、井冈山、瑞金、九江市4个省级历史文化名城。

【全力推进全省新型城镇化工作】 组织开展推进城镇化和城市建设考核工作。经省政府审定，新余市、宜春市、修水县、龙南县、玉山县获得新型城镇化先进市县。积极开展推进新型城镇化调研与督查工作。联合省委农工部组成调研组赴江苏、浙江、四川、湖南开展加快小城镇建设、促进城乡一体化发展考察调研，实地学习考察江苏等四省和省内部分市县小城镇建设情况，向省委、省政府领导专题呈报《关于加快我省小城镇建设的报告》，起草《关于加快小城镇建设 推进城乡一体化发展的意见（代拟稿）》。配合住房和城乡建设部住房改革与发展司对修水县和铜鼓县城镇化发展进行调研。联合省委督查室、省政府督察室、省发改委共同开展2013年全省推进新型城镇化督查调研。组织召开全省设市城市规划局长会议。会议重点宣贯《城乡规划违法违纪处分办法》（部令第29号），布置2013年全省及各地市重大规划编制任务

【完善规划编制体系】 全面完成《江西省城镇体系规划（2012—2030年）》编制工作。规划分别通过省政府第12次常务会议和江西省十二届人大常委会第七次会议的审议，已请省政府呈报国务院审批。加快跨区域的城镇群、城镇带、都市区发展规划的编制工作。《鄱阳湖生态城市群规划》、《南昌大都市区规划》编制工作已经省政府同意并正式启动。《昌九一体化城镇体系规划》、《新宜萍城镇群规划》等规划编制工作已全面启动。《赣州都市区总体规划（2012—2030）》已获省政府批准实施。《上饶都市区1+5规划》已完成规划评审，《九江都市区规划》、《吉泰城镇群规划》编制工作也正在全面启动。启动《江西省城镇化发展规划》编制工作。

【继续加强城市总体规划的审查和指导力度】 先后完成景德镇市、共青城市、都昌县等20余个市县的城市总体规划纲要或成果的审查。首次在全省全面开展城市总体规划实施评估论证工作。已对上饶市、萍乡市等30余个市县总体规划实施评估报告进行论证。

【积极支持重大建设项目建设】 高效率完成规划选址工作。完成红都（瑞金）500kV输变电工程等34个重点建设项目选址意见书的核发。组织论证，为规划选址提供科学依据。组织召开南昌至上栗高速公路等30个建设项目的规划选址论证会。做好各类产业园区扩区调区和申报工作。先后完成抚州市

等20余个工业园区和开发区扩区调区方案进行审查,出具规划审查意见。积极支持南昌、九江、赣州综合保税区申报工作。

【提升城乡规划管理水平】 开展《江西省城市和镇控制性详细规划条例》实施情况专项检查。针对检查发现的问题,向各设区市规划主管部门下发整改通报。全面实施省级城乡规划督察员制度。4月,省政府办公厅正式印发《江西省实施城乡规划督察员制度办法(试行)》,向全省10个设区市政府(南昌市已由住房城乡建设部派驻)派驻城乡规划督察员。12月召开省城乡规划督察员派驻工作(培训)会,10名规划督察员已全部派驻到位。加强规范性文件的制定。出台《江西省城市规划行政许可规程》。基本完成《江西省城市规划管理技术导则》。加强城乡规划从业人员学习培训。分别在南昌、赣州、上饶组织开展行业培训,全省500余人参加学习。

城市建设

【概况】 (1)城市供水。2013年,全省城市供水日综合生产能力736.86万立方米,供水总量 亿立方米;设市城市用水普及率97.73%,县城用水普及率93.53%;设市城市人均日生活用水量173.98升,县城人均日用水量114.63升。

(2)城市燃气。2013年,全省燃气用户435.6万户,用气人口1594.55万;液化石油气供气总量40.6万吨,用气人口1058.32万人;人工煤气供气总量3.6亿立方米,用气人口32.16万人,天然气供气总量6.7亿立方米,用气人口504.07万人;设市城市燃气普及率95.10%,县城燃气普及率81.10%。

(3)市政工程。2013年,全省城市道路14166.11公里,面积28370.86亿平方米,排水管道19069.70公里,城市路灯99.4万盏;设市城市人均道路面积15.26平方米,县城人均道路面积16.32平方米。

(4)园林绿化。2013年,全省城市绿化覆盖面积103027.64公顷,园林绿地面积88098.28公顷,公园绿地面积24979.75公顷,公园766个;设市城市建成区绿化覆盖率45.09%,绿地率42.06%,人均公园绿地面积14.12平方米;县城建成区绿化覆盖率40.66%,绿地率36.46%,人均公园绿地面积13.60平方米。

(5)城建管理执法队伍。2013年,全省各市、县均组建了城建监察(城管执法)支(大)队。南昌市设立城市管理委员会(保留城市管理行政执法局的牌子);宜春、吉安、上饶、鹰潭4个城市设立城市管理局;赣州、九江、新余、抚州、萍乡景德镇6个城市设立城市管理行政执法局,其中赣州、新余、抚州、萍乡市增挂城市管理局的牌子。

(6)市容环卫。2013年,全省城市环卫行业清扫保洁面积21923万平方米,年清运垃圾674.13万吨,无害化垃圾填埋场30座,建有公共厕所3294座,其中三类以上公厕2213座;设市城市生活垃圾无害化处理率93.28%,县城生活垃圾无害化处理率37.07%。

(7)污水处理。2013年,全省11个设区市15座污水处理厂运行正常,85座县(市)污水处理厂相继投入试运行。设市城市污水处理率83.10%,污水集中处理率81.85%,县城污水处理率66.89%,污水集中处理率66.89%。

【扎实开展城市管理年活动】 在全省开展江西省"城市管理年"活动,创造性的提出"坚持一个理念,实现三个转变"。制定出台《江西省城市管理年工作方案》。派员对全省所有设区市中心城区城市建设和管理工作进行明察暗访,对存在的问题刻成光盘,连同整改通知书发送到各设区市政府,与江西电视台二套联合行动,对城市行动迟缓、问题较严重的景德镇、吉安等脏乱差情况进行曝光。召开现场调度会,会上通报暗访情况,交流和总结各地的做法和经验。在大江网和江西建设网开设江西省城市管理年活动专栏。组织人员赴宁波、上海学习考察城市管理等有关工作。制定出台《关于进一步加强城市管理文明执法工作的通知》和《江西省城市管理行政执法规范》,进一步提高城管行政执法水平管系统的建设进度。

【有力开展生态宜居城市创建工作】 江西是全国第一个提出"生态宜居城市(县城)"创建标准的省份,全省有12个市县积极申报。通过一系列活动的顺利开展,"生态宜居"的理念深入人心。制定出台《关于开展江西省生态宜居城市(县城)创建活动的通知》、《关于成立江西省生态宜居城市(县城)创建活动组织委员会的通知》和《关于印发〈江西省生态宜居城市(县城)考核标准(试行)〉的通知》。4月,省住房和城乡建设厅会同34家新闻媒体在南昌举行江西省生态宜居城市(县城)创建活动新闻发布会暨启动仪式。在大江网设立专栏,宣传报道创建活动开展情况。完成活动形象标识和主题口号的征集工作。8月和12月分别组织媒体采风团和专家考评团赴申报生态宜居城市(县城)的3个设区市和9个县(市)进行实地采风和考评打分。

【扎实推进城镇园林绿化工作】 继续推进城镇园林绿化和生态环境建设，城市园林绿化水平的不断提高，全省城镇生态环境明显改善，城市园林绿化主要指标继续在全国领先。省政府命名九江市、上饶市、萍乡市为省生态园林城市。积极做好省级园林城市(县城)创建工作。组织专家完成对23个市(县)申报省级园林城市(县城)工作进行帮扶指导和指标测评，并对存在的问题下发整改意见。会同省环保厅、省林业厅组织专家完成对11个市(县)申报省级园林城市(县城)的实地考查验收工作。完成抚州市、鹰潭市、新干县、高安市八景镇申报国家园林城市、县城(城镇)的材料申报和国家园林城市(县城)考查组对鹰潭市、抚州市和新干县创建国家园林城市(县城)实地考查验收工作。制定出台《江西省城市生态园林系统规划编制纲要(试行)》、《江西省城镇道路绿化建设导则》和《江西省立体绿化技术导则》等技术规范。做好城市绿道建设工作，制定《江西省城市绿道标识》，各设区市已编制完成城市绿道规划，全省完成绿道建设280公里。做好贯彻落实《江西省湿地保护条例》工作。

【城镇污水处理设施建设与管理取得成效】 开展污水管网建设绩效考核，对全省市、县2012年度污水管网建设任务完成情况进行审核。开展污水处理厂评优活动。会同省环保厅在全省评选出2家污水处理厂运行管理示范单位和6家污水处理厂运行管理优秀单位。组织污水处理厂专项考核活动。分三个考核组对全省各设区市及部分县(市、区)2012年度污水处理设施建设运营情况进行检查考核，在全省通报考核情况，下达10份整改通知书。开展污水处理从业人员专业培训。召开全省污水处理设施建设工作现场推进会。参加全国城镇污水处理厂节能减排绩效考核达标竞赛活动，经评定，全省有1座污水处理厂被评为"十佳达标单位"，4座污水处理厂被评为"优秀达标单位"，13座污水处理厂被评为"先进达标单位"，3座污水处理厂被评为"单项先进单位"。

村镇建设

【概况】 2013年，全省乡镇域总面积15.95万平方公里，建成区面积156345公顷，村庄用地面积478315公顷。有建制镇683个，乡594个，农场27个(不含城关镇和纳入城市统计范围的乡镇)，行政村16765个，自然村163546个。全省村镇总人口3732万人，其中小城镇镇区人口746万人，村庄人口2986万人。全省已建立镇(乡)级村镇规划建设管理机构1225个，配备工作人员7066人，其中专职人员2714人。2013年，全省村镇建设总投资489.7亿元，年度村镇住宅竣工建筑面积4539.1万平方米，年末村镇实有住宅建筑面积14.68亿平方米，人均住宅建筑面积40.11平方米。同时，村镇公用设施逐步完善，89.1%的建制镇、77.3%的集镇建有集中供水设施，小城镇自来水普及率65.9%。小城镇建成供水管道、排水管道、道路分别有1.45万公里、5651公里、1.38万公里，有公共厕所17363座，环卫车2532辆，公园绿地面积达1178公顷。

【村镇规划编制达到新水平】 2013年，省住房城乡建设厅召开全省村镇规划工作现场推进会，督导调度全省新一轮村镇规划修编。拟定《江西省百强中心镇规划编制与修编指导意见》，科学指导百强中心镇规划。另外，根据住房和城乡建设部的部署安排，中国城市规划设计研究院科学编制全国村庄规划试点——峡江县水边镇洲湖村的规划编制，规划成果已通过专家评审及住房城乡建设部的初步验收，并作为全国村庄规划范例予以推广示范。2013年全省编制300多个乡镇总体规划、150余个乡镇镇区控制性详细规划、2万多个自然村村庄建设规划，累计共有1215个乡镇编制总体规划，14814个行政村编制村庄建设规划，乡镇总体规划和行政村建设规划覆盖率分别达93.3%和88%。

【重点镇建设开启新篇章】 省委、省政府以两办名义下发《关于加快百强中心镇建设推进镇村联动发展的意见》，并通过市、县申报，省政府审定的方式，确定全省首批120个百强中心镇名单。10月下旬，省住房和城乡建设厅、省委农工部召开全省百强中心镇建设工作会议，布置百强中心镇创建工作，组织对百强中心镇领导进行业务培训，聘请省内有关专家讲授小城镇规划建设管理专业知识。研究草拟《江西省百强中心镇建设评价指标体系》。积极开展全国重点镇增补调整工作，指导各地做好材料申报。12月，会同省有关部门严格审查，推荐江西省170个建制镇申报全国重点镇。

【民生工程创造新成绩】 会同省直有关部门编制完成《赣南等原中央苏区农村危旧土坯房改造规划》，经省政府批准于2013年1月印发实施，规划到2016年改造赣州、吉安、抚州等全部44个县(市、区)98.6万户农村危旧土坯房。2013年，国家下达全省13.5万户农村危房改造任务和10.615亿元中央补助资金，占全国的比例由2012年的2.98%提高到

5.08%。截至年底，13.5万户农村危房改造任务全部完成，确保困难群众喜迁新居过年，累计完成43.9万户农村危房改造任务(重点支持安排赣州市农村危房改造任务203941户，占全部任务的46.5%)，解决170万农村困难群众安居问题，实现住房保障制度从城市到农村的有效覆盖。根据国家部委关于"以船为家渔民上岸安居工程"的安排，省住房和城乡建设厅会同省农业厅开展全省"以船为家"渔民调查摸底，积极争取国家部委一次性下达江西省以船为家渔民上岸安居工程1440户计划任务和中央预算内投资1990万元资金，并协调省财政厅落实省级配套资金995万元。会同省发改委、省财政厅、省农业厅、省国土厅制定《渔民上岸安居工程实施方案》，对工作目标、操作流程、工作措施等进行明确，指导工作开展。

【村容镇貌体现新变化】 省住房和城乡建设厅积极争取村镇基础设施项目资金，会同省财政厅，采取"以奖代补"的形式，补助224个乡镇共5000万元资金用于垃圾处理设施建设。并会同省财政厅研究制定《2013年全省集镇垃圾处理设施建设及资金奖补实施方案》，要求各地加大集镇垃圾处理工作推进力度；先后两次下发文件，组织、调度各地开展重点镇污水管网"十二五"建设任务的核报工作，组织有关专家对各地材料进行审核。全省分两批共有52个集镇污水管网建设项目进入"中央财政支持项目库"，共计有793公里管网可获得中央财政补助。省财政安排第一批7个集镇的58公里管网补助资金共2032万元，8月份安排3个集镇12公里管网补助资金408万元，合计下达中央财政专项资金2440万元用于支持重点流域重点小城镇污水管网建设。每年会同省财政厅安排82个村镇共500万元集镇自来水设施及管网建设资金，帮助村镇改善供水能力。

【特色村镇保护创造新亮点】 开展第六批中国历史文化名镇名村申报工作，其中12个镇、村列入第六批中国历史文化名镇名村，全省共计33个中国历史文化名镇名村。(见表1)另外，全省已评选85个省级历史文化名镇名村。开展了第五批省级历史文化名镇名村申报工作，组织专家对各地申报的42个镇、村进行初审，提出初步审查意见。全省有8个镇、村分两批入选全国特色景观旅游名镇名村，推荐上报9个镇、村申报第三批全国特色景观旅游名镇名村。2013年有56个村落列入第二批中国传统村落名录，全省共有89个中国传统村落。开展美丽宜居村镇创建，婺源县江湾镇入选全国8个美丽宜居小镇之一。

【村镇建设管理频出新措施】 起草《江西省人民政府关于切实加强农村住房建设管理的通知(代拟稿)》，于11月底呈报省政府审定；制定《江西省乡村建设规划许可管理办法(试行)》，于12月初正式下发各地贯彻执行。总结和推广婺源县、新干县等地村镇管理队伍建设模式。精心组织编撰《江西省和谐秀美乡村特色农房设计图集》，被批准为江西省地方标准。3月，将5000套图集、20000份挂图免费发放到全省每一个乡镇和村委会。4月，召开《江西省和谐秀美乡村特色农房设计图集》示范推广工作布置会，下发《关于推荐上报新型农房设计图集推广应用示范点的通知》，选择5个点为全省新型农房设计图集推广应用首批示范点，并补助每个示范点20万元基础设施建设资金。5个示范点已基本建成，示范效果初步显现。草拟《江西省历史建筑保护暂行办法》，推进村镇历史建筑保护工作。

【对口帮扶工作产生新经验】 承担定点包扶上饶县花厅镇花厅村、省领导基层联系点泰和县螺溪镇藻苑村、峡江水利枢纽工程移民新村建设、对口支援民族乡村铅山县陈坊乡长寿畲族村、配合住房城乡建设部对口支援赣南等原中央苏区吉安县振兴发展等对口帮扶工作。各帮扶点的项目建设均按照制定的计划有序实施。加强技术指导，着力推进扶贫项目建设，并走访慰问困难群众。为泰和县举办城乡规划建设管理培训班，提高各级领导干部村镇规划建设管理业务水平。赠送帮扶点近300套《江西省和谐秀美乡村特色农房设计图集》及1500套挂图。加大资金投入。全年争取和整合各项对口帮扶资金6067万元，直接投入帮扶项目建设资金230万元。

房地产业

【概况】 2013年，江西省认真贯彻落实国家房地产市场宏观调控政策，加强房地产市场监管，强化对房地产市场的引导和监测，全省房地产业呈现出持续、稳定、健康发展态势。房地产开发投资同比保持稳定增长。2013年全省房地产开发完成投资1174.58亿元，同比增长21.1%。其中，四季度全省房地产开发完成投资345.53亿元，环比增长6.67%，同比增长28.98%。商品房开发建设较快增长。2013年全省商品房新开工面积4138.96万平方米，同比增长26.9%；商品房施工面积11995.67万平方米，同比增长26.7%。全省商品房竣工面积

江西省历史文化名镇名村　　　　表1

序号	设区市	镇(村)名称	历史文化名镇(村)国家级
1.	南昌市	安义县石鼻镇罗田村	第四批
2.		浮梁县瑶里镇	第二批
3.	景德镇市	浮梁县勒功乡沧溪村	第五批
4.		浮梁县江村乡严台村	第四批
5.	萍乡市	安源区安源镇	第六批
6.	鹰潭市	鹰潭龙虎山上清镇	第三批
7.	赣州市	赣县白鹭乡白鹭村	第四批
8.		宁都县田埠乡东龙村	第六批
9.		龙南县关西镇关西村	第五批
10.	赣州市	高安市新街镇贾家村	第三批
11.		宜丰县天宝乡天宝村	第四批
12.		婺源县江湾镇汪口村	第三批
13.		婺源县沱川乡理坑村	第二批
14.		婺源县思口镇延村	第四批
15.	上饶市	婺源县思口镇思溪村	第六批
16.		婺源县浙源乡虹关村	第五批
17.		铅山县河口镇	第六批
18.		铅山县石塘镇	第六批
19.		横峰县葛源镇	第四批
20.		安福县洲湖镇塘边村	第六批
21.		青原区富田镇	第五批
22.		青原区文陂乡渼陂村	第二批
23.		青原区富田镇陂下村	第四批
24.	吉安市	吉水县金滩镇燕坊村	第三批
25.		吉水县金滩镇桑园村	第六批
26.		吉安县永和镇	第六批
27.		吉州区兴桥镇钓源村	第五批
28.		峡江县水边镇湖洲村	第六批
29.		乐安县牛田镇流坑村	第一批
30.		金溪县双塘镇竹桥村	第五批
31.	抚州市	金溪县琉璃乡东源曾家村	第六批
32.		金溪县浒湾镇	第六批
33.		广昌县驿前镇	第六批

1790.26万平方米，同比增长2.4%。商品房销售面积同比较快上涨。2013年全省商品房销售面积3167.06万平方米，同比增长32.1%；商品住宅销售面积2846.04万平方米，同比增长33.9%。其中，四季度全省商品房销售面积1322.96万平方米，环比增长92.66%，同比增长30.31%。房地产税收快速增长。2013年全省房地产业地方税收345.82亿元，同比增长40.0%，占全省地税收入31.8%。

【完成房屋登记立法】 3月，《江西省房屋登记条例》经省十二届人大常委会第一次会议审议通过于10月1日起正式施行。

【加强房地产市场调控】 重点对南昌市房地产市场调控工作进行督导，督促南昌市在规定的时间内出台6项调控措施。加强市场监测分析和研判。定期向省政府报送房地产市场形势分析报告，完成《南昌市商品住房价格情况的调研报告》。

【城市棚户区改造进展顺利】 全省城市棚户区改造任务61502户，新开工63405户，开工率103%。基本建成51854户，占基本建成任务的167%。全省国有工矿棚户区改造新开工4612户，开工率100%。基本建成4608户，占基本建成任务的174%。

【加强房屋征收监管】 制定《2013年国有土地上房屋征收监管工作实施方案》，依法稳妥做好城镇房屋征收监管，做到依法征收、和谐征收，坚决杜绝恶性案件的发生，对违法违规征收行为严肃查处。在全省范围内组织房屋征收十个方面的县(市)自查，设区市全面检查，会同省政府纠风办、省监察厅等9个责任单位在宜春进行专项集中检查。并向住房和城乡建设部形成全省国有土地上房屋征收监管工作专题报告。

建设教育

【概况】 全省建设系统共有19个培训中心，29所职业院校，建设主管部门、省直相关企业、职业院校组成建设教育培训网络覆盖全省，全年累计举办建设类关键岗位、项目经理、职业技能及"三类"人员等各类培训班80余期，培训人员5万余人，为4万余人颁发岗位资格证书，为全省住房和城乡建设事业的发展提供强有力的人才支撑，得到企业高度认可。

【完成领导干部教育培训】 为加快推进全省新型城镇化建设，在北京与全国市长研修学院举办一期56名分管城乡规划建设的县(市、区)长参加的"江西省小城镇规划建设专题研究班"，以及举办两期保障性住房建设与管理研究班，120名市、县(市、区)房管局长参加研究班学习。

【"两院校"建设成绩斐然】 江西建设职业技术学院推进示范类院校建设发展及教改工作，顺利通过省教育厅5年一次的人才培养工作评估。两校毕业生2416人，就业率99.41%，专业对口率98%，继续保持高就业率、高专业对口率的良好局面。积极与教育厅协商，较好解决招生矛盾，两校新生报到5197人，再创历史新高。顺利完成"两院校"教学资源整合、办校规模扩大的调研论证,拟于下步整合教学办公。

【企事业单位人员岗位技能培训成效显著】 顺利通过住房城乡建设部的考核评价。突出抓好住房城乡建设部《建筑与市政工程施工现场专业人员职业标准》宣贯落实,顺利通过部联合工作组的考核评价,成为全国首批通过考核评价的6个省(市)之一,为支持省建筑企业现场施工人员(简称"八大员")早日跨省作业及行业发展作出努力。建筑业农民工技能竞赛活动取得实效,省住房城乡建设厅与人力资源社会保障厅联合举办的江西省2013年"振兴杯"建筑业农民工技能竞赛活动,全省共12支代表队、138余名选手参加钢筋工、焊接工、管道工、砌筑工、抹灰工(镶贴)、精细木工、电气设备安装工等7个职业(工种)项目的决赛,70名参赛选手获得个人奖,8个单位获得组织奖。

住房保障

【概况】 2013年,江西省保障性安居工程目标任务为新开工建设32.24万套(保障性住房18.47万套,各类棚户区改造13.77万套),基本建成22万套(保障性住房13.73万套,各类棚户区改造8.27万套)。截至年底,完成投资396.4亿元,新开工32.46万套,基本建成24.32万套,分别达到目标任务的100.7%和110.6%。其中,保障性住房项目新开工18.5万套,基本建成15.1万套,分别达到目标任务的100.1%和109.9%;各类棚户区改造项目新开工14万套,基本建成9.2万套,分别达到目标任务的101.4%和111.7%,超额完成年度目标任务;发放廉租住房租赁补贴16.7万户;全省城镇保障性住房的覆盖率达到15.5%。

【强化目标责任落实】 1月,省政府与设区市政府签订目标责任书。2月,省住房和城乡建设厅与省发改委、财政厅联合印发《2013年全省保障性安居工程建设工作计划》,将保障性安居工程目标任务全部分解下达到各市、县,并明确工程进度要求。3月底前,各设区市完成与所辖县(市)目标责任书的签订。

【建设推进力度进一步加大】 全年共落实保障房建设用地1.36万亩,确保保障房建设用地应保尽保;中央安排江西省保障性安居工程补助资金99.6亿元(含配套基础设施部分),省财政安排省级配套补助资金23.4亿元,全部分解下达到各市、县;上饶、九江两市试点住房公积金支持保障性住房建设项目,全年共发放贷款2.79亿元;省财政安排住房保障奖励资金8000万元,奖励目标任务完成好的市、县。

【全面加强质量安全监管】 坚持保障性安居工程省每半年、市每季度、县每月质量安全监督执法专项检查。2013年,省住房和城乡建设厅对新建保障房项目工程质量安全情况进行2次拉网式检查,对发现问题及时下发整改通知书并要求整改到位。坚持"三个百分之百"工程质量安全监管,截至年底,全省保障房分户验收率、工程质量责任标牌设置率和远程视频监控系统安装率均达到100%。在住房城乡建设部保障房项目质量安全监督执法检查中,南昌市受检工程符合项占比达91.9%,在全国25个受检城市中综合排名第9位。

【严格督导各项工作进度】 坚持周报告、月调度、季督查任务考评制度。全年共召开全省性保障房工作布置会、现场会和调度会7次。先后3次对全省各市、县保障房和城市与国有工矿棚户区改造2013年新建项目开工、2012年多层建筑项目和2011年高层建筑项目基本建成情况进行实地考核验收,在主流媒体公布各设区市开、竣工及排名情况。经检查,2010年以前建成保障房项目入住率为89%。落实约谈制度,对2011年度保障房建设进度滞后的景德镇市、抚州市、安义县政府分管领导进行约谈,有效促进保障房建设。

【积极深化保障性住房制度创新】 省政府出台《关于进一步推进保障性住房建设管理工作的意见》,继续深化保障性住房"三房合一、租售并举"制度,进一步明确三房合一后的租、售及产权等方面的政策措施,帮助地方政府破解保障性住房建设资金短缺难题,促进保障性住房建设可持续发展。制定《江西省公共租赁住房租赁合同(示范文本)》和《江西省公共租赁住房有限产权购买合同(示范文本)》,规范公共租赁住房租赁和有限产权买卖行为,维护双方的合法权益。印发保障房优秀户型设计图集,帮助市、县优化保障房户型设计。

勘察设计与建设节能

【概况】 2013年,全省工程勘察设计单位共402家。其中,甲级企业80家;从业人员30589人,其中技术人员21495人(高级职称人员5120人,中级职称人员8888人,初级职称人员6969人);注册执业人员3820人,其中注册建筑师673人(一级258人,二级415人),注册结构工程师599人(一级384人,二级215人),注册土木工程师(岩土)139人,其他注册工程师2409人。2013年全省勘察设计营业收入总额204.35亿元，比2012年度增长29.22%，其中：工程勘察收入107662.5万元，比2012年度增长4.81%，完成工程设计收入344869.55万元，比2012年度增长14.92%，营业税金及附加65002.15万元，比2012年度增长23.14%。

【加大监管力度】 做好勘察设计行业的质量和市场监管工作。组织专家对各设区市进行房屋建筑工程勘察设计质量及外省进赣勘察设计单位的市场检查，进一步规范勘察设计市场，提高工程建设管理和服务水平；进一步提高勘察设计质量，积极做好施工图设计文件审查备案工作，全年共完成42个单位工程的施工图设计文件审查备案工作。

【加大对工程建设标准的编制和推广力度】 做好标准定额工作。推进工程建设地方标准及设计的编制、审定和推广，下达项目计划，批准三套图集，发布两个地方标准；积极加快高强钢筋推广工作；配合残联开展无障碍县市的推选工作。

【完善监管制度，规范全省勘察市场秩序】 2013年，全省实行勘察外业见证制度和勘察前置性审查制度。进一步为勘察文件的真实性把好关口，提高勘察报告的质量，为设计单位提供真实可靠的依据。采取"政府管不好的事，让社会来管"的办法积极扶持行业协会，做到行业人管行业事，以行业管理行业，既达到简政放权，又加强行业监管。

【转变监管方式，提高监管效率】 推进施工图审查信息化工作，利用施工图审查管理信息系统构建施工图审查管理的网络监管平台，对所有的房屋建筑和市政公用工程项目进行有效监管。施工图审查管理系统的使用将便于建设行政主管部门对行业的全面管理，很大程度地提高工作效率。

【积极推动绿色建筑发展】 下发《江西省发展绿色建筑实施意见》。该文件的出台实施，不仅加快全省绿色建筑发展，极大带动建筑技术革新，直接推动建筑生产方式的重大变革，而且促进建筑产业优化升级，拉动节能环保建材、新能源应用、节能服务、咨询等相关产业发展。2013年全省绿色建筑设计标识项目5个，新增建筑面积50万平方米。

【创建智慧城市】 为推动全省建设集约、智能、绿色、低碳的新型城镇化，拉动内需，带动产业转型升级。组织专家对各申报单位提交规划纲要和实施方案进行初审、实地查看基础条件后，分别在1月和8月提交萍乡市、南昌市红谷滩新区和新余市、樟树市、共青城市和婺源县两批智慧城市名单，并全部列入创建名单，组织创建单位代表参加住房城乡建设部在南京和北京召开的培训会，11月联合省工信委、省通信管理局，省联通公司在滨江宾馆召开"智慧城市"高峰论坛，提高大家对智慧城市的认识程度。

【积极推广应用建筑节能新产品、新技术】 共推广25项节能新技术、新产品，内容涵盖防水材料、反射隔热涂料、节能环保材料等多方面，收到明显的节能效果。《建设科技》杂志也成功发行4期，为广大建设企业搭建一个交流平台，取得良好社会效应。申报住房城乡建设部科技计划项目8项。

住房公积金管理

【概况】 截至2013年底，全省有238.29万城镇职工建立住房公积金制度，覆盖率为66.75%；累计归集住房公积金856.34亿元；其中2013年归集资金177.25亿元，同比增长21.33%。自住房公积金制度建立以来，全省住房公积金持续保持年百分之二十以上的快速增长。截至2013年底，全省累计发放个人住房贷款566.20亿元，贷款余额332.26亿，有39.84万职工家庭通过公积金贷款改善了居住条件。其中2013年发放个人住房贷款4.82万笔共计131.27亿元，同比增长73.06%。住房公积金个贷率近60%，略高于全国平均水平。住房公积金成为城镇职工购建住房首选。全省个人住房贷款资产质量总体良好，截至2013年底，累计个人住房贷款逾期额433.35万元，逾期率0.13‰，远低于国家逾期率1‰的控制指标，全省13个公积金中心逾期率均低于控制目标。其中：宜春、鹰潭、吉安、省直无逾期贷款。截至2013年底，累计提取公积金291.62亿元，占全省归集总额的34.05%；其中2013年提取77.16亿元，同比增长43.1%，2013年提取额占2013年归集资金的43.53%。截至2013年底，累计提取廉租住房补充资金20.97亿元，其中2013年提取廉租住房建设补充资金6.28亿元，同比增长32.62%。2013年九江、上饶两市正式投放公积金贷款用于保障房建设。全年发放贷款2.79亿元，占批复额度的37.91%，促进试点城市保障性住房建设。

【公积金运行平稳健康】 加强对各地管委会决策的指导，通过参与管委会决策及决策事项备案，加强监督，促进公积金运行平稳健康。归集额延续20%以上的增幅，归集总额突破800亿元；个人住房贷款增长迅猛，同比增长73.06%，个贷率达到58.84%；大部分中心开展按年提取还贷业务，提取金额占当年归集额的43.53%；贷款风险防控有效，贷款逾期率0.13‰，较2012年下降近一半，并远低于国家1.5‰的控制指标，贷款质量优良。

【加大住房公积金风险防控力度】 出台《关于

加强全省住房公积金业务风险防控工作的通知》，就公积金"业务稽核管理内容"、"大额资金管理"、"有价证券管理"和"备案管理"等方面的内容作了详细要求。召开全省住房公积金业务风险防控研讨会。对前一阶段住房公积金行业开展风险防控工作进行总结，交流各地具体做法，并邀请金融机构介绍"人"防与"机"防的经验。开展廉政风险防控专项检查。对各地贯彻落实住房城乡建设部等七部门《关于加强住房公积金廉政风险防控工作的通知》情况进行专项检查，并对检查结果进行全省通报。

【12329服务热线全面使用】 全省13个管理中心除铁路管理中心外，均已开通12329服务热线。其中，南昌、省直、景德镇、萍乡、新余、赣州等管理中心配备专门的客服人员，全省共有客服人员17人。12329服务热线及客服平台的建设促进住房公积金服务规范化、标准化和人性化，提升住房公积金服务水平。

【出台住房公积金支付保障性住房房租政策】 为进一步发挥住房公积金的住房保障作用，提高资金使用效率，支持缴存职工租赁保障性住房，研究出台《关于提取住房公积金支付保障性住房房租有关事项的通知》的政策。对符合条件并已承租公共租赁住房或已承租廉租住房或已享受廉租住房租赁补贴的，均可向当地住房公积金管理中心申请提取住房公积金用于支付房租，极大地减轻这部分职工的负担。

【公积金贷款支持保障性住房建设试点有序推进】 上饶、九江两城市成功获批国家试点。所批5个项目计划投资13.68亿元，住房公积金贷款额度7.36亿元，建设规模55.77万平方米。试点工作严格按照住房城乡建设部《住房公积金支持保障性住房建设项目贷款业务规范》要求运作，试点城市严格按照规定上传有关资料与凭据，落实专网、专户连通项目贷款系统运作，实现部、省两级全程实时监管和异常干预。全省住房公积金发放保障性住房建设试点项目贷款2.79亿元，占批复额度的37.91%；其中，上饶发放1.5亿，占批复额度的50%；九江发放1.29亿，占批复额度的29.59%。实现回收贷款利息336.91万元。

大事记

1月

8日 省人大常委会副主任魏晓琴带队前往全国人大法工委，就《江西省房屋登记条例》修订的有关事宜进行座谈研讨，副厅长高浪及厅法规处、房地产市场监管处负责同志陪同。

29日 住房城乡建设部批准萍乡市、南昌市红谷滩新区为国家智慧试点城市。

2月

22日 副省长曾庆红专程到住房城乡建设部汇报江西省住房城乡建设工作、争取支持。副部长仇保兴主持座谈会，听取江西省有关工作情况汇报。

3月

7日 副省长曾庆红先后到江西省住房和城乡建设厅属省城乡规划设计研究院、省建设工程安全质量监督管理局、省住房公积金管理中心进行调研，召开调研座谈会。

19日 副省长曾庆红主持座谈会，听取基层单位、专家学者和相关主管部门对江西省实施保障性住房"三房合一，租售并举"的意见建议。江西省住房和城乡建设厅在厅门户网站发布《关于进一步推进全省保障性住房建设管理工作的实施意见（征求意见稿）》，向社会公开征求意见146条。

17日 根据省政府要求，在《江西日报》头版刊登"全省保障性安居工程建设进展情况"，对各设区市保障性住房和城市棚户区改造进展进行排名，对进度落后市县点名。

20日 省政府批准，出台《江西省实施城乡规划督察员制度办法（试行）》。省政府从2013年起向10个设区市（南昌市已由住房和城乡建设部派驻）派驻10名城乡规划督察员，加强城乡规划实施指导监督，推进城镇化健康发展。

29日 《江西省房屋登记条例》经省第十二届人大常委会第一次会议通过，将于2013年10月1日起实施。

27日 住房和城乡建设部批复云居山—柘林湖风景名胜区《司马旅游接待服务区控制性详细规划》。

4月

1~2日 厅长陈平陪同省委书记、人大常委会主任强卫到萍乡调研。

25日 省委书记、省人大常委会主任强卫给省人大常委会任命的新一届省政府组成部门负责人颁发任命书，陈平续任省住房和城乡建设厅厅长。

24日 省长鹿心社主持召开2013年第3次省政府常务会议，审议并原则通过江西省住房和城乡建设厅起草的《关于进一步推进保障性住房建设管理工作的实施意见》。厅长陈平在会上汇报该实施意见的起草情况。

5月

3日 省委书记强卫会见国务院督查组一行，受省政府委托，江西省住房和城乡建设厅厅长陈平向督查组汇报全省棚户区改造工作情况。

3~7日 以财政部党组成员、部长助理刘红薇为组长的国务院督查组对江西省棚户区改造工作进行督查。

22日 省委副书记尚勇主持召开座谈会,研究加快百强中心镇建设工作,副省长曾庆红出席,厅长陈平汇报全省小城镇建设工作。省委农工部、省委政研室有关负责同志出席。

6月

6日 副省长曾庆红带队,调研江西省建筑产业发展情况,提出努力打造建筑产业"江西军团"的要求。厅长陈平主持座谈会,副厅长吴昌平通报一季度全省建筑业运行情况并布置工作。

9日 省委、省政府下发赣字〔2013〕17号文件,江西省住房和城乡建设厅被授予"江西省第十三届文明单位"称号。

25日 深化平安江西建设工作会议在南昌召开。厅长陈平率厅综治办负责同志参加会议。江西省住房和城乡建设厅荣获2012年度"全省社会管理综合治理目标管理先进单位"。

7月

2~5日 住房城乡建设部全国城市轨道交通和保障性安居工程质量安全监督执法第三检查组,分别对江西省南昌市在建轨道交通项目和保障性住房项目质量安全进行监督执法检查。此次受检工程未发现重大质量安全隐患,工程质量安全管理水平总体较好。

19~25日 省委组织部与江西省住房和城乡建设厅联合在全国市长研修学院举办一期"江西省小城镇规划建设专题研究班"。期间,住房和城乡建设部副部长仇保兴看望学员并授课。

8月

14日 副省长李炳军到江西省住房和城乡建设厅和部分厅直单位省建设工程安全质量监管局、省城乡规划院以及厅行政审批中心调研,厅长陈平陪同。

17~18日 副省长李炳军在景德镇调研,厅长陈平陪同。

23~27日 副省长李炳军在赣州调研城市建设、环境保护和住房保障等工作,总工程师章雪儿陪同调研。

9月

18日 省政府召开第12次常务会议。会议审议并原则通过《江西省城镇体系规划(20122030)》、《赣州都市区总体规划(2012—2030)》。

10月

22日 省委强卫书记调研南昌市棚户区改造工作,厅长陈平陪同。

10日 省委常委、常务副省长莫建成到新余调研,看望慰问企业贫困职工,了解企业社区运行、居民生活和居住环境状况,以及棚户区改造工作,副厅长高浪陪同调研。

19~21日 副省长李炳军先后到萍乡市、宜春市调研考察城市建设、住房保障、环境保护和中小企业融资等工作。副厅长高浪陪同调研。

8日 住房城乡建设部下发2013年国家级风景名胜区执法检查结果通报,江西省龙虎山风景名胜区被评为优秀等级,武功山、三百山风景名胜区为良好等级。

11月

21日 中国建筑业协会发布2012~2013年度中国建设工程鲁班奖(国家优质工程)的决定,江西省南昌师范高等专科学校新校园主教学楼、中国井冈山干部学院添建项目、全国青少年井冈山革命传统教育基地宿舍楼等3项工程获此殊荣。

27日 中国建筑业协会授予江西省南昌县"中国建筑之乡"称号,南昌县成为江西省首个"中国建筑之乡"。

12月

27日 经省政府同意,江西省住房和城乡建设厅召开派驻城乡规划督察员工作培训会并举行颁发聘书仪式。江西省首批10名省城乡规划督察员将派驻10个设区市(南昌市已由住房和城乡建设部派驻)开展城乡规划督察工作。部稽查办主任王早生到会并讲话。厅长陈平颁发聘书。

(江西省住房和城乡建设厅 撰稿:夏萍)

山 东 省

概况

2013年,山东省住房城乡建设系统以实施城镇化战略为总抓手,突出抓好住房保障、房地产市场调控、小城镇和农村新型社区建设、污水垃圾处理、城区扬尘治理、工程质量安全等事关全局的重点工作，取得明显成效。全省房地产业、城市建设、村镇建设共完成投资8132亿元，同比增长14.3%，占全社会固定资产投资的22.7%；房地产业、建筑业缴纳各项税收1209亿元，同比增长36%，占全省地税收入的37.3%，对全省地税收入增收的贡献率达85.7%，为推动全省经济和社会发展做出突出贡献。

【城镇化】 2013年，全省人口城镇化率为53.75%，超过全国平均水平；户籍城镇化率为42.97%，高于全国平均水平7.27个百分点。城镇化工作机制进一步健全，调整充实省城镇化工作领导小组，省委书记姜异康、省长郭树清任组长，成员单位由18个增加到30个。出台一系列推进城镇化发展的政策文件。省政府印发《山东省城镇化发展纲要（2012—2020年）》。完成《山东城镇化发展战略研究》和12项城镇化专题研究，启动省、市、县城镇化发展规划编制工作。制定《关于支持省会城市群经济圈和西部经济隆起带城乡建设发展的意见》。全省基本形成由7个特大城市、9个大城市、33个中等城市、56个小城市和1107个建制镇构成的城镇格局。

【小城镇和农村新型社区建设】 全省完成村镇建设投资1470亿元，同比增长11.6%。"百镇建设示范行动"有序开展，成效显著。省政府扩大试点范围，新增100个示范镇。落实省财政补助资金17.7亿元用于支持示范镇建设和产业发展。农村新型社区建设和危房改造深入推进。省财政资金2000万元用于190个农村新型社区详细规划编制。全省新建农村新型社区600个，累计达到5790个。完成农房建设55万户，改造危房12万户，其中中央危房改造任务7.5万户。村镇污水垃圾处理设施建设步伐加快，村镇环境面貌不断改善。40%的建制镇建有污水处理设施，68%的乡镇建立城乡垃圾收运体系。深入开展村容村貌整治，完成4.6万个村庄整治，占全省行政村总数的70%。全省创建国家级历史文化名镇名村5个、特色景观旅游名镇名村13个、传统村落16个。

【保障性安居工程建设】 圆满完成保障性安居工程建设任务。全省开工28.29万套，基本建成24.61万套，新增廉租住房租赁补贴1.03万户，任务完成率分别为120.1%、144.8%和168.7%。加大保障性安居工程建设投入，中央补助资金44.7亿元，省级财政安排奖补资金8亿元。确保保障性安居工程质量。在国家组织的保障性安居工程质量检查中，山东省检查项目总符合率为96.7%。

【房地产业】 全省认真贯彻国家房地产市场调控政策，房地产市场总体保持平稳健康的发展态势。全省完成房地产开发投资5445亿元，同比增长15.6%，其中商品住宅投资3977亿元，同比增长14.5%；商品房竣工面积7509万平方米，同比增长2.5%；批准预售商品住房5857万平方米，同比增长25.4%；商品房销售面积1.03亿平方米，同比增长19.7%。二手住房成交面积1885万平方米，同比增长100.7%。12月，全省纳入国家70个大中城市统计的4个城市中，青岛、济宁、济南、烟台新建商品住宅价格同比分别上涨10.5%、10%、9.4%、8.9%，烟台、济南、青岛、济宁二手住宅价格同比分别上涨6.2%、4.3%、3.7%、3.7%。

【住房公积金】 住房公积金制度覆盖面进一步扩大。全年缴存住房公积金629亿元，同比增长19.1%，住房公积金累计缴存总额3390亿元，突破3000亿大关。个人住房公积金贷款需求显著增加，全年发放住房公积金个人贷款415亿元，提取住房公积金353亿元，同比分别增长31.9%、49.2%，均创历史同期新高。住房公积金对住房保障工作的贡献率不断提升，提取城市廉租住房建设补充资金22.9亿元，同比增长36.3%。个贷风险控制良好，逾期率仅为0.057‰。

【城市建设】 全省完成城市建设投资1217亿元，同比增长11.7%。污染治理力度加大，城市人居环境逐步改善。全面开展城区建设扬尘治理和裸露地绿化，绿化裸露土地315万平方米。山东省共有国家园林城市31个，数量居全国首位，新增省级园林城市8个。城市污水垃圾处理设施建设步伐加快，全省新增污水处理能力89万立方米/日，城市污水集中处理率达到93.9%；新增生活垃圾无害化处理能力1850吨/日，城市垃圾无害化处理率达到99.36%；顺利完成253个城市和县城建成区污水直排口治理任务。

【建筑业和工程建设】 全省资质以上企业完成建筑业总产值10041亿元，同比增长17.4%；房屋建筑施工面积7.05亿平方米，竣工面积2.67亿平方米，同比分别增长15.2%、11%。龙头骨干企业进一步壮大，建筑业结构调整、转型升级步伐加快。全省一级以上建筑业企业达到717家，较2012年增加42家，产值过百亿元企业9家，较2012年增加6家；5家企业入围全球最大承包商250强；6家入围全球国际承包商250强。一级以上企业完成产值占总产值的比重达到54%，产业集中度同比提高4.4个百分点。安全生产形势持续稳定。全省共上报建筑安全事故11起、死亡15人，死亡人数同比下降

11.76%，再创历史新低。有9个市实现零死亡，全省未发生较大及以上事故。建设工程质量稳中有升，住宅工程质量通病治理覆盖率达到85%以上，创建267个省级通病治理示范工程。建筑农民工合法权益得到有效维护，协调解决拖欠工资20.2亿元，解决率达到91.7%，同比提高2.8个百分点。

【城乡规划】 全省设市城市、县城和乡镇总体规划已基本编制完成，由国务院审批的11个城市总体规划中，泰安市已获批复；由省政府审批的37个城市中，36个已获批复，即墨市已编制完成总体规划成果；原由设区城市政府审批的60个县城全部获得批复；1184个乡镇总体规划已编制完成并批复。全省新编各类专项规划257余项、控制性详细规划120项。实行派驻规划督察员制度，向6个设区市、20个县市派驻首批规划督察员，预防和制止37起严重违反规划的行为和苗头。

【建筑节能】 绿色建筑呈现规模化发展，全省新增绿色建筑标识项目105个、面积1460万平方米，省级绿色生态示范城区4个。建筑节能工作积极推进，共完成光热建筑一体化应用项目2718万平方米、既有居住建筑节能改造项目2329.9万平方米、公共建筑节能改造243.5万平方米，均超额完成国家下达的改造任务。全省县城以上城市规划区竣工节能建筑8491万平方米，节能设计标准施工执行率达到99%。大力发展应用新型墙材，全省新型墙材生产量和应用量分别达到320亿块标砖、238亿标砖，生产比例和应用比例分别达到92%和98%。供热分户计量收费面积大幅提升，全年供热分户计量收费面积1.26亿平方米，同比增长64%，居全国首位。全省管道燃气普及率和集中供热普及率分别达到67%、63.1%。

城镇化

【强化组织领导】 省政府出台《山东省城镇化发展纲要（2012—2020年）》等政策文件，明确新型城镇化发展目标、思路措施，并将任务分解落实到有关部门。7月份，省委理论学习中心组专题研究城镇化，省委书记姜异康作重要讲话，对城镇化工作提出明确要求。省委省政府调整充实省城镇化工作领导小组，省委书记姜异康、省长郭树清担任组长，成员单位由18个增加到30个，形成强有力的推进机制。省委组织部、省住房城乡建设厅先后在国内外举办4期新型城镇化领导干部专题研讨班，200位市、县党政领导接受培训。

【《山东省城镇化发展纲要（2012—2020）》】 1月24日，省政府发布《山东省城镇化发展纲要（2012—2020）》（以下简称为《纲要》），明确总体要求、发展目标、主要任务、推进机制、组织保障等。《纲要》提出山东城镇化发展目标是：全省城镇化率2015年达到56%，2020年达到63%；户籍人口城镇化率达到56.5%。《纲要》提出：要有序推进农业转移人口市民化，促进农业转移人口个人融入企业、子女融入学校、家庭融入社区。鼓励各地根据实际在推进户籍制度改革的基础上，实现城镇基本公共服务常住人口全覆盖。让农民工在就业创业服务、社会保障、社会救济、医疗、教育、住房保障、民主政治权利表达等方面逐步与城镇居民享受同等待遇。《纲要》将城镇化的空间策略分为城市群、区域中心城市、县域中心城市、小城镇、新型农村社区5个层次等级，首次将新型农村社区作为城镇化的一种模式提出。

【城镇化规划研究】 委托国内知名研究机构、高等院校，开展山东省城镇化发展战略研究，并组织人口与户籍政策、城镇化与城市发展模式创新、城镇化与土地管理政策、城镇化与就业和社会保障体系发展、城乡一体化发展模式与机制等12项城镇化专题研究，为城镇化规划编制奠定良好基础。委托中国城市规划设计研究院开展《山东省新型城镇化规划》编制。启动全省农村新型社区发展规划编制，省级财政投入资金1900万，支持190个农村新型社区编制建设规划。

【促进区域发展】 加快推进山东半岛蓝色经济区、黄河三角洲高效生态经济区建设发展，产业对城镇化的支撑作用不断强化。2013年省政府出台《省会城市群经济圈发展规划》和《西部经济隆起带发展规划》，着力培育山东经济新的增长极，"两区一圈一带"区域经济发展格局初步形成，城镇化发展的内生动力不断增强。打造一批各具特色的现代农业、工业、服务业产业园区，不断加快产业园区与城市新区融合发展。全省有13个城市进入全国综合实力前100名，16个县（市）进入全国中小城市综合实力百强。

【《2013山东省城镇化发展报告》】 《2013山东省城镇化发展报告》（以下简称"报告"）由省住房城乡建设厅、省统计局审定发布，黄河出版社出版发行。该《报告》贯穿以人为核心的城镇化发展新理念，集中反映2012年以来省委、省政府推进城镇化战略的新思路、新举措和新成效，并根据中央全面深化改革和中央城镇化工作会议最新精神，就农业转移人口市民化、城乡一体化、产城融合、优化城镇布局、提高城镇建设水平等问题提出初步思路建议。报告还重点分析全省、设区城市、县级城镇、小城镇和农村新型社区五个层级的城镇化年度特征和发展质量，分析山东半岛蓝色经济区、黄河三角洲高效生态经济区、省会城市群经济圈、西部经济隆起带四大战略区域城镇化发展水平，并加大与全国，与广东、浙江、江苏、辽宁等兄弟省份，与长株潭、中原、辽中南、海峡西岸等城市群城镇化发展质量横向对比分析力度，有利于准确定位山东在全国发展格局中的坐标。

政策规章

【立法工作】 编制年度立法计划。向省人大法工委、省政府法制办报送2013年度立法计划，地方立法建议项目包括《山东省供热条例》等5个地方性法规和《山东省餐厨废弃物管理办法》等7个政府规章。加快立法步伐。《山东省供热条例》（草案）已经通过省人大常委会一审。《山东省餐厨废弃物管理办法》已出台实施。认真审核部门规范性文件。共审核《关于印发〈山东省百镇建设示范行动示范镇规划编制审批管理办法〉的通知》等部门规范性文件37件。做好文件会签工作。共办理各类法规性文件的征求意见、会签55件。五是落实规范性文件"三统一"制度。省住房城乡建设厅制定的《关于印发〈山东省工程监理人员业务水平认定办法〉的通知》等8件规范性文件通过审查，实行统一登记、统一编号、统一公布。

【依法行政】 规范行政职权行使。对23项行政许可审批项目进行统一规范，制作《行政许可审批事项运行流程表》和《行政许可审批事项办事指南》；对160项处罚事项进行规范，制作《山东省住房和城乡建设厅行政处罚梳理表》《山东省住房和城乡建设厅行政处罚自由裁量权规范标准》《山东省住房和城乡建设厅行政处罚工作流程图》以及《流程环节信息表》。加强执法资格管理工作。对省厅有效期为2013年6月30日的行政执法证件办理年审手续。对有效期为2011年10月30日之前的行政执法证件进行清理，收回过期的证件，并在行政执法证件管理系统中做注销处理。

【普法宣传】 开展新法宣贯活动。组织召开《山东省城乡规划条例》《山东省民用建筑节能条例》宣贯座谈会。利用各类媒体集中开展"宣传月"活动，组织办法知识竞赛，举办办法知识培训班等一系列宣贯活动。组织执法人员培训学习。组织建设系统相关人员参加住房和城乡建设部行政复议培训班、政府信息公开培训班、住房城乡建设系统行政处罚与行政强制工作培训班等，共培训3000多人。编辑普法宣传材料。编写《山东省城乡规划条例释义》、《山东省民用建筑节能条例释义》。

【行政复议应诉】 依法办理，限时办结。共收到行政复议申请57件，审结53件（包括上年度转来10件），所有案件全部在法定期限内做出行政复议决定。出庭应诉行政诉讼案件4件，均胜诉。规范程序，提高质量。所有行政复议案件按照《山东省建设行政复议办法》规定办理，严格按照国务院法制办的规定使用行政复议文书，维护行政复议文书的统一性和权威性；对于重大、复杂的案件，由工作机构集体研究。做好法律咨询服务工作。参与办理厅属企业经济纠纷案件多起，为各市建设行政主管部门、厅属企业及司法机关提供法律咨询服务。

【政务公开】 建立健全相关制度。通过会议、座谈、下发文件和新闻媒体等形式宣传贯彻《政府信息公开条例》，建立健全相关制度。推行"阳光规划"、"阳光审批"，严格落实规划公示、公开听证等制度，依法实施政务公开，接受社会监督。加强政务公开载体建设。在原来政务公开栏、公开墙、办事公开指南手册等传统方式的基础上，增加电子公开屏幕、政务公开网页（站）等，定期派出负责人参加"山东政府阳光政务热线"，积极推广城建行业服务热线，统一受理市政、物业管理等方面的投诉举报和抢险维修。加强行政审批中心和工程、房产交易中心规范化建设。将所有审批事项进驻审批中心，采取"一门受理、并联审批、限时办结"原则，实现"一站式办公"。

房地产业

【房地产市场调控】 督导济南、青岛两市制定并公布2013年度新建商品住房价格控制目标，确保限购范围与国家要求一致。编制印发《山东省城镇住房发展规划》，全省17个设区城市全部按要求制定住房建设规划和年度计划并备案。重点强调住房供应和需求双向调节，突出开发规划计划性引领。强化市场监测分析工作，定期汇总房地产市场数据，及时分析、交流各地动态信息，研判市场运行状况和未来走势，做好政策储备。截至2013年底，扣除价格因素，济南市新建商品住房价格涨幅为7.3%，低于城市居民人均可支配收入增长9.5%的水平；青岛市新建商品住房价格涨幅为5.6%，低于城市居民人均可支配收入增长6.9%的水平，两市政府均实现向社会做出的承诺。

【棚户区改造工作】 截至年底,各类棚户区安置房投资465亿元,开工172874套,基本建成107966套,完成国家下达任务的120%。一是贯彻落实中央部署。省政府召开全省保障性安居工程工作会议,印发《关于贯彻落实国发〔2013〕25号文件加快棚户区改造工作的意见》(鲁政发〔2013〕29号),提出一系列贯彻落实中央部署的政策措施。2013年,全省各类棚户区改造争取中央补助资金249673万元,省级奖补资金30000万元,全省户均补助资金19500元。2013年,山东省市、县级政府按照上述渠道安排公共预算、土地出让收益、地方债券收入等资金40多亿元。为切实解决融资筹集问题,2013年11月底,国家开发银行召开专题会议,向山东推广发放专项贷款、发行专项债券、设立专项基金;实行统一评级、统一授信、统借统还贷款模式。截至2013年底,国开行山东分行已向济南、德州等市52个保障性安居工程项目累计发放贷款169.39亿元。

【房地产业监管】 2013年,省政府印发《关于加快服务业发展的若干意见》,提出"省内房地产等企业可在项目所在地以分公司名义办理项目审批手续、设立银行账号、缴纳有关税费,可不再新设立独立法人资格的子公司"。健全完善房地产开发监管制度。在全省各市全面实行房地产开发建设条件意见书制度、综合验收备案制度,进一步完善商品房预售制度,加强预售资金监管。通过后期综合验收备案落实前期提出的开发项目建设条件,并通过预售调节商品房供应速度、规模,切实强化房地产市场监管能力。截至2013年底,烟台等11个城市实行房地产开发建设条件意见书制度,所有设区城市全部实行综合验收备案和预售资金监管制度。把房地产开发企业三级资质审批权下放。引导骨干房地产开发企业牢固树立质量、品牌、人才强企意识,增强核心竞争力。截至2013年底,全省有房地产开发企业7216家,其中,一级资质企业83家,二级资质505家;销售额超过10亿元的有41家,比2012年增加16家。

【物业管理】 全省共有物业服务企业5916家,同比增长12%,居全国第三;物业管理面积11.4亿平方米,同比增长17%,与江苏、上海并居全国第三;直接从业人员超过35万人,同比增长15%。省政府《关于加快服务业发展的若干意见》明确:城乡居民住宅小区公共场所非经营性服务设施,用电价格执行居民电价的非居民用户价格;用水、用气、用热价格执行当地居民价格,理顺不合理收费机制。一是改进住宅专项维修资金管理。针对公众质疑的资金流动性、便捷性、保值性差等问题进行分类研究,启动《山东省住宅专项维修资金管理办法》修订工作。二是启动省直房改房维修资金建账划转工作。研究起草省直出售公房成立业主委员会指导意见,起草资金使用管理办法。三是继续深入贯彻《山东省物业管理条例》,推出滕州市"四位一体"、青岛黄岛"物业管理重心下移"等方法。

【国有土地上房屋征收补偿】 认真贯彻《国有土地上房屋征收与补偿条例》(以下称《条例》),严格依法按程序实施房屋征收补偿工作。2013年,全省发放房屋征收决定416个,涉及征收群众9.6万多户、1800多万平方米。加强立法研究。省住房城乡建设厅配合省人大开展《山东省国有土地上房屋征收和补偿条例》立法前调研。3月19日,省人大常委会通过《青岛市国有土地上房屋征收和补偿条例》,于5月1日实施,标志着全国第一个房屋征收地方性法规正式出台。7月18日,济南市政府第30次常务会议讨论通过《济南市国有土地上房屋征收与补偿办法》并实施。强化信息公开。2013年10月,省住房城乡建设厅印发《山东省国有土地上房屋征收与补偿信息公开实施方案》,明确信息公开的内容、范围和时限。开展督导检查。2013年,将加强房屋征收拆迁督导检查作为常态工作抓在手上,全年对8个城市、26个县市区、近200个房屋项目进行现场督查。做好拆迁信访,有效控制和减少各类矛盾和问题的发生。

【房屋产权登记管理】 提高"人"的素质。2013年,全省有385人通过房屋登记官考试,全省有房屋登记官2310名。提高"机构"素质。全面落实《房地产登记技术规程》,组织好规范化管理创建活动,潍坊、邹城、乳山通过2013年度全国房地产交易与登记规范化管理先进单位验收。突破薄弱环节。加强督导《关于开展集体土地范围内房屋登记工作的通知》(鲁建发〔2012〕7号)有关规定的落实,加快县市登记工作。积极应对业务量激增情况。为了避免引发群体事件,及时调度有关情况,指导各地制定应急预案,保持业务有序开展。

【住宅产业现代化】 天同宏基集团股份有限公司、山东万斯达股份有限公司和潍坊市宏源防水材料有限公司获得"国家住宅产业化基地"称号;青岛、潍坊两个城市申报成为国家住宅产业现代化综合试点城市。天同九龙湾等5个国家康居示范工通过住宅产业化技术可行性研究报告及规划设计方案评审,15个住宅项目通过A级住宅性能认定预审。

山东省《装配整体式住宅建筑技术标准》和《成品住宅装修技术标准》编制工作启动。

住房保障

【建设资金】 各地认真落实国家有关保障性安居工程建设资金筹集的政策规定，确保政府资金来源落实到位。全年国家和省下达保障性安居工程各项资金52.73亿元。其中，国家下达山东省廉租住房中央预算内投资0.26亿元、专项补助资金1.04亿元，公共租赁住房专项补助资金17.7亿元，城市棚户区改造专项补助资金21.77亿元，保障性安居工程配套基础设施中央预算内投资3.96亿元，合计44.73亿元；省级财政下达保障性安居工程奖补资金8亿元。同时，认真落实国家和省一系列减免优惠政策，对保障性安居工程一律免收各项行政事业性收费和政府性基金。

【保障房项目规划选址】 在城市优质区位建设保障房，降低群众生活成本，尽可能将保障房安排在地质条件安全可靠、环境适宜、公共交通相对便利和商业、教育、医疗、文化等公共设施及市政配套相对完善的区域，为困难群众创造低成本的生活就业环境。在商品房小区中配建保障房，使困难群众能够依据自身需要就近选择房源，共享市政基础设施，共享政府公共服务，明确规定在新建普通商品住宅项目中按原则上不低于10%的比例配建保障性住房。"补砖头"与"补人头"并举，让群众自主选择保障方式。充分尊重群众意愿，坚持实物保障和货币补贴相结合，做到宜补则补、宜租则租、宜购则购，实现政府保障和市场配置的有机结合。

【保障性住房的管理】 强化保障性住房的分配管理。加强对保障房申请、审核、公示、轮候、配租(售)、使用、退出等重点环节的监管，完善制度设计，规范工作流程，扩大覆盖范围，确保分配过程公开透明、分配结果公平公正。加大对外来务工人员等群体的住房保障实施力度，逐步将符合条件的外来务工人员纳入当地住房保障范围，实现"同城待遇"。强化监督检查。定期对建设进度、资金管理、质量安全、分配运营等重点环节进行全面督查。四是完善保障房后期服务，积极推行社会化、市场化、专业化的物业管理，完善社区服务体系。

公积金管理

【归集面扩大】 截至年底，全省实际缴存职工人数718.3万人，较2012年度增加25.4万人。一是政府推动促扩面。2013年，经省政府批准，淄博、泰安、临沂市先后调整公积金缴存比例，全省12个城市公积金缴存比例调整至单位和个人各12%。二是宣传带动促扩面。各市充分利用报刊、电视等方式开展宣传活动，营造良好的缴存氛围。三是部门联动促扩面。各市联合督查、财政、审计等部门开展集中督导，与工商、社保、质监、税务等部门加强信息互通，全面掌握有关情况。四是执法驱动促扩面。各地结合各自实际，不断加强公积金执法，维护职工合法权益。2013年，济南市开展人力资源公司建立公积金制度专项检查，96家人力资源公司为14373名劳务派遣工缴纳公积金。青岛市全年结案358件，为2694名职工追缴公积金503.6万元。

【提取使用率提高】 2013年，全省提取公积金353亿元，发放贷款415亿元，同比分别增长49.2%、31.9%，全省住房公积金使用率达到82.2%，6个城市超过全省平均水平。各市严格执行国家房地产市场宏观调控措施，实施差别化信贷政策，坚决抑制投机投资性需求，支持职工基本住房消费。坚持利民惠民，认真研究向困难职工家庭倾斜的公积金使用政策，临沂等市出台贷款贴息办法，青岛市出台允许购买经济适用房的职工及其配偶提取公积金用于支付购房首付款的政策，大大减轻低收入人群购房压力。全省7个城市根据贷款资金需求和收支使用情况，及时调整公积金个人贷款的最高额度和贷款期限，德州、泰安等市推出"冲抵还贷"业务，缓解职工还贷压力。各市科学运作结余资金，确保公积金保值增值。全年实现增值收益31亿元，同比增加25.1%。

【加强住房公积金监管】 省政府办公厅出台《关于进一步加强住房公积金管理工作的意见》。省住房城乡建设厅会同人民银行济南分行、山东银监局出台《山东省住房公积金金融业务受托银行考评办法(试行)》，推动解决公积金承办银行重存款、轻服务的问题。启动全省公积金监管信息系统和电子档案系统研发建设以及非公企业建立公积金制度、大病提取公积金等多项调研，形成调研工作报告和初步工作思路。配合住房城乡建设部完成公积金贷款支持保障性住房建设试点、涉险资金清收、违规套取公积金、行业分中心机构调整等9个专项检查。修改完善《山东省住房公积金管理省级考核奖励资金管理办法》，对考核优秀、良好单位分别奖励资金。截至年底，全省住房公积金个人逾期贷款余额712万元，逾期率为0.057‰，同比下降0.0025个百分点，个贷风险控制良好。强化涉险资金清收措施，全省共清收涉险资金1.2亿元，涉险资金清收工作接近尾声。

城乡规划

【调研查准薄弱环节】 省住房城乡建设厅针对城乡规划的薄弱环节深入开展调研，就盲目扩大建设用地规模、规划实施符合率不高等问题提出对策措施。代省委、省政府拟定《关于深化和创新城乡规划工作的意见》，就加强机构建设、强化规划管理、依法实施规划等方面提出具体要求和措施。

【完善规划体系】 全省设市城市、县城和乡镇总体规划已基本编制完成，由国务院审批的11个城市总体规划中，泰安市已获批复；由省政府审批的37个城市中，36个已获批复，即墨市已编制完成总体规划成果；原由设区城市政府审批的60个县城全部获得批复；1184个乡镇总体规划已编制完成并批复。全省新编各类专项规划257项、控制性详细规划120项。

【强化监管】 实行派驻规划督察员制度，向6个设区市、20个县市派驻首批规划督察员，预防和制止37起严重违反规划的行为和苗头。利用卫星遥感技术辅助城乡规划督察，实现设区市规划遥感监测全覆盖。泰安加强规划编制创新，将城市分成60个控制性单元，结合建设时序编制地块控规，建立规划监察执法平台，有效提高规划符合率。

城市建设与市政公用事业

【城市井盖管理】 省住房城乡建设厅转发《住房城乡建设部关于进一步加强城市窨井盖安全管理的通知》，要求各地立即组织开展汛期"问题井盖"排查整治，建立并严格执行市政部门总牵头、谁所有谁负责等10项制度。8月22日，省住房城乡建设厅厅长宋军继到济南市历下区市政局，专题调研城市马路井盖安全问题，对井盖安全管理提出明确要求。委托正元地理信息技术有限责任公司开展"城市井盖信息管理及自动报警系统"的研发，研究成果通过省住房城乡建设厅组织的科技成果鉴定，研发的第一代产品已在济南市历下区、日照莒县试用。

【城市照明】 指导各市加快编制城市绿色照明专项规划，组织山东照明学会等单位编制《山东省环境照明工程规范》。积极推动物联网、云计算、智能控制等技术在路灯监控领域的应用。开展全省城市照明节能工作调研，摸清全省城市照明工作的基本情况、存在的问题。截至2013年底，青岛、潍坊、日照等市编制《城市照明专项规划》，潍坊、泰安、莱芜等市出台加强照明管理的规章制度和技术标准。各地已基本淘汰低效高耗的白炽灯、高压汞灯，高压钠灯、LED灯、无极灯及太阳能路灯得到广泛推广应用，济南、淄博等14个设区城市先后建设了路灯节能控制系统，城市照明节能水平明显提高。

【城市公共自行车系统】 组织开展全省公共自行车系统情况调研，摸清发展现状。省住房城乡建设厅等5部门联合印发《关于发展城市公共自行车系统的指导意见》，要求各地积极发展步行和自行车交通系统和自行车停车设施，建设公共自行车租赁系统，为居民出行提供绿色、高效、便捷的途径。截至2013年底，枣庄、烟台、潍坊、日照、滨州、青州、寿光、济宁高新区和北湖新区、荣成市等地建有公共自行车系统，公共自行车总数近4万辆，站点总数2231个，总投资2.65亿元。

【城市供水与节水】 9月4日，省住房城乡建设厅、发改委印发《山东省城镇供水设施改造与建设"十二五"规划》，确定全省城镇供水厂改造与扩建项目总规模为282.51万立方米/日，新建城镇供水厂项目总规模为225.23万立方米/日，城镇供水管网改造与新建总规模分别为3522.36公里和4120.38公里。2月16日，省住房城乡建设厅、卫生厅、监察厅联合印发《山东省城市饮用水水质提升工程三年（2013—2015）行动计划实施方案》，明确行动主题、10项行动内容以及4个阶段的行动步骤。2月19日，省住房城乡建设厅印发《山东省城市供水企业水质检测机构能力等级评定实施细则》，完成15个设区城市的18家供水企业实验室能力等级评定。会同省发改委、经信委，修订、印发《山东省节水型城市申报与考核办法》及《山东省节水型城市考核标准》，并组织开展省级节水型企业（单位）创建工作，经申报、初审和专家现场考评，命名129家企业（单位）为省级节水型企业（单位）。

【城市防汛】 印发《山东省城市防台风、风暴潮应急预案》，指导各地科学应对、防范台风、风暴潮。组织开发城市立交桥下积水警示与通行安全保障系统，印发了系统建设技术导则，指导各地安装使用该系统。省政府办公厅下发《关于贯彻落实国办发〔2013〕23号文件做好城市排水防涝工作的通知》（鲁政办发〔2013〕15号）。在济南召开全省城市防汛工作电视会议，厅长宋军继作重要讲话。在潍坊组织召开全省城市排水防涝工作调度会议，对全省排水防涝工作进行调度。山东整个汛期没有出现大的灾情。汛期结束后，组织编写《全省城市防汛典型案例汇编》。

【城市裸露土地绿化】 在7月份召开的全省城市园林绿化工作会议上，明确城市裸露土地绿化是城市园林绿化工作的重点。9月，经省政府同意，省住房城乡建设厅会同省林业厅等6部门印发《全省城市裸露土地绿化工作实施方案》，明确城市公共部位、道路两侧、单位庭院内部、闲置土地、建筑工地、城区过境铁路、公路两侧、城市河道为城市裸露土地绿化的工作重点，提出要加强领导，完善工作考核和奖惩机制，实现到2015年绿化现有裸露土地的目标。截至年底，全省共普查出裸露地块6210万平方米，累计绿化裸露地块1210万平方米，占全部裸露地块面积的19.5%。

【和谐城管创建】 对全省各地"和谐城管"创建工作和示范项目管理情况进行全面调度，对已公布的47个示范单位、56个示范小区、94条示范路（街）、77个示范广场进行督导检查。深入实施"和谐城管"创建六项工程（便民服务内容和形式的创新、市政设施的完善和提升、建设项目的管控、市容环境整治、数字化城市管理系统建设、城管队伍建设等），制定示范单位和示范项目考核评价标准，加强示范项目监管，重点开展市容市貌、渣土运输、违法建设等专项整治。

【建设扬尘治理】 省住房城乡建设厅、发展改革委、公安厅、环保厅等8部门联合印发《关于在全省开展城区建设扬尘治理集中行动的通知》（鲁建发〔2013〕6号），对在全省开展城区建设扬尘治理集中行动做出全面部署。为强化管理，省住房城乡建设厅成立城区建设扬尘治理和裸露土地绿化工作领导小组，建立工作例会、集中办公、调度通报3项制度。11月份，省政府副省长孙绍骋、张超超率领省直有关部门主要负责人，对济南市的扬尘治理和裸露地绿化做现场督导。截至2013年底，全省纳入扬尘治理监管的房屋建筑、市政工程工地占工地总数的比例分别达到96.8%、93%，已落实扬尘治理措施的分别达到80.9%、86.8%，4929个房屋建筑工地已安装视频监控设备，占工地总数的60.9%，落实控尘措施的房屋拆除工地占总数的79.1%。全省累计核准渣土运输企业347家，运输车辆14140台，其中密闭达标车辆8464台，占车辆总数59.9%，安装GPS车辆3088台，占车辆总数的21.8%。全省城区现有道路保洁面积75028.11万平方米，机扫车2816台，主次干道机扫率63.8%，洒水车800台。

村镇规划建设

【村镇规划】 示范镇规划。印发《山东省"百镇建设示范行动"示范镇规划编制审批管理办法》，指导首批92个示范镇（青岛市的另作要求）完成总体规划的修编和备案；组织专家对规划成果进行评。印发《山东省"百镇建设示范行动"示范镇控制性详细规划编制技术要点》和《山东省"百镇建设示范行动"示范镇专项规划编制技术要点》，指导示范镇详细规划和专项规划编制。村庄规划。青岛市即墨县金口镇凤凰村、临沂市蒙山旅游区柏林镇富泉村2村入选全国第一批28个村庄规划示范村。传统村落规划编制。制定山东省传统村落规划编制单位名录，开展规划编制人员培训，指导全省首批10个传统村落编制保护规划，争取省财政195万元用于传统村落保护规划编制和建档工作。农村新型社区规划。启动《全省农村新型社区发展规划》编制，合理确定农村新型社区和保留村庄的数量、规模及建设标准；争取省财政1900万元补助190个农村新型社区详细规划编制。

【百镇建设示范行动】 加强检查指导。组织各市对示范镇进行循环检查，既起到检查工作的目的也增加示范镇之间的观摩交流和学习。多次召开示范镇座谈会，研究推进示范镇建设的工作措施。1月22日，组织省直8个主要业务部门和综合实力最强的10个示范镇召开现场会，副省长孙绍骋到会讲话，就破解制约示范镇发展的体制机制问题进行深入探讨。加大支持力度。会同省财政下拨第一批示范镇建设补助资金10亿元，各市、县配套资金12.7亿元，平均每个示范镇2522万元，有效支持示范镇建设。争取省产业发展贷款贴息资金2亿元，支持示范镇产业发展。各级结合"蓝黄两区"建设、战略新兴产业发展和重大项目选址，安排示范镇新增建设用地指标23898亩。90个示范镇完成土地增减挂钩项目100个，增加建设用地13875亩；土地整理项目46个，增加建设用地6451亩。各项土地政策共为示范镇提供建设用地44224亩，平均每镇491亩，为示范镇发展拓展空间。严格年度考核。组织城镇化工作领导小组各成员单位，对"百镇建设示范行动"首批示范镇进行现场考核；委托省社情民意调查中心进行民意调查。公布综合考核排名，对前10名予以资金奖励。新增100个示范镇。为扩大示范镇效应，按省政府要求，经专家评审，择优推选出100个新增示范镇，以鲁政办发〔2013〕160号文公布，并拨付补助资金5.7亿元。初步统计，2013年首批100个示范镇完成地方财政收入144亿元，比2012年增长30%；完成各类投资149亿元，其中基础设施建设投资84亿元，小城镇社会事业项目投资

34亿元，公共服务平台投资9亿元。

【农房建设】 农村住房建设。指导各地因地制宜，通过政策引导、市场运作、村民参与的方式稳步推进农村住房建设。加快编制完成《山东省农村新型社区发展规划》，突出做好以农民生产生活聚居区建设为主要内容的农村新型社区工作，同步建设市政基础设施，大力发展产业园区，吸纳农村劳动力就近就地转移就业。2013年全省共完成农房建设55万户，建设农村新型社区600个。全省共建成农村新型社区5790个，约有422万户、1394万人入住。绿色农房示范项目。争取省财政资金4000万元，按每户2万元的标准补助2000户农民建设绿色农房。三是渔民上岸安居工程。争取中央预算内投资4000万元，补助微山湖、东平湖区域的2010户以船为家渔民上岸。

【危房改造】 建立工作机制。全省农村危房改造工作建立"省市总体协调、县级总体负责、乡镇直接负责、村级具体负责"的责任体系。制定下发《山东省2013年农村危房改造试点工作实施方案》《山东省农村危房改造补助资金管理暂行办法》《山东省农村危房改造检查与考核暂行办法》等一系列政策文件，合理确定补助对象，规范程序运作，严控建设标准。健全档案管理，做到一户一档，及时准确的将农户信息录入国家信息系统，确保档案真实准确、材料齐全、管理规范。严格落实国家《农村危房改造抗震安全基本要求（试行）》，确保农户住上放心房、安全房。严格程序。严格按照"个人申请、集体评议、乡镇审核、县级审批、签订协议、组织实施、竣工验收"的步骤，规范程序运作，抓好政策培训，加强资金监管，强化质量管理，组织17市进行互查。加大资金扶持力度。争取中央补助资金5.625亿元，省级资金4亿元，督员完成中央危房改造任务7.5万户，全省共改造危房12万户，并顺利通过国家检查验收。

【小城镇垃圾污水处理设施建设】 省委、省政府要求到"十二五"末全部乡镇建立垃圾收集转运体系，70%的建制镇驻地实现生活污水集中处理。至年底，全省1062个建制镇中，有426个建制镇建有污水处理厂，占建制镇数量的40%，处理能力306万吨/日，污水集中处理达33%；3246个农村新型社区建有污水处理设施，占社区数的56%，处理能力97.38万吨/日。2013年底，823个乡镇建立城乡垃圾收运体系，转运能力3.2万吨/日，村镇生活垃圾无害化处理率达到50%。

【村容村貌综合整治】 对规划确定不予迁村并点、空间布局比较合理的村庄，进行综合整治，开展"三清四改四通五化"，即清理粪堆、垃圾堆、柴草堆，改水、改厕、改灶、改圈，通水、通电、通路、通宽带网，实现硬化、净化、亮化、绿化、美化，重点解决道路泥泞、排水不畅、垃圾乱扔、人畜混居等问题。对新型农村社区进行设施配套。对规划确定短期内将整村迁建或改造的村庄，清理"三大堆"，治理脏乱差，打扫卫生，清洁家园，防止私搭乱建。全年整治村庄1.1万个，截至2013年底，全省累计完成4.6万个村庄村容村貌整治，占村庄总数的70%。

【特色镇村建设】 美丽宜居村镇创建。住房城乡建设部公布的全国第一批美丽宜居小镇和村庄名单（共20个）中，威海市环翠区张村镇和莱阳市濯村入选，占全国总量的10%。历史文化名镇名村建设。命名8个镇、18个村为第三批省级历史文化名镇名村。全国传统村落申报。即墨市金口镇凤凰村、招远市辛庄镇高家庄子村、招远市辛庄镇大涝洼村、招远市辛庄镇孟格庄村、招远市张星镇徐家村、文登市高村镇万家村6个村庄被命名为全国传统村落。

工程质量安全监督

【工程质量管理】 大力开展住宅工程质量通病治理。在全省开展住宅工程质量回访活动，累计回访3.2万户，现场处理质量问题2200多件；召开座谈会5次，提出管理和技术措施近百条。实施样板引路、以点带面，开展优质工程观摩活动和通病治理示范工程活动，创建通病治理示范工程91项。强化工程质量监督检查。全年开展工程质量抽查、巡查12余万次，发现工程质量隐患2.3万余处，累计发出整改通知单3万多份。重点加强保障性安居工程质量监管，出台《关于进一步加强保障性安居工程竣工验收监管的意见》，对1.1万项工程开展专项检查，有效保证民生工程质量。规范检测机构管理。进一步规范工程质量检测机构质量行为，建立全省统一的检测信息系统，实行检测机构与人员信用等级管理制度，完善诚信奖惩机制，保证检测质量。完善管理和技术标准体系。编写地方标准13个，完成住房城乡建设部《工程质量责任终身制落实措施研究》课题研究。五是大力实施精品工程战略。开展建筑工程、装饰装修工程质量"泰山杯"奖和省建设工程优质结构奖评审工作。全省共获得鲁班奖工程6项、国优工程奖14项、国家装饰奖44项。住宅工程质量通病治理覆盖率达到85%，住宅工程分户验收率达到99.8%，保障性住房实现全数分户验收。

【安全生产监管】 强化监督检查。组织开展安全生产明查暗访和"打非治违"专项行动，不间断地进行隐患排查治理，保持安全生产高压态势。全省共组织安全生产检查20余万次，检查工程7万余个，下发整改通知书7.3万份。大力推行差别化监管。加大对重点工程，危险性较大的深基坑、起重机械、附着式升降脚手架、高支模等分部、分项工程及低资质企业施工工程的监督检查频次，有效遏制事故发生。大力开展安全文明工地创建和扬尘治理。积极推广创建工作经验，对扬尘治理实行一票否决，施工标准化管理水平进一步提高，共创建安全文明示范工地122个、优良工地420个、施工小区78个。推进安全监管标准化建设。编制地方标准2个，出台重大隐患排查治理挂牌督办暂行办法和施工机械租赁行业管理实施细则，对安全生产各环节的工作进行规范。加大防护用品备案管理，有效遏制不合格用品流入施工现场，从源头确保施工安全。全省建筑施工安全生产形势持续稳定，全年发生建筑施工安全事故11起，与2012年持平，死亡15人，同比下降4.41%，未发生较大以上安全生产事故；百亿元增加值死亡率远低于全国平均水平，9个市实现安全生产零死亡。

【规范市场秩序】 以加强动态监管为重点，强化市场与现场联动，严格准入清出管理。严厉打击肢解、挂靠、转包和违法分包等违法违规行为，通报批评企业224家，罚款60家，暂扣安全生产许可证65家，停业整顿166家，降低和吊销资质51家。充分利用网络监管信息平台，曝光433家企业的不良行为记录。印发《外省进鲁建筑业企业承揽业务监督管理实施意见》，对外省和山东省跨地区承揽业务的企业给予同等待遇，提出"三不强制"：即不强制要求设立分支机构、不强行扣押相关证照、不强行清出市场，维护统一开放、公平竞争的市场环境。

【勘察设计咨询】 加强行业诚信体系建设，完善绿色通道制度，经省法制办备案，印发《山东省建设工程勘察设计企业信用等级评估办法》。组织专家共审查50余项大中型建设项目初步设计。全省共有施工图审查机构53家，审查人员1220名，2013年共审查近4.4亿平方米的建筑施工图、投资73亿元的市政项目和1.1万多个勘察项目，发现并纠正违反强制性条文2万多条（次）。全年编制完成省标准设计图集20项，合计标准页720页，与河北、河南、山西、内蒙古、天津等5省区市联合编制《13系列建筑标准设计图集》共65本，合计标准页9500页。截至2013年底，全省勘察设计企业共有1478家，从业人员10.03万人，注册执业人员1.42万人，具有技术职称的人员6.6万人。全省勘察设计企业2013年营业收入合计814.1亿元，比2012年增加34%，实现利润33.5亿元，上交所得税12.3亿元。

【工程建设招标投标管理】 2013年，全省房屋建筑和市政工程实际招标项目16390项，造价4716亿元，其中公开招标13418项，造价3713亿元，招标工程实际招标率、应公开招标工程实际公开招标率均达到99%。全省进入有形建筑市场交易的房建和市政工程项目17257项，造价4820亿元。交通、水利、工业技改等专业工程项目进场交易1099项，造价102亿元。同期公开招标房屋建筑和市政工程进场交易率为100%。

【工程建设标准编制】 省住房城乡建设厅、省质监局联合下发《关于山东省工程建设标准编制管理工作的意见》（鲁建标字〔2013〕22号）。2013年制定发布《建设工程优质结构评价标准》等14项地方标准。全年办理水泥、开关插座、配电箱等三类产品登记备案证明共计200余项。省住房城乡建设厅下发《关于发布我省建设工程定额人工单价、各市综合工日市场指导单价及最低单价的通知》，对全省定额人工管理政策进行调整。

【建设执业资格管理】 根据国家《注册建筑师条例》、《注册建筑师条例实施细则》和《山东省建设工程勘察设计管理条例》的有关规定，省住房城乡建设厅印发《山东省注册建筑师执业注册管理办法》，自2013年3月1日起施行。1月14日，依据《建筑法》、《注册建造师管理规定》、《注册建造师执业管理办法》以及《山东省注册建造师执业管理办法》等法律、法规和办法，省住房城乡建设厅印发《山东省注册建造师信用管理办法》，对注册建造师的注册、继续教育、执业状态和行为评价等有关个人信用信息的采集、使用和管理等做出明确规定。自2013年3月1日起施行。

【城乡建设档案归集管理】 归集管理制度进一步完善，城建档案归集率明显提高。2013年，陆续出台《聊城市城乡建设档案管理办法》《威海市城市地下管线工程档案管理办法》《威海市建设市场责任主体信用档案管理办法》《鱼台县城乡建设档案管理办法》《禹城市城市建设档案管理办法》《陵县城市地下管线档案管理办法》。截至年底，17个设区城市中有淄博等15个城市政府出台城建档案归集管理的规范性文件。管理机构进一步强化。新成立淄川区城建档案和地下管线管理中心、张店区城建档案和地下管线管理办公室、禹城市城建档案馆、庆云县城建档案馆、武城县城建档案管理办公室、宁津县城建档案管理办公室(宁津县城建档案馆)、沾化县城建档案管理办公室、阳信县城建档案馆、东营市经济技术开发区城建档案馆、菏泽市阳谷县档案技术服务中心、长岛县城市建设档案室。截至2013年底,青岛、淄博、东营、烟台、潍坊、泰安、威海、日照等所辖县市区设立城建档案馆(室)的比例达到100%。城市地下管线工程普查和信息化建设步伐加快。聊城市地下管线普查和信息化建设项目通过专家验收。青岛市、淄博市、东营市、高青县、岚山区、青州市启动地下管线普查和信息化建设工作。截至2013年底,莱芜、日照、菏泽、泰安、威海、滨州、济宁、烟台、德州、聊城10个城市相继完成管线普查,并建立运行综合信息管理系统。

建筑市场

【**建筑企业规模和产值效益**】 全省建筑业企业达到10656家。其中,一级以上建筑业企业达到717家,比2012年增加42家;产值过百亿元企业9家,比2012年增加6家。青建、烟建、山东电建等6家企业入围全球最大国际承包商250强,入选数量居全国第二位。富达、东亚、德泰等11家企业入选全国装饰行业百强。雄狮、德才、鑫泽等8家企业入选中国建筑幕墙行业50强。全年完成全社会建筑业总产值1.2万亿元,增加值3201亿元,分别增长8%和9%;其中三级资质以上企业完成1.0041万亿元,同比增长17.4%;上缴税金328亿元,增长15.8%;建筑施工面积6.9亿平方米,竣工2.8亿平方米,分别增长15.2%和11%;从业人员418万人,劳动生产率24.1万元/人,分别增长10%和13.7%,主要经济指标居全国第3位。

【**调整优化产业结构**】 大力扶持骨干企业、专业承包和劳务分包企业发展,全省建筑业企业达到10656家,初步形成大中小企业比例协调、配置合理,各类型企业分工合作、优势互补的行业组织结构,产业集中度达到54%。重点培育知名品牌企业,研究制定了增强企业资本实力、支持品牌企业做大做强的对策措施,并组织实施。支持大企业拥有核心劳务队伍,全省劳务企业数量达到2837家。临沂、菏泽、聊城等市的劳务基地初具规模。支持县域建筑业加快发展,10个建筑业强县产值均超过百亿元,其中桓台达到460亿元,肥城和滕州超过200亿元。

【**支持企业实施"走出去"战略**】 引导、鼓励企业跟踪国内外投资热点,围绕重点区域、领域和项目"走出去"发展。开辟外出施工绿色通道,帮助企业拓展市场空间,与有关省市加强联系沟通,确保出省施工企业享受劳保金。外出施工份额大幅增加,全年完成外出施工产值1538亿元,同比增长15.7%;完成对外工程承包营业额80亿美元,劳务输出5万人。天元建设集团在南非、南苏丹、喀麦隆等多个国家承揽项目,工程造价达14.07亿美元;威海国际经济技术合作公司承揽的刚果(金)国际机场项目,合同额3.64亿美元。

【**推进建筑工业化**】 把建筑工业化作为推动产业转型升级的有效途径,在钢结构、预制混凝土装配体系、整体厨卫等多个领域进行推广。全省有3个大型建筑工业化产业园区正在建设,总投资额达20亿元。济南万斯达集团研发的预制混凝土装配体系在多个项目中推广应用,莱钢建设集团研发的钢结构节能住宅通过部级科技成果鉴定,已开发建设100万平方米。装饰装修一体化进程加快,全省具备标准化生产能力的装饰企业达300余家,其中海尔家居建立工厂化生产线11条,年产值50多亿元。

【**建筑行业技术进步**】 提高科技创新能力。积极推动校企联合,开展产学研合作,加大技术研发力度。全行业共获得华夏建设科技奖2项,詹天佑奖1项,省科技进步奖2项,全国装饰科技创新成果奖62项;评选省建筑业技术创新奖545项,2项列入住房城乡建设部科技计划,6项通过省级鉴定。加大技术成果转化应用力度。支持企业开发专利、专有技术,组织开展群众性质量管理活动、工法和新技术应用示范工程评审,获得国家级工法44项,取得国家发明专利6项,实用新型专利78项,27项工程获得全国绿色施工示范工程;评审省级工法415项,新技术应用示范工程403项。扶持大企业建立省级技术中心。全行业建成省级企业技术中心25个,院士工作站3个,博士后工作站3个。

建筑节能与科技

【**墙材革新**】 全省县城以上城市规划区全部实现"禁实",并扩展到大多数建制镇城市规划区。扎实推进城市、县城"限粘",14个设区市、27个县级市和23个县城实现"限粘"目标,超出国家下达的5个设区市、11个县级市目标。组织对全省墙材革新工作进行执法检查,有力推动了墙体材料革新和专项基金征管工作的深入开展。大力发展应用新型墙材，全省新型墙材生产量和应用量分别达到320亿块标砖、235亿标砖，生产比例和应用比例分别达到94%和98%。会同省财政厅，印发了省级新型墙体材料专项基金支持项目实施管理办法，明确专项资金支持条件和分配标准，进一步加强和规范资金的使用管理，2013年从省专项基金中列支5000万元，支持建筑节能新技术科研项目和示范工程建设。

【新建建筑节能】 在北方各省中率先启动居住建筑节能75%设计标准编制，计划2014年底前发布实施。大力推行建筑节能全过程闭合管理模式，切实加强规划、设计、图审、施工、竣工验收及销售使用等环节的监管，工程质量和标准执行率不断提高。全省县城以上城市规划区新建建筑设计阶段建筑节能标准执行率保持100%，施工阶段达到99%，高出国家平均水平4个百分点，建成节能建筑7200万平方米。

【既有居住建筑节能改造】 制定出台《山东省既有居住建筑供热计量及节能改造项目实施管理办法》。严格改造项目验收，省住房城乡建设厅会同省财政厅，对下达各市的中央、省奖补资金使用情况及2012年度改造项目进行了核查验收。严格实行全过程管理，全年未出现消防安全事故。全年完成既有居住建筑节能改造2329.9万平方米，超额完成国家下达的改造任务。加强中央和省奖补资金的使用管理，2013年度中央改造奖励资金48718万元、省配套奖励资金2.5亿元，已全部下拨至市县。

【公共建筑节能管理】 积极争取省财政安排5000万元资金用于支持公共建筑节能改造、高等学校和医院节能监管平台试点示范项目及节能监测系统建设。省住房城乡建设厅、省财政厅，印发《山东省公共建筑节能监测系统项目管理办法和节能改造试点示范项目管理办法》。大力开展"节约型"校园建设，在全国率先启动省级"节约型"医院建设，全年新增10所高校、3家医院创建省级"节约型"校园、医院。省及17市公共建筑节能监管平台全部建立，淄博、潍坊等10市已通过省级验收，600余栋公共建筑已实现上传数据。完成近2300栋机关办公建筑和大型公共建筑能耗调查统计，对320栋、630万平方米建筑进行能源审计，完成243.5万平方米公共建筑节能改造，319栋公共建筑用能分项计量监测改造，分别完成年度任务的121.5%和120%。

【可再生能源建筑应用】 建立健全闭合式监管体系，严格执行12层及以下住宅建筑等强制安装太阳能光热系统规定，鼓励有条件的5个城市开展高层建筑太阳能光热一体化应用。扎实做好国家可再生能源建筑应用示范管理工作，累计完成各类可再生能源建筑应用面积6279万平方米，光伏发电装机容量99.9兆瓦，获得中央财政资金23.2亿元，居各省区首位。加强项目的运行管理和资金的规范使用，有3市4县通过国家核查，2市1县完成省级验收。全省全年建成太阳能光热建筑一体化应用面积2718.03万平方米、完成任务量的159.9%，太阳能光伏建筑应用装机容量63.45兆瓦，地源热泵建筑应用面积800万平方米。

【绿色建筑】 建立完善省财政奖补政策，根据绿色建筑星级由高到低，每平方米分别给予50元、30元和15元补助；在全国率先启动省级绿色生态示范城区创建，每个城区奖补1000万元；多市出台绿色建筑财政补贴、容积率奖励等激励政策。坚持单体推广与区域发展相结合，全省新增105个绿色建筑标识项目、面积1460万平方米，有32个绿色建筑标识项目获得省级财政奖励1.06亿，首批下达3000万元。临沂北城新区、淄博新区、烟台高新技术产业开发区、济宁北湖新区获批省绿色生态城区。以促进农村墙材革新与建筑节能、提高农房生活舒适度为目标，启动2000户绿色农房建设，每户补贴1万元。加强绿色建筑标准体系建设，启动编制《山东省绿色建筑设计标准》，发布绿色建筑相关技术规范10余部。在全国率先以省级政府名义出台《山东省人民政府关于大力推进绿色建筑行动的实施意见》，明确全省开展绿色建筑行动的指导思想、发展目标、重点任务和保障措施。

【教育培训】 2013年完成各类培训43.51万人，促进全省建设从业人员整体素质的进一步提高。完成各市、县（市、区）政府领导干部新型城镇化专题培训107人次；组织住房城乡建设主管部门领导干部及管理人员培训9000余人次；组织各类专业技术人员培训11.1万人次，其中，组织各类建设新技术、新标准培训1.8万人次，各类建设类注册执业师继续教育1.2万人次，建筑与市政工程施工企业关键岗位培训和继续教育8.1万人次；培训建筑业一线操作人员31.5万人次，其中，通过创建农民工业余学校810所，组织农民工各类培训23.6万人次，培训建筑业生产技术工人7.9万人次。

（于秀敏）

大事记

1月

15日 山东省副省长孙绍骋签发《山东省人民政府办公厅关于印发"十二五"山东省城镇生活垃

圾无害化处理设施建设规划的通知》（鲁政办发〔2013〕1号）。

24日　山东省副省长孙绍骋签发《山东省人民政府关于印发山东省城镇化发展纲要（2012—2020年）的通知》（鲁政发〔2013〕4号）。

3月

29日　山东省十二届人大常委会第一次会议决定任命宋军继为山东省住房和城乡建设厅厅长。

4月

27日　山东省副省长孙绍骋签发《山东省人民政府关于大力推进绿色建筑行动的实施意见》（鲁政发〔2013〕10号）。

5月

9～10日　省委副书记、代省长郭树清到菏泽市、济宁市就加快西部地区发展、推进新农村和小城镇建设等进行调研。

6月

13日　山东省副省长孙绍骋签发《山东省人民政府办公厅关于贯彻落实国办发〔2013〕23号文件做好城市排水防涝工作的通知》（鲁政办发〔2013〕15号）。

13日　山东省副省长孙绍骋签发《山东省人民政府办公厅关于印发〈山东省城乡规划督察工作规程〉和〈山东省城乡规划督察员管理办法〉的通知》（鲁政办发〔2013〕16号）。

7月

5日　山东省首批城乡规划督察员派驻工作会议在济南召开。副省长孙绍骋出席会议并讲话。

8月

29日　山东省委副书记、省长郭树清主持召开第14次省政府常务会议，研究加强农村新型社区建设推进城镇化进程、"百镇建设示范行动"新增示范镇等工作。

9月

3日　全省保障性安居工程工作会议在济南召开。山东省副省长孙绍骋出席会议并讲话。

29～30日　全省农村新型社区建设工作会议在诸城市召开。山东省委副书记、省长郭树清就加强农村新型社区建设工作提出重要意见，副省长孙绍骋出席会议并讲话。

10月

24～26日　山东省委副书记、省长郭树清在威海就社会事业发展和农村新型社区建设进行调研。

25日　山东省城镇化发展战略研究成果评审会在济南召开，副省长孙绍骋出席会议并讲话，省住房城乡建设厅厅长宋军继主持会议。

27日　全省新型城镇化领导干部专题研讨班开班仪式在北京举行。山东省副省长孙绍骋出席仪式并讲话。

12月

9日　山东省副省长孙绍骋签发《山东省人民政府关于贯彻落实国发〔2013〕25号文件加快棚户区改造工作的意见》（鲁政发〔2013〕29号）。

（山东省住房和城乡建设厅）

河 南 省

概况

【住房和城乡建设概况】（1）着力提升新型城镇化发展质量。3月7日，国务院正式批复《郑州航空港经济综合实验区发展规划》，这是全国首个上升为国家战略的航空港经济发展先行区，也是全国首个以航空港经济为主体的国家战略层面的功能区。12月25日，中共河南省委出台《关于科学推进新型城镇化的指导意见》，为全省科学推进新型城镇化提供新的发展机遇城乡一体化示范区建设和城乡一体化试点顺利推进，中心城市组团式发展步伐加快。截至2013年底，全省城镇化率达到43.8%，比2012年提高1.37个百分点。

（2）城乡规划水平明显提升。坚持把城乡规划作为调控空间资源、引领城乡发展的基本手段。郑州航空港经济综合试验区总体规划编制完成，26项专项规划全面启动。新乡市城市总体规划获国务院批准，济源市城乡总体规划、驻马店城市总体规划获省政府批准实施。许昌、漯河等地开展新一轮城市总体规划修编。郑州、平顶山、许昌、鹤壁、焦作中心城区实现控制性详细规划全覆盖。开封开展城市特色精细化设计。有78个县（市、区）域村镇体系规划完成审查报批，782个乡镇总体规划完成修编。启动村庄规划编制试点，信阳市光山县扬帆桥村村庄规划被评为全国第一批村庄规划示范。黄河风景区、青龙峡风景名胜区完成总体规划编制。中心城市组团式发展顺利推进。许昌、濮阳、漯河、安阳编制完成中心城市组团式发展总体规划。洛阳、许昌、平顶山、周口、驻马店等建设中心城区与部分城市组团间快速通道。载体规划建设统筹推进。产业集聚区建成区面积达到1698.6平方公里，区内702个村庄启动一体化改造。176个商务中心区、特色商业区完成选址确认。

（3）重点民生工程进展顺利。坚决把民生工程作为民心工程、发展工程扎实推进、抓好抓实。超额完成保障性住房建设任务，开工建设各类保障性住房41.94万套，完成目标任务的105%，基本建成32.05万套。开展全省棚户区摸底调查，确立"九个结合"的工作思路。实施"保障性安居工程质量提升年"活动，坚持"三不"和"三个同步"，确保建设品质。开展全省经济适用住房专项核查，进一步规范经济适用住房分配管理和退出机制。郑州、漯河等地开展"三房合一，并轨运行"试点，探索住房保障新机制。顺利完成农村危房改造任务，落实督查巡查制度，开展"回头看"活动，对2009年以来的项目进行全面核查，确保电子档案与实际相符。全省完成农村危房改造23.3万户。圆满完成污水处理厂新改扩建工程，成立污水处理项目建设领导小组，建立信息报告制度，加大跟踪督促力度，加强项目建设管理和技术指导，新建成污水处理厂46座，超额完成目标任务。

（4）城乡建设管理进一步加强。大力实施城镇建设扩容提升工程，全年完成城镇基础设施建设投资1858亿元，同比增长16.13%，完成村镇基础设施投资121亿元，城镇综合承载能力进一步提升，城乡人居环境进一步改善。专项规划编制进度加快，编制完成全省城市集中采暖老旧管网改造规划、城镇燃气"十二五"发展规划、城市供水与节约用水专项规划编制纲要，省辖市和直管县（市）全部完成园林绿化专项规划，商丘、焦作、长垣、原阳完成9类市政公用专项规划。项目建设扎实推进。提请省政府出台做好城市排水防涝设施建设管理工作的实施意见，加快积水点改造，积极构建城市排水防涝工程体系，城市交通基础设施建设加快推进。继续推动城建项目招商引资，完成第八届中国中部投资贸易博览会邀商招商工作，推介项目金额达571亿元。人居环境得到改善，城市新增绿化面积3800公顷，建成区绿地率31.64%，绿化覆盖率达到36.6%，人均公园绿地面积达到9.3平方米。许昌获国家节水型城市称号，长垣等3县入选国家级园林县城，巩义市竹林镇等3镇为河南省首次赢得国家级园林乡镇称号。大力实施农村环境清洁工程，农村环境卫生明显改善。城中村改造加快实施，省辖市在建城中村改造项目新开工2469.2万平方米，实现投资444.2亿元。城市管理水平稳步提升，全省数字化城管系统建设不断完善。9个市（区）列入国家智慧城市创建试点，规划建设109个项目，总投资969.7亿元。特色乡镇建设积极推进，开展美丽宜居小镇、美丽宜居村庄示范试点和美丽乡村建设示范，商城、新县整县域推进美丽乡村建设。确定320个河南省传统村落，46个村庄成功入选第二批中国传统村落名录。完成第一批16个中国传统村落档案建立和保护发展规划纲要编制。

（5）房地产和建筑业发展迈上新台阶。房地产业完成开发投资3843.76亿元，同比增长26.6%；建筑业总产值突破7082.37亿元，同比增长17.9%。房地产业和建筑安装业税收占地方税收达46.5%，增收额占地方税收增收额的70.2%，对全省经济发展起到积极作用。房地产业平稳健康发展。积极适应国家房地产调控政策，房价总体水平基本合理。河南省在全国率先建立房屋登记人员持证上岗制度。代省政府拟定《河南省房屋租赁管理办法》，加强房屋租赁登记备案制度和信息系统建设，探索建立多部门协管机制。推进和谐房屋征收，启动《河南省国有土地上房屋征收与补偿条例》立法调研。住房公积金监管得到加强。住房公积金缴存职工人数达574.86万人，累计归集额1886.54亿元，累计为57.54万户中低收入职工家庭发放个人住房贷款945.02亿元。在全国率先建成省级12329住房公积金短号服务平台。扎实开展整改年活动，完善内部廉政风险防控，纠正各类违规资金4.69亿元。建筑业发展水平持续提升，积极探索建筑业产业化道路，省特级、一级企业基本实现信息化管理，培育省内首家产值超百亿的龙头企业。轨道交通资质获得突破，探索建筑市场信息化和动态化管理新模式，建设全省建筑市场动态监管平台。推动建立统一的建筑市场监管体系，推广电子化招投标，加强标后合同履约行为监管。严格市场准入清出制度。工程质量稳中有升，安全生产形势基本平稳。拍摄放映国内首部以建筑安全为主题的主旋律电影《生命无价》，获得较好反响。推行工程担保制度，从源头防范拖欠工程款和农民工工资。工程勘察设计和标准定额管理得到加强。繁荣建筑设计创作初见成效，第二批省级工程勘察设计大师评审工作圆满完成。发布《河南省保障性住房绿色建筑评价标准》、《高强钢筋混凝土结构应用技术规程》等14项地方标准。全省400兆帕级高强钢筋应用达到75%，启动500兆帕级高强钢筋推广应用示范企业、示范城市和示范项目。

(6) 建设领域节能减排成效突出。为促进资源节约型、环境友好型社会建设，全面推进建设领域节能减排。建筑节能深入推进。新建建筑节能标准实施率达到99.8%，执行率连续6年达100%，全年新增节能建筑突破4650万平方米。实施既有居住建筑供热计量及节能改造434万平方米。可再生能源建筑应用面积突破1034万平方米。省政府办公厅印发《河南省绿色建筑行动实施方案》，"绿色建筑在行动"活动全面开展。洛阳绿色建筑标识项目数全省第一。12个省辖市搭建市级公共建筑能耗监测平台。治污减排设施运营管理更加规范。深入开展全省城镇污水、垃圾处理厂运营绩效考核，落实污水垃圾处理场运营管理制度。全年城市累计处理污水量19.3亿立方米，COD削减量49.9万吨，处理生活垃圾792万吨，城市污水集中处理率和生活垃圾集中无害化处理率均达到88%。墙材革新工作卓有成效。南阳、许昌等10个省辖市及汝州等26个县级市通过"禁黏"验收，70个乡镇通过"禁实"验收。新型墙材产量达到485亿标砖，新型墙材建筑开工面积7000万平方米，应用比例达到98%。征收新型墙材专项基金6亿元。

(7) 住房城乡建设系统依法行政和自身建设不断加强。全系统深入学习党的十八大等一系列重要会议精神，把学习成果转化为干事创业的精神动力。建设法制不断完善。《河南省城镇燃气管理办法》《河南省云台山风景名胜区保护条例》颁布实施，《河南省保障性住房管理条例》等7部法规、规章列入省人大、省政府立法计划。法制宣传教育成效明显，"六五"普法中期规划任务顺利完成。省住房城乡建设厅依法办理完毕行政复议56件。执法监察工作进一步强化。全面启动星级执法监察队伍创建活动，150支执法监察队伍经过创建达到三星级标准。持续构建"纵横结合，上下联动，内外互动"的执法监察联动机制。省住房城乡建设厅受理各类案件200多件，开展综合和专项执法检查8次，查处一批大案要案。群众路线教育实践活动深入开展。省住房城乡建设厅取消4项行政审批事项，取消3项具有行政审批性质的管理事项。河南省委书记郭庚茂亲自听取省住房城乡建设厅教育实践活动情况汇报，中央督导组全程参与省住房城乡建设厅领导班子专题民主生活会并给予充分肯定。人才培养开发实现创新。以培养专家型城镇化领导干部为目标，持续推进系统领导干部高层次规划建设管理知识培训，会同省委组织部从系统选派15名处级干部赴深圳挂职学习，并在同济大学培训县处级领导干部60名。

【建设系统法制建设】(1) 加快立法步伐，强化全省住房和城乡建设事业的法制保障。全年列入省级立法项目共5部。其中，省人大立法计划2部，分别为《河南省发展新型墙体材料条例》和《河南省国有土地上房屋征收与补偿条例》。在省人大拟定的2014~2018年立法项目中，省住房城乡建设厅有5个项目被列入，占全省全部立法计划的十分之一。列入省政府法制办的立法项目3部。其中，《燃气管理办法》已经通过省政府审议，《房屋租赁办法》、《市政基础设施工程质量监督管理办法》调研工作进展顺利。

(2) 认真做好规范性文件备案审核和有关征求意见稿审核。全年审核规范性文件24份，提出修改意见100多条。省住房城乡建设厅的规范性文件全部在省政府顺利备案，备案通过率达100%。接到住房和城乡建设部、省人大、省政府及省政府有关部门转来的有关法律、法规、规范性文件征求意见稿62份，全部按时办结，协调有关处室提出200多条修改意见，所提修改意见绝大多数被采纳。

(3) 按照行政复议法和复议条例规定，做好行政复议。共办理行政复议案件45件，比2012年同期增长112%。在行政复议案件中，有24件维持被申请人的具体行政行为，7件责令被申请人履行法定责任，3件确认被申请人具体行政行为违法，1件撤销被申请人的具体行政行为，2件驳回申请人的复议申请，4件申请人要求撤回行政复议申请，1件因法定原因中止。省住房城乡建设厅因行政复议引起的诉讼只有一起，在全国各省建设系统中处于靠后位次。

(4) 加大行政执法监督力度，促进行政执法规范化。根据省政府统一部署，组成5个检查组，分赴全省各县市区，开展行政处罚裁量标准执行情况全面检查，对陕县、封丘县等5个问题严重的单位进行通报批评，责令写出整改方案，限期整改。按照省法制办要求，开展全系统行政处罚案卷评查活动，评查行政处罚案卷300多份，评出优秀案卷，查出存在的问题，对评查情况进行通报，促进相互交流和提高。根据群众举报和领导批示，依照行政处罚法规定，纠正禹州市招标办等3个单位违规处罚、行政乱作为的行为。根据省政府要求，在全系统开展服务型行政执法活动，进一步促进全系统规范执法、文明执法。

（5）行政处罚法制审核工作。按照住房和城乡建设部和省政府规定，法制机构必须对行政处罚案件进行全面的法制审核。指导各省辖市建设行政主管部门法制机构认真做好行政处罚的法制审核，对法制审核不规范的行为进行纠正，进一步规范行政处罚。对厅执法总队查出的17件案件，从立案、处罚到结案三个环节进行认真审核。尤其是对重大案件，与有关处室一起，反复进行研究，保证行政处罚的顺利实施。

（6）规范执法队伍建设。根据省住房城乡建设厅确定的执法队伍规范化建设标准，深入执法队伍具体指导，对全省执法队伍人员素质、办案设备、办公场所、文明执法等工作进一步规范。针对执法队伍新进人员多、业务素质相对差的情况，专门组织4期新进执法人员培训班，培训新进执法人员1500多人。对行政执法中存在的疑难问题进行征集，收集到问题300多个，专门举办1期培训班进行集中讲授。

（7）多种形式开展普法。按照住房城乡和建设部和省委、省政府"六五"普法规划，指导各地市采取多种形式，组织开展普法宣传。积极组织人员参加6月15日省政府组织的推进服务型行政执法建设集中宣传日活动，制作展板2块，发放宣传资料500余份，接受现场咨询50余人次。按照全省统一安排，开展"六五"普法中期检查，总结推广好的经验。

（8）积极做好"三个一"工作。搞好一个专题调研。全省推行相对集中行政处罚权的力度加大，集中住房和城乡建设系统的行政处罚权，但在推行过程中遇到很多问题，不少单位反映强烈。针对这种情况，进行专题调研，调研报告已基本形成。抓好一件实事。河南省实行直管县的体制较晚，县级行政执法与省辖市相比不规范，通过查案卷、召开座谈会等形式，对直管县的行政处罚工作进行规范，着力抓法制审核制度的落实、自由裁量权的运用、执法程序的规范等方面，有效提高执法队伍的执法水平。培育一个典型。郑州市建委行政执法任务重，工作基础较好，但也存在一些问题。从执法队伍规范化的细节做起，着力帮助郑州市建委执法队伍加强执法队伍建设，提高执法水平。

【建设综合执法监察】（1）认真完成"三个一"活动。"抓好一个调研课题"，即全省住房城乡建设执法监察工作组织机构研究。"树立一个典型"，即郑州市城市建设监察支队开展服务型行政执法建设工作的典型。"办好一件实事"，即启动全省住房城乡建设系统星级执法监察队伍创建活动，并重点开展三星级执法监察队伍创建活动。

（2）以查处大案要案为重点，加大对违法案件的查处力度。总队共承办执法检查发现案件线索、举报案件线索及上级督办、转办案件线索188个，立案调查8件，下达行政处罚决定738.32万元，执行到位155.6万元。

（3）扎实开展全省住房城乡建设综合执法检查。重点检查工程项目279个，发出63份《建设行政执法通知书》，直接查处立案5个，拟处罚1203.7万元；下发督办函54份，结案48个，涉及行政处罚金额206.79万元。

（4）推进执法信息化建设，安装并运行住房城乡建设领域举报受理信息系统，认真办理投诉举报案件及转办、督办案件。共受理来信来访、电话投诉、网络举报及上级交办等案件及案件线索200多件，接访160多人次，接听电话投诉及咨询300多次，下发督办、转办函166件。

（5）建章立制，持续加强总队自身建设、精神文明建设和党风廉政建设，组织编印《河南省住房和城乡建设执法监察规章制度汇编》。

（6）制定《河南省住房和城乡建设执法监察队伍星级建设标准》及实施细则，全面启动星级执法监察队伍创建活动，并扎实开展三星级执法监察队伍创建活动，153支执法监察队伍经过创建达到三星级标准。

（7）建立全省住房城乡建设执法监察统计分析制度，制作全省住房城乡建设系统执法监察机构工作现状统计表，对执法监察机构情况进行全面摸底和统计分析。持续构建执法监察工作联动机制，制定《河南省住房和城乡建设执法监察联动工作制度》，建立"纵横结合，上下联动，内外互动"的执法联动工作机制。与省高法、省发改委、省审计厅等主动沟通协调，构建团结协作、密切配合的横向联动工作机制，提高执法监察工作效能。

【建设工会工作】 推进工资集体协商，维护建设职工合法权益，积极开展"安康杯"竞赛活动。省建设工会两次抽出专人赴9市对64个在建工程和部分公用事业单位进行检查，对事故隐患提出意见和建议，认真履行工会劳动保护监督检查职责。积极开展安居工程劳动竞赛活动，郑州市保障性住房办公室、安阳市住房和城乡建设局、濮阳市住房保障管理处被中国海员建设工会评为全国保障性安居工程建设劳动竞赛优秀组织单位。深入开展调查研究，省建设工会对全省建筑业进城务工人员生产生活状况和环卫行业职工状况进行专题调研，形成了有数据分析、有观点阐述、有具体建议的《河南省建筑业进城务工人员生产生活状况调研报告》和《河南省环卫职工状况调研报告》，并报中国海员建设工会和省总工会。协助党和政府解决职工生产生活难题，建设系统各级工会筹集资金420余万元，走访慰问16100户困难职工、劳模和进城务工人员。推荐选树一批先进典型，把创建"工人先锋号"与开展重点工程劳动竞赛、"我为节能减排做贡献"活动有机结合起来，在全省建设职工中广泛开展增产降耗和劳动竞赛系列活动，12个班组被评为河南省工人先锋号；12家企业和8名个人被评为全省重点工程、节能减排先进集体和个人。在全省开展保障性安居工程建设劳动竞赛活动，以"比工程质量、比安全生产、比工程进度、比降本增效、比科技创新、比劳务管理"为竞赛主题，为全面完成保障性安居工程建设任务做出贡献。通过推进群众性技术创新活动，评选出全省建设技术英杰55人，创新成果32项，有4项成果被省总工会、省工信厅、省科技厅、省财政厅、省人力资源和社会保障厅5部门评为河南省职工优秀技术创新成果，4人被评为河南省职工技术英杰。

【职工技能竞赛】（1）优化职工进步的良好环境。省建设工会在职工技术等级晋升方面做了三项具体工作：将获得市级技术能手、劳动模范（先进工作者、五一劳动奖章）称号者，获得省建设系统首席员工、省建设职工技术英杰称号者和省建设职工经济技术创新成果三等奖前两名完成人等纳入全省住房城乡建设行业技师考评破格条件。将省级优秀职工经济技术创新成果二等奖以上第一完成人、省建设职工经济技术创新成果二等奖以上第一完成人纳入全省住房城乡建设行业高级技师考评破格条件。将省级竞赛机关事业单位前三名获得者列入省技术能手授予范围。

（2）深入开展职工职业技能竞赛活动。组织开展全省房屋交易和登记综合柜员、花卉工、燃气具安装维修工、燃气管道调压工职业技能竞赛活动。全系统共组织42个工种的市级竞赛，参赛企业421家，参赛职工达39万多人次，企业同工种参赛职工达到98%以上。通过竞赛，76名选手成为省、市"五一劳动奖章"获得者；240名选手成为省、市技术能手或破格晋升为技师，5600名选手直接晋升为高级工。

【建设人事教育工作】成立住房城乡建设人才工作领导小组，负责协调全省住房和城乡建设人才工作具体事务。创新人才培养开发政策，从系统内选派15名领导干部分赴深圳市住房和建设局、深圳市城市管理局、深圳市规划和国土资源委员会、深圳市建筑工务署4家单位开展为期4个月的学习锻炼。建立河南省住房城乡建设人才工作联络员制度，截至2013年底，共召开4次住房城乡建设人才工作联络员会议。建设全省建设行业高层次人才信息资源库，组织创建《河南省住房城乡建设高层次人才信息资源库》。开展建设系统领导干部规划建设管理知识培训。10月，省住房和城乡建设厅在上海同济大学开展2期"城乡规划建设管理知识培训班"。通过住房城乡和建设部建设行业现场专业人员岗位培训考核评价工作现场考核。根据住房城乡和建设部颁布的考核评价大纲，相继制定《河南省建设行业现场施工专业人员统考发证管理办法》、《河南省住房城乡建设领域现场专业人员职业标准统一考核评价实施方案》和《河南省住房和城乡建设厅贯彻〈建筑与市政工程现场施工专业人员职业标准〉实施细则》等配套文件，住房城乡和建设部正式批准河南省作为首批颁发国家统一的《住房和城乡建设领域专业人员岗位培训考核合格证书》试点省。继续组织全省建设企事业单位管理人员培训考务工作，组织全省现场专业人员培训考务工作。编写新版教材，完善现场专业人员统一考试试题库。对在全省建设类院校应届毕业生"双证"培训工作使用的"职业道德"一书进行改编，新教材更名为《建设行业法律法规与职业道德》，编写适应新形势下建设类专业的高职高专教学实用教材共12种，并对新版教材涉及的4个领域（房建、装饰装修、市政、安装）8个专业技术管理岗位编写19套试题。进一步扩大职业院校"双证书"范围，参与"双证"培训的共有31009人次。落实一线操作人员技能培训和鉴定任务，截至2013年底，职业技能培训人员7.2万人，职业技能鉴定人员6.5万人，完成住房和城乡建设部下达河南省的职业技能鉴定任务。开展全省建设行业高技能人员考评，共有794人申报技师、高级技师，通过754人。举办建设行业职业技能鉴定考评员培训班，7月举办全省考评员培训班，共培训市政、供水类和土建、安装类考评员，高级考评员共计514人。做好全省二级建造师继续教育培训，全年共举办二级建造师继续教育培训班8期，培训学员1293人，合格人数1293人。

城乡规划与建设

【城乡规划和风景名胜区管理】 积极开展新型城镇化调查研究，完成《河南省新型城镇化突破的基本动力研究》和《河南省新型城镇化引领突破研究》研究报告。积极参与《省委关于科学推进新型城镇化指导意见》、省政府《新型城镇化三年行动计划》的起草工作，较好的完成省委、省政府安排部署的工作任务。加强城乡规划对新型城镇化的引导，大力推进城中村改造。指导各地紧紧围绕保障和改善民生、提升城市品质、完善城市功能，加大城中村改造力度，保证城中村改造工作的持续推进。积极推进产业集聚区发展，进一步完善产业集聚区规划，继续推进产业集聚区内村庄一体化改造，加强产业集聚区基础设施建设持续加强，提前完成全年基础设施投资1000亿元的目标。大力推进商务中心区和特色商业区规划建设。按照商务中心区和特色商业区在空间上与土地利用规划、城市总体规划等重大规划精准对接的要求，会同省发改委、国土厅、环保厅对176个商务中心区、特色商业区的选址进行对接和协调。参与"两区"发展规划的审查，加强规划的协调对接，组织各地开展"两区"空间规划和控制性详细规划的编制。加强对历史文化名城的保护，组织各地开展文化遗产日宣传活动，组织商丘、浚县、洛阳等历史文化名城编制历史文化名城保护规划、历史文化街区保护规划等。加强风景名胜区管理，组织完成青龙峡风景名胜区总体规划的技术审查和报批，配合省人大完成《河南省云台山景区保护条例》，自2013年12月1日起开始实施。联合省财政厅组织全省国家级风景名胜区申报保护补助资金，神农山风景名胜区获得补助资金100万元。同时，洛阳龙门风景名胜区获国家级风景名胜区优秀奖。积极服务省重点项目规划建设，组织全省城乡规划部门按照特事特办、急事急办的原则，采取开辟"绿色通道"等措施，全力服务重大项目建设。截至2013年底，全省城乡规划部门共完成规划审批许可1266个，新开工项目完成规划审批许可1154个。其中项目选址许可376个，占纳入联审联批项目总数的95%；完成用地规划许可389个，占项目总数的98.2%；完成工程规划许可389个，占项目总数的98.2%。加强重大项目选址服务工作，为全省70余项重大建设项目核发选址意见书。

【城市建设和市政公用基础设施建设】 （1）大力实施城镇建设扩容提升工程。全年完成城镇基础设施建设投资1858亿元，同比增长16.13%。项目建设扎实推进，城市交通基础设施建设加快推进，郑州积极构建"域外枢纽、域内畅通"的综合交通新体系，轨道交通1号线建成试运营，京广快速化工程、郑东新区七里河南路桥梁工程被评为"中国市政金杯示范工程"；洛阳加快建设环城路、主干路网和配套路网相协调的城市路网体系。38个重点流域重点镇污水管网项目建设完成的1/3；南水北调受水城市配套水厂建设完工16座。丹江口库区及上游79个乡镇垃圾污水处理设施全面推进。

（2）按期完成省政府重点民生工程建设。为全力做好省政府"十项重点民生工程"污水处理项目建设管理工作，省住房城乡建设厅成立"十项重点民生工程"污水处理项目建设领导小组，建立省重点民生工程污水处理项目建设信息报告制度，定期组织人员对污水处理厂项目建设情况进行技术指导和专项督查。各市县建设主管部门和项目建设单位明确专人负责，落实工作责任，科学组织安排建设工期，强化工作措施，污水处理厂新改扩建工程圆满完成，新建成污水处理厂46座。

（3）城市积水点和排水管网改造效果明显。提请省政府出台做好城市排水防涝设施建设管理工作的实施意见，加快积水点改造，积极构建城市排水防涝工程体系。专题部署督查城市排水防涝工作，组织市、县实地学习交流洛阳市雨水口改造项目经验，指导各地加强城市窨井盖安全管理，并为应对强降雨、超强台风"苏力"对全省城市排水防涝的影响，提出详细的应急处理要求。完善监督考核机制。建立城市排水涝防设施建设管理考核机制。开展城市排水防汛专项检查工作，对健全城市排水防涝领导机构和工作体系，城市防汛预案，排水防涝责任制落实等情况进行了检查，对存在问题进行跟踪问效。

（4）人居环境得到改善。城市新增绿化面积3800公顷，全省建成区绿地率达32.5%，绿化覆盖率达到38%，人均公园绿地面积达到9.3平方米。郑州生态廊道建设新增绿化面积1520万平方米，洛阳以提升绿化总量为重点着力加强绿化美化设施建设。许昌获国家节水型城市称号，长垣等3县入选国家级园林县城，巩义市竹林镇等3镇为河南省首次赢得国家级园林乡镇称号。

（5）污水垃圾处理设施减排效果显著。全年城市累计处理污水量19.3亿立方米，COD削减量49.9万吨，处理生活垃圾792万吨，城市污水集中处理率和生活垃圾集中无害化处理率均达到88%。开展存量垃圾治理，选择确定开封、平顶山、新乡、驻马店、郏县等5个市、县开展存量垃圾实施示范项目，并报住房和城乡建设部积极申请建设项目资金。

(6)全省国家智慧城市建设稳步推进。全省已有郑州市、鹤壁市、漯河市、济源市、新郑市、洛阳新区等9个市(区)列入国家智慧城市创建试点，规划建设109个项目，总投资969.7亿元，全省城镇扩容的同时促进城市管理水平显著提升。

【创建园林城市】 全省园林城市创建活动健康有序开展，共有5个市、县申报国家级园林城市、县城，16个市、县申报河南省园林城市、县城，18个城镇申报河南省园林乡镇。依照《河南省园林城市标准》和《河南省园林乡(镇)标准》，先期抽调专家分别对5个申报国家级园林城市、县城和16个市、县以及18个乡镇的创建工作进行现场指导和跟踪服务，对部分城市、县城的绿地系统规划、公园设计方案进行评审。对2013年申报的省级园林城市、县城和乡镇进行初审，淘汰一批创建效果不显著，主要指标未达到创建标准，园林绿化建设投入力度不大，城市管理档次低的申报对象。按照《河南省园林城市标准》相关要求，对省级园林城市汝州市、邓州市，省级园林县城潢川县、淮滨县、社旗县、洛宁县、商城县、柘城县，以及省级园林乡镇巩义市北山口镇、巩义市新中镇、新安县铁门镇、新安县北冶镇、汝阳县上店镇进行全面复查。据统计，全年全省设市城市园林绿化建设共完成投资167亿元。全省设市城市新增绿化面积3800公顷，建成区绿地率达到31.64%，绿化覆盖率36.6%，人均公园绿地面积达到9.3平方米，国家园林城市数量位列全国前茅。

【市政工程质量管理】 2013年，全省进一步强化市政基础设施建设工程质量安全管理。省住房和城乡建设厅印发《关于开展2013年全省市政公用及园林绿化工程质量安全文明施工检查的通知》；参建各方主体质量行为和实体质量是否遵守国家和省、市有关法律、法规和规章制度。检查采取企业自查、主管部门普查、省检查组抽查的方式进行。8月30日至9月20日为企业自查、各市建设(市政)主管部门对本辖区内的市政基础设施工程普查阶段，10月29日至11月5日省住房和城乡建设厅组成检查组进行抽检复查。检查组由各地市主管部门、市政质量监督站和施工企业共24位业务熟、责任心强的专家组成。各省辖市自检市政公用工程已竣工工程、在建工程共974项，总造价336.7亿元，在此基础上，省检查组对全省120项工程进行抽检，检查结果：工程质量合格，优良工程55项。从全省市政工程质量情况来看，总体水平保持稳中有升的趋势，工程质量有不同程度的提高。在全省开展争创优良市政精品工程活动。组织专家对全省申报省市政金杯奖、省市政优良工程、安全文明工地工程项目进行实地检查，检查工程建设程序是否规范，安全生产保证体系是否完善，工程现场安全文明施工情况，工程实体外观质量、竣工技术资料、竣工备案情况，并进行现场实测实量。评出"河南市政工程金杯奖"工程29项；"河南省市政公用优良工程"55项，"河南省市政公用工程省级安全文明工地"63项。完善市政行业质量安全管理体系。开展全省安全生产许可证新申报、延期审核。根据《建筑施工企业安全生产许可证管理规定》等要求，对企业建立安全生产责任制、安全生产管理机构、安全生产资金投入、有职业危害防治措施、安全生产应急救援预案、企业工伤保险和意外伤害险参保情况、安全生产三类人员考核等情况进行审核，经过审查督促完善，有64家企业取得安全生产许可证，对51家企业进行安全生产许可证延期。

【城市维护建设资金及城市市政公用设施建设固定资产投资】 2013年，全省38个市(含县级市)的城市维护建设资金(财政性资金)收入3286281万元，比2012年增长7%。其中，中央预算资金29423万元，省级预算资金7698万元，城市维护建设税473760万元，城市公用事业附加70006万元，城市基础设施配套费352075万元，国有土地使用权出让收入1357568万元，市政公用设施有偿使用费89381万元，(其中污水处理费70049万元，垃圾处理费13874万元)，其他资金620951万元。全年城市市政公用设施建设维护管理财政性资金支出2420625万元，比2012年增长35%。其中，城乡社区规划与管理支出171659万元，市政公用行业市场监管支出44424万元，市政公用设施建设维护与管理支出1768049万元，风景名胜区规划与保护支出17335万元。其他支出419158万元。城市市政公用设施建设固定资产投资2013年完成投资3668732万元，比2012年增长20%。其中供水112649万元，燃气114734万元，集中供热181058万元，轨道交通485595万元，道路桥梁1962610万元，排水220413万元(其中污水处理120266万元，污泥处置 3600 万元），园林绿化 487733 万元，市容环境卫生 103940 万元（其中 垃圾处理 72624 万元）。城市市政公用设施建设本年新增生产能力：供水综合生产能力 7.08 万立方米/日，供水管道长 686.84 公里，人工煤气供气管道长度 21.8 公里，天然气储气能力 5.4 万立方米，天然气供气管道长度 921.67 公里，液化石油气储气能力 88 吨，热水集中供热能力 1475 兆瓦，蒸汽集中供热能力 520 吨/小时，道路长度 437.55 公里，道路面积 1385.77 万平方米，排水管道长度 976.11 公里，污水处理厂处理能力 15.5 万立方米/日，雨水泵站排水能力 14 立方米/秒，生活垃圾无害化处理能力 1172 吨/日，绿地面积 3721 公顷。

村镇规划与建设

【村镇建设概况】 2013 年，全省村镇建设成效显著。截至 2013 年底，全省共有建制镇 864 个，乡 825 个，镇乡级特殊区域 5 个，行政村 41635 个，自然村 189105 个，镇（乡）域面积 13473176.23 公顷，镇（乡）域常住人口 8207.17 万人，村庄常住人口 6475.99 万人。全年全省村镇建设投资合计 5975726 万元，其中住宅建设投资 3850645 万元，公共建筑投资 497323 万元，生产性建筑投资 736399 万元，市政公用设施投资 891359 万元；全省乡镇建成区公共供水设施 2674 个，供水管道长度 22550.52 公里，其中 2013 年新增 6551.14 公里；集中供热面积 220.1 万平方米；道路长度 25081.55 公里，道路面积 17464.04 万平方米，2013 年新增 1051.92 万平方米；道路照明灯 333739 盏；桥梁 7571 座；污水处理厂 38 个，年污水处理总量 3043.25 万立方米；排水管道长度 8367.32 公里，绿化覆盖面积 62283.94 公顷；年生活垃圾清运量 404.63 万吨，年生活垃圾处理量 314.08 万吨；生活垃圾中转站 2363 座，公共厕所 7897 座。全省村庄集中供水行政村 20237 个，供水管道长度 45744.01 公里，2013 年新增 4295.00 公里；年生活用水量 68096.70 万立方米；集中供热面积 10543.15 平方米；村庄内道路长度 106569.40 公里，2013 年新增 4073.78 公里，道路面积 2015835.70 万平方米；排水管道沟渠长度 20787.70 公里；对生活污水进行处理的行政村 1004 个，对生活垃圾进行处理的行政村 6215 个，有生活垃圾收集点的行政村 14474 个，年生活垃圾清运量 2777248.50 吨。

【村镇规划和建设】 2013 年，全省村镇建设突出抓了村镇规划、农村危房改造、农村环境综合整治、特色乡村建设及创建、定点扶贫等。其中，农村危房改造工作连续第四年被纳入中共河南省委、河南省政府"十大民生工程"。强化村镇规划编制和实施，截至 2013 年底，108 个县（市）完成县域村镇体系规划编制，中心镇主要街区控制性详细规划完成 88 个，中心村（社区）规划完成近三分之一。完成 38 个"十二五"重点流域重点镇污水处理设施配套管网项目建设专项规划，完成第一批 16 个中国传统村落保护发展规划编制，开展历史文化名镇（村）保护规划和特色景观旅游名镇（村）发展规划的督导和审查，启动村庄规划试点，全省确定 28 个村庄规划试点，加强技术交流和培训。积极开展农村危房改造，截至 2013 年底，全省农村危房改造累计完成近 81 万户。制定专项实施方案，加强日常管理，开展"回头看"活动，搞好技术指导和培训。加强农村环境综合整治，会同省财政厅开展重点流域重点镇污水管网建设情况督查，建立丹江口库区及上游 3 市 6 县加快 79 个镇乡垃圾污水处理设施建设工作台账和省、市两级督查机制，组织编印农村环境综合整治经验交流材料，总结推广开封市、商城县、新密市岳村镇等地典型做法，学习全国改善农村人居环境会议精神，借鉴浙江省"千村示范万村整治"的成功经验，组织编制河南省村庄整治技术指南（图册），在商城县召开部分县村庄整治现场会，总结交流村庄整治工作经验，制定农村环境卫生考核项目评分标准，组织开展集中检查。组织开展特色乡村建设和创建活动，会同省文化厅、省财政厅公布首批 320 个河南省传统村落名录，成功申报第二批中国传统村落 46 个，组织第六批历史文化名镇名村、第三批全国特色景观旅游名镇名村和中国美丽宜居乡村示范申报和推荐，完成 12 个全国特色景观旅游名镇核心资源调查和信息登记，对 2004 年公布的全国重点镇进行增补调整，全省 203 个镇被公布为全国重点镇，加强特色乡村宣传，组织编印《河南省传统村落名录》、《美丽镇村—河南省历史文化名镇名村》、《河南省县域古民居—商城篇（图册）》等。做好定点扶贫，支持商城县、新县开展美丽乡村建设，协调固始县与中投集团结对帮扶，获得帮扶项目资金 200 万元，选派大别山片区 13 个县基层建设系统干部赴浙江、山东、广东、上海等地挂职锻炼 6 个月，积极参与"三山"、"一滩"扶贫搬迁规划编制。

【河南省 46 个村落入选中国传统村落名录】 8 月，住房和城乡建设部、文化部、财政部公布了第二批共 646 个中国传统村落名录，其中孟津县朝阳镇卫坡村、孟津县常袋镇石碑凹村、新安县石井镇寺坡山村、嵩县九店乡石场村、洛宁县上戈镇上戈村、洛宁县河底镇城村等46个村落入选。

住房保障与房地产业

【住房保障和保障性安居工程】 2013年，全省进一步加大保障性住房和安居工程的建设力度。国家下达河南省保障性安居工程开工目标40万套，全省实际开工各类保障房41.94万套，完成国家下达责任目标的105%。基本建成保障性住房32.05万套，完成国家下达28万套责任目标的114.46%。竣工保障性住房10.75万套，分配入住7.9万套，入住率73.5%，发放廉租住房租赁补贴15.15万户，基本解决23万户保障对象的居住条件。全年发放廉租住房租赁补贴资金2.51亿元，完成建设投资417亿元。强力推进安居工程建设，健全推进机制。省政府先后5次听取专项汇报，并将保障性住房工作列入省政府与各地签订的目标责任书。省住房城乡建设厅继续坚持对口督查制度，全年累计投入人力450余人次，开展8次集中对口巡查。全年先后对8个市、县进行约谈，向13个市、县下发了督办函，对17个项目实行挂牌督办和日报告制度。全省筹措保障性安居工程建设资金317亿元，其中争取中央补助资金113.64亿元，省级财政安排9亿元用于补贴公租房建设和城市棚户区改造，市、县从土地出让收益、公积金增值净收益以及预算安排等渠道筹措配套资金18.8亿元，省融资平台全年累计发放贷款16.33亿元，筹措社会资金160亿元，初步形成政府投资、用工集中企业自建、商品房配建、企业建设政府回购等建设模式。开展保障性住房建设管理专项核查。通过核查和自查自纠，全省共责令退还经济适用住房393套；责令补缴相关税费取得完全产权3060套，补交金额46862万元；纠正违规出租出借1709套；查处违规人员187人。核查结束后，省住房和城乡建设厅、省发改委等7部门印发《关于进一步规范经济适用住房管理有关问题的意见》，《意见》明确规范经济适用住房分配管理，建立经济适用住房通过补缴土地出让价款等方式退出的机制。开展"三房合一"并轨试点，探索实施"市场租金、分档补贴、租补分离"的公共租赁住房保障模式。加大城市和国有工矿棚户区改造力度，全年全省实际开工棚改安置住房14.72万套，其中城市棚户区13.61万套，国有工矿棚户区0.63万套，林业棚户区0.08万套，垦区危旧住房0.4万套，投入建设资金203.74亿元，并编制棚户区改造2013~2017年改造棚户区178万套的总体规划目标。全省启动保障房"绿色建筑"标准试点。按照国家要求，河南省将保障房建设作为绿色建筑的重要切入点之一，要求各地结合实际，积极做好绿色建筑的推广。

【房地产开发】 房地产开发投资保持快速增长。全省累计完成房地产开发投资3843.76亿元，位居全国第8位，中部六省第2位，比2012年同期增长26.6%，增速高于全国平均水平6.8个百分点。其中，住宅投资2827.9亿元，增长28.3%。据统计部门统计，全省商品房销售面积7310.2万平方米，列全国第6位，比2012年同期增长22.5%。其中商品住宅销售面积为6561.4万平方米，同比增长20.3%。据房管部门统计，全省经房管部门合同备案的商品房销售面积5788.6万平方米，与2012年同期相比增长30.9%，其中住宅销售面积5192.6万平方米，同比增长31.1%。全省商品房销售均价4205元/平方米，同比增长9.8%，其中住宅销售均价3835元/平方米，同比增长9.2%，住宅价格增速与2012年相比下降3.5个百分点。据房管部门统计，全省商品房合同备案平均价格4760元/平方米，同比增长7.8%，其中住宅平均价格4232元/平方米，同比增长8.6%。房屋施工面积、新开工面积增速加快，竣工面积低速增长。全省房屋施工面积35979.33万平方米，比2012年同期增长21.7%，增速比前三季度和1~11月分别加快3.9个和2.6个百分点。其中，住宅施工面积28113.59万平方米，增长19.8%，增速比1~11月加快2.6个百分点。受四季度以来新开工项目增多影响，全省房屋新开工面积增速加快。全年全省房屋新开工面积12465.09万平方米，比2012年同期增长18.5%，增速比前三季度和1~11月分别加快14.5个和8.1个百分点。其中，住宅新开工面积10055.31万平方米，同比增长19.4%，增速比1~11月加快8.1个百分点。全年，全省房屋竣工面积5965.87万平方米，比上年同期增长1.6%，增速比前三季度和1~11月分别回落5.8和6.2个百分点。其中，住宅竣工面积4916.31万平方米，增长0.6%，增速比1~11月回落4.2个百分点。全年全省房地产开发企业实际到位资金4402.70亿元，同比增长27.4%，增速比前三季度加快1.5个百分点，与1~11月持平，高于完成投资增速0.8个百分点。全年全省房地产开发企业本年土地购置面积1501.56万平方米，比2012年同期下降13.8%，降幅比前三季度和1~11月分别收窄10.6个和3.0个百分点；2013年土地成交价款

262.44亿元，比2012年同期增长21.1%，增速比前三季度和1~11月分别加快28.1个和19.1个百分点。全省房地产开发企业待开发土地面积1309.60万平方米，同比下降0.7%。

【房地产市场管理】 开展房地产中介市场专项治理，根据住房城乡建设部、工商总局《关于集中开展房地产中介市场专项治理的通知》要求，省住房城乡建设厅、省工商局印发《关于集中开展房地产中介市场专项治理的通知》，对全省开展房地产中介市场专项治理。加强房地产估价经纪市场管理，积极应对房地产估价行业市场形势变化，严格行政许可，加强估价报告质量管理，加强行业高端人才建设，提高行业学术研究水平，加强房地产经纪行业管理，省住房城乡建设厅印发《河南省房地产经纪管理办法》并严格执行《房地产经纪执业规则》。开展房屋租赁管理调研，省住房和城乡建设印发《关于在群众路线教育实践活动中开展重大专题调研工作的通知》，其中"加强房屋租赁市场规范管理"为10个重大专题调研课题之一。完成《创新思路，规范管理，促进房屋租赁市场健康发展》的课题成果。加快发展房屋租赁市场，盘活租赁市场，努力增加租赁住房供应，强化房屋租赁登记备案制度和房屋租赁信息系统建设，积极探索租赁管理创新，建立长期稳定和谐的房屋租赁关系，积极推行郑州市开展房屋租赁联合管理的做法，建立房管、公安、综治、工商、税务等部门协管机制，加强法制建设，经过积极努力《河南省房屋租赁管理办法》列为省政府2014年立法计划。

【房地产交易与权属管理】 2013年，全省积极推行房地产交易与登记规范化管理。开展房地产交易与登记规范化管理，加强房地产交易与登记管理。截至2013年底，全省已有11个省辖市、4个县级市、1个县被授予全国房地产交易与登记规范化管理先进单位，其他7个省辖市、103个县（市）和新乡市洪门房地产管理所获房地产交易与登记规范化管理单位称号，是全国为数不多的实现房地产交易与登记规范化管理全覆盖的省份之一。建立房屋登记审核人员和房屋登记员持证上岗制度。根据《物权法》、《城市房地产管理法》、住房和城乡建设部《房屋登记办法》及《关于贯彻实施住房和城乡建设领域现场专业人员职业标准的意见》等有关法律规章和规定，省住房城乡建设厅印发《河南省房屋登记人员持证上岗制度试行办法》。截至2013年底，全省有916人通过确认取得房屋登记官资格，1474人通过住房和城乡建设部培训考核取得房屋登记官资格。河南省建立房屋登记员制度，也是目前惟一推行房屋登记员制度的省份，全省已有2648人通过省住房城乡建设厅组织的培训考核取得房屋登记员资格。

【城镇房屋征收管理】 （1）建立房屋征收管理长效机制。省住房城乡建设厅、省国土资源厅、省政府纠风办印发《关于印发2013~2014年河南省纠正违法违规征收拆迁工作实施意见的通知》，要求各级政府要进一步完善房屋征收社会稳定风险评估机制，积极推进信息公开工作，切实维护好被征收人的合法权益。

（2）开展学习教育宣传活动，着力提高人员队伍素质。全省18个省辖市征收主管部门100余人在北京参加《征收条例》宣传学习培训。随后全省县级征收主管部门400余人参加《征收条例》贯彻落实培训班，各地采取不同形式开展一系列学习教育宣传活动，据不完全统计，全省累计参与培训学习人员达4000多人次，形成纵到底、横到边的学习培训全覆盖局面。

（3）健全机制体制，确保房屋征收工作稳步推进。确立房屋征收部门及房屋征收实施单位。房屋征收部门的机构设置是《征收条例》配套政策中的重要内容之一，也是推进房屋征收工作顺利开展的关键所在。为确保新旧条例平稳过渡，全省各地住房和城乡建设主管部门均已向当地政府提出确立房屋征收部门及房屋征收实施单位的书面申请，截至2013年底，全省18个省辖市、10个直管县均已明确了房屋征收部门，共组建不以营利为目的的房屋征收实施单位182家，从事房屋征收人员达到3930人。制定配套的地方性法规政策，完善法规体系。为有序开展国有土地上房屋征收与补偿工作，郑州、信阳、漯河、商丘、南阳等9个省辖市相继出台国有土地上房屋征收与补偿暂行办法及房屋征收操作规程，从完善制度入手对征收工作进行规范。同时，根据《征收条例》及省委办公厅、省政府办公厅《关于深入推进社会稳定风险评估工作的意见》的要求，全省18个省辖市及大部分县（市）建立社会稳定风险评估实施办法。

（4）房屋征收项目稳中求进。全省因公共利益需要作出房屋征收决定项目321个，涉及被征收人104383户，征收面积1740.62万平方米，其中，住宅面积1425.332万平方米，被征收人100668户；已完成征收项目216个，征收面积1096.03万平方米，被征收人57662户，其中住宅面积792.262万平方米，被征收人54317户；作出征收补偿决定377件，涉及征收面积142.07万平方米，司法强制执行30户，涉及强制征收面积2.16万平方米；非公共利益收购项目21个，被收购人4577户，收购面积23.35万平方米。

（5）积极推进房屋征收信息公开，保证征收工作公平公正。省住房城乡建设厅印发《关于进一步加强国有土地上房屋征收与补偿信息公开工作的通知》，明确信息公开的指导思想、原则和具体要求。全省各地房屋征收主管部门按照要求，先后制订工作方案，依托部门网站信息公开平台，专题报道国有土地上房屋征收与补偿的法规政策和其他相关信息，并根据当地实际情况，采取形式多样的信息公开方式。

（6）加快安置房建设是和谐房屋征收的重要保证。房屋征收安置工作既是工程建设的前提条件，又是容易引发一系列社会矛盾的敏感环节。为了保障城市工程建设顺利进行，维护被征收群众的切身利益，许多城市实施安置房建设工程。

（7）大胆尝试，在探索中有效推动房屋征收。为了加快城镇化进程，完善城市功能，提升城市品位的需要，通过商业开发模式进行房屋拆迁即降低征收成本，又是对政府征收工作的有益补充。开封、漯河等地对建设项目采取"协议搬迁"的改造模式进行大胆尝试和探索。

【物业管理】行业规模不断壮大，全省加快培育物业管理市场，高资质物业管理企业个数增长较快。截至2013年底，全省共有物业管理企业3200多家，其中一、二级资质企业分别为33和150多家；从业人员25万多人。全省专业化、社会化物业管理面积达6亿平方米，物业管理覆盖面达到60％以上。随着业主对物业服务需求的增长，以及物业管理市场的激烈竞争，全省的物业服务品质得到快速提升。开展物业管理示范项目创建活动，加大对创建示范项目活动的指导力度，充分发挥示范项目的典型引导作用。加强岗位培训，提高从业人员素质。在全省开展物业管理师注册工作，全年共申报1100份注册材料，共有629人注册成功，在全国位列第5名；截至2013年底，全省取得国家物业管理师资格人员达到3363人。在中国物业管理协会2013年发布的《物业管理行业发展报告》中，鑫苑物业、正弘物业、圆方物业、建业物业、新世纪物业、升龙物业6家物业服务企业进入全国综合实力200强，河南鑫苑物业服务有限公司位列全国第23名。开展物业管理示范项目评选，为提高物业综合服务水平，郑州市加强无主楼院的基础设施建设，全年全市改造老旧小区817个，改造面积近700万平方米，受益群众约10万户。

【住房公积金监督管理】（1）公积金业务指标平稳增长。截至2013年底，全省缴存职工574.86万人，其中2013年净增缴存职工人数40.58万，同比增长7.60％，全省覆盖率74.7％；累计归集总额1886.54亿元，2013年新增归集357.66亿元，同比增长23.39％；累计提取总额696.88亿元，其中，2013年新增提取168.36亿元，同比增长31.85％；全省个人贷款余额658.14亿元；累计个人贷款发放总额945.02亿元，其中，2013年新增个人贷款发放额232.28亿元，同比增长32.59％；全省个贷率55.32％，个人贷款逾期率0.16‰，低于1.5％的部颁标准；全年共实现增值收益18.97亿元，同比增长40.21％。

（2）公积金管理工作取得实效。破解难题，制度覆盖范围稳步扩大。扩大制度覆盖面一直是全行业发展的重点、难点。信阳市政府印发《关于进一步加强和改进住房公积金管理工作的意见》；新乡、商丘、济源市政府先后印发《关于扩大住房公积金覆盖面工作的实施意见》；焦作、济源市政府分别将扩大公积金制度覆盖面列为"十大民生工程"和"十大幸福工程"之一；济源市人大、政协对济源市住房公积金管理中心《关于公积金建制扩面工作的提案》给予高度关注和支持，有力推动扩面工作的组织领导和有效实施。加强政策宣传，再次深化部门合作，严格行政执法。规范使用，缴存职工刚性需求得到大力支持。严格执行差别化信贷政策，合理制定惠民新政，严格防控资金风险。提高效能，信息化建设进一步完善。各单位进一步加大资金和技术投入，不断加强信息化建设，全面提升科学管理和服务水平。

（3）进一步加强行业监管。按照《住房公积金条例》、《住房公积金行政监督办法》等规定，认真履行监管职责，与省财政厅、人行郑州中心支行、省监察厅、省审计厅、省政府纠风办等有关单位沟通协作，明确责任，齐抓共管，保障资金安全，维护缴存职工的合法权益。一是深入开展"整改年"活动，纠正违规现象。针对2012年度政府审计调查和行业廉政风险防控督查中发现的问题，通过开展跟踪问效，11月开展实地验收等措施，督促全省41个管理机构认真整改，进一步强化岗位廉政风险防控，完善内部控制制度，共纠正各类违规资金4.69亿元。二是继续清收涉险资金。对2012年度遗留的涉险资金问题进行纠正。4月，邓州中心经过多方努力,收回历史项目贷款24.68万元。三是摸清分支管理机构运行现状。在住房和城乡建设部的统一部署下,省住房城乡建设厅配合国家检查组连续2年对全省行业分支机构的运行现状开展检查,为规范行业公积金管理摸清底数,打牢基础。

(4)全面加强廉政风险防控。为深入贯彻落实住房和城乡建设部等7部委《关于加强住房公积金廉政风险防控工作的通知》,全省住房公积金行业着力加强岗位廉政风险防控,各单位能够认真对照《廉政风险防控指引》,对业务流程、内部稽核、风险防控等规章制度进行全面梳理,深入排查风险隐患,严格落实防控措施和责任,全省已基本构建起以岗位廉政风险防控为基础,以加强制度建设为重点,以制约和监督权力运行为核心,以现代信息技术为支撑的预警在先、防范在前的廉政风险防控机制。

(5)加大支持保障房建设力度。利用住房公积金贷款支持保障房建设试点工作开展3年来,得到省政府的高度重视和关心指导。截至2013年底,全省试点项目贷款总额度为25.1亿元,审批贷款金额10.1亿元,洛阳、郑州中心已发放贷款6.9亿元,还本金3.5亿元,付息1744.29万元,本金回收率50%。

(6)行业服务水平得到全面提升。优化手段,成功开通全省12329服务短号平台。省住房城乡建设厅制定《河南省住房公积金12329服务短号建设实施方案》,郑州中心作为首个试点单位,以12329服务热线为基础,配合开发需求,加大建设力度,成功接入全省统一的短信服务平台,实现政策咨询、业务查询、投诉建议等语音服务和缴存、提取、贷款等短信查询、通知服务。强化窗口,行业文明创建工作成绩显著。各单位坚持不懈地开展住房公积金行业文明创建活动,通过实行政务公开和办事公开,全面推行服务承诺制度,落实"一站式"服务、一次性告知、首问负责制和限时办结制等制度,行业文明创建工作成效显著。截至2013年底,全行业被评为省级以上文明单位的管理机构超过半数。鹤壁中心被评为国家级文明单位,焦作中心先后被评为全国青年文明号、全国巾帼文明岗、河南省工人先锋号等荣誉称号,继郑州、开封、洛阳、漯河、信阳等中心之后,2013年,安阳、濮阳、南阳等中心也相继被评为省级文明单位。"群众满意基层站所"创建活动再传捷报。在省政府纠风办开展的"创建群众满意基层站所活动"中,各县区管理部连续2年作为住房和城乡建设系统的基层单位参与创建。

工程建设与建筑业

【**建筑业**】 (1)产业规模创历史新高。全年完成建筑业总产值7082.37亿元,比2012年同期增长17.9%,在全国排在第9位,中部排在第2位。全年全社会建筑业增加值1845.79亿元,比2012年增长11.8%。全省建筑业从业人员达650万人,建筑业对GDP的贡献和从业人员数量在国民经济各行业中位居第4位。

(2)新签合同额增长。全省建筑业签订的合同额为12435.32亿元,比2012年增长27.0%,其中新签合同额7688.65亿元,同比增长24.3%。

(3)房屋建筑施工面积和竣工面积同步增长。全省正在施工的房屋建筑施工面积和竣工面积分别为43422.92万平方米和17244.31万平方米,比2012年增长13.3%和5.2%,其中2013年新开工面积为22661.25万平方米,比2012年增长10.5%。房屋竣工平均造价为1158.2元/平方米,较2012年同期增加80元/平方米,增长7.4%。

(4)企业效益较大幅度上升。全年建筑业企业实现利润总额274.35亿元,增长17.8%;实现税金总额247.00亿元,增长17.1%。按建筑业总产值计算的劳动生产率人均为30.32万元,比2012年增长5.4%。

(5)建筑业集中度进一步提高。截至2013年底,全省有资质建筑企业10641家(含中央驻豫企业),其中总承包和专业承包企业8162家,劳务企业2479家。按资质级别分类(不含劳务企业)共有特级17家、一级564家,二级2430家,三级5039家,无级别112家。全省17家特级企业完成建筑业产值1432.86亿元,占全部产值的20.5%,企业个数仅占0.3%。全年完成产值超过亿元的企业有1201家,企业个数比2012年增加170家,占企业总数的23.3%,比2012年同期提高0.7个百分点,建筑业总产值为6036.62亿元,占全部产值的86.2%,比2012同期提高1.3个百分点。完成产值超过10亿元的企业有89家,比2012年增加12家,建筑业总产值为3067.13亿元,占全部产值的43.8%,比2012年同期提高0.2个百分点。完成产值超过50亿元的企业有11家,比2012年增加2家,建筑业总产值为1316.7亿元,占全部产值的18.8%,与2012年同期持平。完成产值超过100亿元的企业有6家,比2012年增加2家,建筑业总产值为966.9亿元,占全部的13.8%,比2012年同期提高0.4个百分点。

(6) 进一步完善体制机制，推动建筑业健康发展。加强行业发展研究。会同省社科院开展《提升河南省建筑业整体竞争力研究》课题研究，总结2012年建筑业发展成就，分析存在的问题和不足，形成《2012年建筑业发展报告》，为全省建筑业发展提供参考依据。开展营改增研究，组织企业进行数据测算，客观分析营改增对建筑业的影响，并形成研究报告，向财政部门提出合理化建议。深入开展"三个一"等重点工作，以省二建信息化建设的成功经验为典型，在全省施工企业中推广信息化工作。截至2013年底，全省17个特级企业均已基本实现企业信息化管理。做好扶优扶强。认真组织2013～2014年度骨干企业和河南省建筑施工50强企业评选活动，综合企业产值、利税、创优、创新、人才队伍建设等多项指标，确定100家骨干企业和50强企业作为重点扶持对象。加强对骨干企业转型升级的指导，帮助企业调整专业结构，拓展专业领域。6月，郑州一建集团轨道交通资质顺利获批，标志着河南省建筑施工企业向高端市场迈出坚实一步。做好扶困工作。重点抓好大别山区和秦巴山区贫困县建筑业发展工作，对固始、商城、新县、民权、洛宁、卢氏等县在企业资质升级、劳务基地建设、劳务人员教育培训等方面给予指导和倾斜。支持企业开拓外埠市场。为加强河南、江苏两省建筑业的交流与合作，实现两省建筑业的资源共享、优势互补，组织召开"豫苏两省建筑业暨劳务合作洽谈会"，与江苏省达成建筑业合作的框架协议，江苏省的部分特级企业与商城等县就双方劳务用工和项目合作达成意向与共识。抓好人才队伍建设。加强企业高级经营管理人才培养，做好建筑领域人才库建设，拟定建筑业高层次人才标准。推进小型项目师制度实施，出台《河南省建筑业企业小型项目建造师管理办法》和《河南省建筑业企业小型项目建造师管理办法实施细则》，全省累计8000余人通过资格考试，为低资质企业提供人才支持。做好建造师和监理工程师注册管理和继续教育，全年共考核认定省专业监理工程师2803人，监理员1720人；共对近4000名二级建造师、2100名注册监理工程师进行继续教育。

(7) 对外工程承包。全省具有对外承包工程资格的企业共有90家。全年对外承包工程企业及劳务合作新签合同额40.58亿元美元，同比增长16.3%；完成的营业额42.09亿元美元，同比增长13.5%；外派劳务6.9万人次，同比增长0.3%。

(8) 建筑业法规建设与体制改革。加强建筑业制度建设，全年共印发各类规章制度及文件133件，内容涉及建筑市场管理、诚信体制建设、施工许可、信息化建设、企业、人才和风险管理等。同时建立法规信息库，为依法规范招投标市场主体行为，强化依法监督，严格行政执法，提高依法办事的能力和水平，建立招投标相关法律法规信息库。

(9) 全省一大批重大工程建设项目建成投产。全年亿元及以上投资在建项目10689个，完成投资17281.07亿元，比2012年增长42.9%。

【建筑市场管理】 强化信息监管，创新监管方式。以"创新监管方式，构建全省建筑市场监管平台，大力规范建筑市场秩序"的工作思路，整合现有相互独立的监管资源，"三库"联动，形成省市县联动、信息共享、闭合管理，达到建筑市场监管信息化、规范化、动态化，促进建筑市场秩序健康发展。做好建设工程招标投标监管，出台《河南省房屋建筑和市政基础设施项目招标投标监督管理办法》，积极建言献策，推动公共资源交易市场规范发展，向住房和城乡建设部提交《关于规范公共资源交易中心运行情况的建议》，在国家机关层面引起较大反响，并很快将关于规范公共资源交易中心运行情况的《建议》转发全国，为规范全省公共资源交易中心建设与发展提供重要参照。规范标后合同履约行为，省住房和城乡建设厅出台《关于进一步做好标后履约监管工作的意见》、《河南省建设工程施工合同备案管理办法(试行)》。加强企业动态监管，修订《建筑业企业资质评审专家管理办法》、《建筑业企业资质审查管理办法》，启用《河南省外省进豫建筑业企业登记备案管理系统》。认真落实住房和城乡建设部《关于加强建筑市场资质动态完善企业和人员准入清出制度的指导意见》，全年共清出建筑企业344家，工程监理企业11家，招标代理企业9家。加强工程风险防范工作，继续认真开展清欠工作，在全省稳步推行工程担保制度，截至2013年底，全省已出具保函3000多份，担保金额达40多亿元。

【工程建设监理】 2013年，全省工程建设监理取得进一步发展。全省共有工程监理企业322家，其中综合资质企业5家，甲级以上企业111家，占企业总数的34%；从业人员超过4.5万人，与2012年相比增长13%，其中注册监理工程师已达5800人，与2012年相比增长8%。全年工程监理企业承揽合同额246亿元，与2012年相比增长20%。其中工程监理合同额47亿元，与2012年相比增长28%；工程项目管理与咨询服务、工程招标代理、工程造价咨询及其他业务合同额140亿元,与2012年相比增长11.9%。工程监理合同额占总业务量的35.38%。实现营业收入159亿元,与上年相比增长16%。其中,工程监理收入35亿元,与2012年相比增长28%,占总营业收入的22%;工程项目管理与咨询服务、工程招标代理、工程造价咨询及其他收入88亿元,与2012年相比增长14%。工程监理行业集中度进一步提升。全年实现营业收入超8000万元的监理企业有20家,超3000万元以上的有46家,1000万元以上的有95家。营业收入超3000万元的46家企业完成合同额占总合同额的63%。

【建设工程质量监督管理】 (1)建设工程质量管理基本情况。全省新注册工程6143项,建筑面积7462.39万平方米,建筑面积23305.8万平方米,竣工工程4409项,建筑面积4145.67万平方米。新开工工程监督覆盖率达到100%;受监工程质量达到国家标准要求,主体结构合格率达到100%,竣工验收工程合格率达到100%,工程质量备案率达到100%;新开工工程节能标准执行率达到100%。新办理监督登记工程8项,建筑面积23.5032万平方米;受监在建工程21项,建筑面积约122.8834万平方米;办理竣工验收工程3项,建筑面积8.0315万平方米。全年对在监工程召开施工现场检查讲评会54次,监督交底会4次,下发整改通知书48份,提出质量问题594条,发出停工通知书4份,制定工程监督方案4份,受理申报结构中州杯8项。全省共督查在建保障性安居单体工程124项,建筑面积104.06万平方米。据统计,在7208项检查内容中,符合3131项、基本符合3448项、不符合629项,分别占总检查项的43.4%、47.8%、8.51%。此次督查共发出不良记录17份,并要求各级住房城乡建设主管部门对存在问题的工程及时下发整改通知书,督促整改落实。质量检测监督方面,对厅行政审批大厅转办4批延期和2批新申报的建设工程质量检测机构的申报材料进行审查。其中延期的检测机构共135家168项,新申报检测机构27家39项。对全省预拌商品混凝土企业的质量负责人、技术负责人和试验室主任进行资格初审和备案考核,总计2000余人。积极开展以争创"鲁班奖"工程、中州杯奖工程为载体,以点带面,引导工程建设各方创优质工程,注重保障性住宅、省管工程中优质工程和鲁班奖工程的培育,进一步增强工程建设各方主体创优意识和品牌意识,着力实施精品工程战略,提高工程质量整体水平。全年全省共申报结构中州杯工程231项,建筑面积为689万平方米。

(2)强化管理力度,重视制度规范化建设。根据省政府办公厅《关于进一步规范建筑市场加强建设工程质量安全管理的意见》,起草《河南省建设工程质量差异化管理暂行办法》《关于加强建筑工程施工现场管理的通知》《关于加强桩基施工工作的通知》《关于加强建筑节能工程质量验收管理工作的通知》。为规范全省市政工程质量管理,出台《河南省市政工程质量专家管理办法》《河南省市政工程质量检测机构从业人员管理办法》《河南省市政工程质量报告制度实施办法》(征求意见稿)。针对全省预拌商品混凝土企业的现状,省住房城乡建设厅印发《河南省预拌商品混凝土管理暂行规定》和《河南省预拌商品混凝土生产企业专项试验室管理办法》。同时还对现行的建设工程质量检测资质标准进行修编。涉及的资质类别有见证取样、主体结构、地基基础、建筑节能、室内环境。

(3)加强工程质量监管,突出重点领域和关键环节。做好保障性安居工程监督管理,省住房城乡建设厅印发《关于印发河南省保障性安居工程质量提升年活动实施方案的通知》。1月对全省18个省辖市、10个省直管县的保障性安居工程质量管理活动年和工程质量监督进行考核,并下发相关通报。分成6个检查组于5月8~22日对各省辖市、省直管县的保障性安居工程和城市轨道交通工程质量安全监督执法进行督查。组织相关专家编制《河南省住宅工程质量通病防治技术规程》,现在已通过初审,待审定。根据省住房城乡建设厅《关于印发河南省保障性安居工程质量提升年活动实施方案的通知》要求,联合河南省电视台组织实施全省保障性安居工程质量巡礼、展播,为全省的保障性安居工程进行良好的宣传,起到良好的社会效应。加强关键环节工程质量监管,确保工程质量安全,突出监管重点,加强高风险工程质量监控点的监督,对重点部位强化监管。为贯彻落实《民用建筑节能条例》、省政府《关于加强建筑节能工作的通知》精神,进一步促进全省建筑节能工程质量水平的提高,省建设工程质量监督总站印发《关于开展建筑节能专项质量巡查的通知》,要求各地从3月开始在全省范围内开展建筑节能工程施工质量专项巡查,11月对全省6个省辖市、2个省直管县(市)进行节能专项抽查,抽查结束后起草检查通报及时进行上报。进一步抓好市政基础设施工程质量监督,组织第一批市政道路、城市桥梁专项资质的评审,对7家市政公路、1家城市桥梁质量检测机构进行延期审核,对2家市政公路质量检测机构进行资料审查及现场考核;对厅行政审批大厅转办的延期和新申报检测机构的资质进行审查。其中资质延期的检测机构10家10项（见证取样1项，主体结构2项、地基基础2项、钢结构2项，建筑节能2项，室内环境1项）；新申报检测机构16家20项（见证取样1项、主体结构6项、地基基础4项、钢结构2项、建筑节能4项、室内环境3项）。

（4）创新监管方式，提高工程质量监管效能。做好专项检查和质量监督巡查，切实强化参建各方主体质量责任，建立工程质量倒查机制，加强监管部门的信息沟通，完善联合执法机制，加大监督执法力度。

（5）着眼质量效率，高度重视考核培训。按照《房屋建筑和市政基础设施工程质量监督管理规定》（5号部令）、《河南省房屋建筑和市政基础设施工程质量监督管理实施办法》等法律、法规要求，对全省监督人员进行两年一次的综合考核及业务指导，完成6个省辖市、34家县级监督机构共797名监督人员的综合考核及业务指导。同时，大力开展每月监督业务技术"讲、学、用"活动，全站的监督执法能力和业务水平进一步增强。针对在平时的工程质量专项检查与检测机构、商混站实验室动态考核中发现的主要问题，对相关人员进行继续教育培训，共培训见证取（送）样员1276人，培训商混站专项实验室人员2293人，培训资料员105人，质检员210人，培训通风空调与混凝土结构施工规范新标准954人。

【建筑施工安全生产管理】（1）贯彻上级精神，认真安排部署建筑安全生产。省住房城乡建设厅对安全生产工作高度重视，全面贯彻落实国家和省委、省政府一系列安全工作部署，在强化监管上下功夫，在工作落实上求实效。先后多次召开厅安全生产领导小组会议，专题研究安全生产。每季度召开全省建设安全生产情况分析会，分析形势，查找不足，研究对策措施，明确工作重点，部署下一阶段工作。并分别于2月、5月、6月和8月，组织召开全省建筑业工作会议、建筑安全生产电视电话会议、质量安全工作现场会、省直管工程安全管理工作会，对安全生产工作进行具体安排和部署。省住房城乡建设厅印发《全省建设安全工作要点》、《建筑施工安全河南创建方案》、《关于进一步加强建设工程质量安全管理工作的通知》、《关于深入开展安全生产大检查工作的通知》、《关于加强汛期住房城乡建设系统安全生产工作的通知》等。同时提请省政府安委会向各地市政府下发《关于进一步加强建设工程安全生产工作的紧急通知》，要求各市政府认真履行安全管理职责，积极消除安全监管盲区和死角，进一步明确加强和改进建设工程安全生产工作的措施。

（2）实施目标管理，严格落实安全生产责任制。继续强化安全目标管理，加强安全生产过程和结果双重考核，推动安全监管责任的落实。从全省抽调30名业务骨干，组成6个考核组，对18个省辖市及10个省直管县（市）2012年安全生产情况进行考核，考核情况向全省进行通报。18个省辖市及10个省直管县（市）住房和城乡建设局委向省住房城乡建设厅递交《2013年建筑安全生产承诺书》，并层层分解目标，层层落实责任，逐级监督考核。落实企业安全生产主体责任，督促企业建立健全安全生产管理制度，健全安全管理机构，配备专职安全生产管理人员，加大安全生产资金投入，全面履行安全生产主体责任，建立自我约束、持续改进的企业安全生产长效机制。研究实行《建筑施工企业法定代表人和项目经理施工项目安全生产承诺制度》，结合安全措施备案、施工许可、人员变更等工作，进一步强化企业法定代表人和项目经理的安全生产责任。

（3）严格安全管理，加大安全生产监督力度。大力整顿和规范建筑市场秩序，严格安全许可和施工许可制度，进一步强化建筑施工安全生产诚信机制建设，加强市场准入管理与市场清出管理。强化安全督促检查。特别加大节日期间、特殊季节和重大活动等重点时期以及易发生事故的部位和施工阶段的安全监督检查力度，做到全面检查与重点检查相结合，自查与抽查相结合，经常性检查与集中专项性检查相结合，明查与暗查相结合。积极实行安全生产约谈制度。为剖析事故原因，吸取事故教训，遏制事故多发势头，组织召开两次安全约谈会，对发生事故的市（县）住房城乡建设局主要领导等进行集中警示谈话，就如何落实整改、消除隐患、完善措施、强化监督提出要求。改进监管手段，强化安全信息化建设，在全省全面推行塔机安全监控系统，自动记录存贮塔机有关信息，适时显示并有效监控塔机的安全运行状况，实现对安全隐患的监测监控和预报预警，减少违规操作，使安全监管监察和企业安全管理方法更加科学，手段更加完备。抓典型、促提升，建立安全生产激励机制，印发《关于建立建筑施工现场安全文明施工管理典型项目定期上报公示制度的通知》。强化安全执法，严厉查处违法违规行为，严格落实停产整顿、关闭取缔、依法处罚、严格问责的打击措施。对2011年以来已结案事故的

20家责任企业和47名责任人分别予以吊销安全生产许可证、停业整顿、吊销个人资格证书和安全考核合格证书、停止招投标等处罚。建立预警机制,在"节日"和重大活动到来之前下发通知,对建筑安全生产工作提前做出安排和部署。

(4) 强化安全防范,深入开展隐患排查和专项整治活动。认真组织开展集中安全生产大检查活动,制定《建设系统集中开展安全生产大检查实施方案》和《消防安全大排查大整治工作方案》。据统计,大检查期间,全省各级建设行政主管部门累计检查企业6037家、项目12767个、排查一般隐患28651处、重大隐患4430处、下发隐患整改通知书2138份、停工整改项目135个,对违法违规项目经济处罚143.32万元。针对建筑安全事故的多数类型和易发环节,组织开展预防建筑施工起重机械、模板支撑及脚手架等坍塌事故专项治理和建筑工地彩板房等临时用房消防专项整治活动,强化重大危险源监控管理,着力防范重大安全事故的发生。针对企业安全检查走过场、自查自纠不深入问题,制定《建筑施工企业安全检查规定》。在省政府安委会统一部署下,试行企业安全生产风险预控管理,选择试点施工企业,组织参加专业培训学习,指导试点企业建立工作机制,待运行成熟后进行全面推广。

(5) 加强宣传教育,不断提高从业人员安全素质。充分利用"安全生产月"活动,大力宣传安全生产的方针政策、法律法规及安全生产工作的重大意义,进一步增强全行业做好安全生产工作的使命感和责任感。通过多形式、多渠道、多层次的安全教育培训,增强管理人员和一线作业人员的安全素质,提高业务技能。组织开展全省住房城乡建设系统职工职业技能竞赛,对3.2万余人建筑施工企业负责人、项目负责人、专职安全员进行教育培训,对6500余名建筑起重设备作业人员进行培训考核。大力推进安全生产标准化工作,深入开展安全标准化示范企业和安全文明工地创建活动。编印3万册《河南省建设工程安全生产标准化实施指南》发放到企业并组织广泛宣贯。开展安全生产标准化工作经验交流,组织到省外进行观摩学习,全年有15项工程被评为全国AAA级安全文明标准化工地。加强建设行业安全文化建设,丰富安全文化内容载体,联合中影集团、河之南(河南)影视文化宣媒有限公司拍摄放映国内首部以建筑安全为主题的主旋律电影《生命无价》。

【工程建设标准定额和工程造价管理】 (1) 全省工程建设标准定额工作着重突出服务于节能减排、加快推动建筑业结构调整和转型升级这个目的,评审发布《河南省保障性住房绿色建筑评价标准》《河南省民用建筑太阳能热水系统技术规程》《高强钢筋混凝土结构技术规程》等14项河南省地方标准,组织完成对2005年前发布的河南省地方标准进行复查的工作。同时,共转发贯彻国家、行业标准36项,为全省各级建筑相关企业和从业人员提供经济及技术法规依据。按照住房和城乡建设部的要求,还完成多项住房和城乡建设部新编标准征求意见,及时反馈相关意见,为国标编制提供建议。

(2) 组织完成《新型城镇化与河南省工程建设标准化发展战略研究》调研课题,该项目获得中国工程建设标准化协会优秀论文奖;向住房城乡建设部推荐6项代表河南省标准定额重要工作业绩和成果。

(3) 为实现节能减排目标,加快推动建筑业结构调整、转型升级,组织召开全省高强钢筋推广应用工作会议,配合完成全省28个市、县高强钢筋推广应用的监督检查,协调和建立高强钢筋供需机制和信息平台。同时,组织完成住房和城乡建设部、工信部部署的预拌混凝土生产和应用调研;按照国务院《无障碍环境建设条例》,起草《河南省开展创建无障碍环境市县工作实施方案》,与省直有关职能部门联合发布,对全省各市县创建工作作出部署,并且组织有关专家参加住房和城乡建设部举办的《家庭无障碍建设指南》宣贯师资培训,为全省开展无障碍设施创建做好准备。

(4) 在工程造价管理方面,进一步完善工程计价体系,编制完成《河南省建设工程工程量清单综合单价(隧道工程分册)和(综合解释)》,现已出版发行。组织开展对全省定额人工费单价的调查研究,提出专题分析报告,促进和完善全省工程人工费的动态管理;为提高服务水平,起草《河南省建设工程计价依据解释管理办法》,已发往各市征求意见,待修改完善后发布。

(5) 组织完成《建设工程工程量清单计价规范(2013)》和《建筑安装工程费用项目组成》的宣贯,培训各省辖市专业人员和造价咨询企业技术骨干4000余人,并制定全省贯彻新规范的实施意见。参与组织开展《河南省城市园林绿化养护定额》编制的技术服务。

(6) 根据省政府《关于党政机关停止新建楼堂馆所和清理办公用房实施意见》,在严格控制和管理方面,提出在工程建设标准和工程造价控制的具体要求,作为加强全省党政机关楼堂馆所和维修改造项

(7)完成全省各专业定额计价依据的管理、解释、咨询、补充完善等日常服务；完成30多起复杂、疑难问题的调解、合同中造价争议的协调，获得双方的好评。

(8)组织完成上报住房城乡建设部的《城市住宅建筑工程造价信息》《建筑工程实物工程量人工成本数据》，发布4个季度的人工费指导价，及时调整和发布全省定额人工单价信息和《河南省建设工程造价指数》；全省定额人工单价动态管理日趋完善。及时通过《河南省工程造价信息》网站和《河南省工程造价信息》期刊及时发布了各类政务信息和15万多种材料价格信息，为建设各方提供计价参考，开发完成《河南省工程造价员网络管理系统》。

(9)强化工程造价市场监管，制定发布《河南省省外企业进豫从事工程造价咨询登记备案管理办法》，进一步规范工程造价咨询行为，标准定额服务水平不断提高。完成全省329家工程造价咨询企业业绩统计报表和动态考核审查，对全省工程造价咨询企业资质申报、转正、延续、晋级等有关材料进行了认真审查；查处5家工程造价咨询企业违规事件，提出责令整改意见。

(10)组织完成2013年度造价工程师网络继续教育活动，办理359位造价工程师初始注册、2319名造价工程师续期注册和变更注册手续；完成造价工程师考试报名和造价工程师考试案例分析科目试卷评判；完成2013年度全省17879人参加的工程造价员资格考试，工程造价专业人员的管理进一步规范。

(11)参与完成援疆哈密工程竣工结算审核，获得省有关部门的充分肯定；积极参加保障性住房建设和施工安全的督查，7次赴信阳、固始等市县，深入施工现场，发现问题，督促有关部门整改。

【强化装修装饰业管理】 全省装饰业快速健康发展，据不完全统计，全省装饰业完成总产值1495亿元，比2012年增长15%，增速同比提高4个百分点。实现装饰业增加值195亿元，比2012年同期增长25.8%，增速同比提高6.7个百分点，占全省建筑业总产值的21.11%，总产值、增加值、利税总额增长10%以上。工程质量和安全生产形势基本平稳，但质量通病不少，没有发生重特大质量安全事故和恶性群体事件。全省装修装饰企业发展迅猛，有装修装饰企业2388家，增项企业2784家，新增277家。其中：装饰专项承包资质企业1369家（一级36家，二级487家，三级846家）；设计资质企业31家；设计与施工一体化资质企业873家（一级26家，二级424家，三级423家），从业人员达100多万人。强化住宅装修装饰监督管理，强化行业调研，树立一个典型，对固始住宅装饰管理进行调研总结推广，开展了省绿色装修装饰材料及部品达标认证管理。出台装修装饰业管理规章，启动住宅装修装饰企业资质就位和新申报。全年共审核通过装饰设计与施工体化资质企业109家（其中一级7家，二级61家，三级41家），住宅装修装饰企业146家。完善行业法制体系。颁布实施《河南省建筑装饰工程质量监督管理办法》《河南省建筑装饰工程安全生产监督管理办法》等4个地方性行业法规、办法和《河南省装修装饰质量验收规范》《河南省民用建筑工程室内装饰材料污染物限量技术规程》2个行业技术标准，修改完善《河南省建筑装饰设计师管理办法》《河南省公共建筑装饰工程施工许可核发管理暂行办法》，起草《河南省建筑装饰设计师管理办法实施细则》，召开《河南省建筑装饰设计技术规程》专家论证会及编制。规范装修装饰市场秩序，严格市场准入清出，加强与省工商局和住宅装饰企业的沟通联系，认真做好《河南省家庭居室装饰装修工程施工合同》的修订，开展全省装修装饰市场专项督查和全省装修装饰行业《2013版建筑工程施工合同（示范文本）》宣贯培训。严格工程质量安全管理，创新监管方式，严格安全生产许可管理事项，采取听汇报、座谈交流、突击检查、重点抽查、随机抽查的方式，开展18个省辖市、10个省直管县（市）装修装饰工程质量安全对口检查，配合做好住房城乡建设系统百日安全生产大检查活动，加强省管工程的质量安全监管和全省执法队伍建设。加大绿色装修装饰材料及部品推广应用力度，加强与沟通联系，协调解决通过绿色装修装饰材料及部品达标的24家材料企业的工程造价事宜。注重从业人员培训，调整培训思路和培训方法，初步建立省、市、县培训网络，编写《河南省装修装饰工程安全生产管理与技术教材》，做好全省装修装饰设计师的汇统，据不完全统计，全省共有设计师1067名。其中高级设计师132名，中级设计师402名，初级设计师533名。

【建筑劳务管理】 2013年，全省建设劳务管理取得很大成绩。全省出省施工人数达到134万人、创劳务收入220亿元，培训全省外出劳务人员3.8万余人次。为进一步拓展西部建筑市场，扩大全省建筑劳务输出，分别对四川、重庆、云南、贵州、新疆、内蒙古等六省（市、自治区）的建筑市场进行深入调研，及时掌握当地建筑队伍现状、用工需求，以及当地建筑市场前景等。撰写出《我国西部六省区建筑市场调研报告》，报告中对河南省在西部六省施工企业存在的问题和不足进行分析，并就进一步开拓西部建筑市场提出建设性意见，为企业下一步发展提供参考。为开拓山东和大西南建筑市场，进一步拓宽河南建设劳务输出阵地，3月，正式成立驻四川、山东2个驻外建筑管理处。各驻外建管处，配合当地有关部门检查、督促河南省建设队伍，严格履行合同、保证工期、工程质量和安全生产情况，受到当地行政主管部门的一致好评。服务水平明显提高，解放思想，为企业服务实效突出，为出省施工企业营造良好的社会环境并办理各种手续，积极化解劳务纠纷，维护外出施工企业权益和行业稳定。为减轻企业负担，先后在天津、内蒙古、新疆、上海、四川、山西等地举办三类人员、五大员和操作工人岗位技能培训30多期，参培人员3.8万余人次。深化财务制度改革，推行预算审批制度，加强内部审计和资产清查，建立完善的资产监管系统。

【勘察设计行业管理】 产业规模持续扩大，先导作用充分发挥。截至2013年底，全省勘察设计企业总数达723家，其中甲级135家、乙级362家、丙级215家、丁级和劳务类11家。加强市场监管、规范市场环境、尽力完善市场准入清出制度，对全省勘察设计企业进行资质动态考核。通过考核，对73家基本合格的企业给予了限期整改的通报，对5家不合格企业给予停业整改6个月的处理，停业期间不得承揽勘察设计业务；对无故不参加动态考核和资质证书过期未申请延续的6家企业给予收回证书、上交发证机关，1年内不得重新申请资质的处理。继续加强勘察设计市场管理。全年全省共受理省外承接工程1004项，对符合要求的办理登记手续，有效杜绝勘察设计市场中的挂靠现象、规范全省的勘察设计市场秩序。加快推进建筑市场信用体系建设。全省工程勘察设计行业开展的第六批"诚信单位"评估活动中，共有93家单位达到全省工程设计、勘察与岩土行业AAA级诚信单位标准；31家单位达到全省工程设计、勘察与岩土行业AA级诚信单位标准。截至2013年底，全省工程勘察设计企业获得诚信单位，在有效期内的共254家其中AAA级205家，AA级49家。

【勘察设计质量管理】 全省开展繁荣建筑设计创作论文征集活动，共征集到全省工程勘察设计各类专业论文252篇，组织专家进行审查，最终有75篇论文分别荣获一、二、三等奖。为了进一步鼓励全省工程勘察设计行业技术人员参与繁荣全省建筑设计创作的积极性，并由河南科技出版社将获奖论文编辑成为《河南省繁荣建筑设计创作论文集》出版发行。在全省开展《第一批河南省优秀青年建筑师评选》活动，经专家审查、网站公示、省住房城乡建设厅批准并发文公布，有5名同志被评为河南省第一批优秀青年建筑师。在全省开展第二批工程勘察设计大师评选活动，有10名同志被评为河南省第二批工程勘察设计大师。在繁荣建筑设计创作活动中开展的首届优秀建筑设计方案评选，共由55个方案荣获河南省首届建筑设计方案一、二、三等奖。经再次优化后，选出53个方案编辑《河南省优秀建筑设计方案图集》，并印刷成册。从施工图审查为抓手，在建筑节能强制性标准执行方面加强专项审查，各专项审查不合格项目一律不准发放施工图审查合格书。在开展的2013年度施工图审查机构抽查过程中，施工图节能审查合格率达到100%，公共建筑节能达到50%、居住建筑达到65%的节能标准，保证节能标准在设计阶段的有效落实。稳步开展高强钢筋推广应用，建立健全高强钢筋推广应用协调机制，组织开展全省高强钢筋专项检查。积极组织编写《高强钢筋混凝土结构应用技术过程》，并组织有关部门、勘察设计企业、施工图审查机构、工程监理企业宣贯培训，确保高强钢筋应用质量。并启动500兆帕高强钢筋设计示范项目。完善地方标准体系。全年共审定发布《城市建筑、道路（桥梁）标识管理办法》《河南省保障性住房绿色建筑评价标准》《河南省民用建筑太阳能热水系统技术规程》等14项全省急需的工程建设地方标准。

【河南省第二批工程勘察设计大师评选】 2013年，根据《河南省工程勘察设计大师评选暂行办法》，省住房城乡建设厅组织开展河南省第二批工程勘察设计大师的评选。11月22日，省住房城乡建设厅公布河南省第二批工程勘察设计大师。

【建筑工程抗震管理】 严格执行国家新颁布的《建筑抗震设计规范》（GB 50011—2010）和工程建设强制性标准条文，加强市政基础设施和各类建筑工程的抗震设防监督管理，加强对在建项目的检查及现场抽查工作。全年全省施工图审查机构共审查建筑工程项目19082项、总建筑面积19712.76万平方米，市政基础设施404项、总投资354亿元。审查中将建筑工程抗震设计质量作为一项重要内容。对发现的问题和不足进行通报，并要求限期整改，这对严格执行国家工程建设标准，提高工程建设抗震设防质量，起到极大的保障。超限高层建筑工程抗震设防专项审查工作，是建设工程质量管理体系的一个重要组成部分。积极推进房屋建筑工程减震隔震技术，并对17栋超限高层建筑进行抗震专项审查。

【新型墙体材料革新发展应用情况】 全省新型墙材产量达到485亿标砖，同比增长7.7%；新型墙材占墙材总量的比例达到94%，同比提高1%；新型墙材建筑开工面积达到7000万平方米，同比增长14%，占房屋开工量的98%，同比提高1%；折合节约标准煤297万吨，减少CO_2、SO_2排放780万吨，利用工业废渣4200万吨，节约耕地7.92万亩。城市"禁黏"和乡镇"禁实"持续推进。许昌、南阳等10个省辖市，汝州等25个县级城市通过"禁黏"验收，72个乡镇通过"禁实"验收，全省18个省辖市已全部"禁黏"，超过一半县级城市完成"禁黏"，提前、超额完成国家发展改革委提出的"十二五"目标。农村地区新型墙材推广应用进一步加快。制定并完善农村新型墙材应用示范项目基本标准，推出首批5个新型农村社区和美丽乡村建设应用新型墙材示范典型，总建筑面积48万平方米，补助扶持资金250万元。专项基金征管更加规范。对2009～2011年省级新型墙材专项基金项目进行检查验收，联合省财政厅印发《关于加强新型墙体材料专项基金返退工作的通知》，出台《关于加强省级新型墙体材料专项基金项目管理工作的通知》。全年专项基金征收额突破6.5亿元，征收率达到86%，创历史最好水平。行业监管持续强化，在全省开展蒸压粉煤灰砖和烧结多孔砖质量抽查活动，对不达标企业下达停用新型墙材确认书和限期整改的通知；出台外省进豫新型墙体材料备案管理办法，明确备案的范围、条件、程序和日常管理责任，加强对外省新型墙材质量和使用的监管，规范市场秩序；在全省开展为期一个月的新型墙材应用专项检查活动，对建设工程使用无确认证、无备案证墙材甚至使用黏土砖的行为进行严肃查处。加大与《中国建设报》、《墙材革新与建筑节能》等全国性媒体的合作力度，与《中国建设报》签订宣传合作协议，全年出版行业刊物《河南墙改》6期，谋划编纂大型资料类文献《筑在墙体上的辉煌》。行业基础工作全面夯实，《河南省发展应用新型墙体材料条例》正式列入省人大常委会2014～2018年地方立法规划，并被确定为2014年立法审议项目，成功举办首届全省墙材革新知识大赛，组织各地建设和墙改部门围绕瓶颈问题开展工作调研，并进行调研成果评比，积极开展业务培训。

【建设科技与建筑节能】 在新建建筑节能方面，全省新建建筑节能标准执行率保持稳定，连续6年达到100%。全省竣工民用建筑4661万平方米，节能建筑4650万平方米，新建建筑节能标准实施率达到99.8%，全年新建建筑实现新增节约标准煤113万吨，为全省节能减排做出了较大贡献。在绿色建筑推广方面，省住房城乡建设厅与省发改委联合提请省政府办公厅转发《河南省绿色建筑行动实施方案》，在全国率先出台《关于推进保障性住房优先发展绿色建筑的实施意见》，制定推进绿色建筑发展的意见或方案；省住房城乡建设厅发起"绿色建筑在行动"系列活动，分别组织召开绿色建筑技术研讨会、保障性住房发展绿色建筑政策培训会、新型绿色建材观摩推广会、《河南省绿色建筑行动实施方案》宣贯会等活动。对2000余名管理人员、技术骨干进行培训。截至2013年底，全省18个省辖市中，已有13个省辖市和10个县，获绿色建筑星级标识，全省共有绿色建筑标识项目40个（一星级项目9个，二星级项目30个，三星级项目1个），其中获得运行标识项目18个，运行标识比例排在全国前列。项目总面积566万平方米，其中住宅建筑项目建筑面积472万平方米（含保障性住房67万平方米），公共建筑项目建筑面积94万平方米。在2013年度住建部组织的建设领域节能减排督查中，检查组对河南省节能减排工作给予充分肯定，对孟州长店绿色社区给予高度评价，尤其是对全省绿色建筑发展方面贯彻政策之好、建设标准之高、取得成效之大高度赞扬。积极推进建筑产业现代化，省住房城乡建设厅与中建七局签订《关于推进绿色建筑发展战略合作协议》，共同推进全省绿色建筑发展。在既有建筑节能改造方面，国家安排河南省改造任务397万平方米，实际实施改造面积443万平方米，14个省辖市承担有既改任务。经过努力，截至2013年采暖期前完成377万平方米的改造量。在可再生能源建筑应用方面，全省共有示范市7个，示范县镇20个，省住房城乡建设厅印发《可再生能源建筑应用示范项目验收手册》，进一步明确验收内容、验收条件、验收依据，规范验收程序；全年共对10个单个项目、23个光电建筑应用项目进行了验收或资金清算。据统计，通过示范带动，全省推动，全省新增可再生能源建筑应用面积1034万平方米左右，占新建建筑面积的比例达22%。在公共建筑能耗监管体系建设方面，全省各市、县、区共完成国家机关办公建筑1345栋、大型公共建筑202栋的能耗信息统计，并按时进行分析上报。省住房城乡建设厅按照国家批准的工作方案和下达的建设资金，安排900万元专项经费，分配给12个省辖市和省事务管理局进行建设。在建设科技创新及对外交流合作方面，智慧城市试点建设逐步展开，科技服务企业得到加强，科技创新能力有了提高，国际交流合作项目取得进展。

大事记

1月

4日 省住房城乡建设厅印发《河南省房屋建筑和市政工程项目招标投标监督管理办法》，共6章70条，自2013年1月4日起施行。

4日 省住房城乡建设厅印发《河南省住房和城乡建设执法监察联动工作制度》，共5章18条，自2013年1月4日起施行。

9日 南水北调中线总干渠下穿京广铁路薛店至新郑间改线完工。

18日 由中铁隧道集团有限公司、中铁隧道装备制造有限公司等单位参与完成的《盾构装备自主设计制造关键技术及产业化》荣获2012年度国家科技进步一等奖。

24日 根据《河南省工程建设工法管理实施细则》的规定，省住房城乡建设厅组织专家对申报的工法进行评审，由林州建总建筑工程有限公司、河南省第一建筑工程集团有限责任公司完成的《异型罗马柱混凝土现浇施工工法》等85项工法通过审定，批准为2012年度河南省级工法。由河南省安装集团有限责任公司完成的《浮法玻璃容窑大拱施工工法》通过审定，批准为2012年度河南省级工法（升级版）。

29日 住房和城乡建设部公布90个国家智慧城市试点名单，河南省的郑州市、鹤壁市、漯河市、济源市、新郑市、洛阳新区成为试点城市。

2月

1日 省住房城乡建设厅发布由河南丹枫科技有限公司、河南省智能建筑协会主编的《医院建筑智能化系统设计标准》（DBJ 41/T118—2013）已通过评审，批准为河南省工程建设地方标准，自2013年5月1日起在全省施行。

7日 河南省政府发布《河南省重大建设项目稽查办法》（省政府令第151号），《办法》共28条，自2013年4月1日起施行。

19日 南水北调中线渠首老闸主体工程拆除"第一爆"成功爆破。

20日 省住房和城乡建设厅印发《关于进一步做好标后履约监管工作的意见》。

20日 省住房城乡建设厅印发《外省进豫建筑企业登记备案管理办法》。

21日 省住房城乡建设厅印发《河南省建筑业企业小型项目建造师管理办法》，共24条，自2013年2月21日起施行。

22日 省住房城乡建设厅印发《河南省建筑业企业小型项目建造师管理办法实施细则》。

25日 省住房城乡建设厅印发《河南省预拌商品混凝土质量管理暂行规定》，共7章28条，自2013年5月1日起施行。

3月

5日 省住房城乡建设厅发布由河南省建筑科学研究院有限公司主编的《无机保温砂浆墙体保温系统应用技术规程》（DBJ41/T 122—2013）、《河南省地源热泵建筑应用检测及验收技术规程》（DBJ41/T 119—2013）、《污水源热泵系统应用技术规程》（DBJ41/T 121—2013）、《砌筑保温砂浆应用技术规程》（DBJ41/T 120—2013）、《河南省太阳能热水建筑应用检测及验收技术规程》（DBJ41/T 123—2013）已通过评审，批准为河南省工程建设地方标准，自2013年6月1日起在全省施行。

7日 国务院批复全国首个航空港经济综合实验区发展规划《郑州航空港经济综合实验区发展规划（2013~2025年）》。

7日 在韩国首尔麻浦区，中国河南云台山驻韩国办事处揭牌成立。

11~17日 省住房城乡建设厅组成3个组，对10个省直管县（市）的建筑安全生产情况进行巡检。

12日 省住房城乡建设厅印发《河南省工程勘察设计行业管理工作考核办法（试行）》。

13日 濮阳经济技术开发区正式挂牌国家级开发区。

28日 河南省首个"三位一体"110千伏逸泉智能变电站成功送电。

4月

1日 隋唐洛阳城国家遗址公园天堂遗址保护展示工程正式对外开放。

3日 省住房城乡建设厅印发《河南省预拌商品混凝土生产企业专项试验室管理办法》，共5章23条。

9日 郑焦城际铁路黄河特大桥主桥钢梁贯通，

中国首座跨黄河四线铁路特大桥合龙成功。

9日　郑少高速公路郑州市区航海路连接线新建工程正式通车。

17日　省住房城乡建设厅发布由郑州大学综合设计研究院、河南省第一建筑工程集团有限责任公司主编的《高强钢筋混凝土结构应用技术规程》（DBJ41/T 124—2013）已通过评审，批准为河南省工程建设地方标准，自2013年7月1日起在全省施行。

25日　河南省重点建设项目暨产业集聚区建设工作会在郑州召开。

5月

8～22日　省住房城乡建设厅组成6个督查组，对全省18个省辖市和10个省直管县（市）的保障性安居工程和城市轨道交通工程质量安全监督执法工作情况进行督查。

10日　南水北调新乡段最大的单体建筑物工程项目—石门河倒虹吸工程主体基本完成

10日　根据《河南省建设科技示范工程管理办法》，省住房城乡建设厅命名由河南省六建建筑集团有限公司承建的洛阳人力资源综合市场工程为河南省建设科技（节能专项）示范工程。

13～15日　中共中央书记处书记、全国政协副主席杜青林为团长的全国政协常委视察团，就南水北调中线水源地环境保护和转变发展方式情况，在南阳进行视察。

14日　全国人大常委会财经委副主任委员吕祖善一行莅临郑州，就城镇化建设情况进行调研。

16日　省住房城乡建设厅发布由河南省建筑科学研究院有限公司主编的《建筑装饰装修工程质量验收标准》（DBJ41/T 125—2013）已通过评审，批准为河南省工程建设地方标准，自2013年10月1日起在全省施行。

17日　南水北调中线工程河南段工程建设进度首次联席会议在郑州举行，国务院南水北调办和河南省政府共同研讨解决工程面临的问题。

20日　中共河南省纪委在郑州举行工程建设项目《廉政风险告知书》发放仪式暨"5·20"联盟活动推进会，现场向18家项目单位发放《廉政风险告知书》。

27日　住房和城乡建设部公布首批中美低碳生态试点城市名单，河南省的鹤壁、济源两市榜上有名。

28日　南水北调工程监理专项整治工作会在郑州召开。

28～31日　省住房城乡建设厅组成3个督查组，对全省6个省辖市、3个省直管县（市）装修装饰市场进行督查。

29日　河南林州至山西长治高速公路全线通车。

6月

8日　全省第一家面向环卫工人设立的公益基金—新乡市环卫爱心基金会正式成立。

13日　由中铁隧道集团海外工程公司和中铁马来西亚分公司组成联营体公司承担施工，中铁装备制造的盾构机在吉隆坡MRT地铁工程中成功始发。

14日　《郑州市中心城区总体城市设计方案》通过专家评审。

24日　河南最大的金融后台服务项目，中国民生银行郑州战略研发服务基地开工建设。

7月

1日　跨越南水北调中线总干渠的京港澳高速Ⅰ公路桥实现通车，此次通车标志着京港澳高速成功跨越南水北调中线总干渠。

省住房城乡建设厅印发《河南省省外工程造价咨询企业进豫登记备案管理办法（试行）》，《办法》共15条，自2013年7月8日起施行。

10日　郑州航空港经济综合实验区8个重大项目集中开工建设，总投资166亿元。

26日　南水北调中线总干渠穿越焦柳铁路平顶山西暗渠工程顺利完工。

26日　第七届全国腐蚀大会在"中国防腐蚀之都"长垣县开幕，专家、学者等700余人参会。

26日　省住房城乡建设厅发布由河南省建筑科学研究院有限公司主编的《钻芯检测抹灰砂浆粘结强度方法标准》（DBJ41/T 128—2013）、《城市桥梁检测技术规程》（DBJ41/T 127—2013）、《发泡陶瓷保温板保温系统应用技术规程》（DBJ41/T 126—2013）、《无机轻集料（珍珠岩类）外墙外保温构造》（13YTJ104，DBJT 19—04—2012）图集已通过评审，批准为河南省工程建设地方标准，自2013年10月1日起在全省施行。

30日　省住房城乡建设厅批准由河南省建筑设计研究院有限公司编制的《建筑防水构造（一）》（13YTJ203，DBJT 19—03—2012）图集，经省工程建设标准设计技术委员会专家审查通过，为河南省工程建设标准设计图集，自2013年9月1日起在全省施行。

8月

1日　河南省第二十届人民代表大会常务委员会第三次会议批准《洛阳市政府投资项目管理条例》。

3日　由中铁隧道集团有限公司独立运作的乌兹

别克斯坦安格连至芭布铁路库拉米隧道正式进入实施阶段。

14日 省住房城乡建设厅印发《河南省建筑装修装饰工程质量监督管理办法》，共8章28条，自2013年8月14日起施行。省住房城乡建设厅印发《河南省建筑装修装饰工程安全生产监督管理办法》，共5章22条，自2013年8月14日起施行。

19日 省住房城乡建设厅印发《建筑施工企业安全检查规定》，共23条，自2013年8月19日起实施。

21日 省住房城乡建设厅发布由河南省建筑科学研究院有限公司主编的《外墙外保温用聚合物砂浆质量检验标准》(DBJ41/T 129—2013)、《12系列建筑标准设计图集》(DBJT 19—07—2012)图集已通过评审，批准为河南省工程建设地方标准，自2013年11月1日起在全省施行。

29日 南水北调中线丹江口大坝加高工程通过蓄水验收，正式具备蓄水条件。

9月

3日 航海东路与京港澳高速公路互通式立交建成通车。

8日 潮河四标段主体工程完工，成为河南省黄河南岸南水北调中线干渠工程中首个完工的标段

23日 连霍高速公路跨南水北调总干渠大桥建成通车。

26日 河南省第十二届人民代表大会常务委员会第四次会议通过《河南省云台山景区保护条例》，《条例》共5章34条，自2013年12月1日起施行。

10月

16日 开封鼓楼复建工程落成。

17日 由中铁隧道集团有限公司盾构及掘进技术国家重点实验室与住房和城乡建设部科技发展促进中心共同主编的《盾构法隧道施工与验收规范》修订工作已进入公示程序。

21日 省住房城乡建设厅发布由河南省建筑设计研究院有限公司主编的《预应力混凝土空心方桩技术规程》(DBJ41/T 130—2013)已通过评审，批准为河南省工程建设地方标准，自2013年12月1日起在全省施行。

11月

6日 根据《河南省工程建设工法管理实施细则》，省住房城乡建设厅组织专家评审，由河南省第一建筑工程集团有限责任公司、河南锦源建设有限公司完成的《混凝土游泳池施工工法》等97项工法通过审定，批准为2013年度河南省级工法。

8日 由省住房和城乡建设厅与省科学技术协会主办，省城市科学研究会承办的全省城镇化发展研讨会在郑州举行。

8日 郑州尚岗杨遗址公园开工建设。

15日 郑州市最大日供气达120万立方米的关庄天然气门站正式建成通气。

15日 受住房和城乡建设部委托，省住房和城乡建设厅组织的专家通过《郑州市城市轨道交通建设规划(2013—2019年)》评审。

18~27日 省住房城乡建设厅组织2个巡查组对郑州市、开封市、新乡市、商丘市、漯河市、洛阳市6个省辖市和长垣县、永城市2个省直管县(市)在建的建筑节能工程质量进行监督执法检查。

20日 省住房城乡建设厅批准由河南省建筑科学研究院有限公司编制的《空心双C槽(KSC)轻质条板内隔墙》(13YTJ105，DBJT 19—40—2011)、《内置保温混凝土墙体构造》(13YTJ106，DBJ 19—02—2013)图集，经省工程建设标准设计技术委员会专家审查通过，为河南省工程建设标准设计图集，自2014年1月1日起在全省施行。

27日 河南省政府颁布《河南省城镇燃气管理办法》(省政府令第158号)，《办法》共7章48条，自2013年12月27日起施行。1999年3月20日河南省政府公布的《河南省燃气管理办法》(省政府令第57号)同时废止。

12月

11日 南水北调中线总干渠新乡段主体工程完工。

15日 郑州市政府公布《郑州市城市轨道交通运营管理办法》(郑州市政府令第209号)，《办法》共6章42条，自2013年12月15日起施行。

16日 在禹州市颍河倒虹吸工程现场的渠底举行南水北调中线工程许昌段主体工程完工仪式。

16日 河南省政府公布《河南省人民防空工程管理办法》(省政府令第159号)。

18日 南水北调中线工程平顶山段、南阳段主体工程完工。

20日 河南省南水北调中线工程干线混凝土衬砌全部完成，主体工程已基本完工，提前11天顺利实现国务院南水北调办制定的目标。

22日 南水北调中线工程郑州段主体工程完工。

23日 省住房城乡建设厅发布由河南省公安消防总队主编的《高压细水雾灭火系统设计、施工及验收规范》(DBJ41/T 074—2013)已通过评审，批准为河南省工程建设地方标准，自2014年2月1日起在全省施行。原《细水雾灭火系统设计、施工及验

收规范规程》(DBJ41/T 074—2006)同时废止。

25日 南水北调中线工程平顶山沙河渡槽主体工程全部完工。

27日 省住房城乡建设厅印发《河南省住房和城乡建设厅行政许可事项监督检查办法》。

31日 省住房城乡建设厅印发《河南省建设工程施工合同备案管理办法(试行)》，《办法》共5章24条，自2014年1月1日起施行。

(河南省住房和城乡建设厅 撰稿：刘江明 秦华 王放)

湖 北 省

概况

【城乡规划编制管理体系进一步完善】 围绕深化《湖北城镇化与城镇发展战略规划》，推进次区域规划、城乡总体规划、镇域规划编制取得新进展。组织开展"老谷丹"城市组群等区域规划和重大专项规划编制研究，创新实施《湖北省镇域总体规划编制导则》，加强历史文化和生态保护及城镇给排水、燃气、综合交通等专项规划编制，荆楚派建筑风格研究与应用取得阶段性成果，初步形成具有湖北特点的城乡规划编制体系，为城镇化快速发展提供重要支撑。2013年，全省城镇化水平达到54.51%。

【城镇基础设施建设和管理力度加大】 各地认真贯彻落实全省城市工作会议精神，抓项目、抓投资，共完成城市市政基础设施建设投资952亿元，同比增长51.8%，创历史新高，建成一大批功能性、基础性重大设施，城镇综合承载能力明显提升。19个城市荣获"国家级园林城市(县城)"、"省级园林城市(县城)"称号，为历年最多。县域农村生活垃圾统筹治理工作被列为全国试点，并作为全省新一轮"三万"活动的重要内容在全省全面展开。21个小城镇"四化"同步示范试点和100个重点镇、100个特色镇建设，取得积极进展。持续加大城市管理力度，以第三方测评为主的常态化检查考评机制逐步完善，大城管体制基本建立，"六个突出问题"专项整治取得明显成效，城市容貌发生显著变化。

【保障性住房建设管理和房地产调控持续加强】 全省新开工保障性安居工程27.03万套(户)，基本建成22.29万套(户)，分配入住15.12万套(户)，分别为年度目标任务的105.6%、122.8%、138.8%。完成农村危房改造11.5万户。注重把配套设施建设放到更加突出的位置，加强开工率、竣工率、入住率考核。注重建设管理方式创新，一些城市开展廉租房、公租房并轨运行试点，采取多种途径筹措资金，确保保障房任务的圆满完成。注重分配环节的规范和阳光操作，群众满意度逐步提高。保障性住房形成建设与管理并重的工作格局。各地加强房地产市场调控监管，全省房地产保持平稳健康发展，较好地满足不同层次的住房消费需求。在全国率先将住房公积金缴存纳入地方立法，写入《湖北省集体合同条例》。全年新增住房公积金归集246亿元，新增住房公积金贷款217亿元，10.4万户城镇居民享受住房公积金贷款。

【建筑业转型发展步伐加快】 省政府出台《关于促进建筑业发展的意见》，推动建筑业加快转型发展。大力实施品牌带动战略，在全国率先组建"建筑产业发展战略联盟"，建筑业形成集聚集约发展的态势，实现连年提质进位。2013年，全省建筑业总产值达到8343亿元，跻身全国第4位；5个项目获得国家建设工程质量最高奖——鲁班奖，为历年最多。全年新增建筑节能能力66万吨标煤；31个项目取得绿色建筑星级标识。

【行政审批制度改革和法规标准建设加快推进】 省住房和城乡建设厅行政审批事项在大幅精简的基础上再精减、下放4个审批事项；在省直部门率先实现并联审批、网上审批，行政审批实现提速提效。2013年，共受理各类行政审批事项40494件，按时办结率达到100%，与法定时限相比总提速72%，政务服务大厅群众电子评价满意度达99%。按照省政府统一部署，对全厅286项行政权力及服务事项进行清理，编制行政权力和服务事项目录及流程图，建立"权力清单制度"，规范化、法制化建设水平明显增强。

【机关作风建设进一步加强】 省住房和城乡建设厅扎实开展党的群众路线教育实践活动，一批群众反映突出的"四风"问题得到有效解决，制定完善20多项管理制度，作风建设的长效机制初步建立。深入开展"三抓一促"活动，转变作风，主动作为，争取国家住房城乡建设各类投资117亿元，为改善民生提供有力保障。2013年，省住房和城乡建设厅再次被省委评为"三抓一促"优秀单位。

建设法制

【普法宣传教育】 省住房和城乡建设厅全年组织依法行政专题学习8次、领导干部依法行政研讨班3期，并开设"处长论坛"，组织开展行业治理体系和治理能力建设研讨交流。3月和10月，两次组织全省住房和城乡建设系统法制工作集中培训。11月，组织法制宣传日活动，重点学习十八届三中全会有关精神。12月18～20日，组织全厅机关工作人员参加省委组织部等六部门组织的学法用法无纸化统一考试，取得较好成绩。加强行业法制宣传，共100多篇稿件在新华社、《人民日报》、《中国建设报》、《湖北日报》等发表，90多条法制宣传信息在《湖北法治网》、《省政府法制信息网》等网站刊登。

【行业立法】 省住房和城乡建设厅组织起草《湖北省城市供水条例》（草案送审稿），并列入省人大2014年立法计划项目。加强城管立法工作，在组织赴四川、广东省学习调研和省内立法调研、立法论证的基础上，起草《湖北省城市综合管理条例（草案）》，纳入2014年省人大立法预备项目。

【行政执法监督】 加强执法制度建设。全面推行行政执法责任制，健全完善执法公示制、执法过错责任追究制、执法督查制、评议考核制等制度。建立执法廉政风险防控机制，制定《执法人员行为规范》。完善执法体制机制。继续推进城市管理综合执法体制改革，合理界定执法权限，明确执法责任，减少执法层级，提高基层执法能力。运用绩效管理、网上管理、电子监察等手段，提高执法效率和规范化水平。加强队伍建设。全年举办行政执法教育培训班5期共700余人次，加强行政执法人员持证上岗和资格管理。建立行政执法与刑事司法衔接机制。制定《关于加强行政执法与刑事司法衔接工作的实施办法》，"两法"衔接工作得到较好的落实。认真做好法治建设工作。9月，制定《法治住房城乡建设试点工作实施方案》，调整充实厅法治建设领导小组，强化法治建设任务，明确责任处室、时间节点和工作要求。

【行政复议、行政诉讼】 全年共收到行政复议申请43件，同比增长43%。其中，受理办结40件，当事人均未提起行政诉讼，实现"案结事了、定纷止争"的目的；不予受理3件。受理的案件中，维持原具体行政行为22件，驳回6件，经调解后自愿撤回行政复议申请5件，确认违法的2件，其他5件。全年无行政诉讼案件发生。

【行政权力和服务事项清理】 按照省委、省政府的统一部署，对厅机关286项行政权力及行政服务事项进行全面清理，认真补充编制行政权力和服务事项目录及流程图，在厅公众信息网上进行公开。

【政策研究】 印发《2013年全省住房和城乡建设系统政策研究工作方案》，积极开展政策研究。全系统形成近60篇质量较高的调研报告。其中，《我省违法建设的治理对策与思考》、《推进住房和城乡建设系统治理能力现代化》等调研文章在多家报刊上进行发表。

房地产业

【概况】 全省房地产业平稳健康发展，在促进住有所居和拉动经济增长方面发挥重要作用。房地产开发投资稳步增长。全省房地产开发投资3286亿元，同比增长29.4%，占固定资产投资额的16.3%；实现房地产地税收入462.37亿元，占地税总收入的32.8%，贡献率达59%。房地产业规模不断扩大。截至年底，全省房地产开发企业、物业服务企业、房地产中介服务企业共8531个。商品住房销售面积明显上升。全省36个城市商品住房、二手住房销售5442.3万平方米、513887套，同比增长43%。商业地产稳步发展。全省36个城市商业营业用房、办公楼、工业用房及其他用房共批准预（销）售1151万平方米，同比增长15.4%。物业服务覆盖率不断提升。全省新建住宅小区全面实行物业管理，部分城市老旧住宅小区物业服务覆盖率达到60%，武汉市基本实现全覆盖。

【房地产市场调控】 各地认真贯彻落实新"国五条"等房地产市场调控政策。武汉市制定公布年度房价控制目标，出台《关于进一步加强房地产市场调控工作的意见》，进一步严格执行住房限购政策。加强动态监测，及时约谈房价上涨过快城市房管部门负责人，督促其从商品房预售监管入手采取措施稳控房价。配合人民银行武汉分行，完成二套房首付比例提高的相关工作。

【房地产市场监管】 11个设区城市建立预售资金监管制度，加强对商品房预售方案执行的监管，强化市场巡查，掌握项目进展，防范市场风险。开展房屋中介市场专项治理，现场下发整改通知书816份，严肃查处违法违规行为343起，被媒体曝光9

起，由行业协会通报批评5起。省住房和城乡建设厅会同省国土资源厅下发《关于坚决遏制违法建设、销售"小产权房"的通知》，坚决叫停在建在售"小产权房"。

【个人住房信息系统建设】 省政府召开专题会议，明确系统建设资金来源、建设进度和各部门工作职责，并批准省级城镇个人住房信息系统立项。10月份，经省人民政府同意，省住房和城乡建设厅下发《关于做好全省城镇个人住房信息系统建设和管理工作的通知》（鄂建〔2013〕21号），明确实施步骤、重点和职责。12月，省发改委批复省级系统的项目建议书，将项目投资列为预算内投资。

【国有土地上房屋征收】 研究拟定《湖北省国有土地上房屋征收与补偿实施办法》并报省政府法制办审定，为稳步推进湖北省房屋征收拆迁工作提供制度保障。认真落实国有土地上房屋征收与补偿信息公开工作，对于社会关注度高、群众反响强烈的征收项目，进行社会稳定风险评估。积极化解矛盾纠纷，做好信访工作，全省没有因国有土地上房屋征收问题引发恶性案件和大规模群体性事件。

【房地产交易与登记管理】 全省有24家房屋登记机构通过省级规范化管理单位达标验收，登记交易机构规范化管理达标率由2012年的75%提高到94%；有4家（其中2家复核）登记机构完成住房和城乡建设部规范化管理先进单位考核，全国先进单位达到10家。1100人参加全国房地产登记官考核，考试合格率26%，通过率连续3年排全国前6名。

【物业服务】 制定出台《关于推进城镇旧住宅区综合整治的指导意见》（鄂建〔2013〕17号），明确城镇旧住宅区综合整治的标准和推进旧住宅区物业管理的模式。督促各地积极推进物业管理重心下移，构建市、区、街道三级联动的物业管理新格局。武汉、宜昌、孝感等市将物业管理与社区网格化管理有机结合，取得了较好的社会效益。

住房保障

【强化目标责任管理】 省政府王国生省长与全省各市州政府主要领导签订2013年住房保障目标责任书，除分解落实国家下达的保障房和棚户区改造开工、基本建成的目标任务外，特别增加分配入住目标任务。省委省政府对保障房建设实行一级目标管理，将其纳入对市（州）领导班子和党政主要领导干部年度考核的内容，强化地方党委政府主体责任。全省保障房开工、基本建成、分配入住任务分别为年度目标任务的105.6%、122.8%、138.8%。

【狠抓竣工分配入住管理】 4月，省政府办公厅印发《关于切实做好保障性住房竣工分配入住管理工作的通知》，明确要求："当年分配入住的保障性住房比例不得低于当年基本建成的60%"；"保障性住房要全面实行物业管理"；"要建立健全住房保障管理机构和实施机构，结合当地实施，配齐工作人员，所需经费由地方财政安排"。省住房和城乡建设厅组织对历年开工建设的保障性安居工程进行摸底排查，加强分类指导，制订竣工计划，抓紧分配入住，落实后期管理，大幅提升保障房设施配套、分配入住水平。

【积极争取中央补助资金】 全省共争取中央保障性安居工程建设各类补助资金共计728185万元，其中：新建廉租住房补助71486万元，公共租赁住房补助215134万元，城市棚户区改造补助223949.6万元，工矿棚户区改造补助88294.9万元，林区危房改造补助12586.74万元，垦区危房改造补助72864万元，廉租住房保障专项补助资金43867万元。2013年底，中央预算内补助资金已全部分解下达到各市州县。

【土地供应做到应保尽保】 各地采取提前编制供地计划、单列新增用地指标、以划拨、出让、利用存量建设用地等供地方式落实保障性安居工程建设用地。共安排保障性安居工程用地计划1208公顷，实际落实1326公顷，落实率110%。保障性安居工程建设用地做到应保尽保。

【加强监督检查】 5月上旬，国务院督查组对湖北省棚户区改造情况进行督查，对武汉、襄阳、黄石三地的经验和做法予以充分肯定。7月和12月，省政府督查室组织对全省保障性安居工程建设管理、分配入住、资金筹集、专户资金使用管理情况等进行督查。7月，省转变经济发展方式督查组对保障性安居工程建设政策落实情况进行监督检查，10月，组织"回头看"，及时整改。省住房和城乡建设厅组织开展保障房质量安全专项检查，工程质量总体可控。

【完善信息系统建设】 完成全省基础地形矢量和卫星影像数据的GIS服务发布及住房保障基础数据采集、历史数据迁移和数据整理平台研发，GIS系统的调整发布和业务管理模块开发，基本建成一个数据中心、三大系统平台（住房保障地理信息系统、住房保障业务管理信息系统、住房保障信息网）和十一类业务模块的住房保障综合应用管理平台，初步实现项目地理信息与项目基础信息的关联。选择荆州市开展住房保障管理信息系统试点试用。做好信息公开，建立健全信息公开审查、依申请公开、信息公开责任追究制度。

【加大制度创新力度】 积极推进廉租房、公租房并轨运行。黄石、孝感等地将廉租房、经济适用房、政府直管公房等政策性住房，统一纳入公租房管理，实行市场租金与政府补贴相结合的管理方式，对不同住房困难群体实行差别化的租赁住房补贴。积极引入市场机制。咸宁、鄂州等市采取政府投资、企业投资、政企共建、BT模式等多种方式建设公租房；襄阳市引进大型企业集团参与棚户区改造，累计引进社会投资1100亿元；恩施市制定优惠政策鼓励房地产开发企业参与保障房建设；公安、秭归县试行保障性住房物业委托管理。对武汉市政府统一包租"城中村"改造富余房屋用于公租房、十堰市在商品房项目中按一定比例配套建设保障房、兴山县向租赁补助住户发放住房券、石首市设立保障房维修基金制度、恩施市探索保障房小区居民自治管理物业等好的做法及时进行总结和推广。

【编制2013～2017棚户区改造规划】 7月，按照《国务院关于加快棚户区改造工作意见》的要求，认真编制《湖北省2013～2017年棚户区改造规划》，对全省各类棚户区（危旧房），包括非集中连片城市棚户区、城中村、旧住宅区等进行摸底调查汇总。报经省人民政府同意，全省2013～2017年棚户区改造规模控制在120万户左右。

公积金监管

【行业发展】 截至年底，全省住房公积金累计缴存总额1918.89亿元，缴存余额1186.12亿元；累计发放个人住房贷款1185.53亿元，个人贷款余额777.19亿元；累计实现增值收益63亿元，累计提取廉租房建设补充资金34亿元。

【制度覆盖面继续扩大】 全省新增住房公积金归集246亿，同比增长15%。全省住房公积金归集覆盖率达到73%。完善政策加大宣传促扩面。将住房公积金缴存纳入《湖北省集体合同条例》，属全国首例。十堰、荆门、随州等地积极争取当地政府和人社、工会部门支持，强力推动非公有制企业扩面促缴建制。孝感、荆门建立与工商、税务、社保和社团管理等部门的信息共享机制、联合促缴机制，依法督促建立住房公积金制度。黄冈、神农架等地研究和推广部分试点城镇个体工商户、自由职业者缴存住房公积金的经验，让住房公积金制度惠及更多职工群体。

【个人贷款业务加快增长】 各地住房公积金中心着力解决职工刚性住房需求，做到"应贷尽贷"。截至年底，全省新增个人住房公积金贷款217亿元，同比增长69%。全省平均个贷率达到65%，比2012年提高10个百分点。其中，武汉市个贷率达到92.29%。武汉中心实行差别化公积金信贷政策，重点支持中低收入家庭自住型和改善性住房消费，调整二手房（首套）贷款最高比例至房价的80%，贷款最高限额至60万；襄阳、孝感等地推出商业贷款转公积金贷款业务；黄冈最高贷款额度由20万元提高到30万元，缓解职工购房压力。

【住房公积金贷款支持保障房建设】 全省有武汉、黄石、襄阳、宜昌4个城市，纳入全国利用住房公积金贷款支持障房建设试点。共有6个保障房项目，总投资26.44亿元，建设总规模95.56万平方米，其中住房公积金贷款支持额11.8亿元，占总投资的44.63%。

【住房公积金信息系统建设】 以信息化建设为突破口，促进全省公积金管理和服务水平不断升级。4月，在武汉召开住房公积金信息化工作推进会，邀请专家开展信息化服务、管理、安全、监管等4个专题讲座，并现场参观武汉住房公积金管理中心信息中心、客服中心（12329服务热线）和服务大厅。开通住房公积金监管系统，通过业务系统与监管系统一体化运行，对各住房公积金中心（分中心）主要业务实现实时监管。开展数据质量标准化工作，对各中心信息科（处）长进行业务培训，并对各中心业务系统数据、省监管系统数据和部报表数据进行比对，梳理业务监管参数，确定监管指标阈值，提高业务数据质量和标准。

【住房公积金监督管理】 加强住房公积金制度建设。组织力量对住房公积金归集和提取、个贷、财务管理等管理办法进行修订。积极推进机构调整工作，武汉市住房公积金管理机构全面实现"四统一"管理。荆门市的县（市）机构调整工作已全部完成。孝感、咸宁市的机构调整工作取得重大进展。健全完善联席会议制度强化联合监管。与财政、监察、审计和人行、银监等部门，组成省住房公积金行政监督工作联席会议制度，开展联合执法检查、重大事项信息互通、年终联合绩效考核，提高监管效能。2013年，全省个贷逾期率为0.1‰，低于住房和城乡建设部的1.5‰以内控制指标。

城乡规划

【区域协调】 按照全省城市工作会议要求，深入实施《湖北城镇化与城镇发展战略规划》，强化规划对区域发展的空间引导和指导作用，促进区域资源共享、设施共建、协调发展。组织推进《鄂东沿江城镇带研究暨黄冈临江四城发展规划》，积极推进大悟县城市总体规划修改工作。支持龙凤新区建设，《恩施市城市总体规划(2011~2030)(2013年修改版)》于11月13日通过专家评审。省住房和城乡建设厅和老河口、谷城、丹江口三家已经联合跟中国城市规划设计研究院签订《老(河口)谷(城)丹(江口)城市组群协同规划》编制合同。推动武汉孝感临空经济区协同规划，开展相关前期工作。

【城乡总体规划编制】 加强对城市总体规划编制工作的分类指导。积极推进武穴、宜都、当阳、远安等市县编制城乡总规，发挥城乡规划在城乡发展一体化体制机制改革中的基础性作用。依据《湖北省城乡规划条例》，编制《湖北省市(县)城乡总体规划编制导则(试行)》和《湖北省市(县)城乡总体规划工作指南(试行)》。积极改进深化城市总体规划评估、修改、审查审批办法，完成大冶市、随州市城市总体规划修改评估，以及恩施市城市总体规划成果、安陆市城市总体规划纲要等，宜昌、黄冈等城市总体规划获得省政府批复实施。

【城市空间拓展优化】 适应经济快速发展的需要，加强对城市空间拓展的规划引导，优化城市空间发展格局。国务院于2013年1月1日批准《襄阳市城市总体规划(2011~2020年)》，宜昌新区规划总体建设方案于2013年4月12日通过省委省政府审议。按照国家有关要求，3月份对全省135家开发区的规划情况进行审核、摸底。

【"美丽城乡"规划示范】 按照新型城镇化的要求，将绿色生态、低碳环保和资源保护摆在突出位置，着眼脆弱资源保护，不断强化城乡规划在生态文明建设中的管控作用。根据省主要领导关于在推进新型城镇化进程中开展试点示范的要求，遴选20个示范试点县城上报省政府。支持孝感临空经济区、钟祥莫愁湖新区、荆门漳河新区完成低碳生态城镇申报工作，并上报住房和城乡建设部审定。积极开展历史文化名城保护规划工作，会同省文物局组织专家于9月14评审通过《随州历史文化名城保护规划(2013~2030)》，并报住房和城乡建设部备案。黄石市批准为湖北省历史文化名城。

【城乡规划实施和监督管理】 进一步完善城乡规划行政许可、规划管理等制度建设，严格规划实施管理。按照《湖北省建设项目选址意见书管理办法》，规范项目审批程序，加强对区域重大基础设施和重大项目的选址管理。组织开发系统软件试行网上审批，简化办事流程，提高行政效率。严格执行城市规划区"一书两证一核实"制度，制定出台《湖北省城乡规划行政许可证书发放领取管理办法》，并于4月1日起施行。

城市建设与市政公用事业

【城市市政设施建设概况】 全省完成城市市政基础设施建设投资952亿元，新(改、扩)建城市排水管网569公里，供水管道397公里，燃气管道417公里，城市道路786公里，新增城市绿地面积897公顷，全省城市污水处理率达到84%。

【城市道路和轨道交通】 全省各城市加大城市主、干、支路建设和升级改造力度，不断完善路网结构，提升城市路网密度和畅通率。武汉地铁四号线一期投入使用，全长16.5公里，地铁7号线一期、8号线一期工程同时开工建设。国家批准的《武汉市城市轨道交通近期建设规划(2010~2017)》所有项目全部开建。

【城市供水】 推进"十二五"供水规划实施，建立项目库，制订年度计划。加强城市供水管理，推进《城镇供水规范化管理考核办法(试行)》贯彻落实。加强水质监督检查，每季度通过荆楚网发布17个主要城市的水质信息公告，4个季度全省各监测点水质均达到国家有关标准。加强节约用水宣传和管理，全省命名42家节水型企业(单位)，对武汉市创建"国家节水型城市"工作进行复查。

【城市排水和污水处理】 全省90%的市、县完成《城市排水规划》的编制(修订)，97%的市、县制订《城市排水设施普查方案》，新(改、扩)建排水管网569公里。争取中央预算内投资3.05亿元、中央财政专项资金1.9亿元，协调财政部门安排地方政府债券资金10亿元，用于市、县污水处理设施建设。全省污水处理能力达到612.46万立方米/日，全年累计处理污水18.45亿立方米，削减COD28万吨。襄阳市污泥综合处置示范项目荣获中国人居环境范例奖。组织全省污水处理厂运营情况监督检查，报请省政府督查室对部分污水处理厂进行重点现场督查。积极贯彻2013年新出台的《城镇排水与污水处理条例》，组织全省相关人员参加住房和城乡建设部的宣贯培训。

【垃圾处理】 全省累计建成城市生活垃圾处理场(厂)70座(填埋场58座、焚烧厂9座、水泥窑协同处置厂3座)。其中新开工城市生活垃圾处理建设项目58个，新建成城市生活垃圾处理项目40个(含处理场16个、收转运设施8个、存量垃圾治理16

个），新增处理能力160.7万吨/年。全省城市生活垃圾无害化处理率达到81%（其中设市城市达到90%、县城达到54%）。

【城市燃气】 全年新（改、扩）建燃气管道417公里。"孝潜线"潜江至天门段和"武赤线"武汉至嘉鱼段100公里长输管线投产供气。武汉安山LNG储备库和各地新增的15座CNG、LNG加气站先后建成投产。强化燃气安全监管，召开全省城镇燃气行业安全管理工作会议，印发《关于扎实开展燃气行业安全工作的紧急通知》，组织全省燃气行业安全管理检查，开展餐饮业场所燃气安全专项整治，及时排查安全隐患。

【风景园林】 全省园林绿化固定投资超过60亿元。随州、仙桃、当阳、恩施市和嘉鱼、房县等6个市县荣获"国家园林城市（县城）"称号，宜城等13个市县获得"省级园林城市（县城）"称号。省住房和城乡建设厅获得第九届中国（北京）国际园林博览会"特别组织奖"，第十届中国（武汉）国际园博会筹备、招展工作进展顺利。武当山风景名胜区总体规划获国务院批准；武汉市东湖《湖心岛详细规划》获住房和城乡建设部批准；神农架、五祖寺-挪步园、东坡赤壁风景名胜区总体规划获省政府批准。

村镇规划建设

【村镇规划编制】 创新小城镇全域规划理念。按照"城乡统筹、全域规划、多规协调"的要求，创新编制《湖北省镇域规划编制导则（试行）》，以恩施龙凤、钟祥柴湖为试点开展全域规划编制工作。组织编制《湖北省美丽乡村规划编制导则》、《湖北省小城镇全域规划空间资源节约集约利用导则》、《湖北省小城镇全域规划项目库编制导则》。开展"四化同步"试点乡镇规划编制。根据省委省政府关于在全省选择21个乡镇（街道）开展"四化同步"示范乡镇试点的决策部署，精心编制示范试点乡镇镇域规划、镇区建设规划、示范性村庄规划以及产业、土地利用、美丽乡村等一系列专项规划、专题研究和城镇设计，初步建立小城镇全域规划体系。加强中国历史文化名镇名村和传统村落保护。组织开展第六批中国历史文化名镇名村申报工作，共向住房和城乡建设部申报8个镇、7个村作为中国历史文化名镇名村推荐对象。在第二批中国传统村落申报中，湖北省15个自然村入选，全省中国传统村落总数达到43个。

【宜居村庄建设】 组织开展对2012年宜居村庄示范创建项目进行评价验收，全省共有200个村达到标准命名为全省第二批"宜居村庄"。新启动建设宜居村庄示范项目200个。省住房和城乡建设厅进一步加大指导力度，引导创建村庄学习浙江省"美丽乡村"建设经验，更新理念，更加注重规划引领、产业支撑、因地制宜和生态特色，创建工作取得明显成效。

【城乡统筹治理农村生活垃圾试点】 2013年，住房和城乡建设部将湖北省列为农村生活垃圾城乡统筹治理试点省份。省委、省政府办公厅出台《关于开展农村生活垃圾治理 创建"美丽家园、清洁乡村"活动的实施意见》，提出通过实施三年行动计划，初步建立起农村生活垃圾收运处理的技术支撑体系、县域农村生活垃圾城乡统筹治理的管理体系、推进农村生活垃圾统筹治理的资金保障体系。省住房和城乡建设厅同步印发《关于进一步加强农村生活垃圾处理工作的意见》、《农村生活垃圾清运处理工作导则（试行）》。

【农村住房建设和危房改造】 省政府连续四年将农村危房改造纳入十件实事，确定全年改造农村危房9万户的目标任务，在地方政府债券中安排农村危房改造省级补助资金8000万元。省住房和城乡建设厅先后印发《关于做好2013年农村危房改造工作的通知》、《湖北省2013年农村危房改造实施方案》、《关于进一步做好农村危房改造工作的通知》，会同省财政厅、发改委制定印发《湖北省农村危房改造检查与绩效考评办法》、《湖北省农村危房改造补助资金管理暂行办法》，进一步规范农村危房改造工作。截至年底，国家下达湖北省的11.5万户农村危房改造计划已全部完成，危改农户基本信息上网率100%，竣工验收率100%。同时，为进一步指导和规范农房建设和农村危房改造、特色民居改造工作，省住房和城乡建设厅开展农房建设通用图集编印工作，在全省范围内组织农房设计方案征集活动，已形成初步成果。

【大别山片区区域发展与扶贫攻坚】 省住房和城乡建设厅积极配合住房和城乡建设部履行大别山片区扶贫开发牵头单位职责，做好各项协调工作。6月3~4日，厅有关领导与住房和城乡建设部副部长齐骥一行，到红安县、麻城市开展定点扶贫走访慰问，召开座谈会并举行扶贫捐赠图书和资金活动。6月底，组织大别山片区县市住房和城乡建设系统干部8人分赴东部8省市进行为期半年的挂职培训学习。

【"616"工程对口帮扶恩施市】 省住房和城乡建设厅履行牵头单位职责，报请省委召开武陵山试验区暨恩施市"616"对口支援工作汇报会,并按省委常委、省委秘书长傅德辉重要讲话及省委印发的《关于研究2013年恩施市推进武陵山试验区建设暨"616"工程工作专题会议纪要》,积极协调各对口支援成员单位,密切配合,各项帮扶任务均已全面完成。

城市管理

【创新管理体制】 全省17个市州城市按照"统一指挥、分级管理、以区为主、街和社区为基础"的思路,大力实施城管体制改革,推动重心下移,下放管理事权、配套财权,强化监督考评,初步形成"政府主导、部门联动、公众参与"的城市综合管理格局。武汉市于3月1日颁布实施《武汉市城市综合管理条例》,5月份在原市城管局的基础上成立武汉市城市管理委员会。宜昌市下发《关于创新城区建设管理体制机制的意见》,大力推进城区城市建设管理体制创新。

【建立长效管理机制】 建立常态化检查考评、奖惩激励机制。湖北省对17个市州城市共组织两次暗访和一次明查,暗访由第三方调查公司进行,明查由省厅组织进行。报经省政府同意,省住房和城乡建设下发文件,对设区城市中前8名的宜昌、武汉等城市和非设区城市中排名前2位的仙桃、天门等城市予以通报表扬。建立城市管理作业市场化运作机制。17个省管城市在环卫保洁、园林绿化、"牛皮癣"治理,建筑渣土运输等领域推行市场化运作模式,吸引社会企业参与城市管理;全省有40个市县实行环卫作业市场化改革,192个公司参与或承担道路清扫保洁、垃圾转运等工作。

【数字化城市管理建设】 各地结合创新网格化社会管理工作,大力推进数字化城管建设。武汉、宜昌、襄阳、黄石、荆门、黄冈、天门7个城市按部颁标准建成数字城管系统并投入运行。荆门市高标准、高质量建成数字化城管系统,其模式成为全省乃至全国的典型范例。黄石市数字城管建设采取"平战结合"的方式,实现与人防局、公安局、规划局等部门资源的共建共享。

【"市容环境美好示范路"创建】 全省各地围绕"畅通、靓丽、文明、和谐"目标,共打造64条"市容环境美好示范路"。其中,武汉市书城路、黄浦大街、站前大道、文化大道、蔡甸大街、黄石市杭州西路、襄阳市东风汽车大道、荆州市塔桥路、宜昌市云集路、十堰市北京北路、孝感市交通大道、鄂州市滨湖北路、咸宁市滨河西路、随州市迎宾大道、天门市陆羽大道15条道路经省住房和城乡建设厅、公安厅验收命名为"省级市容环境美好示范路"。

【城管队伍建设】 5月25~27日,省住房和城乡建设厅组织全省城管局长在华中科技大学进行为期3天的培训,有效提升城管局长的专业素质。继续深入开展"树典型、学先进、当标兵"为主题的文明执法教育活动,城管队伍的服务意识、业务素质、法制意识进一步提升,2013年全省未发生一起因不当执法而引起的群体性事件。

【稽查执法】 省政府先后两次组织,对全省保障性安居工程建设进行督查。省住房和城乡建设厅会同省工商局开展房地产中介市场专项治理,查处违法违规案件207件,给予行政处罚137件,曝光典型案例14件。组织建筑节能专项督察,共抽查项目139项、建筑面积486万平方米。开展工程勘察设计专项检查,抽查全省勘察设计企业127家,查处违法违规行为20起;组织城市建设专项检查,重点对出租公园房屋及设施设备给私人经营,违规建设为少数人服务的餐馆、会所、茶楼等情况进行检查。组织全省性安全督查4次、专项督查2次,检查房屋建筑和市政项目224项,下发整改或执法建议59份。组织住房公积金督查调研,将住房公积金写入《湖北省集体合同条例》。

建筑业

【概况】 2013年,全省建筑业总产值达到8343.40亿元,同比增长21.52%,在全国排名第4位。实现建筑业增加值1640亿元,同比增长12.5%,占全省GDP 6.7%。实现利润335.19亿元,增长20.5%;税金299.50亿元,增长17.7%。建筑业外向度进一步提升,市场分布全国大部分省、市以及东南亚、非洲、中欧等,90家企业获得对外承包权,全年完成省外施工产值3077亿元,占总产值的36.88%。中建三局等22家建筑企业入选2013年湖北省百强企业,占比达22%。

【扶优扶强】 省政府出台《关于促进建筑业发展的意见》,持续开展全省建筑业企业综合实力20强、装饰装修10强评选表彰活动,对中建三局、中铁大桥局等17家中央在鄂突出贡献建筑企业、勘察设计企业进行通报表扬。省住房和城乡建设厅创新服务方式,组织建筑施工、勘察设计、材料供应、金融服务、大专院校、科研院所等领域67家单位,成立"湖北建筑产业战略联盟",为建筑业协同创作、创新发展搭建平台,此举被评为2013年度中国建筑业十大新闻。加全省重点培育的163家建筑业企业跟踪指导，对中国一冶等5家申报特级资质的企业予以帮扶，企业核心竞争力不断提升。

【市场监管】 组织开展全省建筑市场主体行为、招标代理机构专项检查，将42家建筑企业列为重点整改对象，10名建造师列入不良行为记录，11家建筑业企业、28个违规项目在全省通报批评。严格省外建筑业企业进鄂备案管理，通报并清出19家违法违规企业。加强工程建设领域清欠维稳工作，全省共受理投诉279件，涉及金额29816万元，解决25343.6万元，清欠率为85%。开展全省建筑企业资质动态监督检查工作，公示不合格企业374家。

【工程质量】 强化以保障性安居工程为重点的政府投资工程和高层建筑工程的质量监管，工程质量总体平稳可控。全省共监督工程19340项、23122.3万平方米，工程质量安全监督覆盖率100%；竣工工程4611项、4458.9万平方米，工程竣工验收合格率100%。组织开展深基坑、高支模、转换结构和超高层等重大质量安全风险源研究，修编《高层建筑施工技术与质量监督管理》。继续开展瘦身钢筋、现浇混凝土强度不足、桩基检测数据不真实、高层建筑外墙保温不规范等突出质量问题整治。引导建筑业企业提升工程质量管理水平，获"鲁班奖"工程5项，获国优奖工程3项，创省建设优质工程奖122项。核准16项工程为湖北省建筑业新技术应用示范工程，批准湖北省工程建设工法202项，推荐50项省级工法参加国家级工法的评审。

【安全生产】 组织开展安全生产大检查和打非治违、专项治理、施工现场消防安全等专项行动，全省共整治各类安全生产隐患78275余处，下达限期整改通知16584份，停工整改工程1671项，处罚企业535家，暂扣41家企业安全生产许可证，清理出湖北市场4家，重新复核3家企业资质，将46家企业列入省级不良行为记录，对35名注册执业人员实施暂停执业处罚和不良行为记录。全省安全生产形势基本稳定。建筑施工安全事故死亡总人数下降14%，控制在省政府目标考核指标范围内。创省级安全文明施工现场（楚天杯）奖246项，获国家"AAA"级标准化工地12项。强化三类人员、特种作业人员培训，81000余人参训。省住房和城乡建设厅下发《关于进一步强化责任切实加强建筑工程安全生产管理的紧急通知》，制定出台《湖北省建筑起重机械租赁安装拆卸维修保养"一体化"管理暂行规定》，对起重机械租赁、安装、拆卸、使用、维护等环节实施"一体化"管理。

建筑节能与科技

【建筑节能概况】 2013年，全省累计形成建筑节能能力66万吨标煤，城镇新建建筑设计阶段、竣工验收阶段节能标准执行率分别为100%、98.2%；31个项目获国家绿色建筑星级标识，建筑面积331万平方米；可再生能源建筑应用项目752个，总建筑面积1582.8万平方米；建成湖北省及武汉市能耗监测平台，对44栋公共建筑实施能耗动态监测；完成既有建筑节能改造94.85万平方米，其中居住房和城乡建设筑节能改造36.36万平方米；完成28个重点镇"禁实"达标任务，新型墙材产量占比达到82%，应用率达到89%。

【研究制定《湖北省绿色建筑行动实施方案》】 省政府办公厅印发《湖北省绿色建筑行动实施方案》，确定推进绿色生态城镇建设、绿色建筑标准实施、新建建筑节能、既有建筑节能改造、可再生能源建筑规模化应用、公共建筑节能、绿色建筑技术研发推广、绿色建材产业发展、建筑工业化与住宅产业化、建筑废弃物资源化利用等10项重点任务，提出加强组织领导等7项保障措施。

【编制实施低能耗居住房和城乡建设筑节能设计标准】 组织修订湖北省节能65%的地方标准《低能耗居住房和城乡建设筑节能设计标准》（DB42/T 559—2013），组织编制《低能耗居住房和城乡建设筑节能设计文件编制深度规定和审查要点》、《〈低能耗居住房和城乡建设筑节能设计标准〉宣贯教材》、《现行建筑节能标准汇编》（电子版）等配套文件资料，并分级开展宣贯培训。

【绿色建筑发展】 全省31个项目获得国家绿色建筑星级标识证书，其中一星7个，二星22个，三星2个。截至年底，全省绿色建筑标识项目总数达到65项。武汉建设大厦综合改造工程和武汉光谷生态艺术展示中心两个项目分别荣获全国绿色建筑创新一、二等奖。武汉国际博览中心洲际酒店和武汉长江传媒大厦两项工程被确立为第三批"全国建筑业绿色施工示范工程"。

【绿色生态城区示范】 全省确定武汉花山、汉阳四新、武昌滨江、汉口王家墩、宜昌点军、襄阳东津、咸宁金桂湖、荆门漳河、鄂州梧桐湖、孝感临空经济区等省级示范区。组织举办全省绿色生态城区规划建设培训班，组织各示范区编制专项规划和实施方案，向国家和省申报绿色生态城区示范。武汉四新生态新城、宜昌点军绿色生态城已申报国家绿色生态城区示范；武汉花山生态新城、孝感临空经济区、钟祥莫愁湖新区、荆门漳河新区等已通过省评审并向住房和城乡建设部申报低碳生态试点城镇。

【可再生能源建筑规模化应用】 全省已有武汉、襄阳等13个国家可再生能源建筑应用示范市县和1个集中示范区，共计示范面积2069万平方米。截至11月底，确定示范项目711个，总建筑面积2010.78万平方米，占计划的97.19%；已竣工示范项目520个，建筑面积1440.86万平方米，占计划的69.64%。武汉、襄阳、钟祥、宜都、天门、鹤峰等6个市县已基本完成国家下达的示范任务。国家批准太阳能光电示范项目15个，装机容量24.68兆瓦。已验收投入使用光电示范项目8个，装机容量21.27兆瓦，完成率为86.21%。通过示范项目带动推广，全省可再生能源建筑应用项目752个，总建筑面积1582.8万平方米。

【既有建筑节能改造】 按照国家下达湖北省的既有居住房和城乡建设筑节能改造任务，以更换节能门窗、增设外遮阳、改善自然通风等为重点，结合旧城改造、环境综合整治及住宅平改坡、维修加固等同步实施整体或单项节能改造，实行集中组织与分户改造相结合，积极稳妥地推进居住房和城乡建设筑节能改造。省住房和城乡建设厅组织起草《湖北省既有居住房和城乡建设筑节能改造技术指南》，明确重点内容、技术选择、施工和验收要点，以及工作流程、改造合同和台账表样式等。全年已完成既有建筑节能改造94.85万平方米，其中居住房和城乡建设筑36.36万平方米。

【"禁实"与新型墙材发展】 全省县（市）以上城区"禁实"达标率达到100%，"禁实"工作已向乡镇延伸，全年新增28个重点镇的"禁实"达标验收。全省现有新型墙材生产企业1192家，年产能420亿标砖，年产量265亿标砖，新型墙材产量占比达到82%，初步形成以蒸压加气混凝土砌块为主导的新墙材产业。

【建设领域科技示范】 经申报评审，全省11个项目列入住房和城乡建设部2013年科技项目计划，50个项目列入2013年湖北省建设科技计划项目，32个项目列为2013年度湖北省建筑节能示范工程。组织鉴定科技成果及新产品鉴定108项，发布"湖北省建筑节能产品、技术、新型墙体材料推广应用和淘汰（限制）目录（第八批）"，组织编印《湖北省绿色建筑典型案例》。宜昌、襄阳、黄冈、咸宁及蔡甸区列入国家第二批智慧城市试点，全省共有5城2区列入国家智慧城市示范。

建设人事教育

【干部选拔调整】 省住房和城乡建设厅全年共选拔厅级干部5名、交流1名，选拔机关处长4名、副处级干部5名，调整科级干部8名，轮岗交流处长3名。组织保障局、规划院、散办、质安总站、城建职院领导班子10名处级领导干部、4名处级非领导干部的选配。接收安置4名军转干部，新招2名公务员。在机关与直属单位和直属单位间交流处级领导干部2名，畅通机关与直属单位间干部交流渠道。

【干部培养教育】 省住房和城乡建设厅组织拟定干部队伍建设三年规划和"年轻干部培养工程"、"军转干部培训工程"、"技术干部提升工程"实施方案。配合省委组织部完成省市县乡四级共五期1200名干部城镇化建设研讨培训和"年轻干部成长工程"规划建设类干部的推荐选拔与培训工作。组织30名处级以上干部参加党校学习培训，安排82名新疆少数民族就业大学生在鄂州、黄冈培训实习，为新疆博州建设系统培训技术管理人员50名。选派10名干部援藏援疆，3名干部到市县挂职。组织6批次54人出国（境）考察学习。

【行业教育、职称评审、技能鉴定】 全年共培训五大员77158人次，技能鉴定26127人，办理一、二级注册建造师注册、补办、注销等15270件。组织专家对《湖北省工程系列建设工程专业高、中级专业技术职务任职资格评审条件》进行修订。进一步加强专业技术职称评委会建设，组织完成建筑工程技术专业高、中级水平能力测试工作，完成技术职称评1194人。

【场中介领域突出问题专项治理】 组织完成行业社团组织和中介组织调研工作，认真搞好自查自纠，做好建设领域中介组织的清理整顿，稳妥处理协会遗留问题。按照"政企分开"、"管办分离"的原则，实现"五分开"。

大事记

1月

7日 省住房和城乡建设厅新一轮"三万"活动正式启动，厅机关干部赴云梦县沙河乡开展"送温暖"活动和参加"两清"义务劳动，并组织相关企业举行现场捐赠仪式。

2月

1日 全省住房城乡建设工作会议在武汉召开。

1日 全省住房城乡建设系统党风廉政建设、精神文明建设工作会议在武汉召开。

5日 副省长张通一行到武汉市走访慰问环卫、供水、供气、环境监测行业中仍坚守在工作一线的干部职工。

20日 省人大常委会副主任王玲一行来省住房和城乡建设厅调研立法和监督工作。

20日 全省建筑工程质量安全管理工作座谈会在武汉召开。

26日 厅长尹维真率全省13名优秀环卫工人赴京参加全国城市环卫工作座谈暨优秀环卫工人表彰会议。

3月

11日 荷兰海尔德兰省副省长德娜荷率省市政府和企业家代表团来省住房和城乡建设厅座谈，了解湖北省城市化建设情况，探讨城市规划建设方面合作事项。

15日 全省城市管理工作现场会在武汉市召开。与会代表实地观摩武汉市城市管理精品示范工程，会上还为26条"2012年度湖北省省级市容环境美好示范路"进行颁奖授牌。

21日 全省住房公积金信息化工作推进会在武汉召开。

23日 省住房和城乡建设厅印发《湖北省农村危房改造检查与绩效考评办法》（鄂建文〔2013〕23号）。

26日 全省建筑工程管理工作座谈会在武汉召开。

26日 住房和城乡建设部稽查办副主任谢晓帆率国家六部委住房公积金督察员巡查组一行5人到湖北省，重点巡查利用住房公积金贷款支持保障性住房试点工作。

28日 全省住房和城乡建设系统法制工作座谈会在武汉召开。副厅长毛传强出席会议并讲话。

29~31日 住房和城乡建设部住房公积金监管司司长张其光一行来湖北调研住房公积金制度实施情况。厅巡视员欧永光、副巡视员金涛陪同调研。

4月

8日 省住房和城乡建设厅下发《关于表彰全国保障性安居工程建设劳动竞赛先进集体、先进个人的通报》。

20日 武汉城市圈规划局长第二次联席会暨区域空间统筹协调发展座谈会在黄石市召开。

23日 省人民政府办公厅下发《关于切实做好保障性住房竣工分配入住管理工作的通知》（鄂政办发〔2013〕28号）。

24~25日 省住房和城乡建设厅举办全省房地产交易与登记规范化管理暨《房地产登记技术规程》培训班。

26日 湖北省人民政府出台《关于加强全省城乡生活垃圾处理工作的意见》（鄂政发〔2013〕20号），对推进城乡生活垃圾减量化、资源化、无害化处理工作进行部署。

5月

6日 省住房和城乡建设厅印发《湖北省第六届城镇规划建设管理"楚天杯"创建考核考评办法》（鄂建〔2013〕12号）。

8日 新疆维吾尔自治区博尔塔拉蒙古自治州副州长苗欣一行来省住房和城乡建设厅对接援疆工作。

9~10日 由湖北、陕西、河南、山西、新疆维吾尔、甘肃6省（自治区）土木建筑学会联合主办，湖北省、宜昌市土木建筑学会具体承办的第三届中国中西部地区土木建筑学术年会在宜昌市召开。

20日 省住房和城乡建设厅、省统计局联合印发新修订的《湖北省建筑企业综合实力20强、建筑装饰装修10强企业评选办法》（鄂建〔2013〕13号）。

22日 省住房和城乡建设厅召开推进小池开放开发专题会议。

6月

3~4日，住房和城乡建设部副部长齐骥一行，到红安、麻城开展扶贫走访慰问活动，召开座谈会并举行定点扶贫捐赠仪式。副省长张通，省政府副秘书长王润涛，厅长尹维真陪同调研。

5日 省委常委、常务副省长王晓东出席黄冈市政府、黄梅县政府、均瑶集团、赣商集团《湖北小池新型城镇化发展战略合作框架协议》签约仪式，并作重要讲话。厅长尹维真主持仪式。

13~14日 省住房和城乡建设厅组织全省建筑施工总承包、专业承包和劳务分包企业经营管理人员进行相关法规知识集中培训。副厅长兼省建管局局长毛传强出席会议并讲话。

18~19日 全省县（市）住房保障工作培训班在郧县举办。住房和城乡建设部住房保障司司长冯俊、政策研究中心副主任张锋、保障司副处长刘李峰到会指导。副厅长占世良出席开班仪式。

20日 湖北武陵山试验区建设暨恩施市"616"对口支援工作汇报会在武汉召开。省委常委、省委秘书长傅德辉出席会议并讲话。

24~25日 湖北省大别山片区建筑业劳务管理培训班、促进建筑业发展及劳务管理座谈会在麻城市举办。副厅长兼省建管局局长毛传强出席开班仪式并讲话。

25~27日 省住房和城乡建设厅在华中科技大学公共管理学院举办全省城管局长培训班。副厅长杨世元出席培训仪式并讲话。

7月

3日 省委副书记张昌尔、副省长张通召集有关部门，听取"美丽家园、清洁乡村"三年行动计划实施方案汇报，专题研究推进农村垃圾治理试点工作。

8日 省住房和城乡建设厅印发《2013年湖北省建设工程安全生产责任目标考核评分细则》（鄂建办〔2013〕156号）。

9日 省住房和城乡建设厅举行行政审批信息平台开通仪式。

9日 由省政协常委、省政协提案委员会主任毛凤藻任组长的省委党的群众路线教育实践活动第十三督导组来省住房和城乡建设厅检查指导工作。

10日 《湖北省镇域总体规划编制导则》及《湖北省村庄规划编制导则》专家评审会在武汉召开。厅长尹维真、副厅长占世良、总规划师童纯跃参加。

10日 《湖北恩施全国综合扶贫改革试点城乡建设总体规划》专家评审会在武汉召开。

12日 经湖北省人民政府同意，省财政厅、省发改委、省住房和城乡建设厅联合印发《湖北省农村危房改造补助资金管理暂行办法》（鄂财建发〔2013〕103号）。

15~17日 省住房和城乡建设厅联合团省委在湖北省社会主义学院举办全省住房公积金行业青年文明号创建暨业务骨干培训班。

16日 由住房和城乡建设部村镇司组织，中国城市建设研究院徐海云总工、同济大学环境学院何品晶教授领衔的专家组对湖北省"关于开展'美丽家园、清洁乡村'活动的实施意见"（湖北省农村生活垃圾治理三年行动计划）进行评估论证。

17~18日 住房和城乡建设部副部长陈大卫率队到湖北省调研指导住房公积金管理工作，先后赴武汉、黄石等地实地调研、座谈。厅长尹维真、巡视员欧永光参加座谈会。

18日 省住房和城乡建设厅召开党的群众路线教育实践活动动员大会。厅长尹维真作动员讲话，省委第十三督导组组长毛凤藻作指导讲话。

19日 中央党的群众路线教育实践活动督导组副组长王莉莉一行来省住房和城乡建设厅检查指导工作。

19~20日 全省住房和城乡建设委主任座谈会在武汉市召开。

24~26日 副省长张通专程赴内蒙古自治区调研慰问湖北省进蒙建筑企业，先后考察湖北省建筑企业在蒙承建工程项目，并在包头市召开人大重点建议现场办理暨进蒙建筑业企业座谈会。

8月

2日 省住房和城乡建设厅发布2013版《湖北省房屋建筑与装饰工程消耗量定额及基价表》、《湖北省通用安装工程消耗量定额及单位估价表》、《湖北省建设工程公共专业消耗量定额及基价表（土石方·地基处理·桩基础·预拌砂浆）》、《湖北省施工机械台班费用定额》、《湖北省建筑安装工程费用定额》，于10月1日起施行。

5~6日，全省房管局局长座谈会在武汉召开。会议传达国务院《关于加快棚户区改造工作的意见》文件精神。副厅长占世良出席会议并讲话。

8日 省委常委、常务副省长王晓东一行来省住房和城乡建设厅调研指导行政审批"三集中"改革工作。

21日 省住房和城乡建设厅印发《湖北省住房和城乡建设厅行政审批社会监督工作规则（试行）》（鄂建文〔2013〕80号）。

28日 省住房和城乡建设厅与随州市政府签订《加快推进"圣地车都"建设合作协议》。

29日 湖北省人民政府办公厅印发《湖北省绿色建筑行动实施方案》（鄂政办发〔2013〕59号）。

9月

3~5日 省人大常委会副主任王玲率城环委和部分省人大代表组成的调研组，先后赴武汉、孝感等地就《湖北省建筑市场管理条例》贯彻实施情况进行检查调研。

4日 省住房和城乡建设厅出台《推进城镇旧住宅区综合整治的指导意见》（鄂建〔2013〕17号），推动城镇旧住宅区综合整治工作。

9日 省住房和城乡建设厅印发《低能耗居住房和城乡建设筑工程施工图节能设计文件编制深度规定》、《低能耗居住房和城乡建设筑工程施工图设计文件建筑节能审查要点》（鄂建〔2013〕18号），规范低能耗居住房和城乡建设筑工程施工图节能设计文件的编制和审查工作。

16日 省住房和城乡建设厅印发《法治住房城乡建设试点工作实施方案》（鄂建办〔2013〕188号），全面推进住房城乡建设系统法治建设。

19日 湖北省委办公厅省政府办公厅印发《关于开展农村生活垃圾治理创建美丽家园清洁乡村活

动的实施意见》的通知(鄂办发〔2013〕26号)。

28日 由江苏省人民政府主办的2013年江苏建设领域(武汉)合作推介会在武汉举行。

10月

10日 住房和城乡建设部建筑市场司副司长张毅、监察局副局长王学军、建筑市场司资质处副处长高波一行来省住房和城乡建设厅调研指导行政审批工作。

23日 荷鄂推进湖北省新型城镇化发展工作座谈会在省住房和城乡建设厅召开。

24～26日 全国总工会保障工作部副部长凌萍率住房和城乡建设部、全国总工会和全国工商联组成的联合调研组来湖北省调研非公企业建立住房公积金制度情况。厅巡视员欧永光陪同调研。

11月

5～8日 住房城乡建设部工程质量安全监管司副司长尚春明一行,对湖北省建筑施工安全生产工作进行专项督查。厅总工程师徐武建汇报工作。

6～8日 全国勘察设计处长座谈会在武汉召开。住房和城乡建设部工程质量安全监管司副司长尚春明出席会议并讲话。厅副巡视员梁晓群到会致辞。

11日 省住房和城乡建设厅印发《关于表彰城市市容环境卫生工作先进单位、先进个人的通报》(鄂建文〔2013〕115号),对武汉市城市管理委员会环境卫生管理处等14个单位、陈康等40名个人予以通报表彰。

15日 由省住房和城乡建设厅牵头,67家大型龙头勘察设计企业、建筑材料供应商、建筑施工企业、金融服务单位、知名科研院校以及有关协会自愿发起组建的"湖北省建筑产业战略联盟"成立大会在省住房和城乡建设厅召开,推选省住房和城乡建设厅厅长尹维真为联盟第一届理事会理事长。

16日 湖北省人民政府研究出台《关于促进建筑业发展的意见》(鄂政发〔2013〕52号)。

20日 中纪委监察部驻住房和城乡建设部纪检组监察局正局级纪检监督专员(组长)王国华一行来省住房和城乡建设厅调研督导廉政风险防控工作。厅纪检组长朱建卿出席汇报会。

23日 厅巡视员占世良受厅长尹维真委托,主持召开厅安委会。副厅长杨世元传达副省长许克振听取"11·20"事故有关情况后的指示精神,副巡视员吴公稳通报"11·20"事故有关情况及事发后省住房和城乡建设厅所做相关工作情况,并研究部署建筑安全生产工作。

26日 省住房和城乡建设厅印发《"荆楚派"建筑风格研究与应用工作方案》。

12月

1日 省住房和城乡建设厅在全省实施工程勘察设计资质网上审批工作。

11日 《湖北省城市综合管理条例》立法研讨会在宜昌市召开。副厅长杨世元出席会议并讲话。

11～12日 全省城市地下管线普查专题研讨班在荆州市举办。副厅长金涛对办好研讨班提出书面要求。

19～23日 以住房和城乡建设部科技与产业化发展中心副主任文林峰为组长的检查组,对湖北省住房城乡建设领域节能减排工作进行专项监督检查,厅总工程师徐武建参加。

25～27日 厅总工程师徐武建带队前往巴东,指导"12·16"抗震救灾工作。

27～28日 全国住房公积金资金账户管理课题开题会在武汉召开。住房和城乡建设部住房公积金监管司副司长崔国盛出席会议并讲话。副厅长赵俊出席会议并致辞。

31日 省住房和城乡建设厅印发《湖北省建筑起重机械租赁安装拆卸维修保养"一体化"管理暂行规定》。

(湖北省住房和城乡建设厅)

湖 南 省

概况

2013年,湖南省建设经济发展实现"稳中有进"的总目标。

【**保障房建设进展顺利**】 2013年湖南省保障房建设任务33.26万套、农村危房改造12万户,计划完成投资460亿元。截至12月底，全省城镇保障房开工建设36.47万套（其中货币安置3.24万户），占年计划的108.8%，基本建成35.66万套，发放廉租住房租赁补贴25.45万户；农村危房改造开工125714户，开工率103%，竣工125665户，竣工率103%。湖南省是全国17个城镇保障房建设和农村危房改造开工率最早达到100%的省（区）之一。

【房地产市场平稳发展】 全年全省房地产完成开发投资2626.1亿元，完成商品房销售5952.4万平方米，实现销售额2525.6亿元，同比分别增长18.8%、15.6%和14%；完成房地产税收490亿元，同比增长14%；全省商品住宅均价3700元/平方米，同比上涨6.5%，其中长沙市均价6482元/平方米。但房价维持平稳发展的压力较大。全省有2104万平方米新建商品房待售，其中长沙有1464万平方米。

【市政基础设施建设快速推进】 2013年，大力推进以污水垃圾治理和供水供气为重点的城乡基础设施建设，全省市政基础设施固定资产投资增长强劲，完成投资1700亿元，同比增长40%。其中，争取污水垃圾等中央资金18.39亿元（含2014年预拨资金4.6亿元），争取污水、垃圾、供水、燃气项目建设国开行统贷资金460亿元，争取生活垃圾焚烧发电项目德国政府贷款3000万欧元（2.4亿人民币）。

【建筑业稳步增长】 2013年总产值达5250亿元，同比增长18%。其中外拓产值1570亿元，同比增长18%，对外承包工程完成产值突破20亿美元，同比增长16%；实现增加值1500亿元，同比增长10%，为200多万农民工提供就业和增收机会，是名副其实的国民经济基础性支柱性产业。

【新型城镇化稳步推进】 认真贯彻落实株洲城镇化工作会议精神，抓紧落实各项任务，报省政府出台《湖南省推进新型城镇化实施纲要（2012—2020）》，促成与国开行和农业银行签订3000亿和800亿元的投资合作计划，初步建立新型城镇化建设6大类33个子项目的项目库；启动长沙、株洲、衡阳、邵阳、益阳、娄底等城市总体规划的制定、修改工作，已完成镇（乡）域村镇布局规划近200个，开展第六批中国历史文化名镇名村和第四批湖南省历史文化名镇名村申报评定工作；积极推进集镇建设。把集镇建设当作统筹城乡发展的抓手，起草全省《关于加强集镇建设的意见》，编制《集镇建设发展规划（2012—2020）》和《湖南省集镇建设指标体系》，待审定后，将印发执行；组织望城区乔口镇、汝城县热水镇、韶山市清溪镇等第一批国家级美丽宜居小镇、美丽宜居村庄的推荐工作和第三批全国特色景观旅游名镇名村申报工作。

【建筑节能、风景名胜管理和住房公积金等工作全面加强】 建筑节能方面，印发《湖南省人民政府关于进一步推进绿色建筑发展的意见》；启动第一批和第二批智慧城市试点建设，11个市县区被纳入试点范畴。风景名胜管理方面，率先在全国实现风景名胜区总体规划"全覆盖"；印发《生态文明风景名胜区创建方案》，率先推进生态文明风景名胜区创建工作；积极推进遗产申报工作。炎帝—桃源洞和里耶—乌龙山两个申报项目已通过住房城乡建设部初审，跻身"国家遗产名录"希望较大。住房公积金方面，全年全省将新增住房公积金缴存职工40.3万人，归集住房公积金271.6亿元，同比增长21.7%，提取住房公积金126.8亿元，同比增长28.4%，发放个贷金额203.2亿元，同比增长42.9%，全省住房公积金增值收益突破20亿元，达到20.3亿元，同比增长53.3%，住房公积金个贷和增值收益总额、增幅将创历史新高。全省住房公积金归集总额和余额分别将达到1481.4亿元和869.9亿元，个人住房贷款总额和余额分别达到982.7亿元和640.6亿元。（白勇）

政策法规

【着力抓好制度建设】 把整章建制作为2013年法规工作的基础和抓手，制度建设成果突出。经厅主要领导同意，自2013年起推行依法行政内部考核制度，对厅机关相关处室和直属单位开展依法行政考核，并纳入年度工作目标考核一并组织实施。考核内容包括立法、行政执法、行政审批、规范性文件制定等，此举为推进法制工作提供一个有利抓手，增强处室、直属单件的责任意识和法制意识。

【积极推进立法工作】 湖南省住房和城乡建设厅2013年立法项目有2个，分别是出台项目《湖南省实施〈国有土地上房屋征收和补偿条例〉办法》、论证项目《湖南省城市管理条例》。配合省法制办多次就《湖南省实施〈国有土地上房屋征收和补偿条例〉办法》修改完善、征求意见，确保立法草案质量。陪同省人大领导赴长沙、株洲、邵阳等地开展《湖南省城市管理条例》立法调研、听取社会各界意见。组织申报2014年立法项目4个，分别是《湖南省城市管理条例》、《湖南省实施〈城乡规划法〉办法》、《湖南省违法建筑处置规定》、《湖南省房屋建筑和市政基础设施工程质量检测管理规定》。

【依法办理复议诉讼案件】 行政复议案件方面，共办理行政复议案件42件，年内办结36件（其中维持10件、撤销4件、不予受理6件、告知8件、驳回4件、按撤销复议申请处理2件、责令限期处理2件）。行政诉讼案件方面，共办理行政应诉案件8件，结案7件，其中5件判决驳回原告诉求，2件申请人撤诉。

【严格把住文件审查关口】 进一步加强文件合法性审查，确保文件的合法性和质量。2013年，厅党组明确"两个凡是"：一是凡是规范性文件，经法规处合法性审查后方可上厅务会，经厅务会集中研究通过后再报送省政府法制办登记审查；二是凡是以厅名义印发的文件，必须经法规处合法性审查后方可印发。2013年，报法规处审查的规范性文件22件，其中14件通过合法性审查并向省政府法制办办理登记手续，8件因未通过审查而未予发文，从源头上有效保障规范性文件的质量。

【切实加强行政执法】 认真开展稽查执法，牵头办理住房和城乡建设部交办的29件稽查案件，其中查办件11件，转办件18件。法规处会同建管处、规划处、房产处等认真调查取证，严格依法处理到位。启动稽查执法案件网上受理投诉举报系统，并认真组织调查处理。继续坚持厅所有行政执法行为均纳入合法性审查的做法，指导相关处室办理各类处罚案件29件，累计罚款102.24万元、暂扣安全生产许可证10本、收回"三类人员证"9本。共对厅行政处罚、行政许可与其他涉法文件1000余份进行审查，从源头上杜绝行政违法行为。全年无1件因厅行政处罚、行政许可引发的复议或诉讼案件。完成行政处罚权基准修订工作。

重点工程建设

【2013年完成情况】 全年176个在建项目完成投资1789.9亿元，为历史最高；同比增加205亿元，增长12.9%；完成年度计划投资的105.2%，超额完成省政府下达的年度目标任务。全省重点建设完成投资占全省固定资产投资的比例约为9.7%，共有58个项目全面或部分建成投产，为湖南省稳增长提供有力支撑。全年有怀通、醴茶、凤大等13个项目建成通车，新增通车里程1125公里，新增出省通道6个；通车总里程达5085公里，跃居全国第四。湘桂复线、衡茶吉铁路建成通车；沪昆客专进展顺利。长沙地铁2号线实现通车试运行，长沙南湖路隧道、常德沅江西大桥等项目竣工通车主电网完成49个变电站新、扩建，投产线路1231公里；溪浙线±800千伏特高压输电线路湖南段525公里全线架通。湘江长沙综合枢纽库区建设全面启动；涔天河水库全面开建；湘江2000吨级航道等项目进展顺利。上海大众项目一期快速推进，进入厂房建设阶段；泰富重工、湘钢节能减排结构调整技术改造、中联重科常德工程桥基地等项目实现部分投产。蓝思科技星沙基地触控模组技改、富士康衡阳工业新城等项目已实现全面或部分投产。白市水电站、安江水电站、南山风电等项目实现并网发电，全年新增装机容量63万千瓦。农村公路全年完成建设8058公里。农村饮水安全工程解决372.6万人饮水不安全问题。农村通信扶贫工程完成528个自然村信号覆盖和2352个行政村宽带上网。农网新建、改造线路30929公里，改造户表46万户。湘雅二医院、省妇幼保健院、医疗卫生体系建设等项目进展良好。株洲职教园、湖南技师学院等教育项目继续推进，教育基地作用显现。

【重点建设项目管理】 重点建设项目单位创新思路，规范管理，狠抓质量安全，科学组织施工，取得许多新成效新经验。狠抓质量安全管理。推行标准化、精细化管理，加大安全隐患预防预控力度，全年质量安全生产形势良好。深入开展劳动竞赛。大力开展以"六比四创"和"六比六赛"为主要内容的劳动竞赛活动，有效推进项目建设。着力深化创新驱动。加大科技创新与应用力度，取得一批创新成果。汝郴高速赤石特大桥成立科技攻关小组，联合高校开展多项课题研究，获3项世界首创工艺、7项国家专利。加强宣传报道。湖南日报、湖南卫视、湖南经视等省内主流媒体积极聚焦重点建设，全年开展《打基础、利长远、惠民生——聚焦重点工程重大项目》、《湖南重点工程巡礼》等多个系列专题宣传。

【重点建设项目协调】 省委省政府高位协调。省政府建立重大产业项目联席会议制度和省政府领导分工联系重大产业项目制度，加大对重大产业项目建设的调度和协调力度。市州和省直单位合力协调。各市州认真落实省委省政府决策部署，主动作为，强化措施，形成大干项目的热潮。省直相关部门进一步强化对重点建设项目的协调服务。省发改委、监察厅、财政厅、人社厅、国土资源厅、环保厅、住房和城乡建设厅、交通运输厅、水利厅、审计厅、地税局等部门紧密配合，在保障重点建设项目审批、用地、环境优化、资金拨付、质量安全、优惠政策落实等方面做了大量卓有成效的工作。完善协调服务工作机制。省重点办结合教育实践活动要求，建立重大事项集体研究、协调服务限时办结等制度，对重大事项通过办务会、周例会集体研究决定。全年共办结省委省政府领导批示、交办事项33起,协调解决市州、项目单位上报的问题100多个。四是着眼提升影响力,加强政策调研。组织开展《湖南省重点建设项目管理办法》及配套文件实施情况专题调研,对《湖南省重点建设项目管理办法》及配套文件进行了修订。(吴叶群)

住房保障

【概况】 2013年,全省加大保障性安居工程建设力度,进一步建立健全制度,加强保障性住房后续维护管理,多渠道解决城镇中低收入家庭、新就业无房职工和在城镇稳定就业的外来务工人员住房困难,住房保障工作取得较好成效。

【完成目标任务】 2013年,全省保障性住房和各类棚户区改造目标开工建设33.52万套,实际开工36.3万套,完成年度计划108.29%,基本建成34.26万套,竣工20.85万套。其中:廉租住房开工3.14万套,基本建成4.84万套;经济适用住房开工0.46万套,基本建成0.61万套;公共租赁住房开工13.89万套,基本建成10.46万套;城市棚户区改造开工12.51万套(户),基本建成12.21万套;国有工矿棚户区开工0.89万套,基本建成0.5万套;林业棚户区(危旧房)改造开工0.18万套,基本建成0.74万套;国有垦区危房改造开工5.23万套,基本建成4.88万套。

【深化保障房建设规划和设计工作】 推进保障房规划与城市总体规划、修建性详细规划的结合,编制《湖南省2013—2017年棚户区改造规划》。加强设计引导和支持,针对提高保障房空间合理使用率、二次设计、提供必需的配套设施等问题,组织专业设计力量深入保障房建设现状进行调研,开展专项设计竞赛,推介优秀设计方案,并提出必要的指导意见。

【加大监督检查】 全省采取巡查、通报、考核三位一体的工作推进机制。实施巡查制。2013年,全省抽调28名专项巡查员,分市州进行常年、专项、现场巡查,促进项目建设按时间节点推进。实行通报制度。省保障性安居工程领导小组每月牵头组织对各市州、县市区的进展情况分类排位进行通报,并通过《湖南日报》、湖南卫视等主要媒体向社会公布。实行督查考核制度。实施保障性安居工程专项考核,并纳入市州、县市区政府年度绩效考核,对工作不力、进度滞后的市州、县市区政府主要负责人和分管负责人进行约谈并予以追责。

【加强质量安全监管】 严格工程建设基本程序,加强工作指导。贯彻落实《关于加强保障性住房建设的指导意见》,从保障性住房规划选址、勘察设计、装修标准、建筑节能及绿色建筑等方面,督促各地严格按照工程建设基本程序和标准规范组织建设。实行"三化"监管,落实质量安全责任。按照"安全质量标准化、监督规范化、监管信息化"的要求,将所有保障性安居工程建设项目纳入全省工程建设质量安全监管信息平台,并作为监管的重点,加大监管力度,增加监管频次,督促各责任主体单位落实责任。同时,严格分户验收制度,凡未经竣工验收的,一律不得分配入住。

【保障体系基本建立】 2009~2013年,湖南省保障性住房和各类棚户区改造开工建设158.33万套、竣工115.23万套(其中廉租住房开工建设43.5万套,竣工39.65万套,分配入住22.4万套;公共租赁住房开工建设30.37万套,竣工15.56万套,分配入住14.48万套;经济适用住房开工建设8.01万套,竣工7.06万套,分配入住6.97万套,各类棚户区改造开工建设76.45万套,竣工52.97万套,分配入住39.47万套、货币安置13.26万户),连续五年建设任务总量位居全国前五位,实际累计发放廉租住房租赁补贴25.45万户,实施农村危房改造64.36万户,累计完成投资1646.48亿元,为223.33万户城乡居民解决住房困难问题,初步建立由廉租房、公租房、经济适用房、棚改安置房、租金补贴和农村危房改造构成的城乡住房保障体系,起到惠民生、转方式、调结构和推进新型城镇化建设的重大作用。(尹清源)

城乡规划

【概况】 截至2013年底,全省城镇化水平为47.96%,全省29个设市城市中,有100万人口以上的特大城市2个,50~100万的大城市8个,20~50万的中等城市7个,20万以下的小城市12个;全省71个县城中,有20~50万人口的大县城6个,10~20万人的中等县城33个,10万人以下的小县城32个;县以下建制镇979个。

【推进新型城镇化】 加强宣传工作。配合有关处室举办全省提升推进新型城镇化能力专题培训班;在《中国建设报》、《湖南日报》等媒体发表有关城镇化文章多篇。制定新型城镇化考核办法。根据《实施纲要》要求,代省政府办公厅起草《湖南省推进新型城镇化工作考核办法》。编制完成《湖南省新型城镇化2012年度评估报告》,对全省各地推进新型城镇化工作进行评估认定。深入开展城镇化问题研究。针对湖南省城市地下空间开发利用严重不足及城市内部局域循环水平较低的问题，组织开展《加强城市地下空间综合开发利用研究》和《提升城市内部局域循环水平研究》等课题研究。指导协调各地各部门抓好城镇化工作。住房和城乡建设厅领导带队到国家开发银行湖南分行、省安居投等金融机构和投资公司座谈，促成省政府与国家开发银行、农业银行等金融机构签订城镇化信贷资金约3800亿元。加强生态绿心地区规划管理。制定《长株潭城市群生态绿心地区控制性详细规划及建设项目规划管理暂行办法》。多次组织省两型办、长株潭三市规划主管部门协调绿心地区控规编制进度以及具体项目管理中产生的问题。启动"2151"示范工程。由城乡规划处牵头会同相关处室制定省推进新型城镇化"2151"示范工程总体方案，明确示范对象、示范内容和示范措施。

【城乡规划编制】 加强城市总体规划及县城人口和用地规模的审查审批。启动《湖南省城镇体系规划》修改工作，完成规划实施绩效评估报告。组织编制《洞庭湖生态经济区城镇发展规划》。积极指导村镇规划。认真落实省政府办公厅《关于开展镇（乡）域村镇布局规划制定工作的通知》。截至2013年12月底，全省共完成近200个镇（乡）域村镇布局规划，另有379个乡镇正在编制。支持做好开发区扩区调区、升级和申报工作。积极支持岳阳城陵矶申报国家综合保税区，支持怀化工业园、郴州经济开发区申报国家级经济技术开发区，支持绥宁工业园等23个工业园成功申报省级工业集中区。

【城乡规划实施管理】 开展反腐倡廉专项整治工作。按照《关于开展全省城乡规划行业反腐倡廉专项整治工作的通知》要求，组织全省各市州、县市规划主管部门负责人开展《城乡规划违法违纪行为处分办法》培训。抓好行政审批和行政许可工作。全年共办理建设项目选址意见书146份；完成9家城乡规划编制单位资质申报及审核审批工作，全省共有规划资质单位178家（甲级18家、乙级38家、丙级122家），完成292人次注册城市规划师初始注册、续期注册、续期登记、变更等申请办理工作。重点提案办理成效显著。城乡规划处承办的《关于加强农村村庄建设规划的建议》，是省人大确定的全省七件重点建议之一。省政府印发了《关于办理省十二届人大一次会议第1488号建议有关问题的会议纪要》，对乡镇规划建设机构的设置和乡村建设管理提出了明确要求，同时决定省财政安排1亿元资金对镇（乡）域村镇布局规划编制给予补助。

【加强历史文化资源保护】 积极督促岳阳历史文化名城保护整改工作。督促岳阳市政府开展整改工作，加快保护规划修改工作进度，启动历史文化街区整治等。进一步完善保护体系。省人民政府已批准茶陵县为省级历史文化名城，隆回县滩头镇等4个镇、宜章县白沙圩乡腊元村等30个村公布为省级第四批历史文化名镇、名村。强化保护规划编制工作。完成岳阳市、郴州市、永州市等历史文化名城保护规划修改方案审查，并获省人民政府批准。截至13年12月底，全省69个省级以上历史文化名城名镇名村（不含省级第四批）中已有60个完成保护规划的编制。积极争取中央资金支持。会同省发改委为里耶镇从国家争取历史文化资源保护专项资金1650万元。（熊益沙）

房地产业

2013年，湖南省房地产业坚持以科学发展观为指导，以新型城镇化建设为契机，结合湖南实际，积极谋划，主动作为，圆满完成各项工作目标。

【房地产市场平稳健康发展】 2013年，湖南省房地产市场运行总体平稳健康，房地产开发投资、商品房销售等主要指标增长较快，房价涨幅扩大。房地产开发投资平稳增长。全省完成房地产开发投资2628.3亿元，占全省固定资产投资比重的14.3%，同比增长18.9%。商品房销售持续较快增长。全省商品房销售面积5952.4万平方米，同比增长15.6%；商品房销售额为2525.6亿元，同比增长21.1%。房价涨幅有所扩大。全省商品住宅均价3908元/平方米，同比上涨7%，比2012年同期提高6.8个百分点。房地产用地供应加速，地价上涨较快。全省供应房地产用地6279.7公顷，占全省供地总量的27.2%，同比增长13%。全省房地产用地出让均价为1749.6元/平方米，同比上涨19.5%。新增房地产贷款快速增长。截至12月底，全省房地产贷款余额4038.4亿元，同比增长24.2%。全省新增房地产贷款786.5亿元，占全省新增贷款的比重为32.1%，同比增长40.2%。市场供应明显加快。全省商品房施工面积2.54亿平方米，同比增长18.9%。商品房新开工面积8869万平方米，同比增长33.7%。全省商品房竣工面积4593.8万平方米，同比增长3%。房地产税收快速增长，占地方税收比重继续走高。全省完成房地产税收545.7亿元，同比增长26.9%，比全省财政总收入、税收总收入增幅分别高14.3、13个百分点。房地产税收占财政总收入比重16.5%，占地方财政收入比重27%，占地方税收收入比重42.1%。

全省土地出让收入849.5亿元,同比增长41.2%。

【制度建设不断加强】 加快推进住宅产业化进程。代拟起草《湖南省人民政府关于加快推进住宅产业化发展的若干意见》,已通过十七个省直部门审查。出台商品房屋租赁管理办法。2013年5月,湖南省住房和城乡建设厅制定印发《湖南省商品房屋租赁管理实施办法》,切实规范商品房屋租赁行为,建立全省统一的商品房屋租赁管理体系,促进商品房屋租赁市场的健康发展。制定征收补偿政策。《湖南省实施〈国有土地上房屋征收与补偿条例〉办法(草案)》已经省政府法制办通过。积极着手起草房地产行业规章的制定工作,先后起草完成《湖南省商品房预售资金监管办法》、《湖南省房地产开发项目资本金监管办法》、《湖南省房地产市场不良行为记录公示管理办法》、《湖南省房地产经纪人协理从业资格制度暂行规定》等规章制度。

【行业管理日趋规范】 2013年,房地产各行业工作得到加强。完成行业信用信息系统建设。湖南省全面建成房地产行业信用信息管理系统。全省8276家在册的房地产开发、物业服务、房地产评估三类企业全部被纳入房地产行业信用信息系统,覆盖率达到89.7%。着力夯实房产交易基础工作。完成城镇个人住房信息系统建设可行性报告的编制工作,组织完成房地产行业业务培训10余次,受训人员达1500余人次。完成房屋登记官、房地产估价师、房地产经纪人考试。积极探索创新物业服务模式。在筑牢传统物业管理,解决物业项目经理人、物业行业税收费用等突出问题的基础上,结合智慧城市建设要求,开展以"智慧社区"为主的物业服务信息化建设试点工作,指导全省物业服务行业转型发展。稳妥有序推进项目征收工作。积极开展长株潭城际铁路项目国有土地上房屋征收工作,先后制定相关政策性文件4个,参与协调审定征收补偿方案7个,涉及补偿金额20余亿元。(邓欣)

住房公积金管理

【概况】 2013年,湖南省住房公积金管理部门主动参与住房保障和房地产市场调控,勇于创新,扎实工作,在实现"住有所居"方面发挥重要作用。全年全省新增缴存职工40.27万人,归集住房公积金278.93亿元,同比增长17.09%;提取住房公积金129.49亿元,同比增长28.15%;发放住房公积金个人贷款196.63亿元,同比增长24.19%;全年实现住房公积金增值收益17.55亿元,同比增长32.25%。截至2013年12月底,全省住房公积金归集总额和余额分别达到1491.8亿元和887.79亿元,个人住房贷款总额和余额分别达到989.5亿元和638.05亿元。

【推进归集扩面,提高制度的影响力】 2013年全省各管理中心(分中心)按照"突出重点、克服难点、凸显亮点"的扩面要求,采取宣传发动、行政推动、部门联动、执法主动等工作举措,深入推进非公经济组织建制,不断提高住房公积金制度影响力。加大行政推动力度。全省14个市州将住房公积金工作纳入市政府对县(市)区政府的绩效考核。常德市政府下发《住房公积金缴存管理办法》,把住房公积金纳入与"五险"并列的社会保障范围;张家界、邵阳市政府均出台推进归集扩面的文件。拓宽资金归集广度。长沙市报省政府批准,在全省率先将全市最低缴存比例提高到8%,同时安排专项资金解决行政事业单位聘用人员建制缴存问题,增强制度的普惠性和公平性。常德市住房公积金财政配套比例达到12%,津补贴也纳入缴存基数。

【坚持应贷尽贷,确保住房刚性需求】 2013年全省各管理中心(分中心)继续严格执行"保一限二禁三"的差别化信贷政策,按照"贷前调查,贷中审查,贷后稽查,逾期催收"的动态风险管理机制和贷款三级审批制度,严控贷款风险。对符合贷款条件的职工,做到应贷尽贷,及时放贷。全年共发放住房公积金贷款196.63亿元,占全省新增房地产贷款额的27.3%,同比增长24.19%。2013年湖南省益阳市、湘西自治州住房公积金贷款占到当地住房个贷市场的2/3,株洲市、郴州市、衡阳市、岳阳市、常德市、永州市等地住房公积金贷款占到当地商业银行个贷业务的1/2。

【支持保障房建设,发挥资金惠民效应】 2013年完成利用住房公积金贷款支持保障性住房建设监管系统省级节点建设工作。全省获批利用住房公积金贷款支持保障性住房建设项目11个,获批住房公积金贷款30.27亿元,截至2013年12月底,已经发放12.78亿元项目贷款,按期收回贷款利息7154万元,长沙市已收回贷款本金2500万元。2013年全省住房公积金增值收益提取管理费、风险准备金后,上缴廉租住房建设资金9.06亿元,同比增长34.17%,截至2013年12月底,全省住房公积金累计提供廉租住房建设资金达到30.58个亿。

【加强监督检查,严抓廉政风险防控】 将强化廉政风险防控工作作为监管的重中之重,联合省财政厅下发《关于对全省廉政风险防控工作进行重点抽查的通知》,抽查长沙等6个住房公积金管理中心廉政风险防控工作，并联合下发《通报》，针对检查中发现的问题，一一提出整改要求。各管理中心（分中心）能够认真对照《廉政风险防控指引》，对业务流程、内部稽核、风险防控等规章制度进行全面梳理，严格落实防控措施和责任，全省已基本构建起以岗位廉政风险防控为基础，以加强制度建设为重点，以制约和监督权力运行为核心，以现代信息技术为支撑的预警在先、防范在前的廉政风险防控机制。全年全省没有发生一起违规违法事件，确保资金运行安全和系统综治稳定。（周文静）

建筑业

【概况】 2013年，全省建筑施工安全生产形势持续稳定好转，建筑业保持平稳较快发展势头，行业和谐稳定。全年完成建筑业总产值5256亿元，同比增长18%，实现增加值1516亿元，同比增长12%，占全省GDP比重达6.2%；全年完成外拓产值1570亿元，同比增长18%；对外工程营业额突破20亿美元，同比增长16%；房屋建筑施工面积43141.8万平方米，同比增长18.5%；全省总承包和专业承包建筑企业签订合同额11376.4亿元，其中本年新签合同额6305亿元，同比增长均为26%。全省建筑业实现利税总额403.5亿元，同比增长25.8%。全省有7项工程获鲁班奖（其中省内工程4项，我省企业在外省工程3项）；创历史之最，62项工程获省芙蓉奖，197项工程获省优质工程奖；工程质量一次竣工验收合格率达99.2%。累计有159家特、一级企业通过省级安全认证，482家二、三级企业通过市级安全认证，全年创示范工程592个、示范工地1115项（次）。

【质量安全监管】 2013年，全年发生建筑施工安全生产事故16起、死亡23人（其中较大事故1起、死亡3人），死亡人数仅占湖南省安委下达的年度人数控制指标的67.6%，建筑业百亿元产值死亡人数控制在0.5人以内，株洲、衡阳、怀化和湘西自治州4个市州为零死亡事故。省厅连续四年被评为全省安全生产工作先进单位。进一步强化底线意识，完善监督保证体系。整体推进"三化"工作，落实安全生产责任。深入开展"打非治违"，夯实安全生产基础。扎实监督检查，强化专项整治。

【建筑市场管理】 强化服务意识，提升建管行业形象。深入开展以为民务实清廉为主要内容的群众路线教育实践活动，切实转变工作作风，提高工作效能。优化省管项目报建审批程序。2013年8月起对省直管建筑工程施工许可行政审批中采取"集中办公、减少前置、并联审批、规范执法"等一系列具体的优化措施，有效地提高省管项目施工许可办结效能，并调研指导市州改进相关工作。研究改进建筑业行政审批。针对建筑业行政审批中存在的效能不高、标准不一、环境不优等问题，制定《建筑业行政审批内部工作规则》，对建筑业各项行政审批实行"六个统一"的改进措施，委托下发一批行政审批事项。规范市场准入管理。全面清查各市州、县市针对外来企业准入备案的一些不符合规定、加重企业负担的制度予以清除，优化建筑企业跨市州、县市区承揽业务发展环境。全年办理省直管工程项目施工许可证（含临时）111份，合同价格达77.42亿元，建筑面积417.75万平方米；办理建筑业企业资质审批884家（次），办理建筑施工企业安全生产许可证审批新申报459家、延期877家，企业管理人员安全生产考核合格证审批新申报26941人，延期27815人；办理一级建造师注册初审1612人，二级建造师注册审批8633人。

【招投标监管】 2013年省市两级共完成招投标项目3019个，总中标金额约900亿元。其中，公开招标的项目1960个、邀请招标1059个，应公开招标项目公开招标率为100%，进场交易率100%，圆满完成全省建设工程招投标活动的监管和交易服务。加强法律法规及相关文件宣贯与执行。2013，省厅修订出台湘建建〔2013〕18号、282号、283号三个文件之后，湖南省初步建立以《招标投标法》和《招标投标法实施条例》为依据，以地方规范性文件为补充的招标投标法规制度体系。强化招投标全过程监督。全省各地在对招投标进行监督时注重抓住重点环节，突出对招标文件备案、资格审查、项目开评标、定标、标后稽查的监督管理，确保全程监管落到实处。狠抓代理机构和评委专家的管理，全省累计培训评委专家达5000多名。加大投诉举报处理和查处违法违纪的力度。2012年，省市两级共处理投诉举报59起。交易中心建设迈上新台阶。2013年，全省各市州建设工程交易中心坚持以服务为宗旨，狠抓本中心在软硬件设施改善、市场建设、干部队伍、服务质量、电子化招投标等方面的工作，不断规范服务行为，提升服务水平。（蒋琳）

城市建设

【概况】 截至2013年底，全省县以上城镇共有公共供水厂215座、污水处理厂135座、生活垃圾无害化处理场113座，均已实现县县全覆盖，69个市县已通管输天然气。用水普及率、燃气普及率、污水处理率、生活垃圾无害化处理率分别达到94.57%、86.4%、87%、92.96%，相比2012年分别提高0.61、1.17、2.16、9.84个百分点。人均道路面积13.38平方米，相比2012年提高0.43平方米。建成区绿化覆盖率34.11%，提高0.66个百分点。

【市政基础设施投资高速增长】 2013年累计完成投资约1700亿元，同比增长40%，高于全省固定资产投资平均增速16个百分点，占全省固定资产投资9.3%。为拉动基础设施投资，重点拓宽项目建设投融资渠道，加强基础设施建设投融资创新。出台《关于加强新型城镇化投融资工作的指导意见》，从资金投入方向、资金来源渠道、融资平台、资金偿还机制等方面提出指导意见。争取资金支持。共争取中央和省级资金34.44亿元，其中中央预算内资金6.08亿元，中央污水管网专项资金11.16亿元，省级生活垃圾项目农发行增贷15.5亿元，污水设施运营补贴0.5亿元，长沙航电枢纽工程库区污水垃圾项目建设资金1亿元，城市步行和自行车交通系统建设以奖代补资金0.2亿元；争取国家开发银行对污水、垃圾、供水、燃气四大类项目省级统贷460亿元；争取德国政府生活垃圾焚烧发电项目贷款2.4亿元。

【率先开展公用事业附加费征管制度改革】 率先在全国开展公用事业附加费征管制度改革，印发《湖南省人民政府关于加强全省城市公用事业附加费征收使用管理的意见》，规范公用事业附加费征收使用管理，增加了地方收入，解决公用事业附加收不抵支、征缴管理模式不一等问题，提高路灯照明公共服务水平。

【建立污水处理设施运营补贴机制】 强化省、市、县在线监控平台三级管理，率先在全国建立污水运营补贴长效机制，省级财政从经费预算里每年安排5000万元，综合考虑主要污染物削减、污水处理费开征使用及运营负荷水平等因素，根据实际达标处理水量予以补贴。该政策极大地提高全省加快污水管网建设、加强污水处理厂运行监管及征收污水处理费的积极性，污水管网建设项目开工、完工比例名列全国第一，省住房和城乡建设厅减排工作获得环保部、发改委、人社部、财政部的嘉奖。

【推动绿色出行】 结合湖南省实际，提出城市（县城）步行自行车发展目标和实施策略，联合省发改委设立步行自行车专项引导资金，支持株洲、常德、郴州、岳阳、湘潭、浏阳、临武等市启动步行自行车交通系统建设。全省已有7市1县拥有公共自行车点，自行车数量达2.92万辆。株洲市自行车租赁系统获中国人居环境范例奖。

【规范整顿燃气市场】 推进燃气经营许可管理，做好燃气经营行政许可登记备案工作，制定印发《湖南省城镇燃气经营企业安全评价工作规程（试行）》，对燃气企业安全管理与抢险抢修能力和燃气场站设施予以考评。对管道燃气、瓶装燃气、燃气汽车加气经营企业加气站、储备站、调压站等实行100%检查，管道燃气经营企业调压箱（柜）、燃气管道按不同比例抽查。对相关单位资质、业绩、专业人员数量等综合能力进行调研摸底，公示燃气经营企业安全评价工作单位名单，召开安评工作动员会。开展燃气岗位培训，结合燃气行业生产经营实际，分岗位、工种制定详细的《湖南省城镇燃气行业专业人员岗位培训考试考务工作手册》、《湖南省城镇燃气行业专业人员岗位培训方案》和培训计划，2013年对企业负责人、安全生产管理人员、一线维修抢修工等岗位共4批次累计8000多人的培训考试工作。（熊丽娟）

村镇建设

【概况】 截至2013年底，全省共有1000个建制镇，909个乡，镇乡级特殊区域28个，行政村3.98万个，村庄15.1万个，总人口6292.5万人，其中城镇人口1055万人，县以下地区城镇化率为17.2%。村镇住宅建筑总面积约19.58亿平方米，其中，乡村住宅建筑面积约15.88亿平方米。

【稳步推进农村安居工作】 圆满完成农村危房改造任务。2013年湖南省农村危房改造工作管理职能调整到湖南省住房和城乡建设厅，各级住房城乡建设系统全力以赴积极推进农村危房改造工作。截至2013年底，国家下达湖南省农村危房改造12.1万户，实际开工125714户，开工率103%，竣工125665户，竣工率103%，入住121596户，入住率100%，完成年度投资48.01亿元，圆满完成2013年任务。全国农村危房改造绩效检查评比由全国19位上升到第10位，湖南省工作得到住房和城乡建设部检查组的好评。启动渔民上岸安居前期工作。2013年，湖南省被为全国8个示范省份，9月湖南省住房和城乡建设厅下发《关于做好以船为家渔民危房分类鉴定工作的紧急通知》（湘建村函〔2013〕243号），要求各地对渔户无房户、危房户进行明确分类鉴定。据统计，湖南省第一批以船为家渔户无房户、危房户共计3864户，其中无房户1060户，D级危房户和临时房户1241户，C级危房户1563户。国家分两批全额下达湖南省上报户数，补助资金5774万元。

【积极创新小城镇建设方式】 加快推进集镇建设。湖南省共约有5000个左右集镇。组织着手编制《湖南省集镇建设发展规划（2014—2020）》和《湖南省集镇建设指标体系》，以指导全省集镇建设发展。加强传统村落保护。湖南省列入中国传统村落名录的有72个村，其中2013年有42个村被列入第二批中国传统村落名单。打造美丽宜居小镇（村庄）。组织第一批国家级美丽宜居小镇、美丽宜居村庄推荐，湖南省韶山市清溪镇获批国家美丽宜居小镇。推动全国特色景观旅游名镇名村创建。按照镇村申报、县市初审、市州复核汇总上报的工作程序组织第三批全国特色景观旅游名镇名村申报。各市州上报27个镇、1个乡、20个村庄的推荐名单，经多次专家审查会，确定长沙市宁乡县花明楼镇等10个（6镇4村）第三批国家特色景观旅游名镇名村建议名单并已报住建部。着力做好全国重点镇增补调整。2004年，住房和城乡建设部批准湖南省98个全国重点镇。2013年，组织示范镇示范情况检查，结合新型城镇化"2151"示范工程，在省示范镇的基础上，计划拓展数量，提升质量，扩大到50个镇。

【大力开展集镇供排水设施建设工作】 确定"十二五"全省集镇供排水设施建设任务。省政府与各市州签订《湖南省城镇污水垃圾处理及供水设施建设专项行动目标责任书》，其中集镇污水管网1877公里，污水处理能力32.39万立方米/天，预计总投资38.9亿元；供水113万吨、管网1614公里，预计总投资31亿元。加强专项规划编制和实用技术研究。组织省级技术复核，全年共组织编制和复核123个镇的180个供排水专项规划设计，通过复核，80个镇优化处理工艺，大部分镇优化管网布局，共有效核减投资近20亿元。积极推进纳入国家"十二五"重点流域重点镇污水处理设施及其配套管网建设。截至2013年底，全省镇乡共建成污水管网6315公里，污水处理设施45个，处理能力29.2万立方米/日，污水处理率10.5%。101个重点流域重点镇共建成污水管网845.7公里，完成投资9.9亿元，分别占"十二五"期间任务总量的45.1%和44%，其中，2013年1～10月建成376.8公里，完成投资4.52亿元，建设进度同比增长24%。101个重点流域重点镇已建成污水处理厂12个，总处理能力9.375万立方米/日，污水处理率18%。

【努力提高村镇建设人才队伍素质】 着手全省乡镇干部建设管理培训。编制《全省乡镇规划建设管理干部培训方案》，争取省委组织部支持，并列入全省2014年培训计划。计划通过3年左右的时间，有计划、分步骤地对全省5000名县市区、镇乡的村镇规划建设管理干部开展系统培训。已确定培训地点、师资。建立农村建筑工匠制度。组织编写《湖南省农村建筑工匠管理暂行制度（征求意见稿）》和《湖南省农村建筑工匠培训教材编写要求（征求意见稿）》。（刘婷赋禹）

勘察设计

【概况】 2013年完成初步设计投资额1666.62亿元、建筑面积7510.2万平方米，同比分别下降-10.85%、-0.59%；完成施工图投资额2270.4亿元、建筑面积8779.36万平方米，同比分别增长-7.73%、-30.8%；完成工程勘察设计合同额97.3亿元，同比增长6.81%；完成工程技术管理和总承包合同额149.6亿元，同比增长20.55%；完成境外工程合同额14.9亿元，同比增长96.05%；实现营业收入272.4亿元，同比增长19.84%。

【行业发展】 全省勘察设计行业坚持科学发展观，继续深入开展"资源节约，环境友好型社会"（简称"两型社会"）创建活动，一以贯之的将绿色、低碳、节能、环保的理念贯穿于勘察设计全过程，科学发展理念逐渐深入每一位勘察设计人员心中，并成为勘察设计过程中的自觉行动。2013年新核发勘察设计资质中，50%以上为环保、水利、市政等方面资质，同时设计施工一体化资质增加较快。

【质量安全】 强化招标监管，重点要求前置。加强省外勘察设计企业开标前验证工作，共验证93家。指导监管完成勘察设计项目招投标59项，其中勘察项目招投标10项，确保正规勘察设计企业、优秀勘察设计方案中标。强化初设审查，服务重点工程。充分发挥初步设计会议全方位审查优势，为省管工程项目，尤其是保障性住房建设项目和重点工程建设项目，做好勘察设计技术指导和服务，将一些重点技术问题解决在初步设计阶段。同时，为建设单位后续报建工作指明方向、少走弯路。强化图审把关，严守质量底线。全面发挥全省施工图审查机构勘察设计质量监督站作用，严把勘察设计质量关。截至2013年年底，全省各施工图审查机构共审查1106家勘察设计企业承担的6197项房屋建筑和市政基础设计工程施工图设计文件，总建筑面积11091.87万平方米，工程总投资2570.15亿元。其中，第一次审查合格项目3712个，一次审查合格率为59.24%。对于一次审查合格率低于50%且存在违反工程建设强制性条文的56家勘察设计企业进行全省通报。组织各审图机构负责人座谈会，传达贯彻部里新颁布的《房屋建筑和市政基础设施工程施工图设计文件审查管理办法》，谋划全省施工图审查机构改革创新之路。

【行政审批】 加强电子政务，提高行政效能。针对勘察设计企业资质审批、注册勘察设计工程师注册审批、初步设计审批、超限高层建筑抗震设防专项审查等电子政务工作，严格按照审批程序和制度办理，并在规定的时限内优质高效办结。加强机制建设，管控廉政风险。2013年办理省管项目初步设计审批事项58项（限额以下14项）；超限高层建筑抗震设防专项审查16项；施工图审查备案67项。审查勘察设计及设计施工一体化设计资质138家，省审批92家，核准75家（其中新增29家，升级3家，增项12家，延续31家）；报部审批46家，核准42家（其中升级21家、核定2家、延续19家）。

【执业注册】 加强注册审批，确保人才合理流动。做好注册建筑师和勘察设计注册工程师注册审批管理工作，共完成15批1957人次注册审批，其中初始注册385人，延续注册1080人，变更注册492人。截至2013年底，勘察设计行业共有各类注册执业人员共计4752人。其中，一级注册建筑师600人，二级注册建筑师1078人；一级注册结构工程师1229人，二级注册结构工程师396人，注册岩土工程师437人，注册电气工程师388人（发输变117人、供配电271人），注册化工工程师160人，注册公用设备师（给排水）241人，注册公用设备师（暖通空调）148人，注册公用设备师（动力）75人。加强继续教育，及时更新知识。组织注册人员继续教育培训，及时宣贯绿色建筑设计规范，同时学习注册建筑师条例、勘察设计注册工程师管理规定，强化职业道德教育。举办两期一、二级注册建筑师继续教育培训570人次，举办注册结构工程师继续教育培训270人次。（胡军锋）

世界遗产和风景名胜

【出台规范性文件】 2013年8月，省人民政府办公厅批复《湖南省世界遗产与风景名胜区体系规划（2012—2030）》。该规划以对当前风景名胜行业现状的总结和评价为切入点，对全省世界遗产和风景名胜区规划编制、设立与升级、建设与管理以及重大基础配套设施等提出发展目标，是指导湖南省世界遗产与风景名胜区工作的纲领性文件。

【全面启动"规划年"工作】 2013年省住房城乡建设厅启动全行业"规划年"专项工作，印发《湖南省风景名胜区规划年活动方案》，各市州风景名胜区主管部门签订规划编制责任状。截至12月底，共计37个风景名胜区启动规划编制或修编工作（其中国家级4个）。省政府已经对昭山、仙庚岭、黄桑、月岩—周敦颐故里4个风景区总规进行批复，湄江、大乘山—波月洞、桃花江、锡岩仙洞—洣水、南洞庭湖、印山—天堂山西江、沩山等7个风景区已上报待批，蔡伦故里等8个风景区已经完成纲要审查，道吾山、千家峒等11个风景区已经进入市级审查程序。岳麓山、韶山等2个风景区已经启动修编。

【创建生态文明风景区】 3月，省风景办召开生态文明景区创建座谈会，确定在全国率先推出创建生态文明风景区的思路。省住房城乡建设厅印发《生态文明风景名胜区创建方案》。该方案结合风景名胜区清洁能源、环保交通等"六大工程"，设置五大类生态文明景区考核指标。岳麓山、沩山、仙庚岭、昭山列入首批试点单位。

【国家遗产申报】 2013年，炎帝陵—桃源洞、里耶—乌龙山两处风景名胜区列入中国国家自然与文化双遗产预备名录。双遗产国家名录仅18处，湖南省已达4处，居全国首位。

【执法检查】 根据《关于开展2013年全省风景名胜区保护管理执法检查的通知》（湘建景函〔2013〕298号），湖南省住房和城乡建设厅于2013年10月22日至11月9日组织检查组对全省风景名胜区的保护管理工作进行检查。检查组重点核查总体规划编制、管理机构设立、项目建设报批和宣传标识设置等情况，实地考察核心景区风景资源的保护管理情况。此次共实地检查国家级风景名胜区17处、省级风景名胜区40处，指出问题、提出意见和建议近300条，针对严重违法违规行为，下发"湖南省世界遗产和风景名胜区督察整改告知书"29份。（陈妍）

建筑节能与科技及标准化

【概况】 2013年以来，紧扣省委、省政府转方式、调结构、推进"四化两型"建设的发展战略，继续坚持有所为、有所不为、重点突破的原则，加强政策引导、制度建设、技术支撑和项目监管，全省新建建筑节能监管工作明显加强，既有居住建筑节能改造工作初步启动，国家机关办公建筑和大型公共建筑节能监管体系建设稳步推进，可再生能源建筑及绿色建筑应用规模和质量全面提升，行业技术创新能力大幅提高，技术标准体系逐步完善，引导和支撑作用进一步发挥，全省建筑节能与科技工作水平大幅提升。

【认真组织贯彻落实新建建筑节能强制性标准】
进一步完善新建建筑节能过程闭合式管理。2013年湖南省住房和城乡建设厅下发《关于进一步规范建筑工程施工图节能设计文件的通知》，有效规范湖南省建筑节能设计文件编制。加强材料管理。对有工程建设标准可依的建筑节能技术按照《关于印发湖南省建筑节能技术、工艺、材料、设备推广应用和限制禁止使用目录管理办法（试行）的通知》（湘建科〔2012〕216号）进行管理，已发布三批目录，共39项技术，涉及20家厂商。加强节能门窗的管理。拟草《湖南省建筑门窗节能性能标识工作管理暂行办法》。组织更高能效标准的研究，以长沙市为重点尝试65%的新建建筑节能标准执行率的试点工作，为全省推广作准备。据统计，全省各市州城镇新建建筑节能强制性标准执行率设计阶段达到100%，施工阶段达到98%以上。

【有效加强绿色建筑的示范和推广】 进一步完善政策措施，制定并实施《湖南省绿色建筑评价标识管理办法（试行）》，起草并以省政府名义出台《湖南省绿色建筑行动实施方案》（湘政发〔2013〕18号），会同省两型社会建设办公室制定《绿色建筑技术推广实施方案》，并纳入省政府发布的《关于在长株潭试验区推广清洁低碳技术的实施意见》；进一步加强技术保障，制定并实施具有湖南省特点的《湖南省绿色建筑评价标准》、《湖南省绿色建筑评价技术细则》。全省共有绿色建筑创建项目44个、绿色施工示范项目13个、绿色建筑技术应用示范项目5个，按照绿色建筑标准建设的示范项目面积近900万平方米。

【着力强化可再生能源建筑应用项目示范管理】
进一步扩大可再生能源示范应用范围。获批国家财政补贴资金6.06亿元。进一步强化管理。依据《湖南省可再生能源建筑应用示范项目关键技术产品目录暂行管理办法》和《湖南省地源热泵建筑应用项目勘察设计及施工安装企业目录暂行管理办法》。积极推进农村太阳能光热集中示范，在常德安乡和津市开展首批农村推进太阳能建筑应用试点工作，示范规模已达到350户。已对其中300户按1000元每户的标准下达省级建筑节能专项资金，共30万元。

【积极推进智慧城市创建】 推进已列入第一批国家智慧城市试点的株洲市、株洲市云龙示范区、韶山市、浏阳市柏加镇、长沙市梅溪湖国际服务区等5个市、县（区）、镇签订《国家智慧城市创建任务书》。组织开展第二批智慧城市的申报，长沙市洋湖生态新城和滨江生态新城、长沙市长沙县、郴州市永兴县、郴州市嘉禾县、常德市桃源县漳江镇、岳阳市岳阳楼区等6个地区获批第二批国家智慧城市试点。湖南省住房和城乡建设厅于2013年下半年召开全省的智慧城市重点项目对接会，各试点地区创建工作主管部门负责人、重点项目负责人以及国内智慧城市相关企（事）业单位、科研机构有关负责人参加会议，就湖南省智慧城市试点地区重点项目推进的困难及需求信息进行交流对接。（熊皓）

建设教育

【概况】 2013年，全省建设教育工作紧紧围绕住房城乡建设中心工作和人才兴业战略，以建设一流人才队伍、促进建设从业人员和建设事业共同发展为目标，以干部队伍能力建设和从业人员素质提升为重点，着力实施全方位、多渠道、多层次、多形式的教育培训，较好地完成各项工作任务。

【干部教育培训成效明显】 与省委组织部、省委党校联合举办2013年全省提升推进新型城镇化能力专题培训班。下发《关于印发厅机关厅属事业单位和社会团体2013年培训计划的通知》，加强培训办班的统筹管理和监督检查，全年按计划开办执业资格人员继续教育、岗位资格培训等近40个专业性培训班，推进行业工作的开展。引导和组织干部参加党校调训、高校自主选学专题培训、干部教育培训网络学院在线学习等多种形式的在职教育培训。

【岗位资格管理考核更趋成熟】 修订建筑业企业专业技术管理人员岗位资格远程网络考试大纲、备考指导用书，完善标准化考试题库，对远程考核系统进行更新升级，加强考务培训，完善考试服务平台建设。全年分三次组织报名，共有139257人次参加远程网络考试。在考试过程中派出巡查人员到各市州进行现场督察，并通过远程视频监控、突击检查和群众举报，及时发现问题，对违纪事件严肃处理，有效遏制考试的不正之风。2013年共有95541人次通过考试，满足企业对岗位资格人才取证和人才培养的需求。

【行业专业技术人才培养有序推进】 严格土建高级职称评审机制。完成2012年697人参评的土建高级职称评审，334人通过评审。完成2013年高级职称评审资料收取和整理工作。认真组织初、中级职称资格考试。重新修订《考务工作手册》，与各市州签订考试工作责任状，并开展考试巡查、考核评比等工作，确保考试安全有序进行。与省教育厅联合成功举办第二届大学生结构设计竞赛。共有16所学校55支代表队参赛，共评出优胜奖26个，优秀组织奖3个。加强安全生产培训考试及检测人员、燃气从业人员岗位培训考试。组织开展两次建筑施工企业主要负责人（A类）、项目负责人（B类）安全生产培训考试，13763人参考，12554人合格；完成检测专业技术人员培训考核5347人次；组织城镇燃气行业专业人员4081名参加岗位培训考试。

【行业技能人才素质得到提升】 印发《关于加强建筑架子工培训考核和管理工作的通知》，举办建筑架子工培训及考核师资班，积极开展"建筑起重机械特种作业人员培训教材、题库建设"和"建筑架子工培训大纲、教材、考核题库建设"。认真落实住房和城乡建设部等5部门《关于深入推进建筑工地农民工业余学校工作的指导意见》，联合省文明办、省教育厅、省总工会和共青团省委共同下发湖南省相关实施意见，下达农民工学校创建和全省建设职业技能鉴定目标任务。2013年新建农民工学校1030所，完成职业技能鉴定48053人、特种作业人员培训鉴定9386人、培训班组长2408人、施工作业队长689人，均超额完成目标任务。（成荣花）

党风廉政

【概况】 2013年，全省各级住房城乡建设部门深入贯彻落实十八届中央纪委第二次全会和十届省纪委第四次全会会议精神，紧紧围绕省委省政府"稳增长、调结构、促和谐"的重大决策部署，大力加强和改进作风，扎实开展"发展环境优化年"活动，着力解决人民群众反映强烈的突出问题，整体推进惩治和预防腐败体系建设，党风廉政建设和反腐败工作取得新成效。

【监督检查】 围绕中央和省各项决策部署，督促开展对新型城镇化、"两房两棚"建设管理、落实房地产市场调控政策、"两供两治"项目建设等执行情况的监督检查，对存在的问题，采取巡查、通报、约谈等措施督促整改，有力推进各项工作顺利实施。

【作风建设】 学习传达中央"八项规定"、省委"九项规定"等文件，督促相关处室对开展调研、涉企检查、评比考核、会议文件和厉行节约等作出具体规定。印发《关于2013年元旦、春节期间改进工作作风加强廉洁自律的通知》，开展明察暗访，遏制用公款搞相互宴请、相互送礼、相互拜年。开展党的群众路线教育实践活动前期调研，聚焦"四风"问题，在提高行政效能、杜绝"索拿卡要"、提升服务质量等方面制定整改措施。印发《湖南省住房和城乡建设厅关于落实省纪委超标配备公车及公车私用等五个专项整治工作的分工意见》，开展超标准配备公车及公车私用、境外招商奢侈浪费和高消费、公款送礼、"庸懒散"、违规职务消费和公款大吃大喝等问题专项整治。

【效能监察】 将省立项长沙市投资的市政项目初步设计审批等3项权限下放至长沙市，并随省发改委下放6项投资项目审批权限。对勘察设计资质审查开展重要岗位效能监察，对燃气、供水两项工作开展立项专项效能监察，年终组织重要岗位效能监督对象述职测评。开展网上政务服务情况电子监察，及时发送"电子监察督办通知单"，定期通报"红黄牌"超时审批情况。对已办结行政审批事项进行抽查回访，提升办事效率和服务质量。

【预防腐败】 组织观看革命传统教育片《先遣连》、廉政教育片《一钱太守》，组织学习《领导干部从政道德启示录》、《领导干部廉洁从政手册》，组织廉政法规知识考试。开展廉政风险防控工作调研督查，组织查找廉政风险点，逐一制定防控措施。加强对行政审批、干部选拔、政府采购等事项的监督，修改完善集体议事规程。畅通投诉渠道，依法依规妥善处理各类投诉举报，并将处理情况及时回复有关部门及投诉举报人。（张磊）

精神文明建设

【突出党的群众路线教育实践活动重点】 深入开群众路线教育实践活动，切实解决群众关心的突出问题。重点在提高行政效能、杜绝"索拿卡要"、规范协会学会、提升服务质量、整治文山会海、增强支部战斗力等六个方面形成整改措施，制定整章建制的制度建设计划表。广泛开展"机关支部联基层"活动，践行党的群众路线。开展"为民务实转作风，勤廉办事树形象"作风建设主题月活动，2013年全厅组织干部深入14个市州、108家企业和193个项目，现场办公、走访慰问、解决问题。此外，厅班子成员还各自联系一个企业、项目或工地，切实倾听民声，掌握民意，解决民需，形成一批调研成果。

【认真组织党组中心组学习】 紧扣住房城乡建设系统实际和全厅中心工作，精心选题，规范内容。设置党的十八大和十八届三中全会以及习近平总书记系列讲话学习专题，提高中心组学习成员认清形势驾驭全局把握方向的能力；联系实际分析问题、解决问题的能力；设置弘扬社会主义核心价值、开展机关文化建设的学习专题，培育和传递机关正能量；设置具有鲜明行业特色的系列学习专题，提高中心组学习的针对性和有效性，有效推动行业发展；设置党风廉政建设和党建研究专题，解决作风问题，严肃政治纪律意识,提高政治素养。组织开展以十八大知识、党章等为主要内容的网上知识竞赛,厅直机关共有171人参加,其中有14人成功闯关并取得满分,湖南省住房和城乡建设厅获评组织奖单位。开展"读有所得·走近梦想"征文比赛活动。

【深化机关和系统文明创建】 厅直机关志愿者登记注册达100%。湖南省住房和城乡建设厅机关被评为2013年湖南省两型示范创建单位。组织开展厅直机关"六五"普法考试。经报省政府批准,由湖南省住房和城乡建设厅和省人社厅联合发文表彰20个"湖南省住房城乡建设系统先进集体",119名"湖南省住房城乡建设系统先进个人",其中39名同志记一等功,80名同志记二等功。株洲市规划局政务服务窗口、岳阳市房地产管理局岳阳楼区分局、常德市屈原公园管理处等8家单位获评2013年省级文明窗口单位,岳麓山风景名胜区麓山景区等5个景区获评2013年省级文明风景旅游区。

【巩固基层党组织建设】 按照创先争优活动长效常态的要求,完成厅直机关支部承诺、党员承诺工作。继续抓好第二轮分类定级和后进党组织的整顿转化工作。巩固基层组织建设成效,按照群众路线教育实践活动要求,以提高支部战斗力为整改方向,健全支部组织生活会制度,严格检查考核,提高支部组织生活会质量。(陈宏)

(湖南省住房和城乡建设厅)

广 东 省

概况

2013年,广东省住房和城乡建设系统认真贯彻落实党的十八大精神和习近平总书记视察广东重要讲话精神,以提高全省城镇化发展水平为主线,加快推进住有所居,提高建筑业综合实力,努力打造"区域协调、城乡一体、集约高效、宜居适度、山清水秀"的城乡建设新局面。

【提高城镇化发展水平】 为落实党的十八大精神,结合广东实际,广东省住房和城乡建设厅着手组织编制《广东省新型城镇化规划(2014—2020年)》,全面探索具有广东特色的新型城镇化道路。贯彻落实省委、省政府《关于进一步促进粤东西北地区振兴发展的决定》,省住房城乡建设厅代拟起草《推动粤东西北地区地级市中心城区扩容提质工作方案》,印发《粤东西北地区地级市中心城区扩容提质目标体系及实施要点》,制订《粤东西北地级市中心城区扩容提质建设规划编制导则(含技术指引)》,结合粤东西北地区各地级市的不同发展阶段和特点,进一步明确各市中心城区扩容提质的地域范围、发展定位、目标任务、近期建设重点等内容。与农业银行广东省分行、国家开发银行广东省分行开展城镇化金融合作,引导各类资金支持广东省新型城镇化和粤东西北扩容提质建设,促成签约22个项目,贷款金额180亿元。与珠海、清远、梅州、汕尾等市签订推进城镇化合作框架协议,省市携手提高城镇化发展水平。完成"十二五"城镇化发展规划中期评估,总结评估实施绩效。在珠三角开展城际轨道交通站点周边TOD综合开发规划,完成第二批7个站场TOD综合开发规划编制工作,创新区域空间发展模式。以珠海市斗门镇为省镇域城乡发展一体化规划编制试点,探索县域城乡发展一体化的途径。推动信息化与城镇化协同发展,着手建设集智慧规划、智慧建造、智慧住房和智慧城乡基础设施于一体的广东省智慧城乡空间信息服务平台。

【推进生态文明建设】 广东省完善绿道网络体系,着力打造绿道网"公共目的地"。截至2013年底,全省共建成绿道9481公里,其中珠三角共建成绿道8298公里,粤东西北累计建成省立绿道1183公里。开展基于国家公园体制的省立公园建设研究,探讨全省建立省立公园的模式和体制机制。在全国率先启动生态控制线划定工作,坚守生态屏障,严控城市建设用地增长边界。2013年11月,广东省人民政府与住房和城乡建设部签订全国首个省部合作的"关于共建低碳生态城市建设示范省合作框架协议"。深圳光明新区、肇庆新区中央绿轴生态城在低碳生态规划管理机制、推进低碳生态试点示范项目建设等方面取得创新经验。

【宜居城乡创建工作】 2013年,广东省继续推动宜居城乡创建活动,全年共创建925个宜居社区、

11个宜居范例、53个宜居示范城镇、142个宜居示范村庄。以创建园林城市为手段提升园林绿化水平，阳江、清远市被评为国家园林城市，台山市被评为省园林城市。全省城市人均公园绿地面积达14.86平方米，比2012年提升0.11平方米。新增51个村庄列入中国传统村落名录。广州市被住房和城乡建设部确定为全国村庄规划编制和信息化建设试点城市。推广县域统筹、整县推进农村生活垃圾处理模式，全省68个县（市）已开工建设或建成生活垃圾无害化填埋场或焚烧厂，1049个建制镇已全部建成一座以上生活垃圾转运站，14万个自然村已全部建成一座以上生活垃圾收集点。

【住房保障和房地产市场调控】《广东省城镇住房保障办法》实施，对城镇住房保障的机构建立、规划和建设、申请和轮候、监督和管理、法律责任等重点环节作出具体规范。全省进一步推进住房保障制度改革创新，基本建立以公租房为主要保障方式的新型住房保障制度。截至2013年底，广东省累计实施住房保障49.3万户，其中实物配租40.5万套；基本建成各类保障性住房建设和棚户区改造53.6万套。全年保障性安居工程新开工各类住房89683套，新基本建成各类保障性住房和棚户区改造143651套，新增租赁补贴8366户，全年共完成保障性安居工程投资226亿元。认真贯彻国家各项房地产市场调控政策，在全国率先转发《国务院办公厅关于继续做好房地产市场调控工作的通知》，提出落实加强房地产市场调控工作的措施，全省商品住房均价8466元/平方米。推进住房信息系统建设，省、市房地产数据中心实现联网。

【建筑业稳步发展】 2013年，广东省住房和城乡建设厅组织开展第二届岭南特色规划与建筑设计评优活动。评优活动设置建筑、规划、街区、园林、乡村民居5个单项奖。共收到申报项目78项，建筑奖40项，园林奖31项，规划奖7项。初步评出建筑奖金奖1项、银奖3项、铜奖7项；园林奖金奖2项、银奖4项、铜奖6项；规划奖银奖2项。广东省内建筑工程获国家最高工程质量奖"鲁班奖"6项、获"国家建筑装饰奖"49项、获"国家建设工程项目'AAA'级安全文明标准化诚信工地"22个、获"广东省建设工程优质奖"113项、获"广东省建设工程金匠奖"58项、获"广东省优秀建筑装饰工程奖"161项。省住房城乡建设厅评选出2013年度"广东省省级工法"208项，10项工程完成新技术应用示范工程的专项验收，47个项目被列入《住房和城乡建设部2013年科学技术项目计划》，发布6项广东省建设行业地方标准。

【建设法制化营商环境】 广东省住房和城乡建设厅推进行政审批制度改革，取消、下放和转移行政审批事项共13项，承接住房城乡建设部下放审批事项1项。建设网上办事大厅，提高企业和个人办事电子化程度，由省住房城乡建设厅审批的企业资质100%实现全过程网上申报审批。推进立法工作，《广东省城乡规划条例》、《广东省城镇住房保障办法》、《广东省绿道建设管理规定》于2013年起实施，《广东省建设工程质量管理条例》已经省人大常委会审议通过，自2014年3月起实施。印发《广东省城乡规划督察办法》，新聘任11位规划督察员，将规划督察范围覆盖全省，将单一巡察的方式改为巡察和派驻相结合。推进行政执法规范化建设，组织编制自由裁量权基准，对各地行政执法工作进行监督核查。组织专业法律法规培训考试，全省住房城乡建设系统共7665名执法人员参加培训考试，通过率为94%。开展建材打假专项行动，立案查处359宗，涉及金额4700万元，遏制假冒伪劣建材产品的生产、销售和使用。（周娟）

政策规章

【《广东省建设工程质量管理条例》颁布】《广东省建设工程质量管理条例》于2013年9月27日经广东省第十二届人民代表大会常务委员会第四次会议第一次修订通过并公布，自2014年3月1日起施行。修订后的条例调整原与上位法规定不一致的地方，补充与国家新出台的工程质量管理制度相衔接的内容，吸收广东省在工程实践中探索出的工程质量管理经验和做法，对建设工程质量管理制度、相关单位与人员质量义务、主管部门监督管理职责、工程质量法律责任等作出明确规定，是广东省加强建设工程质量管理的重要法规依据。

【《广东省城乡规划条例》施行】《广东省城乡规划条例》于2012年11月29日经广东省第十一届人民代表大会常务委员会第三十八次会议审议通过并公布，自2013年5月1日起施行，原《广东省实施〈中华人民共和国城市规划法〉办法》同时废止。《广东省城乡规划条例》对《中华人民共和国城乡规划法》进行细化，结合广东省城乡规划体系的创新成果和管理经验，设定并明确特定地区规划和城镇群协调发展规划的编制、城乡规划委员会审议制度、城乡规划督察员制度和历史文化和自然风貌保护名录等制度，其颁布实施将进一步加强我省城乡规划管理，促进城乡经济社会全面协调可持续发展。

【《广东省绿道建设管理规定》施行】 《广东省绿道建设管理规定》于2013年8月8日经广东省人民政府第十二届8次常务会议通过,自2013年10月1日起施行。在总结广东省绿道规划建设的做法和借鉴国外有益经验的基础上,广东省在全国率先以政府规章的形式出台绿道建设管理方面的规定,从绿道编制规划、实施建设、维护管理、开发利用等环节分别提出规定性工作要求,并明确相关部门的职责,确保全省绿道工作规范、有序开展。

【《广东省城镇住房保障办法》施行】 《广东省城镇住房保障办法》于2013年1月14日经广东省第十一届人民政府第110次常务会议审议通过,自2013年5月1日起施行。《广东省城镇住房保障办法》在管理与监督方面比国家相关规定更为严格和细致,增加保障房轮候期限和回收条件的规定;赋予住房保障主管部门和实施机构更多的监管权力;加重申请者采取不正当手段申请保障房或者租赁补贴等违法行为的处罚。该办法的颁布实施,对保障性住房的规划建设、运营管理,保障对象申请和退出的监督管理等提供法律保障。

【《关于细化广东省建筑市场各方主体不良行为信息公布期限的意见》出台】 2013年6月13日,广东省住房和城乡建设厅印发《关于细化广东省建筑市场各方主体不良行为信息公布期限的意见》,自2013年8月1日起施行。该意见细化广东省建筑市场各方主体不良行为记录信息的具体公布期限,为各地住房和城乡建设行政主管部门发布本辖区建筑市场各方主体不良行为信息和制定诚信体系管理制度提供参考依据,有利于规范广东省建筑市场秩序,营造守信激励、失信惩戒的市场环境。(黎志成)

房地产业

【概况】 2013年,广东省房地产开发投资6519亿元,同比增长21.8%,占全社会固定资产投资比重29%。商品住房销售面积8831万平方米,同比增长23.4%,创历史新高。房地房地产税收收入1486亿元,同比增长16.8%,占全省地税收入29%。房地产各项贷款余额19980亿元,占本外币各项贷款余额的26%。全省商品住房均价8466元/平方米,同比上涨10.4%。

【房地产市场调控】 2013年3月25日,广东省出台《转发国务院办公厅关于继续做好房地产市场调控工作的通知》,提出切实落实政府稳定房价的责任、坚决抑制投资投机购房需求、增加中小套型普通商品住房供应、加快保障性安居工程建设、加强房地产市场监管等五项措施。省住房城乡建设厅会同省高院、省司法厅共同研究提出《在审判执行和办理公证中落实住房限购政策的意见》,进一步完善相关诉讼程序和举证要求,堵塞法律漏洞。3月,广州、深圳市政府分别出台《关于贯彻广东省人民政府办公厅转发国务院办公厅关于继续做好房地产市场调控工作通知的实施意见》、《深圳市人民政府办公厅关于继续做好房地产市场调控工作的通知》。7月,惠州市出台《惠州市人民政府办公室关于继续做好房地产市场调控工作的意见》。10月,深圳市房地产宏观调控领导小组联席会议提出稳定房地产市场的八项措施。11月15日,广州市再次出台《关于进一步做好房地产市场调控工作的意见》,进一步严格房地产市场调控措施。

【推进住房信息系统建设】 截至2013年底,广东省21个地级市及顺德区全面通过政务外网与省房地产数据中心实现系统联网和数据归集;广州、深圳、佛山、河源、阳江、肇庆、茂名、云浮、韶关等城市分别启动对房地产业务信息系统的整合改造,其中河源市、阳江市、肇庆市、茂名市、云浮市、韶关市完成房地产业务管理信息系统的整合改造并上线运行;省房地产数据中心及综合应用服务平台初步建成,实现对各地数据的归集、清洗、抽取和转贮处理,可按地区、房屋类型等不同要素进行统计分析,并基于地理信息系统(GIS)实现按建筑面积、房屋结构、建筑年代等不同指标区间生成相关房屋的区域分布图,为房地产市场调控、分析工作提供数据基础。

【整顿规范房地产市场秩序】 2013年,广东省制订《广东省2013年房地产中介市场专项整治工作方案》,在全省开展房地产中介机构专项治理。据不完全统计,全省已备案经纪机构约4610家,备案分支机构3500家,房地产经纪从业人员约15万人。专项治理重点查处房地产中介机构和经纪人员"诱导、教唆、协助购房人通过伪造证明材料等方式,骗取购房资格、规避限贷"等十种违法违规行为,共抽查经纪机构近3000家,查处违法违规机构150家,查处从业人员违法违规事件90多件。5月,组织各地开展为期一个月的防范打击非法集资宣传教育活动,引导提高社会公众对房地产领域非法集资危害性的认识,营造防范打击非法集资良好社会舆论氛围。8月,组织各地开展为期三个月的涉嫌非法集资广告资讯信息排查清理活动,重点对以销售房地产、产权式商铺名义发布传播的涉及返本销售、售后包租、约定回购、销售房产份额内容的地产广告资讯信息进行排查清理，及时纠正曝光一批违规行为。

【房屋征收补偿工作指导】 2013年3月底，经广东省人民政府同意，省住房城乡建设厅印发《关于实施〈国有土地上房屋征收与补偿条例〉有关具体问题的通知》，对房屋征收补偿工作主体、优先给予住房保障、房地产价格评估机构确定、停产停业损失补偿、条例施行前拆迁项目的衔接工作等方面提出具体要求。7月，印发《广东省国有土地上房屋征收与补偿信息公开指引》。10月，转发住房和城乡建设部《关于进一步加强国有土地上房屋征收与补偿信息公开工作的通知》，指导各地按照规定的公开项目、公开主体、公开范围、公开方式、公开时限做好房屋征收补偿信息公开工作，保障被征收人知情权、参与权。制定《坚决纠正国有土地上房屋征收中损害群众利益行为专项行动方案》，指导全省各地全面落实《国有土地上房屋征收与补偿条例》各项规定，逐步建成决策民主、程序正当、结果公开、公平补偿的国有土地上房屋征收补偿机制，坚决纠正房屋征收中损害群众利益的不正之风和突出问题，切实保障被征收房屋所有权人合法权益。

【住宅产业化基地建设】 2013年，广东万和新电器股份有限公司、深圳中建国际投资（中国）有限公司获得住房和城乡建设部认定的"国家住宅产业化基地"。中建国际投资公司产业化程度和水平在全国处于领先地位，被香港房屋署、屋宇署、渠务署、路政署等多个部门认定为香港混凝土预制构件的合格供应商。深圳龙悦居保障房项目通过"国家康居示范工程"的验收。（张志军）

住房保障

【概况】 截至2013年底，广东省累计实施住房保障49.3万户，其中实物配租40.5万套；基本建成各类保障性住房建设和棚户区改造53.6万套。2013年，广东省保障性安居工程新开工各类住房89683套，其中：广东年新增开工建设经济适用住房702套、公共租赁住房57525套、限价商品房10399套；华侨农场危房改造10524套、城市棚户区9812套、国有工矿棚户区721套；新基本建成各类保障性住房和棚户区改造143651套；新增租赁补贴8366户；全年共完成保障性安居工程投资226亿元。

【《广东省城镇住房保障办法》颁布实施】 根据《广东省城镇住房保障办法》，全省各市、县级人民政府组织开展城镇居民住房状况调查，根据经济社会发展水平和住房保障的需求，组织编制住房保障规划和年度计划；开展多层次住房供应体系研究；建立住房保障土地储备制度，确保用地供应；创新引资模式，鼓励社会资金和社会机构参与建设保障房；向社会公告拟建设的保障房项目的选址地点、规划设计方案和配套设施，并征求公众意见。住房保障申请，由申请人户籍或者就业所在街道办事处或者镇人民政府受理和初审，经住房保障实施机构会同民政等有关部门复审后，报市、县级住房保障主管部门审核。颁布公共租赁住房轮候实施细则，建立住房保障轮候登记册（轮候数据库），将符合条件的申请人按照轮候规则，列入轮候登记册进行轮候，并将轮候信息在当地政府网站公开。根据该办法赋予的监管部门监管权力。各地住房保障主管部门和住房保障实施机构实施监督检查，采取多项措施对采取不正当手段申请保障房或者租赁补贴进行处罚，2013年共清退实物保障户数1603户，租赁补贴3087户。

【保障性安居工程审计及整改】 2012年11月至2013年3月，审计署广州特派办、省审计厅对广东省2012年城镇保障性安居工程（包括廉租住房、公共租赁住房、经济适用住房、限价商品住房和各类棚户区改造等）的投资、建设、分配、后续管理及相关政策执行情况进行审计。审计报告指出省保障性安居工程存在部分地区资金筹集不到位和拨付管理不规范、未及时足额向保障对象发放租赁补贴；部分项目建设单位未严格履行管理责任；部分保障房闲置；个别地区未严格执行税费优惠政策、违规分配和使用保障房等问题。针对审计报告指出的保障性安居工程问题，省住房城乡建设厅及时落实省领导指示精神，多次转发住房城乡建设部要求落实审计发现问题的整改意见，组成专项督查组对有关城市进行督查，认真研究、归纳、分析问题存在的原因，提出整改意见和要求，督促各地按照审计发现的问题进行调查核实，并逐项进行整改。各地采取进一步完善制度建设、细化住房保障分配和退出管理、重新核查保障对象资格、启动行政处理和司法程序、追回违规享受租赁补贴、勒令腾退保障性住房、调整住房保障方式、取消违规保障对象资格、简化手续、加快保障分配、及时拨付资金等一系列的措施，使审计发现的问题得到基本解决，住房保障工作得到进一步规范。

【住房保障支持政策】 2013年，广东省获中央补助公共租赁住房、城市棚户区改造、国有工矿棚户区改造专项资金16.7亿元。"十二五"期间，省财政每年安排公共租赁住房以奖代补资金3亿元支持经济欠发达地区住房保障工作。各地按照住房保障制度改革创新方案的要求，政府提供优惠政策，调动社会力量，吸引社会资金投入，通过发行债券、发放住房公积金贷款、企业代建、组建投融资平台等多种方式参与保障房建设，形成社会力量广泛参与的多渠道筹集保障房建设资金新格局。2013年，全省共完成保障性安居工程建设投资226亿元。省住房城乡建设厅、省国土资源厅等部门编制保障性住房建设用地计划，实行新增用地计划指标单列，并由国土资源部直接核销，确保保障性安居工程的用地需要。各地积极采取多种途径解决用地来源，2013年全省共落实保障性安居工程建设用地215.16公顷。保障性安居工程土地储备制度在大多数地区得到实施。按照特事特办，快事快办的原则，各地开足绿色通道，优化项目审批流程、创新项目招标模式，推行一次性立项、实行并联审批，引入设计施工总承包模式，切实提速提效。

【住房保障信息公开】 2013年，按照广东省人民政府办公厅《关于进一步推进重点领域信息公开的意见》，省住房城乡建设厅制定《关于贯彻推进重点领域信息公开实施方案》，转发《住房城乡建设部关于推进住房保障信息公开工作的实施意见》，并认真贯彻实施。6月，印发《广东省住房保障信息公开指引》，明确全省住房保障信息公开的范围、内容、发布格式、公开的时间节点、公开的渠道等，规范全省保障性住房信息公开工作。10月，检查各地的住房保障信息公开情况并向全省通报，要求各地对存在的问题进行整改。截至12月20日，各地的整改落实基本到位，确保住房保障的信息公开工作顺利规范开展。2013年，全省所有市、县级政府都按照要求公开住房保障政策、保障性安居工程建设、保障房房源、保障对象以及轮候、分配和退出信息，公开住房保障信息4500多条，条目清晰，内容齐整。

【棚户区改造】 2013年7月23日，住房和城乡建设部、国家发展改革委、财政部、国土资源部、农业部、国家林业局等六部委联合召开全国棚户区改造工作电视电话会议，贯彻落实《国务院关于加快棚户区改造工作的意见》，全面部署2013～2017年棚户区改造及相关工作。全国会议后，广东省住房和城乡建设厅、发展改革委、财政厅、国土资源厅、林业厅，省侨办、农垦总局等七部门联合召开贯彻落实会议，就全省开展新一轮棚户区改造工作进行部署。12月18日，广东省政府常务会议原则通过《广东省人民政府关于加快棚户区改造工作的实施意见》。明确全省棚户区改造的范围、适用对象、建设标准和责任主体，着重解决资金筹集、土地供应、税费减免、安置补偿等问题。同时，2013—2017年全省棚户区改造规划和年度计划形成初稿，棚户区改造工作逐步推进。（卓云峰）

公积金管理

【概况】 2013年，广东省住房公积金业务有序开展，各地住房公积金管理中心在继续开展缴存扩面工作的基础上，坚持以民生需求为导向，创新管理机制、完善管理制度、提高服务水平，推进本地区住房公积金管理工作。住房公积金缴存人数与缴存总额稳定增长。截至2013年底，全省应缴职工人数2425.80万人，实际缴存职工人数1139.38万人，实缴人数增长81.89万人，增幅达7.74%。住房公积金覆盖率（期末实缴职工人数/期末应缴职工人数）46.97%。全省缴存总额6109.10亿元，全年新增缴存额1257.81亿元，增幅25.93%，同比增长15.97%。缴存余额2666.33亿元，全年新增余额446.98亿元，同比降低8.1%。个人贷款额与提取额持续增长。截至2013年底，全省住房公积金提取总额3442.77亿元，占住房公积金缴存总额56.35%；全年提取额810.83亿元，增幅达30.81%，同比增长35.59%，占当年缴存额64.46%。全省个人住房公积金发放贷款总额2379.80亿元，累计发放91.82万笔，占缴存总额38.96%，增幅分别为36.34%、22.89%。全年发放个人贷款634.26亿元，17.1万笔，占全年缴存额50.43%，同比增幅为71.73%和35.39%。个人贷款余额1634.73亿元，全年新增余额488.50亿元，增幅42.62%，同比增长90.51%。

【住房公积金贷款支持保障性住房建设试点】 广东省开展住房公积金贷款支持保障性住房建设试点工作。作为试点城市的佛山、江门市建立工作领导小组，由分管副市长担任组长，健全工作协调机构，制订开展项目贷款工作的实施方案，以推进试点工作。截至2013年底，两市的项目资金已根据试点项目工程进度情况逐步拨付，合计1.87亿元，有力支持当地保障性住房建设。住房和城乡建设部试点工作巡查组与全国住房公积金督察员分别于3月、7月和10月到试点城市检查项目进展情况和贷款发放情况。（张文宇）

城乡规划

【粤东西北地区地级市中心城区扩容提质】 广东省住房和城乡建设厅牵头起草《推动粤东西北地区地级市中心城区扩容提质工作方案》，明确粤东西北地区地级市中心城区扩容提质工作的主要目标、进度安排、主要任务、保障措施等内容，并分别于2013年11月5日和12月6日经十二届13次省政府常务会议、省委十一届第60次常委会议审议通过；组织编制《粤东西北地区地级市中心城区扩容提质建设规划编制导则》及其技术指引，科学指导各市中心城区扩容提质的规划建设。加强指导和督促粤东西北各市有序推动中心城区扩容提质工作，制订工作方案和实施纲要，将中心城区扩容提质的工作要求落实到具体行动和重大建设项目中。

【绿道网规划建设】 2013年10月，《广东省绿道建设管理规定》实施，成为全国第一个关于绿道网的省级政府规章。珠三角各市相继出台相关管理办法，探索符合当地实际的管护模式。广东省住房和城乡建设厅制作的《广东·珠三角绿道邮册》于7月初推出。

【低碳生态城市建设】 2013年11月25日，广东省人民政府与住房和城乡建设部在广州共同签署《广东省人民政府 住房和城乡建设部关于共建低碳生态城市建设示范省合作框架协议》，广东省成为全国第一个省部合作创建低碳生态城市建设示范省。广东省住房和城乡建设厅代拟起草广东省人民政府关于推进低碳生态城市建设的政策文件，提出全省生态城市建设的目标要求、工作任务、政策机制和项目库等，探索一条具有时代特征、广东特色的低碳生态发展道路。

【推进珠三角城际轨道站场TOD开发模式】 截至2013年底，广东省住房和城乡建设厅牵头完成珠三角城际轨道主骨架网沿线50余个站点的土地利用情况普查工作。以及两批共13个站场的示范性规划，并着手安排对第三批规划站点的选取、已编站场周边土地控制性详细规划的备案以及总结经验工作，践行低碳、紧凑、便捷、人本的理念，将站点周边地区打造成为新型城镇化的新载体和示范区，为统筹城乡区域发展、加快珠三角一体化进程奠定基础。

【率先启动生态控制线划定工作】 广东省住房和城乡建设厅牵头起草并提请省政府印发《广东省人民政府关于在全省范围内开展生态控制线划定工作的通知》，在全国率先启动生态控制线划定工作。起草制订《广东省生态控制线管理条例》，基本确立生态控制线管理的制度框架。组织编制《广东省城市生态控制线划定工作指引》，为全省各市生态控制性划定工作提供技术支撑。

【促进粤港澳规划合作】 2013年，广东省住房和城乡建设厅筹备《环珠江口宜居湾区重点行动计划》第二轮公众咨询活动。《澳门与珠江口西岸地区发展规划》和《澳珠协同发展规划》进展顺利，经与澳门运输工务司多轮反复的沟通，均完成规划编制成果。启动与世界著名智库美国兰德公司联合开展的《评估生活质量指标，深化大珠江三角洲地区的可持续发展》研究。

【城乡规划编制和审查】 2013年10月11日，《广东省应急避护场所建设规划纲要（2013—2020）》印发实施，成为全国第一个省级应急避护场所专项规划。广东省住房和城乡建设厅先后对《广州市城市总体规划（2011—2020）》、《湛江市城市总体规划（2012—2020）》审查报批工作进行全程跟踪服务、监督和指导；组织开展《汕尾市城市总体规划（2012—2020）》、《肇庆新区城市总体规划2012—2020》、《湛江市东海岛总体规划（2013—2030）》、《雷州市城市总体规划（2010—2020）》、阳春市城市总体规划（2011—2020年）、兴宁市城市总体规划（2010—2020年）以及《开平市城市总体规划纲要（2011—2020）》、《高要市城市总体规划纲要（2012—2020）》和《四会市城市总体规划纲要（2010—2020）》等总体规划编制成果的技术审查，对《梅州市城市总体规划（1993—2015）》、《肇庆市城市总体规划2010—2020》、《台山市城市总体规划（2010—2020）》、《连州市城区总体规划（1993～2015年）》、《南雄市城市总体规划2012—2020》的修改工作提出指导和审查意见。

【加强历史文化和建筑保护】 广东省住房和城乡建设厅会同省文化厅梳理全省历史建筑的保护情况，组织起草《关于进一步加强我省历史建筑保护工作的报告》，对全省历史建筑的保护现状、问题进行全面摸查；代拟形成《广东省人民政府关于加强历史建筑保护的若干意见》初稿。应广东电视台"权威访谈"栏目组的邀请，针对广州的民国建筑金陵台、妙高台被开发商强拆事件，结合全省历史建筑保护的现状及规划，对社会公众进行详细介绍。

【发挥城乡规划先导统筹作用】 广东省住房和城乡建设厅开展重大建设项目的选址意见书的核发工作，全年共依法核发63个建设项目规划选址意见书。对各地上报的"三旧"改造方案进行规划审查，全年共对近700宗"三旧"改造项目提出规划审查意见。推动社区体育公园建设，会同省体育局印发《关于印发广东省社区体育公园试点实施方案的通知》；对社区体育公园试点选取情况进行调研和指导；组织编制《广东省社区体育公园规划建设指引》；12月20日，组织在珠海市召开全省社区体育公园规划建设现场会。加强对产业转移园规划编制的指导工作,全年共完成10个省级产业转移工业园申报认定或规划调整的规划审核。(唐卉)

城市建设与市政公用事业

【推进城乡生活垃圾处理】 2013年,广东省加快推进城乡生活垃圾处理工作,通过强化督办、政策引导、资金补助、技术支持等措施,加快设施建设进度,提高全省生活垃圾处理水平。截至2013年底,全省共建成生活垃圾无害化处理场(厂)76座,处理规模6.2万吨/日,城镇生活垃圾无害化处理率达到82.5%。对比2012年,分别同比增加7座处理设施、0.8万吨/日处理规模。生活垃圾焚烧厂建设运营管理位于全国先进水平,建成生活垃圾焚烧厂21座,处理规模2.4万吨/日,占总处理规模的38.7%,其中3座获评AAA级无害化等级(全国共5座)。

【加快农村生活垃圾处理设施建设】 广东省将建设农村生活垃圾处理设施纳入省政府十件民生实事之一。省领导多次带队督办各地设施建设,多次召开设施建设工作约谈会和项目审批对接会,推动农村生活垃圾处理设施建设。省住房城乡建设厅组织开展现场督办,分片区督查各地工作情况,两次约谈设施建设进度缓慢的地区,协调解决项目建设问题。安排专人落实每日电话督办制度,跟踪落实各地工作进度和协调省直有关部门加快审批进度。开发建立"广东省城乡生活垃圾管理信息系统",对各地农村生活垃圾处理设施建设情况实施动态管理。制定《广东省农村生活垃圾处理设施"一镇一站,一村一点"建设要求》并印发基层,组织宣传小组到基层开展专题宣讲。召开广东省农村生活垃圾处理工作现场会,重点推荐县域统筹、整县推进农村生活垃圾处理工作的具体做法和成功经验。分片区召开"广东省城乡生活垃圾处理设施建设及机械设备使用技术交流会",帮助基层主管部门解决设备选型和设施建设的困难。截至2013年底,全省列入重点督办的71个县(市、区)中,68个已经开工建设,一半以上县(市)建成生活垃圾无害化处理场,"一镇一站"、"一村一点"全部建成并投入运行,初步建成城乡生活垃圾收运处理体系。

【助力新型城镇化建设】 2013年,广东省住房和城乡建设厅牵头加强与金融机构的交流合作,为推进全省新型城镇化建设提供保障。3月28日,省政府与中国农业银行签订《推进新型城镇化建设合作协议》,争取"十二五"期间农业银行向广东省提供1000亿元意向性信用额度,系统性支持城镇化建设项目。8月15日,省人民政府与国家开发银行签订《广东省人民政府国家开发银行开发性金融合作备忘录》。10月14日,省住房城乡建设厅与汕尾市政府、国家开发银行广东省分行签订《加快中心城区扩容提质建设幸福美丽新汕尾新型城镇化开发性金融合作框架协议》,携手合作推进新型城镇化开发性金融合作的项目。全年依据各市上报项目汇总形成892个资金需求达4495.51亿元的新型城镇化建设项目库,并与省农行和国开行及时对接,为助力各市新型城镇化金融贷款提供有力支持。

【园博会参展】 广东省住房和城乡建设厅组织珠三角9市参加第九届中国(北京)国际园林博览会。在原有垃圾填埋场上建起一座具有鲜明特色的"岭南园",得到胡锦涛、李长春、汪洋等国家领导人的高度赞誉。广东省共获得17项奖项,11个单位和44人获奖,囊括该届园博会室外展园类的所有主要奖项,其中广东省人民政府荣获"突出贡献奖","岭南园"获得园博会最高奖项"室外展园综合大奖"。"岭南园"占地1.4万平方米,通过岭南园风格建筑与园林有机结合的实体作品,充分展示岭南园林传统特色和人文风貌,扩大岭南园林的魅力与影响。

【加强排水防涝设施规划建设】 为提高全省城市排水防涝能力,根据《国务院办公厅关于做好城市排水防涝设施建设工作的通知》和广东省人民政府有关工作要求,省住房城乡建设厅代省政府起草完成《广东省人民政府办公厅关于做好城市排水防涝设施建设工作的意见》,报经省政府办公厅印发执行,要求各地开展现状普查、编制专项规划、建设信息化掌控平台、推行低影响开发建设模式、加强排水管理以及加快项目设施建设。

【城市污水处理】 截至2013年年底,广东省建成运营污水处理项目383个,总设计规模2090.01万立方米/日,实际累计处理水量62.1亿立方米。比2012年底,新增污水处理项目13个,新增设计规模60.7万立方米/日。珠三角地区9个城市中心镇全部建成污水处理设施,其中东莞市、中山镇镇建成污水处理设施。

【水质督察和四大流域水质预警系统建设】 2013年,广东省住房和城乡建设厅委托4个国家级监测站、1个省级监测站开展水质督察工作,对151个水样进行106项的全面检测。开展四大流域原水水质监测与污染预警系统建设和运营,已实现上线单位达到28家,设置水质监测点54个,有效提升各大流域内水厂安全防范能力。7月,受广西贺州水污染事件影响，肇庆市封开县境内的贺江段水质出现铊、镉指标超标，省住房城乡建设厅调集广州、深圳多名专家进驻肇庆市，紧急调集应急物资，昼夜开展水污染应急处置，保证当地的供水安全。

【燃气、公园、风景名胜区等专项检查】 2013年，广东省住房和城乡建设厅在全省开展燃气管理安全检查，部署各市开展燃气安全专项排查。组织开展全省城市公园管理专项检查，共检查1924个公园，清查出各地公园运营管理中存在的违规场所3处，全部下达整改通知，限期整改。编制完成《广东省风景名胜区体系规划》征求意见稿，配合住房和城乡建设部完成对国家级风景名胜区的专项检查，明确整改意见，部署开展省级风景名胜区检查工作。

【园林城市城镇创建】 2013年，广东省阳江、清远市通过国家园林城市考核验收，其中阳江市的做法与经验作为创园典范进行宣传推广。台山市通过广东省园林城市验收。截至2013年底，全省共有国家园林城市18个，广东省园林城市7个，全省城市人均公园绿地面积达14.86平方米，比2012年提升0.11平方米。（陈充）

村镇规划建设

【概况】 2013年，广东省建制镇1029个，建成区面积3030.75平方公里，建成区户籍人口1166.07万，建成区暂住人口379.09万，建制镇总体规划覆盖率85.71%。行政村17699个，村庄规划覆盖率54.9%；自然村153621个，村庄规划覆盖率29.52%；村庄现状用地面积9360.30平方公里，村庄户籍人口4419.19万，村庄暂住人口406.94万。村镇建设总投入9478943万元，其中：建制镇5651014万元，村庄3827929万元。截至2013年底，全省村镇住宅建筑总面积达到160835.24平方米，其中：建制镇37358.05平方米（人均住宅面积32.04平方米），村庄123477.19万平方米（人均住宅面积27.94平方米）。全省建制镇公共建筑面积8668.66万平方米、生产性建筑16536.5万平方米，村庄公共建筑面积5617.76万平方米、生产性建筑面积13793.21万平方米。2013年，村镇房屋建筑竣工总面积7011.08万平方米，其中：建制镇3530.87万平方米，村庄3480.21万平方米。截至2013年底，广东省278个中心镇实现总体规划全覆盖，全省中心镇城镇总人口2093万人，国内生产总值（GDP）4495.6亿元，可支配财政收入399.12亿元。

【推进县域城乡发展一体化和新农村建设】 2013年，广东省住房和城乡建设厅组织编制《广东省县域城乡发展一体化规划编制指引》和《广东省村庄规划编制指引》，经过多轮专家论证和修改完善，完成编制工作阶段成果。试点推进县域城乡发展一体化规划编制和新型村庄规划编制：指导佛冈县全域风景化规划建设试点工作，统筹安排建设项目的落实；珠海市斗门镇域城乡发展一体化规划编制工作取得阶段成果；广州市白云区太和镇白山村的新型村庄规划，被住房城乡建设部列入第一批全国村庄规划示范。指导广州市成功申报为全国村庄规划编制和信息化建设试点城市，是住房和城乡建设部确定的唯一试点城市。

【名镇名村建设】 2013年，广东省住房和城乡建设厅与省委农办联合开展第一批广东名镇、名村的审核认定工作。经过各县（市、区）申报、地级市名镇名村建设联席会议初审、省抽样实地考察及组织专家评审，评选出第一批"广东名镇"37个、"广东名村"244个。

【传统村落保护】 2013年，广东省住房和城乡建设厅组织各地级以上市住房城乡建设主管部门完成《中国传统村落档案》建档工作，建立"一村一档"的传统村落档案。指导各地完成传统村落保护发展规划大纲和成果编制，会同省文化厅、省财政厅组织对传统村落科学调查和建立档案的情况进行验收，对传统村落保护发展规划大纲和成果进行技术审查。

【历史文化名镇名村申报】 2013年，广东省住房和城乡建设厅组织开展历史文化名镇名村申报工作，对照《历史文化名镇名村保护规划编制要求（试行）》，对申报村镇的保护规划进行审核，重点审查保护规划成果是否符合《历史文化名镇名村保护规划编制要求（试行）》等。共推荐8个镇、9个村申报第六批中国历史文化名镇名村。（刘子健）

工程建设标准定额

【工程建设标准】 2013年，广东省发布《高层建筑混凝土结构技术规程》、《民用建筑工程室内环境污染控制技术规程》、《静压预制混凝土桩基础技术规程》、《现浇混凝土空心楼盖结构技术规程》、《铝合金模板技术规范》、《建筑工程绿色施工评价标准》6项广东省工程建设地方标准，进一步健全工程建设地方标准体系。下达《广东省桥梁结构健康监测系统技术规程》、《采用大尺度废弃混凝土的组合结构技术规程》、《建筑种植工程技术规范》、《轨道交通运营隧道结构安全评估技术规范》、《地下工程结构抗浮设计标准》、《城市隧道设计规范》、《熔岩地区建筑地基基础技术规范》、《废旧集装箱及集装箱式房屋设计技术规程》、《砂浆与混凝土及制品企业实验室管理规范》、《居住区环境景观评价标准》、《建筑防水工程技术规程》、《高液限土路堤填筑施工技术规范》、《广东省绿色建筑检验标准》、《铝合金门窗工程设计、施工及验收规范》、《预拌砂浆生产与应用技术管理规程》、《广东省绿色校园评价标准》、《广东省智能建筑工程施工与检测验收规范》17项工程建设地方标准的制订（修订）任务。

【工程计价依据体系建设】 2013年，广东省建设工程造价管理总站继续完善建设工程计价依据体系，编制《广东省建设工程设计概算编制办法》和《广东省房屋建筑工程概算定额》，经省住房城乡建设厅批准，于10月21日颁布。编制《广东省城市环境卫生作业综合定额》，填补此项国内空白；编制《广东省建筑节能综合定额》（安装分册），由省住房城乡建设厅于10月印发在省内征求意见。

【建设工程定额人工动态单价管理】 2013年，广东省建设工程造价管理总站就解决定额人工单价与市场扭曲的问题研究确定动态管理制度、典型工程取样、实例测算参数、建立测算模型。9月4日，省住房城乡建设厅颁布《关于加强建设工程定额人工动态单价管理的通知》，统一全省定额人工动态单价的测定和发布的规则，要求各级住房城乡建设行政主管部门密切关注建筑市场人工价格变化情况，通过劳务分包合同备案等多种方式加强市场人工单价信息的监测和管理能力广东省建设工程造价管理总站开发的人工单价动态测算、发布和管理平台开启试运行。

【建筑工程人工成本信息】 2013年，广东省建设工程造价管理总站配合住房城乡建设部开展人工成本信息和住宅造价信息的收集、测算和发布工作，实现每季度上报建筑工种人工成本（人工单价）、建筑工程实物量项目人工单价（实物量单价），每半年上报广州市住宅建安工程造价指标。（张中　刘映）

工程质量安全监督

【建设工程质量】 2013年，广东省纳入质量安全监督的房屋建筑和市政基础设施工程39146项，建筑工程总建筑面积55325.5万平方米，市政工程总长度2979023延米；新开工工程16088项，竣工工程16322项，办理竣工验收备案工程10497项，竣工工程一次通过验收合格率为100%。全省范围未发生质量事故。12月2～10日，省住房城乡建设厅派出5个督查组，对广州、深圳、珠海、韶关、惠州、东莞、中山、江门、清远等市和佛山市顺德区的预拌商品混凝土质量管理工作进行督查，共抽查预拌商品混凝土生产企业20家、在建房屋建筑工程20项，对督查发现的问题责令整改。

【"质量月"活动】 2013年9月，广东省住房城乡建设系统组织开展以"打造经济升级版，实现质量强国梦"为主题的"质量月"活动，公布近三年建筑施工企业获得省级以上工程质量奖项的排名榜，编印《建筑工程质量标语100条》册子。

【施工安全生产】 2013年，广东省住房城乡建设系统发生建筑施工生产安全责任事故19起，死亡18人，未发生较大及以上生产安全事故，全省房屋市政工程施工生产安全责任事故死亡人数占省政府下达的安全生产控制指标的42.9%。全省有22个工地获国家建设工程项目"AAA"级安全文明标准化诚信工地。省住房城乡建设厅印发《全省建筑施工安全生产大检查工作方案》，组织全省住房城乡建设系统6~9月开展建筑施工安全生产大检查，检查范围包括全省所有在建房屋市政工程。按照住房和城乡建设部与省安委会的工作部署，组织全省住房城乡建设系统开展以预防高大模板支撑系统、深基坑坍塌、建筑起重机械伤害为重点的专项整治工作。据统计，全省各地共检查工程12253项，发出限期整改通知书5164份，局部停工通知书587份。省住房城乡建设厅共组织开展4次专项督查，对各地区深入开展建筑施工安全生产大检查、消防安全隐患整治等工作进行综合督查。

【开展保障性安居工程质量监督执法检查】 2013年3~6月，广东省住房和城乡建设厅组织开展全省保障性安居工程和城市轨道交通工程质量安全监督执法检查。全省各地共检查保障性安居工程402项、城市轨道交通工程71项，发现并督促整改质量安全隐患324项。6月4~8日，组织5个督查组，对广州、深圳等8个市开展检查工作进行督查，共抽查保障性安居工程16项、城市轨道交通工程4项，并对检查发现的363项质量安全问题责令整改。6月29日至7月5日，住房和城乡建设部第四督查组对广州、深圳、东莞3市开展保障性安居工程和城市轨道交通工程质量安全监督执法检查工作进行督查。

【安全生产许可证管理】 2013年，广东省共2485家建筑施工企业申请安全生产许可证核发或延期，经审查予以核发或延期的有1696家（核发862家，延期834家），通过率为68.2%。为加强对取得安全生产许可证的建筑施工企业的管理，省住房城乡建设厅对发生生产安全责任事故的11家本省施工企业依法作出暂扣安全生产许可证30天的行政处罚，对发生事故工程的5名项目负责人、5名专职安全员作出收回安全生产考核合格证书的处理，对发生生产安全事故的11家外省施工企业提请其发证机关依法暂扣安全生产许可证。

【施工安全生产动态管理】 2013年，广东省各级住房城乡建设行政主管部门严格执行《广东省住房和城乡建设厅建筑工程安全生产动态管理办法》，对不依法履行安全生产责任的单位和人员实施量化扣分，促进建筑施工、监理企业落实安全生产主体责任。全省各地作出动态扣分记录23626条，对被扣满分的本省企业16名项目负责人和1名安全生产专职管理人员作出收回安全生产考核合格证书的处理，外省企业12名项目负责人和4名安全生产专职管理人员作出暂停在本省工程项目上岗3个月的行政处罚，并对被扣满分的9名注册监理工程师作出暂停上岗执业3个月的行政处罚。

【建筑施工安全生产标准化建设】 2013年，广东省住房和城乡建设厅完成《建筑施工安全生产标准化考评机制研究》课题研究。为使全省建筑施工企业更好地了解掌握施工安全生产标准化的具体内容，省住房城乡建设厅依据住房和城乡建设部颁布实施的《施工企业安全生产评价标准》(JGJ/T 77—2010)、《建筑施工安全检查标准》(JGJ 59—2011)，组织编写20余万字约350张插图的《广东省建筑施工企业安全生产评价操作手册》、《广东省建筑施工安全检查操作手册》，以可供手机、平板电脑下载的电子书和纸质书两种形式，免费派发给各有关单位、在建工地使用。

【"安全生产月"活动】 2013年6月，广东省住房城乡建设系统开展以"强化安全基础、推动安全发展"为主题的"安全生产月"系列活动。省住房城乡建设厅组织安全生产法律法规和有关文件学习，通过广东建设信息网开展建筑施工安全生产知识有奖问答活动，编印《建筑施工安全生产标语200条》，公布近三年在创建"AAA"安全生产文明施工标准化工地和广东省房屋市政工程安全生产文明施工示范工地(优良样板工地)名列前茅的建筑施工企业排行榜，在东莞市一在建工程召开全省建筑安全生产文明施工现场会，组织召开部分地区建筑施工安全监管工作座谈会。（赵航）

建筑市场

【概况】 2013年，广东省建筑业企业5391家，施工总承包企业3050家、专业承包1925家、劳务分包416家；特级资质企业7家，一级资质企业822家。从业人员期末人数2377284人，同比增长13.4%。签订合同额达到17237.6亿元，同比增长18.8%；完成建筑业总产值7722.27亿元，同比增长19.4%；房屋建筑工程施工面积52909万平方米，同比增长24.3%；实现利润总额370.8亿元，同比增长18.1%；利税总额646.27亿元，同比增长18.9%。全省勘察设计企业有1826家，年末工程勘察设计行业从业人员37.57万人，全年营业收入2440.84亿元，同比增长12%。全省勘察设计企业全年共完成工程勘察设计合同额372.38亿元，与2012年持平，其中工程勘察完成合同额51.37亿元，工程设计完成合同额321.01亿元。全年施工图设计完成投资额8629.61亿元，同比增长46%。全省施工图设计文件审查机构77家，其中机构类别为一类的56家，二类的21家；拥有房屋建筑工程设计文件审查资格的有73家，拥有市政基础设施工程设计文件审查资格的有32家，拥有工程勘察文件审查资格的有3家，同时拥有房屋建筑工程和市政基础设施工程设计文件审查资格的27家。全省工程建设监理企业有477家，其中综合资质企业13家，甲级资质企业237家，乙级资质企业157家。全年工程监理营业收入约77.16亿元，同比增长14.63%。全省建设行业注册执业人数115063人，其中一级注册建筑师1855人，二级注册建筑师2452人，一级注册结构工程师2806人，二级注册结构工程师953人，一级注册建造师25732人，二级注册建造师48719人（一、二级注册建筑师、结构工程师人数不含深圳市），注册监理工程师11693人，注册造价工程师10174人，注册房地产估价师3151人，注册城市规划师1791人，注册土木工程师（岩土）923人，注册公用设备工程师1457人，注册电气工程师1130人，注册化工工程师88人，注册物业管理师2139人。全年全省受理执业资格注册申请55651人次，较上年增加5156人次，增长10.21%。其中初始注册14711人次，变更注册15124人次，延续注册17558人次（上述一、二级建筑师、结构工程师数据均不含深圳市）。

【项目信息公开和诚信体系建设】 截至2013年底，广东省住房和城乡建设厅工程建设领域项目信息公开专栏共收录60多万条信息。通过信息公开，初步实现全省范围内工程建设项目信息和信用信息的互联共享，建设领域信用环境明显优化。省住房城乡建设厅发出《关于开展全省工程项目中心数据库基础数据同步归集工作的通知》，启动全省建设工程交易项目数据库建设。根据所归集的数据，在广东建设信息网构建"广东省工程项目交易库"平台，对交易项目信息予以公布。2013年年底公布中标项目56000多个，基本实现对各地工程项目信息基础数据库的整合及发布，做到建筑市场与现场的联动、准入管理与清出管理并重、资质资格审批管理与后续动态管理并重，促进各地诚信信息互通、互用和互认，推动建立有效的诚信激励和失信惩戒机制。

【建筑业企业资质动态核查】 2013年，广东省住房和城乡建设厅根据《建筑业企业（单位）资质许可后核查工作实施方案》，组织开展三批建筑业企业资质动态核查，分别对全省部分监理、设计与施工一体化、施工企业进行资质动态核查，共核查企业238家，发出整改通知书185份，撤回3家建筑施工企业的资质。

【规范工程交易市场】 2013年，广东省住房和城乡建设厅出台《广东省住房和城乡建设厅关于加强建设工程交易中心规范化管理的意见》，编制《广东省建设工程交易工作规程（试行）》和《广东省建设工程交易场所设施设置标准（试行）》，为各交易市场规范工作规程和提高服务质量提出标准要求。意见出台后，各地工程交易市场均不断完善自身软件和硬件建设，规范管理工作，强化对招投标行为的监督。2013年10月10日，省住房城乡建设厅印发《关于开展工程建设交易平台和公共资源交易市场工程交易平台招投标行为专项检查的通知》，在全省进行工程招投标活动专项检查，要求各级建设主管部门对本地区的交易平台建设及开展情况进行自我清理、自我检查。省住房和城乡建设厅根据各市自查的情况，抽检韶关、汕尾、江门、阳江、湛江、茂名、清远、揭阳8市的相关工作。

【查处违法违规案件】 2013年，广东省各级住房城乡建设部门加大对建筑业企业违法违规行为的查处，共作出警告罚款处罚120家、通报批评617家、暂停招投标229家，进一步维护建筑市场秩序。其中，在省住房城乡建设厅的督办下，东莞市立案查处该市沙田镇立沙安置区农民公寓工程重特大串通投标案，对参与串标的23家建筑企业，分别作出1~2年内取消其在东莞市依法必须进行招标项目的投标资格的行政处罚，并将涉嫌违法的人员移交司法机关处理。广州市对2012年以来的15个工程项目的违法行为进行立案查处，分别对28家建筑企业、11名人员作出处罚，行政处罚罚款金额1749万元。深圳市对发生违法发包的建设单位（个人）处罚4起，处罚总金额79.89万元，对发生转包、违法分包的2家施工单位进行处罚，处罚金额15.25万元。

【开展守信激励失信惩戒试点工作】 2013年，广州、惠州、肇庆市开展守信激励失信惩戒诚信体系建设试点工作。广州逐步调整诚信评分标准，降低对市外企业的进入门槛；惠州改变原来市场与现场较为隔离的管理，进一步加强工程招投标与现场管理的联动；肇庆创新出台工程建设诚信信用管理办法，对建筑从业主体进行量化信用评分。

【省外进粤建筑企业监管】 广东省住房和城乡建设厅对省外进入广东省行政区域从事城乡规划编制、房屋建筑和市政基础设施建设活动的建设工程企业和人员实施信息备案制度，打破"重准入、轻清出"的管理惯性，建立"企业登记、省级备案、市级管理、一地清出、全省清出"的动态联动管理机制，提高打击省外企业违法违规行为的精度，对净化省建筑市场起到积极作用。截至2013年12月底，在省住房城乡建设厅备案平台办理备案的省外建设工程企业达1921家，人员39062人。

【建筑业转型升级研究】 2013年6月，广东省住房和城乡建设厅赴江苏省进行建筑业转型升级调研，与省建工集团、广州市建筑集团以及省社科院联合完成《新型城镇化背景下的广东建筑业转型发展研究》课题，提出"加快建筑业转型发展，建设美丽广东"战略，建议要创新、调整产业政策，重振产业雄风；加强优化整合，实施创新战略，做强建筑企业；实施"走出去"战略，构建建筑业内外兼修的开放体系；实施人才战略，构建世界一流的建筑产业人才队伍。在课题研究的基础上，初步编制《广东省2013—2021年建筑业产业发展规划》、《2013年广东省建筑市场管理体制改革实施方案》以及《2014—2015年广东省建筑市场管理体制创新工作思路》。

【开展省级工法评审】 2013年1月，广东省住房和城乡建设厅部署开展"2012年度省级工法评审"工作，并委托省建筑业协会组织专家评审和评审委员会审议，评出208项工法为"2012年度广东省省级工法"。11月，按住房和城乡建设部通知精神，从全省2011~2012年度的358项省级工法中择优推荐55项参加国家级工法评选，同时推荐21名专家参加国家级工法评审工作。

【《岭南近现代建筑》图册编辑】 广东省住房和城乡建设厅在全省范围内组织开展"岭南近现代建筑"资料册的编辑整理工作。全省22个分册（含顺德区）电子书均在广东建设信息网发布。该图册囊括广东省内自鸦片战争到新中国成立，全省22个地市（含顺德区）的优秀建筑实例，系统记录广东省岭南近现代建筑的现状，构建全省岭南近现代历史建筑的保护目录档案，并通过对不同地域、不同类型优秀建筑实例的创作背景和建筑形态分析，完整展现"岭南建筑学派"形成的历史基础和历史轨迹，促进对岭南建筑文化的传承和保护。

【大中型建设项目初步设计审查】 2013年，广东省住房和城乡建设厅贯彻落实《广东省建设工程勘察设计管理条例》，强化对大中型建设工程项目初步设计文件的审查管理，全年对广东电网生产调度中心等26个房屋建筑项目（建筑面积约130万平方米）初步设计进行审批，批复广东电网公司和广州电网公司组织审查的电网初步设计项目29项。

【勘察设计执法检查】 2013年5月，广东省住房和城乡建设厅开展全省保障性安居工程和城市轨道交通工程的质量监督执法检查工作，并组成检查督查组对部分城市进行督查，重点对工程勘察设计质量进行监督执法检查。2013年9月，发出《关于开展2013年度全省工程勘察、设计和施工图审查检查的通知》，布置开展有关全省勘察设计、施工图审查的专项检查。省住房城乡建设厅根据各市自查的情况，抽检韶关、汕尾、江门、阳江、湛江、茂名、清远、揭阳等8市的相关工作。通过专项检查，促使各级住房城乡建设主管部门梳理本地有关勘察设计的管理文件，对照国家和省的相关规定、标准，修改与国家和省管理规定不一致的管理文件。加强对施工图审查等人员的培训，切实把好勘察、施工图设计审查关，严格落实工程建设项目先勘察、后设计、再施工的基本建设程序。

【广东省超限高层建筑工程抗震设防审查专家委员会换届】 广东省住房和城乡建设厅推动广东省超限高层建筑工程抗震设防审查专家委员会换届工作，成立由57名委员组成的广东省第四届超限高层建筑工程抗震设防审查专家委员会。换届工作在注重专家人选的专业理论水平和工程实践经验前提下，充实部分40岁左右的中青年专家，为稳定全省超限高层建筑工程抗震设防专项审查专家队伍，保证审查质量奠定基础。

【推进粤港澳合作】 2013年，广东省住房和城乡建设厅牵头编制《粤港澳服务贸易自由化规划》有关建筑服务和公用事业相关内容，进一步规划建设从业人员注册执业、房地产以及公用事业方面贸易自由化。征得住房和城乡建设部同意，对取得内地注册监理工程师、建筑师资格的香港、澳门专业人士可在粤注册执业，并可作为广东省内工程设计企业申报企业资质所要求的注册执业人员予以认定。通过考试取得内地注册结构工程师等5项资格的香港、澳门专业人士在粤注册执业，并可作为广东省内工程设计企业申报企业资质所要求的注册执业人员予以认定。截至2013年底，香港专业人士已有2名监理工程师、13名房地产估价师、11名建筑师、74名造价工程师在广东成功注册执业。（何志坚）

建筑节能与科技

【概况】 2013年，广东省全年新增节能建筑面积约10818万平方米，约形成102万吨标准煤的节能能力；完成既有建筑节能改造450.37万平方米；全年共完成90个绿色建筑评价标识项目，新增绿色建筑1143万平方米，超额完成1000万平方米的年度计划；新增城镇太阳能光热建筑应用面积556.54万平方米，新增光电建筑应用装机容量达68.1兆瓦；新型墙材应用总量达到125亿块标准砖，约占墙体材料使用总量的80%；全年节约能源344.97万吨标准煤，减排二氧化碳896.92万吨。

【建筑节能】 2013年，广东省住房和城乡建设厅制定出台《广东省2013年建筑节能工作要点》。组织完成《建筑工程绿色施工评价标准》、《广东省绿色建筑设计标准》编制，启动《广东省绿色建筑检验标准》、《广东省绿色校园评价标准》的编制工作，开展第二批绿色建筑评价标识专家的遴选和培训工作。会同省财政厅出台《关于组织申报2013年度省节能专项资金（建筑节能）项目的通知》，完成2013年度省节能专项资金（建筑节能）专项申报、评审、项目计划公示和资金下达工作，支持绿色建筑、建筑能耗监管平台建设及可再生能源建筑应用示范等24个相关示范项目的建设，省财政补贴资金达2830万元。协助省科技厅完成2013年广东省省级科技计划项目（第六批）的申报评审及审查工作。会同省科技厅开展第二批广东省绿色低碳技术和产品推广目录的申报、评审及发布工作，列入目录的低碳技术和产品共45项。继续贯彻落实《关于认真落实建设用地用电指标有关问题的通知》，在确立珠海、惠州、东莞市的基础上，新增梅州市、河源市、阳江市为规划用地用电指标试点城市。梅州市根据规划用地用电指标限额，开展深化设计和指标试行体系构建工作。阳江市会同电力部门颁布规划用地用电指标限额标准管理办法并已开始实施。指导梅州市、揭西县、蕉岭县加快推进可再生能源建筑应用示范市、县建设工作，梅州市、蕉岭县新增可再生能源建筑应用面积达180万平方米。

【建筑节能与绿色建筑发展检查】 2013年10月至11月,广东省住房和城乡建设厅组织全省建筑节能与绿色建筑发展检查工作,抽查韶关、河源、梅州、惠州、阳江、湛江、茂名、肇庆、清远9个地级市。省、市检查组累计抽查工程项目达1291个,建筑面积达4420万平方米。对违反相关标准的76个项目下发执法建议书,占全部检查项目的5.8%。据统计,全省新建建筑节能国家强制性标准执行率达99.3%。组织全省各地建设主管部门在辖区范围内积极开展能耗统计和能效公示工作,确立广东省省级建筑能耗监测平台优化及推广应用、广州市公共建筑能耗监测平台建设、东莞市建筑能耗监测平台为省级平台建设示范,省财政补贴500万元资金。全省共完成国家机关办公建筑和大型公共建筑能耗统计5137栋,能源审计1068栋,能耗公示3380栋,对604栋建筑开展能耗动态监测。其中已纳入住房城乡建设部民用建筑能耗统计信息系统报送的国家机关办公建筑和大型公共建筑达2662栋,总建筑面积达10003.66万平方米。

【建设科技】 2013年,广东省住房和城乡建设厅组织完成各类建设科技成果鉴定266项。其中,"铰接双槽钢屈曲约束支撑的开发和应用"和"明挖地铁站楼面板台车钢模体系施工关键技术研究"等11项科技成果达到国际先进水平,达到国内领先水平的项目共计152项,达国内先进水平的项目共计98项,达省内领先水平的项目共计3项,达省内先进水平的项目共计2项。完成一批省部科技立项。审核推荐2013年住房和城乡建设部科技计划项目83项,其中47个项目被批准列入计划,审核推荐省科技计划项目16项。完成住房城乡建设部科技计划项目验收8项。审核推荐省科学技术奖项目14项,审核推荐华夏科技奖项目27项,其中有8项获奖。(刘映)

建设人事教育工作

【建设教育培训工作】 2013年12月16~20日,广东省住房和城乡建设厅联合省委组织部、省国土资源厅、省环境保护厅在珠海举办第十五期市长(书记)城建专题研究班,邀请英国、西班牙等外国专家授课,参加培训的学员有各地级以上市和部分县级市市长(书记)、部分地级以上市辖区区长(书记)共39人。研究班紧扣"实施新型城镇化战略,建设美丽广东"设置7个专题,分别由住房和城乡建设部城市建设司副司长李如生、英国伦敦市长顾问、伦敦大学教授和西班牙萨拉戈萨生态城负责人等7位国内外知名专家、领导授课,并参观珠海市城市建设,进一步提高省内各级党委、政府科学推进新型城镇化建设的理论水平和决策能力。

【专业技术人员继续教育培训】 2013年,广东省住房和城乡建设厅因地制宜在广州、惠州、湛江和汕头等5个片区举办14期高级技术研修班,共培训3893人,提高全省建设行业专业技术人员队伍整体竞争力。

【职业技能培训与鉴定】 2013年,广东省住房和城乡建设厅继续组织开展一线生产操作人员职业技能培训与鉴定工作,全年通过培训取得《职业资格证书》的人员达16860人次,其中初级工5926人,中级工7987人,高级工2947人。

【现场专业人员岗位培训】 根据住房和城乡建设部有关要求,加强施工现场专业人员岗位培训管理,更新岗位培训相关教学大纲及试题库,进一步规范考核及证书的发放工作,全年考取各专业岗位培训证书共26324人。(李朝)

大事记

1月

21日 全省住房城乡建设工作会议在广州召开。会议总结2012年全省住房城乡建设工作,部署2013年工作,广东省副省长许瑞生参加会议,并代表省政府与各地级以上市和佛山顺德区人民政府签订2013年度住房保障目标责任书。

25日 广东省省长朱小丹代表省政府向省人民代表大会作政府工作报告,将加强住房保障列入省十件民生实事:即新开工建设保障性住房和棚户区改造78388套、新增租赁补贴5028户、基本建成保障性住房115931套,建设渔民保障性安居房533套。

29日 《广东省城镇住房保障办法》(粤府令第181号)发布,自2013年5月1日起实施。

2月

7日 《广东省人民政府转发国务院关于执行〈全国人民代表大会常务委员会关于授权国务院在广东暂停调整部分法律规定的行政审批的决定〉的通知》印发,根据2012年12月28日第十一届全国人民代表大会常务委员会第十三次会议决定:授权国务院在广东省暂时调整部分法律规定的行政审批。其中,原由广东省住房和城乡建设厅负责的工程建设项目招标代理机构乙级和暂定级资格认定,城乡规划编制单位乙级和丙级资质认定,工程监理企业专业乙级和丙级资质认定,二级注册建筑师、二级勘察设计注册工程师、二级注册建造师资格注册核准等四项行政审批事项暂时停止实施，将交由具备条件的行业协会实行自律管理。

28日 广东省城乡规划设计研究院设计的揭阳潮汕机场建设工程项目因档案收集、整理和移交工作表现突出，档案准确、齐全、完整和规范，获广东省档案局授予"广东省重大建设项目档案金册奖"。

3月

8日 广东省住房和城乡建设厅与香港发展局局长陈茂波一行在省住房城乡建设厅就CEPA框架下的建筑市场准入、专业人员资格互认及注册、两地建筑业合作等事项进行交流。

25日 经广东省政府同意，省住房城乡建设厅印发《关于实施〈国有土地上房屋征收与补偿条例〉有关具体问题的通知》。

26～30日 住房和城乡建设部副部长陈大卫到广东省汕头、梅州、潮州、揭阳市调研，听取各类单位、缴存职工、未缴存职工、地方政府和公积金中心对完善住房公积金制度的意见和建议。省住房城乡建设厅巡视员刘锦红陪同调研。

28日 广东省第十二届人民代表大会常务委员会第一次会议审议通过（粤常〔2013〕6号），任命：王芃为广东省住房和城乡建设厅厅长。

28日 广东省政府与中国农业银行签订《推进新型城镇化建设合作协议》，争取"十二五"期间农业银行向广东省提供1000亿元意向性信用额度，系统性支持城镇化建设项目。

4月

1日 广东省城乡生活垃圾管理信息系统正式上线运行。

27日 广东省庆祝五一国际劳动节暨劳模表彰大会在广州举行。广东省城乡规划设计研究院城市发展研究中心获"广东省工人先锋号"荣誉称号。

5月

1日 《广东省城乡规划条例》施行。

5日 由广东省建筑设计研究院研发的《广州白云机场航站楼钢结构设计关键技术研究与应用》获广东省科学技术三等奖。

7日 广东省委常委、省纪委书记黄先耀到省住房城乡建设厅开展党风廉政建设专题调研，检查对外办事窗口，对窗口建设工作给予肯定和勉励。省住房城乡建设厅党组书记、厅长王芃、党组成员、巡视员陈承旗陪同调研。

10日 广东省常务副省长徐少华在省住房城乡建设厅简报《建设企业资质申报事项网上办理率达100%——广东省住房和城乡建设厅行政审批信息化工作取得阶段性成果》批示：省住房和城乡建设厅积极响应和认真落实省委省政府的决策部署，全力推动网上办事上线办理率提高到100%，值得充分肯定。

13日 响应住房和城乡建设部规划司及四川省住房和城乡建设厅支援"4.20"芦山7.0级地震灾后恢复重建要求，根据广东省住房和城乡建设厅部署，省城乡规划设计研究院院长曾宪川带领前期工作组赴雅安市汉源县灾区现场开展调研工作，在灾后恢复重建工作动员会提出"切实行动，注重成效；协调安排，突出重点；做好准备，注意安全；保证质量，确保进度。"等四点工作要求。

18日至11月18日 第九届中国（北京）国际园林博览会在北京召开。广东省在280天内高效高质建成的"岭南园"设有十景，造园工艺集传统岭南造园要素之精华，建筑轻巧通透，整体风格明快婉约。

24日 广东省政府印发《绿道网建设2013年工作要点》，明确2013年全省绿道网建设的工作重点。

30日 广东省住房和城乡建设厅与清远市人民政府在清远共同签署"加快中心城区扩容提质，建设幸福美丽新清远"合作框架协议。

6月

15日 广东省住房和城乡建设厅联合省科技厅在广州天河体育中心举办以"绿色建筑低碳生活"为主题的大型户外普法宣传活动，省人大环资委、省普法办、省法制办以及省科技厅、省住房城乡建设厅领导出席宣传活动启动仪式，印发建筑节能普法宣传手册及挂图免费派发给群众及各地市，为提高全社会的建筑节能意识发挥了重要作用。

16日 广东省住房和城乡建设厅印发《住房保障信息公开指引》，统一住房保障信息公开的格式、内容、时间。

7月

5日 住房和城乡建设部城市轨道交通工程和保障性安居工程质量安全监督执法检查第四检查组到广东省开展城市轨道交通工程和保障性安居工程质量安全监督执法检查，随机检查广州、深圳、东莞三市在建城市轨道交通工程9项、保障性安居工程6项。

10日 广东省住房和城乡建设厅成立党的群众路线教育实践活动领导小组，负责部署指导、统筹推进厅机关和直属各单位教育实践活动，领导小组下设办公室，负责教育实践活动的组织协调、计划安排和宣传报道等日常工作。

12日 《广东省住房和城乡建设厅深入开展党的群众路线教育实践活动的实施方案》印发，确立开展党的群众路线教育实践活动的指导思想和基本原则，明确目标任务和着力重点，部署活动具体步骤和安排。

15日 广东省住房和城乡建设厅召开党的群众路线教育实践活动动员大会，党组书记、厅长王芃作动员部署，省委第十三督导组组长陈文杰到会指导。

18日 经广东省住房和城乡建设厅推动，国家开发银行广东省分行、中国农业银行广东省分行在广州分别与11个地级市签订粤东西北地级市中心城区扩容提质金融合作第一批项目贷款协议，涉及22个项目，总投资308.8亿元，贷款额度180亿元。广东省人民政府副省长许瑞生，国家开发银行广东省分行行长吴德礼、中国农业银行广东省分行行长袁明男、省住房城乡建设厅厅长王芃参加签约仪式。

19日至9月15日 经广东省质量技术监督局计量认证扩项评审，广东省建设工程质量安全监督检测总站检测能力达到11大类、228项目、2668各参数。成为全国最大的建设工程质量检测机构之一。

22日 广东省机构编制委员会办公室《关于调整省住房城乡建设厅内设机构职责问题的函》通知，同意省住房城乡建设厅科技教育处更名为"科技信息处"。将办公室"信息、电子政务"职责划入科技信息处。

22日 广东省住房和城乡建设厅成立督导组，对省住房城乡建设厅党的群众路线教育实践活动进行全程督促检查。

25日 中共广东省委、广东省人民政府印发《关于进一步促进粤东西北地区振兴发展的决定》。

8月

1日 践行党的群众路线教育活动，广东省住房和城乡建设厅党组书记、厅长王芃以普通工作人员的身份到厅对外办事窗口体验服务。

2日 中共广东省委组织部粤组干〔2013〕676、677号文批准，郭壮狮任省住房城乡建设厅党组成员，为副厅级干部。

5日 广东省委常委、珠海市委书记李嘉到省住房城乡建设厅检查指导党的群众路线教育实践活动，深入调查研究谋划新型城镇化。

6～9日 住房和城乡建设部组织专家组对清远市、阳江市创建国家园林城市进行现场考核验收，两市通过验收并被命名"国家园林城市"。

8日 由广东省住房和城乡建设厅起草的《广东省绿道网建设管理规定》经广东省人民政府第十二届8次常务会议通过，自2013年10月1日起施行，成为全国首个关于绿道的省级政府规章。

15日 广东省政府与国家开发银行签订《广东省人民政府国家开发银行开发性金融合作备忘录》，就开发性金融支持广东新型城镇化建设达成共识。广东省省长朱小丹和国家开发银行董事长胡怀邦出席签约仪式。

15日 广东省住房和城乡建设厅党组书记、厅长王芃以"接地气·扬正气·有底气"为题亲授党课，理论联系实践，全面深刻阐述在新的历史起点上，如何更加深入地贯彻落实党的群众路线。

23日 广东省住房和城乡建设厅党组向全省住房城乡建设系统和社会各界公开作出"八项承诺"，深入贯彻党的群众路线，切实加强作风建设。

9月

12日 全省住房城乡建设系统党风廉政建设工作座谈会在广州召开。

14日 根据《取得内地一级注册建筑师互认资格的香港建筑师在广东省注册执业管理办法》和《取得内地一级注册结构工程师互认资格的香港结构工程师在广东省注册执业管理办法》的规定，广东省住房和城乡建设厅在广州举办2013年度面向香港建筑师、结构工程师的法规测试，共有57名香港建筑师、结构工程师通过测试。

24日 受广东省政府委托，省住房城乡建设厅厅长王芃代表省政府在省十二届人大常委会第四次会议上作《关于加强我省农村垃圾管理情况的报告》。

25日 广东省十二届人大常委会第四次会议召开联组会议，就全省农村垃圾管理向省政府开展专题询问。省人大常委会主任黄龙云主持会议，省委常委、省政府常务副省长徐少华出席会议并讲话，省住房城乡建设厅厅长王芃及省财政厅厅长曾志权、国土资源厅厅长邬公权、省物价局局长林积回答询问。省人大各专门委员会，常委会工作委员会负责同志出席联组会。

27日 《广东省建设工程质量管理条例》经广东省第十二届人民代表大会常务委员会第四次会议第一次修订通过并公布，自2014年3月1日起施行。

30日 广东省副省长许瑞生率领省府办公厅、省住房城乡建设厅等有关部门指导检查东莞市"生态优先、以绿为基、以水为源"的环境修复策略实施情况、历史建筑保护工作，并督促农村生活垃圾管理工作。

10月

10日　广东省政府印发《关于在全省范围内开展生态控制线划定工作的通知》，要求各地级以上市政府组织全面开展本地区生态控制线划定工作，确保在2014年底前完成生态控制线划定。

11日　广东省政府印发实施《广东省应急避护场所建设规划纲要（2013—2020年）》，是全国第一个省级应急避护场所专项规划。

12日　广东省建筑设计研究院结构副总工程师罗赤宇获第五届荔湾区十大杰出青年。

12~13日　广东省住房和城乡建设厅党组召开党的群众路线教育实践活动党员领导干部专题民主生活会，以为民务实清廉为主题，查摆形式主义、官僚主义、享乐主义和奢靡之风问题，以整风精神开展批评和自我批评。广东省委常委、珠海市委书记李嘉到会指导并提出要求。

14日　广东省住房和城乡建设厅、汕尾市人民政府国家开发银行广东省分行、在广州共同签署"加快中心城区扩容提质建设幸福美丽新汕尾新型城镇化开发性金融合作框架协议"，是全省第一个由省直部门、地方政府与金融机构三方携手合作的开发性金融合作框架协议。省住房城乡建设厅厅长王芃、汕尾市市长吴紫骊、国家开发银行广东省分行行长吴德礼参加签约仪式。

23日　为庆祝广东省环卫工人节设立20周年纪念日（2013年10月26日），全省环卫工作表扬会和全省环卫工人代表座谈会相继在广州市召开，受广东省副省长许瑞生委托，时任省政府副秘书长罗欧出席会议并讲话。下午罗欧带队赴广州市慰问环卫工人，省住房城乡建设厅，广州市政府有关负责同志参加调研。

11月

1日　2013年全国优秀工程勘察设计行业奖评审结果揭晓，广东省建筑设计研究院共有16个项目获奖，其中一等奖项目3项，二等奖项目6项，三等奖项目7项。

4~8日，中纪委派驻住房和城乡建设部纪检组长杜鹃带队到广东对全省住房城乡建设系统开展廉政风险防控工作进行调研督导。

5日　广东省政府第十二届13次常务会议审议通过《推动粤东西北地区地级市中心城区扩容提质工作方案》。

5日　由中国建筑学会主办的2013中国建筑设计奖评选结果揭晓，广东省建筑设计研究院共有5个项目获中国建筑设计奖建筑结构银奖，1个项目获中国建筑设计奖建筑给水排水银奖。

11日　《广东省人民政府办公厅关于印发广东省绿色建筑行动实施方案的通知》发布实施，确定全省发展绿色建筑的十项重点任务，推进绿色建筑和建筑节能的发展。

15日　为进一步推进行政审批制度改革，简化审批流程，提高审批效能和审批透明度，根据《广东省住房和城乡建设厅关于推行工程勘察设计企业和建筑业企业资质申报电子化的通知》要求，即日起推行由省住房城乡建设厅负责核准的工程勘察、工程设计企业资质、建筑业企业资质申报电子化。

18日　第九届中国（北京）国际园林博览会闭幕。广东省建造的"岭南园"共获得17项奖项，11个单位和44人获奖，囊括本届园博会室外展园类的所有主要奖项。其中广东省人民政府荣获"突出贡献奖"，"岭南园"获得园博会最高奖项"室外展园综合大奖"、"展园设计大奖"和"展园施工大奖"。

21日　广东省城乡规划设计研究院组织申报的七项实用新型专利和三项计算机软件著作权分别通过国家知识产权局和国家版权局审核，并授予专利权和著作权。

25日　广东省政府与住房和城乡建设部在广州举行《广东省人民政府 住房和城乡建设部关于共建低碳生态城市建设示范省合作框架协议》签约仪式。根据协议，广东省政府与住房和城乡建设部将在推动城乡规划创新转型、加强城市基础设施建设、实施绿色建筑行动计划、改革创新体制机制等领域全面深化省部合作。

12月

2日　根据《广东省住房和城乡建设厅关于报部审批的工程监理企业资质和工程招标注代理机构资格实行电子化申报的通知》，即日起，凡申报住房和城乡建设部审批的工程监理企业资和招标代理机构资格的新申请、升级、增项和重新核定事项，实行网上电子化申报。

4日　经广东省人民政府同意，省住房城乡建设厅重新修订并印发《广东省住房保障工作目标责任量化考核评分细则》。

5日　广东省住房和城乡建设厅、国家开发银行广东省分行、梅州市人民政府在广州共同签署"加快新型城镇化 推动梅州振兴发展"合作框架协议。

6日　中共广东省委十一届第60次常委会议审议通过《推动粤东西北地区地级市中心城区扩容提

质工作方案》。

11～13日 2013中国广州国际绿色建筑与节能展览会在广州琶洲保利世贸博览馆召开。

13日 澳门运输工务司司长办与澳门经济建设协进会在澳门举办"港珠澳大桥通行——推动澳门与珠江西岸城市建设和合作研讨会",广东省政府及珠海、江门等地市政府代表参会。

16～20日 广东省住房和城乡建设厅联合省委组织部、省国土资源厅和省环境保护厅在珠海市举办第十五期市长(书记)城建专题研究班,各地级以上市和部分县级市市长(书记)和部分地级以上市辖区区长(书记)共39人参加。

18日 广东省住房和城乡建设厅授予第九届中国(北京)国际园林博览会——岭南园、深圳市紫荆山庄(原1130工程)环境设计等12个项目"岭南特色园林设计奖"称号。

25日 经广东省政府同意,广东省住房和城乡建设厅印发《广东省城乡规划督察工作办法》。

25日 广东省住房和城乡建设厅授予"广州南沙滨海湿地景区生态保护项目"等11个项目为2013年度"广东省宜居环境范例奖"项目。

26日 广东省住房和城乡建设厅命名台山市为"广东省园林城市"。

26日 经广东省人民政府同意,广东省住房和城乡建设厅在广州召开第二届城乡规划督察员聘任会议。副省长许瑞生出席会议为陈醒钟等11位新任督察员颁发聘书并作讲话。

30日 由广东省建设信息中心承办,广东省住房和城乡建设厅门户网站"广东建设信息网"获2013年度广东省政府网站公共服务程度评测省直部门网站第一名,并获得优秀奖和进步奖奖项。

(广东省住房和城乡建设厅)

广西壮族自治区

概况

2013年,广西住房城乡建设系统认真贯彻落实中央和自治区的决策部署,推进城镇化跨越发展,加强城乡规划建设管理,各项工作任务全面完成。一是加强城乡规划编制与管理。深入实施广西城镇体系规划,加快北部湾城镇群规划、西江—珠江城镇带规划、桂林城市总体规划等规划编制;《桂林漓江风景名胜区总体规划》获住房城乡建设部批复实施。村镇规划集中行动编制完成乡镇规划200个、村庄规划11845个;市政专项规划编制进展顺利,已完成198个、在编288个。田东县全国村庄规划编制试点、永福县村庄规划管理试点取得阶段性成果。二是推动城市新区与产业园区互动发展。完善城市新区和产业园区发展规划,统筹基础设施、公共服务设施建设。南宁五象新区建设全面提速,总部基地、物流基地等功能区规划建设加快,五象大桥、玉洞大道等路桥设施建设加快推进。柳州柳东新区一批学校、会展中心等投入使用,一批汽车新基地项目竣工投产。桂林世界旅游城建设步伐明显加快。梧州沧海新区沧海公园、展示中心等项目建成,环城水系、南广高铁站前广场等重点工程建设加快。钦州滨海新区、北海涠洲旅游岛等新区规划建设加快。三是大力推进县城和重点镇建设。在18个县开展城镇化示范县创建工作;组织对全国和自治区重点镇进行调整。对15个重点镇实施基础设施"五个一"工程,在181个村屯实施城镇基础设施和公共服务的延伸建设,扶持14个撤乡改镇的镇区建设基础设施,选择部分重点镇进行特色名镇打造。桂林市、崇左市对近20个重点镇建设实施"书记工程",环境容貌大幅改观,承载能力增强。四是强化城镇基础设施建设和城市管理。城市道路、供排水、环卫等市政设施建设全面推进,县县通天然气工程加快,大多数市县的燃气专项规划编制完成,走在全国前列;城市供水水质监管在西部率先实现水厂水质检测能力中心城市106项、其他设区市42项、县12项的建设目标;广西首个粉末活性炭投加系统在桂林市自来水公司投入使用。出台《广西城市排水防涝工作指导意见》等13个城建管理规范性文件,城市综合管理水平有效提高。南宁、柳州、桂林、贵港市和柳州市鱼峰区等4市1区获国家智慧城市试点。五是着力发展建设经济。全年筹措中央和自治区本级财政资金96.31亿元用于城乡建设,其中中央财政资金达62.11亿元。全年广西市政基础设施建设和房地产投资达到3192.9亿元，超额9%完成自治区政府下达的年度任务。广西建筑业实现增加值1113.39亿元，同比增长15.1%；房地产业实现增加值520.51亿元，同比增长5.5%。建筑业和房地产业各类税收稳定增长，约占广西地税收入的45%。

政策规章

制定保障性住房管理、农村危房改造规程等一批密切联系群众、保障民生的制度；做好服务建筑农民工和建设企业活动，保障建筑农民工合法权益；大力推进政务服务"两服务一公开"。深化住房城乡建设系统行政审批制度改革，全面清理审批事项，优化办事流程，对广西住房城乡建设厅直接办理的51项审批事项进行清理，下放工程建设项目招标代理机构暂定级资格审批等22项；对广西建工集团及所属企业实施行政审批垂直管理；取消外省建筑企业入桂备案事项，并通过诚信系统登记管理强化建筑市场监管。行业立法稳步推进，《广西民用建筑节能条例》列入自治区人大立法计划，重大事项决策和规范性文件制定纳入法制轨道。开展"两违"专项行政执法监督检查及行政执法案卷评查。"行政执法个案监督"列入第二批区级依法行政示范项目。开展行政复议规范化建设。

房地产业

截至2013年底，广西共有房地产开发企业（资质有效期内，含外省入驻广西执业的分支机构）7264家，其中一级资质房地产开发企业6家，二级资质房地产开发企业195家，三级资质房地产开发企业888家，四级资质房地产开发企业1125家，暂定资质房地产开发企业5050家。共有物业服务企业近1700多家，其中一级资质企业35家（含外省驻桂19家），二级企业90家（含外省驻桂13家），三级（含暂定）资质企业1500多家，从业人员50多万人，考取全国物业管理师资格近400人，初始注册95人；物业行业从业人员50多万人，服务项目4010个。实行专业化物业服务项目约4010个，总建筑面积约2.38亿平方米，其中，住宅项目约3305个，总建筑面积约1.77亿平方米；非住宅项目约705个，总建筑面积约0.61亿平方米；平均物业服务覆盖率约60%。住宅专项维修资金归集约33.28亿元，已使用0.26亿元。共有4个项目荣获2013年度全国物业管理示范住宅小区称号，29个项目荣获年度自治区城市物业管理优秀住宅小区（大厦）称号。共有房地产估价机构约120家（含外省入驻广西执业、广西一级资质房地产估价机构分支机构），其中一级资质房地产估价机构5家，二级约50家，三级约60家；广西共有房地产估价师900余人。

截至2013年底，广西房地产开发投资累计完成1614.63亿元，同比增长3.8%；完成年度房地产开发投资任务目标1480.9亿元的109%；在全国排第19位，在西部12个省、区、直辖市排第6位。其中，广西商品住房完成投1166.61亿元，同比增长9.1%，约占广西房地产开发投资总量的72.3%。商品房累计销售面积2995.58万平方米，同比增长8.6%，在全国排第18位，在西部12省（区）排第5位，其中，广西商品住房累计销售面积2765.15万平方米，同比增长8.6%，约占广西商品房销售面积的92.3%。广西商品房累计销售金额1375.79亿元，同比增长18.6%，其中，广西商品住房累计销售金额1166.72亿元，同比增长17.2%。

各地严格执行国家差别化信贷和公积金贷款优惠政策，加强市场预测分析，指导开发企业促销售，支持首套自住商品住房刚性需求，努力保投资、促销售、稳房价。南宁市对重大房地产开发项目进行重点跟踪服务；贵港市出台促进超高层建筑开发建设的优惠政策；百色市将房价纳入商品房预售申报环节进行监控。南宁、柳州、桂林、贵港市个人住房信息系统实现市县联网；北流、平乐、荔浦、灵川、永福等县市房屋登记机构获房地产交易与登记规范化管理单位；房地产中介交易进一步规范。

住房保障

2013年国家下达广西保障性安居工程目标任务是：开工建设13.89万套（户）保障性住房；其中，新增廉租住房租赁补贴1.4万户，新建廉租住房1.56万套、公共租赁住房5.83万套、经济适用住房1.35万套、限价商品住房1.3万套，实施城市棚户区改造0.94万户、国有工矿棚户区改造0.25万户、林业棚户区（危旧房）改造0.27万户、垦区危旧房改造0.2万户、华侨农（林）场区危（旧）房改造0.67万户。通过持续推进保障性住房建设，确保2013年底基本建成保障性住房10万套（户）以上。

截至2013年底，广西保障性安居工程项目已开工建设151353套（户）（含新增租赁补贴18587户），开工面积939.68万平方米，完成全年13.89万套（户）目标任务的108.91%。其中，实物建房开工132766套，完成实物建房12.47万套任务的106.47%。保障性安居工程项目2013年度内基本建成129037套，基本建成面积958.11万平方米，完成该年度基本建成10万套目标任务的129.04%，完成投资208.23亿元，约占全年计划总投资182亿元的114.41%。各市各部门基本建成率均超过100%，全面完成全年保障性安居工程基本建成任务。新增分配入住113438套，完成年度新增分配入住9万套目标任务的126.04%，各市各部门均完成新增分配入住的目标任务。危旧房改住房改造稳步推进，新开工建设1.29万套，基本建成4973套。加强各层级监督检查，进一步完善住房保障制度体系，《广西住房保障管理暂行办法》等颁布实施。

公积金管理

严格执行"控高保低"政策，逐步扩大住房公积金制度覆盖面。利用住房公积金贷款支持保障性住房建设试点工作取得进展。广西全年归集住房公积金211亿元，累计归集住房公积金1256亿元，发放住房公积金个人住房贷款110亿元。

城乡规划

城镇特色塑造得到加强。南宁市加强重要区域、重点地段城市设计，编制完成《城市风貌和建筑特色规划研究导则》等，开展壮族民居建设试点；柳州市编制和实施《城市风貌特色规划》；桂林市强化桂北民居元素，梧州市打造岭南风貌特色，贺州市塑造客家建筑风格；恭城瑶族自治县、金秀瑶族自治县、三江侗族自治县等较好地体现民族特色。开展广西传统村落调查，编制传统村落保护发展规划，确定广西传统村落272个，其中69个列入全国首批传统村落名录。

城市建设与市政公用事业

城镇品质不断提升。第三届广西园博会于2013年8月在南宁成功举办，各地以举办园博会、创建园林城市为契机，深入实施"绿满八桂"城镇绿化工程，加强城市园林绿化建设，广西完成城镇园林绿化面积1029万平方米。梧州市、北流市、鹿寨县获命名为国家园林城市（县城）；防城港市、南丹县等11个市县获得"广西园林城市"称号。桂林、环江南方喀斯特地貌申报世界自然遗产工作取得阶段性成果；钦州市开展"城市公园建设年"和"城市环境综合整治年"活动；柳州市城市快速公交系统一号线通车运营，公用自行车租赁系统投入使用，花园城市建设全面展开；百色市实施重点区域绿化、亮化和景观改造等工程。

2013年，广西已建成投入运行的污水处理设施共116项，处理能力达394.6万立方米/日，配套污水管网4807公里，累计处理生活污水10.4亿吨，累计COD削减量达到14万吨。已建成生活垃圾无害化处理厂共79座，总处理能力达到15078吨/日，日均实际处理垃圾12684吨，2013年累计处理垃圾462万吨，配套建成垃圾转运站155座。通过加强污水管网、垃圾转运站等配套处理设施的建设，污水处理率及垃圾无害化处理率均双双达到75%的预定目标。同时，加快推进城镇污水厂污泥处理处置工作，广西建成柳州市、田阳县两座污泥处理处置中心，同时，梧州市、河池市、贵港市、贺州市、阳朔县也作为广西污泥处理处置试点项目积极开展前期工作。

2013年，广西城市（县城）全社会供水综合生产能力925.50万立方米/日，供水管长度为21838.04千米，供水总量为208280.24万立方米，用水人口1393.29万人；公共供水综合生产能力681.25万立方米/日，供水管长度19953.38千米，供水总量155045.31万立方米，用水人口1312.52万人。自建设施供水244.25万立方米/日，供水管长度1884.66千米；供水总量53234.93万立方米；用水人口80.77万人。人均日生活用水量为211.28升，用水普及率93.07%。南宁市、柳州市、桂林市、北海市、贵港市、玉林市等六个设区市计划用户实际用水408105万立方米，其中新水取用量75106万立方米、重复利用量332999万立方米；节水措施投资总额11534万元，重复利用率为93.18%，节约用水量5972万立方米。

2013年，广西城镇燃气设施建设固定资产投资146996万元，燃气用户379万户，用气人口1305万人，燃气普及率87.15%，建成市政燃气管道3764.83千米。城镇燃气总供气量约为8.3亿立方米，天然气、液化石油气、人工煤气供应量分别占城镇燃气总供应量的27.2%、70.6%、2.2%（按天然气热值折算），天然气供气量、供气量占比继续保持增长。广西燃气行业发展取得卓越成效，两条长输管线入桂、南宁贵港相继通气，《广西壮族自治区住房和城乡建设厅关于促进和加快城市天然气"县县通"工作的指导意见》及时出台；以规划指导建设，广西燃气加气站专项规划编制已完成待审、大部分设区市燃气专项规划已经完成编制并批复实施、所有县（市）均启动燃气专项规划编制工作；燃气经营许可和特许经营管理进一步加强，《广西壮族自治区燃气经营许可管理办法》经自治区人民政府同意发布，《广西城市管道燃气特许经营协议(参考文本)》印发各地参照执行；燃气安全督察和应急管理取得实效，开展餐饮行业燃气安全、油气管道安全等专项督查，组织燃气安全应急桌面演练；燃气行业培训有序开展，全年开展8期广西燃气行业从业人员岗位培训班，培训2101人；继续保持无特重大事故的安全记录。

截至2013年底，广西城市道路总长度已达11520.20公里，比2012年增加529.41公里，城市道路面积26453.91万平方米，比2012年增加1737.16万平方米。广西城市市政桥梁共有1403座，比2012年新增城市市政桥39座。广西14个设区城市和75个县级城市共有道路照明灯95.90万盏，比2012年的91.51万盏增加4.39万盏；安装路灯的道路长度达到8586.80公里，比2012年的7926.20公里增加660.60公里。

2013年，广西市县有市容环卫专用车辆4180辆，生活垃圾转运站526座，道路清扫保洁面积18188万平方米(其中机械清扫面积6326万平方米)，清运生活垃圾量479.58万吨(其中密闭车清运量417.72万吨)。有生活垃圾无害化处理场71座(其中卫生填埋场66座、焚烧厂5座)，生活垃圾无害化处理能力13996吨/日(其中卫生填埋13036吨/日、焚烧960吨/日)，生活垃圾处理量457.20万吨，生活垃圾无害化处理量441.78万吨(其中卫生填埋418.07万吨、焚烧23.71万吨)，生活垃圾无害化处理率达到92.12%。有公共厕所2800座(其中三类以上公厕2411座)，粪便清运量15.32万吨。

2013年，广西城镇生活垃圾分类收集试点工作全面启动，印发《关于做好城镇生活垃圾分类收集试点工作的指导意见》(桂建城〔2013〕5号)，提出广西生活垃圾分类收集试点工作的总体目标、工作原则、工作措施、工作步骤和工作要求。截至2013年年底，各市均已制定垃圾分类收集试点工作方案，确定垃圾分类收集试点小区165个。此外，编印《广西城乡生活垃圾分类指导手册》和《广西城区居民生活垃圾分类指导》(宣传单)，各地组织开展形式多样的宣传和培训工作。首次组织开展对广西已建成的县级生活垃圾填埋场进行无害化等级评定工作。截至2013年底，广西有20座生活垃圾填埋场通过无害化等级评定。其中田阳县生活垃圾填埋场被评定为Ⅰ级填埋场，柳城县等19座生活垃圾填埋场被评定为Ⅱ级填埋场。

村镇规划建设

城乡风貌改造五期工程再创佳绩。把五期工程纳入"美丽广西·清洁乡村"活动并作为精品工程，重点推进农村基础设施建设、特色风貌塑造和环境整治，实施特色民居和名镇名村提升工程，抓好城中村改造示范、建新拆旧试点和建立长效机制试点等，完成投资13.34亿元，建成26类1721项基础设施项目，改造房屋外立面4万多户，涉及区域环境容貌大幅改善。广西的做法得到住房城乡建设部肯定，并在全国改善农村人居环境工作会上作书面交流。南宁市和永福县农村建房规划建设试点取得进展；岑溪市"一河两岸"和蒙山、资源、钟山、大化等县城的风貌改造成效凸显。扎实推进农村危房改造和村寨防火改造。完成农村危房改造23.7万户，超额完成国家下达的年度任务，近百万农村贫困群众喜迁新居，并在任务总量、完成投资、补助标准和补助资金总量再创历史新高。涉及304个村屯、11142户的三江县少数民族村寨防火改造二期项目"四改"工程全面完成，惠及近5万农村少数民族群众。

大力推进农村环卫设施建设。广西新增乡镇垃圾中转站246座，建设乡村垃圾池17.42万个，配备垃圾收集箱(桶)258万个、清运三轮车4.7万辆；县城周边20公里范围内的村屯基本建立农村垃圾"村收镇运县处理"的集运体系；1035个农村垃圾综合处理示范村建设基本完成。武宣、临桂、三江等县加大基础设施建设力度，推动垃圾处理体系的有效运行；贵港市生活垃圾焚烧发电厂基本建成。

注重因地制宜，分类指导。在技术指导和培训方面，自治区层面出台《广西农村生活垃圾处理技术指引》，推出卫生填埋、简易堆肥、小型分散式焚烧、沼气池发酵等简单可行的垃圾处理方法，引导农村垃圾就地就近处理。各级组织专家组或技术服务队，深入基层指导服务。玉林市绘制清洁家园漫画图集，宣传垃圾处理技术；防城港市实施"美丽街道工程"；河池市开展环卫进村专项行动；天峨、凤山、鹿寨、上林、灵山等县探索符合农村实际的垃圾处理技术。

建立清洁乡村的长效机制。广西有1003个乡镇组建环卫队伍，9.52万个村屯配备保洁员，大部分村屯建立清洁乡村理事会，制定村规民约和保洁制度，长效保洁机制初步建立。河池市推广"党领民办、群众自治"模式、贵港市推广"一组两会"制度，注重发挥群众主体作用；北海市、来宾市、桂平市引进保洁公司实施市场化保洁。

工程建设标准定额

组织编制地方标准定额11项。建筑工程全面推广应用高强钢筋,并向县城延伸。加强建设工程造价咨询市场管理,规范企业乱收费行为。开展创建"十二五"全国无障碍建设市(县)活动并取得积极进展。

工程质量安全监督

严格工程质量安全生产管理。出台和实施工程质量检测机构管理办法。创新安全生产监督模式,广西成为全国第4个实施安全生产动态扣分制度、第2个开通安全生产动态管理信息系统的省区;建筑工程质量稳步提高,安全生产保持平稳。全年有1个项目获鲁班奖、4个项目获国家优质工程奖、16个项目获全国3A级安全文明标准化工地称号。强化重点工程建设协调管理。加强对自治区统筹推进重点工程的协调管理、监督检查和技术指导,及时解决工程施工中的质量安全、技术和进度等问题,在重点工程选址、规划许可、工程质量管理等方面提供优质服务,一大批重点工程项目依托城市规划如期落地开工建设。

建筑市场

建筑业继续保持持续发展的良好态势,广西实现建筑业总产值超过2200亿元。其中,广西建工集团预计实现营业收入541亿元,增长25%。着力提高建筑业企业资质等级水平,全年共有11家总承包二级企业主项资质晋升一级、10家乙级监理企业晋升甲级。建安劳保费管理进一步强化,全年收取建安劳保费21.65亿元,调剂上年度建安劳保费3.77亿元,惠及企业290家,有力地提升广西建筑企业的竞争能力。

基本建成广西建筑业企业诚信信息库,共发放建筑市场诚信卡近3万张,实现施工现场、建筑市场无缝对接、实时联动。取消广西建筑施工监理企业备案制度,提高建筑市场开放水平。发布施工、监理招标文件和评标办法标准文本,在南宁、北海两市启动电子招投标试点。组织核查施工企业资质551家,责令46家企业进行整改,广西建筑市场秩序进一步规范。

加强勘察设计市场管理。组织开展广西保障性住房和中小学校舍建设工程勘察设计质量专项检查,共抽查项目129个。对广西勘察设计市场进行清理整顿,从勘察、设计、审图等环节确保房屋建筑和市政设施质量安全。开展广西优秀工程勘察设计奖评选,广西74个单位的317个项目获奖。

建筑节能与科技

广西新建建筑施工阶段节能强制性标准执行率达97.5%,新增建筑节能73万吨标准煤。17个国家可再生能源建筑应用示范市县等项目进展顺利,已有10个示范市县超额完成示范任务。10个国家级光电建筑应用示范项目投入运营。广西获得三星级绿色建筑设计评价标识实现首次突破,裕丰荔园等3个项目获此殊荣。加快推进墙体材料革新。列入国家第一批"禁实"、"限粘"的32个县城、6个城区的目标任务全部完成。广西经认定的新型墙材企业达1450家,年生产能力达到320亿块标砖,超亿块标砖产能规模的企业有6家,结束广西无亿块标砖产能规模企业的历史。

建设人事教育工作

深化干部人事制度改革,加强人才培养引进、使用和管理,强化绩效管理工作。开展重大课题研究、处级干部演讲和十八大精神轮训,提高干部队伍综合素质。抓好专题培训、岗位培训和继续教育,全年共培训系统内干部职工7.9万多人次。组织和指导行业职业技能培训、鉴定机构,依托建筑工地农民工业余学校等,做好建筑业农民工、村镇建筑工匠的职业技能培训和鉴定等。

大事记

1月

6日 广西住房和城乡建设工作会议在南宁召开。会议总结广西住房城乡建设系统2012年的工作,对2013年的工作进行部署。广西壮族自治区副主席高雄出席会议并讲话。广西住房和城乡建设厅厅长严世明作工作报告。广西壮族自治区人民政府副秘书长何朝建主持会议。广西住房和城乡建设厅副厅长金昌宁、唐标文、吴伟权,总工程师杨绿峰,驻厅纪检组组长朱家枢出席会议。

6日 广西住房保障工作会议在南宁召开。会议传达全国住房和城乡建设工作会议精神,总结2012年全区住房保障工作情况,表彰一年来在保障性安居工程建设中做出突出贡献的先进集体和个人,研究部署2013年的工作。广西壮族自治区副主席高雄出席会议并作重要讲话。广西住房和城乡建设厅厅长严世明作工作报告。会议由广西壮族自治区人民政府副秘书长何朝建主持。

18日 第三届广西园林园艺博览会园博园开工仪式在南宁市五象新区五象湖公园举行。广西壮族自治区副主席、广西园博会组委会主任高雄出席开工仪式，并宣布第三届广西园博会园博园建设工程开工。

20日 粤桂支线天然气成功引入南宁市城市燃气管网，由此南宁市开始实现使用长输管道天然气。

29日 第三届广西园博会公共园区及各城市展园详细规划评审会在南宁召开。由广西规划建筑学会理事长戴舜松等7名广西行业权威专家组成评审会专家组，对第三届园博会公共园区详细规划及14个城市展园详细规划进行评审。

30日 广西工程建设地方标准《广西壮族自治区保障性住房建设标准》正式开始实施。

2月

20日 广西全面推进城镇污水生活垃圾处理设施建设工作领导小组办公室召开成员单位工作例会，讨论《2013年自治区本级城镇污水生活垃圾处理设施及配套管网建设专项补助资金计划方案（初稿）》。广西住房和城乡建设厅副厅长杨绿峰、吴伟权出席会议并讲话。

22日 广西住房和城乡建设厅召开会议，部署2013年人大建议和政协提案办理工作。副厅长吴伟权出席会议并讲话。

27日 广西住房公积金管理工作会议在南宁举行。会议总结2012年全区住房公积金管理工作，研究部署2013年工作任务。广西住房和城乡建设厅副厅长金昌宁出席会议并讲话。

3月

6日 广西壮族自治区副主席蓝天立到南宁市考察调研南宁市建设工作。广西住房和城乡建设厅厅长严世明，南宁市市委常委、常务副市长吴炜，南宁市市委常委韦力平，南宁市副市长魏凤君等陪同考察。

7日 广西壮族自治区党委第四巡视组到广西住房城乡建设厅就落实中央"八项规定"及自治区实施意见工作情况进行检查。汇报会上，自治区党委第四巡视组组长刘剑作了动员讲话。广西住房和城乡建设厅厅长严世明，副厅长、巡视员金昌宁分别作了汇报。

8日 下发《关于做好城镇生活垃圾分类收集试点工作的指导意见》。

15日 2013年广西建筑市场监管工作会议在南宁举行，会议总结2012年广西建筑市场监管工作，部署2013年工作任务，签订《2013年度广西壮族自治区建筑施工安全生产管理目标责任状》。广西住房和城乡建设厅厅长严世明、副厅长唐标文出席会议并讲话。

15日 广西壮族自治区住房和城乡建设厅与各设区市住房城乡建设主管部门签订2013年度建筑施工安全生产管理目标责任状。

22日 通报《2012年度全区房屋白蚁防治工程质量与安全专项检查情况》，自2010年来，广西全区各地房屋白蚁预防覆盖率大幅提升，大部分市县均在当地政务大厅设立有白蚁防治业务办理窗口，从新建房屋报建开始严格把关，广西新建房屋白蚁预防覆盖率达95%以上。

22~24日 住房城乡建设部稽查办公室副主任朱长喜率队的住房公积金督察员巡查组检查广西部分城市试点开展利用住房公积金贷款支持保障性住房建设工作情况。

26日 由广西建设工程造价管理总站组织编制的2012年《广西壮族自治区园林绿化及仿古建筑工程消耗量定额》及其配套费用定额，通过专家组评审。

29日 2013广西申报国家智慧城市试点暨业务培训工作会议在南宁召开。广西住房和城乡建设厅厅长严世明作了动员讲话。

29日 2013年第一季度广西住房城乡建设领域投资形势分析座谈会在南宁召开，会议交流第一季度广西住房城乡建设领域投资工作完成情况，部署广西各市住房城乡建设领域投资工作。

4月

1日 2013年广西住房城乡建设系统依法行政工作会议在南宁召开。广西住房城乡建设厅副厅长金昌宁出席会议并作重要讲话。

2日 广西工程建设标准定额管理工作会议在南宁召开。会议深入贯彻落实党的十八大精神、全国及广西住房城乡建设工作会议精神，总结2012年广西工程建设标准定额管理工作，部署2013年工作任务，并表彰一批先进单位和个人。

3日 2013年自治区城乡风貌改造工作领导小组成员第一次会议在南宁召开，总结城乡风貌改造四期工程，研究五期工程有关问题。广西壮族自治区党委副书记危朝安、广西壮族自治区副主席蓝天立出席并讲话。

10日 广西墙改工作会议在平果县召开。

16日 2013年广西市政市容城管工作会议在巴马县召开。会议总结2012年市政市容城管工作经验，部署安排2013年工作的重点任务。驻厅纪检组组长朱家枢出席会议并讲话。

25日 广西住房和城乡建设厅召开城市抗震防

灾规划评审会。由全国抗震防灾规划委员会副主任委员苏经宇等3名住房城乡建设部专家和6名区内专家组成的评审会专家组，对南宁市、玉林市城市抗震防灾规划进行评审。

27日 广西建筑施工安全生产形势分析会在南宁召开。会议通报建筑施工安全生产形势，分析事故原因，部署下一步工作措施。

5月

3日 广西"美丽广西·清洁乡村"活动领导小组在南宁举行新闻发布会，介绍清洁家园、清洁水源、清洁田园三个专项活动情况，并就有关问题答记者问。

3～7日 由住房和城乡建设部副部长齐骥率领的国务院第四督查组一行8人抵达南宁，对广西棚户区改造情况进行督查，并通报《关于对广西壮族自治区棚户区改造工作督查情况的反馈意见》。

9日 广西壮族自治区党委、政府在金秀召开广西城乡风貌改造四期工程总结暨五期工程启动会，要求把风貌改造工程与清洁乡村活动同部署同建设同推进，作为清洁乡村的精品工程来抓。

13日 广西住房和城乡建设厅召开"清洁家园"《广西农村生活垃圾处理技术导则》专项论证会。广西拟对农村特别是偏远农村的生活垃圾进行源头减量、分类收集和强化回收，改善人居环境，建设农村美丽家园。

22日 2013年全区可再生能源建筑应用专项座谈会在南宁召开，通报2013年广西可再生能源建筑应用的工作情况，研究部署下一步可再生能源建筑应用工作。广西住房和城乡建设厅副厅长金昌宁出席会议并讲话。

6月

6日 自治区住房和城乡建设厅召开评审会，拟编制出台《房屋建筑和市政工程施工招标文件范本》、《房屋建筑和市政工程施工电子招标文件范本》和《房屋建筑和市政工程施工监理招标文件范本》等三个标准文件，以规范对房屋建筑和市政工程施工、监理招投标活动的管理。

6日 广西园博会组委会办公室在南宁组织召开会议，对第四届广西园博会园博园总体规划方案进行评审，并原则通过该方案。

7日 "清洁家园"专项活动领导小组工作会议在南宁召开，听取领导小组办公室及各成员单位工作汇报，讨论领导小组相关制度文件以及研究部署下一阶段主要工作等。

13～14日 广西住房和城乡建设厅和文化厅组织国内和区内古镇、古村落保护方面的建筑、规划、历史文物专家，对各地申报广西第二批历史文化名镇名村的28个镇村进行评审。其中，南宁市江西镇三江坡、柳州市鹿寨县中渡镇、桂林市兴安县界首镇等22个镇村通过专家评审。

17日 2013年广西国家智慧城市试点评审会议在南宁召开。广西住房和城乡建设厅组织智慧城市专家组对南宁市、柳州市、桂林市、防城港市、贵港市、柳州市鱼峰区、柳州市鹿寨县申报国家智慧城市试点进行综合评审。

25日 2013年第二季度住房城乡建设领域投资形势分析会在南宁举行，会议通报2013年前5个月广西住房城乡建设领域经济运行有关情况，研究投资运行特点，查找和分析存在的突出问题，提出确保完成广西投资工作目标任务的针对性措施和建议。

26～29日 以住房城乡建设部稽查办副主任朱长喜为组长，由建设、勘察、设计、施工、监理、检测等方面的专家组成的全国城市轨道交通和保障性安居工程质量安全监督执法督查组一行13人到南宁市、宾阳县督查。督查组通过听取工作汇报、现场抽查工程实体、监督抽测、查阅资料等，对轨道交通项目和保障性安居工程项目质量安全工作进行检查。

28日 广西"清洁家园"专项活动工作会议在南宁召开，会议总结分析了各地第一阶段宣传发动工作情况，对下一阶段的工作任务进行研究部署。

7月

1日 广西取消各级建筑业企业备案制度，改为实施"诚信卡"管理制度。

3日 《广西壮族自治区城镇住房发展规划（2011—2015年）》（以下简称"发展规划"）专家评审会在南宁举行，会议原则通过该发展规划。发展规划根据专家意见进行最后一轮修改和完善后，将报自治区人民政府审定。

18日 第四届广西园博会园博园建设开工仪式在北海举行，标志着第四届广西园博会园博园正式开工建设。该届园博会以"花海丝路、绿映珠城"为主题，于2014年4月底开园迎客。这也是广西首次在春季举办园博会。

18日 广西壮族自治区人民政府在北海市举行2013年全区住房保障工作中期推进会。会议总结交流2013年上半年全区住房保障工作，研究部署下半年工作任务。

19日 广西壮族自治区副主席蓝天立来到广西

住房和城乡建设厅调研考察工作，召集住房城乡建设厅部分干部群众举办座谈会，征集意见建议，开展党的群众路线教育实践活动。

31日　玉林市玉州区城北街道高山村国家历史文化名村保护规划厅际联席审查会在南宁组织召开。

8月

5日　住房城乡建设部公布2013年度国家智慧城市试点名单，确定103个城市（区、县、镇）为2013年度国家智慧城市试点。其中，广西南宁市、柳州市、桂林市、贵港市、柳州市鱼峰区成功入选为2013年度国家智慧城市试点。

6日　广西住房城乡建设厅组织召开座谈会，就做好《珠江—西江经济带新型城镇化发展战略研究》的编制工作征求自治区相关部门的意见。

9日　广西住房城乡建设厅厅长严世明主持召开会议，传达学习习近平总书记、李克强总理关于经济形势和经济工作的重要讲话精神。厅副巡视员王小波等在家厅领导，以及厅机关处室、厅属单位处级以上干部参加会议。

9日　广西壮族自治区政府副秘书长黄武海来到南宁市园博园，就第三届园博会园博园建设办会布展情况检查指导，并对下一阶段的工作提出要求。

21日　广西住房和城乡建设厅组织智慧城市专家组对南宁市、柳州市、桂林市、贵港市、柳州市鱼峰区申报的《国家智慧城市创建任务书》进行综合评审。

31日　第三届广西园林园艺博览会在南宁五象新区园博园（五象湖公园）开幕，这座占地面积达122公顷的大型公园，向市民展示高水平的大型生态湿地景观，并于园博会期间免费对公众开放。该届园博会以"八桂神韵，绿色乐章"为主题，由自治区人民政府主办，自治区住房和城乡建设厅、农业厅、林业厅、旅游局、南宁市政府共同承办，13个地市协办。

9月

13日　广西园博会组委会办公室在南宁组织召开会议，对第五届广西园博会园博园总体规划方案进行评审。

13日　2013年第三季度全区建筑施工安全生产形势分析座谈会在南宁召开。会议传达总书纪习近平在中央政治局常委会上关于安全生产的重要讲话精神，以及自治区主要领导的批示精神，通报8月份开展的安全生产暗访检查情况，分析全区建筑施工安全生产形势，部署下一步工作。

17日　《巴马瑶族自治县甲篆乡总体规划》（2013—2030）及巴盘片区、坡月百魔洞口片区控制性详细规划原则通过专家审查。按照规划，依托长寿品牌和山水风光，甲篆乡将打造成中国旅游名镇乃至世界著名的长寿休闲养生度假地、山水生态旅游目的地。

10月

11日　2013年第三季度广西住房城乡建设领域投资形势分析座谈会在南宁召开。会议通报2013年前8个月住房城乡建设领域经济运行有关情况，研究投资运行特点，查找和分析存在的突出问题，提出确保完成广西投资工作目标任务的针对性措施和建议。

11日　第三届广西园林园艺博览会总结大会暨交旗仪式在南宁举行。

18日　2014年广西保障性安居工程计划座谈会在南宁召开，会议传达全国2014年城镇保障性安居工程计划座谈会和国务院常务会会议精神，通报保障性安居工程9月份进展情况，各市及有关部门汇报保障性安居工程项目进度情况及2014年计划安排。

24日　广西壮族自治区主席陈武在南宁主持召开广西城镇化工作座谈会，分析研究广西城镇化发展现状及存在问题，征求加快广西新型城镇化发展的意见建议。

28日　广西智慧城市试点工作第一次推进会在南宁召开。

29~31日　2013年全区住房保障政策宣贯会在南宁召开。住房城乡建设部住房保障司司长冯俊、住房保障司规划指导处处长翟波受邀出席并授课。冯俊司长作了题为《住房和住房保障政策》的专题讲课，详细分析中国城镇住房存在的矛盾、住房保障的必要性及住房保障政策。同时，向与会人员传达10月29日总书记习近平在中央政治局会议上发表的关于住房保障工作的讲话精神。

11月

4日　广西壮族自治区党委书记、自治区人大常委会主任彭清华到广西住房城乡建设厅调研广西住房城乡建设事业发展情况并主持召开座谈会，强调住房城乡建设主管部门要从落实"四化同步"战略部署出发，立足全局、突出重点，积极探索具有广西特色的新型城镇化跨越发展新路子，为尽快实现"两个建成"目标作出贡献。

4~7日　由住房城乡建设部质量安全司副司长曲琦率队的2013全国建筑施工安全生产专项督查组一行7人到广西开展督查工作。

5日 全国建筑市场监管信息系统第三批扩大连接会议在南宁召开，标志着全国所有省份建筑市场监管信息系统连接工作完成部署。住房城乡建设部建筑市场监管司副司长张毅主持会议，自治区住房和城乡建设厅副厅长金昌宁参加会议。

5日 广西第二批特色景观旅游名镇名村申报工作研讨会召开。2013年，广西住房和城乡建设厅、自治区旅游局将在广西组织开展广西第二批特色景观旅游名镇名村申报评选，并从获评镇村中择优推荐申报国家第三批特色景观旅游名镇名村。

6日 巴马甲篆乡总体规划及巴盘片区、坡月百魔洞口片区控制性详细规划审查会在南宁召开。广西壮族自治区政府副秘书长黄武海，住房城乡建设厅副厅长封宁，以及广西指导巴马瑶族自治县规划编制工作协调小组成员单位负责人参加会议。

8日 广西建设工程质量安全监督工作会议召开。会议决定，广西建设工程质量安全监督机构将以保障性安居工程为重点对象，加强工程质量安全随机抽查。

18日 "清洁家园"专项活动农村生活垃圾处理专家座谈会在南宁召开。来自广西各单位的专家齐聚一堂，就广西开展农村生活垃圾处理的技术、模式等进行把脉，并提出相应的解决方案的建议。

27日 广西住房和城乡建设厅召开遴选推荐全国重点镇名单评审会。会议审议通过广西推荐全国重点镇的139个名单。

28日 广西壮族自治区党委书记、自治区人大常委会主任彭清华，广西壮族自治区主席陈武深入南宁五象新区调研并召开推进会，要求各有关方面齐心协力推动五象新区开发建设实现新突破。

12月

12日 广西住房和城乡建设系统党风廉政建设工作座谈会在柳州召开。会议总结2013年广西住房和城乡建设系统党风廉政工作的成效，对2014年的工作作出部署。

14～17日 住房城乡建设领域节能减排监督检查小组到广西，对南宁、防城港两市和武鸣县的节能减排情况进行现场检查。专项监督检查反馈会在南宁召开，就检查的情况进行反馈，并对下一阶段的工作提出相应的建议。

16日 广西壮族自治区副主席蓝天立到广西住房城乡建设厅检查广西新型城镇化工作会议筹备情况。

17日 2013年广西住房城乡建设领域投资形势分析会在南宁召开，总结2013年广西住房城乡建设领域投资完成情况，研究部署2014年住房城乡建设领域投资工作。

20日 广西保障性安居工程工作座谈会召开。

23日 2013年第四季度全区建筑施工安全生产形势分析座谈会在南宁召开，会议提出，广西2014年将继续开展"严管重罚"行动，确保不发生重大安全事故，力争2014年事故死亡人数比2013年下降10％以上，努力实现广西建筑施工安全生产文明施工水平的提升。

26日 广西壮族自治区经济暨城镇化工作会议在南宁召开。

31日 广西城乡风貌改造五期工程进展情况和2014年工作打算汇报会在南宁召开。广西壮族自治区党委副书记危朝安在会上强调，要贯彻落实十八届三中全会、中央农村工作会议和自治区十届四中全会精神，总结经验教训，创新机制，以改革创新的思路和办法深化推进城乡风貌改造，建设美丽宜居乡村。

（广西住房和城乡建设厅　撰稿：刘珺）

海 南 省

概况

2013年，海南省住房城乡建设系统坚决贯彻落实省委、省政府的工作部署，围绕经济社会发展大局，克服各种不利因素，攻坚克难，扎实工作，圆满完成省委、省政府下达的各项任务目标。

【**保障性安居工程提前超额完成任务**】 在连续几年高强度建设的情况下，省住房和城乡建设厅做到早谋划、早安排，多次开展检查督促，顺利推进保障性安居工程建设。2013年全省城镇保障性住房开工4.73万套、建成5.32万套、分配入住5.84万套，农村危房改造完成2.69万户，库区移民危房改造完成 0.32 万户，全部或超额完成目标任务。五年以来累计惠及约 150 万城乡住房困难群众。去年万宁市农村危改工作完成较好，一年解决 1.6 万最困难群众的住房问题。同时，省住房和城乡建设厅积极推进住房公积金支持保障性安居工程建设和促进城镇职工住房消费水平的提升，全年累计发放个人公积金住房贷款 21098 笔共 52.6 亿元，保障性住房试点项目贷款 1 亿元，个人提取公积金约 34.67 亿元。

【房地产业和建筑业持续健康快速发展】 2013 年在国家加大宏观调控、经济下行压力不断加大的严峻形势下，省住房和城乡建设厅主动做好服务，为企业发展营造良好的外部环境；积极规范市场，加大房地产促销力度，全年房地产开发投资和销售量首次分别突破千亿元和千万平方米大关，增速预计分别达到 25% 和 23.6%，比同期全国平均水平分别高出 12 个和 7 个百分点。建筑业总产值预计完成 315 亿元，同比增长 11.1%，两业税收约占全省地税收入的 56%。全省施工龙头企业海建集团抓改革、抓市场、创品牌，2013 年完成营业收入 132.78 亿元，实现利润 3.36 亿元，企业效益大幅增长。全省涌现出一批省级和国家级奖项：29 项工程荣获省优质工程"绿岛杯"，42 项工法通过省级评审，2 个项目获全国优秀工程勘察设计三等奖，7 个项目获评全国"AAA 安全文明标准化工地"，2 项工程被评为中国建设工程鲁班奖。

【新型城镇化工作扎实推进】 扎实开展新型城镇化前期工作。省委省政府决定由省住房和城乡建设厅牵头的新型城镇化涉及多个方面，起步工作十分艰难。省住房和城乡建设厅把重点放在"破题"和做好基础性研究和规划上，在没有经验可借鉴、没有先例可遵循的情况下，积极探索，先后完成海南新型城镇化六个专题战略研究，率先编制完成《海南省新型城镇化规划》，起草《海南省推行新型城镇化若干意见》等。从最终形成的成果来看，都符合十八届三中全会、中央城镇化会议精神。较好地完成"科学规划年"任务。省政府确定的"2013 年科学规划年"十大任务省住房和城乡建设厅相继完成，主要是启动《海南省总体规划》的编制工作，起草《关于进一步加强科学规划的决定》、《海南省规划体系》等系列文件；市县第三轮城市总体规划修编工作取得预期进展。全省小城镇总规、控规编制任务已全部完成，村庄规划编制完成率为 99.13%，村镇规划全面进入审查和审批阶段。全省 204 个乡镇均已挂牌成立规划建设管理所，人员大部分配备到位。三亚、琼海、东方、文昌、昌江、保亭等市县规划建设部门还成立专门村镇科（股），专职负责村镇规划建设管理工作。琼海、五指山等市县已陆续开展村镇规划报建业务。此外，改造提升省规划馆前期工作已基本完成，其提升方案得到省委省政府的高度肯定，已动工改造。特色风情小镇建设取得新进展。在风情小镇建设中，省住房和城乡建设厅坚持不搞大拆大建、盲目造城，而是选择具有区位优势、产业基础和本地特色文化的小城镇，集中资金重点扶持。2013 年省级支持的云龙、龙门、龙楼三个风情小镇试点项目，整体改造工作全面铺开。经过两年的持续滚动建设，"文昌潭牛"示范项目已完成，"琼海博鳌"、"白沙邦溪"、"澄迈福山"等一批风情小镇已初具规模、各具特色。白沙、澄迈等市县积极推进美丽乡村规划建设。为全省风情小镇和美丽乡村建设发挥示范和带动作用。海口市城乡综合改革试点和三亚市城乡一体化试点也进展顺利。四是城市建设和管理水平不断提升。各市县普遍加强城镇道路、园林绿化、垃圾处理、排水排涝等基础设施建设。海口市一年打通 11 条断头路和丁字路，新建市政道路约 32.95 公里。三亚市投资 6.6 亿元，全面启动三亚湾和三亚河区域城市雨污水分流改工程，新建管道 77.9 公里，目前已全面完成，较好地解决市内积水等历史遗留问题。儋州市投资 22.4 亿元，新建和改扩道路 25 条，总里程达 170.8 公里。其他市县也都加大投入力度，城市基础设施建设日益完善，城市品位和形象不断提升。

【建筑业管理迈上新台阶】 创新监管手段，创建智能化监管信息平台。在省委省政府和住房和城乡建设部的大力支持下，省住房和城乡建设厅用两年时间建成流程化、标准化、全国一流的房屋建筑工程全过程监管信息平台，实现全省房屋建筑工程从立项到验收备案各环节的智能化实时监控和全过程监管。通过对 18 个工地、4 家检测（图审）机构的试点监控，达到预期效果，得到省部领导的好评，有效提升海南省建筑市场的监管水平和治理能力。创新监管工作机制，提升监管能力。省住房和城乡建设厅改变过去相对单一的检查方式，与纪检监察、质量技术监督、安监、消防等多个部门形成联动督查机制；改变过去出问题和事故只进行处罚通报，形成处罚通报和分级约谈相结合的"双轨制"方式；改变过去重前期审批，轻后期监管，形成对建筑业企业资质动态核查的新机制；改变过去重面上指挥、轻深入服务，形成深入一线组织实地演练、现场观摩、监管和服务"两手抓"的方式。改进管理制度，完善地方标准。针对建筑市场围标、挂靠、出卖资质、违法分包等监管难题，省住房和城乡建设厅制定《海南省建筑市场信用评价管理办法》、《海南省房屋建筑和市政工程工程量清单招标投标评标办法》等规定，有效抑制建筑市场中各种违法行为。共查处违规行为18起，罚款20多万元。针对高层建筑、大跨度建筑、超深基坑越来越多，工程质量和安全生产监管压力不断增大的现实，出台《海南省建筑工程质量和安全生产责任事故约谈制度》，强化各方责任，全省安全生产事故逐年下降。2012年抽查在建项目280个，约谈企业和属地监管部门领导30多人次。在建筑业快速增长情况下，全年没有发生较大以上工程质量和安全事故，一般事故发生起数比2012年下降50%，死亡人数比2012年下降38%，受到国家检查组的充分肯定，并在2014年全国住房城乡建设工作会议上受到表扬。同时，不断完善工程建设行业标准化工作，先后制定实施《海南省建筑塔式起重机安装使用安全评定规程》、《海南省党政机关办公用房维修标准》等4项省级地方标准和《海南省三沙市建设工程计价办法》等5项计价依据，满足政府投资和工程建设各方主体工程计价需要。

【环境综合整治和建筑节能取得新成效】 在全省19座生活垃圾无害化处理设施全部竣工并投入运行的基础上，2013年建成垃圾转运站35座，新增生活垃圾无害化处理能力105吨/日，全省城镇生活垃圾无害化处理率达到90%，提前两年超额完成"十二五"全国城镇生活垃圾无害化处理率达70%的目标。全省开多次城乡环境卫生综合大整治。海口、三亚、琼海、万宁、陵水、文昌、保亭等市县，东环铁路、东线高速公路、美兰机场、凤凰机场等单位，以及重要景区景点和沿线村镇整治效果明显，为博鳌亚洲论坛年会和其他重大国内外会议提供有力保障。整治违法建筑方面。在整治违建活动中，各市县采取敢于碰硬、敢于认真，取得突出成效。海口、三亚两市拆除总量占全省总拆除量的90%，决心之大、力度之强、推进之快值得全省好好学习和借鉴。截至2013年12月31日，全省累计查处违法建筑约1106万平方米，其中2013年查处违法建筑约425万平方米，拆除约400万平方米。建筑节能与科技方面。全年完成太阳能热水系统应用建筑面积报建量670万平方米。同时积极推进三亚、儋州、文昌、陵水4个国家可再生能源建筑应用示范城市（县），以及海南生态软件园等7个国家太阳能光伏建筑应用示范项目建设。5项工程荣获国家二、三星级绿色建筑设计标识。

【群众路线教育实践活动扎实有效】 作为省群众路线教育实践活动第一批单位，省住房和城乡建设厅深入查摆在"四风"方面的突出问题并认真整改。在完成规定动作的同时，认真开展审批事项清理、服务基层专项行动等2个自选动作，取消1项核准审批事项，下放6项审批事项；积极梳理岗位职责和权力运行环节，绘制权力运行流程图，对廉政建设做到逢会必讲，组织签订廉政责任书和参观廉政教育基地，增强广大干部的廉洁意识，厅机关和直属单位在近两年未发生违法违纪案件。全年开展文件合法性审核298件，同比增长64%，推动2项条例顺利立法，有效提高依法行政的科学性。这方面很多市县也做得不错，比如乐东县房管局认真抓好廉政和防控建设，绘制权力运行流程图，查找防控风险点，房管工作群众反映较好。同时，积极抓好人才的教育培训。举办各类业务培训20期2470人次。依托社会培训教育机构，举办各类专业技术队伍培训班110期，培训人员2万多人次。实施第三期建设规划人才智力扶持中西部市县计划，选派22名专业技术干部到11个中西部市县挂职及定点业务指导，中西部市县也选派12名同志到厅机关、海口和三亚跟班学习，进一步提高住建行业从业人员整体素质。

城镇规划建设

【城乡规划编制】 2013年，省委、省政府决定继续实施"科学规划年"，省政府于7月颁布《海南省人民政府关于印发2013年海南省科学规划年总体实施方案的通知》（琼府〔2013〕37号）。按照国家关于推进新型城镇化和省委、省政府的要求，编制完成《海南省新型城镇化规划》。全面推动新一轮市县城市总体规划修编工作，其中文昌、东方、昌江已经省政府批准实施，琼中、保亭、屯昌、五指山、临高、白沙、定安、澄迈等8个市县完成或基本完成规划纲要编制，其余市县正在抓紧开展规划评估等修编前期工作。《海口市美安科技新城总体规划（2012—2030）》《东方工业园区总体规划（2010—2030）》获省政府批准实施，澄迈县老城片区总体规划修编通过专家审查。批准实施屯昌县木色湖风景名胜区总体规划、万宁山根湾滨海旅游度假区控制性详细规划调整、博鳌正门岭山崖海景旅游度假区控制性详细规划局部调整、双大·保亭七仙岭雨林度假区修建性详细规划、葛洲坝·福湾项目修建性详细规划、中铁诺德丽湖半岛项目修建性详细规划等一批规划。尖峰岭旅游区总体规划、临高角风景名胜区暨滨海旅游度假区—龙波湾片区（东区）控制性详细规划、三亚凤凰生态休闲度假区控制性详细规划等一批规划经专家会评审通过。

【**城乡规划管理**】 2013年6月，为推动省委、省政府关于"科学规划年"重大决策部署的贯彻落实，省纪委监察厅会同省住房和城乡建设厅、省旅游发展委员会、省国土环境资源厅组成四个联合督查组，对全省"科学规划年"推进落实情况进行监督检查，并向省委、省政府提交《关于全省"科学规划年"推进落实情况的督查报告》。2013年8月21日，海南省委副书记、省长、省城乡规划委员会主任蒋定之主持召开省城乡规划委员会第十五次会议，审议通过《关于进一步加强科学规划工作的决定（送审稿）》和《海南省规划体系（送审稿）》及其配套的《海南省规划体系实施办法（试行）（送审稿）》。继续做好重大项目建设的跟踪服务工作，核发海南液化天然气（LNG）站线项目输气管线工程、海洋二号卫星地面应用系统海南卫星地面站、文昌铺前大桥、乐东县九所新区污水处理厂工程、海南省海口市三江—云龙—龙塘—永兴公路项目等项目选址意见书，推进项目建设。省规划展览馆继续发挥宣传展示作用和教育功能，被命名为海南省爱国主义教育基地，先后接待中央政治局委员、中宣部部长刘奇葆和国务委员杨洁篪等党和国家领导人，以及国家各部委办和全国各地党政、商务、武警部队、院校团队，以及海外代表团队等各类参观团队近201批次。从6月份开始，启动省规划展览馆升级改造工作。

【**《海口市美安科技新城总体规划（2012—2030）》获省政府批准实施**】 2013年2月，省政府批准实施《海口市美安科技新城总体规划》。海口市美安科技新城的规划范围北至南海大道、西至海口市界，东至疏港公路和雷琼地质公园边界，东南角以中线高速公路为边界。规划总面积约59.29平方公里。根据规划，海口市美安科技新城以生物及医药、信息智能、三航和新材料为主导产业，海口传统优势产业为辅助，形成以南海资源为依托，海洋科技、生命健康为核心的特色产业集聚区。总体空间结构上，规划为"一轴、两带、两心、四组、多片"。"一轴"：即由南北向主干道形成的中央发展轴和景观轴。整个科技新城将围绕该轴由南至北发展，并形成新城的主要景观通道。"两带"：即至西向东分别形成工业发展带和研发生活带。"两心"：即公共服务及景观核心，沿玉凤水库及美安墟打造美安科技新城的公共服务及景观核心。集中设置行政办公、商务商业、文化体育、休闲娱乐等功能。行政商务中心：规划在美造水库东侧，绕城高速以南打造美安科技新城行政商务中心。集中发展行政办公、商贸商业、生活居住和研发等功能。此中心同时在功能结构上衔接老城生活服务中心和玉凤公共服务核心。"四组团"：由主次干道分割，形成由北至南的四大组团。即绕城高速以北的北部组团，绕城高速以南、围绕行政商务中心形成的中北部组团，沿公共服务及景观核心南北两侧的中南部组团和南部组团。"多片"：即不同组团内部按照用地性质和功能划分形成的多个产业片区、研发片区和生活片区。

【**《东方工业园区总体规划（2010—2030）》获省政府批准实施**】 2013年3月，省政府批准实施《东方工业园区总体规划（2010—2030）》。东方工业园区规划范围东北临东方市区，东至西环高速铁路，北至八所港，西至海边，南至通天河北侧，规划总面积为56.44平方公里。规划以现有产业为基础，充分利用周边丰富的资源条件，依托公路、铁路、港口等交通优势，将东方工业园区打造成海南省以天然气化工、精细化工产业为主，能源产业、生物化工、南海资源开发配套装备制造业和物流边贸等配套产业为辅的临港新型工业基地。在产业定位上，规划的主导产业为天然气化工产业和精细化工产业，辅助产业为能源产业、南海资源开发配套装备制造业、生物化工产业和物流边贸产业。在总体布局结构上，规划以园区的场地特征、自然条件、功能和空间优化整合以及资源合理利用等为出发点，合理划分功能区，形成"一带、五廊、四区"的总体布局结构。"一带"：即罗带河滨河景观防护带。既是园区一道亮丽的风景线，也是河流的防护带、环保安全防护带。"五廊"：即"二横三纵"的五条市政工程及生态防护廊道，其中二横二纵为高压走廊，另外一纵为管线传输走廊。"四区"：即物流仓储区、生产加工区、综合服务区、发展备用区四大区。

【**《东方市城市总体规划》获省政府批准实施**】 2013年2月，省政府批准实施《东方市城市总体规划（2011—2030）》。规划将东方市建设成为海南省重要的海洋天然气化工基地、南海开发服务基地和海南西部重要港口城市。在市域空间结构上，采取"一心、一带、一轴、四圈"的模式。以东方市区为中心，通过滨海发展带和腹地发展轴串连起各个乡镇和旅游区，形成四个联动发展圈，形成组织层次分明、分工明确的城乡空间结构。中心城市的总体空间结构归纳为"一带、一轴、三廊、三区、多中心"。"一带"：以八所港为中心，形成贯穿主城区和东方工业园区的滨海发展带。"一轴"：联系滨海区、城市中心区和城市门户的城市中心发展轴。"三廊"：北黎河、罗带河和通天河三条生态走廊。"三区"：新墩片区、主城片区、工业片区。"多中心"：以城市中心为极核、片区中心为主体、组团中心为骨干、社区中心为基础的多层次、网络型的城市公共中心体系。

【《文昌市城乡总体规划》获省政府批准实施】 2013年4月，省政府批准实施《文昌市城乡总体规划（2011—2030）》。规划将文昌市建设成为中国重要的航天科技和产业研究基地及具有深厚文化底蕴和椰林、侨乡特色的热带生态滨海旅游城市。规划提出"一主、一辅，两带、八组团"的市域空间结构布局。"一主（主中心）"：即中心城区，为全市政治、经济、文化、科教、社会服务和旅游服务中心。"一辅（辅中心）"：即锦山镇—铺前镇。锦山镇是北部公共服务中心，铺前镇是北部旅游服务中心。"两带"：即滨海旅游发展带、乡村旅游发展带。滨海旅游发展带：通过"两桥一路"串联文昌滨海旅游资源，在南部主要依托优势旅游资源形成以航天产业和航天主题公园为主的滨海旅游带，在北部发展滨海旅游的同时，兼顾生态恢复和资源预留。乡村旅游发展带：串联市域内河湖、湿地、水库、人文资源、文明生态村、热带高效农业示范区等田园生态文化旅游资源，带动广大乡村地区发展。"八组团"：即四个滨海度假旅游组团和四个乡村生态旅游组团。四个滨海度假旅游组团为木兰湾—潮滩湾旅游组团、月亮湾—铜鼓岭旅游组团、航天发射中心—八门湾旅游组团和冯家湾旅游组团；四个乡村生态旅游组团为古镇生态旅游组团、文明村生态旅游组团、农业生态旅游组团和生态疗养旅游组团。中心城区采用组"一区、两组团"的空间布局结构。"一区"指八门湾西岸片区，"两组团"分别指文城老城和清澜新城。其中，八门湾西岸片区重点拓展面向岛外现代综合服务功能（旅游服务、旅游度假、休闲体育等）；文城老城重点完善面向市域内的经济文化中心功能（金融商贸、办公、文化中心、科研文教、交通枢纽等）；清澜新城重点拓展面向岛内、岛外的综合功能（滨海旅游度假、对外交通、高科技产业、行政办公等）。

【《屯昌县木色湖风景名胜区总体规划》获省政府批准实施】 2013年8月，省政府批准实施《屯昌县木色湖风景名胜区总体规划（2012—2030）》。木色湖风景名胜区规划范围南以屯昌与琼中两县的分界线为界，西沿两宗水库附近的第一重山的山脊线，北到离雷公滩水库最近的道路（琼凯村至南吕农场场部硬化道路），东北沿山脊线而行（包括蒙贡水库），东南至木色水库东侧（包括枫木镇石里村），规划面积为37.02平方公里，其中水体面积为3.45平方公里。规划将木色湖逐步建设成为以湖光山色为景观特征，保健疗养、康体运动和生态观光为特色的省级风景名胜区。规划用地布局结构为："环状、分散多组团"。"环状"是指南中北三个交通环：木色湖南侧公共休闲服务环、木色湖养生度假休闲环和雷公滩生态休闲体验环。"分散多组团"是指旅游功能组团，从南至北分别为：木色湖南侧滨湖养生旅游服务区、鹿场高端度假服务中心、休疗养养生度假区和康体运动养生度假区。在功能分区上，规划将该风景区分为水源保护区、生态恢复区、户外运动区、热带植物园观赏区、热带雨林体验区和滨湖度假区等六大功能区。

【设立省推进新型城镇化领导机构】 党的十八大报告提出"坚持走中国特色新型城镇化道路"后，省委、省政府高度重视，将"推进新型城镇化"作为2013年年度重点工作，2013年1月省政府琼府办印发〔2013〕7号文，成立加快推进海南省新型城镇化规划编制工作协调领导小组；6月省政府琼府办印发〔2013〕94号文，成立海南省推进新型城镇化工作领导小组，并将上述两个领导小组办公室均设在海南省住房和城乡建设厅。海南省住房和城乡建设厅从厅内相关处室抽调5名工作人员，并从省内五家规划设计院借调7名相关专业技术人员，组建领导小组办公室，负责领导小组日常工作。

【编制全省新型城镇化规划及相关配套文件】 2013年4月，海南省住房和城乡建设厅会同中国城市科学研究会和省建筑设计院编制完成《海南省新型城镇化发展战略规划》、《海南省新型城镇化发展战略系列专题研究》、《国内沿海地区城镇化研究》等六项系列成果，以及《海南省绿色低碳交通策略研究》、《海南省低冲击开发和海岸线利用研究》、《海南省可再生能源开发和利用研究》、《海南省生态城镇与生态建筑核心策略研究》等十项专题研究。在扎实的前期研究成果的基础上，5月，海南省住房和城乡建设厅开始编制《海南省新型城镇化规划（2013—2030）》（以下简称《规划》），并配套起草《中共海南省委 海南省人民政府关于推进新型城镇化的若干意见》（以下简称《意见》）、《海南省推进新型城镇化行动计划（2013—2020）》、《海南省推进新型城镇化工作监测评估办法（试行）》、《关于推进新型城镇化工作目标责任书（2013—2014）》

等相关配套文件。其中《规划》、《意见》已于8月26日经六届省政府第9次常务会议审议通过,并于8月30日提交省委待审议。在待审期间,结合党的十八届三中全会、中央城镇化工作会议、《国家新型城镇化规划(2014—2020)》以及省委六届五次全会有关精神,我厅《规划》及相关配套文件对进行了进一步修改完善。《规划》及相关配套文件,承接并落实《国家新型城镇化规划(2014—2020)》及国家相关政策,在总结国内外先进地区城镇化经验的基础上,按照走特色新型城镇化道路、全面提高城镇化质量的新要求,以人的城镇化为核心,明确海南未来城镇化主要目标、发展战略和实施路径,统筹规划全省城镇化空间布局、产业发展、生态文明、基础设施和公共服务设施,推进新型城镇化制度和政策创新,通过改革释放城镇化发展潜力,促进经济转型升级和社会和谐进步,为争创中国特色的社会主义实践范例、谱写美丽中国海南篇章奠定坚实基础。

【科学规划】 科学规划事关海南科学发展和国际旅游岛建设大局,省委省政府决定2013年继续实施"科学规划年"。为继续推进科学规划工作,2013年6月我厅起草并提请省政府印发《2013年海南省科学规划年总体实施方案的通知》。2013年按照《实施方案》的整体部署,海南省住房和城乡建设厅完成构建《海南省规划体系》(编制起草《关于进一步加强科学规划工作的决定》、《海南省规划体系》、《海南省规划体系实施办法(试行)》等科学规划成果文件,并于8月26日经省第十五次城乡规划委员会审议通过,于8月30日提交省委待审议)、编制《海南省新型城镇化规划》、改造提升海南省规划展览馆等多项重点任务,编制《海南省总体规划》、修编《海南省城镇体系规划》、修订《海南省城乡规划条例》等任务的前期工作进展顺利。

【垃圾处理】 海南省累计已建成垃圾处理设施19座,垃圾无害化处理设施能力3620吨/日。已建成的19座垃圾处理设施均已投入运营,其中有16座通过部级或省级无害化等级评定。全省累计建成转运站110座,规模5970吨/日,在建或拟建转运站63座。2013年全年完成垃圾处理设施投资4.2亿元,建成1座垃圾填埋场、35座垃圾转运站,在建项目38个(含35座转运站)。2013年全年无害化处理生活垃圾159万吨。在不断推进城镇垃圾处理工作的同时,努力将公共服务均等化延伸到农村。连续两年开展农村垃圾无害化处理试点工作,覆盖乡镇24个,覆盖人口59万人,建制村330个,下拨资金4000万元。召开农村垃圾处理现场会、印发垃圾分类宣传海报及手册、组织开展农村垃圾屋设计竞赛等。对2012年、2013年全省农村生活垃圾收运处理试点单位项目进行检查、考核评价,对实施较好的乡镇进行奖励,实施不力的乡镇要求限期整改。编制《海南省存量生活垃圾治理规划(2014—2018年)》,确定全省存量垃圾场的风险等级,分类提出治理措施,匡算治理投资。

【公共照明】 2013年全省城市(县城)新(改)建路灯15460杆、路灯24752盏、景观照明灯28309万盏,新增总功率4178千瓦。截至2013年12月底,全省18个市县(不含三沙市,下同)和洋浦经济开发区,以及农垦系统基本上都按照《海南省建设绿色照明示范省总体方案》及相关实施方案要求完成路灯节能改造任务。累计改造路灯9.52万余盏,其中市政路灯6.51万余盏,乡镇路灯1.72万余盏,农场路灯1.3万余盏,实现年节能1.72万吨标准煤。为进一步规范海南省公共照明设施养护维修管理工作,同时也为各市县公共照明管养部门编制年度养护维修经费提供依据,省住房和城乡建设厅组织相关单位编制《海南省建设工程计价定额(路灯养护维修工程)》和《海南省公共照明设施养护维修标准》,该定额与标准将在2014年6月1日颁布实施。为全面提高我省公共照明精细化管理水平,省住房和城乡建设厅将继续推进全省公共照明设施智能监控系统及能耗监测平台的建设工作,为绿色照明提供可靠的能耗监测和评价手段,实现节能指标的可核查和可追溯性。

【园林绿化建设】 2013年,全省城市(县城)建成区绿地率达到34.12%,绿化覆盖率达到39.22%,人均公园绿地面积达到11.78平方米。2013年,海口市共新增绿地面积196.28公顷;截至12月底,全市建成区绿地面积4672公顷,绿地率达37.8%,绿化覆盖率达42.5%,人均公园绿地面积达11.5平方米。2013年11月海口市园林局承建的"海口展园"荣获第九届中国(北京)国际园林博览会"展园优秀建设奖"、"室外展园金奖"、"室外展优秀设计奖"、"优秀施工奖"、"优秀植物配置奖"、"优秀建筑小品奖"等6项殊荣。

【燃气工程建设】 截至2013年底,全省城镇燃气普及率94.22%。天然气年供气量约2.7亿立方米,其中,管道天然气供气量约1.6亿立方米,车用天然气供气量1亿立方米;全省液化石油气用气量约20万吨。全省管道天然气用户约37.5万户,其中居民用户用气量占19%,工商用户用气量占81%。全年新建燃气汽车加气站5座,累计建成投产加气站34座；新建城市天然气管道245.15公里，累计建设天然气管道1693.84公里，其中，累计建设干线和支线管道798.37公里，庭院管道775.47公里。全年新建天然气管道和燃气汽车加气站项目投资共10871万元。省住房城乡建设厅编制完成《海南省城镇燃气专项规划（2012—2030）》，并以省政府办公厅的名义于10月15日印发；修订完成《海南省燃气管理条例》，经2013年9月25日省第五届人民代表大会常务委员会第四次会议通过，自2013年12月1日施行完成。

村镇规划建设

【村镇规划编制】 《海南省村镇规划建设管理条例》颁布实施。《条例》于2013年11月29日经海南省第五届人民代表大会常务委员会第五次会议通过，于2014年2月1日起施行。《条例》的出台为我省村镇规划建设管理工作提供有力的法制保障，对于加强村镇规划建设管理、改善村镇人居环境、促进海南省农村经济社会全面协调可持续发展有着十分重要的意义。

【村镇规划编制取得阶段性成果】 截至2013年底，按全省村镇规划编制任务要求，已完成镇总规划初步方案159个，完成率115.22%，审批率为41.3%；镇控规初步方案162个，完成率112.5%，行政村总体规划初步方案2143个，完成率85.75%，自然村建设规划初步方案14570个，完成率88.13%。已编制的村镇规划对于促进村镇科学发展、遏制违章建筑、改善村镇人居环境起到积极的作用。另外按照《住房城乡建设部关于做好2013年全国村庄规划试点工作的通知》（建村函〔2013〕35号）要求，完成全国村庄规划试点屯昌县罗案村的规划编制，规划成果上报住房和城乡建设部。

【特色风情小城镇建设】 特色风情小城镇建设加速。《海南省省本级小城镇建设资金管理办法》印发执行，《办法》对省本级小城镇建设专项资金的适用范围、补助对象、建设内容、申报程序、拨款方式等作了具体而明确的规定。2013年省财政重点支持云龙、龙楼、龙门三个重点镇建设，推动三个乡镇的街道立面特色化改造、道路硬化、园林绿化、人行道改造等项目建设，人居环境明显改善，小城镇特色风貌。此外，在各市县积极推动下，文昌潭牛、琼海博鳌、潭门、塔洋、中原、万泉、白沙邦溪等特色风情小镇建设小城镇建设项目已基本完工。经组织申报和评选，琼海市博鳌镇被列为2013年国家第一批美丽宜居小镇示范。按照国家有关部委要求，海南省住房和城乡建设厅联合发改、国土等部门完成海南省的全国重点镇增补调整工作，向国家申报70个全国重点镇，待批复。

【农村危房改造】 农村危房和水库移民危房改造扎实推进。全年投入财政资金7.06亿元（中央补助1.755亿元，省财政2.025亿元，市县财政3.28亿元）在18个市县（三沙市除外）改造农村危房2.56万户；投入财政资金3.38亿元（省财政3亿元，市县财政0.38亿元）完成大中型水库移民危房改造0.32万户。受益群众达13万人。

【传统村落保护重视和加强】 根据国家有关要求，组织开展对海南省第一批入选国家传统村落的文昌十八行村、海口东潭村等7个村庄的保护发展工作，已完成7个村落的科学调查，按要求制定科学档案，并组织编制传统村落保护发展规划，完成2013年传统村落的补充调查和申报工作。

房地产业

【商品房建设】 2012年，全省房地产开发投资完成1196.76亿元，同比增长35.0%。其中，住宅投资995.09亿元，增长37.2%，占房地产开发投资比重的83.1%；办公楼投资12.18亿元，增长115.4%，占1.0%；商业营业用房投资74.39亿元，增长47.0%，占6.2%；其他房地产投资115.10亿元，增长9.5%，占9.6%。商品房施工面积6173.00万平方米，同比增长20.8%，其中新开工面积1735.42万平方米，同比增长4.5%。

【商品房销售】 根据2013年省政府重点工作要求，省住房城乡建设厅继续加强商品房岛外促销。一是与省商务厅、省旅游委、省农业厅联合印发《关于做好2013年促进消费工作的通知》，对全年的扩大消费包括房地产促销工作进行研究部署；二是组织全省房地产开发企业分别赴北京、上海、重庆参加秋季房地产展示交易会，3场房展会现场成交商品房共351套，成交面积2.48万平方米，成交金额2.66亿元，登记意向购房客户9473组，客源储备丰富；三是指导各市县举办岛外房地产推介活动，共指导各市县赴岛外开展房地产促销活动51场，圆满完成年度商品房岛外促销任务。2013年，全省商品房销售1191.23万平方米，同比增长27.8%，其中住宅销售1154.86万平方米，增长28.6%；商品房销售金额1032.65亿元，增长40.4%，其中住宅销售997亿元，增长42.1%。

【房地产市场管理】 2013年9月，《海南省房地产业发展战略与中长期规划（2010—2020）》经省政府专题会议审议通过,在客观分析海南房地产发展的历程、现状、问题,以及进一步发展的背景和条件的基础上,对未来发展的目标、战略、产品体系、发展规模、空间布局、保障措施等进行战略性规划,统筹全省房地产业持续健康发展。省住房城乡建设厅起草并以省政府名义出台《关于促进房地产业持续健康发展的若干意见》,强化房地产开发的规划管理和用地管理,调整优化房地产产品结构,加大基础设施和公共服务设施投入,加强房地产开发的市场管理;起草并以省政府办公厅名义出台《关于调整房地产开发企业资质条件等有关问题的通知》,调整和明确房地产开发企业资质条件、资质审批权限、企业承担项目开发规模,进一步强化资质档案和企业信用管理;省住房城乡建设厅与人行海口中心支行、省银监局联合印发《海南省商品房预售资金监管暂行办法》,在商品房预售资金收存、使用和监督管理等方面提出明确要求,加强商品房预售资金监管,保障交易资金安全。加强房地产市场监测,充分利用房地产市场信息系统,加强与财政、统计、税务等部门的交流和沟通,掌握行业第一手资料,科学监测分析市场运行情况,每月上报市场简报、每季度市场分析报告,半年和全年市场调研形成总结报告,准确、及时、全面呈报房地产市场信息,为政府和企业决策提供依据。推进全省个人住房信息系统建设,有序开展系统软硬件设备采购,加快推进系统开发建设工作,7月在文昌、琼海、五指山、澄迈等市县开展系统试运行工作,并依据市县使用反馈情况对系统功能进行修改完善,于12月21日经省工信厅组织专家评审验收通过,同时对各市县相关业务工作人员开展系统使用培训。

【房屋登记管理】 为有效解决购房者强烈反映的商品房办证难问题,2013年,省住房城乡建设厅起草并以省政府办公厅名义出台《关于加快解决商品房登记历史遗留问题工作的通知》,进一步明确解决商品房登记发证历史遗留问题的工作目标、范围、原则、申请主体和工作要求,督促各市县成立协调机构,制定工作方案和实施细则,指导各市县有序开展存在历史遗留问题商品房的登记发证工作,切实有效解决群众反映的困难问题,保护购房群众的合法权益。11月16~17日,举办全省房屋登记审核人员考核培训班;12月7日,开展2013年度全省房屋登记审核人员培训考核工作。

【国有土地上房屋征收管理】 2013年,省住房城乡建设厅出台《关于推进国有土地上房屋征收与补偿信息公开工作的通知》,要求各市县在加大主动公开力度、建立房屋征收与补偿信息公开查询制度、明确公开范围和对象、实行阳光征收、做好自查工作等方面做好各项工作,进一步规范国有土地上房屋征收与补偿工作,同时对海口、琼海、澄迈等市县国有土地上房屋征收与补偿信息公开工作开展专项检查。继续热心接待和妥善处理群众来信来访,并分别赴儋州、三亚、琼海等地,实地了解群众信访反映情况,会同当地有关部门进行现场协调,督促落实房屋征收与补偿工作中群众反映强烈的有关问题,取得较好的效果。

【物业管理】 2013年,省住房城乡建设厅继续完善物业管理政策措施,修改完善《海南省业主大会和业主委员会指导规则》、《海南省业主大会议事规则》、《物业服务合同》、《海南省住宅物业装饰装修承诺书》等示范性文本;继续推动供电、供水抄表收费到户工作,完成《海南省新建住宅小区供配电设施技术规范》的编写工作,参与海口市供水抄表到户调研,指导海口等地开展供水抄表到户工作;为了减轻物业服务行业负担,向省人大十一届大会提交《减少物业服务行业税收负担的建议》提案,此提案提交被省人大采用,并提交全国人大五次会议审议;组织市县开展物业管理"示范"、"优秀"住宅小区达标考评工作,2013年全省有4个住宅小区申报省"优秀住宅小区项目"。

【保障性住房建设】 2013年,省委、省政府认真贯彻落实中央决策部署,继续把保障性安居工程作为建设海南人民幸福家园的重要举措,列为重要民生工程。各级党委、政府和相关部门加强领导、咬定目标、精心组织、密切配合,狠抓开工率、竣工率、入住率、配套率,开创良好局面。全年全省计划建设城镇保障性住房3.51万套,开工4.74万套,竣工5.32万套,新增分配入住5.84万套。为推进保障性住房建设,省委、省政府高度重视,采取一系列措施。一是落实项目加快进度,确保实现责任目标。各地、各部门密切配合,在落实土地、资金到位及规划设计、招投标等方面加大工作力度,超额完成省政府要求开工的责任目标。总体而言,全省项目建设总规模与计划任务量匹配,建设项目已落实到具体地块,建设内容与申报内容一致。二是完善体系建设,促进社会公平和谐。海南省逐步扩大保障性住房外延,从初期的仅有廉租房、经济适用房,进一步涵盖至公租房、限价商品房、各类危改房,基本建立分层次、多渠道的城镇住房保障供应体系,实现城镇中等及中等偏下收入家庭住房保障的"无缝对接"。保障性住房惠及范围从最初的城镇最低收入家庭扩展到城镇中低收入家庭、新就业职工和外来务工人员家庭等。2010~2013年，保障人数从37万人增加到100万人，增长2.7倍，中低收入家庭的住房困难得到明显缓解，促进社会公平和谐。三是加强质量安全管理，有效提高监管水平。省住房和城乡建设厅继续组织专业技术人员，对全省保障性安居工程建设项目工程质量安全定期进行巡查，对发现的问题及时进行通报并督促整改。督促市县（部门）认真整改，并举一反三，坚决消除质量安全隐患。推行住宅工程质量分户验收和质量保修规定，全面实行施工公示牌制度和永久性标牌制度。研究制定保障性住房质量标准，严格落实保障性住房建设质量终身制。从巡查结果看，全省保障性安居工程质量处受控状态，安全生产基本稳定。四是加强分配入住管理，确保公平公正。省住房和城乡建设厅加强分配入住工作的指导监督，加强住房保障资格审查和住房使用情况检查，对不符合住房保障条件家庭做到坚决及时清退。如海口市、琼海市、白沙县分别清退4户、2户、4户不符合条件的廉租房住户。各地加快基本建成项目水、电、路等设施的配套，提高入住率。全省城镇保障房累计分配入住21.5万户，占竣工套数的92.4%。五是采取有效措施，大力推进信息公开。按照住房和城乡建设部《关于公开城镇保障性安居工程建设信息情况的通知》精神，省住房和城乡建设厅就做好住房保障信息公开工作提出相关要求，督促各市县采取有效措施扎实推进住房保障信息公开工作。省住房和城乡建设厅下文要求统一规格、统一内容。各市县均按要求在当地政府网站、项目建设地点公开各类保障性安居工程年度建设计划任务量和具体建设项目信息。全省基本建立类别齐全、结构合理、比例协调的保障房供应体系，初步形成指导性、针对性、可操作性强、具有海南特色的住房保障政策体系，较好构建确保任务完成、质量受控、分配公平的建设和管理机制，使全省住房条件整体上发生根本性变化。按125万户城镇人口测算，截至2013年底全省城镇保障性住房覆盖面已达27.89%，比2012年增加3.27个百分点，高于全国"十二五"末20%的目标。

【住房公积金运营管理】 2013年，全省住房公积金管理工作稳步推进，住房公积金各项业务指标稳步增长，个人住房贷款风险总体控制良好，主要运营指标均超预期目标。全年全省住房公积金缴存69.71亿元，增加10亿元，增长16.75%；缴存人数77.8万人，增加9.9万人，增长14.58%；覆盖率88.82%，提高6.83个百分点，达到全国平均水平。全省有13.55万人提取住房公积金34.67亿元，增加9.26亿元，增长36.44%；发放个人贷款21098笔52.61亿元，增加2806笔15.07亿元，分别增长15.34%和40.13%。截至年底，全省住房公积金累计缴存额317.13亿元，提取总额126.19亿元，缴存余额190.94亿元；个人贷款累计发放7.64万笔143.44亿元，个人贷款余额118.37亿元。住房公积金使用率77.37%、个贷率62%，分别提高10个和14个百分点。利用住房公积金贷款支持保障性住房建设试点项目贷款累计发放3.19亿元，全年住房公积金实现增值收益2.79亿元，增加0.79亿元，增长39.5%。个贷逾期率为0.48‰，低于国家要求的1.5‰的控制标准。

建筑市场

【工程质量管理】 2013年，为完善建筑工程质量安全生产法规制度，以省政府名义出台《海南省建筑工程质量和安全生产责任事故约谈制度》，进一步强化各建设行政主管部门监管职责。为解决海南省裂、漏、渗等质量通病，省住房和城乡建设厅委托海南省建筑业协会组织专家编制《海南省建筑工程质量通病防治技术措施》，印发各相关厅局、市县建设行政主管部门、质量安全监督站等部门共计3000本，指导加强海南省建筑工程质量通病防治工作。全年共组织4次全省保障性住房质量安全巡查，重点检查廉租住房、公租住房及利用财政资金建设的保障性安居工程。检查在建项目280个，建筑面积共计1566万 m^2，发出《建设工程质量安全检查告知书》183份，提出整改意见1962条。下发全省性的通报2份，表扬施工单位4家、监理单位3家，批评建设（或代建）单位8家，施工企业8家，监理单位10家，并分别对10家施工、监理企业进行约谈。继续打造精品工程，"三亚鹿回头小东海A26、A26—1地块项目3A、3B楼"1个项目获国家建设工程质量最高奖项—"鲁班奖"，有29项建设工程获得省级工程质量奖—"绿岛杯奖"。

【施工安全】 2013年，全省建筑施工安全生产总体态势平稳。全年发生5起一般建筑施工生产安全事故，死亡6人，事故发生起数比2012年下降37.5%，死亡人数比2012年下降25%。6月，为强化建筑施工安全生产管理，遏制生产安全事故的发生，促进建筑施工安全生产形势的稳定好转，省住房和城乡建设厅在海口召开全省建筑安全生产工作会议。会议通报全省2013年上半年建筑工程安全生产事故情况,分析海南省建筑安全生产形势和存在的问题,部署下一阶段工程安全生产监管工作,并与市县建设主管部门签订安全生产责任书。为加强全省房屋建筑工程和市政工程塔式起重机安全评定工作,海南省建设工程质量安全监督管理局制定《建筑塔式起重机安全评定规程》地方标准,进一步规范海南省建筑起重机械设备的使用管理。不断强化应急救援能力建设,于7月召开应急救援演练暨施工现场灭火与疏散演练观摩会活动,进一步提升海南省建设系统救援队伍应对突发事件和风险的能力。继续推进海南省建筑施工标准化工作,于8月召开全省建筑施工质量安全标准化现场观摩会,东方、琼海、屯昌等市县建设主管部门也积极开展地方性现场观摩会。组织开展全省建筑施工安全生产大检查,共抽查在建项目28个,下发执法建议书19份(其中1份停工建议书),提出整改意见137条。加大对施工企业安全生产许可证动态监管,对2013年发生的5起建筑施工生产安全事故做出相应处罚。

【建筑市场管理】 2013年继续加强建筑市场管理。开展预拌商品混凝土企业转型督查和资质动态核查。开展预拌商品混凝土企业专项督查,通报批评26家企业。7月开展资质动态核查,发布2013年海南省预拌商品混凝土企业合格企业名录,总计57家企业进入合格企业名录。首次联合省质量技术监督局开展建设工程质量检测机构资质动态核查。对全省47家检测机构进行核查评分,抽查5家检测机构分支机构,对4家机构进行通报表扬、6家机构通报批评,3家机构行政处罚。

【房屋建筑工程监管信息平台建设】 继续推进房屋建筑工程监管平台建设。9月印发《关于启用建设项目录入平台的通知》,要求全省各市县建设行政主管部门在办理工程项目施工报建时将工程项目信息录入平台,实现建设工程项目在互联网的实施报送。为建立健全建筑市场诚信体系,满足平台建设的需要,赴广州、江苏、深圳建设行政主管部门调研建筑市场诚信体系建设,并研究起草海南省建筑市场诚信管理办法。

【建筑业企业引导和帮扶】 在海南省取消城镇房屋拆迁资格审批后,制定海南省房屋拆除企业资质换证标准。明确海南省房屋拆迁单位资质适用"爆破于拆除工程"专业承包资质。具备爆破和拆除工程资质条件的企业按住建部标准执行,不具备爆破工程作业的拆除企业,核发"爆破与拆除工程专业承包企业(不含爆破工程)资质证书"。出台《海南省预拌商品混凝土专业承包企业分站资质管理办法》,规范分站的设立、运营管理。继续支持海建股份升特工作,服务海南金厦建设股份有限公司成功在"新三板"上市,成为海南首家上市的建筑装饰公司。对全省施工许可证的样式、记载内容进行统一,新版施工许可证于3月1日正式启用。组织召开2013年新版《建设工程施工合同(示范文本)》宣贯会。全年建筑业完成增加值320.18亿元,比2012年增长14.30%。

【工法评选】 2013年,根据《海南省工程建设工法评选办法》,省住房和城乡建设厅委托省建筑业协会组织专家对申报2013年省级工法进行评审,42项工程建设工法通过省级工法评审,其中3项工程建设工法通过国家级工法评审。

【平台建设】 2013年,"海南省房屋建筑工程全过程监管信息平台"正式通过工信厅组织的验收,圆满完成招标内容的建设,另增加"决策支持"、"建筑机械设备管理"、"工程质量安全监督"三个(子)系统和"村镇建设"、"保障性住房"、"房地产"三个模块。为配合试运行工作,先后确定十个工地进行试点,包括"设计与施工图审查系统"、"工程质量监管系统"、"施工现场与施工安全监管系统"等系统陆续开始试运行。截至2013年12月共入库企业4385家、人员59719名、项目4457个、法规及标准条文5405条。

【招标投标市场管理】 2013年,为进一步规范海南省房屋建筑和市政工程招标投标行为,组织各市、县住房和城乡建设局及各相关单位有关招投标工作人员共320人次参加《电子招标投标法》宣贯培训。对各市、县住房和城乡建设局工程招标备案人员进行建设工程备案工作的业务培训。并对各市、县建设工程招标备案工作进行监督检查。根据国家关于评标专家专业分类标准相关规定,为提高评标专家评审质量,保证评标的公开、公平、公正,重新组建了海南省房屋建筑和市政工程综合评标专家库。对省政务服务中心、海口市、三亚市3个建设工程交易平台关于《海南省建设工程工程量清单招标投标评标暂行办法》执行情况进行调研。根据调研情况,组织修订《海南省房屋建筑和市政工程工程量清单招标投标评标办法》。全年共查处或纠正违法违规案件8宗,共17个项目,处罚相关单位17家,评标专家1名,罚款20.185万元。

勘察设计

【勘察设计质量管理】 2013年,继续加强勘察设计质量管理,开展全省2011~2012年设计完成的市政工程勘察设计质量检查。抽检勘察设计项目25项，其中燃气工程1项、市政桥梁工程7项、市政道路工程15项、给排水2项。此次检查，对存在设计质量问题比较多的2家设计单位进行约谈，其中通报批评1家设计单位，处罚1家设计单位。在2013年度全国优秀工程勘察设计行业奖的评选活动中，海南省三亚海棠湾康莱德·万达希尔顿逸林度假酒店项目获建筑工程3等奖，中南地区工程建设标准设计—蒸压加气混凝土砌块墙体建筑构造（11zj103）项目获标准设计3等奖。

【工程抗震】 2013年，继续严格执行超限高层建筑工程抗震设防专项审查制度，保证超限高层建筑抗震能力。完成对海口长堤中心等13个项目的超限工程抗震设防专项审查，通过专项审查进一步优化设计，提高工程抗震的可靠性和安全性。为落实国家抗震减灾政策和有关文件要求，提高海南省的抗震减灾能力水平，省住房和城乡建设厅委托中国建筑科学研究院起草编制《海南省城乡建设抗震减灾发展规划纲要（2014—2020）》。12月，开展全省抗震减灾暨减隔震技术推广应用培训班，对各市县建设、地震行政主管部门以及相关单位技术骨干等300多人进行培训指导。配合省校安办推进中小学校舍安全工程建设，为校安工程提供有力的技术保障。

建设科技

【建筑节能】 2013年，组织完成103个大型民用建筑项目规划报建阶段的节能评估审查工作。印发《关于加强和改进建筑节能检测和能效测评工作的意见》，指导提高全省建筑节能工程实体质量。开展2013年度全省建筑节能设计施工图和施工现场专项检查，共检查63个建筑项目的施工图设计文件，63个项目现场（公共建筑27个，居住建筑36个），现场涉及建筑面积271万平方米，抽查63份建筑节能工程质量监督内档，查阅180余份制度文件，发出执法建议书2份，同时对去年检查下发执法建议书的项目现场进行复查。各检查组及时向当地建设、规划和房产等主管部门及受检项目参建各方代表反馈检查意见，检查工作结束后，印发《海南省住房和城乡建设厅关于2013年建筑节能及太阳能热水系统建筑应用专项监督检查情况的通报》。配合做好2013年全国住房城乡建设领域节能减排监督检查组对海南的检查工作，住房城乡建设部检查组对海南省本级和海口市、三亚市、定安县进行建筑节能、垃圾处理、污水处理等三方面的检查，在检查结果通报中（《住房城乡建设部办公厅关于2013年全国住房城乡建设领域节能减排专项监督检查建筑节能检查情况的通报》），海南省建筑节能工作任务完成情况获得通报表扬。在海口市组织对新颁布的国标《夏热冬暖地区居住建筑节能设计标准》（JGJ 75—2012）的宣贯培训和专题讲座，对2012年全国建设领域节能减排中发现的问题进行讲解，并对海南省建筑节能计算软件进行升级更新。印发《关于统一施工图建筑节能设计说明专篇的通知》。开展2012年度公共建筑能耗统计、能源审计和公示工作，共完成1154栋民用建筑统计和70栋建筑审计、公示工作。完成"公共建筑能耗监管信息系统"设备采购和软件前期开发工作。根据《海南省建设绿色照明示范省总体方案》的要求，省住房城乡建设厅、省交通厅、旅游委等印发《海南省公共建筑和交通运输领域绿色照明示范试点工程实施方案》，在海口组织召开公共建筑和交通运输领域绿色照明示范试点项目工作布置会，部署全省东线五星级及以上酒店、东环铁路沿线候车室、美兰机场和三亚机场候机楼等单位绿色照明节能改造任务，并监督实施改造。

【绿色建筑行动】 由省住房城乡建设厅、省发改委联合起草的《海南省绿色建筑行动实施方案》经省政府同意由省政府办公厅转发执行，指导全省绿色建筑的科学发展。组织编制《海南省公共建筑节能设计标准绿色补充细则》和《海南省居住建筑节能设计标准绿色住宅补充细则》。印发《海南省绿色建筑适用技术推广目录》。在海口举办绿色建筑设计规范培训，启动绿色建筑施工图设计文件审查工作。截至2013年底，有三亚海棠湾喜来登度假酒店等5个项目获得国家二、三星级绿色建筑设计评价标识，合计建筑面积39万平方米。

【可再生能源建筑应用】 2月份在海口组织召开各市县建设主管部门参加的太阳能热水系统建筑应用工作座谈会。印发《关于2013年海南省太阳能热水系统建筑应用面积分配任务的通知》并协助省财政厅完成专项补助资金分配下达市县。继续推进现有的国家相关示范项目的实施进度，完成对三亚、儋州、文昌、陵水4个国家可再生能源建筑应用示范城市（县）的督查，截至2013年底，示范市县总体示范任务量完成进度为60%。联合省财政厅完成海南汉能光伏基地厂房等国家相关示范项目的验收评估工作。全省共有国家太阳能光伏建筑应用示范项目7个，总装机容量13.25兆瓦，按实施进度已完成装机容量10.85兆瓦。

【建设科技推广与智慧城市建设】 发布两批年度《海南省建设科技成果推广目录》和《海南省建筑节能材料和产品认定目录》，推广科技成果14项，认定节能材料和产品45项。联合工信、质量监督等有关主管部门对海口、三亚、琼海、万宁、文昌5个城市的建筑节能新产品、新材料生产厂家及应用产品的建筑项目工地进行实地调研。协助万宁市完成国家智慧城市创建相关工作，包括申报书的评审、任务书编制和评审等工作。成立海南省智慧城市试点工作实施管理办公室，协调解决全省智慧城市创建工作中的问题。印发《关于国家智慧城市试点申报有关事项的通知》，明确申报要点和流程，指导申报工作。

建设政策法规

【建设法规制定】 2013年9月25日，省第五届人大常委会第四次会议修订通过《海南省燃气管理条例》，自2013年12月1日起施行。修订后的《条例》，明确居民用气优先保障原则及各有关方面在燃气设施保护方面的责任，在燃气工程审批程序、燃气经营许可条件等方面做了新的规定，为进一步规范海南省燃气经营管理，保障人民生命财产与公共安全，促进燃气行业发展，提供重要的法律依据。2013年11月29日，省第五届人大常委会第五次会议审议通过《海南省村镇规划建设管理条例》，自2014年2月1日起施行。该条例对村镇规划的编制和实施、村镇规划许可、村镇建设管理、村镇房屋管理等作了明确规定，对特色村镇建设的推进和村镇结构调整提出具体要求，为进一步加强海南省村镇规划建设管理，改善村镇人居环境，促进农村经济社会全面协调可持续发展，加快城镇化和城乡一体化建设，提供明确而严格的法律规范。

【住建系统规范性文件备案审查】 按照省政府法制办《关于报送规范性文件法核及备案有关情况的通知》要求，海南省住房和城乡建设厅2013年4月开展规范性文件法核及备案清理情况工作。在清理过程中，强化领导干部及工作人员合法制定规范性文件的意识。

2013年海南省住房和城乡建设厅严格按照《海南省规范性文件制定与备案登记规定》落实规范性文件备案登记制度，法制机构在对文件作法律审核意见时，对规范性文件一并提出备案登记建议，均严格依照法定程序向省政府申请规范性文件备案登记，获得备案号后才印发实施。全年通过法核并备案《海南省住房和城乡建设厅关于印发〈海南省预拌混凝土专业承包企业分站资质管理办法〉的通知》等13件规范性文件，通过法核的规范性文件备案登记率达到100%。

【住建系统行政复议工作】 省住房和城乡建设厅按照《中华人民共和国行政复议法》和《中华人民共和国行政复议法实施条例》的规定，进一步加强行政复议工作，坚持以事实为依据，以法律为准绳，依法办理行政复议案件。2013年共收到行政复议申请5件，内容涉及城乡规划、房屋拆迁、工程质量安全等方面，依法受理行政复议4件，2012年度余案1件，共5件案件全部按期审结。已审结案件无一起引发行政诉讼、上访或群体性事件，未发生复议后应诉案件，有效发挥行政复议制度在解决行政争议、建设法治政府、构建社会主义和谐社会中的重要作用。省住房和城乡建设厅还以做好协调和疏导工作为优先环节，着力化解行政争议，使6起可能引发行政复议的案件提前化解或选择其他方式解决。

【住建系统普法工作】 根据《省委宣传部、省司法厅关于在公民中开展法制宣传教育的第六个五年规划(2011—2015年)》、省人大常委会《关于"六五"法制宣传教育的决议》及《海南省建设系统法制宣传教育第六个五年规划》精神，海南省住房和城乡建设厅制定《2013年"六五"普法依法治理工作计划》，将建设行业法律知识考试和职权运行清理作为全年普法工作重心，有序完成当年普法依法治理工作的各项任务。2013年7月，海南省住房和城乡建设厅顺利通过省普法依法治理领导小组对海南省住房和城乡建设厅进行的"六五"普法工作中期检查。12月，海南省住房和城乡建设厅网站建立法制宣传专栏。

建设执法稽查

【重点稽查执法工作】 2013年，省住房和城乡建设厅印发《2013年重点稽查执法工作实施方案》，继续深入开展各项重点稽查执法工作。对保障性住房建设、住房公积金、建筑市场、房地产市场、建筑节能、工程质量安全等方面开展38次专项执法检查，及时发现和纠正违法违规行为，维护建筑市场秩序，促进住房和城乡建设事业科学健康发展。

【整治违法建筑工作】 2013年，省住房和城乡建设厅积极推进整治违法建筑工作。起草并由省政府印发《关于进一步加大力度集中整治违法建筑的通知》，组织召开全省整治违法建筑暨城乡环境卫生工作会议，对整治工作进行全面部署，掀起全省整治违法建筑工作高潮。全省整治违法建筑工作取得显著成效，全年共拆除违法建筑约400万平方米，有效遏制违法建筑蔓延趋势，维护社会管理秩序和社会公平正义。

【查处违法违规案件】 2013年，省住房和城乡建设厅积极拓宽投诉举报渠道和落实案件查办、转办、督办机制，采取发文督办、实地调查、查阅资料、约谈当事人等多种方式开展案件稽查，确保案件事实清楚、证据确凿、定性准确、处理无误。全年受理投诉举报116件，查处违法违规案件31件，涉及城乡规划、房地产市场、建筑市场、工程质量安全等多领域。通过加大对重大违法违规案件的直接查处力度、曝光典型案件、约谈企业及其上级总公司法人代表和项目有关负责人等方式，有效警示震慑违法违规行为。

【城乡规划督察工作】 2013年，省住房和城乡建设厅完成第二届省城乡规划督察员选聘工作。出台《城乡规划督察员工作规程》、《城乡规划督察工作日志制度》和《城乡规划督察文书格式》等文件，进一步规范省城乡规划督察员工作。开展保亭、定安、陵水三县城乡规划督察工作，重点对城市总体规划评估和调整修编、落实重大基础设施和重大产业等重点项目规划、依法严厉打击违法建筑、村镇规划建设管理、违反城乡规划行为等方面进行督察，及时纠正和制止违反规划行为，确保规划实施落到实处。

建设系统行政审批

【建设行业行政审批概况】 2013年，省住房和城乡建设厅行政审批办受理行政许可审批4584件，办结4425件，平均承诺天数14天，实际平均办结天数6.1天，提前办结率99％。在2013年全省重点项目建设工作会议上，省住房和城乡建设厅行政审批办因在审批省重点项目工作中启动"绿色通道"，加快项目审批，成绩突出，业主较满意，被省政府给予通报表彰。此外，经海南省直机关工会推荐，省住房和城乡建设厅行政审批办被海南省总工会授予"海南省工人先锋号"的光荣称号。

【深化行政审批制度改革、推进并联审批】 为进一步整合优化建设项目的审批流程，加快推进建设项目审批，2013年，省住房和城乡建设厅行政审批办牵头组织有关处室到海口、三亚、洋浦实地调研，并结合海南省实际情况，代拟《海南省建设项目行政审批规划报建、施工许可、竣工验收三个阶段并联审批实施细则（试行）》和办事指南。

【建设行业审批减政放权】 继续做好清理、取消行政审批事项工作，加大行政审批下放力度，2013年，省住房和城乡建设厅行政审批办取消民用建筑节能评估审查（立项阶段）核准1项审批事项，将燃气经营许可证核准、燃气经营许可证延续、燃气经营许可证变更、燃气经营许可证增补、民用建筑节能评估审查（规划报建阶段）核准、房地产暂定资质等6项审批事项下放到市县主管部门。

【建设行业企业数据库建设】 2013年10月底，由省住房和城乡建设厅平台信息工作组提供技术支持，省住房和城乡建设厅行政审批办牵头组织有关人员对2013年2~10月审批的建筑业企业档案集中进行信息采集录入工作，并对前两次录入的信息重新进行复核，纠错补漏，共完成企业档案信息录入约3000件，核对信息约25000件，并对2008~2013年审批的档案重新进行目录编写归档。

建设人才教育培训

【智力扶持中西部市县】 2013年，继续实施《海南省建设规划人才智力扶持中西部市县实施方案》，联合省委组织部、省人社厅启动第三期扶持计划，从厅机关和海口、三亚选派22名建设行政管理干部和专业技术骨干到中西部市县建设行政主管部门服务锻炼，其中11名挂职任副局长，11名进行定点服务指导；相应从中西部市县选派12名建设行政管理干部和专业技术骨干到厅机关和海口、三亚建设行政主管部门跟班学习锻炼。

【住建系统干部培训】 组织机关和直属单位公务员160余人参加在线学习，组织机关处级干部60余人参加省委党校、海南大学、中改院面授选学，进一步扩大了干部知识面和增加业务知识。开展贯彻落实十八届三中全会精神、党的群众路线教育实践活动专题培训4班次，培训320人次；党风党纪教育培训5班次，培训458人次。以"书记讲党课"、专家讲案例、组织观看教育片等形式开展多种多样的党风廉政教育，使广大党员干部的廉洁意识得到增强。开展基层干部培训，先后举办保障性安居工程建设的政策解读、农村危房改造、村镇规划编制、建设工程监理合同示范文本宣贯、太阳能热水系统建筑应用政策等多项业务培训，共20期、2470人次，投入资金82.4万元，特别是针对村镇建设规划、市政建设和建筑市场监管的业务培训有所增加，对加强基层干部履职能力，提高执政水平起到一定的作用。

【学历教育】 积极同省教育厅开展合作，举办建筑工程类专业中等职业学历教育实验班，依托省机电工程学校、省交通学校和省三亚高级技工学校，面向社会招收应届初、高中毕业生和同等学力的社会青年，培养掌握建筑工程基本理论和知识，具备建筑工程施工技术和工程管理能力的中职人才。

【专业技术人才培养】 通过开展以"新知识、新理论、新技术、新规范"为主要内容的继续教育培训班，拓宽专业技术人员知识水平。全年举办各类培训班110期，培训人员20000余人次。为适应建筑施工现场需要，组织人员制订《海南省住房和城乡建设领域现场专业人员职业标准实施办法》、《海南省住房和城乡建设领域现场专业人员岗位考试考务管理办法》。积极做好施工现场专业人员培训考试工作，通过加强考前培训和提高命题科学性，努力实现考试通过率在60%左右，2013年共有14000人报名参加施工现场专业人员考试，比2012年提高1.7个百分点。坚持抓技能人才培训鉴定和农民工培训工作，坚持把农民工培训工作作为保证建设工程质量和安全生产的基础性工作，通过鼓励企业创办农民工业余学校和各种培训工作，提高农民工的整体素质。共为1500名通过鉴定合格人员发放技能岗位证书。继续抓专业技术资格的评审工作，共有1672人申报正高级、高级、中级、初级专业技术资格，比2012年度提高26个百分点，充实海南省建设行业专业技术人员队伍。

（海南省住房和城乡建设厅　撰稿：谢曦）

重 庆 市

城乡规划

【重庆市城乡总体规划深化】 策划开展优化空间布局、完善城市功能、突出自然文化特色、提高规划水平等四个方面基础研究，同时对现行城乡总体规划实施情况进行评估，开展人口与城镇化等十个专题研究，形成系列研究成果。在总体规划深化方案中，对"美丽的山水城市"定位和城市特色进行强化；对市域城镇体系布局进行优化完善，提出"一区两群"城镇空间布局和"1+2+27+500"的新的市域城镇体系；对主城区作为国家中心城市核心载体的区域组织功能进行重点完善；对全市人口和用地进行统筹安排，并优化完善交通等基础设施布局。

【主城九区分区规划】 建立以行政区为单元的规划平台，将城乡总体规划中确定的主城1200万城镇人口、1188平方公里城镇建设用地、5.5亿平方米住宅建筑总量以及相关的基础设施、公共服务设施等指标在各行政区进行细分落实，以此为基础形成主城建设用地量和居住建筑量调控方案，有序引导城市开发建设。

【规划全覆盖计划】 研究制定《重庆市法定城乡规划全覆盖工作计划》，分市域、主城、区县、镇乡、村五个层级和法定规划、专项规划、专业规划三大类型，优化完善全市规划编制体系，通过"规划的规划"，力争用3~5年时间，实现全市城乡规划全覆盖。

【民生规划】 完成86所中小学和幼儿园的规划审批，并建立新建成小区与配套学校同步覆盖、同步规划、同步建设、同步报审、同步验收"五同步"机制。开展主城区养老设施专项规划，制定主城棚户区危旧房改扩建管理办法，高质高效保障公租房、轨道交通环线、成渝客运专线等170余个重点项目落地实施。

【规划研究】 开展主城核心功能区规划研究、都市区西部经济圈发展战略研究、临空经济区规划研究等，紧贴发展实际和管理需要，开展工业用地管理、教育用地规划标准等近200项应用型课题研究，《新型城镇化背景下的山地小城镇发展策略研究》等8项课题获重庆市科技进步奖。

【统筹城乡规划】 完善区县总体规划编制方法和局部修改机制，指导完成黔江、璧山、江津等11个区县总体规划修编或局部修改；指导綦江、大足、开县等17个区县开展总体规划修编或局部修改。指导远郊区县全部完成城镇化布局研究和总体规划实施情况年度评估，完成区县城建筑物信息调查。

【村镇规划】 出台集体土地上非农村村民住宅建设规划许可管理办法。指导近百个远郊区县重点中心镇完成总体规划实施评估，组织开展31个市级农民新村规划试点和主城区20余个农村集中居民点规划，南川区金龙村规划荣获2013年全国村庄规划试点中期评比第三名。

【综合交通体系梳理】 完成主城区次支路网络化规划，建立重大基础设施预可研和重大建设项目交通影响评价制度，完成总体规划中未落地的10座过江桥梁控制性方案设计，系统研究静态交通布局问题，提出三大策略和12条具体举措。完成主城区电动汽车充换电站布点规划、LNG加气站布点规划、两江新区绿色交通规划等一批专项规划。

【城市特色风貌塑造】 开展重庆美丽山水城市规划，完成"四山"管制规划实施评估，深化完善住建部重点课题山地城乡规划标准体系研究，推动开展国家规划标准和山地城乡规划标准相关工作，出台建筑材质、色彩、屋顶等一批规划技术导则。完成悦来生态城总体城市设计。渝中区步行系统、北部新区慢行系统示范项目获中国人居环境示范奖。

【历史文化名城规划】 推进历史文化名城保护总体规划编制工作，深入挖掘重庆特色遗产类型，建立完整的评价体系、空间保护体系、规划编制体系，创新保护实施机制。完成50余项事关历史文化名城保护的重要项目选址及方案审查。完成大足区铁山古镇、渝北区龙兴古镇、涪陵区青羊古镇等5个历史文化名镇保护规划及深化方案。规范历史文化名城、名镇、名村保护规划审批管理，出台优秀近现代建筑规划保护指导意见。

【城乡规划一体化管理】 推动重庆市政府常务会审议并明确各区县均设立规划局，在镇乡一级落实规划管理职能、机构和人员；将规划管理纳入目标考核；市级财政每年安排4000万元补助区县规划编制工作，并将控规编制经费纳入土地出让成本。进一步简政放权，强化分局的区级行政主管部门职责，加强区县规划工作指导，完善首席规划师制度，助推区县规划提高水平。

【优化规划运行机制】 起草制定规划和测绘诚信管理办法，强化规划测绘成果质量终身责任意识，规范行业行为。优化规划编制组织工作规程，建立"编、审分离"和"共编、共管、共用"机制。建立控规修改快速反应机制和差异化修改程序，建立拟出让地块常态化预研究机制，控规修改时限由半年以上缩减到3个月左右。在放验线、建筑外立面审查、多地块指标平衡等方面创新管理，完善现场踏勘、管理联络员、指标核算等制度，建设项目审批时间减少1/3。

【规划法规建设】 修订《查处城乡规划违法建设行为若干规定》、《行政处罚裁量基准》等规范性文件，完善主协办部门间高效合作机制，探索对市级重点公益项目实行互不为前置审批。

【规划监督执法】 研究起草《重庆市制止和查处违法建筑规定》，制定《关于进一步推进主城区违法建筑整治工作的实施方案》。推动将违法建设的发现、制止、报告等职责向镇（街）乡、社区延伸，充实规划执法人员力量，组建违反城乡规划举报投诉中心，主城区全年拆除违法建筑264万平方米。

【优化规划管理服务】 推进主城区新编和修编控规500多平方公里，基本实现规划建设用地控规全覆盖。规划高效服务城市开发建设，2013年主城区核发用地规划许可6594公顷，工程规划许可6692万平方米，竣工核实3040万平方米。

【推行阳光规划】 加强重庆市规委专委会的组织工作，对重大规划项目开展高层次的专家咨询。出台规划公开公示办法，采取新闻通气会、听证会等多种方式对400余个规划和设计方案进行公示。完善政务信息公开制度，及时面向公众解读规划编制、行政许可、规划监察政策法规。

【地理国情普查工作】 推动建立重庆市及各区县普查机构，完成重庆市永川区普查试点项目。启动综合市情系统建设，初步形成人口、经济、城镇建设等10大类数据体系。

【"智慧重庆"基础平台建设】 制定《智慧重庆公共信息平台建设发展纲要》，"智慧重庆时空信息云平台"获批国家试点。稳步推进"智慧两江"建设，启动"数字潼南"、"数字万州"、"数字綦江"建设，强化"数字永川"应用，"数字长寿"二期项目顺利通过国家测绘地理信息局验收并获中国地理信息优秀工程金奖，"数字黔江"被授予"全国数字城市建设示范区"称号。

大事记

1月

9日 住房和城乡建设部立项课题——《山地城市自行车交通系统规划研究》通过评审。

21日 副市长凌月明主持召开全市规划、建设、管理、环保及民防工作会。

2月

7日 曹光辉就任重庆市规划局局长、党组书记。

20日 市委书记孙政才莅临市规划展览馆调研城乡规划工作并作重要讲话。

3月

1日 《重庆市集体土地上非农村村民住宅建设规划管理暂行办法》正式施行。

22日 市测绘地理信息工作会议召开。

23日 市规划局启动"好地图，好生活"——便民地图服务周活动。

4月

9～12日 第三届重庆市测绘地理信息行业职业技能竞赛举行。

9日 市委书记孙政才到两江新区调研并听取两江新区相关规划情况汇报。

19日 重庆市测绘学会2013年学术年会召开。

25日 市长黄奇帆、时任副市长凌月明听取总规深化进展情况汇报。

25日 重庆市南川区大观镇金龙村获列全国村庄规划试点。

25日 《智慧重庆时空信息平台发展纲要》通过评审。

5月

3日 重庆市城市规划学会2013年年会暨"面向国家责任的美丽山水城市"规划论坛举行。

15日 2012年度《重庆市主城区交通发展报告》对外公布。

22日 重庆市区县规划工作座谈会暨2013年度区县首席规划师聘任会举行。

30日 市规划局启动第二届重庆地理科普活动，并于六一儿童节当天举行"规划带你'童'游重庆"活动。

6月

18日 重庆市政府与国家测绘地理信息局签署《科学发展富民兴渝测绘保障暨智慧重庆建设合作协议》。

18～23日 由中组部主办、国家测绘地理信息局承办的"全国数字城市专题研究班"在重庆市举办。

26日 市规划局组织召开"七一"表彰大会。

7月

5日 重庆市规划和测绘科学技术委员会第一次全体会议召开。

11日 《重庆历史地图集·第一卷（古地图）》正式发布。

12日 市政府第16次常务会专题审议《重庆市规划局关于近期城乡规划工作的报告》。

14日 国家地理国情普查永川试点全面完成。

22日 市规划局召开全局系统党的群众路线教育实践活动动员大会。

8月

2日 市规划局召开党的群众路线教育实践活动集中学习暨规划事业发展务虚会和半年工作总结会，确立《创建一流规划局总体方案》及四大系统工程实施方案，正式启动"一流规划局"创建各项工作。

29日 市规划局组织开展"依法普查地理国情，测绘服务美丽中国·8.29测绘法宣传日"活动。

9月

5日 "海峡两岸地理信息系统（UGIS）论坛2013年会"在渝召开。

13日 市委四届三次全会召开，通过《关于科学划分功能区域、加快建设五大功能区的意见》。

10月

9日 由市规划局和重庆大学建筑城规学院联合开办的第五期全市区县规划干部业务培训班在重庆大学开班。

14日 重庆市地理信息中心获批国家博士后科研工作站。

17日 重庆市地方标准——《重庆市城乡公共服务设施规划标准》通过专家审查。

22日 国家测绘地理信息局"杨艳萍同志先进事迹报告会"在重庆市举行。

29日 重庆市第一次地理国情普查领导小组全体会议暨第一次地理国情普查工作电视电话会议召开。

11月

4日 "重庆市第一期城乡规划讲解员培训班"开班。

8日 市规划局组织召开主城区10座跨江大桥规划控制方案设计颁奖仪式。

16日 《重庆市第一次地理国情普查实施方案》通过评审。

12月

9日 市第四届规委会成立，市委书记孙政才兼任主任。

27日 共青团重庆市规划局第二次团员大会召开。

（重庆市规划局办公室）

城乡建设

【城乡建设工作概况】 2013年,重庆全市房地产开发投资3012.78亿元,城市基础设施投资1074.24亿元,共完成投资4087.02亿元,同比增长20.18%,占全市固定资产投资11205.03亿元的36.47%。

全市房地产业开发增加值728.83亿元,建筑业增加值1148.27亿元,共计1877.1亿元,同比增长19.83%,占地区生产总值(GDP)12656.69亿元的14.83%。

全市征收配套费222亿元,同比增长29%,其中:主城区征收151亿元,远郊区县征收71亿元;全市办理征收面积11079万平方米,其中:主城区6067万平方米,远郊区县5012万平方米。

【房地产业】 2013年,全市完成房地产开发投资3012.78亿元,同比增长20.1%,占年度目标任务2700亿元的111.6%,占固定资产投资11205.03亿元的26.9%。(见图1、表1)

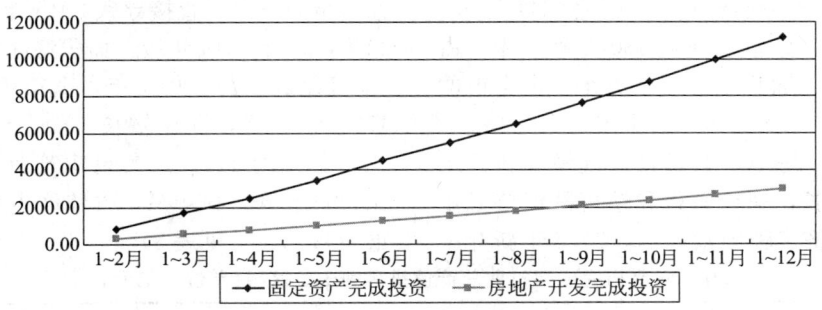

图1　2013年房地产开发完成投资与固定资产投资比较(单位:亿元)

2013年全市房地产业完成投资排名前十位区县(单位:亿元)　　表1

序号	1	2	3	4	5	6	7	8	9	10
区县	渝北区	江北区	沙坪坝区	南岸区	九龙坡区	渝中区	巴南区	北碚区	大渡口区	长寿区
投资额	314.7	269	245.4	240.6	225.6	196.5	181.4	164.5	96.8	96.6

全市房地产业实现增加值728.83亿元,同比增长11.1%,占地区生产总值(GDP)的5.8%,同比提高0.7个百分点。

全市商品房施工面积26251.89万平方米,同比增长19.3%;商品房竣工面积3804.36万平方米,同比下降4.7%。商品房新开工面积7641.63万平方米,同比增长31.4%。(见图2、表2)

全市商品房销售面积4817.56万平方米,同比增长6.5%;实现销售额2682.76亿元,同比增长16.8%。其中住宅销售面积4359.19万平方米,同比增长6.2%。

2013年,全市新增房地产开发企业702家,房地产企业总计3550家。其中,一级46家,二级616家,三级726家,四级72家,暂定2090家。

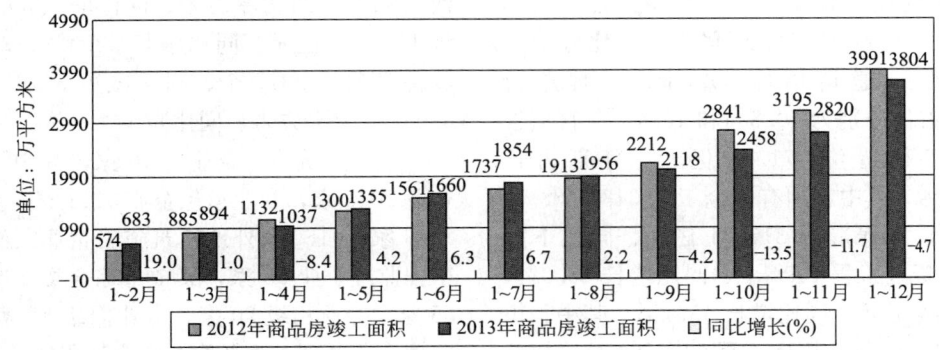

图2　2013年与2012年同期商品房竣工面积比较

2013年与2012年同期商品房新开工面积比较（单位：万平方米） 表2

指标 时间	1~2月	1~3月	1~4月	1~5月	1~6月	1~7月	1~8月	1~9月	1~10月	1~11月	1~12月
2012年	628.93	1399.29	1892.91	2414.92	2823.97	3225.41	3901.65	4311.31	4713.91	5319.79	5813.48
2013年	925.92	1562.29	2212.52	2734.95	3729.69	4427.69	4924.17	5674.94	6003.81	6993.79	7641.63
2012年同比增长（%）	-57.4	-33.2	-19.2	-11.6	-23.0	-21.9	-13.2	-14.7	-14.6	-12.1	-14.8
2013年同比增长（%）	47.2	11.6	16.9	13.3	32.1	37.3	26.2	31.6	27.4	31.5	31.4

重庆"五十强"房地产开发企业完成投资500亿元，占全市的17%；竣工面积480万平方米，占全市的13%；新开工面积800万平方米，占全市的11%；销售面积620万平方米，占全市的13%。

以上数据表明，房地产开发投资规模和新开工面积均保持高速增长，销售面积和销售额保持稳步增长，但受政治经济多种因素影响，2012年新开工面积全面下滑，直接导致2013年竣工面积出现下滑趋势，预计2014年竣工面积将逐步恢复增长趋势。

【建筑业】 2013年，全市完成建筑业总产值4731.88亿元，同比增长19.0%，占年度目标任务4200亿元的113%。实现建筑业增加值1148.27亿元，同比增长14.9%，占地区生产总值（GDP）的比重为9.1%。（见表3）

2013年全市完成建筑业总产值排名前十位区县（单位：亿元） 表3

排名	1	2	3	4	5	6	7	8	9	10
区县	渝北区	万州区	渝中区	涪陵区	九龙坡区	沙坪坝区	巴南区	开县	江北区	潼南县
总产值	700.72	402.10	390.37	303.97	208.80	202.67	186.33	171.72	169.66	165.49

都市功能核心区和拓展区共完成建筑业总产值2313.95亿元，同比增长14.2%，占全市的48.9%；城市发展新区完成建筑业总产值1227.66亿元，同比增长25.4%，占全市的25.9%；渝东北生态涵养发展区完成建筑业总产值1087.22亿元，同比增长21.7%，占全市的23%；渝东南生态保护发展区完成建筑业总产值103.05亿元，同比增长34.0%，增速高于全市平均水平15.0个百分点，占全市的2.2%。

全市发包并办理合同备案的房屋建筑和市政基础设施工程5481个、同比增长24.1%，工程造价1758.98亿元、同比增长16.6%。其中：公开招标工程2932个，工程造价552.39亿元，占比分别为53.5%和31.4%；邀请招标592个，工程造价235.36亿元，占比分别为10.8%和13.4%；直接发包1957个，工程造价971.23亿元，分别占比35.7%和55.2%。其中：国有资金工程3487个、同比增长23.0%，工程造价816.24亿元、同比下降5.0%；非国有资金工程1994个，同比增长26.0%，工程造价942.74亿元、同比增长45.1%。其中：市管工程项目207个（公开招标工程115个，邀请招标工程24个，直接发包工程68个），工程造价172.21亿元。

市工程建设招标投标交易中心工程建设项目交易总数3319个、同比增长10.3%，交易金额1233.21亿、同比增长8.5%。其中：施工类房屋与市政工程1659个，交易金额1058.70亿元、占比85.85%；施工类专业工程864个，交易金额127.26亿元、占比10.32%；勘察设计、监理、采购、建设管理代理项目796个，交易金额47.25亿元、占比3.83%。

全市办理施工许可的新开工房屋建筑和市政基础设施工程项目4461个、同比增长15.6%，新开工面积11940.23万平方米，同比增长30.2%，工程造价1924.49亿元、同比增长32.0%。新办理竣工验收备案项目2377个，同比减少32.6%，竣工面积6805.84万平方米、同比减少2.8%。

全市建筑施工企业7466家，其中：施工总承包企业2040家，专业承包企业3113家，劳务分包企业2313家；1169家外地建筑施工企业入渝备案。全市工程监理企业95家，其中：综合类2家，专业甲级55家，专业乙级20家，专业丙级18家；55家外地监理企业办理入渝备案。全市工程造价咨询企业188家，其中：甲级96家（含专业部委甲级5家），乙级

73家，乙级暂定19家；41家外地造价咨询企业入渝备案。全市招标代理机构119家，其中：甲级28家，乙级60家，暂定级31家。全市工程质量检测机构101家，其中：专项与建材类资质87家，建材类资质4家，专项类资质10家。

全市共659家(1364次)重庆市企业出渝参与投标，中标工程2087个，总造价1456亿元，总建筑面积5183.46万平方米。向市内外建筑业输出农村富余劳动力162万人，其中：本市建筑业解决就业95万人，市外建筑业解决就业67万人。全市建筑业吸纳建筑劳务人员141万人，其中：重庆市农民工95万人、重庆市非农民工32万人、市外入渝农民工14万人。全市净输出农民工53万人。

全年发放建筑施工企业安全生产许可证2480件(家)，其中：新办1002家、延续859家、变更619件。组织建筑施工企业"三类人员"考核107期，考核31481人次，发证20721份。

全市累计发生建筑生产安全事故43起，死亡46人(其中非法违法事故为15起，死亡18人)。与2012年同期相比，事故起数多2起、上升4.9%，死亡人数少1人、下降2.1%。

以上数据表明，建筑业保持平稳较快发展势头，建筑业总产值、增加值平稳增长，全市发包工程数、新开工项目数、新开工面积均比2012年有所增长。市工程建设招标投标交易中心入场交易工程项目个数同比增长10.3%，交易金额同比增长8.5%。房屋建筑和市政基础设施建设工程质量总体处于受控状态、安全生产形势基本稳定。

【勘察设计业】 2013年，全市勘察设计单位完成营业收入305亿元，同比增长8.5%，占年度目标任务的101.7%。其中：都市功能核心区225.05亿元，占全市的73.8%；都市功能拓展区69.48亿元，占全市的22.8%；城市发展新区6.72亿元，占全市的6.72%；渝东北生态涵养发展区3.14亿元，占全市的1.0%；渝东南生态保护发展区0.61亿元，占全市的0.2%。

全市共有工程勘察设计单位444家，其中：具有勘察资质的单位105家(甲级26家，乙级42家，丙级32家，劳务类5家)，具有设计资质的单位390家(甲级102家，乙级185家，丙级103家)，具有设计与施工一体化资质的单位25家(壹级7家，贰级13家，叁级5家)。施工图审查机构21家，其中一类18家，二类3家。已办理入渝备案的市外勘察设计企业共234家。全市勘察设计注册师人数3620人(其中：建筑师1325人，勘察设计工程师2295人)，同比增长11.7%，占专业技术人员总数的11.7%。

全市完成建设工程初步设计审批2736项(其中，重庆市城乡建设委员会委审批315项，占11.5%)，同比增长12.9%，投资概算5600.2亿元(其中，重庆市城乡建设委员会审批项目概算2277.2亿元，占40.7%)，同比增长27.1%。按项目所在区域分，主城区828项，同比增长13.3%，投资概算3368.2亿元，同比增长24.8%；远郊区县1908项，同比增长12.8%，投资概算2232亿元，同比增长34.4%。按项目类别分，房屋建筑工程2194项，同比增长3.6%，总建筑面积12303万平方米，同比增长25.5%，投资概算5070.2亿元，同比增长25.6%；市政工程542项，投资概算530亿元，同比分别增长77.1%和56%。

全市施工图审查备案共计3259项、同比减少5.29%，总投资4683亿元，同比减少8.61%。其中：建筑工程2631项，总建筑面积11660万平方米，同比减少11.95%，总投资4182亿元，同比减少10.47%；市政工程628项，同比增长38.63%，投资501亿元，同比增长15.11%。按区域分：主城区项目1040项，同比减少2.89%，投资3219.1亿元，同比增长15.11%；主城区外项目2219项，同比减少6.37%，投资1463.9亿元，同比减少37.1%。

以上数据表明，勘察设计行业发展较好，全行业营业收入稳步增长；初设审批项目个数较2012年同期有所增长12.9%，投资概算较2012年增长27.1%；施工图审查审查投资概算较2012年同期减少8.6%。

【城市基础设施建设】 2013年，全市完成城市基础设施建设投资1074.24亿元，同比增长20.4%，占全市固定资产投资11205.03亿元的9.6%。(见表4)

2013年全市城市基础设施完成投资排名前十位区县(单位：亿元)　　表4

排名	1	2	3	4	5	6	7	8	9	10
区县	北碚区	铜梁县	渝北区	潼南县	涪陵区	巴南区	璧山县	大足区	开县	万州区
完成投资	78.09	59.95	51.68	45.54	45.48	45.42	42.87	42.27	34.09	33.90

市政设施完成投资494.9亿元,同比增长28.63%,占总投资的46.07%;园林绿化完成投资187.95亿元,同比下降1%,占总投资的17.5%;污水处理完成投资25.4亿元,同比增长4.6%;市容环卫完成投资90.04亿元,同比增长4.7%;自来水的生产和供应完成投资35.69亿元,同比增长11.99%;热力燃气生产和供应完成投资89.2亿元,同比增长149.16%。(见图3)

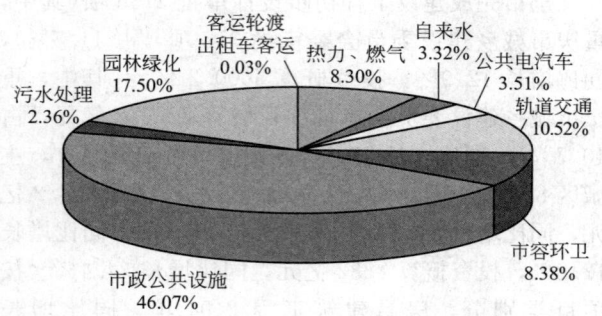

图3 2013年城市基础设施完成投资行业分布图

都市功能核心区和拓展区共完成投资314.05亿元,同比增长11.6%,占全市的29.2%;城市发展新区完成投资367.15亿元,同比增长44.8%,占全市的34.2%;渝东北生态涵养发展区完成投资156.96亿元,同比增长11.3%,占全市的14.6%;渝东南生态保护发展区完成投资81.13亿元,同比下降4%,占全市的7.6%;跨区投资154.96亿元,同比增长17.5%,占全市的14.4%。

到位资金1071.11亿元,同比增长28.8%。其中:自筹资金到位542.17亿元,同比增长25.32%,占比为50.62%;国内贷款到位172.84亿元,同比增长2%,占比为16.14%;国家预算内资金158.72亿元,同比增长102%,占比为14.82%。其他资金为193.15亿元,同比增长29.49%,占比为18.03%。

以上数据表明,城市基础设施建设投资快速增长。城市发展新区投资增幅较大,渝东南生态保护发展区投资略有下降,其他功能区保持稳定增长。铜梁县、潼南县、涪陵区、璧山县、大足区、开县、万州区等7个区县在完成投资量方面已进入全市前十位。

【重点工程建设】 2013年,市级重点建设完成投资3030亿元,同比增长15.6%,占年度投资计划的101%,占固定资产投资的27%,圆满完成全年目标。其中,九大基础设施项目完成投资918.5亿元,占年度投资计划的102.6%;十大产业项目完成投资403亿元,占年度投资计划的62.5%;主城十大商务集聚区开发项目完成投资315亿元,占年度投资计划的121.2%;其他项目完成投资1393.5亿元,占年度投资计划的116.1%。

截至12月底,奉节至巫山高速公路、重庆国际博览中心、相国寺地下储气库、中卫—贵阳天然气联络线(重庆段)等64个项目完工或基本完工;韩国SK海力士半导体后工序项目、重庆110千伏及以下电网建设工程、2000万台平板电脑项目等83个项目新开工。

2013年,全市统筹推进新型工业化、信息化、城镇化等建设,着力提高经济增长质量和效益,确保投资有效增长,重点项目平稳推进。重点建设投资和开竣工数量都超额完成市政府确定的目标,重点项目的建成壮大现代产业集群,促进发展方式的转变和经济结构调整,提升基础设施保障水平,完善城市功能,为推动全市经济社会发展做出重要贡献。

【城市道路建设】 全市城市道路计划建设项目共467项,总里程1171.32公里,涉及跨江桥梁6座,穿山隧道4座,项目总投资1308.6亿元。全年完成投资329.10亿元,占年度计划的100.76%,其中:都市功能核心区和拓展区约229.51亿元,占69.74%;城市发展新区约62.8亿元,占19.08%;渝东北生态涵养发展区约31.92亿元,占9.7%;渝东南生态保护区约4.87亿元,占1.5%。

主城区城市道路计划建设项目共248项,总里程615.42公里,项目总投资1031.52亿元,年度计划完成投资225.30亿元。全年完成投资229.51亿元,占年度计划的101.86%。

【轨道交通建设】 核心区和拓展区:全年计划完成投资110亿元,实际完成投资113亿元,占年度计划的103%。

累计建成通车里程170公里,日均客运量达130万乘次以上;续建线路40公里,其中二号线延伸段(新山村至鱼洞)和六号线(五里店至茶园)共计30公里线路计划于2014年建成通车,三号线北延伸段(碧津至观月大道)7.5公里计划于2015年建成通车,三号线北延伸段(观月大道至举人坝)2.5公里将根据空港大道建设进度顺延;新开工线路142公里,其中2013年重庆市新开工建设环线、四号线一期及五号线一期共计108公里,2014年上半年,将新开工建设十号线一期(建新东路至王家沱)34公里线路。

城市发展新区:为全面落实"五大功能分区"

的战略目标，突出"交通引导城市发展"的策略，助推城市发展新区建设，已开展城市发展新区新型轨道交通的研究与探索，从城市发展新区特征入手，通过分析不同层次交通需求特性，强化城市发展新区综合客运交通系统，按照分梯次、分阶段和适度超前原则安排建设时序。

【住房建设】 主城区城市棚户区房屋改造。2013～2017年计划改造总量580.57万平方米、77351户。2013年，主城各区城市棚户区完成改造30.98万平方米、2535户，占年度计划的116%。

2010～2013年，全市公租房开工总建筑面积累计约4475万平方米、71万套，其中：已竣工约1950万平方米、32万套；在建约2525万平方米、39万套。已竣工的公租房中，由市级融资平台负责建设完成的约1745万平方米、28.57万套。

【建筑节能】 建筑节能初步设计审查。全市建筑节能初步设计审查通过1319个项目，建筑面积7398.95万平方米。其中都市功能区372个，建筑面积4275.35万平方米；城市发展新区项目643个，建筑面积2356.49万平方米；渝东北生态发展区项目172个，建筑面积547.55万平方米；渝东南生态发展区项目132个，建筑面积219.56万平方米。

全市能效测评项目共3233栋，建筑面积2683.57平方米。其中都市功能区1918栋，建筑面积1697.37万平方米；城市发展新区项目818栋，建筑面积648.64万平方米；渝东北生态发展区项目340栋，建筑面积254.89万平方米；渝东南生态发展区项目157栋，建筑面积82.67万平方米。

完成绿色建筑设计、竣工评价标识项目评审20个，建筑面积242.4万平方米。完成绿色生态住宅小区预评审项目33个，建筑面积968.07万平方米，完成绿色生态住宅小区终审项目11个，建筑面积189.12万平方米。完成节能备案管理379项，共对9项建筑节能技术（产品）进行认证。全市组织实施公共建筑节能改造重点城市示范项目68个，示范面积近320万平方米。

【科技教育】 全年完成建筑工人培训与鉴定建筑工人150147人，其中，惠农工程20564人，高技能人才3015人，建筑工人持证上岗率提高近12个百分点；组织3次专业技术管理人员统考，近10万人次参加考试，其中"双证制"院校考生2万余人次；重庆市被住房和城乡建设部列为实施住房城乡建设领域职业标准考核评价核发全国统一证书的六个省市之一。

启动《重庆市装配式混凝土住宅设计规程》等12项建筑产业化系列地方标准和6项标准图集的编制工作；加快推行住宅部品认定制度，促进部品构件通用化、标准化、模数化；建工新材、中瑞鑫安等建筑产业化示范基地高水平建设；实施装配式施工试点5万平方米；建筑产业化创新与促进联盟不断发展，成员单位涵盖设计、构配件生产、施工建造等建筑生产各领域，行业技术资源更加整合。

创新科技管理，注重关键行业技术的集成创新和协同创新。重庆市主编完成《建筑边坡工程鉴定与加固技术规范》等4部国家、行业标准；《建筑边坡工程施工质量验收规范》、《建筑工程施工现场标志设置技术规程》被列入国家工程建设标准立项计划；发布实施《公共建筑节能改造应用技术规程》等20项工程建设地方标准，另有80余项工程建设标准处于起草、征求意见、送审、报批阶段。开展《重庆市建筑产业化促进办法》立法调研工作；启动《重庆市装配式混凝土住宅设计规程》等9项建筑产业化系列地方标准和6项标准图集的编制工作。积极推动以企业为主体的科技创新工作。完成重庆市建筑业发展研究等建设科技成果30余项，其中《墙体自保温成套技术体系研究及工程应用》等2项荣获市科技进步二等奖，《重庆市轨道交通地下空间综合开发及利用研究》等4项科研成果获市科技进步三等奖。完成第三届建设科技创新奖评选，18个项目分获各奖项。创新新技术推广模式，编制发布《重庆市建设领域推广应用新技术公告（第一号）》，将钢筋加工配送、高强高性能混凝等16项建设新技术列入重点推广内容，并通过技术认定推广32项新技术；积极推进高强钢筋示范城市建设，全面落实住房和城乡建设部、工信部《推广应用高强钢筋示范省市评估方案》要求，制定并发布《重庆市建筑钢筋加工配送实施办法（试行）》；举办"2013中国（重庆）钢筋加工配送产业化发展论坛"、"城乡建设国际观察团重庆行暨建设领域新技术、新产品信息发布会"和"中国（重庆）房地产与住宅产业化论坛"。

（重庆市城乡建设委员会　撰稿：邹隆军）

房地产市场与保障性住房建设

房地产交易会

【商品房交易】 2013年，全市商品房成交4377万平方米，同比增长24.8%，成交金额2648亿元，同比增长27.5%。其中：主城区商品房成交2367万平方米，同比增长3.5%，成交金额1714亿元，同比增长10.2%。全年主城区共成交商品住房1995万平方，同比增长2%，成交建面均价6803元每平方米，同比上涨6.5%。主城区商品住房成交主要集中在大学城、人和大竹林、空港片区、南滨路沿线、茶园新区等地区。全年主城区共成交办公用房107.4万平方米，成交建面均价10814元每平方米；成交商业营业用房138万平方米，成交建面均价15176元每平方米。

【二手房交易】 2013年，全市二手房成交建筑面积2078万平方米，同比增长32.2%，其中：主城区二手房成交建筑面积为969万平方米，同比增长50.0%。全年全市二手住房成交建筑面积为1867万平方米，同比增长41.2%，其中：主城区二手住房成交建筑面积为893万平方米，同比增长62.8%。

【房地产交易会】 4月18～21日在南坪国际会展中心举行。该次春交会四天累计成交各类房屋5063套，成交建筑面积46.68万平方米，成交金额32.05亿元。其中：商品住房成交3590套，建筑面积33.67万平方米，成交金额23.57亿元，累计成交建面均价7001元每平方米。在商品住房中，高层商品住房成交3141套，建筑面积27.28万平方米，建面均价6418元每平方米；高档低密度住房成交72套，建筑面积1.69万平方米，建面均价10918元每平方米；多层花园洋房成交261套，建筑面积3.39万平方米，建面均价8663元每平方米；装修房成交116套，建筑面积1.31万平方米，建面均价9793元每平方米。二手住宅成交891套，建筑面积7.77万平方米，建面均价4891元每平方米，成交金额3.8亿元。

秋季房交会于10月17～20日在南坪国际会展中心举行。该次秋交会四天主城区累计成交各类房屋3621套，成交建筑面积31.57万平方米，成交金额22.2亿元。其中：商品住房成交2022套，建筑面积19.35万平方米，成交金额14.92亿元，累计成交建面均价7709元每平方米。在商品住房中，高层商品住房累计成交1709套，建筑面积14.58万平方米，建面均价6431元/平方米；高档低密度住宅成交69套，建筑面积1.75万平方米，建面均价16026元/平方米；多层花园洋房成交158套，建筑面积2.07万平方米，建面均价8703元/平方米；装修房成交86套，建筑面积0.95万平方米，建面均价9888元/平方米。二手住房成交695套，建筑面积5.83万平方米，成交金额2.65亿元，建面均价4543元/平方米。

住房保障

【公租房】 逐步建立以公租房为核心的住房保障体系，保障性住房覆盖广大"夹心层"群体。构建"市场供给为主体、政府保障为补充"的双轨制住房供应体系和"低端有保障、中端有市场、高端有约束"的分层调控体系。实行公开透明分配，通过严抓"两审两公示、摇号配租电视直播、'双随机'配对摇号、全程公证"四个关键环节，确保分配始终阳光公正，无分配不公的投诉。全市累计开工建设公租房4475万平方米，成功配租3.3万户，累计配租24.2万户，民心佳园、康庄美地、康居西城、两江名居、民安华福、城南家园及园区、远郊区县公租房小区已累计入住13.3万户。

【安置房】 全年新开工安置房300万平方米、3.98万套，完成年度开工目标任务的176.8%；竣工99.65万平方米、1.04万套。

【廉租房】 全年新开工廉租住房54.5万平方米、1.13万套，占全年计划任务的102%；竣工29万平方米、0.56万套。全市累计配租廉租房6.04万户。

房地产管理

【公积金管理】 一是制度扩面稳步推进。通过舆论宣传、政策引导、执法维权，制度推行取得成效，行政机关、事业单位、国有企业集团及上市公司基本实现制度全覆盖，"非公"企业建制取得一定突破，参与单位和职工数量稳步增长，全市住房公积金参缴人数246.16万人，较上年末净增21.94万人，缴存公积金206.9亿元。二是资金使用效益彰显。使用公积金261.4亿元，其中职工住房消费提取81.3亿元，发放个贷157.09亿元。降低职工的购房成本，促进房地产市场的稳步发展。全市累计发放公租房项目贷款30亿元。三是资金资产质量总体良好，不断加强内控管理和风险防范，个贷逾期率0.04‰，低于国家控制标准。

【房地产中介评估】 截至2013年底，重庆市有房地产评估机构106家（其中：一级7家、二级67家、三级22家、暂定资质4家、驻渝分支机构6家），注册房地产估价师942人。全市共有房地产经纪机构门店4364家，其中，已在房管部门备案的经纪机构956家，已备案的分支机构2621家；从业人员23824人，其中经纪人1349人，经纪人协理6830人，其他业务人员15645人。

【房地产权籍管理】 以服务民生为导向,以"窗口建设标准化、权属登记规范化、权籍管理信息化"为抓手,积极开展土地房屋权属登记服务工作。一是有序开展土地房屋登记服务工作。据不完全统计,全市完成各类城镇土地房屋登记共计235万件,其中登记发证101万本;主城区各类城镇土地房屋登记共计121万件,其中登记发证56万本。二是新一轮农村土地房屋登记发证工作顺利通过验收。累计核发集体土地所有权证书8.04万本、宅基地及农房证书660万本、其他建设用地及房屋证书4.06万本,做到应发尽发。三是全面完成全市地房籍管理信息系统建设工作。在主城区实现地房籍管理信息系统联网运行的基础上,加大对远郊区县地房籍档案数据清理整合的指导和督察力度,强力推进远郊区县的系统上线工作。截至2013年9月,全市土地房屋权属登记实现统一联网运行的目标。

【房地产市场监管】 一是认真开展房地产市场信访稳定突出问题化解工作。积极梳理排查出信访稳定突出问题6件,并全部进行办结处理,下发《关于执行全市房地产市场突出矛盾项目信息报表工作的通知》,将信访稳定突出问题化解工作作为一项日常性工作,保持全市房地产市场稳定。二是拟定相关文件加强商品房预售资金监管。针对因挪用预售资金导致延期交房问题,出台相关政策,着力规范商品房预售资金收存、使用等行为,强化商品房预售资金管理,积极防范开发企业挪用预售资金行为。并征求企业、银行和房地产管理部门的意见,定于2014年3月1日其实施。三是开展房地产市场中介专项治理工作。通过对全市4362家房地产市场中介机构和门店的调查摸底,已在房管部门备案的法人机构956家,已备案的分支机构2621家。对检查中发现的问题,已有655家中介机构进行整改,剩余机构正在整改之中。通过专项整治,相关部门的联动共管机制逐步建立,市场秩序基本规范。四是进一步加强对房地产市场的监督检查力度。严格落实商品房预售许可管理的有关法律法规规定,加大检查力度,强化日常检查、集中检查、专项检查等制度,进一步监督和规范房地产开发企业的销售行为。五是加强协作严厉查处商品房违法违规销售行为。在与信访、公安建立联动机制的基础上,加强协作配合,建立联动查处机制,配合协同相关部门做好规划、工程质量、延期交房、价格纠纷等其他房地产矛盾的处理。2013年,主城各区房地产交易监督管理部门共受理32家房地产开发企业各类房地产交易环节违法违规案件投诉举报52件,全部进行立案查处52件投诉举报,45件开发企业已整改完毕(整改率达86.5%)。与2012年比较,主城区各类违法违规案件投诉举报下降20件。

【物业管理】 一是制定完善《重庆市物业管理条例》的配套政策,制发《关于紧急使用物业专项维修资金有关事项的通知》,细化使用范围和程序,解决专项维修资金应急使用困难问题,配合市物价局修订《重庆市物业服务收费管理办法》。二是加大对区县分类指导力度,多措并举,从基层实际和群众诉求的角度,抓好管理,推进部门职能转变和更好地服务业主、服务企业。三是推进物业管理产业升级,发挥一批品牌企业示范效应。完成313名物业管理师执业资格的初始注册工作,完善信用档案体系。截至2013年底,全市共有物业服务企业2232家,其中,一级企业62家、二级企业282家、三级企业1888家。重庆新龙湖等5家企业进入全国物管百强,入围数量居全国第四、西部第一;重庆海泰物业、大正物业企业分别在工业物业管理、学校物业管理类型中跻身全国第一。主城区住宅物业管理覆盖面达到87.3%。全市各区县物业行政主管部门累计归集商品房物业专项维修资金204.22亿元。四是强化行业队伍建设,指导各区县房管部门及市物协整合资源不断完善培训机制。全年培训物业行业从业人员、基层物管工作人员累计3000余人次。重庆理工大学开设全国首个物业管理MBA课程班,首批报名学员50人,均来自大中型物业服务企业管理层;指导市物协举办"物业设施设备专业岗位师资培训班",培训行业工程技术类高端人才150余名;市物协先后组织会员单位赴深圳、兰州等城市学习考察,参加中物协"长江论坛"、"第三届三次理事会"、"物业管理年度发展报告"发布会等活动。五是深化物管行业"服务业主·共建和谐"主题活动。指导江北、渝中、忠县等区县开展物业技能比拼活动,激发全市物业管理从业人员钻研业务、提高技能的热情,选拔出一批技术能手,树立一批技能标杆,为提升全市物业服务行业的整体水平起到积极的推动作用。以主题活动引导企业拓宽服务内容,新龙湖、金科等物业企业延伸物业服务产业链,获得业主好评,其综合经营效益提升。

(重庆市国土资源和房屋管理局 撰稿:任治淑)

四川省

概况

2013年,四川省住房城乡建设系统紧紧围绕加快实施"两化互动、城乡统筹"发展战略和推进以人为核心的新型城镇化工作大局,认真履行职能职责。

【灾后恢复重建稳步有序】 "4·20"芦山地震发生后,四川省住房城乡建设厅紧急启动应急预案,第一时间赶赴灾区抢险救援。21日,省住房城乡建设厅组织的首批23个震后房屋应急评估工作组104名结构、监理、检测、鉴定专家和省建设工程质量安全与监督总站8名同志奔赴雅安地震灾区,完成灾区8个区县城镇居住建筑安全鉴定1093万平方米、城镇公共建筑安全鉴定293.4万平方米;组织搭建板房12.6万平方米,完成灾区学校、医院68栋房屋的维修加固;召开会议,部署芦山县地震灾区板房生产、搭建工作;省住房城乡建设厅厅长何健带领城市建设处、省建设工程质量安全监督总站等单位负责同志到芦山县、雨城区等地检查城镇和农村房屋灾损情况。编制完成灾后恢复重建城镇体系、城乡住房建设专项规划和"三县、七镇、十九村"重建规划。出台《四川芦山地震灾后农村住房自主重建管理办法》,制定农房重建技术规范和标准,在全国率先把农房建设纳入规范管理。组织培训重灾区镇乡干部和农村建筑工匠5600多名。全面完成1.25万户过渡安置房保暖加固,确保受灾群众安全过冬。21个重灾县(市、区)受损农房已基本完成维修加固,农房重建已开工6.6万户,占重建计划的70%;84%的城镇受损住房已完成维修加固,城镇住房重建已开工1.52万套,占重建计划的43.2%。

【城乡环境综合治理继续深化】 以"五大提升工程"为抓手,进一步深化城乡环境综合治理。全省有4个城市、22个县(市、区)、100个乡镇和1000个村庄,被省委省政府命名为"环境优美示范城镇乡村"。730个城乡环境综合治理民生工程项目全部开工建设。推进数字化城市管理信息系统建设,10个设区城市数字化城管平台已投入运行,其余设区城市抓紧建设。城乡保洁人员队伍建设得到加强,城镇和农村保洁员分别达到12万人和23万人。全省所有市(州)、县(市、区)都设立城乡环境综合治理工作议事协调机构,其中有7个市(州)、98个县(市、区)设立常设机构,明确人员编制和领导职数。

【新型城镇化加速推进】 按照四川省委、省政府工作部署,扎实推进以人为核心的新型城镇化。按照城乡统筹的要求,编制完成8500多个新村规划,建成5000多个新村聚居点;命名省级历史文化名镇(村)10个,42个村列入中国传统村落名录。全年城镇化率提高1.6个百分点以上,绵阳、南充、泸州三个城市建成区常住人口超过100万人。建筑业继续保持快速发展,为农村转移人口提供25.5万个就业岗位。"百镇建设试点行动"开局良好,已完成100个试点小城镇规划、87亿元建设项目投资,带动全省小城镇完成基础设施投资217亿元,吸纳农业转移人口40余万。旧城危旧房和棚户区改造加快实施,积极探索"群众自主,政府支持"的新路子,全年启动危旧房和棚户区改造25.6万户,开工建设危旧房棚户区改造安置住房13.57万套。新区建设规范有序推进,新增建成区面积160平方千米,完成投资560亿元。

【城镇规划加快推进】 省域城镇体系规划和四大城市群规划编制工作加快推进,规划编制质量明显提高,专项规划编制力度进一步加大,设市城市控制性详细规划实现全覆盖,县(市)域全域规划和地下空间规划试点工作取得突破。全省城镇功能布局明显优化,城镇基础设施逐步完善,综合承载力进一步增强。2013年安排下达财政专项补助资金141.14亿元,市县财政也加大对城镇建设投资力度。全省城镇市政基础设施建设完成投资超过1000亿元,建成污水管网1814千米,设市城市生活污水处理率和生活垃圾无害化处理率分别达到85%、92%,较2012年分别提高1.4、3.7个百分点。新增城市公园绿地1200公顷,设市城市建城区绿化覆盖率和绿地率预计达到38%和34%。全省建筑节能设计标准执行率达100%,实施率为96%,30个县提前完成"禁实"目标。

【城乡居民住房进一步改善】 城镇保障性安居工程建设任务超额完成。全省保障性住房和棚户区改造安置住房开工22.4万套,基本建成28万套,竣工20.67万套;完成投资465亿元,同比增长22.4%。实施"农民工住房保障行动",向农民工提供公共租赁住房3.2万套。全省住房公积金新增缴存额488.6亿元,11万户家庭使用公积金个贷改善住房条件,提供27.7亿元项目贷款支持保障房建设。农村危房改造扎实推进。实施农村危房改造23.2万户,建成彝家新寨2.2万户、藏区新居1.94万户、巴山新居2.46万户。房地产市场保持平稳健康发展。认真贯彻落实房地产调控政策,加大普通商品房建设力度。积极推进住房信息系统建设,全面推行商品住房全装修,开展房地产中介市场专项治理,市场秩序得到进一步规范。全省房地产开发完成投资3853亿元,同比增长18%,占全省固定资产投资的比例为18.1%;房屋新开工面积1.02亿平方米,同比增长21.5%;新增商品房供应面积9425万平方米,同比增长28%。发放住房公积金个人贷款295.6亿元,占全省商业银行住房按揭贷款总额的20%。

【建筑业加快发展】 新型城镇化的推进,为加快建筑业发展提供了历史机遇和发展空间,建筑业的发展得到各级党委政府高度重视。各地认真落实2013年全省加快推进建筑业发展工作会精神和《2013年加快建筑业发展工作方案》,配套出台支持建筑业发展的政策措施,促进了建筑业进一步发展壮大。建筑业继续保持快速发展势头。全年完成建筑业总产值7300亿元,同比增长16%,其中省外完成1600亿元,同比增长14%,国外完成63亿美元,同比增长12%。完成建筑业增加值2100亿元,同比增长12%,占全省GDP的7.5%。成建制输出建筑劳务110万人,实现建筑劳务收入135亿元。建筑业转型升级步伐加快。培育优势建筑企业和民营建筑企业,全省建筑施工企业新增2037家,升级增项1982家,其中新增建筑施工一级、勘察设计甲级企业52家,是2012年的1.5倍。人才队伍建设有新突破。会同省人社厅出台有关支持建筑业发展的职称政策,全年新增高级工程师1135人,较2012年翻了一番;已有1.5万名二级临时建造师通过资格考核;全行业共培训各类专业技术人员55万人,培训农民工15万人,有效缓解了行业和企业专业技术人才紧缺的矛盾。建筑质量和市场监管水平进一步提高。4项工程获得鲁班奖,14项工程获得国家优质工程奖,31个项目获得全国优秀勘察设计行业奖,110个工程获得四川省"天府杯"奖。建立全省统一的住房城乡建设电子政务平台,"四川省工程建设领域项目信息和信用信息公开平台"被住房城乡建设部列为示范工程。组织开展2013年建筑施工企业资质资格动态核查,共核查建筑业企业605家,对54家不合格企业作了降级、撤销资质等处理。全省房屋建筑和市政工程质量整体提升,安全生产形势平稳。

【依法行政工作力度加大】 进一步加大立法工作力度,《四川省国有土地上房屋征收与补偿条例》、《四川省城镇住房保障条例》、《四川省政府投资项目代建管理办法》已分别报送省人大、省政府审议。出台《四川省住房城乡建设系统严格依法行政的规定》,全面完成509项行政权力网上公开透明运行工作,行政权力运行的制约和监督进一步规范。办结行政审批事项1.6万件,行政处罚2.9万件。住房城乡建设部在四川省召开行政执法责任制重点联系单位现场经验交流会,四川省住建厅先后在住房城乡建设部行政执法责任制重点联系单位工作座谈会、全国建设工作会上作了依法行政经验交流发言。

【队伍建设进一步加强】 按照省委统一部署,用两个月左右时间,集中开展"实现伟大中国梦·建设美丽繁荣和谐四川""科学发展、加快发展"、"团结和谐、维护稳定"、"抗震救灾精神和感恩奋进"等3个专题教育活动。党的群众路线教育实践活动。按照省委统一部署,认真开展集中学习教育,广泛征求意见建议,查实找准突出问题,召开高质量的专题民主生活会。学习型机关创建。大力开展学习型机关创建活动,广大党员干部立足本职岗位,自觉加强学习,形成一批具有前瞻性、指导性的理论成果,政治素质和业务能力进一步提高。党风廉政建设。认真落实党风廉政责任制,坚持"一岗双责",把党风廉政建设与业务工作同部署、同检查、同推进、同考核,狠抓重点工作的督查督办,建立健全廉政风险防范制度措施,进一步强化行政审批、招投标、政府项目代建等重点领域的监管,严肃查处违法违纪案件,全系统党风廉政建设取得新成效。

灾后重建

【城乡规划】 "4·20"芦山地震发生后,在省委省政府和厅党组的坚强领导下,第一时间深入灾区、掌握灾情,充分吸收汶川地震灾后重建规划的有益经验,全力展开灾后恢复重建规划编制工作,取得比较突出的成效。按照省重建委的统一部署,高质量完成灾后恢复重建《城镇体系规划》和《市政基础设施重建规划》编制工作，配合完成灾后恢复重建《城乡住房规划》。牵头起草并印发《关于"4·20"芦山地震灾后恢复重建城乡规划指导意见》和《四川"4·20"芦山7.0级地震灾后恢复重建城乡规划工作方案》。报请住房城乡建设部支持，组织召开全省灾后恢复重建城乡规划动员会，组织中国城市规划设计研究院等10家国内一流规划设计单位深入灾区，展开覆盖雅安全域的灾后重建城乡规划对口帮扶工作。对包括"3县、7镇、19村"在内的重点城镇乡村，城乡规划处、村镇建设处共同实施全过程的规划指导与帮扶工作，顺利完成全部规划编制工作。其中，芦山县、天全县、宝兴县三县的灾后恢复重建规划不仅顺利通过住房城乡建设部和省政府共同组织的专家审查会，而且在省委省政府组织的规划审查会上获得书记王东明和省长魏宏的高度肯定。

【城市建设】 芦山地震发生后，迅速启动预案，应急准备、救援和检修保障有力，向灾区调集专业救援队伍21支、配送应急供水车、吸粪车和垃圾车等专业车39台，移动公厕299座，液化石油气25千千克以及急需的垃圾桶、饮用水桶、燃气灶具等救援物资，有效保证灾区应急抢险。迅速组织3台移动应急水车等设备，短时间内保障灾区应急供水；及时调配移动公厕及吸粪车，解决灾区县城7.1万人的"如厕难"；及时清运生活垃圾5.9万千克，出动车次8526台次(至2013年5月底)，确保"大灾无大疫"。组织征调全省专业人员对灾区市政公用设施、特别是供水厂等"生命线工程"进行紧急抢修和维护加固，确保5月底正常供水，解决"饮水难"。同时，强化灾区垃圾场、污水厂和地下管网等设施受损评估及维修加固。相继出台灾区城镇供水、排水、垃圾、环卫、燃气等行业的应急抢险方案，制定灾区搭建公厕、安置点环卫设施建设管理和给水、排水、燃气、市政道桥重建方案编制和实施等6个指导意见文件，向灾区赠送《芦山地震灾区市政公用设施恢复重建文件汇编》300本，支持重建培训和服务，及时提供技术支援，先后20余次到灾区指导市政设施建设和管理，促进灾区生产生活秩序恢复。芦山地震灾区市政公用设施重建有序组织，开工顺利，推进加快，进展较好。

【村镇建设】 农房重建是芦山地震恢复重建工作的重中之重。提出三年完成城乡住房恢复重建，让灾区群众早日住上安全、经济、适用住房，实现家家有房住的总体目标。

(1) 农房恢复重建规划。聘请中规院、清华院等国内8家顶级规划院承担重灾雅安市8个县(区)的规划编制工作，并组织省内规划编制单位配合开展村镇规划大会战，以高水平编制村镇恢复重建三个专项规划。同时，坚持把农房重建与新农村建设相结合。对40户以上的农村相对集中重建安置点，严格按照新村建设标准进行规划，省上开展7镇19村重建规划试点，率先启动芦山县黎明村、凤凰村、红星村等试点村的建设，为灾后农房全面重建探索经验，规划的新村(聚居点)已启动164个。

(2) 农房安全质量。省政府出台《四川芦山地震灾后农村住房自主重建管理办法》；坚持"安全第一、质量至上"原则的原则，编制《四川省农村居住建筑抗震技术规程》，将抗震设防确定为农房建设强制性建设标准，配套印发一系列技术文件和政策措施，在全国开创将农房建设加强管理、实施强制性抗震设防的先河。同时，在36套农房设计方案中精选22套深化设计，完成施工图，免费发放，受灾农户和农村建筑工匠可以直接按图施工，使抗震设防要求更好地落实到位。

(3) 重建进度。在确保工程质量安全基础上，强调工作进度。截至2013年底，21个重灾县(市、区)需重建农房94846户，已开工73253户，开工率77.23%，其中已建成25749户，占重建计划的27.15%；需维修加固受损农房267189户，已开工267076户，开工率99.96%，其中已完成维修加固261888户，占计划的98.02%。

(4) 教育培训。一是举办自建过渡房技术、保温(暖)措施技术等相关专题培训班，确保灾区农村自建过渡房的快速完成。二是免费对灾区县(区)、镇(乡)、村三级1000余名干部和相关技术人员以及4500余名农村建筑工匠进行专业培训，并指导灾区市县也对大批农村建筑工匠和镇乡村管理人员进行培训。

(5) 技术支援。5月以来，组织多批技术和施工力量对雅安灾区实行"一市帮一重灾县"的技术对口支援。

(6) 自建过渡房。首先，编印《自建过渡房技术导则》，确保灾区农村自建过渡房的快速完成。其次，开展保暖过冬提升工作。省住房和城乡建设厅按照省政府部署，印发2000多册《芦山地震灾区过渡房加强保温(暖)措施技术指南》，免费发放到灾区。截至2013年年底，已全面完成12539户过渡安置房保暖加固措施。第三，切实加强技术指导和督查。第四，针对群众容易忽视的防潮、防火和其他安全隐患，省住房和城乡建设厅先后四次会同省级相关部门和灾区市县又组织力量加强排查，督促整改，重点抓好用火用电安全管理。灾区过渡房保温（暖）提升工作已全部到位，确保受灾群众安全温暖过冬。

【勘察设计与科学技术】 抗震设防。一是"4·20"芦山强烈地震发生后，反应迅速，立即启动抗震救灾应急预案。二是全程组织、指导安全性应急评估和安全鉴定工作。发出《关于做好"4·20"芦山地震灾区城镇房屋建筑及市政基础设施安全性应急评估有关工作的紧急通知》，编印《"4·20"芦山地震灾区城镇房屋建筑及市政基础设施安全性应急评估工作手册》；发出《关于"4·20"芦山7.0级地震灾区城镇受损房屋建筑安全鉴定修复加固拆除工作有关事项的通知》，组织召开安全鉴定工作动员会，并按时向省政府、住房城乡建设部提交安全鉴定汇总报告。三是高度重视灾区抗震设防标准和抗震设防质量监管工作。发出《关于"4·20"芦山地震灾后恢复重建抗震设防标准有关执行事项的通知》、《关于加强"4·20"芦山强烈地震灾后恢复重建建筑市场监管工作的通知》等规范性文件，指导灾区恢复重建抗震设防工作。四是高度重视抗震新技术的推广应用，将抗震减灾新技术应用作为恢复重建的一大亮点和着力点来抓。五是组织召开全省住房城乡建设系统抗震工作座谈会。抗震立法。省政府令第266号颁布《四川省建设工程抗御地震灾害管理办法》。住房和城乡建设厅发出《关于贯彻执行省人民政府令第266号〈四川省建设工程抗御地震灾害管理办法〉的通知》，组织召开全省宣贯会，全面部署住房城乡建设各项抗震防灾工作。新建建筑抗震设防实现全过程管理和施工图审查一票否决制，新建设防率达到100%，受到住房和城乡建设部专家肯定。制定农村重建管理办法，纳入监管范畴，填补工作空白。协助编制出台《四川芦山地震灾后农村住房自主重建管理办法》、《四川省"4·20"芦山强烈地震灾区受损农村居住房屋维修加固技术导则（试行）》、《四川省农村居住建筑设计技术导则（试行）》、《四川省农村居住建筑抗震技术规程》等一系列农房抗震的导则、图集。

【建设工程造价管理】 活动板房建设。参与完成学校、医院应急活动板房建设28771.8平方米。参与完成芦山县等六个县（区）18个点的学校、医院共60余个重点公共建筑的应急修复加固工作。计价依据制定。为规范和指导应急修复加固计价管理工作，一是协助起草印发《关于加强"4·20"芦山7.0级地震受损学校、医院等重点公共建筑修复加固工作的通知》、《关于"4·20"芦山地震灾区部分学校、医院、体育场馆应急修复加固工作的紧急通知》，二是制发《关于加强"4·20"芦山地震灾区部分学校、医院、体育场馆应急修复加固工程造价计价管理的通知》、《关于进一步明确房屋建筑修复加固计价依据的通知》、《关于"4·20"芦山强烈地震部分学校、医院、体育场馆应急修复加固工程施工合同签订及计价工作的指导意见》。竣工结算审核。会同省审计厅、省财政厅完成芦山县等六个县（区）18个点的学校、医院共60余个重点公共建筑的应急修复加固工程的竣工结算审核工作。抗震救灾捐款。省建设工程造价管理总站为地震灾区捐款共八千余元。

【建设工程质量安全监督】 应急评估隐患排查。"4·20芦山地震"发生后，按照省住房和城乡建设厅的要求第一时间组织专家奔赴灾区，共应急评估公共建筑2847栋、412万平方米，居住建筑7442栋、138万平方米，及时为城镇房屋维修加固和灾后重建提供重要依据。应急维修加固。按照省政府安排部署，选定6个县18个学校、医院等公共建筑项目开展灾后应急维修加固工作。并从成都、德阳、绵阳等6市的质监站抽调60名监督人员对口支援灾区进行应急维修加固和灾后重建工作，6月下旬已基本完成震后十八个重点项目修复加固工作。重建工程质量安全。为了加强灾后恢复重建工作质量安全监管，及时草拟下发《四川省芦山4·20地震灾区安置房验收规定》和《四川省住房和城乡建设厅关于加强"4·20"芦山地震灾后重建房屋建筑工程质量安全管理的通知》，对指导灾区恢复重建的质量安全监管工作起到指导作用；严把灾区灾后重建工程质量安全关。为了支援灾区灾后重建，从各市、州抽调10名监督人员支援芦山县灾后重建工作。

【房地产市场监管】 过渡安置。借鉴5·12汶川地震过渡安置经验，提出"4·20"芦山地震城镇受灾居民过渡安置的思路和措施建议，指导灾区采取多渠道、多形式实施过渡安置。板房搭建。一是突击搭设公益用板房。为确保板房建设质量，制定下发《四川省芦山4·20地震灾区活动板房建设技术导则（试行）》、《四川省芦山4·20地震灾区活动板房建设防雷防火技术导则》等规范性文件。二是根据实际需求修建居民安置板房。地震灾区共搭建板房12.6万平方米，省住房和城乡建设厅直接组织搭建板房5.1万平方米（其中一期医院学校用房2.9万平方米，二期居住用房2.2万平方米）。

【住房保障】 "4·20"芦山地震发生后,及时跟进了解灾情,掌握城镇住房灾损情况。编制《芦山地震灾后恢复重建城乡住房建设专项规划》,起草《芦山地震灾后城镇住房重建工作方案》,制定《芦山地震灾区城镇安居住房建设管理指导意见》。

【住房公积金管理】 抢险救灾。"4·20"芦山里氏7.0级地震发生后,组织公积金系统的抢险救灾工作。及时发出《住房公积金抢险救灾工作指导意见》。雅安市等灾区公积金中心积极做好救灾和自救工作,尽快恢复业务工作,开展风险摸底调查,各个市州公积金中心也积极给予各种支援帮助。优惠政策。为支持灾后恢复重建,加快解决受灾群众的住房问题,根据《国务院关于支持芦山地震灾后恢复重建政策措施的意见》,会同省财政厅、人民银行成都分行,制定《芦山地震灾后重建住房公积金优惠政策实施办法》。

【风景园林】 恢复重建。制定《芦山4·20强烈地震灾区世界遗产和风景名胜区灾后恢复重建的指导意见》,积极协调省减灾委和建设部将风景名胜区补充纳入地震灾损评估统计范围。规划编制。全力抓好4·20芦山地震灾区风景名胜区重建规划,组织专家编制风景名胜区重建规划并建立重建项目库,纳入城镇体系重建专项规划。

【世界遗产管理】 应急评估。四川大熊猫栖息地世界自然遗产雅安片区位于此次芦山地震震中,遭受严重损毁;成都、甘孜、阿坝片区也遭受不同程度的损毁。地震发生后,在省委、省政府和厅机关的统一安排下,第一时间奔赴灾区一线积极参与抗震救灾工作。并立即组织专家团队启动地震灾情应急评估工作。

恢复重建。为做好四川大熊猫栖息地世界自然遗产灾后恢复重建工作,多次组织召开专家研讨会,商讨灾后恢复重建相关事宜,并及时下发《住房和城乡建设厅关于"4·20"芦山7.0级地震灾区风景名胜区和世界遗产灾后恢复重建的实施意见》。争取到遗产地监测保护站建设重建资金2702万元。规划编制。编制完成的《四川大熊猫栖息地世界自然遗产灾后恢复重建规划》,列入林业厅牵头的《生态修复专项规划》,世界遗产保护设施建设纳入生态修复灾后重建项目库。

【建设监察】 抢险救灾。4·20芦山地震发生后,按照住房和城乡建设厅统一安排,积极投身抢险和灾后重建,并组织干部职工向灾区捐款5600元。行政执法。为认真贯彻落实省委《关于推进芦山地震灾区科学重建跨越发展 加快建设幸福美丽新家园的决定》和省政府办公厅《关于加强"4·20"芦山强烈地震灾后恢复重建建筑市场监管工作的通知》精神,召开"4·20"芦山地震灾后恢复重建建设监察执法工作座谈会,共商灾后重建执法工作,并制定下发《4·20芦山地震灾后重建建设监察执法意见》,受到灾区建设主管部门的好评。

城乡环境综合治理

【概况】 按照省委、省政府"深入开展城乡环境综合治理,持续提高发展环境和人居环境质量"的工作部署和省城乡环境综合治理工作领导小组的具体安排,2013年各地各部门围绕"三大发展战略"实施、"两个跨越"实现,以环境质量、城乡绿化、环境设施、城乡容貌、文明素质"五大提升工程"为主线,全面深化城乡环境综合治理,取得明显的成效。

【"五大提升工程"】 一是各地加大扬尘、机动车尾气超标排放、焚烧秸秆等现象的整治力度,加强重点流域和区域及重点行业水污染防治,狠抓饮用水水源地保护和污水排放治理,大气环境和水环境质量有所提升。二是加强生态工程建设,开展植树造林,兴建城市绿道,打造城镇绿化景观,设市城市建成区绿化覆盖率、绿地率和人均公园绿地面积稳步提升。三是城镇生活污水处理及配套管网、生活垃圾收运处置和无害化处理系统等环境基础设施建设速度明显加快,处理水平不断提升,设市城市生活污水处理率和生活垃圾无害化处理率已分别达到85%和92%。四是坚持把"五乱"治理作为城乡环境综合治理的基础性工作,持续开展城乡风貌塑造和城镇建筑立面清理工作,改善容貌秩序,城乡形象品味得到提升。五是运用环境优美示范创建等工作平台,采取"七进"活动等形式,引导城乡居民参与环境治理,树立生态文明理念,城乡居民文明素质逐步提升。

【示范城镇乡村创建】 2013年8月,报请省委、省政府发布命名4个设区城市、22个县(市、区)、100个镇乡和1000个村庄为"环境优美示范城镇乡村"的决定。商请《四川日报》等媒体,以专版和专题图片展等形式对示范创建进行系列宣传。2013年度环境优美示范城镇和"美丽乡村"创建工作,已全面启动。

【民生工程】 2013年,全省有180个乡镇小型垃圾、污水处理设施建设项目和550个城乡风貌塑造项目纳入省政府民生工程目标考核。

【数字化城市管理信息系统建设】 制定《四川

省数字化城市管理信息系统导则》和《补充导则》，指导18个设区城市和西昌市推进系统建设。10个设区城市数字化城管平台已投入运行，其余设区城市正在抓紧建设。

【长效机制建设】 督查问责机制进一步完善，2013年，除省组织的统一督查外，各地共开展督查2.6万余次，通报批评责任单位（部门）1615个，问责工作不力人员357，其中受撤职处分人员19人。各地按照《四川省城乡环境综合治理条例》规定和要求，制定出台相应的规章和规范性文件，推进长效机制建设。

新型城镇化

【城乡规划】（1）概况。按照住房和城乡建设厅党组的部署，加强与省级各部门的沟通和协调，较好地完成年度各项重点工作。成立组织协调机构。新型城镇化管理职能由省发改委调整到省住房和城乡建设厅后，厅及时成立新型城镇化推进办公室。制定实施方案和政策措施。起草《加快推进新型城镇化的意见》、《加快推进新型城镇化重点工作实施方案》（简称"6＋5"方案）和《进一步加快推进新型城镇化八条措施》。召开专题会议。参与全省加快推进新型城镇化工作现场会的筹备和文件准备工作，配合省委综合室完成书记王东明讲话文稿，起草副省长彦蓉讲话文稿。分解落实责任。完成《2013年加快推进新型城镇化考核办法》和《评分细则》。各地按照省上下达的任务，逐级逐项分解落实。加强监督检查。起草《关于各地贯彻落实推进新型城镇化工作现场会精神情况的报告》。省级部门加强新型城镇化任务分解、落实情况的监督检查，将指标完成情况纳入年度考核目标；配合省委农工委、省决咨委和省发改委等部门完成《两化互动、统筹城乡发展战略2013年工作成效和2014年具体工作研究》等其他专题报告；按照省委省政府的统一部署，起草《2013年新型城镇化工作总结和2014年具体工作研究》专题报告和副省长彦蓉在北京中欧城镇化论坛上的讲话文稿。参与2013年省《政府工作报告》中新型城镇化方面的起草工作。

（2）产城相融。2013年，全省认真研究农村转移人口的就业特点，注重发展劳动密集型产业，努力创造更多的适合农民工特点的就业岗位。一是在加快发展高新技术和新兴产业的同时，大力发展吸纳就业能力强的传统优势产业。二是做大做强建筑业。三是坚持生产性服务业和生活性服务业并重。

（3）基本公共服务均等化。2013年，教育方面保障进城务工人员随迁子女平等接受义务教育，积极推进县域内义务教育均衡发展。文化方面新建一批公共文化设施，积极创建公共文化示范区、示范项目；保障城镇居民和进城务工人员读书看报、公共文化鉴赏、公共文化活动等基本文化权益。卫生方面促进基本公共卫生服务均等化，确保人均基本公共卫生服务经费标准不低于30元。体育方面加快建设覆盖所有社区的体育基本公共服务网络，为城镇居民和进城务工人员提高身体素质、愉悦身心提供免费的体育设施和活动场所等基本公共服务。就业和社会保障方面城乡劳动就业和社会保障公共服务基础设施进一步完善，服务能力得到较大提升。

【城市建设】（1）概况。一是认真参与省政府关于2013年加快推进新型城镇化的意见和工作实施方案的起草工作，草拟城市新区和旧城更新改造工作初步方案。二是指导各地按照省政府统一部署，优先加强道桥和地下管线建设，大力推进排水防涝等市政设施建设，加快推进城市新区建设，省级财政专项资金支持的177个项目工程已全部开工并有序推进，完成60%以上实物工作量的目标，超额24%完成省政府下达的450亿元新区建设投资任务。三是指导各地更新旧城改造工作思路，结合旧城改棚户区和危旧房改造，努力改造市政公用设施、完善公共服务设施，大力实施污水管道、断头路和背街小巷改造等民生项目，增加绿地空间，保护历史文化，提高城市品质。全省旧城改造基础设施项目已开工800余个，完成投资300亿元。

（2）旧城危旧房棚户区改造。2013年，全省同步完善旧城市政基础设施和公共服务设施，改善人居环境，疏解人口密度，完善城市功能。一是全面推进城市棚户区改造，严格执行保障性安居工程建设规划，有序推进城市集中连片低洼棚户区改造，就近就地建设好安置住房，改善困难群众居住条件。二是加快推进危旧房更新改造，综合整治旧住宅区，改造危旧房，推进城中村改造，配套完善基础设施。三是完善市政和公共服务设施，加强旧城道路、交通设施改造，缓解交通拥堵，加快改造旧城供排水、供电供气和广电通讯等设施及配套管网，推进管线下地，配套完善旧城农贸市场、防灾避险场所和停车场等公共服务设施；四是改善人居环境，注重旧城风貌塑造和园林绿化建设，注重保护历史文化，加强城市建筑立面、环境卫生等综合治理，进一步改善人居环境。

（3）新区开发。2013年，省财政资金重点支持区域中心城市新区。一是严格规划，加快建设。坚持"先规划后建设、先地下后地上"的原则,严格按照规划组织实施城市新区建设。严格执行项目建设标准和工程质量安全管理规定,确保工程质量安全。二是加强技术指导,加强对新型城镇建设的研究。制定完善城市供水、排水及暴雨内涝防范、污水处理等市政基础设施规划编制导则及建设标准。加强对城市新区建设的指导,扎实推进一批基础设施和产业项目。三是加强督促检查,将新区建设纳入绩效考核,建立项目推进定期报告制度,制定《省级财政城市新区建设专项补助资金项目督察办法》。

【村镇建设】 小城镇建设。2013年,全省坚持城乡统筹、分类指导,实施"百镇建设试点行动",提升试点镇基础设施水平,增强产业支撑,改善人居环境质量,提高吸纳能力,逐步形成一批特色鲜明的商贸、工业和旅游镇,带动全省小城镇加快发展,为就近就地转移农业人口创造条件。一是完善城镇规划,完善小城镇总体规划的同时,全面完成控制性详细规划的编制,努力提高规划编制水平;二是突出项目建设,重点加强小城镇道路建设,加快污水处理设施及配套管网建设,加大垃圾处理设施建设力度。三是加强历史文化名镇保护,因地制宜塑造特色风貌。新农村建设。一是加快新村建设,加快推进巴山新居、彝家新寨、藏羌新居、半农半牧区新村建设,引导农民向农村新型社区适度集中;二是优化人居环境,快危旧房改造,改善居住质量,深入推进城乡环境综合治理,重视生态环境建设,结合山水园林自然条件建设居民休闲活动场所。

【住房保障】 (1)概况。为加快推进新型城镇化,《四川省人民政府关于2013年加快推进新型城镇化的意见》和《四川省人民政府办公厅关于印发2013年四川省加快推进新型城镇化重点工作实施方案的通知》,将"农民工住房保障行动"和旧城危旧房棚户区改造纳入加快推进新型城镇化六项重点工作。

(2)危旧房棚户区改造。各地加快推进危旧房棚户区改造的同时,按照省委省政府的要求,更新观念,改变思路,创新改造模式,采取改扩建、综合整治、拆除新建等多种方式实施改造,改变简单大拆大建高强度开发的旧模式,积极探索"群众自主,政府支持"的改造新路子,努力实现住房改善、人口疏解、配套完善、环境美化、交通缓解的宜居目标。全年启动旧城危旧房和棚户区改造25.6万户,开工建设危旧房棚户区改造安置住房13.5万套。

(3)农民工住房保障行动。2013年,全省把进城农民工的住房问题纳入城镇住房保障体系筹安排解决,对有稳定职业并在城镇居住一定年限的农民工提供公共租赁住房。一是各地研究制定农民工住房保障准入办法,明确准入程序,合理确定准入条件。二是锁定可供房源。各地对2013年竣工交付待分配的公共租赁住房进行清理统计,按可分配房源的30%以上确定向农民工分配的房源,并按项目报住房城乡建设厅备案。三是及时分配到位。准入办法公布和房源确定后,各地应及时发布信息公告,接受农民工申报,按程序公开分配。四是合理确定租金,各地可按当地市场租金50%左右的水平,确定向农民工供应的公共租赁住房的租金标准。五是加强后期管理服务。各地保障对农民工的公共服务和社会管理与其他保障对象均等公平,提供基本的物业管理服务。通过"农民工住房保障行动",全省初步建立农民工住房保障制度,把农民工住房困难问题纳入城镇住房保障体系筹安排解决。截至年底,全省已向农民工提供公共租赁住房3.17万套,占省政府下达3万套目标任务的106%,10万农民工享受到住房保障。

【住房公积金监管】 3月,召开全省住房公积金工作会议,具体部署公积金从促进解决农民工住房、促进新区建设、支持保障房建设供应等方面积极参与"三大行动"。会后,督促各地制定工作措施,贯彻会议精神,促进工作落实。农民工覆盖。在加快推进新型城镇化方面,四川省多数市州努力扩大公积金制度覆盖面,制定重点推进农民工和非公企业建制工作措施,促进农民工的市民化转变。资金支持。各市州普遍拓展公积金使用渠道,开展了农民工提取公积金缴纳住房租金业务,促进解决农民工住房问题。

城乡规划

【规划编制】 四川省级五大重点规划修编。报请省保密局确认五大规划的"保密项目"性质,采取"单一来源采购"方式与中国城市规划设计研究院等单位签订四川省城镇体系规划和成都平原、川南、攀西、川东北城镇群规划编制合同,组织召开省级部门意见征求座谈会,用3个多月的时间完成全省调研、座谈和基础资料收集工作。各规划单位已分别完成专项研究和专家会商工作,形成五大规划初步方案。城市总体规划编制。2013年,加大对城市(县城)总体规划编制工作的督察指导力度,着力推进区域中心城市和县城总体规划编制审批工作,力图以科学规划引导四川省城镇化健康发展。全域规划和地下空间规划编制。组织南江、中江县等全域规划编制试点县领导和专家赴江苏、浙江等省进行调研，学习发达地区经验，结合全省实际推进全域规划。

【规划管理】 规划审批。截至年底，已经完成15个城市和县城总体规划的审查审批工作，超额完成全年目标任务。项目选址。按照《四川省城乡规划条例》的规定，严把项目规划选址关。与行政审批处进行对接，提高行政审批效率。研究制定《国家和省级建设项目选址意见书管理规程》，进一步规范选址审查工作，提高工作的科学性。历史文化名城(镇)保护。会同省文物局认真贯彻落实住房城乡建设部和国家文物局出台的《历史文化名城名镇名村保护规划编制要求(试行)》，抓好眉山市历史文化名城规划审批和平武县省级历史文化名城申报工作。

队伍建设。承办省委组织部下达的南京东南大学新型城镇化发展战略培训班和省人力资源社保厅安排的新型城镇化规划专题培训班，开展组织部城市和县城总体规划评估工作培训班等三期培训工作。

城市建设

【城市建设】 (1)市政公用设施建设规划编制。及时制定工作方案，组织全省市县两级分段开展排涝设施普查、供水供气设施和存量垃圾处理及收运现状调查摸底，形成初步数据资料；制定供排水设施建设规划、存量垃圾治理和填埋场风险评价、小城镇市政设施建设等5个规划编制规范；会同发改委、环保厅完善生活污水和垃圾处理设施建设2个"十二五"规划及其中期评估；指导地方对市县两级排涝和污水规划进行二次修订完善，省级排水防涝和污水处理设施建设2个专项规划已初步完成待审。组织专家对全省市县两级排水防涝和污水处理2个规划编制的现场指导和督促。

(2)市政公用设施建设。召开全省城镇供排水(污水和内涝)设施建设专项工作会议，举办2期市政专题培训，报请省政府出台《四川省人民政府办公厅关于切实加强城市排水防涝设施建设工作的通知》。切实指导各地加大生活垃圾无害化处理、收集转运和分类回收、餐厨垃圾资源化和无害化处理设施建设力度，开展7个城市餐厨垃圾处理试点。全省设市城市生活垃圾无害化处理率可达92％，比2012年提高3.7个百分点，超额完成省政府目标任务2.7个百分点。按时完成新区建设专项补助资金项目的统计工作；以规范有序推进新区建设为重点，加大地下管网、排水防涝和市政道路等设施建设，

全省完成城镇基础设施建设投资1000亿元，超额13.6％完成年度目标任务，其中新区建设完成560亿元，超额19.2％完成省政府目标任务。积极配合有关部门完成秦巴山区、乌蒙山区和藏区扶贫攻坚实施规划项目的第三轮审查和资源枯竭型城市建设项目的审查，制定工作方案支持欠发达地区加强市政公用设施建设。

【城市管理】 (1)市政公用行业管理。一是供排水管理，转发住房和城乡建设部《关于加强城镇供水设施改造建设和运行管理工作的通知》，提出具体要求并强化督促落实。二是燃气管理，牵头会同省级部门报请省政府转发《住房城乡建设厅等部门关于进一步加强城镇液化石油气安全监督管理工作的意见的通知》，要求各地切实加强业务指导和安全监管；在2012年印发实施燃气经营许可系列文件的基础上，出台《关于燃气经营许可证发放有关事项的通知》、《四川省城镇燃气行业专家库专家管理办法》等规范性文件。三是市容环卫管理，拟向省政府报告的切实提高环卫工人福利待遇的文件，已完成征求意见稿；积极推荐参评优秀环卫工人，全省13名环卫工人获得住建部表彰和奖励，并赴京参加全国大会，其中1名获得全国先进工作者称号。四是防汛排涝管理，按照省防汛指挥部和厅党组安排，组织全处同志积极参与防汛、防涝和抗洪减灾等应急工作。

(2)市政公用行业安全监管。在行业安全监管上，加强对公用行业重点目标及部位的防范，专人巡查守护、全天候监控检测和安全保卫以及隐患排查整改，3次发文要求各地切实加强重点时段市政公用设施的安全监管；指导各地按照全省城市供水、供气和桥梁等突发事故应急预案要求，编制完善地方应急预案，并定期加强应急演练及应急物资储备。

(3)节水城市创建。制定《四川省节水型城市申报与考核办法(试行)》和《四川省节水型城市考核标准(试行)》，评审第一批节水型企业和第一个省级节水型城市。

村镇建设

【百镇建设试点】 为深入贯彻四川省委"多点多级支撑、次级突破"发展战略，"提升首位城市、着力次级突破、夯实底部基础"，认真落实省政府《关于2013年加快推进新型城镇化的意见》和《进一步加快推进新型城镇化八条措施》，全年先后出台《四川省镇总体规划编制办法》，会同国土资源厅下发土地指标单列的通知，会同省委编办出台关于创

新体制机制推动全省"百镇建设试点"建设发展若干意见,全面完成第一批"百镇建设试点"100个试点镇规划,整合厅内专项资金2.4亿元,协调落实省财政厅5亿元省级财政补助资金,重点支持试点镇的规划编制工作和21个重点镇的基础设施建设,与国土厅协调落实76个试点镇建设用地政策。成功举办全省"百镇建设试点"暨重大旅游项目现场会。

【新村建设】 2013年,全省完成新村聚居点9483个(其中新建5098个、改造提升4385个)、新农村综合体110个。编制下发《新村规划建设图集》和《新村建设指南》,按照新型城镇化要求对新村规划进行完善和对新村规划建设进行具体指导。坚持抓好新村风貌特色和环境治理,加大试点示范力度,指导各地塑造新村特色风貌,建成一批文化特色鲜明、建筑风貌突出的幸福美丽新村。坚持抓好新村基础设施配套建设,省财政在2012年安排20亿新村基础设施建设专项资金的基础上,2013年又安排20亿元,采取补助的方式,以县为单位,直接到村支持基础设施建设。抓好新村建设过程的指导与监督,健全完善技术指导和质量安全监管制度和机制,省住房和城乡建设厅牵头对负责的第二批6个新农村成片推进县(区)工作进行督查。开展第六批中国历史文化名镇(名村)申报工作和第五批省级历史文化名镇(名村)命名工作。向国家组织申报全国历史文化名镇8个、名村2个,省政府组织命名第五批省级历史文化名镇7个、名村3个。六是坚持抓好省委省政府交办的重大任务。

【农村危房改造】 2013年,国家下达四川省农村危房改造任务23.7万户,加上2012年国家追加四川省的10万户改造任务,2013年四川省农村危房改造任务为23.7万户。先期安排的13.2万户改造任务已全部竣工,其余10.5万户改造任务已经安排落实到各地。编制《四川省农村危房改造中长期规划》,为科学、有计划地指导四川省农村危房改造。研究制定危房改造分类补助标准,按照国家三部委实施方案的要求,结合全省实际,针对不同地区、不同贫困程度、不同建设方式的农户,分类制定不同等级档次的补助标准,使农村危房改造更好地向最困难群众倾斜,政策更加公开透明。在实施农村危房改造过程中,注重与新村规划建设、连片扶贫移民攻坚、民族地区发展项目以及自然灾害灾后恢复重建的结合,有效带动全省农村住房建设力度,提高房屋质量水平。全省逐级开展农村危房改造绩效评价工作,通过逐级开展绩效评价,及时整改和纠正发现的问题,完善相关政策和管理措施,进一步提高全省农村危房改造工作水平。加大督促检查,对各地落实农村危房改造政策,项目资金使用情况,危房改造质量情况,农户档案建立管理等情况进行检查,发现问题及时纠正整改,确保项目政策落实到位。

勘察设计与科学技术

【绿色建筑行动】 按照《国务院办公厅关于转发发展改革委、住房城乡建设部绿色建筑行动方案的通知》要求,根据全省实际情况,编制《四川省绿色建筑评价标识工作手册》,下发《四川省绿色建筑行动实施方案》。

【智慧城市建设】 按照《住房城乡建设部办公厅关于开展国家智慧城市试点工作的通知》要求,5月,组织专家对第一批试点城市雅安市及温江区、郫县《创建国家智慧城市试点城市任务书》进行评审;完成第一批试点城市任务书的签订。四川省崇州、绵阳、遂宁三个城市被列为2013年度国家智慧城市试点,并下达四川省《国家智慧城市2013年度综合评审意见》。成功举办四川省智慧城市建设论坛,介绍智慧城市顶层设计的规划与构建,探讨数字化城市管理的发展及方向。编写《四川省智慧城市试点管理经验的总结报告》。

【建设科技】 成功组织召开"2013城市建设科技博览会"。"城市建设科技博览会"已成为四川和西南地区建设系统新产品、新技术、新设备的展示平台。成功举办"四川省第一届建筑信息模型(BIM)应用设计大赛",共计12家单位14个项目获奖,提高全省勘察设计行业三维设计技术应用水平。组织18个项目申报"四川省科技进步奖"。做好科技成果推广应用工作,完成60余家建筑门窗生产企业的"建筑门窗节能性能标识"专项评估。对"增强复合无机保温板"、"建筑节能评估软件"等5个科研项目进行结题验收。协助住房和城乡建设部在乐山召开"住宅产业化"验收会。

【建筑节能】 节能减排。严格执行国家建筑节能各项方针政策和技术标准。按照国务院《关于印发"十二五"节能减排综合性工作方案的通知》有关精神,下发《四川省住房和城乡建设厅关于进一步加强建筑节能工程质量监管的通知》,进一步规范全省建筑保温材料的使用和管理工作。全省建筑节能设计标准执行率达100%,施工标准执行率达90%,实施率为96%。通过精心组织,认真策划,由省住房和城乡建设厅主办,香港特别行政区发展局协办的"川港建筑节能工作坊"取得圆满成功。

抓好墙体材料革新工作，督促第四批20个县（省住建厅增加的10个县）完成禁黏禁实任务。为做好此项工作，召开"全省禁黏禁实工作会议"，总结前一阶段工作情况和存在问题，部署下一步工作。组织有关专家，对全省10个"禁实县城"进行专项检查。全省"禁黏禁实"成效明显，全省新型墙材比例已达65%。

【勘察设计市场监管】 行业管理。创新驱动，鼓励企业业态创新、技术创新、管理创新，提升竞争能力特别是核心竞争力，引导行业做大做强；规范市场，优化环境，通过施工图审查和专项治理加强质量安全的监管，营造诚信和谐、统一开放、竞争有序的勘察设计和科技市场；提高质量安全水平，引导企业健全自身质量管理体系，全面提升勘察设计成果质量。企业升级。2013年有16家勘察设计企业升为甲级；抓好全省注册人员继续教育培训，举办注册建筑师、注册土木工程师、注册结构工程师、《低压配电设计规范》、《工程勘察资质标准》、《建筑地基基础设计规范》以及勘察设计企业"营改增"相关业务的培训。合作交流。召开川南片区勘察设计院长会和市州勘察设计院长会，分析勘察设计市场对市州设计院的挑战，为地方设计院做大做强理清思路，鼓励有条件的企业强强联合，鼓励自贡、内江相邻城市勘察设计企业合作互补。

【信息化建设】 门户网站功能得到提升，涵盖住房城乡建设全部业务，共32个频道、176栏目，全年网上办公100万件、发布信息1.3万条、咨询服务15万、采访量2500万。管理数字平台有效运行，项目分开，体系分级，列为示范工程，获住房城乡建设部好评，5大数据库及116个管理系统支撑电子政务平台有效运行。城乡综合平台建设全面启动，开展"房地产信息平台建设试点"，形成省、市、县三级联网。10个城市数字化城管平台投入运行。

建筑业

【概况】 全省完成建筑业总产值7240亿元，增长16%，省外1600亿元，同比增长14%，国外63亿美元，同比增长12%；建筑业增加值2001亿元，同比增长12.2%，增加值占全省GDP比重7.62%；新增就业岗位25.5万个。建筑业继续保持快速发展，在稳增长、调结构和吸纳农民工就业以及推动地方经济发展等方面发挥重要作用。

【转型升级】 2013年，全省建筑施工企业新增2037家，升级增项1982家，其中升特级企业1家、总承包一级和勘察设计甲级企业52家、专业承包一级企业65家，建筑施工企业总数达12424家；产业集中度稳步提升，9家特级建筑施工企业进一步发展壮大，中铁二局预计完成750亿元，华西集团预计完成460亿元，均增长15%。

【扶持政策】 四川省出台有关支持建筑业发展的职称政策："取消建筑施工专业申报高级职称外语考试；降低建筑施工专业申报高级职称计算机考试级别；免除本专业大专以上学历的建筑施工专业申报中级职称的理论考试"，全年新增高级工程师1135人，比2012年增加一倍，有效缓解行业和企业人才紧缺的矛盾。全行业培训各类人员55万人，培训农民工15万人，从业人员劳动技能进一步提高，各地也制定支持建筑业发展的政策措施。

【科技进步】 引导和鼓励企业多创优质工程，支持建筑企业以示范工程为载体，大力推广先进适用技术。起草《四川省建筑业新技术应用示范工程管理办法（送审稿）》。全年有20项工程被列为省级建筑业新技术应用示范工程，有12项新技术应用示范工程通过成果验收；217项工法被评为四川省工程建设省级工法，50项工法推荐上报评国家级工法；4项工程获得鲁班奖，14项工程通过国家优质工程奖评审；110个工程获四川省"天府杯"奖。

【质量安全】 全省建筑工程报建项目质量监督到位率和工程质量合格率均为100%。

【对外合作交流】 开展与有关省市区对口交流，分别与陕西、云南和新疆住房城乡建设厅签订加强建筑领域交流与合作框架协议，为新形势下四川建筑企业"走出去"拓展市场，创造更加有利的条件。加强优秀川籍企业推介工作，组织14家进入江苏施工的四川建筑企业参加江苏省保障房创精品工程现场观摩会，充分展示四川建筑施工队伍的良好形象。促成北京市大型建筑用工企业与四川省建筑劳务基地实质性对接，搭建有效建筑劳务输出平台。2013年成建制输出建筑劳务110万人，实现建筑劳务收入135亿元，分别完成目标任务的110%和112.5%。

【建筑市场】 （1）企业资质。进一步转变作风，改进服务。制订《四川省建筑业企业资质指导工作方案》。经市州推荐和企业自荐，共有300家企业纳入2014年建筑企业资质升级培训指导目录。

（2）企业减负。严格落实《2013年全省减轻企业负担工作要点》要求，紧紧围绕各项惠企政策措施落实监督为工作重点，认真组织开展治理规范各类涉企收费、规范评比达标表彰、治理向企业要求

(3) 营改增。组织参加住房建设部组织开展的建筑业企业营业税改增值税调研分析活动,中国华西企业股份有限公司、四川省晟茂建设有限公司、四川日月建设集团有限公司、四川省建筑设计院等单位向部提交有关分析报告及财务报表,对建筑企业增值税税率、计税方式等提出建议意见。

(4) 市场监管。开展"规范建筑企业跨省承揽业务监督管理专项检查工作",对成都、眉山、德阳、乐山、绵阳、广元六市进行核查;出台《省外建筑企业入川承揽业务监督管理办法》、《四川省二级建造师注册实施办法》和《四川省建筑企业动态核查办法》,组织开展2013年建筑业企业资质资格动态核查,共核查企业605家,对54家不合格企业进行降级、撤回资质的处理;修订《四川省建筑业企业重点监督复查管理办法(送审稿)》、《四川省建设工程担保机构管理办法(送审稿)》、《四川省建筑市场责任主体不良行为记录管理办法(送审稿)》和《四川省房屋建筑和市政工程施工招标评标办法(讨论稿)》。

(5) 市场环境。绵阳市委书记、市长多次就做大做强建筑业作出批示,市政府组织召开全市建筑业发展大会;甘孜州委、州政府主要领导和分管领导亲自抓建筑业发展,3次召开专题会议研究相关工作;自贡市由市委常委牵头召集住建、发改、财政、地税、国土等部门,各区县主要负责人及企业代表、专家学者专题会议,共同研究加快建筑业发展战略;攀枝花市两次召开加快全市建筑业发展推进座谈会,发改委、监察局、地税局、安监局、统计局等市级部门领导参加,研究加快推进建筑业。宜宾市委、政府命名22家龙头(骨干、优秀)企业,对有关企业进行表彰并发放奖金;南充市优化审批流程,提高审批效率,简化施工许可,竣工备案手续为企业提供方便快捷服务;巴中市住房和城乡建设局主要领导深入一、二级重点建筑企业现场办公,帮助解决困难,并与银监会、人民银行等对接协调,对优质、信用良好有发展潜力的企业在融资方面提供支持;内江市加大对重点企业扶持力度,住房和城乡建设局确20家骨干企业为"十二五"期间重点扶持企业;广元市成立由分管局领导任组长,相关科室负责人为成员的企业发展咨询服务工作组,由工作人员主动深入企业,加强指导,引导企业整合资源,促进企业转型和资质升级。自贡市开展深入调研,学习借鉴周边地区和江浙等先进做法,帮助指导企业。

【信息化建设】 进一步完善工程建设监管与信用体系平台建设,工程项目信息和企业、人员的不良行为全部网上公开。截至年底,全省网上公开建设类企业27137家,从业人员2013382名,工程项目信息92402条,市场行为信用信息4083条。为进一步推进建设工程企业资质申报和审批电子化进程,对招标代理机构和工程监理企业资质管理信息系统进行升级改造,并被住房城乡建设部列为资质网上审批试点省。

建设工程招投标管理

【制度建设】 2013年3~4月,由四川省建设工程招投标管理总站牵头,会同驻住房和城乡建设厅纪检组、造价总站、质安总站、招投标协会、《招标与投标》杂志社共同组成调研组,在成都、德阳等地邀请78家建设单位、施工单位、勘察设计单位、监理单位、招标代理机构及28名专家召开6次座谈会,围绕现行评标办法运用现状、存在的主要问题和招投标各方主体对现行评标办法的意见和建议等问题进行深入调研。最后形成正式调研报告并报送省有关部门。7~8月,住房和城乡建设厅领导带队与省发改委、招监办领导及相关处室进行多次沟通,同时建议对招标评标办法提出具体修改文稿,待征求各方意见并修改后正式出台。9~11月,会同相关部门开始启动房屋建筑和市政工程施工招标评标办法的修改工作,招标总站负责评标办法条文的修改,造价总站负责报价评审办法的修改,并于11月底形成讨论稿。12月,在全省建设工程招标站站长工作会上讨论并征求部分建筑施工企业意见,形成正式修改稿提交上级主管部门。

【市场监管】 全年完成266个项目的招投标监管工作(省直属39个,地方227个),完成招标文件备案877份,开评标现场监督280余次。对评标报告备案中发现的评审错误问题,督促招标人通过复评纠正10余次,发放《不予备案通知单》5次。推进项目总承包招标,开展对《标准设计施工总承包招标文件》、《设计施工总承包合同示范文本》的宣贯,采用(勘察)设计施工总承包招标发包项目共计11个。加强对基层招标监管部门的指导,规范招标过程文件备案审核行为,6月印发《四川省国家投资房屋建筑和市政工程项目招标过程文件备案审查指导手册》。按照2013年10月23日四川省政府领导对《省交易中心现场评标专家和代理机构等违规违法问题的情况报告》(以下简称《情况报告》)批示要求,会同其他相关职能部门按照省厅的统一部署，对《情况报告》中所反映的涉及招标代理机构的各项问题逐项核查，并对查证属实的典型违法违规行为进行严肃处理。组织相关职能部门进行专题会商，深入查找代理机构存在的突出问题，并提出进一步加强监管的各项措施。会同相关部门组成调研组，通过与50余家招标代理机构集中座谈讨论、深入部分代理机构和招标人、投标人中进行走访交流，对上述问题展开专题调研，并征求市场各方主体对于规范招标代理市场秩序的意见和建议，形成调研报告初稿。认真受理投诉举报，及时查处招投标违法违规行为。共收到投诉106件，符合受理条件的22件。符合受理条件的投诉100%受理并调查处理。移交其他部门进一步处理的招标违法违规案件9个。处理其他部门移交的招标违法违规案件11个。回复省长信箱3件，办理政协委员提案1件。

【招标管理】 继续开展招标从业人员和评标专家的资格培训和继续教育工作。2013年先后举办5期招标从业人员培训班。同时举办1期建设行业评标专家培训班，其中235人通过考试取得建设行业评标专家资格证书。对7000余名招标从业人员进行继续教育。认真搞好省外招标代理机构入川备案工作，确保在资质审查、上报等各个环节切实做到标准统一、程序合法、公平公正。

【队伍建设】 严格执行中央关于转变作风、密切联系群众的"八项规定"和省委省政府"十项规定"。严格执行廉政风险防控机制和配套制度，强化对关键岗位、关键人员、关键环节的跟踪监督。通过定期的政治学习和业务学习，努力在站内形成分工明确、各负其责、协作共事、和谐友善的工作氛围。

建设工程造价管理

【计价依据编制与宣贯】 编制完成住房城乡建设部标准定额司下达的《全国统一安装工程预算定额》第八册"给排水、采暖、燃气工程"送审稿。完成2014年《四川省建设工程工程量清单计价定额》的项目划分、消耗量确定等编制工作。协助住房城乡建设部标准定额司完成新的国家标准《建设工程工程量清单计价规范》及配套的"计量规范"在全国的宣贯工作，并对全省21个市（州）及部分施工、造价咨询企业进行宣贯培训。参与完成住房城乡建设部标准定额研究所下达的《建筑工程建筑面积计算规范》的修编及宣贯材料的编写工作。参与住房城乡建设部标准定额司的建筑业营改增的工程造价计价课题研究。

【工程造价管理】 组织开发"四川省建设工程造价数据积累信息管理系统"，并已在"四川造价信息网"开通。初步建立全省工程造价资料数据库。实现建设工程造价数据资源的科学积累和有效利用。2013年对26家不符合资质标准的工程造价咨询企业发出整改通知书，已整改合格18家。按照《四川省建设工程合同备案管理办法》要求，开展建设工程合同网上备案工作。根据住房和城乡建设部《关于进一步加强工程造价咨询企业晋升甲级资质审核工作的通知》要求，对拟晋升甲级资质的26家造价咨询企业完成实地核查工作；办理工程造价咨询企业资质延续甲级31家，乙级131家。根据《关于报送2012年工程造价咨询统计报表的通知》要求，对全省332家工程造价咨询企业填报的网上统计数据进行审核，并上报住房城乡建设部标准定额司。

【工程造价服务】 及时准确发布工程造价信息。全年出版发行《四川工程造价信息》12期，共计16万册。发布各类材料价格信息48.74万条；人工成本信息3600条；实物工程量人工成本信息1.5万余条；机械台班租赁价格信息1400余条；周转材料租赁价格信息800余条；测算和发布2次全省建设工程人工费调整系数，发布补充定额279项；定额解释7条；发布21个市、州建筑工程和市政工程造价指数2次。定期上报四川省住宅工程造价指标2期；人工成本信息260条。做好计价依据解释工作，全力化解工程计价纠纷，维护工程建设各方的合法权益。全年共接待来访人员近8000人次，回复计价依据解释来函90余件。全年共完成5412家施工企业规费取费证费率确定工作，新办规费取费证1037家。全年完成全国造价工程师初始注册425人，变更注册925人，续期注册1565人。

建设工程质量安全监督

【概况】 2013年四川省委、省政府授予省建设工程质量安全监督总站"4·20芦山强烈地震抗震救灾先进集体"称号，2013年6月省建设工程质量安全监督总站党支部被省住房和城乡建设厅机关党委授予"2011—2013年度先进基层党组织"称号。

2013年全省受监工程20927个，面积38155万平方四川米。其中住宅工程11023个，面积27606万平方米；公共建筑7825个，面积9451万平方米；市政工程1893个，竣工工程9403个，面积12849万平方米；工程竣工验收备案7439个，面积15399万平方米。全省建筑工程报建项目质量监督到位率和工程质量合格率均100%,无重大质量责任事故发生;2013年,全年各市、州统计上报房屋建筑和市政工程生产安全事故16起,死亡22人,与2012年同期相比事故起数增加3起,死亡人数增加8人,上升57%,其中较大事故2起,死亡8人。直接监督工程未发生重大质量安全事故。

【质量监督】 (1)基础性工作。认真按照省委省政府关于全面实施"十二·五"规划,认真落实新一轮西部开发战略,全面做好建设工程质量监管,确保工程质量。加强质量安全监管,正确引导、大力宣传,采取相应措施,大力推动全省建筑施工企业积极创建"四川省优质结构"和"天府杯"工程。按照省住房和城乡建设厅关于开展《四川省建筑施工企业质量管理评价手册》年度评价的通知,认真对每一家企业质量管理状况进行评价。为加强各监督站质量管理水平,2013年10月全省组织新任监督员岗位培训,共有354名人员参加学习。

(2)事故鉴定和质量投诉。2013年接住房和城乡建设厅、相关部门转来的建设工程质量投诉信件6起,处置率100%;直接接待、处理建设工程质量投诉12起,处理率100%;交由各市、州建设工程质量监督站处理的建设工程质量投诉5起,已处理并回复4起,市、州处理回复率80%;完成13个建筑工程的质量事故鉴定或司法鉴定,及时地解决工程质量纠纷,受到各方的肯定和好评。

【安全监督】 (1)基础性工作。住房和城乡建设厅下发《四川省建筑施工安全生产动态核查管理办法》和《四川省建设工程安全监督机构和人员考核办法》;出台《四川省建筑施工企业安全生产标准化考核办法》;组织专家编写四川省建筑施工安全管理检查验收表格。2013年全省各级共培训三类人员305期,共计98541人;培训特种作业人员238期,共计34427人。督促各施工企业认真抓好一线操作人员三级教育。深入开展建筑工地创建农民工业余学校工作,2013年全省新建民工学校600余所,3万余名农民工接受教育。

(2)"百日安全活动"、"安全生产月活动"。按照《省住房城乡建设厅关于"百日安全生产活动"方案的通知》要求,全面开展以"落实责任、强化措施、严格执法、确保平安"为主题的"百日安全生产活动"。全省住房城乡建设系统共自查和检查在建工程项目4763个(次),查出隐患1850余处,停工整改106处。省住房城乡建设厅直接督查在建工程项目48个,查出隐患22处,停工整改5个,查出隐患均已整改完毕。

(3)安全隐患排查整治。2013年,全省共组织开展7次全省安全生产大检查,各市、州累计检查建筑施工企业7000余家,查出各类隐患11512余处,对2249个在建工程项目发出整改通知书,对53个项目进行行政处罚,处理企业40余家。并按照相关规定对发生安全事故的15家企业负责人进行约谈。全面实施建筑起重机械产权备案、安装(拆卸)告知和使用登记制度,坚决淘汰不符合要求的机械设备600余台,有效遏制建筑起重机械较大安全事故。

(4)"打非治违"专项行动。以建筑施工安全为核心,加强部门联动,敢动真格,坚持"四个一律",重点打击无相关资质或超越资质范围承揽工程,违法分包、转包工程,无安全生产许可证擅自进行施工活动的违法违规行为,规范建筑施工安全生产秩序。据统计,截至2013年底,各地共立案查处非法违法施工企业150余家,对40余家企业和相关责任人进行处理。

(5)安全生产标准化建设。2013年,省住房和城乡建设厅和省安全监督管理局联合下发《四川省建筑施工企业安全生产标准化考评办法》,按照相关标准规范对60余家企业进行考评,并通过召开现场会、观摩会等形式,交流经验,有力推动全省的安全文明施工水平的提高。据统计,2013年共有92个工程项目获得省级安全生产文明施工标准化工地,其中12个工程项目通过全国建设工程项目AAA级安全文明标准工地评审。

【执法检查】 全省共排查在建保障性安居工程项目683个,建筑面积1824.55万平方米,排查质量安全隐患489处,共发出整改通知107份,并对21个相关单位的责任人进行相应的处罚。6月底,组织10个督查组,对全省进行监督执法检查,共检查项目76个,查出质量安全隐患102处,发出整改通知36份,责成相关市州住房城乡建设行政主管部门对责任人进行相应的处罚。住房和城乡建设部先后于6月、7月和11月三次开展对四川省地铁和房屋建筑生产安全大检查。

【监理市场监管】 (1)项目监理考评。制定下发《2013年度四川省建设工程项目监理工作质量督查方案》,各市州分片区对本地执行项目监理工作质量考评办法的工程总体情况进行自查并上报。同时,开展对攀枝花等12个市州项目监理工作情况督察,共抽查企业35家(其中省外入川企业7家,省内企业28家),涉及项目37个,对检查中发现有监理工作质量不足及质量安全隐患的,及时提出整改要求。

(2)建设工程监理行业统计。2013年从企业基本情况、企业业务情况、企业营业收入三方面对省内299家监理企业上报的资料进行汇总统计，上报统计率98.3%，为加强监理行业的监管提供重要依据。

（3）监理企业动态管理。根据《工程监理企业资质管理规定》及《四川省工程监理企业动态监督管理暂行办法》的有关规定，对注册监理工程师人数不满足资质标准要求的工程监理企业进行排查，形成2013年第一批工程监理企业注册监理工程师人数核查名单，并对19家工程监理企业资质进行撤回。

（4）监理人员信息化管理。基本完成监理从业人员数据库复查纠错工作，已全面向社会公开相关信息。按照《注册监理工程师管理规定》等要求，开展注册监理工程师初始注册、变更注册执业证书、印章等工作。完成初始注册33批1053人次，变更注册33批964人次，延续注册33批2272人，注销注册10批20人次，遗失补办26人次。省监理从业人员办理执业企业变更3575人次。

【工程质量检测】 2013年9月，省住建厅和省质量技术监督局联合发布《关于贯彻"房屋建筑和市政基础设施工程质量检测技术管理规范"国家标准的通知》。2013年3月举办一期水泥新标准检验操作培训班。根据《2013年度四川省建设工程项目监理检测督查方案》，对各市（州）及扩权试点县（市）检测机构进行监督抽查，暂停16家检测机构水泥检测项目，4家建筑地基基础检测机构低应变检测项目，1家检测机构全部检测项目。对2013年度资质证书集中到期的187家检测机构进行资质延期核查，指导各类检测机构按照相关要求进行网上申报，完成148家检测机构的资质证书延期技术能力考核工作。开展水泥物理性能检验能力验证比对考核工作。138家单位参加考核，合格40家，补考合格29家，补考不合格16家；同时开展建筑基桩低应变能力验证比对考核，59家单位参加考核。合格36家，不合格23家，对补考不合格的单位进行现场技术能力复查。全省各类检测机构全年共检测混凝土1380558组、不合格13852组，不合格率1%，砂浆249140组，不合格3676组，不合格率1.5%，钢材962169组、不合格22107组，不合格率2.3%，砖材61980组，不合格1366组，不合格率2.2%，水泥39003?组，不合格538组，不合格率1.3%，建筑基桩327367组，不合格126组，不合格率0.3‰，室内环境检测64840组，不合格110组，不合格率1.7‰。通过检测，有效防止不合格建材产品用于工程建设，确保工程质量安全。为加强从业人员管理，进一步提高检测人员专业技术能力，2013年修订《四川省建设工程质量检测人员培训教材》（六套），开展全省建设工程质量检测人员继续教育培训工作，按照《四川省建设工程质量检测管理规定》要求对取得资质证书的检测人员进行换证。认真组织开展2013年检测机构和人员信用等级评价工作，同时公布检测机构信用等级得分。2013年优选111名符合条件的各类工程质量检测专家相关信息进入专家库，为进一步加强检测监管工作创造条件。

散装水泥推广

【概况】 2013年，全省散装水泥推广工作在省住房和城乡建设厅的领导下，抓住"百镇建设试点行动"机遇，以节能减排、保护环境、提高建设工程质量为目的，以砂浆"禁现"和农村推散为抓手，不断加大工作力度，推动全省散装水泥通过工作"三位一体"快速发展。认真做好散装水泥立法前期调研，逐条逐款完善《四川省促进散装水泥发展条例》（征求意见稿），为散装水泥立法奠定坚实基础。以"发展散装水泥，建设美丽家园"为主题，开展宣传活动。

住房和城乡建设厅印发《"十二五"后期加快农村散装水泥发展工作方案》，明确工作目标、工作重点、工作措施。宜宾市按照工作方案要求，制定《宜宾市散装水泥"十二五"后期规划及农村散装水泥发展工作方案》。

房地产市场监管

【概况】 2013年，认真贯彻《国务院办公厅关于继续做好房地产市场调控工作的通知》和省委、省政府房地产市场调控工作要求，采取积极有效的措施，继续严格执行并逐步完善抑制投机投资性需求的政策措施，加大保障性住房建设力度，进一步规范房地产市场秩序，全省房地产市场健康平稳发展，呈现出开发投资稳定增长，交易活跃的态势。

【开发投资】 2013年，全省房地产开发完成投资3853亿元，同比增长18%，占全省固定资产投资的比例为18.1%。其中住宅完成投资2537.89亿元，同比增长15.5%。

【市场供应】 2013年，全省房屋新开工面积1.02亿平方米，同比增长21.5%。其中住宅新开工面积7008.71万平方米，同比增长17.5%；全省新增商品房供应面积9424.54万平方米，同比增长27.9%。其中新增商品住宅供应面积7220.78万平方米，同比增长31.4%。

【商品房交易】 受市场信心增强的影响，全省商品房交易活跃。2013年，全省商品房销售面积7312.78万平方米，同比增长13.3%。其中新建商品住宅销售面积6505.32万平方米，同比增长14.5%；二手住宅销售面积3145.2万平方米，同比增长45.7%。

【商品房价】 11月份，全省3个列入国家重点监控的70个大中城市：成都市新建商品住宅价格指数同比上涨9.8%，环比上涨0.6%；泸州市新建商品住宅价格指数同比上涨8.9%，环比上涨0.4%；南充市新建商品住宅价格指数同比上涨10.9%，环比上涨0.1%。据房地产交易系统统计，12月份，全省商品住宅成交均价4860元/平方米，同比上涨7.5%，环比下降0.2%；成都市新建商品住宅成交均价6778元/平方米，同比上涨4.9%，环比下降1.8%。其中五城区（含高新区）新建商品住宅成交均价8909元/平方米，同比增长13%，环比下降1.9%。

【基础性工作】 2013年，按照四川省政府要求，完成《四川省国有土地上房屋征收与补偿条例》修订报送工作。省政府法制办已将《建议稿》在媒体上广泛征求意见。8月份，配合省政府法制办在成都、内江、峨眉山市召开三次立法听证会。11月四川省人大已通过对《条例》的一审。下发《关于进一步加强全省房地产市场信息系统建设工作的通知》，对全省推进房地产信息化工作提出具体要求和措施。并出台《四川省房地产市场信息平台建设技术导则》，全力推进全省房地产信息化工作。12月，在达州市召开全省房地产市场信息系统建设工作现场会，组织各地实地学习达州经验，并对下一步推进工作进行部署。4月，下发《关于加快推进成品住宅开发建设的意见》。为进一步规范成品住宅开发建设行为，配合标准定额处制定《四川省成品住宅装修工程技术标准》，2014年1月1日起正式施行。并召开全省宣贯会，提高执行《标准》的自觉性和主动性。四川省"自贡市房屋权属登记中心"等3家单位新申办全国房地产交易与权属登记规范化管理先进单位，已通过住房城乡建设部初审。"安岳县房地产管理局"等4家单位获得省级规范化管理单位称号。12月份，会同省发改委下发《关于进一步调整规范房地产交易收费事项的通知》。

【市场监管】 2月4日，下发《2013年全省房地产市场秩序专项整治工作方案》，在全省范围内开展房地产市场秩序专项整治行动，使全省房地产市场秩序明显好转。以宣传贯彻《四川省物业管理条例》为契机，加强物业市场监管，全省物业服务进一步规范化。开展物业管理示范项目创建工作，全省创建出一批服务好、管理水平高的物业管理示范项目，发挥引领示范作用。"中海大厦"等70个项目获"四川省物业管理优秀项目"称号。

住房保障

【保障性安居工程】 2013年，国家下达四川省保障性住房建设和棚户区改造开工21.1万套（户）、建成21万套目标任务，省政府新增下达竣工任务16万套。截至年底，全省保障性住房和棚户区改造安置住房开工22.399万套，占目标任务的106.16%；基本建成27.997万套，占目标任务的133.29%；竣工20.673万套，占目标任务的128.98%；完成投资466亿元。全面完成国家和省政府下达的目标任务，同步完成省政府下达的民生工程目标任务、绩效考核目标任务、新型城镇化重点工作任务。

【住房保障制度和住房保障体系建设】 按照党的十八大"建立市场配置和政府保障相结合的住房制度"的要求，省人大启动全省住房保障省级立法工作。配合省人大制定《四川省城镇住房保障条例》，先后完成《条例》的起草、征求社会意见、修改等工作。11月25日，省第十二届人大常委会第六次会议对《条例》草案进行一审，按照人大代表提出的建议意见进行再修改后报省人大。

为加快推进保障性安居工程建设，加强保障性住房小区社区管理，住房城乡建设厅会同省级有关部门制定出台《关于支持鼓励引导民间资本参与保障性安居工程建设有关问题的通知》，会同省民政厅、省综治办研究起草《关于加强保障性住房小区社区管理服务的指导意见》等相关政策文件。

全省已初步建立符合省情的住房保障体系，根据保障性安居工程的建设进展、保障人群的结构性变化、住房保障的发展需要，适时调整保障性住房结构和保障人群，完善住房保障体系。

住房公积金监管

【概况】 2013年，四川省住房公积金实际缴存人数496.04万人，新增13.67万人，同比增长3%，覆盖率81%；新增缴存额507.20亿元，同比增长19%，缴存总额、缴存余额分别达到2528.33亿元、1374.17亿元；公积金个人提取总额266.30亿元，同比增长30%，占当年新增归集额的53%；全年发放公积金个人住房贷款301.49亿元，同比增长36%，占新增归集额的59%，个贷率64%。资金使用率82%,同比提高4个百分点,年底沉淀资金464.90亿元,占归集余额的34%,同比减少近6个百分点。全省公积金运行稳定,超额完成目标任务,多项业务指标创历史新高。

管理效益显著提高。全年全省55.42万余名职工提取公积金、11.70万余户家庭使用公积金个人住房贷款,改善住房条件。全省住房公积金贷款市场份额增加,年度公积金个贷额约占全省住宅销售总额的9%,相当于全省商业银行按揭贷款余额的20%。增值收益稳步增长,公积金实现增值收益23.85亿元,同比增长21%,增值收益率1.90%。

【试点工作】 全省从2013年度公积金增值收益中提取廉租住房建设补充资金12.92亿元,支持住房保障。各市州都将提取的廉租住房建设补充资金及时上缴财政,合理安排使用。2013年发放公积金项目贷款16.55亿元,支持建设保障性住房6429套。累计向38个保障性住房建设项目发放公积金项目贷款26.21亿元、支持建设保障性住房1.58万套,攀枝花、德阳、南充三市已完成试点贷款任务。配合公积金督察员实地检试点项目的规划设计、工程质量安全、贷款进度等,检查发现的问题,省住房城乡建设厅发出《关于落实公积金督察员督察建议的通知》,明确整改的措施和时限。

全面落实省级监管的审核职责。加强对试点项目的管理,2013年有3个城市要求调整试点项目,对拟调整的项目均进行实地查看,严格审查项目资料,会同有关部门及时审批和备案。切实加强贷款发放的审查,跟踪试点资金的封闭运行管理,严格试点资金支付监管,监督贷款本息回收。试点城市共回收项目贷款本金5.66亿元,利息0.74亿元,无一笔逾期,确保试点资金安全和有效使用。

【管理服务】 公积金管委会严格决策制度和会议制度,履行决策职责,防范决策风险,各市州管委会均召开全体委员会议,决策事项及时向省住房和城乡建设厅备案。各市(州)都切实落实差别化的信贷政策,继续执行"限购、限贷"措施。利用公积金个贷的既有政策,加大支持购买首套自住房和保障性住房的力度,加大对保障性住房建设的支持力度。部分公积金中心完善"12329"服务热线功能。普遍开展"岗位练兵、工作竞赛"和评选"操作能手、服务明星"等活动,采取健全服务制度、优化业务流程等措施,规范服务行为,提高办事效率。对部分市州进行督促检查,公积金服务形象有较大改善,群众满意度有所提高。

【资金监管】 严格备案及重大事项报告制度,对各市州公积金的缴存、使用、收益分配等事项进行合规审查。规范各市州公开公积金管理信息,督促分支机构调整,遂宁市完成公积金管理机构调整,实现"四统一"的管理。绵阳市启动公积金管理机构调整工作。在部分公积金中心推进区县分中心、管理部账户零余额管理,发挥资金规模效应,提高管理效益。全省公积金个贷逾期率0.12‰,有11个市州(单位)无逾期贷款。2013年度全省提取贷款风险准备金7.16亿元,风险准备金余额28.96亿元,风险准备金充足率3%以上,有9个市州(单位)风险准备金余额上亿元。

会同省纠风办,落实清收措施,加大工作力度。2013年一季度,宜宾市、雅安市政府分别安排到位0.8亿元、0.3亿元资金,弥补全部购国债资金损失。内江市政府安排到位0.9亿元资金,弥补部分损失。

加强对公积金中心信息化建设的指导和管理,对数据专网进行升级完善,整合各业务信息系统运行平台,加强信息管理,确保信息使用安全。开展建立实时结算系统和完善监管系统的准备工作。

风景园林

【园林绿化工作】 完成自贡、泸州、德阳、眉山4个创建国家园林城市和郫县友爱镇创建国家园林城镇的申报工作,已顺利通过住房和城乡建设部专家综合评审。修订出台四川省园林城市、县城标准及申报办法,报请省政府审议通过内江、西昌、阆中、华蓥4个省级园林城市和北川1个省级园林县城;完成蓬溪县、泸县、雅安市园林县城、园林城市实地考评及上报工作;审查命名55个省级园林式单位和23个园林式居住小区,成功创建一批园林城镇和新村。

【城镇重点园林项目建设】 按照全省住房城乡建设工作会议关于抓好重点生态绿地项目建设的要求,制发《关于加强公园绿地规划建设管理的通知》和《关于加强省级试点镇园林绿化建设的通知》。按照省住房和城乡建设厅推进新型城镇化有关要求,认真做好28个城市新区重点园林绿化项目建设的督导工作。

【公园绿地建设管理】 组织完成公园绿地建设管理情况自查工作,并将自查情况报告上报住房城乡建设部城市建设司。出台《四川省重点公园标准及申报办法》,推出成都市白鹭湾湿地公园、广元市红星公园等首批省级重点公园示范项目,为下一步申报国家重点公园奠定基础。

【绿地系统规划编制】 完成《四川省绿地系统规划编制导则》研究工作。组织完成雅安市、崇州市、泸县、蓬溪县、邻水县、郫县友爱镇《绿地系统规划》、《生物多样性规划》和《绿地防灾避险规划》编制和技术评审工作。

【园林绿化市场监管】 制发加强园林绿化行业动态监管和实施市场不良行为记录的文件，并按照厅里分工调整要求做好省外入川企业年度备案工作，努力建立规范有序、诚实守信的市场秩序。

【城市生态建设】 按照省委、省政府贯彻落实省委十届三次全会重大部署责任分工要求，牵头抓好城市生态建设，督促指导地方抓好城市新区重点生态园林绿化项目建设，汇总各部门工作经验上报省委督查办。

【风景名胜】 组织审查贡嘎山、四姑娘山、九寨沟等风景名胜区总体规划实施评估报告和剑门蜀道总体规划大纲，完成西岭雪山、黑竹沟、彭祖山和云台等风景名胜区总体规划报批工作，推进龙门山国家风景名胜区重建总体规划编制，实现全省国家级风景名胜区总体规划全覆盖。编制峨眉山、青城山等风景名胜区重点片区详细规划。先后制发"开展风景名胜资源普查"和"开展省级风景名胜区保护管理执法检查"工作方案。完成首批40个省级风景名胜区保护管理执法检查。按照住房城乡建设部要求，组织完成全省4个国家级风景名胜区图斑核查，并配合住房城乡建设部完成全省第二批国家级景区保护管理执法检查。组织专家完成灵山景区索道、剑门关索道延伸工程等一批风景名胜区重大建设项目选址论证审批，完成邛海景区宁海听涛旅游村、九鼎山滑雪场旅游村等景区旅游新村建设方案审查，以及青城山景区索尔青城酒店、四川君颐青城山尊酒店等景区旅游服务设施设计方案审查。推进风景名胜资源普查工作，鼓励和引导具有遗产地及风景名胜区价值的地方，申报自然与文化遗产和风景名胜区。组织编制完成省委、省政府交办的摩梭家园建设暨摩梭文化保护《规划大纲》和《控制性详细规划》，经省政府常务会议审议通过后印发，并完成第一个试点村落《洼垮村保护性改造方案设计》。

世界遗产管理

2013年，与四川省林科院合作完成全省23处省级自然遗产、自然与文化遗产申报项目的资源调查、评估和审查工作，并公布四川省第二批4处省级自然遗产、6处省级自然与文化遗产名录。对省级遗产资源价值高、保护状况优的达州万源市花萼山-八台山自然遗产、凉山州四川泸沽湖自然与文化遗产两个项目分别推荐申报国家自然遗产、国家自然与文化遗产名录并获住房城乡建设部批准。与省文物局联合启动"剑门蜀道"申报世界自然与文化遗产前期的资源调查和调研等工作。2013年在全国率先启动世界遗产保护规划编制的相关研究工作，与省林业科学院合作完成《四川省世界遗产保护规划编制大纲(试行)(草案)》。与成都市风景园林院合作完成《四川省世界遗产地建设管理办法(暂行)》的相关研究。第34届世界遗产委员会建议将雅安荥经县小相岭自然保护区扩展至四川大熊猫栖息地世界自然遗产地内。经专家专题论证，暂缓将雅安荥经县小相岭自然保护区扩展至四川大熊猫栖息地世界自然遗产地。联合国内相关媒体、网站和大专院校，广泛开展世界遗产的宣传活动。与中国建筑工业出版社合作，启动全省5处世界遗产相关文集的编辑工作。2013年利用雅安国际熊猫电影节的平台，与联合国教科文组织北京代表处、雅安市政府共同举办雅安生态论坛。组织省内各遗产地代表参加贵州荔波、江西庐山有关世界遗产的论坛，共同交流世界遗产保护管理的经验，开展相关合作。

标准定额管理

【工程建设标准体系】 出台规范四川省工程建设地方标准制订、修订、复审、审批、发布、实施和监督管理等环节的《四川省工程建设地方标准管理办法》，并根据其发布《2013年四川省工程建设地方标准主编单位目录》，与西南交大出版社达成公开出版发行四川省工程建设地方标准的协议，方便使用者在传统书店和网上书店购买到出版发行后的地方标准。启动四川省工程建设地方标准体系编制。

【工程建设标准实施监管】 针对"重编制、轻实施"的状况，开展《工程建设标准实施指导监督相关制度研究》，召开一系列的设计、施工、监理、监督单位和市州建设主管部门座谈会。与住房和城乡建设厅房地产市场监管处对《四川省成品住宅装修工程技术标准》进行宣贯培训，深入成都、攀枝花、西昌等地开展高强钢筋、光纤入户实施情况的监督检查。

【民生工作】 参与"4·20"芦山强烈地震安全性应急评估、安全鉴定及相关报告的起草工作。翻印200本《灾区过渡安置点防火规范》送给芦山灾区。根据农房重建的需要，发布《农村居住建筑抗震技术规程》。截至年底，已发布包括《四川省成品住宅装修工程技术标准》、《农村居住建筑抗震技术规程》等重点标准在内的工程建设地方标准10项。

省政府投资项目代建管理

【概况】 2013年，紧紧围绕抓好"投资、质量、安全、工期、廉政"五大控制目标，做到项目不超投资概算，工程质量安全无事故，廉政建设零投诉。省政府投资代建项目共7个，其中续建项目3个、新建项目4个，总建筑面积316550平方米，总投资272933万元，项目建设进展顺利。

【项目规范化管理】 从"投资、质量、安全、工期、廉洁"五大目标入手，充分发挥建设行政主管部门优势，确保每个代建项目都必须创建标化工地，确保项目荣获"天府杯"，争创建设工程"鲁班奖"。2013年12月，住房和城乡建设部和中国建筑业协会为四川省政府投资项目代建办公室颁发中国建设工程鲁班奖（四川广播电视中心项目）。

【质量安全】 根据省级代建项目实际情况，进一步完善工程质量安全管理制度，建立健全质量安全监控体系。建立每周项目经理例会制，每周一次巡回检查、每月一次质量安全大检查、重大节假日和地质灾害频发期质量安全专项检查等保障制度，做到项目管理全方位、多角度、无死角。

【"阳光工程"创建】 切实细化项目运作管理程序，进一步优化项目管理流程，切实保障代建管理工作规范有序。结合项目实际情况，制定代建项目建设资金管理、审批、支付、监管和现场技术经济签证核定等办法，要求各参建单位签订三方资金监管协议并开设银行专用账户，确保项目建设资金的专款专用，从根本上保障项目建设的顺利进行；在招投标环节严格按照立项批复概算控制投资，编制详细的施工招标控制价和工程量清单，报财政评审后，以财政评审价作为施工招标控制价，为投资控制奠定坚实的基础；凡接收新的代建项目，审计部门从初始阶段即开始介入，实现全过程跟踪审计等等。通过采取以上系列措施，构建全员参与、监督、制约、防范有效的运转体系，充分发挥"阳光工程"的载体作用，结合各个专项治理，逐步推广和实施"阳光工程"。

【项目标准化管理】 结合代建工作实际，从加强领导、细化教育、抓好预防、强化监督、抓好纠风、严肃惩治六个方面，制定党风廉政建设责任制实施办法、项目廉政工作检查考核办法、工程项目重点环节监督办法等廉政制度办法，建立和完善项目惩治和预防腐败体系，建立健全党风廉政建设责任制度和廉政合同制度，建立健全工程建设合同和廉洁自律责任合同，层层分解落实廉政责任。

【代建项目进展】 续建的省图书馆新馆进入安装及装饰工程施工阶段。四川美术馆新馆、省级综合减灾科普教育基地2个项目进入施工收尾阶段。新建的天府新区省级文化中心完成可行性研究报告的编制，做好开工准备工作；省社会科学馆完成方案设计，进入初步设计阶段；四川大剧院的可行性研究报告已报省发改委；省妇幼保健院医技楼进行基础工程施工。

【建设工程项目管理】 根据《四川省建设工程项目管理企业认定备案管理暂行办法》，切实做好项目管理企业认定备案工作。全省建设工程项目管理企业共计153家，建设工程项目管理从业人员达到6000多人。其中一等工程项目管理企业66家，二等工程项目管理企业35家，三等工程项目管理企业52家。

行政审批

【概况】 2013年共受理行政审批事项16228件，比2012年受理的12644件增加3584件，增长28%。按时办结率、现场办结率、群众评议满意率均达到100%，提速率保持在75%左右，有效投诉为零。在入驻省政务服务中心的58个省级部门中，省住房和城乡建设厅年终综合考核被评为"一等奖"。全处20名同志先后有16人次被省政务服务中心评为季度优秀窗口工作人员。共收到锦旗52面、感谢信40余封。

【企业扶优扶强】 采取多种措施，引导和支持企业转型升级，增强市场竞争力。截至年底，上报住房和城乡建设部批准的一级或甲级企业共138家，其中新增建筑施工一级、勘察设计甲级企业52家，超额完成目标（20家）任务的160%。认真贯彻《四川省人民政府关于加快建筑业发展的若干意见》，为减轻企业负担，提高行政审批工作效能，出台《四川省住房和城乡建设厅关于建设类行政审批有关问题（Ⅲ）处理的通知》。对部分管理经验丰富，技术力量较强的高资质等级专业承包企业，在不降低现有专业资质等级的情况下，允许申请总承包企业资质。将全省房地产开发企业暂定级资质有效期由一年调整为三年。同时，允许四川省房地产开发企业在满足资质标准的情况下直接申请正式三级资质。增设《四川省城市园林绿化企业四级资质标准》。变被动服务为主动服务,变被动作为为主动作为。

【网上申报】 根据住房城乡建设部工作要求,四川省已试行开展工程建设招投标代理机构和工程监理企业资质网上申报审批工作,对省内工程建设招投标代理机构和工程监理企业共600家进行网上申报培训,使企业初步掌握网上申报流程和操作要领,为网上申报审批工作的全面铺开打下坚实的基础。

【自身建设】 为规范四川省住房城乡建设系统资质审批程序和行为,提高行政审批效率和水平,依据《行政许可法》和建设领域法律法规,制定《四川省住房城乡建设系统资质审批事项实施规程》(以下简称《规程》)。《规程》于2013年8月起草,先后征求市、州住房城乡建设行政主管部门和厅有关处、室、站的意见,厅行政审批联席会议研究通过,已经上报厅长办公会审定。按照厅党组工作安排,大力开展"学习型机关"创建活动,进一步提高全处干部职工的政治素质和业务能力。把党风廉政建设与业务工作同部署,同检查,同考核,注重日常教育,结合典型案例,解剖分析,汲取教训,坚持全面轮岗制度,利用网络系统管理,将审批人员的办理权限,分类、分环节设计限制权限,在一定程度上限制审批人员权力过大,自由裁量权过宽的问题,按照《四川省人民政府办公厅转发监察厅省纠风办关于开展政风行风群众满意度测评工作的意见的通知》要求,积极参与政风行风群众满意度测评,促进政风行风根本好转。

建设法制

【概况】 根据《四川省人民政府依法行政工作领导小组办公室关于开展行政执法规范年活动的通知》要求,省住房和城乡建设厅将规范行政执法作为2013年全面推进依法行政的重要举措。经清理,住房城乡建设厅作为行政执法主体,履行行政权力509项,已在省政府法制办网站向社会公告。各级住房城乡建设行政主管部门,都对各自行使的行政权力事项进行清理并向社会公告,确保行政权力在法定范围内实施。全机关及直属单位行政执法人员144人全部办理新式IC卡行政执法证件,2013年完成2013年执法证件验证工作,并组织9名新进执法人员进行专业法律知识、公共法律知识培训考试,取得执法证件;强化执法人员信息化管理,153名行政执法人员信息均已录入执法证件管理系统,实现行政执法人员资格信息网络查询;加强执法人员业务学习和专题培训,2013年举办的"建设监察执法文书规范化使用管理专题学习班"和"城管执法人员法规知识及执法技能学习班",对《建设监察执法案卷评析》、《建设监察执法文书规范化使用和管理》进行详细解读,还就城市管理执法工作的重点难点、执法技巧、《城市管理执法实务》、《城管执法文书的规范化制作》等进行专题学习。

【制度建设】 2013年制定下发《四川省住房城乡建设系统严格依法行政的规定》。在原有执法文书的基础上,结合近几年新出台的《城乡规划法》、《行政强制法》等法律,重新修订《建设监察执法文书示范文本(试行)》。

【规范行政行为】 截至年底,省住房和城乡建设厅办理行政许可15510件,作出行政处罚19件,受理行政复议13件,受理群众来访307批次1681人,群众来信335件,依申请公开政府信息13件。

【立法步伐】 全面完成《四川省人民政府2013年立法计划》规定的立法项目涉及省住建厅的工作,完成制定项目《四川省国有土地上房屋征收与补偿条例》(地方性法规)、《四川省政府投资项目代建管理办法》(省政府规章)的起草、论证、调研工作,《四川省国有土地上房屋征收与补偿条例》已经省政府常务会议审议通过,《四川省政府投资项目代建管理办法》即将由省政府法制办最终定稿;配合省人大城环资委提出《四川省城镇住房保障条例》草案,已进入省人大一审。提前完成调研论证项目《四川省燃气管理条例(修订)》的调研论证工作。

2013年在2件地方性法规立法中,推行"开放式决策"。一是《四川省国有土地上房屋征收与补偿条例》,二是《四川省城镇住房保障条例》。

【政务公开】 严格按照《四川省住房和城乡建设厅首问负责制等三项制度实施细则》,坚持以"公开为原则、不公开为例外",及时公开住房城乡建设系统依法行政、实施民生工程、城乡规划建设、工程项目招投标等方面的政务信息。2013年共收到政府信息公开申请13件,均依法向申请人做出答复。另一方面,加快电子政务平台建设,住房和城乡建设厅门户网站已有100多个业务信息管理系统上线运行,开辟"工程建设领域项目信息公开专栏",现已录入2万多个建设类企业、140多万名执业人员的基本信息,实现工程建设领域项目信息公开与网上办事、行政审批、市场监管结合。

【行政权力公开透明运行】 按照省政府办公厅《关于加快推进全省行政权力依法规范公开运行平台建设工作的通知》要求,完成各项行政权力内部运行流程图的编制,对各流程环节配置电子监察点位,提出监察需求。

【清理行政审批项目】 按照十八届三中全会关于简政放权的精神,根据省政府进一步清理行政审批项目的要求,2013年3次进行行政审批事项清理。

【法治方式运用】 下发《四川省住房城乡建设系统严格依法行政的规定》,规范行政规范性文件,按照住房和城乡建设厅制定行政规范性文件统一立项、统一调研论证、统一审查研究、统一编号、统一发布、统一备案的"六统一"规定,下发2013年度规范性文件立项计划。截至年底,除"4·20"地震应急出台的规范性文件外,2013年发布6件规范性文件,均属于严格按计划制定出台的规范性文件,并已报送备案。巩固行政复议规范化建设成果,进一步畅通行政复议渠道,发挥行政复议的监督和救济功能。全年共收到行政复议申请21件,受理13件,已办结9件。积极开展行政调解,努力将行政争议化解在初发阶段和行政程序中。编发《依法行政情况通报》,主要通报全省住房城乡建设系统各级机关和公务人员不依法行政的典型案例,并进行分析和法律点评。

【保障措施】 落实"六五"普法规划,通过多种方式开展普法宣传与学法活动。通过厅门户网站法律法规专栏、《四川建设与法制》双月刊杂志、与《读者报》联合创办的住房城乡建设专刊、四川人民广播电台"阳光政务"热线节目等普法阵地,积极营造法治氛围,打造依法行政的小环境。提高领导干部依法行政的意识和能力,严格贯彻落实《四川省住房和城乡建设厅领导和机关法律学习制度》。坚持实施干部任前法律知识考试制度。已下发2013~2014年度干部法律知识考试的预通知,进行考试。坚持法律顾问制度,常年聘请四川开元律师事务所为住房和城乡建设厅法律顾问单位,确保住房和城乡建设厅的行政行为合法。创新依法行政监督方式,委托四川省委党校、四川行政学院和《法制日报》四川记者站作为第三方评估机构,对住房和城乡建设厅行政执法的重点岗位行政审批处和建设监察执法总队进行评估。

建设监察

【人员素质培训】 在全省范围内举办两期针对住房城乡建设和城管执法人员的文书使用和卷宗管理培训,培训人员1000余人。定期举办案例研讨会,通,参加住房城乡建设部等相关部门和单位举办的学习培训班。

【绩效考核制度】 为使绩效考核工作更具操作性和实用性,把绩效考核与卷宗评查紧密地结合起来,将案卷评查作为绩效考核的重要内容。四川省已基本建立省、市、县三级考核体系,通过科学的考核指标和考核结果的运用,达到促进全省各级执法队伍共同进步的目的。

【基础数据收集分析】 2013年开展对全省各级监察执法机构的全面摸底调查。通过对全省各市、县、乡镇建设监察执法机构职能、执法装备设备、人员、工作开展等的调研,进一步摸清各级建设监察执法的基本情况,为实现监察执法全覆盖打下坚实基础。

【执法效能】 截至年底,全省执法队伍共实施行政处罚2.95万件(含简易程序),罚没金额7916万余元,拆除违章建筑物125万余平方米,纠正违法违规行为64万件。直接立案查处35起案件,处罚金额600多万元。省纪委移交的"8.21"专案,抽调骨干力量、成立专案组,高效完成案件的侦查工作,并对五家违法单位和六名个人作出行政处罚。按照《住房城乡建设部关于印发2013年重点监察执法工作方案的通知》和《四川省住房城乡建设厅关于2013年重点监察执法工作实施方案》的要求,在全省范围内开展城乡规划、建筑市场和省级风景名胜区专项监察执法。大力开展执法宣传,通过不同形式的宣传报道,让群众和媒体全面了解建设监察执法动态,努力扩大社会影响,营造良好执法氛围。按照《建设监察执法受理投诉、举报管理规定》的要求,实现网上受理投诉,进一步拓宽和畅通投诉、举报渠。完成"扫黄打非"、治赇工作,认真开展藏区维稳工作。

为规范行政处罚行为,建立健全《建设行政处罚案件查办规定》、《受理投诉、举报管理规定》、《行政执法案件卷宗管理规定》等相关制度。2013年在原有执法文书的基础上,结合新出台的《城乡规划法》、《行政强制法》等法律,重新修订50种《建设监察执法文书示范文本(试行)》。根据《四川省人民政府办公厅关于清理规范行政权力运行基础数据的通知》精神,指定专人负责清理规范权力运行,认真梳理权力运行的实际内部流程,按照程序规范、提高效率、简明清晰、方便办事的原则,将行政处罚运行流程进行规范,对每一项行政处罚运行流程进行优化再造,逐一编制行政处罚运行流程图。

机关党建

2013年,在厅党组的正确领导下,厅直属机关党委和各单位党组织将学习贯彻党的十八大精神作为统揽全年工作的重中之重。按照省委和省直机关工委的部署，着力在服务科学发展、建设一流队伍上下功夫，扎实开展学习型党组织建设、学习型机关创建、"中国梦"主题教育活动和党的群众路线教育实践活动、"挂包帮"和"联村帮户"活动。

制定并印发党组中心组2013年学习计划，坚持抓好党员干部学习教育，采取个人自学、专家讲学、领导集中辅导等方法，完善学习制度，抓好中心组学习。多数中心组成员在学习中深刻领会和准确把握省委的工作取向，主动对接好中央和省委省政府的工作思路，政策理论水平得到提高，为推进各项工作任务的开展奠定坚实的思想基础。

大力整治"庸、懒、散"，由纪检监察部门负责对厅重点工作完成情况进行跟踪督查。着力精文简会和厉行节约，省住房和城乡建设厅报省委、省政府的简报只保留1种，编号文件数量较2012年同期下降7.9%，综合性的全省性会议只召开1次；压缩"三公"经费48.9万元。

大事记

1月

14日　四川省德阳市区城市基础设施重点建设项目——东一环路天公堂隧道全线贯通。

17日　全省新村规划建设工作现场会暨2013年村镇建设工作会在达州市渠县举行。

2月

1日　四川杜泰节能建筑幕墙保温装饰一体化新技术交流会在成都召开。

3月

15日　省住房城乡建设厅召开推进国家智慧城市试点工作座谈会，副厅长于桂出席会议并讲话。

18日　全省公积金工作会议在成都召开。

20日　副省长黄彦蓉主持召开会议，专题研究加快推进四川省新型城镇化工作。

20日　四川省传达全国两会精神大会在成都举行。

22日　全省建设监察执法工作会议在成都召开。省住房城乡建设厅副厅长杨光、巡视员毕志彪、副总规划师常健出席并讲话。

29日　全省勘察设计与建设科技工作会在眉山召开。

29日　全省房地产市场管理工作会议在成都召开。

4月

9日　《四川省城镇住房保障条例》起草工作座谈会在成都举行。

18日　2013中国·四川住房城乡建设博览会暨成都创意设计展在成都世纪城新会展中心隆重开幕。省住房城乡建设厅厅长何健致辞，副厅长于桂主持。

18日　由四川省住房和城乡建设厅主办、四川省住房和城乡建设厅信息中心承办的智慧城市建设论坛在成都举行。

19日　四川省风景园林暨世界遗产工作座谈会在郫县召开。

9～19日　住房城乡建设部稽查办公室主任王早生一行对四川省利用公积金贷款支持保障性住房建设工作及试点城市开展巡查。

20日　8时02分雅安芦山县（北纬30.3，东经103.0）发生里氏7.0级强烈地震，震源深度13千米。据中国地震局网站消息，截至24日14时30分，四川省芦山"4·20"7.0级强烈地震共计造成196人死亡，失踪21人，11470人受伤。

21日　省住房城乡建设厅组织的首批23个震后房屋应急评估工作组奔赴雅安地震灾区。

21日　省住房城乡建设厅召开会议，部署芦山县地震灾区板房生产、搭建工作。

21日　副省长黄彦蓉带领住房城乡建设、教育等部门负责同志赴雅安指导震区危房鉴定、供水保障、学校复课及高考学生备考安置等工作。

21日　省住房城乡建设厅厅长何健带领城市建设处、省建设工程质量安全监督总站等单位负责同到芦山县、雨城区等地检查城镇和农村房屋灾损情况。

24日　副省长黄彦蓉在芦山县地震灾区检查学校复课和灾区生活恢复情况。省住房城乡建设厅厅长何健和教育厅负责同志陪同。

27日　副省长黄彦蓉在天全县检查指导抗震救灾和学校复课工作，省政府副秘书长王七章、省住房城乡建设厅厅长何健、副厅长谭新亚等陪同。

28日　"4·20"芦山7.0级地震灾后恢复重建城乡规划动员会在成都召开。住房城乡建设部城乡规划司司长孙安军、省住房城乡建设厅总规划师邱建出席并讲话。

30日　省住房城乡建设厅在芦山县抗震救灾前线指挥部召开板房建设工作会议，研究板房建设推进工作。省住房城乡建设厅副厅长田文出席并讲话。

5月

1日　四川省委书记、省人大常委会主任、

"4·20"芦山地震抗震救灾指挥部指挥长王东明、省委副书记、省长、指挥部副指挥长魏宏,在芦山县住房城乡建设厅4·20芦山7.0级地震前线指挥部,看望慰问节日期间坚守抗震救灾一线工作岗位的住房城乡建设系统干部职工和施工队伍代表。

3日 省住房城乡建设厅召开芦山地震灾区房屋建筑安全鉴定工作会议,总工程师殷时奎出席会议并讲话。

9日 住房城乡建设部村镇建设司司长赵晖到芦山县住房城乡建设厅"4·20"芦山7.0级地震前线指挥部,看望慰问奋战在板房搭建一线的干部职工。

10日 省住房城乡建设厅召开"实现伟大中国梦、建设美丽繁荣和谐四川"主题教育活动动员大会。省住房城乡建设厅党组书记、厅长何健作动员讲话,巡视员田利娅主持会议。副厅长李又、谭新亚、于桂、杨光、王卫南,省纪委驻厅纪检组组长石钢,总规划师邱建,总工程师殷时奎,副巡视员李文泉、杨平安,副厅级纪检员鲁泽文出席会议。

15日 省政府召开全省加快推进新型城镇化工作电视电话会议。

22日 住房城乡建设部部长姜伟新到四川对房地产市场信息系统、市政管网建设等工作进行调研,并视察成都市住房保障服务大厅。

24日 省委常委、宣传部部长吴靖平在成都规划馆对天府新区规划进行调研,对天府新区高起点、高水平规划给予充分肯定。省住房城乡建设厅厅长何健、总规划师邱建陪同调研。

27日 全国政协常委、九三学社中央副主席赖明,全国人大常委、四川省政协副主席、九三学社四川省委主委黄润秋在雅安芦山地震灾区考察指导抗震救灾工作。

28日 四川省建设工程抗御地震灾害管理办法宣贯会在成都举行。

29日 省委常委、常务副省长钟勉赴宝兴县和芦山县调研受灾群众过渡安置和次生地质灾害防治情况。

30日 省政府机构职能转变、深化行政审批制度改革暨推进依法行政工作电视电话会议在成都举行。

31日 省委副书记、省长魏宏主持召开芦山地震灾后恢复重建规划组第四次全体会议,研究灾后恢复重建总体规划编制和灾后恢复重建体制机制创新工作。副省长王宁出席并讲话,省政府副秘书长范波,规划组各成员单位负责同志、省直相关部门及雅安市负责同志参加会议。

6月

3日 芦山地震灾后农房重建镇(乡)村干部和规划建设管理人员专题培训在雅安市雨城区举行。

3日 四川省加快推进建筑业发展工作会议在成都召开。

3~4日 "川港节能建筑工作坊"会议在成都举行,省住房城乡建设厅副厅长李又、香港特别行政区政府发展局首席助理秘书长卢国华出席并致辞。

4日 中国五冶集团将"4·20"地震受损应急修复加固完工的宝兴县中学、宝兴县实验小学、宝兴县人民医院交付当地使用,数百名学生和医护人员告别临时搭建的板房学校和帐篷医院,这是宝兴县在地震后首批应急修复加固竣工的项目。

5日 李克强同出席成都财富全球论坛和全球首席执行官委员会的企业家代表会见并座谈。

9日 全省安全生产工作电视电话会议在成都举行。

19日 广元市城乡规划建设和住房保障局举办"为美丽广元添彩·为幸福家园增辉"主题教育活动演讲比赛。

25日 住房城乡建设厅在成都举办2013年全省住房保障业务培训班,邀请住房城乡建设部住房保障司、省发展改革委、省财政厅、省国土资源厅、省审计厅、国家开发银行四川省分行等相关领导和专家解读住房保障政策、住房保障业务和住房保障重点工作,住房城乡建设部住房保障司监督管理处处长戴玉珍讲课,住房城乡建设厅住房改革和保障处处长代弋戈讲话。

26日 由省委组织部、省委宣传部组织的兰辉同志先进事迹表彰暨报告会在成都举行,省委副书记柯尊平出席报告会并讲话。

27日 四川省省直机关"当前经济形势与改革思路"报告会在成都举行。

28日 四川省庆祝中国共产党成立92周年暨"4·20"芦山强烈地震抗震救灾表彰大会在成都隆重举行。省委书记、省人大常委会主任王东明出席大会并讲话。

7月

1日 由省委组织部、住房城乡建设厅主办,四川建筑职业技术学院、雅安市委组织部、雅安市住建局、壹基金公益基金会承办的千名建筑工匠大培训在芦山启动。

1日 芦山县"4·20"强烈地震城镇居民过渡安置入住仪式在芦山县体育馆集中安置小区举行。

2~4日 欧盟项目"促进中国城市可持续建筑

发展"培训班在成都举办。省住房城乡建设厅副厅长于桂出席并致辞，住房城乡建设部建筑节能与科学技术司巡视员武涌作"发展绿色生态城区推动城镇化的绿色进程"报告。

4日 芦山县、宝兴县灾后重建城乡规划审查会议在成都召开，省住房城乡建设厅总规划师邱建出席并讲话。

8日 省住房城乡建设厅召开党的群众路线教育实践活动动员大会。

17日 党的群众路线教育实践活动专题辅导报告会在成都举行，省委党校党史党建教研部主任、教授裴泽庆作题为"群众路线的历史传承"的辅导报告，省直工委常务副书记贾松青主持会议。

19日 全省住房城乡建设系统政风行风建设工作会议在成都召开。

20日 副省长黄彦蓉主持召开"4·20"芦山强烈地震灾后城乡住房重建工作会议。

22～31日 四川省第27期住房城乡建设行政主管部门局长培训班在成都举办，厅党组成员、省纪委驻厅纪检组组长石钢出席开班仪式并讲话。

23日 全省棚户区改造工作电视电话会议在蓉召开。

24日 四川省"4·20"芦山强烈地震灾后恢复重建委员会召开专题会议，审查芦山县（含龙门乡）、宝兴县、天全县灾后恢复重建规划，安排部署下一步工作。

25日 四川省委常委、常务副省长、省深化行政审批制度改革领导小组组长钟勉主持召开省深化行政审批制度改革领导小组第二次全体会议。

29日 四川省推进产业园区发展大会在成都召开。省委书记、省人大常委会主任王东明出席并讲话。省委副书记、省长魏宏主持，省委副书记柯尊平出席。

29日 中海城南一号一区办公楼申报国家优质工程汇报会在成都举行。

31日 兰辉同志先进事迹报告会在成都举行。省委常委、省政府常务副省长钟勉出席并讲话。省政府副秘书长薛康主持会议。

8月

2日 省住房城乡建设厅召开党的群众路线教育实践活动反面警示教育会。省纪委驻厅纪检组组长石钢主持会议。总工程师殷时奎、巡视员毕志彪、副厅级纪检员鲁泽文、副巡视员杨平安、谢伟，省建设建材工会主席陈福忠出席会议。

2日 省委副书记、省长魏宏出席省重大引进项目2013年年中恳谈会，听取与会企业对落户四川在项目建设、生产经营中存在的困难和问题，以及对四川投资环境方面的意见和建议。

7日 魏宏在资阳调研时强调，各地要结合自身实际深入实施"两化"互动、城乡统筹发展战略，用开放引进的办法进一步做大做强特色优势产业，为城镇注入持续发展的强劲动力。

16日 全省加快推进新型城镇化工作现场会在南充召开。

19日 成都双流国际机场T2航站楼工程鲁班奖复查汇报会在成都举行。省人大原副主任张宗源、省住房城乡建设厅副厅长谭新亚、省建筑业协会会长刘丹陵同志出席并讲话。

22日 四川、山西两省城建电子档案异地备份工作座谈会在成都市召开。

27日 建筑业发展现状、前景及战略选择四川报告会在成都举行。省住房城乡建设厅厅长何健主持报告会并讲话，住房城乡建设部政策研究中心副主任李德全作题为《我国建筑业发展现状、前景及战略选择》报告。

9月

4日 住房城乡建设厅召开民营建筑业企业座谈会，听取20家施工、勘察、设计、监理民营企业负责同志对厅机关开展党的群众路线教育实践活动和促进民营建筑企业发展的意见。省住房城乡建设厅副厅长谭新亚、于桂，机关党委书记刘恒、副巡视员李文泉出席会议并讲话。

4～11日 住房城乡建设部等国家六部门住房公积金督察员巡查组来川巡查住房公积金项目贷款试点工作。省住房城乡建设厅公积金监管处孟辉、尹久亮陪同。

5日 住房城乡建设部行政执法责任制重点联系单位工作座谈会在成都召开。

9日 省住房城乡建设厅召开党的群众路线教育实践活动"查摆问题、开展批评"环节专题工作会议。厅党组书记、厅长何健主持会议，并对有关重点工作进行部署。

12日 贵州省住房和城乡建设厅副厅长陈维明一行到四川省住房和城乡建设厅调研住房城乡建设系统稽查执法工作。

13日 全省房地产市场信息系统建设工作推进会在成都召开。省住房城乡建设厅厅长何健、副厅长田文出席并讲话。

10月

9日 省委常委、副省长钟勉，副省长黄彦蓉到雅安市检查研究芦山地震灾后重建工作时强调，要严格落实中央和省委、省政府确定的指导思想和工作要求，坚持为民、务实、高效，充分发挥政府主导和群众主体作用，又好又快地推进灾后恢复重建各项工作。

11日　全省住房城乡建设系统资质申报审批与相关政策培训会在成都举行。省住房城乡建设厅副厅长李又出席培训活动并讲话。

13日　省委书记、省重建委主任王东明在雅安市芦山县主持召开重建委专题会议，听取雅安市、芦山县、龙门乡、火炬村和省住房和城乡建设厅、人民银行成都分行、四川银监局汇报，研究部署加快灾后恢复重建有关工作。省长、省重建委副主任魏宏出席会议。

14日　《四川省国有土地上房屋征收与补偿条例》定稿会在成都召开。省政府法制办主任张渝田、副主任彭矛，住省房城乡建设厅副厅长王卫南、田文出席会议。

16日　四川省建筑施工企业统计工作座谈会在成都举行。省建筑业协会会长刘丹陵，省住房城乡建设厅建筑管理处处长冯江、信息中心主任薛学轩在会上讲话，执行会长杨乾芳主持会议，相关建筑企业人员参加会议。

21~24日　住房城乡建设部稽查办公室主任王早生一行5人到川检查利用住房公积金贷款支持保障性住房建设项目试点工作。

31日至11月4日　住房城乡建设部质量安全司副司长曲琦一行到川检查建筑施工安全生产工作，省住房城乡建设厅总工程师殷时奎陪同检查。

11月

4日　省住房城乡建设厅召开加快推进新型城镇化专家座谈会，厅长何健主持会议并讲话、总规划师邱建、副巡视员谢伟、原副巡视员郑友才出席会议。

11日　省住房城乡建设厅在成都召开成品住宅建设工作座谈会，副厅长田文出席会议并讲话。

13日　全省住房城乡建设系统党政机关公文处理培训暨2013年度目标绩效管理工作会在成都召开。

18~19日　住房城乡建设部住房公积金监管司副司长姚玉珍、省住房城乡建设厅副厅长于桂带队组成联合检查组，对成都住房公积金管理中心省级、石油分中心、中国工程物理研究院住房公积金管理中心等管理机构运行情况进行检查。

19日　省住房城乡建设厅在成都召开《四川省成品住宅装修工程技术标准》宣贯会，省住房城乡建设厅原巡视员田利娅出席会议并讲话。

26日　全省城市园林绿化企业资质标准与资质申报培训会成都举行。省住房城乡建设厅总工程师殷时奎，省风景园林协会会长杨其淮，厅行政审批处处长孔燕、信息中心主任薛学轩参加会议并讲话。

12月

5~6日　"百镇建设试点行动"现场会在攀枝花市召开。副省长黄彦蓉出席并讲话，省住房城乡建设厅厅长何健部署全省"百镇建设试点"工作。

16日　省委宣讲团党的十八届三中全会精神报告会在住房城乡建设厅举行。省委宣讲团成员、四川省委党校常务副校长刘毅作宣讲报告，省住房城乡建设厅副厅长谭新亚主持报告会。

22日　全省推进新型城镇化工作会议在成都举行，省政府副省长黄彦蓉出席并作重要讲话，省政府副秘书长王七章主持会议。

24日　省住房城乡建设厅在成都举办全省建设类企业资质网上申报审批、建设工程合同网上备案培训会，省住房城乡建设厅副厅长李又出席培训会并讲话。

26日　全省房地产市场信息系统建设现场会在达州市召开，副厅长田文出席会议并讲话，达州市委常委、副市长黄平林出席会议并致辞。

（四川省住房和城乡建设厅）

贵　州　省

【加强房地产市场监管】　2013年，贵州省房地产开发项目手册等制度持续完善，商品房开发、交付等行为不断规范。建立住房信息系统网络和基础数据库,实现个人住房信息共享和查询功能。国有土地上房屋征收与补偿信息公开不断推进,"先补偿、后征收"原则落实。继续实施宏观调控政策,房地产市场运行态势平稳。商品房屋施工面积17356.96万平方米,同比增长31%,竣工面积1764.78万平方米,同比增长24.6%;销售面积2972.32万平方米,同比增长35.9%,销售额1276.69亿元,同比增长41.8%;省会贵阳新建住宅价格指数为106.7,房价处于可控状态。

【住房供应体系逐步完善】 贵州省进一步完善政府提供基本保障、市场满足多层次需求的供应体系,住房结构日趋合理,住房需求逐步得到解决。城镇保障性安居工程获中央补助资金100.68亿元,争取中央下达任务30.68万套,任务量居全国第六;开工31.49万套,比国家要求时限提前9个月,基本建成(含往年结转)10.22万套,占国家下达基本建成任务的113.55%;保障对象累计达53.16万户,城镇住房保障覆盖率为12.9%。农村危房改造获中央补助资金26.47亿元,争取中央下达任务33万户;贵州省开工41.9万户,竣工40.13万户,占国家下达任务的121.6%;实施《贵州省"四在农家·美丽乡村"基础设施建设——小康房行动计划(2014—2020年)》,开展《贵州省村庄风貌指引研究报告》等5个课题研究。住房公积金累计归集684.13亿元,同比增长29.08%,向31.96万户职工家庭发放贷款481.6亿元,同比增长30.84%。住房公积金支持保障性住房建设发放贷款7.95亿元,试点工程进展良好。

【城乡规划引领作用充分发挥】 编制完成《贵州省城镇体系规划(2013—2030年)》报国务院待批。深化完善《贵安新区总体规划》,实施《黔中经济区核心区空间发展战略规划》,积极打造贵阳——安顺、遵义都市圈,推进六盘水、毕节、铜仁、凯里、都匀、兴义城镇组群发展。贵阳、德江等7个城市(县城)和台江、毕节经济开发区总体规划批复实施,指导安顺、六盘水等13个城市(县城)开展总体规划修改,完成修文、绥阳等10个经济开发区总体规划审查。组建城镇化推进办公室,开展贵州城镇化发展方向、推进原则和实现路径研究。编制完成《2012年贵州城镇化进程监测报告》、《关于今后五年全省城镇化率达46%的研究报告》,启动实施提高城镇人口比重五年行动计划。2013年城镇化率预计提高1.7个百分点,达到38.2%。

【城镇综合承载能力大幅增强】 污水、垃圾处理设施、景区基础设施等全面推进,建筑节能工作取得突破,城镇综合承载力不断提升,住房城乡建设行业成为推动生态文明不断发展的主力军。全省城镇建设完成投资1364亿元;新增建成8个县城垃圾无害化处理设施,新增处理规模586吨/日,县城以上垃圾无害化处理率达59.4%;新增污水管网1399.65公里,累计处理污水量50535.43万吨,COD削减量累计8.88万吨,污水处理率达84.8%;城市供水普及率达88.6%,燃气普及率达58.7%,新增城市道路380公里,人均拥有道路面积达7.6平方米;"12319"公共服务热线完成升级,贵阳、遵义等10个城市被列为国家智慧城市创建试点。贵阳国际生态会议中心等3个项目获国家"绿色建筑评价标准"三星认证,实现贵州省高星级绿色建筑"零"突破;实施夏热冬冷地区既有居住建筑节能改造70万平方米,城镇新建建筑节能执行率达97.4%;新增新技术推广项目15项、建筑节能技术与产品备案项目60项,新增节能利废型墙材40亿标块,新型墙材总量达250亿标块。新增建成开放城市公园9个,公园绿地面积达946.1公顷、人均公园绿地面积6.09平方米;贵州省牵头的"中国南方喀斯特"第二期申报世界自然遗产项目经国务院同意报世界遗产中心,并通过世界自然保护联盟(IUCN)专家实地评估考察,铜仁梵净山成功列入国家自然遗产。

【建筑业持续健康发展】 2013年,贵州省完成建筑业总产值1365亿元,同比增长32.7%;增加值557.18亿元,占GDP比重达6.9%。继续开展行业培训,全年共培训相关人员约7000人次。扎实开展建筑、市政等安全生产大检查,制定实施《安全生产三年攻坚实施细化方案》,组织开发建筑工程安全动态监管信息平台,并在遵义开展测试。全年共检查施工项目5280个,查处非法、违法、违规违章行为2918条;查处较大安全隐患634条、一般安全隐患21763条、要求停工整改项目685个,已全部整改完毕。全省房屋建筑和市政工程安全生产实现"双降",事故起数、死亡人数较2012年分别下降7.1%和10.5%,未发生较大及以上生产安全事故。

【人才队伍建设有序推进】 贵州省住房城乡建设厅组建政策研究室,重大课题研究积极开展。举办城市规划管理人员培训共5期,培训360余人次。在全国住房城乡建设系统率先开展行业人才调研及人才规划,形成《贵州省建设行业人才现状》调研报告。新增建筑工程类中级、初级专业技术职称人员3568人、岗位培训人员14206人,完成行业技能鉴定9379人、专业技术人员继续教育培训11246人次。

(贵州省住房和城乡建设厅)

云 南 省

概况

2013年，云南省住房和城乡建设系统认真贯彻落实党的十八大、十八届三中全会精神和云南省委、省政府的决策部署，按照全国、云南省住房城乡建设工作会议确定的目标任务，紧紧围绕"两强一堡"建设，圆满完成省委、省政府赋予的各项工作任务，全省城镇化率达到40.48%，为加快推进云南特色新型城镇化建设奠定坚实的基础。

【**房地产业**】 2013年，加强和完善房地产市场运行监测分析，坚决抑制投机投资性购房，基本实现全省商品房市场的供求平衡和价格稳定。坚持把落实好房地产调控政策和加强房地产市场监管结合起来，有力地促进房地产开发投资持续快速增长。2013年完成房地产开发投资2488.33亿元，同比增长39.6%，超额完成省政府下达的房地产开发投资目标任务。全省住房公积金系统全面推行一站式平台、一条龙服务、一次性告知、一旬内办贷、一日内提取、一个电话查询的"六个一"的创新服务制度。2013年住房公积金归集总额达1500亿元，归集余额820亿元，资金安全可控，运行良好。

【**城镇保障性安居工程**】 2013年，积极统筹抓好城镇保障性安居工程项目进度和要素保障，强化项目资金管理和质量安全管理。在各方面的共同努力下，全省城镇保障性安居工程开工建设30.36万套，基本建成23万套，完成投资315亿元，超额完成国家下达的年度目标。健全完善城镇保障性住房准入退出机制，制定相关标准和程序，完成保障性住房分配入住46.65万套，发放租赁补贴22.58万户，及时对审计中发现的问题进行认真整改。

【**城乡规划管理工作**】 2013年，滇西南、滇东南城镇群规划通过省政府常务会议审查，滇西北城镇群规划以及云南省沿边城镇带体系规划编制工作有序推进。《云南省城镇规划体系》已通过国家城市规划部际联席会议的审查。深入开展县城规划、特色小镇规划、村庄规划以及山地城镇建筑、结构、市政三个技术设计导则的编制工作，积极稳妥推进山地城镇规划建设。会泽县被批准为国家级历史文化名城。腾冲县和顺镇被列为全国首批美丽宜居小镇。232个传统村落被列入中国传统村落名录，云南省共有中国传统村落294个，是全国最多的省份。

【**城乡人居环境**】 2013年，全面启动实施城乡人居环境8大提升行动。科学编制云南省城市综合体布局规划，审查确立150个城市综合体建设项目，并启动30个城市综合体的建设。开工建设城市供水项目15个、生活污水和垃圾处理设施项目62个，新增生活污水管网700公里，新建成12个生活垃圾处理厂渗滤液处理设施，全省城镇生活污水和垃圾无害化处理率达到81%以上。推进148个建制镇供水、污水和生活垃圾处理设施项目的建设，启动30个建制镇供水、生活污水和垃圾处理设施建设试点示范工作，加快推进17个重点流域重点镇生活污水处理设施建设。截至2013年底，城市人均道路面积达11.9平方米，供水普及率达93.5%，燃气普及率达60%以上，建成区绿地率达29.85%，绿化覆盖率达33.8%，人均公园绿地面积达到9.5平方米。普洱市、开远市、芒市创建国家园林城市已通过住房城乡建设部现场考查，嵩明、罗平、易门等6个县创建国家园林县城通过住房城乡建设部评审公示，宣威、文山、瑞丽等16个城市和县城获得省级园林城市和县城称号。

【**农村危房改造及地震安居工程**】 在圆满完成2012年农村危房改造及地震安居工程建设任务的基础上，精心组织实施2013年农村危房改造及地震安居工程建设任务50万户，其中，拆除重建已开工22.34万户，竣工11.15万户，完成总投资107.8亿元；修缮加固已开工33747户，竣工11432户，完成投资2.97亿元。受益人口达225万人。

【**抗震防震和灾区恢复重建工作**】 2013年，组织完成7个减隔震技术应用研发项目、446栋共360万平方米的建筑应用减隔震技术，推广应用工作走在全国前列。组建涵盖云南省16个州市及129个县（市、区）10938人的住房城乡建设系统应急抢险"三支队伍"。圆满完成洱源"3·3"、迪庆"8·28"

"8·31"地震基础设施排查、震损民房、公共建筑的应急鉴定评估。盈江地震灾区第一阶段重建通过检查验收。宁蒗、彝良、洱源三个地震灾区92435户恢复重建民房已基本建成入住，其他恢复重建工程60%以上均开工建设。迪庆地震灾区恢复重建已全面展开。

【建筑产业】 云南省建筑业在利好政策的推动下呈稳步上升态势，2013年完成建筑业产值2888.82亿元，同比增长21.2%；建设工程咨询服务行业营业收入达210亿元以上。深入推进云南省工程计价依据改革，发布2013版计价依据，圆满完成云南省高强钢筋推广应用示范评估工作。建立"市场"与"现场"联动的闭合监管机制，形成以工程质量安全为核心的建筑市场监管体系，确保建筑工程质量可控，安全形势稳定。

【绿色建筑和智慧城市试点】 认真执行《云南省民用建筑节能设计标准》等规定，新开工房屋建筑工程施工图节能审查执行率达100%，竣工验收阶段执行建筑节能设计标准比例达96%。大力推动全省可再生能源建筑应用规模化发展，推广太阳能集热面积950万平方米，人均太阳能集热器面积达0.20平方米，居全国第一。颁布实施《云南省一二星级绿色建筑评价标识管理实施细则》、《云南省绿色建筑评价标准》，全省共有8个项目获得二星级及以上绿色建筑评价标识，建筑面积达198万平方米。加快推进昆明市五华区智慧城市云平台等部分重点项目建设，蒙自、弥勒被国家批准为智慧城市建设试点城市。

【风景名胜区和世界自然遗产管理工作】 完成《建水国家级风景名胜区总体规划》等16个规划的编报批工作。积极开展玉龙雪山风景名胜区总体规划修编、大盈江—瑞丽江风景名胜区详细规划修改。《三江并流世界自然遗产地保护状况报告》在第37届世界遗产大会上获得通过。积极推进"云南普洱茶"申报世界遗产项目工作，"云南普洱茶"被列入国家自然与文化双遗产名录。

【法制建设和执法稽查】 扎实做好取消和下放行政审批项目的落实与衔接工作，精简行政审批事项35项。认真开展《云南省建设工程安全生产管理条例（草案）》的立法工作。加大对质量安全、勘察设计、建筑市场等领域违法行为的查处力度，直接立案查处违法违规案件27件。高度重视人大建议和政协提案办理工作，共办理省人大建议39件、省政协提案44件、全国政协提案2件，办结率和满意率达100%。

房地产业

【概况】 2013年，云南省继续贯彻执行国务院房地产调控政策和省委省政府的决策部署，坚持稳增长、调结构、促改革、保民生，促进云南省房地产业保持稳中有进、稳中有好、稳中有快的良好发展态势，房地产经济运行朝着房地产调控的预期方向发展。截至2013年底，全省房地产开发企业达到3169家，从业人员近10万人；物业管理企业1682家，从业人员14万余人；房地产估价机构147家，从业人员3000多人。

【房地产调控】 2013年以来，云南省住房和城乡建设（房管）部门深入贯彻国务院办公厅《关于继续做好房地产调控工作的通知》（国办发〔2013〕17号）精神，按照国家统一部署，严格实施差别化信贷、税收和住房限购政策，坚决抑制投机投资性购房。建立稳定住房价格工作责任制，指导州、市制定新建商品住房价格控制目标。严格执行商品房预售和预售资金监管制度，提高个别城市商品房预售门槛。全力推进房地产市场"去库化"工作，全年组织昆明、昭通、曲靖、玉溪、德宏、红河等州市房地产交易会11期，商品房销售建筑面积达到时2200余万平方米。通过着力改善供求关系，优化住房供应结构，切实增加普通商品住房供应，支持合理自住和改善性购房需求等措施的落实，全省商品房市场供求基本平衡，结构基本合理，价格基本稳定，保证房地产市场基本上朝着宏观调控的预期方向发展。

【房地产业开发投资】 印发《关于下达2013年房地产开发投资目标任务的通知》（云建房〔2013〕152号），及时部署2013年房地产开发投资目标任务，并与各州、市住房和城乡建设（房管）局协商，确定2013年省级和州市共100个房地产开发重大项目。切实落实《云南省人民政府关于促进建筑建材房地产业持续健康发展的意见》（云政发〔2012〕147号）中对重大房地产开发项目的扶持政策，保持房地开发投资持续增长。2013年，全省房地产开发投资完成2488.33亿元，同比增长39.6%。增速较去年增长0.4个百分点。2013年全省房地产开发投资占全省规模以上固定资产投资（9621.83亿元）的比重达到25.9%。

【商品住房价格】 根据国家统计局发布的全国70个大中城市新建住宅销售价格指数显示，2013年12月，昆明市、大理市新建住宅价格环比上涨分别为0.5%、0.1%，涨幅排位在全国70个大中城市中分列第 19 位、第 63 位；昆明市、大理市同比上涨分别为 5.8%、5.5%，涨幅排在全国 70 个大中城市中第 61 位、第 63 位。

【房地产人才队伍】 2013 年，云南省 350 余人参加国家级房屋登记官考核，146 人次通过考核，通过率为 44%，较 2012 年通过率提高 19 个百分点；分六期共 1678 人参加房地产开发企业统计信息人员岗位培训；746 人参加房地产估价师执业资格考试，52 人取得执业资格；1902 人参加房地产经纪人协理从业资格考试，905 人取得从业资格；分 7 批次共 1300 余物业服务从业人员进行物业服务企业资质信息管理系统应用培训。

【云南省房地产档案管理规程】 由云南省住房和城乡建设厅和云南省城镇档案办公室主编，昆明、玉溪、曲靖、丽江住房城乡建设局，昆明、大理、曲靖、红河、玉溪等州市城镇档案办公室参与，完成《云南省房地产档案管理规程》的编纂、审查工作，该规程于 2014 年 1 月 1 日发布实施。

【房地产中介市场专项治理】 按照国务院办公厅《关于继续做好房地产调控工作的通知》（国办发〔2013〕17 号）和《住房城乡建设部工商总局关于集中开展房地产中介市场专项治理的通知》（建房〔2013〕94 号）精神，云南省住房和城乡建设厅会同云南省工商局开展在全省范围内开展房地产中介市场专项治理工作，通过专项治理工作的开展，进一步规范全省房地产中介市场秩序，切实维护群众的根本利益，促进云南省房地产业稳定健康发展。

【云南省房地产业协会估价分会】 云南省房地产业协会估价分会于 2013 年 8 月 8 日在昆明举行成立大会。全省近 100 家估价机构 160 名机构代表参加会议，该次大会通过估价分会的《云南省房地产业协会估价分会章程》和《云南省房地产估价行业自律公约》，选举产生会长、副会长、常务理事和理事，并召开第一届理事会，决定秘书长和副秘书长的人选。参会的所有会员还自愿签订《云南省房地产估价行业自律公约》。

【房屋征收等相关规定】 制定完善国有土地上房屋征收管理配套文件，拟定下发《云南省国有土地上房屋征收与补偿暂行管理办法》，会同云南省政府纠风办、云南省监察厅出台《加强国有土地上房屋征收与补偿工作监督管理的通知》，切实规范全省国有土地上房屋征收管理工作；同时，根据《云南省住房和城乡建设厅关于贯彻住房和城乡建设部印发国有土地上房屋征收评估办法的通知》要求，评审通过 76 家房地产估价机构入围 2014 年国有土地上房屋征收评估备选库。

【物业服务】 经与云南省综治办等有关部门协调，确定城镇小区创建按照示范引路、典型推广、全面提高的"三步走"思路，不断提升全省物业服务综合管理水平。初步拟定《平安城镇小区》创建方案、《关于进一步加强城镇小区配套建设的意见》《加强住宅维修资金管理的意见》《加强城市小区综合管理的意见》《建立物业收费机制》等配套文件；会同省政府纠风办、省监察厅，印发《加强云南省住房专项维修资金监督管理的通知》，清理、规范住房维修资金缴存管理超过 10 亿元；按照《关于修订全国物业管理示范住宅小区（大厦、工业区）标准及有关考评验收工作的通知》（建住房物〔2000〕008 号）标准，"顺城高级公寓""盛高大城滇池半岛""银海领域"等 15 个项目被评为"云南省物业管理示范住宅小区（大厦）"；完善《城市生态小区管理办法》《城市生态小区评审指标体系》等制度。加强城市生态小区评审机制建设，优化生态小区评审程序，调整充实城市生态小区评审专家库。2013 年，滇池湖岸、实力新城、东盟国际等 4 个项目，通过省级城市生态小区立项评审。

保障性住房建设

【概况】 2013 年，云南省各州（市）按照住房城乡建设部和省政府下达的任务，及时将各类城镇保障性住房建设任务分解下达到各县（市、区）。云南省住房和城乡建设厅采取各种措施督促各地建立"绿色通道"，实行并联审批、上门服务和限时办结，做到一次性申请、一次性审核、一次性审批终结，切实提高工作效率，保质保量完成年度工作目标。2013 年全年新开工 303590 套，占国家下达 30.32 万套任务数的 100.13%。全省基本建成城镇保障性住房 207662 套，占国家下达计划数 16 万套的 129.79%。

【城镇保障性安居工程建设资金】 2013 年 4 月，云南省政府召开全省保障性安居工程建设推进会，研究解决推进中的困难和问题。同月，云南省城乡建设投资有限公司已与国家开发银行云南省分行、中国建设银行云南省分行、中国农业银行云南省分行、中国工商银行云南省分行签订贷款合同，落实贷款资金 120 亿元，按照银团放贷条件，核准了 33 个县（市、区）项目并放款，银团已累计发放贷款约 39.72 亿元。2013 年 9 月，正式递补国家开发银行云南省分行为省城镇保障性安居工程建设和农村危房改造及地震安居工程建设工作领导小组成员单位。

2013年云南省共争取到中央补助资金89.25亿元、省级补助资金14.83亿元。

【城镇保障安居工程安全质量监管工作】 2013年，各批次的巡查组、考核组对城镇保障性安居工程建设情况进行巡查和考评，多次发文和实地督查指导各地城镇保障性安居工程建设进度、工程质量等工作，确保项目质量及进度符合要求。督促各地严格执行基本建设程序和项目法人责任制、工程监理制、合同管理制和竣工验收制，实行质量监管全覆盖和领导负责制。针对建设任务繁重、施工监理力量不足的情况，继续将省、州（市）、县（市、区）三级工程质量监督站共1200多人全部投入城镇保障性安居工程质量监管工作。适时开展工程质量安全执法大检查，加强对检查组发现问题的跟踪整改。继续发挥保障性安居工程质量有奖投诉举报电话的作用，接受社会监督。严肃查处质量安全违法违规行为，对出现质量安全问题的责任单位实行"零容忍"。

【棚户区改造】 为深入贯彻落实《国务院关于加快棚户区改造工作的意见》（国发〔2013〕25号）精神，进一步加快棚户区改造步伐，改善困难群众的住房条件，推动云南新型城镇化建设，2013年9月22日，《云南省人民政府关于加快推进棚户区改造工作的实施意见》（云政发〔2013〕133号）印发实施。

【保障性住房先租后售备案审批工作】 为确保保障性住房租售工作公开透明，租售结果公平公正，经省人民政府同意，云南省保障性住房建设工作领导小组办公室下发《云南省保障性住房建设工作领导小组办公室关于做好保障性住房先租后售备案审批工作的通知》（云保办〔2013〕5号），从销售房源、购房条件、销售价格、审批权限、申报程序、出售资金监管、备案审批材料等七个方面作了严格的规定。要求各地高度重视，结合当地实际及时制定和完善先租后售实施细则，认真落实先租后售各项规定。

【住房保障信息公开工作】 为进一步做好云南省住房保障信息公开工作，根据《云南省人民政府办公厅关于印发贯彻落实国务院棚户区改造督查组对云南省整改工作要求任务分解方案的通知》（云府办明电〔2013〕32号）精神，结合云南省实际，云南省住房城乡建设厅和云南省监察厅联合下发《关于进一步做好住房保障信息公开工作的通知》（云建保〔2013〕399号），要求各地、各有关部门要高度重视住房保障信息公开工作，切实加强组织领导，建立信息公开长效机制。同时规定，对信息公开制度不落实、工作不得力、公开不及时、信息公开不全面、程序不规范的，要及时进行通报和限期整改，对相关责任人进行约谈、问责，确保全面推进住房保障信息公开工作。

【廉租住房租赁补贴工作】 为充分发挥廉租住房租赁补贴解决城镇低收入家庭住房困难的重要作用，结合近年来云南省廉租住房租赁补贴工作的实际，云南省住房城乡建设厅和云南省财政厅联合下发《云南省住房和城乡建设厅云南省财政厅关于进一步做好廉租住房租赁补贴工作的通知》（云建保〔2013〕408号）。截至2013年12月，云南省共发放廉租住房租赁补贴22.58万户，有效解决实物配租暂时不能满足的低收入家庭的住房困难。

【城镇保障性住房分配管理培训】 为认真贯彻落实国务院、云南省人民政府城镇保障性住房分配管理政策，进一步提高云南省住房保障管理人员的业务能力和管理水平。9月24~25日，住房保障管理处组织全省16个州（市）住房城乡建设局局长、分管副局长和住房保障科科长以及各县（市、区）住房城乡建设局分管副局长和住房保障股股长共500余人参加专题培训。截至12月，云南省共完成保障性住房分配入住46.65万套，有效解决中低收入家庭的住房困难。

住房公积金监管

【概况】 2013年，云南省住房公积金监管工作坚持以科学发展观为指导，认真贯彻落实党的群众路线教育活动、国家和省住房城乡建设工作会议精神，在提升服务质量、创新管理机制、完善管理制度、加大管理力度等方面做了大量艰苦细致的工作，住房公积金管理工作逐步走上制度化、规范化、信息化的轨道。全省住房公积金发展势头良好。

【业务指标】 截至2013年底，住房公积金缴存职工为211.5万人，住房公积金归集总额达1496.47亿元，归集余额798.49亿元，比2012年同期分别增长22%、17%；发放个人住房贷款总额944.8亿元，个人贷款余额516.27亿元，比2012年同期分别增长25%、27%。个人提取住房公积金149.18亿元，同比提高27%；住房公积金个人逾期贷款余额1654万元，占住房公积金个人贷款余额的0.19‰；累计提取住房公积金增值收益20.45亿元用于支持廉租住房建设，累计个人提取住房公积金697.98亿元，发放个人住房贷款总额944.8亿元，支持74.48余万户职工家庭解决住房困难问题。

【服务质量】 2013年，云南省住房和城乡建设厅针对住房公积金行业中群众反映的服务质量不高、手续繁杂等现象开展提升服务质量、文明行业创建活动，研究制定《云南省住房和城乡建设厅关于优化住房公积金业务办理流程的实施方案》，督促各州市中心简化业务流程，创新服务方式，完善服务设施，强化服务理念，提高服务能力，切实提高管理效率和服务水平，在云南省住房公积金行业推行"一站式平台、一条龙服务、一次性告知、一旬内办贷、一日内提取、12329短号码查询"的"六个一"服务制度，公积金贷款、提取业务办理时间缩短1/3。

【信息化建设】 2013年，全省各州市中心加大信息建设力度，昆明、曲靖、红河、保山、怒江等州市中心先后完成住房公积金综合业务管理信息系统的升级优化，信息化管理手段加强，业务办理效率得到明显提高。按照住房和城乡建设部的统一部署，省住房和城乡建设厅与省通信管理局和四大通信运营商沟通协调，加快开通12329住房公积金服务热线工作。截至2013年底，完全开通12329热线的城市有楚雄、德宏、临沧；开通电信、移动、联通的城市有玉溪；开通电信、移动的城市有保山；开通电信的城市有昆明、昭通、红河、文山、大理、丽江、怒江，12329热线开通工作取得一定的进展。

【公积金试点工作】 利用住房公积金贷款支持保障性住房建设试点工作开展以来，云南省昆明、玉溪两个城市被列入试点城市，批准贷款额度7.46亿元。截至2013年底，累计发放贷款7.46亿元，占总的贷款额度的100%，收回本金4.19亿元，实现利息3166.02万元。

【住房公积金从业人员培训】 8月中下旬，云南省住房改革和公积金研究会联系住房和城乡建设部干部学院举办"云南省住房公积金规范化管理培训班"，对住房公积金规范化管理及风险防控、公积金内部控制、廉政建设及革命传统教育等专题开展了培训教育。12月17～22日云南省住房改革和公积金研究会委托北京中建政研信息咨询中心与清华大学举办"云南省住房公积金行业领导力培训班"，云南省住房公积金行业65名中层以上干部参加培训。

城乡规划

【概况】 2013年云南省城乡发展呈现新变化，城乡规划管理工作取得新进展。积极推进省域城镇体系规划、区域城镇群规划、沿边城镇带体系规划等编制和上报工作，扎实开展城镇化研究工作，城镇化率达到40.48%。

【城乡规划编制工作】 2013年，云南省特色城镇化建设稳步推进，按照中央精神兼顾发展速度和质量，城镇化水平有序提升1.17个百分点。全省已形成1个特大城市、1个大城市、7个中等城市、11个小城市、104个县城、1175个小城镇组成的城镇体系。《云南省城镇体系规划（2012—2030年）》草案按法定程序已由省人民政府上报国务院审批。滇西南、滇东南城镇群规划经省政府常务会议审查。正在开展《滇西北城镇群规划》成果编制工作。积极做好云南省沿边城镇带体系规划编制的前期准备工作。云南省住房和城乡建设厅积极开展2013年"云南省特色城镇化系列专题研究"工作。2013年底《云南特色城镇化道路发展战略研究》《云南特色城镇化与工业化协调发展研究》、《云南特色城镇化进程中的特色规划与特色建筑研究》等三个课题的研究工作全部完成。

【山地城乡规划管理工作】 进一步明确把生态保护、坝区农田保护和因地制宜建设山地城镇作为全省城乡规划的原则和要求纳入《云南省城乡规划条例》。同时，《云南省城镇体系规划》也明确山地城镇规划建设的有关细化要求和具体措施；制定下发《关于进一步鼓励城镇上山有关人均城镇建设用地指标的指导意见》，对山地城镇按照新增城镇建设用地的山地比例提出分类指导标准以及上限控制要求。2013年，云南省住房和城乡建设厅编制印发山地城镇建筑设计、岩土工程、道路工程等技术设计导则，为"城镇上山"战略提供强大技术支撑。全省各地适时启动应对城镇上山开展后城市总体规划和控制性详细规划等法定城乡规划的修改工作。

【城乡规划资质许可和选址意见书核发管理】 在规定时限内按规定程序开展好城乡规划编制单位资质许可及区域重大建设项目选址意见书的审批核发工作。2013年新批1个乙级城乡规划编制单位资质、完成3个丙级升乙级城乡规划编制单位资质审批核发工作、新批1个丙级城乡规划编制单位资质。2013年审批核发68个区域重大建设项目选址意见书。

【城乡规划管理文件】 2013年1月1日《云南省城乡规划条例》正式实施；2013年7月5日《云南省人民政府办公厅关于推进城市综合体建设的指导意见》（云政办发〔2013〕98号）发布实施；2013年2月19日《云南省住房和城乡建设厅 云南省安全生产监督管理局 民航云南安全监督管理局 中国民用航空西南地区空中交通管理局云南分局 关于进一步

加强机场周边地区城乡规划建设管理的通知》(云建规〔2013〕242号)发布实施;10月24日《云南省住房和城乡建设厅关于进一步鼓励城镇上山有关人均城镇建设用地指标的指导意见》(云建规〔2013〕769号)发布实施。

城市建设与市政公用事业

【概况】 2013来,云南省委、省政府继续坚持把推进城镇化作为全省经济社会发展的大事来抓,以完善城市功能,改善人居环境,服务经济建设为目标,加快推进城镇化进程。截至2013年底,全省有特大城市1个、中等城市7个、小城市11个、县城104个、建制镇663个,城镇人口1960万人,城镇化率达41%。全省建成区面积1620平方公里,人均道路面积达11.8平方米,供水普及率达93.5%,燃气普及率达60%,城市绿化覆盖率达到33.5%、绿地率达29.4%,污水和生活垃圾处理率均达81%。

【城镇污水垃圾处理设施建设】 2013年,认真贯彻《云南省人民政府关于加快城镇污水生活垃圾处理设施建设和加强运营管理工作的意见》(云政发〔2008〕186号)和《云南省城镇污水处理及再生利用设施生活垃圾处理设施建设规划(2008—2012年)》(云发改投资〔2008〕1320号)精神,按照《云南省人民政府关于推进实施2013年重点督查20个重大建设项目和20项重要工作的通知》(云政发〔2013〕31号)要求,认真开展工作。全省累计完成投资188亿元,除怒江州贡山县、福贡县以外,实现127个县(市、区)全覆盖的目标。全省城镇污水处理设施由规划实施前的34个县(市、区)37座污水处理厂增加到127个县(市、区)144座污水处理厂,污水处理能力由规划实施前的127.05万吨/日增加到352.25万吨/日,提高277%;全省城镇生活垃圾无害化处理设施由规划实施前的29个县(市、区)27座增加到127个县(市、区)126座(丽江古城区与玉龙县共用),生活垃圾无害化处理能力由规划实施前的5993吨/日增加到18664吨/日,提高211%。

【污水处理能力】 注重巩固全省城镇治污设施建设成果,将工作重点从建设转移到运行管理上来,积极探索并研究建立完善全省城镇污水处理设施建成后的运营管理长效机制,加强运行管理情况信息填报工作,确保项目运行管理有序,充分发挥减排效益。2013年,根据国家住房和城乡建设部"全国城镇污水处理管理信息系统"数据显示,全省建成的144座污水处理厂,投入运行109座,设备调试35座,投入运行率75.7%。投入运行的109座污水处理厂设计处理能力为288.75万吨/日,2013年总计处理污水量7.7亿吨,实际处理能力为210.96万吨/日,平均运行负荷率为76.8%,新增处理能力25.9万吨/日,较2012年增长9.9%,污水处理率达81%,累计削减化学需氧量(COD)总量18.55万吨,较2012年增加1.82万吨。全省城镇污水处理厂运行管理情况得到住房和城乡建设部的充分肯定,2013年第三季度云南省排名全国第20名(2012年底排名全国第27名);昆明市第一、二季度排名全国36个大中城市第2名,第三季度为第4名。

【污水管网建设】 督促指导各级主管部门,尤其是涉及滇池、三峡库区及其上游流域的县(市、区),严格按照《国务院关于重点流域水污染防治规划(2011—2015年)的批复》(国函〔2012〕32号),组织力量对管网建设情况进行认真调查摸底,及时编制规划、申报城镇污水处理设施建设项目,积极争取国家重点流域集中支持和整体推进管网专项补助资金,根据城市发展需要完善管网建设和改造规划,加大资金投入,结合旧城改造、道路建设等工程实施,进一步加大污水收集管网建设和老城区雨污分流改造力度,不断扩大管网覆盖面,提高污水收集率和进水浓度。2008年以前全省仅建有污水管网约为1514公里,2008~2012年规划建设污水管网4340公里,2013年建成727.4公里,共计建成3620.1公里,完成规划量的83.4%。全省累计建有污水管网5134.1公里,管网覆盖率达71.16%。

【生活垃圾处理设施运行管理】 截至2013年底,云南省累计建成生活垃圾处理设施126座,无害化处理能力19517吨/日。其中:填埋场112座,焚烧厂10座,综合利用处理厂1座。采用BOT运营模式13座、BT运营模式7座、委托运营18座、地方自行管理56座、其他模式运行管理的29座。针对部分县级城市生活垃圾处理场运行管理不规范的问题,组织各州(市)主管部门、各级环卫站领导,在丽江召开培训推进会议,现场观摩古城区生活垃圾填埋场规范作业流程,严格按照《生活垃圾填埋场无害化评价标准》、《生活垃圾填埋场污染控制标准》、《生活垃圾填埋技术规范》等加大指导力度,抓好进场检查、过磅计量、垃圾倾倒、堆体、摊铺、压实、覆土、分单元作业、环境监测、渗滤液处理、台账建立等每个环节的规范作业,城区露天垃圾、乱堆乱倒等问题得到有效改善,2013年全省生活垃圾无害化处理能力达到81%。按照《生活垃圾填埋场无害化评价标准》(CJJ/107—2005),通过自我评定、州(市)初评、省级核查,全省13个州(市)申报的11座城市和64座县级生活垃圾填埋场进行无害化等级评定,蒙自市、芒市、大理市、文山市、个旧市、瑞丽市、景洪市生活垃圾填埋场被住房和城乡建设部评定为Ⅱ级无害化处理填埋场;大理州巍山县、曲靖市师宗县、临沧市耿马县生活垃圾填埋场被省住房和城乡建设厅评定为Ⅰ级无害化处理填埋场;昆明市嵩明县等57座县城生活垃圾填埋场被省住房和城乡建设厅评定为Ⅱ级无害化处理填埋场。

【园林绿化整体水平】 2013年1月上报云南省人民政府公布命名宣威市、文山市、瑞丽市等16个城市为第六批省级园林城市;为更好地开展省级园林城市、园林县城、园林城镇创建活动,结合住房和城乡建设部创园新标准,修订《云南省园林城市申报与评审办法》《云南省园林城市标准》《云南省园林县城标准》《云南省园林城镇标准》并于6月正式印发执行。3~10月先后完成江城县、广南县、峨山县、南涧县、宾川县、弥渡县、凤庆县省级园林县城创建工作前期咨询和有关县城的申报工作。完成普洱市、开远市、芒市和嵩明县、禄劝县、晋宁县、华宁县、易门县、罗平县国家园林城市、园林县城申报工作。10月,配合住房和城乡建设部完成普洱市、开远市、芒市3个国家级园林城市的现场考评;11月配合住房和城乡建设部完成嵩明县申报国家园林县城实地抽查,按程序开展其余5个国家园林县城申报综合评审。认真落实《住房和城乡建设部关于进一步加强公园建设管理的意见》,对全省公园建设管理情况进行摸底调查,整改存在的问题。积极做好组织参加第十届中国(武汉)国际园林博览会及积极申办第十一届国际园林博览会相关筹备,注重培育城市园林绿化行业企业,完成云南云路景观装饰工程有限公司、云南洪尧园林绿化工程有限公司、云南绿泰园艺有限公司、云南嘉缘花木绿色产业有限公司、云南今业生态建设集团有限公司一级资质申报指导和初审,并顺利上报住房和城乡建设部审批。完成2013年全省城市园林绿化企业资质复审、晋升及新申报网上及纸质材料审查工作,包括二级资质延续85家;三级资质延续13家。晋升二级资质企业22家;晋升三级资质企业39家;新办三级资质企业10家。继续推进云南园林单位(小区)的创建及评选工作,共受理300余个单位的申请。

【城市燃气行业】 认真贯彻落实云南省政府与中国石油天然气集团公司签订的《战略合作协议》的相关要求,督促指导各地逐步完善天然气下游支干线管网、城市输配管网、CNG、LNG接卸、储运、调峰、供应设施和车用天然气充装加气站规划建设,下发《云南省住房和城乡建设厅关于进一步规范城镇燃气工程建设》《关于进一步加强燃气经营企业经营许可管理的通知》《云南省住房和城乡建设厅关于开展城镇燃气器具安全管理工作的通知》等文件,组织参加中国城市燃气协会在河北石油职业技术学院举办的"燃气杯"第二届全国燃气行业职业技能竞赛。完善运营管理体系,统一规范《燃气经营许可证》格式,进一步规范全省燃气行业的市场秩序,确保安全稳定供气。与省能源局、工信委、商务厅、交通厅认真研究制定《云南省人民政府关于加快全省天然气利用发展的意见》和《云南省人民政府办公厅关于推进天然气设施建设和利用明确责任的通知》。认真贯彻《国务院安委会关于深入开展餐饮场所燃气安全专项治理的通知》(安委〔2013〕1号)精神,开展餐饮场所从业人员和燃气用户进行安全培训和宣传教育200余次5万余人。专项整治检查燃气餐饮场所经营户5万余户,发现安全隐患1600余项,并督促进行了全面整改。切实排查全省燃气安全隐患,组织全省燃气主管部门和燃气生产经销企业召开会议,传达贯彻习近平总书记关于安全生产工作的重要讲话精神,要求全省燃气行业要吸取深刻教训,牢固树立安全发展理念,进一步落实完善安全生产规章制度和属地监管责任,强化企业安全生产主体责任落实,扎实推进实施安全发展战略,加快建立全方位全过程的隐患排查治理体系和安全控制体系,切实做好安全隐患排查。

【供水节水防汛排涝工作】 认真贯彻落实《中华人民共和国水法》、《城市节约用水管理规定》、《云南省实施〈中华人民共和国水法〉办法》,大力开展城市供水节水工作,改善城市水生态环境,推动生态文明建设。根据《住房城乡建设部办公厅关于开展2013年度供水水质督察工作的通知》《云南省住房和城乡建设厅关于开展2013年度供水水质督察工作的通知》要求,昆明供水监测站于6~9月对31个县城进行供水水质督察和3个设市城市供水水质的复查。组织省市政基础设施专家委员会、省市政工程质量检测站等单位的专家按照有关要求,编制《云南省城镇供水专项规划编制指导意见(试行)》。协助发改委指导项目前期工作,组织项目初步设计审查,2013年审批城市供水项目20个、雨水项目15个、河道综合整治项目8个。转发住房和城乡建设部编制印发的《城市排水(雨水)防涝综合规划编制大纲》及《城市排水防涝设施普查数据采集与管理技术导则(试行)》,下发《关于认真贯彻落实住房和城乡建设部城市排水（雨水）防涝综合规划编制大纲做好城市排水防涝设施建设工作的通知》（云建城〔2013〕607号），要求各州（市）抓紧编制城市排水（雨水）防涝综合规划，并及时掌握各城市的工作计划安排和规划编制进展情况，对当地的地表径流、排水设施、受纳水体等情况进行全面普查。

【城市管理工作】 云南省在实现城市管理的科学化、精细化方面，大力推进数字化城管建设。昆明市、安宁市作为全国第二批数字化城市管理试点先行先试，于2005年9月投资7000多万元正式启动"数字城管"建设工作，分三年完成14个县、市（区）和三个开发区的平台建设，开通城管服务热线"12319"和数字城管网站，共享公安视频监控信息159个监控点。2013年，昆明市数字城管系统共受理案件165.2万件，立案165.2万件，结案163.9万件，结案率99.2%。个旧市以需求和应用为导向，以万米单元网格为城市管理基本单位，以城市管理信息库为基础，通过现代科技成果运用，将城市彩色航空影像、电子地图、三维全景、视频、照片和其他类型的数据融为一体，在电子政务网上构建城市资源分布、整合和共享交换平台，建立相适应的管理运行体制，达到精确、敏捷、高效、全时段监控和全方位覆盖的要求。2013年10月，临沧市临翔区实现数字化城管系统的试运行。丽江市古城区、玉龙县、迪庆州香格里拉县、红河州开远市等均在积极推行数字化城市管理建设前期工作。1月，昆明市五华区被住房和城乡建设部确定为首批国家智慧城市试点区，8月，蒙自市、弥勒市又入围国家2013年度103个智慧城市试点。全省以昆明泛亚科技新区为核心，高起点构架智慧城市的顶层设计，高标准构建智慧城市基础设施，高规格建立智慧城市发展协调机制，高效率推进智慧城市的示范作用。

【市政基础设施运营安全管理】 根据《住房和城乡建设部关于进一步做好住房城乡建设系统安全生产工作的通知》（建质电〔2013〕11号）精神，开展各州（市）要隐患点排查治理工作，重点对出厂水水质、源水水质监测检验，确保供水水质安全；对公园的安全、服务、维护工作进行抽查。深入开展餐饮场所燃气安全专项治理工作，对各燃气经营企业的设备、工艺管道、阀门，工地进行拉网式排查，实现城乡联动、全面覆盖、网格化管理，不留死角。加强市政运营从业人员安全上岗考核，2013年对供水、排水、燃气、园林绿化等行业分别安排共20次7000多人进行考核，基本实现市政运营行业安全人员持证上岗全覆盖。

【9名优秀环卫工人受住房城乡建设部表彰】 根据《住房城乡建设部关于评选全国优秀环卫工作者的通知》精神，经过基层评选、州（市）推荐、省住房和城乡建设厅严格把关后申报，2月，昆明滇池国家旅游度假区海洁环卫服务有限公司工人李勇、丽江环卫城市综合服务开发有限责任公司清扫段长王秀花（女，纳西）、德宏州瑞丽市住房和城乡建设局环境卫生管理站工人杨德军、大理市环境卫生管理站工人彭惠光、曲靖市富源县中安镇环境卫生管理所工人胡金娣（女）、昆明市五华区环境卫生管理处工人罗绍成、文山州文山市洁城清运处理有限公司工人陆加杰（壮）、普洱市思茅区环境卫生管理中心工人李勇泽、玉溪市红塔区市容环境卫生管理站驾驶员王青9名环卫工人受到住房和城乡建设部表彰，并光荣地出席在北京召开的全国环卫工作座谈会暨优秀环卫工人表彰会议。

【全省城乡人居环境提升行动暨城乡建设工作会议】 7月7日，云南省城乡人居环境提升行动暨城乡建设工作会议在蒙自召开，省委副书记、省长李纪恒，副省长丁绍祥，省政府资政刘平，省政府秘书长卯稳国出席会议。省级相关部门、中央驻滇单位和全省16个州（市）政府主要领导参加会议，相关州（市）作了经验交流。省住房和城乡建设厅党组书记、厅长罗应光就全省城乡人居环境提升和城乡建设情况作了工作汇报。会议提出要以创新的举措，过硬的作风，扎实推动城乡人居环境不断提升，实施昆明城市影响力提升行动、区域中心城市功能优化行动、中小成熟饭面貌改善行动、乡镇环境治理行动、村庄环境美化行动、国门形象提升行动、保障性安居工程攻坚行动、文化传承和居民文明素质提升行动等8大行动，确保全省城镇建设提速度、上水平、出品位，为云南与全国同步全面建成小康社会作出新的更大贡献。《云南省人民政府关于开展城乡人居环境提升行动的意见》《云南省人民政府办公厅关于城市综合体建设的指导意见》正式下发实施。

【国门形象提升行动调研及其他考察工作】 为进一步完善《云南省人民政府关于开展城乡人居环境提升行动的意见》，云南省住房和城乡建设厅于4月18~20日，安排两个组深入瑞丽、河口两个国家一类口岸，紧紧围绕如何提升国门形象工程的问题，对边境口岸及对象国口岸建设现状、边境贸易、物流发展、基础设施、通道建设、产业集群、区域合作、人才梯队以及城乡人居环境、生态文明建设现状等进行专题调研。综合分析口岸独特的区位优势、良好的生态环境、稳步的发展基础、高起点的城乡规划、丰富的旅游资源等发展优势,帮助查找硬件配套设施落后于经济发展的需要、边境口岸城市经济支撑作用严重不足、基础设施与对岸形成明显反差等存在困难,提出落实好口岸建设发展规划、多渠道筹措口岸建设资金、加大基础设施建设力度、大力发展口岸特色经济、加强生态环境建设、加快发展边境旅游、纳入城乡人居环境提升行动、召开提升国门形象工程推进会议等8条建议,向省人民政府上报《关于提升国门形象工程调研情况的报告》。云南省住房和城乡建设厅于2013年6月14~20日,由厅长罗应光带队赴贵阳、南宁、成都就城市综合体建设发展问题进行学习考察,并对云南城市综合体发展现状进行认真分析,编制云南省城市综合体布局规划,审查确立150个城市综合体建设项目,并启动30个城市综合体的建设。云南省住房和城乡建设厅组织昆明、曲靖、玉溪、大理州(市)建设和规划部门相关人员和设计专家16人,于11月19~28日,分别赴深圳、西安、苏州等地,并对昆明市城市综合管廊规划建设情况进行认真的考察。

【住房城乡建设稽查执法工作】 巩固"以人为本,强化服务,规范执法"主题实践活动成果,认真开展党的群众路线教育实践活动,切实转变作风,改进和创新工作方式,聚焦群众反映强烈、社会舆论关注的突出问题,深入开展稽查执法工作,严肃查处和纠正一批违法违规行为,促进云南省住房城乡建设事业健康协调科学发展。

村镇建设和抗震防震工作

【概况】 2013年,在云南省委、省政府的高度重视、安排部署下,在各级部门领导的关心支持下,全省村镇规划建设管理按照"抓按照抓基础、攻重点,抓特色、治难点,抓规范、上水平,集小胜为大成,以量变求质变的思路",有序推进云南省村庄规划、农村危房改造、特色小镇建设、镇(乡)市政基础设施建设等项重点工作。

【农村危房改造及地震安居工程】 2013年,云南省计划统筹完成农村危房改造及地震安居工程50万户,其中:拆除重建20万户(其中的2.2万户在2014年计划任务中安排),修缮加固24.92万户,统筹扶贫安居、抗震安居、游牧民定居、易地扶贫搬迁、工程移民、灾后民房恢复重建等危房改造5.08万户;安排中央及省级补助资金284030.44万元,其中中央补助资金163600万元,省级补助资金120430.44万元。截至12月31日,全省2013年农村危房改造及地震安居工程拆除重建已开工223351户,占年度总任务的125%,竣工111491户,占年度总任务的62.6%,完成总投资107.8亿元;修缮加固已开工33747户,已竣工11432户,完成投资2.97亿元。

【乡镇市政基础设施建设】 2013年,经云南省人民政府同意,云南省住房和城乡建设厅印发《云南省建制镇供水、污水和生活垃圾处理设施建设项目专项规划(2013—2017年)》,明确2013~2017年供水、污水和生活垃圾处理设施建设项目的建设规模、资金渠道和开工期限;2013年下达建制镇供水、污水和生活垃圾处理设施项目289个,其中,供水项目131个,污水项目54个,垃圾项目104个,安排省级补助资金3.8亿元。启动31个建制镇供水、污水和生活垃圾处理工程试点示范工作,在经济适用工艺、建设运营模式等内容上,探索适合云南省建制镇实际情况的工作思路。

【村镇规划】 2013年,云南省在村庄规划全覆盖的基础上,完成13.2万个村庄规划成果的信息录入,实现村庄规划信息化管理;云南省大理州大理市喜洲镇桃源村村庄规划已通过住房城乡建设部审查并被评为全国村庄规划优秀示范。完成特色小镇规划省级审查和规划备案工作,同时,在各乡镇总体规划完成的基础上,进一步加快推进控制性详细规划和修建性详细规划的编制,为推进特色小镇建设发展和开展云南名镇命名奠定基础。

【示范创建】 云南省保山市腾冲县和顺镇被列入第一批建设美丽宜居小镇、美丽宜居村庄示范名单。云南省向住房城乡建设部推荐上报全国重点镇232个。截至2013年底,云南省共向国家登记上报传统村落1371个,占全国传统村落上报总数的12%。其中,294个村落列入中国传统村落名录(第一批62个,第二批232个),占全国中国传统村落总数的20%,位居全国之首。为此,省委书记秦光荣作出"保护发展传统村落是建设美丽乡村的重要内容,是统筹城乡的新亮点,是宣传云南的新名片,也是建设文化强省和旅游大省的重要推手,希望能抓出成效"的重要批示。按照住房城乡建设部要求,开展第一批国家级传统村落的档案建立及规划编制工作,且档案建立及规划大纲编制工作已经顺利完成并上报住房和城乡建设部备案,规划成果编制、云南省省级传统村落及第三批国家级传统村落申报工作有序推进。

【古树名木及古建筑调查】 按照云南省委副书记仇和关于"对所有村庄(含乡镇)的古树名木及古

建筑(含保护性建筑)进行一次全面普查"的指示精神,云南省住房和城乡建设厅及时组织开展全省村镇古树名木及古建筑普查工作,并建立"云南省村镇古树名木及古建筑信息系统"。截至2013年底,全省村镇古树名木树龄100年以上的有32000株,其中树龄700年以上的900株、树龄500年以上的1300株,古建筑3138处,为实现全省村镇古树名木及古建筑的信息化管理奠定基础。

【大理洱源"3·3"地震】 3月3日,大理州洱源县发生5.5级地震。地震发生后,云南省住房和城乡建设厅按照省委、省政府领导的重要批示精神和省政府的统一安排部署,立即启动住房城乡建设系统破坏性地震应急预案,迅速召开应急抢险工作会议,安排部署抗震救灾工作。成立省、州、县三级住房城乡建设系统抗震救灾指挥部,组织150人的专家和工程技术人员分4个工作组深入重灾乡镇开展抢险救灾、排危除险、震损房屋鉴定评估等工作。共完成震损民房96855间、公共建筑11万多平方米的应急鉴定评估工作,圆满完成应急抢险阶段各项工作任务。洱源"3·3"地震灾后恢复重建实施八大工程224个建设项目,总投资11000万元。2013年月底全面完成受损民房和学校恢复重建,基本恢复电力、通信等基础设施。计划2014年12月底全面完成基础设施、社会事业、特色产业培育、扶贫开发、城镇建设、防灾减灾体系、生态环保等恢复重建任务。

【迪庆"8·28"、"8·31"地震】 2013年8月28、31日,迪庆藏族自治州德钦县、香格里拉县、四川省甘孜藏族自治州得荣县交界地区先后发生5.1、5.9级地震,地震发生后,省住房和城乡建设厅按照省委、省政府领导的重要批示精神和省政府的统一安排部署,立即启动住房城乡建设系统破坏性地震应急预案,迅速召开应急抢险工作会议,第一时间派出应急工作组赶赴灾区开展工作。及时成立由分管副厅长为指挥长的省、州、县三级住房城乡建设系统抗震救灾指挥部,统一组织指导涉及住房城乡建设系统的相关工作,并及时向地震灾区紧急下拨20万元,向住房城乡建设部争取到60万元经费用于抗震救灾。组织专家分4个组深入地震灾区一线对学校、医院、党政机关办公用房等公共建筑、市政基础设施及重灾村民房震损情况进行安全性排查鉴定。共完成259个单体,181316.27平方米公共建筑及11014户,5066720平方米民房的应急鉴定评估工作,圆满完成应急抢险阶段各项工作任务。迪庆"8·28"和"8·31"地震灾后恢复重建规划任务分为五大工程93个建设项目,总投资261948万元。计划2013年12月底前完成受损民房修复加固,2014年9月底前全面完成受损民房重建,2015年12月全面完成民生改善、基础设施、防灾减灾、社会管理等恢复重建任务。

【应急保障能力建设】 下发《云南省住房和城乡建设厅关于进一步加强地震应急能力建设的通知》,在原有省级地震应急抢险"三支队伍"300人的基础上,建立涵盖省、16个州(市)及129个县(市、区)的住建系统地震应急抢险"三支队伍",共计10938人,11234台(套)装备。并推荐10名专家进入第一届国家震后房屋建筑应急评估专家队。

【减隔震技术推广应用】 6月1日起正式实施《云南省建筑工程叠层橡胶隔震支座性能要求和检验规范》、《云南省建筑工程叠层橡胶隔震支座施工及验收规范》两个地方标准;省住房城乡建设厅、省发改委、省财政厅、省工信委、省地震局、省教育厅、省科技厅、省卫生厅、省地税局等九部门联合下发《关于进一步支持减隔震技术发展和应用若干政策的通知》,进一步加大对减隔震技术推广应用的政策支持力度;下发《云南省住房和城乡建设厅关于加强减隔震工程质量监督管理的通知》,对减隔震工程各环节质量控制进行明确规定和要求。2013年全省通过审查的应用减隔震技术工程项目290项、446栋(隔震276项429栋、减震14项17栋)360万平方米。

【建筑工程抗震设防管理】 编制《云南省农村民房建设抗震设防技术导则》,印刷6万册免费发放全省;下发《云南省住房和城乡建设厅关于进一步加强中小学校舍安全工程质量安全监管工作的通知》,加强对中小学校舍安全工程的监管;下发《云南省住房和城乡建设厅关于建筑工程抗震设防专项审查实行分级管理的通知》,全省建筑工程抗震设防专项审查审批实行省和州(市)分级管理体制;建立建筑工程抗震设防专项审查审批项目信息网上填报制度,接受社会查询和监督;完成第四届建筑工程抗震设防专项审查专家委员会换届工作,调整充实专家队伍。2013年受理建筑工程抗震设防专项审查审批建设项目1017项1100万平方米(其中省级121项810万平方米,州市896项300平方米)。

工程质量安全监督

【概况】 2013年,云南省认真贯彻落实习近平总书记、李克强总理关于安全生产工作的重要指示批示精神,按照省委省政府和住房城乡建设部关于工程质量和安全生产的各项工作安排部署，积极完善法规制度，强化工程质量安全监督执法检查，突出保障性安居工程、城市轨道交通工程、超高层建筑质量安全监管，认真做好事故查处督办工作，建立完善事故通报制度，继续推进安全质量标准化建设。2013年，全省没有发生较大及以上工程质量事故，全省获中国建设工程鲁班奖1项、国家优质工程银奖5项，省优质工程一等奖18项、二等奖27项、三等奖40项；全省共发生建筑安全生产事故23起，死亡30人，与2012年相比，事故起数减少4起，死亡人数与省安委会下达的安全生产控制考核指标持平。

【建设工程质量安全监督】 加强建筑工程质量安全工作部署。在昆明组织召开全省建筑安全生产工作会议，全面总结2012年全省建筑安全生产工作，并对2013年建筑安全生产工作进行部署；与16个州(市)签订2013年安全生产责任状。省政府对云南省住房和城乡建设厅安全生产责任状考核为优秀；全省有11个项目获国家AAA级安全文明标准化诚信工地称号，有83个项目获省级安全质量标准化工地称号。总体来看，随着工程质量和安全生产监管各项工作不断深入，全省工程质量稳步提升，建筑安全生产形势持续稳定好转，特别是保障性安居工程、昆明轨道交通工程、超高层建筑等重点工程的工程质量和安全生产形势良好，全省住房和城乡建设部门顺利完成了建筑工程质量安全监管各项工作任务。

【建设工程质量安全监督法规制度】 《云南省建设工程安全生产管理条例(草案)》已经省政府常务会审议通过；《云南省建筑安全质量标准化图集》、《云南省建设工程结构实体检测技术规程》、《云南省建设工程质量检测信息监管系统技术规程》、《云南省建筑结构工程质量安全评价标准》已编制完成；同时正抓紧编制《云南省建筑节能工程质量验收规程》。

【工程质量安全监督执法检查】 组织开展以保障性安居工程为重点的质量安全监督执法检查，成立8个巡查组每季度对16个州(市)保障性安居工程进行检查。二是狠抓建筑安全生产专项整治。重点加强对深基坑、高支模、脚手架、建筑起重机械等危险性较大的分部分项工程和重大危险源的监管，杜绝重大及以上安全生产事故。全省共排查在建工程11656个，发现质量安全隐患3万余条，整改率99.6%，发出隐患整改通知书256份，行政执法建议书36份；5月派出3个检查组对昆明市轨道交通工程进行质量安全综合大检查，检查9个标段、15家施工及监理企业。

【事故查处督办和事故通报制度】 按时报送2012年房屋市政工程生产安全事故查处情况和2012年全省建设工程质量责任主体行政处罚统计情况材料。按照住房和城乡建设部《房屋市政工程生产安全事故报告和查处工作规程》，对文山州和玉溪市各1起较大生产安全事故，派人赴现场调查处理。对其他工程质量和生产安全事故进行调查处理或督促地方进行调查处理。2013年共受理工程质量投诉18起，生产安全投诉2起，均及时批转相关州(市)住房和城乡建设主管部门调查处理，并要求及时将处理结果报省住房和城乡建设厅；共实施行政处罚18起，查处违反强制性标准行为3起。对督查中发现存在重大问题或隐患的3家施工企业提出处罚意见；对发生建筑安全生产事故的23家企业暂扣安全生产许可证。认真做好房屋市政工程质量和生产安全事故相关情况分析通报工作，对每起事故及时发出警示告诫书，并在网上公示。

【安全质量标准化建设】 企业标准化建设是落实企业安全质量主体责任的必要途径，2013年继续将标准化工作纳入《安全生产责任状》考核内容，将保障性安居工程、城市轨道交通工程、超高层建筑创优列为标准化工作体系，向各地下达创建指标。7月在昆明召开建筑工程质量安全标准化建设现场推进会，现场观摩3个标准化工地，交流经验做法，为创建工程安全质量标准化工地打下坚实的基础。

【质量安全监督信息化管理平台】 云南省建设工程质量监督管理信息系统已正式投入运行，完成专职安全员管理、园林绿化施工企业网络管理信息系统的开发建设。云南省建设工程质量检测监管信息平台获省科技厅立项。

建筑业与工程建设

【概况】 2013年，面对世界经济持续低迷的复杂局面和国内经济下行的巨大压力，按照省委、省政府"稳中有进、稳中有好、稳中有快"的总体要求，在厅党组的正确领导下，积极应对，在政策上积极争取，在监管方式上顺势而为，确保建筑业仍呈稳步上升态势。云南全省完成建筑业产值2888.82亿元，同比增长21.2%，建筑业增加值为1160.24亿元，同比增长19.8%。建筑业占全省GDP 9.9%，建筑业总量保持增进态势。

【建筑业行政审批许可事项流程】 结合党的群众路线教育实践活动，紧紧围绕为民务实清廉主题，通过召开恳谈会，支部会，征求意见会等多种形式，认真梳理服务中的业务审批流程和时限，按照"优化评审方式，简化审批流程，压缩审批时间"的原则，提出七项整改措施，精简优化办事流程，受到群众好评。

【建筑业奖励扶持】 严格落实《云南省人民政府关于加快建筑业改革与发展的意见》（云政发〔2009〕160号）、《云南省人民政府关于促进建筑建材房地产业持续健康发展的意见》（云政发〔2012〕147号）文件精神，为进一步激发建筑行业可持续发展，省委、省政府决定将建筑业奖励扶持政策从2012年延续至2017年，并扩大奖励扶持范围，将建设工程领域咨询服务业勘察、设计、造价咨询、招标代理、监理等中小微型企业发展纳入奖励扶持范围。

【建筑业在地行业统计制度】 为全面、准确反映全省建筑企业发展状况及对全省经济增长的贡献，为省委、省政府科学决策提供可靠依据，积极推进云南省建筑业在地行业统计制度。5月21日上午，云南省推进实施建筑业在地行业统计制度业务培训会在昆顺利召开。云南省住房和城乡建设厅副厅长褚中志出席会议并作重要讲话。各州（市）、县（区）住房和城乡建设局负责建筑业统计人员和省属施工建筑企业负责建筑业统计信息的管理人员共547人参加会议。

【新版《云南省建筑市场监管系统》】 为进一步优化系统资源，规范行政审批行为，提高工作效率，增强服务能力，建筑市场监管处认真对各业务流程进行优化，对各子系统资源进行规范，对《云南省建筑业管理信息系统》进行功能完善和升级，于2013年7月1日顺利切换实施。

【建筑市场监管秩序】 加强资质动态核查，建成建筑业企业资质动态监管系统。全年对14家企业降低资质等级，71家企业注销企业资质。为进一步完善建筑市场准入清除制度，下发《云南省住房和城乡建设厅关于进一步加强建筑业企业资质资格动态监管及有关工作的通知》（云建建〔2013〕446号），进一步完善建筑市场监管制度，明确后续有关动态监管政策。

【高强钢筋推广应用】 按照住房和城乡建设部和工信部《关于开展推广应用高强钢筋示范工作的通知》提出的任务目标及要求，通过云南省住房和城乡建设厅、工业和信息化委、昆明钢铁股份有限公司以及昆明等示范城市的不懈努力，2013年云南省建筑工程应用各类钢筋1600万吨，应用高强钢筋1300万吨（其中500MPa级75万吨），高强钢筋应用比例已达到80%以上，部分高层建筑的高强钢筋应用比例达到100%，并呈现快速增长的局面。这在全国五个高强钢筋推广应用工作示范省份中名列前茅，圆满完成推广应用高强钢筋示范评估工作，该工作得到国家考评组的一致好评，认为云南省推广应用高强钢筋的成功经验值得向全国推广。

【2013版建设工程造价计价依据发布实施】 云南省住房和城乡建设厅标准定额处组织全省标准定额管理、造价咨询、施工等单位的近百名专家和工作人员，历时一整年，先后开展调研、召开座谈会17次433人次，梳理征求意见468条，圆满完成云南省2013版建设工程造价计价依据编制工作。全套计价依据共涉及6大专业的消耗量定额和相关配套的计价规则，建立《云南省房屋建筑与装饰装修工程消耗量定额》等门类齐全的定额体系。新版依据于12月30日正式发布，2014年4月1日正式实施。

【勘察设计行业发展】 2013年，云南省工程勘察设计行业继续快速发展，行业队伍素质、经营规模、经济效益得到进一步提升。全省现共有勘察设计单位653家，其中甲级资质单位74家、乙级资质单位264、其他为丙、丁级单位。从业人员3.6万人，平均年增长5.7%；专业技术人员2.5万人，其中注册执业人员4591人，占从业人员总量的13.1%。工程勘察设计行业经济社会效益持续大幅度增长。2013年，全省工程勘察设计企业营业收入170亿元，占全省第三产业增加值的比重为5%，利税总额15亿元，人均营业额45万元。完成施工图投资额3000亿元。全省工程勘察设计企业营业收入年均增长10%，利税总额年均增长15%，完成施工图投资额年均增长18%。

【勘察设计制度建设】 2013年，配套出台工程勘察招投标等系列规范性文件，通过《云南省市政工程设计招投标管理办法》并经省政府法制办备案。启动并完成《云南省山地城镇建筑设计导则》、《云南省山地城镇市政道路设计导则》和《云南省山地城镇岩土工程导则》编制工作，颁布实施，为"城镇上山"战略提供强大技术支撑。出台《云南省住房和城乡建设厅关于进一步加强民用建筑工程施工图节能设计和审查工作的通知》，印发《建筑节能设计备案登记表》，组织编制《云南省民用建筑节能设计系列标准图集》，推动云南省建筑节能设计从定性设计向定量分析转变。出台《云南省住房和城乡建设厅关于进一步加强施工图审查人员考核管理的通知》（云建设〔2013〕65号）《云南省住房和城乡建设厅关于进一步加强施工图审查管理信息报送工作的通知》（云建设〔2013〕211号）。

【勘察设计人才培养】 2013年，注册建筑师执业资格考试共报考1274人，较2012年人数增长10%。9月份全国勘察设计注册工程师执业资格考试共报考5658人，较2012年人数增长20%。举办注册建筑师继续教育二期614人和注册结构工程师继续一期134人。2013年3月6～7日，举办建筑节能设计免费培训，全省250家建筑设计单位参加。5月，组织全省施工图审查人员进行上岗考试，对考试合格的审查机构负责人和审查人员核发施工图审查机构负责人上岗证和审查人员上岗证及审查专用章。

【勘察设计质量监管】 2013年，全省共完成4869个建筑和市政工程项目的施工图审查，共审查建筑面积7516万平方米，投资总额931033万元，查出违反强制性条文数2980条，要求勘察设计单位对存在违反强制性条文的问题进行修改完善，严格为建设工程的勘察设计质量把关。开展滇池会展中心等重点工程和各类大型建设工程项目初步设计审查共计58项，涉及建筑面积600万平方米。按照省政府办公厅44号文件要求下放大部分建设工程初步设计审查权限，指导和帮助各州市全面开展初步设计审查工作，严把设计质量关，控制工程投资经济效益。组织开展对全省十七家审图机构的审查行为、审查质量的现场考核，结合检查情况制定《云南省住房和城乡建设厅关于勘察设计单位对施工图审查意见回复内容及时限要求的通知》，确保施工图审查时限。

【勘察设计技术支持】 云南省开发的设计流程管理系统已经得到全国同行的认可和购买。勘察设计处开发的"云南省勘察设计咨询业管理系统"在国内处于领先水平，2013年多次受邀在全国性会议介绍经验。以云南省勘察设计咨询业管理信息系统为技术平台，建立勘察设计质量市场实时联动监控系统，有力加强对行业诚信行为的监管。2013年共记录勘察设计质量市场异常单位和个人126项次，对涉及单位和个人进行教育和处罚，促进质量和市场环境的好转。为适应老龄化社会的需求，会同老龄办共同组织编审《云南省居家养老服务中心》示范设计，已经批准印发执行。

【勘察设计奖励扶持】 全省工程勘察设计单位科技活动费用支出总额为7亿元；企业累计拥有专利357项，专有技术217项，获国家级省部级奖项164项；组织或参加编制国家、行业、地方技术标准、规范43项。组织完成2012年度全省优秀工程勘察设计奖评选活动，评出优秀勘察设计一等奖20项、二等奖45项、三等奖44项、表扬奖20项。

建筑节能与科技

【概况】 2013年，云南省建筑能耗总量为1995万吨标准煤，占该地区全社会总能耗比例的17.60%。云南省住房和城乡建设厅对云南省1483栋国家机关办公楼、公共建筑和居住建筑进行统计，建筑面积2168.93万平方米，其中对国家国家机关办公建筑879栋，单体面积2万平方米以上的大型公共建筑202栋进行统计。截至2013年底，云南省新开工房屋建筑工程按照国家建筑节能强制性标准完成建筑节能设计和建筑节能施工图审查执行率为100%，竣工验收阶段执行建筑节能设计标准比例达到96%。

【可再生能源建筑应用】 截至2013年底，云南省太阳能光热应用建筑面积为31100万平方米，集热面积为928万平方米，太阳能光电建筑应用装机容量11077.34兆瓦，可利用浅层地能资源有地下水、地表水和土壤，浅层地能应用面积10万平方米。

【能效测评】 云南省颁布实施《云南省民用建筑能效测评标识管理实施细则》（云府登1094号）并于2013年8月1日起施行；同时印发《云南省民用建筑能效测评技术导则（试行）》，并开发云南省民用建筑能效测评软件，对申报绿色建筑的临沧青华医院和呈贡新区的上海东盟大厦做理论值测评。

【绿色建筑】 云南省颁布实施《云南省绿色建筑评价标准》，截至2013年底，全省共有6个项目通过省绿色建筑评价标识专家组的评审，获得绿色建筑标识，全部为二星级以上，申报建筑面积169.66万平方米。云南省住房和城乡建设厅会同云南省财政厅指导呈贡新区加速推进绿色生态城区建设，拨付5000万元的国家财政补贴资金。

【建筑节能监督体系建设】 云南省编制《云南省国家机关办公建筑和大型公共建筑节能管体系建设实施方案》，获得国家财政补助资金1000万元，用于云南省国家机关和大型公共建筑能耗监管体系建设，实现优化建筑物用能系统的运行管理和无成本的节能改进，以提高建筑物能源利用效率。

【智慧城市试点建设】 2012年，住房和城乡建设部启动国家智慧城市试点工作。2012年，昆明市五华区经住房和城乡建房部批准列为全国第一批智慧城市试点城市；2013年，云南省红河州蒙自市、弥勒市经住房和城乡建设部批准列为全国第二批智慧城市试点城市。

风景名胜区管理和世界遗产保护工作

【概况】 云南省建立类型多样的风景名胜区与遗产地。全省有世界自然、文化遗产4个，有国家级风景名胜区12个，有省级风景名胜区54个。风景名胜区与自然遗产地总面积约3万平方公里，约占国土面积的7.8%，基本覆盖全省以及滇西北、滇西南地区绝大多数重要的自然与文化遗产资源。

【宣传学习法规工作】 云南省住房和城乡建设厅分别在腾冲、昆明、西双版纳、大理、德宏等州（市）开展国务院《风景名胜区条例》、《云南省风景名胜区条例》的宣传培训工作，相关州、市、县主管部门、风景名胜区管理机构和风景名胜区区内的企业积极参加，通过认真宣传和培训《风景名胜区条例》，相关法律法规得到较好的贯彻执行。8月27~30日，组织云南省风景名胜区主管部门、管理机构68人参加住房和城乡建设部组织的风景名胜区保护管理培训班培训。

【执法检查】 6月，积极配合住房和城乡建设部圆满完成对云南省国家级风景名胜区的执法检查工作。玉龙雪山国家级风景名胜区被评为优秀风景名胜区。

【风景名胜区总体规划】 6月6日，云南省人民政府批准《个旧蔓耗省级风景名胜区总体规划》《大关黄连河省级风景名胜区总体规划》；12月30日，云南省人民政府批准《漾濞石门关省级风景名胜区总体规划》；云南省住房和城乡建设厅开展玉龙雪山国家级风景名胜区总体规划修编、大盈江—瑞丽江国家级风景名胜区修改和保山博南古道、双柏白竹山——鄂嘉、元谋和兰坪罗古箐等省级风景名胜区总体规划编制、报批的指导工作。

【风景名胜区详细规划】 2013年，住房和城乡建设部分别批准《西双版纳国家级风景名胜区勐仑景区详细规划》、《西双版纳国家级风景名胜区安麻山景区详细规划》；云南省住房和城乡建设厅组织编制《大理国家级风景名胜区苍山洱海片区喜洲景区详细规划》、《石林国家级风景名胜区长湖景区详细规划》、《石林国家级风景名胜区大叠水景区详细规划》并上报住房和城乡建设部审批。完成《西双版纳风景名胜区傣族园景区》、《昆明滇池风景名胜区西山景区详细规划》编制工作。

【风景名胜区建设项目选址核准】 云南省住房和城乡建设厅依法、依规、按程序完成三江并流、大理、腾冲地热火山、玉龙雪山、石林、瑞丽江—大盈江国家级风景名胜区旅游设施、基础设施、文化设施等一批建设项目的选址核准工作。

【风景名胜区协调研究】 截至12月，云南省住房和城乡建设厅协调云南省重大建设项目与风景名胜区保护管理工作，积极争取住房和城乡建设部核准丽香高速公路、大瑞铁路等重大基础设施建设项目；认真做好滇中引水、金沙江中游水电建设涉及风景名胜区的协调工作；协调风景名胜区规划与镇、乡、历史文化名城（镇、乡、村）等法定规划的衔接工作；协调风景名胜区保护管理与自然保护区、国家公园、地质公园、旅游区等的关系。

【世界遗产保护工作】 认真组织参加第37届世界遗产大会，通过《三江并流世界自然遗产地保护状况报告》。4月16~25日完成IUCN的两位专家对怒江沿线的拟建水电项目、迪庆州香格里拉县的矿产项目的实地考察，并在昆明、迪庆、丽江召开有关部门、企业、NGO组织参加的座谈会，形成有利于回复联合国教科文组织世界遗产委员会决议的意见和共识。经过精心组织和安排，圆满完成IUCN专家的考察监测活动，国际组织对此次监测考察给予真诚和客观的良性评价。继续做好《三江并流世界自然遗产地保护状况报告》的提交工作。推进"云南普洱茶"申报世界自然与文化遗产项目工作，并列入国家自然与文化双遗产名录。

建设人事教育工作

【概况】 2013年，云南省住房城乡建设厅人事教育工作坚持以邓小平理论和"三个代表"重要思想为指导，深入贯彻落实科学发展观，紧紧围绕服务住房和城乡建设事业发展的需要，认真抓好自身建设，努力提高业务水平和服务能力，认真贯彻执行党的干部政策，严格人事工作纪律，强化监督管理，狠抓工作落实，圆满完成各项工作任务。

【岗位设置】 按照《中共云南省委办公厅、云南省人民政府办公厅关于印发〈云南省事业单位岗位设置管理实施意见〉的通知》（云厅字〔2007〕13号）的规定要求，结合云南省住房和城乡建设厅厅属事业单位实际，遵循"按需设岗、精简高效、合理设置、科学管理，兼顾现状、注重发展"的岗位设置原则，切实做好岗位设置管理工作，依据人员变动、职务晋升情况，督促指导厅属事业单位适时做好岗位设置变更、审核、申报、核准、认定及聘用工作。为厅属3家单位申请变更原事业单位岗位设置方案；完成16家事业单位岗位设置管理情况调查统计；完成原厅属4家事业单位法人注销登记清理。

【事业单位分类改革】 根据《中共云南省委机构编制办公室云南省财政厅云南省人力资源和社会保障厅关于做好省级事业单位分类工作的通知》要求，省住房和城乡建设厅多次组织厅属单位主要负责人和分管人事工作的同志学习和领会文件精神，经与中共云南省委编办对接，初步完成厅属19个事业单位的分类工作。

【干部任用】 云南省住房和城乡厅坚决贯彻执行党的干部路线方针政策，严格按照《党政领导干部选拔任用工作条例》的要求，强化干部选拔任用四项制度的贯彻落实，严格执行干部人事工作纪律，加强选人用人工作监督检查，规范选人用人程序，深入整治干部选拔任用不正之风，努力营造选人用人良好氛围，匡正选人用人风气，着力提高干部选拔任用工作水平，切实做好干部选拔任用工作。

【干部培养】 认真贯彻落实省委、省委组织部干部培养政策，按照目标任务要求，结合工作实际，采取有效措施，狠抓工作落实，制定下发《中共云南省住房和城乡建设厅党组关于选派人员到住房和城乡建设部挂职锻炼的实施意见》（云建党组〔2013〕1号），采取选派新农村指导员、下派干部挂职锻炼、上派干部挂职培养等方式，强化干部教育培养。2013年，共选派新农村指导员8名，其中：选派新农村指导员总队长1名，新农村指导员7名；上派住房和城乡建设部挂职副处级领导干部2名。通过强化干部在关键岗位历练，在基层一线磨炼，在"四群"教育中锻炼，着力提高年轻干部围绕中心、服务大局、统揽全局、协调各方、推动发展、保障民生等能力。

【干部考核】 制定下发《云南省住房和城乡建设厅公务员考核实施细则》，坚持平时考核与年度考核有机结合，切实加强公务员、参公管理人员、事业单位工作人员的教育管理。全年共考核公务员138名，其中：考核为优秀等次28名，称职等次110名；共考核事业单位工作人员438名，其中，考核为优秀等次58名，合格等次380名。并按要求兑现奖励性工资。

【军转干部】 认真落实云南省军队转业干部工作领导小组2013年军队转业干部安置计划，讲政治，顾大局，圆满完成军队转业干部安置任务，接收安置军队转业干部、退役士兵7名。

【职称评审】 根据行业需要和企业需求，加强与职称评审行政主管部门的沟通协调，积极争取政策支持，加大职称评审力度，着力改善专业技术人员队伍结构。全年共完成3批5470人的职称评审工作，其中：高级职称1243人，中级职称2953人，初级职称1274人。有效缓解云南省建筑市场对职称人员的需求，受到各单位和广大群众的好评。

【教育培训】 认真贯彻《干部教育培训工作条例》和《云南省住房和城乡建设厅建设行业教育培训暂行办法》要求，不断加强机关干部和专业技术人才培训，采取分层次，多渠道的办法，完成在职干部教育培训任务。全年共培训各级各类人员1800人次。其中，中组部和中纪委调训2人次；省委党校、省行政学院学习158人次；干部在线学习135人次；自主选学20人次；组织赴上海交通大学、武汉大学、西安交通大学参加各类培训122人次；其他培训1363人次；组织近8.5万人次专业技术人员职业技能和持证上岗培训。

【精减行政审批事项】 按照《云南省人民政府关于简政放权取消和调整部分省级行政审批项目的决定》、《云南省人民政府关于取消和下放一批行政审批项目的决定》等4份文件精神，清理落实涉及云南省住房和城乡建设厅行政审批事项35项。同时，结合云南省网上服务大厅的建设要求，在省委编办的领导下，梳理确定云南省住房和城乡建设厅需在网上办理的行政审批事项共24项，并组织编制服务指南。

大事记

1月

17日 云南省住房城乡建设工作会议在昆明召开。会上，表彰2008~2012年城镇污水生活垃圾处理设施建设先进集体和先进个人。省人民政府与各州（市）人民政府签订2013年城镇保障性住房工作目标责任书。

3月

12日 全省建筑安全生产工作会议在昆明召开。云南省住房和城乡建设厅副厅长褚中志出席会议并作重要讲话。会上，褚中志与16个州（市）住房城乡建设局签订《2013年建筑行业安全生产责任状》。

26日 云南省2013年度建筑市场监管工作电视电话会议召开，全省设1个主会场，16个分会场，共有1258人参加会议。

4月

1日 云南省政府洱源"3·3"地震灾后恢复重建工作会议在大理召开。省政府副省长尹建业出席会议并讲话。

21~22日 云南省人民政府在昆明市召开全

省城镇保障性安居工程建设和农村危房改造及地震安居工程建设推进会。会上，省住房城乡建设厅通报全省保障性安居工程建设情况；云南建工集团有限公司和16个州、市分别汇报保障性安居工程建设情况；副省长丁绍祥作了讲话，分析保障性安居工程建设中存在的困难和问题；云南建工集团有限公司和国家开发银行云南省分行等4家银行签订《银团贷款保证合同》和《2012年云南省公共租赁住房省级统贷建设项目人民币资金银团贷款合同》。

7月

6日　省长李纪恒率副省长丁绍祥、省政府资政刘平、省政府秘书长卯稳国等，在省住房和城乡建设厅党组书记、厅长罗应光，副厅长周鸿的陪同下，深入昆明、红河等地调研城乡人居环境和城市综合体建设情况，要求全省要加快开展城乡人居环境提升行动，为人民群众营造山清水秀、环境优美、生态宜居、高效便捷的人居环境，加快云南经济社会发展步伐。

7日　云南省城乡人居环境提升行动暨城乡建设工作会议在蒙自召开，省委副书记、省长李纪恒，副省长丁绍祥，省政府资政刘平，省政府秘书长卯稳国出席会议。《云南省人民政府关于开展城乡人居环境提升行动的意见》、《云南省人民政府办公厅关于城市综合体建设的指导意见》正式下发实施。

9月

6日　昆明城市规划建设调研座谈会召开。

30日　副省长丁绍祥率省住房和城乡建设厅、省发改委、省林业厅、省农垦总局、云南建工集团和昆明市相关负责人调研昆明保障性住房开工情况。

10月

24日　第八届全国结构减震控制学术会议在昆明召开。云南省住房和城乡建设厅党组书记、厅长罗应光出席会议并致开幕词，来自全国各地的200多名业内专家与代表参加会议，并对各类减隔震新技术的发展和应用进行研讨。

11月

29日　省委书记秦光荣，省委副书记、省长李纪恒等领导深入昆明焦化制气有限公司、云南中石油昆仑燃气有限公司进行安全生产情况检查。

（云南省住房和城乡建设厅）

西 藏 自 治 区

【概况】　2013年，在西藏自治区党委、政府的坚强领导下，在住房和城乡建设部的大力指导下，西藏各级住房城乡建设部门深入贯彻落实科学发展观，切实推进住房保障、强化城乡规划和建设管理、促进建筑业和房地产业平稳发展、确保工程质量安全，各项工作取得较好成绩。

【住房保障工作】　2013年，4.3万套（户）保障房项目全面开工，2012年度结转续建项目全面完工，完成投资约24亿元。兑现租赁住房补贴资金4282万元。区直一、二期周转房完成分户验收，进入入住前的相关准备工作，并制定《区直机关事业单位第一、二期周转房分配方案》，待政府审定后分配入住。区直机关事业单位三期周转房工程A区一、二号楼土建工程于7月29日动工建设，完成一号楼地上两层、二号楼地上三层的主体浇灌工作。编制机关事业单位2013～2015年周转房建设规划、2013～2017年棚户区改造规划。完成"十二五"规划项目中期评估，积极争取加大保障房建设投资，提前超额完成"十二五"保障房建设任务。住房保障覆盖面逐步扩大，准入、退出机制基本建立，申请审核程序进一步规范，分配更加公开透明、公正公平。自治区审计厅完成对全区保障性住房建设管理的跟踪审计，对发现的问题逐一进行核查和限期整改落实，提升保障性住房建设管理水平。建立全区公有房屋统计制度，认真组织开展清理违规占用周转房、党政机关停止新建楼堂馆所和清理办公用房专项工作，全区共清退违规占用周转房1063套。补发兑现全区机关事业单位干部职工2004～2012年按月住房补贴资金总额的30%，兑付2013年按月住房补贴。拉萨、昌都等地市周转房管理改革试点工作稳慎推进。"十二五"以来配合落实17.3亿元资金，对22.3万户农房进行抗震加固和节能改造。全区住房公积金最高贷款额度提高到50万元，制定并经政府批准出台在非公企业推行住房公积金制度的意见。全区18万人缴存住房公积金，累计归集165亿元，同比增长25%；累计发放贷款63亿元，同比增长

24%，资金运行安全平稳。

【城乡基础设施建设】 2013年，178个"十二五"城镇基础设施项目已完工30项，其他均已完成前期工作待审核下达投资。其中：那曲地区所在地"三项"基础设施建设项目于2013年8月全面开工建设；拉萨纳金大桥项目9月建成通车；拉萨市北环城路和日喀则环城路完成各项前期工作，报国家发改委审批。拉萨市老城区改造工程全面完成，山南、日喀则等地区历史文化名镇、风景名胜区保护性建设项目进展顺利。拉萨市老城区18000户电采暖工程建设全面完成，315个居民小区和公建单位供暖工程建设加快推进，拉萨市城区基本实现供暖全覆盖。丁青县供暖工程作为全区第一个县城集中供热项目，已建成并投入使用。认真做好传统村落、特色旅游村庄和美丽宜居村庄申报工作。筛选申报国家级传统村落22个、特色旅游村1个、美丽宜居村庄6个；国家批准命名国家级传统村落6个。会同区财政厅、文化厅制定《西藏自治区〈关于加强传统村落保护发展工作的指导意见〉的工作方案》，明确了指导思想、基本原则、工作任务和保障措施，组建成立西藏自治区传统村落保护发展领导小组和专家指导委员会，建立制度支撑和技术保障。同时积极会商协调解决规划编制经费，启动传统村落保护发展规划的编制工作。积极推进村镇建设，扎实推进新农村建设试点，全面指导实施《吞达村新农村建设规划》，随着博物馆、古庄园恢复、服务中心及相关配套建设的陆续实施，吞达村的自然风貌和历史文化魅力不断凸显，发展前景看好。编制《仁布县康雄乡新农村建设规划》并组织实施，随着开发建设不断深入，康雄乡将会成为我区新农村建设的又一个新亮点。

【城乡规划和建设管理】 经国务院同意，2013年6月26日住房城乡建设部正式批准实施《西藏自治区城镇体系规划(2012—2020年)》，明确西藏自治区城镇体系的空间布局。拉萨市、泽当镇、各县城总体规划修编工作加快推进，完成贡嘎等42个县城总体规划修编工作。拉萨、那曲等5个地市所在地城镇控制性详细规划和拉萨市八廓街等3个历史文化名镇、街区保护规划，唐古拉山——怒江源、念青唐古拉山——纳木错2个国家级风景名胜区总体规划编制工作全面完成，日喀则市、江孜县历史文化名城保护规划通过审批，启动土林－古格国家级风景名胜区总体规划编制工作。加大对《西藏自治区城乡规划条例》的贯彻与规划执行情况的监督，住房城乡建设部派驻拉萨规划督察特派员，开展对拉萨规划卫星检查，各地在规划编制中积极推进公众参与、科学决策，提高规划编制水平。拉萨、林芝被列入国家智慧城市试点名单；拉萨市推进"六城同创"，完善数字城管平台建设和高效运营，国家级园林城市创建成绩显著；拉萨市完成北京园博会的各项参展工作，取得良好社会效益；各地市坚持"疏堵结合，执法为民"原则，积极开展城管综合执法，整治"脏、乱、差"，推进美化、绿化、亮化，打造美丽城镇、宜居城镇，其中：拉萨市水质监测合格率为100%，完成13条主要路段的路灯节能改造工作，城市亮灯率达59%以上，城镇垃圾无害化处理达98%以上。认真开展城镇化课题研究，取得初步成果，形成《因地制宜推进西藏新型城镇化课题研究报告》。

【建筑业继续保持平稳较快发展】 2013年，全区新增各类执业资格人员1215人，新增岗位资格人员5737人，新增取得职业资格农牧民266人，建筑企业和从业人员规模逐步壮大。以"西藏建筑市场综合服务平台"为依托，初步实现各级住房城乡建设部门的纵向联动和建筑市场与施工现场"两场"联动。在一定程度上遏制企业出借资质、转包等违法行为。建筑市场动态监管力度不断加大，清理"空壳"施工企业23家、监理企业4家，查处在资质申报(备案)中弄虚作假企业3家并计入不良记录。截至年底，在西藏自治区区注册备案的各类建筑企业共2079家(其中区内注册建筑企业1512家，区外备案建筑企业567家，当地企业中包括农牧民建筑施工队1049家)。全区53家招投标代理机构为1695个项目提供招投标服务，各级住房城乡建设部门加强对招标各个环节的监督，努力维护工程交易公开、公正、公平的秩序。

【工程质量安全监管】 2013年，为2100多个项目办理规划选址意见书；对882个项目进行施工图审查，从设计源头上把好质量关；对400多个项目进行巡查、检查，提出规范项目管理、强化质量监管、落实安全生产措施的意见建议2760余条；对543名工程造价人员进行业务培训，为项目建设提供准确造价信息服务。全区房屋市政工程质监项目1228个、面积629.5万平方米，覆盖率达99%。全区房屋市政工程一次性验收合格率达98%以上，工程质量总体稳中有升。2013年全区建筑领域生产安全态势平稳，发生安全生产事故6起，事故起数和死亡人数均控制在指标范围内。审查批准自治区级建筑工法5项，推进西藏传统民居抗震性能研究。

【房地产业逐步回暖】 2013年，全区完成房地产开发投资8.48亿元，较2012年增长33.97%，商品房销售面积22.39万平方米,实现销售额8.97亿元,销售面积与销售额同比增长14.33%和38.88%,实现"双增长"。拉萨市房地产信息系统建成开通试运行,日喀则市房地产信息系统建设进展顺利。全区169人取得房屋登记官资格。县级住房城乡建设部门全面开展城镇房屋权属登记发证工作。全区130多个小区实行物业管理,物业覆盖率达85%,先后有5个小区荣获"广厦奖"。

【专项工作】 各级住房城乡建设部门派出220名干部,围绕落实"五项任务",继续扎实开展强基惠民驻村工作,投入资金1353万元,帮助群众解决237个问题,着力增强农牧区自我发展能力。昌都"8·12"地震发生后立即启动应急预案,开展灾害评估、受损房屋鉴定,为抗震救灾和恢复重建提供第一手基础数据;编制和完善灾后重建规划。深入推行建筑工程施工人员意外伤害保险和农牧民工工资保证金制度,全年各级住房城乡建设部门接待上访民工429批次9532人次,协调解决被拖欠的工资11197万元,保障务工人员合法权益,维护社会和谐稳定。

【自身建设成效】 2013年,继续采取上挂下派、内外交流、举办培训班等多种形式,先后对240多名分管住房城乡建设领导和住房城乡建设系统行政管理干部进行业务培训。举办各类专业技术人员培训班55期、培训7100多人。深入推进"六五"普法工作,着力完善各项法规规章制度建设,《西藏自治区建筑安全生产管理条例》、《西藏自治区民用建筑节能条例》列入自治区第十届人大五年立法规划项目,《西藏自治区工程建设领域诚信行为信息管理办法》列入政府规章计划。《西藏自治区机关事业单位公有房屋管理办法》经政府常务会审议通过、颁布实施。全面清理行政审批项目,全区住房城乡建设系统行政审批项目由61项减少为34项。严格落实维稳工作"十策",不断完善维稳工作机制,加强对城镇供水、燃气、城镇公共服务设施和在建项目工地、务工人员的监管和服务,实现内保和行业"三不出"目标。住房城乡建设部在林芝组织召开第二次全国住房城乡建设系统对口支援西藏工作会议,安排部署新一轮援藏工作,对口援藏省市加大对各级住房城乡建设系统的支援。以党的群众路线教育实践活动为载体,深入落实"八项规定"、"约法十章",切实加强作风建设,着力解决在"四风"、"两问题"方面存在的突出问题,深入组织开展结对认亲交朋友活动。干部职工作风进一步改进,文风会风进一步务实,干事创业的氛围更加浓厚。同时,在区住房城乡建设厅机关开展的精细化管理工作有序推进,2013年将全面实施,覆盖各地市的住房城乡建设电子政务平台将全面建成投入运行。

【改革创新增强住房城乡建设事业科学发展的动力】 党的十八届三中全会对中国全面深化改革进行总体部署,区党委八届五次全委会和全区经济工作会议明确西藏自治区改革的重点和2013年的发展稳定各项目标。落实中央全面深化改革的决定和区党委的实施意见,住房城乡建设部门任务重、责任大。各级住房城乡建设部门必须扭住改革开放这个"总开关",按照区党委的决策部署和《实施意见》任务分解,按照住房城乡建设部的要求,深入推进住房城乡建设领域各项改革,全面增强和激活发展的活力。

【推进保障性住房建设管理改革】 拓展保障房融资渠道,积极争取国家代发地方债券、使用住房公积金和商业银行贷款支持保障房建设,引导和鼓励社会资金参与城镇棚户区改造和保障房建设;进一步深化周转房管理制度改革,逐步建立市场配置和政府保障相结合的住房制度,完善住房保障体系。

【引导社会资金参与市政公用设施建设】 各地市要积极探索,稳慎推进政府引导、社会参与、市场运作、多元化的市政公用设施投融资机制建设,多渠道筹措建设资金,建立政府与市场合理分工的市政基础设施投融资体制,积极推进"光彩事业西藏行"招商引资项目的落地,切实保障和推动城镇基础设施建设项目加快实施。积极创新基础设施投资项目的运营管理方式,形成权责明确、管理专业的管理机制和运行机制。进一步完善城市公用事业服务价格形成、调整和补偿机制,大力推行特许经营制度,充分发挥价格对市政公用产品供给与需求的调节作用,探索具有西藏特点的市政公用事业发展模式,着力提高服务和供给能力。

【服务非公经济】 认真落实宽进严管、"一站式"审批、一条龙服务的措施,改革市场监管体系,建立统一的市场监管服务机制,健全各类企业优胜劣汰的市场退出机制;切实推进市场诚信体系建设,实行市场准入清出与工程质量安全、诚信行为相结合,实现资质资格许可、动态监管、信用管理联动,实行权利平等、机会平等、规则平等,鼓励诚实守信企业做大做强、形成品牌;大力推进非公企业公积金制度覆盖面,提升非公企业吸引人才的能力,增强非公企业发展的动力。

【行政审批改革】 严格落实国家和自治区行政审批改革的各项规定和要求,精简行政审批项目、规范审批程序、简化审批流程。全面推进行政审批服务流程化、透明化，切实推行限时办结制、行政监察制、行政过错问责制。推动电子政务建设，建设以西藏自治区建设网为平台支撑，内外网相结合、数据和信息共享的电子政务平台，推动住房城乡建设系统所有行政服务网上办公，提高行政效率，增强行政实效。着力推动住房城乡建设领域行政审批项目和内容、从业人员信息、项目信息和行业统计资料的共建共享，实现自治区、地市、县区三级无缝对接、实时联动，着力改变各类企业区地县三级层层备案、层层审批的现象。

【全面完成2013年各项工作任务】 2013年，是推进落实"十二五"规划目标的关键之年，全区住房城乡建设工作任务艰巨、责任重大。全区住房城乡建设系统将以党的十八届三中全会精神和区党委八届五次全委会精神为指引，深入学习习近平总书记一系列重要讲话精神，以改革创新为动力，以科学发展为根本，以推动目标任务落实为主题，不断提升服务水平，奋力推动住房城乡建设事业持续发展。主要目标是：确保6.58万套(户)保障房开工建设，基本建成3.7万套(户)，实现廉租房、公租房、周转房"三房"并轨运行，保障房入住率达95%以上；"十二五"城镇基础设施建设项目全面开工，城乡规划编制工作力度进一步加大，全面完成第二轮县城总体规划修编，统筹城乡协调发展研究取得成果；建筑业、房地产业持续加快发展；工程质量稳中有升，建筑业生产安全继续保持平稳态势。

【住房保障管理制度改革】 (1)在提高保障房开工率、入住率上下功夫。2013年全区保障房建设目标任务为6.58万套(户，含僧舍维修2.9万户)，是2012年的1.5倍，项目覆盖全区所有地市、县和乡镇，所有新建项目要在年内基本建成，棚户区改造项目总体进度达到70%以上。棚户区改造是2013年西藏自治区保障性住房建设的重点，各地市必须高度重视，全面总结分析棚户区改造的经验，制定有效措施，全面深入推进。西藏自治区住房城乡建设厅将会同有关部门尽快下达建设计划和补助资金，与各地市签订目标责任书。各地(市)、各有关部门要总结抓保障房建设的成功经验做法，务必及早谋划，落实建设用地、加快项目前期进度、加快项目审批，在气候条件符合开工条件时立即动工建设，切实推动项目早开工，在确保质量安全的前提下加快进度，提高开工率、建成率、入住率，按期完成目标任务。各地市要加大地方投入，落实配套资金，完善配套设施，确保配套设施与保障房同时设计、同时建设、同时投入使用。各地市县要积极协调配合做好今年保障性安居工程跟踪审计工作，确保数据一致、全面准确，确保专项审计结论和定性符合西藏自治区实际。

(2)在完善保障房管理制度上见实效。2013年，将研究通过租金调剂手段，完善保障房准入和退出动态管理机制，实行廉租、公租、周转房"三房"并轨运行，提高保障房的入住率和投资效益。各级住房城乡建设部门将通过周转房租金改革等手段，实现周转房和公租房接轨；要充分利用市场资源、现有闲置土地和自筹资金鼓励干部职工通过市场解决自有住房，减轻周转建设投资压力，有效拉动住房消费、促进经济增长。各地(市)要积极稳妥完善保障房各项管理制度、制定实施细则。切实加强保障性住房管理，规范保障房申请、审核、公示、轮候、入住、退出程序，完善监管机制，确保公开、公正、公平。

(3)切实在扩大公积金覆盖面、规范公积金运行上出实招。按照十八届三中全会提出的"建立公开规范的住房公积金制度，进一步改进住房公积金提取、使用、监督机制"的要求，着力提高住房公积金软、硬件管理水平，不断规范行为、扩大归集、提高效率、改进服务，加大监管力度，充分发挥住房公积金制度的惠民优势和保障作用。

【重大工程项目建设服务】 (1)加快城镇基础设施项目建设进度。城镇基础设施建设是破除城乡建设事业发展"瓶颈"的关键。抓好"十二五"规划"226"项目全面开工，是否能做好将影响"十三五"项目申报，各地市要尽快解决影响项目开工的问题；抓紧做好"十二五"新增项目(自治区发改委近期将下达)前期工作；抓管理，确保进度，保证质量，控制投资，严格落实项目法人责任制、招投标制、合同管理制、工程监理制，健全完善项目管理班子，确保建一项、成一项、管好一项。中央特别关注我区高寒高海拔县供水问题，在陈全国书记、洛桑江村主席的努力下，国家专门安排资金，解决26个高寒高海拔县城供水问题。项目所在地的地县住房城乡建设部门务必高度重视，精心组织，确保项目按目标建成、发挥效益。

(2)及时为重大项目提供技术支持。按照特事特办的原则，加快项目审批进度，积极为我区重大基础设施项目提供服务；及时办理规划选址、提供规划设计和审图及招投标服务、质量监督服务等，推动和服务重大项目建设。

(3)着手谋划后续项目储备。立足当前、着眼长远，根据统筹城乡协调发展、推进城镇化进程和逐步实现城乡基础设施均等化的要求，按照自治区的统一要求，做好"十三五"规划准备工作，建立项目储备库，编制好专项规划。

【城乡规划与城镇管理】（1）进一步强化规划的综合调控作用。深入贯彻落实《西藏自治区城镇体系规划》和我区将召开的城镇化工作会议精神，积极稳妥地推进以人为核心，以综合承载能力提升为支撑，以体制机制创新为保障，具有西藏特点的新型城镇化进程。在我区推进新型城镇化进程中，住房城乡建设部门负有重要使命和责任。各级住房城乡建设部门要提高认识，履行职责，推动工作，按照自治区的要求，制定好本地规划、实施方案，抓好试点。深入推进城镇总体规划修编工作，全面完成第二轮县城总体规划修编任务，各地市要深入推进地市所在地城镇控制性详细规划的编制工作；推进青藏铁路、拉日铁路、拉林铁路沿线和"一江四河"流域地区城镇发展规划编制、规划环评工作，引导城镇有序建设。在规划的编制和修编工作中，要站在统筹经济社会跨越式发展和推进住房城乡建设事业的高度，着眼长远，科学谋划，提高规划的科学性、强化规划的严肃性，推动城乡一张蓝图干到底，杜绝随意违反规划、变更规划的行为。结合《西藏自治区城乡规划条例》的实施督查，深入推进城乡规划监察工作。各地市要尽早开展城乡规划执行情况专项检查，发现问题，提出措施，加强管理，切实强化发挥城乡规划在统筹城乡发展中的综合调控作用。

（2）稳步提高城镇管理水平。拉萨市深入总结数字化城管工作的经验和做法，研究制定网格人员及城市管理工作综合考评体系；各地区要积极创造条件，着手开展数字城管平台建设工作，条件成熟的地区要争取年内完成。要积极推进城镇供水、燃气等市政公共设施和市容市貌的规范管理；本着疏堵结合、化解矛盾、增进和谐、规范秩序的原则，大力推行人性化、规范化城管服务。要加快城镇垃圾污水处理设施建设，建立规范有序的管理和运营制度，提高运营管理水平；要加强城镇地下管线的规划、建设、管理，统筹规划，同步建设，完善相关法规制度，建立地下管线档案，准确掌握，做到随时可调用，要规范道路开挖和地下管线建设行为，逐步减少"拉链马路"、坚决杜绝窨井伤人等现象；拉萨、林芝要加强协调，落实项目、争取资金，推动智慧城市试点建设，切实取得实实在在的成效。

（3）推进历史文化名城名镇和风景名胜区建设管理。按照住房城乡建设部要求，2014年所有历史文化名城规划都列入卫星监督范围，拉萨、日喀则、江孜、山南要切实加大工作力度，推动历史文化名城名镇保护工作再上新台阶。山南地区要采取有效举措，加快昌珠镇和雅砻河风景名胜区保护性基础设施建设进度。要重视风景名胜区规划编制工作，确保风景名胜资源科学规划、有序建设、永续利用，严禁破坏性开发；进一步理顺管理体制、健全工作机制，加强风景区项目申报、建设、管理，探索建立支撑风景区建设的投融资体制，推进社会资本以特许经营方式参与风景名胜区保护开发设施的投资和运营。根据传统村落的调查统计情况，推进传统村落申报评选，争取各方资金加大投入，切实把历史人文资源和传统民俗保护传承下去。

【提升房地产业服务经济社会发展的能力】

（1）引导释放购房需求，鼓励房地产企业加大投资。各地市要对当地房地产业发展情况进行全面调研，认真分析研判，提出加快当地房地产业发展的建议和措施。拉萨、日喀则、山南、林芝、昌都等条件较好的地市，要制定有效举措，强化政策鼓励，吸引大型房地产企业进驻投资开发，鼓励现有房地产企业加大投资力度，开发节能省地、环境优雅、设施齐备的商品房小区；鼓励房地产企业在开发建设中配建一定比例的公租房，参与西藏自治区保障性住房建设，推动形成科学合理的住房供应体系；加大与各有关部门的政策衔接力度，推动购置商品房各项优惠政策措施的有效落实，释放外来经商、务工人员的刚性购房需求，拓宽房地产销售渠道。

（2）加大房地产市场服务，规范房地产市场秩序。加大对房地产从业人员的业务技能培训，积极探索建立符合我区实际的房地产市场监管机制，推行项目手册制度、预售资金监管和销（预）售合同备案制。拉萨市要进一步完善房地产信息系统、规范房地产信息收集、分析、预警发布、查询管理。日喀则市及其他地区也要加快推进房地产信息系统建设，逐步搭建全区标准统一、信息共享的房地产信息平台，强化市场服务。

（3）引导物业服务多元发展，提升可持续发展的能力。积极探索推行质价相符的物业服务星级评价制度，大力推进物业服务招投标制度。切实加强从业人员技能培训，引导物业服务企业向提供多元化服务方向发展，鼓励和支持机关、事业单位引进专业化物业服务。

【建筑业发展水平提升】（1）促进建筑业结构优化，推动建筑业健康持续发展。积极引导本地建筑企业通过资源优势互补，推进资产重整和兼并重组，组建建筑业综合企业集团。扶持和发展专业承包、劳务分包企业，拓展业务范围，形成大中小企业合理配置，各类型企业优势互补的格局。

(2) 推动诚信建设，加大失信惩戒。尽快出台《西藏自治区建设领域诚信行为信息管理办法》，推动工程建设领域诚信建设；加大对工程建设各方主体违法违规行为的查处力度和不良行为记录公示力度。

(3) 加强建筑业各方主体动态监管，规范建筑市场秩序。继续实施建筑企业资质动态监管，加强对企业资质申办（备案）后的服务和动态监督工作，强化建筑市场综合执法检查，依法整顿和规范建筑市场秩序，营造良好建设环境。各地市要着力整顿建筑材料垄断、坐地起价等破坏建筑市场秩序等行为。

【确保质量安全，推进节能科技】 (1) 切实加强监管，提升工程质量。各级住房城乡建设部门要加强房屋建筑和市政工程质量安全监管，确保保障房和重点项目质量，落实工程质量终身负责制，加大对工程材料和原材料的质量监督和专项检查，提高现场见证取样率，实现工程质量和安全生产监管全覆盖，不留死角。

(2) 严格施工现场管理，落实安全生产责任。各地市要督促施工企业强化施工现场管理，推进文明工地创建，落实从业务工人员实名制管理；要切实加强对深基坑、高支模、脚手架、升降机等重点环节、重要节点的动态监管和专项整治，督促施工企业健全管理制度。采取切实措施，深入推进施工现场安全防护标准化建设；严格执行事故督办查处制度，加大对事故责任企业和责任人的处罚力度，切实维护建筑业生产安全的良好态势，严控事故起数和死亡人数。

(3) 加大建筑科技工作力度，推进建筑节能。将建筑节能、节地、节水、节材同步推进，加强城乡各类建设用地集约和节约利用的规划管理；加强建筑节能材料和产品的质量监督管理，大力推行节能认证制度，保证技术成熟、质量合格、安全可靠的节能材料和产品进入建筑领域；加大太阳能等可再生能源应用推广，加强建筑施工图设计文件审查工作，确保建筑节能设计标准强制性条文得到有效落实，并严格实施建筑节能工程施工质量验收规程。

【教育实践活动】 要深入推进教育实践活动整改落实工作，巩固作风建设取得的成果。各地市、县切实根据当地党委的部署安排，深入开展教育实践活动。要持之以恒地深入贯彻落实中央"八项规定"、自治区"约法十章"和当地党委、政府加强作风建设的各项规定，提高廉政教育的针对性和实效性，深入推进廉政风险防控工作，重点推进行政审批廉政风险防控工作，切实为住房城乡建设事业科学发展保驾护航。要持之以恒加强队伍建设，着力提高干部职工学习思考、工作创新、调查研究、团结协作、有效执行等方面的能力；加强制度建设，强化制度保障。同时，高度重视行业统计工作、信息工作，加强城建档案管理、公有房屋统计、住房城乡建设领域经济运行分析研判等基础性工作，进一步提高住房城乡建设工作的科学管理水平。

2013年，全区住房城乡建设部门将在自治区党委、政府的坚强领导下，进一步解放思想，改革创新，以更加务实的态度、扎实的工作、切实的成效，奋力推进西藏自治区住房城乡建设事业科学发展。

(西藏自治区住房和城乡建设厅)

陕 西 省

概况

2013年，陕西省住房和城乡建设行业围绕建设"富裕陕西、和谐陕西、美丽陕西"目标，按照"保持一个领先、突出三个重点、推动四个提升"即：继续保持保障性住房建设在全国领先态势，围绕积极稳妥推进新型城镇化的历史机遇，突出住房保障、重点示范镇建设、规划引领等三项重点工作，推动产业发展、建筑节能、城市管理和作风建设全面提升的总要求，强化团结、学习、责任、进取、自律意识，提高执行、履职、服务、创新、廉政能力，凝聚力量细谋划、完善制度抓落实、明确责任求实效，圆满完成全年各项目标任务。2013 年，陕西省住房和城乡建设厅被省政府表彰为"全省保障性安居工程建设工作先进单位""全省安全生产工作先进单位"；被省人大常委会授予"全省地方立法工作先进单位"称号；在 2013 年度目标责任制考核中被省委、省政府评为"优秀单位"。

政策规章

【地方性法规】 《陕西省城市地下管线管理条例》于 5 月 29 日经陕西省十二届人民代表大会常委会第三次会议通过，10 月 1 日正式实施；《陕西省建筑保护条例》于 7 月 26 日经陕西省十二届人民代表大会常务委员会第四次会议通过，12 月 1 日正式实施；《陕西省城市公共空间管理条例》于 9 月 26 日经陕西省十二届人民代表大会常务委员会第五次会议通过，2014 年 1 月 1 日正式实施。颁布的三部地方性法规在全国均属首创，进一步细化城市管理规定，有利于提升城市管理水平。住房城乡建设部通过《建设工作简报》将《陕西省城市地下管线管理条例》转发全国住房城乡建设系统，供各地学习和借鉴。

【普法宣传】 9 月 18 日，陕西省住房和城乡建设厅与省人大法工委联合召开《陕西省城市地下管线管理条例》宣传贯彻大会，省人大常委会副主任张迈曾、省政府副省长庄长兴到会讲话，省直有关部门、各地市住房城乡建设部门及相关部门、有关企业共 300 余人参加会议。11 月 28 日，与省人大法工委召开《陕西省建筑保护条例》和《陕西省城市公共空间管理条例》宣传贯彻电视电话会议，省人大常委会副主任张迈曾到会讲话，省级有关部门、各地市住房城乡建设部门及相关部门、县区等主管领导参加。印制三部法规单行本发放到各地市、县，分别在《中国建设报》、《陕西日报》和《华商报》以专版、系列解读、专题报道等形式扩大宣传面和知晓度，推进三部法规宣传贯彻。

【行政执法】 积极推进行政审批改革，清理和下放行政审批事项。在依法行政工作上，细化分解各项年度目标任务，形成一级抓一级，层层抓落实的工作格局。制定印发《厅机关规范性文件制定和审核管理办法》，对规范性文件从立项、调研、起草、审核、修改、审议、公布和备案等各个环节进行监督管理，被省政府授予"规范性文件监督管理示范单位"。全年共收到行政复议申请 14 件，2013 年办结 13 件，1 件结转至下一年度。与住房城乡建设部协调处理 2 件针对省住房和城乡建设厅的行政复议，有效化解行政纠纷。开展行政许可制度改革调研，形成厅机关便民服务中心组建方案。150 人经过培训考试，全部符合行政执法资格，领取和换发新的行政执法证件。

【成立稽查办】 根据陕西省编制委员会办公室的批复，9 月 29 日省住房和城乡建设厅党组会研究决定成立稽查办公室。其职责是：负责指导和监督全省各级住房和城乡建设行业行政主管部门的执法稽查工作；制定全省建设执法稽查工作规章制度及稽查中长期规划并组织实施；组织对住房和城乡建设各类违法违规行为的专案稽查；负责对省政府审批的城市规划、城镇体系规划和城市总体规划实施情况进行监督；制定建设稽查规划和稽查特派员、规划监督员管理制度；定期公布建设稽查工作情况等。稽查办成立后收到转办案件 41 件，已办结 36 件。

房地产业

【概况】 2013 年，全省房地产业按照"总量基本平衡、结构基本合理、房价与消费能力基本适应的住房供需格局，有效保障城镇常住人口的合理住房需求"的总体思路，全面适应政府为主提供基本保障和以市场为主满足多层次需求的住房供应体系，进一步促进全省房地产市场平稳健康发展。全省累计完成房地产开发投资 2544.6 亿元，同比增长 26.9%。房地产施工面积 13477.3 万平方米，同比增长 7.6%；商品房销售面积 3060.46 万平方米，同比增长 22.5%。全省房地产市场呈现投资持续增长、销量增幅较大、房价基本稳定的运行态势。全省新增房地产开发二级企业 70 家，新增一级企业 3 家，共审批（新办、核定、升级、延续、变更）各类房地产行业资质审批 3003 家，其中房地产开发企业 2830 家、物业管理企业 130 家、房地产估价机构 43 家。

【政策调控】 省政府办公厅下发《陕西省人民政府办公厅转发国务院办公厅关于继续做好房地产市场调控工作的通知》，为继续做好房地产市场宏观调控工作，促进全省房地产市场平稳健康发展奠定基础。省住房和城乡建设厅下发《陕西省住房和城乡建设厅关于进一步加强商品房销售管理工作的通知》，对商品房预售、广告、展会准入、合同、中介、收费管理、规范交易程序等提出了 7 项措施，进一步加强商品房销售管理，规范全省商品房交易秩序。3 月 31 日，西安市提出 2013 年新建商品住房价格控制目标，确保新建商品住房价格增长幅度明显低于 2013 年城镇居民人均可支配收入实际增幅。

4月8日，西安市政府办公厅下发《关于继续做好房地产市场调控工作的通知》，从切实落实稳定房价工作责任、坚决抑制投机投资性购房等方面提出具体措施和要求。

【市场监管】 省住房和城乡建设厅转发《住房和城乡建设部、工商总局关于集中开展房地产中介市场专项治理的通知》，对发布虚假房源信息和协助购房人骗取购房资格等10个方面的突出问题，进行专项清理整顿和规范。针对《焦点访谈》曝光西安市商品房中存在违规销售问题，下发《陕西省住房和城乡建设厅关于进一步加强商品房销售管理工作的通知》《关于规范整顿房地产市场交易税费有关问题的通知》，要求房地产交易部门和中介服务机构在交易大厅和中介服务场所醒目位置公示二手房交易卖方缴纳税费、二手房交易买方缴纳税费、房屋租赁手续费、中介服务费等，让群众买房、卖房、租房交啥税费一目了然，明明白白置业消费。省住房和城乡建设厅和工商局联合下发通知，从7月～11月在全省范围内集中整顿规范房产中介市场秩序，严肃查处房产中介机构和经纪人的10种违法违规行为。

【物业管理】 制定下发《陕西省住房和城乡建设厅关于开展物业管理专项检查的通知》，重点检查物业服务企业和从业人员小区公示服务内容、服务标准、收费项目、收费标准、收费依据、计费方式、服务管理不到位等有关情况。继续开展创建全国和省级物业管理示范项目活动。对西安、宝鸡、延安、渭南、咸阳、铜川、安康7城市上报的12个国家级物业管理示范项目和49个省级物业管理示范项目进行考评验收。经过考评，通过41个(其中小区28个，大厦12个，产业园区1个)省级物业管理示范项目。在住房和城乡建设部公布的2013年度全国物业管理示范住宅小区(大厦、工业区)名单中，陕西省西安市天地源·枫林意树等7个小区、陕西省西安市人民政府办公大院等2个大厦、陕西省西安市国家级科技企业加速器工业园区榜上有名。

【房屋征收】 2013年，省住房和城乡建设厅下发《关于做好城镇房屋征收拆迁信访突出问题化解工作的通知》《关于进一步推行西咸新区空港新城拆迁模式进一步做好房屋征收有关工作的通知》，促进房屋征收工作健康发展。

住房保障

【概况】 2013年，全省各设区市积极构建以政府为主提供基本保障、以市场为主满足多层次需求的住房体系，千方百计以提高入住率作为首要目标加以推进。通过加大投入、做好配套、严格考核、加强监管、强化入住、科学分配等行之有效的措施，集中解决保障性住房建设过程中政策、土地、资金等突出问题，保障性住房建设工作取得显著的成绩，提前2个月超额完成全年的目标任务。全省保障性安居工程新开工36.66万套，基本建成32.4万套，分别占年度任务的108%和135%；完成投资763.7亿元，22万户群众搬进新居，基本建成套数位居全国第二，开工量位居全国第三，新增发放租赁补贴2.45万户，位居全国第三，保障性住房建设继续保持全国领先。

【配套设施】 省住房和城乡建设厅积极做好土地、资金、安居工程配套基础设施保障工作，会同省国土资源厅分解下达各市保障性安居工程用地指标2.6万亩；中央补助资金16.5亿元、省级配套资金11.7亿元；并会同省财政厅下达2013年公共租赁住房中央补助资金21.95亿元，下达廉租房、公租房和城市棚户区配套基础设施共24.8亿元；省保障房公司累计投放75.44亿元资金支持保障房建设，督促市县落实市级财政向县区保障性住房项目配套资金。编制《保障性安居工程规划选址》，对全省保障性安居工程的规划选址做出了明确规定，建设保障性安居工程时，要在医疗、交通、教育、文体等商业设施齐全的地段，确保建成后的小区可直接分配入住。

【管理考核】 省政府制定下发《陕西省保障性安居工程项目开竣工预报统计管理制度》，省住房和城乡建设厅修订完善《陕西省住房保障工作评价考核暂行办法》，将入住率、后续管理等指标纳入考核范围，强化对建成入住的考核。3月28日，省政府召开全省保障性住房工作推进会，省长娄勤俭出席会议并讲话，传达省委书记赵正永对保障性住房的重要批示，强化保障性安居工程协调领导，专题研究保障性住房工作，指导各市县创新保障性安居工程建设管理思路和工作方法。延安、宝鸡、安康、商洛等城市加大配套设施建设，西安、汉中等地及时调整保障标准。全省119个市、县(区)成立保障性住房管理中心，形成一套行之有效的监管办法。

【质量安全】 坚持实行月巡查、排名、考核等制度。每月对全省保障性安居工程施工质量和安全生产情况开展巡查，将巡查结果向全省通报并上报省政府。全年开展督查10次，共督查工程项目123个，涉及单位工程135个，建筑面积共286.5万平方米，向各级建设行政主管部门下发《执法建议书》

60份，对17个管理混乱的工程项目进行全省通报批评，停止1名外省项目经理在陕投标资格，停止1名监理工程师执业资格1年，将2家外省施工企业清除出陕西建筑市场。各市（区）建设行政主管部门共督查工程项目3660个，涉及单位工程10944个，建筑面积19780.81万平方米，下发《纠正违法行为通知书》389份，行政处罚14起。保障性安居工程的质量安全生产形势平稳，得到分管省长的批示认可，《陕西日报》也多次予以报道。

【信息平台】 全省三级住房保障信息平台于5月16日建成并上线运行，实现省、市、县、街办和社区五级联网。信息平台以保障性住房六大模块为基础，把住房保障工作整理为29个业务流程，集成中心为政策管理、土地管理、资金管理、项目管理、房源管理、质量管理、分配管理、运营管理、综合管理等九大业务系统，涵盖项目建设、申请审核、房屋分配、运营和监管等全过程。10月22日22时50分"陕西省住房保障信息网"正式上线，标志着陕西省住房保障信息平台全面建成。"十二五"期间172.5万户保障对象轮候次序、3794个建设项目全部公开，实时查询。

【管理模式】 为满足城镇中低收入住房困难群众的差异化住房需求，提高保障性住房资源配置效率，吸引社会资本参与，探索总结"统筹房源、市场定价、租补分离、梯度保障"的并轨运行的管理模式。12月12日，省住房和城乡建设厅、发改委、财政厅、国土厅、纠风办等5部门联合出台《关于廉租住房和公共租赁住房并轨运行管理的指导意见（试行）》，对廉租房和公租房实行并轨管理，统称保障性租赁住房，明确保障性租赁住房的最新补贴办法。充分利用两类租赁住房的资源，保障性住房承租户的柔性退出，并有效吸收社会资金和社会房源参与保障性住房建设和供给。镇巴等县（区）先期进行廉租住房和公共租赁住房并轨。

公积金管理

【概况】 2013年，强化住房公积金管理，规范住房公积金的缴存、提取与转移、贷款、执法等业务行为，统一住房公积金业务管理流程，保障住房公积金安全运作，进一步扩大公积金覆盖面，利用住房公积金贷款支持保障性住房建设试点工作顺利推进，住房公积金制度发挥积极作用。全省累计缴存职工364.4万人，2013年增加缴存职工26.5万人；住房公积金累计缴存总额1387.6亿元；当年缴存271.4亿元；当年发放个人住房公积金贷款117.2亿元，个贷率43.2%；利用住房公积金贷款支持保障性住房建设发放项目贷款40.9亿元。

【完善监管】 制定出台《住房公积金业务指引》，统一住房公积金业务管理流程，确保资金安全。用两个月时间组织专家对各地公积金管理中心工作人员进行业务培训，不断提升专业化水平。对咸阳、宝鸡、商洛、安康四个管理中心及下属管理部住房公积金业务，进行专项检查。通过听取汇报、查阅会计账表及资料，核对银行账户，对会计制度落实不到位、会计核算不准确等问题进行通报，并下发限期整改意见。完善担保机制，推行职工联保、置业抵押等多种贷款担保方式，降低贷款手续费用，扩大住房公积金个贷规模，提高住房公积金使用效益。

【公积金贷款试点】 全省利用住房公积金贷款支持保障性住房建设试点工作顺利推进，累计向13个保障房项目发放试点项目贷款32.85亿元，累计回收本息10.94亿元。首批试点的西安市"圣合家园"经济适用房项目已竣工入住，本息已全部收回，"白家口棚改安置项目""蔚蓝小城""曲江雁鸿小区"均已入住，其他首批试点的经济适用住房项目均已进入销售阶段。

【扩大覆盖面】 继续通过加大住房公积金政策的宣传，扩大住房公积金影响力，在外商投资企业、中外合资企业、股份制企业、城镇私营企业中推行住房公积金制度，为相对稳定的进城务工人员建立住房公积金，建立非公有制单位住房公积金档案，完善现有的提取和贷款政策，适当扩大提取范围。12月底，全省非公单位规模以上建立住房公积金制度的覆盖面翻了一番，达到17%，占2013年归集缴存总额的7.6%。

城乡规划

【概况】 继续按照"建好西安、做美城市、做强县城、做大集镇、做好社区"的思路，突出关中城市群主体地位，启动编制《关中城市群核心区总体规划》，指导西安市城市总体规划通过部际联席会议审查，全面启动修编工作；延安市总体规划上报省政府；咸阳完成总体规划纲要；韩城市总体规划纲要、34个县城总体规划和33个县域城乡一体化规划、31个文化旅游名镇建设规划通过省级技术审查。

【规划编制】 印发《关于开展重点示范镇规划实施评估工作的通知》《陕西省沿渭重点镇规划编制技术要求》《陕西省新型农村社区建设规划编制技术要求》。经省政府同意，已将《西安城市总体规划实施评估报告》和《强制性内容修改论证报告》上报住房和城乡建设部,并由住房和城乡建设部在西安组织召开西安城市总体规划修改工作部际联席会议。组织省城乡规划委员会专家审查《延安市城市总体规划(2013—2030)》,《韩城市城市总体规划纲要(2012—2030)》通过审查。对潼关县秦东镇、杨凌区揉谷镇、高陵县泾渭镇、眉县常兴镇4个新增沿渭重点示范镇规划进行技术审查。联合省发改委、旅游局、文物局组织专家对31个文化旅游名镇(街区)规划逐一审查,编制《陕西省文化旅游名镇(街区)规划汇编》。

【规划督察】 制定下发《2013年重点稽查执法工作方案》《2013年城乡规划督察工作通知》,对10个设区市、杨凌示范区、西咸新区、韩城市规划管理情况进行督察巡查,抽查项目192个,向有关市县反馈督查意见80多条,下发《城市规划工作督查巡查情况的通报》。

【城镇化研究】 确定五个新型城镇化研究课题,进行专项调研。8月23日,召开专家座谈会,对《陕西省新型城镇化内涵与实施路径》《陕西省城镇化综合评价指标体系研究》《关中城镇群发展研究》《陕西省城乡一体化发展研究》《陕西省小城镇发展研究》等课题进行专家论证。全省城市建设与规划领域专家、城镇化政策研究领域专家,针对省城镇化发展研究中心所作的陕西省新型城镇化发展系列研究课题进行研讨和论证,对建设新型城镇化进程中亟待解决的问题及发展方向建言献策,为推进省新型城镇化建设提供有效、科学的思路和做法。完成《关于推进陕西城镇化进程的研究》调研课题。组织省发改、国土部门对汉中、安康、商洛3市28个县区逐县调研,形成陕南地区县城发展规模调研报告,科学指导陕南县城发展。

【名镇名村评选】 会同省文物局组织开展了陕西省第一批历史文化名镇(村)的评选工作。在县区组织申报、地市部门初审推进、组织专家现场踏勘、评选论证的基础上,拟提请省政府批准公布。住建部和国家文物局公布第六批中国历史文化名镇(村),陕西省神木县高家堡镇、旬阳县蜀河镇、石泉县熨斗镇、澄城县尧头镇、三原县新兴镇柏社村榜上有名。

【西咸新区总体方案】 2014年1月6日,国务院正式批复同意设立西咸新区,提出把西咸新区建设成为国家向西开放的重要枢纽,西部大开发的新引擎和中国特色新型城镇化的范例,西咸新区成为国家级新区。2014年2月19日国家发改委印发《陕西西咸新区总体方案》(以下简称《总体方案》),赋予西咸新区创新城市发展方式先行先试权。《总体方案》确定的规划理念:以生态文明理念引领新区规划,建设集约紧凑、生态低碳、和谐宜居、富有特色的现代化城市,形成"核心板块支撑、快速交通连接、优美小镇点缀、都市农业衬托"的空间格局。规划范围:西咸新区西起茂陵及涝河入渭口,东至包茂高速,北至泾阳县高泾大道,南至京昆高速,涉及西安、咸阳两市7县(区)23个乡镇和街道办事处,规划控制面积882平方公里,现有人口90万人。功能分区:生态保护区、都市农业区、历史文化区、城市建设区。组团发展格局:根据区内地理地貌和资源分布情况,新区规划布局空港、沣东、秦汉、沣西、泾河等五个组团。重点建设任务:创新城市发展方式,健全城乡发展一体化体制机制,加快基础设施建设,加强生态环境保护,培育现代产业体系,建设全国科技创新中心建设西北地区能源金融和物流中心,创新历史文化保护方式。政策支持:赋予西咸新区创新城市发展方式先行先试权,优先布局重大产业项目,加大政策支持力度。组织实施:建立西咸新区建设部省际联席会议制度,定期研究解决有关问题,把西咸新区开发建设放在重要地位,制定扶持政策,组建强有力的机构做好实施工作,并做好与国家有关部门衔接,保证西咸新区开发建设顺利推进。协调处理好西咸新区开发建设与西安、咸阳两市发展的关系,建立统一规划、责权明晰、共建共享的合作机制。

【评优创优】 9月初,按照2013年度全国优秀城乡规划设计评选工作安排,省住房和城乡建设厅在全省范围内开展优秀城乡规划设计奖评选活动,组织专家对上报项目进行评选评优。共计评选优秀城乡规划设计奖城市规划类一等奖7项,二等奖13项,三等奖22项,表扬奖35项;城市勘测类一等奖1项,二等奖3项,三等奖6项,表扬奖6项。

城市建设与市政公用事业

【概况】 2013年,全省各地城市建设以建设绿色陕西、生态陕西为目标,以园林城市创建活动为载体,加快推进污水处理、垃圾处理、城市道路等重点市政基础设施建设,推进城市生态文明建设,全面改善人居环境,促进全省经济社会健康快速发展。全省市政基础设施建设固定资产投资完成670亿元,较上年增长20%以上;城镇污水处理率达到80.6%;垃圾无害化处理率达到82.8%,城镇污水处理率考核在全国综合排名第五位。宝鸡、渭南、安康、商洛、铜川等5市实现园林城市全覆盖；西安、宝鸡、咸阳、延安等4市基本建成数字化城市管理平台和运行模式。省住房和城乡建设厅"全省城镇污水处理设施建设运行情况调研报告"荣获2013年度全省党政领导干部优秀调研成果二等奖。

【西安市地铁建设】 地铁一号线一期工程于9月15日上午10时正式开通试运营。该线路全长25.4公里，西起后卫寨，东至纺织城，共设19座车站。地铁三号线是继地铁一、二号线之后开工建设的第三条地铁线路，也是国家已批复西安地铁建设规划中线路最长的一条线。全长50.5km，共设车站26座。2014年1月3日10时16分，伴随着"朝阳一号"盾构机刀头缓缓转动，地铁三号线延兴门站左线盾构顺利始发。地铁三号线17台盾构机已有9台完成始发，26座车站中有15座封顶，实现盾构始发、车站封顶"双过半"。地铁四号线建设规划已经国务院批准，资本金筹措、征地拆迁、管线迁改、交通导改等准备工作就绪，开工建设的试验段工程进展顺利，全线开工的条件已经具备。总投资243亿元，建设工期为5年，计划2017年建成通车。地铁四号线呈南北走向，南起航天新城站，北至北客站，线路贯穿航天基地、曲江新区、雁塔区、碑林区、新城区、大明宫保护区、未央区、经开区，全长35.2公里，全线共设车站29座（换乘站11座），车辆段、停车场和控制中心各1处，主变电站3座。

【燃气管理】 组织对全省城镇燃气发展情况进行统计，全面掌握全省天然气居民用户、工业用户、餐饮业用户、锅炉用户、全省天然气用气量、汽车加气站等发展情况。在西安、铜川、汉中、延安等地举办12期燃气企业人员培训班，共计1300人；进行《燃气服务导则》《燃气安全与评价标准》的宣贯；对申办燃气企业经营许可证的38家燃气企业进行审查，给24家合格企业发放燃气企业经营许可证；坚持例行检查制，对已办理燃气经营企业许可证的单位进行动态安全检查并实施安检记录。对全省已通气点火的11个地市、80个县燃气企业进行安全检查48余次。继续推进城镇供热体制改革，实施采暖分户计量产品备案，全年采暖分户计量产品备案96个型号。

【城市供水】 下发《陕西省城镇供水规范化管理考核办法实施细则（试行）》，对全省各设区市、杨凌示范区、韩城市、华阴市、兴平市供水主管部门和供水企业进行供水规范化管理考核。以"推进城市节水，保护水系生态"为主题的节水宣传周活动，推进"节水型城市"创建工作。制定《陕西省城市供水水质检测管理暂行办法》，建立以西安检测站为中心站、其他九市和杨凌监测站为二级站的城市供水水质检测情报网，对全省22个县的县城供水水质进行督查。

【污水垃圾处理】 全省已建成运行城镇生活污水处理厂119座，处理能力370.55万吨/日，已建成垃圾无害化处理场92座，处理能力1.9万吨/日。上半年全国城镇污水处理设施建设和运行情况考核中，陕西省在全国综合排名第五位，西安市在全国36个大中城市考核中位居第一。10月31日省住房和城乡建设厅在西安市召开全省城镇污水处理推进会，12月下发《陕西省城镇污水处理规范化管理考核办法（试行）》，对全省城镇污水处理设施规范化运行管理工作的考核程序、考核评定及结果运用、考核指标及评分方法等作了明确规定。

【配套管网】 全省已包装策划城镇污水配套管网项目1423个、1754.5公里，集中供热老旧管网改造工程项目397个、1037.3公里，总投资46.8亿元，城镇燃气老旧管网改造工程项目174个、2424.1公里，总投资24.9亿元。2011年至2013年底，中央财政已支持全省城镇污水处理配套管网建设资金累计23.2亿元，其中2013年支持资金6.2亿元，完成污水管网建设项目1171个、总长度1376公里，占规划任务总量的49.8%。8月份，省政府办公厅下发《关于做好城市排水防涝设施建设工作的意见》，在全省开展城市排水（雨水）防涝综合规划编制工作。省住房和城乡建设厅召开全省城市市政基础设施专项规划编制和重点项目包装策划工作推进会，编制完成《陕西省采暖地区城市集中供热老旧管网改造规划》，建立《陕西省城镇供水设施建设项目信息系统》，组织开展城市和县城市政基础设施专项规划修编及编制工作。

【公厕建设】 确定2013~2015年全省城市和县城新建公厕2978座，改造公厕1039座的目标任务，并向各设区市分解2013~2015年全省公厕建设任务，设计《陕西省城镇公厕样板图集》，供各地在城镇公厕建设中参考使用。制定《陕西省城镇公厕建设管理考核办法》，每年从城建专项资金中拿出200万元对公厕建设成效突出的单位进行表彰奖励。全省新建、改造公厕1655座。省住房和城乡建设厅授予西安市市容园林局等14个单位"公厕建设先进单位"荣誉称号，并对西安市市容园林局、渭南市住房和城乡建设局、榆林市住房和城市建设局、商洛市城市管理局等4个单位各奖励资金30万元，对其他10个单位各奖励资金10万元。

【城建管理】 制定《全省城建管理行业作风纪律和宗旨教育活动实施方案》,召开全省城建管理行业作风纪律和宗旨教育活动电视电话会议,出台《陕西省城建管理行业执法队伍管理规范》和《关于加强城建行业执法管理人员培训管理工作的通知》,在全省开展城建管理行业先进集体、十佳执法标兵、十佳市民、十佳监督员评选活动。8月、9月两次对全省各设区市开展督导检查,清退城建管理临聘人员318人,对铜川城管粗暴执法的事件在全省通报批评。

【园林建设】 召开全省创建园林城市工作推进会议,制定印发《2013年全省创建园林城市工作方案》《陕西省生态园林城市(县城)标准》和《陕西省生态园林城市(县城)申报与评审办法》,将环卫行业治污减霾工作纳入创建园林城市、(县城)检查考核内容。全年表彰命名59家省级园林式单位、20个省级园林式居住区。陕西省陇县、扶风县被住房城乡建设部命名为2013年国家园林县城。省会西安"幸福林带"建设步入快车道。"幸福林带"是20世纪五十年代规划但未建成的生态长廊。林带规划范围东起幸福路,西至万寿路,北起华清东路,南至新兴南路,南北长5850米,东西宽140米,总占地面积1134亩。2011年西安市政府启动前期规划设计摸底调查工作,2012年通过幸福路地区综合改造总体规划,2013年开始实施,预计持续5年。

【数字化城市管理】 加快推进数字化城市管理建设,在全省设区市中全面推广宝鸡市数字化城市管理模式,组织开展数字化城市管理工作培训,30余人参加两期培训,同时将数字化城市管理模式作为省级园林城市、省级生态园林城市创建的重要内容,已有西安等4个市基本建成数字化城市管理平台。

村镇建设

【概况】 陕西省政府出台《陕西省人民政府关于加快推进城镇化的决定》,省住房和城乡建设厅成立小城镇建设工作协调领导小组,加强对全省小城镇建设工作的跟踪指导与协调工作。按照"新区模块、老区改造、社区整合、园区培育"四位一体、同步建设的思路,加快重点示范镇和文化旅游名镇(街区)配套设施建设。35个省级重点示范镇全年新开工建设项目508个,其中新区市政基础设施及公共服务设施项目299个,各类保障性住房项目76个、建成区改造提升项目133个,完成投资102.6亿元,占全年计划任务128.2%,基本实现"三年出形象"的目标。

【政策支持】 7月17日召开全省小城镇建设工作会,省委书记赵正永、省长娄勤俭作重要讲话,对全省小城镇建设工作提出新要求。出台《关于加快建设全省重点示范镇和文化旅游名镇(街区)有关事项的通知》,对2011年省政府确定的31个重点示范镇,每镇给予1000万元的资金支持从2014年起延续执行两年;对2013年新列入的4个省级重点示范镇从2013年至2017年,省级财政给予每镇每年1000万元的资金支持;每年评出5～8个建设成效显著的市级重点镇,以"以奖代补"的形式给以600亩城乡建设用地增减挂钩指标和600万元专项资金。

【考核机制】 实施"月通报、季讲评、半年观摩、年终考核奖励"的考核机制,逐月对各镇的进展进行排名通报。全年召开3个季度的全省重点示范镇观摩讲评会。制定《关于跟踪指导考核市级重点镇的通知》和《市级重点示范镇建设跟踪指导考核办法》,明确18个跟踪指导考核的市级重点镇,提出市级重点镇的建设目标和规划编制要求和跟踪指导考核方法。

【表彰奖励】 省政府对2013年度小城镇建设先进镇进行表彰奖励。授予杨陵区五泉镇、富平县庄里镇、蓝田县汤峪镇、神木县锦界镇、彬县新民镇、眉县汤峪镇、南郑县大河坎镇、华县瓜坡镇、商州区沙河子镇、兴平市西吴镇10个镇为"2013年度省级重点示范镇建设先进镇"称号,各奖励100万元;授予宁强县青木川镇、耀州区照金镇、吴起县铁边城镇、旬阳县蜀河镇、山阳县漫川关镇、白水县林皋镇、神木县高家堡镇、凤县双石铺文化旅游街区、户县祖庵镇、武功县武功镇10个镇(街区)为"2013年度文化旅游名镇(街区)建设先进镇(街区)"称号,各奖励100万元;授予神木县大柳塔镇、西乡县堰口镇、乾县阳洪镇、临潼区北田街道办、丹凤县商镇、陇县东南镇、石泉县池河镇、华县柳枝镇8个镇为"2013年度市级重点镇建设先进镇"称号,各奖励600万元,并奖励600亩城乡建设用地增减挂钩指标。

【文化旅游名镇建设】 4月23日,省政府在西安召开《陕西省31个文化旅游古镇规划汇编》讨论会,省内城市规划、文物保护、旅游发展方面的知名专家学者出席会议。专家认为,《陕西省31个文化旅游古镇规划汇编》对各古镇在历史文化、民俗风情、自然景观资源的保护挖掘和开发利用等方面进行有效整合,规划特色鲜明、内容全面,具有很强的创新性和操作性。力争用5年时间,使31个镇

(街区)旅游设施完善，基础设施健全，年游客人数达到3100万人次，吸纳就业人口15万人，旅游收入达到150亿元。

【传统村落保护】 制定陕西省古村落认定标准，组织32名专家分三组赴各地进行技术指导，对筛选出的300余个村落进行了实地考察，逐村建立档案，制作《全省古村落图片选编》。推荐申报国家级传统村落，全省共有13个古村落列入《中国传统村落名录》：铜川市耀州区孙塬镇孙塬村、韩城市西庄镇党家村、榆林市绥德县白家硷乡贺一村、榆林市佳县芦镇神泉村、米脂县杨家沟镇杨家沟村、咸阳市三原县新兴镇柏社村、礼泉县烟霞镇袁家村、永寿县监军镇等驾坡村、安康市旬阳县赵湾镇中山村、渭南市富平县城关镇莲湖村、合阳县坊镇灵泉村、澄城县尧头镇尧头村、榆林市佳县佳芦镇张庄村。

【危房改造】 省住房和城乡建设厅会同省财政、发改委制定《陕西省2013年农村危房改造实施方案》，规范全省农村危房改造的实施范围、补助对象和建设标准，明确资金补助标准、配套要求和改建方式，严格规定资金使用和质量安全管理要求。加强对各地危房改造工作实施情况的督查，实时掌握工作进度，并组织对各地危房改造落实情况进行调研。先后两次组织参加建设部的危房改造培训。完成农村危房改造7.27万户，下达补助资金7.46亿元。

【灾后重建】 7月3～26日，延安市遭遇百年一遇大范围持续强降雨，引起洪涝、山体滑塌、泥石流等特大复合型自然灾害，造成房屋倒塌、基础设施损毁、人员伤亡等特大灾情。省住房和城乡建设厅为支持延安生产自救，积极争取资金项目。省政府确定2013年度陕北农村危房改造1.26万户，其中安排延安市8100户，占65%，从省级公租房项目及配套基础设施建设补助资金中安排延安市0.5422亿元，从国家追加下达全省棚户区改造及配套基础设施建设资金中补助延安市0.6亿元，合计下达延安市1.1422亿元。同时，由省保障性住房有限公司提供1亿资本金贷款支持延安相关项目。在第一批支持延安市污水管网项目3000万元的基础上，追加下达延安市2000万元专项资金，支持水毁管网建设。

勘察设计与工程建设标准定额

【概况】 2013年，全省勘察设计行业完成产值464.2亿元，同比增长14.3%。全省勘察设计企业达到752家，其中甲级234家、综合甲级4家，2项工程被评为"全球百年重大工程"，47项工程获全国优秀勘察设计奖。全行业从业人员达71707人，其中专业技术人员46245人、中高级职称人员达31135人，期末注册执业9513人次，全省共有工程院院士2人，全国勘察设计大师19人，省级优秀勘察设计师420名。勘察设计业在高速铁路、高等级公路、高原冻土等多个领域的勘察设计技术处于国际国内领先水平。

【行业改革】 省住房和城乡建设厅就如何推进全省勘察设计行业健康持续发展，开展深入的调研，先后分别与西安市、宝鸡市、渭南市建设行政主管部门进行座谈，实地走访20多家企业，分层次召开5次座谈会，对企业调整产业结构、转变发展方式、建立现代企业制度等方面进行深入研讨，形成完整的《陕西省勘察设计行业发展情况调研报告》。厅务会审议通过实行给勘察设计企业发放安全生产许可证，开展项目经理培训，支持有条件的大中型企业开展以工程设计为龙头的总承包和项目管理业务发展。

【资质管理】 下发《关于申办勘察设计资质有关事项的通知》，规范企业申报资质的相关条件、资料清单和申办程序。先后选派18人次参加住房和城乡建设部举办的资质评审专家培训，举办勘察设计资质申报培训班和建筑装饰工程专项设计资质申报培训班，严格按照资质标准和资质管理有关规定，认真做好资质审查工作，全年共完成资质审查581项，其中同意457项、不同意124项。

【技术创新】 全省勘察设计行业科技活动费用支出总额为12.3亿元，科技成果转让收入近25亿元，新增专利283项、专有技术176项，获科技进步奖31项，新增加高新技术企业6家，有10家企业被省科技厅评为技术交易先进单位（占全省获奖单位67%）。组织开展全省第十七次工程设计（建筑、市政类）、第十五次优秀工程勘察及建筑节能设计单项奖的申报和评选活动，共评选出各类奖项188项。

【规范市场秩序】 下发《关于做好对勘察设计企业在本省承揽业务监督管理工作的通知》，规范各级建设行政主管部门勘察设计行业管理工作，建立统一开放、竞争有序、公平公正的勘察设计市场秩序。先后对85家省外勘察设计企业进行入陕备案动态考核，责令6家企业限期整改、7家企业退出陕西市场，协助住房和城乡建设部稽查办查处省内企业2家。

【工程标准管理】 修订《陕西省工程建设地方标准化工作管理办法》，强化工程建设标准化管理。发布《卫生间模块化同层排水节水系统应用技术规程》《岩棉板薄抹灰外墙外保温系统应用技术规范》等6项工程建设地方标准和标准设计，编制完成国家标准8项、行业标准15项；完成《滑移隔震房屋技术规程》《陕西省公共建筑绿色设计标准》等18项地方标准的立项工作；对800余名从业人员进行《居住建筑节能设计标准》《地基基础设计方法及实例》等标准规范的培训。

【抗震设防】 4月20日8时02分，四川雅安发生里氏7.0级地震，陕西省汉中、宝鸡等地震感强烈。省住房和城乡建设厅派出由总工程师带队的工作组赴两地详细询问建筑工地以及乡镇影响情况，对市政道路、燃气热力管道、重大市政工程和重要公共建筑及危旧房屋等进行深入检查，排除安全隐患。4月24日，省住房和城乡建设厅与地震局、教育厅、卫生厅联合下发《关于开展建设工程抗震设防检查的通知》，5月7日，联合召开建设工程抗震设防检查动员暨培训会，专家详细讲解《建筑抗震鉴定标准》和《民用建筑可靠性鉴定标准》等建设工程抗震设防知识，全省各设区市县建设、地震、教育、卫生负责人约400人参加培训，同时，对西安市、咸阳市、宝鸡市、渭南市、商洛市和杨凌示范区的17个县(区)进行建设工程抗震设防检查。全年共开展施工图审查项目4800个，检查危房53714户，移民搬迁304户、校舍4454所、卫生院1010所，建筑面积达2179.38万平方米。

【评先创优】 按照中设协字〔2013〕29号《关于开展创新型优秀企业、创优型企业和优秀企业家(院长)评选工作的通知》，积极开展评选推荐工作。陕西省有7个勘察设计单位被中国勘察设计协会评为全国勘察设计行业创新型优秀企业；5个单位被评为创优型企业；14名个人被评为优秀企业家(院长)。全省优秀勘察设计师评选活动共评出60名优秀勘察设计师。

工程质量安全监督

【概况】 2013年全省住房和城乡建设系统全面贯彻落实省安委会和住建部关于安全生产的一系列重要指示和工作部署，以保障性安居工程质量安全监管为重点，扎实开展各项工作，圆满完成各项目标任务，全省建筑施工工程质量和安全生产状况总体稳定良好，发生建筑施工安全生产事故3起，死亡7人。与上年同期相比，事故起数减少3起，下降50%；死亡人数减少1人，下降13%。

【执法检查】 下发《关于开展全省建筑施工质量安全监督执法大检查的通知》。5月20日至6月3日，省住房和城乡建设厅组成4个组对全省12个市(区)开展检查，检查在建房屋建设项目60个、城市轨道交通2个标段，共涉及施工单位62家、监理单位52家。下发《纠正违法行为通知书》9份、《执法建议书》19份、《责令停止施工通知书》2份、《违法工程告知书》1份。6月14日，下发《关于建筑施工质量安全监督执法大检查情况的通报》，对存在较大质量问题和安全隐患的西安市天下荣郡二期等12个工程项目的施工、监理单位予以全省通报批评。下发《关于立即开展住房城乡建设系统安全生产大检查的通知》，从6月至9月在全省范围内对建筑行业开展集中检查，累计检查项目1594个、单位工程4825个、建筑面积8418.06万平方米，下发《纠正违法行为通知书》176份、《执法建议书》18份，行政处罚13起。截至12月底，全省共开展执法行动646起，查处违法施工365起、下发停工通知单475份，下发整改通知单1181份，严厉打击建筑施工各类违法行为，从源头上遏制质量安全责任事故发生。

【安全生产】 3月29日，下发《关于进一步开展建筑施工安全生产"三基"工作的通知》，从落实建筑施工安全生产基层责任、强化基础能力、提升基本素质三个方面进行工作部署，要求各地在3年内，分年度依次开展三基工作"强化年"、"攻坚年"、"巩固年"活动，一年一个重点，狠抓安全生产工作落实。印发《关于加强建设工程项目经理和监理总监在岗履职工作的通知》，对项目经理和监理总监在岗履职工作提出明确要求。开展建筑施工现场临时活动板房安全管理整治和预防建筑施工起重机械、脚手架等坍塌事故专项整治，开展预拌混凝土质量管理专项检查，及时发现和整改事故隐患，防范和遏制重特大生产安全事故，构建安全生产长效机制。截至12月底，全省建筑行业排查单位2125家，排查出一般隐患4565项，其中已整改4428项，整改率97%。排查出重大安全隐患40项，整改40项，整改率100%。

【治污减霾】 制定下发《陕西省建筑施工扬尘治理行动方案》和《陕西省建筑施工扬尘治理措施16条》。组织建筑企业广泛参与"治理扬尘、从我做起"行动。对西安、咸阳、渭南、铜川、西咸新区等市(区)建筑工地扬尘治理工作进行3次巡查暗访，对暗访中发现扬尘治理不及时的25个工地在全省进行通报批评，并在媒体予以曝光。与陕西电视台联合录制"治理雾霾，工地当自觉"电视访谈节目，11月10日在陕西电视台《今日点击·秦风在线》栏目播出，促使全社会高度关注建筑工地扬尘治理。

西安市建委成立"治污减霾"领导小组,负责全市各类房屋建设、市政公用、拆迁拆除、水利水电、园林绿化和地铁施工及待建空地的扬尘防治督查考核工作,将"治污减霾"纳入到年度工作目标考核范围,签订目标责任书。

【文明工地】 召开全省第十七次建设工程文明施工现场会,提出牢固树立"绿色、节约"发展理念,以转变行业发展方式为主线,以节能减排和绿色施工为重点,在工地建立"安全体验区"和"质量示范区",引领文明工地建设,不断提高全省文明施工水平。新选拔100名专家,补充完善专家库,认真组织文明工地验评。全年共创建省级文明工地231个。

建筑市场

【概况】 2013年,全省建筑行业创新建筑业市场监管手段,维护建筑市场秩序,加快建筑市场信用体系建设,推进建筑业人员实名制管理,为企业发展营造良好的市场竞争环境,推动建筑业健康科学发展。全年完成建筑业总产值4238亿元,实现增加值1404.3亿元,占全省GDP8.8%,同比增长11.9%;全省建筑企业达到7266家,其中特级企业5家,总承包一级企业214家,专业承包一级企业237家。2013年新增一级企业52家;建设类注册执业人员达到71963人;本省建筑企业出省参加投标达1478次,完成总产值1213.08亿元,全省建筑企业整体竞争力和对外拓宽能力显著增强。全年10项工程获国家优质工程"鲁班奖",获奖数量继续保持西部第一,44项工程获省优"长安杯",通过省级工法71项。

【资质管理】 2013年初,为克服行业资质审批中存在衔接不紧、时间较长等问题,省住房和城乡建设厅主动与交通、水利、通信等主管部门沟通协调,明确初审复核、意见反馈等时限流程,规范办事程序,大大缩短企业资质申报时间,有效提高行政办事效率。共受理一、二级建造师9547人次初始注册、4012人次变更注册,造价工程师486人次初始注册、1236人次变更注册,组织全省51555人参加二级建造师职业资格考试,先后举办21期二级建造师继续教育培训班,充实壮大建筑业人才队伍。

【对外承包】 坚持开放搞活、放堵结合的原则,一方面积极引进省外776家一级、特级优势企业,完成三星等高端项目建设,避免加剧过度竞争;另一方面依托域外办事机构,加强与当地相关部门的沟通协作,为企业开拓省外市场。陕西省企业出省参加投招标达1478次,对外拓展能力进步明显。全年对外承包工程新签合同额15.51亿美元,比上年下降40.2%;营业额17.87亿美元,增长6.4%。对外劳务人员新签合同工资总额7075万美元,下降4.5%;实际收入总额8792万美元,增长18.9%。

【诚信体系建设】 结合全省建筑业发展实际,构建"六库、两体系、一平台"基本思路和框架,拟订"两个体系"建设实施方案;完善《关于成立建筑行业监管改革领导小组的通知》《陕西省建筑市场信用体系建设工作方案》《陕西省建筑市场信用信息管理办法》《陕西省建筑业企业信用评价工作规则》《房屋市政工程招标评标办法指导意见》《关于建立在建工程项目库的通知》《陕西省建筑市场从业人员实名制管理办法(试行)》等相关配套制度,为实现"2014年开始试点运行,2015年全省推行"打下坚实基础。11月27日,中国建设报头版以《陕西力推建筑业从业人员实名制管理》为标题进行专题报道。陕西建工集团第一建设集团有限公司、陕西建工集团第六建筑工程有限公司、陕西正天建设有限公司、咸阳第一建筑工程有限公司4家企业被评为2013年度全国建筑业AAA级信用企业。

【表彰奖励】 2013年全省住房和城乡建设系统共有10个项目荣获"住房城乡建设部2012～2013年度中国建设工程鲁班奖(国家优质工程)",分别是:陕西建工集团总公司承建的中国延安干部学院添建项目、陕西建工集团第五建筑工程有限公司承建的中国电子科技集团公司第二十研究所研发实验楼、陕西建工集团总公司承建的解放军第451医院医疗综合楼、陕西建工第一建设集团有限公司和陕西建工第五建设集团有限公司联合承建的陕西宾馆18号楼会议中心工程、陕西建工集团总公司承建的陕西科技资源中心、江苏江都建设集团有限公司承建的汇鑫花园、陕西建工集团第七建筑工程有限公司承建的大唐西市博物馆、陕西航天建筑工程有限公司承建的西安工业设计产业园凯瑞公寓7、8、9号楼工程。获得2012～2013年度国家优质工程奖19项,其中金质奖1项、银质奖18项。荣获2013年全国工程建设QC小组成果奖36项,其中一等奖8项、二等奖26项,三等奖2项,获得优秀企业2个、优秀组织单位1个、QC成果优秀发布人1名。

建筑节能与科技

【概况】 2013年,全省建筑节能与科技工作坚持以科学发展观为统揽,将建筑节能纳入建设项目规划、设计、施工、监理、运行管理等各个环节,对新建建筑的节能实行常态化、制度化的行政管理，构建省市县三位一体的监管机制。通过示范项目的建设，建立健全完整的建筑节能工作体系，绿色建筑发展迅速，既有居住建筑供热计量及节能改造、可再生能源建筑应用等方面成效明显。创建国家级示范县6个、省级示范市县8个，年度新增地源热泵、太阳能光热技术应用建筑面积205.6万平方米。9个国家光电建筑应用示范项目完成验收，合计装机容量8.73兆瓦。

【智慧城市建设】 省住房和城乡建设厅按照住房和城乡建设部的要求，积极开展智慧城市试点工作，6月份，建立陕西省智慧城市专家队伍，包括信息技术、市政公用、园林绿化、城市规划、管理、政策、建筑节能等专业人员42人。为全省智慧城市申报和创建提供技术支持，指导创建工作科学开展。对已取得住房和城乡建设部第一批试点城市的咸阳市、杨凌示范区和第二批试点城市的宝鸡、延安、渭南市，督促其按计划落实实施方案的项目建设内容。9月份国家科技部办公厅、国家标准委办公室联合发布《关于开展智慧城市试点示范工作的通知》，西安、延安、杨凌三城市（区）被确定为全国标准试点城市。

【新建工程节能】 运用行政手段强化新建工程节能监管，将建筑节能纳入建设项目规划、设计、施工、监理、运行管理等各环节，强化全过程监管。9月份，成立建筑节能工作领导小组，组长由厅主要领导担任。10月份省住房和城乡建设厅对各设区市、杨凌示范区、西咸新区，重点示范镇建筑节能工作进行专项检查。共检查123个工程项目，437.1万平方米。全省新建建筑设计阶段执行建筑节能设计标准率100%、施工阶段执行率100%；县（区）设计阶段执行建筑节能设计标准率100%，施工阶段执行率90%。

【既有建筑节能改造】 下发做好年度供热计量改造工作的通知，明确各市年度目标任务，落实改造项目。9月，在澄合矿务局召开全省既有居住建筑供热计量及节能改造工作现场推进会，全省既有建筑供热计量改造完成237万平方米。

【可再生能源建筑】 2013年9个国家光电建筑应用示范项目完成验收报财政部、住房和城乡建设部，合计装机容量8.73兆瓦。创建国家级可再生能源建筑应用示范县6个，下拨示范县中央财政补助资金7455万元。对列入省级2013年可再生能源应用示范的宝鸡、咸阳、渭南3个市和周至、旬邑、泾阳、三原4个县及西咸新区，依据项目建设进行规模化推广。

【技术推广应用】 申报住房城乡建设部2013年科学技术计划项目31个，申报2013—2014年度陕西省建设科技计划项目80个。起草《陕西省住房城乡建设厅陕西省科技厅关于加强全省建设行业技术创新及成果转化的意见》，着力从项目研究、工程技术中心、科技奖项评选、高新企业认定等方面，切实强化科技对住房建设行业发展的支撑引领作用。全年新型墙体材料建筑节能产品认定6批、240个产品。

【绿色建筑】 省政府制定下发《陕西省绿色建筑行动实施方案》，省住房和城乡建设厅下发《关于加强全省绿色建筑评价标识管理工作的通知》和《关于公布陕西省绿色建筑评价标识专家委员会第二届成员名单的通知》，进一步明确全省绿色建筑评价标识管理工作的程序和要求，对绿色建筑评价标识技术支撑单位和专家进行增补。开展《可再生能源建筑应用项目验收规程》《建筑与小区雨水利用技术规程》《公共建筑绿色设计标准》《居住建筑绿色设计规范》《绿色生态居住小区建设评价标准》5项绿色建筑设计地方性标准的编制工作。绿色建筑占新建工程的比例提高4.8个百分点，年度新增绿色建筑工程项目23个、237.75万平方米。8月份，住房和城乡建设部正式批准西安浐灞生态区为第二批"国家绿色生态示范城区"，西安浐灞生态区成为西北地区首个国家绿色生态示范城区。2013年评出19个绿色建筑，其中一星级9个，二星级10个，总建筑面积208.48万平方米。陕建集团七公司施工的莱安·逸珲一期二标段工程荣获第三批全国建筑业绿色施工示范工程。

【创先评优】 宝鸡千阳县住建局获全国首批节约型公共机构示范单位称号；陕西省省直机关三爻小区工程（陕西建工集团总公司）获2013年全国绿色施工及节能减排竞赛优胜工程金奖；陕西宾馆会议中心等66项工程评定为2013年度陕西省建设新技术示范工程；湿陷性黄土地区高速铁路修建关键技术、长期循环动载下饱和软弱土地基灾变控制技术及应用两个项目获2013年度国家科学技术进步二等奖；低能耗建筑通风设计关键技术研究与应用、《轻质芯模混凝土叠合密肋楼板技术规程》等11个项目获2013年度陕西省科学技术进步奖；《混凝土质量控制标准》GB 50164—2011、《岩土工程勘察安全规范》等3个项目获2013年"中国城市规划设计研究院CAUPD杯"华夏建设科学技术奖。

建设人事教育

【概况】 住房和城乡建设系统把培养高素质建筑工人和技能人才作为行业发展的基础工作,调动各方力量,创新工作机制,培养大批职业技能人才,为保障工程质量和安全生产、促进行业健康发展做出积极的贡献。2013年,重点抓好干部队伍和人才队伍建设工作,通过形式多样的培训方式教育干部,利用岗位实践锻炼干部,搭建各种平台提升建筑工人岗位技能水平。

【干部教育】 全年共开设8期干部履职专题讲座;举办3期十八大精神轮训班,处级以上干部和厅直单位班子成员96人参加学习;举办7期公文写作培训班,邀请专家进行公文写作专题授课。组织住房和城乡建设系统干部参加陕西省公务员局组织的网络学习和考试以及公务员大讲堂学习。选派2名处级领导干部到建设部挂职,选派3名干部到重点示范镇挂职,接收2名地市建设部门干部到厅业务处室挂职,协调住房和城乡建设部2名干部分别到渭南市和宝鸡市住房和城乡建设部门挂职,12名处级干部进行交流任职,对新进厅系统的11名军转干部进行岗前锻炼培训,强化干部和人才队伍和建设。

【人才队伍】 全年组织7期专业技术人员继续教育培训班,879人参加培训;组织建设系统"八大员"考试3.4万人;受理职称评审938人,其中:高级119人,中级311人,初级508人;推荐5名同志参加青年科技人才奖的评选,西北综合勘察设计研究院燕建龙、徐张建两名同志分别入选陕西省新世纪"百千万人才工程"和"重点领域顶尖人才",享受"三秦人才津贴"。

大事记

1月

15日 宝鸡市陇县被住房和城乡建设部命名为"国家园林县城"。

17日 省住房和城乡建设厅、发展改革委、环境保护厅重新组织编制的《陕西省"十二五"城镇生活垃圾无害化处理设施建设规划》提出,到2015年,全省城镇生活垃圾无害化处理率平均达到85%以上。其中,西安市生活垃圾全部实现无害化处理,其他设市城市生活垃圾无害化处理率达到90%以上,县城达到80%以上,31个省级示范镇平均达到60%。

23日 省政府下发《关于表彰2012年县城建设先进县的通报》(陕政函〔2013〕20号),授予户县、凤翔县、兴平市、富平县、子长县、府谷县、西乡县、石泉县、汉阴县、丹凤县等10个县(市)为"2012年县城建设先进县(市)"称号,并奖励每县(市)500万元。

23日 陕西省政府下发《关于表彰2012年重点示范镇建设先进镇的通报》(陕政函〔2013〕21号),授予杨陵区五泉镇、富平县庄里镇、南郑县大河坎镇、蓝田县汤峪镇、华县瓜坡镇、彬县新民镇、黄陵县店头镇、神木县锦界镇、商洛市商州区沙河子镇、靖边县东坑镇、城固县崔家山镇为"2012年度重点示范镇建设先进镇"称号,各奖励100万元。

26日 陕西省政府出台《陕西省人民政府关于加快推进城镇化的决定》,为今后陕西城镇化建设提供行动指南。

29日 住房和城乡建设部下发《关于对全国先进工程勘察设计企业予以表彰的通知》(建市〔2013〕19号),西北综合勘察设计研究院、机械工业勘察设计研究院、中国建筑西北设计研究院有限公司、中铁第一勘察设计院集团有限公司等4家勘察设计企业受到表彰。

2月

1日 住房和城乡建设部、共青团中央联合下发《关于命名住房城乡建设系统2011—2012年度全国青年文明号的决定》(建精〔2013〕25号),宝鸡市自来水有限责任公司营业所抄表收费班获此殊荣。

6日 陕西省住房和城乡建设厅召开副处级以上干部会议,省委组织部副部长冯力军主持,副省长庄长兴宣布任命杨冠军同志为陕西省住建厅党组书记、厅长。

19日 住房和城乡建设部表扬全国住房城乡建设系统环卫工人(建城〔2013〕28号),陕西有11名环卫工人受表扬。

20日 省人大常委会召开树立法治思维运用法治方式推进法治陕西建设座谈会,省住房和城乡建设厅荣获省人大"2008~2012年地方立法先进单位"称号,杨冠军厅长代表省住房和城乡建设厅作经验交流发言。

3月

2日 陕西省统计局制定《陕西省保障性安居工程项目开竣工预报统计管理制度》,该制度为全国首创,规定各市(区)统计局应将本地区拟入库的新开工项目(包括续建项目中有新开工套数的项目)和有竣工套数的项目,在各季度保障性安居工程项目正式上报前向省统计局预报,便于对相关项目进行现场核查。《制度》要求，对于计划总投资 10 亿元及以上项目和竣工套数 1000 套及以上的重点项目，省局将派人全面核查；对于计划总投资 1 亿元及以上且小于 10 亿元的项目和竣工套数 500 套及以上且小于 1000 套的项目，省统计局将从中抽查 20% 以上的项目，进行实际核查。

25 日 陕西副省长庄长兴在省住房和城乡建设厅宣布省政府决定，聘任李子青同志为省政府参事。省政府参事室（省文史研究馆）党组书记、主任张祖培，省住房和城乡建设厅领导班子成员和相关处室负责同志参加会议。

27 日 住房和城乡建设厅通报 2012 年中国人居环境获奖名单（建城〔2013〕47 号），西安市莲湖区市容环卫标准化管理项目获此殊荣。

4 月

1 日 陕西省住房和城乡建设厅、地震局、教育厅、卫生厅联合下发《关于开展建设工程抗震设防检查的通知》，决定开展城乡民居、农村中小学校舍和乡镇卫生院抗震设防质量检查。检查采取县（市、区）全面检查、市（示范区）抽查和省级部门重点抽查的方式进行（陕建发〔2013〕64 号）。

18 日 省政府办公厅"邀请公民代表走进市政府"活动到省住房和城乡建设厅，副巡视员魏龙向来自全省各设区市政府、杨凌示范区管委会、韩城市政府的秘书长和政务公开办的主要负责人，介绍接待"公民进政府"工作以来的主要情况，重点介绍住房和城乡建设厅的职能，全省保障性住房建设、城镇化、建筑业、房地产市场调控以及网上办事等情况。

25 日 住房和城乡建设部公布 2013 年村庄规划试点和试点村庄规划编制单位名单（建村函〔2013〕94 号），渭南市富平县淡村镇荆川村、省城乡规划设计研究院名列其中。

27 日 陕西省委、省政府下发《关于加快推进城乡一体化促进城乡共同繁荣的若干意见》（陕发〔2013〕1 号），提出全省推进城乡发展一体化和农业农村工作的总体要求、目标任务以及政策措施。

28 日 省委组织部、省人社厅公布 2012 年度陕西省重点领域顶尖人才名单，西综勘院院长燕建龙被评为"陕西省工程技术和管理领域顶尖人才"。

5 月

6 日 西安地铁三号线 TJSG-12 标段通化门至胡家庙区间隧道发生塌方，造成 5 人被埋死亡的较大安全事故。省住房和城乡建设厅下发紧急通知，要求立即在全省开展建筑施工安全生产大检查。

7 日 《中国建设报》头版头条位置刊登《陕西近 20 万户入住保障房》一文，报道指出，陕西省已竣工保障房 37.81 万套，19.55 万户保障对象入住。其中，2012 年保障房建设项目竣工 30.01 万套，入住 12.8 万套。2015 年年底，将有 172.5 万户保障对象进入轮候，住房保障面将超过 23%。

7 日 陕西省住房和城乡建设厅对精神文明建设领导小组组成人员进行调整（陕建党发〔2013〕24 号），厅党组书记、厅长杨冠军担任组长。副组长由副厅长郑建钢担任，成员由副厅长张阳、张孝成、张文亮、韩一兵，驻厅纪检组长顾群、总工程师高小平、副巡视员闫建平、潘正成、魏龙以及厅 18 个职能处室负责人担任。

10 日 省住房和城乡建设厅召开全省城镇公厕建设工作推进会，分解落实 2013 到 2015 年全省城镇公厕建设任务。2013～2015 年全省城市和县城共计划新建公厕 2978 座，改造公厕 1039 座。公厕密度平均由每平方公里 3 座提高到 4.1 座，每万人 3.4 座提高到 4.4 座。

23 日 受浦东干部学院邀请，陕西省委常委、常务副省长江泽林为全国厅局级领导干部"城乡一体化"及"四化同步"发展专题研究班学员作专题讲座。讲座由中国浦东干部学院常务副院长冯俊教授主持，国家部委有关司局长和来自全国各地相关领域的厅局级领导干部 200 多人聆听。

22 日 省住房和城乡建设厅对 2013 年第一批新型墙体材料建筑节能产品申报产品认定资料进行审核。渭南市临渭区闫村镇第二机砖厂生产的烧结多孔砖及空心砖、略阳县嘉陵建材有限公司生产的蒸压粉煤灰砖等 29 种产品符合新型墙体材料认定条件，为其颁发认定证书，并列入《陕西省新型墙体材料建筑节能产品认定目录》，有效期为 2013 年 5 月 2 日至 2015 年 5 月 2 日。

29 日 陕西省十二届人大常委会第三次会议通过《陕西省城市地下管线管理条例》，该条例于 10 月 1 日起正式施行。

6 月

5 月 31 至 6 月 2 日 住房和城乡建设部住房保障司司长冯俊一行来陕调研。冯俊希望陕西继续在创新机制体制上动脑筋、下功夫，积极探索新思路、新方法，及时总结经验，着力破解资金、管理和分配方面的难题，进一步细化任务和目标，力促保障性住房建设再上新台阶。

13 日 省住房和城乡建设厅下发《关于公布 2013 年度陕西省建设工程长安杯奖（省优质工程）评

选结果的通知》(陕建发〔2013〕139号),授予陕西宾馆18号楼、会议中心工程等44项工程为2013年度陕西省建设工程长安杯奖(省优质工程)称号。

14日 建设部原副部长、中国房地产业协会会长刘志峰一行来陕调研,围绕新型城镇化、重点示范镇建设、住房保障、房地产市场调控、住宅产业化、建筑节能等工作与省住房和城乡建设厅进行深入的探讨和交流。

17日 省住房和城乡建设厅下发《关于公布2013年第二批新型墙体材料建筑节能产品认定目录的通知》(陕建发〔2013〕144号),安康市坤城环保建材有限公司的烧结多孔砖及空心砖(页岩)等14种产品符合新型墙体材料认定条件,陕西凯澳幕墙装饰工程有限公司的铝合金中空玻璃平开窗等20种产品符合建筑节能产品的认定条件,为其颁发认定证书,并列入《陕西省新型墙体材料建筑节能产品认定目录》,有效期为2013年5月24日至2015年5月24日。

20日 住房和城乡建设部首次组织开展绿色建筑评价标识工作,经审定,全国共有13个项目获得首批绿色建筑评价标识,安康市兴科明珠花园9号楼位列其中。

7月

2日 陕西省委常委、西安市委书记魏民洲一行来到地铁三号线延平门站工地调研,强调认真贯彻省委赵正永书记、娄勤俭省长关于西安地铁建设的重要指示,科学施工,优质安检,加快进度,确保地铁1号线2013年9月份通车试运行,地铁2号线南段明年通车试运营,地铁3号线建成通车。

12日 省委组织部、省住房和城乡建设厅在咸阳国际机场举行欢迎仪式,欢迎陕西省第六批援藏工作队凯旋。省规划院朱春鸿作为此次援藏干部之一,圆满完成工作任务,载誉归来。

16日 全省首家陕南移民搬迁与保障房建设合署办公机构成立并开始办公。为搞"两房"试点工作,商南县把两个机构合二为一,实施统一领导、统一规划、统一建设、统一管理、统一分配,合署办公,是两房结合新思路、新途径的尝试。

17日 全省小城镇建设工作会议在西安召开。省级有关部门主要负责人;各设区市政府主要负责人和建设、规划、发改、旅游、文物局主要负责人;35个重点示范镇、文化旅游名镇所在县(区)政府、镇政府主要负责人参加会议。会议对全省小城镇建设工作进行安排,公布2013年全省重点示范镇招商推介项目198个,18个有代表性项目在会上进行集中签约。从2013年起,全省全面启动31个文化旅游名镇(街区)建设工作,并决定从2013年至2015年,省上分批次给予每镇(街区)200亩城乡建设用地增减挂钩指标,省级财政给予每镇每年500万元资金专项支持。文化旅游名镇(街区)的建设工作被纳入省委、省政府对各市(区)的2013~2017年度目标责任考核。省上每年评出10个文化旅游名镇(街区)建设先进镇,年终给予每镇100万元奖励。

26日 省十二届人大常委会第四次会议表决通过《陕西省建筑保护条例》,《条例》于12月1日起施行。

8月

1日 住房和城乡建设部办公厅公布2013年国家智慧城市试点名单(建办科〔2013〕22号文件),宝鸡市、渭南市、延安市被列为试点。

9日 全省文化旅游名镇规划建设工作会在西安召开,会议强调将用5年时间,加强对31个文化旅游名镇(街区)基础和旅游设施建设,达到年旅游人数3100万人次、吸纳就业人口15万、旅游收入150亿的总体目标,成为带动全省小城镇发展的重要引导力量。

19日 省住房和城乡建设厅党组印发《陕西省住房和城乡建设厅关于深入开展党的群众路线教育实践活动的实施方案》(陕建党发〔2013〕40号),要求厅机关、直属单位各党支部结合实际,认真贯彻落实。活动分三个阶段:一是学习教育、征求意见阶段;二是查摆问题、开展批评阶段;三是整改落实、建章立制阶段。8月下旬开始集中在厅机关、直属事业单位党员干部中开展群众路线教育实践活动,12月中旬基本完成。

26日 住房和城乡建设部、文化部、财政部联合公布第二批中国传统村落名录名单,26个省的915个村落入选。陕西省有8个村落入选。

29日 国家住房和城乡建设部正式批准西安浐灞生态区为"国家绿色生态示范城区"。

9月

11日 省住房和城乡建设厅召开专题会议,就全省18个跟踪指导的市级重点镇规划与建设相关工作进行全面安排部署,要求各地按照"城乡政策一致、规划建设一体、公共服务均等、收入水平相当"的原则,加强规划编制工作,尊重群众意愿和生活习惯,突出地域风貌特色,系统规划市级重点镇新区、老区、镇域社区和产业园区建设,同步设计市政基础、公共服务设施和各类保障性住房等项目,明确项目规划建设进度,提高规划的可操作性。

13日 全省既有居住建筑供热计量及节能改造

工作现场推进会在澄城县召开。会议的主要任务是进一步贯彻落实中央和省委省政府有关建筑节能特别是节能改造工作的决策部署，总结分析当前全省供热计量节能改造工作进展情况和面临的形势，交流学习各地的成功经验，对既有居住建筑供热计量及节能改造工作进行再部署、再动员。

15日　省委书记赵正永、省长娄勤俭考察西安地铁1号线开通试运营工作，听取西安市城市轨道交通近期建设规划和线网规划介绍，了解各条线路长度、投资和建设周期等情况，察看站内地砖、文化墙、乘车标志等设施，对加强西安地铁与咸阳市的对接提出明确要求。

26日　全省首批移民安置户"两证"发放仪式在略阳县横现河镇石坝陕南移民安置社区举行，191户搬迁群众领到期盼已久的安置房"合法证书"：土地使用证和房产证。

26日　省十二届人民代表大会常务委员会第五次会议通过《陕西省城市公共空间管理条例》，该《条例》于2014年1月1日正式实施。

10月

14日　《中国建设报》头版头条刊登《陕西省住房和城乡建设厅：聚焦"四风"重民生服务群众正作风》一文，报道指出，陕西省住房和城乡建设厅在党的群众路线教育实践活动中，坚持"从群众关切出发、让群众满意落脚"原则，坚持高标准、严要求，认真做好每个环节工作，摒弃虚、空、偏，使教育实践活动扎实有序开展。

13～20日　省住房和城乡建设厅纪检组举办纪检监察业务工作培训班，全系统56名纪检监察干部参加培训，厅党组成员、省纪委驻厅纪检组长顾群参加开班仪式并作了专题讲座。培训的内容为：派驻机构查办案件工作方法、惩治与预防腐败体系建设、廉洁从业预防职务犯罪等课程和专题讨论。

21日　省住房和城乡建设厅下发《关于加强建设工程项目经理和监理总监在岗履职工作的通知》（陕建发〔2013〕291号），要求各地加强项目经理和监理总监在岗履职工作。施工单位、监理单位必须按照投标文件和合同约定派驻具备相应资格的项目经理和监理总监，不得随意更换。确需更换的，要选派具备相应资格的人员，书面报经建设单位同意后报质量安全监督机构备案。

22日　22时50分"陕西省住房保障信息网"正式上线，市民有了一个更畅通、更详尽、更及时获知渠道。"陕西省住房保障信息网"共设信息资讯、信息动态、信息公开、便民服务、举报投诉等栏目。

24日　省住房和城乡建设厅下发文件《关于命名省级园林式单位、园林式居住区的通知》（陕建发〔2013〕297号），命名宝鸡职业技术学院等59个单位为省级园林式单位、铜川新区铁诺小区等20个居住区为省级园林式居住区。

25日　在省第十七次文明施工现场会上，省建筑业协会和省建设监理协会向全省建筑行业的企业、单位和职工发出主题为"治理扬尘、从我做起"的建筑施工扬尘治理行动倡议书。

28日　省住房和城乡建设厅成立建筑行业监管改革领导小组，进一步推动建筑业健康发展，维护建筑市场秩序，规范市场各方主体行为，加快全省建筑市场信用体系建设，推进建筑业从业人员实名制管理，创新建筑行业市场监管手段，切实把政府职能转变为建筑市场责任主体服务和创造良好发展环境上。

30日　副省长庄长兴主持召开专题会议，安排部署沿渭重点示范镇规划建设工作，一是创新工作机制，增强内生动力；二是坚持规划引领，抓好模块建设；三是加强组织领导，严格实施考核。重点示范镇建设工作纳入省委省政府对各设区市的年度目标考核体系，形成省抓市、市抓县、县抓落实的工作格局。

31日　省城镇污水处理推进会在西安召开。会议总结全省城镇污水处理设施建设运行、污水管网建设、信息系统填报工作的情况。陕西省在全国综合排名第5位，西安市在全国36个大中城市考核中位居第一。会议还对《陕西省城镇污水处理规范化考核办法（试行）》进行讨论。

11月

5～9日　第二十届杨凌农高会在杨凌召开，农高会展示的主题是："现代农业创造美好生活"。省住房和城乡建设厅主办的城镇化建设展在现代农业科技创新馆（C馆）展出。展馆配有示范镇模块模型、标准村建设模型及关中、陕北、陕南民居户型模型等，省住房和城乡建设厅荣获本届农高会"优秀组织奖"和"优秀展示奖"，曹新利等荣获农高会组展工作先进个人。

7日　省住房和城乡建设厅对2013年第四批申报产品的认定资料进行审核。南郑县胡家营镇赖家山村李全德砖厂的烧结空心砖等35种产品符合新型墙体材料认定条件；陕西绿林安装装饰工程有限责任公司的(PVC-U)塑料中空玻璃推拉窗等29种产品符合建筑节能产品的认定条件，为其颁发认定证书，并列入《陕西省新型墙体材料建筑节能产品认定目录》，有效期为2013年10月31日至2015年10月31日。

11日　住房城乡建设部公布全国第一批建设美

丽宜居小镇、美丽宜居村庄示范名单，礼泉县的袁家村入选美丽宜居村庄示范。

14日 中国建筑业协会建筑安全分会对2013年全国"AAA级安全文明标准化工地"进行发布及表彰。陕西建工集团第七集建筑工程有限公司八直部承建的西安微电子技术研究所太白南路研发大楼及写字楼项目等17个工程获此殊荣。

20日 住房和城乡建设部下发文件《关于公布第一批全国村庄规划示范名单的通知》（建村〔2013〕163号），渭南市富平县淡村镇荆川村村庄规划入选。

22日 国土资源部和住房城乡建设部联合下发《关于坚决遏制违法建设、销售小产权房的紧急通知》，要求坚决遏制违法建设、销售小产权房，对在建、在售的小产权房坚决叫停，明确强调小产权房不存在"转正"的可能性。

22日 省住房和城乡建设厅成立第一届陕西省震后房屋建筑应急评估专家队，50名队员是从全省勘察设计行业遴选出的有关结构、勘察、施工等方面的专家，主要负责震后房屋建筑应急评估工作，保障住房城乡建设系统震后应急响应效率。震后房屋建筑应急评估专家队任期3年。

25日 住房城乡建设部下发文件，公布2012～2013年度中国建设工程鲁班奖，全省有10个建设工程获奖（建质〔2013〕167号）：中国延安干部学院添建项目、中国电子科技集团公司第二十研究所研发实验楼、调度指挥中心、中华石鼓园、解放军第451医院医疗综合楼、陕西宾馆18号楼、会议中心工程、陕西省科技资源中心、汇鑫花园、大唐西市博物馆。

27日 省住房和城乡建设厅为期七周的公文写作知识培训结束。杨冠军厅长提出五点要求：一是充分认识学习的重要性；二是精选内容选好学习主题；三是研究建立学习常态机制；四是进一步加强培训纪律；五是学以致用，全面做好各项工作。

30日 2013年陕西互联网大会在西安召开，省住建厅网站荣获"2013年度陕西省十佳电子政务服务平台"称号。

12月

9日 省住房城乡建设厅被省地方志编纂委员会评为2013年度全省地方志工作先进单位。

10日 省住房和城乡建设、发改、财政、国土、纠风办等5部门联合出台《关于廉租住房和公共租赁住房并轨运行管理的指导意见（试行）》，指出廉租房和公租房实行并轨管理，统称保障性租赁住房，明确了保障性租赁住房的最新补贴办法。

11日 省城乡规划设计研究院受省住房和城乡建设厅委托，成立由高级规划师、高级建筑师、注册城市规划师等专家组成的古村落调研组，先后对关中地区的63个古村落进行调研，确定礼泉县烟霞镇袁家村古街、蓝田县葛牌镇石船沟村民居等28处特色鲜明、具有保护价值的古村落，完成关中地区古村落调研报告。

20日 中央电视台《新闻联播》以"陕西：多举措推进保障房入住"为题，全面报道省住房和城乡建设厅通过加强保障房选址前期规划、提高补助标准、完善基础设施、建立住房保障信息平台、提高分配效率等一系列措施，千方百计提高入住率，让更多百姓受益。

23日 《人民日报》大篇幅报道陕西为提高保障房入住率所采取的政策举措：加大投入、做好配套，划下选址硬杠杠；入户查水表电表，超过6个月没人住一律退出；并轨廉租房和公租房，提高利用率。陕西保障房的入住率从65.7%提高到84.3%。

28日 省记协组织陕西日报、陕西广播电视台、当代陕西杂志、三秦都市报、华商报、西安日报、文化艺术报和西部网、陕西传媒网等主要媒体，联合评出陕西省2013年十大新闻，"省保障房建设走在全国前列"入选。

（陕西省住房和城乡建设厅 撰稿：吴汉卫）

甘 肃 省

住房保障

【**保障性安居工程建设**】 2013年，甘肃省政府与国家保障性安居工程协调小组签订住房保障工作目标责任书：全省新开工建设保障性住房、棚户区改造住房共15.5409万套（户），开工率达到100%、主体竣工率达到70%；基本建成2013年及历年结转保障性住房、棚户区改造住房共11万套（户），基本建成率达到100%、竣工率达到80%、分配入住率达到60%以上。完成情况：全省新开工建设各类保障性住房15.67万套，开工率为100.8%（超额完成目标任务0.8个百分点）、主体竣工12.9万套（主体竣工率为83%，超额完成目标任务13个百分点）；基本建成保障性住房15.46万套，基本建成率为140.54%（超额完成目标任务40.54个百分点）、竣工10.52万套（竣工率为95.6%，超额完成目标任务15.6个百分点）、分配入住10.1万套（分配入住率为91.8%，超额完成目标任务31.8个百分点）。2013年，省政府确定按照人均6.5元/（平方米·月）补贴标准对10万户城市住房困难家庭发放廉租住房租赁补贴。截至年底，全省已对13.31万户、38.28万人发放廉租住房租赁补贴资金3.48亿元，全面完成全年廉租住房租赁补贴发放任务。全省落实中央补助资金53.7643亿元，较2012年增加12.2469亿元，增长28.5%。其中，新建廉租住房补助资金15.3298亿元、公共租赁住房补助资金20.7452亿元、城市棚户区改造补助资金7.7955亿元、林区棚户区改造补助资金3.3746亿元、国有工矿棚户区改造补助资金1397万元、国有垦区危房改造及配套基础设施建设项目中央预算内投资1.9149亿元、廉租住房租赁补贴资金4.4646亿元。全省足额落实保障性住房省级配套资金13.845亿元，较2012年增加4.052亿元，增长41.38%。其中，廉租住房租赁补贴资金1.05亿元、新建廉租住房专项补助资金2.5884亿元、新建公共租赁住房专项补助资金7.1641亿元、城市棚户区改造补助资金1.5688亿元、林区棚户区改造0.4318亿元、农垦危房改造0.4628亿元、廉租住房回购改建资金0.1471亿元、基础设施等补助资金4320万元。全省供应保障性安居工程建设用地566.45公顷，占全省住房用地供应总量1268.38公顷的45%。

【保障性安居工程组织实施】 先后制定印发《2013年保障性安居工程建设和对城市低收入住房困难家庭发放廉租住房租赁补贴实施方案》《甘肃省2013年保障性安居工程建设目标任务分解计划的通知》《关于加快棚户区改造的实施意见》《甘肃省人民政府办公厅关于印发〈甘肃省住房保障工作考核办法〉的通知》《省住房和城乡建设厅关于进一步加强保障性住房廉政风险防控工作的通知》。2月26日，省政府召开全省保障性安居工程建设工作会议，签订2013年住房保障目标管理责任书。3月9日～11日，举办全省住房保障档案管理和统计业务培训班。在《甘肃省住房保障工作考核办法》中，明确省财政每年预算安排600万元，用于全省住房保障工作考核奖励。6月28日，省政府在兰州市召开全省保障性住房建设现场推进会，观摩兰州市保障性安居工程建设项目，安排部署下半年重点工作。

【保障性安居工程监督管理】 4月，组成两个督查组，分别对陇南、天水、嘉峪关、酒泉、金昌、武威、张掖、临夏8个市州23个县（区）共96个2013年新建保障性住房项目进展情况进行了专项督查，对建设进度较慢、工作滞后的县区提出整改意见。9月，对全省14个市州、86个县（市、区）保障性住房建设信息公开情况进行了全面检查，下发《关于全省保障性住房信息公开抽查情况的通报》。根据《甘肃省住房保障工作考核办法》，会同省监察厅、发改委、财政厅、国土资源厅组成考核组，分别在7月、12月对14个市州2013年住房保障目标管理责任书执行情况进行半年检查和年终考核。按照国家审计署关于对保障性安居工程实施跟踪审计工作部署，配合省审计厅完成2012年度保障性安居工程建设跟踪审计工作，重点对涉及"专项资金被挪用、建成保障房被违规出售或挪作他用、违规享受保障性住房、存在安全隐患"等问题进行专项督查。

【住房保障工作规划研究】 重点对通过实施保障性安居工程建设，增加对城镇低收入群众的住房供给，缓解农业转移人口市民化带来的住房压力，努力使转移人口住有所居进行研究，努力探索建立健全覆盖不同收入群体的住房保障供应体系。8月28日，为引导和鼓励各行业企业积极投身保障性住房建设，召开全省保障性安居工程建设企业座谈会。为认真贯彻落实李克强总理在全国棚户区改造现场会上的讲话精神，加快推进全省棚户区改造工作，在对全省14个市州、17个市辖区、69个县级城市，包括9个资源型城市和4个独立工矿区棚户区改造情况进行全面调查摸底的基础上，完成2013~2017年棚户区改造规划编制工作，起草并提请省政府印发《甘肃省人民政府关于加快棚户区改造的实施意见》。根据《住房和城乡建设部关于保障性住房实施绿色建筑行动的通知》要求，按照星级绿色建筑的评价指标体系、项目内容和评价方法，明确目标任务，细化工作措施，稳步推进保障性住房实施绿色建筑行动的相关工作。

【住房公积金管理】 截至2013年底，全省住房公积金缴存总额839.63亿元，全省2013年新增归集额 158.78 亿元，同比增长 15.67%；缴存余额 550.08 亿元，2013 年新增缴存余额 91.86 亿元，同比增长 20.05%；全省缴存住房公积金人数达到 173.48 万人，2013 年新增缴存人数 9.63 万人，同比增长 5.88%，住房公积金制度覆盖面达到 89.1%；全省个人贷款余额 213.50 亿元，同比增加 54.29 亿元，增长率 34.1%，个贷率 38.81%；2013 年全省个人提取住房公积金 66.92 亿元，新增个人住房贷款 89.76 亿元，全省累计向 42.03 万户职工发放 381.26 亿元个人贷款。

2013 年是甘肃省"住房公积金制度深入推进年"，各市州住房公积金管理中心加强与部门企业联动，加大政策宣传，围绕"应建尽建、应缴尽缴"目标，不断加大扩面建制力度。根据住房和城乡建设部《关于进一步加强住房公积金监管工作的通知》要求，甘肃省住房和城乡建设厅积极督促各市（州）管委会、管理中心不断补充完善各项规章制度。严格贯彻执行国务院"国五条"要求，坚决抑制投资性、投机性购房需求，以商品房、单位自建房、经济适用房为主，支持职工和低收入家庭首套购房贷款。认真执行差别化信贷政策，积极发挥住房公积金在支持自住型、改善型住房需求方面作用。坚持不滥贷，不惜贷，进一步提升住房公积金在住房金融中的保障作用。按照住房和城乡建设部等四部委《关于加强和改进住房公积金服务工作的通知》，要求各市（州）住房公积金管理中心对照《住房公积金服务指引（试行）》内容，加强和改进服务工作。多次陪同国家检查组对违规套取住房公积金、住房公积金行业管理机构运行情况等展开检查，并会同省财政厅、中国人民银行兰州中心支行对全省住房公积金缴存及增值收益分配管理工作开展专项检查。根据住房和城乡建设部等七部委《关于加强住房公积金廉政风险防控工作的通知》要求，各管理中心（分中心）全面排查管理漏洞和各类风险点，对各风险点实行分类识别、分级管理、分级监督、全程监控。联合相关部门，会同国家检查组先后 3 次对归集、核算、财会、信贷等业务和廉政制度建设执行进行专项检查。截至 2013 年底，甘肃省共争取到利用住房公积金贷款支持保障性住房建设试点城市四个（兰州、天水、白银、金昌），争取试点项目贷款 17.75 亿元，已发放贷款 9.47 亿元，回收贷款 5.5 亿元。已开工建设保障性住房 13695 套，建设面积 217.03 万平米。

房地产业

2013 年，全省房地产开发完成投资 724.65 亿元，同比增长 29.2%，占全社会固定资产投资的 11.31%，其中商品住宅完成投资 539.85 亿元，同比增长 30.9%；房地产开发施工面积 6848.4 万平方米，同比增长 21.53%，其中住宅施工面积 5324.49 万平方米，同比增长 20.2%；房地产开发新开工面积 2451.19 万平方米，同比增长 1.94%，其中住宅新开工面积 1917.05 万平方米，同比下降 0.9%；房地产开发竣工面积 915.56 万平方米，同比增长 8.41%，其中住宅竣工面积 769.07 万平方米，同比增长 8.3%；商品房销售面积 1220.02 万平方米，同比增长 24.69%，其中住宅销售 1134.81 万平方米，同比增长 27.03%。

【市场监管】 3 月 29 日，根据《国务院办公厅关于继续做好房地产市场调控工作的通知》要求，省政府印发《关于做好 2013 年房地产市场调控工作的通知》，明确要全面落实稳定房价工作责任制、加快保障性住房建设、增加普通商品房土地供应、加强市场监管和预期管理、加快建立和完善引导房地产市场健康发展的长效机制五项措施。综合全国和全省房地产市场形势，确定全省房价控制目标制定"按照保持房价基本稳定和房价涨幅低于城镇居民家庭人均可支配收入实际增幅"的原则。建立健全全省建设系统"四表一分析"办法，即每月完成全省《房地产开发完成情况统计表》、《新建商品住房价格统计表》、《房地产业四项考核指标完成情况统计表》、《存量房统计表》四个统计报表共 70 多个统计指标和业内统计分析。建立房地产行业统计业内外、省内外对比分析制度。按照住房和城乡建设部要求，完成《房屋概况》、《房屋登记情况》、《国有土地上房屋征收》统计。3 月 27 日～28 日，组织全省各市州房地产主管部门的分管领导和统计人员统计业务培训。先后对兰州市、白银市、定西市、庆阳市、临夏州等地房地产市场进行专题调研。通过 6 月 5 日和 7 月 22 日分别组织召开的全省 20 家房地产企业参加的座谈会和部分城市房地产市场形势分析会，专题探讨甘肃省当前房地产市场形势和出现的新问题，部署房地产风险评估和风险预警机制建立工作，形成风险评估情况报告。8 月，上报《甘肃省住房和城乡建设厅关于印发建立房地产市场预警预报机制指导意见的请示》。根据住房和城乡建设部、工商总局部署，会同省工商局开展全省中介市场专项整治工作，共查处违法违规行为 48 起，处理群众投诉 7 起，挽回购房人经济损失 23 万元。根据住房和城乡建设部《房屋登记办法》和《房屋登记簿管理试行办法》，研究提出甘肃省的贯彻意见。配合住房和城乡建设部完成机构改革后各市州、县房屋产权发证机构的变更核定工作。按照住房和城乡建设部《房屋登记办法》和《关于作好房屋登记审核人员培训考核工作(试行)的通知》,完成2013年全省房屋登记官培训考核工作。按照住房和城乡建设部《关于修订〈房地产交易与权属登记规范化管理考核标准〉的通知》要求,完成嘉峪关市产权产籍管理所申报住房和城乡建设部房地产交易与权属登记规范化管理先进单位的考核上报工作,完成张掖市房屋产权交易中心、庆阳市房地产交易与权属登记管理中心规范化管理单位的考核认定工作。

【国有土地上房屋征收与补偿】 在广泛开展学习宣传《国有土地上房屋征收与补偿条例》和《甘肃省实施〈国有土地上房屋征收与补偿条例〉若干规定》的同时,指导各地加快成立房屋征收部门和房屋征收实施单位,明确征收主体责任,做好房屋征收信息公开工作。兰州市轨道交通建设项目是甘肃省城市建设史上投资规模最大、建设周期最长、涉及面最广的综合性基础设施工程。为了加快兰州轨道交通项目征收工作,6月5日,省政府成立兰州轨道交通项目征地和房屋征收工作协调推进小组,办公室设在省住房和城乡建设厅;6月8日,省住房和城乡建设厅召开了协调推进小组办公室主任会议。截至7月31日,列入省政府协调推进的15个征收项目中除2个项目因选址方案调整不再征收外,其余13个项目全部签订征收协议,按时圆满完成征地和房屋征收协调推进工作任务。

全年全省共完成国有土地上房屋征收和拆迁户数25648户,完成拆迁建筑面积250.08万平方米,其中住宅面积188.19万平方米、营业用房面积55.52万平方米、其他用房面积10.45万平方米。

【物业管理】 截至2013年底,甘肃省物业管理从业人员56173人,物业服务企业1504家,服务项目5386个,管理面积14970.62万平方米。其中,住宅项目4108个,管理面积11760.49万平方米(5万平方米以上的住宅小区673个,管理面积5904.8万平方米);办公楼项目982个,管理面积2282.98万平方米;商品营业用房项目175个,管理面积416.97万平方米;工业仓储用房项目31个,管理面积63.27万平方米;其他项目98个,管理面积386.74万平方米。

城市规划

【规划编制】 重新启动甘肃省域城镇体系规划编制工作,11月取得阶段性研究成果。截至年底,全省有兰州市、张掖市、武威市、平凉市、白银市、敦煌市启动新一版城市总体规划的修编,其中兰州市城市总体规划已报国务院。积极推进华夏文明传承创新区建设历史文化名城名镇名村保护利用板块工作。组织编制完成《历史文化名城名镇传承创新保护利用规划》、《甘肃省域城镇风貌体系规划》,起草报送了《历史文化名城名镇保护建设板块实施分方案》,制定印发《华夏文明传承创新区建设历史文化名城名镇名村保护利用板块分方案实施意见》。截至2013年底,全省16个设市城市中控制性详细规划覆盖率达到100%的11个、达到90%以上的城市1个、未达到90%的城市4个;全省65个县城中控制性详细规划全覆盖的21个、达到85%以上的19个、在85%以下的25个。

【规划管理】 3月,制定印发《关于开展城市和县城总体规划实施评估工作的通知》,要求各地针对规划实施情况、执行情况、实施结果和实施政策在体制、机制方面存在的问题进行全面总结和评价。4月,制定印发《关于进一步加强城市控规、县城总规备案管理工作的通知》。围绕全省中心工作,加强区域重大建设项目规划管理,全年共审核发放涉及电力、水利、交通、能源等重大项目选址意见书39项。完成8个市县开发区总体发展规划与城市总体规划符合性的审查,完成平凉市、嘉峪关市、陇西县申报国家级经济技术开发区与城市总体规划符合性的审查。会同省文物局成功申报天水市新阳镇胡家大庄、麦积镇街亭村为中国历史文化名村,永登县红城镇、西固区河口乡河口村申报省级历史文化名镇名村。7月,在兰州召开全省规划局长座谈会暨历史文化名城名镇名村保护利用板块分方案实施工作会议。积极开展城乡规划执法督察制度建设工作,制定印发《甘肃省城乡规划督察暂行办法》。

【灾后重建】 东乡县特大滑坡地质灾害灾后重建工作历时三年,截至2013年底,44个灾后重建规划项目全部建成交付,灾后重建规划编制、重建规划统筹和实施工作圆满完成。

建筑业

【建筑业发展】 鼓励引导省内企业投标提高市场占有率,推进全省建筑业增加值提升。2013年,全省房屋和市政基础设施工程交易7715项、交易额912.6亿元,分别比2012年同期增长14.17%和26.7%;企业申报的建筑业产值达3580亿,比2012年同期增长12%以上。

【建筑市场服务与管理】 开展相关企业晋等升

级的提高培训工作，为企业晋等升级做好服务。2013年，共初审15家企业报住房和城乡建设部申请一级资质，审批二级总承包资质46项、专业承包53项；核准公示市州审批三级企业总承包资质198项、专业承包资质330项；办理企业资质变更173家；开展三级建造师执业培训，核发6718名三级建造师执业证书、IC卡及执业印章。加大建筑业企业资质动态核查力度，采取企业经营数据月报网上审核、企业资质数据报送、企业资质打证系统数据库核对等方式动态掌握企业达标情况。核查2007年以前核发资质的建筑业企业情况，及时延续223家二级企业资质、350家三级资质，注销不符合资质标准的6家二级企业资质、42家三级企业资质、7家劳务企业资质。办理418家省外企业进甘备案手续，省外企业实行网上审核并实现系统打印各类工程项目投标通知书1025份，为省内企业开具出省介绍信和相关证明320家次。结合全省质量安全大检查活动，分4个组对全省14个市州的建筑市场各方主体行为进行督查，共抽查施工企业110家、在建项目120个，查处违规行为10项。下发《关于开展预拌商品混凝土生产和应用的调研》通知，组织开展全省预拌商品混凝土生产和应用情况检查，促进预拌商品混凝土生产质量的提高，为行业规范运行和市场发展奠定基础。会同省人力资源和社会保障厅等部门起草做好农民工工资支付工作的政策文件，及时参加工作组督查农民工工资支付情况，保障农民工权益，维护市场秩序。加快建筑行业信息化建设，推行建筑业企业资质电子数据上报。已完成120家一级建筑业企业资质电子数据汇总，对106家企业的资质进行电子数据核验汇总并上报住房和城乡建设部数据库。根据《关于做好省政府政务大厅网上审批及电子监察平台建设事项梳理及录入工作的通知》要求，对省政府政务大厅建筑业企业资质审批事项进行专项梳理，为推动行业改革发展奠定了基础。及时与省公共资源交易局协商，确保全省建设项目交易信息数据与建筑市场综合信息平台的衔接共享和正常运行。按照省政府社会信用体系建设要求，及时督导各市州和企业落实建筑市场诚信行为实施细则，为促进建筑行业信息化管理做了有益的探索。按照住房和城乡建设部的统一部署，下发《关于临时建造师继续教育及延续注册的通知》，对全省持有一级、二级临时建造师资格证书的7500人进行继续教育培训后将予以延续注册。积极协调住房和城乡建设部增设一级建造师培训机构，并协调相关专业的培训机构在兰州完成住房和城乡建设部部署的一级建造师继续教育工作，为企业节省开支，得到企业的好评。组织论证核准并公布《大厚度黄土地区超深大直径机动洛阳铲成孔灌注桩高效施工工法》等42项工法为2012年度甘肃工程建设省级工法，并推荐30项工法申报2011～2012年度国家工法，有效激励企业技术创新。

【工程招标投标管理】 2013年，全省房屋建筑和市政基础设施工程进入交易市场招标共7715项，总投资912.59亿元，其中依法公开招标工程6485个，总造价767.73亿元，公开招标率84%；依法邀请招标工程331个，总造价44.82亿元，占总招标项目数的4.3%。进入省有形建筑市场招标工程1045个，工程中标总价122.61亿元，其中依法公开招标工程816个，总造价106.38亿元，公开招标率78.1%；依法邀请招标工程229个，总造价16.23亿元，占总招标项目数的21.9%。完成合同备案993份。

为切实加强标后监督管理，落实合同管理制，推动市场准入和市场行为监管，制定印发《关于开展房屋和市政基础设施工程招标投标专项检查的通知》。与省工商行政管理局联合转发《住房城乡建设部工商总局关于印发建设工程施工合同（示范文本）的通知》，新的建设工程施工合同（示范文本）在全省执行。与省公共资源交易管理委员会办公室制定印发《关于发布房屋建筑和市政工程交易项目目录的通知》，对严格建设工程基本程序，适应省公共资源交易工作流程，进一步规范招标投标行为起到积极作用。制定印发《甘肃省房屋建筑和市政基础设施工程招标投标资格审查管理办法》，规范招投标资格审查行为。举办建设工程招标投标评标专家及从业人员培训班3期，培训人员800人。办理省内16家申报招标代理资格核查、评审及发证工作，其中乙级资格延续4家、暂定级升乙级5家、暂定级延续2家、初始暂定级3家、注销乙级代理资格2家，与合格的14家招标代理资格发证机构法定代表人签订承诺书。审核办理17家省外甲级招标代理机构进甘备案审查工作。截至2013年底，全省共有招标代理机构107家，其中甲级6家、乙级64家、暂定级37家。

【工程安全质量监督】 2013年，全省共监督工程10362项（同比增长14.8%，其中市政工程总长度344.1万延米），建筑面积9568.87万平方米（同比增长5.4%），工程造价2364.98亿元（同比增长24.3%）。在监省列重大项目共35项（已通过竣工验收工程8项），其中民用建筑工程32项，总计建筑面积154.66万平方米，工程总造价75.52亿元；水电工程3项，工程规模355兆瓦，工程投资16.8亿元。截至2013年底，全省共有除省建设工程安全质量监督管理局以外的建设工程质量安全监督机构109个，其中市州级26个、县级69个、专业质量监督机构14个。

3月，在兰州召开全省建设工程安全质量监管工作会议，签订安全目标责任书。研究确定路基工程等7项工程质量典型问题作为2013年集中治理的对象，并下发《2013年甘肃省市政基础设施工程质量典型问题治理措施》。对2012年发生的9起房屋市政工程施工死亡事故进行处罚，暂扣施工企业安全生产许可证8家、吊销三类人员安全生产考核合格证书19人、责令总监理工程师停止执业8人、吊销执业资格证书2人。下发《省住房和城乡建设厅关于立即开展全省房屋建筑和市政基础设施工程施工安全质量暨市政公用设施运营安全大检查的通知》，共抽查在建工程99项（其中保障性住房23项、房地产22项、公共建筑34项、工业建筑2项、市政公用设施工程18项），对21项工程签发《质量安全问题整改通知书》和3份《建设行政执法建议书》。下发《关于开展预拌商品混凝土专项质量检查的通知》，并于9月对全省5个市州及兰州新区的33家预拌商品混凝土生产企业产品质量进行专项检查。完成68家预拌混凝土公司专项检测试验室资质申报的资料核查、实地查验及资质核发工作。按照《住房城乡建设部关于开展安全生产综合督查的通知》和《住房城乡建设部关于开展建筑施工安全生产专项督查的通知》要求，9月、11月配合住房和城乡建设部督查组对全省安全生产工作进行综合督查和专项督查。按照《东乡县特大滑坡地质灾害灾后重建房屋建筑和市政基础设施工程质量安全监督暨检查工作方案》，每季度对东乡县灾后重建进行一次质量安全大检查。对全省建筑施工企业安全生产许可证和建筑施工企业"三类人员"安全生产考核合格证进行审核发放。经审核，给167家建筑施工企业颁发安全生产许可证，对214家建筑施工企业安全生产许可证给予延期，给7584人颁发安全生产考核合格证书、对4558人的安全生产考核合格证书给予延期。截至2013年底，累计给符合条件的2328家建筑施工企业颁发安全生产许可证，给符合条件的68627名三类人员颁发安全生产考核合格证书。组织了检测员、资料员、见证员、取样员共计10585人的培训和证书发放工作。在2012年底征集飞天奖专家的基础上，对申报的300多名专家进行了审核，印发《关于公布甘肃省建设工程飞天奖评审委员会专家库名单的通知》；对申报2012年飞天奖的工程项目进行审定，印发《关于公布荣获2012年度甘肃省建设工程飞天奖及飞天金奖名单的通知》；印发《甘肃省住房和城乡建设厅关于开展2013年度甘肃省建设工程飞天奖评选活动的通知》，对2013年申报飞天奖工程的项目进行初审、主任办公会审定和现场复查评选。

继续推进市政工程技术资料表格编制工作，制定印发《甘肃省建筑安全生产标准化企业和标准化工地申报及评价程序》、《关于做好近期及"春节"期间全省建设工程安全质量有关工作的通知》、《省住房和城乡建设厅2013年推进质量振兴工作计划》、《2013年全省工程安全质量监管工作要点》、《省住房和城乡建设厅2013年安全生产打非治违专项行动工作方案》、《关于全省房屋和市政工程安全生产形势的通报》、《关于全省建设系统开展2013年"安全生产月"活动的通知》、《住建系统公共安全保障工程实施方案》、《2013年建筑安全专项整治工作方案》、《省住房和城乡建设厅质量发展纲要（2013—2020年）》、《甘肃省住房和城乡建设厅关于加强岷县漳县6.6级地震灾后重建房屋建筑工程质量管理的指导意见》。

督促和指导监理企业做好建设工程监理统计工作。制定印发《甘肃省工程监理企业资质延续核查方案》并完成9家企业资质延续。完成新版《建设工程监理规范》的宣贯工作。依照《建设工程监理规范》相关要求，从2014年起取消总监理工程师的培训及发证工作，改由总监理工程师所在工程监理单位法定代表人书面任命。2013年，办理省外监理企业进甘备案26家次、办理全省监理企业证书各类变更39家次、审核注册监理工程师变更91人次、出具出省介绍信62家次、出具诚信证明69家次。截至2013年底，全省监理企业共140家，其中综合资质1家、甲级资质47家、乙级资质53家、丙级资质39家。对符合检测机构资质延期换证条件的143家检测机构完成了资质延期换证工作。对检测机构数据上传情况进行日常监控，确保甘肃省"工程质量检测监管系统"的有效运行。

【工程造价监管】 完成2013定额，自2014年1月1日起执行。根据住房和城乡建设部统一安排，完成《房屋建筑与装饰工程消耗量标准》木结构工程和保温、隔热、防腐工程编制工作。完成《甘肃省城市轨道交通工程预算定额暨兰州地区基价》、《甘肃省城市轨道交通工程费用定额》、《甘肃省党政机关办公用房维修改造工程量消耗量定额》编制任务。及时测算发布《甘肃省建筑装饰工程人工指导价格》。依据《甘肃省建设工程工程量清单计价规则》解决清单计价招标中出现的问题。完成工程项目招标控制价备查工作。完成省内造价师、全国造价员考试合格人员共计 3344 人次的名单公示、初始登记、继续教育、证书换发工作。完成四批 46 家造价咨询企业组织评审、报送、审批、发证，完成省外咨询企业入甘备案 23 家次。制定工程造价咨询企业诚信评价办法，组织开展全省工程造价咨询企业诚信评价活动，评出优秀企业 5 家、良好企业 67 家、合格企业 24 家。进一步完善省、市（州）工程造价信息化管理平台。完成四个季度人、材、机市场价格信息的采集发布工作。参加住房和城乡建设部《建设工程定额编制管理办法》、《关于进一步做好推行工程量清单计价工作的通知（征求意见稿）》研讨上报工作。

城市建设

【基础设施建设】 2013 年，甘肃省共申报污水处理、垃圾处理中央预算内投资备选项目 160 项，总投资 38.9856 亿元，申请中央预算内资金 14.1999 亿元。其中污水处理项目 60 项，设计污水处理能力 28.29 万吨/日，污泥处置能力 466 吨/日，再生水利用 9.5 吨/日，配套管网 1056 公里，总投资 25.0834 亿元，申请中央预算内资金 6.9057 亿元；生活垃圾处理项目 100 项，设计生活垃圾处理能力 3806 吨/日，总投资 13.9022 亿元，申请中央预算内投资 7.2942 亿元。

【城市管理】 会同相关部门对全省城镇污水处理设施建设和运行情况进行督查，督查的 90 个城镇污水处理项目中，已投入运营项目 42 个、试运行项目 3 个、在建项目 45 个。截至 2013 年底，全省设市城市污水集中处理率为 81.25%，县城污水集中处理率为 41.17%；下发《甘肃省住房和城乡建设厅关于组织填报城镇污水处理设施配套管网建设信息系统的通知》，已录入系统的项目 195 项，其中在建项目 98 项、已建成项目 97 项。编制完成《甘肃省集中供热老旧管网改造规划（2013～2015）》，项目总投资 772453.95 万元。对《武威市集中供热专项规划》进行审查、批复。向住房和城乡建设部上报总投资 106.3 亿元的甘肃省 2013～2015 年计划开展的集中供热老旧管网改造项目及 2016～2017 年拟开展的集中供热老旧管网改造项目，已纳入住房和城乡建设部、国家发改委、财政部《北方采暖城市供热老旧管网改造规划》，最终核定投资 66.12 亿元。11 月，对兰州、白银、定西、嘉峪关、酒泉等城市供热工作进行专题督查。下发《甘肃省住房和城乡建设厅关于组织填报城镇供水设施建设项目信息系统的紧急通知》，截至年底，纳入系统的全省水厂新建项目上报设计规模 166.38 万立方米/日，水厂改造项目上报设计规模 26.7 万立方米/日，供水管网项目上报管网长度 2758 公里，管网改造项目上报管网长度 820.92 公里。下发《甘肃省住房和城乡建设厅关于转发住房和城乡建设部 2012 年城市供水水质督查情况的通知》，酒泉市住房和城乡建设局和陇南市住房和城乡建设局分别对水质不合格的酒泉市供排水总公司第一水厂出厂水和陇南市武都区供排水总公司钟楼滩水厂出厂水、陇南市武都区北山路管网水进行整改。依据《住房城乡建设部关于印发城镇供水规范化管理考核办法（试行）的通知》，制定《甘肃省城镇供水规范化管理考核办法（试行）》。下发《甘肃省住房和城乡建设厅关于开展 2013 年度供水水质督查工作的通知》，计划在国家城市供水检测网兰州监测站技术支持下，于 2014 年前完成对全省所有市、县城镇供水水质的督查。编制完成《甘肃省城镇燃气发展规划（2012～2020 年）》。下发《关于加强城市餐饮场所燃气监管工作的通知》，对各城市餐饮场所燃气安全进行专项治理督查。向住房和城乡建设部上报总投资 17.7 亿元的全省 2013～2015 年期间计划开展的城镇燃气老旧管网改造项目及 2016～2017 年拟开展的城镇燃气老旧管网改造项目。9 月，配合住房和城乡建设部燃气督查组对兰州市、金昌市的燃气工作进行专题督查。从 12 月 3～18 日，按照"全覆盖、零容忍、严执法、重实效"的总要求，会同相关部门对全省各市州进行燃气安全专项检查。要求各市州开展窨井盖隐患排查整改工作。会同有关部门对全省城市市政公用设施进行安全大检查。对住房和城乡建设部办公厅《关于 2012 年城市照明节能工作专项监督检查情况的通报》中指出的问题进行整改。要求全省各城市开展汛前内涝隐患排查和设施维护，省政府印发《甘肃省人民政府办公厅关于做好城市排水防涝设施建设工作的通知》。9 月，在兰州市举办甘肃省城市排水防涝专题讲座。向住房和城乡建设部上报甘肃省 2013 年城市防汛抗旱工作总结，及时转发省抗旱防汛指挥部《关于进一步做好强降雨引发灾害防范工作的紧急通知》和住房和城乡建设部《关于印发城市排水防涝设施普查数据采集与管理技术导则（试行）的通知》。

组织兰州市园林局参加第九届中国（北京）国际园林博览会。组织金昌市、敦煌市和两当县积极开展国家园林城市、县城创建活动。开展园林绿化企业资质情况摸底和资质申报、审批规范工作，重申园林绿化企业资质标准，修订申报审批办法，规范申报审批程序。2013年共完成1家二级企业资质申报、9家三级企业资质升级、4家二级资质延续，完成全省二、三级园林企业统计工作。截至2013年底，甘肃省共有园林绿化资质一级企业3家，从业人员476人；二级企业83家，从业人员3979人；三级企业102家。从业人员4263人；外省园林企业进甘备案86家。在甘肃省建筑市场信息网上开启园林绿化企业网上申报审批平台。组织开展全省城市、县城公园建设和管理情况的专项检查活动，共检查各类公园207个。组织起草《甘肃省风景名胜区条例》。组织审查华亭莲花台申报国家级风景名胜区的资源调查评价报告和规划大纲。组织开展2013年国家级风景名胜区执法检查，完成2012年国家级风景名胜区景区规划实施和资源保护情况的年度报告并上报住房和城乡建设部。完成敦煌市鸣沙山-月牙泉风景名胜区动态监测变化图斑的督查和整改上报。敦煌市鸣沙山—月牙泉风景名胜区第二版总体规划获得国务院批复。

截至2013年，全省城市生活垃圾无害化处理率达到42.29%，县城垃圾无害化处理率达到56.22%；全省已建成运行的生活垃圾无害化处理设施61个。组织调研论证并起草《甘肃省城市生活垃圾处理管理办法》、《甘肃省城市餐厨废弃物处理管理办法》、《甘肃省城市建筑垃圾处理管理办法》。评选推荐兰州、白银、金昌、武威、平凉、庆阳、天水等地的8位环卫工人荣获全国优秀环卫工人荣誉称号。组织开展全省城市、县城存量生活垃圾治理工作。组织甘肃省2013年中央预算内投资生活垃圾处理设施备选项目实施效果的评估。制定2013年甘肃省住房城乡建设厅循环经济工作方案、循环经济总体规划中期评估工作方案和关于循环经济总体规划中期评估的自评报告。会同省发展改革委员会对全省城镇污水处理、生活垃圾处理"十二五"规划进行中期评估。编制下达2013年全省城维费补助计划。根据住房和城乡建设部《关于开展民间资本进入市政公用事业领域调研工作的通知》，上报甘肃省民间资本进入城市市政公用事业领域情况。制定下发全省2013年城市供热行业民主评议工作方案。

村镇建设

【村镇规划编制】 2013年，全省新编乡规划112个、行政村规划1512个，修编镇、乡、村建设规划分别为78个、38个和320个。截至2013年底，全省有建制镇387个、乡753个、行政村16027个，规划编制覆盖率分别达到100%、99.5%、70.8%；13个市州（酒泉、嘉峪关、张掖、武威、金昌、白银、甘南、临夏、定西、兰州、天水、平凉、庆阳）的镇、乡规划编制实现全覆盖，其中有6个市州（酒泉、嘉峪关、金昌、平凉、庆阳、兰州）、40个县市区镇、乡、村规划编制实现全覆盖。组织完成哈达铺镇和环县6镇12村的规划编制工作及专家评审。按照住房和城乡建设部《关于做好2013年全国村庄规划试点工作的通知》的要求，组织开展全国村庄规划试点工作。完成了省委、省政府安排的"改善农村人居环境，推进美丽乡村建设"规划编制工作指导意见、规划编制导则及《甘肃省美丽乡村民居特色风貌图集》。

【村镇建设管理】 2013年，甘肃省安排13个重点镇实施"百镇千村"建设示范工作，下达每个镇环境和风貌整治专项经费30万元，各镇2013年各类基础设施建设项目累计投入约3.1亿元，镇均投入约为2380万元。截至2013年底，3年累计安排"百镇千村"试点镇56个、累计下达村镇建设专项资金1530万元。推荐上报11个镇(村)申报全国特色景观旅游名镇(村)。在2012年已公布甘肃省7个中国传统村落的基础上，继续组织各地申报传统村落110个、涉及非物质文化遗产村落76个，有6个村落列入第二批中国传统村落名录。

编制完成灾后重建城乡居民住房和村镇建设专项规划。制定《关于加强岷县漳县6.6级地震灾后农房重建工作的意见》、《关于做好岷县漳县6.6级地震灾后重建村庄建设规划编制工作的意见》、《关于做好灾后重建异地搬迁村庄和小城镇特色风貌规划编制工作的通知》、《甘肃省岷县漳县6.6级地震灾后恢复重建小城镇及村庄规划与设计内容深度要求》等相关指导性文件。组织开展60个异地安置点和9个重点镇灾情及灾后重建核查工作，并及时安排建设规划编制工作。先后召开7次规划编制协调会议，督促指导市县做好灾后重建村镇规划编制。截至年底，完成9个小城镇规划、60个集中安置点村庄规划，完成8个小城镇、59个（漳县小林村规划纳入大草滩乡规划）安置点规划评审，追加的15个重灾村规划编制已全部委托编制。制定下发《关于加强岷县漳县6.6级地震灾后重建房屋建筑工程质量管理的指导意见》，编印《甘肃岷县漳县6.6级地震灾后重建农房抗震结构示意挂图》。要求县乡两级严格执行"一书一表一证"制度，即层层签订质量安全责任书制度、分户建立灾后重建质量图表签字制度、实行设计和施工单位资格认证备案制度。要求定西市聘请100名义务质量监督员，加强社会监督，确保灾后重建质量和效果。制定下发《灾后农房恢复重建技术指导手册》和《岷县漳县6.6级地震灾后恢复重建农房设计图集》供农民选择或参考。组织完成灾区"生土农宅"示范房建设。编印教材并指导各市县对农村建筑工匠、技术人员、乡村干部和质量监督员进行培训，共培训300人次。选派规划、建筑、市政等专家技术人员，深入灾区开展技术咨询、指导和服务工作。

【农村危房改造】 2013年，省政府确定实施20万户农村危房改造任务，实际完成21万户，其中，争取2013年中央危房改造计划14.6万户（含建筑节能示范户1.6万户）、实施2012年底中央追加危房改造计划并列入2013年实施的5万户。全年下达补助资金24.21亿元（中央资金16.41亿元、省级资金7.8亿元）。截至11月底，21万户危房改造任务按时竣工并完成住房和城乡建设部的抽查验收。组织召开全省农村危房改造暨村庄建设（平凉）现场会，总结交流危房改造和村庄建设的经验。

建筑节能与科技

【建筑节能与绿色建筑】 12月8日，甘肃省政府办公厅印发《关于转发省发展改革委省建设厅〈甘肃省绿色建筑行动实施方案〉的通知》，明确甘肃省绿色建筑的发展目标、主要任务和保障措施。出台甘肃省《绿色建筑评价标准》，组织编制绿色建筑设计、施工验收等8个地方标准，会同省财政厅联合印发《甘肃省绿色建筑专项资金管理办法》规范资金管理。完成"甘肃土木工程科学研究院综合办公楼工程"二星级绿色建筑设计评价标识的评审并上报住房和城乡建设部备案。居住建筑执行节能65%、公共建筑执行节能50%的国家标准。全省新建建筑施工阶段执行建筑节能强制性标准的比例达到97%，达到省政府目标责任制考核规定的要求。完成2012年既有居住建筑供热计量及节能改造项目的验收工作，验收通过面积为343.9万平方米。完成2013年既有居住建筑供热计量及节能改造任务250万平方米，下拨国家资金5526万元、省级配套资金3000万元。甘肃省共1市6县获批国家可再生能源建筑应用示范市县，其中临泽县、榆中县已完成示范任务，其他市县正在实施中。为促进太阳能热水系统建筑规模化应用，出台《关于推进太阳能热水系统建筑规模化应用的指导意见》。12月19日印发《关于开展建筑能耗动态监测平台建设示范工作的通知》，12月24日召开省级公共建筑能耗监测平台建设工作会议，解读国家和省上政策要求、省级平台建设总体技术方案，统一各示范单位的认识，明确工作的原则、目标和进度要求。按住房和城乡建设部要求完成2012年度全省民用建筑能耗和节能信息统计工作，统计全省14个市州、85个县区（舟曲县除外）5611栋建筑物，总建筑面积2769.71万平方米。印发《关于分解下达"十二五"建设领域节能量任务的通知》，将节能175万吨标准煤任务分解到各市州。6月15日～21日，在国家多部委统一安排的"节能宣传周"活动中，组织编印《绿色建筑与建筑节能小知识》小册子和《建筑节能小知识》宣传单下发14个市州。8月22日举办全省绿色建筑与建筑节能培训班，全省市、县两级建筑节能工作人员共180人参加。12月8～10日，住房和城乡建设部节能减排监督检查第九组检查兰州市、白银市、榆中县的建设领域节能减排工作。

【建设科技】 5月8日、9日，分别召开甘肃省建设科技攻关项目、甘肃省建设科技示范项目立项评审会。2013年批准列入计划的项目共117项，其中新上科技攻关项目66项、新上科技示范项目51项。8月2日召开2013年甘肃省建设科技进步奖评审会议，共63个项目获奖，其中一等奖17项、二等奖21项、三等奖25项。5月，住房和城乡建设部开展2013年度智慧城市试点申报，兰州市等5市获批智慧城市试点。按要求设立甘肃省智慧城市建设和管理专家库，6月7日举办"甘肃省智慧城市专家培训工作会议"，9月，各试点城市与住房和城乡建设部签署创建任务书，9月9日召开全省智慧城市创建工作会议，10月，印发《关于加快国家智慧城市试点建设工作的通知》，12月24日召开全省智慧城市试点工作会议。

【教育培训】 2013年，开展施工企业岗位培训、建设行业职业技能培训鉴定、建筑施工特种作业操作人员培训等共3.5万人次。开展造价工程师网络继续教育700人次、注册土木（岩土）工程师继续教育150人次、二级建造师继续教育7000人次，完成各类注册考试报名共42991人次、受理各类注册申报8188人次、核发各类证书及印章共计12363人次。截至10月，完成白银市、嘉峪关市、酒泉市、张掖市、金昌市、武威市"三类人员"和兰州市部分人员共12700余人的培训，考试合格率达95%以上。

工程建设

【工程建设管理】 6月，开展以"强化安全基础，推动安全发展"为主题的"安全生产月"活动。7月，印发《省住房和城乡建设厅关于立即开展全省房屋建筑和市政基础设施工程施工安全质量暨市政公用设施运营安全大检查的通知》，对全省14个市州、甘肃矿区及兰州新区的房屋建筑及市政基础设施工程施工安全质量暨市政公用设施运营安全情况进行监督执法大检查。12月25日，对甘肃省建设安全委员会组成人员及成员单位职责分工进行调整，强化各个成员单位的安全责任。完善"甘肃省建筑市场监督管理信息平台"，起草监理行业监管体系的配套管理办法。受理申请升级、增项甲级监理资质11项、乙级及丙级监理资质15项，注销监理资质企业4项，新增9家甲级监理企业。完成施工许可审批项目26个，涉及总投资220.38亿元，总建筑面积113.77万平方米；受理竣工备案64件。完善重大项目拆迁评估制度，做好兰渝铁路、宝兰客专铁路、兰新铁路第二双线、中川铁路、西平铁路甘肃境内征拆工作。

【省级政府投资项目代建】 截至2013年底，省政府投资项目代建管理办公室共承担27个代建项目，其中舟曲援建任务10个、省级政府投资项目17个，涉及总投资29.5亿元，已完成投资18.5亿元。通过加强人员配备，引进全过程造价跟踪审计制度，开展限额设计和招标等工作，切实加强对建设项目规模、投资、进度和质量安全的控制，确保各代建项目有力有序推进。为进一步规范合同管理和工程款支付程序，先后拟定《甘肃省省级政府投资项目代建合同管理规定》、《甘肃省省级政府投资代建项目代建、勘察、设计、监理、造价咨询、施工、招标代理等合同标准示范文本》、《甘肃省省级政府投资代建项目现场管理办法（试行）》和《甘肃省省级政府投资代建项目工程价款支付管理办法》。

勘察设计

为加强省外勘察设计单位在甘肃省从业管理，组织对省外勘察设计单位在甘肃省从业情况核查。印发《甘肃省住房和城乡建设厅关于简化和调整部分房屋建筑和市政基础设施工程初步设计管理事项的通知》，进一步简化由建设行政主管部门负责中小型建设项目的初步设计审批程序，调整市州建设行政主管部门负责管理的建设项目初步设计审批事权范围。完成兰州国际商贸中心城市综合体（60万平方米超高层建筑群）、兰州鸿运·金茂城市综合体（42万平方米超高层建筑群）、兰州市北环路西段工程（投资46亿元重大市政基础设施）、兰州市欣欣嘉园大型保障房居住区（63万平方米高层住宅区）、碧桂园·兰州新城（73万平方米大型居住区）、武威市金羊镇小康安居工程（47万平方米居住区）、张掖市城区热电联产集中供热管网工程（投资8亿元大型市政基础设施）等一批特大型重点建设项目的初步设计审批工作。7月，为不断加强甘肃省建设工程抗震防灾工作，起草并报请省政府办公厅印发《甘肃省人民政府办公厅关于进一步加强全省建设工程抗震设防工作的通知》。完成兰州鸿运·金茂城市综合体、兰州国际贸易中心城市综合体、兰州红星美凯龙城市综合体、兰州天星科技大厦等大型复杂超高层建筑的抗震设防专项审查工作。加大抗震防灾新技术的推广应用力度，支持协调建设和设计单位开展工程应用研究，推动基础隔震技术、建筑减震技术的工程应用。完成全省330家勘察设计单位的资质检查和统计年报的收集、审核和报送，对不具备资质条件的5家勘察设计企业提出整改和暂停从业的要求，对160家省外勘察设计企业在甘承揽的510个建设项目的企业资质和项目从业人员资格进行备案审核管理。对全省120项申报优秀勘察设计项目进行评选，评选出获奖项目57项（含小型项目4项），其中一等奖7项、二等奖17项、三等奖33项。

7月22日7时45分，定西市岷县、漳县交界发生6.6级地震。省住房和城乡建设厅迅速启动应急预案，厅抗震救灾前方工作组于22日14时到达灾区现场，对县城供水、道路、桥梁等市政基础设施和重灾区农村房屋建筑的震损情况进行初步查勘，汇集第一手灾情数据资料，提出做好抗震救灾工作的意见和建议。为了解掌握中小学校舍震害状况，紧急调动工程抗震技术人员组成8个专家组分赴岷县、漳县重灾区各乡村，完成114所中小学的373幢、合计10.8万平方米的震损校舍应急评估鉴定工作。根据省上要求，赶赴岷县、漳县、陇西、武山等受灾地区对农宅震损情况进行入户访问、现场查验，为灾后重建工作提供翔实可靠的资料。

工程建设标准管理

进一步健全完善标准体系建设，突出建筑节能减排，推进建筑节能技术进步，健全质量安全保证体系，加强工程质量安全监管，下达《灌注桩后压浆技术规程》、《绿色公共建筑设计规范》、《叠层橡胶支座基础隔震建筑构造图集》等26项标准和标准设计的标准计划。指导《钢筋剥肋滚压直螺纹连接技术规程》、《灌注桩后压浆技术规程》等标准的启动与编写。《建筑抗震设计规程》、《砌体结构设计规范》、《火探管式气体灭火系统技术规程》作为甘肃省工程建设标准重大成果项目向住房和城乡建设部进行推荐。对《混凝土结构耐久性设计规程》、《既有居住建筑节能改造技术规程》等14项编制项目进行审查,对《岩土工程勘察规范》、《基桩承载力自平衡检测技术规程》、《兰州地区回弹法检测泵送混凝土抗压强度技术规程》等10项标准组织进行报批与备案。组织开展《住宅区和住宅建筑内光纤到户通信设施工程设计规范》、《住宅区和住宅建筑内光纤到户通信设施工程施工及验收规范》的宣贯。10月,抽查庆阳市西峰区、宁县和平凉市崆峒区、静宁县等四个区县高强钢筋推广应用工作开展情况,并将抽查结果向全省进行通报;11月,配合国家检查组对兰州市、定西市高强钢筋推广应用情况进行检查。转发住房和城乡建设部等五部委《关于创建无障碍环境市县建设的通知》。

法制建设

审查、修改、报审《甘肃省建设行政执法条例》。完成住房和城乡建设部《历史文化名城名镇名村保护规划编制审批办法》、《建筑工程施工许可证管理办法》、《关于进一步加强行政复议工作的指导意见》等征求意见稿5件。审查、修改甘肃省住房和城乡建设厅发《关于进一步加强工程监理工作的通知》、《甘肃省建设工程飞天奖评选办法》、《建筑业发展指导意见》、《建设行政执法示范文本》、《甘肃省建设工程投标资格审查办法》、《甘肃省造价咨询企业评价办法》、《关于七里河违法建筑情况的汇报》、《关于进一步加强物业管理促进物业行业健康发展的意见》、《甘肃省规划建设督察员管理办法》等12件规范性文件。完成《甘肃省统计管理规定》、《甘肃省环境保护监督管理工作责任规定》、《甘肃省高危区域防火管理规定》、《甘肃省消火栓管理办法》、《甘肃省建筑物防火办法》、《甘肃省专职消防队管理办法》、《甘肃省外商投资管理办法》、《甘肃省公路非用标牌管理办法》、《甘南生态保护条例》、《甘肃省无线电管理办法》等立法草案和征求意见稿16件。完成甘肃省住房和城乡建设厅发规范性文件备案工作。完成11件行政复议案件的审理、处置,向住房和城乡建设部报告行政复议典型案例。修订建设行政处罚裁量标准。办理行政审批相关事项,落实行政审批项目下放后的监管工作。完成《甘肃省建设法规汇编》第十三册的编辑发送工作。组织参加省政府第四轮换发行政执法证综合法律知识考试。接受住房和城乡建设部、省依法治省办"六五"普法中期检查。

建设稽查执法

8月,印发《关于加强建设行政执法统计分析工作的通知》,要求各级建立建设行政执法统计制度,逐步实现通过统计分析掌握建设市场存在的问题和规律,逐步建立预警机制。起草《甘肃省实施派驻城乡规划、建设督察员制度管理办法》(征求意见稿)和《甘肃省城乡规划督察员管理办法》、《甘肃省城乡规划督察员工作管理规程》、《甘肃省城乡规划督察员费用管理办法》等配套性文件,积极筹备建立城乡规划督察员制度。11月,对敦煌市鸣沙山、月牙泉国家级风景名胜区外围控制地带内的建设项目进行核查并下发执法建议书。2013年,全省建设系统共受理各类投诉举报案件283件,立案调查处理244件;查处违法违规案件957起,给予行政处罚585件,对372家责任单位实施处罚,共收没罚金1466.07万元。印发《关于进一步加强建设稽查执法工作的通知》,督促各地加快建设稽查执法机构建设,加强稽查执法工作。11月29日,《甘肃省建设行政执法条例》经省第十二届人民代表大会常务委员会第六次会议审议通过,自2014年1月1日起施行。制定印发《甘肃省建设行政执法文书示范文本》、《稽查执法程序及流程》。制定印发《甘肃省2013年重点稽查执法工作计划安排》,安排部署在保障性安居工程、住房公积金监管、城乡规划项目审批、农村危旧房改造、建筑节能、建筑市场、工程质量安全、招标投标、工程建设强制性标准实施和在建的建筑装修装饰工程10个方面的稽查执法重点,共发出执法建议书22份。

舟曲灾后重建

1月8日,甘肃省委、省政府决定对舟曲灾后恢复重建做出突出贡献的单位和个人予以表彰奖励,省住房和城乡建设厅被授予"舟曲特大山洪泥石流灾后恢复重建先进集体"、全省住房和城乡建设系统13名同志被授予"舟曲山洪泥石流灾后恢复重建先进个人"。8月6日,省审计厅完成对省住房和城乡建设厅已经竣工的9个援建项目的竣工决算审计工作。9月26~30日,援建项目工程竣工验收会议召开,标志着省住房和城乡建设厅舟曲灾后重建任务全面完成。

大事记

1月

15日 甘肃省住房城乡建设暨党风廉政建设工作视频会议在兰州召开。会议总结过去五年和2012

年全省住房城乡建设工作,安排部署2013年和下一阶段全省建设工作的目标任务。

2月

1日　甘肃省住房和城乡建设厅召开厅系统2012年度总结表彰大会,总结过去五年和2012年取得的工作成绩,安排部署2013年的工作任务,表彰先进集体和先进个人。

3日16时　中共中央总书记习近平在甘肃省委书记王三运、省长刘伟平等领导的陪同下,视察甘肃省建设监理公司监理的东乡县灾后重建市政综合管沟工程,慰问现场的监理人员。

26日　甘肃省保障性安居工程建设工作会议在兰州市召开。

4月

1日　甘肃省副省长张广智调研庆阳市保障性安居工程建设和农村危房改造工作。

2日　甘肃省域城镇体系规划(2013—2030)编制项目投标文件评审会在兰州召开。

5月

27日　甘肃省农村危房改造暨村庄建设(平凉)现场会在平凉市泾川县召开。

6月

7日　甘肃省智慧城市试点工作培训会在兰州举办。

9日　甘肃省住房和城乡建设厅召开党风廉政建设暨推进廉政风险防控工作会议。

28日　甘肃省保障性安居工程建设工作现场会议在兰州市召开。住房和城乡建设部住房保障司司长冯俊参加会议。

7月

10日　甘肃省住房和城乡建设厅召开党的群众路线教育实践活动动员大会,学习贯彻中央、省委有关会议和文件精神,对深入开展教育实践活动进行安排部署。

22日7时45分　甘肃省定西市岷县、漳县交界处发生6.6级地震,省住房和城乡建设厅第一时间启动建设系统破坏性地震应急预案。

9月

5日　甘肃省住房保障与住房公积金监管领导小组会议在兰州召开。

9日　甘肃省智慧城市2013年度国家试点创建工作会议在兰州召开。获批的兰州、白银、陇南、金昌、敦煌等5个智慧城市试点的政府分管领导及相关部门负责人参加会议。

11月

12~16日　住房和城乡建设部党组成员、中纪委驻部纪检组长杜鹃就甘肃省住房和城乡建设厅开展廉政风险防控工作进行专项调研和检查。

29日　《甘肃省建设行政执法条例》经甘肃省第十二届人民代表大会常务委员会第六次会议审议通过,自2014年1月1日起施行。

12月

8~10日　国家住房城乡建设领域节能减排监督检查组对甘肃省的建筑节能、绿色建筑、可再生能源、供热计量改革及城镇污水处理、生活垃圾处理方面的情况进行检查。

(甘肃省住房和城乡建设厅　撰稿:彭强)

青 海 省

【概况】　2013年,青海省住房城乡建设系统在青海省委、青海省人民政府的正确领导下,在住房城乡建设部的帮助和指导下,认真贯彻落实中央十八届三中全会、省委十二届四次、五次全会精神,紧紧围绕中心工作,凝神聚力,真抓实干,各项工作取得新进展。青海建设广大干部职工立足本职,勇于担当,在积极做好住房城乡建设工作的同时,全力以赴参与玉树灾后恢复重建工作,为建设社会主义新玉树做出积极贡献,青海省住房城乡建设事业呈现稳中有进、持续健康的发展态势。青海省建设工程造价管理总站被人力资源社会保障部、国家发展改革委、国务院国资委、解放军总政治部授予"玉树地震灾后恢复重建先进集体",一名同志被授予"玉树地震灾后恢复重建先进个人"荣誉称号。青海省建筑建材科学研究院被中国建设职工政研会评为"第二批企业文化建设示范单位"。青海省住房和城乡建设厅被青海省文明委评为2010~2012年度文明单位;被青海省人民政府办公厅评为全省信访工作先进集体;被青海省省委办公厅、青海省人民政府办公厅分别评为2013年度全省党委系统和政府系统督查工作、信息工作先进集体。

【城镇保障性安居工程】 新开工城镇保障性住房和各类棚户区住房5.53万套(户)、基本建成7.57万套(户)、入住6.29万套(户),提前启动实施2014年城市棚户区改造项目10120户,超额完成全年基本建成和入住任务。2008年以来,累计开工建设城镇保障性住房和各类棚户区住房34万套(户),基本建成28万套(户),入住16万套(户),发放住房租赁补贴3.5万户。一是多渠道筹措建设资金。落实19.82亿元用于城镇保障性住房建设,其中落实省级配套资金2.13亿元;协调省财政下达垫支资金6746万元。二是进一步完善城乡住房建设机制。从2013起,由青海省住房和城乡建设厅牵头,会同青海省发改委、青海省财政厅、青海省民政厅、青海省农牧厅和青海省扶贫开发局等部门对农村住房建设的项目和资金安排进行联合会审,有效地整合各部门的项目资源。三是加大动态跟踪监测和督促检查力度。对保障性住房的开工、竣工和入住建立项目库,进行动态监测,实行目标考核。成立8个督查组分片包干,对保障房建设过程开展日常巡查、质量安全专项检查和重点督查。四是加强保障房的管理分配。通过深入调研,制定《青海省保障性住房准入分配退出和运营管理细则》,已报青海省人民政府批转。

【房地产业】 完成房地产开发投资247.61亿元,为年度目标任务的154.7%,较2012年增长30.5%,房地产投资占全社会固定资产投资比重为10.3%。《青海省"十二五"城镇住房发展规划》经省政府发布实施,进一步明确青海省住房发展的目标任务和政策措施。各地全面推行住宅性能认定工作,获得性能认定的17个项目销售势头旺盛,赢得社会普遍认可。物业服务企业规范化管理进展顺利,创建13个省级物业管理示范小区,物业管理覆盖面达到60%以上。一是制定住房发展规划。编制完成《青海省"十二五"城镇住房发展规划》,经青海省人民政府审定后已发布实施。二是加强制度建设。制定下发《青海省房地产开发企业资质管理实施办法》、《青海省住宅性能认定实施细则(试行)》、《青海省实施〈国有土地上房屋征收与补偿条例〉的若干规定》。三是开展中介机构专项检查。在各地自查的基础上,会同青海省工商局对西宁市中介市场进行抽查,并对抽查中发现的青海瑜璟不动产经纪有限公司、西宁广德网络技术有限公司的违规行为已要求西宁市依法进行处罚。四是积极开展住宅性能认定。会同住房城乡建设部产业化促进中心对11个申报项目从适用性能、经济性能、环境性能、安全性能、耐久性能五个方面进行评审,宁夏中房集团西宁房地产公司开发的"萨尔斯堡"等10个项目通过2A级性能认定预审,对提高青海省商品住宅品质起到较好示范作用。五是进一步规范物业服务行为。对申报达标的53家二级资质以上企业的226个服务项目从房屋管理、共用设施设备维护、安全防范以及绿化养护等方面进行了考核,44家企业通过物业服务规范化管理达标考核。通过规范化管理考核,进一步规范全省物业服务行为,提升物业管理和服务水平。六是加快房地产信息系统建设。初步建立覆盖省、市(州)、县三级房地产主管部门及全省房地产企业、物业企业、评估机构的房地产信息系统,初步实现企业资质网上申报、网上审批和房产登记、商品房预售合同、商品房预售许可网上办理,为房地产市场宏观调控和监管提供有力的技术支持。七是强化住房公积金保障作用。全省41万职工累计缴存公积金总额333亿元,缴存余额193亿元;累计支取公积金140亿元,累计发放个人住房公积贷款177亿元,帮助11万户家庭解决住房问题。全省提取廉租住房建设补充资金4404万元。西宁市、海西州被纳入全国利用住房公积金贷款支持保障性住房建设试点城市,已发放试点贷款1.34亿元。

【城乡规划】 全省城镇化率达到48.5%,比上年提高1.06个百分点。城镇数量已增加到140座,其中设市城市5座。西宁市城市总体规划修改报国务院待批。格尔木市等10个城镇总体规划修改和30平方公里的城镇控制性详细规划编制任务全面完成。20个新型农村社区规划全部通过审批,其中18个试点社区已开工建设。青海省人民政府批准建立省级城乡规划委员会,确定在全省实施城乡规划督察制度。申报国家重点镇83个,20个村被列入国家传统村落保护名录。海东市循化撒拉族自治县街子镇、班玛县灯塔乡班前村、循化撒拉族自治县清水乡大庄村、玉树县安冲乡拉则村被列为住房城乡建设部、国家文物局公布的第六批中国历史文化名镇名村名单。

【建筑业】 建筑业增加值完成233.78亿元,为年度目标任务的123%,比2012年同期增加19%。全省建设工程质量一次验收合格率达到95%。加强勘察设计市场和质量监管,勘察设计质量和服务水平进一步提升,地方工程建设标准体系不断完善。散装水泥供应量达到709万吨,较上年提高194.3万吨,增长37.7%;水泥散装率达到47.22%,较上年提高1.3个百分点；预拌混凝土使用量达到845.78万立方米，比2012年同期增加139.48万立方米。实现综合经济效益4.5亿元。规范市场秩序。开展建筑施工生产事故专项整治和"打非治违"专项活动，施工许可、工程质量安全监管、竣工验收备案的闭合监管作用更加明显。对1378家建筑业企业开展业绩考核，处理117家不合格企业。稳步提升建设工程质量安全。开展以西宁市为重点的东部城市群建筑施工扬尘污染综合治理、建筑施工安全隐患排查治理和保障性安居工程质量监督执法检查，加强对施工现场安全生产监管和文明施工管理，全面开展创建标准化示范工地活动，促进企业增强质量安全管理水平。加强勘察设计和标准定额工作。制定出台《关于进一步加强全省勘察设计市场管理的实施意见》和《关于进一步加强施工图审查工作的意见》，修订完成《青海省省外进青工程勘察设计企业备案管理办法》，加强绿色建筑设计管理工作，勘察设计质量和服务水平进一步提升。不断完善地方工程建设标准体系，调整《青海省建设工程预算定额人工费单价》，编制完成《青海省施工机械台班费用单价》（西宁地区），开展对国家标准新版《建设工程工程量清单计价规范》的宣贯工作。

【城镇基础设施建设】 会同青海省财政厅下达城镇污水处理设施配套管网中央专项资金1.96亿元，为28个县城安排212.06公里的污水管网建设任务。与青海省发改委协商下达2亿元的省级预算专项资金建设12项小城镇项目。全省建成并运行城镇污水处理厂19座，覆盖15个市县；在建城镇污水处理厂34座。建成并运行城镇生活垃圾填埋场92座，在建城镇生活垃圾填埋场27座，实现县城以上城镇全覆盖。组织编制《青海省城市集中供热老旧管网改造规划》、《青海省既有城镇生活垃圾处理及环卫设施改造规划》和《青海省存量生活垃圾治理规划》；研究制定并以青海省人民政府名义印发《关于进一步加强城市生活垃圾处理工作实施意见》（青政〔2013〕62号）和《青海省关于进一步加强城市排水防涝设施建设的意见》（青政办〔2013〕245号）。为认真贯彻《国务院关于加强城市基础设施建设的意见》（国发〔2013〕36号），结合青海省城镇基础设施现状，起草《关于进一步加快我省城镇基础设施的意见》（征求意见稿）。

【村镇建设】 投资64.01亿元开工建设农牧区住房91256户，开工率100.62%；竣工84947户，竣工率93.09%。2009年实施农牧区住房建设以来，总投资251.28亿元，累计安排农牧区"三房"建设52.16万户。发挥联合办公机制作用，确保农牧区住房建设项目顺利实施。按照青海省城乡住房建设领导小组的要求，由青海省住房和城乡建设厅牵头，会同青海省发改委、青海省财政厅、青海省民政厅、青海省农牧厅和青海省扶贫开发局等部门对农牧区住房建设的项目和资金安排及各县人民政府实施方案进行联合会审，在此基础上，各县实施农牧区住房建设工作。各地区基本能够按照实施方案认真组织农牧区住房建设工作，联合办公室也分阶段分别开展检查、抽查，确保这项工作的顺利实施。加强村庄规划指导，加快村镇建设规划编制步伐。按照住房城乡建设部的安排，青海省选择湟源县下勃项村参加全国村庄规划编制试点；结合青海省委、青海省人民政府八项实事工程任务，对首批安排的300个村庄规划编制任务与"党政军委共建示范村"活动相衔接，村庄规划编制任务全部按时完成，并提交青海省委组织部备案。切实加强建设管理，指导农牧区住房建设。加大对农牧区住房建设的指导，提高农牧区住房建设质量，指导各地加强农牧区住房建设结构安全，要求必须增设抗震柱、梁等结构措施作为重点内容，同时，要求各地结合各地实际，指导农户采用节能门、窗改造，建设阳光暖廊等建筑节能措施，工程建设管理较过去有较大的提高。

【建筑节能与科技】 2013年完成200万平方米既有居住建筑供热计量及节能改造工程。加快既有建筑节能改造工作步伐。拨付中央补助资金1166万元，新增海北州、海南州贵德县、海东市平安县为省级推广可再生能源建筑应用示范县，示范面积达95.56万平方米；拨付中央补助资金6948万元，实施110万平方米的农牧区被动式太阳能暖房项目，惠及全省11000户农牧民住户，并形成了具有青海省地域特点的"门源模式"；新增6个二星级绿色建筑项目并兑现省级奖励资金557万元。在农村"两房"建设中安排建筑节能示范户2.3万户，落实中央补助资金5750万元。发展绿色建筑。完成6个二星级绿色建筑的评审与公示，拨付省级奖励资金557万元。制定出台《青海省绿色建筑行动实施方案》。在农村"两房"建设中安排建筑节能示范户2.3万户，落实中央补助资金5750万元。积极开展散装水泥推广工作。2013年散装水泥供应量达到709万吨，较2012年提高194.3万吨，增长37.7%；水泥散装率达到47.22%，较2012年提高1.3个百分点；预拌混凝土使用量达到845.78万立方米，比2012年增加139.48万立方米。

【法规稽查】 积极推进立法工作。完成《青海省物业管理条例（草案）》，已报请青海省人民政府审议；完成《青海省房地产开发企业资质管理办法》，也已报省政府审批；修改完善《全省散装水泥专项资金征收管理实施细则》。加强行政执法工作。制定《青海省住房城乡建设系统行政稽查执法办法》，进一步规范住房城乡建设稽查执法行为。会同青海省人大、青海省政协开展城乡规划督查，有效规范城乡规划管理工作。开展保障性安居工程质量安全执法检查工作，累计抽查40个标段的194个项目，下发质量安全监督执法建议书10份，确保全省建筑施工质量和安全。受理行政复议8件，有效地维护双方当事人的合法权利和诉求。积极推进行政审批制度改革。实行所审批事项受审分离，彻底改变以往行政审批由相关处室分散受理的状况，进一步规范行政审批行为。

【公积金管理】 2013年，全省职工累计缴存住房公积金333亿元，缴存余额193亿元。累计支取公积金140亿元，发放个人住房公积金贷款177亿元，贷款余额74亿元。全省提取廉租住房建设补充资金4404万元。住房公积金个贷率、运用率、使用率和个人贷款逾期率，分别为38％、40％、64％和0.7‰。西宁市、海西州被纳入全国利用住房公积金贷款支持保障性住房建设试点城市和地区，已发放贷款1.34亿元。继海北州之后，海南州在青海省住房公积金信息中心的帮助下建成业务信息系统，果洛州的业务信息系统正在抓紧建设。总体上看，青海省住房公积金运行安全，风险可控。

【建设人事教育】 认真贯彻落实全国组织工作会议和青海省组织工作会议精神，坚持德才兼备、以德为先的标准，完善干部选拔任用评议办法。进一步规范干部选拔任用初始提名制度，改变以往"唯票是举"、"以分取人"的做法，在召开民主推荐会前，首先由群众谈话推荐，在广泛听取群众意见的基础上，再进行大会民主推荐，既扩大干部工作中的民主，又提高选人用人的准确度。修订完善《青海省住房和城乡建设厅干部交流任职规定》，积极推进干部交流轮岗，为优秀干部脱颖而出创造条件。2013年先后提任14名处级干部、7名科级干部，交流轮岗9名；干部职工休假110人，占总数的49.3％，激发干部的生机和活力。

【开展党的群众路线教育实践活动】 强化学习教育，查摆"四风"问题。动员广大党员干部积极参与活动，广泛征求意见建议，先后发放征求意见表280余份，收集到对厅领导班子的意见建议65条，对班子成员个人的意见90条。深刻对照检查，积极开展批评和自我批评。通过撰写对照检查材料，切实找准找实"四风"方面的突出问题。以整风精神开展批评和自我批评，对存在的问题不回避、不遮掩，对班子存在的问题主动承担责任，对群众反映的意见建议逐条作出回应。坚持求真务实，解决突出问题。以厅名义召开全省性会议1次，会议开支由2012年的3.61万元缩减到1.56万元，与2012年相比减少57％。全年召开各类专题会议20次，与2012年相比减少25％。精简印发文件数量，取消各部门的工作信息，全厅只通过《青海建设信息》向外报送，全年报送信息151期，与2012年相比减少24.9％。规范检查评比，全年共开展各类检查考核67次，与2012年相比减少37％。严肃工作纪律，对机关8名处级干部和8名一般干部进行提醒谈话，机关工作人员庸懒散拖、纪律松弛、不负责任、推诿扯皮、办事效率不高的问题有明显改进。四是强化建章立制，狠抓整改落实。确定6个方面23条整改措施、13条专项整治重点和9项制度建设计划，整改和专项整治工作取得阶段性成效。

【大事记】

1月

4日 青海省人民政府发布第三批省级风景名胜区区名单，门源百里花海景区、互助北山景区、都兰热水景区、贵南直亥风景区、泽库和日景区、海西哈拉湖景区等6个风景名胜区被列为青海省第三批省级风景名胜区。

8日 青海省住房和城乡建设厅制定印发《关于规范建设类企业资质审批管理的通知》（青建法〔2013〕8号），旨在规范建设类企业资质审批管理，规范办理程序，简化办事环节，促进办事公开，提高审批工作效率，进一步规范行政审批行为。

11日 青海省住房和城乡建设工作会议暨党风廉政建设工作会议在西宁召开，会期半天。会议主要内容是：贯彻落实青海省委十二届三次全体会议和全国住房城乡建设工作会议精神，回顾总结2012年和五年来全省住房城乡建设工作，安排部署2013年重点工作。

2月

25日 青海省人民政府办公厅印发《青海省省本级政府投资代建项目管理暂行办法的通知》，明确青海省代建项目办公室是青海省人民政府批准设立的专业项目管理机构，负责省本级政府投资项目代建活动的组织管理和业务指导。受青海省人民政府委托，具体承担以房屋建筑、市政设施为主的省本级政府投资项目的代建工作。

3月

18日 为积极推进青海省新型城镇化发展，充分发挥城乡规划在推进城镇化过程中的科学引领作用，落实《青海省实施〈中华人民共和国城乡规划法〉实施办法》，加强城乡规划工作、提高城乡规划管理水平，制定下发《青海省人民政府关于加强城乡规划工作的意见》（青政〔2013〕12号）。

18日 青海省住房和城乡建设厅下达2013年新农村建设村级规划和村庄环境整治工程任务，在省级安排的10个"党政军企共建示范村"中开展村级规划和村庄环境整治工程（其中，海东地区36个、海南州23个、海北州26个、黄南州8个、果洛州7个）。

20日 为进一步提升物业服务企业规范化管理水平，确保各项物业管理工作顺利进行，切实维护好业主和物业服务企业的合法权益，推进物业服务业健康发展，建立青海省物业行业专家库。青海省住房和城乡建设厅向各地及各物业服务企业下发《关于建立青海省物业行业专家库的通知》（青建房〔2013〕110号）。

20日 青海省人民政府召开全省城乡住房建设工作会议。会议对全省城乡住房建设情况进行通报，总结和回顾近几年全省城乡住房建设工作，对2013年全省城乡住房建设工作进行部署和安排，并对建立城乡住房联合办公机制提出要求，青海省人民政府副省长张建民出席会议并做重要讲话。

4月

6日 为进一步规范勘察设计市场行为，提高工程勘察设计质量水平，促进全省勘察设计行业健康发展，结合青海省实际，印发《省住房城乡建设厅关于进一步加强全省勘察设计市场管理的实施意见》（青建设〔2013〕169号）。

8~9日 中日建筑抗震设计技术青海培训班在西宁举办。来自全省勘察设计行业250名结构专业技术人员参加为期两天的培训。经过两天的学习培训，来自全省的设计结构专业技术人员在建筑抗震设计技术方面开拓思路，更新理念，为青海省建筑抗震设计、加固技术、评估、鉴定水平的提高，起到积极的推动作用。

11日 青海省住房和城乡建设厅邀请青海省人民检察院职务犯罪预防处处长李晓琳作"预防职务犯罪，加强作风和廉政建设"专题讲座。青海省住房和城乡建设厅机关党员干部和厅属单位领导班子成员共126人参加讲座。

16日 青海省住房和城乡建设厅与果洛州及玛沁县政府签订《关于共同促进果洛州及玛沁县住房城乡建设事业发展框架协议》，青海省住房和城乡建设厅、青海省果洛州人民政府、青海省果洛州玛沁县人民政府、青海省勘察设计研究院有限公司的相关人员参加签字仪式。

20日 四川省芦山县发生7.0级地震灾害后，青海省住房城乡建设系统各单位高度关注，心系灾区，在青海省住房和城乡建设厅党委的倡议下，青海建筑职业技术学院、青海省建筑建材科学院、青海省勘察设计研究院、青海省规划设计研究院、青海省建筑总承包公司及相关行业协会踊跃向灾区捐款共计34.9万元全部转账至青海省红十字会。

5月

22日 经青海省人民政府同意，青海省互助佑宁寺景区、天峻山景区、乐都药草台景区、昆仑野牛谷景区、柴达木魔鬼城被列为第四批省级风景名胜区。

24日 国务院正式授予西宁市大南山生态绿色屏障建设工程获2012年中国人居环境范例奖。2005年西宁启动西宁市大南山生态绿色屏障建设，规划建设总面积达到105.52平方公里（15.82万亩），总体规划15年完成。西宁市大南山生态绿色屏障建设一、二期工程共绿化13.8万亩。

6月

3日 青海省人民政府转发青海省发展和改革委员会、青海省住房和城乡建设厅《青海省绿色建筑行动实施方案》，要求青海省各级人民政府、各有关部门要充分认识推动绿色建筑工作的重要性和紧迫性，紧紧抓住城镇化和新农村建设的重要战略机遇期，重点围绕住房和城乡建设领域"四节一环保"工作，加快推进青海省绿色建筑发展，推动资源节约性、环境友好型社会的建设。

6日 根据住房城乡建设部关于开展2013年村庄规划编制试点工作的安排，确定西宁市湟源县东峡乡下脖项村为全国村庄规划编制试点，由青海省建筑勘察设计研究院承担规划编制任务。于8月参加住房城乡建设部组织召开的村庄规划试点工作中期汇报会暨研讨会。

11日 青海省住房和城乡建设厅组织召开2013青洽会新型城镇化暨青海城镇化发展论坛，旨在共同探讨、研究未来青海城镇化发展的方向和思路，进一步开创全省城乡建设和城镇化发展工作新局面。青海省人大常委会副主任邓本太、青海省人民政府副省长张建民出席论坛。

21日 为进一步强化外墙外保温质量，提高持续保温效果，结合青海省城镇住宅建设实际，制定《关于印发加强我省住宅首层外保温设计构造措施的通知》（青建设〔2013〕397号）。

21日　青海省住房和城乡建设厅印发《青海省住房城乡建设系统开展安全生产大检查实施方案》，决定于6～9月底利用四个月时间在全省建设系统集中开展安全生产大检查，重点对建设系统事故多发地，建筑施工、燃气、消防等重点领域，旅游景点等人员密集的公共场所，农民工等人员集中的作业场所和住宿地，以及反复发生、长期未得到根治的重点问题进行集中大检查。

26日　青海省人民政府组织召开全省城镇保障性住房建设新闻发布会，青海省住房和城乡建设厅副厅长岳宏介绍青海省城镇保障性住房建设工作有关情况。省内外23家新闻媒体记者参加新闻发布会，并就有关问题进行现场提问。会议由青海省人民政府新闻办公室主任周斌主持。

28日　为提高青海省商品住宅品质，提升房地产开发整体水平，提升城镇居民居住生活质量，青海省住房和城乡建设厅向各地下发《关于印发青海省住宅性能认定实施细则（试行）的通知》（青建房〔2013〕422号）。

28日　为规范国有土地上房屋征收与补偿活动，维护公共利益，青海省住房和城乡建设厅制定印发《青海省实施〈国有土地上房屋征收与补偿条例〉的若干规定》（青建房〔2013〕409号）。

28日　由西宁市城乡建设委员会、西宁市海湖新区管理委员会、青海省建筑业协会、西宁市建筑业协会主办的"全省2013年度建设工程安全质量施工现场观摩会"在西宁市海湖新区塞尔斯堡建筑工地举行。西宁市人民政府副市长王平、青海省住房和城乡建设厅副厅长师健及省、市安全监督管理局、各州市建设行政主管部门、质量安全监督部门、省建筑业协会、西宁市建筑业协会领导以及建设、施工、监理企业负责人和质量安全管理人员2300余人参加观摩会。

7月

1日　青海省房地产信息系统正式运行。全省各县（市）全部实现房产登记、商品房预售许可网上办理，初步实现全省住房信息共享和查询。

10日　青海省住房和城乡建设厅召开党的群众路线教育实践活动动员大会，认真学习贯彻中央和省委关于开展党的群众路线教育实践活动的精神，安排部署厅系统教育实践活动。厅机关各部门、厅属各单位、行业服务对象、离退休干部代表等共计150人参加动员大会。省委第二督导组组长李忠保出席会议，省住房城乡建设厅党委书记贾应忠主持会议并作动员讲话。

26日　经青海省人民政府2013年第9次常务会议审议通过《青海省"十二五"城镇住房发展规划》。

26日　青海省人民政府办公厅下发《关于印发加快推进全省棚户区改造的实施意见的通知》（青政办〔2013〕194号）。

30日　青海省住房和城乡建设厅印发《关于在全省住房城乡建设领域贯彻落实〈青海省促进散装水泥发展办法〉的实施意见》（青建散〔2013〕530号）。

8月

12日　青海省住房和城乡建设厅举办全省建筑工匠培训班。组织青海建筑职业技术学院老师为西宁、海东等六个地区19个县约2000余名农村建筑工匠从技术、技能等方面知识进行集中培训，并编印《农牧区建筑工匠及特色民居建设培训教材》，免费发放2000余册。

21～23日　为落实住房城乡建设部对青海省的对口支援和定点扶贫工作，进一步提升青海省建设工程质量检测人员的技术水平，住房城乡建设部工程质量安全监管司在西宁市举办青海省建设工程质量检测人员专项培训班。全省建设工程质量检测机构和质量监督站共65个单位196名技术骨干参加培训。

9月

6日　国务院、中央军委下达批复，同意新建青海果洛民用机场。果洛民用机场为国内支线机场，位于果洛藏族自治州玛沁县大武镇东南方向的草子场，距大武镇直线距离约5.5公里、公路里程约7公里，机场基准点标高初定为3780米，属高原型飞机场，可满足2020年旅客吞吐量8万人次、货邮吞吐量200吨的设计目标，工程总投资约11.32亿元。

10日　青海省图书馆（二期）、文化馆、美术馆建设项目通过青海省住房和城乡建设厅的初步设计审查，9月22日正式开工建设。"三馆"项目位于西宁市新宁广场南侧，总占地24782平方米，总建筑面积33000平方米，工程概算总投资26462万元，项目建成后，将在新宁广场南侧形成连续文化建筑组群，为进一步优化新宁广场周边建筑空间布局环境，提升青海省公共文化服务水平发挥重要作用。

12日　根据青海省人民政府《省代建项目办公室划转专题会议纪要》（第74号）和青海省编委《关

于省代建项目办公室成建制划转省住房城乡建设厅管理的批复》（青编委发〔2012〕54号），青海省代建办成建制由青海省发展和改革委员会划转青海省住房和城乡建设厅管理，为县级事业单位，核定差额补助事业编制12名，县级领导职数3名（1正2副）。

16日 青海省人民政府办公厅转发青海省住房和城乡建设厅青海省财政厅联合制定的《关于住房公积金使用管理若干问题的意见》（青政办〔2013〕254号，以下简称《意见》）。《意见》在住房公积金使用管理方面有新突破，使住房公积金的使用更加高效、管理更加灵活。

17日 青海省住房和城乡建设厅组织审查通过青海首座超高层建筑（西宁中心广场北扩安置区项目）初步设计审查。

22日 青海省住房和城乡建设厅印发《关于进一步加强施工图审查管理工作的意见》，要求各市州住房城乡建设部门和各施工图审查机构进一步提高认识，明确监管职责，规范图审机构审查行为，提高施工图审查质量和工程勘察设计质量。

10月

18日 青海省住房和城乡建设厅党委书记贾应忠带着相关处室和西宁、海东、海南、黄南等住房城乡建设部门的人员，来到门源县走家串户，实地调查了解冬季采暖工作，检查被动式太阳能暖房项目的落实情况。

23日 青海省住房和城乡建设厅组织青海省30家房地产和新型建材企业75名代表，参加由住房城乡建设部举办的第十二届中国国际住宅产业博览会，青海省住房和城乡建设厅荣获本次住博会"优秀组织奖"。

23日 厅党委书记贾应忠、纪委书记郝俊文带领相关处室负责人到西宁市湟中县多巴镇加拉山村（2013年被确定为青海省住房和城乡建设厅定点扶贫村）进行扶贫对接工作，为村民送去价值2.8万元的全新棉被、毛毯、大衣各90（条）件。

11月

15日 为支持青海省藏区安多语系广播电影电视译制事业的发展，青海省住房和城乡建设厅及时组织审查通过青海省安多藏语译制中心建设项目初步设计。

12月

5日 中国建筑业协会在北京召开2012～2013年度中国建设工程鲁班奖（国家优质工程）表彰大会，向202项获奖工程的承建单位颁发鲁班金像。由中国第二十三冶建设集团有限公司承建的青海省海西州民族文化活动中心工程荣获鲁班奖。

13日 2013度青海省建设工程"江河源"杯奖（省级优质工程）评审委员会在西宁召开评审会。青海省住房和城乡建设厅副厅长、评委会主任师健及土建、电力、公路专业的专家等13名评委参加评审会。

（青海住房和城乡建设厅）

宁夏回族自治区

概况

2013年，宁夏回族自治区（以下简称"宁夏"）沿黄城市带和宁南区域中心城市暨大县城建设实施重点项目393个，完成投资530亿元，全区城镇化率达到52%；开工建设保障性安居工程52161套（户），基本建成67725套；建设重点小城镇22个、幸福村庄95个，改造农村危房4.9万户；完成建筑业总产值564.47亿元、房地产开发投资558.97亿元；住房公积金归集总额达到359.3亿元，累计发放住房公积金个人贷款214.12亿元；实施既有居住建筑节能及供热计量改造227万平方米、绿色建筑176万平方米；新型墙材产量达到33.5亿标块，建筑节能和新型墙材实现节能31.8万吨标煤。

【**行政审批制度改革**】 宁夏住房和城乡建设厅下放3项建筑施工总承包、13项专业施工承包三级资质审批审批权，授权行政审批窗口直接办理11项企业资质延续事项，实行网上申报、电话及电子邮件预约、双休日便民服务。行政审批事项按时办结率和群众满意率达到100%。宁夏住房和城乡建设厅行政审批窗口被自治区总工会授予"自治区工人先锋号"称号，被自治区政务服务中心树立为"标杆窗口"、"群众满意窗口"。

【**群众路线教育实践活动**】 宁夏住房和城乡建

设厅按照中央、自治区党委的统一部署,开展党的群众路线教育实践活动,通过"群众提、自己找、互相帮、上级点"共征集意见建议428条,制定整改措施,明确责任部门、责任人和完成时限,逐条进行整改落实。创新载体巩固活动成果,抓好教育实践大讲堂、群众之声直通车、住建工作指导员、互学互帮互检互评活动"四大载体",建立固化提高群众利益征询和评价机制、"六个一"推进机制、不当行政行为问责机制、"接地气、转作风、惠民生"服务群众工作机制等"四项长效机制",提升住建工作为民服务水平,增强党群、干群血肉联系。

【依法行政工作】 宁夏加强住房和城乡建设立法工作,《宁夏实施〈城乡规划法〉办法》通过自治区人大常委会第一次审议,自治区政府出台《宁夏回族自治区新型墙体材料管理办法》、《宁夏回族自治区实施〈国有土地上房屋征收与补偿条例〉办法》。加大重点领域稽查执法力度,共查处违法违规案件84起。创新行政复议工作方式,有效化解21件行政纠纷。开展"六五"普法宣传教育,加强对执法活动的监督检查,提高工作人员的行政执法水平。

【干部"下基层"活动】 宁夏住房和城乡建设厅85名干部深入全区11个县(市、区)的22个村、7个社区、3个建筑企业,帮助解决涉及群众利益等方面的突出问题22个,协调解决村庄道路建设资金6000多万元。开展住建工作指导员活动,在全系统选派242名专业技术干部担任住建工作指导员,重点帮助基层解决城区、乡镇规划、建设和管理工作中的实际问题。宁夏住房和城乡建设厅在全区"下基层"工作会议和区直机关下基层推进会上交流干部"下基层"活动经验做法。

【执行中央八项规定】 宁夏住房和城乡建设厅制定出台《关于改进工作作风密切联系群众的实施办法》,严格控制各类会议和活动,精简各类文件和简报,切实改进会风文风。完善公务接待标准和财务报销制度,规范公务接待和出差活动,厉行勤俭节约,反对铺张浪费。2013年召开会议次数、天数和参加人数比2012年同期分别下降45.4%、57.7%、46.8%;印发文件、简报数量下降7.2%;会议经费、公务接待、车辆运行费用比2012年同期下降15.2%、23.6%和21.2%。

【政风行风建设】 宁夏住房和城乡建设厅在全区建设系统开展"百日双争"、"四比四看"和"五个一"活动,坚持从群众最关切的地方抓起,从群众最急需的地方做起,从群众最有意见的地方改起,着力解决作风方面存在的精神不振、作风不实、服务不佳、执行不力、效能不高等问题,整治"庸、懒、散、奢"等不良风气,纠正损害群众利益的行为,切实解决好事关群众切身利益的民生问题。组织各市县住房城乡部门认真查找政风行风方面群众反映强烈的问题,并督促抓好整改落实。在全区各地聘请行风监督员,充分发挥社会监督的作用,促进政风行风进一步好转。

政策规章

【颁布《实施〈国有土地上房屋征收与补偿条例〉办法》】 宁夏回族自治区人民政府颁布《实施〈国有土地上房屋征收与补偿条例〉办法》,明确市、县级人民政府应当依据国民经济和社会发展规划、土地利用总体规划、城乡规划制定房屋征收年度计划,保障征收活动的科学有序开展;明确房屋征收实施单位及从事房屋征收与补偿工作的人员的条件,细化征求和反馈被征收人意见的时限、要求等内容;确立房地产价格评估机构的选定办法,明确复核评估以及专家委员会鉴定的程序;针对各级政府及部门在征收过程中的实体违法和程序违法分别规定相应的法律责任。

【建立房地产估价机构信用等级评审制度】 宁夏住房和城乡建设厅、地税局、物价局、人民银行银川中心支行、宁夏银监局联合印发《宁夏回族自治区房地产估价机构信用信息管理细则》,加强房地产估价机构管理。全区房地产估价机构信用等级评定每年进行一次,评定结果分为AA级、A级、B级三个等级。对AA级房地产估价机构实行信用激励机制,扶持其发展,鼓励做大做强。对B级房地产估价机构实行严格信用限制机制,实施全过程监管和较高频率、较高抽检率的检查,连续两年信用等级评定为B级的本区房地产估价机构,不再为其办理资质续期手续;信用等级评定为B级的外地进宁房地产估价机构,清出宁夏市场。

【规范建筑起重机械安全管理】 出台《建筑起重机械安全监督管理实施细则》,对建筑起重机械的监督管理、安装(拆卸)、使用、检验检测、安全监理、租赁做出明确规定:建筑起重机械安装(拆卸)单位,应依法取得建设行政主管部门核发的资质证书和安全生产许可证书,并在其资质等级许可的范围内开展建筑起重机械安装、顶升加节、拆卸等作业活动。施工总承包单位工程项目部每10台塔式起重机、施工升降机和物料提升机或80台高处作业吊篮应至少配备1名建筑起重机械专职安全生产管理人员,负责工程项目部建筑起重机械日常安全生产管理。各地住房城乡建设行政主管部门建立建筑起重机械产权备案库和人员信息库,对建筑起重机械的产权备案办理、安装(拆卸)、顶升加节告知办理、使用登记办理实行网上申报。

【出台《建设工程质量检测管理实施细则》】 印发《宁夏回族自治区建设工程质量检测管理实施细则》，建设工程质量检测机构实行分级分类管理；检测机构资质按照其承担的检测业务内容分为建筑工程材料见证取样检测机构资质、专项检测机构资质和综合检测机构资质三类；见证取样检测业务范围扩大至进入施工现场、涉及建筑物、构筑物结构安全和施工功能的工程建筑材料、试块、部品、构配件等工程质量验收规定见证检测的所有项目；专项检测业务范围包括6个专业类别，综合检测业务范围包括7个专业检测资质业务范围。

【规范房屋交付使用和物业承接查验工作】 印发《新建商品房交付使用和物业承接查验暂行规定》，明确新建商品房工程竣工验收合格后，其配套设施应当具备用户入住及商业办公使用的基本条件，并取得新建商品房交付使用证，方可交付使用。有关部门在新建商品房现场核查时，要通知项目前期物业企业全程参加。建设单位应与物业服务企业共同确认现场查验的结果，签订物业承接查验协议。物业承接查验协议应当对物业承接查验基本情况、存在问题、解决方法及时限、双方权利义务、违约责任等事项作出明确约定。对建设单位不按规定交付使用房屋和物业企业未履行承接查验义务的，依法给予处罚并作为不良行为计入企业信用档案。

【印发《燃气经营许可证和供应许可证发放管理办法》】 印发《宁夏回族自治区燃气经营许可证和供应许可证发放管理办法(试行)》，加强燃气安全管理，规范燃气经营市场秩序。设区的市、县(市、区)燃气行政主管部门具体负责本行政区域内燃气经营许可证和供应许可证的发证及管理工作。《燃气经营许可证》有效期为三年，《燃气供应许可证》有效期为一年。从事燃气经营的企业应当取得设区的市燃气行政主管部门核发的《燃气经营许可证》后，方可从事燃气经营活动；从事燃气供应的站点(燃气汽车加气站点、瓶装燃气供气站点)，应当由具有燃气经营许可证的企业设立，并取得设区的市或县(市、区)燃气行政主管部门核发的《燃气供应许可证》后，方可从事燃气供应活动。未取得《燃气经营许可证》或者《燃气供应许可证》，擅自从事燃气经营(供应)活动的，由燃气行政主管部门依照《城镇燃气管理条例》、《宁夏回族自治区燃气管理条例》的规定予以处罚。

【规范餐饮场所燃气安全管理】 宁夏住房和城乡建设厅、公安消防总队、质量技术监督局、安全生产监督管理局印发《宁夏回族自治区餐饮企业燃气安全管理规范(试行)》，对餐饮场所管理机构及各级人员的燃气设施设备安全生产职责和管理要求做出明确规定，规范餐饮场所燃气安全管理工作，遏制餐饮场所燃气使用重特大事故的发生。该规范适用于宁夏回族自治区行政区域内餐饮场所燃气安装、使用、维护、应急等工作的基本内容和要求。

【印发《工程建设项目招标代理机构及从业人员诚信行为动态管理办法》】 印发《宁夏工程建设项目招标代理机构及其从业人员诚信行为动态管理办法(试行)》，加强招标代理机构诚信行为动态监督管理，营造诚实守信的市场环境。招标代理机构诚信基准分值为3000分，有不良行为时分值按不良行为记录认定标准予以扣分。对遵纪守法，规范经营，业绩突出的招标代理机构给予加分。得分在5000分(含5000分)以上，列入诚信档案AAAA名单；得分在3500分至5000分，列入诚信档案AAA名单；得分在3000分至3500分，列入诚信档案AA名单；得分低于3000分(不含3000分)时，列入诚信档案A名单，下年度内不受理企业资格升级和资格延续申请，责令该企业限期整改，半年内不准从事政府投资项目招标代理业务，企业主要负责人、技术负责人、招标代理从业人员需接受专项培训，经自治区建设行政主管部门考核合格后方可开展业务，同时自动被列入重点监督企业名单。对达不到行政许可条件的停止招标代理活动，依法吊销招标代理资质证书。属外省进宁招标代理机构的，清出宁夏市场，并将有关情况通报企业资格审批部门及注册所在地建设行政主管部门。招标项目实行项目负责人制，招标代理委托合同中必须明确项目负责人，项目负责人对招标项目负全过程管理责任。编制招标文件、开标、评标等关键环节项目负责人必须到位。从业人员不得同时在两个招标代理机构从业，从业人员备案信息发生变更的，原备案单位须在30日内办理变更登记。

房地产业

【房地产业发展】 宁夏加强房地产市场调控引导，鼓励开发企业扩大投资，加大中低价位、中小套型普通商品住房开发力度，增加有效供给。严格实施差别化住房信贷、税收政策和限购措施，坚决抑制投机投资性住房需求，支持合理自住和改善性需求。全区房地产业保持开发投资稳步增长、施工面积持续扩大、市场预期趋于稳定、住房价格涨幅平稳的发展态势。全年房地产开发完成投资558.97亿元，同比增长30.2%，房地产开发投资占全社会固定资产投资的20.9%。房屋施工面积6043.23万平方米，同比增长20.1%。商品房销售面积1048.31万平方米，同比增长30.3%，其中90平方米以下商品住房销售面积同比增长13.9%。

【开展房地产市场检查】 宁夏住房和城乡建设厅从5月下旬至7月底，在全区开展房地产市场检查，检查分为自查自纠、重点查处和督查验收三个阶段，检查范围涵盖全区所有在建、在售房地产开发项目，对发现的无证开发、未批先建、未批预售、延期交房以及囤积房源、哄抬房价、面积缩水等违法违规行为，依法进行处罚，限期整改，并记入企业信用档案，有力地震慑违法违规行为，全区房地产市场秩序进一步规范。

【银川市公布2013年新建商品住房价格控制目标】 按照《国务院办公厅关于继续做好房地产市场调控工作的通知》（国办发〔2013〕17号）中"各直辖市、计划单列市和省会城市（除拉萨外）要按照保持房价基本稳定的原则，制定该地区年度新建商品住房（不含保障性住房）价格控制目标，并于一季度向社会公布"的要求，宁夏银川市根据经济发展目标、人均可支配收入增长速度和居民住房支付能力等，按照保持房价基本稳定的原则，公布2013年银川市新建商品住房价格控制目标：应控制在城镇居民人均可支配收入实际增幅（即城镇居民人均可支配收入名义增幅和CPI增幅的差值）以内。

【开展房地产开发企业信用等级评定活动】 宁夏住房和城乡建设厅会同工商局、国土资源厅、地税局、统计局、物价局、人民银行银川中心支行、银监局等部联合开展2012年房地产开发企业信用等级评定工作，全区共有472家房地产开发企业参加信用等级评定活动，经市县初评、有关部门复评、审定，评出AA级企业82家、A级企业362家、B级企业28家。宁夏各部门依据信用等级评定结果，对实力强、信誉好的企业，在土地供应、开发贷款、资质升级、评估入围等方面予以支持，营造诚信激励、失信惩戒的市场环境。

【第五届中国西部（银川）房·车博览会】 宁夏回族自治区人民政府举办第五届中国西部（银川）房·车博览会，全区共有32家房地产开发企业的57个楼盘参加房车博览会。宁夏住房和城乡建设厅拟定房车博览会房屋降价销售政策，推动商品房销售。房·车博览会期间，各参展楼盘现场接待咨询31800人次，现场登记购买意向5456人次，累计销售房屋591套，销售面积6.42万平方米，销售额3.80亿元，创历届房车节之最。

【规范物业服务管理】 宁夏住房和城乡建设厅在全区组织开展"物业服务提升年"活动和规范化住宅小区物业公司治安责任追究机制试点工作，进一步规范物业服务行为，扩大物业服务覆盖面，促进全区物业服务管理提质增效，为居民创造环境优美、管理规范、服务到位、治安良好、生活舒畅的和谐宜居环境。截至2013年底，宁夏全区住宅小区物业服务覆盖面达到68%，银川、石嘴山、吴忠、固原、中卫五个地级市达到75%以上。

【住宅性能认定】 宁夏住房和城乡建设厅制定出台《关于鼓励支持获得"广厦奖"、"宁厦杯"和项目通过住宅性能认定的房地产开发企业发展的通知》，对获得"广厦奖"、"宁厦杯"和项目通过住宅性能认定的房地产开发企业给予优惠政策，引导房地产开发企业创新住宅规划设计理念、建造方式，应用新技术、新产品，推动全区住宅产业化发展。全年完成住宅性能认定项目18个，全区新建住宅全装修面积达到36.2万平方米。培育创建自治区住宅产业化基地1个，评选"宁厦杯"住宅项目4个。印发《关于开展全区保障性住房性能认定试点工作的通知》，开展保障性住房性能认定试点，3个保障性住房项目（34.94万平方米）通过住宅性能认定1A级预审。

住房保障

【保障性安居工程建设】 2013年，国家下达宁夏保障性安居工程任务57031套（户），其中：新增发放廉租住房租赁补贴4970户，新建各类保障性住房52061套，基本建成4万套。截至2013年底，宁夏全区开工建设保障性安居工程52161套（户），占全年计划的100.2%；新增发放廉租住房租赁补贴7293户，占年度计划的146.7%；基本建成67725套，占计划的169.3%。

【保障性住房项目选址】 宁夏按照符合城市规划、选址布点科学、方便市民入住、便于建设实施的原则，统筹考虑低收入家庭的居住和就业问题，把保障性安居工程建设项目优先规划布局在重点发展区域、产业集中区域和公共交通便利区域，同步配套完善供水、供电、供热、供气、道路、通讯等市政基础设施和学校、幼儿园、医院等公共服务设施。

【保障性住房建设融资】 宁夏建立多渠道、多途径的资金筹措机制，加大保障性住房建设投入力度。2013年，宁夏共争取到中央保障性安居工程建设补助资金23.78亿元，自治区财政配套资金4.191亿元，各市县筹集保障性住房建设资金17.11亿元。印发《关于鼓励民间资本参与保障性安居工程建设有关问题的通知》，综合运用土地供应、财政贴息、税费优惠等政策措施，鼓励民间资本通过直接投资、间接投资、参股、委托代建等多种方式，参与保障性安居工程建设和运营。

【保障性住房建设质量管理】 按照户型小、功能齐、配套好、质量高、安全可靠的要求，进一步优化保障房户型设计，保证保障房各项基本居住功能。对保障性住房质量实行"零容忍"，严格执行基本建设程序、工程建设标准、抗震设防规范及建筑节能标准，实行工程质量终身负责制、永久性标牌制度、工程质量保证制度等三项制度，全面落实勘察、设计、建设、施工、监理等市场各方主体的质量安全责任，确保保障性住房建设结构可靠、质量合格。

【保障性住房分配管理】 宁夏加强对保障性住房分配退出监管，进一步完善住房保障申请、审核、公示、轮候、复核制度，严格执行社区、街道和住房保障部门三级审核制度，实行保障房源、分配过程、分配结果三公开。建立住房保障管理信息系统，实行住房城乡建设、民政、公安、税务、金融等部门及街道、社区协作配合的家庭住房和经济状况审核机制，坚决防止并从严查处骗购、骗租行为。定期严格复核廉租住房、公共租赁住房保障对象，对收入、住房状况不再符合保障条件的，停发补贴或责令退租，退出保障范围。全年全区清退不再符合住房保障条件的家庭9294户。

【编制棚户区改造规划】 宁夏住房和城乡建设厅按照自下而上、按需申报、尽力而为、量力而行的原则，组织各市县编制2013～2017年棚户区改造规划。2013年至2017年，宁夏计划改造各类棚户区22.3644万户。

公积金管理

【住房公积金业务发展】 2013年，宁夏归集住房公积金63.15亿元，同比增长8.15%；提取住房公积金41.28亿元，同比增长35.57%；发放住房公积金个人贷款43.77亿元，同比增长35.34%。截至12月底，全区住房公积金实缴人数52.19万人，缴存覆盖率92%，累计归集住房公积金359.3亿元；累计向全区16.7万户家庭发放住房公积金贷款214.12亿元，个贷逾期率0.02%；实现住房公积金增值收益2.22亿元，同比增长27.6%。

【住房公积金服务管理】 宁夏住房和城乡建设厅印发《关于加强全区住房公积金使用管理若干具体问题的通知》，统一调整规范缴存职工直系亲属之间使用住房公积金等九个方面的政策。建成开通全国第一个省（区）级12329住房公积金热线，与全区6个住房公积金管理中心业务管理系统相连接，实现人工语音和自助语音服务。开展文明服务窗口、文明服务岗位评选活动，全年全区住房公积金管理系统共获得"青年文明号"、"文明单位"等荣誉35项。

【住房公积金扩面使用】 宁夏建立多部门联动扩面机制，推进非公有制单位建立住房公积金制度。2013年，宁夏住房公积金实缴职工人数比2012年净增9300人。调整住房公积金使用管理政策，开展商业贷款转住房公积金贷款、直系亲属住房公积金互用等业务，住房公积金个人提取、贷款大幅增长，截至12月底，宁夏住房公积金个贷率达到56.04%，比2012年底增长4.04个百分点。

【住房公积金贷款支持保障性住房建设试点】 截至12月底，宁夏银川市第一批四个试点项目4.44亿元住房公积金贷款已经全部发放完毕，其中三个项目已全部收回贷款本息。第二批三个项目已发放贷款1.8亿元，占计划贷款总额5.9亿元的30.5%。

城乡规划

【城乡规划编制管理】 宁夏编制完成《空间发展战略规划》，科学确定全区城乡发展战略和各功能区布局，明确城乡发展定位、目标和规模，优化全区空间结构，做好顶层设计。宁夏住房和城乡建设厅组织各市县积极开展各层次规划编制和修编工作。编制完成22个县(区)镇村体系规划、37个小城镇规划和88个幸福村庄规划。石嘴山、吴忠、固原、中卫市加快编制覆盖市区和各县城覆盖近期建设用地的控制性详细规划，市县一批重点项目规划、历史文化名镇保护规划通过技术审查。强化城乡规划实施管理，提请自治区人大对《宁夏实施〈城乡规划法〉办法（草案）》进行第一次审议，向全区派驻镇村建设指导员193名，推动规划落实。

【编制宁夏空间发展战略规划】 宁夏与天津市签署城镇规划战略合作协议，聘请天津规划院加盟，按照"政府组织、专家领衔、部门合作、公众参与、科学决策、依法办事"原则，启动编制《宁夏空间发展战略规划》，从区域统筹发展的角度，对全域一个城市的发展方向、性质规模、目标定位、功能分区、空间结构等重大问题作出展望和安排，对城乡建设、产业布局、基础设施配置、生态环境保护进行战略性、先导性、方向性、总体性引导和管控，确定"一主三副、核心带动，两带两轴、统筹城乡，山河为脉、保护生态"的总体空间格局，推动形成合理的生产、生活、生态空间，"把宁夏作为一个城市规划建设"成功破题。《宁夏空间发展战略规划》通过自治区政府第16次常务会议审议。

【印发宁夏城镇燃气发展规划】 宁夏住房和城乡建设厅印发《宁夏回族自治区城镇燃气发展规划（2012—2020）》，主要目标是：到2015年，天然气用气人口达到230万人、总用气规模达到50亿标准立方米，所有市县实现天然气全覆盖；到2020年，天然气用气人口达到350万人、总用气规模达到88亿标准立方米。液化石油气2015年供应规模达到2.9万吨，2020年维持在2.1万吨左右。到2015年，人工煤气基本退出市场。规划建设银川至石嘴山天然气高压管道复线、宁东至银川煤制天然气输气管道、灵武至吴忠天然气高压管道复线、中卫市马莲湖分输站至中卫门站的分输支线以及西吉、海原、隆德、泾源等天然气管道。

【印发宁夏城市节水规划】 宁夏住房和城乡建设厅印发《宁夏回族自治区城市节水规划（2012—2020）》，主要目标是：到2015年，5个地级市至少有2座创建成国家节水型城市，其余设市城市建成自治区节水型城市，创建节水型机关、学校、服务业单位、社区各100家；到2020年，全区全面建成节水型城市。具体目标是：加快供水管网改造和节水器具推广，不符合节水要求的用水器具强制退出销售市场，城市供水管网漏失率≤8%；推进企业循环用水、串联用水、重复用水、产业园区循环用水网络系统改造与建设，大幅度提高企业水循环利用水平，产业园区全部建成节水型园区，工业用水重复利用率≥90%；推广利用中水、雨水等非常规水资源，中水回用率≥30%，雨水利用率≥10%；城市水源得到进一步保护，饮用水源水质达标率100%。

【编制宁夏集中供热老旧管网改造规划】 宁夏住房和城乡建设厅组织编制《宁夏回族自治区集中供热老旧管网改造规划》，并上报住房和城乡建设部。规划内容包括规划期限、规划目标、改造技术方案、改造规模、投资规模、保障措施等。其中，改造规模为：到2015年，管网更新改造2667.2公里；热力站更换设备改造725座、连接方式改造257座、系统节能和变频改造753座、补水系统改造456座、附件保温改造2566个；安装热量表289710套、安装流量平衡装置54012套。估算总投资为379333.22万元。

城市建设与市政公用事业

【城镇化建设】 宁夏抢抓西部大开发和内陆开放型经济试验区建设机遇，实施沿黄城市带、宁南区域中心城市和大县城建设战略，开工建设一大批基础设施、产业发展、商贸物流等项目，引导人口、产业和各类要素资源向中心城市、县城和重点小城镇集聚，统筹推进城乡、山川、区域协调发展。截至2013年底，宁夏城镇人口达340万人，城镇化率达到52%。

【沿黄城市带建设】 宁夏实施城市扩容提质工程，加快银川滨河新区规划建设，进一步做大做强银川市，推进石嘴山、吴忠、中卫和沿黄各县（市）提质增效，大力发展产业集群，加快沿黄经济区建设，培育宁夏新的经济增长极。2013年，宁夏沿黄城市带建设开工重点项目236个，完成投资441.55亿元。宁夏国际会议中心、西夏古城、黄河体育会展中心、黄河观光旅游项目等一批标志性工程正在加紧建设；石嘴山煤炭地质博物馆、中卫市大河之舞生态休闲公园正在进行内部装修和布展；银川舰军事主题公园完成"银川舰"舰体复装、内装外粉工程以及园内基础设施建设，并向公众开放。

【宁南区域中心城市和大县城建设】 宁夏实施"一定五年不变"政策，加快宁南区域中心城市和大县城建设，大力推进固原西南新区及山区县城建设，开工建设一批城市基础设施、产业园区、物流园区、文化旅游和小城镇建设等项目，进一步增强中南部城市产业聚集、经济承载和辐射带动能力。2013年，宁南区域中心城市和大县城开工建设重点项目157个，完成投资87.73亿元。固原市西南新区、古雁岭城市公园、隆德县六盘山工业园区、彭阳县悦龙山新区等一批重点项目正在抓紧建设。

【城市基础设施建设】 宁夏编制完成全区城市供水、节水、燃气等专项规划，鼓励民间资本参与城市市政公用基础设施投资和运营，多渠道筹集建设资金，开工建设一批城市道路、供排水、燃气、集中供热、污水处理、垃圾处理、园林绿化等项目，启动市民休闲森林公园建设，城市综合服务功能和承载力进一步提升。

【城市运行管理】 宁夏以园林城市（县城、镇）、人居环境（范例）奖创建活动、国家智慧城市试点和数字化城市管理为抓手，积极探索创新城市管理方法。银川市、石嘴山市大武口区数字化城市管理系统建成投入运行，银川、石嘴山、吴忠、永宁启动国家智慧城市建设试点，推广中卫市"以克论净、深度保洁"城市环卫管理、泾源城乡保洁等新机制，中宁县、红寺堡区获自治区园林县城称号。

【主干道路大整治大绿化工程】 宁夏回族自治区人民政府召开主干道路大整治大绿化工程动员电视电话会议，印发《自治区主干道路大整治大绿化工程实施方案》，启动实施主干道路大整治大绿化工程，集中三个100天，实施拆迁整治、环境卫生、绿化美化"三大战役",优化和提升宁夏对外开放良好形象。宁夏住房和城乡建设厅结合"洁净城乡,优美环境"综合整治专项行动,集中对主干道路沿线两侧环境卫生、广告牌进行整治,累计清理各类垃圾102.2万吨,治理污水63.25万立方米,清除污泥21.58万吨,硬化路面168.37万平方米,购置果皮箱7915个,修补破损设施17879处,新建改造公共厕所128座,整治绿化用地397.5亩,整治场地3063亩,拆除户外广告和店面牌匾20663个,整治改造户外广告11985个,整治乡镇107个,整理村庄827个,改造老旧小区、城中村,城乡面貌大为改观。

【中卫市建立"以克论净、深度保洁"城市环卫管理新模式】 宁夏中卫市建立机械深度清扫和人工即时保洁城市环卫新模式,以街道、广场等公共场所每平方米浮尘不超过5克为标准,考核环卫人员保洁责任区的工作。宁夏住房和城乡建设厅印发《关于推广中卫市"以克论净、深度保洁"新模式进一步加强城市环境卫生管理的意见》,在中卫市召开现场观摩会,推广中卫市"以克论净、深度保洁"新模式。

【城市供暖】 宁夏各城市提前10天供暖、延期10天停暖,川区供热时间由每年11月1日至次年3月31日改为10月20日至次年4月10日,山区供热时间根据气候情况决定提前供暖和延后停暖时间。

村镇规划建设

【村镇建设】 宁夏按照"县城周边村落向县城集中,集镇周边村落向镇区集中,其他村落向中心村集中"的工作思路,加快推进新一轮小城镇和幸福村庄建设。制定全区重点小城镇和幸福村庄建设标准,对项目选址、规划设计、建设改造、精细管理等提出明确要求。坚持产业协同、功能配套、服务均等、城乡一体的原则,整合资金、加大投入,典型引路、示范带动,配套完善道路、供排水、垃圾处理等基础设施和公共服务设施,加强工程质量监管,建设一批布局合理、功能完善、各具特色的美丽宜居小城镇和村庄。

【小城镇建设】 宁夏开工建设重点小城镇22个,新修道路51.5公里、给排水管道245公里、供热管道36.95公里、天然气管道23.46公里,安装路灯630盏,绿化面积25万平方米,种植树木2.93万株,建设公厕26座、文化广场8.4万平方米,改造特色街区22.46万平方米,实施建筑节能改造2万平方米,新建农宅1.5万户,惠及6万多人。

【幸福村庄建设】 宁夏开工建设改造幸福村庄95个、4.1万户,新建道路164公里、给排水管道252公里,安装太阳能2760个,绿化面积43万平方米,种植树木28万株,清除垃圾8万吨,改造粉刷墙体73万平方米,配备垃圾箱1500个,改造危房1.9万户。

【农村危房改造】 宁夏把农村危房改造与黄河金岸建设、生态移民、小城镇建设、城乡环境综合整治、主干道路大整治大绿化结合起来,科学规划,合理布局,加大对村庄基础设施建设力度,提升村庄综合服务功能。把集中连片改造的农村危房全部纳入工程建设基本程序,实施全过程监管,严把项目选址、房屋设计、施工管理、建材选用、竣工验收关,确保工程结构安全、质量合格。2013年,宁夏改造农村危房4.9万户,解决22万贫困农户的住房安全问题。

工程建设标准定额

【编制完成2013计价依据】 宁夏住房和城乡建设厅组织编制《2013宁夏回族自治区建设工程造价计价依据》,包括:《建筑工程计价定额》、《装饰装修工程计价定额》、《安装工程计价定额》、《市政工程计价定额》、《园林绿化工程计价定额》、《维修工程计价定额》6个专业定额,及配套执行的《混凝土、砂浆配合比及施工机械台班定额》、《建设工程费用定额》,共计19册,25本。建立标准化工料机数据库和定额数据库,实现建设工程人工、材料、机械设备的分类、编码、名称、属性描述、计量单位、材料价格信息查询方式的统一。2013计价依据既适用于定额计价方式,又适用于工程量清单计价方式,是编制审核设计概算、施工图预算、招标控制价、竣工结算以及调解处理工程造价纠纷的依据,也是投标报价的基础,较好解决工程计价中人工单价偏低、部分定额项目消耗量与实际存在差距、工程量计算规则未及时调整等突出问题。

【调整建设工程计价定额人工费标准】 宁夏住房和城乡建设厅会同自治区发展改革委、财政厅在对全区建筑市场各个工种的计件工资、产量、工作强度、工作时间、工作条件进行充分调查测算的基础上,对全区建设工程计价定额人工费进行调整。调整标准为宁夏现行建筑、市政、园林绿化工程计价定额中人工综合单价,装饰装修、安装、市政、园林绿化项目安装工程、修缮、施工机械台班定额人工单价由每工日45元调整为60元,上调幅度为33.3%,同西北及周边其他省区相比处于中上水平。

【地方建设标准编制】 宁夏发布《居住建筑节能设计标准》,编制完成《农村住宅建筑节能设计标准》、《绿色建筑评价标准》、《绿色建筑评价标准(实施细则)》、《抹灰石膏应用技术规程》、《蒸压加气混凝土建筑构造》和《塑料检查井安装构造》等标准和设计图集。

工程质量安全监督

【建设工程质量管理】 宁夏开展建设工程质量安全监督执法检查,加强自治区重点项目、保障性住房、生态移民、幸福村庄、农村危房改造等工程质量监管,严格落实参建各方责任主体质量责任,对存在违法违规行为的施工单位、监理单位依法下发行政执法建议书、记载不良行为、停业整顿、停止招投标;对注册人员数量不符合资质标准、企业安全责任不落实的6家区内监理企业注销资质;对不在现场履职的7名注册监理工程师、11名项目经理停止招投标资格;4家管理混乱的外省进宁监理企业被清出宁夏建筑市场;在宁夏建筑业诚信系统中扣减企业诚信分值,并在《宁夏日报》、《新消息报》等新闻媒体上曝光,有力震慑建设领域违法违规行为。

【建筑施工安全监管】 宁夏制定《全区建筑施工安全生产集中整治行动实施方案》、《全区建筑工程质量安全监督执法检查工作方案》、《2013年全区建筑施工安全生产"打非治违"集中专项行动实施方案》、《宁夏回族自治区建筑起重机械安全监督管理实施细则(修订稿)》等规范性文件和制度,开展打非治违和塔吊、吊篮、脚手架、建筑模板、深基坑等集中专项行动,及时消除安全生产隐患。对安全生产许可证复查不合格、未按规定办理延期手续以及业绩考核结果不合格的企业,注销企业资质和安全生产许可证。对发生生产安全事故人员死亡的责任单位暂扣安全生产许可证、进宁备案证,依法对责任单位和责任人进行行政处罚。宁夏建筑领域连续15年未发生重大生产安全事故,工程质量安全处于受控状态。

【"打非治违"专项行动】 宁夏在房屋建筑和市政基础设施建设工程范围内开展"打非治违"专项行动,全区共检查工程2217项,查处未办理施工许可证的工程112项,无劳务资质20家,项目经理不到岗150人,项目总监不在岗201人,安全员不到位135人,特种作业人员证件不合格115人和人员配备不足165人,安全防护不合格137项,活动板房不合格138项,安全网不合格122项,施工现场未建立农民工培训夜校94家,无培训记录的150家。下发隐患整改通知书450份,停工通知书192份,行政处罚企业85家。

【"西夏杯"优质工程评审】 宁夏住房和城乡建设厅组织开展2011～2012年度"西夏杯"优质工程评审工作,经"西夏杯"优质工程评审委员会评审,评出2011～2012年度"西夏杯"优质工程24项。

【建筑施工安全质量标准化工作】 宁夏住房和城乡建设厅在银川市国际会议中心施工现场召开全区标准化工地观摩会,银川市、石嘴山市、吴忠市、固原市、中卫市相继召开建筑施工安全质量标准化工地现场观摩会,展示施工现场塔式起重机远程网络监控系统、安全电压照明系统、消防标准化设施和农民工实名制管理门禁系统等建筑施工新产品、新工艺、新技术、新设备,推行工程项目施工行为规范化、安全管理科学化、安全防护标准化、场容场貌秩序化管理。开展全区标准化工地创建、评比和验收活动,15项工程获得自治区"建安杯"安全文明标准化示范工程。

建筑市场

【建筑业发展】 宁夏加大政策扶持力度,放宽资质准入条件,培育壮大重点骨干企业,做优总承包企业,做强专业承包企业,做实劳务分包企业,支持有实力的总承包企业申报特级资质,调整优化产业结构,促进建筑业转型升级,进一步提升发展质量和效益。2013年,宁夏全区完成建筑业总产值564.47亿元,同比增长22.2%。实现建筑业增加值320亿元,占全区GDP的12.5%。宁夏建工集团获得国家房屋建筑工程施工总承包特级资质,打破宁夏建筑企业没有施工总承包特级资质的历史。全区建筑行业从业人员达到21万人,共有在册建筑施工企业1030家,涉及钢结构、建筑智能化、消防设施、防腐保温等近50个门类,外省进宁备案的建筑施工企业851家,国家一级注册建造师766人。

【建设工程招投标监管】 宁夏住房和城乡建设厅在全区推行电子招投标,依托招投标网上办事平台进行公告审核、公告发布、预中标公示及中标通知书发放。开展计算机辅助评标、异地远程评标,实现宁夏、甘肃跨省区电子远程异地评标。制定出台《关于外省进宁工程建设项目招标代理机构管理办法(暂行)》、《自治区建设工程投标保证金集中收退管理暂行办法》、《宁夏工程建设项目招标代理机构及其从业人员诚信行为动态管理办法(试行)》和《关于进一步规范房屋建筑和市政工程项目招标投标监督管理和集中交易工作的通知》,进一步规范招投标行为。开展招投标市场专项检查,对存在违法违规行为的3家外省进宁招标代理机构清出宁夏市场,通报批评5家招标代理机构,注销1家招标代理机构企业资质。

【建设工程监理市场专项治理】 宁夏住房和城乡建设厅在全区开展建设工程监理市场专项整治，采取企业自查、各地建设主管部门检查、自治区住房城乡建设厅复查的方式，对64家区内监理企业的市场行为、资质条件标准和现场质量安全管理等方面进行专项检查和资质动态核查，抽检工程项目142个；对34家区外进宁监理企业在宁监理行为和监理人员到岗履职、现场质量安全责任落实情况开展检查，抽查项目35个。对区内外19家监理企业进行通报批评并记载不良行为，责令限期整改；10家监理企业1年内被禁止在宁夏招投标；注销区内监理资质企业6家，4家严重违规的区外企业被清出宁夏建筑市场，5年内不得进入宁夏从事建筑工程活动。

【实行建筑领域农民工工资银行直接支付】 宁夏农民工工资清欠领导小组办公室印发《关于推行建筑领域农民工工资银行直接支付制度的意见》，在全区各市开展建筑领域农民工工资银行直接代发支付试点，2014年底在全区全面实现建筑领域农民工工资银行直接支付。《意见》规定，建设（开发）单位必须根据项目监理单位核定的工程量，按不低于工程进度款的22%向农民工工资支付专用账户拨付农民工工资。施工总承包企业与指定银行机构签订农民工工资委托支付协议，由劳资专管员持劳务企业用工人员身份证及复印件、劳资专管员任命文件等，到指定银行机构办理工资支付银行卡，并发放到持卡人手中。劳务企业按月提供农民工工资详单，经总承包企业确认后，向建设（开发）单位上报农民工签字确认的工资表，然后由银行代发。为保障建筑领域农民工工资银行直接支付办法的顺利实施，对未办理农民工工资银行直接支付手续的施工企业，宁夏住房城乡建设部门不予办理施工许可证。地方住房城乡建设主管部门对支付"质量"实行黄、橙、红三级预警制度，拖欠三个月工资的，给予责任企业红色预警，停止办理工程建设一切手续，根据相关规定对责任单位给予停止投标资格、停止承揽业务、降级或吊销资质等级、外地进宁企业清退出宁夏市场等相应处罚，将责任企业及相关负责人按照拒不支付劳动报酬涉嫌犯罪情况移送公安机关。

【建筑业信息化建设】 宁夏住房和城乡建设厅结合全区建筑业管理实际需要，整合网络资源，建成全区建筑市场监管"三库一平台"，即："建筑企业数据库、从业人员数据库、工程项目数据库"和"宁夏建筑平台"，实现建筑业企业基本信息库、人员库、工程项目库和诚信平台联动与对接，6月底投入使用。

建筑节能与科技

【建筑节能工作】 宁夏强化新建建筑执行节能标准全过程监管，全区各地现行节能标准执行率达到100%，银川市、石嘴山市、吴忠市、中卫市新建建筑全面推行建筑节能65%标准，银川市开展居住建筑75%节能标准的试点工作，固原市开展居住建筑65%节能标准的试点工作。完成既有居住建筑供热计量和节能改造227万平方米。开工建设农村被动式太阳能暖房151万平方米、阳光校园40平方米，实施自治区级可再生能源建筑应用示范项目500万平方米。制定《绿色建筑行动方案》，实施绿色建筑176万平方米。研发推广应用节能环保新型墙体材料，全区新型墙材产量达到33.5亿标块，建筑节能和新型墙材工作实现节能31.8万吨标煤。

【建筑节能工作】 宁夏各市、县结合本地实际，配套制定善相关建筑节能政策法规措施。银川市印发《关于加强外墙外保温施工监管的通知》、《关于加强建筑节能管理相关问题的通知》，吴忠市了印发《吴忠市可再生能源建筑应用实施方案》，中卫市下发《关于加强全市建筑节能工作的通知》，推动本地区建筑节能工作深入开展。严格落实建筑节能工程设计施工图审查备案、竣工验收备案和建筑节能专项检查等制度，进一步完善从设计、施工图审查、施工、监理、竣工验收备案到销售和使用等环节的闭合监管。

【出台《宁夏绿色建筑行动实施方案》】 宁夏回族自治区人民政府发布实施《宁夏绿色建筑行动实施方案》，"十二五"期间，全区完成新建绿色建筑600万平方米，"十二五"末全区20%以上的城镇新建建筑达到绿色建筑标准要求；完成既有居住建筑供热计量和节能改造600万平方米以上，实施农村危房改造节能示范3万套。

【可再生能源建筑应用示范项目建设】 宁夏各市、县开展国家和自治区可再生能源建筑应用示范项目建设，总示范面积1200万平方米。截至2013年底，宁夏国家可再生能源建筑应用城市项目，银川市完成示范建设任务，并通过宁夏住房城乡建设厅和财政厅联合组织的验收；海原县完成国家级示范城市（县）的建设任务，进入验收阶段；吴忠市、盐池县进入收尾阶段。固原市、中卫市、红寺堡区、中宁县列为自治区级可再生能源建筑应用示范市（县区），示范任务255万平方米；宁夏医科大学太阳能热水工程等9个项目列为阳光学校工程，示范面积43万平方米；农村被动式太阳能暖房项目示范面积

151.8万平方米。自治区示范项目全部启动实施,省级推广任务已完成50%,阳光学校工程全部完工,农村被动式太阳能暖房工程完工40%。

【宁夏大学节约型校园节能监管平台通过国家验收】 住房和城乡建设部组织专家在银川召开宁夏大学节约型校园节能监管平台项目验收会。与会专家在听取建设单位汇报、查阅相关资料、测试平台软件功能、观看演示和质询后,一致同意宁夏大学节约校园节能监管平台通过验收。该项目的建成,填补宁夏建筑节能监管平台建设的空白。实现宁夏大学全部98栋建筑水、暖、电等能耗的实时监测,通过数据采集、分析和控制,年节能率可达15%以上。

【建筑墙体材料改革】 宁夏新型墙材产量达到33.5亿块标砖,占墙体材料总量的74%,实现节约土地5528亩,节约标准煤20.77万吨,利用工业废渣360万吨,减少CO_2排放51.78万吨,减少SO_2排放0.48万吨。截至2013年12月,宁夏5个设区市、2个县级市及贺兰、永宁、平罗、中宁、盐池、彭阳县城已完成"禁实"任务。

建设人事教育

【实施规划人才提升工程】 宁夏针对全区城乡规划管理专业人员缺乏、规划编制水平不高、与全区经济社会发展计划、土地利用总体规划、产业发展规划等衔接不够、规划执行与落实不到位等问题,根据全区住房城乡建设人才中长期发展规划,计划从2013年起,利用三到五年时间,通过与全国知名院校、研究机构建立长期协作关系,对全区规划管理人员和业务骨干轮训一遍,并采取培训一批、引进一批、储备一批等多种举措,培养造就一支懂规划、会管理、严执行的城乡规划管理人才队伍。宁夏在上海同济大学举办全区住房城乡建设系统规划管理人员脱产培训班,对五个地级市分管城乡规划管理工作的领导,各市、县(区)规划建设行政主管部门、区直相关单位从事规划工作的业务骨干共100人,进行全封闭、脱产式培训。

【干部教育培训】 宁夏住房和城乡建设厅采取送出去、请进来、岗位培训、搭建平台等方式,加大干部教育培训力度。选派68名年轻处级干部参加了自治区党校、国家行政学院、延安干部学院和深圳党校等专题培训,委托宁夏理工大学对220名村镇建设管理员进行培训;建立武汉大学研究生教育培养基地,50多名行业管理骨干和专业人员参加学习;邀请全国建设行业专家举办19次专题讲座,受训人员达4000多人(次)。

【人才引进工作】 宁夏成立住房城乡建设发展研究院士工作站,柔性引进中国工程院院士、东南大学建筑设计和理论研究中心主任程泰宁,中国工程院院士、中国建筑设计研究院副院长、国家工程设计大师崔愷,中国科学院院士、同济大学建筑与城市规划学院教授郑时龄3名院士,以及规划设计、城镇化发展、工程管理、房地产政策研究4大领域的6名知名专家教授,为全区住房城乡建设发展战略、区域发展规划、产业政策等重大问题决策提供战略性、前瞻性、科学性咨询服务;为自治区重点工程、重大建设项目需要解决的重大问题提供技术支持。

【建筑行业人员培训】 宁夏住房和城乡建设厅组织各类执业人员继续教育培训5800多人次,开展专业技术岗位人员培训1.2万人次。加强建筑施工安监人员业务培训考核力度,对1932名三类人员、5000名特种作业人员、1000名安全监理进行培训教育和考核。开展农民工岗前安全培训月活动,全年培训农民工2万人。

大事记

1月

11日 宁夏在银川市召开全区住房和城乡建设工作会议。宁夏回族自治区副主席李锐出席会议并作重要讲话。全区各市、县(区)分管住房和城乡建设工作的副市、县(区)长,住房城乡建设系统各部门主要负责人,自治区相关部门负责人及相关企业负责人参加会议。会议传达全国住房和城乡建设工作会议精神,总结2012年全区住房和城乡建设工作,表彰2012年度全区住房城乡建设工作先进单位和先进个人,安排部署2013年工作任务。

30日 宁夏住房和城乡建设厅召开干部大会,宣布自治区党委的干部任免决定。自治区人大常委会副主任刘慧芳,自治区副主席白雪山出席会议。自治区党委组织部副部长李泽峰宣读自治区党委关于自治区住房和城乡建设厅主要领导调整的决定,免去刘慧芳自治区住房和城乡建设厅党组书记、厅长职务,杨玉经任自治区住房和城乡建设厅党组书记、厅长。

2月

21日 宁夏回族自治区副主席白雪山在自治区政府副秘书长马云海的陪同下,到宁夏住房和城乡建设厅调研工作。白雪山副主席听取宁夏住房城乡建设厅党组书记、厅长杨玉经的工作汇报,专题调研保障性安居工程、沿黄城市带建设、宁南区域中心城市暨大县城建设、村镇建设情况，对做好2013年工作提出明确要求。

3月

4日 宁夏住房和城乡建设厅召开2012年度惩防体系建设和落实党风廉政建设责任制检查考核大会，自治区副主席白雪山出席考核大会并作重要讲话。宁夏住房和城乡建设厅党组书记、厅长杨玉经汇报2012年度惩防体系建设和落实党风廉政建设责任制情况。考核组组长、自治区政府副秘书长马云海反馈检查考核意见。

11日 宁夏回族自治区副主席白雪山主持召开城市化工作暨沿黄城市带发展领导小组会议，研究部署沿黄城市带和宁南区域中心城市暨大县城建设工作。

26日 宁夏住房和城乡建设厅、工商局、国土资源厅等八个部门联合发布2012年度房地产开发企业信用等级评定结果，共评定AA级企业82家、A级企业362家、B级企业28家。

29日 宁夏回族自治区党委书记李建华在自治区党委副书记崔波，自治区党委常委、银川市委书记徐广国等陪同下，调研银川市城市规划、保障性住房建设等情况。

30日 宁夏回族自治区人民政府颁布《宁夏回族自治区推广应用新型墙体材料管理规定》（政府令53号），2013年7月1日起正式施行。

4月

8日 宁夏住房和城乡建设厅启动全区建筑行业第六个农民工岗前安全培训月活动。

11日 宁夏回族自治区副主席白雪山在自治区政府副秘书长马云海的陪同下，到住房和城乡建设厅调研重点工作和重大项目进展情况。白雪山副主席听取宁夏住房城乡建设厅党组书记、厅长杨玉经的工作汇报，对抓好2013年重点工作和重大项目建设提出具体要求。

15日 宁夏回族自治区党委组织部、住房和城乡建设厅联合举办的住房城乡建设系统规划管理人员脱产培训班在上海同济大学正式开班。

26日 上午 宁夏住房和城乡建设厅召开全区住房城乡建设系统党风廉政、政风行风和精神文明建设工作会议，全区各市、县（区）住房城乡建设局、规划局、房管局、城管局、园林局主要负责人，五市住房公积金管理中心主要负责人参加会议。会议总结2012年度党风廉政、政风行风和精神文明建设工作，表彰政风行风工作先进单位，安排部署2013年工作。

26日 下午 宁夏住房和城乡建设厅召开全区建筑行业发展和管理工作会议。全区各市、县住房城乡建设局、质监站、建管站、招标办负责人，有关企业负责人参加会议。会议总结2012年全区建筑行业发展与管理暨建筑节能墙改工作，安排部署2013年工作。

28日 第五届中国西部（银川）房·车博览会在宁夏银川市国际会展中心开幕，宁夏回族自治区领导和银川市相关领导及其他社会各界人士逾千人出席开幕式。

5月

3日 宁夏回族自治区人民政府在银川市召开全区住房保障暨城乡建设重点项目推进会。全区各市、县（区）分管住房和城乡建设工作的副市、县（区）长，住房城乡建设系统各部门主要负责人，自治区相关部门负责人参加会议。会议总结2012年全区住房保障工作，对2013年住房保障和城乡建设重点项目进行动员部署。自治区副主席白雪山出席会议，与银川市、石嘴山市、吴忠市、固原市、中卫市签订2013年保障性住房目标责任书并作重要讲话。

9日 宁夏回族自治区主席刘慧在自治区副主席白雪山和有关部门负责同志陪同下，到宁夏住房和城乡建设厅调研工作。主席刘慧听取宁夏住房城乡建设厅党组书记、厅长杨玉经工作汇报，对做好全区住房城乡建设厅工作提出明确要求。

12日 宁夏和天津签署城镇规划战略合作协议，天津市副市长尹海林和宁夏回族自治区领导蔡国英、徐广国出席签约仪式。

22~23日 自治区党委书记李建华在同心县调研时强调，要以新型城镇化为引领，促进城镇化、工业化、信息化、农业现代化"四化"同步，加快县域经济发展。

6月

2日 宁夏回族自治区副主席白雪山会见天津市规划研究院副院长周长林一行。

8日 宁夏回族自治区召开主干道路大整治大绿化工程动员电视电话会议，安排部署全区主干道路大整治大绿化工程建设工作。自治区主席刘慧、副主席白雪山在主会场出席会议。

15日 宁夏回族自治区副主席白雪山在自治区住房和城乡建设厅厅长杨玉经的陪同下，调研石嘴山市城市规划建设工作。

21日 宁夏回族自治区副主席白雪山在自治区住房和城乡建设厅、发展改革委、财政厅负责同志的陪同下，到宁夏国际会议中心施工现场检查指导工作。

22~23日　宁夏回族自治区党委组织部、住房城乡建设厅联合举办全区领导干部城乡规划管理培训班。全区各市、县（区）分管城乡规划的领导，规划、建设局长，区直相关部门负责同志，住房城乡建设厅系统全体干部共160多人参加了培训。

7月

3日　宁夏回族自治区副主席白雪山在自治区有关部门负责同志的陪同下，督查调研银川市主干道路大整治大绿化工程，并召开座谈会征求意见和建议。

20日　住房城乡建设部党组书记、部长姜伟新在宁夏回族自治区银川市主持召开部分省区市住房城乡建设部门主要负责同志座谈会，听取对部党组、党组成员、部机关在"四风"和贯彻落实中央八项规定方面存在的突出问题的意见建议。

23日　宁夏住房和城乡建设厅在银川市光明广场举办2013"清凉宁夏"专场文艺演出，厅系统各单位和行业企业表演精彩的文艺节目。

25~26日　全国太阳能建筑应用政策和技术交流会在银川召开。太阳能建筑应用专业委员会成员单位和宁夏地级城市建设局分管建筑节能管理机构负责人、部分建筑设计、房地产开发、太阳能建筑应用技术和产品生产企业等单位的技术人员共87人参加会议。

8月

12~14日　宁夏住房和城乡建设厅开展互学互帮互检互评"四户活动"，组织全区住房和城乡建设部门负责同志现场观摩五个市22个县（市、区）67个城乡建设重点项目、重点工程和亮点工作。

14日　在中卫市召开全区"以克论净"城乡环境综合整治暨城乡建设重点项目推进会，自治区副主席白雪山出席会议并作重要讲话。

16日　宁夏回族自治区副主席白雪山在相关部门负责同志陪同下，对固原市及所辖县区和海原县住房城乡建设工作进行调研。

21日　宁夏回族自治区主席刘慧在银川主持召开自治区城乡规划管理委员会第一次会议，自治区党委常委、自治区副主席袁家军，自治区特邀顾问郝林海，自治区副主席白雪山参加会议。会议听取并讨论自治区住房和城乡建设厅关于制定《宁夏回族自治区城乡规划管理委员会工作规则》的说明、全区城乡规划工作及《宁夏空间发展战略规划》编制进展情况汇报。刘慧主席作了重要讲话。

9月

13日　宁夏住房和城乡建设发展研究院士工作站在2013年中国（宁夏）引进海内外高层次人才洽谈会上获批授牌。

25日　宁夏回族自治区副主席白雪山带领住房和城乡建设厅相关人员，专程到天津市规划设计研究院听取《宁夏空间发展战略规划》编制进展情况汇报。

10月

23日　宁夏回族自治区副主席白雪山在自治区政府副秘书长马云海的陪同下，带领自治区住房城乡建设厅、国土资源厅、交通运输厅等城镇化调研组成员，调研吴忠市城镇化建设情况。

23日　宁夏回族自治区副主席白雪山主持召开座谈会，听取自治区人大代表、政协委员、专家学者对加快推进新型城镇化建设工作的意见和建议。宁夏发展改革委、住房城乡建设厅、交通运输厅负责人参加座谈会。

24日　宁夏回族自治区副主席白雪山主持召开座谈会，自治区发展改革委、住房和城乡建设厅、交通运输厅负责人，银川市、石嘴山市、中卫市、固原市及所辖县（市、区）分管住房城乡建设工作的负责人参加座谈会。会议听取各市、县（区）关于新型城镇化建设工作情况汇报，交流各地推进新型城镇化的经验和做法，探讨今后一个时期宁夏加快推进新型城镇化的思路和措施。

25日　2013年宁夏建筑行业技能竞赛在银川市开赛，来自全区28个建筑企业的198名选手参加竞赛。自治区政协副主席、自治区总工会主席左军出席技能竞赛开幕式。

10月30日至11月1日　宁夏回族自治区人大常委会副主任孙贵宝在自治区住房城乡建设厅厅长杨玉经陪同下，深入银川、石嘴山、吴忠等市，实地察看19个居民小区物业服务管理情况，并在各市召开座谈会，听取社会各界对物业服务管理的意见建议。

11月

6日　中阿博览会永久性会址——宁夏国际会议中心主体工程封顶。

19日　宁夏回族自治区政府召开专题会议，听取《宁夏空间发展战略规划》方案汇报。自治区主席刘慧，副主席袁家军、白雪山，特邀顾问郝林海，自治区发展改革委、经信息化委等25个厅局主要负责同志参加会议。

29日　中国共产党宁夏回族自治区住房和城乡建设厅直属机关第三次代表大会召开，厅系统88名代表出席会议。会议总结过去九年党建工作，选举产生宁夏回族自治区住房城乡建设厅直属机关第三届委员会、机关纪律检查委员会。

12月

17日　宁夏回族自治区政府颁布《宁夏回族自治区实施〈国有土地上房屋征收与补偿条例〉办法》（政府令62号），自2014年2月1日起施行。

28日　宁夏回族自治区主席刘慧在自治区相关部门负责同志的陪同下，调研贺兰县美丽乡村建设情况。

（宁夏回族自治区住房和城乡建设厅）

新疆维吾尔自治区

概况

【城乡规划体系进一步完善】　2013年，《新疆城镇体系规划》修编成果通过国家城市规划部际联席会议审查，正式上报国务院待批，《自治区新型城镇化发展课题研究》全面启动。累计投入资金8.33亿元，完成所有12个地州域城镇体系规划、20个城市、68个县城、783个乡镇总体规划和8839个村庄规划编制工作，巴楚县多来提巴格乡塔格吾斯塘村村庄规划列入全国第一批村庄规划示范名录。城乡规划实施管理进一步加强，全面推行"阳光规划"，依法开展城乡规划监督检查，城乡规划督察员巡查范围已覆盖全区21个设市城市。

【安居富民工程扎实推进】　2013年，新疆计划开工建设30万户安居富民工程（占全国总任务量11.28%），全年投入资金259.16亿元，其中：中央补助32.6亿元、自治区补助27亿元、对口援疆省市援助31.32亿元、农民自筹136.14亿元、地县配套7.99亿元、银行贷款24.11亿元，开工建设安居富民工程31.07万户、竣工30.61万户，分别占年度计划任务的103.58%和102.05%。

【保障性住房建设顺利实施】　2013年，新疆计划开工建设各类保障性住房29.6万套，基本建成19万套，按照建管并重、强化管理、创新提高的要求，深入开展"住房保障规范管理年"活动，完成保障性住房建设年度目标任务。全年投入资金209.2亿元，其中中央补助120.4亿元（比上年增加23.4亿元）、自治区补助20.8亿元、各类贷款48.7亿元、各地自筹19.3亿元，开工建设各类保障性住房29.9万套、基本建成21.9万套，分别占年度计划任务的101%和115%。

【建筑业保持快速健康发展】　2013年，新疆开展建筑业发展战略课题研究，扶持建筑业企业做大做强，推进勘察设计单位改制，新增25家建筑施工、工程监理和勘察设计一级（甲级）企业。全年建筑业总产值2098.89亿元，比上年增长28.52%，实现全社会建筑业增加值465.78亿元，增长22.37%。引导建筑业企业技术创新，创设自治区工法154项，申报国家级工法60项。加快完善建筑市场监管体系，强化建设工程招投标全过程监管，推广应用电子辅助评标系统，全年累计进场交易项目11000项、交易总额1251亿元。深入开展工程质量安全专项治理活动，切实抓好工程质量和施工现场标准化工作，全区有5项工程获国家"鲁班奖"，58项工程获自治区"天山奖"，16项市政工程获得自治区"金杯奖"，481个施工现场被评为自治区级安全文明工地，工程质量和安全生产水平稳步提高。

【房地产市场平稳运行】　2013年，新疆严格落实房地产市场宏观调控政策，加强房地产市场运行监测和分析研判，以房地产中介机构为重点，深入整顿规范房地产市场秩序，全年完成房地产开发投资825.68亿元，比上年增长36.2%，房地产市场基本保持平稳。指导做好国有土地上房屋征收与补偿工作，《自治区实施〈国有土地上房屋征收与补偿条例〉办法》制定出台。结合实际印发《自治区住宅物业服务标准》。统一规范全区住房公积金业务服务流程，全区住房公积金归集总额1171.28亿元，增长24.67%；个人贷款总额632.06亿元，增长33.64%；全区4个试点城市利用住房公积金贷款36.39亿元支持保障性住房建设。

【城乡人居环境明显改善】 2013年，争取落实中央预算内补助资金16.5亿元，安排下达自治区城市维护建设专项补助资金0.5亿元，利用亚行和日元贷款外资项目进展顺利。全区累计建成城镇污水处理厂73座，污水处理率81%，累计建成城镇生活垃圾处理场72座，生活垃圾无害化处理率60.79%，城市建成区绿地率32.67%，绿化覆盖率35.88%，人均公园绿地面积10平方米，提请自治区人民政府命名11个园林城市（县城），新申报7个国家园林城市，乌鲁木齐市大容量快速公交系统建设项目获中国人居环境范例奖。智慧城市创建进展顺利，奎屯、库尔勒、乌鲁木齐、克拉玛依、伊宁市被列入国家智慧城市试点名单。稳步推进供热计量改革，严格执行新建建筑节能强制性标准，全面实施既有建筑节能改造，全年新建节能建筑约3500万平方米，完成既有建筑节能改造850万平方米，健全完善政府办公建筑和大型公共建筑能耗监测平台，加快推进可再生能源建筑应用，大力发展绿色建筑，建筑节能工程整体质量水平不断提高。结合安居富民工程实施深入开展农村综合环境整治，加大重点示范镇规划建设指导力度，村镇面貌明显改观。

【行业各项工作取得新进展】 2013年，提请制定政府规章2件，制定出台规范性文件56件。深化行政审批制度改革，提请自治区人民政府取消非许可审批4项，下放审批权限5项。企业资质类行政许可事项办结率86%，平均办结时限同比压缩22%，行政审批服务质量和效率明显提高。集中开展建筑工程综合执法检查，依法做好违法违规案件受理查处工作，对存在问题的在建工程下发整改通知书73份，对128家存在违规行为的企业提出限期整改意见，依法作出行政处罚决定18件。批准发布56项工程建设地方标准及标准设计，自治区2012年系列工程建设地方标准设计图集全面实施，制定出台《自治区工程造价信息管理办法》，定期及时发布各类工程造价信息，完善计价依据积极推行工程量清单计价，全力抓好高强钢筋推广应用试点示范工作。行业信息化建设步伐明显加快，全年投入资金1600多万元，初步建成住房保障管理、城乡规划管理、网上行政审批信息管理系统。全面启动应急平台建设，充实完善应急救援技术力量。宣传普及抗震防灾知识，加强超限高层抗震设计审查，提升抗震防灾能力。及时拨付建筑业企业社保费17.38亿元，统一拨付比例，规范拨付程序，维护企业职工合法权益。加大行业培训力度，全年累计培训各级领导干部300多人次，行业各类人员9.57万人次，成功举办新疆城镇规划建设和城乡住房建设培训班，行业队伍整体素质有所提高。健全信访维权机制，及时妥善处理来信来访、化解矛盾纠纷，解决复杂疑难信访问题32件。

政策规章

【法规建设】 6月6日，自治区人民政府法制办和自治区住房城乡建设厅在乌鲁木齐市召开《新疆维吾尔自治区实施〈国有土地上房屋征收与补偿条例〉办法（草案）》立法听证会。会上，14人作陈述发言。其中被征收人代表5人，房地产价格评估机构专家委员会代表2人，征收机构代表2人，公司职员1人，律师1人，大学教师3人。社会各行各业，包括农民、公司职员、个体户、公务员、退休教师、在校大学生及自由职业者30人参加旁听，年龄最大的80岁，最小的23岁。自治区人民政府法制办公室、自治区住房和城乡建设厅、自治区人民政府各部门、各直属机构法制工作机构工作人员以及新闻媒体等80多人列席听证会。《实施办法》2次在《新疆日报》《新疆经济报》、新疆政府网、天山网及新疆建设网全文刊载，广泛征集社会公众、被征收人、律师、专家学者、征收部门意见。10月30日，自治区第十二届人民政府第12次常务会议审议通过《新疆维吾尔自治区实施＜国有土地上房屋征收与补偿条例＞办法》。2013年，新疆维吾尔自治区住房和城乡建设厅《自治区建设工程勘察设计监督管理办法》经自治区人民政府常务会议讨论通过施行。提请自治区人民政府制定发布《自治区建筑工程社会保险费统筹管理办法》。起草《自治区城乡规划编制丁级资质管理规定》《自治区建筑工程安全防护文明措施费使用管理实施细则》《自治区建筑工程安全生产文明工地评选办法（修订）》《自治区建设工程企业资质评审专家管理办法》。印发《自治区城镇燃气重大危险源监督管理办法》。全面清理自治区住房和城乡建设厅2000年以来制定的规范性文件，公布废止的规范性文件目录57项。

【行政审批】 2013年，新疆维吾尔自治区住房和城乡建设厅制定《住房和城乡建设厅行政审批制度改革实施方案》，提请自治区人民政府审查确认行政许可事项27项，保留非许可类审批事项11项、取消4项、下放审批权限5项。行政审批受理各类行政许可事项7611件，办结6395件，办结率84%，比上年提高6.8%，其中企业资质类行政许可事项1623件，办结1397件，办结率86%，平均办结时限比2012年减少7天，下降22%。

【行政执法】 2013年，自治区住房和城乡建设厅制定《自治区住房和城乡建设厅2013年执法检查工作方案》，下发《关于组织开展自治区住房建设工程综合大检查的通知》，将执法检查工作方案落实情况和违法行为查处情况纳入自治区住房和城乡建设厅2013年效能考核目标。建设行政执法局会同吐鲁番地区住房和城乡建设局，现场督办吐鲁番市某住宅楼工程勘察任务中涉嫌违法违规案件。将新疆鑫双汇建筑安装工程有限公司伪造施工资质、安全生产许可证承揽工程一案移送自治区公安厅查处。综合执法检查乌鲁木齐、阿勒泰、塔城、阿克苏、克拉玛依、哈密等6个地州市、37个县（市）建设工程，抽查在建工程136项，下发整改通知书73份，对128家违法违规施工企业提出限期整改意见。通报乌鲁木齐、和田、哈密、克拉玛依、伊犁、喀什、吐鲁番、塔城等8个地州（市）落实2012年综合执法检查执法建议书情况。监督检查乌鲁木齐、库尔勒市的房屋初始登记和造价咨询机构行为。

2013年，接到住房和城乡建设部稽查办转来5个案件，查处库尔勒市64号小区玫瑰庄园规划变更举报，查处乌苏市有关部门擅自调整规划举报，查处和田天悦房地产开发有限公司违规销售举报、查处克拉玛依市天池南村新疆再基房地产公司逾期交房举报、喀什市深圳城项目存在质量安全问题的举报。自治区建设行政执法局专项检查全区塑钢门窗等生产企业127家，通报处理26家。处理各类案件76件，其中立案查处违法违规案件18件（比上年增加5件）、督促执行2012年结转案件6件、快速协调处理10件、转交查办39件、移送公安厅、国土资源厅、生产建设兵团住房和城乡建设局各1件。下达行政处罚决定书17份，下达处罚金额536.84万元，收缴罚没款289.543万元，比2012年增加66.543万元。

【行政复议】 2013年，自治区住房和城乡建设厅收到11件行政复议申请，受理10件。受理10起案件中，房产登记类2件，城乡规划类1件，房屋征收信息公开类2件，房屋拆迁类3件，住房维修专项资金类1件，行政不作为1件。全年审结行政复议案件8件，中止1件。

房地产业

【房地产开发经营】 2013年，新疆列入统计部门统计范围的房地产开发企业1634家，商品房屋开发投资完成825.68亿元，比2012年增长36.2%。商品房屋施工面积9459.55万平方米，增加2563.01万平方米，其中新开工面积3729.88万平方米，增加906.24万平方米。商品房屋竣工面积1722.16万平方米，下降14.03万平方米，其中住宅竣工面积1394.08万平方米。实现商品房屋销售面积2017.03万平方米，增加586.73万平方米，其中销售住宅面积1799.94万平方米，增加525.15万平方米。截至年底，全区商品房屋待售面积731.88万平方米，增加272.67万平方米，其中住宅待售面积472.59万平方米，增加194.87万平方米。

【房地产交易与权属登记规范化管理】 12月5日，经自治区住房和城乡建设厅审核认定，公布自治区房地产交易与权属登记规范化管理达标单位的阿勒泰市房产管理局房屋产权交易管理中心、乌鲁木齐市住房保障和房产管理局房屋产权交易管理中心、奇台县房产管理所产权交易厅为2013年自治区房地产交易与权属登记规范化管理达标单位。

【自治区物业管理示范小区】 12月12日，自治区住房和城乡建设厅经考评乌鲁木齐市的西城印象小区、丁香花园小区（一期）、宝运大厦、百合公寓小区（一期）、豪姆兰德小区、昌吉市的环宇·新天地、御景·生态家园，奇台县的阳光丽景小区、克拉玛依市的新疆油田公司勘探开发研究办公楼、新疆油田公司技术信息楼、新疆油田公司采油二厂科研生产调试综合办公楼、巴音郭楞州的龙兴苑小区、城邦花园小区、华夏名门小区、康都时代花园小区15个物业服务项目达到考评标准，评定为2013年自治区物业管理示范小区（大厦）。

【全国物业管理示范大厦】 2013年，住房城乡建设部公布69个2013年全国物业管理示范项目，新疆大成国际大厦、美克大厦、新疆油田公司机关一号办公楼榜上有名。

新疆1995年开展全国物业管理示范项目推荐工作，乌鲁木齐幸福花园住宅区当年获得全国物业管理示范项目。截至年底，全区获全国物业管理示范项目26个。

住房保障

【保障性住房建设】 2013年，国家保障性安居工程协调小组与新疆维吾尔自治区人民政府签订目标任务：新开工建设城镇保障性住房和各类棚户区改造住房29.6万套（廉租住房7.91万套，公共租赁住房8.11万套，城市棚户区改造9.25万户，国有工矿棚户区改造0.27万户，国有林场棚户区（危旧房）改造0.24万户，国有垦区棚户区（危旧房）改造3.82万户），基本建成19万套，其中由自治区住房和城乡建设部门牵头实施的25.54万套，基本建成17.3万套。2013年，全区开工建设31.08万套，基本建成21.99万套，其中由自治区住房和城乡建设部门组织实施的新建项目开工27.16万套，基本建成20.19万套。

2013年，全区城镇保障性住房和各类棚户区改造累计完成投资299.25亿元，其中中央补助资金120.42亿元，自治区补助资金20.83亿元，各地自筹资金158亿元。4个试点城市累计发放公积金贷款34.21亿元、国家开发银行新疆分行发行50亿元私募债支持保障性安居工程建设。

公积金管理

【利用住房公积金支持保障性住房建设项目贷款情况】 截至2013年底，全区利用住房公积金贷款支持保障性住房建设试点项目累计发放项目贷款36.39亿元，占总贷款额度的73.16%，其中：乌鲁木齐市发放贷款13.49亿元，克拉玛依市发放贷款16.53亿元，哈密地区发放贷款2.8亿元，巴音郭楞州发放贷款3.87亿元。

2010年，乌鲁木齐市被确定为全国首批利用住房公积金贷款支持保障性住房建设试点城市，批准贷款额度24.93亿元。2012年，克拉玛依市、哈密地区、巴音郭楞州获国家批准，列入扩大贷款试点城市。

【开展建立补充住房公积金制度试点工作】 2013年，自治区住房和城乡建设厅研究，同意南航集团新疆航空食品有限责任公司、新疆南方航空进出口贸易有限公司、新疆广天合传媒有限公司、中国银行股份有限公司新疆分行、中国航空油料有限责任公司新疆公司、新疆自治区烟草公司、国家开发银行新疆分行、新疆南航明珠国际酒店管理有限公司、中国银联新疆分公司、交通银行新疆分行10家开展建立补充住房公积金制度试点工作。新增缴存金额6857万元。截至年底，有19家中央驻疆企业建立补充住房公积金，缴存人数22301人。

【住房公积金管理】 2013年，新疆归集住房公积金231.78亿元亿元，累计归集总额1171.28亿元。累计为职工购建房等原因支取住房公积金553.8亿元，住房公积金归集余额617.47亿元，增加91.45亿元。

全区累计为53.69万户职工发放个人住房公积金贷款632.06亿元；个人住房公积金贷款余额385.85亿元，个人贷款余额占缴存余额的比例62.49%。截至年底，累计提取廉租住房建设补充资金16.63亿元，已划转交财政部门10.97亿元。

2013年，累计归集住房资金101.25亿元，其中住房资金97.91亿元、住房维修基金3.34亿元。审批使用住房资金19.32亿元（新建住房18.63亿元，住房维修0.15亿元，退房0.54亿元）。截至年底，住房资金余额11.47亿元（维修资金1.55亿元，售房及集资款9.92亿元）。

城乡规划

【规划编制】 2013年，阿勒泰地区城镇体系规划、阜康市城市总体规划、塔城市城市总体规划、和田市城市总体规划、阿勒泰市城市总体规划、哈密市城市总体规划、乌苏市城市总体规划、博尔塔拉蒙古自治州五台工业园区（湖北工业园）总体规划、伊犁州霍尔果斯经济开发区总体规划、伊犁州伊南工业园区总体规划、塔城地区沙湾工业园区总体规划经自治区人民政府批准实施。自治区人民政府批准阿克陶江西工业园区、库尔勒上库综合产业园区、麦盖提工业园区、阿拉尔台州产业园区、焉耆工业园区为自治区级园区，批准调整博乐市城市总体规划、玛纳斯县饮用水水源保护区划分方案、喀什市和疏附县部分行政区划，阿克苏市和阿瓦提、柯坪县部分行政区划，富蕴矿业工业园区四至范围，修编伊犁州《伊犁河谷旅游发展总体规划》，富蕴工业园区更名为黑龙江富蕴工业园区、奇台闽奇石材产业园区更名为奇台产业园区。截至年底，完成12个地州域城镇体系规划、88个城市（县城）、783个乡镇总体规划和8839个村庄规划编制工作。全区城镇化率44.47%。

【城市总体规划审查】 2013年3月5日，新疆维吾尔自治区住房和城乡建设厅在乌鲁木齐市召开《和田市城市总体规划（2011—2030）》厅局联席审查会。新疆维吾尔自治区住房和城乡建设厅巡视员甫拉提·乌马尔和自治区人民政府办公厅、发改委、经信委、国土资源厅、交通运输厅、环保厅、水利厅、旅游局、文物局、兵团建设厅、民航新疆管理局、乌鲁木齐铁路局等部门代表及自治区有关专家参加会议。专家组就该规划与相关规划衔接、和田市新型城镇化发展水平、工业园区布局和定位、水资源承载能力等方面提出修改意见。4月25～26日，在伊宁市召开《伊宁市城市总体规划纲要（2012—2030)》审查会，经专家组评审，原则通过伊宁市总体规划纲要。自治区住房和城乡建设厅巡视员甫拉提·乌马尔主持审查会，张少康、张鑑和禹学垠等9位区内外城乡规划专家、自治区城乡规划服务中心伊犁州政府、伊宁市政府、伊犁州住房和城乡建设局、伊宁市规划局领导及有关人员参加会议。5月14日，在乌鲁木齐市召开《乌苏市城市总体规划（2012—2030年）》联席审查会议。塔城地区行政公署、塔城地区住房城乡建设局、乌苏市人民政府和乌苏市城乡规划管理局的代表参加会议。会上，住房和城乡建设厅介绍《总体规划》审查情况；乌苏市人民政府说明相关部门对《总体规划》所提意见采纳情况。6月25日，自治区住房和城乡建设厅组织召开阿拉山口市城市总体规划前期专家咨询会。会上，阿拉山口管委会领导介绍规划编制工作；上海市城市规划设计研究院汇报阿拉山口市总体规划编制思路。与会专家对阿拉山口市城市总体规划编制提出建议和意见。2013年，完成和田、乌苏、伊宁等7个城市总体规划和5个工业园区总体规划，城乡规划服务中心组织有关专家完成特变电工新疆新能源股份有限公司阿图什市并网光伏发电站一期20MWp、哈密十三间房200MW风电场二期49.5MW、新疆华电雪湖风力发电有限公司达坂城风电场二期49.5MW等441项建设项目选址的审查审批工作。

【城乡规划督察员】 6月24日，自治区住房和城乡建设厅召开自治区派驻城乡规划督察员培训会议。会议将派驻城乡规划督察员范围扩大到所有设市城市，自治区聘任12名城乡规划督察员，分4个组督察库尔勒、伊宁、昌吉、阿克苏、克拉玛依、博乐、吐鲁番、哈密等21个城市的城市规划工作。重点督察喀什、库尔勒、克拉玛依和伊宁市。7月15日，自治区城乡规划督察组第二、三、四组督察哈密、克拉玛依和伊宁市城乡规划工作。

自2008年3月，这是第五次向各试点地州和城市派驻城乡规划督察员，督察员通过列席会议、调阅资料、踏勘现场等方式督察城市总体规划、重点建设项目审批、历史文化名城保护和风景名胜等核心资源保护，对违法违规行为苗头发出督察建议书，督促整改。

【专家顾问组指导城乡规划】 4月8～19日，自治区人民政府城乡规划顾问组毛佳樑一行10人，咨询指导喀什地区、乌鲁木齐市、博尔塔拉州、哈密地区11个县市城乡规划建设。会同上海市援疆指挥部、上海市规划管理局实地调研上海对口援建莎车、泽普、叶城和巴楚四县城乡规划和建设情况，再次实地踏勘三莎高速公路沿线主要节点及连接线现场，提出《关于喀什"三莎高速公路"沿线调研的几点建议》。指导乌鲁木齐市达坂城区战略发展规划，参与论证乌鲁木齐地铁线路规划。实地调研哈密地区的三塘湖风电基地和各县市重点民生工程项目。9月13日下午，中共中央政治局委员、自治区党委书记张春贤在乌鲁木齐听取自治区城乡规划工作专家顾问组3年工作汇报。专家顾问组毛佳樑一行三次调研喀什、博尔塔拉、乌鲁木齐等五地州城乡规划，编成《自治区城乡规划专家顾问组实地调研与咨询建议汇总》向张春贤书记汇报。自治区领导努尔·白克力、黄卫、朱海仑、白志杰等出席汇报会。自治区城乡规划工作专家顾问组2010年10月成立，三年来，实地调研、指导全疆14个地州市50多个县市城乡规划。

城市建设与市政公用事业

【亚行贷款新疆城市交通和环境改善项目】 5月14日，亚行贷款阿勒泰地区吉木乃县道路土建及安装工程（JMN-T-C01）在新疆维吾尔自治区建设工程交易中心招标。经评标委员会评审，最终推荐中铁十八局集团建筑安装工程有限公司为中标人，中标金额44440223.40元。5月24日，亚行贷款新疆城市交通和环境改善项目哈密市八一南路道路建设工程合同包在新疆自治区建设工程交易中心招标。最终推荐江西中鑫路桥集团有限公司为中标人，中标金额32590507元。

【城镇污水处理】 8月30日，自治区住房和城乡建设厅通报2013年上半年自治区城镇污水处理设施建设和运行情况。截至6月底，全区设市城市、县城累计建成城镇污水处理厂73座，污水处理能力210.62万立方米/日。全区有20个城市建有污水处理厂32座，污水处理能力180.35万立方米/日，其中两个地级市建有污水处理厂10座，处理能力84万立方米/日。全区有42个县城建有污水处理厂43座，污水处理能力42.22万立方米/日。16个县城污水处理厂正在建设，8个县城没有污水处理厂。全区城镇污水处理厂累计处理污水23211.36万立方米，比上年增长2.8%；运行负荷率60.17%，增长6个百分点。全区设市城市污水处理厂运行负荷率59.58%，累计处理污水19678.69万立方米，削减化学需氧量（COD）8.19万吨。其中乌鲁木齐市、克拉玛依市污水处理厂平均运行负荷率57.93%，累计处理污水9170.47万立方米，削减化学需氧量（COD）4.9万吨。

乌鲁木齐河西污水处理厂、虹桥污水处理厂，克拉玛依市南郊污水处理厂等41座投入运行一年以上的城镇污水处理厂平均运行负荷率不足60%。部分污水处理厂污染物削减率偏低。2013年，完成城镇基础设施项目技术性审查96项，污水处理能力

210.62万立方米/日，污水处理率81%。

【城建固定资产投资】 2013年，新疆24个设市城市(含生产建设兵团城市)、66个县城市政公用设施建设完成固定资产投资4449055万元。其中设市城市完成3784954万元。按投资行业分：供水完成312832万元，集中供热722248万元，燃气300783万元，道路桥梁1487684万元，排水223926万元，园林绿化445201万元，环境卫生341458万元，其他614923万元。2013年新增固定资产3141183万元。

【5项目获全国市政金杯示范工程】 2013年，中国市政工程协会评定79个全国市政金杯示范工程。中铁十一局集团有限公司施工的乌鲁木齐市东外环扩容改建工程(四标)、伊犁建设工程有限责任公司施工的伊犁州霍城县清水河开发区江苏工业园北区切德克苏引水工程(城市供水工程)、新疆生产建设兵团交通建设有限公司施工的吐鲁番示范区道路建设一期工程、新疆石油工程建设有限责任公司施工的克拉玛依市南环路(二标段)工程、克拉玛依皓泰投资集团有限责任公司施工的克拉玛依市民生路(世纪大道～东环路)工程(一标段)榜上有名。

【16项目获自治区市政工程金杯奖】 10月23日，新疆维吾尔自治区市政工程协会表彰伊犁建设工程有限责任公司施工的霍城县清水河开发区江苏工业园北区切德克苏引水工程(城市供水工程)，新疆石油工程建设有限责任公司施工的克拉玛依市南环路第二标段，中铁一局集团第五工程有限公司施工的乌鲁木齐市克拉玛依路高架道路第四标段，新疆生产建设兵团交通建设有限公司施工的吐鲁番示范区道路建设一期工程，中铁十一局集团有限公司施工的乌鲁木齐市东外环扩容改/建工程四标，克拉玛依市独山子区城市建设开发有限责任公司施工的独山子区杭州路景观带绿化一期项目，皓泰投资集团有限责任公司施工的克拉玛依市民生路(世纪大道-东环路)第一标段，永升建设集团有限公司施工的克拉玛依市民生路(世纪大道-东环路)工程第二合同段，新疆七星建设科技股份有限公司施工的拜城中央公园景观工程，新疆三联工程建设有限责任公司施工的克拉玛依石化工业园中央大道(四期)道路及系统配套工程，克拉玛依市城投城市建设开发有限责任公司施工的克拉玛依市宝石路工程，皓泰投资集团有限责任公司施工的石化工业园区石化大道(三期)道路及系统配套工程，新疆生产建设兵团交通建设有限公司施工的农十师S318-北屯过境段公路A标段(团结路)，新疆翔宇建设工程有限公司施工的华光街道路改扩建工程(含雨水)，喀什新隆建设(集团)有限责任公司施工的伽师县工业园区给排水管网工程，奎屯市市政工程公司施工的奎屯市2011年城市建设(二标段)阿克苏路、和丰街道路改造工程等16个项目为2013年度新疆市政金杯示范工程。

【供水管理】 5月12～18日，新疆维吾尔自治区住房和城乡建设厅下发通知，部署2013年第22个全国城市节约用水宣传周活动。2013年，召开推进自治区节水型城市创建工作座谈会，指导6个地州市创建节水型城市工作。组织全区200人参加城镇供水厂相关政策法规及供水水质技术标准规范宣贯培训；完成乌鲁木齐市南郊供水项目评审工作；参与自治区人大常委会开展"治理改善水环境，保障饮用水安全"为主题的天山环保行综合执法检查，检查3市6县18个乡镇供水厂饮用水水质安全。调研城镇供水水质安全保障及监管体系建设课题，完成全国城镇供水设施建设项目信息系统新疆区域的建设工作。

【城市供水】 2013年，新疆设市城市、县城新增自来水供水能力72.12万立方米/日，新增供水管道771.75千米。综合生产能力527.93万立方米/日，供水管道总长13083.46千米，年供水总量98673.2万立方米，用水人口972.41万人，用水普及率96.245%，人均日生活用水151.16升。其中设市城市综合生产能力425.94万立方米/日，供水管道长7569.35千米，年供水总量78384.55万立方米，用水人口673.01万人，用水普及率98.08%，人均日生活用水168.72升。县城综合生产能力101.99万立方米/日，供水管道5514.11千米，年供水总量20288.65万立方米，用水人口299.4万人，用水普及率92.41%，人均日生活用水151.16升。

【城市集中供热】 2013年，新疆设市城市、县城新增集中供热能力蒸汽620吨/小时、热水2563兆瓦。累计供热能力蒸汽2000吨/小时、热水34256.6兆瓦，集中供热管道10710.04千米。年供热总量蒸汽1039.95万吉焦，热水19218.96万吉焦。集中供热面积30027.88万平方米，其中住宅21307.85万平方米。设市城市累计供热能力蒸汽1940吨/小时，热水26997.31兆瓦，年供热总量蒸汽1020.95万吉焦，热水15307.75万吉焦，集中供热管道8087.22千米，集中供热面积23452.42万平方米，其中住宅16913.3万平方米。全区县城供热能力蒸汽60吨/小时，热水7259.29兆瓦，年供热总量蒸汽19万吉焦，热水3911.21万吉焦，集中供热管道2622.82千米，集中供热面积6575.46万平方米，其中住宅4394.55万平方米。

【城市燃气】 2013年，新疆设市城市、县城新增天然气管道1256.68千米，新增天然气储气能力229.69万立方米，新增液化石油气储气能力25吨。全区累计天然气管道13616.36千米，年天然气供气总量445656.73万立方米，用气人口768.04万人。人工煤气管道71.3千米，人工煤气生产能力46万立方米/日，储气能力2万立方米，年供气总量2090万立方米，用气人口5万人。液化石油气储气能力18205.3吨，供气管道82.22千米，年供气总量95122.08吨，用气人口169.87万人。全区燃气普及率90.05%。拥有天然气汽车加气站329座、液化气汽车加气站52座。其中设市城市天然气储气能力352.91万立方米，供气管道10986.36千米，供气总量380879.73万立方米，用气人口602.05万人；人工煤气生产供应全在设市城市内，液化石油气储气能力8936吨，供气管道80.81千米，年供气总量64972.81吨，用气人口73.83万人，设市城市燃气普及率96.37%。县城天然气供气管道2630千米，天然气储气414.67万立方米，供气总量64777万立方米，用气人口165.99万人；液化石油气储气能力9269.3吨，年供气总量30149.27吨，用气人口96.04万人，燃气普及率76.93%。

【城市道路桥梁】 2013年，新疆设市城市、县城新建扩建道路498.99千米，新建扩建道路面积610.52万平方米，新增桥梁32座。全区累计道路长9860.9千米，道路面积16946.41万平方米，人均拥有道路面积16.18平方米。拥有桥梁782座（立交桥59座），路灯712677盏。其中设市城市道路6526.64千米，道路面积11085.63万平方米，人均拥有道路面积15.69平方米；桥梁424座。县城道路3334.26千米，道路面积5860.78万平方米，人均拥有道路面积17.21平方米；桥梁358座，路灯228334盏。

【城市排水】 2013年，新疆设市城市、县城新增排水管道491.97千米，新增污水处理能力68.1万立方米/日，污水排放总量74179万立方米，有排水管道9020千米，排水管道密度5.38千米/平方千米。有污水处理厂82座，达到二、三级处理的60座，污水处理能力281.8万立方米/日，年污水处理总量59626万立方米，污水厂集中处理率80.38%。其中设市城市污水排放量58164万立方米，有排水管道5660.38千米，排水管道密度5.32千米/平方千米；有污水处理厂37座，达到二、三级处理的26座，总污水处理能力231.6万立方米/日，年污水处理总量50448万立方米，污水厂集中处理率86.73%。县城污水排放量16015万立方米，有排水管道3359.62千米，排水管道密度5.5千米/平方千米；有污水处理厂45座，达到二、三级处理的34座，总污水处理能力50.2万立方米/日，年污水处理总量9178万立方米，污水厂集中处理率57.31%。

【城市园林绿化】 2013年，新疆设市城市、县城新增绿地面积3116公顷。设市城市、县城绿化覆盖面积76882.76公顷，建成区绿化覆盖面积56478.26公顷；园林绿地面积70824.11公顷，建成区园林绿地面积51197.51公顷；公园绿地面积10605.71公顷；拥有公园276个，公园面积5984.3公顷，人均公园绿地10.13平方米；建成区绿化覆盖率33.71%，建成区绿地率30.56%。其中设市城市建成区绿化覆盖面积57401.94公顷，建成区绿化覆盖面积38756.94公顷；绿地面积53562.16公顷，建成区园林绿地面积35269.16公顷；公园绿地面积7118.8公顷；拥有公园150个，公园面积3777.8公顷，人均公园绿地10.08平方米；建成区绿化覆盖率36.4%，建成区绿地率33.12%。县城绿化覆盖面积19480.82公顷，建成区绿化覆盖面积17721.32公顷；园林绿地面积17261.95公顷，建成区绿地面积15928.35公顷；公园绿地面积3486.91公顷，拥有公园126个，公园面积2206.5公顷，人均公园绿地10.24平方米；建成区绿化覆盖率29.03%，建成区绿地率26.09%。

【18市县获国家、自治区园林城市】 2013年，新疆乌鲁木齐市、阿勒泰市、五家渠市、尉犁县、泽普县、巩留县、尼勒克县7个市县被评为国家园林城市（县城），喀什市、阿拉尔市、图木舒克市、额敏县、玛纳斯县、温泉县、托克逊县、乌恰县、昭苏县、和布克赛尔蒙古自治县、奇台县11个市县被命名为自治区园林城市（县城）。截至2013年底，新疆有11个市、31个县、6个城区、2个镇获自治区园林城市、县城、城区、村镇。

【大容量快速公交系统建设项目获中国人居环境范例奖】 2013年4月3日，经过中国人居环境奖工作领导小组办公室初审、专家评审，中国人居环境奖工作领导小组研究批准，授予乌鲁木齐市大容量快速公交系统建设项目（简称BRT）2012年中国人居环境范例奖，为新疆获第十个中国人居环境范例奖。

【风景名胜区管理】 5月23日，新疆维吾尔自治区人民政府批准，命名阿勒泰地区吉木乃草原石城和阿克苏托木尔大峡谷景区为第五批自治区级风景名胜区。截至年底，新疆有国家级风景名胜区5处（天山天池、赛里木湖、博斯腾湖、库木塔格沙漠、罗布人村寨），自治区级风景名胜区15处（怪石峪、南山、白石头、喀纳斯湖、那拉提草原、魔鬼城、西戈壁公园、水磨沟、轮台胡杨林、火焰山—坎儿井—葡萄沟、神木园、喀拉峻草原风景名胜区、科桑溶洞风景名胜区、吉木乃草原石城、托木尔大峡谷风景名胜区）。9月21日，国家住房和城乡建设部通报2013年国家级风景名胜区执法检查结果，新疆天山天池风景名胜区为优秀等级，通报表扬；新疆博斯腾湖风景名胜区被列为不达标单位，责令限期整改。

【历史文化名城名镇保护规划】 6月14日，新疆自治区住房和城乡建设厅、喀什地区行署在乌鲁木齐市召开《莎车历史文化名城保护规划纲要》专家咨询会。自治区住房和城乡建设厅巡视员甫拉提·乌马尔主持会议。自治区文物局、喀什地区行署、上海援疆前方指挥部、莎车县人民政府等单位领导和9位区内外专家参加会议。7月10日，《富蕴县可可托海镇历史文化名镇保护规划》专家审查会议在乌鲁木齐市召开。会上，富蕴县领导介绍《保护规划》编制情况；自治区城乡规划服务中心主任介绍技术审查情况；新疆昊辰建筑规划设计研究院有限公司汇报《保护规划》主要内容。2013年，全区有国家级历史文化名城5个（喀什市、吐鲁番市、特克斯县、伊宁市、库车县）；国家级历史文化名镇2个（鄯善县鲁克沁镇、霍城县惠远镇）；国家级历史文化名村4个（鄯善县吐峪沟麻扎村、哈密市回城乡阿勒屯村、哈密市五堡乡博斯坦村、特克斯县喀拉达拉乡琼库什台村）；自治区历史文化名城2个（巴里坤县、吉木萨尔县）；自治区历史文化名镇1个（富蕴县可可托海镇）。

【天山申遗成功】 6月21日，世界遗产委员会在柬埔寨首都金边召开第37届世界遗产大会。会议一致同意将新疆天山列入《世界遗产名录》，天山申遗成功，实现新疆世界自然遗产"零突破"，成为中国北方地区首项世界自然遗产。

【城市环境卫生】 2013年，新疆设市城市、县城道路清扫保洁面积17305万平方米，市容环卫专用车辆设备总数4967辆，实现机械化道路清扫保洁面积6080万平方米；生活垃圾年清运量577.29万吨，生活垃圾处理量505.57万吨，处理率87.58%；无害化处理能力10404吨/日，无害化处理总量343.86万吨；粪便清运量5.39万吨；有公共厕所3335座，达到三级以上1899座。其中设市城市道路清扫保洁面积12315万平方米，市容环卫专用车辆设备总数4066辆，实现机械化道路清扫保洁面积4617万平方米；生活垃圾年清运量352.34万吨，生活垃圾处理量329.4万吨，处理率93.49%；日无害化处理能力8338吨，无害化处理总量275.13万吨；粪便清运量0.33万吨，有公共厕所2235座，达到三级以上1415座。县城道路清扫保洁面积4990万平方米，市容环卫专用车辆设备总数901辆，实现机械化道路清扫保洁面积1463万平方米；生活垃圾年清运量224.95万吨，生活垃圾处理量176.17万吨，处理率78.32%；粪便清运量5.06万吨，有公共厕所1100座，达到三级以上484座。

村镇规划建设

【村镇规划】 12月24日，新疆维吾尔自治区住房和城乡建设厅、自治区发展改革委、自治区财政厅、自治区国土资源厅、自治区农业厅、自治区民政厅、自治区科技厅经专家会审，决定向国家住房城乡建设部推荐上报120个镇为全国重点镇，其中建议保留15个重点镇，建议增补105个重点镇。截至2013年底，新疆有县城（区）以外的建制镇184个，乡（乡政府所在地）559个。行政村8691个，全区村镇总人口1421.97万人，其中独立建制镇人口95.53万人、乡人口131.62万人、村庄人口1051.2万人。建制镇建成区面积29397.5公顷，乡建成区面积45275.89公顷，村庄现状用地面积329485.51公顷。

全区累计编制建制镇总体规划180编制乡总体规划639个，编制行政村建设规划7845个。全区乡镇建立村镇建设管理机构1589个，配备村镇建设管理人员1681人，其中专职管理人员1005人。

【安居富民工程】 2013年，新疆维吾尔自治区安居富民办公室举办2期安居富民工程专题培训。全年累计培训34.5万人次，其中工程管理人员2.05万人次、农村工匠9.73万人次、建房农户22.72万人次。建立健全《自治区、地州、县市、乡镇四级安居富民工程包联驻点制度》《自治区安居富民工程农户档案管理和信息网上填报制度》，印发《自治区2013年度安居富民工程考核实施方案》《自治区2013年安居富民工程年度绩效考评表》。自治区住房和城乡建设厅组成14个巡查组，专项巡查5次，定点巡查问题较多、工程进度较慢的部分地州和县市，现场约谈党政主要领导，下发工程建设进展情况通报10期，督查范围覆盖80%的乡镇和60%的行政村。2013年，新疆安居富民工程建设总任务30万户，占全国危房改造266万户总任务量的11.28%，建设任务位居全国第一位。全区各地开工安居富民房31.07万户，竣工30.61万户。已建成的安居富民房工程质量合格率100%。全年投入资金259.16亿元，其中中央补助32.6亿元，自治区补助27亿元、对口援助31.32亿元、地县自筹7.99亿元、银行贷款24.11亿元、农牧民自筹136.14亿元。2011~2013年，全区安居富民工程建设任务90万户，建设任务量位居全国农村危房改造首位。截至2013年底，新疆开工建设安居富民工程94.84万户，竣工92.09万户，开工率和竣工率分别占计划任务的105.37%和102.32%。累计投入资金742.46亿元，360多万各族农牧民喜迁新居。

【村镇建设投资】 2013年，新疆村镇建设投资总额225.54亿元，其中住宅建设投资169.04亿元，占投资总额的74.95%；公共建筑投资24.22亿元，占投资总额的10.74%；生产性建筑投资5.67亿元，占投资总额的2.51%；市政公用设施投资26.61亿元，占投资总额的11.8%。

【村镇房屋建设】 2013年，新疆村镇竣工住宅建筑面积1848.96万平方米，其中混合结构以上的住宅建筑面积1432.84万平方米。年末实有村镇住宅总建筑面积30171.92万平方米，其中混合结构以上的12409.09万平方米。2013年，竣工公共建筑面积183.3万平方米，其中混合结构以上的165.44万平方米。年末实有公共建筑面积5349.34平方米，其中混合结构以上的3241.42万平方米。2013年，竣工生产性建筑面积52.93万平方米，其中混合结构以上的37.13万平方米。年末实有生产性建筑面积2309.19万平方米，其中混合结构以上的1282.82万平方米。建制镇、集镇、村庄人均住宅建筑面积分别为27.8平方米、25.28平方米、23.92平方米。

【村镇市政公用设施】 截至2013年底，新疆村镇有公共供水设施1014个，其中建制镇275个，乡（集镇）657个。独立建制镇、集镇和村庄用水普及率分别是99.26%、83.04%、74.5%。全区村镇道路长度8663.78千米，道路面积5375.49千米。全区独立建制镇绿化覆盖面积3538.34公顷，绿地面积3538.34公顷；公园绿地面积123.80公顷，人均公园绿地面积1.53平方米。乡绿化覆盖面积7398.65公顷，绿地面积5164.16公顷；公园绿地面积181.61公顷，人均公园绿地面积1.38平方米。有污水处理厂4个，污水处理装置17个；排水管道长度941.49千米，年污水处理总量82.20万立方米；有环卫专用车辆558辆，年清运垃圾33.80万吨，有公共厕所1697座；集中供水的行政村6629个，占全部行政村的76.27%；有生活垃圾收集点的行政村2421个，对生活垃圾进行处理的行政村1398个。

工程建设标准定额

【标准定额编制】 2013年，新疆维吾尔自治区住房和城乡建设厅组织召开巴音郭楞州工程造价管理工作座谈会和克拉玛依工程造价咨询企业负责人座谈会。座谈中，企业针对区内工程造价咨询收费标准文件中收费项目不全、时效期过长（2002年版）以及市场无序竞争，相竞压价和区外挂靠造价咨询企业进疆无监管等现象提出意见。在乌鲁木齐举办住宅区和住宅建筑内光纤到户通信设施工程国家标准宣贯培训班，参加培训180人。培训解读《住宅区及住宅建筑内光纤到户通信设施工程设计规范》《住宅区及住宅建筑内光纤到户通信设施工程施工及验收规范》技术内容和强制性条文。自治区工程造价管理总站在乌鲁木齐市召开自治区工程造价管理工作座谈会。会议再部署、再落实年内工程造价制度建设与管理、计价依据编制，推进信息化建设及工程合同备案工作，220多名代表参加会议。自治区住房和城乡建设厅副厅长卫明、全疆各地州住房和城乡建设局（委）、造价站、造价协会、造价咨询企业、施工企业220多名代表参加会议。在乌鲁木齐建设大厦组织市政工程计价依据技术交底及信息平台操作培训，乌鲁木齐市、吐鲁番地区、巴音郭楞州、昌吉州、石河子市、奎屯市、哈密地区、五家渠市造价站负责人及专业人员参加培训。在乌鲁木齐市召开《建设工程工程量清单计价规范》宣贯会议。召开城轨交通计价依据专家评审会，自治区城轨交通工程计价依据编制领导小组成员、自治区住房和城乡建设厅、发改委、财政厅、乌鲁木齐市建委等部门领导、北京建设工程造价处、北京轨道交通管理公司、上海市政工程设计院、中建新疆分公司等14个单位领导参加会议。发布新疆维吾尔自治区城市轨道交通工程计价依据（试行）。自治区住房和城乡建设厅批准发布施行《2012系列设备（暖通）标准设计图集》《2012系列建筑标准设计图集》《2012系列结构标准设计图集》《烧结页岩空心砌块（砖）墙体构造》《EF轻质空心内隔墙条板建筑构造》标准设计。编制完成的自治区2012系列建筑标准设计体系在全区施行。发布施行《住宅物业服务标准》《建筑工程高强钢筋应用技术导则》制定下发《关于全面推行工程量清单计价工作的通知》。自治区住房和城乡建设厅会同自治区发展和改革委员会发布《新疆维吾尔自治区市政工程费用定额》。会同自治区通信管理局发布《关于贯彻落实光纤到户国家标准的通知》。编制《住宅区和住宅建筑光纤入户通信工程技术规范》《住宅区和住宅建筑光纤入户通信配套工程技术规范》。制定《新疆维吾尔自治区工程建设标准化发展实施方案》，印发《钢筋混凝土结构构造》《供暖工程》《10KV配变电所及低压配电》《卫生设备工程》《工程做法》《结构设计总说明》等6个专业、43项建筑标准设计。发布实施《电气火灾监控系统技术规程》《地下水水源热泵工程技术规程》。完成《硬泡聚氨酯（PIR）外墙外保湿建筑构造》《民用建筑太阳能热水系统设计与安装》节能环保标准设计。完成《党政机关办公用房建设标准实施细则》建议稿，并上报自治区人民政府。选取《安居富民工程建设标准》等4项标准定额作为重要工作成绩和成果文件上报国家住房城乡建设部。完成国家《房屋建筑强制性标准实施监督机制研究工作》《工程建设标准实施指导监督有关制度研究工作》两项课题任务。造价管理总站出台《新疆工程造价信息管理办法》，修订《新疆维吾尔自治区建设工程造价管理办法》《自治区建设工程合同备案管理规定》，制订《自治区建设工程合同备案管理标准》。收集编辑《国有投资、政府投资项目监督管理》《工程造价管理有关法律法规》《合同备案管理》文件汇编。编制完成《新疆维吾尔自治区城市轨道交通工程费用定额》《新疆维吾尔自治区城市轨道交通工程补充预算定额》《城市轨道交通工程2013年乌鲁木齐地区单位估价表》。自治区住房城乡建设厅成立"新疆维吾尔自治区工程建设标准技术专家委员会"，吸纳专家91位，专业涉及城乡规划、工程勘察、建筑设计、建筑结构、抗震、建筑设备、建筑电气、建筑工程施工、质量、安全、检测、建筑节能、建筑市政工程等，参与新疆工程建设标准编制、审查等技术咨询工作。执行新疆工程造价咨询企业资质评审专家委员会评审制度，组织38人次专家评审资质申报材料，审核甲级资质申报材料10家，乙级申报材料50多家。完成造价工程师初始注册231人次，延续注册230人次，注册变更165人次。集体约谈乌鲁木齐市建委造价站，建议加强监管20多家咨询企业，限定整改时限。完成招标控制价83件，备案控制价约43.11亿，其中清单计价68件、定额计价15件，清单计价备案率81.9%，国拨项目47件、自筹36件。工程合同备案149件，其中监理61件、施工88件，总价款 68亿元。完成城市住宅、政法基础设施工程造价指标信息68个工程项目和乌鲁木齐地区一、二、三季度人工成本信息收集、分析、编制工作。发布乌鲁木齐地区1~9月份建设工程价格信息、2010~2012年全疆城市住宅材料和造价指数指标主要材料价格图表分析。印发各地、州、市建设局，各大设计单位等相关单位工作简报6期，356份。编辑发行《新疆工程造价管理信息》6期1200册。创刊编辑发行《新疆工程造价市场信息》1~6期，10000册。

【高强钢筋推广应用】 3月14~16日，18~19日，新疆自治区高钢领导小组办公室在库尔勒市、克拉玛依市举办高强钢筋应用技术培训班。建设、设计、施工、监理以及质量检验等单位、工程建设标准化行政管理人员490多人参加培训。乌鲁木齐市、克拉玛依市和巴音郭楞州举办高强钢筋专题培训近600人。2013年，自治区住房和城乡建设厅编制《建筑工程高强钢筋应用技术导则》，自治区高钢协调办公室协同自治区标准服务中心立项编制自治区《剥肋滚轧直螺纹钢筋连接工艺标准》，印发《关于进一步加快高强钢筋推广应用示范工作的通知》，在开展建设工程质量专项治理中，将高强钢筋推广应用示范工作纳入检查内容，检查施工图审查机构对列入高强钢筋推广应用范围的建设项目，施工单位在施工过程中需变更和代换钢筋的钢筋进场验收情况。组织检查乌鲁木齐、克拉玛依和库尔勒3个示范城市、12个示范项目。

【自治区级工法】 2013年9月22日，经自治区工程建设工法评审委员会评审，自治区住房和城乡建设厅公布高海拔严寒地区外墙涂料施工工法等154项为2011~2012年度自治区级工法。截至年底，有自治区级工法251项、国家级工法25项。

【2项民族建筑设计获国家奖】 2013年9月7日，中国民族建筑研究会在北京举办第16届中国民族建筑研究会学术交流年会，会上，新疆印象建设规划设计研究院的"伊宁市喀赞其民街"获中国民族建筑保护传承创新奖，"新和县西部枣城"获中国民族建筑优秀设计奖。

工程质量安全监督

【工程质量监督】 2013年，自治区住房和城乡建设厅在乌鲁木齐举办建设工程施工合同（示范文本）宣贯会。自治区质量监督总站在乌鲁木齐举办全区注册监理工程师工程质量培训班。特邀同济大学经济管理学院教授、中国监理大师、上海同济工程咨询有限公司董事总经理杨卫东授课。全区各地70多家监理公司房建、市政专业的注册监理工程师704人参加培训。组织巡查吐鲁番市政府2012年公租住房工程项目一标段1、2号楼和吐鲁番地区示范区中心医院一标段工程质量安全。巡查工程建筑面积30552.29平方米，总投资额11310万元。巡查组以检代训，反馈和讲解2个项目质量安全问题，下发吐鲁番地区中心医院第一标段项目质量安全整改通知书。检查检测机构工作情况，抽查吐鲁番、巴音郭楞州等地24家检测机构，对问题突出8家检测机构提出处理意见。抽查全区建设工程质量专项治理情况，检查在建工程32个，下发工程质量整改通知书7份，责令当地监督机构下发质量整改通知书18份。自治区住房和城乡建设厅印发住房城乡建设系统《关于开展2013年自治区建筑工程质量专项治理工作的通知》，修订《新疆维吾尔自治区预拌混凝土质量监督规定》。抽查全区各市、县(市)、区在建的保障性安居工程和部分公共建筑项目。抽查工程222个，建筑面积2705398.08平方米，其中检查在建保障性安居工程167个，在建农村安居富民工程22个，在建公共建筑33个。检查内容16249项，检查总体合格率94.6%(其中符合11082项，占68.2%；基本符合4289项，占26.4%；不符合878项，占5.4%)。向受检工程下发工程质量安全隐患731条。对存在一般质量安全问题的112个工程下发工程质量和安全隐患整改通知书，向存在重大违法违规问题的13个工程下发执法建议书。截至年底，建筑工程施工项目14008个(跨年度6080项，建筑面积5395.17万平方米，新开工7928项，建筑面积5138.25万平方米)，建筑面积1.05亿平方米(跨年度5395万平方米，新开工5138万平方米)。组织竣工验收工程3550个，通过竣工验收备案工程2399个，竣工验收备案率67.55%。全区各级工程质量监督机构记录工程质量责任主体和有关机构不良行为89起，未执行建筑工程强制性标准条文45起；对工程各方质量责任主体实施行政处罚37起，处罚金额63.5万；受理房屋工程质量投诉案件562起，处理办结524起，办结率93.24%。

【自治区建筑行业监管信息系统建设】 11月29日，自治区建筑行业监管信息系统建设领导小组副组长、副厅长肖徽主持召开领导小组会议，领导小组各成员单位负责人、业务人员30人参加会议。

会议听取自治区建筑行业监管信息系统建设方案介绍，观摩北京市住房和城乡建设委员会网上办事大厅(行政审批系统)、工程综合监督管理平台、诚信信息平台功能展示，讨论自治区建筑行业监管信息系统建设目标、功能和建设方式。

【撤销6家工程监理企业资质等级】 2013年，新疆自治区住房和城乡建设厅下发撤销建设行政许可决定书，撤销新疆轻鑫工程监理有限责任公司、新疆兵咨工程项目管理咨询有限责任公司、新疆方正工程建设监理有限公司、农四师工程建设监理站、塔城地区新世纪工程建设有限公司、喀什建设工程监理中心6家工程监理企业资质等级。另有新疆东方工程管理有限公司、新疆隆天工程监理有限责任公司、新疆恒丰工程监理有限公司、克孜勒苏州科信建设工程监理有限责任公司、喀什地区建厦工程监理中心5家工程监理企业因部分专业资质条件不达标而被限期整改。

【安全生产】 2013年，新疆发生一般建筑施工安全生产事故17起，死亡21人，较大事故1起，死亡4人，发生事故起数比上年上升41.7%，死亡人数上升23.5%。建筑施工安全生产事故类别主要是高处坠落、起重伤害、坍塌和物体打击。其中高处坠落事故8起，死亡9人；起重伤害事故3起，死亡6人；坍塌事故4起，死亡4人；物体打击事故1起，死亡1人；其他类型事故1起，死亡1人。

【安全文明工地】 2013年，经新疆自治区建筑工程安全生产文明工地评选领导小组核验，自治区住房和城乡建设厅公布乌鲁木齐市恒信民生建筑有限公司承建的山水雅苑小区廉租房1号楼等481个工程为2013年度自治区建筑工程安全生产文明工地。2009年以来，共创建自治区安全文明工地1998项，创建国家"AAA"级安全文明标准化工地43项。

【抗震防灾工程】 7月10日，新疆住房和城乡建设厅联合专家组验收鄯善县人民医院门诊楼项目，成为全区抗震防灾项目首个自治区级安全文明工地。8月9日，完成《城乡重要建(构)筑物安全性评估、加固改造技术与政策研究》专项课题，经自治区专家评审会议评审，达到国内先进水平，课题报告及研究成果上报国家住房和城乡建设部。2013年，新疆自治区住房和城乡建设厅召开自治区结构抗震加固新技术座谈会，邀请国内从事研究结构抗震加固新技术，并取得重大成就的专家，通过以会代训推广应用抗震加固新技术。调研督导伊犁、博尔塔拉、昌吉3个州，8个县市，阿克苏地区5县1市抗震防灾工程开展情况。

【国家优质工程奖评选】 8月21～23日，中国建筑业协会"鲁班奖"评审专家一行，复查莎车县申报的莎车县市民综合服务中心工程(莎车县图文信息综合服务中心工程)"鲁班奖"项目。莎车县市民综合服务中心工程是上海援建工作首批"交钥匙"工程中投资额较大工程，位于莎车县城南新区，工程占地5.5万平方米，总建筑面积2.99万平方米，是由图文信息、市民服务、规划展览、培训公寓四大功能区复合而成的大型建筑综合体，集社区服务、文化传播、科普推广、图书阅览、教育培训、展览展示、学术交流功能为一体的建筑。2012年8月投入使用。11月21日,中国建筑业协会决定向南京长江隧道工程等202项工程颁发2012~2013年度中国建设工程鲁班奖(国家优质工程)。中国新兴建设开发总公司承建的新疆石油管理局生产调度指挥中心、中建三局建设工程股份有限公司承建的中石油驻乌企业联合生产指挥中心基地生产办公区主楼及辅楼工程、江苏省苏中建设集团股份有限公司新疆苏中建设工程有限公司承建的伊宁县人民医院标准化建设工程、上海建工一建集团有限公司承建的莎车县市民综合服务中心(图文信息综合服务中心)榜上有名。12月16日,中国建筑业协会研究,决定北京地铁九号线等36项工程获2012~2013年度中国建设工程鲁班奖(国家优质工程)。伊犁建设工程有限责任公司承建的伊犁州友谊医院一期病房综合楼榜上有名。2013年,新疆累计获得国家鲁班奖24项。

【工程获詹天佑奖】 7月9日,第十一届中国土木工程詹天佑奖颁奖大会在北京举行。中建新疆建工四建承建的克拉玛依市独山子文化中心工程被授予第十一届中国土木工程詹天佑奖,时为新疆首次获奖项目。

独山子文化中心工程建筑面积5万多平方米,集档案馆、图书馆、规划馆、会议中心、青少年科技活动中心和影剧院为一体的综合性文化建筑。2007年10月开工,2010年5月竣工。

【环境艺术优秀企业】 1月21日,中国建设文化艺术协会环境艺术委员会在北京召开2012年中国环境艺术年会暨中国建设文化艺术协会环境艺术委员会第三届会员代表大会。会上授予新疆印象规划设计研究院环境艺术优秀企业称号。

【获中国建筑业百强企业】 2013年8月12日,中国建筑业协会公布中建三局建设工程股份有限公司等100家企业为2012年度中国建筑业竞争力百强企业。新疆生产建设兵团建设工程(集团)有限责任公司获2012年度中国建筑业竞争力百强企业,永升建设集团有限公司获2012年度中国建筑业成长性百强企业。

【获国家建筑设计奖】 10月21~23日,中国建筑学会在北京举行年会,会上进行学术报告、专题论坛、学会60年成果展览及中国建筑设计奖颁奖仪式。新疆自治区建筑设计研究院创作的昌吉恐龙馆、吐鲁番机场航站楼获国家建筑设计奖(建筑创作)银奖。

【新疆建筑工程天山奖】 9月18日,新疆建筑业协会组织评选第一批(援疆工程)新疆建筑工程天山奖(自治区优质工程)。经审定,浙江省二建建设集团有限公司施工的柯坪县双语寄宿制小学教学楼、柯坪县群众文化活动中心、阿克苏浙江"双语"教师培训中心一期教学楼阶梯教室、新和县·浙江丽水维吾尔医医院一期病房楼等31项工程获2013年新疆建筑工程天山奖。2013年12月26日,新疆建筑业协会组织评选第二批新疆建筑工程天山奖(自治区优质工程)。经审定,中建新疆建工集团第一建筑工程有限公司施工的乌鲁木齐市公安局特警五支队业务用房、中建新疆建工(集团)有限公司第四建筑分公司施工的新疆昆仑宾馆南楼、新疆地矿局北院高层住宅楼、中国人民银行哈密地区中心支行发行库及营业办公用房、新疆建工集团第六建筑工程有限责任公司施工的喀什噶尔宾馆综合接待楼等27项工程获2013年新疆建筑工程天山奖。2013年,58项工程获自治区天山奖,累计459项工程获自治区优质工程天山奖。

【获国家专利】 9月10日,西部建设股份有限公司新疆区域总部科研检测公司的超细复合矿物质外加剂及其生产系统,获国家知识和产权局发明专利。该生产系统由粉碎机与研磨机相连,研磨机与封闭式混合机相连。

建筑市场

【建筑企业经营概况】 2013年,新疆18个地州市包括外省进疆建筑业企业纳入建筑业统计报表直报企业数据库建筑企业4655家。其中疆内建筑业企业2345家,外省进疆建筑业企业2310家。全区一级企业(含特级1家)总包、专业承包合计102家,二级建筑业企业总包、专业承包合计556家,三级企业总包、专业承包合计1687家。劳务企业499家。

2013年,新疆列入统计部门统计范围的1123家等级建筑施工企业完成建筑业总产值2098.89亿元,完成建筑业增加值465.78亿元。全年房屋建筑施工面积13096.18万平方米,其中新开工面积7550.88万平方米。房屋建筑竣工面积5775.28万平方米,其中住宅4067.67万平方米、厂房及建筑物用房264.79万平方米、办公用房403.94万平方米、商业、居民服务业用房417.15万平方米、文化、体育娱乐用房49.04万平方米、科研、教育、医疗用房350万平方米,仓库48.2万平方米,其他174.49万平方米。企业期末从业人数79.11万人,计算劳动生产率的平均人数79.11万人,按建筑业总产值计算的劳动生产率分别为265325元/人。2013年,建筑企业总收入2175.86亿元,其中工程结算收入2142.71亿元,实现利税总额112.6亿元(其中利润总额42.12亿元）。有亏损企业297家，亏损额90204万元。

【勘察设计】 1月15日，自治区第十一届人民政府第36次常务会议讨论通过《新疆维吾尔自治区建设工程勘察设计监督管理办法》，办法自3月1日起施行。12月5日，自治区住房和城乡建设厅通报自治区施工图审查机构2013年考核情况。11月6～24日，考核伊犁州、博尔塔拉州、奎屯市、克拉玛依市、昌吉州、阿克苏地区和巴音郭楞州等7个地州市7家施工图审查机构，抽查工程勘察40项，建筑设计32项。巴音郭楞州采用"施工图审查管理系统"，使专家审查意见与综合审查意见差错率为零。抽查勘察、建筑和结构3个专业，查出问题696条，其中勘察专业216条，结构专业226条，建筑专业254条；所查问题，违反强制性条文54条，包括：勘察专业14条，结构专业21条，建筑专业19条。对部分施工图审查机构内部管理不够规范、个别勘察设计单位超资质或无资质承揽工程勘察设计业务等问题提出整改要求。2013年，新疆有316家勘察设计单位，其中甲级59家、乙级173家、丙级77家、丁级7家。纳入统计报表报送范围的自治区勘察设计企业309家，占全区勘察设计单位总数的97.8%。在所统计的304家勘察设计企业中，国有企业71家、集体企业2家、股份合作企业1家、有限责任公司183家、私营企业27家、股份有限公司12家、其他企业8家。全区勘察设计企业从业人员23050人，其中具有高级专业技术职务5653人、中级7337人，具有各类注册执业资格的人员3220人。全区勘察设计企业营业收入137.7亿元，比上年度增长18%，其中工程勘察收入11.6亿元，增长22%，工程设计收入39.14亿元，增长12%。营业成本116.01亿元，增长0.73%。

【建设工程招标投标】 2013年，新疆自治区建设工程招标投标监督管理办公室调研和田、阿克苏、克孜勒苏、塔城等地州的建设工程招投标监管以及招投标分支机构情况，对存在问题的招标代理机构下发限期整改通知书16份，全区通报批评4家。约谈代理机构30家、施工企业和监理公司负责人30人次。受理招投标投诉案件15件，办结14项。完成全区3301名房屋建筑和市政工程综合评标专家信息统计与整理，其中建筑类高级工程师1037名、中级工程师1516名、其他专业工程师748名。摸底调查部分地州建设工程招标代理机构从业人员持证上岗情况，岗前培训建设工程招标代理从业人员3500多人。全区完成招标工程9666个，中标总造价11653249万元，其中建筑施工招标6477项，中标总造价11401232.86万元；施工监理招标2839项，中标总造价116505.99万元；设备采购350项，中标造价135510.15万元。全区建成16个建设工程交易中心，电子辅助评标系统逐步在全区推广。

【建筑行业劳保统筹】 2013年，新疆自治区人民政府公布施行《新疆维吾尔自治区建筑工程社会保险费统筹管理暂行办法》。自治区住房和城乡建设厅制定贯彻执行《自治区建筑工程社会保险费统筹管理暂行办法》实施意见。自治区劳保统筹管理总站下发《关于确定2013年度建筑工程社会保险费拨付比例的通知》，起草完成《自治区建筑工程社会保险费财务管理制度》《建筑工程社会保险费调剂补助办法》《建筑工程社会保险费拨付管理办法》。清理完成2005年以来的建筑工程社保费票据核对工作。

2013年，争取专项补助资金8133.7万元，彻底解决中建新疆建工集团一建、二建、四建、五建、工业设备安装公司等5家建筑施工企业1999～2010年欠缴的基本养老社会保险费问题。

2013年，新疆收取建筑行业劳保统筹费30.76亿元，比上年增加6.75亿元。自治区建筑行业劳保统筹部门拨付劳保费17.38亿元，其中向新疆建筑施工企业拨付劳保费15.08亿元、外省等建筑企业2.3亿元。安排全区15家缴纳基本养老保险费困难的建筑企业补贴资金1213.88万元。发放20世纪60年代精简下放人员生活补助费268.22万元。

建筑节能与科技

【建设科技成果推广】 2013年，经新疆自治区建设科学技术专家委员会论证，新疆自治区住房和城乡建设厅公布58项为新疆住房和城乡建设行业2013年科技成果推广项目。即超声波热计量表应用技术，通断时间面积法热计量系统应用技术，无机活性墙体保温（玻化微珠）保温系统（适用于寒冷地区复合保温用，厚度不超过5厘米），水泥发泡保温板应用技术（适用于防火隔离带、屋面及楼地面）等。

【建筑节能】 2013年，新疆自治区住房和城乡建设厅印发《关于规范使用部分建筑外保温材料的通知》《新疆维吾尔自治区硬质酚醛泡沫板技术导则》，规范和提高新疆外墙外保温体系及材料应用及结构安全性。县以上城市全面执行民用建筑强制性节能标准，设计阶段100%，施工阶段抽检项目100%。引导条件好的城市率先开展节能75%工作，乌鲁木齐市节能75%标准编制工作完成待批。库尔勒市建立节能75%示范工程，拟在总结经验基础上开展节能75%工作。2013年，国家下达既有建筑节能改造任务693.5万平方米，开工建设约1260万平方米，完成既有建筑节能改造850万平方米。国家拨付补助资金25504万元。可形成节约标煤443.1万吨，减排二氧化碳1179.53万吨、二氧化硫10.63万吨、烟尘15.51万吨的能力，产生经济效益约15.5亿元。新疆新建节能建筑约3500万平方米，累计新建节能建筑约20063万平方米。

【可再生能源建筑应用示范工作】 2013年，新疆开工建设可再生能源建筑应用项目建筑面积约60万平方米，全年竣工80万平方米。组织建立自治区示范项目1个，示范面积4万平方米。对区内外先进、成熟技术，经专家论证，推广建筑节能、节水、可再生能源、清洁能源应用、绿色建材、新型墙材、信息化等新技术58项。自治区住房和城乡建设厅分2次组织专家检查、调研全区可再生能源建筑应用工作，重点评估验收国家批准立项的9个示范市县、14个示范项目，自治区批准立项的16个示范项目。截至年底，全区建立可再生能源建筑应用项目1800万平方米（其中国家及自治区示范项目622万平方米）。所建项目通过验收部分，系统能效比均在1∶3左右，超过国家验收标准系统能效比1∶2.6水准。特别是利用地下水，通过板换直接用于夏季制冷，前期投资及运行费用较低，制冷效果好，该项技术创新有望改变新疆夏季制冷的传统方式。

【既有建筑供热计量及节能改造】 2013年，国家下达新疆既有建筑供热计量及节能改造任务693.5万平方米，实际开工建设1260万平方米，竣工1160万平方米，争取国家奖励资金2.55亿元，全区累计完成既有建筑供热计量及节能改造7156万平方米，占全区具有改造价值既有建筑总量的43%。

【绿色建筑】 2013年，新疆自治区人民政府转发执行自治区住房和城乡建设厅、自治区发改委编制的《新疆绿色建筑行动方案》。新疆住房城乡建设厅科技发展促进中心、绿色建筑评价标准办公室与阿克苏地区建设局联合举办地区级绿色建筑宣贯培训班。阿克苏地区各县市建设局主要领导及相关工作人员、房地产和勘察设计及施工企业近200人参加培训。培训课程特邀请国家住房和城乡建设部科技与产业化发展中心博士马欣伯、新疆土木建筑学会绿色建筑技术专业委员会专家授课，全面讲解绿色建筑发展与评价标识工作、绿色建筑节地与室外环境、节水和水资源利用。召开乌鲁木齐市华源"博瑞新村""博雅馨园"住宅小区申报建筑运营和新疆城建股份"紫煜臻城"小区绿色建筑设计评价标识专家评审会。12月26日，国家住房和城乡建设部公布江南嘉捷研发办公楼等55个项目获2013年度第十五批绿色建筑评价标识。新疆华源实业（集团）有限公司申报的乌鲁木齐华源·博瑞新村和乌鲁木齐华源·博雅馨园2个项目名列其中。2013年，建立自治区绿色建筑示范项目3个，示范面积48万平方米。绿色建筑评价标识项目3个。截至年底，全区开发建设绿色建筑示范工程10项，建筑面积350.78万平方米。

【获自治区绿色建筑设计及运营评价标识】 2013年，经新疆建设科技发展促进中心评审、公示，自治区住房和城乡建设厅公布"乌鲁木齐市幸福里住宅小区""乌鲁木齐市紫煜臻城住宅小区"2个项目获"二星级绿色建筑设计评价标识"，"乌鲁木齐市华源·博雅馨园住宅小区"、"乌鲁木齐市米东区华源·博瑞新村住宅小区"2个项目获二星级绿色建筑运营评价标识。

建设人事教育工作

【建设职工教育培训】 4月18～23日，新疆安装技工学校9名选手组队参加山东东营第十一届全国工程建设系统职业技能竞赛总决赛。该校学生张伟、刘旭得冷作钣金项目青工组第4名和第5名，获银奖；马国平、张杰得焊工项目青工组第7名和第10名，获铜奖。教师王振、孙浩得冷作钣金项目成人组第13名和第14名，获铜奖。4名学生选手入选第43届世界技能大赛中国集训队，成为世界技能大赛备选队员。总决赛设置焊工、冷作钣金工和无损检测员3个工种，全国21个省市地区及行业43个队143人参加总决赛。新疆安装技工学校是西北五省区唯一一所进入决赛的技工院校。7月24～25日，国家住房城乡建设部在乌鲁木齐市举办第五期援疆培训班暨新疆建筑业发展战略高级培训班。国家住房和城乡建设部相关司（局）、新疆住房和城乡建设厅相关领导出席，新疆各级住房城乡建设行政主管部门相关负责人，大中型施工、监理企业主要负责人300多人参加培训。9月16日，经中国建筑业协会初审、网上公示，并报住房城乡建设部审定后，通报表扬54个2013年全国建筑业企业创建农民工业余学校示范项目部。永升建设集团有限公司的科技博物展览馆工程项目经理部榜上有名。2013年，新疆制定《住房和城乡建设厅培训工作管理办法》，举办新疆城镇规划建设和城乡住房建设培训班，完成2013年开展校园及周边治安综合治理工作计划上报和学院职业教育教学名师、教学能手候选人推荐申报工作。2013年，新疆建设职工教育培训完成各类人才培训95656人、次，比上年增加29.58%。其中：完成专业技术人员和管理人员岗位培训15296人、次；完成各类管理人员和专业技术人员继续教育培训20027人、次；各类试验检测培训人数2441人；继续教育904人，各类大中专应届毕业生3846人、次。建设行业专业技术人员职称前继续教育培训1757人(次)。"三类人员"安全考试13000人。建设职业技能培训11700人，其中高级工1373人，中级工7595人，初级工2732人。

依托各地建设教育培训机构培训26685人。其中全疆工程造价管理人员培训3152人；档案管理员212人、园林项目经理新取证及继续教育培训班和高级绿化工、花卉工1120人；物业管理从业人员培训911人。全疆一级(建筑工程专业、机电工程专业)、二级注册建造师(建筑、市政、公路、水利、机电、矿山专业)继续教育培训19026人/次；城市规划专题培训证221人，注册规划师继续教育453人；污水处理岗位培训252人；施工负责人培训280人；园林负责人350人、园林监理员330人、园林质量(安全)员378人。

【表彰先进】 1月18~19日，中建新疆建工集团政研会在中国建设职工思想政治工作研究会第十一次年会暨加强网络思想政治工作现场推进会上获全国住房和城乡建设系统优秀政研会。中建新疆建工集团政研会撰写的《国有参股企业党的建设情况调研》、集团四建贾爱萍撰写的《职工思想状况问卷调查报告》获优秀论文二等奖。3月7日，自治区举行纪念"三八"国际劳动妇女节103周年表彰大会。大会授予自治区造价总站自治区三八红旗先进集体、自治区城乡妇女岗位先进集体。3月12日，新疆地方志编纂委员会决定表彰姬冰洁等40名《新疆年鉴》(2012刊)编纂工作中作出贡献的优秀组稿人，自治区住房和城乡建设厅的陆青锋榜上有名。4月16日，住房和城乡建设部办公厅转发中国建设年鉴编辑委员会表扬中国建设年鉴2012年编纂工作突出贡献组稿编写人员的通报。自治区住房和城乡建设厅的陆青锋为中国建设年鉴2012年卷优秀组织者。

大事记

1月

15日 新疆自治区第十一届人民政府第36次常务会议讨论通过《新疆维吾尔自治区建设工程勘察设计监督管理办法》。

24日 新疆自治区住房城乡建设厅在乌鲁木齐召开"新疆集中供热老旧管网改造规划编制工作座谈会"。

29日 住房城乡建设部在北京召开国家智慧城市试点创建工作会议，会议公布首批国家智慧城市试点名单，新疆库尔勒和奎屯两城市名列其中。

29日 新疆自治区住房和城乡建设厅信息中心邀请北京专家在中建新疆建工举办BIM技术推广应用培训班。中建新疆建工集团公司各部门负责人、所属单位总经理、董事长、总工程师、技术负责人、项目经理及中建地产新疆公司有关人员200多人全面学习BIM技术应用。

31日 中铁二十一局一公司申报的《新疆南疆高温差、干旱地区温度应力对铁路连续箱梁桥施工影响研究及应用》获2012年度新疆自治区科技进步二等奖。

2月

5日 中建新疆建工三建召开2012年度节点考核兑现大会，首次对全员风险抵押项目节点考核兑现。考核兑现三建第一管理处耀和·荣裕住宅小区项目部经理张永明现金10.48万元。

21日 乌鲁木齐市红山公园与新疆农科院微生物应用研究所联合研发绿化垃圾粉碎物堆制腐化的微生物发酵技术。该技术在乌鲁木齐市红山公园、水上乐园及昌吉市人民公园推广应用。

25~26日 住房和城乡建设部在北京召开全国"优秀环卫工作者"表彰大会，表彰全国332名优秀环卫工作者。新疆的乌鲁木齐大浦沟固体废物综合处理场薛新会、昌吉市市容环境卫生管理局蓝翔、伊犁州新源县建设局环卫处郁兰荣等13名一线工人获全国优秀环卫工作者。

3月

1日 新疆自治区人民政府颁发实施《新疆维吾尔自治区建筑工程社会保险费统筹管理暂行办法》。

8日 新疆自治区住房和城乡建设厅邀请自治区人民政府法制办李伟主任专题讲座保障行政行为合法有效应当注意的法律问题。自治区住房和城乡建设厅领导、厅机关全体以及直属事业单位副处级以上干部，各州(地)、市、县(市)建设局(规划局)分管领导、法制机构和业务科室负责人以及各市、县(市)规划监察、城建监察执法机构负责人和业务骨干等450多人参加讲座。

8日 自治区住房和城乡建设厅党组研究通过《2013年自治区住房城乡建设系统党风廉政建设和反腐败工作要点》

12日 新疆地方志编纂委员会决定表40名《新

疆年鉴》（2012刊）编纂工作中作出贡献的优秀组稿人，新疆自治区住房和城乡建设厅的陆青锋名列其中。

21日　新疆自治区住房城乡建设厅在乌鲁木齐市召开2013年住房城乡建设系统安全生产管理委员会第一次全体会议。会议总结2012年安全生产工作，通报安全生产事故情况，分析典型安全生产事故案例，部署2013年住房城乡建设系统安全生产工作。

11~23日　新疆自治区住房城乡建设厅和上海同济大学及上海专家顾问团成员在上海同济大学举办培训班。全区各地州市建设局、规划局、部分市县人民政府分管城乡规划工作领导以及县建设局、规划局主要领导79人参加培训。

29日　新疆自治区住房城乡建设厅特邀自治区人力资源和社会保障厅机关党委副书记、国际高级培训师、国际PPT训练师、高级心理咨询师孙萍讲授《机关文明礼仪》，厅领导、机关各处室、事业单位全体干部职工参加辅导。

4月

12日　新疆自治区住房城乡建设厅将新疆鑫双汇建筑安装工程有限公司伪造施工资质、安全生产许可证承揽工程一案移送自治区公安厅查处。

16日　住房和城乡建设部办公厅转发中国建设年鉴编辑委员会表扬中国建设年鉴2012年编纂工作突出贡献的组稿编写人员的通报。新疆自治区住房和城乡建设厅的陆青锋为中国建设年鉴2012年卷优秀组织者。

23日　中国著名艺术大师、奥运福娃设计者韩美林为克拉玛依设计城市雕塑。雕塑由凤凰和喷柱构成。

22~26日　新疆自治区住房和城乡建设厅在乌鲁木齐举办住房和城乡建设工程档案管理人员岗位培训班，130多名学员取得岗位证书。

26日　新疆自治区住房城乡建设厅副巡视员江和平组织有关处室人员参加自治区人民政府法制办关于《自治区实施＜国有土地上房屋征收与补偿条例＞办法》厅局征求意见会，现场解答有关问题。

27日　新疆自治区住房和城乡建设厅决定成立自治区住房和城乡建设厅创建智慧城市工作领导小组及评审专家组。

30日　新疆自治区住房和城乡建设厅研究决定成立自治区住房城乡建设行业消防工作委员会。

5月

7日　新疆自治区住房和城乡建设厅再次组织专家审查验收和田、阿克苏、塔城3个地区第一轮复验未通过的县城总体规划成果。策勒、于田、拜城、新和4个县城总体规划仍未通过专家审查验收。

9~10日　中国城市规划协会在乌鲁木齐市召开"第二次援疆规划工作座谈会"。中国城市规划协会会长赵宝江和自治区住房和城乡建设厅巡视员甫拉提·乌马尔出席。

10日　新疆区住房和城乡建设厅完成《新疆集中供热老旧管网改造规划》编制、专家评审工作，上报国家住房和城乡建设部、国家发展和改革委员会。

16日　新疆区住房和城乡建设厅组织验收江苏省苏中建设集团股份有限公司、新疆苏中建设工程有限公司承建的自治区建筑业新技术应用示范工程"伊宁县人民医院标准化建设工程"。该工程早拆模板（扣榫式）施工技术取得全国质量管理QC小组成果二等奖，形成企业工法，获得实用新型国家专利。应用新技术的整体水平达到自治区领先水平。

18日　新疆区住房和城乡建设厅召开住房公积金业务服务流程征求意见稿研讨会，邀请伊犁州、巴音郭楞州等9个住房公积金管理中心主任，及缴存、支取、贷款业务科室负责人参加会议。

23~24日　新疆区住房和城乡建厅在乌鲁木齐市召开自治区城乡规划信息化建设方案暨城乡规划入库标准论证会。

30日　新疆自治区住房和城乡建设厅印发《2013年住房和城乡建设厅绩效考评工作方案》，考评采用指标考评（综合检查）、公众满意度测评、领导评价、察访核验等方式相结合的方法。

6月

4~5日　新疆自治区住房和城乡建设厅在乌鲁木齐市召开《住房公积金业务服务流程（讨论稿）》初审会议，副厅长卫明、乌鲁木齐市人民政府副秘书长尚玉岚出席会议。乌鲁木齐、伊犁州等14个地州市住房公积金管理中心、分中心、业务科室负责人参加会议。

6日　新疆自治区住房和城乡建设厅于批准发布《住宅物业服务标准》，编号为XJJ 056—2013。

5月20日至6月10日新疆区住房和城乡建设厅组织6个组专项检查全疆各地城乡规划编制工作。

15日　中建新疆建工四建工业建筑工程分公司新疆富蕴广汇新能源煤炭综合开发利用项目化机厂房项目部，采用顶升法向钢管格构柱内浇筑混凝土，一次浇筑成功，时为中建新疆建工首次采用顶升法向钢管格构柱内浇筑混凝土。

24日 阿勒泰地区住房和城乡建设局演练触电、消防专项应急处置。新疆兵团第四建筑安装工程公司负责实施，地区住房城乡建设局、地区人民医院、阿勒泰市消防大队负责指导演练。地区集资建房各标段施工企业负责人、安全员、监理员70多人现场观摩。

29日 新疆自治区住房和城乡建设厅在昌吉市召开《新疆维吾尔自治区住房公积金业务服务流程（试行）》评审会。自治区人民政府纠风办、监察厅、财政厅、人民银行乌鲁木齐中心支行、审计厅、银监局的分管领导，乌鲁木齐、伊犁州等14个地州市住房公积金管理中心负责人参加评审。

7月

16～17日 新疆住房城乡建设厅审查《和丰工业园区总体规划（2011—2020）》《沙湾工业园区总体规划（2013—2025）》和《博州五台工业园区总体规划（2011—2020）》。

22日 自治区住房和城乡建设厅党的群众路线教育实践活动领导小组印发《自治区住房和城乡建设厅党的群众路线教育实践活动工作机构工作规则》。

25～31日 住房城乡建设部国家园林城市考察组实地考察新疆申报国家园林城市的乌鲁木齐市、五家渠市、阿勒泰市。

8月

5日 住房城乡建设部公布2013年度国家智慧城市试点名单，确定新疆乌鲁木齐、克拉玛依和伊宁市等103个城市（区、县、镇）为2013年度国家智慧城市试点。

31日 新疆自治区住房和城乡建设厅在克拉玛依市区域数字网络控制中心工地举办自治区2013年建筑施工质量安全现场观摩会。

9月

12日 乌鲁木齐政协组织全国、自治区、乌鲁木齐市70多位政协委员视察乌鲁木齐园林绿化和小游园建设情况。

17日 新疆自治区住房和城乡建设厅在乌鲁木齐市水磨沟区"山水雅苑"工程；分会场设在乌鲁木齐市经济技术开发区胜利油田新春采油厂综合办公楼召开自治区建筑安全质量现场观摩会。

26日 新疆自治区住房城乡建设厅印发《自治区城镇燃气重大危险源监督管理办法》。

10月

4～10月 新疆自治区审计厅专项审计调查全区12个地州（市）、45个县市（区）2011和2012年安居富民工程项目建设情况。

11月

5日 和田地区住房和城乡建设局在于田县爱国主义教育基地召开质量安全文明施工现场观摩会。

14日 乌鲁木齐房地产开发（集团）有限公司发行、国家开发银行新疆分行承销5亿元保障房私募债，专项用于乌鲁木齐市公租房建设及棚户区改造项目，总建筑面积96.95万平方米。时为新疆首次发行保障房私募债。

9～11月 新疆自治区住房和城乡建设厅、自治区房改办清理规范政策性违规多占住房。区直机关96家单位完成清房工作，占区直机关单位总数的87%，补缴差价款2.01亿元，占全疆清房补缴差价款总额的75.6%。

12月

3日 新疆自治区住房和城乡建设厅、自治区绿化委员会组织专家考核验收13个申报自治区园林城市的市、县。经综合评审，阿拉尔、图木舒克、喀什3个城市符合自治区园林城市标准，额敏、玛纳斯、温泉、托克逊、乌恰、昭苏、奇台、和布克赛尔8个县达到自治区园林县城标准。

11月29日至12月11日 新疆自治区住房和城乡建设厅组成4个组，抽查8个县（市）23个工程和5个市政运营企业冬季施工及市政公用行业安全生产情况。

11日 新疆自治区住房和城乡建设厅撰写完成《新疆房屋建筑强制性标准实施监督机制研究课题报告》。报告第一部分基本情况，第二部分标准实施监督现状，第三部分原因分析，第四部分政策建议。

12日 乌鲁木齐12329住房公积金热线正式开通。市民可拨打该热线了解住房公积金缴存、提取、贷款、查询公积金余额等业务。

13日 博尔塔拉州住房公积金管理中心与建设银行博尔塔拉州分行联合发行住房公积金龙卡。公积金龙卡具有住房公积金账户及银行储蓄账户功能。时为疆内第四家发行公积金龙卡的地州。

18日 自治区住房和城乡建设厅通报2013年自治区城镇生活垃圾填埋处理场建设运营、无害化等级复核评定情况。

24日 自治区住房和城乡建设厅、自治区发展改革委、自治区财政厅自治区国土资源厅、自治区农业厅、自治区民政厅、自治区科技厅经有关部门和专家会审，决定向住房城乡建设部推荐上报120个镇为全国重点镇。

（新疆维吾尔自治区住房和城乡建设厅 撰稿：陆青锋）

新疆生产建设兵团

【住房保障安居工程】 2013年，新疆生产建设兵团（"以下简称"兵团）与国家签订保障性安居工程20.8万户的目标责任书。其中：保障性住房14万户（廉租住房12.16万户，公共租赁住房1.84万户），实施棚户区改造6.5万户，计划完成投资180亿元，发放租赁补贴0.3万户。

2013年保障性住房实际开工14.3万户，实施城镇棚户区改造7.2万户，开工率达到105％；新建及续建保障性住房基本建成17.5万户，竣工10.3万户。完成投资198.68亿元。

【确保保障性安居工程目标任务顺利完成】 及时下达计划，强化责任落实。保障性住房建设为职工群众办"十件实事"的首要任务。兵、师、团自上而下层层签订2013年保障性安居工程工作目标责任书，建立目标责任考核机制。兵团建设局、发改委、财务局及时下达2013年保障性安居工程工作计划，各师也将计划任务进行分解落实，加快项目前期手续的审批速度，确保保障性安居工程顺利实施。开展规划评审，提升设计水平。邀请专家对47个保障性住房规划设计方案进行评选，并对获奖方案的设计单位和主设人员进行通报表彰。加大困难职工家庭住房解决力度。将各师解决低保特困家计划户数签入保障性安居工程目标责任书中；兵团办公厅下发《关于解决兵团团场困难职工家庭住房问题的意见》，明确目标任务，提出工作要求。各师根据《意见》制定实施方案；兵团建设局会同民政局等部门对2013年计划解决的1.8万户困难职工家庭进行实名制落实；兵团建设局组织召开三次专题工作座谈会，对解决困难职工家庭情况进行具体要求和部署。强化质量管理，加大监管力度。对保障性住房建设进度较慢、工作存在问题的师、团进行督办。按月印发工作简报，通报兵团保障性安居工程建设进度情况。开展兵团住房建设各项检查，对各师、团场的保障性住房工程质量安全和文明施工等内容进行重点检查，及时发现和纠正存在的问题和隐患。加大支持力度，加强资金监管。2013年国家共支持兵团城镇保障性安居工程补助资金82亿元，较2012年补助资金的57.3亿元高出43％。兵团建设局、发改委、财务局等部门及时将中央各类专项补助资金下达各师，加快推进兵团保障性安居工程项目建设。

【职工住房状况】 截至2013年底，兵团实有住宅总面积8029.11万平方米万套，其中成套住宅563711套、5143.92万平方米。2013年减少房屋面积347.28万平方米。人均住房面积28.98平方米，超过西部平均水平。

【房地产产权产籍管理】 2013年末兵团国有土地范围内所有权已登记的房屋总建筑面积3218.73万平方米，其中住宅2353.94万平方米，非住宅864.79万平方米，办公用房167.97万平方米，商业用房226.14万平方米，工业用房279.9万平方米，其他房屋188.78万平方米。国有土地范围内所有权已登记的住宅303501套，2013年国有土地范围内登记的房屋总建筑面积37174.48平方米，2013年国有土地范围内登记的房屋总件数49376件。

【团场城镇和连队危旧房屋集中整理专项工作】 按照《关于开展推进城镇化行动计划和保障性安居工程考核评估的通知》有关安排部署，2013年各师、团场加强政策宣传，为职工群众算好经济账，房屋征收补偿工作做到公开、公平、公正，变被动为主动，以建带拆转变为以拆促建，积极推进专项行动。经过一年的努力，签订征收补偿协议的危旧住房68629套，占全年计划的214％；实施拆除的危旧住房62703套，拆除违建临建6934间，占计划的173％。整体搬迁连队98个，整片拆除棚户区155个。

【住房公积金管理】 2013年是全面贯彻党的十八大精神的开局之年，兵团住房公积金管理中心（以下简称管理中心）在兵团党委的正确领导和兵团住房公积金管理委员会（以下简称管委会）的正确决策下，在各相关部门的关心支持下，在社会各方面的帮助监督下，管理中心紧紧围绕保障和改善民生，积极服务于兵团工作大局，牢牢抓住住房公积金"建制、管理、使用、服务"四个关键环节，努力扩大制度覆盖面，拓展创新使用方式，严格规范资金管理，全心全意做好服务，全面超额完成各项目标，各项重点工作得到全面推进落实,为实现兵团"两个率先,两个力争"的工作目标作出应有的贡献。

【归集缴存实现历史新高】 2013年归集住房公积金20.09亿元,同比增加5.32亿元,完成年度计划的133.93%,同比增长36.03%。年度归集实现建制17年以来历史新高,突破20亿元大关。到2013年底累计归集93.51亿元,归集余额57.54亿元,比2012年净增加21.08亿元。新疆生产建设兵团已有3436单位建立住房公积金制度,累计缴存人数40.8万人,2013年新增186个单位,新增缴存人数1万人。提取、贷款使用大幅增长:累计提取35.97亿元,2013年提取9.44亿元,同比增加4.12亿元,同比增长77.35%;截至2013年底,全兵团已累计向30260户家庭发放贷款31.90亿元,贷款余额17.19亿元;2013年向3872家庭发放贷款,同比增加1.05亿元,增长18.44%平均每户贷款17.45万元,同比增加2.17万元。个贷逾期率为零,2013年实现增值收益5801万元,风险准备金充足率2.82%,拟提供廉租住房建设补充资金1434.78万元。

【支持保障性住房建设试点贷款项目】 2012年6月新疆生产建设兵团六师五家渠青湖·铭城棚户区改造项目开工。根据《关于发放利用住房公积金贷款支持保障性住房建设项目贷款的批复》(新兵房积金委〔2013〕1号)的要求,新疆生产建设兵团住房公积金管理中心于2013年2月开始启动项目贷款的发放工作。依据《兵团住房公积金支持保障性住房建设试点项目贷款管理与监督办法》第三章贷款受理、评审、审批和发放的规定的相关程序,在相关抵押手续完成并取得第六师的担保函后,于5月7日向青投公司发放首笔贷款金额为1.5亿元,抵押物价值3.24亿元,抵押率46%。8月7日发放第二笔贷款金额为1.0亿元,抵押率77%。10月委托建行对追加的抵押物进行评审,11月21日完成追加抵押物的抵押手续,追加抵押物的价值为8593.81万元,11月26日发放第三笔贷款金额为5000万元,截至12月31日共发放贷款3亿元,抵押物价值总计4.10亿元,抵押率73%,发放率56%。在43栋中,29栋主体完工,已完工的29栋中已设定抵押的是25栋,取得预售许可证20栋。截至11月底,该项目已完成投资3.71亿元,占项目总投资8.26亿元的45%。

【支持保障性住房建设试点贷款项目资金支付情况】 截至12月31日,借款人青投公司共申请支付13次共82笔,合计金额2.81亿元。在支付过程中管理中心严格按照项目贷款的支付流程进行支付,并实行四级审批制度,即经办人、审核人(双人)、管理中心主管副主任、主任四级。每级均能认真审核每笔款项的支付用途和金额,及时准确向住建部运行监管系统上传支付资料,由住房和城乡建设部运行监管系统向委托银行发出支付指令。

【支持保障性住房建设试点贷款项目收息、手续费支付情况】 根据项目贷款借款合同的约定,贷款利息按月收取,手续费按季支付。截至12月,总计收取贷款利息673.74万元,向委托银行支付手续费23907.50元。

【城镇规划】 2013年,各师加快师域城镇体系规划和垦区中心镇总体规划修编工作,做好一般城镇总体规划的修编工作和中心连队居住区建设规划的编制,积极开展供水、燃气、供热、公共服务设施等专项规划修编工作。兵团建设局对拟设市总体规划工作进一步加强指导,组织审查四、五、七、十三师拟设市总体规划和图木舒克经济技术开发区、草湖产业园区总体规划,完成一、五、七、十三师城镇体系规划的批复工作。进一步加强对重大项目规划选址的管理,按照兵团规划选址相关规定,完成27项国家和兵团审批的项目规划选址。积极开展"十二五"规划中期评估。完成《兵团城镇化建设与发展"十二五"规划中期评估报告》。加强对垦区统筹发展的研究,完成《关于集中连片垦区统筹发展规划研究》课题。

【城市建设与市政公用事业】 结合国家重点镇建设工作,贯彻落实国家和兵团城乡基础设施建设"十二五"规划,进一步加大城镇供排水、集中供热、污水和垃圾收集处理等技术性基础设施建设,不断完善城镇基本功能,城镇化水平和质量不断提升。截至2013年底,兵团城镇自来水普及率达99.1%,污水集中处理率达82.1%,集中供热普及率达90.5%,垃圾集中处理率达90.6%(其中城市无害化处理率达78%),绿化覆盖率达36.3%;2013年兵团新建城市、团场城镇排水管网1665公里;新建、扩建、改建、在建城市及团场城镇污水处理厂32座。新增城镇污水处理能力18.236万立方米/日,其中城市新增污水处理能力13万立方米/日;团场城镇新增污水处理能力5.236万立方米/日。2011年以来,中央财政下达兵团城镇污水处理设施配套管网专项资金5099万元,结合城镇化实际,兵团确定五家渠市、石河子市(石河子总场、142团、144团)、北屯市、十四师(224团皮墨北京工业园区)、建工师(乌鲁木齐市)五个城镇7个污水处理设施配套管网建设项目作为整体推进重点,项目批复总投资19953.54万元，设计管网长度109.84公里，实际完工103.65公里，完成总投资15764.39万元。截至2013年底，实际到位资金15764.39万元，其中中央基建投资4300万元，中央财政城镇污水管网专项资金5099万元，师团自筹6365.39万元，实际完工项目5个，北屯市、十四师已开工并建成38.3公里，剩余10.1公里预计2014年可完工；2013年兵团建设五师师部城区、三师图木舒克市、二师33团、十师184团生活垃圾收集清运和处理工程，新增处理能力184吨/日，转运能力60吨/日，计划总投资7436万元，2013年计划投资5783万元，实际完成总投资2330万元，图木舒克市和33团项目已完工，五师师部城区和184团项目已开工。在城市、团场城镇积极推广生活垃圾分类收集处理，提高资源回收利用能力；2013年兵团城市新增居住和公共建筑集中供热面积355.8万平方米，并全部实施供热计量装置安装，新增供热计量收费面积114.7万平方米；兵团城市实施既有居住建筑供热计量及节能改造面积111.49万平方米；实施既有公共建筑集中热计量改造面积1.04万平方米。石河子、五家渠市已出台并实施二部制热价。

【村镇建设】 2013年继续推进重点及示范团场城镇建设，兵团本级财务筹集4000万元，为60个团场城镇配置环卫清运车辆及设施，新建40座团场新建卫生公厕，持续改善团场城镇和中心连队居住区基础设施，进一步提高市政公用事业服务能力，方便职工群众生活。积极完成兵团33个国家级重点镇和7个特色旅游景观名镇的审核申报工作，根据兵团党委六届十二次全委扩大会议要求，部署启动美丽兵团建设活动；贯彻落实国家和兵团惠民政策，积极开展民生工程建设，2013年兵团14个师146个团场（单位）完成国家农村安居工程建设任务5.7万户，争取中央财政补助资金8.175亿元，完成总投资17.2亿元。结合实施"暖房子"工程和中心连队区建设，近16万职工群众住房条件显著改善。同时，自筹资金为2.5万户困难职工群众家庭发放1500万元柴煤改气补助，进一步减轻新迁入团场保障性住房困难职工的生活负担。

【工程建设标准定额】 积极推进工程建设标准化工作。组织开展有关建筑节能设计标准和施工规范的宣贯培训，举办2013年兵团建筑节能标准学习培训班，组织各师参加内地有关建筑节能等标准学习培训班。结合国家节能减排宣传周，利用各类媒体开展建筑节能标准贯彻执行宣传活动，通过宣贯培训，提高各级管理人员实施建筑节能标准的意识。为确保建筑节能等标准的贯彻实施，采取"抓两头促中间"的方法，明确责任、强化监管，严格把好三关即施工图审查关、施工及监理管理关、工程竣工验收关。

【生产安全事故控制指标完成情况】 2013年，兵团房屋市政工程发生一般生产安全事故2起，死亡2人。

【开展"打非治违"、隐患排查和专项整治】 根据国务院办公厅《关于集中开展安全生产领域"打非治违"专项行动的通知》等相关文件要求，结合兵团建筑业实际，研究制定工作方案和措施，认真开展"打非治违"、建筑起重机械和模板脚手架专项整治活动，集中严厉打击各类非法违法生产经营行为，针对建筑起重机械和模板脚手架等危险性较大分部分项工程加大监督检查力度，全年共检查工程项目2013项，查出各类事故隐患9500余个，查出重大事故隐患余280个。其中，挂牌督办41条。

【质量安全执法检查】 兵团建设局围绕确定的质量安全工作重点和工作目标，及时部署相关工作，开展建筑工程春季质量安全检查，春季首开、复工项目的监督检查，质量安全综合检查等多次安全生产检查活动，并以各类检查为契机，指导、督促和推动"打非治违"、"专项整治"、"质量月"、"安全月"等相关活动的开展。2013年针对建筑起重机械和模板脚手架等危险性较大分部分项工程，全年检查工程项目2000余个，查出各类事故隐患9500余个，查出重大事故隐患余280个。其中，挂牌督办41条。

【安全质量标准化活动】 针对2012年安全标准化工作实施情况，总结经验，查找问题，贯彻落实《兵团建筑安全生产标准化工作实施方案》，推进安全生产标准化工作在施工现场的落实工作。按照兵团标准化手册内容及要求，持续推行一批安全适用的技术装备和防护设施，整体附着式脚手架、伸缩式卸料平台、塔式起重机安全报警显示记录装置及视屏监控系统等"定型化、固定式、可周转、环保型"安全防护设施。

【落实兵团房屋建筑和市政工程质量发展纲要2013年行动计划】 按照兵团兵团房屋建筑和市政工程质量发展纲要2013年行动计划要求，制定印发了《关于进一步加强预拌（商品）混凝土质量管理工作的通知》、《关于在建筑工程施工过程中实行分部分项工程质量安全样板实物交底工作的通知》、《关于深入开展住宅工程质量通病专项治理活动的通知》等文件，并逐步督促落实，兵团建筑施工实体质量水平稳步提升。

【文明工地创建】 2013年，兵团建设局对各师申报的2013年度"文明工地"工程项目进行评选，140个项工程荣获兵团"安全文明工地"称号；9项工程荣获国家"AAA级安全文明标准化诚信工地"称号。

【创建优质工程活动】 2013年，兵团建设局对各师申报的兵团优质工程（昆仑杯）工程项目进行评选，58个项工程荣获兵团优质工程（昆仑杯）称号。

【质量安全培训工作】 采取企业自培和集中统一培训相结合的形式，认真创办农民工夜校，切实提高各类人员的知识水平和管理能力，督促各师和相关单位完成质量安全培训工作，培训人员10000余人。

【建筑市场管理】 2013年，兵团建设局严格市场准入制度，加强兵团以外工程监理、招标代理、造价咨询企业的监督管理。共完成83户外部中介企业（工程监理企业36户，造价咨询企业27户，招标代理企业20户）进入兵团建筑市场的备案登记及网上公示工作，对进入兵团建筑市场的企业资质和从业人员资格及工作业绩进行严格的审查和把关。加强对兵团直属单位建设项目招投标活动的日常监管，完成兵团直属单位28个工程项目的招投标备案登记及监管工作。加大备案登记管理力度，对违反基本建设程序，不严格按照招投标法和条例规定进行发包的工程项目坚决不予办理项目登记和有关招投标备案手续，对违规的有关各方责任主体进行查处。

【建筑节能与科技】 2013年，兵团建设局下达既有建筑节能改造计划180万平方米。各师既有居住建筑供热计量及节能改造项目共实施198万平方米，下达国家财政部的奖励资金1383万元。其中，竣工已通过验收的工程面积有98万平方米，还有100万平方米的工程已竣工待验收或跨年施工。同时完成兵团80万平方米的"十件实事"暖房子节能改造工程，实施率达到100%。

2013年，兵团建设局稳步推进可再生能源建筑应用示范工作。定期对4个可再生能源建筑应用示范项目建设进展情况进行摸底调查和工作进展的督促。其中，34团中水回用示范项目已经完工，于2013年7月份投入使用，一切运行正常，累计处理污水约82000吨；水源热泵项目已进入收尾阶段。222团浅层水源热泵与太阳能光热一体化应用一期工程7.5万平方米已完工；二期工程项目规划建筑面积13万平方米在建设实施中。十四师皮山农场水源热泵20万平方米示范项目已完成基础建设，计划2014年完工并投入使用。

2013年，兵团建设局继续加强对兵团各师机关办公建筑和大型公共建筑能耗监测平台项目和"清洁校园"项目建设情况督办工作。一是协助并督促塔里木大学校园节能监管体系建设项目尽快办理项目建设前期手续，并在规定时间内顺利实施。二是继续开展兵团机关办公建筑和大型公共建筑能耗监测平台项目建设实施工作进行跟踪督办，印发《关于配合做好兵团各行政机关办公建筑和大型公共建筑能耗监测平台建设工作的通知》（兵建发〔2013〕81号），积极配合项目实施，达到国家验收标准。三是创造条件，克服困难，积极向国家住房和城乡建设部、财政部申报兵团省级能耗监测平台项目建设的二期工程，成功地得到了国家1000万元的补助资金支持。

【建筑业生产经营指标】 2013年度，兵团等级以上建筑施工企业共签订合同额1286亿元，比2012年同期增长36.8%。其中，2012年结转378亿元，该期新签905亿元。"走出去"战略成效显著，兵团外部工程合同额532亿元，占总签订合同额的41.4%。等级以上建筑施工企业共完成建筑业总产值811亿元，比2012年同期增长47.5%，完成年初计划的125%。等级以上建筑施工企业房屋建筑施工面积4593万平方米，比2012年增长31.7%；2013年新开工面积2647万平方米，比2012年增长15.3%；房屋建筑竣工面积2084万平方米，比2012年增长41%。等级建筑企业自有设备净值29亿元，自有施工机械总功率98万千瓦。人均自有技术装备率10891元/人，自有动力装备率3.7千瓦/人。

【建筑业企业主要财务指标】 2013年底，兵团等级以上建筑施工企业资产合计472亿元，负债合计381亿元，资产负债率81%。全社会实现建筑业增加值199.8亿元，比2012年同期增长23.1%，占全兵团生产总值的13.3%，支柱产业地位进一步增强。等级以上建筑施工企业实现利润12.9亿元，比2012年同期增长63%，产值利润率1.59%。

【防震减灾】 按照兵团关于进一步强化抗震防灾工作要求，2013年，进一步健全和完善抗震防灾应急管理机制，加强与国家、自治区建设主管部门和兵团抗震防灾主管部门的协同配合。按照应急规程，先后处置"1·29"中哈边界6.1级、"3·11"阿图什5.2级、"3·29"昌吉5.6级、"8·30"乌鲁木齐5.1级和"12·1"柯坪5.3级地震等5次5.0级以上地震的抗震防灾应急管理工作。组织开展2013年防灾减灾日抗震防灾宣传教育工作，下发文件对各师开展抗震防灾宣传教育工作进行安排部署，组织编印抗震防灾知识宣传手册。共向各师及兵团机关各部门发放《防震减灾法》、《新疆维吾尔自治区实施〈中华人民共和国防震减灾法〉办法》等宣传手册700余册。

【建设项目管理】 2013年，兵团共下达保障性安居工程配套基础设施项目（含棚户区改造配套）投资计划509880万元。其中：中央预算内投资及中央补助棚改专项资金311868万元，自筹资金198012万元；共安排225项基础设施项目。兵团2013年"十件实事"城镇配套完善工程（39个团场供热及管网配套设施和33个团场给排水基础设施）下达投资计划98251万元。其中：中央预算内资金70950万元，自筹资金27301万元；共安排78项基础设施项目。兵团建设局进一步加强基础设施项目实施情况监督管理工作，建立健全基础设施项目管理制度，加大监督检查力度，全面完成保障性安居工程配套基础设施项目和"十件实事"城镇配套完善工程建设管理工作。

为进一步强化各师建设局建设项目管理职责，加快推进各师建设项目前期工作和实施进度，积极推进建设项目行政审批制度改革工作。制定并出台《关于进一步下放建设项目初步设计审批和管理权限的通知》，对兵团及各师建设局承担的建设项目管理职责进行规定和明确。

【城建监察执法监督】 为做好城镇管理执法工作，加强兵团城市、团场城镇建设规划执行管理和市容市貌及环境卫生整治，实行对城建监察执法工作的监督、检查和指导，维护城镇建设和管理良好秩序，不断提高兵团城镇建设质量和管理水平，6～9月，兵团建设局重点对一、三、六、七、九、十、十二师和其他师部分团场开展城建监察行政执法工作情况进行监督检查。各师城建监察机构努力加强队伍和制度建设，积极开展日常行政执法工作，城市（城区）、团场城镇建设项目规划执行情况总体较好，违法违章建设得到一定治理，市容市貌和环境卫生逐步改善，"脏、乱、差"现象得到一定整治。

【建设稽查执法工作】 为贯彻落实全国住房城乡建设稽查执法工作分片（成都）调研座谈会精神，推进建设稽查执法工作，2013年，兵团建设局围绕全年中心任务和工作要点，认真谋划工作推进方案，按照部稽查办片区座谈会议精神要求及时谋划全年工作，积极推进重点稽查执法工作，加强城镇保障性安居工程建设、危旧房屋集中整治和房屋征收工作、城镇规划、城镇管理执法、建筑市场、建筑节能、质量安全等工作的监督检查，加强事前、事中监督检查，严肃查处、纠正违法违规行为，同时，按照住房城乡建设部稽查办转办的有关举报案件查办要求，对案件进行专案稽查、跟踪督办，维护兵团建设领域市场秩序，保障兵团住房城乡建设工作中心任务顺利完成，保障群众合法权益，促进各级依法行政，促进兵团住房城乡建设事业科学发展。

【城镇规划效能监察】 为强化规划效能监察工作，确保各项规划高水平编制和高标准实施，维护兵团城镇规划的权威性、严肃性，保障兵团城镇规划在经济社会发展中发挥全局性、综合性、战略性作用，5～9月，兵团建设局分别对十三个师（除建工师）建设规划主管部门和41个团场的城镇规划效能监察工作，主要围绕组织机构建设与工作推进、城镇规划编制和审批、城镇规划实施、城镇规划政务公开、城镇规划廉政和勤政、城镇规划信访和督办及违法建设案件处理等方面情况进行专项检查，指导督促各师加强规划效能监察，建立健全工作制度，开展师团两级规划效能监察自查工作。2013年，各师（市）建设规划主管部门及受检团场对城镇规划效能监察工作引起一定重视，师、团两级积极组织规划编制，认真进行评审和审批程序，落实规划实施工作，规划政务公开制度逐步推开。

【大事记】

2012年12月24日至2013年1月17日 根据兵团办公厅《关于考核和检查验收2012年兵团保障性安居工程的通知》（兵办发电〔2012〕358号）文件要求，兵团建设局会同发改委、财务局、监察局、审计局、民政局、工会等部门，组成四个考核验收组，对兵团14个师的65个团场（单位）及兵直单位2012年保障性安居工程进行竣工验收和目标责任考核。

3月

18～22日 配合财政部驻新疆专员办去和田十四师就保障性住房和棚户区改造任务实施情况进行检查。

4月

10日 国家发改委、住房城乡建设部下达兵团保障性安居工程直接相关的配套基础设施中央预算内投资249498万元。

16日 副司令员于秀栋与各师签署2014年度保障性安居工程目标责任书。

5月

27日 财政部《财政部关于追加2013年中央补助城市棚户区改造专项资金的通知》（财农〔2013〕

50号)下达补助资金84765万元,加上预拨资金2013年合计共下达棚户区改造补助资金109765万元。

27日 财政部《财政部关于追加2013年中央补助公共租赁住房专项资金的通知》(财农〔2013〕49号)下达36007万元,加上预拨资金2013年合计共下达公共租赁住房补助资金61007万元。

7月

22日 兵团印发《"十二五"绿色建筑行动实施》(新兵办发〔2013〕88号)。

8月

19~23日 兵团在四、五、七、八、十三师召开城镇化、服务业暨扶贫开发现场会,政委车俊、司令员刘新齐参会并做重要讲话

11月

6~8日 兵团建设局副局长崔寿民带队去二师33团、36团、34团、30团、金川矿业等单位就解决困难职工群众住房情况进行专题督办、调研。

12月

25日 兵团办公厅下发各师《关于开展兵团推进城镇化行动计划(2012—2014)和保障性安居工程考核评估的通知》(兵办发电〔2013〕254号)。

(新疆生产建设兵团建设局)

大 连 市

概况

2013年,是大连市新一届政府的开局之年。城市建设全面贯彻落实党的十八大精神,按照全域城市化总体要求,紧紧围绕"两先区"建设目标,坚持"完善城市功能,提升城市环境,服务百姓民生,创建宜居大连"理念,加快建立统筹城乡、覆盖全域的多层级、全方位规划体系,以轨道交通为骨架、大型枢纽站为支撑、快速路网为基础、公共交通为主体的城市综合交通体系,市场调节与政府保障相结合、多层次供给与梯度消费相适应的住房保障体系,绿脊连通、海滨环绕、山水相融、人地和谐的生态环保体系,规范高效的城市管理运行体系,搭建起现代化国际城市的基本框架。

【**加大规划编制和管理力度,提升规划龙头作用**】 新一届政府的第一次会议就专题研究加强城市规划工作。全年共审定城乡规划事项206个,其中分区规划、控制性详细规划及专项规划33个。按照与城市总体规划相协调的原则,《大连市环境保护总体规划(2008—2020年)》和《大连区域用海规划》、《大连市城市绿地系统规划》等一系列规划和控制性详细规划,空港新区、体育新城和石灰石矿周边的控规和城市设计已陆续完成,进入讨论、评审和报批环节。《大连市海岸线资源保护与开发利用规划》和《大连市慢行交通系统规划》已完成项目任务书编写,正按计划开展招标工作。

【**加大基础设施建设力度,进一步提升城市功能**】 依据城市总体规划和城市建设"十二五"规划,紧紧围绕全域城市化发展战略,优先保障城乡民生项目,重点突出城乡生态建设,2013年全市安排城市基础设施项目125项,总投资2460亿元,2013年完成359亿元,同比增长31%。

【**加大城市管理力度,不断提升城市形象**】 对"81条主干路、21个广场、64个三星级以上宾馆周边"等重点区域的广告牌匾、楼体外立面、各类市政公共设施等25项内容进行综合整治。对西部通道交富工街等22处内涝积水点进行彻底改造。免费开放燕窝岭婚庆公园和海之韵公园,建成民运健身公园等3个健身公园、15300米健身路径并完成45处社区游园的改造任务。对海口路等24条无灯路进行照明改造。新接管7万余户、200万平方米的弃管楼院环卫扫保任务。建成具有信息化、数字化监管手段的环卫GPS指挥系统,污水处理厂、排水泵站、内涝积水点和马栏河钢板闸监控系统。

政策规章

【**市政府文件**】 《大连市人民政府关于加强主城区及新市区规划工作的通知》(大政发〔2013〕17号)、《大连市人民政府关于修改大连市建设工程合同担保实施办法的通知》(大政发〔2013〕22号)、《大连市民用建筑节能条例》(第124号市长令)

【**市政府办公厅文件**】 《大连市人民政府办公厅关于印发大连市2013年"市容环境质量提升年"实施方案的通知》(大政办发〔2013〕11号)、《大连

市人民政府办公厅关于印发大连市主城区建设工程配建停车场(库)指标暂行规定的通知》(大政办发〔2013〕13号)、《大连市人民政府办公厅关于印发大连市2013年大连市道路交通安全管理12件实事的通知》(大政办发〔2013〕34号)、大连市人民政府办公厅关于印发大连市既有居住建筑节能改造工作实施方案的通知(大政办发〔2013〕41号)、《大连市人民政府办公厅关于印发2013年度市本级国有建设用地供应计划的通知》(大政办发〔2013〕50号)、《大连市人民政府办公厅关于印发大连市国有土地上房屋征收补偿安置和补助(补贴)、奖励若干问题规定的通知》(大政办发〔2013〕51号)、《大连市人民政府办公厅关于印发大连市2013年度地质灾害防治方案的通知》(大政办发〔2013〕55号)、《大连市人民政府办公厅关于印发大连市国有土地上房屋拆除施工管理暂行办法的通知》(大政办发〔2013〕72号)、《大连市人民政府办公厅关于转发市国土房屋局等部门大连市困难群体租赁住房租金补贴实施方案的通知》(大政办发〔2013〕85号)、《大连市人民政府办公厅关于印发大连市建筑垃圾排放管理规定的通知》(大政办发〔2013〕100号)、《大连市人民政府办公厅关于印发大连市绿色建筑实施方案的通知》(大政办发〔2013〕101号)

【规范性文件】 《大连市城乡建设委员会关于印发大连市建筑工程文明施工管理办法实施细则的通知》(大建委发〔2013〕9号)、《大连市城乡建设委员会关于印发大连市建设工程质量保证金管理实施办法(暂行)的通知》(大建委发〔2013〕72号)、《大连市城乡建设委员会关于印发大连市建筑工程起重机械监督管理实施细则的通知》(大建委发〔2013〕120号)、《大连市城乡建设委员会关于印发大连市居民住宅供热计量收费管理办法(试行)的通知》(大建委发〔2013〕121号)、《大连市城乡建设委员会关于印发大连市建设工程初步设计审批管理规定的通知》(大建委发〔2013〕162号)、《大连市城乡建设委员会关于加强预拌砂浆企业备案管理的通知》(大建委发〔2013〕236号)、《大连市城乡建设委员会关于印发大连市建设科技项目及补助资金管理办法的通知》(大建委发〔2013〕237号)、《大连市城乡建设委员会关于印发大连市建设工业产品登记备案管理规定的通知》(大建委发〔2013〕238号)

房地产业

2013年,全市完成房地产开发投资1710.4亿元,同比增长22.5%。房屋开发建设规模稳中有增,房屋施工面积达到6396.2万平方米,同比增长2.9%;房屋新开工面积2004.3万平方米,首次突破2000万平方米,同比增长24.1%;房屋竣工面积1046.6万平方米,首次突破1000万平方米,同比增长39.5%。全市完成商品房销售面积1222.1万平方米,同比增长13.5%;商品房销售额1009.9亿元,同比增长17.2%。二手房销售面积512.7万平方米,同比增长41.5%;二手房销售额353.4亿元,同比增长67.4%。

住房保障

2013年,全市新建保障性安居工程23702套,基本建成18744套,开工率118%,基本建成率117%。全年为符合条件的8385户公共租赁住房保障家庭发放公租补贴资金2480万元;为符合条件的3960户廉租保障家庭发放廉租补贴资金2492万元。按照年初在新建商品房项目中配建不低于10%租赁住房的要求,已挂牌落实东港区H06地块、东北特钢大连基地宗地B区、甘井子区委区政府办公楼原址及周边宗地、金龙路项目A区、华北路1号宗地、华北路289号宗地等八个项目共计9.1万平方米的配建租赁住房。先后对福佳新城D区942套房源和福佳新城二期、泡崖二期和前关经济适用住房1247套剩余房源进行摇号销售,房源已全部销售完成。全年共分配经济适用住房5024套。

公积金管理

2013年,大连市住房公积金管理中心归集房改资金161.81亿元,比2012年增长8.9%。其中,归集住房公积金154.77亿元,增长10.1%;归集售房款6.16亿元、住房补贴资金0.88亿元。运用房改资金252.37亿元,比2012年增长28.2%。其中,发放个人住房公积金贷款4.17万户、139.46亿元,户数和金额分别比2012年增长31.9%和38.9%;发放保障性住房建设项目贷款7.23亿元;支取使用住房公积金103.13亿元、售房款1.31亿元、住房补贴资金1.24亿元。截至2013年底,全市累计归集房改资金1077亿元、余额476.1亿元。其中累计归集住房公积金915.2亿元、余额400.89亿元,分别占全省的29.4%和24.7%。全市累计运用房改资金1280.97亿元、余额405.79亿元。其中累计发放个人住房公积金贷款31.05万户、608.05亿元,余额383.85亿元,累计贷款额和余额分别占全省的34.5%和35%;累计发放保障性住房建设项目贷款28.93亿元;累计支取使用住房公积金514.31亿元。

大连市职工2013年住房公积金月缴存基数最高为22842元,最低为1000元。全市住房公积金缴存单位达到2.61万个,正常缴存职工达到112万人,住房公积金覆盖率达到94.9%,按可比口径比2012年底提高3.8个百分点。

城乡规划

【总体规划】 编制完成《太平湾临港经济区总体规划》并通过大连市规划委员会评审。

【分区规划】 根据城市总体规划,将中心城区外围乡镇划分为21个分区,启动了16个分区的编制工作,其中:《亮甲店分区规划》等4个已经通过市规委会审议。

【控制性详细规划】 将中心城区划分123个控规编制单元,有序推进控规覆盖。开展75个单元控规的编制,已有23个单元控规通过市规划委员会审定。

专项规划:编制完成《大连市城市绿线专项规划》、《大连市城市色彩及建筑风格专项规划》、《大连核心区室外避难场所布局规划(2010—2020)》。

【规划管理信息库】 初步完成覆盖主城区及新市区3260平方公里的规划"一张图"查询系统及GIS数据库建设,首次把规划编制成果全面整合,实现总体规划、专项规划和控制性详细规划的衔接,并开发对比、叠加、统计等多种使用功能。同时,三维数字城市规划工作也初见成效,已经搭建三维辅助决策系统。

城市建设与市政公用事业

【轨道交通建设】 地铁1、2号线线路总长64.9公里,共设车站48座,已有34座车站完成主体结构施工,全线49个区间,设计总里程55.3公里,完成开挖进尺46.9公里,占总里程的84.8%,轨道工程完成26公里单线铺轨。202路轨道线路延伸工程通车试运行。金普城际铁路全面开工建设,与沿线区市共同克服动迁影响,倒排工期、加班加点,全力推进。长兴岛铁路二期工程红线内征地动迁全部完成,丹大快铁动迁全力推进,保证工程建设需要。

【市政道桥建设】 完成中华路跨华北路、朱棋路立交桥建设工程和中华路西段改建工程,打通主城区通往体育中心区域的快速通道;对长江路等18条主次干路和风景街等50条支路进行大修、明泽街等200条道路进行养护维修,对东快路和疏港路进行高标准的维修,从根本上解决桥体、路面易破损题,大幅提升主城区通往北部市区交通走廊的通行能力。开工建设南部滨海大道东端桥隧工程,扎实开展大连湾海底隧道、东星路快速通道的前期论证、设计工作,为主城区和新市区、新城区之间的快速连接在交通保障上奠定坚实的基础。南部滨海大道跨海桥主塔封顶,项目累计完成投资24.16亿元,累计完成总工程量的63%。

【公路建设】 机场快速路、东联路与土羊高速公路连接线一期工程按期完工,为十二运的顺利举行提供有力的交通保障。渤海大道加快推进,长山大桥主桥顺利合拢,主体完工,完成工程总量87%。大连至旅顺中部通道工程前期工作加快推进,已完成建设方案,项目建议书已报批。新建农村公路424公里,超额完成市政府下达的400公里建设任务,解决289个自然屯、5万余户出行问题。实施普通公路460公里,除结转项目外,计划328.8公里已全部完成。

【"五个一"工程建设】 结合全域城市化发展战略的深入推进,将旅顺口区、瓦房店市、普兰店市、庄河市、长海县等县市区的"三个一"工程全部拓展为"五个一"工程,全市安排实施城市建设"五个一"工程91项,计划投资19.75亿元,整治弃管楼院(旧城区改造)35万平方米,新建公共停车泊位6300个(其他停车泊位1.4万个),新建市民健身场所5.5万平方米,改造集贸市场3.75万平方米,改造提升路街环境29公里

【县城及小城镇基础设施建设】 针对北三市和长海县基础设施"短板",在瓦房店市、普兰店市、庄河市和长海县创新开展一个垃圾处理体系、一个污水处理体系、一个供热体系的县城建设"三个一"工程,现已投资2.7亿元,建成22个项目。推出4个中心镇建设试点,加快推进瓦房店市太平湾临港经济区、普湾新区皮杨中心产业区、庄河市大郑镇、长海县广鹿岛等4个试点中心镇基础设施建设,估算总投资151.3亿元。继续以"排水、道路交通、公共照明、公园绿地、环境卫生"为主,加强小城镇基础设施建设,现已实施16个项目,市财力计划补助1500万元。

【商务区建设】 东港商务区完成投资26.8亿元,已完成所有永久护岸及填海工程、市政道路路基工程、综合管廊主体建设、行道树及绿化工程,整体形象初具规模。梭鱼湾商务区完成投资12.6亿元,重点推进道路、综合管廊、干渠、填海及护岸等工程,已完成开工项目工程量约50%。新机场沿岸商务区完成投资50.29亿元,形成围堰长度10.5公里,形成围海面积2.1平方公里。人工河南岸陆

域形成工程正式开工。星海湾金融城总占地面积50万平方米，规划总建筑面积180万平方米，共规划14个招商项目，全部用地已全部出让完毕。

【园林绿化建设】 2013年，大连市建成区有公园77个、广场44个，绿地总面积1.76亿平方米。绿化覆盖率45.3%，比2012年提高0.1个百分点；公共绿地面积3627万平方米，比2012年增加20万平方米；人均公共绿地面积13.3平方米，比2012年增加0.1平方米。全年市内四区栽植各种树木24万株，其中利用市财政资金栽植树木14万株；实施朱棋路绿化工程、南关岭中心大街绿化工程共9项道路绿化工程，实施中山广场、港湾广场绿化恢复，建设中青健身公园等3个健身公园，建设2条健身路径，实施迎十二运花卉景观建设工程及主次干道鲜花摆放，共摆放花卉560万株。

【环境卫生建设】 2013年，大连市市内四区有环卫专用车辆478台，其中密封压缩车93台，"一拖二"式大型牵引车23台，小型区间集运车192台，洗扫车（扫路车、洗扫车）107台，专用车辆63台；环卫系统职工总数8477人。市内四区道路清扫保洁面积2731万平方米，楼院清扫面积818万平方米，主要保洁干路82条；市内四区区非物业小区有地埋式垃圾桶和果皮箱1.7万个，其中新安装1800个；城市中心区有公厕178座，其中环卫部门管理公厕145座。全年生活垃圾清运量129.7万吨，生活垃圾处理率100%；垃圾袋装化收集户数98.8万户，普及率97%。

【市政设施建设】 2013年，大连市市内四区有城市道路2055条，长度964千米，面积1690万平方米。其中快速路3条，长度28千米，面积60万平方米；主干路43条，长度165千米，面积524万平方米；次干路61条，长度106千米，面积212万平方米；支路1948条，长度665千米，面积894万平方米。城市桥梁、隧道和地下通道158座，长度59千米，面积78万平方米。市内四区共有市政排水管道1205条，总计1146公里；暗渠124条，总计77.1公里；涵管175处，总计2.8公里；明沟78条，总计74公里；海堤6.65公里，检查井23056座，雨水井40204座。2013年全年新接收排水管道37公里，检查井847座，雨水井977座。大连市城市建设管理局路灯管理处管区路灯线路总长3005公里，管辖路灯20.8万盏，拥有箱（台）式变器468台，无线控制终端468台，总容量53010千伏安。

【燃气设施建设】 2013年，人工煤气供应总量2.83亿立方米，比2012年增加1220万立方米；日最高供气量125.9万立方米，比2012年增加8.7万立方米；日平均供气量89.2万立方米，比2012年增加3.9万立方米；人工煤气用户81.3万户，其中新增0.8万户；地下煤气管网总长2082.5公里，其中新增116.5公里；人工煤气普及率92.85%。改造地下旧煤气管网4.5公里、进户支线2000个、室内旧煤气管线设施10310户，完成弃管住宅楼煤气配套3454户。管道液化石油气、天然气年供应总量为15.70万吨，比2012年增长0.8%；日均供气量0.076万立方米，比2012年增长1%。全市共有212家企业取得燃气经营资格。发展管道天然气用户0.5万户，管道液化石油气用户总数达到27万户，罐装液化石油气用户达到45万户。全市管道液化石油气管线总长460公里。

【供热设施建设】 截至2013年，大连市市内四区（中山区、西岗区、沙河口区、甘井子区）及高新园区供热总面积13536万平方米，城市集中供热普及率为94.48%，城市住宅供热普及率为99.85%，供热质量满意率达到98.83%，用户投诉处理及时率达到99%以上，采暖费收缴率连续5年保持在98%以上，城市供热节能减排各项指标在北方城市处于领先水平。2000~2013年，全市共拆除热效率低、污染严重、供热质量差的大小锅炉房1496座，拆除锅炉1923台，按照供热规划并入周边大型供热企业热网，实现集中供热面积3989万平方米，并对29兆瓦以下锅炉房不再进行审批。全市实现水源热泵供热供冷面积480.5万平方米。2013年，完善《大连市新建居住建筑设计安装供热计量装置管理规定》，规定大连市行政区域内包括区市县的新建建筑必须安装供热计量装置。出台《大连市居住住宅供热计量收费管理办法（试行）》，按照国家相关部委的要求，调整两部制热价比例，基础热价与计量热价比由6∶4改为3∶7。

【联合收费服务】 2013年，大连市公用事业联合收费处代收水费用户89万户，比2012年增加5.5万户；代收电费用户94.6万户，比2012年增加1.9万户；代收燃气费（含煤气费和管道液化气费）用户56.3万户，比2012年增加1.5万户；代收采暖费用户37万户，比2012年增加2.8万户；代收物业费用户5.5万户，与上年持平。全年代收费总金额21.4亿元，比2012年增加9000万元，增长4.5%。其中，代收水费1.7亿元，比2012年增加1800万元；代收电费9.38亿元，比2012年增加5200万元；代收燃气费2.53亿元，比2012年增加1600万元；代收采暖费6.58亿元，与2012年持平；代收物业费

1341万元,与2012年基本持平;其他代收费(含房租、城市垃圾费)1.17亿元,比2012年增加1700万元。增加农行大连分行、浦发银行大连分行、大连银行三家银行的多种电子化缴费方式缴纳采暖费;开通电信翼支付手机缴纳水、电、燃气费的新的电子化缴费方式。

村镇规划建设

《大连市城市总体规划(2010—2020)》大纲已通过住房和城乡建设部和省住房和城乡建设厅联合审查,增加金普新区、太平湾临港经济区等内容。依据国家《城市、镇控制性详细规划审批办法》的要求,将城市主城区、新市区划分为246个控制性详细规划控制单元,并启动控规单元的规划编制工作。编制完成《太平湾临港经济区总体规划》并通过大连市规划委员会评审。根据城市总体规划,将中心城区外围乡镇划分为21个分区,启动16个分区的编制工作,其中:《亮甲店分区规划》等4个已经通过市规委会审议。完成普湾新区以南0.2米分辨率数字正射影像图编制。

工程建设标准定额

完成施工合同备案1130份,工程造价445.5亿元。测算编制《旋挖钻机钻孔单位估价表》、《冲击式钻机钻孔单位估价表》共53项定额子目。起草下发《大连市工程造价咨询企业专项治理检查的通知》(大造价字〔2013〕1号),完成7家造价咨询企业资质延续上报审批。共受理917份施工企业规费计取标准申报材料,其中外埠企业171份;办理工程类别确认708项;造价咨询合同备案367份。加强建设工程施工合同备案和担保保函集中管理,对未及时办理施工合同备案的76个工程,按照《大连市建设工程造价计价监督规定》(大连市108号市长令),由执法监察支队进行行政处罚,涉及工程价款16.37亿元。办理建设工程竣工结算书备案项目103项,完成竣工结算备案价款66亿元,其中催办合同备案金额近3亿元。发布工程造价信息146万余条。

工程质量安全监督

【建设工程质量监督】 2013年,全市工程质量监督机构共监督在建单位工程16262项,建筑面积10448.6万平方米。共竣工验收备案单位工程2252项,建筑面积1503.2万平方米,新投入使用的住宅工程98.3%以上无渗漏、透寒等质量常见问题。出台《大连市建设工程质量保证金管理实施办法(暂行)》、《关于加强建筑工程用砂管理通知》、《关于加强房屋建筑工程竣工验收备案信息核实工作的通知》等文件。共抽查钢筋2072批,合格2038批,合格率98.4%;抽检混凝土(砂浆、预制构件)生产企业137次、施工现场用砂254次、砼拌合物161次、混凝土结构实物取样4次,共清退超标砂子4626.2立方米。评选出2011~2012年度大连市优质主体结构工程奖14项,其中金奖6项、银奖8项;2013年,大连市共获国家鲁班奖工程1项、省优质工程(世纪杯)31项、省优质主体结构工程87项、省建筑业新技术示范工程7项。全市共有58家建设工程监理企业,1个综合资质和129个专业资质,其中甲级资质53个、乙级资质66个、丙级资质10个;共有监理人员3120名,其中国家注册监理工程师1360人、省监理工程师938人、省监理员822人。全市共有建设工程质量对外检测机构45家,检测资质129个;对内检测试验室115家,检测资质126个;共有检测人员2003人。全市共有建设工程质检员5154人,其中:土建专业3056人,给排水与暖通专业868人,电气专业1086人,其他专业144人。

【建筑安全监督】 2013年共发生生产安全事故1起,死亡1人,全市建筑施工百亿元产值死亡率为0.04,低于全省建筑施工百亿元产值死亡率2.2的指标。获得2013年全省建筑行业安全生产目标管理先进单位。全市先后有5个建筑施工现场获得中国建筑业协会安全分会组织的AAA级安全质量标准化"示范工地",有19个建筑施工现场获得省住房和城乡建设厅安全质量标准化"示范工地"。有73个建筑施工现场获得省住房和城乡建设厅安全质量标准化"文明工地"。先后抽查建筑施工现场362个,共发现各类问题和隐患1958项,已全部整改完毕。共存缴安措费7.03亿元,拨付安措费5.12亿元。编制"建筑施工现场安全生产教育动漫片",新建工程在办理安全监督受理时免费发放。共有1155台次的塔式起重机安装智能预警系统,有78个施工现场开通远程视频监控系统。出台《大连市建筑工程起重机械监督管理实施细则》,实施建筑起重机械使用登记管理和塔式起重机、施工升降机司机IC卡管理制度,已为塔式起重机司机免费办理IC卡1583张,施工升降机司机免费办理IC卡1386张。为286家建筑施工企业办理《安全生产许可证》,为350家企业重新核发《安全生产许可证》。

建筑市场

【建筑业】 2013年,全市建筑施工企业(含劳务分包企业）共有2319家，从业人员达60余万人，实现总产值2318.6亿元，同比增长14.2%，占全省建筑业总产值的26.5%，缴纳地税95.52亿元，同比增长30%，占全市地税收入的14.24%。与建筑业密切相关的房地产业投资达到1710.4亿元，同比增长22.5%；销售额达到1009.9亿元，同比增长17.2%，缴纳地税202.99亿元，同比增长14.2%，占全市地税收入的30.27%。

【法规建设】 完成《建设规划管理法律法规规章汇编》。

【勘察设计管理】 出台《大连市建设工程初步设计审批管理规定》，勘察设计行业总营业收入突破120亿元。

【招投标管理】 建筑工程施工、监理项目招投标实现电子化，全年共完成市内四区建设工程招标项目1321项，招标额291.23亿元；实现全市入场交易额417.46亿元，入场交易项目1567宗。

【工程预算管理】 完成政府重点投资工程概（估）、预（决）算编审工作任务184项，审减5.28亿元。

【劳保费管理】 《大连市建设工程社会保险费管理条例》被确定为2014年立法预备审议项目，收缴劳保费17.3亿元，同比增长6%；拨付劳保费8.08亿元，同比增长19%，942家建筑业企业的14.9万人受益。

【施工许可管理】 发放施工许可证775项。

【城建档案管理】 电子工程档案已在全市普遍应用，全年收集工程项目档案96项，单位工程583个。

【建设执法】 对建筑市场违法行为共立案395件，收缴罚款近1000万元。

建筑节能与科技

【建筑节能】 2013年，大连市完成80万平方米既有居住建筑节能改造试点项目，惠及1.2万户家庭。完成建筑节能备案78项，新型墙体（保温）材料备案222项。粉煤灰综合利用239万吨，利用率为98%，其中水泥生产中利用74万吨，商品混凝土中利用131万吨，墙体材料利用20万吨。全市散装水泥供应量460万吨，水泥散装率达到70%。自2013年6月1日起，市内四区及高新区行政区域内建设工程用抹灰砂浆必须采用预拌砂浆，2014年1月1日起，上述区域建设工程使用砂浆全部采用预拌砂浆，2016年起，全市建设工程使用砂浆全部采用预拌砂浆。完成36栋大型公共建筑的能耗统计，并对其中的15栋进行能耗审计。组织大连科技学院、大连电机集团、大连宜家家居有限公司应用太阳能光电示范建设，完成总装机容量3895千瓦，组织建设的大连希奥特阳光能源科技有限公司5000平方米太阳能供暖供冷和供热水三联供示范工程，技术处于全国领先水平。

【建设科技】 2013年全市有4个项目共82.17万平方米获得住建部绿色建筑设计评价标识。组织申报住房和城乡建设部2013年科技项目24项，其中《高性能环保阻燃聚烯烃弹性体专用料制备及其在屋面防水卷材中应用研究》等10个项目获得住建部立项。新办建材产品备案283件，已备案年审产品492件。组织新技术推广会，模块式建筑模板、纤维（frp）钢筋、反应粘结型高分子湿铺防水卷材、韩国外墙模板体系等新产品、新技术论证会4次。组织组织新型仿083、花岗岩、外墙挂板、反应粘结型高分子湿铺防水卷材新产品推广会6次。组织申报2012年度辽宁省工程建设地方标准编制4个，其中理工大学的《辽宁省城市道路功能照明设计规程》、《多联机空调系统工程技术规程》《辽宁省村镇住宅节能技术规程》和建委质监站的《成品住宅装修技术规程》列入辽宁省地方标准修订计划。转发46个建筑新标准。2013年1月大连生态科技创新城申报成为国家第一批智慧城市试点单位。2013年7月普湾新区、庄河市申报成为国家第二批智慧城市试点单位。

建设人事教育工作

组织各类中级岗位证书培训2300人、组织农民工职业技能培训2560人、配合省厅组织建筑节能培训1100人。建立中级岗位培训考试系统，全部实行计算机随机出题，培训与考试分离，有效地提高教学质量和学习的积极性。组织5批"三类人员"新办和延期考试，有6410人初次取得"三类人员"安全生产考核证书，有14504人取得"三类人员"延期安全生产考核证书；有3214人取得特种作业人员操作资格证书，有2689人通过延期申请。开展为农民工"送温暖"、"送文化"、"送健康"活动。先后为6000余名农民工进行免费健康体检和医疗咨询服务。

大事记

1月

14日 大连市长李万才主持召开专题会议，研究部署大连市交通综合整治工作。会议决定成立以李万才为组长，王立科、张亚东为副组长的市交通综合整治领导小组。

2月

17日 大连副市长张亚东到体育新城、体育中心调研。要求建设单位倒排工期，必要时采取歇人不歇工的方式，加快工程进展速度。

18日 市长李万才在市长办公会上要求举全市之力加快推进太平湾临港经济区一体化建设。

18日 副市长张亚东召开全市废弃矿山环境整治、物业行业管理工作会议，强调要把物业管理工作提升到创新社会管理的高度，加快推进"条块结合"的物业管理新模式，变"一家管"为"大家管"。

19日 副市长张亚东到东快路和疏港桥改造工程现场进行视察，要求进一步加强对施工的组织安排，强化安全意识，注重工程质量，确保快速高效安全完成改造工程。

26日 大连市召开城市管理工作会议，副市长张亚东出席并讲话。会议印发市政府关于开展"市容环境质量提升年"实施方案，围绕保障全运会赛事观摩和提升城市形象，明确了3大工程、25项任务，要求市容环境达到"净化、美化、亮化、绿化、规范"。

3月

1日 大连市召开加强城市规划管理工作会议。副市长张亚东出席并讲话。会议发布《大连市人民政府关于加强主城区及新市区规划工作的通知》（大政发〔2013〕17号）和《大连市人民政府办公厅关于印发大连市主城区建设工程配建停车场（库）指标暂行规定的通知》（大政办发〔2013〕13号）。

1日 大连市召开城市建设"五个一"和县城建设"三个一"工程工作会议。副市长张亚东出席并讲话。会议总结2012年工作，部署2013年任务。决定从2013年起，在以往主城区开展"五个一"，在其他区市县开展"三个一"的基础上，在所有区市县全面实施"五个一"工程；在北三市和长海县开展以供热、垃圾处理、污水处理为主要内容的县城建设"三个一"工程。

19日 副市长张亚东主持召开大连市2013年公共停车场建设方案专题会议。要求各部门高度重视，加快工作进度，认真做好有关工作。

19日 副市长张亚东到公共资源交易市场工程建设现场调研，要求参建各方各尽其职，密切配合，以高度的责任心使其成为优质工程、安全工程、精品工程，经得起历史检验。

21日 副市长张亚东率相关部门检查市容环境。提出4点要求，一是全面启动整治工作；二是突出重点，以点带面；三是建立制度形成机制；四是加强督查考核。

26日 副市长张亚东参加市人大常委会听取大连市2013年重点城建交通项目情况汇报会。

26日 副市长张亚东到新骑警基地、体育中心视察场馆建设情况。要求严格按照相关体育工艺标准施工，确保各场馆能够满足国际赛事标准要求。

26日 副市长张亚东视察体育中心周边环境整治及场馆建设情况。

4月

1日 大连副市长张亚东到虎滩湾环境改造工程现场调研。

3日 副省长贺旻率省十二运组委会相关部室负责人来连，考察大连市十二运筹备工作。

8日 副市长张亚东带队考察梭鱼湾商务区和新机场沿岸商务区。

25日 副市长张亚东召开市容环境整治工作会议。

26日 大连市首条城市快速路——东快路通车。

26日 大连市召开2013年全市道路交通安全管理暨城市交通综合整治工作会议。市长李万才要求再接再厉攻坚克难努力营造安全顺畅的交通环境。

27日 副市长张亚东在东港商务区现场办公。

28日 副市长张亚东视察南部滨海大道及隧道工程建设情况。

5月

1日 大连市体育中心网球馆举办测试赛。

2日 大连市政府办公厅印发《大连市既有居住建筑节能改造工作实施方案》，标志着大连市"暖房子"工程正式启动。

7日 大连市召开全市建设工程质量安全管理工作会议。副市长张亚东出席并讲话。要求牢固树立质量安全是建设工作的前提和基础意识。要加大监管执法力度、加大对质量安全问题的处理力度，把质量安全工作落实到各个基层单位和生产一线，努力开创建设工程质量和建筑安全管理的新局面。

13日 市长李万才召开会议，听取大连市轨道交通线网规划及近期建设规划情况等方案汇报，要求加快推进城市轨道交通建设。

20日 市长李万才调研大连市部分基础设施建设项目并就项目建设中的具体问题进行现场办公，要求早日建成发挥效益。

23日 市长李万才召开会议，听取大连市天然气利用工程建设进展情况汇报，要求认真研究解决起源问题和价格问题。

23日 大连市召开全市保障性安居工程暨房地

产工作会议。副市长张亚东出席并讲话。

23日 大连市召开全市地质灾害防治工作会议。副市长张亚东出席并讲话。

27日 大连市召开市容环境整治工作督察会，副市长张亚东出席并讲话。要求坚决取缔占用一二级道路的早夜市。

28日 大连市召开加快全域城市化、推进中心镇建设工作会议。市四大班子领导出席，市委书记唐军、市长李万才分别讲话。市委常委、常务副市长曹爱华主持。市发改委对加快全域城市化作了安排，市建委对推进中心镇建设作了部署，庄河市汇报中心镇建设的经验做法。会前，与会同志考察庄河市大郑镇和明珠湖项目规划建设情况。

6月

8日 市长李万才召开会议，听取大连市城市轨道交通方案和中心城区山体健身路径连接及功能提升方案汇报。要求把健身和休闲结合起来，满足群众出行、健身和休闲的需要。

17日 大连国迄今为止长度最长、难度最大的城市山岭桥隧——南部滨海大道东端桥隧建设工程全面开工。

24日 十二运大连赛区16个比赛场馆已保质按期完工，并全部通过国家体育总局和十二运组委会的场馆建设和竞赛功能双验收，基本达到承办正式比赛的各项要求。

7月

2日 中华路跨华北路朱棋路立交桥工程正式通车，同时竣工的还有与其相连的中华西路维修改造工程。通车后，既为市中心与体育新城、机场新区的连接开辟一条交通走廊，又为体育新城增加一条快速出行通道。

26日 副市长张亚东陪同省长陈政高视察新机场沿岸商务区开发建设和垃圾焚烧厂运行情况。

8月

1日 副市长张亚东带队检查市容环境。

14日 市长李万才调研南部滨海大道建设情况。

15日 在市政府党组教育实践活动党课暨全市城乡建设工作培训会上，市长、市政府党组书记李万才以"当前大连市城乡建设中需要着重把握的几个问题"为题，为大家讲一次专题党课。

15~16日 市政府召开建设系统培训会，国家土地督察专员等有关专家和业务骨干从城市规划管理、土地管理、土地利用、国有土地上房屋征收和集体土地征用、环境保护、污染减排、建筑市场监管等方面进行为期两天的系统培训。

22日 市长李万才召开会议听取大连市城建交通建设工作汇报。要求不断调整工作思路并采取有效措施，集中财力、物力和人力，坚持当前与长远相结合，管理与建设相结合，加快工作进度。

8月29~9月12日 十二运大连赛区比赛在大连市成功举行，标志着十二运大连赛区场馆建设与设施保障、体育新城区域环境综合整治工作圆满完成。

9月

3日 市长李万才召开会议听取物业管理、高层住宅电梯管理、弃管房屋管理工作汇报。

5日 市容环境质量提升领导小组进行市容把环境拉练检查，副市长张亚东参加检查。

6日 市委常委、常务副市长曹爱华出席全市中心镇发展规划编制情况汇报会并讲话。

11~13日 2013年夏季达沃斯论坛在大连市成功举办，标志着达沃斯会议场馆及设施保障任务圆满完成。

26日 市长李万才召开专题会议，听取现代文明交通体系建设规划汇报。要求全力打造安全文明畅通和谐的交通环境。

29日 辽宁省城建环保重点工作现场会在大连市召开。副省长薛恒及省住房和城乡建设厅、省环保厅和省内各城市相关领导参加会议并参观大连市中心城区垃圾焚烧发电厂、大连夏家河污泥处理厂和东港商务区市政地下综合管廊建设。副市长张亚东在会议上做有关大连市城市建设环保工作经验介绍。

10月

21日 大连市召开大连市城市供热、除雪和森林防火工作会议，副市长张亚东出席并讲话。

22日 副市长张亚东陪同市人大视察组视察大连市重大基础设施建设情况。

28日 中国首次十大剧院评选在山东济南揭晓。大连国际会议中心当选，同时获最佳声效奖，在全球首次解决金属结构建筑中声音共振问题。

30日 副市长张亚东召开会议，听取市城建交通系统《2014年城市重点基础设施项目安排》汇报。

11月

5日 大连市正式进入2013~2014供热期，全市120家供热单位开栓率100%。

25日 副市长张亚东召开会议，听取大连市房地产诚信网和大连市建筑企业信用信息网工作情况汇报，要求高度重视"两网"信息发布工作，切实规范建设市场秩序。

25日 副市长张亚东召开全市建设交通系统领导班子会议,通报相关工作情况,并就提升建设交通系统行政执法水平提出工作要求。

25日 副市长张亚东出席加大民意网办理工作力度,争创模范办理部门工作会议。

25日 副市长张亚东召开会议,听取建设交通系统安全生产工作会议。

26日 大连市轨道交通建设管理办公室成立大会在地铁公司二楼会议室召开,副市长张亚东出席。

28日 大连市召开城建环保重点工作现场会。副市长张亚东出席并讲话。与会人员参观龙山污水处理厂,听取瓦房店市污水处理厂建设运行情况介绍。

12月

6日 副市长张亚东主持召开住宅专项维修资金移交工作碰头会。决定大连市公积金管理中心在年底前将住宅专项维修资金归集工作移交给市国土房屋局。

19日 市政府召开全市物业管理工作会议,市长李万才出席并讲话。

30日 202轨道线路延伸工程试通车。

(大连市住房和城乡建设厅)

青 岛 市

概况

2013年,青岛市城乡建设委员会以"统筹城乡建设管理"为主线,立足经济发展大局和城乡建设全局,加快推进项目建设,进一步加强行业管理、提升服务效能,着力促进全市经济社会发展。全市"进现场解难题抓开工"双月奋战和集中专项服务活动中,以总分第一的成绩被评为项目推进突出贡献单位。全市城乡建设完成总投资约1273亿元,同比增长5.2%;城建行业实现税收占全市地税收入的45.4%左右。

【发挥综合协调作用,贯彻上级部署与创新实践统筹】 破解城乡二元化结构,建立以城带乡、城乡一体的新型城乡关系,是十八届三中全会明确的战略方向。2013年,市城乡建设委把统筹城乡建设管理放在突出位置来抓,取得一定成效。地方法规制定实现城乡统筹。青岛市正式实施建筑废弃物资源化利用条例、国有土地上房屋征收管理条例等四项地方性法规。在起草、制定环节,充分考虑法规的通用性和适应性,从立法层面实现全域统筹和城乡统筹。技术导则实施体现城乡统筹。在全国率先编制和实施专项技术导则,编制完成《青岛市新型农村社区建设技术导则》、《青岛市城市道路整治工程实施导则》、《户外广告设置管理导则》等12项技术导则,制度化、规范化、细节化的管理模式已在六区四市统一实施全面展开。工作机制优化加大城乡统筹。城乡建设管理的全域统筹,已经渗透到常态化的运作和考核。2013年,市城乡建设委制定《城市管理综合考核办法》,建立区市建设局长座谈制度和现场观摩制度,实现防汛防雪工作统一调度,棚户区改造中央补助资金范围由六区拓展到四市,争取到中央补助资金1.27亿元以及建筑节能和农村危房改造补助资金4.34亿元。小城市试点创新城乡统筹。青岛市推出胶州市李哥庄镇、平度市南村镇、莱西市姜山镇、即墨市蓝村镇和黄岛区泊里镇5个城镇,作为小城市培育试点,这是青岛推进城乡统筹发展的重大创新。按照市委市政府部署,市城乡建设委从制定配套政策的高点,推动企业参建,加快小城市培育进程。5个试点镇与中国铁建、泰国正大集团等10个大型企业签署投资合作协议,签约金额达800亿元;引进内外资项目127个,完成投资28亿元,同比增长90%。

【推进民心工程,城乡建设与民生需求统筹】 在新一轮的城市发展中,青岛市城乡建设委担负着建设管理和经济发展的双重重任。从全面贯彻落实城市战略,到不断满足民生需求,都是市城乡建设委义不容辞的责任。城建基础设施建设稳步推进。海湾大桥接线四流路立交及地面道路实现通车,重庆路改造克服"工程规模大、交通调流难、管线施工难、协调工作难"等不利因素,保质保量加快推进,已实现主线通车。在辖区政府和当地群众配合下,多年来悬而未决的杭鞍高架路内蒙古路下桥匝道顺利建成,新疆路、太原路、安顺路打通等项目工程按计划推进。建设公共停车场10余处,新增停车位 4000 余个。配套建设学校 4 所。世园会工程进行最后的冲刺，"青岛园"和六区展园都已完工，各区分会场进展顺利，2014 年将与世园会同步开园。加强市财政投资项目建设管理。充分发挥建筑工务局作用，全力抓好重大项目建设，打造精品工程，接收老年公寓、社会福利院等 10 个项目，其中，国家深海基地项目不仅创造国家重点工程建设的"青岛速度"，也创建简政放权提效的"青岛模式"，得到国家领导人的肯定。利用市公共工程建设平台，协调调度 35 个市政府"千万平方米"社会公共事业项目进展情况。住房建设规模不断增大。2013 年新开工"两改"项目 15 个、惠及居民 8000 户；实施竣工回迁项目 17 个、惠及居民 6000 户。在危旧房改造中，坚持依法行政，切实维护好人民群众利益，着力破解平衡难、融资难、征收难的问题，年内启动 1.7 万户征收工作，并争取到中央棚户区改造补助资金 1.27 亿元。全年新建农房 2.5 万户，农村危房改造 4668 户。在 2013 年住房和城乡建设部开展的全国保障性安居工程质量监督执法检查中，青岛市以 96.7% 的符合率居全国 25 个受检城市第一名。

【注重环境提升，生态优化与节能减排统筹】 以 2014 年世界园艺博览会建设为契机，大力推进生态青岛、绿色青岛建设。扎实推进植树增绿与河道整治。完成新改建绿地 390 公顷，道路绿化改造 120 条，立体绿化、庭院绿化 300 余处，绿道 44.2 公里，浮山等 11 个山头整治绿化 35 公顷。加强建筑工程、市政工程现场管理，抓好文明施工。完成海泊河下游挡潮闸建设和李村河、张村河下游清淤及防洪工程，重要节点绿化初显成效；协调推进完成李村河、金水河上游和张村河、楼山后河中游整治。组织启动 11.2 公里胶州湾岸线整治。切实抓好建筑节能工作。完成 10 个绿色建筑评价标识项目，建筑面积 110.8 万平方米；实施既有居住建筑供热计量及节能改造 128.11 万平方米，完成 200 平方米可再生能源建筑应用项目。建筑废弃物资源化利用完成 699.5 万吨，提前超额完成全年任务。城市"禁现"全过程数字化监控系统实现内部试运行，散装水泥使用率超过 90%。深入开展环境综合整治。世园会周边环境整治完成 188 项整治任务，有效改善周边环境。完成莱阳路等 20 条道路、61 万平方米综合整治，同步整治检查井、雨水斗及各类管线 20 余公里。按照新标准，完成 51 条道路路名牌安装和 54 条市政道路病害检查井整治。立交桥桥下空间综合整治 19 处。地下通道整治 23 处。组织实施《青岛市海水浴场管理办法》，浴场整体面貌和管理水平明显提升。建筑、地铁施工、房屋拆除工地实行全封闭围挡，统一设置新型围挡墙和公益广告，推广应用自动洗车机，全面提升施工工地环境。组织开展 9 个商业区亮化整治，进一步优化环境。

【注重工作创新，行业管理与服务创新统筹】 以开展党的群众路线教育实践活动为契机，推动城市管理、行业管理服务持续创新，着力解决群众反映的热点难点问题，优化行业发展环境。努力提升城市管理精细化水平。积极组织城市管理进社区活动；定期组织全市城市管理考核，并首次纳入全市科学发展综合考核体系。组织各区对临街单位实行五包责任制。启动城市维护管理"金砖（金块）工程"创建活动，提高城市维护作业专业化水平。推动城市亮化管理长效机制，进一步规范城市亮化规划、建设和管理工作，效果初显。正式启动地下管线普查与信息化建设项目，组织编制《青岛市地下管线探测与信息化建设技术导则》，为全市地下管线普查和信息系统的建设工作提供技术支撑，逐步建立地下管线动态管理机制。不断增强服务城乡建设能力。针对开发企业反映的困难和问题，多次到企业调研、召开座谈会，《关于优化服务环境规范房地产业发展的若干意见》已经市政府批准实施，对促进房地产业健康发展具有重要意义。对非国有资金投资建设工程项目的招标组织形式由"进场交易"调整为"自主交易"，进一步提高效能。扎实开展"进现场、解难题、抓开工"活动，深入工程项目近 300 次，解决企业发展、工程推进中的问题 876 个。认真履行职责，切实抓好地铁施工质量安全监管工作。对重点项目开工和手续办理并联推进，提前介入质量安全监督。先后为 50 多家重点企业的重点项目开展"一对一"直通车服务，加快重点项目审批。进一步畅通与社会各界交流渠道。承办人大建议、政协提案 168 件，主动回应代表、委员关切，对主办建议提案全部做到面复，并组织代表委员实地考察、座谈交流，切实把建议提案成果落到实处，促进城乡建设管理。认真做好对口联系工作，聘请民主党派和无党派代表人士担任特约监督员，主动接受民主监督。通过常态化网络在线问政、民生在线、行风在线、网民留言板办理、微博互动等形式，落实解决群众提出的问题 2100 余件。

城市基础设施建设

【概况】 青岛海湾大桥接线四流路立交及地面道路实现通车，重庆路改造克服"工程规模大、交通调流难、管线施工难、协调工作难"等不利因素，保质保量加快推进，已实现主线通车。在辖区政府和当地群众配合下，多年来悬而未决的杭鞍高架路内蒙古路下桥匝道顺利建成，新疆路、太原路、安顺路打通等项目工程按计划推进。建设公共停车场10余处，新增停车位4000余个。配套建设学校4所。世园会工程进行最后的冲刺，"青岛园"和六区展园都已完工，各区分会场进展顺利，将与世园会同步开园。

【整治工程】 开工建设李村河、张村河下游综合整治工程。根据市委市政府关于开展"迎办世园会、建设生态城、大干300天"市容环境十大综合整治行动部署，由市城乡建设委牵头组织实施李村河、张村河下游综合整治工程。李村河下游整治范围由君峰路至入海口，长约5.6公里；张村河下游整治范围由海尔大桥接线起始端至李村河，长约4.8公里。整治内容包括清淤、截污、防洪砌筑、挡潮闸、拆迁、管理路、绿化景观等。估算总投资约16亿元。2013年3月6日，清淤工程开工，标志着该项目开工建设。截至2013年底，完成清淤工程，累计清淤量约110万立方；防洪工程完成60%，河中渠完成75%；绿化景观方面，完成李村河胜利桥至入海口两岸地形整理及部分大型乔木栽植，完成君峰路至重庆路北岸绿化提升，完成张村河苗圃地景观土建及部分大型乔木栽植，完成郑州路试验段、莲花山路等重要节点的绿化景观提升。

【建成海泊河挡潮闸工程】 9月30日，青岛建成海泊河挡潮闸工程。海泊河挡潮闸是海泊河下游综合整治工程的重要内容，位于海泊河发电厂桥以西120米处，距海泊河入海口650米，防洪标准为50年一遇，防潮标准为100年一遇。该挡潮闸闸体横向总宽度约100米，其中闸室总宽度80.5米，共7孔，单孔净宽10米。闸墩采取混凝土浇筑，表面进行防腐处理。闸门采用液压下卧式钢闸门，闸门顶高程4米，正常蓄水位2米，回水长度1230米，水面面积约12.7万平方米，蓄水量28.2万立方米。海泊河挡潮闸是我市中心城区入海河道的第一座挡潮闸，其主要作用是防止海水倒灌和防洪调蓄水，不仅对改善海泊河沿线土地盐碱化问题具有重要作用，而且也成为海泊河入海口处的一道亮丽景观。

【重庆路改造工程】 11月30日，青岛重庆路改造工程主线道路按期实现通车。23公里长的道路贯穿市北、李沧及城阳三区，300公里的市政管线、每小时9000辆的通行能力、8~10车道的机动车道规模、近16000株高品质的行道树和中分带乔木、40万平方米的绿化面积，30公里的电力和通信线路由空中转入地下，使得重庆路成为岛城有史以来线路最长、规模最大、品质较高的道路综合改造项目。对于实现交通干道的华丽转变、缓解城市交通紧张局面、提高区域市政管网保障能力、提升区域生态人文景观以及带动沿线开发建设和商业氛围的意义重大，为推进城乡统筹、拓展城市发展空间、缩小南北差距提供重要推力。重庆路改造工程建成通车以来，城市交通、供水、供电安全极大提高，优美的环境已现雏形，随着工程进一步的建设与完善，必将使景观更加优美，环境更加宜人，也势必会推动周边房地产、商业网点、公共服务设施建设的发展，为重庆路两侧乃至整个中北部城区带来正能量，为加快城市可持续发展起到积极推进作用

建筑业

【概况】 2013年，青岛全市工程建设管理工作紧紧围绕"科学监管，率先发展"一条主线，着力强化"品牌化、科技化、市场化"三大理念，创新实施"环境优化、转型升级、人才兴业"三大战略，紧紧抓住"工程质量、施工安全、工资解欠"三大关键，突出抓好"招投标管理、企业质量安全管理体系建设、建筑市场主体考核管理、外地入青企业管理、工程发包分包管理、挂靠和借用资质等违法违规行为专项整治、中介行业管理、企业文化建设、机关建设"等九项工作，不断放大既有发展优势，全力创造后发竞争优势，促进青岛市建筑业全面、协调、可持续发展。实现增加值405.5亿元，同比增长15.3%；缴纳税金64.1亿元，同比增长18.4%，占地税收入的11.2%；施工面积11799.4万平方米，同比增长16.27%；累计竣工面积3115.07万平方米，同比增长33.68%；新开工面积6016.35万平方米，同比增长63.41%。截至年底，全市有建筑业施工企业1206家，其中总承包企业341家，占总数的28.3%；专业承包企业455家，占总数的37.7%；劳务企业410家，占总数的34%，以总承包企业为龙头、专业承包企业为骨干、劳务企业为依托的建筑业行业组织结构更为合理。

【建筑市场管理】 （1）行政审批提速增效。创新实施联动对接、联审会办、联合服务"三联工作法"，解决项目融资、工程进度、手续办理等问题60多个，并与全市700家企业建立起双向联系制度；实行"高度并联、容缺受理、预先许可"工作制度，审批环节平均办理时间提速56%；对重点工程实行提前介入，平均节约项目建设时间1个月以上。

（2）调整招投标组织形式。出台《关于进一步优

化经济发展环境调整非政府投资项目招标组织形式的通知》，在实行建设工程招投标"绿色快速通道"的基础上，开辟建设工程招投标"自主交易通道"，对非国有资金投资建设工程项目的招标组织形式由"进场交易"调整为"自主交易"，最大限度的节省建设前期手续办理时间。

（3）加快推进项目建设。深入开展"进现场、解难题、抓开工"双月奋战活动，主动协助解决项目推进中存在的建设手续、质量安全监督、竣工验收等方面的问题，抢前抓早推进项目建设。双月奋战活动期间，现场解决86个问题，提出合理建议78条，加快推进24个重点项目开工建设。在双月奋战活动突出贡献单位评选中，市城乡建设委总分名列全市第一名。

（4）扶持企业做强做优。共有110家企业新办资质、扶持79家企业资质升级增项；为企业办理外出施工手续及备案277次，企业外埠市场新签工程合同498亿元；深入开展企业营业税改征增值税调研，举办"营改增"专题讲座，引导建筑业企业做好应对工作。

（5）强化标准造价管理。完善建材价格信息发布机制，《青岛材价》成为财政投资控制评审的重要依据。加强概算编制管理，对招标控制价编制资格备查、施工合同登记、安全文明施工费审核、竣工结算登记等实行登记备案，形成从工程前期到竣工验收全过程的工程造价闭合式管理。组织编制地铁工程费用定额及补充定额等，填补山东省地铁工程计价依据的空白。

（6）强化解欠措施。通过专项部署、专题检查、专人负责等措施，"未雨绸缪"抓好工作部署，早着手、快处置，解决好农民工工资拖欠问题。进一步完善"工资支付监控、工资拖欠预警、工资发放担保、信用体系评价、动态管理维权"的防拖欠网络，切实将拖欠矛盾纠纷隐患及早化解在萌芽状态。2013年，拖欠工资上访起数、涉及金额与去年相比分别下降55.6%、9%。

（7）加强企业文化建设。出台《关于加强建筑业企业文化建设的意见》，召开企业文化建设座谈会，组织部分企业试点编写《青岛市建筑业企业文化建设导则》，引导企业重视文化建设，增强发展凝聚力。

【工程质量管理】 在全市推广工程质量标准化管理，扎实推进"质量强市示范城市"创建工作，顺利通过国家检查组的验收；在全国保障性安居工程质量检查中，符合率名列25个受检城市第一名。创新质量通病治理措施，主编的《住宅外窗水密性检测规程》被确定为山东省地方标准，填补国内相关技术标准空白。建立质量投诉受理公告、考核管理、联动监管、通报曝光等四项制度，增强企业防范质量投诉问题发生的强烈意识，有效解决工程质量投诉问题。出台《关于加强新型农村社区建设质量监管工作实施办法》，加强对农村社区建设的指导服务，从整体上提升全市工程质量水平。实行房屋建筑工程项目竣工联合验收，有效整合职能部门资源，提高工作效率。实行检测行业"三公示"制度、见证送样人员身份识别制度、外墙外保温工程现场抽测制度等，为工程质量监督提供数据支持和保障，《中国建设报》头版对青岛市工程质量检测工作进行报道。

【安全生产管理】 强化重大隐患源监管，制定下发《脚手架与大模板管理办法》等文件，进一步细化重大事故隐患源的安全管理标准、方法和措施。积极推广先进建筑安全管理技术措施，全市共有22个项目39个单体工程推广应用智能折叠式整体升降脚手架，60余个项目推广应用新型定型化模板支撑结构，5000余台塔机都安装使用防倾翻装置，工地全部实行建筑物全封闭围挡；实施建筑工地环境"精细化"管理，全力做好文明城市创建相关工作，统一设置建筑工地新型围挡墙和公益广告，推广应用自动洗车机，全面提升建筑工地外观形象、现场作业和生活环境。

房地产业

2013年在宏观经济和货币信贷平稳增长、房地产调控政策整体稳定的背景下，青岛市房地产市场继续延续2012年年底的企稳回升态势，行业信心逐步回升，开发投资力度加大，市场供需两旺，房地产经济贡献率明显提升。

【房地产开发投资增速加快】 全市房地产开发完成投资1048.5亿元，同比增长12.7%，虽然增幅低于2012年（同比增长18.8%）6.1个百分点，但较上半年（同比增长9.1%）扩大3.6个百分点。

【各类房屋新开工面积由降转升】 各类房屋施工面积7072.6万平方米、新开工面积1849.5万平方米，同比分别增长9.3%和4.9%。各类房屋竣工面积957.3万平方米，同比减少21%。

【新建房屋销售面积涨幅趋缓】 全市新建房屋共成交134333套，面积1160.2万平方米，同比分别增长26.9%和22%。

【房屋销售价格持续上升】 根据国家统计局发布的2013年12月份70个大中城市住宅销售价格指

数，青岛市新建住宅价格指数同比、环比分别上升10%和0.6%，分别在全国70个城市排名23和11位。

【房地产业贡献率明显增加】 全市房地产实现地税收入191.4亿元，同比增长42.5%，占全市地税收入的33.4%，所占比重较2012年同期增长6.5个百分点。从税收增量看，2013年全市地税收入增长74亿元，而房地产税收增长57亿元，占77%。

【棚户区改造工作】 根据山东省保障性安居工程协调小组与市政府签订的《2013年住房保障工作目标责任书》相关要求，2013年青岛市承担省政府下达城市棚户区改造开工15000户和基本建成安置房7000套的目标任务，经过全市上下共同努力，截至2013年12月底，青岛市台东体育场周边等24个城市棚户区改造项目开工安置房25893套，山东路107号等13个城市棚户区改造项目基本建成安置房8670套，已超额完成年度目标任务。

【城中村和旧城区改造工作】 按照《中共青岛市委2013年工作要点》（青发〔2013〕3号）提出的"实施好城中村、旧城区'两改'项目"的要求，青岛市城中村和旧城区改造工作领导小组办公室在各区提报的基础上，下发《关于2013年两改项目计划的函》（青两改字〔2013〕2号），确定计划新开工"两改"项目15个、涉及居民8000户，计划竣工回迁"两改"项目17个、涉及居民6000户的"两改"工作目标。截至2013年11月，青岛市已新开工"两改"项目15个，涉及居民8069户；已竣工回迁"两改"项目17个，惠及居民6013户。

【关于危旧房改造工作】 危旧房改造是提高城镇化水平的重要组成部分。中共青岛市委第十一次党代会提出建设宜居幸福现代化国际城市的总目标，为贯彻这一目标，加快主城区危旧房改造步伐，进一步改善广大居民的居住条件和住房质量，青岛市政府于2012年7月下发《关于加快主城区危旧房改造工作的意见》（青政发〔2012〕34号）。2013年市政府工作报告和市办实事确定全年启动主城区危旧房改造约1.7万户。自2013年初以来，中央领导高度关注棚户区改造工作，国务院总理李克强多次进行实地视察，强调棚改是改善民生的"托底"工程，政府要有硬措施。国务院和山东省政府相继制定下发关于加快棚户区改造工作的文件，要求要适应城镇化发展的需要，以改善群众住房条件作为出发点和落脚点，加快推进各类棚户区改造。按照上级文件工作要求，青岛市政府于今年11月制定下发《青岛市人民政府关于加快棚户区改造工作的意见》（青政发〔2013〕24号），进一步加大对包含主城区危旧房在内的城市棚户区改造工作的政策支持力度。

截至12月底，全市已启动21个集中片危旧房改造项目和37个零星片危旧房改造项目，惠及居民约1.8万户，已签约8904户，已搬迁腾房6503户。其中，市南区启动2个集中片项目和2个零星片项目，惠及居民约1000户，已签约527户，已搬迁腾房504户；市北区启动15个集中片项目和30个零星片项目，惠及居民约1.4万户，已签约6036户，已搬迁腾房5216户；李沧区启动4个集中片项目和5个零星片项目，惠及居民3000余户，已签约2341户，已搬迁腾房783户。

勘察设计业

据统计，截至2013年12月底，青岛市共有勘察设计单位216家，施工图设计审查机构10家，青岛市勘察设计行业共完成合同额1341355万元，同比增长21.8%，其中工程勘察完成合同额52388万元，同比增长20.8%，工程设计项目完成合同额333754万元，同比增长18.2%，其他项目（包括工程总承包、工程技术管理等）完成合同额955213万元，同比增长23.2%，勘察设计行业实交税额55523万元，同比增长4.9%（其中国税额为11476万元，地税额为44047万元）。

与2012年同期相比，青岛市工程勘察设计行业总体保持平稳，其中工程勘察、设计、其他项目业务量都有较大幅度的增长。其中，工程勘察业务中青岛市域以外所占比重达18.5%，工程设计业务中青岛市域以外所占比重达43.5%。

园林绿化

【概况】 2013年，青岛市完成新改建绿地397.6公顷，栽植各类乔灌木1019万株，完成道路绿化改造113条，建设绿道44.2公里，完成立体绿化145处，庭院绿化162处，启动并实施山头绿化整治11个，绿化山体35万平方米。

城市园林绿化建设管理

【植树增绿全面推进】 实施道路节点绿化，为市民出行打造绿色通道；实施单位居民庭院绿化，为市民建造绿色家园；大力开展立体绿化建设，为城区环境营造绿色意境；推进绿道建设，为市民打造绿色生态廊道；开展山头绿化整治，进一步推进浮山综合整治，加强以防火防汛、非法捕猎、不文明游山等为重点的日常管理，为市民打造生态功能强大、绿化景观优美的城市"绿肺"；高标准打造天后宫广场绿地、银都花园绿地提升工程；开展"义务植树进社区活动"，使义务植树"四处开花"；深入实施太平山中央公园综合整治（第三期），积极推进世园会分会场建设。

【高架桥综合整治效果明显】 青岛市完成高架桥挂箱及花箱栽植6.2万个，补植花箱18.6万个，更换羽衣甘蓝111.6万株；完成立交桥桥下空间综合整治24处，拆除违章建筑410平方米，整治管理用房10个，恢复绿化栽植乔木426株、灌木35万株，绿化面积1.2万平方米，丰富了桥下色彩，增加绿视率；完成地下通道整治26处。

【绿地水平提升成果不断巩固】 青岛市通过分片包干、巡查督导、整改销号，对道路绿地存在的黄土裸露、枯枝死树、通槽断点、种植土高于界石等问题进行专项整治，完成道路绿化水平提升130条，并开展"回头看"活动。同时，在请专家讲课辅导、修剪示范、标准段先行的基础上，加强行道树修剪工作，提升道路绿化景观效果。2013年，共完成210条（段）道路的95580株行道树生长期修剪养护工作。

【环胶州湾沿岸绿道慢行系统开工建设】 依据青岛市委、市政府《关于胶州湾岸线整理保护三年行动计划》，为建设人与自然和谐共生的绿道慢行系统，完成规划设计方案编制，组织七个相关区市开工启动段建设，已初见成效。

【"城建服务进社区活动"稳步实施】 青岛市在深入社区摸底调查，充分征求居民对城建服务需求的基础上，修订完成《关于城建服务进社区活动实施方案》。完成社区庭院绿化162处，大大改善居民生态环境。

【园林绿化法规和科研工作不断推进】 青岛市依据《青岛市城市绿化条例》，结合行业管理需要，起草《青岛市城市绿化补偿费收费管理办法》（修改汇报稿）、《青岛市人民政府办公厅关于加强城市绿化管理工作的通知》（汇报稿）、《青岛市城市园林绿化规划设计规范》（征求意见稿）、编制《园林绿化工施工企业管理考核办法》等四个考核办法，法规体系不断完善。2013年上报园林绿化科技项目13项，其中，《城市空间立体绿化及植物的选择应用研究》被青岛市科技局授予科技成果三等奖。起草的关于绿化用地和绿化生态补偿机制的《强化城市绿地用途管制与青岛的实践》、《城市绿化生态补偿机制的青岛实践和思考》等文章分别在《城乡建设》、《地政》、《上海城市发展》等刊物上发表。

【浮山生态环境水平不断提升】 推进浮山果艺生态园综合整治续建工程。累计绿化面积25万余平方米，完成7条水系改造，续建约4.3千米防火通道。运动体验区完成区域园路和主要施工项目，增加园区的管理、休闲设施，完善服务功能，将果艺生态园切实打造成为综合性、开放性、群众性的生态园区。推进浮山生态公园基础设施建设（二期）工程。对王家麦岛社区、梅岭西路青岛警备区至山东头一侧及山东头进山道路进行了绿化改造，累计种植乔木3000余株20多个品种。

村镇建设

【概况】 截至2013年底，根据青岛市新的行政区划，全市共有建制镇43个、行政村3454个；村镇人口276.88万人，村镇建设总投资114.93亿元，当年三大建筑建设量528.25万平方米，人均住宅建筑面积30.09平方米。全国重点镇共有12个，山东省级示范镇共有13个，青岛市小城市试点镇5个。

2013年青岛市重点抓好小城市和省重点镇培育、农村住房建设与危房改造、传统村落规划编制、农村垃圾处理等工作，全面改善农村民生，促进农村环境改善和经济发展。

【主要指标完成超过预期】 截至12月底，5个试点小城市新引进内外资项目合计147个，到账外资3亿美元，同比增长52.1%，实际利用内资113.3亿元，同比增长36.02%；建设总投资30.36亿元，同比增长95.1%，开工住宅、公共建筑、生产建筑面积分别为46.36万、13.1万、59.81万平方米，同比增长24.4%、71.16%、206.38%；镇生产总值平均92.9亿，增长23.3%，地方一般财政收入平均3.1亿元，同比增长44.2%，建成区面积平均8.54平方公里（不含工业园区），平均增长1个平方公里，建成区人口平均6.9万人，平均每镇增长0.8万人，试点小城市呈现快速发展的态势。

【整镇开发思路清晰】 青岛确立统筹规划、整体开发、配套建设的总体开发建设思路，坚持城市建设与产业发展并重，坚持新区开发与村庄改造并重，坚持大企业参建与整体开发并重。一方面，引进中国铁建股份有限公司、中国建筑股份有限公司、泰国正大集团等3家投资超过200亿元以上的大企业参与蓝村、姜山和李哥庄试点小城市整体开发。另一方面，规划启动李哥庄、南村、姜山3个试点小城市新区建设。再一方面，抓好试点小城市村庄改造工作。2013年5个试点小城市开工，建设集聚型新型农村社区8个，启动村庄改造17个。

【规划编制质量较高】 组织具有甲级规划设计

资质的国内比较知名的规划部门，对5个试点小城市总体规划进行编制和修编。李哥庄镇聘请上海中咨城建设计有限公司，南村镇聘请北京清华同衡规划设计研究院，姜山镇聘请广州市城市规划勘测设计研究院，泊里镇聘请山东省城乡规划设计研究院，蓝村镇聘请江苏省城市规划设计研究院开展总体规划的修编工作。6月中旬，市城乡建设委、市规划局组织国内知名专家对李哥庄、南村、姜山试点小城市总体规划进行咨询论证。7月，试点小城市总体规划在区（市）政府常务会上研究通过。8月，青岛市城规委专门听取试点小城市总体规划汇报。5个试点小城市总体规划已全部完成，李哥庄、南村、蓝村试点小城市总体规划已通过评审，受到专家好评。

【项目引进成果丰厚】 结合开展"双月奋战"活动，突出抓大企业参建工作。建立由40家央企、上市公司、本地集团化大企业等企业组成的企业资料库，开通大企业与市、区（市）、镇三级网上邮箱交流平台。组织中国铁建股份有限公司、中国建筑股份有限公司、青岛海尔集团等20多家企业到5个小城市试点镇实地考察，有10家大企业与试点小城市签约，签约总投资额800亿元，5个项目已落地。市政府与中国铁建股份有限公司、中国建筑股份有限公司分别签订《青岛市小城市建设投资合作框架协议书》，全面参与即墨市蓝村、莱西市姜山试点小城市整体开发，计划总投资400亿元。胶州市政府与泰国正大集团签订《胶州市李哥庄镇城乡统筹暨小城市综合开发运营项目合作意向书》，计划总投资300亿元。南村试点小城市与青岛市城乡建设投资集团、海信集团，姜山试点小城市与北京泛华集团，泊里试点小城市与青岛市房产置业集团签订小城市开发建设协议。截至12月底，5个试点小城市开工投资规模千万元以上的基础设施、产业发展建设项目53个，完工26个，累计完成投资54亿元。其中，李哥庄试点小城市开工建设过亿元项目6个，累计总投资6.6亿元；南村试点小城市开工建设过亿元项目6个，累计投资8.6亿元；姜山试点小城市开工建设过亿元项目8个，累计总投资4.4亿元；蓝村试点小城市开工建设过亿元项目6个，累计总投资8.6亿元。

【政策落实基本到位】 为了扶持试点小城市建设，青岛市委、市政府先后出台《关于开展小城市培育试点工作的意见》（青发〔2013〕6号）和《关于贯彻青发〔2013〕6号文件促进小城市培育试点工作若干政策措施》（青政办字〔2013〕107号）文件，市政府有关部门、相关区市政府高度重视，认真抓好落实。2013年确定的给予试点小城市100亩土地指标已下达区市（青政办字〔2013〕91号），支持试点小城市建设的3亿元市财力资金已基本整合到位，试点小城市设立综合公共服务机构，设置行政执法分支机构；五区市都出台支持试点小城市建设的配套政策，支持小城市培育试点工作；试点小城市编制到2016年的工作行动计划和年度实施计划，试点小城市投融资平台建立稳步推进。

【深入推进省级示范镇建设】 抓好10个省级示范镇的建设工作，出台《市政府关于加快小城镇建设和发展的意见》，在资金、土地上给予重点支持，其中补助资金在对合并的镇五年补助2000万元的基础上，再增加补助1000万元，同时每年给予土地指标200亩。9月25日～30日省考核组来我市进行考核检查。同时根据省住房和城乡建设厅在全省再增报100个省范镇的要求，组织青岛市5个新增省级示范镇的申报工作。

【继续开展农村住房建设与危房改造】 青岛市政府确定新建农房2.5万户、改造农村危房3813户，其中农村危房改造列入市办实事项目之一。截至12月底，新建农房2.6万户，占全年任务的104%，改造完成农村危房4668户，占全年任务的122%。在工作中，青岛市城乡和建设委员会出台《关于推进新型农村社区建设的实施意见》（青建发2013-26号），制定《青岛市新型农村社区建设技术导则》，指导农村社区建设。

【抓好传统村落规划保护工作】 青岛市共有3个村庄列入全国传统村落名录，2013年即墨市金口镇凤凰村作为全国第一批传统村落规划保护试点单位，由青岛理工大学完成保护规划的编制工作，10月住房和城乡建设部将组织有关专家进行评审工作。同时为了加大对传统村落的规划保护力度，青岛市住房和城乡建设委员会开展组织相关区市研究部署对即墨市奉城镇雄崖所、崂山区沙子口青山渔村规划编制工作。

【进一步加强农村垃圾处理工作】 按照市政府办公厅《关于进一步加强农村垃圾处理工作的意见》要求，加强对四市一区农村垃圾处理工作的督查力度。一是完成四市一区垃圾处理专项规划的编制。二是开工建设25处垃圾处理场和垃圾中转站，完成64台垃圾运输车和5.2万只垃圾桶的采购工作，抓好达标村庄的创建工作，20个镇实现无害化处理，农村垃圾集中收集无害化处理率达到46%。下一步，青岛市住房和城乡建设委员会将深入推进农村环境综合整治，实施2014～2016年生态乡村建设行动计划，加强农村垃圾、污水治理力度，持续开展农村危房改造工作，改善农村人居环境。

建筑科技与建筑节能

【概况】 2013年，青岛市建筑领域节能减排工作取得长足发展，新建节能建筑2128万平方米；完成125万平方米既有居住建筑节能改造；13个项目获得国家绿色建筑评价标识，建筑面积139万平方米；完工可再生能源建筑应用示范项目300万平方米。

【节能政策】 2013年，青岛市政府办公厅发布《青岛市绿色建筑三年行动计划（2013—2015）》，提出"到2015年末，25%的城镇新建建筑达到绿色建筑标准要求"的目标。还规定"自2014年起，学校、医院等政府投资的公益性建筑、国家机关办公建筑、保障性住房以及单体建筑面积超过2万平方米的大型公共建筑，全面执行绿色建筑标准"。从2011年开始，青岛市城乡建设委已连续三年设立绿色建筑专项奖励资金，对获得国家绿色建筑星级评价标识的项目进行奖励。2013年，有13个项目获得国家绿色建筑评价标识，建筑面积139万平方米，共拨付奖励资金1172万元。

2013年，青岛市城乡建设委严格实施"闭合式"监管体系，细化监管程序，强化监管力度，对新建建筑节能工程进行全过程监管。严把材料进场管理、施工方案审核、监理监督、节能验收等环节，全市共完成节能建筑2128万平方米，占民用建筑的比例为100%。

【节能改造】 按国家和省政府要求，"十二五"期间，对具备节能改造价值的老旧住宅，青岛市至少要改造40%以上；到"十三五"末，要全部完成。针对群众房屋保温隔热性能差、外墙内侧发霉长毛等问题，增加外墙和屋面保温层，更换新型节能门窗，改造供热系统。既有居住建筑节能改造既有利于节能降耗，又有利于促进生态文明建设，还可以提高居住舒适度，是一项顺民意、暖民心、惠民生工程，深受市民欢迎。2013年，青岛市城乡建设委争取到国家奖励资金及市财政配套资金4438万元，全市完成改造项目125万平方米，完工后将同步实施供热计量收费。

作为国家可再生能源建筑应用示范市，2013年青岛市共完工可再生能源建筑应用示范建筑面积300万平方米，其中太阳能光热建筑面积179万平方米，热泵工程120万平方米。青岛市城乡建设委争取到可再生能源建筑应用补助资金3.04亿元，示范项目及争取国家资金均居国内同类城市前列。

作为国家公共建筑能源统计试点城市和公共建筑节能监管体系建设示范市，青岛市已经在市政府办公大楼等225栋建筑中安装能耗监测设备，其中2013年新增27栋。完成大拇指广场等约37万平方米的公共建筑节能改造。医院及中小学校园节能改造工作顺利启动。另外，对市南区近400栋公共建筑进行能耗调查，开展能耗指标研究，为探索建立碳交易机制提供数据支撑。

为配合城镇化工作，探索农村地区节能建筑实现方式，2013年，青岛市城乡建设委在青岛即墨开展农村建筑节能改造试点，试点规划建筑面积约为8.7万平方米，总共安置580户。项目结构采用符合绿色、节能、环保、可循环利用的三板一柱钢结构节能抗震体系，符合现代建筑产业化的发展方向；农房设计符合农民生产、生活习惯，创新性地体现当地建筑风格，保持田园风光与传统风貌，当地现有的再生资源得到充分合理利用。

大事记

1月

9日 青岛市高新区中小企业孵化器工程一标段等28项工程被评为2012年"山东省施工现场综合管理样板工程"，获奖数居全省首位。

2月

18日 青岛市长张新起主持召开会议，专题研究市北区危旧房改造工作。

22日 在市级机关会议中心召开2013年全市园林绿化工作座谈会。副市长王建祥、副秘书长李海涛、市人大代表、市政协代表、民主党派等参加会议。

27日 召开2013年度全市工程建设管理工作会议，青岛市城乡建设委主任刘建军、市城乡建设委副主任、建管局局长孙宗贤做了重要讲话。

3月

6日 由市城乡建设委牵头组织实施的李村河、张村河下游综合整治工程开工建设。李村河下游整治范围由君峰路至入海口，长约5.6公里；张村河下游整治范围由海尔路大桥接线起始端至李村河，长约4.8公里。整治内容包括清淤、截污、防洪砌筑、挡潮闸、拆迁、管理路、绿化景观等。估算总投资约16亿元。2013年已完成清淤工程，防洪工程完成60%，河中渠完成75%，完成部分绿化景观工程。

8日 《人民日报》"两会特刊"报道青岛市工程质量管理经验做法——《青岛：好'规矩'根治建筑通病》。

11日 副市长王建祥主持召开世园会周边环境综合整治工作现场会议，对2013年度世园会周边环境综合整治工作进行工作部署。

12日上午 青岛市在百果山开展党政军民植树活动，拉开全市大规模种树行动帷幕。市政协主席孙德汉与700多名机关干部、部队官兵、企业职工和科研单位的工作人员一起，挥锹填土。

21日 市城乡建设委印发《关于调整青岛市建设工程定额人工单价的通知》（青建管字〔2013〕19号），自2013年4月1日起，调整青岛市建设工程定额人工单价。

4月

1～2日 山东省住房和城乡建设厅在青岛市召开《工程勘察岩土层序列划分方法标准》宣贯会议。

7～8日 副市长王建祥带领市有关部门和单位负责同志逐一现场查看2013年主城区危旧房改造项目，并召开专题会议进行研究。

20日 位于原国棉一厂地块东南部，海泊河管理路以北，联城海岸一、二期之间的国棉一厂改造配套小学正式开工建设。

25日 经推荐、审核、评比，开发区安子向阳村庄搬迁改造安置房项目被中国海员建设工会全国委员会表彰为全国保障性安居工程建设劳动竞赛"优秀工程项目"（海建工总字〔2013〕16号）。青岛市"两改"项目李沧区九水路街道李家上流社区金水源小区被省住房和城乡建设厅评选为全省保障性安居工程建设劳动竞赛"优秀工程项目"（鲁建办字〔2013〕45号）。

5月

21日 出台《青岛市城乡建设委员会国有土地上房屋征收评估管理办法》（青建发〔2013〕29号），完善房屋征收评估实施程序，明确房屋征收评估机构选定办法，确定分户评估工作模式，制订分户评估所需的相关参数，进一步规范了房屋征收评估工作。

22日 市人大常委会副主任李增勇对市城乡建设委建筑废弃物资源化利用工作进行督查，视察企业生产线并听取汇报，指出建筑废弃物资源化利用工作要实现"全处理、全利用、全覆盖"的目标，并提出"抓好政策落实"、"抓好深层次研发"和"抓好产品推广应用"三点要求。

28日 市长张新起亲临植树增绿和高架桥整治现场视察指导，给予肯定并提出明确要求。

28日 市长张新起、副市长王建祥视察过城河道综合整治工作，要求市城乡建设委加快推进河道整治，同时要求市海洋渔业局、市北区政府做好海泊河下游渔船清理工作，为完成剩余河段整治创造条件。

6月

6日 市长张新起主持召开专题会议，研究主城区危旧房改造有关工作。

6日 起草并出台《青岛市人民政府关于贯彻实施〈青岛市国有土地上房屋征收与补偿条例〉的通知》（青政发〔2013〕16号），完善房屋征收实施程序、规范实施行为，明确房屋征收相关补助标准，确定未登记建筑和用途不清房屋的调查认定处理办法等，保障房屋征收工作的有序进行。

7日 市政府颁布市城乡建设委起草的《青岛市海水浴场管理办法》（政府令227号），明确市城乡建设委是全市海水浴场的主管部门，负责海水浴场的监督管理工作。《办法》规定实行统一规划、分级监督、属地管理、规范经营的管理原则。

9日 市长张新起主持召开胶州湾岸线整治规划、未贯通路建设等专题会议。会议确定，成立胶州湾岸线整理保护三年行动建设指挥部，指挥部办公室设在市城乡建设委，负责统筹环湾陆域工程建设；会议要求，把未贯通道路建设列入重点工作，积极协调解决存在的问题，确保道路工程有效推进，尽快贯通。

23～24日 住房城乡建设部执法检查组对崂山国家级风景名胜区进行执法检查，9月21日通报执法检查结果，崂山风景名胜区评定为达标等级。

24日 副市长王建祥带领市城乡建设委、市国土资源房管局、市双拥办、崂山区政府等单位，分别与青岛警备区、北海舰队后勤部就新疆路快速路工程涉军拆迁问题进行专题协调，初步达成补偿意向。

7月

6日 副市长王建祥带队对世园会周边环境上半年整治情况进行督察验收。现场听取关于世园会周边上半年整治情况的汇报。并对下半年世园会周边整治工作提出具体要求。

16日 市政府举行胶州湾岸线整理保护行动集中启动仪式。市人大副主任张锡君、市政府副市长王建祥等领导出席仪式。市直相关部门和环湾相关区、市有关负责同志参加仪式。

19日 第九届中国（青岛）国际建筑材料及装饰材料博览会在青岛国际会展中心成功举办，该届展会规模突破50000平方米，国际标准展位近2500个，吸引参展商和专业观众、采购商60000余家，其中600余家建筑建材行业品牌参展，成交额达12个亿人民币。

21~22日　在全国保障性安居工程质量监督执法检查中，住房城乡建设部质量安全司副司长尚春明带队对青岛市进行检查，青岛市检查符合率名列25个受检城市第一名。

22日　副市长王建祥主持召开城市防汛专题会议，专题研究7月21日青岛市短时强降雨天气暴露出来的城市积水点问题，要求全市组织开展排水畅通"双周奋战"行动，利用半个月的时间，按照永久工程措施、临时工程措施、非工程措施三种途径，全面处置市区存在的287处积水点问题，确保城市汛期安全。

23日　国务院召开棚户区改造工作电视电话会，青岛分会场设在市城乡建设委。市政府副市长王建祥出席青岛分会场会议并作了工作部署。

8月

5日　位于市北区金沙路17号的孤山村改造配套学校竣工交付。该校是市城乡建设委投资约11200万元建设的全日制36班（小学24班，中学12班）九年一贯制学校。

6日　位于市北区蚌埠路26号的保儿村配套小学竣工交付，该校是市城乡建设委投资约10200万元建设的全日制36班小学。

20日　央视财经频道《经济新闻联播》"中国经济转型一线报道"栏目将青岛市建筑废弃物资源化利用工作作为典型进行宣传报道。

21日　市城乡建设委下发《关于进一步优化经济发展环境调整非政府投资项目招标组织形式的通知》，自2013年9月21日起施行，对非国有资金投资建设工程项目的招标组织形式由进场交易调整为自主交易，最大限度的节省前期建设手续办理时间。

9月

1~3日　国家质检总局组织专家组对青岛市创建"全国质量强市示范城市"进行现场验收，专家组组长、国务院参事葛志荣对工程质量组工作给予充分肯定。

4日　住房和城乡建设部住房保障司司长冯俊、省住房和城乡建设厅巡视员万利国视察青岛市调研保障性安居工程建设情况。

5日　住房城乡建设部人事司和定额司在青岛市召开"施工现场标准员职业标准实施工作座谈会"，青岛市的经验做法得到住建部领导的充分肯定。11日　市人大常委会主任王文华对崂山风景区保护与发展情况进行视察，并就崂山风景名胜区法规体系建设、总体规划修编报批、挖掘崂山文化内涵以及提升景区环境质量等工作提出要求。市人大常委会副主任张锡君、邹川宁，秘书长高岩参加视察，副市长王建祥陪同视察。

13日　市城乡建设委与美国能源基金会联合在青岛市举办第二届美国能源基金会建筑项目交流会。住房和城乡建设部建筑节能与科技司武涌巡视员、山东省住房和城乡建设厅副厅长李兴军出席会议。国际能源署，美国能源基金会，北京、天津等地建设主管部门，省内17地市建筑节能管理机构，和清华大学等国内相关研究机构共约220人也应邀参会。

24日　市人大常委会主任王文华带领市人大常委会副主任、常委等一行20余人实地视察主城区危旧房改造工作。

10月

8日　市长张新起主持召开会议，专题研究市区未贯通道路打通的推进工作。会议指出，新疆路高架路等重点基础设施项目建设与群众生活密切相关，高质量、高标准地推进相关工作是党的群众路线教育实践活动成效的具体体现，要求相关单位合理控制施工现场，加强交通组织管理，确保交通运行安全、畅通。

11日和17日　副市长王建祥先后主持召开主城区危旧房改造工作专题会议。

22~24日　副市长王建祥带领市城乡建设委主任刘建军、副主任杨湧以及市有关部门、相关区政府负责同志专程赴哈尔滨市考察学习，实地察看新一地区房屋征收现场和异地安置房源小区，并与哈尔滨市政府就棚户区改造工作进行座谈交流。

11月

5日　市政府副秘书长李海涛带队对世园会周边滨海大道、黑龙江路环境整治情况进行现场检查。指挥部牵头各单位，现场汇报世园会周边环境整治的总体情况。

6日　由市城乡建设委牵头，市发改委、财政局、审计局、地铁集团等单位共同参与编制的《山东省城市轨道交通工程费用项目组成及计算规则（轨道、安装专业）》发布，填补山东省城市轨道交通工程轨道和安装专业计价依据的空白。

8日　国家深海基地建设领导小组进行工作会议，并举行奠基仪式，国家海洋局副局长王飞、副市长徐振溪、国家深海中心主任刘峰、市城乡建设委副主任李典龙，国家海洋局、国家深海基地管理中心、青岛市相关单位领导参加会议和奠基仪式。

11日　副市长王建祥主持召开会议，专题研究超期未回迁两改项目及2014年棚户区改造有关事宜。

13日 市政府下发《关于加快棚户区改造工作的意见》(青政发〔2013〕24号),为下步全面推进棚户区改造提供政策依据。

15日 青岛市政府印发《关于进一步优化服务环境规范房地产业发展的若干意见》(青政发【2013】25号)通过优化政务服务环境、开发建设环境、企业发展环境、民生项目环境、行政效能环境等方面,推动房地产市场更有效率、更可持续发展,通过提速增效、降低收费、增加供应等措施,保证市场稳定发展。

15日 市长张新起视察青岛市老城区道路和绿化改造工程情况,对青岛市下一步老城区道路整治工作做出重要指示,首次提出市政道路整治可视范围内全元素整治理念。

28日 住房和城乡建设部副部长王宁到青岛市调研建设市场诚信体系建设工作,对市城乡建设委的经验做法给予充分肯定。

30日 重庆路改造工程主线道路通车,道路全长23公里,贯穿市北、李沧及城阳三区,市政管线长度300公里、通行能力9000辆/每小时、机动车道规模8~10车道、栽植乔木16000余株、绿化面积40万平方米,共计30公里的电力和通信线路由空中转入地下,重庆路为岛城有史以来线路最长、规模最大的道路综合改造项目,极大地提高了城市交通、供水、供电安全,同时进一步改善周边环境。

12月

19日 位于市北区洛阳路以南、周口路以东、康居公寓以北的康居公寓配套小学正式开工建设。

(青岛市城乡建设委员会)

宁 波 市

基础设施建设

【概况】 2013年,宁波市城乡基础设施建设投资不断加大,一大批项目加快推进,全市共完成市政公用设施建设固定资产投资239.39亿元,其中,中心城区完成183.38亿元(含轨道交通78.92亿元)。

【城市交通路网进一步完善】 宁波城市快速路网建设进入全面提速阶段,南北环快速路主线高架箱梁施工基本完成,累计完成投资61.3亿元,占总投资的81.62%,永达路连接线与杭甬高速互通立交加快建设,东苑立交和机场路北延快速化改造前期工作有序推进。桑田南路、永达东路、曙光南路、沧海路等16条断头路全面打通,历时3年的打通"断头路"专项行动全面完成。跨江桥梁建设稳步推进,新江桥新建工程正式开工建设。城市交通拥堵治理实现首战告捷,全年建成投用公交专用道30.4公里,新建改造城市道路总里程42.7公里,改善拥堵点28处,新增地下空间开发量654.3万平方米,专用停车位40185个。

【中心城区环境进一步优化】 宁波城市环境综合整治三年行动深入推进,世纪大道、惊驾路等16条道路完成整治,道路周边环境明显改观。江东丹顶鹤、江北大闸小区宜居示范小区创建圆满完成,小区面貌焕然一新。"三江六岸"拓展提升工程取得阶段性成果,滨江休闲带工程启动段建成投用,江东滨江大道及景观工程基本完工,奉化江两岸提升工程持续推进。三是城镇污水处理设施建设力度进一步加大,全年建成城镇污水处理设施15个、新开工13个,完成城镇污水处理设施配套管网170公里,全市城镇污水处理设施覆盖率达到77%。

【环城南路快速路完成总工程量的88%】 该快速路东起东苑立交,西至机场路,全长9.2公里,采用"高架主线+地面辅道"的方案建设,高架主线设计行车时速80公里,建设单位为宁波通途投资开发有限公司。自2011年5月5日开工以来,已累计完成投资24亿元,占总投资的88%,截至2013年底,高架柱墩和现浇箱梁主体结构施工全部完成,主线高架全部贯通,预计2014年10月底可建成通车。

【北环快速路完成总工程量的78.3%】 该快速路西起前洋立交收费站,东至世纪大道,全长1.6公里,采用"高架主线+地面辅道"方案建设,高架主线设计行车时速80公里,建设单位为宁波通途投资开发有限公司。自2011年5月5日开工以来,已累计完成投资42.3亿元,占总投资的78.3%,截至2013年底,主线高架主体工程除受庄桥机场航空限高影响段外基本完成。

【新江桥原址重建工程正式开工】 7月22日，新江桥重建工程正式开工，该桥全长672米，路桥宽度36米，设双向六车道，新桥位于原桥址处，南起中山东路与江厦街交叉口，向北跨越余姚江、下穿甬江大桥引桥，止于扬善路与人民路交叉口，是沟通海曙、江北两区的重要城市跨江桥梁之一。工程建设单位为宁波城市交通建设有限公司，施工单位为宁波市政工程建设集团股份有限公司，截至2013年12月底，该工程完成部分钻孔灌注桩施工，累计完成总投资约0.4亿，占总投资的10.5%。

【机场快速干道与永达路连接线完成总工程量的38%】 该工程西起机场快速干道永达路立交，向东主线高架上跨丽园南路后落地，沿安泰社区、阳光城向东，在环城西路西侧进隧道，沿王家桥河北侧向东，下穿文台河，过荣安佳境后，分上下行接火车南站。工程自2012年4月12日开工以来，截至2013年底，累计完成总投资约7.8亿，占总投资的33%，全面进入桩基施工和基坑开挖阶段。

【城市交通拥堵治理专项行动正式启动】 根据浙江省委省政府统一部署，宁波市于2013年启动城市交通拥堵治理"六大行动"，并成立以市长为组长的治堵工作领导小组，领导小组办公室设在市住房和城乡建设委员会。一年来，"六大行动"全面启动并深入推进，各项具体工作都取得可喜成绩：完成新建改造城市道路42.7公里，打通"断头路"16条，改善影响市区交通的拥堵点28处，减少影响路面通行的停车位1544个，续建南北高架城市快速路25.2公里，开工及续建地铁1号线、2号线工程72公里；主城区公交分担率提高3.4个百分点，城市交通满意度达到76.4%，位于杭宁温三个城市之首；建成环城西路等"三横三纵"专用道30公里，新增新能源公交车540辆，调整优化公交线路76条，出台公交1小时优惠换乘政策，投放自行车15035辆，成功申报"公交都市"；全市新增地下空间开发量654.3万平方米；新增专用停车位40185个；地下空间停车功能归位341个；查处机动车381万、非机动车33万、行人乘车人9.7万起道路交通违法行为；实现10条治堵重点道路机动车守法率达到90%、非机动车行人守法率达到80%目标；实现市区主干道及主要路口视频监控全覆盖；拟定不同区域、不同需要、不同时段的停车收费标准；出台"缓解旧住宅小区停车难若干意见"；宁波绕城高速对"浙B"车辆的通行费优惠措施正式实施。

【打通"断头路"三年专项行动圆满完成】 12月23日，随着中心城区永达东路、曙光北路等最后一批"断头路"的顺利开通，宁波市历时三年的中心城区打通"断头路"专项行动圆满收官，兑现"三思三创"主题活动中提出的三年打通中心城区59条"断头路"的承诺。据统计，打通的59条"断头路"总里程约45公里，总投资约90亿，总拆迁量约56万平方米。其中跨区域道路2条（分别是跨江东区、鄞州区的永达东路和桑田南路），海曙区15条，江东区13条，江北区5条，鄞州区7条，镇海区6条，北仑区9条，高新区2条。省政府党组副书记、省政府顾问王建满对宁波打通断头路的经验做法作出专门批示。

【中心城区主干道整治深入推进】 主干道综合整治为2012年起实施的城市环境综合整治三年行动计划五项重点任务之一，截至2013年12月底，纳入年度计划的世纪大道、苍松路、长江路等16条道路和绕城高速公路出入口完成整治，完成年度投资4.7亿元，累计完成投资达20.2亿元。

【新建改造城市道路42.72公里】 2013年新建改造城市道路17条、长度共42.72公里，其中，梅墟路3.7公里、甬金连接线7.6公里、福庆路南延8.7公里、机场路南延4.5公里、机场路北延4.2公里、通途路5.2公里、桑田南路1.1公里、朝晖路0.27公里、曙光北路0.84公里、徐戎路0.48公里、新天路0.46公里、首南东路0.472公里、沧海路0.475公里、金达路0.616公里、黄山路西延1.547公里、小浃江路1.964公里和中河路0.6公里。

【新建公交专用道30.43公里】 2013年，建成公交专用道30.43公里，分别为：海晏北路（民安路——通途路）0.83公里、福庆路（百丈东路——通途路）3.2公里、民安东路（海晏北路——福庆路）1.2公里、宁东路（世纪大道——莘苑路）2.7公里、中山东路（世纪大道——河清路）1.6公里、天童路（鄞县大道——泰康中路）1.5公里、江南路（福明路——清水桥路）1.3公里、环城西路（段塘西路——榭嘉路）8.8公里、福明路（兴宁路——江南路）4.0公里、大闸路（丽江东路——环城北路、通途路——外滩大桥）4.1公里和惊驾路（福明路——世纪大道）1.2公里。

【全市城镇污水处理设施覆盖率达到77%】 2013年，宁波市建成城镇污水处理设施13个，分别是奉化市大堰污水处理站（分散），宁海县一市、桑洲生活污水处理工程，北仑区白峰污水处理，鄞州区古林镇、横街镇、高桥镇、瞻岐镇，余姚市牟山镇、临山镇、黄家埠镇，杭州湾新区庵东，宁海县黄坛镇等；13个必须开工的建制镇中已全部开工建设（其中余姚市四明山镇、象山县墙头已建成），其余的11个镇正在有序推进。完成城镇污水处理设施配套管网170公里，全市城镇污水处理设施覆盖58个建制镇，占78个建制镇总数的77%，预计2014年全市可实现城镇污水处理设施全覆盖。

【加快构筑现代都市战略】 作为宁波市委"六个加快"战略的重要组成部分，2013年，加快构筑现代都市"50100工程"共完成年度投资1900亿元，其中50个重点区块完成投资1686亿元，100个重点项目完成投资214.68亿元，分别比上年增长26%、30%、3.2%。文化广场、嘉恒广场等一批重大项目建成投用，宁兴国际广场、财富中心进入工程收尾阶段，"一核两翼多节点"现代都市格局进一步形成。

【中心城区功能提升渐出形象】 宁波中心城区33个区块完成投资1080亿元。文化广场、嘉恒广场、鄞州银行保险大楼已建成开业；宁兴国际广场、财富中心进入工程收尾阶段；中国银行、城市之光、环球城、凯德汇豪天下一号地块持续推进主体工程施工；乐士跨国企业采购总部项目、机场三期扩建工程继续深化前期工作。东部新城、南部新城、镇海新城、北仑滨海新城、国家高新区等新城区块高效推进，大力打造城市新高度、创建城市新品牌。东钱湖旅游度假区、九龙湖旅游度假区等居民文化休闲区加快提升，进一步塑造和美化江南水乡城市特色。中心城区框架不断拉大，形象、品位和宜人度不断提升，集聚度和影响力不断增强。

【都市圈南北两翼区块开发再创新高】 宁波南北两翼9个区块完成投资408亿元，重点推进滨海新区建设，注重建设品质提升与发展环境改善。慈溪联盛大厦、大目湾综合服务中心、宁海金融中心已基本完工；世纪金源综合体项目、上湾广场综合体项目、象山商会大厦加快主体结构建设进度；象山建筑大厦、宁海湾旅游度假区等项目深化前期工作，两翼开发不断深入，同城效应逐步显现。

【城镇农村联动发展不断突破】 宁波卫星城市建设深入推进，"人、财、物"保障体系不断完善，8个卫星城镇完成投资198亿元；全面小康村创建持续推进，启动市级全面小康村培育46个；加快推进农村生活垃圾和生活污水集中处理，全市农村垃圾集中处理率达到98%以上；城镇污水处理设施建设稳步推进，13个建制镇完成建设任务，13个建制镇全面开工，新增配套管网150公里；以世行项目为龙头，全面推进农村生活污水治理建设，世行项目已实施四批共97个村，实施分散式农村生活污水处理30个村。中心村培育建设稳步实施，完成第二批中心村培育24个。以中心村建设为载体，农房"两改"、下山移民等工作持续推进，印发《宁波市农房改造建设示范村工程实施方案》，制定《宁波市农房改造建设示范村工程市级补助资金管理办法》，全市新安排下山移民1617户，农房"两改"已完成农村住房建设2.7万户，22个省级农房改造示范村建设有序推进。特色村培育成效初现，完成市级特色村培育建设26个。成片连线打造扎实推进，精品线、先进乡镇和先进县创建取得新成效，完成精品线培育7条、市级先进乡镇12个，创建省美丽乡村先进县1个，推动幸福美丽新家园建设水平整体提升。

住房保障

2013年，宁波市以公共租赁住房为重点的住房保障体系进一步完善，《宁波市市级保障性租赁住房租金收支管理暂行办法》（甬财政发〔2013〕787号）制定出台，明确保障性租赁住房租金的收支管理和租金收缴使用行为规范。房源建设稳步推进，全市实际新开工建设保障性安居工程188.6万平方米、21291套，完成省政府下达目标套数的170.3%。和塘雅苑等一批公租房小区如期建成投用，配租工作顺利完成，全市共推出公共租赁住房房源9857套。廉租住房实现应保尽保，全年新增廉租住房保障家庭2152户，累计保障户数28117户。棚户区改造前期工作正式启动，《宁波市棚户区改造五年规划（2013—2017）》、《宁波市首批城市棚户区改造项目汇总表》等编制完成，准备工作基本就绪。宜居示范小区创建全面完成，江东丹顶鹤小区、江北大闸小区整治工程顺利完成。

【保障性房源建设稳步推进】 2013年，全市实际新开工建设保障性安居工程188.6万平方米、21291套，完成省政府下达目标套数的170.3%，其中，公共租赁住房42.52万平方米、8233套，完成省政府下达目标套数的126.7%；竣工保障性安居工程11973套，完成省政府下达目标套数的133%。

【住房保障配套政策体系进一步完善】 根据住房保障工作推进中出现的新情况、新问题，2013年，市本级制定《宁波市市级保障性租赁住房租金收支管理暂行办法》（甬财政发〔2013〕787号），对保障性租赁住房租金的收支管理和租金收缴使用行为做出明确规定。针对公租房配租中出现的精神病人问题，制发相关会议纪要，明确操作办法。同时，各县(市)区也结合实际出台一系列配套政策，镇海区出台《镇海区公共租赁住房管理实施细则》（镇政办发〔2013〕211号），北仑区出台《北仑区公共租赁住房管理暂行办法》（仑政办〔2013〕118号）、《北仑区公共租赁住房管理操作细则》（仑房资〔2013〕43号）；慈溪市出台《关于进一步加强保障性住房准入退出的实施意见（试行）》（慈政办发〔2013〕213号）；奉化市出台《奉化市公共租赁住房配租方案》；宁海县出台《宁海县公共租赁住房管理暂行办法》（宁政办发〔2013〕85号）、《宁海县公共租赁住房管理实施细则》（宁建〔2013〕131号）。

【年度住房保障工作先进单位】 经综合考评，鄞州区政府、海曙区政府、北仑区政府、宁波国际高新区管委会、奉化市政府、宁海县政府、市住房和城乡建设委员会、市民政局、市财政局被评为2013年度住房保障工作先进单位，由市政府予以通报表彰。

【公共租赁住房迈入建成配出阶段】 自2011年启动公共租赁住房房源建设以来，经过2年的努力，2013年宁波市公共租赁住房正式迈入建成配租的新阶段，全市共推出公共租赁住房房源9857套，其中，政府兴建的房源有：市本级"和塘雅苑"2101套、海曙区西湾晓苑532套和泽民阳光261套、江北区应嘉公租房459套、鄞州区"和悦家园"472套、高新区"凌云公寓"1018套、奉化市明化公租房小区1076套、杭州湾新区大众公寓1期1478套、宁海县杜鹃新村283套、余姚市明珠公寓1期80套、慈溪市白彭公租房104套。企业兴建的房源有：北仑区宁钢公共租赁住房项目635套、鄞州区奥克斯公共租赁住房项目516套、奉化市亚德客公共租赁住房项目323套等公共租赁住房项目等，主要面向该企业符合条件的职工配租。

【公共租赁住房后续管理工作全面加强】 2013年，宁波市公共租赁住房配后服务管理信息系统建成投用，并与住房保障信息管理系统、银行缴费系统、公积金管理系统、小区门禁系统等进行数据对接，通过数字化手段，积极探索公共租赁住房后续管理模式。

【和塘雅苑公租房小区建成投用】 该小区位于江北区洪塘街道，为市本级首个公共租赁住房项目，自2010年11月正式开工以来，经过紧张建设，2013年6月正式建成交付，项目累计投资达7.2亿元，并被评为浙江省保障性安居工程建设优秀项目。

【公共租赁住房二期融资项目获批】 国家开发银行在2012年一期公租房承诺援信34亿元的基础上，2013顺利通过宁波市公租房二期项目贷款审批承诺援信额度16.3亿元，涉及10个公共租赁住房项目，2013年度已发放贷款7300万元。

【市三区直管公有住房出售审批权下放】 5月1日起，市三区（海曙、江东、江北）国家直管公房出售审批权下放，由市三区（海曙、江东、江北）房委办直接审批，市房委办备案。

【住房制度改革工作持续推进】 2013年共审批：老职工住房补贴7298人，金额49708万元；新职工新增4955人，金额59647万元。截至2013年底，已累计审批老职工136133人，金额53.77亿元；累计审批新职工46089人，金额27.91亿元；公房出售共计462套，出售面积22696平方米，售房款计1332万元。市三区共清理违规购房7户，补交清房款612064元；查处隐瞒住房情况领取住房补贴4户，并责令其退还住房货币补贴。截至2013年底，违规购房者已接受处理的有174户，回收违规购房款1178.20万元。

【住房公积金贷款政策调整】 贷款最高额度方面，8月14日，宁波市公积金管委办下发《关于加强全市住房公积金流动性管理防范资金风险的通知》全面加强公积金流动性管理。各县市根据各自实际对公积金贷款额度进行调整，其中，象山分中心贷款最高额度调整为40万元，北仑、余姚及慈溪分中心贷款最高额度调整为60万元，其他各地贷款最高额度仍保持为80万元。6月18日，下发《关于调整宁波市个人住房公积金购房贷款最长期限的通知》文件，将全市个人购买自住住房申请住房公积金贷款的最长期限由不超过20年调整为不超过30年。

【住房公积金年度缴存基数调整】 自5月13日起，宁波市区职工2013年度住房公积金缴存基数上限为23445元，下限为1470元，正常的缴存比例浮动范围为5%～12%，并严格执行"限高保低"的缴存政策。

【公积金支持保障性住房建设项目贷款试点工作进展顺利】 首批试点的项目中，宁波市海曙区蒲家保障房项目已圆满结束，收回公积金贷款本金2.5亿元、利息1831.75万元；陈婆渡项目已完成2.5亿元贷款的发放任务，项目工程进展顺利。扩大试点项目中，余姚、鄞州已完成首批7000万元贷款资金的发放，收取项目贷款利息253.14万元。3月14日，住房城乡建设部巡查组来宁波检查试点工作，并对试点项目的建设进展及贷款资金的使用监管工作表示肯定。

【住房公积金主要业务持续发展】 2013年全市住房公积金归集快速增长，缴存职工持续增加，贷款和提取业务连创新高，增值收益稳步提升，全市住房公积金归集122.27亿元，同比增长18.78%；缴存住房公积金人数为82.33万人，净增缴存职工70292人。截至2013年底，全市历年累计归集住房公积金715.97亿元，归集余额为296.21亿元。全市发放住房公积金贷款户数20537户，放贷金额97.10亿元；贷款余额233.82亿元，贷款逾期率为0.0003%。全市历年累计发放个人住房公积金贷款409.52亿元，累计放贷户数为166918户。全市住房公积金增值收益为5.41亿元，同比增长12.01%，历年累计增值27.38亿元。

【房屋使用安全管理监管进一步加强】 2013年，房屋使用安全管理纳入全市住房城乡建设系统工作重要议事日程，全市开展城镇危旧房屋大排查，期间共排查城镇房屋22927幢，发现存在安全隐患房屋1580幢，重大安全隐患房屋36幢。同时，危房鉴定和危房解危力度进一步加大，危房解危纳入住房保障年度考核目标，全年共鉴定房屋1388幢，其中C、D级危房726幢、建筑面积33.12万平方米；全市完成解危265幢、建筑面积14.66万平方米，完成在册危房总数的25%。此外，市政府办公厅下发《关于建立城镇房屋使用安全常态化网格化监管制度的通知》（甬政办发〔2013〕255号），城镇房屋使用安全常态化网格化监管制度建设正式启动。

【房屋装修行业管理全面加强】 2013年，全市房屋装修备案30798件，同比增加25.5%，各县（市）区房屋违规装修举报制度全面建立，并向社会公布违章装修投诉电话。全市全年共处理房屋违章装修2115件，纠正房屋违章装修2047件，执法率达96.8%，其中江北区、镇海区、鄞州区、江东区、奉化市、象山县、东钱湖度假区的执法率达到99.0%。

建筑业

2013年全市共完成建筑业总产值3148.56亿元，同比增长25.48%；完成省外产值1271.2亿元，同比增长29%，省外产值占建筑业总产值比重达40.4%；上缴地方税收69.5亿元，同比增长13.2%，建筑业上缴地方税收占全市地税收入比重达11.1%，比2012年同期提高0.9个百分点。全市房屋建筑施工面积达到25136万平方米，同比增长12.5%，共办理招标及交易项目3475项，工程造价1101.7亿元。全市22家企业晋升一级资质，48家企业晋升二级资质。8家建筑业企业分别取得省、市级企业技术中心；新增一级建造师611人（含引进305人）。

截至2013年底，全市共有建筑业企业1488家。其中，特级5家，一级170家，二级402家；招标代理机构共72家，其中，甲级17家，乙级21家；勘察设计企业共137家，其中，甲级52家，乙级64家；工程监理企业共65家，其中，甲级30家，乙级28家；工程质量检测机构50家；施工图审查机构6家。

【建筑业总产值居全省第3位】 2013年，全市建筑业总产值首次突破3000亿元大关，达到3148.56亿元，同比增长25.48%，高于全省平均增长率（15.77%）9.71个百分点。建筑业总产值列绍兴市和杭州市之后，居全省第3位，占全省建筑业总产值的比重为15.7%，比2012年提高1.22个百分点。

【建筑业对经济社会发展的贡献进一步增强】 2013年，全市建筑业实现增加值363.75亿元，同比增长5.4%，占全市GDP的比重达5.1%。根据市地税部门统计数据，2013年全市建筑业上缴宁波市地方税收69.5亿元，同比增长13.2%，建筑业上缴地方税收占全市地税收入比重达11.1%，比2012年同期提高0.9个百分点。

【积极参与抢险救灾切实履行社会责任】 2013年10月，面对强台风"菲特"带来的严重灾害，全市建筑业企业积极响应政府号召，主动承担社会责任，全面投入抗台救灾。期间，全市各建筑业企业共有5736人参与到抗台救灾中，共捐献救灾资金约140.5万元，提供车辆897辆，水泵1157台，发电机124台，铲车、挖掘机53辆，皮艇52只，并提供各类食品、医疗用品、工具等总价约100余万元，为抗台救灾工作作出积极贡献。

【建筑业"走出去"步伐进一步加快】 2013年，全市建筑业企业在省外完成建筑业产值1271.2亿元，比2012年（985.8亿元）增加285.4亿元，同比增长29%。省外完成产值占全市建筑业总产值的比重达到40.4%，占全省省外产值的比重为12.6%，分别比2012年同期提高1.1个百分点和1.2个百分点。在市场拓展中，产值超10亿元的省外区域市场达到23个，比2012年同期增加4个。省外超百亿元的区域市场分别是：江苏市场271.1亿元，上海市场175.2亿元，广东市场107.6亿元和安徽市场105.8亿元。2013年境外市场形势有所回暖，全市建筑业企业完成境外承包工程营业额4.61亿美元，同比增长11.4%。

【产业集聚度进一步提高】 2013年，全市各地继续加大对建筑业的扶持力度，圆满完成年度目标任务，其中象山县建筑业总产值创历史新高，突破千亿元大关，宁海县首次进入超百亿产值行列。2013年建筑业总产值前三甲的是象山县（1000.5亿元）、海曙区（354.9亿元）和江东区（352.1亿元），共完成建筑业总产值1707.5亿元，占全市建筑业总产值的54.2%。2013年，全市建筑业总产值超过100亿元的企业达5家，比2012年增加2家，产值超过50亿元、30亿元的企业分别达到4家、12家，产值超过10亿元的企业达到60家，比2012年增加19家。

【建设培训硕果累累】 2013年，宁波市住房和城乡建设培训中心共举办各类培训班151余期，培训人数28140余人次。其中：浙江省工程建设现场管理岗位专业知识考前培训4557人次，浙江省建筑施工企业"三类人员"安全生产知识考前培训6641人次，宁波市建工城建专业水平考试考前培训1200人次，注册一级建造师考前培训885人次，申报高级工程师参加笔试人员考前培训527人次，宁波市建筑企业民工学校师资培训283人次，宁波市重点监管企业相关责任人安全法规培训141人次，宁波市住房和城乡建设系统行政执法人员法规知识考前培训184人次，建工城建专业工程技术人员继续教育1580人次，建筑施工企业"三类人员"继续教育5000人次，建筑施工特种作业人员继续教育2675人次，二级建造师（建筑工程专业）继续教育3750人次，《无障碍设计规范》专项培训157人次，建筑业企业技术中心申报专项培训200人次，《宁波市国有土地上房屋登记工作规程》专项培训360人次。

【绿色建筑实现规模化发展】 2013年，《宁波市绿色建筑评价标识管理办法（试行）》制定出台，宁波市一二星级绿色建筑评价标识技术支撑机构和专家委员会正式成立，并成功申报获批国家一二星级绿色建筑地方评审权限。绿色建筑政策和技术研究深入开展，《关于加快推进宁波市绿色建筑发展的实施意见》起草完成。

【完成既有建筑节能改造36.2万平方米】 2013年，通过窗户安装活动外遮阳、屋顶加装隔热板、增设绿化隔热等方式，完成对宁波大学高知楼等一批老小区既有建筑节能改造。采用合同能源管理等创新模式，完成对宁波市联谊宾馆的太阳能热水系统改造，全年累计完成节能改造面积36.2万平方米，公共建筑改造2项。

【能耗监测和可再生能源应用力度进一步扩大】 2013年，成功申报国家大型公建能耗监测平台示范城市，全市新增8个国家机关办公建筑和大型公共建筑能耗监测试点项目，并接入市建筑能耗监测平台。宁波杭州湾甬新地块等多个地源（水源）热泵项目建设完成，全市新增可再生能源建筑应用面积15万多平方米。

【民用建筑节能评估市场体系进一步完善】 经各县（市）区建设行政主管部门初审推荐，委例会审核，宁波绿润建筑技术咨询有限公司等5家民用建筑节能评估机构通过备案，宁波市民用建筑节能评估机构数量达到11家。同时，6家外地民用建筑能评机构在宁波市开展相关业务，宁波市民用建筑能评市场开放程度进一步提高。

【施工图审查模式调整全面实施】 市住房和城乡建设委员会下发《关于进一步优化施工图审查管理的通知》（甬建发〔2013〕47号），取消电脑随机摇号方式确定施工图审查机构，并明确各地可采取招投标等方式确定。同时，全面开放宁波施工图审查市场，引进省内一类施工图审查机构以及经省建设厅备案的省外一类施工图审查机构，促进市场良性竞争，扩大项目业主选择范围，浙江省建筑设计研究院技术发展中心、杭州浙大精创建设工程咨询有限公司、温州新正施工图审查咨询有限公司等13家外地审图机构陆续进驻宁波市场。

【2013年内地与香港建筑业论坛昨天在宁波举行】 10月21日，2013年内地与香港建筑业论坛在宁波举行，来自内地和香港的300多名代表，就当前内地与香港建筑行业互利合作展开研讨。住房和城乡建设部副部长齐骥、香港特别行政区政府发展局局长陈茂波、浙江省住房和城乡建设厅厅长谈月明、宁波市人民政府副市长王仁洲等出席此次论坛。中国建筑业协会副会长徐义屏与香港建造业议会主席李承仕共同签署中国建筑业协会与香港建造业协会合作备忘录。

【工程招投标监管取得新成效】 宁波市建设工程招投标监管与服务系统正式运行，建设工程招投标工作的规范化、信息化程度进一步提高。标后评估工作进一步深化，全年共对勘察设计、施工等30个项目进行标后评估，工程中标金额31.42亿元，评估评标专家154人次，涉及招标代理30家次，投标企业212家次；经标后评估，根据问题轻重分别对有关专家作出约谈、扣分等处理，其中结论为"不通过"的评标专家13人次，扣分处理30人次，约谈19人次，下发监督意见书12份，1人被暂停评标资格。

【58家外地进甬勘察设计企业被清退】 2013年，市住房和城乡建设委员会对在宁波市从事勘察设计业务的210家外地企业进行年度考核，58家不

符合要求的外地企业被取消年度备案资格。

【行政审批简政放权进一步深化】 在全面梳理现有行政审批事项的基础上，制定了《市住建委深化行政审批职能归并实施方案》和《市住建委关于下放行政审批事项的实施意见》，在确保实现窗口受理率、办结率"两个100%"目标的基础上，进一步解放思想，加大简政放权工作力度。全年共下放行政审批事项12项，并上报市审管办第二批下放行政审批事项9项。建筑工程施工许可、建筑工程施工图设计文件审查结果备案、建筑工程质量监督登记和城建档案报送登记合并为建筑工程施工许可，并取消征收房屋用途确认的审批等，行政审批事项从49项减少到34项。

【安全生产专项整治强势推进】 2013年，全市组织开展房屋建筑施工领域安全生产大排查大整治专项行动，检查工程2801个，发现隐患16404条，查处违法违规行为15起。深入开展建筑施工领域安全生产打非治违专项行动，共组织检查企业2693个，打击非法违法、治理纠正违规违章行为1665次，查处无证上岗308次，责令停工整改105次，处罚罚款158.73万元。全年共有45家施工企业、26家监理企业列入全市重点监管名单。

【行政审批服务水平稳步提升】 2013年，市住房城乡建委行政审批窗口共受理各类行政审批事项535553件，同比增长36%，办结534549件，同比增长34.9%，平均每日办理行政审批事项2213.1件，提前办结率达100%；提前办结率达100%。市建招办、公积金中心分别被授予市"群众满意基层站所"示范单位和先进单位，委驻行政服务中心窗口被评为行政服务先进窗口。

【建筑业外来务工权益得到切实维护】 以宁波市建筑业务工人员身份管理信息系统为平台，在市区范围内试点实施建设工程施工现场作业人员实名制管理。截至2013年底，信息网录入建筑业企业有55家，其中46家已建立党组织。累计录入建筑工程163个，其中90个已经建立党组织，市三区在建项目151个，其中83个已经建立党组织。加大对拖欠农民工工资企业的处理，快速妥善处理农民工工资纠纷，2013年，市建管处共受理有效民工工资纠纷投诉61起，涉及外来务工人员198人次，协调处置民工工资纠纷共计278余万元，所有纠纷均得到妥善解决，有力地保障外来务工人员的合法权益，未发生重大集体上访事件。

【宁波市74项工程获国家级、省级、市级优质工程奖】 2013年度，宁波市1项工程获国家级工程质量奖（中国建设工程鲁班奖（国家优质工程））；18项工程获浙江省钱江杯（优质工程）奖；评选出宁波市甬江杯优质工程55项；宁波市优质结构工程奖58项。

房地产业

【概况】 2013年，随着宁波市深入实施房地产调控政策，投资投机性购房需求继续被遏制，除3月份"国五条"出台引发二手房成交短期快速增长外，宁波市房地产市场总体保持稳定。住房成交创近年来新高。2013年全市商品住房成交516.9万平方米，成交面积创2010年以来新高。其中，市六区商品住房成交296.79万平方米，同比增长16.23%；市六区二手住房成交30975套、294.56万平方米，成交面积同比增长94.61%，主要原因为新"国五条"出台后，部分业主由于个税政策调整的心理预期，提前出售或置换存量住房，导致存量住房成交量短期出现"井喷"。房地产投资高速增长。2013年全市累计完成房地产开发投资1123亿元，同比增长27%，增幅较2012年提高10.2个百分点。其中完成住宅开发投资642亿元，同比增长24.6%；新开工面积1837万平方米，同比增长24.9%；全市房地产施工面积6834万平方米，同比增长12.4%，为历史新高。房价保持平稳。市区2013年度全年新建商品住房价格涨幅为2.7%，低于2013年度城镇居民人均可支配收入实际增幅（7.7%），实现确定的房价控制目标。土地供应充足，成交活跃。截至2013年12月31日，全市共供应住房用地1788.79公顷，同比增加5.1%，其中普通商品住房用地724.65公顷，同比增加54.7%，与前五年年均实际供应量相比，提高24.2%。其中市区住房用地成交面积434.25万平方米，成交金额392.65亿元，分别比2012年增长107%和114.18%。

房地产信贷增加较快。截至2013年年底，全市个人住房按揭贷款余额1214亿元。全市个人住房公积金委托贷款余额234.18亿元，较年初新增73.23亿元，同比多增38.08亿元，同比增长45.51%，增速高于2012年同期17.56个百分点。全市金融机构住房开发贷款余额496.97亿元，较年初新增92.37亿元。2013年首套住房贷款的平均利率水平为基准利率0.88倍，实行利率下浮的首套住房贷款占比为94.39%。

房地产税收增长明显。2013年全市地方税务局征收的房地产业税收171.9亿元，同比增长23.5%，房地产业税收占全市地税税收收入（625亿元）的27.5%。其中营业税53.73亿元，同比增长31.9%；

房地产企业所得税20.5亿元，同比增长55.4%；土地增值税36.9亿元，同比增长44.7%；房屋转让个人所得税2.96亿元，同比增长43.6%；契税38.93亿元（房屋买卖和土地交易两部分），同比增长6.1%。外地资本占比略有上升。从在售楼盘和土地拍卖情况看，市区外地房地产企业楼盘销售占比在30%左右。2013年市三区各类土地拍卖成交中外地房地产企业尽管宗数占20%左右，但是拍地金额和拍得的住宅用地数量远超该地开发企业。

【房地产市场调控继续深化】 根据2月20日国务院常务会议明确的房地产市场调控五项具体政策措施精神和要求，3月31日，宁波市政府办公厅印发《关于继续做好房地产市场调控工作的通知》（甬政办发〔2013〕75号），作为"国五条"的宁波实施细则，明确2013年度新建商品住房价格调控目标为：保持住房价格基本稳定，新建商品住房价格涨幅低于年度城镇居民人均可支配收入的实际增幅，并围绕稳定在税收、信贷、供应、保障住房、市场监管等方面提出相应实施意见。

【外地户籍人口购房比例上升】 2013年，全市外地户籍人口购房者占购房总数的16%，分别比2012年、2011年的提高3个、6.5个百分点。

【房地产开发监管进一步加强】 2013年，宁波市三区共完成建设条件论证地块16幅，土地面积共120公顷；完成初步设计会审项目19个，总建筑面积约175万平方米。完成竣工交付前联合检查项目12个，总建筑面积约133万平方米；核准商品房预售项目22个，批准预售建筑面积135万平方米，其中住宅69万平方米；完成商品房现售备案项目8个，备案建筑面积14.5万平方米，其中住宅7.9万平方米；全年共对123家房地产开发企业进行资质年检，其中合格110家，升级或转6家，注销7家；新申报核准房地产开发企业15家；完成12家企业申报一、二级资质的初审、上报工作。同时，为进一步严格房地产开发企业开发经营范围，根据国家和省、市规定精神，下发《关于严格房地产开发企业经营范围的通知》（甬建发〔2013〕101号）文件，进一步加强房地产资质管理，规范和控制房地产开发企业超越资质等级开发行为

【第十八届住博会顺利举办】 第十八届中国宁波国际住宅产品博览会于11月1～4日举行。此届住博会以"建筑创造未来"为主题，由宁波市政府和住房和城乡建设部科技与产业化发展中心共同主办。在全面展示住宅产业产品的最新发展趋势的同时，展现宁波城市化的美好前景，推进城市区块功能加速融合。住宅产业产品展览展销为此届住博会的重要活动，集中展示房产、金融、家装、厨具、陶瓷卫浴、家具、建筑节能、门窗管道、新型建材等十三大类别的产品，展出面积4.2万平方米，展位2500余个。以外，此届住博会还举办新型建筑工业化应用成果和发布趋势展示、2013宁波市二手房交易会、房产交易咨询、2013中国宁波房地产高峰论坛、2013宁波市银行保险金融产品展等10项活动。此外，此届住博会还吸引美国、澳大利亚、葡萄牙、希腊等6个国家的楼盘来参展。

【房屋征收】 2013年全市国有土地上计划征收项目为105个，征收建筑面积178.5万平方米；启动征收项目75个，征收建筑面积125.12万平方米，项目启动率71%；作出征收决定项目48个，非征收方式实施项目27个，作出征收决定比例从2012年度18%提高到64%；完成征收建筑面积93.38万平方米，完成率为75%，其中江东区、江北区、高新区、奉化市完成率为100%；北仑区、东钱湖旅游度假区、象山县完成率均不到50%。市级计划征收项目已完成签约9个，处于签约阶段项目1个，处于前期准备阶段项目3个，未启动或不启动项目6个。历年遗留的拆迁项目41个，共完成清零15个，完成建筑面积15.59万平方米，遗留户数从619户下降到167户。

物业管理

【3个物业管理项目获全国物业管理示范大厦称号】 在住房和城乡建设部公布的2013年度"全国物业管理示范住宅小区（大厦、工业区）"名录中，宁波市恒隆中心、慈溪市浅水湾小区、梅山保税港区行政商务中心等3家物业管理项目获全国物业管理示范大厦称号。

【新增省级物业管理示范小区（大厦）8个】 2013年，发展大厦、宁波研发园3C、天润商座、国土大厦、环球中心、宁海宁波银行大厦、慈溪康鑫·梵石花园、维科·南熏别院等8个项目获的浙江省物业管理示范小区（大厦）称号。

【物业专项维修资金管理资金管理进一步完善】 截至2013年底，共206个小区，18.5万套房屋已完成建账到户工作，其中房改房9.6万套，共并轨资金4.82亿元。已办理交存维修资金的新建房屋项目47个，涉及房屋2.9万套，交存维修资金3.3亿元。截至2013年底，已有260个老小区，24.04万套房改房成功划拨中修以下维修资金，累计划拨资金约1055万元；对不申请财政补贴的29个项目，涉及2745户房屋，划拨中修以上维修资金共计53.16万元。

【《关于进一步加强物业管理和扶持物业服务业发展的若干意见》制定出台】 9月29日，市政府印发《关于进一步加强物业管理和扶持物业服务业发展的若干意见》（甬政办发〔2013〕211号），进一步明确各部门职责，提出着力解决物业小区管理突出问题，主要为加强房屋装修管理、小区停车管理、环境卫生管理和业委会自治管理这四方面。并从促进行业提升发展、落实财政税收扶持政策、完善有关收费政策来加大对物业服务业的扶持力度。同时提出成立物业管理领导小组，将物业管理工作纳入年度目标考核，倡导机关党员干部发挥模范带头作用，加强舆论宣传引导来强化组织保障。通过5年的努力，使全市物业管理和物业服务业发展水平有明显提升。

【省保障性安居工程建设管理和现代物业服务业发展会议在宁波市召开】 11月15日，全省保障性安居工程建设管理和现代物业服务业发展现场会在宁波举行，会议由省住房和城乡建设厅厅长谈月明主持，副厅长应柏平做报告，全省11个市行业主管部门的相关负责人参加，杭州、宁波、湖州等市及相关企业作交流发言。

【物业管理规模进一步扩大】 截至2013年底，宁波市共有物业管理企业352家，其中一级资质企业24家，二级资质企业30家，管理项目达2365个，面积16146.21万平方米。全市全年经考评，获得2013年度宁波市物业管理示范小区（大厦）称号15个，宁波市物业管理优秀小区（大厦）称号9个。

【认真抓好白蚁防治工作】 2013年，宁波市白蚁所共受理预防项目112个，预防面积442万平方米，收取预防费815万元。完成预防工程回访复查任务约327个，完成复查面积约1130.19万平方米。上门服务402户，灭治面积1.80万平方米。白云山庄白蚁综合治理任务顺利完成，海曙区西河小区和其他23个老小区、建筑面积113.34万平方米的监控装置检查工作全部结束。

（宁波市住房和城乡建设委员会 撰稿：胡荣亮）

厦 门 市

勘察设计

【概况】 2013年，在厦门市承接业务的工程勘察设计企业207家，其中工程勘察企业37家，工程设计企业175家。勘察设计企业新申请资质4家，勘察设计企业资质升级1家，勘察设计企业资质延续9家，设计施工一体化企业资质申报92家，省外分支机构入闽定期备案4家，开具本市勘察设计企业赴外省承接业务诚信证明58家次，办理省外分支机构变更人员及场所11家。

2013年，厦门市勘察设计水平整体提升，厦门市企业获得国家先进工程勘察设计企业称号1个，全国优秀工程勘察设计行业奖二等奖2个、三等奖3个，省级科技进步一等奖1项、二等奖2项、三等奖3项，省级优秀工程勘察设计一等奖项目4个、二等奖项目4个、三等奖项目5个、省级表扬项目14项。

【勘察设计质量检查】 2013年，厦门市建设与管理局成立厦门市建设工程勘察设计活动检查领导小组，由厦门市建设与管理局主要领导任领导小组组长。建立勘察设计技术和管理专家服务团，作为检查工作的技术支撑。成立5个检查工作小组，协调互动，全面推进全市勘察设计质量和市场检查工作：综合检查组负责检查方案的组织实施，综合协调，督促检查工作，总结分析检查工作；工程项目检查组负责勘察或设计工程项目（设计图纸、勘察报告及勘察记录等）质量检查，按项目和专业分类检查，提出检查结论和意见；质量管理体系检查组负责对企业质量管理体系运行、管理制度和机构建设的检查；市场秩序检查组负责勘察设计招标、合同、经济管理等勘察设计市场行为的检查；现场检查组在工程项目施工现场，从施工、监理环节查找问题，核查工程项目勘察、设计质量和服务情况。检查勘察设计企业的质量管理体系、档案管理、设计收费等情况，涵盖建筑设计、市政、幕墙、勘察、园林、钢结构、装修企业。从检查情况看，勘察设计企业在质量管理体系建设方面还比较薄弱，市场竞争激烈，竞相压价，人员流动性大，档案管理不规范。

2013年，厦门市建设与管理局配合福建省住房和城乡建设厅完成全省勘察设计质量检查工作，共抽查厦门市勘察设计企业7家，未发现厦门市勘察设计质量存在重大问题。在检查结束后,及时总结检查中发现的难点、重点问题,并针对这些问题研究进一步加强和改进勘察设计行业监管的措施,探索建立勘察设计行业动态监督管理的长效机制,促进勘察设计行业健康、有序发展。

【完善勘察设计信用评价系统】 2013年,在原厦门市勘察设计企业信用监管平台的基础上,扩展应用范围和使用功能,增加工程建设项目信息报送、信息统计和查询的功能,使之成为勘察设计行业管理的信息资源。截至2013年底,建立企业档案132家(其中包括建筑设计企业105家,工程勘察企业27家),采集企业相关专业技术人员信息3778名。

【初步设计技术论证】 2013年,厦门市建设与管理局发挥技术管理优势,提前介入轨道交通1号线一期工程、东南国际航运中心总部大厦等省、市重点建设工程项目,提供技术支持,服务项目建设,对控制工程造价、优化技术设计方案、保障工程质量等方面起到积极作用,节约大量前期工作时间。全年共组织建设项目初步设计审查技术论证49项,其中建筑工程2项、道路工程21项、桥梁隧道9项、市政工程3项、清淤造地工程2项、综合整治工程12项。

【厦门首届新锐建筑设计师选拔赛】 11月15日,由厦门市建设与管理局、厦门市规划局共同主办的2013厦门首届新锐建筑师选拔赛正式启动。此次活动共有30家单位145位设计师参与,征集到471件作品。经网络投票、公众现场投票、社区代表投票、专家评审等环节及主办单位审核,评选产生新锐建筑师10名。

【抗震设防管理】 2013年,厦门市建设与管理局贯彻实施省住房和城乡建设厅等4部门《关于进一步加强房屋建筑和市政基础设施抗震设防管理工作意见的通知》,明确各区建设局的工作任务,建立工作联系人。完成住房和城乡建设部《具有历史价值建筑的抗震鉴定加固技术要点(砖石结构专篇)》课题,并通过项目验收。梳理中小学抗震加固经验,中小学抗震加固综合技术获得福建省和厦门市科技进步三等奖。年内,配合省厅完成建设工程设计抗震专项审查工作,厦门市有超限高层抗震专项论证23项。

村镇建设

【概况】 2013年,全市投入资金1.92亿元,整治12条高速路、铁路沿线村庄,重点开展福厦铁路、厦深铁路、沈海高速公路和集美大道等重要通道沿线村庄(社区)整治,整治长度总计76公里,涉及村庄(社区)61个,完成房屋立面整治1378栋、涂装面积548175平方米,实施"平改绿"面积3080平方米。绿化景观改造21000平方米,弱电缆化12000米,新建和改造围墙18916米,规范广告牌4000多平方米,惠及沿线7.2万群众。

【城乡环境综合整治】 2013年,厦门市全面组织实施城乡环境综合整治"点、线、面"攻坚,分省级和市区级展开示范建设,省级项目包括城市完整社区3个、农村完整社区8个,快线项目7个、慢线项目4个,流域治理项目2个,先后推出海虹社区、田头村、山边村等完整社区整治典型,高速公路海沧段、高铁集美段等路线整治和过芸溪中游流域治理示范典型,并在全市推广海沧城乡设施环卫一体化管理和网格化社会管理的后续管理模式。市级项目根据厦门各区环境现状,选择初步具备条件的项目进行推动,起到逐步引导、逐步完善、逐步推广、滚动推进的作用,包括开展3个城市完整社区、10个农村"七好"社区的创建工作,2条绿道(共计5.3公里)绿道建设,开展6条重要道路沿线环境及4条小流域治理,开展14个农村分散式污水治理点建设。

【家园清洁行动】 2013年,厦门市安排家园清洁行动市区两级财政资金合计1970万元,主要用于各区垃圾容器的淘汰更换及垃圾清洁楼的升级改造。各区镇自筹资金,发动群众共同参与:灌口镇每村居补助1万元,发动12个行政村、6个社区、76个自然村,共发动15000人,清理房前屋后垃圾,整治脏乱差;后溪镇的新村、仑上村和灌口镇的上头亭、黄庄村等重点村试点上门收垃圾;集美全区改造垃圾池94座,后溪还实施部分村庄污水明沟改暗沟,提升农村居住环境。12月,厦门市启动"爱我厦门家园清洁211行动",发动全市市级以上文明单位与挂钩村,共同清扫房前屋后卫生,提升农村环境卫生水平。

【农村污水整治】 2013年,厦门市安排14个不能接入市政管网的村庄进行生活污水治理,项目计划投资6000万元。截至2013年年底,全市村庄生活污水治理项目累计34个,完成7个,已在施工的项目27个,完成投资1500万元。完成针对厦门地区特点的5种类型生活污水治理设计方案图册论证工作,完成采用经济适用型和低成本的生态型污水处理模式项目5个(包括翔安区市头村、海沧区山边村、后岬村、洪厝村、新社村),完成总投资557万元。

城市管理

【概况】 2013年,厦门市建设与管理局重点推动城市景观综合整治、工地扬尘治理、市容市貌整治、公共停车场建设管理、老旧小区品质提升等工作。全年发布公益宣传广告42处、约9500平方米,设置各类灯杆旗5000杆(面),清理无主边角土头垃圾约4.5万立方米,解决边角土头垃圾长期堆放和无人管理问题。

【城市道路景观综合整治】 2013年,厦门市制订《加强城市道路景观综合整治管理工作的意见》,明确厦门市城市道路景观整治范围、责任分工、整治内容、项目的生成、设计方案、招投标、开工竣工管理、资金拨付等内容。全年完成城市景观综合整治项目总价约2.1亿元,其中马拉松赛道沿线、莲前东路埔农贸市场、文园路、仙岳路岳阳小区旁两旧楼、环岛干道三个节点、人才中心、中兴路口(思明区)、台湾街旧农贸市场及周边、金尚路仙岳路(湖里区)、鳌园路(集美区)、海沧街道办周边道路、滨湖北路沿线、324国道沿党校段、海沧大桥北片区(海沧区)、南门路(同安区)、新兴街(翔安区)完成施工,浔江路、银江路、杏滨路、杏前路(集美区)年底完成70%。

【公共停车场建设与管理】 2013年,厦门市出台《厦门经济特区停车场规划建设与管理条例》,首次在立法中对停车泊位提出建筑物配建标准要按1户1个车位的比例配建,同时创新投资方式,鼓励社会投资建设公共停车场。出台《厦门市人民政府关于加强停车场建设和管理的实施意见》,成立厦门市停车场建设和管理领导小组及办公室,建立全市统筹协调公共停车场建设和管理的工作机制。完成上古街第一医院停车楼、机场地下车库的建设并投入使用,提供1909个停车泊位。火车站南广场停车场及配套服务设施、海沧湖市民公园停车场、同安双溪公园地下停车场等项目进入基础或主体施工。开展停车场普查,完成岛内1160个停车场的位置、收费、车位等静态信息管理。开通968890、118114等语音平台及手机网页平台,实现对岛内停车场相关动、静态信息的查询。

【建筑废土砂石综合整治】 2013年,厦门市成立市建筑废土砂石整治领导小组,下设办公室挂靠市建设与管理局,初步建立政府统一领导、部门协调联动、市区分级管理、各方共同参与的全市建筑废土砂石综合监管体系,形成源头管控有力、运输监管严密、执法查处严厉的建筑废土砂石综合管理长效机制。全年重点检查102个项目,发出督促整改通知书70份,对27个存在砂土污染情况的项目进行查处,对施工单位、监理单位及相关责任人给予通报批评或记入不良记录等处理,同时责令各建设单位牵头组织整改,并通过不定期在《厦门日报》上曝光不文明施工现象,强化社会监督,有效抑制施工现场建筑砂土处置过程中的洒落、飞扬等影响市容市貌、环境质量的不文明施工现象。

【城市节水管理】 2013年,厦门市对全市月用水在600吨(特种行业200吨)以上非居民用水单位5420家纳入计划管理,同比增长12.57%。完成水平衡测试考核165家,通过查漏堵漏,日节水量11405吨,采取节水改造措施取得日节水13675吨,合计日均节水25080吨,年节水900多万吨。全市18家企业(单位)通过节水型企业(单位)考核,30家企业(单位)、小区通过节水型企业(单位)的复评。厦门市通过国家节水型城市专家组复查考核,蝉联国家节水型城市。

物业管理

【概况】 截至2013年底,厦门市有物业管理资质企业287家,其中一级资质企业19家,二级资质企业21家,三级资质企业216家,暂定资质企业31家。实施物业管理小区1464个,约17.24万栋、46.2万户。其中,住宅小区817个,高层楼宇151个,工业厂房(含商场)及其他496个。物业管理总建筑面积9444.46万平方米,其中住宅小区面积5893.15万平方米,高层楼宇面积453.09万平方米,工业厂房(含商场)及其他面积3098.22万平方米。全市住宅小区物业管理覆盖率68%。被评为国家、省级、市级示范或优秀物业管理项目有192个,其中国家示范或优秀项目34个,省级示范或优秀项目63个,市级示范或优秀项目95个。全市物业服务企业营业收入总额22.98亿元,上缴税收总额1.73亿元,企业利润总额1.21亿元。厦门白土德楼宇管理有限公司、厦门豪亿物业管理有限公司2家取得国家一级资质,厦门唐人物业管理有限公司等3家取得国家二级资质,全年新办物业服务企业11家。截至年底,专项维修资金总额21.26亿元,新增专项维修资金总额3.36亿元,新增利息852.57万元,全年划拨使用1344.51万元。

【物业管理协会换届】 11月21日,厦门市物业管理协会在白鹭宾馆召开第四届会员大会第一次会议,进行换届选举工作,共有180会员(占全部会员81.4%)参加会议。大会进行第四届理事会的选举,以举手表决的方式产生79名理事会成员。随后召开第四届理事会第一次会议，选举产生35名成员组成的常务理事会，选举王杰华为新一届厦门市物业管理协会会长，陈佳鹏为常务副会长兼秘书长。

【老旧小区提升改造】 2013年，厦门市开展彭寿路1号、康乐新村、永信花园等10个老旧小区整治，市区两级财政投入共计1540万元，改造内容涉及小区围墙建设，房屋单元电子防盗门和电子监控器的安装或改造，化粪池清污及地下管网改造，道路、绿地、停车场改造等具体事项。为确保老旧小区整治成效的长久性和持续性，厦门市建设与管理局要求各开展整治的老旧小区居委会，筹备组织召开业主大会选举产生业主委员会，并对整治后的小区物业管理模式进行表决，建立起物业服务长效机制。2031年年底湖里区已着手开展无业委会小区筹备成立业委会工作。12月10日，中央电视台《新闻联播》以《破除"走过场"，切实听民声》为题，从厦门市小学路的改变入手，报道厦门市开展美丽厦门活动，在老旧小区整治中的做法和举措。

建筑业

【概况】 2013年，厦门市新设立建筑业企业107家，其中总承包25家，专业承包15家，劳务分包11家，设计施工一体化56家。建筑业企业818家，其中施工总承包241家，专业承包271家，设计施工一体化169家，劳务分包137家。4家企业主项2级升1级，5项资质2级升1级；11家企业主项3级升2级，18项资质3级升2级。非本市注册在厦备案的企业307家，其中总承包248家，专业承包57家，设计施工一体化2家。注册地在厦门的建筑业企业完成建筑业总产值742亿元，同比增长15.7%。124家厦门企业到省外拓展建筑市场，省外产值177.93亿元，同比增长14.45%。

2013年，厦门市共有348个项目获得市级结构优质工程，171个项目获得鼓浪杯市优质工程，28个项目通过闽江杯省优评审会评审，1个项目获评中国建筑鲁班奖（国家优质工程），4个项目获评全国AAA级安全文明标准化诚信工地。全市共发生一般建筑安全事故6起，死亡7人（其中，一般安全生产责任事故1起，非生产安全责任事故5起），未发生较大及以上等级生产安全事故，未发生质量事故。

【工程招投标管理和服务】 4月15日起，在厦门市交易中心发布招标公告的房建市政工程施工招标全部采用电子招投标，并同步实施图纸电子化，不再出售纸质图纸。全年共有104个房建市政工程项目采用电子招投标方式进行招标，其中1000万元以上81个，1000万元以下的66个。对重点工程项目通过延时服务、容缺受理、优先安排开评标场地等，进一步提速增效。探索非厦门市国企工程建设项目招投标管理模式，在法律法规允许范围内赋予招标人相应的权利，同时也规范非厦门市国企在厦投资的国有资金占控股或者主导地位的工程建设项目招投标活动。厦门市建设与管理局对印发的招投标规范性文件进行全面清理，废止16件，修改2件。

【建筑市场信用体系建设】 4月下旬，厦门市建设与管理局发布2012年度建筑业企业信用评价结果，共有330家施工总承包企业和201家专业承包企业参与评价，有29家施工总承包企业和9家专业承包企业被评为A级以上信用等级。

【工程担保监督管理】 2013年，厦门市建设与管理局通过建设工程担保管理系统，对厦门市各类工程担保保函实行集中管理，共受理各类保函收件1279件，续保收件3件，涉及合同金额379.8亿元，总担保金额50.84亿元，风险准备金额1939.28万元。其中，专业担保公司开具的保函982件，担保金额33.02亿元，占总担保金额的64.96%；银行开具的保函297件，担保金额17.82亿元，占总担保金额的35.04%。共受理各类保函取件923件。

【建筑劳务管理】 2013年，厦门市共完成近9483名建筑农民工岗前培训和技能提升培训，其中岗前培训8505多人，技能提升培训已获职业资格证书的978人。厦门市建设与管理局等部门联合成立农民工业余学校创建工作协调小组，全面指导农民工业余学校的创建工作，全年共建立50个农民工业余学校。厦门市建设与管理局在春节前为800多名骨干建筑农民工办理免费乘车返乡，夏季高温期间组织慰问一线施工人员，发放慰问品8000多份。

【建设领域拖欠工程款清理】 2013年，厦门市清理建设领域拖欠工程款办公室共接听施工企业、项目部、工人的电话咨询1031多次（含少部分投诉件），接待来访咨询、投诉1115人次，组织召开协调会35场，与市信访、劳动监察等部门配合处理各项工程纠纷1142人次，受理投诉62件，涉及拖欠工程款金额4913.39万元（企业自报数额），期间协调解决或部分解决59件（含2012年投诉件7件），实际解决被拖欠工程款5434.62万元（发放农民工工资2448.74万元）。

2013年，厦门市建设与管理局严格落实工资保证金制度，全年共有130家施工企业162个工程项目缴存工资保证金，合计4826.49万元。108家施工企业 148 个工程项目办理工资保证金返还，返还金额合计 3955.43 万元。有 1 家施工企业因为存在工资纠纷而被动用工资保证金 19.3 万元。共有 13 家施工企业因两年内存在拖欠工资问题被调高工资保证金缴交系数。

8月，厦门市建筑工程施工合同纠纷人民调解委员会成立，该调委会主要开展施工合同纠纷人民调解工作，为施工合同纠纷搭建新的纠纷解决平台。首期人民调解员由 5 名有丰富调解经验的教授、律师、仲裁员、工程师组成。调委会调解受理范围有：房屋建筑和市政基础设施工程施工合同纠纷，包括建设单位与施工总承包企业、专业承包企业的施工合同纠纷，施工总承包企业、施工专业承包企业、劳务分包企业相互之间的施工合同、劳务分包合同纠纷。

【建设工程安全监管】 2013 年，厦门市建设与管理局建立站级督查和科级巡查的建设工程安全监管制度，全年共进行科级、站级巡查项目 1052 个次，发出责令整改通知书 756 份，对 173 家（次）参建单位记录不良行为，对 309 家（次）单位给予约谈企业负责人，对 807 个责任人给予违规记分（合计 8605 分），巡查数量及处理力度均为历年之最。6 月 10 日起，厦门市建设与管理局结合安全生产月活动，成立安全重点整治百日行动领导小组，在全市建设系统开展以排查整治事故隐患为重点、以检查落实企业安全生产主体责任为目标的建筑施工安全大检查暨安全重点整治"百日行动"，组织 3 个阶段安全重点整治督查，共督查 45 个在建项目，涉及 135 家施工、监理、建设单位，发布 3 份督查通报，通报批评 25 家施工或监理单位并记录不良行为，对 36 位建造师记分 415 分，对 36 位项目总监理工程师记分 385 分，暂停使用 8 台塔机和 2 台施工升降机，对 46 个施工、监理单位的企业负责人和分管领导进行约谈。

【文明施工标准化建设】 4月22日、6月24日、9月30日，厦门市建设与管理局分别组织全市工程监督人员、施工企业和监理企业负责人、分管领导、质安科长、项目经理和总监理工程师约 4000 人次到厦禾裕景、恒禾七尚、中航城等施工现场参与安全文明施工标准化示范工地现场观摩。7 月 25 日，厦门市建设与管理局受省住房和城乡建设厅委托，具体承办全省施工质量安全生产文明施工标准化现场观摩会（厦门会场），来自全省的近 4000 名施工企业相关管理人员现场观摩厦禾裕景、恒禾七尚工地。

【建筑材料备案管理】 2013 年，厦门市征收 401 个工程项目的墙改基金 11253.8 万元，返退 467 个工程项目的墙改基金 8520.2 万元。受理建设工程材料备案与监督年检件数 90 件。开展对 23 家预拌商品混凝土企业进行资质检查及实验室核查的工作，对 4 个未备案的预拌商品混凝土企业分站进行严肃查处，责令其中 3 个分站停止对外供应，1 个分站停业整顿至符合要求。对建筑节能及外围护结构有重要影响的门窗和幕墙加强监督管理，办理门窗幕墙工程监督检查登记 280 项，总造价 116502.3 万元。完成全市 200 多栋既有超限玻璃幕墙建筑的数据核对，并在《厦门日报》上公布 242 栋超限玻璃幕墙建筑名单，并逐一发出整改告知函。

【建筑节能】 2013 年，厦门市办理民用建筑设计方案节能审查项目 115 件，办理民用建筑节能专项验收备案 324 件，完成 55 个大型公共建筑和大型居住小区的能效测评。组织 4 批建筑节能产品认定，共计 98 个产品通过认定并将认定结果向社会公布。录入国家机关办公建筑和大型公共建筑 359 栋，建筑面积 1093.95 万平方米的能耗数据；录入 6 区 7 街道的民用建筑 14937 栋、建筑面积 796.73 万平方米抽样建筑的能耗数据；完成 36 栋国家机关办公建筑和大型公共建筑的能源审计工作。在国内率先开展公共建筑领域引入碳排放权交易机制，研究制定《厦门大型公共建筑碳交易机制实施方案》，依据建筑能耗统计、审计、监测的结果，确定每类建筑的能耗基线值，推进建筑节能工作。

2013 年，厦门市举办第十届中国（厦门）国际建筑节能博览会，为企业宣传交流搭建一个平台，促进最新节能技术与产品在同城化建设中的推广和应用。此届博览会创新工作机制，打破以往 9 届直接由会展企业承担的模式，与媒体联办并全面推向市场化，增强参展企业与市民互动。

2013 年，厦门市组织参加第四届中国（天津滨海）国际生态城市论坛暨博览会，展示厦门低碳城市建设成就，与国内外同行共同分享厦门在建筑节能、绿色建筑、可再生能源建筑应用等领域的经验。

【可再生能源建筑应用】 2013 年，厦门市编制并发布《厦门市可再生能源建筑应用城市示范项目管理办法》，从国家争取到可再生能源建筑应用专项补助资金 2700 万元。厦门市 SM 商业城光电建筑一体化项目、厦门市集美区杏林台商投资服务中心大楼光伏示范项目、厦门大学能源研究院光电建筑一体化示范项目等 3 个国家示范项目完成项目竣工，总装机容量 1.35 百万瓦特。

【绿色建筑】 2013 年，厦门市 5 个项目获得绿色建筑设计评价标识，总建筑面积为89.65万平方米，位居全省第一。厦门中航紫金广场（A栋办公塔楼、集中商业）和海沧万科城1号楼获得绿色建筑最高星级（三星级）。制定《厦门市绿色建筑行动实施方案》，方案于2014年1月1日正式执行。方案明确提出强制性措施，要求民用建筑按照绿色建筑标准建设；制定财政奖励措施，除对主动建设绿色建筑的业主进行奖励外，在全国范围内首次提出对购买二星级和三星级绿色建筑商品住房的业主分别给予返还契税的奖励。

2013年，厦门市成功举办生态人居·绿色生活论坛，邀请王如松、侯立安院士以及叶青、徐伟等行业权威专家围绕绿色生态城市、生态人居的技术支撑、绿色生活模式等进行讨论，共同探讨生态人居和绿色建筑的科学发展，为美丽厦门建设建言献策，为厦门生态文明建设和生态文明立法进行把脉问诊。

【建设科技】 2013年，厦门市编制并发布《厦门市建设科技计划项目管理办法》，规范建设科技计划项目的管理。加大对建设系统科技研发的财政扶持力度，公布建设科技计划项目9项，项目总投资244万元，其中财政补助90万元。完成建设科技计划项目验收7项，其中4项达到国内领先水平，3项达到国内先进水平。组织行业科技成果申报福建省、厦门市和福建省住建厅科学技术奖，获得省科学技术奖二等奖2项、三等奖1项，获得市科技进步奖二等奖1项，获得省建设科技奖特等奖1项。

房地产业

【概况】 2013年，厦门市房地产开发投资企业271家，在建项目144个，完成房地产开发总投资531.8亿元，同比增长2.5%。在房地产开发投资结构中，建安（建筑和安装）工程投资399.11亿元，同比增长24.44%，占总投资的75.05%；土地购置费132.69亿元，同比增长－33%，占总投资的24.95%。岛内投资190.21亿元，占总投资的35.77%；岛外投资341.59亿元，占总投资的64.23%。在房地产完成投资的物业类型中，住宅完成投资304.19亿元，同比增长15.6%，占总投资的57.20%；办公楼完成投资69.98亿元，同比增长53.5%，占总投资的13.16%；商业营业用房完成投资57.59亿元，同比增长27.5%，占总投资的10.83%；其他完成投资（包括车库和厂房）100.04亿元，同比增长－13%，占总投资的18.81%。

全市商品房新开工面积689.5万平方米，同比下降15.7%。其中，岛内商品房新开工面积199.24万平方米，占28.9%；岛外商品房新开工面积490.26万平方米，占71.1%。全市商品房竣工面积343.79万平方米，同比下降18.6%。其中，岛内商品房竣工面积137.42万平方米，占39.97%；岛外商品房竣工面积206.37万平方米，占60.03%。全市商品房在建面积3300.5万平方米。其中，岛内商品房在建面积1073.1万平方米，占32.51%；岛外商品房在建面积2227.4万平方米，占67.49%。

【2013年国际花园城市大赛总决赛】 11月28日～12月2日，由厦门市政府承办的2013年全球国际花园城市（社区）大赛总决赛举行。此次大赛共接待来自全球23个国家及地区的44个城市（社区）和52个项目近500名参赛代表来厦参赛，展示、交流和评比城市建设与社区管理的成就和经验。厦门市获得2013年全球国际花园城市（社区）大赛总决赛承办城市奖。

【第十届中国厦门人居环境展示会】 11月15～18日，第十届中国厦门人居环境展示会暨中国（厦门）国际建筑节能博览会在厦门国际会展中心举办。此届人居展围绕节俭办展、市场化办展和突出展会实效3大原则，以智慧人居，美丽厦门为主题，由人居环境馆、数字家庭馆、厦门国际建筑节能博览会、海西精品人居项目展览馆、厦门绿色交通展览馆、地产专业服务展览馆等6大部分构成，集中展示美丽厦门战略规划、厦门智能交通与管理成就、数字家庭生活、三维地铁、智能停车、智能交通管理设备等内容。共有参展单位近200家，展示面积超过4.5万平方米，参观人居展和参加各项活动的嘉宾和观众约30万人次。展览规模、布展规格、观展人数均创历届之最。

保障性安居工程

【概况】 2013年省政府下达给厦门市的保障性安居工程建设任务为10991套，基本建成10000套。截至年底，厦门全市保障性安居工程已开工11033套，占年度建设任务的100.38%；基本建成12253套，占年度基本建成任务的122.53%。全年累计完成投资33.76亿元，占年度计划投资24.79亿元的136.15%，超额完成省政府下达的年度建设目标任务。全市共受理保障性住房申请5982户，审核申请材料6491户，经审核公示6356户，组织选房11批次，共选房2576户。高林居住区、滨水小区入选省第二批保障性住房和谐人居示范项目。

【厦门保障性安居工程建设投资有限公司成立】

8月6日,厦门保障性安居工程建设投资有限公司正式挂牌成立。该公司注册资本5亿元,是经厦门市人民政府批准设立、委托市建设与管理局管理的国有独资有限责任公司,是全省第一家专营保障房建设、投资与运营的管理公司,主要负责保障性安居工程融资、建设、运营,通过打造保障房专属投融资平台,引进市场管理机制,盘活保障房存量资产,规范融资渠道,减少财政在保障房建设方面的压力,确保广大保障房住户享有更为良好的居住环境和优质的社区服务。

【编制保障性安居工程选址规划】 2013年,厦门市社会保障性住房建设与管理办公室完成《厦门市保障性住房近期建设用地控制规划》编制,市规划部门将保障房纳入厦门规划设施图标体系,保障房拥有专用设施图标,建设用地得到优先保证。

【保障性安居工程审计】 2013年,国家审计署委托厦门市审计局对厦门市2012年保障性安居工程建设、管理情况进行审计。市社会保障性住房建设与管理办公室与审计部门进行沟通,协调各区、项目建设(代建)单位做好各项迎检工作,收集、整理、提供所需材料和数据,完成保障性安居工程审计迎检工作。

【《厦门市社会保障性住房管理条例》修订】 2013年,厦门市社会保障性住房建设与管理办公室根据厦门住房保障机构调整情况,结合厦门经济发展水平和地域特点,启动《厦门市社会保障性住房管理条例》的修订工作,对厦门现有的住房保障体系进行调整与完善。

【市本级保障性安居工程房源清理】 3月起,厦门市建设与管理局联合厦门市纠风办开展保障性安居工程市本级房源清理工作,对保障性住房、安置房和统建解困房(含旧经济适用房)等3类政策性房源进行清理。清理工作历时4个月,清理房源所在的57个项目(包括16个保障性住房项目、18个安置房项目和23个统建解困房项目),整理核对71563套房源信息,对5166套空置房源进行排查,发现111套存在被物业等单位违规使用行为,并予以清退。

【保障房试行人脸识别系统】 2013年,厦门市建设与管理局在虎仔山庄小区试点住户人脸识别门禁系统,该系统以住户的人脸作为惟一识别特征,可以限制该小区保障房住户以外的人员进出。该系统的建立,有助于管理部门及时发现长期空置、转租、转借等违规使用行为,也有助于对孤寡老人、残疾人等特殊家庭进行远程关注,及时发现异常出入状况并予以人文关怀。

【保障性住房项目维保】 2013年,厦门市社会保障性住房建设与管理办公室进一步完善保障房维保工作制度,落实各相关单位维保工作职责、明确工作流程。对厦门市所有已建成的保障性住房小区进行维保情况排查,涉及电梯、消防等设施设备系统,以及各小区遗留的维修、维保问题,并针对发现的问题督促相关责任单位及时落实组织整改,建立维保通报机制,定期对保障房维保情况进行通报。

【开展和谐保障房社区创建】 9月,厦门市建设与管理局将集美滨水小区确定为美好环境与和谐小区共同缔造,为居民打造安居乐业的居住环境工作的试点项目。在厦门市住房保障管理中心的协调组织下,街道、社区、物业、居民等各方成立缔造队,围绕着共谋、共建、共管、共享思路,制定并落实行动方案,组织开展各种志愿服务等,为营造邻里和谐、维护优美环境、提升小区居住品质做实质性工作。

房地产市场管理

【概况】 2013年,厦门市出台贯彻落实"新国五条"的实施细则和《进一步做好我市房地产市场调控工作的意见》,从严执行调控政策,遏制投资投机性需求,合理引导住房需求,坚决抑制房价不合理上涨。强化商品房预售管理,建立住宅价格预审制度,从合理确定商品住房预售许可规模和频率、制定商品住房价格具体控制标准、完善预售方案申报程序、限制拟售价格上调等方面引导开发企业合理定价。提请市政府修订颁布《厦门市商品房预售管理规定》;调整厦门市"购房入户"政策。研究起草加强厦门市商品房车位(库)销售管理的意见。启动建立二手房交易统一房源编码制度的研究。严格执行限购政策,提高外地居民购房门槛,完善购房资格审查操作规程,建立厦门市购房人信用档案管理制度。组织开展70多次市场专项检查,对做出违规行为的3家房地产开发企业及4家房地产代理公司依法进行行政处罚。实行商品房项目预(销)售计划管理,建立商品房项目管理台账制度。集中开展房地产中介市场专项治理,全面检查全市179家中介机构门店,并曝光其中8家涉及无照无证经营的门店。完成2012年度经纪机构年检,取消60家年检不合格机构的资质。

全市商品房市场呈现供销两旺的势头,新建商品房销售量超额完成全年销售任务指标,再创历史最高水平。受各种因素影响,商品住宅供求关系偏紧，价格持续上扬。全市商品房供应量为773.4万平方米，与2012年相当，其中商品住宅为515.86万平方米，同比上升8.33%，岛内外供应比例约为1∶4。新建商品房销售量755.15万平方米，同比上升23.14%，成交金额1007.26亿元，同比上升40.44%。其中，商品住房销量508.59万平方米，同比上升5.7%，成交金额734.4亿元，同比上升25.26%，岛内外销售比例约为1∶3。全市商品房总存量为2993万平方米，其中商品住宅存量1224万平方米。

【厦门市贯彻落实"新国五条"实施细则出台】3月30日，制定并公布2013年度厦门市新建商品住房价格控制目标，并于4月3日出台贯彻《国务院办公厅关于继续做好房地产市场调控工作的通知》的实施意见，包括认真落实稳定房价的工作责任、坚决抑制投资投机性购房、加强税收征管、严格实施差别化住房信贷政策、加强普通商品住房用地供应、继续加强房地产市场监管、加快保障性安居工程规划建设、做好市场监测分析和舆论引导等8个方面内容。

【出台调整厦门市"购房入户"政策的意见】12月5日，厦门市出台《厦门市人民政府关于调整厦门市购房入户政策的通知》。新取得土地的商品住房项目不再享有"购房入户"政策，历年来已取得土地的商品住房项目，给予2年的消化期，自2016年1月1日起，全市取消"购房入户"政策。

（厦门市建设与管理局）

深 圳 市

住房和建设

概况

【强化保障房建设分配管理】2013年，深圳市新开工保障性住房1.7万套，竣工2.21万套。全年供应保障房2.7万套。完成安居型商品房、公租房两个轮候库建设，逐步实现"以需定建、诚信申报、轮候分配"。全面形成政府直管、业主代管、企业托管"三位一体"保障房社会化管理模式，对骗购、骗租、骗补行为依法严肃查处。

【全力推进人才安居工程】全年市、区两级受理和发放人才安居住房补贴10亿元，惠及20万人才。配合市委组织部对人才安居补贴实施效果进行全面评估，为下一步决策提供参考。

【用铁腕抓质量保安全】全市新开工建设项目约1283个，总造价约981亿元，同比增长7%；全市竣工工程526项，竣工造价约428亿元，同比增长8%。全年实现建筑业总产值2358.33亿元，建筑业增加值约占全市GDP 3.1%。

【建设绿色城市打造美丽深圳】率先全国实行新开工项目执行绿色建筑标准。2013年全年预计新增节能建筑面积1000万平方米；建节能建筑面积累计达8050万平方米。建成4个建筑废弃物综合利用项目；新增建筑废弃物处理能力50万吨。超额完成国家下达任务。

【着力改善民生提升公共服务】全面完成30个"智慧社区"建设试点工作、125个绿色物业管理项目试点工作。全市新建市政中压燃气管道205公里，其中，原特区外新建市政中压燃气管道183公里。全市燃气管道长度达到4000公里。燃气管网覆盖率65%，原特区外燃气管网覆盖率52%。

【改革创新擦亮窗口提质提效】行政审批事项减少50%，70%事项办理时限压缩20%以上，压缩审批时限310个工作日。窗口业务即到即办率90%以上。实施招投标"评定分离"，招投标关口前移等多项改革举措，工程建设前期工作缩短50天以上。

政策规章

紧扣法治政府建设，全面加强法治工作，以法治促改革，以法治促发展，以法治促工作全面落实。陆续出台《深圳市绿色建筑促进办法》、《深圳市公共租赁住房轮候与配租办法》、《〈深圳经济特区物业管理条例〉实施若干规定》，推动《深圳市燃气管道设施安全保护办法》、《关于加强建设工程招标投标管理的若干规定》、《深圳市人才安居暂行办法》、《深圳经济特区物业管理条例》、《深圳经济特区公积金管理条例》的修订、制定工作，全面推进我市住房保障、工程建设、绿色建筑等多个领域的法制建设。

房地产业

【房地产开发】 2013年,全市房地产累计开发投资完成额为887.71亿元,同比增长20.5%,超额完成年初制定的831亿元的目标;其中,住宅累计开发投资完成594.10亿元,同比增长25.2%。2013年,全市固定资产总投资完成2501.01亿元,同比增长14.0%,房地产开发投资同比增速比固定资产投资高出6.5个百分点,占同期固定资产总投资比重达到35.5%,是2006年以来同期的最高水平。

【房地产一级市场管理】 2013年,商品房累计批准预售面积和套数分别为776.66万平方米和79822套,同比分别增长19.2%和17.8%;其中,商品住宅累计批准预售面积和套数分别为608.43万平方米和65152套,同比分别增长20.5%和18.8%。2013年商品住宅累计批准预售规模高于前四年,创自2009年以来的最高水平。

【房地产二级市场管理】 2013年,全市继续加强房地产市场监管工作,健全和完善行政监管机制。一是切实开展房地产经纪市场专项治理工作,促进经纪市场健康稳定发展。根据住房和城乡建设部工商总局、省住房和城乡建设厅省工商局关于开展房地产中介市场专项治理的通知精神,结合深圳实际,在全市范围内开展为期5个月的房地产经纪市场专项整治工作。通过经纪机构自查、收集整理群众投诉、开展现场巡查、组织联合检查等多种方式,建立全市房地产经纪机构台账,查处一批经纪机构违法违规行为,切实保护广大市民的合法权益。二是健全行政监管机制,建立和完善房地产市场巡查制度。在开展房地产经纪市场专项整治工作过程中,结合房地产市场日常管理工作的实际情况制定和完善房地产市场监管制度;建立主管部门与行业协会联合巡查机制,各管理局与行业协会定人、定时、定点开展联合检查工作并将此项工作制度化、常态化,充分发挥行政管理与行业自律的互补作用。三是开通"二手房自助交易合同打印系统",为市民提供更加方便、高效的服务。2013年,全市商品房累计批准预售面积为776.66万平方米,同比增长19.2%;其中,商品住宅累计批准预售面积为608.43万平方米,同比增长20.5%。

【房地产三级市场管理】 2013年,全市新建商品房累计成交面积为527.60万平方米,同比增长31.0%;其中,新建商品住宅累计成交面积为437.63万平方米,同比增长21.2%,成交面积是2010以来的最高水平。二手房方面,2013年,二手房累计成交面积为850.54万平方米,同比增长43.6%;其中,二手住宅累计成交面积为727.10万平方米,同比增长55.2%。

【市场调控】 2013年,全市严格地执行国家提出的各项房地产调控政策,制定切合深圳实际的调控措施。一是严格执行"限购"政策,抑制市场投资投机行为;二是多渠道增加住房用地供应;三是增加住房开工和供应规模,缓解供求矛盾;四是加强市场监管,提升服务水平;五是加强保障性安居工程建设,切实满足低收入居民住房困难;六是严格执行差别化住房信贷政策,提高第二套住房贷款首付比例;七是严格执行差别化的房地产税收政策,加强税收征管工作;八是加强住房政策研究,加快构建符合深圳实际的房地产市场调控长效机制。结合全市土地资源紧张、住房供求矛盾大的现状,全市加紧研究构建符合深圳实际的房地产市场调控长效机制。通过开展住房制度的顶层设计,提高住房供应的有效性;通过完善住房供应结构体系,探索实施安居型商品房"共有产权"发展模式,解决城市"夹心层"住房需求问题。

【住房计划】 结合房地产调控政策与市场需求,2013年度计划供应商品住房用地90公顷,其中通过城市更新供应60公顷。同时,根据《深圳市住房建设规划(2011—2015)》,2013年保障性住房建设计划指标为4万套左右。鉴于全市土地资源紧约束,全市将通过加大城市更新配建等多种途径来落实保障性住房用地需求。2013年供应保障性住房及其他安置房用地75公顷。其中,新安排安置房40公顷,保障性住房15公顷,城市更新配建折算保障性住房20公顷。保障性住房在空间上应优先安排在公共交通便捷的地区、轨道站点上盖及沿线、以及人才居住需求集中的产业园区等区域。

【住宅产业化】 发布《深圳市保障性住房建设标准(试行)》,明确要求在保障性住房应推行建筑工业化的建造方式,选择使用工业化住宅部品。按照住宅产业化试点城市的任务和要求,以标准化推动试点项目,落实8个住宅产业化试点项目,在6个保障性住房项目中加大试点工作的力度,在2个商品房项目土地出让项目中明确住宅产业化的要求。截至2013年底,以示范基地打造新型住宅产业链,培育1个国家级示范基地及5个市级示范基地和项目。以住博会和明日之家宣传产业化技术,展示"保障房+工业化+绿色建筑"具有深圳特色的产业化整体解决方案。(邓文敏)

住房保障

【保障性住房建设】 加大保障性安居工程建设力度（民生实事）。2013年，计划开工1.5万套，竣工2万套，实际完成开工17964套，任务完成率达119%；竣工22118套，任务完成率达111%。2013年计划供应2.5万套，累计供应2.7万套，任务完成率达108%。健全公共租赁房、安居型商品房和货币补贴相结合的多层次住房保障体系。2013年2月至6月开展首次轮候申请工作，接受申请约2.8万份；11月上旬完成首次轮候人员相关信息的公示，首次轮候库初步建立。《深圳市公共租赁住房轮候与配租暂行办法》经市政府审批，已于2013年11月29日发布实施，首次轮候申请工作已于12月16日启动。全面实施人才安居工程（民生实事）。市本级发放人才住房补贴5亿，惠及人才约7.5万人；配租配售人才住房0.88万套，惠及约3万人。

公积金管理

【公积金管理】 制定商业贷款转住房公积金贷款实施方案（民生实事）。《深圳市商业性住房按揭贷款转住房公积金贷款暂行规定》于9月16日正式实施。同时，住房贷款的商转公业务正式上线，住房公积金各项业务已全面铺开。2013年9月27日，深圳住房公积金远程服务平台正式建成并对外运作，成为目前我国同行业内第一家实现让职工通过电话即可受理查询和直接办理业务的住房公积金服务平台。截至2013年累计归集资金约761.30亿元，累计单位开户9.83万家，个人开户近678.18万人，累计提取资金约214.39亿元。累计发放贷款资金91.51亿元，为19665户家庭减轻购房压力。（黎俊）

城市规划

【概况】 2013年，深圳市规划和国土资源委员会（市海洋局）（以下简称市规划国土委）进一步加强城市规划对城市发展的引领作用。推进综合规划编制，高水平完成前海、龙华、大鹏、宝安、大空港综合规划；完成全市综合交通体系规划，交通一体化向纵深发展；大力推进生态文明建设；加强区域规划合作，强化边界地区的规划统筹；全面梳理规划管理体系，优化规划管理制度，提高法定图则审批效率和可实施性；城市公共空间更加人性化、特色化；地名管理更加精细化。

【交通规划】 2013年，市规划国土委编制完成《深圳市绿色交通规划研究及实施方案》、《深圳市详规层面绿色交通规划编制指引》两个项目，分别从宏观、中观两个层面对绿色交通进行系统性、整体性的研究。按照市政府《关于加快推进新能源汽车示范推广工作会议纪要》要求，就如何进一步贯彻落实市政府决策、加快推进新能源汽车示范推广工作提出相关建议，并专题报市政府《市规划国土委关于加快推进新能源汽车示范推广工作有关建议的报告》；另外，为配合完成市政府2013年投放1700辆新能源汽车的任务，专题开展《2013年新能源公交场站方案研究》。

【市政规划】 2013年，市规划国土委组织相关职能部门和专家进行咨询、讨论，编制完成《深圳市地面坍塌事故防范对策研究》，形成对策性意见报市政府。并根据市政府要求，负责起草制定《深圳市地面坍塌事故防范治理专项工作方案》，经市政府办公厅印发，形成全市近期防治地面坍塌事故的纲领性文件。市政府明确近期建设的12座余泥渣土受纳场推进工作是市政府高度重视并纳入督办的事项，全力推进对余泥渣土受纳场规划用地手续办理工作，得到市政府督察室的好评。市规划国土委向市供电局及各管理局下发《关于推进附建式变电站规划建设相关工作的通知》，共同推进附建式变电站建设工作，缓解变电站用地选址难题，实现城市发展和电网建设的双赢；在《深圳市货运场站设施布局规划》提出对场站用地采取混合功能、立体布局方案，综合性解决土地低效利用、产业集聚、新兴物流发展的问题。项目提出"2+4"货运交通枢纽方案，引导全市物流设施布局进一步优化调整，适应城市发展和物流升级双重需要；完成《深圳市黄线规划》、《深圳市蓝线规划》动态维护和《深圳市市政管线"一张图"规划数据整理》，实现精细化管理。

【城市与建筑设计】 2013年，市规划国土委继续推进《前海深港现代服务业合作区综合规划》，通过市政府和市委常务会议审议，经多轮完善获得市政府批复，获得深圳市第十五届优秀城乡规划设计最高奖金牛奖和广东省优秀城乡规划一等奖。《趣城·深圳美丽都市计划》获得深圳市第十五届优秀城乡规划设计一等奖和和广东省优秀城乡规划一等奖。《深圳湾超级总部基地控制性详细规划》通过市政府审议。《留仙洞总部基地详细规划》通过市政府审议，进行公示和公示意见处理程序。街坊三、四、五以公开挂牌方式出让；完成水晶岛项目规划设计及招拍挂条件研究。与市城管局联合编制《深圳市森林(郊野)公园规划编制规定(试行)》，完成四个郊野公园规划审批。主动参与《梧桐山风景名胜区(国家级)总体规划》、《深圳大鹏半岛国家地质公园(地质遗迹保护区)总体规划》编制。主动服务，积极配合光汇石油、创新投、工商银行、中建钢构、联想总部大厦等重大项目实施；完成《地铁三期7处地铁上盖综合开发规划设计》、《下沙城市设计》等规划编制工作；完成《趣城·深圳建筑地图》项目初步工作。积极筹备"2013深港城市/建筑双城双年展(深圳)和质变"—2013深圳公共雕塑作品展览，并于12月6日承办2013双城双年展(深圳)，市委书记王荣、常务副市长吕锐锋等领导嘉宾出席开幕式；12月27日，质变—2013深圳公共雕塑作品展览将在市民中心平台开幕。完成《深圳市危房拆除重建管理办法(暂行)》编写，并于2013年7月在市政府公报上正式发布。联合市发改委、民政局、残联印发《无障碍管理深圳市无障碍设施建设与改造规划(2011—2015)》。修订完成《深圳市关于既有住宅加装电梯指导意见》并于2013年12月正式发布实施。

城市建设与市政公用事业

【市政工程建设】 2013年，政府投资项目共计102项。其中，完工项目22项，在建项目42项，前期项目38项。全年计划完成投资55.7亿元，实际完成投资56.1亿元。

香港中文大学(深圳)启动校区项目。该工程为旧改项目，原址为百达厂房，2011年改造为大运文化园，为加快香港中文大学(深圳)的筹建工作，将其改造为启动校区，改造后用于一期校区完工前的行政楼、图书馆、教学楼、多功能厅和教职工宿舍等8栋建筑，总建筑面积为55248平方米，投资概算2.4亿元。该项目于2012年10月开工，2013年12月完工。

文锦渡口岸项目。该项目是《粤港合作框架协议》确定的重点建设项目，投资概算2.9亿，用地面积约34205平方米，建筑面积47646平方米，建设内容包含新建联检楼、停车楼、出入境通道等。该项目于2010年6月开工，2013年8月完工。

机场南路新建工程。项目为城市快速路，西起规划的海滨大道西侧的机场码头，东至现广深高速公路鹤洲立交，连接机场南干线、宝安大道、107国道，道路全长约4.5公里，双向10车道(其中主线为双向6车道，辅道为双向4车道)，投资概算12.4148亿元。包含机场立交、宝安大道立交和107国道立交三座大型立交和两座人行天桥。该项目于2012年3月开工，2013年11月完工。

儿童医院改扩建工程。该项目位于儿童医院原有医疗综合大楼西侧，占地面积6510平方米，建筑面积10.32万平方米，投资概算6.49亿元，设计新增病床数450张。该项目于2010年10月开工，2013年6月完工。

市第二人民医院内科综合楼项目。该项目位于市第二人民医院院内，建筑面积6.85万平方米，设计病床数626张，投资概算3.51亿元。项目投入使用后，第二人民医院日门诊量可增至5000人次。该项目于2010年8月开工，2013年12月完工。

档案中心项目(一期)。该项目位于福田区梅林中康片区，总用地面积1.85万平方米，建筑面积12万平方米，包括南区和北区，分两期建设。一期建筑面积9.2万平方米，含方志馆1万平方米、地下室1.15万平方米，投资概算45003.12万元；二期建筑面积2.8万平方米，主要是加建档案库房。该项目于2010年6月开工，2013年10月完工。

皇岗口岸环境综合整治工程。该项目投资概算1亿，整治区域约61万平方米，整治建筑物、构筑物超百栋。整治的主要内容包括：对旅检出入境区域、货车出境区域、货车入境区域和海关武警营房等口岸区域的建、构筑物近12万平方米外立面进行整治，对该口岸区域的建、构筑物近3万平方米屋面进行整治，同时还对相关室外配套的景观绿化、电气、排水、边境围栏、钢结构屋面和广场地面等进行整治。建设内容包含新建联检楼、停车楼、出入境通道等。该项目于2011年3月开工，2013年6月完工。

深圳市高级中学初中部改扩建二期工程。该项目投资概算3750万元，主要建设内容为1栋艺术楼，建筑面积6870平方米；地下1层，地上4层，功能为停车库、艺术教学和剧场；改造原2号教学楼，拆除原有建筑面积920平方米，新建建筑面积1428平方米。该项目于2012年10月开工，2013年11月完工。

高级技工学校项目。该项目位于龙岗区龙城街道办五联社区居委会，用地面积37.05万平方米，总建筑面积26.76万平方米，投资概算11.04亿元。主要建设内容包括教学楼、实训楼、学生公寓等。该项目于2009年5月开工，2013年5月完工。

哈尔滨工业大学深圳研究生院教研楼项目。项目投资概算7917万元，总占地面积5022平方米，总建筑面积25945平方米。地上11层地下1层。主要为教室、实验室和教师工作室。该项目于2012年7月12日开工，2013年12月基本完工。

市农业安全监督与检测业务楼项目。项目位于深圳市南山区茶光路以南，深圳市烟草物流中心西侧,投资概算13985万元,总建筑面积29620.49平方米,用地面积7000.6平方米。该项目于2011年8月8日开工,2014年12月基本完工。

深康村保障性住房项目。该项目位于南山区安托山片区,用地面积6.87万平方米,总建筑面积22.67万平方米。投资概算8.08亿元。主要建设内容包括13栋住宅楼以及商业配套设施等。该项目于2010年10月开工,2013年12月完工。

软件产业基地项目。该项目位于南山区填海六区,用地面积10.409402万平方米,总建筑面积63.116394万平方米,投资概算24.2690亿元。主要建设内容包括办公楼,宿舍,研发楼等。该项目于2010年9月开工,2013年12月完工。

深圳湾滨海休闲带补充完善工程。该项目投资概算3366.127万元,主要建设内容为南北观海栈桥(包括未完管桩、盖梁、预制梁及桥面系),公安边防码头(包括灌注桩和预制桩,横梁和上部结构),观海栈桥及边防码头范围的给排水、电气、照明、桥面景观铺装、栏杆等,附属工程观桥公园范围的观桥广场、停车场、挡土墙、园路、电气、给排水、绿化等。该项目于2013年6月1日开工,2013年12月完工。

大学城十号路市政工程。该项目位于南山区大学城,城市次干道,道路西起学苑大道,东接留仙大道,全长约1.9公里,双向四车道,是出入南方科技大学主要市政道路,投资概算9581万元。该项目于2012年1月开工,2013年8月完工。

支一路-支六路、工业七路市政工程。该项目投资概算6417.84万元,为城市支路,位于南山区后海填海区。沿途与中心路、工业八路、招商路相交,道路全长约1.9公里,双向4车道。该项目于2012年11月6日开工,2013年12月基本完工。

新安医院等42个在建项目快速推进。新安医院、宝荷医院、北大医院外科大楼、龙泽苑、金穗花园等项目开始装修和机电安装施工;深圳中学改造、北大国际法学院教学楼、实验学校中学部扩建等项目主体工程完成;新明医院、外国语学校初中部校舍危房改造、清华大学创新基地、中科院深圳研究院二期、当代艺术馆与城市展览馆等项目完成基坑支护、工程桩和土方工程;莲塘口岸、学府医院、北环电缆隧道、养老护理院、社会福利中心、前海合作区高压线下地通道及相关道路(临海路、十二号路)市政工程等项目于年底顺利开工;孙逸仙心血管医院、机场防洪排涝和空港软基处理等项目按计划稳步推进。

港中大一期等38个项目前期工作进展顺利。香港中文大学(深圳)一期、深圳大学西丽校区、元平特殊教育学校、市肿瘤医院、市中医院综合大楼、气象梯度塔、前海湾湾区清淤、桂庙渠、双界河水廊道、留仙大道延长线、光侨大道至布龙路连接线、侨城东路北延等项目前期工作顺利推进。(李森)

【城市园林绿化】 城市绿化建设。印发《美丽深圳绿化提升行动任务分解表》和《2013年深圳市城市绿化重点工作任务》,全市投入资金近25亿元用于绿化提升建设。全年完成改造提升重点道路绿化137条(含新建)。全年改造提升公园52个,各区新建公园28个。全年完成人行天桥改造46处,立交桥改造21处,屋顶绿化示范项目26个。深圳建成区绿化覆盖面达45.07%,绿地率39.18%,人均公园绿地面积达到16.7平方米,森林覆盖率41.5%,各类公园总数达到869个。全年完成124.96公里、35642亩生态景观林带建设工作。出台落实新一轮绿化广东大行动纲领性文件。从2013年起,根据每年"美丽深圳绿化提升行动"绩效考评结果,对在城市绿化工作绩效考核优良的各区(新区)发放年度城市绿化补贴,每年补贴额度1亿元,由各区(新区)政府统筹用于城市绿化工作。

植树活动。全市直接参加义务植树2.37万人次,植树8.07万株,按劳动量折算、缴纳绿化费、认种认养等综合折算全市共参加义务植树57.48万人次,植树101.49万株,收缴绿化费约93.68万元。另外,2013年有37家企业通过市绿色基金会捐资37万元。

大鹏半岛国家地质公园。2013年12月26日,大鹏半岛国家地质公园正式开园,地质公园博物馆也正式开馆。深圳大鹏半岛国家地质公园是"纯公益、全免费"的科学公园,核心价值是保护地质遗迹、开展科学研究、普及地学知识。公园地质遗迹保护区管理范围50.87平方公里,海岸线长67.8公里,划分为"穿丘行旅"、"海石奇观"、"鹿嘴观潮"、"步溪杨梅"、"古物石纪"、"枫木断层"共6个地质遗迹景观区,正式对外开放"穿丘行旅"和"鹿嘴观潮"两大景区。2013年,深圳大鹏半岛国家地质公园被授予"深圳市科普教育基地"、"广东省国土资源科普基地"。截至2013年,地质公园已与国内5家地质公园结为"姊妹公园",与国内4所大专院校合作建立教学实习基地,与多所中小学联合开展科普活动,已成为深圳市中小学生的"第二科普课堂"。

自然保护区建设及野生动植物保护管理。2013

年，协调市森林防火指挥部切实做好安全生产、森林防火工作的部署和安排，加强森林防火宣传，没有发生重特大森林火灾和人员伤亡事故。协调深圳市野保处开展保护野生动物进社区宣传活动，共开展各种宣传活动14次，展出生态建设成果展板40多块，展出野生动物标本200多件次，印发宣传资料4000多份，接受并解答公众咨询800多人次；深入开展爱鸟周宣传活动；有效推进红树林湿地修复工程；落实有害生物防控目标"双线"责任制，确保完成防控目标任务；进一步加强薇甘菊防治力度，严控薇甘菊的蔓延；协调开展野生动植物行政执法和救护工作，严厉打击土沉香被盗伐事件。2013年9月，《广东内伶仃福田国家级自然保护区示范保护区建设实施方案》获得国家林业局审批同意。示范保护区实施方案将通过为期五年的建设，在组织管理、保护管理、公众教育三个领域为全国保护区发挥示范作用。具体建设内容包括管理规章制度完善、人力资源建设、总体规划修编、数字化保护区建设、内伶仃岛环岛路、码头、能源系统等基础设施建设、科研与宣教系统建设等共13个示范建设项目，总估算投资约19302万元。

【绿道建设】 绿道建设。根据《广东省绿道网建设2013年工作要点》及市人居委《2013年绿道网建设实施方案》的要求，落实各项绿道建设管理工作。积极完成2013年度绿道建设任务，全市共建成完善绿道105公里。加强已建成绿道的绿廊系统、慢行系统、服务设施系统、标识系统、交通衔接系统查漏补缺，完善提升。开展各区（新区）省立绿道沿线危险边坡概算资料申报工作。

绿道管理。出台《深圳市城市管理局关于进一步加强绿道管护运营的意见》，市绿道办组织完成全市绿道台帐资料调查，为建立全市绿道台帐档案和绿道纳入考核等工作奠定基础。统筹协调全市绿道管理，督促各区（新区）绿道部门建立绿道管理档案，实行绿道台帐管理制度，明确和落实绿道管理制，保障深圳市绿道管护工作稳步开展和提升。同时，要求各区创建管护运营示范段和标准段，并将绿道管护运营纳入市容环境综合试考核。建立专栏绿道网站，开通绿道微博，汇集全市各级绿道资料，制作深圳市绿道地图，印发地图4万份。各种绿道活动踊跃开展，多种多样活动传递的绿道信息，宣传引导全社会践行绿色健康低碳生活方式。

绿道运营。建设绿道U站3个，包括梅林坳驿站、福永凤凰山驿站及双道廊桥驿站，将绿道、低碳、志愿服务有效结合。组织开展绿道公共目的地专项规划纲要编制工作，为下一步全面落实绿道"公共目的地"的规划建设奠定基础。结合全市公共自行车系统的建设，积极促进绿道及绿道自行车与公共自行车的衔接，共同协调发展。

【城市环境卫生】 城市生活垃圾处理。深圳市生活垃圾处理及设施建设情况。2013年，深圳市生活垃圾处理量521.63万吨（14291吨/日），无害化处理量513.06万吨，无害化处理率98.36%。焚烧处理量292.11万吨，焚烧处理率56%，焚烧发电量11.6亿度。垃圾产生量由1979年的7.5吨每日增长到1.4万吨每日，增长约1800倍。

垃圾无害化处理。提出以焚烧为主、填埋为辅的垃圾处理技术路线，确立以清水河（893公顷）、老虎坑（530公顷）、白鸽湖（300公顷）、坪山（500公顷）4座环境园为基础的垃圾处理设施规划布局。全市已建成并投入运营的垃圾无害化处理场（厂）共有10座，其中垃圾焚烧发电厂6座，总处理能力7425吨每日；卫生填埋场4座，共剩余库容3920万吨，按每天进场7200吨计，仅可使用15年。另外有2座简易填埋场正在推进无害化升级改造工程。

垃圾分类与餐厨垃圾管理。全市527个单位（小区）参与垃圾减量分类示范单位（小区）的创建，通过试点创建，完善标准法规，进而规范指导垃圾减量分类工作，根据创建单位（小区）不同特点，不同场所试行不同垃圾分类方法，创建工作各有侧重，推动垃圾分类的开展，同时持续宣传发动，倡导低碳生活理念，营造垃圾减量分类社会氛围。加快推进餐厨垃圾设施招募招标及设施建设，加强过渡期内废弃食用油脂的收运处理，制订并组织实施餐厨垃圾收运、处理技术规范。日收运处理废弃食用油脂达61.5吨，占全市41%。

环卫基础设施建设。推进无障碍设施规划与建设：完成市政公厕增加无障碍设施的改造，新建的市政公厕严格按照《深圳市中小型环境卫生设施规划与设计标准》配置无障碍设施，在2013年改造提升52个公园中，均进行无障碍设施的改造。推进LED路灯改造：已完成更换10万盏LED路灯，其中原特区内更换4.3万盏LED路灯，原特区外更换6万盏LED路灯。

工程建设标准定额

探索人工费计价模式改革。总结以往人工工日价格分析汇总模式的利弊，调整发布的需要，对定额人工工日价格与市场劳务价格的对应与衔接模式进行调整，确定对接方式和测算模式。

测算发布多项补充定额。2013年增补混凝土天棚批水泥腻子计价子目、板模超高支架及厚板模板支架子目、水平导向钻消耗量定额子目、防水工程修订及增补子目。

完成《深圳市建设工程计价规程》(2013)的编制、《建设工程工程量清单计价规范》(GB 50500—2013)及工程量计算规范的宣贯工作。完成计价规程、费率标准及计量规范相关规定等相关文件的编制、宣贯资料的印刷及发布文件的报批工作，并在全市范围内完成4期宣贯活动。

发布《关于明确弃土场受纳处置费计列的通知》。通知明确土方受纳场处置费费种及在工程造价中的费目归类，清晰地向社会表明土方外运价格构成要素，明确、控制土方外运造价。

完成《深圳市建筑陶瓷材料及产品分类标准》。深圳市建设工程造价管理站与武汉理工大学合作，编制完成《深圳市建筑陶瓷材料及产品(价格)分类标准》。该标准涉及12类135种材料的名称、分类、规格与质量等级，是为规范深圳市建筑及卫生洁具市场而建立的地方性标准。

工程质量安全监督

【质量安全监管】 全市1500多个在建项目监管未发生较大及以上建设工程质量安全事故。完成10万名建筑工人安全知识继续教育，并发放第二代"平安卡"。突出对保障性住房和轨道交通建设的监管。制定《深圳市城市轨道交通工程文明施工管理办法》，推广车辆自动冲洗设施；开展保障性安居工程和城市轨道交通工程质量安全监督执法专项检查，并重点抽查钢筋、混凝土等主要建材质量，消除质量安全隐患65项；对轨道交通三期工程3条线路已开工的96个工点进行文明施工专项检查，全面落实轨道交通工程文明施工标准。全年共有14个项目荣获国家级奖项，同比去年增加3个。其中詹天佑奖6个、鲁班奖2个、国家优质工程奖6个，获奖数量位列各省市前列，创历史新高。

建筑市场

2013年，深圳市建筑业度完成建筑业总产值2358.33亿元，比2012年同期增长13.00%，建筑业增加值407.79亿元，比2012年同期按可比价计算增长4.6%，全员劳动生产率为35.86万元每人，人均增加1.17万元。建筑业增加值占深圳市GDP(深圳市本地生产总值)的比重为3.0%左右，比2012年同期减少0.1个百分点。全市登记注册的建筑类企业2646家，其中施工企业2258家(包括外地企业450家)，监理企业145家，招标代理机构110家，造价咨询机构86家，检测机构和对外试验室47家。是年，深圳实施总部经济和"走出去"战略，华西企业、市政工程总公司顺利通过总部企业认定，中国建研院在深圳设立南方中心；4家市属特级企业申报特级资质就位，在全国百强中，深圳装饰企业占56家。2013年6月，开始实施省厅下放设计与施工一体化二级、三级资质，专业承包资质二级资质以及建设工程检测资质的审批权，全年共受理及审查532家企业(其中设计与施工一体化资质221家)资质申请，同比2012年增长160%。实施资质动态监管，分批对90家企业进行资质动态核查，责令28家企业整改，注销2家企业资质。

建筑节能与科技

【建筑节能】 率先全国实行新开工项目执行绿色建筑标准。103个项目获得绿色建筑评价标识。其中14个项目获国家三星级，6个项目获市铂金级绿色建筑评价标识，3个项目获全国绿色建筑创新奖一等奖。2013年全年预计新增节能建筑面积1000万平方米，新增节能量60万吨标准煤；建节能建筑面积累计达8050万平方米，建筑节能总量累计达357万吨标准煤，相当于节省用电110.4亿度，减排二氧化碳923.1万吨。

【建筑减排】 建成4个建筑废弃物综合利用项目，落实太阳能热水建筑应用项目700多万平方米；新增建筑废弃物处理能力50万吨。超额完成国家下达任务。建筑碳交易试点工作已进入全面推进状态。

(深圳市住房和建设局　撰稿：曹志　黎俊)

城市规划和房地产市场管理

城市规划管理

【概况】 2013年，深圳市规划和国土资源委员会(市海洋局)(以下简称市规划国土委)进一步加强城市规划对城市发展的引领作用。推进综合规划编制，高水平完成前海、龙华、大鹏、宝安、大空港综合规划；完成全市综合交通体系规划，交通一体化向纵深发展；大力推进生态文明建设；加强区域规划合作，强化边界地区的规划统筹；全面梳理规划管理体系，优化规划管理制度，提高法定图则审批效率和可实施性；城市公共空间更加人性化、特色化；地名管理更加精细化。

【宏观规划与计划】 《深圳市土地利用总体规划(2006—2020)》是指导全市土地管理的纲领性文件，是落实土地宏观调控和土地用途管制、规划城乡建设的重要依据。市规划国土委全面推进土地利用总体规划有效实施。2013年1月，市政府出台《深圳市人民政府办公厅关于做好土地利用总体规划实施工作的通知》，推动市政府批复宝安片区等四个片区土地利用总体规划。3月，召开全市土地总规宣讲大会，常务副市长吕锐锋对全市土地总规的编制及实施给予高度肯定。《深圳市近期建设与土地利用规划2013年度实施计划》是统筹协调全市年度建设用地供应规模、结构、空间布局和时序的重要指导性文件，市规划国土委于2013年上半年完成该规划的各项修改完善工作，2013年4月17日该计划通过市政府常务会审批。4月，在《深圳市人民政府办公厅关于做好土地利用总体规划实施工作的通知》基础上，细化规划实施办法，市规划国土委层面出台《土地利用总体规划实施操作指引》。6月，开展土地利用总体规划中期评估工作，并报送国土资源厅。启动全市土地利用总体规划的实施宣传工作。

【法定图则】 2013年，为实现全市范围内法定图则的全覆盖，市规划国土委组织编制法定图则245项，其中已通过审批的法定图则有229项。在编的法定图则有16项，法定图则全覆盖的目标基本实现，为全市建设发展及管理管理提供法定规划依据。其中，2013年共召开法定图则委员会会议9次，审批通过12项法定图则草案及公示意见处理情况、31项已批法定图则个案修改申请。为适应新时期的新需求，提高法定图则审批效率、强化法定图则可实施性，完善法定图则的编制水平，对法定图则的审批权限与流程、编制技术与表达、规划实施与日常个案修改管理等进行优化和完善。其中，《法定图则编制技术规定》已经委技术会议审议并原则通过。

【专项规划研究】 为适应全市人口老龄化需求，构建适应深圳特色的养老设施规划体系，科学合理地安排布局养老设施，市规划国土委组织编制《深圳市养老设施专项规划(2011—2020)》，并经市政府审批通过。为保证规划公共基础设施的落实，开展编制《深圳市公共基础设施规划实施台账》。该工作结合现状需求与现有设施建设情况，分析公共基础设施缺口，结合已有规划，形成公共设施实施建议。一期选取教育、医疗卫生、环卫、交通等民生热点类设施先期开展研究，已编制完成并发给相关部门参考。按照国家住房和城乡建设部要求，为促进城市交通节能减排，推进城市步行和自行车交通系统建设，促进城市交通发展模式的转变，组织编制全市步行和自行车交通系统专项规划和设计导则，配合市交通运输委制定有关政策措施等，指导全市率先建成若干个具有一定规模的示范段或区域等。按照市政府要求，市规划国土委已牵头编制完成《深圳市坝光片区规划》，项目成果和规划理念得到市政府的充分肯定。规划不仅注重空间规划内容，同时，充分考虑空间布局与产业需求的结合，并提出项目实施、开发模式等内容，对该片区的规划建设起到很好的指导作用。根据市委、市政府的统一部署，撤销"二线"是全市2013年的重点工作。市规划国土委会同市土地整备局全面负责撤销"二线"涉及的用地整合和空间规划编制工作，已形成相关用地整合方案，该方案得到市委、市政府领导的充分认可和肯定。

【交通规划】 2013年，市规划国土委编制完成《深圳市绿色交通规划研究及实施方案》、《深圳市详规层面绿色交通规划编制指引》两个项目，分别从宏观、中观两个层面对绿色交通进行系统性、整体性的研究。按照市政府《关于加快推进新能源汽车示范推广工作会议纪要》要求，就如何进一步贯彻落实市政府决策、加快推进新能源汽车示范推广工作提出相关建议，并专题报道市政府《市规划国土委关于加快推进新能源汽车示范推广工作有关建议的报告》；另外，为配合完成市政府2013年投放1700辆新能源汽车的任务，专题开展《2013年新能源公交场站方案研究》。

【市政规划】 2013年，市规划国土委组织相关职能部门和专家进行咨询、讨论，编制完成《深圳市地面坍塌事故防范对策研究》，形成对策性意见报市政府。并根据市政府要求，负责起草制定《深圳市地面坍塌事故防范治理专项工作方案》，经市政府办公厅印发，形成全市防治地面坍塌事故的纲领性文件。市政府明确近期建设的12座余泥渣土受纳场推进工作是市政府高度重视并纳入督办的事项，全力推进对余泥渣土受纳场规划用地手续办理工作，得到市政府督察室的好评。市规划国土委向市供电局及各管理局下发《关于推进附建式变电站规划建设相关工作的通知》，共同推进附建式变电站建设工作，缓解变电站用地选址难题，实现城市发展和电网建设的双赢；在《深圳市货运场站设施布局规划》提出对场站用地采取混合功能、立体布局方案，综合性解决土地低效利用、产业集聚、新兴物流发展的问题。项目提出"2＋4"货运交通枢纽方案，引导全市物流设施布局进一步优化调整，适应城市发展和物流升级双重需要；完成《深圳市黄线规划》、《深圳市蓝线规划》动态维护和《深圳市市政管线"一张图"规划数据整理》，实现精细化管理。

【城市与建筑设计】 2013年，市规划国土委继续推进《前海深港现代服务业合作区综合规划》，通过市政府和市委常务会议审议，经多轮完善获得市政府批复，获得深圳市第十五届优秀城乡规划设计最高奖金牛奖和广东省优秀城乡规划一等奖。《趣城·深圳美丽都市计划》获得深圳市第十五届优秀城乡规划设计一等奖和和广东省优秀城乡规划一等奖。《深圳湾超级总部基地控制性详细规划》通过市政府审议。《留仙洞总部基地详细规划》通过市政府审议，进行公示和公示意见处理程序。街坊三、四、五以公开挂牌方式出让；完成水晶岛项目规划设计及招拍挂条件研究。与市城管局联合编制《深圳市森林(郊野)公园规划编制规定(试行)》，完成四个郊野公园规划审批。主动参与《梧桐山风景名胜区(国家级)总体规划》、《深圳大鹏半岛国家地质公园(地质遗迹保护区)总体规划》编制。主动服务，积极配合光汇石油、创新投、工商银行、中建钢构、联想总部大厦等重大项目实施；完成《地铁三期7处地铁上盖综合开发规划设计》、《下沙城市设计》等规划编制工作；完成《趣城·深圳建筑地图》项目初步工作。积极筹备2013深港城市\建筑双城双年展(深圳)和质变—2013深圳公共雕塑作品展览，并于12月6日承办2013双城双年展(深圳)，市委书记王荣、常务副市长吕锐锋等领导嘉宾出席开幕式；12月27日，质变—2013深圳公共雕塑作品展览将在市民中心平台开幕。完成《深圳市危房拆除重建管理办法(暂行)》编写，并于2013年7月在市政府公报上正式发布。联合市发改委、民政局、残联印发《无障碍管理深圳市无障碍设施建设与改造规划(2011—2015)》。修订完成《深圳市关于既有住宅加装电梯指导意见》并于2013年12月正式发布实施。

【城市更新】 2013年，全市审批通过两批次、28项城市更新单元计划，用地面积233公顷；审批通过城市更新单元规划56项，用地面积295公顷，规划批准建筑面积1155万平方米(含保障性住房约45万平方米，产业研发用房约182万平方米)；全年签订城市更新项目土地使用权出让合同62项、新开工城市更新项目49项，实现供应用地200.56公顷，已签合同更新项目落实商品住房建筑面积约290万平方米，配建保障性住房约1万套；全年实现投资额365.7亿元(其中房地产投资303亿元)，较2012年增长45.9%，占全市固定资产总投资、房地产总投资比例为14.6%和35%；全年城市更新项目供应商住用地104.8公顷，占全市商住用地供应总量73%，供应商品房约290万平方米，占全市商品房供应总量的36%，较2012年同比增长89%，对稳定全市房地产市场起到积极作用。2013年6月，深圳市再次荣获广东省政府授予的"全省'三旧'改造考核单项奖"一等奖。

【地名管理及历史文化保护】 2013年，市规划国土委在完成1：50000比例尺全国地名普查工作基础上，以全国第二次地名普查为契机，结合全市地名管理实际，进一步开展1：1000比例尺的地名普查二期工作，填写完成地名基本信息表1.5万个，地名属性信息表3.25万个，图上标注地名位置3.5万个，占全部普查地名点的80%。除道路、桥梁、建筑物外的地名登记表填写和落图工作基本完成。开展次干道以下现状道路桥梁名称梳理规划，完成全市路桥现状调研和调研数据内业处理、90%新增道路上图及处理、60%无名道路规划命名工作。着手《深圳市地名管理信息系统》开发研究，完成地名成果综合查询模块，实现地名普查成果、路桥梳理成果、地名规划成果、老地名故事、地名审批信息等数据集成查询；建立常用汉字近音库，为地名审批的近音、重名核查提供技术基础。开展《中国地名故事·深圳篇》拍摄，在罗湖区的罗湖桥、南山区的蛇口和盐田区的中英街拍摄工作的基础上，完成7个区的地名故事拍摄。出版《鹏城街话》老地名丛书工作，进一步对50个地名故事进行文字整理、排版编辑成《鹏城街话》老地名丛书，该地名丛书已通过出版社审定，并在全市各大书店出版发行。

房地产市场监管

【概况】 2013年，在国家住房和城乡建设部、广东省政府及省住房和城乡建设厅的指导下，在市委市政府的领导下，全市坚决贯彻落实党的十八届三中全会精神，以开展党的群众路线教育实践活动为契机，将群众关心的住房问题、房价问题作为全年调控工作的重心，不折不扣地执行国家提出的各项房地产调控政策，制定切合深圳实际的调控措施，全年房地产市场运行平稳有序。

【房地产开发】 2013年，全市房地产累计开发投资完成额为887.71亿元，同比增长20.5%，超额完成年初制定的831亿元的目标；其中，住宅累计开发投资完成594.10亿元，同比增长25.2%。2013年，全市固定资产总投资完成2501.01亿元，同比增长14.0%，房地产开发投资同比增速比固定资产投资高出6.5个百分点，占同期固定资产总投资比重达到35.5%，是2006年以来同期的最高水平。

【房地产一级市场管理】 2013年，商品房累计批准预售面积和套数分别为776.66万平方米和79822套，同比分别增长19.2%和17.8%；其中，商品住宅累计批准预售面积和套数分别为608.43万平方米和65152套，同比分别增长20.5%和18.8%。2013年商品住宅累计批准预售规模高于前四年，创自2009年以来的最高水平。

【房地产二级市场管理】 2013年，全市继续加强房地产市场监管工作，健全和完善行政监管机制。一是切实开展房地产经纪市场专项治理工作，促进经纪市场健康稳定发展。根据住房和城乡建设部工商总局、省住房和城乡建设厅省工商局关于开展房地产中介市场专项治理的通知精神，结合深圳实际，在全市范围内开展为期5个月的房地产经纪市场专项整治工作。通过经纪机构自查、收集整理群众投诉、开展现场巡查、组织联合检查等多种方式，建立全市房地产经纪机构台账，查处一批经纪机构违法违规行为，切实保护广大市民的合法权益。二是健全行政监管机制，建立和完善房地产市场巡查制度。在开展房地产经纪市场专项整治工作过程中，结合房地产市场日常管理工作的实际情况制定和完善房地产市场监管制度；建立主管部门与行业协会联合巡查机制，各管理局与行业协会定人、定时、定点开展联合检查工作并将此项工作制度化、常态化，充分发挥行政管理与行业自律的互补作用。三是开通"二手房自助交易合同打印系统"，为市民提供更加方便、高效的服务。2013年，全市商品房累计批准预售面积为776.66万平方米，同比增长19.2%；其中，商品住宅累计批准预售面积为608.43万平方米，同比增长20.5%。

【房地产三级市场管理】 2013年，全市新建商品房累计成交面积为527.60万平方米，同比增长31.0%；其中，新建商品住宅累计成交面积为437.63万平方米，同比增长21.2%，成交面积是2010以来的最高水平。二手房方面，2013年，二手房累计成交面积为850.54万平方米，同比增长43.6%；其中，二手住宅累计成交面积为727.10万平方米，同比增长55.2%。

【市场调控】 2013年，全市严格地执行国家提出的各项房地产调控政策，制定切合深圳实际的调控措施。严格执行"限购"政策，抑制市场投资投机行为；多渠道增加住房用地供应；增加住房开工和供应规模，缓解供求矛盾；加强市场监管，提升服务水平；加强保障性安居工程建设，切实满足低收入居民住房困难；严格执行差别化住房信贷政策，提高第二套住房贷款首付比例；严格执行差别化的房地产税收政策，加强税收征管工作；加强住房政策研究，加快构建符合深圳实际的房地产市场调控长效机制。结合全市土地资源紧张、住房供求矛盾大的现状，全市加紧研究构建符合深圳实际的房地产市场调控长效机制。通过开展住房制度的顶层设计，提高住房供应的有效性；通过完善住房供应结构体系，探索实施安居型商品房"共有产权"发展模式，解决城市"夹心层"住房需求问题。

【住房计划】 结合房地产调控政策与市场需求，2013年度计划供应商品住房用地90公顷，其中通过城市更新供应60公顷。同时，根据《深圳市住房建设规划(2011—2015)》，2013年保障性住房建设计划指标为4万套左右。鉴于全市土地资源紧约束，全市将通过加大城市更新配建等多种途径来落实保障性住房用地需求。2013年供应保障性住房及其他安置房用地75公顷。其中，新安排安置房40公顷，保障性住房15公顷，城市更新配建折算保障性住房20公顷。保障性住房在空间上应优先安排在公共交通便捷的地区、轨道站点上盖及沿线、以及人才居住需求集中的产业园区等区域。

特色工作

【"光明论坛"走向国际】 2013年6月17~18日，举行"低碳发展-探索新型城镇化之路"首届深圳国际低碳城论坛。住房和城乡建设部副部长仇保兴、广东省委常委、深圳市委书记王荣等人出席论坛的开幕式。住房和城乡建设部总规划师唐凯、城乡规划司司长孙安军、省住房和城乡建设厅厅长王芃、副厅长蔡瀛、香港规划署署长凌嘉勤以及市政府副市长唐杰、副秘书长许重光出席论坛。此届"光明论坛"由国家住房和城乡建设部与深圳市人民政府共同主办，以"从绿色建筑走向绿色生态城区"为主题，秉承国际性、专业性、开放性的特点，持续关注国内外低碳生态城市规划建设的最新发展趋势，推动全国城市发展向绿色、低碳、生态化转型。来自国内外的多名专家学者围绕绿色建筑和绿色生态城区建设发表精彩演讲。作为首个以部市共建方式在全市域范围系统开展低碳生态规划建设实践的城市，深圳市自《协议》签订以来，以城市规划建设为重点，遵循规划统筹、集成推进的思路，按照低成本、可复制、可持续的原则，因地制宜开展低碳生态城市规划建设模式的系列探索与实践。通过规划制定、政策创新、管理优化三管齐下，实现由最初的"项目试点示范"向"特色城区集成推进"的重大转变。随着制度的不断完善，政府主导与市场参与的相互促进，深圳的低碳生态城市建设正逐步走向渐进式、常态化发展的新阶段。

【"第五届深港双城双年展"聚焦城市边缘】
2013年12月6日，主题为"城市边缘"的第五届深港城市/建筑双城双年展开幕式在蛇口工业区举行，比利时王国玛蒂尔德王后，中共广东省委常委、深圳市委书记王荣、香港发展局局长陈茂波、招商局集团总裁李建红、深圳市常务副市长吕锐锋等领导出席开幕式。本届双年展大胆地触碰和探索城市问题中的敏感部位，积极讨论城市的多元价值观、均衡发展以及城市社会地理学等诸多前沿话题，对深圳乃至全世界像深圳一样快速城市化的先锋城市发展具有启发意义。通过挖掘城市社会学、城市地理学以及建筑学等诸多领域对城市边缘的多角度阐释，揭示未来城市空间和生活形态的多种可能性。该届双年展采用联合策展形式，是一种新的积极尝试。由创意总监奥雷·伯曼先生和学术总监李翔宁先生、杰夫里·约翰逊先生共同完成的策展工作，使双年展从展场设计、展品展示、活动交流等诸多方面得到完美的展示，进一步提升深圳双年展的国际认同和影响力。展场采用"一区两点"的模式。该届双年展是展示面积最大、展示作品最多、活动组织最多、观展人数最多的一届，也是市民认同度最高、国际影响力最广泛的一届。来自21个国家的参展人带来135个展项和104场活动，观展人数超过19万人次，期间接待诸如比利时王国王后等国内外政要和知名人士。

大事记

1月

18日 深圳市政府发布2013年1号文件"深圳市政府优化空间资源配置促进产业转型升级'1+6'文件"。主文件从意义、思路、产业规划、用地用房供给、土地二次开发利用和产业监管服务等方面，对6个附属文件作了说明；6个附属文件则分别对产业用地供给、地价调整、工业楼宇转让、创新型产业用房管理、产业配套住房管理和闲置土地处置作了具体规定。

26日 住房和城乡建设部城乡规划司司长孙安军到深圳北站考察，现场听取深圳北站周边地区规划设计初步方案汇报。

28日 首届"深圳创意影响力"评选结果在五洲宾馆揭晓。《深圳市城市更新办法实施细则》、深港城市/建筑双城双年展、"土木再生"团队等三项内容分别荣获奖项。

2月

1日 深圳市召开查违工作共同责任考核会，副市长吕锐锋常委出席并讲话，各区（新区）分管领导，查违共同责任单位等参加会议。

22日 深圳市规划国土委发布《关于近期房地产市场调控工作的说明》，表示将按照国务院决策部署，继续贯彻执行国家房地产调控政策，其原则是"保持房价基本稳定"，并将尽快制定本年度商品住房价格控制目标。

22日 深圳市规划国土委特聘10位市民成为该委社会监督员，他们将从行政执法、行政收费、廉洁从政等方面对该委工作进行监督。

25日 深圳市人大常委会通过《深圳经济特区房地产登记条例（修正案）》，正式对2009年后由市房地产权登记中心核发的62万本房产证的"合法身份"予以确认。

3月

5日 深圳市召开查违与城市更新工作领导小组第一次会议。市常务副市长吕锐锋出席会议并讲话，市有关部门、各区政府（新区管委会）等领导小组成员单位负责人参会。

6日 深圳市规划国土委召开社区规划师及社区负责人"1+6"文件学习会，全委社区规划师和社区负责人代表近200人参加学习。

11日 《2012年深圳市城市更新单元计划第五批计划》获市政府批准后正式公告。计划包括18个城市更新单元项目，其中最大项目为四联社区茂盛片区更新单元，拆除重建用地面积达262273平方米。

11日 《2012年深圳市海洋环境状况公报》通过专家评审。

14日 广东省住房城乡建设厅党组副书记、副厅长陈英松一行7人，对深圳城镇房屋征收信访问题进行调研，为全省集中开展信访维稳突出问题专项整治行动做好前期准备。

14日 深圳市规划国土委与奥地利国家技术研究院能源部（AIT）在深举行深圳低碳发展学术交流会。

15日 深圳市房地产经纪行业协会发布《深圳市房地产经纪行业从业人员不良行为处理办法》。

20日 市政府常务会议审议并原则通过《深圳

市城市规划标准与准则》。

22日 2013法国圣埃蒂安设计双年展圆满落幕。由深圳市创意文化中心和设计师代表组成的深圳代表团受邀参展，深圳展品获与会代表好评。

31日 《深圳市人民政府办公厅关于继续做好房地产调控工作的通知》发布，对限价、限购、安居房建设等方面进行规定，要求按照国家规定征收二手房交易个税。

4月

19日 深圳市规划国土委发出《关于委领导班子挂点社区联系基层群众的通知》，旨在推动"弘扬改革创新精神、树立优良工作作风"深入开展，切实转变工作作风，增强服务群众、服务基层、服务社会能力。

5月

30日 深圳市规划国土委发布《2012年工作总结和2013年工作计划》，其中将稳定房地产市场作为2013年重要工作之一，具体将采取严格调控，加强监管，加大供应，稳定市场，尤其是要加快普通商品房供应节奏等措施。

6月

2日 《深圳市无障碍设施建设与改造规划（2013—2015）》由是深圳市规划国土委、发展委、民政局和残疾人联合会联合发布。

17日 首个关注绿色低碳和创新发展的专著《深圳绿皮书：深圳低碳发展报告》(2013)正式发布。

17日 国土资源部、广东省政府在广州召开推进节约集约用地示范省建设会议，深圳市城市更新工作荣获2012年度"三旧"改造一等奖。

18日 首届深圳国际低碳城论坛在龙岗坪地开幕，论坛主题为"低碳发展——探索新型城镇化之路"。住房和城乡建设部副部长仇保兴、深圳市委书记王荣，荷兰能源转型委员会主席Hugo Brouwer等分别发言。

7月

3日 市规划国土委印发《深圳市危房拆除重建规划管理规定》，住宅类危房重建、办公商业类危房重建、公共配套设施类危房重建进行分类规定，有效规范深圳市危房拆除重建行为。

9日 深圳市政府正式公布《关于进一步规范基本生态控制线管理实施意见》，标志着深圳开始将生态控制线管理提升到生态文明基本空间制度的高度，属国内首创。

10日 深圳市规划国土委与住房和城乡建设局、发改委联合下发《深圳市安居型商品房定价实施细则（试行）》，规定安居型商品房最高售价须在出让合同中约定，试行期为1年。

18日 深圳市规划国土委公示《深圳机场T3航站区详细规划（布局）》，提出通过多种城市空间增值策略，全面提升片区服务与环境品质。

18日 深圳市规划国土委发布公告，市民可凭"自助交易合同远程服务系统"生成流水账号到指定地点免费领取二手房买卖合同。

19日 2013深港城市/建筑双城双年展（深圳）展场开始动工改造，包括南山区浮法玻璃厂、蛇口客运港旧仓库两个场展。

25日 深圳市规划国土委联合前海管理局召开《前海深港现代服务业合作区综合规划》新闻发布会，正式公布前海综合规划并做出详细解读。

30日 深圳市规划国土委正式发布《深圳市养老设施专项规划（2011—2020）》，力推70处养老设施，并将针对民营养老设施实行优惠低价政策。

8月

7日 深圳、东莞、惠州三市党政主要领导联席会议通过《深莞惠区域协调发展总体规划（2012—2020）》和三市近期推进13项重点工作，并签署共建汽车零部件产业等4项合作协议。

27日 深圳市规划国土委发布《关于深圳市2013年享受优惠政策普通住房价格标准的通告》，于2013年9月1日起调整享受优惠政策普通住房标准。新标准改单价核算方式为总价核算方式，各区总价标准介于160万元至390万元之间。

9月

22日 深圳市法制办公布《深圳经济特区绿化和公园条例（草案稿）》对绿地和公园的规划、建设、管理做出详细规定，并细化名树古木保护方式。

10月

8日 深圳房产业务可网上预约，市房地产权登记中心下属7个登记点开通3项新业务：网上预约申请、6项业务"全市通办"、7项业务"即来即办"。

11日 广东省住房和城乡建设厅副厅长李台然率省厅科技信息处、信息中心等部门领导赴深圳市规划国土委调研信息化相关工作情况。

11日 深圳市房地产宏观调控领导小组联席会议召开，提出稳定房价的八项措施，确保2013年普通住房用地供应增加两成。

22～24日，住房和城乡建设部稽查办副主任朱长喜带队对深圳市开展规划遥感督察工作督导调研。督导组参观深圳市规划土地数字监察平台"天地网"，听取该市城乡规划稽查执法情况的汇报。

28日 "二手房自主交易合同打印系统"启用，市民在家中可打印二手房交易合同。

11月

1日 深圳市城市规划协会举行成立大会，中国城市规划协会会长、原住房和城乡建设部副部长赵宝江出席。深圳市第15届优秀规划设计奖在会上揭晓，前海综合规划获最高奖"金牛奖"。

25日 《2013年深圳市城市更新单元计划第二批计划》经市政府批准后对外公布。该批计划共包括12个项目，其中更新面积最大的项目是南门墩城市更新单元(范围调整)。

12月

15日 《深圳市沙滩专项规划草案》初步制定完成，将陆续向公众征询意见。草案提出遵循保护优先原则，筛选29个沙滩暂不开放，其余27个作为开放型沙滩。

20日 深圳首例原农村集体工业用地成功入市。宝安区福永街道凤凰社区"农地"卖出1.16亿，为实现不同权力主体土地的同价同权开辟新路。

25日 《深圳经济特区规划土地监察条例(修订)》获深圳市人大常委会表决通过，于2014年3月1日起正式实施。条例主要就扩大执法范围、强化查出违建的措施、梳理行政强制拆除的执行程序、加大相关违法行为的处罚力度四个方面作修订。

31日 深圳市政府审议通过《〈深圳市人民代表大会常务委员会关于农村城市化历史遗留违法建筑的处理决定〉试点实施办法》，坚持宽严适度分类处理确认原则。这是深圳市深化土地管理制度改革，推进土地二次开发利用的新举措。

(深圳市规划和国土资源局)

第五篇

政策法规文件

一、国务院令

城镇排水与污水处理条例

中华人民共和国国务院令第641号

《城镇排水与污水处理条例》已经2013年9月18日国务院第24次常务会议通过，现予公布，自2014年1月1日起施行。

总　理　李克强
2013年10月2日

城镇排水与污水处理条例

第一章　总　则

第一条　为了加强对城镇排水与污水处理的管理，保障城镇排水与污水处理设施安全运行，防治城镇水污染和内涝灾害，保障公民生命、财产安全和公共安全，保护环境，制定本条例。

第二条　城镇排水与污水处理的规划，城镇排水与污水处理设施的建设、维护与保护，向城镇排水设施排水与污水处理，以及城镇内涝防治，适用本条例。

第三条　县级以上人民政府应当加强对城镇排水与污水处理工作的领导，并将城镇排水与污水处理工作纳入国民经济和社会发展规划。

第四条　城镇排水与污水处理应当遵循尊重自然、统筹规划、配套建设、保障安全、综合利用的原则。

第五条　国务院住房城乡建设主管部门指导监督全国城镇排水与污水处理工作。

县级以上地方人民政府城镇排水与污水处理主管部门（以下称城镇排水主管部门）负责本行政区域内城镇排水与污水处理的监督管理工作。

县级以上人民政府其他有关部门依照本条例和其他有关法律、法规的规定，在各自的职责范围内负责城镇排水与污水处理监督管理的相关工作。

第六条　国家鼓励采取特许经营、政府购买服务等多种形式，吸引社会资金参与投资、建设和运营城镇排水与污水处理设施。

县级以上人民政府鼓励、支持城镇排水与污水处理科学技术研究，推广应用先进适用的技术、工艺、设备和材料，促进污水的再生利用和污泥、雨水的资源化利用，提高城镇排水与污水处理能力。

第二章　规划与建设

第七条　国务院住房城乡建设主管部门会同国务院有关部门，编制全国的城镇排水与污水处理规划，明确全国城镇排水与污水处理的中长期发展目标、发展战略、布局、任务以及保障措施等。

城镇排水主管部门会同有关部门，根据当地经济社会发展水平以及地理、气候特征，编制本行政区域的城镇排水与污水处理规划，明确排水与污水处理目标与标准，排水量与排水模式，污水处理与再生利用、污泥处理处置要求，排涝措施，城镇排水与污水处理设施的规模、布局、建设时序和建设用地以及保障措施等；易发生内涝的城市、镇，还应当编制城镇内涝防治专项规划，并纳入本行政区域的城镇排水与污水处理规划。

第八条 城镇排水与污水处理规划的编制，应当依据国民经济和社会发展规划、城乡规划、土地利用总体规划、水污染防治规划和防洪规划，并与城镇开发建设、道路、绿地、水系等专项规划相衔接。

城镇内涝防治专项规划的编制，应当根据城镇人口与规模、降雨规律、暴雨内涝风险等因素，合理确定内涝防治目标和要求，充分利用自然生态系统，提高雨水滞渗、调蓄和排放能力。

第九条 城镇排水主管部门应当将编制的城镇排水与污水处理规划报本级人民政府批准后组织实施，并报上一级人民政府城镇排水主管部门备案。

城镇排水与污水处理规划一经批准公布，应当严格执行；因经济社会发展确需修改的，应当按照原审批程序报送审批。

第十条 县级以上地方人民政府应当根据城镇排水与污水处理规划的要求，加大对城镇排水与污水处理设施建设和维护的投入。

第十一条 城乡规划和城镇排水与污水处理规划确定的城镇排水与污水处理设施建设用地，不得擅自改变用途。

第十二条 县级以上地方人民政府应当按照先规划后建设的原则，依据城镇排水与污水处理规划，合理确定城镇排水与污水处理设施建设标准，统筹安排管网、泵站、污水处理厂以及污泥处理处置、再生水利用、雨水调蓄和排放等排水与污水处理设施建设和改造。

城镇新区的开发和建设，应当按照城镇排水与污水处理规划确定的建设时序，优先安排排水与污水处理设施建设；未建或者已建但未达到国家有关标准的，应当按照年度改造计划进行改造，提高城镇排水与污水处理能力。

第十三条 县级以上地方人民政府应当按照城镇排涝要求，结合城镇用地性质和条件，加强雨水管网、泵站以及雨水调蓄、超标雨水径流排放等设施建设和改造。

新建、改建、扩建市政基础设施工程应当配套建设雨水收集利用设施，增加绿地、砂石地面、可渗透路面和自然地面对雨水的滞渗能力，利用建筑物、停车场、广场、道路等建设雨水收集利用设施，削减雨水径流，提高城镇内涝防治能力。

新区建设与旧城区改建，应当按照城镇排水与污水处理规划确定的雨水径流控制要求建设相关设施。

第十四条 城镇排水与污水处理规划范围内的城镇排水与污水处理设施建设项目以及需要与城镇排水与污水处理设施相连接的新建、改建、扩建建设工程，城乡规划主管部门在依法核发建设用地规划许可证时，应当征求城镇排水主管部门的意见。城镇排水主管部门应当就排水设计方案是否符合城镇排水与污水处理规划和相关标准提出意见。

建设单位应当按照排水设计方案建设连接管网等设施；未建设连接管网等设施的，不得投入使用。城镇排水主管部门或者其委托的专门机构应当加强指导和监督。

第十五条 城镇排水与污水处理设施建设工程竣工后，建设单位应当依法组织竣工验收。竣工验收合格的，方可交付使用，并自竣工验收合格之日起15日内，将竣工验收报告及相关资料报城镇排水主管部门备案。

第十六条 城镇排水与污水处理设施竣工验收合格后，由城镇排水主管部门通过招标投标、委托等方式确定符合条件的设施维护运营单位负责管理。特许经营合同、委托运营合同涉及污染物削减和污水处理运营服务费的，城镇排水主管部门应当征求环境保护主管部门、价格主管部门的意见。国家鼓励实施城镇污水处理特许经营制度。具体办法由国务院住房城乡建设主管部门会同国务院有关部门制定。

城镇排水与污水处理设施维护运营单位应当具备下列条件：

（一）有法人资格；

（二）有与从事城镇排水与污水处理设施维护运营活动相适应的资金和设备；

（三）有完善的运行管理和安全管理制度；

（四）技术负责人和关键岗位人员经专业培训并考核合格；

（五）有相应的良好业绩和维护运营经验；

（六）法律、法规规定的其他条件。

第三章 排 水

第十七条 县级以上地方人民政府应当根据当地降雨规律和暴雨内涝风险情况，结合气象、水文资料，建立排水设施地理信息系统，加强雨水排放管理，提高城镇内涝防治水平。

县级以上地方人民政府应当组织有关部门、单位采取相应的预防治理措施，建立城镇内涝防治预警、会商、联动机制，发挥河道行洪能力和水库、洼淀、湖泊调蓄洪水的功能，加强对城镇排水设施的管理和河道防护、整治，因地制宜地采取定期清淤疏浚等措施，确保雨水排放畅通，共同做好城镇内涝防治工作。

第十八条 城镇排水主管部门应当按照城镇内涝防治专项规划的要求，确定雨水收集利用设施建设标准，明确雨水的排水分区和排水出路，合理控制雨水径流。

第十九条 除干旱地区外，新区建设应当实行雨水、污水分流；对实行雨水、污水合流的地区，应当按照城镇排水与污水处理规划要求，进行雨水、污水分流改造。雨水、污水分流改造可以结合旧城区改建和道路建设同时进行。

在雨水、污水分流地区，新区建设和旧城区改建不得将雨水管网、污水管网相互混接。

在有条件的地区，应当逐步推进初期雨水收集与处理，合理确定截流倍数，通过设置初期雨水贮存池、建设截流干管等方式，加强对初期雨水的排放调控和污染防治。

第二十条 城镇排水设施覆盖范围内的排水单位和个人，应当按照国家有关规定将污水排入城镇排水设施。

在雨水、污水分流地区，不得将污水排入雨水管网。

第二十一条 从事工业、建筑、餐饮、医疗等活动的企业事业单位、个体工商户（以下称排水户）向城镇排水设施排放污水的，应当向城镇排水主管部门申请领取污水排入排水管网许可证。城镇排水主管部门应当按照国家有关标准，重点对影响城镇排水与污水处理设施安全运行的事项进行审查。

排水户应当按照污水排入排水管网许可证的要求排放污水。

第二十二条 排水户申请领取污水排入排水管网许可证应当具备下列条件：

（一）排放口的设置符合城镇排水与污水处理规划的要求；

（二）按照国家有关规定建设相应的预处理设施和水质、水量检测设施；

（三）排放的污水符合国家或者地方规定的有关排放标准；

（四）法律、法规规定的其他条件。

符合前款规定条件的，由城镇排水主管部门核发污水排入排水管网许可证；具体办法由国务院住房城乡建设主管部门制定。

第二十三条 城镇排水主管部门应当加强对排放口设置以及预处理设施和水质、水量检测设施建设的指导和监督；对不符合规划要求或者国家有关规定的，应当要求排水户采取措施，限期整改。

第二十四条 城镇排水主管部门委托的排水监测机构，应当对排水户排放污水的水质和水量进行监测，并建立排水监测档案。排水户应当接受监测，如实提供有关资料。

列入重点排污单位名录的排水户安装的水污染物排放自动监测设备，应当与环境保护主管部门的监控设备联网。环境保护主管部门应当将监测数据与城镇排水主管部门共享。

第二十五条 因城镇排水设施维护或者检修可能对排水造成影响的，城镇排水设施维护运营单位应当提前24小时通知相关排水户；可能对排水造成严重影响的，应当事先向城镇排水主管部门报告，采取应急处理措施，并向社会公告。

第二十六条 设置于机动车道路上的窨井，应当按照国家有关规定进行建设，保证其承载力和稳定性等符合相关要求。

排水管网窨井盖应当具备防坠落和防盗窃功能，满足结构强度要求。

第二十七条 城镇排水主管部门应当按照国家有关规定建立城镇排涝风险评估制度和灾害后评估制度，在汛前对城镇排水设施进行全面检查，对发现的问题，责成有关单位限期处理，并加强城镇广场、立交桥下、地下构筑物、棚户区等易涝点的治理，强化排涝措施，增加必要的强制排水设施和装备。

城镇排水设施维护运营单位应当按照防汛要求，对城镇排水设施进行全面检查、维护、清疏，确保设施安全运行。

在汛期，有管辖权的人民政府防汛指挥机构应当加强对易涝点的巡查，发现险情，立即采取措施。有关单位和个人在汛期应当服从有管辖权的人民政府防汛指挥机构的统一调度指挥或者监督。

第四章 污水处理

第二十八条 城镇排水主管部门应当与城镇污水处理设施维护运营单位签订维护运营合同，明确双方权利义务。

城镇污水处理设施维护运营单位应当依照法律、法规和有关规定以及维护运营合同进行维护运营，定期向社会公开有关维护运营信息，并接受相关部门和社会公众的监督。

第二十九条 城镇污水处理设施维护运营单位应当保证出水水质符合国家和地方规定的排放标准，不得排放不达标污水。

城镇污水处理设施维护运营单位应当按照国家有关规定检测进出水水质，向城镇排水主管部门、环境保护主管部门报送污水处理水质和水量、主要污染物削减量等信息，并按照有关规定和维护运营合同，向城镇排水主管部门报送生产运营成本等信息。

城镇污水处理设施维护运营单位应当按照国家有关规定向价格主管部门提交相关成本信息。

城镇排水主管部门核定城镇污水处理运营成本，应当考虑主要污染物削减情况。

第三十条 城镇污水处理设施维护运营单位或者污泥处理处置单位应当安全处理处置污泥，保证处理处置后的污泥符合国家有关标准，对产生的污泥以及处理处置后的污泥去向、用途、用量等进行跟踪、记录，并向城镇排水主管部门、环境保护主管部门报告。任何单位和个人不得擅自倾倒、堆放、丢弃、遗撒污泥。

第三十一条 城镇污水处理设施维护运营单位不得擅自停运城镇污水处理设施，因检修等原因需要停运或者部分停运城镇污水处理设施的，应当在90个工作日前向城镇排水主管部门、环境保护主管部门报告。

城镇污水处理设施维护运营单位在出现进水水质和水量发生重大变化可能导致出水水质超标，或者发生影响城镇污水处理设施安全运行的突发情况时，应当立即采取应急处理措施，并向城镇排水主管部门、环境保护主管部门报告。

城镇排水主管部门或者环境保护主管部门接到报告后，应当及时核查处理。

第三十二条 排水单位和个人应当按照国家有关规定缴纳污水处理费。

向城镇污水处理设施排放污水、缴纳污水处理费的，不再缴纳排污费。

排水监测机构接受城镇排水主管部门委托从事有关监测活动，不得向城镇污水处理设施维护运营单位和排水户收取任何费用。

第三十三条 污水处理费应当纳入地方财政预算管理，专项用于城镇污水处理设施的建设、运行和污泥处理处置，不得挪作他用。污水处理费的收费标准不应低于城镇污水处理设施正常运营的成本。因特殊原因，收取的污水处理费不足以支付城镇污水处理设施正常运营的成本的，地方人民政府给予补贴。

污水处理费的收取、使用情况应当向社会公开。

第三十四条 县级以上地方人民政府环境保护主管部门应当依法对城镇污水处理设施的出水水质和水量进行监督检查。

城镇排水主管部门应当对城镇污水处理设施运营情况进行监督和考核，并将监督考核情况向社会公布。有关单位和个人应当予以配合。

城镇污水处理设施维护运营单位应当为进出水在线监测系统的安全运行提供保障条件。

第三十五条 城镇排水主管部门应当根据城镇污水处理设施维护运营单位履行维护运营合同的情况以及环境保护主管部门对城镇污水处理设施出水水质和水量的监督检查结果，核定城镇污水处理设施运营服务费。地方人民政府有关部门应当及时、足额拨付城镇污水处理设施运营服务费。

第三十六条 城镇排水主管部门在监督考核中，发现城镇污水处理设施维护运营单位存在未依照法律、法规和有关规定以及维护运营合同进行维护运营，擅自停运或者部分停运城镇污水处理设施，或者其他无法安全运行等情形的，应当要求城镇污水处理设施维护运营单位采取措施，限期整改；逾期不整改的，或者整改后仍无法安全运行的，城镇排水主管部门可以终止维护运营合同。

城镇排水主管部门终止与城镇污水处理设施维护运营单位签订的维护运营合同的，应当采取有效措施保障城镇污水处理设施的安全运行。

第三十七条 国家鼓励城镇污水处理再生利用，工业生产、城市绿化、道路清扫、车辆冲洗、建筑施工以及生态景观等，应当优先使用再生水。

县级以上地方人民政府应当根据当地水资源和水环境状况，合理确定再生水利用的规模，制定促进再生水利用的保障措施。

再生水纳入水资源统一配置，县级以上地方人民政府水行政主管部门应当依法加强指导。

第五章 设施维护与保护

第三十八条 城镇排水与污水处理设施维护运营单位应当建立健全安全生产管理制度，加强对窨井盖等城镇排水与污水处理设施的日常巡查、维修和养护，保障设施安全运行。

从事管网维护、应急排水、井下及有限空间作业的，设施维护运营单位应当安排专门人员进行现场安全管理，设置醒目警示标志，采取有效措施避免人员坠落、车辆陷落，并及时复原窨井盖，确保操作规程的遵守和安全措施的落实。相关特种作业人员，应当按照国家有关规定取得相应的资格证书。

第三十九条 县级以上地方人民政府应当根据实际情况，依法组织编制城镇排水与污水处理应急预案，统筹安排应对突发事件以及城镇排涝所必需的物资。

城镇排水与污水处理设施维护运营单位应当制定本单位的应急预案，配备必要的抢险装备、器材，并定期组织演练。

第四十条 排水户因发生事故或者其他突发事件，排放的污水可能危及城镇排水与污水处理设施安全运行的，应当立即采取措施消除危害，并及时向城镇排水主管部门和环境保护主管部门等有关部门报告。

城镇排水与污水处理安全事故或者突发事件发生后，设施维护运营单位应当立即启动本单位应急预案，采取防护措施、组织抢修，并及时向城镇排水主管部门和有关部门报告。

第四十一条 城镇排水主管部门应当会同有关部门，按照国家有关规定划定城镇排水与污水处理设施保护范围，并向社会公布。

在保护范围内，有关单位从事爆破、钻探、打桩、顶进、挖掘、取土等可能影响城镇排水与污水处理设施安全的活动的，应当与设施维护运营单位等共同制定设施保护方案，并采取相应的安全防护措施。

第四十二条 禁止从事下列危及城镇排水与污水处理设施安全的活动：

（一）损毁、盗窃城镇排水与污水处理设施；

（二）穿凿、堵塞城镇排水与污水处理设施；

（三）向城镇排水与污水处理设施排放、倾倒剧毒、易燃易爆、腐蚀性废液和废渣；

（四）向城镇排水与污水处理设施倾倒垃圾、渣土、施工泥浆等废弃物；

（五）建设占压城镇排水与污水处理设施的建筑物、构筑物或者其他设施；

（六）其他危及城镇排水与污水处理设施安全的活动。

第四十三条 新建、改建、扩建建设工程，不得影响城镇排水与污水处理设施安全。

建设工程开工前，建设单位应当查明工程建设范围内地下城镇排水与污水处理设施的相关情况。城镇排水主管部门及其他相关部门和单位应当及时提供相关资料。

建设工程施工范围内有排水管网等城镇排水与污水处理设施的，建设单位应当与施工单位、设施维护运营单位共同制定设施保护方案，并采取相应的安全保护措施。

因工程建设需要拆除、改动城镇排水与污水处理设施的，建设单位应当制定拆除、改动方案，报城镇排水主管部门审核，并承担重建、改建和采取临时措施的费用。

第四十四条 县级以上人民政府城镇排水主管部门应当会同有关部门，加强对城镇排水与污水处理设施运行维护和保护情况的监督检查，并将检查情况及结果向社会公开。实施监督检查时，有权采取下列措施：

（一）进入现场进行检查、监测；

（二）查阅、复制有关文件和资料；

（三）要求被监督检查的单位和个人就有关问题作出说明。

被监督检查的单位和个人应当予以配合，不得妨碍和阻挠依法进行的监督检查活动。

第四十五条 审计机关应当加强对城镇排水与污水处理设施建设、运营、维护和保护等资金筹集、管理和使用情况的监督，并公布审计结果。

第六章 法律责任

第四十六条 违反本条例规定，县级以上地方人民政府及其城镇排水主管部门和其他有关部门，不依法作出行政许可或者办理批准文件的，发现违法行为或者接到对违法行为的举报不予查处的，或者有其他未依照本条例履行职责的行为的，对直接负责的主管人员和其他直接责任人员依法给予处分；直接负责的主管人员和其他直接责任人员的行为构成犯罪的，依法追究刑事责任。

违反本条例规定，核发污水排入排水管网许可证、排污许可证后不实施监督检查的，对核发许可证的部门及其工作人员依照前款规定处理。

第四十七条 违反本条例规定，城镇排水主管部门对不符合法定条件的排水户核发污水排入排水管网许可证的，或者对符合法定条件的排水户不予核发污水排入排水管网许可证的，对直接负责的主管人员和其他直接责任人员依法给予处分；直接负责的主管人员和其他直接责任人员的行为构成犯罪的，依法追究刑事责任。

第四十八条 违反本条例规定，在雨水、污水分流地区，建设单位、施工单位将雨水管网、污水管网相互混接的，由城镇排水主管部门责令改正，处5万元以上10万元以下的罚款；造成损失的，依法承担赔偿责任。

第四十九条　违反本条例规定，城镇排水与污水处理设施覆盖范围内的排水单位和个人，未按照国家有关规定将污水排入城镇排水设施，或者在雨水、污水分流地区将污水排入雨水管网的，由城镇排水主管部门责令改正，给予警告；逾期不改正或者造成严重后果的，对单位处10万元以上20万元以下罚款，对个人处2万元以上10万元以下罚款；造成损失的，依法承担赔偿责任。

第五十条　违反本条例规定，排水户未取得污水排入排水管网许可证向城镇排水设施排放污水的，由城镇排水主管部门责令停止违法行为，限期采取治理措施，补办污水排入排水管网许可证，可以处50万元以下罚款；造成损失的，依法承担赔偿责任；构成犯罪的，依法追究刑事责任。

违反本条例规定，排水户不按照污水排入排水管网许可证的要求排放污水的，由城镇排水主管部门责令停止违法行为，限期改正，可以处5万元以下罚款；造成严重后果的，吊销污水排入排水管网许可证，并处5万元以上50万元以下罚款，可以向社会予以通报；造成损失的，依法承担赔偿责任；构成犯罪的，依法追究刑事责任。

第五十一条　违反本条例规定，因城镇排水设施维护或者检修可能对排水造成影响或者严重影响，城镇排水设施维护运营单位未提前通知相关排水户的，或者未事先向城镇排水主管部门报告，采取应急处理措施的，或者未按照防汛要求对城镇排水设施进行全面检查、维护、清疏，影响汛期排水畅通的，由城镇排水主管部门责令改正，给予警告；逾期不改正或者造成严重后果的，处10万元以上20万元以下罚款；造成损失的，依法承担赔偿责任。

第五十二条　违反本条例规定，城镇污水处理设施维护运营单位未按照国家有关规定检测进出水水质的，或者未报送污水处理水质和水量、主要污染物削减量等信息和生产运营成本等信息的，由城镇排水主管部门责令改正，可以处5万元以下罚款；造成损失的，依法承担赔偿责任。

违反本条例规定，城镇污水处理设施维护运营单位擅自停运城镇污水处理设施，未按照规定事先报告或者采取应急处理措施的，由城镇排水主管部门责令改正，给予警告；逾期不改正或者造成严重后果的，处10万元以上50万元以下罚款；造成损失的，依法承担赔偿责任。

第五十三条　违反本条例规定，城镇污水处理设施维护运营单位或者污泥处理处置单位对产生的污泥以及处理处置后的污泥的去向、用途、用量等未进行跟踪、记录的，或者处理处置后的污泥不符合国家有关标准的，由城镇排水主管部门责令限期采取治理措施，给予警告；造成严重后果的，处10万元以上20万元以下罚款；逾期不采取治理措施的，城镇排水主管部门可以指定有治理能力的单位代为治理，所需费用由当事人承担；造成损失的，依法承担赔偿责任。

违反本条例规定，擅自倾倒、堆放、丢弃、遗撒污泥的，由城镇排水主管部门责令停止违法行为，限期采取治理措施，给予警告；造成严重后果的，对单位处10万元以上50万元以下罚款，对个人处2万元以上10万元以下罚款；逾期不采取治理措施的，城镇排水主管部门可以指定有治理能力的单位代为治理，所需费用由当事人承担；造成损失的，依法承担赔偿责任。

第五十四条　违反本条例规定，排水单位或者个人不缴纳污水处理费的，由城镇排水主管部门责令限期缴纳，逾期拒不缴纳的，处应缴纳污水处理费数额1倍以上3倍以下罚款。

第五十五条　违反本条例规定，城镇排水与污水处理设施维护运营单位有下列情形之一的，由城镇排水主管部门责令改正，给予警告；逾期不改正或者造成严重后果的，处10万元以上50万元以下罚款；造成损失的，依法承担赔偿责任；构成犯罪的，依法追究刑事责任：

（一）未按照国家有关规定履行日常巡查、维修和养护责任，保障设施安全运行的；

（二）未及时采取防护措施、组织事故抢修的；

（三）因巡查、维护不到位，导致窨井盖丢失、损毁，造成人员伤亡和财产损失的。

第五十六条　违反本条例规定，从事危及城镇排水与污水处理设施安全的活动的，由城镇排水主管部门责令停止违法行为，限期恢复原状或者采取其他补救措施，给予警告；逾期不采取补救措施或者造成严重后果的，对单位处10万元以上30万元以下罚款，对个人处2万元以上10万元以下罚款；造成损失的，依法承担赔偿责任；构成犯罪的，依法追究刑事责任。

第五十七条　违反本条例规定，有关单位未与施工单位、设施维护运营单位等共同制定设施保护方案，并采取相应的安全防护措施的，由城镇排水主管部门责令改正，处2万元以上5万元以下罚款；造成严重后果的，处5万元以上10万元以下罚款；造成损失的，依法承担赔偿责任；构成犯罪的，依法追究刑事责任。

违反本条例规定，擅自拆除、改动城镇排水与污水处理设施的，由城镇排水主管部门责令改正，恢复原状或者采取其他补救措施，处5万元以上10万元以下罚款；造成严重后果的，处10万元以上30万元以下罚款；造成损失的，依法承担赔偿责任；构成犯罪的，依法追究刑事责任。

第七章 附 则

第五十八条 依照《中华人民共和国水污染防治法》的规定，排水户需要取得排污许可证的，由环境保护主管部门核发；违反《中华人民共和国水污染防治法》的规定排放污水的，由环境保护主管部门处罚。

第五十九条 本条例自2014年1月1日起施行。

二、部 令

房屋建筑和市政基础设施工程施工图设计文件审查管理办法

中华人民共和国住房和城乡建设部令第13号

《房屋建筑和市政基础设施工程施工图设计文件审查管理办法》已经第95次部常务会议审议通过，现予发布，自2013年8月1日起施行。

住房城乡建设部部长　姜伟新
2013年4月27日

房屋建筑和市政基础设施工程施工图设计文件审查管理办法

第一条 为了加强对房屋建筑工程、市政基础设施工程施工图设计文件审查的管理，提高工程勘察设计质量，根据《建设工程质量管理条例》、《建设工程勘察设计管理条例》等行政法规，制定本办法。

第二条 在中华人民共和国境内从事房屋建筑工程、市政基础设施工程施工图设计文件审查和实施监督管理的，应当遵守本办法。

第三条 国家实施施工图设计文件（含勘察文件，以下简称施工图）审查制度。

本办法所称施工图审查，是指施工图审查机构（以下简称审查机构）按照有关法律、法规，对施工图涉及公共利益、公众安全和工程建设强制性标准的内容进行的审查。施工图审查应当坚持先勘察、后设计的原则。

施工图未经审查合格的，不得使用。从事房屋建筑工程、市政基础设施工程施工、监理等活动，以及实施对房屋建筑和市政基础设施工程质量安全监督管理，应当以审查合格的施工图为依据。

第四条 国务院住房城乡建设主管部门负责对全国的施工图审查工作实施指导、监督。

县级以上地方人民政府住房城乡建设主管部门负责对本行政区域内的施工图审查工作实施监督管理。

第五条 省、自治区、直辖市人民政府住房城乡建设主管部门应当按照本办法规定的审查机构条件，结合本行政区域内的建设规模，确定相应数量的审查机构。具体办法由国务院住房城乡建设主管部门另行规定。

审查机构是专门从事施工图审查业务，不以营利为目的的独立法人。

省、自治区、直辖市人民政府住房城乡建设主管部门应当将审查机构名录报国务院住房城乡建设主管部门备案，并向社会公布。

第六条 审查机构按承接业务范围分两类，一类机构承接房屋建筑、市政基础设施工程施工图审查业务范围不受限制；二类机构可以承接中型及以下房屋建筑、市政基础设施工程的施工图审查。

房屋建筑、市政基础设施工程的规模划分，按照国务院住房城乡建设主管部门的有关规定执行。

第七条 一类审查机构应当具备下列条件：

（一）有健全的技术管理和质量保证体系。

（二）审查人员应当有良好的职业道德；有15年以上所需专业勘察、设计工作经历；主持过不少于5项大型房屋建筑工程、市政基础设施工程相应专业的设计或者甲级工程勘察项目相应专业的勘察；已实行执业注册制度的专业，审查人员应当具有一级注册建筑师、一级注册结构工程师或者勘察设计注册工程师资格，并在本审查机构注册；未实行执业注册制度的专业，审查人员应当具有高级工程师职称；近5年内未因违反工程建设法律法规和强制性标准受到行政处罚。

（三）在本审查机构专职工作的审查人员数量：从事房屋建筑工程施工图审查的，结构专业审查人员不少于7人，建筑专业不少于3人，电气、暖通、给排水、勘察等专业审查人员各不少于2人；从事市政基础设施工程施工图审查的，所需专业的审查人员不少于7人，其他必须配套的专业审查人员各不少于2人；专门从事勘察文件审查的，勘察专业审查人员不少于7人。

承担超限高层建筑工程施工图审查的，还应当具有主持过超限高层建筑工程或者100米以上建筑工程结构专业设计的审查人员不少于3人。

（四）60岁以上审查人员不超过该专业审查人员规定数的1/2。

（五）注册资金不少于300万元。

第八条 二类审查机构应当具备下列条件：

（一）有健全的技术管理和质量保证体系。

（二）审查人员应当有良好的职业道德；有10年以上所需专业勘察、设计工作经历；主持过不少于5项中型以上房屋建筑工程、市政基础设施工程相应专业的设计或者乙级以上工程勘察项目相应专业的勘察；已实行执业注册制度的专业，审查人员应当具有一级注册建筑师、一级注册结构工程师或者勘察设计注册工程师资格，并在本审查机构注册；未实行执业注册制度的专业，审查人员应当具有高级工程师职称；近5年内未因违反工程建设法律法规和强制性标准受到行政处罚。

（三）在本审查机构专职工作的审查人员数量：从事房屋建筑工程施工图审查的，结构专业审查人员不少于3人，建筑、电气、暖通、给排水、勘察等专业审查人员各不少于2人；从事市政基础设施工程施工图审查的，所需专业的审查人员不少于4人，其他必须配套的专业审查人员各不少于2人；专门从事勘察文件审查的，勘察专业审查人员不少于4人。

（四）60岁以上审查人员不超过该专业审查人员规定数的1/2。

（五）注册资金不少于100万元。

第九条 建设单位应当将施工图送审查机构审查，但审查机构不得与所审查项目的建设单位、勘察设计企业有隶属关系或者其他利害关系。送审管理的具体办法由省、自治区、直辖市人民政府住房城乡建设主管部门按照"公开、公平、公正"的原则规定。

建设单位不得明示或者暗示审查机构违反法律法规和工程建设强制性标准进行施工图审查，不得压缩合理审查周期、压低合理审查费用。

第十条 建设单位应当向审查机构提供下列资料并对所提供资料的真实性负责：

（一）作为勘察、设计依据的政府有关部门的批准文件及附件；

（二）全套施工图；

（三）其他应当提交的材料。

第十一条 审查机构应当对施工图审查下列内容：

（一）是否符合工程建设强制性标准；

（二）地基基础和主体结构的安全性；

（三）是否符合民用建筑节能强制性标准，对执行绿色建筑标准的项目，还应当审查是否符合绿色建筑标准；

（四）勘察设计企业和注册执业人员以及相关人员是否按规定在施工图上加盖相应的图章和签字；

（五）法律、法规、规章规定必须审查的其他内容。

第十二条 施工图审查原则上不超过下列时限：

（一）大型房屋建筑工程、市政基础设施工程为15个工作日，中型及以下房屋建筑工程、市政基础设施工程为10个工作日。

（二）工程勘察文件，甲级项目为7个工作日，乙级及以下项目为5个工作日。

以上时限不包括施工图修改时间和审查机构的复审时间。

第十三条 审查机构对施工图进行审查后，应当根据下列情况分别作出处理：

（一）审查合格的，审查机构应当向建设单位出具审查合格书，并在全套施工图上加盖审查专用章。审查合格书应当有各专业的审查人员签字，经法定代表人签发，并加盖审查机构公章。审查机构应当在出具审查合格书后5个工作日内，将审查情况报工程所在地县级以上地方人民政府住房城乡建设主管部门备案。

（二）审查不合格的，审查机构应当将施工图退建设单位并出具审查意见告知书，说明不合格原因。同时，应当将审查意见告知书及审查中发现的建设单位、勘察设计企业和注册执业人员违反法律、法规和工程建设强制性标准的问题，报工程所在地县级以上地方人民政府住房城乡建设主管部门。

施工图退建设单位后，建设单位应当要求原勘察设计企业进行修改，并将修改后的施工图送原审查机构复审。

第十四条 任何单位或者个人不得擅自修改审查合格的施工图；确需修改的，凡涉及本办法第十一条规定内容的，建设单位应当将修改后的施工图送原审查机构审查。

第十五条 勘察设计企业应当依法进行建设工程勘察、设计，严格执行工程建设强制性标准，并对建设工程勘察、设计的质量负责。

审查机构对施工图审查工作负责，承担审查责任。施工图经审查合格后，仍有违反法律、法规和工程建设强制性标准的问题，给建设单位造成损失的，审查机构依法承担相应的赔偿责任。

第十六条 审查机构应当建立、健全内部管理制度。施工图审查应当有经各专业审查人员签字的审查记录。审查记录、审查合格书、审查意见告知书等有关资料应当归档保存。

第十七条 已实行执业注册制度的专业，审查人员应当按规定参加执业注册继续教育。

未实行执业注册制度的专业，审查人员应当参加省、自治区、直辖市人民政府住房城乡建设主管部门组织的有关法律、法规和技术标准的培训，每年培训时间不少于40学时。

第十八条 按规定应当进行审查的施工图，未经审查合格的，住房城乡建设主管部门不得颁发施工许可证。

第十九条 县级以上人民政府住房城乡建设主管部门应当加强对审查机构的监督检查，主要检查下列内容：

（一）是否符合规定的条件；

（二）是否超出范围从事施工图审查；

（三）是否使用不符合条件的审查人员；

（四）是否按规定的内容进行审查；

（五）是否按规定上报审查过程中发现的违法违规行为；

（六）是否按规定填写审查意见告知书；

（七）是否按规定在审查合格书和施工图上签字盖章；

（八）是否建立健全审查机构内部管理制度；

（九）审查人员是否按规定参加继续教育。

县级以上人民政府住房城乡建设主管部门实施监督检查时，有权要求被检查的审查机构提供有关施工图审查的文件和资料，并将监督检查结果向社会公布。

第二十条 审查机构应当向县级以上地方人民政府住房城乡建设主管部门报审查情况统计信息。

县级以上地方人民政府住房城乡建设主管部门应当定期对施工图审查情况进行统计，并将统计信息报上级住房城乡建设主管部门。

第二十一条 县级以上人民政府住房城乡建设主管部门应当及时受理对施工图审查工作中违法、违规行为的检举、控告和投诉。

第二十二条 县级以上人民政府住房城乡建设主管部门对审查机构报告的建设单位、勘察设计企业、注册执业人员的违法违规行为，应当依法进行查处。

第二十三条 审查机构列入名录后不再符合规定条件的，省、自治区、直辖市人民政府住房城乡建设主管部门应当责令其限期改正；逾期不改的，不再将其列入审查机构名录。

第二十四条 审查机构违反本办法规定，有下列行为之一的，由县级以上地方人民政府住房城乡建设主管部门责令改正，处3万元罚款，并记入信用档案；情节严重的，省、自治区、直辖市人民政府住房城乡建设主管部门不再将其列入审查机构名录：

（一）超出范围从事施工图审查的；

（二）使用不符合条件审查人员的；

（三）未按规定的内容进行审查的；

（四）未按规定上报审查过程中发现的违法违规行为的；

（五）未按规定填写审查意见告知书的；

（六）未按规定在审查合格书和施工图上签字盖章的；

（七）已出具审查合格书的施工图，仍有违反法律、法规和工程建设强制性标准的。

第二十五条 审查机构出具虚假审查合格书的，审查合格书无效，县级以上地方人民政府住房城乡建设主管部门处3万元罚款，省、自治区、直辖市人民政府住房城乡建设主管部门不再将其列入审查机构名录。

审查人员在虚假审查合格书上签字的，终身不得再担任审查人员；对于已实行执业注册制度的专业的审查人员，还应当依照《建设工程质量管理条例》第七十二条、《建设工程安全生产管理条例》第五十八条规定予以处罚。

第二十六条 建设单位违反本办法规定，有下列行为之一的，由县级以上地方人民政府住房城乡建设主管部门责令改正，处3万元罚款；情节严重的，予以通报：

（一）压缩合理审查周期的；

（二）提供不真实送审资料的；

（三）对审查机构提出不符合法律、法规和工程建设强制性标准要求的。

建设单位为房地产开发企业的，还应当依照《房地产开发企业资质管理规定》进行处理。

第二十七条 依照本办法规定，给予审查机构罚款处罚的，对机构的法定代表人和其他直接责任人员处机构罚款数额5%以上10%以下的罚款，并记入信用档案。

第二十八条 省、自治区、直辖市人民政府住房城乡建设主管部门未按照本办法规定确定审查机构的，国务院住房城乡建设主管部门责令改正。

第二十九条 国家机关工作人员在施工图审查监督管理工作中玩忽职守、滥用职权、徇私舞弊，构成犯罪的，依法追究刑事责任；尚不构成犯罪的，依法给予行政处分。

第三十条 省、自治区、直辖市人民政府住房城乡建设主管部门可以根据本办法，制定实施细则。

第三十一条 本办法自2013年8月1日起施行。原建设部2004年8月23日发布的《房屋建筑和市政基础设施工程施工图设计文件审查管理办法》（建设部令第134号）同时废止。

住房和城乡建设部关于修改《房地产估价机构管理办法》的决定

中华人民共和国住房和城乡建设部令第14号

《住房和城乡建设部关于修改〈房地产估价机构管理办法〉的决定》已经第7次部常务会议审议通过，现予发布，自发布之日起施行。

住房和城乡建设部部长 姜伟新
2013年10月16日

住房和城乡建设部关于修改《房地产估价机构管理办法》的决定

住房和城乡建设部决定对《房地产估价机构管理办法》（建设部令第142号）作如下修改：

一、第三条第二款、原第二十四条第五款中"城镇房屋拆迁"修改为"房屋征收"。

二、第五条第一款中"建设行政主管部门"修改为"住房城乡建设主管部门"，第二款中"房地产行政主管部门"修改为"房地产主管部门"。

其余条款依此修改。

三、增加一条作为第七条："国家建立全国统一的房地产估价行业管理信息平台，实现房地产估价机构资质核准、人员注册、信用档案管理等信息关联共享。"

四、原第七条修改为"房地产估价机构资质等级分为一、二、三级。

省、自治区人民政府住房城乡建设主管部门、直辖市人民政府房地产主管部门负责房地产估价机构资质许可。

省、自治区人民政府住房城乡建设主管部门、直辖市人民政府房地产主管部门应当执行国家统一的资质许可条件，加强房地产估价机构资质许可管理，营造公平竞争的市场环境。

国务院住房城乡建设主管部门应当加强对省、自治区人民政府住房城乡建设主管部门、直辖市人民政府房地产主管部门资质许可工作的指导和监督检查，及时纠正资质许可中的违法行为。"

五、原第十二条修改为"房地产估价机构资质核准中的房地产估价报告抽查，应当执行全国统一的标准。"

六、原第十三条修改为"申请核定房地产估价机构资质的，应当向设区的市人民政府房地产主管部门提出申请，并提交本办法第十一条规定的材料。

设区的市人民政府房地产主管部门应当自受理申请之日起20日内审查完毕，并将初审意见和全部申请材料报省、自治区人民政府住房城乡建设主管部门、直辖市人民政府房地产主管部门。

省、自治区人民政府住房城乡建设主管部门、直辖市人民政府房地产主管部门应当自受理申请材料之日起20日内作出决定。

省、自治区人民政府住房城乡建设主管部门、直辖市人民政府房地产主管部门应当在作出资质许可决定之日起10日内，将准予资质许可的决定报国务院住房城乡建设主管部门备案。"

七、原第二十七条第(五)项修改为"价值时点"。

八、原第四十六条、第四十八条、第四十九条、第五十条、第五十二条中"县级以上人民政府房地产行政主管部门"修改为"县级以上地方人民政府房地产主管部门"。

此外，对部分条文的顺序作相应的调整和修改。本决定自发布之日起施行。

《房地产估价机构管理办法》根据本决定作相应的修正，重新发布。

房地产估价机构管理办法

(2005年10月12日建设部令第142号发布，根据2013年10月16日住房和城乡建设部令第14号修正)

第一章 总 则

第一条 为了规范房地产估价机构行为，维护房地产估价市场秩序，保障房地产估价活动当事人合法权益，根据《中华人民共和国城市房地产管理法》、《中华人民共和国行政许可法》和《国务院对确需保留的行政审批项目设定行政许可的决定》等法律、行政法规，制定本办法。

第二条 在中华人民共和国境内申请房地产估价机构资质，从事房地产估价活动，对房地产估价机构实施监督管理，适用本办法。

第三条 本办法所称房地产估价机构，是指依法设立并取得房地产估价机构资质，从事房地产估价活动的中介服务机构。

本办法所称房地产估价活动，包括土地、建筑物、构筑物、在建工程、以房地产为主的企业整体资产、企业整体资产中的房地产等各类房地产评估，以及因转让、抵押、房屋征收、司法鉴定、课税、公司上市、企业改制、企业清算、资产重组、资产处置等需要进行的房地产评估。

第四条 房地产估价机构从事房地产估价活动，应当坚持独立、客观、公正的原则，执行房地产估价规范和标准。

房地产估价机构依法从事房地产估价活动，不受行政区域、行业限制。任何组织或者个人不得非法干预房地产估价活动和估价结果。

第五条 国务院住房城乡建设主管部门负责全国房地产估价机构的监督管理工作。

省、自治区人民政府住房城乡建设主管部门、直辖市人民政府房地产主管部门负责本行政区域内房地产估价机构的监督管理工作。

市、县人民政府房地产主管部门负责本行政区域内房地产估价机构的监督管理工作。

第六条 房地产估价行业组织应当加强房地产估价行业自律管理。

鼓励房地产估价机构加入房地产估价行业组织。

第七条 国家建立全国统一的房地产估价行业管理信息平台，实现房地产估价机构资质核准、人员注册、信用档案管理等信息关联共享。

第二章 估价机构资质核准

第八条 房地产估价机构资质等级分为一、二、三级。

省、自治区人民政府住房城乡建设主管部门、直辖市人民政府房地产主管部门负责房地产估价机构资质许可。

省、自治区人民政府住房城乡建设主管部门、直辖市人民政府房地产主管部门应当执行国家统一的资质许可条件，加强房地产估价机构资质许可管理，营造公平竞争的市场环境。

国务院住房城乡建设主管部门应当加强对省、自治区人民政府住房城乡建设主管部门、直辖市人民政府房地产主管部门资质许可工作的指导和监督检查，及时纠正资质许可中的违法行为。

第九条 房地产估价机构应当由自然人出资，以有限责任公司或者合伙企业形式设立。

第十条 各资质等级房地产估价机构的条件如下：

（一）一级资质

1. 机构名称有房地产估价或者房地产评估字样；
2. 从事房地产估价活动连续6年以上，且取得二级房地产估价机构资质3年以上；
3. 有限责任公司的注册资本人民币200万元以上，合伙企业的出资额人民币120万元以上；
4. 有15名以上专职注册房地产估价师；
5. 在申请核定资质等级之日前3年平均每年完成估价标的物建筑面积50万平方米以上或者土地面积25万平方米以上；
6. 法定代表人或者执行合伙人是注册后从事房地产估价工作3年以上的专职注册房地产估价师；
7. 有限责任公司的股东中有3名以上、合伙企业的合伙人中有2名以上专职注册房地产估价师，股东或者合伙人中有一半以上是注册后从事房地产估价工作3年以上的专职注册房地产估价师；
8. 有限责任公司的股份或者合伙企业的出资额中专职注册房地产估价师的股份或者出资额合计不低于60%；
9. 有固定的经营服务场所；
10. 估价质量管理、估价档案管理、财务管理等各项企业内部管理制度健全；
11. 随机抽查的1份房地产估价报告符合《房地产估价规范》的要求；
12. 在申请核定资质等级之日前3年内无本办法第三十三条禁止的行为。

（二）二级资质

1. 机构名称有房地产估价或者房地产评估字样；
2. 取得三级房地产估价机构资质后从事房地产估价活动连续4年以上；
3. 有限责任公司的注册资本人民币100万元以上，合伙企业的出资额人民币60万元以上；
4. 有8名以上专职注册房地产估价师；
5. 在申请核定资质等级之日前3年平均每年完成估价标的物建筑面积30万平方米以上或者土地面积15万平方米以上；
6. 法定代表人或者执行合伙人是注册后从事房地产估价工作3年以上的专职注册房地产估价师；
7. 有限责任公司的股东中有3名以上、合伙企业的合伙人中有2名以上专职注册房地产估价师，股东或者合伙人中有一半以上是注册后从事房地产估价工作3年以上的专职注册房地产估价师；
8. 有限责任公司的股份或者合伙企业的出资额中专职注册房地产估价师的股份或者出资额合计不低于60%；
9. 有固定的经营服务场所；
10. 估价质量管理、估价档案管理、财务管理等各项企业内部管理制度健全；
11. 随机抽查的1份房地产估价报告符合《房地产估价规范》的要求；
12. 在申请核定资质等级之日前3年内无本办法第三十三条禁止的行为。

（三）三级资质

1. 机构名称有房地产估价或者房地产评估字样；
2. 有限责任公司的注册资本人民币50万元以上，合伙企业的出资额人民币30万元以上；
3. 有3名以上专职注册房地产估价师；
4. 在暂定期内完成估价标的物建筑面积8万平方米以上或者土地面积3万平方米以上；
5. 法定代表人或者执行合伙人是注册后从事房地产估价工作3年以上的专职注册房地产估价师；

6. 有限责任公司的股东中有 2 名以上、合伙企业的合伙人中有 2 名以上专职注册房地产估价师，股东或者合伙人中有一半以上是注册后从事房地产估价工作 3 年以上的专职注册房地产估价师；

7. 有限责任公司的股份或者合伙企业的出资额中专职注册房地产估价师的股份或者出资额合计不低于 60%；

8. 有固定的经营服务场所；

9. 估价质量管理、估价档案管理、财务管理等各项企业内部管理制度健全；

10. 随机抽查的 1 份房地产估价报告符合《房地产估价规范》的要求；

11. 在申请核定资质等级之日前 3 年内无本办法第三十三条禁止的行为。

第十一条 申请核定房地产估价机构资质等级，应当如实向资质许可机关提交下列材料：

（一）房地产估价机构资质等级申请表（一式二份，加盖申报机构公章）；

（二）房地产估价机构原资质证书正本复印件、副本原件；

（三）营业执照正、副本复印件（加盖申报机构公章）；

（四）出资证明复印件（加盖申报机构公章）；

（五）法定代表人或者执行合伙人的任职文件复印件（加盖申报机构公章）；

（六）专职注册房地产估价师证明；

（七）固定经营服务场所的证明；

（八）经工商行政管理部门备案的公司章程或者合伙协议复印件（加盖申报机构公章）及有关估价质量管理、估价档案管理、财务管理等企业内部管理制度的文件、申报机构信用档案信息；

（九）随机抽查的在申请核定资质等级之日前 3 年内申报机构所完成的 1 份房地产估价报告复印件（一式二份，加盖申报机构公章）。

申请人应当对其提交的申请材料实质内容的真实性负责。

第十二条 新设立的中介服务机构申请房地产估价机构资质的，应当提供第十一条第（一）项、第（三）项至第（八）项材料。

新设立中介服务机构的房地产估价机构资质等级应当核定为三级资质，设 1 年的暂定期。

第十三条 房地产估价机构资质核准中的房地产估价报告抽查，应当执行全国统一的标准。

第十四条 申请核定房地产估价机构资质的，应当向设区的市人民政府房地产主管部门提出申请，并提交本办法第十一条规定的材料。

设区的市人民政府房地产主管部门应当自受理申请之日起 20 日内审查完毕，并将初审意见和全部申请材料报省、自治区人民政府住房城乡建设主管部门、直辖市人民政府房地产主管部门。

省、自治区人民政府住房城乡建设主管部门、直辖市人民政府房地产主管部门应当自受理申请材料之日起 20 日内作出决定。

省、自治区人民政府住房城乡建设主管部门、直辖市人民政府房地产主管部门应当在作出资质许可决定之日起 10 日内，将准予资质许可的决定报国务院住房城乡建设主管部门备案。

第十五条 房地产估价机构资质证书分为正本和副本，由国务院住房城乡建设主管部门统一印制，正、副本具有同等法律效力。

房地产估价机构遗失资质证书的，应当在公众媒体上声明作废后，申请补办。

第十六条 房地产估价机构资质有效期为 3 年。

资质有效期届满，房地产估价机构需要继续从事房地产估价活动的，应当在资质有效期届满 30 日前向资质许可机关提出资质延续申请。资质许可机关应当根据申请作出是否准予延续的决定。准予延续的，有效期延续 3 年。

在资质有效期内遵守有关房地产估价的法律、法规、规章、技术标准和职业道德的房地产估价机构，经原资质许可机关同意，不再审查，有效期延续 3 年。

第十七条 房地产估价机构的名称、法定代表人或者执行合伙人、注册资本或者出资额、组织形式、住所等事项发生变更的，应当在工商行政管理部门办理变更手续后 30 日内，到资质许可机关办理资质证书变更手续。

第十八条 房地产估价机构合并的，合并后存续或者新设立的房地产估价机构可以承继合并前各方中较高的资质等级，但应当符合相应的资质等级条件。

房地产估价机构分立的，只能由分立后的一方房地产估价机构承继原房地产估价机构资质，但应当符合原房地产估价机构资质等级条件。承继原房地产估价机构资质的一方由各方协商确定；其他各方按照新设立的中介服务机构申请房地产估价机构资质。

第十九条 房地产估价机构的工商登记注销后，其资质证书失效。

第三章 分支机构的设立

第二十条 一级资质房地产估价机构可以按照本办法第二十一条的规定设立分支机构。二、三级资质房地产估价机构不得设立分支机构。

分支机构应当以设立该分支机构的房地产估价机构的名义出具估价报告,并加盖该房地产估价机构公章。

第二十一条 分支机构应当具备下列条件:

(一)名称采用"房地产估价机构名称+分支机构所在地行政区划名+分公司(分所)"的形式;

(二)分支机构负责人应当是注册后从事房地产估价工作3年以上并无不良执业记录的专职注册房地产估价师;

(三)在分支机构所在地有3名以上专职注册房地产估价师;

(四)有固定的经营服务场所;

(五)估价质量管理、估价档案管理、财务管理等各项内部管理制度健全。

注册于分支机构的专职注册房地产估价师,不计入设立分支机构的房地产估价机构的专职注册房地产估价师人数。

第二十二条 新设立的分支机构,应当自领取分支机构营业执照之日起30日内,到分支机构工商注册所在地的省、自治区人民政府住房城乡建设主管部门、直辖市人民政府房地产主管部门备案。

省、自治区人民政府住房城乡建设主管部门、直辖市人民政府房地产主管部门应当在接受备案后10日内,告知分支机构工商注册所在地的市、县人民政府房地产主管部门,并报国务院住房城乡建设主管部门备案。

第二十三条 分支机构备案,应当提交下列材料:

(一)分支机构的营业执照复印件;

(二)房地产估价机构资质证书正本复印件;

(三)分支机构及设立该分支机构的房地产估价机构负责人的身份证明;

(四)拟在分支机构执业的专职注册房地产估价师注册证书复印件。

第二十四条 分支机构变更名称、负责人、住所等事项或房地产估价机构撤销分支机构,应当在工商行政管理部门办理变更或者注销登记手续后30日内,报原备案机关备案。

第四章 估价管理

第二十五条 从事房地产估价活动的机构,应当依法取得房地产估价机构资质,并在其资质等级许可范围内从事估价业务。

一级资质房地产估价机构可以从事各类房地产估价业务。

二级资质房地产估价机构可以从事除公司上市、企业清算以外的房地产估价业务。

三级资质房地产估价机构可以从事除公司上市、企业清算、司法鉴定以外的房地产估价业务。

暂定期内的三级资质房地产估价机构可以从事除公司上市、企业清算、司法鉴定、房屋征收、在建工程抵押以外的房地产估价业务。

第二十六条 房地产估价业务应当由房地产估价机构统一接受委托,统一收取费用。

房地产估价师不得以个人名义承揽估价业务,分支机构应当以设立该分支机构的房地产估价机构名义承揽估价业务。

第二十七条 房地产估价机构及执行房地产估价业务的估价人员与委托人或者估价业务相对人有利害关系的,应当回避。

第二十八条 房地产估价机构承揽房地产估价业务,应当与委托人签订书面估价委托合同。

估价委托合同应当包括下列内容:

(一)委托人的名称或者姓名和住所;

(二)估价机构的名称和住所;

(三)估价对象;

(四)估价目的;

(五)价值时点;

(六)委托人的协助义务;

(七)估价服务费及其支付方式;

(八)估价报告交付的日期和方式;

(九)违约责任;

(十)解决争议的方法。

第二十九条 房地产估价机构未经委托人书面同意,不得转让受托的估价业务。

经委托人书面同意,房地产估价机构可以与其他房地产估价机构合作完成估价业务,以合作双方的名义共同出具估价报告。

第三十条 委托人及相关当事人应当协助房地产估价机构进行实地查勘,如实向房地产估价机构提供估价所必需的资料,并对其所提供资料的真实性负责。

第三十一条 房地产估价机构和注册房地产估

价师因估价需要向房地产主管部门查询房地产交易、登记信息时，房地产主管部门应当提供查询服务，但涉及国家秘密、商业秘密和个人隐私的内容除外。

第三十二条 房地产估价报告应当由房地产估价机构出具，加盖房地产估价机构公章，并有至少2名专职注册房地产估价师签字。

第三十三条 房地产估价机构不得有下列行为：

（一）涂改、倒卖、出租、出借或者以其他形式非法转让资质证书；

（二）超越资质等级业务范围承接房地产估价业务；

（三）以迎合高估或者低估要求、给予回扣、恶意压低收费等方式进行不正当竞争；

（四）违反房地产估价规范和标准；

（五）出具有虚假记载、误导性陈述或者重大遗漏的估价报告；

（六）擅自设立分支机构；

（七）未经委托人书面同意，擅自转让受托的估价业务；

（八）法律、法规禁止的其他行为。

第三十四条 房地产估价机构应当妥善保管房地产估价报告及相关资料。

房地产估价报告及相关资料的保管期限自估价报告出具之日起不得少于10年。保管期限届满而估价服务的行为尚未结束的，应当保管到估价服务的行为结束为止。

第三十五条 除法律、法规另有规定外，未经委托人书面同意，房地产估价机构不得对外提供估价过程中获知的当事人的商业秘密和业务资料。

第三十六条 房地产估价机构应当加强对执业人员的职业道德教育和业务培训，为本机构的房地产估价师参加继续教育提供必要的条件。

第三十七条 县级以上人民政府房地产主管部门应当依照有关法律、法规和本办法的规定，对房地产估价机构和分支机构的设立、估价业务及执行房地产估价规范和标准的情况实施监督检查。

第三十八条 县级以上人民政府房地产主管部门履行监督检查职责时，有权采取下列措施：

（一）要求被检查单位提供房地产估价机构资质证书、房地产估价师注册证书，有关房地产估价业务的文档，有关估价质量管理、估价档案管理、财务管理等企业内部管理制度的文件；

（二）进入被检查单位进行检查，查阅房地产估价报告以及估价委托合同、实地查勘记录等估价相关资料；

（三）纠正违反有关法律、法规和本办法及房地产估价规范和标准的行为。

县级以上人民政府房地产主管部门应当将监督检查的处理结果向社会公布。

第三十九条 县级以上人民政府房地产主管部门进行监督检查时，应当有两名以上监督检查人员参加，并出示执法证件，不得妨碍被检查单位的正常经营活动，不得索取或者收受财物、谋取其他利益。

有关单位和个人对依法进行的监督检查应当协助与配合，不得拒绝或者阻挠。

第四十条 房地产估价机构违法从事房地产估价活动的，违法行为发生地的县级以上地方人民政府房地产主管部门应当依法查处，并将违法事实、处理结果及处理建议及时报告该估价机构资质的许可机关。

第四十一条 有下列情形之一的，资质许可机关或者其上级机关，根据利害关系人的请求或者依据职权，可以撤销房地产估价机构资质：

（一）资质许可机关工作人员滥用职权、玩忽职守作出准予房地产估价机构资质许可的；

（二）超越法定职权作出准予房地产估价机构资质许可的；

（三）违反法定程序作出准予房地产估价机构资质许可的；

（四）对不符合许可条件的申请人作出准予房地产估价机构资质许可的；

（五）依法可以撤销房地产估价机构资质的其他情形。

房地产估价机构以欺骗、贿赂等不正当手段取得房地产估价机构资质的，应当予以撤销。

第四十二条 房地产估价机构取得房地产估价机构资质后，不再符合相应资质条件的，资质许可机关根据利害关系人的请求或者依据职权，可以责令其限期改正；逾期不改的，可以撤回其资质。

第四十三条 有下列情形之一的，资质许可机关应当依法注销房地产估价机构资质：

（一）房地产估价机构资质有效期届满未延续的；

（二）房地产估价机构依法终止的；

（三）房地产估价机构资质被撤销、撤回，或者房地产估价资质证书依法被吊销的；

（四）法律、法规规定的应当注销房地产估价机构资质的其他情形。

第四十四条 资质许可机关或者房地产估价行

业组织应当建立房地产估价机构信用档案。

房地产估价机构应当按照要求提供真实、准确、完整的房地产估价信用档案信息。

房地产估价机构信用档案应当包括房地产估价机构的基本情况、业绩、良好行为、不良行为等内容。违法行为、被投诉举报处理、行政处罚等情况应当作为房地产估价机构的不良记录记入其信用档案。

房地产估价机构的不良行为应当作为该机构法定代表人或者执行合伙人的不良行为记入其信用档案。

任何单位和个人有权查阅信用档案。

第五章 法律责任

第四十五条 申请人隐瞒有关情况或者提供虚假材料申请房地产估价机构资质的,资质许可机关不予受理或者不予行政许可,并给予警告,申请人在1年内不得再次申请房地产估价机构资质。

第四十六条 以欺骗、贿赂等不正当手段取得房地产估价机构资质的,由资质许可机关给予警告,并处1万元以上3万元以下的罚款,申请人3年内不得再次申请房地产估价机构资质。

第四十七条 未取得房地产估价机构资质从事房地产估价活动或者超越资质等级承揽估价业务的,出具的估价报告无效,由县级以上地方人民政府房地产主管部门给予警告,责令限期改正,并处1万元以上3万元以下的罚款;造成当事人损失的,依法承担赔偿责任。

第四十八条 违反本办法第十七条规定,房地产估价机构不及时办理资质证书变更手续的,由资质许可机关责令限期办理;逾期不办理的,可处1万元以下的罚款。

第四十九条 有下列行为之一的,由县级以上地方人民政府房地产主管部门给予警告,责令限期改正,并可处1万元以上2万元以下的罚款:

(一)违反本办法第二十条第一款规定设立分支机构的;

(二)违反本办法第二十一条规定设立分支机构的;

(三)违反本办法第二十二条第一款规定,新设立的分支机构不备案的。

第五十条 有下列行为之一的,由县级以上地方人民政府房地产主管部门给予警告,责令限期改正;逾期未改正的,可处5千元以上2万元以下的罚款;给当事人造成损失的,依法承担赔偿责任:

(一)违反本办法第二十六条规定承揽业务的;

(二)违反本办法第二十九条第一款规定,擅自转让受托的估价业务的;

(三)违反本办法第二十条第二款、第二十九条第二款、第三十二条规定出具估价报告的。

第五十一条 违反本办法第二十七条规定,房地产估价机构及其估价人员应当回避未回避的,由县级以上地方人民政府房地产主管部门给予警告,责令限期改正,并可处1万元以下的罚款;给当事人造成损失的,依法承担赔偿责任。

第五十二条 违反本办法第三十一条规定,房地产主管部门拒绝提供房地产交易、登记信息查询服务的,由其上级房地产主管部门责令改正。

第五十三条 房地产估价机构有本办法第三十三条行为之一的,由县级以上地方人民政府房地产主管部门给予警告,责令限期改正,并处1万元以上3万元以下的罚款;给当事人造成损失的,依法承担赔偿责任;构成犯罪的,依法追究刑事责任。

第五十四条 违反本办法第三十五条规定,房地产估价机构擅自对外提供估价过程中获知的当事人的商业秘密和业务资料,给当事人造成损失的,依法承担赔偿责任;构成犯罪的,依法追究刑事责任。

第五十五条 资质许可机关有下列情形之一的,由其上级主管部门或者监察机关责令改正,对直接负责的主管人员和其他直接责任人员依法给予处分;构成犯罪的,依法追究刑事责任:

(一)对不符合法定条件的申请人准予房地产估价机构资质许可或者超越职权作出准予房地产估价机构资质许可决定的;

(二)对符合法定条件的申请人不予房地产估价机构资质许可或者不在法定期限内作出准予房地产估价机构资质许可决定的;

(三)利用职务上的便利,收受他人财物或者其他利益的;

(四)不履行监督管理职责,或者发现违法行为不予查处的。

第六章 附 则

第五十六条 本办法自2005年12月1日起施行。1997年1月9日建设部颁布的《关于房地产价格评估机构资格等级管理的若干规定》(建房〔1997〕12号)同时废止。

本办法施行前建设部发布的规章的规定与本办法的规定不一致的,以本办法为准。

住房和城乡建设部 国家质量监督检验检疫总局关于废止《游乐园管理规定》的决定

中华人民共和国住房和城乡建设部 国家质量监督检验检疫总局令第 15 号

《住房和城乡建设部 国家质量监督检验检疫总局关于废止〈游乐园管理规定〉的决定》已经住房城乡建设部常务会议、国家质量监督检验检疫总局局务会议审议通过，现予发布，自 2014 年 1 月 1 日起生效。

住房和城乡建设部部长 姜伟新
质检总局局长 支树平
2013 年 10 月 30 日

住房和城乡建设部 国家质量监督检验检疫总局关于废止《游乐园管理规定》的决定

经住房和城乡建设部常务会议、国家质量监督检验检疫总局局务会议审议，决定废止《游乐园管理规定》（建设部、国家质量技术监督局令第 85 号），现予发布，自 2014 年 1 月 1 日起生效。

建筑工程施工发包与承包计价管理办法

中华人民共和国住房和城乡建设部令第 16 号

《建筑工程施工发包与承包计价管理办法》已经第 9 次部常务会议审议通过，现予发布，自 2014 年 2 月 1 日起施行。

住房城乡建设部部长 姜伟新
2013 年 12 月 11 日

建筑工程施工发包与承包计价管理办法

第一条 为了规范建筑工程施工发包与承包计价行为，维护建筑工程发包与承包双方的合法权益，促进建筑市场的健康发展，根据有关法律、法规，制定本办法。

第二条 在中华人民共和国境内的建筑工程施工发包与承包计价（以下简称工程发承包计价）管理，适用本办法。

本办法所称建筑工程是指房屋建筑和市政基础设施工程。

本办法所称工程发承包计价包括编制工程量清单、最高投标限价、招标标底、投标报价，进行工程结算，以及签订和调整合同价款等活动。

第三条 建筑工程施工发包与承包价在政府宏观调控下，由市场竞争形成。

工程发承包计价应当遵循公平、合法和诚实信用的原则。

第四条 国务院住房城乡建设主管部门负责全国工程发承包计价工作的管理。

县级以上地方人民政府住房城乡建设主管部门负责本行政区域内工程发承包计价工作的管理。其具体工作可以委托工程造价管理机构负责。

第五条 国家推广工程造价咨询制度，对建筑工程项目实行全过程造价管理。

第六条 全部使用国有资金投资或者以国有资金投资为主的建筑工程（以下简称国有资金投资的建筑工程），应当采用工程量清单计价；非国有资金投资的建筑工程，鼓励采用工程量清单计价。

国有资金投资的建筑工程招标的，应当设有最高投标限价；非国有资金投资的建筑工程招标的，可以设有最高投标限价或者招标标底。

最高投标限价及其成果文件，应当由招标人报工程所在地县级以上地方人民政府住房城乡建设主管部门备案。

第七条 工程量清单应当依据国家制定的工程量清单计价规范、工程量计算规范等编制。工程量清单应当作为招标文件的组成部分。

第八条 最高投标限价应当依据工程量清单、工程计价有关规定和市场价格信息等编制。招标人设有最高投标限价的，应当在招标时公布最高投标限价的总价，以及各单位工程的分部分项工程费、措施项目费、其他项目费、规费和税金。

第九条 招标标底应当依据工程计价有关规定和市场价格信息等编制。

第十条 投标报价不得低于工程成本，不得高于最高投标限价。

投标报价应当依据工程量清单、工程计价有关规定、企业定额和市场价格信息等编制。

第十一条 投标报价低于工程成本或者高于最高投标限价总价的，评标委员会应当否决投标人的投标。

对是否低于工程成本报价的异议，评标委员会可以参照国务院住房城乡建设主管部门和省、自治区、直辖市人民政府住房城乡建设主管部门发布的有关规定进行评审。

第十二条 招标人与中标人应当根据中标价订立合同。不实行招标投标的工程由发承包双方协商订立合同。

合同价款的有关事项由发承包双方约定，一般包括合同价款约定方式，预付工程款、工程进度款、工程竣工价款的支付和结算方式，以及合同价款的调整情形等。

第十三条 发承包双方在确定合同价款时，应当考虑市场环境和生产要素价格变化对合同价款的影响。

实行工程量清单计价的建筑工程，鼓励发承包双方采用单价方式确定合同价款。

建设规模较小、技术难度较低、工期较短的建筑工程，发承包双方可以采用总价方式确定合同价款。

紧急抢险、救灾以及施工技术特别复杂的建筑工程，发承包双方可以采用成本加酬金方式确定合同价款。

第十四条 发承包双方应当在合同中约定，发生下列情形时合同价款的调整方法：

（一）法律、法规、规章或者国家有关政策变化影响合同价款的；

（二）工程造价管理机构发布价格调整信息的；

（三）经批准变更设计的；

（四）发包方更改经审定批准的施工组织设计造成费用增加的；

（五）双方约定的其他因素。

第十五条 发承包双方应当根据国务院住房城乡建设主管部门和省、自治区、直辖市人民政府住房城乡建设主管部门的规定，结合工程款、建设工期等情况在合同中约定预付工程款的具体事宜。

预付工程款按照合同价款或者年度工程计划额度的一定比例确定和支付，并在工程进度款中予以抵扣。

第十六条 承包方应当按照合同约定向发包方提交已完成工程量报告。发包方收到工程量报告后，应当按照合同约定及时核对并确认。

第十七条 发承包双方应当按照合同约定，定期或者按照工程进度分段进行工程款结算和支付。

第十八条 工程完工后，应当按照下列规定进行竣工结算：

（一）承包方应当在工程完工后的约定期限内提交竣工结算文件。

（二）国有资金投资建筑工程的发包方，应当委托具有相应资质的工程造价咨询企业对竣工结算文件进行审核，并在收到竣工结算文件后的约定期限内向承包方提出由工程造价咨询企业出具的竣工结算文件审核意见；逾期未答复的，按照合同约定处理，合同没有约定的，竣工结算文件视为已被认可。

非国有资金投资的建筑工程发包方，应当在收到竣工结算文件后的约定期限内予以答复，逾期未答复的，按照合同约定处理，合同没有约定的，竣工结算文件视为已被认可；发包方对竣工结算文件有异议的，应当在答复期内向承包方提出，并可以在提出异议之日起的约定期限内与承包方协商；发包方在协商期内未与承包方协商或者经协商未能与承包方达成协议的，应当委托工程造价咨询企业进行竣工结算审核，并在协商期满后的约定期限内向承包方提出由工程造价咨询企业出具的竣工结算文件审核意见。

（三）承包方对发包方提出的工程造价咨询企业竣工结算审核意见有异议的，在接到该审核意见后一个月内，可以向有关工程造价管理机构或者有关行业组织申请调解，调解不成的，可以依法申请仲裁或者向人民法院提起诉讼。

发承包双方在合同中对本条第（一）项、第（二）项的期限没有明确约定的，应当按照国家有关规定执行；国家没有规定的，可认为其约定期限均为28日。

第十九条　工程竣工结算文件经发承包双方签字确认的，应当作为工程决算的依据，未经对方同意，另一方不得就已生效的竣工结算文件委托工程造价咨询企业重复审核。发包方应当按照竣工结算文件及时支付竣工结算款。

竣工结算文件应当由发包方报工程所在地县级以上地方人民政府住房城乡建设主管部门备案。

第二十条　造价工程师编制工程量清单、最高投标限价、招标标底、投标报价、工程结算审核和工程造价鉴定文件，应当签字并加盖造价工程师执业专用章。

第二十一条　县级以上地方人民政府住房城乡建设主管部门应当依照有关法律、法规和本办法规定，加强对建筑工程发承包计价活动的监督检查和投诉举报的核查，并有权采取下列措施：

（一）要求被检查单位提供有关文件和资料；

（二）就有关问题询问签署文件的人员；

（三）要求改正违反有关法律、法规、本办法或者工程建设强制性标准的行为。

县级以上地方人民政府住房城乡建设主管部门应当将监督检查的处理结果向社会公开。

第二十二条　造价工程师在最高投标限价、招标标底或者投标报价编制、工程结算审核和工程造价鉴定中，签署有虚假记载、误导性陈述的工程造价成果文件的，记入造价工程师信用档案，依照《注册造价工程师管理办法》进行查处；构成犯罪的，依法追究刑事责任。

第二十三条　工程造价咨询企业在建筑工程计价活动中，出具有虚假记载、误导性陈述的工程造价成果文件的，记入工程造价咨询企业信用档案，由县级以上地方人民政府住房城乡建设主管部门责令改正，处1万元以上3万元以下的罚款，并予以通报。

第二十四条　国家机关工作人员在建筑工程计价监督管理工作中玩忽职守、徇私舞弊、滥用职权的，由有关机关给予行政处分；构成犯罪的，依法追究刑事责任。

第二十五条　建筑工程以外的工程施工发包与承包计价管理可以参照本办法执行。

第二十六条　省、自治区、直辖市人民政府住房城乡建设主管部门可以根据本办法制定实施细则。

第二十七条　本办法自2014年2月1日起施行。原建设部2001年11月5日发布的《建筑工程施工发包与承包计价管理办法》（建设部令第107号）同时废止。

三、住宅与房地产类

国务院关于加快棚户区改造工作的意见

国发〔2013〕25号

各省、自治区、直辖市人民政府，国务院各部委、各直属机构：

棚户区改造是重大的民生工程和发展工程。2008年以来，各地区、各有关部门贯彻落实党中央、国务院决策部署，将棚户区改造纳入城镇保障性安居工程，大规模推进实施。2008年至2012年，全国改造各类棚户区1260万户,有效改善了困难群众住房条件,缓解了城市内部二元矛盾,提升了城镇综合承载能力,促进了经济增长与社会和谐。但也要看到,目前仍有部分群众居住在棚户区中。这些棚户区住房简陋,环境较差,安全隐患多,改造难度大。为进一步加大棚户区改造力度,让更多困难群众的住房条件早日得到改善,同时,有效拉动投资、消费需求,带动相关产业发展,推进以人为核心的新型城镇化建设,发挥助推经济实现持续健康发展和民生不断改善的积极效应,现提出以下意见:

一、总体要求和基本原则

(一)总体要求。以邓小平理论、"三个代表"重要思想、科学发展观为指导,适应城镇化发展的需要,以改善群众住房条件作为出发点和落脚点,加快推进各类棚户区改造,重点推进资源枯竭型城市及独立工矿棚户区、三线企业集中地区的棚户区改造,稳步实施城中村改造。2013年至2017年改造各类棚户区1000万户,使居民住房条件明显改善,基础设施和公共服务设施建设水平不断提高。

(二)基本原则。

1. 科学规划,分步实施。要根据当地经济社会发展水平和政府财政能力,结合城市规划、土地利用规划和保障性住房建设规划,合理确定各类棚户区改造的目标任务,量力而行、逐步推进,先改造成片棚户区、再改造其他棚户区。

2. 政府主导,市场运作。棚户区改造政策性、公益性强,必须发挥政府的组织引导作用,在政策和资金等方面给予积极支持;注重发挥市场机制的作用,充分调动企业和棚户区居民的积极性,动员社会力量广泛参与。

3. 因地制宜,注重实效。要按照小户型、齐功能、配套好、质量高、安全可靠的要求,科学利用空间,有效满足基本居住功能。坚持整治与改造相结合,合理界定改造范围。对规划保留的建筑,主要进行房屋维修加固、完善配套设施、环境综合整治和建筑节能改造。要重视维护城市传统风貌特色,保护历史文化街区、历史建筑以及不可移动文物。

4. 完善配套,同步建设。坚持同步规划、同步施工、同步交付使用,组织好新建安置小区的供水、供电、供气、供热、通讯、污水与垃圾处理等市政基础设施和商业、教育、医疗卫生、无障碍设施等配套公共服务设施的建设,促进以改善民生为重点的社会建设。

二、全面推进各类棚户区改造

(一)城市棚户区改造。2013年至2017年五年改造城市棚户区800万户,其中,2013年改造232万户。在加快推进集中成片城市棚户区改造的基础上,各地区要逐步将其他棚户区、城中村改造,统一纳入城市棚户区改造范围,稳步、有序推进。市、县人民政府应结合当地实际,合理界定城市棚户区具体改造范围。禁止将因城市道路拓展、历史街区保护、文物修缮等带来的房屋拆迁改造项目纳入城市棚户区改造范围。城市棚户区改造可采取拆除新建、改建(扩建、翻建)等多种方式。要加快城镇旧住宅区综合整治,加强环境综合整治和房屋维修改造,完善使用功能和配套设施。在改造中可建设一定数量的租赁型保障房,统筹用于符合条件的保障家庭。

(二)国有工矿棚户区改造。五年改造国有工矿(含煤矿)棚户区90万户,其中,2013年改造17万户。位于城市规划区内的国有工矿棚户区,要统一纳入城市棚户区改造范围。铁路、钢铁、有色、黄金等行业棚户区,要按照属地原则纳入各地棚户区改造规划组织实施。国有工矿(煤矿)各级行业主管部门,要加强对棚户区改造工作的监督指导。

(三)国有林区棚户区改造。五年改造国有林区棚户区和国有林场危旧房30万户,其中,2013年改造18万户。对国有林区(场)之外的其他林业基层单位符合条件的住房困难职工,纳入当地城镇住房保障体系统筹解决。

(四)国有垦区危房改造。五年改造国有垦区危房80万户,其中,2013年改造37万户。要优化垦区危房改造布局,方便生产生活,促进产业发展和小城镇建设。将华侨农场非归难侨危房改造,统一纳入国有垦区危房改造中央补助支持范围,加快实施改造。

三、加大政策支持力度

(一)多渠道筹措资金。要采取增加财政补助、加大银行信贷支持、吸引民间资本参与、扩大债券融资、企业和群众自筹等办法筹集资金。

1. 加大各级政府资金支持。中央加大对棚户区改造的补助,对财政困难地区予以倾斜。省级人民政府也要相应加大补助力度。市、县人民政府应切实加大棚户区改造的资金投入,可以从城市维护建设税、城镇公用事业附加、城市基础设施配套费、土地出让收入等渠道中,安排资金用于棚户区改造支出。各地区除上述资金渠道外，还可以从国有资本经营预算中适当安排部分资金用于国有企业棚户区改造。有条件的市、县可对棚户区改造项目给予贷款贴息。

2. 加大信贷支持。各银行业金融机构要按照风险可控、商业可持续原则，创新金融产品，改善金融服务，积极支持棚户区改造，增加棚户区改造信贷资金安排，向符合条件的棚户区改造项目提供贷款。各地区要建立健全棚户区改造贷款还款保障机制，积极吸引信贷资金支持。

3. 鼓励民间资本参与改造。鼓励和引导民间资本根据保障性安居工程任务安排，通过直接投资、间接投资、参股、委托代建等多种方式参与棚户区改造。要积极落实民间资本参与棚户区改造的各项支持政策，消除民间资本参与棚户区改造的政策障碍，加强指导监督。

4. 规范利用企业债券融资。符合规定的地方政府融资平台公司、承担棚户区改造项目的企业可发行企业债券或中期票据，专项用于棚户区改造项目。对发行企业债券用于棚户区改造的，优先办理核准手续，加快审批速度。

5. 加大企业改造资金投入。鼓励企业出资参与棚户区改造，加大改造投入。企业参与政府统一组织的工矿（含中央下放煤矿）棚户区改造、林区棚户区改造、垦区危房改造的，对企业用于符合规定条件的支出，准予在企业所得税前扣除。要充分调动企业职工积极性，积极参与改造，合理承担安置住房建设资金。

（二）确保建设用地供应。棚户区改造安置住房用地纳入当地土地供应计划优先安排，并简化行政审批流程，提高审批效率。安置住房中涉及的经济适用住房、廉租住房和符合条件的公共租赁住房建设项目可以通过划拨方式供地。

（三）落实税费减免政策。对棚户区改造项目，免征城市基础设施配套费等各种行政事业性收费和政府性基金。落实好棚户区改造安置住房税收优惠政策，将优惠范围由城市和国有工矿棚户区扩大到国有林区、垦区棚户区。电力、通讯、市政公用事业等企业要对棚户区改造给予支持，适当减免入网、管网增容等经营性收费。

（四）完善安置补偿政策。棚户区改造实行实物安置和货币补偿相结合，由棚户区居民自愿选择。各地区要按国家有关规定制定具体安置补偿办法，禁止强拆强迁，依法维护群众合法权益。对经济困难、无力购买安置住房的棚户区居民，可以通过提供租赁型保障房等方式满足其基本居住需求，或在符合有关政策规定的条件下，纳入当地住房保障体系筹解决。

四、提高规划建设水平

（一）优化规划布局。棚户区改造安置住房实行原地和异地建设相结合，优先考虑就近安置；异地安置的，要充分考虑居民就业、就医、就学、出行等需要，合理规划选址，尽可能安排在交通便利、配套设施齐全地段。要贯彻节能、节地、环保的原则，严格控制套型面积，落实节约集约用地和节能减排各项措施。

（二）完善配套基础设施建设。棚户区改造项目要按照有关规定规划建设相应的商业和综合服务设施。各级政府要拓宽融资渠道，加大投入力度，加快配套基础设施和公共服务设施的规划、建设和竣工交付进度。要加强安置住房管理，完善社区公共服务，确保居民安居乐业。

（三）确保工程质量安全。要落实工程质量责任，严格执行基本建设程序和标准规范，特别是抗震设防等强制性标准。严格建筑材料验核制度，防止假冒伪劣建筑材料流入建筑工地。健全项目信息公开制度。项目法人对住房质量负终身责任。勘察、设计、施工、监理等单位依法对建设工程质量负相应责任，积极推行单位负责人和项目负责人终身负责制。推广工程质量责任标牌，公示相关参建单位和负责人，接受社会监督。贯彻落实绿色建筑行动方案，积极执行绿色建筑标准。

五、加强组织领导

（一）强化地方各级政府责任。各地区要进一步提高认识，继续加大棚户区改造工作力度。省级人民政府对本地区棚户区改造工作负总责，按要求抓紧编制2013年至2017年棚户区改造规划，落实年度建设计划，加强目标责任考核。市、县人民政府要明确具体工作责任和措施，扎实做好棚户区改造的组织工作，特别是要依法依规安置补偿，切实做到规划到位、资金到位、供地到位、政策到位、监管到位、分配补偿到位。要加强信息公开，引导社会舆论，主动发布和准确解读政策措施，及时反映工作进展情况。广泛宣传棚户区改造的重要意义，尊重群众意愿，深入细致做好群众工作，积极引导棚户区居民参与改造，为推进棚户区改造营造良好社会氛围。

（二）明确各部门职责。住房城乡建设部会同有关部门督促各地尽快编制棚户区改造规划，将任务分解到年度，落实到市、县，明确到具体项目和建设地块；加强协调指导，抓好建设进度、工程质量等工作。财政部、发展改革委会同有关部门研究加大中央资金补助力度。人民银行、银监会研究政策措施，引导银行业金融机构继续加大信贷支持力度。国土资源部负责完善土地供应政策。

（三）加强监督检查。监察部、住房城乡建设部等有关部门要建立有效的督查制度，定期对地方棚户区改造工作进行全面督促检查；各地区要加强对棚户区改造的监督检查，全面落实工作任务和各项政策措施，严禁企事业单位借棚户区改造政策建设福利性住房。对资金土地不落实、政策措施不到位、建设进度缓慢、质量安全问题突出的地方政府负责人进行约谈，限期进行整改。对在棚户区改造及安置住房建设、分配和管理过程中滥用职权、玩忽职守、徇私舞弊、失职渎职的行政机关及其工作人员，要依法依纪追究责任；涉嫌犯罪的，移送司法机关处理。

国务院
2013 年 7 月 4 日

国务院办公厅关于继续做好房地产市场调控工作的通知

国办发〔2013〕17 号

各省、自治区、直辖市人民政府，国务院各部委、各直属机构：

2011 年以来，各地区、各部门认真贯彻落实中央关于加强房地产市场调控的决策和部署，取得了积极成效。当前房地产市场调控仍处在关键时期，房价上涨预期增强，不同地区房地产市场出现分化。为继续做好今年房地产市场调控工作，促进房地产市场平稳健康发展，经国务院同意，现就有关问题通知如下：

一、完善稳定房价工作责任制

认真落实省级人民政府负总责、城市人民政府抓落实的稳定房价工作责任制。各直辖市、计划单列市和省会城市（除拉萨外），要按照保持房价基本稳定的原则，制定本地区年度新建商品住房（不含保障性住房，下同）价格控制目标，并于一季度向社会公布。各省级人民政府要更加注重区域差异，加强分类指导。对行政区域内住房供不应求、房价上涨过快的热点城市，应指导其增加住房及住房用地的有效供应，制定并公布年度新建商品住房价格控制目标；对存在住房供过于求等情况的城市，也应指导其采取有效措施保持市场稳定。要建立健全稳定房价工作的考核问责制度，加强对所辖城市的督查、考核和问责工作。国务院有关部门要加强对省级人民政府稳定房价工作的监督和检查。对执行住房限购和差别化住房信贷、税收等政策措施不到位、房价上涨过快的，要进行约谈和问责。

二、坚决抑制投机投资性购房

继续严格执行商品住房限购措施。已实施限购措施的直辖市、计划单列市和省会城市，要在严格执行《国务院办公厅关于进一步做好房地产市场调控工作有关问题的通知》（国办发〔2011〕1 号）基础上，进一步完善现行住房限购措施。限购区域应覆盖城市全部行政区域；限购住房类型应包括所有新建商品住房和二手住房；购房资格审查环节应前移至签订购房合同（认购）前；对拥有 1 套及以上住房的非当地户籍居民家庭、无法连续提供一定年限当地纳税证明或社会保险缴纳证明的非当地户籍居民家庭，要暂停在本行政区域内向其售房。住房供需矛盾突出、房价上涨压力较大的城市，要在上述要求的基础上进一步从严调整限购措施；其他城市出现房价过快上涨情况的，省级人民政府应要求其及时采取限购等措施。各地区住房城乡建设、公安、民政、税务、人力资源社会保障等部门要建立分工明确、协调有序的审核工作机制。要严肃查处限购措施执行中的违法违规行为，对存在规避住房限购措施行为的项目，要责令房地产开发企业整改；购房人不具备购房资格的，企业要与购房人解除合同；

对教唆、协助购房人伪造证明材料、骗取购房资格的中介机构，要责令其停业整顿，并严肃处理相关责任人；情节严重的，要追究当事人的法律责任。

继续严格实施差别化住房信贷政策。银行业金融机构要进一步落实好对首套房贷款的首付款比例和贷款利率政策，严格执行第二套（及以上）住房信贷政策。要强化借款人资格审查，严格按规定调查家庭住房登记记录和借款人征信记录，不得向不符合信贷政策的借款人违规发放贷款。银行业监管部门要加强对银行业金融机构执行差别化住房信贷政策的日常管理和专项检查，对违反政策规定的，要及时制止、纠正。对房价上涨过快的城市，人民银行当地分支机构可根据城市人民政府新建商品住房价格控制目标和政策要求，进一步提高第二套住房贷款的首付款比例和贷款利率。

充分发挥税收政策的调节作用。税务、住房城乡建设部门要密切配合，对出售自有住房按规定应征收的个人所得税，通过税收征管、房屋登记等历史信息能核实房屋原值的，应依法严格按转让所得的20%计征。总结个人住房房产税改革试点城市经验，加快推进扩大试点工作，引导住房合理消费。税务部门要继续推进应用房地产价格评估方法加强存量房交易税收征管工作。

三、增加普通商品住房及用地供应

各地区要根据供需情况科学编制年度住房用地供应计划，保持合理、稳定的住房用地供应规模。原则上2013年住房用地供应总量应不低于过去5年平均实际供应量。住房供需矛盾突出、房价上涨压力较大的部分热点城市和区域中心城市，以及前两年住房用地供应计划完成率偏低的城市，要进一步增加年度住房用地供应总量，提高其占年度土地供应计划的比例。加大土地市场信息公开力度，市、县人民政府应于一季度公布年度住房用地供应计划，稳定土地市场预期。各地区要继续采取有效措施，完善土地出让方式，严防高价地扰乱市场预期。各地区住房城乡建设部门要提出商品住房项目的住宅建设套数、套型建筑面积、设施条件、开竣工时间等要求，作为土地出让的依据，并纳入出让合同。

各地区发展改革、国土资源、住房城乡建设部门要建立中小套型普通商品住房建设项目行政审批快速通道，提高办事效率，严格落实开竣工申报制度，督促房地产开发企业严格按照合同约定建设施工，加快中小套型普通商品住房项目的供地、建设和上市，尽快形成有效供应。对中小套型住房套数达到项目开发建设总套数70%以上的普通商品住房建设项目，银行业金融机构要在符合信贷条件的前提下优先支持其开发贷款需求。

四、加快保障性安居工程规划建设

全面落实2013年城镇保障性安居工程基本建成470万套、新开工630万套的任务。各地区要抓紧把建设任务落实到项目和地块，确保资金尽快到位，尽早开工建设。继续抓好城市和国有工矿（含煤矿）、国有林区、垦区棚户区改造，重点抓好资源型城市及独立工矿区棚户区改造；积极推进非成片棚户区和危旧房改造，逐步开展城镇旧住宅区综合整治，稳步实施城中村改造。

强化规划统筹，从城镇化发展和改善居民住房条件等实际需要出发，把保障性安居工程建设和城市发展充分结合起来，在城市总体规划和土地利用、住房建设等规划中统筹安排保障性安居工程项目。要把好规划设计关、施工质量关、建筑材料关和竣工验收关，落实工程质量责任，确保工程质量安全。要合理安排布局，改进户型设计，方便保障对象的工作和生活。要加大配套基础设施投入力度，做到配套设施与保障性安居工程项目同步规划、同期建设、同时交付使用，确保竣工项目及早投入使用。

加强分配管理。要继续探索创新保障性住房建设和管理机制，完善保障性住房申请家庭经济状况审核机制，严格准入退出，确保公平分配。加大保障性安居工程建设、分配和退出的信息公开力度。严肃查处擅自改变保障性安居工程用途、套型面积等违法违规行为。2013年底前，地级以上城市要把符合条件的、有稳定就业的外来务工人员纳入当地住房保障范围。要加强小区运营管理，完善社区公共服务，优化居住环境。

五、加强市场监管和预期管理

2013年起，各地区要提高商品房预售门槛，从工程投资和形象进度、交付时限等方面强化商品房预售许可管理，引导房地产开发企业理性定价，稳步推进商品房预售制度改革。继续严格执行商品房销售明码标价、一房一价规定，严格按照申报价格对外销售。各地区要切实强化预售资金管理，完善监管制度；尚未实行预售资金监管的地区，要加快制定本地区商品房预售资金监管办法。对预售方案报价过高且不接受城市住房城乡建设部门指导，或没有实行预售资金监管的商品房项目，可暂不核发预售许可证书。各地区要大力推进城镇个人住房信息系统建设，完善管理制度，到"十二五"期末，所有地级以上城市原则上要实现联网。

加强房地产企业信用管理，研究建立住房城乡建设、发展改革、国土资源、金融、税务、工商、统计等部门联动共享的信用管理系统，及时记录、公布房地产企业的违法违规行为。对存在闲置土地和炒地、捂盘惜售、哄抬房价等违法违规行为的房地产开发企业，有关部门要建立联动机制，加大查处力度。国土资源部门要禁止其参加土地竞买，银行业金融机构不得发放新开发项目贷款，证券监管部门暂停批准其上市、再融资或重大资产重组，银行业监管部门要禁止其通过信托计划融资。税务部门要强化土地增值税的征收管理工作，严格按照有关规定进行清算审核和稽查。住房城乡建设、工商等部门要联合开展对房屋中介市场的专项治理工作，整顿和规范市场秩序，严肃查处中介机构和经纪人员的违法违规行为。有关部门要加强房地产开发企业资本金管理，加大对资产负债情况的监测力度，有效防范风险。

各地区、各有关部门要加强市场监测和研究分析，及时主动发布商品住房建设、交易及房价、房租等方面的权威信息，正确解读市场走势和有关调控政策措施，引导社会舆论，稳定市场预期。要加强舆情监测，对涉及房地产市场的不实信息，要及时、主动澄清。对诱导购房者违反限购、限贷等政策措施，造谣、传谣以及炒作不实信息误导消费者的企业、机构、媒体和个人，要进行严肃处理。

六、加快建立和完善引导房地产市场健康发展的长效机制

各有关部门要加强基础性工作，加快研究提出完善住房供应体系、健全房地产市场运行和监管机制的工作思路和政策框架，推进房地产税制改革，完善住房金融体系和住房用地供应机制，推进住宅产业化，促进房地产市场持续平稳健康发展。

国务院办公厅
2013年2月26日

住房城乡建设部关于做好2013年城镇保障性安居工程工作的通知

建保〔2013〕52号

各省、自治区住房城乡建设厅，北京市住房城乡建设委、上海市城乡建设交通委、住房保障房屋管理局，天津市城乡建设交通委、国土资源房屋管理局，重庆市城乡建设委、国土资源房屋管理局，新疆生产建设兵团建设局：

为贯彻落实党中央、国务院关于加快推进住房保障工作的要求，切实做好2013年城镇保障性安居工程建设和管理工作，现就有关事项通知如下：

一、加快落实年度建设任务。2013年全国城镇保障性安居工程建设任务是基本建成470万套、新开工630万套。各省（区、市）住房城乡建设（住房保障）部门要会同有关部门，督促市、县尽快将确定的年度建设任务落实到具体项目，抓紧开展立项选址、征收补偿、勘察设计、施工手续办理等前期工作。加快完善城镇保障性安居工程项目库，及时录入2013年度新开工、基本建成项目。

二、积极推进棚户区（危旧房）改造。国务院决定，本届政府任期内改造各类棚户区（危旧房）1000万套以上。各地住房城乡建设（住房保障）部门要在当地政府领导下，主动加强与有关部门的沟通协调，明确职责，协力推进棚户区（危旧房）改造。在调查摸底、汇总分析的基础上，统筹规划、突出重点，合理确定改造目标与任务，加快改善棚户区（危旧房）居民的住房条件。加快推进集中成片棚户区改造，着力抓好资源型城市及独立工矿区棚户区改造，积极推进非成片棚户区、零星危旧房改造，逐步开展城镇旧住宅区综合整治，稳步实施城中村改造。到"十二五"期末，力争基本完成集中成片棚户区改造。

三、不断提高规划设计和工程质量水平。要合理规划选址，尽可能将保障性安居工程安排在交通便利、配套设施齐全地段及住房供需矛盾突出、外来务工人员聚集的区块。优化户型设计，科学利用空间，积极引导业主单位、设计单位使用《公共租赁住房优秀设计方案汇编》中的设计方案。落实工程质量责任，严格执行基本建设程序、标准规范和工艺流程，确保工程质量。落实《国务院办公厅关于转发发展改革委住房城乡建设部绿色建筑标准行动方案的通知》（国办发〔2013〕1号）要求，积极执行绿色建筑标准。自2014年起，直辖市、计划单列市及省会城市保障性住房建设，要全面执行绿色建筑标准，提高保障性住房安全性、舒适性和健康性。

四、努力增加保障性住房的有效供应。要把加快建设进度、完善配套设施放在重要位置，切实增加有效供应，让困难群众及早入住。加大配套设施投入力度，做到配套设施与保障性安居工程项目同步规划、同期建设、同时交付使用，确保竣工项目及早投入使用。加快完善市政基础设施和公共服务设施，方便群众入住后工作、生活的需要。未按规划完成基础设施配套，达不到入住条件的项目，不得组织验收；验收不合格的，整改前不得投入使用。

五、完善保障性住房分配与管理机制。要完善保障性住房分配管理政策，使困难群众能够获得住房保障、最困难群众优先获得住房保障。适当上调收入线标准，有序扩大住房保障覆盖范围。2013年底前，地级以上城市要明确外来务工人员申请住房保障的条件、程序和轮候规则。坚持阳光操作、规范操作，确保保障性住房分配结果群众满意、社会认可。全面实施住房保障档案管理制度，抓紧建立住房保障对象信用管理制度，完善失信惩戒办法。积极创新保障性住房管理机制，不断优化居住环境，完善社区管理和服务，努力把保障房小区建成群众安居乐业的"美丽家园"。

六、切实做好住房保障统计及信息公开工作。严格按照国家统计局及我部明确的统计范围、指标口径和填报要求，开展城镇保障性安居工程统计工作。健全进度和分配环节各项数据的报送机制，确保真实、完整、及时。会同有关部门加强对市县统计工作的监督指导，加大对基层统计人员的培训力度，力戒虚报、瞒报等弄虚作假行为。健全住房保障信息公开制度，做好年度建设计划、开竣工项目、计划完成情况、分配退出等各环节信息的公开，保障群众的知情权、参与权和监督权。发挥好市、县住房城乡建设（住房保障）部门门户网站作为住房保障信息公开第一平台的作用。

七、以改革创新的精神推进住房保障工作。要大胆实践创新，努力破解住房保障工作中面临的矛盾和问题。健全鼓励民间资本参与租赁型保障性住房建设和运营的机制。探索政府监管、市场运作、高效持续的保障性住房管理制度。坚持以人为本的理念，完善公平分配制度，健全实施机制，建立便民快捷的住房保障服务体系。创新住房保障工作绩效考核办法，引导市、县切实加强保障性住房建设和管理，满足困难家庭基本需求。探索建立存量保障性住房资产监管制度。

八、严肃住房保障工作纪律。严格落实住房保障目标责任制、考核问责制、违规责任追究制，严格执行招标投标、资金管理、质量安全等工程项目管理的各项规定，严格执行保障性住房分配、使用管理的各项规定。严禁以任何形式向住房不困难的家庭提供保障性住房。严肃查处擅自改变保障性安居工程用途、套型面积等违法违规行为。对督促检查、专项检查和审计中发现问题的，要督促市县制定措施限时整改。同时，要举一反三，认真排查工作中的薄弱环节和存在问题，切实规范保障性安居工程建设和管理。

中华人民共和国住房和城乡建设部
2013年4月3日

住房城乡建设部关于
进一步规范房地产估价机构管理工作的通知

建房〔2013〕151号

各省、自治区住房和城乡建设厅，直辖市房地局（建委）：

按照《住房和城乡建设部关于修改〈房地产估价机构管理办法〉的决定》（住房和城乡建设部令第14号）有关要求，为深化行政审批制度改革，提高行政效能，经研究，决定转变一级房地产估价机构资质管理方式，进一步规范房地产估价机构管理工作。现就有关问题通知如下：

一、明确一级房地产估价机构资质核准管理职责

住房城乡建设部负责指导和监督房地产估价机构资质核准工作，制定房地产估价机构资质等级条件，指导全国房地产估价行业管理信息平台建设，制定房地产估价机构资质证书式样，不再承担一级房地产估价机构资质核准工作。省、自治区、直辖市住房城乡建设（房地产）管理部门负责本行政区域内的一级房地产估价机构资质核准工作。

二、建立全国统一的房地产估价行业管理信息平台

为规范房地产估价行业管理，有效促进全国房地产估价市场的统一开放、公平诚信、竞争有序，将房地产估价机构资质核准、房地产估价师注册、房地产估价信用档案等信息系统进行整合，建立全国统一的房地产估价行业管理信息平台，实现资质核准、人员注册、信用档案管理等信息关联共享，进一步发挥信息平台在行业准入、从业行为监管、估价报告管理、信用体系建设的作用，全面提升房地产估价行业管理水平。全国房地产估价行业管理信息平台建设的具体工作和房地产估价报告评审标准的制定，由中国房地产估价师与房地产经纪人学会承担。

三、规范房地产估价机构资质核准管理

房地产估价机构资质核准部门应当通过全国房地产估价行业管理信息平台开展资质核准及行业信息发布等工作。各级房地产估价机构资质等级条件按照《房地产估价机构管理办法》（原建设部令第142号）规定执行。资质核准中的房地产估价报告评审，应当执行全国统一的房地产估价报告评审标准，房地产估价报告应当从全国房地产估价信用档案的估价报告名录中随机选取；房地产估价机构业绩认定，应当以全国房地产估价信用档案记载的业绩为准。其中：一级房地产估价机构资质核准，应当从全国房地产估价报告评审专家库中抽取专家对估价报告进行评审。

四、加强房地产估价行业监督管理

各级住房城乡建设（房地产）管理部门应当加强对房地产估价行业的监督管理。建立健全房地产估价机构和注册房地产估价师信用档案，及时更新信用档案信息。要严格按照资质等级条件，统一标准，加强房地产估价机构资质核准管理，强化审批事后监管。要努力营造公平竞争、打破分割、优胜劣汰的市场环境，促进形成统一的全国性房地产估价市场，不得利用资质核准管理、设定限制性条件等手段阻碍或排斥外地机构进入本地市场；也不得以变相降低本地房地产估价机构资质核准条件、选择性执法等方式保护本地机构。强化行业自律管理，充分发挥房地产估价行业组织的作用，尚未建立房地产估价行业组织的地区，要尽快组建。我部将加强对房地产估价行业的监督指导，定期对各地的资质核准情况、行业管理情况进行抽检，纠正资质管理中的违法行为。

省级住房城乡建设（房地产）管理部门要按照本通知要求，做好相关衔接工作。资质核准工作中遇到的问题，可以与我部房地产市场监管司联系。

自2013年10月16日起，我部不再受理一级房地产估价机构资质行政审批事项；此前我部已经受理的一级房地产估价机构资质行政审批事项，继续由我部办理。

中华人民共和国住房和城乡建设部
2013年10月24日

住房城乡建设部关于加强住房保障廉政风险防控工作的指导意见

建保〔2013〕153号

各省、自治区住房城乡建设厅，北京市住房城乡建设委，天津市城乡建设交通委、国土资源房屋管理局，上海市城乡建设交通委、住房保障房屋管理局，重庆市城乡建设委、国土资源房屋管理局，新疆生

产建设兵团建设局：

为贯彻落实中共中央纪委《关于加强廉政风险防控的指导意见》（中纪发〔2011〕42号），加强住房保障廉政风险防控工作，提出如下意见：

一、总体要求和基本原则

（一）总体要求

深入贯彻落实科学发展观，按照中央关于反腐倡廉的部署要求，坚持"标本兼治、综合治理、惩防并举、注重预防"的方针，加强制度建设，完善管理流程，规范行政行为，监控权力运行，建立职责清晰、制度健全、风险可控、层级监管的住房保障廉政风险防控机制，形成决策权、执行权、监督权既相互协调又相互制约的运行机制，建设廉洁高效的管理队伍，推进住房保障事业持续健康发展。

（二）基本原则

1. 全面防控，突出重点。全面排查廉政风险，完善防控制度措施，突出抓好重要岗位、重要事项等关键廉政风险点的防控工作，对玩忽职守、滥用职权、徇私舞弊、不当配置住房保障资源等违法违纪行为形成有效制约。

2. 惩防并举，注重预防。坚持标本兼治，更加注重治本，实施教育、制度、防控、监督相结合，更加注重预防，惩处住房保障领域违法违纪行为。

3. 完善制度，制约权力。注重从制度建设的源头上防范廉政风险，把廉政风险防控与住房保障制度建设相结合，规范业务管理程序，实行事前、事中、事后监控权力安全运行，用制度制约权力。

4. 科技支撑，监督实施。运用信息技术，建立住房保障管理信息系统，提升防控效能；切实履行住房保障主管部门防控职责，接受上级监管和职能监督、社会监督，健全考核问责机制。

二、排查廉政风险

对照住房保障主管部门工作职责，梳理住房保障业务流程、权力运行程序，采取自查和互查方式，全面排查住房保障主管部门、内设机构、工作岗位的廉政风险点。

（一）房源筹集环节

在房源筹集环节，重点围绕建设、购买、租赁保障性住房项目的确定和实施排查廉政风险点。主要包括：住房保障规划计划编制执行符合实际需求情况；政府投资建设、购买、租赁保障性住房涉及的招标投标、资金使用、价格确定、建筑材料设备选用、工程质量安全管理、竣工验收备案情况；社会投资筹集保障性住房的项目决策、政策落实情况；配套设施建设与交付使用情况等。

（二）准入轮候环节

在准入轮候环节，重点围绕准入条件、审核复核等排查廉政风险点。主要包括：准入条件与审核程序公开征求意见、符合实际情况；对申请人住房和经济状况审核程序的执行情况，审核资料的提交与审查，审核结果的公示公开，审核异议的核查处理情况；轮候顺序的确定与变更情况等。

（三）分配管理环节

在分配管理环节，重点围绕房屋配租配售、货币补贴发放等排查廉政风险点。主要包括：分配方案和分配排序的确定与变更，房屋的选择与交付，货币补贴的确定与发放，分配合同的签订履行，分配信息公开情况等。

（四）运营管理环节

在运营管理环节，重点围绕营运机制、房屋使用和维修维护排查廉政风险点。主要包括：保障性住房营运机制建设和使用管理，物业服务企业的选择，物业费标准的确定，物业服务合同的履行，租金、物业费、物业维修基金等资金的收缴和使用，保障性住房和配套设施维修企业及材料的选择等。

（五）退出管理环节

在退出管理环节，重点围绕退出住房保障排查廉政风险点。主要包括：对不再符合保障条件对象的退出处理，对违规获得住房保障或违规使用保障性住房的清退执行，退出保障性住房的交接管理，保障性住房上市收益调节等。

（六）投诉处理环节

在投诉处理环节，重点围绕对违法违纪行为的核查处理排查廉政风险点。主要包括：案件受理、案件核实、案件查处，案件处理结果反馈和公开情况等。

三、健全防控制度

根据住房保障廉政风险环节和廉政风险点，确定风险等级，明确风险岗位职责，建立健全廉政风险防控制度措施，并贯穿于住房保障业务全过程，有效制约权力运行，预防违法违纪行为发生。

（一）加强房源筹集管理

科学确定住房保障工作任务，结合实际编制、执行住房保障规划计划，既符合群众需求又避免资源浪费；完善房源筹集项目集体决策程序，防止违规插手干预项目实施；规范保障性住房建设、购买、租赁等筹集政策与行为，同步建设配套设施，按期形成有效供应；严格房源筹集资金使用管理，严格工程预决算管理；执行基本建设程序，加强工程质量安全管理，严把材料进场和工程检测关口，严格质量分户验收和竣工验收备案。

（二）严把准入轮候关

完善住房保障准入审核制度，规范审核流程，建立多部门协作、信息共享的住房保障审核机制；明确住房保障范围、准入条件、优先保障条件，并公开发布、定期调整；严格执行审核制度，按规定程序对申请人住房和经济状况进行审核；严格准入审核情况公示公开，规范公示公开内容、范围；建立科学的轮候规则，对轮候对象严格执行动态复核程序。

（三）规范分配管理

完善公平分配制度，建立科学规范的评分排序、摇号选房等分配规则，优先向住房最困难家庭分配；严格执行房源分配和货币补贴管理制度，严禁以任何形式向不符合住房保障条件的对象供应保障性住房或发放货币补贴；坚持公开分配，实行分配方案、分配过程、分配房源、分配结果公开透明，防止关系房、人情房。

（四）强化运营管理

健全运营管理机制，加强公共资产管理；建立房屋管理、合同履行、物业服务等制度；按规定程序选择物业服务企业和维修企业，合理确定收费标准；完善保障性住房小区管理服务方式，规范房屋使用管理和维修养护，查处违规转租、转借、转让等行为；严格租金、物业费、物业维修基金等资金收缴和使用，规范实施租金、物业费减免。

（五）健全退出制度

按照规范化和人性化相结合的原则，综合运用经济、行政、司法等手段，完善退出管理办法；健全住房保障退出衔接机制，建立保障性住房上市收益调节办法，合理确定收益分成比例，实现住房保障有序退出；规范退出保障性住房的交接管理，查处违规占用住房保障资源等违法违纪行为。

（六）严格投诉处理

健全投诉举报核查处理机制，维护公共利益和当事人合法权益；畅通投诉举报渠道，规范案件受理程序，严格案件核查处理；及时反馈或公开案件查处情况，依法保护投诉举报人的合法权益。

四、加强组织实施

（一）落实工作责任制

住房保障是政府公共服务的重要职责，各级住房保障主管部门要落实住房保障廉政风险防控工作责任制，建立主要领导负总责、分管领导具体抓、纪检监察机关协调推进的工作机制。要与相关部门协调配合，按照各自职责分工，落实部门责任和岗位责任，协同防控廉政风险。要将住房保障廉政风险防控工作纳入住房保障绩效考核，建立问责机制，实行廉政风险防控与住房保障业务工作同时布置、同时检查、同时考核，一级抓一级，层层抓落实。

（二）建立长效机制

各地可以根据本意见制定具体实施办法，加强住房保障廉政风险防控制度建设，完善廉政风险防控长效机制，推进廉政风险防控工作制度化、规范化。要加强科技防控，建立住房保障管理信息系统，健全信息系统安全、保密制度，充分利用电子政务设施，依托信息化手段，推进业务流程程序化、标准化、规范化。

（三）加强队伍建设

加强住房保障管理服务体系建设，强化对反腐倡廉政策法规的学习，增强住房保障管理队伍依法行政、执政为民、遵纪守法的自觉性，筑牢反腐倡廉思想防线。加强住房保障政策法规教育，定期开展住房保障业务培训，提升管理队伍的业务素质和管理能力。加强廉政文化教育和示范教育、警示教育，弘扬社会主义核心价值体系，建设为民务实清廉的住房保障管理队伍。

（四）实行政务公开

贯彻执行政务公开的政策法规，遵循公平、公正、便民的原则，健全住房保障政务公开、办事公开制度，推进行政权力运行程序化、公开化。实行住房保障业务信息公开和廉政风险防控信息公开，主动接受社会监督。发挥政府部门网站公开住房保障信息的主渠道作用，设置信息公开专栏，完善信息公开内容，规范信息公开形式，方便社会公众查阅，保障群众的知情权、参与权和监督权。

（五）健全监督机制

各省级住房保障主管部门要在加强本级廉政风险防控工作的同时，加强分类指导和监督检查，督促市县住房保障主管部门落实防控责任、完善制度措施。市县住房保障主管部门要完善住房保障管理规程，强化内部防控制度，健全监管措施，自觉接受纪检监察机关、审计机关的监督，建立纠错机制。

中华人民共和国住房和城乡建设部
2013年10月28日

住房城乡建设部 财政部 国家发展改革委关于公共租赁住房和廉租住房并轨运行的通知

建保〔2013〕178号

各省、自治区住房城乡建设厅、财政厅、发展改革委，北京市住房城乡建设委、财政局、发展改革委，上海市城乡建设交通委、住房保障房屋管理局、财政局、发展改革委，天津市城乡建设交通委、国土资源房屋管理局、财政局、发展改革委，重庆市国土资源房屋管理局、财政局、发展改革委，新疆生产建设兵团建设局、财务局、发展改革委：

根据《国务院批转发展改革委关于2013年深化经济体制改革重点工作意见的通知》（国发〔2013〕20号）和《国务院办公厅关于保障性安居工程建设和管理的指导意见》（国办发〔2011〕45号）等文件精神，从2014年起，各地公共租赁住房和廉租住房并轨运行，并轨后统称为公共租赁住房。现就有关事宜通知如下：

一、调整公共租赁住房年度建设计划

从2014年起，各地廉租住房（含购改租等方式筹集，下同）建设计划调整并入公共租赁住房年度建设计划。2014年以前年度已列入廉租住房年度建设计划的在建项目可继续建设，建成后统一纳入公共租赁住房管理。

二、整合公共租赁住房政府资金渠道

廉租住房并入公共租赁住房后，地方政府原用于廉租住房建设的资金来源渠道，调整用于公共租赁住房（含2014年以前在建廉租住房）建设。原用于租赁补贴的资金，继续用于补贴在市场租赁住房的低收入住房保障对象。

从2014年起，中央补助公共租赁住房建设资金以及租赁补贴资金继续由财政部安排，国家发展改革委原安排的中央用于新建廉租住房补助投资调整为公共租赁住房配套基础设施建设补助投资，并向西藏及青海、甘肃、四川、云南四省藏区、新疆及新疆建设兵团所辖的南疆三地州等财力困难地区倾斜。

三、进一步完善公共租赁住房租金定价机制

各地要结合本地区经济发展水平、财政承受能力、住房市场租金水平、建设与运营成本、保障对象支付能力等因素，进一步完善公共租赁住房的租金定价机制，动态调整租金。

公共租赁住房租金原则上按照适当低于同地段、同类型住房市场租金水平确定。政府投资建设并运营管理的公共租赁住房，各地可根据保障对象的支付能力实行差别化租金，对符合条件的保障对象采取租金减免。社会投资建设并运营管理的公共租赁住房，各地可按规定对符合条件的低收入住房保障对象予以适当补贴。

各地可根据保障对象支付能力的变化，动态调整租金减免或补贴额度，直至按照市场价格收取租金。

四、健全公共租赁住房分配管理制度

各地要进一步完善公共租赁住房的申请受理渠道、审核准入程序，提高效率，方便群众。各地可以在综合考虑保障对象的住房困难程度、收入水平、申请顺序、保障需求以及房源等情况的基础上，合理确定轮候排序规则，统一轮候配租。已建成并分配入住的廉租住房统一纳入公共租赁住房管理，其租金水平仍按原有租金标准执行；已建成未入住的廉租住房以及在建的廉租住房项目建成后，要优先解决原廉租住房保障对象住房困难，剩余房源统一按公共租赁住房分配。

五、加强组织领导，有序推进并轨运行工作

公共租赁住房和廉租住房并轨运行是完善住房保障制度体系，提高保障性住房资源配置效率的有效措施；是改善住房保障公共服务的重要途径；是维护社会公平正义的具体举措。各地要进一步加强领导，精心组织，完善住房保障机构，充实人员，落实经费，理顺体制机制，扎实有序推进并轨运行工作。各地可根据本通知，结合实际情况，制定具体实施办法。

中华人民共和国住房和城乡建设部
中华人民共和国财政部
中华人民共和国国家发展和改革委员会
2013年12月2日

住房城乡建设部办公厅关于贯彻实施《住房保障档案管理办法》的意见

建办保〔2013〕4号

各省、自治区住房城乡建设厅，北京市住房城乡建设委，天津市城乡建设交通委、国土资源房屋管理局，上海市城乡建设交通委、住房保障房屋管理局，重庆市城乡建设委、国土资源房屋管理局，新疆生产建设兵团建设局：

住房保障档案管理是住房保障的重要基础工作。为加强和规范住房保障档案管理工作，加快推进住房保障管理制度建设，现就贯彻实施住房城乡建设部《住房保障档案管理办法》，提出以下意见。

一、充分认识加强档案管理工作的重要意义

（一）充分认识住房保障档案管理任务的艰巨性。我国实施住房保障制度特别是2008年以来，住房保障事业快速发展，截至2011年底，全国累计解决了3100万户城镇中低收入家庭的住房困难，同时形成了大批住房保障档案资料。"十二五"时期，全国要建设城镇保障性安居工程3600万套；到"十二五"末，住房保障覆盖面将达到20%左右，住房保障管理任务更加繁重。随着住房保障覆盖面持续扩大，住房保障档案资料急剧增加，加强和规范档案管理任务十分艰巨。

（二）切实增强规范住房保障档案管理的紧迫性。2011年11月，国家档案局已把住房保障相关档案列入民生类、国家基本专业档案目录，这是满足住房保障事业和人民群众基本需求必须建立的档案种类，是国家档案资源的重要组成部分，并作为专业主管部门和各级档案行政管理部门监管的重点项目。当前，在住房保障档案管理工作中，还存在制度建设滞后、管理能力薄弱、设施经费不足等问题，有的地区对住房保障档案管理重视不够，投入不足，工作不扎实，监管不到位，不适应住房保障事业快速发展的需要。这些问题必须引起高度重视，切实提高规范档案管理紧迫性的认识，加快档案管理制度建设。

（三）全面认识加强住房保障档案管理的重要性。建立档案管理制度是住房保障制度建设的重要内容，关系住房保障资源分配使用的公开公平公正，关系政府的公信力和执行力，关系城镇中低收入住房困难群体的切身利益，关系住房保障事业持续健康发展。各级住房保障主管部门要提高对档案管理工作重要性、艰巨性和紧迫性的认识，把贯彻实施《住房保障档案管理办法》摆上重要议事日程，增强使命感、责任感、紧迫感，加快推进住房保障档案管理制度化、规范化、信息化建设，努力提高住房保障档案管理水平。

二、明确档案管理的目标任务和工作步骤

（四）明确目标任务。各级住房保障主管部门要明确加强住房保障档案管理工作的目标任务。总体目标任务是：从2013年开始到2015年，利用3年时间，建立住房保障档案制度健全、管理规范、运行高效、信息安全的管理体制和工作机制，地级以上城市和档案管理基础工作较好的县市，力争用2年时间率先完成。

（五）落实工作步骤。地方各级住房保障主管部

门要落实工作步骤，并结合当地实际，研究制定年度工作计划和进度安排，确保顺利实现总体目标任务。具体工作步骤如下：

第一步：对本地区住房保障档案管理工作进行专题部署，研究制定档案管理实施办法，明确管理机构和人员编制，组织学习培训，配置档案管理设施设备，统筹安排工作经费。

第二步：组织完成历史积累档案资料和即期档案资料的归档，对不符合档案管理制度要求的档案进行规范；实施纸质档案电子化，开发档案信息化管理软件和检索工具；组织经验交流。

第三步：建立档案信息管理系统，实现档案管理信息化；完善档案管理制度措施，实现住房保障档案制度化、规范化、信息化、常态化管理；组织考核验收和评比表彰活动。

三、加强档案管理制度和工作机制建设

（六）建立健全档案管理制度。要贯彻落实《住房保障档案管理办法》，结合当地实际，省级住房保障主管部门要研究制定档案管理实施办法，明确住房保障档案具体移交办法；市县住房保障主管部门要研究制定档案管理具体实施细则，明确档案信息公开、利用、查询和保密规定，突出档案管理制度的规范性和可操作性。

（七）加强档案管理能力建设。地方各级住房保障主管部门要明确内设机构的档案管理职责，加强档案管理队伍建设，充实管理人员编制，适时组织学习培训，增强工作责任心，提高政策业务水平和工作能力。各省、自治区住房保障主管部门要明确专人负责档案管理工作；市县住房保障主管部门要根据本地区档案管理任务，落实档案管理人员，提高管理能力水平。

（八）保障档案管理的物资条件。市县住房保障主管部门要立足当前、着眼长远，创建档案管理的保障条件。坚持高起点、高标准，配备符合设计规范的专用库房，配置必要的办公设备、防护设施和信息化设备，确保档案安全；统筹安排档案管理的工作经费，满足档案管理工作需要。

四、加快推进档案资料建档和信息化工作

（九）突出抓好建档工作。按照住房保障对象"一户一档"、住房保障房源"一套一档"的原则，严格执行档案管理规范，可聘请专业档案管理人员给予技术指导，集中时间、人力和物力，全面完成住房保障制度实施以来形成的档案资料建档工作。对历史积累的档案资料，要集中组织完成建档；对没有建立住房保障房源档案的，要抓紧建立房源档案；对已经建档但不符合档案管理规定和业务规范的，要规范完善；对当年新增的档案资料，要即期完成建档。

（十）加快档案信息化建设。要加快推进档案信息化管理，开发档案信息采集、管理和应用软件，建立档案信息数据库，编制不同种类档案相互关联的检索工具，建设档案信息管理系统。对历史积累档案可分阶段、分批次实施纸质档案电子化；对即期档案，应同步实施纸质档案电子化，实现档案管理信息化，提高管理效能。

五、强化组织领导和监督检查

（十一）落实工作责任制。住房保障是政府公共服务的重要职责，是一项长期任务，要落实省级负总责、市县抓落实的工作责任制。各级住房保障主管部门要加强组织领导，明确档案管理部门责任，落实各层级岗位责任，坚持一级抓一级，层层抓落实。要把贯彻实施《住房保障档案管理办法》作为住房保障主管部门的重点工作，制定实施方案，健全管理制度，落实进度安排，确保工作时效。

（十二）加强督查指导。各省级住房保障主管部门要加强分类指导和监督检查，督促市县落实加强档案管理工作部署要求，及时总结推广典型经验，帮助解决实际问题。我部将把住房保障档案管理纳入目标责任制管理和监督检查的内容，组织督查指导，并通报住房保障档案管理督查情况；适时组织经验交流，推动完善住房保障档案管理的体制机制，促进住房保障事业持续健康发展。

各地区在贯彻实施《住房保障档案管理办法》工作中的新情况、新经验，请及时报送我部住房保障司。

中华人民共和国住房和城乡建设部办公厅
2013年1月24日

四、城乡规划与村镇建设类

全国资源型城市可持续发展规划

（2013~2020年）

资源型城市是以本地区矿产、森林等自然资源开采、加工为主导产业的城市（包括地级市、地区等地级行政区和县级市、县等县级行政区）。资源型城市作为我国重要的能源资源战略保障基地，是国民经济持续健康发展的重要支撑。促进资源型城市可持续发展，是加快转变经济发展方式、实现全面建成小康社会奋斗目标的必然要求，也是促进区域协调发展、统筹推进新型工业化和新型城镇化、维护社会和谐稳定、建设生态文明的重要任务。本规划根据《中华人民共和国国民经济和社会发展第十二个五年规划纲要》、《全国主体功能区规划》等编制，是指导全国各类资源型城市可持续发展和编制相关规划的重要依据。

规划范围包括262个资源型城市，其中地级行政区（包括地级市、地区、自治州、盟等）126个，县级市62个，县（包括自治县、林区等）58个，市辖区（开发区、管理区）16个。

规划期为2013~2020年。

一、规划背景

我国资源型城市数量多、分布广，历史贡献巨大、现实地位突出。新中国成立以来，资源型城市累计生产原煤529亿吨、原油55亿吨、铁矿石58亿吨、木材20亿立方米，"一五"时期156个国家重点建设项目中有53个布局在资源型城市，占总投资额的近50%，为建立我国独立完整的工业体系、促进国民经济发展作出了历史性的贡献。

2001年以来，在党中央、国务院坚强领导和各方面共同努力下，以资源枯竭城市转型为突破口的资源型城市可持续发展工作取得了阶段性成果，政策体系逐步完善，工作机制初步建立，资源枯竭城市经济社会发展重现生机与活力。

但是，当前国际政治经济不确定性、不稳定性上升，国内经济发展中不平衡、不协调、不可持续问题突出，由于内外部因素叠加，新旧矛盾交织，资源型城市可持续发展面临严峻挑战，加快转变经济发展方式的任务十分艰巨。

资源枯竭城市历史遗留问题依然严重，转型发展内生动力不强。尚有近7000万平方米棚户区需要改造，约14万公顷沉陷区需要治理，失业矿工人数达60多万，城市低保人数超过180万。产业发展对资源的依赖性依然较强，采掘业占二次产业的比重超过20%，现代制造业、高技术产业等处于起步阶段。人才、资金等要素集聚能力弱，创新水平低，进一步发展接续替代产业的支撑保障能力严重不足。

资源富集地区新矛盾显现，可持续发展压力较大。部分地区开发强度过大，资源综合利用水平低。生态环境破坏严重，新的地质灾害隐患不断出现。高耗能、高污染、高排放项目低水平重复建设，接续替代产业发展滞后。资源开发、征地拆迁等引发的利益分配矛盾较多，维稳压力大。资源开发与经济社会发展、生态环境保护之间不平衡、不协调的矛盾突出。

促进资源型城市可持续发展的长效机制亟待完善，改革任务艰巨。资源开发行为方式有待进一步规范，调控监管机制有待健全，反映市场供求关系、资源稀缺程度和环境损害成本等的资源性产品价格形成机制尚未完全形成。资源开发企业在资源补偿、生态建设和环境整治、安全生产及职业病防治等方面的主体责任仍未落实到位。扶持接续替代产业发展的政策体系不够完善，支持力度不足。资源收益分配改革涉及深层次的利益格局调整，矛盾错综复杂。

促进资源型城市可持续发展，对于维护国家能源资源安全、推动新型工业化和新型城镇化、促进社会和谐稳定和民族团结、建设资源节约和环境友好型社会具有重要意义。目前，我国已经进入了全面建成小康社会的决定性阶段，对资源型城市可持续发展提出了新的要求，迫切需要统筹规划、协调推进。

二、总体要求

（一）指导思想

以邓小平理论、"三个代表"重要思想、科学发展观为指导，深入贯彻落实党的十八大精神，按照"五位一体"总布局，以加快转变经济发展方式为主线，进一步深化改革开放，依靠体制机制创新，统筹推进新型工业化和新型城镇化，培育壮大接续替代产业，加强生态环境保护和治理，保障和改善民生，建立健全可持续发展长效机制；坚持统筹协调、分类指导，努力化解历史遗留问题，破除城市内部二元结构，加快资源枯竭城市转型发展，有序开发综合利用资源，提升城市综合服务功能，促进资源富集地区协调发展，走出一条有中国特色的资源型城市可持续发展之路。

（二）基本原则

分类引导，特色发展。根据资源保障能力和经济社会可持续发展能力对资源型城市进行科学分类，将资源型城市划分为成长型、成熟型、衰退型和再生型四种类型，明确不同类型城市的发展方向和重点任务，引导各类城市探索各具特色的发展模式。

有序开发，协调发展。牢固树立生态文明理念，加强资源开发规划和管理，严格准入条件，引导资源规模化、集约化开发，提高资源节约和综合利用水平，强化生态保护和环境整治，推进绿色发展、循环发展、低碳发展，实现资源开发与城市发展的良性互动。

优化结构，协同发展。坚持把经济结构转型升级作为加快资源型城市可持续发展的主攻方向，充分发挥市场机制作用，改造提升传统资源型产业、发展绿色矿业，培育壮大接续替代产业，加快发展现代服务业，鼓励发展战略性新兴产业，推进资源型城市由单一的资源型经济向多元经济转变。

民生为本，和谐发展。以解决人民群众最关心、最直接、最现实的问题为突破口，千方百计扩大就业，大力改善人居环境，加快健全基本公共服务体系，使资源型城市广大人民群众共享改革发展成果，促进社会和谐稳定。

（三）规划目标

到2020年，资源枯竭城市历史遗留问题基本解决，可持续发展能力显著增强，转型任务基本完成。资源富集地区资源开发与经济社会发展、生态环境保护相协调的格局基本形成。转变经济发展方式取得实质性进展，建立健全促进资源型城市可持续发展的长效机制。

资源保障有力。资源集约利用水平显著提高，资源产出率提高25个百分点，形成一批重要矿产资源接续基地，重要矿产资源保障能力明显提升，重点国有林区森林面积和蓄积量稳步增长，资源保障主体地位进一步巩固。

经济活力迸发。资源性产品附加值大幅提升，接续替代产业成为支柱产业，增加值占地区生产总值比重提高6个百分点，服务业发展水平明显提高，多元化产业体系全面建立，产业竞争力显著增强。国有企业改革任务基本完成，非公有制经济和中小企业快速发展，形成多种所有制经济平等竞争、共同发展的新局面。

人居环境优美。矿山地质环境得到有效保护，历史遗留矿山地质环境问题的恢复治理率大幅提高，因矿山开采新损毁的土地得以全面复垦利用，新建和生产矿区不欠新账。主要污染物排放总量大幅减少，重金属污染得到有效控制。重点地区生态功能得到显著恢复。城市基础设施进一步完善，综合服务功能不断增强，生态环境质量显著提升，形成一批山水园林城市、生态宜居城市。

社会和谐进步。就业规模持续扩大，基本公共服务体系逐步完善，养老、医疗、工伤、失业等社会保障水平不断提高，住房条件明显改善。城乡居民收入增幅高于全国平均水平，低收入人群的基本生活得到切实保障。文化事业繁荣发展，矿区、林区宝贵的精神文化财富得到保护传承。

专栏1 全国资源型城市可持续发展主要指标

指　标	2012年	2015年	2020年	年均增长
一、经济发展				
地区生产总值（万亿元）	15.7	19.8	29.1	8%
采矿业增加值占地区生产总值比重（%）	12.8	11.3	8.8	[－4]
服务业增加值占地区生产总值比重（%）	32	35	40	[8]

四、城乡规划与村镇建设类

续表

指　　标	2012年	2015年	2020年	年均增长
二、民生改善				
城镇居民人均可支配收入（元）	16033	>20200	>29700	>8%
农村居民人均纯收入（元）	7607	>9600	>14100	>8%
城镇登记失业率（%）	4.5	<5	<5	
棚户区改造完成率（%）		>95	100	
单位地区生产总值生产安全事故死亡率降低（%）				[60]
三、资源保障				
新增重要矿产资源接续基地（处）				[20]
资源产出率提高（%）				[25]
森工城市森林覆盖率（%）	62	62.6	63.6	[1.6]
四、生态环境保护				
历史遗留矿山地质环境恢复治理率（%）	28	35	45	[17]
单位国内生产总值能源消耗降低（%）				[28]
主要污染物排放总量减少（%）化学需氧量				[15]
主要污染物排放总量减少（%）二氧化硫				[15]
主要污染物排放总量减少（%）氨氮				[17]
主要污染物排放总量减少（%）氮氧化物				[17]

注：[ ]内为到2020年的累计数。有关约束性指标以国家或相关地区下达的为准。

（四）发展机制

实现资源型城市可持续发展目标，必须从根本上破解经济社会发展中存在的体制性、机制性矛盾，统筹兼顾，改革创新，加快构建有利于可持续发展的长效机制。

开发秩序约束机制。严格执行矿产资源勘查开发准入和分区管理制度，优化资源勘查开发布局和结构，大力发展绿色矿业，调控引导开发时序和强度，构建集约、高效、协调的资源开发格局。研究建立资源开发与城市可持续发展协调评价制度，开展可持续发展预警与调控，促进资源开发和城市发展相协调。严格执行环境影响评价和"三同时"制度（即防治污染措施必须与建设项目主体工程同时设计、同时施工、同时投产使用），强化同步恢复治理。严格执行森林采伐限额，控制森林资源采伐强度。

产品价格形成机制。深化矿产资源有偿使用制度改革，科学制定资源性产品成本的财务核算办法，把矿业权取得、资源开采、环境治理、生态修复、安全生产投入、基础设施建设等费用列入资源性产品成本构成，建立健全能够灵活反映市场供求关系、资源稀缺程度和环境损害成本的资源性产品价格形成机制。

资源开发补偿机制。按照"谁开发、谁保护，谁受益、谁补偿，谁污染、谁治理，谁破坏、谁修复"的原则，监督资源开发主体承担资源补偿、生态建设和环境整治等方面的责任和义务，将企业生态环境恢复治理成本内部化。对资源衰竭的城市，国家给予必要的资金和政策支持。建立资源产地储备补偿机制，完善森林生态效益补偿制度。

利益分配共享机制。合理调整矿产资源有偿使用收入中央和地方的分配比例关系，推进资源税改革，完善计征方式，促进资源开发收益向资源型城市倾斜。坚持以人为本，以保障和改善民生为重点，优化资源收益分配关系，探索建立合理的利益保障机制，支持改善资源产地居民生产生活条件，共享资源开发成果，努力实现居民收入增长和经济发展同步提高。

接续替代产业扶持机制。国家的重大产业项目布局适当向资源型城市倾斜。对符合条件的接续替代产业龙头企业、集群在项目审核、土地利用、贷款融资、技术开发等方面给予支持，引导资源型城市因地制宜探索各具特色的产业发展模式。将发挥政府投资带动作用与激发市场活力相结合，在建立稳定的财政投入增长机制同时，引导和鼓励各类生产要素向接续替代产业集聚。

三、分类引导各类城市科学发展

资源型城市数量众多，资源开发处于不同阶段，经济社会发展水平差异较大，面临的矛盾和问题不尽相同。遵循分类指导、特色发展的原则，根据资源保障能力和可持续发展能力差异，本规划将资源型城市划分为成长型、成熟型、衰退型和再生型四种类型，明确各类城市的发展方向和重点任务。

（一）规范成长型城市有序发展

成长型城市资源开发处于上升阶段，资源保障潜力大，经济社会发展后劲足，是我国能源资源的供给和后备基地。应规范资源开发秩序，形成一批重要矿产资源战略接续基地。提高资源开发企业的准入门槛，合理确定资源开发强度，严格环境影响评价，将企业生态环境恢复治理成本内部化。提高资源深加工水平，加快完善上下游产业配套，积极谋划布局战略性新兴产业，加快推进新型工业化。着眼长远，科学规划，合理处理资源开发与城市发展之间的关系，使新型工业化与新型城镇化同步协调发展。

（二）推动成熟型城市跨越发展

成熟型城市资源开发处于稳定阶段，资源保障能力强，经济社会发展水平较高，是现阶段我国能源资源安全保障的核心区。应高效开发利用资源，提高资源型产业技术水平，延伸产业链条，加快培育一批资源深加工龙头企业和产业集群。积极推进产业结构调整升级，尽快形成若干支柱型接续替代产业。高度重视生态环境问题，将企业生态环境恢复治理成本内部化，切实做好矿山地质环境治理和矿区土地复垦。大力保障和改善民生，加快发展社会事业，提升基本公共服务水平，完善城市功能，提高城镇化质量。

（三）支持衰退型城市转型发展

衰退型城市资源趋于枯竭，经济发展滞后，民生问题突出，生态环境压力大，是加快转变经济发展方式的重点难点地区。应着力破除城市内部二元结构，化解历史遗留问题，千方百计促进失业矿工再就业，积极推进棚户区改造，加快废弃矿坑、沉陷区等地质灾害隐患综合治理。加大政策支持力度，大力扶持接续替代产业发展，逐步增强可持续发展能力。

（四）引导再生型城市创新发展

再生型城市基本摆脱了资源依赖，经济社会开始步入良性发展轨道，是资源型城市转变经济发展方式的先行区。应进一步优化经济结构，提高经济发展的质量和效益，深化对外开放和科技创新水平，改造提升传统产业，培育发展战略性新兴产业，加快发展现代服务业。加大民生投入，推进基本公共服务均等化。完善城市功能，提高城市品位，形成一批区域中心城市、生态宜居城市、著名旅游城市。

四、有序开发综合利用资源

坚持有序开发、高效利用、科学调控、优化布局，努力增强资源保障能力，促进资源开发利用与城市经济社会协调发展。

（一）加大矿产资源勘查力度

提高成熟型和成长型城市资源保障能力。重点围绕资源富集地区开展矿产资源潜力评价、储量利用调查和矿业权核查，全面掌握矿产资源储量和开发潜力。在成矿条件有利、资源潜力较大、勘查程度总体较低的资源型城市，圈定找矿靶区，开展后续矿产资源勘查，争取发现新的矿产地。用8~10年时间，新建一批石油、天然气、铀、铁、铜、铝、钾盐等重要矿产勘查开发基地，形成一批重要矿产资源战略接续区。

推进衰退型城市接替资源找矿。加大资金投入，中央和省级财政专项资金、地质勘查基金向衰退型城市倾斜。加大矿山深部和外围找矿力度，重点围绕老矿区开展深部资源潜力评价，推进重要固体矿产工业矿体的深度勘查。优先在成矿条件有利、找矿前景好、市场需求大的资源危机矿山实施接替资源找矿项目，力争发现一批具有较大规模的隐伏矿床，延长矿山服务年限。

（二）统筹重要资源开发与保护

有序提高重要资源生产能力。重点加强石油、天然气、铀、铁、铜、铝、钾盐等资源开采力度。根据资源供需形势和开发利用条件，加快推进成长型和成熟型城市资源开发基地建设，鼓励与资源储量规模相适应的规模化经营，提升机械化开采水平。深入挖掘衰退型城市资源潜力，加大稳产改造力度，延缓大中型危机矿山产量递减速度，促进新老矿山有序接替。

加强重要优势资源储备与保护。选择部分资源富集地区，加快建设石油、特殊煤种和稀缺煤种、铜、铬、锰、钨、稀土等重点矿种矿产地储备体系。合理调控稀土、钨、锑等优势矿种开采总量，严厉打击非法违法开采和超指标开采。强化森工城市重点林区森林管护与保护，2015年起全面停止大小兴安岭、长白山林区的天然林主伐，建设国家木材战略资源后备基地。

专栏2　重要资源供应和后备基地

石油后备基地：唐山市、榆林市、克拉玛依市、鄯善县等。

天然气后备基地：鄂尔多斯市、延安市、庆阳市、库尔勒市等。

煤炭后备基地：呼伦贝尔市、六盘水市、榆林市、哈密市、鄂尔多斯市等。

铜矿后备基地：金昌市、德兴市、哈巴河县、垣曲县等。

铝土矿后备基地：孝义市、百色市、清镇市、陕县等。

钨矿后备基地：郴州市、栾川县等。

锡矿后备基地：河池市、马关县等。

锑矿后备基地：桃江县、晴隆县等。

稀土后备基地：包头市、赣州市、韶关市、凉山彝族自治州等。

木材后备基地：大兴安岭地区、延边朝鲜族自治州、白山市、伊春市等。

（三）优化资源开发布局

形成集约高效的资源开发格局。重点开采区主要在资源相对集中、开发利用条件好、环境容量较大的成长型和成熟型城市布局，创新资源开发模式，积极引导和支持各类生产要素集聚，着力促进大中型矿产地整装开发，实现资源的规模开发和集约利用。支持资源枯竭城市矿山企业开发利用区外、境外资源，为本地资源深加工产业寻找原料后备基地，鼓励中小型矿企实施兼并重组。落实主体功能区规划要求，严格限制重点生态功能区和生态脆弱地区矿产资源开发，逐步减少矿山数量，禁止新建可能对生态环境产生不可恢复破坏性影响的矿产资源开采项目。

统筹推进资源开发与城市发展。新建资源开发项目必须符合矿产资源规划和土地利用总体规划，并与城市总体规划相衔接。尽可能依托现有城市产业园区作为后勤保障和资源加工基地，避免形成新的孤立居民点和工矿区。引导已有资源开发项目逐步有序退出城区，及时实施地质环境修复和绿化。合理确定矿区周边安全距离，在城市规划区、交通干线沿线以及基本农田保护区范围内，禁止露天开采矿产资源，严格控制地下开采。资源开发时，要严格开展环境影响评价，最大限度减少资源开发对居民生活的影响和生态空间占用，努力形成与城市发展相协调的资源开发模式。

（四）促进资源节约与综合利用

提高矿产资源采选回收水平。严格实施矿产资源采选回收率准入管理，从严制定开采回采率、采矿贫化率和选矿回收率等新建矿山、油田准入标准，并对生产矿山、油田进行定期监督检查。严格执行《矿产资源节约与综合利用鼓励、限制和淘汰技术目录》，引导资源开采企业使用先进适用工艺技术，切实提高矿产资源采选回收水平。充分利用低品位、共伴生矿产资源，重点加强有色金属、贵金属、稀有稀散元素矿产等共伴生矿产采选回收。

强化废弃物综合利用。研究推广先进适用的尾矿、煤矸石、粉煤灰和冶炼废渣等综合利用工艺技术。在资源开发同时，以煤矸石、尾矿等产生量多、利用潜力大的矿山废弃物为重点，配套建设综合利用项目，努力做到边产生、边利用。要因地制宜发展综合利用产业，积极消纳遗存废弃物。森工城市要提高林木采伐、造材、加工剩余物及废旧木质材料的综合利用水平，实现林木资源的多环节加工增值。支持资源型城市建设资源综合利用示范工程（基地）。

（五）发展绿色矿业

转变矿业发展方式。将绿色矿业理念贯穿于资源开发利用全过程，坚持开采方式科学化、资源利用高效化、企业管理规范化、生产工艺环保化、矿山环境生态化的基本要求，促进资源合理利用、节能减排、生态环境保护和矿地和谐，实现资源开发的经济效益、生态效益和社会效益协调统一。

建设绿色矿山。改革创新资源管理制度，逐步完善分地域、分行业的绿色矿山建设标准，不断提高矿山建设的标准和水平，严格资源开发准入和监管，使新建矿山按照绿色矿山的标准进行规划、设计和建设。对生产矿山进一步加强监督，督促矿山企业按照绿色矿山建设标准改进开发利用方式，切实落实企业责任。

五、构建多元化产业体系

依托资源型城市产业基础，发挥比较优势，大力发展接续替代产业，增强科技创新能力，积极推进新型工业化，提升产业竞争力，实现产业多元发展和优化升级。

（一）优化发展资源深加工产业

支持资源优势向经济优势转化，有序推进资源产业向下游延伸，大力发展循环经济。推动石油炼化一体化、煤电化一体化发展，有序发展现代煤化工，提高钢铁、有色金属深加工水平，发展绿色节能、高附加值的新型建材。统筹考虑资源、环境、市场等条件，支持成长型和成熟型城市打造若干产业链完整、特色鲜明、主业突出的资源深加工产业基地。淘汰落后产能，加快技术改造，提升产品档次和质量。推进森工城市发展木材精深加工，实现林木资源的多环节加工增值。

（二）培育壮大优势替代产业

适应市场需求变化和科技进步趋势，充分发挥比较优势，积极发展传统优势产业和战略性新兴产业，努力培育新的支柱产业。做大做强矿山、冶金等大型成套装备和工程机械等传统优势产业，培育发展化工装备、环保及综合利用装备制造产业，加快模具、关键零部件等配套产业发展。大力发展纳米材料、高性能稀土材料等新材料产业，鼓励发展可再生能源和清洁能源，在有条件的城市发展风电、光伏发电、生物质能等新能源产业。支持发展生物产业和节能环保产业。

（三）积极发展吸纳就业能力强的产业

坚持产业结构转型升级与扩大就业良性互动。大力发展带动就业能力强、市场前景好的劳动密集型产业，扶持一批形式多样的小型微型企业，重点解决困难群体就业问题，到2020年，累计吸纳500万失业矿工、林区失业工人、棚户区改造回迁居民及失地农民再就业。支持农牧资源丰富城市发展农牧产品深加工，鼓励森工城市依托特色林下资源发展食用菌、山野菜等绿色食品加工业。引导劳动力和原材料成本优势明显的城市发展纺织、服装、玩具、家电等消费品工业。加大技术改造投入，提高劳动密集型产品附加值。落实金融、税收等优惠政策，完善服务体系，营造促进小型微型企业健康发展的政策环境。

专栏3　吸纳就业产业重点培育工程

矿区吸纳就业产业培育工程：利用矿区现有厂房和设施，大力发展纺织、服装、食品等劳动密集型产业，每年重点支持100个吸纳就业项目，到2020年，累计培育发展10000个小型微型企业，解决矿区150万失业矿工再就业。

林区吸纳就业产业培育工程：依托林区丰富的林木资源和良好的生态环境，大力发展林下种植养殖、农林产品深加工及生态旅游等劳动密集型产业，每年重点支持50个吸纳就业项目，到2020年，累计培育发展3000个小型微型企业，解决林区50万失业工人再就业。

棚户区改造回迁居民再就业工程：结合棚户区改造工程，以集中连片棚户区为重点，着力发展吸纳就业能力强的企业和产业项目，到2020年，累计解决200万棚户区改造回迁居民再就业。针对万人以上规模的棚户区改造项目，配套建设吸纳就业产业集聚区；针对千人以上规模的棚户区改造项目，重点扶持可以充分吸纳回迁居民就业的企业；针对千人以下规模的棚户区改造项目，支持家庭服务企业发展，加大社区公益性岗位开发力度。

失地农民再就业工程：加快种植养殖基地建设，大力发展非农产业，每年重点支持100个农民创业产业项目，到2020年，累计培育发展10000个乡镇企业，解决100万失地农民再就业。

（四）大力发展特色服务业

结合资源型城市产业基础和发展导向，积极发展类型丰富、特色鲜明的现代服务业。依托资源产品优势，建设一批煤炭、铁矿石、原油、木材等资源产品和钢铁、建材、化工等重要工业产品区域性物流中心。大力发展资源产业托管服务、工程和管理咨询。在有效保护资源基础上，鼓励生态环境优良的森工城市发展休闲度假旅游，支持自然山水资源丰富的城市发展自然风光旅游，推进工业历史悠久的城市发展特色工业旅游，扶持革命遗址集中的城市发展红色旅游。引导社区商业和家庭服务业发展，完善棚户区改造回迁居民区服务网点建设。支持有条件的城市积极发展金融服务、服务外包、文化创意、人力资源、会展等现代服务业。

专栏4　资源型城市重点旅游区

矿山工业旅游：河北唐山开滦煤矿国家矿山公园、辽宁阜新海州露天矿国家矿山公园、安徽淮北国家矿山公园、江西景德镇高岭国家矿山公园、山东枣庄中兴煤矿国家矿山公园、湖北黄石国家矿山公园、云南东川国家矿山公园、甘肃白银火焰山国家矿山公园、甘肃金昌国家矿山公园等。

红色旅游：抚顺战犯管理所旧址、赣州市中央苏区政府根据地红色旅游系列景区（点）、枣庄市台儿庄大战遗址、百色市左右江红色旅游系列景区（点）、泸州市古蔺县红军四渡赤水太平渡陈列馆、延安市延安革命纪念地系列景区（点）、白银市会宁县红军长征会师旧址等。

自然风光旅游：大同市云冈石窟、忻州市五台山风景名胜区、内蒙古鄂尔多斯响沙湾旅游景区、长白山景区、黑龙江黑河五大连池景区、南平市武夷山风景名胜区、焦作市云台山风景名胜区、湖北省神农架旅游景区、广东省韶关市丹霞山景区、安顺市黄果树大瀑布景区、陕西渭南华山景区、石嘴山市沙湖旅游景区、阿勒泰地区富蕴可可托海景区、新疆天山天池风景名胜区等。

人文历史旅游：山西晋城皇城相府生态文化旅游区、内蒙古鄂尔多斯成吉思汗陵旅游区、济宁曲阜明故城（三孔）旅游区、河南省平顶山市尧山—中原大佛景区、延安市黄帝陵景区等。

（五）合理引导产业集聚发展

加强规划统筹，优化产业布局，引导产业向重点园区和集聚区集中，形成集约化、特色化的产业发展格局。制定严格的行业、产业分类用地标准，提高土地利用水平。依托原有基础，改造和建设一批特色鲜明的专业化产业园区和集聚区，加强交通、供水、供电等配套基础设施建设，搭建产业集聚发展的重要载体和平台。以科技含量、环保水平、投资强度、吸纳就业能力为标准，积极培育和引进一批龙头骨干企业。完善产业链条，提升产业配套能力，促进关联产业协同发展，打造各具特色的产业集群。到2020年，创建10个接续替代产业示范城市，培育50个接续替代产业集群，改造建设100个接续替代产业园区和集聚区。

专栏5　重点培育的接续替代产业集群

资源深加工产业集群：鞍山市滑石和方解石深加工产业集群、鸡西市石墨精深加工产业集群、枣庄市煤炭深加工产业集群等。

吸纳就业产业集群：阜新市皮革产业集群、白山市人参产业集群、辽源市袜业产业集群、大兴安岭地区蓝莓开发产业集群、伊春市木制工艺品产业集群、石嘴山市脱水蔬菜加工产业集群、濮阳市清丰家具产业集群等。

先进制造业产业集群：抚顺市工程机械装备制造产业集群、盘锦市船舶配套产业集群、大庆市石油石化装备制造产业集群、铜陵市电子材料产业集群、枣庄市机床产业集群、韶关市轻型装备制造产业集群等。

资源综合利用产业集群：锡林浩特市清洁能源产业集群、盘锦市塑料和新型建材产业集群、鸡西市煤炭资源综合利用产业集群、松原市生物质能源产业集群、铜陵市铜基新材料产业集群等。

文化创意产业集群：大庆市文化创意产业集群、徐州市文化创意产业集群、景德镇市陶瓷文化创意产业集群、济宁市曲阜文化创意产业集群、枣庄市台儿庄文化创意产业集群等。

六、切实保障和改善民生

努力破除城市内部二元结构，积极扩大就业，提升社会保障水平，完善基本公共服务，改善生产生活环境，促进社会和谐稳定，稳步提升城镇化质量和水平，使资源开发和经济发展成果惠及广大人民群众。

（一）促进就业和再就业

把扩大就业放在资源型城市经济社会发展的优先位置。发挥政府投资和重大项目建设对就业的带动作用。扶持劳动密集型产业、服务业和小型微型企业发展，大力发展家庭服务业。完善和落实小额担保贷款、财政贴息、场地安排等鼓励自主创业政策，健全创业服务体系，促进各类群体创业带动就业。加快建立专业化、信息化、产业化的人力资源服务体系，加强职业中介和就业信息服务。多渠道开发公益性工作岗位，优先支持失业矿工、林区失业工人、工伤残疾人员、棚户区改造回迁居民及失地农民等困难群体再就业。加强职业技能培训体系建设，重点扶持50个技工院校、100个再就业培训基地、200个职业技能实训中心（基地）。

（二）加快棚户区改造

大力推进城市和国有工矿（煤矿）棚户区以及林区棚户区改造，加大政府投入，落实税收、土地供给和金融等方面的配套支持政策，力争到2015年基本完成资源型城市成片棚户区改造任务。做好供排水、供暖、供气、供电、道路、垃圾收运处理等基础设施以及学校、医院等服务设施的建设，切实加强新建小区社会化管理和服务工作，支持建设一批吸纳搬迁居民就业的企业和项目，巩固改造成果，确保搬迁居民能够安居乐业。研究开展采煤沉陷区民房搬迁维修改造工程后评估工作，对维修后受损状况继续恶化的沉陷区民房实施搬迁。

（三）加强社会保障和医疗卫生服务

进一步完善基本养老、基本医疗、失业、工伤、生育等社会保险制度，积极推进各类困难群体参加社会保险，扩大社会保险覆盖面，努力实现应保尽保，逐步提高保障水平。逐步解决关闭破产集体企业退休人员参加医疗保险、"老工伤"人员纳入工伤保险等历史遗留问题。完善城乡最低生活保障和社会救助制度。研究解决失地农民的社会保障问题。加快矿区社会保障服务设施建设，构建社会保障管理服务网络。完善基层医疗卫生服务体系，提高矿区医疗机构医疗服务水平和应急救治能力。加大对尘肺病、慢性胃炎、皮肤病等矿业工人职业病和常见病的预防和救治力度。

（四）营造安全和谐的生产生活环境

树立安全发展理念，加强安全生产管理，以煤矿、非煤矿山、交通运输、建筑施工、危险化学品、冶金等行业和领域为重点，推进企业安全生产标准化建设，严格安全生产准入制度，强化监督检查和隐患排查治理，严厉打击非法违法生产、经营和建设行为。防范治理粉尘、高毒物质等重大职业危害和环境危害。增强应急管理能力，加大重点城市矿山地质灾害隐患排查力度，建立滑坡、泥石流、沉陷、崩塌等地质灾害调查评估、监测预警、防治和应急体系。提高森工城市的森林防火水平和应急能力。切实维护群众权益，针对资源开发、征地拆迁、企业重组和破产、环境污染等突出矛盾和问题，加强和改进信访工作，努力化解社会矛盾，建立健全群众诉求表达和利益协调机制。

七、加强环境治理和生态保护

把生态文明建设放在突出地位，融入可持续发展工作全过程，坚持开发和保护相互促进，着力推进绿色发展、循环发展、低碳发展，切实解决生态环境问题，为资源型城市可持续发展提供支撑。

（一）加强矿山地质环境恢复治理

按照"谁破坏，谁治理"的原则，将企业的生态环境恢复治理成本内部化。深入开展采矿沉陷区、露天矿坑等重大矿山地质环境问题治理，对属于历史遗留或责任人已经灭失的地质结构复杂、危害严重、治理难度大的深部采空区等突出地质环境问题治理给予重点支持。切实做好尾矿库闭库后期管理工作，加大对石油、地下水、卤水等液体矿产资源开采造成的水位沉降漏斗、土地盐碱化等问题的治理力度。防范地下勘探、采矿活动破坏地下水系，选择部分地下水体破坏严重城市率先开展地下水修复试点。大力推进废弃土地复垦和生态恢复，支持开展历史遗留工矿废弃地复垦利用试点，积极引导社会力量参与矿山环境治理。新建矿区要科学规划、合理布局，加强对矿产资源开发规划和建设项目的环境影响评价工作，切实预防环境污染和生态破坏。加强对资源开采活动的环境监理，严格执行"三同时"制度，强化同步恢复治理。

> **专栏6 矿山地质环境重点治理工程**
>
> 塌陷区重点治理工程：邢台市东兴煤矿区、邯郸市峰峰煤矿区、大同市王村煤矿区、包头市石拐煤矿区、九台市营城煤矿区、双鸭山市岭东区煤矿区、枣庄市枣陶煤田闭坑矿区、淄博市淄博煤田闭坑矿区、永城市东西城区间采煤塌陷区、华蓥市瓦店高顶煤矿区、毕节市织金县织河煤矿区、黔南布依族苗族自治州荔波县茂兰煤矿区、开远市开远小龙潭煤矿区等。
>
> 大型矿坑重点治理工程：阜新市海州煤矿区、抚顺市西露天煤矿区、鹤岗市岭北煤矿区、铜陵市铜官山铜矿区、赣州市寻乌县河岭稀土矿区、大冶市还地桥矿区等。
>
> 滑坡泥石流重点治理工程：三明市大田县银顶格—川石多金属矿区、钟祥市朱堡埠磷矿区、韶关市乐昌五山镇萤石矿区、昆明市东川区东川铜矿区、玉溪市易门县易门铜矿区、铜川市川口石灰岩矿区、渭南市潼关县东桐峪—西桐峪金矿区等。
>
> 地下水破坏重点治理工程：辽河油田盘锦油区、辽源市泰信煤矿、中原油田濮阳油区、郴州市苏仙区金属矿区、泸州市叙永县落卜片区硫铁矿、玉门油田等。

（二）强化重点污染物防治

严格执行重点行业环境准入和排放标准，把主要污染物排放总量控制指标作为新建和改扩建项目审批的前置条件。强化火电、冶金、化工、建材等高耗能、高污染企业脱硫脱硝除尘，加强挥发性有机污染物、有毒废气控制和废水深度治理。到2015年，城市水功能区主要水质达标率不低于所在省份平均指标。防范地下勘探、采矿活动污染地下水体，取缔水源保护区内违法建设项目和排污口，加快现有污水处理厂升级改造。到2020年，实现工业废水排放完全达标。加强煤矸石、粉煤灰、冶炼和化工废渣等大宗工业固体废物的污染防治和综合治理，矿区和产业集聚区实行污染物统一收集和处置，规范危险废物管理，加快城镇生活垃圾处理设施建设。到2020年，工业固体废弃物（不包括尾矿）综合利用率达到85％以上。积极开展重金属污染综合治理，以采矿、冶炼、化学原料及其制品等行业为重点，严格控制汞、铬、镉、铅和类金属砷等重金属排放总量。加大资金技术投入，选择部分问题突出城市开展矸石山、尾矿库综合治理和重金属污染防治试点工程。

> **专栏7 污染物防治重点治理工程**
>
> 重金属污染重点治理试点工程：葫芦岛市杨家杖子开发区钼矿区、灵宝市金矿区、赣州市大余县钨矿区、冷水江市锡矿山锑矿区、常宁市水口山铅锌矿区、韶关市仁化凡口铅锌矿区、铜仁市贵州汞矿区、个旧市个旧锡矿区等。
>
> 尾矿库污染综合治理试点工程：临汾市临钢塔儿山铁矿区、马鞍山市姑山铁矿区、平顶山市舞钢铁矿区、大冶市铜绿山铁矿区、泸州市大树硫铁矿区、渭南市韩城阳山庄铁矿区等。
>
> 矸石山污染综合治理试点工程：唐山市古冶区煤矿区、乌海市骆驼山煤矿区、鸡西市大恒山煤矿区、淮北市烈山煤矿区、萍乡市安源煤矿区、新泰市华源煤矿区、灵武市磁窑堡煤矿区等。

（三）大力推进节能减排

抑制高耗能产业过快增长，严格固定资产投资项目节能评估审查，把好能耗增量关口。继续加大冶金、建材、化工、电力、煤炭等行业落后产能和工艺技术设备淘汰力度，完善落后产能退出机制。推动重大节能技术产品规模化生产和应用，继续组织实施热电联产、余热余压利用、锅炉（窑炉）改造、建筑节能等节能重点工程。提高工业用水效率，促进重点用水行业节水技术改造，加强矿井水循环利用，到2020年矿业用水复用率达到90％以上。推动城市能源计量示范建设，推广应用低碳技术，鼓励使用低碳产品，有效控制温室气体排放。鼓励废弃物减量化、资源化和无害化利用，推动产业循环式组合，鼓励构建跨行业、跨企业资源循环利用产业体系，促进原材料、能量梯级利用和高效产出。

（四）促进重点地区生态建设

统筹新疆、内蒙古、西藏、青海等资源富集且生态脆弱地区的资源开发与生态保护，走出一条在保护中发展、在发展中保护的可持续发展之路。根据主体功能区规划要求，合理控制资源开发强度，提高环境准入标准，尽可能减少对自然生态系统的干扰。加强重点生态功能区保护和管理，严格限制矿产资源开发，禁止新建可能对生态环境产生不可恢复破坏性影响的矿产资源开采项目，增强涵养水源、保持水土、防风固沙能力，维护生态系统的稳定性和完整性。加快推进大小兴安岭、长白山等重点林区森工城市的生态保护与经济转型，结合实施天然林保护工程，逐步调减采伐量，强化森林管理与保护，加快森林资源培育，切实巩固退耕还林成果。高度重视资源开采引发的水土流失、土地沙化、湿地萎缩等生态问题，切实做好恢复治理工作。

八、加强支撑保障能力建设

加强基础设施和软环境建设，完善城市功能，增强发展动力和活力，营造良好的发展氛围，为资源型城市可持续发展提供强有力的保障。

（一）加快城镇基础设施建设

科学规划城市的区域功能定位和产业布局，增强城市辐射带动能力，健全生产、生活、居住和休闲功能区。加强城市公共服务设施建设，完善城市的文化、科教、金融、商贸、休闲娱乐等功能。加大城市给排水、供热、供气和垃圾收运处理等市政公用设施的建设改造力度，加快建设一批污水处理、大气污染防治等环保项目。结合城区工矿废弃地整理，建设总量适宜、景观优美的城市绿地和景观系统。完善交通运输网络，有序推进煤炭、矿石、石油等运输专线和多种方式统筹布局的货运枢纽站场建设，支持符合条件的城市建设支线机场。加大支持力度，解决资源枯竭城市基础设施落后、基本公共服务缺失问题。加强城区与工矿区联系，推动城区市政公用设施向矿区、林区对接和延伸。

（二）加强人才队伍建设

统筹推进党政、企业经营管理、专业技术、高技能、社会工作等各类人才队伍建设，提升整体素质和创新能力，满足资源型城市对人才的多元化需求。大力开展职业教育和在岗培训，加强职业教育和实训基地建设，提高生产一线人员科学素质和劳动技能。大力推进专业技术人才和管理人才培训与交流。依托重点企业、重大科研项目、重大工程、高等院校、科研院所等，引进和培养一批创新型人才，加大创新投入，逐步实现以科技进步和管理创新驱动可持续发展。在具备条件的城市，建立归国人员创业平台，吸引在外留学人员到资源型城市创业。加强干部队伍建设，建立中央国家机关、大型国有企业、发达地区与资源枯竭城市的干部交流机制。营造有利于人才培养和成长的环境，引导各类人才向资源型城市流动。

（三）加快推进改革开放

理顺资源产权关系，健全资源产权交易机制，规范探矿权、采矿权交易市场，促进资源产权有序流转和公开、公平、公正交易。强化资源开采企业的社会责任，建立和谐共赢的矿地关系。深化国有企业改革，建立现代企业制度，推动优势企业跨地区、跨所有制兼并重组。全面落实促进非公有制经济发展的政策措施，鼓励民营资本进入能源资源开发、接续替代产业发展等领域。加快推进厂办大集体改革，稳步推进国有林场、国有林区管理体制改革。支持资源型城市加快融入区域经济一体化进程，促进生产要素合理流动。鼓励发达地区城市对口帮扶资源枯竭城市转型发展，支持资源型城市积极承接产业转移。提高利用外资水平，积极引导外资更多地投向节能环保、新能源和新材料、现代服务业等领域，鼓励外资参与矿山生态环境恢复。鼓励有实力的企业走出去，投资境外能源资源开发及深加工项目。

（四）挖掘传承精神文化资源

适应时代需求，大力宣传资源型城市创业历程和涌现出的王进喜、雷锋、马永顺、郭明义等模范人物事迹，传承和发扬资源型城市无私奉献、艰苦奋斗、改革创新的精神，为可持续发展注入源源不竭的精神动力。全面增强开放意识、市场意识和竞争意识，切实树立科学发展理念。开展群众性精神文明创建活动，倡导敬业诚信、勤劳致富、团结友善的社会风尚。做好资源型城市精神文化遗产和工业遗产挖掘、抢救和保护工作，支持创作以资源型城市艰苦奋斗和开拓创新为主题的文化艺术作品，保护和利用好反映资源型城市发展历程和先进人物事迹的博物馆、纪念馆和教育示范基地。

专栏8　资源型城市重点精神文化设施
大同煤矿遇难矿工"万人坑"展览馆、抚顺雷锋纪念馆、阜新万人坑死难矿工纪念馆、日伪统治时期辽源煤矿死难矿工文物馆、铁人王进喜同志纪念馆、大庆油田历史陈列馆、安源路矿工人运动纪念馆。

九、支持政策和保障措施

进一步完善促进资源型城市可持续发展的政策体系，做好规划的贯彻落实，保障规划目标和重点任务的完成。

（一）规划实施的政策体系

建立健全可持续发展长效机制。强化开发秩序约束机制，研究制定资源开发与城市可持续发展协调评价办法，以成长型和成熟型城市为重点，加强可持续发展预警与调控。加快推进资源税改革，研究完善矿业权使用费征收和分配政策，健全资源性产品价格形成机制。研究建立资源型企业可持续发展准备金制度，健全资源开发补偿机制和利益分配共享机制。进一步落实接续替代产业扶持机制，充分发挥市场机制作用，调动社会力量，推动接续替代产业发展。

加强分类指导的政策措施。根据分类指导的原则，研究制定全国资源型城市可持续发展分类指导意见，通过针对性政策措施引导和支持不同类型资源型城市实现特色发展。做好资源枯竭城市转型年度绩效考核评价工作，完善"有进有出、奖惩分明、滚动推进"的支持机制，继续加大中央财政转移支付力度。选择典型的资源富集地区、城市和资源型企业开展可持续发展试点，积极探索各具特色的发展模式。

着力解决重点难点问题。继续安排资源型城市吸纳就业、资源综合利用、多元化产业培育和独立工矿区改造试点中央预算内投资专项，支持资源型城市转型发展。对符合条件的接续替代产业在项目审核、土地利用、融资服务等方面给予支持。继续加大对历史遗留矿山地质环境问题恢复治理的资金支持。引导和鼓励金融机构在防范信贷风险的前提下加大对资源型城市可持续发展的信贷支持力度，创新合作模式。

推进资源型城市可持续发展立法。推动修改完善与资源型城市可持续发展相关的现有法律法规，抓紧研究制定资源型城市可持续发展条例，明确政府、企业和其他社会组织在促进资源型城市可持续发展方面的权利和义务，协调和规范各利益相关主体之间的关系，为可持续发展提供制度保障。

（二）规划实施的保障措施

加强组织领导。国务院有关部门要按照职能分工，搞好政策衔接，在项目建设、资金投入、体制机制创新等方面给予积极支持，帮助解决规划实施中遇到的重大问题。各有关省级人民政府要切实负起总责，做好统筹协调，加强对资源型城市可持续发展工作的组织领导，出台配套政策措施，明确工作责任，确保规划提出的各项任务落到实处。各资源型城市要按照本规划加快制定实施方案，明确工作时序和重点，落实责任主体，建立和完善工作机制。涉及的重大政策和建设项目按程序另行报批。

完善考核指标。建立资源型城市可持续发展统计体系，制定和完善有利于资源型城市可持续发展的绩效评价考核体系和具体考核办法，把资源有序开发、接续替代产业发展、安全生产、失业问题解决、棚户区搬迁改造、矿山环境恢复治理、林区生态保护等工作情况，作为综合考核评价的重要内容。

严格监督检查。发展改革委要会同有关部门做好政策协调，对规划实施情况进行跟踪分析和监督检查，加强对可持续发展情况的动态监测，建立健全规划定期评估制度。根据评估结果，及时对规划范围、综合分类结果、重点任务等进行动态调整，不断优化政策措施和实施方案。完善社会监督机制，鼓励企业和公众积极参与规划的实施和监督。

加大宣传力度。采取多种形式、全方位地宣传资源型城市可持续发展的重要性，形成人人关心可持续发展、全社会支持转型工作的良好氛围。

附件：1. 全国资源型城市名单（2013年）
      2. 资源型城市综合分类（2013年）

附件1

全国资源型城市名单（2013年）

所在省（区、市）	地级行政区	县级市	县（自治县、林区）	市辖区（开发区、管理区）
河北（14）	张家口市、承德市、唐山市、邢台市、邯郸市	鹿泉市、任丘市	青龙满族自治县、易县、涞源县、曲阳县	井陉矿区、下花园区、鹰手营子矿区
山西（13）	大同市、朔州市、阳泉市、长治市、晋城市、忻州市、晋中市、临汾市、运城市、吕梁市	古交市、霍州市、孝义市		
内蒙古（9）	包头市、乌海市、赤峰市、呼伦贝尔市、鄂尔多斯市	霍林郭勒市、阿尔山市*、锡林浩特市		石拐区
辽宁（15）	阜新市、抚顺市、本溪市、鞍山市、盘锦市、葫芦岛市	北票市、调兵山市、凤城市、大石桥市	宽甸满族自治县、义县	弓长岭区、南票区、杨家杖子开发区
吉林（11）	松原市、吉林市*、辽源市、通化市、白山市*、延边朝鲜族自治州	九台市、舒兰市、敦化市*	汪清县*	二道江区
黑龙江（11）	黑河市*、大庆市、伊春市*、鹤岗市、双鸭山市、七台河市、鸡西市、牡丹江市*、大兴安岭地区*	尚志市*、五大连池市*		
江苏（3）	徐州市、宿迁市			贾汪区
浙江（3）	湖州市		武义县、青田县	

四、城乡规划与村镇建设类

续表

所在省（区、市）	地级行政区	县级市	县（自治县、林区）	市辖区（开发区、管理区）
安徽(11)	宿州市、淮北市、亳州市、淮南市、滁州市、马鞍山市、铜陵市、池州市、宣城市	巢湖市	颖上县	
福建(6)	南平市、三明市、龙岩市	龙海市	平潭县、东山县	
江西(11)	景德镇市、新余市、萍乡市、赣州市、宜春市	瑞昌市、贵溪市、德兴市	星子县、大余县、万年县	
山东(14)	东营市、淄博市、临沂市、枣庄市、济宁市、泰安市、莱芜市	龙口市、莱州市、招远市、平度市、新泰市	昌乐县	淄川区
河南(15)	三门峡市、洛阳市、焦作市、鹤壁市、濮阳市、平顶山市、南阳市	登封市、新密市、巩义市、荥阳市、灵宝市、永城市、禹州市	安阳县	
湖北(10)	鄂州市、黄石市	钟祥市、应城市、大冶市、松滋市、宜都市、潜江市	保康县、神农架林区*	
湖南(14)	衡阳市、郴州市、邵阳市、娄底市	浏阳市、临湘市、常宁市、耒阳市、资兴市、冷水江市、涟源市	宁乡县、桃江县、花垣县	
广东(4)	韶关市、云浮市	高要市	连平县	
广西(10)	百色市、河池市、贺州市	岑溪市、合山市	隆安县、龙胜各族自治县、藤县、象州县	平桂管理区
海南(5)		东方市	昌江黎族自治县、琼中黎族苗族自治县*、陵水黎族自治县*、乐东黎族自治县*	
重庆(9)			铜梁县、荣昌县、垫江县、城口县、奉节县、云阳县、秀山土家族苗族自治县	南川区、万盛经济开发区
四川(13)	广元市、南充市、广安市、自贡市、泸州市、攀枝花市、达州市、雅安市、阿坝藏族羌族自治州、凉山彝族自治州	绵竹市、华蓥市	兴文县	
贵州(11)	六盘水市、安顺市、毕节市、黔南布依族苗族自治州、黔西南布依族苗族自治州	清镇市	开阳县、修文县、遵义县、松桃苗族自治县	万山区
云南(17)	曲靖市、保山市、昭通市、丽江市*、普洱市、临沧市、楚雄彝族自治州	安宁市、个旧市、开远市	晋宁县、易门县、新平彝族傣族自治县*、兰坪白族普米族自治县、香格里拉县*、马关县	东川区
西藏(1)			曲松县	
陕西(9)	延安市、铜川市、渭南市、咸阳市、宝鸡市、榆林市		潼关县、略阳县、洛南县	
甘肃(10)	金昌市、白银市、武威市、张掖市、庆阳市、平凉市、陇南市	玉门市	玛曲县	红古区
青海(2)	海西蒙古族藏族自治州		大通回族土族自治县	
宁夏(3)	石嘴山市	灵武市	中宁县	
新疆(8)	克拉玛依市、巴音郭楞蒙古自治州、阿勒泰地区	和田市、哈密市、阜康市	拜城县、鄯善县	

注：1. 带*的城市表示森工城市。
2. 资源型城市名单将结合资源储量条件、开发利用情况等进行动态评估调整。

附件2

资源型城市综合分类(2013年)

成长型城市(31个)

地级行政区20个：朔州市、呼伦贝尔市、鄂尔多斯市、松原市、贺州市、南充市、六盘水市、毕节市、黔南布依族苗族自治州、黔西南布依族苗族自治州、昭通市、楚雄彝族自治州、延安市、咸阳市、榆林市、武威市、庆阳市、陇南市、海西蒙古族藏族自治州、阿勒泰地区；

县级市7个：霍林郭勒市、锡林浩特市、永城市、禹州市、灵武市、哈密市、阜康市；

县4个：颍上县、东山县、昌乐县、鄯善县。

成熟型城市(141个)

地级行政区66个：张家口市、承德市、邢台市、邯郸市、大同市、阳泉市、长治市、晋城市、忻州市、晋中市、临汾市、运城市、吕梁市、赤峰市、本溪市、吉林市、延边朝鲜族自治州、黑河市、大庆市、鸡西市、牡丹江市、湖州市、宿州市、亳州市、淮南市、滁州市、池州市、宣城市、南平市、三明市、龙岩市、赣州市、宜春市、东营市、济宁市、泰安市、莱芜市、三门峡市、鹤壁市、平顶山市、鄂州市、衡阳市、郴州市、邵阳市、娄底市、云浮市、百色市、河池市、广元市、广安市、自贡市、攀枝花市、达州市、雅安市、凉山彝族自治州、安顺市、曲靖市、保山市、普洱市、临沧市、渭南市、宝鸡市、金昌市、平凉市、克拉玛依市、巴音郭楞蒙古自治州；

县级市29个：鹿泉市、任丘市、古交市、调兵山市、凤城市、尚志市、巢湖市、龙海市、瑞昌市、贵溪市、德兴市、招远市、平度市、登封市、新密市、巩义市、荥阳市、应城市、宜都市、浏阳市、临湘市、高要市、岑溪市、东方市、绵竹市、清镇市、安宁市、开远市、和田市；

县(自治县、林区)46个：青龙满族自治县、易县、涞源县、曲阳县、宽甸满族自治县、义县、武义县、青田县、平潭县、星子县、万年县、保康县、神农架林区、宁乡县、桃江县、花垣县、连平县、隆安县、龙胜各族自治县、藤县、象州县、琼中黎族苗族自治县、陵水黎族自治县、乐东黎族自治县、铜梁县、荣昌县、垫江县、城口县、奉节县、秀山土家族苗族自治县、兴文县、开阳县、修文县、遵义县、松桃苗族自治县、晋宁县、新平彝族傣族自治县、兰坪白族普米族自治县、马关县、曲松县、略阳县、洛南县、玛曲县、大通回族土族自治县、中宁县、拜城县。

衰退型城市(67个)

地级行政区24个：乌海市、阜新市、抚顺市、辽源市、白山市、伊春市、鹤岗市、双鸭山市、七台河市、大兴安岭地区、淮北市、铜陵市、景德镇市、新余市、萍乡市、枣庄市、焦作市、濮阳市、黄石市、韶关市、泸州市、铜川市、白银市、石嘴山市；

县级市22个：霍州市、阿尔山市、北票市、九台市、舒兰市、敦化市、五大连池市、新泰市、灵宝市、钟祥市、大冶市、松滋市、潜江市、常宁市、耒阳市、资兴市、冷水江市、涟源市、合山市、华蓥市、个旧市、玉门市；

县(自治县)5个：汪清县、大余县、昌江黎族自治县、易门县、潼关县；

市辖区(开发区、管理区)16个：井陉矿区、下花园区、鹰手营子矿区、石拐区、弓长岭区、南票区、杨家杖子开发区、二道江区、贾汪区、淄川区、平桂管理区、南川区、万盛经济开发区、万山区、东川区、红古区。

再生型城市(23个)

地级行政区16个：唐山市、包头市、鞍山市、盘锦市、葫芦岛市、通化市、徐州市、宿迁市、马鞍山市、淄博市、临沂市、洛阳市、南阳市、阿坝藏族羌族自治州、丽江市、张掖市；

县级市4个：孝义市、大石桥市、龙口市、莱州市；

县3个：安阳县、云阳县、香格里拉县。

(来源：国务院关于印发全国资源型城市可持续发展规划(2013~2020年)的通知国发〔2013〕45号)

国务院办公厅关于落实中共中央国务院关于加快发展现代农业进一步增强农村发展活力若干意见有关政策措施分工的通知

国办函〔2013〕34号

国务院各部委、各直属机构：

为贯彻落实《中共中央 国务院关于加快发展现代农业进一步增强农村发展活力的若干意见》（中发〔2013〕1号）提出的一系列政策措施，需要有关部门研究提出具体实施意见并认真加以落实。经国务院同意，现就有关事项通知如下：

一、工作分工

（一）关于"继续开展粮食稳定增产行动，着力加强800个产粮大县基础设施建设"的问题，由农业部、发展改革委会同财政部、水利部、科技部、国土资源部、人力资源社会保障部、监察部、统计局、粮食局、气象局等部门负责落实。

（二）关于"推进东北四省区节水增粮行动、粮食丰产科技工程"的问题，由财政部、科技部会同水利部、农业部、粮食局等部门负责落实。

（三）关于"加大新一轮'菜篮子'工程实施力度，扩大园艺作物标准园和畜禽水产品标准化养殖示范场创建规模"的问题，由农业部会同发展改革委、财政部、商务部等部门负责落实。

（四）关于"以奖代补支持现代农业示范区建设试点"的问题，由财政部会同农业部等部门负责落实。

（五）关于"加强渔船升级改造、渔政执法船艇建造和避风港建设，支持发展远洋渔业"的问题，由发展改革委会同农业部、财政部等部门负责落实。

（六）关于"落实和完善最严格的耕地保护制度，加大力度推进高标准农田建设"的问题，由国土资源部、发展改革委、财政部会同农业部、水利部等部门负责落实。

（七）关于"加快大中型灌区配套改造、灌排泵站更新改造、中小河流治理，扩大小型农田水利重点县覆盖范围，大力发展高效节水灌溉，加大雨水集蓄利用、堰塘整治等工程建设力度，提高防汛抗旱减灾能力"的问题，由水利部会同财政部、发展改革委等部门负责落实。

（八）关于"加大财政对小型水库建设和除险加固支持力度"的问题，由财政部会同水利部等部门负责落实。

（九）关于"及时足额计提并管好用好从土地出让收益中提取的农田水利建设资金"和"加快落实农业灌排工程运行管理费用由财政适当补助的政策"的问题，由财政部会同水利部等部门负责落实。

（十）关于"加强农业科技创新能力条件建设和知识产权保护，继续实施种业发展等重点科技专项，加快粮棉油糖等农机装备、高效安全肥料农药兽药研发"的问题，由科技部、农业部会同发展改革委、财政部、知识产权局、工业和信息化部等部门负责落实。

（十一）关于"加强农产品期货市场建设，适时增加新的农产品期货品种，培育具有国内外影响力的农产品价格形成和交易中心"的问题，由证监会会同发展改革委、商务部、农业部、林业局等部门研究提出落实意见。

（十二）关于"加快推进以城市标准化菜市场、生鲜超市、城乡集贸市场为主体的农产品零售市场建设"的问题，由商务部会同农业部、发展改革委、供销合作总社等部门负责落实。

（十三）关于"加强粮油仓储物流设施建设，发展农产品冷冻贮藏、分级包装、电子结算"的问题，由发展改革委、商务部会同财政部、农业部、粮食局等部门负责落实。

（十四）关于"大力培育现代流通方式和新型流通业态，发展农产品网上交易、连锁分销和农民网店"的问题，由商务部会同发展改革委、农业部、工业和信息化部、供销合作总社等部门研究提出落实意见。

（十五）关于"启动农产品现代流通综合示范区创建"的问题，由商务部会同农业部、供销合作总社等部门负责落实。

（十六）关于"深入实施商标富农工程，强化农产品地理标志和商标保护"的问题，由工商总局会同农业部、知识产权局等部门负责落实。

（十七）关于"按照生产成本加合理利润的原则，继续提高小麦、稻谷最低收购价"的问题，由发展改革委会同中央农办、财政部、农业部、粮食局、农业发展银行、中储粮总公司在播种前提出方案并公布。

（十八）关于"适时启动玉米、大豆、油菜籽、棉花、食糖等农产品临时收储"和"优化粮食等大宗农产品储备品种结构和区域布局，完善粮棉油糖进口转储制度"的问题，由发展改革委会同财政部、商务部、农业部、粮食局、海关总署、供销合作总社、农业发展银行、中储粮总公司、中储棉总公司研究提出落实意见。

（十九）关于"健全重要农产品市场监测预警机制，认真执行生猪市场价格调控预案，改善鲜活农产品调控办法"的问题，由发展改革委会同财政部、商务部、农业部、粮食局、海关总署、工商总局等部门研究提出落实意见。

（二十）关于"完善农产品进出口税收调控政策，加强进口关税配额管理，健全大宗品种进口报告制度，强化敏感品种进口监测"的问题，由财政部、商务部、发展改革委会同税务总局、海关总署、农业部、粮食局、统计局等部门负责落实。

（二十一）关于"加强和完善农产品信息统计发布制度，建立市场调控效果评估制度"的问题，由发展改革委、统计局会同商务部、税务总局、农业部、粮食局、供销合作总社等部门研究提出落实意见。

（二十二）关于"支持农产品批发市场食品安全检测室（站）建设，补助检验检测费用"的问题，由发展改革委、财政部会同农业部、商务部、质检总局、粮食局、食品安全办等部门负责落实。

（二十三）关于"健全基层食品安全工作体系，加大监管机构建设投入，全面提升监管能力和水平"的问题，由食品安全办会同财政部、中央编办、农业部、发展改革委、公安部、卫生部、工商总局、质检总局、食品药品监管局等部门研究提出落实意见。

（二十四）关于"按照增加总量、优化存量、用好增量、加强监管的要求，不断强化农业补贴政策，完善主产区利益补偿、耕地保护补偿、生态补偿办法，加快让农业获得合理利润、让主产区财力逐步达到全国或全省平均水平"的问题，由财政部会同发展改革委、农业部、国土资源部、水利部、林业局等部门研究提出落实意见。

（二十五）关于"继续增加农业补贴资金规模，新增补贴向主产区和优势产区集中，向专业大户、家庭农场、农民合作社等新型生产经营主体倾斜"、"扩大农机具购置补贴规模，推进农机以旧换新试点"和"完善农资综合补贴动态调整机制，逐步扩大种粮大户补贴试点范围"的问题，由财政部会同发展改革委、农业部、水利部、林业局、粮食局等部门负责落实。

（二十六）关于"启动低毒低残留农药和高效缓释肥料使用补助试点"的问题，由财政部会同农业部等部门负责落实。

（二十七）关于"完善畜牧业生产扶持政策，支持发展肉牛肉羊，落实远洋渔业补贴及税收减免政策"的问题，由财政部、发展改革委会同农业部、税务总局等部门负责落实。

（二十八）关于"增加产粮（油）大县奖励资金，实施生猪调出大县奖励政策，研究制定粮食作物制种大县奖励政策"的问题，由财政部会同发展改革委、农业部、粮食局、统计局等部门负责落实。

（二十九）关于"创新金融产品和服务，优先满足农户信贷需求，加大新型生产经营主体信贷支持力度"、"稳定县（市）农村信用社法人地位，继续深化农村信用社改革"、"支持社会资本参与设立新型农村金融机构"和"改善农村支付服务条件，畅通支付结算渠道"的问题，由银监会会同人民银行等部门负责落实。

（三十）关于"加强涉农信贷与保险协作配合，创新符合农村特点的抵（质）押担保方式和融资工具，建立多层次、多形式的农业信用担保体系"的问题，由银监会会同人民银行、保监会、农业部、林业局等部门研究提出落实意见。

（三十一）关于"扩大林权抵押贷款规模，完善林业贷款贴息政策"的问题，由人民银行、银监会、财政部会同林业局等部门负责落实。

（三十二）关于"加大对中西部地区、生产大县农业保险保费补贴力度，适当提高部分险种的保费补贴比例"、"开展农作物制种、渔业、农机、农房保险和重点国有林区森林保险保费补贴试点"和

"推进建立财政支持的农业保险大灾风险分散机制"的问题,由财政部、保监会会同农业部、住房城乡建设部、林业局等部门负责落实。

(三十三)关于"支持符合条件的农业产业化龙头企业和各类农业相关企业通过多层次资本市场筹集发展资金"的问题,由证监会会同人民银行、发展改革委、财政部、农业部、林业局等部门研究提出落实意见。

(三十四)关于"抓紧研究现有土地承包关系保持稳定并长久不变的具体实现形式,完善相关法律制度"和"坚持依法自愿有偿原则,引导农村土地承包经营权有序流转,鼓励和支持承包土地向专业大户、家庭农场、农民合作社流转,发展多种形式的适度规模经营"的问题,由农业部会同中央农办、法制办、国土资源部、林业局等部门研究提出落实意见。

(三十五)关于"探索建立严格的工商企业租赁农户承包耕地(林地、草原)准入和监管制度"的问题,由农业部、林业局会同工商总局、法制办、国土资源部等部门研究提出落实意见。

(三十六)关于"深化国有农垦管理体制改革,扩大国有农场办社会职能改革试点"的问题,由农业部、国务院农村综合改革工作小组会同发展改革委、财政部、教育部、公安部、人力资源社会保障部、民政部、卫生部等部门研究提出落实意见。

(三十七)关于"创造良好的政策和法律环境,采取奖励补助等多种办法,扶持联户经营、专业大户、家庭农场"的问题,由农业部会同财政部、发展改革委、法制办等部门研究提出落实意见。

(三十八)关于"制定专门计划,对符合条件的中高等学校毕业生、退役军人、返乡农民工务农创业给予补助和贷款支持"的问题,由人力资源社会保障部会同财政部、人民银行、银监会、民政部、农业部等部门研究提出落实意见。

(三十九)关于"实行部门联合评定示范社机制,分级建立示范社名录,把示范社作为政策扶持重点"的问题,由农业部会同发展改革委、财政部、税务总局、工商总局、银监会、水利部、林业局、供销合作总社等部门负责落实。

(四十)关于"安排部分财政投资项目直接投向符合条件的合作社,引导国家补助项目形成的资产移交合作社管护,指导合作社建立健全项目资产管护机制"的问题,由财政部、发展改革委会同农业部、水利部、林业局等部门负责落实。

(四十一)关于"增加农民合作社发展资金,支持合作社改善生产经营条件、增强发展能力"的问题,由财政部会同农业部、水利部、林业局、供销合作总社等部门负责落实。

(四十二)关于"逐步扩大农村土地整理、农业综合开发、农田水利建设、农技推广等涉农项目由合作社承担的规模"的问题,由国土资源部、财政部、水利部、农业部会同科技部、林业局等部门负责落实。

(四十三)关于"对示范社建设鲜活农产品仓储物流设施、兴办农产品加工业给予补助"的问题,由财政部会同农业部、发展改革委、商务部、林业局等部门负责落实。

(四十四)关于"在信用评定基础上对示范社开展联合授信,有条件的地方予以贷款贴息,规范合作社开展信用合作"的问题,由银监会、农业部会同人民银行、财政部、林业局等部门研究提出落实意见。

(四十五)关于"完善合作社税收优惠政策,把合作社纳入国民经济统计并作为单独纳税主体列入税务登记,做好合作社发票领用等工作"的问题,由财政部、税务总局、统计局会同农业部、林业局等部门负责落实。

(四十六)关于"引导农民合作社以产品和产业为纽带开展合作与联合,积极探索合作社联社登记管理办法"的问题,由农业部、工商总局会同林业局、供销合作总社等部门研究提出落实意见。

(四十七)关于"抓紧研究修订农民专业合作社法"的问题,由农业部会同法制办等部门研究提出落实意见。

(四十八)关于"创建农业产业化示范基地,促进龙头企业集群发展"和"增加扶持农业产业化资金,支持龙头企业建设原料基地、节能减排、培育品牌"的问题,由农业部会同财政部、发展改革委、工业和信息化部、国资委、林业局等部门负责落实。

(四十九)关于"逐步扩大农产品加工增值税进项税额核定扣除试点行业范围"的问题,由财政部、税务总局会同农业部等部门负责落实。

(五十)关于"适当扩大农产品产地初加工补助项目试点范围"的问题,由财政部会同农业部负责落实。

(五十一)关于"支持高等学校、职业院校、科研院所通过建设新农村发展研究院、农业综合服务示范基地等方式,面向农村开展农业技术推广"的问题，由教育部、科技部会同国务院农村综合改革工作小组、农业部、中央农办等部门负责落实。

（五十二）关于"加快推进农村气象信息服务和人工影响天气工作体系与能力建设，提高农业气象服务和农村气象灾害防御水平"的问题，由气象局会同发展改革委、财政部、科技部、农业部、水利部等部门负责落实。

（五十三）关于"推进科技特派员农村科技创业行动"的问题，由科技部会同人力资源社会保障部、农业部、教育部、中央宣传部、林业局、共青团中央、银监会、供销合作总社等部门负责落实。

（五十四）关于"对符合条件的农业经营性服务业务免征营业税"的问题，由财政部、税务总局会同农业部等部门负责落实。

（五十五）关于"开展农业社会化服务示范县创建"的问题，由农业部、财政部会同有关部门负责落实。

（五十六）关于"加快用信息化手段推进现代农业建设，启动金农工程二期，推动国家农村信息化试点省建设"的问题，由农业部、科技部会同中央组织部、发展改革委、工业和信息化部、气象局、供销合作总社等部门负责落实。

（五十七）关于"用5年时间基本完成农村土地承包经营权确权登记颁证工作，妥善解决农户承包地块面积不准、四至不清等问题"、"加快包括农村宅基地在内的农村集体土地所有权和建设用地使用权地籍调查，尽快完成确权登记颁证工作"和"农村土地确权登记颁证工作经费纳入地方财政预算，中央财政予以补助"的问题，由国土资源部、农业部、财政部会同住房城乡建设部、林业局等部门负责落实。

（五十八）关于"深化集体林权制度改革，提高林权证发证率和到户率"和"推进国有林场改革试点，探索国有林区改革"的问题，由林业局、发展改革委会同财政部等部门负责落实。

（五十九）关于"加快推进牧区草原承包工作，启动牧区草原承包经营权确权登记颁证试点"的问题，由农业部会同财政部等部门负责落实。

（六十）关于"加快修订土地管理法，尽快出台农民集体所有土地征收补偿条例"的问题，由法制办、国土资源部会同农业部、林业局、人力资源社会保障部、发展改革委、住房城乡建设部、中央农办等部门负责落实。

（六十一）关于"改革和完善农村宅基地制度，加强管理，依法保障农户宅基地使用权"的问题，由国土资源部、住房城乡建设部会同农业部、中央农办等部门研究提出落实意见。

（六十二）关于"健全农村集体财务预决算、收入管理、开支审批、资产台账和资源登记等制度，严格农村集体资产承包、租赁、处置和资源开发利用的民主程序，支持建设农村集体'三资'信息化监管平台"的问题，由农业部会同民政部、中央纪委、监察部、发展改革委、财政部等部门研究提出落实意见。

（六十三）关于"鼓励具备条件的地方推进农村集体产权股份合作制改革"和"探索集体经济组织成员资格界定的具体办法"的问题，由农业部会同发展改革委、中央农办、法制办、国土资源部等部门研究提出落实意见。

（六十四）关于"推进西部地区、连片特困地区乡镇、建制村通沥青（水泥）路建设和东中部地区县乡公路改造、连通工程建设，加大农村公路桥梁、安保工程建设和渡口改造力度，继续推进农村乡镇客运站网建设"的问题，由交通运输部会同发展改革委、财政部等部门负责落实。

（六十五）关于"加快宽带网络等农村信息基础设施建设"的问题，由工业和信息化部会同发展改革委、科技部、农业部等部门负责落实。

（六十六）关于"加大力度推进农村危房改造和国有林区（场）棚户区、国有垦区危房改造，加快实施游牧民定居工程和以船为家渔民上岸安居工程"的问题，由发展改革委、住房城乡建设部会同财政部、农业部、林业局等部门负责落实。

（六十七）关于"健全村级公益事业一事一议财政奖补机制，积极推进公益性乡村债务清理化解试点"的问题，由国务院农村综合改革工作小组会同财政部、农业部、水利部、林业局等部门负责落实。

（六十八）关于"科学规划村庄建设，严格规划管理，合理控制建设强度，注重方便农民生产生活，保持乡村功能和特色"和"制定专门规划，启动专项工程，加大力度保护有历史文化价值和民族、地域元素的传统村落和民居"的问题，由住房城乡建设部会同发展改革委、财政部、国土资源部、农业部、文化部等部门负责落实。

（六十九）关于"完善农村中小学校舍建设改造长效机制"、"办好村小学和教学点，改善办学条件，配强师资力量，方便农村学生就近上学"和"设立专项资金，对在连片特困地区乡、村学校和教学点工作的教师给予生活补助"的问题，由教育部会同财政部、发展改革委、住房城乡建设部等部门研究提出落实意见。

（七十）关于"继续提高新型农村合作医疗政府补助标准，积极推进异地结算"的问题，由卫生部会同财政部、人力资源社会保障部等部门负责落实。

（七十一）关于"健全新型农村社会养老保险政策体系，建立科学合理的保障水平调整机制，研究探索与其他养老保险制度衔接整合的政策措施"的问题，由人力资源社会保障部会同财政部、民政部等部门研究提出落实意见。

（七十二）关于"加强农村最低生活保障的规范管理，有条件的地方研究制定城乡最低生活保障相对统一的标准"和"完善农村优抚制度，加快农村社会养老服务体系建设"的问题，由民政部会同人力资源社会保障部、财政部、发展改革委等部门研究提出落实意见。

（七十三）关于"加大扶贫开发投入，全面实施连片特困地区区域发展与扶贫攻坚规划"的问题，由扶贫办、发展改革委会同财政部、人民银行、教育部、科技部、工业和信息化部、国家民委、民政部、国土资源部、住房城乡建设部、交通运输部、铁道部、水利部、农业部、卫生部、林业局等部门负责落实。

（七十四）关于"加大三北防护林、天然林保护等重大生态修复工程实施力度，推进荒漠化、石漠化、水土流失综合治理"、"巩固退耕还林成果，统筹安排新的退耕还林任务"、"探索开展沙化土地封禁保护区建设试点工作"和"加强国家木材战略储备基地和林区基础设施建设，提高中央财政国家级公益林补偿标准，增加湿地保护投入，完善林木良种、造林、森林抚育等林业补贴政策，积极发展林下经济"的问题，由林业局、发展改革委、财政部会同国土资源部、水利部、农业部等部门负责落实。

（七十五）关于"搞好农村垃圾、污水处理和土壤环境治理，实施乡村清洁工程，加快农村河道、水环境综合整治"的问题，由环境保护部、农业部、水利部会同发展改革委、财政部、国土资源部、住房城乡建设部等部门负责落实。

（七十六）关于"创建生态文明示范县和示范村镇"的问题，由发展改革委、环境保护部、住房城乡建设部、林业局等部门负责落实。

（七十七）关于"不断完善村务公开民主管理，以县（市、区）为单位统一公开目录和时间，丰富公开内容，规范公开程序，实现村务公开由事后公开向事前、事中延伸"和"深入推进乡镇政务公开，推行乡镇财政预算、公共资源配置、重大建设项目、社会公益事业等领域的信息公开"的问题，由中央纪委、监察部、民政部会同农业部、财政部、发展改革委等部门负责落实。

（七十八）关于"深化农村平安建设，完善立体化社会治安防控体系，落实在农村警务室连续工作一定年限人员的有关激励政策"和"加强农村交通安全管理，创建平安畅通县市"的问题，由公安部会同工业和信息化部、人力资源社会保障部、财政部、住房城乡建设部、农业部、交通运输部、安全监管总局等部门负责落实。

（七十九）关于"切实加强农村精神文明建设，深入开展群众性精神文明创建活动，全面提高农民思想道德素质和科学文化素质"的问题，由中央宣传部会同文化部等部门负责落实。

（八十）关于"各地区各部门要明确职责分工，加强监督检查，实施绩效评价，开展强农惠农富农政策执行情况'回头看'，确保不折不扣落到实处"的问题，由中央纪委、监察部会同中央农办等部门负责落实。

二、工作要求

（一）各有关部门要切实按照中共中央和国务院的部署，高度重视，精心组织，认真落实好相关任务。牵头部门对分工任务负总责，其他部门要根据各自职能分工，大力配合、积极支持。落实相关政策需要增加参与单位的，请牵头部门商有关单位确定。对未列入本通知的任务，请各有关部门按照职责分工，认真抓好落实。

（二）分工任务中，属于制度建设的，要抓紧研究，提出方案；属于项目实施的，要尽快制定具体落实方案和进度安排；属于原则性要求的，要认真调查研究，提出加强和推进有关工作的意见和措施。

（三）国务院办公厅负责督促检查各项分解任务的落实情况。各牵头部门要在2013年10月底前将牵头负责工作的落实情况送农业部。农业部要积极发挥主体作用，加强与有关部门的衔接沟通，在2013年11月底前将各项分解任务落实情况汇总报国务院。

国务院办公厅
2013年2月7日

关于规范国务院审批城市总体规划上报成果的规定(暂行)

一、文本内容

按照《城市规划编制办法》(建设部第146号令),城市总体规划文本应包括市域城镇体系规划和中心城区规划两个层次。主要内容包括:

(一) 市域城镇体系规划

1. 区域协调

落实和深化上层次城镇体系规划要求,提出与周边行政区域在资源利用与保护、空间发展布局、区域性重大基础设施和公共服务设施、生态环境保护与建设等方面的协调要求。

2. 市域空间管制

(1) 确定生态环境(自然保护区、生态林地等)、重要资源(基本农田、水源地及其保护区、湿地和水系、矿产资源密集地区等)、自然灾害高风险区和建设控制区(地质灾害高易发区、行洪区、分滞洪区等)、自然和历史文化遗产(风景名胜区、地质公园、历史文化名城名镇名村、地下文物埋藏区等)等市域空间管制要素;

(2) 依据上述空间管制要素,确定空间管制范围,提出空间管制要求。

3. 城镇化和城乡统筹发展战略

(1) 预测市域总人口及城镇化水平;

(2) 明确市域城镇体系,重点市(镇)的发展定位、建设用地规模;

(3) 提出城镇化和城乡统筹策略,村镇规划建设指引。

4. 交通发展策略与组织

(1) 提出交通发展目标、策略;

(2) 明确综合交通设施(公路、铁路、机场、港口、市域轨道和主要综合交通枢纽等)的功能、等级、布局,以及交通廊道控制要求。

5. 市政基础设施

(1) 提出市域市政基础设施发展目标与策略;

(2) 明确能源、给水、排水和垃圾处理等区域性重大市政基础设施布局和建设要求。

6. 城乡基本公共服务设施

(1) 提出城乡基本公共服务均等化目标、要求;

(2) 确定市域主要公共服务设施空间布局优化的原则与配建标准。

7. 市域历史文化遗产保护

(1) 明确市域内各历史文化名城(含历史文化街区)、名镇、名村保护名录和保护范围,提出保护原则和总体要求;

(2) 提出其他古村落的风貌完整性等保护要求。

8. 城乡综合防灾减灾

(1) 提出城乡综合防灾减灾目标;

(2) 明确主要灾害类型(洪涝、地震、地质灾害等)及其防御措施,根据需要提出危险品生产储存基地的布局和防护要求。

9. 城市规划区范围

10. 规划实施措施

(二) 中心城区规划

1. 城市性质、职能和发展目标

2. 城市规模

(1) 预测城市人口规模;

(2) 确定城市建设用地规模和范围。

3. 城市总体空间布局

明确城市主要发展方向、空间结构和功能布局。

4. 公共管理和公共服务设施用地

(1) 确定公共中心体系;

(2) 明确主要公共管理和公共服务设施(行政、文化、教育、体育、卫生等)用地布局。

5. 居住用地

(1) 提出住房建设目标;

(2) 确定居住用地规模和布局;

(3) 明确住房保障的主要任务,提出保障性住房的近期建设规模和空间布局原则等规划要求。

6. 综合交通体系

(1) 提出城市综合交通发展战略,明确交通发展目标、各种交通方式的功能定位,以及交通政策;

(2) 确定对外交通设施的布局,提出重要交通设施用地控制与交通组织要求;

(3) 确定城市主要综合客货运枢纽的布局、功能与用地控制；

（4）确定城市道路系统，提出干路的等级、功能、走向、红线和交叉口控制，以及支路的规划要求；

（5）提出城市公共交通（常规公交、快速公交、城市轨道交通、场站等）的发展目标、布局以及重要设施用地控制要求；

（6）提出城市慢行系统（步行、自行车等）规划原则和指引；

（7）提出停车场布局原则，明确停车分区与停车泊位分布指引，以及停车换乘等大型公共停车设施的布局、规模等控制要求。

7．绿地系统（和水系）

（1）提出绿地系统的建设目标及总体布局；

（2）明确公园绿地、防护绿地的布局和规划控制要求；

（3）提出主要地表水体及其周边的建设控制要求，对具有重要景观和遗产价值的水体提出建设控制地带及周边区域内土地使用强度的总体控制要求。

8．历史文化和传统风貌保护

（1）提出历史文化遗产及传统风貌特色保护的原则、目标和内容；

（2）提出城市传统格局和特色风貌的保护要求；

（3）提出历史文化街区的核心保护范围和建设控制地带的规划管控要求；

（4）提出历史建筑及其风貌协调区的保护原则和基本保护要求；

（5）明确保护措施，包括：历史街巷和视线通廊保护控制，历史城区建筑高度和开发强度的控制等。

9．市政基础设施

（1）明确市政基础设施（给水、排水、燃气、供热、环卫设施等）发展目标、总体布局和建设标准；

（2）提出污水处理厂、大型泵站、垃圾处理厂（场）等重要设施用地的规划控制要求。

10．生态环境保护

（1）提出生态环境保护与建设的目标；

（2）确定环境功能分区；

（3）提出主要污染源的污染控制与治理措施。

11．综合防灾减灾

（1）明确抗震设防标准，提出建筑工程、生命线工程建设要求，规划主要防灾避难场所、应急避难和救援通道；

（2）确定城市防洪排涝的基本目标与设防标准，提出重点地段的防洪排涝措施；

（3）确定消防、人防的建设目标，提出主要消防设施的布局要求；

（4）提出主要地质灾害类型的防治与避让要求。

12．城市旧区改建

（1）划定旧区范围，提出旧区改建的总体目标和人居环境改善的要求；

（2）明确近期重点改建的棚户区和城中村。

13．城市地下空间

（1）提出城市地下空间开发利用原则和目标；

（2）明确重点地区地下空间的开发利用和控制要求。

14．规划实施措施

（1）明确规划期内发展建设时序；

（2）提出各阶段规划实施的政策和措施。

除以上内容之外，各地可根据实际情况和需要，适当增补其他内容。

二、图纸内容

总体规划上报成果图纸包括基本图纸和补充图纸。其中，基本图纸为总体规划的必备图纸，共28张，包括：

1．城市区位图

标明城市在区域中的位置及与周边城市的空间关系。

2．市域城镇体系现状图

标明行政区划、城镇分布和规模、交通网络、重要基础设施等现状要素。

3．市域城镇体系规划图

标明行政区划、规划城镇等级和规模、主要联系方向等。

4．市域综合交通规划图

标明主要公路（含中心城区外的主要城市道路）、高速公路及主要出入口、客货运铁路和轨道交通路线及场站、机场、港口、综合交通枢纽等的位置。

规划期内有市域轨道交通建设需求的城市，还应当绘制"市域轨道交通线网规划图"。

5．市域重大基础设施规划图

标明能源、供水、排水、垃圾处理、防灾减灾等重大基础设施布局，包括：城镇供水水源、输水管线、大型水厂；大型污水处理厂、垃圾处理厂（场）；大型电厂、输电网、天然气门站、长输管线；重大化学危险品生产、储存设施；防洪堤、分滞洪区等防洪骨干工程。

6．市域空间管制规划图

标明水源地、风景名胜区、自然保护区、生态林地等空间管制要素的位置与保护控制范围。

7. 市域历史文化遗产保护规划图

标明市域范围内的历史文化名城、名镇、名村和重要历史文化遗迹的位置，明确保护级别。

8. 城市规划区范围图

标明市域范围、城市规划区范围和中心城区范围。

9. 中心城区用地现状图

标明中心城区范围；现状各类城市建设用地的性质和范围；主要地名、山体、水系；风景名胜区、自然保护区、水源保护区、矿产资源分布区、森林公园、公益林地保护区、历史文化街区等保护区域的范围。

10. 中心城区用地规划图

标明中心城区范围；规划各类城市建设用地的性质和范围；主要地名、山体、水系；风景名胜区、自然保护区、水源保护区、矿产资源分布区、森林公园、公益林地保护区、历史文化街区等保护区域的范围。

11. 中心城区绿线控制图

标明公园绿地、防护绿地的位置和范围。

12. 中心城区蓝线控制图

标明江、河、湖、库、渠和湿地等主要地表水体的保护范围（用实线表示）和建设控制地带界线（用虚线表示）。

13. 中心城区紫线控制图

标明历史文化街区的核心保护范围和历史建筑本身（用实线表示），历史文化街区的建设控制地带和历史建筑的风貌协调区（用虚线表示）。

14. 中心城区黄线控制图

标明对城市布局和周边环境有较大影响的城市基础设施用地控制界线，主要包括：重要交通设施；自来水厂、污水处理厂、大型泵站等重要给排水设施；垃圾处理厂（场）等重要环卫设施；城市发电厂、高压线走廊、220KV（含）以上变电站、城市气源、燃气储备站、城市热源等重要能源设施等。

15. 中心城区公共管理和公共服务设施规划图

标明市（区）级的行政、教育、科研、卫生、文化、体育、社会福利等公共管理和公共服务设施的用地布局。

16. 中心城区综合交通规划图

标明对外公路、铁路线路走向与场站；港口、机场位置；城市干路；公交走廊、公交场站、轨道交通场站、客货运枢纽等的布局。

17. 中心城区道路系统规划图

标明城市道路等级、主要城市道路断面示意、主要交叉口类型及与对外交通设施的衔接。

18. 中心城区公共交通系统规划图

标明快速公共交通系统、主要公共交通设施的布局等。

规划期内有发展轨道交通需求的城市，还应当绘制"中心城区轨道交通线网规划图"。图中应当标明中心城区轨道交通线路的基本走向，车辆基地、主要换乘车站以及中心城区周边供停车换乘的大型公共停车设施位置等。

19. 中心城区居住用地规划图

标明居住用地的布局和规模。

20. 中心城区给水工程规划图

标明城市供水水源保护范围；取水口位置、水厂位置、输配水干管布置等，标注主干管管径。

21. 中心城区排水工程规划图

标明排水分区、雨水管渠和大型泵站位置等；污水处理厂布局、污水干管布置等，标注处理规模。

22. 中心城区供电工程规划图

标明电厂、高压变电站位置；输配电线路路径、敷设方式、电压等级；高压走廊走向等。

23. 中心城区通信工程规划图

标明邮政枢纽、电信枢纽局站、卫星通信接收站、微波站与微波通道、无线电收发信区等通信设施的位置，通信干管布置。

24. 中心城区燃气工程规划图

标明城市燃气气源；燃气分输站、门站、储配站的位置；输配气干管布置等。

25. 中心城区供热工程规划图

冬季采暖城市绘制此图。标明供热分区；集中供热的热源位置、供热干管布置等。

26. 中心城区综合防灾减灾规划图

标明消防设施、防洪（潮）设施；重大危险源、地质隐患点的分布；防灾避难场所、应急避难和救援通道的位置等。

27. 中心城区历史文化名城保护规划图

历史文化名城绘制此图。划定历史文化街区核心保护范围；历史文化街区的建设控制地带与历史建筑的风貌协调区，标明重要地段建筑高度、视线通廊的控制范围。

28. 中心城区绿地系统规划图

标明绿地性质、布局；市（区）级公园、河湖水系和风景名胜区范围。

相关城市人民政府在组织编制总体规划时，可根据需要补充地下空间利用规划图等其他图纸。

三、强制性内容

上报成果强制性内容包括：

1. 规划区范围。
2. 中心城区建设用地规模。
3. 市域内应当控制开发的地域，包括：风景名胜区，自然保护区，湿地、水源地保护区和水系等生态敏感区，基本农田，地下矿产资源分布地区等。
4. 城市"四线"及其相关规划控制要求，包括：绿线、蓝线、紫线、黄线。
5. 关系民生的教育、卫生、文化、体育和社会福利等公共服务设施布局。
6. 重要场站和综合交通枢纽、城市干路系统（特大城市为城市主要干路及以上等级道路）、轨道交通线路走向、主要控制节点和车辆基地。
7. 生态环境保护，包括：环境保护目标和主要污染物控制指标。
8. 综合防灾减灾，包括：城市抗震设防标准，城市防洪标准，蓄滞洪区、应急避难场所等综合防灾减灾设施布局。

文本中的强制性内容可采用"下划线"方式表达。强制性内容应当可实施、可督查。需要通过专项规划、控制性详细规划确定边界的强制性内容，可采取定目标、定原则、定标准、定总量等形式在文本中予以注明。

四、格式要求

上报成果应朴素简洁大方，软皮简装。文本建议采用双面黑白打印，以 A4 幅面装订成册；图纸建议以 A3 幅面单面彩色打印，折叠后以 A4 幅面装订成册。

上报成果时需要同步提交电子版本，文本类为 word 格式文件，中心城区用地现状图和规划图应为 dwg 格式，其余图纸可为 dwg 或 jpg 格式，jpg 格式图纸分辨率应不低于 300ppi。同一类城市建设用地信息应当统一至一个图层中。

城市建设用地应当按照《城市用地分类与规划建设用地标准》（GB 50137-2011）中的类别名称规范标注，建设用地平衡表中的用地分类应与《城市用地分类与规划建设用地标准》（GB 50137-2011）一致。2012 年 1 月 1 日前开始编制城市总体规划的可采用《城市用地分类与规划建设用地标准》（GBJ 137-90）或（GB 50137-2011）。图纸应符合《城市规划制图标准》（CJJ/T 97-2003）的要求。

上报成果应附基期年市域遥感影像图（分辨率不小于 10 米）和中心城区遥感影像图（分辨率不小于 2.5 米）电子版。

（来源：住房城乡建设部关于印发《关于规范国务院审批城市总体规划上报成果的规定》（暂行）的通知 建规〔2013〕127 号）

住房城乡建设部关于开展美丽宜居小镇、美丽宜居村庄示范工作的通知

建村〔2013〕40 号

各省、自治区住房城乡建设厅，直辖市、计划单列市建委（农委），新疆生产建设兵团建设局：

为贯彻党的十八大关于建设美丽中国、增强小城镇功能、深入推进新农村建设的精神，住房城乡建设部决定开展美丽宜居小镇、美丽宜居村庄示范工作。现将有关事项通知如下：

一、充分认识开展美丽宜居小镇、村庄示范的重要意义

美丽宜居小镇是指风景美、街区美、功能美、生态美、生活美的建制镇。美丽宜居村庄是指田园美、村庄美、生活美的行政村。美丽宜居小镇、村庄的核心是宜居宜业，特征是美丽、特色和绿色。建设美丽宜居小镇、村庄是建设美丽中国的重要行动和途径，是村镇建设工作的主要目标和内容，是推进新型城镇化和社会主义新农村建设、生态文明建设的必然要求。各地要充分认识开展美丽宜居小镇、村庄示范工作的重要性、紧迫性，以高度的历史责任感，创造性地做好有关工作。

二、切实把握开展美丽宜居小镇、村庄示范的基本要求

（一）把握示范的指导性要求。美丽宜居小镇、村庄示范是村镇建设的综合性示范，体现新型城镇化、新农村建设、生态文明建设等国家战略要求，展示我国村镇与大自然的融合美，创造村镇居民的幸福生活，传承传统文化和地区特色，凝聚符合村镇实际的规划建设管理理念和优秀技术，代表我国村镇建设的方向。要认真组织学习《美丽宜居小镇示范指导性要求》、《美丽宜居村庄示范指导性要求》（见附件），把握要领，按照指导性要求做好示范村镇的规划建设管理。我部将组织培训，宣传讲解指导性要求，省级建设主管部门也要组织好相应的培训。

（二）把握示范的主要原则。开展美丽宜居小镇、村庄示范，既要打造景观美，更要创造生活美；尊重村镇原有格局，不要拆村并点；以整治民居建筑、整治街区环境和完善基础设施为主，不要一味建新村新镇；以民为本、打造生活中心，不要以形象为本、打造行政中心或工业中心；保持和塑造村镇特色，不要盲目照搬城市模式；保护传统文化的真实性和完整性，不要拆旧建新、嫁接杜撰；努力实现绿色低碳，不要贪大求洋；尊重民意，居民参与，不要代民做主，强行推进。既要重视基础设施建设，更要重视管理和服务，建立运行维护机制。

（三）加强指导和支持。各级建设主管部门要做好美丽宜居小镇、村庄示范的遴选和推荐，注重做好指导和帮助。研究制定本地区美丽宜居小镇和美丽宜居村庄的特色和具体要求，组织专家组，为示范村镇的规划编制和修编出谋划策，提供咨询设计方案和适宜技术，深入示范村镇开展指导和检查，帮助实施建设。统筹各类项目和资金，支持示范村镇建设。中央支持地方的农村危房改造、村庄规划试点、重点流域重点镇污水管网建设以奖代补、传统村落保护发展、城镇棚户区改造等资金和地方的村庄环境整治、重点镇建设等支持资金可向示范村镇倾斜。建立领导协调机制，建设主管部门与水利、交通、环境、农业等部门共同参与，将各类建设项目按照统一规划予以实施，各司其职。

三、积极组织做好美丽宜居小镇、村庄示范申报

省级建设主管部门要按照村镇自愿申报的原则，参照《美丽宜居小镇示范指导性要求》、《美丽宜居村庄示范指导性要求》，选择自然风景和田园风貌、村镇人居环境、经济发展水平、传统文化和地区特色等条件较好，且当地政府重视并支持、村镇领导班子较强、民风良好的村庄和镇作为示范候选点，创建示范。

我部每年组织一次示范申报，通过组织专家评审、居民满意度调查等方式，将具备示范条件的镇和村庄列入中国美丽宜居小镇、中国美丽宜居村庄示范名单并予以公布。

每年公布的中国美丽宜居小镇、中国美丽宜居村庄示范名单包括之前公布的示范村镇，对经我部组织检查认定确已达不到指导性要求的示范村镇，不再列入示范名单。

2013年示范申报的具体要求另行通知。

（下略）

中华人民共和国住房和城乡建设部
2013 年 3 月 14 日

住房城乡建设部 国家发展改革委 财政部关于做好 2013 年农村危房改造工作的通知

建村〔2013〕90号

各省、自治区住房城乡建设厅、发展改革委、财政厅，直辖市建委（建交委、农委）、发展改革委、财政局：

为贯彻落实党中央、国务院关于加快农村危房改造的部署和要求，切实做好2013年农村危房改造工作，现就有关事项通知如下：

一、改造任务

2013年中央支持全国266万贫困农户改造危房，其中：国家确定的集中连片特殊困难地区的县和国家扶贫开发工作重点县等贫困地区105万户，陆地

边境县边境一线 15 万户，东北、西北、华北等"三北"地区和西藏自治区 14 万农户结合危房改造开展建筑节能示范。各省（区、市）危房改造任务由住房城乡建设部会同国家发展改革委、财政部确定。

二、补助对象与补助标准

农村危房改造补助对象重点是居住在危房中的农村分散供养五保户、低保户、贫困残疾人家庭和其他贫困户。各地要按照优先帮助住房最危险、经济最贫困农户解决最基本安全住房的要求，坚持公开、公平、公正原则，严格执行农户自愿申请、村民会议或村民代表会议民主评议、乡（镇）审核、县级审批等补助对象的认定程序，规范补助对象的审核审批。同时，建立健全公示制度，将补助对象基本信息和各审查环节的结果在村务公开栏公示。县级政府要组织做好与经批准的危房改造农户签订合同或协议工作，并征得农户同意公开其有关信息。

2013 年中央补助标准为每户平均 7500 元，在此基础上对贫困地区每户增加 1000 元补助，对陆地边境县边境一线贫困农户、建筑节能示范户每户增加 2500 元补助。各省（区、市）要依据改造方式、建设标准、成本需求和补助对象自筹资金能力等不同情况，合理确定不同地区、不同类型、不同档次的省级分类补助标准，落实对特困地区、特困农户在补助标准上的倾斜照顾。

三、资金筹集和使用管理

2013 年中央安排农村危房改造补助资金 230 亿元（含中央预算内投资 35 亿元），由财政部会同国家发展改革委、住房城乡建设部联合下达。中央补助资金根据农户数、危房数、地区财力差别、上年地方补助资金落实情况、工作绩效等因素进行分配。各地要采取积极措施，整合相关项目和资金，将抗震安居、游牧民定居、自然灾害倒损农房恢复重建、贫困残疾人危房改造、扶贫安居等资金与农村危房改造资金有机衔接，通过政府补助、银行信贷、社会捐助、农民自筹等多渠道筹措农村危房改造资金。地方各级财政要将农村危房改造地方补助资金和项目管理等工作经费纳入财政预算，省级财政要切实加大资金投入力度，帮助自筹资金确有困难的特困户解决危房改造资金问题。

各地要按照《中央农村危房改造补助资金管理暂行办法》（财社〔2011〕88 号）等有关规定，加强农村危房改造补助资金的使用管理。补助资金实行专项管理、专账核算、专款专用，并按有关资金管理制度的规定严格使用，健全内控制度，执行规定标准，直接将资金补助到危房改造户，严禁截留、挤占、挪用或变相使用。各级财政部门要会同发展改革、住房城乡建设部门加强资金使用的监督管理，及时下达资金，加快预算执行进度，并积极配合有关部门做好审计、稽查等工作。

四、科学制定实施方案

各省级住房城乡建设、发展改革、财政等部门要认真组织编制 2013 年农村危房改造实施方案，明确政策措施、任务分配、资金安排和监管要求，并于今年 8 月上旬联合上报住房城乡建设部、国家发展改革委、财政部（以下简称 3 部委）。各省（区、市）分配危房改造任务要综合考虑各县的实际需求、建设与管理能力、地方财力、工作绩效等因素，确保安排到贫困地区的任务不低于中央下达的贫困地区任务量。各县要细化落实措施，合理安排各乡（镇）、村的危房改造任务。

五、合理选择改造建设方式

各地要因地制宜，积极探索符合当地实际的农村危房改造方式，努力提高补助资金使用效益。拟改造农村危房属整体危险（D 级）的，原则上应拆除重建，属局部危险（C 级）的应修缮加固。危房改造以农户自建为主，农户自建确有困难且有统建意愿的，地方政府要发挥组织、协调作用，帮助农户选择有资质的施工队伍统建。坚持以分散分户改造为主，在同等条件下传统村落和危房较集中的村庄优先安排，已有搬迁计划的村庄不予安排，不得借危房改造名义推进村庄整体迁并。积极编制村庄规划，统筹协调道路、供水、沼气、环保等设施建设，整体改善村庄人居环境。陆地边境一线农村危房改造以原址为主，确需异址新建的，应靠紧边境，不得后移。

六、严格执行建设标准

农村危房改造要执行最低建设要求，改造后住房须建筑面积适当、主要部件合格、房屋结构安全和基本功能齐全。原则上，改造后住房建筑面积要达到人均 13 平方米以上；户均建筑面积控制在 60 平方米以内，可根据家庭人数适当调整，但 3 人以上农户（含 3 人）的人均建筑面积不得超过 18 平方米。

各地要加强引导和规范，既要防止改造后住房达不到最低建设要求，又要防止群众盲目攀比、超标准建房。积极组织编制符合建设标准的农房设计方案，注重为将来扩建预留好接口。农房设计要符合农民生产生活习惯，体现民族和地方建筑风格，注重保持田园风光与传统风貌。加强地方建筑材料利用研究，传承和改进传统建造工法，探索符合标准的就地取材建房技术方案，推进农房建设技术进步。要结合建材下乡，组织协调主要建筑材料的生产、采购与运输，并免费为农民提供主要建筑材料质量检测服务。各地要利用好中央预拨资金，支持贫困农户提前备工备料。

七、强化质量安全管理

各地要建立健全农村危房改造质量安全管理制度，严格执行《农村危房改造抗震安全基本要求（试行）》（建村〔2011〕115号），积极探索抗震安全检查情况与补助资金拨付进度挂钩的具体措施。地方各级尤其是县级住房城乡建设部门要组织技术力量，开展危房改造施工现场质量安全巡查与指导监督。加强乡镇建设管理员和农村建筑工匠培训与管理，提高农房建设抗震设防技术知识水平和业务素质。编印和发放农房抗震设防手册或挂图，向广大农民宣传和普及抗震设防常识。开设危房改造咨询窗口，面向农民提供危房改造技术和工程纠纷调解服务。各地要健全和加强乡镇建设管理机构，提高服务和管理农村危房改造的能力。

农房设计要符合抗震要求，可以选用县级以上住房城乡建设部门推荐使用的通用图、有资格的个人或有资质的单位的设计方案，或由承担任务的农村建筑工匠设计。农村危房改造必须由经培训合格的农村建筑工匠或有资质的施工队伍承担。承揽农村危房改造项目的农村建筑工匠或者单位要对质量安全负责，并按合同约定对所改造房屋承担保修和返修责任。乡镇建设管理员要在农村危房改造的地基基础和主体结构等关键施工阶段，及时到现场逐户进行技术指导和检查，发现不符合抗震安全要求的当即告知建房户，并提出处理建议和做好现场记录。

八、完善农户档案管理

农村危房改造实行一户一档的农户档案管理制度，批准一户、建档一户。每户农户的纸质档案必须包括档案表、农户申请、审核审批、公示、协议等材料，其中档案表按照全国农村危房改造农户档案管理信息系统（以下简称信息系统）公布的最新样表制作。在完善和规范农户纸质档案管理与保存的基础上，严格执行农户纸质档案表信息化录入制度，将农户档案表及时、全面、真实、完整、准确地录入信息系统。各地要按照绩效考评和试行农户档案信息公开的要求，加快农户档案录入进度，提高录入数据质量，加强对已录入农户档案信息的审核与抽验。改造后农户住房产权归农户所有，并根据实际做好产权登记。

九、推进建筑节能示范

建筑节能示范地区各县要安排不少于5个相对集中的示范点（村），有条件的县每个乡镇安排一个示范点（村）。每户建筑节能示范户要采用2项以上的房屋围护结构建筑节能技术措施。省级住房城乡建设部门要及时总结近年建筑节能示范经验与做法，制定和完善技术方案与措施；充实省级技术指导组力量，加强技术指导与巡查；及时组织中期检查和竣工检查，开展典型建筑节能示范房节能技术检测。县级住房城乡建设部门要按照建筑节能示范监督检查要求，实行逐户施工过程检查和竣工验收检查，并做好检查情况记录。建筑节能示范户录入信息系统的"改造中照片"必须反映主要建筑节能措施施工现场。加强农房建筑节能宣传推广，开展农村建筑工匠建筑节能技术培训，不断向农民普及建筑节能常识。

十、健全信息报告制度

省级住房城乡建设部门要严格执行工程进度月报制度，于每月5日前将上月危房改造进度情况报住房城乡建设部。省级发展改革、财政部门要按照有关要求，及时汇总并上报有关农村危房改造计划落实、资金筹集、监督管理等情况。各地要组织编印农村危房改造工作信息，将建设成效、经验做法、存在问题和工作建议等以简报、通报等形式，定期或不定期上报3部委。省级住房城乡建设部门要会同发展改革、财政部门于2014年1月底前将2013年度总结报告和2014年度危房改造任务及补助资金申请报3部委。省级发展改革部门要牵头编报2014年农村危房改造投资计划，并于7月中旬前报国家发展改革委。

十一、完善监督检查制度

各地要认真贯彻落实本通知要求和其他有关规定，主动接受纪检监察、审计和社会监督。要定期对资金的管理和使用情况进行监督检查，发现问题，及时纠正，严肃处理。问题严重的要公开曝光，并追究有关人员责任，涉嫌犯罪的，移交司法机关处理。加强农户补助资金兑现情况检查，坚决查处冒领、克扣、拖欠补助资金和向享受补助农户索要

"回扣"、"手续费"等行为。财政部驻各地财政监察专员办事处和发改稽查机构将对各地农村危房改造资金使用管理等情况进行监控和检查。

建立健全农村危房改造年度检查与绩效考评制度,完善激励约束并重、奖惩结合的任务资金分配与管理机制,逐级开展年度检查与绩效考评。住房城乡建设部、国家发展改革委、财政部对各省份农村危房改造工作情况实行年度检查与绩效考评,综合评价各地政策执行、资金落实与使用、组织管理、工程质量与进度、建筑节能示范等情况,公布检查与绩效考评结果及排名,并将结果作为安排下一年度危房改造任务和补助资金的重要依据。各地住房城乡建设部门要会同发展改革、财政部门制定年度检查与绩效考评办法,全面监督检查当地农村危房改造任务落实与政策执行情况。

十二、加强组织领导与部门协作

各地要加强对农村危房改造工作的领导,建立健全协调机制,明确分工,密切配合。各地住房城乡建设、发展改革和财政部门要在当地政府领导下,会同民政、民族事务、国土资源、扶贫、残联、环保、交通运输、水利、农业、卫生等有关部门,共同推进农村危房改造工作。地方各级住房城乡建设部门要通过多种方式,积极宣传农村危房改造政策,认真听取群众意见建议,及时研究和解决群众反映的困难和问题。

中华人民共和国住房和城乡建设部
中华人民共和国国家发展和改革委员会
中华人民共和国财政部
2013年7月11日

住房城乡建设部等部门关于实施以船为家渔民上岸安居工程的指导意见

建村〔2013〕99号

天津、河北、内蒙古、黑龙江、江苏、浙江、安徽、福建、江西、山东、河南、湖北、湖南、广东、广西、海南、重庆、四川、云南、新疆等省、自治区、直辖市住房城乡建设厅(建委、建交委)、发展改革委、渔业主管厅(局)、国土资源厅(局):

根据《中共中央国务院关于加快发展现代农业进一步增强农村发展活力的若干意见》(中发〔2013〕1号)有关要求,为帮助以船为家渔民解决最基本的安全住房,现就实施以船为家渔民上岸安居工程提出以下意见。

一、指导思想、基本原则与主要目标

(一)指导思想。以邓小平理论、"三个代表"重要思想和科学发展观为指导,以解决以船为家渔民最基本的安全住房为目标,组织和动员各方面力量,整合相关项目和资源,加大资金投入,稳步推进以船为家渔民上岸安居,切实改善以船为家渔民住房条件。

(二)基本原则。坚持就地就近原则,支持渔民在长期作业地附近上岸安居。坚持因地制宜,量力而行,科学编制以船为家渔民上岸安居规划。坚持突出重点,厉行节约,帮助渔户解决最基本的安全住房,防止大拆大建和形象工程。坚持渔民自愿,政府引导扶持,落实地方责任,中央适当补助。坚持公开、公平、公正,规范程序,严格管理。

(三)主要目标。力争用3年时间实现以船为家渔民上岸安居,改善以船为家渔民居住条件,推进水域生态环境保护。

二、因地制宜实施渔民上岸安居

(四)多渠道支持渔民上岸安居。在尊重渔民意愿和方便渔民生产生活的前提下,充分利用现行有关城乡住房保障政策,统筹协调,多渠道支持以船为家渔民上岸安居。凡能够纳入现行有关城乡住房保障政策支持范围的,优先纳入现行相关政策解决;对于无法纳入的,通过实施以船为家渔民上岸安居工程解决。要将以船为家渔民上岸安居工程纳入全国保障性安居工程范围,以家庭为单位进行管理,同等享受相应的土地、税收、贷款等优惠政策,鼓励地方和渔民加快实施进度。

(五)合理选择上岸安置方式。实施以船为家渔民上岸安居工程要根据渔民户籍、居住现状、经济条件、地理位置等情况,尊重渔民意愿和方便生产生活,合理选择新建、翻建、扩建、修缮加固、补助购房等多种安置方式。原则上,无房户以新建和补助购房为主,危房户按危险等级以翻建和修缮加固为主,临时房户以翻建为主,既有房屋不属于危房但住房面积狭小户以扩建为主。新建房安置要根据实际情况,采取小规模集中安置与分散安置相结合的办法,宜聚则聚、宜散则散,尽可能将渔民安置到长期作业地邻近的城镇村。新建、翻建、扩建和修缮加固房屋原则上以渔户自建为主,渔户自建确有困难且有统建意愿的,地方政府要发挥组织、协调作用,帮助渔户选择有资质的施工队伍。

三、资金筹集与补助标准

(六)资金筹集。以船为家渔民上岸安居工程资金以渔户自筹为主,中央和地方政府适当补助,并通过银行信贷和社会捐助等多渠道筹集。地方各级政府要加大资金投入,将以船为家渔民上岸安居工程地方补助资金及项目管理等工作经费纳入年度预算。要通过制定贴息、担保等政策措施,引导金融机构为渔户上岸安居提供贷款。鼓励社会力量通过捐赠和资助等形式支持以船为家渔民上岸安居。相关县(市、区)要统筹规划、整合资源,将保障性住房、农村危房改造、扶贫安居等与以船为家渔民上岸安居工程有机衔接,提高政策效应和资金使用效益。

(七)补助标准。中央对以船为家渔民上岸安居给予补助,无房户、D级危房户和临时房户户均补助2万元,C级危房户和既有房屋不属于危房但住房面积狭小户户均补助7500元。地方各级政府要安排和落实相应的财政性补助资金,省级人民政府配套补助资金不低于中央补助资金的50%,市县级财政也要给予适当补助,减免工程建设相关规费,并根据安置方式、成本需求和补助对象自筹资金能力等不同情况,制定不同地区、不同类型的分类补助标准。

四、补助对象与建设标准

(八)补助对象。以船为家渔民上岸安居工程的补助对象按长期作业地确定,2010年12月31日前登记在册的渔户至少满足以下条件之一的方可列为补助对象:一是长期以渔船(含居住船或兼用船)为居所;二是无自有住房或居住危房、临时房、住房面积狭小(人均面积低于13平方米),且无法纳入现有城镇住房保障和农村危房改造范围。

(九)严格补助对象审核。坚持公开、公平、公正原则,规范补助对象及补助标准的审核审批,实行渔户申请、镇(乡、街道)审核、县级审批的程序。补助对象基本信息和各审查环节的结果要按相关公示制度进行公示。县级住房城乡建设部门具体负责渔户住房情况审核及危房鉴定工作,渔业主管部门负责渔民身份认定、渔船情况和渔民登记情况审核。县级政府要组织做好与经批准的以船为家渔民签订上岸安居合同或协议工作,明确双方责权利,并征得渔户同意公开其有关信息。

(十)建设标准。以船为家渔民上岸安居工程建设要以满足渔户最基本的居住需求为目标,坚持节约实用和量力而行的原则,从严控制建筑面积及总造价。国家补助的基本户型建筑面积为60平方米,各地在户型设计上可根据渔民意愿、经济实力和当地实际情况适当调整。新建翻建住房设计要符合渔民生产生活习惯,体现地方特色。

五、规范项目管理

(十一)项目申报程序。省级住房城乡建设部门要会同同级渔业、国土资源、财政等部门按照有关文件要求,组织编制以船为家渔民上岸安居工程实施方案,并按照政府投资项目审批程序报省级发展改革部门审批后报国家发展改革委、住房城乡建设部、农业部、财政部、国土资源部备案。每年年初,根据批复的实施方案和住房城乡建设部与各省区签订的保障性住房建设责任书,由省级发展改革部门会同省级住房城乡建设、渔业部门编制年度项目资金申请报告,联合报送国家发展改革委、住房城乡建设部、农业部。项目投资计划由国家发展改革委会同住房城乡建设部、农业部联合下达,由省级发展改革部门会同住房城乡建设、渔业部门分解落实到地市或县。

(十二)技术指导与服务。地方住房城乡建设部门要组织编制安全、经济、适用的住房设计图集和施工方案,免费发放给渔户参考。要组织协调主要建筑材料的生产、采购与运输,并免费为渔民提供建筑材料质量检测服务。县级住房城乡建设部门要组织专业技术人员深入现场,开展以船为家渔户住房鉴定和质量安全巡查与指导监督。要开设以船为家渔民上岸安居工程咨询窗口,面向渔民提供技术服务和工程纠纷调解服务。要根据实际情况组织验收。安置户比较集中并具备一定条件的地方,可实施城乡规划、安居工程、基础设施配套等一体化推进。

(十三)资金管理。以船为家渔民上岸安居工程资金要专款专用，分账核算，并按有关资金管理制度的规定严格使用，健全内控制度，执行规定标准，严禁截留、挤占和挪用。要定期对资金的管理和使用情况进行监督检查，发现问题，及时纠正，严肃处理。问题严重的要公开曝光，并追究有关人员责任，涉嫌犯罪的，移交司法机关处理。

（十四）档案管理。以船为家渔民上岸安居工程要一户一档，批准一户、建档一户，规范管理。以船为家渔户纸质档案必须包括档案表、渔户申请、审核审批、公示、协议等材料，其中渔户档案表必须按照全国以船为家渔户居住信息管理系统公布的最新样表制作。在此基础上，严格执行以船为家渔户纸质档案表信息化录入制度，将渔户档案表及时、全面、真实、完整、准确录入信息系统（登录网址：http：//ymsa.mohurd.gov.cn）。以船为家渔户档案录入情况及相关数据是绩效考评的重要内容和依据，各地要加强对以船为家渔户档案信息的审核与抽验。

（十五）监督检查。年度计划完成后，省级住房城乡建设部门要及时牵头组织对工程实施情况进行检查，并在一个月内提交检查报告报住房城乡建设部、国家发展改革委、农业部、国土资源部（以下简称四部委）备案。各地有关工作情况和建议及时报送四部委。四部委将组织进行抽查。

六、加强后续管理和组织领导

（十六）后续管理。渔民上岸安居后，由县级人民政府负责统一组织拆解原居住船和已退出捕捞的生产用船，规范生产用船停泊管理，切实解决停泊点脏乱差问题，加强水域生态保护。地方政府要统筹推进渔民户籍、就业、教育、医保、低保、养老以及生活困难补助等社会保障落实。上岸安居渔民按属地管理原则就近纳入街道、社区或乡（镇）、村社会管理，享受当地村（居）民待遇并按规定纳入社会保障范围。对继续从事渔业捕捞的渔民，尊重其意愿，渔业部门要加强指导与服务。对有转产转业意愿的渔民，要加强就业技能培训与职业指导，提高就业技能，引导渔民从事其他行业，确保长远生计有保障。

（十七）组织领导。以船为家渔民上岸安居工程实行地方政府负责制。项目实行计划、任务、资金、目标、责任"五到省"，即项目工程建设计划下达到省、任务落实到省、资金拨付到省、目标和责任明确到省。地方住房城乡建设部门牵头负责渔民上岸安居工程的组织实施和综合协调，切实将该工程纳入保障性安居工程建设规划，负责补助对象住房情况审核和危房鉴定，工程建设指导与质量监管等。地方发展改革部门负责审批项目实施方案，督促履行项目审批或核准程序，申报和分解下达项目投资计划，加强项目监督检查。地方财政部门负责统筹安排和落实地方财政性资金，督促财政性资金拨付进度和规范使用。地方渔业主管部门负责补助对象渔民身份、渔船情况和登记情况审核，做好渔民上岸安居组织与管理，渔业产业发展及渔民转产转业培训指导与扶持等工作，受政府委托组织拆解居住船和已退出捕捞的渔船。地方国土资源部门负责安排渔民上岸安居工程建设用地等。各地住房城乡建设、发展改革、渔业和国土资源部门，要在当地政府领导下，会同人力资源社会保障、民政、民族工作、环保、交通运输、水利、农业、卫生、扶贫、残联等有关部门发挥职能作用，共同推进以船为家渔民上岸安居工作。渔民上岸安居工程要主动接受各级纪检、监察、审计等部门监督检查。

中华人民共和国住房和城乡建设部
中华人民共和国国家发展和改革委员会
中华人民共和国农业部
中华人民共和国国土资源部
2013年6月20日

住房城乡建设部 文化部 财政部关于做好 2013年中国传统村落保护发展工作的通知

建村〔2013〕102号

各省、自治区、直辖市住房城乡建设厅（建委、农委）、文化厅（局）、财政厅（局），计划单列市建委（建设局）、文化局、财政局：

为贯彻落实《中共中央国务院关于加快发展现

代农业进一步增强农村发展活力的若干意见》(中发〔2013〕1号)关于加大力度保护传统村落和民居的精神,现就做好2013年中国传统村落保护发展工作通知如下。

一、工作目标与原则

2013年中国传统村落保护发展工作的目标是做好基础性工作。通过科学调查,掌握传统村落现状,建立中国传统村落档案;完成保护发展规划编制。

做好2013年中国传统村落保护发展工作,要坚持以下原则:

打好基础,循序渐进开展工作。做好中国传统村落档案建立、保护发展规划编制等基础性工作,循序渐进稳步开展传统风貌保护修复、人居环境改善、产业提升发展等工作,逐步建立中国传统村落保护发展长效机制。

保护为主,建立规划协调实施机制。以保护发展规划统筹确定传统建筑修复整治、产业发展等建设项目内容及时序,协调规范村落内开发建设活动。

探索模式,逐步改善生产生活条件。积极探索并完善保护发展技术模式和管理体制,逐步配套完善村落基础设施和公共服务,增强村落发展活力。

政府引导,建立全社会保护责任机制。建立公众参与的保护发展责任机制,政府支持保护发展规划编制、基础设施和公共服务配套,引导传统建筑修复,引导社会各界积极参与,村集体和当地居民承担相应的保护责任。

二、建立中国传统村落档案

省级住房城乡建设、文化、财政部门(以下简称省级部门)要尽快组织对第一批已列入中国传统村落名录村落的科学调查,完成中国传统村落档案的制作。科学调查应严格按照中国传统村落档案制作要求(见附件)进行。科学调查完成后,按"一村一档"建立中国传统村落档案。档案成果以纸质和电子文件形式制作,两种文件的数据要完全一致。省级部门应将档案成果于2013年10月底前上报住房城乡建设部。

三、完成保护发展规划编制

省级部门要抓紧组织第一批列入中国传统村落名录但尚未编制规划的村落的保护发展规划编制。保护发展规划的基本内容、成果和深度首先要符合《住房城乡建设部关于做好2013年全国村庄规划试点工作的通知》(建村〔2013〕35号)关于村庄规划编制的一般要求,在此基础上重点做好各类传统资源的特征分析、分级分类确定保护对象和保护范围、根据不同类传统资源的保护需求制定保护要求和保护传承措施等规划内容的编制,妥善处理好改善村民生产生活条件与保持村落整体风貌、延续传统生活的关系,并明确保护发展规划的实施机制。其中,确定保护对象和保护范围要符合有关法律法规的规定,集中反映村落保护价值的重点地段要达到修建性详细规划深度,典型传统建筑的修复整治要达到建筑设计方案深度。省级部门要在2013年年底前完成规划审查并将成果报住房城乡建设部备案。

四、明确保护发展工作责任

住房城乡建设部、文化部、财政部负责全国传统村落保护发展工作的组织领导,建立中国传统村落档案管理信息系统,指导、督促省级部门做好科学调查、档案建立、保护发展规划编制等工作,并组织工作检查和质量抽查。

省级部门负责本地区传统村落保护发展工作,组织开展传统村落科学调查和档案建立工作,并进行逐村验收,提出规划编制单位选择条件和推荐单位名录,审查保护发展规划。

县级住房城乡建设、文化、财政部门负责本地区传统村落科学调查、档案建立、保护发展规划编制的具体组织实施,其中保护发展规划编制要在省级部门提出的推荐单位名录中公开择优确定编制单位。传统村落所在乡镇政府要配备专门的工作人员,配合县级部门做好传统村落保护发展各项工作。

工作中有何情况和问题请及时与我们联系。
(下略)

中华人民共和国住房和城乡建设部
中华人民共和国文化部
中华人民共和国财政部
2013年7月1日

住房城乡建设部 中国残联
关于优先支持农村贫困残疾人家庭危房改造的通知

建村〔2013〕103号

各省、自治区住房城乡建设厅、残疾人联合会，直辖市建委（建交委、农委）、残疾人联合会，新疆生产建设兵团建设局、残疾人联合会：

根据住房城乡建设部、国家发展改革委、财政部关于农村危房改造的有关要求，为加快改善农村贫困残疾人家庭住房条件，现就优先支持贫困残疾人家庭危房改造通知如下：

一、高度重视农村贫困残疾人家庭危房改造

住房是民生之要，党中央、国务院高度重视农村贫困残疾人家庭的住房问题。各地要深刻领会中央精神，按照全面建成小康社会的目标要求，认真落实农村危房改造有关政策，切实把农村贫困残疾人家庭危房改造作为保障残疾人基本民生的重要工作，在农村危房改造中给予重点关注、优先支持并抓好落实。

二、统筹规划，确保优先支持农村贫困残疾人家庭危房改造

各地要将贫困残疾人家庭危房改造纳入农村危房改造年度计划，统筹推进和实施。各省（区、市）要根据国家下达任务，结合当地实际，确保年度完成贫困残疾人家庭危房改造数量占年度总任务的比例高于当地农村贫困残疾人家庭存量危房占存量危房总数的比例。各地要在补助对象和补助标准上对贫困残疾人家庭倾斜照顾，优先安排住房最危险、经济最贫困的残疾人家庭，减免农村贫困残疾人家庭建房的相关规费。要采取积极措施，整合相关项目和资金，结合贫困残疾人危房改造、扶贫开发、保障性安居工程、抗震安居、游牧民定居、扶贫易地搬迁、自然灾害倒损农房恢复重建、小城镇建设等项目，加大对农村贫困残疾人家庭危房改造的支持力度。

三、加强协调，规范管理

农村贫困残疾人家庭危房改造要按照国家农村危房改造有关政策实施统一管理。县级住房城乡建设部门要会同残联部门完善和规范贫困残疾人家庭申请与审核审批程序，加强纸质档案管理与保存，做好档案信息化录入。各地住房城乡建设部门要及时统计汇总当地贫困残疾人家庭危房改造年度任务完成情况，并向同级残联部门提供相关数据。各地住房城乡建设部门要加强对贫困残疾人家庭危房改造的指导和管理，组织技术力量开展质量安全巡查和检查。各级残联部门要充分发动社会力量，通过互帮互助、投工投劳等方式帮助贫困残疾人家庭改造危房，指导有条件的贫困残疾人家庭建设无障碍设施。各省（区、市）残联要在每年1月底前将当地上一年度完成贫困残疾人家庭危房改造相关情况上报中国残联。

中华人民共和国住房和城乡建设部
中国残疾人联合会
2013年6月28日

传统村落保护发展规划编制基本要求（试行）

为切实加强传统村落保护，促进城乡协调发展，根据《中华人民共和国城乡规划法》、《中华人民共和国文物保护法》、《中华人民共和国非物质文化遗产法》、《村庄和集镇规划建设管理条例》、《历史文

化名城名镇名村保护条例》等有关规定,制定传统村落保护发展规划编制基本要求(试行),适用于各级传统村落保护发展规划的编制。

一、规划任务

传统村落保护发展规划必须完成以下任务:调查村落传统资源,建立传统村落档案,确定保护对象,划定保护范围并制订保护管理规定,提出传统资源保护以及村落人居环境改善的措施。

二、总体要求

编制保护发展规划,要坚持保护为主、兼顾发展,尊重传统、活态传承,符合实际、农民主体的原则,注重多专业结合的科学决策,广泛征求政府、专家和村民的意见,提高规划的实用性和质量。有条件的村落,要在满足本要求的基础上,根据村落实际需求结合经济发展条件,进一步拓展深化规划的内容和深度。

三、传统资源调查与档案建立

保护发展规划应对传统村落有保护价值的物质形态和非物质形态资源进行系统而详尽的调查,并建立传统村落档案。调查范围包括村落及其周边与村落有较为紧密的视觉、文化关联的区域。调查内容、调查要求以及档案制作参照《住房城乡建设部 文化部 财政部关于做好2013年中国传统村落保护发展工作的通知》(建村〔2013〕102号)进行。

四、传统村落特征分析与价值评价

对村落选址与自然景观环境特征、村落传统格局和整体风貌特征、传统建筑特征、历史环境要素特征、非物质文化遗产特征进行分析。通过与较大区域范围(地理区域、文化区域、民族区域)以及邻近区域内其他村落的比较,综合分析传统村落的特点,评估其历史、艺术、科学、社会等价值。对各种不利于传统资源保护的因素进行分析,并评估这些因素威胁传统村落的程度。

五、传统村落保护规划基本要求

(一)明确保护对象

依据传统村落调查与特征分析结果,明确传统资源保护对象,对各类各项传统资源分类分级进行保护。

(二)划定保护区划

传统村落应整体进行保护,将村落及与其有重要视觉、文化关联的区域整体划为保护区加以保护;村域范围内的其他传统资源亦应划定相应的保护区;要针对不同范围的保护要求制订相应的保护管理规定。保护区划的划定方法与保护管理规定可参照《历史文化名城名镇名村保护规划编制要求(试行)》。

(三)明确保护措施

明确村落自然景观环境保护要求,提出景观和生态修复措施,以及整改办法。明确村落传统格局与整体风貌保护要求,保护村落传统形态、公共空间和景观视廊等,并提出整治措施。保护传统建(构)筑物,参考《历史文化名城名镇名村保护规划编制要求(试行)》提出传统建(构)筑物分类及相应的保护措施。保护传承非物质文化遗产,提出对非物质文化遗产的传承人、场所与线路、有关实物与相关原材料的保护要求与措施,以及管理与扶持、研究与宣教等的规定与措施。

(四)提出规划实施建议

提出保障保护规划实施的各项建议。

(五)确定保护项目

明确5年内拟实施的保护项目、整治改造项目以及各项目的分年度实施计划和资金估算。提出远期实施的保护项目、整治改造项目以及各项目的分年度实施计划。

六、传统村落发展规划基本要求

(一)发展定位分析及建议

分析传统村落的发展环境、保护与发展条件的优劣势,提出村落发展定位及发展途径的建议。

(二)人居环境规划

改善居住条件,提出传统建筑在提升建筑安全、居住舒适性等方面的引导措施。完善道路交通,在不改变街道空间尺度和风貌的情况下,提出村落的路网规划、交通组织及管理、停车设施规划、公交车站设置、可能的旅游线路组织。提升人居环境,在不改变街道空间尺度和风貌的情况下,提出村落基础设施改善、公共服务提升措施,安排防灾设施。

七、传统村落保护发展规划成果基本要求

保护发展规划成果包括规划文本、规划图纸和附件、规划说明书、传统村落档案。其中规划文本、规划图纸和附件、规划说明书的具体要求参照《历史文化名城名镇名村保护规划编制要求(试行)》。保护发展规划图纸要求如下:

(一)现状分析图

1. 村落传统资源分布图。标明村落现状总平面,

村落内各类有形传统资源的位置、范围，非物质文化遗产活动场所与线路，村落各主要视觉控制点上的整体风貌等。

2. 格局风貌和历史街巷现状图。

3. 反映传统建筑年代、质量、风貌、高度等的现状图。

4. 基础设施、公共安全设施及公共服务设施等现状图。

(二) 保护规划图

5. 村落保护区划总图。标绘保护范围及各类保护区和控制界线。

6. 建筑分类保护规划图。标绘保护范围内文物保护单位、历史建筑、传统风貌建筑、其他建筑的分类保护措施。其中其他建筑要根据对历史风貌的影响程度进行细分。

(三) 发展规划图

7. 道路交通规划图。提出村落路网、交通组织及管理、停车设施规划、公交车站设置、可能的旅游线路组织等。

8. 人居环境改善措施图。提出传统村落基础设施、公共服务设施、防灾减灾改善和提升的规划措施。

各项图纸比例一般用 1/2000，也可用 1/500 或 1/5000。地形图比例尺不足用时，应配合手绘图解进行标绘。

(来源　住房城乡建设部关于印发传统村落保护发展规划编制基本要求(试行)的通知　建村〔2013〕130号)

村庄整治规划编制办法

第一章　总　则

第一条　为了规范村庄整治规划编制工作，提高村庄整治规划编制质量，根据城乡规划法等有关法律法规，制定本办法。

第二条　村庄整治规划是村庄规划广泛应用的重要类型之一，编制村庄整治规划，应当遵守本办法。

第三条　编制村庄整治规划，应当遵守国家有关标准和技术规范，依据依法批准的城乡规划，并与土地利用等规划相衔接。

第四条　村庄整治规划由乡、镇人民政府组织编制，报上一级人民政府审批。在报送审批前，应当在村庄内予以公示，并经村民会议或者村民代表会议讨论同意，经批准的村庄整治规划应在村庄内予以公布。

第五条　村庄整治规划编制单位应具备相应规划编制资质，编制人员应熟悉农村情况。

第二章　编制要求

第六条　编制村庄整治规划应以改善村庄人居环境为主要目的，以保障村民基本生活条件、治理村庄环境、提升村庄风貌为主要任务。

第七条　尊重现有格局。在村庄现有布局和格局基础上，改善村民生活条件和环境，保持乡村特色，保护和传承传统文化，方便村民生产，慎砍树、不填塘、少拆房，避免大拆大建和贪大求洋。

第八条　注重深入调查。采取实地踏勘、入户调查、召开座谈会等多种方式，全面收集基础资料，准确了解村庄实际情况和村民需求。

第九条　坚持问题导向。找准村民改善生活条件的迫切需求和村庄建设管理中的突出问题，针对问题开展规划编制，提出有针对性的整治措施。

第十条　保障村民参与。尊重村民意愿，发挥村民主体作用，在规划调研、编制等各个环节充分征询村民意见，通过简明易懂的方式公示规划成果，引导村民积极参与规划编制全过程，避免大包大揽。

第三章　编制内容

第十一条　编制村庄整治规划要按依次推进、分步实施的整治要求，因地制宜确定规划内容和深度，首先保障村庄安全和村民基本生活条件，在此基础上改善村庄公共环境和配套设施，有条件的可按照建设美丽宜居村庄的要求提升人居环境质量。

第十二条　在保障村庄安全和村民基本生活条件方面，可根据村庄实际重点规划以下内容：

(一) 村庄安全防灾整治：分析村庄内存在的地质灾害隐患，提出排除隐患的目标、阶段和工程措施，明确防护要求，划定防护范围；提出预防各类灾害的措施和建设要求，划定洪水淹没范围、山体滑坡等灾害影响区域；明确村庄内避灾疏散通道和场地的设置位置、范围，并提出建设要求；划定消防通道，明确消防水源位置、容量；建立灾害应急反应机制。

（二）农房改造：提出既有农房、庭院整治方案和功能完善措施；提出危旧房抗震加固方案；提出村民自建房屋的风格、色彩、高度控制等设计指引。

（三）生活给水设施整治：合理确定给水方式、供水规模，提出水源保护要求，划定水源保护范围；确定输配水管道敷设方式、走向、管径等。

（四）道路交通安全设施整治：提出现有道路设施的整治改造措施；确定村内道路的选线、断面形式、路面宽度和材质、坡度、边坡护坡形式；确定道路及地块的竖向标高；提出停车方案及整治措施；确定道路照明方式、杆线架设位置；确定交通标志、标线等交通安全设施位置；确定公交站点的位置。

第十三条 在改善村庄公共环境和配套设施方面，可根据村庄实际重点规划以下内容：

（一）环境卫生整治：确定生活垃圾收集处理方式；引导分类利用，鼓励农村生活垃圾分类收集、资源利用，实现就地减量；对露天粪坑、杂物乱堆、破败空心房、废弃住宅、闲置宅基地及闲置用地提出整治要求和利用措施；确定秸秆等杂物、农机具堆放区域；提出畜禽养殖的废渣、污水治理方案；提出村内闲散荒废地以及现有坑塘水体的整治利用措施，明确牲口房等农用附属设施用房建设要求。

（二）排水污水处理设施：确定雨污排放和污水治理方式，提出雨水导排系统清理、疏通、完善的措施；提出污水收集和处理设施的整治、建设方案，提出小型分散式污水处理设施的建设位置、规模及建议；确定各类排水管线、沟渠的走向，确定管径、沟渠横断面尺寸等工程建设要求；雨污合流的村庄应确定截流井位置、污水截流管（渠）走向及其尺寸。年均降雨量少于600毫米的地区可考虑雨污合流系统。

（三）厕所整治：按照粪便无害化处理要求提出户厕及公共厕所整治方案和配建标准；确定卫生厕所的类型、建造和卫生管理要求。

（四）电杆线路整治：提出现状电力电信杆线整治方案；提出新增电力电信杆线的走向及线路布设方式。

（五）村庄公共服务设施完善：合理确定村委会、幼儿园、小学、卫生站、敬老院、文体活动场所和宗教殡葬等设施的类型、位置、规模、布局形式；确定小卖部、集贸市场等公共服务设施的位置、规模。

（六）村庄节能改造：确定村庄炊事、供暖、照明、生活热水等方面的清洁能源种类；提出可再生能源利用措施；提出房屋节能措施和改造方案；缺水地区村庄应明确节水措施。

第十四条 在提升村庄风貌方面，可包括以下内容：

（一）村庄风貌整治：挖掘传统民居地方特色，提出村庄环境绿化美化措施；确定沟渠水塘、壕沟寨墙、堤坝桥涵、石阶铺地、码头驳岸等的整治方案；确定本地绿化植物种类；划定绿地范围；提出村口、公共活动空间、主要街巷等重要节点的景观整治方案。防止照搬大广场、大草坪等城市建设方式。

（二）历史文化遗产和乡土特色保护：提出村庄历史文化、乡土特色和景观风貌保护方案；确定保护对象，划定保护区；确定村庄非物质文化遗产的保护方案。防止拆旧建新、嫁接杜撰。

第十五条 根据需要可提出农村生产性设施和环境的整治要求和措施。

第十六条 编制村庄整治项目库，明确项目规模、建设要求和建设时序。

第十七条 建立村庄整治长效管理机制。鼓励规划编制单位与村民共同制定村规民约，建立村庄整治长效管理机制。防止重整治建设、轻运营维护管理。

第四章 编制成果

第十八条 村庄整治规划成果应满足易懂、易用的基本要求，具有前瞻性、可实施性，能切实指导村庄建设整治，具体形式和内容可结合地方村庄整治工作实际需要进行补充、调整。

第十九条 村庄整治规划成果原则上应达到"一图二表一书"的要求。

第二十条 "一图"主要包括：

（一）整治规划图（地形图比例尺为1：500—1：1000）。

村庄用地布局方面：明确村庄内各类用地规划范围。

安全防灾方面：标明地质灾害隐患区域范围、防护范围、防护要求；河流水体防洪范围；村内避灾疏散道路走向、避灾疏散场地的范围。

给水工程方面：标明给水水源位置、应急备用水源位置、保护范围；给水设施规模、用地范围；给水管线走向、管径、主要控制标高；提供给水工程设施建设工程示意图。

道路整治方面：标明各类道路红线或路面位置、横断面形式、交叉点坐标及标高；路灯及其架设方式；停车场地的位置和范围。

环境卫生方面：标明环卫设施（垃圾收集点、转运场、公共厕所等）、集中畜禽饲养场、沼气池等的位置、规模、用地范围；提供环卫设施建设工程示意图。

排水工程方面：标明污水处理设施规模、用地范围；排水管（渠）走向、尺寸和主要控制标高；截流井位置、标高。标明水面、坑塘及排水沟渠位置、宽度、主要控制标高；提供排水设施建设工程示意图。

电杆线路整治方面：标明电力、电信线路的走向；电力电信设施的用地范围。

公共服务设施方面：标明公共活动场所的范围；公共服务设施的类型、用地范围。

绿化景观方面：标明主要街巷、村口、水体及公共活动空间等重要节点的整治范围；提供重要节点整治示意图、绿化配置示意图、地面铺装方式示意图、水体生态护坡、硬质驳岸等的整治示意图。

文化保护方面：标明重点保护的民房、祠堂、历史建筑物与构筑物、古树名木等的位置和四至；划定保护区的范围；提供保护要求示意图。

主要整治项目分布图：标明整治项目的名称、位置。

村域设施整治方面：标明村域各生产性服务设施、公用工程设施的位置、类型、规模和整治措施。

第二十一条 "二表"主要包括：

（一）主要指标表：包括村庄用地规模、人口规模、户数、各类用地指标。

（二）整治项目表：包括整治项目的名称、内容、规模、建设要求、经费概算、总投资量以及实施进度计划等。

第二十二条 "一书"是指规划说明书，内容包括：村庄现状及问题分析，附现状图，地形图比例尺为1∶500—1∶1000；整治项目内容和整治措施说明；工程量及投资估算；规划实施保障措施以及有关政策建议等。

第五章 附 则

第二十三条 本办法自发布之日起施行。

（来源：《住房城乡建设部关于印发〈村庄整治规划编制办法〉的通知》 建村〔2013〕188号）

住房和城乡建设部 工业和信息化部关于开展绿色农房建设的通知

建村〔2013〕190号

各省、自治区、直辖市住房城乡建设厅（建委）、工业和信息化主管部门，北京市农委，新疆生产建设兵团建设局、工业和信息化委员会：

为贯彻落实中央关于大力推进生态文明建设的总体要求，加快推进"安全实用、节能减废、经济美观、健康舒适"的绿色农房建设，推动"节能、减排、安全、便利和可循环"的绿色建材下乡，现通知如下。

一、充分认识开展绿色农房建设的重要意义

随着城镇化、农业现代化的推进，我国农房建设逐年增加，但普遍存在建筑质量差、缺乏设计、不方便和不舒适等问题，亟待解决。同时，农房实际使用年限短、翻建更新频繁、能耗大能效低，浪费能源资源、破坏环境。推进绿色农房建设，有利于提高农房建筑质量，改善农房舒适性和安全性，强化农房节能减排；有利于延长农房使用寿命，帮助农民减支增收，提升农村宜居性，加快美丽乡村建设；有利于带动绿色建材下乡，促进区域大气污染防治、产业结构调整和经济转型升级。因此，各地要充分认识推进绿色农房建设的重要意义，加快改变农房粗放建设的局面。

二、总体要求

（一）主要目标

推广绿色农房建设的方法和技术，提高农民绿色发展、循环发展、低碳发展意识，逐步建立并完善促进绿色农房建设的政策措施，建成一批绿色农房试点示范，带动一批绿色建材下乡，力促环京津、长三角、珠三角等环境敏感区域内的绿色农房比重显著提高。

（二）基本原则

坚持问题导向，突出工作重点。针对本地区当前农房建设存在的主要问题，找准制约绿色农房建设、绿色建材下乡工作的关键环节，实现重点推进。

坚持尊重实际，保持农村特色。结合当地气候条件和农村实际，尽量使用被动技术，避免采用复杂设备。充分利用当地经济适用的绿色建材，传承传统工艺，改良传统农房，保持传统风貌。

坚持规划统筹，试点示范先行。将绿色农房、绿色建材分别纳入村庄规划和产业规划统筹实施。通过试点，建成一批示范绿色农房，总结成熟的技术方法，再进行大规模推广。

坚持政府引导，以农民为主体。制定引导性的激励政策措施，鼓励农民建设绿色农房。充分尊重农民意愿，以农民为主体实施。

三、主要任务

（一）探索绿色农房建设方法和技术

各地要按照《绿色农房建设导则（试行）》（见附件，以下简称建设导则）要求，针对本地区推动绿色农房建设存在的主要问题，结合本地区自然、地理、气候等特点和经济社会发展水平，总结应用成熟、经济可行的绿色建设技术和基层工作经验，制定本地区实施建设导则的绿色农房建设技术细则。

（二）推广乡土绿色建筑

各地要按照建设导则要求，以生土等仍使用较为普遍的传统农房改造为重点，推广新型抗震夯土农房等技术成熟的乡土绿色建筑，保持建筑的民族和地域特色，提升质量安全性能，优化功能布局，提高居住舒适性。各地在推进乡土绿色建筑时要做到就地取材、经济易行、施工简便，要为当地居民所认可，容易复制和推广。

（三）开展绿色农房示范

各地要结合本地区实际，选择条件合适的地点，发挥政府农房建设支持资金导向作用，开展绿色农房示范。已经开展绿色农房示范的地区，要总结绿色农房适宜技术，选择有地区代表性、示范作用好的村庄整村推进，扩大绿色农房示范范围。传统民居比较集中的地区，要积极开展传统农房改造示范，提升居住质量、舒适性和安全性。环京津、长三角、珠三角等环境敏感区域要增强落实国务院《大气污染防治行动计划》责任感，按照建设导则要求，率先全面推进绿色农房建设。

（四）推动绿色建材下乡

各地要结合当地绿色农房建设实际需要，引导当地有序发展绿色建材，加快调整区域建材产业结构，为绿色农房建设提供有力支撑，结合绿色农房建设带动绿色建材深入乡村，引导农村建材市场向绿色消费升级。积极向建房农户宣传介绍适合当地绿色农房建设、经济的绿色建材，推广应用节能门窗、轻型保温砌块（砖）、陶瓷薄砖、节水洁具、水性涂料等绿色建材产品。经济条件较好的农村地区可推广使用轻钢结构的新型房屋。

（五）建立绿色农房建设推广机制

各地要完善政府支持和引导的政策手段，逐步建立推动绿色农房建设的长效机制。政府投资的农村地区公共建设项目、有政府资金补助支持的农房建设、各类村镇绿色农房建设示范点和示范村要率先执行建设导则，农村危房改造要努力执行建设导则，建筑节能示范要基本达到建设导则要求。加强绿色农房和绿色建材的宣传，向普通建房农户免费发放相关宣传品，提高农房绿色意识。加强技术推广，组织技术人员下乡，向农民现场讲授绿色农房建设技术。

（六）开展绿色农房认定和统计工作

各级住房城乡建设部门要在制定绿色农房建设技术细则基础上，加强对本地区绿色农房建设的引导，研究制定本地区绿色农房认定办法，逐步开展绿色农房认定和绿色农房建设情况统计工作，认定和统计工作情况每年年初报住房城乡建设部。各县级政府推动和支持绿色农房建设情况，镇政府管理和实施绿色农房建设及示范情况，以及宣传培训、技术支持等情况要列入绿色农房建设情况统计。

四、支持与指导

住房城乡建设部、工业和信息化部将组织专家实地指导绿色农房建设与示范和绿色建材发展与应用，每两年总结各地绿色农房建设、绿色建材下乡工作经验，并召开现场会予以推广。每年从各地认定的绿色农房中选择示范作用较强的予以公布，对绿色农房示范、绿色建材推广开展较好的地方予以表扬，对优秀设计人员给以奖励。同时，在农村危房改造及建筑节能示范年度任务分配时，将绿色农房工作开展情况作为因素加以考虑。

（下略）

中华人民共和国住房和城乡建设部
中华人民共和国工业和信息化部
2013年12月18日

住房城乡建设部关于做好2013年全国村庄规划试点工作的通知

建村函〔2013〕35号

有关省、自治区住房城乡建设厅，计划单列市建委（建设局）：

近年来，各地积极推进村庄规划编制和实施，取得了一定成效，但村庄规划照搬城市规划模式、脱离农村实际、指导性和实施性较差等问题普遍存在。为贯彻落实中央关于科学规划村庄建设的精神，提高村庄规划水平，我部拟开展村庄规划试点工作。现就有关事项通知如下：

一、试点目的

探索符合农村实际的村庄规划理念，创新和改进村庄规划方法，形成一批有示范意义的优秀村庄规划范例，提高村庄规划编制水平，增强村庄规划的实用性。

二、试点村庄的选择

试点村庄主要选择以下类型：一是将开展人居环境整治的村庄。二是产业发展较快，需统筹规划的村庄，包括现代农业、工业、旅游等产业。三是建设活动频繁，需加强管控的村庄，包括城乡结合部和公路沿线的村庄。四是需加强保护的村庄，包括历史文化名村、传统村落等。五是以整治和打造乡村景观为重点的村庄。六是其他有热点、难点问题的村庄。

试点村庄原则上为行政村；已安排村庄环境整治、危房改造、公共设施建设等近期实施项目；当地政府重视；村干部带头作用强，村民参与积极性高；交通相对方便。

迁建、撤并的村庄以及在城镇规划区外建设的大规模农民集中居住区不能作为试点村庄。

各省（区、市）住房城乡建设主管部门根据上述条件推荐2～3个试点村庄候选，住房城乡建设部择优选择，原则上按一省一个确定试点村庄。

三、编制方法的要求

1. 注重调查。深入村庄，采取实地踏勘、入户调查、召开座谈会等多种方式，了解村庄实际情况和村民真实需求，全面收集规划基础资料。调查次数不少于3次，包括初步调查、详细调查和补充调查，调查时间不少于50人日。

2. 整治为主。尊重既有村庄格局，尊重村庄与自然环境及农业生产之间的依存关系，防止盲目规划新村，不搞大拆大建，重点改善村庄人居环境和生产条件，保护和体现农村历史文化、地区和民族以及乡村风貌特色。防止简单套用城市规划手法。

3. 问题导向。通过深入实地调查，找准村庄发展要解决的问题以及村民生活和村庄建设管理中存在的问题，针对问题开展规划编制，建立有针对性的规划目标，增强村庄规划的实用性。

4. 村民参与。充分尊重村民在生产、土地使用和农房建设上的主体地位，农民的关切要体现在规划中，建设项目要与农民利益相结合。在规划调研、编制、审批等各个环节，通过简明易懂的方式向村民征询意见、公示规划成果，动员村民积极参与村庄规划编制全过程。

5. 部门协作。试点村庄所在县（市、旗）要成立协调小组，由县（市、旗）级领导负责，建设、财政、国土、环保、交通、水利、农业等部门共同参与，在村庄规划中统筹安排各类项目并推进实施。

6. 总结提炼。在村庄规划编制过程中，不断总结经验，改进规划理念和方法，做好记录，为推广示范经验、编制村庄规划导则等提供依据。建立村庄规划后评估机制。

四、规划内容的要求

（一）规划基本内容

1. 村域发展与控制规划。提出村庄产业发展方向和具体措施，规划村庄产业布局和生产性基础设施建设；明确需保护的耕地、基本农田以及生态环境资源，控制区域公用设施走廊；加强管控的村庄还须编制控制引导内容，划定建设管控范围，并提出管控要求。

2. 村庄整治规划。制定村庄道路、供水、排水、垃圾、厕所、照明、绿化、活动场地、村务室和医务室等设施的整治与建设规划；提出闲散荒废用地的利用措施；制定村庄防灾减灾措施；提出村庄整治与建设的主要项目表，包括项目名称、项目规模、建设标准、建设时序、经费概算、资金来源等。

3. 田园风光及特色风貌保护规划。明确村庄历史文化和特色风貌、山、水、田、林等各类景观资源的具体保护内容和措施。加强保护的村庄还须编制专项规划，划定保护范围，提出保护要求与控制措施。

4. 村民住宅设计及规划指引。结合村民生产生活需要和当地传统建筑特色，按照安全、经济、实用、美观的原则，提出村民住宅设计要求。预测未来五年以上村内合法新增宅基地需求并规划用地布局，有条件的地方可研究空置宅基地和空置农房的有效利用、调整置换的方法。

（二）规划成果和深度

村庄规划成果应包括"一书一表五图"，其中"一书"即规划说明书；"一表"即主要整治项目表；"五图"为现状分析图、村域规划图、村庄规划图、主要整治项目分布图、农房建造及改造设计图等五大类图纸。村庄规划必须要有地形图，村庄地形图比例尺不低于1：2000，村域地形图比例尺不低于1：10000。主要整治项目应达到修建性详细规划深度，可直接指导实施，并能作为村庄规划管理的依据。

各地应根据实际情况细化规划内容和深度要求。

五、试点组织

1. 制定工作方案。各省（区、市）住房城乡建设主管部门要指导试点村庄所在县（市、旗）制定村庄规划试点工作方案，包括试点村庄、编制单位、工作安排、领导协调机制、经费等。

2. 选择规划编制单位。规划编制单位要有相应资质，编制人员应熟悉农村情况并有村庄规划经验。鼓励组建有村民代表参加的规划编制工作小组。

3. 规划编制经费的补助和筹集。住房城乡建设部按每个试点村庄10万元对规划编制单位予以补助。住房城乡建设部与各省（区、市）住房城乡建设主管部门为村庄规划试点项目共同委托单位，与规划编制单位签署合同并支付补助资金。各省（区、市）住房城乡建设主管部门及试点村所在县（市、旗）要安排资金给予补助。

4. 落实责任分工。试点村庄所在县（市、旗）对村庄规划编制和实施负总责。住房城乡建设部与各省（区、市）住房城乡建设主管部门负责指导、监督、检查。住房城乡建设部负责验收和拨付补助经费，各省（区、市）住房城乡建设主管部门和试点村庄所在县（市、旗）负责拨付余额部分。县级住房城乡建设主管部门负责村庄规划试点的具体组织、监督和检查等工作。乡镇人民政府依法组织村庄规划编制和报送工作。村民委员会负责协助调查，配合规划编制，动员村民参与村庄规划编制，组织村民会议或村民代表会议讨论。

六、示范奖励

住房城乡建设部组织对试点村庄进行验收、评审，优秀的村庄规划确定为全国示范，对规划编制单位和认真组织协调的相关单位给予少量资金奖励，推荐优秀规划方案参加全国优秀村镇规划评选。鼓励各地按照本通知要求开展本地区村庄规划试点并推荐优秀村庄规划，经住房城乡建设部组织评审后，优秀的村庄规划也可列入全国示范。住房城乡建设部将在全国宣传推广村庄规划示范，并适时召开经验交流会。

七、进度安排

有关省（区、市）住房城乡建设主管部门于2013年3月15日前向住房城乡建设部上报所推荐的试点村庄和编制单位的基本情况（见附件）。4月15日前上报村庄规划试点工作方案。9月底前，完成规划编制。

（下略）

中华人民共和国住房和城乡建设部
2013年2月4日

住房城乡建设部办公厅关于做好 2013 年全国特色景观旅游名镇名村示范工作的通知

建办村函〔2013〕313 号

各省、自治区、直辖市住房城乡建设厅（建委、农委），新疆生产建设兵团建设局：

为贯彻党的十八大关于努力建设美丽中国的有关精神，加强小城镇和村庄特色景观资源保护，促进特色发展，根据住房城乡建设部、国家旅游局《关于开展全国特色景观旅游名镇（村）示范工作的通知》（建村〔2009〕3 号，以下简称《通知》），现就做好 2013 年全国特色景观旅游名镇名村示范工作通知如下。

一、切实加强特色景观资源保护

（一）保护和挖掘特色景观资源

各级住房城乡建设部门要把尊重自然山水格局、尊重村镇历史格局、尊重本地历史文化和建筑风格、尊重游客和当地村民文化需求作为特色景观资源保护的基本要求，指导国家特色景观旅游名镇名村（以下简称名镇名村）加强对自然风光和历史文化遗产的保护，加强对具有地方特色的田园风光、传统村镇格局和形态、民间工艺、特色餐饮、民俗节庆、戏曲曲艺等资源的挖掘和保护，并指导名镇名村完善总体规划，制定特色景观资源保护和管理办法。

（二）确定和登记上报核心景观资源

省级住房城乡建设部门要组织本地区名镇名村确定有重要保护价值的独特自然和文化核心景观资源，并于今年 9 月 30 日前，通过"国家特色景观旅游名镇名村网"上传核心景观资源现状影像（图片）、简介以及保护措施等内容，完成核心景观资源登记（网址为：www.historicaltown.org）。名镇名村网用户名和密码见附件，填报说明可在网站首页下载。名镇名村核心景观资源登记工作情况将作为对各地名镇名村工作考核的内容。

（三）建立核心景观资源评估检查工作制度

各级住房城乡建设部门要建立名镇名村核心景观资源保护评估和工作检查制度，定期对特色景观资源保护基本要求的落实情况、核心景观资源保护及利用情况进行评估检查，对发现的问题及时提出警示，需要整改的下发限期整改通知，并督促实施。省级住房城乡建设部门要在今年 4 季度对本地区名镇名村核心景观资源保护情况开展一次专项检查，检查情况于年底前报送我部村镇建设司。我部将会同有关部门对未按期完成核心景观资源登记、保护工作不力的名镇名村予以通报批评，逾期不改的取消其名镇名村资格。

二、进一步推动特色发展

（一）建立建设项目审查制度

省级住房城乡建设部门要指导本地区县级相关部门建立名镇名村规划区范围内建设项目审查制度。一是按照规划做好建设项目前期预评价与旅游项目审查。二是做好项目实施方案部门、专家、居民评审论证。三是制定建设项目实施过程中的调整纠错程序。四是完善建设项目联合验收和备案制度。确保独特的特色景观资源得到保护和合理利用。

（二）探索改善居民生活的特色发展模式

省级住房城乡建设部门要联合旅游等相关部门指导县级政府整合国家有关资金项目，加大对名镇名村的倾斜和支持，创新旅游发展模式，通过补贴改造家庭旅馆、补助支持特色商品和特色餐饮等方式，把发展旅游接待服务与改善居民居住条件、提高居民收入结合起来，增强村民参与名镇名村示范建设的积极性。引导有条件的地区积极探索利用民间资本、商业贷款支持名镇名村建设的有效途径，探索发展全域旅游的可行办法。

（三）做好特色旅游项目宣传推介

省级住房城乡建设部门要联合旅游等相关部门指导并组织名镇名村挖掘保护自身传统文化内涵，结合"吃、住、行、游、购、娱"各环节特点，推出具有当地特色的演艺、节庆、饮食、生态绿色特产等旅游休闲产品，吸引游客慢下来、留下来、住下来，并引入旅游企业开发适合不同人群需求的旅游休闲活动,做好市场推介。我部将联合有关部门在名镇名村示范工作基础较好的地区组织集中推介和市场对接活动。

三、逐步提升名镇名村综合服务能力

(一)科学配置市政公用及旅游服务设施

省级住房城乡建设部门要组织专家,为名镇名村做好技术服务,指导名镇名村科学确定供排水、垃圾处理、道路、停车场、无障碍设施、防灾减灾设施、旅游标识、旅游服务中心等设施的配置标准、布局和建设时序,并制定旅游异常高峰紧急应对方案。

(二)加强对名镇名村服务的监督管理

各级住房城乡建设部门要会同相关部门建立联合监管机制,研究制定电话投诉、媒体监督、信息专报、执法检查等具体措施,加强对本地区名镇名村服务的管理和监督。国家特色景观旅游名镇名村网站将通过开设专门窗口、微博互动以及论坛讨论等方式,接受公众投诉和建议,并转交省级有关部门督促名镇名村改进服务,加强名镇名村核心景观资源保护和提高服务质量。

(三)提高从业人员服务技能

各级住房城乡建设部门要联合旅游等相关部门通过组织培训班、从业人员交流、技能竞赛等多种方式,加强名镇名村相关行业从业人员服务技能培训。鼓励在名镇名村建立大专院校建设、旅游等相关专业实践基地,并在职业技术学校开展名镇名村从业人员再培训。我部将会同有关部门通过选派专家、提供教学资料等方式予以支持。

四、做好第三批国家特色景观旅游名镇名村示范推荐工作

各省级住房城乡建设部门要按照本通知关于加强特色景观资源保护、推进特色发展和提升综合服务能力的要求,指导有条件的小城镇和村庄创建名镇名村示范,并参照《通知》要求,将已实施有效的特色景观资源保护措施,市政公用及旅游服务设施相对完善,人居环境较好,服务监督管理工作开展较好的建制镇、乡、村作为名镇名村候选及时推荐给我部,每省(市、区)推荐名额不超过10个,推荐资料要求和推荐表见附件2、3。我部将会同有关部门在明年上半年集中增补确定一批名镇名村示范。今后每隔两年对名镇名村示范进行一次调整和增补。

工作中有何情况和问题请及时与我部村镇建设司联系。

(下略)

中华人民共和国住房和城乡建设部办公厅
2013年5月17日

五、城市建设类

国务院关于加强城市基础设施建设的意见

国发〔2013〕36号

各省、自治区、直辖市人民政府,国务院各部委、各直属机构:

城市基础设施是城市正常运行和健康发展的物质基础,对于改善人居环境、增强城市综合承载能力、提高城市运行效率、稳步推进新型城镇化、确保2020年全面建成小康社会具有重要作用。当前,我国城市基础设施仍存在总量不足、标准不高、运行管理粗放等问题。加强城市基础设施建设,有利于推动经济结构调整和发展方式转变,拉动投资和消费增长,扩大就业,促进节能减排。为加强和改进城市基础设施建设,现提出以下意见:

一、总体要求

（一）指导思想

以邓小平理论、"三个代表"重要思想、科学发展观为指导，围绕推进新型城镇化的重大战略部署，立足于稳增长、调结构、促改革、惠民生，科学研究、统筹规划，提升城市基础设施建设和管理水平，提高城镇化质量；深化投融资体制改革，充分发挥市场配置资源的基础性作用；着力抓好既利当前、又利长远的重点基础设施项目建设，提高城市综合承载能力；保障城市运行安全，改善城市人居生态环境，推动城市节能减排，促进经济社会持续健康发展。

（二）基本原则

规划引领。坚持先规划、后建设，切实加强规划的科学性、权威性和严肃性。发挥规划的控制和引领作用，严格依据城市总体规划和土地利用总体规划，充分考虑资源环境影响和文物保护的要求，有序推进城市基础设施建设工作。

民生优先。坚持先地下、后地上，优先加强供水、供气、供热、电力、通信、公共交通、物流配送、防灾避险等与民生密切相关的基础设施建设，加强老旧基础设施改造。保障城市基础设施和公共服务设施供给，提高设施水平和服务质量，满足居民基本生活需求。

安全为重。提高城市管网、排水防涝、消防、交通、污水和垃圾处理等基础设施的建设质量、运营标准和管理水平，消除安全隐患，增强城市防灾减灾能力，保障城市运行安全。

机制创新。在保障政府投入的基础上，充分发挥市场机制作用，进一步完善城市公用事业服务价格形成、调整和补偿机制。加大金融机构支持力度，鼓励社会资金参与城市基础设施建设。

绿色优质。全面落实集约、智能、绿色、低碳等生态文明理念，提高城市基础设施建设工业化水平，优化节能建筑、绿色建筑发展环境，建立相关标准体系和规范，促进节能减排和污染防治，提升城市生态环境质量。

二、围绕重点领域，促进城市基础设施水平全面提升

当前，要围绕改善民生、保障城市安全、投资拉动效应明显的重点领域，加快城市基础设施转型升级，全面提升城市基础设施水平。

（一）加强城市道路交通基础设施建设

公共交通基础设施建设。鼓励有条件的城市按照"量力而行、有序发展"的原则，推进地铁、轻轨等城市轨道交通系统建设，发挥地铁等作为公共交通的骨干作用，带动城市公共交通和相关产业发展。到2015年，全国轨道交通新增运营里程1000公里。积极发展大容量地面公共交通，加快调度中心、停车场、保养场、首末站以及停靠站的建设；推进换乘枢纽及充电桩、充电站、公共停车场等配套服务设施建设，将其纳入城市旧城改造和新城建设规划同步实施。

城市道路、桥梁建设改造。加快完善城市道路网络系统，提升道路网络密度，提高城市道路网络连通性和可达性。加强城市桥梁安全检测和加固改造，限期整改安全隐患。加快推进城市桥梁信息系统建设，严格落实桥梁安全管理制度，保障城市路桥的运行安全。各城市应尽快完成城市桥梁的安全检测并及时公布检测结果，到2015年，力争完成对全国城市危桥加固改造，地级以上城市建成桥梁信息管理系统。

城市步行和自行车交通系统建设。城市交通要树立行人优先的理念，改善居民出行环境，保障出行安全，倡导绿色出行。设市城市应建设城市步行、自行车"绿道"，加强行人过街设施、自行车停车设施、道路林荫绿化、照明等设施建设，切实转变过度依赖小汽车出行的交通发展模式。

（二）加大城市管网建设和改造力度

市政地下管网建设改造。加强城市供水、污水、雨水、燃气、供热、通信等各类地下管网的建设、改造和检查，优先改造材质落后、漏损严重、影响安全的老旧管网，确保管网漏损率控制在国家标准以内。到2015年，完成全国城镇燃气8万公里、北方采暖地区城镇集中供热9.28万公里老旧管网改造任务，管网事故率显著降低；实现城市燃气普及率94%、县城及小城镇燃气普及率65%的目标。开展城市地下综合管廊试点，用3年左右时间，在全国36个大中城市全面启动地下综合管廊试点工程；中小城市因地制宜建设一批综合管廊项目。新建道路、城市新区和各类园区地下管网应按照综合管廊模式进行开发建设。

城市供水、排水防涝和防洪设施建设。加快城镇供水设施改造与建设，积极推进城乡统筹区域供水，力争到2015年实现全国城市公共供水普及率95%和水质达标双目标；加强饮用水水源建设与保护，合理利用水资源，限期关闭城市公共供水管网覆盖范围内的自备水井，切实保障城市供水安全。在全面普查、摸清现状基础上，编制城市排水防涝设施规划。加快雨污分流管网改造与排水防涝设施

建设，解决城市积水内涝问题。积极推行低影响开发建设模式，将建筑、小区雨水收集利用、可渗透面积、蓝线划定与保护等要求作为城市规划许可和项目建设的前置条件，因地制宜配套建设雨水滞渗、收集利用等削峰调蓄设施。加强城市河湖水系保护和管理，强化城市蓝线保护，坚决制止因城市建设非法侵占河湖水系的行为，维护其生态、排水防涝和防洪功能。完善城市防洪设施，健全预报预警、指挥调度、应急抢险等措施，到2015年，重要防洪城市达到国家规定的防洪标准。全面提高城市排水防涝、防洪减灾能力，用10年左右时间建成较完善的城市排水防涝、防洪工程体系。

城市电网建设。将配电网发展纳入城乡整体规划，进一步加强城市配电网建设，实现各电压等级协调发展。到2015年，全国中心城市基本形成500（或330）千伏环网网架，大部分城市建成220（或110）千伏环网网架。推进城市电网智能化，以满足新能源电力、分布式发电系统并网需求，优化需求侧管理，逐步实现电力系统与用户双向互动。以提高电力系统利用率、安全可靠水平和电能质量为目标，进一步加强城市智能配电网关键技术研究与试点示范。

（三）加快污水和垃圾处理设施建设

城市污水处理设施建设。以设施建设和运行保障为主线，加快形成"厂网并举、泥水并重、再生利用"的建设格局。优先升级改造落后设施，确保城市污水处理厂出水达到国家新的环保排放要求或地表水Ⅳ类标准。到2015年，36个重点城市城区实现污水"全收集、全处理"，全国所有设市城市实现污水集中处理，城市污水处理率达到85%，建设完成污水管网7.3万公里。按照"无害化、资源化"要求，加强污泥处理处置设施建设，城市污泥无害化处置率达到70%左右；加快推进节水城市建设，在水资源紧缺和水环境质量差的地区，加快推动建筑中水和污水再生利用设施建设。到2015年，城镇污水处理设施再生水利用率达到20%以上；保障城市水安全、修复城市水生态，消除劣Ⅴ类水体，改善城市水环境。

城市生活垃圾处理设施建设。以大中城市为重点，建设生活垃圾分类示范城市（区）和生活垃圾存量治理示范项目。加大处理设施建设力度，提升生活垃圾处理能力。提高城市生活垃圾处理减量化、资源化和无害化水平。到2015年，36个重点城市生活垃圾全部实现无害化处理，设市城市生活垃圾无害化处理率达到90%左右；到2017年，设市城市生活垃圾得到有效处理，确保垃圾处理设施规范运行，防止二次污染，摆脱"垃圾围城"困境。

（四）加强生态园林建设

城市公园建设。结合城乡环境整治、城中村改造、弃置地生态修复等，加大社区公园、街头游园、郊野公园、绿道绿廊等规划建设力度，完善生态园林指标体系，推动生态园林城市建设。到2015年，确保老城区人均公园绿地面积不低于5平方米、公园绿地服务半径覆盖率不低于60%。加强运营管理，强化公园公共服务属性，严格绿线管制。

提升城市绿地功能。到2015年，设市城市至少建成一个具有一定规模，水、气、电等设施齐备，功能完善的防灾避险公园。结合城市污水管网、排水防涝设施改造建设，通过透水性铺装，选用耐水湿、吸附净化能力强的植物等，建设下沉式绿地及城市湿地公园，提升城市绿地汇聚雨水、蓄洪排涝、补充地下水、净化生态等功能。

三、科学编制规划，发挥调控引领作用

（一）科学编制城市总体规划。牢固树立规划先行理念，遵循城镇化和城乡发展客观规律，以资源环境承载力为基础，科学编制城市总体规划，做好与土地利用总体规划的衔接，统筹安排城市基础设施建设。突出民生为本，节约集约利用土地，严格禁止不切实际的"政绩工程"、"形象工程"和滋生腐败的"豆腐渣工程"。强化城市总体规划对空间布局的统筹协调。严格按照规划进行建设，防止各类开发活动无序蔓延。开展地下空间资源调查与评估，制定城市地下空间开发利用规划，统筹地下各类设施、管线布局，实现合理开发利用。

（二）完善和落实城市基础设施建设专项规划。城市基础设施建设要着力提高科学性和前瞻性，避免盲目和无序建设。尽快编制完成城市综合交通、电力、排水防涝和北方采暖地区集中供热老旧管网改造规划。抓紧落实已明确的污水处理及再生利用、生活垃圾处理设施建设、城镇供水、城镇燃气等"十二五"规划。所有建设行为应严格执行建筑节能标准，落实《绿色建筑行动方案》。

（三）加强公共服务配套基础设施规划统筹。城市基础设施规划建设过程中，要统筹考虑城乡医疗、教育、治安、文化、体育、社区服务等公共服务设施建设。合理布局和建设专业性农产品批发市场、物流配送场站等，完善城市公共厕所建设和管理，加强公共消防设施、人防设施以及防灾避险场所等设施建设。

四、抓好项目落实，加快基础设施建设进度

（一）加快在建项目建设。各地要统筹组织协调在建基础设施项目，加快施工建设进度。通过建立城市基础设施建设项目信息系统，全面掌握在建项目进展情况。对城市道路和公共交通设施建设、市政地下管网建设、城市供水设施建设和改造、城市污水处理设施建设和改造、城市生活垃圾处理设施建设、消防设施建设等在建项目，要确保工程建设在规定工期内完成。各地要列出在建项目的竣工时间表，倒排工期，分项、分段落实；要采取有效措施，确保建设资金、材料、人工、装备设施等及时或提前到位；要优化工程组织设计，充分利用新理念、新技术、新工艺，推进在建项目实施。

（二）积极推进新项目开工。根据城市基础设施建设专项规划落实具体项目，科学论证，加快项目立项、规划、环保、用地等前期工作。进一步优化简化城市基础设施建设项目审批流程，减少和取消不必要的行政干预，逐步转向备案、核准与审批相结合的专业化管理模式。要强化部门间的分工合作，做好环境、技术、安全等领域审查论证，对重大基础设施建设项目探索建立审批"绿色通道"，提高效率。在完善规划的基础上，对经审核具备开工条件的项目，要抓紧落实招投标、施工图设计审查、确定施工及监理单位等配套工作，尽快开工建设。

（三）做好后续项目储备。按照城市总体规划和基础设施专项规划要求，超前谋划城市基础设施建设项目。各级发展改革、住房城乡建设、规划和国土资源等部门要解放思想，转变职能和工作作风，通过统筹研究、做好用地规划安排、提前下拨项目前期可研经费、加快项目可行性研究等措施，实现储备项目与年度建设计划有效对接。对2016年、2017年拟安排建设的项目，要抓紧做好前期准备工作，建立健全统一、完善的城市基础设施项目储备库。

五、确保政府投入，推进基础设施建设投融资体制和运营机制改革

（一）确保政府投入。各级政府要把加强和改善城市基础设施建设作为重点工作，大力推进。中央财政通过中央预算内投资以及城镇污水管网专项等现有渠道支持城市基础设施建设，地方政府要确保对城市基础设施建设的资金投入力度。各级政府要充分考虑和优先保障城市基础设施建设用地需求。对于符合《划拨用地目录》的项目，应当以划拨方式供应建设用地。基础设施建设用地要纳入土地利用年度计划和建设用地供应计划，确保建设用地供应。

（二）推进投融资体制和运营机制改革。建立政府与市场合理分工的城市基础设施投融资体制。政府应集中财力建设非经营性基础设施项目，要通过特许经营、投资补助、政府购买服务等多种形式，吸引包括民间资本在内的社会资金，参与投资、建设和运营有合理回报或一定投资回收能力的可经营性城市基础设施项目，在市场准入和扶持政策方面对各类投资主体同等对待。创新基础设施投资项目的运营管理方式，实行投资、建设、运营和监管分开，形成权责明确、制约有效、管理专业的市场化管理体制和运行机制。改革现行城市基础设施建设事业单位管理模式，向独立核算、自主经营的企业化管理模式转变。进一步完善城市公用事业服务价格形成、调整和补偿机制。积极创新金融产品和业务，建立完善多层次、多元化的城市基础设施投融资体系。研究出台配套财政扶持政策，落实税收优惠政策，支持城市基础设施投融资体制改革。

六、科学管理，明确责任，加强协调配合

（一）提升基础设施规划建设管理水平。城市规划建设管理要保持城市基础设施的整体性、系统性，避免条块分割、多头管理。要建立完善城市基础设施建设法律法规、标准规范和质量评价体系。建立健全以城市道路为核心、地上和地下统筹协调的基础设施管理体制机制。重点加强城市管网综合管理，尽快出台相关法规，统一规划、建设、管理，规范城市道路开挖和地下管线建设行为，杜绝"拉链马路"、窨井伤人现象。在普查的基础上，整合城市管网信息资源，消除市政地下管网安全隐患。建立城市基础设施电子档案，实现设市城市数字城管平台全覆盖。提升城市管理标准化、信息化、精细化水平，提升数字城管系统，推进城市管理向服务群众生活转变，促进城市防灾减灾综合能力和节能减排功能提升。

（二）落实地方政府责任。省级人民政府要把城市基础设施建设纳入重要议事日程，加大监督、指导和协调力度，结合已有规划和各地实际，出台具体政策措施并抓好落实。城市人民政府是基础设施建设的责任主体，要切实履行职责，抓好项目落实，科学确定项目规模和投资需求，公布城市基础设施建设具体项目和进展情况，接受社会监督，做好城市基础设施建设各项具体工作。对涉及民生和城市安全的城市管网、供水、节水、排水防涝、防洪、污水垃圾处理、消防及道路交通等重点项目纳入城市人民政府考核体系，对工作成绩突出的城市予以表彰奖励；对质量评价不合格、发生重大事故的政府负责人进行约谈，限期整改，依法追究相关责任。

（三）加强部门协调配合。住房城乡建设部会同有关部门加强对城市基础设施建设的监督指导；发展改革委、财政部、住房城乡建设部会同有关部门研究制定城市基础设施建设投融资、财政等支持政策；人民银行、银监会会同有关部门研究金融支持城市基础设施建设的政策措施；住房城乡建设部、发展改革委、财政部等有关部门定期对城市基础设施建设情况进行检查。

（有删减）

国务院
2013年9月6日

国务院办公厅关于做好城市排水防涝设施建设工作的通知

国办发〔2013〕23号

各省、自治区、直辖市人民政府，国务院各部委、各直属机构：

近年来，受全球气候变化影响，暴雨等极端天气对社会管理、城市运行和人民群众生产生活造成了巨大影响，加之部分城市排水防涝等基础设施建设滞后、调蓄雨洪和应急管理能力不足，出现了严重的暴雨内涝灾害。为保障人民群众的生命财产安全，提高城市防灾减灾能力和安全保障水平，加强城市排水防涝设施建设，经国务院同意，现就有关问题通知如下：

一、总体工作要求

（一）明确任务目标。2013年汛期前，各地区要认真排查隐患点，采取临时应急措施，有效解决当前影响较大的严重积水内涝问题，避免因暴雨内涝造成人员伤亡和重大财产损失。2014年底前，要在摸清现状基础上，编制完成城市排水防涝设施建设规划，力争用5年时间完成排水管网的雨污分流改造，用10年左右的时间，建成较为完善的城市排水防涝工程体系。

二、抓紧编制规划

（二）全面普查摸清现状。各地区要尽快对当地的地表径流、排水设施、受纳水体等情况进行全面普查，建立管网等排水设施地理信息系统。结合气象、水文资料，对现有暴雨强度公式进行评价和修订，全面评估城市排水防涝能力和风险。

（三）合理确定建设标准。各地区应根据本地降雨规律和暴雨内涝风险情况，合理确定城市排水防涝设施建设标准，在人口密集、灾害易发的特大城市和大城市，应采用国家标准的上限，并可视城市发展实际适当超前提高有关建设标准。住房城乡建设部等部门要根据近年来我国气候变化情况，及时研究修订《室外排水设计规范》（GB 50014）等标准规定，指导各地区科学确定有关建设标准。

（四）科学制定建设规划。各地区要抓紧制定城市排水防涝设施建设规划，明确排水出路与分区，科学布局排水管网，确定排水管网雨污分流、管道和泵站等排水设施的改造与建设、雨水滞渗调蓄设施、雨洪行泄设施、河湖水系清淤与治理等建设任务，优先安排社会要求强烈、影响面广的易涝区段排水设施改造与建设。要加强与城市防洪规划的协调衔接，将城市排水防涝设施建设规划纳入城市总体规划和土地利用总体规划。

三、加快设施建设

（五）扎实做好项目前期工作。各地区发展改革、住房城乡建设等部门要做好项目技术论证和审核把关，并建立相应工作机制，提高建设项目立项、建设用地、环境影响评价、节能评估、可行性研究和初步设计等环节的审批效率。

（六）加快推进雨污分流管网改造与建设。在雨污合流区域加大雨污分流排水管网改造力度，暂不具备改造条件的，要尽快建设截流干管，适当加大截流倍数，提高雨水排放能力，加强初期雨水的污染防治。新建城区要依据《"十二五"全国城镇污水处理及再生利用设施建设规划》和有关要求，建设雨污分流的排水管网。

（七）积极推行低影响开发建设模式。各地区旧城改造与新区建设必须树立尊重自然、顺应自然、保护自然的生态文明理念；要按照对城市生态环境影响最低的开发建设理念,控制开发强度,合理安排布局,有效控制地表径流,最大限度地减少对城市原有水生态环境的破坏;要与城市开发、道路建设、园林绿化统筹协调,因地制宜配套建设雨水滞渗、收集利用等削峰调蓄设施,增加下凹式绿地、植草沟、人工湿地、可渗透路面、砂石地面和自然地面,以及透水性停车场和广场。新建城区硬化地面中,可渗透地面面积比例不宜低于40%;有条件的地区应对现有硬化路面进行透水性改造,提高对雨水的吸纳能力和蓄滞能力。

四、健全保障措施

(八)加大资金投入。各地区要提高城市建设维护资金、土地出让收益、城市防洪经费等用于城市排水防涝设施改造、建设和维护资金的比例。发展改革、财政、水利、环保等部门要结合相关资金渠道,对符合条件的城市排水防涝设施改造、建设项目予以支持。

(九)健全法规标准。加快推进出台城镇排水与污水处理条例,规范城市排水防涝设施的规划、建设和运营管理。住房城乡建设部门要会同有关部门尽快制定和完善强制性城市排水标准,以及城市开发建设的相关标准。

(十)完善应急机制。各地区要尽快建立暴雨内涝监测预警体系,住房城乡建设部门要会同气象、水利、交通、公安、消防等相关部门进一步健全互联互通的信息共享与协调联动机制。要在2013年汛期前制订、完善城市排水与暴雨内涝防范应急预案,明确预警等级、内涵及相应的措施和处置程序,健全应急处置的技防、物防、人防措施。针对城市交通干道、低洼地带、危旧房屋、建筑工地等重点部位,要切实加强防范,并设立必要的警示标识。要加强应急能力教育和预警信息宣传,经常性地开展应急演练。

(十一)强化日常监管。各地区要加强对城市排水防涝设施建设和运行状况的监管,将规划编制、设施建设和运行维护等方面的要求落到实处。要严格实施接入排水管网许可制度,避免雨水、污水管道混接;加强河湖水系的疏浚和管理,汛前要严格按照防汛要求对城市排水设施进行全面检查、维护和清疏。

(十二)加强科技支撑。加强城市降雨规律、排水影响评价、暴雨内涝风险等方面的研究。全面提升排水防涝数字化水平,积极应用地理信息、全球定位、遥感应用等技术系统。加快建立具有灾害监测、预报预警、风险评估等功能的综合信息管理平台,强化数字信息技术对排水防涝工作的支撑。

五、加强组织领导

(十三)落实地方责任。各地区要把城市排水防涝工作作为改善民生、保障城市安全的紧迫任务,切实落实城市人民政府的主体责任,加强排水防涝工作行政负责制,将其纳入政府工作绩效考核体系。明确城市排水、交通、气象、消防、园林绿化、市容、环卫、防洪等有关部门的职责,形成工作合力。

(十四)明确部门分工。国务院各有关部门要按照本通知的要求,尽快研究制定具体工作措施。住房城乡建设部要加强统筹,指导监督城市排水防涝规划、设施建设和相关工作;发展改革委要会同有关部门督促地方做好建设项目前期工作,积极安排资金予以支持;水利部要加强对堤坝等防洪设施规划、建设的指导和监督;其他有关部门要按照职责分工,各司其职,加强配合,共同做好城市排水防涝工作。

国务院办公厅
2013年3月25日

国务院办公厅关于公布辽宁大黑山等21处新建国家级自然保护区名单的通知

国办发〔2013〕48号

各省、自治区、直辖市人民政府,国务院各部委、各直属机构:

辽宁大黑山等21处新建国家级自然保护区已经国务院审定,现将名单予以公布。新建国家级自然保护区的面积、范围和功能分区等由环境保护部另行公布。有关地区要按照批准的面积和范围组织勘界，落实自然保护区土地和海域权属，并在规定的时限内标明区界，予以公告。

自然保护区是生态文明建设的重要载体。建立自然保护区是保护生态环境、自然资源的有效措施，是加快转变经济发展方式、实现可持续发展的积极手段。辽宁大黑山等21处国家级自然保护区主要保护对象的典型性、稀有性、濒危性、代表性较强，在保护生物多样性和生物资源、维护生态系统服务功能等方面具有重要作用。

有关地区和部门要严格执行自然保护区条例等有关规定，认真贯彻《国务院办公厅关于做好自然保护区管理有关工作的通知》（国办发〔2010〕63号）要求，切实加强对自然保护区工作的领导、协调和监督，妥善处理好自然保护区管理与当地经济建设及居民生产生活的关系，确保各项管理措施得到落实，不断提高国家级自然保护区建设和管理水平。

国务院办公厅
2013年6月4日

新建国家级自然保护区名单

（共计21处）

辽宁省
　　大黑山国家级自然保护区
吉林省
　　汪清国家级自然保护区
黑龙江省
　　三环泡国家级自然保护区
　　乌裕尔河国家级自然保护区
福建省
　　闽江河口湿地国家级自然保护区
　　茫荡山国家级自然保护区
江西省
　　赣江源国家级自然保护区
　　庐山国家级自然保护区
湖北省
　　堵河源国家级自然保护区
湖南省
　　东安舜皇山国家级自然保护区
　　白云山国家级自然保护区

广东省
　　罗坑鳄蜥国家级自然保护区
广西壮族自治区
　　大桂山鳄蜥国家级自然保护区
重庆市
　　五里坡国家级自然保护区
四川省
　　小寨子沟国家级自然保护区
陕西省
　　略阳珍稀水生动物国家级自然保护区
　　黄柏塬国家级自然保护区
　　平河梁国家级自然保护区
甘肃省
　　漳县珍稀水生动物国家级自然保护区
青海省
　　柴达木梭梭林国家级自然保护区
宁夏回族自治区
　　云雾山国家级自然保护区

城镇供水规范化管理考核办法（试行）

第一条 为加强城镇供水规范化管理，全面落实相关规章制度，依据《水污染防治法》、《水法》、《城市供水条例》等法律法规和国家城镇供水方面的标准规范，制定本办法。

第二条　住房城乡建设部负责指导和监督城镇供水规范化管理考核工作。省（自治区、直辖市）住房城乡建设（城市供水）主管部门负责组织实施本辖区城镇供水规范化管理考核工作。

第三条　城镇供水规范化管理考核工作应坚持客观公正、科学合理、公平透明、实事求是的原则。

第四条　城镇供水规范化管理考核对象为市县（区）城镇供水主管部门，考核内容主要为部门职责、规范化管理制度的制定和落实情况。

第五条　城镇供水规范化管理考核工作由省（自治区、直辖市）住房城乡建设（城市供水）主管部门组织专家，按照本办法规定的《城镇供水规范化管理考核指标和评分方法》（见附件），通过查阅资料、现场检查、座谈等方式，对辖区内市县（区）进行考核并量化评分。

第六条　省（自治区、直辖市）住房城乡建设（城市供水）主管部门应将考核结果和发现的问题及时通报辖区内市县（区）人民政府和城市供水主管部门，督促城市供水主管部门对存在的问题进行整改，对考核不合格者要对整改情况加强督办。

第七条　省（自治区、直辖市）住房城乡建设（城市供水）主管部门每年应将考核情况报送省（自治区、直辖市）人民政府和住房城乡建设部。住房城乡建设部视各地考核情况进行抽查。

第八条　对在考核工作中弄虚作假、瞒报、虚报情况的，予以通报批评，对有关责任人员要严肃处理。

第九条　各省（自治区、直辖市）住房城乡建设（城市供水）主管部门可根据本办法，结合当地实际，制定城镇供水规范化管理考核工作的实施细则。对建制镇的供水规范化管理考核可参照本办法。

第十条　本办法由住房城乡建设部负责解释。

第十一条　本办法自印发之日起施行。

（来源：《住房城乡建设部关于印发城镇供水规范化管理考核办法（试行）的通知》　建城〔2013〕48号）

住房城乡建设部关于进一步加强城市窨井盖安全管理的通知

建城〔2013〕68号

各省、自治区住房城乡建设厅，北京市城乡建委、市政市容委、交通委、水务局，天津市城乡建设交通委、市容园林委，上海市城乡建设交通委，重庆市城乡建委、市政管委，新疆生产建设兵团建设局：

近期，部分城市发生多起窨井吞人、伤人的事故，严重影响了人民群众生命财产安全，社会反响强烈。为认真吸取事故教训，切实加强城市窨井盖（以下简称"井盖"）的维护和管理，保障人民群众的生命财产安全和城市正常运行，现将有关事项通知如下：

一、充分认识加强井盖管理的重要性。井盖是市政基础设施的重要组成部分，井盖管理是城市管理的重要内容，关系到广大人民群众的切身利益，关系到党和政府的形象，反映了一个城市的管理水平。各级城市建设（管理）行政主管部门要以高度的责任感，充分认识加强井盖管理的重要性和紧迫性，采取切实有效措施，消除各类安全隐患，确保井盖安全运行。

二、明确牵头部门，建立综合协调机制。城市人民政府相关部门要切实承担起井盖管理的职责，把井盖管理工作纳入重要议事日程。各城市要抓紧明确井盖管理的牵头部门（以下简称"牵头部门"），开展综合治理、统筹协调、监督检查等相关工作。牵头部门要统筹协调各类井盖主管部门和管理单位，认真履行职责，加强协调，形成合力，确保各项责任落到实处。省（自治区、直辖市）城市建设（管理）行政主管部门要加强对井盖管理工作的监督和检查，将井盖管理纳入省级住房城乡建设部门检查评比考核体系。

三、落实井盖管理责任主体。按照"谁所有、谁负责"的原则，认真落实井盖的维修、养护和管理责任。所有权人、管理人、使用人之间有约定管理责任的，由约定的责任人负责维修、养护管理。城市供水、排水、燃气、热力、房产（物业）、电力、电信、广播电视等井盖主管部门（管理单位）要按照各自职责，承担各自井盖的管理责任，落实井盖安全管理的各项管理制度。

四、开展井盖隐患排查整改工作。牵头部门要立即组织井盖主管部门（管理单位）开展井盖隐患排查工作，全面摸清井盖运行存在的安全隐患，发现问题及时处理；开展无主井盖确权及其隐患治理工作；在隐患排查的基础上，制定井盖更新改造计划，到2014年底前，完成设市城市建成区范围内井盖隐患整改工作，提高井盖安全保障能力。井盖管理部门要加快对存在安全隐患的井盖更新改造，增设各类井盖防坠落保护装置和防盗保护装置，提高井盖的安全防护等级；短时间难以进行改造的，应完善相应安全措施，设置明显的警示标志，健全预警监控机制，切实消除安全隐患。

五、建立健全井盖巡护责任制度。井盖管理单位要强化日常运行及施工维护时的监测监控、预报预警，配备专门人员对井盖进行日常巡护，发现井盖安全隐患及时处理，确保其处于良好状态。要配合公安机关严厉打击偷盗、破坏井盖的行为。针对井盖可能存在的各类安全事故，制订专项预案，建立应急工作机制，落实应急保障措施和人员，组织培训并定期演练，切实提高事故防范和应急处置能力。

六、加强井盖工程建设全过程的监管。井盖施工安装应当按照有关规定设置安全警示，严格执行国家和地方有关的标准规范，选用符合国家或地方产品标准的井盖产品，并标明其使用性质及权属单位；城市道路扩改建时，各类井盖必须符合道路施工规范的要求，按标准拆改移井盖设施，发现井盖与路面标高不一致处，由牵头部门责成井盖管理单位及时处置。加强井盖施工验收管理，城市道路范围内的井盖安装工程竣工，要由城市道路行政管理部门验收；其他地区，按照检查井的使用性质，由井盖管理单位验收；井盖安全不达标的，主体工程不得交付使用。要开发研究井盖防盗、防丢失的技术措施；积极推进井盖建设维护管理的标准规范建设，修改设计安装、养护管理等相关标准，增加井盖安全强制性条文，保障井盖安全。

七、实行井盖的数字化管理。建立井盖档案登记制度，积极推进井盖资源的安全管理信息化建设。有条件的城市，牵头部门要将井盖安全管理和档案资料纳入到数字化城管工作中，依托数字城管平台，进一步发挥数字城管及时发现、快速处置的功能，提升井盖管理的效率和水平。未建设数字化城市管理的城市，要加快推进井盖安全管理的信息化建设，调动力量，发挥人防技防的作用，统筹监管井盖安全。

八、加强宣传教育，增强公众保护井盖意识。要充分运用多种媒体和宣传形式，采取制作专题节目、印发宣传资料、举办讲座论坛和培训班、以案说法等多种方式，加强井盖安全和应急防灾知识的普及教育，宣传井盖偷盗和损坏后的严重后果；发挥街道和居委会的作用，及时发现和阻止各类损坏井盖的行为，增强社会公众保护井盖的责任意识。

中华人民共和国住房和城乡建设部
2013年4月18日

关于进一步加强公园建设管理的意见

为适应城镇化快速发展需要，切实满足人民群众休闲、娱乐、健身等生活需要，切实改善人居生态环境，现就进一步加强公园建设管理提出以下意见：

一、正确认识公园建设管理工作的重要性和紧迫性

公园是与群众日常生活息息相关的公共服务产品，是供民众公平享受的绿色福利，是公众游览、休憩、娱乐、健身、交友、学习以及举办相关文化教育活动的公共场所，是城市绿地系统的核心组成部分，承载着改善生态、美化环境、休闲游憩、健身娱乐、传承文化、保护资源、科普教育、防灾避险等重要功能。

随着城镇化进程的不断加快，公园事业面临着新的挑战：一是随着人们生活水平的提高，市民群众对公园的数量、内涵、品质、功能、开放时间与服务质量等方面需求不断提高；二是随着社会老龄化速度的加快、市民群众休闲需求的增加以及公园的免费开放，公园游客量急速增长，节假日更是人流剧增，公园的安全、服务、维护等方面压力不断加大；三是城乡统筹发展对公园类型、布局、设计、建设、管理等方面提出了新的要求；四是城市道路拓宽、地铁修建、房地产开发以及"以园养园"等变相经营对公园的用地范围、公益属性及健康发展都造成威胁。

各地要站在建设生态文明、精神文明和安定和谐社会的高度，充分认识加强新时期公园建设管理的重要性和紧迫性，树立生态、低碳、人文、和谐的理念，始终坚持公园的公益性发展方向，切实抓好公园建设管理工作。

二、强化公园体系规划的编制实施

各地要在编制或修编城市绿地系统规划时，本着"生态、便民、求实、发展"的原则，编制城市公园建设与保护专项规划，构建数量达标、分布均衡、功能完备、品质优良的公园体系。一是适应城市防灾避险、历史人文和自然保护以及市民群众多样化需求，合理规划建设植物园、湿地公园、雕塑公园、体育公园等不同主题的公园，并确保设区城市至少有一个综合性公园。二是与城市道路、交通、排水、照明、管线等基础设施相协调，统筹城市防灾避险及地下空间合理利用等发展需求。严格控制公园周边的开发建设，合理设置自行车停放场地、预留公交车停靠站点，限制公交车之外的机动车通行，并保障公园内交通微循环与城市绿道绿廊等慢行交通系统有效衔接。三是在保护、改造提升原有公园的基础上，按照市民出行300～500米见公园绿地的要求，结合城乡环境整治、城中村改造、城乡统筹建设、弃置地生态修复等，加大社区公园、街头游园、郊野公园、绿道绿廊等规划建设力度，确保城区人均公园绿地面积不低于5平方米、公园绿地服务半径覆盖率不低于60%。四是将公园保护发展规划纳入城市绿线和蓝线管理，确保公园用地性质及其完整性。

三、加强公园设计的科学引导

各地要牢固树立以人为本、尊重科学、顺应自然、低碳环保的公园设计理念，从设计环节上引导公园建设走节约型、生态型、功能完善型发展道路。一是严把设计方案审查关，防止过度设计。公园设计要严格遵照相关法规标准，严格控制公园内建筑物、构筑物等配套设施设备建设，保证绿地面积不得少于公园陆地总面积的65%；严格控制游乐设施的设置，防止将公园变成游乐场；严格控制大广场、大草坪、大水面等，杜绝盲目建造雕塑、小品、灯具造景、过度硬化等高价设计和不切实际的"洋"设计。二是以人为本，不断完善综合功能。新建公园要切实保障其文化娱乐、科普教育、健身交友、调蓄防涝、防灾避险等综合功能，并在公园改造、扩建时不断完善。三是突出人文内涵和地域风貌。要有机融合历史、文化、艺术、时代特征、民族特色、传统工艺等，突出公园文化艺术内涵和地域特色，避免"千园一面"。四是生态优先、保护优先。要着力保护自然山体、水体、地形、地貌以及湿地、生物物种等资源和风貌，严禁建造偏离资源保护、雨洪调蓄等宗旨的人工湿地，严禁盲目挖湖堆山、裁弯取直、筑坝截流、硬质驳岸等。五是以植物造景为主，以乡土植物、适生植物为主，合理配植乔灌草（地被），做到物种多样、季相丰富、景观优美。

四、严格公园建设过程的监管

各地要在保护好现有公园的基础上，有序建设新公园，合理改造提升、扩建老旧公园。一是切实加强对新建、改建、扩建公园项目从招投标到竣工验收全过程的专业化监督管理，确保严格遵照规划设计方案和工艺要求，安全、规范施工建设。二是以栽植本地区苗圃培育的健康、全冠、适龄的苗木为主，坚决制止移植古树名木，严格控制移植树龄超过50年的大树；严格控制未经试验大量引进外来植物；严禁违背自然规律和生物特性反季节种植施工、过度密植、过度修剪等。三是加强对新建、改建、扩建公园项目的竣工验收和审计，对违反规划设计方案施工、违规采购等要严肃查处，对不符合绿化强制性标准、未完成工程设计内容的公园建设项目，不得出具竣工验收合格报告。四是切实加强对公园建设项目竣工验收后养护管理的指导服务和监督检查。城市园林绿化主管部门要会同水利、交通、房产等各相关主管部门和质量监督机构，定期发布公园建设项目设计、施工、养护、监理单位遵守法律法规、工程质量、诚信等情况，及时公布违法违规企业名单及处罚结果。五是积极推广应用绿色照明、清洁能源、雨水收集及中水利用、园林垃圾资源化利用等新材料、新工艺、新技术，不断提升公园品质和功能。

五、深化公园运营维护管理

（一）严格运营管理，确保公园公共服务属性。

公园是公共资源，要确保公园姓"公"，严禁任何与公园公益性及服务游人宗旨相违背的经营行为。一是严禁在公园内设立为少数人服务的会所、高档餐馆、茶楼等；严禁利用"园中园"等变相经营。二是禁止将政府投资建设的公园资产转由企业经营、将公园作为旅游景点进行经营开发。三是严禁违规增添游乐康体设施设备以及将公园内亭、台、楼、阁等园林建筑以租赁、承包、买断等形式转交营利性组织或个人经营。

各城市园林绿化主管部门每年至少组织一次全面清理检查，对存在违规行为的公园提出处理意见，责令限期整改，并将检查清理情况及时报送城市人民政府及省级住房城乡建设（园林绿化）主管部门。各省级住房城乡建设（园林绿化）主管部门应及时将有关情况报送住房城乡建设部，并督促整改。

（二）强化绿线管制，保障公园绿地性质。

公园绿地是城市绿地系统最核心的组成部分，任何单位和个人不得侵占。一是禁止以开发、市政建设等名义侵占公园绿地。二是禁止出租公园用地，不得以合作、合资或者其他方式，将公园用地改作他用。三是严禁借改造、搬迁等名义将公园迁移到偏远位置。经过公示、论证并经审核同意搬迁的公园，其原址的公园绿地性质和服务功能不得改变。四是严格控制公园周边可能影响其景观和功能的建设项目及公园地下空间的商业性开发。市政工程建设涉及已建成公园的必须采取合理避让措施；确需临时占用的，必须征得城市园林绿化主管部门同意，并按园林绿化主管部门的意见实施。

（三）加强日常管理，确保公园运营安全有序。

公园要建立健全安全管理制度，明确分工，责任到人。完善突发事件应急处置机制和安全督查机制，保障公园内各项设施设备安全运营。公园内举办大型活动或设置游乐项目必须首先开展安全风险评估，严格审查和公示管理，必要时需组织论证和听证。承担防灾避险功能的公园必须合理设置防灾避险设施，并确保出现灾情时及时开放、功能完好。

各地公园要切实加强日常管理，制订公园管理细则，明确公园管理人员、服务人员、游人等的行为准则，以优质服务游人为基本宗旨，倡导文明游园。一要保障公园内所有餐饮、展示、娱乐等服务性设备设施都面向公众开放。二要按功能分区合理设置游览休闲等项目，积极组织开展科普教育、生物多样性保护宣传和文化节、游园会、书画展等文化娱乐活动，严禁低级庸俗的活动进园。三要加强卫生保洁以及公园内山体、水体、树木花草等保护管理，确保公园水质清新、设施干净、环境优美。四要加强游园巡查，制止和清除黑导、野泳、野钓、烧烤等行为，杜绝噪声扰民、商品展销、游商兜售等。五要加强对旅游团队的管理，讲解人员须持证上岗，对历史名园、遗址保护公园、植物园、动物园、湿地公园等，要实行专业化讲解。六要严格限制宠物入园（宠物专类公园除外），严禁动物表演，严格限制机动车辆入园。

（四）加大管养投入，保障健康永续发展。

要本着"三分建设七分管养"的原则，在切实加大养护管理投入的同时全面推进公园管养专业化、精细化。一是从实际出发，制定公园养护管理技术规范和定额标准，加强专业人才队伍建设，保障公园管养经费足额到位、保证专业化管养水准。二是充分利用先进的科技手段，建设公园人、财、物以及游园、服务等数字化管理平台，健全信息公开、社会监督和动态监管机制，提高对古树名木、历史文化遗产等资源保护效力和公园综合管理效能。三是加大科研投入，积极开展引种驯化、物种资源保护、水质净化水生态保护等实用性、前瞻性研究。四是积极探索研究公园分级分类管理，根据公园等级类型和功能的不同，在收费标准、资金投入、考核检查等方面实行差异化管理。在标准完善、考核和监管机制健全的基础上，对公园卫生保洁、安全保卫以及防治病虫害等养护作业可实行社会化管理。

六、加强组织领导

（一）落实管理责任。

城市人民政府要贯彻落实《国务院关于加强城市绿化建设的通知》要求，把公园建设管理纳入政府重要议事日程。各级政府要在理念引导、规划控制、资源协调、资金投入、政策保障、监督管理等方面强化主导作用。

各级住房城乡建设（园林绿化）主管部门要组织制订完善公园建设管理的法规政策、制度以及技术标准、操作规程等，指导、监督公园管理机构正常履行职责，并对辖区内公园运营管理等组织考核并跟踪监督。

（二）完善公众监督。

各地要建立健全公园建设管理全过程监管体系，自觉接受社会公众和新闻媒体的监督，营造"政府重视、社会关注、百姓支持"的良好氛围。已建成开放的公园，要及时面向社会公示公园四至范围及坐标位置，加强社会监督。各地公园要建立自律自治和举报监督机制，及时受理群众举报，接受公众、媒体监督，引导社会各界参与公园的维护、管理，促进公园规范运营、和谐发展。

（三）健全动态监管。

各地要建立公园登记注册、普查清理、督查整改等动态监管机制,各省级住房城乡建设(园林绿化)主管部门要在每年12月31日前将本地区公园建设管理及跟踪督查情况上报住房城乡建设部。住房城乡建设部将根据各地上报信息及群众举报、媒体报道等情况组织重点抽查和专项调查,并及时通报违规情况。

(来源:《住房城乡建设部印发关于进一步加强公园建设管理的意见的通知》 建城〔2013〕73号)

住房城乡建设部关于加强城市市政公用行业安全管理的通知

建城〔2013〕91号

各省、自治区住房城乡建设厅,直辖市建委(建交委),北京市市政市容委、园林绿化局、水务局,天津市市容园林委、水务局,上海市绿化和市容管理局、水务局,重庆市市政委、园林事业管理局,海南省水务厅,各计划单列市建委,新疆生产建设兵团建设局:

近期以来,城市市政公用行业发生多起重大安全事故,对人民群众生命财产安全和社会安定造成严重威胁。为切实加强城市市政公用行业安全生产管理,消除安全隐患,保障城市安全运行和人民群众生命财产安全,现通知如下:

一、切实加强组织领导。各地要充分认识安全工作的重要性,以高度的责任感,认真开展安全大检查,落实安全工作责任制和各项安全生产措施,始终做到安全常抓不懈,坚决遏制各类重特大安全事故的发生。各级城市建设管理部门要结合供水、排水与污水处理、供气、市容环卫、城市桥梁、风景园林等行业的实际情况,加强组织领导,深入一线了解实际情况,强化落实责任,加强协调配合,确保城市市政公用设施安全运行和社会和谐稳定。

二、确保城市供水安全。要督促指导各地全面排查城市供水系统,强化输水管线、水厂、加压泵站等重点设施的安全防护措施。落实应急预案,重点保证高峰用水时段的供水生产调度、应急水源调配、备用电力设施储备等工作。进一步强化机电设备的运行维护,确保汛期及高温条件下供水设施正常运行。加强城市供水水质监测,增加水源、出厂水和重点用水单位的水质监测项目和频率,并根据原水水质变化及时调整药剂投加量,严格防范急性传染性疾病发生。要强化汛期地下水井管理,采取有效措施,避免雨水污染地下水源。

三、加强城市燃气安全管理。各地燃气管理部门要以深入落实《国务院安委会关于深入开展餐饮场所燃气安全专项治理的通知》(安委〔2013〕1号)等相关要求为重点,督促指导燃气经营者对城镇燃气厂站、管网等设施以及燃气用户用气安全等进行全面检查,认真贯彻执行燃气法规制度、安全技术规范、操作规程等,发现安全隐患,及时采取措施予以消除。进一步落实燃气经营者指导燃气用户安全用气的责任,并与有关部门密切配合,充分发挥燃气经营者、社区管理(服务)组织、物业管理等单位的优势和作用,利用各种宣传媒体,向全社会积极普及燃气安全使用常识,提高公众燃气安全防范意识,不断增强自救、互救能力。

四、切实加强城市排水防涝工作。强化对城镇污水处理设施及排水管线的检修维护,及时清淤管渠、检查井、雨水进水口,检修维护泵站,确保设施完好和正常运行。对易发生短时径流量突增的地区、立交桥、地下构筑物、棚户区以及往年易涝点等重点区域,要落实城市防涝物资和强制排水设施,组织抢险队伍,加强暴雨期间的人员疏散、交通组织管理,确保能够快速有效处理内涝险情。加强排水防涝意识与自救知识的宣传,及时向社会发布城市汛情预警信息,共同做好应对准备。

五、加强城市市容环卫行业安全管理。各地要完善城市道路清扫作业人员安全防护措施,规范设置作业安全标志,提高环卫工人安全意识和防范能力。规范清扫作业操作,严禁将道路清扫垃圾倒入排水窨井行为,确保清扫垃圾及时清运。及时开展垃圾处理设施的检查和维护,认真检查填埋场填埋气导排、防爆、灭火设施的设置,禁止火种入场,防止火灾、爆炸等安全事故。认真检查焚烧厂各类管道、阀门、设备等设施，防止因管道破裂、阀门损坏等引起的安全事故。认真检查垃圾处理设施渗滤液导排及处理等配套设施，防止因渗滤液外溢、渗漏引起水体污染事故。严禁拾荒者进入垃圾处理设施捡拾垃圾，防止安全事故发生。

六、加强城市桥梁等市政设施安全管理。各地要督促有关单位认真落实城市桥梁管理的各项制度，认真开展城市桥梁(包括高架桥、人行天桥和地下通道)的安全隐患排查工作，特别要组织力量对使用年限长、荷载标准低、交通流量大、存在安全隐患的城市桥梁进行安全检测，及时排查险情。要完善城市桥梁档案信息和应急预案，将城市桥梁信息系统和应急管理系统纳入当地突发事件应急体系建设，提高应急处理能力。要认真落实《关于进一步加强城市窨井盖安全管理的通知》(建城〔2013〕68号)要求，加强井盖巡查，及时补齐或更换丢失、破损的井盖。对易发生冒溢地段的管道检查井，通过加装安全防护网等措施防止发生行人坠落伤亡事故。要充分发挥数字化城管系统在城市安全管理工作中的作用，提高市政设施运行安全管理效率。

七、加强城市轨道交通安防设施建设。要督促指导拟建或正在建设城市轨道交通的城市加强城市轨道交通安防设施建设，细化安全防范措施，全面落实住房城乡建设部《关于加强城市轨道交通安防设施建设的指导意见》(建城〔2010〕94号)各项要求，从城市轨道交通规划、设计、施工等各个环节重视安防体系的构建，提升城市轨道交通安防水平，提高城市轨道交通应对突发事件的能力，确保城市轨道交通持续、稳定和健康发展。

八、加强城市公园安全管理。督促各城市认真落实《关于进一步加强公园建设管理的意见》(建城〔2013〕73号)，加强日常安全管理。公园内举办大型活动应当按照有关要求履行报批手续，合理确定游客容量，做好人员疏导、消防安全和交通组织等安全防范工作。加强对公园内电瓶车、游船等游客运载工具和各类游乐项目的维护和检查，防止因设备故障引发安全事故。加强公园内湖泊水系的安全管理，增设警示标志和安全救护设施，防止因野泳引起溺水事件。对各类城市绿地内树木的枯枝、残枝要及时清理，防止树枝坠落或树木倒伏引发伤人事件。加强城市动物园安全管理，保证安全运营。

九、加强风景名胜区管理。各地风景名胜区主管部门及景区管理机构要严格按照游览、游乐设施、交通设施和有关规划核定的合理容量，有计划、有组织地安排游览活动，认真做好节假日、恶劣天气条件下游览活动的管理和游客的疏导、分流工作。对游人集中、情况复杂的地段，如险要路段、重要游览区、游人集中的景点等地区，要组织专门力量，加强执勤，严格防范，对游客、车、船及时予以组织和疏导。对景区内正在使用或施工的游览步道、栈道、护栏、码头、缆车、索道以及各种游船、车辆等设施，要进行认真排查，及时发现解决问题。对不符合要求或暂时不能消除安全隐患的设施和地区，应禁止使用或开放游览。

请各省级住房城乡建设主管部门及时部署各地抓紧做好安全生产各项管理工作。各地在工作中的有关情况和问题，请及时报告住房城乡建设部。

中华人民共和国住房和城乡建设部
2013年6月9日

住房城乡建设部关于更新《中国国家自然遗产、自然与文化双遗产预备名录》的通知

建城〔2013〕156号

各省、自治区住房城乡建设厅，直辖市建委(园林局)：

为做好世界自然遗产保护管理工作，根据《关于做好建立〈中国国家自然遗产、国家自然与文化双遗产预备名录〉工作的通知》(建城〔2005〕56号)规定，经省级住房城乡建设部门申报和专家论证审核，现对《中国国家自然遗产、自然与文化双遗产预备名录》予以更新。

有关省、自治区住房城乡建设厅，直辖市建委(园林局)要做好组织协调，指导列入《中国国家自然遗

产、国家自然与文化双遗产预备名录》的单位加强科学研究、培训和能力建设，提高保护管理水平。

附件：1. 中国国家自然遗产、自然与文化双遗产预备名录名单
2. 世界遗产预备清单涉及中国自然遗产、自然与文化双遗产项目名单

中华人民共和国住房和城乡建设部
2013年10月29日

附件1：

中国国家自然遗产、自然与文化双遗产预备名录名单

（截至2013年10月，带*为新增补名单）

一、中国国家自然遗产预备名录名单（28处）

1. 北京市房山岩溶洞穴及峰丛地貌
2. 河北省承德丹霞地貌
3. 河北省嶂石岩地貌（*）
4. 山西省壶口风景名胜区
5. 辽宁省本溪水洞风景名胜区
6. 吉林省长白山植被垂直景观及火山地貌景观
7. 黑龙江省扎龙自然保护区
8. 浙江省方岩风景名胜区
9. 福建省冠豸山风景名胜区
10. 福建省太姥山风景名胜区
11. 江西省武功山风景名胜区
12. 山东省昌乐古火山群（*）
13. 河南省云台山风景名胜区
14. 湖南省万佛山——侗寨风景名胜区
15. 四川省贡嘎山风景名胜区
16. 四川省若尔盖湿地
17. 四川省佛宝、蜀南竹海风景名胜区
18. 四川省光雾山——诺水河风景名胜区
19. 四川省花萼山——八台山（*）
20. 贵州省织金洞风景名胜区
21. 贵州省兴义锥状喀斯特
22. 贵州省平塘风景名胜区
23. 贵州省梵净山风景名胜区（*）
24. 西藏自治区纳木错
25. 西藏自治区格拉丹东——长江源
26. 西藏自治区土林——古格
27. 青海省青海湖风景名胜区
28. 新疆维吾尔自治区赛里木湖风景名胜区

二、中国国家自然与文化双遗产预备名录名单
（18处）

1. 山西省芦芽山风景名胜区
2. 山西省碛口风景名胜区（*）
3. 黑龙江省兴凯湖风景名胜区
4. 江苏省南京中山陵
5. 安徽省九华山风景名胜区
6. 安徽省天柱山风景名胜区
7. 福建省清源山风景名胜区
8. 江西省井冈山风景名胜区
9. 江西省高岭——瑶里风景名胜区
10. 山东省济南名泉
11. 湖南省紫鹊界——梅山龙宫风景名胜区
12. 湖南省炎帝陵——桃源洞（*）
13. 湖南省里耶——乌龙山风景名胜区（*）
14. 四川省剑门蜀道风景名胜区
15. 四川省泸沽湖风景名胜区（*）
16. 贵州省黄果树风景名胜区及屯堡文化
17. 云南省普洱野生茶林暨古茶园（*）
18. 宁夏回族自治区贺兰山——西夏王陵风景名胜区

附件2

世界遗产预备清单涉及中国自然遗产、自然与文化双遗产项目名单

1. 东寨港自然保护区（12/02/1996，自然遗产）
2. 鄱阳自然保护区（12/02/1996，自然遗产）
3. 神农架自然保护区（12/02/1996，自然遗产）
4. 扬子鳄自然保护区（12/02/1996，自然遗产）
5. 桂林漓江风景名胜区（12/02/1996，自然遗产）
6. 天坑地缝风景名胜区（29/11/2001，自然遗产）

7. 金佛山风景名胜区（29/11/2001，自然遗产）
8. 五大连池风景名胜区（29/11/2001，自然遗产）
9. 中国阿尔泰（29/01/2010，自然遗产）
10. 喀喇昆仑——帕米尔（29/01/2010，自然遗产）
11. 塔克拉玛干沙漠（29/01/2010，自然遗产）
12. 西藏雅砻河（29/11/2001，双遗产）
13. 长江三峡风景名胜区（29/11/2001，双遗产）
14. 大理苍山洱海风景名胜区（29/11/2001，双遗产）
15. 海坛风景名胜区（29/11/2001，双遗产）
16. 麦积山风景名胜区（29/11/2001，双遗产）
17. 楠溪江（29/11/2001，双遗产）
18. 雁荡山（29/11/2001，双遗产）
19. 华山风景名胜区（29/11/2001，双遗产）
20. 中华五岳——泰山扩展项目（包括南岳衡山、西岳华山、北岳恒山、中岳嵩山）（07/04/2008，双遗产）

六、建筑市场监管类

关于进一步促进工程勘察设计行业改革与发展的若干意见

工程勘察设计行业是国民经济的基础产业之一，是现代服务业的重要组成部分。工程勘察设计是工程建设的先导和灵魂，是贯彻落实国家发展规划、产业政策和促进先进技术向现实生产力转化的关键环节，是提高建设项目投资效益、社会效益和保障工程质量安全的重要保证，对传承优秀历史文化、促进城乡协调发展科学发展、推动经济转型升级、建设创新型国家起着十分重要的作用。

当前，我国正处于全面建成小康社会的决定性阶段，也是信息化和工业化深度融合、工业化和城镇化良性互动的重要时期。为进一步优化工程建设发展环境，提升服务水平，促进工程勘察设计行业改革与发展，提出如下意见。

一、坚持科学发展理念，明确基本思路和主要目标

（一）发展理念

工程勘察设计要坚持质量第一、以人为本，资源节约、生态环保，科技引领、人才兴业，文化传承、创新驱动的理念。

工程勘察设计要始终坚持将质量安全放在第一位，确保工程建设项目功能和质量；充分考虑地域、人文、环境、资源等特点，促进人与自然和谐发展；节约集约利用资源和能源，推进低碳循环经济建设；注重环境保护，促进生态文明建设；加快科技成果向现实生产力转化，推进产业技术进步；加强人才培养，提升行业队伍素质；坚持安全、适用、经济、美观的原则，弘扬优秀历史文化；坚持技术、管理和业态创新，促进勘察设计行业健康可持续发展。

（二）基本思路

以邓小平理论、"三个代表"重要思想、科学发展观为指导，以加快转变行业发展方式为主线，坚持市场化、国际化的发展方向，完善行业发展体制与机制，推进技术、管理和业态创新，优化行业发展环境，提升行业核心竞争力，不断提高勘察设计质量与技术水平，实现勘察设计行业全面协调可持续的科学发展。

（三）主要目标

构建与社会主义市场经济体制相适应、具有中国特色的工程勘察设计行业管理体制和运行机制。以加强企业资质和个人执业资格动态监管为手段，以推进工程担保、保险和诚信体系建设为重点，完善勘察设计市场运行体系；以大型综合工程勘察设计企业和工程公司为龙头，以中小型专业工程勘察设计企业为基础，构建规模级配合理、专业分工有序的行业结构体系；以质量安全为核心，以技术、管理、业态创新为动力，逐步形成涵盖工程建设全过程的行业服务体系，实现建设工程的经济效益、社会效益和环境效益相统一。

二、优化行业发展环境

(四)完善企业资质管理制度

进一步简化工程勘察设计资质分类,加强对专业相关、相近的企业资质归并整合的研究。加强企业资质动态监管,强化勘察设计市场准入清出机制。完善工程勘察设计企业跨区域开展业务的管理,规范企业市场行为,防止地方保护,加快建立统一开放、竞争有序的工程勘察设计市场。

(五)完善个人执业资格管理制度

进一步完善勘察设计个人执业资格制度框架体系,合理优化专业划分,逐步实现相关、相近类别注册资格的归并整合。完善执业标准,探索拓宽注册建筑师、勘察设计注册工程师的执业范围,强化执业责任,维护执业合法权益。加强执业监管,规范执业行为,加大对人员业绩、从业行为、诚信行为、社保关系的审查力度,防止注册执业人员的人证分离,全面提高执业人员的素质。

(六)改进工程勘察设计招投标制度

针对勘察设计行业特点完善招投标制度,研究推行不同的招标方式,大中型建筑设计项目采用概念性方案设计招标、实施性方案设计招标等形式,大中型工业设计项目采用工艺方案比选、初步设计招标等形式。工程勘察设计招标应重点评估投标人的能力、业绩、信誉以及方案的优劣,不得以压低勘察设计费、增加工作量、缩短勘察设计周期作为中标条件。

(七)加强工程勘察设计市场监管

健全工程勘察设计市场监督管理机制,加强对企业市场行为和个人从业行为的动态监管,定期开展勘察设计市场集中检查。健全勘察设计行业管理信息系统,逐步实现与工商、社保、税务等行政主管部门的信息联动,实现对各类市场主体、专业技术人员、工程项目等相关数据的共享和管理联动,提高监管效能。

(八)推行勘察设计责任保险和担保

进一步完善市场风险防范机制,加快建立由政府倡导、按市场模式运行的工程保险、担保制度,保障企业稳定运营。支持工程勘察设计领域的保险产品创新,积极运用保险机制分担工程勘察设计企业和人员的从业风险。引导工程担保制度发展,为工程勘察设计企业增强服务能力、提升企业实力提供支撑。

(九)保证工程勘察设计合理收费和周期

完善工程勘察设计收费和周期管理体系,进一步提高工程勘察设计质量和水平。合理确定工程勘察设计各阶段周期,在合同中明确约定并严格履行。完善优化设计激励办法,鼓励和推行优质优价。监督建设工程勘察设计承发包双方严格执行工程勘察设计收费标准。加大对工程勘察设计企业违规低价竞标和建设单位压缩合理勘察设计周期等行为的处罚力度。

(十)健全工程勘察设计行业诚信体系

按照"依法经营、诚实守信、失信必惩、保障有力"的原则,推进诚信体系建设,营造良好的勘察设计市场环境。完善工程勘察设计行业诚信标准,建立比较完整的各类市场主体和注册执业人员的信用档案。依托全国统一的诚信信息平台,及时采集并公布诚信信息,接受社会监督。加强对诚信信息的分析和应用,推行市场准入清出、勘察设计招投标、市场动态监管等环节的差别化管理,逐步培育依法竞争、合理竞争、诚实守信的勘察设计市场。

三、提升行业服务水平

(十一)拓宽工程勘察设计企业服务范围

支持企业参与工程建设项目全过程管理,引导企业加强业态创新。促进大型设计企业向具有项目前期咨询、工程总承包、项目管理和融资能力的工程公司或工程设计咨询公司发展;促进大型勘察企业向具有集成化服务能力的岩土工程公司或岩土工程咨询公司发展;促进中小型工程勘察设计企业向具有较强专业技术优势的专业公司发展。鼓励有条件的大中型工程勘察设计企业以设计和研发为基础,以自身专利及专有技术为优势,拓展装备制造、设备成套、项目运营维护等相关业务,逐步形成工程项目全生命周期的一体化服务体系。

(十二)增强工程勘察设计企业自主创新能力

鼓励工程勘察设计企业坚持自主创新,引导企业建立自主创新的工作机制和激励制度。鼓励企业创建技术研发中心,重点开发具有自主知识产权的核心技术、专利和专有技术及产品,形成完备的科研开发和技术运用体系。引导行业企业与生产企业、高等院校、科研单位进行战略合作,重点解决影响行业发展的关键性技术。支持有条件的工程勘察设计企业申请高新技术企业,全面提高工程勘察设计企业的科技水平。

(十三)强化工程勘察设计行业人才支撑

工程勘察设计企业要重视人才队伍建设,制订人才发展规划,努力建设一支结构合理、素质优秀的人才队伍。要建立健全与市场接轨的人才选拔任用、培养和分配激励制度,最大限度地调动从业人员的积极性和创造性,吸引和留住人才。加快行业领军人物、复合型人才、卓越工程师的培养，加强多层次人才梯队建设。强化职业道德教育，提高从业人员的责任心和使命感。

（十四）推进工程勘察设计行业信息化建设

加强信息化建设，不断提升信息技术应用水平。加快建立勘察设计行业信息化标准。积极推广三维设计、协同设计系统的建设与应用，大型建筑设计企业要积极应用BIM等技术。建立项目管理、综合办公管理、科研管理等相结合的集成化系统。探索发展云计算平台，实现硬件、软件、数据等资源的全面共享，增强企业的规范化、精细化管理能力，全面提高行业生产效率。

（十五）提高工程勘察设计质量保障水平

勘察设计企业应当严格执行法律法规和工程建设强制性标准，建立健全内部质量保证体系，注重全过程质量控制，加强审核环节管理，同时提高自身技术装备水平，积极开展人员职业道德与业务素质教育，全面提高勘察设计质量。勘察设计企业应当对设计使用年限内的勘察设计质量负责，企业法定代表人、技术负责人、项目负责人、各专业设计人、注册执业人员对勘察设计质量承担相应的责任。施工图审查机构应当对勘察设计质量严格把关，按照要求对勘察设计文件中涉及公共利益、公众安全和工程建设强制性标准的内容进行审查，全面提高工程勘察设计行业的质量水平。

（十六）鼓励工程勘察设计行业参与村镇建设

鼓励工程勘察设计企业和专业技术人员积极开展村镇建设工程勘察设计和相关专业技术工作，参与农房建设标准规范和农村房屋建设标准设计图集编制，提供农村基础设施和农房设计服务。允许注册建筑师、注册结构工程师等专业技术人员以个人名义承担农村低层房屋设计任务，并对设计质量负责，逐步提高农村房屋的工程质量。

（十七）推动工程勘察设计企业"走出去"

积极培育一批具有较强国际竞争力的大型工程勘察设计企业，加快行业国际化发展进程。对有实力、有信誉的工程勘察设计企业，在对外承包工程等经营活动等方面给予政策支持。鼓励企业与国际先进的工程公司、供应商、专利商、分包商建立合作关系，带动国际工程承包业务发展和设备材料出口。推动大型工程勘察设计企业掌握国际标准规范和通行规则，积极将国内标准规范推广应用于国际工程项目，逐步提高我国标准规范的国际地位。

四、强化行业组织作用

（十八）充分发挥工程勘察设计行业组织作用

充分发挥行业组织"提供服务、反映诉求、规范行为"的桥梁纽带作用，切实履行服务行业企业的宗旨，加强行业自律，维护行业合法权益。支持行业组织参与政策研究、法规标准制定、行业科技进步、国际市场拓展等相关工作。引导行业组织在人才培训、国际交流、协调对外工程服务贸易争端、诚信体系建设、行业改革与发展等方面发挥更大作用。鼓励行业组织间加强沟通、交流与合作，形成合力，深入开展行业调研，研究行业发展与改革中的重大问题，提出对策建议，共同促进勘察设计行业的科学发展。

（来源：《住房城乡建设部印发关于进一步促进工程勘察设计行业改革与发展若干意见的通知》建市〔2013〕23号）

住房城乡建设部关于做好建筑企业跨省承揽业务监督管理工作的通知

建市〔2013〕38号

各省、自治区住房城乡建设厅，直辖市建委（建交委），北京市规委，新疆生产建设兵团建设局：

为推动建立统一开放、公平竞争的建筑市场秩序，促进建筑企业持续健康发展，现就进一步做好建筑企业（包括工程勘察、设计、施工、监理、招标代理，下同）跨省承揽业务监督管理工作通知如下：

一、各级住房城乡建设行政主管部门应当严格执行国家相关法律、法规，给予外地建筑企业与本地建筑企业同等待遇，严禁设置地方壁垒。不得对外地企业设立审批性备案和借用备案名义收取费用；

不得强制要求外地企业在本地注册独立子公司、分公司；不得强行扣押外地备案企业和人员的相关证照资料；不得要求企业注册所在地住房城乡建设主管部门或其上级主管部门出具相关证明等。

二、实行备案的各省（区、市）住房城乡建设主管部门应当随时接收外地企业备案材料，即时办理备案手续，仅限于对企业营业执照、企业资质证书、企业安全生产许可证、企业驻本地办公场地租赁（或产权）证明、企业法定代表人签署的企业驻本地的业务负责人授权委托书进行备案复核。

三、省（区、市）住房城乡建设主管部门应当将已备案的外地企业信息及时通报本地区各级住房城乡建设主管部门，备案信息应当及时向社会公开。省内各级建设主管部门不得要求已在本省办理过登记备案手续的企业重复备案。

四、省（区、市）住房城乡建设主管部门应当结合建筑市场监管的实际情况，调整监管思路，创新监管机制，在简化备案手续的同时，加大对备案企业市场行为的动态监管力度。对允许其他单位或个人以本单位名义承揽业务，以任何方式同不具备资质、资格条件的单位或个人合作承揽业务，拖欠工程款和农民工工资，围标串标、转包和违法分包，超越资质等级承揽业务等违法违规行为和发生质量安全事故的企业依法予以查处。

五、省（区、市）住房城乡建设主管部门应当加强对本地区各级主管部门跨省备案管理工作的指导和监督，对在市场准入、招标投标等方面设立不合理条件排斥或限制外地企业承揽业务的，上级主管部门应当予以制止，并责令其限期改正，逾期仍未改正的，上级主管部门应当予以通报批评。

六、省（区、市）住房城乡建设主管部门应对所有本地和外地的建筑企业建立信用档案，积极推动本地区建筑市场监管信息系统建设，通过市场和现场的两场监管联动，实施跟踪管理。工程项目所在地县级及以上地方建设主管部门应当依法查处本区域跨省企业和个人在承揽业务中的违法违规行为，并将违法事实、处理结果或处理建议通过省（区、市）住房城乡建设主管部门及时告知该企业注册地省（区、市）住房城乡建设主管部门。对于重大违法违规行为，按照有关规定由省（区、市）住房城乡建设主管部门报送住房城乡建设部，作为不良行为信息向社会公布，并按有关规定严肃查处。

中华人民共和国住房城乡建设部
2013年3月15日

住房城乡建设部印发关于建筑市场监管廉政风险防控工作的指导意见

建市〔2013〕186号

各省、自治区住房城乡建设厅、直辖市建委（建交委），北京市规委，新疆生产建设兵团建设局：

为进一步规范建筑市场监管工作权力运行，预防和治理建筑市场监管中的腐败，根据中共中央纪委《关于加强廉政风险防控的指导意见》，按照部党组《关于加强廉政风险防控工作实施方案》要求，结合建筑市场监管工作实际，提出如下意见。

一、深刻认识建筑市场监管廉政风险防控工作重要意义

由于当前建筑市场运行机制不健全，建筑市场监管体制不完善，建设单位市场行为不规范，工程建设实施过程中转包、违法分包，一些地方主管部门在建筑市场监管中存在违法违纪，少数干部违规插手工程建设腐败问题等，扰乱了市场经济秩序，影响了党和政府的形象。加强建筑市场监管廉政风险防控是保证工程建设顺利进行，促进建筑业健康发展的迫切要求，是推进惩治和预防腐败体系建设的重要举措。加强建筑市场监管廉政风险防控有利于规范建筑市场监管各项工作，构建统一开放、竞争有序的建筑市场体系；有利于进一步深化工程建设领域突出问题专项治理工作，从源头和程序上遏制建筑市场监管工作中各种违法违规和腐败行为。各级住房城乡建设主管部门要充分认识加强建筑市场监管廉政风险防控工作的重要意义，切实增强工作责任感和紧迫感。

二、准确把握建筑市场监管廉政风险防控总体要求

加强建筑市场监管廉政风险防控工作要以邓小平理论、"三个代表"重要思想和科学发展观为指导，践行党的群众路线。以权力运行程序的公开透明为基础，以建筑市场监管法规政策制定、资质资格审批、动态监管及行政处罚等关键环节为重点，对存在廉政风险的突出问题进行梳理排查，提出相应的防控措施，明确各廉政风险防控的责任主体。逐步建立覆盖整个建筑市场监管各个环节的廉政风险防控机制，形成完善的廉政风险防控配套制度，有效的监督制约机制，合理的奖惩措施，提高惩治和预防腐败成效。

加强建筑市场监管廉政风险防控，推进权力公开透明运行，健全权力运行、制约和监督，应按照"业务融合、因地制宜、责任落实"的要求，坚持和把握以下原则：

一是坚持把廉政风险融入业务工作和管理流程的原则，将廉政风险点防控设置到相应的业务环节中，并做到所有监管业务的全覆盖。

二是坚持因地制宜，各地应结合本地区建筑业发展实际和建筑市场监管特点，有针对性的合理确定工作目标。

三是要坚持把廉政风险防控机制建设融入落实党风廉政建设责任制之中，加强领导，扎实推进，把工作落到实处。

三、规范工作流程，完善防控措施

各省（区、市）住房城乡建设主管部门应根据"惩治腐败、标本兼治、注重预防"的原则，以规范权力运行为核心、加强风险防范为重点、强化监督制约为保证、加强制度建设为基础、现代信息技术为支撑，构建权力清晰、风险明确、防范有效、预警及时的建筑市场监管廉政风险防控机制，不断提高预防腐败工作的水平。

要对本地区建筑市场监管部门的各种权利事项、岗位职责、业务内容进行全面梳理，参照建筑市场监管法规政策制定、资质资格审批、动态监管及行政处罚等重点环节流程图（参见附件），结合本地建筑市场监管工作实际，绘制"权力运行流程图"，明确办理主体、条件、程序、期限和监督方式等。采取自查自找、群众评议、公开征求意见等方式，全面细致排查廉政风险，重点查找工程项目招投标、施工许可、资质资格审查、企业跨省承揽业务、违法违规行为处罚通报等权力集中、自由裁量权幅度大的岗位和监管工作环节的廉政风险。对排查出的风险点，制定针对性强、可操作性高、切实有效的防控措施，通过文件、网络等形式向社会公开。

重点开展以下环节的廉政风险防控工作：

（一）拟定建筑市场监管法规政策。坚持责权法定、依法行政的原则，在制定法规政策时严格依照《建筑法》、《招标投标法》等上位法的规定，避免法规制度设计不完善、不合理带来的廉政风险；规范法规政策制定程序，广泛征求所涉层面及公众的意见，及时向社会公布方案，接受社会监督。

（二）资质资格审查。完善企业资质审批和人员执业资格注册制度，推进行政审批制度改革，规范市场准入管理，降低廉政风险。推进行政审批电子化改革，推广行政审批网上申报、评审，减少人为干预，公开行政审批条件和审查标准，接受社会公众监督；简化合并各类资质标准，优化审批程序，市场能办的，放给市场，杜绝人为设置的保护壁垒，保证市场准入工作的公平、公正、廉洁、高效。

（三）招投标监管。改进招投标监管方式，规范招投标行为。推动电子招投标，加强评标专家管理和评标专家库建设，加强国有投资项目招投标监管，重点解决围标、串标等问题；规范业主在项目发包中提出过高资质要求，禁止未经评审的最低价中标方式，维护正当的竞争秩序。

（四）施工许可管理。严格工程建设基本程序管理，依法明确施工许可证管理的程序、条件、时限，杜绝违规核发施工许可证，重点解决无证施工、未批先建、先开工、后补证、擅自改变施工许可证内容等问题。

（五）跨省承揽业务管理。各地市场监管部门应给予外地建筑企业和本地建筑企业同等待遇，清理地方关于跨省承揽业务的相关文件，构建全国统一市场；简化建筑企业跨省承揽业务备案手续，规范办理行为；转变监管思路，加大外地企业进入本地市场后的监管力度，维护建筑市场秩序。

（六）合同管理。完善合同备案管理机制，明确承发包双方的权利义务，注重对双方市场行为的引导、规范和权益平衡；健全合同履约监管机制，重点解决建筑市场拖欠工程款、阴阳合同、违法分包、转包、挂靠等违法违规问题。

（七）动态监管。加大监管力度，转变监管方式，探索利用信息化手段固化动态监管程序，加强对各类企业和注册人员达标情况的动态核查力度；规范市场主体行为，逐步改变"重审批、轻监管"的被

动监管局面，完善市场清出机制，建立事中、事后有效的动态监管制度。

（八）诚信体系建设。积极推进建筑市场诚信体系建设，培育建立失信惩戒的建筑市场运行机制，发挥市场在资源配置中的决定性作用；推动全国建筑市场监管信息系统和全国建筑市场诚信信息平台融合发展，整合企业、注册人员、工程项目数据库和企业诚信信息；推进建筑市场监管信息发布平台建设，向社会公众提供信息查询，接受社会公众监督。

四、加强组织领导，务求取得实效

（一）加强组织领导，扎实有效推进。各地住房城乡建设主管部门要把推行建筑市场监管廉政风险防控工作作为一项长期重要任务，制定廉政风险防控工作方案，明确落实责任，加强执行监督，确保廉政风险防控工作落到实处。

（二）开展教育活动，增进防范意识。开展建筑市场监管廉政风险教育活动，建立健全党员干部廉政风险防控学习、教育、培训制度，推进廉政文化建设，结合腐败案例进行警示教育，增强党员干部对腐败危害的认识，切实增进对廉政风险的防范意识。

（三）突出重点环节，注重工作实效。各地要结合实际监管内容，把加强廉政风险防控融入建筑市场监管业务工作流程，着重加强对腐败现象易发多发的重点领域和关键环节的防控力度，实现权力透明公开运行、接受社会监督等多种手段，提升廉政风险防控工作实效。

（四）加强监督考核，落实长效机制。建立监督考核评价机制，将廉政风险防控纳入党风廉政建设责任制考核，建立廉政风险防控责任追究制，切实增强工作责任意识和紧迫感。

附件：建筑市场监管廉政风险防控手册（略）

中华人民共和国住房和城乡建设部

2013 年 12 月 17 日

七、工程质量安全监管类

贯彻实施质量发展纲要 2013 年行动计划

为贯彻党的十八大精神，推动实施《质量发展纲要（2011—2020 年）》，明确 2013 年质量工作重点，特制定本行动计划。

一、强化惠民生产品和服务的质量监管。以改善大气环境质量为重点，推进实施清洁生产促进工程，完善节能减排和循环经济标准体系和认证认可制度，严格高耗能、高污染、质量低劣项目的准入和退出管理。加强车用汽油、柴油产品质量监管。构建食品进口注册工作体系。在旅游、金融、汽车售后和社区服务等重点民生领域启动服务质量满意度调查试点，探索建立服务质量统计监测与测评体系。推动物流服务、金融服务、生活性服务及产品售后服务等重点服务行业提升服务质量。开展计量惠民专项行动和能效标识产品专项执法打假。（发展改革委、工业和信息化部、环境保护部、农业部、商务部、国资委、工商总局、质检总局等负责）。

二、加强服务"三农"产品质量安全监管。开展农机、化肥等重点农业生产资料的产品质量监督抽查，开展农药质量市场抽查和专项监督检查，组织实施全国饲料质量安全、生鲜乳质量安全和养殖环节"瘦肉精"监测计划，开展兽药残留监控和兽用抗菌药专项整治，以种子等农业投入品为重点，开展"打假护农"专项行动和市场大检查。开展"百项能效标准推进工程"，推进全国农业标准化示范县（场、区）创建。（农业部、工商总局、质检总局等负责）。

三、加强重点工程和重大设备质量安全监管。加强对装备制造基础设备、能源生产设备、石油化工设备、交通运输设备质量监理，为南水北调、铁路建设、西气东输等重点工程施工质量安全提供保障。

组织开展工程质量通病治理专项行动,开展保障性安居工程质量督查。针对风景名胜区栈道、护栏、码头等基础设施和客运索道、大型游乐设施等特种设备开展监督检查。加强商业和公共场所电梯安全监管。(质检总局牵头,工业和信息化部、住房城乡建设部、交通运输部、铁道部、商务部、国资委、能源局、南水北调办等参加)。

四、探索建立"中国精品"培育机制。完善工业企业品牌培育管理体系,提升农产品品牌价值,建立中国知名品牌数据库。深入推进品牌消费集聚区建设。组织开展品牌价值评价工作。在我国先进制造业和现代服务业中,以拥有自主知识产权、技术含量高、附加值高、品牌影响大的产品和服务项目为重点,探索培育一批能与国际顶尖品牌相媲美的"中国制造"和"中国服务"高端品牌。(发展改革委、工业和信息化部、财政部、农业部、商务部、国资委、工商总局、质检总局、旅游局等负责)。

五、加强质量安全风险排查整治和监测评估。以解决公众反映强烈的食品中有毒有害化学物质、农畜产品滥用抗生素、机动车安全隐患等质量安全问题为重点,开展风险排查整治。以酒类、化肥为重点,探索建立质量安全违法责任追溯制度和公开违法违规记录的制度。开展学校食堂食品、功能保健品和化妆品专项整治。引导企业积极开展交通及铁路产品、有机产品、服务外包等认证。开展儿童用品、家用电器等消费品质量安全风险监测。探索建立产品伤害监测数据直报系统,开展产品伤害专项调查,发布产品伤害预警信息。建立国际邮路生物安全保障制度。加强口岸新型冠状病毒等传染病防控工作。(工业和信息化部、交通运输部、农业部、商务部、卫生部、国资委、工商总局、质检总局、食品药品监管局、食品安全办等负责)。

六、组织开展"质检利剑行动"。严查彻办食品、儿童用品、化妆品、农资、建材、汽配制假售假等违法大案要案。严厉打击葡萄酒、橄榄油等产品制售和进口环节中的违法行为,加大对进口商品的通报召回工作力度。加大对质量违法大案要案、社会关注热点问题的督查督办力度。建立质量失信"黑名单"制度。(质检总局牵头,工业和信息化部、农业部、商务部、卫生部、工商总局等参加)。

七、落实企业质量安全社会责任。在大中型企业推广实施企业首席质量官制度。督促汽车生产经营者严格履行"三包"责任,严格实施缺陷汽车召回、重大质量安全事故报告以及重点、大型企业发布年度社会责任报告制度。在消费品生产企业中探索建立产品质量状况主动报告制度。实施产品质量安全约谈制度。开展质量创新示范基地建设,树立一批质量管理先进标杆,推广先进质量管理方法。开展企业质量攻关、质量创新成果分享活动。(工业和信息化部、国资委、工商总局、质检总局等负责)。

八、加快质量诚信体系建设。探索实施质量信用分级分类管理。建立企业质量信用档案数据库。推进乳制品、大米、面粉、食用油、白酒、特种设备等重点产品质量安全追溯物联网应用示范工程建设。开展虚假违法医疗、药品和保健食品广告专项整治。开展旅游行业"讲诚信、促发展"主题活动。组织旅游市场专项检查,打击旅游经营中违法违规行为。建立旅游服务质量评价体系。(发展改革委、工业和信息化部、商务部、工商总局、质检总局、旅游局、食品安全办等负责)。

九、开展全国"质量月"等系列主题活动。筹备召开全国质量大会。鼓励各地开展质量文化主题公园、城市质量节、质量安全周、质量夏令营等主题活动。大力宣传质量法律法规,弘扬质量先进典型,曝光质量违法案件。开展质量万里行、农资打假下乡、清新居室行动和质量专家企业行等专项活动。加快国家级、省级和市级中小学质量教育基地建设,广泛开展中小学质量教育社会实践活动。在汽车、农业机械、家用电器行业骨干企业开展可靠性提升试点。(质检总局牵头,中央宣传部及国务院有关部门参加)。

十、强化质量工作考核激励。推动将质量指标纳入国家统计指标体系。完善国家、省、市、县四级质量状况分析报告制度,规范质量统计信息公开程序。加强地方政府质量工作绩效管理,完善质量评价指标。制定《政府质量工作专项绩效考核实施方案(试行)》,将质量安全与质量发展考核指标纳入地方政府绩效管理指标体系。开展"质量强市"示范城市创建活动,在各创建城市组织实施市民质量满意度测评。开展首届中国质量奖评选表彰。(中央组织部、监察部、质检总局、统计局等负责)。

地方各级人民政府要加强对质量工作的组织领导和统筹协调,结合本地实际,参照以上工作安排和部门分工,制定本地区的具体工作方案,细化任务,明确时限和要求,逐级落实责任,确保各项任务的完成。

(来源:《国务院办公厅关于印发贯彻实施质量发展纲要2013年行动计划的通知》国办发〔2013〕18号)

国务院办公厅关于支持岷县漳县地震灾后恢复重建政策措施的意见

国办发〔2013〕94号

各省、自治区、直辖市人民政府，国务院各部委、各直属机构：

为支持和帮助岷县漳县地震受灾地区积极开展生产自救，重建家园，鼓励和引导社会各方面力量参与灾后恢复重建工作，使地震灾区基本生产生活条件和经济社会发展全面恢复并超过灾前水平，经国务院同意，现就支持岷县漳县地震灾后恢复重建有关政策措施提出以下意见：

一、统筹安排灾后恢复重建资金

中央财政适当安排岷县漳县地震灾后恢复重建补助资金，包干给地方，由甘肃省统筹安排使用。对政府外债项目因灾造成的损失，给予债务减免，所需还款资金由中央财政承担。

甘肃省要通过调整支出结构集中财力用于灾后恢复重建。同时，通过捐赠资金、银行贷款、居民和企业自筹资金等多渠道筹措安排灾后恢复重建资金。积极引导公益性社会团体将所接受捐赠资金用于灾后恢复重建。

二、税收政策

受灾地区各级财政税务机关要采取有效措施，认真贯彻落实好现行税收法律、法规中可以适用于抗震救灾及灾后恢复重建的有关税收优惠政策。

同时，由财政部会同税务总局等有关部门结合受灾地区实际情况，在调查研究的基础上统筹研究适当的税收扶持政策，按程序报批后另行发布。

三、行政事业性收费政策

对受灾严重地区的矿产资源开采企业，全部免收属于中央收入的矿产资源补偿费、探矿权采矿权使用费；对银行、信用社、邮政储蓄机构（包括注册地在受灾地区的法人机构及在受灾地区的分支机构），全部免收银行业机构监管费和业务监管费；对保险公司、保险中介机构（包括注册地在受灾地区的法人机构及在受灾地区的分支机构），全部免收保险业务监管费；对证券、基金、期货公司（包括注册地在受灾地区的法人机构及在受灾地区的分支机构），全部免收证券市场监管费。

甘肃省对受灾严重地区酌情减免由中央级批准属于地方收入的行政事业性收费，以及本省出台的行政事业性收费。

四、金融政策

（一）支持金融机构尽快全面恢复金融服务功能。加快修复基层金融网点，鼓励受灾地区金融机构适当减免客户账户查询、挂失和补办、转账等收费。

（二）鼓励银行业金融机构加大信贷投放。

1. 全国性金融机构要加大对受灾地区信贷需求优先支持的力度；适当调整受灾地区地方法人金融机构宏观审慎政策参数，支持增加受灾地区恢复重建的信贷投放。

2. 增加对受灾地区的再贷款（再贴现）额度，对受灾地区金融机构发放的支农再贷款在现行支农再贷款利率基础上下调1个百分点；继续对受灾地区地方法人金融机构执行倾斜的准备金政策，下调受灾地区地方法人金融机构存款准备金率1个百分点。

3. 对灾前已经发放、因灾不能按期偿还的贷款，在2014年7月底前，不催收催缴、不罚息，不作为不良记录，不影响其继续获得受灾地区其他信贷支持。鼓励金融机构积极采取多种有效方式和措施实施贷款重组。

4. 加大对受灾地区重点基础设施、城乡居民住房、农牧业等的信贷支持力度。对符合条件的因灾失业人员和劳动密集型小企业，可按规定申请下岗失业人员小额担保贷款政策扶持。

（三）加强信用环境建设。

1. 加快整理核实受灾地区金融机构客户基本信

息；对暂时无主客户的债权，另账保存；依法确认和保护遇难者账户资金、金融资产所有权和继承权；加快保险理赔进度，提高理赔效率。

2. 对符合现行核销规定的贷款，按照相关政策和程序及时核销。鼓励和支持金融机构对因灾形成的不良债务实施有效重组，帮助企业和个人恢复生产和偿债能力。

（四）实施住房重建优惠信贷服务政策。

1. 对于由地方人民政府出资设立的担保公司（或担保基金）提供全额担保以及借款人提供完全符合银行要求的抵押物、质物的农房重建贷款，其贷款利率具体浮动幅度由金融机构自主确定。鼓励银行业金融机构根据农户收入状况与特点，提供灵活多样的贷款偿还方式，减轻农户前三年的本金偿还压力。

2. 对城镇受灾地区个人住房贷款采取优惠政策，具体利率水平和首付款比例由商业银行根据风险管理原则自主确定。

（五）发挥保险市场功能支持灾后恢复重建。

引导、指导有关保险机构加大对灾后恢复重建保险资金的投资力度。

五、土地政策

（一）对为安置受灾居民新建各类安置住房，以及受灾地区行政机关、企事业等单位因灾房屋重建，规模不超过原有规模的，免收新增建设用地土地有偿使用费；需要占用国有土地的，免收土地出让收入。

（二）对利用政府投资、社会捐助以及自筹资金为受灾居民建设非商品住宅用地，采用BOT（建设—运营—移交）、TOT（转让—运营—转让）等方式建设的经营性基础设施、公益性设施用地，按规划需要整体搬迁并收回其原土地使用权的工业企业用地，以及规划异地重建的村庄确需用地，可采取划拨方式供地。对按规划需要整体搬迁的工商企业经营用地，同一宗地只有一个用地意向者的，可采用协议出让方式供地，并挂牌公示。

（三）优先核定重建用地规模，科学安排用地布局，妥善解决重建用地需求。适时调整县乡级土地利用总体规划中建设用地、耕地及基本农田布局，报原审批机关批准。对灾后恢复重建需要的新增建设用地计划指标，在国家下达的年度指标中优先安排，指标不足的，可本着节约集约用地的原则预支安排，并经分类统计后上报，由国土资源部认定。

重建用地报批时，没有占补平衡指标的，以正式批复的土地开发复垦整理项目审核意见或立项文件为依据，采取边占边补方式落实占补平衡。由甘肃省统筹耕地开垦费实施土地开发整理项目，完成灾后恢复重建用地的占补平衡任务。

对规划异地重建的城镇和村庄，凡废弃村庄和城镇具备复垦条件的，可以开展城乡建设用地增减挂钩，增减挂钩指标可在市域范围内安排使用。对抗震救灾和灾后恢复重建用地，可根据需要先行使用或安排供地。

（四）根据实际需要，减少审批环节，简化报批材料，调整审批程序，依法依规，保证及时高效用地。支持受灾地区开展土地整治，统筹安排灾毁土地的整理复垦，地方可统筹使用中央分配的新增建设用地土地有偿使用费、省级留成的新增建设用地土地有偿使用费等资金重点开展灾毁耕地复垦。

（五）可先行使用林地，在国家规定的灾后恢复重建结束后半年内，再补办手续。所需林地定额不纳入"十二五"期间占用征收林地定额。灾后恢复重建民生项目、农林生产设施项目等，免收森林植被恢复费。

六、就业援助和社会保险政策

（一）加大就业援助。

1. 将甘肃省人民政府确定的因地震灾害出现的就业困难人员，按规定及时纳入就业援助的对象范围，优先保证受灾地区零就业家庭至少有一人就业。

2. 将本地就业困难人员正在参与的抗震救灾相关工作，按规定纳入现有和新开发的公益性岗位认定范围，时限为三个月。

3. 对从事公益性岗位工作的就业困难人员，按规定提供岗位补贴和社会保险补贴。

4. 对因地震灾害中断营业后重新开业的个体工商户，按规定给予小额担保贷款扶持。

5. 对受灾地区企业在重建中吸收就业困难人员的，按规定给予相应的社会保险补贴。

6. 对从事灵活就业的就业困难人员，按规定享受社会保险补贴。

7. 甘肃省人民政府在确保失业保险基金按时足额发放前提下，对受灾地区企业采取适当降低失业保险率等措施。

8. 对受灾地区实行就业援助所需相关资金，按规定从就业专项资金中列支，中央财政通过专项转移支付给予适当支持。

9. 受灾地区参加了失业保险的企业因灾停产、歇业期间，对暂时失去工作岗位的职工，按规定发放失业保险金，失业保险金发放期限截止到企业恢复生产当月,最长不超过十八个月;对受灾企业在恢复生产期间开展职工培训的,按规定从失业保险基金中给予企业职工培训和技能鉴定补贴。

10. 受灾地区享受失业保险待遇的失业人员自谋职业、自主创业的,可按规定一次性领取失业保险金。自主创业并招用其他失业人员就业的,从失业保险基金中一次性给予3000元创业补助金。

11. 鼓励东部沿海等地区支持和帮助受灾地区劳动者转移就业。对东部沿海等地区各类企业(单位)招用受灾地区劳动者,与之签订劳动合同并缴纳社会保险费的,按其为受灾地区劳动者实际缴纳的基本养老保险费、基本医疗保险费和失业保险费给予补贴,补贴期限最长不超过一年,所需资金从东部沿海等地区就业专项资金中安排。对转移就业的劳动者给予一次性交通补贴,所需资金从受灾地区就业专项资金中安排。上述两项政策审批截止时间为2014年底。

(二)保障养老保险待遇支付。

对受灾较重、暂停生产的企业,允许缓缴社会保险费;对因灾无法恢复生产,经法院宣告关闭破产企业欠缴的基本养老保险费,应按国家有关规定使用破产财产清偿,不足部分应按规定报批后予以核销。

(三)保障医疗保险待遇支付。

伤员应急救治工作完成后,受灾群众的医疗费用原则上通过现行社会保障制度解决。今年内可在受灾地区实行过渡性医疗卫生措施,向受灾群众免费提供基本医疗卫生服务,包括一般常见病治疗、传染病防治和卫生防疫。对2014年符合医疗救助条件的受灾地区困难群众参加城镇居民基本医疗保险和新型农村合作医疗个人缴费部分,由城乡医疗救助资金帮助解决。

七、产业政策

(一)支持恢复特色优势产业生产能力,发展文化旅游产业,促进产业结构调整,推进绿色可持续发展。建设形成资源集约利用、环境综合治理、功能有效发挥的产业集聚区域。

(二)坚决淘汰高耗能、高污染企业以及不符合国家产业政策和不具备安全生产条件的落后产能,关闭重要水源保护区内的污染严重企业。中央财政对地方淘汰"两高一资"落后产能给予倾斜支持。

(三)对受灾严重地区中央农机购置补贴比例可提高到50%。

八、粮食政策

适时充实受灾地区粮食库存,满足受灾地区市场需求。做好市场应急调控预案,确保受灾地区市场稳定。支持受灾地区受损粮库维修重建。

九、地质灾害防治和生态修复政策

(一)支持进一步开展受灾地区地质灾害排查,以及重点地区和流域地质灾害监测与综合治理工作,支持地质灾害应急体系和应急避险场所建设,进一步加强防灾减灾能力建设。

(二)受灾地区25度以上坡耕地以及不具备耕种条件的震损耕地,国家将在实施新一轮退耕还林政策时予以统筹考虑。对因灾损毁的退耕还林工程造林地补植补造种苗费用,可按规定享受中央财政巩固退耕还林成果专项资金扶持。

(三)对已经享受集体公益林补偿政策的农户,因灾造成公益林面积损毁,进行补植补造并符合相关规定的,继续享受生态补偿政策。

十、其他政策

(一)中央财政加大对甘肃省扶贫开发的支持力度。支持以工代赈,鼓励受灾地区群众参与建筑废墟清理、住房建设、小型基础设施修复等灾后恢复重建任务。

(二)对甘肃省列入易地扶贫搬迁规划的地震灾区需要搬迁的农村贫困人口,结合灾后恢复重建予以倾斜支持。

(三)灾后恢复重建规划编制由甘肃省负责。有关部门给予必要的帮助和支持。

(四)灾后恢复重建项目要依法开展环境影响评价,有关部门应开辟环评绿色通道,简化相关手续。

上述十项政策措施,未明确执行期限和适用地区范围的,原则上,执行期限与灾后恢复重建规划确定的灾后恢复重建期一致,适用地区范围为灾后恢复重建规划确定的受灾地区范围,具体由有关部门统筹研究确定。

各有关地区、各部门要把大力支持抗震救灾和灾后恢复重建工作作为当前的一项重要任务,切实抓紧抓好。

甘肃省人民政府对灾后恢复重建工作负总责,要全面部署灾后恢复重建工作,明确责任、分工和工作要求。要结合灾区实际,制定切实可行的政策措施落实方案、操作办法,提高资金使用效益,确保各项政策措施执行到位。

国务院有关部门要加强指导与服务,尽快制定政策措施的实施办法或细则,明确政策措施适用范围和执行期限等,并根据实际情况及时加以调整和完善。财政部、审计署等部门要按照职责分工,加强对相关政策措施执行情况的全过程监督。

国务院办公厅
2013 年 9 月 14 日

国务院办公厅关于集中开展安全生产大检查的通知

国办发明电〔2013〕16 号

各省、自治区、直辖市人民政府,国务院各部委、各直属机构:

近期,接连发生四川省泸州市泸县桃子沟煤矿"5·11"重大瓦斯爆炸事故、保利民爆济南科技有限公司"5·20"特别重大爆炸事故、吉林省长春市宝源丰禽业有限公司"6·3"特别重大火灾事故等多起重特大事故,暴露出一些地方和企业安全意识淡薄,隐患排查治理不认真,安全责任不落实,安全监管不到位,打击非法违法和治理违规违章行为不得力等问题。习近平总书记、李克强总理等中央领导同志高度重视并作出重要批示,指出接连发生的重特大安全生产事故,造成重大人员伤亡和财产损失,必须引起高度重视。人命关天,发展决不能以牺牲人的生命为代价。这必须作为一条不可逾越的红线。强调要始终把人民生命安全放在首位,以对党和人民高度负责的精神,完善制度、强化责任、加强管理、严格监管,把安全生产责任制落到实处。要求各地区、各部门必须进一步警醒起来,吸取血的教训,痛定思痛,举一反三,开展一次彻底的安全生产大检查,坚决堵塞漏洞、排除隐患,切实防范重特大安全生产事故的发生。

为深刻吸取事故教训,切实加强安全生产工作,经国务院同意,定于 2013 年 6 月至 9 月底,在全国集中开展安全生产大检查。现将有关事项通知如下:

一、总体要求和目标

认真贯彻落实习近平总书记、李克强总理等中央领导同志近期重要批示指示和国务院常务会议要求及关于加强安全生产工作的一系列决策部署,把集中开展大检查作为当前安全生产的首要任务,按照全覆盖、零容忍、严执法、重实效的总要求,全面深入排查治理安全生产隐患,堵塞安全监管漏洞,强化安全生产措施;牢牢把握制定检查方案、进行动员部署、排查问题及隐患、制定整改方案、落实整改措施、总结检查成效、建立长效机制等重点工作环节,并将检查督导贯穿于大检查的全过程。通过安全生产大检查,全面摸清安全隐患和薄弱环节,落实责任、认真整改、健全制度,彻底排除重大安全隐患,依法关闭取缔非法违法企业,增强全社会安全意识,进一步提高安全生产保障水平,有效防范和坚决遏制重特大事故发生。

二、检查范围

全国所有地区、所有行业领域,所有生产经营企事业单位和人员密集场所(以下简称"各单位")。重点检查煤矿、金属非金属矿山、尾矿库、石油天然气开采、危险化学品和烟花爆竹、冶金有色、消防、道路交通、水上交通、铁路、民航、建筑施工、水利、电力、农业机械、渔业船舶、特种设备、食品药品加工、民爆器材等行业领域。突出近期事故多发的重点地区,突出消防、煤矿、化工等重点行业,突出学校、医院、商业和文化娱乐场所、机场、港口、车站、旅游景点等人员密集的公共场所,突出农民工等人员集中的劳动密集型企业,突出反复发生、长期未得到根治的重点问题开展检查。

三、检查内容

(一)各地区、各部门、各单位贯彻落实党中央、国务院关于安全生产工作的决策部署、规定要求和中央领导同志一系列重要批示指示精神,落实安全生产管理和监督责任,开展"打非治违",强化重点行业领域安全专项整治和隐患排查治理情况,是否做到不留死角、不留盲区；是否把安全生产工作放在重中之重的位置来抓，安全生产管理和监督的责任分工是否明确、是否清晰、是否落实，是否做到监管工作的全覆盖，"打非治违"和专项整治是否取得实效。

（二）各单位安全生产主体责任是否落实到位，是否把安全第一、生命至上、保护职工生命作为最重要的职责，各类安全生产制度是否健全完善；各类建筑、设施、设备、生产经营各个环节是否符合安全生产的法律、法规、标准、制度的要求；依法依规组织生产经营建设，加强安全管理、标准化建设、科技支撑、教育培训、持证上岗、应急管理等安全生产基础工作情况；开展隐患排查整治和治理纠正违规违章行为情况。

（三）重点行业领域"打非治违"和专项整治情况。

1. 煤矿：贯彻落实《煤矿矿长保护矿工生命安全七条规定》（国家安全监管总局令第58号）和煤矿安全七项治本攻坚举措，严厉打击私挖盗采、超层越界开采等非法违法行为情况；超能力组织生产及隐患排查治理情况；停产整顿的小煤矿整改情况及复产验收情况。

2. 金属非金属矿山：开展金属非金属矿山整顿关闭、地下矿山防中毒窒息专项整治和尾矿库专项整治情况；查处超许可范围生产、非法盗采等非法违法行为和隐患排查治理情况。

3. 危险化学品和烟花爆竹：生产、储存、运输、使用、废弃等各环节隐患排查治理情况；对油库、炼油厂、港区等重点区域危险工艺、危险产品和重大危险源的监控情况；打击治理烟花爆竹企业"三超一改"、非法生产经营行为以及生产企业转产关闭退出情况。

4. 消防：各单位都要进行消防安全检查，以人员密集场所及劳动密集型企业的生产加工车间和员工集体宿舍、高层地下建筑和"三合一"、"多合一"场所为重点，开展消防安全专项整治情况，重点检查消防行政许可、消防安全责任制落实、日常防火检查巡查、建筑消防设备设施和安全出口及疏散通道是否符合要求、应急疏散预案制定及演练情况。

5. 道路交通：深入开展"道路客运安全年"活动，强化道路安全隐患排查，治理公路危险路段，查处"三超一疲劳"等严重交通违法违规行为情况；开展货车违法行为"大排查、大教育、大整治"专项行动情况。

6. 建筑施工：加强施工现场安全管理，排查治理起重机、物料提升机、施工升降机、吊笼、脚手架等设施设备安全隐患，落实防坠落、物体打击、触电、倒塌措施情况；查处违反法定建设程序和违法分包、转包、挂靠等行为情况。

7. 食品药品加工：涉及危险化学品使用设施、设备、安全附件的安全检查情况，重点部位自动监控、泄漏检测报警、通风、防火防爆设施设置维护及运行情况。

8. 民爆器材：民爆器材生产工艺、生产流程、生产设备、安全监控设备、防火防爆设备等方面隐患排查治理情况。

（四）按照"四不放过"和"科学严谨、依法依规、实事求是、注重实效"的原则，开展事故处情况，重点检查责任追究是否严格依法，各类防范措施是否落到实处，相关安全标准、制度是否进行完善。

（五）开展汛期隐患排查和隐患点除险加固，加强重大危险源监测监控情况，汛期各项安全防范措施是否落到实处；强化安全生产应急管理，健全完善预防自然灾害引发事故工作机制情况。

四、检查方式

（一）各单位都必须对本单位安全生产工作进行全面深入、细致彻底的大检查。按照相关法律法规、规程规范和技术标准要求，严格细致，认真检查事故易发的重点场所、要害部位、关键环节，排查出的隐患、问题要制表列出清单，建立台账，制订整改方案，落实整改措施、责任、资金、时限和预案，并对本单位安全生产状况进行全面评估。排查情况、整改方案和整改结果，都要经本单位主要负责人签字，在单位内部公布，接受职工群众监督，并上报当地安全监管部门和行业管理部门。中央管理的各类企事业单位要在内部认真进行检查的同时，自觉接受地方政府和相关部门的监督检查。

（二）地方各级人民政府要按照职责分工对直接监管的单位做到全覆盖，并对下级政府及辖区内各类企事业单位进行督查，要组织安全生产综合监管部门和负有安全监管职责的相关部门组成督查组，全过程进行全面检查、督查。县乡政府要对辖区内的各类单位做到全覆盖。

（三）按照管行业必须管安全、谁主管谁负责的原则，国务院有关部门要组织督查组，针对本行业领域的实际，组织指导和监督本行业领域的检查督查，对本行业领域开展安全检查的全过程进行督查、抽查，组织互查，开展专项检查、督导。各有关部门要将检查发现的重大问题及时通报有关地方政府。国务院安委会要组成督查组对各地区、各部门进行全过程督导、督查。

（四）要创新检查方式，在全面督查检查的基础上，采取明察暗访、突击夜查、回头检查、交叉检查等多种方式进行，对重大隐患，要挂牌督办、一盯到底。各地区、各部门、各单位要定期分析研究大检查工作中的问题，及时加强指导，各地区要将有关情况每月上报上一级安委会办公室，各相关部门要报同级安委会办公室。

（五）要把安全检查与严格执法相结合。对检查发现的隐患和问题，必须现场依法提出处理意见，对存在重大隐患的，要依法停产整顿，对整改落实情况进行跟踪督查，复产必须经过验收。严厉打击非法违法行为，对非法生产经营建设和经停产整顿仍未达到要求的，一律关闭取缔；对非法违法生产经营建设的有关单位和责任人，一律按规定上限予以处罚；对存在违法生产经营建设的单位，一律责令停产整顿，并严格落实监管措施；对触犯法律的有关单位和人员，一律依法严格追究法律责任。

五、有关要求

（一）加强组织领导，落实工作责任。国务院安委会统筹安排部署大检查工作，安委会办公室要加强组织协调和指导督查。地方各级政府要成立由政府负责同志牵头的安全生产大检查领导小组并明确牵头单位，结合本地实际情况，制定具体实施方案，做好动员部署，落实必要的人力、物力和财力保障，明确省、市、县、乡各级政府的责任，做到动员部署到县乡、责任落实到县乡、监督检查到县乡。国务院有关部门也要明确此项工作的负责人和牵头单位，针对本行业领域的实际制定检查方案，负责组织指导和监督本行业领域的检查督查。各省（区、市）和国务院各有关部门要将大检查工作方案、负责人、牵头单位和联络员，于6月20日前一并报国务院安委会办公室备案。

（二）加强宣传发动，引导社会参与。各地区、各部门、各单位要充分利用各种媒体，采取各种方式，对安全生产大检查进行广泛宣传发动，及时组织报道先进典型和经验。要充分发挥群众和舆论监督作用，鼓励通过"12350"举报电话举报安全隐患，及时兑现举报奖励。同时对安全检查走过场、隐患排查治理不力的，要予以公开曝光。各级安委会办公室要及时编发简报专刊，反映情况、交流经验。

（三）敢于动真碰硬，务求取得实效。各地区、各部门、各单位安全大检查要切实做到不留死角、不留盲区、不走过场，以更加"严细实"的作风，以对隐患和问题"零容忍"的态度，坚持"命"字在心、"严"字当头、敢抓敢管，忠实履行职责，带头深入基层、深入现场，督促指导，周密部署、狠抓落实，确保大检查取得实效。

（四）坚持标本兼治，构建长效机制。各地区、各部门、各单位要把安全生产大检查与"打非治违"专项行动、与安全专项整治相结合，利用现代信息手段，建立完善隐患排查治理体系。要把大检查中形成的好经验、好做法，及时总结提炼固化为规章制度和标准规范。要将安全检查贯穿于日常安全管理和监督工作中，督促企业建立横向到边、纵向到底、细化到每个岗位的隐患排查整改制度，着力提升企业安全保障水平。

在大检查工作结束后，各单位要及时将总结报告报安全监管和行业主管部门；各部门要将总结报告报本级政府和上一级主管部门；各省级人民政府和国务院各有关部门要将总结报告，于10月15日前报送国务院安委会办公室。

国务院办公厅
2013年6月9日

房屋市政工程生产安全事故报告和查处工作规程

第一条 为规范房屋市政工程生产安全事故报告和查处工作，落实事故责任追究制度，防止和减少事故发生，根据《建设工程安全生产管理条例》、《生产安全事故报告和调查处理条例》等有关规定，制定本规程。

第二条 房屋市政工程生产安全事故，是指在房屋建筑和市政基础设施工程施工过程中发生的造成人身伤亡或者重大直接经济损失的生产安全事故。

第三条 根据造成的人员伤亡或者直接经济损失，房屋市政工程生产安全事故分为以下等级：

（一）特别重大事故，是指造成30人以上死亡，或者100人以上重伤，或者1亿元以上直接经济损失的事故；

（二）重大事故，是指造成10人以上30人以下死亡，或者50人以上100人以下重伤，或者5000万元以上1亿元以下直接经济损失的事故；

（三）较大事故，是指造成3人以上10人以下死亡，或者10人以上50人以下重伤，或者1000万元以上5000万元以下直接经济损失的事故；

（四）一般事故，是指造成3人以下死亡，或者10人以下重伤，或者100万元以上1000万元以下直接经济损失的事故。

本等级划分所称的"以上"包括本数，所称的"以下"不包括本数。

第四条 房屋市政工程生产安全事故的报告，应当及时、准确、完整，任何单位和个人对事故不得迟报、漏报、谎报或者瞒报。

房屋市政工程生产安全事故的查处，应当坚持实事求是、尊重科学的原则，及时、准确地查明事故原因，总结事故教训，并对事故责任者依法追究责任。

第五条 事故发生地住房城乡建设主管部门接到施工单位负责人或者事故现场有关人员的事故报告后，应当逐级上报事故情况。

特别重大、重大、较大事故逐级上报至国务院住房城乡建设主管部门，一般事故逐级上报至省级住房城乡建设主管部门。

必要时，住房城乡建设主管部门可以越级上报事故情况。

第六条 国务院住房城乡建设主管部门应当在特别重大和重大事故发生后4小时内，向国务院上报事故情况。

省级住房城乡建设主管部门应当在特别重大、重大事故或者可能演化为特别重大、重大的事故发生后3小时内，向国务院住房城乡建设主管部门上报事故情况。

第七条 较大事故、一般事故发生后，住房城乡建设主管部门每级上报事故情况的时间不得超过2小时。

第八条 事故报告主要应当包括以下内容：

（一）事故的发生时间、地点和工程项目名称；

（二）事故已经造成或者可能造成的伤亡人数（包括下落不明人数）；

（三）事故工程项目的建设单位及项目负责人、施工单位及其法定代表人和项目经理、监理单位及其法定代表人和项目总监；

（四）事故的简要经过和初步原因；

（五）其他应当报告的情况。

第九条 省级住房城乡建设主管部门应当通过传真向国务院住房城乡建设主管部门书面上报特别重大、重大、较大事故情况。

特殊情形下确实不能按时书面上报的，可先电话报告，了解核实情况后及时书面上报。

第十条 事故报告后出现新情况，以及事故发生之日起30日内伤亡人数发生变化的，住房城乡建设主管部门应当及时补报。

第十一条 住房城乡建设主管部门应当及时通报事故基本情况以及事故工程项目的建设单位及项目负责人、施工单位及其法定代表人和项目经理、监理单位及其法定代表人和项目总监。

国务院住房城乡建设主管部门对特别重大、重大、较大事故进行全国通报。

第十二条 住房城乡建设主管部门应当按照有关人民政府的要求，依法组织或者参与事故调查工作。

第十三条 住房城乡建设主管部门应当积极参加事故调查工作，应当选派具有事故调查所需要的知识和专长，并与所调查的事故没有直接利害关系的人员参加事故调查工作。

参加事故调查工作的人员应当诚信公正、恪尽职守，遵守事故调查组的纪律。

第十四条 住房城乡建设主管部门应当按照有关人民政府对事故调查报告的批复，依照法律法规，对事故责任企业实施吊销资质证书或者降低资质等级、吊销或者暂扣安全生产许可证、责令停业整顿、罚款等处罚，对事故责任人员实施吊销执业资格注册证书或者责令停止执业、吊销或者暂扣安全生产考核合格证书、罚款等处罚。

第十五条 对事故责任企业或者人员的处罚权限在上级住房城乡建设主管部门的，当地住房城乡建设主管部门应当在收到有关人民政府对事故调查报告的批复后15日内，逐级将事故调查报告（附具有关证据材料）、有关人民政府批复文件、本部门处罚建议等材料报送至有处罚权限的住房城乡建设主管部门。

接收到材料的住房城乡建设主管部门应当按照有关人民政府对事故调查报告的批复，依照法律法规，对事故责任企业或者人员实施处罚，并向报送材料的住房城乡建设主管部门反馈处罚情况。

第十六条 对事故责任企业或者人员的处罚权限在其他省级住房城乡建设主管部门的，事故发生地省级住房城乡建设主管部门应当将事故调查报告

（附具有关证据材料）、有关人民政府批复文件、本部门处罚建议等材料转送至有处罚权限的其他省级住房城乡建设主管部门，同时抄报国务院住房城乡建设主管部门。

接收到材料的其他省级住房城乡建设主管部门应当按照有关人民政府对事故调查报告的批复，依照法律法规，对事故责任企业或者人员实施处罚，并向转送材料的事故发生地省级住房城乡建设主管部门反馈处罚情况，同时抄报国务院住房城乡建设主管部门。

第十七条 住房城乡建设主管部门应当按照规定，对下级住房城乡建设主管部门的房屋市政工程生产安全事故查处工作进行督办。

国务院住房城乡建设主管部门对重大、较大事故查处工作进行督办，省级住房城乡建设主管部门对一般事故查处工作进行督办。

第十八条 住房城乡建设主管部门应当对发生事故的企业和工程项目吸取事故教训、落实防范和整改措施的情况进行监督检查。

第十九条 住房城乡建设主管部门应当及时向社会公布事故责任企业和人员的处罚情况，接受社会监督。

第二十条 对于经调查认定为非生产安全事故的，住房城乡建设主管部门应当在事故性质认定后10日内，向上级住房城乡建设主管部门报送有关材料。

第二十一条 省级住房城乡建设主管部门应当按照规定，通过"全国房屋市政工程生产安全事故信息报送及统计分析系统"及时、全面、准确地报送事故简要信息、事故调查信息和事故处罚信息。

第二十二条 住房城乡建设主管部门应当定期总结分析事故报告和查处工作，并将有关情况报送上级住房城乡建设主管部门。

国务院住房城乡建设主管部门定期对事故报告和查处工作进行通报。

第二十三条 省级住房城乡建设主管部门可结合本地区实际，依照本规程制定具体实施细则。

第二十四条 本规程自印发之日起施行。

（来源：《住房城乡建设部关于印发〈房屋市政工程生产安全事故报告和查处工作规程〉的通知》建质〔2013〕4号）

住房城乡建设部关于加强预拌混凝土质量管理工作的通知

建质〔2013〕84号

各省、自治区住房城乡建设厅，直辖市建委（建交委、规委），新疆生产建设兵团建设局：

近期，一些地方违反工程建设相关法律法规和技术标准，违规生产、使用不合格预拌混凝土，甚至使用不合格的海砂、麻刚沙生产预拌混凝土，给工程质量安全带来隐患。为进一步规范预拌混凝土生产和使用行为，确保建筑工程质量，现就加强预拌混凝土质量管理工作通知如下：

一、高度重视预拌混凝土质量管理工作

预拌混凝土是涉及建筑工程结构安全的重要材料，违规生产、使用不合格预拌混凝土，会直接影响建筑工程质量和结构安全，危害人民群众生命财产安全。各级住房城乡建设主管部门和预拌混凝土生产、使用等有关单位应进一步提高认识，高度重视预拌混凝土质量，积极采取有效措施，加强监督，强化预拌混凝土生产和使用过程管理，坚决遏制生产和使用不合格预拌混凝土的违法违规行为，保障人民群众生命财产安全。

二、切实保证预拌混凝土生产质量

预拌混凝土生产企业应建立健全生产管理制度、产品质量保证体系和产品质量跟踪制度，严格执行有关法律法规和技术标准。加强原材料进场检验和质量控制，建立完善原材料采购管理制度和原材料使用台账，实现原材料使用的可追溯。禁止使用不合格原材料，严格按照现行《普通混凝土配合比设计规程》（JGJ 55）、《混凝土质量控制标准》（GB 50164）和《预拌混凝土》（GB/T 14902）等标准规范生产、运输预拌混凝土。加强预拌混凝土出厂检验，

按规定提供预拌混凝土发货单和出厂合格证，保证预拌混凝土产品质量。

三、加强预拌混凝土施工过程质量控制

预拌混凝土施工必须严格按照国家标准规范进行，严禁使用不合格预拌混凝土。设计单位应根据建筑工程设计使用年限和混凝土结构暴露的环境类别，严格按照现行《混凝土结构设计规范》（GB 50010）等技术标准进行混凝土结构设计。施工单位应严格按照现行《混凝土质量控制标准》（GB 50164）及相关技术标准的要求，加强施工现场预拌混凝土质量控制，建立预拌混凝土进场检验和使用台账，严格执行进场验收、坍落度检测和抗压、抗渗强度等见证取样检验制度。严格控制预拌混凝土坍落度，严禁在泵送和浇筑过程中随意加水，严格按照有关规定进行浇筑施工和养护，确保预拌混凝土施工质量。监理单位应认真履行监理职责，对预拌混凝土试块现场取样、留置、养护和送检过程进行见证，对施工单位使用预拌混凝土的情况进行监督，督促施工单位落实质量控制措施。工程质量检测单位应严格按照相关技术标准规范检验，提供真实、准确的检验数据，对检验不合格的预拌混凝土应按要求及时反馈委托检验单位，并及时向当地住房城乡建设主管部门报告，严格禁止不合格预拌混凝土用于建筑工程。

四、加大预拌混凝土质量监督管理力度

各级住房城乡建设主管部门要把加强预拌混凝土质量监督管理作为一项长期性、基础性的重点工作来抓，逐步建立和完善监管信息平台，加强对预拌混凝土生产企业及工程建设、施工、监理、检测等单位的监管，加大不合格预拌混凝土生产企业的市场清出力度，对违反规定生产、运输、使用预拌混凝土以及检测数据弄虚作假的行为要依法严肃查处。各地要建立健全不合格企业曝光机制，定期向社会公布质量不合格的预拌混凝土生产企业名单。要重点加强对建筑用砂的使用监管，严禁使用超标海砂及麻刚沙等不合格建筑用砂拌制混凝土，严防氯离子含量超标等质量不合格的预拌混凝土用于建筑工程，确保建筑工程质量。

中华人民共和国住房和城乡建设部
2013 年 5 月 24 日

房屋建筑和市政基础设施工程竣工验收规定

第一条 为规范房屋建筑和市政基础设施工程的竣工验收，保证工程质量，根据《中华人民共和国建筑法》和《建设工程质量管理条例》，制定本规定。

第二条 凡在中华人民共和国境内新建、扩建、改建的各类房屋建筑和市政基础设施工程的竣工验收（以下简称工程竣工验收），应当遵守本规定。

第三条 国务院住房和城乡建设主管部门负责全国工程竣工验收的监督管理。

县级以上地方人民政府建设主管部门负责本行政区域内工程竣工验收的监督管理，具体工作可以委托所属的工程质量监督机构实施。

第四条 工程竣工验收由建设单位负责组织实施。

第五条 工程符合下列要求方可进行竣工验收：

（一）完成工程设计和合同约定的各项内容。

（二）施工单位在工程完工后对工程质量进行了检查，确认工程质量符合有关法律、法规和工程建设强制性标准，符合设计文件及合同要求，并提出工程竣工报告。工程竣工报告应经项目经理和施工单位有关负责人审核签字。

（三）对于委托监理的工程项目，监理单位对工程进行了质量评估，具有完整的监理资料，并提出工程质量评估报告。工程质量评估报告应经总监理工程师和监理单位有关负责人审核签字。

（四）勘察、设计单位对勘察、设计文件及施工过程中由设计单位签署的设计变更通知书进行了检查，并提出质量检查报告。质量检查报告应经该项目勘察、设计负责人和勘察、设计单位有关负责人审核签字。

（五）有完整的技术档案和施工管理资料。

（六）有工程使用的主要建筑材料、建筑构配件和设备的进场试验报告，以及工程质量检测和功能性试验资料。

（七）建设单位已按合同约定支付工程款。

（八）有施工单位签署的工程质量保修书。

(九)对于住宅工程,进行分户验收并验收合格,建设单位按户出具《住宅工程质量分户验收表》。

(十)建设主管部门及工程质量监督机构责令整改的问题全部整改完毕。

(十一)法律、法规规定的其他条件。

第六条 工程竣工验收应当按以下程序进行:

(一)工程完工后,施工单位向建设单位提交工程竣工报告,申请工程竣工验收。实行监理的工程,工程竣工报告须经总监理工程师签署意见。

(二)建设单位收到工程竣工报告后,对符合竣工验收要求的工程,组织勘察、设计、施工、监理等单位组成验收组,制定验收方案。对于重大工程和技术复杂工程,根据需要可邀请有关专家参加验收组。

(三)建设单位应当在工程竣工验收7个工作日前将验收的时间、地点及验收组名单书面通知负责监督该工程的工程质量监督机构。

(四)建设单位组织工程竣工验收。

1. 建设、勘察、设计、施工、监理单位分别汇报工程合同履约情况和在工程建设各个环节执行法律、法规和工程建设强制性标准的情况;

2. 审阅建设、勘察、设计、施工、监理单位的工程档案资料;

3. 实地查验工程质量;

4. 对工程勘察、设计、施工、设备安装质量和各管理环节等方面作出全面评价,形成经验收组人员签署的工程竣工验收意见。

参与工程竣工验收的建设、勘察、设计、施工、监理等各方不能形成一致意见时,应当协商提出解决的方法,待意见一致后,重新组织工程竣工验收。

第七条 工程竣工验收合格后,建设单位应当及时提出工程竣工验收报告。工程竣工验收报告主要包括工程概况,建设单位执行基本建设程序情况,对工程勘察、设计、施工、监理等方面的评价,工程竣工验收时间、程序、内容和组织形式,工程竣工验收意见等内容。

工程竣工验收报告还应附有下列文件:

(一)施工许可证。

(二)施工图设计文件审查意见。

(三)本规定第五条(二)、(三)、(四)、(八)项规定的文件。

(四)验收组人员签署的工程竣工验收意见。

(五)法规、规章规定的其他有关文件。

第八条 负责监督该工程的工程质量监督机构应当对工程竣工验收的组织形式、验收程序、执行验收标准等情况进行现场监督,发现有违反建设工程质量管理规定行为的,责令改正,并将对工程竣工验收的监督情况作为工程质量监督报告的重要内容。

第九条 建设单位应当自工程竣工验收合格之日起15日内,依照《房屋建筑和市政基础设施工程竣工验收备案管理办法》(住房和城乡建设部令第2号)的规定,向工程所在地的县级以上地方人民政府建设主管部门备案。

第十条 抢险救灾工程、临时性房屋建筑工程和农民自建低层住宅工程,不适用本规定。

第十一条 军事建设工程的管理,按照中央军事委员会的有关规定执行。

第十二条 省、自治区、直辖市人民政府住房和城乡建设主管部门可以根据本规定制定实施细则。

第十三条 本规定由国务院住房和城乡建设主管部门负责解释。

第十四条 本规定自发布之日起施行。《房屋建筑工程和市政基础设施工程竣工验收暂行规定》(建建〔2000〕142号)同时废止。

(来源:《住房城乡建设部关于印发〈房屋建筑和市政基础设施工程竣工验收规定〉的通知》建质〔2013〕171号)

住房城乡建设部办公厅关于开展建筑施工安全生产标准化考评工作的指导意见

建办质〔2013〕11号

各省、自治区住房城乡建设厅,直辖市建委(建交委),新疆生产建设兵团建设局:

2005年以来,各地住房城乡建设主管部门按照我部《关于开展建筑施工安全质量标准化工作的指导意见》（建质〔2005〕232号）要求，积极开展建筑施工安全生产标准化工作，有力促进了全国建筑安全生产形势的持续稳定好转。为进一步贯彻落实《国务院安委会关于深入开展企业安全生产标准化建设的指导意见》（安委〔2011〕4号）精神，深入推进建筑施工安全生产标准化建设，提高建筑施工企业及施工项目安全生产管理水平，防范和遏制生产安全事故发生，我部决定开展建筑施工安全生产标准化考评工作，现提出如下指导意见：

一、考评目的

规范建筑施工企业及施工项目安全生产管理，全面落实安全生产责任制，加大安全生产投入，改善安全生产条件，增强从业人员安全素质，提高事故预防能力，促进建筑安全生产形势持续稳定好转。

二、考评主体

建筑施工安全生产标准化考评工作包括建筑施工企业安全生产标准化考评和建筑施工项目安全生产标准化考评。建筑施工项目安全生产标准化考评工作是建筑施工企业安全生产标准化考评工作的重要基础。

住房城乡建设部负责中央管理的建筑施工企业安全生产标准化考评工作。省级住房城乡建设主管部门负责中央管理以外的本行政区内的建筑施工企业安全生产标准化考评工作。建筑施工项目所在地县级及以上住房城乡建设主管部门负责建筑施工项目安全生产标准化考评工作。

建筑施工安全生产标准化考评的具体工作可由县级及以上住房城乡建设主管部门委托建筑安全监管机构负责实施。

三、考评实施

（一）建筑施工企业安全生产标准化考评实施

建筑施工企业安全生产标准化考评工作应当以建筑施工企业自评为基础，考评主体在对其安全生产许可证延期审查时，同步开展安全生产标准化考评工作。

建筑施工企业应当成立以法定代表人为第一责任人的安全生产标准化工作机构，明确工作目标，制定工作计划，组织开展企业安全生产标准化工作。建筑施工企业应每年依据《施工企业安全生产评价标准》（JGJ/T77-2010）等开展自评工作，并将所属建筑施工项目安全生产标准化开展情况作为企业自评工作的主要内容，形成年度自评报告。

建筑施工企业在申请安全生产许可证延期时，应当提交近三年企业安全生产标准化年度自评报告。考评主体在对建筑施工企业安全生产许可证进行延期审查时，应根据日常安全监管情况、生产安全事故情况及相关规定对企业安全生产标准化进行达标评定。

（二）建筑施工项目安全生产标准化考评实施

建筑施工项目安全生产标准化考评工作应当以建筑施工项目自评为基础，考评主体在对施工项目实施安全监管时，同步开展安全生产标准化考评工作。

建筑施工项目应当成立由施工单位、建设单位、监理单位组成的安全生产标准化工作机构，明确工作目标，制定工作计划，组织实施建筑施工项目安全生产标准化工作。项目实施过程中，依据《建筑施工安全检查标准》（JGJ 59—2011）等开展自评工作，形成自评手册。

考评主体在对施工项目实施日常安全监管时，应当监督检查建筑施工项目安全生产标准化开展情况。建筑施工项目竣工时，施工单位应当提交项目施工期间安全生产标准化自评手册和自评报告，考评主体应根据日常安全监管情况、生产安全事故情况及相关规定对施工项目安全生产标准化进行达标评定。

四、考评奖惩

为深入推进建筑施工企业及施工项目安全生产标准化建设，全面提高安全生产管理水平，对建筑施工安全生产标准化考评成绩突出且未发生生产安全事故的企业和项目，可评为"建筑施工安全生产标准化示范企业"和"建筑施工安全生产标准化示范项目"。对安全生产标准化未达标的建筑施工企业，责令限期整改；逾期仍不达标的，视其安全生产条件降低情况依法暂扣或吊销安全生产许可证。对不符合安全生产标准化达标要求的建筑施工项目，责令停工，限期整改；整改不到位的，对相关单位及人员依法予以处罚。

五、工作要求

（一）提高认识，加强领导。推进建筑施工安全生产标准化建设是一项重要的基础性工作，是促使建筑施工企业建立自我约束、持续改进的安全生产长效机制的重要举措，是推动建筑安全生产状况持续稳定好转的重要手段。各地住房城乡建设主管部门要充分认识推进建筑施工安全生产标准化建设工作的重要性，切实加强领导，认真组织开展好建筑施工安全生产标准化考评工作。要加大对建筑施工企业及施工项目的督促力度，采取措施增强企业推进建筑施工安全生产标准化建设的自觉性和主动性，确保建筑施工安全生产标准化工作取得实效。

（二）完善措施，有序推进。各地住房城乡建设主管部门要根据本地区实际情况，制定切实可行的考评办法，有序推进建筑施工安全生产标准化考评工作。要注重四个有机结合：一是建筑施工企业安全生产标准化考评工作与安全生产许可证的动态考核和延期审查工作有机结合，二是建筑施工项目安全生产标准化考评工作与日常安全监管工作有机结合，三是建筑施工安全生产标准化示范项目评选与各地已开展的创建文明安全工地等活动有机结合，四是建筑施工企业安全生产标准化考评工作与建筑施工项目安全生产标准化考评工作有机结合。

（三）公开信息，接受监督。各地住房城乡建设主管部门要建立完善信息公开制度，定期公告建筑施工安全生产标准化考评工作情况，通报批评不达标建筑施工企业和不达标建筑施工项目的建设单位、施工单位、监理单位，通报表扬示范企业和示范工程的建设单位、施工单位、监理单位。建筑施工企业及施工项目的安全生产标准化情况应当纳入建筑市场各方主体质量安全管理信用档案，并接受社会舆论监督。各级住房城乡建设主管部门和建筑施工企业等要尽快建立建筑施工安全生产标准化信息平台，为建筑施工安全生产标准化考评工作创造有利条件。

中华人民共和国住房和城乡建设部办公厅
2013 年 3 月 11 日

预防建筑施工起重机械脚手架等坍塌事故专项整治工作方案

按照《国务院安委会关于深化工程建设领域预防施工起重机械脚手架等坍塌事故专项整治工作的通知》（安委〔2013〕5 号）的要求，结合我部建筑安全生产工作部署，现就预防建筑施工起重机械、脚手架和模板支撑系统等坍塌事故专项整治工作制定方案如下：

一、整治目标

通过继续深入开展预防建筑施工起重机械脚手架等坍塌事故专项整治工作，进一步落实企业的安全生产主体责任，及时消除施工现场存在的安全隐患，有效防范和遏制建筑起重机械、脚手架和模板支撑系统等坍塌事故，促进全国建筑安全生产形势持续稳定好转。

二、整治范围和重点

（一）整治范围

房屋建筑和市政基础设施工程。

（二）整治重点

1. 建设单位、施工单位、监理单位、钢管扣件租赁单位以及建筑起重机械租赁、安装、使用、检验检测等单位安全生产责任落实情况；

2. 施工企业主要负责人、项目负责人、专职安全生产管理人员持证上岗情况；建筑起重机械司机、安装拆卸工、司索工、架子工等特种作业人员持证上岗情况；

3. 建筑起重机械产权备案、安装告知、检验检测、安装验收、使用登记、维修保养等制度执行情况；

4. 模板支撑系统搭设前材料及基础验收、安全技术交底、搭设后检查验收，以及混凝土浇筑工序、现场监测等制度执行情况；

5. 建筑起重机械安装拆卸、脚手架及模板支撑系统搭设拆除等危险性较大分部分项工程安全专项施工方案编制、审核、专家论证及实施情况；

6. 建筑起重机械安全监控系统，定型化、工具式模板支撑系统等先进技术推广应用情况；

7. 建筑起重机械、脚手架及模板支撑系统坍塌事故调查及处理情况。

三、时段安排

（一）部署启动阶段：2013 年 6 月底之前。各地住房城乡建设主管部门要结合本地区建筑安全生产的实际情况，认真分析安全生产现状，查找问题，提出对策，制定专项整治工作方案，并做好相应的部署、落实工作。

（二）自查自纠阶段：2013年7月至9月。各地住房城乡建设主管部门要指导、督促本辖区内的建筑施工企业和在建工程项目学习宣传及贯彻落实专项整治工作方案有关要求，认真开展自查自纠，对发现的问题要及时予以纠正。

（三）检查督导阶段：2013年10月至11月中旬。各地住房城乡建设主管部门要在企业、项目自查自纠的基础上对本地区重点企业和重点工程进行检查。对发现的问题和隐患要立即督促企业进行整改。

我部将在各地检查的基础上，适时对部分地区专项整治工作进行督查。

（四）总结分析阶段：2013年11月下旬至12月。各地住房城乡建设主管部门要对本地区专项整治工作开展情况进行全面总结分析，根据检查的有关情况，研究提出深入开展专项整治工作的意见和建议，形成专项整治工作总结报告。

四、工作要求

（一）加强领导，周密部署。各地住房城乡建设主管部门要充分认识开展专项整治工作的重要意义，加强组织，落实责任，精心安排，认真部署，成立专项整治工作领导小组，针对本地区建筑安全生产工作实际情况，制定切实可行的工作方案，明确专项整治工作的重点、步骤和要求，并认真组织实施。

（二）突出重点，务求实效。各地住房城乡建设主管部门要结合本地实际，有针对性的开展检查工作，突出重点，务求实效。要针对建筑行业特点，加强对生产安全事故多发的重点地区、重点企业和重点工程的监督检查，重点检查工程项目中涉及的建筑起重机械、脚手架及模板支撑系统等危险性较大的分部分项工程安全管理情况。对发现的问题和隐患，限期逐一整改到位；对于隐患治理及整改不力，特别是引发事故的，要依法严厉查处。

（三）统筹工作，有序推进。各地住房城乡建设主管部门要认真统筹安排建筑安全生产各项工作，把专项整治与深入开展"打非治违"专项行动、隐患排查治理工作、建筑施工安全生产标准化等各项工作有机结合起来，相互促进、共同推进。要抓好正反两方面典型，强化警示教育，推行好的经验和做法，全面提升建筑安全管理水平。

各地住房城乡建设主管部门要做好相关信息的汇总和报送工作。2013年11月30日之前，要将本地区专项整治工作开展情况进行总结，形成报告报送我部工程质量安全监管司。

（来源：《关于印发〈预防建筑施工起重机械脚手架等坍塌事故专项整治工作方案〉的通知》建安办函〔2013〕10号）

八、建设科技与建筑节能类

国务院关于加快发展节能环保产业的意见

国发〔2013〕30号

各省、自治区、直辖市人民政府，国务院各部委、各直属机构：

资源环境制约是当前我国经济社会发展面临的突出矛盾。解决节能环保问题，是扩内需、稳增长、调结构，打造中国经济升级版的一项重要而紧迫的任务。加快发展节能环保产业，对拉动投资和消费，形成新的经济增长点，推动产业升级和发展方式转变，促进节能减排和民生改善，实现经济可持续发展和确保2020年全面建成小康社会，具有十分重要的意义。为加快发展节能环保产业，现提出以下意见：

一、总体要求

（一）指导思想。牢固树立生态文明理念，立足当前、着眼长远，围绕提高产业技术水平和竞争力，以企业为主体、以市场为导向、以工程为依托，强化政府引导，完善政策机制，培育规范市场，着力加强技术创新，大力提高技术装备、产品、服务水平，促进节能环保产业快速发展，释放市场潜在需求，形成新的增长点，为扩内需、稳增长、调结构，增强创新能力，改善环境质量，保障改善民生和加快生态文明建设作出贡献。

（二）基本原则。

创新引领，服务提升。加快技术创新步伐，突破关键核心技术和共性技术，缩小与国际先进水平的差距，提升技术装备和产品的供给能力。推行合同能源管理、特许经营、综合环境服务等市场化新型节能环保服务业态。

需求牵引，工程带动。营造绿色消费政策环境，推广节能环保产品，加快实施节能、循环经济和环境保护重点工程，释放节能环保产品、设备、服务的消费和投资需求，形成对节能环保产业发展的有力拉动。

法规驱动，政策激励。健全节能环保法规和标准，强化监督管理，完善政策机制，加强行业自律，规范市场秩序，形成促进节能环保产业快速健康发展的激励和约束机制。

市场主导，政府引导。充分发挥市场配置资源的基础性作用，以市场需求为导向，用改革的办法激发各类市场主体的积极性。针对产业发展的薄弱环节和瓶颈制约，有效发挥政府规划引导、政策激励和调控作用。

（三）主要目标。

产业技术水平显著提升。企业技术创新和科技成果集成、转化能力大幅提高，能源高效和分质梯级利用、污染物防治和安全处置、资源回收和循环利用等关键核心技术研发取得重点突破，装备和产品的质量、性能显著改善，形成一大批拥有知识产权和国际竞争力的重大装备和产品，部分关键共性技术达到国际先进水平。

国产设备和产品基本满足市场需求。通过引进消化吸收和再创新，努力提高产品技术水平，促进我国节能环保关键材料以及重要设备和产品在工业、农业、服务业、居民生活各领域的广泛应用，为实现节能环保目标提供有力的技术保障。用能单位广泛采用"节能医生"诊断、合同能源管理、能源管理师制度等节能服务新机制改善能源管理，城镇污水、垃圾处理和脱硫、脱硝设施运营基本实现专业化、市场化、社会化，综合环境服务得到大力发展。建设一批技术先进、配套健全、发展规范的节能环保产业示范基地，形成以大型骨干企业为龙头、广大中小企业配套的产业良性发展格局。

辐射带动作用得到充分发挥。完善激励约束机制，建立统一开放、公平竞争、规范有序的市场秩序。节能环保产业产值年均增速在15%以上，到2015年，总产值达到4.5万亿元，成为国民经济新的支柱产业。通过推广节能环保产品，有效拉动消费需求；通过增强工程技术能力，拉动节能环保社会投资增长，有力支撑传统产业改造升级和经济发展方式加快转变。

二、围绕重点领域，促进节能环保产业发展水平全面提升

当前，要围绕市场应用广、节能减排潜力大、需求拉动效应明显的重点领域，加快相关技术装备的研发、推广和产业化，带动节能环保产业发展水平全面提升。

（一）加快节能技术装备升级换代，推动重点领域节能增效。

推广高效锅炉。发展一批高效锅炉制造基地，培育一批高效锅炉大型骨干生产企业。重点提高锅炉自动化控制、主辅机匹配优化、燃料品种适应、低温烟气余热深度回收、小型燃煤锅炉高效燃烧等技术水平，加大高效锅炉应用推广力度。

扩大高效电动机应用。推动高效电动机产业加快发展，建设15~20个高效电机及其控制系统产业化基地。大力发展三相异步电动机、稀土永磁无铁芯电机等高效电机产品，提高高效电机设计、匹配和关键材料、装备，以及高压变频、无功补偿等控制系统的技术水平。

发展蓄热式燃烧技术装备。建设一批以高效燃烧、换热及冷却技术为特色的制造基地，加快重大技术、装备的产业化示范和规模化应用。重点是综合采用优化炉膛结构、利用预热、强化辐射传热等节能技术集成，提高加热炉燃烧效率；在预混和蓄热结合、蓄热体材料研发、蓄热式燃烧器小型化方面力争取得突破。

加快新能源汽车技术攻关和示范推广。加快实施节能与新能源汽车技术创新工程，大力加强动力电池技术创新，重点解决动力电池系统安全性、可

靠性和轻量化问题，加强驱动电机及核心材料、电控等关键零部件研发和产业化，加快完善配套产业和充电设施，示范推广纯电动汽车和插电式混合动力汽车、空气动力车辆等。

推动半导体照明产业化。整合现有资源，提高产业集中度，培育10~15家掌握核心技术、拥有知识产权和知名品牌的龙头企业，建设一批产业链完善的产业集聚区，关键生产设备、重要原材料实现本地化配套。加快核心材料、装备和关键技术的研发，着力解决散热、模块化、标准化等重大技术问题。

（二）提升环保技术装备水平，治理突出环境问题。

示范推广大气治理技术装备。加快大气治理重点技术装备的产业化发展和推广应用。大力发展脱硝催化剂制备和再生、资源化脱硫技术装备，推进耐高温、耐腐蚀纤维及滤料的开发应用，加快发展选择性催化还原技术和选择性非催化还原技术及其装备，以及高效率、高容量、低阻力微粒过滤器等汽车尾气净化技术装备，实施产业化示范工程。

开发新型水处理技术装备。推动形成一批水处理技术装备产业化基地。重点发展高通量、持久耐用的膜材料和组件，大型臭氧发生器，地下水高效除氟、砷、硫酸盐技术，高浓度难降解工业废水成套处理装备，污泥减量化、无害化、资源化技术装备。

推动垃圾处理技术装备成套化。采取开展示范应用、发布推荐目录、完善工程标准等多种手段，大力推广垃圾处理先进技术和装备。重点发展大型垃圾焚烧设施炉排及其传动系统、循环流化床预处理工艺技术、焚烧烟气净化技术和垃圾渗滤液处理技术等，重点推广300吨/日以上生活垃圾焚烧炉及烟气净化成套装备。

攻克污染土壤修复技术。重点研发污染土壤原位稳定剂、异位固定剂，受污染土壤生物修复技术、安全处理处置和资源化利用技术，实施产业化示范工程，加快推广应用。

加强环境监测仪器设备的开发应用。提高细颗粒物（PM2.5）等监测仪器设备的稳定性，完善监测数据系统，提升设备生产质量控制水平。开发大气、水、重金属在线监测仪器设备，培育发展一批掌握核心技术、产品质量可靠、市场认可度高的骨干企业。加快大气、水等环境质量在线实时监测站点及网络建设，配备技术先进、可靠性高的环境监测仪器设备。

（三）发展资源循环利用技术装备，提高资源产出率。

提升再制造技术装备水平。提升再制造产业创新能力，推广纳米电刷镀、激光熔覆成形等产品再制造技术。研发无损拆解、表面预处理、零部件疲劳剩余寿命评估等再制造技术装备。重点支持建立10~15个国家级再制造产业聚集区和一批重大示范项目，大幅度提高基于表面工程技术的装备应用率。

建设"城市矿产"示范基地。推动再生资源清洁化回收、规模化利用和产业化发展。推广大型废钢破碎剪切、报废汽车和废旧电器破碎分选等技术。提高稀贵金属精细分离提纯、塑料改性和混合废塑料高效分拣、废电池全组分回收利用等装备水平。支持建设50个"城市矿产"示范基地，加快再生资源回收体系建设，形成再生资源加工利用能力8000万吨以上。

深化废弃物综合利用。推动资源综合利用示范基地建设，鼓励产业聚集，培育龙头企业。积极发展尾矿提取有价元素、煤矸石生产超细纤维等高值化利用关键共性技术及成套装备。开发利用产业废物生产新型建材等大型化、精细化、成套化技术装备。加大废旧电池、荧光灯回收利用技术研发。支持大宗固体废物综合利用，提高资源综合利用产品的技术含量和附加值。推动粮棉主产区秸秆综合利用。加快建设餐厨废弃物无害化处理和资源化利用设施。

推动海水淡化技术创新。培育一批集研发、孵化、生产、集成、检验检测和工程技术服务于一体的海水淡化产业基地。示范推广膜法、热法和耦合法海水淡化技术以及电水联产海水淡化模式，完善膜组件、高压泵、能量回收装置等关键部件及系统集成技术。

（四）创新发展模式，壮大节能环保服务业。

发展节能服务产业。落实财政奖励、税收优惠和会计制度，支持重点用能单位采用合同能源管理方式实施节能改造，开展能源审计和"节能医生"诊断，打造"一站式"合同能源管理综合服务平台，专业化节能服务公司的数量、规模和效益快速增长。积极探索节能量交易等市场化节能机制。

扩大环保服务产业。在城镇污水处理、生活垃圾处理、烟气脱硫脱硝、工业污染治理等重点领域，鼓励发展包括系统设计、设备成套、工程施工、调试运行、维护管理的环保服务总承包和环境治理特许经营模式，专业化、社会化服务占全行业的比例大幅提高。加快发展生态环境修复、环境风险与损害评价、排污权交易、绿色认证、环境污染责任保险等新兴环保服务业。

培育再制造服务产业。支持专业化公司利用表面修复、激光等技术为工矿企业设备的高值易损部件提供个性化再制造服务，建立再制造旧件回收、产品营销、溯源等信息化管理系统。推动构建废弃物逆向物流交易平台。

三、发挥政府带动作用，引领社会资金投入节能环保工程建设

（一）加强节能技术改造。发挥财政资金的引导带动作用，采取补助、奖励、贴息等方式，推动企业实施锅炉（窑炉）和换热设备等重点用能装备节能改造，全面推动电机系统节能、能量系统优化、余热余压利用、节约和替代石油、交通运输节能、绿色照明、流通零售领域节能等节能重点工程，提高传统行业的工程技术节能能力，加快节能技术装备的推广应用。开展数据中心节能改造，降低数据中心、超算中心服务器、大型计算机冷却耗能。

（二）实施污染治理重点工程。落实企业污染治理主体责任，加强大气污染治理，开展多污染物协同防治，督促推动重点行业企业加大投入，积极采用先进环保工艺、技术和装备，加快脱硫脱硝除尘改造，炼油行业加快工艺技术改造，提高油品标准，限期淘汰黄标车、老旧汽车。启动实施安全饮水、地表水保护、地下水保护、海洋保护等清洁水行动，加快重点流域、清水廊道、规模化畜禽养殖场等重点水污染防治工程建设，推动重点高耗水行业节水改造。实施土壤环境保护工程，以重金属和有机污染物为重点，选择典型区域开展土壤污染治理与修复试点示范。加大重点行业清洁生产推行力度，支持企业采用源头减量、减毒、减排以及过程控制等先进成熟清洁生产技术，实施汞污染削减、铅污染削减、高毒农药替代工程。

（三）推进园区循环化改造。引导企业和地方政府加大资金投入，推进园区（开发区）循环化改造，推动各类园区建设废物交换利用、能量分质梯级利用、水分类利用和循环使用、公共服务平台等基础设施，实现园区内项目、企业、产业有效组合和循环链接，打造园区的"升级版"。推动一批国家级和省级开发区提高主要资源产出率、土地产出率、资源循环利用率，基本实现"零排放"。

（四）加快城镇环境基础设施建设。以地方政府和企业投入为主，中央财政适当支持，加快污水垃圾处理设施和配套管网地下工程建设，推进建筑中水利用和城镇污水再生利用。探索城市垃圾处理新出路，实施协同资源化处理城市废弃物示范工程。到2015年，所有设市城市和县城具备污水集中处理能力和生活垃圾无害化处理能力，城镇污水处理规模达到2亿立方米/日以上；城镇生活垃圾无害化处理能力达到87万吨/日以上，生活垃圾焚烧处理设施能力达到无害化处理总能力的35%以上。加强城镇园林绿化建设，提升城镇绿地功能，降减热岛效应。推动生态园林城市建设。

（五）开展绿色建筑行动。到2015年，新增绿色建筑面积10亿平方米以上，城镇新建建筑中二星级及以上绿色建筑比例超过20%；建设绿色生态城（区）。提高新建建筑节能标准，推动政府投资建筑、保障性住房及大型公共建筑率先执行绿色建筑标准，新建建筑全面实行供热按户计量；推进既有居住建筑供热计量和节能改造；实施供热管网改造2万公里；在各级机关和教科文卫系统创建节约型公共机构2000家，完成公共机构办公建筑节能改造6000万平方米，带动绿色建筑建设改造投资和相关产业发展。大力发展绿色建材，推广应用散装水泥、预拌混凝土、预拌砂浆，推动建筑工业化。积极推进太阳能发电等新能源和可再生能源建筑规模化应用，扩大新能源产业国内市场需求。

四、推广节能环保产品，扩大市场消费需求

（一）扩大节能产品市场消费。继续实施并研究调整节能产品惠民政策，实施能效"领跑者"计划，推动超高效节能产品市场消费。强化能效标识和节能产品认证制度实施力度，引导消费者购买高效节能产品。继续采取补贴方式，推广高效节能照明、高效电机等产品。研究完善峰谷电价、季节性电价政策，通过合理价差引导群众改变生活模式，推动节能产品的应用。在北京、上海、广州等城市扩大公共服务领域新能源汽车示范推广范围，每年新增或更新的公交车中新能源汽车的比例达到60%以上，开展私人购买新能源汽车和新能源出租车、物流车补贴试点。到2015年，终端用能产品能效水平提高15%以上，高效节能产品市场占有率提高到50%以上。

（二）拉动环保产品及再生产品消费。研究扩大环保产品消费的政策措施，完善环保产品和环境标

志产品认证制度，推广油烟净化器、汽车尾气净化器、室内空气净化器、家庭厨余垃圾处理器、浓缩洗衣粉等产品，满足消费者需求。放开液化石油气（LPG）市场管控，扩大农村居民使用量。开展再制造"以旧换再"工作，对交回旧件并购买"以旧换再"再制造推广试点产品的消费者，给予一定比例补贴，近期重点推广再制造发动机、电动机等。落实相关支持政策，推动粉煤灰、煤矸石、建筑垃圾、秸秆等资源综合利用产品应用。

（三）推进政府采购节能环保产品。完善政府强制采购和优先采购制度，提高采购节能环保产品的能效水平和环保标准，扩大政府采购节能环保产品范围，不断提高节能环保产品采购比例，发挥示范带动作用。政府普通公务用车要优先采购1.8升（含）以下燃油经济性达到要求的小排量汽车和新能源汽车，择优选用纯电动汽车，研究对硒鼓、墨盒、再生纸等再生产品以及汽车零部件再制造产品的政府采购支持措施。鼓励政府机关、事业单位采取购买服务的方式，提高能源、水等资源利用效率，降低使用成本。抓紧研究制定政府机关及公共机构购买新能源汽车的实施方案。

五、加强技术创新，提高节能环保产业市场竞争力

（一）支持企业技术创新能力建设。强化企业技术创新主体地位，鼓励企业加大研发投入，支持企业牵头承担节能环保国家科技计划项目。国家重点建设的节能环保技术研究中心和实验室优先在骨干企业布局。发展一批由骨干企业主导、产学研用紧密结合的产业技术创新战略联盟等平台。支持区域节能环保科技服务平台建设。

（二）加快掌握重大关键核心技术。充分发挥国家科技重大专项、科技计划专项资金等的作用，加大节能环保关键共性技术攻关力度，加快突破能源高效和分质梯级利用、污染物防治和安全处置、资源回收和循环利用、二氧化碳热泵、低品位余热利用、供热锅炉模块化等关键技术和装备。瞄准未来技术发展制高点，提前部署碳捕集、利用和封存技术装备。

（三）促进科技成果产业化转化。选择节能环保产业发展基础好的地区，建设一批产业集聚、优势突出、产学研用有机结合、引领示范作用显著的节能环保产业示范基地，支持成套装备及配套设备、关键共性技术和先进制造技术的生产制造和推广应用。加强知识产权保护，推进知识产权投融资机制建设，鼓励设立中小企业公共服务平台、出台扶持政策，支持中小型节能环保企业开展技术创新和产业化发展。筛选一批技术先进、经济适用的节能环保装备设备，扩大推广应用。

（四）推动国际合作和人才队伍建设。鼓励企业、科研机构开展国际科技交流与合作，支持企业节能环保创新人才队伍建设。依托"千人计划"和海外高层次创新创业人才基地建设，加快吸引海外高层次人才来华创新创业。依托重大人才工程，大力培养节能环保科技创新、工程技术等高端人才。

六、强化约束激励，营造有利的市场和政策环境

（一）健全法规标准。加快制（修）订节能环保标准，逐步提高终端用能产品能效标准和重点行业单位产品能耗限额标准，按照改善环境质量的需要，完善环境质量标准和污染物排放标准体系，提高污染物排放控制要求，扩大监控污染物范围，强化总量控制和有毒有害污染物排放控制，充分发挥标准对产业发展的催生促进作用，推动传统产业升级改造。完善节能环保法律法规，推动加快制定固定资产投资项目节能评估和审查法，制定节能技术推广管理办法。严格节能环保执法，严肃查处各类违法违规行为，做好行政执法与刑事司法的衔接，依法加大对环境污染犯罪的惩处力度。认真落实执法责任追究制。加强对节能环保标准、认证标识、政策措施等落实情况的监督检查。加快建立节能减排监测、评估体系和技术服务平台。

（二）强化目标责任。完善节能减排统计、监测、考核体系，健全节能减排预警机制，强化节能减排目标进度考核，建立健全行业节能减排工作评价制度。将考核结果作为领导班子和领导干部综合考核评价的重要内容，纳入政府绩效管理，落实奖惩措施，实行问责制。完善节能评估和审查制度，发挥能评对控制能耗总量和增量的重要作用。落实万家企业节能量目标，加大对重点耗能企业节能的评价考核力度。落实节能减排目标责任制，形成促进节能环保产业发展的倒逼机制。

（三）加大财政投入。加大中央预算内投资和中央财政节能减排专项资金对节能环保产业的投入，继续安排国有资本经营预算支出支持重点企业实施节能环保项目。地方各级人民政府要提高认识，加大对节能环保重大工程和技术装备研发推广的投入力度，解决突出问题。要进一步转变政府职能，完善财政支持方式和资金管理办法，简化审批程序，强化监管，充分调动各方面积极性，推动节能环保产业积极有序发展。

（四）拓展投融资渠道。大力发展绿色信贷，按照风险可控、商业可持续的原则，加大对节能环保项目的支持力度。积极创新金融产品和服务，按照现有政策规定，探索将特许经营权等纳入贷款抵（质）押担保物范围。支持绿色信贷和金融创新，建立绿色银行评级制度。支持融资性担保机构加大对符合产业政策、资质好、管理规范的节能环保企业的担保力度。支持符合条件的节能环保企业发行企业债券、中小企业集合债券、短期融资券、中期票据等债务融资工具。选择资质条件较好的节能环保企业，开展非公开发行企业债券试点。稳步发展碳汇交易。鼓励和引导民间投资和外资进入节能环保领域。

（五）完善价格、收费和土地政策。加快制定实施鼓励余热余压余能发电及背压热电、可再生能源发展的上网和价格政策。完善电力峰谷分时电价政策，扩大应用面并逐步扩大峰谷价差。对超过产品能耗（电耗）限额标准的企业和产品，实行惩罚性电价。严格落实燃煤电厂脱硫、脱硝电价政策和居民用电阶梯价格，推行居民用水用气阶梯价格。

深化市政公用事业市场化改革，完善供热计量价格和收费管理办法，完善污水处理费和垃圾处理费政策，将污泥处理费用纳入污水处理成本，完善对自备水源用户征收污水处理费的制度。改进垃圾处理费征收方式，合理确定收费载体和标准，提高收缴率和资金使用效率。对城镇污水垃圾处理设施、"城市矿产"示范基地、集中资源化处理中心等国家支持的节能环保重点工程用地，在土地利用年度计划安排中给予重点保障。严格落实并不断完善现有节能、节水、环境保护、资源综合利用的税收优惠政策。

（六）推行市场化机制。建立主要终端用能产品能效"领跑者"制度，明确实施时限。推进节能发电调度。强化电力需求侧管理，开展城市综合试点。研究制定强制回收产品和包装物目录，建立生产者责任延伸制度，推动生产者落实废弃产品回收、处理等责任。采取政府建网、企业建厂等方式，鼓励城镇污水垃圾处理设施市场化建设和运营。深化排污权有偿使用和交易试点，建立完善排污权有偿使用和交易政策体系，研究制定排污权交易初始价格和交易价格政策。开展碳排放权交易试点。健全污染者付费制度，完善矿产资源补偿制度，加快建立生态补偿机制。

（七）支持节能环保产业"走出去"和"引进来"。鼓励有条件的企业承揽境外各类环保工程、服务项目。结合受援国需要和我国援助能力，加大环境保护、清洁能源、应对气候变化等领域的对外援助力度，支持开展相关技术、产品和服务合作。培育建设一批国家科技兴贸创新基地。鼓励节能环保企业参加各类双边或国际节能环保论坛、展览及贸易投资促进活动等，充分利用相关平台进行交流推介，开展国际合作，增强"走出去"的能力。引导外资投向节能环保产业，丰富外商投资方式，拓宽外商投资渠道，不断完善外商投资软环境。继续支持引进先进的节能环保核心关键技术和设备。国家支持节能环保产业发展的政策同等适用于符合条件的外商投资企业。

（八）开展生态文明先行先试。在做好生态文明建设顶层设计和总体部署的同时，总结有效做法和成功经验，开展生态文明先行示范区建设。根据不同区域特点，在全国选择有代表性的100个地区开展生态文明先行示范区建设，探索符合我国国情的生态文明建设模式。稳步扩大节能减排财政政策综合示范范围，结合新型城镇化建设，选择部分城市为平台，整合节能减排和新能源发展相关财政政策，围绕产业低碳化、交通清洁化、建筑绿色化、服务集约化、主要污染物减量化、可再生能源利用规模化等挖掘内需潜力，系统推进节能减排，带动经济转型升级，为跨区域、跨流域节能减排探索积累经验。通过先行先试，带动节能环保和循环经济工程投资和绿色消费，全面推动资源节约和环境保护，发挥典型带动和辐射效应，形成节能减排、生态文明的综合能力。

（九）加强节能环保宣传教育。加强生态文明理念和资源环境国情教育，把节能环保、生态文明纳入社会主义核心价值观宣传教育体系以及基础教育、高等教育、职业教育体系。加强舆论监督和引导，宣传先进事例，曝光反面典型，普及节能环保知识和方法，倡导绿色消费新风尚，形成文明、节约、绿色、低碳的生产方式、消费模式和生活习惯。

各地区、各部门要按照本意见的要求，进一步深化对加快发展节能环保产业重要意义的认识，切实加强组织领导和协调配合，明确任务分工，落实工作责任，扎实开展工作，确保各项任务措施落到实处，务求尽快取得实效。

国务院
2013年8月1日

绿色建筑行动方案

国家发展改革委员会　住房和城乡建设部

为深入贯彻落实科学发展观，切实转变城乡建设模式和建筑业发展方式，提高资源利用效率，实现节能减排约束性目标，积极应对全球气候变化，建设资源节约型、环境友好型社会，提高生态文明水平，改善人民生活质量，制定本行动方案。

一、充分认识开展绿色建筑行动的重要意义

绿色建筑是在建筑的全寿命期内，最大限度地节约资源、保护环境和减少污染，为人们提供健康、适用和高效的使用空间，与自然和谐共生的建筑。"十一五"以来，我国绿色建筑工作取得明显成效，既有建筑供热计量和节能改造超额完成"十一五"目标任务，新建建筑节能标准执行率大幅度提高，可再生能源建筑应用规模进一步扩大，国家机关办公建筑和大型公共建筑节能监管体系初步建立。但也面临一些比较突出的问题，主要是：城乡建设模式粗放，能源资源消耗高、利用效率低，重规模轻效率、重外观轻品质、重建设轻管理，建筑使用寿命远低于设计使用年限等。

开展绿色建筑行动，以绿色、循环、低碳理念指导城乡建设，严格执行建筑节能强制性标准，扎实推进既有建筑节能改造，集约节约利用资源，提高建筑的安全性、舒适性和健康性，对转变城乡建设模式，破解能源资源瓶颈约束，改善群众生产生活条件，培育节能环保、新能源等战略性新兴产业，具有十分重要的意义和作用。要把开展绿色建筑行动作为贯彻落实科学发展观、大力推进生态文明建设的重要内容，把握我国城镇化和新农村建设加快发展的历史机遇，切实推动城乡建设走上绿色、循环、低碳的科学发展轨道，促进经济社会全面、协调、可持续发展。

二、指导思想、主要目标和基本原则

（一）指导思想

以邓小平理论、"三个代表"重要思想、科学发展观为指导，把生态文明融入城乡建设的全过程，紧紧抓住城镇化和新农村建设的重要战略机遇期，树立全寿命期理念，切实转变城乡建设模式，提高资源利用效率，合理改善建筑舒适性，从政策法规、体制机制、规划设计、标准规范、技术推广、建设运营和产业支撑等方面全面推进绿色建筑行动，加快推进建设资源节约型和环境友好型社会。

（二）主要目标

1. 新建建筑。城镇新建建筑严格落实强制性节能标准，"十二五"期间，完成新建绿色建筑10亿平方米；到2015年末，20%的城镇新建建筑达到绿色建筑标准要求。

2. 既有建筑节能改造。"十二五"期间，完成北方采暖地区既有居住建筑供热计量和节能改造4亿平方米以上，夏热冬冷地区既有居住建筑节能改造5000万平方米，公共建筑和公共机构办公建筑节能改造1.2亿平方米，实施农村危房改造节能示范40万套。到2020年末，基本完成北方采暖地区有改造价值的城镇居住建筑节能改造。

（三）基本原则

1. 全面推进，突出重点。全面推进城乡建筑绿色发展，重点推动政府投资建筑、保障性住房以及大型公共建筑率先执行绿色建筑标准，推进北方采暖地区既有居住建筑节能改造。

2. 因地制宜，分类指导。结合各地区经济社会发展水平、资源禀赋、气候条件和建筑特点，建立健全绿色建筑标准体系、发展规划和技术路线，有针对性地制定有关政策措施。

3. 政府引导，市场推动。以政策、规划、标准等手段规范市场主体行为，综合运用价格、财税、金融等经济手段，发挥市场配置资源的基础性作用，营造有利于绿色建筑发展的市场环境，激发市场主体设计、建造、使用绿色建筑的内生动力。

4. 立足当前，着眼长远。树立建筑全寿命期理念，综合考虑投入产出效益，选择合理的规划、建设方案和技术措施，切实避免盲目的高投入和资源消耗。

三、重点任务

（一）切实抓好新建建筑节能工作

1. 科学做好城乡建设规划。在城镇新区建设、旧城更新和棚户区改造中，以绿色、节能、环保为指导思想，建立包括绿色建筑比例、生态环保、公共交通、可再生能源利用、土地集约利用、再生水利用、废弃物回收利用等内容的指标体系，将其纳入总体规划、控制性详细规划、修建性详细规划和专项规划，并落实到具体项目。做好城乡建设规划与区域能源规划的衔接，优化能源的系统集成利用。建设用地要优先利用城乡废弃地，积极开发利用地下空间。积极引导建设绿色生态城区，推进绿色建筑规模化发展。

2. 大力促进城镇绿色建筑发展。政府投资的国家机关、学校、医院、博物馆、科技馆、体育馆等建筑，直辖市、计划单列市及省会城市的保障性住房，以及单体建筑面积超过2万平方米的机场、车站、宾馆、饭店、商场、写字楼等大型公共建筑，自2014年起全面执行绿色建筑标准。积极引导商业房地产开发项目执行绿色建筑标准，鼓励房地产开发企业建设绿色住宅小区。切实推进绿色工业建筑建设。发展改革、财政、住房城乡建设等部门要修订工程预算和建设标准，各省级人民政府要制定绿色建筑工程定额和造价标准。严格落实固定资产投资项目节能评估审查制度，强化对大型公共建筑项目执行绿色建筑标准情况的审查。强化绿色建筑评价标识管理，加强对规划、设计、施工和运行的监管。

3. 积极推进绿色农房建设。各级住房城乡建设、农业等部门要加强农村村庄建设整体规划管理，制定村镇绿色生态发展指导意见，编制农村住宅绿色建设和改造推广图集、村镇绿色建筑技术指南，免费提供技术服务。大力推广太阳能热利用、围护结构保温隔热、省柴节煤灶、节能炕等农房节能技术；切实推进生物质能利用，发展大中型沼气，加强运行管理和维护服务。科学引导农房执行建筑节能标准。

4. 严格落实建筑节能强制性标准。住房城乡建设部门要严把规划设计关口，加强建筑设计方案规划审查和施工图审查，城镇建筑设计阶段要100%达到节能标准要求。加强施工阶段监管和稽查，确保工程质量和安全，切实提高节能标准执行率。严格建筑节能专项验收，对达不到强制性标准要求的建筑，不得出具竣工验收合格报告，不允许投入使用并强制进行整改。鼓励有条件的地区执行更高能效水平的建筑节能标准。

（二）大力推进既有建筑节能改造

1. 加快实施"节能暖房"工程。以围护结构、供热计量、管网热平衡改造为重点，大力推进北方采暖地区既有居住建筑供热计量及节能改造，"十二五"期间完成改造4亿平方米以上，鼓励有条件的地区超额完成任务。

2. 积极推动公共建筑节能改造。开展大型公共建筑和公共机构办公建筑空调、采暖、通风、照明、热水等用能系统的节能改造，提高用能效率和管理水平。鼓励采取合同能源管理模式进行改造，对项目按节能量予以奖励。推进公共建筑节能改造重点城市示范，继续推行"节约型高等学校"建设。"十二五"期间，完成公共建筑改造6000万平方米，公共机构办公建筑改造6000万平方米。

3. 开展夏热冬冷和夏热冬暖地区居住建筑节能改造试点。以建筑门窗、外遮阳、自然通风等为重点，在夏热冬冷和夏热冬暖地区进行居住建筑节能改造试点，探索适宜的改造模式和技术路线。"十二五"期间，完成改造5000万平方米以上。

4. 创新既有建筑节能改造工作机制。做好既有建筑节能改造的调查和统计工作，制定具体改造规划。在旧城区综合改造、城市市容整治、既有建筑抗震加固中，有条件的地区要同步开展节能改造。制定改造方案要充分听取有关各方面的意见，保障社会公众的知情权、参与权和监督权。在条件许可并征得业主同意的前提下，研究采用加层改造、扩容改造等方式进行节能改造。坚持以人为本，切实减少扰民，积极推行工业化和标准化施工。住房城乡建设部门要严格落实工程建设责任制，严把规划、设计、施工、材料等关口，确保工程安全、质量和效益。节能改造工程完工后，应进行建筑能效测评，对达不到要求的不得通过竣工验收。加强宣传，充分调动居民对节能改造的积极性。

（三）开展城镇供热系统改造

实施北方采暖地区城镇供热系统节能改造，提高热源效率和管网保温性能，优化系统调节能力，改善管网热平衡。撤并低能效、高污染的供热燃煤小锅炉，因地制宜地推广热电联产、高效锅炉、工业废热利用等供热技术。推广"吸收式热泵"和"吸收式换热"技术，提高集中供热管网的输送能力。开展城市老旧供热管网系统改造，减少管网热损失，降低循环水泵电耗。

八、建设科技与建筑节能类

（四）推进可再生能源建筑规模化应用

积极推动太阳能、浅层地能、生物质能等可再生能源在建筑中的应用。太阳能资源适宜地区应在2015年前出台太阳能光热建筑一体化的强制性推广政策及技术标准，普及太阳能热水利用，积极推进被动式太阳能采暖。研究完善建筑光伏发电上网政策，加快微电网技术研发和工程示范，稳步推进太阳能光伏在建筑上的应用。合理开发浅层地热能。财政部、住房城乡建设部研究确定可再生能源建筑规模化应用适宜推广地区名单。开展可再生能源建筑应用地区示范，推动可再生能源建筑应用集中连片推广，到2015年末，新增可再生能源建筑应用面积25亿平方米，示范地区建筑可再生能源消费量占建筑能耗总量的比例达到10%以上。

（五）加强公共建筑节能管理

加强公共建筑能耗统计、能源审计和能耗公示工作，推行能耗分项计量和实时监控，推进公共建筑节能、节水监管平台建设。建立完善的公共机构能源审计、能效公示和能耗定额管理制度，加强能耗监测和节能监管体系建设。加强监管平台建设统筹协调，实现监测数据共享，避免重复建设。对新建、改扩建的国家机关办公建筑和大型公共建筑，要进行能源利用效率测评和标识。研究建立公共建筑能源利用状况报告制度，组织开展商场、宾馆、学校、医院等行业的能效水平对标活动。实施大型公共建筑能耗（电耗）限额管理，对超限额用能（用电）的，实行惩罚性价格。公共建筑业主和所有权人要切实加强用能管理，严格执行公共建筑空调温度控制标准。研究开展公共建筑节能量交易试点。

（六）加快绿色建筑相关技术研发推广

科技部门要研究设立绿色建筑科技发展专项，加快绿色建筑共性和关键技术研发，重点攻克既有建筑节能改造、可再生能源建筑应用、节水与水资源综合利用、绿色建材、废弃物资源化、环境质量控制、提高建筑物耐久性等方面的技术，加强绿色建筑技术标准规范研究，开展绿色建筑技术的集成示范。依托高等院校、科研机构等，加快绿色建筑工程技术中心建设。发展改革、住房城乡建设部门要编制绿色建筑重点技术推广目录，因地制宜推广自然采光、自然通风、遮阳、高效空调、热泵、雨水收集、规模化中水利用、隔音等成熟技术，加快普及高效节能照明产品、风机、水泵、热水器、办公设备、家用电器及节水器具等。

（七）大力发展绿色建材

因地制宜、就地取材，结合当地气候特点和资源禀赋，大力发展安全耐久、节能环保、施工便利的绿色建材。加快发展防火隔热性能好的建筑保温体系和材料，积极发展烧结空心制品、加气混凝土制品、多功能复合一体化墙体材料、一体化屋面、低辐射镀膜玻璃、断桥隔热门窗、遮阳系统等建材。引导高性能混凝土、高强钢的发展利用，到2015年末，标准抗压强度60兆帕以上混凝土用量达到总用量的10%，屈服强度400兆帕以上热轧带肋钢筋用量达到总用量的45%。大力发展预拌混凝土、预拌砂浆。深入推进墙体材料革新，城市城区限制使用黏土制品，县城禁止使用实心黏土砖。发展改革、住房城乡建设、工业和信息化、质检部门要研究建立绿色建材认证制度，编制绿色建材产品目录，引导规范市场消费。质检、住房城乡建设、工业和信息化部门要加强建材生产、流通和使用环节的质量监管和稽查，杜绝性能不达标的建材进入市场。积极支持绿色建材产业发展，组织开展绿色建材产业化示范。

（八）推动建筑工业化

住房城乡建设等部门要加快建立促进建筑工业化的设计、施工、部品生产等环节的标准体系，推动结构件、部品、部件的标准化，丰富标准件的种类，提高通用性和可置换性。推广适合工业化生产的预制装配式混凝土、钢结构等建筑体系，加快发展建设工程的预制和装配技术，提高建筑工业化技术集成水平。支持集设计、生产、施工于一体的工业化基地建设，开展工业化建筑示范试点。积极推行住宅全装修，鼓励新建住宅一次装修到位或菜单式装修，促进个性化装修和产业化装修相统一。

（九）严格建筑拆除管理程序

加强城市规划管理，维护规划的严肃性和稳定性。城市人民政府以及建筑的所有者和使用者要加强建筑维护管理，对符合城市规划和工程建设标准、在正常使用寿命内的建筑，除基本的公共利益需要外，不得随意拆除。拆除大型公共建筑的，要按有关程序提前向社会公示征求意见，接受社会监督。住房城乡建设部门要研究完善建筑拆除的相关管理制度，探索实行建筑报废拆除审核制度。对违规拆除行为，要依法依规追究有关单位和人员的责任。

（十）推进建筑废弃物资源化利用

落实建筑废弃物处理责任制，按照"谁产生、谁负责"的原则进行建筑废弃物的收集、运输和处理。住房城乡建设、发展改革、财政、工业和信息化部门要制定实施方案，推行建筑废弃物集中处理和分级利用，加快建筑废弃物资源化利用技术、装备研发推广，编制建筑废弃物综合利用技术标准，开展建筑废弃物资源化利用示范，研究建立建筑废弃物再生产品标识制度。地方各级人民政府对本行政区域内的废弃物资源化利用负总责，地级以上城市要因地制宜设立专门的建筑废弃物集中处理基地。

四、保障措施

（一）强化目标责任

要将绿色建筑行动的目标任务科学分解到省级人民政府，将绿色建筑行动目标完成情况和措施落实情况纳入省级人民政府节能目标责任评价考核体系。要把贯彻落实本行动方案情况纳入绩效考核体系，考核结果作为领导干部综合考核评价的重要内容，实行责任制和问责制，对作出突出贡献的单位和人员予以通报表扬。

（二）加大政策激励

研究完善财政支持政策，继续支持绿色建筑及绿色生态城区建设、既有建筑节能改造、供热系统节能改造、可再生能源建筑应用等，研究制定支持绿色建材发展、建筑垃圾资源化利用、建筑工业化、基础能力建设等工作的政策措施。对达到国家绿色建筑评价标准二星级及以上的建筑给予财政资金奖励。财政部、税务总局要研究制定税收方面的优惠政策，鼓励房地产开发商建设绿色建筑，引导消费者购买绿色住宅。改进和完善对绿色建筑的金融服务，金融机构可对购买绿色住宅的消费者在购房贷款利率上给予适当优惠。国土资源部门要研究制定促进绿色建筑发展在土地转让方面的政策，住房城乡建设部门要研究制定容积率奖励方面的政策，在土地招拍挂出让规划条件中，要明确绿色建筑的建设用地比例。

（三）完善标准体系

住房城乡建设等部门要完善建筑节能标准，科学合理地提高标准要求。健全绿色建筑评价标准体系，加快制（修）订适合不同气候区、不同类型建筑的节能建筑和绿色建筑评价标准，2013年完成《绿色建筑评价标准》的修订工作，完善住宅、办公楼、商场、宾馆的评价标准，出台学校、医院、机场、车站等公共建筑的评价标准。尽快制（修）订绿色建筑相关工程建设、运营管理、能源管理体系等标准，编制绿色建筑区域规划技术导则和标准体系。住房城乡建设、发展改革部门要研究制定基于实际用能状况，覆盖不同气候区、不同类型建筑的建筑能耗限额，要会同工业和信息化、质检等部门完善绿色建材标准体系，研究制定建筑装修材料有害物限量标准，编制建筑废弃物综合利用的相关标准规范。

（四）深化城镇供热体制改革

住房城乡建设、发展改革、财政、质检等部门要大力推行按热量计量收费，督导各地区出台完善供热计量价格和收费办法。严格执行两部制热价。新建建筑、完成供热计量改造的既有建筑全部实行按热量计量收费，推行采暖补贴"暗补"变"明补"。对实行分户计量有难度的，研究采用按小区或楼宇供热量计量收费。实施热价与煤价、气价联动制度，对低收入居民家庭提供供热补贴。加快供热企业改革，推进供热企业市场化经营，培育和规范供热市场，理顺热源、管网、用户的利益关系。

（五）严格建设全过程监督管理

在城镇新区建设、旧城更新、棚户区改造等规划中，地方各级人民政府要建立并严格落实绿色建设指标体系要求，住房城乡建设部门要加强规划审查，国土资源部门要加强土地出让监管。对应执行绿色建筑标准的项目，住房城乡建设部门要在设计方案审查、施工图设计审查中增加绿色建筑相关内容，未通过审查的不得颁发建设工程规划许可证、施工许可证；施工时要加强监管，确保按图施工。对自愿执行绿色建筑标准的项目，在项目立项时要标明绿色星级标准，建设单位应在房屋施工、销售现场明示建筑节能、节水等性能指标。

（六）强化能力建设

住房城乡建设部要会同有关部门建立健全建筑能耗统计体系，提高统计的准确性和及时性。加强绿色建筑评价标识体系建设，推行第三方评价，强化绿色建筑评价监管机构能力建设，严格评价监管。要加强建筑规划、设计、施工、评价、运行等人员的培训，将绿色建筑知识作为相关专业工程师继续教育培训、执业资格考试的重要内容。鼓励高等院校开设绿色建筑相关课程，加强相关学科建设。组织规划设计单位、人员开展绿色建筑规划与设计竞赛活动。广泛开展国际交流与合作，借鉴国际先进经验。

（七）加强监督检查

将绿色建筑行动执行情况纳入国务院节能减排检查和建设领域检查内容，开展绿色建筑行动专项督查，严肃查处违规建设高耗能建筑、违反工程建设标准、建筑材料不达标、不按规定公示性能指标、违反供热计量价格和收费办法等行为。

（八）开展宣传教育

采用多种形式积极宣传绿色建筑法律法规、政策措施、典型案例、先进经验，加强舆论监督，营造开展绿色建筑行动的良好氛围。将绿色建筑行动作为全国节能宣传周、科技活动周、城市节水宣传周、全国低碳日、世界环境日、世界水日等活动的重要宣传内容,提高公众对绿色建筑的认知度,倡导绿色消费理念,普及节约知识,引导公众合理使用用能产品。

各地区、各部门要按照绿色建筑行动方案的部署和要求,抓好各项任务落实。发展改革委、住房城乡建设部要加强综合协调,指导各地区和有关部门开展工作。各地区、各有关部门要尽快制定相应的绿色建筑行动实施方案,加强指导,明确责任,狠抓落实,推动城乡建设模式和建筑业发展方式加快转变,促进资源节约型、环境友好型社会建设。

(来源:国务院办公厅关于转发发展改革委住房城乡建设部绿色建筑行动方案的通知 国办发〔2013〕1号)

住房城乡建设部办公厅 关于2013年全国住房城乡建设领域节能减排专项 监督检查建筑节能检查情况的通报

各省、自治区住房城乡建设厅,直辖市建委(建交委),新疆生产建设兵团建设局:

为贯彻落实《节约能源法》、《民用建筑节能条例》和《国务院关于印发"十二五"节能减排综合性工作方案的通知》(国发〔2011〕26号)要求,进一步推进住房城乡建设领域节能减排工作,2013年12月,我部组织了对全国建筑节能工作的检查。现将检查的主要情况通报如下:

一、建筑节能总体进展情况

2013年度,各级住房城乡建设部门围绕国务院明确的建筑节能重点任务,进一步加强组织领导,落实政策措施,强化技术支撑,加强监督管理,各项工作取得积极成效。

(一)新建建筑执行节能强制性标准。根据各地上报的数据汇总,2013年全国城镇新建建筑全面执行节能强制性标准,新增节能建筑面积14.4亿平方米,可形成1300万吨标准煤的节能能力。北方采暖地区、夏热冬冷及夏热冬暖地区全面执行更高水平节能设计标准,新建建筑节能水平进一步提高。全国城镇累计建成节能建筑面积88亿平方米,约占城镇民用建筑面积的30%,共形成8000万吨标准煤节能能力。

(二)既有居住建筑节能改造。财政部、住房城乡建设部安排2013年度北方采暖地区既有居住建筑供热计量及节能改造计划1.9亿平方米,截至2013年底,各地共计完成改造面积2.24亿平方米。"十二五"前3年累计完成改造面积6.2亿平方米,提前超额完成了国务院明确的"北方采暖地区既有居住建筑供热计量和节能改造4亿平方米以上"任务。夏热冬冷地区既有居住建筑节能改造工作已经启动,2013年共计完成改造面积1175万平方米。

(三)公共建筑节能监管体系建设。截至2013年底,全国累计完成公共建筑能源审计10000余栋,能耗公示近9000栋建筑,对5000余栋建筑进行了能耗动态监测。在33个省市(含计划单列市)开展能耗动态监测平台建设试点。天津、上海、重庆、深圳市等公共建筑节能改造重点城市,落实节能改造任务1472万平方米,占改造任务量的92%;完成节能改造514万平方米,占改造任务量的32%。住房城乡建设部会同财政部、教育部在210所高等院校开展节约型校园建设试点,将浙江大学等24所高校列为节能综合改造示范高校。会同财政部、国家卫计委在44个部属医院开展节约型医院建设试点。

(四)可再生能源建筑应用。截至2013年底,全国城镇太阳能光热应用面积27亿平方米,浅层地能应用面积4亿平方米,建成及正在建设的光电建筑装机容量达到1875兆瓦。可再生能源建筑应用示范市县项目总体开工比例81%,完工比例51%。北京、天津、河北、山西、江苏、浙江、宁波、山东、湖北、深圳、广西、云南等12个省市的示范市县平均完工率在70%以上,共有28个城市、54个县、2个镇和10个市县追加任务完工率100%以上。山东、江苏两省省级重点推广区开工比例分别达到136%和112%,完工比例为44%和24%。

(五)绿色建筑与绿色生态城区建设。与国家发展改革委共同制定了《绿色建筑行动方案》，并由国务院办公厅转发各地实施。山东、湖南、浙江等省以省政府名义印发本地绿色建筑行动实施方案。稳步推进绿色建筑评价标识工作，截至2013年底，全国共有1446个项目获得了绿色建筑评价标识，建筑面积超过1.6亿平方米，其中2013年度有704个项目获得绿色建筑评价标识，建筑面积8690万平方米。住房城乡建设部印发了保障性住房实施绿色建筑行动的通知及技术导则，全面启动绿色保障性住房建设工作。首批8个绿色生态城区2013年当年开工建设绿色建筑1137万平方米，占总开工建设任务的35.5%。

2013年度，北京、天津、山东、河北、内蒙古、吉林、黑龙江、青海、宁夏、上海、江苏、浙江、安徽、重庆、湖北、湖南、福建、广西、海南、云南等省（区、市），以及深圳、青岛、宁波、厦门、沈阳、哈尔滨、银川、乌鲁木齐、南京、杭州、合肥、武汉、长沙、广州、南宁、昆明、海口等城市建筑节能各项工作任务完成情况较好，体制机制建设完善，监督考核到位，给予表扬。

二、主要工作措施

（一）加强组织管理。全国有13个省（区、市）建立了政府领导牵头，各相关部门参加的领导小组，定期召开联席会议，协调有关事项，督促工作落实。逐步强化省、市、县三级建筑节能管理能力。各地不断加强建筑节能管理机构设置与人员配置，省级住房城乡建设部门全部设置建筑节能专门处室，山西、内蒙古、河南、上海等地在省、市、县三级全部成立专门的建筑节能监管及项目管理机构。

（二）完善法规制度。据统计，目前全国有15个省（区、市）制定了专门的建筑节能地方法规，11个省（区、市）制定了节约能源及墙体材料革新方面的地方法规，27个省（区、市）出台了建筑节能相关政府令。通过地方立法，各地明确了建筑节能管理职责，并确立了民用建筑节能专项规划、建筑能耗统计与信息公示、建筑节能技术与产品认定、民用建筑节能评估与审查、规划阶段节能审查、施工图专项审查、建筑能效测评与专项验收、可再生能源强制推广等多项制度，建筑节能工作逐步法制化、规范化。

（三）强化政策激励。2013年度，中央财政共安排补助资金112亿元，支持北方采暖地区既有居住建筑供热计量及节能改造、公共建筑节能监管体系建设、可再生能源建筑应用等工作。据不完全统计，地方省级财政安排建筑节能专项资金达到75亿元，北京、山西、内蒙古、吉林、黑龙江、上海、江苏、山东、青海、宁夏、青岛等地资金投入力度较大。宁夏回族自治区对达到绿色建筑标准的建筑项目，实行容积率优惠政策，按照标识星级，容积率可提高1%到3%。厦门市对购买二星级绿色建筑的业主给予返还20%契税、购买三星级绿色建筑的业主给予返还40%契税的奖励。重庆、深圳市采用财政补助、能效交易等手段，充分调动各方主体参与公共建筑节能改造意愿，有力撬动了节能改造市场。

（四）加强标准引导。2013年4月1日，夏热冬暖地区居住建筑开始执行更高水平节能设计标准。北京、天津开始执行节能75%的居住建筑节能设计标准，河北、山东等省居住建筑节能75%标准即将发布实施。北京、浙江执行绿色建筑设计标准，并将绿色建筑要求纳入施工图审查环节。天津、上海、重庆、厦门、深圳等地分类制定了公共建筑能耗限额标准。既有建筑节能改造、可再生能源建筑应用、新型建筑材料及产品、绿色施工等多个领域的标准规范、图集、工法等不断健全。

（五）突出科技支撑。建筑节能科技创新水平不断提升，通过国家科技支撑项目、科研开发项目、示范工程、国际科技合作等，对建筑节能关键技术、材料、产品进行研发、应用。广东省实施科技促进建筑节能减排重大专项行动，省财政安排1亿元，将新型建筑低碳节能设备和技术、基于物联网技术的大型公共建筑节能运行管理系统、建筑低碳节能技术集成示范等课题列为重大科技专项进行研究。

（六）严格目标考核。部分省市实行建筑节能目标责任制，将建筑节能重点任务进行量化，并通过政府及住房城乡建设部门逐级签订目标责任状的方式，将目标分解落实到市县及相关部门，并按期进行考核，保障了工作任务的落实。各地不断强化检查力度，对违法违规行为进行处理，据不完全统计，2013年各省（区、市）共组织建筑节能专项检查68次，共下发执法告知书495份。

三、存在的问题

（一）建筑节能能力建设水平与工作要求不相适应。一是管理能力不足。部分地区建筑节能管理能力薄弱，特别是县一级住房城乡建设部门甚至没有设置建筑节能专门处室及专职人员，监管力度不够，工作进度及质量难以保证。二是相关人员执业能力不强，存在设计人员对标准要求理解不够、施工人员未按图施工、监理人员未尽职尽责，随意签字通过等情况。三是资金投入力度不够，尤其是中央财政大力投入的既有居住建筑节能改造、可再生能源建筑应用等工作，部分地区没有落实地方配套资金。四是市场推动能力不足。目前建筑节能仍以政府行政力量推动为主，市场机制作用发挥不明显，民用建筑能效测评、第三方节能量评估、建筑节能服务公司等市场力量发育不足，难以适应市场机制推进建筑节能的要求。

（二）部分建筑节能工作不细，把关不严，质量与水平亟待提高。新建建筑节能方面，检查中发现，部分项目建筑节能设计深度不够，节能专篇过于简单，建筑节能相关做法、保温材料性能参数表述缺失，不能有效指导施工。节能设计软件管理比较混乱，存在设计指标明显不够而由软件权衡计算通过的现象。施工现场随意变更节能设计、偷工减料的现象仍有发生。部分地区对保温材料、门窗、采暖设备等节能关键材料产品的性能检测能力不足。本次检查对45个违反节能标准强制性条文的工程项目下发了执法建议书。既有建筑节能改造方面，部分改造项目工程质量不高，出现保温层破损、脱落，供热计量表具安装不到位等情况。北方地区既有居住建筑节能改造完成后，没有同步实现计量收费。公共建筑节能改造及夏热冬冷地区既有居住建筑节能改造进度滞后。绿色建筑方面，绿色建筑标准体系仍不健全，缺乏相关规划、设计、施工、验收标准，绿色建筑与现有工程建设管理体系结合程度不密切，针对不同气候区、不同建筑类型的系统技术解决方案仍很缺乏。相关设计、咨询、评估机构服务能力不强。

四、下一步工作思路

（一）实施建筑能效提升工程。按照党中央、国务院关于推进新型城镇化发展的战略部署及推动行政体制改革和财税体系改革的总体要求，研究建筑能效提升路线图，明确中长期发展目标、原则、思路及政策措施。会同财政部研究制定建筑能效提升工程实施方案，进一步明确中央与地方在推动建筑节能与绿色建筑中的事权划分，调整中央财政支持建筑节能的政策，更好发挥市场机制在资源配置中的决定性作用。

（二）全面推进绿色建筑行动。做好绿色建筑标准强制推广试点工作，从2014年起，政府投资的学校、医院等公益性建筑，直辖市、计划单列市、省会城市的保障性住房、大型公共建筑等要强制执行绿色建筑标准。鼓励有条件地区的新建建筑率先强制推广绿色建筑。推进绿色生态城区建设，区域性规模化发展绿色建筑。制定适合不同气候区的绿色建筑应用技术指南，加快符合国情的绿色建筑技术体系和产品的推广应用。培育和扶持绿色建筑产业和技术服务业的发展。

（三）稳步提升新建建筑节能质量及水平。进一步加强完善新建建筑在规划、设计、施工、竣工验收等环节的节能监管机制。加快新建建筑节能管理体制建设，增强市县监管能力和执行标准规范的能力，提高节能标准执行水平。鼓励有条件地区执行更高水平建筑节能标准。积极开展超低能耗或零能耗节能建筑建设试点。积极推进节能农房建设，支持在新型农村社区建设过程中执行节能标准。全面推行民用建筑规划阶段节能审查、节能评估、民用建筑节能信息公示、能效测评标识等制度。

（四）深入推进既有居住建筑节能改造。继续加大北方采暖地区既有居住建筑供热计量及节能改造实施力度，力争在完成国务院确定的节能改造目标基础上，"十二五"后两年再完成节能改造面积3亿平方米，其中2014年度完成改造面积1.7亿平方米以上。强化节能改造工程设计、施工、选材、验收等环节的质量控制。进一步推进供热计量收费，确保新竣工建筑及完成节能改造建筑同步实行按用热量计价收费。加大夏热冬冷地区既有居住建筑节能改造推进力度。鼓励在农村危房改造过程中同步推进节能改造。

（五）加大公共建筑节能管理力度。进一步扩大省级公共建筑能耗动态监测平台建设范围，力争到2015年，建设完成覆盖全国的公共建筑能耗动态监测体系。推动公益性行业公共建筑节能管理，开展节约型校园、节约型医院创建工作。推进公共建筑节能改造重点城市。推动高等学校校园建筑节能改造示范。指导各地分类研究制定公共建筑能耗限额标准，并探索建立基于限额的公共建筑节能管理制度。加快推行合同能源管理，探索能效交易等节能新机制。

（六）实现可再生能源在建筑领域规模化高水平应用。加快示范市县的验收进度，现有可再生能源建筑应用示范应在2015年前完成验收，鼓励完成情况较好地区率先实施集中连片推广。加大在公益性行业及城乡基础设施方面的推广应用力度，使太阳能等清洁能源更多地惠及民生。鼓励拓展可再生能源建筑应用技术应用领域，推进深层地热能的梯度应用、光热与光电技术结合、太阳能采暖制冷等技术的研究和推广。不断完善可再生能源应用技术强制性推广政策。加快研究制定不同类型可再生能源建筑应用技术在设计、施工、能效检测等各环节的工程建设标准。

（七）加强建筑节能相关支撑能力建设。进一步健全建筑能耗统计体系，逐步拓展统计对象范围，提高统计建筑比例，逐步建立分地区的建筑节能量核算体系。积极制定修订相关设计、施工、验收、评价标准、规程及工法、图集，编制新技术、新产品应用指南等，为实施建筑能效提升工程提供支撑。加强建筑节能科技创新，支持被动式节能建筑体系、绿色建筑技术集成体系、建筑产业现代化体系等重大共性关键技术研发。进一步做好民用建筑能效测评、第三方节能量评价、建筑节能服务公司等机构的能力建设。

（八）严格执行建筑节能目标责任考核。组织开展建筑节能专项检查，对国务院明确的建筑节能与绿色建筑工作任务的落实情况进行核查，严肃查处各类违法违规行为和事件。组织开展中央财政资金使用情况专项核查，重点核查北方采暖地区既有居住建筑供热计量及节能改造、可再生能源建筑应用示范市县等进展情况及中央财政资金使用安全及绩效情况。

中华人民共和国住房和城乡建设部办公厅
2014 年 4 月 9 日

第六篇

行业发展研究报告

2013年住房城乡建设部政府信息公开工作报告

2013年，我部深入贯彻落实《政府信息公开条例》和国务院有关规定，围绕住房城乡建设管理重大决策和群众关心事项，依法有序推进政府信息公开工作。

一、政府信息主动公开工作

（一）完善工作机制。一是健全主动公开工作机制，进一步细化规范主动公开的内容、程序和方式。二是完善新闻发布和舆论引导工作制度，进一步推进新闻宣传信息发布工作规范化、制度化。三是建立健全政务舆情收集、分析研判机制，及时回应社会关切。四是完善保密审查机制，妥善处理好公开与保密的关系。

（二）畅通公开渠道。我部将政府门户网站作为信息公开的主渠道，不断加强网站"信息公开专栏"建设，提供多种检索方式，便于公众查询我部主动公开的政府信息。通过《住房和城乡建设部文告》、《中国建设报》等，及时准确地向社会公布政府信息。积极利用《中国建设报》、《工程建设标准化》、《工程造价管理》和《中国建设信息》等报刊，以及国家工程建设标准化信息网和中国建设工程造价信息网等网站，发布标准定额信息或对有关热点问题进行解读。继续推进12329住房公积金热线建设工作，新增短消息服务功能，截至2013年末，共有165个城市公积金中心、26个分中心开通12329服务热线。目前，我部已初步建成了政府网站为主体，以其他各种便于公众获取政府信息的方式为补充，多方位、动态化的政府信息公开平台，提高了政府信息主动公开工作的水平。

（三）丰富公开内容。围绕我部重点工作和群众关心关注的问题，不断加大保障性住房建设、工程建设标准规范、城乡规划管理、房地产市场监管、建筑市场监管、城市建设管理、农村危房改造、工程质量安全监管、建筑节能项目、住房公积金行业管理、稽查执法等方面信息公开力度。按照财政部统一要求，及时公开我部2012年部门决算和"三公"经费决算，以及2013年部门预算和"三公"经费预算。2013年我部在政府门户网站上主动公开政府信息854件，编辑出版《住房和城乡建设部文告》12期，召开新闻发布会6次。

二、政府信息依申请公开工作

为不断提高政府信息依申请公开服务水平，我部进一步完善政府信息公开申请的受理、审查、处理、答复程序，规范工作流程，严格办理时限，努力提高办理质量；进一步健全政府信息公开申请答复会商机制，对涉及重大、敏感问题的政府信息公开申请的答复，努力做到依法有据、严谨规范、慎重稳妥。2013年，我部共收到政府信息公开申请40610件，均在规定的时限内依法予以办理；涉及政府信息公开的行政复议申请259件、行政诉讼130件。我部政府信息公开暂未收取任何费用。

三、下一步工作重点

进一步加强对机关工作人员政府信息公开工作培训，不断提高我部政府信息公开服务水平。建立政府信息公开指南和公开目录更新完善机制，进一步完善网上检索功能，方便公众查询和获取信息。不断加大群众关心、社会关注的重点民生领域信息公开力度，进一步提高工作的透明度，推进服务型、法治型政府建设。

（来源：《住房城乡建设部办公厅关于印发2013年住房城乡建设部政府信息公开工作报告的通知》建办厅函〔2014〕169号）

科学发展观是建设领域工作需要长期坚持的指导思想

陈淮

党的十八大报告指出,"科学发展观是中国特色社会主义理论体系最新成果";"是党必须长期坚持的指导思想"。深入学习党的十八大精神,做好建设领域的工作,需要从以下几个方面加强对科学发展观的认识。

一、科学发展观就是尊重客观规律的发展观

科学的本意就是认识和把握客观规律。科学发展观首先是认识、尊重和努力顺应客观规律的发展观。

在我国长期的发展建设历史上,我们曾多次吃过凭主观愿望设计发展思路的大亏。"人有多大胆地有多大产"、"工业布局靠山分散进洞"、"要搞十来个大庆十来个鞍钢"、"乡镇企业离土不离乡和农民进厂不进城",以及"先生产后生活"、"先治坡后治窝"等,都是违背经济发展与城乡建设发展客观规律的例证。我们今天面对的很多重大战略难题,实际上有相当多是在给历史上的战略缺陷"补课"。例如城市化严重滞后于工业化、城市承载力薄弱等。认识和尊重客观规律,是改革开放以来我们在认识领域最重要的思想成果。

经济发展、经济赶超过程中的城乡建设、城镇化进程是有规律可循的。我们要遵循的客观规律,包括工业化的规律,例如规模经济性与利用资源优势;市场经济的规律,例如分工与交易的效率与成本;城市发展的规律,例如基础设施先行;社会发展的规律,例如注重保障体系建设和提高公共管理的水平;与自然界相处的规律,例如与环境承载力相协调以及节约资源等。

对客观规律的认识不仅要讲求唯物主义,而且要讲求辩证法。以"招商引资"为核心、对资本利益妥协的优惠政策体系为基础,深圳这所新兴城市的建设带来的是国民经济整体利益、长远利益和劳动者利益的迅速增长;东部城市群的优先发展对中西部城市建设和城市经济发展起到了极大的示范和带动作用。

历史经验一再证明,每当我们认识和顺应了客观规律,我们的事业就发展,战略就成功;每当违背了客观规律,经济建设就遇到挫折。十八大报告指出,要"加快完善城乡发展一体化体制机制,着力在城乡规划、基础设施、公共服务等方面推进一体化,促进城乡要素平等交换和公共资源均衡配置,形成以工促农、以城带乡、工农互惠、城乡一体的新型工农、城乡关系"。基本精神就是要认识和顺应客观规律。

对客观规律的认识不是凭空产生的,而是在大规模经济建设的实践中、在科学技术的不断发展过程中、在对人类共同经验的认真总结中、在对现象形态的本质归纳中、在对历史局限性和自身主观局限性的突破中才能不断获取的。

二、科学发展观就是充分认识国情,探索中国特色发展之路的发展观

十八大报告强调,我们要高举中国特色的社会主义旗帜。在经济建设和城镇化过程中走出一条中国特色之路,就要充分认识和力求符合国情。充分认识和力求符合国情,就是实事求是,就是对中国长期建设与改革开放经验的最重要总结。

对中国这样一个处于经济赶超过程的新兴经济体来说,我们的发展与建设之路没有现成书本可以学习,没有现成的经验可以仿效。探索和认识中国国情,就是对客观规律的认识深化;寻求有中国特色发展之路的过程,就是在顺应、尊重客观规律的过程中力求主动权的过程。

中国的国情是什么?中国是一个大国、人口众多,资源匮乏;城市基础薄弱和承载力不强;处于农村人口向城镇集聚的高潮中;发展时间短,人民群众和社会整体财富累积能力弱。其中最重要的,一是城乡之间、东西部之间、大中小城市之间、城市地上与地下之间、各产业之间、社会群体中穷富的收入水平之间发展不平衡;二是从原有计划经济体制转轨而来,市场经济发展不充分,市场机制配置资源的能力还很弱,优化水平不高,政府政策不得不经常参与到资源配置中来。

在建设领域发展过程中,我们需要格外注重探索和认识、时刻牢记和力求在各项工作中顺应四个方面的国情。

一是资源严重匮乏的国情。根据国际经验和我们自己的发展实践，工业化和城镇化的发展阶段一定是一个高资源指向阶段，大量工业与城市固定资产形成、基础设施建设与人民群众生活改善都必然要和钢材水泥等基础材料的高需求增长相联系；但中国又是一个自然资源禀赋极其薄弱的国家，支持工业化和城镇化的45种主要矿产品中，有25种是严重短缺的，而且全部是大矿种。中国要完成自己的城镇化历史任务，就必须走一条在技术进步基础上节约资源之路、与环境友好之路。

二是数亿农民工进城的国情。在全世界的城市化历史过程中，从没有哪一个国家经历过这样大规模的农村人口向城市集聚、集中的过程。中国的城镇化战略能否成功、质量高低，最终取决于我们能否平稳有序地实现农村剩余劳动力在城市中定居落户的问题。在这个战略问题中，户口、就业、社保和住房四项是关键。建设领域不仅是住房的主要提供者，而且是城市承载力、大中小城市合理结构的主导者，是未来城乡土地制度改革不可或缺的参与者。

三是人民生活改善、消费结构升级和社会富裕程度提高的国情。一方面，中国经济的可持续发展不可避免地要越来越多地依靠扩大内需、依靠消费增长；另一方面，人民群众在衣食满足之后，住行的需求已成为生活改善的主要指向，收入不断增长之后，以买房置业为代表的私人财富累积已经成为社会群体的普遍性利益诉求。在发达国家的消费结构升级过程中，购房买车、旅游休闲、享受现代信息服务等是三个继起的阶段；在我国，房车、旅游、手机互联网三个阶段是叠加并行的。发达国家的人口财富分布结构是所谓的"橄榄型"，具备较为充分的资产累积能力的中产阶级已经占据了社会人群的主要比重；我国的人口财富分布结构是"三角形"，大多数群体刚处于衣食有余阶段，私人资产累积能力很薄弱，即使是买得起房子的家庭，其风险承受能力也很有限。

四是城市基础薄弱的国情。在过去几年，我国从南到北连续发生"到城里去看海"的城市内涝灾情，明显暴露出我们的城市基础设施薄弱、抗危机能力不强的软肋。中国不仅在历史上是一个农业大国，而且就是在建国之后相当长的时期内，工业化也未能和现代城市发展有机结合起来。今天我们面对的"老工业基地振兴"、"棚户区改造"等任务，其实都是对历史遗留下来的城市缺陷的矫正任务。

实际上，我国的城市承载力薄弱不仅表现为城市公共建筑、基础设施、住房条件等远不充分，而且表现为城市结构失衡，沿海特大城市和内地城市、大城市和中小城镇之间发展差距拉大，由此导致人群向少数沿海特大城市过度涌入的不良趋势。

三、科学发展观就是力求协调发展的发展观

党的十八大报告指出，我们"必须更加自觉地把全面协调可持续作为深入贯彻落实科学发展观的基本要求"。

协调发展的认识来之不易。我们得承认，在一个很长时期内，我们曾经把对抗、对立，一方打倒另一方、一方消灭另一方作为解决各种矛盾的基本方法。"与天奋斗、与地奋斗、与人奋斗"，"不是东风压倒西风、就是西风压倒东风"等语言体现的就是这种"斗争哲学"。

矛盾是世间万物发展永远存在的现象，"斗"是必要和不可避免的。市场经济发展过程就是一个优胜劣汰的竞争过程。但今天，我们终于认识到，"斗"并非是解决矛盾的唯一方法，和谐、共赢、协调发展是更为普遍的客观规律。

如果用一句话来概括中国的国情，那就是发展不平衡。城乡老百姓"买不起房"的怨言、征地拆迁的矛盾、城市公共危机频发的现象、公共福利均等化覆盖的不充分，甚至经济结构失衡、煤电油运紧张、经济增速不稳定等，均源自种种的发展不平衡。实际上，我们不仅处于一个社会矛盾的高发期，而且处于与国际环境、与自然界之间矛盾关系日益尖锐的发展期。

面对多重不平衡的存在，我们应对矛盾的基本办法，不是对抗，不是重搞斗争哲学；而是强调在发展和竞争中并存、共赢；强调兼顾多方利益，让社会各个群体各尽所能、各得其所；强调要让劳动、资本、技术、管理等各种要素的活力竞相迸发，让一切创造财富的源泉充分涌流；强调更加关注弱势群体和改善民生，让更多人民群众分享社会经济发展的好处；强调完善社会保障和加强政府公共职能建设；强调调动一切积极因素。如同十八大报告所指出的，要"全面落实经济建设、政治建设、文化建设、社会建设、生态文明建设五位一体总体布局，促进现代化建设各方面相协调，促进生产关系与生产力、上层建筑与经济基础相协调，不断开拓生产发展、生活富裕、生态良好的文明发展道路"。

四、科学发展观就是不断开拓创新的发展观

十八大报告明确指出，"解放思想、实事求是、与时俱进、求真务实，是科学发展观最鲜明的精神实质"。

力求和谐的发展观不是中庸、无为而治的发展观；而是主动进取、积极探索、不断开拓创新的发展观。可以说，全面建成小康社会是一个宏伟、美好的前景、蓝图，但其过程又必然是一个充满挑战、极其艰巨、危机频现的过程。跨过这个过程，实现经济和社会的协调发展、应对日益复杂的国际竞争、克服资源"瓶颈"、让中国人民过上幸福安康的好日子，最终实现中华民族的伟大复兴，最重要、最可靠的依据就是在科学技术上、在体制环境上、在发展方式上、在管理体系上、在思想方法上的不断创新。

开拓创新在当前最基本的体现，就是要坚持改革开放不动摇。改革开放是坚持和发展中国特色社会主义的必由之路。实现城乡协调发展、形成有中国特色的住房制度、促进房地产业和房地产市场健康发展、改善公共管理水平、探索绿色节能环保的城乡建设之路等都是创新。如同党的十八大报告所指出的，"实践发展永无止境，认识真理永无止境，理论创新永无止境"。我们的任务，就是要勇于实践、勇于变革、勇于创新，把握时代发展要求，顺应人民共同愿望，在创造性的实践中奋力开拓中国特色社会主义更为广阔的发展前景。

（住房和城乡建设部政策研究中心 供稿）

高度关注城镇住房发展不平衡问题

秦虹

党的十八大报告阐明了科学发展观的理论地位，提出科学发展观作为党必须长期坚持的指导思想。报告提出，解放思想、实事求是、与时俱进、求真务实，是科学发展观最鲜明的精神实质。我们认为，用科学发展观指导城镇住房建设，就必须准确判断我国城镇住房发展的实际状况，把握当前的主要矛盾，尊重住房市场的客观规律，以创新务实的精神破解发展难题，实现统筹、协调、平衡发展。

一、"不平衡"是当前城镇住房发展的主要矛盾

进入新世纪以来，我国城镇住房建设规模迅速扩大，整体住房水平提高较快，这为实现"十八大"报告提出的，确保到2020年全面建成小康社会、使人民生活水平全面提高、在住有所居上取得新进展等各发展蓝图提供了有力保证。综观全局，当前，城镇住房的主要矛盾已经发生变化，由过去的总量不足，转变为目前的发展"不平衡"。

根据国家统计局的数据，从2000年到2010年，在我国城镇人口增长了2.1亿人的情况下，城镇人均住房建筑面积从22平方米提升到31平方米，人均住房间数从0.77间提高到0.93间。2011年城镇住房竣工面积比2000年翻了一番，新建商品住房的户均建筑面积达到103平方米。目前城镇住房存量中接近一半是在2000年后竣工的，住房质量、配套、环境大幅提高。我国城镇居民住房条件总体上得到了极大地改善，与发达国家在大致相同的发展阶段的住房水平相比已经是不低的水平。

但是，尽管算总账、算人均、算速度，我国城镇住房发展的成绩斐然，然而，不容回避的是在总量和人均水平提高较快的同时，城镇住房的不平衡性却大大增加了。这种不平衡主要表现在以下几个方面：

一是住房资源占有的差距明显扩大。我国在1998年之前一直是福利分房体制，那时住房水平总体不高但差异不大，拥有多套住房的家庭数量也很少。房改之后，住房市场迅速发展，住房资源占有的不平衡性问题逐渐显现。根据国家统计局资料，到2010年，城镇最高收入组中有1/3家庭、高收入组中有1/5家庭拥有2套及以上住房。近期网络上曝光的拥有多套住房的家庭中，都是多达几十套，引发了社会广泛关注。一方面，部分家庭拥有很多套住房；另一方面，部分家庭面对高房价，买不起房，中低收入家庭面对房价的较快上涨，住房支付能力明显不足，意见很大。当然，在任何国家和任何发展阶段，住房的拥有水平都不可能做到绝对的平均，但在我国城镇人口仍在增加，城镇家庭尚没有达到

户均一套房的情况下，住房资源占有的这种不平衡则显然不利社会的和谐发展。

二是住房条件改善的速度不均衡。住房供给市场化以来，城镇住房总体水平已大幅提高，但市场配置资源的结果是高收入群体的住房条件优先、快速、大幅度地得到改善，而中低收入家庭则改善较慢。从人均住房面积看，尽管整体水平有明显提高，但却是极不均衡地提高。第六次人口普查数据显示，2010年与2000年相比，城镇家庭总户数增长了57.8%，但人均住房建筑面积在50平方米以上的家庭户却增长了252%，占比从8.7%上升到19.4%。而同期人均住房建筑面积低于20平方米的城镇家庭仍有29%，这一比例在上海市和广东省是42%，在北京市、黑龙江省、福建省、贵州省和青海省是37%。目前城镇住房的现实是，一方面，部分家庭已经住得很好、面积很大、标准很高；而另一方面，部分家庭住得很挤、条件很差，甚至在特大城市还存在大量群居、蜗居、蚁居的现象，城镇里的低端收入群体与高收入群体住房改善速度的差距过大。

三是房价上涨速度与大众购房支付能力的提高不同步。伴随着住房市场的发展，我国住房价格出现了明显的上涨，这个问题在大城市尤为突出。特别是城镇中低收入者的收入增长较慢，而他们对住房需求的迫切程度却最大，形成较大反差。2011年与2000年相比，高收入和最高收入家庭户的可支配收入分别增长了2.8倍和3.4倍，而中等偏下和较低收入家庭则分别只增长了2.1倍和1.9倍。我国地级以上的大城市新增就业的中低收入群体多，房价上涨速度快，直接导致了他们购房的支付能力明显偏低。进入新世纪以来，我国城镇居民家庭人均可支配收入的增长速度并不慢，但即使与房价上涨速度持平，也会因为两者的基数不同而使未购房者的实际支付能力弱化。

总之，无论按存量的人均住房建筑面积还是新增的户均建筑面积看，无论是自身的纵向比较，还是国际横向比较，我国城镇住房的总体水平已经不低。2011年，我国城镇总竣工住宅已达10.3亿平方米，根据我们的测算，即使保持这个竣工速度不增长，也已完全可以满足今后城镇新增住房需求。因此，可以判断，我国城镇住房的主要矛盾已由十年前的绝对短缺转化为目前的发展不平衡性问题。

二、住房的"不平衡"性矛盾极易转化和升级

世界各国的实践都证明，住房是社会经济稳定的基石这一基本规律。住房是一种特殊的商品，不但具有生活必需品的使用属性，而且具有可流通交易的资产属性。因此，住房以及其相关经济活动具有较强的外部性。住房问题解决不好，或引发社会混乱，如南美等地的贫民窟问题；或导致经济危机，如美国和日本房地产市场泡沫后的经济萧条。在我国，由于国情和发展阶段所决定，住房的"不平衡"性矛盾更易转化和升级。

首先，住房与社会稳定相关。因为住房具有生活必需品的特征，因而，住房成为必须保障的居民基本权利之一。而在市场配置资源的条件下，供给总是优先满足支付能力较强的高收入群体的需求。由于住房市场发展以来，大众居民收入的增长滞后于房价的上涨，中低收入家庭更是很难在市场上获得公平的住房机会，甚至基本居住条件也难以保证，必须由住房保障弥补市场缺陷。而我国目前住房保障水平尚未实现与市场的有机衔接，由此住的问题一旦解决不好就成为社会不满的最大诉求之一。

其次，住房与财富水平相关。住房具有资产属性，住房面积占有的多少直接转化成了居民家庭财富水平的高低。在我国，城镇居民过去都是平等的无产者，在住房市场化后短短的十几年时间里，住房显化了其资产价值。而房价的较快上涨，急剧放大了有房和无房者、有房多与少者之间的利益冲突。房价上涨、住房资产升值、财产收益增加、财富效应不断放大。这样原本收入和财富水平大致相同的居民家庭，不需要看谁更辛勤努力工作，仅仅因为是否买房或买房多与少，就导致几年后两者家庭财富差距的拉大。由此住房消费水平的差异升级为财富水平的差距，加剧了贫富差距的扩大。

第三，住房与经济发展相关。住房建设与投资、消费均关联度高，因而，住房市场成为国民经济发展的重要稳定因素之一。住房价格上涨过快，导致社会资源过多投向房地产引发多重问题。一是各行各业投资房地产，必然影响实体经济的发展，使经济结构调整难以实现；二是超越发展阶段和承受能力的住房需求，反而妨碍了居民消费的增长；三是被投资需求追高的房价也极易导致房地产泡沫的形成，危害到国民经济整体安全。我国正处于经济结构转型的关键时期，如果不能推动房地产市场健康发展，也就无法将更多地资源投入到实体经济的创新和发展之中，无法持续增强经济长期发展的后劲。

三、解决"不平衡"问题需要管理好住房需求的两端

党的"十八大"提出，"住有所居"是人民最关心、最直接、最现实的利益问题之一。解决城镇住

房的"不平衡"性问题，既不能忽视市场规律的作用，人为扭曲由经济基本面决定的住房市场的运行，也不能不顾中低收入家庭的支付能力，过分强调市场规律的作用。关键是应该在政策上积极主动地管理好住房需求的两端，防止住房"不平衡"问题的继续扩大。一端是超越合理需求而单纯追求谋利的投机性需求，另一端是住房支付能力不足而又迫切需要住房的需求。政策管理好了住房需求的两端，市场将会适应需求自动地调节供应的节奏、户型，以及形成由城市经济基本面所支撑的房价。由此可使住房更多地体现民生需求，降低住房市场的泡沫风险，维护市场平稳发展。

因此在政策选择上，第一，应增加多占住房资源的成本。住房交易的流转税和住房持有的财产税都是调节住房资源占有不平衡的重要手段，是住房市场发展必要的制度建设。其次，为初次置业的新就业家庭提供公平的住房机会。应在政策上给予其购房的支持，为他们提供积极创业、身心健康的社会环境，同时也可降低城镇化的成本。第三，政府切实履行好住房保障的责任。为中低收入居民提供必要的租房帮扶，使其获得与城市社会经济发展水平相适应的住房服务。实现"十八大"报告提出的使发展成果更多、更公平地惠及全体人民的目标。

（住房和城乡建设部政策研究中心 供稿）

未来城镇住房需求空间分析

浦湛

十八大报告提出到 2020 年全面建成小康社会，"在学有所教、劳有所得、病有所医、老有所养、住有所居上持续取得新进展，努力让人民过上更好生活"。报告还提出到 2020 年城镇化质量要明显提高，并"有序推进农业转移人口市民化，努力实现城镇基本公共服务常住人口全覆盖。"这些都为未来城镇住房发展提出了明确的要求和任务。在今后住房市场继续控制投资和投机性需求不动摇的前提下，对城镇住房新增需求空间还有多大，各方的判断存在较大分歧。因此，对到 2020 年全面建成小康社会时，我国城镇住房需求量进行理性分析与估测，有助于更好地把握住房政策的方向。

在测算住房需求量时，过去一般是测算住房需求面积，但由于实际住房需求（购买或租赁）是按套而不是按面积，在进一步区分需求结构时，以面积为单位会出现估测结构不够准确的问题，即往往低估城镇自身人口的实际住房需求、高估城镇化进城人口的实际住房需求。因此，我们利用人口普查数据，基于对未来城镇家庭户的总量变化和结构变化的分析，按住房套户比关系，进而大致估算出 2011~2020 年城镇年均住房需求总套数及需求结构。

城镇新增住房需求主要涵盖以下三个部分：一是城镇化带来的住房需求，包括城镇户籍人口机械增长而增加的家庭户的住房需求、以家庭形式居住在城镇的农民工住房需求；二是城镇本身的首次置业需求和改善性住房需求，包括城镇本身新增家庭户的住房需求、住房套户比提高而新增的住房需求（主要表现为城镇本身家庭的改善性需求）；三是城镇住房拆迁引致的需求。此外，还包括新增集体户的住房需求，由集体宿舍和城镇成套住宅满足。我们分别从上述几方面对住房需求规模进行估测，得出以下基本结论。

一、城镇化是未来住房需求增长的重要推动力

城镇化是支撑我国未来发展的一个大战略，有质量地推进城镇化也意味着城镇住房需求的增加。根据国际经验，城镇化率 30%~70% 为城镇化中级阶段，是城镇化快速推进的时期；城镇化率从 50% 提高到 70% 阶段的增长速度可能慢于 30% 到 50% 的阶段。我国 1996 年城镇化率首次超过 30%，2011 年按常住人口统计的城镇化率达到 51.27%，十五年间城镇化率增长超过了 20 个百分点，年均增长约 1.4 个百分点。根据国际经验判断，之后的城镇化进程会放缓，因此，按照城镇化率每年提高约 1.2 个百分点的增速计算，未来城镇人口年均增加 2020 万人，扣除城镇人口的自然增长，其中约 1700 万来自于农村转移城镇人口，占 84% 左右。

为便于测算，我们将农村转移城镇人口分为两类，一是已取得城镇户籍的原农村人口，二是农民工。前者可通过被动城镇化即通过行政区划的调整

由村民变成市民，或者通过进城就业等方式取得城镇户籍，后者虽然进城务工就业，但并未取得城镇户籍。

因行政区划调整和进城就业（非农民工）等住房需求年均310万套。我们测算，2011～2020年城镇家庭户年均增加约730万户，按照2000～2010年因行政区划调整和进城就业（非农民工）等而新增的家庭户占比42%计算，则2011～2020年由于这部分原因迁入城镇的家庭户约为310万户。按每户一套房，则需310万套住房。由于整建制农转居通常伴随着征地拆迁、农民上楼，被拆迁农民的住房需求由征地后建设的城镇住房满足，因此，我们判断"带房进城"的家庭占比较少，不做扣除。

新增农民工规模下降，存量农民工举家外迁比例将提高，总体上对城镇成套住房需求将有所增加，达到年均130万套。根据相关研究，2015年左右我国将迎来刘易斯拐点，即农民工总规模达到峰值，该峰值预计为2.7亿左右，此后总量稳定甚至减少。2010年农民工总规模为2.4亿左右，预计2011～2020年新增农民工总量为3000万左右，年均为300万左右。在存量农民工中，外出的占比约60%，本地的占比约40%，考虑到近年新增农民工中本地农民工占比有提高的趋势，根据2011年外出农民工和本地农民各占一半的比例，则年均300万的农民工中有150万为外出农民工，预计未来举家外出占外出的比例将有所提高，按由过去的20%提高到30%计算，同时，每个家庭1.5个农民工，则为30万户。

由于未来新增农民工数量的下降，其对住房的需求也将下降，但是随着城镇化质量的提高，在存量农民工中，将有更多举家外迁，其对成套住房的需求将有一定程度的增加，当然，增加的幅度有赖于户籍制度改革和农村土地制度改革的推进程度。根据国家统计局《农民工调查监测报告》，2010年在城镇务工的农民工总规模达到2.4亿，其中外出农民工约1.5亿人，本地农民工约为9000万人。考虑到未来政府将着力提高城镇化质量，预计在存量农民工中，举家外迁的比例将有所上升，按举家外迁占外出农民工比例从原来的20%提高到30%计算，同时，新增举家农民工按每户家庭1.5个农民工计算，则存量农民工部分新增家庭户将达到100万户左右。按每户一套房，上述两部分加总则需130万套住房。

因此，城镇化因素直接带来的住房需求套数年均约为440万套。

二、城镇首次置业需求和改善性住房需求仍处于上升期

城镇居民对住房的面积、质量和功能等改善的要求是支撑住房需求的一个重要方面。过去十年我国城镇居住面积水平快速提高，人均住房面积从2002年的24.5平方米增长到2011年的32.7平方米，这十年城镇住房新建量占到存量住房的40%左右。

十八大报告提出"全面建成小康社会"的目标，与十六大的"全面建设小康社会"的提法仅一字之差，明确了2020年为全面建成小康社会的目标年。因此，从目前到2020年这近十年时间，是完成目标的关键阶段，其中住房问题又是一个关键领域。尽管过去十年我国城镇居民住房实现了大幅、快速的改善，但从总体上看，未来仍处于大的改善周期中，住房发展将处于质量和数量并举的阶段。城镇住房条件的改善包括三种方式：一是新组建家庭购房，同时改善了新家庭本身和人口迁出的原家庭的住房条件；二是通过"以小换大"方式改善住房条件，这部分改善通过套均住房面积的提高实现，不新增住房套数。三是考虑套户比达到1.1时才能步入住房供求的稳定阶段，少数家庭有购买第二套住房的需求。

城镇本身净增加的家庭户住房需求年均约340万套。在2011～2020年城镇年均新增730万家庭户中，我们分析城镇本身净增加的家庭户占比与过去相比变化不大，因此，根据2000～2010年其占47%的比例进行估算，则2011～2020年，城镇本身家庭户净增加约为340万户。按每户一套房计算，则需340万套住房。

存量住房套户比系数提高而新增住房需求年均约140万套。据相关估算，我国目前存量住房套户比达到1左右，国际经验表明，当套户比达到1.1时，住房供求关系在总体上才趋于稳定。根据日本和韩国经验，住房套户比从1提高到1.1左右大致需要20年的时间，因此，我们设定到2020年，城镇住房套户比达到1.05左右。则2011年到2020年，因套户比系数提高而新增的住房需求为140万套（按2010年城镇存量2.07亿家庭户、2011～2020年年均新增730万家庭户估算）。由于城镇家庭购买力高于农村进城家庭，套户比提高所产生的住房需求主要表现为城镇的改善性需求。

因此，城镇首次置业需求和改善性需求年均约为480万套。

三、拆迁仍是产生住房新需求的重要因素之一

由于城市更新、规划变更等原因，过去我国城镇住房年拆迁率较高。估测未来拆迁引致的住房需求量，需对未来我国城镇住房的拆迁速度有一个判断。一方面，在未来一段时间内我国仍处于城镇化发展、城市建设的高峰期，住房拆迁预计仍将保持一定的规模；另一方面，我国2000年以后所建的住房约占住房存量的40%以上，客观上拆迁的速度应比过去有所放缓。同时，未来随着秉持科学发展的理念，居民产权意识增强，拆迁速度会下降。因此，我们对占180亿平方米左右的成套住房存量中约60%的2000年以前建成的住房，按住房设计使用年限50年、则每年2%的拆迁率对拆迁引致的住房需求量进行测算，2011～2020年年均拆迁引致住房需求量约为2.2亿平方米，按"六普"户均86平方米计算，年均约为250万套。

此外，城镇新增集体户也对城镇住房（成套住宅和集体宿舍）产生需求。根据"六普"数据，2010年城镇集体户人口占城镇总人口的比例约为11.9%，预计今后随着城镇化质量的提高，农民举家外迁比例的增加，集体户占比也将略有下降，按其占比10%估算，则今后年均新增集体户人口约为200万人，按"六普"统计的集体户每户5.78人计算，则年均新增集体户约为35万户。这些新增住房需求需要35万间（套）集体宿舍和城镇普通住宅满足。

因此，如在2020年确保新增家庭户每户一套房的基础上，则约需每年1100万套新增住房；如考虑满足人口在城镇之间迁移的住房需求，存量住宅和存量家庭户之间比例应留有一定的余量，使供求关系更趋平衡，按2020年套户比达到1.05左右估算，则年均约需1200万套住房。在年均约1200万套新增住房需求量中，城镇化直接带来的需求占比约40%；城镇家庭的部分首次置业和改善性需求占比约40%；城镇住房拆迁引致的需求占比约20%。

四、保持现有新增住房供给速度应对未来住房需求

从住房竣工面积来看，满足未来新增住房总需求需保持年均3%的增速。据前述，2011～2020年，年均新增住房需求量约为1100万～1200万套。由于存在住房过滤效应，支付能力较高的改善性需求购买新建住房，支付能力较弱的部分首次购房需求购买或租赁改善性需求腾退出来的二手房，因此，上述新增住房需求中，部分是由新建住房满足，部分是在二手房市场通过购买或租赁满足。现有户均住房面积为86平方米，按目前套户比达到1计算，则可视为存量住房套均面积也为86平方米，为实现总体住房水平继续提高的目标，应在目前新建住宅套均建筑面积不到103平方米（由于目前无新建住房套均面积的统计，故用住房竣工面积除以住房竣工套数进行估算，但住房竣工面积统计中包含集体宿舍，住房套数统计仅为成套住宅，因此二者相除得出的面积高估了成套住房的套均面积）的基础上适当提高，按新建住宅套均面积105平方米计算，则年均住宅竣工面积需达到11亿～12亿平方米。因此，为实现上述目标，在2011年城镇住房竣工面积10.3亿平方米的基础上，住房竣工面积年增长率应不低于3%。

从住宅用地供给来看，满足未来新增住房总需求需维持目前的年度供给量或略低的水平。2011～2020年，我们按估计的年均新增住房需求量为12亿平方米、容积率为2进行测算，所需住宅用地面积年均为6万公顷左右。根据国土资源部统计，近三年年均住宅用地供给量为9.52万公顷，截至2012年9月底，全国未竣工住宅用地约35.33万公顷，则按现有住宅用地供给能力可满足未来新增住房需求。

上述对供给量和供应速度的测算仅考虑总量因素，供应的区域结构还应顺应市场需求，避免出现结构性的供求失衡。

（住房和城乡建设部政策研究中心 供稿）

融合发展是建筑业转型升级的重要途径

李德全

加快转变经济发展方式是党的"十八大"提出的重要任务。作为传统产业的建筑业，多年来以外延的规模扩大为其发展的主要特征，发展状态被动，利润水平偏低，高端人才缺乏，产业素质不高，转

变发展方式的任务尤其艰巨。在工程建设需求模式不断变化、战略性新兴产业蓬勃发展、新型服务模式、先进组织管理手段不断出现、科技进步提供的可能性不断加大的情况下，建筑业要完成转型升级的任务，必须借助现代经济、产业、科技提供的发展可能性，实现建筑业与重要产业和重要生产要素的融合发展。融合发展的具体内容主要包括如下几个方面：

一、实现建筑企业与资本的融合

建筑产品由于同土地相结合，并具有持久的生产、服务、居住等功能，是增值空间巨大的固定资产。传统的建筑业本质上属于来料加工产业，没有融资渠道，不具备资本运营能力，不具备投资能力，从而建筑产品的增值部分绝大部分为投资者享有，产业盈利模式主要基于劳动要素投入。这也是建筑业运作的资金规模很大，所获盈利却很低，产值利润率低于大多数产业的主要原因。通过建筑企业将建造能力与资本保有及运作能力的结合，可以使建筑业整个的产业盈利模式得到根本性提升：建筑企业将从被动的施工承包商向主动的工程开发建造商转变，建筑企业将会较多或持久地得到建筑产品的增值收益；通过资本与建造能力的结合，可以延伸建造前后端产业链，拓展资金、智力、技术密集的咨询服务业务、技术研发应用业务，拓展业务范围，打开利润空间；通过与资本的结合，可以积聚金融、商贸、科技等高端人才，提升产业层次；通过与资本的结合，可以转变服务方式，为社会各方提供更加适合的增值服务。建筑企业与资本结合，应当更多地在高资质等级的综合性大型施工企业实现。具有资本运作能力，也应当是这些企业的一个必备特征。增强企业资本能力，可以通过上市、与金融企业的战略性合作、自有资本的集中运作、调动和运用社会资本等方式实现。目前，一些企业已经迈出了与资本结合的步伐，仅深沪两市建筑业上市公司已达到54家。这些企业发展空间扩大，经营层次提高，效益改善显著，升级效果明显。

二、实现建筑业与制造业的融合

近年来，制造业向建筑业的渗透趋势一直在深入。适合市场需求的各类结构构件、部件、墙体、保温、给排水、防水、空调、厨卫等产品、材料厂商在制造相关产品的同时，通过装配安装进入建造直至装饰装修、维护保养的全过程，以工程建造为主要领域的制造业不断发展。这些以建筑产品建造为主要供应对象的制造行业及企业的效益状况也持续向好。例如，钢结构制造厂商持续增加，营业规模持续扩大；基于建造的专业供应商发展势头强劲；拥有制造基地的装饰装修企业采用后台制造，前台安装的建造方式，迅速发展成为行业龙头。伴随着这样的趋势，建筑业也越来越向着建造组织者方向发展。这一现象反映了工程建设领域不可遏制的工业化潮流。而且，这一潮流与20世纪60～70年代的工业化相比发生了质的变化，新时期的工业化潮流中支撑工业化的产品更加丰富多样，制造柔性大大增强，新材料的不断涌入使工业化本身变化加快。建造方式创新是建筑业转型升级的重要领域，促进建筑业与制造业的融合，可以通过研究甄别成熟的工业化产品、部件和建造方法，制定针对不同类型建筑的工业化标准，权威推荐经技术、产品整合的工业化建造方案，鼓励建设菜单式精装修住宅，准予具有结构制造装配能力的制造厂商获得工程承包资格等方式，促进建筑业与制造业的融合。

三、实现建筑业与信息技术的融合

"十八大"报告提出的"推动信息化和工业化深度融合"的思想，完全适用于建筑业。信息技术不仅为建造水平的提高提供了巨大的可能性，鉴于我国建筑业管理水平较低的现状，信息技术对于促进改善建筑业的薄弱环节—企业管理、项目管理乃至政府的相关质量、安全、市场行为管理方面，都具有巨大潜力和广阔前景。通过信息技术改造企业的运营管理，通过信息技术实现建造过程留痕以落实责任、通过信息技术实现工程项目的远距离控制、通过信息技术杜绝审批、决策的人为因素、通过信息技术查伪查重、通过信息技术实现重要程序自动控制等等，将大大改善企业管理水平，提高企业、项目运行效率。信息技术在政府电子政务方面的运用将改变监管方法，促进政府职能发生大的转变，提高政府对于建筑业和工程建设的监管、服务质量和监管、服务效率。

四、实现建造过程中设计、施工、采购、造价管理等不同环节和专业的融合

受我国传统行政管理体制的影响，建筑企业营业范围与政府职能相对应，功能单一，建筑产品形成的统一过程被人为割裂，设计、施工、采购、造价控制等建造环节彼此分离，缺乏围绕产品的全过程优化整合，更缺乏对于建筑产品全使用寿命的综合经济社会成本考量。建造环节融合所带来的设计

方案的优化、建造成本的节约、工期的缩减，效益的增加已经为众多工程项目实践加以证实，也是我们必须学习的先进国际工程组织模式。实现建造过程不同环节的融合，业主发挥着至关重要的主导作用，工程总承包方式是良好的运作平台。实现建造过程不同环节的融合，需要企业在项目组织管理上进行创新，解决融合的方式、程序、方案决策机制等问题，以建设目标为纲优化项目组织，进行建筑产品的功能、成本、品质、运行的统筹。需要指出的是，近些年在市场准入政策的引导下，高资质等级企业走向设计、施工的一体化发展，但不少企业仅仅实现了不同类型企业的同体化，并未真正实现在工程项目上的融合。只有深入研究探索，不断改革完善项目组织，才能使建造过程不同环节和专业达到相互参与，深度互动，协同推进，整体优化的功效。

五、实现少量高资质等级企业承包领域和经营功能的融合

国际惯例和我国建筑业发展的实践都已经表明，处于建筑业顶尖位置的工程承包企业必须突破单一领域、单一施工的业态，具备工业与民用建筑、土木工程等多领域的承包能力，实现投资开发与建造的一体化，从仅具有单一的施工功能发展为具有资本运作、专业风险控制、技术研发咨询等综合经营功能的企业。这部分企业在全部建筑业中虽然所占比例不高，但在整个产业中发挥着骨干龙头作用。

六、实现中、小、微型企业在专业化基础上围绕总承包企业的密切协作

长期以来，层层转包现象一直与建筑业如影随形，防范治理困难重重。名义上的总分包关系变形为层层转包关系。转包使得建设资金被层层剥皮，建设工程的名义投入被大大放大，实际落实到工程上的投入则大大减少，直接危害建设工程的质量安全。层层转包还使工程的最后完成责任落到劳务企业甚至包工队手上，超越了劳务分包企业的承包范围，将建造过程中的诸多风险不合理地转移至劳务企业。要将层层转包转变为基于专业化基础的总分包，需要从多个方向入手：一是给予投资方对于工程总分包情况的知情权和控制权，在一级发承包签订合同时就予以控制；二是加大总承包单位的质量安全责任，无论怎样分包，总包企业都是质量安全的第一责任人，且责不能免。而且应当要求总包企业必须有自己的项目管理标准，同一企业所承包的所有工程的现场必须按照同一标准管理，以此克服企业资质等级与现场管理水平不一致的情况，也借此有效遏制转包挂靠；三是采取低门槛、易注册、轻税负、多支持的市场准入政策和财税政策鼓励建筑业中、小、微型企业发展，促使其从体制外转向体制内，从实际上的一般工程施工承包转向专门工种、专门工序、小型、零散工程承包。四是促进劳务作业人员的职业化发展，根据建筑业生产规模弹性较大的特点，加大建筑劳务作业人员个人的职业技术能力认证，允许劳务作业人员带着职业身份流动，允许就业中断与接续；五是改变建设工程不得二次分包的规定，鼓励专业化的分包；六是鼓励中、小、微型建筑企业积极采用先进的技术装备和先进工具，提高效率和效益，获得可持续发展的愿景。通过上述措施，促进建筑业不同规模企业形成基于专业化的健康的总分包关系。

融合的本质是摈弃计划经济体制的束缚，恢复工程建设客观存在的内在联系，融合的目标是用现实可能取得的条件改造传统建筑业，融合的基础是专业化，专业化程度越高越有利于产业融合。同时，建筑业的融合发展需要强有力的政策支持，必须贯彻落实"十八大"坚持推进改革开放的精神，进行工程建设和建筑业管理的制度创新，为企业融合发展创造条件。

(住房和城乡建设部政策研究中心 供稿)

通过标准化管理提高城市管理科学化水平

翟宝辉

党的"十八大"报告指出，"提高社会管理科学化水平，必须加强社会管理法律、体制机制、能力、人才队伍和信息化建设。"这为城市标准化管理指明了方向。过去针对城市管理的具体领域已经制定了

很多标准,但绝大部分是技术标准和产品标准,而管理标准十分匮乏。标准化是为了在一定范围内获得最佳秩序,对现实问题或潜在问题制定共同使用和重复使用条款的活动。城市标准化管理就是用这样的标准化思路对管理对象进行计划、实施、检查与纠正和管理评审的活动,以建立共同使用规则和重复使用标准,提高城市管理科学化水平。

一、标准化管理使随意、随机、脉冲式城市管理走向规范化、制度化、法制化

城市管理作为社会管理的主要实现形式,表现在物业管理、环境卫生管理、市容管理、噪声管理等具体领域,传统的城市管理主要通过专项整治、综合整治、创建活动(卫生城市、文明城市、环保模范城市、园林城市、森林城市、平安城市、畅通城市等)等提升管理水平,具有随机性、临时性、突击性,效果主要取决于城市领导个人意识和意志,领导更换或者领导思路变,城市管理的内容和方式都要变,效果很难持久。城市标准化管理就是通过对城市管理现状进行分析,找出和合理划分纵向层次和横向环节,依此建立系统的管理体系,包括政策法规、标准规范和制度建设等,坚持预防为主、全过程控制、持续改进的思想,使城市管理工作在循环往复中螺旋上升,实现城市有效运转、有序运行。也就是说城市标准化管理是从城市日常运行角度入手,把管理事项看成大家应该共同遵守或重复发生的事物进行规范,形成城市的共同行为准则,城市管理具体执行者有共同的作业标准,统一的管理评价体系,这就有效避免了随意性,大大提高了城市管理的科学化水平。

二、标准化管理使城市政府可以应对加速城镇化带来的日益繁重的城市管理任务

城市管理涵盖政府、企事业单位、社区、家庭多个层面,涉及道路交通、供水排水、能源供应、垃圾收运处置、邮政电信、园林绿化、物业管理等多个行业。城市化进程的加速意味着单位土地承担更多的经济总量、人流物流,单位面积的城市管理工作量增加;而且城市化进程的加速还伴随城市规模的扩大,城市管理的范围随之扩大,每个城市管理作业人员承担的工作量增加。不仅如此,新迁入城市人口对城市设施运转、使用的知识缺乏,一些不文明的行为习惯也会导致城市管理工作量增加,这使原本就非常繁重的城市管理任务愈加繁重。对此,传统的管理方式基本上是扩编加人,要钱要物,或者临时抽调人马,进行脉冲式、运动式、救火式突击整治,这一方面与行政体制改革的方向相悖,另一方面临时抽调人马,一旦进入作业链条,就不得抽身,去留都难,矛盾丛生,无法为继。标准化管理则通过建立规范的运作机制、作业制度、管理制度、考评制度、协调机制和公务协助机制等,实现作业流程化、管理制度化、执法规范化、考评指标量化、部门协调化,使城市管理效率大幅度提高,使城市管理覆盖更大范围有了空间。

三、标准化管理推进了城市管理领域的社会化和市场化,总体上降低了管理成本和监督成本

我国城市管理众多领域都具有简单重复、机械化水平低、设备设施差、任务繁重、环境恶劣、收入低、人员流动性大的特点。从调研所做的不完全统计看,一般地级市城市管理人员在5000人左右,包括管理人员和作业人员。管理这支庞大的队伍需要很高的管理成本和监督成本。传统的城市管理模式是层层监督,有些城市甚至监督人员与作业人员要1∶1配备,尽管如此,城市运行质量仍不如人意。标准化管理将这些工作分解、分层,通过政策、计划、规划、量化、信息化等手段,制订标准规范、管理程序、作业流程、监督考评制度,使城市管理步入科学化轨道。

如西安市莲湖区通过分析梳理,针对道路清扫保洁、生活垃圾收运、建筑垃圾清运监管、公共厕所管理、社区(城中村)管理等,制订管理标准、工作标准和质量标准,明确管理的目标、依据、范围、原则、方式、手段及实施主体,成为全区城市管理工作的准则和依据。

通过标准化过程,城市管理有了统一的标准和操作规范,使作业社会化市场化成为可能,一些城市把道路清扫通过招标方式承包给专业公司,把公厕承包给家庭管理,有限的管理人员和监督人员定期检查打分并与经费划拨挂钩。自然人或法人只要专注做一件事,就一定能把这件事做好。实践证明,这种社会化市场化方式大大提高了工作效率,稳定了城市市容的整洁水平。其他领域也收到了如此效果。结果是城市管理的成本总体下降,城市的有序运转得以保障,环境质量和生活舒适度得以提高。

四、标准化管理使社会矛盾逐步缓解,和谐社区、和谐城市构建从理想变为现实

城市管理是一个政府与市民互动、管理人员与服务对象相互理解和支持的过程。城市运行中很多

矛盾都是由日常生活和工作中的小事积累引发的，如城市管理工作中的垃圾堆放、道路清扫、垃圾转运站的选址和日常清洁、垃圾场的选址和日常处理、广告设置、街面占道经营、超位、装修噪声、停车、流动商贩等都有可能成为引发社区矛盾和社会不和谐的因素。城市标准化管理就是把城市管理的每一个环节标准化、制度化，特别是垃圾收集环节，涉及垃圾箱的放置、收运时间、垃圾分类等，这些都需要居民的具体行为支持，才能形成符合实际的标准，让他们参与进来，一方面共同形成行为规范，另一方面，便于居民对公共服务的日常监督。如垃圾箱的放置，每个人对此都有言之凿凿的想法，但又必须选择一种放置方式和地点，因此必须通过大量的讨论、协调，才能取得大多数人认可的方案，制定过程必须广泛征求民意。这样出台的管理标准，符合社会实际，利于行业操作，便于社会监督。再好的政策和标准，如果得不到社区和市民的支持，在实施过程中不能加以有效的监督，城市管理的目标肯定无法实现。

通过城市标准化管理，让政府部门有抓手，让企事业单位有规矩，让社区运转有规范，让家庭个人有约束，才能改善城市生产和生活质量，让社区市民分享改革发展的新成果，使市民有归属感和自豪感，促进社会和谐稳定，和谐社区、和谐城市才能从理想变为现实。

五、标准化管理可以调动行业职工的积极性，爱岗敬业，在岗创新，加强队伍能力建设

城市标准化管理无论包含多少内容，都必须通过行业职工的具体行动去落实。只有调动他们的积极性，发挥创造力，才能提升能力建设水平。城市管理一线人员风险大、福利待遇水平低，一些城市把城市管理一线人员福利和救济纳入标准化管理，如建设保洁员公寓、道路保洁道班房、城管执法站，开展早餐工程，办理人身意外伤害保险，设立岗位风险救济规范等，这些大大调动了职工工作积极性，增强了职工归属感和自豪感。岗位分工明确和未来发展方向明晰还激发了城市管理人员的创新动力，尽管部分沿海城市城市管理领域的机械化水平在大幅提高，但绝大部分城市仍处在机械化水平低、设备设施差的阶段，而且适合于特定城市的小型机械市场供应有限。针对现状，爱岗敬业的一线人员就自主研发，创造适合本地实际的机械设备。如西安莲湖区职工研发的电动垃圾车、灰带清扫车等，已批量生产，装备整个市容环卫队伍。为了奖赏发明人，将车辆用人名命名："三友车"。这样使城市标准化管理成为行业职工的集体追求，集体选择，集体创造，队伍能力建设水平大大提高。

我国的基本国情是城市发展条件差异很大，东南西北城市发展水平差距明显，按照同样的标准建设全国统一的运行平台，既不可能也不必要。而用标准化管理的思想和思路去规范城市管理，实现社会管理创新，达致城市管理有效有序是可能和可行的。只要本着求真务实，实事求是，因地制宜的原则，在本地发展阶段、设备设施状况、人力资源状况的现实条件基础上，科学引入标准化管理的思想，城市管理的科学化水平就会大大提高。

（住房和城乡建设部政策研究中心 供稿）

第七篇

数据统计与分析

一、2013年城镇建设统计分析

（一）2013年城市建设统计概述

【概况】 2013年末，全国设市城市658个，比上年增加了1个。其中，直辖市4个，地级市286个，县级市368个。城市城区户籍人口3.77亿人，比上年增加了0.07亿人；暂住人口0.56亿人，比上年增加了0.04亿人；建成区面积4.79万平方公里，比上年增加了0.23万平方公里。

【城市维护建设资金（财政性资金）收入与支出】
2013年全国城市市政公用设施建设维护管理财政性资金收入14322.75亿元，比上年增加2399.40亿元。全国城市市政公用设施建设维护管理财政性资金收入的具体分布情况如图7-1-1所示。2013年全国城市市政公用设施建设维护管理财政性资金支出10804.74亿元，比上年增加606.61亿元，支出的分布情况如图7-1-2所示。

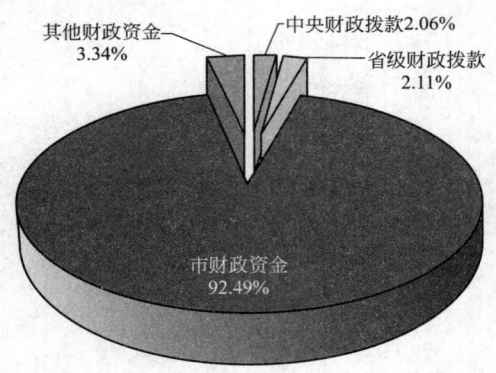

图7-1-1 2013年全国城市市政公用设施建设维护管理财政性资金收入的分布情况

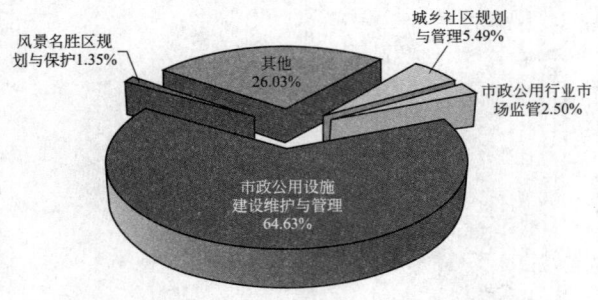

图7-1-2 2013年全国城市市政公用设施建设维护管理财政性资金支出的分布情况

【城市市政公用设施固定资产投资】 2013年城市市政公用设施固定资产完成投资16349.8亿元，比上年增长6.89%，占同期全社会固定资产投资总额的3.66%。全国城市市政公用设施建设固定资产投资的行业分布如图7-1-3所示，其中，道路桥梁、轨道交通、园林绿化分列前三位，分别占城市市政公用设施固定资产投资的51.11%、15.02%和10.08%。

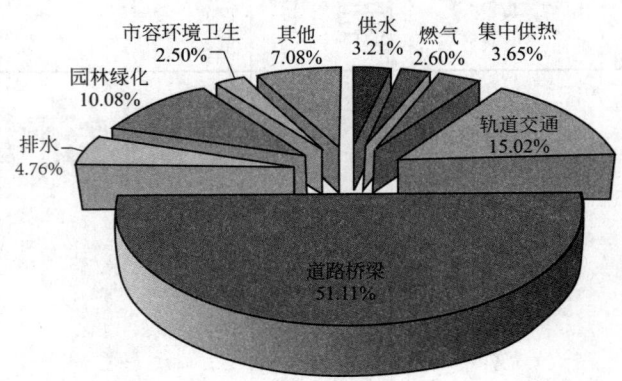

图7-1-3 全国城市市政公用设施建设固定资产投资的行业分布

全国城市市政公用设施投资新增固定资产10192.5亿元，固定资产投资交付使用率62.3%。主要新增生产能力（或效益）是：供水日综合生产能力748万立方米，天然气储气能力2361万立方米，集中供热蒸汽能力0.16万吨/小时，热水能力2.31万兆瓦，道路长度1.12万公里，排水管道长度1.95万公里，城市污水处理厂日处理能力1834万立方米，城市生活垃圾无害化日处理能力4.8万吨。

2013年按资金来源分城市市政公用设施建设固定资产投资合计16121.97亿元，比上年增加857.75亿元。其中，本年资金来源15134.38亿元，上年末结余资金987.59亿元。本年资金来源的具体构成，如图7-1-4所示。

【城市供水和节水】 2013年末，城市供水综合生产能力达到2.84亿立方米/日，比上年增长4.4%，其中，公共供水能力2.15亿立方米/日，比上年增长2.8%。供水管道长度64.6万公里，比上年增长9.2%。2013年，年供水总量537.3亿立方

一、2013年城镇建设统计分析

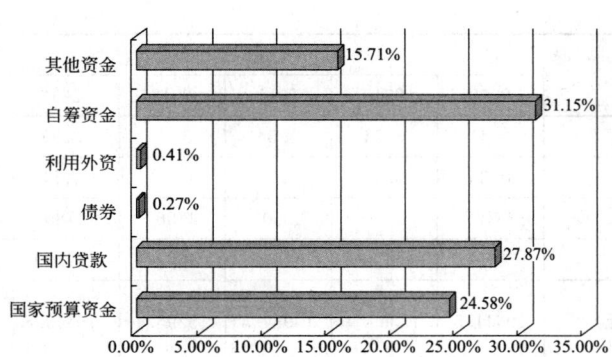

图 7-1-4 2013年城市市政设施建设固定资产投资本年资金来源的具体构成

米,其中,生产运营用水161.7亿立方米,公共服务用水74.0亿立方米,居民家庭用水192.4亿立方米,用水人口4.23亿人,用水普及率97.56%,比上年增加0.4个百分点,人均日生活用水量173.51升。2013年,城市节约用水38.3亿立方米,节水措施总投资25.1亿元。

【城市燃气】 2013年,人工煤气供应总量62.8亿立方米,天然气供气总量901.0亿立方米,液化石油气供气总量1109.7万吨,分别比上年减少18.4%、增长13.3%、减少0.45%。人工煤气供气管道长度3.05万公里,天然气供气管道长度38.8万公里,液化石油气供气管道长度1.34万公里,分别比上年减少9.1%、增长13.3%、增长6.2%。用气人口4.08亿人,燃气普及率94.25%,比上年增加1.1个百分点。

【城市集中供热】 2013年末,城市蒸汽供热能力8.4万吨/小时,比上年减少2.4%,热水供热能力40.4万兆瓦,比上年增长10.5%,供热管道17.8万公里,比上年增长11.3%,集中供热面积57.2亿平方米,比上年增长10.3%。

【城市轨道交通】 2013年末,全国有16个城市建成轨道交通线路长度2213公里,车站数1447个,其中换乘站270个,配置车辆数12346辆。全国有35个城市在建轨道交通线路长度2760公里,车站数1898个,其中换乘站443个。

【城市道路桥梁】 2013年末,城市道路长度33.6万公里,比上年增长2.8%,道路面积64.4亿平方米,比上年增长6.0%,其中人行道面积14.0亿平方米,人均城市道路面积14.87平方米,比上年增加0.48平方米。桥梁数为59530座,比上年增长3.3%。

【城市排水与污水处理】 2013年末,全国城市共有污水处理厂1736座,比上年增加66座,污水厂日处理能力12454万立方米,比上年增长6.1%,排水管道长度46.5万公里,比上年增长5.9%。城市年污水处理总量381.9亿立方米,城市污水处理率89.34%,比上年增加2.04个百分点,其中污水处理厂集中处理率84.53%,比上年增加2.04个百分点。

【城市园林绿化】 2013年末,城市建成区绿化覆盖面积190.7万公顷,比上年增长5.2%,建成区绿化覆盖率39.70%,比上年增加0.11个百分点;建成区绿地面积171.9万公顷,比上年增长5.1%,建成区绿地率35.78%,比上年增加0.06个百分点;公园绿地面积54.7万公顷,比上年增长5.7%,人均公园绿地面积12.64平方米,比上年增加0.38平方米。

【国家级风景名胜区】 2013年末,全国共有225处国家级风景名胜区,据其中224处统计,风景名胜区面积9.7万平方公里,可游览面积4.2万平方公里,全年接待游人7.3亿人次。国家投入47.9亿元用于风景名胜区的维护和建设。

【城市市容环境卫生】 2013年末,全国城市道路清扫保洁(覆盖)面积64.6亿平方米,其中机械清扫面积28.7亿平方米,机械清扫率44.4%。全年清运生活垃圾、粪便1.89亿吨,与上年基本持平。全国城市共有生活垃圾无害化处理场(厂)765座,比上年增加64座,日处理能力49.2万吨,处理量1.54亿吨,城市生活垃圾无害化处理率89.30%,比上年增加4.47个百分点。

【2009~2013年全国城市建设的基本情况】 2009~2013年全国城市建设的基本情况见表7-1-1。

2009~2013年全国城市建设的基本情况 表7-1-1

类别	指标	年份				
		2009	2010	2011	2012	2013
概况	年末城市数(个)	654	657	657	657	658
	#直辖市(个)	4	4	4	4	4
	#地级市(个)	283	283	283	284	286
	#县级市(个)	367	370	370	369	368

续表

类别	指 标	年份				
		2009	2010	2011	2012	2013
概况	年末城区人口(亿人)	3.41	3.54	3.54	3.70	3.77
	年末城区暂住人口(亿人)	0.36	0.41	0.55	0.52	0.56
	年末建成区面积(平方公里)	38107	40058	43603	45566	47855
	城市建设用地面积(平方公里)	38727	39758	41861	45751	47109
城市市政公用设施固定资产投资	市政公用设施固定资产年投资总额(亿元)	10641.5	13363.9	13934.3	15296.4	16349.8
城市供水和节水	年供水总量(亿平方米)	496.7	507.9	513.4	523.0	537.3
	供水管道长度(万公里)	51.0	54.0	57.4	59.2	64.6
	用水普及率(%)	96.12	96.68	97.04	97.20	97.56
城市燃气	人工煤气年供应量(亿立方米)	361.6	279.9	84.7	77.0	62.8
	天然气年供应量(亿立方米)	405.1	487.6	678.8	795.0	901.0
	液化石油气年供应量(万吨)	1340.0	1268.0	1165.8	1114.8	1109.7
	年末供气管道长度(万公里)	27.3	30.9	34.9	38.9	43.2
	燃气普及率(%)	91.41	92.04	92.41	93.15	94.25
城市集中供热	蒸汽供热能力(万吨/小时)	9.3	10.5	8.5	8.6	8.4
	热水供热能力(万兆瓦)	28.6	31.6	33.9	36.5	40.4
	蒸汽管道长度(万公里)	1.4	1.5	1.3	1.3	1.2
	热水管道长度(万公里)	11.0	12.4	13.4	14.7	16.6
	年末集中供热面积(亿平方米)	38.0	43.6	47.4	51.8	57.2
城市轨道交通	建成轨道交通的城市个数(个)	10	12	12	16	16
	建成轨道交通线路长度(公里)	839	1429	1672	2006	2213
	正在建设轨道交通的城市个数(个)	28	28	28	29	35
	正在建设轨道交通线路长度(公里)	1991	1741	1891	2060	2760
城市道路桥梁	城市道路长度(万公里)	26.9	29.4	30.9	32.7	33.6
	城市道路面积(亿平方米)	48.2	52.1	56.2	60.7	64.4
	人均道路面积(平方米)	12.79	13.21	13.75	14.39	14.87
	城市桥梁(座)	51068	52548	53386	57601	59530
城市排水与污水处理	污水年排放量(亿立方米)	371.2	378.7	403.7	416.8	427.5
	城市污水处理厂座数(座)	1214	1444	1588	1670	1736
	城市污水处理厂处理能力(万立方米/日)	9052	10436	11303	11733	12454
	城市污水日处理能力(万立方米)	12183.9	13392.9	13304.1	13692.9	14652.7
	城市污水处理率(%)	75.25	82.31	83.63	87.30	89.34
	年末排水管道长度(万公里)	34.4	37.0	41.4	43.9	46.5
城市园林绿化	年末建成区绿化覆盖面积(万公顷)	149.4	161.2	255.4	181.2	190.7
	年末建成区绿地面积(万公顷)	133.8	144.4	224.3	163.5	171.9
	建成区绿化覆盖率(%)	38.2	38.6	39.2	39.6	39.7
	建成区绿地率(%)	34.2	34.5	35.3	35.7	35.78
	人均公园绿地面积(平方米)	10.66	11.18	11.80	12.30	12.64
	公园个数(个)	9050	9955	10780	11604	12401
	公园面积(万公顷)	23.6	25.8	28.6	30.6	33.0

一、2013年城镇建设统计分析

续表

类别	指标	年份				
		2009	2010	2011	2012	2013
国家级风景名胜区	年末国家级风景名胜区个数(个)	208	208	208	227	225
城市市容环境卫生	清扫保洁面积(万平方米)	447265	485033	630545	573507	646000
	生活垃圾年清运量(万吨)	15734	15805	16395	17081	18900
	粪便年清运量(万吨)	2141	1951	1963	1812	1682

【2013年全国各地区城市市政公用设施水平的比较】 表7-1-2列出了2013年全国各地区城市市政公用设施的12项指标，由此可得到全国各地区城市市政公用设施12项指标按由大到小次序的排序，如表7-1-3所示。

2013年全国各地区城市市政公用设施水平　　表7-1-2

地区名称	人口密度(人/平方公里)	人均日生活用水量(升)	用水普及率(%)	燃气普及率(%)	建成区供水管道密度(公里/平方公里)	人均城市道路面积(平方米)	建成区排水管道密度(公里/平方公里)	污水处理率(%)	人均公园绿地面积(平方米)	建成区绿化覆盖率(%)	建成区绿地率(%)	生活垃圾处理率(%)
全国	2362	173.51	97.56	94.25	13.51	14.87	9.71	89.34	12.64	39.70	35.78	95.09
北京	1498	196.85	100.00	100.00	24.94	7.61	10.34	84.60	15.70	47.10	45.55	99.30
天津	2843	142.34	100.00	100.00	17.95	18.74	24.95	90.03	10.97	34.93	31.04	96.80
河北	2483	125.79	99.85	98.35	8.51	18.22	8.88	94.57	14.05	41.20	37.28	96.71
山西	3526	111.19	98.14	96.10	8.82	12.88	6.41	88.37	11.18	40.02	33.95	90.18
内蒙古	1059	97.47	96.23	87.93	8.53	19.69	9.29	88.21	16.90	36.19	33.31	94.10
辽宁	1663	128.71	98.77	96.15	13.88	12.09	6.88	90.04	11.06	40.17	37.38	98.36
吉林	3135	119.31	93.84	91.43	7.89	13.61	7.15	84.21	11.78	31.40	28.12	97.85
黑龙江	4922	119.33	95.46	85.58	7.51	13.15	5.45	75.68	12.11	35.99	32.82	58.40
上海	3809	192.00	100.00	100.00	36.26	4.11	18.83	87.12	7.10	38.36	33.85	90.58
江苏	2016	209.76	99.69	99.59	19.95	23.22	16.33	92.14	14.01	42.44	39.00	99.27
浙江	1818	192.32	99.97	99.80	20.55	17.83	13.96	89.28	12.44	40.26	36.35	100.00
安徽	2359	166.15	98.40	96.14	11.51	19.61	12.32	96.22	12.47	39.85	35.37	98.82
福建	2570	180.87	99.42	98.85	12.58	13.4	9.73	87.31	12.57	42.77	38.95	98.51
江西	4542	173.98	97.73	95.10	11.75	15.26	9.18	83.10	14.12	45.09	42.06	100.00
山东	1361	134.93	99.85	99.58	10.49	25.34	10.99	94.93	16.81	42.63	38.20	99.47
河南	4982	105.38	92.16	81.98	8.72	11.57	7.99	90.84	9.58	37.60	32.93	90.04
湖北	2505	214.82	98.19	95.09	13.85	15.85	9.98	91.59	10.83	38.12	32.55	96.31
湖南	3317	215.00	96.86	91.93	12.10	13.8	8.01	88.36	8.99	37.63	34.24	98.56
广东	3066	242.02	97.47	96.89	17.65	13.11	6.90	92.15	15.94	41.50	37.20	93.02
广西	1543	239.89	95.91	93.58	13.17	15.53	7.20	85.75	11.48	37.65	33.04	98.39
海南	1946	222.90	98.38	94.59	12.43	18.72	11.34	74.95	12.47	42.06	36.87	99.90
重庆	1847	154.04	96.25	93.09	9.52	11.23	8.52	93.95	18.04	41.66	38.48	99.43
四川	2900	193.47	91.76	89.68	12.07	13.24	9.48	83.23	11.21	38.41	34.30	96.23
贵州	3406	152.37	92.86	74.86	11.28	9.58	7.56	93.97	11.41	34.46	31.01	94.97
云南	2415	130.04	97.92	71.53	9.27	12.29	6.48	92.05	10.56	37.76	33.68	97.94

续表

地区名称	人口密度（人/平方公里）	人均日生活用水量（升）	用水普及率（%）	燃气普及率（%）	建成区供水管道密度（公里/平方公里）	人均城市道路面积（平方米）	建成区排水管道密度（公里/平方公里）	污水处理率（%）	人均公园绿地面积（平方米）	建成区绿化覆盖率（%）	建成区绿地率（%）	生活垃圾处理率（%）
西藏	1820	330.03	96.95	38.62	7.11	13.19	4.54	0.06	9.04	18.06	12.52	11.94
陕西	5541	179.54	96.52	93.75	6.75	14.74	7.40	89.04	11.77	40.19	33.88	96.44
甘肃	3916	142.17	93.68	80.22	6.84	14.02	5.34	81.25	11.76	32.07	28.12	98.79
青海	2924	179.64	99.08	84.76	13.22	10.9	8.84	61.64	9.66	31.20	29.25	93.70
宁夏	1253	144.69	96.51	89.08	5.03	18.81	3.24	94.43	17.51	38.49	36.87	92.50
新疆	4361	168.72	98.08	96.37	7.65	15.69	5.32	87.78	10.08	36.40	33.12	93.49

2013年全国各地区城市市政公用设施水平排序 表7-1-3

地区名称	人口密度	人均日生活用水量	用水普及率	燃气普及率	建成区供水管道密度	人均城市道路面积	建成区排水管道密度	污水处理率	人均公园绿地面积	建成区绿化覆盖率	建成区绿地率	生活垃圾处理率
北京	28	8	1	1	2	30	8	23	6	1	1	6
天津	15	21	1	1	5	6	1	13	23	26	26	16
河北	18	26	5	8	24	8	14	3	8	9	8	17
山西	8	29	14	13	21	23	26	16	21	13	16	28
内蒙古	31	31	24	24	23	3	12	18	3	24	20	22
辽宁	26	25	10	11	7	25	24	12	22	12	7	13
吉林	11	28	27	21	25	17	22	24	15	29	29	15
黑龙江	3	27	26	25	27	21	27	28	14	25	24	30
上海	7	11	1	1	1	31	2	21	31	17	18	27
江苏	21	7	7	5	4	2	3	8	9	5	3	7
浙江	25	10	4	4	3	9	4	14	13	10	12	1
安徽	20	17	11	12	16	4	5	1	11	14	13	8
福建	16	12	8	7	11	18	10	20	10	3	4	11
江西	4	15	17	14	15	13	13	26	7	2	2	1
山东	29	23	5	6	18	1	7	2	4	4	6	4
河南	2	30	30	27	22	26	18	11	28	22	23	29
湖北	17	6	13	15	8	10	9	10	24	18	25	19
湖南	10	5	20	20	13	16	17	17	30	21	15	10
广东	12	2	18	9	6	22	23	7	5	8	9	25
广西	27	3	25	18	10	12	21	22	18	20	22	12
海南	22	4	12	16	12	7	6	29	11	6	10	3
重庆	23	18	23	19	19	27	16	6	1	7	5	5
四川	14	9	31	22	14	19	11	25	20	16	14	20
贵州	9	19	29	29	17	29	19	5	19	27	27	21
云南	19	24	16	30	20	24	25	9	25	19	19	14
西藏	24	1	19	31	28	20	30	31	29	31	31	31

一、2013年城镇建设统计分析

续表

地区名称	人口密度	人均日生活用水量	用水普及率	燃气普及率	建成区供水管道密度	人均城市道路面积	建成区排水管道密度	污水处理率	人均公园绿地面积	建成区绿化覆盖率	建成区绿地率	生活垃圾处理率
陕西	1	14	21	17	30	14	20	15	16	11	17	18
甘肃	6	22	28	28	29	15	28	27	17	28	29	9
青海	13	13	9	26	9	28	15	30	27	30	28	23
宁夏	30	20	22	23	31	5	31	4	2	15	11	26
新疆	5	16	15	10	26	11	29	19	26	23	21	24

（住房和城乡建设部计划财务与外事司哈尔滨工业大学）

（二）2013年县城建设统计概述

【概况】 2013年末，全国有县1613个，据其中1582个县和15个县级特殊区域及148个新疆生产建设兵团师团部驻地统计汇总，县城户籍人口1.37亿人，暂住人口0.16亿人，建成区面积1.95万平方公里。

【县城维护建设资金（财政性资金）收入与支出】

2013年全国县城城市市政公用设施建设维护管理财政性资金收入3609.60亿元，比上年增加13.39%。全国县城城市市政公用设施建设维护管理财政性资金收入的具体分布情况如图7-1-5所示。2013年全国县城城市市政公用设施建设维护管理财政性资金支出2941.90亿元，比上年减少11.65%。支出分布情况如图7-1-6所示。

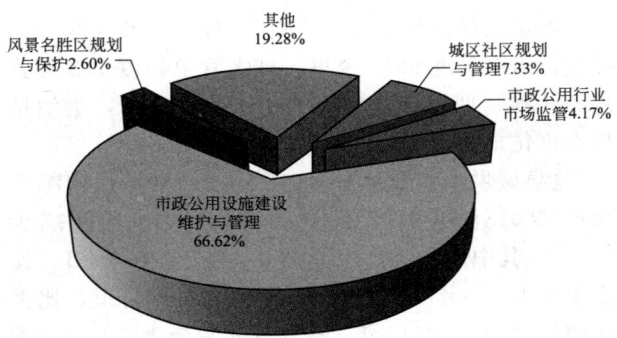

图7-1-6 2013年全国县城城市市政公用设施建设维护管理财政性资金支出的分布情况

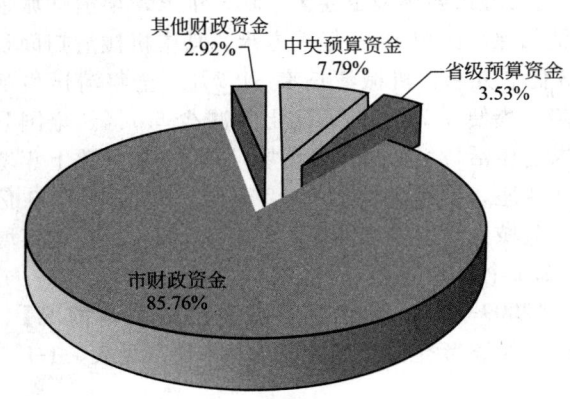

图7-1-5 2013年全国县城城市市政公用设施建设维护管理财政性资金收入的分布情况

【县城市政公用设施固定资产投资】 2013年，县城市政公用设施固定资产完成投资3833.7亿元，比上年增长10.6%。全国县城市政公用设施建设固定资产投资的行业分布如图7-1-7所示，其中，道路桥梁、园林绿化、排水分别占县城市政公用设施固定资产投资的50.18%、15.32%和7.20%。

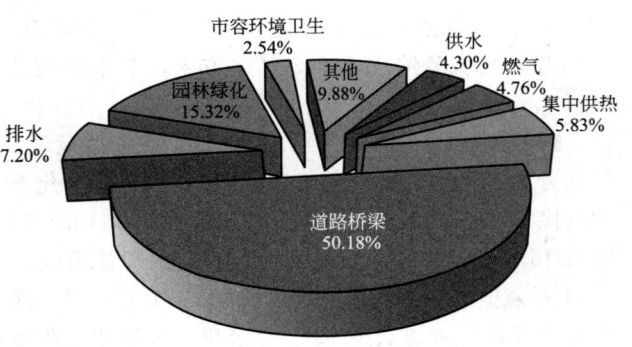

图7-1-7 全国县城市政公用设施建设固定资产投资的行业分布

2013年按资金来源分县城市政公用设施建设固定资产投资合计3682.97亿元，比上年增长9.32%。其中，本年资金来源3622.24亿元，上年末结余资金60.73亿元。本年资金来源的具体构成，如图7-1-8所示。

全国县城市政公用设施投资新增固定资产3237.12亿元，固定资产投资交付使用率84.4%。主要新增生产能力（或效益）是：供水日综合生产能力185.98万立方米，天然气储气能力681.2万立方

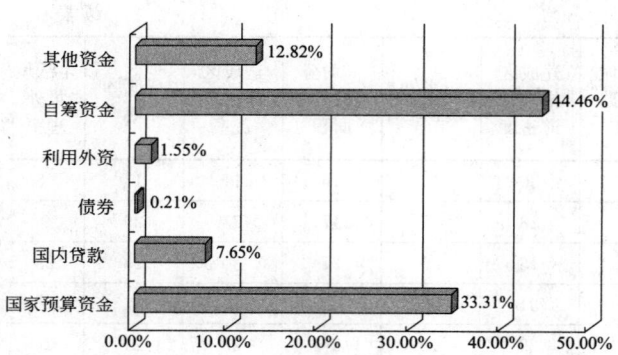

图 7-1-8 2013年全国县城市政公用设施建设固定资产投资本年资金来源的分布

米，集中供热蒸汽能力335吨/小时，热水能力7544兆瓦，道路长度6817公里，排水管道长度1.2万公里，污水处理厂日处理能力161万立方米，生活垃圾无害化日处理能力1万吨。

【县城供水和节水】 2013年末，县城供水综合生产能力达到0.52亿立方米/日，比上年减少3.8%，其中，公共供水能力0.44亿立方米/日，比上年减少0.4%。供水管道长度19.4万公里，比上年增长4.3%。2013年，全年供水总量103.9亿立方米，其中生产运营用水27.3亿立方米，公共服务用水11.2亿立方米，居民家庭用水47.0亿立方米。用水人口1.35亿人，用水普及率88.14%，比上年增加1.2个百分点，人均日生活用水量119.06升。2013年，县城节约用水2.2亿立方米，节水措施总投资2.7亿元。

【县城燃气】 2013年，人工煤气供应总量7.7亿立方米，天然气供气总量81.6亿立方米，液化石油气供气总量241.1万吨，分别比上年减少10.7%、增长16.3%、减少6.2%。人工煤气供气管道长度0.13万公里，天然气供气管道长度7.71万公里，液化石油气供气管道长度0.22万公里，分别比上年增长7.2%、增长15.6%、减少19.4%。用气人口1.08亿人，燃气普及率70.91%，比上年增加2.41个百分点。

【县城集中供热】 2013年末，蒸汽供热能力1.3万吨/小时，比上年减少4.5%，热水供热能力10.7万兆瓦，比上年增长10.5%，供热管道4.0万公里，比上年增长18.4%，集中供热面积10.3亿平方米，比上年增长14.1%。

【县城道路桥梁】 2013年末，县城道路长度12.5万公里，比上年增长6.1%，道路面积22.7亿平方米，比上年增长7.9%，其中人行道面积5.7亿平方米，人均城市道路面积14.86平方米，比上年增加0.77平方米。

【县城排水与污水处理】 2013年末，全国县城共有污水处理厂1504座，比上年增加88座，污水厂日处理能力2691万立方米，比上年增长2.6%，排水管道长度14.9万公里，比上年增长8.8%。县城全年污水处理总量69.1亿立方米，污水处理率78.47%，比上年增加3.23个百分点，其中污水处理厂集中处理率76.25%，比上年增加3.34个百分点。

【县城园林绿化】 2013年末，县城建成区绿化覆盖面积56.7万公顷，比上年增长9.0%，建成区绿化覆盖率29.06%，比上年增加1.32个百分点；建成区绿地面积48.3万公顷，比上年增长10.5%，建成区绿地率24.76%，比上年增加1.44个百分点；公园绿地面积14.5万公顷，比上年增长7.9%，人均公园绿地面积9.47平方米，比上年增加0.48平方米。

【县城市容环境卫生】 2013年末，全国县城道路清扫保洁面积19.8亿平方米，其中机械清扫面积6.3亿平方米，机械清扫率31.7%。全年清运生活垃圾、粪便0.71亿吨，比上年减少5.7%。全国县城共有生活垃圾无害化处理场(厂)992座，比上年增加144座，日处理能力15.2万吨，处理量0.43亿吨，县城生活垃圾无害化处理率66.07%，比上年增加12.1个百分点。

【2009～2013年全国县城建设的基本情况】 2009～2013年全国县城建设的基本情况见表7-1-4。

2009～2013年全国县城建设的基本情况　　　表7-1-4

类别	指标	年份				
		2009	2010	2011	2012	2013
概况	年末县数(个)	1636	1633	1627	1624	1613
	年末县城人口(亿人)	1.23	1.26	1.29	1.34	1.37
	年末县城暂住人口(亿人)	0.11	0.12	0.14	0.15	0.16
	年末建成区面积(平方公里)	15558	16585	17376	18740	1.95

一、2013年城镇建设统计分析

续表

类别	指标	2009	2010	2011	2012	2013
县城市政公用设施固定资产投资	市政公用设施固定资产年投资总额(亿元)	1681	2570	2860	3466	3833.7
县城供水和节水	年供水总量(亿平方米)	85.6	92.6	97.7	102.0	103.9
	#生活用水量	48.5	51.3	42.9	45.4	47.0
	供水管道长度(万公里)	14.9	16.0	17.3	18.6	19.4
	用水普及率(%)	83.72	85.14	86.09	86.94	88.14
县城燃气	人工煤气年供应总量(亿立方米)	1.8	4.1	9.5	8.6	7.7
	天然气年供应总量(亿立方米)	32.2	40.0	53.9	70.1	81.6
	液化石油气年供应量(万吨)	212.6	218.5	242.2	256.9	241.1
	供气管道长度(万公里)	3.88	4.67	5.65	7.07	8.07
	燃气普及率(%)	61.66	64.89	66.52	68.50	70.91
县城集中供热	年末集中供热面积(亿平方米)	4.81	6.09	7.81	9.05	10.33
	蒸汽供热能力(万吨/小时)	1.67	1.51	1.47	1.39	1.33
	热水供热能力(万兆瓦)	6.23	6.89	8.13	9.73	10.75
	蒸汽管道长度(万公里)	0.19	0.18	0.17	0.20	0.29
	热水管道长度(万公里)	1.89	2.37	2.86	2.19	3.72
县城道路桥梁	年末道路长度(万公里)	9.50	10.59	10.86	11.80	12.52
	年末道路面积(亿平方米)	15.98	17.60	19.24	21.02	22.69
	人均道路面积(平方米)	12.0	12.7	13.4	14.1	14.86
县城排水与污水处理	污水年排放量(亿立方米)	65.7	72.0	79.5	64.2	88.1
	污水处理厂座数(座)	664	1052	1303	1416	1504
	污水处理厂处理能力(万立方米/日)	1412	2040	2409	2623	2691
	污水处理率(%)	41.64	60.12	70.41	75.24	78.47
	年末排水管道长度(万公里)	9.6	10.9	12.2	13.7	14.9
县城园林绿化	年年建成区绿化覆盖面积(万公顷)	36.5	41.3	46.6	52.0	56.7
	年末建成区园林绿地面积(万公顷)	28.6	33.0	38.6	43.7	48.3
	建成区绿化覆盖率(%)	23.5	24.9	26.8	27.7	29.06
	建成区绿地率(%)	18.4	19.9	22.2	23.3	24.76
	人均公园绿地面积(平方米)	6.9	7.7	8.5	9.0	9.47
县城市容环境卫生	生活垃圾年清运量(万吨)	6794	8085	6743	6838	6505
	粪便年清运量(万吨)	1151	759	751	649	552

【2013年全国各地区县城城市市政公用设施水平的比较】 表7-1-5列出了2013年全国各地区县城市政公用设施的12项指标,由此可得到全国各地区县城市政公用设施12项指标按由大到小次序的排序,如表7-1-6所示。

2013年全国各地区县城市政公用设施水平   表7-1-5

地区名称	人口密度(人/平方公里)	人均日生活用水量(升)	用水普及率(%)	燃气普及率(%)	建成区供水管道密度(公里/平方公里)	人均城市道路面积(平方米)	建成区排水管道密度(公里/平方公里)	污水处理率(%)	人均公园绿地面积(平方米)	建成区绿化覆盖率(%)	建成区绿地率(%)	生活垃圾处理率(%)
全国	1771	119.06	88.14	70.91	9.97	14.86	7.63	78.47	9.47	29.06	24.76	82.34
天津	1908	88.86	100.00	100.00	12.09	15.56	9.47	87.09	11.92	40.75	35.20	76.31
河北	1924	116.81	95.01	83.28	8.23	20.65	7.25	90.25	10.10	34.74	30.16	85.91

续表

地区名称	人口密度(人/平方公里)	人均日生活用水量(升)	用水普及率(%)	燃气普及率(%)	建成区供水管道密度(公里/平方公里)	人均城市道路面积(平方米)	建成区排水管道密度(公里/平方公里)	污水处理率(%)	人均公园绿地面积(平方米)	建成区绿化覆盖率(%)	建成区绿地率(%)	生活垃圾处理率(%)
山西	3390	84.02	96.02	68.67	11.31	13.73	8.28	85.81	10.27	35.75	29.43	46.45
内蒙古	549	79.53	88.74	74.63	9.27	21.18	6.60	83.98	15.75	27.39	23.37	84.09
辽宁	1488	100.00	84.95	74.99	12.42	10.67	5.48	89.50	8.80	17.90	15.90	80.28
吉林	2889	110.55	77.36	69.08	10.81	8.62	5.78	72.59	7.94	24.88	20.92	81.40
黑龙江	2623	80.54	78.42	46.08	9.08	11.69	4.98	59.07	9.57	19.63	16.19	24.83
江苏	1910	131.35	99.31	97.61	14.44	18.35	11.11	77.80	10.81	40.26	37.31	98.48
浙江	912	149.35	99.38	98.59	22.78	19.36	13.75	84.30	11.96	38.12	34.57	99.67
安徽	1815	120.50	90.76	80.51	10.54	17.32	9.35	91.77	9.66	31.51	25.50	94.94
福建	2279	158.96	96.85	95.14	12.21	12.72	9.53	80.30	12.77	41.29	37.78	97.23
江西	4404	114.63	93.53	81.10	9.61	16.32	8.85	66.89	13.60	40.66	36.46	99.22
山东	1160	121.38	97.34	90.53	7.99	22.73	8.93	93.60	14.58	38.77	32.70	99.00
河南	2423	118.81	65.51	37.04	5.73	13.00	6.89	76.31	5.49	16.37	12.74	76.74
湖北	3018	125.64	90.57	72.96	8.45	14.10	6.57	72.77	7.42	24.28	20.12	71.83
湖南	3789	141.81	90.96	77.65	10.41	12.72	8.47	83.53	7.40	28.74	24.72	96.29
广东	1040	149.28	86.46	79.95	15.56	10.13	6.38	73.95	9.79	32.05	28.32	81.62
广西	1094	158.53	88.24	76.23	10.19	12.90	8.09	80.04	7.64	29.40	24.47	90.11
海南	2866	156.52	94.44	92.22	6.05	21.06	4.84	72.17	8.39	32.56	27.62	98.30
重庆	1923	108.51	90.02	90.62	13.34	9.76	12.49	94.98	13.92	39.73	35.90	99.25
西藏	1118	137.14	83.06	70.04	10.20	10.26	7.47	65.55	8.39	30.82	26.77	82.29
四川	1780	102.95	83.19	39.04	7.63	8.19	4.65	68.56	3.82	14.26	9.12	54.28
贵州	3745	109.79	87.22	44.98	11.94	11.52	9.17	66.40	7.79	27.52	23.92	93.89
云南	2253	196.84	58.38	30.26	3.76	10.14	2.11	1.35	2.46	7.48	6.51	5.05
陕西	3752	84.80	88.23	68.91	6.49	12.07	6.13	79.55	8.04	27.58	23.05	84.74
甘肃	4473	65.18	89.09	48.80	8.22	12.31	5.26	41.17	6.94	16.15	11.88	88.55
青海	1783	102.97	93.95	23.11	8.83	13.56	4.25	34.14	4.13	13.65	9.49	92.18
宁夏	2745	87.95	84.56	70.98	7.19	32.33	5.56	52.82	10.68	24.14	16.78	70.95
新疆	3082	112.50	92.41	76.93	9.48	17.21	5.50	70.05	10.24	29.03	26.09	78.30
新疆兵团	2295	175.20	79.02	34.13	15.45	26.08	5.40	39.31	6.84	13.95	10.98	15.17

注：本表各项人均指标除人均日生活用水量外，均以城区人口和城区暂住人口合计为分母计算。

2013年全国各地区县城市政公用设施水平排序　　　　　表7-1-6

地区名称	人口密度	人均日生活用水量	用水普及率	燃气普及率	建成区供水管道密度	人均城市道路面积	建成区排水管道密度	污水处理率	人均公园绿地面积	建成区绿化覆盖率	建成区绿地率	生活垃圾处理率
天津	20	24	1	1	8	12	5	6	7	2	5	23
河北	17	15	7	8	22	6	14	4	12	9	8	14
山西	6	27	6	22	10	14	11	7	10	8	9	27
内蒙古	30	29	17	16	18	4	16	9	1	19	18	16
辽宁	24	23	22	15	6	24	23	5	17	24	24	20

一、2013年城镇建设统计分析

续表

地区名称	人口密度	人均日生活用水量	用水普及率	燃气普及率	建成区供水管道密度	人均城市道路面积	建成区排水管道密度	污水处理率	人均公园绿地面积	建成区绿化覆盖率	建成区绿地率	生活垃圾处理率
吉林	9	18	28	20	11	29	20	18	20	20	20	19
黑龙江	12	28	27	24	19	22	26	25	15	23	23	28
江苏	19	10	3	3	4	8	3	14	8	4	2	5
浙江	29	6	2	2	1	7	1	8	6	7	6	1
安徽	21	13	13	10	12	9	6	3	14	12	14	9
福建	15	3	5	5	7	18	4	11	5	1	1	7
江西	2	16	10	9	16	11	9	22	4	3	3	3
山东	25	12	4	7	24	3	8	2	2	6	7	4
河南	13	14	29	27	29	16	15	15	27	25	25	22
湖北	8	11	14	17	21	13	17	17	23	21	21	24
湖南	3	8	12	12	13	18	10	9	24	16	15	8
广东	28	7	21	11	2	27	18	16	13	11	10	18
广西	27	4	18	14	15	17	12	12	22	14	16	12
海南	10	5	8	5	28	5	27	19	16	10	11	6
重庆	18	20	15	6	5	28	2	1	3	5	4	2
西藏	26	9	25	19	14	25	13	24	18	13	12	17
四川	23	22	24	26	25	30	28	21	29	27	29	26
贵州	5	19	20	25	9	23	7	23	21	18	17	10
云南	16	1	30	29	30	26	30	30	30	30	30	30
陕西	4	26	19	21	27	21	19	13	19	17	19	15
甘肃	1	30	16	23	23	20	25	27	25	26	26	13
青海	22	21	9	30	20	15	29	29	28	29	28	11
宁夏	11	25	23	18	26	1	21	26	9	22	22	25
新疆	7	17	11	13	17	10	22	20	11	15	13	21
新疆兵团	14	2	26	28	3	2	24	28	26	28	27	29
天津	20	24	1	1	8	12	5	6	7	2	5	23

(住房和城乡建设部计划财务与外事司 哈尔滨工业大学)

(三) 2013年村镇建设统计概述

【概况】 2013年末,全国共有建制镇20117个,乡12812个。据17449个建制镇、12281个乡、673个镇乡级特殊区域和265万个自然村(其中村民委员会所在地53.72万个)统计汇总,村镇户籍总人口9.48亿。其中,建制镇建成区人口1.52亿,占村镇总人口的16.07%;乡建成区0.31亿,占村镇总人口的3.23%;镇乡级特殊区域建成区0.03亿,占村镇总人口的0.36%;村庄7.62亿,占村镇总人口的80.34%。

2013年末,全国建制镇建成区面积369.0万公顷,平均每个建制镇建成区占地211公顷,人口密度4947人/平方公里;乡建成区73.7万公顷,平均每个乡建成区占地60公顷,人口密度4471人/平方公里;镇乡级特殊区域建成区10.7万公顷,平均每个镇乡级特殊区域建成区占地159公顷,人口密度3678人/平方公里;村庄现状用地面积1394.3万公顷,平均每个村庄现状用地面积5公顷。

【规划管理】 2013年末,全国已编制总体规划的建制镇15810个,占所统计建制镇总数的90.6%,其中本年编制1926个;已编制总体规划的乡9055

个，占所统计乡总数的73.7%，其中本年编制1257个；已编制总体规划的镇乡级特殊区域477个，占所统计镇乡级特殊区域总数的70.9%，其中本年编制61个；已编制村庄规划的行政村32.0万个，占所统计行政村总数的59.6%，其中本年编制2.9万个；已编制村庄规划的自然村73.8万个，占所统计自然村总数的27.9%，其中本年编制7.5万个。2013年全国村镇规划编制投入达55.23亿元。

【建设投资】 2013年，全国村镇建设总投资16235亿元。按地域分，建制镇建成区7148亿元，乡建成区706亿元，镇乡级特殊区域建成区198亿元，村庄8183亿元，分别占总投资的44.0%、4.4%、1.2%、50.4%。按用途分，房屋建设投资12579亿元，市政公用设施建设投资3656亿元，分别占总投资的77.5%、22.5%。

在房屋建设投资中，住宅建设投资8934亿元，公共建筑投资1288亿元，生产性建筑投资2356亿元，分别占房屋建设投资的71.1%、10.2%、18.7%。

在市政公用设施建设投资中，供水571亿元，道路桥梁1591亿元，分别占市政公用设施建设总投资的15.6%和43.5%。

【房屋建设】 2013年，全国村镇房屋竣工建筑面积11.84亿平方米，其中住宅8.57亿平方米，公共建筑1.12亿平方米，生产性建筑2.14亿平方米。2013年末，全国村镇实有房屋建筑面积373.69亿平方米，其中住宅313.31亿平方米，公共建筑24.28亿平方米，生产性建筑36.10亿平方米，分别占83.8%、6.5%、9.7%。

2013年末，全国村镇人均住宅建筑面积33.02平方米。其中，建制镇建成区人均住宅建筑面积34.09平方米，乡建成区人均住宅建筑面积31.24平方米，镇乡级特殊区域建成区人均住宅建筑面积32.32平方米，村庄人均住宅建筑面积32.88平方米。

【市政公用设施建设】 在建制镇、乡和镇乡级特殊区域建成区内，年末实有供水管道长度52.22万公里，排水管道长度15.99万公里，排水暗渠长度12.08万公里，铺装道路长度38.65万公里，铺装道路面积26.98亿平方米，公共厕所18.45万座。

2013年末，建制镇建成区用水普及率81.73%，人均日生活用水量98.58升，燃气普及率46.4%，人均道路面积12.3平方米，排水管道暗渠密度6.75公里/平方公里，人均公园绿地面积2.37平方米。乡建成区用水普及率68.24%，人均日生活用水量82.81升，燃气普及率19.5%，人均道路面积12.1平方米，排水管道暗渠密度3.57公里/平方公里，人均公园绿地面积1.08平方米。镇乡级特殊区域建成区用水普及率84.20%，人均日生活用水量81.49升，燃气普及率49.9%，人均道路面积15.3平方米，排水管道暗渠密度4.96公里/平方公里，人均公园绿地面积3.23平方米。

2013年末，村庄内道路长度228万公里，其中硬化路71万公里，道路面积641亿平方米，其中硬化路197亿平方米。村庄内排水管道沟渠长度50.7万公里。全国61.3%的行政村有集中供水，9.1%的行政村对生活污水进行了处理，54.8%的行政村有生活垃圾收集点，36.3%的行政村对生活垃圾进行处理。

【2009～2013年全国村镇建设的基本情况】 2009～2013年全国村镇建设的基本情况见表7-1-7、表7-1-8和表7-1-9。

2009～2013年全国建制镇建设的基本情况　　　　　表7-1-7

类别	指标	年份				
		2009	2010	2011	2012	2013
概况	年末建制镇个数(万个)	1.93	1.94	1.97	1.99	2.01
	年末统计建制镇个数(万个)	1.69	1.68	1.71	1.72	1.74
	年末镇建成区面积(万公顷)	313.3	317.9	338.6	371.4	369.0
房屋建设	年末实有住宅建筑面积(亿平方米)	44.2	45.1	47.3	49.6	52.0
	人均住宅建筑面积(平方米)	32.1	32.5	33.0	33.6	34.09
供水	年供水总量(亿平方米)	114.6	113.5	118.6	122.1	126.2
	#生活用水量(亿平方米)	46.1	47.8	49.8	51.2	53.7
	用水普及率(%)	78.3	79.6	79.8	80.8	81.73
	人均日生活用水量(升)	98.9	99.3	100.7	99.1	98.58

一、2013年城镇建设统计分析

续表

类别	指标	年份				
		2009	2010	2011	2012	2013
燃气、供热、道路桥梁	用气人口(万人)				8187.8	8476.9
	集中供热(万平方米)				22362	29564
	道路长度(万公里)	24.5	25.8	27.4	29.1	31.0
	桥梁座数(万座)				10.42	10.75
排水	年末排水管道长度(万公里)	10.7	11.5	12.2	13.2	14.0
园林绿化及环境卫生	年末公园绿地面积(万公顷)	3.14	3.36	3.44	3.73	4.33
	人均公园绿地面积(平方米)	1.9	2.0	2.0	2.1	2.4
	年末公共厕所数量(万座)	11.6	9.8	10.1	10.5	14.0

2009～2013年全国乡建设的基本情况　　　　表7-1-8

类别	指标	年份				
		2009	2010	2011	2012	2013
概况	年末乡个数(万个)	1.48	1.46	1.36	1.33	1.28
	年末统计乡个数(万个)	1.39	1.37	1.29	1.27	1.23
	年末乡建成区面积(万公顷)	75.8	75.1	74.2	79.6	73.7
	年末实有住宅建筑面积(亿平方米)	9.4	9.7	9.5	9.6	
	人均住宅建筑面积(平方米)	28.8	29.9	30.3	30.5	
供水	年供水总量(亿平方米)	11.4	11.8	11.5	12.0	11.47
	♯生活用水量(亿平方米)	6.5	6.8	6.7	6.9	6.8
	用水普及率(%)	63.5	65.6	65.7	66.7	68.2
	人均日生活用水量(升)	79.5	81.4	82.4	83.9	82.8
燃气、供热、道路桥梁	用气人口(万人)				653.6	642.5
	集中供热面积(万平方米)				1218	3164
	道路长度(万公里)	6.3	6.6	6.5	6.7	6.8
	桥梁座数(万座)				2.60	2.64
排水	排水管道长度(万公里)	1.4	1.4	1.4	1.51	1.56
园林绿化及环境卫生	公园绿地面积(万公顷)	0.30	0.31	0.30	0.32	0.36
	人均公园绿地面积(平方米)	0.84	0.88	0.90	0.95	1.08
	公共厕所数量(万座)	2.96	2.75	2.58	3.08	3.94

2003～2012年全国村庄建设的基本情况　　　　表7-1-9

类别	指标	年份				
		2009	2010	2011	2012	2013
概况	自然村个数(万个)	271.4	273.0	267.0	267.0	265.0
	♯行政村个数(万个)	56.8	56.4	55.4	55.1	53.7
村庄房屋	年末实有住宅建筑面积(亿平方米)	237.0	242.6	245.1	247.83	250.64
	人均住宅建筑面积(平方米)	30.8	31.6	32.1	32.47	32.90
村庄规划	有建设规划的行政村个数(万个)	26.0	27.0	29.2	30.8	32.0

续表

类别	指标	年份				
		2009	2010	2011	2012	2013
村庄公共设施	集中供水的行政村个数(万个)	28.3	29.5	30.4	31.6	32.9
	人均日生活用水量(升)				88.03	72.42
	用水普及率(％)	—	—	56.15	57.77	59.57
	用气人口(万人)					15620.77
	集中供热面积(万平方米)					4595.04
	村庄内道路长度(万公里)					228.05
	排水管道沟渠长度(万公里)					50.72
	对生活污水进行处理的行政村个数(万个)	2.8	3.4	3.7	4.23	4.89
	有生活垃圾收集点的行政村个数(万个)	19.9	11.7	23.2	26.13	29.42
	对生活垃圾进行处理的行政村个数(万个)	—	—	13.5	16.21	19.64

(住房和城乡建设部计划财务与外事司　哈尔滨工业大学)

二、2013年建筑业发展统计分析

(一) 2013年全国建筑业基本情况

2013年，建筑业深入贯彻落实党的十八大精神，坚持稳增长、调结构、促改革，实现整体发展稳中有进、稳中向好。全国建筑业企业(指具有资质等级的总承包和专业承包建筑业企业，不含劳务分包建筑业企业，下同)完成建筑业总产值159313亿元，增长16.1%；完成竣工产值90199亿元，增长13.3%；房屋施工面积达到113.0亿平方米，增长14.6%；房屋竣工面积达到38.9亿平方米，增长8.5%；签订合同额289674.1亿元，增长17.1%；实现利润5575亿元，增长16.7%。截至2013年底，全国有施工活动的建筑业企业79528个，增长5.6%；直接从事生产经营活动的平均人数4904.3万人，增长5.9%；按建筑业总产值计算的劳动生产率为324842元/人，增长9.6%。

【建筑业固定资产投资增速下降　总产值增速趋缓】2013年，全国固定资产投资(不含农户，下同)436528亿元，比上年名义增长19.6%(参见图7-2-1)。建筑业固定资产投资3737亿元，占全国固定资产投资的0.9%。建筑业固定资产投资增速自2010年、2011年40%以上的高位增长后，有较大幅度的下降，2012年为13.9%，2013年仅为1.4%(参见图7-2-2)。

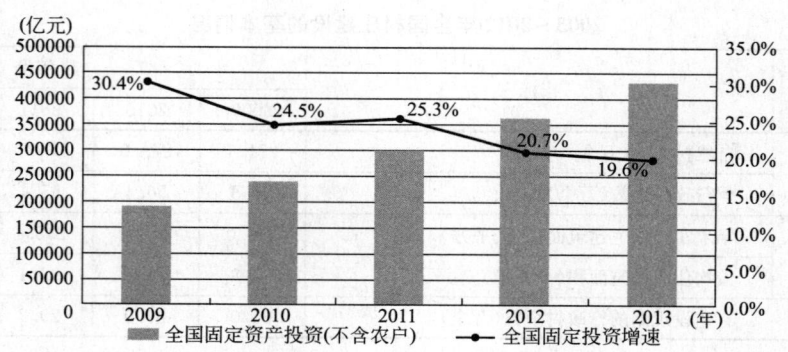

图7-2-1　2009~2013年全国固定资产投资(不含农户)及增速

二、2013年建筑业发展统计分析

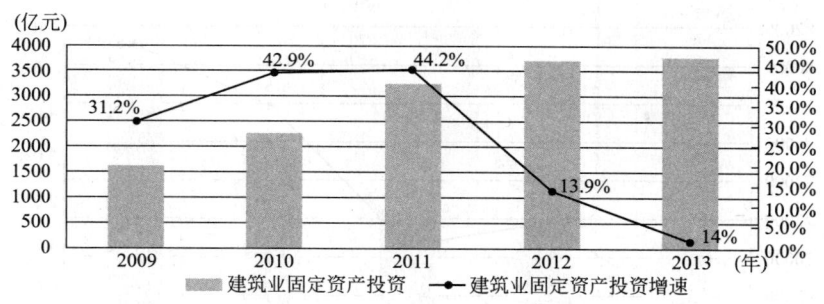

图 7-2-2　2009～2013 年建筑业固定资产投资及增速

近十年来，随着我国建筑业企业生产和经营规模的不断扩大，建筑业总产值持续增长，2013 年达到 159313 亿元，是 2004 年的 5.5 倍。建筑业总产值在历经 2004 年、2010 年两次 25% 以上的高速增长后，2011 年起增速步入下行区间。2013 年下行趋势进一步明显，为 16.1%，已下滑到《建筑业发展"十二五"规划》预期总产值年增长 15% 附近（参见图 7-2-3）。

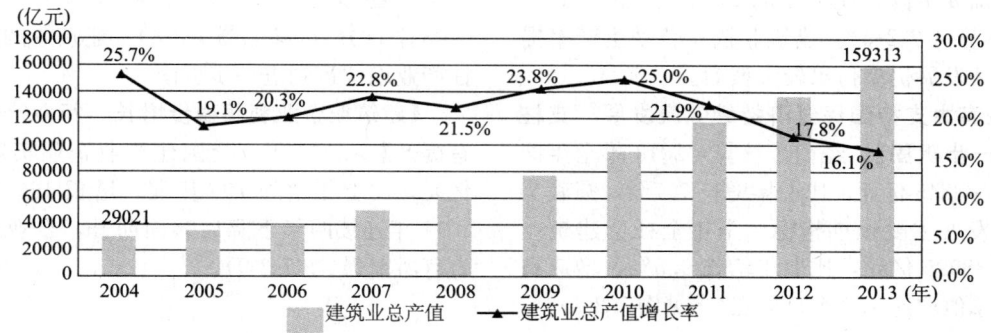

图 7-2-3　2004～2013 年全国建筑业总产值及增速

【建筑业从业人数与企业数量增加　劳动生产率低速增长】 2013 年底，全社会就业人员总数 76977 万人，其中，建筑业从业人数 4499 万人，比上年末增加 232 万人，增长 7.6%。建筑业从业人数占全社会就业人员总数的 5.84%，比上年提高 0.28 个百分点（参见图 7-2-4）。建筑业在促进农村富余劳动力就业、推进新型城镇化建设和维护社会稳定等方面继续发挥着重要作用。

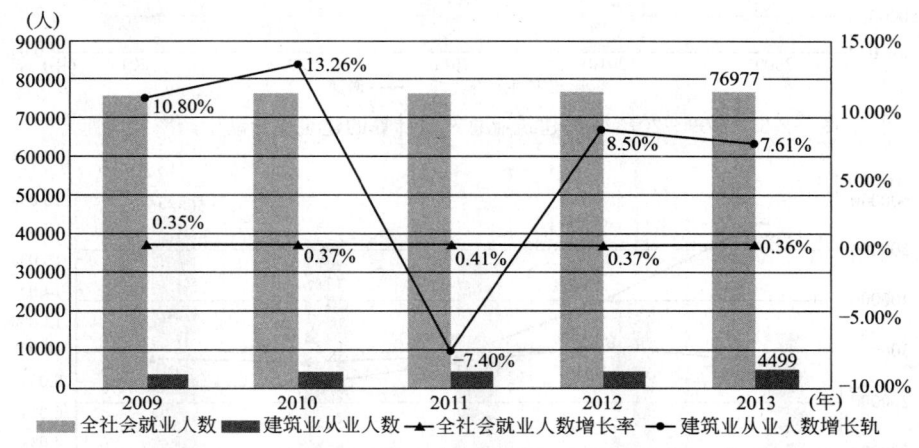

图 7-2-4　2009～2013 年全社会就业人员总数、建筑业从业人数增长情况

截至 2013 年底，全国共有建筑业企业 79528 个，比上年增加 4248 个，增长 5.6%（参见图 7-2-5）。国有及国有控股建筑业企业 7038 个，比上年增加 51 个，占建筑业企业总数的 8.8%，比上年降低 0.4%。

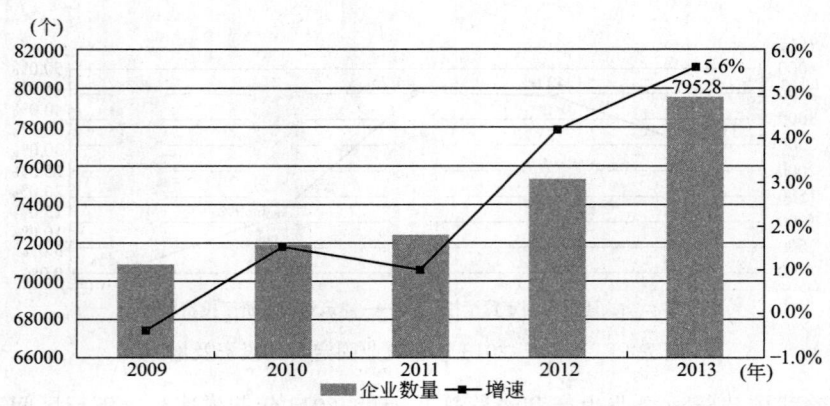

图 7-2-5 2009~2013 年建筑业企业数量及增速

2013年,按建筑业总产值计算的劳动生产率稳步提高,达到324842元/人,比上年增长9.6%,但增速有较大幅度下降,比上年的27.2%降低了17.6个百分点(参见图7-2-6)。建筑业依靠劳动生产率提高来实现持续发展仍需付出较大努力。

【建筑业有力支持国民经济持续健康发展 支柱产业地位进一步巩固】 经初步核算,2013年全年国内生产总值568845亿元,比上年增长7.7%,圆满实现经济社会发展主要预期指标。全年全社会建筑业实现增加值38995亿元,比上年增长9.5%,增速高出国内生产总值增速1.8个百分点(参见图7-2-7),为国民经济持续健康发展做出了重要贡献。

2004年以来,建筑业增加值占国内生产总值比重持续稳步上升。2013年为6.86%,比上年增加0.03个百分点(参见图7-2-8)。建筑业的国民经济支柱产业地位得到进一步巩固。

【建筑业企业利润稳步增长 行业产值利润率略有提升】 2013年,全国建筑业企业实现利润5575亿元,比上年增加799亿元,增长16.7%,增速自2011年连续两年下降后转而回升,企业综合盈利能力有所增强(图7-2-9)。

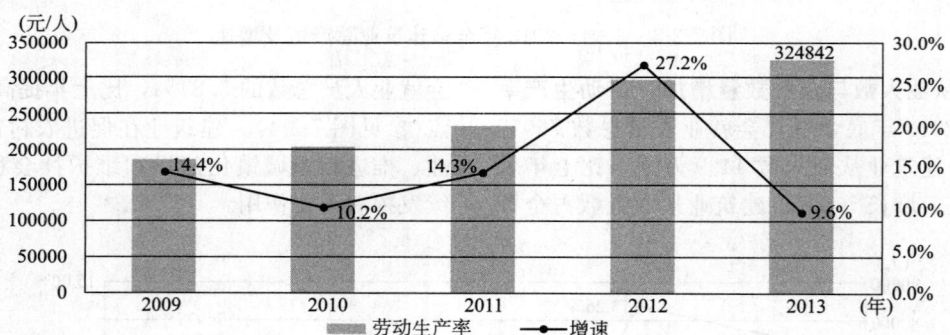

图 7-2-6 2009~2013 年按建筑业总产值计算的建筑业劳动生产率及增速

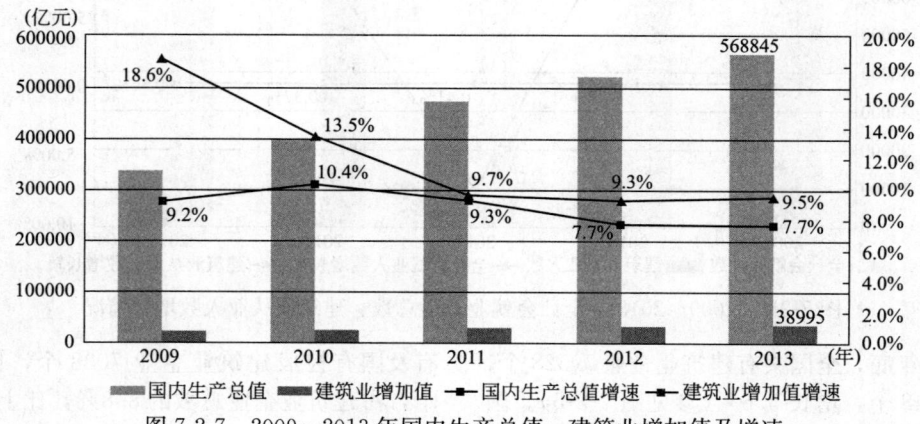

图 7-2-7 2009~2013 年国内生产总值、建筑业增加值及增速

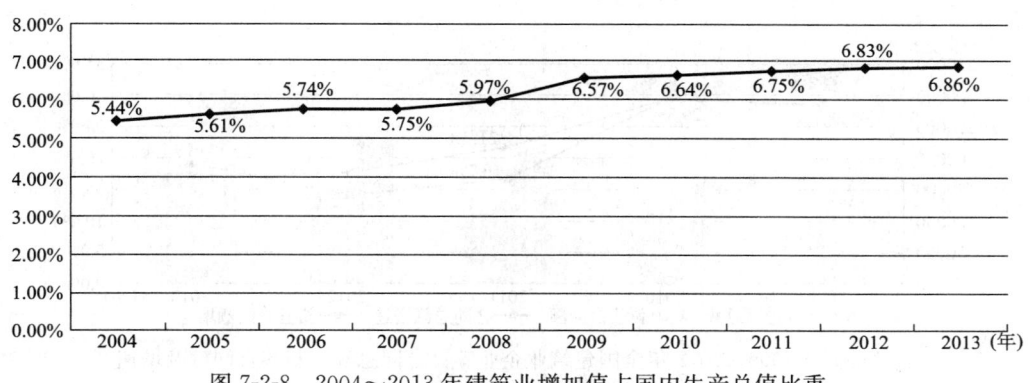

图 7-2-8　2004~2013年建筑业增加值占国内生产总值比重

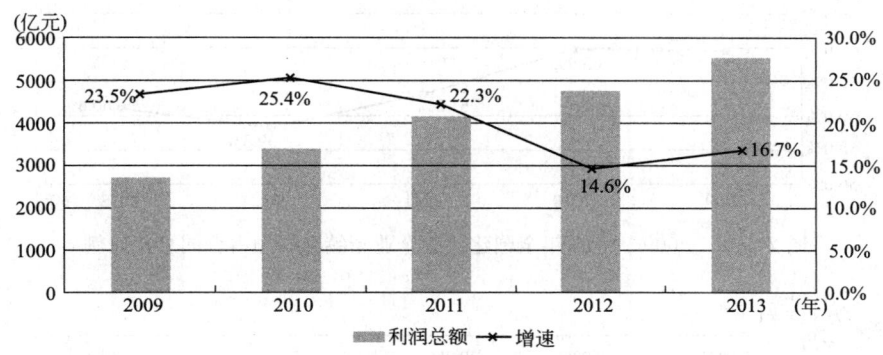

图 7-2-9　2009~2013年全国建筑业企业利润总额及增速

2004年以来，建筑业产值利润率（利润总额与总产值之比）曲折上升。自2007年首次超过3%，2008年涨幅近0.5个百分点后，始终在3.5%上下浮动。2013年，建筑业产值利润率为3.5%，比上年略有增长，但增长幅度有限，仅为0.02个百分点（参见图7-2-10）。

【**建筑业企业签订合同总额持续增长　本年新签合同额增速加快**】　2013年，全国建筑业企业签订合同总额289674亿元，比上年增长17.1%，增速延续放缓势头。其中，本年新签合同额174849亿元，比上年增长19.1%，增速较上年有较大提升，增长5.1个百分点（参见图7-2-11）。本年新签合同额占签订合同总额比例为60.4%，比上年略有提高（参见图7-2-12）。

【**房屋施工面积、竣工面积增速进一步放缓　住宅房屋约占竣工面积七成　实行投标承包工程所占比例略有下降**】　2013年，全国建筑业企业房屋施工面积113.0亿平方米，增长14.6%；竣工面积38.9亿平方米，增长8.5%。两项指标的增速均连续两年下降（参见图7-2-13）。

从全国建筑业企业房屋竣工面积构成情况看，住宅房屋竣工面积占绝大比重，为67%；厂房及建筑物竣工面积占13%；商业及服务用房屋竣工面积、办公用房屋竣工面积分别占6%；其他种类房屋竣工面积占比均在5%以下（参见图7-2-14）。

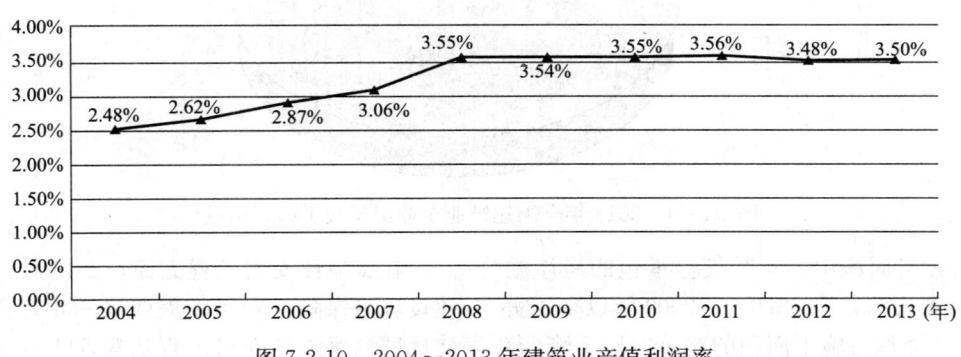

图 7-2-10　2004~2013年建筑业产值利润率

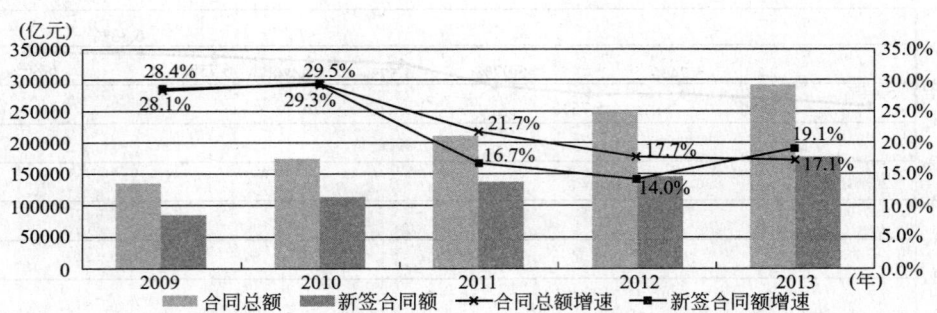

图 7-2-11 2009~2013 年全国建筑业企业签订合同总额、新签合同额及增速

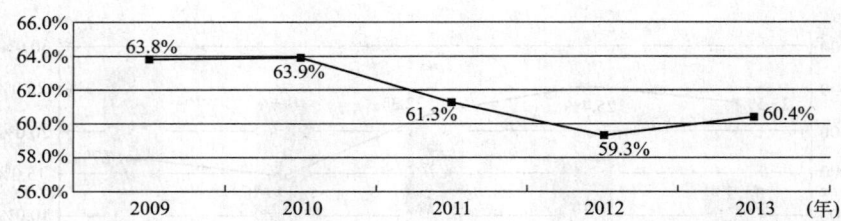

图 7-2-12 2009~2013 年全国建筑业企业新签合同额占合同总额比例

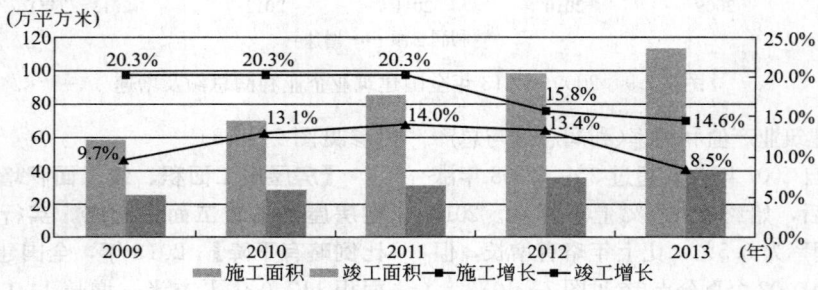

图 7-2-13 2009~2013 年建筑业企业房屋施工面积、竣工面积及增速

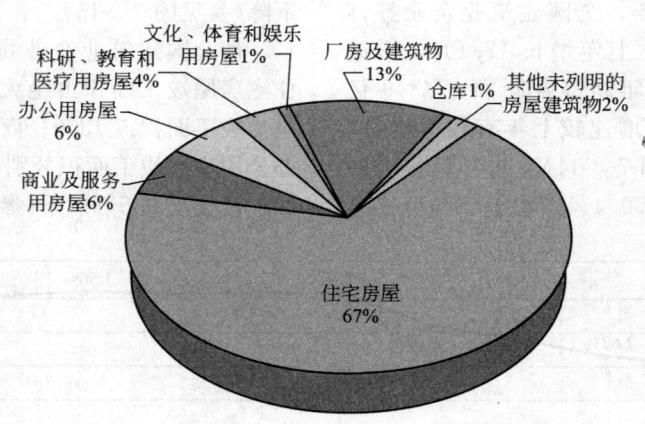

图 7-2-14 2013 年全国建筑业企业房屋竣工面积构成

全年房屋施工面积中，实行投标承包的房屋施工面积 90.3 亿平方米，占 79.9%。2009 年以来，实行投标承包房屋面积占施工面积的比重有所下降（参见图 7-2-15）。

在保障性安居工程方面，2013 年，全年新开工建设城镇保障性安居工程住房 666 万套（户），基本建成城镇保障性安居工程住房 544 万套，全面完成年度目标任务。

二、2013年建筑业发展统计分析

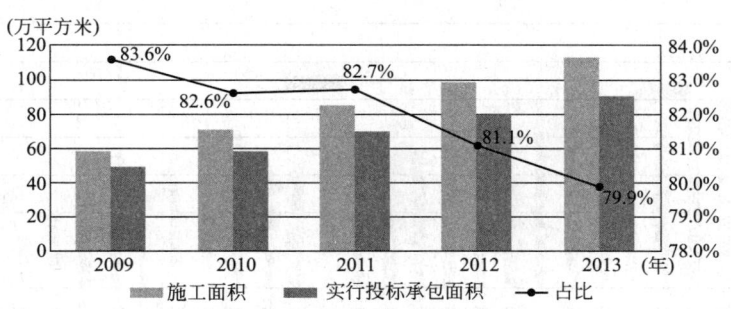

图 7-2-15　2009～2013年房屋施工面积、实行投标承包面积及其占比

【对外承包工程业务显著回暖　我国企业对外承包整体实力增强】　2013年，我国对外承包工程业务新签合同额 1716.3 亿美元，增长 9.6%。完成营业额 1371.4 亿美元，增长 17.6%，比上年高出 4.9 个百分点。2009 年以来，受全球复杂的政治经济形势影响，我国对外承包工程业务发展速度连续走低，完成营业额增速由 2009 年的 36.2% 连续下降至 2011 年的 12.2%，2012 年始回暖，增速为 12.7%，2013 年增速比上年提高近 5 个百分点，回暖态势进一步显现（参见图 7-2-16）。

2013年，我国对外劳务合作派出各类劳务人员 52.7 万人，较上年同期增加 1.5 万人，其中承包工程项下派出 27.1 万人，劳务合作项下派出 25.6 万人。年末在外各类劳务人员 85.3 万人，较上年同期增加 0.3 万人。

（住房和城乡建设部计划财务与外事司　中国建筑业协会）

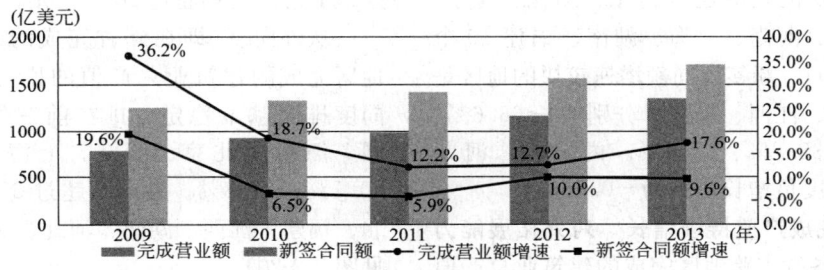

图 7-2-16　2009～2013年我国对外承包工程业务情况

（二）2013年全国建筑业发展特点分析

【江、浙两省仍雄踞龙头　西部省份发展活力增强】　2013年，江苏、浙江两省多年领跑全国建筑业的形势依然稳定，建筑业总产值双双超过 2 万亿元，分别达到 21712.2 亿元、20066.42 亿元，共占全国建筑业总产值的 26.2%，基本与上年持平，行业龙头地位稳固。除江、浙两省外，总产值超过 7000 亿元的还有辽宁、湖北、山东、广东、北京、四川和河南，上述 9 省市完成的建筑业总产值占全国建筑业总产值的 60.7%（参见图 7-2-17）。

从各地区建筑业总产值增长情况看，西部省份，尤其是贵州、新疆、甘肃等地表现出较强的发展活力，产值增幅分别达到 31.3%、27.7%、25.2%。江西继 2012 年实现 33.1% 的增长后，2013 年增速为 24.0%，亦表现出较强的增长潜力。西藏连续两年出现负增长，2012 年为 -30.6%，2013 年为 -5%（参见图 7-2-18）。

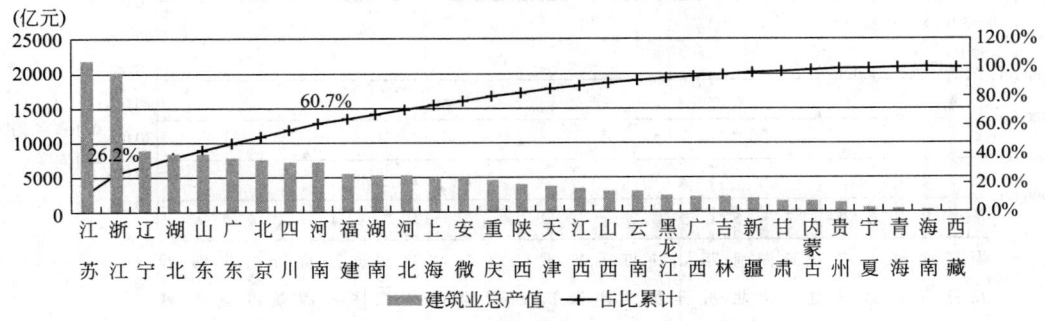

图 7-2-17　2013年全国各地区建筑业总产值排序

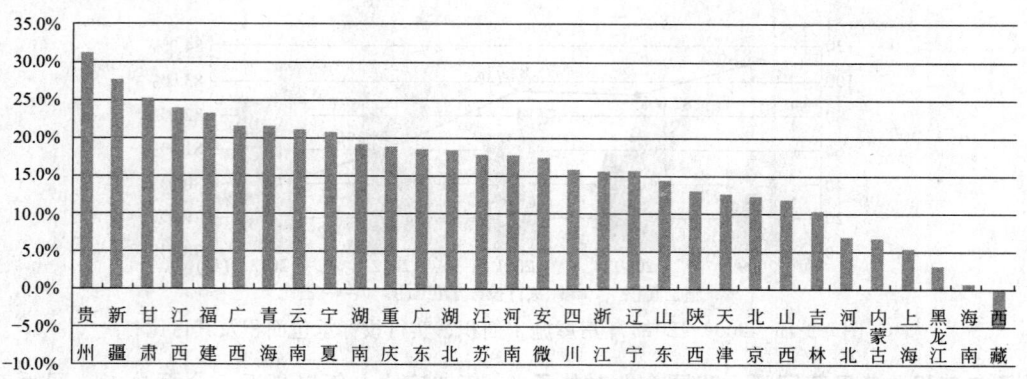

图 7-2-18 2013 年各地区建筑业总产值增速排序

【中西部地区新签合同额增速较快　个别地区出现负增长】 2013 年,全国建筑业企业新签合同额 174848.9 亿元,比上年增长 19.1%,增幅较上年提高 5.1 个百分点。浙江、江苏两省建筑业企业新签合同额继续包揽前两位,分别达到 21241.6 亿元、21043.0 亿元,占各自签订合同额总量的 60.4%、63.7%。新签合同额超过 6000 亿元的还有广东、湖北、北京、山东、辽宁、四川、河南、上海、湖南、福建 10 个地区(参见图 7-2-19)。新签合同额增速较快的地区是西藏、青海、贵州、江西、福建,分别增长 66.6%、61.7%、43.1%、38.7%、35.4%。内蒙古、河北新签合同额出现轻度负增长,均为 −0.7%。

【各地区跨省完成产值持续增长　对外拓展能力稳定】 2013 年,各省市跨地区完成的建筑业总产值 50192.9 亿元,比上年增长 18.4%,增速同比下降 1.6 个百分点。跨地区完成建筑业总产值占全国建筑业总产值的 31.5%,比上年提高 0.2 个百分点。

跨地区完成的建筑业总产值排名前两位的是浙江和江苏,分别为 10053.6 亿元、8794.5 亿元。紧随其后的北京、湖北、上海、广东,跨地区完成的建筑业总产值均超过 2000 亿元。

从外向度(即在外省完成的建筑业总产值占本地区完成的建筑业总产值的比例)来看,各地区外向度排名基本稳定。排在前三位的地区与上年相同,仍然是北京、浙江、上海,分别为 62.7%、50.1%、47.8%。外向度超过 30% 的还有江苏、湖北、福建、江西、湖南、河北、天津、陕西 8 省(参见图 7-2-20)。

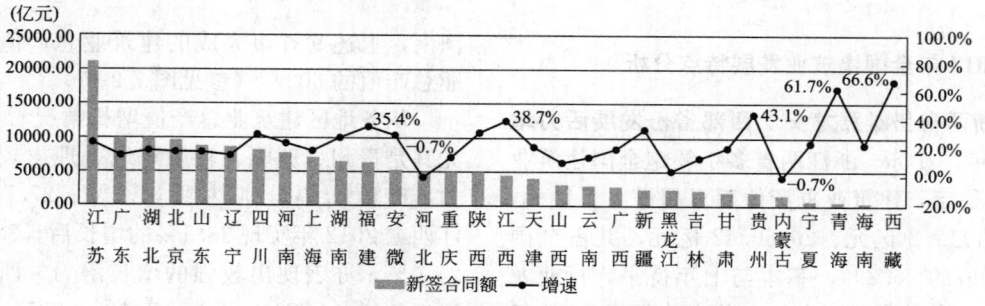

图 7-2-19 2013 年各地区建筑业企业新签合同额及增速

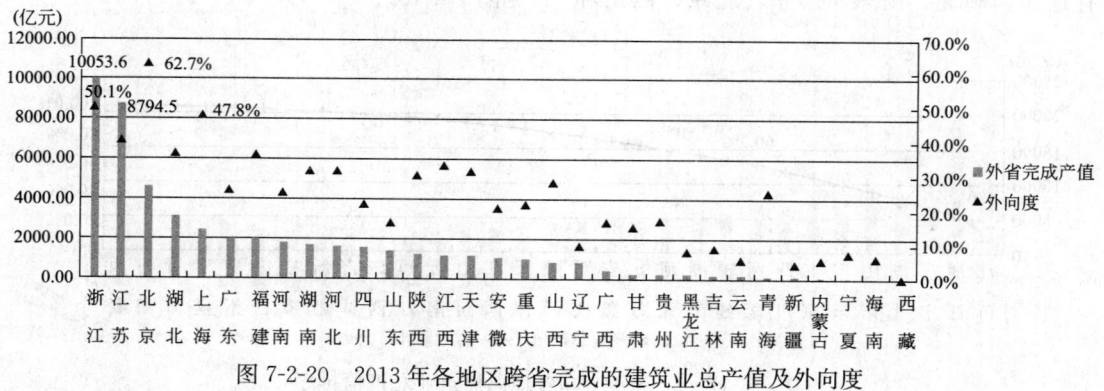

图 7-2-20 2013 年各地区跨省完成的建筑业总产值及外向度

二、2013年建筑业发展统计分析

【多数地区从业人数增加　北京劳动生产率继续领跑全国】 2013年，全国建筑业从业人数超过百万的地区共14个，与上年相同。江苏、浙江依然是从业人数大省，人数分别达到763.5万人、671.0万人。山东、河南、四川、福建、广东从业人数均超过200万人，分别为287.1万人、244.8万人、242.9万人、219.0万人、201.1万人（参见图7-2-21）。与上年相比，25个地区的从业人数增加，6个地区的从业人数减少。增加人数最多的是福建，增加33.6万人；减少人数最多的是河北，减少15.8万人。

2013年天津、上海、宁夏、湖南4个地区按建筑业总产值计算的劳动生产率有所降低，其他27个地区的劳动生产率均有所提高。北京继2012年领跑全国后，2013年继续扩大优势，劳动生产率达到842475元/人。天津、湖北分别以532842元/人、486265元/人排名第二、三位。比较京、津、沪及江、浙五地近五年的劳动生产率情况，除北京2012年、2013年以绝对优势领跑全国外，天津、上海历经近年的稳步增长后，2013年劳动生产率均有所下降；江苏、浙江劳动生产率提升较缓，2012年、2013连续两年均处于全国平均水平之下（参见图7-2-22）。

【广东对外承包工程业务优势明显　中西部地区发展潜力大】 2013年，我国对外承包工程业务完成营业额1371.4亿美元，比上年增长17.6%。其中，各地区（包括新疆生产建设兵团）共完成对外承包工程营业额967.6亿美元，比上年同期增长20.7%，营业额占全国的70.6%，比上年提高1.8个百分点。营业额在40亿美元以上的有8个地区，比上年增加2个，分别是广东228.7亿美元、山东85.0亿美元、上海80.7亿美元、江苏72.6亿美元、四川63.5亿美元、湖北52.1亿美元、浙江44.2亿美元、河北43.5亿美元（参见图7-2-23）。广东对外承包工程业务量占各地区完成总量的23.6%，比上年增长3.6个百分点，竞争优势显著。对外承包工程业务增幅最大的地区是内蒙古，继上年实现零的突破后，2013年完成4510万美元，增速达426.3%。其他增长较快的地区还有山西、宁夏、河北、新疆、广东，均在40%以上。有所下降的地区是西藏、海南、青海、黑龙江。

（住房和城乡建设部计划财务与外事司、中国建筑业协会）

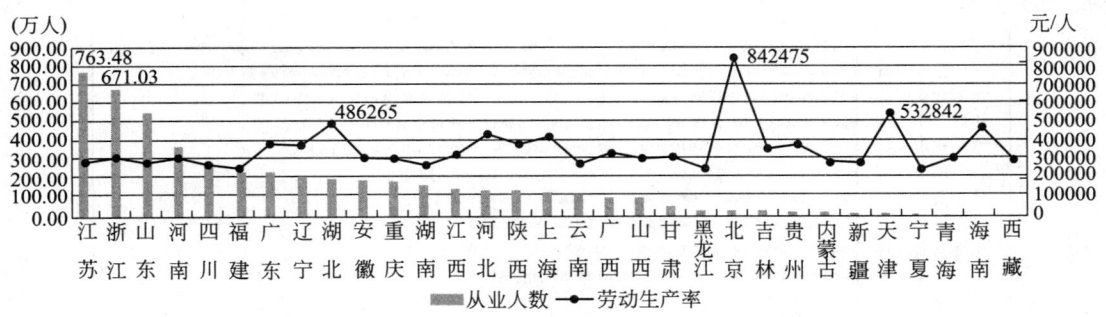

图7-2-21　2013年各地区建筑业劳动生产率及从业人数

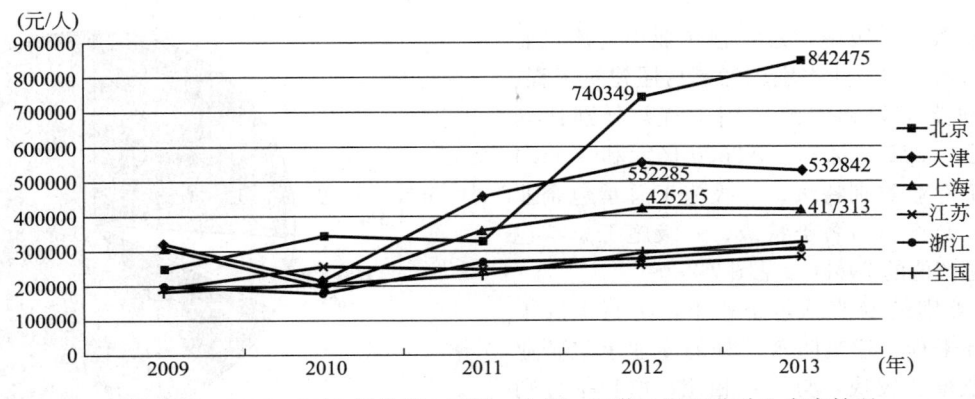

图7-2-22　2009～2013年北京、天津、上海、江苏、浙江劳动生产率情况

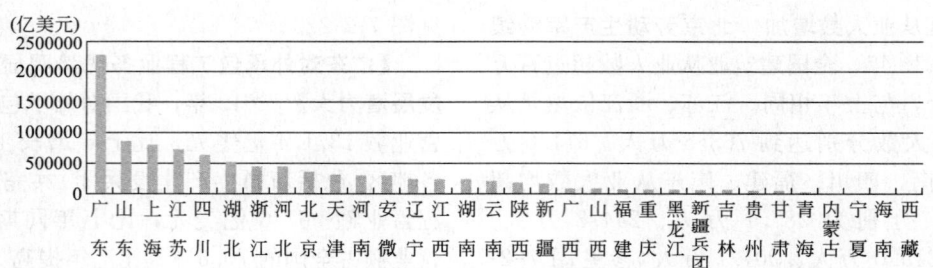

图 7-2-23 2013 年各地区对外承包工程完成营业额

(三) 2013 年建筑业特级、一级资质企业基本情况分析

住房城乡建设部汇总的 6338 个特级、一级资质建筑业企业，2013 年主要指标完成情况如下：建筑业总产值 88083 亿元，增长 16.7%；房屋建筑施工面积 692218 万平方米，增长 23.0%；房屋建筑竣工面积 193969 万平方米，增长 15.3%；新签工程承包合同额 103740 亿元，增长 15.2%；企业营业收入 82075 亿元，增长 14.6%；企业实现利润总额 2632 亿元，增长 20.8%；应收工程款 15534 亿元，增长 19.2%。其中，建筑业总产值、房屋建筑施工面积、新签工程承包合同额三项指标均占到全部资质以上企业完成量的一半以上。

1. 按专业类别分析

【多数特级、一级施工总承包企业建筑业总产值平稳增长，公路工程和冶炼工程施工总承包企业总产值增长变化显著】 在 12 个专业类别的特级、一级施工总承包企业中，建筑业总产值增幅最大的前三位是通信工程、公路工程和房屋建筑工程类企业，增长率分别为 22.8%、20.0% 和 18.4%。其中，公路工程类企业建筑业总产值增速比上年提高 19.4 个百分点，增长最为显著。铁路工程类企业继上年扭转负增长势头后，增速进一步提高，为 3.7%。冶炼工程类企业总产值增长率与上年相比则有明显下滑，由上年的 19% 转而出现负增长，为 -2%（参见图 7-2-24）。

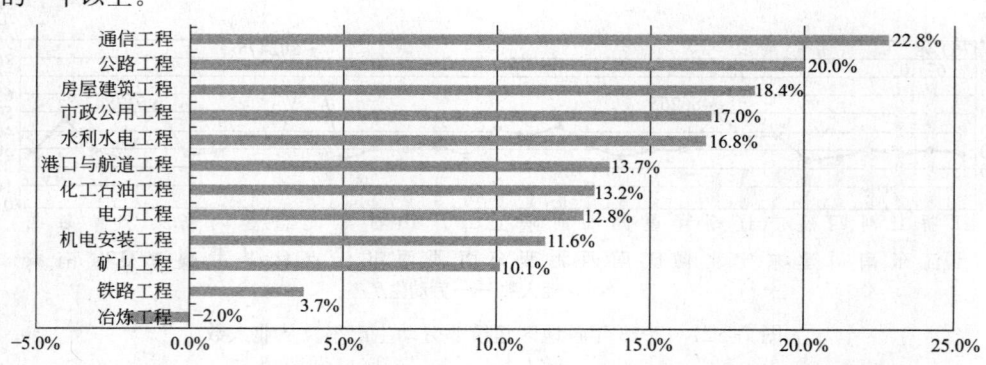

图 7-2-24 2013 年各类特级、一级施工总承包企业建筑业总产值增速排序

在各类特级、一级施工总承包企业中，建筑业总产值排在前四位的专业类别仍然是房屋建筑工程、公路工程、铁路工程和市政公用工程，分别达到 53050.9 亿元、6872.2 亿元、4925.0 亿元和 4711.4 亿元。这四个专业类别特级、一级施工总承包企业完成的建筑业总产值占各类特级、一级施工总承包企业建筑业总产值的 79%（参见图 7-2-25）。

在 60 个类别的专业承包企业中，防腐保温工程、铁路电务工程、建筑防水工程的专业承包企业建筑业总产值增长较快，与上年相比，增长率分别达到 124.7%、78.2%、58.0%。各专业承包企业中，建筑业总产值出现下降的专业由上年的 14 个减

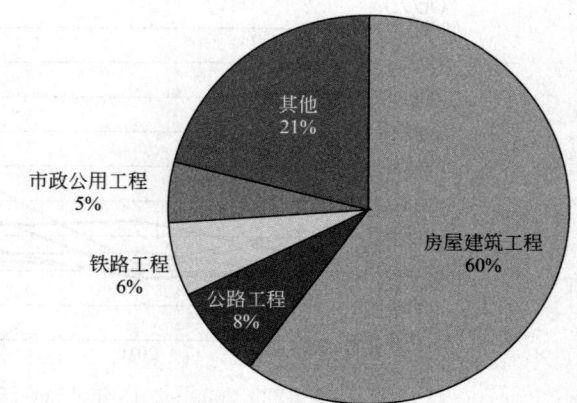

图 7-2-25 2013 年各类特级、一级施工总承包企业完成建筑业总产值构成

二、2013年建筑业发展统计分析

少到 5 个。下降最多的是特种专业工程，下降 21.0%（参见表 7-2-1）。

按专业类别分类的一级专业承包企业总产值对比表

表 7-2-1

专业分类	指标	建筑业总产值（万元）		同比增长（%）
		2013年	2012年	
60个专业类别合计		78835545	65579132	20.2
增长较快的专业类别	防腐保温工程	1390277	618800	124.7
	铁路电务工程	1433804	804797	78.2
	建筑防水工程	240678	152308	58.0
	土石方工程	2166759	1502874	44.2
	桥梁工程	1551321	1076656	44.1
负增长较大的专业类别	特种专业工程	15977	20237	-21.0
	高耸构筑物工程	53651	63732	-15.8
	河湖整治工程	25617	28200	-9.2
	无损检测工程	65352	68903	-5.2

【各类特级、一级施工总承包企业新签合同额均实现增长，电力工程、矿山工程、通信工程等专业新签工程承包合同额增幅较大】 2013年，各类别特级、一级建筑业企业新签合同额增长15.2%。在施工总承包企业中，12个专业类别均实现增长。其中，电力工程类新签合同额增长最快，增幅为21.1%；其次是矿山工程、通信工程和房屋建筑工程类，增幅分别为18.1%、17.4%和17.1%（参见图7-2-26）。

在60个类别的专业承包企业中，隧道工程、桥梁工程、体育场地设施工程、铁路电务工程专业承包企业新签合同额增幅较高，分别为198.5%、176.6%、174.2%、147.0%，均超过1倍。新签合同额降幅较大的专业是火电设备安装工程、管道工程、河湖整治工程和公路路基工程，分别下降56.6%、40.5%、28.5%和24.6%（参见表7-2-2）。

【各类特级、一级施工总承包企业建筑业营业收入稳步增长，部分类别专业承包企业收入下降情况有所改善】 2013年建筑业特级、一级企业的建筑业营业收入增长14.6%。各类施工总承包企业建筑业营业总收入均稳步增长，增长最快的专业是通信工程和电力工程，分别增长25.0%和24.1%。铁路工程专业扭转了上年的下降局势，实现了9.6%的同比增长（参见图7-2-27）。

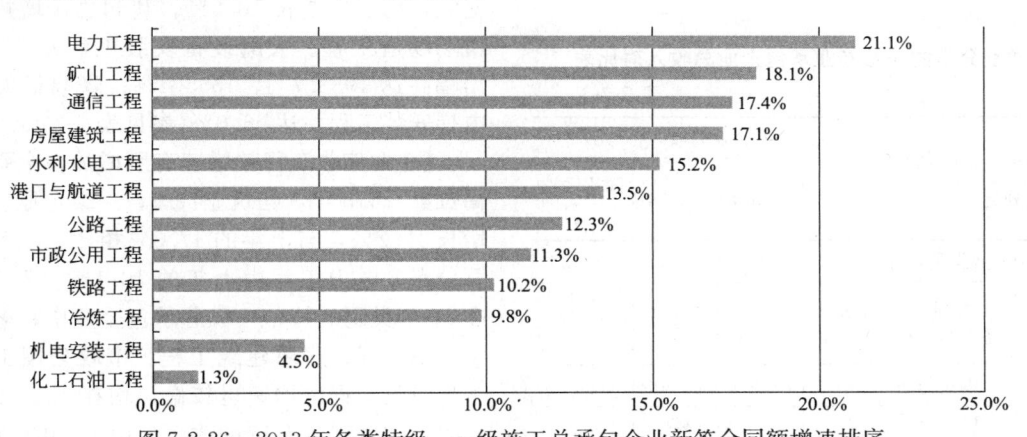

图 7-2-26 2013年各类特级、一级施工总承包企业新签合同额增速排序

按专业类别分类的一级专业承包企业新签合同额对比表

表 7-2-2

专业分类	指标	新签工程承包合同额（万元）		同比增长（%）
		2013年	2012年	
60个专业类别合计		81425673	69009312	18.0
增长较快的专业类别	隧道工程	269029	90135	198.5
	桥梁工程	2173507	785861	176.6
	体育场地设施工程	81366	29671	174.2
	铁路电务工程	1889511	765026	147.0
	机场场道工程	196873	110941	77.5
负增长较大的专业类别	火电设备安装工程	165852	382111	-56.6
	管道工程	208243	350273	-40.5
	河湖整治工程	15073	21072	-28.5
	公路路基工程	284325	377056	-24.6

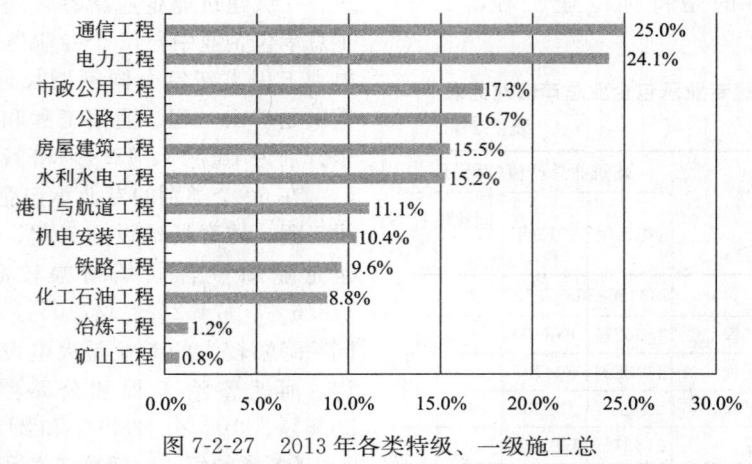

图 7-2-27 2013年各类特级、一级施工总
承包企业营业收入增速排序

在 60 个专业承包工程类别中，水利水电机电设备安装工程、港口与海岸工程、铁路电务工程营业收入比上年有较大增长，分别增长 392.5％、114.6％、75.1％。有 9 个专业的施工企业营业收入下降，比 2012 年减少 8 个。降幅较大的专业是电梯安装工程、公路路基工程和冶炼机电设备安装工程，分别下降 40.3％、25.6％和 18.8％（参见表 7-2-3）。

按专业类别分类的一级专业承包企业总收入对比表

表 7-2-3

专业分类	指标	企业总收入（万元）		
		2013 年	2012 年	同比增长（％）
60 个专业类别合计		7842251	6691868	17.2
增长较快的专业类别	水利水电机电设备安装工程	226513	45997	392.5
	港口与海岸工程	988954	460803	114.6
	铁路电务工程	1451788	829311	75.1
	建筑防水工程	240159	155643	54.3
	海洋石油工程	2299483	1506796	52.6
负增长较大的专业类别	电梯安装工程	872573	1460785	-40.3
	公路路基工程	295194	396538	-25.6
	冶炼机电设备安装工程	2084755	2568626	-18.8
	高耸构筑物工程	53584	63753	-15.9

【企业总体效益稳步提高，公路工程、冶炼工程专业承包企业利润总额上升显著，电力工程施工总承包企业利润总额下降幅度较大】 各类施工总承包特级、一级企业实现利润总额 2631.8 亿元，比上年增长 20.8％。利润总额增长最快的是公路工程和冶炼工程施工总承包企业，分别增长 29.2％和 26.5％。机电安装工程总承包企业在上年 32.6％的高速增长后，出现 3％的负增长，电力工程施工总承包企业利润亦出现较大幅度的下降，降幅达 52.9％（参见图 7-2-28）。

60 个类别的专业承包企业实现利润总额 385.5 亿元，比上年增长 18.0％。利润总额增幅较大的是机场场道工程、火电设备安装工程专业承包企业，增幅高达 1933.7％、1655.4％；降幅最大的专业是电梯安装工程，达 66.0％（参见表 7-2-4）。

【企业应收工程款增速有所增加，个别专业仍居高位】 2013 年，建筑业特级、一级企业应收工程款增长 19.2％，与上年的 17.3％相比，上升了 1.9 个百分点。电力工程由上年的 10.1％上升到 49.4％，在 12 个类别的特、一级总承包企业中排名第一。化工石油工程、房屋建筑工程、市政公用工程、矿山工程应收工程款增速也较高，均在 15％以上。通信工程应收工程款有较大改善，由上年的 26.6％降低到-6.5％（见图 7-2-29）。

从应收工程款额度上看，房屋建筑工程应收工程款 7707.8 亿元，占 12 个类别的特、一级总承包企业应收工程款总额的 56.9％，排名第一。公路工程、市政公用工程、铁路工程应收工程款额度均达 1000 亿元以上，应引起重视（见表 7-2-5）。

在 60 个类别的专业承包企业中，应收工程款增长较快的是消防设施工程、起重设备安装工程、铁路电务工程、铁路铺轨架梁工程，增幅均在 100％以上。降幅最大的是公路路基工程专业承包企业，下降 72.3％（见表 7-2-6）。

二、2013年建筑业发展统计分析

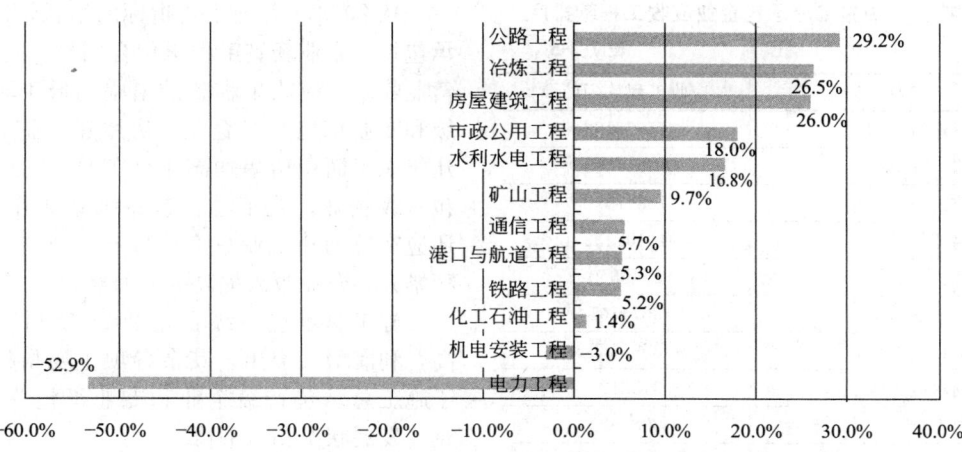

图 7-2-28　2013年各类特级、一级施工总承包企业利润总额增长率排序

按专业类别分类的一级专业承包企业利润总额对比表　　　表 7-2-4

指标 专业分类		利润总额（万元）		同比增长（%）
		2013年	2012年	
60个专业类别合计		3855331	3266603	18.0%
增长较快的专业类别	机场场道工程	44742	2200	1933.7
	火电设备安装工程	10031	571	1655.4
	水利水电机电设备安装工程	133036	13551	163.5
	铁路电务工程	176723	23558	650.2
	环保工程专业	30768	9021	241.1
负增长较大的专业类别	电梯安装工程	87088	256255	-66.0
	冶炼机电设备安装工程	61553	150988	-59.2
	铁路铺轨架梁工程	4322	10544	-59.0
	管道工程	2325	4990	-53.4
	河湖整治工程	2500	5116	-51.1

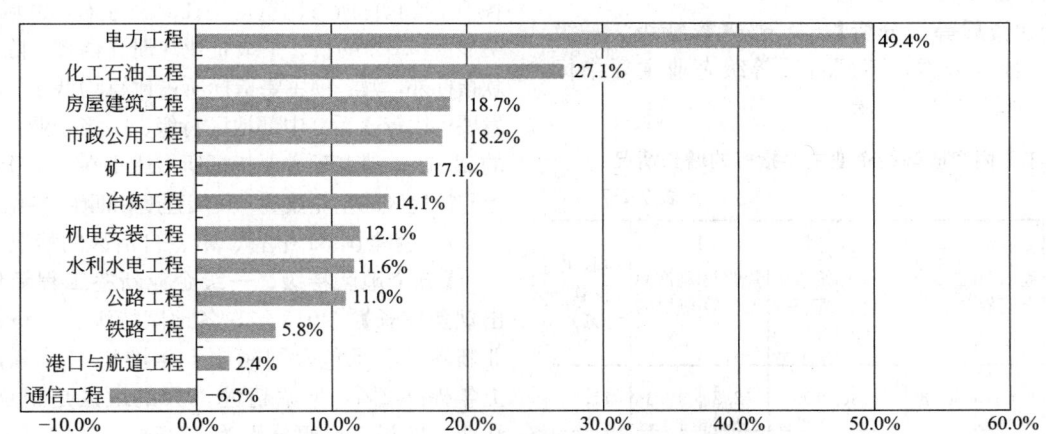

图 7-2-29　2013年各类特级、一级施工总承包企业应收工程款增速排序

2013年各类特、一级施工总承包企业应收工程款排序

表 7-2-5

序号	专业分类	应收工程款(万元)
1	房屋建筑工程	77078192
2	公路工程	12617095
3	市政公用工程	10847392
4	铁路工程	10102432
5	冶炼工程	5545650
6	港口与航道工程	3674701
7	化工石油工程	3595433
8	水利水电工程	3132125
9	电力工程	3084622
10	矿山工程	3005209
11	机电安装工程	2090132
12	通信工程	656810

按专业类别分类的一级专业承包企业应收工程款对比表

表 7-2-6

指标 专业分类		应收工程款(万元)		同比增长(%)
		2013年	2012年	
60个专业类别合计		19911366	13936043	42.9
增长较快的专业类别	消防设施工程	1601813	424149	277.7
	起重设备安装工程	60965	25118	142.7
	铁路电务工程	498947	215125	131.9
	铁路铺轨架梁工程	155113	75215	106.2
负增长较大的专业类别	公路路基工程	33823	122273	−72.3
	送变电工程	64236	106238	−39.5
	隧道工程	58848	76795	−23.4

2. 按企业资质等级分析

【按企业资质等级分析】 从6338家特级、一级企业的有关数据来看，不同资质等级企业主要指标的增长情况如表7-2-7所示。

2013年不同资质等级企业主要指标的增长情况

表 7-2-7

	新签工程承包合同额(%)	建筑业总产值(%)	房屋建筑施工面积(%)	房屋建筑竣工面积(%)	营业收入(%)	利润总额(%)	应收工程款(%)
施工总承包特级企业	14.8	13.3	32.3	19.5	12.2	19.1	11.5
施工总承包一级企业	15.1	17.7	19.1	14.2	15.4	22.3	18.4
专业承包一级企业	18.0	20.2	9.0	10.6	17.2	18.0	42.9

从2013年各项主要指标的增长情况看，施工总承包特级企业新签工程承包合同额、建筑业总产值、营业收入、应收工程款的增幅均低于施工总承包一级和专业承包一级企业，房屋建筑施工面积、房屋建筑竣工面积增幅均高于施工总承包一级和专业承包一级企业。施工总承包特级企业作为行业龙头，还应在拉动建筑业总产值增长、新签工程承包合同额攀升、营业收入提高等方面努力。

施工总承包一级企业2013年利润总额增幅较高，利润增长突出，其余各项主要指标的增幅均处于施工总承包特级企业和专业承包一级企业之间，企业发展状况相对平稳。

专业承包一级企业2013年新签工程承包合同额、建筑业总产值、营业收入增幅均高于施工总承包特级企业和施工总承包一级企业，发展态势良好。但应收工程款增幅高达42.9%，远远超出施工总承包特级企业和施工总承包一级企业增幅，企业经营发展的风险加大。

3. 按企业注册地区分析

【按企业注册地区分析】 6338家特级、一级企业各项主要指标的增长，从大的区域分析，东部地区房屋建筑施工面积、营业收入增幅高于西部地区，新签工程承包合同额、建筑业总产值、房屋建筑竣工面积、利润总额增幅均低于中部和西部地区。中部地区除新签工程承包合同额增幅低于西部地区外，其他业务指标增幅均高于东部地区和西部地区，发展活力充沛，但应收工程款增幅最高，应引起注意。西部地区除房屋建筑施工面积、营业收入增幅低于中、东部地区外，其他业务指标增幅均处于中游，应收工程款增幅最低，发展态势平稳(参见图7-2-30)。

全国61.7%的特级、一级企业集中在东部地区，其各项主要指标所占比重也均在60%左右，区域领先优势明显。16.6%的特、一级企业注册在西部，除应收工程款指标外，其各项主要指标所占比重均低于15%，区域发展仍比较落后。中部地区特级、一级企业占全国总量的21.6%，其各项主要指标所占比重在20%上下，基本上与该地区的企业数量、发展程度相匹配(参见表7-2-8)。

4. 就全国31个省、市、自治区的情况分析

【五个地区特级、一级企业新签工程承包合同额出现负增长】 2013年，各地区特级、一级建筑业企业新签工程承包合同额比上年增长15.2%，增速较上年提高2%。增幅超过30%的地区是宁夏、青海、江西、四川，增幅分别为57.7%、51.1%、38.8%、35.2%；内蒙古、贵州、黑龙江、山西和河北等5个地区的新签合同额呈现不同程度的下降。其中，内蒙古下降程度最大，降幅为25.7%。

二、2013年建筑业发展统计分析

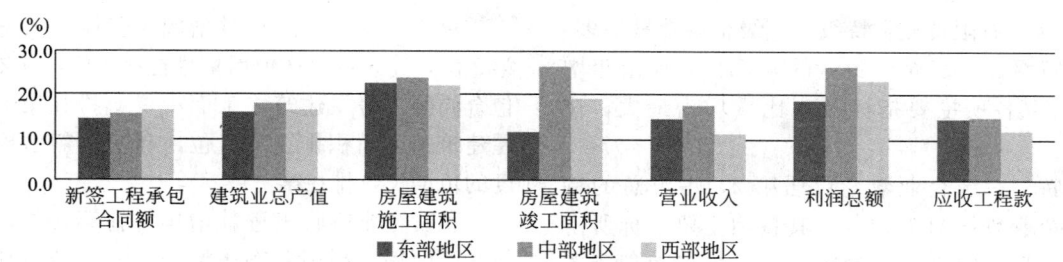

图 7-2-30 东、中、西注册地区企业主要指标的增长情况

东、中、西地区企业主要指标的占比情况

表 7-2-8

主要指标 地区	企业数量(%)	新签工程承包合同额(%)	建筑业总产值(%)	房屋建筑施工面积(%)	房屋建筑竣工面积(%)	营业收入(%)	利润总额(%)	应收工程款(%)
东部地区	61.7	61.1	63.6	68.8	65.8	62.5	64.9	59.7
中部地区	21.6	23.5	21.6	18.8	20.6	22.1	21.7	22.7
西部地区	16.6	15.4	14.8	12.4	13.6	15.4	13.4	17.6

【江西特级、一级企业建筑业总产值和营业收入增速突出】 2013年，各地区特级、一级企业建筑业总产值比上年增长16.7%，增速较上年上升了1.9%。云南、贵州、宁夏、江西的增速在30%以上，分别为41.8%、31.7%、30.7%、30.2%。其中，江西连续两年保持30%以上的高速增长，发展势头强劲。海南的建筑业总产值出现下降，降幅3.4%。

2013年，各地区特级、一级企业营业收入比上年增长14.6%，增速较上年提高了2.2%。营业收入增幅较大的地区是江西、新疆、贵州、宁夏和山东，分别达到30.7%、27.5%、27.2%、24.1%和23.2%。黑龙江企业的营业收入降幅较大，为13.3%。

【各地区特级、一级企业房屋建筑施工面积和竣工面积普遍增长，部分地区出现较大幅度下降】 2013年，各地区特级、一级企业房屋建筑施工面积比上年增长23.0%。湖北、甘肃、贵州、浙江的增速都在30%以上，分别为73.2%、60.3%、42.7%、31.3%。宁夏、内蒙古、海南、黑龙江、青海五个地区的特级、一级企业房屋建筑施工面积出现下降，其中降幅最大的是宁夏，下降45.1%。

2013年，各地区特级、一级企业房屋建筑竣工面积比上年增长15.3%。湖北、贵州、甘肃、新疆、江西的增速都在40%以上，分别为53.4%、43.4%、41.9%、41.1%、40.2%。青海、海南的房屋建筑竣工面积都出现大幅度下降，降幅分别为47.2%、30.8%。

【各地区特级、一级企业利润总额增幅差异显著】 2013年，各地区特级、一级建筑业企业利润总额比上年增长20.8%，增速较上年提高7%。利润总额增幅较大的地区是青海、贵州、广西、河南、天津，分别增长119.8%、61.9%、61.6%、48.9%、48.4%。利润总额下降的是黑龙江、吉林、新疆、云南，分别下降10.5%、10.2%、7.7%、3.1%，其中，黑龙江、新疆连续两年利润总额下降。

【多数地区特级、一级企业应收工程款增长比上年有所提高】 2013年，各地区特级、一级企业应收工程款比上年增长19.2%，增速较上年提高1.9%。与上年相比，在全国31个地区中，只有贵州出现了应收工程款下降，降幅为12.6%；其余30个地区的应收工程款均出现增长，增长幅度较大的是甘肃、青海、广西、海南、河南，分别增长了48.2%、47.8%、45.7%、39.2%、35.6%，反映企业应收工程款问题趋于严重。

5. 按企业登记注册类型分析

【按企业登记注册类型分析】 从6338家特级、一级企业的有关数据来看，不同登记注册类型企业主要指标的构成情况如表7-2-9所示。

不同登记注册类型企业主要指标的占比情况(%)

表 7-2-9

主要指标 企业类型	企业数量	新签工程承包合同额	建筑业总产值	房屋建筑施工面积	房屋建筑竣工面积	营业收入	利润总额	应收工程款
合计	100	100	100	100	100	100	100	100
国有企业	14.1	25.4	21.0	18.5	12.9	23.5	20.7	24.1
集体企业	2.0	1.2	1.4	2.2	2.3	1.3	1.1	1.3
私营企业	0.3	0.1	0.1	0.0	0.1	0.1	0.1	0.2
有限责任公司	81.4	71.3	75.9	76.3	83.7	73.4	75.7	71.2
外商投资企业	1.2	1.6	1.3	2.5	1.6	1.4	2.2	2.0
港澳台商投资企业	0.9	0.4	0.3	0.5	0.3	0.3	0.2	0.8
其他企业	0.2	0.0	0.1	0.0	0.1	0.0	0.0	0.0

2013年，有限责任类特级、一级企业数量最多，占汇总的特级、一级企业数量的81.4%，比上年增长1.2%；其各项主要指标所占比重均为最大，在70%以上。

国有特、一级企业数量位居第2，占汇总的特级、一级企业数量的14.1%；其各项主要指标所占比重也全部排在第2位，除房屋建筑竣工面积所占比重为12.9%外，其余数值均在20%左右。

集体所有制特、一级企业数量位居第3，占汇总的特级、一级企业数量的2.0%；其各项主要指标所占比重排在第3或第4位，数值从1.1%到2.3%不等。

外商投资特级、一级企业数量位居第4，占汇总的特、一级企业数量的1.2%；其各项主要指标所占比重也全部排在第3或第4位，数值从1.2%到2.5%不等。

港澳台商投资特级、一级企业数量位居第5，占汇总的特级、一级企业数量的0.9%；其各项主要指标所占比重排在第5位，数值从0.2%到0.8%不等。

私营和其他建筑业特级、一级企业数量较少，分别仅占0.3%和0.2%，其各项主要指标所占比重也较低。

不同登记注册类型企业主要指标的增长情况如表7-2-10所示。

不同登记注册类型企业主要指标的增长情况(%)

表 7-2-10

主要指标 类型	新签工程承包合同额	建筑业总产值	房屋建筑施工面积	房屋建筑竣工面积	营业收入	利润总额	应收工程款
国有企业	15.3	14.4	15.9	12.2	14.7	28.5	15.9
集体企业	10.9	18.9	15.0	6.4	20.0	-33.1	67.6
私营企业	-21.9	8.7	0.0	-6.8	9.7	-19.5	27.9
有限责任公司	15.2	17.1	22.8	15.0	14.5	21.8	17.6
外商投资企业	22.8	22.7	187.5	143.4	15.4	-12.2	54.3
港澳台商投资企业	0.3	21.5	17.8	-12.1	17.9	-17.9	298.2
其他企业	50.5	38.4	78.8	29.7	33.3	0.9	17.2

2013年，国有企业利润总额增幅排在第1位，新签工程承包合同额增幅排在第3位，房屋建筑竣工面积增幅排在第4位，房屋建筑施工面积、营业收入增幅排在第5位，应收工程款增幅排在第7位。

集体企业应收工程款增幅、营业收入增幅排在第2位，建筑业总产值增幅排在第4位，新签工程承包合同额、房屋建筑竣工面积增幅排在第5位，房屋建筑施工面积排在第6位，利润总额出现较大程度的负增长，排在第7位。

私营企业应收工程款增幅排在第4位，房屋建筑竣工面积、利润总额增幅排在第6位，其他指标增幅均排在第7位。

有限责任类企业利润总额增幅排在第2位，房屋建筑施工面积、房屋建筑竣工面积增幅排在第3位，新签工程承包合同额增幅排在第4位，建筑业总产值、应收工程款增幅排在第5位，营业收入增幅排在第6位。

外商投资企业房屋建筑施工面积、房屋建筑竣工面积增幅排在第1位，建筑业总产值、新签工程承包合同额增幅排在第2位，应收工程款增幅排在第3位，营业收入、利润总额增幅排在第4位。

港澳台商投资企业应收工程款增幅298.2%，排在第1位，建筑业总产值、营业收入增幅排在第3位，房屋建筑施工面积增幅排在第4位，利润总额增幅排在第5位，房屋建筑竣工面积排在第7位。

其他企业新签工程承包合同额、建筑业总产值、营业收入增幅均排在第1位，房屋建筑施工面积、房屋建筑竣工面积增幅排在第2位，利润总额增幅排在第3位，应收工程款增幅排在第6位。

(住房和城乡建设部计划财务与外事司、中国建筑业协会)

(四) 2013年建设工程监理行业基本情况

【建设工程监理企业历年主要统计指标】 2006~2013年，建设监理企业的主要统计指标如表7-2-11所示。

【按资质类别分建设工程监理企业主要业务指标】 2013年，按资质类别分建设工程监理企业主要业务指标如表7-2-12所示。

【按资质类别分建设工程监理企业主要财务指标】 2013年，按资质类别分建设工程监理企业主要财务指标如表7-2-13所示。

【按地区分建设工程监理企业主要业务指标】 2013年，按地区分建设工程监理企业主要业务指标如表7-2-14所示。

【按地区分建设工程监理企业主要财务指标】 2013年，按地区分建设工程监理企业主要财务指标如表7-2-15所示。

二、2013年建筑业发展统计分析

2006～2013年建设监理企业主要统计指标　　　　　　表 7-2-11

年份	企业个数（个）	年末从业人员		建设工程监理企业承揽合同额			承揽境内建设工程监理项目投资额合计（亿元）	营业收入		利润总额（亿元）	资产合计（亿元）	负债合计（亿元）	所有者权益合计（亿元）
		（万人）	♯工程监理人员	（亿元）	♯工程监理合同额	♯境外完成合同额		（亿元）	♯工程监理收入				
2006	6170	48.34	37.97	457	292	46	23920	377	235	33	370	221	149
2007	6043	51.45	39.59	565	368	8	38934	527	270	60	631	426	204
2008	6080	54.25	41.89	756	473	74	52104	657	333	63	800	531	269
2009	5475	58.2	43.6	907	596	15	61113	855	404	83	849	503	346
2010	6106	67.54	52.14	1164	744	19	86760	1196	528	112	1290	726	564
2011	6512	76.35	58.29	1422	920	19	104133	1493	666	131	1415	829	586
2012	6605	82.2	62.3	1826	1031	24	107987	1717	753	140	1742	1020	722
2013	6820	89	67.1	2423	1229	85	125760	2046	886	174	2198	1283	916

2013年按资质类别分建设工程监理企业主要业务指标　　　　　　表 7-2-12

行业	企业个数（个）	年末从业人数（人）	年末注册执业人数（人）	承揽合同额			承揽境内建设工程监理项目投资额合计（万元）
				（万元）	♯工程监理合同额	♯境外合同额	
综合资质	134	83918	16118	2186085.51	1909881.6	29429.54	191257277.7
专业资质	—	—	—	—	—	—	—
♯房屋建筑工程	5594	591058	132165	10765049.83	7475904.31	71184.77	725971948.2
♯冶炼工程	39	6409	1653	379472.32	65976.67	20396	11046512.75
♯矿山工程	37	10319	1720	241147.49	95812.4	49.8	12968448.54
♯化工、石油工程	146	33274	6470	3923316.16	328033.29	37348	46769803.87
♯水利水电工程	75	19916	2338	1100861.03	195000.75	188052.39	17518840.52
♯电力工程	215	48175	7416	3458951.71	764121.48	493559.9	106854746.4
♯农林工程	21	836	138	9985.63	6943.01	0	1645675.48
♯铁路工程	53	27130	3609	600545.45	412694.45	3666.46	46000372.11
♯公路工程	29	7018	747	175622.2	100537.16	0	14610540.22
♯港口与航道工程	10	1503	316	55847.72	44044.62	0	3668651.79
♯航天航空工程	6	1026	286	26733.24	26288.24	0	1917136.73
♯通信工程	14	9958	327	227986.92	120327.87	214.67	7618408.12
♯市政公用工程	422	47660	11354	1053600.53	722698.32	4379.03	67370932.47
♯机电安装工程	3	1543	132	16791.1	14088.86	0	1735124.23
事务所资质	22	877	193	8108.79	7602.09	0	650308.59

2013年按资质类别分建设工程监理企业主要财务指标（单位：万元）　　　　　　表 7-2-13

行业	营业收入		利润总额	资产合计	负债合计	所有者权益合计
		♯工程监理收入				
综合资质	1478952	1296658	142583	1074205	598095	476109
专业资质	—	—	—	—	—	—
♯房屋建筑工程	8592213	5053092	684896	9389119	4441772	4947347
♯冶炼工程	385537	56016	67958	816247	430779	385468
♯矿山工程	228905	94324	26462	216565	119517	97049

续表

行业	营业收入	#工程监理收入	利润总额	资产合计	负债合计	所有者权益合计
#化工、石油工程	3123144	293593	334871	2687876	1708336	979540
#水利水电工程	809244	191503	78675	1138999	769105	369895
#电力工程	3921213	679857	252193	4828248	3706890	1121358
#农林工程	9103	6276	310	11843	4596	7246
#铁路工程	557148	360570	28535	466292	368251	98041
#公路工程	125109	102428	9032	132132	76105	56027
#港口与航道工程	42795	38666	8533	31460	6917	24544
#航天航空工程	17968	17246	2074	17794	9076	8718
#通信工程	203471	113682	19034	191769	78406	113362
#市政公用工程	891156	536581	81876	903349	464254	439095
#机电安装工程	69480	13910	4440	74666	42529	32136
事务所资质	4941	4291	190	3745	1259	2487

按地区分建设工程监理企业主要业务指标　　　表 7-2-14

地区	企业个数（个）	年末从业人数（人）	年末从业人数（人）	承揽合同额（亿元）	#工程监理合同额	#境外合同额	承揽境内建设工程监理项目投资额合计（亿元）
全国总计	6820	890620	184982	2423.01	1229.00	84.83	125760.47
北京	309	76293	13493	348.65	130.94	4.35	13314.61
天津	90	16754	2971	33.99	24.44	0.00	4557.47
河北	314	29877	7296	34.72	29.54	0.08	2625.03
山西	215	26943	5428	29.29	25.59	0.03	3398.65
内蒙古	156	12889	2997	11.63	11.50	0.00	1029.75
辽宁	303	28296	7384	38.15	30.80	0.39	3453.82
吉林	181	16789	3370	58.34	51.08	0.08	2224.09
黑龙江	232	25757	3959	38.94	13.74	0.52	1386.65
上海	178	44932	9173	292.72	85.52	47.60	8426.05
江苏	658	75692	18704	156.90	104.62	0.03	9404.36
浙江	366	51572	12208	111.42	92.89	0.05	8301.02
安徽	231	27434	5557	142.16	35.56	0.16	3706.16
福建	154	21830	4979	46.72	40.22	0.00	3807.48
江西	147	13209	2979	26.28	16.01	0.43	1654.86
山东	497	53985	12451	88.67	68.56	0.61	7840.67
河南	320	44857	8811	246.46	47.69	2.15	5829.68
湖北	247	27606	5827	53.88	39.31	0.35	5311.12
湖南	211	32363	6553	101.53	34.91	19.00	3712.69
广东	477	68608	15401	163.04	109.45	0.85	10423.54
广西	157	14215	3739	20.52	17.40	0.03	1522.92
海南	42	3326	831	5.14	5.01	0.00	465.13

二、2013年建筑业发展统计分析

续表

地区	企业个数（个）	年末从业人数（人）	年末从业人数（人）	承揽合同额			承揽境内建设工程监理项目投资额合计（亿元）
				（亿元）	#工程监理合同额	#境外合同额	
重庆	90	20388	3427	50.01	28.69	0.00	3759.62
四川	313	55536	10032	86.27	51.89	3.96	5130.49
贵州	77	12222	1721	72.17	15.96	3.46	1551.26
云南	140	18480	2588	30.33	25.70	0.28	2715.79
西藏	0	0	0	0.00	0.00	0.00	0.00
陕西	363	32399	5436	41.68	35.55	0.41	4280.35
甘肃	141	15284	3538	42.35	20.48	0.00	2274.45
青海	57	3444	594	5.06	4.48	0.00	886.37
宁夏	50	5919	929	8.05	6.70	0.00	605.70
新疆	104	13721	2606	37.94	24.77	0.01	2160.69

按地区分建设工程监理企业主要财务指标（单位：万元） 表 7-2-15

地区	营业收入	#工程监理收入	利润总额	资产合计	负债合计	所有者权益合计
全国总计	2046.04	885.87	174.17	2198.43	1282.59	915.84
北京	312.59	101.28	31.59	458.50	269.26	189.23
天津	26.66	20.18	3.82	28.40	16.79	11.60
河北	31.76	22.27	2.37	27.94	11.73	16.21
山西	42.36	23.55	3.36	30.98	15.45	15.53
内蒙古	10.00	9.78	0.63	8.02	2.77	5.24
辽宁	79.02	26.02	6.81	68.43	47.91	20.52
吉林	18.06	10.93	1.12	15.55	5.74	9.81
黑龙江	23.66	12.72	1.61	24.12	14.03	10.09
上海	156.67	61.28	10.63	143.71	96.31	47.41
江苏	127.99	78.91	12.64	186.46	54.78	131.68
浙江	83.79	62.35	7.31	75.61	33.64	41.97
安徽	91.99	26.80	8.82	116.49	68.64	47.85
福建	33.24	27.17	3.02	28.73	6.63	22.10
江西	16.04	10.36	1.64	13.91	6.82	7.09
山东	61.70	47.49	5.71	64.58	33.49	31.09
河南	159.05	35.10	21.24	140.80	77.24	63.56
湖北	42.92	28.09	3.47	37.47	19.37	18.10
湖南	72.58	26.13	6.09	87.83	55.74	32.09
广东	298.86	77.16	14.58	345.93	277.10	68.83
广西	18.14	12.94	1.07	16.37	8.28	8.09
海南	4.61	4.31	0.29	3.40	1.19	2.21
重庆	34.72	21.97	3.94	27.16	11.68	15.47
四川	128.70	44.04	8.57	88.28	57.14	31.14

续表

地区	营业收入	#工程监理收入	利润总额	资产合计	负债合计	所有者权益合计
贵州	43.48	9.86	3.89	60.05	42.47	17.58
云南	25.51	17.54	2.07	18.22	7.92	10.30
西藏	0.00	0.00	0.00	0.00	0.00	0.00
陕西	38.97	26.42	3.28	30.83	13.11	17.72
甘肃	28.12	14.14	1.75	26.14	13.83	12.30
青海	4.21	3.81	0.46	4.88	2.97	1.91
宁夏	6.67	5.79	0.37	3.99	1.48	2.51
新疆	23.95	17.50	2.02	15.66	9.05	6.61

(住房和城乡建设部建筑市场监管司)

(五) 2013年工程建设项目招标代理机构基本情况

【工程招标代理机构的分布情况】 2013年度参加统计的全国工程招标代理机构共5731个，比上年增长3.78%。按照资格等级划分，甲级机构1480个，比上年增长10.78%；乙级机构2898个，比上年增长1.4%；暂定级机构1353个，比上年增长1.88%。按照企业登记注册类型划分，国有企业和国有独资公司共246个，股份有限公司和其他有限责任公司共3035个，私营企业2318个，港澳台投资企业8个，外商投资企业4个，其他企业120个。具体分布见表7-2-16、表7-2-17。

全国工程招标代理机构地区分布情况

表 7-2-16

地区名称	北京	天津	河北	山西	内蒙古	辽宁	吉林	黑龙江
企业个数	273	88	246	188	135	240	153	120
地区名称	上海	江苏	浙江	安徽	福建	江西	山东	河南
企业个数	121	482	383	255	137	173	455	245
地区名称	湖北	湖南	广东	广西	海南	重庆	四川	贵州
企业个数	202	149	427	111	27	123	247	98
地区名称	云南	西藏	陕西	甘肃	青海	宁夏	新疆	
企业个数	168	12	184	101	26	41	121	

全国工程招标代理机构拥有资质数量情况

表 7-2-17

资质数量	具有单一招标代理机构资格的企业	具有两个及两个以上资质的企业
企业个数	1511	4220

【工程招标代理机构的人员情况】 2013年年末工程招标代理机构从业人员合计485771人，比上年增长9.05%。其中，正式聘用人员435176人，占年末从业人员总数的89.58%；临时工作人员50595人，占年末从业人员总数的10.42%。

2013年年末工程招标代理机构正式聘用人员中专业技术人员合计387215人，比上年增长10.29%。其中，高级职称人员66532人，中级职称180481人，初级职称90725人，其他人员49477人。专业技术人员占年末正式聘用人员总数的88.98%。

2013年年末工程招标代理机构正式聘用人员中注册执业人员合计93874人，比上年增长8.82%。其中，注册造价工程师46337人，占总注册人数的49.36%；注册建筑师842人，占总注册人数的0.90%；注册工程师3832人，占总注册人数的4.08%；注册建造师9702人，占总注册人数的10.34%；注册监理工程师31514人，占总注册人数的33.57%；其他注册执业人员1647人，占总注册人数的1.75%。从统计报表情况看，92.48%的工程招标代理机构的注册造价工程师数量能够满足企业资格标准要求，其中，96.89%的甲级工程招标代理机构的注册造价工程师数量能够满足企业资格标准要求。

【工程招标代理机构的业务情况】 2013年度工程招标代理机构工程招标代理中标金额70014.06亿元，比上年下降23.78%。其中，房屋建筑和市政基础设施工程招标代理中标金额57273.45亿元，占工程招标代理中标金额的81.8%；招标人为政府和国有企事业单位工程招标代理中标金额46017.77亿元，占工程招标代理中标金额的65.73%。

2013年度工程招标代理机构承揽合同约定酬金合计1238.75亿元，比上年增长27.61%。其中，工程招标代理承揽合同约定酬金为192.87亿元，占总承揽合同约定酬金的15.57%;工程监理承揽合同约定酬金为322.30亿元;工程造价咨询承揽合同约定酬金为137.29亿元;项目管理与咨询服务承揽合同约定酬金为95.18亿元;其他业务承揽合同约定酬金为491.11亿元。

【工程招标代理机构的财务情况】 2013年度工程招标代理机构的营业收入总额为2436.62亿元,比上年增长12.11%。其中,工程招标代理收入215.87亿元,占营业收入总额的8.86%;工程监理收入308.08亿元,工程造价咨询收入195.15亿元,工程项目管理与咨询服务收入95.87亿元,其他收入1621.65亿元。

2013年度工程招标代理机构的营业成本合计2504.34亿元,营业税金及附加合计109.64亿元,营业利润合计290.22亿元,利润总额合计314.47亿元,所得税合计63.08亿元,负债合计3974.72亿元,所有者权益合计1467.54亿元。

【工程招标代理机构工程招标代理收入前100名情况】 工程招标代理机构工程招标代理收入前100名中,从资质等级来看,甲级机构87个,乙级机构9个,暂定级4个。

(住房和城乡建设部建筑市场监管司)

(六)2013年工程勘察设计企业基本情况

【概况】 根据2013年全国工程勘察设计企业年报数据统计,全国共有勘察设计企业19231个,与上年18280个相比,增加951个,增长了5.2%。近五年工程勘察设计行业企业发展情况如图7-2-31所示。

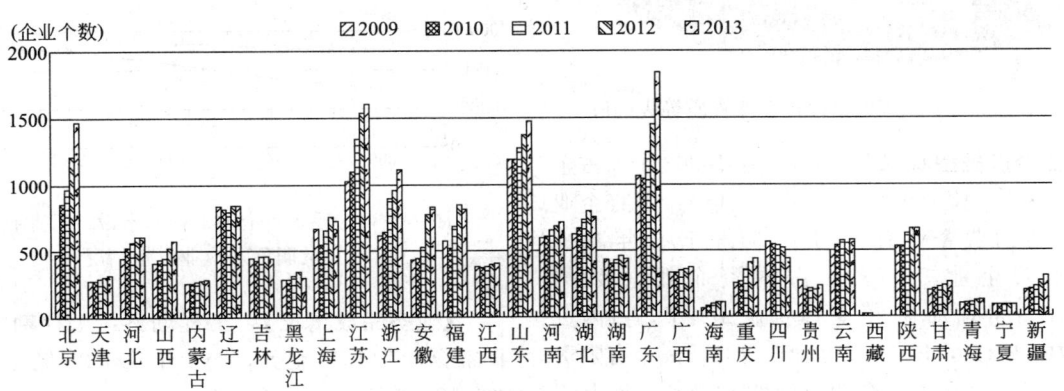

图7-2-31 近五年工程勘察设计行业企业发展情况

【企业资质情况】 持有行业资质、专业资质企业情况:甲级企业3571个,与上年3495个相比,增加76个,增长了2.2%;乙级企业4537个,与上年4500个相比,增加37个,增长了0.8%;丙级企业3683个,与上年3636个相比,增加47个,增长了1.3%。

持有专项资质企业情况:持有专项证书的企业3735个,与上年3692个相比,增加43个,增长了1.2%。

近5年工程勘察设计企业资质等级发展情况如图7-2-32所示。

【工程勘察设计企业具体构成】 2013年共有工程勘察企业1829家,占勘察设计企业总数9.5%。其中,勘察综合资质企业215家,专业甲级企业495家,综合资质和专业甲级资质企业占勘察企业总数的38.8%。

工程设计企业13888家,占勘察设计企业总数72.2%。

设计企业等级分布情况:2013年共有设计综合资质企业55家,甲级企业(行业、专业、专项)4257家,乙级及乙级以下资质企业9483家。2013年工程设计企业资质等级构成如图7-2-33所示。

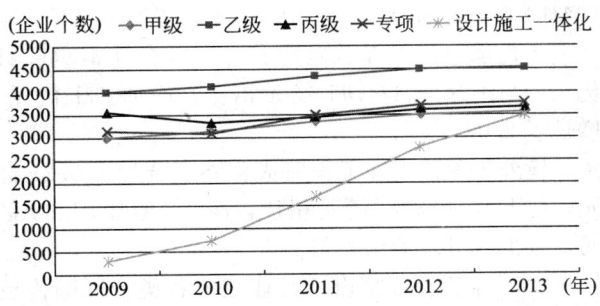

图7-2-32 近五年工程勘察设计企业资质等级发展情况

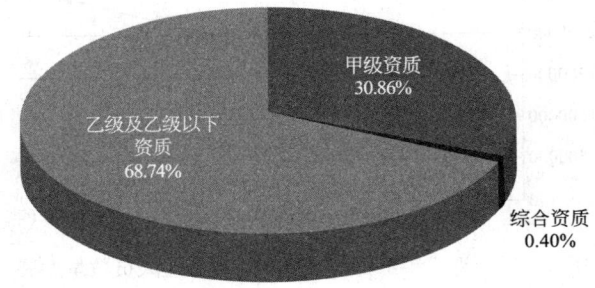

图7-2-33 2013年工程设计企业资质等级构成

工程设计施工一体化企业 3514 家,占勘察设计企业总数 18.3%。从一体化资质类型看,建筑装饰装修工程一体化企业 2438 家,占一体化企业总数的 69%;从一体化资质等级看,二级企业 2487 家,占一体化企业总数的 71%。

2013 年工程勘察设计企业资质等级构成如图 7-2-34 所示。

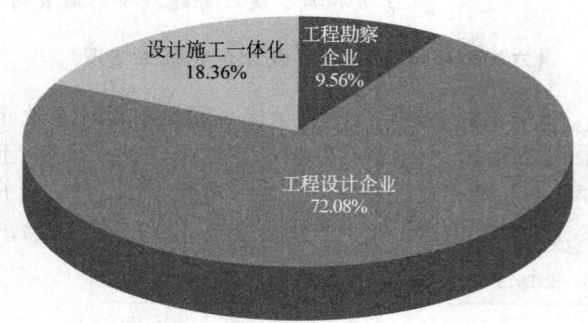

图 7-2-34　2013 年工程勘察设计企业资质等级构成

【企业经济类型状况】 内资企业 18962 个,占企业总数 98.6%,比上年增加 5.3%。其中:国有企业 3713 个,占内资企业总数的 19.6%,比上年减少 4.6%;私营企业 3488 个,占内资企业总数的 18.4%,比上年增加 8%;集体企业 270 个,占内资企业总数的 1.4%,比上年增加(减少)3.8%;有限责任公司 9717 个,占内资企业总数的 51.2%,比上年增加 8.5%;股份有限公司 1206 个,占内资企业总数的 6.4%,比上年增加 5.5%。

港、澳台商投资企业 128 个,占企业总数 0.68%。外商投资企业 141 个,占企业总数 0.74%。

【企业人员状况】 2013 年勘察设计行业年末从业人员 244.42 万人,与上年 212.34 万人相比,增加 32.08 万人,增长 15.1%。近 5 年工程勘察设计行业从业人员数量发展情况如图 7-2-35 所示。

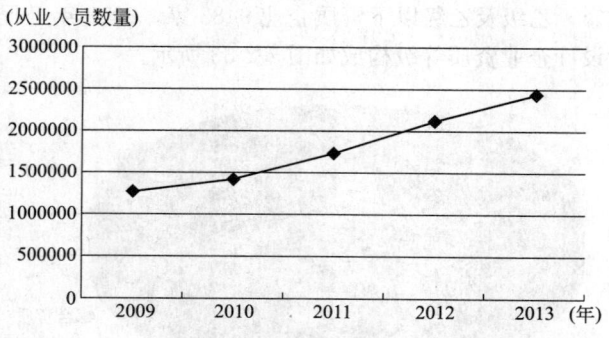

图 7-2-35　近 5 年工程勘察设计行业从业人员数量发展

2013 年勘察设计行业专业技术人员 130.01 万人,占年末从业人员总数的 53.19%。其中,具有高级职称 30.52 万人,占年末从业人员总数的 12.49%;具有中级职称 48.65 万人,占年末从业人员总数的 19.90%。

2013 年勘察设计行业取得注册执业资格共 262068 人次,占年末从业人员总数的 10.72%,与上年 249230 人次相比,增加 12838 人次,增长了 5.15%。近 5 年全国工程勘察设计行业技术人员职称及执业资格情况如图 7-2-36 所示

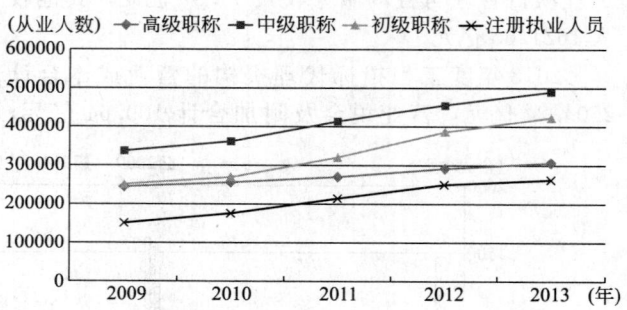

图 7-2-36　近 5 年全国工程勘察设计行业技术人员职称及执业资格情况

【业务完成情况】 工程勘察:工程勘察完成合同额合计 714.14 亿元,与上年 595.38 亿元相比,增加 118.76 亿元,增长了 19.95%。

工程设计:工程设计完成合同额合计 4047.59 亿元,与上年 3159.66 亿元相比,增加 887.93 亿元,增长了 28.1%。施工图完成投资额为 88686.7 亿元,与上年 85902.87 亿元相比,增加(减少)2783.83 亿元,增加(减少)了 3.24%;施工图完成建筑面积 45.68 亿平方米,与上年 41.36 亿平方米相比,增加(减少)4.32 亿平方米,减少了 10.44%。

工程技术管理服务:工程技术管理服务完成合同额合计 528.21 亿元,与上年 516.23 亿元相比,增加 11.98 亿元,增长了 2.32%;其中工程咨询完成合同额 200.96 亿元,与上年 201.85 亿元相比,减少(增加)了 0.89 亿元,减少了 0.44%。

工程承包:工程承包完成合同额合计 10645.41 亿元,与上年 10434.41 亿元相比,增加 211 亿元,增长了 2.02%。

境外工程:境外工程完成合同额合计 870.27 亿元,与上年 876.69 亿元相比,减少(增加)6.42 亿元,减少(增长)了 0.73%。

2013 年工程勘察设计行业完成各类合同额构成如图 7-2-37 所示。

二、2013年建筑业发展统计分析

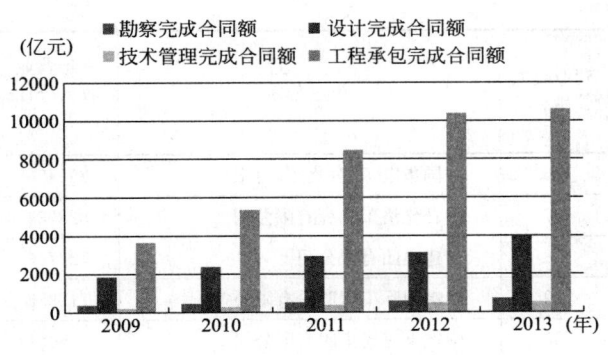

图 7-2-37 2013年工程勘察设计行业完成各类合同额构成

企业营业收入状况:2013年全国勘察设计企业全年营业收入总计21409.81亿元,与上年16170.63亿元相比,增加5239.18亿元,增长了32.40%。近5年工程勘察设计行业全年营业收入发展情况如图7-2-38所示。

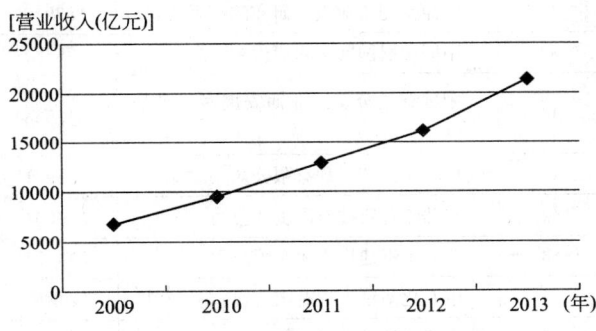

图 7-2-38 近5年工程勘察设计行业全年营业收入发展情况

其中:工程勘察收入687.30亿元,占营业收入的3.9%,与上年629.12亿元相比,增加了9.25%。其中,境外工程勘察收入为17.17亿元,占工程勘察收入的2.5%。工程设计收入3057.70亿元,占营业收入的14.28%,与上年2785.49亿元相比,增长了9.77%。其中,境外工程设计收入为73.62亿元,占工程设计收入的2.41%。工程技术管理服务收入370.82亿元,占营业收入的1.73%,与上年370.91亿元相比,减少了0.03%。其中,境外工程技术管理服务收入11.33亿元,占工程技术管理服务收入的3.06%。工程承包收入8798.22亿元,占营业收入的41.1%,与上年10751.81亿元相比,减少了18.17%。其中,境外工程承包收入558.86亿元,占工程承包收入的6.35%。

近5年工程勘察设计行业营业收入分类发展情况及2013年工程勘察设计行业营业收入分布情况分别如图7-2-39和图7-2-40所示。

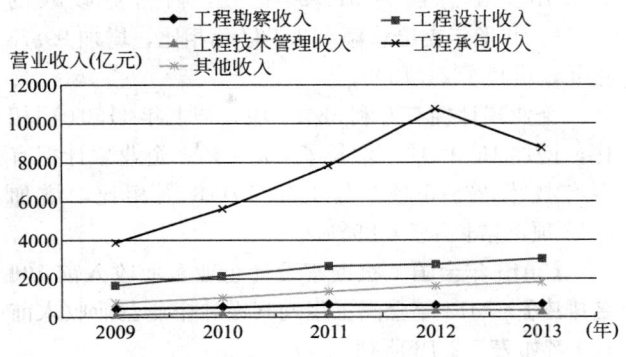

图 7-2-39 近5年工程勘察设计行业营业收入分类发展情况

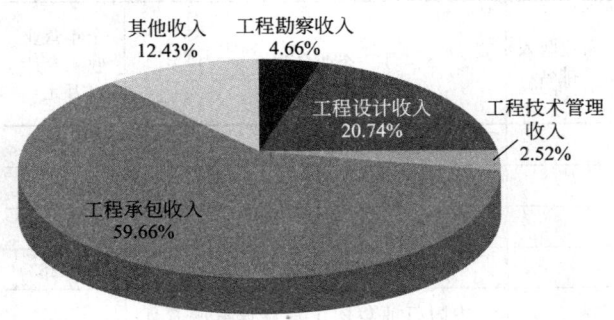

图 7-2-40 2013年工程勘察设计行业营业收入分布情况

人均营业收入情况:2013年勘察设计行业人均营业收入88万元,与上年76万元相比,增长15.79%。近5年工程勘察设计行业人均营业收入发展情况如图7-2-41所示。

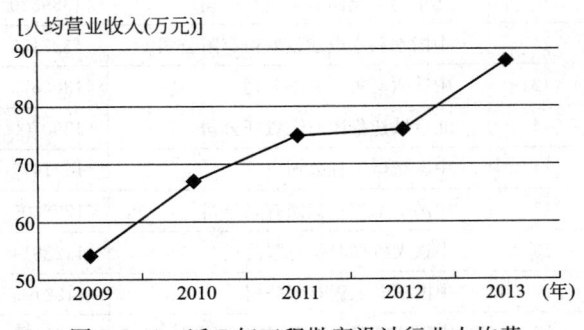

图 7-2-41 近5年工程勘察设计行业人均营业收入发展情况

利润及所得税情况:勘察设计行业全年利润总额1408.48亿元,与上年1195.93亿元相比,增长了17.77%;应交所得税264.59亿元,与上年254.82亿元相比,增长了3.83%。勘察设计行业企业净利润1145.89亿元,与上年950.11亿元相比,增长了20.6%。

【科技活动状况】 2013年勘察设计行业科技活动费用支出总额为513.28亿元，占营业收入的2.4%；与上年支出总额413.5亿元相比，增加99.78亿元，增长了24.13%。

企业累计拥有专利58491项，与上年41501项相比，增加16990项，增长了40.94%；企业累计拥有专有技术23876项，与上年19118项相比，增加4758项，增长了24.89%。

【2013年全国工程勘察设计企业营业收入前100名排序】 2013年全国工程勘察设计企业营业收入前100名如表7-2-18所列。

2013年全国工程勘察设计企业营业收入前100名

表7-2-18

营业收入排名	企业名称	全年营业收入合计（万元）
1	中天建设集团有限公司	4404545
2	中交第二航务工程局有限公司	3068600
3	中铁建工集团有限公司	2198023
4	中国石油工程建设公司	1904263
5	中国石油集团工程设计有限责任公司	1834622
6	中国新兴建设开发总公司	1774057
7	中建二局第三建筑工程有限公司	1716902
8	中铁电气化局集团有限公司	1695546
9	中铁十五局集团有限公司	1372388
10	北京建工集团有限责任公司	1339320
11	中国水利水电建设股份有限公司	1327175
12	中铁六局集团有限公司	1306579
13	北京城建集团有限责任公司	1290700
14	中国寰球工程公司	1221477
15	中国土木工程集团有限公司	1209005
16	中铁大桥局股份有限公司	1128814
17	中国核电工程有限公司	1120109
18	中国建筑第六工程局有限公司	1069154
19	中国石化工程建设有限公司	1011828
20	上海建工一建集团有限公司	1001536
21	上海建工二建集团有限公司	994683
22	中国核工业华兴建设有限公司	975052
23	中冶京诚工程技术有限公司	962674
24	广东省长大公路工程有限公司	953236
25	上海隧道工程股份有限公司	952031

续表

营业收入排名	企业名称	全年营业收入合计（万元）
26	中国华电工程（集团）有限公司	892496
27	中石化洛阳工程有限公司	828784
28	烟建集团有限公司	722740
29	中铝国际工程股份有限公司	712332
30	中铁十三局集团有限公司	705621
31	中国中铁航空港建设集团有限公司	698921
32	中冶南方工程技术有限公司	696352
33	中国建材国际工程集团有限公司	681910
34	中国航空规划建设发展有限公司	655932
35	中国天辰工程有限公司	638160
36	中国成达工程有限公司	617350
37	中铁二院工程集团有限责任公司	607164
38	天津水泥工业设计研究院有限公司	582949
39	中国中材国际工程股份有限公司	575684
40	中国有色金属工业西安勘察设计研究院	543558
41	中石化宁波工程有限公司	538961
42	华陆工程科技有限责任公司	536603
43	北京首钢建设集团有限公司	533372
44	中石化南京工程有限公司	524315
45	中国建筑科学研究院	516476
46	泛华建设集团有限公司	512722
47	山东电力工程咨询院有限公司	482954
48	武汉凯迪电力工程有限公司	476964
49	中国五环工程有限公司	470488
50	中冶焦耐工程技术有限公司	469811
51	中铁第四勘察设计院集团有限公司	442630
52	铁道第三勘察设计院集团有限公司	440160
53	中冶赛迪工程技术股份有限公司	437694
54	北京住总集团有限责任公司	420282
55	中国昆仑工程公司	416572
56	赛鼎工程有限公司	415541
57	中国移动通信集团设计院有限公司	414876
58	中机国能电力工程有限公司	409926
59	中国电力工程顾问集团华北电力设计工程有限公司	408004
60	新疆石油勘察设计研究院（有限公司）	393540

二、2013年建筑业发展统计分析

续表

营业收入排名	企业名称	全年营业收入合计（万元）
61	中石化上海工程有限公司	376956
62	中国能源建设集团广东省电力设计研究院	370710
63	中交第一公路勘察设计研究院有限公司	370139
64	中国水电顾问集团华东勘测设计研究院	365622
65	中铁第一勘察设计院集团有限公司	361301
66	惠生工程（中国）有限公司	356258
67	信息产业电子第十一设计研究院科技工程股份有限公司	355648
68	中国中元国际工程有限公司	349354
69	中冶华天工程技术有限公司	338937
70	浙江省交通工程建设集团有限公司	336293
71	上海市政工程设计研究总院（集团）有限公司	320704
72	中国公路工程咨询集团有限公司	319562
73	中国电力工程顾问集团中南电力设计院	315021
74	华丰建设股份有限公司	306677
75	中国水电顾问集团成都勘测设计研究院有限公司	306019
76	北京首钢国际工程技术有限公司	302481
77	长江勘测规划设计研究有限责任公司	301784
78	中国五洲工程设计集团有限公司	300452
79	中国水电顾问集团中南勘测设计研究院有限公司	300144
80	中油辽河工程有限公司	299186
81	中国京冶工程技术有限公司	297598
82	中国电力工程顾问集团西南电力设计院	297006
83	中国汽车工业工程公司	295744
84	中国水电顾问集团昆明勘测设计研究院有限公司	290150
85	北京全路通信信号研究设计院有限公司	287974
86	中国石油天然气管道工程有限公司	277850

续表

营业收入排名	企业名称	全年营业收入合计（万元）
87	合肥水泥研究设计院	273849
88	中国水电顾问集团西北勘测设计研究院有限公司	273318
89	东华工程科技股份有限公司	271561
90	中国联合工程公司	269453
91	北方工程设计研究院有限公司	268815
92	中国建筑技术集团有限公司	268655
93	北京城建设计发展集团股份有限公司	263246
94	北京韩建集团有限公司	260850
95	中煤西安设计工程有限责任公司	257174
96	成都建筑材料工业设计研究院有限公司	247835
97	机械工业第四设计研究院	247418
98	东风设计研究院有限公司	246798
99	山东省公路建设（集团）有限公司	243025
100	中国电力工程顾问集团西北电力设计院	242807

（住房和城乡建设部建筑市场监管司、哈尔滨工业大学）

（七）2013年房屋市政工程生产安全事故情况通报

【总体情况】 2013年，全国共发生房屋市政工程生产安全事故505起、死亡653人，比上年同期事故起数增加18起、死亡人数增加29人，同比分别增加3.70%和4.65%。2011～2013年事故起数情况和事故死亡人数情况见图7-2-42和图7-2-43。

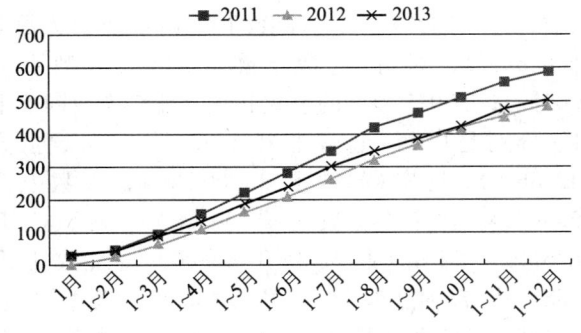

图7-2-42 2011～2013年事故起数情况

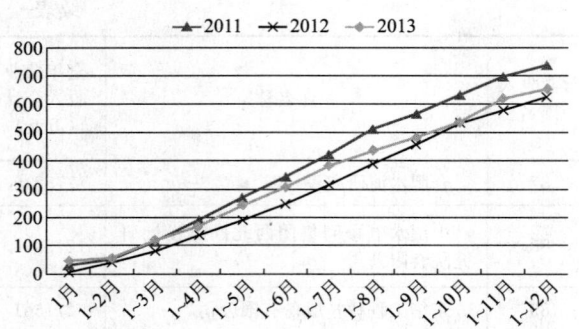

图 7-2-43 2010~2013 年事故死亡人数情况

2013年，全国32个地区均发生了房屋市政工程生产安全事故，但各地不太平衡，有的地方事故比较少，如有9个地区事故起数低于10：福建（9起、16人）、河北（9起、12人）、四川（8起、14人）、山西（7起、14人）、海南（4起、5人）、宁夏（4起、5人）、陕西（3起、7人）、西藏（2起、2人）、新疆生产建设兵团（2起、2人），有的地方事故比较多，如有8个地区事故起数超过20：浙江（42起、50人）、江苏（40起、59人）、广西（32起、34人）、吉林（27起、30人）、重庆（27起、27人）、安徽（26起、37人）、湖北（21起、34人）、广东（21起、22人）。

2013年，全国有10个地区的事故起数和死亡人数同比下降，分别是：陕西（起数下降50.00%、人数下降12.50%）、海南（起数下降50.00%、人数下降37.50%）、福建（起数下降47.06%、人数下降5.88%）、上海（起数下降45.45%、人数下降42.11%）、四川（起数下降42.86%、人数下降6.67%）、云南（起数下降37.04%、人数下降17.24%）、北京（起数下降29.41%、人数下降47.83%）、宁夏（起数下降20.00%、人数下降16.67%）、天津（起数下降7.69%、人数下降18.75%）、浙江（起数下降6.67%、人数下降3.85%）；有3个地区的事故起数同比下降但死亡人数同比上升，分别是：黑龙江（起数下降26.32%、人数上升5.26%）、安徽（起数下降13.33%、人数上升8.82%）、湖南（起数下降6.25%、人数上升5.00%）；有9个地区的事故起数和死亡人数同比上升，分别是广西（起数上升128.57%、人数上升142.86%）、辽宁（起数上升100.00%、人数上升55.56%）、甘肃（起数上升90.00%、人数上升78.57%）、河南（起数上升60.00%、人数上升9.52%）、吉林（起数上升50.00%、人数上升30.43%）、新疆（起数上升41.67%、人数上升23.53%）、山西（起数上升40.00%、人数上升27.27%）、江苏（起数上升33.33%、人数上升43.90%）、青海（起数上升22.22%、人数上升60.00%）、江西（起数上升5.88%、人数上升31.58%）；有5个地区事故起数同比上升但死亡人数同比下降，分别是：重庆（起数上升8.00%、人数下降3.57%）、内蒙古（起数上升8.33%、人数下降6.67%）、广东（起数上升10.53%、人数下降8.33%）、湖北（起数上升16.67%、人数下降20.93%）、河北（起数上升28.57%、人数下降20.00%）。

【较大及以上事故情况】 2013年，全国共发生房屋市政工程生产安全较大及以上事故26起、死亡105人，比上年同期事故起数减少3起、死亡人数减少16人，同比分别下降10.35%和13.22%。2011~2013年较大及以上事故起数情况和较大及以上事故死亡人数情况见图7-2-44和图7-2-45。

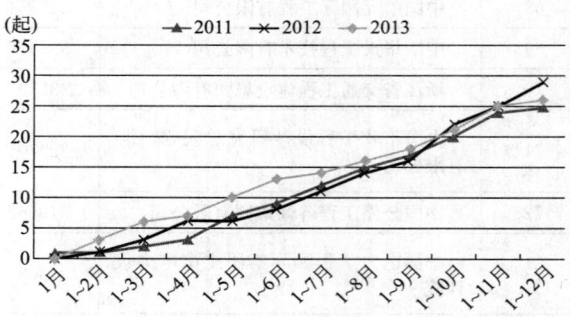

图 7-2-44 2011~2013 年较大及以上事故起数情况

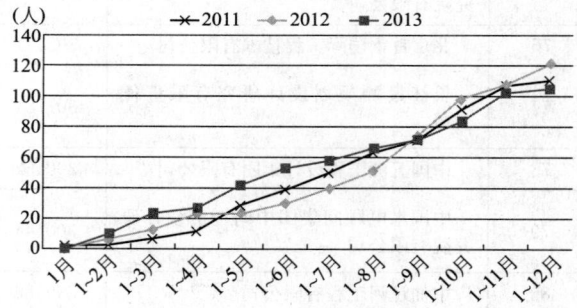

图 7-2-45 2011~2013 年较大及以上事故死亡人数情况

2013年，全国有17个地区发生房屋市政工程生产安全较大及以上事故，其中福建、江苏各发生3起，四川、云南、黑龙江、江西、湖北各发生2起，陕西、青海、上海、安徽、湖南、新疆、河南、甘肃、山西、吉林各发生1起。

【形势综述】 2013年，全国房屋市政工程安全生产形势总体平稳，但事故起数和死亡人数比上年上升，建筑安全生产形势不容乐观。有17个地区发

二、2013年建筑业发展统计分析

生了26起较大事故,其中,模板支撑体系坍塌事故共13起,死亡54人,事故起数和死亡人数分别占较大事故的50.00%和51.43%;其他坍塌事故3起,死亡13人,事故起数和死亡人数分别占较大事故的11.54%和12.38%;起重伤害事故共7起,死亡28人,事故起数和死亡人数分别占较大事故的26.92%和26.67%;坍塌和起重伤害是房屋市政工程领域发生较大及以上事故的重大危险源。部分地区事故频发,较大事故时有发生,尤其是江苏省8至9月份连续发生了3起较大事故,需要引起高度重视。有多家建筑施工企业发生两起及以上建筑生产安全事故,尤其是洪宇建设集团公司在江西德兴市会展中心工程和江西赣州市棚改项目K24地块返迁安置Ⅲ标段工程各发生一起事故,分别造成4人死亡和1人死亡;天颂建设集团有限公司在新疆乌鲁木齐阳光国际公寓工程和浙江温岭耀达国际大酒店工程各发生一起事故,分别造成4人死亡和1人死亡;中太建设集团股份有限公司在福建漳州原石滩度假社区一期道路桥梁工程和河北秦皇岛雅绅鸿居小区2、3号楼商业及地下车库工程各发生一起事故,分别造成3人死亡和1人死亡,给人民生命财产造成了重大损失,产生了不良的社会影响。

各级住房城乡建设部门要严格落实《关于开展建筑施工安全生产专项督查的通知》等文件要求,按照"全覆盖、零容忍、严执法、重实效"的总体要求,严肃认真开展安全生产大检查,全面、深入、细致排查和治理建筑施工安全隐患,加大对重点地区、重点企业、重点项目和重点环节的检查力度,严密防范建筑起重机械、模板坍塌事故,扎实做好建筑安全生产工作,进一步促进全国建筑安全生产形势稳定好转。

【2013年房屋市政工程生产安全事故情况】
2013年房屋市政工程生产安全事故情况如表7-2-19所列。

【2013年房屋市政工程生产安全较大及以上事故情况】 2013年房屋市政工程生产安全较大及以上事故情况如表7-2-20所列。

2013年房屋市政工程生产安全事故情况 表7-2-19

地区	总体情况						较大及以上事故情况					
	事故起数(起)			死亡人数(人)			事故起数(起)			死亡人数(人)		
	2012年	2011年	同期比	2012年	2011年	同期比	2012年	2011年	同期比	2012年	2011年	同期比
合计	505	487	18　3.70%	653	624	29　4.65%	26	29	-3　-10.34%	105	121	-16　-13.22%
北京	12	17	-5　-29.41%	12	23	-11　-47.83%	0	1	-1　-100.00%	0	7	-7　-100.00%
天津	12	13	-1　-7.69%	13	16	-3　-18.75%	0	1	-1　-100.00%	0	3	-3　-100.00%
河北	9	7	2　28.57%	12	15	-3　-20.00%	0	2	-2　-100.00%	0	8	-8　-100.00%
山西	7	5	2　40.00%	14	11	3　27.27%	1	2	-1　-50.00%	5	8	-3　-37.50%
内蒙古	13	12	1　8.33%	14	15	-1　-6.67%	0	1	-1　-100.00%	0	3	-3　-100.00%
辽宁	14	7	7　100.00%	14	9	5　55.56%	0	1	-1　-100.00%	0	3	-3　-100.00%
吉林	27	18	9　50.00%	30	23	7　30.43%	1	2	-1　-50.00%	3	7	-4　-57.14%
黑龙江	14	19	-5　-26.32%	20	19	1　5.26%	2	0	2　/	7	0	7　/
上海	18	33	-15　-45.45%	22	38	-16　-42.11%	1	0	0.00%	5	0	0.00%
江苏	40	30	10　33.33%	59	41	18　43.90%	3	4	-1　-25.00%	11	13	-2　-15.38%
浙江	42	45	-3　-6.67%	50	52	-2　-3.85%	0	1	-1　-100.00%	0	6	-6　-100.00%
安徽	26	30	-4　-13.33%	37	34	3　8.82%	1	1	0.00%	8	3	5　166.67%
福建	9	17	-8　-47.06%	16	17	-1　-5.88%	3	0	3　/	10	0	10　/
江西	18	17	1　5.88%	25	19	6　31.58%	2	1	1　100.00%	7	3	4　133.33%
山东	12	11	1　9.09%	17	17	0.00%	0	1	-1　-100.00%	0	3	-3　-100.00%
河南	16	10	6　60.00%	23	21	2　9.52%	0	1	-1　-100.00%	3	8	-5　-62.50%
湖北	21	18	3　16.67%	34	43	-9　-20.93%	2	3	-1　-33.33%	12	25	-13　-52.00%
湖南	15	16	-1　-6.25%	21	20	1　5.00%	0	0	0.00%	0	0	0.00%
广东	21	19	2　10.53%	22	24	-2　-8.33%	0	1	-1　-100.00%	0	3	-3　-100.00%

续表

地区	总体情况							较大及以上事故情况						
	事故起数（起）			死亡人数（人）				事故起数（起）			死亡人数（人）			
	2012年	2011年	同期比		2012年	2011年	同期比		2012年	2011年	同期比		2012年	2011年	同期比
广西	32	14	18	128.57%	34	14	20	142.86%	0	0	0	/	0	0	0	/
海南	4	8	-4	-50.00%	5	8	-3	-37.50%	0	0	0	/	0	0	0	/
重庆	27	25	2	8.00%	27	28	-1	-3.57%	0	0	0	/	0	0	0	/
四川	8	14	-6	-42.86%	14	15	-1	-6.67%	2	0	2	/	8	0	8	/
贵州	13	11	2	18.18%	16	16	0	0.00%	0	1	-1	-100.00%	0	3	-3	-100.00%
云南	17	27	-10	-37.04%	24	29	-5	-17.24%	2	0	2	/	6	0	6	/
西藏	2	/	/	/	2	/	/	/	0	/	/	/	0	/	/	/
陕西	3	6	-3	-50.00%	7	8	-1	-12.50%	1	0	1	/	5	0	5	/
甘肃	19	10	9	90.00%	25	14	11	78.57%	1	1	0	0.00%	3	4	-1	-25.00%
青海	11	9	2	22.22%	16	10	6	60.00%	1	0	1	/	5	0	5	/
宁夏	4	5	-1	-20.00%	5	6	-1	-16.67%	0	0	0	/	0	0	0	/
新疆	17	12	5	41.67%	21	17	4	23.53%	1	1	0	0.00%	4	3	1	33.33%
新疆兵团	2	2	0	0.00%	2	2	0	0.00%	0	0	0	/	0	0	0	/

2013年房屋市政工程生产安全较大及以上事故情况 表7-2-20

序号	事故名称	死亡人数	建设单位	施工单位	法定代表人	项目经理	监理单位	法定代表人	项目总监
1	安徽安庆桐城市盛源财富广场一期项目工程"3·21"事故	8	安徽盛源集团百货有限公司	安徽省龙达建设集团建筑安装有限公司	华百应	王长发	江苏安鹏建设项目管理有限公司	刘保胜	刘保胜
2	上汽临港产业基地整车分拨中心（VDC）和零部件物流中心（LOC）工程"7·4"事故	5	上海汽车集团股份有限公司	中程建工集团有限公司	边灿才	龙祁	上海建科工程咨询有限公司	陈炳良	叶少帅
3	江苏省常州市武进区横山桥东郡花苑小区工程"8·16"事故	5	常州广嘉置业有限公司	江苏优力建筑工程有限公司	黄建芳	朱国俊	常州市新阳光建设监理有限公司	柳霞	聂元怀
4	湖北省远安县南门安置小区二至四标段工程"5·21"事故	5	远安县凤祥置业有限公司	宜昌市洋坤建筑有限公司	张文明	田长新	远安县安厦监理有限责任公司	刘亚男	胡安剑
5	四川省资阳市雁江区沱三桥工程"5·21"事故	5	资阳市凯利投资有限公司	四川川交路桥有限公司	黄金平	宋辉林	中铁二院监理咨询有限责任公司	叶文林	王玉中
6	陕西省西安市新城区西安地铁三号线TJSG-12标段工程"5·6"事故	5	西安市地下铁道有限公司	北京住总集团有限责任公司	张贵林	赵一	西安铁一院工程咨询监理有限责任公司	周虹	徐建灵
7	福建省福清市松益织带有限公司6号车间工程"6·2"事故	4	福清市松益织带有限公司	福建省龙祥建设集团有限公司	陈德龙	郑炎青	无	无	无

二、2013年建筑业发展统计分析

续表

序号	事故名称	死亡人数	建设单位	施工单位	法定代表人	项目经理	监理单位	法定代表人	项目总监
8	江西上饶德兴市会展及演艺中心工程"2·6"事故	4	德兴市城市建设经营总公司	洪宇建设集团公司	付锋锐	付琳锋	江西省赣建工程建设监理有限公司	余恕国	谢志英
9	新疆维吾尔自治区乌鲁木齐市米东区阳光国际公寓工程"6·23"事故	4	新疆天颂沃德投资有限公司	天颂建设集团有限公司	严守元	颜传国	新疆中厦建设工程项目管理有限公司	李全胜	张成川
10	江苏省盐城市盐都区俊知香槟公馆工程"8·9"事故	3	盐城俊知地产有限公司	无锡市世达建设有限公司	许仲林	庄惠平	盐城市万方工程建设监理有限公司	蒋用	徐洪景
11	江苏省南通市中央商务区B-04地块工程"9·7"事故	3	南通中南新世界中心开发有限公司	南通建筑工程总承包有限公司	陈锦石	施灿磊	南通中房工程建设监理有限公司	丁志义	顾海
12	福建省漳州龙海市原石滩度假社区一期道路、桥梁工程"4·1"事故	3	漳州滕王阁房地产开发有限公司	中太建设集团股份有限公司	李文健	历贤东	无	无	无
13	江西省莲花县新城教育园职高实训楼工程"6·6"事故	3	莲花县教育局	新余市太平洋建筑工程有限公司	罗峰	罗峰	江西恒信工程监理咨询有限公司	何建平	李伏清
14	河南省周口市综合客运总站站务楼工程"2·1"事故	3	周口市豫东汽车场站有限公司	河南省凯达建筑有限公司	王志伟	闫程	北京中建工程顾问有限公司	于吉鹏	杨世敏
15	湖南省长沙市绿地中央广场工程"3·7"事故	3	绿地地产集团长沙置业有限公司	上海绿地建设(集团)有限公司	谈德勤	盛夷林	湖南长顺工程建设监理有限公司	潘祥明	黄劲松
16	云南省文山州水文水资源局文山分局业务办公楼工程"2·4"事故	3	云南省水文水资源局文山分局	四川千艺建筑工程有限公司	万碧	熊殿容	云南大彻监理公司	陈洁	申开绪
17	云南玉溪市澄江县宽澄鼎元二期项目工程"3·30"事故	3	云南宽澄房地产有限责任公司	四汇建设集团有限公司	洪恩新	杨积斌	云南发展建设监理有限公司	钱维基	陈松
18	甘肃省兰州市七里河区南出口综合整治拆迁安置住宅小区工程"9·30"事故	3	兰州城投房地产开发有限公司	中铁二十局集团第六工程有限公司	张文峰	黄玉茹	甘肃西北信诚工程建设监理公司	杜焕洪	李东
19	青海省海西蒙古族藏族自治州大柴旦职工文体活动中心工程"10·12"事故	5	大柴旦行政委员会建设和交通局	浙江中成建工集团有限公司	王永泉	宋国台	青海省工程建设监理有限公司	吴祥福	吴祥福
20	吉林省长春市吉林大学南校区图书信息综合楼工程"10·13"事故	3	吉林大学	吉林省新生建筑工程公司	李耀广	张富在	长春教欣工程建设监理有限公司	顾盛炎	刘长佶

续表

序号	事故名称	死亡人数	建设单位	施工单位	法定代表人	项目经理	监理单位	法定代表人	项目总监
21	10月27日，黑龙江省哈尔滨市鲁商松江新城工程17号楼"10·27"事故	4	哈尔滨鲁商置业有限公司	黑龙江东辉建筑工程有限公司	王立辉	王德才	东北林业大学工程咨询设计研究院有限公司	单炜	曲安斌
22	11月2日，山西省大同市永久建材市场工程"11·2"事故	5	大同市南郊区久盛房地产开发有限公司	大同市深特集团建安有限责任公司	孙文茂	齐佳音	北京中建协工程咨询有限责任公司	郭洪雁	王志东、李高元
23	湖北省襄阳市南漳县金南漳国际大酒店工程"11·20"事故	7	南漳县金南漳国际大酒店有限公司	湖北宏天建筑工程有限公司	余秋成	胡金德	襄阳市大正工程监理有限公司	耿显峰	刘明章
24	福建省长乐市永大纺织有限公司厂区纺丝车间工程"11·22"事故	3	长乐市永大纺织有限公司	福建兆龙建设有限公司	童春花	林加煌	福建华源阳光工程管理有限公司	田进先	李胜武
25	黑龙江省鸡西市北欧印象小区4-7号楼地库"11·23"事故	3	鸡西市锦绣房地产开发公司	鸡西巨工建筑工程有限公司	黄朝辉	刘利军	鸡西市致诚监理公司	孙革	潘一凡
26	四川省成都市崇州中铁汉嘉御景三期工程"11·24"事故	3	成都中铁正和置业有限公司	成都倍特建筑安装工程有限公司	张仪	明涛	成都崇平工程管理有限公司	任敏	王进军

（住房和城乡建设部质量安全司　哈尔滨工业大学）

（八）入选国际承包商250强的中国内地企业

美国《工程新闻记录》(ENR)杂志2014年9月发布了2014年度国际承包商排行榜。2014年度进入国际承包商250强榜单中的中国内地企业共有62家，具体如表7-2-21所列。

2014年入选国际承包商250强的中国内地企业

表7-2-21

序号	公司名称	2014年度排名	2013年度排名	海外市场收入（万美元）
1	中国交通建设股份有限公司	9	10	13162.5
2	中国建筑工程总公司	20	24	5742.7
3	中国水利水电建设股份有限公司	23	20	5314.4
4	中国机械工业集团公司	25	25	5288.9
5	中国中铁股份有限公司	28	34	4766.9
6	中国铁建股份有限公司	39	53	3486.0
7	中信建设有限责任公司	46	43	2830.9
8	中国葛洲坝集团股份有限公司	51	56	2532.7
9	山东电力建设第三工程公司	58	54	2356.3

续表

序号	公司名称	2014年度排名	2013年度排名	海外市场收入（万美元）
10	中国石油天然气管道局	63	98	2114.0
11	上海电气集团股份有限公司	64	72	2105.5
12	中国冶金科工集团有限公司	68	51	1945.0
13	中国土木工程集团有限公司	71	71	1879.5
14	中国石油工程建设公司	76	84	1576.6
15	东方电气股份有限公司	79	92	1480.4
16	中国化学工程集团公司	82	82	1315.5
17	中国水利电力对外公司	84	86	1266.2
18	中国通用技术（集团）控股有限责任公司	85	81	1123.6
19	中国石化工程建设有限公司	89	91	1153.2
20	中地海外建设集团有限公司	93	89	1057.5
21	青建集团股份公司	98	95	945.0
22	山东电力基本建设总公司	102	61	900.8
23	中国万宝工程集团	104	＊＊	843.6

续表

序号	公司名称	2014年度排名	2013年度排名	海外市场收入（万美元）
24	沈阳远大铝业工程有限公司	115	**	713.5
25	中国地质工程集团公司	124	110	588.6
26	中国江苏国际经济技术合作公司	126	122	563.3
27	北京建工集团有限责任公司	128	133	558.8
28	上海建工集团	129	96	550.7
29	新疆兵团建设工程（集团）有限责任公司	130	138	548.2
30	安徽建工集团有限公司	133	151	537.8
31	中国石油集团工程设计有限责任公司	136	155	533.8
32	中原石油工程有限公司	137	116	528.9
33	中国江西国际经济技术合作公司	139	157	519.2
34	中国河南国际合作集团有限公司	140	147	517.6
35	中钢设备有限公司	147	185	467.6
36	中国大连国际经济技术合作集团有限公司	148	137	465.4
37	中国中原对外工程有限公司	149	161	460.3
38	江西中煤建设集团有限公司	154	164	435.4
39	安徽省外经建设（集团）有限公司	158	**	400.3
40	威海国际经济技术合作股份有限公司	164	209	360.6
41	云南建工集团有限公司	166	169	350.2
42	中鼎国际工程有限公司	167	183	347.2
43	中国武夷实业股份有限公司	170	172	338.7
44	江苏南通三建集团股份有限公司	171	197	334.2
45	中国电子进出口总公司	174	**	327.8
46	江苏中信建设集团有限公司	175	199	327.2
47	浙江省建设投资集团有限公司	180	205	311.0
48	南通建工集团股份有限公司	196	195	262.2
49	大庆油田建设集团有限责任公司	201	149	237.8
50	中国甘肃国际经济技术合作总公司	204	**	231.3
51	中石化胜利油田石油工程技术服务有限责任公司	207	**	224.1
52	烟建集团有限公司	210	216	219.6
53	北京城建集团	214	**	210.8
54	中国成套设备进出口（集团）总公司	216	235	201.7

续表

序号	公司名称	2014年度排名	2013年度排名	海外市场收入（万美元）
55	烟台国际经济技术合作集团有限公司	221	**	194.3
56	重庆对外建设（集团）有限公司	222	227	192.1
57	中国能源建设集团天津电力建设公司	229	**	173.0
58	北京住总集团有限公司	233	**	161.1
59	中国寰球工程公司	238	186	146.3
60	中国沈阳国际经济技术合作有限公司	240	230	142.8
61	江苏南通六建设集团有限公司	243	211	133.0
62	中国有色金属建设股份有限公司	244	**	131.3

＊＊表示未进入2013年度250强排行榜

（哈尔滨工业大学）

（九）入选全球承包商250强的中国内地企业

美国《工程新闻记录》（ENR）杂志2014年9月发布了2014年度全球承包商排行榜。

2014年度进入全球承包商250强榜单中的中国内地企业共有48家，具体如表7-2-22所列。

入选2014年度全球承包商250强的中国内地企业

表7-2-22

序号	公司名称	2014年度排名	2013年度排名	营业收入（百万美元）
1	中国建筑工程总公司	1	3	97870.2
2	中国铁建股份有限公司	2	1	96195.0
3	中国中铁股份有限公司	3	2	88944.0
4	中国交通建设集团有限公司	4	6	54181.7
5	中国冶金科工集团公司	10	9	27256.3
6	上海建工集团股份有限公司	11	13	24820.1
7	中国水利水电建设集团公司	14	14	20674.7
8	中国化学工程集团公司	32	36	10119.2
9	中国葛洲坝集团股份有限公司	37	42	8921.7
10	浙江省建设投资集团有限公司	39	48	8908.3
11	北京城建集团	46	**	7431.0
12	青建集团股份公司	47	52	7359.0
13	东方电气集团股份有限公司	49	45	7302.5
14	云南建工集团有限公司	50	51	7291.6

续表

序号	公司名称	2014年度排名	2013年度排名	营业收入（百万美元）
15	中国石化工程公司	51	61	7146.6
16	安徽建工集团有限公司	53	54	7016.8
17	北京建工集团有限责任公司	54	49	6879.6
18	江苏南通三建集团有限公司	57	57	5979.4
19	江苏中南建设集团股份有限公司	58	**	5933.2
20	中国机械工业集团有限公司	59	55	5789.8
21	中国通用技术（集团）控股有限责任公司	67	67	4693.1
22	中国石油天然气管道局	82	75	4032.0
23	中国寰球工程公司	89	95	3319.1
24	中石化胜利油田石油工程技术服务有限责任公司	91	**	3269.7
25	中信建设有限责任公司	94	100	3156.6
26	新疆生产建设兵团	97	105	3156.6
27	中国石油工程建设（集团）公司	101	115	3004.3
28	上海电气集团股份有限公司	102	136	2998.3
29	江苏南通六建设集团有限公司	106	108	2751.9
30	山东电力建设第三工程公司	112	121	2587.4
31	中国石油集团工程设计有限责任公司	113	125	2550.6
32	大庆油田建设集团	117	99	2333.8
33	山东电力基本建设总公司	132	91	2033.7
34	江苏中兴建设有限公司	137	171	2033.7
35	南通建工集团股份有限公司	139	141	1974.5
36	中钢设备有限公司	140	188	1972.4
37	中原石油工程有限公司	141	109	1972.3
38	中国土木工程集团公司	142	149	1968.5
39	中国武夷实业股份有限公司	145	169	1968.5
40	中国江苏国际经济技术合作公司	146	155	1853.5
41	沈阳远大铝业工程有限公司	154	**	1767.8
42	中国电力工程顾问集团公司	156	159	1735.3
43	烟建集团有限公司	168	191	1433.0
44	中国水利电力对外公司	177	184	1294.0
45	中地海外建设集团有限公司	195	195	1068.0
46	中国能源建设集团天津电力建设公司	210	**	914.1
47	中国地质工程集团公司	216	206	880.6
48	中国万宝工程有限公司	222	**	843.6

**表示本年度未进入250强排行榜

（哈尔滨工业大学）

（十）2013年我国对外承包工程业务完成额和新签合同额前50家企业

【2013年我国对外承包工程业务完成营业额前50家企业】 根据国家商务部的有关统计分析报告，2013年我国对外承包工程业务完成营业额前50家企业如表7-2-23所列。

2013年我国对外承包工程业务完成营业额前50家企业

表 7-2-23

序号	企业名称	完成营业额（万美元）
1	中兴通讯股份有限公司	1,300,295
2	华为技术有限公司	917,468
3	中国建筑工程总公司	574,267
4	中国水利水电建设股份有限公司	531,436
5	中国港湾工程有限责任公司	339,108
6	中信建设有限责任公司	283,092
7	上海振华重工（集团）股份有限公司	271,648
8	中国葛洲坝集团股份有限公司	241,212
9	中国路桥工程有限责任公司	223,026
10	山东电力建设第三工程公司	217,042
11	中国机械设备工程股份有限公司	212,477
12	上海电气集团股份有限公司	210,547
13	中国石油天然气管道局	198,827
14	中国石油工程建设公司	185,655
15	中国土木工程集团有限公司	172,366
16	中国石油集团川庆钻探工程有限公司	171,030
17	中国石油集团长城钻探工程有限公司	169,640
18	中国石油集团东方地球物理勘探有限责任公司	143,054
19	中国水利电力对外公司	126,622
20	中工国际工程股份有限公司	106,636
21	中地海外建设集团有限公司	105,745
22	东方电气股份有限公司	100,822
23	青建集团股份有限公司	94,506
24	上海贝尔股份有限公司	90,694
25	中国电力工程有限公司	84,485
26	国家电网公司	82,557
27	山东电力基本建设总公司	80,079
28	中国中铁股份有限公司	76,977
29	中石化炼化工程（集团）股份有限公司	72,024
30	沈阳远大铝业工程有限公司	71,865

二、2013年建筑业发展统计分析

续表

序号	企业名称	完成营业额（万美元）
31	中铁四局集团有限公司	71,214
32	中国石油集团工程设计有限责任公司	68,137
33	北方国际合作股份有限公司	65,409
34	中国机械进出口(集团)有限公司	61,192
35	中铁二局集团有限公司	54,867
36	安徽建工集团有限公司	53,780
37	中国交通建设股份有限公司	53,746
38	中国地质工程集团公司	53,332
39	中石化中原石油工程有限公司	52,894
40	特变电工股份有限公司	52,600
41	中国江西国际经济技术合作公司	51,919
42	中国河南国际合作集团有限公司	51,759
43	中国技术进出口总公司	50,652
44	中国石油集团西部钻探工程有限公司	49,023
45	东方电气集团国际合作有限公司	47,214
46	中国大连国际经济技术合作集团有限公司	46,540
47	北京建工集团有限责任公司	46,421
48	中国中原对外工程有限公司	46,027
49	中海油田服务股份有限公司	44,388
50	新疆生产建设兵团建设工程(集团)有限责任公司	43,080

（哈尔滨工业大学）

【2013年我国对外承包工程业务新签合同额前50家企业】 根据国家商务部的有关统计分析报告，2013年我国对外承包工程业务新签合同额前50家企业如表7-2-24所列。

2013年我国对外承包工程业务新签合同额前50家企业

表 7-2-24

序号	企业名称	新签合同额（万美元）
1	华为技术有限公司	1,386,919
2	中国建筑工程总公司	1,117,223
3	中兴通讯股份有限公司	900,016
4	中国水利水电建设股份有限公司	896,656
5	中国葛洲坝集团股份有限公司	823,028
6	中国港湾工程有限责任公司	600,188
7	中国土木工程集团有限公司	489,297
8	中国交通建设股份有限公司	478,311

续表

序号	企业名称	新签合同额（万美元）
9	上海振华重工(集团)股份有限公司	352,503
10	中国石化集团国际石油工程有限公司	348,439
11	中国路桥工程有限责任公司	245,610
12	中国机械设备工程股份有限公司	234,226
13	中国石油集团工程设计有限责任公司	227,672
14	中地海外建设集团有限公司	212,713
15	中国石油集团长城钻探工程有限公司	208,696
16	中国水利电力对外公司	181,590
17	山东电力建设第三工程公司	168,941
18	中国石油天然气管道局	166,913
19	中国石油工程建设公司	158,242
20	中国寰球工程公司	150,397
21	中国石油集团东方地球物理勘探有限责任公司	144,284
22	中国水电工程顾问集团有限公司	132,027
23	天元建设集团有限公司	125,800
24	中工国际工程股份有限公司	124,145
25	中国中材国际工程股份有限公司	117,851
26	威海国际经济技术合作股份有限公司	109,809
27	天津水泥工业设计研究院有限公司	106,151
28	中铁国际经济合作有限公司	102,882
29	安徽省外经建设(集团)有限公司	100,522
30	中国江西国际经济技术合作公司	100,508
31	中信建设有限责任公司	98,452
32	上海贝尔股份有限公司	91,565
33	北方国际合作股份有限公司	85,977
34	中国冶金科工集团有限公司	85,209
35	中国江苏国际经济技术合作集团有限公司	82,736
36	保利科技有限公司	80,800
37	上海建工集团股份有限公司	79,758
38	中钢设备有限公司	75,086
39	浙江省建设投资集团有限公司	72,866
40	山东电建铁军电力工程有限公司	71,449
41	北京建工集团有限责任公司	68,564
42	中材建设有限公司	66,241
43	沈阳远大铝业工程有限公司	65,902
44	中铁建工集团有限公司	65,871
45	云南路桥股份有限公司	65,137

续表

序号	企业名称	新签合同额（万美元）
46	中国河南国际合作集团有限公司	63,318
47	中国技术进出口总公司	62,934
48	中国大连国际经济技术合作集团有限公司	60,589
49	中石化胜利建设工程有限公司	59,293
50	中国联合工程公司	58,917

(哈尔滨工业大学)

(十一) 2014 中国 500 强企业中的建筑业企业

根据中国企业联合会 2014 年 9 月公布的 2014 中国企业 500 强年度排行榜，共有 46 家建筑业企业入选 2014 中国企业 500 强，比上年增加 2 家。上年上榜的 44 家企业中，2014 年 43 家仍然榜上有名。这 43 家企业中，有 23 家的位次有所上升，19 家的位次有所下降，1 家的位次与上年持平。太平洋建设集团有限公司、河北建设集团有限公司和江西省建工集团有限责任公司 3 家企业新入榜。具体如表 7-2-25 所列。

入选 2014 中国企业 500 强年度排行榜的建筑业企业

表 7-2-25

序号	中国企业500强名次 2014	中国企业500强名次 2013	企业名称	营业收入（万元）
1	7	9	中国建筑股份有限公司	68104799
2	11	11	中国铁道建筑总公司	58869123
3	13	12	中国中铁股份有限公司	56044417
4	27	**	太平洋建设集团有限公司	36658252
5	32	29	中国交通建设集团有限公司	33576370
6	57	52	中国电力建设集团有限公司	22630455
7	67	40	中国冶金科工集团有限公司	20718777
8	95	94	中国能源建设集团有限公司	15843876
9	130	137	上海建工集团股份有限公司	10203605
10	152	150	广厦控股有限公司	9078628
11	200	203	中国化学工程股份有限公司	6172770
12	220	238	广西建工集团有限责任公司	5411966
13	228	236	上海城建(集团)公司	5225000
14	231	258	陕西建工集团总公司	5121945
15	241	252	中天发展控股集团有限公司	5016315
16	242	219	重庆建工投资控股有限责任公司	5000065
17	244	270	江苏南通三建集团有限公司	4956966
18	246	239	四川华西集团有限公司	4887600
19	252	256	浙江省建设投资集团有限公司	4789850
20	261	290	青建集团股份有限公司	4577476
21	274	293	中南控股集团有限公司	4344719
22	284	281	北京城建集团有限责任公司	4152774
23	292	291	广州市建筑集团有限公司	4040336
24	295	318	云南建工集团有限公司	4017477
25	297	277	中太建设集团股份有限公司	400508
26	298	292	湖南省建筑工程集团总公司	4004835
27	308	406	江苏南通二建集团有限公司	3852631
28	332	436	江苏省苏中建设集团股份有限公司	3510523
29	344	347	北京建工集团有限责任公司	3386659
30	358	359	浙江中成控股集团有限公司	3280045
31	359	409	甘肃省建设投资(控股)集团总公司	3219198
32	363	353	成都建筑工程集团总公司	3187267
33	370	360	北京市政路桥集团有限公司	3111474
34	373	381	安徽建工集团有限公司	3099769
35	393	398	山西建筑工程(集团)总公司	2947031
36	401	400	浙江昆仑控股集团有限公司	2861083
37	405	413	河北建工集团有限责任公司	2833695
38	436	441	浙江八达建设集团有限公司	2683674
39	445	414	四川公路桥梁建设集团有限公司	2651219
40	450	447	河北建设集团有限公司	2624965
41	458	**	山河建设集团有限公司	2562963
42	461	426	广东省建筑工程集团有限公司	2553369
43	462	483	浙江宝业建设集团有限公司	2536892
44	465	428	天津市建工集团(控股)有限公司	2532254
45	471	**	江西省建工集团有限责任公司	2481544
46	485	487	北京住总集团有限责任公司	2400787

数据来源：2014 年中国 500 强企业发展报告，**表示相应年度未入榜。

(哈尔滨工业大学)

(十二) 2014年"世界500强"中的中国建筑业企业

根据美国《财富》杂志2014年7月发布的2013年度"世界500强"企业最新排名,共有9家中国建筑业企业入选2013"世界500强"排行榜,比上年增加了3家。上年入选的企业本年度悉数入选。具体如表7-2-26所列。上年入选的这6家企业中,有5家的位次上升,中国建筑股份有限公司由上年的80名上升到52名,1家的位次较上年有所下降。

入选2014"世界500强"年度排行榜的中国建筑业企业

表 7-2-26

序号	世界500强名次		企业名称	营业收入（百万美元）	利润（百万美元）
	2014	2013			
1	52	80	中国建筑股份有限公司	110811.6	1853.2
2	80	100	中国铁道建筑总公司	95746.8	986.5
3	86	102	中国中铁股份有限公司	91152.6	1524.7
4	166	＊＊	太平洋建设集团	59622.2	2772.6
5	187	213	中国交通建设集团有限公司	54609.8	54609.8
6	313	354	中国电力建设集团有限公司	36806.9	832.8
7	354	302	中国冶金科工集团有限公司	33697.7	－754.4
8	465	＊＊	中国能源建设集团有限公司	25769.0	256.4
9	469	＊＊	中国通用技术（集团）控股有限责任公司	25702.0	446.7

＊＊表示本年度未进入世界500强排行榜

（哈尔滨工业大学）

(十三) 2013年度中国建筑业双百强企业

为引导和促进建筑业企业科学发展,树立企业品牌,中国建筑业协会研究决定,2014年继续开展2013年度中国建筑业双百强企业评价工作(包括中国建筑业竞争力百强企业评价和中国建筑业成长性百强企业评价,简称:竞争力百强评价和成长性百强评价)。经评价确定的2013年度中国建筑业竞争力百强企业排行榜和2013年度中国建筑业成长性百强企业排行榜分别如表7-2-27和表7-2-28所列。

2013年度中国建筑业竞争力百强企业排行榜

表 7-2-27

排名		企业名称	推荐单位	资质等级	位次变化
2013年度	2012年度				
1	1	中建三局集团有限公司	湖北	特级	0
2	2	中国建筑第二工程局有限公司	中建总公司	特级	0
3	4	中国建筑第五工程局有限公司	湖南	特级	1
4	14	广东省建筑工程集团有限公司	广东	特级	10
5	12	中国建筑第七工程局有限公司	中建总公司	特级	7
6	7	中铁四局集团有限公司	安徽	特级	1
7	6	中国建筑第四工程局有限公司	广东	特级	－1
8	9	陕西建工集团总公司	陕西	特级	1
9	8	重庆建工投资控股有限责任公司	重庆	特级	－1
10	13	广西建工集团有限责任公司	广西	特级	3
11	10	北京建工集团有限责任公司	北京	特级	－1
12	11	中天建设集团有限公司	浙江	特级	－1
13	17	山西建筑工程（集团）总公司	山西	特级	4
14	16	湖南省建筑工程集团总公司	湖南	特级	2
15	34	江苏南通三建集团有限公司	江苏	特级	19
16	18	中交第一航务工程局有限公司	水运	特级	2
17	15	江苏南通二建集团有限公司	江苏	特级	－2
18	19	广州建筑股份有限公司	广东	特级	1
19	＊＊	江苏江都建设集团有限公司	江苏	特级	
20	20	安徽建工集团有限公司	安徽	特级	0
21	＊＊	中太建设集团股份有限公司	河北	特级	
22	21	苏州金螳螂企业（集团）有限公司	江苏	一级	－1

续表

排名 2013年度	排名 2012年度	企业名称	推荐单位	资质等级	位次变化
23	**	中铁十六局集团有限公司	铁道协会	特级	
24	**	中国建筑第六工程局有限公司	天津	特级	
25	24	江苏省苏中建设集团股份有限公司	江苏	特级	−1
26	27	江苏省华建建设股份有限公司	江苏	特级	1
27	29	甘肃省建设投资(控股)集团总公司	甘肃	特级	2
28	**	龙元建设集团股份有限公司	浙江	特级	
29	39	南通四建集团有限公司	江苏	特级	10
30	58	山河建设集团有限公司	湖北	特级	28
31	31	河南国基建设集团有限公司	河南	特级	0
32	**	中国水利水电第七工程局有限公司	四川	特级	
33	41	新疆生产建设兵团建设工程有限公司	新疆	一级	8
34	47	中国水利水电第十四工程局有限公司	云南	特级	13
35	**	中铁十四局集团有限公司	中铁建协会	特级	
36	**	中国水利水电第八工程局有限公司	湖南	特级	
37	30	中国一冶集团有限公司	冶金	一级	−7
38	23	成都建筑工程集团总公司	四川	特级	−15
39	35	中国五冶集团有限公司	四川	特级	−4
40	43	上海宝冶集团有限公司	冶金	特级	3
41	37	江苏省建筑工程集团有限公司	江苏	一级	−4
42	42	天津住宅集团建设工程总承包有限公司	天津	一级	0
43	33	中交上海航道局有限公司	水运	特级	−10
44	44	中交天津航道局有限公司	水运	特级	0
45	32	中煤矿山建设集团有限责任公司	安徽	特级	−13
46	**	中国水利水电第四工程局有限公司	青海	特级	
47	38	中冶天工集团有限公司	冶金	一级	−9
48	36	中国二十二冶集团有限公司	冶金	一级	−12
49	**	河北建工集团有限责任公司	河北	特级	
50	**	江苏省建工集团有限公司	江苏	特级	
51	**	中电建路桥集团有限公司	中国电建	特级	
52	49	安徽省外经建设(集团)有限公司	安徽	一级	−3
53	54	中国十五冶金建设集团有限公司	有色	特级	1
54	40	中国核工业华兴建设有限公司	核工业	特级	−14
55	53	通州建总集团有限公司	江苏	特级	−2
56	61	中国江苏国际经济技术合作集团有限公司	江苏	一级	5
57	52	浙江宝业建设集团有限公司	浙江	特级	−5
58	**	中亿丰建设集团股份有限公司	江苏	特级	
59	56	龙信建设集团有限公司	江苏	特级	−3
60	**	中国新兴建设开发总公司	北京	特级	
61	67	江苏邗建集团有限公司	江苏	一级	6
62	57	江苏省金陵建工集团有限公司	江苏	特级	−5
63	63	中国十七冶集团有限公司	冶金	特级	0
64	**	中国水利水电第十三工程局有限公司	电力	一级	
65	**	中建安装工程有限公司	江苏	一级	
66	**	中国水利水电第三工程局有限公司	电力	特级	
67	73	上海建工四建集团有限公司	上海	特级	6
68	51	福建建工集团总公司	福建	特级	−17

二、2013年建筑业发展统计分析

续表

排名 2013年度	排名 2012年度	企业名称	推荐单位	资质等级	位次变化
69	64	浙江勤业建工集团有限公司	浙江	特级	-5
70	83	南通华新建工集团有限公司	江苏	特级	13
71	**	宁波建工股份有限公司	浙江	特级	
72	**	浙江舜江建设集团有限公司	浙江	特级	
73	71	黑龙江省建工集团有限责任公司	黑龙江	特级	-2
74	59	浙江省建工集团有限责任公司	浙江	特级	-15
75	62	上海建工一建集团有限公司	上海	特级	-13
76	74	正太集团有限公司	江苏	特级	-2
77	60	浙江海天建设集团有限公司	浙江会	特级	-17
78	65	江苏南通六建建设集团有限公司	江苏	特级	-13
79	72	中冶建工集团有限公司	冶金	特级	-7
80	66	江苏江中集团有限公司	江苏	特级	-14
81	69	南京宏亚建设集团有限公司	江苏	一级	-12
82	77	上海建工七建集团有限公司	上海	特级	-5
83	**	五洋建设集团股份有限公司	浙江	特级	
84	**	山东万鑫建设有限公司	山东	特级	
85	**	大元建业集团有限公司	河北	一级	
86	95	中兴建设有限公司	江苏	特级	9
87	85	江苏省盐阜建设集团有限公司	江苏	一级	-2
88	81	南通建工集团有限公司	江苏	特级	-7
89	87	上海建工五建集团有限公司	上海	特级	-2
90	96	山东新城建工股份有限公司	山东	特级	6

续表

排名 2013年度	排名 2012年度	企业名称	推荐单位	资质等级	位次变化
91	70	北京市政建设集团有限责任公司	北京	特级	-21
92	48	新八建设集团有限公司	湖北	特级	-44
93	**	中国水利水电第五工程局有限公司	四川	特级	
94	90	浙江中南建设集团有限公司	浙江	特级	-4
95	**	泰宏建设发展有限公司	河南	特级	
96	79	中建八局第三建设有限公司	江苏	特级	-17
97	94	中化二建集团有限公司	化工	一级	-3
98	**	华太建设集团有限公司	浙江	一级	
99	88	江苏弘盛建设工程集团有限公司	江苏	特级	-11
100	82	烟建集团有限公司	山东	特级	-18

注：**表示该年度未上榜或未参加评价；括号中的数字为2011年度中国建筑业成长性百强企业排行榜中的位次。

2013年度中国建筑业成长性百强企业排行榜

表 7-2-28

排名 2013年度	排名 2012年度	企业名称	推荐单位	资质等级	位次变化
1	1	中建三局第二建设工程有限责任公司	湖北	一级	0
2	6	山东兴润建设有限公司	山东	一级	4
3	**	山西四建集团有限公司	山西	一级	
4	**	安徽水利开发股份有限公司	安徽	一级	
5	**	湖南省西湖建筑集团有限公司	湖南	一级	
6	**	发达控股集团有限公司	江西	一级	
7	13	安徽三建工程有限公司	安徽	一级	6
8	10	江苏省江建集团有限公司	江苏	一级	2
9	8	江苏金土木建设集团有限公司	江苏	一级	-1
10	11	陕西建工第五建设集团有限公司	陕西	一级	1
11	**	浙江宝盛建设集团有限公司	浙江	一级	

续表

排名 2013年度	排名 2012年度	企业名称	推荐单位	资质等级	位次变化
12	15	浙江天工建设集团有限公司	浙江	一级	3
13	**	山东电力建设第三工程公司	电力	一级	
14	17	浙江鸿翔建设集团有限公司	浙江	一级	3
15	**	汕头市达濠市政建设有限公司	广东	一级	
16	**	中冶宝钢技术服务有限公司	冶金	一级	
17	28	南通市达欣工程股份有限公司	江苏	一级	11
18	16	陕西建工第一建设集团有限公司	陕西	一级	-2
19	22	海通建设集团有限公司	江苏	一级	3
20	58	陕西建工安装集团有限公司	陕西	一级	38
21	27	安徽湖滨建设集团有限公司	安徽	一级	6
22	**	中石化第十建设有限公司	石化	一级	
23	18	济南四建(集团)有限责任公司	山东	一级	-5
24	98	湖南省衡洲建设有限公司	湖南	一级	74
25	34	标力建设集团有限公司	浙江	一级	9
26	49	南通卓强建设集团有限公司	江苏	一级	23
27	21	山东聊建集团有限公司	山东	一级	-6
28	**	湖南省沙坪建筑有限公司	湖南	一级	
29	**	宿迁华夏建设(集团)工程有限公司	江苏	一级	
30	31	常州第一建筑集团有限公司	江苏	一级	1
31	23	中交三航局第三工程有限公司	水运	一级	-8
32	38	江苏信拓建设(集团)股份有限公司	江苏	一级	6
33	25	巨匠建设集团有限公司	浙江	一级	-8
34	46	江苏龙海建工集团有限公司	江苏	一级	12
35	**	甘肃路桥建设集团有限公司	甘肃	一级	
36	**	江苏通州四建集团有限公司	江苏	一级	
37	**	广西建工集团第三建筑工程有限责任公司	广西	一级	
38	33	河南省大成建设工程有限公司	河南	一级	-5
39	**	山东电力建设第二工程公司	电力	一级	
40	52	中城建第六工程局集团有限公司	安徽	一级	12
41	29	山东三箭建设工程股份有限公司	山东	一级	-12
42	**	福建省第五建筑工程公司	福建	一级	
43	43	舜元建设(集团)有限公司	上海	一级	0
44	**	十一冶建设集团有限责任公司	广西	一级	
45	**	宁波市建设集团股份有限公司	浙江	一级	
46	**	广东省第一建筑工程有限公司	广东	一级	
47	50	中石化第四建设有限公司	石化	一级	3
48	44	成都市第四建筑工程公司	四川	一级	-4
49	63	宏峰集团(福建)有限公司	福建	一级	14
50	53	山东起凤建工股份有限公司	山东	一级	3
51	67	中国能源建设集团安徽电力建设第一工程公司	安徽	一级	16
52	57	广东省第四建筑工程公司	广东	一级	5
53	**	浙江诸安建设集团有限公司	浙江	一级	
54	84	合肥建工集团有限公司	安徽	一级	30
55	79	南通英雄建设集团有限公司	江苏	一级	24
56	48	广西壮族自治区冶金建设公司	广西	一级	-8

二、2013年建筑业发展统计分析

续表

排名 2013年度	排名 2012年度	企业名称	推荐单位	资质等级	位次变化
57	71	安徽华力建设集团有限公司	安徽	一级	14
58	73	河南省第二建设集团有限公司	河南	一级	15
59	**	浙江大经建设集团股份有限公司	浙江	一级	
60	39	山东淄建集团有限公司	山东	一级	−21
61	72	江苏扬安集团有限公司	江苏	一级	11
62	**	建元装饰股份有限公司	北京	一级	
63	42	南京大地建设集团有限责任公司	江苏	一级	−21
64	74	中标建设集团有限公司	福建	一级	10
65	56	深圳市宝鹰建设集团股份有限公司	广东	一级	−9
66	**	安徽水安建设集团股份有限公司	安徽	一级	
67	80	江苏启安建设集团有限公司	江苏	一级	13
68	**	山东金城建设有限公司	山东	一级	
69	75	核工业西南建设集团有限公司	核工业	一级	6
70	**	南通海洲建设集团有限公司	江苏	一级	
71	59	中铁四局集团建筑工程有限公司	安徽	一级	−12
72	61	浙江博元建设股份有限公司	浙江	一级	−11
73	95	苏州美瑞德建筑装饰有限公司	江苏	一级	22
74	**	江苏武进建工集团有限公司	江苏	一级	
75	**	晟元集团有限公司	浙江	一级	
76	100	陕西建工第七建设集团有限公司	陕西	一级	24
77	93	广东华隧建设股份有限公司	广东	一级	16
78	36	陕西建工第三建设集团有限公司	陕西	一级	−42

续表

排名 2013年度	排名 2012年度	企业名称	推荐单位	资质等级	位次变化
79	82	江苏扬州建工建设集团有限公司	江苏	一级	3
80	**	广州市市政集团有限公司	广东	一级	
81	77	陕西建工第六建设集团有限公司	陕西	一级	−4
82	99	鲲鹏建设集团有限公司	浙江	一级	17
83	**	广西裕华建设集团有限公司	广西	一级	
84	65	中国能源建设集团安徽电力建设第二工程公司	安徽	一级	−19
85	**	江苏华能建设工程集团有限公司	安装	一级	
86	**	陕西建工第八建设集团有限公司	陕西	一级	
87	**	江苏天目建设集团有限公司	江苏	一级	
88	81	中元建设集团股份有限公司	浙江	一级	−7
89	97	北京金港建设股份有限公司	北京	一级	8
90	**	伟基建设集团有限公司	浙江	一级	
91	**	安徽鲁班建设投资集团有限公司	安徽	一级	
92	94	成都市第六建筑工程公司	四川	一级	2
93	**	山东枣建建设集团有限公司	山东	一级	
94	**	福建宏鼎项目管理有限公司	福建	一级	
95	**	北京燕华工程建设有限公司	石化	一级	
96	**	安徽金煌建设集团有限公司	安徽	一级	
97	**	宏盛建业投资集团有限公司	江西	一级	
98	90	苏通建设集团有限公司	江苏	一级	−8
99	51	重庆一建建设集团有限公司	重庆	一级	−48
100	**	四川省第三建筑工程公司	四川	一级	

注：**表示该年度未上榜或未参加评价；括号中的数字为2011年度中国建筑业竞争力百强企业排行榜中的位次。

（中国建筑业协会 哈尔滨工业大学）

三、2013年全国房地产市场运行分析

(一) 2013年全国房地产开发情况

根据国家统计局发布的有关数据，2013年我国房地产市场开发情况如下：

【房地产开发投资情况】 2013年，全国房地产开发投资86013亿元，同比增长19.8%，增幅比2012年提高3.6个百分点。

2013年，全国房地产开发投资占全国城镇固定资产投资比重为19.7%，与2012年基本持平。房地产开发投资增速高于同期固定资产投资增速0.1个百分点。图7-3-1给出了2000～2013年全国城镇固定资产投资完成额和房地产开发完成额及相应的增速情况。

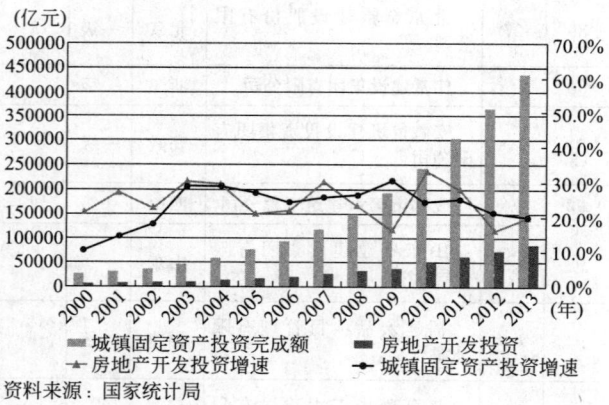

资料来源：国家统计局

图7-3-1 2000～2013年全国城镇固定资产投资完成额和房地产开发完成额情况

房地产开发投资中，住宅投资58951亿元，增长19.4%，占房地产开发投资的比重为68.5%。

逐月来看，2013年房地产开发投资月累计增速1-10月逐月回落，11月后略有回升，从4月开始，房地产投资月累计增速较2012年有所提升，如图7-3-2所示。

分地区来看，2013年东部地区房地产开发投资47972亿元，比上年增长18.3%，增速比1～11月份提高1个百分点；中部地区投资19045亿元，增长20.8%，增速回落0.9个百分点；西部地区投资

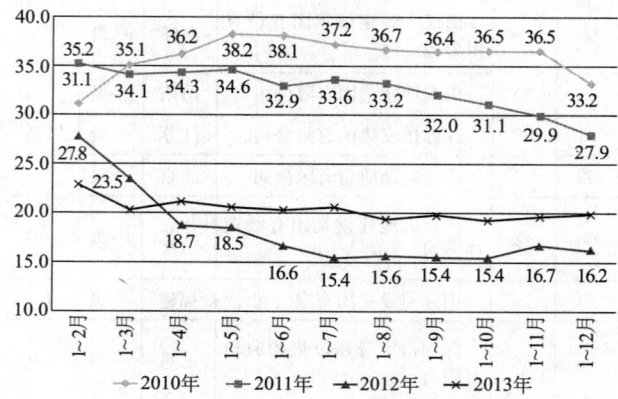

图7-3-2 2000～2013年全国房地产投资增速

18997亿元，增长22.6%，增速回落0.5个百分点。如表7-3-1所示。

2013年分地区房地产开发投资情况

表7-3-1

地区	投资额(亿元)	住宅	同比增长(%)	住宅
全国总计	86013	58951	19.8	19.4
一、东部地区	47972	32697	18.3	18.3
二、中部地区	19045	13265	20.8	19.9
三、西部地区	18997	12989	22.6	21.8

数据来源：国家统计局

【房屋供给情况】 2013年，全国房地产开发企业土地购置面积3.88亿平方米，同比增长8.8%，增速比上年增长28.3个百分点；土地成交价款9918亿元，同比增长33.9%。房地产开发企业房屋施工面积66.56亿平方米，同比增长16.1%；其中，住宅施工面积48.63亿平方米，同比增长13.4%。房屋新开工面积20.12亿平方米，同比增长13.5%；其中，住宅新开工面积14.58亿平方米，同比增长11.6%。房屋竣工面积10.14亿平方米，同比增长2.0%；其中，住宅竣工面积7.9亿平方米，同比下降0.4%。表7-3-2给出了2000～2013年全国房地产开发企业土地购置、房屋施工、新开工和竣工面积

三、2013年全国房地产市场运行分析

及增速情况。

2000~2013年全国房地产开发企业土地购置、房屋施工、新开工和竣工面积及增速情况 表 7-3-2

年度	土地购置面积（亿平方米）	增长（%）	房屋施工面积（亿平方米）	增长（%）	房屋新开工面积（亿平方米）	增长（%）	房屋竣工面积（亿平方米）	增长（%）
2000	1.69	41.1	—	—	2.96	31.0%	2.51	17.3
2001	2.34	38.5	5.98	—	3.74	26.4%	2.99	19.0
2002	3.14	34.0	7.21	20.6	4.28	14.5%	3.50	17.1
2003	3.70	17.9	11.69	62.2	5.47	26.9%	4.15	18.5
2004	4.00	8.2	14.05	19.2	6.04	11.2%	4.25	2.4
2005	3.83	−4.0	16.44	17.8	6.79	10.6%	5.33	25.6
2006	3.68	−3.8	19.40	17.0	7.81	15.1%	5.30	−0.6
2007	4.06	11.0	23.60	21.1	9.46	19.4%	5.80	4.3
2008	3.68	−8.6	27.40	16.0	9.80	2.3%	5.90	−3.5
2009	3.19	−18.9	31.96	12.8	11.54	12.5%	7.02	5.5
2010	4.00	25.2	40.54	26.5	16.36	40.6%	7.87	8.4
2011	4.10	2.6	50.80	25.3	19.01	16.2	8.92	13.3
2012	3.57	−19.5	57.34	13.2	17.73	−7.3	9.94	7.3
2013	3.88	8.8	66.56	16.1	20.12	13.5	10.14	2.0

数据来源：国家统计局

逐月数据看，全国房地产开发企业施工面积、新开工面积和竣工面积各项指标较上年同期均有小幅增长，如表 7-3-3 所示。

2013年、2012年全国房地产开发企业施工、新开工和竣工面积逐月数据及同比增长率 表 7-3-3

月份	2013年 施工面积（亿平方米）	增长（%）	新开工面积（亿平方米）	增长（%）	竣工面积（亿平方米）	增长（%）	2012年 施工面积（亿平方米）	增长（%）	新开工面积（亿平方米）	增长（%）	竣工面积（亿平方米）	增长（%）
1~2	45.54	15.3	2.30	14.7	1.35	34.0	39.49	35.5	2.00	5.1	1.01	45.2
1~3	47.89	17.0	3.89	−2.7	1.95	8.9	40.92	25.0	3.99	0.3	1.79	39.3
1~4	50.06	17.2	5.55	1.9	2.38	6.6	42.72	21.2	5.45	−4.2	2.23	30.2
1~5	52.34	16.0	7.36	1.0	2.87	5.3	45.14	19.6	7.29	−4.3	2.73	26.3
1~6	54.94	15.5	9.59	3.8	3.53	6.3	47.56	17.2	9.24	−7.1	3.33	20.7
1~7	56.87	16.2	11.26	8.4	4.16	7.9	48.92	15.3	10.39	−9.8	3.86	19.0
1~8	58.56	14.4	12.78	4.0	4.66	4.6	51.17	15.6	12.29	−6.8	4.46	20.2
1~9	60.40	15.0	14.49	7.3	5.27	4.2	52.54	14.0	13.50	−8.6	5.06	16.4
1~10	61.65	14.6	15.63	6.5	5.94	1.8	53.81	13.3	14.68	−8.5	5.83	17.3
1~11	64.61	16.1	18.11	11.5	6.94	2.5	55.67	13.3	16.24	−7.2	6.77	14.1
1~12	66.56	16.1	20.12	13.5	10.14	2.0	57.34	13.3	17.73	−7.3	9.94	7.3

数据来源：国家统计局

（二）2013年商品房销售情况

2013年，全国商品房销售面积13.06亿平方米，同比增长17.3%，增幅比2012年提高15.5个百分点；其中，住宅销售面积增长17.5%，办公楼销售面积增长27.9%，商业营业用房销售面积增长9.1%。商品房销售额81428亿元，增长26.3%，增速比2012年提高16.3个百分点；其中，住宅销售额增长26.6%，办公楼销售额增长35.1%，商业营业用房销售额增长18.3%。

分地区来看，东部地区商品房销售面积63476万平方米，同比增长19.3%；销售额49327亿元，增长28.4%。中部地区商品房销售面积35191万平方米，增长16.8%；销售额16524亿元，增长26.9%。西部地区商品房销售面积31883万平方米，增长14.1%；销售额15576亿元，增长19.6%。如表7-3-4所示。

2013年分地区房地产销售情况 表 7-3-4

地区	商品房销售面积 绝对数（万平方米）	同比增长（%）	商品房销售额 绝对数（亿元）	同比增长（%）
全国总计	130,551.00	17.3	81428	26.3
一、东部地区	63,476.00	19.3	49327	28.4
二、中部地区	35,191.00	16.8	16524	26.9
三、西部地区	31,883.00	14.1	15576	19.6

数据来源：国家统计局

2013年末，全国商品房待售面积49295万平方米，比2012年末增加12835万平方米。

逐月数据看，2013年全年商品房销售面积和销

售额均呈现大幅增加，如表 7-3-5 所示。

2013 年、2012 年全国商品房销售面积、销售额

表 7-3-5

月份	2013 年			
	商品房销售面积（万平方米）	增长（%）	商品房销售额（亿元）	增长（%）
1～2	10471.14	49.50	7361.33	77.60
1～3	20897.98	37.10	13991.63	61.30
1～4	29760.52	38.00	19847.19	59.80
1～5	39118.13	35.60	25863.98	52.80
1～6	51433.33	28.70	33376.41	43.20
1～7	61133.28	25.80	39548.84	37.80
1～8	70841.90	23.40	45723.98	34.40
1～9	84383.31	23.30	54028.13	33.90
1～10	95930.99	21.80	61237.63	32.30
1～11	110806.80	20.80	69946.00	30.70
1～12	130550.59	17.30	81428.28	26.30
月份	2012 年			
	商品房销售面积（万平方米）	增长（%）	商品房销售额（亿元）	增长（%）
1～2	7004	−14.0	4145	−20.9
1～3	15239	−13.6	8672	−14.6
1～4	21562	−13.4	12421	−11.8
1～5	28852	−12.4	16932	−9.1
1～6	39964	−10.0	23314	−5.2
1～7	48593	−6.6	28699	−0.5
1～8	57415	−4.1	34011	2.2
1～9	68441	−4.0	40354	2.7
1～10	78743	−1.1	46301	5.6
1～11	91705	2.4	53526	9.1
1～12	111304	1.8	64456	10

数据来源：国家统计局

（三）70 个大中城市住宅销售价格变动情况

【新建住宅销售价格情况】 根据国家统计局公布的月度数据，2013 年，全国 70 个大中城市的新建住宅销售价格全年呈现上升趋势，全年新建住宅价格累计环比上涨 8.9%，累计同比上涨 5.7%。2013 年全国 70 个大中城市新建住宅销售价格指数逐月数据如图 7-3-3 所示。

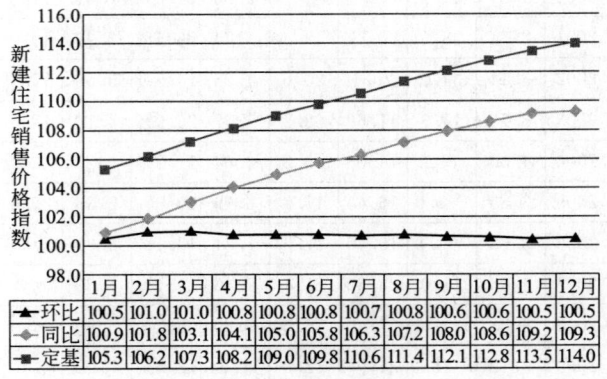

图 7-3-3　2013 年全国 70 个大中城市新建住宅销售价格指数

从新建住宅销售价格指数环比数据看，2013 年全国 70 个大中城市中仅有温州新建住宅销售价格环比累计下降，其余 69 个城市新建住宅销售价格环比累计均为上升，其中，环比累计上涨幅度最大的 10 个城市是深圳、广州、上海、厦门、北京、福州、沈阳、桂林、长沙、锦州，详见表 7-3-6 和图 7-3-4。

2013 年 70 个大中新建住宅销售价格指数环比数据

表 7-3-6

地区	1月	2月	3月	4月	5月	6月	7月	8月	9月	10月	11月	12月	全年累计
全国	100.5	101	101	100.8	100.8	100.8	100.7	100.8	100.6	100.6	100.5	100.5	108.9
北京	101.6	102.4	102.1	101.4	101.3	101.3	101.3	101.2	101	100.6	100.5	100.5	115.9
天津	100.5	101.4	101.4	100.7	100.5	100.8	100.6	100.5	100.5	100.5	100.5	100.4	107.4
石家庄	100.7	101.2	101.2	100.7	100.5	100.8	100.8	100.8	101.1	100.6	100.6	100.5	110.1
太原	100.3	101.1	100.7	101.3	102	101.2	100.8	100.9	101.2	101	100.7	100.6	111.8
呼和浩特	101.1	101.3	100.2	99.9	101.4	101	101.2	100.7	101.2	100.9	100.8	100.6	110.6
沈阳	101.5	101.4	101.1	102	101.8	101	101.1	101.2	101.1	100.7	100.6	100.5	113.4
大连	100.5	101.1	101	101.4	101.2	101.1	101	100.9	100.7	100.6	100.4	100.6	109.8
长春	99.8	101.1	100.8	101	101	100.9	100.8	100.7	100.5	100.7	100.6	100.6	108.7
哈尔滨	101.1	100.9	101	100.8	100.7	101.3	100.8	100.8	100.9	100.7	100.8	100.6	110.6
上海	101.1	101.9	102.7	101.2	101.3	101.8	101.6	101.5	101.3	101.1	100.8	100.6	118.4
南京	100.9	101.5	101.5	101.2	101	101.2	101	100.9	100.9	100.7	100.6	100.5	111.7
杭州	100.9	100.9	101.2	101.4	100.8	101	100.7	101.1	101.2	100.8	100.6	100.5	111.6

三、2013年全国房地产市场运行分析

续表

地区	1月	2月	3月	4月	5月	6月	7月	8月	9月	10月	11月	12月	全年累计
宁波	100.6	101.2	100.2	100.6	100.7	100.8	99.9	100.7	100.9	100.4	100.5	100.5	107.2
合肥	100.6	101.1	100.7	100.8	100.8	100.7	100.9	100.6	100.5	100.5	101.1	101.1	109.8
福州	100.8	101.8	101.3	101.6	100.4	102.4	100.6	100.5	101	100.4	101.3	101.3	114.2
厦门	101.5	101.6	102	101.7	101.3	101.6	102.1	101	101.4	100.5	100.3	100.3	116.4
南昌	100.3	101.5	101.6	100.7	100.9	101.1	100.4	100.6	100.9	100.6	100.3	100.3	109.6
济南	100.8	100.9	100.9	101.1	100.6	100.5	101	101	100.6	100.5	100.6	100.6	109.5
青岛	100.7	101.3	101	100.7	100.9	100.8	100.8	101.2	100.4	100.5	100.5	100.5	109.7
郑州	101.3	101.6	101.8	101.5	100.9	101	101.7	100.8	100.2	100	100.1	100.1	111.5
武汉	101.1	101.2	100.9	101.1	100.9	100.8	100.8	101	100.5	100.9	100.5	100.5	110.7
长沙	100.9	101.3	101.6	101.2	101.1	100.8	101	101	100.6	101	100.6	100.6	112.3
广州	102	103.1	102.5	102.1	101.5	101	101	101.7	101.3	100.9	100.8	100.8	120.4
深圳	102.2	102.2	102.7	101.8	101.9	101.6	100.8	101.4	101.4	101	100.9	100.9	120.4
南宁	99.8	101.2	101.6	100.7	101.5	100.8	101.1	100.8	100.5	100.2	100.2	100.2	109.7
海口	99.7	100.2	100.2	100.1	100.3	100	100.2	100	100	100.7	100.6	100.6	102.6
重庆	100.9	100.9	101	101.1	100.7	100.6	100.5	100.8	100.8	100.6	100.8	100.8	110
成都	101	100.8	100.9	101.8	101	100.9	100.3	100.8	100.6	100.4	100.6	100.6	110.1
贵阳	100.4	100.7	100.7	101.1	100.7	99.9	100.6	100	100.8	100.9	100.4	100.4	106.8
昆明	100.3	100	100.9	100.6	100.6	100.5	100.3	100.7	100.4	100.5	100.5	100.5	105.8
西安	100.6	100.8	101.1	100.9	101.1	100.9	101	100.9	100.7	100.6	100.3	100.3	109.6
兰州	100.3	100.9	101.1	100.8	100.6	101.1	100.5	101.1	100.3	100.3	100.4	100.4	108.1
西宁	100.2	101.4	100.5	100.8	101.2	101.1	100.9	101.1	100.3	100.8	100.5	100.5	109.7
银川	100.3	100.5	100.5	100.9	100.8	100.9	100.6	101.3	100.6	100.5	100.7	100.7	108.6
乌鲁木齐	101.1	101.5	101	101.2	100.7	99.9	100.7	100.9	101.2	100.7	100.4	100.4	110.1
唐山	99.9	100.3	100.6	99.9	99.9	100.1	100	100.2	100	100.3	100	100	101.2
秦皇岛	100.3	101.1	100.7	100.8	100.6	100.5	100.6	100.9	100.7	99.9	100.2	100.2	106.7
包头	100.6	101.8	100.9	100.5	101.1	100.1	100.7	99.9	100.4	100.7	100.5	100.5	107.9
丹东	100.4	100.9	101.1	100.7	100.8	100.8	101	100.8	100.7	100.7	100.4	100.4	109.1
锦州	100.3	101.2	100.3	100.9	100.9	101.2	101	101.4	100.9	100.7	101.2	101.2	111.8
吉林	100.7	100.7	100.8	100.5	101.1	101	100.5	100.7	100.6	100.4	100.6	100.6	108.5
牡丹江	100	100.8	100.9	101.1	100.7	100.6	100.3	100.2	100.5	100	100.4	100.4	106.1
无锡	99.9	100.6	101.3	100.5	100.5	100	100.5	100.5	100.5	100.5	100.4	100.4	105.2
扬州	99.8	100.6	100.5	101.1	100.8	100.8	100	100.5	100.4	101.2	100.8	100.8	107.5
徐州	100.8	101	101.4	100.9	101	100.8	100.7	100.9	100.7	100.8	100.4	100.4	110.5
温州	100	99.6	99.9	100	100.4	100.2	99.6	99.9	99.7	99.9	99.5	99.5	98.2
金华	100.4	100.2	100.8	100.4	101	100.3	101.1	101.1	100.9	100.2	100	100	106.6
蚌埠	100.4	100.4	100.5	100.2	100.6	100.4	100	100.5	100.7	100.6	100.2	100.2	104.8
安庆	99.8	100.6	101	100.3	100.6	100.5	99.9	100.8	100.6	100.7	100.5	100.5	105.7
泉州	100.5	100.7	100	101.5	100.6	100.4	100.9	100.5	101.2	100.5	100.4	100.4	107.9
九江	100.4	100.9	100.6	100.4	101.2	100.6	99.9	100.5	100	100.7	100.8	100.8	107
赣州	100.9	101.2	101.6	100.5	100.4	99.9	101	100.7	100.8	100.9	100.8	100.8	109.9
烟台	100	100.8	101.4	100.8	100.3	100.5	100.7	101.1	100.8	100.7	100.6	100.6	108.6
济宁	100.3	101	101.2	100.8	100.4	101.2	100.6	101.2	100.2	101.3	100.3	100.3	109.2

第七篇

续表

地区	1月	2月	3月	4月	5月	6月	7月	8月	9月	10月	11月	12月	全年累计
洛阳	100.2	101.3	100.4	100.9	100.7	100.6	101.1	100.6	101	100.5	100.7	100.7	109.
平顶山	99.9	101.1	101.4	100.7	100.7	100.8	100.7	101.2	101.3	100.4	100.4	100.4	109.4
宜昌	100.6	100.7	101.2	101.2	101.1	100.6	100.5	101.3	100.8	100.4	100.5	100.5	109.8
襄樊	100.6	100.7	101.3	101.4	101.2	100.8	100	100.7	100.4	100.5	100.6	100.6	109.2
岳阳	100.2	100.4	101.1	100.9	101	101.2	100.2	100.5	101	100.2	100.1	100.1	107.1
常德	100	100.8	101	100.7	99.9	100.6	100.4	101.1	100.4	100.3	100.5	100.5	106.4
惠州	100	100.7	100.7	100.6	100.7	100.8	100.5	100.5	100.7	100.6	100.9	100.9	108.6
湛江	100.8	101.1	100.6	100.6	101	100.8	100.7	100.5	101.2	100.5	100.5	100.8	110.4
韶关	100	101.1	100.4	100.7	101.4	99.9	100.8	100.5	100.4	100.7	100	100	106
桂林	99.9	100	100.7	100.6	102.8	101.6	101.9	101	99.9	101.2	101.3	101.3	112.9
北海	100	101	100.9	101	100.8	101.1	100.5	100.5	101.1	100.5	100.5	100.8	110.2
三亚	100.3	100.4	100.6	100.5	99.9	100.2	100.5	100.5	100.5	100.5	100.5	100.9	106
泸州	100.5	100.8	101.1	100.5	100	99.9	101	101	100.5	100.5	100.4	100.4	108.5
南充	101.2	101.2	101.4	101	101	101.8	100.5	100.7	100.2	100	100.1	100.1	109.9
遵义	100.8	101	100.5	100.5	100.5	100.3	100.2	100.5	100.5	100.5	100.9	100.9	107.1
大理	99.9	100	100.7	100.4	100.7	100.6	100.3	101	100.3	100.4	100.9	100.9	106.3

数据来源：国家统计局

注：2011年1月起，国家统计局对住宅销售价格统计方案进行调整，并不再公布70个大中城市总体价格指数。本指标的全国数据为70个大中城市新建住宅价格指数同比数据的中位数。

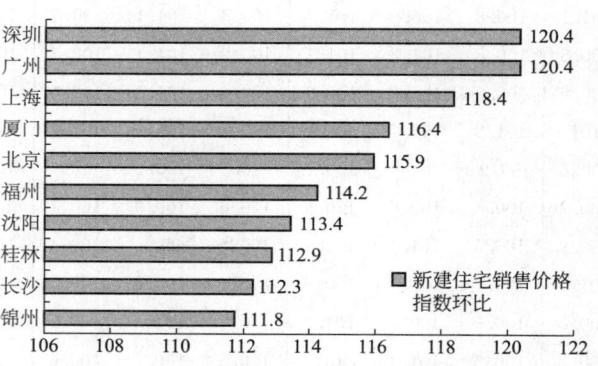

图 7-3-4　2013 年 70 个大中城市中新建住宅销售价格环比累计上涨幅度最大的 10 个城市

从新建住宅销售价格指数同比数据看，2013年全国70个大中城市中仅有温州新建住宅销售价格同比累计下降，其余69个城市新建住宅销售价格同比累计均为上升，其中，同比累计上涨幅度最大的10个城市是广州、深圳、北京、上海、厦门、福州、郑州、沈阳、南京、南充，详见表7-3-7和图7-3-5。

2013 年 70 个大中城市新建住宅销售价格指数同比数据表　　　　表 7-3-7

地区	1月	2月	3月	4月	5月	6月	7月	8月	9月	10月	11月	12月	全年累计
全国	100.9	101.8	103.1	104.1	105	105.8	106.3	107.2	108	108.6	109.2	109.3	105.7
北京	103.3	105.9	108.6	110.3	111.8	112.9	114.1	114.9	116	116.4	116.3	116	112.2
天津	101.4	102.8	104.3	105.2	105.4	105.8	106	106.1	106.7	107	107	107.4	105.4
石家庄	102	103.3	104.5	105.3	105.8	106.8	106.6	107.3	108	109.1	109.2	109.9	106.5
太原	101.3	102.4	103.2	104.5	106.8	107.9	108.8	109.6	110.8	112	112.1	111.7	107.6

三、2013年全国房地产市场运行分析

续表

地区	1月	2月	3月	4月	5月	6月	7月	8月	9月	10月	11月	12月	全年累计
呼和浩特	100.3	101.7	101.9	101.9	103.4	104.5	105.8	106.9	107.9	109.3	109.7	110.3	105.3
沈阳	101.3	102.9	104.2	106.4	108.5	109.4	110.5	111.5	112.6	113.2	113.1	113.1	108.9
大连	102	103.1	104.3	105.8	107	107.7	108.2	108.4	108.9	109.3	109.4	110	107.
长春	100.1	101.4	102.5	103.6	104.7	105.8	106.3	107	107.7	107.8	108.8	108.6	105.4
哈尔滨	101.6	102.7	103.5	104.2	105	106.4	106.7	107.4	107.9	109.7	110	110.2	106.3
上海	101.3	103.4	106.4	108.5	110.2	111.9	113.7	115.4	117	117.8	118.2	118.2	111.8
南京	102.3	104	105.7	107.3	108.5	109.2	109.6	110.2	111	111.6	112	111.9	108.6
杭州	93.6	94.7	100.3	105.2	106.7	107.1	107.5	108.3	109.4	110.5	111.2	111	105.3
宁波	93.7	95	96.7	99.4	101.7	102.9	103.4	104.5	105.6	106.3	106.8	107.3	101.8
合肥	101.5	102.7	103.6	104.5	105.4	106.2	107	107.5	108.1	108.3	109.2	109.9	106.2
福州	102.3	104.3	105.9	107.6	108.3	110.8	110.8	111.1	112.1	112.6	113.8	113.1	109.4
厦门	102.3	104.1	106.5	108.4	110	111.6	113.6	114.6	116.1	116.5	116.7	116.5	111.4
南昌	101.6	103.1	104.8	106.3	107.2	108.2	108.2	108.4	109.2	109.6	110	109.9	107.2
济南	100.9	101.7	102.9	104.7	105.5	106	106.9	107.5		108.7	109.5	109.4	106.
青岛	97.6	99	101.2	103.6	104.7	105.5	106.6	108	108.9	109.4	109.9	110	105.3
郑州	102.5	104.2	106.3	108	109.1	110.1	111.7	112.3	112.4	112.2	112.1	111.7	109.4
武汉	102	103.5	104.7	105.8	106.9	107.6	108.5	109.4	110	110.7	110.8	110.4	107.5
长沙	101.9	103.4	105	106.3	107.5	108.4	109.3	110.1	110.7	111.6	111.6	112.1	108.2
广州	104.7	108.1	111.1	113.5	115.3	116.3	117.2	118.8	120	120.5	120.7	120.1	115.6
深圳	103.2	105.7	108.9	111.3	113.7	115.7	116.6	118.1	119.7	120.2	120.6	119.9	114.5
南宁	99.7	101.3	103.3	104	105.6	106.4	107.4	108.3	108.7	109.4	109.4	110.1	106.1
海口	99.7	99.9	100.1	100.3	100.8	100.9	101	101	101.1	101.5	101.8	102.3	100.9
重庆	102.5	103.5	104.3	105.5	106.2	106.8	107.1	107.9	108.9	109.2	109.5	109.3	106.7
成都	101.5	102.3	103.4	105.4	106.8	107.7	107.7	108.6	109.1	109.6	109.8	109.6	106.8
贵阳	101.4	102	102.7	103.9	104.6	104.5	105.7	104.9	105.5	106	106.7	106.7	104.5
昆明	101.7	101.7	102.7	103.3	104.1	104.5	105.2	105.3	105.6	105.9	105.9	105.8	104.3
西安	101.4	102.4	103.8	104.7	105.7	106.2	107.2	108	108.8	109.5	109.5	109.7	106.5
兰州	100.5	101.4	102.6	103.5	104.1	105.3	105.8	107	107.3	107.7	107.7	107.9	105.1
西宁	102.3	103.6	104	104.6	105.8	106.9	107	108.7	108.9	109.3	109.4	109.9	106.8
银川	102	102.6	103.1	104.2	105	106	106.3	107	107.6	108.1	108.1	108.3	105.8
乌鲁木齐	103.5	105	106.1	107.3	108.1	107.9	108.2	109	110	110.2	110	110.7	108.
唐山	99.8	100.3	101.1	101.1	101	101.1	101.3	101.5	101.3	101.7	101.4	101.6	101.1
秦皇岛	101.3	102.6	103.3	104.1	104.9	105.4	105.8	106.4	107.1	106.9	107.2	107.1	105.2
包头	101.4	103.1	104.1	104.9	106	105.9	106.3	106.2	106.5	107.1	107.4	108	105.6
丹东	100.4	101.4	102.5	103.4	104.4	104.9	105.6	107	107.8	108.4	108.9	109.3	105.3
锦州	100.3	101.5	101.9	103	103.9	105.3	106	107.6	108.7	109.7	110.2	110.7	105.7
吉林	100.9	101.7	102.7	103.4	104.5	105.5	105.7	106.7	107.4	107.9	108	108.3	105.2
牡丹江	99.9	100.8	101.6	103	103.8	104.3	104.5	104.9	105.6	105.6	105.6	106.2	103.8
无锡	100.4	101.1	102.7	103.2	103.7	103.8	103.7	103.4	103.9	104.5	104.8	105.1	103.4
扬州	100.1	100.8	101.3	102.4	103.4	104.3	104.2	104.7	105.2	106.4	107.4	107	103.9
徐州	100.5	101.6	103.3	104.4	105.6	106.5	107.1	108.2	109.1	110	110.1	110.4	106.4
温州	89.9	89.9	90.8	94.3	96.4	97.2	97.6	97.9	98.3	98.6	98.9	97.4	95.5

续表

地区	1月	2月	3月	4月	5月	6月	7月	8月	9月	10月	11月	12月	全年累计
金华	94.4	94.7	100.1	101	102.3	103.1	104.3	106.4	107.7	107.9	107.6	107	102.9
蚌埠	100.3	100.9	101.5	101.8	102.5	102.9	103	103.5	104.3	104.9	105.1	104.7	102.9
安庆	100.1	101	102	102.3	103.1	103.7	103.3	103.9	104.5	105.2	105.4	105.5	103.3
泉州	99.8	100.5	100.8	102.5	103.3	103.9	104.6	105.1	106.4	106.9	107.5	108	104.1
九江	100.8	101.7	102.2	102.9	104.3	104.9	104.7	105.3	105.3	105.9	106.6	106.7	104.3
赣州	100.5	101.9	103.6	104.1	104.5	104.5	105.6	106.4	107.5	108.5	109.3	109.1	105.5
烟台	99.7	100.7	102.3	103.3	103.9	103.9	104.8	106.2	107.1	107.6	108.4	108.8	104.7
济宁	100.8	102	103.2	104	104.5	105.2	106.2	107.3	107.4	108.9	108.8	109.7	105.7
洛阳	100	101.3	101.9	103	103.8	104.5	105.5	106.4	107.6	108	108.6	108.7	104.9
平顶山	99.8	101	102.4	103.2	104.2	105.2	105.6	106.9	108.3	108.5	109.2	109.1	105.3
宜昌	101.1	102	103.4	105	106.4	107.1	107.5	108.4	109.2	109.5	109.7	109.9	106.6
襄樊	100.2	100.9	103	104.7	106.2	107.1	107.3	108	108.3	108.6	108.8	108.7	106.
岳阳	100.1	100.5	101.6	102.6	103.6	104.8	105	105.5	106.7	106.7	106.7	106.7	104.2
常德	100.7	101.6	102.6	103.3	103.3	103.8	104.5	105.5	106	106.4	106.8	106.3	104.2
惠州	100.3	101.2	102	102.7	103.5	104.3	104.7	105.7	106.7	107.2	108	108.5	104.6
湛江	102.6	103.8	104.4	105	106.1	106.5	107	107.9	109.3	109.6	110	109.6	106.8
韶关	101.4	102.5	102.7	103.4	105	105	105.7	106.3	106.3	106.6	106.3	105.8	104.8
桂林	99.7	99.8	100.6	101.3	104.2	105.7	107.7	108.5	108.5	109.9	111.4	111.9	105.8
北海	99.6	100.9	102	103.1	104.1	105.3	105.9	106.8	108.2	108.6	109.1	109.9	105.3
三亚	99.9	100.3	101.1	102	102.2	102.4	102.8	103.4	103.7	104.6	105.5	105.3	102.8
泸州	102	102.9	104.1	105	105.1	104.8	105.4	106.4	108.4	109.2	108.7	108.9	105.9
南充	102.7	104	105.6	106.7	107.9	110	110.7	111.3	111.4	111.2	110.8	110.7	108.6
遵义	101.8	102.8	103.2	103.8	104	104.1	104.2	104.8	105.4	105.7	106.6	106.4	104.4
大理	99.7	99.8	100.4	100.8	101.6	102.3	103	103.6	103.9	104.5	105.6	105.5	102.5

数据来源：国家统计局

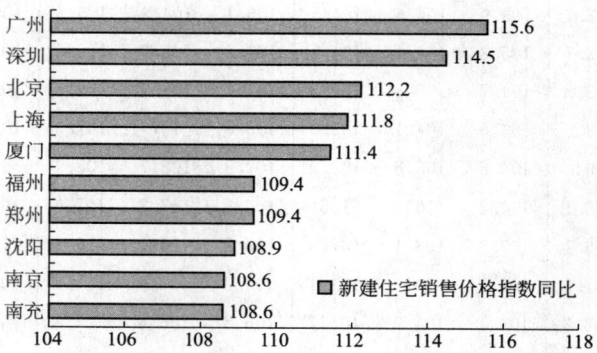

图 7-3-5　2013 年 70 个大中城市中新建住宅销售价格同比累计上涨幅度最大的 10 个城市

全国 70 个大中城市新建住宅销售价格定基指数　如表 7-3-8 所示。

2013 年 70 个大中城市新建住宅销售价格指数定基数据　表 7-3-8

地区	1月	2月	3月	4月	5月	6月	7月	8月	9月	10月	11月	12月	累计
全国	105.3	106.2	107.3	108.2	109	109.8	110.6	111.4	112.1	112.8	113.5	114.	
北京	105.9	108.5	110.8	112.4	113.8	115.3	116.8	117.8	119	119.7	120.3	121.	
天津	104.7	106.1	107.6	108.3	108.7	109	109.5	110	110.6	110.9	111.4	111.9	

三、2013年全国房地产市场运行分析

续表

地区	1月	2月	3月	4月	5月	6月	7月	8月	9月	10月	11月	12月	累计
石家庄	109.8	111.2	112.4	113.2	113.7	115.1	115.6	116.6	117.6	118.8	119.5	119.8	
太原	103	104.1	104.9	106.2	108.4	109.6	110.6	111.6	113	114.1	114.4	114.8	
呼和浩特	105.3	106.7	106.9	106.8	108.2	109.3	110.6	111.3	111.9	113.3	114.2	114.8	
沈阳	107.5	109.1	110.2	112.5	114.5	115.6	116.8	117.7	118.9	119.2	119.5	119.8	
大连	107.5	108.7	109.8	111.3	112.7	113.9	114.7	115.1	115.8	116.3	116.8	117.6	
长春	104.1	105.2	106.1	107.1	108.3	109.2	109.9	111	111.7	112.2	112.8	113.2	
哈尔滨	105.2	106.2	107.2	108.1	108.9	110.3	110.7	111.5	112.1	113	114	114.6	
上海	102.9	104.8	107.6	109.5	111	113	114.9	116.5	118.1	118.9	119.6	120.3	
南京	101.8	103.4	104.9	106.4	107.4	108.5	109.2	110.1	110.9	111.7	112.3	112.9	
杭州	93.1	93.9	95	96.3	97.1	98	98.7	99.8	101	101.8	102.3	102.5	
宁波	93.6	94.8	95	95.6	96.2	97	97	97.6	98.5	98.9	99.4	99.9	
合肥	103.3	104.5	105.2	106	106.9	107.7	108.7	109.4	109.9	110.4	111.6	112.8	
福州	106.1	108	109.4	111.1	111.5	114.2	114.9	115.5	116.6	117.1	118.6	119.1	
厦门	107.9	109.7	111.9	113.8	115.2	117	119.5	120.6	122.3	123	123.4	123.8	
南昌	107.6	109.2	110.9	111.8	112.8	114.1	114.6	115.5	116.3	117	117.4	118.	
济南	104.1	105	106	107.2	107.8	108.4	109.5	110.5	111.2	111.8	112.5	113.1	
青岛	100.5	101.8	102.9	103.6	104.6	105.5	106.3	107.6	108.1	108.6	109.1	109.8	
郑州	108.8	110.5	112.5	114.3	115.3	116.5	118.5	119.4	119.7	119.7	119.8	120.	
武汉	106.1	107.3	108.3	109.4	110.7	111.1	112.7	113	113.8	114.8	115.4	115.8	
长沙	109.8	111.2	113	114.3	115.5	116.4	117.6	118.7	119.4	120.6	121.4	122.	
广州	108.6	112	114.8	117.2	118.9	120.1	121.3	123.4	125.1	126.1	127.1	128.	
深圳	106.6	108.9	111.8	113.9	116	117.9	118.9	120.5	122.2	123.3	124.5	125.1	
南宁	101.6	102.8	104.5	105.2	106.7	107.6	108.8	109.7	110.3	111.3	111.5	112.	
海口	100.9	101.1	101.3	101.5	101.7	101.8	102	102	102	102.7	103.3	103.6	
重庆	105.3	106.3	107.3	108.5	109.2	109.9	110.4	111.4	112.3	112.9	113.8	114.	
成都	104.4	105.1	106.1	108	109	110	110.4	111.3	111.9	112.4	113.1	113.3	
贵阳	106.7	107.4	108.1	109.4	110.2	110.1	110	110.7	111.7	112.7	113.1	113.4	
昆明	107.7	107.8	108.7	109.3	110	110.5	110.7	111.6	112.1	112.5	113.1	113.7	
西安	105.9	106.8	107.9	108.8	110	111	112.1	113.1	113.9	114.6	115	115.6	
兰州	107.8	108.8	110	110.8	111.5	112.7	113.7	114.5	114.9	115.2	115.7	115.9	
西宁	109.6	111.1	111.7	112.6	113.9	115.2	116.3	117.5	117.9	118.8	119.5	120.2	
银川	105.6	106.2	106.8	107.8	108.6	109.5	110.1	111.5	112.3	112.9	113.7	114.3	
乌鲁木齐	113.3	115	116.2	117.6	118.4	118.2	119	120.1	121.5	122.4	123	124.1	
唐山	101.5	101.9	102.5	102.5	102.4	102.5	102.5	102.7	102.6	103	103	103.2	
秦皇岛	107.7	109	109.8	110.7	111.4	112	112.7	113.7	114.6	114.5	114.7	115.	
包头	105.3	107.2	108.2	108.7	110	110.1	110.7	110.6	111	111.8	112.4	113.1	
丹东	108.1	109.1	110.3	111.1	111.9	112.8	113.9	114.8	115.6	116.4	116.9	117.6	
锦州	105.5	106.7	107	108	109	110.2	111.3	112.5	113.8	114.7	116	116.4	
吉林	106.7	107.5	108.4	108.9	110.1	111.1	111.7	112.5	113.3	113.8	114.4	114.8	
牡丹江	106.8	107.6	108.5	109.7	110.5	111.2	111.6	111.5	112.3	112.4	112.8	113.4	
无锡	101.8	102.4	103.8	104.3	104.8	104.8	105.1	105.4	105.8	106.4	106.8	107.	
扬州	103.7	104.3	104.8	106	106.8	107.7	107.7	108.2	108.7	109.9	110.8	111.2	
徐州	103.5	104.6	106	107	108.1	108.9	109.9	110.9	111.6	112.5	113	113.4	
温州	83.3	83	82.9	82.9	83.3	83.5	83.1	83	82.8	82.7	82.3	81.1	

续表

地区	1月	2月	3月	4月	5月	6月	7月	8月	9月	10月	11月	12月	累计
金华	97.7	97.9	98.8	99.2	100.2	100.5	101.6	102.7	103.6	103.8	103.8	104.	
蚌埠	103.8	104.3	104.8	105	105.7	106.1	106.2	106.7	107.5	108.1	108.4	108.3	
安庆	103.4	104.1	105.1	105.5	106.1	106.6	106.5	107.2	107.8	108.6	109.1	109.3	
泉州	100.6	101.3	101.3	102.8	103.5	103.9	104.9	105.4	106.6	107.1	107.5	108.1	
九江	103.2	104.2	104.8	105.3	106.6	107.3	107.1	107.7	107.6	108.4	109.2	109.8	
赣州	105.6	106.8	108.5	109.1	109.5	109.4	110.5	111.2	112.1	113.1	114	114.2	
烟台	103.1	104	105.4	106.2	106.5	107	107.8	109	109.9	110.7	111.3	112.1	
济宁	104	105	106.3	107.2	107.6	108.9	109.6	110.9	111.1	112.5	112.8	113.7	
洛阳	106.9	108.3	108.8	109.7	110.4	111.1	112.3	113.1	114.2	114.8	115.5	115.9	
平顶山	104.6	105.7	107.1	107.9	108.7	109.5	110.7	111.5	113	113.4	113.9	114.2	
宜昌	105.5	106.2	107.5	108.7	109.9	110.6	111.1	112.5	113.4	113.9	114.5	115.2	
襄樊	106.5	107.2	108.6	110.1	111.4	112.3	112.5	113.1	113.5	114.1	114.8	115.1	
岳阳	107	107.4	108.6	109.5	110.6	111.9	112.1	112.7	113.8	114	114	114.	
常德	105.5	106.3	107.4	108.2	108.1	108.7	109.1	110.3	110.8	111.2	111.7	112.1	
惠州	105.1	105.8	106.5	107.2	107.9	108.9	109.5	110.4	111.2	112.1	113.2	114.	
湛江	108.1	109.2	109.8	110.6	111.7	112.5	113.6	114.4	115.8	116.5	117.5	117.5	
韶关	107.7	108.9	109.3	110.1	111.6	111.5	112.4	113	113.4	114.2	114.2	114.	
桂林	105.8	105.7	106.5	107.1	110.2	111.9	114.2	115.1	116.5	118	118.4		
北海	101.5	102.6	103.3	104.6	105.2	106.2	107.4	108.5	109.6	110.2	111.1	111.6	
三亚	101.3	101.7	102.3	102.9	102.8	103	103.3	103.9	104.3	105.1	106.1	106.3	
泸州	104.3	105.1	106.3	107.2	107.2	107.1	108	109.3	111.2	111.8	112.2	113	
南充	102.5	103.7	105.2	106.3	109.6	111	111.3	111.5	111.8	111.1	111.3	112	
遵义	107.3	108.3	108.9	109.4	109.9	109.7	110	111.1	111.4	111.9	112.9	113.3	
大理	101.4	101.4	102.1	102.5	103.2	103.9	104.2	105.2	105.5	105.9	106.9	107.	

数据来源：国家统计局

【新建商品住宅销售价格情况】 2013年，全国70个大中城市的新建商品住宅销售价格呈现上涨趋势，全年新建商品住宅价格累计环比上涨9.2%，累计同比上涨6.1%。2013年全国70个大中城市新建商品住宅销售价格指数，如图7-3-6所示。

从新建商品住宅销售价格指数环比数据看，2013年全国70个大中城市中仅有金华新建商品住宅销售价格环比累计下降，其余69个城市新建商品住宅销售价格环比累计均为上升，其中，环比累计上涨幅度最大的10个城市是南京、南宁、天津、深圳、南昌、杭州、大连、广州、厦门、北海，详见表7-3-9和图7-3-7。

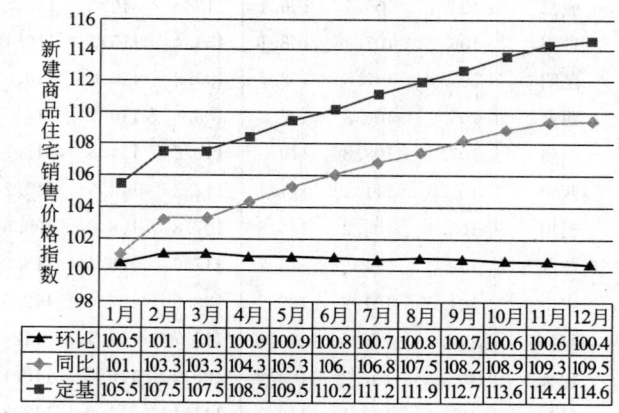

图7-3-6 2013年全国70个大中城市新建商品住宅销售价格指数

2013年70个大中城市新建商品住宅销售价格指数环比数据　　　　表7-3-9

地区	1月	2月	3月	4月	5月	6月	7月	8月	9月	10月	11月	12月	累计
全国	100.5	101	101	100.9	100.9	100.8	100.7	100.8	100.7	100.6	100.6	100.4	109.2
北京	102.1	102.7	102.7	101.8	101.6	101.7	101.6	101.1	101.2	100.8	100.7	100.6	120.2
天津	100.5	101.5	101.5	100.7	100.4	100.3	100.5	100.5	100.6	100.3	100.5	100.6	108.2

三、2013年全国房地产市场运行分析

续表

地区	1月	2月	3月	4月	5月	6月	7月	8月	9月	10月	11月	12月	累计
石家庄	100.7	101.2	101.2	100.7	100.5	101.3	100.5	100.8	100.9	101.1	100.5	100.3	110.1
太原	100.3	100.8	100.8	101.3	102.1	101.2	100.9	100.9	101.2	101.1	100.3	100.3	111.8
呼和浩特	101.1	100.2	100.2	99.9	101.4	101	101.2	100.7	100.6	101.1	100.8	100.6	109.3
沈阳	101.5	101.1	101.1	102.1	101.8	101	101.1	100.8	101.1	100.3	100.3	100.2	113.1
大连	100.6	101	101	101.4	101.3	101.1	100.7	100.4	100.6	100.5	100.4	100.7	110.1
长春	99.8	100.8	100.8	101	101.1	100.9	100.7	101	100.7	100.4	100.6	100.4	108.5
哈尔滨	101.2	101	101	100.9	100.8	101.3	100.4	100.8	100.6	100.8	100.9	100.6	110.8
上海	101.3	103.2	103.2	102	101.7	102.2	101.9	101.7	101.6	100.8	100.7	100.6	123.
南京	101.2	101.9	101.9	101.9	101.3	101.2	100.9	101	101	100.9	100.7	100.6	115.5
杭州	100.9	101.2	101.2	101.4	100.8	101	100.8	101.1	101.3	100.8	100.6	100.1	111.8
宁波	100.6	100.2	100.2	100.6	100.7	100.9	99.9	100.7	100.9	100.4	100.5	100.5	106.3
合肥	100.6	100.8	100.8	100.8	100.9	100.8	101	100.7	100.6	100.5	101.2	101.1	110.2
福州	100.8	101.3	101.3	101.6	100.4	102.4	100.6	100.5	101	100.4	101.3	100.5	112.8
厦门	101.6	102.1	102.1	101.7	101.3	101.6	102.2	101	101.4	100.5	100.4	100.3	117.4
南昌	100.3	101.7	101.7	100.8	101	101.2	100.5	100.7	100.9	100.6	100.3	100.5	110.7
济南	100.8	100.9	100.9	101	100.6	100.5	101	101	100.6	100.7	100.6	100.5	109.4
青岛	100.7	101	101	100.8	101	100.9	100.8	101.3	100.4	100.5	100.5	100.6	109.9
郑州	101.4	101.9	101.9	101.6	100.9	101.1	101.7	100.8	100.2	100	100.1	100.1	112.3
武汉	101.2	101	101	101.1	101	100.8	100.9	101	100.9	100.6	100.6	100.3	110.6
长沙	100.9	101.6	101.6	101.2	101.1	100.9	101	101	100.6	101	100.6	100.6	112.8
广州	102	102.5	102.5	102.1	101.5	101	101.1	101.7	101.4	100.9	100.8	100.7	119.8
深圳	102.2	102.8	102.8	101.8	101.9	101.7	100.9	101.4	101.4	100.9	100.9	100.5	120.9
南宁	99.8	101.7	101.7	100.7	100.5	100.8	101.2	100.9	100.5	100.9	100.2	100.5	110.8
海口	99.7	100.2	100.2	100.2	100.3	100	100.2	100	100	100.7	100.6	100.3	102.4
重庆	101	101	101	101.1	100.7	100.6	100.5	100.9	100.8	100.6	100.8	100.2	109.6
成都	101	100.9	100.9	101.8	101	100.9	100.3	100.8	100.6	100.4	100.6	100.2	109.8
贵阳	100.4	100.8	100.8	101.2	101.8	99.9	100.7	100	100.9	101	100.4	100.3	107.4
昆明	100.4	101	101	100.7	100.7	100.6	100.4	101	100.8	100.4	100.6	100.6	108.
西安	100.6	101.2	101.2	101	101.2	101	101.1	101	100.8	100.7	100.4	100.4	111.3
兰州	100.4	101.1	101.1	100.8	100.6	101.1	100.5	101.2	100.3	100.3	100.4	100.2	108.3
西宁	100.2	100.5	100.5	100.8	101.2	101.1	100.9	101.1	100.3	100.6	100.5	100.3	108.8
银川	100.4	100.6	100.6	101	100.8	100.9	100.6	101.4	100.7	100.7	100.8	100.6	109.4
乌鲁木齐	101.1	101	101	101.2	100.7	99.9	100.7	100.9	101.2	100.7	100.4	100.9	110.1
唐山	99.9	100.7	100.7	99.9	99.9	100.1	100	100.2	100	100.4	100	100.3	102.1
秦皇岛	100.3	100.8	100.8	100.9	100.7	100.6	100.7	101	100.8	99.9	100.2	100.3	107.2
包头	100.7	101.1	101.1	100.6	101.3	100.1	100.6	99.9	100.4	100.8	100.6	100.7	108.2
丹东	100.4	101.1	101.1	100.7	100.8	100.8	101	100.8	100.7	100.6	100.4	100.6	109.6
锦州	100.3	100.3	100.3	100.5	100.9	101.2	101	101.4	100.9	100.7	101.2	100.3	109.8
吉林	100.7	100.9	100.9	100.6	101.1	101	100.6	100.7	100.7	100.5	100.6	100.4	109.1
牡丹江	100	100.9	100.9	101.1	100.7	100.6	100	100.2	100.5	100	100.4	100.5	106.3
无锡	99.9	101.6	101.6	100.6	100.5	100	100.3	100.5	100.5	100.6	100.4	100.2	106.6
扬州	99.8	100.5	100.5	101.1	100.9	100.8	100	100.5	100.4	101.2	100.9	100.4	107.2
徐州	100.9	101.4	101.4	101	101.1	100.9	101	100.8	100.7	100.9	100.4	100.4	111.5
温州	100	99.9	99.9	100	100.4	100.3	99.6	99.9	99.7	99.9	99.5	98.3	97.4

续表

地区	1月	2月	3月	4月	5月	6月	7月	8月	9月	10月	11月	12月	累计
金华	100.4	100.9	100.9	100.4	101	100.3	101.2	101.1	100.9	100.2	100	100.2	107.8
蚌埠	100.4	100.5	100.5	100.3	100.6	100.5	100	100.5	100.7	100.6	100.2	100	104.9
安庆	99.8	101	101	100.4	100.6	100.5	99.9	100.6	100.6	100.8	100.6	100.2	106.2
泉州	100.6	100	100	101.5	100.7	100.4	101	100.5	101.2	100.5	100.4	100.6	107.6
九江	100.4	100.7	100.7	100.5	101.3	100.7	99.9	100	100	100.7	100.8	100.5	106.9
赣州	100.9	101.6	101.6	100.5	100.4	99.9	101	100.7	100.8	100.9	100.8	100.2	109.7
烟台	100	101.4	101.4	100.8	100.3	100.5	100.7	101.1	100.6	100.7	100.6	100.7	109.4
济宁	100.3	101.2	101.2	100.8	101	101.3	100.7	101	100.6	101.3	101	100.9	110.2
洛阳	100.2	100.4	100.4	100.9	100.7	100.6	101.2	100.6	101	100.5	100.7	100.3	107.8
平顶山	99.9	101.4	101.4	100.7	100.8	100.7	100.7	101.2	101.4	100.4	100.4	100.3	109.8
宜昌	100.6	101.2	101.2	101.1	101	101	101	101	100.6	101	100.6	100.6	110.5
襄樊	100.6	101.3	101.3	101.5	101.2	100.8	100	100.7	100.4	100.5	100.6	100.2	109.5
岳阳	100.3	101.8	101.8	101.4	101.5	101.9	100.3	101	101.6	100	100.1	100	112.4
常德	100	101.1	101.1	100.7	99.9	100	100.4	101.1	100.4	100.3	100	100.4	106.7
惠州	100	100.7	100.7	100.6	100.7	100.5	100	100.8	100	100.9	100.9	100.7	108.4
湛江	100.8	100.6	100.6	100.6	101	100.5	100.7	100	101.2	100.8	100	100	108.9
韶关	100	100.5	100.5	100.7	101.4	99.9	100.8	100.5	100.4	100.7	100	99.8	105.3
桂林	99.9	100.7	100.7	100.6	102.9	101.6	101.9	101	99.9	101.2	101.3	100.4	112.7
北海	100	100.9	100.9	101	100	101.1	100	101	101.1	100.5	100	100.5	109.8
三亚	100.3	100.5	100.5	100.6	99.9	100.2	100.3	100.6	100.3	100.8	100.9	100.2	105.4
泸州	100.5	101.2	101.2	100.9	100	99.9	101	101.1	101.9	100.5	100.4	100.8	109.8
南充	101.3	101.5	101.5	101	101.1	101.2	100	100.7	100.2	100	100.1	100.6	111.1
遵义	100.9	100.6	100.6	100.6	100	100.3	100.3	101.1	100.3	100.6	101	100.3	106.8
大理	99.9	100.8	100.8	100.4	100.8	100.7	100.4	101.1	100.4	100.4	101	100.2	107.1

数据来源：国家统计局

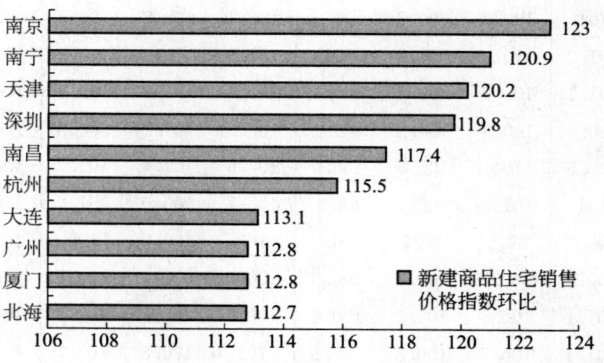

图 7-3-7　2013 年 70 个大中城市中新建商品住宅销售价格环比累计上涨幅度最大的 10 个城市

从新建商品住宅销售价格指数同比数据看，2013 年全国 70 个大中城市中仅有温州新建商品住宅销售价格同比累计下降，其余 69 个城市新建商品住宅销售价格同比累计均为上升，其中，同比累计上涨幅度最大的 10 个城市是北京、广州、深圳、上海、厦门、南京、郑州、福州、沈阳、南充，详见表 7-3-10 和图 7-3-8。

全国 70 个大中城市新建商品住宅销售价格定基指数如表 7-3-11 所示。

三、2013年全国房地产市场运行分析

2013年70个大中城市新建商品住宅销售价格指数同比数据　　　　表7-3-10

地区	1月	2月	3月	4月	5月	6月	7月	8月	9月	10月	11月	12月	全年
全国	101	103.3	103.3	104.3	105.3	106	106.8	107.5	108.2	108.9	109.3	109.5	106.1
北京	104.3	111.2	111.2	113.4	115.2	116.7	118.3	119.3	120.6	121.2	121.1	120.6	116.1
天津	101.6	104.9	104.9	105.9	106.2	106.5	106.8	107	107.6	107.9	108	108.3	106.3
石家庄	102.1	104.6	104.6	105.4	105.9	107	106.8	107.4	108.2	109.3	109.4	110.1	106.7
太原	101.4	103.3	103.3	104.7	107	108.2	109.1	110	111.3	112.5	112.5	112.1	108.
呼和浩特	100.3	102	102	102	103.5	104.7	106	107.1	108.2	109.6	110	110.6	105.5
沈阳	101.3	104.3	104.3	106.4	108.6	109.5	110.6	111.7	112.7	113.3	113.2	113.2	109.1
大连	102	104.4	104.4	105.9	107.1	107.8	108.2	108.5	109	109.4	109.5	110.1	107.2
长春	100.1	102.6	102.6	103.7	104.8	105.9	106.5	107.2	107.9	108.1	109	108.8	105.6
哈尔滨	101.7	103.7	103.7	104.4	105.2	106.7	107	107.8	108.2	110.1	110.5	110.7	106.6
上海	101.5	107.8	107.8	110.2	112.2	114.4	116.5	118.5	120.4	121.4	121.9	121.9	114.6
南京	103	107.6	107.6	109.7	111.3	112.3	112.8	113.5	114.5	115.3	115.8	115.6	111.6
杭州	93.4	100.3	100.3	105.4	107	107.4	107.9	108.7	109.8	111	111.7	111.5	106.1
宁波	93.3	96.5	96.5	99.3	101.8	103	103.6	104.7	105.9	106.6	107.2	107.8	102.1
合肥	101.6	103.9	103.9	104.9	105.9	106.8	107.6	108.2	108.9	109.1	110	110.7	106.8
福州	102.4	106	106	107.8	108.4	111	110.9	111.2	112.3	112.8	114	113.3	109.7
厦门	102.4	106.6	106.6	108	110.2	111.9	113.5	114.9	116.5	116.9	117.1	116.9	111.9
南昌	101.7	105.1	105.1	106.7	107.6	108.6	108.5	109.2	109.7	110.1	110.5	110.4	107.8
济南	100.9	102.9	102.9	104.7	105.5	106	106.6	107.6	108.2	108.7	109.3	109.4	106.1
青岛	97.4	101.3	101.3	103.8	104.9	105.8	106.9	108.4	109.3	109.9	110.4	110.5	105.8
郑州	102.5	106.5	106.5	108.2	109.3	110.4	112	112.6	112.7	112.5	112.4	112	109.8
武汉	102.1	104.9	104.9	106.1	107.3	108	108.9	109.6	110.5	111.3	111.3	110.9	108.
长沙	102	105.1	105.1	106.3	107.6	108.5	109.4	110.2	110.8	111.8	111.8	112.3	108.4
广州	104.7	111.2	111.2	113.7	115.5	116.5	117.4	119	120.2	120.7	120.9	120.4	116
深圳	103.3	109.1	109.1	111.5	114	116	117	118.4	120.1	120.6	121	120.3	115.1
南宁	99.7	103.4	103.4	104.1	105.7	106.6	107.6	108.5	108.9	109.6	109.7	110.3	106.5
海口	99.6	100	100	100.3	100.8	100.5	101	101	101.1	101.8	101.8	102.4	100.9
重庆	102.5	104.4	104.4	105.6	106.3	106.5	107.3	108.1	109	109.4	109.7	109.5	106.9
成都	101.5	103.4	103.4	105.4	106.8	107.7	107.7	108.6	109.2	109.6	109.8	109.7	106.9
贵阳	101.5	103	103	104.3	105.1	105	105.6	105.4	106.1	106.9	107.4	107.4	105.1
昆明	102	103.2	103.2	104	104.8	105.6	105.5	106.3	106.6	107	107	106.9	105.2
西安	101.6	104.2	104.2	105.2	106.5	107.3	108.3	109.3	109.8	110.3	110.5	110.9	107.4
兰州	100.5	102.7	102.7	103.8	105	105.4	107.1	107.5	107.9	107.9	108	108	105.3
西宁	102.3	104	104	104.6	105.8	106.9	107.9	108.7	108.9	109.3	109.4	109.9	106.8
银川	102.2	103.3	103.3	104.5	105.4	106.5	106.8	107.9	108.2	108.7	109	109.2	106.3
乌鲁木齐	103.5	106.2	106.2	107.4	108.1	107.9	108.3	109.1	110	110.3	110.1	110.7	108.2
唐山	99.8	101.2	101.2	101.1	101.1	101.2	101.4	101.7	101.4	101.8	101.5	101.7	101.3
秦皇岛	101.5	103.7	103.7	104.6	105.3	106	107.4	107.7	107.8	107.9	107.9	107.8	105.8
包头	101.6	104.9	104.9	105.7	107.1	107	107.4	107.3	107.6	108.4	108.7	109.4	106.7
丹东	100.4	102.5	102.5	103.8	104.2	105	105.7	107	107.9	108.5	109	109.3	105.4
锦州	100.3	101.9	101.9	103	103.9	105.3	106	107.6	108.7	109.7	110.2	110.7	105.8
吉林	101	102.8	102.8	103.6	104.7	105.7	106	107.1	107.7	108.3	108.4	108.8	105.6
牡丹江	99.9	101.6	101.6	103	103.8	104.4	104.6	105	105.7	105.7	105.7	106.2	103.9

续表

地区	1月	2月	3月	4月	5月	6月	7月	8月	9月	10月	11月	12月	全年
无锡	100.4	103.2	103.2	103.8	104.4	104.4	104.3	104	104.5	105.2	105.6	105.9	104.1
扬州	100.1	101.4	101.4	102.5	103.5	104.4	104.3	104.8	105.4	106.6	107.6	107.3	104.1
徐州	100.5	103.5	103.5	104.7	105.9	106.9	107.5	108.7	109.6	110.6	110.6	111	106.9
温州	89.2	90.2	90.2	93.9	96.2	97	97.4	97.7	98.2	98.5	98.8	97.2	95.2
金华	94.4	100.1	100.1	101	102.3	103.2	104.4	106.5	107.8	108	107.7	107	103.5
蚌埠	100.3	101.5	101.5	101.9	102.5	103	103	103.5	104.4	105	105.2	104.8	103.
安庆	100.1	102.1	102.1	102.5	103.5	103.9	103.5	104.2	104.8	105.5	105.7	105.9	103.6
泉州	99.8	100.9	100.9	102.5	103	104.1	104.6	105.4	106.7	107.3	107.9	108.4	104.3
九江	100.8	102.3	102.3	103	104.5	105.1	104.9	105.6	105.5	106.2	106.9	107	104.5
赣州	100.6	103.6	103.6	104.1	104.4	104.5	105.6	106.5	107.5	108.6	109.2	109.2	105.6
烟台	99.7	102.4	102.4	103.4	103.7	104	104.9	106.3	107.2	107.8	108.5	108.9	104.9
济宁	100.8	103.3	103.3	104.1	104.7	106	106.6	107.5	107.6	109.1	109	110	106.
洛阳	100	102	102	103	103.8	104.6	105.6	106.5	107.7	108.2	108.7	108.9	105.1
平顶山	99.8	102.5	102.5	103.3	104	105.2	106	107	107	108.6	109.3	109.3	105.5
宜昌	101.1	103.5	103.5	105.1	106.5	107.2	107.6	108.6	109.3	109.6	109.9	110	106.8
襄樊	100.2	103	103	104.7	106	107.2	107.3	108.1	108.4	108.6	108.8	108.8	106.2
岳阳	100.2	102.6	102.6	104.3	106	107.9	108.2	108.9	110.8	110.8	110.9	110.8	107.
常德	100.8	102.6	102.6	103.4	103.5	103.9	104.5	105.6	106.1	106.5	106.9	106.4	104.4
惠州	100.3	102	102	102.7	103.6	104.3	104.7	105.7	106.7	107.2	108.1	108.5	104.7
湛江	102.6	104.4	104.4	105	106.1	106.5	107	107.9	109.3	109.6	110	109.6	106.9
韶关	101.5	102.8	102.8	103.5	105.1	105.2	105.6	106.4	106.4	107	106.5	106	104.9
桂林	99.7	100.6	100.6	101.3	104.3	105.8	107.8	108.7	108.7	110.1	111.6	112.1	105.9
北海	99.6	102	102	103.1	105	105.3	106	107	108.2	108.7	109	110	105.4
三亚	99.9	101.1	101.1	102	102.2	102.4	102.6	103.4	103.7	104.7	105.5	105.4	102.8
泸州	102.1	104.2	104.2	105.2	105.3	105	105.7	107.1	108.7	109.5	109.2	109.2	106.2
南充	102.7	105.7	105.7	106.8	108	110.1	110.9	111.5	111.5	111.4	110.9	110.8	108.8
遵义	102	103.6	103.6	104.3	104.5	104.6	104.7	105.3	106	106.4	107.2	107.2	105.
大理	99.7	100.4	100.4	100.9	101.8	102.6	102.8	104	104.3	104.9	106.1	106	102.8

数据来源：国家统计局

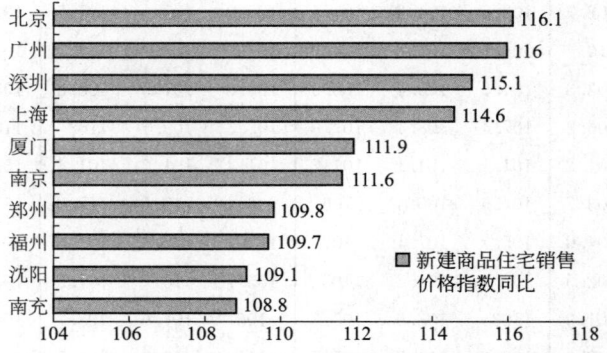

图 7-3-8　2013 年 70 个大中城市中新建商品住宅销售价格同比累计上涨幅度最大的 10 个城市

三、2013年全国房地产市场运行分析

2013年70个大中城市新建商品住宅销售价格指数定基数据　　　表 7-3-11

地区	1月	2月	3月	4月	5月	6月	7月	8月	9月	10月	11月	12月
全国	105.5	107.5	107.5	108.5	109.5	110.2	111.2	111.9	112.7	113.6	114.4	114.6
北京	107.6	113.9	113.9	115.9	117.8	119.7	121.7	123	124.5	125.4	126.3	127.1
天津	105.3	108.6	108.6	109.4	109.9	110.2	110.8	111.3	112	112.3	112.9	113.5
石家庄	110.1	112.7	112.7	113.5	114	115.5	116	117	118	119.3	119.9	120.3
太原	103.2	105.1	105.1	106.5	108.7	110	111.1	112.1	113.5	114.7	115	115.4
呼和浩特	105.5	107.1	107.1	107	108.5	109.6	110.9	111.7	112.3	113.7	114.6	115.3
沈阳	108	110.7	110.7	113	115	116.1	117.4	118.3	119.6	119.9	120.2	120.5
大连	107.6	109.8	109.8	111.4	112.8	114	114.8	115.2	115.9	116.5	116.9	117.8
长春	104.2	106.3	106.3	107.4	108.5	109.5	110.3	111.3	112.1	112.6	113.2	113.6
哈尔滨	105.4	107.5	107.5	108.5	109.7	110.7	111.2	112	112.7	113.6	114.7	115.3
上海	103.4	109.1	109.1	111.4	113.2	115.6	117.8	119.8	121.7	122.7	123.5	124.3
南京	102.4	106.4	106.4	108.4	109.8	111.2	112.2	113.2	114.4	115.4	116.2	116.9
杭州	92.8	94.8	94.8	96.2	96.9	97.9	98.6	99.7	101	101.8	102.4	102.5
宁波	93.3	94.7	94.7	95.3	96	96.8	96.8	97.5	98.4	98.8	99.3	99.9
合肥	103.4	105.6	105.6	106.4	107.4	108.2	109.3	110.1	110.7	111.2	112.6	113.9
福州	106.2	109.5	109.5	111.3	111.7	114.4	115.1	115.7	116.9	117.1	118.9	119.4
厦门	108.1	112.2	112.2	114.1	115.6	117.4	120	121.2	122.9	123.6	124	124.4
南昌	107.8	111.3	111.3	112.2	113.3	114.6	115.1	115.9	117	117.7	118.1	118.7
济南	104.1	106	106	107.2	107.8	108.4	109.5	110.5	111.2	111.8	112.5	113.1
青岛	100.5	102.9	102.9	103.7	104.8	105.7	106.6	108	108.4	109	109.6	110.2
郑州	109	112.9	112.9	114.6	115.7	117	119	119.9	120.2	120.2	120.3	120.5
武汉	106.4	108.7	108.7	109.9	110.9	111.8	112.8	114	114.5	115.6	116.2	116.6
长沙	109.9	113.1	113.1	114.4	115.7	116.6	117.8	118.9	119.7	120.9	121.6	122.3
广州	108.7	115	115	117.4	119.1	120.3	121.6	123.7	125.4	126.4	127.4	128.3
深圳	106.7	112.1	112.1	114.1	116.3	118.3	119.3	121	122.7	123.8	124.9	125.6
南宁	101.6	104.6	104.6	105.4	106.9	107.8	109.1	110	110.6	111.6	111.8	112.3
海口	100.9	101.3	101.3	101.5	101.7	101.8	102	102	102	102.7	103.3	103.6
重庆	105.4	107.5	107.5	108.7	109.4	110.1	110.6	111.6	112.5	113.2	114.1	114.3
成都	104.4	106.1	106.1	108	109.1	110.1	110.4	111.3	112	112.5	113.1	113.5
贵阳	107.1	108.7	108.7	110	110.9	110.8	111.6	111.6	112.6	113.7	114.2	114.5
昆明	108.6	109.7	109.7	110.5	111.2	111.9	112.3	113.2	113.8	114.3	115	115.6
西安	106.4	108.6	108.6	109.6	111	112	113.1	114.4	115.3	116.1	116.6	117.2
兰州	108	110.2	110.2	111.1	111.7	112.9	113.5	114.8	115.2	115.5	116	116.2
西宁	109.6	111.7	111.7	112.6	113.9	115.2	116.3	117.5	117.9	118.9	119.5	120.2
银川	106	107.2	107.2	108.3	109.2	110.2	110.7	112.4	113.1	113.8	114.6	115.4
乌鲁木齐	113.4	116.3	116.3	117.7	118.5	118.4	119.2	120.3	121.7	122.6	123.1	124.3
唐山	101.7	102.8	102.8	102.7	102.6	102.7	102.7	102.9	102.9	103.2	103.3	103.5
秦皇岛	108.6	110.9	110.9	111.9	112.7	113.3	114.1	115.3	116.2	116.1	116.3	116.7
包头	105.6	109	109	109.6	111.1	111.3	112	111.9	112.3	113.2	113.9	114.7
丹东	108.1	110.3	110.3	111.2	112	112.9	114	114.9	115.7	116	117	117.7
锦州	105.5	107	107	108	109	110.2	111.3	112.8	113.8	114.7	116	116.4
吉林	107	108.7	108.7	109.3	110.5	111.6	112.2	113.1	113.9	114.4	115.1	115.5

续表

地区	1月	2月	3月	4月	5月	6月	7月	8月	9月	10月	11月	12月
牡丹江	106.8	108.6	108.6	109.8	110.6	111.3	111.7	111.9	112.4	112.5	112.9	113.5
无锡	101.8	104.2	104.2	104.8	105.4	105.4	105.7	106	106.5	107.2	107.7	107.9
扬州	103.8	104.9	104.9	106.1	107	107.9	107.9	108.4	108.9	110.2	111.2	111.6
徐州	103.7	106.3	106.3	107.3	108.5	109.4	110.5	111.5	112.3	113.2	113.7	114.1
温州	82.3	81.9	81.9	81.9	82.3	82.5	82.1	82	81.8	81.7	81.3	79.9
金华	97.7	98.7	98.7	99.2	100.1	100.5	101.6	102.7	103.6	103.8	103.8	104.1
蚌埠	103.9	104.9	104.9	105.1	105.8	106.3	106.3	106.9	107.6	108.3	108.5	108.5
安庆	103.4	105.2	105.2	105.5	106	106.7	107	107.3	108	108.8	109.4	109.6
泉州	100.7	101.4	101.4	103	103.7	104.1	105.2	105.7	106.9	107.5	107.9	108.6
九江	103.4	105.1	105.1	105.6	107	107.7	107.5	108.1	108	108.8	109.7	110.3
赣州	105.6	108.6	108.6	109.2	109.6	109.4	110.5	111.3	112.2	113.2	114.1	114.3
烟台	103.1	105.5	105.5	106.3	106.6	107.1	107.9	109.1	110	110.8	111.5	112.3
济宁	104.1	106.5	106.5	107.4	107.8	109.2	109.9	111.2	111.4	112.8	113.1	114.1
洛阳	107	108.9	108.9	109.9	110.6	111.3	112.5	113.3	114.5	115	115.8	116.2
平顶山	104.6	107.2	107.2	108	108.8	109.7	110.4	111.7	113.2	113.6	114.1	114.4
宜昌	105.6	107.6	107.6	108.9	110.1	110.8	111.3	112.8	113.7	114.2	114.8	115.4
襄樊	106.5	108.6	108.6	110.2	111.5	112.4	113	113.2	113.7	114.2	114.9	115.2
岳阳	107.9	110.5	110.5	112.1	113.8	115.9	116.3	117.2	119	119.3	119.4	119.3
常德	105.6	107.5	107.5	108.2	108.5	108.9	109.4	110.4	110.9	111.2	111.9	112.3
惠州	105.1	106.5	106.5	107.2	108	108.9	109.5	110.4	111.3	112.1	113.2	114.
湛江	108.1	109.8	109.8	110.6	111.7	112.6	113.4	114.1	115.4	116.5	117.5	117.5
韶关	107.9	109.8	109.6	110.3	111.9	111.8	112.7	113.3	113.7	114.6	114.6	114.3
桂林	105.9	106.6	106.6	107.3	110.4	112.2	114.2	115.5	115.4	116.9	118.4	118.8
北海	101.5	103.5	103.5	104.5	105.3	106.2	107.5	108.5	109.7	110.2	111.1	111.6
三亚	101.3	102.3	102.3	102.9	102.8	103	103.4	104	104.3	105.2	106.1	106.3
泸州	104.4	106.5	106.5	107.4	107.5	107.4	108.4	109.6	111.6	112.1	112.6	113.5
南充	102.5	105.2	105.2	106.3	107.4	109.4	110.3	111.1	111.4	111.3	111.4	112.1
遵义	108.1	110	110	110.6	110.5	110.9	111.2	112.4	112.7	113.4	114.5	114.9
大理	101.4	102.2	102.2	102.6	103.4	104.1	104.5	105.6	106	106.4	107.4	107.6

【二手住宅销售价格情况】 2013年全国70个大中城市二手住宅价格全年呈现上升趋势，全年二手住宅价格累计环比上涨4.6%，累计同比上涨2.7%。2013年全国70个大中城市二手住宅销售价格指数，如图7-3-9所示。

从二手住宅销售价格指数环比数据看，2013年全国70个大中城市中仅有温州二手住宅销售价格下降，其余69个城市二手住宅销售价格环比累计均为上升，其中，环比累计上涨幅度最大的10个城市是北京、深圳、上海、广州、贵阳、福州、宜昌、常德、襄樊、银川，详见表7-3-12和图7-3-10。

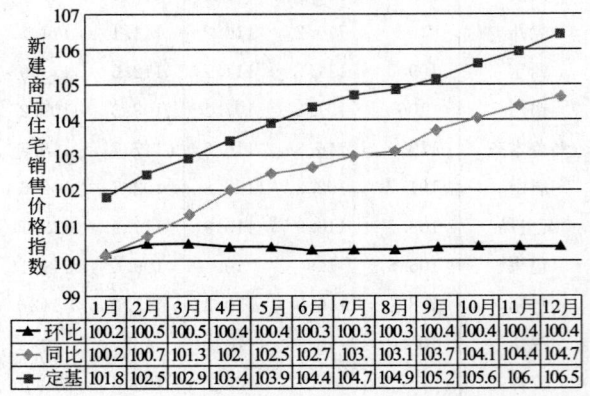

图7-3-9 2013年全国70个大中城市二手住宅销售价格指数

三、2013年全国房地产市场运行分析

2013年70个大中城市二手住宅销售价格指数环比数据 表 7-3-12

地区	1月	2月	3月	4月	5月	6月	7月	8月	9月	10月	11月	12月	累计
全国	100.2	100.5	100.5	100.4	100.4	100.3	100.3	100.3	100.4	100.4	100.4	100.4	104.6
北京	101	102.2	103.1	102	101.7	101.3	101.4	101.2	101.3	101.1	101.2	100.6	119.7
天津	100	101	100.6	100.5	100.6	100.2	100.2	100.2	100.5	100.5	100.5	100.3	105.2
石家庄	100.1	100.7	100.1	100.5	100.3	100	99.9	99.8	100.5	100.8	100.4	100.2	103.3
太原	100.4	100.6	100.4	100.1	100.3	100.5	100.3	100	100.4	100.5	100.2	100.4	104.2
呼和浩特	100.2	100.4	100.4	100.2	100.3	100.1	100.4	100	100.4	100.6	100.5	100.2	103.8
沈阳	100.3	100.5	100.3	100.4	100.4	100.3	100.5	100.7	100.8	100.5	100.2	100.5	105.8
大连	100.5	100.4	100.5	100.3	99.9	100.1	100	100	100.2	100.2	100	100.2	102.3
长春	100.5	100.5	100.6	100.4	100	100.2	100.2	100.4	100.6	100.5	100.3	100.2	104.5
哈尔滨	100.2	100.8	100.4	100.4	100.1	99.9	100.3	100.3	100.8	100.5	100.1	100.8	104.8
上海	100.8	101.6	102.6	101.3	100.9	101.1	100.8	100.8	101	100.9	100.7	100.5	113.8
南京	100.5	100.8	101	101.1	100.8	100.9	100.5	100.6	100.6	100.3	100.4	100.3	108.1
杭州	99.5	101.4	100.2	100.2	100.1	100.3	99.9	100.3	100.6	100	100.3	100.2	102.9
宁波	100	101.2	100.2	100.3	100.7	100.4	100.1	100.2	99.9	100.5	100.5	100.4	104.5
合肥	100	100.3	101.2	100.7	100.3	100	100.5	100.3	100.9	100.6	100.8	100.8	106.6
福州	100.4	101.1	101	100.9	100.6	100.9	100.9	100.7	100.8	100.7	100.6	100.8	109.8
厦门	101.7	100.6	101	100	100.4	100.3	100.4	100.4	100.4	100.6	100.4	100.7	107.9
南昌	100.5	100.6	100.8	100.7	100.3	99.9	100.4	100.3	100.8	100.4	100.7	100.4	106.
济南	100.1	100.6	100.2	100.3	100.3	100.3	100.6	100.3	100.3	100.3	100.2	100.4	104.2
青岛	100.1	100.4	100.3	100.3	100.4	100.3	100.4	100.4	100.2	100.1	100.1	100.5	103.8
郑州	100.3	100.6	100.6	100.8	100.4	100.7	100.3	100.5	100.7	100.7	100.7	100.7	107.2
武汉	100.3	101.1	100.1	101	100.8	100.6	100.3	100.3	100.7	100.7	100.5	100.4	108.3
长沙	100.1	100.4	100.6	100.8	101.2	100.7	100.3	100.3	100.3	100.7	100.3	100.4	106.2
广州	100.4	101.7	101.5	100.7	101.1	100.9	101	101	100.4	101	101.2	100.6	112.1
深圳	100.5	101.4	102.3	101.1	101	101.3	101	101.6	101.3	100.9	100.8	100.7	114.8
南宁	101.3	99.8	100.5	100.5	100.7	100.3	100	100	100.5	100.4	100.1	100.6	104.8
海口	99.9	99.8	100.1	100.1	100	100	99.9	99.9	100	100	100.4	100.2	100.3
重庆	100.1	100.4	100.7	100.5	100.4	100.3	100.3	100	100.3	100.5	100.8	100.4	104.8
成都	100.2	100.4	100.8	100.6	100.3	100.6	100.3	100.4	100.3	100.6	100.4	100.4	105.5
贵阳	100.4	100.4	101.2	100.6	100.9	101	100.9	100.6	101.8	100.6	101	100.2	110
昆明	100.6	100.6	101.1	101.1	101.3	100.7	100.4	100.3	100.3	100.5	100.6	100.4	108.2
西安	100.4	100.6	100.9	100	100.5	100.4	100.3	100.1	100.3	100.6	100.4	100.3	105.
兰州	99.7	100.2	100.4	100.4	100.3	99.9	100.4	99.8	100.5	100.5	100.4	100.2	102.7
西宁	100.2	100.4	100.6	100.4	100.6	100.5	100.1	100.3	100.4	100.1	100.5	100.1	104.3
银川	100.2	100.8	100.7	100.8	100.3	100.6	100.6	100.7	100.7	100.8	100.7	100.6	108.3
乌鲁木齐	100	100.4	100.7	100.4	100.7	100.4	100.4	100.5	100.3	100.4	100.2	100.4	104.9
唐山	100.1	100.3	100.3	100.3	100.6	100	100.2	100	100.1	100.6	100	100	102.5
秦皇岛	100.1	100.7	100.4	100.1	100.7	100.3	99.9	100.2	100	100	99.8	100.1	102.3
包头	100	100.4	100.2	100.3	100.2	100	100.1	100.4	100.4	100.4	100.3	100.2	102.8
丹东	100	100.4	100.4	100.3	100.5	99.9	100.4	100.4	100.4	100.5	100.4	100.3	103.9
锦州	100	100.4	100.4	100.3	100.3	100.4	100.3	100.3	100.5	100.3	100.2	99.9	103.3
吉林	100	100.6	99.9	100.3	100.2	100.1	100	100.1	100.1	100	100.3	100.2	102.1
牡丹江	100	100.3	100.1	100.8	100.3	100.3	100.3	99.7	100.2	99.8	100	99.9	101.7
无锡	100	100.8	100.2	100.4	99.9	99.9	100	100.3	100.4	100	100.6	100.2	102.7

续表

地区	1月	2月	3月	4月	5月	6月	7月	8月	9月	10月	11月	12月	累计
扬州	100.1	100.5	100.2	100.4	100.3	100.2	100.1	100.5	100.3	100.4	100.3	100.2	103.6
徐州	100.8	100.5	99.4	100	100.2	100.5	100.1	100.3	100.2	100.1	100.1	99.8	102.
温州	99.7	99.3	98.9	99.2	99.7	99.7	99.6	99.8	99.4	99.7	99.2	98.2	92.6
金华	100.2	100.4	100.5	100.2	100.4	100.4	100.5	100.4	100.6	100.4	100.5	100.3	104.9
蚌埠	100	100.1	100.1	100.5	100.5	100.1	100	100.3	99.9	100.4	100.5	100.6	102.9
安庆	100.1	100.3	100.2	100.4	100.2	100.2	100.3	100.4	100.2	100.1	100.1	99.9	102.2
泉州	99.8	100.3	100	100.4	100.4	100.4	100.5	100.4	100.4	100.4	100.4	100.6	104.
九江	100.2	100.7	100.7	100.4	100.4	99.9	99.8	100.3	99.9	100.3	100.7	100.7	104.
赣州	100.2	100.4	100.4	100	100	99.9	100.4	100.4	100.4	100.4	100.2	100.1	102.4
烟台	99.8	100.6	100.7	100.4	100.6	100.4	100.8	100.5	100.4	100.6	100.5	100.5	106.2
济宁	99.9	100.6	100.7	100.5	100.4	100.4	100.2	100.1	100.4	100.1	100.1	100.5	103.8
洛阳		100.7	100.7	100.8	100.5	100.2	100.8	100	100.3	100.4	100.4	100.7	105.8
平顶山	100	100.4	100.5	100.9	100.7	100.4	100.4	100.4	100.3	100.4	100.4	100.4	104.8
宜昌	100.6	101.5	101.5	101	101	100.6	100.4	100.4	100.4	100.6	100.5	100.4	109.3
襄樊	100.1	101	101.1	101.3	101.2	100.4	100.7	100.4	100.1	100.8	100.4	100.2	108.9
岳阳	100.4	100.4	100.4	100.4	100.4	100.4	100.4	100.4	100.4	100.4	100.4	100.2	104.8
常德	100.8	100.5	102.3	101.8	100.8	100.8	100.1	100.6	100.5	100.4	100.1	100.1	109.1
惠州	100.1	100.5	100.7	100.5	100.4	100.4	100.4	100.3	100.4	100.7	100.9	100.8	106.3
湛江	100.2	100.5	100.2	100.4	100.4	100.4	100.4	100.4	100.4	100.4	100.4	100.5	104.2
韶关	101	101	100.7	100.3	100.3	100	100	101.6	100.3	100	100	100.1	105.4
桂林	100.1	100.4	100.4	100.4	100.4	100.5	100.4	100.4	100.4	100.1	100.4	100.3	104.8
北海	100.4	100.4	101	100.4	100.4	100.7	100.4	100.4	100.4	100.4	100.6	100.4	106.5
三亚	100.1	100.1	100.3	100.1	100.4	100.4	100.1	100.4	100.4	100.2	100	100.8	102.2
泸州	100.2	99.9	100.4	100.4	100.4	100	100.2	100.3	100.4	100.4	100.4	100.6	104.1
南充	100.2	100.7	100.4	100.4	100.4	100.4	100.4	100.4	100.7	100.4	100.7	100.4	105.5
遵义	100.3	101	100.8	100.4	100.4	100.2	100	100.1	100	100.6	100.7	100.3	104.8
大理	100.1	100.2	100.5	100.2	100.3	100.2	99.8	100.3	100.3	100.5	100.4	100.2	103.

数据来源：国家统计局

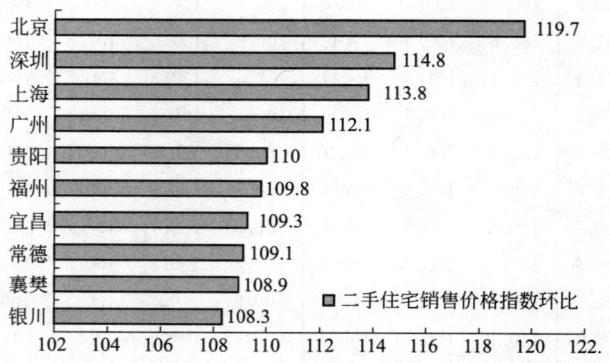

图 7-3-10 2013年70个大中城市中二手住宅销售价格环比累计上涨幅度最大的10个城市

从二手住宅销售价格指数同比数据看，2013年全国70个大中城市中仅有海口和温州二手住宅销售价格下降，其余68个城市二手住宅销售价格同比累计均为上升，其中，同比累计上涨幅度最大的10个城市是北京、深圳、上海、广州、昆明、福州、厦门、太原、襄樊、宜昌，详见表7-3-13和图7-3-11。

三、2013年全国房地产市场运行分析

2013年70个大中城市二手住宅销售价格指数同比数据　　表7-3-13

地区	1月	2月	3月	4月	5月	6月	7月	8月	9月	10月	11月	12月	累计
全国	100.2	100.7	101.3	102	102.5	102.7	103	103.1	103.7	104.1	104.4	104.7	102.7
北京	103.5	106	109.1	110.9	112.8	114.1	115.3	116.4	117.8	119	120.1	119.7	113.8
天津	103.2	103.9	104.1	104.6	105.1	105.1	104.6	104.3	105.1	105.7	105.2	105.1	104.7
石家庄	99.9	100.4	100.1	100.7	101.1	101.3	101.2	101.2	101.7	102.6	103	103.2	101.4
太原	106	106.7	106.9	106.8	106.1	106.2	106.2	105.5	105.1	104.8	104.4	104.1	105.7
呼和浩特	100.5	100.9	101.3	101.5	101.9	101.9	102.2	102.2	102.5	103.1	103.4	103.5	102.1
沈阳	100.3	101.2	101.6	102.1	102.4	102.5	102.9	103.4	104.2	105.3	105.2	105.6	103.1
大连	104	104	104.7	105.4	105.3	104.2	102.9	102.4	102.1	101.8	101.9	102.5	103.4
长春	101.7	102.3	103.1	103.3	103.5	103.8	103.3	103.8	104	104.5	104.5	104.5	103.6
哈尔滨	99.8	100.4	100.6	101.1	101.3	101.3	101.4	101.9	102.7	104	104.2	104.8	101.9
上海	102	103.9	107.2	108.5	109.2	110.2	110.9	111.4	112.3	113.2	113.7	113.9	109.7
南京	101.1	102.3	103.1	104.4	105.1	106.1	106	106.7	107.1	107.3	107.4	107.9	105.4
杭州	99.1	101.1	101.6	102.5	102.7	103	102	101.8	102.8	102.8	103	102.9	102.1
宁波	96	98.1	98.7	99.8	101.2	101.3	101.9	102.3	102.6	103.1	103.8	104.4	101.1
合肥	100.8	100.8	101.2	101.9	102.5	102.9	103	103.9	104.9	105.2	106	106.4	103.2
福州	100.9	102.5	104	105	105.1	106.1	106.9	107.5	108.3	108.8	109.1	109.5	106.2
厦门	103.3	104.5	105.4	105.4	105.7	105.9	106.3	106.6	106.8	107.3	107.4	107.7	106.
南昌	102.8	103.6	104.6	105.3	105.7	105.9	105.7	105.9	105.9	106.1	106	105.1
济南	99.5	100.1	100.6	100.8	101.4	102	102.2	102.7	103.1	103.5	103.9	104.3	102.
青岛	99.1	99.6	100.2	100.9	102	102.5	102.6	102.8	102.9	102.9	103.1	103.7	101.9
郑州	101	102.1	103	103.8	104.4	104.8	104.9	105.1	105.5	106.1	106.8	107.3	104.6
武汉	101.4	102.7	102.7	103.9	104.4	104.8	105.6	106.2	107.1	108	108.4	108.5	105.4
长沙	100.2	100.7	101.3	102.2	103.5	104.4	104.8	105	105.1	105.7	105.9	106.2	103.7
广州	103.5	105.7	107.5	108.6	109.9	110.4	110.7	110.9	110.7	111.4	112.2	112.3	109.5
深圳	102.4	103.9	106.2	107.3	108.5	109.6	110.5	112.1	113.6	114.1	114.7	114.8	109.8
南宁	101.9	101.8	102.1	102.4	102.8	103	103	103.1	103.4	103.8	103.9	104.6	103.
海口	99.5	99.3	99.4	99.7	99.7	99.7	99.5	99.4	99.5	99.6	100	100.2	99.6
重庆	100.6	100.8	101.6	101.9	102.4	102.6	102.9	103.1	103	103.6	104.3	104.7	102.6
成都	99.8	100.6	101.5	102.3	103.2	103.3	103.8	104	104.4	104.9	105.2	105.2	103.3
贵阳	100.6	100.8	101.7	102.1	103	104	105.4	106	108.4	108.9	110	110	105.1
昆明	104.3	105.5	107.1	108.3	109.3	109	107.1	107.3	108	108.8	108.8	108	107.6
西安	99.4	100.4	101.7	101.7	102.1	102.7	103.6	104.1	104.3	104.6	104.9	105	102.9
兰州	99.6	99.5	100.2	100.7	101.1	101	101.4	101.2	101.9	102.3	102.7	102.8	101.2
西宁	101.6	101.7	102.3	102.7	103.3	103.5	103	103.6	103.3	103	104.2	104.3	103.2
银川	99.9	101.3	102.5	103.4	104.4	105.1	105.7	106.2	106.9	107.6	107.9	108.4	104.9
乌鲁木齐	98.9	99.8	101.4	102.4	102.9	103.2	103.5	103.8	104	104.4	104.7	105	102.8
唐山	98.3	99.3	99.9	100.2	101.2	101.5	102	102	102.6	102.6	102.6	102.6	101.2
秦皇岛	100.7	101.7	102.3	102.3	103.3	103.3	102.7	102.8	102.9	102.7	102.5	102.2	102.4
包头	99	100	100.5	100.8	101.1	100.3	99.9	100.4	101.2	102.2	103	102.9	101.
丹东	99.9	100.3	100.7	101	101.5	101.3	101.6	102.2	102.6	103	103.8	103.9	101.8
锦州	98.7	99.1	99.5	99.9	100.1	100.5	100.7	101.1	101.6	102.2	103.4	103.3	100.8
吉林	99.3	100	99.9	100.2	100.4	100.6	100.9	100.9	101	101.1	101.6	101.9	100.6
牡丹江	99.5	99.9	100	100.9	101.4	101.7	102	101.7	101.7	101.7	101.7	101.6	101.2
无锡	100.1	100.7	101	101.7	101.5	101.7	102	102.4	102.4	103.1	103.7	102.6	101.9

续表

地区	1月	2月	3月	4月	5月	6月	7月	8月	9月	10月	11月	12月	累计
扬州	97	97.7	98.5	99.6	100.6	100.9	101.2	101.9	102.6	103	103.5	103.4	100.8
徐州	102	102.6	102.2	102.2	102.4	101.8	101.8	102.1	102.3	102.3	102.3	101.9	102.2
温州	95.6	95.5	94.6	96.3	96.4	96.4	95.5	95.1	94.7	94.7	94.3	92.8	95.2
金华	98.5	99.2	100.1	100.9	102.4	102.9	103.2	103	103.6	104.1	104.8	105.1	102.3
蚌埠	100.3	100.5	100.6	101.1	101.6	101.7	101.6	101.8	101.7	101.8	102.4	103	101.5
安庆	100.3	100.7	100.9	101.2	101.4	101.6	101.8	101.9	102.2	102.3	102.3	102.2	101.6
泉州	97.1	99.2	99.7	100.2	100.8	101.1	101.5	102	102.3	102.6	103.2	103.8	101.1
九江	100.2	101.2	102.4	102.8	103.1	102.6	102.7	102.5	102.7	102.4	102.9	103.8	102.4
赣州	99.9	100.3	100.8	100.8	100.8	100.7	101	101.2	101.3	101.9	102.1	102.1	101.1
烟台	95.1	95.9	97.3	98.4	99.9	101.1	102.7	103	103.8	104.6	105.4	106.2	101.
济宁	99.7	100.3	101	101.5	102.1	102.4	102.7	102.5	102.7	102.8	103	103.7	102.
洛阳	98.9	100	101	102.1	103	103.3	104.2	104.3	104.6	105	105	105.7	103.1
平顶山	99.4	100.3	101	102	102.8	103.4	103.7	103.7	103.9	104.2	104.4	104.8	102.8
宜昌	97.7	99.2	100.8	105.2	106.1	107.2	107.7	107.8	108.1	108.6	109.2	109.4	105.5
襄樊	100.3	101.4	102.5	103.9	105.2	106.1	106.8	107.3	107.5	108.1	108.8	108.9	105.6
岳阳	102.7	102.9	103.3	103.9	104.3	104.4	104.7	104.6	104.9	104.8	104.9	104.7	104.2
常德	97.4	97.9	100.2	102.8	103.6	104.3	105.3	106.5	106.7	107.2	108.6	109.2	104.1
惠州	99.9	100.5	101.3	101.9	102.2	102.3	103	103.6	104.4	104.7	105.5	106.3	103.
湛江	100.7	101.2	101.4	101.6	102	102.1	101.9	102.2	102.9	103.4	103.7	104.1	102.3
韶关	102	103.1	103.6	103.8	104.3	104.3	104.2	105.6	105.7	105.7	105.2	105.3	104.4
桂林	99.8	100.7	101.1	101.4	102.5	103	103.2	103.6	104	104.3	104.5	104.8	102.7
北海	100.3	101	102.3	103	103.6	104.4	104.8	105	105.3	105.7	106.3	106.3	104.
三亚	98.9	99.5	100	100.4	100.8	101.1	101.3	101.4	101.5	101.7	101.7	102.2	100.9
泸州	100.9	100.8	101.2	101.6	101.5	101.7	101.8	102.1	102.6	103	103.7	104.1	102.1
南充	100.3	100.9	101.4	102	102.4	102.9	103.3	103.6	103.9	104.4	105	105.4	102.9
遵义	98.9	99.9	100.9	101.4	101.7	102	102.1	102.1	102.3	102.9	104.5	104.6	101.9
大理	99.5	99.6	100.2	100.4	100.6	100.9	100.8	101.2	101.7	102.3	102.8	103.1	101.1

数据来源：国家统计局

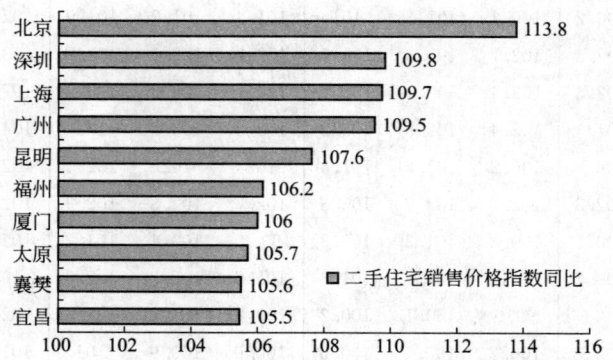

图 7-3-11　2013 年 70 个大中城市中二手住宅销售价格同比累计上涨幅度最大的 10 个城市

三、2013年全国房地产市场运行分析

全国70个大中城市二手住宅销售价格定基指数 见表7-3-14所示。

2013年70个大中城市二手住宅销售价格指数定基数据 表7-3-14

地区	1月	2月	3月	4月	5月	6月	7月	8月	9月	10月	11月	12月
全国	101.8	102.5	102.9	103.4	103.9	104.4	104.7	104.9	105.2	105.6	106	106.5
北京	101.6	103.7	106.9	109	110.9	112.3	113.9	115.2	116.8	118.1	119.5	120.3
天津	101.7	102.7	103.3	103.8	104.5	104.7	104.8	105	105.5	106.1	106.5	106.9
石家庄	97.9	98.6	98.6	99.1	99.3	99.4	99.2	99	99.6	100.4	100.8	101.
太原	111.5	112.2	112.7	112.7	113	113.6	114	114	114.4	115	115.2	115.6
呼和浩特	104.4	104.9	105.3	105.5	105.5	105.9	106.3	106.3	106.7	107.3	107.8	108.
沈阳	104.3	104.9	105.1	105.5	105.9	106.2	106.7	107.4	108.2	109	109.3	109.8
大连	105.9	106.4	106.9	107.3	107.2	107.3	107.3	107.3	107.5	107.7	107.8	108.
长春	101.7	102.2	102.8	103.2	103.3	103.5	103.7	104.1	104.7	105.2	105.5	105.7
哈尔滨	99	99.7	100.1	100.5	100.6	100.5	100.8	101.2	102	102.6	102.7	103.5
上海	103.2	104.9	107.6	109	110	111.2	112.1	113	114.1	115.2	116	116.6
南京	97.6	98.4	99.4	100.4	101.2	102.1	102.6	103.2	103.8	104.1	104.4	104.8
杭州	94.5	95.8	96	96.2	96.4	96.7	96.6	96.8	97.4	97.4	97.6	97.8
宁波	92.1	93.2	93.4	93.6	94.3	94.7	94.8	95	94.9	95.3	95.8	96.1
合肥	99.8	100.1	101.2	101.9	102.2	102.2	102.7	103	104	104.6	105.4	106.2
福州	95.5	96.5	97.5	98.4	99	99.8	100.7	101.3	102.1	102.8	103.4	104.2
厦门	103.9	104.5	105.6	106	106.6	106.9	107.4	107.9	108.3	108.9	109.3	110
南昌	100.9	101.5	102.4	103.1	103.4	103.4	103.7	104.1	104.9	105.3	106	106.4
济南	101.9	102.5	102.7	103	103.4	104	104.4	104.9	105.2	105.5	105.8	106.2
青岛	100	100.4	100.7	101.1	101.7	102.2	102.4	102.8	102.9	103	103.1	103.6
郑州	103.5	104.1	104.7	105.6	106	106.8	107.1	107.7	108.4	109.2	110	110.7
武汉	102.5	103.6	103.8	104.8	105.6	106.3	107.3	108.3	109.1	109.8	110.4	110.8
长沙	101.3	101.7	102.5	103.1	104.4	105.1	105.4	105.7	106	106.7	107	107.5
广州	106.4	108.2	109.9	110.6	111.9	112.9	114.1	115.2	115.7	116.9	118.3	119.
深圳	105.3	106.9	109.3	110.5	111.5	113	114.1	116	117.5	118.5	119.5	120.3
南宁	103.1	102.9	103.4	103.9	104.4	104.9	104.9	105.2	105.4	105.8	105.9	106.5
海口	95.1	94.9	95	95.1	95	95	94.9	94.8	94.8	94.8	95.2	95.4
重庆	100.5	100.9	101.6	102	102.5	102.7	103	103.1	103.3	103.9	104.7	105.1
成都	99.3	99.7	100.4	101	101.5	101.8	102.1	102.4	102.8	103.4	103.8	104.2
贵阳	108.4	108.9	110.2	110.9	111.9	113	114	114.7	116.7	117.4	118.6	118.8
昆明	107.4	108	109.2	110.3	111.7	112.5	113	113.4	113.7	114.3	114.9	115.4
西安	101.8	102.4	103.3	103.8	103.9	104.3	104.6	104.7	105.1	105.7	106.1	106.5
兰州	98.1	98.3	98.7	99.1	99.4	99.5	99.7	99.5	100	100.5	100.9	101.1
西宁	107.8	108.3	108.9	109.3	110	110.6	110.7	111	111.4	111.6	112.2	112.3
银川	102.8	103.6	104.3	105.2	106	106.7	107.3	108.1	108.8	109.7	110.5	111.1
乌鲁木齐	107	107.4	108.2	108.6	109.3	109.8	110.3	110.8	111.1	111.6	111.8	112.3
唐山	102.2	102.5	102.8	103.1	103.5	104	104	104	104.1	104.7	104.7	104.7
秦皇岛	101.4	102.1	102.5	102.5	102.5	103	103.4	103.7	103.7	103.7	103.5	103.6
包头	100.1	100.5	100.7	101	101.1	101.2	101.4	101.7	102.1	102.5	102.8	103.
丹东	102.2	102.6	103	103.4	103.8	103.7	104	104.5	104.9	105.5	105.9	106.2
锦州	98.9	99.3	99.7	100	100.5	100.6	101	101.5	101.8	102.1	102.3	102.2
吉林	103.4	104	103.9	104.2	104.4	104.5	104.8	104.9	104.9	105	105.2	105.4
牡丹江	101.2	101.4	101.5	102.4	102.7	103	103.3	103	103.3	103	103	102.9

续表

地区	1月	2月	3月	4月	5月	6月	7月	8月	9月	10月	11月	12月
无锡	104.7	105.6	105.7	106.1	106.1	106	106	106.2	106.6	106.7	107.3	107.4
扬州	98.8	99.4	99.5	100	100.2	100.4	100.5	101	101.2	101.6	101.9	102.1
徐州	98.9	99.4	98.8	98.8	98.9	99.4	99.5	99.8	100	100	100.2	100.
温州	89	88.4	87.4	86.8	86.5	86.3	85.9	85.8	85.3	85	84.4	82.9
金华	94.2	94.6	95	95.2	95.6	96	96.5	96.9	97.5	97.9	98.5	98.8
蚌埠	104.5	104.6	104.7	105.3	105.8	105.9	105.9	106.2	106.1	106.4	106.9	107.6
安庆	99.2	99.5	99.7	100	100.2	100.4	100.7	100.9	101.1	101.3	101.4	101.3
泉州	96	96.2	96.3	96.7	97.2	97.5	98	98.3	98.6	99	99.3	99.9
九江	101.1	101.7	102.4	102.8	103.2	103	102.8	103	102.9	103.2	103.9	104.7
赣州	99	99.4	99.8	99.8	99.7	99.6	100	100.1	100.3	100.7	100.9	101.
烟台	98	98.6	99.3	100.1	100.8	101.3	102.1	102.3	102.7	103	103.8	104.3
济宁	104.9	105.5	106.2	106.7	107.2	107.6	107.8	107.9	108.2	108.3	108.3	108.9
洛阳	105.3	106	106.7	107.5	108	108.5	109.4	109.4	109.7	110.1	110.3	111.1
平顶山	105.4	105.7	106.3	107.2	108	108.4	108.8	109.1	109.4	109.8	110	110.5
宜昌	99.8	101.3	102.8	103.8	104.9	105.5	105.9	106.4	106.8	107.5	108	108.5
襄樊	106	107	108.1	109.5	110.8	111.8	112.6	113.3	113.5	114.2	115.1	115.3
岳阳	109.6	110	110.6	111.3	111.9	112.2	112.7	113	113.6	113.9	114.2	114.5
常德	105.3	105.8	108.3	110.2	111.1	112	112.1	112.8	113.3	113.8	114	114.1
惠州	104.5	105	105.8	106.3	107.7	108	108.5	109.2	110.1	111.		
湛江	107	107.5	107.7	108	108.3	108.7	108.7	109.2	109.8	110.3	110.6	111.1
韶关	105.3	106.3	107	107.3	107.6	107.6	107.6	109.3	109.6	109.6	109.6	109.8
桂林	101.8	102.2	102.7	103.1	103.8	104.4	104.8	105.3	105.8	106	106.3	106.6
北海	102	102.4	103.4	104	104.7	105.4	105.9	106.3	106.7	107.1	107.7	108.1
三亚	94.1	94.2	94.4	94.6	94.8	94.8	94.9	95.1	95.2	95.4	95.4	96.1
泸州	101	100.9	101.3	101.7	101.9	101.9	102.1	102.4	103	103.4	104.2	104.9
南充	101	101.7	102	102.6	103	103.2	103.5	103.9	104.5	105.1	105.8	106.2
遵义	107.1	108.2	109	109.5	109.8	110	110	110.1	110	110.7	111.4	111.7
大理	102.7	102.9	103.5	103.6	103.8	104.2	103.9	104.2	104.6	105.1	105.6	105.7

数据来源：国家统计局

（四）2013年全国房地产开发资金来源结构分析

2013年，全国房地产开发企业到位资金122122亿元，同比增长26.5%，比2012年提高13.8个百分点。其中，国内贷款19673亿元，增长33.1%；利用外资534亿元，增长32.8%；自筹资金47425亿元，增长21.3%；其他资金54491亿元，增长28.9%。在其他资金中，定金及预收款34499亿元，增长29.9%；个人按揭贷款14033亿元，增长33.3%。如图7-3-12和表7-3-15所示。

【国内贷款比重增长】 2013年，全国房地产开发企业本年资金来源于国内贷款19673亿元，同比增长33.1%，比2012年提高15.5%。2013年房地产国内贷款资金占全年资金总和的16.1%，比上年同期上涨了0.8%。

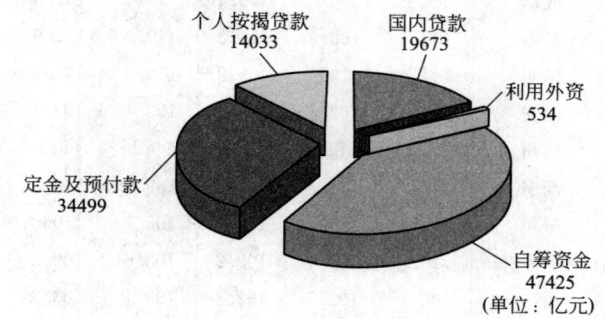

图7-3-12 2013年全国房地产开发资金来源结构图

【利用外资金额比重持平】 全国房地产开发企业本年资金来源于利用外资534亿元，同比增长32.8%，比2012年提高83.4%。全年房地产企业利用外资资金小于全年资金来源总计的0.5%，与上年持平。

【自筹资金比重下降】 全国房地产开发企业本年资金来源于自筹资金为47425亿元，同比增长21.3%，比2012年提高6.7%。全年房地产自筹资金占全年资金来源总计的38.8%，比上年同期下降了1.7%。

【其他来源资金】 全国房地产开发企业本年资金来源于购房者定金及预付款资金26558亿元，同比增长29.9%，比2012年提高7%，定金及预付款的资金占房地产开发企业各项资金比重为28.2%，比上年同期上涨了0.7%；个人按揭贷款14033亿元，同比增长33.3%，比2012年提高7.4%，占房地产开发企业各项资金比重为11.5%，比上年同期上涨了0.6%。

2013年全国房地产开发资金来源结构（单位：亿元） 表7-3-15

月份	房地产开发资金合计	国内贷款	利用外资	自筹资金	其他资金		
						定金及预付款	个人按揭贷款
1~2	18926	3938	88	7331	7570	4655	2057
1~3	26962	5172	127	10120	11543	7092	3157
1~4	35602	6618	163	12952	15869	9782	4373
1~5	45115	8051	199	16588	20277	12514	5404
1~6	57225	9901	234	21630	25460	15713	6763
1~7	66831	11433	269	25151	29977	18448	7945
1~8	76960	12883	344	29216	34517	21162	9102
1~9	87828	14568	391	33674	39195	24281	10297
1~10	97194	15969	416	37096	43714	27274	11380
1~11	109475	17667	475	42742	48592	30534	12657
1~12	122122	19673	534	47425	54491	34499	14033
2012年	96538	14778	402	39083	42275	26558	10524
2011年	83246	12564	814	34093	35775	21610	—
2010年	72944	12540	796	26705	32454	19020	—
2009年	57128	11293	470	17906	27459	15914	—

数据来源：国家统计局

（五）2013年全国房地产开发景气指数

2013年全国房地产开发景气指数如表7-3-16所示。

2013年全国房地产开发景气指 表7-3-16

指数类别	月份										
	1~2	1~3	1~4	1~5	1~6	1~7	1~8	1~9	1~10	1~11	1~12
国房景气指数	97.92	97.56	97.35	97.26	97.29	97.39	97.29	97.25	96.88	96.38	97.21
较上月增幅	2.33	-0.36	-0.21	-0.09	0.03	0.1	-0.1	-0.04	-0.37	-0.5	0.83

数据来源：国家统计局

（六）中国500强企业中的房地产企业

根据中国企业联合会2014年9月公布的2014中国企业500强年度排行榜，共有17家房地产开发与经营、物业及房屋装饰、修缮、管理等服务业企业入选2014中国企业500强，比上年增加2家。上年上榜的15家企业中，2014年仍然榜上有名。这15家企业中，有12家的位次有所上升，3家的位次有所下降。云南中豪置业有限责任公司和卓尔控股有限公司2家企业新入榜。具体如表7-3-17所列。

入选2014中国企业500强年度排行榜的房地产开发与经营、物业及房屋装饰、修缮、管理等服务业企业 表7-3-17

序号	500强名次		企业名称	营业收入（万元）
	2014	2013		
1	42	55	绿地控股集团有限公司	25218186
2	87	91	大连万达集团股份有限公司	18664000
3	145	176	恒大地产集团有限公司	9387178
4	190	199	绿城房地产集团有限公司	6510000
5	240	216	隆基泰和实业有限公司	5021674
6	250	254	华侨城集团公司	4823545
7	280	316	银亿集团有限公司	4210593
8	303	354	重庆龙湖企业拓展有限公司	3914310
9	325	**	云南中豪置业有限责任公司	3561249
10	371	401	世纪金源投资集团有限公司	3109383
11	383	437	重庆市金科投资控股(集团)有限责任公司	3027247
12	398	490	天津住宅建设发展集团有限公司	2886323
13	409	385	福佳集团有限公司	2827561
14	422	468	弘阳集团有限公司	2750765
15	428	434	江苏华厦融创置地集团有限公司	2714921
16	437	377	百兴集团有限公司	2683581
17	488	**	卓尔控股有限公司	2392919

数据来源：2014年中国500强企业发展报告，**表示相应年度未入榜。

（七）2014年"世界500强"中的中国房地产企业

根据美国《财富》杂志2014年7月发布的2014年度"世界500强"企业最新排名，绿地控股集团有限公司以营业收入41015.7百万美元入选2014"世界500强"排行榜，其位次由上年的359位上升到268位。

（哈尔滨工业大学）

四、2013年各省(区、市)住房城乡建设部门行政复议工作统计分析报告

(一)案件基本情况

2013年,全国各省、自治区住房城乡建设厅、直辖市建委等有关部门共办理行政复议案件2454件(不含2012年转结的191件)。

【案件受理情况】 依法受理2056件,占83.78%;因不符合受理条件不予受理的145件,占5.91%;告知申请人向其他机关提出申请的173件,占7.05%;转送案件8件,占0.33%;其他方式办理72件,占2.93%。

【申请人情况】 由公民提起申请的2275件,占92.71%;由法人或其他组织提起申请的179件,占7.29%。涉及群体性申请(指3人以上分别对同一具体行政行为提出申请或同一案件中申请人超过3人的)的329件,占13.41%。

【申请复议事项】 按业务领域划分,房地产类案件1410件,占57.46%;城乡规划类544件,占22.17%;建筑市场类81件,占3.30%;住房保障类3件,占0.12%;城市建设类19件,占0.77%;工程质量安全类11件,占0.45%;其他386件,占15.73%。见表7-4-1。

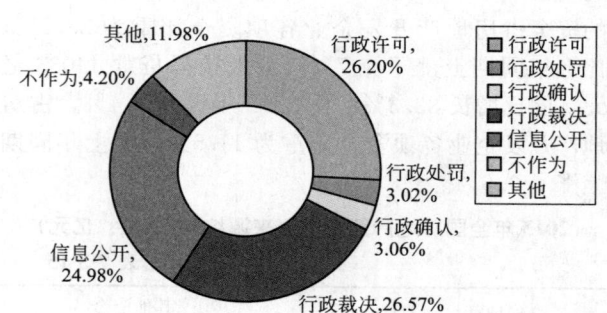

图7-4-1 行政复议案件涉及行政行为情况

2013年行政复议案件类型情况 表7-4-1

项目类型	房地产	城乡规划	建筑市场	住房保障	城市建设	工程质量安全	其他
件数	1410	544	81	3	19	11	386
占比(%)	57.46	22.17	3.30	0.12	0.77	0.45	15.73

按行政行为划分,行政裁决类652件,占26.57%;行政许可类643件,占26.20%;信息公开类613件,占24.98%;行政处罚类74件,占3.02%;行政不作为类103件,占4.20%;行政确认类75件,占3.06%;其他294件,占11.98%。参见图7-4-1。

【案件分布情况】 从地区看,东北地区134件,占5.46%;华北地区765件,占31.17%;华东地区1092件,占44.50%;西北地区52件,占2.12%;西南地区156件,占6.36%;中南地区255件,占10.39%。参见图7-4-2。

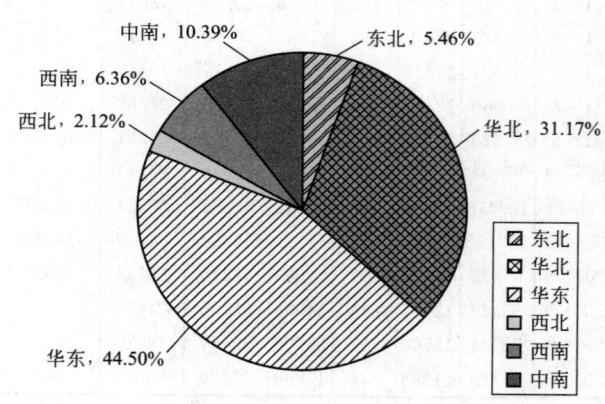

图7-4-2 案件分布情况

从省市看,直辖市有关部门办理案件1273件,占51.87%,其中,天津市案件数量增长较快,重庆市数量有一定下降。省(区)住房和城乡建设厅办理案件1181件,占48.13%,其中,江苏省、安徽省、浙江省、福建省、广东省、山东省住房和城乡建设厅办案较多,分别达182件、146件、108件、91件、90件、77件,6省案件数量占全国各省(区)住房和城乡建设厅的58.76%;江苏省、安徽省、浙江省、广东省住房和城乡建设厅案件数连续三年排名前列。参见图7-4-3和表7-4-2。

四、2013年各省(区、市)住房城乡建设部门行政复议工作统计分析报告

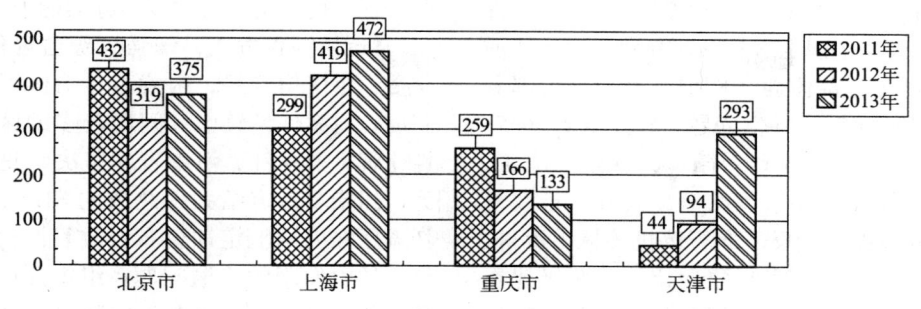

图 7-4-3　2011年-2013年直辖市行政复议案件情况

2011~2013 年部分省(区)住房城乡建设厅案件情况

表 7-4-2

序号 \ 年份	2011年	2012年	2013年
1	江苏省 211 件	江苏省 194 件	江苏省 182 件
2	安徽省 143 件	安徽省 132 件	安徽省 146 件
3	福建省 135 件	浙江省 116 件	浙江省 108 件
4	广东省 96 件	广东省 105 件	福建省 91 件
5	河北省 85 件	山东省 49 件	广东省 90 件
6	浙江省 78 件	陕西省 48 件	山东省 77 件

【**案件审结情况**】　在受理的案件中，维持 1320 件，占 64.20%；终止审理 163 件，占 7.93%（其中达成和解协议终止审理的 129 件，占 6.27%）；驳回申请 155 件，占 7.54%；撤销 84 件，占 4.09%；经调解结案 38 件，占 1.85%；责令被申请人履行法定职责 31 件，占 1.51%；确认违法 22 件，占 1.07%；变更 1 件，占 0.05%；其他方式结案 129 件，占 6.27%。参见表 7-4-3。

2013 年行政复议案件审结情况　表 7-4-3

类型\项目	维持	和解终止	其他终止	驳回	撤销	责令履行	调解结案	确认违法	变更	其他
件数(件)	1320	129	34	155	84	31	38	22	1	129
占比(%)	64.20	6.27	1.66	7.54	4.09	1.51	1.26	1.07	0.05	6.27

【**复议后诉讼情况**】　2013 年，案件复议后复议机关被提起行政诉讼的 62 件，占 2.53%。其中，驳回诉讼请求的 28 件，维持 16 件，申请人撤诉的 3 件，驳回申请的 2 件，判决撤销与变更具体行政行为的各 1 件，其他 11 件。

(二)案件特点

【**案件总量有所上升，地区差异明显**】　全国省级住房城乡建设部门办理案件总量(2454 件)比上年(1937 件)增长 27%。部分地区数量上升较快，如天津市国土房管局、天津建交委、福建省住房和城乡建设厅分别办案 176 件、92 件、91 件(上年分别为 51 件、8 件、38 件)，比上年增长 245.1%、1050%、139.5%；个别地区数量有所下降，如重庆房地局和陕西省住房和城乡建设厅分别办案 71 件、14 件(上年分别为 146 件、48 件)，比上年下降 51.4%、70.8%。案件区域分布不平衡，四个直辖市和江苏、安徽、浙江、福建、广东、山东六省办案总量占全国的 80.2%，而甘肃、云南仅 6 件、4 件，青海、西藏则没有案件。无锡、南京、苏州等苏南地区案件数占江苏省的 65%，杭州、宁波两地的案件数占浙江省的 80%。

【**房地产、城乡规划仍是热点领域，新类型案件增加**】　住房城乡建设系统复议案件仍然集中在房地产、城乡规划等业务领域，占所有案件总数的 79.6%。特别是房地产领域，不但案件数量大，且受房地产宏观调控政策等因素的影响，新类型案件也不断出现。如北京市限购政策出台后，有购房人对房屋限制销售提出行政复议；重庆市开展个人住房征收房产税改革试点后，出现了 8 件涉及房产税征收的复议案件。

【**信息公开类案件持续增加，成为近年新热点**】

各地办理信息公开类案件 613 件，同比增长 25.4%。部分地区增长更为明显。如天津市国土房管局 2011~2013 年收到信息公开类案件分别是 2 件、31 件和 114 件；天津市建交委 2011~2013 年收到信息公开类案件分别是 2 件、6 件和 86 件；浙江省住房和城乡建设厅 2011~2013 年收到信息公开类案件分别是 0 件、3 件和 34 件。多数信息公开案件作为当事人收集行政机关做出具体行政行为的证据的手段，为启动行政复议、诉讼程序做准备，或者以此给行政机关施加压力，解决拆迁补偿问题。

【**群体性案件数量增加，案件办理难度加大**】

各地办理群体性案件共339件，比2012年的159件增加了113%。天津市国土房管局，福建、山东、河南省住房城乡建设厅群体性案件增长迅速。大部分群体性案件涉及征收拆迁补偿问题，涉及人数众多，多就同一项目从立项、规划、征地、拆迁、施工、竣工验收、预售等多个环节，以信息公开、行政复议、行政诉讼等多种方式反复向行政机关提出诉求。如某地居民就拆迁相关信息反复向市、区两级建委申请信息公开，再向上级部门提起行政复议，随后又提起行政诉讼。

（三）经验做法

2013年，各地住房城乡建设部门扎实开展行政复议工作，在维护群众合法权益、促进依法行政、化解行政争议、维护社会稳定等方面发挥了重要作用。

【领导重视，增强行政复议工作力度】 山东省住房和城乡建设厅将由厅领导主持的复议案件集体审议制度固定为厅机关工作规则。河北省住房和城乡建设厅对于重大疑难案件，需会同业务处室并经厅长办公会集体研究才能做出行政复议决定。北京住建委对于复议案件量较大，问题较多的区县，由主管副主任带领法制部门和相关业务处室上门约谈。

【健全机制，提高行政复议规范化程度】 上海房管局完善行政复议受理、查询、解答等一系列制度，制作行政复议规范流程，并实行行政复议审理全程记录制度。广西壮族自治区住房和城乡建设厅、云南省住房和城乡建设厅等实施行政复议工作规范化建设方案，对行政复议各个环节做了严格规定。天津建交委在审理案件时建立承办人初审、法制机构负责人复审、分管委主任审核、委主任办公会决定的逐级审查制度。北京住建委建立预告知制度，对复议审理中发现的问题，向区县住建部门制发拟撤销告知书，要求其主管领导在5个工作日内做出解释说明。

【改善工作方法，提升复议为民能力】 广东、湖北住房和城乡建设厅等建立网上受理制度，开通行政复议网上申请功能，公开行政复议指南、工作流程和申请书格式文本等，畅通复议渠道。北京住建委、辽宁、广西、湖北、陕西省（区）厅等地创新案件审理模式，对疑难案件召开听证会，保证案件审理公开透明。辽宁省厅推行复议决定书说理式文书，详细列明作出决定的理由、依据。天津规划局，河北、浙江省厅，广西壮族自治区厅等地不定期召开典型案例评析会，加大行政执法、行政复议等专题培训力度；提高行政复议办案能力。

【运用多种方式，增强层级监督作用】 天津建交委、重庆房管局、内蒙古自治区厅等地完善约谈制度，对案件量较大、问题较多的区县，实行区域性化解。黑龙江、河南省厅坚决纠正违法或不当行为，纠错率占审结案件总数的31.8%、26.7%。浙江省厅在内网上定期公布行政复议决定，并围绕复议案件中发现的普遍问题，组织开展行政许可、行政处罚案件评查。山东省厅坚持行政复议工作通报制度，定期向各地市进行通报，并对存在突出问题的单位予以曝光。安徽省厅、广西壮族自治区厅等地完善行政复议意见书制度，落实意见书的情况列入依法行政考核范围。广东省厅与广州市某法院开展联合研究，在对近五年复议与诉讼案件情况分析的基础上，从司法审查角度查摆了本系统行政管理中存在的问题，并提出规范行政行为的建议。

（四）问题和建议

【坚持依法复议，提高办案质量】 各地行政复议工作仍有不依法、不规范的情况出现。有些属于受理范围的案件不予受理或逾期受理；行政复议文书不规范；被申请人答复不及时、提供的证据材料不完整、法律依据不准确。这就要求复议机关进一步规范行政复议工作，从受理、答复、决定各个环节严格把关，依法办理复议案件。

【强化层级监督，规范行政行为】 各地行政复议工作中发现了一些地方在依法行政过程中存在着薄弱环节：有的行政机关据以作出具体行政行为的事实不清，对作出具体行政行为时的相关证据保全不完整。有的行政机关不履行或不完全履行法定职责，如一些部门不依照相关法定职责对信息公开申请作出回应，对信息公开答复拖延、推诿甚至不答复。有的行政机关程序意识不强，如行政处罚意见告知书中列明的公告期未满即作出行政处罚。复议机关应通过行政复议加强层级监督，找出依法行政中的薄弱环节，督促行政机关依法履职，依法行政。

【健全复议机构，加强能力建设】 住房建设系统行政复议工作任务重、压力大，而一些地方仍然存在人员、经费不足，专业性不强等问题，影响行政复议案件办理质量。对此，各地需要进一步健全行政复议机构，增强人员配置，保障工作经费，改善行政复议工作条件。加大学习培训力度，对于热点领域的信息公开、行政处罚等难点问题加强专项培训，通过召开典型案例评析会、汇编典型案例等方式，交流行政复议案件办理工作经验，提高行政复议工作水平。

(五) 2013年各省(区、市)住房城乡建设部门行政复议案件统计汇总

2013年各省(区、市)住房城乡建设部门行政复议案件统计汇总见表7-4-4～表7-4-9。表中"厅"为"住房城乡建设厅"简称，下同。

案件数量及专业类别　　　　　　　　　　　　　　　　　　　　　表7-4-4

单位		收到	结转	住房保障	城乡规划	房地产	建筑市场	质量安全	城市建设	节能科技	其他
总数		2454	191	3	544	1410	81	11	19		386
北京	住建委	375	35			264					111
	规划委										
	市政市容委										
天津	建设交通委	92					5	1			86
	规划局	25	19		25						
	国土房管局	176	15			176					
河北省厅		54	9		8	23	1		1		21
山西省厅		22	2		5	13	4				
内蒙古自治区厅		21		1	10	8	2				
辽宁省厅		51	1	1	10	37	3				
吉林省厅		16		1	8	7					
黑龙江省厅		67	4		6	61					
上海	住保房管局	397				397					
	建设交通委	30				3	4				23
	规划国土局	45	5		45						
	水务局										
江苏省厅		182	10		48	80		2	10		42
浙江省厅		108	21		50	47					11
安徽省厅		146			50	71	7	2			16
福建省厅		91			35	6	5				45
山东省厅		77	10		33	26	16				2
江西省厅		16			8	2			5		1
河南省厅		46	14		26	10	7		1		2
湖北省厅		36	6		27	5	2				2
湖南省厅		31	8		18	3			7		3
广东省厅		90	18		27	49	10				4
广西壮族自治区厅		35	4		14	12			2		5
海南省厅		5	1		3	1	1				
重庆	建委	21				16	2				3
	规划局	41	4		41						
	国土房管局	71	10			71					
	市政管委										
四川省厅		19	3		14	3	2				
贵州省厅											

续表

单位	收到	结转	住房保障	城乡规划	房地产	建筑市场	质量安全	城市建设	节能科技	其他
云南省厅	4			4						
西藏自治区厅										
陕西省厅	14			10	3	1				
甘肃省厅	6			3						3
青海省厅										
宁夏回族自治区厅	21			8	2	7	3			1
新疆维吾尔自治区厅	11			2	8					1

案件办理情况　　　　　　　表 7-4-5

单位		受理	不予受理	告知	转送	其他
总数		2056	145	173	8	72
北京	住建委	299	38	38		
	规划委					
	市政市容委					
天津	建设交通委	61		31		
	规划局	25				
	国土房管局	173	3			
河北省厅		53		1		
山西省厅		11	2		1	8
内蒙古自治区厅		17	3			1
辽宁省厅		51				
吉林省厅		11	5			
黑龙江省厅		64	3			
上海	住保房管局	356		37	2	2
	建设交通委	7		23		
	规划国土局	36	4			5
	水务局					
江苏省厅		163	13	3		3
浙江省厅		97	11			
安徽省厅		121	10			15
福建省厅		71	5	15		
山东省厅		62	10		5	
江西省厅		13	2	1		
河南省厅		38	8			
湖北省厅		40	3			
湖南省厅		25	7	2		2
广东省厅		83	3	4		
广西壮族自治区厅		31	3			1
海南省厅		4	1			
重庆	建委	5		16		
	规划局	40	1			
	国土房管局	54		1		16
	市政管委					

四、2013年各省(区、市)住房城乡建设部门行政复议工作统计分析报告

续表

单位	受理	不予受理	告知	转送	其他
四川省厅	13	6			
贵州省厅					
云南省厅	3	1			
西藏自治区厅					
陕西省厅	13		1		
甘肃省厅	4	2			
青海省厅					
宁夏回族自治区厅	2				19
新疆维吾尔自治区厅	10	1			

申请人情况　　　　　　　　　　　　　　　　　　　　　　　表7-4-6

单位		公民申请	法人申请	群体性申请
总数		2275	179	339
北京	住建委	362	13	6
	规划委			
	市政市容委			
天津	建设交通委	90	2	7
	规划局	25		7
	国土房管局	176		108
河北省厅		47	7	7
山西省厅		21	1	1
内蒙古自治区厅		21		1
辽宁省厅		48	3	
吉林省厅		13	3	
黑龙江省厅		67		5
上海	住保房管局	387	10	
	建设交通委	29	1	
	规划国土局	40	5	10
	水务局			
江苏省厅		160	22	20
浙江省厅		104	4	5
安徽省厅		129	17	8
福建省厅		80	11	35
山东省厅		73	4	38
江西省厅		12	4	2
河南省厅		41	5	26
湖北省厅		43		14
湖南省厅		32	4	3
广东省厅		73	17	10
广西壮族自治区厅		25	10	
海南省厅		2	3	1

续表

单位		公民申请	法人申请	群体性申请
重庆	建委	21		3
	规划局	41		2
	国土房管局	60	11	5
	市政管委			
四川省厅		12	7	
贵州省厅				
云南省厅		4		3
西藏自治区厅				
陕西省厅		12	2	3
甘肃省厅		6		5
青海省厅				
宁夏回族自治区厅		8	13	4
新疆维吾尔自治区厅		11		

案 件 类 别 表 7-4-7

单位		行政许可	行政处罚	行政确认	行政裁决	信息公开	不作为	其他
总数		643	74	75	652	613	103	294
北京	住建委	138			125	55	20	37
	规划委							
	市政市容委							
天津	建设交通委	6				86		
	规划局	17				6	1	1
	国土房管局	8			4	114		50
河北省厅		18		1	14	9	10	2
山西省厅			1		8	7	2	4
内蒙古自治区厅		2			6	7	4	2
辽宁省厅		6			34	7	1	3
吉林省厅		10		2	4			
黑龙江省厅		7		4	52	4		
上海	住保房管局	13	6		229	110	4	35
	建设交通委	3				23		4
	规划国土局	31	6			4	4	
	水务局							
江苏省厅		53	2	4	30	32	16	45
浙江省厅		47		4	5	34	5	13
安徽省厅		63	4	26	19	26		8
福建省厅		40	2		36	8	5	
山东省厅		33		5	9	26	4	
江西省厅		8	5			3		
河南省厅		20	6	3	1	6	9	1

四、2013年各省(区、市)住房城乡建设部门行政复议工作统计分析报告

续表

单位		行政许可	行政处罚	行政确认	行政裁决	信息公开	不作为	其他
湖北省厅		23	3			10	3	4
湖南省厅		17	8			2	5	4
广东省厅		45	10	3	23		1	8
广西壮族自治区厅		4	5		8	6	3	9
海南省厅		1	1				1	2
重庆	建委			2		3		16
	规划局	15	1			2		23
	国土房管局	2		16	38	3	1	11
	市政管委							
四川省厅		2		2	1	4		10
贵州省厅								
云南省厅		2				2		
西藏自治区厅								
陕西省厅		6	1		2	3		2
甘肃省厅					1	5		
青海省厅								
宁夏回族自治区厅			11	2		4	4	
新疆维吾尔自治区厅		3		3	3	2		

案件办理情况　　　　　　　　　　　　　　　　　　　　　　　　　　　表7-4-8

单位		已审结	终止和解	终止其他	驳回	维持	撤销	变更	确认违法	责令履行	调解	其他	未审结
总数		1943	129	34	1555	1320	84	1	22	31	38	129	319
北京	住建委	234	25		14	185	7		3				65
	规划委												
	市政市容委												
天津	建设交通委	59				47	12						2
	规划局	21	1		11	7					2		4
	国土房管局	171	1		46	113	11						2
河北省厅		49	2		4	37					6		14
山西省厅		22			4	2			1			15	2
内蒙古自治区厅		10			3	1	5				1		7
辽宁省厅		43	7	2		27	1			5		1	9
吉林省厅		16	2	2	1	11							
黑龙江省厅		44	21			8	14			1			20
上海	住保房管局	336	188		1	263	12		1			41	61
	建设交通委	7				6						1	
	规划国土局	37		2	7	23	1		1	1		2	4
	水务局												
江苏省厅		158	1	13	11	108	1		3	2		19	24
浙江省厅		74	3		3	56	1					11	23

续表

单位		已审结	终止和解	终止其他	驳回	维持	撤销	变更	确认违法	责令履行	调解	其他	未审结
安徽省厅		114	26			87				1			7
福建省厅		91				74	3					14	
山东省厅		63	2	1	9	46			5				9
江西省厅		12	2		1	7					1	1	1
河南省厅		45	4		3	25	2		3	7		1	7
湖北省厅		40	5		6	22			2			5	
湖南省厅		30		2	4	10	4				2	8	1
广东省厅		73	4		1	57	3		1			7	17
广西壮族自治区厅		28				25	1				1	1	3
海南省厅		4		2		1	1						1
重庆	建委	21			1	4						16	
	规划局	42		7	15	17		1	2				2
	国土房管局	40	5		3	31	1						24
	市政管委												
四川省厅		12				8	1			1		2	4
贵州省厅													
云南省厅		2		1	1								1
西藏自治区厅													
陕西省厅		12	2			1	9						1
甘肃省厅		4				1					3		2
青海省厅													
宁夏回族自治区厅		21			1	1					19		
新疆维吾尔自治区厅		8			4	1	3						2

复议后复议机关被诉情况 表 7-4-9

单位		被诉量	驳回申请	驳回诉讼请求	维持	确认违法	撤销	变更	限期履行职责	撤诉	其他
总数		62	2	28	16		1	1	0	3	11
北京	住建委	10			5						5
	规划委										
	市政市容委										
天津	建设交通委										
	规划局										
	国土房管局										
河北省厅											
山西省厅		1			1						
内蒙古自治区厅		2	2								
辽宁省厅											
吉林省厅											
黑龙江省厅		1			1						

四、2013年各省(区、市)住房城乡建设部门行政复议工作统计分析报告

续表

单位		被诉量	驳回申请	驳回诉讼请求	维持	确认违法	撤销	变更	限期履行职责	撤诉	其他
上海	住保房管局	1		1							
	建设交通委	2		2							
	规划国土局	8		8							
	水务局										
江苏省厅		5			5						
浙江省厅		2		2							
安徽省厅		5		2	2			1			
福建省厅		1			1						
山东省厅		7		5	1					1	
江西省厅											
河南省厅		1									1
湖北省厅											
湖南省厅		6		3						2	1
广东省厅		2		1		1					
广西壮族自治区厅											
海南省厅											
重庆	建委										
	规划局	8		4							4
	国土房管局										
	市政管委										
四川省厅											
贵州省厅											
云南省厅											
西藏自治区厅											
陕西省厅											
甘肃省厅											
青海省厅											
宁夏回族自治区厅											
新疆维吾尔自治区厅											

(资料由住房和城乡建设部法规司提供)

第八篇

部属单位、社团与部分央企

部属单位、社团

住房和城乡建设部科技与产业化发展中心
（住宅产业化促进中心）

【绿色建筑标识评审工作有序开展】 2013年，住房城乡建设部科技与产业化发展中心（住宅产业化促进中心）（以下简称"中心"）完成12批78个绿色建筑评价标识项目评审工作，包括住宅类20项、公建类58项，总建筑面积902.8万平方米。其中申报设计标识项目58项、运行标识20项，经评审获得一星级绿色建筑标识项目31项、二星级项目5项、三星级项目42项。与历年比较，在受理项目总量稳定增长的同时，2013年各月受理评审的绿色建筑评价标识项目数量逐渐均衡，评审工作已常态化。

【加强绿色建筑评价标识工作的联动与交流】 为推进各地绿色标识评价工作，2013年中心在绿色建筑评价标识项目评审环节中加大采用地方标准，增加地方评审专家比例，提高协助各地"绿标办"开展绿色建筑评价标识项目初审工作的力度。与天津市合作开展4个三星级项目的评审，与上海市合作完成1个三星级项目的试评，协助内蒙古自治区、新疆维吾尔自治区和贵州省共完成6项绿标项目试评。协助新疆维吾尔自治区、贵州省和山西省等地完成2000余人次的绿色建筑培训工作。组织编写《武汉市绿色建筑基本技术规定》、《淮安生态新城全面推进绿色建筑建设管理办法》，并与有关单位联合开展"长沙市绿色建筑推进机制研究"工作。与香港中文大学、中国城市研究中心（台北）共同成立"绿色建筑评价标识台湾专家委员会"，2013年12月在台北举办首届大陆绿色建筑评价标识台湾交流会。

【推进绿色建筑政策与技术研究】 中心在广泛调研有关国家和地区推行绿色建筑政策现状基础上，开展"强制推行绿色建筑制度的实施方案"等政策研究。2013年完成第一阶段可行性调研分析与试点措施研究工作。

在绿色建筑技术方面，开展"十二五"国家科技支撑计划"绿色建筑规划设计集成技术应用效能评价"课题和"绿色建筑综合性能指标水平研究"、"绿色建筑实施效果评价指标研究"等子课题研究。主持国家标准《绿色饭店评价标准》、《绿色数据中心评价技术细则》、《绿色保障性住房建筑技术导则》和《低能耗绿色建筑示范区技术导则》等绿色标准技术文件研究编写工作。截至2013年底，已完成部分技术文件起草工作。

【绿色建筑、绿色建筑产业以及示范区技术咨询】 完成北京CBD核心区基础设施项目绿色建筑咨询、天津疗养院绿色建筑技术咨询、福州规划院办公楼绿色建筑技术咨询和顺德医院绿色建筑示范工程等项目绿色建筑技术咨询；开展《推进乌兰察布市住宅产业现代化发展的战略规划研究》、《推进乌兰察布市住宅产业现代化发展的指导意见》、《推进乌海市住宅产业现代化发展的战略规划研究》及河北建设集团绿色建筑产业园区战略规划等绿色建筑产业技术咨询；完成湖南省株洲市"云龙示范区绿色生态城"、河南省济源市"济东新区中美低碳生态城市试点示范"、广州市"金山谷绿色建筑示范区"和招商地产海上世界绿色建筑示范区技术咨询工作。

【严寒与寒冷地区被动式超低能耗绿色建筑示范项目取得成功】 中心承担的中德合作被动式超低能耗绿色建筑示范项目——秦皇岛"在水一方C15"18层住宅楼，经历3年建设，于10月完成质量验收，获得德国能源署认证，成为国内首例成功实施的被动房示范项目。该项目逐时室内环境和能耗指标均达到德国被动式房屋标准，实现了良好的经济社会效益。哈尔滨"溪树庭院"住宅示范项目于11月完成主体工程，初步检测结果能够满足"被动式房屋"指标要求。该项目采暖期新风预热可完全依靠生物质能燃料，改变了传统采暖方式，创新了严寒地区房屋节能减排模式。在国内严寒与寒冷地区开展示范项目的基础上，2013年，中心进一步确定辽宁营口、福建南安、江苏海门、河北承德、山东日照等地被动式超低能耗绿色建筑示范项目。被动式超低能耗绿色建筑试点示范已经从严寒寒冷气候地区扩展到国内四个气候区，从单体建筑扩展到住区规模。

【加强可再生能源建筑应用研究与管理】 在2012年工作基础上，2013年中心组织进行《高效节能型太阳能建筑屋顶、幕墙的光伏建筑一体化系统设计技术导则》、《太阳能光伏建筑应用系统评价导则》研究编制工作。在可再生能源建筑应用项目管理工作中，完成2006~2008年可再生能源建筑应用示范项目资金清算；2009~2012年太阳能光电建筑应用示范项目变更管理、数据监测、验收管理和资金清算等工作；完善了省级可再生能源建筑应用管理与监测系统平台；进行2009~2012年示范市县日常进度统计和剩余资金拨付；修改《可再生能源建筑应用示范市县验收评估办法》；完成可再生能源建筑应用中期报告、年度报告；开展可再生能源建筑应用相关示范专项核查；公布可再生能源建筑应用专项实施进度信息。

【开展既有建筑节能改造项目管理】 根据住房和城乡建设部既有建筑节能改造工作要求，中心承担了"夏热冬冷地区既有居住建筑节能改造项目实施与管理"、"北方采暖地区既有居住建筑节能改造实施与管理"和"北方采暖地区既有居住建筑供热计量及节能改造技术导则和验收办法的修订"等课题研究与管理工作。完成"2012~2013年度北方采暖地区既有居住建筑节能改造工作量奖励资金"、"2012~2014年度夏热冬冷地区既有居住建筑节能改造补助资金"和"2014~2015年公共建筑节能改造补助资金"测算工作；完成北方采暖地区、夏热冬冷地区和公共建筑节能改造试点城市统计工作；协助住房城乡建设部建筑节能与科技司完成既有建筑节能改造项目专项核查与审计，开展公共建筑节能改造示范城市调研与座谈。

【完成中美清洁能源项目第一期研究】 中心承担的中美清洁能源项目，按计划完成"建筑能耗定额方法"、"中美能效标识政策比对"等一期主要研究内容。开展一期示范项目的日常管理工作，完成一期项目验收。与美方相关机构初步研究确定项目第二期研究内容。

【加强建筑能耗统计管理】 2013年，中心完成建筑能耗统计数据报送系统升级工作。对各地2012年度统计上报的29315栋公共建筑基本信息和20493栋公共建筑能耗信息进行分析整理，形成《2011~2012年度民用建筑能耗统计数据分析报告》。协助住房城乡建设部建筑节能与科技司修订发布《民用建筑能耗和节能信息统计报表制度》（建科〔2013〕47号）和《统计人员手册》，组织召开"民用建筑能耗统计和公共建筑节能监管体系建设工作研讨会"。

【推进大型公共建筑监管数据分析平台建设】 协助住房城乡建设部建筑节能与科技司开展大型公共建筑节能监测平台建设运行工作的组织管理。研究起草《国家机关办公建筑和大型公共建筑能耗监测系统国家级平台运行情况报告》，完成《大型公共建筑能耗监测系统数据分析报告》；配合部建筑节能与科技司，起草发布《关于加强和规范国家机关办公建筑和大型公共能耗系统数据上传的通知》，并组织召开省级公共建筑能耗动态监测平台专家论证会，确定河北、湖南、云南等13个省市为第六批能耗动态监测平台建设试点。

【推进墙体材料、保温材料发展，加强结构技术研究与推广】 2013年，中心编制完成《膨胀珍珠岩保温板薄抹灰外墙外保温工程技术规程》、《免烧压制固废再生墙体砌块应用技术规程》、《榫卯式装配型混凝土空心砌块技术规程》等标准初稿。完成住房和城乡建设部节能省地型建筑专项课题"外墙外保温现状调研与政策研究"，形成《我国外墙外保温材料及系统现状调研分析报告》、《我国外墙外保温材料及系统发展政策建议报告》。完成农业部联合国全球环境基金（UNDP）项目——"节能砖与农村节能建筑市场转化项目"科研任务。通过召开"全国节能砖与农村绿色建筑技术研讨会"，开展农村节能建筑转化项目培训、改造企业和示范村经验交流。

【组织开展水体污染控制与治理科技重大专项项目研究】 2013年，中心按计划完成"城市水环境系统规划与管理技术研究与示范"项目和"城市水环境系统设施的监控和预警研究与示范"、"城市水环境系统设施综合评价与示范研究"等课题的验收工作，相关"十二五"课题的研究工作已按计划开展。

【加强水体污染控制与治理科技重大专项实施管理工作】 2013年，中心配合住房和城乡建设部建筑节能与科技司强化水体污染控制与治理科技重大专项"城市水污染控制"和"饮用水安全保障"两个主题的实施管理工作，进一步加强课题立项管理，完善项目（课题）执行情况报告制度和动态管理制度。

完成2013年立项课题合同审查、签订与年度中央经费下拨工作。完成2014年度12个课题评审立项工作，安排中央经费约4亿元。对2011~2012年立项的46个课题及14个产业化课题分别进行了阶段检查和中期检查；会同环境保护部完成中国工程院、科技部评估中心、中国国际工程咨询公司联合开展的专项中期评估的配合工作。

【开展"地下管线工程"相关科研工作】 受住房和城乡建设部城市建设司委托，中心组织开展"地下管线普查成果资料归档与移交指南"、"地下管线工程文件归档与移交指南"和"城市综合地下管线信息管理系统标准研究"等课题研究，按计划完成相关研究工作，取得预期研究成果。

【开展"十二五"建筑节能科技支撑项目研究】 2013年，中心承担"建筑物合同能源管理关键技术研究"、"建筑节能项目碳排放和碳减排量化评价技术研究与应用"、"高效节能型太阳能光伏屋顶和幕墙系统技术研究"、"既有建筑绿色化改造政策与机制研究"、"绿色建筑评价技术细则修订研究"和"预制混凝土部品的节能与结构一体化技术研究与示范"等"十二五"科技支撑项目、课题和子课题的研究工作，相关工作按计划有序开展，已取得阶段成果。

【积极推进建筑产业现代化相关工作】 开展"十三五""住宅产业化发展规划研究"，完成"关于推进住宅产业现代化提高住宅质量若干意见"执行情况评估研究、"关于推进新型建筑工业化和住宅产业现代化科学发展的建议"研究、"保障性住房实施产业化的激励政策研究"等，出版"'十二五'国家重点图书"《保障性住房卫生间标准化设计和部品体系集成》，推进国家住宅产业现代化综合试点和示范城市建设工作，引导东、中、西部城市开展试点示范城市申报工作。

10月23~25日，经批准中心与有关单位在北京成功举办"第十二届中国国际住宅产业博览会"，期间召开2013年度全国住宅产业现代化工作座谈会和2013中国房地产业转型与住宅产业现代化暨绿色建筑新技术新材料发展趋势交流会。通过搭建住宅产业化技术和产品的展示、交流、交易平台，有效地宣传绿色、低碳、产业化的发展理念，推广节能、节地、节水、节材、环保等产业化成套集成技术与部品。

【做好住宅性能评定和产品认证工作】 2013年，中心完成76个住宅性能评定项目的预审、29个项目的终审工作和3个住宅性能研发基地审批工作。开展性能认定与绿色建筑评价等相结合的研究，完成《关于在绿色建筑（住宅类）项目中实施住宅性能认定的建议》；开展住宅性能认定的长效发展机制研究，完成《关于全面推进住宅性能认定制度的指导意见》。中心下属的康居认证中心开展了扩项工作，认证业务由137项增至428项，并完成26家初次认证企业工厂审查和150家年度监督企业工厂审查工作。

【开展国家康居示范工程与国家住宅产业化基地建设】 年内，组织完成22个国家康居示范工程专家评审和5个国家康居示范工程验收。验收项目优良率达到90%以上，住宅性能达到2A以上。完成16项国家住宅产业化基地申报项目的专家论证，12个企业获住房和城乡建设部正式批准为国家住宅产业化基地，各项示范工程与国家产业化基地对全国住宅建设和相关企业发展起到良好的示范引领作用。

【组织住房城乡建设领域科技成果评估推广工作】 根据住房和城乡建设部委托归口管理行业科技成果评估工作相关要求，2013年完成126项行业科技成果评估（详见《2013年建设行业科技成果评估项目目录》），评估项目涉及建筑节能、新型建材、供热计量、施工机械、市政工程、信息化等领域，其中，达到国际领先水平2项，国际先进水平13项，国内领先水平61项，国内先进水平48项。

根据住房和城乡建设部推广应用新技术管理相关规定，2013年，组织对227项申报项目进行评审，其中通过专家评审列入推广项目168项，以中心文件发布（详见《2013年全国建设行业科技成果推广项目目录》），编辑出版《全国建设行业科技成果推广项目简介汇编（2013年）》。评估项目和推广项目的发布，为建设行业提供了一批成熟、可靠、先进、实用的技术与产品。

【继续做好"华夏建设科学技术奖"评审工作】 2013年3月25日至5月31日通过网上申报，"华夏建设科学技术奖"办公室共收到推荐申报项目323项，其中有效申报项目260项。经专业组和评审委员会两级评审与审定，评出获奖项目111项，于2013年11月29日至2014年1月2日进行公示。根据公示期间收到的反馈意见，2014年1月奖励委员会最终决议2013年度"华夏建设科学技术奖"获奖项目共计109项，其中一等奖11项，二等奖29项，三等奖69项，获奖项目以华夏奖励委员会文件形式发布公告。

根据国家奖励办要求，"华夏建设科学技术奖"办公室完成2013年度国家科学技术奖励推荐工作，推荐的"华夏奖"项目获得国家科技进步二等奖一项。

【开展房地产市场监控分析】 根据住房和城乡建设部房地产市场监管司要求,开展全国房地产市场形势月度、季度和年度监测分析工作。开展房地产市场预警预报系统建设工作,起草了40个重点城市房地产市场预警报告,排查各城市系统存在的主要问题。协助房地产市场监管司对国家统计局70个大中城市住宅价格指数进行研究,提出完善建议。协助住房和城乡建设部有关司局完成房地产领域多项课题研究工作。

(住房和城乡建设部科技与产业化发展中心)

住房和城乡建设部人力资源开发中心

【承担《住房城乡建设行业国家职业分类大典》修订工作】 受住房城乡建设部人事司委托,部人力资源开发中心(以下简称"中心")自2011年开始承担《国家职业分类大典》修订工作,该大典共涉及82个职业、305个工种。2013年的主要任务是在完成82个职业、305个工种职业描述的基础上,组织对修订建议稿征求意见、协调交叉、审核上报等工作。在部人事司、部属有关协会、专家的支持下,82个职业、305个工种的修订建议全部通过部人事司组织的专家审核。人力资源社会保障部组织的评审会,对现场操作类共62个职业和专业技术类共20个职业进行评审。

【承担住房城乡建设部《建设工程(科研)专业技术职务任职资格评审标准》修订工作】 在2012年工作的基础上,2013年的主要任务是对职称评审标准(征求意见稿)进行广泛征求意见并对文本中存在的问题,逐个与各专业专家沟通交换意见并修改完善。现行职称评审标准,是由建设部分别于1999年和2001年印发的。十多年来,在职称评审工作中发挥了重要作用。但随着建设事业的发展和变化,在职称评审工作中,逐渐显示出一些问题,如专业设置与名称、申报与评审条件、评价要素与量化指标等亟需修改完善。为此,中心自2011年9月开始,在认真总结现行标准实施以来的实践经验,深入调查研究、广泛收集资料、充分征求意见的基础上,对其进行全面修订。

为能充分体现标准的统一性、协调性、适用性、一致性、规范性原则和评审工作的实际要求,又结合2013年职称评审工作对标准相关条款、量化指标等做相应测试验证,形成标准(送审稿),并通过了由部人事司于2013年12月4日组织相关专家对该标准的审查。与会专家认为该标准修订的总体思路科学明确,文本内容完整、层次分明、用语规范、指标体系合理。在申报条件、评审量化指标等方面突出了对申报人业绩、专业能力的考察,有助于形成注重实绩、鼓励创新的人才评价机制,且符合职称评审工作的政策规定和现实要求。截至2013年底,中心对专家提出的意见建议进行修改完善后上报部人事司发布施行,为2014年职称评审工作做好准备。

【住房城乡建设部2013年专业技术职务任职资格评审工作完成】 2013年度中心共受理2116名专业技术人员申报专业技术职务任职资格评审材料,在时间短、任务重、从业人员变化大的情况下,加班加点对申报材料逐份进行审查、分类、装订,并如期提交到各专业专家组评审,共组织召开33个专家评审会,涉及评委300多人次,保质保量地完成2013年建设工程(科研)专业技术职务任职资格的评审工作。

【承担《公积金管理人员职业标准》编制工作】 受部人事司、住房公积金监管司的委托,中心与标准定额所共同承担《公积金管理人员职业标准》的编制工作。2013年的主要任务:一是组织开展行业调研,了解各地公积金中心管理模式,运作状况和存在的问题;二是组织编写人员研讨标准体系架构及能力评价标准;三是对编写人员进行培训。在上述工作的基础上,形成调研报告并上报住房公积金监管司审定。

【参与人力资源社会保障部和北京市人力资源社保局组织的人力资源服务地方标准的编写工作(国标2部;地标13部)】 北京人力资源服务地方标准为全国人力资源服务行业首个完整的服务规范,该标准在认真总结多年实践经验和科研成果、深入调研及充分验证的基础上,对影响人力资源服务质量的从业人员、设施设备及服务项目、环境、流程,以及人力资源服务项目的内容、资质、服务流程与基本要求等进行了规范。中心作为执笔及统稿人单位,从标准架构设计、调研到标准文本的起草直至贯标等承担了大量文字、协调及标准编写说明工作。不仅为人力资源服务行业标准化建设做出了重大贡献，也以此推动了中心各项服务工作健康有序的发展。

【承担城乡建设统计培训教材研究和修编工作】 受部计划财务与外事司委托，中心邀请北京等9省区市10名专家和北京久其软件公司、部计划财务与外事司统计处以及中心培训处的工作人员共19人参与该课题研究和修编工作，分别于7月和9月在青海和新疆召开论证会和总撰稿会，经过专家论证后该培训教材于10月印制完成并应用于11月在云南昆明组织的城乡建设统计培训班，培训班学员对该教材反映良好。

【完成部司局委托的重点培训项目与外事服务工作】 2013年受部业务司局委托及自身培训项目13个，共举办各类人员培训班21期，培训学员5413人次。与工业信息化部人才中心合作，组织4期电气智能能力水平培训，1607人通过（NCEE）项目考试。同时，积极做好部有关司局委托办理的外事服务工作，分别办理了部住房保障司、村镇建设司和计划财务与外事司委托的因公出国考察培训团组共计82人次的外事相关手续。

【人事代理业务】 截至2013年底，委托中心人事代理的单位936家近19000人，比上年增长了113家、1088人。服务内容涉及十多项，尤其是人事档案的接转、档案材料的补充、社会保险、公积金的缴纳等服务项目，政策性强，又涉及职工切身利益，中心通过上门服务、政策指导、免费培训、举办座谈会等多种形式，为服务对象提供优质服务。

【人才交流业务】 开展高校毕业生就业服务。共举办3期大学生就业指导训练营活动，为1400名大学生提供了就业指导；参加3场校园双选会，发布企业招聘职位58个；参加人社部举办的高校毕业生就业服务周，组织50家招聘单位参会并发布招聘职位170个。

开展人才推荐服务。为企业筛选推荐职位人选14人；为某大型地产企业招聘2名高端职位提供专业命题咨询服务；举办2期全国建设行业人才暨高校毕业生网络招聘会；参加部委人才联合现场招聘会、天津人力资源服务业展示对接会和沈阳装备人才博览会、洛阳市人才信息合作洽谈会，发布招聘信息上千条，库存简历达到54276份。

（住房和城乡建设部人力资源开发中心）

住房和城乡建设部执业资格注册中心

【执业资格考试工作】 2013年，住房和城乡建设部执业资格注册中心组织完成2013年度一级注册建筑师、一级注册结构工程师、注册土木工程师（岩土）、注册土木工程师（港口与航道）、注册土木工程师（水利水电）、注册公用设备工程师（暖通空调、给水排水、动力）、注册电气工程师（供配电、发输变电）、注册化工工程师、注册环保工程师、注册城市规划师、一级建造师和物业管理师等12项个人执业资格全国统一考试的命题、考务及阅卷工作。完成2013年度二级注册建筑师、二级注册结构工程师和二级建造师个人执业资格考试的命题工作。

2013年，共有128.4万余人报名参加各专业（不含二级）执业资格全国统一考试，报考情况见表1。

2013年度各专业执业资格考试报考情况　　表1

专　　业	报考人数
一级注册建筑师	45752
勘察设计注册工程师 一级注册结构工程师	24013
勘察设计注册工程师 注册土木工程师（岩土）	9317
勘察设计注册工程师 注册土木工程师（港口与航道工程）	562
勘察设计注册工程师 注册土木工程师（水利水电工程）	2962
勘察设计注册工程师 注册公用设备工程师（暖通空调、给水排水、动力）	19637
勘察设计注册工程师 注册电气工程师（供配电、发输变电）	13326
勘察设计注册工程师 注册化工工程师	2825
勘察设计注册工程师 注册环保工程师	5126
注册城市规划师	28545
一级建造师	1068133
物业管理师	64452
合　　计	1284650

2013年，二级注册建筑师、二级注册结构工程师、二级建造师报考人数分别为20902人、17312人和1758539人。

2013年，执业资格考试工作的显著特点是各专业考生人数普遍大幅度增加，一级建造师实务科目报考人数比2012年增加近30%，一级建筑师三门作图题的报考人次比2012年增加16%，这给主观题科目的阅卷工作带来相当大的困难。经过与各合作单位积极沟通协调，解决了阅卷场地问题，落实了评分人员的安排，并通过合理整合人力资源，优化阅卷流程，最终按时保质完成各专业主观题科目的阅卷工作。经统计，各专业共组织2400余名阅卷专家和评分员完成95万份主观题科目试卷的人工阅卷工作。

【执业资格考试基础建设】 保密工作是考试工作的基础和重点，为严格落实各项保密措施，2013年组织开展保密调研年活动，对考试保密工作进行全面自查，对检查出的隐患问题进行认真整改，重新修订内部保密工作规定，明确命题工作各环节的保密要求，细化保密工作流程。全年各项考试工作安全平稳，未发生失泄密事故。

加强考试命题专家队伍的建设和管理，相关专业根据命题工作要求及时调整和增补了命题专家，制定考试命题专家管理制度，进一步明确命题专家的权利和义务，强化专家队伍的保密责任，确保命题质量。

加强对考试结果的总结和数据分析，认真制定命题工作计划，不断提高命题技术水平。

继续加大每次审题会的各级审校力度，以及试卷交付印刷前的校对力度，各专业考试普遍实现了"零差错"目标。

加强题库建设，完成了勘察设计注册工程师基础考试题库命题项目验收工作；重新设计开发了建造师考试题库系统，并利用新版系统完成一、二级建造师考试综合科目组卷命题工作，完成二级建造师考试题库试题补充征题工作；启动物业管理师考试题库项目建设工作。

【考试大纲修订工作】 继续完成注册公用设备工程师（暖通空调）、注册环保工程师和物业管理师考试大纲的修订工作，启动注册结构工程师和注册土木工程师（岩土）考试大纲的修订工作，继续开展注册建筑师考试大纲修订的调研工作。

【执业资格注册工作】 2013年，继续开展一级注册建筑师、一级注册结构工程师、注册土木工程师（岩土）、注册公用设备工程师（暖通空调、给水排水、动力）、注册电气工程师（供配电、发输变电）、注册化工工程师、注册城市规划师、一级建造师和物业管理师等各专业执业资格注册工作，全年共完成12.2万余人次的注册工作，具体情况见表2。

2013年度各专业执业资格注册情况统计表　表2

专业	初始（增项、重新）注册人数	延续注册人数	变更注册人数	更改补办证章人数	合计
一级注册建筑师	1764	10718	1982	380	14844
一级注册结构工程师	2121	13313	3293	411	19138
注册土木工程师（岩土）	890	5268	1069	106	7333
注册公用设备工程师	2487	3890	1124	129	7630
注册电气工程师	1881	3464	902	56	6303
注册化工工程师	734	952	91	2	1779
注册城市规划师	2038	4428	1010	261	7737
一级建造师	46660	—	2891	23	49574
物业管理师	8145				8145
合　　计	66720	42033	12362	1368	122483

按照住房城乡建设部加强对二级注册人员执业监管的要求，2013年组织建立了全国二级注册建筑师、二级注册结构工程师注册人员数据库，在汇总各地上报的二级注册人员数据的基础上，对二级注册建筑师、二级注册结构工程师注册人员数据进行筛查清理，并将数据库应用于注册审查工作。经统计，到2013年底，全国二级注册建筑师、二级注册结构工程师注册人数分别为22930人和9894人，二级建造师注册人数为112万人。

【完善注册审核程序和规程】 根据实际工作需要，分别对一级注册建筑师和勘察设计注册工程师注册管理系统、注册城市规划师注册管理系统、一级建造师注册管理系统进行了修改，增加更多的管理和使用功能，提高对注册人员违规注册的核查能力，进一步完善注册审核程序，使注册管理工作更加科学、严谨和人性化。落实注册公用设备工程师、注册电气工程师和注册化工工程师三个专业的延续注册和变更注册问题。落实通过资格互认取得内地一级注册建筑师、一级注册结构工程师执业资格的香港人士补办执业资格证书的申请程序。

【落实考试取得内地注册建筑师和勘察设计注册工程师部分专业执业资格的香港、澳门人士的有关注册问题】 按照住房和城乡建设部关于落实内地与香港、澳门《〈关于建立更紧密经贸关系的安排〉补充协议九》有关事项的工作安排,2013年1月落实相关香港、澳门人士的有关注册问题,即通过考试取得内地注册建筑师、注册结构工程师、注册公用设备工程师、注册化工工程师和注册电气工程师执业资格的香港、澳门人士可以在广东省申请注册。

【落实执业资格注册行政审批职能下放工作】 为落实国务院《关于同意广东省"十二五"时期深化行政审批制度改革先行先试的批复》文件要求,按照住房和城乡建设部统一部署,2013年6月,完成广东省一级注册建筑师和勘察设计注册工程师部分执业资格注册行政审批权下放的调研和各项准备工作,2013年7月1日起,广东省和深圳市的一级注册建筑师、勘察设计注册工程师变更注册和注销注册审批权下放到广东省建设执业资格注册中心管理。根据国务院要求行政审批权力下放的指示精神,按照住房和城乡建设部的工作安排,做好一级建造师执业资格注册审批权下放试点的准备工作。

【继续教育工作】 认真组织执业资格注册人员继续教育教材的选题和编写工作,充分发挥专家作用,科学规划继续教育必修课选题,严格必修课教材终审把关,保证了继续教育教材质量。2013年组织完成注册结构工程师必修课教材的编审和出版工作,分别策划确定了注册建筑师和注册土木工程师(岩土)必修课教材的选题,并落实教材的编写工作。

继续加强对各地继续教育实施情况的监督检查,督促地方制定和落实培训工作计划,严格规范继续教育工作,保证执业资格注册人员接受继续教育的权利。

在充分调研和征求各方意见的基础上,进一步修改完善《勘察设计注册工程师继续教育管理暂行办法》报住房城乡建设部审批,为下一步相关专业实施继续教育提供政策依据。

【国际交流与合作工作】 为提高国内一级注册结构工程师的国际地位和影响,继2012年首次推荐部分一级注册结构工程师申请取得英国结构工程师学会正会员资格后,2013年再次组织开展推荐工作,通过推荐和遴选,共有41人参加英国结构工程师学会组织的补充测试,31人通过测试取得英国结构工程师学会正会员资格,通过率为75.6%。两年来累计共有64人取得英国结构工程师学会正会员资格。

2013年9月,第十六届中日韩注册建筑师组织交流会在海南省海口市召开,住房城乡建设部执业资格注册中心按照全国注册建筑师管理委员会的工作计划,协调会议承办单位海南省住房城乡建设厅和海南省注册建筑师管委会圆满完成会议各项议程。全国注册建筑师管理委员会、日本建筑士会联合会和大韩建筑士协会的近40名专家学者参加了会议,中日韩三方组织达成继续加强交流与合作、继续深化和完善"中日韩建筑师执业手册"、继续探讨"国际化背景下青年注册建筑师的培养项目"等共识。

为配合落实《中华人民共和国政府和新加坡共和国政府自由贸易协定》的服务贸易中建筑师互认条款,2013年7月组织完成对新加坡注册建筑师执业资格制度的考察工作,较全面地了解了新加坡注册建筑师的职业教育、执业资格取得、注册和继续教育、建筑师执业管理以及与其他国家开展资格互认的情况。

【研究工作】 承担住房和城乡建设部"《勘察设计注册工程师管理规定》(建设部令第137号)修订"课题的研究工作,住房和城乡建设部执业资格注册中心课题组就勘察设计行业执业注册管理工作的实际问题对6个省(市)进行调研,听取行业主管部门、企业管理人员和注册执业人员对勘察设计注册工程师管理工作的意见和建议,完成调研报告。

针对行政审批制度改革问题,住房和城乡建设部执业资格注册中心组织研究撰写了《关于保留和推进住房和城乡建设领域个人执业资格管理体系现有模式的有关建议》和《关于行政审批制度改革有关问题的报告》上报住房和城乡建设部,从执业资格制度建设的必要性及改革方向等方面着眼,为住房城乡建设部行政审批制度改革提出相关建议。

(住房和城乡建设部执业资格注册中心)

中国建筑工业出版社

【生产经营稳步增长,实现经济效益社会效益双丰收】 2013年,中国建筑工业出版社(以下简称"建工出版社")出版图书3568种,其中新书1195种,5.87亿字,重印书2373种,出版码洋共计8.03亿元，超出年计划 2.93%，同比增长 6.28%。回款实洋 3.85 亿元，同比增长 8.93%。主营业务收入 3.25 亿元，同比增长 4%，利润总额 8798 万元，同比增长 4%。职工人均收入实现同步增长。截至 12 月底，资产总额 7.85 亿元，同比增长 12.99%。主要指标再创新高。

在第三届"中国出版政府奖"评选中，荣获"先进出版单位奖"，连续三届获此殊荣；被国家新闻出版广电总局评为首批"数字出版转型示范单位"。《西藏建筑艺术丛书》获得第三届"中国出版政府奖"图书奖；《中国建筑之道》、《地下建筑学》2 种图书入选第四届"三个一百"原创出版工程；《图说世界建筑史》（日文版）等 4 种图书在第十二届"输出版引进版优秀图书"评选中获奖；《〈营造法式〉注释》入选首届"向全国推荐优秀古籍整理图书"；《文心飞渡》被评为 2013 年度"中国最美的书"；《世界园林史图说》等 5 种图书获得第八届"全国书籍设计艺术展览"大奖。

【立足专业，拓展相关，策划出版精品项目】 围绕住房城乡建设部中心工作，不断调整和优化结构，大力策划城镇化、建筑节能、住房建设、城乡规划、新技术应用等方面的图书选题，注重加强与部各司局、相关学协会、教育科研单位、设计施工企业及全国各地建设系统的联系，努力做好出版服务工作。大力推动品牌项目《建筑设计资料集（第三版）》、《工程地质手册（第五版）》、《给水排水设计手册（第三版）》的修订工作。"十二五"国家重大出版工程《中国古建筑丛书》获 543 万元国家出版基金资助，完成全部 35 卷初稿的收稿工作。圆满完成《中国特色新型城镇化发展战略研究（综合卷）》、《走在运河线上——大运河沿线历史城市与建筑研究》等一批重点图书的出版。继续做好教材、标准规范、考试用书的出版工作，进一步巩固主业。注重加强对外输出与国际合作，充分利用国家对"走出去"的扶持政策，认真组织实施《中国精致建筑 100》、《中国建筑的魅力》、《中国雕塑》（英文版）等重点输出项目的出版工作。在拓展新领域方面积极尝试，推出面向少儿市场的木制拼图系列产品《从小培养建筑师》和《森林小屋》。

【积极发展战略合作，挖掘出版资源】 陆续同哈尔滨工业大学、重庆大学、山东建筑大学等建筑类院校签订了战略合作协议，双方将在教材建设、学术出版、科技研究、教育培训等多方面开展合作。与在建设行业具有较大影响的筑龙网建立了战略合作关系。年底在宁波举办"首届建筑师国际论坛"，首次尝试杂志举办论坛，不仅扩大了建工出版社和《建筑师》杂志的品牌影响力，并且积累了战略资源，开拓杂志经营发展的新路。

【积极探索数字出版，加快推进出版转型】 以建工出版社丰富的专业图书资源为内容，依托方正电子在数字出版领域的领先技术，由建工出版社打造的"中国建筑出版在线"（www.CABPLINK.COM.CN）各子项目按计划有序推进，资源库基本建成，完成重点图书、图片资源的分类管理，实现 6000 多种电子书 10% 的免费翻阅和在线销售。3 月，考试培训正式上线；10 月，建筑图书在线服务上线；12 月，建筑图片在线服务上线。截至 2013 年底，"中国建筑出版在线"可为正版考试用书读者提供增值服务，一二级建造师、结构工程师、岩土工程师等考前视频培训服务共计 500 多小时，在提供 PC 机服务的同时，开发手机等移动终端服务，注册用户 7 万多人，销售网络视频 30 余万元。并完成《结构工程师电子书架》等多种电子书的设计、开发工作。"建筑施工资源库"被批准列入新闻出版改革发展项目库 2013 年度入库项目。在"第五届中国数字出版博览会"上，建工出版社被评为"2012~2013 年度数字出版创新企业"。

【多项措施加强营销，加大力度开拓市场】 继续巩固提升代理连锁发行系统，发挥其在建筑图书市场的专业优势，拓展与新华书店等大卖场的合作，召开新华书店系统发行工作会议。将发行业务从区域管理模式调整为渠道管理模式，将图书馆采购业务作为今后渠道建设的一项重要工作，积极发展直销业务。开设中国建筑书店淘宝天猫旗舰店，充分发挥各渠道优势，扩大覆盖面，挖掘市场潜力。针对图书市场盗版猖獗的现象，继续采取有效措施，查处销售盗版图书的书店 5 家、培训机构 4 家、非法销售数据库公司 1 家，严密监控网络侵权，维护正版图书市场。进一步加强营销推广力度，在门户网站开辟"图书空间"，按专业板块加强对一般图书的宣传；在武汉、沈阳等 7 个省市举办教材推广活动，共计百余所建筑类院校 700 多位教师参加；举办"建工版教材专架"赠送活动，在 105 所建筑类院校设立专架，累计赠送教材 15000 余册，大大提升了教材的销售与服务。

【进一步改进管理，加强队伍建设和企业文化建设】 根据市场需求，为了进一步控制成本、减少库存，制定了小印数图书工作流程。重视出版物质量管理，举办第十六届图书质量展。进一步规范财务管理，颁布《财务管理办法（2013 年版）》，启用网络报销平台，推进财务电算化进程。加强激励机制，改革编辑部效益考核办法，改变利润结算方式。走访9家出版单位，调研收入分配制度改革，制定《岗位工资考核分配办法》初步方案。注重人才的培养与引进，多种形式开展继续教育，在社内举办18次编辑出版专题讲座，大大提高了员工的业务素质。为迎接2014年六十年社庆，筹建社史馆，组织编写《社史》和《我与建工社》两本图书。充分发挥党群、工、青、妇组织的桥梁纽带作用，组织职工运动会、三八节参观、青年联谊、老干部健康休养等活动，营造良好发展环境。

【深入开展群众路线教育实践活动，切实转变"四风"】 按照中央和部党组的统一部署，以"加强作风建设，密切联系群众，推进改革发展"为主题，研究制定实施方案，加强组织领导，开门搞活动，深入开展批评与自我批评，制定整改方案，开展专项整治，较好地完成了党的群众路线教育实践活动三个环节的各项任务。进一步加强领导班子和班子成员的思想政治建设，坚定理想信念，强化政治意识和纪律观念，班子的凝聚力、战斗力、创造力进一步加强。切实推动领导干部作风转变，宗旨意识进一步增强，群众观念进一步提升。切实加强对"三公"经费的管理，2013年会议费同比下降28.5%，差旅费同比下降9%，招待费同比下降14.1%，计划2014年出国参加书展及业务交流人数减少四分之一。严格控制接待范围、标准和规模，未发生违规赠送礼品现象，会风文风明显改进。集中力量解决一些职工群众关心的实际问题，收到比较明显的成效。

（中国建筑工业出版社）

中国城市科学研究会

概况

中国城市科学研究会下设7个专业委员会，共有团体会员约900个，个人会员约16000人，在22个省、自治区、直辖市和20个省会城市及重庆大学等有地方城市科学研究会组织。2013年，学会工作围绕核心工作任务，在组织发展、学术交流、科技研究、决策咨询、出版发行等方面展开。

学术会议交流

【主办第九届国际绿色建筑与建筑节能大会暨新技术与产品博览会】 4月1~3日在北京召开，大会以"加强管理，全面提升绿色建筑质量"为主题，根据国内外建筑节能与绿色建筑的现状和发展方向，设有1个综合论坛和31个分论坛。国内外建设系统政府机构、科研院所和企业代表齐聚一堂，共同交流绿色建筑与建筑节能的最新科技成果、发展趋势、成功案例，研讨绿色建筑与建筑节能技术标准、政策措施、评价体系、检测标识，分享国际国内发展绿色建筑与建筑节能工作新经验。

【主办2013城市发展与规划大会】 7月16~17日在广东珠海召开，会议主题为"生态城镇、智慧发展"，围绕主题，安排17个分论坛，论坛议题既是全球城市发展的前沿研究领域，同时也与当前中国新型城镇化的推进紧密相关，涵盖生态城市如何规划、城市地下管线管理、智慧城市的技术手段及评价体系、生态城市的水系统规划、绿色能源的运用、循环经济的发展等领域，前沿理念将为城市的可持续发展提供更清晰的实施路径。

【主办2013中国城镇水务发展国际研讨会与新技术设备博览会】 10月31日至11月1日在湖南省长沙市召开，大会以"治理水污染，保障水安全，恢复水生态"为主题，重点围绕供水设施建设改造与运行管理、城市供排水系统节能降耗、污泥处理处置与技术进展、城市污水深度处理、再生利用和水生态修复等行业焦点热点议题展开。对中国城镇水行业的现状及前景提供有效的分析，深入解读行业政策及市场前瞻，提供水行业市场资讯，探讨产业发展机制，促进行业有效沟通，充分发挥政策对产业的指导作用，进一步完善水资源管理。研讨会外，大会紧密围绕中国水务发展现状与世界发展趋势，举办了亚洲开发银行水务论坛、亚欧城镇水务发展国际论坛、中韩水务技术发展论坛等国际水务高峰论坛，深度探讨全球水行业的多项重要课题及行业的热点话题。

【主办第二十届海峡两岸城市发展研讨会】 9月

3日在贵州省贵阳市举行。作为海峡两岸城市科学领域学术交流的重要平台，此次研讨会时逢海峡两岸城市发展研讨会的第二十届，此次研讨会的主题是"生态文明，城乡统筹"。围绕主题，共举行"区域开发、新型城镇化与城乡统筹发展"，"生态建设、转型发展与战略引导"，"空间演变、应对气候变化与智慧规划"，"土地利用、模式探索与民居建筑"等4个场次的研讨交流。

【承办中欧城镇化伙伴关系论坛单元论坛活动】11月21日在北京召开。论坛围绕可持续城镇化这一主题，邀请中欧双方政府部门、企业和研究机构近1000名代表出席，就政府在城镇化中的角色、城镇化发展的地区实践、城镇化过程中的企业力量，以及智慧城市、人文城市、绿色城市、创新城市建设和城市交通发展等问题进行了深入交流。学会参与承办绿色城市、人文城市两个分论坛的学术交流活动。

【承办中国（天津滨海）国际生态城市论坛平行论坛—绿色生态城区——生态城区的细胞单元】由绿色建筑专业委员会承办。邀请国内外生态建设方面的权威专家就生态城区评价标准发展状况、生态城区建设实践经验总结以及专项技术研究与应用等方面展开交流探讨，以期在方法、技术和路线等方面为中国生态城区建设发展提供有益启发。基于我国生态城市建设的评析与展望，与国际生态城市的发展进行对话交流，探索出一套符合中国国情、具有中国特色的生态城市建设与体制机制，为生态城市的建设提供实践经验的借鉴平台。

决策咨询研究

【参加国家重大科技项目的决策咨询研究工作】学会紧密围绕国家和地方重大科技需求和战略部署，推动建立产学研相结合的技术创新体系。学会下属各专业委员会及技术研究中心发挥人才资源聚集、技术创新先行的引领作用，积极承接国家重大科技专项攻关及创新研究工作。

数字工程研究中心组织开展"城市精细化管理先期攻关"、"基于遥感数据的水体水质评估"、"饮用水流域的管理体制运行机制与保障体系"、"智慧城市管理公共信息平台关键技术研究与应用示范"、"绿色建筑基础数据库课题研究"等项目的研究攻关工作。

绿色建筑专业委员会承担国家"十二五"科技支撑项目科技项目"绿色建筑标准体系与不同气候区不同类型建筑标准规范研究"和"绿色建筑评价指标体系与综合评价方法研究"两项课题的研究工作。

学术一部承担中国科协"科技与社会远景展望2049：城市科学与未来城市"咨询研究项目。

学术二部于2013年6～8月申报了国家水专项原创课题，共申请到课题4项。其中直接牵头课题"利用粉煤灰、污泥及淤泥制备超轻高强陶粒技术研究"1项，参与"污泥喷雾干燥自燃焚烧技术的研究"、"新型分散式源头低能耗污水处理系统"、"城镇及乡村的道路雨水高效渗透系统及关键部件产品"3项。

【配合住房和城乡建设部中心工作，完成相关业务司局的技术课题及研究工作】完成部村镇建设司"绿色低碳重点小城镇建设经验研究"、"绿色低碳重点小城镇建设评价指标（试行）修订研究"两项课题。

完成部城乡规划司"省域城镇体系规划编制技术导则"编制研究、"宏观空间规划比较研究"等课题任务。

完成部城市建设司"风景区资金机制"研究、"风景区规划校核"、"基于低影响开发的雨水控制利用措施技术经济评价"等多项研究工作。

完成部建筑节能与科技司委托"绿色生态小城镇规划建设技术政策研究"项目工作、"既有建筑绿色改造评价标准"研究、"绿色建筑检测技术标准"、"绿色建筑效果后评估与调研"等多项课题研究工作。

【理论研究成果与实践接轨】面向城市政府，为城市的生态城市规划、建设、管理与可持续发展提供思路与政策指引。

组织开展湖南株洲云龙示范区管委会委托的三项技术课题，构建适合中国城市建设与发展的生态城市规划体系，完成覆盖规划、建设、运营和管理等多个方面，并综合考虑到建设时序以及部门事权的全过程指标体系。

完成四川光华学院委托的"四川大英绿色校园生态规划"工作，在总体规划的基础上进一步开展生态规划的相关研究，提升生态建设水平。

组织开展河北省怀来县住房与城乡建设局"怀来县城乡总体规划"编制工作，对怀来县城乡总体规划进行修编调整，在分析评价现行县城镇体系规划、中心城区规划实施情况的基础上，进一步明确本次规划的编制原则、重点内容。

完成海南省三亚市水务局委托"三亚市调整原水及自来水价格"咨询研究的前期调研工作，编制调价实施方案，过程资料审查，并及时提出建议。

完成广东省珠海市横琴新区政府委托"横琴绿色生态新城水资源专项规划"编制工作，借鉴新加坡等发达国家的水资源循环利用方式，提出集"雨水渗透收集、中水利用和海水淡化"为一体的系统化水资源优化方案。

完成重庆市九龙坡区政府委托"重庆桃花溪流域综合治理方案"研究工作。

2013年度，承担10余个规划设计咨询与研究类项目，涵盖总体规划、控制性详细规划、专项规划、城市设计及标准研究等。

承接政府转移职能

2013年度主要承接事项包括：科技评价、科技咨询与技术服务、行业标准（规范）制定、继续教育与培训。由学会下属各研究中心承担业务工作。

绿色建筑研究中心主要承担绿色建筑标识评价、标准制定、宣贯培训等工作。2013年共举行17次绿色建筑设计标识评审会议、2次绿色工业建筑设计标识评审会议、5次运行标识绿色建筑评审会议、2次运行标识绿色工业建筑评审会议，累计完成197个绿色建筑项目，数量同比增加12.8%。

2013年成功评审香港3个绿色建筑项目，与中国绿色建筑与节能（香港）委员会继续紧密合作，共同推动香港地区项目以及由香港机构在内地申报项目的绿色建筑评价工作；承接住房城乡建设部科技司绿色建筑培训宣贯任务，组织了520人参加有关培训活动。

绿色建筑专业委员会组织编制完成"绿色生态城区评价标准"。召开多次专题会议，征求意见稿面向建筑设计、施工、科研、检测、高校等有关单位和专家征集了249条修改意见和建议；考察一定数量的申报城区，完成8个绿色生态城区的试评工作。标准制定适应我国国情的绿色生态城区评价标准为宗旨，真正体现绿色生态城区可持续发展和低成本的理念。参与部城乡规划司有关绿色生态城区示范城市评审工作。

县镇工作部配合部村镇建设司组织第二批中国传统村落评选工作。制订《传统村落补充调查要求》等文件，编辑修订、印刷制作《中国传统村落名录（图册）》。在第一批传统村落图册的基础上，增补第二批传统村落，共计1561个中国传统村落搜集资料进行编辑，制作完成《中国传统村落名录图册》一、二、三册共计1700余页，制订《中国传统村落保护规划要求》；并在此基础上编制《中国传统村落保护规划技术要点指南》；用以指导各传统村落的保护发展规划编制。同步开展传统村落档案制作与保护发展规划编制培训，在广西、贵州、云南等地召开全国性的培训会议；组织专家分别在太原、运城、泉州、昆明、凯里、黄山、武汉、广州等地开展特别培训。

数字工程中心协助部科技司完成国家智慧城市两批试点评选和任务书签订组织工作。协助部建筑节能与科技司进一步细化《国家智慧城市试点暂行管理办法》中过程管理的相关内容，形成《国家智慧城市试点过程管理细则（试行）》，同时，为了指导试点城市（区、县、镇）做好重点项目推进工作，在寿光、天津、长沙、南京和西安等五地组织召开了"智慧城市试点重点项目推进培训会"；完成了两批试点城市重点项目的入库、分类、统计分析，针对绿色建筑、智慧社区、智能交通等重点领域开展了行业分析方面的工作，协助完成全过程管理工作。

低碳照明研究中心组织城市照明节能评价标准制定编写工作。在公开征求意见和正式通过审查的基础上，按照标准编制程序要求整理各项报批材料提交标准定额司。现已由住房城乡建设部第90号公告批准发布，标准编号为JGJ/T 307-2013，自2014年2月1日起实施，对规范全国城市照明节能改造工作起到较好的作用。

大型展览展会

2013年度举办两次大型展览、展会活动。

【第九届国际绿色建筑与建筑节能大会暨新技术与产品博览会】 4月1日，在北京国际会议中心举办。为期三天的新技术与产品博览会，展示国内外建筑节能、绿色建筑、智能建筑和绿色建材的最新技术成果与产品应用实例。展示内容涉及建筑节能、生态环保、智能建筑、既有建筑节能改造、绿色照明、绿色施工、绿色房地产、可再生能源在建筑中的应用、大型公共建筑节能运行管理、新型绿色建材等方面的新技术与产品，参观达9000余人次。

【2013中国城镇水务发展国际研讨会与新技术设备博览会】 10月31日在湖南长沙召开，在为期三天的新技术与设备博览会期间，依据行业发展趋势，集中展示了国内外先进适用的供水、节水和污水处理技术、设备、典型工艺及工程实例，汇集了来自法国、英国、荷兰、德国等多个国家和地区的知名企业参展，展出产品覆盖水行业产业链。参观4000余人次。

学术期刊出版

《城市发展研究》杂志2013年正常出刊12期，

正文刊出246篇文章。出版增刊2期。在选稿上本年度继续以各种方式开设7个不同类型的专栏，继续跟进"绿道建设"专栏，纪念性专栏——"任震英大师百年祭"；结合新一轮《全国国土规划纲要（2011～2030）》编制的研究设置专栏；结合国家水专项研究，深圳"转型规划"探索，城市地下管线、新型城镇化、国土规划、城市更新、城市排水行业管理等内容开设专栏。

组织建设工作

【组织召开形式多样的工作会议，做好会员的联系交往和服务工作】 根据学会组织建设工作的要点，2013年召开两次组织工作会议。明确年度工作计划、重点方向，交流工作经验：1月结合会员日活动，召开分支机构与研究中心工作座谈会，对研究会各分支机构及研究中心的工作进展情况进行了梳理汇报，建立起通畅的信息沟通管道，通过对于工作经验的交流与探讨，互相借鉴，吸收经验，创新与拓展思维模式；7月，结合2013城市发展与规划论坛的契机，在珠海组织召开了五届七次理事暨分支机构、团体会员单位代表工作会议。会议对学会6年的主要工作进行概要总结，简要汇报一年来主要工作进展，交流工作经验，展望今后工作的重点及目标。

【完善内部机构设置，适应技术发展趋势】 本届理事会的核心工作是要树立学会在学科建设方面的前沿领军作用，随着项目累积及实践经验的成长，2013年将学术交流部细分成两个研究支部，学术一部主要以可持续的城市发展研究为主线，开展相关领域的科研与咨询活动，下设5个专业研究所，分别为城乡规划所、资源环境所、社会经济所、生态景观所、新能源技术所；学术二部以城市水环境为主线，承担有关水系统规划、雨洪规划咨询工作，目标是建立针对水行业的需求、技术难点、从战略上研发和提供一揽子技术解决方案的团队。

【启动有关换届筹备工作】 基本完成有关第五届理事会工作报告，对6年主要工作进行总结，有关内容已在本年度理事工作会议上进行汇报，拟进一步征求对报告的修改意见。成立换届筹备工作组，提出第六次会员代表大会代表及理事会人选分配方案。第五次会员代表大会通过的《学会章程》部分条款需要即时的充实和修改，着手进行有关章程文本的修改与完善工作，并第一时间向常务理事征集有关意见。

国际科技合作研究项目

参与政府间合作项目的研究工作。参与住房城乡建设部与英国对外事务部的合作项目《中国低碳生态城市规划方法》，主要针对中国的低碳生态城市建设在实践中尚缺乏有效的方法指导，开展低碳生态城市规划方法的研究及规划导则的制定工作；围绕木结构建筑技术组织开展系列活动，协助组织"中加生态城市建设与木结构建筑技术研讨会暨中国现代木结构建筑技术产业联盟会议"分论坛。促进木结构联盟成员更好的合作，发挥联盟优势；中欧合作方面，积极承担中欧EC-link项目的管理与组织工作。

组织参与中美清洁能源联合研究中心相关课题项目。完成"西方各国绿色建筑激励机制与政策比较研究及对中国的启示"研究工作，课题主要针对英国、美国、澳大利亚、日本、新加坡及中国现有的绿色建筑相关政策进行比较研究，探讨建筑碳排放计算方法；完成"绿色建筑标识体系的推广机制研究"工作，通过对上海市、浙江省等具有典型气候和自然特点地区的绿色建筑评价标识推广的调研，从绿色建筑标识激励、绿色建筑评价标识培训、绿色建筑从业人员的资格认证、绿色建筑理念的宣传教育等多方面研究我国适宜的绿色建筑标识体系的推广机制。承担"新型照明系统设计及控制方法研究"相关工作。

与美国俄勒冈大学建筑学院城市规划系合作成立"中美城市发展交流研究中心"。主要围绕城市可持续发展，开展城市规划相关领域科研项目的合作，与美国赫勒建筑设计咨询（上海）有限公司签署合作协议框架，拟共同开展科研与规划合作。

与UTC（联合技术公司）合作，继续开展"生态城市指标体系构建与生态城市示范评价"项目研究工作。

由EF资助，完成有关可持续研究项目：研究建立绿色城区评价标准、生态城市微观指标体系，进行生态城市跟踪研究与中外生态城市对比研究。

完成GEF项目《促进低碳生态城市的政策建议》《中国城市低碳发展规划纲要和指南》《城市低碳发展培训》三项子课题的前期立项和项目建议书。

完成"中英繁荣基金（SPF）"2013年的项目申请。围绕低碳绿色发展的主旨，申报"快速城镇化进程中的低碳转型路径探索——以深圳为例"，探索深圳市如何建立以低碳排放为特征的城市空间结构、绿色建筑、交通，新能源等的低碳转型路径，实现可持续发展。

完成亚行项目"基于低碳生态发展的城乡规划技术方法"、中国建筑垃圾资源化利用机制和管理政策研究的项目概念书的撰写。

学术沙龙活动

面向对接地方政府技术需求，通过专家研讨交流与主题对话，进行有关低碳生态理念的宣传与扩散。

【生态城市中国行——北京园博园·长辛店生态城站活动】 活动选址在丰台区园博园·长辛店生态城，立足于更好地推广北京经验，为中国特大城市的经济转型与低碳生态发展提供经验支持及技术参考。住房和城乡建设部仇保兴副部长出席并做题为《"共生理念"与生态城市》的主题演讲，在对话空间和学术沙龙环节，主要围绕北京低碳生态社区的建设，开展了政府、专家、设计单位及相关企业的互动交流。

【城市文化：城镇化的灵魂——城镇化进程中的城市文化问题研讨会】 4月27日，由《城市发展研究》与《文化纵横》杂志联合主办，来自城市规划、城市设计、世界遗产、城市地理学、城市社会学、哲学、中国传统文化等各领域的专家学者20余人汇聚一堂，以圆桌的方式，探讨了文化与科技、消费、社会、经济和制度变迁的关系，得出要有文化自信的结论，同时正视城镇化是一把双刃剑的现实，积极解决其中的众多问题。

【多学科交叉融合下的生态文明城市建设研讨会】 9月17日，由《城市发展研究》杂志社主办，探讨如何进行生态文明城市建设，探索多学科的融合机制，摸索适合我国国情的生态文明城市建设之路。9位专家分别从城市文化、城市经济、水资源管理、城市交通、城市能源利用、城镇化等方面作了精彩演讲，多位专家在城市规划、环境及土地管理、水处理等方面进行即席发言，与会专家达成以下几点共识：生态文明城市建设是一个多学科交叉融合的重要课题，如何融合如何发展，成为亟待研究的一个热点问题。生态文明城市建设要更多地强调系统性和综合性，寻找多学科的交叉点和结合部，融合更多学科；生态文明城市建设需要创新，通过理念创新、技术创新、体制创新、文化创新等进行模式的改变。

（中国城市科学研究会　撰稿人：周兰兰）

中国房地产研究会

【概况】 2013年，中国房地产研究会在民政部的领导管理和住房城乡建设部的指导下，顺利召开换届大会，选举产生以刘志峰为会长的新一届理事会，认真学习贯彻党的十八大和十八届三中全会精神，按照换届大会部署的年度任务，扎实推进各项工作。围绕房地产业与新型城镇化协调发展，发展绿色建筑、改善人居环境等方面积极组织课题活动，为国家有关部门、地方政府、会员单位提供决策参考。

研究会换届

【第六次会员代表大会在京召开】 5月21日，中国房地产研究会在京成功召开第六次会员代表大会，选举产生以刘志峰为会长的新一届理事会，通过第五届理事会工作报告，总结过去4年的工作成绩和经验，提出七届理事会5个方面的工作建议，编写《中国房地产业协会第五届理事会科研成果汇编》（四册）。住房城乡建设部副部长齐骥到会讲话。

加强调查研究，服务行业

【发布市场研究成果】 针对房地产市场的变化，中国房地产研究会会同中国房地产业协会组织北京中房研协技术服务有限公司，加强市场运行情况监测分析、紧密跟踪热点难点问题，及时提出稳定市场建议，研究撰写出版《中国房地产市场研究报告》季报4期、月报12期、周报34期、热点专题7期，并于5月 编纂出版《2013年中国房地产年鉴》。

【课题研究】 中国房地产研究会坚持围绕《国民经济和社会发展第十二个五年规划纲要》、《全国城镇住房发展规划（2012～2015）》报送立项、组织编制课题，完成并通过验收"'限购'政策效果分析及未来政策调整储备"、"基本住房保障制度设计与立法研究"、"国外个人住房信息查询模式研究"、"保障性住房在住房供应体系中的地位研究"、"绿色住区建设标准"5个课题，按期推进"住房公积金管理绩效考核办法"、"公共租赁住宅小区智能化系统建设导则"、"中小套型保障性住房厨卫标准化研究"等5个课题，2013年又向部建筑节能与科技司申报"建筑产业化综合效益分析"、"城市规模住区内环境装饰污染评价及装饰污染控制技术研究"等7个软科学研究课题。

开展品牌活动，扩大社会影响力

【房地产科学发展论坛】 中国房地产研究会贯彻中央推进新型城镇化方针，会同中国房地产业协会和国家发展改革委城市和小城镇改革发展中心于7月在西安主办以"新型城镇化与房地产业转型发展"为主题的第五届中国房地产科学发展论坛，包括各省住房城乡建设厅厅长、省房地产协会会长、众多城市市长和开发企业负责人在内的700余人出席论坛。论坛从新型城镇化、中小城市与小城镇投资、房地产业转型发展三个层面阐述了行业观点，提出政策建议，也从技术和应用方面为企业和城市释疑解惑。

【行业信用评价】 从2010年1月起，经国资委和商务部批准，中国房地产研究会会同中国房地产业协会开始研究制定房地产行业信用评价标准与办法并从2011年起组织试点，2012年全面推开。2013年4月在山东潍坊向48家企业颁发了2012年度信用等级牌匾和证书。经企业申报、地方房协初审，共有10个省、86家企业参加了2013年度信用评价，年底前已委托社会第三方评价机构完成材料审核和实地核查工作。2013年还对2011年首批试点企业中的27家进行了复审，并于6月在浙江舟山召开信用评价培训会议，共有18个省、直辖市房协和部分企业代表参加。同时，修改完善两项制度，新制定《房地产行业信用评价社会第三方信用评价机构招投标管理办法》。

【行业测评活动】 中国房地产研究会会同中国房地产业协会和中国房地产测评中心，开展一年一度的房地产企业测评工作，于3月在北京发布《2013房地产开发企业500强测评研究报告》，5月在香港、北京同步发布《2013年中国房地产上市公司测评研究报告》、同期在上海发布《中国城市住房（一手房）价格288指数报告》和《中国城市住房价格288指数二手房价格60指数报告》，9月在北京发布《2013年中国房地产企业品牌价值测评研究报告》。

建言献策，服务政府

【关注长效机制，建言顶层设计】 中国房地产研究会围绕促进房地产市场平稳健康发展、促进房地产行业转型发展和解决百姓"住有所居"三大主题加强调查研究，为政府决策服务。于5月、6月、7月、10月分别向中共中央办公厅信息综合室、中央财经领导小组办公室、全国人大预算工作委员会、全国政协经济委员会汇报房地产业形势，反映会员企业诉求，并就抓紧建立促进房地产市场长效机制提出政策建议。

7月份向国务院法制办公室提交《城镇住房保障条例（送审稿）》。参与国家标准《绿色建筑评价标准》（GB 50378）的修订。受住房城乡建设部委托编辑出版《房地产交易登记法规汇编》、《国有土地上房屋征收及补偿法规政策汇编》和《国有土地房屋征收及补偿地方法规政策汇编》。会同中国房地产业协会组织承办"2013房地产市场形势报告会暨全国一级资质房地产开发企业座谈会"。

【推动城市经济文化环境发展】 2013年4月，中国房地产研究会会同中国房地产业协会与潍坊市政府联合主办"2013中国房地产发展与生态文明建设论坛"，与会专家学者与700余位代表就新型城镇化、人居环境建设、建设中国百年住宅、绿色住区和绿色建筑等议题进行了交流。8月和11月，人居环境委员会分别与内蒙古二连浩特市和山东齐河县共同举办"人居环境建设专家论坛"，并与两市县领导共签《中国人居环境共建示范城市战略合作协议》，践行美丽中国构想。

搭建房地产采购平台，密切与地方协会合作

【推进房地产采购平台运营】 为提高采购产品质量，降低采购成本，2012年以来，中国房地产研究会会同中国房地产业协会顺应会员企业需求，搭建中国房地产集中采购平台，按照"从小到大、先易后难、先少后多、先线下、后线上"的原则，为供需双方提供采购服务。现采购平台已成为开发企业和供应商的信息发布平台，截至12月，在线注册企业已达万余家，其中开发企业发布需求信息60余项。2013年采购平台分别在厦门、杭州、武汉、深圳、重庆召开采购对接大会，共对接区域开发企业200余家，参会供应商300余家。

组织房地产开发百强企业采购负责人以团购模式分别对永康门业、康美家地板、欧神诺陶瓷、美睿整体厨房和德生防水工程企业进行考察；组织德

生防水、海尔集团、美睿整体厨房和康美家地板等企业技术人员到万达集团等大型房企巡讲节能环保建筑新科技新产品，同时了解房企具体需求。通过与地方房协合作建立采购平台地区中心，扩大买方资源，先后与重庆市房地产开发协会、辽宁省房地产行业协会、四川省房地产业协会、海南省房地产业协会组建房地产采购平台地区中心。

【深化与地方协（学）会伙伴关系】 2月，中国房地产研究会驻会会长办公会通过了《中国房地产研究会与地方协会（学会）合作发展意见》（试行），明确提出双方合作发展要建立会议沟通、活动合作、研究成果共享、信息交流、合作共赢五个机制。为落实办公会决议，推动此项工作，12月4～5日，在上海组织召开全国地方协（学）会会长、秘书长工作会议，共有32家省级协会及22家市级协会会长、秘书长110余人到会，会上分别介绍了信用评价、广厦奖、采购平台和500强测评方面的工作开展情况，并就推广房地产信用评价、布置2013～2014年度广厦奖评选、合作共建房地产采购平台地方采购中心、扩大测评工作覆盖区域同与会各省、市房协会长、秘书长沟通交流、洽商合作细节，并考察节能住宅的相关项目。

交流合作

【共同举办第十一届中日韩住房问题研讨会】 10月24～25日，中国房地产研究会与日本居住福祉学会、韩国住居环境学会在北京以"防灾与居住安全"为主题，共同举办第十一届中日韩住房问题研讨会，来自三个国家的百余位房地产及相关行业研究人员从防灾与居住福利资源的利用、灾害与居住环境完善及安全技术、制定居住安全和防灾政策三个方面，进行沟通和交流。

【签署战略合作协议】 中国房地产研究会自2013年起开展对外战略合作工作，服务有实力、有意愿的企业转型发展跨国投资经营。5月，会同中国房地产业协会与华远顺安（北京）公司、澳中财富集团签署战略合作协议，正式启动组织中国房地产企业赴境外投资开发。7月，分别与中非发展基金代表和喀麦隆非洲第一银行总行首席执行官洽谈合作投资非洲事宜。

发挥分支机构作用

【分支机构发挥职能服务专业领域】 中国房地产研究会分支机构本着"职责鲜明、体现特色、突出专业、持续发展"的原则，积极开展服务。住房保障和公共住房政策委员会4月举办"保障性住房建设、分配管理暨公租房运营管理研讨会"。住房公积金和房地产金融委员会8月举办"住房公积金流动性风险研讨会"。房地产市场委员会12月举办"十八届三中全会后房地产形势分析会"。房地产法规政策委员会举办"中国易学与健康文化地产发展论坛"。住宅产业发展和技术委员会以总工联席会议的形式就装配式住宅、绿色建筑、建筑保温隔热关键技术、住宅生活饮用水水质安全保障等议题全年9次召集会议。房地产产权产籍和测量委员会受住房城乡建设部委托完成全国房屋登记官考试工作。人居环境委员会数次举办"中国人居会客厅"活动。住宅设施委员会举办了"整体厨房技术讨论会暨现代厨房沙龙"。

做好舆论宣传、信息公开工作

【办好杂志网站，加强宣传工作】 《中国住宅设计》是中国房地产研究会主办的专业期刊，2013年杂志办理了广告许可证、期刊出版许可证。2013年完成中国房地产研究会官方网站中房网改版工作，增设地方和专题等频道，使中房网的宣传报道更具针对性和有效性，同时还加大对假冒中房网骗钱的境外网站的举报打击力度，提醒行业企业、会员单位谨防上当。中房网每天访问量达10.5万人（次），成为全行业的第一门户网站。

中国房地产研究会时时关注行业新闻动态，在"央视曝光45家房企欠缴巨额土地增值税"的消息见报后的几天内会同中国房地产业协会组织"房地产项目土地增值税问题情况通报会"，阐明税制，澄清事实，维护行业形象，倡导企业公民意识。

秘书处自身建设

【认真开展党的群众路线教育实践活动】 根据住房城乡建设部党组的部署，从7月17日起，中国房地产研究会、中国房地产业协会联合党支部经过"学习教育、听取意见"、"查摆问题、开展批评"、"整改落实、建章立制"三个环节，遵照"照镜子、正衣冠、洗洗澡、治治病"的总要求，集中针对领导班子存在的"四风"问题，召开全体在京党员、职工参加的动员大会，分为6个方面广泛征求意见，组织党员领导干部以整风精神认真进行对照检查，学习河北省委常委班子的做法，严肃开展批评和自我批评，在认真梳理征求意见函的基础上，撰写领导班子对照检查材料，总结出14条主要问题并剖析原因，对整改和下一步整改提出具体措施和落实部门。

【工会工作】 2013年，中国房地产研究会、中国房地产业协会工会组织工会会员集体赴革命圣地河北省平山县西柏坡，参观党的七届二中全会会址，重温"两个务必"。"三八"国际劳动妇女节期间组织全体女职工进行了"健美行"环八一湖健走活动，开展"与书同行、阅美人生"女职工读书活动，与会员单位工会联合开展羽毛球友谊赛等形式多样、丰富多彩的文体活动，陶冶了职工思想情操，努力营造朝气蓬勃、团结和谐的社团文化氛围。

(中国房地产研究会)

中国建筑学会

【概况】 2013年是中国建筑学会(以下简称"学会")成立60周年，学会围绕这个主题开展了一系列纪念活动和学术交流活动。年初启动中国特色社会主义建筑理论体系的研究、中国建筑文化整理与时代意义研究、绿色建筑与建筑理论方向的研究、建筑创作在公共艺术中的社会责任研究等四个课题的研究；10月，召开中国建筑学会2013年年会暨学会成立60周年纪念活动。围绕行业热点、难点问题，学会及所属分会全年共开展学术交流活动85次，参加人数达11500余人次，其中高端前沿学术会议9次，参加人数3300人。主要活动有：中国建筑学会2013年年会暨学会成立60周年纪念活动、美丽中国与城市生态文明威海国际论坛、2013年度院士推荐工作会、中国建筑学会2013年学术课题启动会、绿色建筑产业论坛、工业分会学术年会、建筑电气分会学术年会、工程管理分会学术年会等。举办专业科技培训、讲座49次，参加人数4165人次；出版论文集16册，收录学术论文1165篇。

开展第一届国务院评比办核定的"建筑设计奖"评审工作，完成建筑创作、建筑结构、建筑暖通、建筑电气、建筑给排水、建筑景观、室内设计、乡村建筑等专业项目的评选。完成"当代杰出工程师"推介活动，甄选出223名当代杰出工程师并在国内进行宣传推介，计划在2014年继续对当代杰出工程师深入开展国内外推介活动。

拓宽国际交往渠道，扩大对外交流和合作，1～11月，共接待来自匈牙利、丹麦、法国、英国、日本、朝鲜等国家和我国台湾地区的相关建筑师学会、协会、设计机构，驻华使馆等临时访问团组8个，共30人次，承办两次国际组织例会，接待参会外宾约60人，组织一次双边学术交流，参与外宾18人，组织两次对台交流，参与的台湾地区代表达65人。1～11月，共派出出访团组6个，共28人次，访问马来西亚、菲律宾、墨西哥、美国、匈牙利、捷克、英国、尼泊尔8个国家，出席5次国际会议，进行3次双边交流。

学会继续加强与亚洲建协和国际建协的联系，扩大我国建筑行业国际影响。8月15～18日，学会承办的亚洲建协第三次执行局会议在山东威海举行，亚洲建协主席、副主席、5个委员会主席、顾问、秘书长和司库等18位代表出席会议。10月20～24日，由学会承办的国际建筑师协会第122届理事会在北京召开。国际建协主席、秘书长等30余位理事会成员来京参加会议。理事会期间，所有外宾出席中国建筑学会2013年学术年会暨中国建筑学会成立60周年庆祝活动，参观年会展览和颁奖晚会，并与参加年会的代表进行互动交流。

学会及直属分会公开出版和内部发行的刊物18种，全年累计发行60余万册期刊，并积极尝试电子化出版，为读者提供更为便捷和环保的阅读方式。积极开展与刊物密切相关的多项学术交流、竞赛活动。

学会继续加大会员工作的力度，10月22日，第二次在故宫举行资深会员授牌仪式，名誉理事长叶如棠、理事长车书剑为资深会员颁发中国建筑学会资深会员证牌。

学会秘书处认真贯彻理事会的各项决议，注重发挥理事的作用，充分地体现民主办会的原则，与此同时，综合服务质量及办事效率得到进一步提高，为学会各项活动的开展提供保证。

【筹备并组织中国建筑学会2013年年会暨成立60周年纪念活动】 9月27日，举行中国建筑学会成立60周年座谈会，叶如棠、车书剑和副理事长兼秘书长徐宗威、马国馨院士、黄熙龄院士及一批学会的老领导、老专家参加座谈会，大家畅所欲言，共同回顾了建筑学会的光荣历史，提出许多建设性的意见,大家表示,建筑学会将继往开来,再创新的光荣历史。

10月20~23日,举行以"繁荣建筑文化,建设美丽中国"为主题的中国建筑学会2013年年会暨成立60周年纪念活动。住房与城乡建设部副部长王宁出席会议,宣读了全国政协主席俞正声、住房城乡建设部部长姜伟新的批示并致辞;车书剑全面回顾了中国建筑学会60年的历史,他指出中国建筑学会60年的成就来之不易,是全体建筑科技工作人员共同努力的结果,祝愿学会创造更美好的明天。叶如棠、吴良镛院士、何镜堂院士、程泰宁院士、张锦秋院士等出席大会开幕式。会议对60年来我国建筑界取得的重大成果进行全面系统的总结、交流和展示,同时设立3000平方米展览区域,展示建筑科技界各专业在节能减排、保护环境、建设和谐人居环境等方面取得的新成果。

【举办第十五届海峡两岸建筑学术交流会及院校学术交流会】 5月26~30日,学会与台北中华全球建筑学人交流协会共同主办的"第十五届海峡两岸建筑学术交流会"在山西省太原市召开。此次交流会的主题为"回归建筑理性,建筑美丽家园"。车书剑和台北新党主席郁慕明先生等出席会议。大陆和台北的建筑师代表作了精彩的主旨报告,参加会议的代表共85人,其中台北代表16人。

由中国建筑学会和中华全球建筑学人交流协会共同主办,由清华大学建筑学院承办的"第二届海峡两岸建筑院校学术交流工作坊"于2013年9月7~12日在清华大学成功举办。来自大陆地区和台湾地区的16所建筑院校的师生共约100人参加此次活动,其中台湾地区师生为49人。

【车书剑理事长赴美国建筑学会访问】 6月,车书剑应美国建筑学会邀请,赴美国访问。期间,车书剑接受"美国建筑学会理事长奖章"授牌,并参加美国建筑学会年会,与美国建筑学会理事长讨论并确定了中美两国建筑学会深入合作的方针。

【举办"中英建筑学生工作坊"和"中英高校工业建筑/棕地再生研讨会"】 4月15~28日,由学会和英国驻华大使馆文化教育处联合主办的"中英建筑学生工作坊"在北京举行。工作坊主题为"北京首钢厂区再生概念设计"。来自北京6所院校和英国4所大学的师生共43人参加活动。

4月22日,"中英高校工业建筑/棕地再生研讨会"在清华大学建筑设计研究院绿色报告厅举行。北京规划委员会副主任邱跃、北京市建筑设计研究院副总建筑师吴晨、都市实践主持建筑师王辉、清华大学建筑学院教授朱文一以及来自英国皇家艺术学院、牛津布鲁克斯大学、肯特大学的教授分别在研讨会上做主旨报告,中英双方师生及来自北京设计院所的设计师近100人参与讨论互动。

【举办威海国际人居节】 8月,在威海举办"第七届威海国际人居节",期间召开亚洲建协执行局会议,亚洲建协主席、副主席、5个委员会主席、顾问、秘书长和司库等来自18个国家和地区的20余位代表出席会议。同时组织"中国文化建筑"和"生态文明与美丽城市"两个论坛,举办"国际建筑设计大奖"、"大学生建筑设计奖"、"优秀文化建筑评选"三个赛事,举行"中国优秀文化建筑奖"、"大学生建筑设计奖获奖作品"、"当代百家名院和百名优秀建筑师"、"国家建筑设计大奖获奖作品"四个展览。其中两个设计大奖参赛作品达1900余件,创下近年国内同类大奖赛记录。

【首场中国建筑学会党员建筑师西部巡讲活动】 制订全年中国当代百名建筑师西部巡讲活动的活动方案,6月17日,首场中国建筑学会党员建筑师西部巡讲首场报告会在西宁举行;7月11日,在兰州市举行第二场巡讲,并陆续在银川、西安和乌鲁木齐等地举办巡讲巡展活动,受到当地建筑科技工作者和广大建筑学科师生的热烈欢迎。

【开展2013年两院院士候选人推荐工作】 根据中国科协办公厅科协办发组字〔2013〕3号文的精神,学会开展了2013年度中国科学院、中国工程院院士候选人报中国科协工作。

【完成建筑设计奖评审工作】 中国建筑设计奖是经国务院国评办核定,中国建筑学会主办的建筑设计最高荣誉奖。2013年完成评选工作。其中建筑创作金奖36项、银奖62项,建筑结构金奖10项、银奖33项,建筑暖通金奖4项、银奖7项,建筑景观金奖2项、银奖7项,室内设计金奖5项、银奖6项,乡村建筑金奖1项、银奖1项,建筑电气金奖19项、银奖30项,建筑给水排水金奖1项。

【审定"应急科普丛书"】 中国科协组织编制《地震应急实用知识问答》丛书,其中《灾后建筑重建》一册由学会组织推荐的专家负责审稿工作。

【赴安徽铜陵农村调研,为美丽乡村建设提供技术支持】 1月和3月,应安徽省铜陵市人民政府的邀请,学会先后组织专家40余人次,两次赴铜陵市部分乡村进行实地调研。编写《铜陵市美好乡村建设农民住房设计调研报告》,学会将组织落实《美好乡村农民住房标准图》的设计工作,设计工作完成后由铜陵市人民政府负责推广。

【继续做好中国当代建筑名师推介活动】 在国内，组织优秀百名建筑师代表西部巡讲，组织百名优秀建筑师代表地方巡讲等；国际上，6月下旬组织中国当代百名建筑师赴英国、匈牙利、捷克巡讲巡展，安排与当地建筑师协会的正式会见、学术报告、百师展览，拜访相关设计机构、开发企业和政府官员，扩大中国建筑师在国际的影响，传播中国建筑文化。

【开展当代中国杰出工程师宣传推介活动】 为宣传当代中国工程师在建筑工程领域取得的丰厚业绩，提高建筑工程师的社会影响力和社会地位，激励广大建筑工程师为发展繁荣中国建筑文化，推进建筑节能减排和保护生态环境，构建和谐人居环境，建设美丽中国做出更大的贡献。中国建筑学会决定开展建筑学科相关专业的杰出工程师宣传推介活动，并确定223人入选"当代中国杰出工程师"，中国建筑学会举办一系列活，以多种形式向国内外宣传推介"当代中国杰出工程师"。

【举行2013年中国建筑学会社会公益活动】 5月16日，中国建筑学会党支部组织全体在职党员赴河北省石家庄市井陉县于家村，举行以"扶贫帮困"和"建设美丽乡村"为主题的系列"党建强会"活动。学会党支部向当地于家村小学和百年古村——于家石头村捐献钱物，用于学校改善办学条件和古村落保护等。同时举办"建设美丽乡村"为主题的座谈会，学会专家从古建筑保护、发掘传统文化、旅游开发、经济发展等角度与当地干部进行了深入的交流。

【举行"寻找中国好建筑"科普活动】 为响应中国科协举办的全国科普宣传日活动，中国建筑学会科普工作委员会于4月3日在上海举办"寻找中国好建筑"科普主题论坛。讨论中国建筑行业的发展现状，拓展行业视野，开启设计思路，进一步提升本土建筑师和室内设计师的社会地位，扩大了建筑行业的影响力，拉近建筑专业和公众之间的距离。

（中国建筑学会　撰稿：魏巍）

中国土木工程学会

【服务创新型国家和社会建设】 2013年，中国土木工程学会（以下简称"学会"）组织开展"十二五"国家科技支撑计划课题2"软土地下空间开发工程安全与环境控制"的研究。该课题研究期限为2012年1月至2015年12月，2013年课题研究工作按计划进展顺利，建立课题工作月报制度，召开两次课题进展交流会，参加项目年度工作交流会，编报上年度课题财务决算报告，完成本年度执行情况报告、科技报告和统计报表；学会参与主编的行业标准《人工碎卵石复合砂应用技术规程》（送审稿）通过专家审查。在前期研究工作的基础上，2013年重点组织开展《规程》补充验证试验，完成验证试验报告，对《规程》内容进行多次修改讨论，最终形成送审稿；学会燃气分会于2013年11月底共对全国45家压力管道设计、制造单位进行鉴定评审，其中压力管道设计单位23家，压力元件制造单位22家。积极履行国家质量监督检验检疫总局授权于学会分会的职能，努力承担评审认证工作，为我国压力管道安全监察工作做出了应有的贡献。鉴定评审工作不仅局限于燃气行业内部，还涉及石化、冶金、规划、交通、化工等行业。学会工程风险与保险分会开展《建筑深基坑工程施工安全技术规范》、《高速公路高边坡深基坑施工安全风险评估技术指南》、《我国工程保险条款制定》等标准规范的编制工作；混凝土分会参与《无粘结预应力混凝土结构技术规程》和《钢纤维混凝土》的修订工作、《预拌混凝土绿色生产及管理技术规程》和《混凝土中氯离子含量检测技术规程》等标准的编制工作、国家973计划项目"高碾压混凝土坝全寿命周期性能演变机理与安全控制"（2013CB035901）课题一"复杂环境下碾压混凝土材料性能演变细观机制"的部分研究工作和国家973课题"重大工程结构FRP应用关键技术与集成"（2012CB026205）的部分研究工作；桥梁与结构工程分会在公路、铁路、房屋建筑等领域参与的众多标准规程的编制和修订以及课题研究工作；学会防震减灾工程技术推广委员会参与《建筑消能减震技术规程》、《屈曲约束支撑应用技术规范》的编制工作。

【国际学术会议】 2013年，召开2013中国国际轨道交通技术展览会、2013中国国际隧道与地下工程技术展览会暨 2013 中国上海隧道与地下工程技术研讨会、2013 城市防洪国际论坛、承办 2013 国际燃盟理事会议、第九届中日土木研究生论坛、第七届中日盾构隧道技术交流会等，学会隧道分会赴瑞士参加 2013 世界隧道大会暨国际隧道协会 39 届年会、学会燃气分会参加第十七届世界液化天然气（LNG17）大会。

【国内主要学术会议】 2013 年，学会及所属分支机构共举办国内学术会议 50 多次，参会人数超过 6000 人次，出版论文集近 30 种，提交论文近 1700 余篇。召开第十二届海峡两岸隧道与地下工程学术及技术研讨会、2013（第二届）国际桥梁与隧道技术大会、2013 中国上海隧道与地下工程技术研讨会、运营安全与节能环保的隧道及空间建设第四届学术研讨会、全国桥梁建设技术创新暨港珠澳大桥主体工程施工技术介绍与现场观摩会、首届地下空间与现代城市中心国际研讨会、2013 中国城市轨道交通关键技术论坛、2013 中国国际轨道交通技术展览会及相关技术论坛、2013 中国国际隧道与地下工程技术展览会、2013 中国首届公共汽车节能大赛、2013 城市防洪国际论坛、第十六届全国混凝土及预应力混凝土学术会议暨第十二届预应力学术交流会、第四届全国特种混凝土技术、第四届全国聚羧酸系高性能减水剂及其应用技术交流会、第四届工程建设算机应用创新论坛。学会与香港工程师学会土木工程部联合组织香港青年土木工程师冬令营。

【国际交往】 11 月 6 日上午，加拿大土木工程学会的高级副主席 Tony Begin 先生、主管外事工作的副主席陈海铎博士、主管项目的副主席 Brian Burrell 先生和分会会长陈冰教授访问学会，对今后短期与长期的合作方向与内容进行探讨。学会工程风险和保险分会邀请来自美国、英国、法国、日本、葡萄牙的专家来华交流讲座。燃气分会接待国际燃气联盟有关人员的来访和考察活动。市政分会接待以色列有关单位人员的来访。水工业分会邀请美国、以色列、意大利的有关人员来访交流。隧道分会接待日本、英国的有关专家来华交流。土力学分会邀请国际土力学及岩土工程学会、奥地利的有关人员来华访问交流等。

【科普活动】 举办土木工程院士、专家系列讲座等公益性学术活动。学会邀请教育部"长江学者奖励计划"特聘教授、同济大学土木工程国家重点学科特聘教授、学会理事朱合华教授以"数字地下空间与工程研究及应用进展"为主题，进行了精彩的报告；学会和东南大学联合主办"2013 年土木工程国际知名专家系列讲座暨第四届全国研究生本科生暑期学校"，邀请 11 位国际知名院士专家就土木工程领域热点、难点问题精辟阐述自己的学术观点和学术成果。

【学术期刊】 编辑出版《土木工程学报》、《现代隧道技术》、《防护工程》、《建筑市场与招标投标》、《煤气与热力》、《城市公共交通》、《公交信息快递》、《城市公交》文摘报、《预应力技术与工程应用》、《空间结构简讯》、《土木工程师》、《城市道桥与防洪》等期刊。为纪念学会建会 100 周年，学会修订出版《中国土木工程学会学会史（1912-2012）》。

【表彰举荐】 2013 年，学会开展第十一届中国土木工程詹天佑奖的评选表彰工作，共确定 32 项工程获得奖励。组织开展 2013 年度国家科学技术奖推荐申报工作，学会推荐的由清华大学张建民等主持完成的《大型结构与土体接触面力学试验系统研制及应用》获得 2013 年度国家技术发明一等奖，由华东建筑设计研究院有限公司王卫东等主持完成的《软土深基坑工程安全与环境控制新技术及应用》获得 2013 年度国家科技进步二等奖。开展第十届光华工程科技奖候选人推荐及遴选工作。组织开展中国青年科技奖候选人推荐及遴选工作，向中国科协推荐中国青年科技奖候选人 3 人，其中，江苏省建筑科学研究院有限公司冉千平研究员级高工获得 2013 年第十三届中国青年科技奖。推荐国家奖励高层咨询专家 2 位。向住房城乡建设部推荐"住房城乡建设部建设工程企业资质审查专家库"专家 24 名。开展 2013 年度中国土木工程学会高校优秀毕业生奖的评选活动，授予 33 名同学 2013 年中国土木工程学会高校优秀毕业生称号。

【2013 中国国际轨道交通技术展览会】 5 月 5～7 日，2013 中国国际轨道交通技术展览会（CRTS China 2013）系列活动在上海世博展览馆成功举办。中国国际轨道交通技术展览会是集铁路与城市轨道交通于一体的综合行业展览会。此届展会以"合作·创新·共赢"为主题，展馆面积近 3 万平方米，展出内容涵盖轨道交通车辆及其动车组、铁路路基、隧道及地下工程、电气化技术等方面。来自美国、英国、法国、德国、俄罗斯、加拿大等 18 个国家和地区 300 多家企业参展。展商人数比 2012 年增加 28%。展会同期还举办了轨道交通相关技术论坛、轨道交通行业中外贸易采购洽谈、新产品新技术发布、人才交流会等 10 余场主题活动，吸引来自行业内的 600 多家企业及 1000 多名来自全球各地轨道交通领域专业人士的积极参与。

【第三届土木工程安全与防灾学术论坛】 5 月

17～18日，第三届"土木工程安全与防灾学术论坛"在南京市钟山宾馆成功举办。会议围绕建筑（房屋与构筑物）工程安全与防灾、桥梁工程安全与防灾、水利工程安全与防灾、地下（岩土与隧道）工程安全与防灾、土木工程高性能材料及其力学性能与耐久性、土木工程各类灾害的形成机理与防护对策、土木工程灾害评估等内容展开了探讨。在为期两天的会议中，杨秀敏、欧进萍、周福霖、马克俭、孙伟、杨永斌、龚晓南等7位中国工程院院士和28位国家"千人计划"特聘专家、杰出青年基金获得者、"长江学者奖励计划"特聘教授、国家重点实验室主任等土木工程安全与防灾领域中青年专家做了学术交流报告。此次会议吸引全国各地近400名土木工程领域的专家学者和研究生参加。

【2013中国城市轨道交通关键技术论坛】 9月5～6日，2013中国城市轨道交通关键技术论坛在北京会议中心举行。截至2013年6月底，全国共有17个城市的70条城市轨道交通线路投入运营（含有轨电车及磁悬浮），运营里程超过2000公里。会上，中国工程院施仲衡院士做了主题发言，提出发展城市轨道交通要重视规划，合理规划，提高轨道交通的综合效益，要将创新应用到具体实践中，科学发展轨道交通、突出重点、引领未来。十几位业内专家就轨道交通工程的风险管理、地铁系统设备管理指标体系、轨道交通信息模型的全生命周期管理、城市轨道交通人性化设计探讨、城市轨道交通施工变形指标统计分析与管控措施研究、轨道交通网络化进程中客流特征及成长规律研究等问题发表主题演讲，并展开深度讨论。

此届论坛收录论文48篇，以论文集形式在大会上推出，内容涵盖了城市轨道交通的各个方面。大会根据论文内容，分成规划建设、设备与运营以及勘察、测量与监测三组进行交流，并评出20篇优秀论文。

【第十二届海峡两岸隧道与地下工程学术与技术研讨会】 8月17～18日，第十二届海峡两岸隧道与地下工程学术与技术研讨会在西南交通大学峨眉校区隆重举行。来自海峡两岸隧道与地下工程规划、勘察、设计、施工新技术、风险与保险、灾害防治领域的300余名专家参加会议，其中台湾代表团48人。

此次会议以"可持续发展的隧道及地下工程"为主题，邀请了相关政府部门、业主单位、隧道及地下工程施工等单位的专家学者，共同探讨隧道与地下工程在设计、建设、运营及维护等不同阶段的先进技术，会议听取7个特邀报告（其中台湾1个，大陆6个），37个学术报告（其中大陆19个，台湾18个），报告内容涉及隧道与地下工程领域的各个方面。两岸专家针对隧道与地下工程领域建设和研究中的热点、难点问题展开了热烈的讨论。会议出版了论文集，共收录论文119篇，其中："隧道与地下工程的理论研究"33篇、"隧道与地下工程的规划设计"21篇、"隧道与地下工程的施工技术"、"隧道与地下工程的维修养护和节能减排"10篇、"隧道与地下工程的新理念、新技术和新产品"7篇。

【第十一届中国土木工程詹天佑奖颁奖大会】 7月9日，第十一届中国土木工程詹天佑奖颁奖大会在北京国际会议中心举行。来自科技部、住房城乡建设部、交通运输部、水利部、中国铁路总公司、中国科学技术协会、国家科技奖励工作办公室、北京市民政局、北京市科学技术协会等单位有关负责人，中建、中铁工、中铁建、中交等央企代表，中国土木工程学会和詹天佑基金会理事，各专业分会和各省市土建学会代表，以及227个获奖单位代表和来自全国各省市的土木建筑科技工作者近500人参加颁奖大会。

中国土木工程詹天佑奖至2013年已评选十一届。詹天佑奖旨在奖励"自主创新"，奖励在工程建设中突出科技创新与新技术应用方面成绩显著的项目，尤其在节约资源，保护环境和可持续发展方面作出新贡献的项目，激励设计、科研、施工、项目管理等参建单位科技和管理创新，为提高我国土木工程科技水平作出贡献。

（中国土木工程学会 撰稿人：张君）

中国风景园林学会

【概况】 2013年，中国风景园林学会（下简称"学会"）在住房和城乡建设部、中国科协、民政部等部门的领导和支持下，认真努力落实第四届第五次理事会议和四届八次常务理事会议精神，按计划召开第五次全国会员代表大会,完成理事会换届,各项工作扎实推进。

3月,学会四届八次常务理事会议在北京召开。会议讨论并通过《中国风景园林学会 2012 年工作总结和 2013 年工作计划》、《中国风景园林学会奖评奖管理办法》和评奖专家委员会的组成,通过编辑出版《中国风景园林名家名师丛书》的工作建议。10月,学会在武汉召开第五次全国会员代表大会,会议讨论并通过《中国风景园林学会章程》修改建议和《中国风景园林学会会费管理办法》。随后进行理事会换届选举,产生第五届理事会。会后召开第五届第一次理事会议,选举方岩等常务理事 51 名。召开五届一次常务理事会议,选举产生陈晓丽为理事长的新一届领导班子。

7月,学会在北京召开企业家座谈会,就企业家关注的行业规范、企业标准、税收政策等进行研讨。10月,在武汉市召开全国各省风景园林学(协)会理事长交流会,学会新一届理事会领导班子成员与地方学(协)会领导会面,并进行学会工作交流。

2013年,学会向中国科协和民政部申报成立了理论与历史专业委员会。10月9日,理论与历史专业委员会成立会议在清华大学举行。

学会吸收单位会员 133 家,个人会员 1300 人。截至 2013 年底,累计完成中国科协统一换证登记的单位会员达 663 个,个人会员 5400 人。

2013年,召开国内学术会议 15 次,参加人数 2260 人次,论文交流 350 篇,召开国际学术会议 4 次,参加人数 800 人,交流论文 260 篇,会议比上年增加 4 次,人次增 420,论文增 150 篇。

6月8日,陈俊愉先生逝世一周年之际,学会与北京林业大学共同举办"花凝人生——纪念陈俊愉院士逝世一周年暨陈俊愉学术思想研讨会",以此纪念陈俊愉先生爱国奉献、奋斗一生为园林的精神,并号召全行业以陈俊愉先生为楷模,为中国风景园林事业的发展共同努力。

9月27~28日,学会与北京林业大学共同举办国际菊花学术研讨会,主题为"菊花品种资源与产业发展",就菊花品种资源收集与保护、基础生物学研究、菊花育种和栽培技术以及菊花应用和产业发展等议题进行研讨,国内外菊花研究领域的 140 余位专家学者和一线技术人员参会。会议收到论文摘要 79 份,进行特邀报告 6 个,口头汇报 30 个。

10月8~10日,学会与清华大学共同主办,在清华大学召开"明日的风景园林学——风景园林的理论与历史"国际学术会议。会议回顾了我国风景园林学发展历程,展示了近年国内外风景园林学研究成果,并面向未来探讨了风景园林学的机遇与挑战。

10月26~28日,中国风景园林学会 2013 年会在武汉举办,会议由中国风景园林学会主办,湖北省风景园林学会、武汉市园林局、华中农业大学共同承办。会议被中国科协评定为 2013 年度"前沿高端学术会议活动"之一。会议主题为"凝聚风景园林,共筑中国美梦",约 1000 位国内外专家、学者、在校学生参会。

学会分支机构举办的会议:9月,在陕西省西安市举办第十四届中国风景园林规划设计交流会。10月,在湖北省武汉市举办植物保护研究专业委员会学术年会。

学会组团参加在新西兰召开的第 50 届国际风景园林师联合会(IFLA)世界大会,并对新西兰、澳大利亚等地的风景园林进行考察。2013 年,学会接待了韩国造景学会代表团的来访。

2013年,学会继续推荐国内优秀项目参加"国际风景园林师联合会(IFLA)亚太区风景园林奖"评选,在总共 9 个获奖项目中,我国占得 7 个。辽阳衍秀公园景观设计、酒泉市北大河生态景观治理综合规划和南安水头五里桥文化公园分获设计类、规划类和土地管理类主席奖。

2013年,学会开展"第二届终身成就奖"评选,授予吴良镛、周干峙中国风景园林学会终身成就奖特别奖。授予陈有民等 11 人中国风景园林学会终身成就奖。中国风景园林学会奖评出科技进步奖 11 项、优秀规划设计奖 76 项、优秀管理奖 68 个和优秀园林工程 201 项。获中国风景园林学会奖——科技进步一等奖的为著作《园衍》和科研成果《北京城市绿地综合节水技术的研究和示范》。获中国风景园林学会奖——优秀规划设计一等奖的为珠三角区域绿道(深圳段—2 号线特区段、大运支线 5 号线)设计等 8 个项目。获得中国风景园林学会奖——优秀园林工程大金奖的为徐州云龙湖珠山景区景观绿化工程等 6 个项目。学会还对在菊花生产一线的技术工人进行表彰,命名菊艺名师和菊花新星 26 个。

2013年,学会继续协助住房和城乡建设部推动建立风景园林师职业制度,编写工作方案,拟定风景园林师职业制度管理委员会人员名单。学会继续配合住房和城乡建设部进行《国家职业分类大典》修订工作,两次参加部际审核会,修订完善相关职业的《修订建议表》。

5月,受住房和城乡建设部委托,学会承担第九届中国(北京)园林博览会展园的评奖工作,并承办设计师专业论坛。同月,与IFLA、住房和城乡建设部、辽宁省人民政府等单位,共同主办中国锦州世界园林博览会,并举办世界园林与园艺发展论坛。

7月18~20日,学会参加中国科协在北京展览馆举办的"第四届科技场馆展品与技术设施国际展览会暨学术研讨会",以"展示园林科技改善城市生态,服务公众生活的功能作用"为主导思想,通过展板介绍、实物展示、现场互动以及发送宣传材料等方式向各界人士展示丰富的园林科技成果与实用技术,包括古树(大树)树洞低损伤测量技术和种植屋面用防水卷材耐根穿刺技术性能检测装置、生态墙及花卉新优品种展示等,成为此次展览的一大亮点。三天展会期间,学会展位共接待国内外参观咨询者千余人次。

9月26日至11月16日,学会与北京市园林绿化局等单位共同举办第十一届中国(北京)菊花展览会,为期52天。主题为"菊韵北京、美丽中国"。展会采取"一港、一馆、三园"的办会模式。"一港"是指北京国际鲜花港,"一馆"是指北京国际鲜花港室内展馆。"三园"是指北京植物园、北海公园和世界花卉大观园3个分会场。北京国际鲜花港是展会的主会场,花卉种植总量1000余万株,种植面积达20余万平方米,其中菊花种植总量200余万株。来自全国40个城市的80个单位参展。展会进行了室外展点、室内展台、百菊赛、品种菊等13项评奖,共评出获奖展品559个。

2013年,学会重点加强科普工作。4月,学会举办"风景园林月"学术科普系列活动,旨在使每个风景园林人充分认识所肩负的社会责任,正确把握风景园林行业的核心价值,积极普及宣传风景园林专业知识,在不断提升风景园林行业社会认知度的同时,为生态文明和美丽中国建设作出更大贡献。活动主题为"风景园林让中国更美丽"。期间,先后举办4场科普报告会、2场大学生职场沙龙,举办风景园林主题摄影比赛和科普展览等,活动地点涉及北京、上海、武汉、青岛等城市,活动受众达3万余人次。中国科协科普部副部长辛兵出席活动启动仪式并讲话,对活动给予充分肯定。

9月14~20日,学会作为18家全国学会之一,参加中国科协举办的主题为"保护生态环境,建设美丽中国"的2013年"全国科普日"北京主场活动。以"风景园林让生活更美好"为主题,建造60平方米的迷你花园,以实景为主,结合展板、模型等,全面展示了雨水收集循环利用、古树(大树)树洞低损伤测量、种植屋面用防水卷材耐根穿刺技术性能检测、无土栽培立体生态绿墙、水生态修复、盐碱地治理等科技成果和实用技术,着力展示了园林科技改善城市生态,服务公众生活的功能作用,普及风景园林科学知识,充分响应科普日主题,颇受参观者的关注。学会展览被列为重点展示参观点,中共中央政治局委员、中央组织部部长赵乐际听取了学会负责人的介绍。中国科协领导韩启德、徐延豪等也先后到展位视察和指导。在为期7天的展会期间,学会展位共接待国内外参观咨询者近万人次,反映了公众对风景园林行业的关注。"雨水花园—雨水收集循环利用系统"被评为全国科普日优秀特色活动,学会被中国科协评为全国科普日活动优秀组织单位。学会也被评为中国科协2013年度科普工作优秀单位。

学刊《中国园林》继续入选2013版《中文核心期刊要目总览》(中文核心期刊),是"中国科技论文统计源期刊"(中国科技核心期刊)。期刊影响因子为0.922,被引频次为3196。较上一年度分别上升18%和12.6%。2012年被引频次在全部统计源期刊(6159种)中排名第420名,在建筑科学期刊(141种)中排第6名。

【中国风景园林学会第五次全国会员代表大会】 10月,学会在武汉召开第五次全国会员代表大会,206名应到代表中,187名代表参会。住房和城乡建设部人事司副司长郭鹏伟到会并讲话。会上,第四届理事长陈晓丽做了题为"以生态文明为契机,推进风景园林全面发展"的工作报告。会议讨论并通过《中国风景园林学会章程》修改建议和《中国风景园林学会会费管理办法》。随后进行理事会换届选举,产生由万敏等147人组成的第五届理事会,召开第五届第一次理事会议,选举方岩等常务理事51名。召开五届一次常务理事会议,选举陈晓丽为第五届理事会理事长,选举陈重等13人为副理事长,陈重为副理事长兼秘书长。聘任马连勇等13人为第五届理事会顾问。会议还对北京园林学会等8个先进集体和张济和等8名先进工作者进行了表彰。

【中国风景园林学会2013年会】 10月26~28日,中国风景园林学会2013年会在武汉举办,会议由中国风景园林学会主办,湖北省风景园林学会、武汉市园林局、华中农业大学共同承办。会议被中国科协评定为2013年度"前沿高端学术会议活动"之一。

会议主题为"凝聚风景园林,共筑中国美梦",约1000位国内外专家、学者、在校学生参会。湖北省住房和城乡建设厅巡视员张学锋、武汉市副市长张光清等出席会议并致辞。学会理事长陈晓丽主持开幕式并宣读了住房和城乡建设部副部长仇保兴的书面致辞。

会议进行 8 个主旨报告，清华大学建筑学院景观系主任杨锐、国务院参事徐嵩龄、法国著名风景园林设计师亨利·巴瓦（Henri Bava）、华中农业大学园艺林学院院长包满珠、武当山风景名胜区管委会副主任刘建平、加拿大著名风景园林师爱德华·菲夫（Edward H. Fife）、清华大学建筑学院景观系教授朱育帆和武汉市园林局总工程师孟勇，分别作了题为《美丽中国的风景园林学途径》、《风景园林学与中国特色新型城镇化》、《发展实践，探索方向-以风景园林为主导的多伦多滨水开发（Developing Work and Exploring Directions）》、《风景园林中的生物多样性及生态安全问题——园林植物多样性》、《武当山风景名胜区保护与管理》、《变化的场域（Territories in Movement）》、《立于分水岭，还是汇入洪流？——全球化背景下风景园林东方空间的演进的思考》、《废弃地的生态修复——以荆山为例》的报告。报告内容涉及风景园林学理论、新型城镇化与风景园林学的关系、国外景观规划设计经验、园林植物多样性、废弃地的生态修复、风景名胜区管理保护等，从不同方面诠释了会议主题，展示了风景园林对生态环境改善和新型城镇化的作用和前景，尤其是杨锐的报告，深入解读了面对美丽中国大背景，风景园林学科建设和发展的构想，引起了与会者广泛的讨论。

会议设 6 个分会场，交流了 85 个学术报告，涉及"风景资源与文化遗产"、"风景园林规划与设计"、"园林植物应用与造景"、"园林工程与企业管理"、"风景园林管理"、"园林植物保护"等。

在年会的开幕式和闭幕式上分别颁发了全国优秀科技工作者奖、中国风景园林学会第二批终身成就奖、中国风景园林学会 2013 年会优秀论文奖、2013 中国风景园林学会大学生设计竞赛奖、2013 年度中国风景园林学会奖等奖项。

【"明日的风景园林学"国际学术研讨会】 10 月 8 日，学会与清华大学共同举办"明日的风景园林学"国际学术会议。会议在清华大学举行，旨在展示近年国内外风景园林学研究成果，并面向未来探讨风景园林学的机遇与挑战。会议邀请两院院士吴良镛，工程院院士孟兆祯，国务院参事徐嵩龄研究员、美国麻省理工学院建筑与城市规划学院教授安妮·斯波（Anne Spirn）、德国柏林工业大学风景园林设计系主任尤根·瓦丁格（Juergen Weidinger）、美国伊利诺伊大学景观学系主任艾伦·德明（Elen Deming）、美国哈佛大学设计学院景观学系前系主任尼尔·柯克伍德（Niall Kirkwood）、美国宾夕法尼亚大学风景园林系主任理查德·韦勒（Richard Weller）、美国宾夕法尼亚州立大学艺术与建筑学院景观学系主任罗纳德·亨德森（Ron Henderson）、《中国园林》杂志主编王绍增等国内外 30 余位知名专家出席并发言，总计 120 余位国内外学者参加出席。会议设"明日的风景园林教育论坛"、"明日的风景园林实践论坛"和"风景园林青年论坛"三个专题。报告涉及风景园林学科未来发展探讨、风景园林专业教育、中国古典园林史、前沿规划设计实践等内容。

会议期间，在清华大学建筑学院一层举办了"清华大学建筑学院景观学系十周年纪念展"。会议结束后，举办了为期 2 天的"风景园林实践前沿研修营"。

（中国风景园林学会　撰稿　付彦荣）

中国市长协会

【概况】 2013 年，中国市长协会在各城市政府及市长的大力支持下，坚持"为城市发展服务，为市长工作服务"的宗旨，积极开展各项活动，圆满完成各项工作任务。

【围绕城市热点、难点问题举办专题研讨会】 2 月 28 日，成功召开"2013 中国智慧城市年会"，此届年会以"把脉城市需求，践行智慧之路"为主题。

7 月 19 日，成功召开"可持续的城镇化—中德城市面对面"专题座谈会。来自中国德国双方的 15 位市长、副市长及相关人员共计 120 余人出席座谈会。座谈会本着坦诚相待，互相学习的宗旨，围绕着"可持续的城镇化"这一主题各抒己见，把中德双方城市在可持续的城镇化方面的做法、观点、问题进行充分的阐述；

8月27日，在昆明举行第九届泛珠三角省会城市市长论坛。昆明、广州、福州、南昌、长沙、南宁、海口、成都、贵阳9个城市的市长以及香港、澳门特别行政区政府代表就"实现中国梦——城市发展的机遇与挑战"这一主题进行研讨，会后发表《昆明宣言》。

11月1日，在上海举办"第二届沪台健康城市论坛"，来自海峡两岸的专家、学者及企业代表围绕"人口老龄化对健康城市永续发展的影响、挑战和机遇"进行了深入探讨。

与新华社《瞭望东方周刊》合作举办"2013中国城市幸福感调查活动"，这个评选活动已经连续开展了7年。

【国际交往】 应美国市长协会的邀请，以中国市长协会会长、北京市市长王安顺为团长的中国市长暨企业家代表团于5月14日出席在美国洛杉矶举行的"第七届中美市长峰会"。峰会由中美两国市长协会共同主办，主题是改善投资环境和促进投资。王安顺和东道主洛杉矶市市长安东尼奥·维拉莱戈萨分别在大会上做了主旨发言。在为期一天的会议中，中美两国的市长和企业代表围绕中美城市间贸易投资机会、如何实现可持续发展等议题进行探讨。会议期间，两国市长协会还签订了《谅解备忘录》。

6月，举办"清华—耶鲁环境与城市可持续发展高级研究班"。

9月，举办"清华—芝加哥可持续的城镇化高级研究班"。

10月，作为中方支持单位派员参加"第五届世界华人经济论坛"。

10月底，完成中德两国政府间合作项目——经济结构转型与城市建设管理专题研究班（总期第33期中德城市管理研讨会）。赴德前，市长们在中组部全国组织干部学院进行了为期3天的国内培训，并参加"第五届中德市长峰会"。上述清华—耶鲁班、清华—芝加哥班还有中德城市建设管理专题研究班均是在中组部的统一领导和支持下完成的重点培训项目，即中组部领导干部境外培训计划。

【加强与城市的沟通联络工作】 8月21日，中国市长协会邀请国内知名企业和专家与驻京办负责同志就"城市风险管理体系"等话题进行交流互动，36个城市的驻京办主任参加活动。

应部分驻京办主任的要求，9月中旬，组织部分城市驻京办负责同志赴黑龙江漠河、黑河等地开展商务对接考察活动。

12月中旬，在浙江省义乌市召开2013年度联络工作会议。有60多个城市的110位联络员代表参会，会上表彰了全国266位优秀联络员。

【开展女市长分会有关活动】 女市长活动与慈善救助相结合。（1）成立"女市长教育慈善基金"，在中国下一代教育基金会的指导下开展公益活动。4月，在基金筹备期间，即为四川芦山地震灾区的学生募捐善款293.55万元和价值235万元的物资。8月，资助23名四川籍留守儿童到北京与父母团聚，并组织为期5天的夏令营活动。

（2）利用"女市长爱尔慈善基金"的平台，与香江基金会开展合作，救助广州市聋人学校的40名聋哑学生，并配套语言康复费用。11月底，"女市长爱尔慈善基金"联合美国斯达克听力基金会继续开展"让世界充满欢声笑语"（中国项目），在广西桂林为800名听障老人和儿童无偿配制助听器。

10月底，与上海交通大学海外教育学院联合举办主题为"加强和创新社会管理"的第十五期全国女市长研究班。

【会刊《中国市长》编辑出版】 2013年，会刊部对协会重大活动做到了"事先有策划，事中有跟踪，事后有报道"。尤其是下半年，联合《中国周刊》、新华网等权威媒体，策划并开展"生态文明·美丽城市——城市系列访谈录活动"，对城市领导者、相关部门负责人、城市问题专家以及市民作对话访谈，客观反映城市精神、发展理念和市民心声。基于此项活动，会刊增加了"城市访谈"和"图说城市"两个重点栏目，得到了有关城市领导的好评。《中国市长》杂志的"专家视点"、"舆情观察"、"智慧城市"等板块的丰富，增加了杂志的原创性和可读性。一年来，杂志处理文字量在150万字以上，采写和编辑的重点文章在30万字以上，发表的市长（包括市委书记、区长等）论文30余篇，较好地发挥了交流经验、沟通信息的桥梁和纽带作用，赢得了有关城市市长和协会领导的好评。

【《中国城市发展报告》和《中国城市状况报告》研究出版】 《中国城市发展报告》共11卷、《中国城市状况报告》2卷持续出版，系统地记述了中国城市的发展过程，记录了中国各级政府的各类新举措，在宣传中国、反映中国城市发展、加强与世界沟通、提高中国国际地位等方面起到了重要作用。

【加强信息服务与咨询】 中国市长协会网站升级改版，第二版上线。新型城镇化与信息化融合发展服务平台也同时推出。

中国市长协会在新浪微博上开设官方微博，发布传递协会最新信息，与各地市官方政务微博相互关注;并将陆续开设官方微信公众版与移动客户端等,为市长与市政府工作人员提供更便利、更多样化的信息咨询服务。

中国市长协会与中国电子信息产业发展研究院年初合作撰写了《智慧城市:规划 建设 评测》一书,从智慧城市规划设计、建设实施、评测评估等三个方面,征求和吸纳40余位市长、百余位专家和企业家的意见与建议,力求以最精炼的语言透视智慧城市建设的要点,为关心和从事智慧城市的相关人员奉献一本实用的工具书和参考资料。

开展城市咨询工作。4月,应安徽省滁州市人民政府邀请,咨询委赴滁州开展咨询调研活动。老市长们对滁州的发展给予充分的肯定,同时对滁州的城市交通发展规划、地下管线的协调管理以及如何提高城市运行效率和完善城市服务功能、加强社会管理和民生建设、完成经济结构调整等方面提出建议。

【开展党的群众路线教育实践活动,加强协会内部管理】 按照党中央、住房城乡建设部党组关于党的群众路线教育实践活动的总体部署,在部督导三组和社团第二党委的精心指导下,中国市长协会秘书处认真贯彻落实习近平总书记系列重要讲话精神,按照"照镜子、正衣冠、洗洗澡、治治病"的总要求,坚持从严要求和务实作风,严格推进各项工作,整个教育实践活动进展顺利、有序推进,较好地实现了树立群众观点、弘扬优良作风、解决突出问题、保持清廉本色的目标要求,取得转变作风、教育干部、凝聚人心的显著成效。

(中国市长协会)

中国城市规划协会

2013年,中国城市规划协会(以下简称"协会")的各项工作以紧紧围绕贯彻落实党的十八大精神,围绕住房和城乡建设部的中心工作要求展开,充分发挥了二级专业委员会作用,积极支持地方协会的工作,圆满完成各项工作任务。

【围绕行业热点,组织召开行业会议】 (1)6月,应青海省政府邀请,协会与青海省政府联合在西宁市主办"城镇化暨青海城镇化发展论坛"。会议以"城镇化"为主题,结合我国城镇化的发展进行论述,对拓宽青海城镇化发展视野、把握青海城镇化发展规律发挥了重要作用。

(2)11月,协会与中国城市交通协会、中国城市规划学、会城市交通规划学术委员会等单位联合在深圳市召开"新型城镇化与公共交通发展"研讨交流会。会议围绕新型城镇化与城市公共交通发展政策的实践、我国地铁规划建设发展等内容进行深入探讨,分析了发展我国绿色交通面临的机遇和挑战,提出推进我国城市绿色交通发展的政策措施。

(3)11月,协会在武汉市组织召开《武汉2049远景发展战略规划》全国专家研讨会。会议邀请住房和城乡建设部,有关高校,以及北京、广东、深圳、杭州等多个城市的领导和专家,就武汉2049年远景战略目标、区域发展、产业发展、功能定位、城市空间结构、交通枢纽建设等一系列重大战略问题进行研讨。

【行业评优工作】 (1)成立"第三届全国优秀城乡规划设计奖评选组织委员会"。新一届组委会成员共21人,由规划编制、规划管理以及相关领域的专家组成。新一届组委会扩大了委员的地域范围,同时将中青年专家比例扩大至71%。

(2)修订《全国优秀城乡规划设计奖评选管理办法》。对各类别的组织单位、评选范围、申报条件、评审程序等进行统一规定,特别强调省级协会在评优工作监督与申报方面的责任。同时对未经组委会批准的各类评选管理办法进行废止说明,强调评优过程要接受相关部门及社会的全程监督,强化省级规划协会在评优过程中的责任。

(3)优化并完善评优申报评审系统。系统新增加了省级部门网上推荐、各类别组织单位初步复核功能,从而逐步统一五类别的申报流程。

(4)更新中国城市规划协会专家信息库。

【发挥专业委员会及地方协会作用,协同开展活动】 (1)5月,在协会秘书处协助下,规划设计专业委员会在乌鲁木齐市组织召开"第二次援疆规划编制工作研讨会"。会议以"凝聚合力、规划援疆"为主题,总结各地对口支援的经验和方法,探讨援疆规划过程中遇到的问题,并对各规划编制单位提出进一步以积极主动、扎实有效的工作状态推进对口援疆工作的总体要求。

（2）6月，规划设计专业委员会在潍坊市组织召开"新型城镇化与中小城市规划论坛暨部分中小城市规划院联席会议"。会议围绕"新型城镇化与中小城市规划"主题，邀请中国人民大学、中国城市科学研究会等单位的专家探讨了城镇化发展中存在的共同问题，交流和探讨中小城市规划院发展与改革经验。

（3）10月，规划管理专业委员会与成都市规划管理局联合在成都召开"三届五次年会暨大城市规划局长座谈会"。会议针对新形势下城市规划实施管理面临的问题，以"中国大城市规划管理的新未来"为主题，邀请住房和城乡建设部、国家发展和改革委员会经济研究院、中国城市规划设计研究院的相关领导和专家做了主旨发言，针对规划管理中的难点和热点问题展开了积极地研讨，并以深圳的实践为例探索社区规划师在社会综合治理中的经验。

（4）11月，规划管理专业委员会在鄂州市组织召开"中国新型城镇化与中小城市规划管理创新经验交流会"。会议邀请中国城市科学研究会、中国科学院和复旦大学等单位的专家，分别从我国城镇化发展与土地政策、新时期规划转型与应对、规划编制与规划管理的创新等方面进行了论述，对加强城乡规划管理与促进城乡统筹健康发展产生积极作用。

（5）11月，规划设计专业委员会与浙江省住房和城乡建设厅在杭州市联合主办"第四届全国规划院院长会议"。会议针对城市规划编制单位改革面临的实际问题，以"再铸辉煌——新形势下规划院的改革与发展"为主题，邀请中央机构编制委员会办公室、中国社会科学院的有关专家做了专题报告，就规划院改革面临主要问题、改革的进展、改革的走向等问题进行广泛、深入地交流，并形成继续秉持专业精神、创新精神和协作精神，以及以"有利于履行公益职责、有利于提高服务能力、有利于巩固人才队伍、有利于规划事业发展"为原则的推进改革的共识。

（6）参加地方协会组织的相关活动。9月，协会秘书处派员参加湖南省规划学会在长沙市组织的"首届城乡规划院院长论坛"，围绕"规划设计与新型城镇化"主题进行相关专题的学术报告活动；9月下旬派员参加在南宁市召开的"2013年西南地区规划院联谊会会议"，就行业拓展、体制改革、人才培养、质量管理以及规划院的发展和改革面临的形势、困难和挑战及其应对进行了探讨和交流；11月派员参加在杭州市召开的"第23届华东地区规划院联席会议"，就规划院的改革与发展问题进行座谈交流。

【完成部委交办工作】（1）依靠地方协会组织相关培训工作。按照住房城乡建设部城乡规划司委托，协会秘书处确定了与地方协会共同负责组织相关培训工作，3～10月，协会秘书处分别联合上海、浙江、江苏、湖北、武汉、北京、广西等地方协会，在武汉、杭州、北京、合肥、南宁等地共同组织五期宣贯培训班，邀请监察部法规司、住房城乡建设部城乡规划司与法规司的领导与专家联合授课，对有关规定办法进行全面深入地宣贯学习，共有1300人参加培训。

（2）开展"新形势下我国城市规划编制机构改革与发展对策研究"课题研究工作。受部城乡规划司委托，协会秘书处与规划设计专业委员会共同承担《新形势下我国城市规划编制机构改革与发展对策研究》课题的研究工作。课题于2013年底形成最终报告。

（3）参与国家职业分类大典修订工作。国家职业分类大典修订工作已经持续两年，协会承担了"城乡规划专业技术人员"职业名称的修订工作。

（4）全面完成2013年度外事考察与培训任务。7月，组织完成赴瑞典、芬兰进行主题为"低碳发展与城市规划"的考察任务，深入了解北欧国家在可持续发展、低碳交通等方面的做法。9月，组织会员单位业务骨干赴美国马里兰大学进行为期21天的"城乡统筹与交通规划"培训，培训内容为美国城市规划法规体系、精明增长等规划前沿理念。培训搭建中美规划行业交流平台。

【完成协会业务工作和相关任务】（1）协会秘书处会同中国城市科学研究会、中国城市规划学会和中国城市规划设计研究院共同编撰并出版《中国城市规划年度发展报告(2012～2013)》。

（2）5月，在南通市组织召开"2013年度全国地方规划协会秘书长研讨会"，就协会工作开展和自身建设情况进行了经验交流，并就在新形势下审时度势、加强自身建设、提高社会服务能力、促进行业发展进步等展开深入讨论。

（3）完成"第四届京津地区城市规划系统文艺汇演"。9月，由协会主办、中国城市规划设计研究院承办的主题为"中国梦·规划情"的"第四届京津地区城市规划系统文艺汇演"在北京举行。

（4）完成《全国优秀城市规划获奖作品集(2011～2012)》的编辑出版工作。作品集按项目规划类别分为上、中、下三册：上册主要包括区域规划、城镇体系规划、城市总体规划和近期建设规划及其相关研究等；中册包括控制性详细规划、修建性详细规划、城市设计及其相关研究等；下册以专项规划为主，包括市政公共设施规划、交通规划、历史保护规划、绿地系统规划及其相关研究等。

【各专业委员会开展系列活动】（1）规划管理专业委员会认真组织多次大型活动，以促进提升全国城市规划和管理工作水平为目标，加强各城市间规划管理经验交流，成为全国规划管理部门沟通信息、交流研讨工作的重要载体和平台。

（2）规划设计专业委员会在广州市组织召开"第三届全国副省级城市规划院联席会"，会议以"新型城市化背景下的规划应对"为主题，邀请相关领导和专家做主题报告，从不同角度对新型城市化进行阐述和解读；院长们围绕事业单位分类改革发展、机制创新等热点问题进行交流，并就美丽城乡、新区建设、旧城更新、规划创新等专题进行深入的研讨。

（3）城市勘测专业委员会分别在梧州市和大连市组织召开四届四次、四届五次常务理事会议，举办《城市勘测发展研究报告》课题的复审、评审会议，完成《城市勘测发展研究报告》。在哈尔滨市组织召开"智慧城市暨城市勘测专业委员会2013年会"。

（4）地下管线专业委员会在青岛市组织召开"全国城市道路塌陷灾害普查探测研讨会暨地下管线专家委员会二届二次会议"。完成《关于在全国试点和逐步推广城市道路塌陷灾害普查探测工作的建议报告》；在郑州组织召开"地下管线专业委员会2013年年会及二届三次常委会"，就地下管线探测作业证管理规定提案和普查定额调研工作内容进行了充分讨论；同时还组织参与制定行业各项技术规范以及相应的技术培训工作。

（5）女规划师委员会在沈阳市组织召开第三届第三次年会，来自全国部分省市规划局、院、高校的女专家、女领导们，围绕城市规划、城市建设、规划教育等领域进行广泛的交流，并针对女规划师委员会的工作和活动进行了讨论。参加全国妇联组织的十届五次执委会、团体会员负责人会议等活动，并成功推荐女规划师委员会副主任黄艳为全国妇联第十一届执委，提升了女规划师委员会的地位。

（6）信息管理工作委员会与中国城市规划学会联合在沈阳市举办"2013年中国城市规划信息化年会"，会议交流了信息整合、信息标准化、信息管理制度以及各新技术在规划编制、设计与管理等方面的先进经验，并对城市三维建设平台电子报批和GIS在数字规划平台建设中的作用进行了探讨。委员会还编撰完成《中国数字城市规划专业领域2012年度发展报告》。

（7）规划展示专业委员会在武汉市组织召开主题为"展示城市魅力，实现中国梦想"的第二届第三次规划展示年会；组织召开第二届第四次主任委员会议；顺利完成《规划展示馆》杂志封面征集工作；组织完成全国规划展示第二期讲解员培训工作。60家委员单位中有20家被命名为爱国主义教育基地。

【加强秘书处组织机制建设】（1）完善协会秘书处的规章制度建设。按照中央统一要求，协会秘书处开展了党的群众路线教育，并接受住房和城乡建设部督导组指导及评议。根据财政部文件要求，上报《内控规范落实工作和建设情况报告》及《内控规范实施方案》，完善《员工聘用合同管理制度》，并及时完成协会网站的改版工作。

（2）加强对二级专业委员会的指导及监督。协会秘书处按照民政部有关文件的要求，修改《二级专业委员会管理办法》，对二级专业委员会组织建设、活动开展、财务管理等进行修改、完善和规范，落实定期沟通联系机制。

(中国城市规划协会)

中国房地产业协会

2013年，中国房地产业协会依靠和服务于两会会员，各项工作扎实推进，"三个服务"成果显著，围绕房地产业与新型城镇化协调发展、树立品牌意识、提升品牌价值，房地产市场形势和产业发展等方面积极建言献策，以品牌活动为平台，推动行业创新和企业转型。

协会评估工作

【房协社会组织评估工作】 根据民政部通知要求，会领导决定中国房地产业协会参加2013年度民政部社会组织评估,以检验协会及其秘书处运行机制、治理结构、工作绩效、发展理念、自身建设等方面的成绩和问题,总结经验寻找差距。会领导高度重视此项工作,对整个评估过程和重点环节实施了有力地组织领导,于6月19日成立了以秘书长苗乐如为组长的评估领导小组,6月28日通过中国社会组织网上提交《全国性行业协会商会评估申报书》。7月1日,书面提交按民政部要求统一装订成册的《全国性行业协会商会评估申报材料》。9月2日,会长刘志峰接待民政部廖鸿副局长带队的实地考察专家组。9月27日、11月18日两次上报《落实民政部社会组织评估专家实地考察反馈意见的情况汇报》。2014年5月19日,民政部公告第315号公布全国性行业协会商会评估等级结果,中国房地产业协会荣获4A等级。

加强调查研究,服务行业平稳健康发展

【发布市场研究成果,加强预期引导】 针对房地产市场的变化,中国房地产业协会会同中国房地产研究会组织北京中房研协技术服务有限公司,加强市场运行情况监测分析、紧密跟踪热点难点问题,及时提出稳定市场建议,研究撰写出版了《中国房地产市场研究报告》季报4期、月报12期、周报34期、热点专题7期,并于5月编纂出版了《2013年中国房地产年鉴》。

【课题研究成果服务社会】 2013年,中国房地产业协会完成《"限购"政策效果分析及未来政策调整储备》、《基本住房保障制度设计与立法研究》、《商务写字楼等级评价标准》等课题,按期推进《房地产项目综合效益评价体系研究》、《商业地产项目应用BIM技术的风险研究》等3个课题。协会高度重视科研成果的转化和应用,与绿地集团、江苏新城地产、浙江宝业集团签订《中国百年住宅建设项目合作协议书》,共同打造长寿命住宅项目。

开展品牌活动,扩大社会影响力

【举办房地产科学发展论坛,引导行业科学发展】 7月,在西安主办以"新型城镇化与房地产业转型发展"为主题的第五届中国房地产科学发展论坛。

【开展行业信用评价,推动行业诚信建设】 2013年4月,在山东潍坊向48家企业颁发了2012年度信用等级牌匾和证书。经企业申报、地方房协初审,共有10个省、86家企业参加了2013年度信用评价,年底前已委托社会第三方评价机构完成材料审核和实地核查工作。2013年还对2011年首批试点企业中的27家进行了复审,并于6月在浙江舟山召开信用评价培训会议,18个省、直辖市房协和部分企业代表参加。同时,修改完善两项制度,新制定1项制度即《房地产行业信用评价社会第三方信用评价机构招投标管理办法》。

【"广厦奖"评选活动】 "广厦奖"是经国务院批准,由中国房地产业协会与住房和城乡建设部住宅产业化促进中心共同组织实施的我国房地产开发项目的综合性大奖。为保证广厦奖的质量并激发申报单位的积极性,2013年正式启动"广厦奖"候选项目,年内会同部住宅产业化促进中心分两批审核29个候选项目,共有22个项目荣获候选项目证书。11月赴江苏、山西、天津走访调研各省"广厦奖"开展情况、难度和问题。12月,在上海向17个省、直辖市"广厦奖"评选机构负责人布置2013~2014年度工作。

【行业测评活动】 中国房地产业协会会同中国房地产研究会、中国房地产测评中心,开展一年一度的房地产企业测评工作,于2013年3月在北京发布《2013房地产开发企业500强测评研究报告》,5月在香港、北京同步发布《2013年中国房地产上市公司测评研究报告》,同期在上海发布《中国城市住房(一手房)价格288指数报告》和《中国城市住房价格288指数二手房价格60指数报告》,9月在北京发布《2013年中国房地产企业品牌价值测评研究报告》。

积极建言献策、服务政府宗旨更加深入

【关注长效机制、建言顶层设计】 5月、6月、7月、10月、11月分别向中共中央办公厅信息综合室、中央财经领导小组办公室、全国人大预算工作委员会、全国政协经济委员会、国务院汇报了房地产业形势,反映会员企业诉求,并就抓紧建立促进房地产市场长效机制提出政策建议。7月向国务院法制办公室提交《中华人民共和国税收征收管理法(修正案)》(送审稿)修改建议。参与组织《养老设施建筑设计规范》(GB 50867—2013)的制定。受住房城乡建设部委托会同中国房地产研究会组织承办"2013房地产市场形势报告会暨全国一级资质房地产开发企业座谈会"。

【与地方政府密切合作,推动城市经济文化环境发展】 2013年4月,中国房地产业协会会同中国房地产研究会与潍坊市政府联合主办"2013中国房地产发展与生态文明建设论坛"。

搭建房地产采购平台

【推进房地产采购平台运营，推动产业合作共赢】 2012年以来，中国房地产业协会会同中国房地产研究会顺应会员企业需求，搭建中国房地产集中采购平台，按照"从小到大、先易后难、先少后多、先线下、后线上"的原则，为供需双方提供采购服务。采购平台已成为开发企业和供应商的信息发布平台，截至2013年12月，在线注册企业已达万余家，其中开发企业发布需求信息60余项。

【深化与地方协会伙伴关系】 2013年2月中国房地产业协会驻会会长办公会通过《中国房地产业协会与地方协会（学会）合作发展意见》（试行），明确提出今后双方合作发展要建立会议沟通、活动合作、研究成果共享、信息交流、合作共赢五个机制。为落实办公会决议，推动此项工作，12月4～5日，在上海组织召开全国地方协会会长、秘书长工作会议，共有32家省级协会及22家市级协会会长、秘书长110余人到会。会上分别介绍了信用评价、广厦奖、采购平台和500强测评近两年工作开展情况，并就推广房地产信用评价、布置2013～2014年度广厦奖评选、合作共建房地产采购平台地方采购中心、扩大测评工作覆盖区域同与会各省、市房协会长、秘书长沟通交流、洽商合作细节，并考察了节能住宅的相关项目。

对外交流合作

【与世界不动产联盟交流活动】 5月26日至6月1日，副会长朱中一应邀率团出席在我国台湾省台中市举办的第64届世界不动产联盟年会。9月3～7日赴新加坡出席世界不动产联盟亚太地区不动产大会。11月5日上午，会长刘志峰在北京接待世界不动产联盟2013～2014主席率领的7人代表团。经过以上三轮磋商，世界不动产联盟与中国房地产业协会就成立世界不动产联盟——中国分会等事宜达成4点共识，并报住房城乡建设部计划财务与外事司批复同意。

【签署战略合作协议】 中国房地产业协会自2013年起开展对外战略合作工作，服务有实力、有意愿的企业转型发展跨国投资经营。5月会同中国房地产研究会与华远顺安（北京）公司、澳中财富集团签署战略合作协议，正式启动组织中国房地产企业赴境外投资开发，7月分别与中非发展基金代表和喀麦隆非洲第一银行总行首席执行官洽谈合作投资非洲事宜。

分支机构

【分支机构发挥职能，服务细分市场】 法律事务专业委员会为建立个人住房信息系统全国联网提供了支持，并对不同城市的限购政策进行综合评估，为政府决策提供参考。城市开发专业委员会受住房城乡建设部委托举办"19＋10城市房地产改革与发展交流协作会第24届年会"。小城镇开发委员会在湖南举办中小城镇综合开发运营高峰论坛。金融专业委员会发布《中国房地产金融2012年度报告》。商业地产专业委员会联合推出《中国旅游地产发展报告2012～2013》。老年住区委员会举办"第三届老年住区发展大会"。经营管理专业委员会举办"第二届中国房地产企业经营管理创新大会"。

舆论宣传与信息公开工作

【杂志网站工作】 《中国房地产业》、《中国房地产金融》是中国房地产业协会主办的两本专业期刊。2013年《中国房地产业》杂志完成了变更主办单位、法人、公司名称、地址、广告许可证等工作。《中国房地产金融》杂志办理广告许可证、期刊出版许可证。2013年完成中国房地产业协会官方网站中房网改版工作，增设地方和专题等频道，使中房网的宣传报道更具针对性和有效性，同时还加大对假冒中房网来骗钱的境外网站的举报打击力度，提醒行业企业、会员单位谨防上当。中房网每天访问量达10.5万人（次），成为全行业的第一门户网站。

（中国房地产业协会）

中国勘察设计协会

【开展2013年勘察设计行业专题调研】 自2013年3月起，在各地方、各部门勘察设计同业协会的支持下，中国勘察设计协会（以下简称"协会"）针对业内企业反映较为集中的"勘察设计收费"、"注册执业资格证书管理"、"地方保护和行业壁垒"三个主要问题,开展面向全行业的专题调研工作。调研采取问卷调查和调研座谈会相结合的方式进行,共回收问卷820份。组织7个专题调研组前往重庆、天津、山东、湖南、吉林、辽宁、上海等7个省市,召开8场调研座谈会,76家不同规模、不同行业、不同资质等级、不同所有制性质的勘察设计企业和省级、副省级、地级、县级四级的6个勘察设计行政管理部门参加调研座谈会,并实地走访7家企业。协会通过调研,获得大量第一手资料,经过认真、全面地汇总和系统地梳理,撰写调研报告初稿,并在此基础上几经讨论和修改,形成《2013年工程勘察设计行业专题调研报告》,报送有关主管部门。

【组织行业创新型优秀企业、创优型企业和优秀企业家(院长)评选】 为推动工程勘察设计行业管理创新和技术创新,增强企业适应经济增长方式转变、服务经济社会建设的综合能力,提高管理水平、技术水平和综合效益,在行业内倡导并形成"创先争优"的良好风尚,协会于3月启动了全国勘察设计行业创新型优秀企业、创优型企业和优秀企业家(院长)评选工作,得到业内企业的广泛支持和积极响应。评选采取企业自愿申报、地方和部门勘察设计同业协会推荐、协会审核的方式进行,共推选出创新型优秀企业153家,创优型企业125家,优秀企业家(院长)369人,为全行业树立一批先进典型。协会结合此次评选活动,对优秀企业、企业家进行宣传,扩大了行业的社会影响力。

【召开"工程公司转型发展与技术转化"现场交流会】 5月,协会召开"工程公司转型发展与技术转化"现场交流会,40多家大型勘察设计企业的主要领导集聚中冶京诚工程技术公司的制造基地——天津赛瑞机器设备公司进行交流、参观。会议旨在进一步推动行业的技术创新和管理创新,加快工程公司技术转化产品步伐,促进行业转型发展。协会理事长王素卿作了题为《协同创新、共享资源、探索合作、促进共赢》的主题报告,就"新四化"建设背景下,如何进一步促进业务升级、打造发展新优势、提高国内外市场竞争力、探索技术创新、管理创新和业态创新的途径和模式等,提出指导性意见。5家勘察设计企业做了主题发言,交流企业创新发展模式方面的成果与思考。

【举办首期勘察设计企业领导BIM高级研修班】 为在勘察设计行业推进BIM技术的应用,尽快将BIM技术转化为生产能力,促进行业的信息化建设,协会与清华大学软件学院联合制订《勘察设计企业主要领导BIM研修培训计划》。首期勘察设计企业领导BIM高级研修班于12月13~15日在京举办,王素卿与中国工程院院士、清华大学软件学院院长孙家广出席开班仪式,并分别做了讲话和致辞,来自30家企业的35位院级领导参加研修班。

【组织优秀工程勘察设计行业奖评选】 按照《全国工程勘察设计行业优秀工程勘察设计行业奖评选办法》(中设协字[2008]31号),协会组织开展2013年度全国优秀工程勘察设计行业奖评选。为做好"行业优"的评选工作,协会提前进行了部署,更新了评优专家库,完成专家队伍的新老交替;制定实施方案并修改完善"行业优"评选细则;实现网上申报和评审,使评优工作更加规范,效率明显提高;召开专题会议研究、制定工作细则,明确责任分工,组织专家评选。此次评优共有1882个项目申报,获奖项目976项,其中优秀工程勘察一等奖34项,二等奖58项,三等奖97项;优秀建筑工程设计一等奖64项,二等奖89项,三等奖152项;优秀住宅与住宅小区项目一等奖7项,二等奖17项,三等奖27项;优秀建筑结构项目一等奖6项,二等奖8项,三等奖12项;优秀人防工程一等奖1项,二等奖2项,三等奖4项;优秀市政公用工程设计项目一等奖40项,二等奖57项,三等奖98项;优秀园林景观项目一等奖14项,二等奖21项,三等奖35项;优秀标准设计项目一等奖6项,二等奖9项,三等奖17项;优秀计算机软件项目一等奖4项,二等奖7项,三等奖11项;优秀建筑环境与设备项目一等奖5项,二等奖9项,三等奖14项;优秀智能化建筑项目一等奖9项,二等奖16项,三等奖26项。

【开展课题研究】 协会继续组织开展《工程勘察设计行业年度发展研究报告》课题研究工作,并将研究成果《工程勘察设计行业年度发展研究报告(2012~2013)》向全行业发布。课题研究邀请来自政府主管部门和建筑、市政、勘察、电力、石化、煤炭、机械、冶金、轻工等细分行业的多位业内专家以及行业发展咨询公司的专家共同参与,从框架结构到重点内容,从初稿到征求意见稿,几经讨论与修改,力求《报告》达到较高的品质。《报告》以2012~2013年度国家统计局、住房和城乡建设部建筑市场监管司等发布的国家和行业有关数据为依据,结合前期调研中同业协会和勘察设计企业所提供的数据,较为深入地研究分析了工程勘察设计行业的发展现状及近期发展趋势,并提出行业发展的相关对策与参考建议,对工程勘察设计行业和企业实现可持续发展具有借鉴价值。

【加强行业人才队伍建设】 协会2013年举办形式多样的培训和研讨活动，对标准规范、先进技术和理念等进行宣贯，以提高行业从业人员基本素质和业务能力。培训和研讨共涉及6大领域、17类课题，参加人员共计3700人次，基本涵盖建筑、勘察、市政、交通、通信、水利、电力、煤炭、铁路、石化等行业，培训工作及效果的认可度在勘察设计企业、科研院所和高校等单位中逐年增强，在行业人才队伍建设方面起到积极的推动作用。

【促进勘察设计同业协会加强交流与联系】 为交流和分享各勘察设计同业协会在组织开展活动、服务会员单位、完善自身建设等方面的工作经验，在相互学习、相互借鉴中提高服务能力和水平，加强各同业协会和协会工作者间的联系和协作，协会分别于8月和11月在哈尔滨和福州召开北方地区、南方地区及部门勘察设计同业协会工作者交流研讨会。会议得到同业协会的积极响应，共有37个省市和16个部门同业协会的主要负责人参加会议。协会秘书长王子牛分别做了《加强自身建设、为适应新形势和新任务而努力》和《适应新形势、迎接新任务》的主题发言，参会的协会代表也结合各自协会的情况，交流了工作特色和加强自身建设的经验。

【加强行业诚信体系建设】 协会加大行业诚信体系建设力度，于3～4月间对工程勘察与岩土行业第一批300家诚信单位和第二批85家诚信单位建立电子档案库，完善诚信企业的相关信息录入工作，同时为通过复评的300家工程勘察与岩土行业第一批诚信单位换发了新版"诚信单位"证书。新版证书较旧版增加了证书编号、复审记录等信息内容，进一步加强了工作的标准化。

【强化行业宣传工作】 为进一步加强行业宣传力度，协会于1月成立行业宣传指导委员会。行业宣传指导委员会的职责是以国家有关政策和协会工作方针为依据，制订行业宣传计划，指导行业宣传工作的开展。此外，协会还建立了一支130余人的通讯员队伍，并建立了通讯员QQ群，方便进行沟通和行业动态信息交流。5月16日在昆明召开第一届协会通讯员宣传工作交流会，王素卿在会上发表题为《加强行业通讯员队伍建设，开创行业宣传工作新局面》的讲话，对做好行业宣传工作提出了总体要求和希望。行业通讯员新闻稿件申报系统随即在会后开通，通讯员可以通过该系统随时上传新闻稿件，供业内媒体采用。

【组织首届全国勘察设计行业乒乓球比赛】 6月20日，首届全国勘察设计行业乒乓球比赛在北京举行，来自全国20个省区市的100多名运动员参加了比赛。

【发挥分支机构作用，推动行业可持续发展】 各分支机构在协会的指导和全力支持下，充分发挥各自在专业领域的优势，在调查研究、组织评优、诚信建设、交流研讨、人才培训等方面做了大量工作，为促进行业可持续发展起到了积极作用。建筑设计分会先后组织两个专题调研，分别就企业外部市场环境问题和体制改革问题进行研究，编制《建筑设计行业年度发展研究报告（2012～2013）》，以较为翔实的数据对建筑设计行业的发展环境、现状和趋势进行了深入分析。工程勘察与岩土分会发布《工程勘察与岩土工程行业自律公约》和《从业人员职业道德准则》，编制《工程勘察行业发展报告（2011～2012年）》，对工程勘察行业发展现状进行系统地介绍和分析。施工图审查分会对施工图审查运行机制、发展动态以及企业、政府的需求进行调研和分析并形成报告，为主管部门加强勘察设计的质量与安全管理提供参考依据。7月，组织2013年全国轨道交通施工图审查工作的专题研讨会。质量管理工作委员会组织了2013年度国家工程建设（勘察设计）优秀QC小组评选，召开优秀QC小组成果交流发表会进行表彰。

联合施工图审查分会、中设认证服务公司于12月联合召开主题为"适应新形势，把握新方向，努力提升勘察设计质量水平"的全国勘察设计质量与管理专题研讨会。建设项目管理与工程总承包分会组织完成工程项目管理和工程总承包企业营业额百名排序工作，编写《2013年排序结果分析报告（讨论稿）》，完成首批工程项目经理资格换证和第四批工程项目经理资格考评工作。市政工程设计分会于9月在辽宁召开以"新形势下转制企业如何实现可持续发展"为主题的高层研讨会，研讨EPC体系建立、人才培养、项目运营、多元化发展以及股权结构等问题。工程智能设计分会与《智能建筑与城市信息》杂志社联合举办"2013年度（第八届）中国市场智能建筑十大品牌"评选活动，举办"2013中国智能建筑创新与可持续发展圆桌高峰论坛"，在多地举办《住宅区和住宅建筑内光纤到户通信设施工程施工及验收规范》（GB 50847—2012）培训活动。设计体制改革工作委员会于11月与武汉工程设计产业联盟联合举办首届工程勘察设计行业改革创新发展研讨会暨武汉地区勘察设计行业第五届院长论坛，以"改革、创新、发展"为主题，进行交流与探讨。信息化推进工作委员会组织召开2013年度全行业信息化建设交流大会，并联合北京绿建软件有限公司开展绿色建筑系列软件巡展等多项技术交流、新软件发布活动。人民防空与地下空间分会于11月与武汉工程设计产业联盟联合召开了第二届城市地下空间开发利用学术研讨会，交流地下空间开发利用的最新成果和发展动态，探讨未来战略方向，在部分省、市组织人防工程标准定额和施工图设计审查等技术培训，并根据国家人防办的要求，为开展诚信体系建设做了积极的准备工作。抗震防灾分会配合地方有关部门组织开展了抗震防灾相关咨询、培训、科技发展和技术推广工作。园林和景观设计分会组织的有关技术标准的编制工作正有序进行，完成的《市政公用工程设计文件编制深度规定》（2013年版）已被全国注册建筑师管理委员会列为注册人员继续教育选修课。建筑环境与设备分会召开了第5届全国技术交流大会，推进行业为绿色发展、低碳发展做贡献。高等院校勘察设计分会召开BIM技术协同工作应用研讨会，对先进技术和理念进行交流和研讨。

【加强协会自身建设】 为进一步增强协会服务能力和执行能力，确保工作高效、顺利地开展，2013年协会在自身建设方面突出制度建设工作，制定并实施《工作岗位和人员聘用管理试行办法》、《印章使用管理办法》等多个规章，对《中国勘察设计协会规章制度汇编》进行了完善。

协会各分支机构在自身建设方面也得到加强。建筑设计分会制定了《秘书处工作职责》和《顾问组工作规则》，修订了分会工作条例；工程智能设计分会开展专家委员会续聘工作，补充了新鲜血液；工程勘察与岩土分会制定《分会经费使用管理办法》、《会议制度》、《档案管理办法》、《秘书处工作人员考核办法》等工作管理制度；施工图审查分会制定并完善财务管理制度、档案管理制度等，规定行文格式和文件工作流程；设计体制改革工作委员会、高等院校勘察设计分会、建筑环境与设备分会和抗震防灾分会先后召开换届会议，选举产生新一届领导班子，并审议通过新的《工作条例》。

（中国勘察设计协会）

中国建筑业协会

2013年，中国建筑业协会（以下简称"中建协"）认真贯彻落实党的十八大、十八届三中全会精神，以科学发展为主题，以加快转变行业发展为主线，在住房城乡建设部的关怀指导下，在广大会员单位的热心支持下，继续保持昂扬向上、奋发有为的精神状态，认真履行职责，努力为企业、行业的改革发展提供高质量的服务，圆满完成了年度工作计划。

【召开理事会及会长会议】 2013年，中建协于3月下旬召开五届四次理事会暨五届五次常务理事会，会长郑一军出席会议并讲话，副会长徐义屏主持会议。会上审议通过协会工作报告，审议通过增补和调整部分理事和常务理事的议案。同期组织召开全国建筑行业秘书长座谈会，各地区和有关行业协会的负责人出席会议。会上讨论了新形势下行业协会如何更好地发挥作用，交流探讨"营改增"、保证金负担、绿色施工和职业技能培训等行业难点热点问题。

10月29日召开中建协五届五次会长会议，审议了2012~2013年度第二批鲁班奖工程评选结果，研究讨论协会2014年工作初步安排。郑一军主持会议并希望各位副会长认真学习领会党的十八大精神，结合行业实际，对协会2014年工作安排提出意见和建议，推动行业持续健康发展。

【深入开展行业调查研究】 2013年，中建协积极参与住房城乡建设部组织的"营改增"调研。通过召开座谈会、收集测算税收数据等多种方式，研究分析"营改增"对企业的影响，向住房城乡建设部提交报告，反映建筑业的实际困难和诉求。提出若干政策建议，并在住房城乡建设部致财政部、国家税务总局的公函中被采纳。此外，中建协和中国建设报社联合举办建筑业"营业税改征增值税"座谈会，分析"营改增"将对行业和企业带来的影响，总结企业税改的困难和诉求，深刻解读"营改增"对建筑业的要求，交流探讨企业实现平稳过渡的措施。

2013年，受住房城乡建设部委托，中建协承担了建筑业企业各类保证金研究课题。通过发放问卷、与重点企业或单位座谈、征求相关专家意见等方式开展调研，对我国建筑业企业各类保证金的状况进行认真细致的调查和系统的梳理，并与山东科技大学共同撰写完成研究报告，于12月26日通过专家评审。该研究报告提出了完善保证金制度的总体思路，并重点针对投标保证金、履约保证金、工程质量保证金、农民工工资保证金制度的完善提出政策建议。研究报告对国家建立健全有关政策、法规，加强和改进行政监管，改革和完善各类保证金制度，创新工程保证金方式，减轻企业负担具有参考价值和借鉴作用。

针对广大施工企业反映强烈的关于政府投资和以政府投资为主的建设项目"以审计结果作为工程竣工结算依据"的地方性规定问题，中建协深入开展调研，认为此项规定超越了相关法律规定的审计监督职能，也与合同平等自愿原则相矛盾，极大地损害了施工企业的合法权益，因此会同26家行业协会联名向全国人大常委会提出对此项地方性规定进行立法审查的申请。7月11日国家审计署法规司的负责同志来访中建协，在双方沟通交流意见之后，他们表示将会对此项规定带来的相关问题做进一步调查研究。

在五届五次会长会议召开期间，住房城乡建设部副部长王宁携有关司负责人就建筑业改革与发展问题与中建协会长郑一军等协会领导举行专题座谈会。就推行工程总承包、营业税改征增值税、建筑市场招投标、劳务队伍建设、各类保证金、拖欠工程款等问题进行深入探讨，对改进行业管理、加强行业自律提出意见和建议。

2013年，根据中央中编办要求，中建协先后两次组织召开行政审批事项专题座谈会，向会员单位代表及专家学者就民政部、住房城乡建设部、商务部等部门行政审批事项目录征求意见，并形成书面材料上报中编办。

2013年，中建协工程项目管理专业委员会组织专家学者编纂完成《新型城镇化建设与建筑业发展研究报告》。重点围绕国内外城镇化发展现状、新型城镇化建设与中国经济发展目标、新型城镇化与建筑业面临的机遇和挑战、新型城镇化与建筑业企业转型升级、新型城镇化与工程项目管理创新、中国梦与建筑业的历史使命等专题进行了深入的研究。受住房城乡建设部委托，中建协建筑企业经营和劳务管理分会承担了建筑业劳务用工方式研究课题。课题研究报告系统梳理了我国建筑业劳务用工方式、制度运行现状及存在的问题，并对国外建筑劳务用工制度进行了比较研究，提出了我国建筑业劳务用工方式改革思路和实施措施建议，对于改革和创新我国建筑业劳务用工方式具有重要参考价值。受住房城乡建设部工程质量安全监管司委托，中建协工程质量监督分会同有关单位组成课题组，承担了《工程质量监督职责研究》课题项目。受住房城乡建设部工程质量安全监管司的委托，中建协建筑安全分会承担了《建筑安全教育培训及考核机制研究》课题任务，并代住房城乡建设部起草了《建筑安全教育培训及考核工作的指导意见》。受住房城乡建设部计划财务与外事司委托，中建协统计专业委员会承担了《住房城乡建设综合统计指标体系》课题。中建协工程建设质量管理分会与中国城市科学研究会绿建中心等单位联合承担了住房城乡建设部委托的调研课题《绿色建筑效果后评估与调研》。中建协混凝土分会开展预拌混凝土企业绿色生产调研，积极引导行业转型升级，大力推进行业科技进步。中建协智能建筑分会组织开展《楼宇自动化工程现状调查与分析》和《建筑能效优化管理策略的研究（基于智能化工程）》，并组织行业企业、专家编制出版《中国智能建筑行业发展报告》。

【加强工程质量安全管理与科技推广服务】 2013年，为更加科学规范地开展鲁班奖评选活动，根据国家有关部门的要求和建筑业发展现状，结合近几年评选工作的实际情况，中建协对《中国建设工程鲁班奖（国家优质工程）评选办法》部分条文进行了修订，圆满完成2012～2013年度鲁班奖工程评选工作，于12月5日在北京召开2012～2013年度中国建设工程鲁班奖（国家优质工程）表彰大会，向中国国家博物馆改扩建工程（新馆）、南京长江隧道工程、武汉市行政服务中心（市民之家）、广州珠江新城西塔等202项获奖工程的承建单位颁发鲁班金像。截至2013年底，总计已有1741项工程荣获"鲁班奖"。随着一批批获奖工程的问世，"鲁班奖"的声誉已受到全社会的关注和认可，成为优质工程的标志和企业信誉的象征。

2013年，中建协组织开展第一、二批全国建筑业绿色施工示范工程的评审验收工作。举办全国建筑业企业创精品工程经验交流会、建筑业先进适用技术推广应用暨建筑工程技术专家委员会工作交流会、建筑业新技术与工法推广应用经验交流暨超高层工程观摩会、与建筑技术分会共同举办新型建筑工业化现场观摩交流会，与中国海员建设工会全国委员会共同举办"2012年全国建设（开发）单位和工程项目节能减排达标竞赛活动"，与中国国际展览中心集团公司等单位共同举办首届中国（北京）国际建筑工程新技术、新工艺、新材料及新装备博览会。

2013年,中建协大力开展BIM(建筑信息模型)技术的推广应用活动。中建协工程建设质量管理分会举办首届工程建设BIM应用大赛,共有570项成果参赛。经评委会评审,评选出首届工程建设BIM应用大赛的一等奖、二等奖、三等奖、鼓励奖和优秀企业。中建协绿色施工分会举办2013年度中国建筑业建筑信息模型(BIM)邀请赛,共收到来自全国93个单位的226个作品参赛。经评委会评审,评选出"最佳协同及数据互用奖"、"最佳BIM应用企业奖"、"最佳BIM拓展应用奖"、"优秀项目奖"四类奖项及优秀作品若干。中建协工程建设质量管理分会承担住房城乡建设部课题《关于推进BIM技术在建筑领域内应用的指导意见》的编写工作,完成《勘察设计和施工BIM技术发展对策研究》课题的子课题《施工企业BIM应用研究报告2012》,组织施工企业建筑信息模型(BIM)应用培训。中建协绿色施工分会举办BIM工程实例研讨会。

此外,中建协智能建筑分会完成行业标准《建筑设备监控系统工程技术规范》修订报批稿,编制行业标准《建筑智能化系统运行维护技术规范》,参与编写的行业标准《变风量空调系统工程技术规程》通过专家评审并报批。

【推进行业信用体系和企业品牌建设】 2013年,中建协组织开展2013年度全国建筑业AAA级信用企业评价活动。经各地区和有关行业建筑业(建设)协会推荐、在建设系统相关网站上排查、专家评价组初评、全国建筑业企业信用评价工作指导委员会审定和网上公示,确定北京城建集团有限责任公司等93家企业为2013年度全国建筑业AAA级信用企业。同时对前几批AAA级信用企业开展动态管理和信用等级复审工作。AAA级信用企业评价工作增强了广大建筑业企业的诚信意识,注重企业信誉,实施品牌发展战略,谋求长期可持续发展。

2013年,中建协继续组织开展2012年度中国建筑业双百强企业评价工作。经各地区和有关行业建筑业(建设)协会推荐、初审、专家审查与公示,评出中建三局建设工程股份有限公司等100家企业为2012年度中国建筑业竞争力百强企业,中建三局第二建设工程有限责任公司等100家企业为2012年度中国建筑业成长性百强企业。中建协组织召开发布会并编辑出版《2012年度中国建筑业双百强企业研究报告》。

中建协建筑安全分会组织开展了2013年度AAA级安全文明标准化工地评价工作。经过初审、复查、审议等程序,共确定506项工地荣获2013年AAA级安全文明标准化工地称号。中建协机械管理与租赁分会继续开展的建筑机械租赁行业确认工作对协助行业主管部门规范我国建筑机械租赁市场起到了有效的补充作用,截至2013年底,经确认的跨省、市、自治区的租赁企业共有263家。中建协工程建设质量监督与检测分会编制了《建设工程质量检测试验机构诚信管理试行办法》。

此外,中建协机械管理与租赁分会评选"建筑机械租赁品牌"企业。中建协建筑企业经营和劳务管理分会组织专家评审认定"建筑劳务输出示范基地"。中建协智能建筑分会评选出2013年度"智能建筑行业十大品牌企业"、"智能建筑行业具有成长力十佳企业"、"智能建筑行业十大创新产品品牌"、"智能建筑行业产品知名品牌"。

【加强行业培训工作】 2013年,受住房城乡建设部委托,中建协建造师分会会同工程项目管理专业委员会在行业内全面深入组织开展建筑工程专业一级注册建造师继续教育工作,开通选修课网络培训,北京昌平中建协项目管理培训中心为西藏等少数民族及偏远地区免费送教上门。截至2013年底,已有11万多人通过培训并取得合格证书。

2013年,中建协分别在广州、杭州、天津、西安成功举办四期工程质量标准规范宣贯培训班,共计2500多人参加培训。此外,还举办了《混凝土结构设计规范》、《混凝土结构工程施工规范》和《混凝土结构工程施工质量验收规范》宣贯培训班,以及"营改增"新税制改革与《建设工程施工合同(示范文本)》、《建筑施工安全技术统一规范》及《建筑施工安全检查标准》宣贯培训班。

2013年,受国家人力资源社会保障部和住房城乡建设部委托,中建协承担第42届世界技能大赛砌筑项目和瓷砖贴面项目10名选手的选拔集训工作。这些选手于7月7日在德国参加了世界技能大赛,其中一名瓷砖贴面项目选手荣获优胜奖。

2013年,受住房城乡建设部委托,中建协组织开展了全国建筑业企业创建农民工业余学校示范项目部活动。经各地区建筑业协会和有关行业建设协会择优推荐、中建协秘书处初审、网上公示后,报住房城乡建设部审定。共有54个项目部被确定为"2013年全国建筑业企业创建农民工业余学校示范项目部",进一步推进了农民工业余学校的规范化发展。

2013年,中建协混凝土分会在行业内继续试行混凝土工程师职业资格制度,完成7个省市2000余人次的混凝土工程师培训工作,并修订再版了培训教材。中建协机械管理与租赁分会组织完成施工现场《机械管理员》培训教材的编写工作，并组织有关专家编写题库。中建协建筑企业经营与劳务管理分会开展建筑企业劳务管理人员培训工作，继续做好建筑企业职业经理人的培训认证工作。中建协石化建设分会组织完成焊接基础知识、吊装管理人员培训班以及工程项目经营管理专题培训班。

此外，受住房城乡建设部计划财务与外事司委托，中建协统计专业委员会举办三期建筑业统计培训班。中建协智能建筑分会先后举办机房国家标准及应用、智能建筑控制与节能、会议系统工程技术、绿色数据中心设计施工及运维管理等培训班。

【建筑业统计与信息宣传工作】 2013年，中建协与住房城乡建设部计划财务与外事司完成《2012年建筑业发展统计分析》，对2012年建筑业发展状况进行了深入全面的分析。编辑出版协会会刊《中国建筑业》12期。出版《中国建筑业年鉴（2012卷）》，并在中国出版协会年鉴工作委员会主办的第七届全国年鉴编校质量检查评比中获一等奖。编印《中国建筑业协会2012年年报》，赠送会员单位，供学习交流。做好协会网站管理工作，及时发布协会工作动态和行业重要资讯。举办"鸿翔杯"第三届全国建筑行业信息传媒工作竞赛和"森信杯"首届建筑业摄影比赛，有力地促进了建筑业企业文化建设。

【搭建业内交流合作平台】 2013年，受住房城乡建设部委托，中建协会同中国勘察设计协会、中国建筑金属结构协会、中国建筑装饰协会共同承办第二届中国（北京）国际服务贸易交易会建筑及相关工程服务板块的展示交流工作。展览以"生态文明建设从这里启航"为主题，集中展示我国建筑业在推进绿色发展、循环发展、低碳发展，为人民创造良好的生产生活环境等方面做出的突出贡献。十几家知名建筑业企业参展。中建协对京交会建筑及相关工程服务板块的组织工作得到了京交会组委会和住房城乡建设部的高度评价。展会期间，中建协还举办了全国建筑业绿色施工经验交流会，向首批和第二批全国建筑业绿色施工示范工程完成单位颁发荣誉证书，向第三批全国建筑业绿色施工示范工程承建单位授牌，并特别邀请中国工程院院士徐德龙做题为《中国建材工业的低碳化》主旨演讲。

2013年，中建协协助住房城乡建设部举办2013年内地与香港建筑业论坛，组团考察我国建筑业企业在境外承建的工程。进一步加强与国（境）外同行的交流合作。

中建协于8月5日在哈尔滨组织召开全国建筑行业秘书长研讨会，围绕行业协会改革与发展重要问题如建立健全自律机制、推进信息公开、开展诚信服务、加强规范化建设以及协会立法等开展研讨，并对先进协会和优秀秘书长进行了表彰。

【积极履行社会责任】 按照住房城乡建设部扶贫工作安排，中建协负责大别山片区9县市的建筑业扶贫工作。2013年，中建协从帮助9县市发展建筑劳务输出、提高建筑劳务输出组织化水平入手，为9县市免费举办三期建筑劳务管理培训，召开三次建筑劳务发展座谈会，组织县域建筑业发展经验交流和建筑劳务合作对口洽谈，签署合作意向书16份，扶贫工作取得初步成效。

为鼓励和指导建筑业企业更好地履行社会责任，实现企业与职工、社会、环境的和谐发展。2013年，中建协联合11家行业建设协会共同编制《关于建筑企业履行社会责任指导意见》，印发给全体会员单位参照执行。

【协会建设】 按照住房城乡建设部党的群众路线教育实践活动领导小组要求和部教育实践活动领导小组办公室关于教育实践活动各环节的工作安排，中建协自2013年7月下旬开展教育实践活动。

加强对分支机构和秘书处的规范化管理。强化对分支机构的监督管理。中建协领导小组用两个月的时间对各分支机构进行调研，听取分支机构汇报工作情况和面临的困难，以及对协会工作的意见和建议，调研之后整理成书面调研报告，全面总结分析了分支机构存在的主要问题与应对措施，为下一步加强对分支机构的规范化管理与指导打下了良好的基础。强化政治理论与业务学习。中建协邀请住房城乡建设部有关业务司的同志为秘书处及分支机构负责人授课，定期组织秘书处职工集体学习党和国家发布的最新政策法规，及时购买相关书籍鼓励职工自学，并制作专栏展示学习体会，营造浓厚的学习氛围。

【重要会议与活动】 1月16日，中建协召开2012年度秘书处工作总结表彰会。副会长徐义屏、副会长兼秘书长吴涛出席并讲话。会议听取了秘书处各部门对2012年工作总结和2013年工作计划的汇报，并对2012年度优秀职工进行表彰。

2月28日，中建协和中国石油工程建设协会、中国铁道工程建设协会等13家行业协会，在北京召开建筑业企业履行社会责任行业协会联席会议。中建协副会长兼秘书长吴涛主持会议。与会的各行业建设协会代表一致同意联合推进我国建筑业企业履行社会责任的工作，对联合推进这项工作和拟联合印发的《关于建筑业企业履行社会责任的指导意见》提出意见和建议。

3月5～7日，建筑业先进适用技术推广应用暨建筑工程技术专家委员会工作经验交流会在北京召开。大会向建筑工程技术专家委员会委员代表颁发聘书。来自各省、市、自治区建筑业协会的领导、中建协建筑工程技术专家委员会的专家及企业代表500多人参加会议。

4月23～24日，全国建筑业企业创精品工程经验交流会在合肥市召开。中建协副会长徐义屏出席会议并讲话。安徽省住房城乡建设厅副厅长曹剑致辞，安徽省建筑业协会副会长兼秘书长王茂新出席会议。来自全国各地区、有关行业建筑业（建设）协会及建筑业企业有关人员900多人参加会议。

4月25～26日，中建协在安徽省六安市金寨县举办安徽省（大别山片区）建筑业劳务管理培训班。中建协副会长徐义屏出席会议并讲话。安徽省建筑业协会会长兼秘书长王茂新，安徽省住房城乡建设厅建管处调研员张行远，金寨县副县长洪晓东等领导和有关专家出席开班仪式。

5月15日，由中建协和中国海员建设工会全国委员会共同举办的"2012年全国建设（开发）单位和工程项目节能减排达标竞赛活动"表彰大会在北京召开。大会向荣获全国建设（开发）单位和工程项目节能减排达标竞赛活动获得"全国五一劳动奖状"、"工人先锋号"以及优胜金奖、优胜银奖单位颁发奖状和证书。各地区建筑业协会、各行业建设协会负责人及建筑企业代表共200余人出席会议。

5月17日，由中建协和中国建设报社联合举办的建筑业"营业税改征增值税"大型座谈会在北京召开。中建协副会长兼秘书长吴涛出席会议并讲话。会议由中建协副会长、北京市建筑业联合会会长栾德成主持。中国建设报社社长、党委书记、总编辑刘士杰和北京市住房城乡建设委员会副主任李荣庆致辞。来自各地区和有关行业的建设行政主管部门、协会、企业的50多位代表出席了会议。

5月22～24日，中建协在杭州举办2013年第二期工程质量标准规范宣贯培训班。住房城乡建设部工程质量安全监管司工程质量监管处处长廖玉平，中建协副会长兼秘书长吴涛，浙江省建筑业管理局副局长叶军献，浙江省建筑业协会会长赵如龙、副会长姚光恒及有关专家出席开班仪式。来自浙江、江苏等23个省市工程质量监督站和建筑施工企业的质量、技术、管理人员共800余人参加了培训。

6月14日，由中建协主办的首届中国县域建筑业发展高层会议暨建筑劳务基地建设经验交流会在浙江省绍兴县召开。住房城乡建设部人事司处长路明、建筑市场监管司副处长林乐彬、中建协副会长兼秘书长吴涛、浙江省住房城乡建设厅副厅长樊剑平、浙江建筑业行业协会会长赵如龙等领导出席。会上，重庆市江津区、四川省江油市、山东省费县、蒙阴县、平邑县和河南省项城市、沈丘县、睢县8县（市、区）被授予"建筑劳务输出示范基地"称号。

6月24日，中建协召开"中国建筑之乡"专家评审会。中建协副会长兼秘书长吴涛出席会议并讲话。会议听取了江苏省扬州市邗江区、阜宁县、启东市、如东县、如皋市五县（市、区）政府建筑业主管部门、建筑业协会领导关于当地建筑业发展情况的汇报。与会评审专家认真查阅申报资料，经过讨论形成评审意见，一致同意授予江苏省如东县等五个县（市、区）"中国建筑之乡"称号。

7月3～4日，中建协建筑工程专家研修班在上海举办。中建协副会长徐义屏、副会长兼秘书长吴涛及专家委员会部分副主任委员出席会议。研修班上，中建协副会长徐义屏就鲁班奖评选工作的历史沿革、组织方式、评选办法、复查细则以及评选工作对提升行业工程质量水平的重要意义等做了详细介绍。

7月9～12日，中建协在西安举办2013年第四期工程质量标准规范宣贯培训班。中建协副会长兼秘书长吴涛出席会议并讲话。住房城乡建设部工程质量安全监管司工程质量监管处调研员苗喜梅，陕西省住房城乡建设厅副厅长郑建钢，陕西省建筑业协会会长许龙发及有关专家出席了开班仪式。来自全国23个省、市工程质量监督站和建筑施工企业的质量、技术、管理人员共600余人参加了培训。

9月22～23日，第12届中国国际工程项目管理峰会暨全国建筑业企业优秀项目经理经验交流会在西安召开。中建协副会长徐义屏主持会议。中建协副会长兼秘书长吴涛出席会议并宣读了中建协关于表彰2012年度全国优秀项目经理、全国建筑业企业创建农民工业余学校示范项目部、优秀项目管理成果的决定，公布了第12届中国国际杰出项目经理名单。十届全国人大环资委主任、中建协工程项目管理委员会名誉会长毛如柏，十一届全国政协常委、中国工程院院士、中国铁道学会理事长孙永福，住房城乡建设部副部长王宁，建筑市场监管司副司长张毅、人事司副巡视员陈付，陕西省住房和城乡建设厅厅长杨冠军、副厅长郑建钢，中建协副会长李里丁，中建协工程项目管理委员会会长梁新向，陕西省建筑业协会会长许龙发，陕西省建工集团董事长刘耀华，新加坡项目经理协会副会长陈如泉等有关方面领导嘉宾出席会议。

10月17日，中建协在厦门召开2012年度中国建筑业双百强企业发布会，向2012年度中国建筑业双百强企业颁发奖牌和证书，同时发布《2012年度中国建筑业双百强企业研究报告》。中建协副会长徐义屏出席会议并讲话，副会长兼秘书长吴涛宣读了2012年度中国建筑业双百强企业评价结果。发布会同期还对"森信杯"首届建筑业摄影比赛获奖作品进行了展示。

10月21日，2013年内地与香港建筑业论坛在宁波举行。中建协受住房城乡建设部委托协办，负责组织部分内地建筑业企业参加论坛并演讲。在论坛开幕式上，中建协副会长徐义屏与香港建造业议会主席李承仕共同签署《中国建筑业协会与香港特区建造业议会关于促进双方交流合作备忘录》。住房城乡建设部副部长齐骥、香港特别行政区政府发展局局长陈茂波、浙江省住房和城乡建设厅厅长谈月明、宁波市人民政府副市长王仁洲等有关领导出席论坛。来自内地和香港的300多名代表参加了会议。

11月7日，中建协在江苏省南通市海安县召开"中国建筑之乡"发展与合作经验交流会。中建协副会长兼秘书长吴涛出席会议并作《新型城镇建设与建筑业发展及工程项目管理创新》专题报告。住房城乡建设部建筑市场监管司施工监管处副处长林乐彬参加会议并讲话。江苏省住房城乡建设厅副厅长徐学军、江苏省建筑行业协会会长高学斌、有关省建筑业协会和南通市及海安县领导出席会议。来自20个"中国建筑之乡"代表和住房城乡建设部组织中国建筑业协会支持建筑劳务发展的大别山片区8个县（市）建筑行业主管部门、协会领导参加会议。

11月12日，全国建筑行业信息传媒工作经验交流会在嘉兴召开。中建协副会长徐义屏、住房城乡建设部办公厅宣传信息处处长毕建玲出席会议并讲话，浙江省建筑业行业协会副秘书长毛鑫、嘉兴市城乡规划建设委员会调研员姚金明致欢迎辞。与会领导向"鸿翔杯"第三届全国建筑行业信息传媒工作竞赛的优胜者颁发了牌证。

11月22～23日，建筑业企业信息化建设推进经验交流会在江苏省南通市召开。中建协副会长兼秘书长吴涛出席会议并讲话。第十届全国人大环资委主任、中建协工程项目管理委员会名誉会长毛如柏，住房城乡建设部信息中心副主任王毅，江苏省住房和城乡建设厅副厅长徐学军，江苏省建筑行业协会会长高学斌等出席会议。来自有关建筑业（建设行业）协会、建筑业企业负责信息化建设工作的600余人参加了会议。

12月5日，2012～2013年度中国建设工程鲁班奖（国家优质工程）表彰大会在北京召开。中建协会长郑一军出席会议。住房城乡建设部副部长王宁，住房城乡建设部工程质量安全监管司、建筑市场监管司、标准定额司、建筑节能与科技司的负责人出席会议。会议由中建协副会长徐义屏主持。住房城乡建设部工程质量安全监管司司长常青宣读了《住房城乡建设部关于2012～2013年度中国建设工程鲁班奖（国家优质工程）获奖单位的通报》，中建协副会长兼秘书长吴涛宣读了中国建筑业协会《关于颁发2012～2013年度中国建设工程鲁班奖（国家优质工程）的决定》。会议表彰了27项2012～2013年度中国建设工程鲁班奖（境外工程），向中国国家博物馆改扩建工程（新馆）、南京长江隧道工程、武汉市行政服务中心（市民之家）、广州珠江新城西塔等202项获奖工程的承建单位颁发鲁班金像。各地建筑业协会及有关建设行业协会负责人、获奖企业代表共1100余人参加会议。

（中国建筑业协会）

中国安装协会

概况

【**安装行业概况**】 2013年是国家实施"十二五"规划纲要的第三个年头，安装行业和许多行业一样，发展规划是在稳中求进的总基调中积极推进，企业的发展也都从各自的实际出发，找准定位，注重把握机遇和提升发展质量。同时，随着国家新型城镇化建设的推进、节能减排国策的深入实施，以及加快将先进的科学技术转化为现实的生产力要求等等，对安装行业在技术创新、管理创新、人才建设、业务拓展、组织结构、经营模式、信息化水平、绿色低碳发展、质量和品牌战略等方面提出了更高的要求。2013年，受国内固定资产投资放缓的影响，安装行业产值增速明显放缓，新签合同额增速处于较低水平。企业应收工程款仍在增长，工资支付负担明显增加。企业利润总额跟产值增长同步，产值利润率同比持平。企业"走出去"的步伐加快，完成省外产值和境外市场营业额均有较大提高。

【中国安装协会概况】 2013年，是中国安装协会（以下简称"协会"）新一届理事会履职的第一年，工作艰巨而繁重。根据协会六届一次理事会精神，协会提出积极应对变革，谋划长远发展，促进安装行业科学发展的基本工作思路。把促进安装行业平稳发展，加快转变安装行业经济发展方式，加快行业调整升级作为全年工作的主线，以团结进取，勤奋工作，求真务实，勇于承担的工作精神，从三个有利于出发，即有利于企业成长，有利于行业进步，有利于协会发展，积极组织行业活动。在开展活动时，协会努力做到有特色，讲品质。在秘书处内部，坚持例会制度，以保证工作的协调和推进。协会建立各项规章制度和激励机制，并将这些体系文件、规章制度落实到协会的工作目标和工作计划中。2013年，协会各项工作取得了一定的成效，为新一届理事会工作目标的实现奠定基础。

协会换届

5月9日，按照协会章程，协会召开第六次会员代表大会和六届一次理事会议，进行换届选举。选举产生以王治安为会长的协会新一届领导集体，产生新一届理事会。新一届的协会领导集体数量增加，组织规模提升，构成的代表性进一步加强，安装企业和地区行业协会在协会领导集体中都有代表，更能反映行业结构，为协会的发展奠定良好的组织基础。

【机电安装工程施工总承包资质保留】 3月中旬，各省、直辖市安装协会（分会）及会员单位就住房城乡建设部建筑市场监管司下发的《建筑业企业资质标准框架》（征求意见稿）提出很多意见，通过各种方式反映到协会，要求保留机电安装工程总承包资质。秘书处根据各地安装行业协会和安装企业的意见，对保留机电安装工程施工总承包资质提出协会的意见，形成报告，上报到住房城乡建设部，充分反映安装企业的诉求。同时，协会领导专程拜访住房城乡建设部有关司领导，介绍安装行业和安装企业的情况，反映企业的意见，表明协会的态度，取得住房城乡建设部领导的认同和支持。9月底，经过大家的共同努力，机电安装工程施工总承包资质被保留下来。

【深入企业调查研究】 换届后，面对新的形势，协会领导首先选择安装企业比较集中的江浙沪地区深入企业进行调研，或通过参加地区举办的经验交流会进行调研。调研期间，协会领导走访了中建安装工程有限公司、上海市安装工程集团有限公司、中国二十冶集团有限公司等单位，并在江苏省安装协会、上海市安装协会、浙江省安装协会的组织下，与部分企业董事长、总经理进行座谈。在调研中，大家围绕机电工程总承包资质、安装企业的转型、产业链延伸，安装企业"走出去"、总承包管理模式、建筑安装工程模块化施工、节能减排、绿色施工、企业人才管理、中小企业发展以及10项新技术的推广等问题进行了深入的探讨。同时，协会设计了针对不同情况的调查问卷发放给企业填写，进一步全面了解企业对协会的需求。

【安装企业生产经营情况调查】 2013年，协会开展了2011~2012年机电安装企业生产经营情况调查工作，100多家企业参加调查活动。这些企业来自机械、冶金、电力、电子、轻工、交通、核工业、一般公用及民用建筑等安装行业，行业覆盖面广。基本涵盖全国各个地区。既有大中型国企，也有中小型民营企业。上报企业具有一定的代表性，统计数据基本反映了中国机电安装企业2011~2012年生产经营的总体情况。

【工程模块化施工现状调研】 为在建筑业中推进部品部件工厂化生产与装配化施工，推动行业技术进步，2013年，协会开展《工程模块化施工发展现状与促进对策研究》调研，了解安装工程施工现状与发展情况。通过调查研究，协会更加全面地掌握了安装行业采用工程模块化施工的工程项目数量、项目特点、项目规模、所占比例以及企业在采用工程模块化施工中遇到的困难和影响等情况，这对协会下一步更有针对性地开展服务，推广工厂化生产、装配化施工、信息化管理，推进安装业生产方式变革，促进行业转变发展方式打好了基础。

【参加民政部组织的社会组织评估】 2013年，协会参加民政部组织的社会组织评估工作。协会对照评估指标包括的基础条件、内部治理、工作绩效和社会评价四个方面的110项评估指标进行自评，形成文字材料，6月底，向民政部提交《社会组织评估申报书》和6册评估申报材料，并整理归档了自协会成立以来的200多份档案资料。9月，协会接受民政部专家组的实地考察，从基本情况、工作业绩、内部治理、存在问题、下一步工作打算五个方面，向专家组进行汇报。评估专家对协会的工作给予充分的肯定。协会以评促改、以评促管、以评促发展。通过评估对协会成立以来的工作进行梳理，找出协会工作中存在的不足，明确协会发展方向和目标。

【新一届协会科学技术委员会选举产生】 8月，协会在北京召开科技委员会五届一次会议，进行换届选举。会议全面总结第四届科技委员会工作，选举产生由81人组成的第五届协会科学技术委员会，王治安当选为新一届科技委主任。新一届科技委提出：积极开展对行业科技创新项目的研究，围绕安装业不断发展的需要，发挥科技委多学科、多专业的人才优势和专家智力资源，建立民主的、科学的决策运行机制；努力加强行业内科技资源管理和应用，开展技术咨询、决策咨询、人才培养及技术交流；加大对中小型企业的服务力度，尤其强化对中小型企业的差异化服务；在行业内积极推进节能减排和绿色施工。新一届科技委的成立，对协会开展科技工作和行业科技进步起到重要的作用。

【参与住房城乡建设部资质标准修订】 9月，住房城乡建设部组织召开建筑业企业资质标准修订说明会，确定机电工程施工总承包企业资质等级标准被保留，安装协会负责"机电工程施工总承包企业资质标准"和"建筑机电安装工程专业承包企业资质标准"的修订工作。会后，协会按照住房城乡建设部要求，对此项工作进行精心组织和安排，成立修订小组。协会先后召开北京市重点安装企业资质管理负责人座谈会和华东地区安装协会（分会）秘书长座谈会，听取与会人员对新版资质标准的意见和建议，同时，将有关文件发给其他各地区安装协会（分会）、地区联络组，要求他们组织相关企业负责人座谈，并上报修订意见和建议。协会共收到反馈意见70余条。在充分考虑这些意见的基础上，对资质标准进行多次讨论和认真的修改，最终形成两个资质标准的初稿，并及时上报给住房城乡建设部。

行业培训和交流

【装配式支吊架技术研讨】 1月，协会与上海安装工程有限公司、镇江奇佩支吊架有限公司、华东理工大学在上海共同举办"室内管线装配式支吊架、工厂预制、现场装配技术研讨会"。会议结合国内室内管线装配式支吊架技术现状以及国内外装配式支吊架技术发展趋势，对正在进行的装配式支吊架标准图集的编制工作进行专题的技术讨论。会上，华东理工大学教授就装配式支吊架技术的优势、现状和存在的问题做了全面透彻的技术分析，对未来装配式支吊架发展的趋势和方向提出综合论述，提出标准图集的编制框架，代表们结合自身的工程施工、设计经验对装配式支吊架技术进行研讨。

【BIM技术推广应用】 5月，协会与江苏省安装行业协会、中建工业设备安装有限公司在南京共同举办BIM技术应用经验交流会。会议请中建安装工程有限公司和上海市安装工程有限公司等5家安装企业介绍BIM技术推广应用的情况，请软件供应商对BIM技术推广应用做演讲，并组织代表进行现场交流活动。协会希望通过交流会使企业看到BIM技术的发展前景，根据自身的技术现状和市场需求，合理选择发展方向，找准市场切入点。为发挥引领作用，协会授予中建安装工程有限公司和上海市安装工程有限公司安装行业BIM技术应用示范单位。

【行业建筑设备运行维护水平提高】 2013年，协会运行维护分会在北京开展一系列的活动。1月，举办"中央空调系统运行维护培训班"，通过政策解读、理论阐述和案例分析，帮助企业解决中央空调系统日常操作中遇到的实际问题。5月，举办"绿色建筑室内空气优化技术研讨会"，邀请大学教授及科学研究院专家做专题报告。研讨会的举办对推动绿色建筑的发展，增强室内空气质量优化技术水平起到积极作用。9月，举办"建筑能效测评与技术应用研讨会"，贯彻住房城乡建设部批准的行业标准--《建筑能效标识技术标准》，宣传实行建筑能效测评标识制度的重要意义。会议组织代表参观中国建筑科学研究院通州基地，向代表介绍先进的能效测评设备和技术。11月，举办"供热计量与建筑节能技术论坛"，邀请相关专家、企业代表共同探讨和解决我国供热计量和建筑节能中的实际问题，为我国的安装、建筑施工、运行维护行业提供一定的政策导向和技术支持。

【通风空调行业转型升级推动】 2013年，协会通风空调分会开展一系列的活动。3月，在沈阳举办"中国建筑·HVAC系统节能解决方案"工程技术论坛，推广HVAC系统节能解决方案新技术，促进HVAC系统工程节能设计、施工工艺与技术进步，提高设计、施工人员的技术水平、工艺和检测手段。9月，年会期间，对国内空调发展趋势、VAV空调系统调试技术、超高层建筑自然伸缩冷冻立管施工技术进行分析与研讨，对国家标准GB50243《通风与空调工程施工质量验收规范》修订情况进行介绍。会议编辑《通风与空调工程技术文选》，评选出一等奖2篇，二等奖6篇，三等奖10篇。10月，与相关协会在北京主办"洁净技术与空气净化及新风设备博览会暨高峰论坛"，论坛以节能、环保、安全、健康为主题，展示当今洁净环境的最新技术及前沿科技，促进洁净环境领域的技术合作，推进该领域的技术创新和产业化。分会的专家参加在天津赛象酒店召开的"天津117大厦空调水系统中压管道方案专家研讨会"，对项目的空调水中压管道（2.5~3MPa）施工技术问题作出专业解答，对有关空调水中压管道的设计、施工遇到的技术问题进行交流与探讨。

【创精品机电工程研讨班举办】 6月，协会在上海举办"创精品机电工程研讨班"。在研讨班上，质量监督站的人员讲解如何通过严格执行施工规范治理质量通病；行业专家解析机电工程常见质量通病；企业介绍工程创优经验体会；协会解读《中国安装工程优质奖（中国安装之星）评选办法》、宣讲开展中国安装工程优质奖（中国安装之星）评选活动的意义作用。研讨班的举办，对于安装行业创建精品机电工程活动的开展以及中国安装工程优质奖（中国安装之星）评选奠定了基础。

【2013版施工合同示范文本宣传贯彻】 6月，协会与上海、江苏、浙江安装协会在上海联合举办2013版施工合同文本宣贯会。会议请住房城乡建设部领导介绍建筑业的基本情况及加强施工合同管理的重要性及有关措施、合同修改的背景。

中国安装之星和中国安装协会科技进步奖评选

【科技进步奖评选】 2012~2013年中国安装协会科技进步奖评选活动，共收到147个申报项目。经过秘书处初审，共有143个项目符合评审要求。通过专家组的专业审查评选及由协会组织行业权威人士组成的评审委员会的评审，共73个项目荣获2012~2013年中国安装协会科技进步奖，其中特等奖2项、一等奖4项、二等奖13项、三等奖54项。评委会在通过的6项一等奖中，将中国二重等三家企业申报的《800MN大型模锻压机安装》和葛洲坝集团申报的《700MW多冷却方式水轮发电机组安装技术创新研究与国产化实践》这两个具有科技含量高和创新水平突出的项目设立为中国安装协会科学技术进步特等奖。

【中国安装工程优质奖（中国安装之星）评选】 2013~2014年度第一批的评选活动共收到申报项目107个。在认真组织初审后，在工程复查阶段，为复查组专家设计了《工程复查专家指导手册》、《工程复查组复查项目综合评价排序表》等评审用评价表。结合党的群众路线实践活动，协会还制订《工程复查组工作纪律》，要求受检单位填写《工程现场复查工作情况反馈表》，接受受检单位的监督。经过初审、工程现场复查、评审委员会审定，共有99项工程荣获2013~2014年度（第一批）中国安装工程优质奖（中国安装之星）。

注册建造师继续教育

【继续开展师资培训，完善继续教育培训网络】 4月，协会在石家庄举办机电工程专业一级注册建造师继续教育师资培训班，20多家培训单位和有关单位推荐的95名学员参加培训，并取得由继续教育领导小组颁发的《机电工程专业一级注册建造师继续教育师资培训证书》。同时，经协会与安徽、福建、云南、甘肃四个省有关协会和政府职能部门的共同努力，住房城乡建设部又新批准安徽建工技师学院、福建省建设干部培训中心、云南农业大学和兰州理工大学四家机电专业继续教育培训单位。

【继续教育选修课网络培训】 协会决定在继续教育选修课教学上采取网络培训，并获得住房城乡建设部批准。10月，协会通过竞标确定网络培训单位。11月，协会在北京召开机电工程专业一级注册建造师继续教育工作会议，审查通过网络培训教材，并确定吉林省为首批机电工程专业选修课网络培训试点地区。

【继续教育工作会议】 3月，协会在上海召开机电工程专业一级注册建造师继续教育工作交流会，听取培训机构对于继续教育管理、教学和教材方面的意见。12月，协会又在西安召开总结与经验交流会，总结工作进展情况，查找分析工作中的问题，提出下一步工作安排与建议。会议表彰近两年来在继续教育工作中作出突出成绩的先进培训单位和先进个人，颁发奖牌和荣誉证书。截至2013年底，协会累计完成培训人数37595人，上报培训批次218批，发放证书37306人，累计完成培训的建造师占机电工程专业一级建造师的63.7%，其中2013年完成培训的建造师占总数的52.8%。

【完成政府交办的建造师相关工作】 2013年，协会按照住房城乡建设部的统一部署，完成机电工程专业一、二级执业资格考试大纲、考试用书修订、考试命题、阅卷等任务，得到主管部门的认可。3月，协会在上海召开机电工程专业二级建造师执业资格考试大纲和考试用书修订工作会议,讨论并通过二级考试大纲,明确考试用书修订要求,落实具体编写任务及进度。10月,协会在北京召开机电工程专业一级建造师执业资格考试大纲及考试用书修订工作会,形成《机电工程专业一级建造师考试大纲(上报稿)》上报住房城乡建设部。会议还通过《机电工程专业一级建造师执业资格考试用书(2014版)修改稿编写要求》,安排编写进度和工作分工。12月,在西安召开机电工程专业一级建造师执业资格考试用书(2014版)统稿会议,完成统稿工作。12月底完成上报稿。

协会杂志、简报和网站工作

【《安装》编辑部建设】 换届后,协会在《安装》杂志社的内部建设、杂志的质量和发行等方面作了积极的努力和改进。调整杂志社结构,培育年轻、专业化编辑队伍,建立专家审稿制度,创新调整栏目版块,积极主动与企业家、专家和学者约稿,采写贴近企业实际的独家文章,及时反映和报道行业热点问题,加强与会员单位的联系。

【协会网站建设】 2013年,协会选定实力雄厚的网站设计开发公司为协会网站进行全面的改版升级。经过半年多的努力,协会网站改版升级工作全面完成。改版升级后的协会网站整体页面美观大方,技术先进,内容丰富,功能齐全,并增设了奖项的网上申报和网上评审等。

【《协会简报》工作】 2013年协会共出刊《协会简报》7期,全面、准确、及时地反映了协会的重要信息和工作情况,促进了协会各项工作的开展。

(中国安装协会 撰稿:顾心建)

中国建筑金属结构协会

【协会发文】 3月28日,中国建筑金属结构协会(以下简称"协会")发出《关于授予王宏、王寅大等十位同志为2012年"全国钢结构行业十大优秀企业家"的决定》,《关于授予奥林匹克公园瞭望塔、广州市电视台新址等钢结构建筑工程为"中国钢结构金奖"的决定》,《关于授予香港特区政府大楼等4项工程为第二届"港澳特区钢结构金奖"的通知》,《关于表彰全国钢结构工程优秀项目经理(一级建造师)的决定》(受表彰71名)。

4月3日,协会对2012年钢结构行业30强企业进行通报。

5月29日,关于公布《建筑金属屋(墙)面设计与施工资质等级标准》(试行)的通知。

6月26日,关于发布《中国钢结构金奖审定与管理办法》及《评选程序及资料要求》的通知。

9月18日,发出《关于核准天津飞宇幕墙装饰工程有限公司等10家企业工程设计与施工资质资格的决定》;《关于同意给水排水设备分会第四届理事会会长、名誉会长、副会长、秘书长和会长助理人选的批复》。

12月5日关于印发《协会工作制度》和《领导班子集体学习制度》的通知。

【行业展会】 4月8~10日,中国(北京)国际供热通风空调、卫生洁具及城建设备与技术展览会在京举行。

5月9日,第四届中国国际现代建筑施工技术、模板脚手架展览会在北京中国国际展览中心举办。同期举办了第四届中国国际现代施工技术、模板脚手架工程技术交流会。

5月26~28日,协会与永康市人民政府等单位联合主办的第四届国际门博会在浙江永康召开。首次增设了2000多平方米的机械类室外展馆,使展出总面积达7.2万平方米,比上届增加1.2万平方米。参展观众6万人次,国外观众45人次。同期举办中欧建筑门窗新技术论坛、《建筑室内钢木门》标准宣贯会。

5月28日至6月1日,协会根据住房和城乡建设部的部署,组织北京米兰之窗节能建材有限公司等9家骨干企业参加第二届中国(北京)国际服务贸易交易会。展出塑料门窗、木门窗,光伏组件等绿色环保节能产品,面积共200平方米。

7月3~5日,光电建筑应用委员会在北京国家会议中心,举行第5届中国光伏四新展。

9月25~27日,BWT中国建筑水展在上海召开。参展商217家,其中国外参展商26家。展出面积10000平方米。同期举办建筑给排水工程师大会、中国薄壁不锈钢管道行业发展论坛等交流活动。

11月19日，"第十一届中国国际门窗幕墙博览会"在上海新国际博览中心举行。展出面积约60000平方米，较上届增长约9％。来自13个国家和地区的373家企业参展，较上届增长约3.6％。同期举办"FDC中国国际门窗幕墙高级研讨会"、"中外门窗B2B贸易对接会"、"博览会开幕晚宴"等活动。

【标准编制】 钢木门窗委员会在标准的编制、修订、研讨、申报工作中，共组织召开16次会议，主编、参编或受托主管的标准中有批准发布标准：电动卷门机、飞机库门、电动伸缩门和木门窗。完成专家审查的标准：《平开户门》、《集成材木门窗》和《电动开门机》。批准修编标准：《钢门窗》、《车库门电动开门机》和《彩钢门窗型材》。

铝门窗幕墙委员会主编或参编标准：修订行业标准《建筑用硬质塑料隔热条》(JGJ 174-2005)完成报批稿；修订国标《建筑幕墙抗震性能振动台试验方法》完成送审稿讨论稿；制定的国标《建筑用节能门窗第1部分铝木复合门窗》进入出版社最后校稿阶段。

塑料门窗委员会主编的工程建设标准《塑料门窗设计及组装技术规程》于10月10日在京通过审查，12月报批。建筑工业行业标准《建筑门窗用未增塑聚氯乙烯共混料性能要求及测试方法》于11月28日在京通过审查，12月报批。建筑工业行业标准《塑料门窗及型材功能结构尺寸》于5月9日在京启动修订工作，12月12日在佛山召开第三次工作会形成征求意见。参编标准有《建筑门窗承受机械力的检测方法》、《建筑用纱门窗抗风性能检测方法》。

采暖散热器委员会启动编制、参与制订或修编的标准有：《钢铝复合散热器》、《采暖用钢制散热器配件通用技术条件》、《铜管对流散热器》、《喷塑铸铁无砂散热器》、《采暖散热器散热量测定方法》和《建筑给水排水及采暖工程施工质量验收规范》。

建筑钢结构分会标准编制：1月8日协会列为国家标准《绿色建筑评价标准》的参编单位之一。按照修编组的要求，组织召开行业专家和企业家座谈会，收集企业和专家的意见，提交编制组讨论。在新标准的修订中，增加了钢结构工程的内容。

4月10日，建筑钢结构委员会收到邀请参加国家标准《工业化建筑评价标准》修编工作的函。6月上旬召开启动会议，按照进度计划，9月、11月组织专家完成该标准体系研究的"建造过程评价"、"综合效益评价"的起草工作。

建筑门窗配套件委员会主编的行业标准《建筑门窗五金件合页（铰链）》于5月21日在河北高碑店启动，24人参加。《建筑门窗五金件 通用要求》标准进入征求意见阶段。《建筑门窗配套件应用技术导则》3月24日在上海召开工作会，该标准完成征求意见稿。

建筑模板脚手架委员会于10月31日上报《关于〈铝合金模板〉标准编制协商会议情况的报告》。参编的《建筑施工脚手架安全统一技术规程》于2月28日完成征求意见稿。

建筑扣件委员会参编《建筑塑料复合模板工程技术规程》。

给水排水设备分会主编在编标准：《减压型倒流防止器应用技术规程》、《水锤吸纳器应用技术规程》、《铝合金及不锈钢闸门》、《官网叠压供水设备》、《建筑同层排水工程技术规程》和《排水不锈钢管道工程技术规程》。批准立项标准：《城镇供水铁质阀门通用技术要求》、《给水排水用蝶阀》和《给水涂塑复合钢管》。

光电建筑应用委员会标准编制工作：《建筑光伏夹层玻璃封边保护剂》、《建筑光伏组件用PVB胶膜》、《建筑光伏组件用EVA胶膜》均进入报批阶段；《建筑光伏系统技术导则》进入征求意见阶段；《建筑光伏遮阳通用要求》完成初稿；《太阳能光伏瓦》启动。

喷泉水景委员会和浙江鸿翔建设集团有限公司共同主编的《喷泉水景工程技术规程》7月完成报批稿。

辐射供暖供冷委员会参与编制《地面辐射供暖系统施工安装》国家标准图集，已颁布；《辐射供冷末端施工安装》适用图集在编制中；申报《辐射供暖用混水装置应用技术规程》CECS协会标准，已立项。

国际合作部完成《建筑市场主体信用评价标准》和《国际工程风险评估技术规范》评审审定工作。起草《关于〈建筑市场管理条例〉征求意见稿》的意见。

【服务政府】 2012年4月，住房城乡建设部将钢结构住宅产业化推进研究的软科学课题正式下达给协会。钢结构分会制定了课题推进的具体工作计划和步骤，按照计划，2013年已完成《我国钢结构住宅产业化推进的研究报告》、《钢结构住宅关键技术报告》和《钢结构住宅发展的调研报告》3份报告的初稿。

受住房城乡建设部建筑节能与科技司委托，起草2013年"两会"人大、政协代表《关于发展钢结构产业、促进建筑业可持续发展》等2份提案的回复意见。

4月16日上报关于《建筑业施工企业资质标准框架》征求意见稿的复函。

4月22日，按照住房城乡建设部的通知要求，协会起草《研究加强新能源（光伏）发电的消纳问题》和《关于提高建筑用钢比重，推广钢结构绿色建筑体系的报告》。

5月14日，铝门窗幕墙委员会配合住房和城乡建设部科技与产业化发展中心开展的绿色建材与建筑节能结构技术交流推广会，召集12家有关隔热保温产品生产企业参与了该活动，从政策层面加强节能保温产品推广力度，拓宽隔热保温产品市场推广空间。

钢结构分会参与了国家认证认可监督管理委员会对《高密度聚氨酯夹芯钢楼板认证技术规范》的审查工作。

7月25日，建筑钢结构分会在京举行"建筑金属屋（墙）面设计资质标准"宣贯会，参会代表80人。会议对第一批获得"建筑金属屋（墙）面设计与施工"特级资质的16家企业颁发证书，同时进行了相关专业施工技术讲座。

建筑钢结构分会，认真进行钢结构专业新的资质标准的修订：9~12月，相继5次组织了钢结构专业相关的资质工作会议，参加人员近500人次。其中包括"钢结构专业承包企业资质等级标准研讨会"等专题。

根据住房城乡建设部文件要求，组织《轻型钢结构工程设计专项资质标准》的修订工作。10月开始征求企业和专家的意见，11月初在京召开有企业、专家、省级协会参加的资质修订研讨会，整理和归纳后，将《关于〈轻型钢结构工程设计专项资质标准〉修订意见》报给住房城乡建设部建筑市场监管司。

2013年，铝门窗委员会针对《危险性较大的分部分项工程安全管理办法》对建筑幕墙进行安全施工管理的内容，组织专家在全国各地协助政府参与的建筑幕墙工程安全施工专项方案论证工作180次以上。

2013年，铝门窗幕墙委员会先后2次派出专家参加住房和城乡建设部组织的建设工程企业资质专家评审工作，为政府加强建筑幕墙行业的管理提供技术支持。

铝门窗幕墙委员会配合住房城乡建设部建筑市场监管司开展《建筑业施工企业资质等级标准》修订调研工作。

2013年，建筑扣件委员会受政府部门委托对新版《建筑钢管脚手架扣件产品生产许可证实施细则》进行修编。配合国家建筑工程质量监督检验中心对23家审查合格企业的产品进行了许可证检验工作。1月29日，受政府部门委派参加了《租赁模板脚手架维修保养技术规范》审查工作，并提出审查意见或建议。

2013年，建筑扣件委员会继续对会员企业扣件产品，经地方技术监督部门组织抽样在国家建筑工程质量监督检验中心检验，合格的企业，委员会颁发产品合格证明。

【对团风县技术扶贫工作】根据住房和城乡建设部《关于支持大别山片区住房城乡事业发展的意见》要求，协会重点扶持湖北省黄冈市团风县的钢结构产业健康发展，带动钢结构企业整体水平进一步提升。协会立即成立领导小组、工作及专家小组，制定工作计划，得到部里批准。

3月27日，邀请团风县人民政府组织当地钢结构企业出席每年一届的建筑钢结构行业大会，与全国知名钢结构企业家、专家进行交流。

7月16日，邀请部领导、组织钢结构行业专家、业内龙头企业、业界骨干大型企业负责同志，20余人抵达湖北团风县，会同湖北省、黄冈市建设口领导、团风县分管领导及建设口领导、当地钢结构企业负责人召开了帮扶调研座谈会。了解团风县钢结构产业发展的现状、存在的问题。确定扶持团风县钢结构产业发展的目标和工作思路。

协助引进"四新"技术，组织团风县钢结构企业参加协会举办的各类技术交流活动，如：9月份在唐山举办的钢结构信息化、自动化论坛，作了专门的介绍。协助推荐一些钢结构行业的新技术、新工艺、新材料、新设备落户到团风。

根据团风县钢结构企业自身的发展特点，本着互利、互补、扶持的原则，帮助寻找行业骨干企业与之"联姻"。发挥团风县区位优势，共同开拓钢结构市场，引进、学习优秀企业的先进技术、管理经验，带动团风县钢结构企业整体水平提升。

12月27~30日，组织专家赴团风县进行为期4天的培训和指导，有企业高、中层管理者、工程技术人员、现场制作、施工骨干等100余人参加。专家从钢结构焊接、制作及组立工艺和详图设计等方面进行讲解。同时，围绕企业现代化管理进行深入交流。

【服务行业企业】6月18日，民政部以民社登

【2013】第6107号批准建筑钢结构委员会更名为建筑钢结构分会。

4月23日，协会联合多家商会协会在京召开"全国高性能节能木窗推介会"。骨干木窗企业11家，名牌五金配件企业11家。会后32家媒体进行宣传报道，央视网络也做了视频报道。

2013年建筑门窗配套件委员会根据标准发展情况和企业需求，重新整理汇总《建筑门窗配套件技术资料汇编》，方便行业技术人员使用。

9月6日，钢木门窗委员会在沈阳举办"首届中国电动门创新品牌东北区招商推广会"，来自全国15家自动门、电动门、门禁系统的优秀企业携新产品，与东北地区的100多位优秀经销商进行面对面的洽谈。

9月22日在京启动《模板工程施工手册》和《脚手架工程施工手册》系列丛书编制工作，11月完成大纲编写内容，11月25日在河北省高碑店召开主编会议落实编写具体内容。

建筑配套件委员会开展推荐产品工作，2013年共有16家企业申报的40个产品最终被评为推荐产品。

11月下旬，开展钢结构行业十项新技术总结活动。按专家推荐或选择的票数确定10项新技术：(1)建筑钢结构领域高强度钢材、耐候钢材应用技术。(2)钢结构施工焊接机器人技术。(3)钢结构住宅成套技术应用。(4)钢结构施工绿色建造技术。(5)钢结构预应力及拉索施工技术。(6)钢结构施工虚拟仿真技术。(7)钢结构施工BIM技术应用。(8)钢结构施工过程结构健康监控技术。(9)钢结构自动测量与放样技术。(10)模块化钢结构施工技术。

【反映诉求】根据行业反映和对企业的调研，建筑钢结构分会于2014年2月17日上报关于《钢结构企业申报施工总承包资质试点工作》的报告。

模板脚手架委员会2～5月先后赴江苏、广东、河南、四川、吉林、新疆、天津以及北京等地进行调查研究，察看当地建筑施工现场，9月22日形成《中国工程模板及支撑体系的调查报告》上报住房城乡建设部。

5月10日，上报《关于推动建筑钢结构行业发展的报告》。9月11日上报《关于钢结构企业施工总承包资质申报工作汇报》。11月4日上报《钢结构企业申报施工总承包资质试点工作的请示》。11月11日上报《钢结构企业施工总承包资质试点工作方案》。

【工作会议】1月30～31日，协会工作会议在北京密云举行。协会会长姚兵、秘书长刘哲以及协会在京的历届老领导及各部门全体职工80人出席会议。

3月15日，光电建筑应用委员会副主任工作会在广东佛山召开。会议通过《太阳能建筑应用行业管理办法》《太阳能建筑应用企业行业登记管理办法》。到会代表30人。

6月17日"铜管对流散热器市场工作会暨南方采暖市场研讨会"在郑州举行。会议由行业专家和部分骨干企业30人出席。会议对铜管对流散热器发展概况及十大优势进行了介绍；围绕南方供暖形势、特点以及应对措施进行系统地分析。还对2007年颁布的《铜管对流散热器》行业标准进行修编，提出很多有参考价值的意见和建议。

【行业年会】3月16～20日，第十九届全国铝门窗幕墙行业年会暨铝门窗幕墙新产品博览会在广州举行。年会参会代表400人。举办学术交流和专题讲座共9场，前沿论坛共2场。出版建筑幕墙门窗新技术论文45篇。

4月1～3日，"2013年全国塑料门窗行业年会"在苏州召开。参会代表300余人。会议举行技术交流讲座12场次，发布"交流论文36篇"，行业专利汇编1册共16项，其中发明专利3项。同期举办"2013年国际塑料门窗及相关产品展览会"，展出面积近5000平方米，国内外参展企业84家。参观观众7000人次。

4月18～20日，"建筑钢结构行业大会"在重庆召开。参会代表520人。

9月21日全国钢木门窗行业年会在河北省高碑店召开。参会代表150人。

9月23～24日，给水排水设备分会第四次会员代表大会暨国防工业给排水技术应用研讨会在上海召开。参会代表200人。

12月4～5日，采暖散热器委员会常务委员扩大会议在重庆召开。参会代表180人。

12月10～12日，第九届中国国际地暖产业高峰论坛暨2013中国辐射供暖供冷委员会年会在京举行。协会领导、嘉宾，暖通企业，施工企业、经销商等820人出席。

【培训工作】3月4～7日，采暖散热器委员会联合山东省行业管理办公室在山东淄博举办第三期行业高级管理人员培训班，有45人参加培训。

3月20～24日，在广州华泰宾馆举办"全国建筑门窗幕墙技术培训班"。聘请5位行业内资深专家、教授授课，参加培训人员共计138名。

3月26日，钢木门窗委员会在上海召开《上滑道车库门》、《工业滑升门》的宣贯会议。50余人参加了培训。

4月17～19日，配套件委员会在京举行"密封胶条检验员"培训班。来自全国13家密封胶条生产企业的16名检验员获得了中华人民共和国人力资源和社会保障部核发的《建材物理检验工（密封胶条检验员）》国家职业资格鉴定证书。其中4名获得高级技能证书、12名获得中级技能证书。

【联合协作】 1月29日，协会与全国工商联房地产商会举办在京房地产企业采购经理与门窗幕墙企业负责人座谈会，共有20家房地产企业和门窗幕墙企业的代表共38人出席座谈会。

9月16日，协会、全国工商联房地产商会在上海举办了"转型发展高峰论坛"。论坛吸引了苏沪浙及其周边的建筑设计、房产、门窗幕墙及配套材料企业等负责人近300人参加。

【交流活动】 1月10日，在京召开辐射供暖供冷技术在保障房中的应用的专题讨论会。参会代表50人。会议内容："辐射供暖供冷系统解决方案与LEED认证及其在绿色建筑中的应用"专题研讨和威文管道系统在国内外的应用介绍。还公布了北京市住房保障办公室标准以及北京市保障房相关政策，为北京市辐射供暖供冷系统、方案在绿色建筑体系中的标准化、清洁化、节能化发展提供重要的政策依据。

【国际交流活动】 6月2～12日，建筑模板脚手架委员会以缪长江为团长一行10人赴德国、奥地利进行学习考察，拜访德国建筑保险联合会、德国混凝土模板质量保护协会，并与5家欧洲模板知名企业接触，实地考察了德国派利和奥地利多卡公司先进的模板技术及在工程施工中的实际应用。与德国混凝土质量保护协会签署了合作意向书。

2013年给水排水设备分会组织会员企业一行52人参加11月12～15日在印度召开的三年一度的WPC换届大会及论坛。大会期间设置中文同声传译，利用"世界建筑给排水日"，举办节约水资源、保障饮用水水质、关注严重缺水国家和地区的多种活动。

9月25日至10月7日，钢木门窗委员会组团一行19人赴俄罗斯参观电动门、卷帘门窗及遮阳技术展览会，参观俄罗斯道翰公司。

3月12～16日，采暖散热器委员会组团一行14人赴德国参观"法兰克福ISH供暖、空调及卫生洁具展览会"。

12月12～17日，采暖散热器委员会组团一行6人赴塞尔维亚考察"铝制新型散热器产品"参观了CINI公司。

10月8～18日，建筑钢结构分会组团一行17人赴德国、意大利参加欧盟钢结构技术交流和欧盟标准研讨活动，参观了德国4家钢结构企业和意大利设备生产区4家，并签署合作意向协议书。

（中国建筑金属结构协会）

中国建筑装饰协会

中国建筑装饰协会年度主要工作

【群众路线教育】 2013年，根据中央的统一部署，中国建筑装饰协会（以下简称"协会"）开展了党的群众路线教育实践活动。在中央督导组进行党的群众路线教育实践活动动员之后，协会秘书处第二天即进行传达，并成立领导小组，按照部里的统一部署召开领导班子及全体党员的民主生活会，进行思想交流、查找问题、寻找根源、制定整改措施、完善规章制度等活动。通过教育实践活动，提高了协会的服务意识，转变了秘书处的工作作风，增强协会的行业凝聚力。住房城乡建设部督导组于10月18日参加了秘书处领导班子的民主生活会，听取协会领导班子的汇报和班子成员就个人存在问题的批评与自我批评，并做了重要指示，对协会党的群众路线教育实践活动进行了验收。

【行业科技大会】 11月26日，经过一年多的精心准备，全国建筑装饰行业第二次科技大会在北京隆重开幕。会议总结了2003年第一次行业科技大会之后10年间行业科技发展的经验、成果，提出行业科技发展的方向，部署行业科技持续发展的主要工作。会议表彰了为行业科技发展做出突出贡献的企业、设计机构，命名一批有成就的专业工程企业及科技研发基地，形成推动行业科技发展的重要组织基础。中国建筑装饰协会会长李秉仁做主题报告，科技部办公厅副主任、调研室主任胥和平做"战略性新兴产业的商业模式创新"的专题报告。大会除主论坛外，还组织九个专业论坛，分别就绿色设计、施工技术创新、管理创新、专业化发展、节能环保材料、幕墙技术等在各专业领域的科技成果进行交流。行业内1500多位企业家、专业科技、管理人员参加了会议，此次会议起到再次吹响行业科技发展集结号的作用。

【引领行业发展】 2013年，中国建筑装饰协会在福建厦门、辽宁沈阳和广东深圳分别举办"建筑装饰工程精品经验交流会及注册建造师继续教育大会"，会议交流了先进的项目管理及创优经验，全行业1500多位注册建造师参加了会议。2013年6月启动"2013绿色装饰材料美丽中国行"活动，在全国50多个主要城市通过巡回展示、演示、发放宣传品等形式，对节能减排、环保安全材料与部品进行推广。7月，同中国房地产协会联合举办以"房地产建筑装饰行业工程采购及项目合作意向洽谈会"为题目的产业链合作项目洽谈会。2013年继续开展厨房、卫生间设备、设施的节能环保测评活动，并将测评结果进行公布。2013年协会分别在北京和广州召开关于建筑装饰工程设计取费的调研会，就提高设计水平和推动设计发展进行调研。12月，召开全国建筑装饰企业办公室主任工作会议，对企业日常管理进行指导和规范。

受住房和城乡建设部委托，协会开展了行业资质修订的基础性工作。就建筑装修装饰工程专项设计资质的调整和修编，在北京、武汉、上海、苏州、杭州、广州、深圳等地分别召开调研会，广泛听取行业、企业的意见和建议，在此基础上形成调研报告和资质标准修改初稿。并积极参与建筑装饰装修专项工程施工资质的修订工作，很好地配合了建设行政主管部门的工作。

【行业表彰】 2013年协会进行"全国建筑工程装饰奖"的年度评审工作，全国共有366项公共建筑装饰工程、209项建筑幕墙工程、65项公共建筑装饰设计获得年度"全国建筑工程装饰奖"。继续进行建筑装饰行业科技示范工程的评定工作，共有612项工程获得科技示范工程、493项新技术获得科技创新成果奖。继续进行装饰材料科技创新成果的评定工作，共有18项材料生产科技创新项目评为年度科技创新成果。

【信用评价】 2013年，协会加强对行业信用体系评价工作的领导与组织能力，将此项工作收回到秘书处并成立专门的办事机构具体承办此项业务工作。在协会秘书处的统一领导下，共有272家企业获得AAA级认证、4家企业获得AA级认证、1家企业获得A级认证，撤销5家企业的认证。2013年继续进行全国建筑装饰行业百强企业、建筑幕墙50强的评价推介工作，并在安徽省马鞍山市召开论坛和推介会议。

【行业规范】 2013年7月1日新的国家规范《房屋建筑与装饰工程量计算规范》开始实施，协会组织力量撰写《建筑装饰工程工程量清单编制指南》一书对规范的实施进行了细化。2013年6月9日发布的行业标准《住宅室内装饰装修工程质量验收规范》已于2013年12月1日开始实施。2013年协会印发的《建筑幕墙工程设计收费办法（试行）》，成为尚无官方标准可供使用情况下，市场唯一可供参考和执行的行业标准。

【秘书处建设】 2013年协会对秘书处进行较大幅度的调整。恢复了石材专业委员会，从材料委独立出来成为新的专业委员会。完善了对专业委员会的管理制度，加强对专业委员会的管理。进一步完善了秘书处的人事管理、物资管理等制度，做到减员增效，提高了对会员企业的服务能力与质量。协会加强对协会主办的《中华建筑报》、《中国建筑装饰装修》两个公开出版发行报刊及"中国建筑装饰新网"和专业委员会网站的领导工作，调整了领导班子，进行改版及内容调整，提高覆盖范围，扩大协会的影响力。

根据协会章程要求，7月19日在辽宁省沈阳市召开七届三次常务理事会。10月23日在山东省青岛市召开七届三次会长工作会。11月27日在北京召开七届四次理事会。经住房和城乡建设部批准，在七届四次理事会上，增补5位副会长。

建筑装饰行业发展状况

【行业总规模】 2013年，全国建筑装饰行业完成工程总产值2.89万亿元，比2012年增加2600亿元，增长幅度为9.8%，比宏观经济增长速度高出约2.1个百分点，体现了行业在国民经济发展中的基础性和超前性。其中公共建筑装饰装修全年完成工程总产值1.52万亿元，比2012年增加1100亿元，增长幅度为8%；住宅装饰装修全年完成工程总产值1.37万亿元，比2012年增加1500亿元，增长幅度为12.3%。

在公共建筑装饰装修中，受高层、超高层建设项目快速增加，建筑幕墙全年完成工程总产值2500

亿元，比2012年增加300亿元，增长幅度为13.6%；成品房精装修受国家产业化政策引导和市场认知程度提高等因素的影响，全年完成工程产值5000亿元，比2012年增加500亿元，增长幅度为11.1%；受国际环境的影响，境外工程产值约为250亿元人民币，与2012年基本持平。

2013年，全行业实现建筑业增加值在1.50万亿元左右，比2012年增加1600亿元，增长幅度为11.1%，其中上缴税收约为2755亿元，比2012年增长12%左右；劳动者收入8900亿元，比2012年增加1400亿元，增长幅度为19%左右；全行业实现净利润约为580亿元，比2012年减少70亿元，下降幅度约为10.3%左右；全行业平均利润率在2%左右，比2012年下降0.9个百分点。

【企业数量】 2013年，行业内企业总数在14.1万家左右，比2012年减少约0.1万家，下降幅度为0.7%。退出市场的企业，主要是承接散户装修、没有资质的小型企业，有资质的基本企业数量变化不大。2013年，行业内企业间的并购、重组力度加大，特别是上市公司对企业的并购数量与规模都超过2012年。但企业的并购、重组都是以股权转让的形式进行的，原企业的法人地位没有改变，因此，并购、重组并未引发企业数量的变化。

【企业状况】 2013年，企业结构进一步优化，企业平均产值约为2050万元，比2012年增长约为11.1%，其中公共建筑装饰领域最大企业完成工程产值243亿以上，比2012年增长41.3%；建筑幕墙领域最大企业完成工程产值140亿以上，增长近20%。装饰装修行业年工程产值超过50亿元的企业有6家，比2012年增加了1家。公共建筑装饰装修百强企业平均年产值15.88亿元，比2012年增加了1.41亿元，增长幅度为12.38%；建筑幕墙50强企业平均年产值24.1亿元，比2012年增加了4.8亿元，增长幅度为24.88%，都高于全行业企业的年平均增长水平。

【企业资质状况】 2013年，新增主业为建筑装饰装修施工一级资质企业，据不完全统计为112家；新增建筑装饰装修工程设计施工一体化一级资质企业75家；新增建筑装饰装修工程专项设计甲级资质企业56家。新增主业为建筑幕墙施工一级资质企业，据不完全统计为48家；新增建筑幕墙工程设计施工一体化一级资质企业39家；新增建筑幕墙工程专项设计甲级资质企业26家。行业现共有建筑装饰装修施工一级资质企业1520家、建筑装饰装修设计施工一体化一级资质企业288家、建筑装饰装修工程专项设计甲级资质企业1024家；建筑幕墙施工一级资质企业444家、建筑幕墙工程设计施工一体化资质企业152家、建筑幕墙工程专项设计甲级资质企业450家。以上数据均包含兼营资质。

2013年新增主业为建筑装饰装修施工二级资质企业约为210家；新增建筑装饰装修工程设计一体化二级资质企业约为350家；新增建筑装饰装修工程专项设计乙级资质企业约为150家。新增主业为建筑幕墙施工二级资质企业约为230家；新增建筑幕墙工程设计施工一体化二级资质企业约为260家；新增建筑幕墙工程专项设计乙级资质企业约为150家。新增建筑装饰装修工程设计施工一体化三级资质企业约为610家；新增建筑幕墙施工三级资质企业约为100家。行业内仍存在大量无资质企业，主要在成熟社区内从事家庭散户的改造性装修装饰。

【上市企业】 2013年，建筑装饰行业新增北京东易日盛建筑装饰股份有限公司1家上市企业。截止到2013年底，全国共有建筑装饰行业上市公司12家，其中建筑装饰装修类企业6家，建筑幕墙类企业6家。

截止到2013年底，在中国证监会等候审核批准上市的装饰企业有7家，分别是深圳奇信建设集团股份有限公司、上海全筑建筑装饰工程股份有限公司、苏州柯利达装饰股份有限公司、深圳建艺建筑装饰股份有限公司、深圳名雕装饰股份有限公司、深圳亚泰建筑装饰股份有限公司、上海康新建筑装饰股份有限公司。另外，有38家企业已经完成股份制改造，同证券商达成上市的协议，开始进入上市的相应程序；有近百家企业正在进行上市的前期准备。

2013年，天津皇冠幕墙装饰有限公司、青岛东亚装饰股份有限公司在全国中小企业股份转让中心挂牌交易；湖北凌志装饰工程（武汉）股份有限公司、海南金厦建设股份有限公司、上海兆祥建筑装饰股份有限公司在武汉股权托管交易中心挂牌交易；在深圳前海股权交易所挂牌交易的建筑装饰企业有25家；加上已在天津、重庆两市股权托管交易中心挂牌的装饰企业，在股权托管交易中心挂牌的装饰企业已达34家。

【从业者队伍】 2013年全行业从业者队伍约为1600万人，比2012年增加了50万人，增长幅度为3.2%。全年接受大专院校毕业生约20万人，行业内受过高等系统教育的人数达到230万人，比2012年提高了9.5%，受过高等教育人数占从业者总数的14.4%左右，比2012年提高了0.4个百分点。2013

年新增装饰工程设计人员约 15 万人，增长幅度约为 12.5%，全行业设计人员总数约为 135 万，占从业者总数的 8.4% 左右。

受长期计划生育政策影响，新生劳动力不足，以及农村政策调整、新生劳动力职业观念影响等因素，建筑装饰工程施工一线劳动力募集日益困难，劳动力成本上涨速度持续加快。建筑装饰行业已经成为农民工工资增长最快、最高的行业，行业一线施工人员平均工资为 250 元/日，增长幅度为 13.6% 左右；技术工人平均工资为 350 元/日，增长幅度为 9.4% 左右；其中水、电、镶贴工平均工资为 400 元/日。

2013 年全行业人均劳动生产率为 18.06 万元，比 2012 年提高了 10.6% 左右。行业劳动生产率的提高，主要影响因素是产业化水平的不断提高，具体表现在施工过程的成品率不断提高。公共建筑装饰装修工程的平均成品率在 60% 左右，最高的可达到 90% 以上；住宅装饰装修工程的平均成品率在 40% 左右，最高的可达到 70% 以上。同时，产业化水平提高具体表现在劳动力结构的变化，施工现场作业人员与生产加工基地人员数量比约为 6:4，大型骨干企业可达到 5.5:4.5。

行业从业者队伍的年龄构成中，20~35 岁的从业者主要集中在工程设计、施工管理、工厂加工领域，女性比例在 70%~80%；而施工现场作业人员主要由 35 岁以上的中老年人构成，男性比例在 90% 左右。由于年青技术工人补充严重不足，施工现场劳动力老化现象日益突出，从业者队伍的年龄、性别结构越来越不合理。行业已经到了改变施工作业方式的临界点，必须通过技术升级才能解决，是转变行业发展方式的重要推动因素。

（中国建筑装饰协会）

中国公园协会

2013 年，中国公园协会（以下简称为"协会"）的工作重点是：深入学习宣传贯彻党的十八大精神，学习宣传贯彻第十二届全国人民代表大会和全国政协会议精神，认真实施《住房城乡建设部关于促进城市园林绿化事业健康发展的指导意见》，促进公园绿地行业的科学发展，为生态文明建设做贡献。

年度会议情况

【协会三届五次理事会暨国家重点公园授牌仪式】 在湖北省武汉市召开中国公园协会三届五次理事会。参加会议的有来自全国 36 个城市的 210 多位会员单位、理事单位及相关单位的代表。中国公园协会和住房和城乡建设部城市建设司、人事司，湖北省住房和城乡建设厅，武汉市人民政府，武汉市园林局领导同志出席会议。

【2013 年公园信息工作交流会】 7 月 31 日在甘肃省兰州市召开。甘肃省住房城乡建设厅、兰州市委市政府、兰州市园林局有关领导应邀出席会议开幕式。中国公园协会副会长林芳友主持会议，兰州市副市长俞敬东在会上致辞。

此次会议围绕公园建设管理、公园低碳节能等主题进行交流和座谈。协会副秘书长李亮结合北京市景山公园、中山公园和石家庄公园在雨水收集方面的案例，深入浅出地分析和讲解了公园雨水收集的技术措施、经验及理水的新理念，与会代表深受启发；兰州市白塔山公园管理处主任王文贵对白塔山公园在低碳公园建设管理上的工作实践进行了详细介绍，探索公园未来在低碳建设发展上的新思路。会上，特邀住房城乡建设部风景园林组专家景长顺对部印发的《关于进一步加强公园建设管理的意见》进行解读，加深了与会代表们对该文件精神的领会。

【2013 年度会长会议】 11 月 29 日在厦门市召开。会议由协会会长郑坤生主持，福建省住房城乡建设厅总规划师王建萍，厦门市市政园林局局长蔡允嘉到会致辞。协会新任副会长陈蓁蓁在会上传达了住房城乡建设部城市建设司对城市公园绿地建设管理工作的思路和想法；对国务院下发的《关于加强城市基础设施建设的意见》、住房城乡建设部印发的《关于促进城市园林绿化事业健康发展的指导意见》和《关于进一步加强公园建设管理的意见》进行了解读。

评选活动

【"中国公园 2012~2013 年度最佳植物专类园

区"评选】 为进一步发挥我国园林植物资源的优势和特点,丰富公园植物造景的手法和技术,展示植物景观建设和管理水平,促进和提升公园景观与环境建设,协会组织开展"最佳植物专类园区"评选活动,委托协会分支机构城市植物园工作委员会组织专家对申报的植物专类园区进行现场考察,于2013年7月在银川市召开的全国植物园大会上,对初审通过的植物专类园区进行评审、投票。按照专家评审意见,提请协会会长会议审议,作出决定。北京植物园海棠园、上海植物园盆景园、上海辰山植物园展览温室、上海世纪公园梅园、重庆市南山植物园山茶园、钟山风景区梅花山、扬州茱萸湾风景区千荑林、无锡市锡惠公园中国杜鹃园、无锡梅园、杭州花港观鱼牡丹园、杭州植物园灵峰探梅、郑州碧沙岗公园海棠品种园、武汉植物园沉水植物专类园、武汉市青山公园杜鹃园、深圳人民公园月季专类园、深圳兰科植物保护研究中心种质资源保育区16个植物专类园区为"中国公园2012~2013年度最佳植物专类园区";北京陶然亭公园胜春山房月季园、上海滨江森林公园杜鹃园、无锡江南兰苑、杭州六和塔牡丹园、杭州植物园植物分类区、杭州少年儿童公园满陇桂雨(桂花园)、杭州植物园杜鹃槭树园、郑州紫荆山公园-紫荆花专类园、郑州人民公园牡丹园9个植物专类园区获"中国公园2012~2013年度最佳植物专类园区"提名奖。

各地园林建设情况

【城市公园、景观技术和工作经验交流】 协会与中国水协排水专业委员会、安徽省池州市住房和城乡建设委员会、安徽雷克环保科技有限公司合作,10月18日,在安徽省池州市召开"城市景观水体富营养化综合治理现场会暨'水体底泥洗脱原位置焕装置'技术鉴定会"。6位专家就"城市景观水体富营养化综合治理"专题作报告,与会百余名代表进行了城市景观水体管理方面的技术和工作经验交流。

支持参与全国中山公园联谊会和湖北荆州中山公园建园80周年纪念活动。

参加无锡市政园林局组织召开的《无锡市公园发展规划》专家论证会。

协助西宁市园林局举办2013年中国西部(西宁)盆景艺术展。

参与第九届中国(北京)国际园林博览会的开幕与闭幕和中国园林博物馆开馆仪式,参与第十届中国(武汉)国际园林博览会筹建等有关工作。

北京园博会开幕后,协会秘书处应广大会员单位要求,于6月4日和9月12日分两次组织共160多位会员单位的代表,到北京园博会和中国园林博物馆考察、学习。

【《中华历史公园名录》资料收集和编辑】 为了进一步加强我国历史公园的保护与发展,让历史公园更好地为民众服务。通过调查、统计,进一步理清我国的历史公园资源。中国公园协会会同各省市园林主管部门和公园(园林)协会(学会),对我国具有建园50年以上历史,造园风格具有时代特色和地域文化风格、管理机构和管理人员健全、对公众开放的公园的情况进行调查和统计。在此基础上,建立《中华历史公园》资料库;编辑《中华历史公园名录》;并通过媒体、专业杂志宣传报道,进一步促进历史名园的保护和合理利用,促进整个公园绿地行业的科学发展。

秘书处日常工作

中国公园协会网站www.capg.org.cn正常运行;继续编辑印发《中国公园》杂志和《公园信息交流》不定期刊物;协会秘书处文件印发、有关活动组织等日常工作运行良好;2013年协会秘书处经费收支基本平衡;按照住房和城乡建设部群众路线教育实践活动领导小组的部署和安排,协会驻会领导班子党员干部和秘书处的党员、工作人员都经过教育实践活动的学习教育、听取意见、查摆问题、召开党员领导干部民主生活会和党组织生活会对照检查、开展批评,整改落实、建章立制等三个环节各项程序的活动,取得较好成效。

(中国公园协会)

中国工程建设标准化协会

【概况】 2013年,中国工程建设标准化协会(以下简称"协会")在第七届理事会领导下,全面贯彻党的十八大精神，坚持发展为了会员，发展依靠会员，发展成果与会员共享的服务宗旨，加快改革创新，服务经济转型，积极参与标准研究和制定，搭建重要活动平台，围绕新技术、新工艺、新产品开展制标、对标、贯标。

【大力推进品牌活动建设】 11月8日，在上海成功举办第一届工程建设标准化高峰论坛。此届论坛由协会发起，住房城乡建设部标准定额研究所、中国建筑科学研究院、同济大学等7家单位联合主办。论坛的主题是"创新推动标准化，全面服务新四化"。来自各主办单位、协办单位和承办单位的领导，以及来自国内工程建设领域各行各业的400多名专家学者和代表出席论坛，围绕论坛的主题进行深入的探讨和广泛的交流。论坛共安排6个主题报告、37个专题报告。

遵照中央关于精简会议的有关精神，并根据协会章程的有关规定，在论坛期间，协会还召开了七届三次理事会议，会议审议通过七届三次理事会工作报告，对协会两年来的工作给予积极肯定，批准58人为协会第二批资深会员，增补7名协会理事。

【召开分支机构工作会议】 7月，在湖北宜昌召开分支机构及地方标准化机构工作会议，研究部署第一届工程建设标准化高峰论坛的论文征集，布置论坛的筹备工作，要求分支机构根据论坛主题交流经验，反映工作特点亮点。会议还对相关分支机构的换届工作、财务工作、申请设立、考核退出等作了规定。这次分支机构工作会议统一了大家的思想，形成上下联动、横向合作的良好局面。

【加强分支机构制度建设】 按照社团组织改革要求，开展分支机构的换届，先后完成对鉴定与加固、建筑防水、建筑振动、砌体结构、管道结构、信息通信、工业给水排水、建筑给水排水、建筑施工、城市交通、防腐蚀、化工、工业炉、防火防爆14个分支机构的换届工作，召开建筑信息模型专业委员会和农业工程分会成立大会。通过年度考核对分支机构指导管理，对成绩优异、表现突出的优秀分支机构和先进工作者进行表彰，推动分支机构进一步完善组织建设、业务建设，形成清晰的服务目标方向，促进分支机构管理科学化、制度化、常态化。

【组建专家委员会和学术委员会】 1月，在北京召开协会专家委员会和学术委员会成立大会。"两委会"成立后，围绕政府关注、群众关心的热点问题进行了讨论；对关键性技术和重大课题的论证意见和初步结论，提交相关部门和单位参考；对事关协会可持续发展的重要项目、重点工作，"两委会"也提出许多指导性意见并参与组织实施。

【工程建设标准英文版翻译】 为进一步适应对外贸易、经济、技术交流与合作，以及我国工程建设标准国际化发展需要，增强我国工程建设企业的国际竞争力，2013年部标准定额司加大了工程建设标准英文版工作的力度，决定继续开展城建、建工行业标准的翻译工作并委托协会具体负责。根据部里下达的工作计划，协会承担了20项标准的翻译任务，在协会各分支机构的积极协助下，如期完成该项工作。

【开展协会标准试点工作】 抓住协会标准短、快、灵、准的特点，围绕新技术、新产品、新材料的推广应用，针对新型城镇化、节能环保等领域，组织下达了80项协会标准的制定修订计划，批准发布29项协会标准。如《生态格网结构技术规程》、《平板太阳能热水系统与建筑一体化技术规程》、《集装箱模块化组合房屋技术规程》、《一体化给水处理装置应用技术规程》等协会标准，具有较高技术水平。对新技术、新工艺、新材料、新设备推广应用发挥积极作用。《乡村公共服务设施规划标准》、《地源热泵式沼气发酵池加热技术规程》等标准的发布实施，为推动我国新农村建设，提高新型城镇化建设质量提供了有力支撑。这些协会标准都体现了一定的原创性，绿色含量、技术含量较高。同时，协会标准计划的落实情况也有了很大改观，2013年度共有36项标准项目在网上进行了征求意见，9项标准召开了审查会，11项协会标准完成报批任务。

【参与各类工程建设标准的编制工作】 协会各专业委员会、分会始终把积极参与工程建设国家标准、行业标准的制订作为主要工作来抓，不仅得到有关部门和机构的支持和肯定，成为协会服务政府、服务社会、服务会员的工作平台和重要内容，而且也很好地带动了协会标准的编制工作。石化分会坚持"立足行业、服务企业、国际接轨"工作思路，完成《工程建设标准体系(石油化工部分)》修订工作，全年新增标准制修订项目25项，在编83项。化工分会承担30多项国标及行标的制定修订任务，完成《工程建设标准体系(化工部分)》的修订及《工程建设标准强制性条文(石油和化工建设工程部分)》修编工作。公路分会协助交通运输部公路局开展《公路自然区划标准》和《公路路基设计规范》等多项标准制定修订项目的大纲审查和在编标准项目的进度、质量检查及验收工作，承担公路工程行业标准《公路工程标准体系》JTG A01-2002 的修订工作。冶金分会参与完成《工业和通信业"十二五"技术标准体系建设方案》的编制工作，铁道分会完成4项有关铁路工程建设标准的审查工作。许多专业委员会在参与编制国标、行标等方面，做了大量工作。木结构委员会组织开展国家标准《木结构设计规范》GB 50005 的全面修订工作；砌体结构委员会组织完成《砌体结构设计规范》的修订工作。工业炉砌筑委员会在《工业炉砌筑工程施工与验收规范》GB—50211 的修编工作中，对变化较大的内容、技术参数和强制性条文逐字逐句讨论审查，确保规范的科学性、先进性、协调性和可操作性。城市给水排水委员会完成《城镇给水微污染水预处理技术规程》和《城镇污水处理厂臭气处理技术规程》两项行业标准报批稿的编制工作。城市交通委员会也完成行业标准《城市道路路线设计规范》报批稿的编写工作。建筑施工委员会组织完成《钢管混凝土工程质量验收规范》和《施工企业工程建设技术标准化管理规范》等多项国标、行标的编写工作。雷电防护委员会完成国家标准《建筑物电子信息系统防雷技术规范》(GB-50343)的修订工作。

【开展学术研究与研讨活动】 协会各专业委员会和行业分会十分重视学术研究与交流工作，纷纷利用换届会、年会或标准审查会之际，举办各种各样的研讨与交流，吸引了本领域内许多工程技术人员参加，会议规模一般都在百人以上，多至500余人，交流的论文不仅数量可观，水平也很高。建筑给水排水委员会会同中国土木工程学会在西安召开第七届委员会成立大会暨学术交流年会，共计有300余位中外专家、会员代表参加会议。信息通信委员会成功主办"2013年信息通信工作会议"，围绕数据中心标准化建设需求与发展方向等话题，进行了高水平的深入交流。8月又举行了"中国金融行业数据中心发展论坛"，得到金融行业数据中心相关人士的高度关注。此外，混凝土结构委员会为配合高强钢筋及高性能混凝土的推广应用工作，组织相关人员进行高强钢筋、高性能混凝土在混凝土结构中应用的技术研究及相关标准的配套完善工作，在全国范围内开展了钢筋成型配送应用情况的调研活动。协会有关专业委员会还完成一批有很高学术价值和应用前景的课题研究。

【加强信息沟通与传播能力】 对《工程建设标准化》杂志进行改版，提高出版质量和水平，稿件质量、编辑质量、设计水平和印刷水平都有较大进步，专业性、针对性进一步增强，得到主管部门、杂志订户的好评；期刊市场化改革稳步推进，编委会得到充实，理事会初具规模，在协会信息通信委员会支持配合下，协会网站改版工作顺利完成，网站功能全面扩充，整体设计水平大幅提升，截至2013年底，网站CNZZ排名自改版前的86万大幅提升到28万。

【组织开展标准宣贯培训】 配合住房城乡建设部开展标准宣贯工作，在住房城乡建设部官方网站、中国工程建设标准化网、中国建设报等宣传阵地公布新标准、宣传新标准、示范新标准，促进标准工作得到公众了解、知识普及。按照"抓好针对性，把握实效性"的指导思想，组织优秀师资开展培训服务，确保各个培训班的教学质量，深受会员单位和工程技术人员欢迎。为提高工程技术人员专业素质，推动各类标准的贯彻实施，协会全年共举办各类标准培训班、研修班56期，参加培训的学员达2500多人次，涉及22项国家标准、行业标准，取得了良好的经济、社会、环保效益。

【开展标准化咨询服务活动】 一方面加强与中介公司的合作，积极开发新用户；另一方面做好老用户的换证工作。通过努力，全年共组织开展90多项工程建设产品的推荐，如沈阳远大铝业的节能门窗系统、广东万家乐的中央热水系统、东方雨虹的屋面防水系统。为贯彻落实《绿色建筑行动方案》，协会召开"绿色建筑与低碳设计创新应用新产品新技术研讨会"，组织生产企业、设计和施工单位开展技术交流；为适应BIM在建筑业的应用，召开工程建设 BIM 技术与应用高级研修会议；启动《建筑产业 BIM 应用标准推荐族库》的出版编辑，使标准化咨询服务始终站在行业前沿，登上市场高地。

【拓展标准类图书发行】 协会书店通过集体订购、门市销售、网上交易，发售各类标准图书27.3万册，创历史新高。经营种类也有所扩大，除各类工程建设标准外，代售产品标准、英文版标准、标准图集及有关图书。协会在淘宝网开通网上售书后，既方便了广大用户的购书需求，也开拓发行渠道。2013年，共实现网上交易11800余人次，拓宽了协会的服务渠道，增加了协会的经济收入。

（中国工程建设标准化协会）

中国建设工程造价管理协会

2013年,中国建设工程造价管理协会(以下简称"协会")按照"推进法制建设、夯实技术基础、完善行业自律、引导科学发展"的总体思路,有序开展各项工作,积极促进行业健康发展。

【完善自身建设和制度建设】 为更好地发挥行业组织作用,结合行业发展思路,对秘书处内设机构重新进行了调整,调整后的秘书处,强化了对行业科学发展的引导,突出协会在行业自律方面的作用,行业标准编制和科研能力得到进一步提升,信息化发展的领导力得到增强,资质和资格管理更加高效。协会业务逐渐向两头延伸,在行业的战略研究、立法和发展规划方面的引领作用更加显现。在完善行业自律方面,扎实推进。为加强协会秘书处的规范管理,秘书处对现有规章制度进行全面梳理,将涵盖内部管理规范的19项规章制度汇编成册,作为协会秘书处工作人员的行为指引。

在此基础上,协会主动向民政部申请了全国性社团评估工作。此次评估,对促进协会科学发展,提高管理的科学化和社会公信力起到积极作用,也使协会通过查缺补漏,对自身完善制度建设进行一次全面的体检。

【深化改革,加强行业自律】 为应对形势变化,继续加强对行业发展的引导,协会受住房和城乡建设部标准定额司委托,多次组织工程造价管理机构和咨询企业展开调研与座谈。围绕工程造价咨询资质和资格保留行政许可的必要性,以及在行政许可面临取消、下放或转移的背景下,如何进一步做好行业自律工作,认真听取各方意见与建议。对保留工程造价咨询资质和资格行政许可的必要性进行全面、客观地论证。

为做好行政审批制度改革后行业自律的配套建设,协会委托武汉理工大学开展"工程造价咨询企业诚信体系建设实施方案研究",课题将结合工程造价咨询企业发展现状、行业自律以及国家减政放权的精神,对工程造价咨询行业诚信体系建设提出实施方案、实施步骤和方法。同时,在行业信用体系建设方面,协会基本完成了甲级工程造价咨询企业和注册造价工程师基本信息查询平台,为建立健全工程造价行业信用信息平台打下基础。

2013年,协会委托湖北省建设工程标准定额管理总站和辽宁省建设工程造价管理总站制订《工程造价咨询企业信用评价办法》和《工程造价咨询企业信用评价标准》,取得阶段性成果。协会拟对工程咨询企业的资信状况、执业质量、经营业绩、行为记录等方面开展综合评价。

多年来,工程造价咨询行业一直未能形成全国范围内的咨询服务收费标准,阻碍了行业的健康发展。7月,协会在收集、整理和分析各地工程造价咨询收费标准的基础上,结合工程造价咨询收费的实际情况,发布《关于规范工程造价咨询服务收费的通知》(中价协〔2013〕35号),用以指导和规范工程造价咨询服务的收费行为,维护企业核心利益,对促进行业健康发展起到积极的作用。

【以信息化促进行业发展转型升级】 在协会参与制定的工程造价行业发展"十二五"规划中,明确提出"要构建以工程造价管理法律、法规为制度依据,以工程造价标准规范和工程计价定额为核心内容,以工程造价信息为服务手段的工程造价管理体系"。住房和城乡建设部发布的《2011~2015年建筑业信息化发展纲要》和《关于做好建设工程造价信息化管理工作》的若干意见,制定了坚持自主创新、重点跨越、支撑发展、引领未来的工作方针。

2013年,协会与重庆大学联合开展"工程造价信息化建设战略研究"课题,通过对我国工程造价信息化建设的现状、存在问题和国内外造价信息化发展情况进行对比研究,以期制定出适合我国工程造价信息化建设战略的总体框架,明确工程造价信息化建设的总体部署,指导工程造价信息化建设的方法与路径,为工程造价咨询行业的改革和发展提供理论基础。

协会主办的"工程造价行业信息化发展研讨会"10月在北京召开。会议涉及"行业方向"、"管理系统"和"BIM专场"三大主题。来自造价管理部门、中介机构和科研院校的400余位代表参加会议。

【国际交流与合作】 2013年,协会在西安举办亚太区工料测量师协会第17届年会。这次国际会议进一步展现了我国改革开放取得的成果，有力提升了我国工程造价行业在国际上的影响和地位。大会邀请了国内外工程造价专业优秀专家和学者作专题发言，内容涵盖价值管理、信息管理、成本效益分析等 10 余项内容。同时应有关会员国的要求，增设 BIM 专题论坛。

应美国国际工程造价协会（AACEI）的邀请，协会派出以徐惠琴理事长为团长的代表团出席 AACEI 在华盛顿召开的第 57 届年会。会后 AACEI 与协会签署了合作备忘录，在交流与合作、高层互访、论坛和杂志信息共享、专业培训等多个方面达成共识。

为了更好地了解和借鉴苏联国家工程造价管理改革的模式与方法，应俄罗斯、捷克两国同业组织的邀请，协会组织部分管理机构和院校代表对上述两个国家进行了考察。重点了解工程造价管理改革和建筑市场合同管理、工程计价等方面情况，并代表亚太区工料测量师协会（PAQS）了解俄罗斯加入 PAQS 的意向。

【行业立法、法规制订】 参与《建筑工程施工发包与承包计价管理办法》（建设部令第 107 号）的修订工作。重点提出制定和完善工程量清单计价制度、最高投标限价制度、工程造价咨询制度、国有投资项目工程结算审查制度、最高投标限价和工程结算备案制度、工程造价纠纷调解制度等，并提出鼓励推进建设项目全过程造价管理，细化合同价款的调整内容和工程款支付保证措施。该办法的出台将进一步规范建筑工程发包承包的计价行为，也将进一步明确工程造价咨询的法定业务内容，推进工程造价信息收集的制度化。

对《工程造价咨询企业管理办法》（建设部令第 149 号）进行重新修订。根据部标准定额司的委托，协会组织部分工程造价咨询企业、管理机构展开调研和座谈，了解情况、剖析问题、研究对策，面向行业广泛征求意见，针对企业关切、机构重视的部分条款多次展开论证，分别给出修订意见与建议。由协会牵头组织的《建设工程造价管理条例》立法研究课题，已经完成论证报告。该课题对《条例》的必要性和可行性进行分析论证，系统梳理我国建设工程造价立法的历史、现状，为顺利推动《建设工程造价管理条例》的立法工作打下基础。

【社会活动丰富多彩，协会凝聚力不断增强】 服务会员是协会生存和发展的根本。为吸引会员共同关注和参与行业的改革与发展，协会组织开展多项富有成效的社会活动，与会员间的联系更加紧密。

7 月，协会举办的"第一届企业家高层论坛"在吉林省长春市举行。论坛主题是："适应变革，实现价值"。论坛围绕主题进行自由发言，分享成功经验与发展理念。实现了搭建平台与空间、企业家唱戏的目的。

2013 年，协会开展了针对本行业的扶贫助贫公益活动，得到各省市自治区工程造价协会的积极响应。总计 25 万元的物资和捐款分别送到四川省扶贫基金会、贫困地区小学和相关学校。扶贫助贫公益活动提升了行业的社会责任意识，进一步提高了协会和行业的社会影响力与知名度，提高了行业意识，也宣传了行业协会服务社会的宗旨。

为贯彻落实中央新疆工作会议精神，进一步促进新疆工程造价咨询企业业务水平的提高，经协会和北京市建设工程造价管理协会倡议，借为新疆工程造价专业人员进行公益培训之际，召开北京市有关工程造价咨询企业及单位对口援疆工作座谈会。会议提出，要在管理理念、人才培养、管理水平 3 个方面切实为新疆咨询企业提供服务，促进新疆工程造价咨询企业做大做强，并建立长效联系机制。

【人才培养】 2013 年，协会对造价工程师考试培训教材中的问题进行系统梳理、汇总，组织有关专家提出修改意见，调整了考试大纲及教材内容，并对院校教师进行交底培训。完成注册造价工程师网络教育系统的升级。全年共有近 9 万名造价工程师选择上网参加继续教育学习，凭借上网学习省时、省费，以及 24 小时电话技术支持等优质服务，造价师和造价员网络教育也越来越得到大家认可。山西、辽宁、上海、江苏等十多个管理机构，共计 86000 多名造价员参加了协会组织的网络教育学习。

协会发挥行业协会的优势，帮助部分省市完成 2013 版《建设工程工程量清单计价规范》和 2013 版《建设施工合同示范文本》的培训和宣贯工作。共计 3000 多位专业人士参加了宣贯活动。

2013 年，协会与哈尔滨工业大学和中和惠源造价咨询公司编制的《工程造价管理体系》、《中国建设工程造价咨询行业发展战略》研究课题顺利完成审查。由协会组织编制的《工程造价术语标准》和《建设工程竣工决算编审规程》已经完成出版和发行。《建设项目投资估算编审规程》和《建设项目概算编审规程》以及《建设工程造价咨询合同（示范文本）》的修编工作已经开始启动。国家标准《建设工程造价咨询规范》已经完成上报，近期将发布实施。

【完成政府主管部门交办的行业管理工作】 2013 年，协会完成注册造价工程师管理系统和咨询企业管理系统的平稳转移和升级，为管理工作提供重要技术保障。协助部标准定额司完成 310 家工程造价咨询企业甲级资质申报材料和 281 家甲级资质企业延续材料的审核工作，并对 24 家申报甲级资质企业进行实地核查；完成造价工程师初始注册 9213 人、续期注册 11706 人次，累计受理变更注册、暂停执业和注销注册共计 3155 人次。

受部标准定额司委托，协会完成 2012 年度行业统计工作，形成《2012 年度工程造价咨询统计资料汇编》。另外，按照部计划财务与外事司的要求，编写《工程造价咨询企业统计工作情况报告》，介绍近年来工程造价咨询行业统计工作情况，提出统计工作中存在的问题和建议。

【信息服务】《工程造价管理》期刊修改完善了《编辑委员会工作规则》和《通讯员工作办法》。在办刊过程中，认真听取广大读者和作者的意见与建议，适时对期刊内容做出调整和优化，栏目设置更加全面，选题更加新颖，通过编委会和通讯员以及作者群的共同努力，期刊内容越来越贴近行业的工作实际，不断受到业内好评，期刊订户逐年增加，实现稳定增长。

协会网站进一步发挥宣传窗口作用，充分利用网络的便利性，及时跟进行业有关热点和资讯。在 2013 年举办的亚太区工料测量师协会第 17 届年会和第一届企业家高层论坛上，为便于全国各地的工程造价专业人士第一时间了解会议进程和内容，通过协会网站以专题的形式，对大会进行实时直播。

（中国建设工程造价管理协会）

中国建设教育协会

年度重要会议

【中国建设教育协会四届八次常务理事会】 中国建设教育协会（以下简称"协会"）四届八次常务理事会于 3 月 18 日在北京召开。协会常务理事及其代表、部分专业委员会秘书长共三十七人出席会议。会议由中国建设教育协会理事长李竹成主持。此次常务理事会的主要议题是：总结交流协会及各分支机构 2012 年工作与 2013 年工作计划。审议批准协会部分二级机构换届申请报告。会议审议通过协会普通高等教育委员会、高等职业与成人教育专业委员会以及城市交通职工教育专业委员会的换届报告。李竹成作了会议总结。

【中国建设教育协会四届九次理事会】 根据中央八项规定的精神和会议内容，中国建设教育协会四届九次理事会以通讯方式进行。主要内容是汇总各专业委员会的换届工作报告，按照协会章程，在征求各常务理事意见的基础上，对有关事项进行投票。

【第十二次地方建设教育协会联席会议暨继续教育委员会 2013 年全体委员会议】 第十二次地方建设教育协会联席会议暨继续教育委员会 2013 年全体委员会议 10 月 28～29 日在昆明市召开。由协会及协会继续教育委员会主办，云南省建设劳动教育协会具体承办。来自全国 58 个单位 118 位代表参加了会议。李竹成作了题为"以加强人力资源能力建设为核心，大力发展继续教育"的演讲。主任委员沈元勤作了"中国建设教育协会继续教育专业委员会 2013 年工作报告"。回顾委员会 2013 年 6 月换届后的各项工作。介绍第五届继续教育委员的工作目标与四项重点工作。

【《中国建设教育》工作会议】 12 月 14 日，《中国建设教育》编委暨刊物工作会议在北京召开。来自协会各专业委员会、地方建设教育协会及有关院校代表，中国建筑工业出版社等单位共 50 余人参加会议。会议由协会副理事长、《中国建设教育》总编荣大成主持。协会理事长李竹成、中国建筑工业出版社社长沈元勤分别发表讲话；协会秘书长徐家华对《中国建设教育》11 年的办刊工作进行了总结。湖南省建设人力资源协会研究部主任熊子龙、广州交通运输职业学校教研员周美英作经验介绍。与会代表就领导讲话和会议材料进行充分讨论。荣大成对本次会议进行了总结。

【培训工作会议】 12 月在京召开培训工作会议，各培训机构负责人和各专业委员会秘书长出席会议。会议总结 2013 年工作，表彰办学先进单位，进行工作交流，并讨论修改培训工作管理办法。会议对十八届三中全会召开后培训工作所面临的机遇和挑战作了分析，针对新形势，新任务，对今后的培训工作，提出新思路和新要求。

协会各方面工作

【专业委员会工作】 各专业委员会按照2013年度工作计划，完成换届工作，并以精心设计年会、开展具专业特色的学术活动、吸纳新会员单位和举办各类培训来服务会员单位。普通高等教育委员会注重教育教学科研课题立项和科研成果的评选活动，有50项列入协会2013年科研计划，其中12项同时被推荐申请部2014年软科学研究项目。高等职业与成人教育专业委员会按专业开展学术交流，有47项列入协会2013年科研计划，其中7项同时被推荐申请部2014年软科学研究项目。中等职业教育专业委员会倾力区域学术交流，着重探讨校企合作、学生技能培养等问题，并积极参与全国职业院校技能大赛中职组建设职业技能比赛。技工教育委员会组织会员单位研究热点、焦点问题，其《建设技工报》发挥着很好的桥梁作用。房地产人力资源（教育）工作委员会开发BIM技术应用培训项目，具体承办部业务司局委托的3个培训班。建设机械职业教育专业委员会通过网络扩大影响，积极发展会员单位，大力开展职工培训。城市交通职工教育专业委员会组织人力资源管理和职工队伍建设的经验交流，为发展城市公交事业献计献策。建筑企业人力资源（教育）工作委员会进一步明确定位，重组会员单位，编写教学大纲和教材，启动人力资源培训。继续教育委员会通过换届更换了主任委员单位，改变工作思路抓实效。培训机构工作委员会召开培训工作会议，总结经验，表彰先进，分析培训市场形势，明确工作的思路和方向。院校德育工作委员会积极发展会员单位，深入调查研究，制定详细的工作计划，认真地开展学术交流和举办德育工作骨干培训班。

【科研工作】 4月，发布"组织立项申报工作"通知，启动2013年中国建设教育协会教育教学科研课题立项。经各专业委员会、地方建设教育协会推荐初评，协会秘书处组织专家评审，最终确定104项为2013年协会教育教学科研立项课题。并从中遴选19项课题，推荐申请住房和城乡建设部2014年软科学研究项目。组织会员单位的专家、教授，承担国家开放大学研究课题子课题《"学分银行"制度服务于建设类相关专业高职高专与开放教育本科之间"立交桥"建设实践探索》，召开两次会议进行专题研究。2013年上半年，有13个2011年立项课题通过审核结题。2013年下半年委托沈阳建筑大学完成该校申报的协会2011年立项课题的结题工作。配合住房和城乡建设部人事司，组织会员单位专家研究土建类中等职业学校专业教学标准。在《建筑与市政工程施工现场专业人员职业标准》正式发布后，协会又受部人事司的委托，组织编写与《标准》相配套的考试大纲及十四本培训教材，同时启动与教材相匹配的题库建设。

【教育培训工作】 完成住房城乡建设部有关业务司局委托举办的《城市住房建设规划编制培训班》和两期《住房保障信息化建设培训班》。经住房和城乡建设部建筑市场监管司和北京市建筑业联合会核准，协会培训中心为建筑工程专业一级注册建造师继续教育培训机构。协会培训中心、有关会员单位开发十多个职业培训新项目，如"建筑结构监测师"、"房产测量师"和"环境监理工程师"。加强与部属其他行业协会、事业单位或行业内的龙头企业合作，如与中国建设监理协会就开展全国环境监理工程师培训形成共识；与中国建设装饰协会就开展装饰行业基层操作人员培训进行研讨；与中国城镇供水协会和同济大学就合作开展"城镇供水及污水处理人员"培训进行接洽；与中国城市燃气协会合作开展"城镇燃气安全人员"培训项目。

【协会承办或主办的各类主题活动】 协会主办，河南城建学院承办了第九届全国建筑类高校书记、院（校）长论坛，论坛的主题是：提升文化内涵、促进科学发展，下设八个分题。共有19个单位43位代表参加了论坛。

协会主办、天津国土资源和房屋职业学院承办了第五届全国建设类高职院校书记、院长论坛，论坛的主题是：加快发展现代职业教育，下设七个分题。共有28个单位53位代表参加了论坛。

受部人事司委托，协会承办了2013年全国职业院校技能大赛中职组"建筑装饰技能"和"楼宇智能化"赛项。全国37个省、自治区、直辖市、计划单列市和新疆生产建设兵团228位学生参加了比赛。

协会主办、广联达软件股份有限公司承办"第六届全国高等院校广联达软件算量大赛"和"第四届全国高等院校工程项目管理沙盘模拟大赛"；协会主办、深圳市斯维尔科技有限公司承办"第四届全国高等院校学生斯维尔杯BIM系列软件建筑信息模型大赛"。

参与主办"第七届全国高校房地产策划大赛"，来自清华大学、人民大学、北京理工大学、北京交通大学、中央财经大学、北京建筑大学、重庆大学、天津城建大学等全国28所高校代表队参加大赛决赛。

举办第四届全国建筑类院校优秀学生夏令营活动，旨在推动学生素质的提升、能力的养成和视野的拓宽。有100多位优秀学生参加,其中的16位学生还赴台湾地区参观学习和交流。

根据中央在全党深入开展以为民、务实、清廉为主要内容的党的群众路线教育实践活动的要求和住房城乡建设部关于群众路线教育实践活动的整体安排部署,协会秘书处组织深入地学习、对照检查、交流、相互提醒、征求意见、民主生活会、整改方案等多种方式,历时6个月,完成群众路线实践教育活动的任务。

(中国建设教育协会)

全国白蚁防治中心

【概况】 2013年,全国白蚁防治中心(浙江省白蚁防治中心)(以下简称"中心")紧紧围绕"三个转变",认真履行职责,全年完成新建房屋白蚁预防面积6.48亿平方米,装饰装修房屋白蚁预防面积1126万平方米,对4620万平方米的居民住房、直管公房进行了蚁害检查,对6688万平方米的已住房屋进行了白蚁治理,同时,对2750座水库、2780公里堤坝和35万公顷的园林果木以及对部分城市地铁、文物古建等进行了蚁害检查和治理,进一步促进白蚁防治与经济社会、环境保护协调发展,从而推进行业的可持续发展。

【《白蚁防治工作若干意见》编制】 经过调研全国及浙江省的白蚁防治行业现状,结合推进生态文明建设的要求和行业实际,根据多方意见,代拟了住房城乡建设部《关于进一步加强白蚁防治工作若干意见》(送审稿)和浙江省人民政府《关于进一步加强白蚁防治工作若干意见》(送审稿),广泛征求相关部门意见后,上报到住房城乡建设部和浙江省人民政府。

【地方性政策法规的调研修订和编制】 长沙市白蚁防治站代拟了《长沙市城镇房屋白蚁防治管理办法》,已经长沙市政府法制办通过;大连市白蚁防治办公室对《大连市城市房屋白蚁防治管理办法》进行重新起草修订,完成市16个委办的会签。成都市将白蚁防治纳入到《成都市房屋使用安全管理条例》实施细则中。江西吉安市《吉安市城市房屋白蚁防治管理规定》(修订稿),重新颁布执行。

【《白蚁防治人员职业标准》编制】 结合《国家职业分类大典》修订的时机,积极争取报增白蚁防治人员职业工种,同时根据行业实际需求,组织多个部门和有关专家,及时编制行业标准《白蚁防治人员职业标准》,12月上报住房城乡建设部。

【技术标准规程编制】 为提高白蚁防治工程质量,加强白蚁防治工程监督管理,完成住房城乡建设部批准立项的《房屋建筑白蚁防治工程质量管理办法》调研课题形成报批稿;广州市质量技术监督局发布地方标准《建筑物白蚁防治技术规范》,于2013年10月1日起正式实施;广西开展《新建房屋白蚁预防技术规程》、《房屋白蚁预防工程土壤化学屏障检测和评价技术规程》编制工作;宁波市住房城乡建设委员会发布《房屋白蚁预防监测控制技术导则》(试行)。

【新技术推广应用】 浙江省启动"浙江省白蚁防治监测控制技术推广创新驱动"的试点工作;湖北省应用新技术的面积达200余万平方米;武汉地区新技术的应用比例更是达到10%;杭州市应用新技术的面积达到约300万平方米;南昌市全市应用新技术的面积达到60万平方米;宁波市应用新技术的面积达127万平方米。

【白蚁防治工程质量管理】 南昌市白蚁防治所围绕以质量取信誉,以质量求生存,以质量促发展的总体要求,对116项新建房屋白蚁预防施工项目进行抽检检测,实现抽检率合格100%的目标。成都市在白蚁预防工程质量上狠下工夫,出台地方标准《房屋白蚁预防工程药物土壤屏障检测和评价》实施细则,并获得四川省质量技术监督局颁发的"资质认定计量认证证书"和"CMA"印章的使用授权,成为从事白蚁防治工程质量检测的第三方检测机构;南宁市白蚁防治工程质量检查中心通过自治区质监局质量认证,成立了具有实验室计量认证资质的第三方检测机构;长沙市为保障城市房屋白蚁防治工程质量,出台《房屋白蚁防治工程施工操作补充规定》;江苏省开展全省白蚁防治工程质量大检查;安徽、湖北、广东、山东等省在日常施工中普遍实现了机械化施工操作,确保白蚁预防工程质量。

【跨系统交流合作】 开展多方位、多领域、多渠道的合作尝试，引导行业之间实施优势互补、成果共享，拓展行业发展空间。在古建筑保护方面，继续做好有关博物院古建筑白蚁综合治理示范工程；武汉市积极开展历史建筑白蚁普查防治工作，共完成历史古建筑白蚁危害治理141项，面积51.6万平方米；在水利堤坝方面，对2750座水库、2780公里的堤坝进行白蚁防治，重庆市白蚁防治所坚持做好长江三峡库区移民迁建白蚁综合治理工程工作；浙江省白蚁防治中心继续做好钱塘江海塘白蚁综合治理工程项目。在园林绿化方面，许多城市白蚁防治机构承接了城市行道树和园林果木白蚁治理工程，面积约35万公顷。有些城市的白蚁防治机构还承接了地铁、核电站等大型白蚁防治工程项目。

【单位诚信建设工作】 深入开展《公民道德规范》、《职业道德规范》和有关白蚁防治行规宣传教育，提高从业人员思想、政治、业务、道德素质。各单位始终秉承"诚实守信"的理念，通过开辟报刊专栏、电视台专题节目、电话热线、政府门户网站、专项活动现场咨询和市长答复热线等各种途径，广泛宣传白蚁防治工作方针政策、白蚁危害性和行业信用等相关内容，行业的社会影响力、信誉与知名度不断提高。浙江省白蚁防治中心利用省第二十届房博会的契机，做了一期白蚁防治科普专题宣传，受到了省政府和建设厅领导的关心，赢得了公众的关注，提升了中心和行业的公众形象；安徽省结合由中国科协、安徽省政府主办的第五届中国科普产品博览交易会，开展以"科技服务民生"为主题的白蚁防治监测控制新技术科普宣传，增强社会共识，受到广泛关注。浙江、江苏、湖北、江西等省共进行科普与法规宣传活动2235次，召开专题座谈会339次，电视广播宣传4250次，各类报刊杂志宣传652次，印发科普与法规宣传资料24.5万份。通过科普宣传，进一步提高了群众防治白蚁的意识，提升行业整体形象。

【履行国际公约】 积极参与环保部和世界银行的"中国白蚁防治氯丹灭蚁灵替代示范项目"，项目已于2011年底顺利结束。为发挥项目的可持续性，巩固项目成果，江苏、湖南、安徽三个项目示范省和杭州、南昌、广州、南宁、成都五个项目示范市进行了项目后期维护和效果评估工作，对约73.3万套（覆盖约8059万平方米建筑面积）白蚁防治监测控制系统进行全面复查，履行了对国际组织继续做好项目后期工作的承诺，同时也为中国白蚁防治技术转型升级奠定了良好的基础。湖南省在示范项目的基础上积极推进监测控制技术相关产品的国产化进程；安徽省结合自身特色，积极在古建筑领域推广应用监测控制技术；杭州市白蚁防治所协助全球环境基金（GEF）组织摄制组录制示范项目作为减少全球环境污染的技术推广专题片。

【科技创新成果】 中心整合行业资源，积极与科研院所合作，开展一系列科研项目，包括"白蚁监控-喷粉技术的研究"、"房屋白蚁IPM技术的基础性研究"、"全国白蚁危害优势种类分布调查I期"等科研项目，取得阶段性成果。浙江省白蚁防治中心开展的《构筑浙江"母亲河"的防蚁护盾—钱塘江海塘白蚁综合治理》科研项目荣获浙江建设科学技术奖二等奖，并在浙江省科技厅完成成果登记。杭州市白蚁防治研究所开展的《一种基于无源射频技术的白蚁监测系统》课题，获得国家发明专利。杭州萧山区白蚁防治所开展的《黑翅土白蚁室内饲养技术研究》通过成果鉴定会，被业内普遍认为是国内领先。宁波市白蚁防治所完成国际环境基金资助的《白蚁危害无线电子检测系统的研发》项目，并通过国内外专家评审。四川省宜宾市白蚁防治所开展的《宜宾市白蚁种类调查研究及利用》获得市级科技进步二等奖。广西防城港白蚁防治中心与浙江大学合作，开展土垄大白蚁及小头钩白蚁共生的研究，取得阶段性成果。

【行业教育培训工作】 依据《全国白蚁防治行业2013年教育培训工作计划》，中心先后组织开展2期所（站）长培训班，培训人员192人；开展7期从业人员继续教育培训班，培训人员679人；开展5期从业人员岗位培训班，培训人员607人。通过培训，白蚁防治从业人员，不但及时掌握国内外白蚁防治领域的一些新技术和新方法，而且专业素质和技能也得到提高。三个示范省和五个示范市继续搞好示范项目的后续从业人员的专题培训工作，结合监控喷粉新技术开展多种形式的培训，重点学习白蚁生物学和生态学、白蚁防治监控-喷粉技术等内容，使从业人员既了解了新技术应用的重要意义，又掌握了新技术的基本专业技能。广西房协与广东省昆虫所在《白蚁防治科研培训基地》开展一周的精英强化培训，取得很好的效果；长沙市白蚁防治站采取案例讲解和动漫形式开展深入直观的专题培训；广州市白蚁防治所建立"一对一"、"一对多"的技术培训模式，形成技术培训的常态机制。江西、湖北、青岛等地意识到"人才兴业"的重要性，注重人才培养和知识更新，鼓励职工参加各种学习，为行业的可持续发展奠定良好的基础，促进了白蚁防治行业的发展。

（全国白蚁防治中心）

中 央 企 业

中国建筑工程总公司

【概况】 中国建筑工程总公司（以下简称中国建筑）是世界最大建筑地产综合企业集团。中国建筑实行总公司（股份公司）—工程局、设计院、直营企业—公司三级法人的管理体制。其中二级企业（工程局、设计院和直营公司）37家，三级企业166家，共有员工20余万人。

2013年，中国建筑紧紧围绕科学发展这个主题和加快转变发展方式这条主线，积极应对错综复杂的经济形势，奋力拼搏，企业保持了稳健向上的发展态势。

【主要指标】 2013年，中国建筑主要继续指标保持行业领先，新签合同额14043亿元，完成预算136.3%，同比增长32.8%；实现营业收入6810亿元，完成预算101.2%，同比增长16.3%；实现利润总额388亿元，实现归属母公司净利润203.9亿元，完成预算113.3%，同比增长29.6%。公司净资产收益率为19.3%，同比上升了1.7%。表1为中国建筑2012～2013年主要指标完成情况统计表。

2012～2013年主要指标完成情况统计表
（单位：亿元） 表1

指标名称	2012年完成	2013年预算	2013年完成	完成预算（%）	同比增减（%）
新签合同额	10573	10300	14043	136.3	32.8
当年完成投资额	1059	1775	1571	88.5	48.3
营业收入	5715	6728	6810	101.2	19.2
利润总额	301.6	379	388.0	102.4	28.6
净利润	227.8	272	293.3	107.8	28.8
其中：归属母公司所有者净利润	157.4	180	203.9	113.3	29.6
百元收入管理费（元）	2.35	2.17	2.14	—0.03元	—0.21元
经济增加值	105.8	—	155.1	—	46.6

在2013年度中央企业负责人经营业绩考核中，中国建筑荣获A级企业第二名的好成绩。在2014年《财富》"世界500强"中，排名第52位，比上年跃进了28位，位列中央企业第4名。在"2014中国企业500强"位列第7名。

在国家级奖项评选中，荣获国家科技进步奖二等奖2项，累计达60项；荣获鲁班奖16项（国内），累计达193项；荣获詹天佑奖12项，累计达45项。中央电视台新址大楼荣获"2013年度全球最佳高层建筑奖"。公司各业务系统还获得数十项国家级表彰和荣誉，各岗位也涌现出一批获得社会各界高度评价的优秀人才和先进人物，多名员工获"全国五一劳动奖章"等荣誉。

【结构调整】 2013年，中国建筑优化业务布局，结构调整取得新的成效。

板块结构稳步调整。房建业务营业收入同比增长15.1%，占比下降2.5个百分点。基础设施业务接近千亿元规模，房地产业务突破八百亿，两个板块收入占比较上年增加了3.1个百分点。业务板块分布情况见表2。

业务板块分布情况表（单位：亿元） 表2

业务板块	2012年实际	2013年预算	2013年实际	完成预算（%）	同比2012年增减（%）	2012年占比（%）	2013年占比（%）	占比增减百分点
合计	5715	6728	6810	101	19.20	100.0	100.0	—
房建业务	4276	4060	4922	121	15.10	74.8	72.3	—2.5个点
基础设施业务	793	1240	981	79	23.80	13.9	14.4	0.5个点

续表

业务板块	2012年实际	2013年预算	2013年实际	完成预算（%）	同比2012年增减（%）	2012年占比（%）	2013年占比（%）	占比增减百分点
房地产业务	598	690	887	129	48.40	10.5	13.0	2.5个点
设计勘察业务	62	70	69	99	10.00	1.1	1.0	-0.1个点

建筑市场区化战略持续推进。合同额过百亿元的省市有25个，合同额累计12,090亿元，同比增长33.2%，占国内新签合同总额的97.6%，其中广东省已超千亿。国内新签合同额前五大区域占比为35.2%，较12年上升0.5个百分点。市场占有率进一步增强。新签合同额分地区完成情况见表3。

新签合同额分地区完成情况（单位：亿元） 表3

地区名称	2012年		2013年		占比增减
	实际完成	占比（%）	实际完成	占比（%）	
国内合计	9206	100.0	12381	100.0	—
前五合计	3198	34.7	4354	35.2	0.5个点
其中：广东	934	10.1	1460	11.8	1.7个点
北京	677	7.4	872	6.8	-0.6个点
江苏	539	5.9	712	5.8	-0.1个点
湖北	339	3.7	657	5.3	1.6个点
贵州	709	7.7	653	5.3	-2.4个点

平均单项合同额大幅度提高。建筑业各板块大项目金额占比为90.6%，较上年略增2.9个百分点；大项目个数占比为37.2%。大项目所占比重的不断上升，为规模和效益的均衡发展奠定了坚实的基础。大项目占比情况见表4。

大项目占比情况（单位：亿元） 表4

类别	标准	总个数	总金额	2013年大项目			
				个数	个数占比（%）	金额	金额占比（%）
境内承包工程	—	3173	11847	1179	37.2	10735	90.6
其中：房建项目	≥2亿元	2537	9770	1088	42.9	9060	92.7
基础设施项目	≥5亿元	636	2077	91	14.3	675	80.7
其中：建筑安装	≥0.5亿元	243	319	97	39.9	166	52.1

续表

类别	标准	总个数	总金额	2013年大项目			
				个数	个数占比（%）	金额	金额占比（%）
钢结构	≥0.5亿元	42	70	22	52.4	62	88.4
建筑装饰	≥0.1亿元	880	284	472	53.6	232	81.6
境外承包工程	≥3000万美元	99	674	67	67.7	661	98.1
设计勘察	≥0.05亿元	5901	87	353	6.0	39	44.5

【房建业务】 2013年，中国建筑战略合作伙伴已达90家，大客户营销实现新签合同额5000多亿元，占比超过60%，在国际国内中标了一批影响大的标志性工程项目：北京第一高楼528米的"中国尊"地下结构工程，全国第一大区域枢纽机场重庆江北国际机场T3A总承包工程，湖南省第一高楼452米的长沙九龙仓项目等。公司从项目类型看，超高层建筑营销优势显著。全年新承接的300米以上超高层建筑20个，50亿元以上超大型项目13个；国内平均合同额3.85亿元、国外1.07亿美元，同比分别上升33.8%、2.6%。中建三局承接300米以上项目6个，大项目个数占比接近90%，土建项目平均合同额达10.4亿元；其在建300米以上项目20个，其中400米以上8个。中建八局在机场航站楼、中建二局在文化旅游项目、中建一局在超洁净厂房领域的专业优势也得到进一步强化。

【基建业务】 中国建筑铁路总承包市场不断巩固，中标海西铁路、渝黔铁路等铁路线路项目和10个站房项目，合同额105亿；在城市轨道交通和快速路方面，中标总投资额156亿元的南宁地铁二号线项目、武汉四环线南段项目等。中建三局、中建七局基础设施新签合同额超300亿元，有六家工程局基础设施收入过百亿，其中中建二局达156亿元。中建六局强化"桥梁、轨道交通、铁路"专业化经营特色，基础设施营业收入占比达41.9%。

【房地产与投资业务】 2013年，中国建筑投资业务取得积极进展。

投资规模总量攀升。截至2013年底，在建施工项目累计计划投资额8919亿元，项目累计完成投资5041亿元，期末待投资额3878亿元。2013年实际完成投资额1571亿元，完成年度预算的88.5%，较上年同期提高8.1个百分点。其中续投项目完成投资额比重达72.3%，充分体现"加快续投、严控新增"的工作部署。年度投资情况统计见表5。

年度投资情况统计表（单位：亿元） 表5

序号	单位名称	2013年预算	2013年完成	完成预算（%）	投资额占比（%）	同比增长（%）
	总计	1775	1571	88.5	100.0	48.3%
一	按项目类别分					
1	房地产业务	1145	1088	95.0	69.3	59.1
2	基础设施业务	261	213	81.6	13.6	36.5
3	房建业务	98	127	129.6	8.1	135.2
4	城市综合建设项目	159	78	49.1	5.0	-9.3
5	固定资产项目	77	60	77.9	3.8	33.3

房地产开发业务持续增长。中国建筑在持续五年宏观调控的压力下，继续保持每年两位数的增长，销售均价及毛利率依然保持行业领先。中海地产迈入年销售额千亿俱乐部，并连续十年荣获中国蓝筹地产企业榜首，连续十年当选中国房地产行业领导品牌。中海地产与中建地产总部直营业务的管理整合正在推进。同时，各工程局地产业务也进入收获期。中建五局地产业务经过十年努力，目前拥有百亿资产、千人团队、近700万平方米土地储备，2013年地产与投资业务贡献的利润占全局的40%。

2013年，中国建筑将中海地产与集团直营地产业务进行整合，以"中国海外发展"为实施载体，主打"中海地产"品牌，代表中国建筑在中高端市场拓展地产业务。同时保留二级机构（工程局、设计院）地产业务，在集团投资部的协调管理下，以"中建地产"为品牌，在划定项目类型、避免与"中海地产"构成同业竞争的基础上进行属地化运营。地产板块通过资源整合，达到三个目的：第一，借助中海地产成熟的运营模式和品牌优势，加大资源配置效率，提升集团整体地产业务的资本回报率；第二，将优质项目及土地资源注入中海地产，完善中海地产的业务覆盖，扩大经营规模，全力支持中海地产提升市场份额和影响力；第三，进一步明确集团总部的定位，从日常经营性活动中脱离出来，专注于对集团内整体业务的引领、服务和监督。

投资回款情况较好。2013年，实现投资回款1359亿元，完成年度预算的113.5%，较上年同期增长38.7%，为历史上最好的一年。全年取得房地产销售额1426亿元，同比增长28.9%，其中：中海集团实现房地产销售额1103亿元，局院实现房地产销售额197亿元。房地产业务取得销售回款1205亿元，相当于年度预算回款指标的1.2倍。客户定位和盈利水平持续保持行业领先。融投资建造业务投资回款加速，全年回款127亿元，同比增长超过40%，带动施工总承包合同额累计约1200亿元，其中基础设施合同额800亿元，有效推动了基础设施业务发展。

【海外业务】 2013年，中国建筑海外业务新签合同额696亿元，实现营业收入387亿元，利润总额35亿元，同比分别提高16.2%，6.2%，83.2倍。境外经营业务盈利规模逐渐提升，利润总额占比同比提高2.7个百分点。中国建筑海外经营指数（国务院国资委考核指标，以海外营业收入、净利润、资产占总额比重，按照50%：40%：10%权重计算）7.88%，同比增长0.45个百分点。

中建阿尔及利亚分公司新签合同额16亿美元，实现营业收入12亿美元，连续4年双双突破10亿美元；中建南洋公司继续发挥在新加坡房建领域的优势，新签合同总额7.6亿美元，实现营业额6.2亿美元；中建中东公司积极推动区域化发展战略，新签合同额6.2亿美元；中建美国公司作为独立总承包商承接了普拉斯基高架桥改造工程，并积极推进房地产、投融资带动总承包和PPP业务；中海集团在港澳市场领先地位进一步巩固，中标香港2013年最大政府工程、合约额90.9亿港元的启德儿童专科卓越医疗中心和47.9亿港元的中环湾仔隧道工程，以及13.5亿美元的澳门美高梅函路项目等；非洲市场在刚果（布）、赤道几内亚的经营也有新进展；中建八局中标中资企业海外建造的最高建筑、合同额近百亿元人民币的韩国釜山海云台LCT综合体建设项目。海外并购实现突破，中建美国公司收购了美国PLAZA建筑公司。

【设计勘察业务】 2013年，中建设计集团在ENR全球150家顶尖设计公司排名列第53位，居中国建筑设计企业之首。中建西南院在青岛胶州新机场设计全球招标中，原创设计的"海星"方案脱颖而出，获得专家评审组高票通过，一举中标；中建西北院的西安"雁翔文化产业创意谷聚集区一期"设计总承包项目，合同额达9300万元，创西北院新纪录；中建东北院坚持建筑原创为主导，大师工作室21个项目均为原创设计方案；中建上海院通过细分产品市场，组建不同的事业部精耕细作，营销质量得到较大提升。同时，设计勘察与施工总承包业务的联动效应大大增强，各院设计的区域性地标项目，基本上均由中建承担施工总承包。

【新兴业务】 为打造中国建筑新的业务增长极，确定以中建发展为载体，打造节能环保新型业务的孵化和发展平台。临建标准化及产业化工作扎实推进，以箱式节能环保型活动房屋和装配式路面为重点，统一技术标准、统一市场营销与价格体系、统一制造加工布局等三统一为特点的临建设施产业联盟初具雏形。中建市政西北设计院积极开展水务、燃气、管网、环保等业务，助力集团创新业务发展。

【管理标准化建设】 中国建筑改革总部管理制度体系，搭建集团标准化总体框架。构建总部制度体系树，实现制度的分级分类分层管理；精简优化制度，从632项压缩至315项；明确集团在战略模式、商业模式、管控模式等八方面的标准化领域，初步编制子企业机构设计标准化基础方案。项目管理标准化执行比例再创新高。项目管理标准化示范单位的达标率达到100%，非示范单位也达到60%，较之前有较大幅度提升。

【信息化建设】 信息化建设取得新的成绩。在国务院国资委公布的中央企业信息化水平年度评价中，中国建筑被评为A级，这标志着中国建筑信息化水平已达到国内一流水平，接近同行业世界先进水平。

开展集团顶层设计，实现信息化统一认识、统一目标，统一行动，为高效可持续推进信息化建设奠定坚实的思想基础。

深入开展人力资源管理、财务管理、产权管理、科技管理等十六项信息系统建设工作，其中财务管理平台集成22个财务系统，为近万名财务人员搭建共享平台，使信息化真正成为公司"集约化管控"的重要抓手，信息化水平也首次跻身央企A级行列。

为推动《项目管理手册》的执行，大力推进统一标准和模块的项目管理系统建设，新开工项目系统覆盖率达到50%以上。

【专业化建设】 2013年，中国建筑继续整合内部的专业资源，稳步推进专业化进程。

专业集团整合升级取得成果。落实"专业公司支撑主业发展"的战略定位，通过增资和股权多元化、管理政策调整等方式，完成中建安装、中建钢构的升级工作，成为全国最大的相关专业集团。中建装饰大力拓展幕墙、设计和海外业务，利润总额同比增长88.8%，幕墙业务新签订单同比增长28%。

专业板块整合上市取得成果。中国建筑旗下上市公司——西部建设与中建商砼顺利完成重组，区域布局和专业链建设得到进一步完善，成为全国最大的混凝土上市企业。

新的专业公司组建取得成果。中国建筑西南勘察设计院与中建四局共同组建地下空间公司，塑造中建地下空间工程专业品牌。

【科技进步】 2013年，中国建筑在推进国际一流技术中心软硬件建设和科技管理信息化方面取得实质进展，建立科技创新协同工作机制，加快科技成果转化应用，确定"绿色建筑"、"BIM技术"、"建筑工业化"3大主攻方向，在全系统开展科技助推降本增效工作。全年投入科研课题经费总计3689万元；主编、参编《建筑工程施工信息模型应用标准》等19项国家及行业标准；获国家专利授权1139项，在中央企业中专利排名第23位，在建筑类央企排名第一；一大批科技成果通过国家和省部级鉴定，其中40余项达到国际先进水平，获国务院国资委"科技创新企业奖"。中建四局以"降本增效"为中心积极推进建筑工业化发展，开展科技增效示范工程等工作均取得较好效果。

【集中采购】 2013年，中国建筑信息化集中采购平台应用范围进一步扩大，降本增效取得新成果。建成涵盖24家二级子企业的物资、劳务、专业分包采购管理体系。集采平台已实现工程局全覆盖、大宗物资全覆盖；集采品类不断丰富，全年实现集采履约1448亿元，其中大宗物资集采率80%以上。劳务与分包集采上线运行。同时，试行区域联合集采模式，效果明显。海外集中采购工作开始推进，海外事业部已开通集中采购平台。2013年，中国建筑成为国资委推进集采的标杆企业。

【监督体系建设】 "大监督"体系改革基本完成，以风险管理为导向的审计工作特征日益明显，在集团范围内开展应收款项专项审计、票据专项审计、物资集中采购专项调查等多项工作。监督委员会结合审计、巡视、纪检监察等工作发现的问题，对重点单位、重要审计发现问题下发整改函并监督处理；制定相关工作指引，强化对投资项目和海外项目的法律风险防控，大监督格局不断完善。同时，认真落实中央八项规定精神、查摆整改四风问题，开展以集团领导班子及总部为重点的第一批党的群众路线教育实践活动，全年集团总部三项经费支出同比有大幅下降。

【人力资源建设】 2013年，中国建筑继续以高层次人才，和高技能人才为重点，统筹推进各类人才队伍建设。推进职业生涯规划，初步建立项目经理等七类核心人才的职业发展通道。集团总部人才交流工作取得明显进展,基本完成"青年学生培养计划"全覆盖。坚持业绩导向,强化工资总额预算和薪酬体系统一,强化人工成本管理,保持人工成本投入产出在中央企业的领先水平,并成功实施首次股权激励计划。

2013年,中国建筑人才结构进一步优化,员工学历层次明显提高,大学本科以上学历的员工占比达52.6%,较上年增长3.0%;员工平均年龄呈同比下降趋势,30岁以下员工人数由2012年的50.7%提高到52%。

截至2013年底,中建总公司自有职工227339人,其中,具有高级专业技术职称人员15799人。中建总公司现有中国工程院院士和全国工程勘察设计大师11人,有突出贡献的中青年专家6人,享受政府特殊津贴专家219人,英国皇家特许建造师224人,一级注册建造师8262人,一级注册建筑师和一级注册结构工程师1335人,高级工以上人员5244人。2013年招收高校毕业生22485人。

【履行社会责任】 2013年,中国建筑在履行社会责任方面受社会好评,特别是全面完成了玉树灾后重建的各项任务工程质量、进度、安全整体领先,成为援建央企的排头兵,得到中央、国务院、青海省委省政府和玉树州各界的高度赞扬。玉树援建前线指挥部获得全国五一劳动奖状7个,全国五一劳动奖章16人,青海省玉树灾后重建先进集体5个等近百项省部级荣誉。

2013年四川雅安地震之后,中国建筑第一时间向地震灾区捐款500万元,并派出多批次多位专家赶赴灾区进行民房鉴定工作。中建西南建筑设计研究院参与芦山地震灾后重建规划编制工作,为编制灾后重建规划提供专业咨询意见。

中国建筑以资金扶贫、技术扶贫、教育扶贫为重点,以重大专项建设项目为载体,全力支持和帮助定点地区的经济社会发展,初步形成"资源共享、体系联动、共同推进"的定点扶贫"大格局"。2013年,向定点扶贫地区——甘肃省康乐县、卓尼县、康县拨付专项扶贫资金829万元,用于开发建设专项扶贫项目。

【项目简介】 (1)成都银泰中心项目。

该项目是住房和城乡建设部绿色科技示范工程,总建筑面积74万平方米,由4层地下室、9层裙楼和一栋高240米的酒店塔楼(华尔道夫酒店)、两栋高185米的办公塔楼和两栋高175米的住宅楼组成。中建八局银泰中心项目部紧紧围绕"四节一环保"的理念推进绿色施工。

项目建立了地下降水回收再利用系统,用于现场消防、混凝土养护、道路降尘喷洒、车辆冲洗、厕所冲洗以及其他施工用水,基本实现了除生活用水以外市政给水的"零使用"。

每栋塔楼均设置了混凝土余料回收系统,该系统在每层设置下料口,直接将建筑垃圾排至负四层。系统末端设置固液分离装置,固体建筑垃圾通过分离、破碎等流程后部分制成标准砖,部分用于地下室回填,基本实现了除生活垃圾以外的建筑垃圾"零外运",同时有效解决了建筑垃圾大量占用垂直运输电梯的问题。

施工现场临时照明采用低能耗LED灯,结合声光控制技术,节约了大量电能,同时在现场供电系统中对感性负载的大型设备设置无功功率就地补偿装置,降低电耗30%左右;施工现场临时消防和临时照明用系统均利用正式工程预埋管线,节约了临时管线的投入,安全、美观。

现场道路及场地采用装配式预制混凝土块,实现了临时道路的循环使用,大大节约了资源和成本。

项目引进接木机、接模板机、梳齿机设备,进行模板木方回收重复使用,增加周转次数,节约成本20%。

成都银泰项目创新技术已累计申报专利11项,发表科技论文45篇;其中《装配式混凝土场地、道路硬化工艺定型化设计》获得四川省质量管理活动优秀QC成果一等奖、全国QC成果二等奖,《装配式施工场地硬化、临时道路施工操作法》获上海市职工节能减排先进操作法。

(2)釜山海云台LCT综合体项目。

2013年10月17日,中国建筑与韩国釜山LCT公司共同签署了海云台LCT综合体项目施工总承包合同。合同无税造价97亿元人民币。

海云台LCT综合体项目集豪华酒店、酒店公寓、综合商场、游乐场和住宅为一体,总建筑面积86万平方米,由三栋塔楼及裙楼组成,主塔楼高411米,为中资企业在海外承建的最高项目。

项目建成后将成为釜山市第一高楼和地标性建筑。釜山市市长许南植在签约仪式上表示,海云台LCT项目是釜山市民翘首期待了多年的重大工程,将对提升釜山市的国际化程度和经济发展水平起到积极推进作用,釜山市政府将为项目的顺利实施提供一切便利。

(3)中国建筑收购美国Plaza建筑公司。

2013年12月18日签约,中国建筑全资子公司中建美国有限公司(简称中建美国公司)与美国 PLAZA 建筑公司(Plaza Construction)签署协议,出资 4440 万美元(约折合人民币 2.7 亿元),收购美国 PLAZA 建筑公司 92.5%的股权。2014 年 3 月该收购案正式获得美国外国投资委员会(CFIUS)的批准,并完成了对美国 Plaza 建筑公司的收购交割。该收购是中国建筑在海外的第一单并购交易,将有利于中国建筑扩大在发达国家的市场份额、增强企业的专业化与国际化竞争力。

中建美国公司成立于 1985 年,总部位于美国新泽西州泽西市,经营地域集中在大纽约地区、南卡罗来纳州、华盛顿特区和加勒比地区,公司业务范围涉及建筑工程管理、工程总承包、项目管理、设计建造、项目融资和地产开发。

Plaza 建筑公司成立于 1986 年,总部位于美国纽约曼哈顿,主要从事建筑工程管理、工程总承包和工程咨询服务等业务。公司业务主要集中于纽约、迈阿密、洛杉矶和华盛顿特区,是美国知名的建筑管理和总承包商之一。Plaza 的业务类型和经营地域将对中建美国公司的现有业务起到有力的互补作用,尤其对公司在私人建筑和地产领域的拓展给予有力地推动。

收购完成后的中建美国公司在手合同额超过 30 亿美元,2014 年营业额将超过 20 亿美元,一跃跨入全美最大承包商前 40 强行列。

(中国建筑工程总公司　撰稿:李成扬)

中国铁建股份有限公司

【概况】中国铁建股份有限公司(中文简称中国铁建,英文简称 CRCC)的前身是组建于 1948 年 7 月的中国人民解放军铁道兵,1984 年集体转业,改称铁道部工程指挥部;1989 年成立中国铁道建筑总公司,2000 年 9 月 28 日,先后划归中央企业工作委员会和国务院国有资产管理委员会管理;2007 年 11 月 5 日,由中国铁道建筑总公司独家发起成立中国铁建股份有限公司,于 2008 年 3 月 10 日、13 日分别在上海证券交易所(A 股,代码 601186)和香港联合证券交易所(H 股,代码 1186)上市。

截至 2013 年底,中国铁建下辖中国土木工程集团有限公司,中铁十一、十二局集团有限公司,中国铁建大桥工程局集团有限公司,中铁十四至二十五局集团有限公司、中铁建设集团有限公司、中国铁建电气化局集团有限公司、中国铁建港航局集团有限公司、中国铁建房地产集团有限公司、中铁第一、第四、第五勘察设计院集团有限公司,中铁上海设计院集团有限公司、中铁物资集团有限公司、昆明中铁大型养路机械集团有限公司、中国铁建重工集团有限公司、中国铁建国际集团有限公司、中铁城建集团有限公司、北京铁城建设监理有限责任公司、中国铁建投资有限公司、中国铁建财务有限公司、中铁建中非建设有限公司、诚合保险经纪有限责任公司、中铁建(北京)商务管理有限公司、北京培训中心(党校)36 家二级子公司和单位;三级法人企业 383 家,其中工程公司 172 家。在岗员工 246736 人。其中,管理人才 47689 人,占 19.33%;专业技术人员 101093 人,占 40.97%;技能人才 97954 人,占 39.7%。拥有 1 名工程院院士、6 名国家勘察设计大师、7 名"百千万人才工程"国家级人选、220 名享受国务院特殊津贴的专家。资产总额 5530.18 亿元,比 2012 年增长 15.05%。机械动力设备 95559 台(套),总功率 8343677.92 千瓦,技术装备率 9.25 万元/人,动力装备率 33.83 千瓦/人。公司业务涵盖工程承包、勘察设计咨询、工业制造、房地产开发、物流与物资贸易等,具有科研、规划、勘察、设计、施工、监理、维护、运营和投融资等完善的行业产业链。在高原铁路、高速铁路、高速公路、桥梁、隧道和城市轨道交通工程设计及建设领域,确立了行业领导地位。自 20 世纪 80 年代以来,中国铁建在工程承包、勘察设计咨询等领域获得国家级奖项 505 项。其中,国家科技进步奖 66 项;国家勘察设计"四优"奖 92 项;中国土木工程詹天佑奖 59 项;中国建设工程鲁班奖 91 项;国家优质工程奖 197 项。累计拥有专利 2839 项、获国家级工法 216 项。

中国铁建经营范围遍及除台湾以外的全国 31 个省、直辖市、自治区和香港、澳门特别行政区,以及世界 69 个国家和地区,是中国乃至全球最具实力、最具规模的特大型综合建设集团之一。连续 8

年入选"世界企业500强",2013年排名第100位;连续16年入选"全球250家最大承包商",2013年排名第1位;连续9年入选"中国企业500强",2013年排名第11位;获标普国际信用评级A-的全球建筑业最高信用级别。

【主要财务指标完成情况】 2013年,中国铁建实现营业收入5867.9亿元,比2012年增加1024.77亿元,增长21.16%。其中,工程承包增长14.82%,勘察设计咨询下降6.51%,工业制造增长17.74%,物流贸易增长71.15%,房地产增长36.24%。全年完成海外营业收入212.64亿元,比2012年增加38.36亿元,增长22.01%。实现利润130.40亿元,同比增长17.86%。实现净利润104.39亿元,同比增长20.4%。资产总额5530.19亿元,负债4691.94亿元,所有者权益838.25亿元。截至年底,货币资金余额934.34亿元,比2012年增加11.6亿元,增长1.26%。表1为2012~2013年中国铁建主要财务指标完成情况比较。

2012~2013年中国铁建主要财务指标完成情况比较　　　　表1

项　目	2013年	2012年	同比增长或下降(%)
资产总额(亿元)	5530.19	4806.83	15.05
所有者权益	838.25	733.29	14.50
营业收入(亿元)	5867.90	4843.13	21.16
利润总额(亿元)	130.40	108.96	17.86
净利润(亿元)	104.39	86.71	20.39
归属于母公司所有者的净利润	103.45	84.79	19.89
技术开发投入(亿元)	46.79	45.86	2.03
利税总额(亿元)	363.02	299.63	21.16
应缴税金总额(亿元)	232.62	190.67	22.00
加权平均净资产收益率(%)	13.30	12.26	增加1.04个百分点
总资产报酬率(%)	3.70	3.48	增加0.22个百分点
总公司国有资本保值增值率(%)	114.91	115.30	减少0.39个百分点

【生产经营】 (1)新签合同额实现新的突破。中国铁建始终围绕生产经营中心,以经营承揽为龙头,不断突破自我、超越自我。2013年,全系统新签合同总额8534.84亿元,同比增长8.13%。其中新签海外合同额800.05亿元,占新签合同总额的9.37%。工程承包板块得到巩固和加强。工程承包板块新签合同额6907.05亿元,占新签合同总额的80.93%,同比增长4.6%。其中,铁路工程新签合同额2160.23亿元,占工程承包板块的31.28%,同比增长25.59%;公路工程新签合同额1436.66亿元,占工程承包板块的20.8%,同比增长8.76%;城市轨道工程新签合同额658.72亿元,占工程承包板块的9.54%,同比增长6.38%;房建工程新签合同额1527.33亿元,占工程承包板块的22.11%,同比减少2.06%;市政工程新签合同额651.65亿元,占工程承包板块的9.43%,同比减少17.14%;水利电力工程新签合同额167.29亿元,占工程承包板块的2.42%,同比减少26.74%;机场码头工程新签合同额44.31亿元,占工程承包板块的0.64%,同比增长114.55%。非工程承包业务占比提升。2013年,非工程承包板块新签合同额1627.79亿元,占新签合同总额的19.07%,同比增长26.19%。其中,勘察设计咨询新签合同额91.92亿元,同比增长12.36%;工业制造新签合同额120.19亿元,同比增长16.91%;物流与物资贸易新签合同额1122.71亿元,同比增长27.51%;房地产开发新签合同额285.63亿元,同比增长34.95%。

(2)重点项目及高端建筑市场开发。年内,中标福(州)至平(潭)铁路4标段,首次进入深水跨海铁路特大桥施工领域,是中国铁建近年来在桥梁施工领域承揽的最具标志性意义和里程碑意义的工程项目;中标吉林省中部城市引松供水工程TBM施工和TBM制造项目,标志着所属中国铁建重工集团公司生产的TBM掘进机首次进入水利施工领域,也是国内水利工程首次采用国产TBM掘进机施工;中标贵阳、厦门地铁总承包项目,进一步稳固地铁行业领军地位,为地铁工程总承包模式推广起到示范作用。

【改革发展】 中国铁建坚持"建筑为本、相关多元"的战略发展方向,将结构调整、转型升级作为根本性、全局性的任务,持续加大推进力度。一是紧紧抓住国家"城镇化"发展契机,整合内部优质房建资源,组建中铁建城建集团有限公司,专注于房屋建筑市场开拓;二是将中铁十三局集团有限公司改建为中国铁建大桥工程局集团有限公司,深耕桥梁建筑细分市场,提升桥梁建筑综合实力;三是进一步加大对中国铁建投资有限公司、诚合保险经纪有限责任公司、中国铁建财务有限公司、中铁物资集团有限公司等非工程承包板块的资本金支持力度。

【企业管理】 生产经营管理体制改革全面深化。按照"股份公司重在产业管理、集团公司重在市场经营、工程公司重在施工管理"的基本职能定位，大力推进全系统生产经营管理体制机制改革。集团公司与工程公司两级法人各司其职、分工协作的生产经营管理格局初步形成。大力推进组织机构精简合并和市场经营、项目管理机制模式的改革创新。大力推广区域经营模式，逐步优化项目管理模式。

基础管理和专业化建设大步推进。先后明确体制机制、管理模式、流程管理、规章制度、标准化建设、定额工作、计量工作、信息工作、信息化建设和员工教育培训十个方面的基础管理重点内容，出台《关于加强企业基础管理的指导意见》。明确股份公司、集团公司、工程公司以及项目经理部在项目管理上的主要职责和具体管理路径，出台《关于加强工程项目管理的指导意见》。明确集团公司、工程公司以及项目经理部各级必须走专业化的发展道路，令"加强工程公司建设"进入"加强工程公司专业化建设"的新阶段。

集团管控和集约化管理显著增强。建立任期业绩不仅与薪酬挂钩而且与职务升降紧密挂钩的制度；加强职工总量的集中管控；加强设备物资采购供应、资金等的集中管控；全面加强安全管理，出台《生产安全事故管理规定》，增强安全事故处罚的可行性和严肃性；全面加强审计监管，充分发挥审计工作的"保健医生"作用；高度重视资产质量和财务管理，大力推进降本增效、清收降债和税务筹划工作，开辟新的融资渠道，加大对应收款项、经营性现金净流量和生产经营性有息负债的考核力度。

【技术创新】 2013年，中国铁建被国家知识产权局认定为专利导航试点企业，是首批认定的35家企业中的惟一一家建筑企业；昆明中铁国家铁路大型养路机械工程技术研究中心获批组建；中铁十五、十七、十八局集团公司和中铁第五勘察设计院集团公司通过国家企业技术中心认定。勘察设计的京沪高速铁路、秦岭隧道群、青藏铁路3项工程获2012~2013年菲迪克全球百年工程项目优秀奖，中铁第一勘察设计院集团公司董事长王争鸣被评为全球百年杰出咨询工程师。开发的"湿陷性黄土地区高速铁路修建关键技术"、"桥建合一及功能可视化立体疏解客流铁路车站设计建造技术"、"长期循环动载下饱和软弱土地基灾变控制技术及应用"3项成果获国家科学技术进步二等奖。全年获省部级科技进步奖134项、省部级工法280项；授权专利999项，其中发明专利98项；获国家级勘察设计"四优"奖8项、省部级勘察设计"四优"奖139项。

【工程创优】 中国铁建参建的深圳北站综合交通枢纽工程、山西体育中心主体育场、上海崇明越江通道（长江隧桥）、小河至安康高速公路包家山隧道、锦屏水电枢纽工程锦屏山隧道、云南新街至河口高速公路、江西景德镇至婺源（塔岭）高速公路、深圳地铁3号线、北京地铁4号线9项工程获2013年第11届中国土木工程詹天佑奖；参建的三亚鹿回头小东海A26、A26-1地块项目2A、3B楼，京沪高速铁路DK665＋100－DA950＋039综合工程、重庆乌江彭水水电站工程，安哥拉社会住房项目K.K一期（5号、26号住宅小区及K2开闭所工程）获2013年度中国建设工程鲁班奖；参建的川气东送工程获2012~2013年度国家优质工程金质奖，参建的武广铁路客运专线武汉站至赤壁北站综合工程、新建重庆铁路集装箱中心站、包西铁路通道省界（陕西）至张桥段站后"四电"工程BXZH-3标段电气化工程、石武铁路客运专线湖北段TJI标段黄龙寺隧道、新建甬台温铁路永宁江特大桥、新建海南东环铁路工程新海口高架双线特大桥、新建铁路厦深线漳州南站房及配套工程、新建铁路武汉至广州客运专线通信信号及牵引供电子系统集成工程（武汉至广州南通信信号工程）、长沙市湘江大道浏阳河隧道、齐白公路齐齐哈尔至泰来（省界）段工程建设项目、湖北沪蓉西高速公路夹活岩隧道、湖北沪蓉西高速公路龙潭河特大桥、湖北沪蓉西高速公路恩利段齐岳山隧道、海滨大道南段二期子牙新河特大桥、中新天津生态城中生大道跨蓟运河故道桥梁16项工程获国家优质工程银质奖。

【工程施工】 2013年，中国铁建系统完成工程施工产值4650.9亿元。承建5000万元以上的工程2513项。其中，铁路工程620项；公路工程704项；市政工程250项；城市轨道交通工程299项；水利水电工程107项；房建工程436项；其他工程81项；海外工程16项。承建隧道3842座8016公里，开工累计完成5492.7公里，其中10公里以上的在建隧道109座；承建桥梁14717座8321.5公里，开工累计完成6202.4公里。

国内在建重点工程30项。铁路工程17项：沪昆高速铁路、哈齐铁路客运专线、津秦铁路客运专线、合福铁路客运专线、成渝铁路客运专线、山西中南部铁路通道、拉日铁路、兰渝铁路、兰新铁路第二双线、渝利铁路、贵广铁路、西格二线关角隧道、土库二线中天山隧道、重庆铁路枢纽BT项目、合肥南站工程、新建郑徐铁路客运专线、新建西成铁路客运专线；公路工程3项：岳阳至宜昌高速公路石首至松滋段、三门峡至淅川高速公路、麻柳湾至昭通高速公路项目；市政工程4项：北京地铁、青岛地铁2号线、南京地铁青奥线（含梅子洲过江通道项目）、扬州瘦西湖隧道工程项目；水利工程2项：锦屏二级水电站、南水北调项目；房建工程2项：广西九洲国际、昆明草海安置房；其他工程2项：湛江石化产业园、新疆伊吾县白石湖煤矿露天剥离工程。年内，承建的厦深铁路梅林隧道、成昆铁路广通至昆明复线秀宁隧道、山西中南部铁路通道石楼隧道、沪昆铁路客运专线雪峰山1号隧道、西秦岭隧道左线、拉日铁路甫当隧道、盆因拉隧道相继贯通；昆明地铁1号、2号线开通运营；引洮供水一期工程引洮6号隧洞试通水成功；参建的向莆铁路、津秦铁路客运专线、厦深铁路客运专线、西宝铁路客运专线、渝利铁路、邯黄铁路、渝涪铁路二线、乌鲁木齐外环快速路二期、湖南张花高速公路、凤大高速公路、福银高速公路、云南武昆高速公路、新疆首条沙漠高速公路G216线、五彩湾玉大黄山段、九江长江公路大桥等重点工程建成通车；参与建设的青海玉树灾后重建工程完成，各项考核指标在参建中央企业中排名前列。中国铁建在重庆最大的投资项目——成渝高速公路于12月通车运营。

截至2013年底，中国铁建海外经营业务遍及世界69个国家和地区，拥有在建项目501项。年内，承建的阿尔及利亚东西高速公路M3标段、尼日利亚铁路维修改造项目拉各斯至卡诺段、尼日利亚奥贡州伊巴拉公路立交桥等工程相继建成；沙特麦加轻轨铁路完成2013年朝觐运营，累计运送朝觐者约380万人次；中标尼日利亚奥融－卡拉巴23公里跨海桥项目一期、马来西亚槟城道路与海底隧道、苏丹东线铁路、阿尔及利亚贝佳亚港口到东西高速公路100公里连接线等工程，新签海外合同额800亿元。

【房地产开发】 2013年，中国铁建房地产板块在国家房地产宏观调控持续的情况下，面对全国进一步分化的房地产市场形势，科学确定项目的推盘节奏，加快项目的去化速度，审慎稳妥拓展土地储备，经营业绩不断攀升，品牌影响力持续增强。全年实现销售金额285.6亿元，同比增长35%；实现销售面积298.5万平方米，同比增长32%；实现营业收入247.1亿元，同比增长36.24%；实现利润36.16亿元，同比增长26.08%。年内有62个房地产开发项目在36个城市销售，42个项目单盘销售金额超过1亿元，其中北京中国铁建广场、天津国际城、北京山语城、合肥国际城等项目单盘销售金额突破15亿元，分别为32.8亿元、16.3亿元、15.8亿元和15.6亿元。坚持审慎、稳妥的原则，分别在北京、上海、合肥、成都、武汉、南京、长春、南宁、大连、佛山11个国内城市及其他区域新获得20宗土地，新增土地面积137.54万平方米，新增规划总建筑面积469.2万平方米。截至年底，分别在北京、上海、天津、重庆、广州、杭州等42个城市开展房地产开发业务，项目建设用地总面积1047万平方米，规划总建筑面积3307万平方米。

（中国铁建股份有限公司　撰稿：杨启燕）

中国铁路工程总公司

【概况】 中国铁路工程总公司（China Railway Engineering Corporation，缩写CREC）（以下简称"中国中铁"）是集勘察设计、施工安装、房地产开发、工业制造、科研咨询、工程监理、资本经营、金融信托、资源开发和外经外贸于一体的多功能、特大型企业集团，总部设在北京。中国铁路工程总公司具有住房和城乡建设部批准的铁路工程施工总承包特级资质、公路工程施工总承包一级资质、市政公用工程施工总承包一级资质以及桥梁工程、隧道工程、公路路面、公路路基工程专业承包一级资质，城市轨道交通工程专业承包资质，拥有中华人民共和国对外经济合作经营资格证书和进出口企业资格证书。2000年通过质量管理体系认证，同时获得英国皇家UKAS证书。2003年通过环境管理体系和职业健康安全管理体系认证。2004年通过香港品质保证局质量/环保/安全综合管理体系认证，并获得国际资格证书。

作为全球最大建筑工程承包商之一，自2006年起，中国中铁已连续八年进入世界企业500强，2013年排名世界企业500强第102位，排名全球最大225家国际工程承包商第34位，公司获得国家科技进步奖4项、中国建设工程鲁班奖7项。

截至2013年12月31日，公司员工总数282350人，其中管理人员103056人，专业技术人员152296人（含在管理岗位工作的88357人），工人115355人。中级职称及以上专业技术人员48150人，中国中铁高级专业技术人才达到16863人，其中：教授级高级工程师1227人，高级工程师11225人，高级会计师1178人，高级经济师1211人。拥有高层次技术专家600余人，其中中国工程院院士3名、国家级突出贡献专家6名、国家勘测设计大师5名、全国工程勘察设计大师6名、享受国务院政府特殊津贴专家人员285名。

中国中铁是中国铁路工程总公司经营业务的运营主体，拥有下属40余家子、分公司和其他项目机构，主要分布在全国除台湾省以外的各省、市、自治区，并在60多个国家和地区设有公司办事处、代表处和项目部等境外机构。具体包括中铁一局、二局、三局、四局、五局、六局、七局、八局、九局、十局、大桥局、隧道、电气化局、建工、港航局、航空港、上海局等17家施工企业集团；中铁二院、设计咨询、大桥院、西北院、西南院和华铁咨询等6家勘察设计科研企业；中铁山桥、宝桥、科工、装备等4家工业制造企业；中海外、中铁国际等2家国际业务公司；以及中铁置业、资源、信托、物贸、交通、建设、海西、中原、昆明、城市发展、贵州、北方和建设分公司等10余家房地产、矿产、金融、投资建设管理公司。中铁宏达资产管理中心为中国铁路工程总公司成立的具有法人资格的全民所有制企业，负责管理学校、医院、主辅分离资产等未进入上市范围的机构和资产。

作为科技部、国务院国资委和中华全国总工会授予的全国首批"创新型企业"，公司拥有"高速铁路建造技术国家工程实验室"和"盾构及掘进技术国家重点实验室"两个国家实验室及7个博士后工作站。拥有7个国家认定的企业技术中心和21个省部认定的企业技术中心，并先后组建了桥梁、隧道、电气化、先进工程材料及检测技术、轨道和施工装备6个专业研发中心。

2013年，公司荣获"中国上市公司十佳董事会""金紫荆最佳上市公司""港股百强""最佳社会责任上市公司""最具影响力品牌""2013中国上市公司最具社会责任感企业""中国50家最受尊敬上市公司"等多项荣誉。

【主要指标】 2013年，中国铁路工程总公司新签合同额9306.5亿元，企业营业额5435.6亿元，其中国内完成5115.8亿元；海外完成319.8亿元。截至2013年底，中国铁路工程总公司的资产总额6333.2亿元，同比增长14.0%；所有者权益1027.2亿元，同比增长10.4%；营业总收入5610.7亿元，同比增长15.8%，利润总额136.6亿元，同比增长28.1%，净利润102.2亿元，归属于母公司所有者的净利润54.1亿元。表1为2013年中国铁路工程总公司主要业绩指标。

中国铁路工程总公司主要业绩指标（2013年） 表1

项 目	2013年	2012年	比上年增长（%）
资产总额（亿元）	6333.2	5555.6	14.0
所有者权益（亿元）	1027.2	930.6	10.4
营业总收入（亿元）	5610.7	4846.2	15.8
利润总额（亿元）	136.6	106.6	28.1
净利润（亿元）	102.2	80.9	26.3
归属于母公司所有者的净利润（亿元）	54.1	41.7	-29.7
技术开发投入（亿元）	103.3	75.4	37.0
利税总额（亿元）	381.0	309.4	23.1
应交税金总额（亿元）	244.4	202.8	20.5
全员劳动生产率（万元/人·年）	23.3	20.0	16.5
净资产收益率（%）	10.5	8.8	19.3
总资产报酬率（%）	3.4	3.3	3.0
国有资本保值增值率（%）	111.0	108.4	2.4

【改革发展】 2013年，中国中铁加强企业战略管理，根据国内外形势的变化，结合企业实际，进一步完善修订了三年发展规划，充分发挥战略的引领作用，并认真组织实施；加强与中央企业、各省市战略合作，完成与北京市、西门子公司、华东交大等战略合作协议的起草工作，与江西省签订战略合作协议。加强宏观经济政策研究，成立公司宏观经济政策研究委员会，开展了日常分析研究工作，编写了宏观经济政策研究报告。

根据管理提升的总体要求，制定下发《管理提升活动第二阶段工作方案》和《专项管理提升细化方案》，明确14个专项提升及4个重点提升领域，有效指导专项提升活动全面开展。制定《中国中铁股份有限公司对标工作总体方案》和《总部对标工作实施方案》。从公司和所属各单位两个层面，采取多种形式广泛开展对标管理工作，各二级单位先后与中建三局、五局、八局等单位开展对标活动，公司开展与"中国建筑"的整体对标，编写对标报告。组织开展了管理诊断下基层活动。结合"双学双扶",制定《管理诊断下基层试点工作方案》,确保活动的有效开展。围绕全面预算、安全质量、内控风险和集中采购四个重点领域,广泛开展专项提升,取得明显效果。物资集中采购作法在国资专项提升会议上进行书面交流。

内控风险管理情况。推进工程项目内控体系建设。下发《工程项目内部控制指导手册》等相关文件,开展工程项目内控体系建设试点工作。推进工程项目内控体系建设的顺利开展。开展内控缺陷整改,对内控审计和评价中发现的管理缺陷,进行认真整改,上报整改报告,修订完善总部内部控制体系文件。组织全公司开展财政部内部控制知识竞赛活动。开展全面风险管理工作,按照国资委的要求,在各单位上报全面风险管理报告的基础上,编制完成《2013年度中国中铁全面风险管理报告》。加强制度建设。全年共召开管理制度评审会议6次,完成21项规章制度的评审工作。完成"三标一体"管理体系年度监督审核工作,结合内控体系文件对管理体系手册进行修订。

加快经营结构调整,充分发挥三级公司市场竞争主体作用,全年共批复新设三级公司30家,完善经营布局,提高市场竞争能力。协调解决重组企业有关问题,基本完成三家新重组企业与和分立企业的业绩划分、项目清算、经济往来等主要问题。

公司深入推进干部人事制度改革,制定《中国中铁股份有限公司改任非领导职务人员管理办法》,建立巡视员制度,先后调整所属单位领导人员118人次,进一步优化班子结构,提高整体合力,完善领导干部正常退出机制。修订完善《中国中铁股份有限公司委派的专职外部董事、监事管理办法(试行)》,制订《董事会授权经理层决定部分投资事项的方案》,健全经理层授权和考核评价机制,提高决策效率。规范专职外部董事、监事的选任、管理、考核机制,优化母子公司治理,加强内部管控。制定《中国中铁股份有限公司二级企业领导班子后备干部培养实施细则》,在井冈山干部学院、总公司党校对90名后备干部进行党性教育和业务进修培训,选派17名后备干部进行为期半年的交流挂职锻炼,进一步健全完善后备干部培养机制。有15人荣获百千万人才工程国家级人选和国家有突出贡献中青年专家、詹天佑铁道科学技术奖、茅以升铁道工程师奖,评审通过教授级高级工程师171人、各类高级职称2177人,为加强企业高层次专业技术人才队伍建设提供了保障。

【重大项目】 2013年,中国中铁参建的津秦、玉蒙、向莆、宁杭、杭甬、厦深、渝利、渝涪、广西沿海、衡茶吉、西宝、西康、邯黄、南疆铁路库尔勒至阿克苏增建二线等一批铁路重点工程建成通车,为中国铁路营运里程突破10万公里,其中高铁运营里程超过1万公里作出贡献。玉树灾后重建工作圆满完成。投资建设的沈阳四环竣工交付。参建的湖南洞(口)新(宁)及怀(化)通(道)高速公路建成通车。承建的铜陵公铁两用长江大桥成功合龙,创造中国公铁两用桥新的里程碑。承建的赣龙铁路梅花山隧道顺利贯通。投资建设的深圳地铁、郑州地铁、成都地铁、江顺大桥等一批重点难点项目进展顺利。

中铁装备成功收购德国维尔特公司硬岩掘进机及竖井钻机知识产权,公司组织研制的国内最大起重量的两台两千吨龙门吊安装就位并投入使用。

2013年,公司以港珠澳大桥、蒙中铁路洞庭湖大桥、深圳地铁11号线、萝北云山石墨矿等重大重点工程及新产品开发、产融结合为依托,重点研究攻克港珠澳超长大跨海上桥梁施工技术、盾构下穿深圳湾海域技术、萝北云山石墨矿资源高效开发选矿工艺、新型安全环保高效煤矿巷道掘锚一体机的研制及中国中铁产业基金模式研究等关键技术。完成的《三索面三主桁公铁两用斜拉桥建造技术》获得2013年度国家科技进步一等奖,其中有五项自主创新技术创世界第一。

【走向海外】 2013年,中国中铁秉承"勇于跨越、追求卓越"企业精神,继续响应中央"走出去"号召,坚决贯彻落实国资委关于加快"走出去"步伐要求,全面提升企业国际化水平和影响力,开拓创新,国际化经营能力和国际化经营水平得到了显著提升并且取得了令人鼓舞的成绩。2013年,中国中铁国际化经营总体情况良好,全公司国际业务新签合同数324个,合同总额69.21亿美元,完成国际业务营业额47.67亿美元,国际业务市场开发基本顺利,国际工程施工与管理正常推进,安全生产、环境保护、境外突发事件处置以及风险防控等工作全面落实到位,对外承包工程"企业信用AAA等级"年度复审成功通过,并获得相应资格证书。全年公司境外安全生产处于可控状态,未发生一例较大安全事件。2013年度ENR全球最大250家国际承包商排名中,中国中铁名位列第34位。

截至2013年底,全公司派往境外工作的职工总数6073人;国内外派劳务10128人,雇佣当地人员36345人。中国中铁境外在建的工程和设计项目总数有421个,涉及南美、东欧、非洲、南太、东南亚、中东等56个国家和地区;境外在建工程项目含盖铁路、公路、桥梁、隧道、房屋建筑、城市轨道、市政工程、农田水利、港口建设等领域,公司道岔及钢结构等产品远销美国、韩国、新西兰、德国、加拿大、丹麦等18个国家和地区。另外,公司还在境外投资兴办纺织厂、制药公司,并开展房地产开发、矿产资源等业务。

【重大创新】 2013年,中国中铁认真贯彻落实国家关于"自主创新,重点跨越,支撑发展,引领未来"的科技工作指导方针,围绕"推进两大转变,实现二次创业"的"十二五"战略目标,认真实施公司"十二五"科技发展规划,采取有力措施,完善企业创新制度,加速培养企业创新团队,增强企业自主创新能力,实施企业知识产权战略,取得一大批拥有自主知识产权、国际先进、国内领先的科技成果,有力地提升了企业核心竞争力。

2013年,公司新开科研项目1335项,承担国家科研课题19项,获国家资金支持8258万元。86项成果通过省部级科技成果鉴定,获国家科技进步奖4项,省部级科技进步奖105项,获授权专利936项,其中发明专利196项;申报国家级工法82项,获省部级工法246项;编制行业技术标准23项。

【党建工作】 2013年,中国中铁各级党组织紧密围绕企业"保增长、保稳定"的中心工作,充分发挥政治核心作用,以扎实有力的思想政治工作,为企业持续发展、安全发展、和谐发展提供了重要保障。

公司党委认真组织全公司各级党组织深入学习贯彻党的十八大精神,学习领会以习近平同志为总书记的党中央一系列新的理论创新成果、重大战略部署,深入研讨推动企业科学发展的思路和措施。提出了"突出六个重点、实现六大突破"的企业中心工作,党的十八届三中全会召开后,公司党委又迅速组织学习领会中央全面深化改革的重大战略部署,认真谋划企业深化改革的总体思路,明确了企业新的改革发展方向。

按照中央和国资委党委的部署,全面开展了党的群众路线教育实践活动。先后组织二级企业党委中心组学习110多次、研讨会230多次、专题党课150多场次;坚持开门搞活动,广泛听取职工群众意见,公司党委领导班子共征集各类意见建议430多条,全公司49个二级企业共收集整理意见12420条。

公司党委坚持以工程项目为重点加强和改进基层党建思想政治工作,创造性开展了向协作队伍派驻党群工作协理员试点工作,先后在427个工程项目部配备协理员499名,有力促进了协作队伍管理;先后选派20名总部机关青年干部到重难点工程项目,进行为期2个月的驻点锻炼,带动了各级机关干部下基层;积极推进企业核心价值体系建设,制定了加强新闻宣传工作20项具体措施,总结宣传中铁四局农民工"五同"向"五自"管理转化、中铁七局"家文化"建设等12项文化工程建设经验。

公司党委认真贯彻落实中央八项规定和中国中铁十二项具体措施,积极配合国资委第四巡视组对公司开展的巡视工作,结合巡视查找和教育实践活动查摆出来的问题,采取有力措施,加强对企业领导人员职务消费、业务招待费的管控督导,集中开展"小金库"、企业负责人年薪外收入等突出问题的专项整治,实行层层"签字承诺",促进领导人员的廉洁从业。

公司党委把维护企业和谐稳定作为一项重大政治任务和硬性指标,加强部署督导和检查,明确责任追究,实行一票否决。建立了特殊时期企业维稳工作周例会、零报告制度和突发事件应急处置机制,有力地维护了企业和社会稳定。

【信息化建设】 2013年,围绕中国中铁公司中心工作和整体安排,全面推进全公司信息化建设和系统应用。组织开展电子商务平台、全面预算信息系统、财务公司信息系统等公司重大信息系统的建设工作。严格需求评估、方案选型、招标采购、合同签订、系统开发、硬件部署、系统测试等各环节工作,确保项目依规可控。进一步规范管理,完善制度标准建设。制定《中国中铁网站群建设技术规范》、《科技信息管理系统管理办法》、《科技信息管理系统知识有偿共享实施细则》、《网络信息安全规划方案》等制度,严格各类管理办法,促进信息化建设管理制度化、规范化和体系化。做好顶层设计。积极推进信息化大平台建设和ERP管理咨询工作,全面梳理公司的业务管理现状和信息化需求,研究制定公司信息化建设蓝图规划和行动路线。夯实信息化相关基础设施建设。加强公司内外部域名管理和网站备案的梳理和专项整改,完成公司异地灾备中心建设,稳步推进"五统一"信息化基础平台项目应用,已纳入统一管理的服务器和计算机达到10608台,统一管理域用户达到59073个。加强网络信息安全管理工作。制订总部网络和信息安全应急预案,分析评估总部管理的22套信息系统,并按照等级保护要求进行备案整改,确保系统安全。六是严格执行集中采购管理办法。组织完成五次软硬件设备集中招标采购,完成设备组资手续111项,并四次通过外部机构审计。

开展公司网站群和移动办公微门户建设。按照统一的建设标准和国资委网站能力建设要求，开展全公司网站建设绩效评估工作。组织完成总部OA系统公文处理、网上报销、外事审批等移动应用开发，对相关人员配发办公终端并进行培训，构建微门户基础平台和扩展接口。完成高清视频会议技术支持和国资监管网络一期改造工作。实现国资财务快报、薪酬、非涉密公文等系统顺利迁入国资监管网，优化了国资委高清视频会议效果。完成公司硬件高清视频会议系统技术保障运维，召开及转播会议42次，累计参会单位855家，参会人数达33169人次。开展信息化培训，为提升公司信息化管理水平，组织所属各企业信息化管理技术人员开展信息化专项培训，提高了全公司信息化管理人员对新的信息技术的掌握和业务管理水平。

【履行社会责任】 2013年，中国中铁在认真履行社会责任的同时，进一步加大社会责任宣传力度，规范社会责任管理。编制并发布《2012年中国中铁社会责任报告》。内容包括推进科学发展、提高产品质量、强化安全监管、加强环境保护、促进员工发展、参与公益事业等方面。积极投入雅安抗震救灾工作。在玉树灾后重建过程中，中国中铁勇挑重担，出色完成建设任务，受到社会各界和玉树人民的普遍赞誉。

（中国铁路工程总公司办公厅）

中国电力建设集团有限公司

【概况】 中国电力建设集团有限公司（简称：中国电建或集团公司）是经国务院批准，于2011年在中国水利水电建设集团公司、中国水电工程顾问集团公司和国家电网公司、中国南方电网有限责任公司所属的14个省（市、区）电力勘测设计、工程、制造企业基础上组建，是国家出资并由国务院国资委代表国务院履行出资人职责的国有独资公司，是经批准的国家授权投资机构。中国电建是提供水利电力工程及基础设施投融资、规划设计、工程施工、装备制造、运营管理为一体的综合性建设集团，水利电力建设一体化（规划、设计、施工、制造、运营、维护）能力和业绩位居全球第一。

中国电建注册资本金300亿元，员工20万人，资产总额3508亿元。主营业务为：建筑工程（含规划设计和工程承包）；电力、水利及其他资源开发与经营；房地产开发与经营；相关装备制造与租赁。2013年实现营业收入2263亿元，实现利润91亿元。2013年，位居《财富》世界500强企业第354位、中国跨国公司100大企业第16位、全球最大225家国际工程承包商第14位和全球工程设计公司150强第15位，在国务院国资委组织的2012年和2010—2012年任期考核结果均为A级，获得国务院国资委"业绩优秀企业"称号，实现"保位进级"目标。

中国电建坚持以科技进步引领行业发展。截至2013年底，共有4个国家级研发机构，21个省级研发机构，4个博士后工作站，18家企业被认定为省级高新技术中心，2家企业被认定为科技部火炬计划重点高新技术企业；获得国家、省部级科技进步奖600余项，获得专利1203项（其中发明专利149项），软件著作权203项；制修订国家及行业标准460项。

【电建改革发展】 2013年以来，中国电建全面贯彻落实党中央、国务院和国务院国资委各项决策部署，积极应对复杂多变的国内外经济形势，大力开拓市场，全面深化改革，创新商业模式，加快转型升级，强化基础管理，提升价值创造，全面超额完成国务院国资委下达的各项经营指标，继续保持平稳较快发展。2013年，实现营业收入2263亿元，实现利润91亿元。截至2013年底，中国电建总资产3508亿元。中国电建在《财富》世界500强企业中排名第354位，较2012年上升36位，位列上榜中国企业第56位、上榜中央企业第32位；在国务院国资委组织的2012年和2010~2012年任期考核结果均为A级，获得"业绩优秀企业奖"，实现"保位进级"目标。

（1）市场开拓成效显著，经营业绩稳中有进

中国电建上下围绕"保增长、提效益"目标，坚持营销为重、履约为先、创效为本，生产经营实现了稳中求进、进中提质。一是市场营销业绩显著。通过高端营销，有效拓展了重点市场，延伸了产业链，年内先后与8家重要客户签订战略合作协议、

实现产业对接，涉及大型项目350余项，金额1.5万亿元；通过搭建营销平台、加强资源整合和市场协同，集团化营销体系进一步完善，年内成功签订多项重大合同，新签合同金额、合同存量均实现25%左右的增长。二是合同履约能力稳步提升。集团公司承担设计、施工、安装任务的溪洛渡、向家坝等大型水电站均实现大容量机组"一年多投"，连创全国纪录；南水北调中线一期主体工程、加纳布维水电站等一批国内外重大项目顺利投运，其他项目均有序推进，各业务板块全部完成收入计划。三是企业效益稳步增长。集团公司成本管控效果明显，资产负债率同比降低，职务消费、"三公"经费实现负增长。"一企一策"、结对帮扶成效显著。各业务板块实现全面盈利，水电集团、勘测设计与装备制造板块均超额完成营收和利润指标，水电顾问营收与利润实现两位数增长，电力工程板块整体经营质量持续改善。2013年，集团公司各项经营指标全面超额完成年度计划，主要指标实现两位数增长。总体来看，集团公司的市场营销增幅超过营业收入增幅、利润增幅超过营业收入增幅，市场营销和经营业绩实现了协调平稳综合增长。

（2）着力推进国际业务优先发展，海外业务持续增长

中国电建优先配置海外资源，积极扩展海外市场，品牌影响力在全球范围内持续增强，国际业务对集团公司的支撑作用进一步显现。国际业务稳步发展。中标科特迪瓦苏布雷水电站、巴西输变电工程等一批大型综合性项目，巴基斯坦、尼日利亚、沙特阿拉伯等国的多个项目高端营销取得重大进展。截至2013年底，集团公司在92个国家执行合同1021项，在建项目合同总金额达到700亿美元以上。国际业务发展质量进一步提高。发布《国际业务管理指导手册》，集成国际业务知识和管理规范，全面促进海外项目经营管理、风险管控和资源要素全球配置能力的持续提升。积极开展对外战略合作，与通用、西门子等全球领先企业的战略合作进一步加深，实现在多个市场共享资源；收购了TLT公司，成功迈出海外并购战略性的第一步；编译出版《中国电力行业标准》，成为中国水电行业的首套英文标准。母品牌统领下的多品牌经营模式初具雏形，集团公司统筹营销与法人主体自主营销、平台公司带动营销与子企业自主营销、市场营销与项目履约相互促进的"三结合"形式初步形成。2013年，集团公司跨国经营指数达到28.61%，名列央企第四位、建筑类央企第一位，国际经营比较优势继续保持。

（3）调整结构促进转型，质量效益双双提升

中国电建深入推进结构调整优化产业布局，创新商业模式促进转型升级，增强大型复杂项目的驾驭能力和价值创造能力。业务结构调整成效明显，非传统业务继续迅猛增长。电力、房地产等投资类业务利润贡献显著增强，成为公司稳定发展的重要保障。投资业务的营业收入贡献占比与利润贡献占比达到1∶3，与世界一流综合类建筑企业的比例相当。转型升级步伐加快。以产业链一体化为核心的工程总承包模式成为公司承揽业务的重要方式，全年以BT、BOT、EPC、PPP等新型商业模式承建的较大规模项目达到62项，合同金额近650亿元，最大单项合同超百亿元，市场营销和管理模式升级成效显著。部分子企业通过签署紧密型战略合作协议、专业对接、内部市场挖潜，初步建立项目管理一体化协调机制和利益共享、风险共担的合作机制。金融支撑服务作用持续放大。截至2013年底，集团公司获金融机构综合授信额度近6000亿元，增强了融资能力。推进"总对总"授信额度分配使用模式，以集团公司资信和影响力为子企业提供融资担保，降低了融资门槛和成本。积极探索资产证券化盘活BT项目应收账款，成简项目采用"股权回购＋债务承接"方式，大大加速回购进程；武清项目通过债权转让方式一次性回收回购款12亿元，有效规避了投资风险。2013年，集团承建的BT项目通过种种方式实现了回收款全额回收，得到国务院国资委的高度肯定。

（4）企业改革持续深化，体制机制迸发活力

集团上下勇于探索、大胆实践，破除体制机制障碍，推动管理体制改革和经营机制创新，为企业发展注入强劲动力。多项重大改革深入推进。水电顾问及其所属全民所有制企业按期完成公司制改建，整体改制上市工作取得阶段性成果。火电勘测设计、施工和装备制造板块相关企业的改制工作全面启动。初步完成了两级总部整合，界定四大主业和八大业务板块，为进一步提高集团管控力和决策执行效率创造了有利条件。稳妥推进厂办大集体改革、关联企业清理规范工作，在部分改革试点企业开展国有产权界定工作，并购部分关联企业，规范关联交易。三项制度改革继续推进。集团公司出台9项配套办法，从政策层面重点解决人员分类管理和退出机制等关键问题。部分子企业构建形成业绩和能力导向的干部选拔任用体系，市场化、规范化的劳动用工体系和"业绩升薪酬升、业绩降薪酬降"的收入分

配机制。强化对子企业领导班子和领导人员的约束激励,考评结果成为班子调整和人员升降、奖惩、分配的重要依据,不同程度做到了干部能上能下、收入能高能低。采用竞争性选拔方式补充调整部分子企业领导岗位,提高选人用人公信度。

(5) 夯实基础狠抓专项,管理水平稳步提升

中国电建着力提高核心业务和关键环节的专项管理水平,扎实推进管理能力的全面提升,初步形成了持续改进的常态机制。专项管理提升扎实推进。子企业普遍健全项目管理体系,制定项目索赔、绩效评价、分包商管理等专项制度;强化项目管理责任制和绩效考核,对项目收入、成本、利润和质量、安全、工期六大要素的管控普遍加强。三级对标体系基本形成,开展运营、盈利、偿债、发展等多领域多维度的对标,着力查找短板并持续改进。加强对重点指标的刚性约束和动态监管,全面预算管理得到有效强化。积极开展风险与内控体系建设,开展EPC、BT项目风险管控模板研究,建立多层级的投资项目评审流程和科学的决策机制。综合管理水平稳步提高。认真开展安全生产大检查,强化隐患排查治理,推进安全生产标准化建设,有效提升地质灾害防治及应急能力,确保集团公司安全生产形势总体趋好受控,全年没有发生重大及以上安全生产责任事故。质量管控体系进一步完善,质量管理制度进一步健全,全年获得国家级优质工程(产品)奖11项、省部级优质工程(产品)奖40项。京沪高铁三标段工程项目经国家检查鉴定并通过了两年的试运行,被评价为"优质工程",建设质量赶上并超越传统铁路建设企业;单标170亿元的深圳地铁项目在2013年深圳市政府组织的综合评比中位列第1名,是集团技术支撑转型升级取得的重大成果,对集团开拓国内外铁路、地铁轨道交通市场意义重大。开发建设"采购电子商务平台",初步实现集中采购管理信息化。总法律顾问制度日益完善,法律管理标准化建设不断加强,妥善处置了一批重大专项事务和当期风险。审计、监察工作重点加大对子企业领导班子履职监督力度,加强了对集团公司投资项目的效能审计和后评价。社会责任管理水平再上台阶,圆满完成玉树重建、四川雅安抗震救灾任务,援藏工作有序推进;年度定点扶贫任务全面完成。

(6) 技术创新步伐加快,行业科技水平持续领先

中国电建以创新型企业建设为抓手,以行业科技领先为目标,大力加强科技创新,继续保持行业领先水平。科技实力得到进一步增强。集团公司全年获国家级科技进步奖3项、省部级科技进步奖215项;获得专利授权942项,同比增长46%。一批关键技术实现重点突破,部分首创技术填补了国内空白;数字流域、智能电厂等先进理念和技术在工程设计建造中获得应用,效益显著。科技创新体系进一步完善,各类研发平台相继建立,国家创新型企业试点第二阶段各项目标任务全面完成。信息技术与业务融合度显著提高。初步建立集团决策支持系统"一库四平台"的总体架构,信息化"311"平台建设初具规模。信息技术、业务发展和应用需求形成良性互动,三维数字化系统集成设计、P3等项目管理软件、现场视频监控系统等先进工具在生产管理一线得到广泛应用。

(7) 教育实践活动扎实推进,党建工作成效显著

中国电建认真学习贯彻党的十八大和十八届三中全会精神,坚决执行中央"八项规定",扎实开展党的群众路线教育实践活动,为企业科学发展提供了强大的精神动力。贯彻执行中央"八项规定"态度坚决、反应迅速、措施到位、成效显著,文山会海、铺张浪费现象得到遏制,工作作风明显改进,受到国务院国资委领导的充分肯定。深入扎实开展了党的群众路线教育实践活动,各级党委领导有力、组织有序、严肃认真、扎实推进,系统查摆了以"四风"为重点的影响和制约企业改革发展、领导班子能力发挥、生产经营管理、群众利益保障等方面的问题,认真、深入分析产生这些问题的体制机制、管理制度、责任落实等方面的原因,以严格的责任制抓整改、促落实、保成效,领导班子战斗力不断加强,基层和职工群众的满意度持续提升。三是把握"五位一体"党建要求,以学习型党组织建设为抓手,组织全集团党员干部深入学习贯彻党的十八大、十八届三中全会及习近平总书记系列讲话精神,统一了思想认识,强化了党性修养、理想信念,增强了政治责任感和使命感,提高了理论水平。四是狠抓反腐倡廉建设,完善反腐倡廉制度体系,坚持落实领导人员责任承诺和廉洁谈话制度,丰富廉洁从业教育形式,整合监督资源形成监督合力,为集团公司平稳较快发展保驾护航。

【体制机制改革】 (1) 改革发展

10月,中国电建集团全面启动集团公司总部—子集团总部(包括水电建设集团/水电股份公司总部、水电顾问集团总部)整合工作。在深入调查研究、广泛听取意见、凝聚普遍共识的基础上,制定《中国电建集团两级总部整合方案》,有序推进两级总部整合的各项工作。通过两级总部整合,进一步缩短管理链条、提高管控效率、调动成员企业积极性,使

集团公司的体制机制更加适应现代企业制度、整体改制上市、一体化产业链整合和转型升级的要求。

9月底，中国水电顾问集团公司及其所属全民所有制企业全部按期完成公司制改建工作，按照公司法整体改制为有限责任公司并取得新的企业法人营业执照，为集团公司全面建立健全现代企业制度，构建科学管控体系，实现产权和管理层级的扁平化管理及后续的资产注入奠定了基础。

发挥优势企业、品牌的带头作用，持续推进企业重组整合。2013年完成福建省电力工程承包公司和福建省第一电力建设公司、成都电力金具总厂和四川启明星电力装备公司的重组整合，调整了山东电建三公司的产权层级和管理层级，实施对华东发展、德国TLC、山东电建铁军等企业的并购重组，组建装备技术研究院，以结对帮扶等形式强化成员企业之间的合作、帮扶机制。

服务于集团公司和子企业的可持续发展，稳步推进厂办大集体改革和清理规范关联企业、自然人持股工作。2013年批复河北院、华东院、山东三公司、山东一公司、湖北装备、上海电建、河北一建等实施有关改革规范工作，使改革规范工作为集团公司和子企业的可持续发展服务，为调整优化业务布局结构、完善产业价值链、提升经营规模和效益服务。

（2）并购重组

中国电建收购德国西门子TLT公司。2013年10月15日协议签署。

所属房地产公司以协议转让方式收购南国置业股份公司29.57%股份。2013年1月25日完成全部交割。

所属中国水电顾问集团华东勘测设计研究院有限公司收购浙江华东工程科技发展有限公司、舟山市六横水务有限公司。2013年10月完成收购工作。

所属山东电力建设第三工程公司收购颐杰鸿泰发展集团有限公司所属山东电建铁军电力工程有限公司等三家企业。2013年12月31日完成收购工作。

【国际经营与投资】（1）"走出去"战略实施

中国电力建设集团有限公司认真贯彻落实党中央、国务院国资委各项决策部署，积极应对复杂多变的国内外经济形势，克服全球经济增速回落等因素影响，国际业务得到较快提升。

2013年，中国电建共实现海外营业收入约581.94亿人民币，同比增长3.2%；海外新签约合同额约1152.40亿人民币，同比增长17.2%；年末海外业务合同存量2598.20亿元，较上年同期2336.10亿元增长11.2%，占全集团合同存量的45.2%；年末在境外人数32232人，比上年同期26339人增加22.4%。

中国电建在76个国家设有159个驻外机构，在92个国家（其中以自主品牌经营的有85个国家）执行工程承包/设计咨询合同1021项。

在2013年的美国《工程新闻纪录》，即ENR全球及国际225强工程承包商排名中，中国电建所属中国水电名列20位、山东电建三公司位列54位、山东电力基本建设总公司位列61位。ENR 2013年"225家最大国际设计企业"排名中，中国电建所属水电顾问排名第59位，在"150家全球最大设计企业"中位居第15位。

（2）对外投资与经营情况

2013年，中国电建在境外9个国家实施投资项目16项（包括已正式投产项目4项，在建项目4项，前期运作项目8项），2013年度完成投资17.19亿元。

已经正式运营的项目共有4项，包括1个矿产资源类项目（老挝甘蒙塔克水泥厂）和2个水力发电项目（柬埔寨甘再项目和老挝南俄5项目）和1个股权收购项目（哈萨克斯坦水利设计院有限公司）。

在建项目共4项，其中水力发电项目2项（尼泊尔上马相抵水电站和老挝南欧江一期工程），矿产资源项目2项（老挝钾盐矿项目和刚果金铜钴矿项目）。

前期工作项目共8项，包括6项水力发电项目、1项风电项目和1项海外并购项目。包括赞比亚下凯富峡水电站、缅甸哈吉水电站（BOT）、缅甸孟东水电站、柬埔寨西山水电站、老挝芭莱水电站、老挝南欧江二期和巴基斯坦大沃风电项目。海外收购项目1项—由中国电建和下属企业成都电力机械厂以70%：30%的股权比例联合收购德国TLT公司100%股权（该项已于2014年2月7日正式完成交割）。

（3）海外收购情况

2013年，中国电建开展一项海外收购项目，即收购德国西门子TLT公司，该公司为全球领先的电站风机研发、设计、服务专业供应商。中国电建和下属企业成都电力机械厂以70%：30%的股权比例联合收购德国TLT公司100%股权，收购价约9518万欧元，于10月15日协议买卖签署，收购后中国电建在全球风机行业拥有领先的创新研发能力、自主知识产权和核心技术。

（中国电力建设集团有限公司）

中国有色矿业集团有限公司

【概况】 2013年，中国有色矿业集团有限公司（以下简称"集团公司"）成功迈进"世界500强"，位居"中国企业500强"第86位、"中国制造业企业500强"第28位、"中国100大跨国公司"第35位，荣获"中国企业研发创造奖"。集团公司副总经理孙加林和红透山矿业总经理祁成林当选"第九届有色金属行业有影响力人物"，集团公司在过去9届的评选中，共有11人获得此项荣誉。在国务院国资委对央企负责人第三任期考核中，集团公司荣获"科技创新企业奖"，实现了继成为"国家创新型企业"之后的又一突破，填补了集团公司业绩考核奖项中的一个空白。集团公司成功加入联合国全球契约组织，获得国务院国资委"2013中央企业最佳社会责任实践奖"，得到中国扶贫基金会表彰，入选联合国社会责任实践最佳案例集。编制并发布第二份社会责任国别报告—《中国有色集团缅甸2012社会责任报告》，荣获"金蜜蜂2013优秀企业社会责任报告o创新专项奖"。

【生产经营】 大冶有色大力实施生产创利、营销创利、管理创利等全方位的"增利补缺"措施，实现经营规模大幅增长，2013年阴极铜产量达到50万吨，实现营业收入835.8亿元。中国有色矿业强化基础管理，进一步巩固与投资者的关系，加强对所属企业的合规性监管，确保经营运行平稳增长。中色非矿克服井下开采难度加大、供电长期不稳等困难，优化采选作业流程，强化成本约束，原矿品位、选矿回收率等指标显著改善，成本上升趋势得到控制。中色卢安夏加强新投产项目的生产组织，实施精细化管理，针对各生产环节制定个性化考核办法，2013年铜产量较上年翻了一番。铜冶炼公司积极应对原料品位下降、环保压力和施工难度加大等严峻挑战，精诚团结、攻坚克难、全力奋战，在提高回收率、作业率、负荷率上下功夫，吨铜综合能耗和艾萨炉作业率创造了历史最好水平，"两提一降"落到实处、收到实效，全年实现粗铜产量20.11万吨、利润总额7.75亿元，成为集团公司经济效益的坚强支柱。湿法公司加快推进跨区域资源战略，克服刚果（金）电力紧张等困难，加强技术革新与设备改造，创新经营模式，利卡西湿法项目实现达产达标，为稳增长作出了重要贡献。中色股份继续加大资本市场运作力度，2013年完成配股18.01亿元，充实了发展资金，改善了资产结构；同时，进一步强化经营管控，所属鑫都矿业、中色锌业、中色矿业、珠江稀土等企业坚持开源与节流并举，实现生产经营平稳运行。中色东方所属东方钽业的合金材料应用于"嫦娥三号"探测器，为我国"登月航天工程"作出重大贡献。中色镍业顺利实现由基建期向生产期转型，强化生产组织管理，攻克技术瓶颈，为2014年提产增效奠定了坚实的基础。中色奥博特坚持管理重心下移，提高劳动生产率，狠抓新建成项目的达产达标，年产6万吨空调铜管项目一期工程的产品质量全部达到设计要求；进一步加大科技创新和市场营销力度，形成规模、效益、管理和科技协调发展的良好局面，2013年实现铜加工产品产量18.32万吨，利润总额同比增长20%，在集团公司落实"四个提升"中成效突出。沈阳矿业指导所属企业加强形势研判，合理安排产销，产品产量稳步增长。红透山矿业面对当地有历史记录以来的最大洪灾，团结奋战，全力抢险，确保"人员没有伤亡、矿井没有淹井、尾矿库没有垮塌"，并在集团公司和各企业的大力支持下，取得生产自救的初步成果。平桂飞碟努力克服贺江污染事件导致停产和洪涝灾害等诸多不利影响，眼睛向内，深挖潜力，改造生产系统，调整产品结构，提前一个月完成全年收入目标。

建筑工程企业开拓国内国外两个市场，项目管理水平和工程质量不断提升。中色股份充分发挥在国际工程承包领域的传统优势和品牌效应，依托在手项目加强业务拓展，全年新签合同总额120.15亿元，在哈萨克斯坦、俄罗斯、牙买加等国新开发了多个项目，在埃及、印度等国的重点工程进展顺利。中国十五冶秉承"铁军"优良传统，充分挖掘国内建筑工程市场，积极开拓海外市场，新签合同额124亿元，不断增强合同履约能力，实现营业收入105.33亿元。鑫诚监理以理顺股权关系为契机，在各项工作走上正轨的同时，采取多项措施加大市场开拓力度，提高项目投标中标率，不断提升监理服务水平，既保证了集团公司重点项目建设质量，又取得了较好的经营业绩。中色发展加快"走出去"步伐，在业务种类、施工水平和市场广度上都有所提升，与集团公司的战略协同效应进一步增强。

贸易及相关服务类企业质量与规模并重，服务保障能力进一步增强。贸易业务的快速发展为集团公司迈进"世界500强"作出了突出贡献。2013年，集团公司贸易业务继续发展壮大，贸易质量进一步提升。同时，为集团公司境外项目的营销以及采购、通关、物流提供重要保障。中色国贸明确自身功能定位，积极发挥集中贸易平台的优势，探索创新贸易模式，促进商品贸易更加稳健，服务贸易更加多元，资金调配更为合理，风险防控更加深入，引领集团公司贸易业务迈上新台阶，2013年实现营业收入约360亿元。中色天津不断完善贸易发展思路，巩固与大企业的战略合作，积极拓展贸易品种，加快资金周转，营业收入同比增长28.9%，存货和应收账款周转率优于同行业平均水平。

【重点项目建设】 海外重点项目建设方面：中色镍业缅甸达贡山项目全面建成投产，已通过缅甸政府验收，正式进入商业化生产阶段。经贸合作区完成综合服务楼、配套设施和卢萨卡园区部分项目的建设，基特韦生活区建成并投入使用，招商工作进展顺利，新引进7家企业入驻。中国有色矿业所属的中色非矿西矿体膏体充填施工完成，西矿体与主矿体对接工程投入运行，东南矿体南北风井转入平巷施工阶段，为加快推进后续建设奠定了基础。中色卢安夏穆利亚希湿法项目全面建成投产，炉渣选矿项目建设全面推进。铜冶炼公司二期扩产项目进度加快，氧站系统和转炉系统顺利投产，为进一步提产增效起到支撑作用。湿法公司穆旺巴希矿山建设正在抓紧进行；刚果（金）马本德项目土建工程完工，正在进行设备安装，预计2014年2月份出铜。自4月开工以来，湿法公司在相关企业的帮助下夜以继日、争分夺秒地工作，仅用8个月的时间便成功建成了一条年产2万吨阴极铜的生产线，从规模到建设速度，都创造了中国企业海外发展的新纪录，在集团公司中南部非洲战略中再立新功。中色国际帕鲁特金矿项目稳步推进。

国内方面：大冶有色矿山扩能改造项目加快推进，30万吨铜电解系统实现达产达标，冶化系统改造项目完成。中色股份所属沈冶机械新厂区建设项目主体工程竣工，重点设施的基础工程基本完成，为打造新的装备制造基地奠定了坚实的基础。中色锌业银锌回收项目顺利投产，系统运转正常。中色矿业采选扩建项目加快推进，形成了新的生产能力，铅锌产量有望大幅提高。南方稀土分离项目完成了项目地块初勘，正在认真筛选环保设计方案。中色东方铍青铜生产线完善补充改造项目的主设备安装调试已完成并投入使用。中色奥博特压延铜箔一期项目的可研、环评均已完成，已正式开工建设。中色特材新材料产业园项目全面建成投产。

【多措并举，管理提升】 2013年，有色金属价格低迷、市场需求不振，受诸多不利因素影响，集团公司经济效益同比下滑。各出资企业将"两提一降"工作要求与自身经营实际紧密结合，找准突破口，制定专项措施，加大落实力度，有力地促进了效益改善。

向规范管理要效益。中色股份所属鑫都矿业、中色矿业、沈冶机械从强化内部管理入手，以制度落实为抓手，细化定量考核机制，对成本费用进行严格管控。中色泵业以5S管理为抓手推行精益生产，品质管理不断提升。中色奥博特以班组建设为抓手，做到"操作规范化、流程一口清"，对各生产环节进行量化考核，杜绝"差不多"现象，铜加工产量提高20%，铜管单位成本下降了8%，"两提一降"效果明显。中国有色矿业、经贸合作区、中色国际等企业加强建章立制，夯实管理基础，加强公司治理，保障企业有序、规范、高效运营。桂林矿地院推行月度工作质询制度，全面梳理业务流程，内部管理进一步提升。

向专项管理要效益。中色国贸以"管理风险，专项提升"为主题，开展"六个一"系列活动为载体的管理缺陷诊断活动；中色天津先后开展"生产管理、岗位练兵"、"期货保值与风险管理论坛"等专项活动；沈阳矿业所属大井子矿业、富邦铜业、铁岭药剂、有研矿化等企业积极开展以"诊断分析、项目化审查"为主线的专项活动。这些活动明确目标，分解到点，强化基础管理，收效明显。沈阳研究院、沈阳设计院认真梳理管理流程，通过专项攻关活动加强科技软实力建设，为集团公司和出资企业的资源开发提供科研技术服务。

向管理创新要效益。平桂飞碟深度分析亏损业务板块，找准问题关键，大胆尝试新的运营模式，集中力量逐个解决亏损源。有的板块实现扭亏为盈，成为新的利润增长点；有的板块实现减亏，减轻了经营压力。中国十五冶针对应收账款较多的问题，从组织保障和绩效考核两方面入手，指定专人清收账款，年底应收账款下降8%，控制了经营风险。铜冶炼公司、湿法公司、中色锌业、珠江稀土等企业大力开展冶炼技术改造，解决多项技术难题，提高产品质量，节省物料消耗，实现以技术创新带动效益提升。柳州中色通过调整原料结构、转换经营模式、加大综合回收力度等措施，想方设法"减亏控亏"，取得了一定成效。泰中公司创新营销策略，制定"差别定价"措施，积极消化库存，增收效果明显。

2013年，集团公司实现产品产量和营业收入同步攀升，在迈进"世界500强"的基础上，经营规模再上新台阶；经济效益逐渐改善，营业利润逐月上升；存货和应收账款过快增长的趋势得到控制，应对危机的能力不断增强。

【科技创新，勘查增储】 2013年，集团公司和各出资企业共申报省部级及以上科技项目90项，获批41项，其中国家级项目12项。集团公司总部首次牵头承担"863计划"的"铜钴镍等金属矿堆浸技术"课题进展顺利，成果将在有关项目上尽快转化。全年共有20项科技成果申报有色行业科技奖，其中19个科技成果获奖，超额完成既定目标。

中色东方高比容钽粉、细直径钽丝扩能技术改造项目荣获国家优质投资项目特别奖，高纯金属铌箔材研制项目已加工出合格的箔材，为国家核工业的发展提供了材料保障。中色股份所属的中色锌业"高温高酸浸出渣回收银锌技术研究"实现产业化；中国瑞林凭借强大的科研实力，荣获有色行业科技进步一等奖等多个奖项，在多个领域推动了行业科技进步。

伴随着集团公司科技计划项目的组织和实施，科研成果转化取得积极成效，科技工作在解决技术难题、增加经济效益等方面的支撑作用逐步显现。中色镍业牵头承担的国家重大产业技术开发专项项目"低品位红土镍矿高效利用关键技术开发"顺利通过验收，为低品位红土镍矿的开发提供了关键技术储备。中色奥博特博士后工作站挂牌成立，"高精度紫铜薄软带研究开发与产业化"项目通过中国有色金属工业协会成果鉴定，项目成果被评为国际先进水平。桂林矿地院作为国际标准化组织—微束分析技术委员会电子探针分技术委员会的主席单位和秘书处，成功发布了两项新的ISO国际标准，极大地提升我国在电子探针分析领域的科技水平，为集团公司荣获"科技创新企业奖"作出了突出贡献。沈阳研究院承担的中色卢安夏铜钴分离等4项重点技术服务项目，取得理想的技术指标。沈阳设计院结合集团公司出资企业生产实际开展的重点科研项目成功获批实用新型专利4项。

2013年，集团公司共开展国内外地勘项目33项，完成钻探工作量12.35万米，累计投入勘查资金1.89亿元。大冶有色继续推进本部老矿区地质找矿和深部资源量升级，积极开展省外新项目及新区勘查工作。中色股份探矿取得重要进展，新发现一处中型钨铋钼多金属矿。中色矿业继续开展深部及外围找矿，新增铅锌金属量逾10万吨。中国有色矿业所属的中色非矿谦比希东南矿区项目按计划完成了北区详查工作，主矿体和西矿体深部勘探新增铜金属量22万余吨。湿法公司穆旺巴希项目完成部分矿床资源储量核查，提交推断级别以上铜资源量近22万吨。平桂飞碟深入开展珊瑚矿深部和外围找矿，新增钨锡金属量2万吨。沈阳矿业所属的大井子矿业继续对矿区南部、西北部实施地质找矿，边探边采，为矿山持续稳定发展奠定了基础。

【安全生产，节能减排绿色发展】 集团公司大力推进安全生产"两大突破、八项深化"重点任务的落实，安全生产标准化工作实现"境内生产企业等级达标"。安全生产信息系统成功试运行，应急管理系统完成试点联测，在中央企业中率先实现生产过程的在线监控。隐患排查、应急救援、矿山安全避险等多项工作进一步深化。2013年，集团公司继续保持"较大及以上生产安全事故为零"的安全业绩，百亿元产值生产安全事故死亡率同比下降18%，安全生产整体保持稳定局面。

不断夯实节能环保管理基础，加强节能减排考核和宣传力度，积极推进资源综合利用，强化重金属污染防治和突发环境污染事件应急管理。节能减排主要指标持续下降，无排放超标记录，无环境污染事件。大冶有色丰山铜矿被列为"第三批国家级绿色矿山试点单位"。红透山铜矿和平桂飞碟珊瑚矿获国土资源部"矿产资源节约与综合利用先进适用技术推广应用示范矿山"称号。中色奥博特获得山东省"2013年度低碳山东贡献单位"荣誉称号。沈阳研究院顺利通过"实验室资质认定计量认证"。

【年度经济指标完成情况】 截至2013年12月31日，集团公司资产总额达到1072.77亿元，同比增长4.38%；全年累计实现营业收入1905.22亿元，同比增长25.06%；实现利税总额24.76亿元，其中利润总额7.06亿元。三大主业呈现新的发展局面。按汇总口径，资源开发业务累计实现营业收入881.54亿元，同比增长23.13%；实现毛利润41.74亿元；累计生产有色金属产品产量155.22万吨，同比增长17.06%，在行业内形成举足轻重的影响力。

建筑工程业务累计实现营业收入116.09亿元，实现毛利润11.52亿元；累计新签项目合同额244.15亿元，同比增长100.22%。贸易及相关服务业务累计实现营业收入1287.87亿元，同比增长18.95%；实现毛利润12.68亿元。

【年度代表工程】 中色镍业缅甸达贡山项目全面建成投产，通过缅甸政府验收，正式进入商业化生产阶段。2014年中色镍业要进一步提高技术指标，尽快实现全面达产达标，加大降本增效，尽快实现盈利。

湿法公司穆旺巴希矿山建设正在抓紧进行；刚果(金)马本德项目土建工程完工，正在进行设备安装，预计2014年2月份出铜。

大冶有色矿山扩能改造项目加快推进，30万吨铜电解系统实现达产达标，冶化系统改造项目完成。要尽快完善30万吨铜杆等项目决策前期程序，做好项目研究；抓好转炉改造、高压风机改造、硫酸系统完善等冶化配套改造的重点项目，确保30万吨阴极铜清洁生产系统一季度实现全面达产达标；抓住矿山重点项目陆续投产的有利条件，着力扩大矿山生产规模。

中色股份所属沈冶机械新厂区建设项目主体工程竣工，重点设施的基础工程基本完成，为打造新的装备制造基地奠定了坚实的基础。继续稳步推进沈冶机械新厂区建设项目进程，确保按计划竣工投产；积极推进白音诺尔矿探采选扩建项目竖井工程进度，确保项目后续3000吨/天供矿能力。

(中国有色矿业集团有限公司　撰稿：张春燕)

第九篇

2013年建设大事记

1月

住房城乡建设部规范房屋市政工程生产安全事故报告和查处　1月14日，住房城乡建设部制定出台《房屋市政工程生产安全事故报告和查处工作规程》，进一步规范和改进房屋市政工程生产安全事故报告和查处工作，落实事故责任追究制度。

第六批中国历史文化名镇名村申报启动　1月17日，为弘扬传统民族文化、促进优秀传统建筑艺术的传承和延续，根据《历史文化名城名镇名村保护条例》的要求，住房城乡建设部和国家文物局下发通知，决定开展第六批中国历史文化名镇名村的申报认定工作，要求各地积极组织申报。

全国住房城乡建设系统行政复议工作会议召开　1月20日，全国住房城乡建设系统行政复议工作会议在安徽省合肥市召开，住房城乡建设部副部长陈大卫在会上强调，要深入学习贯彻党的十八大精神，切实增强做好行政复议工作的责任感，进一步加强和改进住房城乡建设系统行政复议工作。各省、自治区住房城乡建设厅，直辖市住房城乡建设委及各有关部门行政复议工作负责人，部机关办公厅、城乡规划司、房地产市场监管司、稽查办公室有关负责人参加了会议。

住房城乡建设部向试点城市派出住房公积金督察员巡查组　1月24日，住房城乡建设部下发通知提出，向利用住房公积金贷款支持保障性住房建设试点城市（以下简称"试点城市"）派出督察员巡查组，对试点城市的相关情况进行巡查。此次共派出15个巡查组，每组负责巡查2至3个省级行政区域内的试点城市，主要巡查利用住房公积金贷款支持保障性住房试点工作情况；试点城市住房公积金决策、管理、运作、监管情况；住房公积金历史遗留涉险资金清收情况。

2月

住房城乡建设部要求做好传统村落补充调查和推荐上报工作　2月4日，为尽快掌握我国传统村落的基本情况，完善中国传统村落名录，住房城乡建设部、文化部、财政部（以下简称"三部门"）联合发出通知，要求各地将有重要保护价值但登记上报资料不全的传统村落，通过信息系统进行资料补充。同时明确，三部门将组织开展对2012年传统村落调查未覆盖地区和调查不够充分地区的补充调查。各地住房城乡建设、文化、财政部门要进一步开展对2012年传统村落调查未覆盖地区和调查不够充分地区的补充调查工作，发掘有保护价值的传统村落。三部门将建立中国传统村落专题网站，方便社会各界提供调查线索。

住房城乡建设部启动全国村庄规划试点工作　2月4日，为贯彻落实中央关于科学规划村庄建设的精神，提高村庄规划水平，住房城乡建设部决定开展全国村庄规划试点工作，并下发通知就做好2013年全国村庄规划试点工作提出具体要求。

国务院要求继续做好房地产市场调控工作　国务院总理温家宝2月20日主持召开国务院常务会议，研究部署继续做好房地产市场调控工作。会议确定了完善稳定房价工作责任制、坚决抑制投机投资性购房、增加普通商品住房及用地供应、加快保障性安居工程规划建设、加强市场监管等一系列政策措施。此外，会议还要求进一步完善住房供应体系，健全房地产市场运行和监管机制，加快形成引导房地产市场健康发展的长效机制。

住房城乡建设部加强城镇供水设施改造建设和运行管理　为贯彻落实《全国城镇供水设施改造与建设"十二五"规划及2020年远景目标》，2月20日，住房城乡建设部下发通知，要求各地加强城镇供水设施改造、建设和运行管理工作，实现基本公共服务均等化，促进城镇化健康发展。

住房城乡建设部大力弘扬劳动光荣的价值观念推动环卫事业健康发展　2月26日，住房城乡建设部在北京召开全国环卫工作座谈会暨优秀环卫工人表扬会议。住房城乡建设部部长姜伟新出席会议并讲话。会议对332名优秀环卫工人给予表扬。

3月

"与书同行·阅美人生"荐书读书讲书活动启动　3月8日，住房城乡建设部直属机关妇工委举办"与书同行·阅美人生"主题荐书读书讲书活动启动仪式。住房城乡建设部党组成员、副部长郭允冲出席启动仪式，并向女职工代表赠书。

住房城乡建设部要求4月1日起新建住宅全面实施光纤到户　3月11日，住房城乡建设部发布《住宅区和住宅建筑内光纤到户通信设施工程设计规范》及《住宅区和住宅建筑内光纤到户通信设施工程施工及验收规范》两项国家标准（以下简称"光纤到户国家标准"）。住房城乡建设部、工业和信息化部联合下发通知，要求贯彻落实标准。通知要求，全面实施新建住宅建筑光纤到户。

住房城乡建设部要求进一步做好建筑企业跨省承揽业务监督管理工作 3月15日,为推动建立统一开放、公平竞争的建筑市场秩序,促进建筑企业持续健康发展,住房和城乡建设部下发通知,要求进一步做好建筑企业(包括工程勘察、设计、施工、监理、招标代理,下同)跨省承揽业务监督管理工作。通知明确提出,外地建筑企业与本地建筑企业同等待遇,严禁设置地方壁垒。

住房城乡建设部召开会议传达全国"两会"精神 住房城乡建设部召开会议,传达全国"两会"精神。部党组书记、部长姜伟新主持会议并讲话。大会学习传达了十二届全国人大一次会议和全国政协十二届一次会议的主要精神、新一届国务院第一次全体会议精神,明确要求住房城乡建设部各单位一定要认真学习贯彻,把干部职工的思想和行动迅速统一到党中央、国务院的决策部署上来。

2012年中国人居环境奖获奖名单公布 3月27日,住房城乡建设部通报公布2012年中国人居环境奖获奖名单。江苏省太仓市、山东省泰安市获中国人居环境奖,上海市宝山区顾村公园建设项目等38个项目获中国人居环境范例奖。

住房城乡建设部发布城镇供水规范化管理考核办法 3月27日,住房城乡建设部依据相关法律法规和国家城镇供水方面的标准规范,制定发布《城镇供水规范化管理考核办法》(试行)。规定城镇供水规范化管理考核对象为市县(区)城镇供水主管部门,考核内容主要为部门职责、规范化管理制度的制订和落实情况。考核工作应坚持客观公正、科学合理、公平透明、实事求是的原则。

4月

第九届国际绿色建筑与建筑节能大会召开 4月1日,在中国及世界各国政府对发展绿色建筑事业应对气候变化的高度重视和大力支持下,由中国城市科学研究会等单位联合主办的第九届国际绿色建筑与建筑节能大会暨新技术与产品博览会在北京国际会议中心召开。住房城乡建设部副部长、中国城市科学研究会理事长仇保兴主持开幕式。来自国内外的代表共3000余人参加本次会议。

住房城乡建设部要求通报全国建筑市场违法违规行为查处情况 4月1日,住房城乡建设部通报2012年下半年全国建设工程企业及注册执业人员违法违规行为查处情况。通报显示,近年来,为加强建筑市场动态监管,整顿建筑市场秩序,各地住房城乡建设主管部门加大了建筑市场违法违规行为查处力度,对建设工程企业各类违法违规行为进行了处罚。

住房城乡建设部发文要求加强乡镇建设管理员队伍建设 4月9日,住房城乡建设部发出通知,要求各地采取有力措施,加强乡镇建设管理员队伍建设。

住房城乡建设部要求切实做好保障性安居工程建设管理工作 4月11日,住房城乡建设部下发通知,就切实做好2013年城镇保障性安居工程建设和管理工作提出具体要求。加快落实年度建设任务,积极推进棚户区(危旧房)改造。通知要求,各地住房城乡建设(住房保障)部门要在当地政府领导下,主动加强与有关部门的沟通协调,明确职责,协力推进棚户区(危旧房)改造。到"十二五"期末,力争基本完成集中成片棚户区改造。

全国市长专题研究班举办 由中共中央组织部、住房城乡建设部主办,全国市长研修学院承办的专题研究班4月12日在京举办。研究班的学习专题是"城乡规划与基础设施建设管理"。全国市长培训工作领导小组副组长、住房城乡建设部副部长、全国市长研修学院院长仇保兴为40位来自全国各地的城市行政领导讲授了"新型城镇化从概念到行动——如何应对我国面临的危机与挑战"。

"十二五"绿色建筑发展规划出炉 住房城乡建设部制定的《"十二五"绿色建筑和绿色生态城区发展规划》(以下简称《规划》)4月12日公布。《规划》明确了发展目标、指导思想、发展战略、实施路径以及重点任务,并提出一系列保障措施。

住房城乡建设部组织干部集中轮训认真学习贯彻党的十八大精神 住房城乡建设部直属机关从4月16日起,集中10天时间,分两期举办处级以上干部学习贯彻党的十八大精神轮训班,进一步掀起学习贯彻党的十八大精神新热潮。轮训班由部人事司、直属机关党委、全国市长研修学院(部干部学院)承办。部直属机关处级以上干部,在京部属单位领导班子成员,部管社团一、二党委负责人,约300人参加轮训。

住房城乡建设部、国家发展改革委联合命名第六批国家节水型城市 4月17日,住房城乡建设部、国家发展改革委联合发出通报,决定命名江苏省宜兴市等7个城市(县城)为第六批(2012年度)国家节水型城市(县城)。

住房城乡建设部通报2012年城市照明节能工作专项监督检查情况 4月18日,住房城乡建设部通报了2012年城市照明节能工作专项监督检查情况。通报显示，此次共抽检了59个城市的781个城市照明项目，其中道路照明项目549个、景观照明项目232个。总体来看，各地城市照明质量得到进一步提升，但仍存在一些需要整改的问题。

住房城乡建设部要求进一步加强城市窨井盖安全管理　4月18日，住房城乡建设部下发通知，要求各地认真吸取窨井安全事故教训，切实加强城市窨井盖的维护和管理，保障人民群众的生命财产安全和城市正常运行。

中国建设年鉴(2013)工作会议在长沙召开　4月17~18日，《中国建设年鉴》编纂工作会议在湖南省长沙市召开。住房城乡建设部办公厅有关领导、中国建筑工业出版社领导、中国建设年鉴编辑部和来自地方省市住房城乡建设厅（委、办、局）的代表50余人参加了会议。会议研究、讨论了《中国建设年鉴2013》的编纂内容和篇章架构，组织落实2013卷组稿工作。

住房城乡建设部专家组完成芦山地震灾区危房应急评估任务　4月28日，住房城乡建设部派往四川省芦山"4·20"7.0级强烈地震灾区的危房应急评估专家组，顺利完成评估任务返京。住房城乡建设部相关司局负责人代表部领导在机场迎接专家凯旋。专家组是应国务院四川芦山地震抗震救灾指挥部要求成立的，成员包括中国建筑科学研究院的黄世敏、薛彦涛、于文，中国建筑标准设计研究院的曾德民、王寒冰，北京市建筑设计研究院的苗启松、陈曦和清华大学的陆新征、潘鹏、李威共10名专家，由部工程质量安全监管司负责人带队。为充分发挥住房城乡建设部专家技术优势，专家组主要在震中的雅安市芦山县和雨城区，针对学校、医院、办公楼等公共建筑开展应急评估工作，7天累计评估建筑300余栋、70余万平方米。

5月

住房城乡建设部要求做好2013年城市排水防涝汛前检查工作　5月4日，住房城乡建设部办公厅下发通知，要求各地做好城市排水防涝汛前检查工作。各地自查工作要在5月20日前结束。住房城乡建设部将在各地自查的基础上进行重点抽查。

国家智慧城市2013年试点申报工作启动　5月7日，住房城乡建设部办公厅下发通知，要求各地做好试点城市申报的组织和推荐工作。通知要求，各省级住房城乡建设主管部门要按照《国家智慧城市试点暂行管理办法》和《住房城乡建设部办公厅关于做好国家智慧城市试点工作的通知》要求，做好试点城市申报的组织和推荐工作。

住房城乡建设部召开挂职工作座谈会　住房城乡建设部5月7日召开挂职工作座谈会，总结交流前两批挂职干部选派工作并对2013年的工作进行动员部署。住房城乡建设部党组书记、部长姜伟新出席座谈会，看望挂职干部并对相关工作提出3点要求。

第九届中国国际园林博览会开幕　5月18日，由住房城乡建设部和北京市人民政府共同主办的第九届中国(北京)国际园林博览会在北京永定河西岸开幕。住房城乡建设部部长姜伟新、北京市市长王安顺在开幕式上致辞。住房城乡建设部副部长仇保兴出席开幕式。北京市常务副市长李士祥主持。北京市、住房城乡建设部、国家文物局、国家有关行业学(协)会负责人，多国驻华使节出席开幕式。第九届中国国际园林博览会于5月18日中午12时正式开门迎客，并持续至11月18日。在185天中，来自全国乃至世界各地的游客可以在513公顷的园区内，领略不同的园林风格。建有国内展区94个、国外展区34个，展示的园林作品数量和类型均为历届之最。

"生态文明·美丽中国"高层论坛举办　5月18日，第九届中国(北京)国际园林博览会"生态文明·美丽中国"高层论坛暨国家园林城市(县城、城镇)、中国人居环境奖授牌仪式在京举办。住房城乡建设部副部长仇保兴、北京市副市长林克庆作报告。论坛上，住房城乡建设部为近3年被命名的39个国家园林城市、36个国家园林县城、7个国家园林城镇及获中国人居环境奖的10个城市授牌。

住房城乡建设部组织开展"六五"普法中期检查　5月22日，住房城乡建设部下发通知要求，对住房城乡建设系统"六五"普法工作开展情况进行检查，并组织各地交流经验。

6月

住房城乡建设部严禁不合格预拌混凝土用于建筑工程　6月5日，住房城乡建设部下发通知，从生产、施工、质量监管等方面，就加强预拌混凝土质量管理工作提出具体要求。通知指出，各地要高度重视预拌混凝土质量管理工作，切实保证预拌混凝土生产质量，加强预拌混凝土施工过程质量控制，加大预拌混凝土质量监督管理力度。

住房城乡建设部要求全力抓好建筑安全生产工

作 6月14日，住房和城乡建设部召开全国建筑安全生产电视电话会议，贯彻落实党中央、国务院领导同志的重要指示和讲话精神，通报2013年以来全国建筑安全生产形势，部署下一阶段的建筑安全生产工作。住房和城乡建设部部长姜伟新主持会议并讲话，副部长郭允冲出席会议并讲话。住房城乡建设部有关司局主要负责同志和相关人员，北京市及各区、县住房城乡建设主管部门的主要负责人和有关人员，中央管理的建筑施工企业、北京市有关建筑施工企业的负责同志等在主会场参加会议。

住房城乡建设部组织开展预拌混凝土生产应用情况调查 6月18日，住房和城乡建设部、工业和信息化部下发通知，决定组织开展预拌混凝土生产和应用情况调查。

住房城乡建设部继续深入开展预防坍塌事故专项整治 6月18日，住房城乡建设部安全生产管理委员会办公室发布《预防建筑施工起重机械脚手架等坍塌事故专项整治工作方案》，决定自6月起分4个阶段在全国继续深入开展预防建筑施工起重机械、脚手架和模板支撑系统等坍塌事故专项整治工作，进一步落实企业的安全生产主体责任，及时消除施工现场存在的安全隐患，有效防范和遏制建筑起重机械、脚手架和模板支撑系统等坍塌事故。

姜伟新会见西藏自治区党委书记陈全国 6月19日，住房城乡建设部部长姜伟新在京会见了西藏自治区党委书记陈全国一行。住房城乡建设部副部长仇保兴、齐骥陪同会见。双方就西藏自治区保障性住房建设、城镇供水排水及污水处理、居民冬季供暖等问题交换了意见。姜伟新表示，住房城乡建设部将继续给予西藏自治区全力支持，希望西藏继续做好住房城乡建设领域各项工作。西藏自治区有关部门负责同志和住房城乡建设部相关司局负责同志参加会见。

住房城乡建设部加强城市市政公用行业安全管理 住房城乡建设部6月22日下发通知，要求各地切实加强组织领导，认真开展安全大检查，落实安全工作责任制和各项安全生产措施，加强城市市政公用行业安全生产管理，消除安全隐患，坚决遏制各类重特大安全事故的发生，保障城市安全运行和人民群众生命财产安全。

大别山片区住房城乡建设系统干部培训启动 6月22日，为贯彻落实中央扶贫工作部署，住房城乡建设部对大别山片区住房城乡建设系统干部进行集中培训。此次培训班由住房城乡建设部村镇建设司、人事司共同主办，住房城乡建设部干部学院承办，来自大别山片区3省和青海省的35名干部参加了培训。同时，接收大别山片区干部挂职锻炼的东部8省市的住房城乡建设厅（委）也派代表参加了培训，并与挂职锻炼干部积极进行接洽。

加快棚户区改造促进经济发展和民生改善 国务院总理李克强6月26日主持召开国务院常务会议，研究部署加快棚户区改造，促进经济发展和民生改善。会议认为，棚户区改造既是重大民生工程，也是重大发展工程，可以有效拉动投资、消费需求，带动相关产业发展，推进以人为核心的新型城镇化建设，破解城市二元结构，提高城镇化质量，让更多困难群众住进新居，为企业发展提供机遇，为扩大就业增添岗位，发挥助推经济实现持续健康发展和民生不断改善的积极效应。

全国职业院校技能大赛举办中职组建设职业技能两项目比武 6月26日，由住房城乡建设部人事司、教育部职业教育与成人教育司、中国建设教育协会、天津市教委共同主办，天津国土资源和房屋职业学校承办的2013年全国职业院校技能大赛中职组建设职业技能比赛在天津举行。

第二次全国住房城乡建设系统对口支援西藏工作会议召开 6月26日，第二次全国住房城乡建设系统对口支援西藏工作会议在西藏自治区林芝地区召开。住房城乡建设部副部长齐骥、西藏自治区副主席宫蒲光出席会议并讲话，住房城乡建设部总工程师陈重主持会议。

7月

住房城乡建设部等三部门建立传统村落档案完成规划编制 7月1日，住房城乡建设部、文化部和财政部联合下发通知，要求各地做好2013年中国传统村落保护发展工作，建立中国传统村落档案，完成保护发展规划编制。

住房城乡建设部要求做好芦山地震灾区农房重建工作 7月2日，住房城乡建设部发函，要求四川省住房城乡建设厅建立有效的农房重建指导和管理机制，及时采取必要措施，确保农房重建质量，做好芦山地震灾区农房重建工作。

住房城乡建设部要求集中整治房地产中介十项违法违规行为 7月11日，住房城乡建设部和国家工商总局联合下发通知，开展房地产中介市场专项治理工作，要求各地整顿和规范房地产中介市场秩序，严肃查处房地产中介机构和经纪人员的违法违规行为，促进房地产中介市场健康有序发展，切实维护群众合法权益。

住房城乡建设部召开深入开展党的群众路线教育实践活动动员大会 7月11日，住房城乡建设部召开深入开展党的群众路线教育实践活动动员大会，对开展教育实践活动进行全面动员部署。住房城乡建设部党组书记、部长姜伟新主持会议并讲话，中央督导组组长吴定富讲话。在住房城乡建设部的全国党代会代表、政协委员，部级老同志，部机关全体党员、干部，直属各单位和社团一、二党委以及各社团负责同志参加会议。

三部委提出提高贫困地区农村危房改造补助标准 7月11日，住房城乡建设部、国家发展改革委、财政部联合印发《关于做好2013年农村危房改造工作的通知》。确定国家对贫困地区农村危房改造的户均补助标准由7500元提高到8500元，同时还在建筑面积、主要部件、结构安全、基本功能等方面设置基本要求。

国务院提出我国5年内将改造各类棚户区1000万户 7月12日，《国务院关于加快棚户区改造工作的意见》（以下简称《意见》）发布。《意见》要求，2013年至2017年改造各类棚户区1000万户，使居民住房条件得到明显改善，基础设施和公共服务设施建设水平不断提高。

住房城乡建设部等六部委组织召开全国棚户区改造工作电视电话会议 7月23日，住房城乡建设部、国家发展改革委、财政部、国土资源部、农业部、国家林业局六部委在京联合召开全国棚户区改造工作电视电话会议。住房城乡建设部部长姜伟新主持会议，副部长齐骥及相关部委负责人出席会议并讲话。会上，住房城乡建设部等六部委就贯彻落实《国务院关于加强棚户区改造工作的意见》精神，对2013年2017年棚户区改造及相关工作进行全面部署。各省、自治区、直辖市、新疆生产建设兵团及地级以上城市等共设分会场554个，各级住房城乡建设、发展改革、财政、国土、农业、林业及相关部门负责人1.6万余人在分会场参加会议。

业内专家为芦山地震灾区重建规划把关 住房城乡建设部、四川省人民政府7月26日联合在京召开专家咨询会，为四川芦山地震灾区恢复重建规划出谋划策。住房城乡建设部副部长仇保兴、四川省副省长黄彦蓉出席会议并讲话。

住房城乡建设部党组中心组学习扩大会暨教育实践活动领导小组第二次会议召开 7月30日，住房城乡建设部党组中心组学习扩大会暨教育实践活动领导小组第二次会议召开。住房城乡建设部党组书记、部长姜伟新主持会议并讲话；部党组成员、副部长陈大卫，部党组成员、中央纪委驻部纪检组组长杜鹃，部党组成员、副部长齐骥、王宁出席会议。

8月

住房城乡建设部召开党的群众路线教育实践活动基层为民服务事迹报告会 8月3日，住房城乡建设部召开党的群众路线教育实践活动基层为民服务事迹报告会。住房城乡建设部党组书记、部长姜伟新，部党组成员、副部长陈大卫，部党组成员、中央纪委驻部纪检组组长杜鹃，部党组成员、副部长齐骥出席会议，部党组成员、副部长王宁主持会议。

103个城市入选国家智慧城市试点名单 8月8日，住房城乡建设部下发通知提出，确定北京经济技术开发区等103个城市（区、县、镇）为2013年度国家智慧城市试点，并就做好试点工作提出具体要求。

七部委开展全国重点镇增补调整工作 8月16日，住房城乡建设部、国家发展改革委等七部委联合发布《关于开展全国重点镇增补调整工作的通知》，要求在全国范围开展增补调整重点镇的工作，并将全国重点镇作为今后各地各有关部门扶持小城镇发展的优先支持对象，使其发展成为既能承接城市产业转移、缓解城市压力，又能服务支持农村、增强农村活力的小城镇建设示范。

住房城乡建设部召开教育实践活动领导小组第三次会议 8月23日，住房城乡建设部召开部党的群众路线教育实践活动领导小组第三次会议，通报教育实践活动第一环节工作进展情况，部署第二环节工作。

9月

住房城乡建设部加强住房城乡建设行政复议工作 9月17日，住房城乡建设部出台意见，要求各地进一步加强住房城乡建设行政复议工作。

《传统村落保护发展规划编制基本要求（试行）》出台 9月18日，住房城乡建设部制定印发《传统村落保护发展规划编制基本要求（试行）》，指导各地做好传统村落保护发展规划编制工作。

10月

国务院要求加快推进农村人居环境整治全面改

善农村生产生活条件　10月9日，全国改善农村人居环境工作会议在浙江省杭州市召开，国务院副总理汪洋出席会议并讲话。他强调，要认真学习贯彻习近平总书记和李克强总理关于全面改善农村生产生活条件的重要批示精神，总结推广浙江省开展"千村示范万村整治"工程的经验，加快推进农村人居环境综合整治。

住房城乡建设部党组学习贯彻习近平总书记重要讲话精神　10月9日，住房城乡建设部党组召开中心组学习扩大会议，观看9月25日《新闻联播》和《焦点访谈》专题录像；召开党组会，学习习近平总书记在参加河北省委常委班子专题民主生活会上的重要讲话。部党组书记、部长、教育实践活动领导小组组长姜伟新主持会议并讲话，部党组成员出席会议。

住房城乡建设部举办培训班充实无障碍建设培训师资队伍　10月14日，住房城乡建设部在北京举办《家庭无障碍建设指南》宣传贯彻师资培训班。中国残联和全国老龄办的相关负责人、专家出席开班仪式。

国家级风景名胜区执法检查结果公布　住房城乡建设部10月15日下发通报，公布2013年国家级风景名胜区执法检查结果。通报显示，新疆天山天池等17处风景名胜区被评定为优秀等级受到通报表扬；福建清源山等7处风景名胜区被评定为不达标等级受到通报批评，并被责令限期整改。

两部门评选表彰10名优秀环卫工人　10月15日，人力资源社会保障部和住房城乡建设部下发通知，决定评选表彰10名特别优秀的一线环卫工人。受表彰人员获全国住房城乡建设系统劳动模范荣誉称号，享受省部级劳动模范待遇。

三部门加强传统村落保护　10月17日，国务院新闻办公室举行新闻发布会，住房城乡建设部村镇建设司司长赵晖介绍改善农村人居环境工作、加强传统村落保护发展等方面情况，并与文化部非物质文化遗产保护司负责人就相关问题回答记者提问。

住房城乡建设部立法监管城镇排水与污水处理　《城镇排水与污水处理条例》（以下简称《条例》）10月23日正式公布，自2014年1月1日起施行。《条例》的颁布，是对城镇排水与污水处理规划建设和监督管理在立法层面上的保障。《条例》适用范围包括城镇排水与污水处理的规划，城镇排水与污水处理设施的建设、维护与保护，向城镇排水设施排水和污水处理以及城镇内涝防治。

中央要求加快推进住房保障和供应体系建设　不断实现全体人民住有所居的目标　10月29日下午，中共中央政治局就加快推进住房保障体系和供应体系建设进行第十次集体学习。中共中央总书记习近平在主持学习时强调，加快推进住房保障和供应体系建设，是满足群众基本住房需求、实现全体人民住有所居目标的重要任务，是促进社会公平正义、保证人民群众共享改革发展成果的必然要求。

11月

全国政协召开双周协商座谈会建言"建筑产业化"　11月7日，全国政协在京召开第二次双周协商座谈会，围绕"建筑产业化"进行协商座谈。中央政治局常委、全国政协主席俞正声主持会议。

2014年中国人居环境奖范例奖申报工作启动　11月10日，住房城乡建设部办公厅下发通知，要求各地做好2014年中国人居环境奖和中国人居环境范例奖的申报组织工作。

住房城乡建设部加强住房保障廉政风险防控工作　11月12日，住房和城乡建设部出台指导意见，要求各地加强住房保障廉政风险防控工作。根据指导意见，各地要对照住房保障主管部门工作职责，梳理住房保障业务流程、权力运行程序，采取自查和互查方式，全面排查住房保障主管部门、内设机构、工作岗位的廉政风险点。

2013年中欧城镇化伙伴关系论坛举办　11月21日，2013年中欧城镇化伙伴关系论坛在京举办。作为论坛系列活动的重要组成，"绿色城市"分论坛和"人文城市"分论坛吸引了来自中欧双方政府部门负责人和城镇化建设领域专家学者的广泛关注。住房城乡建设部副部长仇保兴、齐骥作为两个分论坛主办方的代表分别在分论坛开幕式上致辞。

两部门坚决遏制"小产权房"　11月24日，国土资源部、住房城乡建设部联合召开坚决遏制违法建设、销售"小产权房"问题视频会。国土资源部副部长徐德明强调，国务院有关部门多次重申不得违法开发"小产权房"、不得购买"小产权房"。国土资源部、住房城乡建设部明确"小产权房"不得予以确权登记。

12月

28个村庄规划成为首批全国村庄规划示范　12月1日，住房城乡建设部下发通知，确定北京市北沟村等28个村庄规划为第一批全国村庄规划示范。

住房城乡建设部机关举办法制讲座 住房和城乡建设部机关12月4日举办法制讲座,深入开展法制宣传教育。副部长陈大卫主持讲座并讲话,部机关全体干部参加了讲座。住房和城乡建设部法律顾问、中国政法大学副校长马怀德教授作了题为《运用法治思维化解社会矛盾》的报告。

公共租赁住房和廉租住房将并轨运行 12月4日,住房城乡建设部、财政部和国家发展改革委联合印发通知,提出从2014年起,各地公共租赁住房和廉租住房将并轨运行,并轨后统称为公共租赁住房。

住房城乡建设部召开教育实践活动领导小组扩大会议 12月10日,住房城乡建设部召开党的群众路线教育实践活动领导小组第四次扩大会议。会议就专项整治房地产中介市场秩序和整治文山会海、检查评比泛滥两项工作进行了讨论发言。住房城乡建设部党组书记、部长姜伟新主持会议并就整改落实、建章立制环节的工作安排提出要求。

住房城乡建设部要求做好安全生产工作必须狠抓落实 12月10日,住房城乡建设部副部长、部安全生产管理委员会主任王宁主持召开住房城乡建设部安委会2013年第二次全体会议。会议传达了习近平总书记、李克强总理近期关于安全生产的重要指示批示精神,通报了国务院安委会全体会议有关情况及安全生产重点工作安排,部署下一步住房城乡建设系统安全生产重点工作。住房城乡建设部总工程师、部安委会副主任陈重及部安委会各成员单位负责人参加会议。

十部门联手治理欠薪力保春节前无拖欠 12月22日,人力资源和社会保障部、国家发展改革委、公安部、住房城乡建设部等十部门联合召开视频会议,要求努力实现春节前农民工工资基本无拖欠,涉及拖欠农民工工资的劳动争议案件基本办结。

全国住房城乡建设工作会议召开 12月24日,全国住房城乡建设工作会议在北京召开。住房城乡建设部党组书记、部长姜伟新在作报告中回顾了2013年住房城乡建设工作,部署安排2014年重点工作任务。部党组成员、副部长仇保兴、陈大卫、齐骥、王宁,部党组成员、中央纪委驻部纪检组组长杜鹃出席会议。

(中国建设报社 汪汀 整理)

第十篇

附 录

一、2013年度会议报道

全国住房城乡建设系统行政复议工作会议

日前，全国住房城乡建设系统行政复议工作会议在安徽省合肥市召开，住房城乡建设部副部长陈大卫在会上强调，要深入学习贯彻党的十八大精神，切实增强做好行政复议工作的责任感，进一步加强和改进住房城乡建设系统行政复议工作。

陈大卫肯定了近年来各级住房城乡建设部门行政复议工作取得的积极成效：一是坚持以人为本，复议为民，注重矛盾的实质性化解；二是不断探索完善行政复议机制，提高复议工作水平；三是发挥层级监督作用，促进地方依法行政；四是推动制度完善，改进行政管理水平。

陈大卫分析了当前行政复议工作面临的新形势：一是城乡建设快速发展，对行政复议工作提出新的挑战。各级住房城乡建设部门要切实增强责任感和使命感，树立依法解决行政争议的理念，充分发挥行政复议化解矛盾、保护权利、纠正违法和教育引导的功能，把行政复议工作做实做好。二是群众维权意识不断增强，对行政复议工作提出新的期待。要按照"十八大"要求，适应新形势下群众工作新特点和新要求，积极回应群众诉求，坚决纠正损害群众利益的行为，争取群众对行政复议工作的理解和信任。三是案件办理难度大，对行政复议工作提出新的要求。要按照"十八大"报告和习近平总书记的要求，善于学习、勤于思考、勇于实践，熟练掌握法律知识，不断增强业务能力，依法、公正、高效、稳妥地解决行政争议。四是依法行政仍存在薄弱环节，对行政复议工作提出新的任务。要把行政复议作为增强全系统工作人员依法行政意识和能力的重要方式，促进广大干部学法、遵法、守法、用法，切实提高运用法治思维和法律手段解决问题的能力。

陈大卫对行政复议工作提出了具体要求：一是行政复议机关要坚持公平公正，让行政复议成为群众乐选的行政争议解决渠道，坚持复议公平、公开，坚持以事实为依据，以法律为准绳，坚持服务大局。二是要把复议为民作为行政复议工作的宗旨，把人民利益至上的价值理念"内化于心，外化于行"。坚持服务群众，紧密联系群众，促进行政调解与行政复议有机结合。三是要把健全工作机制作为做好行政复议工作的保障，健全集体审议机制，业务部门要深度参与，探索实施行政复议听证制度。四是要把加强层级监督作为行政复议工作的重要方面，坚决纠正违法行为，积极运用行政复议意见书、建议书制度，用多种方式开展层级监督。五是要把从源头上预防和减少行政争议作为被复议机关工作的重要内容，被复议机关要重视做好行政复议答复和化解矛盾工作，要重视通过个案发现普遍性问题，不断加强制度建设，规范行政行为。住房城乡建设系统各部门负责同志要重视行政复议，健全机构，增强配置，保障经费，加强培训，关心复议工作人员成长。

各省、自治区住房城乡建设厅，直辖市住房城乡建设委及各有关部门行政复议工作负责人，部机关办公厅、城乡规划司、房地产市场监管司、稽查办公室有关负责人参加了会议。

（摘自《中国建设报》2013年1月24日 记者 向侠）

全国环卫工作座谈会暨优秀环卫工人表扬会议

2月26日，住房城乡建设部在北京召开全国环卫工作座谈会暨优秀环卫工人表扬会议。会议的主题是深入贯彻落实党的十八大精神和习近平总书记春节期间慰问环卫工人的指示精神，营造尊重环卫工人的良好氛围，推进环卫行业和城乡环境治理工作健康稳定发展，为建设生态文明、建设美丽中国作出贡献。住房城乡建设部部长姜伟新出席会议并讲话。会议由副部长仇保兴主持，副部长陈大卫、齐骥、郭允冲，中央纪委驻部纪检组组长杜鹃，总规划师唐凯、总工程师陈重等出席。

姜伟新指出，党和政府非常重视环卫工作，关心环卫工人。习近平总书记慰问一线环卫工人激发了环卫战线的荣誉感和责任感。广大环卫工人发扬时传祥"宁愿一人脏，换来万家净"的崇高精神，为环卫事业作出了巨大贡献。近年来，我国城镇环卫工作取得了长足进步，但与建设生态文明、建设美丽中国的要求还有很大差距。一线环卫工人作业环境差、劳动强度大，有的工作待遇还比较低，一些地方还存在对环卫工人不尊重的现象，影响着环卫事业健康发展。

姜伟新强调，全社会都应该关心环卫行业建设，大力弘扬劳动光荣的价值观念，营造尊重环卫工人、爱护环卫工人劳动成果的良好社会氛围。党的十八大提出全面建成小康社会以及建设生态文明和美丽中国的宏伟目标和任务，赋予了环卫工作更重要的使命。环卫行业要充分认识新形势下环卫工作的重要性，为实现"十八大"提出的宏伟目标继续努力和奋斗。

姜伟新要求，环卫行业落实"十八大"精神和习近平总书记重要指示精神，必须把建设生态文明和美丽中国理念融入环卫行业发展全过程，重点落实好《关于进一步加强城市生活垃圾处理工作的意见》部署的各项任务，突出重点工作，加快环卫设施建设，提升环卫作业服务水平，抓好生活垃圾减量分类试点，加强环卫行业监管能力建设。各地应强化政府责任，加大投入，重视城镇化快速发展过程中的城乡环境问题，大力推进城乡环境治理工作，切实改善城乡环境面貌。

仇保兴宣读了《关于表扬优秀环卫工人的决定》，对332名优秀环卫工人给予表扬。住房城乡建设部领导为他们逐一颁发了荣誉证书。受表扬的环卫工人全部来自环卫工作一线，有从事道路清扫、生活垃圾收运处理、下水道清掏等工作的一线职工，也有从事村镇环卫工作的人员。

浙江省住房城乡建设厅、江西省宜春市政府有关负责人介绍了加强环卫工作、关心环卫工人、维护环卫工人权益的经验，北京市西城区环卫中心工人孙菲、江苏省泰州市环卫管理处工人孙小玲、四川省成都市固体废弃物卫生处置场工人李建武汇报了他们在平凡岗位上爱岗敬业无私奉献的体会和感受。会议同时印发了《关于进一步加强城市环卫工作的意见（征求意见稿）》，与会代表对如何加强环卫工作进行了认真的交流讨论。

住房城乡建设部各司局及直属单位主要负责人，各省（自治区、直辖市）住房城乡建设（市容环卫）主管部门主要负责人、部分城市人民政府代表和受表扬的优秀环卫工人等出席会议。

（摘自《中国建设报》2013年2月28日 记者 汪汀 王庆）

全国建筑安全生产电视电话会议

2013年6月14日，住房和城乡建设部召开全国建筑安全生产电视电话会议，贯彻落实党中央、国务院领导同志的重要指示和讲话精神，通报今年以来全国建筑安全生产形势，部署下一阶段的建筑安全生产工作。住房和城乡建设部部长姜伟新主持会议并作重要讲话，副部长郭允冲出席会议并讲话。

姜伟新要求，各地住房城乡建设主管部门要认真贯彻落实党中央、国务院的决策部署，进一步增强责任感、紧迫感和使命感，全面落实质量安全责任制，加强和改进安全生产工作，以更加求真务实的作风，更加坚决有力的措施，全力抓好各项工作的落实。

姜伟新说，习近平总书记、李克强总理、马凯副总理就全国安全生产工作做出重要批示和部署，充分体现了党中央、国务院对安全生产工作的高度重视。我们要充分认识到当前建筑安全生产工作的重要性、复杂性、艰巨性和长期性，把思想、行动和措施统一到党中央、国务院的要求上来，以对党和人民高度负责的精神，把建筑安全生产与科学发展、为民务实和经济转型升级结合起来，采取更加得力的措施，落实责任，强化监管，坚决遏制重特大事故发生。

姜伟新强调，要进一步明确和落实企业主体责任和政府监管责任，全面落实建筑工程质量安全责任制，形成人人有责、齐抓共管的工作局面。一要紧紧抓住企业主体责任不放，强化企业法定代表人的质量安全第一责任人的责任，强化关键岗位、关键人员的质量安全责任。要督促企业加强对项目的质量安全管理，将责任具体落实到各个项目、各个环节、各个岗位，杜绝责任盲区。二要切实履行建设主管部门的监管责任，主要负责人要亲自抓，负总责，加强对重点地区、重点工程、重点环节的工作指导和监督检查。三要建立和完善建筑工程质量安全考核奖惩机制，严格执行工程公示牌和永久性标牌制度，促进质量安全责任落实。对工作不力的地区，要进行通报批评；对玩忽职守、失职渎职的人员，要依法依规严肃处理；对发生质量安全事故和严重质量问题的责任企业和责任人员，要依法依规进行严厉处罚。

姜伟新要求，按照国务院的总体部署，各地住房城乡建设主管部门要严肃认真开展建筑工程质量安全大检查，立即组织对现有建筑工地全面排查，特别是地铁和保障房工地决不能留死角，确保各项质量安全措施的落实。要强化城市供水、供气、桥梁等市政基础设施运行安全监管，及时消除故障隐患。要全面推进旧住宅区的整治改造，解决居民最为迫切的房屋年久失修、安全隐患突出等问题。要完善农房建设监管机制，加大村镇农房建设和危房改造指导力度。要夯实城乡防灾减灾基础，提高城乡防灾减灾能力。

郭允冲通报了当前全国建筑安全生产形势。今年以来，全国建筑安全生产形势比较严峻。希望建筑安全生产形势比较严峻的地区和企业引起高度重视，认真研究部署有针对性的工作措施；希望建筑安全生产形势暂时稳定的地区和企业也要引以为鉴，继续扎扎实实做好各项工作。

郭允冲要求，要正视当前建筑安全生产工作中存在的责任落实不够到位、有的从业人员素质不高、市场秩序有待规范及监管机制需要健全等问题，进一步做好建筑安全生产工作，重点要做好以下工作：

一是全面落实安全生产责任制。各地住房城乡建设主管部门要切实督促企业认真落实安全生产主体责任，不断完善安全生产管理措施，加大安全生产资金投入，严格执行领导现场带班、安全隐患排查治理等制度。同时，严格落实安全生产监管责任，重点做到严格监督检查、严格对安全隐患排查治理进行督办、严格对事故查处进行督办。

二是严肃认真开展安全生产大检查。各地住房城乡建设主管部门要严格按照国务院的部署要求，严肃认真开展建筑安全生产大检查，全面摸清安全隐患和薄弱环节，认真整改检查中发现的问题，落实整改责任和措施，彻底排除各类安全隐患。在各地自查基础上，住房和城乡建设部将适时组织督察组加强对各地建筑安全生产大检查的督导、检查。开展建筑安全生产监督检查，要真正发现并彻底整治安全隐患，千万不能走过场、搞形式主义，要注重全面检查与重点检查相结合、自查与抽查相结合、经常性检查与集中专项检查相结合、明查与暗查相结合，真正发现问题，真正排除安全隐患。

三是继续推进"打非治违"和专项整治。各地住房城乡建设主管部门要按照国务院安委会的统一部署，继续深入推进建筑施工领域"打非治违"和专项整治工作，严格排查治理安全生产隐患。各地住房城乡建设主管部门要按照统一部署，切实加强对建筑起重机械、脚手架、深基坑、高大模板等危险性较大分部分项工程，以及保障性住房、轨道交通、超高层建筑等重点工程的监督检查，有效解决较大事故多发的突出问题。

四是切实加大事故通报及查处力度。各地住房城乡建设主管部门要按照法律法规及有关制度规定，认真做好事故通报及查处工作，及时、全面、准确地报告每起事故的情况，使每起事故的查处信息更加公开透明。住房和城乡建设部将建立工作通报制度，对事故信息报送不认真、事故查处不严格的地区，定期进行通报。各地住房城乡建设主管部门要发挥主动性和积极性，加强与其他部门的沟通协调，认真做好事故查处工作。

五是积极加强安全生产长效机制建设。要进一步加强建筑安全监管队伍建设，强化建筑安全教育培训工作，推进建筑施工安全生产标准化建设，加快建筑安全生产监管信息化建设。

郭允冲还要求，各地住房城乡建设主管部门务必高度重视，以对人民、对子孙后代高度负责的态度，扎扎实实做好工程质量工作，要强化质量责任落实，加强质量问题专项治理，提高监管效能，加强监督执法检查。

郭允冲最后强调，汛期已经来临，暴雨、台风、泥石流等季节性灾害因素增多。这也是建筑安全生产事故易发、多发的时段。各地住房城乡建设主管部门要切实强化极端天气防范应对措施，认真做好汛期的建筑安全生产工作，要督促企业认真落实责任，加强监督检查和隐患排查治理，确保各项安全措施防范到位，有效预防和控制事故发生。

住房城乡建设部有关司局主要负责同志和相关人员，北京市及各区、县住房城乡建设主管部门的主要负责同志和有关人员，中央管理的建筑施工企业、北京市有关建筑施工企业的负责同志等在主会场参加会议。各省、自治区住房城乡建设厅、直辖市住房城乡建设委（建交委）、新疆生产建设兵团建设局主要负责同志及相关人员，各市（县）住房城乡建设主管部门主要负责同志及相关人员，有关建筑施工企业的负责同志在全国 929 个分会场参加会议。

(摘自《中国建设报》2013 年 6 月 15 日 记者　尚丹宁)

2013 年中国城市无车日活动新闻发布会

2013 年 9 月 11 日，住房和城乡建设部新闻办公室召开 2013 年中国城市无车日活动新闻发布会，住房和城乡建设部总规划师唐凯同志出席并作重要讲话，刘贺明同志参加会议，并回答记者提问。人民日报、新华社、经济日报、光明日报、中央电视台、中央人民广播电台等多家媒体参加了会议。

一、2012 年中国城市无车日活动的开展情况

2012 年，内地只有青海省没有城市参与无车日活动，承诺开展无车日活动的城市达到历史新高，当年新增丽水、昆山和寿光 3 个城市；实际开展活动的城市比 2011 年新增 22 个，是历届实际开展活动城市最多的一年。截至今年 8 月，湖州市的加入，使得无车日活动承诺开展城市达到 153 个。

民意调查显示，市民对无车日活动的知晓率达 78%，较 2011 年上升 3.8 个百分点；接近 70% 的市民认为无车日活动能够有助于人们选择小汽车之外的其他方式出行；超过 75% 的市民认为无车日活动不会影响购物出行；95% 的市民对于政府实施的交通改善措施表示支持。

无车日活动取得了良好效果。在 2007~2012 年连续六届的无车日活动中，全国有 1/5 的城市做过划设无车区域的尝试，他们以实际行动响应了无车日活动的倡议。在无车区域内，机动车交通量普遍下降、车辆运行速度明显提升，上升幅度达 21%~28%；城市道路环境质量显著改善，污染物浓度和交通噪声等效声级明显降低；交通事故率显著降低，无车区域一般没有交通事故发生，市区交通事故与平时相比也明显减少，平均下降约 20%。加强绿色交通系统建设成为城市政府开展无车日活动的核心价值之一，长沙、常德、佛山、寿光、杭州、江门、南宁、深圳、宁波、攀枝花、大连、扬州、临海、宿迁、温州、无锡、烟台、绍兴等城市纷纷借力无车日活动，实施促进绿色交通发展的长效措施，改善公共交通、步行和自行车交通出行条件，促进城市交通节能减排。

二、2013 年中国城市无车日活动的部署情况

2013 年 7 月 29 日印发了《住房城乡建设部关于做好 2013 年中国城市无车日活动有关工作的通知》（建城〔2013〕114 号），正式启动了今年无车日活动的相关工作。2013 年中国城市无车日活动以"绿色交通·清新空气"为主题，旨在为清洁城市空气付诸行动，并以此营造更加健康、幸福和美丽的城市。

环保部门公布的数据显示，汽车尾气对PM2.5的贡献份额在22％以上，道路上的机动车交通是空气污染物的主要排放源之一，因此倡导市民选择绿色交通方式出行对防治城市空气污染有很大的帮助。

会议指出，为确保无车日活动的举办能产生足够的社会影响，划设无车区域并举办一系列相关活动是今年无车日特别强调的重要内容之一。各活动承诺城市要在一个或多个有影响力的无车区域内，围绕活动主题进行各种与公共交通、步行、自行车等绿色交通方式有关的宣传，并开展形式多样、内容丰富、群众喜闻乐见的活动。无车区域的活动组织一方面要注意增强活动的参与性、体验性和趣味性，以吸引更多市民前往无车区域，体验绿色交通对于城市生活的改变；另一方面要尽量降低活动对无车区域正常生活带来的影响，以增加活动的支持度。

三、推进城市绿色交通体系建设

近些年，我国城镇化、机动化水平快速提高，随之而来的交通拥堵、能耗上升、环境恶化等一系列"城市病"也凸显出来，越来越成为城市发展和居民生活质量提高的重要制约因素，也使"十二五"时期城市交通领域节能减排的任务更加艰巨。会议指出，积极推进公共交通、步行和自行车等绿色交通系统的建设、倡导绿色出行是可持续发展的城市交通核心政策。无车日活动不应该仅仅只作为一天的活动来开展，而应作为促进城市政府转变交通发展理念和促进市民绿色交通文明意识形成的重要契机，在开展活动的同时，全面推进绿色交通体系建设。

会议强调，绿色交通体系建设的主要政策措施包括：一是促进城市交通与土地使用协调发展。首先，要重视和发挥城市规划在资源配置和用地布局中的引导和统筹作用，优化城市空间和产业布局结构，减少大规模单一性质土地使用安排，鼓励综合性城市组团和各种用地性质的混合布局，平衡职住关系，从源头上减少交通需求；其次是实施公共交通导向的用地开发策略，就是充分利用城市轨道交通、公共交通等设施支撑城市发展，引导城镇和城市功能向公交走廊和枢纽地区集聚，并鼓励市民在短距离范围内采用步行和自行车方式出行。二是加强城市交通基础设施建设，重点发展绿色交通系统。为了实现城市交通节能、减排、缓堵、宜人的发展目标，需要在交通资源分配和各项土地、财税等政策上向公共交通、步行、自行车等交通方式倾斜，对原有设施进行优化提质。要进一步优化城市道路网功能结构，增强连通性和可达性，加强公交枢纽、港湾式车站、专用车道、停车换乘设施以及步行道、自行车道、人行过街设施的建设，改善绿色交通出行条件。三是因地制宜研究和实施交通需求管理策略，合理引导个体机动化交通需求。纵观世界各大城市交通问题治理历程，不难发现由于城市空间和资源有限，仅依靠大规模道路建设等增强交通供给的手段，不仅难于满足持续增长的交通需求，还会诱导和引发更多的交通需求。唯有将交通需求管理策略与基础设施建设相互配合，才可能真正改善和缓解城市交通拥堵。积极开展中国城市无车日活动，通过舆论宣传、设施供给和策略引导来大力倡导公共交通优先和推广绿色交通新模式，不失为一项积极的交通需求管理措施。

唐凯同志特别强调要关注自行车交通。近些年，我国城市自行车出行比例一降再降，北京市已由2000年的38.5％下降至不足15％，深圳市从1995年的30％下降到6％，这两个城市也只是众多城市的缩影。增加自行车的使用对节约能源、保护环境、增进健康具有重要作用。绝大多数城市有40％的车程在3公里左右，这其中很多时候自行车可以替代汽车成为代步工具，不仅节省燃油，也节省开车和停车的空间，减少因拥堵造成的时间消耗。如果北京市390万辆小客车车主，每个人每天都骑一小时的自行车来取代同样距离的开车，那么每年就可以减少汽车燃油用量的29％，温室气体排放量可以减少9％。此外，还有另一项附加好处：每人每年平均会瘦6公斤。当前，法国、荷兰、丹麦等国自行车出行比率正在快速上升，作为曾经是"自行车大国"的我国，步行、自行车交通系统有着很好的基础，更应该加以重视。住房城乡建设部2012年联合国家发展改革委、财政部印发《关于加强城市步行和自行车交通系统建设的指导意见》，对城市步行和自行车交通系统建设提出了具体要求。从2010年起，先后在12个城市开展了"城市步行和自行车交通系统示范项目"，取得了较好的成效，今年住房城乡建设部还要继续开展"示范项目"工作，力争进一步扩大覆盖范围。可以说，城市绿色交通在我国还具有很大的发展空间。

四、发布无车日活动专用标志

会议隆重发布了无车日活动专用标志。标志像一个向前奔跑的人，显现绿色出行最需要人与行动力，且更是刻不容缓的事。脚上的轮子代表可替代的交通方式，更象征着推动城市向绿色低碳发展的动力。翠绿色有如城市低碳发展、人们减排责任意识的萌芽，迎来绿色城市发展的新时代。整体形象上如同脚踩风火轮的哪吒，富含中国色彩。造型如同一个"大"字的姿势，说明在无车日期间人比车大，步行、骑行等绿色交通方式应具有优先路权。无车日活动专用标志从设计理念、基本比例、颜色、排列组合方式等方面做出了统一宣传规范，所有与无车日活动相关的宣传设计均可免费进行使用。

住房和城乡建设部新闻办公室
（来源：住房和城乡建设部网站）

二、示范名录

2013年国家园林城市

黑龙江佳木斯市、黑龙江省海林市、黑龙江省七台河市、河北省保定市、湖北省咸宁市、山西省介休市、河北省邢台市、山西省大同市、山西省朔州市、江苏省盐城市、浙江省建德市、浙江省金华市、浙江省丽水市、安徽省滁州市、福建省晋江市、江西省鹰潭市、江西省抚州市、山东省莱州市、山东省诸城市、山东省德州市、山东省滨州市、山东省菏泽市、湖北省当阳市、湖北省随州市、湖北省恩施市、湖北省仙桃市、湖南省郴州市、广东省阳江市、广东省清远市、广西壮族自治区梧州市、广西壮族自治区北流市、四川省自贡市、四川省德阳市、四川省眉山市、云南省普洱市、云南省开远市、云南省芒市、西藏自治区拉萨市、甘肃省金昌市、甘肃省敦煌市、新疆维吾尔自治区乌鲁木齐市、新疆维吾尔自治区阿勒泰市、新疆维吾尔自治区五家渠市。

（住房和城乡建设部城市建设司　提供）

2013年国家园林县城

福建省泰宁县、福建省长泰县、陕西省陇县、河北省临漳县、河北省邱县、河北省张北县、河北省怀来县、河北省平泉县、山西省黎城县、山西省长子县、山西省灵石县、山西省古县、浙江省常山县、浙江省龙游县、江西省新干县、山东省临朐县、山东省费县、山东省莒南县、山东省临沭县、河南省栾川县、河南省鲁山县、河南省长垣县、湖北省房县、湖北省嘉鱼县、广西壮族自治区鹿寨县、重庆市奉节县、重庆市巫山县、重庆市酉阳土家族苗族自治县、云南省晋宁县、云南省嵩明县、云南省禄劝彝族苗族自治县、云南省罗平县、云南省华宁县、云南省易门县、陕西省扶风县、甘肃省两当县、新疆维吾尔自治区尉犁县、新疆维吾尔自治区泽普县、新疆维吾尔自治区巩留县、新疆维吾尔自治区尼勒克县

（住房和城乡建设部城市建设司　提供）

2013年国家园林城镇

山西省贾家庄镇、江苏省木渎镇、江苏省淀山湖镇、江苏省梅李镇、江苏省洛阳镇、浙江省新塍镇、江西省八景镇、河南省竹林镇、河南省仓头镇、河南省岸上乡、重庆市三汇镇、重庆市长寿湖镇、

重庆市双河镇、四川省友爱镇

（住房和城乡建设部城市建设司　提供）

国家城市湿地公园

重庆璧山县观音塘湿地公园、额尔古纳城市湿地公园、嘉兴市石臼漾湿地公园、东莞城市湿地公园

（住房和城乡建设部城市建设司　提供）

第一批全国村庄规划示范名单

北京市怀柔区渤海镇北沟村村庄规划
河北省保定市阜平县龙泉关镇黑崖沟村村庄规划
内蒙古自治区赤峰市敖汉旗四家子乡热水汤村村庄规划
辽宁省抚顺市清原县南口前镇王家堡村村庄规划
上海市奉贤区四团镇拾村村村庄规划
江苏省无锡市宜兴市湖㳇镇张阳村村庄规划
浙江省杭州市桐庐县江南镇环溪村村庄规划
浙江省杭州市富阳市洞桥镇大溪村美丽乡村建设规划
浙江省杭州市淳安县界首乡鳌山村美丽乡村建设规划
浙江省湖州市德清县洛舍镇东衡村村庄规划
浙江省湖州市南浔区菱湖镇射中村中心村建设规划
浙江省宁波市慈溪市龙山镇方家河头村建设规划
安徽省安庆市岳西县响肠镇请水寨村村庄规划
安徽省六安市金寨县麻埠镇响洪甸村村庄规划
福建省莆田市城厢区华亭镇园头村村庄规划
福建省龙岩市连城县宣和乡培田村村庄规划
江西省吉安市峡江县湖州村历史文化名村保护规划
山东省青岛市即墨县金口镇凤凰村村庄规划
山东省临沂市蒙山旅游区柏林镇富泉村村庄规划
河南省信阳市光山县净居寺名胜管理区扬帆村村庄规划
湖北省黄冈市罗田县九资河镇官基坪村村庄规划
广东省广州市白云区太和镇白山村村庄规划
重庆市南川区大观镇金龙村村庄规划
四川省遂宁市大英县蓬莱镇泉水村村庄规划
四川省凉山州西昌市安哈镇长板桥村村庄规划
云南省大理州大理市喜洲镇桃源村村庄规划
陕西省渭南市富平县淡村镇荆川村村庄规划
新疆维吾尔自治区喀什地区巴楚县多来提巴格乡塔格吾斯塘村村庄规划

（来源：《住房城乡建设部关于公布第一批全国村庄规划示范名单的通知》建村〔2013〕163号）

第二批列入中国传统村落名录的村落名单

一、北京市（4个）
门头沟区斋堂镇马栏村
门头沟区大台街道千军台村
昌平区流村镇长峪城村
密云县新城子镇吉家营村

二、河北省（7个）
石家庄市赞皇县嶂石岩乡嶂石岩村

石家庄市平山县杨家桥乡大坪村
石家庄市平山县杨家桥乡大庄村
邢台市沙河市柴关乡王硇村
保定市顺平县腰山乡南腰山村
张家口市蔚县南留庄镇水东堡村
张家口市蔚县南留庄镇水西堡村

三、山西省(22个)
阳泉市郊区平坦镇官沟村
阳泉市平定县冠山镇西锁簧村
阳泉市平定县东回镇瓦岭村
阳泉市平定县娘子关镇娘子关村
阳泉市平定县娘子关镇上董寨村
阳泉市平定县娘子关镇下董寨村
阳泉市盂县梁家寨乡大汖村
长治市平顺县虹梯关乡虹霓村
长治市平顺县阳高乡奥治村
晋城市泽州县周村镇周村村
晋城市泽州县晋庙铺镇天井关村
晋城市泽州县大阳镇东街村
晋城市泽州县大阳镇西街村
晋中市榆次区东阳镇车辋村
晋中市和顺县李阳镇回黄村
晋中市祁县东观镇乔家堡村
晋中市祁县贾令镇谷恋村
晋中市平遥县段村镇普洞村
晋中市灵石县静升镇静升村
晋中市灵石县南关镇董家岭村
忻州市宁武县涔山乡小石门村
忻州市偏关县万家寨镇老牛湾村

四、内蒙古自治区(5个)
呼和浩特市土默特左旗塔布赛镇塔布赛村
呼和浩特市土默特左旗毕克齐镇腊铺村
呼伦贝尔市额尔古纳市蒙兀室韦苏木室韦村
呼伦贝尔市额尔古纳市奇乾乡奇乾村
呼伦贝尔市额尔古纳市恩和俄罗斯民族乡恩和村

五、吉林省(2个)
通化市通化县东来乡鹿圈子村
白山市抚松县漫江镇锦江木屋村

六、黑龙江省(1个)
黑河市爱辉区新生乡新生村

七、江苏省(13个)
南京市江宁区湖熟街道前杨柳村
南京市高淳区漆桥镇漆桥村
无锡市锡山区羊尖镇严家桥村
常州市武进区前黄镇杨桥村
苏州市吴中区东山镇三山村
苏州市吴中区东山镇杨湾村
苏州市吴中区东山镇翁巷村
苏州市吴中区金庭镇东村村
苏州市常熟市古里镇李市村
镇江市新区姚桥镇华山村
镇江市新区姚桥镇儒里村
镇江市丹阳市延陵镇九里村
镇江市丹阳市延陵镇柳茹村

八、浙江省(47个)
杭州市桐庐县富春江镇石舍村
杭州市桐庐县凤川街道翙岗村
杭州市桐庐县江南镇荻浦村
杭州市桐庐县江南镇徐畈村
杭州市淳安县鸠坑乡常青村
宁波市宁海县长街镇西岙村
宁波市宁海县深甽镇龙宫村
宁波市宁海县深甽镇清潭村
宁波市奉化市尚田镇苕雪村
温州市永嘉县岩头镇苍坡村
温州市苍南县龙港镇鲸头村
温州市泰顺县泗溪镇下桥村
绍兴市嵊州市竹溪乡竹溪村
金华市武义县柳城镇华塘村
金华市磐安县盘峰乡榉溪村
金华市磐安县胡宅乡横路村
金华市兰溪市兰江街道姚村村
金华市兰溪市女埠街道塔坦村
金华市兰溪市女埠街道渡渎村
金华市兰溪市女埠街道虹霓山村
金华市兰溪市诸葛镇诸葛村
金华市兰溪市诸葛镇长乐村
衢州市开化县马金镇霞山村
衢州市龙游县塔石镇泽随村
衢州市江山市凤林镇南坞村
衢州市江山市石门镇清漾村
台州市椒江区大陈镇大小浦村
台州市黄岩区屿头乡布袋坑村
台州市玉环县干江镇白马岙村

台州市三门县横渡镇东屏村
台州市天台县平桥镇张思村
台州市仙居县皤滩乡上街下街村
台州市温岭市石塘镇里箬村
台州市临海市东塍镇岭根村
台州市临海市汇溪镇孔坵村
丽水市青田县阜山乡安店村
丽水市松阳县古市镇山下阳村
丽水市松阳县象溪镇靖居村
丽水市松阳县大东坝镇六村村
丽水市松阳县大东坝镇横樟村
丽水市松阳县望松街道吴弄村
丽水市松阳县三都乡杨家堂村
丽水市松阳县三都乡周山头村
丽水市松阳县赤寿乡界首村
丽水市龙泉市西街街道下樟村
丽水市龙泉市安仁镇季山头村
丽水市龙泉市道太乡锦安村

九、安徽省(40个)
安庆市宿松县柳坪乡大地村
安庆市宿松县趾凤乡团林村
安庆市岳西县响肠镇响肠村
安庆市岳西县响肠镇请水寨村
黄山市歙县深渡镇阳产村
黄山市歙县深渡镇漳潭村
黄山市歙县深渡镇漳岭山村
黄山市歙县北岸镇瞻淇村
黄山市歙县许村镇许村村
黄山市歙县雄村乡卖花渔村
黄山市歙县雄村乡雄村村
黄山市休宁县溪口镇花桥村木梨硔
黄山市休宁县陈霞乡里庄村
黄山市黟县碧阳镇碧山村
黄山市黟县碧阳镇古筑村
黄山市黟县碧阳镇古黄村
黄山市黟县碧阳镇石亭村
黄山市黟县碧阳镇马道村麻田街
黄山市黟县宏村镇塔川村
黄山市黟县宏村镇秀里村
黄山市黟县宏村镇下梓坑村
黄山市黟县宏村镇龙川村
黄山市黟县渔亭镇团结村
黄山市黟县西递镇石印村珠坑
黄山市黟县西递镇叶村村利源

黄山市黟县柯村乡翠林村
黄山市黟县柯村乡竹柯村
黄山市黟县美溪乡美坑村
黄山市黟县宏谭乡竹溪村
黄山市祁门县历口镇历溪村
黄山市祁门县历口镇环砂村
六安市舒城县晓天镇晓天街道居委会中大街
池州市贵池区唐田镇沙山嘴文化村
池州市东至县东流镇菊江村东流老街
池州市东至县龙泉镇观桥村
池州市东至县龙泉镇老屋村
池州市石台县大演乡严家古村
池州市青阳县陵阳镇所村村
宣城市绩溪县瀛洲镇仁里村
宣城市宁国市胡乐镇胡乐村

十、福建省(25个)
三明市明溪县城关乡翠竹洋村
三明市永安市燕西街道吉山村
三明市永安市小陶镇八一村
三明市永安市青水乡沧海畲族村
泉州市永春县岵山镇塘溪村
泉州市永春县岵山镇铺上村
泉州市永春县岵山镇铺下村
泉州市南安市官桥镇漳州寮村
漳州市芗城区天宝镇洪坑村
漳州市漳浦县旧镇镇石牛尾村
漳州市平和县芦溪镇芦丰村
南平市延平区峡阳镇峡阳村
南平市顺昌县元坑镇槎溪村
南平市浦城县水北街镇观前村
龙岩市新罗区万安镇竹贯村
龙岩市武平县岩前镇灵岩村
龙岩市连城县四堡乡中南村
龙岩市漳平市双洋镇城内村
龙岩市漳平市赤水镇香寮村
宁德市霞浦县崇儒畲族乡上水村
宁德市屏南县双溪镇北村村
宁德市寿宁县犀溪镇西浦村
宁德市周宁县浦源镇浦源村
宁德市周宁县纯池镇禾溪村
宁德市福鼎市管阳镇金钗溪村

十一、江西省(56个)
南昌市南昌县三江镇前后万村

二、示范名录

南昌市安义县石鼻镇安义千年古村群
南昌市进贤县架桥镇艾溪陈家村
南昌市进贤县文港镇曾湾村
南昌市进贤县罗溪镇旧厦村
景德镇市浮梁县西湖乡磻溪村
景德镇市乐平市洎阳街道北门村
景德镇市乐平市名口镇名口村
景德镇市乐平市双田镇横路村
景德镇市乐平市涌山镇涌山村
景德镇市乐平市塔前镇下徐村
景德镇市乐平市塔前镇上徐村
萍乡市莲花县路口镇湖塘村
新余市分宜县分宜镇介桥村
新余市分宜县钤山镇防里村
鹰潭市贵溪市耳口乡曾家村
赣州市赣县湖江乡夏府村
赣州市宁都县田埠乡东龙村
赣州市于都县段屋乡寒信村
赣州市兴国县梅窖镇三僚村
赣州市兴国县兴莲乡官田村
赣州市瑞金市九堡镇密溪村
吉安市吉州区樟山镇文石村
吉安市青原区富田镇匡家村
吉安市青原区富田镇㽁田村
吉安市吉安县敦厚镇圳头村
吉安市吉水县金滩镇仁和店村
吉安市吉水县金滩镇桑园村
吉安市吉水县白沙镇桥上村
吉安市吉水县水南镇店背村
吉安市峡江县水边镇何君村
吉安市峡江县水边镇湖洲村
吉安市峡江县水边镇沂溪村
吉安市遂川县堆子前镇鄢溪村
吉安市万安县百嘉镇下源村
吉安市安福县竹江乡沙溪村
吉安市安福县金田乡银圳村
吉安市井冈山市厦坪镇菖蒲古村
吉安市井冈山市拿山乡长路村长塘组
吉安市井冈山市茅坪乡茅坪村
宜春市丰城市白土镇赵家村
宜春市丰城市张巷镇白马寨村
宜春市丰城市筱塘乡厚板塘村
宜春市樟树市刘公庙镇塔前彭家村
抚州市南城县天井源乡尧坊村
上饶市铅山县太源畲族乡西坑村查家岭

上饶市婺源县清华镇洪村村
上饶市婺源县秋口镇李坑村
上饶市婺源县秋口镇长径村
上饶市婺源县江湾镇晓起村
上饶市婺源县思口镇西冲村
上饶市婺源县思口镇思溪村
上饶市婺源县镇头镇游山村
上饶市婺源县段莘乡庆源村
上饶市婺源县浙源乡岭脚村
上饶市婺源县浙源乡凤山村

十二、山东省(6个)

青岛市即墨市金口镇凤凰村
烟台市招远市辛庄镇高家庄子村
烟台市招远市辛庄镇大涝洼村
烟台市招远市辛庄镇孟格庄村
烟台市招远市张星镇徐家村
威海市文登市高村镇万家村

十三、河南省(46个)

洛阳市孟津县朝阳镇卫坡村
洛阳市孟津县常袋镇石碑凹村
洛阳市新安县石井镇寺坡山村
洛阳市嵩县九店乡石场村
洛阳市洛宁县上戈镇上戈村
洛阳市洛宁县河底镇城村村
洛阳市洛宁县东宋镇丈庄村
洛阳市洛宁县底张乡草庙岭村
平顶山市宝丰县石桥镇高皇庙村
平顶山市宝丰县商酒务镇北张庄村
平顶山市宝丰县李庄乡程庄村
平顶山市宝丰县大营镇大营村
平顶山市宝丰县大营镇白石坡村
平顶山市鲁山县瓦屋乡李老庄村
平顶山市郏县冢头镇北街村
平顶山市郏县冢头镇东街村
平顶山市郏县冢头镇李渡口村
平顶山市郏县茨芭镇苏坟村
平顶山市郏县姚庄回族乡小张庄村
安阳市安阳县安丰乡渔洋村
安阳市林州市任村镇任村村
安阳市林州市石板岩乡朝阳村
安阳市林州市石板岩乡漏子头村
鹤壁市鹤山区姬家山乡王家站村
鹤壁市山城区鹿楼乡大胡村

鹤壁市山城区鹿楼乡肥泉村
鹤壁市浚县卫溪街道办事处西街村
鹤壁市淇县黄洞乡纣王殿村
焦作市中站区府城街道办事处北朱村
焦作市修武县岸上乡一斗水村
焦作市修武县岸上乡东岭后村
焦作市修武县西村乡平顶爻村
焦作市修武县西村乡双庙村
焦作市沁阳市常平乡九渡村
三门峡市渑池县段村乡赵沟村
三门峡市渑池县段村乡赵坡头村
三门峡市陕县西张村镇南沟村
三门峡市卢氏县朱阳关镇杜店村
三门峡市义马市东区办事处石佛村
三门峡市灵宝市朱阳镇朱阳村
南阳市南召县云阳镇老城村
信阳市新县周河乡毛铺村楼上楼下村
信阳市商城县长竹园乡张花店村何家冲村
信阳市商城县长竹园乡汪冲村四方洼村
信阳市商城县冯店乡郭店村四楼湾村
驻马店市确山县竹沟镇竹沟村

十四、湖北省(15个)
黄石市大冶市金湖街道办上冯村
孝感市孝昌县小河镇小河村
孝感市孝昌县小悟乡项庙村
黄冈市罗田县九资河镇官基坪村罗家大垸
黄冈市罗田县河铺镇肖家垸乌石岩村
黄冈市罗田县白庙河乡潘家垸村
恩施土家族苗族自治州利川市谋道镇鱼木村
恩施土家族苗族自治州利川市忠路镇老屋基村老屋基老街
恩施土家族苗族自治州利川市沙溪乡张高寨村
恩施土家族苗族自治州建始县花坪镇田家坝村
恩施土家族苗族自治州咸丰县尖山乡唐崖寺村
恩施土家族苗族自治州来凤县百福司镇舍米湖村
恩施土家族苗族自治州来凤县大河镇五道水村徐家寨
恩施土家族苗族自治州来凤县革勒车乡鼓架山村铁匠沟
恩施土家族苗族自治州来凤县三胡乡黄柏村下黄柏园

十五、湖南省(42个)
长沙市浏阳市大围山镇楚东村

衡阳市衡东县甘溪镇夏浦村
衡阳市衡东县杨林镇杨林村
衡阳市衡东县高塘乡高田村新大屋
衡阳市祁东县风石堰镇沙井老屋村
邵阳市绥宁县李熙桥镇李熙村
邵阳市绥宁县东山侗族乡东山村
邵阳市绥宁县在市苗族乡正板村
邵阳市绥宁县乐安铺苗族侗族乡天堂村
邵阳市绥宁县黄桑坪苗族乡上堡村
邵阳市新宁县一渡水镇西村坊村
邵阳市城步苗族自治县丹口镇桃林村
邵阳市城步苗族自治县长安营乡大寨村
邵阳市武冈市双牌乡浪石村
益阳市安化县东坪镇唐家观村
益阳市安化县江南镇洞市社区
益阳市安化县江南镇梅山村
益阳市安化县古楼乡新潭村樟水凼
益阳市安化县南金乡将军村滑石寨
郴州市桂阳县龙潭街道办事处溪里魏家村
郴州市桂阳县太和镇地界村
郴州市桂阳县洋市镇庙下村
郴州市桂阳县莲塘镇大湾村
郴州市桂阳县荷叶镇鑑塘村上王家村
郴州市汝城县马桥镇外沙村
永州市宁远县禾亭镇小桃源村
永州市新田县金盆圩乡河山岩村
怀化市通道侗族自治县坪坦乡坪坦村
怀化市麻阳苗族自治县锦和镇岩口山村
怀化市麻阳苗族自治县郭公坪乡溪口村湾里
怀化市麻阳苗族自治县尧市乡小江村
怀化市麻阳苗族自治县大桥江乡豪侠坪村
怀化市鹤城区芦坪乡尽远村
娄底市新化县奉家镇上团村
湘西土家族苗族自治州吉首市峒河街道小溪村
湘西土家族苗族自治州吉首市社塘坡乡齐心村
湘西土家族苗族自治州吉首市排绸乡河坪村
湘西土家族苗族自治州凤凰县山江镇老家寨村
湘西土家族苗族自治州凤凰县山江镇凉灯村
湘西土家族苗族自治州泸溪县达岚镇岩门村
湘西土家族苗族自治州龙山县靛房镇万龙村
湘西土家族苗族自治州龙山县里耶镇长春村

十六、广东省(51个)
广州市荔湾区冲口街道聚龙村
广州市海珠区琶洲街道黄埔村

二、示 范 名 录

广州市海珠区华洲街道小洲村
广州市番禺区沙湾镇沙湾北村
广州市花都区炭步镇塱头村
广州市萝岗区九龙镇莲塘村
广州市增城市正果镇新围村
广州市从化市太平镇钟楼村
韶关市翁源县江尾镇湖心坝村
韶关市南雄市乌迳镇新田古村
佛山市南海区桂城街道茶基村
湛江市雷州市纪家镇周家村
湛江市雷州市南兴镇关新村
湛江市雷州市调风镇调铭村
湛江市雷州市英利镇青桐村
茂名市信宜市镇隆镇文明村
肇庆市怀集县凤岗镇孔洞村
肇庆市怀集县大岗镇扶溪村
肇庆市怀集县中洲镇邓屋村
惠州市惠阳区秋长街道茶园村
惠州市惠阳区秋长街道周田村
惠州市龙门县龙华镇绳武围村
梅州市梅江区城北镇玉水村
梅州市梅县松口镇铜琶村
梅州市大埔县三河镇汇城村
梅州市大埔县百侯镇侯南村
梅州市大埔县西河镇车龙村
梅州市丰顺县汤南镇新楼村
梅州市丰顺县埔寨镇埔南村
梅州市丰顺县建桥镇建桥村
梅州市丰顺县丰良镇璜溪村邹家围
梅州市平远县东石镇凉庭村
梅州市平远县上举镇畲脑村
梅州市蕉岭县蓝坊镇大地村
梅州市蕉岭县蓝坊镇高思村
梅州市蕉岭县南磜镇南磜村
梅州市兴宁市石马镇刁田村
梅州市兴宁市叶塘镇河西村
梅州市兴宁市新陂镇上长岭村
梅州市兴宁市刁坊镇周兴村
汕尾市陆丰市潭西镇大楼村
阳江市阳东县雅韶镇西元村阳江雅韶十八座
清远市清新县龙颈镇凤塱村
清远市连州市西岸镇冲口村
清远市连州市西岸镇马带村
东莞市茶山镇超朗村
东莞市寮步镇西溪村

揭阳市榕城区仙桥街道西岐村
揭阳市揭西县东园镇月湄村
揭阳市普宁市洪阳镇德安里村
揭阳市普宁市梅塘镇溪南古村

十七、广西壮族自治区(30个)

南宁市江南区江西镇同新村木村坡
南宁市江南区江西镇同江村三江坡
南宁市横县平朗乡笔山村
柳州市三江侗族自治县林溪乡平岩村
桂林市阳朔县高田镇龙潭村
桂林市阳朔县高田镇朗梓村
桂林市阳朔县普益乡留公村
桂林市临桂县会仙镇旧村
桂林市灵川县大圩镇上桥村委会上桥
桂林市灵川县大圩镇廖家村委会毛村
桂林市灵川县青狮潭镇东源村委会新寨村
桂林市灵川县海洋乡大庙塘村委会大桐木湾村
桂林市永福县罗锦镇崇山村
桂林市灌阳县文市镇月岭村
桂林市灌阳县水车乡伍家湾村
桂林市平乐县张家镇榕津村
防城港市防城区大菉镇那厚村
钦州市灵山县新圩镇萍塘村
钦州市灵山县石塘镇苏村村
钦州市浦北县小江镇平马村
玉林市北流市新圩镇新圩村第五组
贺州市八步区莲塘镇仁化村
贺州市八步区开山镇开山村上莫寨村
贺州市八步区信都镇祉洞村
贺州市钟山县石龙镇松桂村
贺州市钟山县清塘镇英家村英家街
贺州市富川瑶族自治县莲山镇大莲塘村
贺州市富川瑶族自治县葛坡镇深坡村
河池市大化瑶族自治县板升乡弄立村二队
来宾市金秀瑶族县六巷乡下古陈村

十八、重庆市(2个)

涪陵区大顺乡大田村
酉阳土家族苗族自治县可大乡七分村

十九、四川省(42个)

成都市金堂县五凤镇金箱村
自贡市贡井区艾叶镇李家桥社区
自贡市大安区三多寨镇三多寨村

自贡市大安区牛佛镇王爷庙社区
自贡市沿滩区仙市镇仙滩社区
泸州市纳溪区天仙镇观音乐道古村
泸州市泸县方洞镇石牌坊村
泸州市叙永县水潦乡海涯彝族村
泸州市叙永县正东乡灯盏坪古村
泸州市古蔺县太平镇平丰村
泸州市古蔺县二郎镇红军街社区
泸州市古蔺县箭竹乡团结村苗寨
泸州市古蔺县双沙镇白沙社区
绵阳市北川县青片乡上五村
绵阳市北川县马槽乡黑水村
绵阳市江油市二郎庙镇青林口村
广元市昭化区柏林沟镇向阳村
广元市朝天区麻柳乡石板村
南充市南部县石河镇石河场村
宜宾市江安县夕佳山镇五里村
达州市达县石桥镇鲁家坪村
雅安市雨城区望鱼乡望鱼村
雅安市汉源县宜东镇天罡村
雅安市汉源县清溪镇富民村
雅安市石棉县蟹螺藏族乡猛种村猛种堡子
雅安市石棉县蟹螺藏族乡猛种村木耳堡子
巴中市平昌县白衣镇白衣庵居民委员会
阿坝藏族羌族自治州茂县雅都乡四瓦村四组
阿坝藏族羌族自治州黑水县色尔古乡色尔古村
阿坝藏族羌族自治州黑水县木苏乡大别窝村
阿坝藏族羌族自治州黑水县维古乡西苏瓜子村
阿坝藏族羌族自治州马尔康县卓克基镇西索村
甘孜藏族自治州炉霍县朱倭乡朱倭村
甘孜藏族自治州炉霍县雅德乡然柳村
甘孜藏族自治州乡城县青德乡仲德村
甘孜藏族自治州乡城县香巴拉镇色尔宫村
甘孜藏族自治州得荣县子庚乡阿称村
甘孜藏族自治州得荣县子庚乡子实村
甘孜藏族自治州得荣县子庚乡子庚村
凉山彝族自治州盐源县泸沽湖镇木垮村
凉山彝族自治州美姑县依果觉乡古拖村
凉山彝族自治州美姑县依果觉乡四季吉村

二十、贵州省（202个）
遵义市湄潭县茅坪镇地关村平顺坝
遵义市湄潭县西河乡石家寨村
遵义市湄潭县抄乐乡群星村石家寨
安顺市普定县马官镇下坝屯村
安顺市镇宁布依族苗族自治县城关镇高荡村
安顺市镇宁布依族苗族自治县扁担山乡革老坟村
毕节市织金县龙场镇阳光村营上古寨
铜仁市碧江区漾头镇茶园山村
铜仁市江口县桃映镇匀都村委会漆树坪村
铜仁市江口县民和镇龙兴村委会封神懂村
铜仁市江口县怒溪镇河口村委会黄岩村
铜仁市石阡县花桥镇施场村
铜仁市石阡县五德镇董上村
铜仁市石阡县聚凤仡佬族侗族乡指甲坪村
铜仁市石阡县青阳苗族仡佬族侗族乡青山村
铜仁市石阡县坪地场仡佬族侗族乡石榴坡村
铜仁市石阡县甘溪乡铺溪村
铜仁市思南县许家坝镇舟水村
铜仁市思南县文家店镇龙山村
铜仁市思南县青杠坡镇四野屯村
铜仁市思南县思林乡金龙村
铜仁市思南县思林乡黑河峡社区
铜仁市思南县板桥乡郝家湾村
铜仁市思南县兴隆乡天山村
铜仁市思南县杨家坳乡城头盖村
铜仁市印江土家族苗族自治县永义乡团龙村
铜仁市德江县枫香溪镇枫香溪村
铜仁市德江县复兴镇棋坝山村
铜仁市德江县共和乡焕河村
铜仁市德江县沙溪乡大寨村
铜仁市沿河土家族自治县思渠镇荷叶村
铜仁市沿河土家族自治县黑獭乡大溪村
铜仁市沿河土家族自治县新景乡白果村
铜仁市沿河土家族自治县后坪乡茶园村
铜仁市松桃苗族自治县普觉镇候溪屯村
铜仁市松桃苗族自治县正大乡薅菜村苗王城
黔东南苗族侗族自治州黄平县谷陇乡苗陇村
黔东南苗族侗族自治州三穗县良上乡雅中村
黔东南苗族侗族自治州镇远县报京乡报京村
黔东南苗族侗族自治州岑巩县平庄乡平庄村凯空组
黔东南苗族侗族自治州剑河县南加镇塘边村
黔东南苗族侗族自治州剑河县柳川镇巫泥村
黔东南苗族侗族自治州剑河县革东镇八郎村
黔东南苗族侗族自治州剑河县久仰乡基佑村
黔东南苗族侗族自治州剑河县久仰乡久吉村
黔东南苗族侗族自治州剑河县太拥镇太坪村
黔东南苗族侗族自治州剑河县太拥镇九连村
黔东南苗族侗族自治州剑河县南哨乡巫沙村
黔东南苗族侗族自治州剑河县南哨乡反召村

二、示 范 名 录

黔东南苗族侗族自治州剑河县南寨乡展留村
黔东南苗族侗族自治州剑河县南寨乡柳富村
黔东南苗族侗族自治州剑河县磻溪镇洞脚村
黔东南苗族侗族自治州剑河县磻溪镇大广村
黔东南苗族侗族自治州剑河县敏洞乡沟洞村
黔东南苗族侗族自治州剑河县观么乡巫包村
黔东南苗族侗族自治州台江县台拱镇展福村
黔东南苗族侗族自治州台江县台拱镇板凳村
黔东南苗族侗族自治州台江县台拱镇南省村
黔东南苗族侗族自治州台江县台拱镇南冬村
黔东南苗族侗族自治州台江县台拱镇排朗村
黔东南苗族侗族自治州台江县台拱镇桃香村
黔东南苗族侗族自治州台江县台拱镇登鲁村
黔东南苗族侗族自治州台江县台拱镇交片村
黔东南苗族侗族自治州台江县台拱镇展下村
黔东南苗族侗族自治州台江县施洞镇小河村
黔东南苗族侗族自治州台江县施洞镇旧州村
黔东南苗族侗族自治州台江县施洞镇八梗村
黔东南苗族侗族自治州台江县施洞镇黄泡村
黔东南苗族侗族自治州台江县南宫乡交包村
黔东南苗族侗族自治州台江县南宫乡交下村
黔东南苗族侗族自治州台江县南宫乡交密村
黔东南苗族侗族自治州台江县南宫乡展忙村
黔东南苗族侗族自治州台江县排羊乡九摆村
黔东南苗族侗族自治州台江县排羊乡上南刀村
黔东南苗族侗族自治州台江县台盘乡德卷村
黔东南苗族侗族自治州台江县台盘乡南尧村
黔东南苗族侗族自治州台江县革一乡北方村
黔东南苗族侗族自治州台江县革一乡排生村
黔东南苗族侗族自治州台江县革一乡西南村
黔东南苗族侗族自治州台江县老屯乡长滩村
黔东南苗族侗族自治州台江县方召乡反排村
黔东南苗族侗族自治州台江县方召乡巫脚交村
黔东南苗族侗族自治州台江县方召乡巫梭村
黔东南苗族侗族自治州台江县方召乡交汪村
黔东南苗族侗族自治州黎平县孟彦镇罗溪村
黔东南苗族侗族自治州黎平县孟彦镇岑湖村
黔东南苗族侗族自治州黎平县九潮镇高维村
黔东南苗族侗族自治州黎平县九潮镇定八村
黔东南苗族侗族自治州黎平县九潮镇大榕村新寨
黔东南苗族侗族自治州黎平县九潮镇顺寨村
黔东南苗族侗族自治州黎平县岩洞镇大寨村
黔东南苗族侗族自治州黎平县岩洞镇小寨村
黔东南苗族侗族自治州黎平县水口镇东郎村
黔东南苗族侗族自治州黎平县水口镇花柳村
黔东南苗族侗族自治州黎平县水口镇南江村
黔东南苗族侗族自治州黎平县水口镇茨洞村
黔东南苗族侗族自治州黎平县水口镇宰洋村宰直寨
黔东南苗族侗族自治州黎平县尚重镇岑门村
黔东南苗族侗族自治州黎平县尚重镇顿路村
黔东南苗族侗族自治州黎平县尚重镇归德村
黔东南苗族侗族自治州黎平县尚重镇旧洞村
黔东南苗族侗族自治州黎平县尚重镇上洋村
黔东南苗族侗族自治州黎平县尚重镇下洋村
黔东南苗族侗族自治州黎平县尚重镇西迷村
黔东南苗族侗族自治州黎平县尚重镇宰蒙村
黔东南苗族侗族自治州黎平县雷洞乡岑管村
黔东南苗族侗族自治州黎平县雷洞乡牙双村
黔东南苗族侗族自治州黎平县永从乡九龙村
黔东南苗族侗族自治州黎平县永从乡中罗村
黔东南苗族侗族自治州黎平县茅贡乡额洞村
黔东南苗族侗族自治州黎平县茅贡乡寨南村
黔东南苗族侗族自治州黎平县茅贡乡己炭村汉寨
黔东南苗族侗族自治州黎平县坝寨乡高西村
黔东南苗族侗族自治州黎平县坝寨乡器寨村
黔东南苗族侗族自治州黎平县口江乡银朝村
黔东南苗族侗族自治州黎平县双江乡四寨村
黔东南苗族侗族自治州黎平县双江乡寨高村
黔东南苗族侗族自治州黎平县肇兴镇肇兴上寨村
黔东南苗族侗族自治州黎平县肇兴镇厦格村
黔东南苗族侗族自治州黎平县肇兴镇厦格上寨村
黔东南苗族侗族自治州黎平县龙额镇上地坪村
黔东南苗族侗族自治州黎平县地坪乡新丰村
黔东南苗族侗族自治州黎平县地坪乡下寨村
黔东南苗族侗族自治州黎平县大稼乡高孖村
黔东南苗族侗族自治州黎平县平寨乡纪德村
黔东南苗族侗族自治州黎平县德化乡高洋村
黔东南苗族侗族自治州黎平县德化乡下洋村
黔东南苗族侗族自治州榕江县寨蒿镇票寨村侗寨
黔东南苗族侗族自治州榕江县栽麻乡苗兰村侗寨
黔东南苗族侗族自治州榕江县三江乡脚车村苗寨
黔东南苗族侗族自治州榕江县塔石乡怎东村瑶寨
黔东南苗族侗族自治州从江县下江镇高良村
黔东南苗族侗族自治州从江县宰便镇引东村
黔东南苗族侗族自治州从江县西山镇田底村
黔东南苗族侗族自治州从江县停洞镇架里村
黔东南苗族侗族自治州从江县高增乡岜扒村
黔东南苗族侗族自治州从江县谷坪乡高吊村
黔东南苗族侗族自治州从江县雍里乡归林村
黔东南苗族侗族自治州从江县刚边壮族乡刚边村

黔东南苗族侗族自治州从江县刚边壮族乡银平村
黔东南苗族侗族自治州从江县加榜乡加车村
黔东南苗族侗族自治州从江县加榜乡下尧村
黔东南苗族侗族自治州从江县翠里瑶族壮族乡高华村
黔东南苗族侗族自治州从江县往洞镇朝利村
黔东南苗族侗族自治州从江县往洞镇增盈村
黔东南苗族侗族自治州从江县东朗乡孔明村
黔东南苗族侗族自治州从江县加鸠乡加翁村
黔东南苗族侗族自治州从江县光辉乡加牙村
黔东南苗族侗族自治州雷山县丹江镇乌东村
黔东南苗族侗族自治州雷山县丹江镇虎阳村
黔东南苗族侗族自治州雷山县丹江镇教厂村
黔东南苗族侗族自治州雷山县丹江镇脚猛村
黔东南苗族侗族自治州雷山县丹江镇干皎村
黔东南苗族侗族自治州雷山县丹江镇猫猫河村
黔东南苗族侗族自治州雷山县西江镇长乌村
黔东南苗族侗族自治州雷山县西江镇黄里村
黔东南苗族侗族自治州雷山县西江镇中寨村
黔东南苗族侗族自治州雷山县西江镇开觉村
黔东南苗族侗族自治州雷山县西江镇龙塘村
黔东南苗族侗族自治州雷山县西江镇麻料村
黔东南苗族侗族自治州雷山县西江镇乌尧村
黔东南苗族侗族自治州雷山县西江镇北建村
黔东南苗族侗族自治州雷山县永乐镇加鸟村
黔东南苗族侗族自治州雷山县永乐镇开屯村
黔东南苗族侗族自治州雷山县永乐镇乔洛村
黔东南苗族侗族自治州雷山县永乐镇乔歪村
黔东南苗族侗族自治州雷山县永乐镇肖家村
黔东南苗族侗族自治州雷山县郎德镇杨柳村
黔东南苗族侗族自治州雷山县郎德镇乌瓦村
黔东南苗族侗族自治州雷山县郎德镇乌流村
黔东南苗族侗族自治州雷山县郎德镇也改村
黔东南苗族侗族自治州雷山县郎德镇报德村
黔东南苗族侗族自治州雷山县郎德镇也利村
黔东南苗族侗族自治州雷山县望丰乡乌迭村
黔东南苗族侗族自治州雷山县望丰乡三角田村
黔东南苗族侗族自治州雷山县望丰乡公统村
黔东南苗族侗族自治州雷山县望丰乡丰塘村
黔东南苗族侗族自治州雷山县望丰乡乌的村
黔东南苗族侗族自治州雷山县望丰乡荣防村
黔东南苗族侗族自治州雷山县望丰乡乌响村
黔东南苗族侗族自治州雷山县望丰乡排肖村
黔东南苗族侗族自治州雷山县大塘乡新桥村
黔东南苗族侗族自治州雷山县大塘乡掌坳村
黔东南苗族侗族自治州雷山县大塘乡独南村
黔东南苗族侗族自治州雷山县桃江乡乔王村
黔东南苗族侗族自治州雷山县桃江乡岩寨村
黔东南苗族侗族自治州雷山县桃江乡掌雷村
黔东南苗族侗族自治州雷山县桃江乡龙河村
黔东南苗族侗族自治州雷山县达地水族乡也蒙村
黔东南苗族侗族自治州雷山县方祥乡陡寨村
黔东南苗族侗族自治州雷山县方祥乡毛坪村
黔东南苗族侗族自治州雷山县方祥乡格头村
黔东南苗族侗族自治州雷山县方祥乡提香村
黔东南苗族侗族自治州雷山县方祥乡雀鸟村
黔东南苗族侗族自治州麻江县杏山镇六堡村
黔东南苗族侗族自治州麻江县龙山乡河坝村
黔东南苗族侗族自治州麻江县龙山乡复兴村
黔东南苗族侗族自治州丹寨县排调镇麻鸟村
黔东南苗族侗族自治州丹寨县扬武镇扬颂村
黔东南苗族侗族自治州丹寨县雅灰乡送陇村
黔东南苗族侗族自治州丹寨县南皋乡石桥村
黔南布依族苗族自治州平塘县掌布镇掌布村

二十一、云南省(232个)

昆明市西山区团结乡乐居村
昆明市晋宁县晋城镇福安村
昆明市晋宁县双河乡田坝村
昆明市晋宁县夕阳乡木鲊村
昆明市晋宁县夕阳乡打黑村
昆明市晋宁县六街镇新寨村
昆明市石林县圭山镇糯黑村
曲靖市马龙县旧县镇黄土坡村
曲靖市马龙县马鸣乡咨卡村
曲靖市陆良县芳华镇雍家村
曲靖市师宗县竹基镇淑基村
曲靖市师宗县竹基镇大冲村
玉溪市江川县江城镇海门村
玉溪市通海县河西镇河西村
玉溪市通海县高大乡高大社区克呆村
玉溪市通海县兴蒙乡北阁下村
玉溪市华宁县青龙镇海镜村
玉溪市元江县澧江街道龙潭村委会者嘎村
玉溪市元江县洼垤乡它才吉村委会坡垤村
保山市隆阳区河图镇河村村委会西街
保山市隆阳区金鸡乡金鸡村
保山市隆阳区金鸡乡育德村
保山市隆阳区水寨乡水寨村
保山市隆阳区芒宽乡芒龙村

二、示 范 名 录

保山市施甸县旧城乡和尚田村
保山市施甸县由旺镇木榔村
保山市施甸县由旺镇银川村
保山市施甸县甸阳镇西山村
保山市施甸县姚关镇大乌邑村
保山市施甸县仁和镇保场村
保山市施甸县仁和镇热水塘村
保山市腾冲县界头镇新庄村
保山市腾冲县界头镇石墙村
保山市腾冲县曲石镇江苴古村
保山市腾冲县曲石镇箐桥村
保山市腾冲县明光镇尖山脚村
保山市腾冲县明光镇麻栎社区茶山河河外村
保山市腾冲县滇滩镇水城村
保山市腾冲县滇滩镇棋盘石村
保山市腾冲县滇滩镇烧灰坝村
保山市腾冲县固东镇甸苴村
保山市腾冲县固东镇江东社区银杏村
保山市腾冲县马站乡和睦村
保山市腾冲县猴桥镇老寨村
保山市腾冲县北海乡打苴村横寨
保山市腾冲县和顺镇大庄社区
保山市腾冲县和顺镇十字路社区
保山市腾冲县腾越镇油灯村油灯庄
保山市腾冲县腾越镇董官村
保山市腾冲县腾越镇洞山村
保山市腾冲县腾越镇尚家寨村
保山市腾冲县腾越镇朝阳村
保山市腾冲县腾越镇大宽邑村
保山市腾冲县腾越镇吴邑村
保山市腾冲县中和镇中营村
保山市腾冲县中和镇闫家冲社区
保山市腾冲县中和镇新岐村
保山市腾冲县中和镇民振村
保山市腾冲县中和镇樊家营社区
保山市腾冲县中和镇勐蚌社区
保山市腾冲县中和镇大村社区
保山市腾冲县荷花镇羡多村
保山市腾冲县荷花镇甘蔗寨村
保山市腾冲县芒棒镇张家村
保山市腾冲县五合乡联盟社区帕连寨
保山市腾冲县五合乡鹿山村杨家寨
保山市腾冲县五合乡腾朗社区小地方
保山市腾冲县五合乡五合社区元甫
保山市腾冲县五合乡丙弄社区丙弄寨

保山市龙陵县龙山镇芒旦村
保山市龙陵县象达乡勐蚌村
保山市昌宁县卡斯乡毛寨村
保山市昌宁县温泉乡里睦村
保山市昌宁县大田坝乡铁匠寨村
保山市昌宁县鸡飞乡珠山村委会大水村
保山市昌宁县湾甸乡帕旭村
保山市昌宁县耇街乡打平村委会大水塘村
保山市昌宁县耇街乡耇街村委会老街子村
昭通市昭阳区洒渔镇巡龙村
昭通市巧家县药山镇半箐村
昭通市巧家县老店镇老店村
昭通市永善县大兴镇大兴村驿马一社
昭通市绥江县南岸镇南岸村
昭通市镇雄县罗坎镇发达村
昭通市镇雄县罗坎镇凤蠹村
丽江市古城区金山乡良美村委会启良村
丽江市古城区金安镇义新村委会五坝里村
丽江市古城区七河镇羊见村委会金安村
丽江市古城区七河镇新民村委会新民下村
丽江市古城区七河镇共和村委会南溪村
丽江市古城区七河镇共和村委会东关村
丽江市古城区束河街道龙泉村委会
丽江市玉龙县黄山镇文华村委会文华中村
丽江市玉龙县黄山镇白华村委会吉来村
丽江市玉龙县石鼓镇石鼓村委会海螺村
丽江市玉龙县石鼓镇大新村委会竹园村
丽江市玉龙县石鼓镇仁和村委会石支村
丽江市玉龙县白沙镇玉湖村委会玉湖村
丽江市玉龙县拉市镇海南村委会丰乐村
丽江市玉龙县拉市镇南尧村委会南尧村
丽江市永胜县三川镇翠湖村委会翠湖村
丽江市宁蒗县拉伯乡加泽村委会油米村
丽江市宁蒗县永宁乡温泉村委会瓦拉别
普洱市宁洱县宁洱镇宽宏村委会困鹿山村民小组
普洱市宁洱县勐先镇蚌扎村
普洱市宁洱县勐先镇上宣德村
普洱市墨江县联珠镇癸能村委会大寨村
普洱市景东县锦屏镇黄草岭村
普洱市景东县大街镇文山村田心村民小组
普洱市景东县林街乡林街村回营村民小组
普洱市景谷县景谷镇纪家村
普洱市江城县整董镇整董村大河边组
普洱市江城县整董镇整董村老伯寨
普洱市江城县整董镇整董村曼滩组

普洱市江城县整董镇整董村大青树
普洱市江城县整董镇整董村力哨坡
普洱市江城县整董镇整董村麻木树
普洱市江城县国庆乡摸等村博别寨组
普洱市澜沧县上允镇上允村老街组
普洱市澜沧县惠民镇景迈村糯干组
普洱市澜沧县惠民镇芒景村
普洱市澜沧县惠民镇芒景村翁基组
普洱市西盟县岳宋乡岳宋村永老寨
临沧市临翔区南美乡南美村委会南楞田村
临沧市临翔区圈内乡斗阁村委会斗阁大寨
临沧市凤庆县洛党镇箐头村委会石洞寺村
临沧市凤庆县新华乡紫薇村平坦组
临沧市云县幸福镇邦信村
临沧市云县茂兰镇茂兰社区
临沧市云县大寨镇文丰村
临沧市永德县乌木龙乡二道桥俐侎部落村
临沧市双江县勐库镇冰岛村
临沧市沧源县勐懂镇芒摆村委会永点村
临沧市沧源县勐懂镇芒摆村委会永让村
临沧市沧源县芒卡镇湖广村
楚雄彝族自治州楚雄市子午镇以口夸村
楚雄彝族自治州双柏县法脿镇雨龙村委会李方村
楚雄彝族自治州牟定县安乐乡小屯村委会小屯村
楚雄彝族自治州牟定县蟠猫乡蟠猫村委会母鲁打村
楚雄彝族自治州禄丰县金山镇炼象关村
楚雄彝族自治州禄丰县妥安乡琅井村
红河哈尼族彝族自治州蒙自市草坝镇碧色寨村
红河哈尼族彝族自治州蒙自市新安所镇新安所村
红河哈尼族彝族自治州建水县西庄镇新房村
红河哈尼族彝族自治州红河县洛恩乡朋洛村
红河哈尼族彝族自治州红河县乐育乡龙车村
红河哈尼族彝族自治州红河县乐育乡坝美村
红河哈尼族彝族自治州红河县乐育乡尼美村
红河哈尼族彝族自治州红河县乐育乡桂东村
红河哈尼族彝族自治州红河县乐育乡玉古村
红河哈尼族彝族自治州红河县浪堤乡马龙村
文山壮族苗族自治州砚山县者腊乡批洒村
文山壮族苗族自治州马关县马白镇马洒村
文山壮族苗族自治州马关县八寨镇街脚村
文山壮族苗族自治州丘北县曰者镇河边村
文山壮族苗族自治州丘北县平寨乡革雷村
文山壮族苗族自治州丘北县腻脚乡老寨村
文山壮族苗族自治州丘北县温浏乡石别村
文山壮族苗族自治州广南县坝美镇革乍村委会汤拿村
西双版纳傣族自治州景洪市勐龙镇曼龙扣村委会曼飞龙村
西双版纳傣族自治州景洪市勐罕镇曼听村委会曼乍村
西双版纳傣族自治州景洪市嘎洒镇曼掌宰村委会曼景保村
西双版纳傣族自治州景洪市基诺族乡巴亚村委会巴坡村
西双版纳傣族自治州景洪市基诺族乡巴亚村委会巴卡老寨
西双版纳傣族自治州景洪市基诺族乡巴亚村委会扎吕村
西双版纳傣族自治州景洪市基诺族乡巴亚村委会巴亚中寨
西双版纳傣族自治州景洪市大渡岗乡大荒坝村委会勐满村
西双版纳傣族自治州勐海县打洛镇勐景莱村
西双版纳傣族自治州勐海县西定乡章朗村
西双版纳傣族自治州勐腊县勐腊镇曼龙勒村
西双版纳傣族自治州勐腊县勐腊镇曼旦村
大理白族自治州大理市下关镇刘官厂村委会凤阳邑村
大理白族自治州大理市大理镇龙凫村委会龙下登村
大理白族自治州大理市凤仪镇丰乐村北汤天村
大理白族自治州大理市喜洲镇沙村村委会城北村
大理白族自治州大理市喜洲镇庆洞村
大理白族自治州大理市挖色镇大城村
大理白族自治州大理市双廊镇双廊村
大理白族自治州大理市双廊镇长育村
大理白族自治州大理市太邑彝族乡桃树村委会坦底么
大理白族自治州祥云县刘厂镇大波那村委会大波那村
大理白族自治州宾川县金牛镇柳家湾华侨社区
大理白族自治州宾川县大营镇萂村村
大理白族自治州弥渡县密祉乡文盛街村
大理白族自治州南涧县公郎镇罗佰克茶园村
大理白族自治州巍山县南诏镇新村村委会新村
大理白族自治州巍山县庙街镇阿朵村
大理白族自治州巍山县庙街镇利克村
大理白族自治州巍山县庙街镇盟石村委会陈德厂村
大理白族自治州巍山县大仓镇新胜村委会啄木郎村

大理白族自治州巍山县永建镇马米厂村委会米姓村
大理白族自治州巍山县马鞍山乡青云村
大理白族自治州云龙县关坪乡字箐村
大理白族自治州云龙县长新乡长春村
大理白族自治州云龙县长新乡包罗村大达社
大理白族自治州云龙县检槽乡检槽村委会大村
大理白族自治州云龙县苗尾傈僳族乡表村村委会表村
大理白族自治州云龙县苗尾傈僳族乡松坪村
大理白族自治州剑川县金华镇三河村
大理白族自治州剑川县金华镇向湖村
大理白族自治州剑川县沙溪镇甸头村
大理白族自治州剑川县沙溪镇四联村委会段家登村
大理白族自治州剑川县沙溪镇石龙村
大理白族自治州剑川县甸南镇天马村
大理白族自治州剑川县甸南镇龙门村
大理白族自治州剑川县弥沙乡文新村岩洞村
大理白族自治州剑川县弥沙乡弥新村弥井村
大理白族自治州鹤庆县松桂镇长头村
大理白族自治州州鹤庆县松桂镇龙珠村委会军营村
大理白族自治州鹤庆县松桂镇松桂村委会街南村
大理白族自治州鹤庆县金墩乡和邑村
大理白族自治州鹤庆县六合乡五星村五星大村
大理白族自治州鹤庆县六合乡灵地村灵地大村
德宏傣族景颇族自治州梁河县九保乡九保村
德宏傣族景颇族自治州梁河县河西乡邦读村
德宏傣族景颇族自治州盈江县旧城镇旧城村委会大寨村
德宏傣族景颇族自治州盈江县太平镇芒允村
德宏傣族景颇族自治州盈江县新城乡繁勐村委会芒别村
怒江傈僳族自治州泸水县鲁掌镇鲁祖村
迪庆藏族自治州香格里拉县洛吉乡尼汝村
迪庆藏族自治州香格里拉县三坝乡白地村
迪庆藏族自治州香格里拉县建塘镇小街子村
迪庆藏族自治州德钦县云岭乡雨崩村
迪庆藏族自治州德钦县燕门乡茨中村
迪庆藏族自治州维西县叶枝镇同乐村
迪庆藏族自治州维西县叶枝镇叶枝村
迪庆藏族自治州维西县塔城镇塔城村塔城一二组
迪庆藏族自治州维西县塔城镇朵那阁村
迪庆藏族自治州维西县保和镇腊八底村
迪庆藏族自治州维西县保和镇永春村白帕塘
迪庆藏族自治州维西县巴迪乡结义村
迪庆藏族自治州维西县维登乡富川村

二十二、西藏自治区(1个)
拉萨市墨竹工卡县甲玛乡赤康村

二十三、陕西省(8个)
咸阳市三原县新兴镇柏社村
咸阳市礼泉县烟霞镇袁家村
咸阳市永寿县监军镇等驾坡村
安康市旬阳县赵湾镇中山村(郭家老院)
渭南市富平县城关镇莲湖村
渭南市合阳县坊镇灵泉村
渭南市澄城县尧头镇尧头村
榆林市佳县佳芦镇张庄村

二十四、甘肃省(6个)
天水市清水县贾川乡梅江村
陇南市文县铁楼民族乡入贡山村
陇南市文县铁楼民族乡石门沟村案板地社
陇南市文县铁楼民族乡草河坝村
临夏回族自治州临夏市城郊镇木场村
甘南藏族自治州卓尼县尼巴乡尼巴村

二十五、青海省(7个)
海东地区平安县洪水泉乡硝水泉村
海东地区平安县洪水泉乡洪水泉村
海东地区互助土族自治县五十镇五十村
海东地区互助土族自治县红崖子沟乡张家村
黄南藏族自治州同仁县扎毛乡牙什当村
海南藏族自治州贵德县河西镇下排村
玉树藏族自治州囊谦县娘拉乡多伦多村

二十六、新疆维吾尔自治区(3个)
克孜勒苏柯尔克孜自治州阿克陶县克孜勒陶乡艾杰克村
阿勒泰地区布尔津县禾木哈纳斯蒙古民族乡禾木村
阿勒泰地区哈纳斯景区铁热克提乡白哈巴村

(来源:《住房城乡建设部 文化部 财政部关于公布第二批列入中国传统村落名录的村落名单的通知》建村〔2013〕124号)

第一批建设美丽宜居小镇、美丽宜居村庄示范名单

美丽宜居小镇示范(8个)
江苏省苏州市吴江区同里镇
浙江省宁波市奉化市溪口镇
安徽省合肥市肥西县三河镇
江西省上饶市婺源县江湾镇
山东省威海市环翠区张村镇
湖南省湘潭市韶山市清溪镇
海南省琼海市博鳌镇
云南省保山市腾冲县和顺镇

美丽宜居村庄示范(12个)
江苏省南京市江宁区横溪街道石塘村
江苏省徐州市铜山区伊庄镇倪园村
浙江省杭州市桐庐县江南镇环溪村
浙江省湖州市安吉县山川乡高家堂村
安徽省铜陵市铜陵县西联乡犁桥村
安徽省宣城市绩溪县瀛洲镇龙川村
山东省烟台市莱阳市姜疃镇濯村
河南信阳市平桥区五里店办事处郝堂村
湖北省恩施土家族苗族自治州恩施市芭蕉侗族乡戽口村
四川省成都市郫县友爱镇农科村
贵州省毕节市黔西县洪水镇解放村
陕西省咸阳市礼泉县烟霞镇袁家村

(来源:《住房城乡建设部关于公布第一批建设美丽宜居小镇、美丽宜居村庄示范名单的通知》建村〔2013〕159号)

第一批国家智慧城市试点名单

北京市
北京市东城区、北京市朝阳区、北京未来科技城、北京丽泽金融商务区

天津市
天津市津南区、中新天津生态城

上海市
上海市浦东新区

重庆市
重庆市南岸区、重庆两江新区

河北省
石家庄市、廊坊市、邯郸市、秦皇岛市、迁安市、秦皇岛北戴河新区

山西省
太原市、长治市、朔州市平鲁区

内蒙古自治区
乌海市

黑龙江省
肇东市、大庆市肇源县、佳木斯市桦南县

吉林省
辽源市、磐石市

辽宁省
沈阳市浑南新区、大连生态科技创新城

山东省
德州市、威海市、东营市、寿光市、新泰市、昌邑市、肥城市、济南西部新城

江苏省
无锡市、常州市、镇江市、泰州市、南京市河西新城区(建邺区)、苏州工业园区、盐城市城南新区、昆山市花桥经济开发区、昆山市张浦镇

安徽省
芜湖市、淮南市、铜陵市、蚌埠市禹会区

浙江省
温州市、金华市、诸暨市、杭州市上城区、宁波市镇海区

福建省
南平市、福州市仓山区、平潭综合实验区

江西省
萍乡市、南昌市红谷滩新区

河南省
郑州市、鹤壁市、漯河市、济源市、新郑市、洛阳新区

湖北省
武汉市、武汉市江岸区

湖南省
株洲市、韶山市、株洲市云龙示范区、浏阳市柏加镇、长沙大河西先导区

广东省
珠海市、广州市番禺区、广州市萝岗区、深圳市坪山新区、佛山市顺德区、佛山市顺德区乐从镇

海南省
万宁市

云南省
昆明市五华区

贵州省
铜仁市、六盘水市、贵阳市乌当区

四川省
雅安市、成都市温江区、成都市郫县

西藏自治区
拉萨市

陕西省
咸阳市、杨凌农业高新技术产业示范区

宁夏回族自治区
吴忠市

新疆维吾尔自治区
库尔勒市、奎屯市

（来源：《住房城乡建设部办公厅关于做好国家智慧城市试点工作的通知》

建办科〔2013〕5号）

2013年度全国物业管理示范住宅小区（大厦、工业区）名单

一、全国物业管理示范住宅小区（85个）
1. 北京市龙湖滟澜山庄园
2. 北京市泛海国际居住区
3. 北京市林肯公园
4. 北京市亮马桥外交公寓B区
5. 上海市同润碧水湾花园
6. 上海市花园城
7. 重庆市丽都锦城
8. 重庆市普罗旺斯·公馆
9. 重庆市珊瑚水岸（一期）
10. 重庆市首钢·美利山
11. 重庆市金科·廊桥水岸
12. 重庆市龙湖·观山水
13. 重庆市融创·奥山别墅
14. 河北省石家庄市北郡住宅小区
15. 河北省石家庄市联邦东方明珠住宅小区
16. 河北省石家庄市太阳城·欧园住宅小区
17. 河北省沧州市荣盛·阿尔卡迪亚新儒苑住宅小区
18. 山西省太原市昌盛双喜城住宅小区
19. 山西省太原市千禧·学府苑住宅小区
20. 山西省太原市半山国际花园（一期）
21. 山西省大同市水泉湾·龙园小区
22. 山西省大同市宏洋·美都小区

23. 山西省长治市潞安·府秀江南小区
24. 山西省晋中市御璟花园住宅小区
25. 内蒙古自治区呼和浩特市桥华世纪村豪华园
26. 辽宁省沈阳市新湖·明珠城
27. 辽宁省大连市万科溪之谷
28. 辽宁省大连市星海湾壹号
29. 辽宁省营口市金泰城（一期）
30. 辽宁省盘锦市瀚新紫润茗都小区
31. 黑龙江省哈尔滨市四季·上东小区（一期）
32. 黑龙江省大庆市汇景花园小区
33. 黑龙江省大庆市新城枫景小区
34. 江苏省无锡市长江国际雅园
35. 江苏省南通市七星花园
36. 江苏省扬州市石油山庄小区
37. 江苏省淮安市水韵天成·金桂苑
38. 江苏省徐州市国基城邦（一期）
39. 浙江省湖州市长兴广场·百合园
40. 浙江省慈溪市浅水湾小区
41. 浙江省义乌市欧景花园
42. 安徽省合肥市绿城·玉兰公寓
43. 安徽省合肥市华地学府名都
44. 安徽省黄山市栢景雅居
45. 福建省福州市正祥·林语墅（一期南区）
46. 福建省福州市公园道 1 号（B 区）
47. 福建省厦门市国贸春天住宅小区
48. 福建省泉州市南益·西湖豪庭住宅小区
49. 江西省新余市暨阳玫瑰城住宅小区
50. 山东省济南市济南海尔绿城全运村（一期）
51. 山东省济南市鲁商·御龙湾
52. 山东省淄博市方正凤凰城
53. 山东省潍坊市德润玫瑰园
54. 山东省济宁市兴唐·国翠城
55. 河南省郑州市正弘·蓝堡湾
56. 河南省商丘建业联盟新城
57. 湖南省长沙市绿城·青竹园（一期）
58. 广东省广州市保利西子湾
59. 广东省珠海市格力广场（一期 A 区）
60. 广东省佛山市顺德雅居乐花园（一期）
61. 广东省深圳市金地上塘道花园
62. 广东省深圳市绿景中城天邑花园
63. 广东省东莞市财富新地花园
64. 广西壮族自治区南宁市保利·山水怡城小区
65. 广西壮族自治区南宁市聘望骊都居住小区
66. 广西壮族自治区柳州市大美·天地小区
67. 广西壮族自治区桂林市彰泰城小区
68. 四川省成都市保利·公园 198 百合郡
69. 四川省成都市华润·二十四城（一期）
70. 四川省成都万科金域蓝湾
71. 四川省成都市恒大城（一期）
72. 云南省昆明市银海畅园小区
73. 陕西省西安市天地源·枫林意树小区
74. 陕西省西安市兴盛园小区
75. 陕西省西安市兴隆园小区
76. 陕西省西安市雅荷春天小区
77. 陕西省渭南市澄合梅苑小区
78. 陕西省安康市金洲城小区
79. 陕西省宝鸡市东岭新时代小区
80. 新疆维吾尔自治区乌鲁木齐市和枫雅居小区
81. 新疆维吾尔自治区乌鲁木齐市华源·博雅馨园
82. 新疆维吾尔自治区乌鲁木齐市绿城玫瑰园
83. 新疆维吾尔自治区乌鲁木齐市朗月星城小区
84. 新疆维吾尔自治区昌吉市锦绣江南小镇
85. 新疆维吾尔自治区昌吉市环宇·大上海小区

二、全国物业管理示范大厦（69 个）

86. 北京电视台综合办公楼
87. 北京市中石油科技园
88. 北京市远洋·光华中心
89. 北京市德胜国际中心
90. 北京市国家防火防灾教育基地
91. 北京市人民检察院第二分院办公楼
92. 上海市宝华国际广场
93. 上海市公安局刑事侦查技术大楼
94. 上海市陆家嘴基金大厦
95. 上海市申能能源中心
96. 上海市新漕河泾国际商务中心
97. 上海保利广场
98. 上海市宝矿洲际商务中心
99. 上海市光大银行大厦
100. 天津市中心妇产科医院
101. 天津市天大高科技楼
102. 天津市峰汇广场（A、B 座）
103. 天津国际贸易与航运服务中心
104. 天津出入境检验检疫局综合实验楼
105. 中国电信重庆公司综合大厦
106. 重庆市协信中心
107. 重庆市聚信美·家居世纪城
108. 内蒙古自治区包头市检察院办公大楼
109. 内蒙古自治区鄂尔多斯市图书馆

110. 辽宁省沈阳市华润大厦
111. 辽宁省沈阳市中电投东北电力有限公司办公楼
112. 辽宁报业传媒大厦
113. 辽宁省沈阳市同方世纪大厦
114. 黑龙江省大庆市石油科技馆
115. 江苏省南京市苏美达五金工具总部大楼
116. 江苏省南京市紫峰大厦
117. 江苏省苏州工业园区档案大厦
118. 江苏省盐城市中级人民法院审判综合楼
119. 江苏省常州市武进水务大楼
120. 浙江省杭州市阿里巴巴滨江 B2B 园区
121. 浙江省杭州市滨江·新城时代广场
122. 浙江省杭州市西湖文化广场环球中心大楼
123. 浙江省宁波市恒隆中心
124. 浙江省宁波市梅山保税港区行政商务中心
125. 安徽省合肥市利港商务中心
126. 福建省福州市信和广场
127. 福建省档案馆新馆
128. 中共厦门市委党校办公大楼
129. 福建省厦门市海富中心
130. 福建省厦门市福隆体育公园综合楼
131. 福建省厦门市厦工集团总部大厦(一期)
132. 山东省济南市龙奥大厦
133. 山东省青岛市天泰·金融广场
134. 山东省烟台市滨海广场
135. 山东省潍坊市文化艺术中心(二组团)
136. 山东省临沂市公路局办公楼
137. 河南省郑州市中信银行大厦
138. 中国石油长沙大厦
139. 湖南省长沙市康园大厦
140. 湖南省长沙市宁乡县行政中心
141. 广东省广州市富力盈泰广场
142. 广东全球通大厦
143. 广东省广州市珠海区机关办公楼
144. 广东省深圳市大族科技中心大厦
145. 四川省广播电视台综合楼
146. 四川省成都市市级机关第一办公区
147. 四川省新希望大厦
148. 四川省仁恒置地广场
149. 陕西省西安市人民政府办公大院
150. 陕西省西安市曲江文化大厦
151. 新疆维吾尔自治区乌鲁木齐市中国石化西北石油局综合办公楼
152. 新疆维吾尔自治区乌鲁木齐市大成国际大厦
153. 新疆维吾尔自治区乌鲁木齐市美克大厦
154. 新疆油田公司机关一号办公楼

三、全国物业管理示范工业区(4个)

155. 河北省高碑店市光为工业园
156. 安徽省合肥市宏源工业园
157. 四川省青羊总部基地(一、二期)
158. 陕西省西安市国家级科技企业加速器工业园区

(来源:《住房城乡建设部关于公布2013年度全国物业管理示范住宅小区(大厦、工业区)名单的通知》建房〔2014〕38号)

三、获奖名单

2013年中国人居环境奖获奖名单

江苏省镇江市
安徽省池州市
山东省东营市
江苏省宜兴市
浙江省长兴县

(住房和城乡建设部城市建设司 提供)

2013年中国人居环境范例奖

1. 北京市海淀区翠湖湿地公园生态保护项目
2. 天津市文化中心环境建设工程
3. 天津市郭家沟生态村提升改造项目
4. 河北省涞源县地下综合管廊建设项目
5. 河北省邯郸市数字化城市管理项目
6. 河北省秦皇岛市在水一方住宅小区建筑能源节约与利用项目
7. 黑龙江省哈尔滨市何家沟综合整治工程
8. 上海市长宁区废弃物综合处置中心建设项目
9. 上海市杨浦区新江湾城人文生态社区建设项目
10. 上海市杨浦区五角场地区智能交通系统建设项目
11. 江苏省常熟市碧溪新区城乡统筹垃圾处理与资源化利用项目
12. 江苏省昆山市陆家镇小城镇人居环境建设项目
13. 江苏省江阴市新桥镇新型社区建设项目
14. 江苏省宿迁市幸福新城危旧片区改造示范工程
15. 江苏省淮安市古淮河环境治理工程
16. 浙江省杭州市中东河综合整治与保护开发工程
17. 浙江省杭州市区公共厕所提升改造工程
18. 浙江省嘉兴市南湖新区能源节约型示范区建设工程
19. 浙江省丽水市城区街头绿地建设项目
20. 浙江省临海市紫阳街历史街区保护开发建设项目
21. 山东省潍坊市数字化城市管理拓展提升项目
22. 山东省诸城市新型农村社区建设项目
23. 山东省沂源县节能改造温暖万家工程
24. 河南省漯河市沙澧河开发建设项目
25. 湖北省襄阳市污水处理厂污泥和餐厨垃圾处理项目
26. 湖南省长沙市洋湖湿地生态修复与保护暨洋湖湿地公园建设项目
27. 湖南省郴州市苏仙区西河沙滩公园建设项目
28. 湖南省株洲市城市管理与体制创新项目
29. 广东省深圳市深圳湾滨海休闲带建设项目
30. 重庆市璧山县低碳生态绿岛建设项目
31. 重庆市荣昌县濑溪河流域水环境综合治理工程
32. 宁夏回族自治区中卫市老城区宜居家园城中村及棚户区改造建设项目
33. 宁夏回族自治区吴忠市市区建筑节能项目
34. 新疆维吾尔自治区克拉玛依市克拉玛依区信息技术推动城市管理机制创新项目
35. 新疆维吾尔自治区库车县老城区历史文化街区保护工程
36. 新疆维吾尔自治区天池景区环境综合整治工程

(住房和城乡建设部城市建设司 提供)

2012～2013年度中国建设工程鲁班奖（国家优质工程）第二批入选名单

(排名不分先后)

序号	工程名称	承建单位	参建单位
1	北京协和医院门急诊楼及手术科室楼改扩建工程	北京建工集团有限责任公司 中国建筑一局(集团)有限公司	北京市建筑工程装饰有限公司 北京丽贝亚建筑装饰工程有限公司 浙江中南建设集团有限公司 长沙广大建筑装饰有限公司 深圳金粤幕墙装饰工程有限公司 江苏环亚建设工程有限公司

三、获 奖 名 单

续表

序号	工程名称	承建单位	参建单位
2	朝阳区王四营乡地块住宅及公共服务配套项目—B1、B2、B3及九年制学校、幼儿园（建工·双合家园）	北京六建集团有限责任公司 北京市第三建筑工程有限公司	北京建工一建工程建设有限公司
3	首都图书馆二期暨北京市方志馆工程	中建二局第三建筑工程有限公司	
4	北京日坛宾馆改扩建工程	北京城建二建设工程有限公司	上海华晖装饰工程有限公司
			安徽省兴旺建筑劳务有限责任公司
5	滨海文化商务中心一标段	天津市建工工程总承包有限公司	天津市丽豪装饰工程有限公司
			福建远泰幕墙装饰工程有限公司
			天津中发机电工程有限公司
			天津市中环系统工程有限责任公司
6	天津大剧院	天津三建建筑工程有限公司	天津安装工程有限公司
			浙江精工钢结构有限公司
			天津华惠安信装饰工程有限公司
			天津市建设装饰工程有限公司
			天津华彩电子科技工程集团有限公司
			天津市艺术建筑装饰有限公司
			天津津利堡消防装饰工程有限公司
			浙江大丰实业有限公司
7	中北旺商业广场一期工程	天津天一建设集团有限公司	
8	天津市文化中心商业体工程	上海建工七建集团有限公司	上海市安装工程有限公司
			上海市建筑装饰工程有限公司
			中建电子工程有限公司
			建峰建设集团股份有限公司
			五矿瑞和（上海）建设有限公司
			浙江亚厦装饰股份有限公司
			天津恒益建筑装饰工程有限公司
			中国建筑装饰集团有限公司
			沈阳黎明门窗幕墙制造安装工程有限公司
			天津盛达安全科技有限责任公司
9	天津市张贵庄污水处理及再生利用一期工程	天津第二市政公路工程有限公司 河北省安装工程有限公司	
10	石家庄中银广场A座工程	唐山建设集团有限责任公司	福建凤凰山装饰工程有限公司
11	沧州市招商大厦（市民服务中心）工程	河北建工集团有限责任公司	大元建业集团股份有限公司
			捷成建筑装饰工程有限公司
			河北安防智能电子工程有限公司
			河北空调工程安装有限公司
12	数谷大厦	江苏省华建建设股份有限公司	江苏扬建集团有限公司
			江苏扬安集团有限公司
			沈阳远大铝业工程有限公司
			上海上勤建设发展有限公司

续表

序号	工程名称	承建单位	参建单位
13	鄂尔多斯机场改扩建工程新航站楼工程	河北建设集团有限公司	北京神龙建筑装饰工程有限公司
			河北建设集团装饰工程有限公司
14	巨华国际大酒店	内蒙古巨华集团大华建筑安装有限公司	深圳市亚泰国际建设股份有限公司
			深圳市晶宫设计装饰工程有限公司
			内蒙古凯建楼宇设备有限公司
			西安旭龙电子技术有限责任公司
15	内蒙古自治区医院住院楼B座	内蒙古兴泰建筑有限责任公司	
16	呼伦贝尔市人民医院医技病房综合楼	赤峰鑫盛隆建筑工程有限责任公司	
17	中国(太原)煤炭交易中心	山西八建集团有限公司 上海宝冶集团有限公司	中标建设集团有限公司
			上海富艺幕墙工程有限公司
			太原罗克佳华工业有限公司
			山西海达消防工程有限公司
			山西机械化建设集团公司
			浙江中南建设集团有限公司
			深圳市奇信建设集团股份有限公司
			山西省工业设备安装有限公司
18	大同市迎宾西路综合服务楼(魏都国际酒店)	山西四建集团有限公司	
19	丹东金融大厦	丹东市东海建设(集团)有限公司	北京市建筑装饰设计工程有限公司
			沈阳远大铝业工程有限公司
20	中国大连高级经理学院工程	中国建筑第八工程局有限公司	上海中建八局装饰有限责任公司
			大连佳合市政工程有限公司
			深圳海外装饰工程有限公司
			深圳市深装总装饰工程工业有限公司
			大连理工科技有限公司
			大连建工消防机电工程有限公司
21	辽源市公安局业务技术用房工程	中国建筑第七工程局有限公司	吉林省凯基建筑装饰工程有限责任公司
			辽宁强大铝业工程股份有限公司
22	北京谷泉会议中心客房楼及附属设施工程	北京建工集团有限责任公司 上海建工集团股份有限公司	北京市设备安装工程集团有限公司
			北京市机械施工有限公司
			山东灵岩装饰工程有限公司
			上海市安装工程有限公司
			上海建工七建集团有限公司
			上海新丽装饰工程有限公司
			上海市建筑装饰工程有限公司
			沈阳沈飞集团铝业幕墙工程有限公司
23	凤凰谷(武进影艺宫)工程	上海建工四建集团有限公司	苏州金螳螂建筑装饰股份有限公司
			江苏华艺装饰工程有限公司
			江苏环亚建设工程有限公司
			苏州朗捷通智能科技有限公司

三、获奖名单

续表

序号	工程名称	承建单位	参建单位
24	宝山区人民法院审判业务用房迁建工程	上海江杰建筑装潢有限公司	上海茂利幕墙装饰工程有限公司
			太极计算机股份有限公司
			南通华新建工集团有限公司
25	苏州供电局公司生产营业调度综合用房	中亿丰建设集团股份有限公司(原苏州二建建筑集团有限公司)	苏州金螳螂建筑装饰股份有限公司
			苏州柯利达装饰股份有限公司
			南京国豪装饰安装工程有限公司
			江苏苏源高科技有限公司
			南京金陵国际装饰设计工程实业有限公司
			苏州建设(集团)有限责任公司
26	苏州新区科技大厦项目	苏州第一建筑集团有限公司	苏州市华丽美登装饰装潢有限公司
			苏州国贸嘉和建筑工程有限公司
			中程科技有限公司
			苏州金螳螂建筑装饰股份有限公司
			苏州美瑞德建筑装饰有限公司
			苏州金螳螂园林绿化景观有限公司
27	无锡市环境监控中心工程	江苏正方园建设集团有限公司	无锡王兴幕墙装饰工程有限公司
			江苏易明昌建设工程有限公司
			江苏大为科技股份有限公司
28	江苏省烟草公司南京分公司物流配送中心	江苏南通二建集团有限公司	
29	徐州医学院附属医院病房综合楼	江苏江中集团有限公司	常州苏南建筑装潢工程有限公司
			常州工业设备安装有限公司
30	阜宁县人民医院扩建病房楼及附属裙楼	江苏省盐阜建设集团有限公司	江苏中星建设集团有限公司
31	宜兴市创意产业中心工程	宜兴市工业设备安装有限公司	上海森信建设工程有限公司
			无锡皇佳建设有限公司
32	诸暨市人民医院易地新建一期工程	浙江展诚建设集团股份有限公司	浙江诸安建设集团有限公司
33	杭州市高科技企业孵化器有限公司二期工程	浙江省一建建设集团有限公司	浙江中南建设集团有限公司
			浙江亚厦装饰股份有限公司
34	余姚商会大厦	浙江宝业建设集团有限公司	浙江广艺建筑装饰工程有限公司
			浙江宝业幕墙装饰有限公司
35	东阳市人民医院医疗综合大楼	中天建设集团有限公司	浙江中天装饰有限公司
36	绍兴县水务大厦	中厦建设集团有限公司	湖北弘毅建筑装饰工程有限公司
			中鑫建设集团有限公司
37	武义县供电局电力调度中心	浙江昆仑建设集团股份有限公司	浙江诸安建设集团有限公司
			浙江金立建设有限公司
38	杭州萧山国际机场二期项目二阶段国内航站楼工程	北京建工集团有限责任公司	中建安装工程有限公司
			浙江中南建设集团有限公司
			苏州金螳螂建筑装饰股份有限公司
			浙江亚厦装饰股份有限公司
			北京建工一建工程建设有限公司

续表

序号	工程名称	承建单位	参建单位
39	淄博市中心医院新病房楼	山东金城建工有限公司	江苏合发集团有限责任公司
			山东鑫泽装饰工程有限公司
40	临沂市商业银行营业服务大楼	天元建设集团有限公司	山东天元装饰工程有限公司
			山东天元安装工程有限公司
			江苏合发集团有限责任公司
41	济宁市中级人民法院综合审判楼	山东宁建建设集团有限公司	山东宁辉装饰有限公司
			山东津单幕墙有限公司
42	唐岛湾南岸绿化工程	青岛市黄岛园林绿化工程有限公司	青岛经济技术开发区市政工程总公司
		青岛博雅生态环境工程有限公司	青岛福瀛建设集团有限公司
		青岛太行园林建设有限公司	青岛建国工程集团有限公司
43	泰安市京沪高铁新区A区保障房32号、33号楼	山东泰安建筑工程集团有限公司 山东华龙建筑安装有限公司	
44	淮北矿业(集团)工程建设有限责任公司科技大厦1号楼	淮北矿业(集团)工程建设有限责任公司	深圳市深装总装饰工程工业有限公司
45	逸景大酒店	安徽天筑建设(集团)有限公司	深圳市建艺装饰集团股份有限公司
46	龙子湖及周边综合治理和生态开发项目一期工程	安徽水利开发股份有限公司	
47	永春县电力调度中心	福建省桃城建设工程有限公司	
48	全国青少年井冈山革命传统教育基地宿舍楼	中余建设集团有限公司	江西世通工程有限公司
			思创数码科技股份有限公司
49	民权县庄子文化馆	河南国基建设集团有限公司	河南五建机电消防安装有限公司
			河南国基装饰工程有限公司
50	河南省交通勘察设计研发中心(河南省交通规划勘察设计院有限责任公司南办公楼拆除重建工程)	泰宏建设发展有限公司	郑州市泰宏消防工程有限公司
			深圳市晶宫设计装饰工程有限公司
51	南阳体育场	中建八局第一建设有限公司	河南省昊鼎建筑基础工程有限公司
			上海宝冶集团有限公司
			河南泰源装饰设计工程有限公司
52	武汉市行政服务中心(市民之家)	武汉建工股份有限公司	武汉城开基础工程有限公司
			深圳市中孚泰文化建筑建设股份有限公司
			珠海市晶艺玻璃工程有限公司
			武汉建工安装工程有限公司
			武汉市惠通安装装饰工程有限公司
			湖北高艺装饰工程有限公司
53	常德市规划展示馆、美术艺术馆、城建档案馆	湖南省第六工程有限公司 湖南德成建设工程有限公司	湖南六建装饰设计工程有限公司
			湖南六建机电安装有限责任公司
54	万科·金域华府四期23号—25号栋及地下室一	湖南东方红建设集团有限公司	
55	仁达大楼	湖南省第五工程有限公司	湖南天禹设备安装有限公司
			湖南艺光装饰装潢有限责任公司
			湖南省第三工程有限公司

三、获 奖 名 单

续表

序号	工程名称	承建单位	参建单位
56	广州珠江新城西塔	中国建筑股份有限公司 广州建筑股份有限公司	中国建筑第四工程局有限公司
			中建四局第六建筑工程有限公司
			中建三局第一建设工程有限责任公司
			中建四局安装工程有限公司
			中建钢构有限公司
			中建三局装饰有限公司
			广州市第一建筑工程有限公司
			广州市机电安装有限公司
			江苏沪宁钢机股份有限公司
			浙江精工钢结构有限公司
			深圳金粤幕墙装饰工程有限公司
			广州城建开发装饰有限公司
			广州市安鑫消防工程有限公司
			中国建筑装饰集团有限公司
			深圳市亚泰国际建设股份有限公司
			广州市城建开发集团名特网络发展有限公司
57	芳村花园二期工程施工总承包及总承包管理配合服务第一标段	汕头市建安(集团)公司	广东正升建筑有限公司
58	深圳观澜格兰云天大酒店	中国华西企业有限公司	深圳市华西安装工程有限公司
			深圳市华剑建设集团有限公司
			深圳市宝鹰建设集团股份有限公司
			深圳市美芝装饰设计工程股份有限公司
59	"彰泰·第六园"商住小区	广西建工集团第四建筑工程有限责任公司	
60	三亚鹿回头小东海A26、A26-1地块项目3A、3B楼	中铁十六局集团北京工程有限公司	
61	成都双流国际机场T2航站楼	中建三局建设工程股份有限公司 成都市第四建筑工程公司 中国华西企业股份有限公司	四川省工业设备安装公司
			上海蓝天房屋装饰工程有限公司
			中建安装工程有限公司
			江苏沪宁钢机股份有限公司
62	2米×2米超声速风洞工程	四川省工业设备安装公司 中国人民解放军总装备部特种工程技术安装总队	
63	华润置地·万象城	华润建筑有限公司	北京优高雅装饰工程有限公司成都分公司
			深圳市华西安装工程有限公司
64	重庆渝富公司总部项目	重庆建工第三建设有限责任公司	重庆建工渝远建筑装饰有限公司
			重庆港庆建筑装饰有限公司
			北京港源建筑装饰工程有限公司
65	复地·重庆复城国际工程	中建五局第三建设有限公司	中建五局装饰幕墙有限公司
66	国际开发金融大厦(原:天成大厦)	中兴建设有限公司	泰兴市第一建筑安装工程有限公司
			苏州金螳螂建筑装饰股份有限公司

续表

序号	工程名称	承建单位	参建单位
67	贵阳国际会议展览中心—C1 会议中心	中国建筑第四工程局有限公司	中建四局安装工程有限公司
			沈阳远大铝业工程有限公司
			中建钢构有限公司
			深圳森磊装饰设计工程有限公司
68	昆明医学院第二附属医院改扩建工程	云南工程建设总承包公司	云南白杨建筑装饰工程有限公司
			云南官房地基基础有限公司
			上海科胜幕墙有限公司
69	陕西宾馆 18 号楼、会议中心工程	陕西建工第一建设集团有限公司 陕西建工第五建设集团有限公司	陕西省建筑装饰工程公司
			陕西建工集团设备安装工程有限公司
			深圳市深装总装饰工程工业有限公司
			深圳城市建筑装饰工程有限公司
			深圳远鹏装饰设计工程有限公司
			深圳市洪涛装饰股份有限公司
70	陕西省科技资源中心	陕西建工集团总公司	陕西建工集团第五建筑工程有限公司
			陕西恒业建设集团有限公司
71	汇鑫花园	江苏江都建设集团有限公司	西安港天建筑装饰工程有限公司
			陕西恒基智能化科技有限公司
72	大唐西市博物馆	陕西建工集团第七建筑工程有限公司	大秦建设集团有限责任公司
73	舟曲 8.8 特大山洪泥石流地质灾害纪念公园	甘肃第七建设集团股份有限公司	
74	中石油驻乌企业联合生产指挥中心基地生产办公区主楼及辅楼工程	中建三局建设工程股份有限公司	中建三局装饰有限公司
			四川华西建筑装饰工程有限公司
			中建三局第三建设工程有限责任公司
			中建钢构有限公司
75	伊宁县人民医院标准化建设工程	江苏省苏中建设集团股份有限公司 新疆苏中建设工程有限公司	
76	莎车县市民综合服务中心（图文信息综合服务中心）	上海建工一建集团有限公司	新疆生产建设兵团建设工程集团第一建筑安装工程有限责任公司
77	京沪高速铁路南京大胜关长江大桥	中铁大桥局股份有限公司	中铁大桥局集团第二工程有限公司
			中铁大桥局集团第四工程有限公司
			中铁大桥局集团第六工程有限公司
			中铁九桥工程有限公司
			中铁山桥集团有限公司
			中铁宝桥集团有限公司
78	京沪高速铁路 DK665＋100—DK950＋039 综合工程	中铁十二局集团有限公司 中铁十五局集团有限公司 中铁十四局集团有限公司 中国铁路通信信号上海工程局集团有限公司 中铁电气化局集团有限公司 中铁建工集团有限公司	

三、获 奖 名 单

续表

序号	工程名称	承建单位	参建单位
79	京沪高速铁路丹昆特大桥阳澄湖桥段	中国交通建设股份有限公司	中交第一公路工程局有限公司 中交隧道工程局有限公司 中交路桥建设有限公司
80	湖南省汝城至郴州高速公路项目土建工程第14合同段文明特大桥	中铁五局集团机械化工程有限责任公司	
81	粤湘高速公路（博罗至深圳段）水涧山隧道	中国中铁股份有限公司	中铁隧道集团一处有限公司
82	广西柳州市双拥大桥工程	中铁上海工程局有限公司	中铁交通投资集团有限公司
83	杭州市九堡大桥工程	中交第二航务工程局有限公司 中交路桥建设有限公司	中交二航局第二工程有限公司 中交路桥华南工程有限公司 武船重型工程股份有限公司
84	哈尔滨松花江大桥扩建工程	中交第一公路工程局有限公司	路桥华祥国际工程有限公司
85	国电湖南宝庆电厂一期 2×660MW 机组工程	中国能源建设集团湖南省火电建设公司	湖南省第四工程有限公司 江西省水电工程局 湖南省第三工程有限公司
86	辽宁中电投燕山湖电厂"上大压小"2×600MW 新建工程	中国能源建设集团天津电力建设公司 东北电业管理局第三工程公司 中国十五冶金建设集团有限公司	
87	湖北江夏 500kV 变电站工程	湖北省送变电工程公司	
88	牟平 500kV 变电站	山东送变电工程公司	
89	重庆乌江彭水水电站工程	中国水利水电第八工程局有限公司 中国水利水电第十四工程局有限公司 中国水利水电第七工程局有限公司	中铁十九局集团第一工程有限公司
90	上海青草沙水源地原水工程	中交上海航道局有限公司 上海市水利工程集团有限公司 上海隧道工程股份有限公司	
91	山西潞安高河矿井工程	中煤第三建设（集团）有限责任公司 中煤建筑安装工程集团有限公司	中煤第三建设公司机电安装工程处 山西潞安工程有限公司 中煤第九十二工程有限公司
92	山西大同煤矿集团有限责任公司 4500t/d 熟料新型干法水泥生产线工程	河北省第四建筑工程有限公司	中建材富磊（上海）建设有限公司
93	包钢 Φ159mm 热轧无缝钢管生产线置换大 H 型钢生产线工程	中国二冶集团有限公司 内蒙古广厦建安工程有限责任公司	
94	武汉市黄浦大街——金桥大道快速通道工程	中国一冶集团有限公司	中铁大桥局股份有限公司
95	金川 6 万吨/年电解镍扩能改造项目	金川集团工程建设有限公司	
96	西安工业设计产业园凯瑞公寓 7、8、9 号楼工程	陕西航天建筑工程有限公司	

续表

序号	工程名称	承建单位	参建单位
97	中央电视台新台址建设工程A标段	中国建筑股份有限公司	中国建筑装饰集团有限公司
			北京江河幕墙股份有限公司
			北京利华消防工程有限公司
			中国凯瑞国际经济技术合作有限公司
			深圳市晶宫设计装饰工程有限公司
			广州珠江装修工程有限公司
			北京扶桑建筑装饰有限公司
			同方股份有限公司
			中建三局建设工程股份有限公司
			中国建筑一局(集团)有限公司
			中建一局集团建设发展有限公司
			江苏沪宁钢机股份有限公司
			宝钢钢构有限公司
			中建国际建设有限公司
			中建钢构有限公司
98	武汉供电公司电力生产调度楼	中建二局第三建筑工程有限公司	湖北天域工程建设有限公司
			中建三局装饰有限公司
			湖北当代建筑装饰工程有限公司
99	深圳蔡屋围京基金融中心工程二期	中国建筑第四工程局有限公司	中建四局第六建筑工程有限公司
			中建四局安装工程有限公司
			中建钢构有限公司
			沈阳远大铝业工程有限公司
			深圳市赛为智能股份有限公司
			深圳市宝华利机电消防装饰工程有限公司
			深圳市中深装建设集团有限公司
			深圳市亚泰国际建设股份有限公司
			深圳市中装建设集团股份有限公司
			江苏沪宁钢机股份有限公司
100	汇金国际中心	中国建筑第七工程局有限公司	
101	利通广场	中国建筑第八工程局有限公司	广东省工业设备安装公司
			北京江河幕墙股份有限公司
			江苏沪宁钢机股份有限公司
			广州市第三装修有限公司
			广东建雅室内工程设计施工有限公司
			广州市安鑫消防工程有限公司
			四川华西建筑装饰工程有限公司
			中设建工集团有限公司
102	长沙黄花国际机场新航站楼及高架桥	中国建筑第八工程局有限公司 湖南省第四工程有限公司	湖南省第五工程有限公司
			湖南省第二工程有限公司
			湖南六建装饰设计工程有限责任公司

续表

序号	工程名称	承建单位	参建单位
102	长沙黄花国际机场新航站楼及高架桥	中国建筑第八工程局有限公司 湖南省第四工程有限公司	北京江河幕墙股份有限公司
			潮峰钢构集团有限公司
			华鼎建筑装饰工程有限公司
			中建五局工业设备安装有限公司
			中建五局装饰幕墙有限公司
			深圳市晶宫设计装饰工程有限公司
			湖南建工集团装饰工程有限公司
			湖南天禹设备安装有限公司
103	廊坊固安福朋酒店	中国新兴保信建设总公司	

（中国建筑业协会 提供）

2013年度全国绿色建筑创新奖获奖项目名单

序号	项目名称	主要完成单位	主要完成人	获奖等级
1	上海崇明陈家镇生态办公示范建筑	上海陈家镇建设发展有限公司、上海市建筑科学研究院（集团）有限公司	陆一、韩继红、汪维、安宇、张振飞、梁峻、陈尹文、戎武杰、范宏武、叶剑军、夏洪军、刘智伟、张君瑛、万科	一等奖
2	武汉建设大厦综合改造工程	武汉市城乡建设委员会、中国武汉工程设计产业联盟、武汉卓尔建筑设计有限公司、中信建筑设计研究总院有限公司、武汉地产开发投资集团有限公司、武汉市建筑节能办公室、湖北鸿图绿色建筑技术有限公司、华中科技大学建筑与城市规划学院	金志宏、彭波、陈宏、郑国庆、桂正虎、王凡、胡华莹、张华、许斌、肖钢、孙明、彭波、袁灏、刘向东、郁云涛、李闻多、尹维坊、程大春、黄修林、刘允	一等奖
3	环境国际公约履约大楼	环境保护部环境保护对外合作中心、清华大学建筑学院、中建三局建设工程股份有限公司、北京市建筑设计研究院有限公司	余立风、路斌、林波荣、刘森、陈明、张俊、苏岩、薛志峰、柳建峰、章恋、张永宁、何波、刘加根、赵爱红、王新、周有娣、徐伟、肖娟、梁贵才、王良波	一等奖
4	后勤工程学院绿色建筑示范楼	中国人民解放军后勤工程学院	方振东、胡望社、李子存、沈小东、戴通涌、李蒙、薛明、靳瑞冬、杨国雄、姜利勇、刘滔、鲁建举、刘毅、刘学义、葛为、易斌、吴祥生、吴恬、陈金华、肖益民	一等奖
5	万达学院一期工程（教学楼、行政办公楼、体育馆、学员宿舍、教职工宿舍、一期餐厅、商业信息研究中心）	廊坊万达学苑投资有限公司、清华大学建筑学院	孙多斌、何平、李晓锋、吕建光、冯莹莹、王珏、白新亮、陈娜、王志彬、谭小川	一等奖
6	深圳南海意库3号楼	深圳招商房地产有限公司	王晞、刘拴强、杨海波、强斌、林武生、颜永民、彭鸿亮、陈佳明	一等奖

续表

序号	项目名称	主要完成单位	主要完成人	获奖等级
7	中国石油大厦	中国石油大厦管理委员会、北京华昌置业有限公司、中油阳光物业管理有限公司北京分公司	白静中、李子强、郑佰涛、刘清甫、张林勇、乔志谱、高跃明、张松、许世军、方旭阳、高智海、刘亮、崔雪亮、侯庆堂、陈川江、刘昉眹、吴昕南、刘文杰、杜继飞、胡成江	一等奖
8	深圳南山区丽湖中学建设工程	深圳市建筑科学研究院有限公司	袁小宜、牛润卓、田智华、马晓雯、孙延超、胡爱清、赵伟、冯能武、郭士良、陈晨、王毅立、吴志伟、李宏、陈功平、李劲龙	二等奖
9	武汉光谷生态艺术展示中心	武汉花山生态新城投资有限公司、华东建筑设计研究院有限公司、武汉建工第一建筑有限公司	苗欣、杨明、段瑜、张兴祥、李魁山、万嘉凤、童骏、张今彦、陈珏、张亚峰、王小芝、韩倩雯、郑君浩、管时渊、蒋丹丹	二等奖
10	中国海油大厦	中海实业公司、深圳市建筑科学研究院有限公司	刘泉、侯国强、任书平、徐小伟、杨涛、杨宇琦、王陈栋、司敏、杨磊、朱晓军、范清松、周伟群、申宏、曹建伟、高静	二等奖
11	万科中心(万科总部)	深圳市万科房地产有限公司、深圳市建筑科学研究院有限公司、中建三局第一建设工程有限责任公司	陆荣秀、朱志荣、鄢涛、甘生宇、田智华、徐青、朱红涛、丁霞、周明志、朱敏、沈宓、王继东、张海兵、王陈栋、罗瑜	二等奖
12	天津生态城国家动漫产业综合示范园01～01地块动漫大厦	天津生态城动漫园投资开发有限公司、中国建筑科学研究院天津分院、天津市建筑设计院、天津三建建筑工程有限公司	张洁、徐志强、尹波、卓强、刘敏、冯斌、周海珠、刘凤鹏、孙宇、王雯翡、崔志海、惠超微、付旺、李昊、闫静静	二等奖
13	天津万科东丽湖五期二(1～12号楼、49～51号楼)	天津万科房地产有限公司、天津建科建筑节能环境检测有限公司	王靖元、夏明远、孙莅、刘铭博、李胜英、汪磊磊、刘涛	二等奖
14	天津滨海圣光皇冠假日酒店	天津市圣光置业有限公司、中国建筑科学研究院天津分院	翟兆华、尹波、姚松、孙大明、周海珠、叶铭、王雯翡、闫静静、魏慧娇、惠超微、王思光、杨彩霞、贺芳	二等奖
15	济南中建文化城一期工程	山东中建房地产开发有限公司	姜玉强、董光跃、齐杰、惠旭	二等奖
16	苏州工业园综合保税区综合保税大厦	苏州物流中心有限公司、中国建筑科学研究院上海分院	钱赟、邵文晞、邵怡、谢俊杰	二等奖
17	天津京蓟圣光万豪酒店	天津德升酒店管理有限公司、中国建筑科学研究院天津分院	翟兆华、尹波、姚松、孙大明、周海珠、叶铭、王雯翡、闫静静、魏慧娇、惠超微、王思光、杨彩霞、周灵敏	二等奖
18	秦皇岛"在水一方"住宅A区1～13、15、附15、16～33、35、37、39号住宅楼	秦皇岛五兴房地产有限公司、北京高能筑博建筑设计有限公司、秦皇岛市建筑设计院、北京中建建筑设计院有限公司秦皇岛分公司、山东力诺瑞特新能源有限公司、河北省第三建筑工程有限公司	王臻、孙建慧、刘洋、徐楠、王春利、张双喜、李威、周宏伟、杨宗云、张庆生、李琳、刘英华、田勇	二等奖

三、获 奖 名 单

续表

序号	项目名称	主要完成单位	主要完成人	获奖等级
19	昆山花桥金融服务外包产业园	江苏昆山花桥经济开发区规划建设局、昆山花桥国际商务城资产经营有限公司、江苏省绿色建筑工程技术研究中心、江苏中原建设集团有限公司、上海非同建筑设计有限公司、上海现代建筑装饰环境设计研究院有限公司	曾于祥、徐挺、张建榕、徐水根、龚延风、吕伟娅、张怡、朱琴、张军、季国余、赵明、施道红、丁洋、应博华、封洪峰	二等奖
20	苏州工业园区星海街9号厂房装修改造工程（苏州设计研究院办公楼）	苏州设计研究院股份有限公司、江苏省（赛德）绿色建筑工程技术研究中心、江苏省绿色建筑工程技术研究中心	查金荣、戴雅萍、蔡爽、吴树馨、袁雪芬、钱沛如、陈苏、仇志斌、华亮、夏熔静	二等奖
21	上海市委党校二期工程（教学楼、学员楼）	中国共产党上海市委员会党校、同济大学建筑设计研究院（集团）有限公司	张德旗、徐卫、车学娅、汪铮、陈剑秋、彭璞、谭洪卫、沈雪峰、程大章、仇伟、戚启明、陈琦、王颖、杨玲、王昌	二等奖
22	广州国际体育演艺中心	广州市设计院	郭明卓、胡世强、高玉斌、张伟安、万志勇、万明亮、谭志昆、李觐、肖建平、熊伟、林心关、黄程、贺宇飞、王伟江	二等奖
23	福建省绿色与低能耗建筑综合示范楼	福建省建筑科学研究院	侯伟生、黄夏东、赵士怀、王云新、蔡亚雄、胡达明、陈仕泉、陈国顺、杨淑波	二等奖
24	北京金茂府小学	中化方兴置业（北京）有限公司、中国建筑科学研究院上海分院	徐劲、张璋、仝亚非、赵海军、李俊、邵文晞、张欢、田慧峰	二等奖
25	长阳镇起步区1号地04地块（1~7号楼）及11地块（1~7号楼）	北京中粮万科房地产开发有限公司、中国建筑科学研究院建筑设计院、北京市建筑设计研究院有限公司、北京市住宅建筑设计研究院有限公司	王波、陈兰、郑雪、许荷、侯毓、李建琳、樊则森、杜佩韦、钱嘉宏、杜庆、翟文思、李建树、赵彦革、马涛、徐天	二等奖
26	泰州民俗文化展示中心	泰州市住房和城乡建设局、华南理工大学建筑设计研究院、华南理工大学建筑节能研究中心、泰州市稻河古街区建设有限公司	何镜堂、陈松林、郭卫宏、孟庆林、焦斐虎、翟健、张振辉、张玉、陈祖俊、张磊、王琪海、黄璞洁、李国有、耿望阳、劳晓杰	二等奖
27	中关村国家自主创新示范区展示中心（东区展示中心）	中关村国家自主创新示范区展示交易中心、北京国金管理咨询有限公司、中国航空规划建设发展有限公司、中国建筑科学研究院上海分院、中国建筑第二工程局有限公司、北京首欣物业管理有限责任公司	刘政、莘雪林、刘占凤、赵泓、刘向晖、靳刚、钱元辉、周文、孟凡兵、李学群、熊启全、肖秋安、金立宏、孙大明、周海珠	二等奖
28	天津万科锦庐园	天津生态城万宏置业有限公司、天津建科建筑节能环境检测有限公司	王靖元、夏明远、滑伟、王志伦、李胜英、汪磊磊、李文杰	三等奖

续表

序号	项目名称	主要完成单位	主要完成人	获奖等级
29	中关村国家自主创新示范区展示中心(西区会议中心)	中关村国家自主创新示范区展示交易中心、北京国金管理咨询有限公司、中国航空规划建设发展有限公司、中国建筑科学研究院上海分院	刘政、莘雪林、刘占凤、赵泓、刘向晖、靳刚、钱元辉、周文、孙大明、李学群	三等奖
30	杭州钱江新城南星单元(SC06)D-08地块(勇进中学)项目	杭州市钱江新城建设管理委员会、浙江大学城市学院、杭州市城乡绿色建筑与照明促进中心	尹序源、龚敏、扈军、俞顺年、胡晓军、蔡宏伟、陈松、卢于明、应小宇、原甲	三等奖
31	虹桥商务区核心区(一期)区域供能能源中心及配套工程	上海虹桥商务区新能源投资发展有限公司、华东建筑设计研究院有限公司、上海建工集团股份有限公司	毛如麟、黄秋平、乐平、赵长义、马伟骏、张欣波、陈珏、陈建平、舒征东、魏炜	三等奖
32	武进出口加工区综合服务大楼	江苏省武进高新技术产业开发区管理委员会规划建设局、江苏武进出口加工区投资建设有限公司、常州滨湖低碳技术管理有限公司	罗文祥、孙春生、诸张益、贺金林、张俊、陆全、施建巍	三等奖
33	福州万科金域花园(1号、2号楼)	福州市万华房地产有限公司	赖泽峰、彭乾	三等奖
34	秦皇岛经济技术开发区数据产业园区——数谷大厦	秦皇岛开发区国有资产经营有限公司、北京普洛泰克环境工程有限公司	周岩、杜少东、周颖、安硕、景小峰、周慧敏、衣韶辉、华洁、张斐翀、王媛	三等奖
35	朗诗无锡绿色街区3、6、7号楼	无锡世合置地有限公司	韩洪丙	三等奖
36	哈尔滨辰能溪树庭院1~3、6、7号楼	黑龙江辰能盛源房地产开发有限公司、中国建筑科学研究院建筑设计院	刘兆新、姜莹、郭汇生、邓体涛、刘江涛、曾宇、裴智超、王黛岚、赵彦革、侯毓	三等奖
37	烟台澎湖湾小区8~22号楼	烟台金桥置业有限公司	王文斌、宋立文、于立新	三等奖
38	江阴中华园一期25号、26号楼	江阴中企誉德房地产有限公司	祝俊义、陈宇新、王嘉昌、朱雷、黄翔、程凯	三等奖
39	青岛金茂湾 A1~A3、A5~A7、B1~B3、B5~B6号楼	青岛蓝海新港城置业有限公司、中国建筑科学研究院上海分院	杜军、冯伟、杨可、张法刚、张伟	三等奖
40	广州岭南新苑项目C1~C11栋	广州城建开发设计院有限公司	黄玉萍、李光星、李珊珊、曾思玲、黎琨、林景斌、秦丹、陈晓贤、刘子丰、潘琴存	三等奖
41	广西南宁裕丰.荔园	中国建筑科学研究院、广西南宁百益商贸有限公司	赵伟、狄彦强、张宇霞、张志杰、李妍、张振国、郑镔、陈慰汉、覃逢胜、张有智	三等奖
42	常州南夏墅街道卫生院项目	江苏省武进高新技术产业开发区管理委员会规划建设局、常州滨湖低碳技术管理有限公司	罗文祥、孙春生、诸张益、贺金林、陆全、施建巍	三等奖

(来源:《住房城乡建设部关于公布2013年度全国绿色建筑创新奖获奖项目的通报》建科〔2013〕81号)

湖南大学设计研究院有限公司
The Design and Research Institute of Hunan University Co., LTD.

公司简介 | Company profile

湖南大学设计研究院有限公司(改制前为湖南大学设计研究院)是国家批准的甲级设计研究单位。拥有建筑设计甲级、城乡规划甲级、市政道桥设计甲级、工程咨询甲级、同时具有风景园林、旅游规划、给排水、环境工程、公路设计、工程勘察乙级资质。并于2000年通过了ISO-9001质量体系认证。

本院现有专职技术人员240余人,其中国家一级注册建筑师、一级注册结构工程师、注册规划师、注册设备工程师、高级工程师等共约130人。技术力量雄厚、专业配置完善、设备先进。对外承接各类民用建筑设计、市政道路、桥梁设计、工业建筑、城市规划、城市设计、旅游规划设计、工程咨询、项目管理和工程总承包等业务。

本院依靠自身实力和高校人才技术优势,注重设计实践与理论研究结合、工程技术与艺术创新,注重业主利益和社会效益的发挥,以高效率、高质量的设计赢得了社会各界的赞誉与好评。

近年来在省内外承担了大量有影响的项目:

综合办公建筑:长沙亚大数码港、恒隆国际、交警大楼、湖南广播电台、湖南省人行综合楼、湖南电力股大楼、湖南商务会馆、衡阳广播电视中心、岳阳市公安局指挥大楼、广东省湛江市市委政府大楼、广西公安厅技术大楼、湖南公安信息大楼等。

居住建筑:长沙中海国际社区项目(二期)、长沙北辰新河三角洲超高层住宅、长沙中信城市花园(二期)、梦洁金色屋顶、郡源广场、永琪西京、长沙阳光100(3#地块A区)、长沙卓越蔚蓝海岸(二期)、长沙双盈卧龙湾(二期)、长沙嘉华城、长沙卓越麓山别墅、香格里麓山别墅(二期)、橘郡花园别墅、株洲惠天然、衡阳凯星名城、河南信阳公务员小区等住宅区。

商业建筑:长沙王府井商业广场、阿波罗商业广场、友谊商店、黄兴南路商业步行街(西厢南段)、长沙奥特莱斯商业街、株洲中国城、株洲中央商城、株洲世贸、益阳福中福国商贸城等。

酒店建筑:长沙皇冠假日大酒店(五星)、湖南影视会展山庄酒店(五星)、华雅华天大酒店(方案 五星)、长沙立达人酒店(五星)、长沙开源新城国际大酒店(五星)、益阳大酒店(五星)以及索溪峪大酒店(四星)等。

教育建筑:湖南大学校园规划及单体设计、湖南师范大学图书馆、音乐培训楼、国防科技大学计算机学院银河楼、湘潭大学校园规划及体育馆设计、湖南城市学院校园规划及单体设计、湖南工业大学音乐楼、南华大学新校区规划及单体设计、湖北咸宁职业技术学院主校区规划设计、江西理工大学体育馆、河南信阳师范学院体育馆等设计。

此外,还完成了长沙高新技术开发区、长沙经济开发区等十多项大型规划和单体建筑设计。

在市政道桥、公路设计方面完成了不少有影响的项目,如长沙机场高速路、常德机场高速路、常德大道、长沙二环龙王港立交桥、长宁路立交桥、浏阳河洪山庙大桥等。在景观工程设计方面完成了长沙美蓉路、浏阳河路、岳阳楼景区、长沙高新技术开发区城市设计以及湘江大道南段滨江风光带等多项大型景观与环境项目。

此外,该院每年都有一大批项目获国家、部、省的优秀工程设计奖或竞赛投标奖。

案例欣赏 | Case appreciate

1-2 项目名称:云南昆明湘商大厦
项目负责人:唐国安
项目所在地:云南省昆明信息产业基地
委托人名称:云南省湖南商会
委托人地址:昆明市东三环金色交响大利商都1号院2楼

3-4 项目名称:浦发银行湖南省分行
项目负责人:唐国安
项目所在地:湖南省长沙市
委托人名称:浦发银行
委托人地址:湖南省长沙市浦发银行

总经理:唐国安(法人代表兼顾问总建筑师)
副总经理:郦世平(兼总工程师)
刘子毅(兼总建筑师) 池峰 项丹强 王新夏 罗学农 郭健
邮编:410082 邮箱:hdsjy@vip.sina.cn

地址:湖南省长沙市岳麓山湖南大学一舍
电话:0731-88821068
传真:0731-88824092
网址:www.hdsjy.cn

安徽省建筑设计研究院有限责任公司
Anhui Provincial Architectural Design and Research Institute Co.,Ltd

安徽省建筑设计研究院有限责任公司简介 >>> 公司简介

安徽省建筑设计研究院有限责任公司是由成立于1952年的安徽省建筑设计研究院改制成的国有控股有限责任公司，是安徽省内成立较早、规模较大的国家综合性建筑设计院，具有建筑行业（建筑工程）甲级、市政行业（给水工程、排水工程、热力工程）专业甲级、风景园林工程设计专项甲级、建筑工程咨询甲级、建筑工程项目管理甲级、工程监理甲级、一类审图机构、电力行业（变电工程）乙级、建筑行业（人防工程）乙级、城乡规划编制乙级等资质。承接省内外各类民用和工业建筑的设计、工程建设可行性研究、城市设计、控制性详细规划和修建性详细规划、景观设计、工程技术咨询、工程监理等业务。

公司设有三个土建综合设计所以及医疗设计所、机电设备设计所、规划景观设计所、建筑方案研究所、装饰设计所、工程咨询部、绿色建筑研究中心等设计科研部门；另外包括安徽省升元图文有限责任公司、安徽省施工图审查有限公司、安徽省建院工程质量检测有限公司、安徽省科信工程监理有限公司、安徽晟元造价咨询有限公司等多家子公司。目前已经发展成为业务种类齐全、产业链较为全面的综合性设计公司。

公司在职职工470余人，其中获安徽省勘察设计大师称号8人，具有正高级、高级职称的92人，国家一级注册建筑师、一级注册结构工程师、注册规划师、注册设备师、注册造价师、注册咨询工程师、注册监理工程师等各类注册工程技术人员118人；包含建筑、结构、电气、动力、通信、采暖、空调、给排水、建筑经济、室内设计、城市景观设计、建筑节能、建筑智能化、工程咨询、工程监理等专业。

建院60余年来，公司遵循"适用、经济、安全、美观"的设计方针，精心设计、竭诚服务，创作了一批构思新颖、功能合理、技术先进的优秀勘察设计作品，获省、部级优秀设计奖百余项；省、部级科技进步奖、自然科学奖十余项；公司在医院、城市综合体、文教体育、居住区规划和住宅单体等专项设计中积累了丰富的经验，形成了自己的产品特色。

公司立足安徽、面向全国、开拓海外，作品分布安徽、上海、北京、浙江、江苏、甘肃、四川、西藏、新疆等地。与美国、西班牙、法国、德国、澳大利亚等多家设计机构建立合作与技术交流关系。

安徽省建筑设计研究院有限责任公司设计作品 >>> 成功案例

澳中财富中心

安徽省城乡规划建设大厦

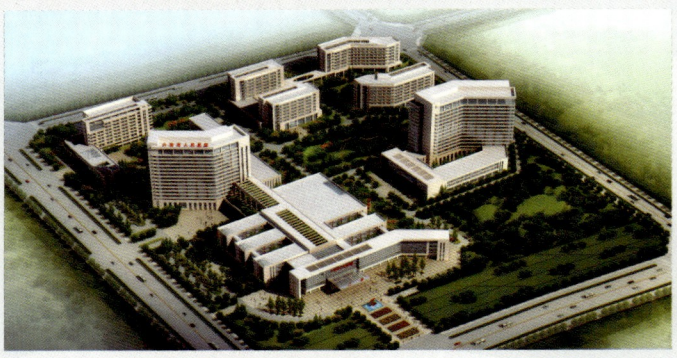

六安市人民医院河西分院新院

合肥包河万达广场

黄山光明顶气象楼

庐江县体育馆

合肥海洋世界

新疆皮山县职业高级中学

单位通信地址：合肥市包河区九华山路1号世纪阳光大厦

联系电话：0551-62871307

电子邮件：aadri1301@163.com

传真：0551-62656192

公司网址：www.aadri.com

北京清润国际建筑设计研究有限公司
Beijing tsingrun International Architectural Design and Research Co., Ltd.

公司简介

北京清润国际建筑设计研究有限公司成立于2002年,是较早进行混合所有制机制探索的综合性设计机构。拥有建筑工程甲级与风景园林乙级设计资质,员工120余名。12年来,清润国际以清——清以修身、润——润以养心,为企业文化;以实干、尽责、严谨、创新为院训;以柔性管理下的扁平化组织为依托;在激烈的市场竞争中,不断胜出,完成了数百项工程设计工作,作品遍布中国与世界多个地区。

清润国际主要从事策划咨询、规划设计、建筑设计、景观设计、室内设计、工程总承包等业务。致力于为设计师搭建一个有尊严的设计平台,为业主提供超预期的全程服务,努力推动业主的成功。

Beijing tsingrun International Architectural Design and Research Co., Ltd. was established in 2002, as among the first batch of comprehensive design institutions engaging in explorations of diversified ownership mechanism. The company possesses qualifications of Level A architectural engineering and Level B landscape gardening, with staff over 120 people. In 12 years, tsingrun International has as corporate culture, clearness -- with clearness to cultivate the moral characters, moistening -- with moistening to nourish the hearts, has as institute motto solid work, conscientiousness, preciseness and innovation and has as dependence horizontal organization under flexible management. The company stands out from furious market competitions and has completed hundreds of engineering design works, with works spreading around China and many regions of the world.

Tsingrun International is mainly engaged in businesses such as scheming and consultation, planning and design, architectural design, landscape design, interior design, general engineering contracting, etc. This company is dedicated to build a dignified design platform for designers, and provide full service for property owners beyond their expectations and work hard to propel the success of property owners.

电话:86-10-67856060
传真:86-10-67856060-104
地址:北京经济技术开发区西环南路26号院11号楼
邮箱:tsingrun2006@126.com
网址:www.tsingrun.com.cn

◀ 包钢体育馆

▲ 包钢疗养院

内蒙古新城宾馆 ▶

清以修身　润以养心

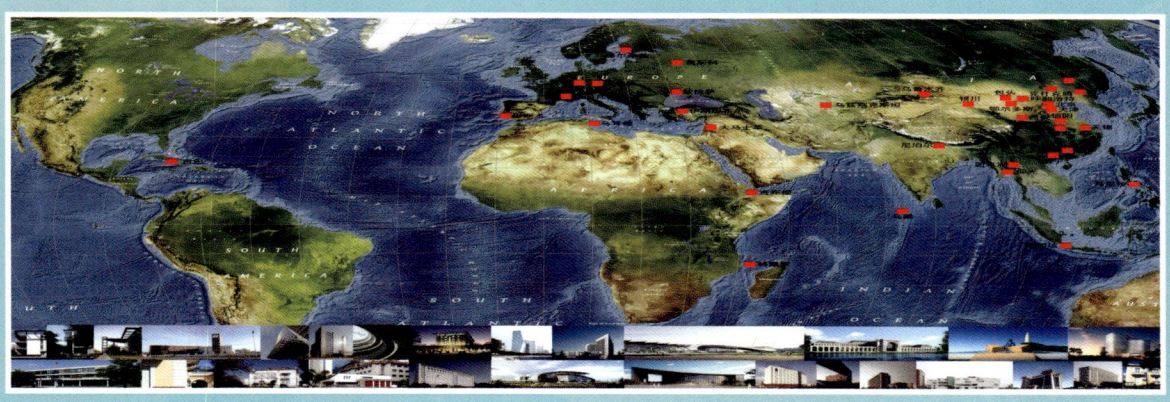

▲ 项目遍布图

▲ 项目名称：琉璃世界琉璃塔
项目地点：北京怀柔
设计时间：2011.07
设计单位：北京清润国际建筑设计研究有限公司

远山秀色禅意浓，琉璃河畔莲花生；
琉璃世界修正果，慈航普渡有缘人；
高僧大德实修地，点亮心灯药师咒；
心怀自由寄虔意，天人合一悟佛恩。

　　人是自然的造物，人是自然的骄子，人真正的根在自然。
　　与天对话，就是让人与人的根重新相连。与天对话，就是唤醒人的生命感、价值感、敬畏感。
　　与天对话，就是寻找宇宙密码，崇敬与敬畏宇宙密码。
　　建筑可以成为与天对话的媒介，好的建筑可以表达宇宙密码，蕴含直指人心的力量。
　　琉璃寺就是这样一座神圣的建筑，琉璃河在静谧的山脚下缓缓流淌，寺院大殿在山间松林浮现，琉璃塔镶嵌在青翠的的群峰之巅。
　　环顾四周，园林、建筑尽显中国气质；仰起头，高耸的琉璃塔把视线引向了无穷无尽的苍穹，一股宏大的力量，激发人去感受塔的圣洁与虔诚。
　　琉璃塔沿革了中国密檐塔的形制，形似大理白塔；塔的内部则充盈着中国楼阁式塔的空灵。
　　琉璃塔共十三层，结构形式极其简单，用简单的方法解决复杂的问题，亦是宇宙之道。比如说塔的继承传统问题，攀爬、展示、观景等功能问题。结构抗震安全问题等，同时，可攀爬的十二层隐喻琉璃光如来的十二大愿。

改革创新 转型发展 建设现代化国际性城市新中心

南京河西新城区开发建设管委会

2014年，在南京举办的第二届国际青年奥林匹克运动会，是一个全球性青年赛事，世界青年文化交流的盛会，对南京城市的建设和发展将产生积极而深远的影响。为传递"人文青奥、绿色青奥"的新时期发展理念，南京河西新城开发建设管委会在青奥片区的规划设计中，遵循和大量运用绿色低碳技术进行具体分析，集文体、商务、贸易等功能为一体、现代文明与江滨特色交相辉映，旨在进一步突出现代化新南京的标志区，进一步彰显南京滨江城市风貌。

南京国际青年文化中心

南京国际青年文化中心位于河西新城，项目占地5万余平方米，方案由英国扎哈·哈迪德公司创作设计，地上总建筑面积30余万平方米，地下总面积约10万平方米，由会议中心与两座塔楼三大部分构成。

会议中心： 主要功能包括大型餐饮、展览、商业等。会议中心包括一个2000座的大会议厅和一个500座的音乐厅，以及多功能厅、中小会议室等相关配套设施。大会议厅未来将为南京市民提供每年约100场的演出活动。

塔楼： 一号塔楼高200余米，含会议型酒店、酒店式公寓及相关配套；二号塔楼高超过300米，建成后将开设一家五星级酒店和部分5A级写字楼；裙楼为两栋超高层的配套服务用房，主要功能含酒店大堂、配套餐饮、健身及商业服务。

青奥村及青奥村服务中心

青奥村： 占地10余万平方米，建筑面积40余万平方米，距离南京禄口国际机场约40公里车程，距离青奥会主场馆奥体中心约2公里车程。青奥会期间，青奥村是世界各国运动员、随队官员、青年大使、青年记者、运动员模范代表的赛时之家。通过提供住宿、餐饮、文化教育、部分体育训练项目以及其他丰富的生活、学习与交流体验，为大家营造一个温馨、安全、舒适、绿色的居住氛围，并让大家从中体验青奥会的快乐，留下独一无二、令人惊喜难忘的南京青奥村经历。

青奥村服务中心： 与青奥村、国际青年文化中心等青奥会主要设施相邻，总建筑面积5万余平方米，青奥会期间，提供运动员餐饮、文化教育、赛事服务等。赛后作为商业中心，为河西片区提供特色商业服务。

南京国际青年文化公园

南京国际青年文化公园： 含国际青年文化广场及地下工程、南京眼·步行桥、奥林匹克博物馆、国际青年艺术中心及和园等设施。

南京国际青年文化公园是河西地区整体滨江风光带的重要组成部分，占地40余万平方米，沿江长度约2公里，是滨江风光带中具有青年、奥运、生态、国际文化特色的精彩段落。青奥会期间，这里是各国青年选手展开文化交流活动的场所，赛后作为南京市滨水开放空间，成为市民开展休闲活动、观江活动的聚集地，成为国内外众多游客来南京体验长江的必经之地，为南京创造出一个优秀的都市型旅游目的地。

南京国际青年文化广场地下工程： 主要由梅子洲过江通道连接线、文化广场地下交通系统和文化广场地下空间三部分组成。其中，梅子洲过江通道连接线约1600米；文化广场地下交通系统包含扬子江大道和匝道两部分，扬子江大道约1200米、匝道全长约2800米；文化广场地下空间为奥林匹克博物馆和地下停车场。

南京眼·步行桥：南京新地标，是南京首座跨长江的景观步行桥，起点位于河西一侧国际青年文化公园内，终点位于江心洲一侧青年森林公园内，为主跨约240米的双塔双索面钢塔钢箱梁斜拉桥，全桥总长超过800米。步行桥加强了两岸滨江步行系统之间的联系，可通行旅游电瓶车，为文化活动的开展创造了有利条件。

奥林匹克博物馆：为地下建筑，位于公园游客中心下方，建筑面积约8000平方米。该建筑作为2014年青奥会的重要文化遗产留在南京，用于展示奥林匹克精神，传承奥林匹克文化。

国际青年艺术中心：该建筑位于国际青年文化公园内，沿江堤路南北向主要游览路线旁，建筑面积约6000平方米。该建筑南端一层规划建设为"滨江风光带展示厅"，其余空间可作为各种艺术展或小型展演使用。其外立面石材、通透的玻璃采光及门窗构架，都渗透着古典建筑白墙黛瓦元素，在色调上与和园统一协调。

和园：该园总建筑面积超过3000平方米，是公园内一处传承和弘扬中国古典文化的重要场所。安排有古石雕展陈、中国戏曲演出，茶道茶艺展示、红木家具陈列等多种功能，与扬子江大道东侧的国际青年文化中心隔路相望，形成了历史与现代、园林与超高层之间有趣的时空对话。

鱼嘴湿地公园

河西鱼嘴湿地公园位于河西新城最南端，地处长江、夹江和秦淮新河三水交汇处，占地面积约60万平方米，拥有近3公里长的长江岸线，近千亩的长江漫滩湿地和大片原生态柳树林、杨树林，是南京观赏大江风貌、体验生态湿地的绝佳之处。

整体设计以"自然之吻"为设计理念，突出强调了湿地公园的科普意义、艺术价值和文化氛围，通过大地的笔记、自然的书架、时间的信箱等一系列创意手法，将生态水处理系统、树屋观测站、湿地工作站等设施巧妙融合，为市民提供了一个对话自然的课堂，观江休闲的湿地。

公园的原生态湿地保护区共有超过20万平方米，其水道长约2公里，区内栽植挺水、耐水湿植物种类约15种，浮水植物3种，沉水植物种类6种，放养蚌类等底栖动物6种。湿地水域以河西南部雨水为水源，通过河道收集、生态水处理，日水处理量约5000立方米。整个湿地水域系统充分展示了水在自然环境中由"浊"变"清"、由"清"变"活"的生态净化过程。

中南建筑设计院股份有限公司
Central-South Architectural Design Institute Co.,Ltd

中南建筑设计院简介 ▶

  中南建筑设计院股份有限公司（CSADI），前身为中南建筑设计院，始建于1952年，是中国较早成立的六大综合性建筑设计院之一。1985年被国家计委确定为旅游旅馆指导性设计院；1993年被国家正式授予对外经营权；1998年通过ISO9001质量管理体系认证；2009年改制成股份有限公司，2012年被中国建筑学会评为当代中国建筑设计百家名院，2012年被美国《工程新闻记录》（ENR）评为"中国工程设计企业60强"。

  公司共有专业技术人员1200余名，各类专家、学者及国家注册工程技术人员近400人，能优质、高效地为社会提供项目策划与咨询、规划与城市设计、建筑工程设计、市政工程设计、勘察与岩土工程、园林景观设计、项目管理及工程总承包等专项和全过程工程技术服务。

  60多年来，中南建筑设计院始终致力于为社会提供优良的建筑设计作品和一流的工程技术服务，赢得了良好的社会声誉，逐步形成了"创新创意、至诚至精"的核心价值理念和"服务中国、走向全球"的发展目标。先后在全国29个省、市、自治区及21个国家、地区完成了7000余项工程设计，其中有百余项工程获国家、部、省级优秀设计奖和科技进步奖。2009年，公司设计的广东科学中心、延安火车站、湖北省博物馆、深圳国贸中心、新建黄鹤楼、武汉歌剧院荣获建国六十周年建筑创作大奖，其中广东科学中心还获得了全国优秀工程勘察设计行业奖建筑工程一等奖。

  中南建筑设计院承担了一批建筑行业新技术、新产品、新材料的研究、试制以及委托的国家规范、标准图集编制工作，取得了一批工程技术专利（ZL201320546444.6，ZL201320565327.4……），是《建筑工程设计文件编制深度规定》、《商店建筑设计规范》、《冷弯型钢结构技术规范》等规范、规定的主编单位，出版建筑杂志《华中建筑》。

  中南建筑设计院一贯注重技术创新和设计创意，坚持以市场为导向、技术为核心，造就一流人才、创造一流作品、提供一流服务，为推进中国城镇化建设与中国建筑技术的发展不懈努力。

中南建筑设计院代表作品 ▶

广东科学中心
建筑面积：137000㎡

郑州东站
建筑面积：411800㎡

武汉天河机场第三航站楼
建筑面积：375000㎡

中国动漫博物馆
建筑面积：30000㎡

创新创意　至诚至精
Pioneer in Creative Design

哥斯达黎加国家体育场
建筑面积：34000㎡

延安铁路客运站站房
建筑面积：23994.09㎡

杭州东站
建筑面积：321020㎡

保利文化广场
建筑面积：142000㎡

中国人民革命军事博物馆扩建工程
建筑面积：148000㎡

广东医学院附属医院海东院区
建筑面积：470000㎡

北京环境卫生工程集团有限公司
Beijing Environment Sanitation Engineering Group CO.,Ltd

北京环卫集团是首都大型国有专业集团公司，专门从事清扫保洁、固体废弃物收集运输、固体废弃物处理与利用业务，收运处理的固体废弃物包括生活垃圾、餐厨垃圾、粪便、医疗垃圾、污泥、废旧物资、园林垃圾、建筑渣土等，业态包括投资、咨询设计、设备成套、装备制造、运营服务等业务。北京环卫集团具有65年的环卫作业经验和25年的垃圾无害化处理经验。业务遍及北京、广东、辽宁、内蒙古、贵州等国内多个省、市和自治区，技术服务及产品行销至古巴、巴基斯坦、柬埔寨多个国家。

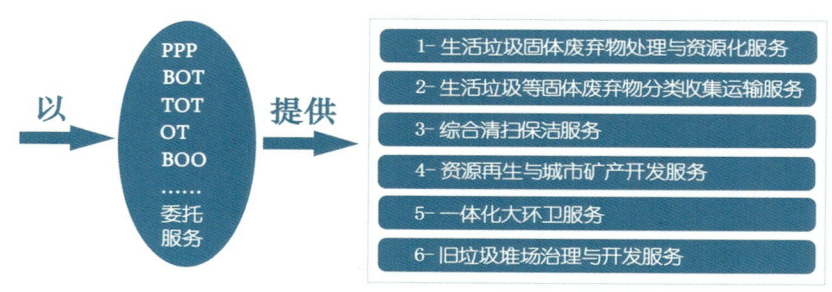

北京环卫集团以PPP、BOT、TOT、OT、BOO、委托服务等方式向国内外提供生活垃圾等固体废弃物处理与资源化服务、生活垃圾等固体废弃物收集运输服务、综合清扫保洁服务、一体化大环卫服务、旧垃圾堆场治理与开发服务。在向当地提供服务的同时，北京环卫集团通过和当地政府当地企业在项目公司股权上的合资合作（当地政府可以以资产入股），向当地输出技术、管理和资金，向当地移植环境卫生与资源再生产业。

生活垃圾等固体废弃物处理与资源化服务

北京环卫集团针对不同城市规模采用园区化协同化的"京环综合处理"和园区化资源化的"京环循环填埋"两种工艺技术路线处理和利用生活垃圾等固体废物。

京环综合处理工艺（适用于30万人口以上城市）

园区化协同化的"京环综合处理"可以在一个园区内将多种废物协同处理，克服了单个设施成本高、污染点多的局限，同时针对生活垃圾等固体废弃物组分复杂，组份之间性质差异大的特点采用生化、热工、土地等多种技术进行综合处理与资源化，"京环综合处理"可显著提高固废的资源化利用率，节约土地资源，提高污染控制水平。工艺流程如图：

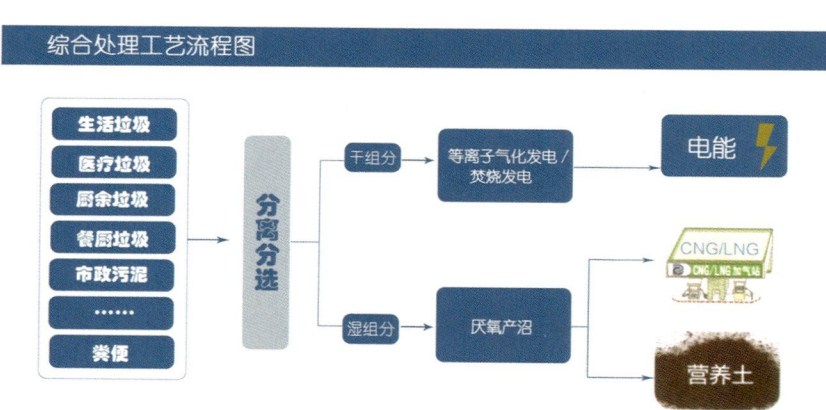

京环循环填埋工艺（适用于30万人口以下城市及旧填埋场技改升级）

京环循环填埋工艺是把填埋区构建成若干个单元厌氧生物反应器，利用生物反应器对生活垃圾进行厌氧生物降解产生沼气，厌氧产沼完成后，再进行好氧加速稳定化，对稳定化后的矿化垃圾再进行分选，分选后的材料制成RDF、营养土、路基材料等产品。京环循环填埋的全过程实行密闭作业，场界无臭味，可实现填埋土地的可持续循环利用，可最大限度地提高垃圾的资源化利用率。同时可实现"1+N"的区域垃圾处理设施共享，即在临近的几个城镇各建设一个生物反应器填埋场，其中一个生物反应器填埋场内建设一套矿化垃圾资源化设施，多个生物反应器填埋场共享一座资源化设施。

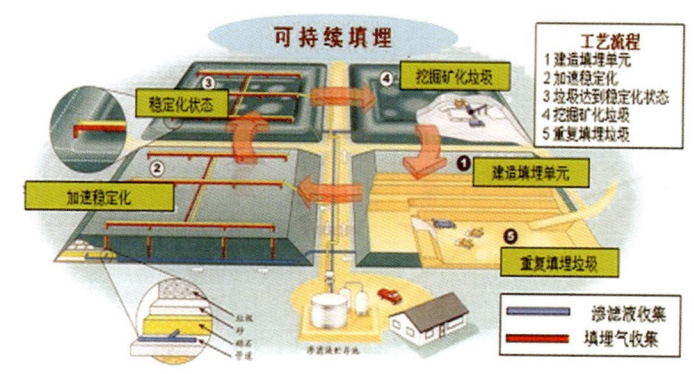

京环循环填埋工艺

生活垃圾等固体废弃物收集运输服务

北京环卫集团的生活垃圾等固体废弃物收集依据街道和建筑物布局特点采用"桶到站"、"桶到车"、"箱到站"等方式收集运输生活垃圾等固体废弃物。全过程密闭并设置臭味防治和污水处理设备，生活垃圾等低密度废物进行压缩运输。

前端收集：垃圾桶　　　　　　　　　　中端分选设施　　　　　　　　　　末端处理设施

综合清扫保洁服务

北京环卫集团提供道路清扫保洁服务、社区保洁服务、单位庭院保洁服务和大型公共场所清扫保洁服务。综合清扫保洁服务包括清扫保洁、喷雾压尘、清洗、冲刷、扫雪铲冰、小广告清理、绿地保洁、绿地养护、雨水井清掏、垃圾桶清洗清掏、隔离带清洗等综合清扫保洁作业，按照"墙到墙"或"红线到红线"的方式确定综合清扫保洁作业范围。

资源再生与城市矿产开发服务

北京环卫集团大量回收废纸、废旧家电和电子废弃物、废塑料等废旧物资；将回收的废纸制成再生纸，将回收的废旧家电和电子废弃物拆解提炼成钢铁、有色金属、贵金属和高品质塑料，将回收的废塑料制成再生塑料和塑木产品。

旧垃圾堆场治理与开发服务

北京环卫集团采用技改升级、原位处理、异位处理等方式对非正规填埋场和正规填埋场形成的垃圾填埋堆场进行治理和开发，通过治理促开发，通过开发保治理，可以在治理污染的基础上将垃圾填埋堆场所占土地开发成新垃圾处理设施、公园、物流中心等，实现垃圾填埋堆场所占土地再利用。

一体化大环卫服务

北京环卫集团可提供从清扫保洁到生活垃圾等固体废弃物收集运输再到生活垃圾等固体废弃物处理与资源化的一体化服务。一体化大环卫服务可实现生活垃圾、废旧物资、建筑垃圾、餐厨垃圾、园林垃圾、医疗垃圾的全收集；一体化大环卫服务可实现街道、社区、单位和大型公共场所清扫保洁的全覆盖。

地址：北京市朝阳区北湖渠路15号京环大厦
Address:12/F, JingHuan Plaza, 15 Bejhuanqu Road, Chaouang District, Beijing
Tel:+86-10-59682600　　E-mail:besg@besg.com.cn　　http://www.besgrd.com

坚持"两化"互动发展 建设产城一体城镇
——成都市新都区新繁镇

新繁镇按照"两化互动"、"四化同步"的要求,通过深入推进城市建设、工业园区和新农村建设,加快新繁由重点镇向小城市转型发展,努力将新繁打造成"家具之都、泡菜之乡、西蜀文化名镇、生态田园新城"。

一、新繁镇概况

新繁镇是全国重点镇、全国城市卫星镇试点、四川省首批工业型重点镇、四川省第二批"百镇建设"试点镇、成都市首批小城市建设示范镇、新都区副中心。全镇幅员面积80余平方公里,辖40余个村(社区),总人口13余万人,城区面积12余平方公里;城市人口7.1万人,耕地40余平方公里。

新繁镇是四川省历史文化名镇,古名"繁邑",距今约2800年历史,素有"川西碧玉"之美誉;建国后独立设新繁县,1965年并入新都县。镇内有全国保存完好的唐代古典人文园林东湖公园、唐代汉传佛教古寺——龙藏寺、唐代观音阁、殷商遗址水观音等13处文物保护点。

图一:调研泡菜食品园区

二、以产业为支撑,加快小城市建设

新繁镇在推进新型城镇化建设中,按照"两化互动"、产城一体的发展思路,突出家具、泡菜两大主导产业,在城镇南面,规划建设了6平方公里的家具产业园,在城镇北面规划建设了0.934平方公里的泡菜(食品)加工产业园。家具产业园已入驻好迪等全国知名企业60余户,2013年实现工业总产值140亿元,解决就业2.8万人。泡菜食品加工产业园是成都市农产品加工产业"六园区"之一,已入驻新繁食品、国酿食品等企业17家,培育农业龙头企业3家,2013年实现工业总产值10.97亿元,解决劳动就业2000余人。

图二:繁湖盛肆

从2008年启动城镇结构调整以来,新繁镇共投资5.6亿元参与旧城改造,通过旧城改造,1400余户棚户区居民搬入了崭新的居住小区。在旧城改造建设中,新繁镇特别注重历史文化的保护和挖掘,规划建设了东湖历史文化环廊,形成了以"东湖公园"历史文化为核心,以"繁湖盛肆"商业街为主体,集购物、餐饮、娱乐、休闲、商务办公等多种业态于一体的城市商业片区,进一步增强了对周边的辐射带动能力。

近年来,新繁镇共投资约10亿元,对城市市政基础和公配套设施进行提档升级,文化路、锦溪路等一批市政基础设施建成,完善了新城区城市道路骨架。幼儿园、繁江小学、文化活动中心、体育公园等一批公建配套项目建成投入使用,使城市功能得到进一步完善和提升。"新城豪庭"、"世玺"、"繁江锦城"等一批商住小区建成使用,使城市居住品质得到进一步提升。2013年,城镇建成区面积超过12平方公里,是2004年的2倍。

图三:新农村建设

三、夯实新农村建设的物质基础和支撑条件,大力实施农业产业化、规模化、标准化建设

全镇优质水稻、川芎、大蒜、番茄、桑葚等"一线一品"特色种植蓬勃发展。在黄泥、清白街等村规划建设大片都市设施农业园,目前已引进深圳天海集团等业主20余家,建成大棚1.4平方公里,发展高档花木1.33平方公里,依托泡菜园区建泡菜基地6.67平方公里。在汪家、高院等村建设"锦绣田园"项目,列入全市城乡统筹(产村相融)综合示范点。目前,0.67平方公里百草园中药材基地、汪家0.13平方公里精品蔬菜基地、0.2平方公里尚作有机蔬菜基地等4个重大农业产业化项目已启动建设,另外,2013年,农业总产值65811万元,增加值41470万元,农民人均纯收入14545元。2014年上半年,已建成农民专业合作社36个,其中省级3家,市级2家,区级6家;家庭农场6家;其中0.02平方公里规模以上的共70家6.68平方公里。

(以上信息及数据均由新都区新繁镇人民政府提供)

佛山市顺德建筑设计院有限公司
FOSHAN SHUNDE ARCHITECTURAL DESIGA CO. LTD

佛山市顺德建筑设计院有限公司简介

佛山市顺德建筑设计院有限公司始立于1958年，1993年率先改制组建有限责任公司，是建设主管单位核定的行业甲级建筑设计院，也是中国勘察设计协会的理事单位之一。

现有国家的专家、高级工程师、注册建筑师、注册结构师、注册设备师、注册规划师、市政工程师、景观设计师、室内工程师等各类工程设计技术人员三百多人，可承接国内外各类型工业与民用建筑设计、城市规划、市政设计、建筑机电设备安装设计、园林绿化设计及室内设计。

多年来，佛山市顺德建筑设计院有限公司，坚持质量第一，加强技术管理，积极创优创新，为社会贡献了大量优秀作品，包括：珠海宾馆、珠海九洲城、法国巴黎中国城、顺德清晖园扩建工程、顺德宝林寺、顺德港、顺德区郑裕彤中学、万家乐综合楼、顺峰山公园、顺德行政大楼等。

佛山市顺德建筑设计院有限公司全面实施TQC全面质量管理，并于2008年获得ISO9001国际质量认证。

佛山市顺德建筑设计院有限公司以百年企业为目标致力于全面提升整个设计每个环节的服务质量，为社会打造更加优秀的设计作品。

近期作品有：

1、顺德区第一人民医院易地新建项目，由本公司与美国HMC Architects合作获得国际竞赛第一名。项目正在实施，本公司与美国HMC Architects共同获得2009年度美国建筑协会帕萨迪纳&福席尔分会设计奖项2009 DESIGN AWARDS In recognition of excellence in the design and execution of architecture, the Pasadena & Foothill Chapter of the American Institute of Architects dose hereby bestow this, CITATION FOR DESIGN (UNBUILT)，2011年度美国建筑协会医疗建筑设计大奖（2011 AIA Healthcare Design Award）。
2、北滘春晖园工程设计，具有岭南建筑园林建筑特色的社区活动中心。
3、新疆伽师县职教园区工程设计，总建筑面积约8万㎡的援疆项目，2011年方案中标，2013年完成。
4、四川遂宁市民中心工程设计，总建筑面积约5.48万㎡，项目设计进行中。
5、梁銶琚职业技术学校新校区工程设计，总建筑面积约18万㎡，2013年方案中标，项目设计进行中。
6、江西省高安新中源明珠度假酒店，总建筑面积约6.3万㎡，项目已完成。
7、佛山市高明区职业技术学校新校区工程设计，总建筑面积约18万㎡，2007年方案中标，2009年项目完成。获2013年度广东省优秀工程设计二等奖；获第二届广东省岭南特色评优活动中获岭南特色规划与建筑设计铜奖；获2011-2012年度佛山市优秀工程勘察、优秀工程设计项目一等奖。

总机：0757-22600333、22600666　电话：0757-22287320、22600168
传真：22600338　　邮箱：sadi@21cn.com
地址：佛山市顺德区大良立田路建筑设计大厦邮编：528300
网址：http://www.sdadi.com

晋江市获2013年"国家园林城市"称号

近年来,晋江市领导部门高度重视园林绿化建设管理工作,充分利用其经济优势,以市财政投入为主,建立多元化投资渠道,逐年加大园林建设维护资金投入,推动城市园林绿化发展,并按照"全市一城"理念,坚持生态优先,构建"三廊多斑,两带三湾,绿网穿插,山海相拥"的城乡一体化城市绿地系统,初步形成城市独特、鲜明的绿化个性。同时,充分利用山、水自然资源,拥山亲水建园,园林建设融入当地特色文化元素,彰显文化古韵。

一是加大公园绿地建设。建设结合城市改造更新,拿出最好的地块建公园、建绿地,全面开展拆墙透绿、见缝插绿;市区新增公园绿地面积270公顷,建成了绿洲、八仙山、晋阳湖、罗裳山、竹树下等11个公园。同时启动实施"一镇一公园"工程,已建成13个3公顷以上镇级公园,成为群众休闲的好去处。

二是加大绿色村镇建设。大力实施"四旁四地"绿化工程,成功创建9个绿色乡镇、58个绿色村庄,涌现出深沪镇运伙村、英林镇东埔村、嘉排村、磁灶镇大埔村等花园式精品村、样板村,村庄绿意盎然、通透敞亮。

三是加大绿色通道建设。完成200多公里道路绿化景观提升工程,通过对绿化进行补植提升,形成四季常青、四季有花、视野开阔的道路行车环境,建成世纪大道、晋光路、福兴路等一批城市景观带。

四是加大绿色屏障建设。大力实施绿色生态屏障工程,营造罗裳山、灵源山、紫帽山生态防护林约130多公顷、沿海基干林带约280多公顷,初步建成具有水土保持、防灾减灾、美化环境多种功能的"丰字形"绿色屏障。

五是加大爱护绿氛围营造。①全民植树。持续开展生态环保、义务植树等宣传教育活动,倡导绿色品位生活,鼓励群众利用房前屋后、村头村尾空地,见缝插绿植绿,群众的积极性被充分调动起来。②评选市民最喜爱的树和花。仅市民参与的网络投票就超过13万人,全社会爱绿、护绿的氛围越来越浓厚。③认捐认养。多方动员社会力量参与,吸引企业、社会团体通过认捐、认养等形式参与造林绿化,近两年收到社会各界捐资超过5000万元。现在,晋江的公园、街头绿地涌现了许多冠名小绿地,为绿化建设增添了亮丽色彩。

通过全市人民的不断努力,建成区绿化覆盖率达到40.6%、绿地率达到36.7%。2013年10月23—25日,国家相关领导部门专家组对晋江市创建国家园林城市进行现场考查验收,对晋江市"创园"工作给予了充分肯定, 2014年1月14日获得"国家园林城市"称号。

开展"全民动员,绿化晋江"活动

工程案例

草庵寺

晋阳湖公园

社马路

《晋江人》雕塑

绿洲公园

崇德路

敏月公园

竹树下公园

中阳建设集团有限公司

中阳建设集团有限公司成立于1953年，注册资本32618万元，下辖子公司6个、分公司17个，业务涉及建筑施工、房地产开发、建材研发制造、金融投资等领域，是江西省抚州市以建筑安装为主体的经营集团化、产业多样化的重点骨干企业，2014年位列江西省百强民营企业第22名。

中阳建设集团董事长陈胜德

集团公司以建筑施工为主营业务，作为江西省建筑业一支老牌劲旅，具有良好的品牌效应和较大的社会影响力，为地方经济建设做出了积极贡献。目前拥有房屋建筑工程施工总承包、市政公用工程施工总承包等八项总承包和专业承包壹级资质，及公路施工总承包贰级资质、水利水电工程施工总承包叁级资质，经营项目覆盖了大部分建设领域的施工专业。集团公司形成了清水混凝土综合施工技术，高层、超高层建筑与大型高耸构筑物建造技术，大型公共建筑与工业设施建造与安装技术等多项技术优势。承建工程中获鲁班奖1项，省优质工程60多项，60多个项目被授予省、市质量安全标化工程，多项工程获全国用户满意工程。集团公司先后获得全国优秀施工企业、中国优秀诚信企业、AAA级信用单位等数十项荣誉，2012年获得人事主管部门和建设主管部门联合颁发"全国住房城乡建设系统先进集体"，2013获得中国施工企业管理协会科学技术奖"科技创新先进企业"。2014年，集团公司完成了房屋建筑工程施工总承包特级资质的筹备工作，目前正处于申报过程中。

中阳建设集团总经理 陈恩斌

2012公司被授予全国住房城乡建设系统先进集体荣誉称号

近年来，集团公司不断延伸建筑产业链，成功实现了企业的转型升级。全资子公司——中阳德欣科技有限公司成立于2010年，注册资本7246万元，厂区占地面积222.32亩，主要研发生产新型塑料建筑模板、硬质PVC发泡板材、型材，用于绿色建筑施工，建筑装饰，及环保家具制造等。公司研发的新型塑料模板，质量指标国内领先，成为全国建设行业科技成果推广项目，2014年，集团公司参与主编的行业标准《建筑塑料复合模板工程技术规程》、工法《建筑塑料复合模板施工工法》获得相关主管部门公告实施。中阳德欣科技有限公司全面建成后将可实现年产量10万吨以上，将成为全国规模较大的塑料模板生产基地，为建筑业推进"以塑代木"、"以塑代钢"，推进行业节能环保发展做出重要贡献。

中阳大厦

中阳建设集团有限公司将本着"诚信为本、质量为先、创新为重、勇争一流"的宗旨，发扬"团结、开拓、诚信、高效"的企业精神，勇创民营企业品牌，为客户提供优质的服务，为国家现代化建设不断做出新的贡献。

地址：江西省抚州市荆公路126号
邮编：334400　电话/传真：0794-8284512　网址：http://www.zyjsjtgs.com

福建建超建设集团有限公司
Fujian Jianchao Construction-Group Co.,Ltd.

地址：福建省长泰县银塘工业区　邮编：363900　电话：0596-6326666　传真：0596-6328600

福建建超建设集团有限公司是由一家有48年建造史的福建韬发建设工程有限公司及有14年房地产开发经验的鑫龙房地产公司联合创办，总投资6.7亿元，总用地约15.3万平方米，总建筑面积12.8万平方米。为创新转型，集团是福建较早从欧洲引进全球先进房屋建筑混凝土预制构件全自动生产设备，率先以传统建筑产业向"新型PC项目"转型的建筑工业化企业；该项目投产后将缩短中国与发达国家的房屋建造科技水平差距。集团生产的"建超住工牌"新型装配式房屋具有"低碳节能、绿色环保"等特点；施工工期快！标准化质量好！工程综合成本省！集团计划立足于中国海西经济区，逐步向中国西南地区贵州、都匀、宁夏、平罗等地布局。

集团目前已引进了一条PC（预制混凝土）流水生产线。计划打造国内全体系预制构件生产线，具有高产能、高效率的生产特性，该流水线采用环形生产方式，投产后最高可年产台模构件36000余块，折合混凝土预制件约80000立方米，在福建省预制混凝土装配式建筑领域开创了先河。

建超集团发展主题
一是房屋安全：抗震、防火，科学控制材料源头，确保工程质量百年大计；
二是健康：绿色建筑，杜绝任何化学建材对人类的侵害，保障人们宜居与环保房屋。

做人成就，源自超凡实力
卓越品质，精细市场定位，一是保证优质高效，建超产品通过工厂化、标准化、规模化、信息化生产，建筑结构件在工厂预制，可有效减少传统建筑墙体常见的渗漏、开裂、空鼓等质量通病，实现主体结构精度偏差以毫米计算，偏差较小，同时建设周期缩短。建超始终坚持做到为每一个工程项目成立项目专案检讨小组，依据专业设计和客户需求，量身定做建筑方案，努力通过科学的流程管理和控制体制将质量、安全、环保、工程成本等方面的信息化管理落实到施工环节的每一个层面。二是实现绿色低碳，房屋构件的集中预生产，降低了建筑主材消耗，减少了建筑垃圾、噪声、粉尘、污水的产生。与传统建筑建造方式相比，建筑产业化可实现节水，节能，节时，节材，节地，减少建筑垃圾。三是追求安全舒适，建超高度重视从矿山源头控制建材质量，创新采用机制砂，杜绝对人体有害的建材，确保房屋让住户住得安全放心。通过加装减震垫，利用正压技术，有效增强了楼宇的抗震、防火能力。同时，在房屋安全保障的基础上，夹心预制技术墙板更好地完善了房屋保温、隔热、防潮、隔声等性能，使房屋尽可能全面地满足人们的居住需求，打造新型现代化建筑。

建超集团作为海西率先引进欧洲先进建筑工业化全体系自动生产线及施工工艺的企业，秉承着"以人为本，绿色建筑"的理念，通过不断的技术更新，新产品开发，标准转化等不懈的研发工作，开发出符合中国国情建筑预制构件--建超住工品牌。

江苏省邮电规划设计院有限责任公司

江苏省邮电规划设计院有限责任公司总部位于博爱之都南京，始建于1963年，系致力于通信、建筑、信息化以及节能环保咨询、设计、研究与实施的国家级重点高新技术企业，综合实力持续位居全国同行业前列。

公司系中国通信服务公司战略业务单元；协助标准制定单位之一；通信运营商集团总部主要技术支撑单位之一。

公司已发展成为拥有13个设计院、7个研发机构的综合性咨询设计研究院，形成独特的品牌优势。

现有员工中，博士、硕士学历约占60%，拥有一支在行业内外有影响力的学科带头人和专家团队。

业务覆盖全国29个省（市）、自治区；海外市场覆盖东南亚、欧洲、南美洲、非洲等区域。印尼公司已经成为中国通信服务公司在亚洲最大的平台。在国内外设有8个分公司、100多个办事处。

公司拥有通信信息工程咨询、建筑工程咨询、通信工程勘查、通信工程设计、建筑工程设计、集成等十项甲级资质证书；取得对外经济合作经营、进出口企业、国际咨询工程、AAA级信誉单位等。

公司资质完备、技术领先、装备先进、业务多元化，具有独具特色的一体化服务模式，已成为全国行业领先的技术服务提供商。

公司2013年完成主营业务收入增长平稳，科研、规划、软课题及其他咨询千余项，其中设计类业务合同收占一半以上。完成的通信和建筑行业设计项目单位工程及出版各类文件，分别较上年大幅增长。

公司在全国智慧城市领域形成较高品牌影响力，2013年又承接智慧前海、智慧宁夏、智慧泉州等多个智慧城市整体规划项目。在省内外智慧旅游、智慧交通、智慧农业等方面形成连续订单，完成数十项有一定影响的项目。公司以智慧系列产品为代表的信息化业务产品相继落地。全年完成绿色DC、节能减排业务订单1亿元，承接北京电信亦庄、贵州移动、重庆三峡银行、重庆农业银行、中海油等数十个有较大影响的数据中心工程咨询项目。

曾获全国通信设计行业"博士后创新实践基地"后，公司2013年在全国通信设计行业中的博士后工作站挂牌；获批南京（中圆方）绿色智能建筑工程技术研究中心；参与编制国家标准2项、行业标准4项、企业标准3项；完成前瞻性软课题研究53项；软件著作权11项；获省级以上奖49项，其中优秀咨询成果2项、部级优秀设计奖9项、省级优秀设计奖4项；省级优秀咨询成果9项。

经江苏省质量管理协会等第三方测评，公司设计质量合格，客户满意度。

在获全国文明单位、江苏省文明单位标兵等荣誉后，公司新获全国工程勘察设计先进企业、全国勘察设计行业创新型优秀企业、江苏省文明单位、中国电信集团先进集体等14项集体荣誉。公司集体荣誉等级、数量均在全国同行业处于领先水平。

（以上数据由：江苏省邮电规划设计院有限责任公司提供）

地址：江苏省南京市楠溪江东街58号　邮编：210019　电话：025-52868888　传真：025-52868822　网址：http://www.jsptpd.com

杭州锦江集团

杭州锦江集团创办于1983年,是一家以环保能源、有色金属、化工为主产业的大型民营企业集团。集团行政总部位于杭州市中心的锦江大厦。集团连续被评为中国民营企业500强和中国制造业企业500强,浙江省百强企业,2013年,跻身中国企业500强,是浙江省首批诚信示范企业,连年被有关银行评为AAA级信用企业。2012年,杭州锦江当选"CCTV年度品牌",2013年,当选"中国信用企业"。

杭州锦江集团自二十世纪九十年代初发展环保能源产业以来,致力于研究开发异重循环流化床垃圾焚烧发电技术,对城市生活垃圾等低热值燃料进行资源综合利用发电并进行产业化推广,利用自主知识产权和国产化装置处理城市生活垃圾,形成了以投资管理、建设管理、运行管理和经济管理为核心的产业链管理体系,并与世界银行国际金融公司(IFC)合作,走出一条企业化运作的成功道路。集团在浙江、山东、安徽、河南、云南、湖北、新疆等省自治区及东南亚地区已建成和正在建设的资源综合利用电厂逾三十家,已成为国内拥有垃圾焚烧电厂较多、累计处理垃圾能力较大的企业集团之一。

集团整合矿业、电力、氧化铝、电解铝等优势资源,打造成极具竞争力的资源性产业链——有色金属产业,并将其作为集团未来可持续发展的重点产业。同时,集团响应国家号召,扩大业界合作、发展混合所有制经济,先后与义煤集团、阳煤集团、中铝等大型国企合作,充分发挥国企和民企的混合优势,推动产业健康发展。

集团近年来又将产业链延伸到了化工领域。以西部大开发为契机,充分利用当地的资源优势和投资环境,组建了国内一流的大型化肥、烧碱及聚氯乙烯生产企业,并已成为集团的主要产业之一。

杭州锦江集团发扬"励精图治,求实奋进"的企业精神,专心致力于环保能源、有色金属、化工和商贸领域的开发和建设,巩固基础产业,发展优势产业,努力打造"百年锦江"的宏伟蓝图,与社会发展共成!

公司地址:杭州市湖墅南路111号锦江大厦20—22楼　　法定代表人:钭正刚
电话:0571—88389111　　传真:0571—88388848　　公司网址:www.jinjiang-group.com

杭州锦江集团垃圾焚烧处理产业化之路

锦江集团是国内较早进入并投资环保能源领域的民营企业之一，并持之以恒，发展至今，为中国的城市垃圾无害化处理、城镇化建设的推进做出了积极贡献。

从1997年开始，发展历程主要划分为四个阶段：

工业化示范阶段（1998-2000年）：1997年10月，杭州锦江集团与浙江大学共同成立了"浙江大学锦江环保能源技术开发中心"，该中心成为浙江省较早进行城市生活垃圾焚烧技术开发、研究、运用与产业化运行的机构。1998年3月，锦江集团、浙江大学、杭州锅炉厂共同实施了余杭锦江热电厂城市生活垃圾发电改造项目，成功将35吨链条炉改造成日处理城市生活垃圾150-200吨的流化床焚烧炉。1999年2月，通过了原浙江省科学技术委员会的重点项目技术鉴定，开创了国内拥有自主知识产权、全部运用国产化设备的城市生活垃圾焚烧发电厂的先河。

产业化示范阶段（2000-2003年）：杭州锦江集团与浙江大学在杭州乔司镇共同实施了日处理量800吨的大规模城市生活垃圾焚烧技术产业化示范项目。该项目为国家环保高技术产业化示范工程、2001年重点实施技术示范工程、浙江省重点项目。在该项目的实施过程中，杭州锦江集团与浙江大学不断进行技术完善和提高，并进一步开展了城市生活垃圾燃烧特性的评价、概括和预测，流化床焚烧炉优化设计，尾气净化系统等13个专题的研究。此阶段的代表项目有山东菏泽、河南郑州、安徽芜湖、嘉兴步云、杭州乔司等垃圾焚烧发电厂。

完善提高阶段（2004-2006年）：杭州锦江集团与浙江大学、中国科学院等科研单位继续紧密合作，不断完善城市生活垃圾流化床焚烧发电技术，采用先进的炉内污染物控制技术和炉后半干法循环悬浮式烟气净化装置和布袋除尘器等环保系统，使废气污染物排放符合国家标准，同时锅炉燃烧效率进一步提高。2006年，浙江大学与杭州锦江集团联合开发的"生活垃圾循环流化床清洁焚烧发电集成技术"获得了国家科学技术进步二等奖，赢得了国家相关部门和专家的认可。此阶段的代表项目有杭州萧山、山东淄博、昆明五华等垃圾焚烧发电厂。

成熟推广阶段（2007年至今）：杭州锦江集团运用城市生活垃圾流化床焚烧发电技术，形成了单炉日处理规模分别为150吨、200吨、300吨、400吨、500吨、600吨、700吨、800吨的流化床焚烧炉系列产品，并在进一步减少掺烧量及延长连续运行时间方面有了新的研究突破。在此阶段杭州锦江集团先后投产了武汉武昌、武汉汉口、昆明西山、内蒙古包头、宁夏银川等垃圾焚烧发电厂，并购了江苏连云港、吉林长春等垃圾电厂，并正在建设黑龙江绥化、浙江温岭等生活垃圾发电项目，还在天津、湖南等地开展项目总承建和委托运营管理业务。公司将在国内和东南亚地区加大项目推广力度，力争5年内垃圾处理量达到5万吨/日，垃圾电厂个数达到50家。

杭州锦江集团以"励精图治、求实奋进"为企业发展理念，以"发展共成，价值共享"为己任，在创造经济财富的同时，倡导循环经济理念，走资源综合利用之路，发展环保能源事业，实行清洁生产，支持社会公益事业，依照国家产业政策和集团发展战略，锦江将实事求是，奋发前进，为社会做出贡献，与社会发展共成！

中建商品混凝土有限公司
CHINA STATE CONSTRUCTION READY MIXED CONCRETE CO.,LTD

C 公司简介
ompany Introduction

中建商品混凝土有限公司,从1995年开始从事专业商品混凝土加工生产,是世界500强企业"中国建筑"旗下的混凝土业务平台、商砼上市公司中建西部建设股份有限公司的主要骨干成员之一,为湖北省高新技术企业。

始终坚持自主创新,以**普通混凝土高性能化**推动行业技术进步。于90年代后期率先开展采用大掺量粉煤灰、磨细矿渣和粉煤灰双掺实现混凝土高性能化技术研究,通过优化胶凝材料体系、优选骨料品质与级配、率先使用高性能减水剂、建立全过程质量监控体系等一系列技术措施,形成了成套的普通混凝土高性能化技术手段,并率先在行业内全面推广和使用高性能混凝土。

以超高层建筑和超高泵送项目工程为依托,投入大量的资源进行**高强高性能混凝土的生产开发和施工应用技术研究**,形成了从C60到C150系列高强混凝土设计、生产和施工全过程质量控制技术。自2003年以来,在武汉、成都、天津等各大城市地标工程中不断刷新当地高强混凝土的施工记录,在高强混凝土设计、生产、工程应用领域积累了丰富的理论和经验,是国内高强混凝土由试验室转向工程应用的引领者,是中国高强混凝土推广应用的突出代表。积极践行"通过提高混凝土耐久性达到提高结构使用寿命,从而节约资源的理念。"在企业产品质量控制的过程中,运用粉体体紧密堆积理论,进行配合比优化设计,不断提高混凝土耐久性能,提高建筑物使用寿命,从而为社会节约资源、节约能源。

不断致力于**功能型混凝土**的推广应用,提高劳动效率、节约能源、实现建筑结构的功能化。在自密实、清水、自养护、轻集料、彩色、透水、泡沫等特种混凝土的推广应用方面,始终走在行业前列,有力推动了建筑材料向绿色、低碳方向发展。

公司的高性能混凝土在国内外众多高、大、精、尖的特殊工程、地标建筑、特色建筑得到应用:在武广客运专线武汉站项目中,公司多项技术处于国际领先水平;在武汉世茂长江项目的施工中,公司轻骨料混凝土泵送高度达到181.4米;在成都来福士广场项目施工中,白色饰面清水混凝土达到国际先进水平;在天津高银117大厦项目施工中,公司作为混凝土总承包单位,创造了国际领先民用建筑大体积底板混凝土浇筑。

切合《绿色建筑行动方案》、《关于推广应用高性能混凝土的若干意见》发展要求,公司实现高性能混凝土产业转型升级,打造绿色科技竞争优势,拥有近二十项达到国际先进和领先水平的科研成果、百余项国家专利(专利号:200810047808X,2012102663518,2012104519333……)、十余项省部级以上工法。

放眼未来,公司将秉承"为人类建筑提供坚强柱石"的企业使命,与客户共同浇筑时代的丰碑,助力中国城镇化的伟大进程。

E 工程实例
ngineering Example

SPM 上海市建设工程监理咨询有限公司

董事长、总经理 龚花强

上海市建设工程监理咨询有限公司，是国内知名的大型民营综合性工程咨询企业，成立于1993年，经核定较早取得工程监理综合资质、工程造价咨询甲级资质和工程招标代理甲级资质，继又获得工程咨询单位甲级资质。公司抓住机遇实现快速增长，2013年合同额超过4亿元，营业收入约3亿元；2006～2012年，公司连续四届荣获中国建设监理协会授予的"全国先进工程监理企业"，2014年被通报表彰为"全国工程质量管理优秀企业"之一。

公司员工1800余名。其中高中级职称681名；国家注册监理工程师、注册造价工程师、注册咨询工程师、注册建造师和结构工程师等共311人；中国工程监理大师2名（全国64名、上海5名）。公司依托技术管理和人才团队优势，凝结了深基坑、大跨度、超高层、高难度建筑项目监理咨询优势，特别是超高层和机场航站楼监理在国内领先，承担的20多项超高层项目都是各地标志性建筑。全国在建5个高600米左右超高层建筑中，公司承担了苏州中南中心（729米）、深圳平安金融中心（660米）、武汉绿地（636米）、天津117大厦（597米）4个项目。所监理的机场航站楼和交通枢纽有广州白云机场、深圳宝安机场、昆明长水机场、武汉天河机场、南宁吴圩机场、长春火车站交通枢纽、上海虹桥及外滩交通枢纽等，还承担了上海、深圳、武汉、杭州、南昌等10多个城市轨道交通项目，以及大量城市综合体、医院学校等大型公建工程监理和项目管理。

优质的服务与技术管理赢得良好口碑。近5年来公司监理的工程获得鲁班奖、詹天佑奖、国家优质工程奖等奖项18项，省部级工程质量奖百余项。公司弘扬"诚信、创新、增值、典范"价值观，自觉承担行业社会责任。作为主要参编单位积极参与编制《建设工程监理规范》、《建设工程监理规范应用指南》、《建设工程监理合同》（示范文本）、《上海市建设工程监理安全生产监督规程》、《建设工程项目管理服务大纲和指南》、《上海监理守则》等行业规范与规程；积极协办了"首届中国建设监理峰会"、"中国上海2010工程项目管理国际论坛"，主办了"2013年建设工程监理行业高峰论坛"，促进了行业技术发展。

公司建立健全"质量、环境和职业健康安全管理"体系，严格遵照国家法律法规，认真履行监理职责，建立了"公司总控、业务部门主控、项目部自控"的三级管控体系和技术支持模式，严格把控工程质量、进度和投资目标的实现，并依法对建设工程实施安全生产管理工作，工程合格率、工程优良率、合同履约率均达顾客满意。

公司拥有先进的综合信息管理平台。率先建立知识管理（KM）系统，在线专家咨询可为每个项目提供实时支持，受到广大业主好评；并积极追踪行业前端新技术发展，及时掌握BIM、绿色建筑、PC等新技术为建设工程提供高品质的监理和咨询服务，积极配合行政主管部门规范建设市场经营行为，不断提高建设工程质量水平，矢志不移地为中国城市建设再创新的辉煌。

超高层项目部分业绩

   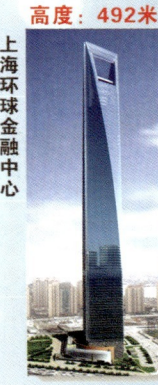

高度：729米 苏州中南中心 | 高度：660米 深圳平安金融中心115大厦 | 高度：606米 武汉绿地606大厦 | 高度：597米 天津高银117大厦 | 高度：492米 上海环球金融中心

机场航站楼部分工程业绩

建筑面积：60万平方米 昆明长水机场航站楼工程 | 建筑面积：45万平方米 深圳机场T3航站楼工程 | 建筑面积：60万平方米 武汉天河机场T3航站楼

建筑面积：40万平方米 广州白云机场航站楼扩建工程 | 建筑面积：49.5万平方米 广州白云国际机场T2航站楼 | 建筑面积：12.7万平方米 上海虹桥国际机场T1航站楼改造工程 | 建筑面积：18.4万平方米 南宁吴圩国际机场新航站区

多城市轨道交通工程业绩

上海地铁 | 杭州地铁 | 深圳地铁 | 大连轻轨 | 武汉地铁

合肥地铁 | 哈尔滨地铁 | 南昌地铁 | 郑州地铁

www.spmcn.com

公司地址：上海市虹口区西安路88号　邮编：200080　电话总机：8621-56655698　传真：8621-56655591

天津天一建设集团有限公司
Tianjin Tianyi Construction Group Co., Ltd.

天津天一建设集团有限公司是一家集施工总承包、地产开发、投资为一体，拥有技术研发、施工承包、地产开发、物业管理等较为完整产业链条的现代化企业。集团注重科技创新和人才建设，拥有了一支高水准、高效率、高远见的管理团队，从而保证了企业做强施工、做精地产、做深投资一业多元的稳健发展。

集团施工板块着力于政府机关、教育卫生、航空航天、工商贸易等领域，以"每个工地必创文明工地"、"每项工程必创优"、"每年争创鲁班奖"为工程质量目标，荣获了鲁班奖、"全国用户满意工程"等省部级奖项840余项，拥有自主知识产权专利（ZL 2010 1 0278545.0，ZL 2010 1 0278544.6……）、QC成果、国家工法等64项。

地产开发板块由绿海地产统筹管理旗下房地产公司开发销售，并以"融卓越践真诚、传精品立永恒"的核心价值，开发了市场公认和区域创冠的楼盘，得到了客户充分信赖。

投资板块践行"用心精心全心、共创共赢共享"的经营理念，谋求"资本增长、业界首肯、社会信任"的前进目标，渐成集团创新融合发展的新模式，形成了投资、施工、房地产有机联动和协同发展的赢绽平台，为集团持续增长提供了无限的动力，夯实了天一昂首阔步的基础。

集团以"立靠天津，拓展全国，进军海外"为奋斗目标，致力于不断提高全体员工的综合素质，不断提升企业的品牌形象，不断提振文明社会的信心指数，已在北京、广州、深圳、珠海、西安、呼和浩特、成都、重庆等地设立分公司。未来，集团将继续坚持"三位一体、协同发展"战略，以"以投融资为引领，以地产开发为载体，以工程建设为支撑"，发展成为专有领域内具备"投资—建设—运管"全产业链服务能力的综合服务运营商。

交竣项目

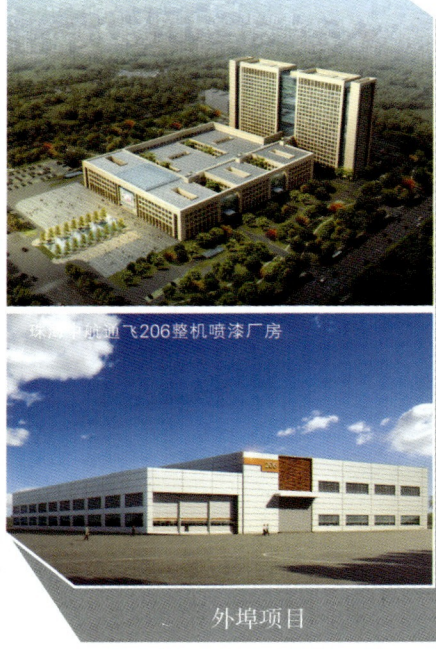

外埠项目

在施项目

企业地址：天津高新技术产业开发区迎水道148号A座　　**联系电话**：022-23858688
网　　址：www.tianyijianshe.com　　**邮　　箱**：shaoxingyijian888@163.com

云南建工集团有限公司

云南建工集团有限公司成立于1951年，是省主管部门履行出资人职责的20户省管企业和15户省属重要骨干企业之一。集团现有全资子公司、控股公司和直管企事业单位近40个；现有在职职工17000余人，各类专业技术人员近9000人，其中高级职称近900人。集团拥有2个房屋建筑工程施工总承包特级资质、3个建筑工程设计甲级资质、1个人防工程设计甲级资质，可承接房屋建筑、公路、铁路、市政公用、港口与航道、水利水电各类别工程施工总承包、工程总承包和项目管理业务。目前，集团已发展成为集房地产开发、城市建设投资开发、机电设备安装、商品混凝土生产、电力工程施工、矿山工程施工、冶炼工程施工、石油化工工程施工、建材与设备供销、建筑科研、勘察设计、建筑劳务于一体的多层次大型建设集团。

云南建工集团党委书记、董事长 陈文山

近年来，集团努力进行结构调整，科技水平不断提升，综合实力不断提高，千方百计拓展市场，国际市场的开拓能力不断增强，为云南的经济建设和社会发展做出了显著贡献。集团 2013年完成总产值400多亿元，完成竣工面积800余万平方米。集团累计获得多项全国建筑工程鲁班奖，詹天佑土木工程大奖提名奖1项，国家优质工程银质奖，全国用户满意工程；全国和省级以上科技进步奖百余项，获部省级优质工程奖百余项；先后多次入选中国承包商60强和中国企业500强。集团先后在也门、南非、赤道几内亚、沙特阿拉伯、毛里求斯、马尔代夫、泰国、老挝、缅甸、柬埔寨、印度、斯里兰卡等国家承接各类工程，并荣获老挝政府颁发的"发展勋章"、"劳动勋章"，柬埔寨国王颁发的"贡献勋章"等荣誉，赢得了良好的国际声誉。

云南建工集团党委副书记、总经理 刘勇

集团以高效、优质的服务和重合同、守信用的严谨作风，"爱岗敬业、珍惜岗位，诚实守信、依法经营"的文化理念，得到了行业主管部门的充分肯定，也赢得了金融机构和广大客户的信赖，连年被评为AAA级企业，享有较高的商誉，"云南建工"品牌已经成为国内外建筑业界的知名品牌。

地址：云南省昆明经济技术开发区信息产业基地林溪路188号　　邮编：650501　　传真：0871-63173714　　网址：www.ynjg.com

（以上信息由云南建工集团有限公司提供）

云南建工发展大厦

江苏江都建设集团有限公司

江苏江都建设集团有限公司成立于1965年,注册资金7.336亿元。具有国家房屋建筑工程施工总承包特级资质;机电安装工程、化工石油工程、市政公用工程总承包壹级资质;建筑装修装饰工程、钢结构工程、地基与基础工程专业承包壹级资质和多个总承包及专业承包二级资质。同时拥有建筑工程甲级资质和省级技术中心。年完成营业额300亿元的大型建筑施工企业。

公司现有各类中、高级技术人员5000余人,国家壹级注册建造师152人、二级注册建造师277人,年平均用工达40000人;在全国各地承建了大批"高、大、难、新"名优工程,并在蒙古、马达加斯加、几内亚比绍、卢旺达、老挝、新加坡等国外市场享有良好的声誉,承建的蒙古奥尤陶勒盖境外总包工程,总造价突破80亿元,成为江苏省有史以来承接的境外较大单体总包项目。

一直以来,公司始终坚持创名优工程、走质量兴业之路,近年来获"鲁班奖"、"国家优质工程奖"、"市政金杯示范工程"、"詹天佑"工程等大奖26项,获"扬子杯"、"白玉兰杯"、"长城杯"、"楚天杯"等部省级优质工程230多项。先后有4项工程获全国新技术应用示范工程、40多项工程被评为部省级十项新技术应用示范工程;20多项工法获部省级工法;获发明专利2项(ZL200810124144.2,ZL200810180141.0)、实用新型专利38项(ZL201120166925.5,ZL201120219815.0,ZL201320430564.X……);20个QC小组获全国优秀质量管理小组称号。分别于2010年、2013年参与主编出版了《液压爬升模板工程技术规程》和《液压滑模施工安全技术规程》。

公司连续多年位居江苏建筑业百强企业和江苏省外经类百强企业,位列中国建筑业竞争力百强企业,位列中国民营企业500强第96位。连续多年被评为"江苏省知名承包商"、"江苏省开放型经济先进企业"、全国守合同重信用企业。连续多年被中国建筑业协会和中国施工企业管理协会评为全国优秀施工企业、全国建筑业科技进步与技术创新先进企业、AAA级诚信企业,全国建筑业信息宣传先进集体,同时还被中国建筑业协会授予创鲁班奖工程特殊贡献奖。2014年被通报表彰为"全国工程质量管理优秀企业"之一。

公司于1998年通过ISO9001质量体系认证,2003年通过ISO14001环境体系、GB/T28001职业健康安全体系认证。

① 蒙古奥尤陶勒盖

② 西安捷瑞苑住宅小区(2010-2011年度鲁班奖、2008年度AAA级安全文明标准化诚信工地)

③ 中国农业银行东单办公南楼(2012-2013年度鲁班奖)

1. 2010年江都建设集团以技术标和施工方案两个优势力挫其他强劲对手,一举夺得蒙古奥尤陶勒盖项目36亿元的工程份额,集团蒙古公司组成了500多人的管理团队,调动了中国和蒙古籍工人近6000人,攻克了一个又一个施工难题,保证了项目的顺利竣工。被业主公司称为在全世界所有采矿项目中江都建设集团承建的这一项目预算未超、进度提前,是出色的施工管理队伍。该项目的承建开创了江苏建筑史的先河,截止到目前,该项目的工程量已突破80亿元。

2. 西安捷瑞苑住宅小区为单体住宅工程,地下2层为车库、人防和设备房,地上主楼为住宅和公寓,裙楼为商业用房,总建筑面积107027㎡,主楼地下2层,地上31层。该项目自开工以来就坚持高效率、严要求的施工标准,精心组织、科学管理,牢固树立项目既定的安全、质量和进度目标方针政策。荣获2010-2011年度"鲁班奖",当年评出的住宅类鲁班奖工程仅有7项,江都建设就独揽两项。

3. 中国农业银行东单办公南楼工程位于北京市东城区建国门内大街乙18号,建筑面积59028㎡,梁板式筏板基础,框架剪力墙结构、钢结构,建筑高度93.8m,地下5层,地上23层,各项功能齐备,设备先进,是一座低碳节能、绿色环保的智能化写字楼。被评为2012-2013年度鲁班奖。

北京市勘察设计研究院有限公司
BGI ENGINEERING CONSULTANTS LTD.

北京市勘察设计研究院有限公司（简称"北勘公司"）始建于1955年，历经五十多年的发展，已成为集工程勘察、工程测量、岩土设计与施工、地质灾害调查评估防治、地震安全性评价、工程物探、工程综合检测与监测、基础与地下工程设计与咨询、地能系统集成与利用、环境评估及场地修复与治理、环境风险管理等业务与研发为一体的行业骨干单位。

北勘公司现有员工400余人，拥有由中国工程院院士、中国工程勘察设计大师和一批享受国务院政府特贴专家、青年学科带头人为代表的专业人才队伍。现有教授级高级工程师13名，高级工程师70余名，工程师近百名，注册土木工程师（岩土）、注册咨询工程师、注册建造师、注册环评师、注册安评师、注册结构师等执业注册工程师共计100余名。

在过去五十余年中，北勘公司为城乡规划、工程建设、城市运营减灾防灾、低碳环保等提供了多方面的专业技术支持与服务，在地基基础工程、地下空间开发建设、抗震防灾、地下水环境与工程建设的相互影响、可再生能源工程和污染场地修复等方面持续进行了大量专题研究，累计为北京及外埠的4万多项各类项目提供了优质技术服务，为首都城市总体规划和工程建设、设计、施工以及推动行业科技进步做出了积极贡献。

北勘公司获得行业领导部门与省部级科技进步奖、全国优秀工程勘察设计金银铜奖和省部级优秀工程勘察设计奖总计近400余项次，在技术创新、科技研发、工程质量、技术服务能力与水平等方面获得了国内业界和国际同行的高度评价。北勘公司荣获中央精神文明建设委员会颁发的全国创建文明行业先进单位、首都精神文明单位标兵和首都有突出贡献先进集体等一批荣誉称号。

北勘公司传承北勘院的优良传统，坚持管理创新和科技创新，继续深化机制变革，发挥好新体制对风险责任的强化效能，以更优的质量、更强的能力服务客户，以更健康的企业运营回报社会，为首都和全国的发展建设、行业的科技进步和国家的繁荣强盛做出更大贡献。

门头沟双大路滑坡治理工程获北京市优秀勘察设计一等奖

北京南邵城市生活垃圾填埋场输氧曝气治理工程

"中国尊"岩土工程勘察设计及施工监测

国家大剧院

国家体育场

南通四建集团有限公司

公司简介

　　创始于1958年的南通四建集团有限公司具有房屋建筑工程施工总承包特级资质，是南通建筑铁军中的一支劲旅，是江苏省建筑界的领军型企业。历经政企体制调整、股份制改革、集团化运作，企业现已发展成为集建筑设计施工、装饰装潢、机电安装、楼宇智能服务于一体的跨行业经营、跨区域发展的大型建筑企业集团，施工队伍分布在全国二十多个省、市、自治区。南通四建现拥有15名教授级高级工程师、1000多名注册建造师、2000多名中高级工程师、8500多名中高级管理人员。公司年施工面积2000万平方米以上，2013年企业施工产值近300亿元。

　　南通四建不断推行名牌工程战略，走质量效益型发展道路，建筑精品有口皆碑，企业品牌声名远扬。南通四建先后承接了众多国家和省、市级重点工程，荣获22项鲁班奖（鲁班奖总数江苏建筑企业领先），12项国家优质工程奖，4项詹天佑奖、9项全国用户满意工程奖以及600多项其他省级以上荣誉；南通四建被中国建筑业协会评为"创鲁班奖工程突出贡献奖金奖"企业，连续多年荣获"全国优秀施工企业"、"中国建筑业竞争力百强企业"、"全国守合同重信用企业"、"江苏省著名商标"、"江苏省文明单位"、"南通市市长质量奖"等荣誉称号，综合实力稳居江苏省建筑业企业前列。

成功案例

（1988年鲁班奖）西藏拉萨饭店

（2008年鲁班奖）南京军区总院门诊楼

（2011年鲁班奖）商业银行大厦 常熟农村

（2010年鲁班奖）东北电网电力调度交易中心大楼

（2012年鲁班奖）中国（泰州）医药城会展交易中心

（2009年鲁班奖）江苏移动通信枢纽工程

新世纪建设集团

新世纪建设集团创建于1959年。经过半个多世纪的创业创新，目前已发展成为具有房屋建筑施工总承包国家一级资质，集工业与民用建筑、房地产开发、金融投资、工程装饰装修、园林绿化、市政公用工程、通信工程、机电设备安装、建筑幕墙、消防工程、材料检测、起重设备安装、机具租赁、劳务输出等多元经营为一体的综合型企业集团。

成长，是用汗水融墨书写跋涉脚印的文字。新世纪建设集团充分发挥资金、品牌、人才、技术、装备的优势，

奋勇拼搏 硕果累累

使工程建设业务覆盖全国23个省市、自治区，经营规模不断扩大，实现产值屡创新高，经济社会效益逐年提升，企业发展持续稳健。集团圆满通过GB/T 9001：2000国际质量体系、GB/T 24001:2004环境管理体系、GB/T28001:2011职业健康安全管理体系"三合一"认证，实施"质量强企"战略，以质量创品牌、以品牌树信誉、以信誉兴市场，并获得：全国"五一"劳动奖状、全国优秀施工企业、中国建筑业最具成长性百强企业、中国工程建设社会信用评价"AAA"企业、浙江省建设工程质量安全先进单位、浙江省先进建筑施工企业、金华市建筑业龙头企业、金华市百强企业、金华市诚信经营企业、金华市劳动关系和谐企业等荣誉180多项；连续十四年被相关领导部门授予"省级文明单位"称号；实现全国"安康杯"竞赛优胜企业"九连冠"，并被评为全国示范企业；连续十年被评为金华市区纳税超千万元大户，名列金华市区地方财政贡献五十强第十位，建筑业较领先。创国家"鲁班奖"、国家优质工程奖、"华东杯"优质工程奖及省市优质工程200多项，国家、省市安全生产文明施工标准化工地和"文明现场、生活保障"先进工地230多项。集团涌现出全国建设系统和省市劳动模范、全国优秀施工企业家、优秀项目经理等一批先进人物。

昨天，自强不息创新业；今天，稳健发展谱新篇；明天，志存高远攀新峰。新世纪人拼搏的身影与岁月同行，与辉煌同在。

金华信息港大楼（国家鲁班奖工程）

苏州唯亭科技创业基地（国家优质工程奖）

永康总部中心金石、金松大厦
（国家优质工程奖）

武进绿色建筑产业集聚示范区

武进绿色建筑产业集聚示范区授牌仪式

2014年7月15日，中国房地产研究会、中国房地产协会领导调研绿建区

2014年3月15日，全国政协常委、九三学社领导调研绿建区发展情况

2014年3月29日，绿建区与软银中国签约，成立绿建软银常州基金

武进绿色建筑产业集聚示范区（以下简称绿建区）启动区15.6平方公里，位于武进中心城区南部，西太湖东岸线、常泰高速、沿江高速和市一环高架均可直达，交通便捷。绿建区以打造世界先进、国内领先的绿色建筑产业集聚区、绿色建筑技术集成区、绿色建筑展示体验区、绿色建筑国际合作区为目标，坚持"绿"引领，擦亮"绿"品牌。

科学规划，园区格局逐步明晰。

绿建区坚持高起点规划、高标准建设的原则，以绿色新城建设为统揽，以打造绿色布局、绿色建筑、绿色能源、绿色资源、绿色交通为方向，先后完成了产业规划、空间规划、产业园区规划、绿色生态专项规划及能源微网规划等五大规划。产业方面：明确了绿建区主要发展上、中、下游三大类产业。上游为绿色建筑科技与服务业；中游为绿色建筑制造业和建造业，涵盖绿色建材、节能环保设备和建筑工业化三类产业；下游为与绿色建筑相关的商贸和会展金融业等配套服务业。空间方面：明确了"一心四区"的总体格局。"一心"为绿色建筑创研中心，"四区"分别为绿色建筑商贸服务区、绿色建筑特色产业园区、绿色建筑居住示范区、国际合作产业园区。

集聚资源，发展动力逐步增强。

2013年以来，绿建区先后被列入《关于共同推进江苏美好城乡建设战略合作框架协议》和《苏南现代化建设示范区规划》，省级领导部门出台专题会议纪要明确了支持绿建区发展的九大政策，各级领导、社会各界的关注度日益增强。人民日报、中国建设报、新华网等媒体，以及省、市、区媒体不断聚焦，逐步确立了绿建区在绿色建筑产业领域的关键地位。同时，绿建区成功引进30余名绿色建筑产业领域的重要专家，其中中国科学院院士2名、中国工程院院士2名。并与中国建科院、上海建科院、江苏建科院、浙江大学、东南大学等20多家知名院校签署了合作框架协议。

项目为王，产业平台初具雏形。

绿建区紧紧围绕产业集聚和示范引领等五大目标，集中精力抓项目。一是加快发展绿色制造。成功引进中国香精香料、北京太空板业、美国诺森建筑、法国圣戈班、瑞典山特维克等绿色建筑建材和制造业企业。二是加快建设绿色社区。招商花园城、万科生态城项目加紧施工，建筑均为绿色建筑，约50%达二星以上。三是不断加强绿色合作。成功引进中芬绿色科技产业园、中新绿色科技产业园等项目，与软银中国组建了国内首支绿色建筑产业基金，成立绿色建筑技术创新产业联盟。四是加快汇集绿色科研。中建材（江苏）应用技术研究院、圣戈班（中国）零碳体验中心成功落户绿建区。五是稳步推进绿色商贸。围绕打造绿色建筑技术展示平台、建材交易平台、文化交流平台的目标，建设绿色建材电子商务平台，做强会展交易中心。

2014年12月25日，江苏省领导调研绿建区重点项目

2014年4月28日，江苏省领导到绿建区调研指导工作

2013年11月20日，江苏省领导在北京考察绿建区发展情况

2014年11月28日，江苏省领导调研绿建区发展情况

2014年5月27日，绿建区与中国香精香料有限公司项目合作签约仪式

2014年7月7日，常州市领导调研绿建区项目

2014年5月14日，武进区领导调研绿建区

瓷砖·薄瓷板·瓷艺

国家首批"资源节约型 环境友好型"创建试点企业
承担"十一五"国家科技计划支撑重点项目
业内2010上海世博会特许生产商
国家建筑材料科技进步一等奖
广东省工业旅游示范单位

中国环境标志　采用国际标准产品　国家火炬计划重点高新技术企业　ISO9001认证

广东蒙娜丽莎新型材料集团有限公司
地址:广东省佛山市南海区西樵轻纺城工业园　邮编:528211
电话:+86-757-86822683 86820366　传真:+86-757-86828138
网址:www.monalisa.com.cn　邮箱:monalisa@monalisa.com.cn

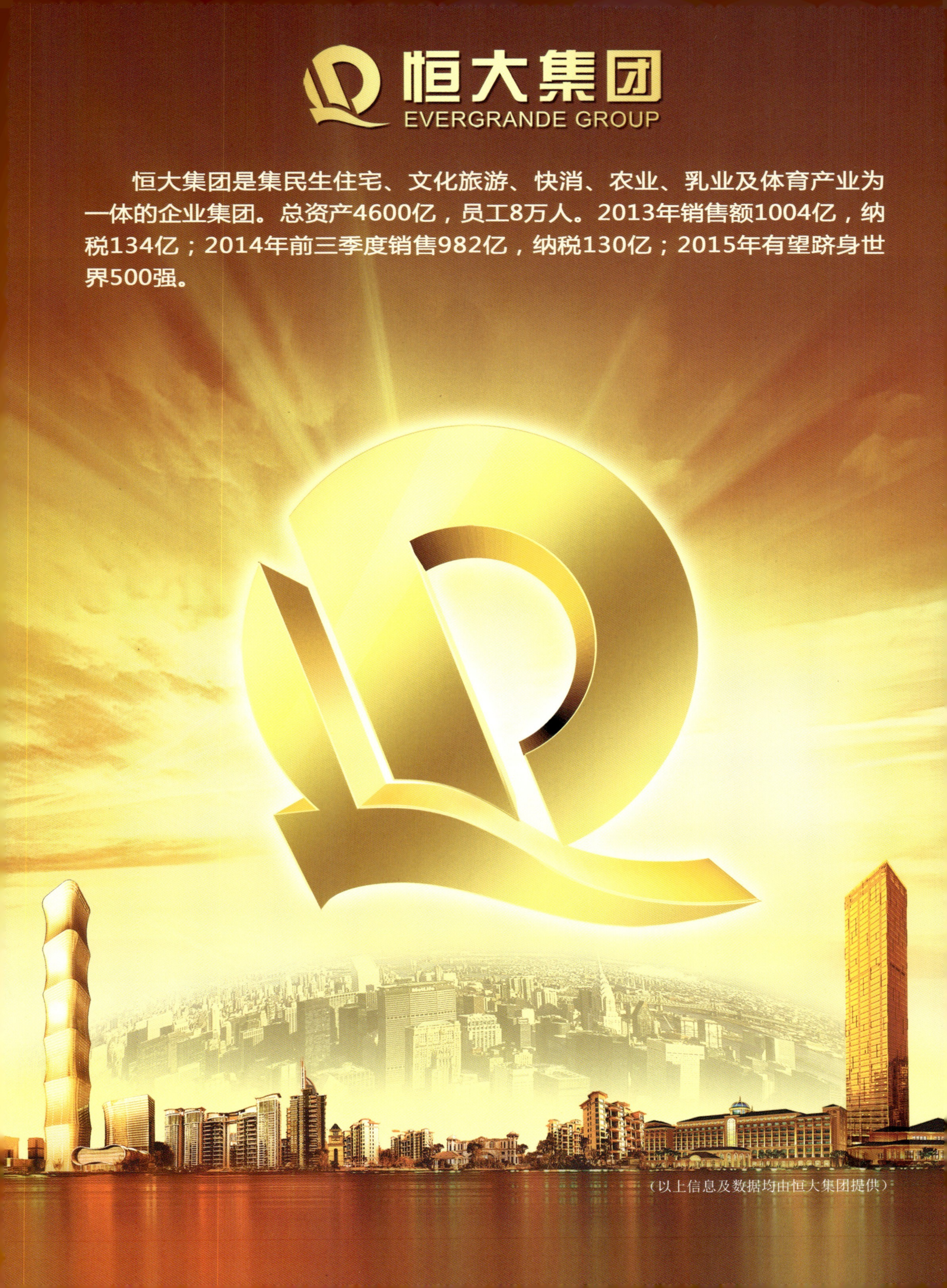

恒大集团是集民生住宅、文化旅游、快消、农业、乳业及体育产业为一体的企业集团。总资产4600亿，员工8万人。2013年销售额1004亿，纳税134亿；2014年前三季度销售982亿，纳税130亿；2015年有望跻身世界500强。

（以上信息及数据均由恒大集团提供）

浙江绿城装饰工程管理有限公司

浙江绿城装饰工程管理有限公司（简称绿城装饰）成立于2008年7月，是绿城房地产集团有限公司的全资子公司，注册资金2.5亿元。公司是从事建筑管理输出，精装修设计、施工、软装设计和陈设，橱柜及木业经营等相关产业的综合性企业。

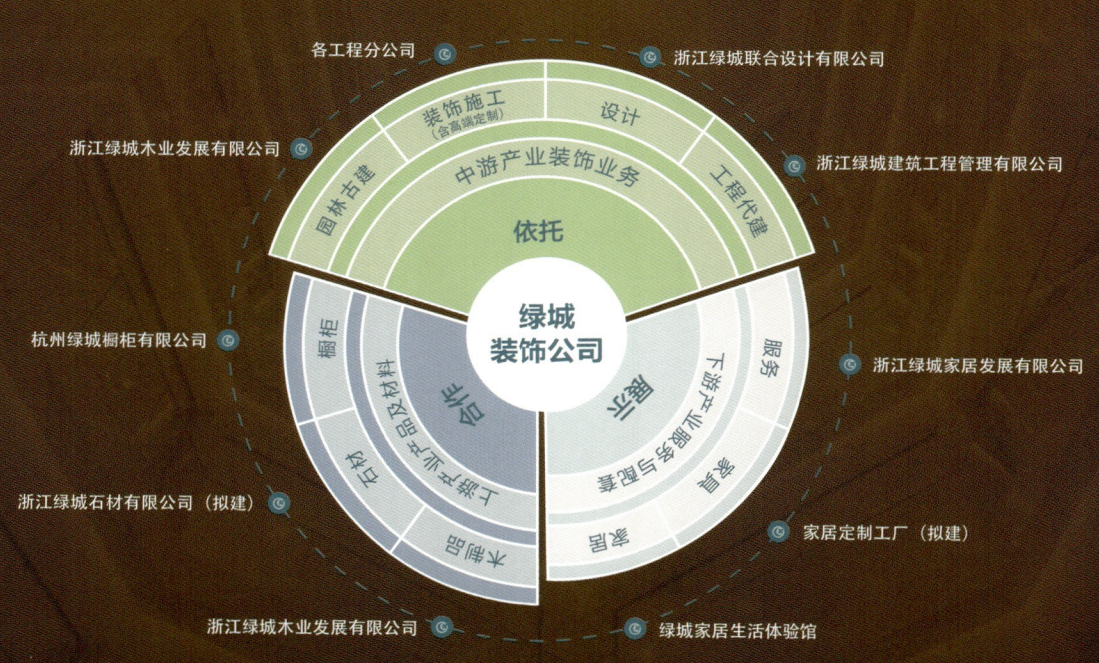

优良企业资质荣誉

- 建筑装修装饰工程专业承包壹级
- 建筑装饰工程设计专项甲级
- 建筑幕墙工程专业承包贰级
- 通过质量、环境、职业健康安全体系认证
- AAA级信用企业
- 浙江省建筑装饰行业强优企业

全产业链一站式服务

绿城装饰下辖全资子公司5家，有浙江绿城联合设计有限公司、浙江绿城家居发展有限公司、浙江绿城建筑工程管理有限公司、浙江绿城木业发展有限公司、辽宁装饰工程管理有限公司；控股子公司2家，为浙江绿城联合建设有限公司、杭州绿城橱柜有限公司；以及北京、上海、江苏、海南、重庆、云南、青岛等十几家分公司。经过数年发展，公司现有一级建造师、高级设计师等各类职称专业技术人员和经营管理人员近400人。

业务范围辐射全国

凭借高品质的产品与服务和优质的供方资源，公司现已面向全国，为客户提供高品质、专业、完善的全产业链服务，完成上千个建设项目，打造了一批如杭州桃花源、西溪诚园、蓝色钱江、杭州西子湖四季酒店、绿城千岛湖喜来登度假酒店、温州鹿城广场、上海玫瑰园、北京御园、济南全运村、沈阳全运村、大连深蓝中心、花木绿城·上海锦绣蘭庭、舟山朱家尖绿城威斯汀度假酒店、海南蓝湾绿城威斯汀度假酒店等经典项目。

杭州西子湖四季酒店

青岛胶州绿城喜来登酒店

海南蓝湾绿城威斯汀度假酒店

绿城千岛湖喜来登度假酒店

青岛理想之城喜来登酒店

哈尔滨银行总部大楼

嵊州新医院

云栖玫瑰园

真诚·善意·精致·完美

联系地址：浙江省杭州市西湖区紫荆花路2号联合大厦B座9楼　　联系电话：0571-87902332　　网址：http://www.greentowndec.com

乌镇大剧院（国家AAA级文明标准化工地，浙江省钱江杯优质工程）

巨匠建设集团有限公司是浙江巨匠控股集团有限公司旗下以房屋建筑工程施工总承包为主营业务的大型集团企业。具有房屋建筑工程施工总承包壹级、园林古建筑工程专业承包壹级、建筑装修装饰工程专业承包壹级、消防设施工程专业承包壹级、机电安装工程施工总承包贰级、钢结构工程专业承包贰级、地基与基础工程专业承包贰级资质和境外工程承包资格。业务覆盖国内10多个省市地区，有较强的综合竞争实力和区域竞争优势，是全国优秀施工企业、中国建筑业成长性百强企业和浙江省"建筑强企"。拥有"市政园林绿化"、"幕墙安装"、"起重设备安装"、"科普奥材贸"、"防护设备"、"建筑勘察设计"等多家子公司，形成一业多元的发展模式。

振石大酒店工程（国家优质工程、国家AAA级文明标准化工地）

中国玻纤技术中心211工程（中国建筑工程鲁班奖）

巨匠科技大厦（浙江省钱江杯优质工程）

现有注册资本3亿元，总资产13.31亿元。一、二级注册建造师150多名，拥有一支建筑行业工程设计专业技术队伍，各类专业技术人员达到800余名，其中高、中级专业技术职称人员300余名。2013年，实现合同业务超过百亿元；完成施工产值80余亿元均实现同比增长10%以上。

巨匠坚持以科技进步为支撑，促进企业发展。通过省级企业技术中心和"产学研"平台，专注于为工程项目提供技术服务，具有较强的技术研发能力和成果转化能力。获得国家发明专利1项（专利号：2012100581621），实用新型专利15余项（专利号：2014201447200，2014200809810，2014200809971……），主编行业标准1部，工法3项，省级工法20项。在"新技术、新材料、新设备、新工艺"应用领域，融合自身特点，具备"高、大、难、新"攻坚项目竞争优势。

企业年施工能力超150亿元，具有同步承建多栋高层、超高层楼宇的施工能力，擅长大型公用建筑、工业和民用建筑、高级室内装饰装修和其他专业工程等各种类型建筑安装工程的施工。

巨匠企业秉承"高质建华厦、诚实树巨匠"的使命，积极导入卓越绩效管理模式，努力争创政府质量奖，致力于建优质工程、创优质业绩、争优质服务，相继开创了浙北建筑企业较早获得"鲁班奖（国家优质工程）"工程、浙江省"钱江杯"、四川省"天府杯"等200余项优质工程，获得全国AAA级、省市级300余项文明标准化工地，还荣获了"全国质量管理优秀企业"、"全国建筑业AAA级信用企业"、浙江省工商企业信用AAA级"守合同重信用"单位、浙江省工程建设用户满意施工企业、浙江省建筑业诚信企业、浙江省文明单位等荣誉。

宁波一家跻身2014中国房地产百强房企
同时蝉联2014中国房地产成长性10强

全国性的综合型地产领军企业

15年，全国8大战略区域，近20座城市，开发足迹遍布上海、

天津、杭州、宁波、成都、长沙、南昌、青岛等一线直辖市及省会重点城市

已成功开发运营及发展10余个城市综合体

年开发能力已突破600万平米

奥克斯地产以"筑就生活理想"的开发理念为己任

坚持多区域、多产品、多业态并行开发战略产品理念

2014，奥克斯地产载誉归来

成为宁波一家跻身房地产百强的品牌房企

| 四大产品系列 |

为宁波当地开发商中布局业态多、丰富的企业之一

奥克斯广场系列
城市综合体

盛世系列
精品住宅

创研智造系列
总部基地

主题公园系列
旅游综合体

奥克斯地产2014宁波重要作品—盛世缔壹城

古猿人生态石
Ecological Stone

源自天然，胜似天然

／为传世美学建筑而生／

综合成本比天然石材节省约50%以上

◆ 轻质高强，理化性能接近天然石材

◆ 三层以下可以湿贴加固无需干挂
（产品预埋铜丝，可以先固定在墙上再湿贴）

◆ 1000万元保障，打消最后一丝疑虑
古猿人生态石产品由中国人民财产保险公司承保1000万产品责任险

使用古猿人生态石产品的部分开发商

万科／保利／龙湖／金科／世茂／华润／绿地／融创／融侨／金地……
下一个是您吗？
（古猿人生态石产品可用于各类建筑）

◆ 2004年，古猿人与万科合作，引领国内使用人造**文化石**的装饰潮流
◆ 2005年，古猿人与龙湖、万科合作，引领国内使用人造**文化砖**的装饰潮流
◆ 2012年，古猿人与世茂、融创等公司合作，再次引领国内使用**生态石**的装饰潮流
◆ 亚太区文化石行业销量近十年**名列前茅**。一直被模仿，从未被超越！

（以上信息及数据均由上海古猿人石材有限公司提供）

（葡萄牙砂）

（意大利洞石）

上海古猿人石材有限公司
SHANG HAI APE STONE CO.,LTD.